Grands textes de libertés et droits fondamentaux

Grands textes de libertés et droits fondamentaux

4e édition
2019

David Soldini
Maître de conférences en droit public à l'Université Paris 1 Panthéon-Sorbonne,
Directeur des études de l'Institut d'études judiciaires « Jean Domat »

DALLOZ

DALLOZ

31-35, rue Froidevaux 75685 Paris cedex 14

978-2-247-18793-5

AVANT PROPOS

Vouloir compiler les grands textes relatifs aux droits et libertés fondamentaux revient à embrasser une quête aussi nécessaire qu'impossible. La prolifération des textes, la complexification de la matière juridique, la multiplication des autorités rendent indispensable une certaine systématisation des dispositions textuelles. Pourtant, les obstacles à la réalisation de cette entreprise sont de nature à décourager les juristes les plus téméraires et leur simple évocation suffit à convaincre quiconque d'un résultat inéluctablement imparfait, peu importent l'effort ou les qualités du compilateur. Ce dernier doit en effet procéder à toute une série de choix, qu'il ne parviendra à surmonter la plupart du temps qu'en optant pour la moins mauvaise solution. L'audacieux aura beau se débattre, insérée dans des contraintes excessives et contradictoires, la quête de perfection demeurera inachevée.

La volonté de complétude s'oppose à la nécessaire concision de l'ouvrage, le souhait d'organiser la matière se heurte au besoin de distinguer avec précision et donc au risque du catalogage, le désir d'embrasser des définitions ouvertes et d'illustrer la diversité de chaque concept est inconciliable avec l'idée d'une présentation systémique des régimes juridiques. Chaque choix est alors un renoncement et un regret qu'il convient pourtant d'expliquer car, ensemble, ils déterminent la structure et le contenu du recueil.

Une première particularité formelle tient à la répétition de certains textes, et en particulier les articles issus de la Déclaration universelle des droits de l'homme, de la Convention européenne de sauvegarde des droits de l'homme et des libertés fondamentales, de la Charte des droits fondamentaux de l'Union européenne et du bloc de constitutionnalité. Ces textes sont reproduits intégralement dans le premier chapitre mais de nombreux articles sont également cités tout au long du recueil. En effet, les dispositions pertinentes concernant un droit ou une liberté sont reproduites dans la section consacrée à ce droit ou cette liberté, indépendamment du fait de savoir si elles sont également présentes ailleurs dans le volume.

Une autre remarque, plus formelle que substantielle, concerne la distinction entre «droits» et «libertés». Si la distinction sert à structurer les chapitres, les termes ne sont pas définis de manière stricte et souvent des choix différents auraient pu être faits. De manière générale, sont qualifiés de «droits» les phénomènes juridiques qui supposent une action positive des autorités publiques et de «libertés» les phénomènes qui reposent davantage sur une abstention. Cette distinction est discutable dans la mesure où dans de nombreux cas le droit se réalisera sans action de l'État et la liberté aura besoin d'une action positive de la part d'une autorité afin d'être effective. La distinction est toutefois fonctionnelle dans la mesure où elle repose sur le sens commun habituellement attribué à ces termes et le lecteur ne sera que rarement surpris par les classifications proposées.

Concernant la définition de la matière, le choix s'est porté sur une conception large, intégrant des questions d'ordre sociétal, économique ou social, en plus des problématiques plus traditionnelles comme l'organisation juridictionnelle, les droits de la défense, la liberté d'expression ou la protection du corps, de l'intégrité et de la vie privée. La subdivision proposée découle de ce choix ; elle regroupe donc les textes qui ont trait à un même domaine : l'humain, la vie privée, la technologie, la société, la justice, l'économie et le social. D'autres choix étaient possibles et ces classifications n'ont pas d'autre valeur ou signification que l'ambition d'offrir une présentation lisible et didactique. Il en va de même de la répartition des différents droits et libertés au sein des chapitres. L'ouvrage est complété par un index qui permet notamment de se rendre compte du caractère très relatif des subdivisions choisies puisque naturellement, il suggère d'autres regroupements pertinents qui n'apparaissent pas dans le plan de l'ouvrage.

Les textes ont quant à eux été sélectionnés aussi bien pour leur importance au sein du système juridique mais également pour leur capacité à illustrer efficacement la manière dont le législateur conçoit tel ou tel droit. La sélection proposée n'a pas vocation à être exhaustive : un tel objectif est de toute manière irréalisable. Il y a donc des lacunes et la plus évidente, peut-être, a trait au nombre relativement réduit de citations de textes internationaux et en particulier de textes issus de l'ONU ou du Conseil de l'Europe. Si les textes principaux sont cités, ceux dont l'efficacité juridique apparaît très relative et qui sont peu ou jamais utilisés par les juges sont rarement cités.

Ils sont à jour au 20 mai 2019.

Le recueil s'adresse en premier lieu aux candidats aux examens et aux concours de nature juridique comprenant une épreuve de droits et libertés fondamentaux. Il a été pensé, pour l'essentiel, en référence à l'épreuve d'exposé-discussion de l'examen d'entrée aux Centres régionaux de formation à la profession d'avocat. Il intéressera également les autres étudiants des filières juridiques et politiques confrontés à cette matière pléthorique et fondamentale. Enfin, la forme didactique de l'ouvrage en fera un outil utile pour tous ceux qui s'intéressent à ces problématiques, en proposant une vision à la fois diverse mais suffisamment exhaustive du matériau juridique.

SOMMAIRE

II – LES LIBERTÉS

I – LES DROITS

II – LES DROITS

I – LES DROITS

II – LES LIBERTÉS

III – LA CITOYENNETÉ ADMINISTRATIVE

SEPTIÈME PARTIE – LA VIE JUDICIAIRE 813

I – LE PROCÈS

II – L'EXÉCUTION DE LA PEINE

PREMIÈRE PARTIE
LES TEXTES FONDAMENTAUX

I – DROIT INTERNATIONAL

1 Déclaration universelle des droits de l'homme

Date d'adoption : 10 décembre 1948

Préambule

Considérant que la reconnaissance de la dignité inhérente à tous les membres de la famille humaine et de leurs droits égaux et inaliénables constitue le fondement de la liberté, de la justice et de la paix dans le monde.

Considérant que la méconnaissance et le mépris des droits de l'homme ont conduit à des actes de barbarie qui révoltent la conscience de l'humanité et que l'avènement d'un monde où les êtres humains seront libres de parler et de croire, libérés de la terreur et de la misère, a été proclamé comme la plus haute aspiration de l'homme.

Considérant qu'il est essentiel que les droits de l'homme soient protégés par un régime de droit pour que l'homme ne soit pas contraint, en suprême recours, à la révolte contre la tyrannie et l'oppression.

Considérant qu'il est essentiel d'encourager le développement de relations amicales entre nations.

Considérant que dans la Charte les peuples des Nations Unies ont proclamé à nouveau leur foi dans les droits fondamentaux de l'homme, dans la dignité et la valeur de la personne humaine, dans l'égalité des droits des hommes et des femmes, et qu'ils se sont déclarés résolus à favoriser le progrès social et à instaurer de meilleures conditions de vie dans une liberté plus grande.

Considérant que les États Membres se sont engagés à assurer, en coopération avec l'Organisation des Nations Unies, le respect universel et effectif des droits de l'homme et des libertés fondamentales.

Considérant qu'une conception commune de ces droits et libertés est de la plus haute importance pour remplir pleinement cet engagement.

L'Assemblée générale proclame la présente Déclaration universelle des droits de l'homme comme l'idéal commun à atteindre par tous les peuples et toutes les nations afin que tous les individus et tous les organes de la société, ayant cette Déclaration constamment à l'esprit, s'efforcent, par l'enseignement et l'éducation, de développer le respect de ces droits et libertés et d'en assurer, par des mesures progressives d'ordre national et international, la reconnaissance et l'application universelles et effectives, tant parmi les populations des États Membres eux-mêmes que parmi celles des territoires placés sous leur juridiction.

Art. 1er. Tous les êtres humains naissent libres et égaux en dignité et en droits. Ils sont doués de raison et de conscience et doivent agir les uns envers les autres dans un esprit de fraternité.

Art. 2. 1. Chacun peut se prévaloir de tous les droits et de toutes les libertés proclamés dans la présente Déclaration, sans distinction aucune, notamment de race, de couleur, de sexe, de langue, de religion, d'opinion politique ou de toute autre opinion, d'origine nationale ou sociale, de fortune, de naissance ou de toute autre situation.

2. De plus, il ne sera fait aucune distinction fondée sur le statut politique, juridique ou international du pays ou du territoire dont une personne est ressortissante, que ce pays ou territoire soit indépendant, sous tutelle, non autonome ou soumis à une limitation quelconque de souveraineté.

Art. 3. Tout individu a droit à la vie, à la liberté et à la sûreté de sa personne.

Art. 4. Nul ne sera tenu en esclavage ni en servitude; l'esclavage et la traite des esclaves sont interdits sous toutes leurs formes.

Art. 5. Nul ne sera soumis à la torture, ni à des peines ou traitements cruels, inhumains ou dégradants.

Art. 6. Chacun a le droit à la reconnaissance en tous lieux de sa personnalité juridique.

Art. 7. Tous sont égaux devant la loi et ont droit sans distinction à une égale protection de la loi. Tous ont droit à une protection égale contre toute discrimination qui violerait la présente Déclaration et contre toute provocation à une telle discrimination.

Art. 8. Toute personne a droit à un recours effectif devant les juridictions nationales compétentes contre les actes violant les droits fondamentaux qui lui sont reconnus par la constitution ou par la loi.

Art. 9. Nul ne peut être arbitrairement arrêté, détenu ou exilé.

Art. 10. Toute personne a droit, en pleine égalité, à ce que sa cause soit entendue équitablement et publiquement par un tribunal indépendant et impartial, qui décidera, soit de ses droits et obligations, soit du bien-fondé de toute accusation en matière pénale dirigée contre elle.

Art. 11. 1. Toute personne accusée d'un acte délictueux est présumée innocente jusqu'à ce que sa culpabilité ait été légalement établie au cours d'un procès public où toutes les garanties nécessaires à sa défense lui auront été assurées.

2. Nul ne sera condamné pour des actions ou omissions qui, au moment où elles ont été commises, ne constituaient pas un acte délictueux d'après le droit national ou international. De même, il ne sera infligé aucune peine plus forte que celle qui était applicable au moment où l'acte délictueux a été commis.

Art. 12. Nul ne sera l'objet d'immixtions arbitraires dans sa vie privée, sa famille, son domicile ou sa correspondance, ni d'atteintes à son honneur et à sa réputation. Toute personne a droit à la protection de la loi contre de telles immixtions ou de telles atteintes.

Art. 13. 1. Toute personne a le droit de circuler librement et de choisir sa résidence à l'intérieur d'un État.

2. Toute personne a le droit de quitter tout pays, y compris le sien, et de revenir dans son pays.

Art. 14. 1. Devant la persécution, toute personne a le droit de chercher asile et de bénéficier de l'asile en d'autres pays.

3. Ces droits et libertés ne pourront, en aucun cas, s'exercer contrairement aux buts et aux principes des Nations Unies.

Art. 30. Aucune disposition de la présente Déclaration ne peut être interprétée comme impliquant pour un État, un groupement ou un individu un droit quelconque de se livrer à une activité ou d'accomplir un acte visant à la destruction des droits et libertés qui y sont énoncés.

2 Pacte international relatif aux droits civils et politiques

Date d'adoption : 19 décembre 1966

Entrée en vigueur à l'égard de la France : 4 février 1981

Préambule

Les États parties au présent Pacte,

Considérant que, conformément aux principes énoncés dans la Charte des Nations Unies, la reconnaissance de la dignité inhérente à tous les membres de la famille humaine et de leurs droits égaux et inaliénables constitue le fondement de la liberté, de la justice et de la paix dans le monde,

Reconnaissant que ces droits découlent de la dignité inhérente à la personne humaine,

Reconnaissant que, conformément à la Déclaration universelle des droits de l'Homme, l'idéal de l'être humain libre, jouissant des libertés civiles et politiques et libéré de la crainte et de la misère, ne peut être réalisé que si des conditions permettant à chacun de jouir de ses droits civils et politiques, aussi bien que de ses droits économiques, sociaux et culturels, sont créées,

Considérant que la Charte des Nations Unies impose aux États l'obligation de promouvoir le respect universel et effectif des droits et des libertés de l'homme,

Prenant en considération le fait que l'individu a des devoirs envers autrui et envers la collectivité à laquelle il appartient et est tenu de s'efforcer de promouvoir et de respecter les droits reconnus dans le présent Pacte,

Sont convenus des articles suivants :

PREMIÈRE PARTIE

Art. 1er. 1. Tous les peuples ont le droit de disposer d'eux-mêmes. En vertu de ce droit, ils déterminent librement leur statut politique et assurent librement leur développement économique, social et culturel.

2. Pour atteindre leurs fins, tous les peuples peuvent disposer librement de leurs richesses et de leurs ressources naturelles, sans préjudice des obligations qui découlent de la coopération économique internationale, fondée sur le principe de l'intérêt mutuel, et du droit international. En aucun cas, un peuple ne pourra être privé de ses propres moyens de subsistance.

3. Les États parties au présent Pacte, y compris ceux qui ont la responsabilité d'administrer des territoires non autonomes et des territoires sous tutelle, sont tenus de faciliter la réalisation du droit des peuples à disposer d'eux-mêmes, et de respecter ce droit, conformément aux dispositions de la charte des Nations unies.

DEUXIÈME PARTIE

Art. 2. 1. Les États parties au présent Pacte s'engagent à respecter et à garantir à tous les individus se trouvant sur leur territoire et relevant de leur compétence les droits reconnus dans le présent Pacte, sans distinction aucune, notamment de race, de couleur, de sexe, de langue, de religion, d'opinion politique ou de toute autre opinion, d'origine nationale ou sociale, de fortune, de naissance ou de toute autre situation.

2. Les États parties au présent Pacte s'engagent à prendre, en accord avec leurs procédures constitutionnelles et avec les dispositions du présent Pacte, les arrangements devant permettre l'adoption de telles mesures d'ordre législatif ou autre, propres à donner effet aux droits reconnus dans le présent Pacte qui ne seraient pas déjà en vigueur.

3. Les États parties au présent Pacte s'engagent à :

a) Garantir que toute personne dont les droits et libertés reconnus dans le présent Pacte auront été violés disposera d'un recours utile, alors même que la violation aurait été commise par des personnes agissant dans l'exercice de leurs fonctions officielles ;

b) Garantir que l'autorité compétente, judiciaire, administrative ou législative, ou toute autre autorité compétente selon la législation de l'État, statuera sur les droits de la personne qui forme le recours et développer les possibilités de recours juridictionnel ;

c) Garantir la bonne suite donnée par les autorités compétentes à tout recours qui aura été reconnu justifié.

Art. 3. Les États parties au présent Pacte s'engagent à assurer le droit égal des hommes et des femmes de jouir de tous les droits civils et politiques énoncés dans le présent Pacte.

Art. 4. 1. Dans le cas où un danger public exceptionnel menace l'existence de la nation et est proclamé par un acte officiel, les États parties au présent Pacte peuvent prendre, dans la stricte mesure où la situation l'exige, des mesures dérogeant aux obligations prévues dans le présent Pacte, sous réserve que ces mesures ne soient pas incompatibles avec les autres obligations que leur impose le droit international et qu'elles n'entraînent pas une discrimination fondée uniquement sur la race, la couleur, le sexe, la langue, la religion ou l'origine sociale.

2. La disposition précédente n'autorise aucune dérogation aux articles 6, 7, 8 (par. 1 et 2), 11, 15, 16 et 18.

3. Les États parties au présent Pacte qui usent du droit de dérogation doivent, par l'entremise du Secrétaire général de l'Organisation des Nations unies, signaler aussitôt aux autres États parties les dispositions auxquelles ils ont dérogé ainsi que les motifs qui ont provoqué cette dérogation. Une nouvelle communication sera faite par la même entremise, à la date à laquelle ils ont mis fin à ces dérogations.

Art. 5. 1. Aucune disposition du présent Pacte ne peut être interprétée comme impliquant pour un État, un groupement ou un individu un droit quelconque de se livrer à une activité ou d'accomplir un acte visant à la destruction des droits et des libertés reconnus dans le présent Pacte ou à des limitations plus amples que celles prévues audit pacte.

2. Il ne peut être admis aucune restriction ou dérogation aux droits fondamentaux de l'homme reconnus ou en vigueur dans tout État partie au présent Pacte en application de lois, de conventions, de règlements ou de coutumes, sous prétexte que le présent Pacte ne les reconnaît pas ou les reconnaît à un moindre degré.

TROISIÈME PARTIE

Art. 6. 1. Le droit à la vie est inhérent à la personne humaine. Ce droit doit être protégé par la loi. Nul ne peut être arbitrairement privé de la vie.

2. Dans les pays où la peine de mort n'a pas été abolie, une sentence de mort ne peut être prononcée que pour les crimes les plus graves, conformément à la législation en vigueur au moment où le crime a été commis et qui ne doit pas être en contradiction avec les dispositions du présent Pacte ni avec la Convention pour la prévention et la répression du crime de génocide. Cette peine ne peut être appliquée qu'en vertu d'un jugement définitif rendu par un tribunal compétent.

3. Lorsque la privation de la vie constitue le crime de génocide, il est entendu qu'aucune disposition du présent article n'autorise un État partie au présent Pacte à déroger d'aucune manière à une obligation quelconque assumée en vertu des dispositions de la Convention pour la prévention et la répression du crime de génocide.

4. Tout condamné à mort a le droit de solliciter la grâce ou la commutation de la peine. L'amnistie, la grâce ou la commutation de la peine de mort peuvent dans tous les cas être accordées.

5. Une sentence de mort ne peut être imposée pour des crimes commis par des personnes âgées de moins de dix-huit ans et ne peut être exécutée contre des femmes enceintes.

6. Aucune disposition du présent article ne peut être invoquée pour retarder ou empêcher l'abolition de la peine capitale par un État partie au présent Pacte.

Art. 7. Nul ne sera soumis à la torture ni à des peines ou traitements cruels, inhumains ou dégradants. En particulier, il est interdit de soumettre une personne sans son libre consentement à une expérience médicale ou scientifique.

Art. 8. 1. Nul ne sera tenu en esclavage; l'esclavage et la traite des esclaves, sous toutes leurs formes, sont interdits.

2. Nul ne sera tenu en servitude.

3. *a*) Nul ne sera astreint à accomplir un travail forcé ou obligatoire;

b) L'alinéa *a* du présent paragraphe ne saurait être interprété comme interdisant, dans les pays où certains crimes peuvent être punis de détention accompagnée de travaux forcés, l'accomplissement d'une peine de travaux forcés, infligée par un tribunal compétent;

c) N'est pas considéré comme «travail forcé ou obligatoire» au sens du présent paragraphe :

i) Tout travaux ou service, non visé à l'alinéa *b*, normalement requis d'un individu qui est détenu en vertu d'une décision de justice régulière ou qui, ayant fait l'objet d'une telle décision, est libéré conditionnellement;

ii) Tout service de caractère militaire et, dans les pays où l'objection de conscience est admise, tout service national exigé des objecteurs de conscience en vertu de la loi;

iii) Tout service exigé dans les cas de force majeur ou de sinistres qui menacent la vie ou le bien-être de la communauté;

iv) Tout travail ou tout service formant partie des obligations civiques normales.

Art. 9. 1. Tout individu a droit à la liberté et à la sécurité de sa personne. Nul ne peut faire l'objet d'une arrestation ou d'une détention arbitraires. Nul ne peut être privé de sa liberté, si ce n'est pour des motifs et conformément à la procédure prévus par la loi.

2. Tout individu arrêté sera informé, au moment de son arrestation, des raisons de cette arrestation et recevra notification, dans le plus court délai, de toute accusation portée contre lui.

3. Tout individu arrêté ou détenu du chef d'une infraction pénale sera traduit dans le plus court délai devant un juge ou une autre autorité habilitée par la loi à exercer des fonctions judiciaires, et devra être jugé dans un délai raisonnable ou libéré. La détention de personnes qui attendent de passer en jugement ne doit pas être de règle, mais la mise en liberté peut être subordonnée à des garanties assurant la comparution de l'intéressé à l'audience, à tous les autres actes de la procédure et, le cas échéant, pour l'exécution du jugement.

4. Quiconque se trouve privé de sa liberté par arrestation ou détention a le droit d'introduire un recours devant un tribunal afin que celui-ci statue sans délai sur la légalité de sa détention et ordonne sa libération si la détention est illégale.

5. Tout individu victime d'arrestation ou de détention illégales a droit à réparation.

Art. 10. 1. Toute personne privée de sa liberté est traitée avec humanité et avec le respect de la dignité inhérente à la personne humaine.

2. *a*) Les prévenus sont, sauf dans des circonstances exceptionnelles, séparés des condamnés et sont soumis à une régime distinct, approprié à leur condition de personnes non condamnées;

b) Les jeunes prévenus sont séparés des adultes et il est décidé de leur cas aussi rapidement que possible.

3. Le régime pénitentiaire comporte un traitement des condamnés dont le but essentiel est leur amendement et leur reclassement social. Les jeunes délinquants sont séparés des adultes et soumis à un régime approprié à leur âge et à leur statut légal.

Art. 11. Nul ne peut être emprisonné pour la seule raison qu'il n'est pas en mesure d'exécuter une obligation contractuelle.

Art. 12. 1. Quiconque se trouve légalement sur le territoire d'un État a le droit d'y circuler librement et d'y choisir librement sa résidence.

2. Toute personne est libre de quitter n'importe quel pays, y compris le sien.

3. Les droits mentionnés ci-dessus ne peuvent être l'objet de restrictions que si celles-ci sont prévues par la loi, nécessaires pour protéger la sécurité nationale, l'ordre public, la santé ou la moralité publiques, ou les droits et libertés d'autrui, et compatibles avec les autres droits reconnus par le présent Pacte.

4. Nul ne peut être arbitrairement privé du droit d'entrer dans son propre pays.

Art. 13. Un étranger qui se trouve légalement sur le territoire d'un État partie au présent Pacte ne peut en être expulsé qu'en exécution d'une décision prise conformément à la loi et, à moins que des raisons impérieuses de sécurité nationale ne s'y opposent, il doit avoir la possibilité de faire valoir les raisons qui militent contre son expulsion et de faire examiner son cas par l'autorité compétente, ou par une ou plusieurs personnes spécialement désignées par ladite autorité, en se faisant représenter à cette fin.

Art. 14. 1. Tous sont égaux devant les tribunaux et les cours de justice. Toute personne a droit à ce que sa cause soit entendue équitablement et publiquement par un tribunal compétent, indépendant et impartial, établi par la loi, qui décidera soit du bien-fondé de toute accusation en matière pénale dirigée contre elle, soit des contestations sur ses droits et obligations de caractère civil. Le huis clos peut être prononcé pendant la totalité ou une partie du procès soit dans l'intérêt des bonnes mœurs, de l'ordre public ou de la sécurité nationale dans une société démocratique, soit lorsque l'intérêt de la vie privée des parties en cause l'exige, soit encore dans la mesure où le tribunal l'estimera absolument nécessaire, lorsqu'en raison des circonstances particulières de l'affaire la publicité nuirait aux intérêts de la justice; cependant, tout jugement rendu en matière pénale ou civile sera public, sauf si l'intérêt de mineurs exige qu'il en soit autrement ou si le procès porte sur des différends matrimoniaux ou sur la tutelle des enfants.

2. Toute personne accusée d'une infraction pénale est présumée innocente jusqu'à ce que sa culpabilité ait été légalement établie.

3. Toute personne accusée d'une infraction pénale a droit, en pleine égalité, au moins aux garanties suivantes :

a) A être informée, dans le plus court délai, dans une langue qu'elle comprend et de façon détaillée, de la nature et des motifs de l'accusation portée contre elle;

b) A disposer du temps et des facilités nécessaires à la préparation de sa défense et à communiquer avec le conseil de son choix;

c) A être jugée sans retard excessif;

d) A être présente au procès et à se défendre elle-même ou à avoir l'assistance d'un défenseur de son choix; si elle n'a pas de défenseur, à être informée de son droit d'en avoir un, et, chaque fois que l'intérêt de la justice l'exige, à se voir attribuer d'office un défenseur, sans frais, si elle n'a pas les moyens de le rémunérer;

e) A interroger ou faire interroger les témoins à charge et à obtenir la comparution et l'interrogatoire des témoins à décharge dans les mêmes conditions que les témoins à charge;

f) A se faire assister gratuitement d'un interprète si elle ne comprend pas ou ne parle pas la langue employée à l'audience;

g) A ne pas être forcée de témoigner contre elle-même ou de s'avouer coupable.

4. La procédure applicable aux jeunes gens qui ne sont pas encore majeurs au regard de la loi pénale tiendra compte de leur âge et de l'intérêt que présente leur rééducation.

5. Toute personne déclarée coupable d'une infraction a le droit de faire examiner par une juridiction supérieure la déclaration de culpabilité et la condamnation, conformément à la loi.

6. Lorsqu'une condamnation pénale définitive est ultérieurement annulée ou lorsque la grâce est accordée parce qu'un fait nouveau ou nouvellement révélé prouve qu'il s'est produit une erreur judiciaire, la personne qui a subi une peine à raison de cette condamnation sera indemnisée, conformément à la loi, à moins qu'il ne soit prouvé que la non-révélation en temps utile du fait inconnu lui est imputable en tout ou partie.

7. Nul ne peut être poursuivi ou puni en raison d'une infraction pour laquelle il a déjà été acquitté ou condamné par un jugement définitif conformément à la loi et à la procédure pénale de chaque pays.

Art. 15. 1. Nul ne sera condamné pour des actions ou omissions qui ne constituaient pas un acte délictueux d'après le droit national ou international au moment où elles ont été commises. De même, il ne sera infligé aucune peine plus forte que celle qui était applicable au moment où l'infraction a été commise. Si, postérieurement à cette infraction, la loi prévoit l'application d'une peine plus légère, le délinquant doit en bénéficier.

2. Rien dans le présent article ne s'oppose au jugement ou à la condamnation de tout individu en raison d'actes ou omissions qui, au moment où ils ont été commis, étaient tenus pour criminels, d'après les principes généraux de droit reconnus par l'ensemble des nations.

Art. 16. Chacun a droit à la reconnaissance en tous lieux de sa personnalité juridique.

Art. 17. 1. Nul ne sera l'objet d'immixtions arbitraires ou illégales dans sa vie privée, sa famille, son domicile ou sa correspondance, ni d'atteintes illégales à son honneur et à sa réputation.

2. Toute personne a droit à la protection de la loi contre de telles immixtions ou de telles atteintes.

Art. 18. 1. Toute personne a droit à la liberté de pensée, de conscience et de religion; ce droit implique la liberté d'avoir ou d'adopter une religion ou une conviction de son choix, ainsi que la liberté de manifester sa religion ou sa conviction, individuellement ou en commun, tant en public qu'en privé, par le culte et l'accomplissement des rites, les pratiques et l'enseignement.

2. Nul ne subira de contrainte pouvant porter atteinte à sa liberté d'avoir ou d'adopter une religion ou une conviction de son choix.

3. La liberté de manifester sa religion ou ses convictions ne peut faire l'objet que des seules restrictions prévues par la loi et qui sont nécessaires à la protection de la sécurité, de l'ordre et de la santé publique, ou de la morale ou des libertés et droits fondamentaux d'autrui.

4. Les États parties au présent Pacte s'engagent à respecter la liberté des parents et, le cas échéant, des tuteurs légaux de faire assurer l'éducation religieuse et morale de leurs enfants conformément à leurs propres convictions.

Art. 19. 1. Nul ne peut être inquiété pour ses opinions.

2. Toute personne a droit à la liberté d'expression; ce droit comprend la liberté de rechercher, de recevoir et de répandre des informations et des idées de toute espèce, sans considération de frontières, sous une forme orale, écrite, imprimée ou artistique, ou par tout autre moyen de son choix.

3. L'exercice des libertés prévues au paragraphe 2 du présent article comporte des devoirs spéciaux et des responsabilités spéciales. Il peut en conséquence être soumis à certaines restrictions qui doivent toutefois être expressément fixées par la loi et qui sont nécessaires :

a) Au respect des droits ou de la réputation d'autrui;

b) A la sauvegarde de la sécurité nationale, de l'ordre public, de la santé ou de la moralité publiques.

Art. 20. 1. Toute propagande en faveur de la guerre est interdite par la loi.

2. Tout appel à la haine nationale, raciale ou religieuse qui constitue une incitation à la discrimination, à l'hostilité ou à la violence est interdit par la loi.

Art. 21. Le droit de réunion pacifique est reconnu. L'exercice de ce droit ne peut faire l'objet que des seules restrictions imposées conformément à la loi et qui sont nécessaires dans une société démocratique, dans l'intérêt de la sécurité nationale, de la sûreté principes de droit international généralement reconnus. Cette règle ne s'applique pas dans les cas où les procédures de recours excèdent les délais raisonnables;

d) le Comité tient ses séances à huis clos lorsqu'il examine les communications prévues au présent article;

e) sous réserve des dispositions de l'alinéa c, le Comité met ses bons offices à la disposition des États parties intéressés, afin de parvenir à une solution amiable de la question fondée sur le respect des droits de l'Homme et des libertés fondamentales, tels que les reconnaît le présent Pacte;

f) dans toute affaire qui lui est soumise, le Comité peut demander aux États parties intéressés visés à l'alinéa b de lui fournir tout renseignement pertinent;

g) les États parties intéressés, visés à l'alinéa b, ont le droit de se faire représenter lors de l'examen de l'affaire par le Comité et de présenter des observations oralement ou par écrit, ou sous l'une et l'autre forme;

h) le Comité doit présenter un rapport dans un délai de douze mois à compter du jour où il a reçu la notification visée à l'alinéa b :

i) si une solution a pu être trouvée conformément aux dispositions de l'alinéa e, le Comité se borne, dans son rapport, à un bref exposé des faits et de la solution intervenue;

ii) si une solution n'a pu être trouvée conformément aux dispositions de l'alinéa e, le Comité se borne, dans son rapport, à un bref exposé des faits le texte des observations écrites et le procès-verbal des observations orales présentées par les États parties intéressés sont joints au rapport.

Pour chaque affaire, le rapport est communiqué aux États parties intéressés.

2. Les dispositions du présent article entreront en vigueur lorsque dix États parties au présent Pacte auront fait la déclaration prévue au paragraphe 1 du présent article. Ladite déclaration est déposée par l'État partie auprès du Secrétaire général de l'Organisation des Nations Unies, qui en communique copie aux autres États parties. Une déclaration peut être retirée à tout moment au moyen d'une notification adressée au Secrétaire général. Ce retrait est sans préjudice de l'examen de toute question qui fait l'objet d'une communication déjà transmise en vertu du présent article; aucune autre communication d'un État partie ne sera reçue après que le Secrétaire général aura reçu notification du retrait de la déclaration, à moins que l'État partie intéressé n'ait fait une nouvelle déclaration.

Art. 42. 1. a) Si une question soumise au Comité conformément à l'article 41 n'est pas réglée à la satisfaction des États parties intéressés, le Comité peut, avec l'assentiment préalable des États parties intéressés, désigner une commission de conciliation ad hoc (ci-après dénommée la Commission). La Commission met ses bons offices à la disposition des États parties intéressés, afin de parvenir à une solution amiable de la question, fondée sur le respect du présent Pacte.

b) La Commission est composée de cinq membres nommés avec l'accord des États parties intéressés. Si les États parties intéressés ne parviennent pas à une entente sur tout ou partie de la composition de la Commission dans un délai de trois mois, les membres de la Commission au sujet desquels l'accord ne s'est pas fait sont élus au scrutin secret parmi les membres du Comité, à la majorité des deux tiers des membres du Comité.

2. Les membres de la Commission siègent à titre individuel. Ils ne doivent être ressortissants ni des États parties intéressés, ni d'un État qui n'est pas partie au présent Pacte, ni d'un État partie qui n'a pas fait la déclaration prévue à l'article 41.

3. La Commission élit son président et adopte son règlement intérieur.

4. La Commission tient normalement ses réunions au siège de l'Organisation des Nations Unies ou à l'Office des Nations Unies à Genève. Toutefois, elle peut se réunir en tout autre lieu approprié que peut déterminer la Commission en consultation avec le Secrétaire général de l'Organisation des Nations Unies et les États parties intéressés.

5. Le secrétariat prévu à l'article 36 prête également ses services aux commissions désignées en vertu du présent article.

6. Les renseignements obtenus et dépouillés par le Comité sont mis à la disposition de la Commission, et la Commission peut demander aux États parties intéressés de lui fournir tout renseignement complémentaire pertinent.

7. Après avoir étudié la question sous tous ses aspects, mais en tout cas dans un délai maximum de douze mois après qu'elle en aura été saisie, la Commission soumet un rapport au président du Comité qui le communique aux États parties intéressés :

a) si la Commission ne peut achever l'examen de la question dans les douze mois, elle se borne à indiquer brièvement dans son rapport où elle en est de l'examen de la question;

b) si l'on est parvenu à un règlement amiable de la question, fondé sur le respect des droits de l'Homme reconnus dans le présent Pacte, la Commission se borne à indiquer brièvement dans son rapport les faits et le règlement auquel on est parvenu;

c) si l'on n'est pas parvenu à un règlement au sens de l'alinéa b, la Commission fait figurer dans son rapport ses conclusions sur tous les points de fait relatifs à la question débattue entre les États parties intéressés ainsi que ses constatations sur les possibilités de règlement amiable de l'affaire; le rapport renferme également les observations écrites et un procès-verbal des observations orales présentées par les États parties intéressés;

d) si le rapport de la Commission est soumis conformément à l'alinéa c, les États parties intéressés font savoir au président du Comité, dans un délai de trois mois après la réception du rapport, s'ils acceptent ou non les termes du rapport de la Commission.

8. Les dispositions du présent article s'entendent sans préjudice des attributions du Comité prévues à l'article 41.

9. Toutes les dépenses des membres de la Commission sont réparties également entre les États parties intéressés, sur la base d'un état estimatif établi par le Secrétaire général de l'Organisation des Nations Unies.

10. Le Secrétaire général de l'Organisation des Nations Unies est habilité, si besoin est, à défrayer les membres de la Commission de leurs dépenses, avant que le remboursement en ait été effectué par les États parties intéressés, conformément au paragraphe 9 du présent article.

Art. 43. Les membres du Comité et les membres des commissions de conciliation ad hoc qui pourraient être désignées conformément à l'article 42 ont droit aux facilités, privilèges et immunités reconnus aux experts en mission pour l'Organisation des Nations Unies, tels qu'ils sont énoncés dans les sections pertinentes de la Convention sur les privilèges et immunités des Nations Unies.

Art. 44. Les dispositions de mise en œuvre du présent Pacte s'appliquent sans préjudice des procédures instituées en matière de droits de l'Homme aux termes ou en vertu des instruments constitutifs et des conventions de l'Organisation des Nations Unies et des institutions spécialisées, et n'empêchent pas les États parties de recourir à d'autres procédures pour le règlement d'un différend conformément aux accords internationaux généraux ou spéciaux qui les lient.

Art. 45. Le Comité adresse chaque année à l'Assemblée générale des Nations Unies, par l'intermédiaire du Conseil économique et social, un rapport sur ses travaux.

CINQUIÈME PARTIE

Art. 46. Aucune disposition du présent Pacte ne doit être interprétée comme portant atteinte aux dispositions de la Charte des Nations Unies et des constitutions des institutions spécialisées qui définissent les responsabilités respectives des divers organes de l'Organisation des Nations Unies et des institutions spécialisées en ce qui concerne les questions traitées dans le présent Pacte.

Art. 47. Aucune disposition du présent Pacte ne sera interprétée comme portant atteinte au droit inhérent de tous les peuples à profiter et à user pleinement et librement de leurs richesses et ressources naturelles.

SIXIÈME PARTIE

Art. 48. 1. Le présent Pacte est ouvert à la signature de tout État membre de l'Organisation des Nations Unies ou membre de l'une quelconque de ses institutions spécialisées de tout État partie au statut de la Cour internationale de Justice, ainsi que de tout autre État invité par l'Assemblée générale des Nations Unies à devenir partie au présent Pacte.

2. Le présent Pacte est sujet à ratification et les instruments de ratification seront déposés auprès du Secrétaire général de l'Organisation des Nations Unies.

3. Le présent Pacte sera ouvert à l'adhésion de tout État visé au paragraphe 1 du présent article.

4. L'adhésion se fera par le dépôt d'un instrument d'adhésion auprès du Secrétaire général de l'Organisation des Nations Unies.

5. Le secrétaire général de l'Organisation des Nations Unies informe tous les États qui ont signé le présent Pacte ou qui y ont adhéré du dépôt de chaque instrument de ratification ou d'adhésion.

Art. 49. 1. Le présent Pacte entrera en vigueur trois mois après la date du dépôt auprès du Secrétaire général de l'Organisation des Nations Unies du trente-cinquième instrument de ratification ou d'adhésion.

2. Pour chacun des États qui ratifieront le présent Pacte ou y adhéreront après le dépôt du trente-cinquième instrument de ratification ou d'adhésion, ledit Pacte entrera en vigueur trois mois après la date du dépôt par cet État de son instrument de ratification ou d'adhésion.

Art. 50. Les dispositions du présent Pacte s'appliquent, sans limitation ni exception aucune, à toutes les unités constitutives des États fédératifs.

Art. 51. 1. Tout État partie au présent Pacte peut proposer un amendement et en déposer le texte auprès du Secrétaire général de l'Organisation des Nations Unies. Le Secrétaire général transmet alors tous projets d'amendements aux États parties au présent Pacte en leur demandant de lui indiquer s'ils désirent voir convoquer une conférence d'États parties pour examiner ces projets et les mettre aux voix. Si un tiers au moins des États se déclarent en faveur de cette convocation, le Secrétaire général convoque la conférence sous les auspices de l'Organisation des Nations Unies. Tout amendement adopté par la majorité des États présents et votants à la conférence est soumis pour approbation à l'Assemblée générale des Nations Unies.

2. Ces amendements entrent en vigueur lorsqu'ils ont été approuvés par l'Assemblée générale des Nations Unies et acceptés, conformément à leurs règles constitutionnelles respectives, par une majorité des deux tiers des États parties au présent Pacte.

3. Lorsque ces amendements entrent en vigueur, ils sont obligatoires pour les États parties qui les ont acceptés, les autres États parties restant liés par les dispositions du présent Pacte et par tout amendement antérieur qu'ils ont accepté.

Art. 52. Indépendamment des notifications prévues au paragraphe 5 de l'article 48, le Secrétaire général de l'Organisation des Nations Unies informera tous les États visés au paragraphe 1 dudit article :

a) des signatures apposées au présent Pacte et des instruments de ratification et d'adhésion déposés conformément à l'article 48;

b) de la date à laquelle le présent Pacte entrera en vigueur conformément à l'article 49 et de la date à laquelle entreront en vigueur les amendements prévus à l'article 51.

Art. 53. 1. Le présent Pacte, dont les textes anglais, chinois, espagnol, français et russe font également foi, sera déposé aux archives de l'Organisation des Nations Unies.

2. Le Secrétaire général de l'Organisation des Nations Unies transmettra une copie certifiée conforme du présent Pacte à tous les États visés à l'article 48.

3 Protocole facultatif se rapportant au Pacte international relatif aux droits civils et politiques

Date d'adoption : 16 décembre 1966

Entré en vigueur : 23 mars 1976

Les États parties au présent Protocole,

Considérant que, pour mieux assurer l'accomplissement des fins du Pacte international relatif aux droits civils et politiques (ci-après dénommé le Pacte) et l'application de ses dispositions, il conviendrait d'habiliter le Comité des droits de l'Homme, constitué aux termes de la quatrième partie du Pacte (ci-après dénommé le Comité), à recevoir et à examiner, ainsi qu'il est prévu dans le présent Protocole, des communications émanant de particuliers qui prétendent être victimes d'une violation d'un des droits énoncés dans le Pacte,

Sont convenus de ce qui suit :

Art. 1er. Tout État partie au Pacte qui devient partie au présent Protocole reconnaît que le Comité a compétence pour recevoir et examiner des communications émanant de particuliers relevant de sa juridiction qui prétendent être victimes d'une violation, par cet État partie, de l'un quelconque des droits énoncés dans le Pacte. Le Comité ne reçoit aucune communication intéressant un État partie au Pacte qui n'est pas partie au présent Protocole.

Art. 2. Sous réserve des dispositions de l'article premier, tout particulier qui prétend être victime d'une violation de l'un quelconque des droits énoncés dans le Pacte et qui a épuisé tous les recours internes disponibles peut présenter une communication écrite au Comité pour qu'il l'examine.

Art. 3. Le Comité déclare irrecevable toute communication présentée en vertu du présent Protocole qui est anonyme ou qu'il considère être un abus du droit de présenter de telles communications ou être incompatible avec les dispositions du Pacte.

Art. 4. 1. Sous réserve des dispositions de l'article 3, le Comité porte toute communication qui lui est présentée en vertu du présent Protocole à l'attention de l'État partie audit Protocole qui a prétendument violé l'une quelconque des dispositions du Pacte.

2. Dans les six mois qui suivent, ledit État soumet par écrit au Comité des explications ou déclarations éclaircissant la question et indiquant, le cas échéant, les mesures qu'il pourrait avoir prises pour remédier à la situation.

Art. 5. 1. Le Comité examine les communications reçues en vertu du présent Protocole en tenant compte de toutes les informations écrites qui lui sont soumises par le particulier et par l'État partie intéressé.

2. Le Comité n'examinera aucune communication d'un particulier sans s'être assuré que :

a) La même question n'est pas déjà en cours d'examen devant une autre instance internationale d'enquête ou de règlement.

b) Le particulier a épuisé tous les recours internes disponibles. Cette règle ne s'applique pas si les procédures de recours excèdent des délais raisonnables.

3. Le Comité tient ses séances à huis clos lorsqu'il examine les communications prévues dans le présent Protocole.

4. Le Comité fait part de ses constatations à l'État partie intéressé et au particulier.

Art. 6. Le Comité inclut dans le rapport annuel qu'il établit conformément à l'article 45 du Pacte un résumé de ses activités au titre du présent Protocole.

Art. 7. En attendant la réalisation des objectifs de la résolution 1514 (XV) adoptée par l'Assemblée générale des Nations Unies le 14 décembre 1960, concernant la Déclaration sur l'octroi de l'indépendance aux pays et aux peuples coloniaux, les dispositions du présent Protocole ne restreignent en rien le droit de pétition accordé à ces peuples par la Charte des Nations Unies et d'autres conventions et instruments internationaux conclus sous les auspices de l'Organisation des Nations Unies ou de ses institutions spécialisées.

Art. 8. 1. Le présent Protocole est ouvert à la signature de tout État qui a signé le Pacte.

2. Le présent Protocole est soumis à la ratification de tout État qui a ratifié le Pacte ou qui y a adhéré. Les instruments de ratification seront déposés auprès du Secrétaire général de l'Organisation des Nations Unies.

3. Le présent Protocole sera ouvert à l'adhésion de tout État qui a ratifié le Pacte ou qui y a adhéré.

4. L'adhésion se fera par le dépôt d'un instrument d'adhésion auprès du Secrétaire général de l'Organisation des Nations Unies.

5. Le Secrétaire général de l'Organisation des Nations Unies informe tous les États qui ont signé le présent Protocole ou qui y ont adhéré du dépôt de chaque instrument de ratification ou d'adhésion.

Art. 9. 1. Sous réserve de l'entrée en vigueur du Pacte, le présent Protocole entrera en vigueur trois mois après la date du dépôt auprès du Secrétaire général de l'Organisation des Nations Unies du dixième instrument de ratification ou d'adhésion.

2. Pour chacun des États qui ratifieront le présent Protocole ou y adhéreront après le dépôt du dixième instrument de ratification ou d'adhésion, ledit Protocole entrera en vigueur trois mois après la date du dépôt par cet État de son instrument de ratification ou d'adhésion.

Art. 10. Les dispositions du présent Protocole s'appliquent, sans limitation ni exception aucune, à toutes les unités constitutives des États fédératifs.

Art. 11. 1. Tout État partie au présent Protocole peut proposer un amendement et en déposer le texte auprès du Secrétaire général de l'Organisation des Nations Unies. Le Secrétaire général transmet alors tous projets d'amendements aux États parties audit Protocole en leur demandant de lui indiquer s'ils désirent voir convoquer une conférence d'États parties pour examiner ces projets et les mettre aux voix. Si le tiers au moins des États se déclarent en faveur de cette convocation, le Secrétaire général convoque la conférence sous les auspices de l'Organisation des Nations Unies. Tout amendement adopté par la majorité des États présents et votants à la conférence est soumis pour approbation à l'Assemblée générale des Nations Unies.

2. Ces amendements entrent en vigueur lorsqu'ils ont été approuvés par l'Assemblée générale des Nations Unies et acceptés, conformément à leurs règles constitutionnelles respectives, par une majorité des deux tiers des États parties au présent Protocole.

3. Lorsque ces amendements entrent en vigueur, ils sont obligatoires pour les États parties qui les ont acceptés, les autres États parties restant liés par les dispositions du présent Protocole et par tout amendement antérieur qu'ils ont accepté.

Art. 12. 1. Tout État partie peut, à tout moment, dénoncer le présent Protocole par voie de notification écrite adressée au Secrétaire général de l'Organisation des Nations Unies. La dénonciation portera effet trois mois après la date à laquelle le Secrétaire général en aura reçu notification.

2. La dénonciation n'entravera pas l'application des dispositions du présent Protocole à toute communication présentée en vertu de l'article 2 avant la date à laquelle la dénonciation prend effet.

Art. 13. Indépendamment des notifications prévues au paragraphe 5 de l'article 8 du présent Protocole, le Secrétaire général de l'Organisation des Nations Unies informera tous les États visés au paragraphe 1 de l'article 48 du Pacte :

a) Des signatures apposées au présent Protocole et des instruments de ratification et d'adhésion déposés conformément à l'article 8;

b) De la date à laquelle le présent Protocole entrera en vigueur conformément à l'article 9 et de la date à laquelle entreront en vigueur les amendements prévus à l'article 11;

c) Des dénonciations faites conformément à l'article 12.

Art. 14. 1. Le présent Protocole, dont les textes anglais, chinois, espagnol, français et russe font également foi, sera déposé aux archives de l'Organisation des Nations Unies.

2. Le Secrétaire général de l'Organisation des Nations Unies transmettra une copie certifiée conforme du présent Protocole à tous les États visés à l'article 48 du Pacte.

4 Pacte international relatif aux droits économiques, sociaux et culturels

Date d'adoption : 16 décembre 1966
Entrée en vigueur : 3 janvier 1976

Préambule

Les États parties au présent Pacte,

Considérant que, conformément aux principes énoncés dans la Charte des Nations Unies, la reconnaissance de la dignité inhérente à tous les membres de la famille humaine et de leurs droits égaux et inaliénables constitue le fondement de la liberté, de la justice et de la paix dans le monde,

Reconnaissant que ces droits découlent de la dignité inhérente à la personne humaine,

Reconnaissant que, conformément à la Déclaration universelle des droits de l'homme, l'idéal de l'être humain libre, libéré de la crainte et de la misère, ne peut être réalisé que si des conditions permettant à chacun de jouir de ses droits économiques, sociaux et culturels, aussi bien que de ses droits civils et politiques, sont créées,

Considérant que la Charte des Nations Unies impose aux États l'obligation de promouvoir le respect universel et effectif des droits et des libertés de l'homme,

Prenant en considération le fait que l'individu a des devoirs envers autrui et envers la collectivité à laquelle il appartient et est tenu de s'efforcer de promouvoir et de respecter les droits reconnus dans le présent Pacte,

Sont convenus des articles suivants :

PREMIÈRE PARTIE

Art. 1er. 1. Tous les peuples ont le droit de disposer d'eux-mêmes. En vertu de ce droit, ils déterminent librement leur statut politique et assurent librement leur développement économique, social et culturel.

2. Pour atteindre leurs fins, tous les peuples peuvent disposer librement de leurs richesses et de leurs ressources naturelles, sans préjudice des obligations qui découlent de la coopération économique internationale, fondée sur le principe de l'intérêt mutuel, et du droit international. En aucun cas, un peuple ne pourra être privé de ses propres moyens de subsistance.

3. Les États parties au présent Pacte, y compris ceux qui ont la responsabilité d'administrer des territoires non autonomes et des territoires sous tutelle, sont tenus de faciliter la réalisation du droit des peuples à disposer d'eux-mêmes, et de respecter ce droit, conformément aux dispositions de la Charte des Nations Unies.

DEUXIÈME PARTIE

Art. 2. 1. Chacun des États parties au présent Pacte s'engage à agir, tant par son effort propre que par l'assistance et la coopération internationales, notamment sur les plans économique et technique, au maximum de ses ressources disponibles, en vue d'assurer progressivement le plein exercice des droits reconnus dans le présent Pacte par tous les moyens appropriés, y compris en particulier l'adoption de mesures législatives.

2. Les États parties au présent Pacte s'engagent à garantir que les droits qui y sont énoncés seront exercés sans discrimination aucune fondée sur la race, la couleur, le sexe, la langue, la religion, l'opinion politique ou toute autre opinion, l'origine nationale ou sociale, la fortune, la naissance ou toute autre situation.

3. Les pays en voie de développement, compte dûment tenu des droits de l'homme et de leur économie nationale, peuvent déterminer dans quelle mesure ils garantiront les droits économiques reconnus dans le présent Pacte à des non-ressortissants.

Art. 3. Les États parties au présent Pacte s'engagent à assurer le droit égal qu'ont l'homme et la femme au bénéfice de tous les droits économiques, sociaux et culturels qui sont énumérés dans le présent Pacte.

Art. 4. Les États parties au présent Pacte reconnaissent que, dans la jouissance des droits assurés par l'État conformément au présent Pacte, l'État ne peut soumettre ces droits qu'aux limitations établies par la loi, dans la seule mesure compatible avec la nature de ces droits et exclusivement en vue de favoriser le bien-être général dans une société démocratique.

Art. 5. 1. Aucune disposition du présent Pacte ne peut être interprétée comme impliquant pour un État, un groupement ou un individu un droit quelconque de se livrer à une activité ou d'accomplir un acte visant à la destruction des droits ou libertés reconnus dans le présent Pacte ou à des limitations plus amples que celles prévues dans ledit Pacte.

2. Il ne peut être admis aucune restriction ou dérogation aux droits fondamentaux de l'homme reconnus ou en vigueur dans tout pays en vertu de lois, de conventions, de règlements ou de coutumes, sous prétexte que le présent Pacte ne les reconnaît pas ou les reconnaît à un moindre degré.

TROISIÈME PARTIE

Art. 6. 1. Les États parties au présent Pacte reconnaissent le droit au travail, qui comprend le droit qu'a toute personne d'obtenir la possibilité de gagner sa vie par un travail librement choisi ou accepté, et prendront des mesures appropriées pour sauvegarder ce droit.

2. Les mesures que chacun des États parties au présent Pacte prendra en vue d'assurer le plein exercice de ce droit doivent inclure l'orientation et la formation techniques et professionnelles, l'élaboration de programmes, de politiques et de techniques propres à assurer un développement économique, social et culturel constant et un plein emploi productif dans des conditions qui sauvegardent aux individus la jouissance des libertés politiques et économiques fondamentales.

Art. 7. Les États parties au présent Pacte reconnaissent le droit qu'a toute personne de jouir de conditions de travail justes et favorables, qui assurent notamment :

a) La rémunération qui procure, au minimum, à tous les travailleurs :

i) Un salaire équitable et une rémunération égale pour un travail de valeur égale sans distinction aucune; en particulier, les femmes doivent avoir la garantie que les conditions de travail qui leur sont accordées ne sont pas inférieures à celles dont bénéficient les hommes et recevoir la même rémunération qu'eux pour un même travail;

ii) Une existence décente pour eux et leur famille conformément aux dispositions du présent Pacte;

b) La sécurité et l'hygiène du travail;

c) La même possibilité pour tous d'être promus, dans leur travail, à la catégorie supérieure appropriée, sans autre considération que la durée des services accomplis et les aptitudes;

d) Le repos, les loisirs, la limitation raisonnable de la durée du travail et les congés payés périodiques, ainsi que la rémunération des jours fériés.

Art. 8. 1. Les États parties au présent Pacte s'engagent à assurer :

a) Le droit qu'a toute personne de former avec d'autres des syndicats et de s'affilier au syndicat de son choix, sous la seule réserve des règles fixées par l'organisation intéressée, en vue de favoriser et de protéger ses intérêts économiques et sociaux. L'exercice de ce droit ne peut faire l'objet que des seules restrictions prévues par la loi et qui constituent des mesures nécessaires, dans une société démocratique, dans l'intérêt de la sécurité nationale ou de l'ordre public, ou pour protéger les droits et les libertés d'autrui.

b) Le droit qu'ont les syndicats de former des fédérations ou des confédérations nationales et le droit qu'ont celles-ci de former des organisations syndicales internationales ou de s'y affilier.

c) Le droit qu'ont les syndicats d'exercer librement leur activité, sans limitations autres que celles qui sont prévues par la loi et qui constituent des mesures nécessaires, dans une société démocratique, dans l'intérêt de la sécurité nationale ou de l'ordre public, ou pour protéger les droits et les libertés d'autrui.

d) Le droit de grève, exercé conformément aux lois de chaque pays.

2. Le présent article n'empêche pas de soumettre à des restrictions légales l'exercice de ces droits par les membres des forces armées, de la police ou de la fonction publique.

3. Aucune disposition du présent article ne permet auxÉtats parties à la Convention de 1948 de l'Organisation internationale du Travail concernant la liberté syndicale et la protection du droit syndical de prendre des mesures législatives portant atteinte — ou d'appliquer la loi de façon à porter atteinte — aux garanties prévues dans ladite convention.

Art. 9. Les États parties au présent Pacte reconnaissent le droit de toute personne à la sécurité sociale, y compris les assurances sociales.

Art. 10. Les États parties au présent Pacte reconnaissent que :

1. Une protection et une assistance aussi larges que possible doivent être accordées à la famille, qui est l'élément naturel et fondamental de la société, en particulier pour sa formation et aussi longtemps qu'elle a la responsabilité de l'entretien et de l'éducation d'enfants à charge. Le mariage doit être librement consenti par les futurs époux.

2. Une protection spéciale doit être accordée aux mères pendant une période de temps raisonnable avant et après la naissance des enfants. Les mères salariées doivent bénéficier, pendant cette même période, d'un congé payé ou d'un congé accompagné de prestations de sécurité sociale adéquates.

3. Des mesures spéciales de protection et d'assistance doivent être prises en faveur de tous les enfants et adolescents, sans discrimination aucune pour des raisons de filiation ou autres. Les enfants et adolescents doivent être protégés contre l'exploitation économique et sociale. Le fait de les employer à des travaux de nature à compromettre leur moralité ou leur santé, à mettre leur vie en danger ou à nuire à leur développement normal doit être sanctionné par la loi. Les États doivent aussi fixer des limites d'âge au-

dessous desquelles l'emploi salarié de la main-d'œuvre enfantine sera interdit et sanctionné par la loi.

Art. 11. 1. Les États parties au présent Pacte reconnaissent le droit de toute personne à un niveau de vie suffisant pour elle-même et sa famille, y compris une nourriture, un vêtement et un logement suffisants, ainsi qu'à une amélioration constante de ses conditions d'existence. Les États parties prendront des mesures appropriées pour assurer la réalisation de ce droit et ils reconnaissent à cet effet l'importance essentielle d'une coopération internationale librement consentie.

2. Les États parties au présent Pacte, reconnaissant le droit fondamental qu'a toute personne d'être à l'abri de la faim, adopteront, individuellement et au moyen de la coopération internationale, les mesures nécessaires, y compris des programmes concrets :

a) Pour améliorer les méthodes de production, de conservation et de distribution des denrées alimentaires par la pleine utilisation des connaissances techniques et scientifiques, par la diffusion de principes d'éducation nutritionnelle et par le développement ou la réforme des régimes agraires, de manière à assurer au mieux la mise en valeur et l'utilisation des ressources naturelles;

b) Pour assurer une répartition équitable des ressources alimentaires mondiales par rapport aux besoins, compte tenu des problèmes qui se posent tant aux pays importateurs qu'aux pays exportateurs de denrées alimentaires.

Art. 12. 1. Les États parties au présent Pacte reconnaissent le droit qu'a toute personne de jouir du meilleur état de santé physique et mentale qu'elle soit capable d'atteindre.

2. Les mesures que les États parties au présent Pacte prendront en vue d'assurer le plein exercice de ce droit devront comprendre les mesures nécessaires pour assurer :

a) La diminution de la mortinatalité et de la mortalité infantile, ainsi que le développement sain de l'enfant;

b) L'amélioration de tous les aspects de l'hygiène du milieu et de l'hygiène industrielle;

c) La prophylaxie et le traitement des maladies épidémiques, endémiques, professionnelles et autres, ainsi que la lutte contre ces maladies;

d) La création de conditions propres à assurer à tous des services médicaux et une aide médicale en cas de maladie.

Art. 13. 1. Les États parties au présent Pacte reconnaissent le droit de toute personne à l'éducation. Ils conviennent que l'éducation doit viser au plein épanouissement de la personnalité humaine et du sens de sa dignité et renforcer le respect des droits de l'homme et des libertés fondamentales. Ils conviennent en outre que l'éducation doit mettre toute personne en mesure de jouer un rôle utile dans une société libre, favoriser la compréhension, la tolérance et l'amitié entre toutes les nations et tous les groupes raciaux, ethniques ou religieux et encourager le développement des activités des Nations Unies pour le maintien de la paix.

2. Les États parties au présent Pacte reconnaissent qu'en vue d'assurer le plein exercice de ce droit :

a) L'enseignement primaire doit être obligatoire et accessible gratuitement à tous;

b) L'enseignement secondaire, sous ses différentes formes, y compris l'enseignement secondaire technique et professionnel, doit être généralisé et rendu accessible à tous par tous les moyens appropriés et notamment par l'instauration progressive de la gratuité;

c) L'enseignement supérieur doit être rendu accessible à tous en pleine égalité, en fonction des capacités de chacun, par tous les moyens appropriés et notamment par l'instauration progressive de la gratuité;

d) L'éducation de base doit être encouragée ou intensifiée, dans toute la mesure possible, pour les personnes qui n'ont pas reçu d'instruction primaire ou qui ne l'ont pas reçue jusqu'à son terme;

e) Il faut poursuivre activement le développement d'un réseau scolaire à tous les échelons, établir un système adéquat de bourses et améliorer de façon continue les conditions matérielles du personnel enseignant.

3. Les États parties au présent Pacte s'engagent à respecter la liberté des parents et, le cas échéant, des tuteurs légaux, de choisir pour leurs enfants des établissements autres que ceux des pouvoirs publics, mais conformes aux normes minimales qui peuvent être prescrites ou approuvées par l'État en matière d'éducation, et de faire assurer l'éducation religieuse et morale de leurs enfants, conformément à leurs propres convictions.

4. Aucune disposition du présent article ne doit être interprétée comme portant atteinte à la liberté des individus et des personnes morales de créer et de diriger des établissements d'enseignement, sous réserve que les principes énoncés au paragraphe 1 du présent article soient observés et que l'éducation donnée dans ces établissements soit conforme aux normes minimales qui peuvent être prescrites par l'État.

Art. 14. Tout État partie au présent Pacte qui, au moment où il devient partie, n'a pas encore pu assurer dans sa métropole ou dans les territoires placés sous sa juridiction le caractère obligatoire et la gratuité de l'enseignement primaire s'engage à établir et à adopter, dans un délai de deux ans, un plan détaillé des mesures nécessaires pour réaliser progressivement, dans un nombre raisonnable d'années fixé par ce plan, la pleine application du principe de l'enseignement primaire obligatoire et gratuit pour tous.

Art. 15. 1. Les États parties au présent Pacte reconnaissent à chacun le droit :

a) De participer à la vie culturelle;

b) De bénéficier du progrès scientifique et de ses applications;

c) De bénéficier de la protection des intérêts moraux et matériels découlant de toute production scientifique, littéraire ou artistique dont il est l'auteur.

2. Les mesures que les États parties au présent Pacte prendront en vue d'assurer le plein exercice de ce droit devront comprendre celles qui sont nécessaires pour assurer le maintien, le développement et la diffusion de la science et de la culture.

3. Les États parties au présent Pacte s'engagent à respecter la liberté indispensable à la recherche scientifique et aux activités créatrices.

4. Les États parties au présent Pacte reconnaissent les bienfaits qui doivent résulter de l'encouragement et du développement de la coopération et des contacts internationaux dans le domaine de la science et de la culture.

QUATRIÈME PARTIE

Art. 16. 1. Les États parties au présent Pacte s'engagent à présenter, conformément aux dispositions de la présente partie du Pacte, des rapports sur les mesures qu'ils auront adoptées et sur les progrès accomplis en vue d'assurer le respect des droits reconnus dans le Pacte.

2. *a)* Tous les rapports sont adressés au Secrétaire général de l'Organisation des Nations unies, qui en transmet copie au Conseil économique et social, pour examen, conformément aux dispositions du présent Pacte;

b) le Secrétaire général de l'Organisation des Nations unies transmet également aux institutions spécialisées copie des rapports, ou de toutes parties pertinentes des rapports, envoyés par les États Parties au présent Pacte qui sont également membres desdites institutions spécialisées, pour autant que ces rapports, ou parties de rapports, ont trait à des questions relevant de la compétence desdites institutions aux termes de leurs actes constitutifs respectifs.

Art. 17. 1. Les États parties au présent Pacte présentent leurs rapports par étapes, selon un programme qu'établira le Conseil économique et social dans un délai d'un an à compter de la date d'entrée en vigueur du présent Pacte, après avoir consulté les États parties et les institutions spécialisées intéressées.

2. Les rapports peuvent faire connaître les facteurs et les difficultés empêchant ces États de s'acquitter pleinement des obligations prévues au présent Pacte.

3. Dans le cas où des renseignements à ce sujet ont déjà été adressés à l'Organisation des Nations unies ou à une institution spécialisée par un État partie au Pacte, il ne sera pas nécessaire de reproduire lesdits renseignements et une référence précise à ces renseignements suffira.

Art. 18. En vertu des responsabilités qui lui sont conférées par la Charte des Nations Unies dans le domaine des droits de l'homme et des libertés fondamentales, le Conseil économique et social pourra conclure des arrangements avec les institutions spécialisées, en vue de la présentation par celles-ci de rapports relatifs aux progrès accomplis quant à l'observation des dispositions du présent Pacte qui entrent dans le cadre de leurs activités. Ces rapports pourront comprendre des données sur les décisions et recommandations adoptées par les organes compétents des institutions spécialisées au sujet de cette mise en œuvre.

Art. 19. Le Conseil économique et social peut renvoyer à la Commission des droits de l'homme aux fins d'étude et de recommandations d'ordre général ou pour information, s'il y a lieu, les rapports concernant les droits de l'homme que communiquent les États conformément aux articles 16 et 17 et les rapports concernant les droits de l'homme que communiquent les institutions spécialisées conformément à l'article 18.

Art. 20. Les États parties au présent Pacte et les institutions spécialisées intéressées peuvent présenter au Conseil économique et social des observations sur toute recommandation d'ordre général faite en vertu de l'article 19 ou sur toute mention d'une recommandation d'ordre général figurant dans un rapport de la Commission des droits de l'homme ou dans tout document mentionné dans ledit rapport.

Art. 21. Le Conseil économique et social peut présenter de temps en temps à l'Assemblée générale des rapports contenant des recommandations de caractère général et un résumé des renseignements reçus des États parties au présent Pacte et des institutions spécialisées sur les mesures prises et les progrès accomplis en vue d'assurer le respect général des droits reconnus dans le présent Pacte.

Art. 22. Le Conseil économique et social peut porter à l'attention des autres organes de l'Organisation des Nations Unies, de leurs organes subsidiaires et des institutions spécialisées intéressées qui s'occupent de fournir une assistance technique toute question que soulèvent les rapports mentionnés dans la présente partie du présent Pacte et qui peut aider ces organismes à se prononcer, chacun dans sa propre sphère de compétence, sur l'opportunité de mesures internationales propres à contribuer à la mise en œuvre effective et progressive du présent Pacte.

Art. 23. Les États parties au présent Pacte conviennent que les mesures d'ordre international destinées à assurer la réalisation des droits reconnus dans ledit Pacte comprennent notamment la conclusion de conventions, l'adoption de recommandations, la fourniture d'une assistance technique et l'organisation, en liaison avec les gouvernements intéressés, de réunions régionales et de réunions techniques aux fins de consultations et d'études.

Art. 24. Aucune disposition du présent Pacte ne doit être interprétée comme portant atteinte aux dispositions de la Charte des Nations Unies et des constitutions des institutions spécialisées qui définissent les responsabilités respectives des divers organes de l'Organisation des Nations Unies et des institutions spécialisées en ce qui concerne les questions traitées dans le présent Pacte.

Art. 25. Aucune disposition du présent Pacte ne sera interprétée comme portant atteinte au droit inhérent de tous les peuples à profiter et à user pleinement et librement de leurs richesses et ressources naturelles.

CINQUIÈME PARTIE

Art. 26. 1. Le présent Pacte est ouvert à la signature de tout État Membre de l'Organisation des Nations Unies ou membre de l'une quelconque de ses institutions spécialisées, de tout État partie au Statut de la Cour internationale de Justice, ainsi que tout autre État invité par l'Assemblée générale des Nations Unies à devenir partie au présent Pacte.

2. Le présent Pacte est sujet à ratification et les instruments de ratification seront déposés auprès du Secrétaire général de l'Organisation des Nations Unies.

3. Le présent Pacte sera ouvert à l'adhésion de tout État visé au paragraphe 1 du présent article.

4. L'adhésion se fera par le dépôt d'un instrument d'adhésion auprès du Secrétaire général de l'Organisation des Nations Unies.

5. Le Secrétaire général de l'Organisation des Nations Unies informe tous les États qui ont signé le présent Pacte ou qui y ont adhéré du dépôt de chaque instrument de ratification ou d'adhésion.

Art. 27. 1. Le présent Pacte entrera en vigueur trois mois après la date du dépôt auprès du Secrétaire général de l'Organisation des Nations Unies du trente-cinquième instrument de ratification ou d'adhésion.

2. Pour chacun des États qui ratifieront le présent Pacte ou y adhéreront après le dépôt du trente-cinquième instrument de ratification ou d'adhésion, ledit Pacte entrera en vigueur trois mois après la date du dépôt par cet État de son instrument de ratification ou d'adhésion.

Art. 28. Les dispositions du présent Pacte s'appliquent, sans limitation ni exception aucune, à toutes les unités constitutives des États fédératifs.

Art. 29. 1. Tout État partie au présent Pacte peut proposer un amendement et en déposer le texte auprès du Secrétaire général de l'Organisation des Nations Unies. Le Secrétaire général transmet alors tous projets d'amendements aux États Parties au présent Pacte en leur demandant de lui indiquer s'ils désirent voir convoquer une conférence d'États parties pour examiner ces projets et les mettre aux voix. Si un tiers au moins des États se déclarent en faveur de cette convocation, le Secrétaire général convoque la conférence sous les auspices de l'Organisation des Nations Unies. Tout amendement adopté par la majorité des États présents et votants à la conférence est soumis pour approbation à l'Assemblée générale des Nations Unies.

2. Ces amendements entrent en vigueur lorsqu'ils ont été approuvés par l'Assemblée générale des Nations Unies et acceptés, conformément à leurs règles constitutionnelles respectives, par une majorité des deux tiers des États parties au présent Pacte.

3. Lorsque ces amendements entrent en vigueur, ils sont obligatoires pour les États parties qui les ont acceptés, les autres États parties restant liés par les dispositions du présent Pacte et par tout amendement antérieur qu'ils ont accepté.

Art. 30. Indépendamment des notifications prévues au paragraphe 5 de l'article 26, le Secrétaire général de l'Organisation des Nations Unies informera tous les États visés au paragraphe 1 dudit article :

a) Des signatures apposées au présent Pacte et des instruments de ratification et d'adhésion déposés conformément à l'article 26;

b) De la date à laquelle le présent Pacte entrera en vigueur conformément à l'article 27 et de la date à laquelle entreront en vigueur les amendements prévus à l'article 29.

Art. 31. 1. Le présent Pacte, dont les textes anglais, chinois, espagnol, français et russe font également foi, sera déposé aux archives de l'Organisation des Nations Unies.

2. Le Secrétaire général de l'Organisation des Nations Unies transmettra une copie certifiée conforme du présent Pacte à tous les États visés à l'article 26.

5 Protocole facultatif se rapportant au Pacte international relatif aux droits économiques, sociaux et culturels

Date d'adoption : 10 décembre 2008

Les États parties au présent Protocole,

Considérant que, pour mieux assurer l'accomplissement des fins du Pacte international relatif aux droits civils et politiques (ci-après dénommé le Pacte) et l'application de ses dispositions, il conviendrait d'habiliter le Comité des droits de l'Homme, constitué aux termes de la quatrième partie du Pacte (ci-après dénommé le Comité), à recevoir et à examiner, ainsi qu'il est prévu dans le présent Protocole, des communications émanant de particuliers qui prétendent être victimes d'une violation d'un des droits énoncés dans le Pacte,

Sont convenus de ce qui suit :

PRÉAMBULE

Art. 1er. *Compétence du Comité pour recevoir et examiner des communications.* 1. Tout État Partie au Pacte qui devient Partie au présent Protocole reconnaît que le Comité a compétence pour recevoir et examiner les communications prévues par les dispositions du présent Protocole.

2. Le Comité ne reçoit aucune communication intéressant un État Partie au Pacte qui n'est pas Partie au présent Protocole.

Art. 2. *Communications.* Des communications peuvent être présentées par des particuliers ou groupes de particuliers ou au nom de particuliers ou groupes de particuliers relevant de la juridiction d'un État Partie, qui affirment être victimes d'une violation par cet État Partie d'un des droits économiques, sociaux et culturels énoncés dans le Pacte. Une communication ne peut être présentée au nom de particuliers ou groupes de particuliers qu'avec leur consentement à moins que l'auteur ne puisse justifier qu'il agit en leur nom sans un tel consentement.

Art. 3. *Recevabilité.* 1. Le Comité n'examine aucune communication sans avoir vérifié que tous les recours internes ont été épuisés. Cette règle ne s'applique pas dans les cas où la procédure de recours excède des délais raisonnables.

2. Le Comité déclare irrecevable toute communication qui :

a) N'est pas présentée dans les douze mois suivant l'épuisement des recours internes, sauf dans les cas où l'auteur peut démontrer qu'il n'a pas été possible de présenter la communication dans ce délai ;

b) Porte sur des faits antérieurs à la date d'entrée en vigueur du présent Protocole à l'égard de l'État Partie intéressé, à moins que ces faits ne persistent après cette date ;

c) A trait à une question qu'il a déjà examinée ou qui a déjà fait l'objet ou qui fait l'objet d'un examen dans le cadre d'une autre procédure d'enquête ou de règlement au niveau international ;

d) Est incompatible avec les dispositions du Pacte ;

e) Est manifestement mal fondée, insuffisamment étayée ou repose exclusivement sur des informations diffusées par les médias ;

f) Constitue un abus du droit de présenter une communication ;

g) Est anonyme ou n'est pas présentée par écrit.

Art. 4. *Communications dont il ne ressort pas un désavantage notable.* Le Comité peut, si nécessaire, refuser d'examiner une communication dont il ne ressort pas que l'auteur a subi un désavantage notable, à moins que le Comité ne considère que la communication soulève une grave question d'importance générale.

Art. 5. *Mesures provisoires.* 1. Après réception d'une communication et avant de prendre une décision sur le fond, le Comité peut à tout moment soumettre à l'urgente attention de l'État Partie intéressé une demande tendant à ce que l'État Partie prenne les mesures provisoires qui peuvent être nécessaires dans des circonstances exceptionnelles pour éviter qu'un éventuel préjudice irréparable ne soit causé à la victime ou aux victimes de la violation présumée.

2. Le Comité ne préjuge pas de sa décision sur la recevabilité ou le fond de la communication du simple fait qu'il exerce la faculté que lui donne le paragraphe 1 du présent article.

Art. 6. *Transmission de la communication.* 1. Sauf s'il la juge d'office irrecevable sans en référer à l'État Partie intéressé, le Comité porte confidentiellement à l'attention de cet État Partie toute communication qui lui est adressée en vertu du présent Protocole.

2. Dans un délai de six mois, l'État Partie intéressé présente par écrit au Comité des explications ou déclarations apportant des précisions sur l'affaire qui fait l'objet de la communication en indiquant, le cas échéant, les mesures correctives qu'il a prises.

Art. 7. *Règlement amiable.* 1. Le Comité met ses bons offices à la disposition des États Parties intéressés en vue de parvenir à un règlement amiable de la question fondé sur le respect des obligations énoncées dans le Pacte.

2. Tout accord de règlement amiable met un terme à l'examen de la communication présentée en vertu du présent Protocole.

Art. 8. *Examen des communications.* 1. Le Comité examine les communications qui lui sont adressées en vertu de l'article 2 du présent Protocole en tenant compte de toute la documentation qui lui a été soumise, étant entendu que cette documentation doit être communiquée aux parties intéressées.

2. Le Comité examine à huis clos les communications qui lui sont adressées en vertu du présent Protocole.

3. Lorsqu'il examine une communication présentée en vertu du présent Protocole, le Comité peut consulter, selon qu'il conviendra, la documentation pertinente émanant d'autres organes ou institutions spécialisées, fonds, programmes et mécanismes des Nations Unies et d'autres organisations internationales, y compris des systèmes régionaux des droits de l'homme, et toute observation ou commentaire de l'État Partie concerné.

4. Lorsqu'il examine les communications qu'il reçoit en vertu du présent Protocole, le Comité détermine le caractère approprié des mesures prises par l'État Partie, conformément aux dispositions de la deuxième partie du Pacte. Ce faisant, il garde à l'esprit le fait que l'État Partie peut adopter un éventail de mesures pour mettre en œuvre les droits énoncés dans le Pacte.

Art. 9. *Suivi des constatations du Comité.* 1. Après avoir examiné une communication, le Comité transmet ses constatations sur la communication, accompagnées, le cas échéant, de ses recommandations aux parties intéressées.

2. L'État Partie examine dûment les constatations et les éventuelles recommandations du Comité et soumet dans les six mois au Comité une réponse écrite contenant des informations sur toute action menée à la lumière des constatations et recommandations du Comité.

3. Le Comité peut inviter l'État Partie à lui soumettre un complément d'information sur les mesures prises en réponse à ses constatations ou à ses éventuelles recommandations, y compris, si le Comité le juge approprié, dans les rapports ultérieurs de l'État Partie présentés au titre des articles 16 et 17 du Pacte.

Art. 10. *Communications interétatiques.* 1. Tout État Partie au présent Protocole peut déclarer à tout moment, en vertu du présent article, qu'il reconnaît la compétence du Comité pour recevoir et examiner des communications dans lesquelles un État Partie affirme qu'un autre État Partie ne s'acquitte pas de ses obligations au titre du Pacte. Les communications présentées en vertu du présent article ne peuvent être reçues et examinées que si elles émanent d'un État Partie qui a fait une déclaration reconnaissant, en ce qui le concerne, la compétence du Comité. Le Comité ne reçoit aucune communication visant un État Partie qui n'a pas fait une telle déclaration. La procédure ci-après s'applique à l'égard des communications reçues conformément au présent article :

a) Si un État Partie au présent Protocole estime qu'un autre État Partie ne s'acquitte pas de ses obligations au titre du Pacte, il peut appeler, par communication écrite, l'attention de cet État sur la question. L'État Partie peut aussi informer le Comité de la question. Dans un délai de trois mois à compter de la réception de la communication, l'État destinataire fera tenir à l'État qui a adressé la communication des explications ou toutes autres déclarations écrites élucidant la question, qui devront comprendre, dans toute la mesure possible et utile, des indications sur ses règles de procédure et sur les moyens de recours exercés, pendants ou encore ouverts;

b) Si la question n'est pas réglée à la satisfaction des deux États Parties intéressés dans un délai de six mois à compter de la date de réception de la communication originale par l'État destinataire, l'un et l'autre auront le droit de la soumettre au Comité, en adressant une notification au Comité ainsi qu'à l'autre État intéressé;

c) Le Comité ne peut connaître d'une affaire qui lui est soumise qu'après s'être assuré que tous les recours internes disponibles ont été exercés et épuisés. Cette règle ne s'applique pas dans les cas où, de l'avis du Comité, la procédure de recours excède des délais raisonnables;

d) Sous réserve des dispositions de l'alinéa c) du présent paragraphe, le Comité met ses bons offices à la disposition des États Parties intéressés en vue de parvenir à un règlement amiable de la question fondé sur le respect des obligations énoncées dans le Pacte;

e) Le Comité tient ses séances à huis clos lorsqu'il examine les communications prévues dans le présent article;

f) Dans toute affaire qui lui est soumise conformément à l'alinéa b) du présent paragraphe, le Comité peut demander aux États Parties intéressés visés à l'alinéa b) de lui fournir tout renseignement pertinent;

g) Les États Parties intéressés visés à l'alinéa b) du présent paragraphe ont le droit de se faire représenter lors de l'examen de l'affaire par le Comité et de présenter des observations oralement ou par écrit, ou sous l'une et l'autre forme;

h) Le Comité doit, avec la célérité voulue à compter du jour où il a reçu la notification visée à l'alinéa b) du présent paragraphe, présenter un rapport comme suit :

i) Si une solution a pu être trouvée conformément aux dispositions de l'alinéa d) du présent paragraphe, le Comité se borne, dans son rapport, à un bref exposé des faits et de la solution intervenue;

ii) Si une solution n'a pu être trouvée conformément aux dispositions de l'alinéa d) du présent paragraphe, le Comité expose, dans son rapport, les faits pertinents concernant l'objet du différend entre les États Parties intéressés. Le texte des observations écrites et le procès-verbal des observations orales présentées par les États Parties intéressés sont joints au rapport. Le Comité peut également communiquer aux seuls États Parties intéressés toutes vues qu'il peut considérer pertinentes en la matière.

Pour chaque affaire, le rapport est communiqué aux États Parties intéressés.

2. Les États Parties déposent la déclaration qu'ils auront faite conformément au paragraphe 1 du présent article auprès du Secrétaire général de l'Organisation des Nations Unies, qui en communique copie aux autres États Parties. Une déclaration peut être reti-

rée à tout moment au moyen d'une notification adressée au Secrétaire général. Ce retrait est sans préjudice de l'examen de toute question qui fait l'objet d'une communication déjà transmise en vertu du présent article; aucune autre communication d'un État Partie ne sera reçue en vertu du présent article après que le Secrétaire général aura reçu notification du retrait de la déclaration, à moins que l'État Partie intéressé n'ait fait une nouvelle déclaration.

Art. 11. *Procédure d'enquête.* 1. Un État Partie au présent Protocole peut déclarer à tout moment qu'il reconnaît la compétence du Comité aux fins du présent article.

2. Si le Comité reçoit des renseignements crédibles indiquant qu'un État Partie porte gravement ou systématiquement atteinte à l'un des droits économiques, sociaux et culturels énoncés dans le Pacte, il invite cet État Partie à coopérer avec lui aux fins de l'examen des informations ainsi portées à son attention et à présenter ses observations à leur sujet.

3. Se fondant sur les observations éventuellement formulées par l'État Partie intéressé, ainsi que sur tout autre renseignement crédible dont il dispose, le Comité peut charger un ou plusieurs de ses membres d'effectuer une enquête et de lui rendre compte d'urgence de ses résultats. Cette enquête peut, lorsque cela se justifie et avec l'accord de l'État Partie, comporter une visite sur le territoire de cet État.

4. L'enquête se déroule dans la confidentialité et la coopération de l'État Partie est sollicitée à tous les stades de la procédure.

5. Après avoir étudié les résultats de l'enquête, le Comité les communique à l'État Partie intéressé, accompagnés, le cas échéant, d'observations et de recommandations.

6. Après avoir été informé des résultats de l'enquête et des observations et recommandations du Comité, l'État Partie présente ses observations à celui-ci dans un délai de six mois.

7. Une fois achevée la procédure d'enquête entreprise en vertu du paragraphe 2 du présent article, le Comité peut, après consultations avec l'État Partie intéressé, décider de faire figurer un compte rendu succinct des résultats de la procédure dans son rapport annuel prévu à l'article 15 du présent Protocole.

8. Tout État Partie ayant fait la déclaration prévue au paragraphe 1 du présent article peut, à tout moment, retirer cette déclaration par voie de notification adressée au Secrétaire général.

Art. 12. *Suivi de la procédure d'enquête.* 1. Le Comité peut inviter l'État Partie intéressé à inclure dans le rapport qu'il doit présenter conformément aux articles 16 et 17 du Pacte, des indications détaillées sur les mesures qu'il a prises à la suite d'une enquête effectuée en vertu de l'article 11 du présent Protocole.

2. Au terme du délai de six mois visé au paragraphe 6 de l'article 11, le Comité peut, au besoin, inviter l'État Partie intéressé à l'informer des mesures prises à la suite d'une telle enquête.

Art. 13. *Mesures de protection.* L'État Partie prend toutes les mesures nécessaires pour veiller à ce que les personnes relevant de sa juridiction ne fassent l'objet d'aucune forme de mauvais traitements ou d'intimidation du fait qu'elles adressent au Comité des communications au titre du présent Protocole.

Art. 14. *Assistance et coopération internationales.* 1. Le Comité transmet, s'il le juge nécessaire, et avec le consentement de l'État Partie intéressé, aux institutions spécialisées, fonds et programmes des Nations Unies et aux autres organismes compétents, ses observations ou recommandations concernant des communications et demandes indiquant un besoin de conseils ou d'assistance techniques, accompagnés, le cas échéant, des commentaires et suggestions de l'État Partie sur ces observations ou recommandations.

2. Le Comité peut aussi porter à l'attention de ces entités, avec le consentement de l'État Partie intéressé, toute question que soulèvent les communications examinées en vertu du présent Protocole qui peut les aider à se prononcer, chacun dans sa propre sphère de compétence, sur l'opportunité de mesures internationales propres à aider l'État Partie à progresser sur la voie de la mise en œuvre des droits reconnus dans le Pacte.

3. Il sera établi, conformément aux procédures pertinentes de l'Assemblée générale, un fonds d'affectation spéciale, qui sera administré conformément au Règlement financier et aux règles de gestion financière de l'Organisation des Nations Unies, destiné à fournir aux États Parties une assistance spécialisée et technique, avec le consentement de l'État Partie intéressé, en vue d'une meilleure application des droits reconnus dans le Pacte, de manière à contribuer au renforcement des capacités nationales dans le domaine des droits économiques, sociaux et culturels dans le contexte du présent Protocole.

4. Les dispositions du présent article ne préjugent pas de l'obligation de chaque État Partie de s'acquitter des engagements contractés en vertu du Pacte.

II – DROIT EUROPÉEN

CHAPITRE 1
Conseil de l'Europe

6 Convention européenne de sauvegarde des droits de l'homme et des libertés fondamentales

Date d'adoption : 4 novembre 1950

Les Gouvernements signataires, membres du Conseil de l'Europe,
Considérant la Déclaration universelle des droits de l'Homme, proclamée par l'Assemblée générale des Nations Unies le 10 décembre 1948;
Considérant que cette déclaration tend à assurer la reconnaissance et l'application universelles et effectives des droits qui y sont énoncés;
Considérant que le but du Conseil de l'Europe est de réaliser une union plus étroite entre ses membres, et que l'un des moyens d'atteindre ce but est la sauvegarde et le développement des droits de l'Homme et des libertés fondamentales;
Réaffirmant leur profond attachement à ces libertés fondamentales qui constituent les assises mêmes de la justice et de la paix dans le monde et dont le maintien repose essentiellement sur un régime politique véritablement démocratique, d'une part, et, d'autre part, sur une conception commune et un commun respect des droits de l'Homme dont ils se réclament;
Résolus, en tant que Gouvernements d'États européens animés d'un même esprit et possédant un patrimoine commun d'idéal et de traditions politiques, de respect de la liberté et de prééminence du droit, à prendre les premières mesures propres à assurer la garantie collective de certains des droits énoncés dans la Déclaration universelle,
Sont convenus de ce qui suit :

Art. 1er. *Obligation de respecter les droits de l'homme.* Les Hautes Parties contractantes reconnaissent à toute personne relevant de leur juridiction les droits et libertés définis au titre I de la présente Convention.

TITRE PREMIER

Droits et libertés

Art. 2. *Droit à la vie.* 1. Le droit de toute personne à la vie est protégé par la loi. La mort ne peut être infligée à quiconque intentionnellement, sauf en exécution d'une sentence capitale prononcée par un tribunal au cas où le délit est puni de cette peine par la loi.

2. La mort n'est pas considérée comme infligée en violation de cet article dans les cas où elle résulterait d'un recours à la force rendu absolument nécessaire :

a) pour assurer la défense de toute personne contre la violence illégale;

b) pour effectuer une arrestation régulière ou pour empêcher l'évasion d'une personne régulièrement détenue;

c) pour réprimer, conformément à la loi, une émeute ou une insurrection.

Art. 3. *Interdiction de la torture.* Nul ne peut être soumis à la torture ni à des peines ou traitements inhumains ou dégradants.

Art. 4. *Interdiction de l'esclavage et du travail forcé.* 1. Nul ne peut être tenu en esclavage ni en servitude.

2. Nul ne peut être astreint à accomplir un travail forcé ou obligatoire.

3. N'est pas considéré comme «travail forcé ou obligatoire» au sens du présent article :

a) tout travail requis normalement d'une personne soumise à la détention dans les conditions prévues par l'article 5 de la présente Convention, ou durant sa mise en liberté conditionnelle;

b) tout service de caractère militaire ou, dans le cas d'objecteurs de conscience dans les pays où l'objection de conscience est reconnue comme légitime, à un autre service à la place du service militaire obligatoire;

c) tout service requis dans le cas de crises ou de calamités qui menacent la vie ou le bien-être de la communauté;

d) tout travail ou service formant partie des obligations civiques normales.

Art. 5. *Droit à la liberté et à la sûreté.* 1. Toute personne a droit à la liberté et à la sûreté. Nul ne peut être privé de sa liberté, sauf dans les cas suivants et selon les voies légales :

a) s'il est détenu régulièrement après condamnation par un tribunal compétent;

b) s'il a fait l'objet d'une arrestation ou d'une détention régulières pour insoumission à une ordonnance rendue, conformément à la loi, par un tribunal ou en vue de garantir l'exécution d'une obligation prescrite par la loi;

c) s'il a été arrêté et détenu en vue d'être conduit devant l'autorité judiciaire compétente, lorsqu'il y a des raisons plausibles de soupçonner qu'il a commis une infraction ou qu'il y a des motifs raisonnables de croire à la nécessité de l'empêcher de commettre une infraction ou de s'enfuir après l'accomplissement de celle-ci;

d) s'il s'agit de la détention régulière d'un mineur, décidée pour son éducation surveillée ou de sa détention régulière, afin de le traduire devant l'autorité compétente;

e) s'il s'agit de la détention régulière d'une personne susceptible de propager une maladie contagieuse, d'un aliéné, d'un alcoolique, d'un toxicomane ou d'un vagabond;

f) s'il s'agit de l'arrestation ou de la détention régulières d'une personne pour l'empêcher de pénétrer irrégulièrement dans le territoire, ou contre laquelle une procédure d'expulsion ou d'extradition est en cours.

2. Toute personne arrêtée doit être informée, dans le plus court délai et dans une langue qu'elle comprend, des raisons de son arrestation et de toute accusation portée contre elle.

3. Toute personne arrêtée ou détenue, dans les conditions prévues au paragraphe 1 *c* du présent article, doit être aussitôt traduite devant un juge ou un autre magistrat habilité par la loi à exercer des fonctions judiciaires et a le droit d'être jugée dans un délai raisonnable, ou libérée pendant la procédure. La mise en liberté peut être subordonnée à une garantie assurant la comparution de l'intéressé à l'audience.

4. Toute personne privée de sa liberté par arrestation ou détention a le droit d'introduire un recours devant un tribunal, afin qu'il statue à bref délai sur la légalité de sa détention et ordonne sa libération si la détention est illégale.

5. Toute personne victime d'une arrestation ou d'une détention dans des conditions contraires aux dispositions de cet article a droit à réparation.

Art. 6. *Droit à un procès équitable.* 1. Toute personne a droit à ce que sa cause soit entendue équitablement, publiquement et dans un délai raisonnable, par un tribunal indépendant et impartial, établi par la loi, qui décidera, soit des contestations sur ses droits et obligations de caractère civil, soit du bien-fondé de toute accusation en matière pénale dirigée contre elle. Le jugement doit être rendu publiquement, mais l'accès de la salle d'audience peut être interdit à la presse et au public pendant la totalité ou une partie du procès dans l'intérêt de la moralité, de l'ordre public ou de la sécurité nationale dans une société démocratique, lorsque les intérêts des mineurs ou la protection de la vie privée des parties au procès l'exigent, ou dans la mesure jugée strictement nécessaire par le tribunal, lorsque dans des circonstances spéciales la publicité serait de nature à porter atteinte aux intérêts de la justice.

2. Toute personne accusée d'une infraction est présumée innocente jusqu'à ce que sa culpabilité ait été légalement établie.

3. Tout accusé a droit notamment à :

a) être informé, dans le plus court délai, dans une langue qu'il comprend et d'une manière détaillée, de la nature et de la cause de l'accusation portée contre lui ;

b) disposer du temps et des facilités nécessaires à la préparation de sa défense ;

c) se défendre lui-même ou avoir l'assistance d'un défenseur de son choix et, s'il n'a pas les moyens de rémunérer un défenseur, pouvoir être assisté gratuitement par un avocat d'office, lorsque les intérêts de la justice l'exigent ;

d) interroger ou faire interroger les témoins à charge et obtenir la convocation et l'interrogation des témoins à décharge dans les mêmes conditions que les témoins à charge ;

e) se faire assister gratuitement d'un interprète, s'il ne comprend pas ou ne parle pas la langue employée à l'audience.

Art. 7. *Pas de peine sans loi.* 1. Nul ne peut être condamné pour une action ou une omission qui, au moment où elle a été commise, ne constituait pas une infraction d'après le droit national ou international. De même il n'est infligé aucune peine plus forte que celle qui était applicable au moment où l'infraction a été commise.

2. Le présent article ne portera pas atteinte au jugement et à la punition d'une personne coupable d'une action ou d'une omission qui, au moment où elle a été commise, était criminelle d'après les principes généraux de droit reconnus par les nations civilisées.

Art. 8. *Droit au respect de la vie privée et familiale.* 1. Toute personne a droit au respect de sa vie privée et familiale, de son domicile et de sa correspondance.

2. Il ne peut y avoir ingérence d'une autorité publique dans l'exercice de ce droit que pour autant que cette ingérence est prévue par la loi et qu'elle constitue une mesure qui, dans une société démocratique, est nécessaire à la sécurité nationale, à la sûreté publique, au bien-être économique du pays, à la défense de l'ordre et à la prévention des infractions pénales, à la protection de la santé ou de la morale, ou à la protection des droits et libertés d'autrui.

Art. 9. *Liberté de pensée, de conscience et de religion.* 1. Toute personne a droit à la liberté de pensée, de conscience et de religion; ce droit implique la liberté de changer de religion ou de conviction, ainsi que la liberté de manifester sa religion ou sa conviction individuellement ou collectivement, en public ou en privé, par le culte, l'enseignement, les pratiques et l'accomplissement des rites.

2. La liberté de manifester sa religion ou ses convictions ne peut faire l'objet d'autres restrictions que celles qui, prévues par la loi, constituent des mesures nécessaires, dans une société démocratique, à la sécurité publique, à la protection de l'ordre, de la santé ou de la morale publiques, ou à la protection des droits et libertés d'autrui.

Art. 10. *Liberté d'expression.* 1. Toute personne a droit à la liberté d'expression. Ce droit comprend la liberté d'opinion et la liberté de recevoir ou de communiquer des informations ou des idées sans qu'il puisse y avoir ingérence d'autorités publiques et sans considération de frontière. Le présent article n'empêche pas les États de soumettre les entreprises de radiodiffusion, de cinéma ou de télévision à un régime d'autorisations.

2. L'exercice de ces libertés comportant des devoirs et des responsabilités peut être soumis à certaines formalités, conditions, restrictions ou sanctions, prévues par la loi, qui constituent des mesures nécessaires, dans une société démocratique, à la sécurité nationale, à l'intégrité territoriale ou à la sûreté publique, à la défense de l'ordre et à la prévention du crime, à la protection de la santé ou de la morale, à la protection de la réputation ou des droits d'autrui, pour empêcher la divulgation d'informations confidentielles ou pour garantir l'autorité et l'impartialité du pouvoir judiciaire.

Art. 11. *Liberté de réunion et d'association.* 1. Toute personne a droit à la liberté de réunion pacifique et à la liberté d'association, y compris le droit de fonder avec d'autres des syndicats et de s'affilier à des syndicats pour la défense de ses intérêts.

2. L'exercice de ces droits ne peut faire l'objet d'autres restrictions que celles qui, prévues par la loi, constituent des mesures nécessaires, dans une société démocratique, à la sécurité nationale, à la sûreté publique, à la défense de l'ordre et à la prévention du crime, à la protection de la santé ou de la morale, ou à la protection des droits et libertés d'autrui. Le présent article n'interdit pas que des restrictions légitimes soient imposées à l'exercice de ces droits par les membres des forces armées, de la police ou de l'administration de l'État.

Art. 12. *Droit au mariage.* A partir de l'âge nubile, l'homme et la femme ont le droit de se marier et de fonder une famille selon les lois nationales régissant l'exercice de ce droit.

Art. 13. *Droit à un recours effectif.* Toute personne dont les droits et libertés reconnus dans la présente Convention ont été violés, a droit à l'octroi d'un recours effectif devant une instance nationale, alors même que la violation aurait été commise par des personnes agissant dans l'exercice de leurs fonctions officielles.

Art. 14. *Interdiction de discrimination.* La jouissance des droits et libertés reconnus dans la présente Convention doit être assurée, sans distinction aucune, fondée notamment sur le sexe, la race, la couleur, la langue, la religion, les opinions politiques ou toutes autres opinions, l'origine nationale ou sociale, l'appartenance à une minorité nationale, la fortune, la naissance ou toute autre situation.

Art. 15. *Dérogation en cas d'état d'urgence.* 1. En cas de guerre ou en cas d'autre danger public menaçant la vie de la nation, toute Haute Partie contractante peut prendre des mesures dérogeant aux obligations prévues par la présente Convention, dans la stricte mesure où la situation l'exige et à la condition que ces mesures ne soient pas en contradiction avec les autres obligations découlant du droit international.

2. La disposition précédente n'autorise aucune dérogation à l'article 2, sauf pour le cas de décès résultant d'actes licites de guerre, et aux articles 3, 4 (paragraphe 1) et 7.

3. Toute Haute Partie contractante qui exerce ce droit de dérogation tient le Secrétaire général du Conseil de l'Europe pleinement informé des mesures prises et des motifs qui les ont inspirées. Elle doit également informer le Secrétaire général du Conseil de l'Europe de la date à laquelle ces mesures ont cessé d'être en vigueur et les dispositions de la Convention reçoivent de nouveau pleine application.

Art. 16. *Restrictions à l'activité politique des étrangers.* Aucune des dispositions des articles 10, 11 et 14 ne peut être considérée comme interdisant aux hautes parties contractantes d'imposer des restrictions à l'activité politique des étrangers.

Art. 17. *Interdiction de l'abus de droit.* Aucune des dispositions de la présente Convention ne peut être interprétée comme impliquant pour un État, un groupement ou un individu, un droit quelconque de se livrer à une activité ou d'accomplir un acte visant à la destruction des droits ou libertés reconnus dans la présente Convention ou à des limitations plus amples de ces droits et libertés que celles prévues à ladite Convention.

Art. 18. *Limitation de l'usage des restrictions aux droits.* Les restrictions qui, aux termes de la présente Convention, sont apportées auxdits droits et libertés ne peuvent être appliquées que dans le but pour lequel elles ont été prévues.

TITRE II

Cour européenne des droits de l'homme

Art. 19. *Institution de la Cour.* Afin d'assurer le respect des engagements résultant pour les Hautes Parties contractantes de la présente Convention et de ses protocoles, il est institué une Cour européenne des Droits de l'Homme, ci-dessous nommée “la Cour”. Elle fonctionne de façon permanente.

Art. 20. *Nombre de juges.* La Cour se compose d'un nombre de juges égal à celui des Hautes Parties contractantes.

Art. 21. *Conditions d'exercice des fonctions.* 1. Les juges doivent jouir de la plus haute considération morale et réunir les conditions requises pour l'exercice de hautes fonctions judiciaires ou être des jurisconsultes possédant une compétence notoire.

2. Les juges siègent à la Cour à titre individuel.

3. Pendant la durée de leur mandat, les juges ne peuvent exercer aucune activité incompatible avec les exigences d'indépendance, d'impartialité ou de disponibilité requise par une activité exercée à plein temps; toute question soulevée en application de ce paragraphe est tranchée par la Cour.

Art. 22. *Élection des juges.* Les juges sont élus par l'Assemblée parlementaire au titre de chaque Haute Partie contractante, à la majorité des voix exprimées, sur une liste de trois candidats présentés par la Haute Partie contractante.

Art. 23. *Durée du mandat et révocation.* 1. Les juges sont élus pour une durée de neuf ans. Ils ne sont pas rééligibles.

2. Le mandat des juges s'achève dès qu'ils atteignent l'âge de 70 ans.

3. Les juges restent en fonction jusqu'à leur remplacement. Ils continuent toutefois de connaître des affaires dont ils sont déjà saisis.

4. Un juge ne peut être relevé de ses fonctions que si les autres juges décident, à la majorité des deux tiers, que ce juge a cessé de répondre aux conditions requises.

Art. 24. *Greffe et rapporteurs.* 1. La Cour dispose d'un greffe dont les tâches et l'organisation sont fixées par le règlement de la Cour.

2. Lorsqu'elle siège en formation de juge unique, la Cour est assistée de rapporteurs qui exercent leurs fonctions sous l'autorité du président de la Cour. Ils font partie du greffe de la Cour.

Art. 25. *Assemblée plénière.* La Cour réunie en assemblée plénière :

a) Élit, pour une durée de trois ans, son président et un ou deux vice-présidents; ils sont rééligibles;

b) Constitue des chambres pour une période déterminée;

c) Élit les présidents des chambres de la cour, qui sont rééligibles;

d) Adopte le règlement de la cour;

e) Élit le greffier et un ou plusieurs greffiers adjoints;

f) Fait toute demande au titre de l'article 26, paragraphe 2.

Art. 26. *Formations de juge unique, comités, Chambres et Grande Chambre.* 1. Pour l'examen des affaires portées devant elle, la cour siège en formations de juge unique, en comités de trois juges, en Chambres de sept juges et en une Grande Chambre de dix-sept juges. Les Chambres de la cour constituent les comités pour une période déterminée.

2. A la demande de l'Assemblée plénière de la Cour, le Comité des ministres peut, par une décision unanime et pour une période déterminée, réduire à cinq le nombre de juges des Chambres.

3. Un juge siégeant en tant que juge unique n'examine aucune requête introduite contre la Haute Partie contractante au titre de laquelle ce juge a été élu.

4. Le juge élu au titre d'une Haute Partie contractante partie au litige est membre de droit de la Chambre et de la Grande Chambre; en cas d'absence de ce juge, ou lorsqu'il n'est pas en mesure de siéger, une personne choisie par le président de la Cour sur une liste soumise au préalable par cette Partie siège en qualité de juge.

5. Font aussi partie de la Grande Chambre le président de la Cour, les vice-présidents, les présidents des Chambres et d'autres juges désignés conformément au règlement de la Cour. Quand l'affaire est déférée à la Grande Chambre en vertu de l'article 43, aucun juge de la Chambre qui a rendu l'arrêt ne peut y siéger, à l'exception du président de la Chambre et du juge ayant siégé au titre de la Haute Partie contractante intéressée.

Art. 27. *Compétence des juges uniques.* 1. Un juge unique peut déclarer une requête introduite en vertu de l'article 34 irrecevable ou la rayer du rôle lorsqu'une telle décision peut être prise sans examen complémentaire.

2. La décision est définitive.

3. Si le juge unique ne déclare pas une requête irrecevable ou ne la raye pas du rôle, ce juge la transmet à un comité ou à une Chambre pour examen complémentaire.

Art. 28. *Compétence des comités.* 1. Un comité saisi d'une requête individuelle introduite en vertu de l'article 34 peut, par vote unanime,

a) la déclarer irrecevable ou la rayer du rôle lorsqu'une telle décision peut être prise sans examen complémentaire; ou

b) la déclarer recevable et rendre conjointement un arrêt sur le fond lorsque la question relative à l'interprétation ou à l'application de la Convention ou de ses Protocoles qui est à l'origine de l'affaire fait l'objet d'une jurisprudence bien établie de la Cour.

2. Les décisions et arrêts prévus au paragraphe 1 sont définitifs.

3. Si le juge élu au titre de la Haute Partie contractante partie au litige n'est pas membre du comité, ce dernier peut, à tout moment de la procédure, l'inviter à siéger en son sein en lieu et place de l'un de ses membres, en prenant en compte tous facteurs pertinents, y compris la question de savoir si cette Partie a contesté l'application de la procédure du paragraphe 1.*b*.

Art. 29. *Décisions des Chambres sur la recevabilité et le fond.* 1. Si aucune décision n'a été prise en vertu des articles 27 ou 28, ni aucun arrêt rendu en vertu de l'article 28, une Chambre se prononce sur la recevabilité et le fond des requêtes individuelles introduites en vertu de l'article 34. La décision sur la recevabilité peut être prise de façon séparée.

2. Une Chambre se prononce sur la recevabilité et le fond des requêtes étatiques introduites en vertu de l'article 33. Sauf décision contraire de la Cour dans des cas exceptionnels, la décision sur la recevabilité est prise séparément.

Art. 30. *Dessaisissement en faveur de la Grande Chambre.* Si l'affaire pendante devant une Chambre soulève une question grave relative à l'interprétation de la Convention ou de ses protocoles, ou si la solution d'une question peut conduire à une contradiction avec un arrêt rendu antérieurement par la cour, la Chambre peut, tant qu'elle n'a pas rendu son arrêt, se dessaisir au profit de la Grande Chambre, à moins que l'une des parties ne s'y oppose.

Art. 31. *Attributions de la Grande Chambre.* La Grande Chambre :

a) Se prononce sur les requêtes introduites en vertu de l'article 33 ou de l'article 34 lorsque l'affaire lui a été déférée par la Chambre en vertu de l'article 30 ou lorsque l'affaire lui a été déférée en vertu de l'article 43;

b) se prononce sur les questions dont la Cour est saisie par le Comité des ministres en vertu de l'article 46, paragraphe 4; et

c) Examine les demandes d'avis consultatifs introduites en vertu de l'article 47.

Art. 32. *Compétence de la Cour.* 1. La compétence de la Cour s'étend à toutes les questions concernant l'interprétation et l'application de la Convention et de ses protocoles qui lui seront soumises dans les conditions prévues par les articles 33, 34, 46 et 47.

2. En cas de contestation sur le point de savoir si la Cour est compétente, la Cour décide.

Art. 33. *Affaires interétatiques.* Toute Haute Partie contractante peut saisir la cour de tout manquement aux dispositions de la Convention et de ses protocoles qu'elle croira pouvoir être imputé à une autre Haute Partie contractante.

Art. 34. *Requêtes individuelles.* La Cour peut être saisie d'une requête par toute personne physique, toute organisation non gouvernementale ou tout groupe de particuliers qui se prétend victime d'une violation par l'une des Hautes Parties contractantes des droits reconnus dans la Convention ou ses protocoles. Les Hautes Parties contractantes s'engagent à n'entraver par aucune mesure l'exercice efficace de ce droit.

Art. 35. *Conditions de recevabilité.* 1. La Cour ne peut être saisie qu'après l'épuisement des voies de recours internes, tel qu'il est entendu selon les principes de droit international généralement reconnus, et dans un délai de six mois à partir de la date de la décision interne définitive.

2. La Cour ne retient aucune requête individuelle introduite en application de l'article 34, lorsque :

a) Elle est anonyme; ou

b) Elle est essentiellement la même qu'une requête précédemment examinée par la cour ou déjà soumise à une autre instance internationale d'enquête ou de règlement, et si elle ne contient pas de faits nouveaux.

3. La Cour déclare irrecevable toute requête individuelle introduite en application de l'article 34, lorsqu'elle estime :

a) que la requête est incompatible avec les dispositions de la Convention ou de ses Protocoles, manifestement mal fondée ou abusive; ou

b) que le requérant n'a subi aucun préjudice important, sauf si le respect des droits de l'homme garantis par la Convention et ses Protocoles exige un examen de la requête au fond et à condition de ne rejeter pour ce motif aucune affaire qui n'a pas été dûment examinée par un tribunal interne.

4. La Cour rejette toute requête qu'elle considère comme irrecevable en application du présent article. Elle peut procéder ainsi à tout stade de la procédure.

Art. 36. *Tierce intervention.* 1. Dans toute affaire devant une Chambre ou la Grande Chambre, une Haute Partie contractante dont un ressortissant est requérant a le droit de présenter des observations écrites et de prendre part aux audiences.

2. Dans l'intérêt d'une bonne administration de la justice, le président de la cour peut inviter toute Haute Partie contractante qui n'est pas Partie à l'instance ou toute personne intéressée autre que le requérant à présenter des observations écrites ou à prendre part aux audiences.

3. Dans toute affaire devant une Chambre ou la Grande Chambre, le Commissaire aux Droits de l'Homme du Conseil de l'Europe peut présenter des observations écrites et prendre part aux audiences.

Art. 37. *Radiation.* 1. A tout moment de la procédure, la Cour peut décider de rayer une requête du rôle lorsque les circonstances permettent de conclure :

a) Que le requérant n'entend plus la maintenir; ou

b) Que le litige a été résolu; ou

c) Que, pour tout autre motif dont la Cour constate l'existence, il ne se justifie plus de poursuivre l'examen de la requête.

Toutefois, la Cour poursuit l'examen de la requête si le respect des droits de l'homme garantis par la Convention et ses protocoles l'exige.

2. La Cour peut décider la réinscription au rôle d'une requête lorsqu'elle estime que les circonstances le justifient.

Art. 38. *Examen contradictoire de l'affaire.* La Cour examine l'affaire de façon contradictoire avec les représentants des parties et, s'il y a lieu, procède à une enquête pour la conduite efficace de laquelle les Hautes Parties contractantes intéressées fourniront toutes facilités nécessaires.

Art. 39. *Règlements amiables.* 1. A tout moment de la procédure, la Cour peut se mettre à la disposition des intéressés en vue de parvenir à un règlement amiable de l'affaire s'inspirant du respect des droits de l'homme tels que les reconnaissent la Convention et ses Protocoles.

2. La procédure décrite au paragraphe 1 est confidentielle.

3. En cas de règlement amiable, la Cour raye l'affaire du rôle par une décision qui se limite à un bref exposé des faits et de la solution adoptée.

4. Cette décision est transmise au Comité des ministres qui surveille l'exécution des termes du règlement amiable tels qu'ils figurent dans la décision.

Art. 40. *Audience publique et accès aux documents.* 1. L'audience est publique à moins que la Cour n'en décide autrement en raison de circonstances exceptionnelles.

2. Les documents déposés au greffe sont accessibles au public à moins que le président de la cour n'en décide autrement.

Art. 41. *Satisfaction équitable.* Si la cour déclare qu'il y a eu violation de la Convention ou de ses protocoles, et si le droit interne de la Haute Partie contractante ne permet d'effacer qu'imparfaitement les conséquences de cette violation, la Cour accorde à la partie lésée, s'il y a lieu, une satisfaction équitable.

Art. 42. *Arrêts des Chambres.* Les arrêts des Chambres deviennent définitifs conformément aux dispositions de l'article 44, paragraphe 2.

Art. 43. *Renvoi devant la Grande Chambre.* 1. Dans un délai de trois mois à compter de la date de l'arrêt d'une Chambre, toute Partie à l'affaire peut, dans des cas exceptionnels, demander le renvoi de l'affaire devant la Grande Chambre.

2. Un collège de cinq juges de la Grande Chambre accepte la demande si l'affaire soulève une question grave relative à l'interprétation ou à l'application de la Convention ou de ses protocoles, ou encore une question grave de caractère général.

3. Si le collège accepte la demande, la Grande Chambre se prononce sur l'affaire par un arrêt.

Art. 44. *Arrêts définitifs.* 1. L'arrêt de la Grande Chambre est définitif.

2. L'arrêt d'une Chambre devient définitif :

a) Lorsque les Parties déclarent qu'elles ne demanderont pas le renvoi de l'affaire devant la Grande Chambre ; ou *b)* Trois mois après la date de l'arrêt, si le renvoi de l'affaire devant la Grande Chambre n'a pas été demandé ; ou

c) Lorsque le collège de la Grande Chambre rejette la demande de renvoi formulée en application de l'article 43.

3. L'arrêt définitif est publié.

Art. 45. *Motivation des arrêts et décisions.* 1. Les arrêts, ainsi que les décisions déclarant des requêtes recevables ou irrecevables, sont motivés.

2. Si l'arrêt n'exprime pas en tout ou en partie l'opinion unanime des juges, tout juge a le droit d'y joindre l'exposé de son opinion séparée.

Art. 46. *Force obligatoire et exécution des arrêts.* 1. Les Hautes Parties contractantes s'engagent à se conformer aux arrêts définitifs de la Cour dans les litiges auxquels elles sont parties.

2. L'arrêt définitif de la Cour est transmis au Comité des ministres qui en surveille l'exécution.

3. Lorsque le Comité des ministres estime que la surveillance de l'exécution d'un arrêt définitif est entravée par une difficulté d'interprétation de cet arrêt, il peut saisir la Cour afin qu'elle se prononce sur cette question d'interprétation. La décision de saisir la Cour est prise par un vote à la majorité des deux tiers des représentants ayant le droit de siéger au Comité.

4. Lorsque le Comité des ministres estime qu'une Haute Partie contractante refuse de se conformer à un arrêt définitif dans un litige auquel elle est partie, il peut, après avoir mis en demeure cette Partie et par décision prise par un vote à la majorité des deux tiers des représentants ayant le droit de siéger au Comité, saisir la Cour de la question du respect par cette Partie de son obligation au regard du paragraphe 1.

5. Si la Cour constate une violation du paragraphe 1, elle renvoie l'affaire au Comité des ministres afin qu'il examine les mesures à prendre. Si la Cour constate qu'il n'y a pas eu violation du paragraphe 1, elle renvoie l'affaire au Comité des Ministres, qui décide de clore son examen.

Art. 47. *Avis consultatifs.* 1. La Cour peut, à la demande du Comité des Ministres, donner des avis consultatifs sur des questions juridiques concernant l'interprétation de la Convention et de ses protocoles.

2. Ces avis ne peuvent porter ni sur les questions ayant trait au contenu ou à l'étendue des droits et libertés définis au titre Ier de la Convention et dans les protocoles ni sur les autres questions dont la Cour ou le Comité des Ministres pourraient avoir à connaître par suite de l'introduction d'un recours prévu par la Convention.

3. La décision du Comité des Ministres de demander un avis à la Cour est prise par un vote à la majorité des représentants ayant le droit de siéger au Comité.

Art. 48. *Compétence consultative de la cour.* La Cour décide si la demande d'avis consultatif présentée par le Comité des Ministres relève de sa compétence telle que définie par l'article 47.

Art. 49. *Motivation des avis consultatifs.* 1. L'avis de la Cour est motivé.

2. Si l'avis n'exprime pas en tout ou en partie l'opinion unanime des juges, tout juge a le droit d'y joindre l'exposé de son opinion séparée.

3. L'avis de la cour est transmis au Comité des Ministres.

Art. 50. *Frais de fonctionnement de la cour.* Les frais de fonctionnement de la cour sont à la charge du Conseil de l'Europe.

Art. 51. *Privilèges et immunités des juges.* Les juges jouissent, pendant l'exercice de leurs fonctions, des privilèges et immunités prévus à l'article 40 du Statut du Conseil de l'Europe et dans les accords conclus au titre de cet article.

TITRE III

Dispositions diverses

Art. 52. *Enquêtes du Secrétaire général.* Toute Haute Partie contractante fournira sur demande du Secrétaire général du Conseil de l'Europe les explications requises sur la manière dont son droit interne assure l'application effective de toutes les dispositions de cette Convention.

Art. 53. *Sauvegarde des droits de l'homme reconnus.* Aucune des dispositions de la présente Convention ne sera interprétée comme limitant ou portant atteinte aux Droits de l'homme et aux libertés fondamentales qui pourraient être reconnus conformément aux lois de toute Partie contractante ou à toute autre Convention à laquelle cette Partie contractante est partie.

Art. 54. *Pouvoirs du Comité des Ministres.* Aucune disposition de la présente Convention ne porte atteinte aux pouvoirs conférés au Comité des Ministres par le Statut du Conseil de l'Europe.

Art. 55. *Renonciation à d'autres modes de règlement des différends.* Les Hautes Parties contractantes renoncent réciproquement, sauf compromis spécial, à se prévaloir des traités, conventions ou déclarations existant entre elles, en vue de soumettre, par voie de requête, un différend né de l'interprétation ou de l'application de la présente Convention à un mode de règlement autre que ceux prévus par ladite Convention.

Art. 56. *Application territoriale.* 1. Tout État peut, au moment de la ratification ou à tout autre moment par la suite, déclarer, par notification adressée au Secrétaire général du Conseil de l'Europe, que la présente Convention s'appliquera, sous réserve du paragraphe 4 du présent article, à tous les territoires ou à l'un quelconque des territoires dont il assure les relations internationales.

2. La Convention s'appliquera au territoire ou aux territoires désignés dans la notification à partir du trentième jour qui suivra la date à laquelle le Secrétaire général du Conseil de l'Europe aura reçu cette notification.

3. Dans lesdits territoires les dispositions de la présente Convention seront appliquées en tenant compte des nécessités locales.

4. Tout État qui a fait une déclaration conformément au premier paragraphe de cet article, peut, à tout moment par la suite, déclarer relativement à un ou plusieurs des territoires visés dans cette déclaration qu'il accepte la compétence de la cour pour connaître des requêtes de personnes physiques, d'organisations non gouvernementales ou de groupes de particuliers, comme le prévoit l'article 34 de la Convention.

Art. 57. *Réserves.* 1. Tout État peut, au moment de la signature de la présente Convention ou du dépôt de son instrument de ratification, formuler une réserve au sujet d'une disposition particulière de la Convention, dans la mesure où une loi alors en vigueur sur son territoire n'est pas conforme à cette disposition. Les réserves de caractère général ne sont pas autorisées aux termes du présent article.

2. Toute réserve émise conformément au présent article comporte un bref exposé de la loi en cause.

DÉCLARATIONS ET RÉSERVES

L'instrument de ratification de la France comporte les déclarations et réserves suivantes :

Articles 5 et 6. Le Gouvernement de la République, conformément à l'article 64 de la Convention, émet une réserve concernant les articles 5 et 6 de cette Convention en ce sens que ces articles ne sauraient faire obstacle à l'application des dispositions de l'article 27 de la loi n° 72-662 du 13 juillet 1972 portant statut général des militaires, relatives au régime disciplinaire dans les armées, ainsi qu'à celles de l'article 375 du code de justice militaire.

Article 10. Le Gouvernement de la République déclare qu'il interprète les dispositions de l'article 10 comme étant compatibles avec le régime institué en France par la loi n° 72-553 du 10 juillet 1972 portant statut de la Radiodiffusion-télévision française.

Article 15 (paragraphe 1). Le Gouvernement de la République, conformément à l'article 64 de la Convention, émet une réserve concernant le paragraphe 1 de l'article 15 en ce sens, d'une part, que les circonstances énumérées par l'article 16 de la Constitution pour sa mise en œuvre, par l'article 1er de la loi du 3 avril 1878 et par la loi du 9 août 1849 pour la déclaration de l'état de siège, par l'article 1er de la loi n° 55-385 du 3 avril 1955 pour la déclaration de l'état d'urgence, et qui permettent la mise en application des dispositions de ces textes, doivent être comprises comme correspondant à l'objet de l'article 15 de la Convention et, d'autre part, que pour l'interprétation et l'application de l'article 16 de la Constitution de la République, les termes «dans la stricte mesure où la situation l'exige» ne sauraient limiter le pouvoir du Président de la République de prendre «les mesures exigées par les circonstances».

Article 56. Le Gouvernement de la République déclare en outre que la présente Convention s'appliquera à l'ensemble du territoire de la République, compte tenu, en ce qui concerne les territoires d'outre-mer, des nécessités locales auxquelles l'article 63 fait référence.

Protocole n° 2. Le Gouvernement de la République souligne enfin qu'il n'est pas partie au Protocole n° 2 en date du 6 mai 1963 attribuant à la Cour européenne des Droits de l'homme la compétence de donner des avis consultatifs et qu'en conséquence, pour autant que les articles 1 à 4 de ce Protocole seraient considérés comme intégrés à la Convention, il n'en accepte pas les dispositions.

Art. 58. *Dénonciation.* 1. Une Haute Partie contractante ne peut dénoncer la présente Convention qu'après l'expiration d'un délai de cinq ans à partir de la date d'entrée en vigueur de la Convention à son égard et moyennant un préavis de six mois, donné par une notification adressée au Secrétaire général du Conseil de l'Europe, qui en informe les autres Parties contractantes.

2. Cette dénonciation ne peut avoir pour effet de délier la Haute Partie contractante intéressée des obligations contenues dans la présente Convention en ce qui concerne tout fait qui, pouvant constituer une violation de ces obligations, aurait été accompli par elle antérieurement à la date à laquelle la dénonciation produit effet.

3. Sous la même réserve cesserait d'être Partie à la présente Convention toute Partie contractante qui cesserait d'être Membre du Conseil de l'Europe.

4. La Convention peut être dénoncée conformément aux dispositions des paragraphes précédents en ce qui concerne tout territoire auquel elle a été déclarée applicable aux termes de l'article 56.

Art. 59. *Signature et ratification.* 1. La présente Convention est ouverte à la signature des Membres du Conseil de l'Europe. Elle sera ratifiée. Les ratifications seront déposées près le Secrétaire général du Conseil de l'Europe.

2. L'Union européenne peut adhérer à la présente Convention.

3. La présente Convention entrera en vigueur après le dépôt de dix instruments de ratification.

4. Pour tout signataire qui la ratifiera ultérieurement, la Convention entrera en vigueur dès le dépôt de l'instrument de ratification.

5. Le Secrétaire général du Conseil de l'Europe notifiera à tous les Membres du Conseil de l'Europe l'entrée en vigueur de la Convention, les noms des Hautes Parties contractantes qui l'auront ratifiée, ainsi que le dépôt de tout instrument de ratification intervenu ultérieurement.

7 Protocole additionnel n° 1 à la Convention de sauvegarde des droits de l'homme et des libertés fondamentales

Amendé par le Protocole n° 11 du 11 mai 1994

Date d'adoption : 20 mars 1952

Les gouvernements signataires, membres du Conseil de l'Europe,

Résolus à prendre des mesures propres à assurer la garantie collective de droits et libertés autres que ceux qui figurent déjà dans le titre I de la Convention de sauvegarde des Droits de l'Homme et des Libertés fondamentales, signée à Rome le 4 novembre 1950 (ci-après dénommée " la Convention "),

Sont convenus de ce qui suit :

Art. 1er. *Protection de la propriété.* Toute personne physique ou morale a droit au respect de ses biens. Nul ne peut être privé de sa propriété que pour cause d'utilité publique et dans les conditions prévues par la loi et les principes généraux du droit international.

Les dispositions précédentes ne portent pas atteinte au droit que possèdent les États de mettre en vigueur les lois qu'ils jugent nécessaires pour réglementer l'usage des biens conformément à l'intérêt général ou pour assurer le paiement des impôts ou d'autres contributions ou des amendes.

Art. 2. *Droit à l'instruction.* Nul ne peut se voir refuser le droit à l'instruction. L'État, dans l'exercice des fonctions qu'il assumera dans le domaine de l'éducation et de l'enseignement, respectera le droit des parents d'assurer cette éducation et cet enseignement conformément à leurs convictions religieuses et philosophiques.

Art. 3. *Droit à des élections libres.* Les Hautes Parties contractantes s'engagent à organiser, à des intervalles raisonnables, des élections libres au scrutin secret, dans les conditions qui assurent la libre expression de l'opinion du peuple sur le choix du corps législatif.

Art. 4. *Application territoriale.* Toute Haute Partie contractante peut, au moment de la signature ou de la ratification du présent Protocole ou à tout moment par la suite, communiquer au Secrétaire général du Conseil de l'Europe une déclaration indiquant la mesure dans laquelle il s'engage à ce que les dispositions du présent Protocole s'appliquent à tels territoires qui sont désignés dans ladite déclaration et dont il assure les relations internationales.

Toute Haute Partie contractante qui a communiqué une déclaration en vertu du paragraphe précédent peut, de temps à autre, communiquer une nouvelle déclaration modifiant les termes de toute déclaration antérieure ou mettant fin à l'application des dispositions du présent Protocole sur un territoire quelconque.

Une déclaration faite conformément au présent article sera considérée comme ayant été faite conformément au paragraphe 1 de l'article 56 de la Convention.

Art. 5. *Relations avec la Convention.* Les Hautes Parties contractantes considéreront les articles 1er, 2, 3 et 4 de ce Protocole comme des articles additionnels à la Convention et toutes les dispositions de la Convention s'appliqueront en conséquence.

Art. 6. *Signature et ratification.* Le présent Protocole est ouvert à la signature des Membres du Conseil de l'Europe, signataires de la Convention; il sera ratifié en même temps que la Convention ou après la ratification de celle-ci. Il entrera en vigueur après le dépôt de dix instruments de ratification. Pour tout signataire qui le ratifiera ultérieurement, le Protocole entrera en vigueur dès le dépôt de l'instrument de ratification.

Les instruments de ratification seront déposés près le Secrétaire général du Conseil de l'Europe qui notifiera à tous les Membres les noms de ceux qui l'auront ratifié.

8 Protocole n° 4 à la Convention de sauvegarde des droits de l'homme et des libertés fondamentales

Reconnaissant certains droits et libertés autres que ceux figurant déjà dans la Convention et dans le premier Protocole additionnel à la Convention (amendé par le protocole n° 11 du 11 mai 1994).

Date d'adoption : 16 septembre 1963

Les gouvernements signataires, membres du Conseil de l'Europe,

Résolus à prendre des mesures propres à assurer la garantie collective de droits et libertés autres que ceux qui figurent déjà dans le titre I de la Convention de sauvegarde des Droits de l'Homme et des Libertés fondamentales, signée à Rome le 4 no-

vembre 1950 (ci-après dénommée " la Convention ") et dans les articles 1 à 3 du premier Protocole additionnel à la Convention, signé à Paris le 20 mars 1952,
Sont convenus de ce qui suit :

Art. 1er. *Interdiction de l'emprisonnement pour dette.* Nul ne peut être privé de sa liberté pour la seule raison qu'il n'est pas en mesure d'exécuter une obligation contractuelle.

Art. 2. *Liberté de circulation.* 1. Quiconque se trouve régulièrement sur le territoire d'un État a le droit d'y circuler librement et d'y choisir librement sa résidence.

2. Toute personne est libre de quitter n'importe quel pays, y compris le sien.

3. L'exercice de ces droits ne peut faire l'objet d'autres restrictions que celles qui, prévues par la loi, constituent des mesures nécessaires, dans une société démocratique, à la sécurité nationale, à la sûreté publique, au maintien de l'ordre public, à la prévention des infractions pénales, à la protection de la santé ou de la morale, ou à la protection des droits et libertés d'autrui.

4. Les droits reconnus au paragraphe 1er peuvent également, dans certaines zones déterminées, faire l'objet de restrictions qui, prévues par la loi, sont justifiées par l'intérêt public dans une société démocratique.

Art. 3. *Interdiction de l'expulsion des nationaux.* 1. Nul ne peut être expulsé, par voie de mesure individuelle ou collective, du territoire de l'État dont il est le ressortissant.

2. Nul ne peut être privé du droit d'entrer sur le territoire de l'État dont il est le ressortissant.

Art. 4. *Interdiction des expulsions collectives d'étrangers.* Les expulsions collectives d'étrangers sont interdites.

Art. 5. *Application territoriale.* 1. Toute Haute Partie contractante peut, au moment de la signature ou de la ratification du présent Protocole ou à tout moment par la suite, communiquer au Secrétaire Général du Conseil de l'Europe une déclaration indiquant la mesure dans laquelle elle s'engage à ce que les dispositions du présent Protocole s'appliquent à tels territoires qui sont désignés dans ladite déclaration et dont elle assure les relations internationales.

2. Toute Haute Partie contractante qui a communiqué une déclaration en vertu du paragraphe précédent peut, de temps à autre, communiquer une nouvelle déclaration modifiant les termes de toute déclaration antérieure ou mettant fin à l'application des dispositions du présent Protocole sur un territoire quelconque.

3. Une déclaration faite conformément au présent article sera considérée comme ayant été faite conformément au paragraphe 1 de l'article 56 de la Convention.

4. Le territoire de tout État auquel le présent Protocole s'applique en vertu de sa ratification ou de son acceptation par ledit État, et chacun des territoires auxquels le Protocole s'applique en vertu d'une déclaration souscrite par ledit État conformément au présent article, seront considérés comme des territoires distincts aux fins des références au territoire d'un État faites par les articles 2 et 3.

5. Tout État qui a fait une déclaration conformément au paragraphe 1 ou 2 du présent article peut, à tout moment par la suite, déclarer relativement à un ou plusieurs des territoires visés dans cette déclaration qu'il accepte la compétence de la Cour pour connaître des requêtes de personnes physiques, d'organisations non gouvernementales ou de groupes de particuliers, comme le prévoit l'article 34 de la Convention, au titre des articles 1 à 4 du présent Protocole ou de certains d'entre eux.

Art. 6. *Relations avec la Convention.* Les Hautes Parties contractantes considéreront les articles 1 à 5 de ce Protocole comme des articles additionnels à la Convention et toutes les dispositions de la Convention s'appliqueront en conséquence.

Art. 7. *Signature et ratification.* 1. Le présent Protocole est ouvert à la signature des membres du Conseil de l'Europe, signataires de la Convention; il sera ratifié en même temps que la Convention ou après la ratification de celle-ci. Il entrera en vigueur après le dépôt de cinq instruments de ratification. Pour tout signataire qui le ratifiera ultérieurement, le Protocole entrera en vigueur dès le dépôt de l'instrument de ratification.

2. Les instruments de ratification seront déposés près le Secrétaire Général du Conseil de l'Europe qui notifiera à tous les membres les noms de ceux qui l'auront ratifié.

9 Protocole n° 6 à la Convention de sauvegarde des droits de l'homme et des libertés fondamentales

Concernant l'abolition de la peine de mort (amendé par le protocole n° 11 du 11 mai 1994)

Date d'adoption : 28 avril 1983

Les États membres du Conseil de l'Europe, signataires du présent Protocole à la Convention de sauvegarde des Droits de l'Homme et des Libertés fondamentales, signée à Rome le 4 novembre 1950 (ci-après dénommée " la Convention "),

Considérant que les développements intervenus dans plusieurs États membres du Conseil de l'Europe expriment une tendance générale en faveur de l'abolition de la peine de mort,

Sont convenus de ce qui suit :

Art. 1er. *Abolition de la peine de mort.* La peine de mort est abolie. Nul ne peut être condamné à une telle peine ni exécuté.

Art. 2. *Peine de mort en temps de guerre.* Un État peut prévoir dans sa législation la peine de mort pour des actes commis en temps de guerre ou de danger imminent de guerre; une telle peine ne sera appliquée que dans les cas prévus par cette législation et conformément à ses dispositions. Cet État communiquera au Secrétaire Général du Conseil de l'Europe les dispositions afférentes de la législation en cause.

Art. 3. *Interdiction de dérogations.* Aucune dérogation n'est autorisée aux dispositions du présent Protocole au titre de l'article 15 de la Convention.

Art. 4. *Interdiction de réserves.* Aucune réserve n'est admise aux dispositions du présent Protocole en vertu de l'article 57 de la Convention.

Art. 5. *Application territoriale.* 1. Tout État peut, au moment de la signature ou au moment du dépôt de son instrument de ratification, d'acceptation ou d'approbation, désigner le ou les territoires auxquels s'appliquera le présent Protocole.

2. Tout État peut, à tout autre moment par la suite, par une déclaration adressée au Secrétaire Général du Conseil de l'Europe, étendre l'application du présent Protocole à tout autre territoire désigné dans la déclaration. Le Protocole entrera en vigueur à l'égard de ce territoire le premier jour du mois qui suit la date de réception de la déclaration par le Secrétaire Général.

3. Toute déclaration faite en vertu des deux paragraphes précédents pourra être retirée, en ce qui concerne tout territoire désigné dans cette déclaration, par notification adressée au Secrétaire Général. Le retrait prendra effet le premier jour du mois qui suit la date de réception de la notification par le Secrétaire Général.

Art. 6. *Relations avec la Convention.* Les États Parties considèrent les articles 1er à 5 du présent Protocole comme des articles additionnels à la Convention et toutes les dispositions de la Convention s'appliquent en conséquence.

Art. 7. *Signature et ratification.* Le présent Protocole est ouvert à la signature des États membres du Conseil de l'Europe, signataires de la Convention. Il sera soumis à ratification, acceptation ou approbation. Un État membre du Conseil de l'Europe ne pourra ratifier, accepter ou approuver le présent Protocole sans avoir simultanément ou antérieurement ratifié la Convention. Les instruments de ratification, d'acceptation ou d'approbation seront déposés près le Secrétaire Général du Conseil de l'Europe.

Art. 8. *Entrée en vigueur.* 1. Le présent Protocole entrera en vigueur le premier jour du mois qui suit la date à laquelle cinq États membres du Conseil de l'Europe auront exprimé leur consentement à être liés par le Protocole conformément aux dispositions de l'article 7.

2. Pour tout État membre qui exprimera ultérieurement son consentement à être lié par le Protocole, celui-ci entrera en vigueur le premier jour du mois qui suit la date du dépôt de l'instrument de ratification, d'acceptation ou d'approbation.

Art. 9. *Fonctions du dépositaire.* Le Secrétaire Général du Conseil de l'Europe notifiera aux États membres du Conseil :

a. toute signature;

b. le dépôt de tout instrument de ratification, d'acceptation ou d'approbation;

c. toute date d'entrée en vigueur du présent Protocole conformément à ses articles 5 et 8;

d. tout autre acte, notification ou communication ayant trait au présent Protocole.

10 Protocole n° 7 à la Convention de sauvegarde des droits de l'homme et des libertés fondamentales

Amendé par le protocole n° 11 du 11 mai 1994

Date d'adoption : 22 novembre 1984

Les États membres du Conseil de l'Europe, signataires du présent Protocole,

Résolus à prendre de nouvelles mesures propres à assurer la garantie collective de certains droits et libertés par la Convention de Sauvegarde des Droits de l'Homme et des Libertés fondamentales, signée à Rome le 4 novembre 1950 (ci-après dénommée " la Convention "),

Sont convenus de ce qui suit :

Art. 1er. *Garanties procédurales en cas d'expulsion d'étrangers.* 1. Un étranger résidant régulièrement sur le territoire d'un État ne peut en être expulsé qu'en exécution d'une décision prise conformément à la loi et doit pouvoir :

a) Faire valoir les raisons qui militent contre son expulsion;

b) Faire examiner son cas, et

c) Se faire représenter à ces fins devant l'autorité compétente ou une ou plusieurs personnes désignées par cette autorité.

2. Un étranger peut être expulsé avant l'exercice des droits énumérés au paragraphe 1. *a, b* et *c* de cet article lorsque cette expulsion est nécessaire dans l'intérêt de l'ordre public ou est basée sur des motifs de sécurité nationale.

Art. 2. *Droit à un double degré de juridiction en matière pénale.* 1. Toute personne déclarée coupable d'une infraction pénale par un tribunal a le droit de faire examiner par une juridiction supérieure la déclaration de culpabilité ou la condamnation. L'exercice de ce droit, y compris les motifs pour lesquels il peut être exercé, sont régis par la loi.

2. Ce droit peut faire l'objet d'exceptions pour des infractions mineures telles qu'elles sont définies par la loi ou lorsque l'intéressé a été jugé en première instance par la plus haute juridiction ou a été déclaré coupable et condamné à la suite d'un recours contre son acquittement.

Art. 3. *Droit d'indemnisation en cas d'erreur judiciaire.* Lorsqu'une condamnation pénale définitive est ultérieurement annulée, ou lorsque la grâce est accordée, parce qu'un fait nouveau ou nouvellement révélé prouve qu'il s'est produit une erreur judiciaire, la personne qui a subi une peine en raison de cette condamnation est indemnisée, conformément à la loi ou à l'usage en vigueur dans l'État concerné, à moins qu'il ne soit prouvé que la non-révélation en temps utile du fait inconnu lui est imputable en tout ou en partie.

Art. 4. *Droit à ne pas être jugé ou puni deux fois.* 1. Nul ne peut être poursuivi ou puni pénalement par les juridictions du même État en raison d'une infraction pour laquelle il a déjà été acquitté ou condamné par un jugement définitif conformément à la loi et à la procédure pénale de cet État.

2. Les dispositions du paragraphe précédent n'empêchent pas la réouverture du procès, conformément à la loi et à la procédure pénale de l'État concerné, si des faits nouveaux ou nouvellement révélés ou un vice fondamental dans la procédure précédente sont de nature à affecter le jugement intervenu.

3. Aucune dérogation n'est autorisée au présent article au titre de l'article 15 de la Convention.

Art. 5. *Égalité entre époux.* Les époux jouissent de l'égalité de droits et de responsabilités de caractère civil entre eux et dans leurs relations avec leurs enfants au regard du mariage, durant le mariage et lors de sa dissolution. Le présent article n'empêche pas les États de prendre les mesures nécessaires dans l'intérêt des enfants.

Art. 6. *Application territoriale.* 1. Tout État peut, au moment de la signature ou au moment du dépôt de son instrument de ratification, d'acceptation ou d'approbation, désigner le ou les territoires auxquels s'appliquera le présent Protocole, en indiquant la mesure dans laquelle il s'engage à ce que les dispositions du présent Protocole s'appliquent à ce ou ces territoires.

2. Tout État peut, à tout autre moment par la suite, par une déclaration adressée au Secrétaire général du Conseil de l'Europe, étendre l'application du présent Protocole à tout autre territoire désigné dans la déclaration. Le Protocole entrera en vigueur à l'égard de ce territoire le premier jour du mois qui suit l'expiration d'une période de deux mois après la date de réception de la déclaration par le Secrétaire général.

3. Toute déclaration faite en vertu des deux paragraphes précédents pourra être retirée ou modifiée en ce qui concerne tout territoire désigné dans cette déclaration, par notification adressée au Secrétaire général. Le retrait ou la modification prendra effet le premier jour du mois qui suit l'expiration d'une période de deux mois après la date de réception de la notification par le Secrétaire général.

4. Une déclaration faite conformément au présent article sera considérée comme ayant été faite conformément au paragraphe 1 de l'article 56 de la Convention.

5. Le territoire de tout État auquel le présent Protocole s'applique en vertu de sa ratification, de son acceptation ou de son approbation par ledit État, et chacun des territoires auxquels le Protocole s'applique en vertu d'une déclaration souscrite par ledit État conformément au présent article, peuvent être considérés comme des territoires distincts aux fins de la référence au territoire d'un État faite par l'article 1er.

6. Tout État ayant fait une déclaration conformément au paragraphe 1 ou 2 du présent article peut, à tout moment par la suite, déclarer relativement à un ou plusieurs des territoires visés dans cette déclaration qu'il accepte la compétence de la cour pour connaître des requêtes de personnes physiques, d'organisations non gouvernementales ou de groupes de particuliers, comme le prévoit l'article 34 de la Convention, au titre des articles 1er à 5 du présent Protocole.

Art. 7. *Relations avec la Convention.* 1. Les États Parties considèrent les articles 1 à 6 du présent Protocole comme des articles additionnels à la Convention et toutes les dispositions de la Convention s'appliquent en conséquence.

Art. 8. *Signature et ratification.* Le présent Protocole est ouvert à la signature des États membres du Conseil de l'Europe qui ont signé la Convention. Il sera soumis à ratification, acceptation ou approbation. Un État membre du Conseil de l'Europe ne peut ratifier, accepter ou approuver le présent Protocole sans avoir simultanément ou antérieurement ratifié la Convention. Les instruments de ratification, d'acceptation ou d'approbation seront déposés près le Secrétaire Général du Conseil de l'Europe.

Art. 9. *Entrée en vigueur.* 1. Le présent Protocole entrera en vigueur le premier jour du mois qui suit l'expiration d'une période de deux mois après la date à laquelle sept États membres du Conseil de l'Europe auront exprimé leur consentement à être liés par le Protocole conformément aux dispositions de l'article 8.

2. Pour tout État membre qui exprimera ultérieurement son consentement à être lié par le Protocole, celui-ci entrera en vigueur le premier jour du mois qui suit l'expiration d'une période de deux mois après la date du dépôt de l'instrument de ratification, d'acceptation ou d'approbation.

Art. 10. *Fonctions du dépositaire.* Le Secrétaire Général du Conseil de l'Europe notifiera à tous les États membres du Conseil de l'Europe :

a. toute signature;

b. le dépôt de tout instrument de ratification, d'acceptation ou d'approbation;

c. toute date d'entrée en vigueur du présent Protocole conformément à ses articles 6 et 9;

d. tout autre acte, notification ou déclaration ayant trait au présent Protocole.

11 Protocole n° 13 à la Convention de sauvegarde des droits de l'homme et des libertés fondamentales

Relatif à l'abolition de la peine de mort en toutes circonstances (amendé par le protocole n° 11 du 11 mai 1994)

Date d'adoption : 3 mai 2002

Signé le 3 mai 2002

Les États membres du Conseil de l'Europe, signataires du présent Protocole,

Convaincus que le droit de toute personne à la vie est une valeur fondamentale dans une société démocratique, et que l'abolition de la peine de mort est essentielle à la protection de ce droit et à la pleine reconnaissance de la dignité inhérente à tous les êtres humains ;

Souhaitant renforcer la protection du droit à la vie garanti par la Convention de sauvegarde des Droits de l'Homme et des Libertés Fondamentales signée à Rome le 4 novembre 1950 (ci-après dénommée " la Convention ") ;

Notant que le Protocole n° 6 à la Convention concernant l'abolition de la peine de mort, signé à Strasbourg le 28 avril 1983, n'exclut pas la peine de mort pour des actes commis en temps de guerre ou de danger imminent de guerre ;

Résolus à faire le pas ultime afin d'abolir la peine de mort en toutes circonstances,

Sont convenus de ce qui suit :

Art. 1er. *Abolition de la peine de mort.* La peine de mort est abolie. Nul ne peut être condamné à une telle peine ni exécuté.

Art. 2. *Interdiction de dérogations.* Aucune dérogation n'est autorisée aux dispositions du présent Protocole au titre de l'article 15 de la Convention.

Art. 3. *Interdiction de réserves.* Aucune réserve n'est admise aux dispositions du présent Protocole au titre de l'article 57 de la Convention.

Art. 4. *Application territoriale.* 1. Tout État peut, au moment de la signature ou au moment du dépôt de son instrument de ratification, d'acceptation ou d'approbation, désigner le ou les territoires auxquels s'appliquera le présent Protocole.

2. Tout État peut, à tout autre moment par la suite, par une déclaration adressée au Secrétaire général du Conseil de l'Europe, étendre l'application du présent Protocole à tout autre territoire désigné dans la déclaration. Le Protocole entrera en vigueur à l'égard de ce territoire le premier jour du mois qui suit l'expiration d'une période de trois mois après la date de réception de la déclaration par le Secrétaire général.

3. Toute déclaration faite en vertu des deux paragraphes précédents pourra être retirée ou modifiée, en ce qui concerne tout territoire désigné dans cette déclaration, par notification adressée au Secrétaire général. Le retrait ou la modification prendra effet le premier jour du mois qui suit l'expiration d'une période de trois mois après la date de réception de la notification par le Secrétaire général.

Art. 5. *Relations avec la Convention.* Les États Parties considèrent les articles 1 à 4 du présent Protocole comme des articles additionnels à la Convention, et toutes les dispositions de la Convention s'appliquent en conséquence.

Art. 6. *Signature et ratification.* Le présent Protocole est ouvert à la signature des États membres du Conseil de l'Europe qui ont signé la Convention. Il sera soumis à ratification, acceptation ou approbation. Un État membre du Conseil de l'Europe ne peut ratifier, accepter ou approuver le présent Protocole sans avoir simultanément ou antérieurement ratifié la Convention. Les instruments de ratification, d'acceptation ou d'approbation seront déposés près le Secrétaire général du Conseil de l'Europe.

Art. 7. *Entrée en vigueur.* 1. Le présent Protocole entrera en vigueur le premier jour du mois qui suit l'expiration d'une période de trois mois après la date à laquelle dix États membres du Conseil de l'Europe auront exprimé leur consentement à être liés par le présent Protocole conformément aux dispositions de son article 6.

2. Pour tout État membre qui exprimera ultérieurement son consentement à être lié par le présent Protocole, celui-ci entrera en vigueur le premier jour du mois qui suit l'expiration d'une période de trois mois après la date du dépôt de l'instrument de ratification, d'acceptation ou d'approbation.

CHAPITRE 2
Union européenne

12 Charte sociale européenne révisée

Date d'adoption : 3 mai 1996

Entrée en vigueur : 1er juillet 1999

Préambule

Les gouvernements signataires, membres du Conseil de l'Europe,

Considérant que le but du Conseil de l'Europe est de réaliser une union plus étroite entre ses membres afin de sauvegarder et de promouvoir les idéaux et les principes qui sont leur patrimoine commun et de favoriser leur progrès économique et social, notamment par la défense et le développement des droits de l'homme et des libertés fondamentales ;

Considérant qu'aux termes de la Convention de sauvegarde des Droits de l'Homme et des Libertés fondamentales, signée à Rome le 4 novembre 1950, et de ses Protocoles, les États membres du Conseil de l'Europe sont convenus d'assurer à leurs populations les droits civils et politiques et les libertés spécifiés dans ces instruments ;

Considérant que, par la Charte sociale européenne ouverte à la signature à Turin le 18 octobre 1961 et ses Protocoles, les États membres du Conseil de l'Europe sont convenus d'assurer à leurs populations les droits sociaux spécifiés dans ces instruments afin d'améliorer leur niveau de vie et de promouvoir leur bien-être ;

Rappelant que la Conférence ministérielle sur les droits de l'homme, tenue à Rome le 5 novembre 1990, a souligné la nécessité, d'une part, de préserver le caractère indivisible de tous les droits de l'homme, qu'ils soient civils, politiques, économiques, sociaux ou culturels et, d'autre part, de donner à la Charte sociale européenne une nouvelle impulsion ;

Résolus, comme décidé lors de la Conférence ministérielle réunie à Turin les 21 et 22 octobre 1991, de mettre à jour et d'adapter le contenu matériel de la Charte, afin de tenir compte en particulier des changements sociaux fondamentaux intervenus depuis son adoption ;

Reconnaissant l'utilité d'inscrire dans une Charte révisée, destinée à se substituer progressivement à la Charte sociale européenne, les droits garantis par la Charte tels qu'amendés, les droits garantis par le Protocole additionnel de 1988 et d'ajouter de nouveaux droits,

Sont convenus de ce qui suit :

PARTIE I

Les Parties reconnaissent comme objectif d'une politique qu'elles poursuivront par tous les moyens utiles, sur les plans national et international, la réalisation de conditions propres à assurer l'exercice effectif des droits et principes suivants :

1. Toute personne doit avoir la possibilité de gagner sa vie par un travail librement entrepris.

2. Tous les travailleurs ont droit à des conditions de travail équitables.

3. Tous les travailleurs ont droit à la sécurité et à l'hygiène dans le travail.

4. Tous les travailleurs ont droit à une rémunération équitable leur assurant, ainsi qu'à leurs familles, un niveau de vie satisfaisant.

5. Tous les travailleurs et employeurs ont le droit de s'associer librement au sein d'organisations nationales ou internationales pour la protection de leurs intérêts économiques et sociaux.

6. Tous les travailleurs et employeurs ont le droit de négocier collectivement.

7. Les enfants et les adolescents ont droit à une protection spéciale contre les dangers physiques et moraux auxquels ils sont exposés.

8. Les travailleuses, en cas de maternité, ont droit à une protection spéciale.

9. Toute personne a droit à des moyens appropriés d'orientation professionnelle, en vue de l'aider à choisir une profession conformément à ses aptitudes personnelles et à ses intérêts.

10. Toute personne a droit à des moyens appropriés de formation professionnelle.

11. Toute personne a le droit de bénéficier de toutes les mesures lui permettant de jouir du meilleur état de santé qu'elle puisse atteindre.

12. Tous les travailleurs et leurs ayants droit ont droit à la sécurité sociale.

13. Toute personne démunie de ressources suffisantes a droit à l'assistance sociale et médicale.

14. Toute personne a le droit de bénéficier de services sociaux qualifiés.

15. Toute personne handicapée a droit à l'autonomie, à l'intégration sociale et à la participation à la vie de la communauté.

16. La famille, en tant que cellule fondamentale de la société, a droit à une protection sociale, juridique et économique appropriée pour assurer son plein développement.

17. Les enfants et les adolescents ont droit à une protection sociale, juridique et économique appropriée.

18. Les ressortissants de l'une des Parties ont le droit d'exercer sur le territoire d'une autre Partie toute activité lucrative, sur un pied d'égalité avec les nationaux de cette dernière, sous réserve des restrictions fondées sur des raisons sérieuses de caractère économique ou social.

19. Les travailleurs migrants ressortissants de l'une des Parties et leurs familles ont droit à la protection et à l'assistance sur le territoire de toute autre Partie.

20. Tous les travailleurs ont droit à l'égalité de chances et de traitement en matière d'emploi et de profession, sans discrimination fondée sur le sexe.

21. Les travailleurs ont droit à l'information et à la consultation au sein de l'entreprise.

22. Les travailleurs ont le droit de prendre part à la détermination et à l'amélioration des conditions de travail et du milieu du travail dans l'entreprise.

23. Toute personne âgée a droit à une protection sociale.

24. Tous les travailleurs ont droit à une protection en cas de licenciement.

25. Tous les travailleurs ont droit à la protection de leurs créances en cas d'insolvabilité de leur employeur.

26. Tous les travailleurs ont droit à la dignité dans le travail.

27. Toutes les personnes ayant des responsabilités familiales et occupant ou souhaitant occuper un emploi sont en droit de le faire sans être soumises à des discriminations et autant que possible sans qu'il y ait conflit entre leur emploi et leurs responsabilités familiales.

28. Les représentants des travailleurs dans l'entreprise ont droit à la protection contre les actes susceptibles de leur porter préjudice et doivent avoir les facilités appropriées pour remplir leurs fonctions.

29. Tous les travailleurs ont le droit d'être informés et consultés dans les procédures de licenciements collectifs.

30. Toute personne a droit à la protection contre la pauvreté et l'exclusion sociale.

31. Toute personne a droit au logement.

PARTIE II

Les Parties s'engagent à se considérer comme liées, ainsi que prévu à la partie III, par les obligations résultant des articles et des paragraphes ci-après.

Art. 1er. *Droit au travail.* En vue d'assurer l'exercice effectif du droit au travail, les Parties s'engagent :

1. à reconnaître comme l'un de leurs principaux objectifs et responsabilités la réalisation et le maintien du niveau le plus élevé et le plus stable possible de l'emploi en vue de la réalisation du plein emploi;
2. à protéger de façon efficace le droit pour le travailleur de gagner sa vie par un travail librement entrepris;
3. à établir ou à maintenir des services gratuits de l'emploi pour tous les travailleurs;
4. à assurer ou à favoriser une orientation, une formation et une réadaptation professionnelles appropriées.

Art. 2. *Droit à des conditions de travail équitables.* En vue d'assurer l'exercice effectif du droit à des conditions de travail équitables, les Parties s'engagent :

1. à fixer une durée raisonnable au travail journalier et hebdomadaire, la semaine de travail devant être progressivement réduite pour autant que l'augmentation de la productivité et les autres facteurs entrant en jeu le permettent;
2. à prévoir des jours fériés payés;
3. à assurer l'octroi d'un congé payé annuel de quatre semaines au minimum;
4. à éliminer les risques inhérents aux occupations dangereuses ou insalubres et, lorsque ces risques n'ont pas encore pu être éliminés ou suffisamment réduits, à assurer

aux travailleurs employés à de telles occupations soit une réduction de la durée du travail, soit des congés payés supplémentaires;

5. à assurer un repos hebdomadaire qui coïncide autant que possible avec le jour de la semaine reconnu comme jour de repos par la tradition ou les usages du pays ou de la région;

6. à veiller à ce que les travailleurs soient informés par écrit aussitôt que possible et en tout état de cause au plus tard deux mois après le début de leur emploi des aspects essentiels du contrat ou de la relation de travail;

7. à faire en sorte que les travailleurs effectuant un travail de nuit bénéficient de mesures qui tiennent compte de la nature spéciale de ce travail.

Art. 3. *Droit à la sécurité et à l'hygiène dans le travail.* En vue d'assurer l'exercice effectif du droit à la sécurité et à l'hygiène dans le travail, les Parties s'engagent, en consultation avec les organisations d'employeurs et de travailleurs :

1. à définir, mettre en œuvre et réexaminer périodiquement une politique nationale cohérente en matière de sécurité, de santé des travailleurs et de milieu de travail. Cette politique aura pour objet primordial d'améliorer la sécurité et l'hygiène professionnelles et de prévenir les accidents et les atteintes à la santé qui résultent du travail, sont liés au travail ou surviennent au cours du travail, notamment en réduisant au minimum les causes des risques inhérents au milieu de travail;

2. à édicter des règlements de sécurité et d'hygiène;

3. à édicter des mesures de contrôle de l'application de ces règlements;

4. à promouvoir l'institution progressive des services de santé au travail pour tous les travailleurs, avec des fonctions essentiellement préventives et de conseil.

Art. 4. *Droit à une rémunération équitable.* En vue d'assurer l'exercice effectif du droit à une rémunération équitable, les Parties s'engagent :

1. à reconnaître le droit des travailleurs à une rémunération suffisante pour leur assurer, ainsi qu'à leurs familles, un niveau de vie décent;

2. à reconnaître le droit des travailleurs à un taux de rémunération majoré pour les heures de travail supplémentaires, exception faite de certains cas particuliers;

3. à reconnaître le droit des travailleurs masculins et féminins à une rémunération égale pour un travail de valeur égale;

4. à reconnaître le droit de tous les travailleurs à un délai de préavis raisonnable dans le cas de cessation de l'emploi;

5. à n'autoriser des retenues sur les salaires que dans les conditions et limites prescrites par la législation ou la réglementation nationale, ou fixées par des conventions collectives ou des sentences arbitrales.

L'exercice de ces droits doit être assuré soit par voie de conventions collectives librement conclues, soit par des méthodes légales de fixation des salaires, soit de toute autre manière appropriée aux conditions nationales.

Art. 5. *Droit syndical.* En vue de garantir ou de promouvoir la liberté pour les travailleurs et les employeurs de constituer des organisations locales, nationales ou internationales, pour la protection de leurs intérêts économiques et sociaux et d'adhérer à ces organisations, les Parties s'engagent à ce que la législation nationale ne porte pas atteinte, ni ne soit appliquée de manière à porter atteinte à cette liberté. La mesure dans laquelle les garanties prévues au présent article s'appliqueront à la police sera déterminée par la législation ou la réglementation nationale. Le principe de l'application de ces garanties aux membres des forces armées et la mesure dans laquelle elles s'appliqueraient à cette catégorie de personnes sont également déterminés par la législation ou la réglementation nationale.

Art. 6. *Droit de négociation collective.* En vue d'assurer l'exercice effectif du droit de négociation collective, les Parties s'engagent :

1. à favoriser la consultation paritaire entre travailleurs et employeurs;

2. à promouvoir, lorsque cela est nécessaire et utile, l'institution de procédures de négociation volontaire entre les employeurs ou les organisations d'employeurs, d'une part, et les organisations de travailleurs, d'autre part, en vue de régler les conditions d'emploi par des conventions collectives;

3. à favoriser l'institution et l'utilisation de procédures appropriées de conciliation et d'arbitrage volontaire pour le règlement des conflits du travail;

et reconnaissent :

4. le droit des travailleurs et des employeurs à des actions collectives en cas de conflits d'intérêt, y compris le droit de grève, sous réserve des obligations qui pourraient résulter des conventions collectives en vigueur.

Art. 7. *Droit des enfants et des adolescents à la protection.* En vue d'assurer l'exercice effectif du droit des enfants et des adolescents à la protection, les Parties s'engagent :

1. à fixer à 15 ans l'âge minimum d'admission à l'emploi, des dérogations étant toutefois admises pour les enfants employés à des travaux légers déterminés qui ne risquent pas de porter atteinte à leur santé, à leur moralité ou à leur éducation;

2. à fixer à 18 ans l'âge minimum d'admission à l'emploi pour certaines occupations déterminées, considérées comme dangereuses ou insalubres;

3. à interdire que les enfants encore soumis à l'instruction obligatoire soient employés à des travaux qui les privent du plein bénéfice de cette instruction;

4. à limiter la durée du travail des travailleurs de moins de 18 ans pour qu'elle corresponde aux exigences de leur développement et, plus particulièrement, aux besoins de leur formation professionnelle;

5. à reconnaître le droit des jeunes travailleurs et apprentis à une rémunération équitable ou à une allocation appropriée;

6. à prévoir que les heures que les adolescents consacrent à la formation professionnelle pendant la durée normale du travail avec le consentement de l'employeur seront considérées comme comprises dans la journée de travail;

7. à fixer à quatre semaines au minimum la durée des congés payés annuels des travailleurs de moins de 18 ans;

8. à interdire l'emploi des travailleurs de moins de 18 ans à des travaux de nuit, exception faite pour certains emplois déterminés par la législation ou la réglementation nationale;

9. à prévoir que les travailleurs de moins de 18 ans occupés dans certains emplois déterminés par la législation ou la réglementation nationale doivent être soumis à un contrôle médical régulier;

10. à assurer une protection spéciale contre les dangers physiques et moraux auxquels les enfants et les adolescents sont exposés, et notamment contre ceux qui résultent d'une façon directe ou indirecte de leur travail.

Art. 8. *Droit des travailleuses à la protection de la maternité.* En vue d'assurer l'exercice effectif du droit des travailleuses à la protection de la maternité, les Parties s'engagent :

1. à assurer aux travailleuses, avant et après l'accouchement, un repos d'une durée totale de quatorze semaines au minimum, soit par un congé payé, soit par des prestations appropriées de sécurité sociale ou par des fonds publics;
2. à considérer comme illégal pour un employeur de signifier son licenciement à une femme pendant la période comprise entre le moment où elle notifie sa grossesse à son employeur et la fin de son congé de maternité, ou à une date telle que le délai de préavis expire pendant cette période;
3. à assurer aux mères qui allaitent leurs enfants des pauses suffisantes à cette fin;
4. à réglementer le travail de nuit des femmes enceintes, ayant récemment accouché ou allaitant leurs enfants;
5. à interdire l'emploi des femmes enceintes, ayant récemment accouché ou allaitant leurs enfants à des travaux souterrains dans les mines et à tous autres travaux de caractère dangereux, insalubre ou pénible, et à prendre des mesures appropriées pour protéger les droits de ces femmes en matière d'emploi.

Art. 9. *Droit à l'orientation professionnelle.* En vue d'assurer l'exercice effectif du droit à l'orientation professionnelle, les Parties s'engagent à procurer ou promouvoir, en tant que de besoin, un service qui aidera toutes les personnes, y compris celles qui sont handicapées, à résoudre les problèmes relatifs au choix d'une profession ou à l'avancement professionnel, compte tenu des caractéristiques de l'intéressé et de la relation entre celles ci et les possibilités du marché de l'emploi; cette aide devra être fournie, gratuitement, tant aux jeunes, y compris les enfants d'âge scolaire, qu'aux adultes.

Art. 10. *Droit à la formation professionnelle.* En vue d'assurer l'exercice effectif du droit à la formation professionnelle, les Parties s'engagent :

1. à assurer ou à favoriser, en tant que de besoin, la formation technique et professionnelle de toutes les personnes, y compris celles qui sont handicapées, en consultation avec les organisations professionnelles d'employeurs et de travailleurs, et à accorder des moyens permettant l'accès à l'enseignement technique supérieur et à l'enseignement universitaire d'après le seul critère de l'aptitude individuelle;
2. à assurer ou à favoriser un système d'apprentissage et d'autres systèmes de formation des jeunes garçons et filles, dans leurs divers emplois;
3. à assurer ou à favoriser, en tant que de besoin :

a. des mesures appropriées et facilement accessibles en vue de la formation des travailleurs adultes;

b. des mesures spéciales en vue de la rééducation professionnelle des travailleurs adultes, rendue nécessaire par l'évolution technique ou par une orientation nouvelle du marché du travail;

4. à assurer ou à favoriser, en tant que de besoin, des mesures particulières de recyclage et de réinsertion des chômeurs de longue durée;
5. à encourager la pleine utilisation des moyens prévus par des dispositions appropriées telles que :

a. la réduction ou l'abolition de tous droits et charges;

b. l'octroi d'une assistance financière dans les cas appropriés;

c. l'inclusion dans les heures normales de travail du temps consacré aux cours supplémentaires de formation suivis pendant l'emploi par le travailleur à la demande de son employeur;

d. la garantie, au moyen d'un contrôle approprié, en consultation avec les organisations professionnelles d'employeurs et de travailleurs, de l'efficacité du système d'apprentissage et de tout autre système de formation pour jeunes travailleurs, et, d'une manière générale, de la protection adéquate des jeunes travailleurs.

Art. 11. *Droit à la protection de la santé.* En vue d'assurer l'exercice effectif du droit à la protection de la santé, les Parties s'engagent à prendre, soit directement, soit en coopération avec les organisations publiques et privées, des mesures appropriées tendant notamment :

1. à éliminer, dans la mesure du possible, les causes d'une santé déficiente;
2. à prévoir des services de consultation et d'éducation pour ce qui concerne l'amélioration de la santé et le développement du sens de la responsabilité individuelle en matière de santé;
3. à prévenir, dans la mesure du possible, les maladies épidémiques, endémiques et autres, ainsi que les accidents.

Art. 12. *Droit à la sécurité sociale.* En vue d'assurer l'exercice effectif du droit à la sécurité sociale, les Parties s'engagent :

1. à établir ou à maintenir un régime de sécurité sociale;
2. à maintenir le régime de sécurité sociale à un niveau satisfaisant, au moins égal à celui nécessaire pour la ratification du code européen de sécurité sociale;
3. à s'efforcer de porter progressivement le régime de sécurité sociale à un niveau plus haut;
4. à prendre des mesures, par la conclusion d'accords bilatéraux ou multilatéraux appropriés ou par d'autres moyens, et sous réserve des conditions arrêtées dans ces accords, pour assurer :

a. l'égalité de traitement entre les nationaux de chacune des Parties et les ressortissants des autres Parties en ce qui concerne les droits à la sécurité sociale, y compris la conservation des avantages accordés par les législations de sécurité sociale, quels que puissent être les déplacements que les personnes protégées pourraient effectuer entre les territoires des Parties;

b. l'octroi, le maintien et le rétablissement des droits à la sécurité sociale par des moyens tels que la totalisation des périodes d'assurance ou d'emploi accomplies conformément à la législation de chacune des Parties.

Art. 13. *Droit à l'assistance sociale et médicale.* En vue d'assurer l'exercice effectif du droit à l'assistance sociale et médicale, les Parties s'engagent :

1. à veiller à ce que toute personne qui ne dispose pas de ressources suffisantes et qui n'est pas en mesure de se procurer celles ci par ses propres moyens ou de les recevoir d'une autre source, notamment par des prestations résultant d'un régime de sécurité sociale, puisse obtenir une assistance appropriée et, en cas de maladie, les soins nécessités par son état;
2. à veiller à ce que les personnes bénéficiant d'une telle assistance ne souffrent pas, pour cette raison, d'une diminution de leurs droits politiques ou sociaux;

3. à prévoir que chacun puisse obtenir, par des services compétents de caractère public ou privé, tous conseils et toute aide personnelle nécessaires pour prévenir, abolir ou alléger l'état de besoin d'ordre personnel et d'ordre familial;

4. à appliquer les dispositions visées aux paragraphes 1, 2 et 3 du présent article, sur un pied d'égalité avec leurs nationaux, aux ressortissants des autres Parties se trouvant légalement sur leur territoire, conformément aux obligations qu'elles assument en vertu de la Convention européenne d'assistance sociale et médicale, signée à Paris le 11 décembre 1953.

Art. 14. *Droit au bénéfice des services sociaux.* En vue d'assurer l'exercice effectif du droit à bénéficier des services sociaux, les Parties s'engagent :

1. à encourager ou organiser les services utilisant les méthodes propres au service social et qui contribuent au bien être et au développement des individus et des groupes dans la communauté ainsi qu'à leur adaptation au milieu social;

2. à encourager la participation des individus et des organisations bénévoles ou autres à la création ou au maintien de ces services.

Art. 15. *Droit des personnes handicapées à l'autonomie, à l'intégration sociale et à la participation à la vie de la communauté.* En vue de garantir aux personnes handicapées, quel que soit leur âge, la nature et l'origine de leur handicap, l'exercice effectif du droit à l'autonomie, à l'intégration sociale et à la participation à la vie de la communauté, les Parties s'engagent notamment :

1. à prendre les mesures nécessaires pour fournir aux personnes handicapées une orientation, une éducation et une formation professionnelle dans le cadre du droit commun chaque fois que possible ou, si tel n'est pas le cas, par le biais d'institutions spécialisées publiques ou privées;

2. à favoriser leur accès à l'emploi par toute mesure susceptible d'encourager les employeurs à embaucher et à maintenir en activité des personnes handicapées dans le milieu ordinaire de travail et à adapter les conditions de travail aux besoins de ces personnes ou, en cas d'impossibilité en raison du handicap, par l'aménagement ou la création d'emplois protégés en fonction du degré d'incapacité. Ces mesures peuvent justifier, le cas échéant, le recours à des services spécialisés de placement et d'accompagnement;

3. à favoriser leur pleine intégration et participation à la vie sociale, notamment par des mesures, y compris des aides techniques, visant à surmonter des obstacles à la communication et à la mobilité et à leur permettre d'accéder aux transports, au logement, aux activités culturelles et aux loisirs.

Art. 16. *Droit de la famille à une protection sociale, juridique et économique.* En vue de réaliser les conditions de vie indispensables au plein épanouissement de la famille, cellule fondamentale de la société, les Parties s'engagent à promouvoir la protection économique, juridique et sociale de la vie de famille, notamment par le moyen de prestations sociales et familiales, de dispositions fiscales, d'encouragement à la construction de logements adaptés aux besoins des familles, d'aide aux jeunes foyers, ou de toutes autres mesures appropriées.

Art. 17. *Droit des enfants et des adolescents à une protection sociale, juridique et économique.* En vue d'assurer aux enfants et aux adolescents l'exercice effectif du droit de grandir dans un milieu favorable à l'épanouissement de leur personnalité et au développement de leurs aptitudes physiques et mentales, les Parties s'engagent à prendre, soit directement, soit en coopération avec les organisations publiques ou privées, toutes les mesures nécessaires et appropriées tendant :

1. *a.* à assurer aux enfants et aux adolescents, compte tenu des droits et des devoirs des parents, les soins, l'assistance, l'éducation et la formation dont ils ont besoin, notamment en prévoyant la création ou le maintien d'institutions ou de services adéquats et suffisants à cette fin;

b. à protéger les enfants et les adolescents contre la négligence, la violence ou l'exploitation;

c. à assurer une protection et une aide spéciale de l'État vis à vis de l'enfant ou de l'adolescent temporairement ou définitivement privé de son soutien familial;

2. à assurer aux enfants et aux adolescents un enseignement primaire et secondaire gratuit, ainsi qu'à favoriser la régularité de la fréquentation scolaire.

Art. 18. *Droit à l'exercice d'une activité lucrative sur le territoire des autres Parties.* En vue d'assurer l'exercice effectif du droit à l'exercice d'une activité lucrative sur le territoire de toute autre Partie, les Parties s'engagent :

1. à appliquer les règlements existants dans un esprit libéral;

2. à simplifier les formalités en vigueur et à réduire ou supprimer les droits de chancellerie et autres taxes payables par les travailleurs étrangers ou par leurs employeurs;

3. à assouplir, individuellement ou collectivement, les réglementations régissant l'emploi des travailleurs étrangers;

et reconnaissent :

4. le droit de sortie de leurs nationaux désireux d'exercer une activité lucrative sur le territoire des autres Parties.

Art. 19. *Droit des travailleurs migrants et de leurs familles à la protection et à l'assistance.* En vue d'assurer l'exercice effectif du droit des travailleurs migrants et de leurs familles à la protection et à l'assistance sur le territoire de toute autre Partie, les Parties s'engagent :

1. à maintenir ou à s'assurer qu'il existe des services gratuits appropriés chargés d'aider ces travailleurs et, notamment, de leur fournir des informations exactes, et à prendre toutes mesures utiles, pour autant que la législation et la réglementation nationales le permettent, contre toute propagande trompeuse concernant l'émigration et l'immigration;

2. à adopter, dans les limites de leur juridiction, des mesures appropriées pour faciliter le départ, le voyage et l'accueil de ces travailleurs et de leurs familles, et à leur assurer, dans les limites de leur juridiction, pendant le voyage, les services sanitaires et médicaux nécessaires, ainsi que de bonnes conditions d'hygiène;

3. à promouvoir la collaboration, suivant les cas, entre les services sociaux, publics ou privés, des pays d'émigration et d'immigration;

4. à garantir à ces travailleurs se trouvant légalement sur leur territoire, pour autant que ces matières sont régies par la législation ou la réglementation ou sont soumises au contrôle des autorités administratives, un traitement non moins favorable qu'à leurs nationaux en ce qui concerne les matières suivantes :

a. la rémunération et les autres conditions d'emploi et de travail;

b. l'affiliation aux organisations syndicales et la jouissance des avantages offerts par les conventions collectives;

c. le logement;

5. à assurer à ces travailleurs se trouvant légalement sur leur territoire un traitement non moins favorable qu'à leurs propres nationaux en ce qui concerne les impôts, taxes et contributions afférents au travail, perçus au titre du travailleur;

6. à faciliter autant que possible le regroupement de la famille du travailleur migrant autorisé à s'établir lui même sur le territoire;

7. à assurer à ces travailleurs se trouvant légalement sur leur territoire un traitement non moins favorable qu'à leurs nationaux pour les actions en justice concernant les questions mentionnées dans le présent article;

8. à garantir à ces travailleurs résidant régulièrement sur leur territoire qu'ils ne pourront être expulsés que s'ils menacent la sécurité de l'État ou contreviennent à l'ordre public ou aux bonnes mœurs;

9. à permettre, dans le cadre des limites fixées par la législation, le transfert de toute partie des gains et des économies des travailleurs migrants que ceux ci désirent transférer;

10. à étendre la protection et l'assistance prévues par le présent article aux travailleurs migrants travaillant pour leur propre compte, pour autant que les mesures en question sont applicables à cette catégorie;

11. à favoriser et à faciliter l'enseignement de la langue nationale de l'État d'accueil ou, s'il y en a plusieurs, de l'une d'entre elles aux travailleurs migrants et aux membres de leurs familles;

12. à favoriser et à faciliter, dans la mesure du possible, l'enseignement de la langue maternelle du travailleur migrant à ses enfants.

Art. 20. *Droit à l'égalité de chances et de traitement en matière d'emploi et de profession, sans discrimination fondée sur le sexe.* En vue d'assurer l'exercice effectif du droit à l'égalité de chances et de traitement en matière d'emploi et de profession sans discrimination fondée sur le sexe, les Parties s'engagent à reconnaître ce droit et à prendre les mesures appropriées pour en assurer ou en promouvoir l'application dans les domaines suivants :

a. accès à l'emploi, protection contre le licenciement et réinsertion professionnelle;

b. orientation et formation professionnelles, recyclage, réadaptation professionnelle;

c. conditions d'emploi et de travail, y compris la rémunération;

d. déroulement de la carrière, y compris la promotion.

Art. 21. *Droit à l'information et à la consultation.* En vue d'assurer l'exercice effectif du droit des travailleurs à l'information et à la consultation au sein de l'entreprise, les Parties s'engagent à prendre ou à promouvoir des mesures permettant aux travailleurs ou à leurs représentants, conformément à la législation et la pratique nationales :

a. d'être informés régulièrement ou en temps opportun et d'une manière compréhensible de la situation économique et financière de l'entreprise qui les emploie, étant entendu que la divulgation de certaines informations pouvant porter préjudice à l'entreprise pourra être refusée ou qu'il pourra être exigé que celles ci soient tenues confidentielles; et

b. d'être consultés en temps utile sur les décisions envisagées qui sont susceptibles d'affecter substantiellement les intérêts des travailleurs et notamment sur celles qui auraient des conséquences importantes sur la situation de l'emploi dans l'entreprise.

Art. 22. *Droit de prendre part à la détermination et à l'amélioration des conditions de travail et du milieu du travail.* En vue d'assurer l'exercice effectif du droit des travailleurs de prendre part à la détermination et à l'amélioration des conditions de travail et du milieu du travail dans l'entreprise, les Parties s'engagent à prendre ou à promouvoir des mesures permettant aux travailleurs ou à leurs représentants, conformément à la législation et à la pratique nationales, de contribuer :

a. à la détermination et à l'amélioration des conditions de travail, de l'organisation du travail et du milieu du travail;

b. à la protection de la santé et de la sécurité au sein de l'entreprise;

c. à l'organisation de services et facilités sociaux et socioculturels de l'entreprise;

d. au contrôle du respect de la réglementation en ces matières.

Art. 23. *Droit des personnes âgées à une protection sociale.* En vue d'assurer l'exercice effectif du droit des personnes âgées à une protection sociale, les Parties s'engagent à prendre ou à promouvoir, soit directement soit en coopération avec les organisations publiques ou privées, des mesures appropriées tendant notamment :

— à permettre aux personnes âgées de demeurer le plus longtemps possible des membres à part entière de la société, moyennant :

a. des ressources suffisantes pour leur permettre de mener une existence décente et de participer activement à la vie publique, sociale et culturelle;

b. la diffusion des informations concernant les services et les facilités existant en faveur des personnes âgées et les possibilités pour celles ci d'y recourir;

— à permettre aux personnes âgées de choisir librement leur mode de vie et de mener une existence indépendante dans leur environnement habituel aussi longtemps qu'elles le souhaitent et que cela est possible, moyennant :

a. la mise à disposition de logements appropriés à leurs besoins et à leur état de santé ou d'aides adéquates en vue de l'aménagement du logement;

b. les soins de santé et les services que nécessiterait leur état;

— à garantir aux personnes âgées vivant en institution l'assistance appropriée dans le respect de la vie privée, et la participation à la détermination des conditions de vie dans l'institution.

Art. 24. *Droit à la protection en cas de licenciement.* En vue d'assurer l'exercice effectif du droit à la protection en cas de licenciement, les Parties s'engagent à reconnaître :

a. le droit des travailleurs à ne pas être licenciés sans motif valable lié à leur aptitude ou conduite, ou fondé sur les nécessités de fonctionnement de l'entreprise, de l'établissement ou du service;

b. le droit des travailleurs licenciés sans motif valable à une indemnité adéquate ou à une autre réparation appropriée.

A cette fin les Parties s'engagent à assurer qu'un travailleur qui estime avoir fait l'objet d'une mesure de licenciement sans motif valable ait un droit de recours contre cette mesure devant un organe impartial.

Art. 25. *Droit des travailleurs à la protection de leurs créances en cas d'insolvabilité de leur employeur.* En vue d'assurer l'exercice effectif du droit des travailleurs à la protection de leurs créances en cas d'insolvabilité de leur employeur, les Parties s'engagent à prévoir que les créances des travailleurs résultant de contrats de travail ou de relations d'emploi soient garanties par une institution de garantie ou par toute autre forme effective de protection.

Art. 26. *Droit à la dignité au travail.* En vue d'assurer l'exercice effectif du droit de tous les travailleurs à la protection de leur dignité au travail, les Parties s'engagent, en consultation avec les organisations d'employeurs et de travailleurs :

1. à promouvoir la sensibilisation, l'information et la prévention en matière de harcèlement sexuel sur le lieu de travail ou en relation avec le travail, et à prendre toute mesure appropriée pour protéger les travailleurs contre de tels comportements;

2. à promouvoir la sensibilisation, l'information et la prévention en matière d'actes condamnables ou explicitement hostiles et offensifs dirigés de façon répétée contre tout salarié sur le lieu de travail ou en relation avec le travail, et à prendre toute mesure appropriée pour protéger les travailleurs contre de tels comportements.

Art. 27. *Droit des travailleurs ayant des responsabilités familiales à l'égalité des chances et de traitement.* En vue d'assurer l'exercice effectif du droit à l'égalité des chances et de traitement entre les travailleurs des deux sexes ayant des responsabilités familiales et entre ces travailleurs et les autres travailleurs, les Parties s'engagent :

1. à prendre des mesures appropriées :

a. pour permettre aux travailleurs ayant des responsabilités familiales d'entrer et de rester dans la vie active ou d'y retourner après une absence due à ces responsabilités, y compris des mesures dans le domaine de l'orientation et la formation professionnelles;

b. pour tenir compte de leurs besoins en ce qui concerne les conditions d'emploi et la sécurité sociale;

c. pour développer ou promouvoir des services, publics ou privés, en particulier les services de garde de jour d'enfants et d'autres modes de garde;

2. à prévoir la possibilité pour chaque parent, au cours d'une période après le congé de maternité, d'obtenir un congé parental pour s'occuper d'un enfant, dont la durée et les conditions seront fixées par la législation nationale, les conventions collectives ou la pratique;

3. à assurer que les responsabilités familiales ne puissent, en tant que telles, constituer un motif valable de licenciement.

Art. 28. *Droit des représentants des travailleurs à la protection dans l'entreprise et facilités à leur accorder.* Afin d'assurer l'exercice effectif du droit des représentants des travailleurs de remplir leurs fonctions de représentants, les Parties s'engagent à assurer que dans l'entreprise :

a. ils bénéficient d'une protection effective contre les actes qui pourraient leur porter préjudice, y compris le licenciement, et qui seraient motivés par leur qualité ou leurs activités de représentants des travailleurs dans l'entreprise;

b. ils aient les facilités appropriées afin de leur permettre de remplir rapidement et efficacement leurs fonctions en tenant compte du système de relations professionnelles prévalant dans le pays ainsi que des besoins, de l'importance et des possibilités de l'entreprise intéressée.

Art. 29. *Droit à l'information et à la consultation dans les procédures de licenciements collectifs.* Afin d'assurer l'exercice effectif du droit des travailleurs à être informés et consultés en cas de licenciements collectifs, les Parties s'engagent à assurer que les employeurs informent et consultent les représentants des travailleurs en temps utile, avant ces licenciements collectifs, sur les possibilités d'éviter les licenciements collectifs ou de limiter leur nombre et d'atténuer leurs conséquences, par exemple par le recours à des mesures sociales d'accompagnement visant notamment l'aide au reclassement ou à la réinsertion des travailleurs concernés.

Art. 30. *Droit à la protection contre la pauvreté et l'exclusion sociale.* En vue d'assurer l'exercice effectif du droit à la protection contre la pauvreté et l'exclusion sociale, les Parties s'engagent :

a. à prendre des mesures dans le cadre d'une approche globale et coordonnée pour promouvoir l'accès effectif notamment à l'emploi, au logement, à la formation, à l'enseignement, à la culture, à l'assistance sociale et médicale des personnes se trouvant ou risquant de se trouver en situation d'exclusion sociale ou de pauvreté, et de leur famille;

b. à réexaminer ces mesures en vue de leur adaptation si nécessaire.

Art. 31. *Droit au logement.* En vue d'assurer l'exercice effectif du droit au logement, les Parties s'engagent à prendre des mesures destinées :

1. à favoriser l'accès au logement d'un niveau suffisant;
2. à prévenir et à réduire l'état de sans abri en vue de son élimination progressive;
3. à rendre le coût du logement accessible aux personnes qui ne disposent pas de ressources suffisantes.

PARTIE III

Art. A. *Engagements.* 1. Sous réserve des dispositions de l'article B ci dessous, chacune des Parties s'engage :

a. à considérer la partie I de la présente Charte comme une déclaration déterminant les objectifs dont elle poursuivra par tous les moyens utiles la réalisation, conformément aux dispositions du paragraphe introductif de ladite partie;

b. à se considérer comme liée par six au moins des neuf articles suivants de la partie II de la Charte : articles 1, 5, 6, 7, 12, 13, 16, 19 et 20;

c. à se considérer comme liée par un nombre supplémentaire d'articles ou de paragraphes numérotés de la partie II de la Charte, qu'elle choisira, pourvu que le nombre total des articles et des paragraphes numérotés qui la lient ne soit pas inférieur à seize articles ou à soixante trois paragraphes numérotés.

2. Les articles ou paragraphes choisis conformément aux dispositions des alinéas b et c du paragraphe 1 du présent article seront notifiés au Secrétaire Général du Conseil de l'Europe lors du dépôt de l'instrument de ratification, d'acceptation ou d'approbation.

3. Chacune des Parties pourra, à tout moment ultérieur, déclarer par notification adressée au Secrétaire Général qu'elle se considère comme liée par tout autre article ou paragraphe numéroté figurant dans la partie II de la Charte et qu'elle n'avait pas encore accepté conformément aux dispositions du paragraphe 1 du présent article. Ces engagements ultérieurs seront réputés partie intégrante de la ratification, de l'acceptation ou de l'approbation et porteront les mêmes effets dès le premier jour du mois suivant l'expiration d'une période d'un mois après la date de la notification.

4. Chaque Partie disposera d'un système d'inspection du travail approprié à ses conditions nationales.

Art. B. *Liens avec la Charte sociale européenne et le Protocole additionnel de 1988.* 1. Aucune Partie contractante à la Charte sociale européenne ou Partie au Protocole additionnel du 5 mai 1988 ne peut ratifier, accepter ou approuver la présente Charte sans se considérer liée au moins par les dispositions correspondant aux dispositions de la Charte sociale européenne et, le cas échéant, du Protocole additionnel, auxquelles elle était liée.

2. L'acceptation des obligations de toute disposition de la présente Charte aura pour effet que, à partir de la date d'entrée en vigueur de ces obligations à l'égard de la Partie concernée, la disposition correspondante de la Charte sociale européenne et, le cas échéant, de son Protocole additionnel de 1988 cessera de s'appliquer à la Partie concernée au cas où cette Partie serait liée par le premier des deux instruments précités ou par les deux instruments.

PARTIE IV

Art. C. *Contrôle de l'application des engagements contenus dans la présente Charte.* L'application des engagements juridiques contenus dans la présente Charte sera soumise au même contrôle que celui de la Charte sociale européenne.

Art. D. *Réclamations collectives.* 1. Les dispositions du Protocole additionnel à la Charte sociale européenne prévoyant un système de réclamations collectives s'appliqueront aux dispositions souscrites en application de la présente Charte pour les États qui ont ratifié ledit Protocole.

2. Tout État qui n'est pas lié par le Protocole additionnel à la Charte sociale européenne prévoyant un système de réclamations collectives pourra, lors du dépôt de son instrument de ratification, d'acceptation ou d'approbation de la présente Charte ou à tout autre moment par la suite, déclarer par notification adressée au Secrétaire Général du Conseil de l'Europe qu'il accepte le contrôle des obligations souscrites au titre de la présente Charte selon la procédure prévue par ledit Protocole.

PARTIE V

Art. E. *Non-discrimination.* La jouissance des droits reconnus dans la présente Charte doit être assurée sans distinction aucune fondée notamment sur la race, la couleur, le sexe, la langue, la religion, les opinions politiques ou toutes autres opinions, l'ascendance nationale ou l'origine sociale, la santé, l'appartenance à une minorité nationale, la naissance ou toute autre situation.

Art. F. *Dérogations en cas de guerre ou de danger public.* 1. En cas de guerre ou en cas d'autre danger public menaçant la vie de la nation, toute Partie peut prendre des mesures dérogeant aux obligations prévues par la présente Charte, dans la stricte mesure où la situation l'exige et à la condition que ces mesures ne soient pas en contradiction avec les autres obligations découlant du droit international.

2. Toute Partie ayant exercé ce droit de dérogation tient, dans un délai raisonnable, le Secrétaire Général du Conseil de l'Europe pleinement informé des mesures prises et des motifs qui les ont inspirées. Elle doit également informer le Secrétaire Général de la date à laquelle ces mesures ont cessé d'être en vigueur et à laquelle les dispositions de la Charte qu'elle a acceptées reçoivent de nouveau pleine application.

Art. G. *Restrictions.* 1. Les droits et principes énoncés dans la partie I, lorsqu'ils seront effectivement mis en œuvre, et l'exercice effectif de ces droits et principes, tel qu'il est prévu dans la partie II, ne pourront faire l'objet de restrictions ou limitations non spécifiées dans les parties I et II, à l'exception de celles prescrites par la loi et qui sont nécessaires, dans une société démocratique, pour garantir le respect des droits et des libertés d'autrui ou pour protéger l'ordre public, la sécurité nationale, la santé publique ou les bonnes mœurs.

2. Les restrictions apportées en vertu de la présente Charte aux droits et obligations reconnus dans celle ci ne peuvent être appliquées que dans le but pour lequel elles ont été prévues.

Art. H. *Relations entre la Charte et le droit interne ou les accords internationaux.* Les dispositions de la présente Charte ne portent pas atteinte aux dispositions de droit interne et des traités, conventions ou accords bilatéraux ou multilatéraux qui sont ou entreront en vigueur et qui seraient plus favorables aux personnes protégées.

Art. I. *Mise en œuvre des engagements souscrits.* 1. Sans préjudice des moyens de mise en œuvre énoncés par ces articles, les dispositions pertinentes des articles 1 à 31 de la partie II de la présente Charte sont mises en œuvre par :

a. la législation ou la réglementation;

b. des conventions conclues entre employeurs ou organisations d'employeurs et organisations de travailleurs;

c. une combinaison de ces deux méthodes;

d. d'autres moyens appropriés.

2. Les engagements découlant des paragraphes 1, 2, 3, 4, 5 et 7 de l'article 2, des paragraphes 4, 6 et 7 de l'article 7, des paragraphes 1, 2, 3 et 5 de l'article 10 et des articles 21 et 22 de la partie II de la présente Charte seront considérés comme remplis dès lors que ces dispositions seront appliquées, conformément au paragraphe 1 du présent article, à la grande majorité des travailleurs intéressés.

Art. J. *Amendements.* 1. Tout amendement aux parties I et II de la présente Charte destiné à étendre les droits garantis par la présente Charte et tout amendement aux parties III à VI, proposé par une Partie ou par le Comité gouvernemental, est communiqué au Secrétaire Général du Conseil de l'Europe et transmis par le Secrétaire Général aux Parties à la présente Charte.

2. Tout amendement proposé conformément aux dispositions du paragraphe précédent est examiné par le Comité gouvernemental qui soumet le texte adopté à l'approbation du Comité des Ministres après consultation de l'Assemblée parlementaire. Après son approbation par le Comité des Ministres, ce texte est communiqué aux Parties en vue de son acceptation.

3. Tout amendement à la partie I et à la partie II de la présente Charte entrera en vigueur, à l'égard des Parties qui l'ont accepté, le premier jour du mois qui suit l'expiration d'une période d'un mois après la date à laquelle trois Parties auront informé le Secrétaire Général qu'elles l'ont accepté.

Pour toute Partie qui l'aura accepté ultérieurement, l'amendement entrera en vigueur le premier jour du mois qui suit l'expiration d'une période d'un mois après la date à laquelle ladite Partie aura informé le Secrétaire Général de son acceptation.

4. Tout amendement aux parties III à VI de la présente Charte entrera en vigueur le premier jour du mois qui suit l'expiration d'une période d'un mois après la date à laquelle toutes les Parties auront informé le Secrétaire Général qu'elles l'ont accepté.

PARTIE VI

Art. K. *Signature, ratification et entrée en vigueur.* 1. La présente Charte est ouverte à la signature des États membres du Conseil de l'Europe. Elle sera soumise à ratification, acceptation ou approbation. Les instruments de ratification, d'acceptation ou d'approbation seront déposés près le Secrétaire Général du Conseil de l'Europe.

2. La présente Charte entrera en vigueur le premier jour du mois qui suit l'expiration d'une période d'un mois après la date à laquelle trois États membres du Conseil de l'Europe auront exprimé leur consentement à être liés par la présente Charte, conformément aux dispositions du paragraphe précédent.

3. Pour tout État membre qui exprimera ultérieurement son consentement à être lié par la présente Charte, celle ci entrera en vigueur le premier jour du mois qui suit l'expiration d'une période d'un mois après la date du dépôt de l'instrument de ratification, d'acceptation ou d'approbation.

Art. L. *Application territoriale.* 1. La présente Charte s'applique au territoire métropolitain de chaque Partie. Tout signataire peut, au moment de la signature ou au moment du dépôt de son instrument de ratification, d'acceptation ou d'approbation, préciser, par déclaration faite au Secrétaire Général du Conseil de l'Europe, le territoire qui est considéré à cette fin comme son territoire métropolitain.

2. Tout signataire peut, au moment de la signature ou au moment du dépôt de l'instrument de ratification, d'acceptation ou d'approbation, ou à tout autre moment par la suite, déclarer, par notification adressée au Secrétaire Général du Conseil de l'Europe, que la Charte, en tout ou en partie, s'appliquera à celui ou à ceux des territoires non métropolitains désignés dans ladite déclaration et dont il assure les relations internationales ou dont il assume la responsabilité internationale. Il spécifiera dans cette déclaration les articles ou paragraphes de la partie II de la Charte qu'il accepte comme obligatoires en ce qui concerne chacun des territoires désignés dans la déclaration.

3. La Charte s'appliquera au territoire ou aux territoires désignés dans la déclaration visée au paragraphe précédent à partir du premier jour du mois suivant l'expiration d'une période d'un mois après la date de réception de la notification de cette déclaration par le Secrétaire Général.

4. Toute Partie pourra, à tout moment ultérieur, déclarer, par notification adressée au Secrétaire Général du Conseil de l'Europe, que, en ce qui concerne un ou plusieurs des territoires auxquels la Charte s'applique en vertu du paragraphe 2 du présent article, elle accepte comme obligatoire tout article ou paragraphe numéroté qu'elle n'avait pas encore accepté en ce qui concerne ce ou ces territoires. Ces engagements ultérieurs seront réputés partie intégrante de la déclaration originale en ce qui concerne le territoire en question et porteront les mêmes effets à partir du premier jour du mois suivant l'expiration d'une période d'un mois après la date de réception de la notification par le Secrétaire Général.

Art. M. *Dénonciation.* 1. Aucune Partie ne peut dénoncer la présente Charte avant l'expiration d'une période de cinq ans après la date à laquelle la Charte est entrée en vigueur en ce qui la concerne, ou avant l'expiration de toute autre période ultérieure de deux ans et, dans tous les cas, un préavis de six mois sera notifié au Secrétaire Général du Conseil de l'Europe, qui en informera les autres Parties.

2. Toute Partie peut, aux termes des dispositions énoncées dans le paragraphe précédent, dénoncer tout article ou paragraphe de la partie II de la Charte qu'elle a accepté, sous réserve que le nombre des articles ou paragraphes auxquels cette Partie est tenue ne soit jamais infé-

rieur à seize dans le premier cas et à soixante trois dans le second et que ce nombre d'articles ou paragraphes continue de comprendre les articles choisis par cette Partie parmi ceux auxquels une référence spéciale est faite dans l'article A, paragraphe 1, alinéa *b*.

3. Toute Partie peut dénoncer la présente Charte ou tout article ou paragraphe de la partie II de la Charte aux conditions prévues au paragraphe 1 du présent article, en ce qui concerne tout territoire auquel s'applique la Charte en vertu d'une déclaration faite conformément au paragraphe 2 de l'article L.

Art. N. *Annexe.* L'annexe à la présente Charte fait partie intégrante de celle-ci.

Art. O. *Notifications.* Le Secrétaire Général du Conseil de l'Europe notifiera aux États membres du Conseil et au Directeur général du Bureau international du travail :

a. toute signature;

b. le dépôt de tout instrument de ratification, d'acceptation ou d'approbation;

c. toute date d'entrée en vigueur de la présente Charte conformément à son article K;

d. toute déclaration en application des articles A, paragraphes 2 et 3, D, paragraphes 1 et 2, F, paragraphe 2, et L, paragraphes 1, 2, 3 et 4;

e. tout amendement conformément à l'article J;

f. toute dénonciation conformément à l'article M;

g. tout autre acte, notification ou communication ayant trait à la présente Charte.

En foi de quoi, les soussignés, dûment autorisés à cet effet, ont signé la présente Charte révisée.

Fait à Strasbourg, le 3 mai 1996, en français et en anglais, les deux textes faisant également foi, en un seul exemplaire qui sera déposé dans les archives du Conseil de l'Europe. Le Secrétaire Général du Conseil de l'Europe en communiquera copie certifiée conforme à chacun des États membres du Conseil de l'Europe et au Directeur général du Bureau international du travail.

13 Traité sur l'Union européenne

Date d'adoption : 7 février 1992

Préambule

Sa Majesté le roi des Belges, Sa Majesté la reine de Danemark, le président de la République Fédérale d'Allemagne, le président d'Irlande, le président de la République hellénique, Sa Majesté le roi d'Espagne, le président de la République française, le président de la République italienne, Son Altesse Royale le grand-duc de Luxembourg, Sa Majesté la reine des Pays-Bas, le président de la République portugaise, Sa Majesté la reine du Royaume-Uni de Grande-Bretagne et d'Irlande du nord,

Résolus à franchir une nouvelle étape dans le processus d'intégration européenne engagé par la création des Communautés européennes,

S'inspirant des héritages culturels, religieux et humanistes de l'Europe, à partir desquels se sont développées les valeurs universelles que constituent les droits inviolables et inaliénables de la personne humaine, ainsi que la liberté, la démocratie, l'égalité et l'État de droit;

Rappelant l'importance historique de la fin de la division du continent européen et la nécessité d'établir des bases solides pour l'architecture de l'Europe future,

Confirmant leur attachement aux principes de la liberté, de la démocratie et du respect des droits de l'homme et des libertés fondamentales et de l'État de droit,

Confirmant leur attachement aux droits sociaux fondamentaux tels qu'ils sont définis dans la charte sociale européenne, signée à Turin le 18 octobre 1961, et dans la charte communautaire des droits sociaux fondamentaux des travailleurs de 1989,
Désireux d'approfondir la solidarité entre leurs peuples dans le respect de leur histoire, de leur culture et de leurs traditions,
Désireux de renforcer le caractère démocratique et l'efficacité du fonctionnement des institutions, afin de leur permettre de mieux remplir, dans un cadre institutionnel unique, les missions qui leur sont confiées,
Résolus à renforcer leurs économies ainsi qu'à en assurer la convergence, et à établir une union économique et monétaire, comportant, conformément aux dispositions du présent traité et du traité sur le fonctionnement de l'Union européenne, une monnaie unique et stable,
Déterminés à promouvoir le progrès économique et social de leurs peuples, compte tenu du principe du développement durable et dans le cadre de l'achèvement du marché intérieur, et du renforcement de la cohésion et de la protection de l'environnement, et à mettre en œuvre des politiques assurant des progrès parallèles dans l'intégration économique et dans les autres domaines,
Résolus à établir une citoyenneté commune aux ressortissants de leurs pays,
Résolus à mettre en œuvre une politique étrangère et de sécurité commune, y compris la définition progressive d'une politique de défense commune, qui pourrait conduire à une défense commune, conformément aux dispositions de l'article 42, renforçant ainsi l'identité de l'Europe et son indépendance afin de promouvoir la paix, la sécurité et le progrès en Europe et dans le monde,
Résolus à faciliter la libre circulation des personnes, tout en assurant la sûreté et la sécurité de leurs peuples, en établissant un espace de liberté, de sécurité et de justice, conformément aux dispositions du présent traité et du traité sur le fonctionnement de l'Union européenne,
Résolus à poursuivre le processus créant une union sans cesse plus étroite entre les peuples de l'Europe, dans laquelle les décisions sont prises le plus près possible des citoyens, conformément au principe de subsidiarité,
Dans la perspective des étapes ultérieures à franchir pour faire progresser l'intégration européenne,
Ont décidé d'instituer une Union européenne et ont désigné à cet effet comme plénipotentiaires :
(liste de plénipotentiaires non reproduite),
Lesquels, après avoir échangé leurs pleins pouvoirs reconnus en bonne et due forme, sont convenus des dispositions qui suivent :

TITRE I
DISPOSITIONS COMMUNES

Art. 1er *(ex-art. 1er TUE)* . Par le présent traité, les HAUTES PARTIES CONTRACTANTES instituent entre elles une UNION EUROPÉENNE, ci-après dénommée "Union", à laquelle les États membres attribuent des compétences pour atteindre leurs objectifs communs.

Le présent traité marque une nouvelle étape dans le processus créant une union sans cesse plus étroite entre les peuples de l'Europe, dans laquelle les décisions sont prises dans le plus grand respect possible du principe d'ouverture et le plus près possible des citoyens.

L'Union est fondée sur le présent traité et sur le traité sur le fonctionnement de l'Union européenne (ci-après dénommés "les traités"). Ces deux traités ont la même valeur juridique. L'Union se substitue et succède à la Communauté européenne.

Art. 2. L'Union est fondée sur les valeurs de respect de la dignité humaine, de liberté, de démocratie, d'égalité, de l'État de droit, ainsi que de respect des droits de l'homme, y compris des droits des personnes appartenant à des minorités. Ces valeurs sont communes aux États membres dans une société caractérisée par le pluralisme, la non-discrimination, la tolérance, la justice, la solidarité et l'égalité entre les femmes et les hommes.

Art. 3 ***(ex-art. 2 TUE).*** 1. L'Union a pour but de promouvoir la paix, ses valeurs et le bien-être de ses peuples.

2. L'Union offre à ses citoyens un espace de liberté, de sécurité et de justice sans frontières intérieures, au sein duquel est assurée la libre circulation des personnes, en liaison avec des mesures appropriées en matière de contrôle des frontières extérieures, d'asile, d'immigration ainsi que de prévention de la criminalité et de lutte contre ce phénomène.

3. L'Union établit un marché intérieur. Elle œuvre pour le développement durable de l'Europe fondé sur une croissance économique équilibrée et sur la stabilité des prix, une économie sociale de marché hautement compétitive, qui tend au plein-emploi et au progrès social, et un niveau élevé de protection et d'amélioration de la qualité de l'environnement. Elle promeut le progrès scientifique et technique.

Elle combat l'exclusion sociale et les discriminations, et promeut la justice et la protection sociales, l'égalité entre les femmes et les hommes, la solidarité entre les générations et la protection des droits de l'enfant.

Elle promeut la cohésion économique, sociale et territoriale, et la solidarité entre les États membres.

Elle respecte la richesse de sa diversité culturelle et linguistique, et veille à la sauvegarde et au développement du patrimoine culturel européen.

4. L'Union établit une union économique et monétaire dont la monnaie est l'euro.

5. Dans ses relations avec le reste du monde, l'Union affirme et promeut ses valeurs et ses intérêts et contribue à la protection de ses citoyens. Elle contribue à la paix, à la sécurité, au développement durable de la planète, à la solidarité et au respect mutuel entre les peuples, au commerce libre et équitable, à l'élimination de la pauvreté et à la protection des droits de l'homme, en particulier ceux de l'enfant, ainsi qu'au strict respect et au développement du droit international, notamment au respect des principes de la charte des Nations unies.

6. L'Union poursuit ses objectifs par des moyens appropriés, en fonction des compétences qui lui sont attribuées dans les traités.

Art. 4. 1. Conformément à l'article 5, toute compétence non attribuée à l'Union dans les traités appartient aux États membres.

2. L'Union respecte l'égalité des États membres devant les traités ainsi que leur identité nationale, inhérente à leurs structures fondamentales politiques et constitutionnelles, y compris en ce qui concerne l'autonomie locale et régionale. Elle respecte les fonctions essentielles de l'État, notamment celles qui ont pour objet d'assurer son intégrité

territoriale, de maintenir l'ordre public et de sauvegarder la sécurité nationale. En particulier, la sécurité nationale reste de la seule responsabilité de chaque État membre.

3. En vertu du principe de coopération loyale, l'Union et les États membres se respectent et s'assistent mutuellement dans l'accomplissement des missions découlant des traités.

Les États membres prennent toute mesure générale ou particulière propre à assurer l'exécution des obligations découlant des traités ou résultant des actes des institutions de l'Union.

Les États membres facilitent l'accomplissement par l'Union de sa mission et s'abstiennent de toute mesure susceptible de mettre en péril la réalisation des objectifs de l'Union.

Art. 5 ***(ex-art. 5 TCE).*** 1. Le principe d'attribution régit la délimitation des compétences de l'Union. Les principes de subsidiarité et de propor-tionnalité régissent l'exercice de ces compétences.

2. En vertu du principe d'attribution, l'Union n'agit que dans les limites des compétences que les États membres lui ont attribuées dans les traités pour atteindre les objectifs que ces traités établissent. Toute compétence non attribuée à l'Union dans les traités appartient aux États membres.

3. En vertu du principe de subsidiarité, dans les domaines qui ne relèvent pas de sa compétence exclusive, l'Union intervient seulement si, et dans la mesure où, les objectifs de l'action envisagée ne peuvent pas être atteints de manière suffisante par les États membres, tant au niveau central qu'au niveau régional et local, mais peuvent l'être mieux, en raison des dimensions ou des effets de l'action envisagée, au niveau de l'Union.

Les institutions de l'Union appliquent le principe de subsidiarité conformément au protocole sur l'application des principes de subsidiarité et de proportionnalité. Les parlements nationaux veillent au respect du principe de subsidiarité conformément à la procédure prévue dans ce protocole.

4. En vertu du principe de proportionnalité, le contenu et la forme de l'action de l'Union n'excèdent pas ce qui est nécessaire pour atteindre les objectifs des traités.

Les institutions de l'Union appliquent le principe de proportionnalité conformément au protocole sur l'application des principes de subsidiarité et de proportionnalité.

Art. 6 ***(ex-art. 6 TUE)*** **.** 1. L'Union reconnaît les droits, les libertés et les principes énoncés dans la Charte des droits fondamentaux de l'Union européenne du 7 décembre 2000, telle qu'adaptée le 12 décembre 2007 à Strasbourg, laquelle a la même valeur juridique que les traités.

Les dispositions de la Charte n'étendent en aucune manière les compétences de l'Union telles que définies dans les traités.

Les droits, les libertés et les principes énoncés dans la Charte sont interprétés conformément aux dispositions générales du titre VII de la Charte régissant l'interprétation et l'application de celle-ci et en prenant dûment en considération les explications visées dans la Charte, qui indiquent les sources de ces dispositions.

2. L'Union adhère à la Convention européenne de sauvegarde des droits de l'Homme et des libertés fondamentales. Cette adhésion ne modifie pas les compétences de l'Union telles qu'elles sont définies dans les traités.

3. Les droits fondamentaux, tels qu'ils sont garantis par la Convention européenne de sauvegarde des droits de l'Homme et des libertés fondamentales et tels qu'ils résultent

des traditions constitutionnelles communes aux États membres, font partie du droit de l'Union en tant que principes généraux.

Art. 7 ***(ex-art. 7 TUE)*** **.** 1. Sur proposition motivée d'un tiers des États membres, du Parlement européen ou de la Commission européenne, le Conseil, statuant à la majorité des quatre cinquièmes de ses membres après approbation du Parlement européen, peut constater qu'il existe un risque clair de violation grave par un État membre des valeurs visées à l'article 2. Avant de procéder à cette constatation, le Conseil entend l'État membre en question et peut lui adresser des recommandations, en statuant selon la même procédure.

Le Conseil vérifie régulièrement si les motifs qui ont conduit à une telle constatation restent valables.

2. Le Conseil européen, statuant à l'unanimité sur proposition d'un tiers des États membres ou de la Commission européenne et après approbation du Parlement européen, peut constater l'existence d'une violation grave et persistante par un État membre des valeurs visées à l'article 2, après avoir invité cet État membre à présenter toute observation en la matière.

3. Lorsque la constatation visée au paragraphe 2 a été faite, le Conseil, statuant à la majorité qualifiée, peut décider de suspendre certains des droits découlant de l'application des traités à l'État membre en question, y compris les droits de vote du représentant du gouvernement de cet État membre au sein du Conseil. Ce faisant, le Conseil tient compte des conséquences éventuelles d'une telle suspension sur les droits et obligations des personnes physiques et morales.

Les obligations qui incombent à l'État membre en question au titre des traités restent en tout état de cause contraignantes pour cet État.

4. Le Conseil, statuant à la majorité qualifiée, peut décider par la suite de modifier les mesures qu'il a prises au titre du paragraphe 3 ou d'y mettre fin pour répondre à des changements de la situation qui l'a conduit à imposer ces mesures.

5. Les modalités de vote qui, aux fins du présent article, s'appliquent au Parlement européen, au Conseil européen et au Conseil sont fixées à l'article 354 du traité sur le fonctionnement de l'Union européenne.

Art. 8. 1. L'Union développe avec les pays de son voisinage des relations privilégiées, en vue d'établir un espace de prospérité et de bon voisinage, fondé sur les valeurs de l'Union et caractérisé par des relations étroites et pacifiques reposant sur la coopération.

2. Aux fins du paragraphe 1, l'Union peut conclure des accords spécifiques avec les pays concernés. Ces accords peuvent comporter des droits et obligations réciproques ainsi que la possibilité de conduire des actions en commun. Leur mise en œuvre fait l'objet d'une concertation périodique.

TITRE II
DISPOSITIONS RELATIVES AUX PRINCIPES DÉMOCRATIQUES

Art. 9. Dans toutes ses activités, l'Union respecte le principe de l'égalité de ses citoyens, qui bénéficient d'une égale attention de ses institutions, organes et organismes. Est citoyen de l'Union toute personne ayant la nationalité d'un État membre. La citoyenneté de l'Union s'ajoute à la citoyenneté nationale et ne la remplace pas.

Art. 10. 1. Le fonctionnement de l'Union est fondé sur la démocratie représentative.

2. Les citoyens sont directement représentés, au niveau de l'Union, au Parlement européen.

Les États membres sont représentés au Conseil européen par leur chef d'État ou de gouvernement et au Conseil par leurs gouvernements, eux-mêmes démocratiquement responsables, soit devant leurs parlements nationaux, soit devant leurs citoyens.

3. Tout citoyen a le droit de participer à la vie démocratique de l'Union. Les décisions sont prises aussi ouvertement et aussi près que possible des citoyens.

4. Les partis politiques au niveau européen contribuent à la formation de la conscience politique européenne et à l'expression de la volonté des citoyens de l'Union.

Art. 11. 1. Les institutions donnent, par les voies appropriées, aux citoyens et aux associations représentatives la possibilité de faire connaître et d'échanger publiquement leurs opinions dans tous les domaines d'action de l'Union.

2. Les institutions entretiennent un dialogue ouvert, transparent et régulier avec les associations représentatives et la société civile.

3. En vue d'assurer la cohérence et la transparence des actions de l'Union, la Commission européenne procède à de larges consultations des parties concernées.

4. Des citoyens de l'Union, au nombre d'un million au moins, ressortissants d'un nombre significatif d'États membres, peuvent prendre l'initiative d'inviter la Commission européenne, dans le cadre de ses attributions, à soumettre une proposition appropriée sur des questions pour lesquelles ces citoyens considèrent qu'un acte juridique de l'Union est nécessaire aux fins de l'application des traités.

Les procédures et conditions requises pour la présentation d'une telle initiative sont fixées conformément à l'article 24, premier alinéa, du traité sur le fonctionnement de l'Union européenne.

Art. 12. Les parlements nationaux contribuent activement au bon fonctionnement de l'Union :

a) en étant informés par les institutions de l'Union et en recevant notification des projets d'actes législatifs de l'Union conformément au protocole sur le rôle des parlements nationaux dans l'Union européenne;

b) en veillant au respect du principe de subsidiarité conformément aux procédures prévues par le protocole sur l'application des principes de subsidiarité et de proportionnalité;

c) en participant, dans le cadre de l'espace de liberté, de sécurité et de justice, aux mécanismes d'évaluation de la mise en œuvre des politiques de l'Union dans cet espace, conformément à l'article 70 du traité sur le fonctionnement de l'Union européenne et en étant associés au contrôle politique d'Europol et à l'évaluation des activités d'Eurojust, conformément aux articles 88 et 85 dudit traité;

d) en prenant part aux procédures de révision des traités, conformément à l'article 48 du présent traité;

e) en étant informés des demandes d'adhésion à l'Union, conformément à l'article 49 du présent traité;

f) en participant à la coopération interparlementaire entre parlements nationaux et avec le Parlement européen, conformément au protocole sur le rôle des parlements nationaux dans l'Union européenne.

TITRE III

DISPOSITIONS RELATIVES AUX INSTITUTIONS

Art. 13. 1. L'Union dispose d'un cadre institutionnel visant à promouvoir ses valeurs, poursuivre ses objectifs, servir ses intérêts, ceux de ses citoyens, et ceux des États membres, ainsi qu'à assurer la cohérence, l'efficacité et la continuité de ses politiques et de ses actions.

Les institutions de l'Union sont :

— le Parlement européen,

— le Conseil européen,

— le Conseil,

— la Commission européenne (ci-après dénommée "Commission"),

— la Cour de justice de l'Union européenne,

— la Banque centrale européenne,

— la Cour des comptes.

2. Chaque institution agit dans les limites des attributions qui lui sont conférées dans les traités, conformément aux procédures, conditions et fins prévues par ceux-ci. Les institutions pratiquent entre elles une coopération loyale.

3. Les dispositions relatives à la Banque centrale européenne et à la Cour des comptes, ainsi que des dispositions détaillées sur les autres institutions, figurent dans le traité sur le fonctionnement de l'Union européenne.

4. Le Parlement européen, le Conseil et la Commission sont assistés d'un Comité économique et social et d'un Comité des régions exerçant des fonctions consultatives.

Art. 14. 1. Le Parlement européen exerce, conjointement avec le Conseil, les fonctions législative et budgétaire. Il exerce des fonctions de contrôle politique et consultatives conformément aux conditions prévues par les traités. Il élit le président de la Commission.

2. Le Parlement européen est composé de représentants des citoyens de l'Union. Leur nombre ne dépasse pas sept cent cinquante, plus le président. La représentation des citoyens est assurée de façon dégressivement proportionnelle, avec un seuil minimum de six membres par État membre. Aucun État membre ne se voit attribuer plus de quatre-vingt-seize sièges.

Le Conseil européen adopte à l'unanimité, sur initiative du Parlement européen et avec son approbation, une décision fixant la composition du Parlement européen, dans le respect des principes visés au premier alinéa.

3. Les membres du Parlement européen sont élus au suffrage universel direct, libre et secret, pour un mandat de cinq ans.

4. Le Parlement européen élit parmi ses membres son président et son bureau.

Art. 15. 1. Le Conseil européen donne à l'Union les impulsions nécessaires à son développement et en définit les orientations et les priorités politiques générales. Il n'exerce pas de fonction législative.

2. Le Conseil européen est composé des chefs d'État ou de gouvernement des États membres, ainsi que de son président et du président de la Commission. Le haut représentant de l'Union pour les affaires étrangères et la politique de sécurité participe à ses travaux.

3. Le Conseil européen se réunit deux fois par semestre sur convocation de son président. Lorsque l'ordre du jour l'exige, les membres du Conseil européen peuvent décider d'être assistés chacun par un ministre et, en ce qui concerne le président de la Commission, par un membre de la Commission. Lorsque la situation l'exige, le président convoque une réunion extraordinaire du Conseil européen.

4. Le Conseil européen se prononce par consensus, sauf dans les cas où les traités en disposent autrement.

5. Le Conseil européen élit son président à la majorité qualifiée pour une durée de deux ans et demi, renouvelable une fois. En cas d'empêchement ou de faute grave, le Conseil européen peut mettre fin à son mandat selon la même procédure.

6. Le président du Conseil européen :

a) préside et anime les travaux du Conseil européen;

b) assure la préparation et la continuité des travaux du Conseil européen en coopération avec le président de la Commission, et sur la base des travaux du Conseil des affaires générales;

c) œuvre pour faciliter la cohésion et le consensus au sein du Conseil européen;

d) présente au Parlement européen un rapport à la suite de chacune des réunions du Conseil européen.

Le président du Conseil européen assure, à son niveau et en sa qualité, la représentation extérieure de l'Union pour les matières relevant de la politique étrangère et de sécurité commune, sans préjudice des attributions du haut représentant de l'Union pour les affaires étrangères et la politique de sécurité.

Le président du Conseil européen ne peut pas exercer de mandat national.

Art. 16. 1. Le Conseil exerce, conjointement avec le Parlement européen, les fonctions législative et budgétaire. Il exerce des fonctions de définition des politiques et de coordination conformément aux conditions prévues par les traités.

2. Le Conseil est composé d'un représentant de chaque État membre au niveau ministériel, habilité à engager le gouvernement de l'État membre qu'il représente et à exercer le droit de vote.

3. Le Conseil statue à la majorité qualifiée, sauf dans les cas où les traités en disposent autrement.

4. À partir du 1er novembre 2014, la majorité qualifiée se définit comme étant égale à au moins 55% des membres du Conseil, comprenant au moins quinze d'entre eux et représentant des États membres réunissant au moins 65% de la population de l'Union.

Une minorité de blocage doit inclure au moins quatre membres du Conseil, faute de quoi la majorité qualifiée est réputée acquise.

Les autres modalités régissant le vote à la majorité qualifiée sont fixées à l'article 238, paragraphe 2 du traité sur le fonctionnement de l'Union européenne.

5. Les dispositions transitoires relatives à la définition de la majorité qualifiée qui sont applicables jusqu'au 31 octobre 2014, ainsi que celles qui seront applicables entre le 1er novembre 2014 et le 31 mars 2017, sont fixées par le protocole sur les dispositions transitoires.

6. Le Conseil siège en différentes formations, dont la liste est adoptée conformément à l'article 236 du traité sur le fonctionnement de l'Union européenne.

Le Conseil des affaires générales assure la cohérence des travaux des différentes formations du Conseil. Il prépare les réunions du Conseil européen et en assure le suivi en liaison avec le président du Conseil européen et la Commission.

Le Conseil des affaires étrangères élabore l'action extérieure de l'Union selon les lignes stratégiques fixées par le Conseil européen et assure la cohérence de l'action de l'Union.

7. Un comité des représentants permanents des gouvernements des États membres est responsable de la préparation des travaux du Conseil.

8. Le Conseil siège en public lorsqu'il délibère et vote sur un projet d'acte législatif. À cet effet, chaque session du Conseil est divisée en deux parties, consacrées respectivement aux délibérations sur les actes législatifs de l'Union et aux activités non législatives.

9. La présidence des formations du Conseil, à l'exception de celle des affaires étrangères, est assurée par les représentants des États membres au Conseil selon un système de rotation égale, dans les conditions fixées conformément à l'article 236 du traité sur le fonctionnement de l'Union européenne.

Art. 17. 1. La Commission promeut l'intérêt général de l'Union et prend les initiatives appropriées à cette fin. Elle veille à l'application des traités ainsi que des mesures adoptées par les institutions en vertu de ceux-ci. Elle surveille l'application du droit de l'Union sous le contrôle de la Cour de justice de l'Union européenne. Elle exécute le budget et gère les programmes. Elle exerce des fonctions de coordination, d'exécution et de gestion conformément aux conditions prévues par les traités. À l'exception de la politique étrangère et de sécurité commune et des autres cas prévus par les traités, elle assure la représentation extérieure de l'Union. Elle prend les initiatives de la programmation annuelle et pluriannuelle de l'Union pour parvenir à des accords interinstitutionnels.

2. Un acte législatif de l'Union ne peut être adopté que sur proposition de la Commission, sauf dans les cas où les traités en disposent autrement. Les autres actes sont adoptés sur proposition de la Commission lorsque les traités le prévoient.

3. Le mandat de la Commission est de cinq ans.

Les membres de la Commission sont choisis en raison de leur compétence générale et de leur engagement européen et parmi des personnalités offrant toutes garanties d'indépendance.

La Commission exerce ses responsabilités en pleine indépendance. Sans préjudice de l'article 18, paragraphe 2, les membres de la Commission ne sollicitent ni n'acceptent d'instructions d'aucun gouvernement, institution, organe ou organisme. Ils s'abstiennent de tout acte incompatible avec leurs fonctions ou l'exécution de leurs tâches.

4. La Commission nommée entre la date d'entrée en vigueur du traité de Lisbonne et le 31 octobre 2014, est composée d'un ressortissant de chaque État membre, y compris son président et le haut représentant de l'Union pour les affaires étrangères et la politique de sécurité, qui en est l'un des vice-présidents.

5. À partir du 1er novembre 2014, la Commission est composée d'un nombre de membres, y compris son président et le haut représentant de l'Union pour les affaires étrangères et la politique de sécurité, correspondant aux deux tiers du nombre d'États membres, à moins que le Conseil européen, statuant à l'unanimité, ne décide de modifier ce nombre.

Les membres de la Commission sont choisis parmi les ressortissants des États membres selon un système de rotation strictement égale entre les États membres permettant de refléter l'éventail démographique et géographique de l'ensemble des États membres. Ce système est établi à l'unanimité par le Conseil européen conformément à l'article 244 du traité sur le fonctionnement de l'Union européenne.

6. Le président de la Commission :

a) définit les orientations dans le cadre desquelles la Commission exerce sa mission;

b) décide de l'organisation interne de la Commission afin d'assurer la cohérence, l'efficacité et la collégialité de son action;

c) nomme des vice-présidents, autres que le haut représentant de l'Union pour les affaires étrangères et la politique de sécurité, parmi les membres de la Commission.

Un membre de la Commission présente sa démission si le président le lui demande. Le haut représentant de l'Union pour les affaires étrangères et la politique de sécurité présente sa démission, conformément à la procédure prévue à l'article 18, paragraphe 1, si le président le lui demande.

7. En tenant compte des élections au Parlement européen, et après avoir procédé aux consultations appropriées, le Conseil européen, statuant à la majorité qualifiée, propose au Parlement européen un candidat à la fonction de président de la Commission. Ce candidat est élu par le Parlement européen à la majorité des membres qui le composent. Si ce candidat ne recueille pas la majorité, le Conseil européen, statuant à la majorité qualifiée, propose, dans un délai d'un mois, un nouveau candidat, qui est élu par le Parlement européen selon la même procédure.

Le Conseil, d'un commun accord avec le président élu, adopte la liste des autres personnalités qu'il propose de nommer membres de la Commission. Le choix de celles-ci s'effectue, sur la base des suggestions faites par les États membres, conformément aux critères prévus au paragraphe 3, deuxième alinéa, et au paragraphe 5, second alinéa.

Le président, le haut représentant de l'Union pour les affaires étrangères et la politique de sécurité et les autres membres de la Commission sont soumis, en tant que collège, à un vote d'approbation du Parlement européen. Sur la base de cette approbation, la Commission est nommée par le Conseil européen, statuant à la majorité qualifiée.

8. La Commission, en tant que collège, est responsable devant le Parlement européen. Le Parlement européen peut adopter une motion de censure de la Commission conformément à l'article 234 du traité sur le fonctionnement de l'Union européenne. Si une telle motion est adoptée, les membres de la Commission doivent démissionner collectivement de leurs fonctions et le haut représentant de l'Union pour les affaires étrangères et la politique de sécurité doit démissionner des fonctions qu'il exerce au sein de la Commission.

Art. 18. 1. Le Conseil européen, statuant à la majorité qualifiée, avec l'accord du président de la Commission, nomme le haut représentant de l'Union pour les affaires étrangères et la politique de sécurité. Le Conseil européen peut mettre fin à son mandat selon la même procédure.

2. Le haut représentant conduit la politique étrangère et de sécurité commune de l'Union. Il contribue par ses propositions à l'élaboration de cette politique et l'exécute en tant que mandataire du Conseil. Il agit de même pour la politique de sécurité et de défense commune.

3. Le haut représentant préside le Conseil des affaires étrangères.

4. Le haut représentant est l'un des vice-présidents de la Commission. Il veille à la cohérence de l'action extérieure de l'Union. Il est chargé, au sein de la Commission, des responsabilités qui incombent à cette dernière dans le domaine des relations extérieures et de la coordination des autres aspects de l'action extérieure de l'Union. Dans l'exercice de ces responsabilités au sein de la Commission, et pour ces seules responsabilités, le haut représentant est soumis aux procédures qui régissent le fonctionnement de la Commission, dans la mesure où cela est compatible avec les paragraphes 2 et 3.

Art. 19. 1. La Cour de justice de l'Union européenne comprend la Cour de justice, le Tribunal et des tribunaux spécialisés. Elle assure le respect du droit dans l'interprétation et l'application des traités.

Les États membres établissent les voies de recours nécessaires pour assurer une protection juridictionnelle effective dans les domaines couverts par le droit de l'Union.

2. La Cour de justice est composée d'un juge par État membre. Elle est assistée d'avocats généraux.

Le Tribunal compte au moins un juge par État membre.

Les juges et les avocats généraux de la Cour de justice et les juges du Tribunal sont choisis parmi des personnalités offrant toutes garanties d'indépendance et réunissant les conditions visées aux articles 253 et 254 du traité sur le fonctionnement de l'Union européenne. Ils sont nommés d'un commun accord par les gouvernements des États membres pour six ans. Les juges et les avocats généraux sortants peuvent être nommés de nouveau.

3. La Cour de justice de l'Union européenne statue conformément aux traités :

a) sur les recours formés par un État membre, une institution ou des personnes physiques ou morales;

b) à titre préjudiciel, à la demande des juridictions nationales, sur l'interprétation du droit de l'Union ou sur la validité d'actes adoptés par les institutions;

c) dans les autres cas prévus par les traités.

TITRE IV
DISPOSITIONS SUR LES COOPÉRATIONS RENFORCÉES

Art. 20 ***(ex-art. 27 A à 27 E, 40 à 40 B et 43 à 45 TUE et ex-art. 11 et 11 A TCE).*** 1. Les États membres qui souhaitent instaurer entre eux une coopération renforcée dans le cadre des compétences non exclusives de l'Union peuvent recourir aux institutions de celle-ci et exercer ces compétences en appliquant les dispositions appropriées des traités, dans les limites et selon les modalités prévues au présent article, ainsi qu'aux articles 326 à 334 du traité sur le fonctionnement de l'Union européenne.

Les coopérations renforcées visent à favoriser la réalisation des objectifs de l'Union, à préserver ses intérêts et à renforcer son processus d'intégration. Elles sont ouvertes à tout moment à tous les États membres, conformément à l'article 328 du traité sur le fonctionnement de l'Union européenne.

2. La décision autorisant une coopération renforcée est adoptée par le Conseil en dernier ressort, lorsqu'il établit que les objectifs recherchés par cette coopération ne peuvent être atteints dans un délai raisonnable par l'Union dans son ensemble, et à condition qu'au moins neuf États membres y participent. Le Conseil statue conformément à la procédure prévue à l'article 329 du traité sur le fonctionnement de l'Union européenne.

3. Tous les membres du Conseil peuvent participer à ses délibérations, mais seuls les membres du Conseil représentant les États membres participant à une coopération renforcée prennent part au vote. Les modalités de vote sont prévues à l'article 330 du traité sur le fonctionnement de l'Union européenne.

4. Les actes adoptés dans le cadre d'une coopération renforcée ne lient que les États membres participants. Ils ne sont pas considérés comme un acquis devant être accepté par les États candidats à l'adhésion à l'Union.

TITRE V

DISPOSITIONS GÉNÉRALES RELATIVES À L'ACTION EXTÉRIEURE DE L'UNION ET DISPOSITIONS SPÉCIFIQUES CONCERNANT LA POLITIQUE ÉTRANGÈRE ET DE SÉCURITÉ COMMUNE

CHAPITRE I

Dispositions générales relatives à l'action extérieure de l'union

Art. 21. 1. L'action de l'Union sur la scène internationale repose sur les principes qui ont présidé à sa création, à son développement et à son élargissement et qu'elle vise à promouvoir dans le reste du monde : la démocratie, l'État de droit, l'universalité et l'indivisibilité des droits de l'homme et des libertés fondamentales, le respect de la dignité humaine, les principes d'égalité et de solidarité et le respect des principes de la charte des Nations unies et du droit international.

L'Union s'efforce de développer des relations et de construire des partenariats avec les pays tiers et avec les organisations internationales, régionales ou mondiales qui partagent les principes visés au premier alinéa. Elle favorise des solutions multilatérales aux problèmes communs, en particulier dans le cadre des Nations unies.

2. L'Union définit et mène des politiques communes et des actions et œuvre pour assurer un haut degré de coopération dans tous les domaines des relations internationales afin :

a) de sauvegarder ses valeurs, ses intérêts fondamentaux, sa sécurité, son indépendance et son intégrité;

b) de consolider et de soutenir la démocratie, l'État de droit, les droits de l'homme et les principes du droit international;

c) de préserver la paix, de prévenir les conflits et de renforcer la sécurité internationale, conformément aux buts et aux principes de la charte des Nations unies, ainsi qu'aux principes de l'acte final d'Helsinki et aux objectifs de la charte de Paris, y compris ceux relatifs aux frontières extérieures;

d) de soutenir le développement durable sur le plan économique, social et environnemental des pays en développement dans le but essentiel d'éradiquer la pauvreté;

e) d'encourager l'intégration de tous les pays dans l'économie mondiale, y compris par la suppression progressive des obstacles au commerce international;

f) de contribuer à l'élaboration de mesures internationales pour préserver et améliorer la qualité de l'environnement et la gestion durable des ressources naturelles mondiales, afin d'assurer un développement durable;

g) d'aider les populations, les pays et les régions confrontés à des catastrophes naturelles ou d'origine humaine; et

h) de promouvoir un système international fondé sur une coopération multilatérale renforcée et une bonne gouvernance mondiale.

3. L'Union respecte les principes et poursuit les objectifs visés aux paragraphes 1 et 2 dans l'élaboration et la mise en œuvre de son action extérieure dans les différents domaines couverts par le présent titre et par la cinquième partie du traité sur le fonctionnement de l'Union européenne, ainsi que de ses autres politiques dans leurs aspects extérieurs.

L'Union veille à la cohérence entre les différents domaines de son action extérieure et entre ceux-ci et ses autres politiques. Le Conseil et la Commission, assistés par le haut représentant de l'Union pour les affaires étrangères et la politique de sécurité, assurent cette cohérence et coopèrent à cet effet.

Art. 22. 1. Sur la base des principes et objectifs énumérés à l'article 21, le Conseil européen identifie les intérêts et objectifs stratégiques de l'Union.

Les décisions du Conseil européen sur les intérêts et objectifs stratégiques de l'Union portent sur la politique étrangère et de sécurité commune ainsi que sur d'autres domaines relevant de l'action extérieure de l'Union. Elles peuvent concerner les relations de l'Union avec un pays ou une région, ou avoir une approche thématique. Elles définissent leur durée et les moyens que devront fournir l'Union et les États membres.

Le Conseil européen statue à l'unanimité sur recommandation du Conseil, adoptée par celui-ci selon les modalités prévues pour chaque domaine. Les décisions du Conseil européen sont mises en œuvre selon les procédures prévues par les traités.

2. Le haut représentant de l'Union pour les affaires étrangères et la politique de sécurité, pour le domaine de la politique étrangère et de sécurité commune, et la Commission, pour les autres domaines de l'action extérieure, peuvent présenter des propositions conjointes au Conseil.

CHAPITRE II

Dispositions spécifiques concernant la politique étrangère et de sécurité commune

Section 1

Dispositions communes

Art. 23. L'action de l'Union sur la scène internationale, au titre du présent chapitre, repose sur les principes, poursuit les objectifs et est menée conformément aux dispositions générales visés au chapitre 1.

Art. 24 *(ex-art. 11 TUE)*. 1. La compétence de l'Union en matière de politique étrangère et de sécurité commune couvre tous les domaines de la politique étrangère ainsi que l'ensemble des questions relatives à la sécurité de l'Union, y compris la définition progressive d'une politique de défense commune qui peut conduire à une défense commune.

La politique étrangère et de sécurité commune est soumise à des règles et procédures spécifiques. Elle est définie et mise en œuvre par le Conseil européen et le Conseil, qui statuent à l'unanimité, sauf dans les cas où les traités en disposent autrement. L'adoption d'actes législatifs est exclue. Cette politique est exécutée par le haut représentant de l'Union pour les affaires étrangères et la politique de sécurité et par les États membres, conformément aux traités. Les rôles spécifiques du Parlement européen et de la Commission dans ce domaine sont définis par les traités. La Cour de justice de l'Union européenne n'est pas compétente en ce qui concerne ces dispositions, à l'exception de sa compétence pour contrôler le respect de l'article 40 du présent traité et pour contrôler la légalité de certaines décisions visées à l'article 275, second alinéa, du traité sur le fonctionnement de l'Union européenne.

2. Dans le cadre des principes et objectifs de son action extérieure, l'Union conduit, définit et met en œuvre une politique étrangère et de sécurité commune fondée sur un développement de la solidarité politique mutuelle des États membres, sur l'identification

des questions présentant un intérêt général et sur la réalisation d'un degré toujours croissant de convergence des actions des États membres.

3. Les États membres appuient activement et sans réserve la politique extérieure et de sécurité de l'Union dans un esprit de loyauté et de solidarité mutuelle et respectent l'action de l'Union dans ce domaine.

Les États membres œuvrent de concert au renforcement et au développement de leur solidarité politique mutuelle. Ils s'abstiennent de toute action contraire aux intérêts de l'Union ou susceptible de nuire à son efficacité en tant que force de cohésion dans les relations internationales.

Le Conseil et le haut représentant veillent au respect de ces principes.

Art. 25 ***(ex-art. 12 TUE)*** **.** L'Union conduit la politique étrangère et de sécurité commune :

a) en définissant les orientations générales;

b) en adoptant des décisions qui définissent :

i) les actions à mener par l'Union;

ii) les positions à prendre par l'Union;

iii) les modalités de la mise en œuvre des décisions visées aux points i) et ii);

et

c) en renforçant la coopération systématique entre les États membres pour la conduite de leur politique.

Art. 26 ***(ex-art. 13 TUE)*** **.** 1. Le Conseil européen identifie les intérêts stratégiques de l'Union, fixe les objectifs et définit les orientations générales de la politique étrangère et de sécurité commune, y compris pour les questions ayant des implications en matière de défense. Il adopte les décisions nécessaires.

Si un développement international l'exige, le président du Conseil européen convoque une réunion extraordinaire du Conseil européen afin de définir les lignes stratégiques de la politique de l'Union face à ce développement.

2. Le Conseil élabore la politique étrangère et de sécurité commune et prend les décisions nécessaires à la définition et à la mise en œuvre de cette politique, sur la base des orientations générales et des lignes stratégiques définies par le Conseil européen.

Le Conseil et le haut représentant de l'Union pour les affaires étrangères et la politique de sécurité veillent à l'unité, à la cohérence et à l'efficacité de l'action de l'Union.

3. La politique étrangère et de sécurité commune est exécutée par le haut représentant et par les États membres, en utilisant les moyens nationaux et ceux de l'Union.

Art. 27. 1. Le haut représentant de l'Union pour les affaires étrangères et la politique de sécurité, qui préside le Conseil des affaires étrangères, contribue par ses propositions à l'élaboration de la politique étrangère et de sécurité commune et assure la mise en œuvre des décisions adoptées par le Conseil européen et le Conseil.

2. Le haut représentant représente l'Union pour les matières relevant de la politique étrangère et de sécurité commune. Il conduit au nom de l'Union le dialogue politique avec les tiers et exprime la position de l'Union dans les organisations internationales et au sein des conférences internationales.

3. Dans l'accomplissement de son mandat, le haut représentant s'appuie sur un service européen pour l'action extérieure. Ce service travaille en collaboration avec les services diplomatiques des États membres et est composé de fonctionnaires des services compétents du secrétariat général du Conseil et de la Commission ainsi que de personnel

détaché des services diplomatiques nationaux. L'organisation et le fonctionnement du service européen pour l'action extérieure sont fixés par une décision du Conseil. Le Conseil statue sur proposition du haut représentant, après consultation du Parlement européen et approbation de la Commission.

Art. 28 ***(ex-art. 14 TUE).*** 1. Lorsqu'une situation internationale exige une action opérationnelle de l'Union, le Conseil adopte les décisions nécessaires. Elles fixent leurs objectifs, leur portée, les moyens à mettre à la disposition de l'Union, les conditions relatives à leur mise en œuvre et, si nécessaire, leur durée.

S'il se produit un changement de circonstances ayant une nette incidence sur une question faisant l'objet d'une telle décision, le Conseil révise les principes et les objectifs de cette décision et adopte les décisions nécessaires.

2. Les décisions visées au paragraphe 1 engagent les États membres dans leurs prises de position et dans la conduite de leur action.

3. Toute prise de position ou toute action nationale envisagée en application d'une décision visée au paragraphe 1 fait l'objet d'une information par l'État membre concerné dans des délais permettant, en cas de nécessité, une concertation préalable au sein du Conseil. L'obligation d'information préalable ne s'applique pas aux mesures qui constituent une simple transposition sur le plan national des décisions du Conseil.

4. En cas de nécessité impérieuse liée à l'évolution de la situation et à défaut d'une révision de la décision du Conseil visée au paragraphe 1, les États membres peuvent prendre d'urgence les mesures qui s'imposent, en tenant compte des objectifs généraux de ladite décision. L'État membre qui prend de telles mesures en informe immédiatement le Conseil.

5. En cas de difficultés majeures pour appliquer une décision visée au présent article, un État membre saisit le Conseil, qui en délibère et recherche les solutions appropriées. Celles-ci ne peuvent aller à l'encontre des objectifs de la décision visée au paragraphe 1 ni nuire à son efficacité.

Art. 29 ***(ex-art. 15 TUE)*.** Le Conseil adopte des décisions qui définissent la position de l'Union sur une question particulière de nature géographique ou thématique. Les États membres veillent à la conformité de leurs politiques nationales avec les positions de l'Union.

Art. 30 ***(ex-art. 22 TUE)*.** 1. Chaque État membre, le haut représentant de l'Union pour les affaires étrangères et la politique de sécurité, ou le haut représentant avec le soutien de la Commission peut saisir le Conseil de toute question relevant de la politique étrangère et de sécurité commune et soumettre, respectivement, des initiatives ou des propositions au Conseil.

2. Dans les cas exigeant une décision rapide, le haut représentant convoque, soit d'office, soit à la demande d'un État membre, dans un délai de quarante-huit heures ou, en cas de nécessité absolue, dans un délai plus bref, une réunion extraordinaire du Conseil.

Art. 31 ***(ex-art. 23 TUE)*.** 1. Les décisions relevant du présent chapitre sont prises par le Conseil européen et par le Conseil statuant à l'unanimité, sauf dans les cas où le présent chapitre en dispose autrement. L'adoption d'actes législatifs est exclue.

Tout membre du Conseil qui s'abstient lors d'un vote peut, conformément au présent alinéa, assortir son abstention d'une déclaration formelle. Dans ce cas, il n'est pas tenu d'appliquer la décision, mais il accepte que la décision engage l'Union. Dans un esprit de solidarité mutuelle, l'État membre concerné s'abstient de toute action susceptible d'entrer en conflit avec l'action de l'Union fondée sur cette décision ou d'y faire obstacle et les autres États membres respectent sa position. Si les membres du Conseil qui assortissent leur abstention d'une telle déclaration représentent au moins un tiers des États membres réunissant au moins un tiers de la population de l'Union, la décision n'est pas adoptée.

2. Par dérogation au paragraphe 1, le Conseil statue à la majorité qualifiée :

— lorsqu'il adopte une décision qui définit une action ou une position de l'Union sur la base d'une décision du Conseil européen portant sur les intérêts et objectifs stratégiques de l'Union, visée à l'article 22, paragraphe 1 ;

— lorsqu'il adopte une décision qui définit une action ou une position de l'Union sur proposition du haut représentant de l'Union pour les affaires étrangères et la politique de sécurité présentée à la suite d'une demande spécifique que le Conseil européen lui a adressée de sa propre initiative ou à l'initiative du haut représentant;

— lorsqu'il adopte toute décision mettant en œuvre une décision qui définit une action ou une position de l'Union,

— lorsqu'il nomme un représentant spécial conformément à l'article 33.

Si un membre du Conseil déclare que, pour des raisons de politique nationale vitales et qu'il expose, il a l'intention de s'opposer à l'adoption d'une décision devant être prise à la majorité qualifiée, il n'est pas procédé au vote. Le haut représentant recherche, en étroite consultation avec l'État membre concerné, une solution acceptable pour celui-ci. En l'absence d'un résultat, le Conseil, statuant à la majorité qualifiée, peut demander que le Conseil européen soit saisi de la question en vue d'une décision à l'unanimité.

3. Le Conseil européen peut, à l'unanimité, adopter une décision prévoyant que le Conseil statue à la majorité qualifiée dans d'autres cas que ceux visés au paragraphe 2.

4. Les paragraphes 2 et 3 ne s'appliquent pas aux décisions ayant des implications militaires ou dans le domaine de la défense.

5. Pour les questions de procédure, le Conseil statue à la majorité de ses membres.

Art. 32 *(ex-art. 16 TUE)* . Les États membres se concertent au sein du Conseil européen et du Conseil sur toute question de politique étrangère et de sécurité présentant un intérêt général, en vue de définir une approche commune. Avant d'entreprendre toute action sur la scène internationale ou de prendre tout engagement qui pourrait affecter les intérêts de l'Union, chaque État membre consulte les autres au sein du Conseil européen ou du Conseil. Les États membres assurent, par la convergence de leurs actions, que l'Union puisse faire valoir ses intérêts et ses valeurs sur la scène internationale. Les États membres sont solidaires entre eux.

Lorsque le Conseil européen ou le Conseil a défini une approche commune de l'Union au sens du premier alinéa, le haut représentant de l'Union pour les affaires étrangères et la politique de sécurité et les ministres des affaires étrangères des États membres coordonnent leurs activités au sein du Conseil.

Les missions diplomatiques des États membres et les délégations de l'Union dans les pays tiers et auprès des organisations internationales coopèrent entre elles et contribuent à la formulation et à la mise en œuvre de l'approche commune.

Art. 33 *(ex-art. 18 TUE)* . Le Conseil peut, sur proposition du haut représentant de l'Union pour les affaires étrangères et la politique de sécurité, nommer un représentant spécial auquel est conféré un mandat en liaison avec des questions politiques particulières. Le représentant spécial exerce son mandat sous l'autorité du haut représentant.

Art. 34 ***(ex-art. 19 TUE)*** **.** 1. Les États membres coordonnent leur action au sein des organisations internationales et lors des conférences internationales. Ils défendent dans ces enceintes les positions de l'Union. Le haut représentant de l'Union pour les affaires étrangères et la politique de sécurité assure l'organisation de cette coordination.

Au sein des organisations internationales et lors des conférences internationales auxquelles tous les États membres ne participent pas, ceux qui y participent défendent les positions de l'Union.

2. Conformément à l'article 24, paragraphe 3, les États membres représentés dans des organisations internationales ou des conférences internationales auxquelles tous les États membres ne participent pas tiennent ces derniers, ainsi que le haut représentant, informés de toute question présentant un intérêt commun.

Les États membres qui sont aussi membres du Conseil de sécurité des Nations unies se concerteront et tiendront les autres États membres ainsi que le haut représentant pleinement informés. Les États membres qui sont membres du Conseil de sécurité défendront, dans l'exercice de leurs fonctions, les positions et les intérêts de l'Union, sans préjudice des responsabilités qui leur incombent en vertu des dispositions de la charte des Nations unies.

Lorsque l'Union a défini une position sur un thème à l'ordre du jour du Conseil de sécurité des Nations unies, les États membres qui y siègent demandent que le haut représentant soit invité à présenter la position de l'Union.

Art. 35 ***(ex-art. 20 TUE)*** **.** Les missions diplomatiques et consulaires des États membres et les délégations de l'Union dans les pays tiers et les conférences internationales ainsi que leurs représentations auprès des organisations internationales, coopèrent pour assurer le respect et la mise en œuvre des décisions qui définissent des positions et des actions de l'Union adoptées en vertu du présent chapitre.

Elles intensifient leur coopération en échangeant des informations et en procédant à des évaluations communes.

Elles contribuent à la mise en œuvre du droit de protection des citoyens de l'Union sur le territoire des pays tiers, visé à l'article 20, paragraphe 2, point c) du traité sur le fonctionnement de l'Union européenne, ainsi que des mesures adoptées en application de l'article 23 dudit traité.

Art. 36 ***(ex-art. 21 TUE).*** Le haut représentant de l'Union pour les affaires étrangères et la politique de sécurité consulte régulièrement le Parlement européen sur les principaux aspects et les choix fondamentaux de la politique étrangère et de sécurité commune et de la politique de sécurité et de défense commune et l'informe de l'évolution de ces politiques. Il veille à ce que les vues du Parlement européen soient dûment prises en considération. Les représentants spéciaux peuvent être associés à l'information du Parlement européen.

Le Parlement européen peut adresser des questions ou formuler des recommandations à l'intention du Conseil et du haut représentant. Il procède deux fois par an à un débat sur les progrès réalisés dans la mise en œuvre de la politique étrangère et de sécurité commune, y compris la politique de sécurité et de défense commune.

Art. 37 ***(ex-art. 24 TUE).*** L'Union peut conclure des accords avec un ou plusieurs États ou organisations internationales dans les domaines relevant du présent chapitre.

Art. 38 ***(ex-art. 25 TUE).*** Sans préjudice de l'article 240 du traité sur le fonctionnement de l'Union européenne, un comité politique et de sécurité suit la situation internationale dans les domaines relevant de la politique étrangère et de sécurité commune et contribue à la définition des politiques en émettant des avis à l'intention du Conseil, à la demande de celui-ci, du haut représentant de l'Union pour les affaires étrangères et la politique de sécurité, ou de sa propre initiative. Il surveille également la mise en œuvre des politiques convenues, sans préjudice des attributions du haut représentant.

Dans le cadre du présent chapitre, le comité politique et de sécurité exerce, sous la responsabilité du Conseil et du haut représentant, le contrôle politique et la direction stratégique des opérations de gestion de crise visées à l'article 43.

Le Conseil peut autoriser le comité, aux fins d'une opération de gestion de crise et pour la durée de celle-ci, telles que déterminées par le Conseil, à prendre les décisions appropriées concernant le contrôle politique et la direction stratégique de l'opération.

Art. 39. Conformément à l'article 16 du traité sur le fonctionnement de l'Union européenne et par dérogation à son paragraphe 2, le Conseil adopte une décision fixant les règles relatives à la protection des personnes physiques à l'égard du traitement des données à caractère personnel par les États membres dans l'exercice d'activités qui relèvent du champ d'application du présent chapitre, et à la libre circulation de ces données. Le respect de ces règles est soumis au contrôle d'autorités indépendantes.

Art. 40 ***(ex-art. 47 TUE).*** La mise en œuvre de la politique étrangère et de sécurité commune n'affecte pas l'application des procédures et l'étendue respective des attributions des institutions prévues par les traités pour l'exercice des compétences de l'Union visées aux articles 3 à 6 du traité sur le fonctionnement de l'Union européenne.

De même, la mise en œuvre des politiques visées auxdits articles n'affecte pas l'application des procédures et l'étendue respective des attributions des institutions prévues par les traités pour l'exercice des compétences de l'Union au titre du présent chapitre.

Art. 41 ***(ex-art. 28 TUE).*** 1. Les dépenses administratives entraînées pour les institutions par la mise en œuvre du présent chapitre sont à la charge du budget de l'Union.

2. Les dépenses opérationnelles entraînées par la mise en œuvre du présent chapitre sont également à la charge du budget de l'Union, à l'exception des dépenses afférentes à des opérations ayant des implications militaires ou dans le domaine de la défense et des cas où le Conseil en décide autrement à l'unanimité.

Quand une dépense n'est pas mise à la charge du budget de l'Union, elle est à la charge des États membres selon la clé du produit national brut, à moins que le Conseil, statuant à l'unanimité, n'en décide autrement. Pour ce qui est des dépenses afférentes à des opérations ayant des implications militaires ou dans le domaine de la défense, les États membres dont les représentants au Conseil ont fait une déclaration formelle au titre de l'article 31, paragraphe 1, deuxième alinéa, ne sont pas tenus de contribuer à leur financement.

3. Le Conseil adopte une décision établissant les procédures particulières pour garantir l'accès rapide aux crédits du budget de l'Union destinés au financement d'urgence d'initiatives dans le cadre de la politique étrangère et de sécurité commune, et notam-

ment aux activités préparatoires d'une mission visée à l'article 42, paragraphe 1, et à l'article 43. Il statue après consultation du Parlement européen.

Les activités préparatoires des missions visées à l'article 42, paragraphe 1, et à l'article 43, qui ne sont pas mises à la charge du budget de l'Union, sont financées par un fonds de lancement, constitué de contributions des États membres.

Le Conseil adopte à la majorité qualifiée, sur proposition du haut représentant de l'Union pour les affaires étrangères et la politique de sécurité, les décisions établissant :

a) les modalités de l'institution et du financement du fonds de lancement, notamment les montants financiers alloués au fonds;

b) les modalités de gestion du fonds de lancement;

c) les modalités de contrôle financier.

Lorsque la mission envisagée, conformément à l'article 42, paragraphe 1, et à l'article 43, ne peut être mise à la charge du budget de l'Union, le Conseil autorise le haut représentant à utiliser ce fonds. Le haut représentant fait rapport au Conseil sur l'exécution de ce mandat.

Section 2

Dispositions concernant la politique de sécurité et de défense commune

Art. 42 ***(ex-art. 17 TUE).*** 1. La politique de sécurité et de défense commune fait partie intégrante de la politique étrangère et de sécurité commune. Elle assure à l'Union une capacité opérationnelle s'appuyant sur des moyens civils et militaires. L'Union peut y avoir recours dans des missions en dehors de l'Union afin d'assurer le maintien de la paix, la prévention des conflits et le renforcement de la sécurité internationale conformément aux principes de la charte des Nations unies. L'exécution de ces tâches repose sur les capacités fournies par les États membres.

2. La politique de sécurité et de défense commune inclut la définition progressive d'une politique de défense commune de l'Union. Elle conduira à une défense commune, dès lors que le Conseil européen, statuant à l'unanimité, en aura décidé ainsi. Il recommande, dans ce cas, aux États membres d'adopter une décision dans ce sens conformément à leurs règles constitutionnelles respectives.

La politique de l'Union au sens de la présente section n'affecte pas le caractère spécifique de la politique de sécurité et de défense de certains États membres, elle respecte les obligations découlant du traité de l'Atlantique Nord pour certains États membres qui considèrent que leur défense commune est réalisée dans le cadre de l'Organisation du traité de l'Atlantique Nord (OTAN) et elle est compatible avec la politique commune de sécurité et de défense arrêtée dans ce cadre.

3. Les États membres mettent à la disposition de l'Union, pour la mise en œuvre de la politique de sécurité et de défense commune, des capacités civiles et militaires pour contribuer aux objectifs définis par le Conseil. Les États membres qui constituent entre eux des forces multinationales peuvent aussi les mettre à la disposition de la politique de sécurité et de défense commune.

Les États membres s'engagent à améliorer progressivement leurs capacités militaires. L'Agence dans le domaine du développement des capacités de défense, de la recherche, des acquisitions et de l'armement (ci-après dénommée " Agence européenne de défense ") identifie les besoins opérationnels, promeut des mesures pour les satisfaire, contribue à identifier et, le cas échéant, mettre en œuvre toute mesure utile pour renforcer la base industrielle et technologique du secteur de la défense, participe à la définition d'une politique européenne des capacités et de l'armement, et assiste le Conseil dans l'évaluation de l'amélioration des capacités militaires.

4. Les décisions relatives à la politique de sécurité et de défense commune, y compris celles portant sur le lancement d'une mission visée au présent article, sont adoptées par le Conseil statuant à l'unanimité, sur proposition du haut représentant de l'Union pour les affaires étrangères et la politique de sécurité ou sur initiative d'un État membre. Le haut représentant peut proposer de recourir aux moyens nationaux ainsi qu'aux instruments de l'Union, le cas échéant conjointement avec la Commission.

5. Le Conseil peut confier la réalisation d'une mission, dans le cadre de l'Union, à un groupe d'États membres afin de préserver les valeurs de l'Union et de servir ses intérêts. La réalisation d'une telle mission est régie par l'article 44.

6. Les États membres qui remplissent des critères plus élevés de capacités militaires et qui ont souscrit des engagements plus contraignants en la matière en vue des missions les plus exigeantes, établissent une coopération structurée permanente dans le cadre de l'Union. Cette coopération est régie par l'article 46. Elle n'affecte pas les dispositions de l'article 43.

7. Au cas où un État membre serait l'objet d'une agression armée sur son territoire, les autres États membres lui doivent aide et assistance par tous les moyens en leur pouvoir, conformément à l'article 51 de la charte des Nations unies. Cela n'affecte pas le caractère spécifique de la politique de sécurité et de défense de certains États membres.

Les engagements et la coopération dans ce domaine demeurent conformes aux engagements souscrits au sein de l'Organisation du traité de l'Atlantique Nord, qui reste, pour les États qui en sont membres, le fondement de leur défense collective et l'instance de sa mise en œuvre.

Art. 43. 1. Les missions visées à l'article 42, paragraphe 1, dans lesquelles l'Union peut avoir recours à des moyens civils et militaires, incluent les actions conjointes en matière de désarmement, les missions humanitaires et d'évacuation, les missions de conseil et d'assistance en matière militaire, les missions de prévention des conflits et de maintien de la paix, les missions de forces de combat pour la gestion des crises, y compris les missions de rétablissement de la paix et les opérations de stabilisation à la fin des conflits. Toutes ces missions peuvent contribuer à la lutte contre le terrorisme, y compris par le soutien apporté à des pays tiers pour combattre le terrorisme sur leur territoire.

2. Le Conseil adopte des décisions portant sur les missions visées au paragraphe 1 en définissant leur objectif et leur portée ainsi que les modalités générales de leur mise en œuvre. Le haut représentant de l'Union pour les affaires étrangères et la politique de sécurité, sous l'autorité du Conseil et en contact étroit et permanent avec le comité politique et de sécurité, veille à la coordination des aspects civils et militaires de ces missions.

Art. 44. 1. Dans le cadre des décisions adoptées conformément à l'article 43, le Conseil peut confier la mise en œuvre d'une mission à un groupe d'États membres qui le souhaitent et disposent des capacités nécessaires pour une telle mission. Ces États membres, en association avec le haut représentant de l'Union pour les affaires étrangères et la politique de sécurité, conviennent entre eux de la gestion de la mission.

2. Les États membres qui participent à la réalisation de la mission informent régulièrement le Conseil de l'état de la mission de leur propre initiative ou à la demande d'un autre État membre. Les États membres participants saisissent immédiatement le Conseil si la réalisation de la mission entraîne des conséquences majeures ou requiert une modification de l'objectif, de la portée ou des modalités de la mission fixés par les décisions visées au paragraphe 1. Dans ces cas, le Conseil adopte les décisions nécessaires.

Art. 45. 1. L'Agence européenne de défense, visée à l'article 42, paragraphe 3, et placée sous l'autorité du Conseil, a pour mission :

a) de contribuer à identifier les objectifs de capacités militaires des États membres et à évaluer le respect des engagements de capacités souscrits par les États membres;

b) de promouvoir une harmonisation des besoins opérationnels et l'adoption de méthodes d'acquisition performantes et compatibles;

c) de proposer des projets multilatéraux pour remplir les objectifs en termes de capacités militaires et d'assurer la coordination des programmes exécutés par les États membres et la gestion de programmes de coopération spécifiques;

d) de soutenir la recherche en matière de technologie de défense, de coordonner et de planifier des activités de recherche conjointes et des études de solutions techniques répondant aux besoins opérationnels futurs;

e) de contribuer à identifier et, le cas échéant, de mettre en œuvre, toute mesure utile pour renforcer la base industrielle et technologique du secteur de la défense et pour améliorer l'efficacité des dépenses militaires.

2. L'Agence européenne de défense est ouverte à tous les États membres qui souhaitent y participer. Le Conseil, statuant à la majorité qualifiée, adopte une décision définissant le statut, le siège et les modalités de fonctionnement de l'Agence. Cette décision tient compte du degré de participation effective aux activités de l'Agence. Des groupes spécifiques sont constitués au sein de l'Agence, rassemblant des États membres qui mènent des projets conjoints. L'Agence accomplit ses missions en liaison avec la Commission en tant que de besoin.

Art. 46. 1. Les États membres souhaitant participer à la coopération structurée permanente visée à l'article 42, paragraphe 6, qui remplissent les critères et souscrivent aux engagements en matière de capacités militaires repris au protocole sur la coopération structurée permanente, notifient leur intention au Conseil et au haut représentant de l'Union pour les affaires étrangères et la politique de sécurité.

2. Dans un délai de trois mois suivant la notification visée au paragraphe 1, le Conseil adopte une décision établissant la coopération structurée permanente et fixant la liste des États membres participants. Le Conseil statue à la majorité qualifiée, après consultation du haut représentant.

3. Tout État membre qui, à un stade ultérieur, souhaite participer à la coopération structurée permanente, notifie son intention au Conseil et au haut représentant.

Le Conseil adopte une décision qui confirme la participation de l'État membre concerné qui remplit les critères et souscrit aux engagements visés aux articles 1 et 2 du protocole sur la coopération structurée permanente. Le Conseil statue à la majorité qualifiée, après consultation du haut représentant. Seuls les membres du Conseil représentant les États membres participants prennent part au vote.

La majorité qualifiée se définit conformément à l'article 238, paragraphe 3, point a), du traité sur le fonctionnement de l'Union européenne.

4. Si un État membre participant ne remplit plus les critères ou ne peut plus assumer les engagements visés aux articles 1 et 2 du protocole sur la coopération structurée permanente, le Conseil peut adopter une décision suspendant la participation de cet État.

Le Conseil statue à la majorité qualifiée. Seuls les membres du Conseil représentant les États membres participants, à l'exception de l'État membre concerné, prennent part au vote.

La majorité qualifiée se définit conformément à l'article 238, paragraphe 3, point a), du traité sur le fonctionnement de l'Union européenne.

5. Si un État membre participant souhaite quitter la coopération structurée permanente, il notifie sa décision au Conseil, qui prend acte de ce que la participation de l'État membre concerné prend fin.

6. Les décisions et les recommandations du Conseil dans le cadre de la coopération structurée permanente, autres que celles prévues aux paragraphes 2 à 5, sont adoptées à l'unanimité. Aux fins du présent paragraphe, l'unanimité est constituée par les voix des seuls représentants des États membres participants.

TITRE VI
DISPOSITIONS FINALES

Art. 47. L'Union a la personnalité juridique.

Art. 48 *(ex-art. 48 TUE)*. 1. Les traités peuvent être modifiés conformément à une procédure de révision ordinaire. Ils peuvent également être modifiés conformément à des procédures de révision simplifiées.

Procédure de révision ordinaire :

2. Le gouvernement de tout État membre, le Parlement européen ou la Commission peut soumettre au Conseil des projets tendant à la révision des traités. Ces projets peuvent, entre autres, tendre à accroître ou à réduire les compétences attribuées à l'Union dans les traités. Ces projets sont transmis par le Conseil au Conseil européen et notifiés aux parlements nationaux.

3. Si le Conseil européen, après consultation du Parlement européen et de la Commission, adopte à la majorité simple une décision favorable à l'examen des modifications proposées, le président du Conseil européen convoque une Convention composée de représentants des parlements nationaux, des chefs d'État ou de gouvernement des États membres, du Parlement européen et de la Commission. La Banque centrale européenne est également consultée dans le cas de modifications institutionnelles dans le domaine monétaire. La Convention examine les projets de révision et adopte par consensus une recommandation à une Conférence des représentants des gouvernements des États membres telle que prévue au paragraphe 4.

Le Conseil européen peut décider à la majorité simple, après approbation du Parlement européen, de ne pas convoquer de Convention lorsque l'ampleur des modifications ne le justifie pas. Dans ce dernier cas, le Conseil européen établit le mandat pour une Conférence des représentants des gouvernements des États membres.

4. Une Conférence des représentants des gouvernements des États membres est convoquée par le président du Conseil en vue d'arrêter d'un commun accord les modifications à apporter aux traités.

Les modifications entrent en vigueur après avoir été ratifiées par tous les États membres conformément à leurs règles constitutionnelles respectives.

5. Si à l'issue d'un délai de deux ans à compter de la signature d'un traité modifiant les traités, les quatre cinquièmes des États membres ont ratifié ledit traité et qu'un ou plusieurs États membres ont rencontré des difficultés pour procéder à ladite ratification, le Conseil européen se saisit de la question.

Procédures de révision simplifiées :

6. Le gouvernement de tout État membre, le Parlement européen ou la Commission peut soumettre au Conseil européen des projets tendant à la révision de tout ou partie des dispositions de la troisième partie du traité sur le fonctionnement de l'Union européenne, relatives aux politiques et actions internes de l'Union.

Le Conseil européen peut adopter une décision modifiant tout ou partie des dispositions de la troisième partie du traité sur le fonctionnement de l'Union européenne. Le Conseil européen statue à l'unanimité, après consultation du Parlement européen et de la Commission ainsi que de la Banque centrale européenne dans le cas de modifications institutionnelles dans le domaine monétaire. Cette décision n'entre en vigueur qu'après son approbation par les États membres, conformément à leurs règles constitutionnelles respectives.

La décision visée au deuxième alinéa ne peut pas accroître les compétences attribuées à l'Union dans les traités.

7. Lorsque le traité sur le fonctionnement de l'Union européenne ou le titre V du présent traité prévoit que le Conseil statue à l'unanimité dans un domaine ou dans un cas déterminé, le Conseil européen peut adopter une décision autorisant le Conseil à statuer à la majorité qualifiée dans ce domaine ou dans ce cas. Le présent alinéa ne s'applique pas aux décisions ayant des implications militaires ou dans le domaine de la défense.

Lorsque le traité sur le fonctionnement de l'Union européenne prévoit que des actes législatifs sont adoptés par le Conseil conformément à une procédure législative spéciale, le Conseil européen peut adopter une décision autorisant l'adoption desdits actes conformément à la procédure législative ordinaire.

Toute initiative prise par le Conseil européen sur la base du premier ou du deuxième alinéa est transmise aux parlements nationaux. En cas d'opposition d'un parlement national notifiée dans un délai de six mois après cette transmission, la décision visée au premier ou au deuxième alinéa n'est pas adoptée. En l'absence d'opposition, le Conseil européen peut adopter ladite décision.

Pour l'adoption des décisions visées au premier ou au deuxième alinéa, le Conseil européen statue à l'unanimité, après approbation du Parlement européen, qui se prononce à la majorité des membres qui le composent.

Art. 49 ***(ex-art. 49 TUE)*** **.** Tout État européen qui respecte les valeurs visées à l'article 2 et s'engage à les promouvoir peut demander à devenir membre de l'Union. Le Parlement européen et les parlements nationaux sont informés de cette demande. L'État demandeur adresse sa demande au Conseil, lequel se prononce à l'unanimité après avoir consulté la Commission et après approbation du Parlement européen qui se prononce à la majorité des membres qui le composent. Les critères d'éligibilité approuvés par le Conseil européen sont pris en compte.

Les conditions de l'admission et les adaptations que cette admission entraîne en ce qui concerne les traités sur lesquels est fondée l'Union, font l'objet d'un accord entre les États membres et l'État demandeur. Ledit accord est soumis à la ratification par tous les États contractants, conformément à leurs règles constitutionnelles respectives.

Art. 50. 1. Tout État membre peut décider, conformément à ses règles constitutionnelles, de se retirer de l'Union.

2. L'État membre qui décide de se retirer notifie son intention au Conseil européen. À la lumière des orientations du Conseil européen, l'Union négocie et conclut avec cet État un accord fixant les modalités de son retrait, en tenant compte du cadre de ses relations futures avec l'Union. Cet accord est négocié conformément à l'article 218, paragraphe 3, du traité sur le fonctionnement de l'Union européenne. Il est conclu au nom de l'Union par le Conseil, statuant à la majorité qualifiée, après approbation du Parlement européen.

3. Les traités cessent d'être applicables à l'État concerné à partir de la date d'entrée en vigueur de l'accord de retrait ou, à défaut, deux ans après la notification visée au paragraphe 2, sauf si le Conseil européen, en accord avec l'État membre concerné, décide à l'unanimité de proroger ce délai.

4. Aux fins des paragraphes 2 et 3, le membre du Conseil européen et du Conseil représentant l'État membre qui se retire ne participe ni aux délibérations ni aux décisions du Conseil européen et du Conseil qui le concernent.

La majorité qualifiée se définit conformément à l'article 238, paragraphe 3, point b), du traité sur le fonctionnement de l'Union européenne.

5. Si l'État qui s'est retiré de l'Union demande à adhérer à nouveau, sa demande est soumise à la procédure visée à l'article 49.

Art. 51. Les protocoles et annexes des traités en font partie intégrante.

Art. 52. 1. Les traités s'appliquent au Royaume de Belgique, à la République de Bulgarie, à la République tchèque, au Royaume de Danemark, à la République fédérale d'Allemagne, à la République d'Estonie, à l'Irlande, à la République hellénique, au Royaume d'Espagne, à la République française, à la République italienne, à la République de Chypre, à la République de Lettonie, à la République de Lituanie, au Grand-Duché de Luxembourg, à la République de Hongrie, à la République de Malte, au Royaume des Pays-Bas, à la République d'Autriche, à la République de Pologne, à la République portugaise, à la Roumanie, à la République de Slovénie, à la République Slovaque, à la République de Finlande, au Royaume de Suède et au Royaume-Uni de Grande-Bretagne et d'Irlande du Nord.

2. Le champ d'application territoriale des traités est précisé à l'article 355 du traité sur le fonctionnement de l'Union européenne.

Art. 53 ***(ex-art. 51 TUE)*** **.** Le présent traité est conclu pour une durée illimitée.

Art. 54 ***(ex-art. 52 TUE)*** **.** 1. Le présent traité sera ratifié par les hautes parties contractantes, conformément à leurs règles constitutionnelles respectives. Les instruments de ratification seront déposés auprès du gouvernement de la République italienne.

2. Le présent traité entrera en vigueur le 1er janvier 1993, à condition que tous les instruments de ratification aient été déposés, ou, à défaut, le premier jour du mois suivant le dépôt de l'instrument de ratification de l'État signataire qui procédera le dernier à cette formalité.

Art. 55 ***(ex-art. 53 TUE)*** **.** 1. Le présent traité rédigé en un exemplaire unique, en langues allemande, anglaise, bulgare, danoise, espagnole, estonienne, française, finnoise, grecque, hongroise, irlandaise, italienne, lettonne, lituanienne, maltaise, néerlandaise, polonaise, portugaise, roumaine, slovaque, slovène, suédoise et tchèque, les textes établis dans chacune de ces langues faisant également foi, sera déposé dans les archives du gouvernement de la République italienne qui remettra une copie certifiée conforme à chacun des gouvernements des autres États signataires.

2. Le présent traité peut aussi être traduit dans toute autre langue déterminée par les États membres parmi celles qui, en vertu de l'ordre constitutionnel de ces États membres, jouissent du statut de langue officielle sur tout ou partie de leur territoire. L'État membre concerné fournit une copie certifiée de ces traductions, qui sera versée aux archives du Conseil.

EN FOI DE QUOI, les plénipotentiaires soussignés ont apposé leurs signatures au bas du présent traité.

Fait à Maastricht, le sept février de l'an mil neuf cent quatre-vingt-douze.

(liste de signataires non reproduite)

14 Charte des droits fondamentaux de l'Union européenne

Date d'adoption : 7 décembre 2000

Préambule

Les peuples d'Europe, en établissant entre eux une union sans cesse plus étroite, ont décidé de partager un avenir pacifique fondé sur des valeurs communes.

Consciente de son patrimoine spirituel et moral, l'Union se fonde sur les valeurs indivisibles et universelles de dignité humaine, de liberté, d'égalité et de solidarité; elle repose sur le principe de la démocratie et le principe de l'État de droit. Elle place la personne au cœur de son action en instituant la citoyenneté de l'Union et en créant un espace de liberté, de sécurité et de justice.

L'Union contribue à la préservation et au développement de ces valeurs communes dans le respect de la diversité des cultures et des traditions des peuples d'Europe, ainsi que de l'identité nationale des États membres et de l'organisation de leurs pouvoirs publics aux niveaux national, régional et local; elle cherche à promouvoir un développement équilibré et durable et assure la libre circulation des personnes, des services, des marchandises et des capitaux, ainsi que la liberté d'établissement.

À cette fin, il est nécessaire, en les rendant plus visibles dans une Charte, de renforcer la protection des droits fondamentaux à la lumière de l'évolution de la société, du progrès social et des développements scientifiques et technologiques.

La présente Charte réaffirme, dans le respect des compétences et des tâches de l'Union, ainsi que du principe de subsidiarité, les droits qui résultent notamment des traditions constitutionnelles et des obligations internationales communes aux États membres, de la Convention européenne de sauvegarde des droits de l'Homme et des libertés fondamentales, des Chartes sociales adoptées par l'Union et par le Conseil de l'Europe, ainsi que de la jurisprudence de la Cour de justice de l'Union européenne et de la Cour européenne des droits de l'Homme. Dans ce contexte, la Charte sera interprétée par les juridictions de l'Union et des États membres en prenant dûment en considération les explications établies sous l'autorité du praesidium de la Convention qui a élaboré la Charte et mises à jour sous la responsabilité du praesidium de la Convention européenne [V. ci-dessous les explications relatives à la Charte des droits fondamentaux].

La jouissance de ces droits entraîne des responsabilités et des devoirs tant à l'égard d'autrui qu'à l'égard de la communauté humaine et des générations futures.
En conséquence, l'Union reconnaît les droits, les libertés et les principes énoncés ci-après.

TITRE PREMIER
Dignité

Art. 1er. *Dignité humaine.* La dignité humaine est inviolable. Elle doit être respectée et protégée.

Art. 2. *Droit à la vie.* 1. Toute personne a droit à la vie.
2. Nul ne peut être condamné à la peine de mort, ni exécuté.

Art. 3. *Droit à l'intégrité de la personne.* 1. Toute personne a droit à son intégrité physique et mentale.
2. Dans le cadre de la médecine et de la biologie, doivent notamment être respectés :
a) le consentement libre et éclairé de la personne concernée, selon les modalités définies par la loi ;
b) l'interdiction des pratiques eugéniques, notamment celles qui ont pour but la sélection des personnes ;
c) l'interdiction de faire du corps humain et de ses parties, en tant que tels, une source de profit ;
d) l'interdiction du clonage reproductif des êtres humains.

Art. 4. *Interdiction de la torture et des peines ou traitements inhumains ou dégradants.* Nul ne peut être soumis à la torture, ni à des peines ou traitements inhumains ou dégradants.

Art. 5. *Interdiction de l'esclavage et du travail forcé.* 1. Nul ne peut être tenu en esclavage ni en servitude.
2. Nul ne peut être astreint à accomplir un travail forcé ou obligatoire.
3. La traite des êtres humains est interdite.

TITRE II
Libertés

Art. 6. *Droit à la liberté et à la sûreté.* Toute personne a droit à la liberté et à la sûreté.

Art. 7. *Respect de la vie privée et familiale.* Toute personne a droit au respect de sa vie privée et familiale, de son domicile et de ses communications.

Art. 8. *Protection des données à caractère personnel.* 1. Toute personne a droit à la protection des données à caractère personnel la concernant.
2. Ces données doivent être traitées loyalement, à des fins déterminées et sur la base du consentement de la personne concernée ou en vertu d'un autre fondement légitime

prévu par la loi. Toute personne a le droit d'accéder aux données collectées la concernant et d'en obtenir la rectification.

3. Le respect de ces règles est soumis au contrôle d'une autorité indépendante.

Art. 9. *Droit de se marier et droit de fonder une famille.* Le droit de se marier et le droit de fonder une famille sont garantis selon les lois nationales qui en régissent l'exercice.

Art. 10. *Liberté de pensée, de conscience et de religion.* 1. Toute personne a droit à la liberté de pensée, de conscience et de religion. Ce droit implique la liberté de changer de religion ou de conviction, ainsi que la liberté de manifester sa religion ou sa conviction individuellement ou collectivement, en public ou en privé, par le culte, l'enseignement, les pratiques et l'accomplissement des rites.

2. Le droit à l'objection de conscience est reconnu selon les lois nationales qui en régissent l'exercice.

Art. 11. *Liberté d'expression et d'information.* 1. Toute personne a droit à la liberté d'expression. Ce droit comprend la liberté d'opinion et la liberté de recevoir ou de communiquer des informations ou des idées sans qu'il puisse y avoir ingérence d'autorités publiques et sans considération de frontières.

2. La liberté des médias et leur pluralisme sont respectés.

Art. 12. *Liberté de réunion et d'association.* 1. Toute personne a droit à la liberté de réunion pacifique et à la liberté d'association à tous les niveaux, notamment dans les domaines politique, syndical et civique, ce qui implique le droit de toute personne de fonder avec d'autres des syndicats et de s'y affilier pour la défense de ses intérêts.

2. Les partis politiques au niveau de l'Union contribuent à l'expression de la volonté politique des citoyens de l'Union.

Art. 13. *Liberté des arts et des sciences.* Les arts et la recherche scientifique sont libres. La liberté académique est respectée.

Art. 14. *Droit à l'éducation.* 1. Toute personne a droit à l'éducation, ainsi qu'à l'accès à la formation professionnelle et continue.

2. Ce droit comporte la faculté de suivre gratuitement l'enseignement obligatoire.

3. La liberté de créer des établissements d'enseignement dans le respect des principes démocratiques, ainsi que le droit des parents d'assurer l'éducation et l'enseignement de leurs enfants conformément à leurs convictions religieuses, philosophiques et pédagogiques, sont respectés selon les lois nationales qui en régissent l'exercice.

Art. 15. *Liberté professionnelle et droit de travailler.* 1. Toute personne a le droit de travailler et d'exercer une profession librement choisie ou acceptée.

2. Tout citoyen de l'Union a la liberté de chercher un emploi, de travailler, de s'établir ou de fournir des services dans tout État membre.

3. Les ressortissants des pays tiers qui sont autorisés à travailler sur le territoire des États membres ont droit à des conditions de travail équivalentes à celles dont bénéficient les citoyens de l'Union

Art. 16. *Liberté d'entreprise.* La liberté d'entreprise est reconnue conformément au droit de l'Union et aux législations et pratiques nationales.

Art. 17. *Droit de propriété.* 1. Toute personne a le droit de jouir de la propriété des biens qu'elle a acquis légalement, de les utiliser, d'en disposer et de les léguer. Nul ne peut être privé de sa propriété, si ce n'est pour cause d'utilité publique, dans des cas et conditions prévus par une loi et moyennant en temps utile une juste indemnité pour sa perte. L'usage des biens peut être réglementé par la loi dans la mesure nécessaire à l'intérêt général.

2. La propriété intellectuelle est protégée.

Art. 18. *Droit d'asile.* Le droit d'asile est garanti dans le respect des règles de la convention de Genève du 28 juillet 1951 et du protocole du 31 janvier 1967 relatifs au statut des réfugiés et conformément au traité sur l'Union européenne et au traité sur le fonctionnement de l'Union européenne (ci-après dénommés "les traités").

Art. 19. *Protection en cas d'éloignement, d'expulsion et d'extradition.* 1. Les expulsions collectives sont interdites.

2. Nul ne peut être éloigné, expulsé ou extradé vers un État où il existe un risque sérieux qu'il soit soumis à la peine de mort, à la torture ou à d'autres peines ou traitements inhumains ou dégradants.

TITRE III
Égalité

Art. 20. *Égalité en droit.* Toutes les personnes sont égales en droit.

Art. 21. *Non-discrimination.* 1. Est interdite toute discrimination fondée notamment sur le sexe, la race, la couleur, les origines ethniques ou sociales, les caractéristiques génétiques, la langue, la religion ou les convictions, les opinions politiques ou toute autre opinion, l'appartenance à une minorité nationale, la fortune, la naissance, un handicap, l'âge ou l'orientation sexuelle.

2. Dans le domaine d'application des traités et sans préjudice de leurs dispositions particulières, toute discrimination exercée en raison de la nationalité est interdite.

Art. 22. *Diversité culturelle, religieuse et linguistique.* L'Union respecte la diversité culturelle, religieuse et linguistique.

Art. 23. *Égalité entre femmes et hommes.* L'égalité entre les femmes et les hommes doit être assurée dans tous les domaines, y compris en matière d'emploi, de travail et de rémunération.

Le principe de l'égalité n'empêche pas le maintien ou l'adoption de mesures prévoyant des avantages spécifiques en faveur du sexe sous-représenté.

Art. 24. *Droits de l'enfant.* 1. Les enfants ont droit à la protection et aux soins nécessaires à leur bien-être. Ils peuvent exprimer leur opinion librement. Celle-ci est prise en considération pour les sujets qui les concernent, en fonction de leur âge et de leur maturité.

2. Dans tous les actes relatifs aux enfants, qu'ils soient accomplis par des autorités publiques ou des institutions privées, l'intérêt supérieur de l'enfant doit être une considération primordiale.

3. Tout enfant a le droit d'entretenir régulièrement des relations personnelles et des contacts directs avec ses deux parents, sauf si cela est contraire à son intérêt.

Art. 25. *Droits des personnes âgées.* L'Union reconnaît et respecte le droit des personnes âgées à mener une vie digne et indépendante et à participer à la vie sociale et culturelle.

Art. 26. *Intégration des personnes handicapées.* L'Union reconnaît et respecte le droit des personnes handicapées à bénéficier de mesures visant à assurer leur autonomie, leur intégration sociale et professionnelle et leur participation à la vie de la communauté.

TITRE IV
Solidarité

Art. 27. *Droit à l'information et à la consultation des travailleurs au sein de l'entreprise.* Les travailleurs ou leurs représentants doivent se voir garantir, aux niveaux appropriés, une information et une consultation en temps utile, dans les cas et conditions prévus par le droit de l'Union et les législations et pratiques nationales.

Art. 28. *Droit de négociation et d'actions collectives.* Les travailleurs et les employeurs, ou leurs organisations respectives, ont, conformément au droit de l'Union et aux législations et pratiques nationales, le droit de négocier et de conclure des conventions collectives aux niveaux appropriés et de recourir, en cas de conflits d'intérêts, à des actions collectives pour la défense de leurs intérêts, y compris la grève.

Art. 29. *Droit d'accès aux services de placement.* Toute personne a l- droit d'accéder à un service gratuit de placement.

Art. 30. *Protection en cas de licen- -ement injustifié.* Tout travail-ur a droit à une protection contre tout licenciemen- injustifié, conformément au dro- de l'Union et aux législations et pratiques natio- -es.

Art. 31. *Conditi- -e travail justes et équitables.* 1. Tout t-vailleur a droit à des conditions de tra- qui respectent sa santé, sa sécurité et sa d-nité.

2. Tout t- -eur a droit à une limitation de la durée m-ximale du travail et à des période- -pos journalier et hebdomadaire, ainsi qu'à un période annuelle de congés pay-

Art. 32. *Interdiction du travail des enfants et protection des jeunes au travail.* Le travail des enfants est interdit. L'âge minimal d'admission au travail ne peut être inférieur à l'âge auquel cesse la période de scolarité obligatoire, sans préjudice des règles plus favorables aux jeunes et sauf dérogations limitées.

Les jeunes admis au travail doivent bénéficier de conditions de travail adaptées à leur âge et être protégés contre l'exploitation économique ou contre tout travail susceptible de nuire à leur sécurité, à leur santé, à leur développement physique, mental, moral ou social ou de compromettre leur éducation.

Art. 33. *Vie familiale et vie professionnelle.* 1. La protection de la famille est assurée sur le plan juridique, économique et social.

2. Afin de pouvoir concilier vie familiale et vie professionnelle, toute personne a le droit d'être protégée contre tout licenciement pour un motif lié à la maternité, ainsi que

le droit à un congé de maternité payé et à un congé parental à la suite de la naissance ou de l'adoption d'un enfant.

Art. 34. *Sécurité sociale et aide sociale.* 1. L'Union reconnaît et respecte le droit d'accès aux prestations de sécurité sociale et aux services sociaux assurant une protection dans des cas tels que la maternité, la maladie, les accidents du travail, la dépendance ou la vieillesse, ainsi qu'en cas de perte d'emploi, selon les règles établies par le droit de l'Union et les législations et pratiques nationales.

2. Toute personne qui réside et se déplace légalement à l'intérieur de l'Union a droit aux prestations de sécurité sociale et aux avantages sociaux, conformément au droit de l'Union et aux législations et pratiques nationales.

3. Afin de lutter contre l'exclusion sociale et la pauvreté, l'Union reconnaît et respecte le droit à une aide sociale et à une aide au logement destinées à assurer une existence digne à tous ceux qui ne disposent pas de ressources suffisantes, selon les règles établies par le droit de l'Union et les législations et pratiques nationales.

Art. 35. *Protection de la santé.* Toute personne a le droit d'accéder à la prévention en matière de santé et de bénéficier de soins médicaux dans les conditions établies par les législations et pratiques nationales. Un niveau élevé de protection de la santé humaine est assuré dans la définition et la mise en œuvre de toutes les politiques et actions de l'Union.

Art. 36. *Accès aux services d'intérêt économique général.* L'Union reconnaît et respecte l'accès aux services d'intérêt économique général tel qu'il est prévu par les législations et pratiques nationales, conformément aux traités, afin de promouvoir la cohésion sociale et territoriale de l'Union.

Art. 37. *Protection de l'environnement.* Un niveau élevé de protection de l'environnement et l'amélioration de sa qualité doivent être intégrés dans les politiques de l'Union et assurés conformément au principe du développement durable.

Art. 38. *Protection des consommateurs.* Un niveau élevé de protection des consommateurs est assuré dans les politiques de l'Union.

TITRE V

Citoyenneté

Art. 39. *Droit de vote et d'éligibilité aux élections au Parlement européen.* 1. Tout citoyen de l'Union a le droit de vote et d'éligibilité aux élections au Parlement européen dans l'État membre où il réside, dans les mêmes conditions que les ressortissants de cet État.

2. Les membres du Parlement européen sont élus au suffrage universel direct, libre et secret.

Art. 40. *Droit de vote et d'éligibilité aux élections municipales.* Tout citoyen de l'Union a le droit de vote et d'éligibilité aux élections municipales dans l'État membre où il réside, dans les mêmes conditions que les ressortissants de cet État.

Art. 41. *Droit à une bonne administration.* 1. Toute personne a le droit de voir ses affaires traitées impartialement, équitablement et dans un délai raisonnable par les institutions, organes et organismes de l'Union.

2. Ce droit comporte notamment :

a) le droit de toute personne d'être entendue avant qu'une mesure individuelle qui l'affecterait défavorablement ne soit prise à son encontre ;

b) le droit d'accès de toute personne au dossier qui la concerne, dans le respect des intérêts légitimes de la confidentialité et du secret professionnel et des affaires ;

c) l'obligation pour l'administration de motiver ses décisions.

3. Toute personne a droit à la réparation par l'Union des dommages causés par les institutions, ou par ses agents dans l'exercice de leurs fonctions, conformément aux principes généraux communs aux droits des États membres.

4. Toute personne peut s'adresser aux institutions de l'Union dans une des langues des traités et doit recevoir une réponse dans la même langue.

Art. 42. *Droit d'accès aux documents.* Tout citoyen de l'Union ainsi que toute personne physique ou morale résidant ou ayant son siège statutaire dans un État membre a un droit d'accès aux documents des institutions, organes et organismes de l'Union, quel que soit leur support.

Art. 43. *Médiateur européen.* Tout citoyen de l'Union ainsi que toute personne physique ou morale résidant ou ayant son siège statutaire dans un État membre a le droit de saisir le médiateur européen de cas de mauvaise administration dans l'action des institutions, organes ou organismes de l'Union, à l'exclusion de la Cour de justice de l'Union européenne dans l'exercice de ses fonctions juridictionnelles.

Art. 44. *Droit de pétition.* Tout citoyen de l'Union ainsi que toute personne physique ou morale résidant ou ayant son siège statutaire dans un État membre a le droit de pétition devant le Parlement européen.

Art. 45. *Liberté de circulation et de séjour.* 1. Tout citoyen de l'Union a le droit de circuler et de séjourner librement sur le territoire des États membres.

2. La liberté de circulation et de séjour peut être accordée, conformément aux traités, aux ressortissants de pays tiers résidant légalement sur le territoire d'un État membre.

Art. 46. *Protection diplomatique et consulaire.* Tout citoyen de l'Union bénéficie, sur le territoire d'un pays tiers où l'État membre dont il est ressortissant n'est pas représenté, de la protection des autorités diplomatiques et consulaires de tout État membre dans les mêmes conditions que les ressortissants de cet État.

TITRE VI

Justice

Art. 47. *Droit à un recours effectif et à accéder à un tribunal impartial.* Toute personne dont les droits et libertés garantis par le droit de l'Union ont été violés a droit à un recours effectif devant un tribunal dans le respect des conditions prévues au présent article.

Toute personne a droit à ce que sa cause soit entendue équitablement, publiquement et dans un délai raisonnable par un tribunal indépendant et impartial, établi préalablement par la loi. Toute personne a la possibilité de se faire conseiller, défendre et représenter.

Une aide juridictionnelle est accordée à ceux qui ne disposent pas de ressources suffisantes, dans la mesure où cette aide serait nécessaire pour assurer l'effectivité de l'accès à la justice.

Art. 48. *Présomption d'innocence et droits de la défense.* 1. Tout accusé est présumé innocent jusqu'à ce que sa culpabilité ait été légalement établie.

2. Le respect des droits de la défense est garanti à tout accusé.

Art. 49. *Principes de légalité et de proportionnalité des délits et des peines.* 1. Nul ne peut être condamné pour une action ou une omission qui, au moment où elle a été commise, ne constituait pas une infraction d'après le droit national ou le droit international. De même, il n'est infligé aucune peine plus forte que celle qui était applicable au moment où l'infraction a été commise. Si, postérieurement à cette infraction, la loi prévoit une peine plus légère, celle-ci doit être appliquée.

2. Le présent article ne porte pas atteinte au jugement et à la punition d'une personne coupable d'une action ou d'une omission qui, au moment où elle a été commise, était criminelle d'après les principes généraux reconnus par l'ensemble des nations.

3. L'intensité des peines ne doit pas être disproportionnée par rapport à l'infraction.

Art. 50. *Droit à ne pas être jugé ou puni pénalement deux fois pour une même infraction.* Nul ne peut être poursuivi ou puni pénalement en raison d'une infraction pour laquelle il a déjà été acquitté ou condamné dans l'Union par un jugement pénal définitif conformément à la loi.

TITRE VII

Dispositions générales régissant l'interprétation et l'application de la Charte

Art. 51. *Champ d'application.* 1. Les dispositions de la présente Charte s'adressent aux institutions, organes et organismes de l'Union dans le respect du principe de subsidiarité, ainsi qu'aux États membres uniquement lorsqu'ils mettent en œuvre le droit de l'Union. En conséquence, ils respectent les droits, observent les principes et en promeuvent l'application, conformément à leurs compétences respectives et dans le respect des limites des compétences de l'Union telles qu'elles lui sont conférées dans les traités.

2. La présente Charte n'étend pas le champ d'application du droit de l'Union au-delà des compétences de l'Union, ni ne crée aucune compétence ni aucune tâche nouvelles pour l'Union et ne modifie pas les compétences et tâches définies dans les traités.

Art. 52. *Portée et interprétation des droits et des principes.* 1. Toute limitation de l'exercice des droits et libertés reconnus par la présente Charte doit être prévue par la loi et respecter le contenu essentiel desdits droits et libertés. Dans le respect du principe de proportionnalité, des limitations ne peuvent être apportées que si elles sont nécessaires et répondent effectivement à des objectifs d'intérêt général reconnus par l'Union ou au besoin de protection des droits et libertés d'autrui.

2. Les droits reconnus par la présente Charte qui font l'objet de dispositions dans les traités s'exercent dans les conditions et limites définies par ceux-ci.

3. Dans la mesure où la présente Charte contient des droits correspondant à des droits garantis par la Convention européenne de sauvegarde des droits de l'Homme et des libertés fondamentales, leur sens et leur portée sont les mêmes que ceux que leur confère ladite convention. Cette disposition ne fait pas obstacle à ce que le droit de l'Union accorde une protection plus étendue.

4. Dans la mesure où la présente Charte reconnaît des droits fondamentaux tels qu'ils résultent des traditions constitutionnelles communes aux États membres, ces droits doivent être interprétés en harmonie avec lesdites traditions.

5. Les dispositions de la présente Charte qui contiennent des principes peuvent être mises en œuvre par des actes législatifs et exécutifs pris par les institutions, organes et organismes de l'Union, et par des actes des États membres lorsqu'ils mettent en œuvre le droit de l'Union, dans l'exercice de leurs compétences respectives. Leur invocation devant le juge n'est admise que pour l'interprétation et le contrôle de la légalité de tels actes.

6. Les législations et pratiques nationales doivent être pleinement prises en compte comme précisé dans la présente Charte.

7. Les explications élaborées en vue de guider l'interprétation de la présente Charte sont dûment prises en considération par les juridictions de l'Union et des États membres.

Art. 53. *Niveau de protection.* Aucune disposition de la présente Charte ne doit être interprétée comme limitant ou portant atteinte aux droits de l'homme et libertés fondamentales reconnus, dans leur champ d'application respectif, par le droit de l'Union, le droit international et les conventions internationales auxquelles sont parties l'Union, ou tous les États membres, et notamment la Convention européenne de sauvegarde des droits de l'Homme et des libertés fondamentales, ainsi que par les constitutions des États membres.

Art. 54. *Interdiction de l'abus de droit.* Aucune des dispositions de la présente Charte ne doit être interprétée comme impliquant un droit quelconque de se livrer à une activité ou d'accomplir un acte visant à la destruction des droits ou libertés reconnus dans la présente Charte ou à des limitations plus amples des droits et libertés que celles qui sont prévues par la présente Charte.

III – DROIT INTERNE

15 Déclaration des droits de l'homme et du citoyen

Date d'adoption : 26 août 1789

Les Représentants du Peuple Français, constitués en Assemblée nationale, considérant que l'ignorance, l'oubli ou le mépris des droits de l'Homme sont les seules causes des malheurs publics et de la corruption des Gouvernements, ont résolu d'exposer, dans une Déclaration solennelle, les droits naturels, inaliénables et sacrés de l'Homme, afin que cette Déclaration, constamment présente à tous les Membres du corps social, leur rappelle sans cesse leurs droits et leurs devoirs ; afin que les actes du pouvoir législatif, et ceux du pouvoir exécutif, pouvant être à chaque instant comparés avec le but de toute institution politique, en soient plus respectés ; afin que les réclamations des citoyens, fondées désormais sur des principes simples et incontestables, tournent toujours au maintien de la Constitution et au bonheur de tous.

En conséquence, l'Assemblée nationale reconnaît et déclare, en présence et sous les auspices de l'Être suprême, les droits suivants de l'Homme et du Citoyen.

Art. 1er. Les hommes naissent et demeurent libres et égaux en droits. Les distinctions sociales ne peuvent être fondées que sur l'utilité commune.

Art. 2. Le but de toute association politique est la conservation des droits naturels et imprescriptibles de l'homme. Ces droits sont la liberté, la propriété, la sûreté et la résistance à l'oppression.

Art. 3. Le principe de toute souveraineté réside essentiellement dans la nation. Nul corps, nul individu ne peut exercer d'autorité qui n'en émane expressément.

Art. 4. La liberté consiste à pouvoir faire tout ce qui ne nuit pas à autrui ; ainsi, l'exercice des droits naturels de chaque homme n'a de bornes que celles qui assurent aux autres membres de la société la jouissance de ces mêmes droits. Ces bornes ne peuvent être déterminées que par la loi.

Art. 5. La loi n'a le droit de défendre que les actions nuisibles à la société. Tout ce qui n'est pas défendu par la loi ne peut être empêché ; et nul ne peut être contraint à faire ce qu'elle n'ordonne pas.

Art. 6. La loi est l'expression de la volonté générale. Tous les citoyens ont droit de concourir personnellement, ou par leurs représentants, à sa formation. Elle doit être la même pour tous, soit qu'elle protège, soit qu'elle punisse. Tous les citoyens étant égaux à ses yeux sont également admissibles à toutes dignités, places et emplois publics, selon leur capacité ; et sans autre distinction que celle de leurs vertus et de leurs talents.

Art. 7. Nul homme ne peut être accusé, arrêté ni détenu que dans les cas déterminés par la loi, et selon les formes qu'elle a prescrites. Ceux qui sollicitent, expédient, exécutent ou font exécuter des ordres arbitraires, doivent être punis ; mais tout citoyen appelé ou saisi en vertu de la loi, doit obéir à l'instant : il se rend coupable par la résistance.

Art. 8. La loi ne doit établir que des peines strictement et évidemment nécessaires, et nul ne peut être puni qu'en vertu d'une loi établie et promulguée antérieurement au délit, et légalement appliquée.

Art. 9. Tout homme étant présumé innocent jusqu'à ce qu'il ait été déclaré coupable, s'il est jugé indispensable de l'arrêter, toute rigueur qui ne serait pas nécessaire pour s'assurer de sa personne doit être sévèrement réprimée par la loi.

Art. 10. Nul ne doit être inquiété pour ses opinions, mêmes religieuses, pourvu que leur manifestation ne trouble pas l'ordre public établi par la loi.

Art. 11. La libre communication des pensées et des opinions est un des droits les plus précieux de l'homme; tout citoyen peut donc parler, écrire, imprimer librement, sauf à répondre de l'abus de cette liberté dans les cas déterminés par la loi.

Art. 12. La garantie des droits de l'homme et du citoyen nécessite une force publique; cette force est donc instituée pour l'avantage de tous, et non pour l'utilité particulière de ceux auxquels elle est confiée.

Art. 13. Pour l'entretien de la force publique, et pour les dépenses d'administration, une contribution commune est indispensable : elle doit être également répartie entre tous les citoyens, en raison de leurs facultés.

Art. 14. Tous les citoyens ont le droit de constater, par eux-mêmes ou par leurs représentants, la nécessité de la contribution publique, de la consentir librement, d'en suivre l'emploi, et d'en déterminer la quotité, l'assiette, le recouvrement et la durée.

Art. 15. La société a le droit de demander compte à tout agent public de son administration.

Art. 16. Toute société dans laquelle la garantie des droits n'est pas assurée, ni la séparation des pouvoirs déterminée, n'a point de Constitution.

Art. 17. La propriété étant un droit inviolable et sacré, nul ne peut en être privé, si ce n'est lorsque la nécessité publique, légalement constatée, l'exige évidemment, et sous la condition d'une juste et préalable indemnité.

16 Préambule de la Constitution du 27 octobre 1946

Al. 1er. Au lendemain de la victoire remportée par les peuples libres sur les régimes qui ont tenté d'asservir et de dégrader la personne humaine, le peuple français proclame à nouveau que tout être humain, sans distinction de race, de religion ni de croyance, possède des droits inaliénables et sacrés. Il réaffirme solennellement les droits et les libertés de l'homme et du citoyen consacrés par la Déclaration des Droits de 1789 et les principes fondamentaux reconnus par les lois de la République.

Al. 2. Il proclame, en outre, comme particulièrement nécessaires à notre temps, les principes politiques, économiques et sociaux ci-après :

Al. 3. La loi garantit à la femme, dans tous les domaines, des droits égaux à ceux de l'homme.

Al. 4. Tout homme persécuté en raison de son action en faveur de la liberté a droit d'asile sur les territoires de la République.

Al. 5. Chacun a le devoir de travailler et le droit d'obtenir un emploi. Nul ne peut être lésé, dans son travail ou son emploi, en raison de ses origines, de ses opinions ou de ses croyances.

Al. 6. Tout homme peut défendre ses droits et ses intérêts par l'action syndicale et adhérer au syndicat de son choix.

Al. 7. Le droit de grève s'exerce dans le cadre des lois qui le réglementent.

Al. 8. Tout travailleur participe, par l'intermédiaire de ses délégués, à la détermination collective des conditions de travail ainsi qu'à la gestion des entreprises.

Al. 9. Tout bien, toute entreprise, dont l'exploitation a ou acquiert les caractères d'un service public national ou d'un monopole de fait, doit devenir la propriété de la collectivité.

Al. 10. La nation assure à l'individu et à la famille les conditions nécessaires à leur développement.

Al. 11. Elle garantit à tous, notamment à l'enfant, à la mère et aux vieux travailleurs, la protection de la santé, la sécurité matérielle, le repos et les loisirs. Tout être humain qui, en raison de son âge, de son état physique ou mental, de la situation économique, se trouve dans l'incapacité de travailler a le droit d'obtenir de la collectivité des moyens convenables d'existence.

Al. 12. La nation proclame la solidarité et l'égalité de tous les Français devant les charges qui résultent des calamités nationales.

Al. 13. La nation garantit l'égal accès de l'enfant et de l'adulte à l'instruction, à la formation professionnelle et à la culture. L'organisation de l'enseignement public gratuit et laïque à tous les degrés est un devoir de l'État.

Al. 14. La République française, fidèle à ses traditions, se conforme aux règles du droit public international. Elle n'entreprendra aucune guerre dans des vues de conquête et n'emploiera jamais ses forces contre la liberté d'aucun peuple.

Al. 15. Sous réserve de réciprocité, la France consent aux limitations de souveraineté nécessaires à l'organisation et à la défense de la paix.

Al. 16. La France forme avec les peuples d'outre-mer une Union fondée sur l'égalité des droits et des devoirs, sans distinction de race ni de religion.

Al. 17. L'Union française est composée de nations et de peuples qui mettent en commun ou coordonnent leurs ressources et leurs efforts pour développer leurs civilisations respectives, accroître leur bien-être et assurer leur sécurité.

Al. 18. Fidèle à sa mission traditionnelle, la France entend conduire les peuples dont elle a pris la charge à la liberté de s'administrer eux-mêmes et de gérer démocratiquement leurs propres affaires; écartant tout système de colonisation fondé sur l'arbitraire, elle garantit à tous l'égal accès aux fonctions publiques et l'exercice individuel ou collectif des droits et libertés proclamés ou confirmés ci-dessus.

17 Constitution du 4 octobre 1958

Préambule

Le peuple français proclame solennellement son attachement aux Droits de l'homme et aux principes de la souveraineté nationale tels qu'ils ont été définis par la Déclaration de 1789, confirmée et complétée par le préambule de la Constitution de 1946, ainsi qu'aux droits et devoirs définis dans la Charte de l'environnement de 2004.

En vertu de ces principes et de celui de la libre détermination des peuples, la République offre aux territoires d'outre-mer qui manifestent la volonté d'y adhérer des institutions nouvelles fondées sur l'idéal commun de liberté, d'égalité et de fraternité et conçues en vue de leur évolution démocratique.

Art. 1er. *(L. const. n° 95-880 du 4 août 1995)* La France est une République indivisible, laïque, démocratique et sociale. Elle assure l'égalité devant la loi de tous les citoyens sans distinction d'origine, de race ou de religion. Elle respecte toutes les croyances. *(L. const. n° 2003-276 du 28 mars 2003, art. 1er)* «Son organisation est décentralisée.»

(L. const. n° 2008-724 du 23 juill. 2008, art. 1er-I) «La loi favorise l'égal accès des femmes et des hommes aux mandats électoraux et fonctions électives, ainsi qu'aux responsabilités professionnelles et sociales.»

TITRE PREMIER

De la souveraineté

Art. 2. *(L. const. n° 92-554 du 25 juin 1992)* «La langue de la République est le français.»

L'emblème national est le drapeau tricolore, bleu, blanc, rouge.

L'hymne national est la "Marseillaise".

La devise de la République est "Liberté, Égalité, Fraternité".

Son principe est : gouvernement du peuple, par le peuple et pour le peuple.

Art. 3. La souveraineté nationale appartient au peuple qui l'exerce par ses représentants et par la voie du référendum.

Aucune section du peuple ni aucun individu ne peut s'en attribuer l'exercice.

Le suffrage peut être direct ou indirect dans les conditions prévues par la Constitution. Il est toujours universel, égal et secret.

Sont électeurs, dans les conditions déterminées par la loi, tous les nationaux français majeurs des deux sexes, jouissant de leurs droits civils et politiques.

Art. 4. Les partis et groupements politiques concourent à l'expression du suffrage. Ils se forment et exercent leur activité librement. Ils doivent respecter les principes de la souveraineté nationale et de la démocratie.

(L. const. n° 99-569 du 8 juill. 1999) «Ils contribuent à la mise en œuvre du principe énoncé *(L. const. n° 2008-724 du 23 juill. 2008, art. 2-1°)* «au second alinéa de l'article 1er» dans les conditions déterminées par la loi.»

(L. const. n° 2008-724 du 23 juill. 2008, art. 2-2°) «La loi garantit les expressions pluralistes des opinions et la participation équitable des partis et groupements politiques à la vie démocratique de la Nation.»

TITRE II

Le Président de la République

Art. 5. Le Président de la République veille au respect de la Constitution. Il assure, par son arbitrage, le fonctionnement régulier des pouvoirs publics ainsi que la continuité de l'État.

Il est le garant de l'indépendance nationale, de l'intégrité du territoire *(L. const. n° 95-880 du 4 août 1995)* «et du respect des traités».

Art. 6. *(L. const. n° 2000-964 du 2 oct. 2000)* «Le Président de la République est élu pour cinq ans au suffrage universel direct.»

(L. const. n° 2008-724 du 23 juill. 2008, art. 3) «Nul ne peut exercer plus de deux mandats consécutifs.»

(L. n° 62-1292 du 6 nov. 1962) «Les modalités d'application du présent article sont fixées par une loi organique.»

Art. 7. *(L. n° 62-1292 du 6 nov. 1962)* Le Président de la République est élu à la majorité absolue des suffrages exprimés. Si celle-ci n'est pas obtenue au premier tour de scrutin, il est procédé *(L. const. n° 2003-276 du 28 mars 2003, art. 12-I)* «le quatorzième jour suivant», à un second tour. Seuls peuvent s'y présenter les deux candidats qui, le cas échéant après retrait de candidats plus favorisés, se trouvent avoir recueilli le plus grand nombre de suffrages au premier tour.

Le scrutin est ouvert sur convocation du Gouvernement.

L'élection du nouveau Président a lieu vingt jours au moins et trente-cinq jours au plus avant l'expiration des pouvoirs du Président en exercice.

En cas de vacance de la Présidence de la République pour quelque cause que ce soit, ou d'empêchement constaté par le Conseil constitutionnel saisi par le Gouvernement et statuant à la majorité absolue de ses membres, les fonctions du Président de la République, à l'exception de celles prévues aux articles 11 et 12 ci-dessous, sont provisoirement exercées par le Président du Sénat et, si celui-ci est à son tour empêché d'exercer ces fonctions, par le Gouvernement.

En cas de vacance ou lorsque l'empêchement est déclaré définitif par le Conseil constitutionnel, le scrutin pour l'élection du nouveau Président a lieu, sauf cas de force majeure constaté par le Conseil constitutionnel, vingt jours au moins et trente-cinq jours au plus après l'ouverture de la vacance ou la déclaration du caractère définitif de l'empêchement.

(L. const. n° 76-527 du 18 juin 1976) «Si, dans les sept jours précédant la date limite du dépôt des présentations de candidatures, une des personnes ayant, moins de trente jours avant cette date, annoncé publiquement sa décision d'être candidate décède ou se trouve empêchée, le Conseil constitutionnel peut décider de reporter l'élection.

«Si, avant le premier tour, un des candidats décède ou se trouve empêché, le Conseil constitutionnel prononce le report de l'élection.

«En cas de décès ou d'empêchement de l'un des deux candidats les plus favorisés au premier tour avant les retraits éventuels, le Conseil constitutionnel déclare qu'il doit être procédé de nouveau à l'ensemble des opérations électorales; il en est de même en cas de décès ou d'empêchement de l'un des deux candidats restés en présence en vue du second tour.

«Dans tous les cas, le Conseil constitutionnel est saisi dans les conditions fixées au deuxième alinéa de l'article 61 ci-dessous ou dans celles déterminées pour la présentation d'un candidat par la loi organique prévue à l'article 6 ci-dessus.

«Le Conseil constitutionnel peut proroger les délais prévus aux troisième et cinquième alinéas sans que le scrutin puisse avoir lieu plus de trente-cinq jours après la date de la décision du Conseil constitutionnel. Si l'application des dispositions du présent alinéa a eu pour effet de reporter l'élection à une date postérieure à l'expiration des pouvoirs du Président en exercice, celui-ci demeure en fonction jusqu'à la proclamation de son successeur.»

Il ne peut être fait application ni des articles 49 et 50 ni de l'article 89 de la Constitution durant la vacance de la Présidence de la République ou durant la période qui s'écoule entre la déclaration du caractère définitif de l'empêchement du Président de la République et l'élection de son successeur.

Art. 8. Le Président de la République nomme le Premier ministre. Il met fin à ses fonctions sur la présentation par celui-ci de la démission du Gouvernement.

Sur la proposition du Premier ministre, il nomme les autres membres du Gouvernement et met fin à leurs fonctions.

Art. 9. Le Président de la République préside le Conseil des ministres.

Art. 10. Le Président de la République promulgue les lois dans les quinze jours qui suivent la transmission au Gouvernement de la loi définitivement adoptée.

Il peut, avant l'expiration de ce délai, demander au Parlement une nouvelle délibération de la loi ou de certains de ses articles. Cette nouvelle délibération ne peut être refusée.

Art. 11. *(L. const. n° 95-880 du 4 août 1995)* Le Président de la République, sur proposition du Gouvernement pendant la durée des sessions ou sur proposition conjointe des deux assemblées, publiées au *Journal officiel,* peut soumettre au référendum tout projet de loi portant sur l'organisation des pouvoirs publics, sur des réformes relatives à la politique économique *(L. const. n° 2008-724 du 23 juill. 2008, art. 4-1°)* «, sociale ou environnementale» de la Nation et aux services publics qui y concourent, ou tendant à autoriser la ratification d'un traité qui, sans être contraire à la Constitution, aurait des incidences sur le fonctionnement des institutions.

Lorsque le référendum est organisé sur proposition du Gouvernement, celui-ci fait, devant chaque assemblée, une déclaration qui est suivie d'un débat.

(L. const. n° 2008-724 du 23 juill. 2008, art. 4-2°) «Un référendum portant sur un objet mentionné au premier alinéa peut être organisé à l'initiative d'un cinquième des membres du Parlement, soutenue par un dixième des électeurs inscrits sur les listes électorales. Cette initiative prend la forme d'une proposition de loi et ne peut avoir pour objet l'abrogation d'une disposition législative promulguée depuis moins d'un an.

«Les conditions de sa présentation et celles dans lesquelles le Conseil constitutionnel contrôle le respect des dispositions de l'alinéa précédent sont déterminées par une loi organique.

«Si la proposition de loi n'a pas été examinée par les deux assemblées dans un délai fixé par la loi organique, le Président de la République la soumet au référendum.

«Lorsque la proposition de loi n'est pas adoptée par le peuple français, aucune nouvelle proposition de référendum portant sur le même sujet ne peut être présentée avant l'expiration d'un délai de deux ans suivant la date du scrutin.»

Lorsque le référendum a conclu à l'adoption du projet *(L. const. n° 2008-724 du 23 juill. 2008, art. 4-3°)* «ou de la proposition» de loi, le Président de la République promulgue la loi dans les quinze jours qui suivent la proclamation des résultats de la consultation.

Art. 12. Le Président de la République peut, après consultation du Premier ministre et des présidents des assemblées, prononcer la dissolution de l'Assemblée nationale.

Les élections générales ont lieu vingt jours au moins et quarante jours au plus après la dissolution.

L'Assemblée nationale se réunit de plein droit le deuxième jeudi qui suit son élection. Si cette réunion a lieu en dehors *(L. const. n° 95-880 du 4 août 1995)* «de la période prévue pour la session ordinaire», une session est ouverte de droit pour une durée de quinze jours.

Il ne peut être procédé à une nouvelle dissolution dans l'année qui suit ces élections.

Art. 13. Le Président de la République signe les ordonnances et les décrets délibérés en Conseil des ministres.

Il nomme aux emplois civils et militaires de l'État.

Les conseillers d'État, le grand chancelier de la Légion d'Honneur, les ambassadeurs et envoyés extraordinaires, les conseillers maîtres à la Cour des comptes, les préfets, *(L. const. n° 2003-276 du 28 mars 2003, art. 12-II)* «les représentants de l'État dans les collectivités d'outre-mer régies par l'article 74 et en Nouvelle-Calédonie», les officiers généraux, les recteurs des académies, les directeurs des administrations centrales sont nommés en Conseil des ministres.

Une loi organique détermine les autres emplois auxquels il est pourvu en Conseil des ministres ainsi que les conditions dans lesquelles le pouvoir de nomination du Président de la République peut être par lui délégué pour être exercé en son nom.

(L. const. n° 2008-724 du 23 juill. 2008, art. 5) «Une loi organique détermine les emplois ou fonctions, autres que ceux mentionnés au troisième alinéa, pour lesquels, en raison de leur importance pour la garantie des droits et libertés ou la vie économique et sociale de la Nation, le pouvoir de nomination du Président de la République s'exerce après avis public de la commission permanente compétente de chaque assemblée. Le Président de la République ne peut procéder à une nomination lorsque l'addition des votes négatifs dans chaque commission représente au moins trois cinquièmes des suffrages exprimés au sein des deux commissions. La loi détermine les commissions permanentes compétentes selon les emplois ou fonctions concernés.»

Art. 14. Le Président de la République accrédite les ambassadeurs et les envoyés extraordinaires auprès des puissances étrangères; les ambassadeurs et les envoyés extraordinaires étrangers sont accrédités auprès de lui.

Art. 15. Le Président de la République est le chef des armées. Il préside les conseils et comités supérieurs de la défense nationale.

Art. 16. Lorsque les institutions de la République, l'indépendance de la Nation, l'intégrité de son territoire ou l'exécution de ses engagements internationaux sont menacés d'une manière grave et immédiate et que le fonctionnement régulier des pouvoirs publics constitutionnels est interrompu, le Président de la République prend les mesures exigées par ces circonstances, après consultation officielle du Premier ministre, des présidents des assemblées ainsi que du Conseil constitutionnel.

Il en informe la Nation par un message.

Ces mesures doivent être inspirées par la volonté d'assurer aux pouvoirs publics constitutionnels, dans les moindres délais, les moyens d'accomplir leur mission. Le Conseil constitutionnel est consulté à leur sujet.

Le Parlement se réunit de plein droit.

L'Assemblée nationale ne peut être dissoute pendant l'exercice des pouvoirs exceptionnels.

(L. const. n° 2008-724 du 23 juill. 2008, art. 6) «Après trente jours d'exercice des pouvoirs exceptionnels, le Conseil constitutionnel peut être saisi par le Président de l'Assemblée nationale, le Président du Sénat, soixante députés ou soixante sénateurs, aux fins d'examiner si les conditions énoncées au premier alinéa demeurent réunies. Il se prononce dans les délais les plus brefs par un avis public. Il procède de plein droit à cet examen et se prononce dans les mêmes conditions au terme de soixante jours d'exercice des pouvoirs exceptionnels et à tout moment au-delà de cette durée.»

Art. 17. *(L. const. n° 2008-724 du 23 juill. 2008, art. 7)* Le Président de la République a le droit de faire grâce à titre individuel.

Art. 18. Le Président de la République communique avec les deux assemblées du Parlement par des messages qu'il fait lire et qui ne donnent lieu à aucun débat.

(L. const. n° 2008-724 du 23 juill. 2008, art. 8-1°) «Il peut prendre la parole devant le Parlement réuni à cet effet en Congrès. Sa déclaration peut donner lieu, hors sa présence, à un débat qui ne fait l'objet d'aucun vote.»

Hors session, *(L. const. n° 2008-724 du 23 juill. 2008, art. 8-2°)* «les assemblées parlementaires sont réunies» spécialement à cet effet.

Art. 19. Les actes du Président de la République autres que ceux prévus aux articles 8 (1er alinéa), 11, 12, 16, 18, 54, 56 et 61 sont contresignés par le premier ministre et, le cas échéant, par les ministres responsables.

TITRE III

Le Gouvernement

Art. 20. Le Gouvernement détermine et conduit la politique de la Nation.

Il dispose de l'administration et de la force armée.

Il est responsable devant le Parlement dans les conditions et suivant les procédures prévues aux articles 49 et 50.

Art. 21. Le Premier ministre dirige l'action du Gouvernement. Il est responsable de la défense nationale. Il assure l'exécution des lois. Sous réserve des dispositions de l'article 13, il exerce le pouvoir réglementaire et nomme aux emplois civils et militaires.

Il peut déléguer certains de ses pouvoirs aux ministres.

Il supplée, le cas échéant, le Président de la République dans la présidence des conseils et comités prévus à l'article 15.

Il peut, à titre exceptionnel, le suppléer pour la présidence d'un Conseil des ministres en vertu d'une délégation expresse et pour un ordre du jour déterminé.

Art. 22. Les actes du Premier ministre sont contresignés, le cas échéant, par les ministres chargés de leur exécution.

Art. 23. Les fonctions de membre du Gouvernement sont incompatibles avec l'exercice de tout mandat parlementaire, de toute fonction de représentation professionnelle à caractère national et de tout emploi public ou de toute activité professionnelle.

Une loi organique fixe les conditions dans lesquelles il est pourvu au remplacement des titulaires de tels mandats, fonctions ou emplois.

Le remplacement des membres du Parlement a lieu conformément aux dispositions de l'article 25.

TITRE IV
Le Parlement

Art. 24. *(L. const. n° 2008-724 du 23 juill. 2008, art. 9)* Le Parlement vote la loi. Il contrôle l'action du Gouvernement. Il évalue les politiques publiques.

Il comprend l'Assemblée nationale et le Sénat.

Les députés à l'Assemblée nationale, dont le nombre ne peut excéder cinq cent soixante-dix-sept, sont élus au suffrage direct.

Le Sénat, dont le nombre de membres ne peut excéder trois cent quarante-huit, est élu au suffrage indirect. Il assure la représentation des collectivités territoriales de la République.

Les Français établis hors de France sont représentés à l'Assemblée nationale et au Sénat.

Art. 25. Une loi organique fixe la durée des pouvoirs de chaque assemblée, le nombre de ses membres, leur indemnité, les conditions d'éligibilité, le régime des inéligibilités et des incompatibilités.

Elle fixe également les conditions dans lesquelles sont élues les personnes appelées à assurer, en cas de vacance du siège, le remplacement des députés ou des sénateurs jusqu'au renouvellement général ou partiel de l'assemblée à laquelle ils appartenaient *(L. const. n° 2008-724 du 23 juill. 2008, art. 10-1°)* «ou leur remplacement temporaire en cas d'acceptation par eux de fonctions gouvernementales».

(L. const. n° 2008-724 du 23 juill. 2008, art. 10-2°) «Une commission indépendante, dont la loi fixe la composition et les règles d'organisation et de fonctionnement, se prononce par un avis public sur les projets de texte et propositions de loi délimitant les circonscriptions pour l'élection des députés ou modifiant la répartition des sièges de députés ou de sénateurs.»

Art. 26. Aucun membre du Parlement ne peut être poursuivi, recherché, arrêté, détenu ou jugé à l'occasion des opinions ou votes émis par lui dans l'exercice de ses fonctions.

(L. const. n° 95-880 du 4 août 1995) «Aucun membre du Parlement ne peut faire l'objet, en matière criminelle ou correctionnelle, d'une arrestation ou de toute autre mesure privative ou restrictive de liberté qu'avec l'autorisation du Bureau de l'assemblée dont il fait partie. Cette autorisation n'est pas requise en cas de crime ou délit flagrant ou de condamnation définitive.

«La détention, les mesures privatives ou restrictives de liberté ou la poursuite d'un membre du Parlement sont suspendues pour la durée de la session si l'assemblée dont il fait partie le requiert.

«L'assemblée intéressée est réunie de plein droit pour des séances supplémentaires pour permettre, le cas échéant, l'application de l'alinéa ci-dessus.»

Art. 27. Tout mandat impératif est nul.

Le droit de vote des membres du Parlement est personnel.

La loi organique peut autoriser exceptionnellement la délégation de vote. Dans ce cas, nul ne peut recevoir délégation de plus d'un mandat.

Art. 28. *(L. const. n° 95-880 du 4 août 1995)* Le Parlement se réunit de plein droit en une session ordinaire qui commence le premier jour ouvrable d'octobre et prend fin le dernier jour ouvrable de juin.

Le nombre de jours de séance que chaque assemblée peut tenir au cours de la session ordinaire ne peut excéder cent vingt. Les semaines de séance sont fixées par chaque assemblée.

Le Premier ministre, après consultation du Président de l'assemblée concernée, ou la majorité des membres de chaque assemblée peut décider la tenue de jours supplémentaires de séance.

Les jours et les horaires des séances sont déterminés par le règlement de chaque assemblée.

Art. 29. Le Parlement est réuni en session extraordinaire à la demande du Premier ministre ou de la majorité des membres composant l'Assemblée nationale, sur un ordre du jour déterminé.

Lorsque la session extraordinaire est tenue à la demande des membres de l'Assemblée nationale, le décret de clôture intervient dès que le Parlement a épuisé l'ordre du jour pour lequel il a été convoqué et au plus tard douze jours à compter de sa réunion.

Le Premier ministre peut seul demander une nouvelle session avant l'expiration du mois qui suit le décret de clôture.

Art. 30. Hors les cas dans lesquels le Parlement se réunit de plein droit, les sessions extraordinaires sont ouvertes et closes par décret du Président de la République.

Art. 31. Les membres du Gouvernement ont accès aux deux assemblées. Ils sont entendus quand ils le demandent.

Ils peuvent se faire assister par des commissaires du Gouvernement.

Art. 32. Le Président de l'Assemblée nationale est élu pour la durée de la législature. Le Président du Sénat est élu après chaque renouvellement partiel.

Art. 33. Les séances des deux assemblées sont publiques. Le compte rendu intégral des débats est publié au *Journal officiel.*

Chaque assemblée peut siéger en comité secret à la demande du Premier ministre ou d'un dixième de ses membres.

TITRE V

Des rapports entre le Parlement et le Gouvernement

Art. 34. La loi fixe les règles concernant :

— les droits civiques et les garanties fondamentales accordées aux citoyens pour l'exercice des libertés publiques; *(L. const. n° 2008-724 du 23 juill. 2008, art. 11-2°)* «la liberté, le pluralisme et l'indépendance des médias;» les sujétions imposées par la défense nationale aux citoyens en leur personne et en leurs biens;

— la nationalité, l'état et la capacité des personnes, les régimes matrimoniaux, les successions et libéralités;

— la détermination des crimes et délits ainsi que les peines qui leur sont applicables; la procédure pénale; l'amnistie, la création de nouveaux ordres de juridiction et le statut des magistrats;

— l'assiette, le taux et les modalités de recouvrement des impositions de toutes natures; le régime d'émission de la monnaie.

La loi fixe également les règles concernant :

— le régime électoral des assemblées parlementaires *(L. const. n° 2008-724 du 23 juill. 2008, art. 11-3°)* «, des assemblées locales et des instances représentatives des Français établis hors de France ainsi que les conditions d'exercice des mandats électoraux et des fonctions électives des membres des assemblées délibérantes des collectivités territoriales;»

— la création de catégories d'établissements publics;

— les garanties fondamentales accordées aux fonctionnaires civils et militaires de l'État;

— les nationalisations d'entreprises et les transferts de propriété d'entreprises du secteur public au secteur privé.

La loi détermine les principes fondamentaux :

— de l'organisation générale de la défense nationale;

— de la libre administration des collectivités *(L. const. n° 2003-276 du 28 mars 2003, art. 2)* «territoriales», de leurs compétences et de leurs ressources;

— de l'enseignement;

(L. const. n° 2005-205 du 1er mars 2005, art. 3) «— de la préservation de l'environnement;»

— du régime de la propriété, des droits réels et des obligations civiles et commerciales;

— du droit du travail, du droit syndical et de la sécurité sociale.

Les lois de finances déterminent les ressources et les charges de l'État dans les conditions et sous les réserves prévues par une loi organique.

(L. const. n° 96-138 du 22 févr. 1996) «Les lois de financement de la sécurité sociale déterminent les conditions générales de son équilibre financier et, compte tenu de leurs prévisions de recettes, fixent ses objectifs de dépenses, dans les conditions et sous les réserves prévues par une loi organique.»

(L. const. n° 2008-724 du 23 juill. 2008, art. 11-4°) «Des lois de programmation déterminent les objectifs de l'action de l'État.

«Les orientations pluriannuelles des finances publiques sont définies par des lois de programmation. Elles s'inscrivent dans l'objectif d'équilibre des comptes des administrations publiques.»

Les dispositions du présent article pourront être précisées et complétées par une loi organique.

Art. 34-1. *(L. const. n° 2008-724 du 23 juill. 2008, art. 12)* Les assemblées peuvent voter des résolutions dans les conditions fixées par la loi organique.

Sont irrecevables et ne peuvent être inscrites à l'ordre du jour les propositions de résolution dont le Gouvernement estime que leur adoption ou leur rejet serait de nature à mettre en cause sa responsabilité ou qu'elles contiennent des injonctions à son égard.

Art. 35. La déclaration de guerre est autorisée par le Parlement.

(L. const. nº 2008-724 du 23 juill. 2008, art. 13) «Le Gouvernement informe le Parlement de sa décision de faire intervenir les forces armées à l'étranger, au plus tard trois jours après le début de l'intervention. Il précise les objectifs poursuivis. Cette information peut donner lieu à un débat qui n'est suivi d'aucun vote.

«Lorsque la durée de l'intervention excède quatre mois, le Gouvernement soumet sa prolongation à l'autorisation du Parlement. Il peut demander à l'Assemblée nationale de décider en dernier ressort.

«Si le Parlement n'est pas en session à l'expiration du délai de quatre mois, il se prononce à l'ouverture de la session suivante.»

Art. 36. L'état de siège est décrété en conseil des ministres.

Sa prorogation au-delà de douze jours ne peut être autorisée que par le Parlement.

Art. 37. Les matières autres que celles qui sont du domaine de la loi ont un caractère réglementaire.

Les textes de forme législative intervenus en ces matières peuvent être modifiés par décrets pris après avis du Conseil d'État. Ceux de ces textes qui interviendraient après l'entrée en vigueur de la présente Constitution ne pourront être modifiés par décret que si le Conseil constitutionnel a déclaré qu'ils ont un caractère réglementaire en vertu de l'alinéa précédent.

Art. 37-1. *(L. const. nº 2003-276 du 28 mars 2003, art. 3)* La loi et le règlement peuvent comporter, pour un objet et une durée limités, des dispositions à caractère expérimental.

Art. 38. Le Gouvernement peut, pour l'exécution de son programme, demander au Parlement l'autorisation de prendre par ordonnances, pendant un délai limité, des mesures qui sont normalement du domaine de la loi.

Les ordonnances sont prises en Conseil des ministres après avis du Conseil d'État. Elles entrent en vigueur dès leur publication mais deviennent caduques si le projet de loi de ratification n'est pas déposé devant le Parlement avant la date fixée par la loi d'habilitation. *(L. const. nº 2008-724 du 23 juill. 2008, art. 14)* «Elles ne peuvent être ratifiées que de manière expresse.»

A l'expiration du délai mentionné au premier alinéa du présent article, les ordonnances ne peuvent plus être modifiées que par la loi dans les matières qui sont du domaine législatif.

Art. 39. L'initiative des lois appartient concurremment au Premier ministre et aux membres du Parlement.

Les projets de loi sont délibérés en Conseil des ministres après avis du Conseil d'État et déposés sur le bureau de l'une des deux assemblées. *(L. const. nº 96-138 du 22 févr. 1996)* «Les projets de loi de finances et de loi de financement de la sécurité sociale sont soumis en premier lieu à l'Assemblée nationale.» *(L. const. nº 2003-276 du 28 mars 2003, art. 4)* «Sans préjudice du premier alinéa de l'article 44, les projets de loi ayant pour principal objet l'organisation des collectivités territoriales sont soumis en premier lieu au Sénat.»

(L. const. nº 2008-724 du 23 juill. 2008, art. 15-2º) «La présentation des projets de loi déposés devant l'Assemblée nationale ou le Sénat répond aux conditions fixées par une loi organique.

«Les projets de loi ne peuvent être inscrits à l'ordre du jour si la Conférence des présidents de la première assemblée saisie constate que les règles fixées par la loi organique sont méconnues. En cas de désaccord entre la Conférence des présidents et le Gouvernement, le Président de l'assemblée intéressée ou le Premier ministre peut saisir le Conseil constitutionnel qui statue dans un délai de huit jours.

«Dans les conditions prévues par la loi, le Président d'une assemblée peut soumettre pour avis au Conseil d'État, avant son examen en commission, une proposition de loi déposée par l'un des membres de cette assemblée, sauf si ce dernier s'y oppose.»

Art. 40. Les propositions et amendements formulés par les membres du Parlement ne sont pas recevables lorsque leur adoption aurait pour conséquence soit une diminution des ressources publiques, soit la création ou l'aggravation d'une charge publique.

Art. 41. S'il apparaît au cours de la procédure législative qu'une proposition ou un amendement n'est pas du domaine de la loi ou est contraire à une délégation accordée en vertu de l'article 38, le Gouvernement *(L. const. n° 2008-724 du 23 juill. 2008, art. 16)* «ou le Président de l'assemblée saisie» peut opposer l'irrecevabilité.

En cas de désaccord entre le Gouvernement et le Président de l'assemblée intéressée, le Conseil constitutionnel, à la demande de l'un ou de l'autre, statue dans un délai de huit jours.

Art. 42. *(L. const. n° 2008-724 du 23 juill. 2008, art. 17)* La discussion des projets et des propositions de loi porte, en séance, sur le texte adopté par la commission saisie en application de l'article 43 ou, à défaut, sur le texte dont l'assemblée a été saisie.

Toutefois, la discussion en séance des projets de révision constitutionnelle, des projets de loi de finances et des projets de loi de financement de la sécurité sociale porte, en première lecture devant la première assemblée saisie, sur le texte présenté par le Gouvernement et, pour les autres lectures, sur le texte transmis par l'autre assemblée.

La discussion en séance, en première lecture, d'un projet ou d'une proposition de loi ne peut intervenir, devant la première assemblée saisie, qu'à l'expiration d'un délai de six semaines après son dépôt. Elle ne peut intervenir, devant la seconde assemblée saisie, qu'à l'expiration d'un délai de quatre semaines à compter de sa transmission.

L'alinéa précédent ne s'applique pas si la procédure accélérée a été engagée dans les conditions prévues à l'article 45. Il ne s'applique pas non plus aux projets de loi de finances, aux projets de loi de financement de la sécurité sociale et aux projets relatifs aux états de crise.

Art. 43. *(L. const. n° 2008-724 du 23 juill. 2008, art. 18)* Les projets et propositions de loi sont envoyés pour examen à l'une des commissions permanentes dont le nombre est limité à huit dans chaque assemblée.

A la demande du Gouvernement ou de l'assemblée qui en est saisie, les projets ou propositions de loi sont envoyés pour examen à une commission spécialement désignée à cet effet.

Art. 44. Les membres du Parlement et le Gouvernement ont le droit d'amendement. *(L. const. n° 2008-724 du 23 juill. 2008, art. 19)* «Ce droit s'exerce en séance ou en commission selon les conditions fixées par les règlements des assemblées, dans le cadre déterminé par une loi organique.»

Après l'ouverture du débat, le Gouvernement peut s'opposer à l'examen de tout amendement qui n'a pas été antérieurement soumis à la commission.

Si le Gouvernement le demande, l'assemblée saisie se prononce par un seul vote sur tout ou partie du texte en discussion en ne retenant que les amendements proposés ou acceptés par le Gouvernement.

Art. 45. Tout projet ou proposition de loi est examiné successivement dans les deux assemblées du Parlement en vue de l'adoption d'un texte identique. *(L. const. n° 2008-724 du 23 juill. 2008, art. 20-1°)* « Sans préjudice de l'application des articles 40 et 41, tout amendement est recevable en première lecture dès lors qu'il présente un lien, même indirect, avec le texte déposé ou transmis. »

Lorsque, par suite d'un désaccord entre les deux assemblées, un projet ou une proposition de loi n'a pu être adopté après deux lectures par chaque assemblée ou, si le Gouvernement a *(L. const. n° 2008-724 du 23 juill. 2008, art. 20-2°-a)* « décidé d'engager la procédure accélérée sans que les Conférences des présidents s'y soient conjointement opposées », après une seule lecture par chacune d'entre elles, le Premier ministre *(L. const. n° 2008-724 du 23 juill. 2008, art. 20-2°-b)* « ou, pour une proposition de loi, les présidents des deux assemblées agissant conjointement, ont » la faculté de provoquer la réunion d'une commission mixte paritaire chargée de proposer un texte sur les dispositions restant en discussion.

Le texte élaboré par la commission mixte peut être soumis par le Gouvernement pour approbation aux deux assemblées. Aucun amendement n'est recevable sauf accord du Gouvernement.

Si la commission mixte ne parvient pas à l'adoption d'un texte commun ou si ce texte n'est pas adopté dans les conditions prévues à l'alinéa précédent, le Gouvernement peut, après une nouvelle lecture par l'Assemblée nationale et par le Sénat, demander à l'Assemblée nationale de statuer définitivement. En ce cas, l'Assemblée nationale peut reprendre soit le texte élaboré par la commission mixte, soit le dernier texte voté par elle, modifié le cas échéant par un ou plusieurs des amendements adoptés par le Sénat.

Art. 46. Les lois auxquelles la Constitution confère le caractère de lois organiques sont votées et modifiées dans les conditions suivantes.

(L. const. n° 2008-724 du 23 juill. 2008, art. 21) « Le projet ou la proposition ne peut, en première lecture, être soumis à la délibération et au vote des assemblées qu'à l'expiration des délais fixés au troisième alinéa de l'article 42. Toutefois, si la procédure accélérée a été engagée dans les conditions prévues à l'article 45, le projet ou la proposition ne peut être soumis à la délibération de la première assemblée saisie avant l'expiration d'un délai de quinze jours après son dépôt. »

La procédure de l'article 45 est applicable. Toutefois, faute d'accord entre les deux assemblées, le texte ne peut être adopté par l'Assemblée nationale en dernière lecture qu'à la majorité absolue de ses membres.

Les lois organiques relatives au Sénat doivent être votées dans les mêmes termes par les deux assemblées.

Les lois organiques ne peuvent être promulguées qu'après déclaration par le Conseil constitutionnel de leur conformité à la Constitution.

Art. 47. Le Parlement vote les projets de loi de finances dans les conditions prévues par une loi organique.

Si l'Assemblée nationale ne s'est pas prononcée en première lecture dans le délai de quarante jours après le dépôt d'un projet, le Gouvernement saisit le Sénat, qui doit statuer dans un délai de quinze jours. Il est ensuite procédé dans les conditions prévues à l'article 45.

Si le Parlement ne s'est pas prononcé dans un délai de soixante-dix jours, les dispositions du projet peuvent être mises en vigueur par ordonnance.

Si la loi de finances fixant les ressources et les charges d'un exercice n'a pas été déposée en temps utile pour être promulguée avant le début de cet exercice, le Gouvernement demande d'urgence au Parlement l'autorisation de percevoir les impôts et ouvre par décret les crédits se rapportant aux services votés.

Les délais prévus au présent article sont suspendus lorsque le Parlement n'est pas en session.

Art. 47-1. *(L. const. n° 96-138 du 22 févr. 1996)* Le Parlement vote les projets de loi de financement de la sécurité sociale dans les conditions prévues par une loi organique.

Si l'Assemblée nationale ne s'est pas prononcée en première lecture dans le délai de vingt jours après le dépôt d'un projet, le Gouvernement saisit le Sénat qui doit statuer dans un délai de quinze jours. Il est ensuite procédé dans les conditions prévues à l'article 45.

Si le Parlement ne s'est pas prononcé dans un délai de cinquante jours, les dispositions du projet peuvent être mises en œuvre par ordonnance.

Les délais prévus au présent article sont suspendus lorsque le Parlement n'est pas en session et, pour chaque assemblée, au cours des semaines où elle a décidé de ne pas tenir séance, conformément au deuxième alinéa de l'article 28.

Art. 47-2. *(L. const. n° 2008-724 du 23 juill. 2008, art. 22-II)* La Cour des comptes assiste le Parlement dans le contrôle de l'action du Gouvernement. Elle assiste le Parlement et le Gouvernement dans le contrôle de l'exécution des lois de finances et de l'application des lois de financement de la sécurité sociale ainsi que dans l'évaluation des politiques publiques. Par ses rapports publics, elle contribue à l'information des citoyens.

Les comptes des administrations publiques sont réguliers et sincères. Ils donnent une image fidèle du résultat de leur gestion, de leur patrimoine et de leur situation financière.

Art. 48. *(L. const. n° 2008-724 du 23 juill. 2008, art. 23)* Sans préjudice de l'application des trois derniers alinéas de l'article 28, l'ordre du jour est fixé par chaque assemblée.

Deux semaines de séance sur quatre sont réservées par priorité, et dans l'ordre que le Gouvernement a fixé, à l'examen des textes et aux débats dont il demande l'inscription à l'ordre du jour.

En outre, l'examen des projets de loi de finance, des projets de loi de financement de la sécurité sociale et, sous réserve des dispositions de l'alinéa suivant, des textes transmis par l'autre assemblée depuis six semaines au moins, des projets relatifs aux états de crise et des demandes d'autorisation visées à l'article 35 est, à la demande du Gouvernement, inscrit à l'ordre du jour par priorité.

Une semaine de séance sur quatre est réservée par priorité et dans l'ordre fixé par chaque assemblée au contrôle de l'action du Gouvernement et à l'évaluation des politiques publiques.

Un jour de séance par mois est réservé à un ordre du jour arrêté par chaque assemblée à l'initiative des groupes d'opposition de l'assemblée intéressée ainsi qu'à celle des groupes minoritaires.

Une séance par semaine au moins, y compris pendant les sessions extraordinaires prévues à l'article 29, est réservée par priorité aux questions des membres du Parlement et aux réponses du Gouvernement.

Art. 49. Le Premier ministre, après délibération du Conseil des ministres, engage devant l'Assemblée nationale la responsabilité du Gouvernement sur son programme ou éventuellement sur une déclaration de politique générale.

L'Assemblée nationale met en cause la responsabilité du Gouvernement par le vote d'une motion de censure. Une telle motion n'est recevable que si elle est signée par un dixième au moins des membres de l'Assemblée nationale. Le vote ne peut avoir lieu que quarante-huit heures après son dépôt. Seuls sont recensés les votes favorables à la motion de censure qui ne peut être adoptée qu'à la majorité des membres composant l'Assemblée. *(L. const. n° 95-880 du 4 août 1995)* «Sauf dans le cas prévu à l'alinéa ci-dessous, un député ne peut être signataire de plus de trois motions de censure au cours d'une même session ordinaire et de plus d'une au cours d'une même session extraordinaire.»

Le Premier ministre peut, après délibération du Conseil des ministres, engager la responsabilité du Gouvernement devant l'Assemblée nationale sur le vote d'un *(L. const. n° 2008-724 du 23 juill. 2008, art. 24-1°)* «projet de loi de finances ou de financement de la sécurité sociale». Dans ce cas, ce *(L. const. n° 2008-724 du 23 juill. 2008, art. 24-2°)* «projet» est considéré comme adopté, sauf si une motion de censure, déposée dans les vingt-quatre heures qui suivent, est votée dans les conditions prévues à l'alinéa précédent. *(L. const. n° 2008-724 du 23 juill. 2008, art. 24-3°)* «Le Premier ministre peut, en outre, recourir à cette procédure pour un autre projet ou une proposition de loi par session.»

Le Premier ministre a la faculté de demander au Sénat l'approbation d'une déclaration de politique générale.

Art. 50. Lorsque l'Assemblée nationale adopte une motion de censure ou lorsqu'elle désapprouve le programme ou une déclaration de politique générale du Gouvernement, le Premier ministre doit remettre au Président de la République la démission du Gouvernement.

Art. 50-1. *(L. const. n° 2008-724 du 23 juill. 2008, art. 25)* Devant l'une ou l'autre des assemblées, le Gouvernement peut, de sa propre initiative ou à la demande d'un groupe parlementaire au sens de l'article 51-1, faire, sur un sujet déterminé, une déclaration qui donne lieu à débat et peut, s'il le décide, faire l'objet d'un vote sans engager sa responsabilité.

Art. 51. *(L. const. n° 95-880 du 4 août 1995)* La clôture de la session ordinaire ou des sessions extraordinaires est de droit retardée pour permettre, le cas échéant, l'application de l'article 49. A cette même fin, des séances supplémentaires sont de droit.

Art. 51-1. *(L. const. n° 2008-724 du 23 juill. 2008, art. 26)* Le règlement de chaque assemblée détermine les droits des groupes parlementaires constitués en son sein. Il reconnaît des droits spécifiques aux groupes d'opposition de l'assemblée intéressée ainsi qu'aux groupes minoritaires.

Art. 51-2. *(L. const. n° 2008-724 du 23 juill. 2008, art. 26)* Pour l'exercice des missions de contrôle et d'évaluation définies au premier alinéa de l'article 24, des commissions d'enquête peuvent être créées au sein de chaque assemblée pour recueillir, dans les conditions prévues par la loi, des éléments d'information.

La loi détermine leurs règles d'organisation et de fonctionnement. Leurs conditions de création sont fixées par le règlement de chaque assemblée.

TITRE VI

Des traités et accords internationaux

Art. 52. Le Président de la République négocie et ratifie les traités.

Il est informé de toute négociation tendant à la conclusion d'un accord international non soumis à ratification.

Art. 53. Les traités de paix, les traités de commerce, les traités ou accords relatifs à l'organisation internationale, ceux qui engagent les finances de l'État, ceux qui modifient des dispositions de nature législative, ceux qui sont relatifs à l'état des personnes, ceux qui comportent cession, échange ou adjonction de territoire, ne peuvent être ratifiés ou approuvés qu'en vertu d'une loi.

Ils ne prennent effet qu'après avoir été ratifiés ou approuvés.

Nulle cession, nul échange, nulle adjonction de territoire n'est valable sans le consentement des populations intéressées.

Art. 53-1. *(L. const. n° 93-1256 du 25 nov. 1993)* La République peut conclure avec les États européens qui sont liés par des engagements identiques aux siens en matière d'asile et de protection des Droits de l'homme et des libertés fondamentales, des accords déterminant leurs compétences respectives pour l'examen des demandes d'asile qui leur sont présentées.

Toutefois, même si la demande n'entre pas dans leur compétence en vertu de ces accords, les autorités de la République ont toujours le droit de donner asile à tout étranger persécuté en raison de son action en faveur de la liberté ou qui sollicite la protection de la France pour un autre motif.

Art. 53-2. *(L. const. n° 99-568 du 8 juill. 1999)* La République peut reconnaître la juridiction de la Cour pénale internationale dans les conditions prévues par le traité signé le 18 juillet 1998.

Art. 54. *(L. const. n° 92-554 du 25 juin 1992)* Si le Conseil constitutionnel, saisi par le Président de la République, par le Premier ministre, par le Président de l'une ou l'autre assemblée ou par soixante députés ou soixante sénateurs, a déclaré qu'un engagement international comporte une clause contraire à la Constitution, l'autorisation de ratifier ou d'approuver l'engagement international en cause ne peut intervenir qu'après la révision de la Constitution.

Art. 55. Les traités ou accords régulièrement ratifiés ou approuvés ont, dès leur publication, une autorité supérieure à celle des lois, sous réserve, pour chaque accord ou traité, de son application par l'autre partie.

TITRE VII

Le Conseil constitutionnel

Art. 56. Le Conseil constitutionnel comprend neuf membres, dont le mandat dure neuf ans et n'est pas renouvelable. Le Conseil constitutionnel se renouvelle par tiers tous les trois ans. Trois des membres sont nommés par le Président de la République, trois par le Président de l'Assemblée nationale, trois par le Président du Sénat. *(L. const. nº 2008-724 du 23 juill. 2008, art. 27)* «La procédure prévue au dernier alinéa de l'article 13 est applicable à ces nominations. Les nominations effectuées par le Président de chaque assemblée sont soumises au seul avis de la commission permanente compétente de l'assemblée concernée.»

En sus des neuf membres prévus ci-dessus, font de droit partie à vie du Conseil constitutionnel les anciens Présidents de la République.

Le Président est nommé par le Président de la République. Il a voix prépondérante en cas de partage.

Art. 57. Les fonctions de membre du Conseil constitutionnel sont incompatibles avec celles de ministre ou de membre du Parlement. Les autres incompatibilités sont fixées par une loi organique.

Art. 58. Le Conseil constitutionnel veille à la régularité de l'élection du Président de la République.

Il examine les réclamations et proclame les résultats du scrutin.

Art. 59. Le Conseil constitutionnel statue, en cas de contestation, sur la régularité de l'élection des députés et des sénateurs.

Art. 60. Le Conseil constitutionnel veille à la régularité des opérations de référendum *(L. const. nº 2003-276 du 28 mars 2003, art. 12-III)* «prévues aux articles 11 et 89» *(L. const. nº 2005-204 du 1er mars 2005, art. 2-II)* «et au titre XV. Il en proclame les résultats».

Art. 61. Les lois organiques, avant leur promulgation, *(L. const. nº 2008-724 du 23 juill. 2008, art. 28)* «les propositions de loi mentionnées à l'article 11 avant qu'elles ne soient soumises au référendum,» et les règlements des assemblées parlementaires, avant leur mise en application, doivent être soumis au Conseil constitutionnel, qui se prononce sur leur conformité à la Constitution.

(L. const. nº 74-904 du 29 oct. 1974) «Aux mêmes fins, les lois peuvent être déférées au Conseil constitutionnel, avant leur promulgation, par le Président de la République, le Premier ministre, le Président de l'Assemblée nationale, le Président du Sénat ou soixante députés ou soixante sénateurs.»

Dans les cas prévus aux deux alinéas précédents, le Conseil constitutionnel doit statuer dans le délai d'un mois. Toutefois, à la demande du Gouvernement, s'il y a urgence, ce délai est ramené à huit jours.

Dans ces mêmes cas, la saisine du Conseil constitutionnel suspend le délai de promulgation.

Art. 61-1. *(L. const. nº 2008-724 du 23 juill. 2008, art. 29)* Lorsque, à l'occasion d'une instance en cours devant une juridiction, il est soutenu qu'une disposition législative porte atteinte aux droits et libertés que la Constitution garantit, le Conseil constitutionnel peut être saisi de cette question sur renvoi du Conseil d'État ou de la Cour de cassation qui se prononce dans un délai déterminé.

Une loi organique détermine les conditions d'application du présent article.

Art. 62. *(L. const. n° 2008-724 du 23 juill. 2008, art. 30)* «Une disposition déclarée inconstitutionnelle sur le fondement de l'article 61 ne peut être promulguée ni mise en application.

«Une disposition déclarée inconstitutionnelle sur le fondement de l'article 61-1 est abrogée à compter de la publication de la décision du Conseil constitutionnel ou d'une date ultérieure fixée par cette décision. Le Conseil constitutionnel détermine les conditions et limites dans lesquelles les effets que la disposition a produits sont susceptibles d'être remis en cause.»

Les décisions du Conseil constitutionnel ne sont susceptibles d'aucun recours. Elles s'imposent aux pouvoirs publics et à toutes les autorités administratives et juridictionnelles.

Art. 63. Une loi organique détermine les règles d'organisation et de fonctionnement du Conseil constitutionnel, la procédure qui est suivie devant lui et notamment les délais ouverts pour le saisir de contestations.

TITRE VIII
De l'autorité judiciaire

Art. 64. Le Président de la République est garant de l'indépendance de l'autorité judiciaire.

Il est assisté par le Conseil supérieur de la magistrature.

Une loi organique porte statut des magistrats.

Les magistrats du siège sont inamovibles.

Art. 65. *(L. const. n° 2008-724 du 23 juill. 2008, art. 31)* Le Conseil supérieur de la magistrature comprend une formation compétente à l'égard des magistrats du siège et une formation compétente à l'égard des magistrats du parquet.

La formation compétente à l'égard des magistrats du siège est présidée par le premier président de la Cour de cassation. Elle comprend, en outre, cinq magistrats du siège et un magistrat du parquet, un conseiller d'État désigné par le Conseil d'État, un avocat ainsi que six personnalités qualifiées qui n'appartiennent ni au Parlement, ni à l'ordre judiciaire, ni à l'ordre administratif. Le Président de la République, le Président de l'Assemblée nationale et le Président du Sénat désignent chacun deux personnalités qualifiées. La procédure prévue au dernier alinéa de l'article 13 est applicable aux nominations des personnalités qualifiées. Les nominations effectuées par le président de chaque assemblée du Parlement sont soumises au seul avis de la commission permanente compétente de l'assemblée intéressée.

La formation compétente à l'égard des magistrats du parquet est présidée par le procureur général près la Cour de cassation. Elle comprend, en outre, cinq magistrats du parquet et un magistrat du siège, ainsi que le conseiller d'État, l'avocat et les six personnalités qualifiées mentionnés au deuxième alinéa.

La formation du Conseil supérieur de la magistrature compétente à l'égard des magistrats du siège fait des propositions pour les nominations des magistrats du siège à la Cour de cassation, pour celles de premier président de cour d'appel et pour celles de président de tribunal de grande instance. Les autres magistrats du siège sont nommés sur son avis conforme.

La formation du Conseil supérieur de la magistrature compétente à l'égard des magistrats du parquet donne son avis sur les nominations qui concernent les magistrats du parquet.

La formation du Conseil supérieur de la magistrature compétente à l'égard des magistrats du siège statue comme conseil de discipline des magistrats du siège. Elle comprend alors, outre les membres visés au deuxième alinéa, le magistrat du siège appartenant à la formation compétente à l'égard des magistrats du parquet.

La formation du Conseil supérieur de la magistrature compétente à l'égard des magistrats du parquet donne son avis sur les sanctions disciplinaires qui les concernent. Elle comprend alors, outre les membres visés au troisième alinéa, le magistrat du parquet appartenant à la formation compétente à l'égard des magistrats du siège.

Le Conseil supérieur de la magistrature se réunit en formation plénière pour répondre aux demandes d'avis formulées par le Président de la République au titre de l'article 64. Il se prononce, dans la même formation, sur les questions relatives à la déontologie des magistrats ainsi que sur toute question relative au fonctionnement de la justice dont le saisit le ministre de la justice. La formation plénière comprend trois des cinq magistrats du siège mentionnés au deuxième alinéa, trois des cinq magistrats du parquet mentionnés au troisième alinéa, ainsi que le conseiller d'État, l'avocat et les six personnalités qualifiées mentionnés au deuxième alinéa. Elle est présidée par le premier président de la Cour de cassation, que peut suppléer le procureur général près cette Cour.

Sauf en matière disciplinaire, le ministre de la justice peut participer aux séances des formations du Conseil supérieur de la magistrature.

Le Conseil supérieur de la magistrature peut être saisi par un justiciable dans les conditions fixées par une loi organique.

La loi organique détermine les conditions d'application du présent article.

Art. 66. Nul ne peut être arbitrairement détenu.

L'autorité judiciaire, gardienne de la liberté individuelle, assure le respect de ce principe dans les conditions prévues par la loi.

Art. 66-1. *(L. const. n° 2007-239 du 23 févr. 2007)* Nul ne peut être condamné à la peine de mort.

TITRE IX

La Haute Cour

(L. const. n° 2007-238 du 23 févr. 2007)

Art. 67. Le Président de la République n'est pas responsable des actes accomplis en cette qualité, sous réserve des dispositions des articles 53-2 et 68.

Il ne peut, durant son mandat et devant aucune juridiction ou autorité administrative française, être requis de témoigner non plus que faire l'objet d'une action, d'un acte d'information, d'instruction ou de poursuite. Tout délai de prescription ou de forclusion est suspendu.

Les instances et procédures auxquelles il est ainsi fait obstacle peuvent être reprises ou engagées contre lui à l'expiration d'un délai d'un mois suivant la cessation des fonctions.

Art. 68. Le Président de la République ne peut être destitué qu'en cas de manquement à ses devoirs manifestement incompatible avec l'exercice de son mandat. La destitution est prononcée par le Parlement constitué en Haute Cour.

La proposition de réunion de la Haute Cour adoptée par une des assemblées du Parlement est aussitôt transmise à l'autre qui se prononce dans les quinze jours.

La Haute Cour est présidée par le président de l'Assemblée nationale. Elle statue dans un délai d'un mois, à bulletins secrets, sur la destitution. Sa décision est d'effet immédiat.

Les décisions prises en application du présent article le sont à la majorité des deux tiers des membres composant l'assemblée concernée ou la Haute Cour. Toute délégation de vote est interdite. Seuls sont recensés les votes favorables à la proposition de réunion de la Haute Cour ou à la destitution.

Une loi organique fixe les conditions d'application du présent article.

TITRE X

De la responsabilité pénale des membres du Gouvernement

(L. const. n° 93-952 du 27 juill. 1993)

Art. 68-1. Les membres du Gouvernement sont pénalement responsables des actes accomplis dans l'exercice de leurs fonctions et qualifiés crimes ou délits au moment où ils ont été commis.

Ils sont jugés par la Cour de justice de la République.

La Cour de justice de la République est liée par la définition des crimes et délits ainsi que par la détermination des peines telles qu'elles résultent de la loi.

Art. 68-2. La Cour de justice de la République comprend quinze juges : douze parlementaires élus, en leur sein et en nombre égal, par l'Assemblée nationale et par le Sénat après chaque renouvellement général ou partiel de ces assemblées et trois magistrats du siège à la Cour de cassation, dont l'un préside la Cour de justice de la République.

Toute personne qui se prétend lésée par un crime ou un délit commis par un membre du Gouvernement dans l'exercice de ses fonctions peut porter plainte auprès d'une commission des requêtes.

Cette commission ordonne soit le classement de la procédure, soit sa transmission au procureur général près la Cour de cassation aux fins de saisine de la Cour de justice de la République.

Le procureur général près la Cour de cassation peut aussi saisir d'office la Cour de justice de la République sur avis conforme de la commission des requêtes.

Une loi organique détermine les conditions d'application du présent article.

Art. 68-3. *(L. const. n° 95-880 du 4 août 1995)* Les dispositions du présent titre sont applicables aux faits commis avant son entrée en vigueur.

TITRE XI

Le Conseil économique, social et environnemental

(L. const. no 2008-724 du 23 juill. 2008, art. 32)

Art. 69. Le *(L. const. n° 2008-724 du 23 juill. 2008, art. 33-1°)* «Conseil économique, social et environnemental», saisi par le Gouvernement, donne son avis sur les projets de loi, d'ordonnance ou de décret ainsi que sur les propositions de loi qui lui sont soumis.

Un membre du *(L. const. n° 2008-724 du 23 juill. 2008, art. 33-1°)* «Conseil économique, social et environnemental» peut être désigné par celui-ci pour exposer devant les assemblées parlementaires l'avis du Conseil sur les projets ou propositions qui lui ont été soumis.

(L. const. n° 2008-724 du 23 juill. 2008, art. 33-2°) «Le Conseil économique, social et environnemental peut être saisi par voie de pétition dans les conditions fixées par une loi organique. Après examen de la pétition, il fait connaître au Gouvernement et au Parlement les suites qu'il propose d'y donner.»

Art. 70. *(L. const. n° 2008-724 du 23 juill. 2008, art. 34)* Le Conseil économique, social et environnemental peut être consulté par le Gouvernement et le Parlement sur tout problème de caractère économique, social ou environnemental. Le Gouvernement peut également le consulter sur les projets de loi de programmation définissant les orientations pluriannuelles des finances publiques. Tout plan ou tout projet de loi de programmation à caractère économique, social ou environnemental lui est soumis pour avis.

Art. 71. La composition du *(L. const. n° 2008-724 du 23 juill. 2008, art. 35 et 36)* «Conseil économique, social et environnemental, dont le nombre de membres ne peut excéder deux cent trente-trois,» et ses règles de fonctionnement sont fixées par une loi organique.

TITRE XI *BIS*

Le Défenseur des droits

(L. const. n° 2008-724 du 23 juill. 2008, art. 41)

Art. 71-1. Le Défenseur des droits veille au respect des droits et libertés par les administrations de l'État, les collectivités territoriales, les établissements publics, ainsi que par tout organisme investi d'une mission de service public, ou à l'égard duquel la loi organique lui attribue des compétences.

Il peut être saisi, dans les conditions prévues par la loi organique, par toute personne s'estimant lésée par le fonctionnement d'un service public ou d'un organisme visé au premier alinéa. Il peut se saisir d'office.

La loi organique définit les attributions et les modalités d'intervention du Défenseur des droits. Elle détermine les conditions dans lesquelles il peut être assisté par un collège pour l'exercice de certaines de ses attributions.

Le Défenseur des droits est nommé par le Président de la République pour un mandat de six ans non renouvelable, après application de la procédure prévue au dernier alinéa de l'article 13. Ses fonctions sont incompatibles avec celles de membre du Gouvernement et de membre du Parlement. Les autres incompatibilités sont fixées par la loi organique.

Le Défenseur des droits rend compte de son activité au Président de la République et au Parlement.

TITRE XII

Des collectivités territoriales

Art. 72. *(L. const. n° 2003-276 du 28 mars 2003, art. 5)* Les collectivités territoriales de la République sont les communes, les départements, les régions, les collectivités à statut particulier et les collectivités d'outre-mer régies par l'article 74. Toute autre collectivité territoriale est créée par la loi, le cas échéant en lieu et place d'une ou de plusieurs collectivités mentionnées au présent alinéa.

Les collectivités territoriales ont vocation à prendre les décisions pour l'ensemble des compétences qui peuvent le mieux être mises en œuvre à leur échelon.

Dans les conditions prévues par la loi, ces collectivités s'administrent librement par des conseils élus et disposent d'un pouvoir réglementaire pour l'exercice de leurs compétences.

Dans les conditions prévues par la loi organique, et sauf lorsque sont en cause les conditions essentielles d'exercice d'une liberté publique ou d'un droit constitutionnellement garanti, les collectivités territoriales ou leurs groupements peuvent, lorsque, selon le cas, la loi ou le règlement l'a prévu, déroger, à titre expérimental et pour un objet et une durée limités, aux dispositions législatives ou réglementaires qui régissent l'exercice de leurs compétences.

Aucune collectivité territoriale ne peut exercer une tutelle sur une autre. Cependant, lorsque l'exercice d'une compétence nécessite le concours de plusieurs collectivités territoriales, la loi peut autoriser l'une d'entre elles ou un de leurs groupements à organiser les modalités de leur action commune.

Dans les collectivités territoriales de la République, le représentant de l'État, représentant de chacun des membres du Gouvernement, a la charge des intérêts nationaux, du contrôle administratif et du respect des lois.

Art. 72-1. *(L. const. n° 2003-276 du 28 mars 2003, art. 6)* La loi fixe les conditions dans lesquelles les électeurs de chaque collectivité territoriale peuvent, par l'exercice du droit de pétition, demander l'inscription à l'ordre du jour de l'assemblée délibérante de cette collectivité d'une question relevant de sa compétence.

Dans les conditions prévues par la loi organique, les projets de délibération ou d'acte relevant de la compétence d'une collectivité territoriale peuvent, à son initiative, être soumis, par la voie du référendum, à la décision des électeurs de cette collectivité.

Lorsqu'il est envisagé de créer une collectivité territoriale dotée d'un statut particulier ou de modifier son organisation, il peut être décidé par la loi de consulter les électeurs inscrits dans les collectivités intéressées. La modification des limites des collectivités territoriales peut également donner lieu à la consultation des électeurs dans les conditions prévues par la loi.

Art. 72-2. *(L. const. n° 2003-276 du 28 mars 2003, art. 7)* Les collectivités territoriales bénéficient de ressources dont elles peuvent disposer librement dans les conditions fixées par la loi.

Elles peuvent recevoir tout ou partie du produit des impositions de toutes natures. La loi peut les autoriser à en fixer l'assiette et le taux dans les limites qu'elle détermine.

Les recettes fiscales et les autres ressources propres des collectivités territoriales représentent, pour chaque catégorie de collectivités, une part déterminante de l'ensemble de leurs ressources. La loi organique fixe les conditions dans lesquelles cette règle est mise en œuvre.

Tout transfert de compétences entre l'État et les collectivités territoriales s'accompagne de l'attribution de ressources équivalentes à celles qui étaient consacrées à leur exercice. Toute création ou extension de compétences ayant pour conséquence d'augmenter les dépenses des collectivités territoriales est accompagnée de ressources déterminées par la loi.

La loi prévoit des dispositifs de péréquation destinés à favoriser l'égalité entre les collectivités territoriales.

Art. 72-3. *(L. const. n° 2003-276 du 28 mars 2003, art. 8)* La République reconnaît, au sein du peuple français, les populations d'outre-mer, dans un idéal commun de liberté, d'égalité et de fraternité.

La Guadeloupe, la Guyane, la Martinique, La Réunion, Mayotte, *(L. const. n° 2008-724 du 23 juill. 2008, art. 37-1°)* «Saint-Barthélemy, Saint-Martin,» Saint-Pierre-et-Miquelon, les îles Wallis-et-Futuna et la Polynésie française sont régis par l'article 73 pour les départements et les régions d'outre-mer et pour les collectivités territoriales créées en application du dernier alinéa de l'article 73, et par l'article 74 pour les autres collectivités.

Le statut de la Nouvelle-Calédonie est régi par le titre XIII.

La loi détermine le régime législatif et l'organisation particulière des Terres australes et antarctiques françaises *(L. const. n° 2008-724 du 23 juill. 2008, art. 7-2°)* «et de Clipperton».

Art. 72-4. *(L. const. n° 2003-276 du 28 mars 2003, art. 8)* Aucun changement, pour tout ou partie de l'une des collectivités mentionnées au deuxième alinéa de l'article 72-3, de l'un vers l'autre des régimes prévus par les articles 73 et 74, ne peut intervenir sans que le consentement des électeurs de la collectivité ou de la partie de collectivité intéressée ait été préalablement recueilli dans les conditions prévues à l'alinéa suivant. Ce changement de régime est décidé par une loi organique.

Le Président de la République, sur proposition du Gouvernement pendant la durée des sessions ou sur proposition conjointe des deux assemblées, publiées au *Journal officiel*, peut décider de consulter les électeurs d'une collectivité territoriale située outre-mer sur une question relative à son organisation, à ses compétences ou à son régime législatif. Lorsque la consultation porte sur un changement prévu à l'alinéa précédent et est organisée sur proposition du Gouvernement, celui-ci fait, devant chaque assemblée, une déclaration qui est suivie d'un débat.

Art. 73. *(L. const. n° 2003-276 du 28 mars 2003, art. 9)* Dans les départements et les régions d'outre-mer, les lois et règlements sont applicables de plein droit. Ils peuvent faire l'objet d'adaptations tenant aux caractéristiques et contraintes particulières de ces collectivités.

Ces adaptations peuvent être décidées par ces collectivités dans les matières où s'exercent leurs compétences et si elles y ont été habilitées *(L. const. n° 2008-724 du 23 juill. 2008, art. 38-1°)* «, selon le cas, par la loi ou par le règlement».

Par dérogation au premier alinéa et pour tenir compte de leurs spécificités, les collectivités régies par le présent article peuvent être habilitées *(L. const. n° 2008-724 du*

23 juill. 2008, art. 38-2°) «, selon le cas, par la loi ou par le règlement,» à fixer elles-mêmes les règles applicables sur leur territoire, dans un nombre limité de matières pouvant relever du domaine de la loi *(L. const. n° 2008-724 du 23 juill. 2008, art. 38-2°)* «ou du règlement».

Ces règles ne peuvent porter sur la nationalité, les droits civiques, les garanties des libertés publiques, l'état et la capacité des personnes, l'organisation de la justice, le droit pénal, la procédure pénale, la politique étrangère, la défense, la sécurité et l'ordre publics, la monnaie, le crédit et les changes, ainsi que le droit électoral. Cette énumération pourra être précisée et complétée par une loi organique.

La disposition prévue aux deux précédents alinéas n'est pas applicable au département et à la région de La Réunion.

Les habilitations prévues aux deuxième et troisième alinéas sont décidées, à la demande de la collectivité concernée, dans les conditions et sous les réserves prévues par une loi organique. Elles ne peuvent intervenir lorsque sont en cause les conditions essentielles d'exercice d'une liberté publique ou d'un droit constitutionnellement garanti.

La création par la loi d'une collectivité se substituant à un département et une région d'outre-mer ou l'institution d'une assemblée délibérante unique pour ces deux collectivités ne peut intervenir sans qu'ait été recueilli, selon les formes prévues au second alinéa de l'article 72-4, le consentement des électeurs inscrits dans le ressort de ces collectivités.

Art. 74. *(L. const. n° 2003-276 du 28 mars 2003, art. 10)* Les collectivités d'outre-mer régies par le présent article ont un statut qui tient compte des intérêts propres de chacune d'elles au sein de la République.

Ce statut est défini par une loi organique, adoptée après avis de l'assemblée délibérante, qui fixe :

— les conditions dans lesquelles les lois et règlements y sont applicables;

— les compétences de cette collectivité; sous réserve de celles déjà exercées par elle, le transfert de compétences de l'État ne peut porter sur les matières énumérées au quatrième alinéa de l'article 73, précisées et complétées, le cas échéant, par la loi organique;

— les règles d'organisation et de fonctionnement des institutions de la collectivité et le régime électoral de son assemblée délibérante;

— les conditions dans lesquelles ses institutions sont consultées sur les projets et propositions de loi et les projets d'ordonnance ou de décret comportant des dispositions particulières à la collectivité, ainsi que sur la ratification ou l'approbation d'engagements internationaux conclus dans les matières relevant de sa compétence.

La loi organique peut également déterminer, pour celles de ces collectivités qui sont dotées de l'autonomie, les conditions dans lesquelles :

— le Conseil d'État exerce un contrôle juridictionnel spécifique sur certaines catégories d'actes de l'assemblée délibérante intervenant au titre des compétences qu'elle exerce dans le domaine de la loi;

— l'assemblée délibérante peut modifier une loi promulguée postérieurement à l'entrée en vigueur du statut de la collectivité, lorsque le Conseil constitutionnel, saisi notamment par les autorités de la collectivité, a constaté que la loi était intervenue dans le domaine de compétence de cette collectivité;

— des mesures justifiées par les nécessités locales peuvent être prises par la collectivité en faveur de sa population, en matière d'accès à l'emploi, de droit d'établissement pour l'exercice d'une activité professionnelle ou de protection du patrimoine foncier;

— la collectivité peut participer, sous le contrôle de l'État, à l'exercice des compétences qu'il conserve, dans le respect des garanties accordées sur l'ensemble du territoire national pour l'exercice des libertés publiques.

Les autres modalités de l'organisation particulière des collectivités relevant du présent article sont définies et modifiées par la loi après consultation de leur assemblée délibérante.

Art. 74-1. *(L. const. nº 2008-724 du 23 juill. 2008, art. 39)* «Dans les collectivités d'outre-mer visées à l'article 74 et en Nouvelle-Calédonie, le Gouvernement peut, par ordonnances, dans les matières qui demeurent de la compétence de l'État, étendre, avec les adaptations nécessaires, les dispositions de nature législative en vigueur en métropole ou adapter les dispositions de nature législative en vigueur à l'organisation particulière de la collectivité concernée, sous réserve que la loi n'ait pas expressément exclu, pour les dispositions en cause, le recours à cette procédure.»

(L. const. nº 2003-276 du 28 mars 2003, art. 11) Les ordonnances sont prises en conseil des ministres après avis des assemblées délibérantes intéressées et du Conseil d'État. Elles entrent en vigueur dès leur publication. Elles deviennent caduques en l'absence de ratification par le Parlement dans le délai de dix-huit mois suivant cette publication.

Art. 75. Les citoyens de la République qui n'ont pas le statut civil de droit commun seul visé à l'article 34 conservent leur statut personnel tant qu'ils n'y ont pas renoncé.

Art. 75-1. *(L. const. nº 2008-724 du 23 juill. 2008, art. 40)* Les langues régionales appartiennent au patrimoine de la France.

TITRE XIII

Dispositions transitoires relatives à la Nouvelle-Calédonie

(L. const. nº 98-610 du 20 juill. 1998)

Art. 76. Les populations de la Nouvelle-Calédonie sont appelées à se prononcer avant le 31 décembre 1998 sur les dispositions de l'accord signé à Nouméa le 5 mai 1998 et publié le 27 mai 1998 *Journal officiel* de la République française.

Sont admises à participer au scrutin les personnes remplissant les conditions fixées à l'article 2 de la loi nº 88-1028 du 9 novembre 1988.

Les mesures nécessaires à l'organisation du scrutin sont prises par décret en Conseil d'État délibéré en conseil des ministres.

Art. 77. Après approbation de l'accord lors de la consultation prévue à l'article 76, la loi organique, prise après avis de l'assemblée délibérante de la Nouvelle-Calédonie, détermine, pour assurer l'évolution de la Nouvelle-Calédonie dans le respect des orientations définies par cet accord et selon les modalités nécessaires à sa mise en œuvre :

— les compétences de l'État qui seront transférées, de façon définitive, aux institutions de la Nouvelle-Calédonie, l'échelonnement et les modalités de ces transferts, ainsi que la répartition des charges résultant de ceux-ci;

— les règles d'organisation et de fonctionnement des institutions de la Nouvelle-Calédonie et notamment les conditions dans lesquelles certaines catégories d'actes de l'assemblée délibérante *(L. const. nº 2007-237 du 23 févr. 2007)* «de la Nouvelle-Calédonie» pourront être soumises avant publication au contrôle du Conseil constitutionnel;

— les règles relatives à la citoyenneté, au régime électoral, à l'emploi et au statut civil coutumier;

— les conditions et les délais dans lesquels les populations intéressées de la Nouvelle-Calédonie seront amenées à se prononcer sur l'accession à la pleine souveraineté.

Les autres mesures nécessaires à la mise en œuvre de l'accord mentionné à l'article 76 sont définies par la loi.

(L. const. n° 2007-237 du 23 févr. 2007) «Pour la définition du corps électoral appelé à élire les membres des assemblées délibérantes de la Nouvelle-Calédonie et des provinces, le tableau auquel se réfèrent l'accord mentionné à l'article 76 et les articles 188 et 189 de la loi organique n° 99-209 du 19 mars 1999 relative à la Nouvelle-Calédonie est le tableau dressé à l'occasion du scrutin prévu audit article 76 et comprenant les personnes non admises à y participer.»

TITRE XIV

De la francophonie et des accords d'association

(L. const. n° 2008-724 du 23 juill. 2008, art. 42-II)

Art. 87. *(L. const. n° 2008-724 du 23 juill. 2008, art. 42-I)* La République participe au développement de la solidarité et de la coopération entre les États et les peuples ayant le français en partage.

Art. 88. La République *(L. const. n° 95-880 du 4 août 1995)* «peut» conclure des accords avec des États qui désirent s'associer à elle pour développer leurs civilisations.

TITRE XV

De l'Union européenne

(L. const. n° 2008-103 du 4 févr. 2008, art. 2-1°)

Art. 88-1. *(L. const. n° 2008-103 du 4 févr. 2008, art. 2-2°)* La République participe à l'Union européenne constituée d'États qui ont choisi librement d'exercer en commun certaines de leurs compétences en vertu du traité sur l'Union européenne et du traité sur le fonctionnement de l'Union européenne, tels qu'ils résultent du traité signé à Lisbonne le 13 décembre 2007.

Art. 88-2. *(L. const. n° 2008-103 du 4 févr. 2008, art. 2-2°)* La loi fixe les règles relatives au mandat d'arrêt européen en application des actes pris par les institutions de l'Union européenne.

Art. 88-3. Sous réserve de réciprocité et selon les modalités prévues par le Traité sur l'Union européenne signé le 7 février 1992, le droit de vote et d'éligibilité aux élections municipales peut être accordé aux seuls citoyens de l'Union résidant en France. Ces citoyens ne peuvent exercer les fonctions de maire ou d'adjoint ni participer à la désignation des électeurs sénatoriaux et à l'élection des sénateurs. Une loi organique votée dans les mêmes termes par les deux assemblées détermine les conditions d'application du présent article.

Art. 88-4. *(L. const. n° 2008-724 du 23 juill. 2008, art. 43 et 47-1-1°)* Le Gouvernement soumet à l'Assemblée nationale et au Sénat, dès leur transmission au Conseil de l'Union européenne, les projets d'actes législatifs européens et les autres projets ou propositions d'actes de l'Union européenne.

Selon des modalités fixées par le règlement de chaque assemblée, des résolutions européennes peuvent être adoptées, le cas échéant en dehors des sessions, sur les projets ou propositions mentionnés au premier alinéa, ainsi que sur tout document émanant d'une institution de l'Union européenne.

Au sein de chaque assemblée parlementaire est instituée une commission chargée des affaires européennes.

Art. 88-5. *(L. const. n° 2008-724 du 23 juill. 2008, art. 44)* Tout projet de loi autorisant la ratification d'un traité relatif à l'adhésion d'un État à l'Union européenne est soumis au référendum par le Président de la République.

Toutefois, par le vote d'une motion adoptée en termes identiques par chaque assemblée à la majorité des trois cinquièmes, le Parlement peut autoriser l'adoption du projet de loi selon la procédure prévue au troisième alinéa de l'article 89.

Art. 88-6. *(L. const. n° 2008-103 du 4 févr. 2008, art. 2-5°)* L'Assemblée nationale ou le Sénat peuvent émettre un avis motivé sur la conformité d'un projet d'acte législatif européen au principe de subsidiarité. L'avis est adressé par le président de l'assemblée concernée aux présidents du Parlement européen, du Conseil et de la Commission européenne. Le Gouvernement en est informé.

(L. const. n° 2008-724 du 23 juill. 2008, art. 47-I-3°) «Chaque assemblée peut former un recours devant la Cour de justice de l'Union européenne contre un acte législatif européen pour violation du principe de subsidiarité. Ce recours est transmis à la Cour de justice de l'Union européenne par le Gouvernement.

«A cette fin, des résolutions peuvent être adoptées, le cas échéant en dehors des sessions, selon des modalités d'initiative et de discussion fixées par le règlement de chaque assemblée. A la demande de soixante députés ou de soixante sénateurs, le recours est de droit.»

Art. 88-7. *(L. const. n° 2008-103 du 4 févr. 2008, art. 2-5°)* Par le vote d'une motion adoptée en termes identiques par l'Assemblée nationale et le Sénat, le Parlement peut s'opposer à une modification des règles d'adoption d'actes de l'Union européenne dans les cas prévus, au titre de la révision simplifiée des traités ou de la coopération judiciaire civile, par le traité sur l'Union européenne et le traité sur le fonctionnement de l'Union européenne, tels qu'ils résultent du traité signé à Lisbonne le 13 décembre 2007.

TITRE XVI

De la révision

Art. 89. L'initiative de la révision de la Constitution appartient concurremment au Président de la République sur proposition du Premier ministre et aux membres du Parlement.

Le projet ou la proposition de révision doit être *(L. const. n° 2008-724 du 23 juill. 2008, art. 45)* «examiné dans les conditions de délai fixées au troisième alinéa de l'article 42 et» voté par les deux assemblées en termes identiques. La révision est définitive après avoir été approuvée par référendum.

Toutefois, le projet de révision n'est pas présenté au référendum lorsque le Président de la République décide de le soumettre au Parlement convoqué en Congrès; dans ce cas, le projet de révision n'est approuvé que s'il réunit la majorité des trois cinquièmes des suffrages exprimés. Le bureau du Congrès est celui de l'Assemblée nationale.

Aucune procédure de révision ne peut être engagée ou poursuivie lorsqu'il est porté atteinte à l'intégrité du territoire.

La forme républicaine du Gouvernement ne peut faire l'objet d'une révision.

18 Charte de l'environnement

Date d'adoption : 24 juin 2004

Le peuple français,

Considérant :

Que les ressources et les équilibres naturels ont conditionné l'émergence de l'humanité;

Que l'avenir et l'existence même de l'humanité sont indissociables de son milieu naturel;

Que l'environnement est le patrimoine commun des êtres humains;

Que l'homme exerce une influence croissante sur les conditions de la vie et sur sa propre évolution;

Que la diversité biologique, l'épanouissement de la personne et le progrès des sociétés humaines sont affectés par certains modes de consommation ou de production et par l'exploitation excessive des ressources naturelles;

Que la préservation de l'environnement doit être recherchée au même titre que les autres intérêts fondamentaux de la Nation;

Qu'afin d'assurer un développement durable, les choix destinés à répondre aux besoins du présent ne doivent pas compromettre la capacité des générations futures et des autres peuples à satisfaire leurs propres besoins,

Proclame :

Art. 1er. Chacun a le droit de vivre dans un environnement équilibré et respectueux de la santé.

Art. 2. Toute personne a le devoir de prendre part à la préservation et à l'amélioration de l'environnement.

Art. 3. Toute personne doit, dans les conditions définies par la loi, prévenir les atteintes qu'elle est susceptible de porter à l'environnement ou, à défaut, en limiter les conséquences.

Art. 4. Toute personne doit contribuer à la réparation des dommages qu'elle cause à l'environnement, dans les conditions définies par la loi.

Art. 5. Lorsque la réalisation d'un dommage, bien qu'incertaine en l'état des connaissances scientifiques, pourrait affecter de manière grave et irréversible l'environnement, les autorités publiques veillent, par application du principe de précaution et dans leurs domaines d'attributions, à la mise en œuvre de procédures d'évaluation des risques et à l'adoption de mesures provisoires et proportionnées afin de parer à la réalisation du dommage.

Art. 6. Les politiques publiques doivent promouvoir un développement durable. A cet effet, elles concilient la protection et la mise en valeur de l'environnement, le développement économique et le progrès social.

Art. 7. Toute personne a le droit, dans les conditions et les limites définies par la loi, d'accéder aux informations relatives à l'environnement détenues par les autorités publiques et de participer à l'élaboration des décisions publiques ayant une incidence sur l'environnement.

Art. 8. L'éducation et la formation à l'environnement doivent contribuer à l'exercice des droits et devoirs définis par la présente Charte.

Art. 9. La recherche et l'innovation doivent apporter leur concours à la préservation et à la mise en valeur de l'environnement.

Art. 10. La présente Charte inspire l'action européenne et internationale de la France.

19 Loi n° 2007-292 du 5 mars 2007 relative à la Commission nationale consultative des droits de l'homme

L'Assemblée nationale et le Sénat ont adopté,
Le Président de la République promulgue la loi dont la teneur suit :

Art. 1er. La Commission nationale consultative des droits de l'homme assure, auprès du Gouvernement, un rôle de conseil et de proposition dans le domaine des droits de l'homme, du droit international humanitaire et de l'action humanitaire. Elle assiste le Premier ministre et les ministres intéressés par ses avis sur toutes les questions de portée générale relevant de son champ de compétence tant sur le plan national qu'international. Elle peut, de sa propre initiative, appeler publiquement l'attention du Parlement et du Gouvernement sur les mesures qui lui paraissent de nature à favoriser la protection et la promotion des droits de l'homme.

La commission exerce sa mission en toute indépendance. *(L. nº 2017-55 du 20 janv. 2017, art. 24-III)* «Elle ne reçoit ni ne sollicite d'instruction d'aucune autorité administrative ou gouvernementale.»

Elle est composée de représentants des organisations non gouvernementales spécialisées dans le domaine des droits de l'homme, du droit international humanitaire ou de l'action humanitaire, d'experts siégeant dans les organisations internationales compétentes dans ce même domaine, de personnalités qualifiées, de représentants des principales confédérations syndicales, du *(L. nº 2011-334 du 29 mars 2011, art. 17-I-3º)* «Défenseur des droits», ainsi que d'un député, d'un sénateur et d'un membre du *(L. nº 2010-704 du 28 juin 2010, art. 21)* «Conseil économique, social et environnemental» désignés par leurs assemblées respectives.

Le mandat de membre de la commission n'est pas révocable pour autant que son titulaire conserve la qualité en vertu de laquelle il a été désigné et qu'il se conforme à l'obligation d'assiduité qui lui incombe.

Des représentants du Premier ministre et des ministres intéressés peuvent participer sans voix délibérative aux travaux de la commission.

Art. 2. Un décret en Conseil d'État précise la composition et fixe les modalités d'organisation et de fonctionnement de la commission instituée à l'article 1er.

Les membres de la Commission nationale consultative des droits de l'homme en exercice au moment de la publication de la présente loi demeurent en fonction jusqu'au terme de leur mandat.

20 Décret n° 2007-1137 du 26 juillet 2007 relatif à la composition et au fonctionnement de la Commission nationale consultative des droits de l'homme

CHAPITRE PREMIER
Dispositions générales

Art. 1er. Pour l'exercice des missions qui lui sont confiées par l'article 1er de la loi du 5 mars 2007 susvisée, la Commission nationale consultative des droits de l'homme favorise la concertation entre les administrations, les représentants des différents courants de pensée de la société civile et des différentes organisations et institutions non gouvernementales intéressées.

Elle contribue à la préparation des rapports que la France présente devant les organisations internationales, en application de ses obligations conventionnelles dans le domaine des droits de l'homme.

Elle contribue à l'éducation aux droits de l'homme.

Elle est chargée d'élaborer le rapport annuel public sur la lutte contre le racisme mentionné à l'article 2 de la loi du 13 juillet 1990 susvisée.

Art. 2. La commission peut être saisie de demandes d'avis ou d'études émanant du Premier ministre ou des membres du Gouvernement.

Elle coopère, dans les limites de sa compétence, avec les organisations internationales chargées des droits de l'homme et du droit international humanitaire.

La commission peut, de sa propre initiative, appeler l'attention des pouvoirs publics sur les mesures qui lui paraissent de nature à favoriser la protection et la promotion des droits de l'homme, notamment en ce qui concerne :

— les enjeux des négociations internationales en cours relatives aux droits de l'homme;

— la ratification des instruments internationaux relatifs aux droits de l'homme et au droit international humanitaire et, le cas échéant, la mise en conformité de la loi nationale avec ces instruments;

— l'exécution de programmes d'action, notamment en ce qui concerne l'enseignement et la recherche sur les droits de l'homme, la participation à leur mise en œuvre dans les milieux scolaires, universitaires et professionnels et, plus généralement, la lutte contre le racisme et la xénophobie.

La commission peut également :

— évoquer toutes questions ayant trait à une situation humanitaire d'urgence et susciter des échanges d'informations sur les dispositifs permettant de faire face à ces situations;

— formuler des avis sur les différentes formes d'assistance humanitaire mises en œuvre dans les situations de crise;

— étudier les mesures propres à assurer l'application du droit international humanitaire.

La commission rend publics les avis et rapports qu'elle adopte.

Art. 3. La commission décerne annuellement le «Prix des droits de l'homme de la République française – Liberté – Égalité – Fraternité», distinguant des actions de terrain, des études et des projets portant sur la protection et la promotion des droits de l'homme dans l'esprit de la Déclaration universelle des droits de l'homme. Ce prix est attribué, sous forme de bourses, à titre individuel ou collectif, sans considération de nationalité ou de frontière, conformément au règlement adopté par la commission.

Art. 4. Dans le souci d'assurer le pluralisme des convictions et opinions, la commission est composée, avec voix délibérative :

a) De trente personnes nommément désignées parmi les membres des principales organisations non gouvernementales œuvrant dans le domaine des droits de l'homme, du droit international humanitaire ou de l'action humanitaire et des principales confédérations syndicales, sur proposition de celles-ci;

b) De trente personnes choisies, en raison de leur compétence reconnue dans le domaine des droits de l'homme, y compris des personnes siégeant en qualité d'experts indépendants dans les instances internationales des droits de l'homme;

c) D'un député et d'un sénateur;

(Décr. nº 2012-1388 du 11 déc. 2012, art. 1er) «*d)* Du Défenseur des droits;»

e) D'un membre du *(Décr. nº 2010-886 du 29 juill. 2010, art. 6)* «Conseil économique, social et environnemental».

Art. 5. *(Décr. nº 2008-925 du 11 sept. 2008, art. 1er)* «Les membres de la commission mentionnés au *a* de l'article 4 et leurs suppléants sont nommés par arrêté du Premier ministre, après avis d'un comité composé du vice-président du Conseil d'État et des premiers présidents de la Cour de cassation et de la Cour des comptes sur les organismes susceptibles d'émettre des propositions de nomination.

«Les membres de la commission mentionnés au *b* de l'article 4 sont nommés après avis du même comité.

«Les avis du comité sont rendus publics.»

Le député, le sénateur et le membre du *(Décr. nº 2010-886 du 29 juill. 2010, art. 6)* «Conseil économique, social et environnemental» sont nommés par le Premier ministre.

Art. 6. Les membres désignés au titre des *a* et *b* de l'article 4 sont nommés pour une durée de trois ans.

Les membres mentionnés aux paragraphes *c*, *d* et *e* du même article sont nommés pour la durée de leur mandat.

Art. 7. En cas d'empêchement, les membres titulaires désignés au titre du *a* de l'article 4 ne peuvent être représentés que par leur suppléant. Lorsqu'ils sont empêchés, les membres désignés au titre du *b* de l'article 4 peuvent être représentés par un autre membre de la commission muni d'une procuration, à concurrence de deux par membre.

Les membres de la commission nommés en remplacement de ceux dont les fonctions ont pris fin avant leur terme normal achèvent le mandat de ceux qu'ils remplacent.

Sauf démission, il ne peut être mis fin aux mandats des membres de la commission qu'en cas d'empêchement ou de défaillance constatés par le bureau de la commission, après audition de l'intéressé. Peut être considéré comme défaillant tout membre qui n'a pas participé, sans motif valable, à trois séances consécutives de l'assemblée plénière.

Art. 8. *(Décr. n° 2012-1388 du 11 déc. 2012, art. 2)* La participation des représentants du Premier ministre et des ministres intéressés prévue par l'article 1er de la loi du 5 mars 2007 susvisée s'applique à l'ensemble des formations de la commission.

Art. 9. Les membres de la commission et les personnes invitées à participer à ses travaux sont tenus à un devoir de confidentialité qui couvre les débats, votes et documents internes de travail.

Art. 10. L'assemblée plénière, organe décisionnel de la commission, adopte tous les documents émis par la commission dans le cadre de ses missions.

Elle adopte notamment le règlement intérieur de la commission.

L'assemblée plénière est réunie en tant que de besoin, et au minimum six fois par an, sur convocation de son président ou à la demande d'au moins un tiers de ses membres ayant voix délibérative.

Les textes sont adoptés à la majorité des membres présents et représentés.

Les documents publiés font mention du résultat des votes ayant présidé à leur adoption. Y sont également exposées de droit les opinions minoritaires, dès lors qu'elles ont été soutenues par au moins quinze pour cent des membres de la commission.

En cas de partage égal des voix, celle du président est prépondérante.

Art. 11. La commission crée, en son sein, des sous-commissions chargées d'étudier des projets d'avis et de conduire des études soumis à la décision de l'assemblée plénière dans les différents domaines des droits de l'homme, du droit international humanitaire ou de l'action humanitaire, dans les conditions fixées par le règlement intérieur.

Art. 12. L'assemblée plénière ou les sous-commissions peuvent entendre ou consulter toutes personnes ayant une compétence particulière en matière de droits de l'homme, de droit international humanitaire ou d'action humanitaire. Ces personnes ne participent pas aux délibérations.

Les séances de l'assemblée plénière et des sous-commissions ne sont pas publiques.

Art. 13. Le président de la commission est désigné par arrêté du Premier ministre, parmi les membres de la commission mentionnés aux paragraphes *a* et *b* de l'article 4, pour une durée de trois ans renouvelable une fois.

Deux vice-présidents sont élus par l'assemblée plénière, l'un parmi les membres titulaires de la commission mentionnés au paragraphe *a* de l'article 4 et l'autre parmi les membres titulaires mentionnés au paragraphe *b* du même article. Leur mandat est de trois ans renouvelable une fois.

Art. 14. Le président assure la représentation de la commission tant sur le plan national que sur le plan international.

En cas d'urgence, il est habilité à formuler des recommandations ou observations, de sa propre initiative ou sur demande d'un ou des présidents des sous-commissions. Il soumet ces recommandations ou observations à la plus prochaine assemblée plénière.

Art. 15. Le bureau de la commission est composé du président et des deux vice-présidents assistés, avec voix consultative, du secrétaire général. Il fixe, notamment, les ordres du jour des assemblées plénières et tient à jour les présences à cette assemblée. Il constate le cas de défaillance ou d'empêchement des membres. Il examine les comptes de l'année ainsi que les demandes budgétaires pour l'exercice suivant, présentés par le secrétaire général.

Art. 16. Le secrétariat de la commission est assuré par un secrétaire général nommé, sur proposition du président, par arrêté du Premier ministre pour une durée de trois ans.

Placé sous l'autorité du président, il est chargé des questions administratives et financières.

Il est assisté, en tant que de besoin, de chargés de mission mis à disposition en accord avec le président.

Art. 17. La commission gère librement les crédits nécessaires à l'accomplissement de sa mission qui sont inscrits au budget des services du Premier ministre.

CHAPITRE II
Dispositions transitoires

Art. 18. Les dispositions des articles 4, 5, 6, 7 et 13 entrent en vigueur lors du prochain renouvellement de la commission.

Art. 19. Le décret n° 84-72 du 30 janvier 1984 relatif à la Commission consultative des droits de l'homme est abrogé.

sentence capitale prononcée par un tribunal au cas où le délit est puni de cette peine par la loi.

2. La mort n'est pas considérée comme infligée en violation de cet article dans les cas où elle résulterait d'un recours à la force rendu absolument nécessaire :

a) pour assurer la défense de toute personne contre la violence illégale;

b) pour effectuer une arrestation régulière ou pour empêcher l'évasion d'une personne régulièrement détenue;

c) pour réprimer, conformément à la loi, une émeute ou une insurrection.

24 Charte des droits fondamentaux de l'Union européenne (article 2.1)

TITRE PREMIER

Dignité

Art. 2. *Droit à la vie.* 1. Toute personne a droit à la vie.

25 Code pénal (articles 221-1 à 221-7)

TITRE II

DES ATTEINTES À LA PERSONNE HUMAINE

CHAPITRE PREMIER

Des atteintes à la vie de la personne

Section première

Des atteintes volontaires à la vie

Art. 221-1. Le fait de donner volontairement la mort à autrui constitue un meurtre. Il est puni de trente ans de réclusion criminelle.

Art. 221-2. Le meurtre qui précède, accompagne ou suit un autre crime est puni de la réclusion criminelle à perpétuité.

Le meurtre qui a pour objet soit de préparer ou de faciliter un délit, soit de favoriser la fuite ou d'assurer l'impunité de l'auteur ou du complice d'un délit est puni de la réclusion criminelle à perpétuité.

Les deux premiers alinéas de l'article 132-23 relatif à la période de sûreté sont applicables aux infractions prévues par le présent article.

Art. 221-3. Le meurtre commis avec préméditation *(L. n° 2011-525 du 17 mai 2011, art. 149)* «ou guet-apens» constitue un assassinat. Il est puni de la réclusion criminelle à perpétuité.

Les deux premiers alinéas de l'article 132-23 relatif à la période de sûreté sont applicables à l'infraction prévue par le présent article. Toutefois, lorsque la victime est un mineur de quinze ans et que l'assassinat est précédé ou accompagné d'un viol, de tortures ou d'actes de barbarie *(L. n° 2011-267 du 14 mars 2011, art. 38-1°)* «ou lorsque l'assassinat a été commis sur un magistrat, un fonctionnaire de la police nationale, un militaire de la gendarmerie, un membre du personnel de l'administration pénitentiaire ou toute autre personne dépositaire de l'autorité publique, à l'occasion de l'exercice ou en raison de ses fonctions», *(L. n° 94-89 du 1er févr. 1994)* «la cour d'assises peut, par décision spéciale, soit porter la période de sûreté jusqu'à trente ans, soit, si elle prononce la réclusion criminelle à perpétuité, décider qu'aucune des mesures énumérées à l'article 132-23 ne pourra être accordée au condamné; en cas de commutation de la peine, et sauf si le décret de grâce en dispose autrement, la période de sûreté est alors égale à la durée de la peine résultant de la mesure de grâce».

Art. 221-4. Le meurtre est puni de la réclusion criminelle à perpétuité lorsqu'il est commis :

1° Sur un mineur de quinze ans;

2° Sur un ascendant légitime ou naturel ou sur les père ou mère adoptifs;

3° Sur une personne dont la particulière vulnérabilité, due à son âge, à une maladie, à une infirmité, à une déficience physique ou psychique ou à un état de grossesse, est apparente ou connue de son auteur;

4° *(L. n° 2003-239 du 18 mars 2003, art. 60)* «Sur un magistrat, un juré, un avocat, un officier public ou ministériel, un militaire de la gendarmerie nationale, un fonctionnaire de la police nationale, des douanes, de l'administration pénitentiaire ou toute autre personne dépositaire de l'autorité publique, un sapeur-pompier professionnel ou volontaire, un gardien assermenté d'immeubles ou de groupes d'immeubles ou un agent exerçant pour le compte d'un bailleur des fonctions de gardiennage ou de surveillance des immeubles à usage d'habitation en application de l'article L. 271-1 du code de la sécurité intérieure, dans l'exercice ou du fait de ses fonctions, lorsque la qualité de la victime est apparente ou connue de l'auteur;

«4° *bis*» *(L. n° 2010-201 du 2 mars 2010, art. 11-I)* «Sur un enseignant ou tout membre des personnels travaillant dans les établissements d'enseignement scolaire, sur un agent d'un exploitant de réseau de transport public de voyageurs ou toute personne chargée d'une mission de service public, ainsi que sur un professionnel de santé, dans l'exercice ou du fait de ses fonctions, lorsque la qualité de la victime est apparente ou connue de l'auteur;»

(L. n° 2003-239 du 18 mars 2003, art. 60) «4° *ter*» *(L. n° 2010-201 du 2 mars 2010, art. 11-I)* «Sur le conjoint, les ascendants ou les descendants en ligne directe ou sur toute autre personne vivant habituellement au domicile des personnes mentionnées aux 4° et 4° *bis*, en raison des fonctions exercées par ces dernières;»

5° Sur un témoin, une victime ou une partie civile, soit pour l'empêcher de dénoncer les faits, de porter plainte ou de déposer en justice, soit en raison de sa dénonciation, de sa plainte ou de sa déposition;

(L. n° 2004-204 du 9 mars 2004, art. 6-I) «8° Par plusieurs personnes agissant en bande organisée;»

(L. n° 2006-399 du 4 avr. 2006, art. 10) «9° Par le conjoint ou le concubin de la victime ou le partenaire lié à la victime par un pacte civil de solidarité;»

(L. n° 2010-769 du 9 juill. 2010, art. 33-I) «10° Contre une personne en raison de son refus de contracter un mariage ou de conclure une union.»

Les deux premiers alinéas de l'article 132-23 relatif à la période de sûreté sont applicables aux infractions prévues par le présent article. Toutefois, lorsque la victime est un mineur de quinze ans et que le meurtre est précédé ou accompagné d'un viol, de tortures ou d'actes de barbarie *(L. nº 2011-267 du 14 mars 2011, art. 38-2º)* «ou lorsque le meurtre a été commis en bande organisée sur un magistrat, un fonctionnaire de la police nationale, un militaire de la gendarmerie, un membre du personnel de l'administration pénitentiaire ou toute autre personne dépositaire de l'autorité publique, à l'occasion de l'exercice ou en raison de ses fonctions», *(L. nº 94-89 du 1er févr. 1994)* «la cour d'assises peut, par décision spéciale, soit porter la période de sûreté jusqu'à trente ans, soit, si elle prononce la réclusion criminelle à perpétuité, décider qu'aucune des mesures énumérées à l'article 132-23 ne pourra être accordée au condamné; en cas de commutation de la peine, et sauf si le décret de grâce en dispose autrement, la période de sûreté est alors égale à la durée de la peine résultant de la mesure de grâce».

Art. 221-5. Le fait d'attenter à la vie d'autrui par l'emploi ou l'administration de substances de nature à entraîner la mort constitue un empoisonnement.

L'empoisonnement est puni de trente ans de réclusion criminelle.

Il est puni de la réclusion criminelle à perpétuité lorsqu'il est commis dans l'une des circonstances prévues aux articles 221-2, 221-3 et 221-4.

Les deux premiers alinéas de l'article 132-23 relatif à la période de sûreté sont applicables à l'infraction prévue par le présent article.

Art. 221-5-1. *(L. nº 2004-204 du 9 mars 2004, art. 6-II)* Le fait de faire à une personne des offres ou des promesses ou de lui proposer des dons, présents ou avantages quelconques afin qu'elle commette un assassinat ou un empoisonnement est puni, lorsque ce crime n'a été ni commis ni tenté, de dix ans d'emprisonnement et de 150000 € d'amende.

Art. 221-5-2. *(L. nº 2009-526 du 12 mai 2009, art. 124-I)* «Les personnes morales déclarées responsables pénalement, dans les conditions prévues par l'article 121-2, des infractions définies à la présente section encourent, outre l'amende suivant les modalités prévues par l'article 131-38, les peines prévues par l'article 131-39.»

(L. nº 2001-504 du 12 juin 2001) L'interdiction mentionnée au 2º de l'article 131-39 porte sur l'activité dans l'exercice ou à l'occasion de l'exercice de laquelle l'infraction a été commise.

Art. 221-5-3. *(L. nº 2004-204 du 9 mars 2004, art. 12-IV)* Toute personne qui a tenté de commettre les crimes d'assassinat ou d'empoisonnement est exempte de peine si, ayant averti l'autorité administrative ou judiciaire, elle a permis d'éviter la mort de la victime et d'identifier, le cas échéant, les autres auteurs ou complices.

La peine privative de liberté encourue par l'auteur ou le complice d'un empoisonnement est ramenée à vingt ans de réclusion criminelle si, ayant averti l'autorité administrative ou judiciaire, il a permis d'éviter la mort de la victime et d'identifier, le cas échéant, les autres auteurs ou complices.

Art. 221-5-4. *(L. nº 2010-769 du 9 juill. 2010, art. 33-II)* Dans le cas où le crime prévu par le 10º de l'article 221-4 est commis à l'étranger à l'encontre d'une personne résidant habituellement sur le territoire français, la loi française est applicable par dérogation aux dispositions de l'article 113-7.

Art. 221-5-5. *(L. nº 2014-873 du 4 août 2014, art. 34)* En cas de condamnation pour un crime ou un délit prévu à la présente section, commis par le père ou la mère sur la personne de son enfant ou de l'autre parent, la juridiction de jugement se prononce sur le retrait total ou partiel de l'autorité parentale, en application des articles 378 *(L. n° 2016-297 du 14 mars 2016, art. 39)* «, 379» et 379-1 du code civil. Si les poursuites ont lieu devant la cour d'assises, celle-ci statue sur cette question sans l'assistance des jurés.

Section II

Des atteintes involontaires à la vie

Art. 221-6. *(L. n° 2000-647 du 10 juill. 2000)* «Le fait de causer, dans les conditions et selon les distinctions prévues à l'article 121-3», par maladresse, imprudence, inattention, négligence ou manquement à une obligation *(L. n° 2011-525 du 17 mai 2011, art. 185)* «de prudence ou de sécurité» imposée par la loi *(L. n° 2000-647 du 10 juill. 2000)* «ou le règlement», la mort d'autrui constitue un homicide involontaire puni de trois ans d'emprisonnement et de 45000 € d'amende.

(L. n° 2000-647 du 10 juill. 2000) «En cas de violation manifestement délibérée d'une obligation particulière *(L. n° 2011-525 du 17 mai 2011, art. 185)* «de prudence ou de sécurité» imposée par la loi ou le règlement», les peines encourues sont portées à cinq ans d'emprisonnement et à 75000 € d'amende.

Art. 221-6-1. *(L. n° 2003-495 du 12 juin 2003, art. 1er)* Lorsque la maladresse, l'imprudence, l'inattention, la négligence ou le manquement à une obligation législative ou réglementaire *(L. n° 2011-525 du 17 mai 2011, art. 185)* «de prudence ou de sécurité» prévu par l'article 221-6 est commis par le conducteur d'un véhicule terrestre à moteur, l'homicide involontaire est puni de cinq ans d'emprisonnement et de 75000 € d'amende.

Les peines sont portées à sept ans d'emprisonnement et à 100000 € d'amende lorsque :

1° Le conducteur a commis une violation manifestement délibérée d'une obligation particulière *(L. n° 2011-525 du 17 mai 2011, art. 185)* «de prudence ou de sécurité» prévue par la loi ou le règlement autre que celles mentionnées ci-après;

2° Le conducteur se trouvait en état d'ivresse manifeste ou était sous l'empire d'un état alcoolique caractérisé par une concentration d'alcool dans le sang ou dans l'air expiré égale ou supérieure aux taux fixés par les dispositions législatives ou réglementaires du code de la route, ou a refusé de se soumettre aux vérifications prévues par ce code et destinées à établir l'existence d'un état alcoolique;

3° Il résulte d'une analyse sanguine *(L. n° 2016-41 du 26 janv. 2016, art. 45-I)* «ou salivaire» que le conducteur avait fait usage de substances ou de plantes classées comme stupéfiants, ou a refusé de se soumettre aux vérifications prévues par le code de la route destinées à établir s'il conduisait en ayant fait usage de stupéfiants;

4° Le conducteur n'était pas titulaire du permis de conduire exigé par la loi ou le règlement ou son permis avait été annulé, invalidé, suspendu ou retenu;

5° Le conducteur a commis un dépassement de la vitesse maximale autorisée égal ou supérieur à 50 km/h;

6° Le conducteur, sachant qu'il vient de causer ou d'occasionner un accident, ne s'est pas arrêté et a tenté ainsi d'échapper à la responsabilité pénale ou civile qu'il peut encourir.

Les peines sont portées à dix ans d'emprisonnement et à 150000 € d'amende lorsque l'homicide involontaire a été commis avec deux ou plus des circonstances mentionnées aux 1° et suivants du présent article.

Art. 221-6-2. *(L. nº 2008-582 du 20 juin 2008, art. 13-I)* Lorsque l'homicide involontaire prévu par l'article 221-6 résulte de l'agression commise par un chien, le propriétaire ou celui qui détient le chien au moment des faits est puni de cinq ans d'emprisonnement et de 75000 € d'amende.

Les peines sont portées à sept ans d'emprisonnement et à 100000 € d'amende lorsque :

1° La propriété ou la détention du chien est illicite en application de dispositions législatives ou réglementaires ou d'une décision judiciaire ou administrative;

2° Le propriétaire ou le détenteur du chien se trouvait en état d'ivresse manifeste ou sous l'emprise manifeste de produits stupéfiants;

3° Le propriétaire ou le détenteur du chien n'avait pas exécuté les mesures prescrites par le maire, conformément à l'article L. 211-11 du code rural et de la pêche maritime, pour prévenir le danger présenté par l'animal;

4° Le propriétaire ou le détenteur du chien n'était pas titulaire du permis de détention prévu à l'article L. 211-14 du code rural et de la pêche maritime;

5° Le propriétaire ou le détenteur du chien ne justifie pas d'une vaccination antirabique de son animal en cours de validité lorsqu'elle est obligatoire;

6° Il s'agissait d'un chien de la première ou de la deuxième catégorie prévues à l'article L. 211-12 du code rural et de la pêche maritime qui n'était pas muselé ou tenu en laisse par une personne majeure conformément aux dispositions prévues au II de l'article L. 211-16 du même code;

7° Il s'agissait d'un chien ayant fait l'objet de mauvais traitements de la part de son propriétaire ou de son détenteur.

Les peines sont portées à dix ans d'emprisonnement et à 150000 € d'amende lorsque l'homicide involontaire a été commis avec deux ou plusieurs des circonstances mentionnées aux 1° et suivants du présent article.

Art. 221-7. *(L. nº 2009-526 du 12 mai 2009, art. 124-I)* «Les personnes morales déclarées responsables pénalement, dans les conditions prévues par l'article 121-2, des infractions définies à l'article 221-6 encourent, outre l'amende suivant les modalités prévues par l'article 131-38, les peines prévues par les 2°, 3°, 8° et 9° de l'article 131-39.»

L'interdiction mentionnée au 2° de l'article 131-39 porte sur l'activité dans l'exercice ou à l'occasion de l'exercice de laquelle l'infraction a été commise.

Dans les cas visés au second alinéa de l'article 221-6, est en outre encourue la peine mentionnée au 4° de l'article 131-39.

Section 2

Le droit à l'intégrité et au respect du corps humain

A – LE RESPECT ET LA PROTECTION DU CORPS HUMAIN

26 Code civil (articles 16 à 16-9)

TITRE PREMIER

DES DROITS CIVILS

CHAPITRE II

Du respect du corps humain

(L. n° 94-653 du 29 juill. 1994)

Art. 16. La loi assure la primauté de la personne, interdit toute atteinte à la dignité de celle-ci et garantit le respect de l'être humain dès le commencement de sa vie.

Art. 16-1. Chacun a droit au respect de son corps.

Le corps humain est inviolable.

Le corps humain, ses éléments et ses produits ne peuvent faire l'objet d'un droit patrimonial.

Art. 16-1-1. *(L. n° 2008-1350 du 19 déc. 2008, art. 11)* Le respect dû au corps humain ne cesse pas avec la mort.

Les restes des personnes décédées, y compris les cendres de celles dont le corps a donné lieu à crémation, doivent être traités avec respect, dignité et décence.

Art. 16-2. Le juge peut prescrire toutes mesures propres à empêcher ou faire cesser une atteinte illicite au corps humain ou des agissements illicites portant sur des éléments ou des produits de celui-ci *(L. n° 2008-1350 du 19 déc. 2008, art. 12)* «, y compris après la mort».

Art. 16-3. *(L. n° 2004-800 du 6 août 2004, art. 9)* «Il ne peut être porté atteinte à l'intégrité du corps humain qu'en cas de nécessité médicale pour la personne ou à titre exceptionnel dans l'intérêt thérapeutique d'autrui.»

Le consentement de l'intéressé doit être recueilli préalablement hors le cas où son état rend nécessaire une intervention thérapeutique à laquelle il n'est pas à même de consentir.

Art. 16-4. Nul ne peut porter atteinte à l'intégrité de l'espèce humaine.

Toute pratique eugénique tendant à l'organisation de la sélection des personnes est interdite.

(L. n° 2004-800 du 6 août 2004, art. 21) «Est interdite toute intervention ayant pour but de faire naître un enfant génétiquement identique à une autre personne vivante ou décédée.»

Sans préjudice des recherches tendant à la prévention et au traitement des maladies génétiques, aucune transformation ne peut être apportée aux caractères génétiques dans le but de modifier la descendance de la personne.

Art. 16-5. Les conventions ayant pour effet de conférer une valeur patrimoniale au corps humain, à ses éléments ou à ses produits sont nulles.

Art. 16-6. Aucune rémunération ne peut être allouée à celui qui se prête à une expérimentation sur sa personne, au prélèvement d'éléments de son corps ou à la collecte de produits de celui-ci.

Art. 16-7. Toute convention portant sur la procréation ou la gestation pour le compte d'autrui est nulle.

Art. 16-8. Aucune information permettant d'identifier à la fois celui qui a fait don d'un élément ou d'un produit de son corps et celui qui l'a reçu ne peut être divulguée. Le donneur ne peut connaître l'identité du receveur ni le receveur celle du donneur.

En cas de nécessité thérapeutique, seuls les médecins du donneur et du receveur peuvent avoir accès aux informations permettant l'identification de ceux-ci.

Art. 16-9. Les dispositions du présent chapitre sont d'ordre public.

27 Code pénal (articles 511-2 à 511-13)

TITRE PREMIER
DES INFRACTIONS EN MATIÈRE DE SANTÉ PUBLIQUE

CHAPITRE PREMIER
Des infractions en matière d'éthique biomédicale

Section II

De la protection du corps humain

Art. 511-2. Le fait d'obtenir d'une personne l'un de ses organes contre un paiement, quelle qu'en soit la forme, est puni de sept ans d'emprisonnement et de 100000 € d'amende.

Est puni des mêmes peines, le fait d'apporter son entremise pour favoriser l'obtention d'un organe contre le paiement de celui-ci, ou de céder à titre onéreux un tel organe du corps d'autrui.

Les mêmes peines sont applicables dans le cas où l'organe obtenu dans les conditions prévues au premier alinéa provient d'un pays étranger.

Art. 511-3. *(L. n° 2004-800 du 6 août 2004, art. 15)* Le fait de prélever un organe sur une personne vivante majeure, y compris dans une finalité thérapeutique, sans que le consentement de celle-ci ait été recueilli dans les conditions prévues au *(L. n° 2011-814* *du 7 juill. 2011, art. 7-II)* «quatrième» alinéa de l'article L. 1231-1 du code de la santé publique ou sans que l'autorisation prévue aux deuxième et *(L. n° 2011-814 du 7 juill. 2011, art. 7-II)* «sixième» alinéas du même article ait été délivrée est puni de sept ans d'emprisonnement et de 100 000 € d'amende.

Est puni des mêmes peines le fait de prélever un organe, un tissu ou des cellules ou de collecter un produit en vue de don sur une personne vivante mineure ou sur une personne vivante majeure faisant l'objet d'une mesure de protection légale, hormis les cas prévus aux articles L. 1241-3 et L. 1241-4 du code de la santé publique.

Art. 511-4. Le fait d'obtenir d'une personne le prélèvement de tissus, de cellules ou de produits de son corps contre un paiement, quelle qu'en soit la forme, est puni de cinq ans d'emprisonnement et de 75 000 € d'amende.

Est puni des mêmes peines le fait d'apporter son entremise pour favoriser l'obtention de tissus, de cellules ou de produits humains contre un paiement, quelle qu'en soit la forme, ou de céder à titre onéreux des tissus, des cellules ou des produits du corps d'autrui.

Art. 511-5. *(L. n° 2004-800 du 6 août 2004, art. 15)* Le fait de prélever un tissu ou des cellules ou de collecter un produit sur une personne vivante majeure sans qu'elle ait exprimé son consentement dans les conditions prévues aux *(L. n° 2011-814 du 7 juill. 2011, art. 7-II)* «trois derniers» alinéas de l'article L. 1241-1 du code de la santé publique est puni de cinq ans d'emprisonnement et de 75 000 € d'amende.

Le fait de prélever sur une personne vivante mineure ou sur une personne vivante majeure faisant l'objet d'une mesure de protection légale des cellules hématopoïétiques issues de la moelle osseuse *(L. n° 2011-814 du 7 juill. 2011, art. 19-II-2°)* «, qu'elles soient recueillies par prélèvement osseux ou dans le sang périphérique,» sans avoir respecté les conditions prévues, selon le cas, aux articles L. 1241-3 ou L. 1241-4 du code de la santé publique est puni de sept ans d'emprisonnement et de 100 000 € d'amende.

Art. 511-5-1. *(L. n° 2004-800 du 6 août 2004, art. 15)* Le fait de procéder à des prélèvements à des fins scientifiques sur une personne décédée sans avoir transmis le protocole prévu à l'article L. 1232-3 du code de la santé publique est puni de deux ans d'emprisonnement et de 30 000 € d'amende.

Est puni des mêmes peines le fait de mettre en œuvre un protocole suspendu ou interdit par le ministre chargé de la recherche.

Art. 511-5-2. *(L. n° 2004-800 du 6 août 2004, art. 15)* I. — Est puni de cinq ans d'emprisonnement et de 75 000 € d'amende le fait de conserver et transformer à des fins scientifiques, y compris à des fins de recherche génétique, des organes, des tissus, des cellules ou du sang, ses composants et ses produits dérivés :

1° Sans en avoir fait la déclaration préalable prévue à l'article L. 1243-3 du code de la santé publique ;

2° Alors que le ministre chargé de la recherche s'est opposé à l'exercice de ces activités ou les a suspendues ou interdites.

II. — Est puni des mêmes peines le fait de conserver et transformer, en vue de leur cession pour un usage scientifique, y compris à des fins de recherche génétique, des organes, des tissus, des cellules ou du sang, ses composants et ses produits dérivés, sans avoir préalablement obtenu l'autorisation prévue à l'article L. 1243-3 *[L. 1243-4]* du code de la santé publique ou alors que cette autorisation est suspendue ou retirée.

Art. 511-6. Le fait de recueillir ou de prélever des gamètes sur une personne vivante sans son consentement écrit est puni de cinq ans d'emprisonnement et de 75000 € d'amende.

Art. 511-7. *(L. n° 2004-800 du 6 août 2004, art. 15)* Le fait de procéder à des prélèvements d'organes ou des greffes d'organes, à des prélèvements de tissus ou de cellules, à des greffes de tissus ou à des administrations de préparations de thérapie cellulaire, à la conservation ou à la transformation de tissus ou de préparations de thérapie cellulaire dans un établissement n'ayant pas obtenu l'autorisation prévue par les articles L. 1233-1, L. 1234-2, L. 1242-1, L. 1243-2 ou L. 1243-6 du code de la santé publique, ou après le retrait ou la suspension de cette autorisation, est puni de deux ans d'emprisonnement et de 30000 € d'amende.

Art. 511-8. *(L. n° 2004-800 du 6 août 2004, art. 15)* Le fait de procéder à la distribution ou à la cession d'organes, de tissus, de produits cellulaires à finalité thérapeutique ou de produits humains en vue d'un don sans qu'aient été respectées les règles de sécurité sanitaire exigées en application des dispositions de l'article L. 1211-6 du code de la santé publique est puni de deux ans d'emprisonnement et de 30000 € d'amende.

Art. 511-8-1. *(L. n° 2004-800 du 6 août 2004, art. 15)* Le fait de procéder à la distribution ou à la cession en vue d'un usage thérapeutique de tissus ou de préparations de thérapie cellulaire en violation des dispositions de l'article *(L. n° 2012-387 du 22 mars 2012, art. 122-IX)* «L. 1243-2» du code de la santé publique est puni de deux ans d'emprisonnement et de 30000 € d'amende.

Art. 511-8-2. *(L. n° 2004-800 du 6 août 2004, art. 15)* Le fait *(L. n° 2017-220 du 23 févr. 2017, art. 3)* «de se procurer auprès d'un État membre de l'Union européenne ou partie à l'accord sur l'Espace économique européen ou de lui fournir ou» d'importer ou d'exporter des organes, *(L. n° 2017-220 du 23 févr. 2017, art. 3)* «des tissus, leurs dérivés, des cellules issus du corps humain et des préparations de thérapie cellulaires», en violation des dispositions prises pour l'application des articles L. 1235-1 *(L. n° 2017-220 du 23 févr. 2017, art. 3)* «, L. 1245-5 et L. 1245-5-1» du code de la santé publique, est puni de cinq ans d'emprisonnement et de 75000 € d'amende.

Art. 511-9. Le fait d'obtenir des gamètes contre un paiement, quelle qu'en soit la forme, à l'exception du paiement des prestations assurées par les établissements effectuant la préparation et la conservation de ces gamètes, est puni de cinq ans d'emprisonnement et de 75000 € d'amende.

Est puni des mêmes peines le fait d'apporter son entremise pour favoriser l'obtention de gamètes contre un paiement, quelle qu'en soit la forme, ou de remettre à des tiers, à titre onéreux des gamètes provenant de dons.

Art. 511-10. Le fait de divulguer une information permettant à la fois d'identifier une personne ou un couple qui a fait don de gamètes et le couple qui les a reçus est puni de deux ans d'emprisonnement et de 30000 € d'amende.

Art. 511-11. Le fait de recueillir ou de prélever des gamètes sur une personne vivante en vue d'une assistance médicale à la procréation sans procéder aux tests de dépistage des maladies transmissibles exigés en application de l'article L. 665-15 du code de la santé publique est puni de deux ans d'emprisonnement et de 30000 € d'amende.

Art. 511-12. Le fait de procéder à une insémination artificielle par sperme frais ou mélange de sperme provenant de dons en violation de l'article L. 673-3 du code de la santé publique est puni de deux ans d'emprisonnement et de 30000 € d'amende.

Art. 511-13. Le fait de subordonner le bénéfice d'un don de gamètes à la désignation par le couple receveur d'une personne ayant volontairement accepté de procéder à un tel don en faveur d'un couple tiers en violation de l'article L. 673-7 du code de la santé publique est puni de deux ans d'emprisonnement et de 30000 € d'amende.

B – LA PROTECTION CONTRE LES ATTEINTES À L'INTÉGRITÉ ET L'INTERDICTION DE LA TORTURE

28 Déclaration universelle des droits de l'homme (article 5)

Art. 5. Nul ne sera soumis à la torture, ni à des peines ou traitements cruels, inhumains ou dégradants.

29 Pacte international relatif aux droits civils et politiques (article 7)

Art. 7. Nul ne sera soumis à la torture ni à des peines ou traitements cruels, inhumains ou dégradants. En particulier, il est interdit de soumettre une personne sans son libre consentement à une expérience médicale ou scientifique.

30 Convention européenne de sauvegarde des droits de l'homme et des libertés fondamentales (article 3)

TITRE PREMIER
Droits et libertés

Art. 3. *Interdiction de la torture.* Nul ne peut être soumis à la torture ni à des peines ou traitements inhumains ou dégradants.

31 Charte des droits fondamentaux de l'Union européenne (articles 3 et 4)

TITRE PREMIER
Dignité

Art. 3. *Droit à l'intégrité de la personne.* 1. Toute personne a droit à son intégrité physique et mentale.

2. Dans le cadre de la médecine et de la biologie, doivent notamment être respectés :

a) le consentement libre et éclairé de la personne concernée, selon les modalités définies par la loi;

b) l'interdiction des pratiques eugéniques, notamment celles qui ont pour but la sélection des personnes;

c) l'interdiction de faire du corps humain et de ses parties, en tant que tels, une source de profit;

d) l'interdiction du clonage reproductif des êtres humains.

Art. 4. *Interdiction de la torture et des peines ou traitements inhumains ou dégradants.* Nul ne peut être soumis à la torture, ni à des peines ou traitements inhumains ou dégradants.

32 Convention contre la torture et autres peines ou traitements cruels, inhumains ou dégradants (articles 1 à 22)

Date d'adoption : 10 décembre 1984

Entrée en vigueur : 26 juin 1987

Les États parties à la présente Convention,

Considérant que, conformément aux principes proclamés dans la Charte des Nations Unies, la reconnaissance des droits égaux et inaliénables de tous les membres de la famille humaine est le fondement de la liberté, de la justice et de la paix dans le monde,

Reconnaissant que ces droits procèdent de la dignité inhérente à la personne humaine,

Considérant que les États sont tenus, en vertu de la Charte, en particulier de l'article 55, d'encourager le respect universel et effectif des droits de l'homme et des libertés fondamentales,

Tenant compte de l'article 5 de la Déclaration universelle des droits de l'homme et de l'article 7 du Pacte international relatif aux droits civils et politiques qui prescrivent tous deux que nul ne sera soumis à la torture, ni à des peines ou traitements cruels, inhumains ou dégradants,

Tenant compte également de la Déclaration sur la protection de toutes les personnes contre la torture et autres peines ou traitements cruels, inhumains ou dégradants, adoptée par l'Assemblée générale le 9 décembre 1975,

Désireux d'accroître l'efficacité de la lutte contre la torture et les autres peines ou traitements cruels, inhumains ou dégradants dans le monde entier,

Sont convenus de ce qui suit :

PREMIÈRE PARTIE

Art. 1er. 1. Aux fins de la présente Convention, le terme " torture " désigne tout acte par lequel une douleur ou des souffrances aiguës, physiques ou mentales, sont intentionnellement infligées à une personne aux fins notamment d'obtenir d'elle ou d'une tierce personne des renseignements ou des aveux, de la punir d'un acte qu'elle ou une tierce personne a commis ou est soupçonnée d'avoir commis, de l'intimider ou de faire pression sur elle ou d'intimider ou de faire pression sur une tierce personne, ou pour tout autre motif fondé sur une forme de discrimination quelle qu'elle soit, lorsqu'une telle douleur ou de telles souffrances sont infligées par un agent de la fonction publique ou toute autre personne agissant à titre officiel ou à son instigation ou avec son consentement exprès ou tacite. Ce terme ne s'étend pas à la douleur ou aux souffrances résultant uniquement de sanctions légitimes, inhérentes à ces sanctions ou occasionnées par elles.

2. Cet article est sans préjudice de tout instrument international ou de toute loi nationale qui contient ou peut contenir des dispositions de portée plus large.

Art. 2. 1. Tout État partie prend des mesures législatives, administratives, judiciaires et autres mesures efficaces pour empêcher que des actes de torture soient commis dans tout territoire sous sa juridiction.

2. Aucune circonstance exceptionnelle, quelle qu'elle soit, qu'il s'agisse de l'état de guerre ou de menace de guerre, d'instabilité politique intérieure ou de tout autre état d'exception, ne peut être invoquée pour justifier la torture.

3. L'ordre d'un supérieur ou d'une autorité publique ne peut être invoqué pour justifier la torture.

Art. 3. 1. Aucun État partie n'expulsera, ne refoulera, ni n'extradera une personne vers un autre État où il y a des motifs sérieux de croire qu'elle risque d'être soumise à la torture.

2. Pour déterminer s'il y a de tels motifs, les autorités compétentes tiendront compte de toutes les considérations pertinentes, y compris, le cas échéant, de l'existence, dans l'État intéressé, d'un ensemble de violations systématiques des droits de l'homme, graves, flagrantes ou massives.

Art. 4. 1. Tout État partie veille à ce que tous les actes de torture constituent des infractions au regard de son droit pénal. Il en est de même de la tentative de pratiquer la torture ou de tout acte commis par n'importe quelle personne qui constitue une complicité ou une participation à l'acte de torture.

2. Tout État partie rend ces infractions passibles de peines appropriées qui prennent en considération leur gravité.

Art. 5. 1. Tout État partie prend les mesures nécessaires pour établir sa compétence aux fins de connaître des infractions visées à l'article 4 dans les cas suivants :

a) Quand l'infraction a été commise sur tout territoire sous la juridiction dudit État ou à bord d'aéronefs ou de navires immatriculés dans cet État;

b) Quand l'auteur présumé de l'infraction est un ressortissant dudit État;

c) Quand la victime est un ressortissant dudit État et que ce dernier le juge approprié.

2. Tout État partie prend également les mesures nécessaires pour établir sa compétence aux fins de connaître desdites infractions dans le cas où l'auteur présumé de celles-ci se trouve sur tout territoire sous sa juridiction et où ledit État ne l'extrade pas conformément à l'article 8 vers l'un des États visés au paragraphe 1 du présent article.

3. La présente Convention n'écarte aucune compétence pénale exercée conformément aux lois nationales.

Art. 6. 1. S'il estime que les circonstances le justifient, après avoir examiné les renseignements dont il dispose, tout État partie sur le territoire duquel se trouve une personne soupçonnée d'avoir commis une infraction visée à l'article 4 assure la détention de cette personne ou prend toutes autres mesures juridiques nécessaires pour assurer sa présence. Cette détention et ces mesures doivent être conformes à la législation dudit État; elles ne peuvent être maintenues que pendant le délai nécessaire à l'engagement et poursuites pénales ou d'une procédure d'extradition.

2. Ledit État procède immédiatement à une enquête préliminaire en vue d'établir les faits.

3. Toute personne détenue en application du paragraphe 1 du présent article peut communiquer immédiatement avec le plus proche représentant qualifié de l'État dont elle a la nationalité ou, s'il s'agit d'une personne apatride, avec le représentant de l'État où elle réside habituellement.

4. Lorsqu'un État a mis une personne en détention, conformément aux dispositions du présent article, il avise immédiatement de cette détention et des circonstances qui la justifient les États visés au paragraphe 1 de l'article 5. L'État qui procède à l'enquête préliminaire visée au paragraphe 2 du présent article en communique rapidement les conclusions auxdits États et leur indique s'il entend exercer sa compétence.

Art. 7. 1. L'État partie sur le territoire sous la juridiction duquel l'auteur présumé d'une infraction visée à l'article 4 est découvert, s'il n'extrade pas ce dernier, soumet l'affaire, dans les cas visés à l'article 5, à ses autorités compétentes pour l'exercice de l'action pénale.

2. Ces autorités prennent leur décision dans les mêmes conditions que pour toute infraction de droit commun de caractère grave en vertu du droit de cet État. Dans les cas visés au paragraphe 2 de l'article 5, les règles de preuve qui s'appliquent aux poursuites et à la condamnation ne sont en aucune façon moins rigoureuses que celles qui s'appliquent dans les cas visés au paragraphe 1 de l'article 5.

3. Toute personne poursuivie pour l'une quelconque des infractions visées à l'article 4 bénéficie de la garantie d'un traitement équitable à tous les stades de la procédure.

Art. 8. 1. Les infractions visées à l'article 4 sont de plein droit comprises dans tout traité d'extradition conclu entre États parties. Les États parties s'engagent à comprendre lesdites infractions dans tout traité d'extradition à conclure entre eux.

2. Si un État partie qui subordonne l'extradition à l'existence d'un traité est saisi d'une demande d'extradition par un autre État partie avec lequel il n'est pas lié par un traité d'extradition, il peut considérer la présente Convention comme constituant la base juridique de l'extradition en ce qui concerne lesdites infractions. L'extradition est subordonnée aux autres conditions prévues par le droit de l'État requis.

3. Les États parties qui ne subordonnent pas l'extradition à l'existence d'un traité reconnaissent lesdites infractions comme cas d'extradition entre eux dans les conditions prévues par le droit de l'État requis.

4. Entre États parties lesdites infractions sont considérées aux fins d'extradition comme ayant été commises tant au lieu de leur perpétration que sur le territoire sous la juridiction des États tenus d'établir leur compétence en vertu du paragraphe 1 de l'article 5.

Art. 9. 1. Les États parties s'accordent l'entraide judiciaire la plus large possible dans toute procédure pénale relative aux infractions visées à l'article 4, y compris en ce qui concerne la communication de tous les éléments de preuve dont ils disposent et qui sont nécessaires aux fins de la procédure.

2. Les États parties s'acquittent de leurs obligations en vertu du paragraphe 1 du présent article en conformité avec tout traité d'entraide judiciaire qui peut exister entre eux.

Art. 10. 1. Tout État partie veille à ce que l'enseignement et l'information concernant l'interdiction de la torture fassent partie intégrante de la formation du personnel civil ou militaire chargé de l'application des lois, du personnel médical, des agents de la fonction publique et des autres personnes qui peuvent intervenir dans la garde, l'interrogatoire ou le traitement de tout individu arrêté, détenu ou emprisonné de quelque façon que ce soit.

2. Tout État partie incorpore ladite interdiction aux règles ou instructions édictées en ce qui concerne les obligations et les attributions de telles personnes.

Art. 11. Tout État partie exerce une surveillance systématique sur les règles, instructions, méthodes et pratiques d'interrogatoire et sur les dispositions concernant la garde et le traitement des personnes arrêtées, détenues ou emprisonnées de quelque façon que ce soit sur tout territoire sous sa juridiction, en vue d'éviter tout cas de torture.

Art. 12. Tout État partie veille à ce que les autorités compétentes procèdent immédiatement à une enquête impartiale chaque fois qu'il y a des motifs raisonnables de croire qu'un acte de torture a été commis sur tout territoire sous sa juridiction.

Art. 13. Tout État partie assure à toute personne qui prétend avoir été soumise à la torture sur tout territoire sous sa juridiction le droit de porter plainte devant les autorités compétentes dudit État qui procéderont immédiatement et impartialement à l'examen de sa cause. Des mesures seront prises pour assurer la protection du plaignant et des témoins contre tout mauvais traitement ou toute intimidation en raison de la plainte déposée ou de toute déposition faite.

Art. 14. 1. Tout État partie garantit, dans son système juridique, à la victime d'un acte de torture, le droit d'obtenir réparation et d'être indemnisée équitablement et de manière adéquate, y compris les moyens nécessaires à sa réadaptation la plus complète possible. En cas de mort de la victime résultant d'un acte de torture, les ayants cause de celle-ci ont doit à indemnisation.

2. Le présent article n'exclut aucun droit à indemnisation qu'aurait la victime ou toute autre personne en vertu des lois nationales.

Art. 15. Tout État partie veille à ce que toute déclaration dont il est établi qu'elle a été obtenue par la torture ne puisse être invoquée comme un élément de preuve dans une procédure, si ce n'est contre la personne accusée de torture pour établir qu'une déclaration a été faite.

Art. 16. 1. Tout État partie s'engage à interdire dans tout territoire sous sa juridiction d'autres actes constitutifs de peines ou traitements cruels, inhumains ou dégradants qui ne sont pas des actes de torture telle qu'elle est définie à l'article premier lorsque de tels actes sont commis par un agent de la fonction publique ou toute autre personne agissant à titre officiel, ou à son instigation ou avec son consentement exprès ou tacite. En particulier, les obligations énoncées aux articles 10, 11, 12 et 13 sont applicables moyennant le remplacement de la mention de la torture par la mention d'autres formes de peines ou traitements cruels, inhumains ou dégradants.

2. Les dispositions de la présente Convention sont sans préjudice des dispositions de tout autre instrument international ou de la loi nationale qui interdisent les peines ou traitements cruels, inhumains ou dégradants, ou qui ont trait à l'extradition ou à l'expulsion.

DEUXIÈME PARTIE

Art. 17. 1. Il est institué un Comité contre la torture (ci-après dénommé le Comité) qui a les fonctions définies ci-après. Le Comité est composé de dix experts de haute moralité et possédant une compétence reconnue dans le domaine des droits de l'homme, qui siègent à titre personnel. Les experts sont élus par les États parties, compte tenu d'une répartition géographique équitable et de l'intérêt que présente la participation aux travaux du Comité de quelques personnes ayant une expérience juridique.

2. Les membres du Comité sont élus au scrutin secret sur une liste de candidats désignés par les États parties. Chaque État partie peut désigner un candidat choisi parmi ses ressortissants. Les États parties tiennent compte de l'intérêt qu'il y a à désigner des candidats qui soient également membres du Comité des droits de l'homme institué en vertu du Pacte international relatif aux droits civils et politiques et qui soient disposés à siéger au Comité contre la torture.

3. Les membres du Comité sont élus au cours de réunions biennales des États parties convoquées par le Secrétaire général de l'Organisation des Nations Unies. À ces réunions, où le quorum est constitué par les deux tiers des États parties, sont élus membres du Comité les candidats qui obtiennent le plus grand nombre de voix et la majorité absolue des votes des représentants des États parties présents et votants.

4. La première élection aura lieu au plus tard six mois après la date d'entrée en vigueur de la présente Convention. Quatre mois au moins avant la date de chaque élection, le Secrétaire général de l'Organisation des Nations Unies envoie une lettre aux États parties pour les inviter à présenter leurs candidatures dans un délai de trois mois. Le Secrétaire général dresse une liste par ordre alphabétique de tous les candidats ainsi désignés, avec indication des États parties qui les ont désignés, et la communique aux États parties.

5. Les membres du Comité sont élus pour quatre ans. Ils sont rééligibles s'ils sont présentés à nouveau. Toutefois, le mandat de cinq des membres élus lors de la première élection prendra fin au bout de deux ans; immédiatement après la première élection, le nom de ces cinq membres sera tiré au sort par le président de la réunion mentionnée au paragraphe 3 du présent article.

6. Si un membre du Comité décède, se démet de ses fonctions ou n'est plus en mesure pour quelque autre raison de s'acquitter de ses attributions au Comité, l'État partie qui l'a désigné nomme parmi ses ressortissants un autre expert qui siège au Comité pour la partie du mandat restant à courir, sous réserve de l'approbation de la majorité des États parties. Cette approbation est considérée comme acquise à moins que la moitié des États parties ou davantage n'émettent une opinion défavorable dans un délai de six semaines à compter du moment où ils ont été informés par le Secrétaire général de l'Organisation des Nations Unies de la nomination proposée.

7. Les États parties prennent à leur charge les dépenses des membres du Comité pour la période où ceux-ci s'acquittent de fonctions au Comité.

Art. 18. 1. Le Comité élit son bureau pour une période de deux ans. Les membres du bureau sont rééligibles.

2. Le Comité établit lui-même son règlement intérieur; celui-ci doit, toutefois, contenir notamment les dispositions suivantes :

a) Le quorum est de six membres;

b) Les décisions du Comité sont prises à la majorité des membres présents.

3. Le Secrétaire général de l'Organisation des Nations Unies met à la disposition du Comité le personnel et les installations matérielles qui lui sont nécessaires pour s'acquitter efficacement des fonctions qui lui sont confiées en vertu de la présente Convention.

4. Le Secrétaire général de l'Organisation des Nations Unies convoque les membres du Comité pour la première réunion. Après sa première réunion, le Comité se réunit à toute occasion prévue par son règlement intérieur.

5. Les États parties prennent à leur charge les dépenses occasionnées par la tenue de réunions des États parties et du Comité, y compris le remboursement à l'Organisation des Nations Unies de tous frais, tels que dépenses de personnel et coût d'installations matérielles, que l'Organisation aura engagés conformément au paragraphe 3 du présent article.

Art. 19. 1. Les États parties présentent au Comité, par l'entremise du Secrétaire général de l'Organisation des Nations Unies, des rapports sur les mesures qu'ils ont prises pour donner effet à leurs engagements en vertu de la présente Convention, dans un délai d'un an à compter de l'entrée en vigueur de la Convention pour l'État partie intéressé. Les États parties présentent ensuite des rapports complémentaires tous les quatre ans sur toutes nouvelles mesures prises, et tous autres rapports demandés par le Comité.

2. Le Secrétaire général de l'Organisation des Nations Unies transmet les rapports à tous les États parties.

3. Chaque rapport est étudié par le Comité, qui peut faire les commentaires d'ordre général sur le rapport qu'il estime appropriés et qui transmet lesdits commentaires à l'État partie intéressé. Cet État partie peut communiquer en réponse au Comité toutes observations qu'il juge utiles.

4. Le Comité peut, à sa discrétion, décider de reproduire dans le rapport annuel qu'il établit conformément à l'article 24 tous commentaires formulés par lui en vertu du paragraphe 3 du présent article, accompagnés des observations reçues à ce sujet de l'État partie intéressé. Si l'État partie intéressé le demande, le Comité peut aussi reproduire le rapport présenté au titre du paragraphe 1 du présent article.

Art. 20. 1. Si le Comité reçoit des renseignements crédibles qui lui semblent contenir des indications bien fondées que la torture est pratiquée systématiquement sur le territoire d'un État partie, il invite ledit État à coopérer dans l'examen des renseignements et, à cette fin, à lui faire part de ses observations à ce sujet.

2. En tenant compte de toutes observations éventuellement présentées par l'État partie intéressé et de tous autres renseignements pertinents dont il dispose, le Comité peut, s'il juge que cela se justifie, charger un ou plusieurs de ses membres de procéder à une enquête confidentielle et de lui faire rapport d'urgence.

3. Si une enquête est faite en vertu du paragraphe 2 du présent article, le Comité recherche la coopération de l'État partie intéressé. En accord avec cet État partie, l'enquête peut comporter une visite sur son territoire.

4. Après avoir examiné les conclusions du membre ou des membres qui lui sont soumises conformément au paragraphe 2 du présent article, le Comité transmet ces conclusions à l'État partie intéressé, avec tous commentaires ou suggestions qu'il juge appropriés compte tenu de la situation.

5. Tous les travaux du Comité dont il est fait mention aux paragraphes 1 à 4 du présent article sont confidentiels et, à toutes les étapes des travaux, on s'efforce d'obtenir la coopération de l'État partie. Une fois achevés ces travaux relatifs à une enquête menée en vertu du paragraphe 2, le Comité peut, après consultations avec l'État partie intéressé, décider de faire figurer un compte rendu succinct des résultats des travaux dans le rapport annuel qu'il établit conformément à l'article 24.

Art. 21. 1. Tout État partie à la présente Convention peut, en vertu du présent article, déclarer à tout moment qu'il reconnaît la compétence du Comité pour recevoir et examiner des communications dans lesquelles un État partie prétend qu'un autre État partie ne s'acquitte pas de ses obligations au titre de la présente Convention. Ces communications ne peuvent être reçues et examinées conformément au présent article que si elles émanent d'un État partie qui a fait une déclaration reconnaissant, en ce qui le concerne, la compétence du Comité. Le Comité ne reçoit aucune communication intéressant un État partie qui n'a pas fait une telle déclaration. La procédure ci-après s'applique à l'égard des communications reçues en vertu du présent article :

a) Si un État partie à la présente Convention estime qu'un autre État également partie à la Convention n'en applique pas les dispositions, il peut appeler, par communication écrite, l'attention de cet État sur la question. Dans un délai de trois mois à compter de la date de réception de la communication, l'État destinataire fera tenir à l'État qui a adressé la communication des explications ou toutes autres déclarations écrites élucidant la question, qui devront comprendre, dans toute la mesure possible et utile, des indications sur ses règles de procédure et sur les moyens de recours, soit déjà utilisés, soit en instance, soit encore ouverts;

b) Si, dans un délai de six mois à compter de la date de réception de la communication originale par l'État destinataire, la question n'est pas réglée à la satisfaction des deux États parties intéressés, l'un comme l'autre auront le droit de la soumettre au Comité, en adressant une notification au Comité, ainsi qu'à l'autre État intéressé;

c) Le Comité ne peut connaître d'une affaire qui lui est soumise en vertu du présent article qu'après s'être assuré que tous les recours internes disponibles ont été utilisés et épuisés, conformément aux principes de droit international généralement reconnus. Cette règle ne s'applique pas dans les cas où les procédures de recours excèdent des délais raisonnables ni dans les cas où il est peu probable que les procédures de recours donneraient satisfaction à la personne qui est la victime de la violation de la présente Convention;

d) Le Comité tient ses séances à huis clos lorsqu'il examine les communications prévues au présent article;

e) Sous réserve des dispositions de l'alinéa c, le Comité met ses bons offices à la disposition des États parties intéressés, afin de parvenir à une solution amiable de la question, fondée sur le respect des obligations prévues par la présente Convention. À cette fin, le Comité peut, s'il l'estime opportun, établir une commission de conciliation ad hoc;

f) Dans toute l'affaire qui lui est soumise en vertu du présent article, le Comité peut demander aux États parties intéressés, visés à l'alinéa b, de lui fournir tout renseignement pertinent;

g) Les États parties intéressés, visés à l'alinéa b, ont le droit de se faire représenter lors de l'examen de l'affaire par le Comité et de présenter des observations oralement ou par écrit, ou sous l'une et l'autre forme;

h) Le Comité doit présenter un rapport dans un délai de douze mois à compter du jour où il a reçu la notification visée à l'alinéa b :

i) Si une solution a pu être trouvée conformément aux dispositions de l'alinéa e, le Comité se borne dans son rapport à un bref exposé des faits et de la solution intervenue;

ii) Si une solution n'a pu être trouvée conformément aux dispositions de l'alinéa e, le Comité se borne, dans son rapport, à un bref exposé des faits; le texte des observations écrites et le procès-verbal des observations orales présentées par les États parties intéressés sont joints au rapport. Pour chaque affaire, le rapport est communiqué aux États parties intéressés.

2. Les dispositions du présent article entreront en vigueur lorsque cinq États parties à la présente Convention auront fait la déclaration prévue au paragraphe 1 du présent article. Ladite déclaration est déposée par l'État partie auprès du Secrétaire général de l'Organisation des Nations Unies, qui en communique copie aux autres États parties. Une déclaration peut être retirée à tout moment au moyen d'une notification adressée au Secrétaire général. Ce retrait est sans préjudice de l'examen de toute question qui fait l'objet d'une communication déjà transmise en vertu du présent article; aucune autre communication d'un État partie ne sera reçue en vertu du présent article après que le Secrétaire général aura reçu notification du retrait de la déclaration, à moins que l'État partie intéressé ait fait une nouvelle déclaration.

Art. 22. 1. Tout État partie à la présente Convention peut, en vertu du présent article, déclarer à tout moment qu'il reconnaît la compétence du Comité pour recevoir et examiner des communications présentées par ou pour le compte de particuliers relevant de sa juridiction qui prétendent être victimes d'une violation, par un État partie, des dispositions de la Convention. Le Comité ne reçoit aucune communication intéressant un État partie qui n'a pas fait une telle déclaration.

2. Le Comité déclare irrecevable toute communication soumise en vertu du présent article qui est anonyme ou qu'il considère être un abus du droit de soumettre de telles communications, ou être incompatible avec les dispositions de la présente Convention.

3. Sous réserve des dispositions du paragraphe 2, le Comité porte toute communication qui lui est soumise en vertu du présent article à l'attention de l'État partie à la présente Convention qui a fait une déclaration en vertu du paragraphe 1 et a prétendument violé l'une quelconque des dispositions de la Convention. Dans les six mois qui suivent, ledit État soumet par écrit au Comité des explications ou déclarations éclaircissant la question et indiquant le cas échéant, les mesures qu'il pourrait avoir prises pour remédier à la situation.

4. Le Comité examine les communications reçues en vertu du présent article en tenant compte de toutes les informations qui lui sont soumises par ou pour le compte du particulier et par l'État partie intéressé.

5. Le Comité n'examinera aucune communication d'un particulier conformément au présent article sans s'être assuré que :

a) La même question n'a pas été et n'est pas en cours d'examen devant une autre instance internationale d'enquête ou de règlement;

b) Le particulier a épuisé tous les recours internes disponibles; cette règle ne s'applique pas si les procédures de recours excèdent des délais raisonnables ou s'il est peu probable qu'elles donneraient satisfaction au particulier qui est la victime d'une violation de la présente Convention.

6. Le Comité tient ses séances à huis clos lorsqu'il examine les communications prévues dans le présent article.

7. Le Comité fait part de ses constatations à l'État partie intéressé et au particulier.

8. Les dispositions du présent article entreront en vigueur lorsque cinq États parties à la présente Convention auront fait la déclaration prévue au paragraphe 1 du présent article. Ladite déclaration est déposée par l'État partie auprès du Secrétaire général de l'Organisation des Nations Unies, qui en communique copie aux autres États parties. Une déclaration peut être retirée à tout moment au moyen d'une notification adressée au

Secrétaire général. Ce retrait est sans préjudice de l'examen de toute question qui fait l'objet d'une communication déjà transmise en vertu du présent article; aucune autre communi-cation soumise par ou pour le compte d'un particulier ne sera reçue en vertu du présent article après que le Secrétaire général aura reçu notification du retrait de la déclaration, à moins que l'État partie intéressé ait fait une nouvelle déclaration. (...)

33 Code pénal (articles 222-1 à 222-33-1)

TITRE II
DES ATTEINTES À LA PERSONNE HUMAINE

CHAPITRE II
Des atteintes à l'intégrité physique ou psychique de la personne

Section première

Des atteintes volontaires à l'intégrité de la personne

§ 1er : Des tortures et actes de barbarie

Art. 222-1. Le fait de soumettre une personne à des tortures ou à des actes de barbarie est puni de quinze ans de réclusion criminelle.

Les deux premiers alinéas de l'article 132-23 relatif à la période de sûreté sont applicables à l'infraction prévue par le présent article.

Art. 222-2. L'infraction définie à l'article 222-1 est punie de la réclusion criminelle à perpétuité lorsqu'elle précède, accompagne ou suit un crime autre que le meurtre ou le viol.

Les deux premiers alinéas de l'article 132-23 relatif à la période de sûreté sont applicables à l'infraction prévue par le présent article.

Art. 222-3. L'infraction définie à l'article 222-1 est punie de vingt ans de réclusion criminelle lorsqu'elle est commise :

1° Sur un mineur de quinze ans;

2° Sur une personne dont la particulière vulnérabilité, due à son âge, à une maladie, à une infirmité, à une déficience physique ou psychique ou à un état de grossesse, est apparente ou connue de son auteur;

3° Sur un ascendant légitime ou naturel ou sur les père ou mère adoptifs;

4° *(L. n° 2003-239 du 18 mars 2003, art. 60)* «Sur un magistrat, un juré, un avocat, un officier public ou ministériel, *(L. n° 2010-930 du 9 août 2010)* «un membre ou un agent de la Cour pénale internationale,» un militaire de la gendarmerie nationale, un fonctionnaire de la police nationale, des douanes, de l'administration pénitentiaire ou toute autre personne dépositaire de l'autorité publique, un sapeur-pompier professionnel ou volontaire, un gardien assermenté d'immeubles ou de groupes d'immeubles ou un agent exerçant pour le compte d'un bailleur des fonctions de gardiennage ou de surveillance des immeubles à usage d'habitation en application de l'article L. 127-1 du code de la construction et de l'habitation, dans l'exercice ou du fait de ses fonctions, lorsque la qualité de la victime est apparente ou connue de l'auteur;

«4° *bis*» *(L. n° 2010-201 du 2 mars 2010, art. 11-I)* «Sur un enseignant ou tout membre des personnels travaillant dans les établissements d'enseignement scolaire, sur un agent d'un exploitant de réseau de transport public de voyageurs ou toute personne chargée d'une mission de service public, ainsi que sur un professionnel de santé, dans l'exercice ou du fait de ses fonctions, lorsque la qualité de la victime est apparente ou connue de l'auteur;»

(L. n° 2003-239 du 18 mars 2003, art. 60) «4° *ter*» *(L. n° 2010-201 du 2 mars 2010, art. 11-I)* «Sur le conjoint, les ascendants ou les descendants en ligne directe ou sur toute autre personne vivant habituellement au domicile des personnes mentionnées aux 4° et 4° *bis*, en raison des fonctions exercées par ces dernières;»

5° Sur un témoin, une victime ou une partie civile, soit pour l'empêcher de dénoncer les faits, de porter plainte ou de déposer en justice, soit en raison de sa dénonciation *(L. n° 2010-930 du 9 août 2010)* «ou de sa plainte, soit à cause de sa déposition devant une juridiction nationale ou devant la Cour pénale internationale»;

(L. n° 2016-444 du 13 avr. 2016, art. 11) «5° *quater* Sur une personne qui se livre à la prostitution, y compris de façon occasionnelle, si les faits sont commis dans l'exercice de cette activité;»

6° Par le conjoint ou le concubin de la victime *(L. n° 2006-399 du 4 avr. 2006, art. 8)* «ou le partenaire lié à la victime par un pacte civil de solidarité»;

(L. n° 2010-769 du 9 juill. 2010, art. 33-III) «6° *bis* Contre une personne afin de la contraindre à contracter un mariage ou à conclure une union ou en raison de son refus de contracter ce mariage ou cette union;»

7° Par une personne dépositaire de l'autorité publique ou chargée d'une mission de service public dans l'exercice ou à l'occasion de l'exercice de ses fonctions ou de sa mission;

8° Par plusieurs personnes agissant en qualité d'auteur ou de complice;

9° Avec préméditation *(L. n° 2007-297 du 5 mars 2007, art. 44)* «ou avec guet-apens»;

10° Avec usage ou menace d'une arme.

L'infraction définie à l'article 222-1 est également punie de vingt ans de réclusion criminelle lorsqu'elle est accompagnée d'agressions sexuelles autres que le viol.

La peine encourue est portée à trente ans de réclusion criminelle lorsque l'infraction définie à l'article 222-1 est commise sur un mineur de quinze ans par un ascendant légitime, naturel ou adoptif ou par toute autre personne ayant autorité sur le mineur.

Les deux premiers alinéas de l'article 132-23 relatif à la période de sûreté sont applicables aux infractions prévues par le présent article.

Art. 222-4. L'infraction définie à l'article 222-1 est punie de trente ans de réclusion criminelle lorsqu'elle est commise *(L. n° 2004-204 du 9 mars 2004, art. 6-III)* «en bande organisée ou» de manière habituelle sur un mineur de quinze ans ou sur une personne dont la particulière vulnérabilité, due à son âge, à une maladie, à une infirmité, à une déficience physique ou psychique ou à un état de grossesse, est apparente ou connue de son auteur.

Les deux premiers alinéas de l'article 132-23 relatif à la période de sûreté sont applicables à l'infraction prévue par le présent article.

Art. 222-5. L'infraction définie à l'article 222-1 est punie de trente ans de réclusion criminelle lorsqu'elle a entraîné une mutilation ou une infirmité permanente.

Les deux premiers alinéas de l'article 132-23 relatif à la période de sûreté sont applicables à l'infraction prévue par le présent article.

Art. 222-6. L'infraction définie à l'article 222-1 est punie de la réclusion criminelle à perpétuité lorsqu'elle a entraîné la mort de la victime sans intention de la donner.

Les deux premiers alinéas de l'article 132-23 relatif à la période de sûreté sont applicables à l'infraction prévue par le présent article.

Art. 222-6-1. *(L. n° 2009-526 du 12 mai 2009, art. 124-I)* «Les personnes morales déclarées responsables pénalement, dans les conditions prévues par l'article 121-2, des infractions définies au présent paragraphe encourent, outre l'amende suivant les modalités prévues par l'article 131-38, les peines prévues par l'article 131-39.»

(L. n° 2001-504 du 12 juin 2001) L'interdiction mentionnée au 2° de l'article 131-39 porte sur l'activité dans l'exercice ou à l'occasion de l'exercice de laquelle l'infraction a été commise.

Art. 222-6-2. *(L. n° 2004-204 du 9 mars 2004, art. 12-V)* Toute personne qui a tenté de commettre les crimes prévus par le présent paragraphe est exempte de peine si, ayant averti l'autorité administrative ou judiciaire, elle a permis d'éviter la réalisation de l'infraction et d'identifier, le cas échéant, les autres auteurs ou complices.

La peine privative de liberté encourue par l'auteur ou le complice d'un des crimes prévus au présent paragraphe est réduite de moitié si, ayant averti l'autorité administrative ou judiciaire, il a permis de faire cesser l'infraction ou d'éviter que l'infraction n'entraîne mort d'homme ou infirmité permanente et d'identifier, le cas échéant, les autres auteurs ou complices. Lorsque la peine encourue est la réclusion criminelle à perpétuité, celle-ci est ramenée à vingt ans de réclusion criminelle.

Art. 222-6-3. *(L. n° 2010-769 du 9 juill. 2010, art. 33-IV)* Dans le cas où le crime prévu par le 6° *bis* de l'article 222-3 est commis à l'étranger à l'encontre d'une personne résidant habituellement sur le territoire français, la loi française est applicable par dérogation aux dispositions de l'article 113-7.

§ 2 : Des violences

Art. 222-7. Les violences ayant entraîné la mort sans intention de la donner sont punies de quinze ans de réclusion criminelle.

Art. 222-8. L'infraction définie à l'article 222-7 est punie de vingt ans de réclusion criminelle lorsqu'elle est commise :

1° Sur un mineur de quinze ans;

2° Sur une personne dont la particulière vulnérabilité, due à son âge, à une maladie, à une infirmité, à une déficience physique ou psychique ou à un état de grossesse, est apparente ou connue de son auteur;

3° Sur un ascendant légitime ou naturel ou sur les père ou mère adoptifs;

4° *(L. n° 2003-239 du 18 mars 2003, art. 60)* «Sur un magistrat, un juré, un avocat, un officier public ou ministériel, *(L. n° 2010-930 du 9 août 2010)* «un membre ou un agent de la Cour pénale internationale,» un militaire de la gendarmerie nationale, un fonctionnaire de la police nationale, des douanes, de l'administration pénitentiaire ou toute autre personne dépositaire de l'autorité publique, un sapeur-pompier professionnel ou volontaire, un gardien assermenté d'immeubles ou de groupes d'immeubles ou un agent exerçant pour le compte d'un bailleur des fonctions de gardiennage ou de surveillance des immeubles à usage d'habitation en application de l'article L. 127-1 du code de la construction et de l'habitation, dans l'exercice ou du fait de ses fonctions, lorsque la qualité de la victime est apparente ou connue de l'auteur;

«4° *bis*» *(L. n° 2010-201 du 2 mars 2010, art. 11-I)* «Sur un enseignant ou tout membre des personnels travaillant dans les établissements d'enseignement scolaire, sur un agent d'un exploitant de réseau de transport public de voyageurs ou toute personne chargée d'une mission de service public, ainsi que sur un professionnel de santé, dans l'exercice ou du fait de ses fonctions, lorsque la qualité de la victime est apparente ou connue de l'auteur;»

(L. n° 2003-239 du 18 mars 2003, art. 60) «4° *ter*» *(L. n° 2010-201 du 2 mars 2010, art. 11-I)* «Sur le conjoint, les ascendants ou les descendants en ligne directe ou sur toute autre personne vivant habituellement au domicile des personnes mentionnées aux 4° et 4° *bis*, en raison des fonctions exercées par ces dernières;»

5° Sur un témoin, une victime ou une partie civile, soit pour l'empêcher de dénoncer les faits, de porter plainte ou de déposer en justice, soit en raison de sa dénonciation *(L. n° 2010-930 du 9 août 2010)* «ou de sa plainte, soit à cause de sa déposition devant une juridiction nationale ou devant la Cour pénale internationale»;

(L. n° 2016-444 du 13 avr. 2016, art. 11) «5° *quater* Sur une personne qui se livre à la prostitution, y compris de façon occasionnelle, si les faits sont commis dans l'exercice de cette activité;»

6° Par le conjoint ou le concubin de la victime *(L. n° 2006-399 du 4 avr. 2006, art. 8)* «ou le partenaire lié à la victime par un pacte civil de solidarité»;

(L. n° 2010-769 du 9 juill. 2010, art. 33-V) «6° *bis* Contre une personne afin de la contraindre à contracter un mariage ou à conclure une union ou en raison de son refus de contracter ce mariage ou cette union;»

7° Par une personne dépositaire de l'autorité publique ou chargée d'une mission de service public dans l'exercice ou à l'occasion de l'exercice de ses fonctions ou de sa mission;

8° Par plusieurs personnes agissant en qualité d'auteur ou de complice;

9° Avec préméditation *(L. n° 2007-297 du 5 mars 2007, art. 44)* «ou avec guet-apens»;

10° Avec usage ou menace d'une arme.

(L. n° 2018-703 du 3 août 2018, art. 13) «La peine encourue est portée à trente ans de réclusion criminelle lorsque l'infraction définie à l'article 222-7 est commise :

«a) Sur un mineur de quinze ans par un ascendant légitime, naturel ou adoptif ou par toute autre personne ayant autorité sur le mineur;

«b) Alors qu'un mineur assiste aux faits et que ceux-ci sont commis par le conjoint ou le concubin de la victime ou le partenaire lié à la victime par un pacte civil de solidarité ou, si la victime est mineure, par un ascendant légitime, naturel ou adoptif ou par toute autre personne ayant autorité sur le mineur victime.»

Les deux premiers alinéas de l'article 132-23 relatif à la période de sûreté sont applicables aux infractions prévues par le présent article.

Art. 222-9. Les violences ayant entraîné une mutilation ou une infirmité permanente sont punies de dix ans d'emprisonnement et de 150000 € d'amende.

Art. 222-10. L'infraction définie à l'article 222-9 est punie de quinze ans de réclusion criminelle lorsqu'elle est commise :

1° Sur un mineur de quinze ans;

2° Sur une personne dont la particulière vulnérabilité, due à son âge, à une maladie, à une infirmité, à une déficience physique ou psychique ou à un état de grossesse, est apparente ou connue de son auteur;

3° Sur un ascendant légitime ou naturel ou sur les père ou mère adoptifs;

4° *(L. n° 2003-239 du 18 mars 2003, art. 60)* «Sur un magistrat, un juré, un avocat, un officier public ou ministériel, *(L. n° 2010-930 du 9 août 2010)* «un membre ou un agent de la Cour pénale internationale,» un militaire de la gendarmerie nationale, un fonctionnaire de la police nationale, des douanes, de l'administration pénitentiaire ou toute autre personne dépositaire de l'autorité publique, un sapeur-pompier professionnel ou volontaire, un gardien assermenté d'immeubles ou de groupes d'immeubles ou un agent exerçant pour le compte d'un bailleur des fonctions de gardiennage ou de surveillance des immeubles à usage d'habitation en application de l'article L. 127-1 du code de la construction et de l'habitation, dans l'exercice ou du fait de ses fonctions, lorsque la qualité de la victime est apparente ou connue de l'auteur;

«4° *bis*» *(L. n° 2010-201 du 2 mars 2010, art. 11-I)* «Sur un enseignant ou tout membre des personnels travaillant dans les établissements d'enseignement scolaire, sur un agent d'un exploitant de réseau de transport public de voyageurs ou toute personne chargée d'une mission de service public, ainsi que sur un professionnel de santé, dans l'exercice ou du fait de ses fonctions, lorsque la qualité de la victime est apparente ou connue de l'auteur;»

(L. n° 2003-239 du 18 mars 2003, art. 60) «4° *ter*» *(L. n° 2010-201 du 2 mars 2010, art. 11-I)* «Sur le conjoint, les ascendants ou les descendants en ligne directe ou sur toute autre personne vivant habituellement au domicile des personnes mentionnées aux 4° et 4° *bis*, en raison des fonctions exercées par ces dernières;»

5° Sur un témoin, une victime ou une partie civile, soit pour l'empêcher de dénoncer les faits, de porter plainte ou de déposer en justice, soit en raison de sa dénonciation *(L. n° 2010-930 du 9 août 2010)* «ou de sa plainte, soit à cause de sa déposition devant une juridiction nationale ou devant la Cour pénale internationale;»

(L. n° 2016-444 du 13 avr. 2016, art. 11) «5° *quater* Sur une personne qui se livre à la prostitution, y compris de façon occasionnelle, si les faits sont commis dans l'exercice de cette activité;»

6° Par le conjoint ou le concubin de la victime *(L. n° 2006-399 du 4 avr. 2006, art. 8)* «ou le partenaire lié à la victime par un pacte civil de solidarité»;

(L. n° 2010-769 du 9 juill. 2010, art. 33-V) «6° *bis* Contre une personne afin de la contraindre à contracter un mariage ou à conclure une union ou en raison de son refus de contracter ce mariage ou cette union;»

7° Par une personne dépositaire de l'autorité publique ou chargée d'une mission de service public dans l'exercice ou à l'occasion de l'exercice de ses fonctions ou de sa mission;

8° Par plusieurs personnes agissant en qualité d'auteur ou de complice;

9° Avec préméditation *(L. n° 2007-297 du 5 mars 2007, art. 44)* «ou avec guet-apens»;

10° Avec usage ou menace d'une arme.

(L. n° 2018-703 du 3 août 2018, art. 13) «La peine encourue est portée à vingt ans de réclusion criminelle lorsque l'infraction définie à l'article 222-9 est commise :

«a) Sur un mineur de quinze ans par un ascendant légitime, naturel ou adoptif ou par toute autre personne ayant autorité sur le mineur;

«b) Alors qu'un mineur assiste aux faits et que ceux-ci sont commis par le conjoint ou le concubin de la victime ou le partenaire lié à la victime par un pacte civil de solidarité ou, si la victime est mineure, par un ascendant légitime, naturel ou adoptif ou par toute autre personne ayant autorité sur le mineur victime.»

Les deux premiers alinéas de l'article 132-23 relatif à la période de sûreté sont applicables aux infractions prévues par le présent article.

Art. 222-11. Les violences ayant entraîné une incapacité totale de travail pendant plus de huit jours sont punies de trois ans d'emprisonnement et de 45000 € d'amende.

Art. 222-12. L'infraction définie à l'article 222-11 est punie de cinq ans d'emprisonnement et de 75000 € d'amende lorsqu'elle est commise :

1° Sur un mineur de quinze ans;

2° Sur une personne dont la particulière vulnérabilité, due à son âge, à une maladie, à une infirmité, à une déficience physique ou psychique ou à un état de grossesse, est apparente ou connue de son auteur;

3° Sur un ascendant légitime ou naturel ou sur les père ou mère adoptifs;

4° *(L. n° 2003-239 du 18 mars 2003, art. 60)* «Sur un magistrat, un juré, un avocat, un officier public ou ministériel, *(L. n° 2010-930 du 9 août 2010)* «un membre ou un agent de la Cour pénale internationale,» un militaire de la gendarmerie nationale, un fonctionnaire de la police nationale, des douanes, de l'administration pénitentiaire ou toute autre personne dépositaire de l'autorité publique, un sapeur-pompier professionnel ou volontaire, un gardien assermenté d'immeubles ou de groupes d'immeubles ou un agent exerçant pour le compte d'un bailleur des fonctions de gardiennage ou de surveillance des immeubles à usage d'habitation en application de l'article L. 127-1 du code de la construction et de l'habitation, dans l'exercice ou du fait de ses fonctions, lorsque la qualité de la victime est apparente ou connue de l'auteur;

«4° *bis*» *(L. n° 2010-201 du 2 mars 2010, art. 11-I)* «Sur un enseignant ou tout membre des personnels travaillant dans les établissements d'enseignement scolaire, sur un agent d'un exploitant de réseau de transport public de voyageurs ou toute personne chargée d'une mission de service public, ainsi que sur un professionnel de santé, dans l'exercice ou du fait de ses fonctions, lorsque la qualité de la victime est apparente ou connue de l'auteur;»

(L. n° 2003-239 du 18 mars 2003, art. 60) «4° *ter*» *(L. n° 2010-201 du 2 mars 2010, art. 11-I)* «Sur le conjoint, les ascendants ou les descendants en ligne directe ou sur toute autre personne vivant habituellement au domicile des personnes mentionnées aux 4° et 4° *bis*, en raison des fonctions exercées par ces dernières;»

5° Sur un témoin, une victime ou une partie civile, soit pour l'empêcher de dénoncer les faits, de porter plainte ou de déposer en justice, soit en raison de sa dénonciation *(L. n° 2010-930 du 9 août 2010)* «ou de sa plainte, soit à cause de sa déposition devant une juridiction nationale ou devant la Cour pénale internationale»;

(L. n° 2016-444 du 13 avr. 2016, art. 11) «5° *quater* Sur une personne qui se livre à la prostitution, y compris de façon occasionnelle, si les faits sont commis dans l'exercice de cette activité;»

6° Par le conjoint ou le concubin de la victime *(L. n° 2006-399 du 4 avr. 2006, art. 8)* «ou le partenaire lié à la victime par un pacte civil de solidarité»;

(L. n° 2010-769 du 9 juill. 2010, art. 33-VI) «6° *bis* Contre une personne, en raison de son refus de contracter un mariage ou de conclure une union ou afin de la contraindre à contracter un mariage ou à conclure une union;»

7° Par une personne dépositaire de l'autorité publique ou chargée d'une mission de service public dans l'exercice ou à l'occasion de l'exercice de ses fonctions ou de sa mission;

8° Par plusieurs personnes agissant en qualité d'auteur ou de complice;

9° Avec préméditation *(L. n° 2007-297 du 5 mars 2007, art. 44)* «ou avec guet-apens»;

10° Avec usage ou menace d'une arme;

(L. n° 2007-297 du 5 mars 2007, art. 48) «11° Dans des établissements d'enseignement ou d'éducation ou dans les locaux de l'administration, ainsi que, lors des entrées ou sorties des élèves ou du public ou dans un temps très voisin de celles-ci, aux abords de ces établissements ou locaux;»

(L. n° 2002-1138 du 9 sept. 2002, art. 25) «12° Par un majeur agissant avec l'aide ou l'assistance d'un mineur;»

(L. n° 2003-239 du 18 mars 2003, art. 78) «13° Dans un moyen de transport collectif de voyageurs ou dans un lieu destiné à l'accès à un moyen de transport collectif de voyageurs;»

(L. n° 2007-297 du 5 mars 2007, art. 54) «14° Par une personne agissant en état d'ivresse manifeste ou sous l'emprise manifeste de produits stupéfiants»;

(L. n° 2010-201 du 2 mars 2010, art. 3) «15° Par une personne dissimulant volontairement en tout ou partie son visage afin de ne pas être identifiée.»

(L. n° 2018-703 du 3 août 2018, art. 13) «Les peines encourues sont portées à dix ans d'emprisonnement et à 150000 euros d'amende lorsque l'infraction définie à l'article 222-11 est commise :

«a) Sur un mineur de quinze ans par un ascendant légitime, naturel ou adoptif ou par toute autre personne ayant autorité sur le mineur;

«b) Alors qu'un mineur assiste aux faits et que ceux-ci sont commis par le conjoint ou le concubin de la victime ou le partenaire lié à la victime par un pacte civil de solidarité ou, si la victime est mineure, par un ascendant légitime, naturel ou adoptif ou par toute autre personne ayant autorité sur le mineur victime.»

(L. n° 96-647 du 22 juill. 1996) «Les peines sont portées à sept ans d'emprisonnement et 100000 € d'amende lorsque cette infraction est commise dans deux des circonstances prévues aux *(L. n° 2003-239 du 18 mars 2003, art. 78)* «1° et suivants» du présent article. Les peines sont portées à dix ans d'emprisonnement et 150000 € d'amende lorsqu'elle est commise dans trois de ces circonstances.»

Les deux premiers alinéas de l'article 132-23 relatif à la période de sûreté sont applicables *(L. n° 96-647 du 22 juill. 1996)* «aux infractions» *(L. n° 2018-703 du 3 août 2018, art. 13)* «prévues au présent article lorsqu'elles sont punies de dix ans d'emprisonnement».

Art. 222-13. *(L. n° 96-647 du 22 juill. 1996)* «Les violences ayant entraîné une incapacité de travail inférieure ou égale à huit jours ou n'ayant entraîné aucune incapacité de travail» sont punies de trois ans d'emprisonnement et de 45000 € d'amende lorsqu'elles sont commises :

1° Sur un mineur de quinze ans;

2° Sur une personne dont la particulière vulnérabilité, due à son âge, à une maladie, à une infirmité, à une déficience physique ou psychique ou à un état de grossesse, est apparente ou connue de leur auteur;

3° Sur un ascendant légitime ou naturel ou sur les père ou mère adoptifs;

4° *(L. n° 2003-239 du 18 mars 2003, art. 60)* «Sur un magistrat, un juré, un avocat, un officier public ou ministériel, *(L. n° 2010-930 du 9 août 2010)* «un membre ou un agent de la Cour pénale internationale,» un militaire de la gendarmerie nationale, un fonctionnaire de la police nationale, des douanes, de l'administration pénitentiaire ou toute autre personne dépositaire de l'autorité publique, un sapeur-pompier professionnel ou volontaire, un gardien assermenté d'immeubles ou de groupes d'immeubles ou un agent exerçant pour le compte d'un bailleur des fonctions de gardiennage ou de surveillance des immeubles à usage d'habitation en application de l'article L. 127-1 du code de la construction et de l'habitation, dans l'exercice ou du fait de ses fonctions, lorsque la qualité de la victime est apparente ou connue de l'auteur;

«4° *bis (L. n° 2010-201 du 2 mars 2010, art. 11-I)* «Sur un enseignant ou tout membre des personnels travaillant dans les établissements d'enseignement scolaire, sur un agent d'un exploitant de réseau de transport public de voyageurs ou toute personne chargée d'une mission de service public, ainsi que sur un professionnel de santé, dans l'exercice ou du fait de ses fonctions, lorsque la qualité de la victime est apparente ou connue de l'auteur;»

(L. n° 2003-239 du 18 mars 2003, art. 60) «4° *ter*» *(L. n° 2010-201 du 2 mars 2010, art. 11-I)* «Sur le conjoint, les ascendants ou les descendants en ligne directe ou sur toute autre personne vivant habituellement au domicile des personnes mentionnées aux 4° et 4° *bis*, en raison des fonctions exercées par ces dernières;»

5° Sur un témoin, une victime ou une partie civile, soit pour l'empêcher de dénoncer les faits, de porter plainte ou de déposer en justice, soit en raison de sa dénonciation *(L. n° 2010-930 du 9 août 2010)* «ou de sa plainte, soit à cause de sa déposition devant une juridiction nationale ou devant la Cour pénale internationale»;

(L. n° 2003-88 du 3 févr. 2003) «5° *bis* A raison de l'appartenance ou de la non-appartenance, vraie ou supposée, de la victime à une ethnie, une nation, une *(L. n° 2017-86 du 27 janv. 2017, art. 171)* «prétendue race» ou une religion déterminée;»

(L. n° 2017-86 du 27 janv. 2017, art. 171) «5° *ter* A raison du sexe, de l'orientation sexuelle ou de l'identité de genre vraie ou supposée de la victime;»

(L. n° 2016-444 du 13 avr. 2016, art. 11) «5° *quater* Sur une personne qui se livre à la prostitution, y compris de façon occasionnelle, si les faits sont commis dans l'exercice de cette activité;»

6° Par le conjoint ou le concubin de la victime *(L. n° 2006-399 du 4 avr. 2006, art. 8)* «ou le partenaire lié à la victime par un pacte civil de solidarité»;

(L. n° 2010-769 du 9 juill. 2010, art. 33-VI) «6° *bis* Contre une personne, en raison de son refus de contracter un mariage ou de conclure une union ou afin de la contraindre à contracter un mariage ou à conclure une union;»

7° Par une personne dépositaire de l'autorité publique ou chargée d'une mission de service public dans l'exercice ou à l'occasion de l'exercice de ses fonctions ou de sa mission;

8° Par plusieurs personnes agissant en qualité d'auteur ou de complice;

9° Avec préméditation *(L. n° 2007-297 du 5 mars 2007, art. 44)* «ou avec guet-apens»;

10° Avec usage ou menace d'une arme;

(L. n° 2007-297 du 5 mars 2007, art. 48) «11° Dans des établissements d'enseignement ou d'éducation ou dans les locaux de l'administration, ainsi que, lors des entrées ou sorties des élèves ou du public ou dans un temps très voisin de celles-ci, aux abords de ces établissements ou locaux;»

(L. nº 2002-1138 du 9 sept. 2002, art. 25) «12º Par un majeur agissant avec l'aide ou l'assistance d'un mineur;»

(L. nº 2003-239 du 18 mars 2003, art. 78) «13º Dans un moyen de transport collectif de voyageurs ou dans un lieu destiné à l'accès à un moyen de transport collectif de voyageurs;»

(L. nº 2007-297 du 5 mars 2007, art. 54) «14º Par une personne agissant en état d'ivresse manifeste ou sous l'emprise manifeste de produits stupéfiants»;

(L. nº 2010-201 du 2 mars 2010, art. 3) «15º Par une personne dissimulant volontairement en tout ou partie son visage afin de ne pas être identifiée.»

(L. nº 2018-703 du 3 août 2018, art. 13) «Les peines encourues sont portées à cinq ans d'emprisonnement et à 75000 euros d'amende lorsque l'infraction définie au premier alinéa du présent article est commise :

«a) Sur un mineur de quinze ans par un ascendant légitime, naturel ou adoptif ou par toute autre personne ayant autorité sur le mineur;

«b) Alors qu'un mineur assiste aux faits et que ceux-ci sont commis par le conjoint ou le concubin de la victime ou le partenaire lié à la victime par un pacte civil de solidarité ou, si la victime est mineure, par un ascendant légitime, naturel ou adoptif ou par toute autre personne ayant autorité sur le mineur victime.»

(L. nº 96-647 du 22 juill. 1996) «Les peines sont également portées à cinq ans d'emprisonnement et 75000 € d'amende lorsque cette infraction, ayant entraîné une incapacité totale de travail inférieure ou égale à huit jours, est commise dans deux des circonstances prévues aux *(L. nº 2003-239 du 18 mars 2003, art. 78)* «1º et suivants» du présent article. Les peines sont portées à sept ans d'emprisonnement et 100000 € d'amende lorsqu'elle est commise dans trois de ces circonstances».

Art. 222-14. Les violences habituelles sur un mineur de quinze ans ou sur une personne dont la particulière vulnérabilité, due à son âge, à une maladie, à une infirmité, à une déficience physique ou psychique ou à un état de grossesse, est apparente ou connue de leur auteur sont punies :

1º De trente ans de réclusion criminelle lorsqu'elles ont entraîné la mort de la victime;

2º De vingt ans de réclusion criminelle lorsqu'elles ont entraîné une mutilation ou une infirmité permanente;

3º De dix ans d'emprisonnement et de 150000 € d'amende lors qu'elles ont entraîné une incapacité totale de travail pendant plus de huit jours;

4º De cinq ans d'emprisonnement et de 75000 € d'amende lors qu'elles n'ont pas entraîné une incapacité totale de travail pendant plus de huit jours.

(L. nº 2010-769 du 9 juill. 2010, art. 25-I) «Les peines prévues par le présent article sont également applicables aux violences habituelles commises par le conjoint ou le concubin de la victime ou par le partenaire lié à celle-ci par un pacte civil de solidarité. Les dispositions du second alinéa de l'article 132-80 sont applicables au présent alinéa.»

Les deux premiers alinéas de l'article 132-23 relatif à la période de sûreté sont applicables aux cas prévus aux 1º et 2º du présent article.

Art. 222-14-1. *(L. nº 2007-297 du 5 mars 2007, art. 44)* Lorsqu'elles sont commises en bande organisée ou avec guet-apens, les violences commises avec usage ou menace d'une arme sur un fonctionnaire de la police nationale, un militaire de la gendarmerie, un membre du personnel de l'administration pénitentiaire ou toute autre personne dépositaire de l'autorité publique, ou sur un sapeur-pompier civil ou militaire ou un agent d'un exploitant de réseau de transport public de voyageurs dans l'exercice, à l'occasion de l'exercice ou en raison de ses fonctions ou de sa mission, sont punies :

1° De trente ans de réclusion criminelle lorsqu'elles ont entraîné la mort de la victime;

2° De vingt ans de réclusion criminelle lorsqu'elles ont entraîné une mutilation ou une infirmité permanente;

3° De quinze ans de réclusion criminelle lorsqu'elles ont entraîné une incapacité totale de travail pendant plus de huit jours;

4° De dix ans d'emprisonnement et de 150000 € d'amende lorsqu'elles n'ont pas entraîné une incapacité totale de travail pendant plus de huit jours.

Les deux premiers alinéas de l'article 132-23 relatif à la période de sûreté sont applicables aux infractions prévues par le présent article.

L'incapacité totale de travail est, à la demande de la victime ou de la personne poursuivie, constatée par un médecin expert selon les modalités prévues par les articles 157 et suivants du code de procédure pénale.

Art. 222-14-2. *(L. nº 2010-201 du 2 mars 2010, art. 1er-I)* Le fait pour une personne de participer sciemment à un groupement, même formé de façon temporaire, en vue de la préparation, caractérisée par un ou plusieurs faits matériels, de violences volontaires contre les personnes ou de destructions ou dégradations de biens est puni d'un an d'emprisonnement et de 15000 € d'amende.

Art. 222-14-3. *(L. nº 2010-769 du 9 juill. 2010, art. 31)* Les violences prévues par les dispositions de la présente section sont réprimées quelle que soit leur nature, y compris s'il s'agit de violences psychologiques.

Art. 222-14-4. *(L. nº 2013-711 du 5 août 2013, art. 19)* Le fait, dans le but de contraindre une personne à contracter un mariage ou à conclure une union à l'étranger, d'user à son égard de manœuvres dolosives afin de la déterminer à quitter le territoire de la République est puni de trois ans d'emprisonnement et de 45000 € d'amende.

Art. 222-15. L'administration de substances nuisibles ayant porté atteinte à l'intégrité physique ou psychique d'autrui est punie des peines mentionnées aux articles 222-7 à *(L. nº 2007-297 du 5 mars 2007, art. 44)* «222-14-1» suivant les distinctions prévues par ces articles.

Les deux premiers alinéas de l'article 132-23 relatif à la période de sûreté sont applicables à cette infraction dans les mêmes cas que ceux prévus par ces articles.

Art. 222-15-1. *(L. nº 2007-297 du 5 mars 2007, art. 44)* Constitue une embuscade le fait d'attendre un certain temps et dans un lieu déterminé un fonctionnaire de la police nationale, un militaire de la gendarmerie, un membre du personnel de l'administration pénitentiaire ou toute autre personne dépositaire de l'autorité publique, ainsi qu'un sapeur-pompier civil ou militaire ou un agent d'un exploitant de réseau de transport public de voyageurs, dans le but, caractérisé par un ou plusieurs faits matériels, de commettre à son encontre, à l'occasion de l'exercice de ses fonctions ou de sa mission, des violences avec usage ou menace d'une arme.

L'embuscade est punie de cinq ans d'emprisonnement et de 75000 € d'amende.

Lorsque les faits sont commis en réunion, les peines sont portées à sept ans d'emprisonnement et à 100000 € d'amende.

Art. 222-16. Les appels téléphoniques malveillants *(L. n° 2003-239 du 18 mars 2003, art. 49)* «réitérés *(L. n° 2014-873 du 4 août 2014, art. 39)* «, les envois réitérés de messages malveillants émis par la voie des communications électroniques» ou les agressions sonores» en vue de troubler la tranquillité d'autrui, sont punis d'un an d'emprisonnement et de 15000 € d'amende.

Art. 222-16-1. *(L. n° 2009-526 du 12 mai 2009, art. 124-I)* «Les personnes morales déclarées responsables pénalement, dans les conditions prévues par l'article 121-2, des infractions définies au présent paragraphe encourent, outre l'amende suivant les modalités prévues par l'article 131-38, les peines prévues par l'article 131-39.»

(L. n° 2001-504 du 12 juin 2001) «L'interdiction mentionnée au 2° de l'article 131-39 porte sur l'activité dans l'exercice ou à l'occasion de l'exercice de laquelle l'infraction a été commise.»

Art. 222-16-2. *(L. n° 2006-399 du 4 avr. 2006, art. 14)* Dans le cas où les crimes et délits prévus par les articles 222-8, 222-10 ou 222-12 sont commis à l'étranger sur une victime mineure résidant habituellement sur le territoire français, la loi française est applicable par dérogation aux dispositions de l'article 113-7. S'il s'agit d'un délit, les dispositions de la seconde phrase de l'article 113-8 ne sont pas applicables.

Art. 222-16-3. *(L. n° 2010-769 du 9 juill. 2010, art. 33-VII)* Dans le cas où les infractions prévues par le 6° *bis* des articles 222-8, 222-10, 222-12 et 222-13 sont commises à l'étranger à l'encontre d'une personne résidant habituellement sur le territoire français, la loi française est applicable par dérogation aux dispositions de l'article 113-7. S'il s'agit d'un délit, les dispositions de la seconde phrase de l'article 113-8 ne sont pas applicables.

§ 3 : Des Menaces

Art. 222-17. La menace de commettre un crime ou un délit contre les personnes dont la tentative est punissable est punie de six mois d'emprisonnement et de 7500 € d'amende lorsqu'elle est, soit réitérée, soit matérialisée par un écrit, une image ou tout autre objet.

La peine est portée à trois ans d'emprisonnement et à 45000 € d'amende s'il s'agit d'une menace de mort.

Art. 222-18. La menace, par quelque moyen que ce soit, de commettre un crime ou un délit contre les personnes, est punie de trois ans d'emprisonnement et de 45000 € d'amende, lorsqu'elle est faite avec l'ordre de remplir une condition.

La peine est portée à cinq ans d'emprisonnement et à 75000 € d'amende s'il s'agit d'une menace de mort.

Art. 222-18-2. *(L. n° 2009-526 du 12 mai 2009, art. 124-I)* «Les personnes morales déclarées responsables pénalement, dans les conditions prévues par l'article 121-2, des infractions définies au présent paragraphe encourent, outre l'amende suivant les modalités prévues par l'article 131-38 :»

(L. n° 2001-504 du 12 juin 2001) «2° Les peines mentionnées aux 2° à 9° de l'article 131-39;

«3° La peine mentionnée au 1° de l'article 131-39 pour les infractions définies par les articles 222-17 (deuxième alinéa) *(L. n° 2017-86 du 27 janv. 2017, art. 171)* «et 222-18».

«L'interdiction mentionnée au 2° de l'article 131-39 porte sur l'activité dans l'exercice ou à l'occasion de l'exercice de laquelle l'infraction a été commise.»

Art. 222-18-3. *(L. n° 2010-769 du 9 juill. 2010, art. 6)* Lorsqu'elles sont commises par le conjoint ou le concubin de la victime ou le partenaire lié à la victime par un pacte civil de solidarité, les menaces prévues au premier alinéa de l'article 222-17 sont punies de deux ans d'emprisonnement et de 30000 € d'amende, celles prévues au second alinéa du même article et au premier alinéa de l'article 222-18 sont punies de cinq ans d'emprisonnement et de 75000 € d'amende et celles prévues au second alinéa de l'article 222-18 sont punies de sept ans d'emprisonnement et de 100000 € d'amende.

Section II

Des atteintes involontaires à l'intégrité de la personne

Art. 222-19. *(L. n° 2000-647 du 10 juill. 2000)* «Le fait de causer à autrui, dans les conditions et selon les distinctions prévues à l'article 121-3», par maladresse, imprudence, inattention, négligence ou manquement à une obligation *(L. n° 2011-525 du 17 mai 2011, art. 185)* «de prudence ou de sécurité» imposée par la loi *(L. n° 2000-647 du 10 juill. 2000)* «ou le règlement», une incapacité totale de travail pendant plus de trois mois est puni de deux ans d'emprisonnement et de 30000 € d'amende.

(L. n° 2000-647 du 10 juill. 2000) «En cas de violation manifestement délibérée d'une obligation particulière *(L. n° 2011-525 du 17 mai 2011, art. 185)* «de prudence ou de sécurité» imposée par la loi ou le règlement», les peines encourues sont portées à trois ans d'emprisonnement et à 45000 € d'amende.

Art. 222-19-1. *(L. n° 2003-495 du 12 juin 2003, art. 2)* Lorsque la maladresse, l'imprudence, l'inattention, la négligence ou le manquement à une obligation législative ou réglementaire *(L. n° 2011-525 du 17 mai 2011, art. 185)* «de prudence ou de sécurité» prévu par l'article 222-19 est commis par le conducteur d'un véhicule terrestre à moteur, l'atteinte involontaire à l'intégrité de la personne ayant entraîné une incapacité totale de travail pendant plus de trois mois est punie de trois ans d'emprisonnement et de 45000 € d'amende.

Les peines sont portées à cinq ans d'emprisonnement et à 75000 € d'amende lorsque :

1° Le conducteur a commis une violation manifestement délibérée d'une obligation particulière de prudence ou de sécurité prévue par la loi ou le règlement autre que celles mentionnées ci-après;

2° Le conducteur se trouvait en état d'ivresse manifeste ou était sous l'empire d'un état alcoolique caractérisé par une concentration d'alcool dans le sang ou dans l'air expiré égale ou supérieure aux taux fixés par les dispositions législatives ou réglementaires du code de la route, ou a refusé de se soumettre aux vérifications prévues par ce code et destinées à établir l'existence d'un état alcoolique;

3° Il résulte d'une analyse sanguine *(L. n° 2016-41 du 26 janv. 2016, art. 45)* «ou salivaire» que le conducteur avait fait usage de substances ou de plantes classées comme stupéfiants, ou a refusé de se soumettre aux vérifications prévues par le code de la route destinées à établir s'il conduisait en ayant fait usage de stupéfiants;

4° Le conducteur n'était pas titulaire du permis de conduire exigé par la loi ou le règlement ou son permis avait été annulé, invalidé, suspendu ou retenu;

5° Le conducteur a commis un dépassement de la vitesse maximale autorisée égal ou supérieur à 50 km/h;

6° Le conducteur, sachant qu'il vient de causer ou d'occasionner un accident, ne s'est pas arrêté et a tenté ainsi d'échapper à la responsabilité pénale ou civile qu'il peut encourir.

Les peines sont portées à sept ans d'emprisonnement et à 100 000 € d'amende lorsque l'atteinte involontaire à l'intégrité de la personne a été commise avec deux ou plus des circonstances mentionnées aux 1° et suivants du présent article.

Art. 222-19-2. *(L. n° 2008-582 du 20 juin 2008, art. 13-II)* Lorsque l'atteinte involontaire à l'intégrité de la personne ayant entraîné une incapacité totale de travail de plus de trois mois prévue par l'article 222-19 résulte de l'agression commise par un chien, le propriétaire ou celui qui détient le chien au moment des faits est puni de trois ans d'emprisonnement et de 45000 € d'amende.

Les peines sont portées à cinq ans d'emprisonnement et à 75000 € d'amende lorsque :

1° La propriété ou la détention du chien est illicite en application de dispositions législatives ou réglementaires ou d'une décision judiciaire ou administrative;

2° Le propriétaire ou le détenteur du chien se trouvait en état d'ivresse manifeste ou sous l'emprise manifeste de produits stupéfiants;

3° Le propriétaire ou le détenteur du chien n'avait pas exécuté les mesures prescrites par le maire, conformément à l'article L. 211-11 du code rural et de la pêche maritime, pour prévenir le danger présenté par l'animal;

4° Le propriétaire ou le détenteur du chien n'était pas titulaire du permis de détention prévu à l'article L. 211-14 du code rural et de la pêche maritime;

5° Le propriétaire ou le détenteur du chien ne justifie pas d'une vaccination antirabique de son animal en cours de validité lorsqu'elle est obligatoire;

6° Il s'agissait d'un chien de la première ou de la deuxième catégorie prévues à l'article L. 211-12 du code rural et de la pêche maritime qui n'était pas muselé ou tenu en laisse par une personne majeure conformément aux dispositions prévues au II de l'article L. 211-16 du même code;

7° Il s'agissait d'un chien ayant fait l'objet de mauvais traitements de la part de son propriétaire ou de son détenteur.

Les peines sont portées à sept ans d'emprisonnement et à 100000 € d'amende lorsque l'atteinte involontaire à l'intégrité de la personne a été commise avec deux ou plusieurs des circonstances mentionnées aux 1° et suivants du présent article.

Art. 222-20. *(L. n° 2000-647 du 10 juill. 2000)* «Le fait de causer à autrui, par la violation manifestement délibérée d'une obligation particulière *(L. n° 2011-525 du 17 mai 2011, art. 185)* «de prudence ou de sécurité» imposée par la loi ou le règlement», une incapacité totale de travail d'une durée inférieure ou égale à trois mois, est puni d'un an d'emprisonnement et de 15000 € d'amende.

Art. 222-20-1. *(L. n° 2003-495 du 12 juin 2003, art. 2)* Lorsque la maladresse, l'imprudence, l'inattention, la négligence ou le manquement à une obligation législative ou réglementaire *(L. n° 2011-525 du 17 mai 2011, art. 185)* «de prudence ou de sécurité» prévu par l'article 222-19 est commis par le conducteur d'un véhicule terrestre à moteur, l'atteinte involontaire à l'intégrité de la personne ayant entraîné une incapacité totale de travail d'une durée inférieure ou égale à trois mois est punie de deux ans d'emprisonnement et de 30000 € d'amende.

Les peines sont portées à trois ans d'emprisonnement et à 45000 € d'amende lorsque :

1° Le conducteur a commis une violation manifestement délibérée d'une obligation particulière de prudence ou de sécurité prévue par la loi ou le règlement autre que celles mentionnées ci-après;

2° Le conducteur se trouvait en état d'ivresse manifeste ou était sous l'empire d'un état alcoolique caractérisé par une concentration d'alcool dans le sang ou dans l'air expiré égale ou supérieure aux taux fixés par les dispositions législatives ou réglementaires du code de la route, ou a refusé de se soumettre aux vérifications prévues par ce code et destinées à établir l'existence d'un état alcoolique;

3° Il résulte d'une analyse sanguine *(L. n° 2016-41 du 26 janv. 2016, art. 45)* «ou salivaire» que le conducteur avait fait usage de substances ou de plantes classées comme stupéfiants, ou a refusé de se soumettre aux vérifications prévues par le code de la route destinées à établir s'il conduisait en ayant fait usage de stupéfiants;

4° Le conducteur n'était pas titulaire du permis de conduire exigé par la loi ou le règlement ou son permis avait été annulé, invalidé, suspendu ou retenu;

5° Le conducteur a commis un dépassement de la vitesse maximale autorisée égal ou supérieur à 50 km/h;

6° Le conducteur, sachant qu'il vient de causer ou d'occasionner un accident, ne s'est pas arrêté et a tenté ainsi d'échapper à la responsabilité pénale ou civile qu'il peut encourir.

Les peines sont portées à cinq ans d'emprisonnement et 75000 € d'amende lorsque l'atteinte involontaire à l'intégrité de la personne a été commise avec deux ou plus des circonstances mentionnées aux 1° et suivants du présent article.

Art. 222-20-2. *(L. n° 2008-582 du 20 juin 2008, art. 13-III)* Lorsque l'atteinte involontaire à l'intégrité de la personne ayant entraîné une incapacité totale de travail de moins de trois mois prévue par l'article 222-20 résulte de l'agression commise par un chien, le propriétaire ou celui qui détient le chien au moment des faits est puni de deux ans d'emprisonnement et de 30000 € d'amende.

Les peines sont portées à trois ans d'emprisonnement et à 45000 € d'amende lorsque :

1° La propriété ou la détention du chien est illicite en application de dispositions législatives ou réglementaires ou d'une décision judiciaire ou administrative;

2° Le propriétaire ou le détenteur du chien se trouvait en état d'ivresse manifeste ou sous l'emprise manifeste de produits stupéfiants;

3° Le propriétaire ou le détenteur du chien n'avait pas exécuté les mesures prescrites par le maire, conformément à l'article L. 211-11 du code rural et de la pêche maritime, pour prévenir le danger présenté par l'animal;

4° Le propriétaire ou le détenteur du chien n'était pas titulaire du permis de détention prévu à l'article L. 211-14 du code rural et de la pêche maritime;

5° Le propriétaire ou le détenteur du chien ne justifie pas d'une vaccination antirabique de son animal en cours de validité lorsqu'elle est obligatoire;

6° Il s'agissait d'un chien de la première ou de la deuxième catégorie prévues à l'article L. 211-12 du code rural et de la pêche maritime qui n'était pas muselé ou tenu en laisse par une personne majeure conformément aux dispositions prévues au II de l'article L. 211-16 du même code;

7° Il s'agissait d'un chien ayant fait l'objet de mauvais traitements de la part de son propriétaire ou de son détenteur.

Les peines sont portées à cinq ans d'emprisonnement et à 75000 € d'amende lorsque l'atteinte involontaire à l'intégrité de la personne a été commise avec deux ou plusieurs des circonstances mentionnées aux 1° et suivants du présent article.

Art. 222-21. *(L. n° 2009-526 du 12 mai 2009, art. 124-I)* «Les personnes morales déclarées responsables pénalement, dans les conditions prévues par l'article 121-2, des infractions définies par la présente section encourent, outre l'amende suivant les modalités prévues par l'article 131-38, les peines prévues par les 2°, 3°, 8° et 9° de l'article 131-39.»

L'interdiction mentionnée au 2° de l'article 131-39 porte sur l'activité dans l'exercice ou à l'occasion de l'exercice de laquelle l'infraction a été commise.

Dans les cas visés au deuxième alinéa de l'article 222-19 est en outre encourue la peine mentionnée au 4° de l'article 131-39.

Section III

Des agressions sexuelles

Art. 222-22. Constitue une agression sexuelle toute atteinte sexuelle commise avec violence, contrainte, menace ou surprise.

(L. n° 2006-399 du 4 avr. 2006, art. 11) «Le viol et les autres agressions sexuelles sont constitués lorsqu'ils ont été imposés à la victime dans les circonstances prévues par la présente section, quelle que soit la nature des relations existant entre l'agresseur et sa victime, y compris s'ils sont unis par les liens du mariage.»

(L. n° 98-468 du 17 juin 1998) «Lorsque les agressions sexuelles sont commises à l'étranger contre un mineur par un Français ou par une personne résidant habituellement sur le territoire français, la loi française est applicable par dérogation au deuxième alinéa de l'article 113-6 et les dispositions de la seconde phrase de l'article 113-8 ne sont pas applicables.»

Art. 222-22-1. *(L. n° 2010-121 du 8 févr. 2010)* La contrainte prévue par le premier alinéa de l'article 222-22 peut être physique ou morale.

(L. n° 2018-703 du 3 août 2018, art. 2) «Lorsque les faits sont commis sur la personne d'un mineur, la contrainte morale mentionnée au premier alinéa du présent article ou la surprise mentionnée au premier alinéa de l'article 222-22 peuvent résulter de la différence d'âge existant entre la victime et l'auteur des faits et de l'autorité de droit ou de fait que celui-ci exerce sur la victime, cette autorité de fait pouvant être caractérisée par une différence d'âge significative entre la victime mineure et l'auteur majeur.

«Lorsque les faits sont commis sur la personne d'un mineur de quinze ans, la contrainte morale ou la surprise sont caractérisées par l'abus de la vulnérabilité de la victime ne disposant pas du discernement nécessaire pour ces actes.»

Art. 222-22-2. *(L. n° 2013-711 du 5 août 2013, art. 5)* Constitue également une agression sexuelle le fait de contraindre une personne par la violence, la menace ou la surprise à subir une atteinte sexuelle de la part d'un tiers.

Ces faits sont punis des peines prévues aux articles 222-23 à 222-30 selon la nature de l'atteinte subie et selon les circonstances mentionnées à ces mêmes articles.

La tentative du délit prévu au présent article est punie des mêmes peines.

§ 1er : Du viol

Art. 222-23. Tout acte de pénétration sexuelle, de quelque nature qu'il soit, commis sur la personne d'autrui *(L. nº 2018-703 du 3 août 2018, art. 2)* «ou sur la personne de l'auteur» par violence, contrainte, menace ou surprise est un viol.

Le viol est puni de quinze ans de réclusion criminelle.

Art. 222-24. Le viol est puni de vingt ans de réclusion criminelle :

1° Lorsqu'il a entraîné une mutilation ou une infirmité permanente;

2° Lorsqu'il est commis sur un mineur de quinze ans;

3° Lorsqu'il est commis sur une personne dont la particulière vulnérabilité, due à son âge, à une maladie, à une infirmité, à une déficience physique ou psychique ou à un état de grossesse, est apparente ou connue de l'auteur;

(L. nº 2018-703 du 3 août 2018, art. 7) «3° *bis* Lorsqu'il est commis sur une personne dont la particulière vulnérabilité ou dépendance résultant de la précarité de sa situation économique ou sociale est apparente ou connue de l'auteur;»

4° *(L. nº 2010-121 du 8 févr. 2010)* «Lorsqu'il est commis par un ascendant ou par toute autre personne ayant sur la victime une autorité de droit ou de fait;»

5° Lorsqu'il est commis par une personne qui abuse de l'autorité que lui confèrent ses fonctions;

6° Lorsqu'il est commis par plusieurs personnes agissant en qualité d'auteur ou de complice;

7° Lorsqu'il est commis avec usage ou menace d'une arme;

(L. nº 98-468 du 17 juin 1998) «8° Lorsque la victime a été mise en contact avec l'auteur des faits grâce à l'utilisation, pour la diffusion de messages à destination d'un public non déterminé, d'un réseau de *(L. nº 2011-525 du 17 mai 2011, art. 150-1º)* «communication électronique»;

(L. nº 2005-1549 du 12 déc. 2005, art. 32) «10° Lorsqu'il est commis en concours avec un ou plusieurs autres viols commis sur d'autres victimes»;

(L. nº 2006-399 du 4 avr. 2006, art. 11) «11° Lorsqu'il est commis par le conjoint ou le concubin de la victime ou le partenaire lié à la victime par un pacte civil de solidarité»;

(L. nº 2007-297 du 5 mars 2007, art. 54) «12° Lorsqu'il est commis par une personne agissant en état d'ivresse manifeste ou sous l'emprise manifeste de produits stupéfiants;»

(L. nº 2016-444 du 13 avr. 2016, art. 11) «13° Lorsqu'il est commis, dans l'exercice de cette activité, sur une personne qui se livre à la prostitution, y compris de façon occasionnelle»;

(L. nº 2018-703 du 3 août 2018, art. 13) «14° Lorsqu'un mineur était présent au moment des faits et y a assisté;»

(L. nº 2018-703 du 3 août 2018, art. 3) «15° Lorsqu'une substance a été administrée à la victime, à son insu, afin d'altérer son discernement ou le contrôle de ses actes.»

Art. 222-25. Le viol est puni de trente ans de réclusion criminelle lorsqu'il a entraîné la mort de la victime.

Les deux premiers alinéas de l'article 132-23 relatif à la période de sûreté sont applicables à l'infraction prévue par le présent article.

Art. 222-26. Le viol est puni de la réclusion criminelle à perpétuité lorsqu'il est précédé, accompagné ou suivi de tortures ou d'actes de barbarie.

Les deux premiers alinéas de l'article 132-23 relatif à la période de sûreté sont applicables à l'infraction prévue par le présent article.

§ 2 : Des autres agressions sexuelles

Art. 222-27. Les agressions sexuelles autres que le viol sont punies de cinq ans d'emprisonnement et de 75000 € d'amende.

Art. 222-28. L'infraction définie à l'article 222-27 est punie de sept ans d'emprisonnement et de 100000 € d'amende :

1° Lorsqu'elle a entraîné une blessure *(L. n° 2018-703 du 3 août 2018, art. 14)* «, une lésion ou une incapacité totale de travail supérieure à huit jours;»

2° *(L. n° 2010-121 du 8 févr. 2010)* «Lorsqu'elle est commise par un ascendant ou par toute autre personne ayant sur la victime une autorité de droit ou de fait;»

3° Lorsqu'elle est commise par une personne qui abuse de l'autorité que lui confèrent ses fonctions;

4° Lorsqu'elle est commise par plusieurs personnes agissant en qualité d'auteur ou de complice;

5° Lorsqu'elle est commise avec usage ou menace d'une arme;

(L. n° 98-468 du 17 juin 1998) «6° Lorsque la victime a été mise en contact avec l'auteur des faits grâce à l'utilisation, pour la diffusion de messages à destination d'un public non déterminé, d'un réseau de *(L. n° 2011-525 du 17 mai 2011, art. 150-1°)* «communication électronique»;

(L. n° 2006-399 du 4 avr. 2006, art. 11) «7° Lorsqu'elle est commise par le conjoint ou le concubin de la victime ou le partenaire lié à la victime par un pacte civil de solidarité»;

(L. n° 2007-297 du 5 mars 2007, art. 54) «8° Lorsqu'elle est commise par une personne agissant en état d'ivresse manifeste ou sous l'emprise manifeste de produits stupéfiants;»

(L. n° 2016-444 du 13 avr. 2016, art. 11) «9° Lorsqu'elle est commise, dans l'exercice de cette activité, sur une personne qui se livre à la prostitution, y compris de façon occasionnelle»;

(L. n° 2018-703 du 3 août 2018, art. 13) «10° Lorsqu'un mineur était présent au moment des faits et y a assisté;»

(L. n° 2018-703 du 3 août 2018, art. 3) «11° Lorsqu'une substance a été administrée à la victime, à son insu, afin d'altérer son discernement ou le contrôle de ses actes.»

Art. 222-29. Les agressions sexuelles autres que le viol sont punies de sept ans d'emprisonnement et de 100000 € d'amende lorsqu'elles sont imposées *(L. n° 2013-711 du 5 août 2013, art. 5)* «à une personne dont la particulière vulnérabilité due à son âge, à une maladie, à une infirmité, à une déficience physique ou psychique ou à un état de grossesse *(L. n° 2018-703 du 3 août 2018, art. 7)* «ou résultant de la précarité de sa situation économique ou sociale» est apparente ou connue de son auteur».

Art. 222-29-1. *(L. n° 2013-711 du 5 août 2013, art. 5)* Les agressions sexuelles autres que le viol sont punies de dix ans d'emprisonnement et de 150000 € d'amende lorsqu'elles sont imposées à un mineur de quinze ans.

Art. 222-30. L'infraction définie à l'article 222-29 est punie de dix ans d'emprisonnement et de 150000 € d'amende :

1° Lorsqu'elle a entraîné une blessure ou une lésion;

2° *(L. nº 2010-121 du 8 févr. 2010)* «Lorsqu'elle est commise par un ascendant ou par toute autre personne ayant sur la victime une autorité de droit ou de fait;»

3° Lorsqu'elle est commise par une personne qui abuse de l'autorité que lui confèrent ses fonctions;

4° Lorsqu'elle est commise par plusieurs personnes agissant en qualité d'auteur ou de complice;

5° Lorsqu'elle est commise avec usage ou menace d'une arme;

(L. nº 2007-297 du 5 mars 2007, art. 54) «7° Lorsqu'elle est commise par une personne agissant en état d'ivresse manifeste ou sous l'emprise manifeste de produits stupéfiants;»

(L. nº 2018-703 du 3 août 2018, art. 3) «8° Lorsqu'une substance a été administrée à la victime, à son insu, afin d'altérer son discernement ou le contrôle de ses actes.»

Art. 222-30-1. *(L. nº 2018-703 du 3 août 2018, art. 3)* Le fait d'administrer à une personne, à son insu, une substance de nature à altérer son discernement ou le contrôle de ses actes afin de commettre à son égard un viol ou une agression sexuelle est puni de cinq ans d'emprisonnement et de 75000 € d'amende.

Lorsque les faits sont commis sur un mineur de quinze ans ou une personne particulièrement vulnérable, les peines sont portées à sept ans d'emprisonnement et à 100000 € d'amende.

Art. 222-31. La tentative des délits prévus par les articles 222-27 à *(L. nº 2018-703 du 3 août 2018, art. 3)* «222-30-1» est punie des mêmes peines.

§ 3 : De l'inceste (L. nº 2018-703 du 3 août 2018, art. 2).
(L. nº 2010-121 du 8 févr. 2010)

Art. 222-31-1. *(L. nº 2016-297 du 14 mars 2016, art. 44)* Les viols et les agressions sexuelles sont qualifiés d'incestueux lorsqu'ils sont commis par :

1° Un ascendant;

2° Un frère, une sœur, un oncle, une tante, un neveu ou une nièce;

3° Le conjoint, le concubin d'une des personnes mentionnées aux 1° et 2° ou le partenaire lié par un pacte civil de solidarité avec l'une des personnes mentionnées aux mêmes 1° et 2°, s'il a sur *(L. nº 2018-703 du 3 août 2018, art. 2)* «la victime» une autorité de droit ou de fait.

Art. 222-31-2. *(L. nº 2010-121 du 8 févr. 2010)* Lorsque le viol *(L. nº 2016-297 du 14 mars 2016, art. 44)* «incestueux ou l'agression sexuelle incestueuse» est commis contre un mineur par une personne titulaire sur celui-ci de l'autorité parentale, la juridiction de jugement doit se prononcer sur le retrait total ou partiel de cette autorité en application des articles 378 et 379-1 du code civil.

Elle peut alors statuer sur le retrait de cette autorité en ce qu'elle concerne les frères et soeurs mineurs de la victime.

Si les poursuites ont lieu devant la cour d'assises, celle-ci statue sur cette question sans l'assistance des jurés.

§ 4 : De l'exhibition sexuelle et du harcèlement sexuel (L. n° 2010-121 du 8 févr. 2010).

Art. 222-32. L'exhibition sexuelle imposée à la vue d'autrui dans un lieu accessible aux regards du public est punie d'un an d'emprisonnement et de 15000 € d'amende.

Art. 222-33. *(L. n° 2012-954 du 6 août 2012)* I. — Le harcèlement sexuel est le fait d'imposer à une personne, de façon répétée, des propos ou comportements à connotation sexuelle *(L. n° 2018-703 du 3 août 2018, art. 11)* «ou sexiste» qui soit portent atteinte à sa dignité en raison de leur caractère dégradant ou humiliant, soit créent à son encontre une situation intimidante, hostile ou offensante.

(L. n° 2018-703 du 3 août 2018, art. 11) «L'infraction est également constituée :

«1° Lorsque ces propos ou comportements sont imposés à une même victime par plusieurs personnes, de manière concertée ou à l'instigation de l'une d'elles, alors même que chacune de ces personnes n'a pas agi de façon répétée;

«2° Lorsque ces propos ou comportements sont imposés à une même victime, successivement, par plusieurs personnes qui, même en l'absence de concertation, savent que ces propos ou comportements caractérisent une répétition.»

II. — Est assimilé au harcèlement sexuel le fait, même non répété, d'user de toute forme de pression grave dans le but réel ou apparent d'obtenir un acte de nature sexuelle, que celui-ci soit recherché au profit de l'auteur des faits ou au profit d'un tiers.

III. — Les faits mentionnés aux I et II sont punis de deux ans d'emprisonnement et de 30000 € d'amende.

Ces peines sont portées à trois ans d'emprisonnement et 45000 € d'amende lorsque les faits sont commis :

1° Par une personne qui abuse de l'autorité que lui confèrent ses fonctions;

2° Sur un mineur de quinze ans;

3° Sur une personne dont la particulière vulnérabilité, due à son âge, à une maladie, à une infirmité, à une déficience physique ou psychique ou à un état de grossesse, est apparente ou connue de leur auteur;

4° Sur une personne dont la particulière vulnérabilité ou dépendance résultant de la précarité de sa situation économique ou sociale est apparente ou connue de leur auteur;

5° Par plusieurs personnes agissant en qualité d'auteur ou de complice;

(L. n° 2018-703 du 3 août 2018, art. 11) «6° Par l'utilisation d'un service de communication au public en ligne ou par le biais d'un support numérique ou électronique;»

(L. n° 2018-703 du 3 août 2018, art. 13) «7° Alors qu'un mineur était présent et y a assisté;

«8° Par un ascendant ou par toute autre personne ayant sur la victime une autorité de droit ou de fait.»

§ 5 : Responsabilité pénale des personnes morales (L. n° 2010-121 du 8 févr. 2010).

Art. 222-33-1. *(L. n° 2009-526 du 12 mai 2009, art. 124-I)* «Les personnes morales déclarées responsables pénalement, dans les conditions prévues par l'article 121-2, des infractions définies aux articles 222-22 à 222-31 encourent, outre l'amende suivant les modalités prévues par l'article 131-38, les peines prévues par l'article 131-39.»

(L. n° 2001-504 du 12 juin 2001) L'interdiction mentionnée au 2° de l'article 131-39 porte sur l'activité dans l'exercice ou à l'occasion de l'exercice de laquelle l'infraction a été commise.

C – DU HARCÈLEMENT MORAL

34 Code pénal (articles 222-33-2 à 222-33-2-2)

Section III bis

Du harcèlement moral

(L. n° 2002-73 du 17 janv. 2002)

Art. 222-33-2. Le fait de harceler autrui par des *(L. n° 2014-873 du 4 août 2014, art. 40)* «propos ou comportements» répétés ayant pour objet ou pour effet une dégradation des conditions de travail susceptible de porter atteinte à ses droits et à sa dignité, d'altérer sa santé physique ou mentale ou de compromettre son avenir professionnel, est puni *(L. n° 2012-954 du 6 août 2012, art. 2)* «de deux ans d'emprisonnement et de 30000 € d'amende».

Art. 222-33-2-1. *(L. n° 2010-769 du 9 juill. 2010, art. 31)* Le fait de harceler son conjoint, son partenaire lié par un pacte civil de solidarité ou son concubin par des *(L. n° 2014-873 du 4 août 2014, art. 40)* «propos ou comportements» répétés ayant pour objet ou pour effet une dégradation de ses conditions de vie se traduisant par une altération de sa santé physique ou mentale est puni de trois ans d'emprisonnement et de 45000 € d'amende lorsque ces faits ont causé une incapacité totale de travail inférieure ou égale à huit jours ou n'ont entraîné aucune incapacité de travail et de cinq ans d'emprisonnement et de 75000 € d'amende lorsqu'ils ont causé une incapacité totale de travail supérieure à huit jours *(L. n° 2018-703 du 3 août 2018, art. 13)* «ou ont été commis alors qu'un mineur était présent et y a assisté».

Les mêmes peines sont encourues lorsque cette infraction est commise par un ancien conjoint ou un ancien concubin de la victime, ou un ancien partenaire lié à cette dernière par un pacte civil de solidarité.

Art. 222-33-2-2. *(L. n° 2014-873 du 4 août 2014, art. 41)* Le fait de harceler une personne par des propos ou comportements répétés ayant pour objet ou pour effet une dégradation de ses conditions de vie se traduisant par une altération de sa santé physique ou mentale est puni d'un an d'emprisonnement et de 15000 € d'amende lorsque ces faits ont causé une incapacité totale de travail inférieure ou égale à huit jours ou n'ont entraîné aucune incapacité de travail.

(L. n° 2018-703 du 3 août 2018, art. 11) «L'infraction est également constituée :

«a) Lorsque ces propos ou comportements sont imposés à une même victime par plusieurs personnes, de manière concertée ou à l'instigation de l'une d'elles, alors même que chacune de ces personnes n'a pas agi de façon répétée;

«b) Lorsque ces propos ou comportements sont imposés à une même victime, successivement, par plusieurs personnes qui, même en l'absence de concertation, savent que ces propos ou comportements caractérisent une répétition.»

Les faits mentionnés *(L. nº 2018-703 du 3 août 2018, art. 11)* «aux premiers à quatrième alinéas» sont punis de deux ans d'emprisonnement et de 30000 € d'amende :

1° Lorsqu'ils ont causé une incapacité totale de travail supérieure à huit jours;

2° Lorsqu'ils ont été commis sur un mineur de quinze ans;

3° Lorsqu'ils ont été commis sur une personne dont la particulière vulnérabilité, due à son âge, à une maladie, à une infirmité, à une déficience physique ou psychique ou à un état de grossesse, est apparente ou connue de leur auteur;

4° Lorsqu'ils ont été commis par l'utilisation d'un service de communication au public en ligne *(L. nº 2018-703 du 3 août 2018, art. 11)* «ou par le biais d'un support numérique ou électronique»;

(L. nº 2018-703 du 3 août 2018, art. 13) «5° Lorsqu'un mineur était présent et y a assisté.»

Les faits mentionnés *(L. nº 2018-703 du 3 août 2018, art. 11)* «aux premiers à quatrième alinéas» sont punis de trois ans d'emprisonnement et de 45000 € d'amende lorsqu'ils sont commis dans deux des circonstances mentionnées aux 1° à *(L. nº 2018-703 du 3 août 2018, art. 13)* «5°».

D – L'INTERDICTION DE L'ESCLAVAGE, DE LA SERVITUDE ET DU TRAVAIL FORCÉ

35 Déclaration universelle des droits de l'homme (article 4)

Art. 4. Nul ne sera tenu en esclavage ni en servitude; l'esclavage et la traite des esclaves sont interdits sous toutes leurs formes.

36 Pacte international relatif aux droits civils et politiques (article 8)

TROISIÈME PARTIE

Art. 8. 1. Nul ne sera tenu en esclavage; l'esclavage et la traite des esclaves, sous toutes leurs formes, sont interdits.

2. Nul ne sera tenu en servitude.

3. *a*) Nul ne sera astreint à accomplir un travail forcé ou obligatoire;

b) L'alinéa *a* du présent paragraphe ne saurait être interprété comme interdisant, dans les pays où certains crimes peuvent être punis de détention accompagnée de travaux forcés, l'accomplissement d'une peine de travaux forcés, infligée par un tribunal compétent;

c) N'est pas considéré comme «travail forcé ou obligatoire» au sens du présent paragraphe :

i) Tout travaux ou service, non visé à l'alinéa *b*, normalement requis d'un individu qui est détenu en vertu d'une décision de justice régulière ou qui, ayant fait l'objet d'une telle décision, est libéré conditionnellement;

ii) Tout service de caractère militaire et, dans les pays où l'objection de conscience est admise, tout service national exigé des objecteurs de conscience en vertu de la loi;

iii) Tout service exigé dans les cas de force majeur ou de sinistres qui menacent la vie ou le bien-être de la communauté;

iv) Tout travail ou tout service formant partie des obligations civiques normales.

37 Convention européenne de sauvegarde des droits de l'homme et des libertés fondamentales (article 4)

Art. 4. *Interdiction de l'esclavage et du travail forcé.* 1. Nul ne peut être tenu en esclavage ni en servitude.

2. Nul ne peut être astreint à accomplir un travail forcé ou obligatoire.

3. N'est pas considéré comme «travail forcé ou obligatoire» au sens du présent article :

a) tout travail requis normalement d'une personne soumise à la détention dans les conditions prévues par l'article 5 de la présente Convention, ou durant sa mise en liberté conditionnelle ;

b) tout service de caractère militaire ou, dans le cas d'objecteurs de conscience dans les pays où l'objection de conscience est reconnue comme légitime, à un autre service à la place du service militaire obligatoire ;

c) tout service requis dans le cas de crises ou de calamités qui menacent la vie ou le bien-être de la communauté ;

d) tout travail ou service formant partie des obligations civiques normales.

38 Charte des droits fondamentaux de l'Union européenne (article 5)

TITRE PREMIER

Dignité

Art. 5. *Interdiction de l'esclavage et du travail forcé.* 1. Nul ne peut être tenu en esclavage ni en servitude.

2. Nul ne peut être astreint à accomplir un travail forcé ou obligatoire.

3. La traite des êtres humains est interdite.

39 Protocole additionnel à la convention des Nations unies contre la criminalité transnationale organisée visant à prévenir, réprimer et punir la traite des personnes, en particulier des femmes et des enfants (articles 1 à 13)

Date d'adoption : 15 novembre 2000

Préambule,

Les États Parties au présent Protocole,

Déclarant qu'une action efficace visant à prévenir et combattre la traite des personnes, en particulier des femmes et des enfants, exige de la part des pays d'origine, de transit et de destination une approche globale et internationale comprenant des mesures destinées à prévenir une telle traite, à punir les trafiquants et à protéger les victimes de cette traite, notamment en faisant respecter leurs droits fondamentaux internationalement reconnus, Tenant compte du fait que, malgré l'existence de divers instruments internationaux qui renferment des règles et des dispositions pratiques visant à lutter contre l'exploitation des personnes, en particulier des femmes et des enfants, il n'y a aucun instrument universel qui porte sur tous les aspects de la traite des personnes, Préoccupés par le fait que, en l'absence d'un tel instrument, les personnes vulnérables à une telle traite ne seront pas suffisamment protégées, Rappelant la résolution 53/111 de l'Assemblée générale du 9 décembre 1998, dans laquelle l'Assemblée a décidé de créer un comité intergouvernemental spécial à composition non limitée chargé d'élaborer une convention internationale générale contre la criminalité transnationale organisée et d'examiner s'il y avait lieu d'élaborer, notamment, un instrument international de lutte contre la traite des femmes et des enfants, Convaincus que le fait d'adjoindre à la Convention des Nations Unies contre la criminalité transnationale organisée un instrument international visant à prévenir, réprimer et punir la traite des personnes, en particulier des femmes et des enfants, aidera à prévenir et combattre ce type de criminalité, Sont convenus de ce qui suit :

I

Dispositions générales

Art. 1er. *Relation avec la Convention des Nations Unies contre la criminalité transnationale organisée.* 1. Le présent Protocole complète la Convention des Nations Unies contre la criminalité transnationale organisée. Il est interprété conjointement avec la Convention.

2. Les dispositions de la Convention s'appliquent mutatis mutandis au présent Protocole, sauf disposition contraire dudit Protocole.

3. Les infractions établies conformément à l'article 5 du présent Protocole sont considérées comme des infractions établies conformément à la Convention.

Art. 2. *Objet.* Le présent Protocole a pour objet :

a) De prévenir et de combattre la traite des personnes, en accordant une attention particulière aux femmes et aux enfants;

b) De protéger et d'aider les victimes d'une telle traite en respectant pleinement leurs droits fondamentaux; et

c) De promouvoir la coopération entre les États Parties en vue d'atteindre ces objectifs.

Art. 3. *Terminologie.* Aux fins du présent Protocole :

a) L'expression " traite des personnes " désigne le recrutement, le transport, le transfert, l'hébergement ou l'accueil de personnes, par la menace de recours ou le recours à la force ou à d'autres formes de contrainte, par enlèvement, fraude, tromperie, abus d'autorité ou d'une situation de vulnérabilité, ou par l'offre ou l'acceptation de paiements ou d'avantages pour obtenir le consentement d'une personne ayant autorité sur une autre aux fins d'exploitation. L'exploitation comprend, au minimum, l'exploitation de la prostitution d'autrui ou d'autres formes d'exploitation sexuelle, le travail ou les services forcés, l'esclavage ou les pratiques analogues à l'esclavage, la servitude ou le prélèvement d'organes;

b) Le consentement d'une victime de la traite des personnes à l'exploitation envisagée, telle qu'énoncée à l'alinéa a) du présent article, est indifférent lorsque l'un quelconque des moyens énoncés à l'alinéa a) a été utilisé;

c) Le recrutement, le transport, le transfert, l'hébergement ou l'accueil d'un enfant aux fins d'exploitation sont considérés comme une " traite des personnes " même s'ils ne font appel à aucun des moyens énoncés à l'alinéa a) du présent article;

d) Le terme " enfant " désigne toute personne âgée de moins de 18 ans.

Art. 4. *Champ d'application.* Le présent Protocole s'applique, sauf disposition contraire, à la prévention, aux enquêtes et aux poursuites concernant les infractions établies conformément à son article 5, lorsque ces infractions sont de nature transnationale et qu'un groupe criminel organisé y est impliqué, ainsi qu'à la protection des victimes de ces infractions.

Art. 5. *Incrimination.* 1. Chaque État Partie adopte les mesures législatives et autres nécessaires pour conférer le caractère d'infraction pénale aux actes énoncés à l'article 3 du présent Protocole, lorsqu'ils ont été commis intentionnellement.

2. Chaque État Partie adopte également les mesures législatives et autres nécessaires pour conférer le caractère d'infraction pénale :

a) Sous réserve des concepts fondamentaux de son système juridique, au fait de tenter de commettre une infraction établie conformément au paragraphe 1 du présent article;

b) Au fait de se rendre complice d'une infraction établie conformément au paragraphe 1 du présent article; et

c) Au fait d'organiser la commission d'une infraction établie conformément au paragraphe 1 du présent article ou de donner des instructions à d'autres personnes pour qu'elles la commettent.

II. Protection des victimes de la traite des personnes

Art. 6. *Assistance et protection accordées aux victimes de la traite des personnes.*

1. Lorsqu'il y a lieu et dans la mesure où son droit interne le permet, chaque État Partie protège la vie privée et l'identité des victimes de la traite des personnes, notamment en rendant les procédures judiciaires relatives à cette traite non publiques.

2. Chaque État Partie s'assure que son système juridique ou administratif prévoit des mesures permettant de fournir aux victimes de la traite des personnes, lorsqu'il y a lieu :

a) Des informations sur les procédures judiciaires et administratives applicables;

b) Une assistance pour faire en sorte que leurs avis et préoccupations soient présentés et pris en compte aux stades appropriés de la procédure pénale engagée contre les auteurs d'infractions, d'une manière qui ne porte pas préjudice aux droits de la défense.

3. Chaque État Partie envisage de mettre en œuvre des mesures en vue d'assurer le rétablissement physique, psychologique et social des victimes de la traite des personnes, y compris, s'il y a lieu, en coopération avec les organisations non gouvernementales, d'autres organisations compétentes et d'autres éléments de la société civile et, en particulier, de leur fournir : a) Un logement convenable;

b) Des conseils et des informations, concernant notamment les droits que la loi leur reconnaît, dans une langue qu'elles peuvent comprendre;

c) Une assistance médicale, psychologique et matérielle; et

d) Des possibilités d'emploi, d'éducation et de formation.

4. Chaque État Partie tient compte, lorsqu'il applique les dispositions du présent article, de l'âge, du sexe et des besoins spécifiques des victimes de la traite des personnes, en particulier des besoins spécifiques des enfants, notamment un logement, une éducation et des soins convenables.

5. Chaque État Partie s'efforce d'assurer la sécurité physique des victimes de la traite des personnes pendant qu'elles se trouvent sur son territoire.

6. Chaque État Partie s'assure que son système juridique prévoit des mesures qui offrent aux victimes de la traite des personnes la possibilité d'obtenir réparation du préjudice subi.

Art. 7. *Statut des victimes de la traite des personnes dans les États d'accueil.* 1. En plus de prendre des mesures conformément à l'article 6 du présent Protocole, chaque État Partie envisage d'adopter des mesures législatives ou d'autres mesures appropriées qui permettent aux victimes de la traite des personnes de rester sur son territoire, à titre temporaire ou permanent, lorsqu'il y a lieu.

2. Lorsqu'il applique la disposition du paragraphe 1 du présent article, chaque État Partie tient dûment compte des facteurs humanitaires et personnels.

Art. 8. *Rapatriement des victimes de la traite des personnes.* 1. L'État Partie dont une victime de la traite des personnes est ressortissante ou dans lequel elle avait le droit de résider à titre permanent au moment de son entrée sur le territoire de l'État Partie d'accueil facilite et accepte, en tenant dûment compte de la sécurité de cette personne, le retour de celle-ci sans retard injustifié ou déraisonnable.

2. Lorsqu'un État Partie renvoie une victime de la traite des personnes dans un État Partie dont cette personne est ressortissante ou dans lequel elle avait le droit de résider à titre permanent au moment de son entrée sur le territoire de l'État Partie d'accueil, ce retour est assuré compte dûment tenu de la sécurité de la personne, ainsi que de l'état de toute procédure judiciaire liée au fait qu'elle est une victime de la traite, et il est de préférence volontaire.

3. À la demande d'un État Partie d'accueil, un État Partie requis vérifie, sans retard injustifié ou déraisonnable, si une victime de la traite des personnes est son ressortissant ou avait le droit de résider à titre permanent sur son territoire au moment de son entrée sur le territoire de l'État Partie d'accueil.

4. Afin de faciliter le retour d'une victime de la traite des personnes qui ne possède pas les documents voulus, l'État Partie dont cette personne est ressortissante ou dans lequel elle avait le droit de résider à titre permanent au moment de son entrée sur le territoire de l'État Partie d'accueil accepte de délivrer, à la demande de l'État Partie d'accueil, les documents de voyage ou toute autre autorisation nécessaires pour permettre à la personne de se rendre et d'être réadmise sur son territoire.

5. Le présent article s'entend sans préjudice de tout droit accordé aux victimes de la traite des personnes par toute loi de l'État Partie d'accueil.

6. Le présent article s'entend sans préjudice de tout accord ou arrangement bilatéral ou multilatéral applicable régissant, en totalité ou en partie, le retour des victimes de la traite des personnes.

III. Prévention, coopération et autres mesures

Art. 9. *Prévention de la traite des personnes.* 1. Les États Parties établissent des politiques, programmes et autres mesures d'ensemble pour : a) Prévenir et combattre la traite des personnes; et b) Protéger les victimes de la traite des personnes, en particulier les femmes et les enfants, contre une nouvelle victimisation.

2. Les États Parties s'efforcent de prendre des mesures telles que des recherches, des campagnes d'information et des campagnes dans les médias, ainsi que des initiatives sociales et économiques, afin de prévenir et de combattre la traite des personnes.

3. Les politiques, programmes et autres mesures établis conformément au présent article incluent, selon qu'il convient, une coopération avec les organisations non gouvernementales, d'autres organisations compétentes et d'autres éléments de la société civile.

4. Les États Parties prennent ou renforcent des mesures, notamment par le biais d'une coopération bilatérale ou multilatérale, pour remédier aux facteurs qui rendent les personnes, en particulier les femmes et les enfants, vulnérables à la traite, tels que la pauvreté, le sous-développement et l'inégalité des chances.

5. Les États Parties adoptent ou renforcent des mesures législatives ou autres, telles que des mesures d'ordre éducatif, social ou culturel, notamment par le biais d'une coopération bilatérale et multilatérale, pour décourager la demande qui favorise toutes les formes d'exploitation des personnes, en particulier des femmes et des enfants, aboutissant à la traite.

Art. 10. *Échange d'informations et formation.* 1. Les services de détection, de répression, d'immigration ou d'autres services compétents des États Parties coopèrent entre eux, selon qu'il convient, en échangeant, conformément au droit interne de ces États, des informations qui leur permettent de déterminer :

a) Si des personnes franchissant ou tentant de franchir une frontière internationale avec des documents de voyage appartenant à d'autres personnes ou sans documents de voyage sont auteurs ou victimes de la traite des personnes;

b) Les types de documents de voyage que des personnes ont utilisés ou tenté d'utiliser pour franchir une frontière internationale aux fins de la traite des personnes; et

c) Les moyens et méthodes utilisés par les groupes criminels organisés pour la traite des personnes, y compris le recrutement et le transport des victimes, les itinéraires et les liens entre les personnes et les groupes se livrant à cette traite, ainsi que les mesures pouvant permettre de les découvrir.

2. Les États Parties assurent ou renforcent la formation des agents des services de détection, de répression, d'immigration et d'autres services compétents à la prévention de la traite des personnes. Cette formation devrait mettre l'accent sur les méthodes utilisées pour prévenir une telle traite, traduire les trafiquants en justice et faire respecter les droits des victimes, notamment protéger ces dernières des trafiquants. Elle devrait également tenir compte de la nécessité de prendre en considération les droits de la personne humaine et les problèmes spécifiques des femmes et des enfants, et favoriser la coopération avec les organisations non gouvernementales, d'autres organisations compétentes et d'autres éléments de la société civile.

3. Un État Partie qui reçoit des informations se conforme à toute demande de l'État Partie qui les a communiquées soumettant leur usage à des restrictions.

Art. 11. *Mesures aux frontières.* 1. Sans préjudice des engagements internationaux relatifs à la libre circulation des personnes, les États Parties renforcent, dans la mesure du possible, les contrôles aux frontières nécessaires pour prévenir et détecter la traite des personnes.

2. Chaque État Partie adopte les mesures législatives ou autres appropriées pour prévenir, dans la mesure du possible, l'utilisation des moyens de transport exploités par des transporteurs commerciaux pour la commission des infractions établies conformément à l'article 5 du présent Protocole.

3. Lorsqu'il y a lieu, et sans préjudice des conventions internationales applicables, ces mesures consistent notamment à prévoir l'obligation pour les transporteurs commerciaux, y compris toute compagnie de transport ou tout propriétaire ou exploitant d'un

quelconque moyen de transport, de vérifier que tous les passagers sont en possession des documents de voyage requis pour l'entrée dans l'État d'accueil.

4. Chaque État Partie prend les mesures nécessaires, conformément à son droit interne, pour assortir de sanctions l'obligation énoncée au paragraphe 3 du présent article.

5. Chaque État Partie envisage de prendre des mesures qui permettent, conformément à son droit interne, de refuser l'entrée de personnes impliquées dans la commission des infractions établies conformément au présent Protocole ou d'annuler leur visa.

6. Sans préjudice de l'article 27 de la Convention, les États Parties envisagent de renforcer la coopération entre leurs services de contrôle aux frontières, notamment par l'établissement et le maintien de voies de communication directes.

Art. 12. *Sécurité et contrôle des documents.* Chaque État Partie prend les mesures nécessaires, selon les moyens disponibles :

a) Pour faire en sorte que les documents de voyage ou d'identité qu'il délivre soient d'une qualité telle qu'on ne puisse facilement en faire un usage impropre et les falsifier ou les modifier, les reproduire ou les délivrer illicitement; et

b) Pour assurer l'intégrité et la sécurité des documents de voyage ou d'identité délivrés par lui ou en son nom et pour empêcher qu'ils ne soient créés, délivrés et utilisés illicitement.

Art. 13. *Légitimité et validité des documents.* À la demande d'un autre État Partie, un État Partie vérifie, conformément à son droit interne et dans un délai raisonnable, la légitimité et la validité des documents de voyage ou d'identité délivrés ou censés avoir été délivrés en son nom et dont on soupçonne qu'ils sont utilisés pour la traite des personnes.

40 Convention du Conseil de l'Europe sur la lutte contre la traite des êtres humains (articles 1 à 38)

Date d'adoption : 16 mai 2005

Avant-propos

Les États membres du Conseil de l'Europe et les autres Signataires de la présente Convention,

Considérant que le but du Conseil de l'Europe est de réaliser une union plus étroite entre ses membres;

Considérant que la traite des êtres humains constitue une violation des droits de la personne humaine et une atteinte à la dignité et à l'intégrité de l'être humain;

Considérant que la traite des êtres humains peut conduire à une situation d'esclavage pour les victimes;

Considérant que le respect des droits des victimes et leur protection, ainsi que la lutte contre la traite des êtres humains doivent être les objectifs primordiaux;

Considérant que toute action ou initiative dans le domaine de la lutte contre la traite des êtres humains doit être non-discriminatoire et prendre en considération l'égalité entre les femmes et les hommes, ainsi qu'une approche fondée sur les droits de l'enfant;

Rappelant les déclarations des Ministres des Affaires étrangères des États membres lors des 112e (14 et 15 mai 2003) et 114e (12 et 13 mai 2004) Sessions du Comité des Ministres, appelant à une action renforcée du Conseil de l'Europe dans le domaine de la traite des êtres humains;

Gardant présente à l'esprit la Convention de sauvegarde des Droits de l'Homme et des Libertés fondamentales (1950) et ses Protocoles ;

Gardant à l'esprit les recommandations suivantes du Comité des Ministres aux États membres du Conseil de l'Europe : Recommandation n° R (91) 11 sur l'exploitation sexuelle, la pornographie, la prostitution ainsi que la traite d'enfants et de jeunes adultes ; Recommandation n° R (97) 13 sur l'intimidation des témoins et les droits de la défense ; Recommandation n° R (2000) 11 sur la lutte contre la traite des êtres humains aux fins d'exploitation sexuelle ; Recommandation Rec (2001) 16 sur la protection des enfants contre l'exploitation sexuelle ; Recommandation Rec (2002) 5 sur la protection des femmes contre la violence ;

Gardant à l'esprit les recommandations suivantes de l'Assemblée parlementaire du Conseil de l'Europe : Recommandation 1325 (1997) relative à la traite des femmes et à la prostitution forcée dans les États membres du Conseil de l'Europe ; Recommandation 1450 (2000) sur la violence à l'encontre des femmes en Europe ; Recommandation 1545 (2002) campagne contre la traite des femmes ; Recommandation 1610 (2003) migrations liées à la traite des femmes et à la prostitution ; Recommandation 1611 (2003) trafic d'organes en Europe ; Recommandation 1663 (2004) esclavage domestique : servitude, personnes au pair et épouses achetées par correspondance ;

Gardant à l'esprit la Décision-cadre du Conseil de l'Union européenne du 19 juillet 2002 relative à la lutte contre la traite des êtres humains ; la Décision-cadre du Conseil de l'Union européenne du 15 mars 2001 relative au statut des victimes dans le cadre des procédures pénales et la Directive du Conseil de l'Union européenne du 29 avril 2004 relative au titre de séjour délivré aux ressortissants des Pays tiers qui sont victimes de la traite des êtres humains ou ont fait l'objet d'une aide à l'immigration clandestine et qui coopèrent avec les autorités compétentes ;

Tenant dûment compte de la Convention des Nations Unies contre la criminalité transnationale organisée et son Protocole visant à prévenir, réprimer et punir la traite des personnes, en particulier des femmes et des enfants, afin de renforcer la protection assurée par ces instruments et de développer les normes qu'ils énoncent ;

Tenant dûment compte des autres instruments juridiques internationaux pertinents dans le domaine de la lutte contre la traite des êtres humains ;

Tenant compte du besoin d'élaborer un instrument juridique international global qui soit centré sur les droits de la personne humaine des victimes de la traite et qui mette en place un mécanisme de suivi spécifique,

Sont convenus de ce qui suit :

CHAPITRE I

Objet, champ d'application, principe de non-discrimination et définitions

Art. 1er. *Objet de la Convention.* 1. La présente Convention a pour objet :

A. de prévenir et combattre la traite des êtres humains, en garantissant l'égalité entre les femmes et les hommes ;

B. de protéger les droits de la personne humaine des victimes de la traite, de concevoir un cadre complet de protection et d'assistance aux victimes et aux témoins, en garantissant l'égalité entre les femmes et les hommes, ainsi que d'assurer des enquêtes et des poursuites efficaces;

C. de promouvoir la coopération internationale dans le domaine de la lutte contre la traite des êtres humains.

2. Afin d'assurer une mise en œuvre efficace de ses dispositions par les Parties, la présente Convention met en place un mécanisme de suivi spécifique.

Art. 2. *Champ d'application.* La présente Convention s'applique à toutes les formes de traite des êtres humains, qu'elles soient nationales ou transnationales et liées ou non à la criminalité organisée.

Art. 3. *Principe de non-discrimination.* La mise en œuvre de la présente Convention par les Parties, en particulier la jouissance des mesures visant à protéger et promouvoir les droits des victimes, doit être assurée sans discrimination aucune, fondée notamment sur le sexe, la race, la couleur, la langue, la religion, les opinions politiques ou toutes autres opinions, l'origine nationale ou sociale, l'appartenance à une minorité nationale, la fortune, la naissance ou toute autre situation.

Art. 4. *Définitions.* Aux fins de la présente Convention :

A. L'expression " traite des êtres humains " désigne le recrutement, le transport, le transfert, l'hébergement ou l'accueil de personnes, par la menace de recours ou le recours à la force ou d'autres formes de contrainte, par enlèvement, fraude, tromperie, abus d'autorité ou d'une situation de vulnérabilité, ou par l'offre ou l'acceptation de paiements ou d'avantages pour obtenir le consentement d'une personne ayant autorité sur une autre aux fins d'exploitation. L'exploitation comprend, au minimum, l'exploitation de la prostitution d'autrui ou d'autres formes d'exploitation sexuelle, le travail ou les services forcés, l'esclavage ou les pratiques analogues à l'esclavage, la servitude ou le prélèvement d'organes;

B. Le consentement d'une victime de la " traite d'êtres humains " à l'exploitation envisagée, telle qu'énoncée à l'alinéa (a) du présent article, est indifférent lorsque l'un quelconque des moyens énoncés à l'alinéa (a) a été utilisé;

C. le recrutement, le transport, le transfert, l'hébergement ou l'accueil d'un enfant aux fins d'exploitation sont considérés comme une " traite des êtres humains " même s'ils ne font appel à aucun des moyens énoncés à l'alinéa (a) du présent article;

D. le terme " enfant " désigne toute personne âgée de moins de dix-huit ans;

E. le terme " victime " désigne toute personne physique qui est soumise à la traite des êtres humains telle que définie au présent article.

CHAPITRE II
Prévention, coopération et autres mesures

Art. 5. *Prévention de la traite des êtres humains.* 1. Chaque Partie prend des mesures pour établir ou renforcer la coordination au plan national entre les différentes instances chargées de la prévention et de la lutte contre la traite des êtres humains.

2. Chaque Partie établit et/ou soutient des politiques et programmes efficaces afin de prévenir la traite des êtres humains par des moyens tels que : des recherches; des campagnes d'information, de sensibilisation et d'éducation; des initiatives sociales et économiques et des programmes de formation, en particulier à l'intention des

personnes vulnérables à la traite et des professionnels concernés par la traite des êtres humains.

3. Chaque Partie promeut une approche fondée sur les droits de la personne humaine et utilise l'approche intégrée de l'égalité entre les femmes et les hommes, ainsi qu'une approche respectueuse des enfants, dans le développement, la mise en œuvre et l'évaluation de l'ensemble des politiques et programmes mentionnés au paragraphe 2.

4. Chaque Partie prend les mesures appropriées qui sont nécessaires afin de faire en sorte que les migrations se fassent de manière légale, notamment par la diffusion d'informations exactes par les services concernés, sur les conditions permettant l'entrée et le séjour légaux sur son territoire.

5. Chaque Partie prend des mesures spécifiques afin de réduire la vulnérabilité des enfants à la traite, notamment en créant un environnement protecteur pour ces derniers.

6. Les mesures établies conformément au présent article impliquent, le cas échéant, les organisations non gouvernementales, d'autres organisations compétentes et d'autres éléments de la société civile, engagés dans la prévention de la traite des êtres humains, la protection ou l'aide aux victimes.

Art. 6. *Mesures pour décourager la demande.* Afin de décourager la demande qui favorise toutes les formes d'exploitation des personnes, en particulier des femmes et des enfants, aboutissant à la traite, chaque Partie adopte ou renforce des mesures législatives, administratives, éducatives, sociales, culturelles ou autres, y compris :

A. des recherches sur les meilleures pratiques, méthodes et stratégies;

B. des mesures visant à faire prendre conscience de la responsabilité et du rôle important des médias et de la société civile pour identifier la demande comme une des causes profondes de la traite des êtres humains;

C. des campagnes d'information ciblées, impliquant, lorsque cela est approprié, entre autres, les autorités publiques et les décideurs politiques;

D. des mesures préventives comprenant des programmes éducatifs à destination des filles et des garçons au cours de leur scolarité, qui soulignent le caractère inacceptable de la discrimination fondée sur le sexe, et ses conséquences néfastes, l'importance de l'égalité entre les femmes et les hommes, ainsi que la dignité et l'intégrité de chaque être humain.

Art. 7. *Mesures aux frontières.* 1. Sans préjudice des engagements internationaux relatifs à la libre circulation des personnes, les Parties renforcent, dans la mesure du possible, les contrôles aux frontières nécessaires pour prévenir et détecter la traite des êtres humains.

2. Chaque Partie adopte les mesures législatives ou autres appropriés pour prévenir, dans la mesure du possible, l'utilisation des moyens de transport exploités par des transporteurs commerciaux pour la commission des infractions établies conformément à la présente Convention.

3. Lorsqu'il y a lieu, et sans préjudice des conventions internationales applicables, ces mesures consistent notamment à prévoir l'obligation pour les transporteurs commerciaux, y compris toute compagnie de transport ou tout propriétaire ou exploitant d'un quelconque moyen de transport, de vérifier que tous les passagers sont en possession des documents de voyage requis pour l'entrée dans l'État d'accueil.

4. Chaque Partie prend les mesures nécessaires, conformément à son droit interne, pour assortir de sanctions l'obligation énoncée au paragraphe 3 du présent article.

5. Chaque Partie adopte les mesures législatives ou autres nécessaires pour permettre, conformément à son droit interne, de refuser l'entrée de personnes impliquées dans la commission des infractions établies conformément à la présente Convention ou d'annuler leur visa.

6. Les Parties renforcent la coopération entre leurs services de contrôle aux frontières, notamment par l'établissement et le maintien de voies de communication directes.

Art. 8. *Sécurité et contrôle des documents.* Chaque Partie prend les mesures nécessaires :

A. pour faire en sorte que les documents de voyage ou d'identité qu'elle délivre soient d'une qualité telle qu'on ne puisse facilement en faire un usage impropre ni les falsifier ou les modifier, les reproduire ou les délivrer illicitement; et

B. pour assurer l'intégrité et la sécurité des documents de voyage ou d'identité délivrés par elle ou en son nom et pour empêcher qu'ils ne soient créés et délivrés illicitement.

Art. 9. *Légitimité et validité des documents.* À la demande d'une autre Partie, une Partie vérifie, conformément à son droit interne et dans un délai raisonnable, la légitimité et la validité des documents de voyage ou d'identité délivrés ou censés avoir été délivrés en son nom et dont on soupçonne qu'ils sont utilisés pour la traite des êtres humains.

CHAPITRE III

Mesures visant à protéger et promouvoir les droits des victimes, en garantissant l'égalité entre les femmes et les hommes

Art. 10. *Identification des victimes.* 1. Chaque Partie s'assure que ses autorités compétentes disposent de personnes formées et qualifiées dans la prévention et la lutte contre la traite des êtres humains et dans l'identification des victimes, notamment des enfants, et dans le soutien à ces dernières et que les différentes autorités concernées collaborent entre elles ainsi qu'avec les organisations ayant un rôle de soutien, afin de permettre d'identifier les victimes dans un processus prenant en compte la situation spécifique des femmes et des enfants victimes et, dans les cas appropriés, de délivrer des permis de séjour suivant les conditions de l'article 14 de la présente Convention.

2. Chaque Partie adopte les mesures législatives ou autres nécessaires pour identifier les victimes, le cas échéant, en collaboration avec d'autres Parties et avec des organisations ayant un rôle de soutien. Chaque Partie s'assure que, si les autorités compétentes estiment qu'il existe des motifs raisonnables de croire qu'une personne a été victime de la traite des êtres humains, elle ne soit pas éloignée de son territoire jusqu'à la fin du processus d'identification en tant que victime de l'infraction prévue à l'article 18 de la présente Convention par les autorités compétentes et bénéficie de l'assistance prévue à l'article 12, paragraphes 1 et 2.

3. En cas d'incertitude sur l'âge de la victime et lorsqu'il existe des raisons de croire qu'elle est un enfant, elle est présumée être un enfant et il lui est accordé des mesures de protection spécifiques dans l'attente que son âge soit vérifié.

4. Dès qu'un enfant est identifié en tant que victime et qu'il est non accompagné, chaque Partie :

A. prévoit sa représentation par le biais de la tutelle légale, d'une organisation ou d'une autorité chargée d'agir conformément à son intérêt supérieur;

B. prend les mesures nécessaires pour établir son identité et sa nationalité;

C. déploie tous les efforts pour retrouver sa famille lorsque cela est dans son intérêt supérieur.

Art. 11. *Protection de la vie privée.* 1. Chaque Partie protège la vie privée et l'identité des victimes. Les données à caractère personnel les concernant sont enregistrées et utilisées dans les conditions prévues par la Convention pour la protection des personnes à l'égard du traitement automatisé des données à caractère personnel (STE n° 108).

2. En particulier, chaque Partie adopte des mesures afin d'assurer que l'identité, ou les éléments permettant l'identification, d'un enfant victime de la traite ne soient pas rendus publics, que ce soit par les médias ou par d'autres moyens, sauf circonstances exceptionnelles afin de permettre de retrouver des membres de la famille de l'enfant ou d'assurer autrement son bien-être et sa protection.

3. Chaque Partie envisage de prendre, dans le respect de l'article 10 de la Convention de sauvegarde des Droits de l'Homme et des Libertés fondamentales tel qu'interprété par la Cour européenne des Droits de l'Homme, des mesures en vue d'encourager les médias à sauvegarder la vie privée et l'identité des victimes, à travers l'autorégulation ou par le biais de mesures de régulation ou de co-régulation.

Art. 12. *Assistance aux victimes.* 1. Chaque Partie prend les mesures législatives ou autres nécessaires pour assister les victimes dans leur rétablissement physique, psychologique et social. Une telle assistance comprend au minimum :

a) des conditions de vie susceptibles d'assurer leur subsistance, par des mesures telles qu'un hébergement convenable et sûr, une assistance psychologique et matérielle;

b) l'accès aux soins médicaux d'urgence;

c) une aide en matière de traduction et d'interprétation, le cas échéant;

d) des conseils et des informations, concernant notamment les droits que la loi leur reconnaît, ainsi que les services mis à leur disposition, dans une langue qu'elles peuvent comprendre;

e) une assistance pour faire en sorte que leurs droits et intérêts soient présentés et pris en compte aux étapes appropriées de la procédure pénale engagée contre les auteurs d'infractions;

f) l'accès à l'éducation pour les enfants.

2. Chaque Partie tient dûment compte des besoins en matière de sécurité et de protection des victimes.

3. En outre, chaque Partie fournit l'assistance médicale nécessaire ou tout autre type d'assistance aux victimes résidant légalement sur son territoire qui ne disposent pas de ressources adéquates et en ont besoin.

4. Chaque Partie adopte les règles par lesquelles les victimes résidant légalement sur son territoire sont autorisées à accéder au marché du travail, à la formation professionnelle et à l'enseignement.

5. Chaque Partie prend des mesures, le cas échéant et aux conditions prévues par son droit interne, afin de coopérer avec les organisations non gouvernementales, d'autres organisations compétentes ou d'autres éléments de la société civile, engagés dans l'assistance aux victimes.

6. Chaque Partie adopte les mesures législatives ou autres nécessaires pour s'assurer que l'assistance à une victime n'est pas subordonnée à sa volonté de témoigner.

7. Pour la mise en œuvre des dispositions prévues au présent article, chaque Partie s'assure que les services sont fournis sur une base consensuelle et informée, prenant dûment en compte les besoins spécifiques des personnes en situation vulnérable et les droits des enfants en matière d'hébergement, d'éducation et de soins convenables.

Art. 13. *Délai de rétablissement et de réflexion.* 1. Chaque Partie prévoit dans son droit interne un délai de rétablissement et de réflexion d'au moins 30 jours lorsqu'il existe des motifs raisonnables de croire que la personne concernée est une victime. Ce délai doit être d'une durée suffisante pour que la personne concernée puisse se rétablir et échapper à l'influence des trafiquants et/ou prenne, en connaissance de cause, une décision quant à sa coopération avec les autorités compétentes. Pendant ce délai, aucune mesure d'éloignement ne peut être exécutée à son égard. Cette disposition est sans préjudice des activités réalisées par les autorités compétentes dans chacune des phases de la procédure nationale applicable, en particulier pendant l'enquête et la poursuite des faits incriminés. Pendant ce délai, les Parties autorisent le séjour de la personne concernée sur leur territoire.

2. Pendant ce délai, les personnes visées au paragraphe 1 du présent article ont droit au bénéfice des mesures prévues à l'article 12, paragraphes 1 et 2.

3. Les Parties ne sont pas tenues au respect de ce délai pour des motifs d'ordre public, ou lorsqu'il apparaît que la qualité de victime est invoquée indûment.

Art. 14. *Permis de séjour.* 1. Chaque Partie délivre un permis de séjour renouvelable aux victimes, soit dans l'une des deux hypothèses suivantes, soit dans les deux :

A. l'autorité compétente estime que leur séjour s'avère nécessaire en raison de leur situation personnelle;

B. l'autorité compétente estime que leur séjour s'avère nécessaire en raison de leur coopération avec les autorités compétentes aux fins d'une enquête ou d'une procédure pénale.

2. Lorsqu'il est juridiquement nécessaire, le permis de séjour des enfants victimes est délivré conformément à leur intérêt supérieur et, le cas échéant, renouvelé dans les mêmes conditions.

3. Le non-renouvellement ou le retrait d'un permis de séjour est soumis aux conditions prévues par le droit interne de la Partie.

4. Si une victime dépose une demande de titre de séjour d'une autre catégorie, la Partie concernée tient compte du fait que la victime a bénéficié ou bénéficie d'un permis de séjour en vertu du paragraphe 1.

5. Eu égard aux obligations des Parties visées à l'article 40 de la présente Convention, chaque Partie s'assure que la délivrance d'un permis, conformément à la présente disposition, est sans préjudice du droit de chercher l'asile et d'en bénéficier.

Art. 15. *Indemnisation et recours.* 1. Chaque Partie garantit aux victimes, dès leur premier contact avec les autorités compétentes, l'accès aux informations sur les procédures judiciaires et administratives pertinentes dans une langue qu'elles peuvent comprendre.

2. Chaque Partie prévoit, dans son droit interne, le droit à l'assistance d'un défenseur et à une assistance juridique gratuite pour les victimes, selon les conditions prévues par son droit interne.

3. Chaque Partie prévoit, dans son droit interne, le droit pour les victimes à être indemnisées par les auteurs d'infractions.

4. Chaque Partie adopte les mesures législatives ou autres nécessaires pour faire en sorte que l'indemnisation des victimes soit garantie, dans les conditions prévues dans son droit interne, par exemple par l'établissement d'un fonds pour l'indemnisation des victimes ou d'autres mesures ou programmes destinés à l'assistance et l'intégration sociales des victimes qui pourraient être financés par les avoirs provenant de l'application des mesures prévues à l'article 23.

Art. 16. *Rapatriement et retour des victimes.* 1. La Partie dont une victime est ressortissante ou dans laquelle elle avait le droit de résider à titre permanent au moment de son entrée sur le territoire de la Partie d'accueil facilite et accepte, en tenant dûment compte des droits, de la sécurité et de la dignité de cette personne, le retour de celle-ci sans retard injustifié ou déraisonnable.

2. Lorsqu'une Partie renvoie une victime dans un autre État, ce retour est assuré compte dûment tenu des droits, de la sécurité et de la dignité de la personne et de l'état de toute procédure judiciaire liée au fait qu'elle est une victime et est de préférence volontaire.

3. À la demande d'une Partie d'accueil, une Partie requise vérifie si une personne est son ressortissant ou avait le droit de résider à titre permanent sur son territoire au moment de son entrée sur le territoire de la Partie d'accueil.

4. Afin de faciliter le retour d'une victime qui ne possède pas les documents requis, la Partie dont cette personne est ressortissante ou dans laquelle elle avait le droit de résider à titre permanent au moment de son entrée sur le territoire de la Partie d'accueil accepte de délivrer, à la demande de la Partie d'accueil, les documents de voyage ou toute autre autorisation nécessaire pour permettre à la personne de se rendre et d'être réadmise sur son territoire.

5. Chaque Partie prend les mesures législatives ou autres nécessaires pour mettre en place des programmes de rapatriement avec la participation des institutions nationales ou internationales et des organisations non gouvernementales concernées. Ces programmes visent à éviter la re-victimisation. Chaque Partie devrait déployer tous les efforts pour favoriser la réinsertion des victimes dans la société de l'État de retour, y compris la réinsertion dans le système éducatif et le marché du travail, notamment par l'acquisition et l'amélioration de compétences professionnelles. En ce qui concerne les enfants, ces programmes devraient inclure la jouissance du droit à l'éducation, ainsi que des mesures visant à leur assurer le bénéfice d'une prise en charge ou d'un accueil adéquats par leur famille ou des structures d'accueil appropriées.

6. Chaque Partie prend les mesures législatives ou autres nécessaires pour mettre à la disposition des victimes, le cas échéant en collaboration avec toute Partie concernée, des renseignements sur les instances susceptibles de les aider dans le pays où ces victimes sont retournées ou rapatriées, telles que les services de détection et de répression, les organisations non gouvernementales, les professions juridiques susceptibles de leur donner des conseils et les organismes sociaux.

7. Les enfants victimes ne sont pas rapatriés dans un État, si, à la suite d'une évaluation portant sur les risques et la sécurité, il apparaît que le retour n'est pas dans l'intérêt supérieur de l'enfant.

Art. 17. *Égalité entre les femmes et les hommes.* Lorsqu'elle applique les mesures prévues au présent chapitre, chaque Partie vise à promouvoir l'égalité entre les femmes et les hommes et a recours à l'approche intégrée de l'égalité dans le développement, la mise en œuvre et l'évaluation de ces mesures.

CHAPITRE IV
Droit pénal matériel

Art. 18. *Incrimination de la traite des êtres humains.* Chaque Partie adopte les mesures législatives et autres nécessaires pour conférer le caractère d'infraction pénale aux actes énoncés à l'article 4 de la présente Convention, lorsqu'ils ont été commis intentionnellement.

Art. 19. *Incrimination de l'utilisation des services d'une victime.* Chaque Partie envisage d'adopter les mesures législatives et autres nécessaires pour conférer le caractère d'infraction pénale, conformément à son droit interne, au fait d'utiliser les services qui font l'objet de l'exploitation visée à l'article 4 paragraphe a de la présente Convention, en sachant que la personne concernée est victime de la traite d'êtres humains.

Art. 20. *Incrimination des actes relatifs aux documents de voyage ou d'identité.* Chaque Partie adopte les mesures législatives et autres nécessaires pour conférer le caractère d'infraction pénale, aux actes ci-après lorsqu'ils ont été commis intentionnellement afin de permettre la traite des êtres humains :

A. fabriquer un document de voyage ou d'identité frauduleux;

B. procurer ou de fournir un tel document;

C. retenir, soustraire, altérer, endommager ou détruire un document de voyage ou d'identité d'une autre personne.

Art. 21. *Complicité et tentative.* 1. Chaque Partie adopte les mesures législatives et autres qui se révèlent nécessaires pour ériger en infraction pénale toute complicité lorsqu'elle est commise intentionnellement en vue de la perpétration d'une des infractions établies en application des articles 18 et 20 de la présente Convention.

2. Chaque Partie adopte les mesures législatives et autres qui se révèlent nécessaires pour ériger en infraction pénale, toute tentative intentionnelle de commettre l'une des infractions établies en application des articles 18 et 20, paragraphe a, de la présente Convention.

Art. 22. *Responsabilité des personnes morales.* 1. Chaque Partie adopte les mesures législatives et autres qui se révèlent nécessaires pour faire en sorte que les personnes morales puissent être tenues pour responsables des infractions établies en application de la présente Convention, lorsqu'elles sont commises pour leur compte par toute personne physique, agissant soit individuellement, soit en tant que membre d'un organe de la personne morale, qui exerce un pouvoir de direction en son sein, sur les bases suivantes :

A. un pouvoir de représentation de la personne morale;

B. une autorité pour prendre des décisions au nom de la personne morale;

C. une autorité pour exercer un contrôle au sein de la personne morale.

2. Outre les cas déjà prévus au paragraphe 1, chaque Partie adopte les mesures nécessaires pour s'assurer qu'une personne morale puisse être tenue pour responsable lorsque l'absence de surveillance ou de contrôle de la part d'une personne physique mentionnée au paragraphe 1 a rendu possible la commission d'une infraction établie conformément à la présente Convention pour le compte de ladite personne morale par une personne physique agissant sous son autorité.

3. Selon les principes juridiques de la Partie, la responsabilité d'une personne morale peut être pénale, civile ou administrative.

4. Cette responsabilité est établie sans préjudice de la responsabilité pénale des personnes physiques ayant commis l'infraction.

Art. 23. *Sanctions et mesures.* 1. Chaque Partie adopte les mesures législatives et autres qui se révèlent nécessaires pour faire en sorte que les infractions pénales établies en application des articles 18 à 21 soient passibles de sanctions effectives, proportionnées et dissuasives. Celles-ci incluent, pour les infractions établies conformément à l'article 18 lorsqu'elles sont commises par des personnes physiques, des sanctions privatives de liberté pouvant donner lieu à l'extradition.

2. Chaque Partie veille à ce que les personnes morales tenues pour responsables en application de l'article 22 fassent l'objet de sanctions ou mesures pénales ou non pénales effectives, proportionnées et dissuasives, y compris des sanctions pécuniaires.

3. Chaque Partie adopte les mesures législatives et autres qui se révèlent nécessaires pour lui permettre de confisquer ou de priver autrement des instruments et des produits des infractions pénales établies en vertu des articles 18 et 20, paragraphe a, de la présente Convention, ou des biens dont la valeur correspond à ces produits.

4. Chaque Partie adopte les mesures législatives ou autres qui se révèlent nécessaires pour permettre la fermeture temporaire ou définitive de tout établissement utilisé pour commettre la traite des êtres humains, sans préjudice des droits des tiers de bonne foi, ou pour interdire à l'auteur de cette infraction, à titre temporaire ou définitif, l'exercice de l'activité à l'occasion de laquelle celle-ci a été commise.

Art. 24. *Circonstances aggravantes.* Chaque Partie fait en sorte que les circonstances suivantes soient considérées comme des circonstances aggravantes dans la détermination de la sanction appliquée aux infractions établies conformément à l'article 18 de la présente Convention :

A. l'infraction a mis en danger la vie de la victime délibérément ou par négligence grave;

B. l'infraction a été commise à l'encontre d'un enfant;

C. l'infraction a été commise par un agent public dans l'exercice de ses fonctions;

D. l'infraction a été commise dans le cadre d'une organisation criminelle.

Art. 25. *Condamnations antérieures.* Chaque Partie adopte les mesures législatives et autres pour prévoir la possibilité de prendre en compte, dans le cadre de l'appréciation de la peine, les condamnations définitives prononcées dans une autre Partie pour des infractions établies conformément à la présente Convention.

Art. 26. *Disposition de non-sanction.* Chaque Partie prévoit, conformément aux principes fondamentaux de son système juridique, la possibilité de ne pas imposer de sanctions aux victimes pour avoir pris part à des activités illicites lorsqu'elles y ont été contraintes.

CHAPITRE V
Enquêtes, poursuites et droit procédural

Art. 27. *Requêtes ex parte et ex officio.* 1. Chaque Partie s'assure que les enquêtes ou les poursuites concernant les infractions établies conformément à la présente Convention ne soient pas subordonnées à la déclaration ou à l'accusation émanant d'une victime, du moins quand l'infraction a été commise, en tout ou en partie, sur son territoire.

2. Chaque Partie veille à ce que les victimes d'une infraction commise sur le territoire d'une Partie autre que celle dans laquelle elles résident puissent porter plainte auprès des autorités compétentes de leur État de résidence. L'autorité compétente auprès de laquelle la plainte a été déposée, dans la mesure où elle n'exerce pas elle-même sa compétence à cet égard, la transmet sans délai à l'autorité compétente de la Partie sur le territoire de laquelle l'infraction a été commise. Cette plainte est traitée selon le droit interne de la Partie où l'infraction a été commise.

3. Chaque Partie assure, au moyen de mesures législatives ou autres, aux conditions prévues par son droit interne, aux groupes, fondations, associations ou organisations non gouvernementaux qui ont pour objectif de lutter contre la traite des êtres humains ou de protéger les droits de la personne humaine, la possibilité d'assister et/ou de soutenir la victime qui y consent au cours des procédures pénales concernant l'infraction établie conformément à l'article 18 de la présente Convention.

Art. 28. *Protection des victimes, témoins et personnes collaborant avec les autorités judiciaires.* 1. Chaque Partie adopte les mesures législatives ou autres nécessaires pour assurer une protection effective et appropriée face aux représailles ou intimidations possibles, notamment au cours des enquêtes et des poursuites à l'encontre des auteurs ou après celles-ci, au profit :

A. des victimes;

B. lorsque cela est approprié, des personnes qui fournissent des informations concernant des infractions pénales établies en vertu de l'article 18 la présente Convention ou qui collaborent d'une autre manière avec les autorités chargées des investigations ou des poursuites;

C. des témoins qui font une déposition concernant des infractions pénales établies en vertu de l'article 18 de la présente Convention;

D. si nécessaire, des membres de la famille des personnes visées aux alinéas a et c.

2. Chaque Partie adopte les mesures législatives ou autres nécessaires pour assurer et pour offrir divers types de protection. De telles mesures peuvent inclure la protection physique, l'attribution d'un nouveau lieu de résidence, le changement d'identité et l'aide dans l'obtention d'un emploi.

3. Tout enfant bénéficie de mesures de protection spéciales prenant en compte son intérêt supérieur.

4. Chaque Partie adopte les mesures législatives ou autres nécessaires pour assurer, si nécessaire, une protection appropriée face aux représailles ou intimidations possibles, notamment au cours des enquêtes et des poursuites à l'encontre des auteurs ou après celles-ci, aux membres des groupes, fondations, associations ou organisations non gouvernementales qui exercent une ou plusieurs des activités énoncées à l'article 27, paragraphe 3.

5. Chaque Partie envisage la conclusion d'accords ou d'arrangements avec d'autres États afin de mettre en œuvre le présent article.

Art. 29. *Autorités spécialisées et instances de coordination.* 1. Chaque Partie adopte les mesures nécessaires pour que des personnes ou des entités soient spécialisées dans la lutte contre la traite des êtres humains et dans la protection des victimes. Ces personnes ou entités disposent de l'indépendance nécessaire, dans le cadre des principes fondamentaux du système juridique de cette Partie, pour pouvoir exercer leurs fonctions efficacement et sont libres de toute pression illicite. Lesdites personnes ou le personnel desdites entités doivent disposer d'une formation et des ressources financières adaptées aux fonctions qu'ils exercent.

2. Chaque Partie adopte les mesures nécessaires pour assurer la coordination de la politique et de l'action des services de son administration et des autres organismes publics luttant contre la traite des êtres humains, le cas échéant en mettant sur pied des instances de coordination.

3. Chaque Partie dispense ou renforce la formation des agents responsables de la prévention et de la lutte contre la traite des êtres humains, y compris la formation aux Droits de la personne humaine. Cette formation peut être adaptée aux différents services et est axée, le cas échéant, sur les méthodes utilisées pour empêcher la traite, en poursuivre les auteurs et protéger les droits des victimes, y compris la protection des victimes contre les trafiquants.

4. Chaque Partie envisage de nommer des Rapporteurs Nationaux ou d'autres mécanismes chargés du suivi des activités de lutte contre la traite menées par les institutions de l'État et de la mise en œuvre des obligations prévues par la législation nationale.

Art. 30. *Procédures judiciaires.* Dans le respect de la Convention de Sauvegarde des Droits de l'Homme et des Libertés fondamentales, notamment son article 6, chaque Partie adopte les mesures législatives ou autres nécessaires pour garantir au cours de la procédure judiciaire :

A. la protection de la vie privée des victimes et, lorsqu'il y a lieu, de leur identité;

B. la sécurité des victimes et leur protection contre l'intimidation,

selon les conditions prévues par son droit interne et, lorsqu'il s'agit d'enfants victimes, en ayant égard tout particulièrement aux besoins des enfants et en garantissant leur droit à des mesures de protection spécifiques.

Art. 31. *Compétence.* 1. Chaque Partie adopte les mesures législatives et autres qui se révèlent nécessaires pour établir sa compétence à l'égard de toute infraction pénale établie conformément à la présente Convention, lorsque l'infraction est commise :

A. sur son territoire; ou

B. à bord d'un navire battant pavillon de cette Partie; ou

C. à bord d'un aéronef immatriculé selon les lois de cette Partie; ou

D. par un de ses ressortissants, ou par un apatride ayant sa résidence habituelle sur son territoire, si l'infraction est punissable pénalement là où elle a été commise ou si elle ne relève de la compétence territoriale d'aucun État;

E. à l'encontre de l'un de ses ressortissants.

2. Chaque Partie peut, au moment de la signature ou du dépôt de son instrument de ratification, d'acceptation, d'approbation ou d'adhésion, dans une déclaration adressée au Secrétaire Général du Conseil de l'Europe, préciser qu'il se réserve le droit de ne pas appliquer, ou de n'appliquer que dans des cas ou conditions spécifiques, les règles de compétence définies aux paragraphes 1 (d) et (e) du présent article ou dans une partie quelconque de ces paragraphes.

3. Chaque Partie adopte les mesures nécessaires pour établir sa compétence à l'égard de toute infraction visée par la présente Convention, lorsque l'auteur présumé de l'infraction est présent sur son territoire et ne peut être extradé vers une autre Partie au seul titre de sa nationalité, après une demande d'extradition.

4. Lorsque plusieurs Parties revendiquent leur compétence à l'égard d'une infraction présumée établie conformément à la présente Convention, les Parties concernées se concertent, lorsque cela est opportun, afin de déterminer la mieux à même d'exercer les poursuites.

5. Sans préjudice des règles générales de droit international, la présente Convention n'exclut aucune compétence pénale exercée par une Partie conformément à son droit interne.

CHAPITRE VI

Coopération internationale et coopération avec la société civile

Art. 32. *Principes généraux et mesures de coopération internationale.* Les Parties coopèrent, conformément aux dispositions de la présente Convention, en application des instruments internationaux et régionaux pertinents applicables, des arrangements reposant sur des législations uniformes ou réciproques et de leur droit interne, dans la mesure la plus large possible aux fins :

— de prévenir et de combattre la traite des êtres humains;

— de protéger et d'assister les victimes;

— de mener des investigations ou des procédures concernant les infractions pénales établies conformément à la présente Convention.

Art. 33. *Mesures relatives aux personnes menacées ou disparues.* 1. Si une Partie, sur la foi d'informations dont elle dispose, a des motifs raisonnables de croire que la vie, la liberté ou l'intégrité physique d'une personne visée à l'article 28, paragraphe 1, est en danger immédiat sur le territoire d'une autre Partie, elle doit, dans un tel cas d'urgence, les transmettre sans délai à cette autre Partie afin qu'elle prenne les mesures de protection appropriées.

2. Les Parties à la présente Convention peuvent envisager de renforcer leur coopération dans la recherche des personnes disparues, en particulier des enfants, si des informations disponibles peuvent laisser penser qu'elles sont victimes de la traite des êtres humains. À cette fin, les Parties peuvent conclure entre elles des traités bilatéraux ou multilatéraux.

Art. 34. *Informations.* 1. La Partie requise informe sans délai la Partie requérante du résultat définitif concernant les mesures entreprises au titre du présent chapitre. La Partie requise informe également sans délai la Partie requérante de toutes circonstances qui rendent impossible l'exécution des mesures sollicitées ou risquent de la retarder considérablement.

2. Une Partie peut, dans les limites de son droit interne et en l'absence de demande préalable, communiquer à une autre Partie des informations obtenues dans le cadre de ses propres enquêtes lorsqu'elle estime que cela pourrait aider la Partie destinataire à engager ou à mener à bien des enquêtes ou des procédures au sujet d'infractions pénales établies conformément à la présente Convention, ou lorsque ces informations pourraient aboutir à une demande de coopération formulée par cette Partie au titre du présent chapitre.

3. Avant de communiquer de telles informations, la Partie qui les fournit peut demander qu'elles restent confidentielles ou qu'elles ne soient utilisées qu'à certaines conditions. Si la Partie destinataire ne peut faire droit à cette demande, elle doit en informer

l'autre Partie, qui devra alors déterminer si les informations en question devraient néanmoins être fournies. Si la Partie destinataire accepte les informations aux conditions prescrites, elle sera liée par ces dernières.

4. L'ensemble des informations requises concernant les articles 13, 14 et 16 et qui sont nécessaires à l'attribution des droits qui y sont conférés par ces articles, sont transmises sans délai à la demande de la Partie concernée, dans le respect de l'article 11 de la présente Convention.

Art. 35. *Coopération avec la société civile.* Chaque Partie encourage les autorités de l'État, ainsi que les agents publics, à coopérer avec les organisations non-gouvernementales, les autres organisations pertinentes et les membres de la société civile, afin d'établir des partenariats stratégiques pour atteindre les buts de la présente Convention.

CHAPITRE VII
Mécanisme de suivi

Art. 36. *Groupe d'experts sur la lutte contre la traite des êtres humains.* 1. Le Groupe d'experts sur la lutte contre la traite des êtres humains (ci-après dénommé " GRETA ") est chargé de veiller à la mise en œuvre de la présente Convention par les Parties.

2. Le GRETA est composé de 10 membres au minimum et de 15 membres au maximum. La composition du GRETA tient compte d'une participation équilibrée entre les femmes et les hommes et d'une participation géographiquement équilibrée, ainsi que d'une expertise multidisciplinaire. Ses membres sont élus par le Comité des Parties pour un mandat de 4 ans, renouvelable une fois, parmi les ressortissants des États Parties à la présente Convention.

3. L'élection des membres du GRETA se fonde sur les principes suivants :

A. ils sont choisis parmi des personnalités de haute moralité connues pour leur compétence en matière de droits de la personne humaine, assistance et protection des victimes et lutte contre la traite des êtres humains ou ayant une expérience professionnelle dans les domaines dont traite la présente Convention;

B. ils siègent à titre individuel, sont indépendants et impartiaux dans l'exercice de leurs mandats et se rendent disponibles pour remplir leurs fonctions de manière effective;

C. le GRETA ne peut comprendre plus d'un national du même État;

D. ils devraient représenter les principaux systèmes juridiques.

4. La procédure d'élection des membres du GRETA est fixée par le Comité des Ministres, après consultation des Parties à la Convention et en avoir obtenu l'assentiment unanime, dans un délai d'un an à compter de l'entrée en vigueur de la présente Convention. Le GRETA adopte ses propres règles de procédure.

Art. 37. *Comité des Parties.* 1. Le Comité des Parties est composé des représentants au Comité des Ministres du Conseil de l'Europe des États membres Parties à la Convention et des représentants des Parties à la Convention qui ne sont pas membres du Conseil de l'Europe.

2. Le Comité des Parties est convoqué par le Secrétaire général du Conseil de l'Europe. Sa première réunion doit se tenir dans un délai d'un an suivant l'entrée en vigueur de la présente Convention afin d'élire les membres du GRETA. Il se réunira par

la suite à la demande d'un tiers des Parties, du Président du GRETA ou du Secrétaire général.

3. Le Comité des Parties adopte ses propres règles de procédure.

Art. 38. *Procédure.* 1. La procédure d'évaluation porte sur les Parties à la Convention et est divisée en cycles dont la durée est déterminée par le GRETA. Au début de chaque cycle, le GRETA sélectionne les dispositions particulières sur lesquelles va porter la procédure d'évaluation.

2. Le GRETA détermine les moyens les plus appropriés pour procéder à cette évaluation. Le GRETA peut, en particulier, adopter un questionnaire pour chacun des cycles qui peut servir de base à l'évaluation de la mise en œuvre par les Parties à la présente Convention. Ce questionnaire est adressé à toutes les Parties. Les Parties répondent à ce questionnaire ainsi qu'à toute autre demande d'information du GRETA.

3. Le GRETA peut solliciter des informations auprès de la société civile.

4. Subsidiairement, le GRETA peut organiser, en coopération avec les autorités nationales et la " personne de contact " désignée par ces dernières, si nécessaire, avec l'assistance d'experts nationaux indépendants, des visites dans les pays concernés. Lors de ces visites, le GRETA peut se faire assister par des spécialistes dans des domaines spécifiques.

5. Le GRETA établit un projet de rapport contenant ses analyses concernant la mise en œuvre des dispositions sur lesquelles porte la procédure d'évaluation, ainsi que ses suggestions et propositions relatives à la manière dont la Partie concernée peut traiter les problèmes identifiés. Le projet de rapport est transmis pour commentaire à la Partie faisant l'objet de l'évaluation. Ses commentaires sont pris en compte par le GRETA lorsqu'il établit son rapport.

6. Sur cette base, le GRETA adopte son rapport et ses conclusions concernant les mesures prises par la Partie concernée pour mettre en œuvre les dispositions de la présente Convention. Ce rapport et ces conclusions sont envoyés à la Partie concernée et au Comité des Parties. Le rapport et les conclusions du GRETA sont rendus publics dès leur adoption avec les commentaires éventuels de la Partie concernée.

7. Sans préjudice de la procédure prévue aux paragraphes 1 à 6 du présent article, le Comité des Parties peut adopter, sur base du rapport et des conclusions du GRETA, des recommandations adressées à cette Partie (a) concernant les mesures à prendre pour mettre en œuvre les conclusions du GRETA, si nécessaire en fixant une date pour la soumission d'informations sur leur mise en œuvre et (b) ayant pour objectif de promouvoir la coopération avec cette Partie afin de mettre en œuvre la présente Convention.

(...)

41 Directive 2011/36/UE du Parlement européen et du Conseil concernant la prévention de la traite des êtres humains et la lutte contre ce phénomène ainsi que la protection des victimes et remplaçant la décision-cadre 2002/629/JAI du Conseil (articles 1 à 20)

Le Parlement européen et le Conseil de l'Union européenne,

vu le traité sur le fonctionnement de l'Union européenne, et notamment son article 82, paragraphe 2, et son article 83, paragraphe 1,

vu la proposition de la Commission européenne,

vu l'avis du Comité économique et social européen,
après consultation du Comité des régions,
après transmission du projet d'acte législatif aux parlements nationaux,
statuant conformément à la procédure législative ordinaire,
(...)
ont adopté la présente directive :

Art. 1er. *Objet.* La présente directive établit des règles minimales relatives à la définition des infractions pénales et des sanctions dans le domaine de la traite des êtres humains. Elle introduit également des dispositions communes, en tenant compte des questions d'égalité entre hommes et femmes, afin de renforcer la prévention de cette infraction et la protection des victimes.

Art. 2. *Infractions liées à la traite des êtres humains.* 1. Les États membres prennent les mesures nécessaires pour que soient punissables les actes intentionnels suivants : Le recrutement, le transport, le transfert, l'hébergement ou l'accueil de personnes, y compris l'échange ou le transfert du contrôle exercé sur ces personnes, par la menace de recours ou le recours à la force ou d'autres formes de contrainte, par enlèvement, fraude, tromperie, abus d'autorité ou d'une situation de vulnérabilité, ou par l'offre ou l'acceptation de paiements ou d'avantages pour obtenir le consentement d'une personne ayant autorité sur une autre, à des fins d'exploitation.

2. Une situation de vulnérabilité signifie que la personne concernée n'a pas d'autre choix véritable ou acceptable que de se soumettre à cet abus.

3. L'exploitation comprend, au minimum, l'exploitation de la prostitution d'autrui ou d'autres formes d'exploitation sexuelle, le travail ou les services forcés, y compris la mendicité, l'esclavage ou les pratiques analogues à l'esclavage, la servitude, l'exploitation d'activités criminelles, ou le prélèvement d'organes.

4. Le consentement d'une victime de la traite des êtres humains à l'exploitation, envisagée ou effective, est indifférent lorsque l'un des moyens visés au paragraphe 1 a été utilisé.

5. Lorsque les actes visés au paragraphe 1 concernent un enfant, ils relèvent de la traite des êtres humains et, à ce titre, sont punissables, même si aucun des moyens visés au paragraphe 1 n'a été utilisé.

6. Aux fins de la présente directive, on entend par " enfant ", toute personne âgée de moins de 18 ans.

Art. 3. *Incitation, participation et complicité, et tentative.* Les États membres prennent les mesures nécessaires pour que soit punissable le fait d'inciter à commettre l'une des infractions visées à l'article 2, d'y participer et de s'en rendre complice, ou de tenter de commettre cette infraction.

Art. 4. *Sanctions.* 1. Les États membres prennent les mesures nécessaires pour qu'une infraction visée à l'article 2 soit passible d'une peine maximale d'au moins cinq ans d'emprisonnement.

2. Les États membres prennent les mesures nécessaires pour qu'une infraction visée à l'article 2 soit passible d'une peine maximale d'au moins dix ans d'emprisonnement, lorsque l'infraction :

a) a été commise à l'encontre d'une victime qui était particulièrement vulnérable, ce qui, dans le contexte de la présente directive, inclut au moins les enfants victimes;

b) a été commise dans le cadre d'une organisation criminelle au sens de la décision-cadre 2008/841/JAI du Conseil du 24 octobre 2008 relative à la lutte contre la criminalité organisée;

c) a délibérément ou par négligence grave mis la vie de la victime en danger; ou

d) a été commise par recours à des violences graves ou a causé un préjudice particulièrement grave à la victime. 3. Les États membres prennent les mesures nécessaires pour que, dans le cas d'une infraction visée à l'article 2 commise par un agent de la fonction publique dans l'exercice de ses fonctions, cette circonstance soit considérée comme une circonstance aggravante.

4. Les États membres prennent les mesures nécessaires pour que les infractions visées à l'article 3 soient passibles de sanctions effectives, proportionnées et dissuasives, qui peuvent comporter la remise.

Art. 5. *Responsabilité des personnes morales.* 1. Les États membres prennent les mesures nécessaires pour que les personnes morales puissent être tenues pour responsables des infractions visées aux articles 2 et 3, lorsque ces dernières sont commises pour leur compte par toute personne, agissant soit individuellement, soit en tant que membre d'un organe de la personne morale en cause, qui exerce un pouvoir de direction en son sein, sur l'une des bases suivantes :

a) un pouvoir de représentation de la personne morale;

b) une autorité pour prendre des décisions au nom de la personne morale; ou

c) une autorité pour exercer un contrôle au sein de la personne morale.

2. Les États membres veillent également à ce qu'une personne morale puisse être tenue pour responsable lorsque le défaut de surveillance ou de contrôle de la part d'une personne visée au paragraphe 1 a rendu possible la commission de l'une des infractions visées aux articles 2 et 3, pour le compte de ladite personne morale, par une personne soumise à son autorité.

3. La responsabilité de la personne morale en vertu des paragraphes 1 et 2 n'exclut pas les poursuites pénales contre les personnes physiques auteurs, instigatrices ou complices des infractions visées aux articles 2 et 3.

4. Aux fins de la présente directive, on entend par " personne morale " toute entité dotée de la personnalité morale en vertu du droit applicable, exception faite des États ou des entités publiques dans l'exercice de leurs prérogatives de puissance publique et des organisations internationales publiques.

Art. 6. *Sanctions à l'encontre des personnes morales.* Les États membres prennent les mesures nécessaires pour que toute personne morale déclarée responsable au sens de l'article 5, paragraphe 1 ou 2, soit passible de sanctions effectives, proportionnées et dissuasives, qui incluent des amendes pénales ou non pénales et éventuellement d'autres sanctions, notamment :

a) des mesures d'exclusion du bénéfice d'un avantage ou d'une aide publics;

b) des mesures d'interdiction temporaire ou définitive d'exercer une activité commerciale;

c) un placement sous surveillance judiciaire;

d) une mesure judiciaire de dissolution;

e) la fermeture temporaire ou définitive d'établissements ayant servi à commettre l'infraction.

Art. 7. *Saisie et confiscation.* Les États membres prennent les mesures nécessaires pour que leurs autorités compétentes soient habilitées à saisir et à confisquer les instruments et produits des infractions visées aux articles 2 et 3.

Art. 8. *Absence de poursuites ou non-application de sanctions à l'encontre des victimes.* Les États membres prennent, dans le respect des principes fondamentaux de leur système juridique, les mesures nécessaires pour veiller à ce que les autorités nationales compétentes aient le pouvoir de ne pas poursuivre les victimes de la traite des êtres humains et de ne pas leur infliger de sanctions pour avoir pris part à des activités criminelles auxquelles elles ont été contraintes en conséquence directe du fait d'avoir fait l'objet de l'un des actes visés à l'article 2.

Art. 9. *Enquêtes et poursuites.* 1. Les États membres s'assurent que les enquêtes ou les poursuites concernant les infractions visées aux articles 2 et 3 ne dépendent pas de la plainte ou de l'accusation émanant d'une victime et que la procédure pénale continue même si la victime a retiré sa déclaration.

2. Les États membres prennent les mesures nécessaires pour permettre, lorsque la nature des faits le demande, que les infractions visées aux articles 2 et 3 donnent lieu à des poursuites pendant une période suffisamment longue après que la victime a atteint l'âge de la majorité.

3. Les États membres prennent les mesures nécessaires pour que les personnes, les unités ou les services chargés des enquêtes ou des poursuites concernant les infractions visées aux articles 2 et 3 soient formés en conséquence.

4. Les États membres prennent les mesures nécessaires pour que des outils d'investigation efficaces, tels que ceux qui sont utilisés dans les affaires de criminalité organisée ou d'autres formes graves de criminalité, soient mis à la disposition des personnes, des unités ou des services chargés des enquêtes ou des poursuites concernant les infractions visées aux articles 2 et 3.

Art. 10. *Compétence.* 1. Les États membres prennent les mesures nécessaires pour établir leur compétence à l'égard des infractions visées aux articles 2 et 3 dans les cas suivants :

a) l'infraction a été commise, en tout ou en partie, sur leur territoire; ou

b) l'auteur de l'infraction est un de leurs ressortissants.

2. Un État membre informe la Commission de sa décision d'élargir sa compétence à l'égard des infractions visées aux articles 2 et 3 qui ont été commises en dehors de son territoire, notamment lorsque :

a) l'infraction a été commise à l'encontre de l'un de ses ressortissants ou d'une personne résidant habituellement sur son territoire;

b) l'infraction a été commise pour le compte d'une personne morale établie sur son territoire; ou

c) l'auteur de l'infraction est une personne résidant habituellement sur son territoire.

3. Pour les poursuites concernant les infractions visées aux articles 2 et 3 qui ont été commises en dehors du territoire de l'État membre concerné, chaque État membre prend, dans les cas visés au paragraphe 1, point b), et peut prendre, dans les cas visés au paragraphe 2, les mesures nécessaires pour que sa compétence ne soit pas subordonnée à l'une des conditions suivantes :

a) l'acte en cause constitue une infraction pénale sur le lieu où il a été commis; ou

b) les poursuites ne puissent être engagées qu'à la suite d'une plainte de la victime faite sur le lieu de l'infraction ou d'une dénonciation émanant de l'État sur le territoire duquel l'infraction a été commise.

Art. 11. *Assistance et aide aux victimes de la traite des êtres humains.* 1. Les États membres prennent les mesures nécessaires pour qu'une assistance et une aide soient apportées aux victimes avant, pendant et durant une période suffisante après la clôture de la procédure pénale afin de leur permettre d'exercer les droits qui leur sont conférés par la décision-cadre 2001/220/JAI et par la présente directive.

2. Les États membres prennent les mesures nécessaires pour qu'une personne bénéficie d'une assistance et d'une aide dès que les autorités compétentes ont des motifs raisonnables de croire qu'elle pourrait avoir fait l'objet d'une des infractions visées aux articles 2 et 3.

3. Les États membres prennent les mesures nécessaires pour que l'octroi d'une assistance et d'une aide à une victime ne soit pas subordonné à sa volonté de coopérer dans le cadre de l'enquête, des poursuites ou du procès pénaux, sans préjudice de la directive 2004/81/CE ou de dispositions nationales similaires.

4. Les États membres prennent les mesures nécessaires pour créer des mécanismes appropriés destinés à l'identification précoce des victimes et à l'assistance et à l'aide aux victimes, en coopération avec les organismes d'aide pertinents.

5. Les mesures d'assistance et d'aide visées aux paragraphes 1 et 2 sont apportées aux victimes après les en avoir informées et obtenu leur accord et elles leur assurent au moins un niveau de vie leur permettant de subvenir à leurs besoins en leur fournissant notamment un hébergement adapté et sûr, une assistance matérielle, les soins médicaux nécessaires, y compris une assistance psychologique, des conseils et des informations, ainsi que des services de traduction et d'interprétation, le cas échéant.

6. L'obligation d'information visée au paragraphe 5 couvre, le cas échéant, la communication d'informations sur un délai de réflexion et de rétablissement conformément à la directive 2004/81/CE, ainsi que d'informations sur la possibilité de se voir octroyer une protection internationale conformément à la directive 2004/83/CE du Conseil du 29 avril 2004 concernant les normes minimales relatives aux conditions que doivent remplir les ressortissants des pays tiers ou les apatrides pour pouvoir prétendre au statut de réfugié ou les personnes qui, pour d'autres raisons, ont besoin d'une protection internationale, et relatives au contenu de ces statuts, et à la directive 2005/85/CE du Conseil du 1er décembre 2005 relative à des normes minimales concernant la procédure d'octroi et de retrait du statut de réfugié dans les États membres ou à des instruments internationaux ou autres dispositions nationales similaires.

7. Les États membres tiennent dûment compte des besoins spécifiques éventuels des victimes, lorsque ces besoins pro-viennent notamment d'une éventuelle grossesse, de leur état de santé, d'un handicap, de troubles mentaux ou psychologiques ou de formes graves de violences psychologiques, physiques ou sexuelles dont elles ont fait l'objet.

Art. 12. *Protection des victimes de la traite des êtres humains dans le cadre des enquêtes et des procédures pénales.* 1. Les mesures de protection mentionnées dans le présent article s'appliquent en sus des droits énoncés dans la décision-cadre 2001/220/JAI.

2. Les États membres veillent à ce que les victimes de la traite des êtres humains aient accès, sans retard, à des conseils juridiques et, en fonction du rôle attribué aux victimes

dans le système judiciaire concerné, à une représentation juridique, y compris aux fins d'une demande d'indemnisation. Les conseils et la représentation juridiques sont gratuits lorsque la victime est dépourvue de ressources financières suffisantes.

3. Les États membres veillent à ce que les victimes de la traite des êtres humains bénéficient d'une protection adaptée sur la base d'une appréciation individuelle des risques, en leur donnant notamment accès aux programmes de protection des témoins ou à d'autres mesures similaires, dans le respect des critères définis dans leur droit national ou leurs procédures nationales.

4. Sans préjudice des droits de la défense et compte tenu de l'appréciation individuelle, par les autorités compétentes, de la situation personnelle de la victime, les États membres veillent à ce que les victimes de la traite des êtres humains bénéficient d'un traitement spécifique destiné à prévenir la victimisation secondaire, en évitant autant que possible, et dans le respect des critères définis dans leur droit national ainsi que du pouvoir discrétionnaire, de la pratique et des orientations des tribunaux :

a) toute répétition inutile des interrogatoires durant l'enquête, les poursuites et le procès;

b) tout contact visuel entre les victimes et les défendeurs, y compris durant les dépositions telles que les interrogatoires et les contre-interrogatoires, en prenant les mesures appropriées y compris l'utilisation de technologies de communication adaptées;

c) toute déposition en audience publique; et d) toute question inutile se rapportant à la vie privée des victimes.

Art. 13. *Dispositions générales concernant les mesures d'assistance, d'aide et de protection des enfants victimes de la traite des êtres humains.* 1. Les enfants victimes de la traite des êtres humains bénéficient d'une assistance, d'une aide et d'une protection. L'intérêt supérieur de l'enfant est une considération primordiale dans l'application de la présente directive.

2. Les États membres font en sorte qu'en cas d'incertitude sur l'âge d'une victime de la traite des êtres humains et lorsqu'il existe des raisons de croire qu'elle est un enfant, cette personne soit présumée être un enfant et reçoive un accès immédiat aux mesures d'assistance, d'aide et de protection prévues aux articles 14 et 15.

Art. 14. *Assistance et aide aux enfants victimes.* 1. Les États membres prennent les mesures nécessaires pour que les actions spécifiques destinées à assister et à aider les enfants victimes de la traite des êtres humains, à court et à long terme, dans le cadre de leur rétablissement physique et psychosocial, soient engagées à la suite d'une appréciation individuelle de la situation particulière de chaque enfant victime, compte tenu de son avis, de ses besoins et de ses préoccupations, en vue de trouver une solution durable pour l'enfant. Dans un délai raisonnable, les États membres donnent accès au système éducatif aux enfants victimes et aux enfants de victimes qui bénéficient d'une assistance et d'une aide en vertu de l'article 11, conformément à leur droit national.

2. Les États membres désignent un tuteur ou un représentant pour l'enfant victime de la traite des êtres humains dès que l'enfant est identifié comme tel par les autorités lorsque, en vertu de la législation nationale, un conflit d'intérêts avec l'enfant victime empêche les titulaires de l'autorité parentale de défendre les intérêts supérieurs de l'enfant et/ou de le représenter.

3. Lorsque cela est nécessaire et possible, les États membres prennent des mesures pour assister et aider la famille des enfants victimes de la traite des êtres humains,

lorsque celle-ci se trouve sur leur territoire. En particulier, lorsque cela est nécessaire et possible, les États membres appliquent l'article 4 de la décision-cadre 2001/220/JAI à l'égard de la famille.

4. Le présent article s'applique sans préjudice de l'article 11.

Art. 15. *Protection des enfants victimes de la traite des êtres humains dans le cadre des en-quêtes et des procédures pénales.* 1. Les États membres prennent les mesures nécessaires pour que, dans le cadre des enquêtes et des procédures pénales, conformément au rôle attribué aux victimes dans le système judiciaire concerné, les autorités compétentes désignent un représentant pour l'enfant victime de la traite des êtres humains lorsque, en vertu de la législation nationale, un conflit d'intérêts avec l'enfant victime empêche les titulaires de l'autorité parentale de le représenter.

2. Les États membres veillent à ce que les enfants victimes aient accès, sans retard, à des conseils juridiques gratuits et à une représentation juridique gratuite, conformément au rôle attribué aux victimes dans le système judiciaire concerné, y compris aux fins d'une demande d'indemnisation, sauf dans les cas où l'enfant concerné dispose de ressources financières suffisantes.

3. Sans préjudice des droits de la défense, les États membres prennent les mesures nécessaires pour que, dans le cadre des enquêtes et des procédures pénales relatives aux infractions visées aux articles 2 et 3 :

a) les auditions de l'enfant victime aient lieu sans retard injustifié après que les faits ont été signalés aux autorités compétentes;

b) les auditions de l'enfant victime se déroulent, s'il y a lieu, dans des locaux conçus ou adaptés à cet effet;

c) les auditions de l'enfant victime soient menées, s'il y a lieu, par des professionnels formés à cet effet ou avec l'aide de ceux-ci;

d) dans la mesure du possible et lorsque cela est approprié, l'enfant victime soit toujours interrogé par les mêmes personnes;

e) le nombre des auditions soit limité au minimum et que les auditions n'aient lieu que dans la mesure strictement nécessaire au déroulement des enquêtes et des procédures pénales;

f) l'enfant victime puisse être accompagné par un représentant légal ou, le cas échéant, par une personne majeure de son choix, sauf décision contraire motivée prise à l'égard de cette personne.

4. Les États membres prennent les mesures nécessaires pour que, dans le cadre des enquêtes pénales relatives aux infractions visées aux articles 2 et 3, toutes les auditions de l'enfant victime ou, le cas échéant, celles d'un enfant témoin des faits, puissent faire l'objet d'un enregistrement audiovisuel et qu'un tel enregistrement puisse être utilisé comme moyen de preuve dans la procédure pénale, conformément aux règles prévues par leur droit interne.

5. Les États membres prennent les mesures nécessaires pour que, dans le cadre des procédures pénales relatives aux infractions visées aux articles 2 et 3, le juge puisse ordonner que :

a) l'audience se déroule à huis clos; et

b) l'enfant victime puisse être entendu à l'audience sans y être présent, notamment par le recours à des technologies de communication appropriées.

6. Le présent article s'applique sans préjudice de l'article 12.

Art. 16. *Assistance, aide et protection en faveur des enfants victimes de la traite des êtres humains qui ne sont pas accompagnés.* 1. Les États membres prennent les mesures nécessaires pour que les actions spécifiques destinées à assister et à aider les enfants victimes de la traite des êtres humains, visées à l'article 14, paragraphe 1, tiennent dûment compte de la situation personnelle et particulière de l'enfant victime qui n'est pas accompagné.

2. Les États membres prennent les mesures nécessaires afin de trouver une solution durable, fondée sur une appréciation individuelle de l'intérêt supérieur de l'enfant.

3. Les États membres prennent les mesures nécessaires pour que, s'il y a lieu, un tuteur soit désigné pour l'enfant victime de la traite des êtres humains qui n'est pas accompagné.

4. Les États membres prennent les mesures nécessaires pour que, dans le cadre des enquêtes et des procédures pénales, conformément au rôle attribué aux victimes dans le système judiciaire concerné, les autorités compétentes désignent un représentant pour l'enfant victime de la traite des êtres humains qui n'est pas accompagné ou est séparé de sa famille.

5. Le présent article s'applique sans préjudice des articles 14 et 15.

Art. 17. *Indemnisation des victimes.* Les États membres veillent à ce que les victimes de la traite des êtres humains aient accès aux régimes existants en matière d'indemnisation des victimes de la criminalité intentionnelle violente.

Art. 18. *Prévention.* 1. Les États membres prennent les mesures appropriées, telles que l'éducation et la formation, pour décourager et réduire la demande qui favorise toutes les formes d'exploitation liées à la traite des êtres humains.

2. Les États membres engagent les actions appropriées, y compris par l'internet, telles que des campagnes d'information et de sensibilisation, des programmes de recherche et d'éducation, le cas échéant en coopération avec des organisations pertinentes de la société civile et d'autres parties intéressées, afin de sensibiliser l'opinion à ce problème et de réduire le risque que des personnes, en particulier des enfants, ne deviennent victimes de la traite des êtres humains.

3. Les États membres favorisent la formation régulière des fonctionnaires susceptibles d'entrer en contact avec des victimes et victimes potentielles de la traite des êtres humains, y compris les policiers de terrain, afin de leur permettre d'identifier les victimes et victimes potentielles de la traite des êtres humains et de les prendre en charge.

4. Dans le but de décourager la demande et d'accroître ainsi l'efficacité de la prévention de la traite des êtres humains et de la lutte contre celle-ci, les États membres envisagent d'adopter les mesures nécessaires pour conférer le caractère d'infraction pénale au fait d'utiliser les services qui font l'objet de l'exploitation visée à l'article 2 en sachant que la personne concernée est victime d'une infraction visée audit article.

Art. 19. *Rapporteurs nationaux ou mécanismes équivalents.* Les États membres prennent les mesures nécessaires pour mettre en place des rapporteurs nationaux ou des mécanismes équivalents. Ces mécanismes visent notamment à déterminer les tendances en matière de traite des êtres humains, à évaluer les résultats des actions engagées pour lutter contre ce phénomène, y compris la collecte de statistiques en étroite collaboration avec les organisations pertinentes de la société civile qui sont actives dans ce domaine, et à établir des rapports.

Art. 20. *Coordination de la stratégie de l'Union en matière de lutte contre la traite des êtres humains.* Dans le but de contribuer à une stratégie coordonnée et consolidée de l'Union en matière de lutte contre la traite des êtres humains, les États membres facilitent la tâche du coordinateur européen de la lutte contre la traite des êtres humains. Ils communiquent notamment au coordinateur les informations visées à l'article 19, sur la base desquelles celui-ci contribue au compte rendu réalisé tous les deux ans par la Commission sur les progrès effectués dans la lutte contre la traite des êtres humains.

(...)

42 Code pénal (articles 224-1 A et 224-1 B)

TITRE II

DES ATTEINTES À LA PERSONNE HUMAINE

CHAPITRE IV

Des atteintes aux libertés de la personne

Section 1

De la réduction en esclavage et de l'exploitation de personnes réduites en esclavage

Art. 224-1 A. *(L. nº 2013-711 du 5 août 2013, art. 3)* La réduction en esclavage est le fait d'exercer à l'encontre d'une personne l'un des attributs du droit de propriété.

La réduction en esclavage d'une personne est punie de vingt années de réclusion criminelle.

Les deux premiers alinéas de l'article 132-23 relatif à la période de sûreté sont applicables à l'infraction prévue au présent article.

Art. 224-1 B. *(L. nº 2013-711 du 5 août 2013, art. 3)* L'exploitation d'une personne réduite en esclavage est le fait de commettre à l'encontre d'une personne dont la réduction en esclavage est apparente ou connue de l'auteur une agression sexuelle, de la séquestrer ou de la soumettre à du travail forcé ou du service forcé.

L'exploitation d'une personne réduite en esclavage est punie de vingt années de réclusion criminelle.

Les deux premiers alinéas de l'article 132-23 relatif à la période de sûreté sont applicables à l'infraction prévue au présent article.

43 Code pénal (articles 225-4-1, 225-12-1 à 225-12-10, 225-13 et 225-14)

TITRE II

DES ATTEINTES À LA PERSONNE HUMAINE

CHAPITRE V

Des atteintes à la dignité de la personne

Section I bis

De la traite des êtres humains

Art. 225-4-1. *(L. nº 2013-711 du 5 août 2013, art. 1er)* I. — La traite des êtres humains est le fait de recruter une personne, de la transporter, de la transférer, de l'héberger ou de l'accueillir à des fins d'exploitation dans l'une des circonstances suivantes :

1° Soit avec l'emploi de menace, de contrainte, de violence ou de manœuvre dolosive visant la victime, sa famille ou une personne en relation habituelle avec la victime;

2° Soit par un ascendant légitime, naturel ou adoptif de cette personne ou par une personne qui a autorité sur elle ou abuse de l'autorité que lui confèrent ses fonctions;

3° Soit par abus d'une situation de vulnérabilité due à son âge, à une maladie, à une infirmité, à une déficience physique ou psychique ou à un état de grossesse, apparente ou connue de son auteur;

4° Soit en échange ou par l'octroi d'une rémunération ou de tout autre avantage ou d'une promesse de rémunération ou d'avantage.

L'exploitation mentionnée au premier alinéa du présent I est le fait de mettre la victime à sa disposition ou à la disposition d'un tiers, même non identifié, afin soit de permettre la commission contre la victime des infractions de proxénétisme, d'agression ou d'atteintes sexuelles, de réduction en esclavage, de soumission à du travail ou à des services forcés, de réduction en servitude, de prélèvement de l'un de ses organes, d'exploitation de la mendicité, de conditions de travail ou d'hébergement contraires à sa dignité, soit de contraindre la victime à commettre tout crime ou délit.

La traite des êtres humains est punie de sept ans d'emprisonnement et de 150000 € d'amende.

II. — La traite des êtres humains à l'égard d'un mineur est constituée même si elle n'est commise dans aucune des circonstances prévues aux 1° à 4° du I.

Elle est punie de dix ans d'emprisonnement et de 1500000 € d'amende.

Section II bis

Du recours à la prostitution

(L. nº 2016-444 du 13 avr. 2016, art. 20).
(L. nº 2002-305 du 4 mars 2002)

Art. 225-12-1. *(L. nº 2016-444 du 13 avr. 2016, art. 20)* Lorsqu'il est commis en récidive dans les conditions prévues au second alinéa de l'article 132-11, le fait de solliciter, d'accepter ou d'obtenir des relations de nature sexuelle d'une personne qui se livre à la prostitution, y compris de façon occasionnelle, en échange d'une rémunération, d'une promesse de rémunération, de la fourniture d'un avantage en nature ou de la promesse d'un tel avantage est puni de 3750 € d'amende.

Est puni de trois ans d'emprisonnement et de 45000 € d'amende le fait de solliciter, d'accepter ou d'obtenir, en échange d'une rémunération, d'une promesse de rémunération, de la fourniture d'un avantage en nature ou de la promesse d'un tel avantage, des relations de nature sexuelle de la part d'une personne qui se livre à la prostitution, y compris de façon occasionnelle, lorsque cette personne est mineure ou présente une particulière vulnérabilité, apparente ou connue de son auteur, due à une maladie, à une infirmité, à un handicap ou à un état de grossesse.

Art. 225-12-2. Les peines *(L. n° 2016-444 du 13 avr. 2016, art. 20)* «prévues au second alinéa de l'article 225-12-1» sont portées à cinq ans d'emprisonnement et 75000 € d'amende :

1° Lorsque l'infraction est commise de façon habituelle ou à l'égard de plusieurs *(L. n° 2003-239 du 18 mars 2003, art. 50)* «personnes»;

2° Lorsque *(L. n° 2003-239 du 18 mars 2003, art. 50)* «la personne a été mise» en contact avec l'auteur des faits grâce à l'utilisation, pour la diffusion de messages à destination d'un public non déterminé, d'un réseau de communication;

3° Lorsque les faits sont commis par une personne qui abuse de l'autorité que lui confèrent ses fonctions;

(L. n° 2006-399 du 4 avr. 2006, art. 16) «4° Lorsque l'auteur des faits a délibérément ou par imprudence mis la vie de la personne en danger ou a commis contre elle des violences.»

Les peines *(L. n° 2016-444 du 13 avr. 2016, art. 20)* «prévues au second alinéa de l'article 225-12-1» sont portées à sept ans d'emprisonnement et 100000 € d'amende lorsqu'il s'agit d'un mineur de quinze ans.

Art. 225-12-3. Dans le cas où les délits prévus *(L. n° 2016-444 du 13 avr. 2016, art. 20)* «au second alinéa de l'article 225-12-1 et à l'article» 225-12-2 sont commis à l'étranger par un Français ou par une personne résidant habituellement sur le territoire français, la loi française est applicable par dérogation au deuxième alinéa de l'article 113-6 et les dispositions de la seconde phrase de l'article 113-8 ne sont pas applicables.

Art. 225-12-4. *(L. n° 2009-526 du 12 mai 2009, art. 124-I)* «Les personnes morales déclarées responsables pénalement, dans les conditions prévues par l'article 121-2, des infractions définies à la présente section encourent, outre l'amende suivant les modalités prévues par l'article 131-38, les peines prévues par l'article 131-39.»

L'interdiction mentionnée au 2° de l'article 131-39 porte sur l'activité dans l'exercice ou à l'occasion de l'exercice de laquelle l'infraction a été commise.

Section II ter

De l'exploitation de la mendicité

(L. n° 2003-239 du 18 mars 2003, art. 64)

Art. 225-12-5. L'exploitation de la mendicité est le fait par quiconque de quelque manière que ce soit :

1° D'organiser la mendicité d'autrui en vue d'en tirer profit;

2° De tirer profit de la mendicité d'autrui, d'en partager les bénéfices ou de recevoir des subsides d'une personne se livrant habituellement à la mendicité;

3° D'embaucher, d'entraîner ou de détourner une personne en vue de la livrer à la mendicité, ou d'exercer sur elle une pression pour qu'elle mendie ou continue de le faire;

4° D'embaucher, d'entraîner ou de détourner à des fins d'enrichissement personnel une personne en vue de la livrer à l'exercice d'un service moyennant un don sur la voie publique.

Est assimilé à l'exploitation de la mendicité le fait de ne pouvoir justifier de ressources correspondant à son train de vie tout en exerçant une influence de fait, permanente ou non, sur une ou plusieurs personnes se livrant à la mendicité ou en étant en relation habituelle avec cette ou ces dernières.

L'exploitation de la mendicité est punie de trois ans d'emprisonnement et d'une amende de 45000 €.

Art. 225-12-6. L'exploitation de la mendicité est punie de cinq ans d'emprisonnement et d'une amende de 75000 € lorsqu'elle est commise :

1° A l'égard d'un mineur;

2° A l'égard d'une personne dont la particulière vulnérabilité, due à son âge, à une maladie, à une infirmité, à une déficience physique ou psychique ou à un état de grossesse, est apparente ou connue de son auteur;

3° A l'égard de plusieurs personnes;

4° A l'égard d'une personne qui a été incitée à se livrer à la mendicité soit hors du territoire de la République, soit à son arrivée sur le territoire de la République;

5° Par un ascendant légitime, naturel ou adoptif de la personne qui mendie ou par une personne qui a autorité sur elle ou abuse de l'autorité que lui confèrent ses fonctions;

6° Avec l'emploi de la contrainte, de violences ou de manœuvres dolosives sur la personne se livrant à la mendicité, sur sa famille ou sur une personne étant en relation habituelle avec elle;

7° Par plusieurs personnes agissant en qualité d'auteurs ou de complices, sans qu'elles constituent une bande organisée.

Art. 225-12-7. L'exploitation de la mendicité d'autrui est punie de dix ans d'emprisonnement et de 1500000 € d'amende lorsqu'elle est commise en bande organisée.

Section II quater

De l'exploitation de la vente à la sauvette

(L. n° 2011-267 du 14 mars 2011, art. 52-1°)

Art. 225-12-8. L'exploitation de la vente à la sauvette est le fait par quiconque d'embaucher, d'entraîner ou de détourner une personne en vue de l'inciter à commettre l'une des infractions mentionnées à l'article 446-1, ou d'exercer sur elle une pression pour qu'elle commette l'une de ces infractions ou continue de le faire, afin d'en tirer profit de quelque manière que ce soit.

Est assimilé à l'exploitation de la vente à la sauvette le fait de recevoir des subsides d'une personne commettant habituellement l'une des infractions mentionnées au même article 446-1.

Est également assimilé à l'exploitation de la vente à la sauvette le fait de ne pouvoir justifier de ressources correspondant à son train de vie tout en exerçant une influence de fait, permanente ou non, sur une ou plusieurs personnes commettant habituellement l'une des infractions mentionnées audit article 446-1 ou en étant en relation habituelle avec cette ou ces dernières.

L'exploitation de la vente à la sauvette est punie de trois ans d'emprisonnement et d'une amende de 45000 €.

Art. 225-12-9. L'exploitation de la vente à la sauvette est punie de cinq ans d'emprisonnement et d'une amende de 75000 € lorsqu'elle est commise :

1° A l'égard d'un mineur;

2° A l'égard d'une personne dont la particulière vulnérabilité, due à son âge, à une maladie, à une infirmité, à une déficience physique ou psychique ou à un état de grossesse est apparente ou connue de son auteur;

3° A l'égard de plusieurs personnes;

4° A l'égard d'une personne qui a été incitée à commettre l'une des infractions mentionnées à l'article 446-1 soit hors du territoire de la République, soit à son arrivée sur le territoire de la République;

5° Par un ascendant légitime, naturel ou adoptif de la personne qui commet l'une des infractions mentionnées à l'article 446-1 ou par une personne qui a autorité sur elle ou abuse de l'autorité que lui confèrent ses fonctions;

6° Avec l'emploi de la contrainte, de violences ou de manœuvres dolosives sur la personne commettant l'une des infractions mentionnées à l'article 446-1, sur sa famille ou sur une personne étant en relation habituelle avec elle;

7° Par plusieurs personnes agissant en qualité d'auteurs ou de complices, sans qu'elles constituent une bande organisée.

Art. 225-12-10. L'exploitation de la vente à la sauvette est punie de dix ans d'emprisonnement et de 1500000 € d'amende lorsqu'elle est commise en bande organisée.

Section III

Des conditions de travail et d'hébergement contraires à la dignité de la personne, du travail forcé et de la réduction en servitude

Art. 225-13. Le fait d'obtenir d'une personne, *(L. n° 2003-239 du 18 mars 2003, art. 33)* «dont la vulnérabilité ou l'état de dépendance sont apparents ou connus de l'auteur», la fourniture de services non rétribués ou en échange d'une rétribution manifestement sans rapport avec l'importance du travail accompli est puni de *(L. n° 2003-239 du 18 mars 2003, art. 33)* «cinq ans d'emprisonnement et de 150000 € d'amende».

(L. n° 2009-1437 du 24 nov. 2009, art. 50) «Les personnes physiques ou morales coupables du délit prévu à la présente section encourent également la peine complémentaire suivante : interdiction de l'activité de prestataire de formation professionnelle continue au sens de l'article L. 6313-1 du code du travail pour une durée de cinq ans.»

Art. 225-14. Le fait de soumettre une personne, *(L. n° 2003-239 du 18 mars 2003, art. 34)* «dont la vulnérabilité ou l'état de dépendance sont apparents ou connus de l'auteur», à des conditions de travail ou d'hébergement incompatibles avec la dignité humaine est puni de *(L. n° 2003-239 du 18 mars 2003, art. 34)* «cinq ans d'emprisonnement et de 150000 € d'amende».

E – LA PROTECTION DES CARACTÉRISTIQUES GÉNÉTIQUES

44 Déclaration universelle sur le génome humain (articles 1 à 16)

Date d'adoption : 11 novembre 1997

A – LA DIGNITÉ HUMAINE ET LE GÉNOME HUMAIN

Art. 1er. Le génome humain sous-tend l'unité fondamentale de tous les membres de la famille humaine, ainsi que la reconnaissance de leur dignité intrinsèque et de leur diversité. Dans un sens symbolique, il est le patrimoine de l'humanité.

Art. 2. (a) Chaque individu a droit au respect de sa dignité et de ses droits, quelles que soient ses caractéristiques génétiques.

(b) Cette dignité impose de ne pas réduire les individus à leurs caractéristiques génétiques et de respecter le caractère unique de chacun et leur diversité.

Art. 3. Le génome humain, par nature évolutif, est sujet à des mutations. Il renferme des potentialités qui s'expriment différemment selon l'environnement naturel et social de chaque individu, en ce qui concerne notamment l'état de santé, les conditions de vie, la nutrition et l'éducation.

Art. 4. Le génome humain en son état naturel ne peut donner lieu à des gains pécuniaires.

B – DROITS DES PERSONNES CONCERNÉES

Art. 5. (a) Une recherche, un traitement ou un diagnostic, portant sur le génome d'un individu, ne peut être effectué qu'après une évaluation rigoureuse et préalable des risques et avantages potentiels qui leur sont liés et en conformité avec toutes autres prescriptions prévues par la législation nationale.

(b) Dans tous les cas, le consentement préalable, libre et éclairé de l'intéressé(e) sera recueilli. Si ce(tte) dernier(e) n'est pas en mesure de l'exprimer, le consentement ou l'autorisation seront obtenus conformément à la loi, et seront guidés par son intérêt supérieur.

(c) Le droit de chacun de décider d'être informé ou non des résultats d'un examen génétique et de ses conséquences devrait être respecté.

(d) Dans le cas de la recherche, les protocoles de recherche doivent être soumis, de plus, à une évaluation préalable, conformément aux normes ou lignes directrices nationales et internationales applicables en la matière.

(e) Si conformément à la loi une personne n'est pas en mesure d'exprimer son consentement, une recherche portant sur son génome ne peut être effectuée qu'au bénéfice direct de sa santé, sous réserve des autorisations et des mesures de protection prescrites par la loi. Une recherche ne permettant pas d'escompter un bénéfice direct pour la santé ne peut être effectuée qu'à titre exceptionnel, avec la plus grande retenue, en veillant à n'exposer l'intéressé(e) qu'à un risque et une contrainte minimums et si cette recherche est effectuée dans l'intérêt de la santé d'autres personnes appartenant au même groupe d'âge ou se trouvant dans les mêmes conditions génétiques, et sous réserve qu'une telle recherche se fasse dans les conditions prévues par la loi et soit compatible avec la protection des droits individuels de la personne concernée.

Art. 6. Nul ne doit faire l'objet de discriminations fondées sur ses caractéristiques génétiques, qui auraient pour objet ou pour effet de porter atteinte à ses droits individuels et à ses libertés fondamentales et à la reconnaissance de sa dignité.

Art. 7. La confidentialité des données génétiques associées à une personne identifiable, conservées ou traitées à des fins de recherche ou dans tout autre but, doit être protégée dans les conditions prévues par la loi.

Art. 8. Tout individu a droit, conformément au droit international et au droit interne, à une réparation équitable du dommage qu'il aurait subi et dont la cause directe et déterminante serait une intervention portant sur son génome.

Art. 9. Pour protéger les droits de l'homme et les libertés fondamentales, des limitations aux principes du consentement et de la confidentialité ne peuvent être apportées que par la loi, pour des raisons impérieuses et dans les limites du droit international public et du droit international des droits de l'homme.

C – RECHERCHES SUR LE GÉNOME HUMAIN

Art. 10. Aucune recherche concernant le génome humain, ni aucune de ses applications, en particulier dans les domaines de la biologie, de la génétique et de la médecine, ne devrait prévaloir sur le respect des droits de l'homme, des libertés fondamentales et de la dignité humaine des individus ou, le cas échéant, de groupes d'individus.

Art. 11. Des pratiques qui sont contraires à la dignité humaine, telles que le clonage à des fins de reproduction d'êtres humains, ne doivent pas être permises. Les États et les organisations internationales compétentes sont invités à coopérer afin d'identifier de telles pratiques et de prendre, au niveau national ou international, les mesures qui s'imposent, conformément aux principes énoncés dans la présente Déclaration.

Art. 12. (a) Chacun doit avoir accès aux progrès de la biologie, de la génétique et de la médecine concernant le génome humain, dans le respect de sa dignité et de ses droits.

(b) La liberté de la recherche, qui est nécessaire au progrès de la connaissance, procède de la liberté de pensée. Les applications de la recherche, notamment celles en biologie, en génétique et en médecine, concernant le génome humain, doivent tendre à l'allégement de la souffrance et à l'amélioration de la santé de l'individu et de l'humanité tout entière.

D – CONDITIONS D'EXERCICE DE L'ACTIVITÉ SCIENTIFIQUE

Art. 13. Les responsabilités inhérentes aux activités des chercheurs, notamment la rigueur, la prudence, l'honnêteté intellectuelle et l'intégrité, dans la conduite de leurs recherches ainsi que dans la présentation et l'utilisation de leurs résultats, devraient faire l'objet d'une attention particulière dans le cadre des recherches sur le génome humain, compte tenu de leurs implications éthiques et sociales. Les décideurs publics et privés en matière de politiques scientifiques ont aussi des responsabilités particulières à cet égard.

Art. 14. Les États devraient prendre les mesures appropriées pour favoriser les conditions intellectuelles et matérielles propices au libre exercice des activités de recherche sur le génome humain et pour prendre en considération les implications éthiques, juridiques, sociales et économiques de ces recherches, dans le cadre des principes prévus par la présente Déclaration.

Art. 15. Les États devraient prendre les mesures appropriées pour fixer le cadre du libre exercice des activités de recherche sur le génome humain dans le respect des principes prévus par la présente Déclaration, afin de garantir le respect des droits de l'homme, des libertés fondamentales et de la dignité humaine et la protection de la santé publique. Ils devraient tendre à s'assurer que les résultats de ces recherches ne servent pas à des fins non pacifiques.

Art. 16. Les États devraient reconnaître l'intérêt de promouvoir, aux différents niveaux appropriés, la création de comités d'éthique indépendants, pluridisciplinaires et pluralistes, chargés d'apprécier les questions éthiques, juridiques et sociales soulevées par les recherches sur le génome humain et leurs applications.

45 Convention européenne sur les droits de l'homme et la biomédecine (chapitre IV)

Date d'adoption : 4 mai 1997

CHAPITRE IV

Génome humain

Art. 11. *Non-discrimination.* Toute forme de discrimination à l'encontre d'une personne en raison de son patrimoine génétique est interdite.

Art. 12. *Tests génétiques prédictifs.* Il ne pourra être procédé à des tests prédictifs de maladies génétiques ou permettant soit d'identifier le sujet comme porteur d'un gène responsable d'une maladie soit de détecter une prédisposition ou une susceptibilité génétique à une maladie qu'à des fins médicales ou de recherche médicale, et sous réserve d'un conseil génétique approprié.

Art. 13. *Interventions sur le génome humain.* Une intervention ayant pour objet de modifier le génome humain ne peut être entreprise que pour des raisons préventives, diagnostiques ou thérapeutiques et seulement si elle n'a pas pour but d'introduire une modification dans le génome de la descendance.

Art. 14. *Non-sélection du sexe.* L'utilisation des techniques d'assistance médicale à la procréation n'est pas admise pour choisir le sexe de l'enfant à naître, sauf en vue d'éviter une maladie héréditaire grave liée au sexe.

46 Protocole additionnel à la Convention sur les droits de l'homme et la biomédecine relatif aux tests génétiques à des fins médicales (articles 1 à 20)

Date d'adoption : 27 novembre 2008

Préambule

Les États membres du Conseil de l'Europe, les autres États et la Communauté européenne, signataires du présent Protocole additionnel à la Convention pour la protection des Droits de l'Homme et de la dignité de l'être humain à l'égard des applications de la

biologie et de la médecine (ci-après dénommée " la Convention sur les Droits de l'Homme et la biomédecine ", STE n° 164),
Considérant que le but du Conseil de l'Europe est de réaliser une union plus étroite entre ses membres et que l'un des moyens d'atteindre ce but est la sauvegarde et le développement des droits de l'homme et des libertés fondamentales ;
Considérant que la finalité de la Convention sur les Droits de l'Homme et la biomédecine, telle que définie à l'article 1er, est de protéger l'être humain dans sa dignité et son identité, et de garantir à toute personne, sans discrimination, le respect de son intégrité et de ses autres droits et libertés fondamentales à l'égard des applications de la biologie et de la médecine;
Gardant à l'esprit la Convention pour la protection des personnes à l'égard du traitement automatisé des données à caractère personnel (STE n° 108) du 28 janvier 1981 ;
Gardant à l'esprit les travaux menés par d'autres organisations intergouvernementales, en particulier la Déclaration universelle sur le génome humain et les droits de l'homme, faite sienne par l'Assemblée générale des Nations Unies le 9 décembre 1998 ;
Rappelant que le génome humain est commun à tous les êtres humains, créant ainsi un lien mutuel entre eux, tout en contribuant, par de faibles variations, à la singularité de chaque être humain ;
Soulignant le lien particulier existant entre les membres d'une même famille ;
Considérant que le développement des sciences médicales peut contribuer à sauver des vies et à améliorer la qualité de la vie ;
Reconnaissant les bénéfices procurés dans le domaine de la santé par la génétique, en particulier par les tests génétiques ;
Considérant que les services offerts en matière de génétique dans le domaine de la santé font partie intégrante des services de santé offerts à la population et rappelant l'importance, compte tenu des besoins de santé et des ressources disponibles, de la prise de mesures appropriées en vue d'assurer un accès équitable à des services offerts en matière de génétique qui soient de qualité appropriée ;
Conscients par ailleurs du caractère préoccupant d'éventuelles utilisations abusives des tests génétiques, en particulier des informations résultant de ces tests ;
Réaffirmant le principe fondamental du respect de la dignité humaine et l'interdiction de toute discrimination, fondée notamment sur des caractéristiques génétiques ;
Prenant en considération les normes professionnelles nationales et internationales dans le domaine des services offerts en matière de génétique, ainsi que les travaux antérieurs du Comité des Ministres et de l'Assemblée parlementaire du Conseil de l'Europe dans ce domaine ;
Résolus à prendre, concernant les tests génétiques à des fins médicales, les mesures propres à garantir la dignité de l'être humain et les droits et libertés fondamentaux de la personne,
Sont convenus de ce qui suit :

CHAPITRE I

Objet et champ d'application

Art. 1er. *Objet et finalité.* Les Parties au présent Protocole protègent l'être humain dans sa dignité et son identité et garantissent à toute personne, sans discrimination, le respect de son intégrité et de ses autres droits et libertés fondamentales à l'égard des tests auxquels le présent Protocole s'applique en conformité avec l'article 2.

Art. 2. *Champ d'application.* 1. Le présent Protocole s'applique aux tests, effectués à des fins médicales, impliquant l'analyse d'un échantillon biologique d'origine humaine et visant spécifiquement à mettre en évidence des caractéristiques génétiques d'une personne soit héritées, soit acquises à un stade précoce du développement prénatal (ci-après désignés par " tests génétiques ").

2. Ce Protocole ne s'applique pas :

a) aux tests génétiques effectués sur l'embryon ou le fœtus humains;

b) aux tests génétiques effectués à des fins de recherche.

3. Au sens du paragraphe 1, on entend par :

a) " analyse " :

i) l'analyse des chromosomes,

ii) l'analyse de l'ADN ou de l'ARN,

iii) l'analyse de tout autre élément permettant d'obtenir des informations équivalentes à celles obtenues par les méthodes mentionnées aux alinéas a.i et a.ii;

b) " échantillon biologique " :

i) du matériel biologique prélevé aux fins du test concerné,

ii) du matériel biologique prélevé précédemment à d'autres fins.

CHAPITRE II

Dispositions générales

Art. 3. *Primauté de l'être humain.* L'intérêt et le bien de l'être humain concerné par les tests génétiques visés par le présent Protocole doivent prévaloir sur le seul intérêt de la société ou de la science.

Art. 4. *Non-discrimination et non-stigmatisation.* 1. Toute forme de discrimination à l'encontre d'une personne, en tant qu'individu ou en tant que membre d'un groupe, en raison de son patrimoine génétique, est interdite.

2. Des mesures appropriées sont prises en vue de prévenir la stigmatisation de personnes ou de groupes en relation avec des caractéristiques génétiques.

CHAPITRE III

Services offerts en matière de génétique

Art. 5. *Qualité des services offerts en matière de génétique.* Les Parties prennent les mesures nécessaires en vue de s'assurer que les services offerts en matière de génétique sont de qualité appropriée. Elles veillent en particulier :

a) à ce que les tests génétiques répondent aux critères généralement reconnus de validité scientifique et de validité clinique;

b) à ce qu'un programme d'assurance de qualité soit mis en œuvre dans chaque laboratoire, et que les laboratoires fassent l'objet d'évaluations régulières;

c) à ce que les personnes intervenant dans les services offerts en matière de génétique aient une qualification appropriée leur permettant de remplir leur rôle conformément aux normes et obligations professionnelles.

Art. 6. *Utilité clinique.* L'utilité clinique d'un test génétique doit être un critère essentiel dans la décision de proposer un tel test à une personne ou à un groupe de personnes.

Art. 7. *Suivi individualisé.* 1. Il ne peut être procédé à un test génétique à des fins médicales que si celui-ci s'inscrit dans le cadre d'un suivi médical individualisé.

2. Des exceptions à la règle générale figurant au paragraphe 1 peuvent être autorisées par une Partie, sous réserve que des mesures appropriées, compte tenu des conditions de mise en œuvre du test, soient prévues pour donner effet aux autres dispositions du présent Protocole.

Toutefois, les tests génétiques ayant des implications importantes pour la santé des personnes concernées ou celle des membres de leur famille, ou ayant des implications importantes pour des choix en matière de procréation, ne peuvent faire l'objet d'une telle exception.

CHAPITRE IV

Information, conseil génétique et consentement

Art. 8. *Information et conseil génétique.* 1. Lorsqu'un test génétique est envisagé, la personne concernée doit bénéficier au préalable d'une information appropriée portant notamment sur les buts et la nature du test, ainsi que sur les implications de ses résultats.

2. Pour les tests génétiques prédictifs visés à l'article 12 de la Convention sur les Droits de l'Homme et la biomédecine, la personne concernée doit également disposer d'un conseil génétique approprié.

Les tests visés sont :

— les tests prédictifs de maladies monogéniques,

— les tests permettant de détecter une prédisposition génétique ou une susceptibilité génétique à une maladie,

— les tests permettant d'identifier le sujet comme porteur sain d'un gène responsable d'une maladie.

La forme et l'étendue de ce conseil génétique devront être définies en fonction des implications des résultats du test et de leur signification particulière pour la personne concernée ou les membres de sa famille, y compris des implications éventuelles pour des choix en matière de procréation.

Le conseil génétique est délivré de façon non directive.

Art. 9. *Consentement.* 1. Un test génétique ne peut être effectué qu'après que la personne concernée y a donné son consentement libre et éclairé. Le consentement aux tests visés à l'article 8, paragraphe 2, doit être consigné par écrit.

2. La personne concernée peut, à tout moment, retirer librement son consentement.

CHAPITRE V

Personnes n'ayant pas la capacité de consentir

Art. 10. *Protection des personnes n'ayant pas la capacité de consentir.* Sous réserve de l'article 13 du présent Protocole, un test génétique sur une personne n'ayant pas la capacité de consentir ne peut être effectué que pour son bénéfice direct.

Lorsque, selon la loi, un mineur n'a pas la capacité de consentir, un test génétique sur cette personne doit être différé jusqu'à ce qu'elle ait atteint une telle capacité, à moins qu'un tel report ne soit de nature à nuire à sa santé ou à son équilibre.

Art. 11. *Information préalable à l'autorisation, conseil génétique et accompagne-*

ment. 1. Lorsqu'un test génétique est envisagé sur une personne n'ayant pas la capacité de consentir, la personne, l'autorité ou l'instance dont l'autorisation est requise doit bénéficier au préalable d'une information appropriée portant notamment sur les buts et la nature du test, ainsi que sur les implications de ses résultats.

Une information préalable appropriée est également fournie à la personne n'ayant pas la capacité de consentir sur laquelle le test est envisagé, dans la mesure où ses capacités de compréhension le permettent.

Une personne qualifiée doit être disponible pour répondre aux éventuelles questions de la personne, l'autorité ou instance dont l'autorisation est requise et, le cas échéant, de la personne sur laquelle le test est envisagé.

2. Les dispositions de l'article 8, paragraphe 2, s'appliquent dans le cas des personnes n'ayant pas la capacité de consentir, dans la mesure où leurs capacités de compréhension le permettent.

Le cas échéant, la personne dont l'autorisation est requise doit disposer d'un accompagnement approprié.

Art. 12. *Autorisation.* 1. Lorsque, selon la loi, un mineur n'a pas la capacité de consentir à un test génétique, celui-ci ne peut être effectué sans l'autorisation de son représentant, d'une autorité ou d'une personne ou instance désignée par la loi.

L'avis du mineur est pris en considération comme un facteur de plus en plus déterminant, en fonction de son âge et de son degré de maturité.

2. Lorsque, selon la loi, un majeur n'a pas, en raison d'un handicap mental, d'une maladie ou pour un motif similaire, la capacité de consentir à un test génétique, celui-ci ne peut être effectué sans l'autorisation de son représentant, d'une autorité ou d'une personne ou instance désignée par la loi. Les souhaits précédemment exprimés au sujet d'un test génétique par un majeur alors qu'il avait la capacité de consentir seront pris en compte. La personne concernée doit, en fonction de ses capacités de compréhension, être associée à la procédure d'autorisation.

3. Une autorisation en vue de réaliser des tests visés à l'article 8, paragraphe 2, doit être consignée par écrit.

4. L'autorisation visée aux paragraphes 1 et 2 ci-dessus peut, à tout moment, être retirée dans l'intérêt de la personne concernée.

CHAPITRE VI
Tests pour le bénéfice de membres de la famille

Art. 13. *Tests sur des personnes n'ayant pas la capacité de consentir.* À titre exceptionnel et par dérogation aux dispositions du paragraphe 1 de l'article 6 de la Convention sur les Droits de l'Homme et la biomédecine et de l'article 10 du présent Protocole, la loi peut permettre qu'un test génétique soit effectué sur une personne n'ayant pas la capacité de consentir, au bénéfice de membres de sa famille, si les conditions suivantes sont réunies :

a) le test a pour but de permettre au(x) membre(s) de la famille concerné(s) de retirer un bénéfice préventif, diagnostique ou thérapeutique qui, de manière indépendante, a été évalué comme important pour leur santé, ou d'effectuer un choix éclairé en matière de procréation;

b) le bénéfice recherché ne peut être obtenu sans la réalisation de ce test;

c) les risques et les contraintes résultant de l'intervention sont minimaux pour la personne qui se soumet au test;

d) le bénéfice attendu a été évalué de manière indépendante comme étant significativement supérieur aux risques pour la vie privée pouvant être liés à la collecte, l'utilisation ou la communication des résultats du test;

e) l'autorisation du représentant de la personne n'ayant pas la capacité de consentir, d'une autorité ou d'une personne ou instance désignée par la loi a été donnée;

f) la personne n'ayant pas la capacité de consentir est, en fonction de ses capacités de compréhension et de son degré de maturité, associée à la procédure d'autorisation. Si cette personne y oppose un refus, le test ne doit pas être effectué.

Art. 14. *Tests sur du matériel biologique lorsqu'il n'est pas possible de contacter la personne concernée.* Lorsqu'il n'est pas possible, au moyen d'efforts raisonnables, de joindre une personne en vue de la réalisation, sur son matériel biologique préalablement prélevé à d'autres fins, d'un test génétique au bénéfice de membre(s) de sa famille, la loi peut, dans le respect du principe de proportionnalité, autoriser la réalisation de ce test à condition que le bénéfice recherché ne puisse être obtenu par d'autres moyens et que le test ne puisse être différé.

Des dispositions doivent être prises, en accord avec l'article 22 de la Convention sur les Droits de l'Homme et la biomédecine, pour les cas où la personne concernée s'est expressément opposée à un tel test.

Art. 15. *Tests concernant des personnes décédées.* Un test génétique pour le bénéfice d'autres membres de la famille ne peut être entrepris sur des échantillons biologiques :

— soit prélevés sur le corps d'une personne décédée,

— soit prélevés de son vivant sur une personne décédée depuis lors, que si le consentement ou l'autorisation requis(e) par la loi a été obtenu(e).

CHAPITRE VII

Vie privée et droit à l'information

Art. 16. *Respect de la vie privée et droit à l'information.* 1. Toute personne a droit au respect de sa vie privée, et notamment à la protection des données à caractère personnel la concernant obtenues grâce à un test génétique.

2. Toute personne faisant l'objet d'un test génétique a le droit de connaître toute information recueillie sur sa santé au moyen de ce test.

Les conclusions tirées du test doivent être accessibles à la personne concernée sous une forme compréhensible.

3. La volonté d'une personne de ne pas être informée doit être respectée.

4. À titre exceptionnel, la loi peut prévoir, dans l'intérêt de la personne concernée, des restrictions à l'exercice des droits mentionnés aux paragraphes 2 et 3 ci-dessus.

Art. 17. *Échantillons biologiques.* Les échantillons biologiques mentionnés à l'article 2 ne peuvent être utilisés et conservés que dans des conditions propres à garantir leur sécurité et la confidentialité des informations pouvant être obtenues.

Art. 18. *Informations pertinentes pour les membres de la famille.* Lorsque les résultats d'un test génétique réalisé sur une personne peuvent être pertinents pour la santé d'autres membres de sa famille, la personne ayant fait l'objet du test doit en être informée.

CHAPITRE VIII

Programmes de dépistage génétique à des fins médicales

Art. 19. *Programmes de dépistage génétique à des fins médicales.* Avant sa mise en œuvre, un programme de dépistage à des fins médicales impliquant le recours à des tests génétiques doit être approuvé par l'instance compétente. Cette approbation ne peut intervenir qu'après une évaluation indépendante portant sur l'acceptabilité du programme sur le plan éthique et le respect des conditions spécifiques suivantes :

a) le programme est reconnu pour sa pertinence en matière de santé pour l'ensemble de la population ou pour la partie de population concernée;

b) la validité scientifique et l'efficacité du programme ont été établies;

c) des mesures préventives ou de traitement appropriées à l'égard de la maladie ou du trouble qui fait l'objet du dépistage sont disponibles pour les personnes concernées;

d) des mesures appropriées sont prévues pour garantir un accès équitable au programme;

e) le programme prévoit des mesures pour informer de manière adéquate la population ou la partie de la population concernée de l'existence, de la finalité du programme de dépistage et des moyens d'y accéder, ainsi que du caractère volontaire de la participation à ce programme.

CHAPITRE IX

Information du public

Art. 20. *Information du public.* Les Parties prennent des mesures appropriées pour faciliter l'accès du public à une information objective sur les tests génétiques en général, notamment sur leur nature et les implications potentielles de leurs résultats.

47 Code civil (articles 16-10 à 16-13)

TITRE Ier

DES DROITS CIVILS

CHAPITRE III

De l'examen des caractéristiques génétiques d'une personne et de l'identification d'une personne par ses empreintes génétiques

(L. n° 2004-800 du 6 août 2004, art. 4).
(L. n° 94-653 du 29 juill. 1994)

Art. 16-10. *(L. n° 2004-800 du 6 août 2004, art. 4)* L'examen des caractéristiques génétiques d'une personne ne peut être entrepris qu'à des fins médicales ou de recherche scientifique.

Le consentement exprès de la personne doit être recueilli par écrit préalablement à la réalisation de l'examen, après qu'elle a été dûment informée de sa nature et de sa finalité. Le consentement mentionne la finalité de l'examen. Il est révocable sans forme et à tout moment.

Art. 16-11. *(L. nº 2011-267 du 14 mars 2011, art. 6)* «L'identification d'une personne par ses empreintes génétiques ne peut être recherchée que :

«1º Dans le cadre de mesures d'enquête ou d'instruction diligentées lors d'une procédure judiciaire;

«2º A des fins médicales ou de recherche scientifique;

«3º Aux fins d'établir, lorsqu'elle est inconnue, l'identité de personnes décédées;»

(L. nº 2016-731 du 3 juin 2016, art. 116-II) «4º Dans les conditions prévues à l'article L. 2381-1 du code de la défense.»

En matière civile, cette identification ne peut être recherchée qu'en exécution d'une mesure d'instruction ordonnée par le juge saisi d'une action tendant soit à l'établissement ou la contestation d'un lien de filiation, soit à l'obtention ou la suppression de subsides. Le consentement de l'intéressé doit être préalablement et expressément recueilli. *(L. nº 2004-800 du 6 août 2004, art. 5-I)* «Sauf accord exprès de la personne manifesté de son vivant, aucune identification par empreintes génétiques ne peut être réalisée après sa mort.

«Lorsque l'identification est effectuée à des fins médicales ou de recherche scientifique, le consentement exprès de la personne doit être recueilli par écrit préalablement à la réalisation de l'identification, après qu'elle a été dûment informée de sa nature et de sa finalité. Le consentement mentionne la finalité de l'identification. Il est révocable sans forme et à tout moment.»

(L. nº 2011-267 du 14 mars 2011, art. 6) «Lorsque la recherche d'identité mentionnée au 3º concerne soit un militaire décédé à l'occasion d'une opération conduite par les forces armées ou les formations rattachées, soit une victime de catastrophe naturelle, soit une personne faisant l'objet de recherches au titre de l'article 26 de la loi nº 95-73 du 21 janvier 1995 d'orientation et de programmation relative à la sécurité et dont la mort est supposée, des prélèvements destinés à recueillir les traces biologiques de cette personne peuvent être réalisés dans des lieux qu'elle est susceptible d'avoir habituellement fréquentés, avec l'accord du responsable des lieux ou, en cas de refus de celui-ci ou d'impossibilité de recueillir cet accord, avec l'autorisation du juge des libertés et de la détention du tribunal de grande instance. Des prélèvements aux mêmes fins sur les ascendants, descendants ou collatéraux supposés de cette personne peuvent être également réalisés. Le consentement exprès de chaque personne concernée est alors recueilli par écrit préalablement à la réalisation du prélèvement, après que celle-ci a été dûment informée de la nature de ce prélèvement, de sa finalité ainsi que du caractère à tout moment révocable de son consentement. Le consentement mentionne la finalité du prélèvement et de l'identification.

«Les modalités de mise en œuvre des recherches d'identification mentionnées au 3º du présent article sont précisées par décret en Conseil d'État.»

Art. 16-12. Sont seules habilitées à procéder à des identifications par empreintes génétiques les personnes ayant fait l'objet d'un agrément dans des conditions fixées par décret en Conseil d'État. Dans le cadre d'une procédure judiciaire, ces personnes doivent, en outre, être inscrites sur une liste d'experts judiciaires.

Art. 16-13. *(L. nº 2002-303 du 4 mars 2002, art. 4-I)* Nul ne peut faire l'objet de discriminations en raison de ses caractéristiques génétiques.

48 Code pénal (article 226-26)

TITRE II

DES ATTEINTES À LA PERSONNE HUMAINE

CHAPITRE VI

Des atteintes à la personnalité

Art. 226-26. Le fait de détourner de leurs finalités médicales ou de recherche scientifique les informations recueillies sur une personne au moyen de *(L. n° 2004-800 du 6 août 2004, art. 4-III)* «l'examen» de ses caractéristiques génétiques est puni d'un an d'emprisonnement et de 15000 € d'amende.

F – LA PROTECTION DE L'ESPÈCE HUMAINE

49 Protocole additionnel à la Convention pour la protection des droits de l'homme et de la dignité de l'être humain à l'égard des applications de la biologie et de la médecine, portant interdiction du clonage d'êtres humains (articles 1 et 2)

Date d'adoption : 12 janvier 1998

Les États membres du Conseil de l'Europe, les autres États et la Communauté européenne, signataires du présent Protocole additionnel à la Convention pour la protection des Droits de l'Homme et de la dignité de l'être humain à l'égard des applications de la biologie et de la médecine,

Prenant acte des développements scientifiques intervenus en matière de clonage de mammifères, en particulier par la division embryonnaire et par le transfert de noyau;

Conscients des progrès que certaines techniques de clonage peuvent, en elles-mêmes, apporter à la connaissance scientifique ainsi qu'à ses applications médicales;

Considérant que le clonage d'êtres humains pourrait devenir une possibilité technique;

Ayant noté que la division embryonnaire peut se produire naturellement et donner lieu parfois à la naissance de jumeaux génétiquement identiques;

Considérant cependant que l'instrumentalisation de l'être humain par la création délibérée d'êtres humains génétiquement identiques est contraire à la dignité de l'homme et constitue un usage impropre de la biologie et de la médecine;

Considérant également les grandes difficultés d'ordre médical, psychologique et social qu'une telle pratique biomédicale, employée délibérément, pourrait impliquer pour toutes les personnes concernées;

Considérant l'objet de la Convention sur les Droits de l'Homme et la biomédecine, en particulier le principe énoncé à l'article 1 visant à protéger l'être humain dans sa dignité et son identité,

Sont convenus de ce qui suit :

Art. 1er. 1. Est interdite toute intervention ayant pour but de créer un être humain génétiquement identique à un autre être humain vivant ou mort.

2. Au sens du présent article, l'expression être humain "génétiquement identique" à un autre être humain signifie un être humain ayant en commun avec un autre l'ensemble des gènes nucléaires.

Art. 2. Aucune dérogation n'est autorisée aux dispositions du présent Protocole au titre de l'article 26, paragraphe 1, de la Convention.

50 Code civil (article 16-4)

TITRE Ier

DES DROITS CIVILS

CHAPITRE II

Du respect du corps humain

Art. 16-4. Nul ne peut porter atteinte à l'intégrité de l'espèce humaine.

Toute pratique eugénique tendant à l'organisation de la sélection des personnes est interdite.

(L. n° 2004-800 du 6 août 2004, art. 21) «Est interdite toute intervention ayant pour but de faire naître un enfant génétiquement identique à une autre personne vivante ou décédée.»

Sans préjudice des recherches tendant à la prévention et au traitement des maladies génétiques, aucune transformation ne peut être apportée aux caractères génétiques dans le but de modifier la descendance de la personne.

51 Code pénal (articles 214-1 à 215-3)

TITRE Ier

DES CRIMES CONTRE L'HUMANITÉ ET CONTRE L'ESPÈCE HUMAINE

SOUS-TITRE II

DES CRIMES CONTRE L'ESPÈCE HUMAINE

CHAPITRE PREMIER

Des crimes d'eugénisme et de clonage reproductif

Art. 214-1. Le fait de mettre en œuvre une pratique eugénique tendant à l'organisation de la sélection des personnes est puni de trente ans de réclusion criminelle et de 7 500 000 € d'amende.

Art. 214-2. Le fait de procéder à une intervention ayant pour but de faire naître un enfant génétiquement identique à une autre personne vivante ou décédée est puni de trente ans de réclusion criminelle et de 7 500 000 € d'amende.

Art. 214-3. Les infractions prévues par les articles 214-1 et 214-2 sont punies de la réclusion criminelle à perpétuité et de 7500000 € d'amende lorsqu'elles sont commises en bande organisée.

Les deux premiers alinéas de l'article 132-23 relatif à la période de sûreté sont applicables aux infractions prévues par le présent article.

Art. 214-4. La participation à un groupement formé ou à une entente établie en vue de la préparation, caractérisée par un ou plusieurs faits matériels, de l'un des crimes définis par les articles 214-1 et 214-2 est punie de la réclusion criminelle à perpétuité et de 7500000 € d'amende.

Les deux premiers alinéas de l'article 132-23 relatif à la période de sûreté sont applicables aux infractions prévues par le présent article.

CHAPITRE II

Dispositions communes

Art. 215-1. Les personnes physiques coupables des infractions prévues par le présent sous-titre encourent également les peines suivantes :

1° L'interdiction des droits civiques, civils et de famille, selon les modalités prévues à l'article 131-26;

2° L'interdiction d'exercer une fonction publique, selon les modalités prévues par l'article 131-27;

3° L'interdiction de séjour, selon les modalités prévues par l'article 131-31;

4° La confiscation de tout ou partie *(L. n° 2012-409 du 27 mars 2012, art. 13-I-2°)* «des biens leur appartenant ou, sous réserve des droits du propriétaire de bonne foi, dont elles ont la libre disposition», meubles ou immeubles, divis ou indivis;

5° La confiscation du matériel qui a servi à commettre l'infraction;

(L. n° 2008-776 du 4 août 2008, art. 70) «6° L'interdiction, suivant les modalités prévues par l'article 131-27, soit d'exercer une fonction publique *(L. n° 2009-1437 du 24 nov. 2009, art. 50)* «ainsi que l'activité de prestataire de formation professionnelle continue au sens de l'article L. 6313-1 du code du travail pour une durée de cinq ans,» ou d'exercer l'activité professionnelle ou sociale dans l'exercice ou à l'occasion de l'exercice de laquelle l'infraction a été commise, soit d'exercer une profession commerciale ou industrielle, de diriger, d'administrer, de gérer ou de contrôler à un titre quelconque, directement ou indirectement, pour son propre compte ou pour le compte d'autrui, une entreprise commerciale ou industrielle ou une société commerciale. Ces interdictions d'exercice peuvent être prononcées cumulativement.»

Art. 215-2. L'interdiction du territoire français peut être prononcée, dans les conditions prévues par l'article 131-30, soit à titre définitif, soit pour une durée de dix ans au plus, à l'encontre de tout étranger coupable de l'une des infractions prévues au présent sous-titre.

Les dispositions des sept derniers alinéas de l'article 131-30 ne sont pas applicables.

Art. 215-3. *(L. n° 2009-526 du 12 mai 2009, art. 124-I)* «Les personnes morales déclarées responsables pénalement, dans les conditions prévues par l'article 121-2, des infractions définies au présent sous-titre encourent, outre l'amende suivant les modalités prévues par l'article 131-38 :»

2° *[1°]* Les peines mentionnées à l'article 131-39;

3° *[2°]* La confiscation de tout ou partie *(L. n° 2012-409 du 27 mars 2012, art. 13-I-2°)* «des biens leur appartenant ou, sous réserve des droits du propriétaire de bonne foi, dont elles ont la libre disposition», meubles ou immeubles, divis ou indivis;

(L. n° 2009-1437 du 24 nov. 2009, art. 50) «4° *[3°]* L'interdiction d'exercer une fonction de prestataire de formation professionnelle continue au sens de l'article L. 6313-1 du code du travail pour une durée de cinq ans.»

52 Code pénal (article 511-1)

TITRE Ier

DES INFRACTIONS EN MATIÈRE DE SANTÉ PUBLIQUE

CHAPITRE Ier

Des infractions en matière d'éthique biomédicale

Section I

De la protection de l'espèce humaine

Art. 511-1. *(L. n° 2004-800 du 6 août 2004, art. 28-II)* Est puni de dix ans d'emprisonnement et de 150000 € d'amende le fait de se prêter à un prélèvement de cellules ou de gamètes, dans le but de faire naître un enfant génétiquement identique à une autre personne, vivante ou décédée.

53 Code pénal (articles 511-15 à 511-25-1)

TITRE Ier

DES INFRACTIONS EN MATIÈRE DE SANTÉ PUBLIQUE

CHAPITRE Ier

Des infractions en matière d'éthique biomédicale

Section III

De la protection de l'embryon humain

Art. 511-15. Le fait d'obtenir des embryons humains contre un paiement, quelle qu'en soit la forme, est puni de sept ans d'emprisonnement et de 100000 € d'amende.

Est puni des mêmes peines le fait d'apporter son entremise pour favoriser l'obtention d'embryons humains contre un paiement, quelle qu'en soit la forme, ou de remettre à des tiers, à titre onéreux, des embryons humains.

Art. 511-16. *(L. n° 2004-800 du 6 août 2004, art. 28-II)* Le fait d'obtenir des embryons humains sans respecter les conditions prévues aux articles L. 2141-5 et L. 2141-6 du code de la santé publique est puni de sept ans d'emprisonnement et de 100000 € d'amende.

Art. 511-17. *(L. nº 2004-800 du 6 août 2004, art. 28-II)* «Le fait de procéder à la conception *in vitro* ou à la constitution par clonage d'embryons humains à des fins industrielles ou commerciales est puni de sept ans d'emprisonnement et de 100000 € d'amende.»

Est puni des mêmes peines le fait d'utiliser des embryons humains à des fins industrielles ou commerciales.

Art. 511-18. *(L. nº 2004-800 du 6 août 2004, art. 28-II)* Le fait de procéder à la conception *in vitro* ou à la constitution par clonage d'embryons humains à des fins de recherche est puni de sept ans d'emprisonnement et de 100000 € d'amende.

Art. 511-18-1. *(L. nº 2004-800 du 6 août 2004, art. 28-II)* Le fait de procéder à la constitution par clonage d'embryons humains à des fins thérapeutiques est puni de sept ans d'emprisonnement et de 100000 € d'amende.

Art. 511-19. *(L. nº 2004-800 du 6 août 2004, art. 28-II)* I. — Le fait de procéder à une étude ou une recherche sur l'embryon humain :

1° Sans avoir préalablement obtenu le consentement écrit et l'autorisation visés à l'article L. 2151-5 du code de la santé publique, ou alors que cette autorisation est retirée, suspendue, ou que le consentement est révoqué;

2° Sans se conformer aux prescriptions législatives et réglementaires ou à celles fixées par cette autorisation,

est puni de sept ans d'emprisonnement et de 100000 € d'amende.

II. — Le fait de procéder à une étude ou une recherche sur des cellules souches embryonnaires :

1° Sans avoir préalablement obtenu le consentement écrit et l'autorisation visés à l'article L. 2151-5 du code de la santé publique, ou alors que cette autorisation est retirée, suspendue, ou que le consentement est révoqué;

2° Sans se conformer aux prescriptions législatives et réglementaires ou à celles fixées par cette autorisation,

est puni de deux ans d'emprisonnement et de 30000 € d'amende.

Art. 511-19-1. *(L. nº 2004-800 du 6 août 2004, art. 28-II)* Le fait, à l'issue d'une interruption de grossesse, de prélever, conserver ou utiliser des tissus ou cellules embryonnaires ou fœtaux dans des conditions non conformes à celles prévues par les premier, deuxième et quatrième alinéas de l'article L. 1241-5 du code de la santé publique ou pour des finalités autres que diagnostiques, thérapeutiques ou scientifiques est puni de deux ans d'emprisonnement et de 30000 € d'amende.

Art. 511-19-2. *(L. nº 2004-800 du 6 août 2004, art. 28-II)* Est puni de deux ans d'emprisonnement et de 30000 € d'amende :

1° Le fait de conserver des cellules souches embryonnaires sans avoir obtenu l'autorisation mentionnée à l'article L. 2151-7 du code de la santé publique ou alors que cette autorisation est retirée ou suspendue;

2° Le fait de conserver des cellules souches embryonnaires sans se conformer aux règles mentionnées au deuxième alinéa de l'article L. 2151-7 du même code;

3° Le fait de céder des cellules souches embryonnaires à des organismes non titulaires de l'autorisation délivrée en application de l'article L. 2151-5 ou de l'article L. 2151-7 du même code;

4° Le fait d'avoir cédé des cellules souches embryonnaires sans en avoir informé préalablement l'Agence de la biomédecine.

Art. 511-19-3. *(L. n° 2004-800 du 6 août 2004, art. 28-II)* Est puni de deux ans d'emprisonnement et de 30000 € d'amende le fait d'importer ou d'exporter, à des fins de recherche, des tissus ou des cellules embryonnaires ou fœtaux sans avoir obtenu l'autorisation mentionnée à l'article L. 2151-6 du code de la santé publique.

Art. 511-20. Le fait de procéder au diagnostic prénatal sans avoir reçu l'autorisation mentionnée à l'article L. 162-16 du code de la santé publique est puni de deux ans d'emprisonnement et de 30000 € d'amende.

Art. 511-21. *(L. n° 2004-800 du 6 août 2004, art. 28-II)* Le fait de méconnaître les dispositions des articles L. 2131-4 et L. 2131-4-1 relatifs au diagnostic préimplantatoire est puni de deux ans d'emprisonnement et de 30000 € d'amende.

Art. 511-22. *(L. n° 2004-800 du 6 août 2004, art. 28-II)* Le fait de mettre en œuvre des activités d'assistance médicale à la procréation sans avoir recueilli l'autorisation prévue par le *(Ord. n° 2008-480 du 22 mai 2008, art. 6)* «quatrième» alinéa de l'article L. 2142-1 du code de la santé publique ou sans se conformer aux prescriptions de cette dernière est puni de deux ans d'emprisonnement et de 30000 € d'amende.

Art. 511-23. *(L. n° 2004-800 du 6 août 2004, art. 28-II)* Le fait d'introduire des embryons humains sur le territoire où s'applique le code de la santé publique ou de les sortir de ce territoire sans l'autorisation prévue à l'article L. 2141-9 du code de la santé publique est puni de trois ans d'emprisonnement et de 45000 € d'amende.

Art. 511-24. Le fait de procéder à des activités d'assistance médicale à la procréation à des fins autres que celles définies à l'article L. 152-2 du code de la santé publique est puni de cinq ans d'emprisonnement et de 75000 € d'amende.

Art. 511-25. *(L. n° 2004-800 du 6 août 2004, art. 28-II)* I. — Le fait d'exercer les activités nécessaires à l'accueil d'un embryon humain dans des conditions fixées à l'article L. 2141-6 du code de la santé publique :

1° Sans s'être préalablement assuré qu'a été obtenue l'autorisation judiciaire prévue au deuxième alinéa dudit article;

2° Ou sans avoir pris connaissance des résultats des tests de dépistage des maladies infectieuses exigés au sixième alinéa du même article;

3° Ou en dehors d'un établissement autorisé conformément aux dispositions du septième alinéa du même article,

est puni de deux ans d'emprisonnement et de 30000 € d'amende.

II. — Est puni des mêmes peines le fait de divulguer une information nominative permettant d'identifier à la fois le couple qui a renoncé à l'embryon et le couple qui l'a accueilli.

Art. 511-25-1. *(Ord. n° 2008-480 du 22 mai 2008, art. 6)* Est puni de deux ans d'emprisonnement et de 30000 € d'amende :

1° Le fait d'importer ou d'exporter des gamètes ou des tissus germinaux sans avoir recueilli l'autorisation prévue à l'article L. 2141-11-1 du code de la santé publique;

2° Le fait d'importer ou d'exporter des gamètes ou des tissus germinaux pour des finalités autres que celles prévues dans l'autorisation mentionnée à l'article L. 2141-11-1 du code de la santé publique.

54 Code de la santé publique (articles L. 2151-1 à L. 2151-8)

TITRE V

RECHERCHE SUR L'EMBRYON ET LES CELLULES-SOUCHES EMBRYONNAIRES

CHAPITRE UNIQUE

Art. L. 2151-1. *(L. n° 2004-800 du 6 août 2004, art. 25)* Comme il est dit au troisième alinéa de l'article 16-4 du code civil ci-après reproduit :

« **Art. 16-4 (troisième alinéa)** Est interdite toute intervention ayant pour but de faire naître un enfant génétiquement identique à une autre personne vivante ou décédée.»

Art. L. 2151-2. *(L. n° 2004-800 du 6 août 2004, art. 25)* La conception *in vitro* d'embryon ou la constitution par clonage d'embryon humain à des fins de recherche est interdite.

(L. n° 2011-814 du 7 juill. 2011, art. 40) «La création d'embryons transgéniques ou chimériques est interdite.»

Art. L. 2151-3. *(L. n° 2004-800 du 6 août 2004, art. 25)* Un embryon humain ne peut être ni conçu, ni constitué par clonage, ni utilisé, à des fins commerciales ou industrielles.

Art. L. 2151-4. *(L. n° 2004-800 du 6 août 2004, art. 25)* Est également interdite toute constitution par clonage d'un embryon humain à des fins thérapeutiques.

Art. L. 2151-5. *(L. n° 2013-715 du 6 août 2013)* I. — Aucune recherche sur l'embryon humain ni sur les cellules souches embryonnaires ne peut être entreprise sans autorisation. Un protocole de recherche conduit sur un embryon humain ou sur des cellules souches embryonnaires issues d'un embryon humain ne peut être autorisé que si :

1° La pertinence scientifique de la recherche est établie;

2° La recherche, fondamentale ou appliquée, s'inscrit dans une finalité médicale;

3° En l'état des connaissances scientifiques, cette recherche ne peut être menée sans recourir à ces embryons ou ces cellules souches embryonnaires;

4° Le projet et les conditions de mise en œuvre du protocole respectent les principes éthiques relatifs à la recherche sur l'embryon et les cellules souches embryonnaires.

II. — Une recherche ne peut être menée qu'à partir d'embryons conçus *in vitro* dans le cadre d'une assistance médicale à la procréation et qui ne font plus l'objet d'un projet parental. La recherche ne peut être effectuée qu'avec le consentement écrit préalable du couple dont les embryons sont issus, ou du membre survivant de ce couple, par ailleurs dûment informés *[informé]* des possibilités d'accueil des embryons par un autre couple ou d'arrêt de leur conservation. A l'exception des situations mentionnées au dernier alinéa de l'article L. 2131-4 et au troisième alinéa de l'article L. 2141-3, le consentement doit être confirmé à l'issue d'un délai de réflexion de trois mois. Le consentement des deux membres du couple ou du membre survivant du couple est révocable sans motif tant que les recherches n'ont pas débuté.

III. — Les protocoles de recherche sont autorisés par l'Agence de la biomédecine après vérification que les conditions posées au I du présent article sont satisfaites. La décision de l'agence, assortie de l'avis du conseil d'orientation, est communiquée aux ministres chargés de la santé et de la recherche qui peuvent, dans un délai d'un mois et conjointement, demander un nouvel examen du dossier ayant servi de fondement à la décision :

1° En cas de doute sur le respect des principes éthiques ou sur la pertinence scientifique d'un protocole autorisé. L'agence procède à ce nouvel examen dans un délai de trente jours. En cas de confirmation de la décision, la validation du protocole est réputée acquise;

2° Dans l'intérêt de la santé publique ou de la recherche scientifique, lorsque le protocole a été refusé. L'agence procède à ce nouvel examen dans un délai de trente jours. En cas de confirmation de la décision, le refus du protocole est réputé acquis.

En cas de violation des prescriptions législatives et réglementaires ou de celles fixées par l'autorisation, l'agence suspend l'autorisation de la recherche ou la retire. L'agence diligente des inspections comprenant un ou des experts n'ayant aucun lien avec l'équipe de recherche, dans les conditions fixées à l'article L. 1418-2.

IV. — Les embryons sur lesquels une recherche a été conduite ne peuvent être transférés à des fins de gestation.

(L. nº 2016-41 du 26 janv. 2016, art. 155-III) «V. — Sans préjudice du titre IV du présent livre Ier, des recherches biomédicales menées dans le cadre de l'assistance médicale à la procréation peuvent être réalisées sur des gamètes destinés à constituer un embryon ou sur l'embryon *in vitro* avant ou après son transfert à des fins de gestation, si chaque membre du couple y consent. Ces recherches sont conduites dans les conditions fixées au titre II du livre Ier de la première partie.»

Art. L. 2151-6. *(L. nº 2004-800 du 6 août 2004, art. 25; L. nº 2011-814 du 7 juill. 2011, art. 43-2º)* L'importation de cellules souches embryonnaires aux fins de recherche est soumise à l'autorisation préalable de l'Agence de la biomédecine. Cette autorisation ne peut être accordée que si ces cellules souches ont été obtenues dans le respect des principes fondamentaux prévus par les articles 16 à 16-8 du code civil.

L'exportation de cellules souches embryonnaires aux fins de recherche est soumise aux mêmes conditions que l'importation définie au précédent alinéa.

Art. L. 2151-7. *(L. nº 2004-800 du 6 août 2004, art. 25)* Tout organisme qui assure, à des fins *(L. nº 2011-814 du 7 juill. 2011, art. 43-3º)* «de recherche, la conservation d'embryons ou» de cellules souches embryonnaires doit être titulaire d'une autorisation délivrée par l'Agence de la biomédecine.

La délivrance de l'autorisation est subordonnée au respect des dispositions du titre Ier du livre II de la première partie du présent code, des règles en vigueur en matière de sécurité des personnes exerçant une activité professionnelle sur le site et des dispositions applicables en matière de protection de l'environnement, ainsi qu'au respect des règles de sécurité sanitaire.

En cas de non-respect des dispositions mentionnées au deuxième alinéa, l'Agence de la biomédecine peut, à tout moment, suspendre ou retirer l'autorisation.

(L. nº 2011-2012 du 29 déc. 2011, art. 5-IV) «L'Agence nationale de sécurité du médicament et des produits de santé» est informée des activités de conservation *(L. nº 2011-814 du 7 juill. 2011, art. 43-3º)* «d'embryons ou de cellules souches embryonnaires à des fins de recherche» réalisées sur le même site que des activités autorisées par elle en application *(L. nº 2012-387 du 22 mars 2012, art. 122-VII)* «de l'article L. 1243-2».

Les organismes mentionnés au premier alinéa ne peuvent céder *(L. nº 2011-814 du 7 juill. 2011, art. 43-3º)* «des embryons ou» des cellules souches embryonnaires qu'à un organisme titulaire d'une autorisation délivrée en application du présent article ou de l'article L. 2151-5. L'Agence de la biomédecine est informée préalablement de toute cession.

Art. L. 2151-7-1. *(L. nº 2011-814 du 7 juill. 2011, art. 53)* Aucun chercheur, aucun ingénieur, technicien ou auxiliaire de recherche quel qu'il soit, aucun médecin ou auxiliaire médical n'est tenu de participer à quelque titre que ce soit aux recherches sur des embryons humains ou sur des cellules souches embryonnaires autorisées en application de l'article L. 2151-5.

Art. L. 2151-8. *(L. nº 2004-800 du 6 août 2004, art. 25)* Les modalités d'application du présent chapitre sont fixées par décret en Conseil d'État, notamment les conditions d'autorisation et de mise en œuvre des recherches menées *(L. nº 2011-814 du 7 juill. 2011, art. 43-4º)* «sur des embryons et sur des cellules souches embryonnaires».

G – LES CRIMES CONTRE L'HUMANITÉ

55 Convention portant statut de la Cour pénale internationale (articles 5 à 8)

Date d'adoption : 17 juillet 1998

Entrée en vigueur : 1er juillet 2002

Art. 5. *Crimes relevant de la compétence de la Cour.* 1. La compétence de la Cour est limitée aux crimes les plus graves qui touchent l'ensemble de la communauté internationale. En vertu du présent Statut, la Cour a compétence à l'égard des crimes suivants :

a) Le crime de génocide;

b) Les crimes contre l'humanité;

c) Les crimes de guerre;

d) Le crime d'agression.

2. La Cour exercera sa compétence à l'égard du crime d'agression quand une disposition aura été adoptée conformément aux articles 121 et 123, qui définira ce crime et fixera les conditions de l'exercice de la compétence de la Cour à son égard. Cette disposition devra être compatible avec les dispositions pertinentes de la charte des Nations unies.

Art. 6. *Crime de génocide.* Aux fins du présent Statut, on entend par crime de génocide l'un quelconque des actes ci-après commis dans l'intention de détruire, en tout ou en partie, un groupe national, ethnique, racial ou religieux, comme tel :

a) Meurtre de membres du groupe;

b) Atteinte grave à l'intégrité physique ou mentale de membres du groupe;

c) Soumission intentionnelle du groupe à des conditions d'existence devant entraîner sa destruction physique totale ou partielle;

d) Mesures visant à entraver les naissances au sein du groupe;

e) Transfert forcé d'enfants du groupe à un autre groupe.

Art. 7. *Crimes contre l'humanité.* 1. Aux fins du présent Statut, on entend par crime contre l'humanité l'un quelconque des actes ci-après lorsqu'il est commis dans le cadre d'une attaque généralisée ou systématique lancée contre toute population civile et en connaissance de cette attaque :

a) Meurtre;

b) Extermination;

c) Réduction en esclavage;

d) Déportation ou transfert forcé de population;

e) Emprisonnement ou autre forme de privation grave de liberté physique en violation des dispositions fondamentales du droit international;

f) Torture;

g) Viol, esclavage sexuel, prostitution forcée, grossesse forcée, stérilisation forcée ou toute autre forme de violence sexuelle de gravité comparable;

h) Persécution de tout groupe ou de toute collectivité identifiable pour des motifs d'ordre politique, racial, national, ethnique, culturel, religieux ou sexiste au sens du paragraphe 3, ou en fonction d'autres critères universellement reconnus comme inadmissibles en droit international, en corrélation avec tout acte visé dans le présent paragraphe ou tout crime relevant de la compétence de la Cour;

i) Disparitions forcées de personnes;

j) Crime d'apartheid;

k) Autres actes inhumains de caractère analogue causant intentionnellement de grandes souffrances ou des atteintes graves à l'intégrité physique ou à la santé physique ou mentale.

2. Aux fins du paragraphe 1 :

a) Par «attaque lancée contre une population civile», on entend le comportement qui consiste en la commission multiple d'actes visés au paragraphe 1 à l'encontre d'une population civile quelconque, en application ou dans la poursuite de la politique d'un État ou d'une organisation ayant pour but une telle attaque;

b) Par «extermination», on entend notamment le fait d'imposer intentionnellement des conditions de vie, telles que la privation d'accès à la nourriture et aux médicaments, calculées pour entraîner la destruction d'une partie de la population;

c) Par «réduction en esclavage», on entend le fait d'exercer sur une personne l'un quelconque ou l'ensemble des pouvoirs liés au droit de propriété, y compris dans le cadre de la traite des êtres humains, en particulier des femmes et des enfants;

d) Par «déportation ou transfert forcé de population», on entend le fait de déplacer de force des personnes, en les expulsant ou par d'autres moyens cœrcitifs, de la région où elles se trouvent légalement, sans motifs admis en droit international;

e) Par «torture», on entend le fait d'infliger intentionnellement une douleur ou des souffrances aiguës, physiques ou mentales, à une personne se trouvant sous sa garde ou sous son contrôle; l'acception de ce terme ne s'étend pas à la douleur ou aux souffrances résultant uniquement de sanctions légales, inhérentes à ces sanctions ou occasionnées par elles;

f) Par «grossesse forcée», on entend la détention illégale d'une femme mise enceinte de force, dans l'intention de modifier la composition ethnique d'une population ou de commettre d'autres violations graves du droit international. Cette définition ne peut en aucune manière s'interpréter comme ayant une incidence sur les lois nationales relatives à la grossesse;

g) Par «persécution», on entend le déni intentionnel et grave de droits fondamentaux en violation du droit international, pour des motifs liés à l'identité du groupe ou de la collectivité qui en fait l'objet;

h) Par «crime d'apartheid», on entend des actes inhumains analogues à ceux que vise le paragraphe 1, commis dans le cadre d'un régime institutionnalisé d'oppression systématique et de domination d'un groupe racial sur tout autre groupe racial ou tous autres groupes raciaux et dans l'intention de maintenir ce régime;

i) Par «disparitions forcées de personnes», on entend les cas où des personnes sont arrêtées, détenues ou enlevées par un État ou une organisation politique ou avec l'autorisation, l'appui ou l'assentiment de cet État ou de cette organisation, qui refuse ensuite d'admettre que ces personnes sont privées de liberté ou de révéler le sort qui leur est réservé ou l'endroit où elles se trouvent, dans l'intention de les soustraire à la protection de la loi pendant une période prolongée.

3. Aux fins du présent Statut, le terme «sexe» s'entend de l'un et l'autre sexes, masculin et féminin, suivant le contexte de la société. Il n'implique aucun autre sens.

Art. 8. *Crimes de guerre.* 1. La Cour a compétence à l'égard des crimes de guerre, en particulier lorsque ces crimes s'inscrivent dans le cadre d'un plan ou une politique ou lorsqu'ils font partie d'une série de crimes analogues commis sur une grande échelle.

2. Aux fins du Statut, on entend par «crimes de guerre» :

a) Les infractions graves aux conventions de Genève du 12 août 1949, à savoir l'un quelconque des actes ci-après lorsqu'ils visent des personnes ou des biens protégés par les dispositions des conventions de Genève :

i) L'homicide intentionnel;

ii) La torture ou les traitements inhumains, y compris les expériences biologiques;

iii) Le fait de causer intentionnellement de grandes souffrances ou de porter gravement atteinte à l'intégrité physique ou à la santé;

iv) La destruction et l'appropriation de biens, non justifiées par des nécessités militaires et exécutées sur une grande échelle de façon illicite et arbitraire;

v) Le fait de contraindre un prisonnier de guerre ou une personne protégée à servir dans les forces d'une puissance ennemie;

vi) Le fait de priver intentionnellement un prisonnier de guerre ou toute autre personne protégée de son droit d'être jugé régulièrement et impartialement;

vii) La déportation ou le transfert illégal ou la détention illégale;

viii) La prise d'otages;

b) Les autres violations graves des lois et coutumes applicables aux conflits armés internationaux dans le cadre établi du droit international, à savoir l'un quelconque des actes ci-après :

i) Le fait de diriger intentionnellement des attaques contre la population civile en tant que telle ou contre des civils qui ne participent pas directement aux hostilités;

ii) Le fait de diriger intentionnellement des attaques contre des biens de caractère civil, c'est-à-dire des biens qui ne sont pas des objectifs militaires;

iii) Le fait de diriger intentionnellement des attaques contre le personnel, les installations, le matériel, les unités ou les véhicules employés dans le cadre d'une mission d'aide humanitaire ou de maintien de la paix conformément à la charte des Nations unies, pour autant qu'ils aient droit à la protection que le droit international des conflits armés garantit aux civils et aux biens de caractère civil;

iv) Le fait de lancer intentionnellement une attaque en sachant qu'elle causera incidemment des pertes en vies humaines dans la population civile, des blessures aux personnes civiles, des dommages aux biens de caractère civil ou des dommages étendus, durables et graves à l'environnement naturel qui seraient manifestement excessifs par rapport à l'ensemble de l'avantage militaire concret et direct attendu;

v) Le fait d'attaquer ou de bombarder, par quelque moyen que ce soit, des villes, villages, habitations ou bâtiments qui ne sont pas défendus et qui ne sont pas des objectifs militaires;

vi) Le fait de tuer ou de blesser un combattant qui, ayant déposé les armes ou n'ayant plus de moyens de se défendre, s'est rendu à discrétion;

vii) Le fait d'utiliser indûment le pavillon parlementaire, le drapeau ou les insignes militaires et l'uniforme de l'ennemi ou de l'Organisation des Nations unies, ainsi que les signes distinctifs prévus par les conventions de Genève, et, ce faisant, de causer la perte de vies humaines ou des blessures graves;

viii) Le transfert, direct ou indirect, par une puissance occupante d'une partie de sa population civile, dans le territoire qu'elle occupe, ou la déportation ou le transfert à l'intérieur ou hors du territoire occupé de la totalité ou d'une partie de la population de ce territoire;

ix) Le fait de diriger intentionnellement des attaques contre des bâtiments consacrés à la religion, à l'enseignement, à l'art, à la science ou à l'action caritative, des monuments historiques, des hôpitaux et des lieux où des malades ou des blessés sont rassemblés, à condition qu'ils ne soient pas des objectifs militaires;

x) Le fait de soumettre des personnes d'une partie adverse tombées en son pouvoir à des mutilations ou à des expériences médicales ou scientifiques quelles qu'elles soient qui ne sont ni motivées par un traitement médical, dentaire ou hospitalier, ni effectuées dans l'intérêt de ces personnes, et qui entraînent la mort de celles-ci ou mettent sérieusement en danger leur santé;

xi) Le fait de tuer ou de blesser par traîtrise des individus appartenant à la nation ou à l'armée ennemie;

xii) Le fait de déclarer qu'il ne sera pas fait de quartier;

xiii) Le fait de détruire ou de saisir les biens de l'ennemi, sauf dans les cas où ces destructions ou saisies seraient impérieusement commandées par les nécessités de la guerre;

xiv) Le fait de déclarer éteints, suspendus ou non recevables en justice les droits et actions des nationaux de la partie adverse;

xv) Le fait pour un belligérant de contraindre les nationaux de la partie adverse à prendre part aux opérations de guerre dirigées contre leur pays, même s'ils étaient au service de ce belligérant avant le commencement de la guerre;

xvi) Le pillage d'une ville ou d'une localité, même prise d'assaut;

xvii) Le fait d'employer du poison ou des armes empoisonnées;

xviii) Le fait d'utiliser des gaz asphyxiants, toxiques ou similaires, ainsi que tous liquides, matières ou procédés analogues;

xix) Le fait d'utiliser des balles qui s'épanouissent ou s'aplatissent facilement dans le corps humain, telles que des balles dont l'enveloppe dure ne recouvre pas entièrement le centre ou est percée d'entailles;

xx) Le fait d'employer les armes, projectiles, matières et méthodes de guerre de nature à causer des maux superflus ou des souffrances inutiles ou à frapper sans discrimination en violation du droit international des conflits armés, à condition que ces armes, projectiles, matières et méthodes de guerre fassent l'objet d'une interdiction générale et qu'ils soient inscrits dans une annexe au présent Statut, par voie d'amendement adopté selon les dispositions des articles 121 et 123;

xxi) Les atteintes à la dignité de la personne, notamment les traitements humiliants et dégradants;

xxii) Le viol, l'esclavage sexuel, la prostitution forcée, la grossesse forcée telle que définie à l'article 7, paragraphe 2, alinéa *f*, la stérilisation forcée ou toute autre forme de violence sexuelle constituant une infraction grave aux conventions de Genève ;

xxiii) Le fait d'utiliser la présence d'un civil ou d'une autre personne protégée pour éviter que certains points, zones ou forces militaires ne soient la cible d'opérations militaires ;

xxiv) Le fait de diriger intentionnellement des attaques contre les bâtiments, le matériel, les unités et les moyens de transport sanitaires, et le personnel utilisant, conformément au droit international, les signes distinctifs prévus par les conventions de Genève ;

xxv) Le fait d'affamer délibérément des civils comme méthode de guerre, en les privant de biens indispensables à leur survie, y compris en empêchant intentionnellement l'envoi des secours prévus par les conventions de Genève ;

xxvi) Le fait de procéder à la conscription ou à l'enrôlement d'enfants de moins de quinze ans dans les forces armées nationales ou de les faire participer activement à des hostilités ;

c) En cas de conflit armé ne présentant pas un caractère international, les violations graves de l'article 3 commun aux quatre conventions de Genève du 12 août 1949, à savoir l'un quelconque des actes ci-après commis à l'encontre de personnes qui ne participent pas directement aux hostilités, y compris les membres de forces armées qui ont déposé les armes et les personnes qui ont été mises hors de combat par maladie, blessure, détention ou par toute autre cause :

i) Les atteintes à la vie et à l'intégrité corporelle, notamment le meurtre sous toutes ses formes, les mutilations, les traitements cruels et la torture ;

ii) Les atteintes à la dignité de la personne, notamment les traitements humiliants et dégradants ;

iii) Les prises d'otages ;

iv) Les condamnations prononcées et les exécutions effectuées sans un jugement préalable, rendu par un tribunal régulièrement constitué, assorti des garanties judiciaires généralement reconnues comme indispensables ;

d) L'alinéa c du paragraphe 2 s'applique aux conflits armés ne présentant pas un caractère international et ne s'applique donc pas aux situations de troubles et tensions internes telles que les émeutes, les actes isolés et sporadiques de violence ou les actes de nature similaire ;

e) Les autres violations graves des lois et coutumes applicables aux conflits armés ne présentant pas un caractère international, dans le cadre établi du droit international, à savoir l'un quelconque des actes ci-après :

i) Le fait de diriger intentionnellement des attaques contre la population civile en tant que telle ou contre des personnes civiles qui ne participent pas directement aux hostilités ;

ii) Le fait de diriger intentionnellement des attaques contre les bâtiments, le matériel, les unités et les moyens de transport sanitaires, et le personnel utilisant, conformément au droit international, les signes distinctifs des conventions de Genève ;

iii) Le fait de diriger intentionnellement des attaques contre le personnel, les installations, le matériel, les unités ou les véhicules employés dans le cadre d'une mission d'aide humanitaire ou de maintien de la paix conformément à la charte des Nations unies, pour autant qu'ils aient droit à la protection que le droit international des conflits armés garantit aux civils et aux biens de caractère civil ;

iv) Le fait de diriger intentionnellement des attaques contre des bâtiments consacrés à la religion, à l'enseignement, à l'art, à la science ou à l'action caritative, des monuments historiques, des hôpitaux et des lieux où des malades et des blessés sont rassemblés, pour autant que ces bâtiments ne soient pas des objectifs militaires ;

v) Le pillage d'une ville ou d'une localité, même prise d'assaut;

vi) Le viol, l'esclavage sexuel, la prostitution forcée, la grossesse forcée, telle que définie à l'article 7, paragraphe 2, alinéa *f*, la stérilisation forcée, ou toute autre forme de violence sexuelle constituant une violation grave à l'article 3 commun aux quatre conventions de Genève;

vii) Le fait de procéder à la conscription ou à l'enrôlement d'enfants de moins de quinze ans dans les forces armées ou dans des groupes armés ou de les faire participer activement à des hostilités;

viii) Le fait d'ordonner le déplacement de la population civile pour des raisons ayant trait au conflit, sauf dans les cas où la sécurité des civils ou des impératifs militaires l'exigent;

ix) Le fait de tuer ou de blesser par traîtrise un adversaire combattant;

x) Le fait de déclarer qu'il ne sera pas fait de quartier;

xi) Le fait de soumettre des personnes d'une autre partie au conflit tombées en son pouvoir à des mutilations ou à des expériences médicales ou scientifiques quelles qu'elles soient, qui ne sont ni motivées par un traitement médical, dentaire ou hospitalier, ni effectuées dans l'intérêt de ces personnes, et qui entraînent la mort de celles-ci ou mettent sérieusement en danger leur santé;

xii) Le fait de détruire ou de saisir les biens d'un adversaire, sauf si ces destructions ou saisies sont impérieusement commandées par les nécessités du conflit;

f) L'alinéa *e* du paragraphe 2 s'applique aux conflits armés ne présentant pas un caractère international et ne s'applique donc pas aux situations de troubles et tensions internes telles que les émeutes, les actes isolés et sporadiques de violence ou les actes de nature similaire. Il s'applique aux conflits armés qui opposent de manière prolongée sur le territoire d'un État les autorités du gouvernement de cet État et des groupes armés organisés ou des groupes armés organisés entre eux.

3. Rien dans le paragraphe 2, alinéas *c* et *e* n'affecte la responsabilité d'un gouvernement de maintenir ou rétablir l'ordre public dans l'État ou de défendre l'unité et l'intégrité territoriale de l'État par tous les moyens légitimes.

56 Convention pour la prévention et la répression du crime de génocide (articles I à VIII)

Date d'adoption : 9 décembre 1948

Entrée en vigueur : 12 janvier 1951

Art. I. Les Parties contractantes confirment que le génocide, qu'il soit commis en temps de paix ou en temps de guerre, est un crime du droit des gens, qu'elles s'engagent à prévenir et à punir.

Art. II. Dans la présente Convention, le génocide s'entend de l'un quelconque des actes ci-après, commis dans l'intention de détruire, ou tout ou en partie, un groupe national, ethnique, racial ou religieux, comme tel :

a) Meurtre de membres du groupe;

b) Atteinte grave à l'intégrité physique ou mentale de membres du groupe;

c) Soumission intentionnelle du groupe à des conditions d'existence devant entraîner sa destruction physique totale ou partielle;

d) Mesures visant à entraver les naissances au sein du groupe;

e) Transfert forcé d'enfants du groupe à un autre groupe.

Art. III. Seront punis les actes suivants :
a) Le génocide;
b) L'entente en vue de commettre le génocide;
c) L'incitation directe et publique à commettre le génocide;
d) La tentative de génocide;
e) La complicité dans le génocide.

Art. IV. Les personnes ayant commis le génocide ou l'un quelconque des autres actes énumérés à l'article III seront punies, qu'elles soient des gouvernants, des fonctionnaires ou des particuliers.

Art. V. Les Parties contractantes s'engagent à prendre, conformément à leurs constitutions respectives, les mesures législatives nécessaires pour assurer l'application des dispositions de la présente Convention, et notamment à prévoir des sanctions pénales efficaces frappant les personnes coupables de génocide ou de l'un quelconque des autres actes énumérés à l'article III.

Art. VI. Les personnes accusées de génocide ou de l'un quelconque des autres actes énumérés à l'article III seront traduites devant les tribunaux compétents de l'État sur le territoire duquel l'acte a été commis, ou devant la cour criminelle internationale qui sera compétente à l'égard de celles des Parties contractantes qui en auront reconnu la juridiction.

Art. VII. Le génocide et les autres actes énumérés à l'article III ne seront pas considérés comme des crimes politiques pour ce qui est de l'extradition.

Les Parties contractantes s'engagent en pareil cas à accorder l'extradition conformément à leur législation et aux traités en vigueur.

Art. VIII. Toute Partie contractante peut saisir les organes compétents de l'Organisation des Nations Unies afin que ceux-ci prennent, conformément à la Charte des Nations Unies, les mesures qu'ils jugent appropriées pour la prévention et la répression des actes de génocide ou de l'un quelconque des autres actes énumérés à l'article III.

57 Convention européenne sur l'imprescriptibilité des crimes contre l'humanité et des crimes de guerre (article 1)

Date d'adoption : 25 janvier 1974

Entrée en vigueur : 27 juin 2003

Art. 1er. Tout État contractant s'engage à prendre les mesures nécessaires afin que la prescription soit inapplicable à la poursuite des infractions suivantes et à l'exécution des peines prononcées pour de telles infractions, pour autant qu'elles sont punissables dans sa législation nationale :

1. les crimes contre l'humanité prévus par la Convention pour la prévention et la répression du crime de génocide, adoptée le 9 décembre 1948 par l'Assemblée générale des Nations Unies;

2. a) les infractions prévues aux articles 50 de la Convention de Genève de 1949 pour l'amélioration du sort des blessés et des malades dans les forces armées en campagne, 51 de la Convention de Genève de 1949 pour l'amélioration du sort des blessés, des malades et des naufragés des forces armées sur mer, 130 de la Convention de Genève de 1949 relative au traitement des prisonniers de guerre et 147 de la Convention de Genève de 1949 relative à la protection des personnes civiles en temps de guerre,

b) toutes violations analogues des lois de la guerre en vigueur lors de l'entrée en application de la présente Convention et des coutumes de la guerre existant à ce moment, qui ne sont pas déjà prévues par les dispositions susvisées des Conventions de Genève, lorsque l'infraction considérée en l'espèce revêt une particulière gravité, soit en raison de ses éléments matériels et intentionnels, soit en raison de l'étendue de ses conséquences prévisibles;

3. toutes autres infractions aux lois et coutumes du droit international tel qu'il sera établi à l'avenir, considérées par l'État contractant intéressé, aux termes d'une déclaration faite conformément à l'article 6, comme étant de nature analogue à celles prévues aux paragraphes 1 ou 2 du présent article.

58 Code pénal (articles 211-1 à 213-4-1)

TITRE Ier

DES CRIMES CONTRE L'HUMANITÉ ET CONTRE L'ESPÈCE HUMAINE

SOUS-TITRE Ier

DES CRIMES CONTRE L'HUMANITÉ

CHAPITRE PREMIER

Du génocide

Art. 211-1. Constitue un génocide le fait, en exécution d'un plan concerté tendant à la destruction totale ou partielle d'un groupe national, ethnique, racial ou religieux, ou d'un groupe déterminé à partir de tout autre critère arbitraire, de commettre ou de faire commettre, à l'encontre de membres de ce groupe, l'un des actes suivants :

— atteinte volontaire à la vie;

— atteinte grave à l'intégrité physique ou psychique;

— soumission à des conditions d'existence de nature à entraîner la destruction totale ou partielle du groupe;

— mesures visant à entraver les naissances;

— transfert forcé d'enfants.

Le génocide est puni de la réclusion criminelle à perpétuité.

Les deux premiers alinéas de l'article 132-23 relatif à la période de sûreté sont applicables au crime prévu par le présent article.

Art. 211-2. *(L. n° 2010-930 du 9 août 2010)* La provocation publique et directe, par tous moyens, à commettre un génocide est punie de la réclusion criminelle à perpétuité si cette provocation a été suivie d'effet.

Si la provocation n'a pas été suivie d'effet, les faits sont punis de sept ans d'emprisonnement et de 100000 € d'amende.

CHAPITRE II

Des autres crimes contre l'humanité

Art. 212-1. *(L. n° 2010-930 du 9 août 2010)* «Constitue également un crime contre l'humanité et est puni de la réclusion criminelle à perpétuité l'un des actes ci-après commis en exécution d'un plan concerté à l'encontre d'un groupe de population civile dans le cadre d'une attaque généralisée ou systématique :

« 1° L'atteinte volontaire à la vie;

« 2° L'extermination;

« 3° La réduction en esclavage;

« 4° La déportation ou le transfert forcé de population;

« 5° L'emprisonnement ou toute autre forme de privation grave de liberté physique en violation des dispositions fondamentales du droit international;

« 6° La torture;

« 7° Le viol, la prostitution forcée, la grossesse forcée, la stérilisation forcée ou toute autre forme de violence sexuelle de gravité comparable;

« 8° La persécution de tout groupe ou de toute collectivité identifiable pour des motifs d'ordre politique, racial, national, ethnique, culturel, religieux ou sexiste ou en fonction d'autres critères universellement reconnus comme inadmissibles en droit international; »

(L. nº 2013-711 du 5 août 2013, art. 15) « 9° La disparition forcée; »

(L. nº 2010-930 du 9 août 2010) « 10° Les actes de ségrégation commis dans le cadre d'un régime institutionnalisé d'oppression systématique et de domination d'un groupe racial sur tout autre groupe racial ou tous autres groupes raciaux et dans l'intention de maintenir ce régime;

« 11° Les autres actes inhumains de caractère analogue causant intentionnellement de grandes souffrances ou des atteintes graves à l'intégrité physique ou psychique. »

Les deux premiers alinéas de l'article 132-23 relatif à la période de sûreté sont applicables aux crimes prévus par le présent article.

Art. 212-2. Lorsqu'ils sont commis en temps de guerre en exécution d'un plan concerté contre ceux qui combattent le système idéologique au nom duquel sont perpétrés des crimes contre l'humanité, les actes visés à l'article 212-1 sont punis de la réclusion criminelle à perpétuité.

Les deux premiers alinéas de l'article 132-23 relatif à la période de sûreté sont applicables aux crimes prévus par le présent article.

Art. 212-3. La participation à un groupement formé ou à une entente établie en vue de la préparation, caractérisée par un ou plusieurs faits matériels, de l'un des crimes définis par les articles 211-1, 212-1 et 212-2 est punie de la réclusion criminelle à perpétuité.

Les deux premiers alinéas de l'article 132-23 relatif à la période de sûreté sont applicables au crime prévu au présent article.

CHAPITRE III
Dispositions communes

Art. 213-1. Les personnes physiques coupables des infractions prévues par le présent *(L. nº 2004-800 du 6 août 2004, art. 28-I)* « sous-titre » encourent également les peines suivantes :

1° L'interdiction des droits civiques, civils et de famille, selon les modalités prévues par l'article 131-26. *(L. nº 2010-930 du 9 août 2010)* « Toutefois, le maximum de l'interdiction est porté à quinze ans;

« 2° L'interdiction, suivant les modalités prévues par l'article 131-27, d'exercer une fonction publique ou d'exercer l'activité professionnelle ou sociale dans l'exercice ou à l'occasion de l'exercice de laquelle l'infraction a été commise. Toutefois, le maximum de l'interdiction temporaire est porté à dix ans;»

3° L'interdiction de séjour, selon les modalités prévues par l'article 131-31. *(L. n° 2010-930 du 9 août 2010)* «Toutefois, le maximum de l'interdiction est porté à quinze ans;»

4° La confiscation de tout ou partie *(L. n° 2012-409 du 27 mars 2012, art. 13-I-2°)* «des biens leur appartenant ou, sous réserve des droits du propriétaire de bonne foi, dont elles ont la libre disposition»;

(L. n° 2008-776 du 4 août 2008, art. 70) «5° L'interdiction, suivant les modalités prévues par l'article 131-27, soit d'exercer une fonction publique ou d'exercer l'activité professionnelle ou sociale dans l'exercice ou à l'occasion de l'exercice de laquelle l'infraction a été commise, soit d'exercer une profession commerciale ou industrielle, de diriger, d'administrer, de gérer ou de contrôler à un titre quelconque, directement ou indirectement, pour son propre compte ou pour le compte d'autrui, une entreprise commerciale ou industrielle ou une société commerciale. Ces interdictions d'exercice peuvent être prononcées cumulativement.»

Art. 213-2. L'interdiction du territoire français peut être prononcée dans les conditions prévues par l'article 131-30, soit à titre définitif, soit pour une durée de dix ans au plus, à l'encontre de tout étranger coupable de l'une des infractions définies au présent titre.

Art. 213-3. *(L. n° 2009-526 du 12 mai 2009, art. 124-I)* «Les personnes morales déclarées responsables pénalement, dans les conditions prévues par l'article 121-2, de crimes contre l'humanité encourent, outre l'amende suivant les modalités prévues par l'article 131-38 :»

1° Les peines mentionnées à l'article 131-39;

2° La confiscation de tout ou partie *(L. n° 2012-409 du 27 mars 2012, art. 13-I-2°)* «des biens leur appartenant ou, sous réserve des droits du propriétaire de bonne foi, dont elles ont la libre disposition».

Art. 213-4. L'auteur ou le complice d'un crime visé par le présent *(L. n° 2004-800 du 6 août 2004, art. 28-I)* «sous-titre» ne peut être exonéré de sa responsabilité du seul fait qu'il a accompli un acte prescrit ou autorisé par des dispositions législatives ou réglementaires ou un acte commandé par l'autorité légitime. Toutefois, la juridiction tient compte de cette circonstance lorsqu'elle détermine la peine et en fixe le montant.

Art. 213-4-1. *(L. n° 2010-930 du 9 août 2010)* Sans préjudice de l'application des dispositions de l'article 121-7, est considéré comme complice d'un crime visé par le présent sous-titre commis par des subordonnés placés sous son autorité et son contrôle effectifs le chef militaire ou la personne qui en faisait fonction, qui savait ou, en raison des circonstances, aurait dû savoir que ces subordonnés commettaient ou allaient commettre ce crime et qui n'a pas pris toutes les mesures nécessaires et raisonnables qui étaient en son pouvoir pour en empêcher ou en réprimer l'exécution ou pour en référer aux autorités compétentes aux fins d'enquête et de poursuites.

Sans préjudice de l'application des dispositions de l'article 121-7, est également considéré comme complice d'un crime visé par le présent sous-titre commis par des subordonnés placés sous son autorité et son contrôle effectifs le supérieur hiérarchique, n'exerçant pas la fonction de chef militaire, qui savait que ces subordonnés commettaient ou allaient commettre ce crime ou a délibérément négligé de tenir compte d'informations qui l'indiquaient clairement et qui n'a pas pris toutes les mesures nécessaires et raisonnables qui étaient en son pouvoir pour en empêcher ou en réprimer l'exécution ou pour en référer aux autorités compétentes aux fins d'enquête et de poursuites, alors que ce crime était lié à des activités relevant de sa responsabilité *(L. n° 2013-711 du 5 août 2013, art. 23)* «et» de son contrôle effectifs.

59 Loi n° 2001-434 du 21 mai 2001 tendant à la reconnaissance de la traite et de l'esclavage en tant que crime contre l'humanité

Art. 1er. La République française reconnaît que la traite négrière transatlantique ainsi que la traite dans l'océan Indien d'une part, et l'esclavage d'autre part, perpétrés à partir du XVe siècle, aux Amériques et aux Caraïbes, dans l'océan Indien et en Europe contre les populations africaines, amérindiennes, malgaches et indiennes constituent un crime contre l'humanité.

Art. 2. Les programmes scolaires et les programmes de recherche en histoire et en sciences humaines accorderont à la traite négrière et à l'esclavage la place conséquente qu'ils méritent. La coopération qui permettra de mettre en articulation les archives écrites disponibles en Europe avec les sources orales et les connaissances archéologiques accumulées en Afrique, dans les Amériques, aux Caraïbes et dans tous les autres territoires ayant connu l'esclavage sera encouragée et favorisée.

Art. 3. Une requête en reconnaissance de la traite négrière transatlantique ainsi que de la traite dans l'océan Indien et de l'esclavage comme crime contre l'humanité sera introduite auprès du Conseil de l'Europe, des organisations internationales et de l'Organisation des Nations unies. Cette requête visera également la recherche d'une date commune au plan international pour commémorer l'abolition de la traite négrière et de l'esclavage, sans préjudice des dates commémoratives propres à chacun des départements d'outre-mer.

Art. 4. Le dernier alinéa de l'article unique de la loi n° 83-550 du 30 juin 1983 relative à la commémoration de l'abolition de l'esclavage est remplacé par trois alinéas ainsi rédigés :

Un décret fixe la date de la commémoration pour chacune des collectivités territoriales visées ci-dessus;

En France métropolitaine, la date de la commémoration annuelle de l'abolition de l'esclavage est fixée par le Gouvernement après la consultation la plus large;

Il est instauré un comité de personnalités qualifiées, parmi lesquelles des représentants d'associations défendant la mémoire des esclaves, chargé de proposer, sur l'ensemble du territoire national, des lieux et des actions qui garantissent la pérennité de la mémoire de ce crime à travers les générations. La composition, les compétences et les missions de ce comité sont définies par un décret en Conseil d'État pris dans un délai de six mois après la publication de la loi n° 2001-434 du 21 mai 2001 tendant à la reconnaissance de la traite et de l'esclavage en tant que crime contre l'humanité. "

Art. 5. À l'article 48-1 de la loi du 29 juillet 1881 sur la liberté de la presse, après les mots : " par ses statuts, de ", sont insérés les mots : " défendre la mémoire des esclaves et l'honneur de leurs descendants, ".

La présente loi sera exécutée comme loi de l'État.

60 Loi n° 2001-70 du 29 juillet 2001 (article 1)

Art. 1er. La France reconnaît publiquement le génocide arménien de 1915.

CHAPITRE 2
Le droit à la santé et la fin de vie

Section 1
Le droit à la santé

61 Déclaration universelle des droits de l'homme (articles 22 et 25)

Art. 22. Toute personne, en tant que membre de la société, a droit à la sécurité sociale ; elle est fondée à obtenir la satisfaction des droits économiques, sociaux et culturels indispensables à sa dignité et au libre développement de sa personnalité, grâce à l'effort national et à la coopération internationale, compte tenu de l'organisation et des ressources de chaque pays.

Art. 25. 1. Toute personne a droit à un niveau de vie suffisant pour assurer sa santé, son bien-être et ceux de sa famille, notamment pour l'alimentation, l'habillement, le logement, les soins médicaux ainsi que pour les services sociaux nécessaires ; elle a droit à la sécurité en cas de chômage, de maladie, d'invalidité, de veuvage, de vieillesse ou dans les autres cas de perte de ses moyens de subsistance par suite de circonstances indépendantes de sa volonté.

2. La maternité et l'enfance ont droit à une aide et à une assistance spéciales. Tous les enfants, qu'ils soient nés dans le mariage ou hors mariage, jouissent de la même protection sociale.

62 Pacte international relatif aux droits économiques, sociaux et culturels (article 12)

Art. 12 . 1. Les États parties au présent Pacte reconnaissent le droit qu'a toute personne de jouir du meilleur état de santé physique et mentale qu'elle soit capable d'atteindre.

[...]

63 Préambule de la Constitution de l'Organisation mondiale de la santé

Date d'adoption : 22 juillet 1946

LES ÉTATS parties à cette Constitution déclarent, en accord avec la Charte des Nations Unies, que les principes suivants sont à la base du bonheur des peuples, de leurs relations harmonieuses et de leur sécurité :

La santé est un état de complet bien-être physique, mental et social, et ne consiste pas seulement en une absence de maladie ou d'infirmité.

La possession du meilleur état de santé qu'il est capable d'atteindre constitue l'un des droits fondamentaux de tout être humain, quelles que soient sa race, sa religion, ses opinions politiques, sa condition économique ou sociale.

La santé de tous les peuples est une condition fondamentale de la paix du monde et de la sécurité ; elle dépend de la coopération la plus étroite des individus et des États.

Les résultats atteints par chaque État dans l'amélioration et la protection de la santé sont précieux pour tous.

L'inégalité des divers pays en ce qui concerne l'amélioration de la santé et la lutte contre les maladies, en particulier les maladies transmissibles, est un péril pour tous.

Le développement sain de l'enfant est d'une importance fondamentale ; l'aptitude à vivre en harmonie avec un milieu en pleine transformation est essentielle à ce développement.

L'admission de tous les peuples au bénéfice des connaissances acquises par les sciences médicales, psychologiques et apparentées est essentielle pour atteindre le plus haut degré de santé.

Une opinion publique éclairée et une coopération active de la part du public sont d'une importance capitale pour l'amélioration de la santé des populations.

Les gouvernements ont la responsabilité de la santé de leurs peuples ; ils ne peuvent y faire face qu'en prenant les mesures sanitaires et sociales appropriées.

ACCEPTANT CES PRINCIPES, dans le but de coopérer entre elles et avec tous autres pour améliorer et protéger la santé de tous les peuples, les Parties contractantes acquiescent à ladite Constitution et établissent par Constitution les présentes l'Organisation mondiale de la Santé comme une institution spécialisée aux termes de l'article 57 de la Charte des Nations Unies.

64 Charte sociale européenne (article 11)

Art. 11. *Droit à la protection de la santé.* En vue d'assurer l'exercice effectif du droit à la protection de la santé, les Parties s'engagent à prendre, soit directement, soit en coopération avec les organisations publiques et privées, des mesures appropriées tendant notamment :

1. à éliminer, dans la mesure du possible, les causes d'une santé déficiente ;
2. à prévoir des services de consultation et d'éducation pour ce qui concerne l'amélioration de la santé et le développement du sens de la responsabilité individuelle en matière de santé ;
3. à prévenir, dans la mesure du possible, les maladies épidémiques, endémiques et autres, ainsi que les accidents.

65 Charte des droits fondamentaux de l'Union européenne (article 35)

Art. 35. *Protection de la santé.* Toute personne a le droit d'accéder à la prévention en matière de santé et de bénéficier de soins médicaux dans les conditions établies par les législations et pratiques nationales. Un niveau élevé de protection de la santé humaine est assuré dans la définition et la mise en œuvre de toutes les politiques et actions de l'Union.

66 Préambule de la Constitution du 27 octobre 1946 (alinéa 11)

Al. 11. Elle *[la Nation]* garantit à tous, notamment à l'enfant, à la mère et aux vieux travailleurs, la protection de la santé, la sécurité matérielle, le repos et les loisirs. Tout être humain qui, en raison de son âge, de son état physique ou mental, de la situation économique, se trouve dans l'incapacité de travailler a le droit d'obtenir de la collectivité des moyens convenables d'existence.

67 Code de la santé publique (articles L. 1110-1, L. 1110-3 et L. 1110-5)

TITRE Ier

DROITS DES PERSONNES MALADES ET DES USAGERS DU SYSTÈME DE SANTÉ

CHAPITRE PRÉLIMINAIRE
Droits de la personne

Art. L. 1110-1. Le droit fondamental à la protection de la santé doit être mis en œuvre par tous moyens disponibles au bénéfice de toute personne. Les professionnels, les établissements et réseaux de santé, les organismes d'assurance maladie ou tous autres organismes participant à la prévention et aux soins, et les autorités sanitaires contribuent, avec les usagers, à développer la prévention, garantir l'égal accès de chaque personne aux soins nécessités par son état de santé et assurer la continuité des soins et la meilleure sécurité sanitaire possible.

Art. L. 1110-3. Aucune personne ne peut faire l'objet de discriminations dans l'accès à la prévention ou aux soins.

(L. n° 2009-879 du 21 juill. 2009, art. 54) «Un professionnel de santé ne peut refuser de soigner une personne pour l'un des motifs visés au premier alinéa de l'article 225-1 *(L. n° 2012-954 du 6 août 2012, art. 3)* «ou à l'article 225-1-1» du code pénal ou au motif qu'elle est bénéficiaire de la protection complémentaire ou du droit à l'aide prévus aux articles L. 861-1 et L. 863-1 du code de la sécurité sociale, ou du droit à l'aide prévue *[prévu]* à l'article L. 251-1 du code de l'action sociale et des familles.

«Toute personne qui s'estime victime d'un refus de soins illégitime peut saisir le directeur de l'organisme local d'assurance maladie ou le président du conseil territorialement compétent de l'ordre professionnel concerné des faits qui permettent d'en présumer l'existence. Cette saisine vaut dépôt de plainte. Elle est communiquée à l'autorité qui n'en a pas été destinataire. Le récipiendaire en accuse réception à l'auteur, en informe le professionnel de santé mis en cause et peut le convoquer dans un délai d'un mois à compter de la date d'enregistrement de la plainte.

«Hors cas de récidive, une conciliation est menée dans les trois mois de la réception de la plainte par une commission mixte composée à parité de représentants du conseil territorialement compétent de l'ordre professionnel concerné et de l'organisme local d'assurance maladie.

«En cas d'échec de la conciliation, ou en cas de récidive, le président du conseil territorialement compétent transmet la plainte à la juridiction ordinale compétente avec son avis motivé et en s'y associant le cas échéant.

«En cas de carence du conseil territorialement compétent, dans un délai de trois mois, le directeur de l'organisme local d'assurance maladie peut prononcer à l'encontre du professionnel de santé une sanction dans les conditions prévues à l'article L. 162-1-14-1 du code de la sécurité sociale.

«Hors le cas d'urgence et celui où le professionnel de santé manquerait à ses devoirs d'humanité, le principe énoncé au premier alinéa du présent article ne fait pas obstacle à un refus de soins fondé sur une exigence personnelle ou professionnelle essentielle et déterminante de la qualité, de la sécurité ou de l'efficacité des soins. La continuité des soins doit être assurée quelles que soient les circonstances, dans les conditions prévues par l'article L. 6315-1 du présent code.

«Les modalités d'application du présent article sont fixées par voie réglementaire.»

Art. L. 1110-5. Toute personne a, compte tenu de son état de santé et de l'urgence des interventions que celui-ci requiert, le droit de recevoir *(L. n° 2016-87 du 2 févr. 2016, art. 1er-I-1°-a)* «, sur l'ensemble du territoire, les traitements et» les soins les plus appropriés et de bénéficier des thérapeutiques dont l'efficacité est reconnue et qui garantissent la meilleure sécurité sanitaire *(L. n° 2016-87 du 2 févr. 2016, art. 1er-I-1°-a)* «et le meilleur apaisement possible de la souffrance» au regard des connaissances médicales avérées. Les actes de prévention, d'investigation ou *(L. n° 2016-87 du 2 févr. 2016, art. 1er-I-1°-b)* «de traitements et» de soins ne doivent pas, en l'état des connaissances médicales, lui faire courir de risques disproportionnés par rapport au bénéfice escompté. *(L. n° 2016-87 du 2 févr. 2016, art. 1er-I-1°-c et 2°)* «Ces dispositions s'appliquent sans préjudice ni de l'obligation de sécurité à laquelle est tenu tout fournisseur de produits de santé ni de l'application du titre II du présent livre.

«Toute personne a le droit d'avoir une fin de vie digne et accompagnée du meilleur apaisement possible de la souffrance. Les professionnels de santé mettent en œuvre tous les moyens à leur disposition pour que ce droit soit respecté.»

Section 2

Le droit à l'information et l'accès aux informations concernant sa santé

68 Code de la santé publique (articles L. 1111-1 à L. 1111-3 et L. 1111-7)

TITRE Ier

DROITS DES PERSONNES MALADES ET DES USAGERS DU SYSTÈME DE SANTÉ

CHAPITRE Ier

Information des usagers du système de santé et expression de leur volonté

Section I

Principes généraux

Art. L. 1111-1. Les droits reconnus aux usagers s'accompagnent des responsabilités de nature à garantir la pérennité du système de santé et des principes sur lesquels il repose.

Art. L. 1111-1-1. *(L. n° 2016-41 du 26 janv. 2016, art. 88-I)* Un service public, placé sous la responsabilité du ministre chargé de la santé, a pour mission la diffusion gratuite et la plus large des informations relatives à la santé et aux produits de santé, notamment à l'offre sanitaire, médico-sociale et sociale auprès du public. Les informations diffusées sont adaptées et accessibles aux personnes handicapées.

Il est constitué avec le concours des caisses nationales d'assurance maladie, de la Caisse nationale de solidarité pour l'autonomie, des agences et des autorités compétentes dans le champ de la santé publique et des agences régionales de santé.

Art. L. 1111-2. Toute personne a le droit d'être informée sur son état de santé. Cette information porte sur les différentes investigations, traitements ou actions de prévention qui sont proposés, leur utilité, leur urgence éventuelle, leurs conséquences, les risques fréquents ou graves normalement prévisibles qu'ils comportent ainsi que sur les autres solutions possibles et sur les conséquences prévisibles en cas de refus. *(L. n° 2016-41 du 26 janv. 2016, art. 175-2°)* «Elle est également informée de la possibilité de recevoir, lorsque son état de santé le permet, notamment lorsqu'elle relève de soins palliatifs au sens de l'article L. 1110-10, les soins sous forme ambulatoire ou à domicile. Il est tenu compte de la volonté de la personne de bénéficier de l'une de ces formes de prise en charge.» Lorsque, postérieurement à l'exécution des investigations, traitements ou actions de prévention, des risques nouveaux sont identifiés, la personne concernée doit en être informée, sauf en cas d'impossibilité de la retrouver.

Cette information incombe à tout professionnel de santé dans le cadre de ses compétences et dans le respect des règles professionnelles qui lui sont applicables. Seules l'urgence ou l'impossibilité d'informer peuvent l'en dispenser.

Cette information est délivrée au cours d'un entretien individuel.

La volonté d'une personne d'être tenue dans l'ignorance d'un diagnostic ou d'un pronostic doit être respectée, sauf lorsque des tiers sont exposés à un risque de transmission.

Les droits des mineurs ou des majeurs sous tutelle mentionnés au présent article sont exercés, selon les cas, par les titulaires de l'autorité parentale ou par le tuteur. Ceux-ci reçoivent l'information prévue par le présent article, sous réserve *(L. n° 2016-41 du 26 janv. 2016, art. 7-I-3°)* «des articles L. 1111-5 et L. 1111-5-1». Les intéressés ont le droit de recevoir eux-mêmes une information et de participer à la prise de décision les concernant, d'une manière adaptée soit à leur degré de maturité s'agissant des mineurs, soit à leurs facultés de discernement s'agissant des majeurs sous tutelle.

Des recommandations de bonnes pratiques sur la délivrance de l'information sont établies par *(L. n° 2004-810 du 13 août 2004, art. 36-III)* «la Haute Autorité de santé» et homologuées par arrêté du ministre chargé de la santé.

En cas de litige, il appartient au professionnel ou à l'établissement de santé d'apporter la preuve que l'information a été délivrée à l'intéressé dans les conditions prévues au présent article. Cette preuve peut être apportée par tout moyen.

(L. n° 2009-879 du 21 juill. 2009, art. 37) «L'établissement de santé recueille auprès du patient hospitalisé les coordonnées des professionnels de santé auprès desquels il souhaite que soient recueillies les informations nécessaires à sa prise en charge durant son séjour et que soient transmises celles utiles à la continuité des soins après sa sortie.»

Art. L. 1111-3. *(L. n° 2016-41 du 26 janv. 2016, art. 217)* Toute personne a droit à une information sur les frais auxquels elle pourrait être exposée à l'occasion d'activités de prévention, de diagnostic et de soins et, le cas échéant, sur les conditions de leur prise en charge et de dispense d'avance des frais.

Cette information est gratuite.

Art. L. 1111-7. Toute personne a accès à l'ensemble des informations concernant sa santé détenues *(L. n° 2007-131 du 31 janv. 2007, art. 6)* «, à quelque titre que ce soit,» par des professionnels et établissements de santé *(Ord. n° 2018-20 du 17 janv. 2018, art. 2 et 35, en vigueur au plus tard le 1er avr. 2018)* «*[,]* par des centres de santé, par le service de santé des armées ou par l'Institution nationale des invalides», qui sont formalisées ou ont fait l'objet d'échanges écrits entre professionnels de santé, notamment des résultats d'examen, comptes rendus de consultation, d'intervention, d'exploration ou d'hospitalisation, des protocoles et prescriptions thérapeutiques mis en œuvre, feuilles de surveillance, correspondances entre professionnels de santé, à l'exception des informations mentionnant qu'elles ont été recueillies auprès de tiers n'intervenant pas dans la prise en charge thérapeutique ou concernant un tel tiers.

Elle peut accéder à ces informations directement ou par l'intermédiaire d'un médecin qu'elle désigne et en obtenir communication, dans des conditions définies par voie réglementaire au plus tard dans les huit jours suivant sa demande et au plus tôt après qu'un délai de réflexion de quarante-huit heures aura été observé. Ce délai est porté à deux mois lorsque les informations médicales datent de plus de cinq ans ou lorsque la commission départementale des *(L. n° 2011-803 du 5 juill. 2011, art. 9-1°)* «soins» psychiatriques est saisie en application du quatrième alinéa. *(L. n° 2016-41 du 26 janv. 2016, art. 189-1°-a)* «Lorsque la personne majeure fait l'objet d'une mesure de protection juridique, la personne en charge de l'exercice de la mesure, lorsqu'elle est habilitée à représenter ou à assister l'intéressé dans les conditions prévues à l'article 459 du code civil, a accès à ces informations dans les mêmes conditions.»

La présence d'une tierce personne lors de la consultation de certaines informations peut être recommandée par le médecin les ayant établies ou en étant dépositaire, pour des motifs tenant aux risques que leur connaissance sans accompagnement ferait courir à la personne concernée. Le refus de cette dernière ne fait pas obstacle à la communication de ces informations.

A titre exceptionnel, la consultation des informations recueillies, dans le cadre d'une *(L. n° 2011-803 du 5 juill. 2011, art. 9-1°)* «admission en soins psychiatriques décidée en application des chapitres II à IV du titre Ier du livre II de la troisième partie du présent code ou ordonnée en application de l'article 706-135 du code de procédure pénale», peut être subordonnée à la présence d'un médecin désigné par le demandeur en cas de risques d'une gravité particulière. En cas de refus du demandeur, la commission départementale des *(L. n° 2011-803 du 5 juill. 2011, art. 9-1°)* «soins» psychiatriques est saisie. Son avis s'impose au détenteur des informations comme au demandeur.

Sous réserve de l'opposition prévue *(L. n° 2016-41 du 26 janv. 2016, art. 7-I-4°)* «aux articles L. 1111-5 et L. 1111-5-1», dans le cas d'une personne mineure le droit d'accès est exercé par le ou les titulaires de l'autorité parentale. A la demande du mineur, cet accès a lieu par l'intermédiaire d'un médecin.

En cas de décès du malade, l'accès des ayants droit *(L. n° 2016-41 du 26 janv. 2016, art. 189-1°-b)* «, du concubin ou du partenaire lié par un pacte civil de solidarité» à son dossier médical s'effectue dans les conditions prévues *(L. n° 2016-41 du 26 janv. 2016, art. 96-I-4°)* «au dernier alinéa du V» de l'article L. 1110-4.

La consultation sur place des informations est gratuite. Lorsque le demandeur souhaite la délivrance de copies, quel qu'en soit le support, les frais laissés à sa charge ne peuvent excéder le coût de la reproduction et, le cas échéant, de l'envoi des documents.

Section 3

Le droit des malades

69 Code de la santé publique (articles L. 1110-2 et L. 1110-4)

TITRE Ier

DROITS DES PERSONNES MALADES ET DES USAGERS DU SYSTÈME DE SANTÉ

CHAPITRE PRELIMINAIRE

Droits de la personne

Art. L. 1110-2. La personne malade a droit au respect de sa dignité.

Art. L. 1110-4. *(Ord. n° 2017-31 du 12 janv. 2017, art. 5-1°)* «I. — Toute personne prise en charge par un professionnel de santé, un établissement ou service, un professionnel ou organisme concourant à la prévention ou aux soins dont les conditions d'exercice ou les activités sont régies par le présent code, le service de santé des armées, un professionnel du secteur médico-social ou social ou un établissement ou service social et médico-social mentionné au I de l'article L. 312-1 du code de l'action sociale et des familles a droit au respect de sa vie privée et du secret des informations le *[la]* concernant.»

(L. n° 2016-41 du 26 janv. 2016, art. 96-I-1°-a) «Excepté dans les cas de dérogation expressément prévus par la loi, ce secret couvre l'ensemble des informations concernant la personne venues à la connaissance du professionnel, de tout membre du personnel de ces établissements, services ou organismes, et de toute autre personne en relation, de par ses activités, avec ces établissements ou organismes. Il s'impose à tous les professionnels intervenant dans le système de santé.

«II. — Un professionnel peut échanger avec un ou plusieurs professionnels identifiés des informations relatives à une même personne prise en charge, à condition qu'ils participent tous à sa prise en charge et que ces informations soient strictement nécessaires à la coordination ou à la continuité des soins, à la prévention ou à son suivi médico-social et social.

«III. — Lorsque ces professionnels appartiennent à la même équipe de soins, au sens de l'article L. 1110-12, ils peuvent partager les informations concernant une même personne qui sont strictement nécessaires à la coordination ou à la continuité des soins ou à son suivi médico-social et social. Ces informations sont réputées confiées par la personne à l'ensemble de l'équipe.

«Le partage, entre des professionnels ne faisant pas partie de la même équipe de soins, d'informations nécessaires à la prise en charge d'une personne requiert son consentement préalable, recueilli par tout moyen, y compris de façon dématérialisée, dans des conditions définies par décret pris après avis de la Commission nationale de l'informatique et des libertés.

(Ord. n° 2018-20 du 17 janv. 2018, art. 2) «III *bis*. — Un professionnel de santé, exerçant au sein du service de santé des armées ou dans le cadre d'une contribution au soutien sanitaire des forces armées prévue à l'article L. 6147-10, ou un professionnel du secteur médico-social ou social relevant du ministre de la défense peuvent, dans des conditions définies par décret en Conseil d'État, échanger avec une ou plusieurs personnes, relevant du ministre de la défense ou de la tutelle du ministre chargé des anciens combattants, et ayant pour mission exclusive d'aider ou d'accompagner les militaires et anciens militaires blessés, des informations relatives à ce militaire ou à cet ancien militaire pris en charge, à condition que ces informations soient strictement nécessaires à son accompagnement. Le secret prévu au I s'impose à ces personnes. Un décret en Conseil d'État définit la liste des structures dans lesquelles exercent les personnes ayant pour mission exclusive d'aider ou d'accompagner les militaires et anciens militaires blessés.»

«IV. — La personne est dûment informée de son droit d'exercer une opposition à l'échange et au partage d'informations la concernant. Elle peut exercer ce droit à tout moment.»

(L. n° 2016-41 du 26 janv. 2016, art. 96-I-1°-b) «V. —» Le fait d'obtenir ou de tenter d'obtenir la communication de ces informations en violation du présent article est puni d'un an d'emprisonnement et de 15000 € d'amende.

En cas de diagnostic ou de pronostic grave, le secret médical ne s'oppose pas à ce que la famille, les proches de la personne malade ou la personne de confiance définie à l'article L. 1111-6 reçoivent les informations nécessaires destinées à leur permettre d'apporter un soutien direct à celle-ci, sauf opposition de sa part. *(L. n° 2004-810 du*

13 août 2004, art. 2-II) «Seul un médecin est habilité à délivrer, ou à faire délivrer sous sa responsabilité, ces informations.»

Le secret médical ne fait pas obstacle à ce que les informations concernant une personne décédée soient délivrées à ses ayants droit *(L. nº 2016-41 du 26 janv. 2016, art. 96-I-1º-c)* «, son concubin ou son partenaire lié par un pacte civil de solidarité», dans la mesure où elles leur sont nécessaires pour leur permettre de connaître les causes de la mort, de défendre la mémoire du défunt ou de faire valoir leurs droits, sauf volonté contraire exprimée par la personne avant son décès. *(L. nº 2016-41 du 26 janv. 2016, art. 96-I-1º-c)* «Toutefois, en cas de décès d'une personne mineure, les titulaires de l'autorité parentale conservent leur droit d'accès à la totalité des informations médicales la concernant, à l'exception des éléments relatifs aux décisions médicales pour lesquelles la personne mineure, le cas échéant, s'est opposée à l'obtention de leur consentement dans les conditions définies aux articles L. 1111-5 et L. 1111-5-1.»

(L. nº 2016-41 du 26 janv. 2016, art. 96-I-1º-d) «VI. — Les conditions et les modalités de mise en œuvre du présent article pour ce qui concerne l'échange et le partage d'informations entre professionnels de santé *(Ord. nº 2018-20 du 17 janv. 2018, art. 2)* «, non-professionnels de santé du champ social et médico-social et personnes ayant pour mission exclusive d'aider ou d'accompagner les militaires et anciens militaires blessés» sont définies par décret en Conseil d'État, pris après avis de la Commission nationale de l'informatique et des libertés.»

Section 4

Le droit aux soins palliatifs et l'accès aux traitements à double-effets

70 Code de la santé publique (articles L. 1110-5-1 à L. 1110-5-3, L. 1110-8 à L. 1110-11)

TITRE Ier

DROITS DES PERSONNES MALADES ET DES USAGERS DU SYSTÈME DE SANTÉ

CHAPITRE PRÉLIMINAIRE

Droits de la personne

Art. L. 1110-5-1. *(L. nº 2016-87 du 2 févr. 2016, art. 2)* Les actes mentionnés à l'article L. 1110-5 ne doivent pas être mis en œuvre ou poursuivis lorsqu'ils résultent d'une obstination déraisonnable. Lorsqu'ils apparaissent inutiles, disproportionnés ou lorsqu'ils n'ont d'autre effet que le seul maintien artificiel de la vie, ils peuvent être suspendus ou ne pas être entrepris, conformément à la volonté du patient et, si ce dernier est hors d'état d'exprimer sa volonté, à l'issue d'une procédure collégiale définie par voie réglementaire.

La nutrition et l'hydratation artificielles constituent des traitements qui peuvent être arrêtés conformément au premier alinéa du présent article.

Lorsque les actes mentionnés aux deux premiers alinéas du présent article sont suspendus ou ne sont pas entrepris, le médecin sauvegarde la dignité du mourant et assure la qualité de sa vie en dispensant les soins palliatifs mentionnés à l'article L. 1110-10.

Art. L. 1110-5-2. *(L. n° 2016-87 du 2 févr. 2016, art. 3)* A la demande du patient d'éviter toute souffrance et de ne pas subir d'obstination déraisonnable, une sédation profonde et continue provoquant une altération de la conscience maintenue jusqu'au décès, associée à une analgésie et à l'arrêt de l'ensemble des traitements de maintien en vie, est mise en œuvre dans les cas suivants :

1° Lorsque le patient atteint d'une affection grave et incurable et dont le pronostic vital est engagé à court terme présente une souffrance réfractaire aux traitements;

2° Lorsque la décision du patient atteint d'une affection grave et incurable d'arrêter un traitement engage son pronostic vital à court terme et est susceptible d'entraîner une souffrance insupportable.

Lorsque le patient ne peut pas exprimer sa volonté et, au titre du refus de l'obstination déraisonnable mentionnée à l'article L. 1110-5-1, dans le cas où le médecin arrête un traitement de maintien en vie, celui-ci applique une sédation profonde et continue provoquant une altération de la conscience maintenue jusqu'au décès, associée à une analgésie.

La sédation profonde et continue associée à une analgésie prévue au présent article est mise en œuvre selon la procédure collégiale définie par voie réglementaire qui permet à l'équipe soignante de vérifier préalablement que les conditions d'application prévues aux alinéas précédents sont remplies.

A la demande du patient, la sédation profonde et continue peut être mise en œuvre à son domicile, dans un établissement de santé ou un établissement mentionné au 6° du I de l'article L. 312-1 du code de l'action sociale et des familles.

L'ensemble de la procédure suivie est inscrite au dossier médical du patient.

Art. L. 1110-5-3. *(L. n° 2016-87 du 2 févr. 2016, art. 4)* Toute personne a le droit de recevoir des traitements et des soins visant à soulager sa souffrance. Celle-ci doit être, en toutes circonstances, prévenue, prise en compte, évaluée et traitée.

Le médecin met en place l'ensemble des traitements analgésiques et sédatifs pour répondre à la souffrance réfractaire du malade en phase avancée ou terminale, même s'ils peuvent avoir comme effet d'abréger la vie. Il doit en informer le malade, sans préjudice du quatrième alinéa de l'article L. 1111-2, la personne de confiance prévue à l'article L. 1111-6, la famille ou, à défaut, un des proches du malade. La procédure suivie est inscrite dans le dossier médical.

Toute personne est informée par les professionnels de santé de la possibilité d'être prise en charge à domicile, dès lors que son état le permet.

Art. L. 1110-8. Le droit du malade au libre choix de son praticien et de son établissement de santé *(L. n° 2016-41 du 26 janv. 2016, art. 175-1°)* «et de son mode de prise en charge, sous forme ambulatoire ou à domicile, en particulier lorsqu'il relève de soins palliatifs au sens de l'article L. 1110-10,» est un principe fondamental de la législation sanitaire.

Les limitations apportées à ce principe par les différents régimes de protection sociale ne peuvent être introduites qu'en considération des capacités techniques des établissements, de leur mode de tarification et des critères de l'autorisation à dispenser des soins remboursables aux assurés sociaux.

Art. L. 1110-9. Toute personne malade dont l'état le requiert a le droit d'accéder à des soins palliatifs et à un accompagnement.

Art. L. 1110-10. Les soins palliatifs sont des soins actifs et continus pratiqués par une équipe interdisciplinaire en institution ou à domicile. Ils visent à soulager la douleur, à apaiser la souffrance psychique, à sauvegarder la dignité de la personne malade et à soutenir son entourage.

Art. L. 1110-11. Des bénévoles, formés à l'accompagnement de la fin de vie et appartenant à des associations qui les sélectionnent, peuvent, avec l'accord de la personne malade ou de ses proches et sans interférer avec la pratique des soins médicaux et paramédicaux, apporter leur concours à l'équipe de soins en participant à l'ultime accompagnement du malade et en confortant l'environnement psychologique et social de la personne malade et de son entourage.

Les associations qui organisent l'intervention des bénévoles se dotent d'une charte qui définit les principes qu'ils doivent respecter dans leur action. Ces principes comportent notamment le respect des opinions philosophiques et religieuses de la personne accompagnée, le respect de sa dignité et de son intimité, la discrétion, la confidentialité, l'absence d'interférence dans les soins.

Les associations qui organisent l'intervention des bénévoles dans des établissements de santé publics ou privés et des établissements sociaux et médico-sociaux doivent conclure, avec les établissements concernés, une convention conforme à une convention type définie par décret en Conseil d'État. A défaut d'une telle convention ou lorsqu'il est constaté des manquements au respect des dispositions de la convention, le directeur de l'établissement, ou à défaut le *(Ord. n° 2010-177 du 23 févr. 2010, art. 7-1°)* «directeur général de l'agence régionale de santé», interdit l'accès de l'établissement aux membres de cette association.

Seules les associations ayant conclu la convention mentionnée à l'alinéa précédent peuvent organiser l'intervention des bénévoles au domicile des personnes malades.

Section 5

La protection des restes humains

71 Code civil (articles 16-1-1 et 16-2)

TITRE Ier

DES DROITS CIVILS

CHAPITRE II

Du respect du corps humain

Art. 16-1-1. *(L. n° 2008-1350 du 19 déc. 2008, art. 11)* Le respect dû au corps humain ne cesse pas avec la mort.

Les restes des personnes décédées, y compris les cendres de celles dont le corps a donné lieu à crémation, doivent être traités avec respect, dignité et décence.

Art. 16-2. Le juge peut prescrire toutes mesures propres à empêcher ou faire cesser une atteinte illicite au corps humain ou des agissements illicites portant sur des éléments ou des produits de celui-ci *(L. n° 2008-1350 du 19 déc. 2008, art. 12)* «, y compris après la mort».

72 Code pénal (article 225-17)

TITRE II

DES ATTEINTES À LA PERSONNE HUMAINE

CHAPITRE V

Des atteintes à la dignité de la personne

Section 4

Des atteintes au respect dû aux morts

Art. 225-17. Toute atteinte à l'intégrité du cadavre, par quelque moyen que ce soit, est punie d'un an d'emprisonnement et de 15000 € d'amende.

La violation ou la profanation, par quelque moyen que ce soit, de tombeaux, de sépultures *(L. n° 2008-1350 du 19 déc. 2008, art. 13)* «, d'urnes cinéraires» ou de monuments édifiés à la mémoire des morts est punie d'un an d'emprisonnement et de 15000 € d'amende.

La peine est portée à deux ans d'emprisonnement et à 30000 € d'amende lorsque les infractions définies à l'alinéa précédent ont été accompagnées d'atteinte à l'intégrité du cadavre.

II – LES LIBERTÉS

CHAPITRE 1
Les libertés concernant la procréation

Section 1
Le refus de procréer : la contraception et l'avortement

A – L'INTERRUPTION VOLONTAIRE DE GROSSESSE

73 Code de la santé publique (articles L. 2211-1 à L. 2214-3)

TITRE PREMIER
DISPOSITIONS GÉNÉRALES

CHAPITRE PREMIER
Principe général

Art. L. 2211-1. Comme il est dit à l'article 16 du code civil ci-après reproduit :

« **Art. 16** La loi assure la primauté de la personne, interdit toute atteinte à la dignité de celle-ci et garantit le respect de l'être humain dès le commencement de sa vie.»

Art. L. 2211-2. Il ne saurait être porté atteinte au principe mentionné à l'article L. 2211-1 qu'en cas de nécessité et selon les conditions définies par le présent titre.

L'enseignement de ce principe et de ses conséquences, l'information sur les problèmes de la vie et de la démographie nationale et internationale, l'éducation à la responsabilité, l'accueil de l'enfant dans la société et la politique familiale sont des obligations nationales. L'État, avec le concours des collectivités territoriales, exécute ces obligations et soutient les initiatives qui y contribuent.

CHAPITRE II
Interruption pratiquée avant la fin de la douzième semaine de grossesse

Art. L. 2212-1. La femme enceinte *(L. n° 2014-873 du 4 août 2014, art. 24)* «qui ne veut pas poursuivre une grossesse» peut demander à un médecin *(L. n° 2016-41 du 26 janv. 2016, art. 127-I-1°)* «ou à une sage-femme» l'interruption de sa grossesse. Cette interruption ne peut être pratiquée qu'*(L. n° 2001-588 du 4 juill. 2001, art. 2)* «avant la fin de la douzième semaine de grossesse».

(L. n° 2016-41 du 26 janv. 2016, art. 127-V) «Toute personne a le droit d'être informée sur les méthodes abortives et d'en choisir une librement.

«Cette information incombe à tout professionnel de santé dans le cadre de ses compétences et dans le respect des règles professionnelles qui lui sont applicables.»

Art. L. 2212-2. *(Ord. n° 2003-850 du 4 sept. 2003, art. 9-I)* L'interruption volontaire d'une grossesse ne peut être pratiquée que par un médecin *(L. n° 2016-41 du 26 janv. 2016, art. 127-I-2°-a)* «ou, pour les seuls cas où elle est réalisée par voie médicamenteuse, par une sage-femme».

Elle ne peut avoir lieu que dans un établissement de santé, public ou privé, ou dans le cadre d'une convention conclue entre *(L. n° 2007-1786 du 19 déc. 2007, art. 71-II)* «le praticien *(L. n° 2016-41 du 26 janv. 2016, art. 127-I-2°-b)* «ou la sage-femme» ou un centre de planification ou d'éducation familiale ou un centre de santé» et un tel établissement, dans des conditions fixées par décret en Conseil d'État.

Art. L. 2212-3. Le médecin *(L. n° 2016-41 du 26 janv. 2016, art. 127-I-3°-a)* «ou la sage-femme» sollicité par une femme en vue de l'interruption de sa grossesse doit, dès la première visite, informer celle-ci des méthodes médicales et chirurgicales d'interruption de grossesse et des risques et des effets secondaires potentiels.

(L. n° 2016-41 du 26 janv. 2016, art. 127-I-3°-b) «Le médecin ou la sage-femme» doit lui remettre un dossier-guide, mis à jour au moins une fois par an, comportant notamment le rappel des dispositions des articles L. 2212-1 et L. 2212-2, la liste et les adresses des organismes mentionnés à l'article L. 2212-4 et des établissements où sont effectuées des interruptions volontaires de la grossesse.

Les *(Ord. n° 2010-177 du 23 févr. 2010, art. 7-36°)* «agences régionales de santé» assurent la réalisation et la diffusion des dossiers-guides destinés aux médecins *(L. n° 2016-41 du 26 janv. 2016, art. 127-I-3°-c)* «et aux sages-femmes».

Art. L. 2212-4. «Il est systématiquement proposé, avant et après l'interruption volontaire de grossesse, à la femme majeure une consultation avec une personne ayant satisfait à une formation qualifiante en conseil conjugal ou toute autre personne qualifiée dans un établissement d'information, de consultation ou de conseil familial, un centre de planification ou d'éducation familiale, un service social ou un autre organisme agréé. Cette consultation préalable comporte un entretien particulier au cours duquel une assistance ou des conseils appropriés à la situation de l'intéressée lui sont apportés.

«Pour la femme mineure non émancipée, cette consultation préalable est obligatoire et l'organisme concerné doit lui délivrer une attestation de consultation. Si elle exprime le désir de garder le secret à l'égard des titulaires de l'autorité parentale ou de son représentant légal, elle doit être conseillée sur le choix de la personne majeure mentionnée à l'article L. 2212-7 susceptible de l'accompagner dans sa démarche.»

Les personnels des organismes mentionnés au premier alinéa sont soumis aux dispositions des articles 226-13 et 226-14 du code pénal.

Chaque fois que cela est possible, le couple participe à la consultation et à la décision à prendre.

Art. L. 2212-5. Si la femme renouvelle, après les consultations prévues aux articles L. 2212-3 et L. 2212-4, sa demande d'interruption de grossesse, le médecin *(L. n° 2016-41 du 26 janv. 2016, art. 127-I-4°)* «ou la sage-femme» doit lui demander une confirmation écrite. Cette confirmation ne peut intervenir qu'après l'expiration d'un délai de deux jours suivant l'entretien prévu à l'article L. 2212-4.

Art. L. 2212-6. *(L. n° 2016-41 du 26 janv. 2016, art. 127-I-5°)* «En cas de confirmation, le médecin ou la sage-femme peuvent pratiquer personnellement l'interruption de grossesse dans les conditions fixées au second alinéa de l'article L. 2212-2. S'ils ne pratiquent pas eux-mêmes l'intervention, ils restituent à la femme sa demande pour que celle-ci soit remise au médecin ou à la sage-femme choisis par elle et lui délivrent un certificat attestant qu'ils se sont conformés aux articles L. 2212-3 et L. 2212-5.»

Le directeur de l'établissement de santé dans lequel une femme demande son admission en vue d'une interruption volontaire de la grossesse doit se faire remettre et conserver pendant au moins un an les attestations justifiant qu'elle a satisfait aux consultations prescrites aux articles L. 2212-3 à L. 2212-5.

Art. L. 2212-7. Si la femme est mineure non émancipée, le consentement de l'un des titulaires de l'autorité parentale ou, le cas échéant, du représentant légal est recueilli. Ce consentement est joint à la demande qu'elle présente au médecin *(L. n° 2016-41 du 26 janv. 2016, art. 127-I-6°-a)* «ou à la sage-femme» en dehors de la présence de toute autre personne.

Si la femme mineure non émancipée désire garder le secret, le médecin *(L. n° 2016-41 du 26 janv. 2016, art. 127-I-6°-b)* «ou la sage-femme» doit s'efforcer, dans l'intérêt de celle-ci, d'obtenir son consentement pour que le ou les titulaires de l'autorité parentale ou, le cas échéant, le représentant légal soient consultés ou doit vérifier que cette démarche a été faite lors de l'entretien mentionné à l'article L. 2212-4.

Si la mineure ne veut pas effectuer cette démarche ou si le consentement n'est pas obtenu, l'interruption volontaire de grossesse ainsi que les actes médicaux et les soins qui lui sont liés peuvent être pratiqués à la demande de l'intéressée, présentée dans les conditions prévues au premier alinéa. Dans ce cas, la mineure se fait accompagner dans sa démarche par la personne majeure de son choix.

Après l'intervention, une deuxième consultation, ayant notamment pour but une nouvelle information sur la contraception, est obligatoirement proposée aux mineures.

Art. L. 2212-8. *(L. n° 2001-588 du 4 juill. 2001, art. 8)* «Un médecin *(L. n° 2016-41 du 26 janv. 2016, art. 127-I-7°)* «ou une sage-femme» n'est jamais tenu de pratiquer une interruption volontaire de grossesse mais il doit informer, sans délai, l'intéressée de son refus et lui communiquer immédiatement le nom de praticiens *(L. n° 2016-41 du 26 janv. 2016, art. 127-I-7°)* «ou de sages-femmes» susceptibles de réaliser cette intervention selon les modalités prévues à l'article L. 2212-2.»

Aucune sage-femme, aucun infirmier ou infirmière, aucun auxiliaire médical, quel qu'il soit, n'est tenu de concourir à une interruption de grossesse.

Un établissement de santé privé peut refuser que des interruptions volontaires de grossesse soient pratiquées dans ses locaux.

(Ord. n° 2010-177 du 23 févr. 2010, art. 1er-6°) «Toutefois ce refus ne peut être opposé par un établissement *(Ord. n° 2017-31 du 12 janv. 2017, art. 1er-2°)* «de santé privé habilité à assurer le service public hospitalier» que si d'autres établissements sont en mesure de répondre aux besoins locaux.»

Les catégories d'établissements publics qui sont tenus de disposer des moyens permettant la pratique des interruptions volontaires de la grossesse sont fixées par décret.

Art. L. 2212-9. Tout établissement dans lequel est pratiquée une interruption de grossesse doit assurer, après l'intervention, l'information de la femme en matière de régulation des naissances.

Art. L. 2212-10. Toute interruption de grossesse doit faire l'objet d'une déclaration établie par le médecin *(L. n° 2016-41 du 26 janv. 2016, art. 127-I-8°)* «ou la sage-femme» et adressée par l'établissement où elle est pratiquée au médecin *(Ord. n° 2010-177 du 23 févr. 2010, art. 7-37°)* «de l'agence régionale de santé désigné par le directeur général de l'agence»; cette déclaration ne fait aucune mention de l'identité de la femme.

Art. L. 2212-11. Les conditions d'application du présent chapitre sont déterminées par décret en Conseil d'État.

CHAPITRE III

Interruption de grossesse pratiquée pour motif médical

Art. L. 2213-1. L'interruption volontaire d'une grossesse peut, à toute époque, être pratiquée si deux médecins membres d'une équipe pluridisciplinaire attestent, après que cette équipe a rendu son avis consultatif, soit que la poursuite de la grossesse met en péril grave la santé de la femme, soit qu'il existe une forte probabilité que l'enfant à naître soit atteint d'une affection d'une particulière gravité reconnue comme incurable au moment du diagnostic.

(Ord. n° 2003-850 du 4 sept. 2003, art. 9-II) «Lorsque l'interruption de grossesse est envisagée au motif que la poursuite de la grossesse met en péril grave la santé de la femme, l'équipe pluridisciplinaire chargée d'examiner la demande de la femme comprend au moins *(L. n° 2011-814 du 7 juill. 2011, art. 25-1°)* «quatre personnes qui sont un médecin qualifié en gynécologie-obstétrique, membre d'un centre pluridisciplinaire de diagnostic prénatal, un praticien spécialiste de l'affection dont la femme est atteinte», un médecin choisi par la femme et une personne qualifiée tenue au secret professionnel qui peut être un assistant social ou un psychologue. *(L. n° 2011-814 du 7 juill. 2011, art. 25-2°)* «Le médecin qualifié en gynécologie-obstétrique et le médecin qualifié dans le traitement de l'affection dont la femme est atteinte» doivent exercer leur activité dans un établissement de santé.»

Lorsque l'interruption de grossesse est envisagée au motif qu'il existe une forte probabilité que l'enfant à naître soit atteint d'une affection d'une particulière gravité reconnue comme incurable au moment du diagnostic, l'équipe pluridisciplinaire chargée d'examiner la demande de la femme est celle d'un centre pluridisciplinaire de diagnostic prénatal. Lorsque l'équipe du centre précité se réunit, un médecin choisi par la femme peut, à la demande de celle-ci, être associé à la concertation. *(L. n° 2011-814 du 7 juill. 2011, art. 26)* «Hors urgence médicale, la femme se voit proposer un délai de réflexion d'au moins une semaine avant de décider d'interrompre ou de poursuivre sa grossesse.»

Dans les deux cas, préalablement à la réunion de l'équipe pluridisciplinaire compétente, la femme concernée ou le couple peut, à sa demande, être entendu par tout ou partie des membres de ladite équipe.

Art. L. 2213-2. Les dispositions des articles L. 2212-2 et L. 2212-8 à L. 2212-10 sont applicables à l'interruption volontaire de la grossesse pratiquée pour motif médical. *(L. n° 2016-41 du 26 janv. 2016, art. 127-9°)* «Toutefois, l'interruption volontaire de grossesse pour motif médical ne peut être pratiquée que par un médecin.»

Art. L. 2213-3. Les conditions d'application du présent chapitre sont déterminées par décret en Conseil d'État.

CHAPITRE IV

Dispositions communes

Art. L. 2214-1. Les frais occasionnés par le contrôle de l'application des dispositions des chapitres II et III du présent titre sont supportés par l'État.

Art. L. 2214-2. En aucun cas l'interruption volontaire de grossesse ne doit constituer un moyen de régulation des naissances. A cet effet, le Gouvernement prend toutes les mesures nécessaires pour développer l'information la plus large possible sur la régulation des naissances, notamment par la création généralisée, dans les centres de planification maternelle et infantile, de centres de planification ou d'éducation familiale et par l'utilisation de tous les moyens d'information.

La formation initiale et la formation permanente des médecins, des sages-femmes, ainsi que des infirmiers et des infirmières, comprennent un enseignement sur la contraception.

Art. L. 2214-3. Chaque année, à l'occasion de la discussion du projet de loi de finances, le ministre chargé de la santé publie un rapport rendant compte de l'évolution démographique du pays, ainsi que de l'application des dispositions du présent titre.

Ce rapport comporte des développements sur les aspects socio-démographiques de l'interruption de grossesse.

L'Institut national d'études démographiques analyse et publie, en liaison avec l'Institut national de la santé et de la recherche médicale, les statistiques établies à partir des déclarations prévues à l'article L. 2212-10.

B – LA RÉPRESSION DE L'ENTRAVE À L'INTERRUPTION VOLONTAIRE DE GROSSESSE

74 Code de la santé publique (articles L. 2223-1 et L. 2223-2)

TITRE II

DISPOSITIONS PÉNALES

CHAPITRE III

Entrave à l'interruption légale de grossesse

Art. L. 2223-1. Toute association régulièrement déclarée depuis au moins cinq ans à la date des faits, dont l'objet statutaire comporte la défense des droits des femmes à accéder à la contraception et à l'interruption de grossesse, peut exercer les droits reconnus à la partie civile en ce qui concerne les infractions prévues par l'article L. 2223-2 lorsque les faits ont été commis en vue d'empêcher ou de tenter d'empêcher une interruption volontaire de grossesse ou les actes préalables prévus par les articles L. 2212-3 à L. 2212-8.

Art. L. 2223-2. *(L. n° 2017-347 du 20 mars 2017, art. unique-1°)* Est puni de deux ans d'emprisonnement et de 30000 euros d'amende le fait d'empêcher ou de tenter d'empêcher de pratiquer ou de s'informer sur une interruption volontaire de grossesse ou les actes préalables prévus par les articles L. 2212-3 à L. 2212-8 par tout moyen, y compris par voie électronique ou en ligne, notamment par la diffusion ou la transmission d'allégations ou d'indications de nature à induire intentionnellement en erreur, dans un but dissuasif, sur les caractéristiques ou les conséquences médicales d'une interruption volontaire de grossesse :

1° Soit en perturbant l'accès aux établissements mentionnés à l'article L. 2212-2, la libre circulation des personnes à l'intérieur de ces établissements ou les conditions de travail des personnels médicaux et non médicaux;

2° Soit en exerçant des pressions morales et psychologiques, des menaces ou tout acte d'intimidation à l'encontre des personnes cherchant à s'informer sur une interruption volontaire de grossesse, des personnels médicaux et non médicaux travaillant dans les établissements mentionnés au même article L. 2212-2, des femmes venues recourir à une interruption volontaire de grossesse ou de l'entourage de ces dernières.

C – LA STÉRILISATION VOLONTAIRE

75 Code de la santé publique (article L. 2123-1)

TITRE II
ACTIONS DE PRÉVENTION CONCERNANT LES FUTURS CONJOINTS ET PARENTS

CHAPITRE III
Stérilisation à visée contraceptive

Art. L. 2123-1. La ligature des trompes ou des canaux déférents à visée contraceptive ne peut être pratiquée sur une personne mineure. Elle ne peut être pratiquée que si la personne majeure intéressée a exprimé une volonté libre, motivée et délibérée en considération d'une information claire et complète sur ses conséquences.

Cet acte chirurgical ne peut être pratiqué que dans un établissement de santé et après une consultation auprès d'un médecin.

Ce médecin doit au cours de la première consultation :

— informer la personne des risques médicaux qu'elle encourt et des conséquences de l'intervention;

— lui remettre un dossier d'information écrit.

Il ne peut être procédé à l'intervention qu'à l'issue d'un délai de réflexion de quatre mois après la première consultation médicale et après une confirmation écrite par la personne concernée de sa volonté de subir une intervention.

Un médecin n'est jamais tenu de pratiquer cet acte à visée contraceptive mais il doit informer l'intéressée de son refus dès la première consultation.

Section 2

La volonté de procréer : l'assistance médicale à la procréation

76 Code de la santé publique (articles L. 2141-1 à L. 2141-11-1)

TITRE IV
ASSISTANCE MEDICALE À LA PROCREATION

CHAPITRE PREMIER
Dispositions générales

Art. L. 2141-1. *(L. n° 2011-814 du 7 juill. 2011, art. 31-1°)* «L'assistance médicale à la procréation s'entend des pratiques cliniques et biologiques permettant la conception *in vitro*, la conservation des gamètes, des tissus germinaux et des embryons, le transfert d'embryons et l'insémination artificielle. La liste des procédés biologiques utilisés en assistance médicale à la procréation est fixée par arrêté du ministre chargé de la santé après avis de l'Agence de la biomédecine. Un décret en Conseil d'État précise les modalités et les critères d'inscription des procédés sur cette liste. Les critères portent notamment sur le respect des principes fondamentaux de la bioéthique prévus en particulier aux articles 16 à 16-8 du code civil, l'efficacité, la reproductibilité du procédé ainsi que la sécurité de son utilisation pour la femme et l'enfant à naître. L'Agence de la biomédecine remet au ministre chargé de la santé, dans les trois mois après la promulgation de la loi n° 2011-814 du 7 juillet 2011 relative à la bioéthique, un rapport précisant la liste des procédés biologiques utilisés en assistance médicale à la procréation ainsi que les modalités et les critères d'inscription des procédés sur cette liste.

«Toute technique visant à améliorer l'efficacité, la reproductibilité et la sécurité des procédés figurant sur la liste mentionnée au premier alinéa du présent article fait l'objet, avant sa mise en œuvre, d'une autorisation délivrée par le directeur général de l'Agence de la biomédecine après avis motivé de son conseil d'orientation.

«Lorsque le conseil d'orientation considère que la modification proposée est susceptible de constituer un nouveau procédé, sa mise en œuvre est subordonnée à son inscription sur la liste mentionnée au même premier alinéa.

«La technique de congélation ultra-rapide des ovocytes est autorisée.

«La mise en œuvre de l'assistance médicale à la procréation privilégie les pratiques et procédés qui permettent de limiter le nombre des embryons conservés. L'Agence de la biomédecine rend compte, dans son rapport annuel, des méthodes utilisées et des résultats obtenus.»

(L. n° 2004-800 du 6 août 2004, art. 24-I-1°) La stimulation ovarienne, y compris lorsqu'elle est mise en œuvre indépendamment d'une technique d'assistance médicale à la procréation, est soumise à des *(L. n° 2011-814 du 7 juill. 2011, art. 31-2°)* «règles» de bonnes pratiques *(L. n° 2011-814 du 7 juill. 2011, art. 31-2°)* «fixées par arrêté du ministre chargé de la santé».

(L. n° 2011-814 du 7 juill. 2011, art. 28) «Un arrêté du ministre chargé de la santé, pris sur proposition de l'Agence de la biomédecine, définit les règles de bonnes pratiques applicables à l'assistance médicale à la procréation avec tiers donneur.»

Art. L. 2141-2. *(L. n° 2011-814 du 7 juill. 2011, art. 33)* «L'assistance médicale à la procréation a pour objet de remédier à l'infertilité d'un couple ou d'éviter la transmission à l'enfant ou à un membre du couple d'une maladie d'une particulière gravité. Le caractère pathologique de l'infertilité doit être médicalement diagnostiqué.»

(L. n° 2004-800 du 6 août 2004, art. 24) L'homme et la femme formant le couple doivent être vivants, en âge de procréer *(L. n° 2011-814 du 7 juill. 2011, art. 33)* «et consentir» préalablement au transfert des embryons ou à l'insémination. Font obstacle à l'insémination ou au transfert des embryons le décès d'un des membres du couple, le dépôt d'une requête en divorce ou en séparation de corps ou la cessation de la communauté de vie, ainsi que la révocation par écrit du consentement par l'homme ou la femme auprès du médecin chargé de mettre en œuvre l'assistance médicale à la procréation.

Art. L. 2141-3. *(L. n° 2004-800 du 6 août 2004, art. 24-I-3°)* Un embryon ne peut être conçu *in vitro* que dans le cadre et selon les objectifs d'une assistance médicale à la procréation telle que définie à l'article *(L. n° 2011-814 du 7 juill. 2011, art. 36-1°)* «L. 2141-1». Il ne peut être conçu avec des gamètes ne provenant pas d'un au moins des membres du couple.

Compte tenu de l'état des techniques médicales, les membres du couple peuvent consentir par écrit à ce que soit tentée la fécondation d'un nombre d'ovocytes pouvant rendre nécessaire la conservation d'embryons, dans l'intention de réaliser ultérieurement leur projet parental. *(L. n° 2011-814 du 7 juill. 2011, art. 36-1°)* «Dans ce cas, ce nombre est limité à ce qui est strictement nécessaire à la réussite de l'assistance médicale à la procréation, compte tenu du procédé mis en œuvre.» Une information détaillée est remise aux membres du couple sur les possibilités de devenir de leurs embryons conservés qui ne feraient plus l'objet d'un projet parental.

Les membres du couple peuvent consentir par écrit à ce que les embryons, non susceptibles d'être transférés ou conservés, fassent l'objet d'une recherche dans les conditions prévues à l'article L. 2151-5.

Un couple dont des embryons ont été conservés ne peut bénéficier d'une nouvelle tentative de fécondation *in vitro* avant le transfert de ceux-ci sauf si un problème de qualité affecte ces embryons.

Art. L. 2141-4. *(L. n° 2011-814 du 7 juill. 2011, art. 34-1°)* «I. —» *(L. n° 2004-800 du 6 août 2004, art. 24-I-4°)* Les deux membres du couple dont des embryons sont conservés sont consultés chaque année par écrit sur le point de savoir s'ils maintiennent leur projet parental.

(L. n° 2011-814 du 7 juill. 2011, art. 34-2° et 3°) «II. — S'ils n'ont plus de projet parental ou en cas de décès de l'un d'entre eux, les deux membres d'un couple, ou le membre survivant, peuvent consentir à ce que :

«1° Leurs embryons soient accueillis par un autre couple dans les conditions fixées aux articles L. 2141-5 et L. 2141-6;

«2° Leurs embryons fassent l'objet d'une recherche dans les conditions prévues à l'article L. 2151-5 ou, dans les conditions fixées par cet article et *(Ord. n° 2016-800 du 16 juin 2016, art. 7-1°)* «les articles L. 1121-4 et L. 1125-1», à ce que les cellules dérivées à partir de ceux-ci entrent dans une préparation de thérapie cellulaire à des fins exclusivement thérapeutiques;

«3° Il soit mis fin à la conservation de leurs embryons.

«Dans tous les cas, le consentement ou la demande est exprimé par écrit et fait l'objet d'une confirmation par écrit après un délai de réflexion de trois mois. En cas de décès de l'un des membres du couple, le membre survivant ne peut être consulté avant l'expiration d'un délai d'un an à compter du décès, sauf initiative anticipée de sa part.

«III. —» Dans le cas où l'un des deux membres du couple consultés à plusieurs reprises ne répond pas sur le point de savoir s'il maintient ou non son projet parental, il est mis fin à la conservation des embryons si la durée de celle-ci est au moins égale à cinq ans. Il en est de même en cas de désaccord des membres du couple sur le maintien du projet parental ou sur le devenir des embryons.

(L. n° 2011-814 du 7 juill. 2011, art. 34-3°) «IV. —» Lorsque les deux membres d'un couple, ou le membre survivant, ont consenti, dans les conditions prévues aux articles L. 2141-5 et L. 2141-6, à l'accueil de leurs embryons et que ceux-ci n'ont pas été accueillis dans un délai de cinq ans à compter du jour où ce consentement a été exprimé par écrit, il est mis fin à la conservation de ces embryons.

Art. L. 2141-5. Les deux membres du couple peuvent consentir par écrit à ce que les embryons conservés soient accueillis par un autre couple dans les conditions prévues à l'article L. 2141-6.

En cas de décès d'un membre du couple, le membre survivant est consulté par écrit sur le point de savoir s'il consent à ce que les embryons conservés soient accueillis par un autre couple dans les conditions prévues à l'article L. 2141-6.

Art. L. 2141-6. *(L. n° 2011-814 du 7 juill. 2011, art. 35)* «Un couple répondant aux conditions prévues à l'article L. 2141-2 peut accueillir un embryon lorsque les techniques d'assistance médicale à la procréation au sein du couple ne peuvent aboutir ou lorsque le couple, dûment informé dans les conditions prévues à l'article L. 2141-10, y renonce.»

(L. n° 2019-222 du 23 mars 2019, art. 6) «Le couple demandeur doit préalablement donner son consentement à un notaire. Les conditions et les effets de ce consentement sont régis par l'article 311-20 du code civil.»

Le couple accueillant l'embryon et celui y ayant renoncé ne peuvent connaître leurs identités respectives.

Toutefois, en cas de nécessité thérapeutique, un médecin pourra accéder aux informations médicales non identifiantes concernant le couple ayant renoncé à l'embryon.

Aucun paiement, quelle qu'en soit la forme, ne peut être alloué au couple ayant renoncé à l'embryon.

L'accueil de l'embryon est subordonné à des règles de sécurité sanitaire. Ces règles comprennent notamment des tests de dépistage des maladies infectieuses.

(L. n° 2004-800 du 6 août 2004, art. 24) «Seuls les établissements publics ou privés à but non lucratif autorisés à cet effet peuvent conserver les embryons destinés à être accueillis et mettre en œuvre la procédure d'accueil.»

Art. L. 2141-7. *(L. n° 2004-800 du 6 août 2004, art. 24-I-7°)* L'assistance médicale à la procréation avec tiers donneur peut être mise en œuvre lorsqu'il existe un risque de transmission d'une maladie d'une particulière gravité à l'enfant ou à un membre du couple, lorsque les techniques d'assistance médicale à la procréation au sein du couple ne peuvent aboutir ou lorsque le couple, dûment informé dans les conditions prévues à l'article L. 2141-10, *(L. n° 2011-814 du 7 juill. 2011, art. 36-2°)* «renonce à une assistance médicale à la procréation au sein du couple».

Art. L. 2141-8. *(L. n° 2004-800 du 6 août 2004, art. 24-I-2°)* Un embryon humain ne peut être conçu ni utilisé à des fins commerciales ou industrielles.

Art. L. 2141-9. *(L. n° 2004-800 du 6 août 2004, art. 24-I-8°)* Seuls les embryons conçus avec les gamètes de l'un au moins des membres d'un couple et dans le respect des principes fondamentaux prévus par les articles 16 à 16-8 du code civil peuvent entrer sur le territoire où s'applique le présent code ou en sortir. Ces déplacements d'embryons sont exclusivement destinés à permettre la poursuite du projet parental de ce couple; ils sont soumis à l'autorisation de l'Agence de la biomédecine.

Art. L. 2141-10. La mise en œuvre de l'assistance médicale à la procréation doit être précédée d'entretiens particuliers des demandeurs avec les membres de l'équipe médicale *(L. n° 2004-800 du 6 août 2004, art. 24)* «clinicobiologique» pluridisciplinaire du centre, qui peut faire appel, en tant que de besoin, au service social institué au titre VI du code de la famille et de l'aide sociale.

Ils doivent notamment :

1° Vérifier la motivation de l'homme et de la femme formant le couple et leur rappeler les possibilités ouvertes par la loi en matière d'adoption;

2° Informer ceux-ci des possibilités de réussite et d'échec des techniques d'assistance médicale à la procréation, *(L. n° 2004-800 du 6 août 2004, art. 24)* «de leurs effets secondaires et de leurs risques à court et à long terme, ainsi que de leur pénibilité et des contraintes qu'elles peuvent entraîner»;

(L. n° 2004-800 du 6 août 2004, art. 24) «2° *bis* Informer ceux-ci de l'impossibilité de réaliser un transfert des embryons conservés en cas de rupture du couple ou de décès d'un de ses membres;»

3° Leur remettre un dossier-guide comportant notamment :

a) Le rappel des dispositions législatives et réglementaires relatives à l'assistance médicale à la procréation;

b) Un descriptif de ces techniques;

c) Le rappel des dispositions législatives et réglementaires relatives à l'adoption, ainsi que l'adresse des associations et organismes susceptibles de compléter leur information à ce sujet.

La demande ne peut être confirmée qu'à l'expiration d'un délai de réflexion d'un mois à l'issue du dernier entretien.

La confirmation de la demande est faite par écrit.

L'assistance médicale à la procréation est subordonnée à des règles de sécurité sanitaire.

Elle ne peut être mise en œuvre par le médecin lorsque les demandeurs ne remplissent pas les conditions prévues par le présent titre ou lorsque le médecin, après concertation au sein de l'équipe *(L. n° 2004-800 du 6 août 2004, art. 24)* «clinicobiologique» pluridisciplinaire, estime qu'un délai de réflexion supplémentaire est nécessaire aux demandeurs dans l'intérêt de l'enfant à naître.

Les époux *(L. n° 2011-814 du 7 juill. 2011, art. 36)* «, les partenaires liés par un pacte civil de solidarité» ou les concubins qui, pour procréer, recourent à une assistance médicale nécessitant l'intervention d'un tiers donneur doivent préalablement donner, dans les conditions prévues par le code civil, leur consentement *(L. nº 2019-222 du 23 mars 2019, art. 6)* «à un» notaire.

Art. L. 2141-11. *(Ord. nº 2008-480 du 22 mai 2008, art. 3)* Toute personne dont la prise en charge médicale est susceptible d'altérer la fertilité, ou dont la fertilité risque d'être prématurément altérée, peut bénéficier du recueil et de la conservation de ses gamètes ou de ses tissus germinaux, en vue de la réalisation ultérieure, à son bénéfice, d'une assistance médicale à la procréation, ou en vue de la préservation et de la restauration de sa fertilité. Ce recueil et cette conservation sont subordonnés au consentement de l'intéressé et, le cas échéant, de celui de l'un des titulaires de l'autorité parentale, ou du tuteur, lorsque l'intéressé, mineur ou majeur, fait l'objet d'une mesure de tutelle.

(L. nº 2011-814 du 7 juill. 2011, art. 32) «Les procédés biologiques utilisés pour la conservation des gamètes et des tissus germinaux sont inclus dans la liste prévue à l'article L. 2141-1, selon les conditions déterminées par cet article.»

Art. L. 2141-11-1. *(Ord. nº 2008-480 du 22 mai 2008, art. 3)* L'importation et l'exportation de gamètes ou de tissus germinaux issus du corps humain sont soumises à une autorisation délivrée par l'Agence de la biomédecine.

Seul un établissement, un organisme *(Ord. nº 2017-28 du 12 janv. 2017, art. 2-2º)* «, un groupement de coopération sanitaire» ou un laboratoire titulaire de l'autorisation prévue à l'article L. 2142-1 pour exercer une activité biologique d'assistance médicale à la procréation peut obtenir l'autorisation prévue au présent article.

Seuls les gamètes et les tissus germinaux recueillis et destinés à être utilisés conformément aux normes de qualité et de sécurité en vigueur, ainsi qu'aux principes mentionnés aux articles L. 1244-3, L. 1244-4, L. 2141-2, L. 2141-3, L. 2141-7 et L. 2141-11 du présent code et aux articles 16 à 16-8 du code civil, peuvent faire l'objet d'une autorisation d'importation ou d'exportation.

Toute violation des prescriptions fixées par l'autorisation d'importation ou d'exportation de gamètes ou de tissus germinaux entraîne la suspension ou le retrait de cette autorisation par l'Agence de la biomédecine.

CHAPITRE 2
Les libertés à caractère médical

Section 1
Le libre consentement du malade

77 Code civil (article 16-3)

TITRE Ier

DES DROITS CIVILS

CHAPITRE II

Du respect du corps humain

Art. 16-3. *(L. n° 2004-800 du 6 août 2004, art. 9)* «Il ne peut être porté atteinte à l'intégrité du corps humain qu'en cas de nécessité médicale pour la personne ou à titre exceptionnel dans l'intérêt thérapeutique d'autrui.»

Le consentement de l'intéressé doit être recueilli préalablement hors le cas où son état rend nécessaire une intervention thérapeutique à laquelle il n'est pas à même de consentir.

78 Code la santé publique (article L. 1110-8)

TITRE Ier

DROITS DES PERSONNES MALADES ET DES USAGERS DU SYSTÈME DE SANTÉ

CHAPITRE PRELIMINAIRE

Droits de la personne

Art. L. 1110-8. Le droit du malade au libre choix de son praticien et de son établissement de santé *(L. n° 2016-41 du 26 janv. 2016, art. 175-1°)* «et de son mode de prise en charge, sous forme ambulatoire ou à domicile, en particulier lorsqu'il relève de soins palliatifs au sens de l'article L. 1110-10,» est un principe fondamental de la législation sanitaire.

Les limitations apportées à ce principe par les différents régimes de protection sociale ne peuvent être introduites qu'en considération des capacités techniques des établissements, de leur mode de tarification et des critères de l'autorisation à dispenser des soins remboursables aux assurés sociaux.

79 Code de la santé publique (articles L. 1111-4 à L. 1111-6)

TITRE Ier

DROITS DES PERSONNES MALADES ET DES USAGERS DU SYSTÈME DE SANTÉ

CHAPITRE Ier

Information des usagers du système de santé et expression de leur volonté

Section 1

Principes généraux

Art. L. 1111-4. Toute personne prend, avec le professionnel de santé et compte tenu des informations et des préconisations qu'il lui fournit, les décisions concernant sa santé.

(L. n° 2016-87 du 2 févr. 2016, art. 5-I-1° et 2°) «Toute personne a le droit de refuser ou de ne pas recevoir un traitement. Le suivi du malade reste cependant assuré par le médecin, notamment son accompagnement palliatif.

«Le médecin a l'obligation de respecter la volonté de la personne après l'avoir informée des conséquences de ses choix et de leur gravité. Si, par sa volonté de refuser ou d'interrompre tout traitement, la personne met sa vie en danger, elle doit réitérer sa décision dans un délai raisonnable. Elle peut faire appel à un autre membre du corps médical. L'ensemble de la procédure est inscrite dans le dossier médical du patient. Le médecin sauvegarde la dignité du mourant et assure la qualité de sa fin de vie en dispensant les soins palliatifs mentionnés à l'article L. 1110-10.»

Aucun acte médical ni aucun traitement ne peut être pratiqué sans le consentement libre et éclairé de la personne et ce consentement peut être retiré à tout moment.

Lorsque la personne est hors d'état d'exprimer sa volonté, aucune intervention ou investigation ne peut être réalisée, sauf urgence ou impossibilité, sans que la personne de confiance prévue à l'article L. 1111-6, ou la famille, ou à défaut, un de ses proches ait été consulté.

(L. n° 2005-370 du 22 avr. 2005) «Lorsque la personne est hors d'état d'exprimer sa volonté, la limitation ou l'arrêt de traitement susceptible *(L. n° 2016-87 du 2 févr. 2016, art. 5-I-3°)* «d'entraîner son décès ne peut être réalisé sans avoir respecté la procédure collégiale mentionnée à l'article L. 1110-5-1 et les directives anticipées ou, à défaut, sans que la personne de confiance prévue à l'article L. 1111-6 ou, à défaut*[,]* la famille ou les proches, aient été consultés. La décision motivée de limitation ou d'arrêt de traitement est inscrite dans le dossier médical.»

Le consentement du mineur ou du majeur sous tutelle doit être systématiquement recherché s'il est apte à exprimer sa volonté et à participer à la décision. Dans le cas où le refus d'un traitement par la personne titulaire de l'autorité parentale ou par le tuteur risque d'entraîner des conséquences graves pour la santé du mineur ou du majeur sous tutelle, le médecin délivre les soins indispensables.

L'examen d'une personne malade dans le cadre d'un enseignement clinique requiert son consentement préalable. Les étudiants qui reçoivent cet enseignement doivent être au préalable informés de la nécessité de respecter les droits des malades énoncés au présent titre.

Les dispositions du présent article s'appliquent sans préjudice des dispositions particulières relatives au consentement de la personne pour certaines catégories de soins ou d'interventions.

Art. L. 1111-5. Par dérogation à l'article *(L. n° 2016-41 du 26 janv. 2016, art. 7-I-1°-a)* «371-1» du code civil, le médecin *(L. n° 2016-41 du 26 janv. 2016, art. 7-I-1°-b)* «ou la sage-femme» peut se dispenser d'obtenir le consentement du ou des titulaires de l'autorité parentale sur les décisions médicales à prendre lorsque *(L. n° 2016-41 du 26 janv. 2016, art. 7-I-1°-c)* «l'action de prévention, le dépistage, le diagnostic, le traitement» ou l'intervention s'impose pour sauvegarder la santé d'une personne mineure, dans le cas où cette dernière s'oppose expressément à la consultation du ou des titulaires de l'autorité parentale afin de garder le secret sur son état de santé. Toutefois, le médecin *(L. n° 2016-41 du 26 janv. 2016, art. 7-I-1°-b)* «ou la sage-femme» doit dans un premier temps s'efforcer d'obtenir le consentement du mineur à cette consultation. Dans le cas où le mineur maintient son opposition, le médecin *(L. n° 2016-41 du 26 janv. 2016, art. 7-I-1°-b)* «ou la sage-femme» peut mettre en œuvre *(L. n° 2016-41 du 26 janv. 2016, art. 7-I-1°-c)* «l'action de prévention, le dépistage, le diagnostic, le traitement» ou l'intervention. Dans ce cas, le mineur se fait accompagner d'une personne majeure de son choix.

Lorsqu'une personne mineure, dont les liens de famille sont rompus, bénéficie à titre personnel du remboursement des prestations en nature de l'assurance maladie et maternité et de la couverture complémentaire mise en place par la loi n° 99-641 du 27 juillet 1999 portant création d'une couverture maladie universelle, son seul consentement est requis.

Art. L. 1111-5-1. *(L. n° 2016-41 du 26 janv. 2016, art. 7-I-2°)* Par dérogation à l'article 371-1 du code civil, l'infirmier peut se dispenser d'obtenir le consentement du ou des titulaires de l'autorité parentale sur les décisions à prendre lorsque l'action de prévention, le dépistage ou le traitement s'impose pour sauvegarder la santé sexuelle et reproductive d'une personne mineure, dans le cas où cette dernière s'oppose expressément à la consultation du ou des titulaires de l'autorité parentale afin de garder le secret sur son état de santé. Toutefois, l'infirmier doit, dans un premier temps, s'efforcer d'obtenir le consentement du mineur à cette consultation. Dans le cas où le mineur maintient son opposition, l'infirmier peut mettre en œuvre l'action de prévention, le dépistage ou le traitement. Dans ce cas, le mineur se fait accompagner d'une personne majeure de son choix.

Art. L. 1111-6. *(L. n° 2016-87 du 2 févr. 2016, art. 9)* Toute personne majeure peut désigner une personne de confiance qui peut être un parent, un proche ou le médecin traitant et qui sera consultée au cas où elle-même serait hors d'état d'exprimer sa volonté et de recevoir l'information nécessaire à cette fin. Elle rend compte de la volonté de la personne. Son témoignage prévaut sur tout autre témoignage. Cette désignation est faite par écrit et cosignée par la personne désignée. Elle est révisable et révocable à tout moment.

Si le patient le souhaite, la personne de confiance l'accompagne dans ses démarches et assiste aux entretiens médicaux afin de l'aider dans ses décisions.

Lors de toute hospitalisation dans un établissement de santé, *(Ord. n° 2018-20 du 17 janv. 2018, art. 2)* «ou dans un hôpital des armées ou à l'Institution nationale des invalides,» il est proposé au patient de désigner une personne de confiance dans les conditions prévues au présent article. Cette désignation est valable pour la durée de l'hospitalisation, à moins que le patient n'en dispose autrement.

Dans le cadre du suivi de son patient, le médecin traitant s'assure que celui-ci est informé de la possibilité de désigner une personne de confiance et, le cas échéant, l'invite à procéder à une telle désignation.

Lorsqu'une personne fait l'objet d'une mesure de tutelle, au sens du chapitre II du titre XI du livre Ier du code civil, elle peut désigner une personne de confiance avec l'autorisation du juge ou du conseil de famille s'il a été constitué. Dans l'hypothèse où la personne de confiance a été désignée antérieurement à la mesure de tutelle, le conseil de famille, le cas échéant, ou le juge peut confirmer la désignation de cette personne ou la révoquer.

Section 2

Le don d'organe et des produits du corps

A – PRINCIPES GÉNÉRAUX

80 Protocole additionnel à la Convention sur les droits de l'homme et la biomédecine relatif à la transplantation d'organes et de tissus d'origine humaine (préambule, chapitre I et II)

Date d'adoption : 24 janvier 2002

Préambule

Les États membres du Conseil de l'Europe, les autres États et la Communauté européenne, signataires du présent Protocole additionnel à la Convention pour la protection des Droits de l'Homme et de la dignité de l'être humain à l'égard des applications de la biologie et de la médecine (ci-après dénommée " Convention sur les Droits de l'Homme et la biomédecine "),

Considérant que le but du Conseil de l'Europe est de réaliser une union plus étroite entre ses membres, et que l'un des moyens d'atteindre ce but est la sauvegarde et le développement des droits de l'homme et des libertés fondamentales ;

Considérant que le but poursuivi par la Convention sur les Droits de l'Homme et la biomédecine, tel que défini dans son article 1, est de protéger l'être humain dans sa dignité et son identité, et de garantir à toute personne, sans discrimination, le respect de son intégrité et de ses autres droits et libertés fondamentales à l'égard des applications de la biologie et de la médecine ;

Considérant que les progrès dans les sciences médicales, en particulier dans le domaine de la transplantation d'organes et de tissus, contribuent à sauver des vies humaines ou à en améliorer considérablement la qualité ;

Considérant que la transplantation d'organes et de tissus fait partie intégrante des ser-

vices de santé mis à la disposition de la population;
Considérant que, compte tenu de l'insuffisance d'organes et de tissus, des mesures appropriées devraient être prises afin d'en augmenter le don, notamment par l'information du public sur l'importance de la transplantation d'organes et de tissus et par la promotion de la coopération en Europe dans ce domaine;
Considérant par ailleurs les problèmes éthiques, psychologiques et socioculturels inhérents à la transplantation d'organes et de tissus;
Considérant qu'un usage impropre de la transplantation d'organes ou de tissus pourrait menacer la vie, le bien-être ou la dignité humaine;
Considérant que la transplantation d'organes et de tissus devrait être effectuée dans des conditions protégeant les droits et libertés des donneurs, des donneurs potentiels et des receveurs d'organes et de tissus et que les institutions doivent être des instruments servant à assurer le respect de ces conditions;
Reconnaissant que, tout en facilitant la transplantation d'organes et de tissus en Europe dans l'intérêt des patients, il est nécessaire de veiller au respect des droits et libertés individuels et de prévenir la commercialisation des éléments du corps humain lors de l'obtention, de l'échange et de l'attribution d'organes et de tissus;
Prenant en considération les travaux antérieurs du Comité des Ministres et de l'Assemblée parlementaire du Conseil de l'Europe dans ce domaine;
Résolus à prendre, dans le domaine de la transplantation d'organes et de tissus, les mesures propres à garantir la dignité de l'être humain et les droits et libertés fondamentaux de la personne,
Sont convenus de ce qui suit :

CHAPITRE Ier
Objet et champ d'application

Art. 1er. *Objet.* Les Parties au présent Protocole protègent la personne dans sa dignité et son identité et lui garantissent, sans discrimination, le respect de son intégrité et de ses autres droits et libertés fondamentales dans le domaine de la transplantation d'organes et de tissus d'origine humaine.

Art. 2. *Champ d'application et définitions.* 1. Le présent Protocole s'applique à la transplantation d'organes et de tissus d'origine humaine pratiquée dans une finalité thérapeutique.

2. Les dispositions du présent Protocole applicables aux tissus s'appliquent aussi aux cellules, y compris aux cel-lules-souches hématopoïétiques.

3. Le Protocole ne s'applique pas :

a) aux organes et tissus reproductifs;

b) aux organes et tissus embryonnaires ou fœtaux;

c) au sang et à ses dérivés.

4. Au sens du présent Protocole :

— le terme " transplantation " désigne l'ensemble de la procédure comportant le prélèvement d'un organe ou de tissus sur une personne et la greffe de cet organe ou de ces tissus sur une autre personne, y compris tout processus de préparation, de préservation et de conservation;

— sous réserve des dispositions de l'article 20, le terme " prélèvement " désigne le prélèvement aux fins de greffe.

CHAPITRE II
Dispositions générales

Art. 3. *Système de transplantation.* Les Parties garantissent l'existence d'un système permettant l'accès équitable des patients aux services de transplantation.

Sous réserve des dispositions du Chapitre III, les organes et, le cas échéant, les tissus sont attribués uniquement à des patients enregistrés sur une liste d'attente officielle, selon des règles transparentes, objectives et dûment justifiées à l'égard des critères médicaux. Dans ce cadre sont désignées les personnes ou les instances responsables de la décision d'attribution.

S'agissant d'accords internationaux portant sur l'échange d'organes, les procédures doivent également assurer une distribution effective et justifiée parmi tous les pays participants en prenant en compte le principe de solidarité à l'intérieur de chaque pays.

Le système de transplantation assure la collecte et l'enregistrement des informations nécessaires à assurer la traçabilité des organes et des tissus.

Art. 4. *Obligations professionnelles et règles de conduite.* Toute intervention dans le domaine de la transplantation d'organes ou de tissus doit être effectuée dans le respect des normes et obligations professionnelles, ainsi que des règles de conduite applicables en l'espèce.

Art. 5. *Information du receveur.* Le receveur ainsi que, le cas échéant, la personne ou l'instance appelée à autoriser la greffe sont informés au préalable de manière adéquate du but et de la nature de la greffe, de ses conséquences et de ses risques, ainsi que des alternatives à l'intervention.

Art. 6. *Santé et sécurité.* Les professionnels impliqués dans la transplantation d'organes ou de tissus doivent prendre toute mesure raisonnable afin de réduire au minimum les risques de transmission d'une maladie au receveur et d'éviter toute atteinte qui pourrait rendre l'organe ou le tissu impropre à la greffe.

Art. 7. *Suivi médical.* Un suivi médical approprié est proposé au donneur vivant comme au receveur après la transplantation.

Art. 8. *Information des professionnels de la santé et du public.* Les Parties informent les professionnels de la santé et le public en général du besoin d'organes et de tissus. Elles informent également des conditions du prélèvement et de la greffe d'organes et de tissus, y compris des régimes du consentement ou d'autorisation, notamment en matière de prélèvement sur des personnes décédées.

81 Code de la santé publique (articles L. 1211-1 à L. 1211-9)

TITRE Ier
PRINCIPES GÉNÉRAUX

CHAPITRE UNIQUE

Art. L. 1211-1. La cession et l'utilisation des éléments et produits du corps humain sont régies par les dispositions du chapitre II du titre Ier du livre Ier du code civil et par les dispositions du présent livre.

(L. n° 2004-800 du 6 août 2004, art. 7-1°) «Les activités afférentes à ces éléments et produits, mentionnées au présent livre, y compris l'importation et l'exportation de ceux-ci, doivent poursuivre une fin médicale ou scientifique, ou être menées dans le cadre de procédures judiciaires conformément aux dispositions applicables à celles-ci.»

Art. L. 1211-2. Le prélèvement d'éléments du corps humain et la collecte de ses produits ne peuvent être pratiqués sans le consentement préalable du donneur. Ce consentement est révocable à tout moment.

(L. n° 2004-800 du 6 août 2004, art. 7-2°) «L'utilisation d'éléments et de produits du corps humain à une fin médicale ou scientifique autre que celle pour laquelle ils ont été prélevés ou collectés est possible, sauf opposition exprimée par la personne sur laquelle a été opéré ce prélèvement ou cette collecte, dûment informée au préalable de cette autre fin. Lorsque cette personne est un mineur ou un majeur sous tutelle, l'opposition est exercée par les titulaires de l'autorité parentale ou le tuteur. Il peut être dérogé à l'obligation d'information lorsque celle-ci se heurte à l'impossibilité de retrouver la personne concernée, ou lorsqu'un des comités consultatifs de protection des personnes mentionnés à l'article L. 1123-1, consulté par le responsable de la recherche, n'estime pas cette information nécessaire. Toutefois, ces dérogations ne sont pas admises lorsque les éléments initialement prélevés consistent en des tissus ou cellules germinaux. Dans ce dernier cas, toute utilisation pour une fin autre que celle du prélèvement initial est interdite en cas de décès de l'intéressé.

«Les autopsies sont dites médicales lorsqu'elles sont pratiquées, en dehors du cadre de mesures d'enquête ou d'instruction diligentées lors d'une procédure judiciaire, dans le but d'obtenir un diagnostic sur les causes du décès. Elles doivent être pratiquées conformément aux exigences de recherche du consentement ainsi qu'aux autres conditions prévues au chapitre II du titre III du présent livre. Toutefois, à titre exceptionnel, elles peuvent être réalisées malgré l'opposition de la personne décédée, en cas de nécessité impérieuse pour la santé publique et en l'absence d'autres procédés permettant d'obtenir une certitude diagnostique sur les causes de la mort. Un arrêté du ministre chargé de la santé précise les pathologies et les situations justifiant la réalisation des autopsies médicales dans ces conditions.»

Art. L. 1211-3. La publicité en faveur d'un don d'éléments ou de produits du corps humain au profit d'une personne déterminée ou au profit d'un établissement ou organisme déterminé est interdite. Cette interdiction ne fait pas obstacle à l'information du public en faveur du don d'éléments et produits du corps humain.

Cette information est réalisée sous la responsabilité du ministre chargé de la santé *(L. n° 2004-800 du 6 août 2004, art. 7-3°)* «, en collaboration avec le ministre chargé de l'éducation nationale.

«Les médecins s'assurent que leurs patients âgés de seize à vingt-cinq ans sont informés des modalités de consentement au don d'organes à fins de greffe et, à défaut, leur délivrent individuellement cette information dès que possible.»

Art. L. 1211-4. *(L. n° 2004-800 du 6 août 2004, art. 7-4°)* Aucun paiement, quelle qu'en soit la forme, ne peut être alloué à celui qui se prête au prélèvement d'éléments de son corps ou à la collecte de ses produits.

Les frais afférents au prélèvement ou à la collecte sont intégralement pris en charge par l'établissement de santé chargé d'effectuer le prélèvement ou la collecte.

Pour l'application des dispositions du chapitre II du titre IV du livre Ier de la première partie du présent code, le prélèvement d'organes, de tissus ou de cellules sur une personne vivante qui en fait le don dans l'intérêt thérapeutique d'un receveur est assimilé à un acte de soins.

Art. L. 1211-5. Le donneur ne peut connaître l'identité du receveur, ni le receveur celle du donneur. Aucune information permettant d'identifier à la fois celui qui a fait don d'un élément ou d'un produit de son corps et celui qui l'a reçu ne peut être divulguée.

Il ne peut être dérogé à ce principe d'anonymat qu'en cas de nécessité thérapeutique.

Art. L. 1211-6. *(L. n° 2004-800 du 6 août 2004, art. 7-5°)* Les éléments et produits du corps humain ne peuvent être utilisés à des fins thérapeutiques si le risque mesurable en l'état des connaissances scientifiques et médicales couru par le receveur potentiel est supérieur à l'avantage escompté pour celui-ci.

Le prélèvement d'éléments et la collecte de produits du corps humain à des fins thérapeutiques, ainsi que les activités ayant les mêmes fins, mentionnées dans le présent livre et relatives à ces éléments et produits, sont soumis aux règles de sécurité sanitaire en vigueur, concernant notamment les tests de dépistage des maladies transmissibles.

Art. L. 1211-6-1. *(L. n° 2011-814 du 7 juill. 2011, art. 11)* Nul ne peut être exclu du don de sang en dehors de contre-indications médicales.

(L. n° 2016-41 du 26 janv. 2016, art. 40) «Nul ne peut être exclu du don de sang en raison de son orientation sexuelle.»

Art. L. 1211-7. *(L. n° 2004-800 du 6 août 2004, art. 7-6°) (Ord. n° 2017-51 du 19 janv. 2017, art. 3-I)* «Sont» mis en œuvre des systèmes de vigilance portant sur les éléments et produits du corps humain, les produits, autres que les médicaments, qui en dérivent *(L. n° 2016-41 du 26 janv. 2016, art. 165-I-2°)* «et les dispositifs médicaux les incorporant».

Art. L. 1211-7-1. *(Ord. n° 2017-51 du 19 janv. 2017, art. 3-II)* Les professionnels de santé, les établissements, personnes ou organismes figurant sur une liste fixée par décret en Conseil d'État signalent et déclarent les informations relevant de la biovigilance et du dispositif de vigilance relatif à l'assistance médicale à la procréation.

Art. L. 1211-8. *(Ord. n° 2007-613 du 26 avr. 2007, art. 7-I)* Ne sont soumis aux dispositions du présent livre ni les produits du corps humain pour lesquels il est d'usage de ne pas appliquer l'ensemble des principes qu'énoncent les articles L. 1211-1 à L. 1211-7, ni les éléments et produits du corps humain prélevés et utilisés à des fins thérapeutiques autologues dans le cadre d'une seule et même intervention médicale, sans être conservés ou préparés à aucun moment au sein d'un organisme ou d'un établissement autorisé en application de l'article L. 1243-2.

Art. L. 1211-9. *(L. n° 2004-800 du 6 août 2004, art. 7-8°)* Sont déterminées par décret en Conseil d'État :

1° Les conditions dans lesquelles les médecins assurent l'information prévue à l'article L. 1211-3 ;

2° Les modalités de la prise en charge prévue à l'article L. 1211-4 ;

3° Les règles de sécurité sanitaire prévues à l'article L. 1211-6 ;

(Ord. n° 2017-51 du 19 janv. 2017, art. 3-III) «4° Les conditions dans lesquelles sont mis en œuvre les dispositifs de vigilance mentionnés à l'article L. 1211-7-1 ;»

5° La liste des produits du corps humain mentionnés à l'article L. 1211-8.

B – LE DON DU SANG

82 Code de la santé publique (articles L. 1221-1 à L. 1221-14)

TITRE II
SANG HUMAIN

CHAPITRE PREMIER
Collecte, préparation et conservation du sang, de ses composants et des produits sanguins labiles

Art. L. 1221-1. La transfusion sanguine s'effectue dans l'intérêt du receveur et relève des principes éthiques du bénévolat et de l'anonymat du don, et de l'absence de profit, dans les conditions définies par le présent livre.

Art. L. 1221-2. La collecte du sang humain ou de ses composants en vue d'une utilisation thérapeutique ne peut être faite que par *(Ord. n° 2016-1406 du 20 oct. 2016, art. 1er-1°-a et b)* «l'Établissement français du sang mentionné au chapitre II du présent titre» *(Ord. n° 2018-20 du 17 janv. 2018, art. 5)* «et par le centre de transfusion sanguine des armées, agréés dans les conditions prévues au chapitre II du présent titre».

Art. L. 1221-3. Le prélèvement ne peut être fait qu'avec le consentement du donneur par un médecin ou sous sa direction et sa responsabilité.

(Ord. n° 2016-1406 du 20 oct. 2016, art. 1er-2°) «Par dérogation au premier alinéa, un décret en Conseil d'État prévoit les conditions dans lesquelles les étudiants en médecine ayant validé la deuxième année du deuxième cycle des études médicales peuvent effectuer un tel prélèvement.»

Aucune rémunération ne peut être allouée au donneur, sans préjudice du remboursement des frais exposés, dans des conditions fixées par décret.

Art. L. 1221-4. *(L. n° 2004-800 du 6 août 2004, art. 8-1°)* Le sang, ses composants et leurs dérivés *(Ord. n° 2007-613 du 26 avr. 2007, art. 16)* «ne peuvent pas être distribués, délivrés, utilisés» sans qu'aient été faits des examens biologiques et des tests de dépistage de maladies transmissibles.

Le sang, ses composants et leurs dérivés peuvent être distribués et utilisés à des fins de recherche, de contrôle des examens de biologie médicale ou de contrôle des dispositifs médicaux de diagnostic *in vitro*, à l'exclusion de toute administration à l'homme, avant l'obtention des résultats des examens biologiques et des tests de dépistage prévus au premier alinéa.

Les conditions d'application du présent article sont fixées par décret.

Art. L. 1221-5. Aucun prélèvement de sang ou de ses composants en vue d'une utilisation thérapeutique pour autrui ne peut avoir lieu sur une personne mineure ou sur une personne majeure faisant l'objet d'une mesure de protection légale.

Toutefois, s'agissant des mineurs, un prélèvement peut être effectué à titre exceptionnel, lorsque des motifs tirés de l'urgence thérapeutique *(L. n° 2004-800 du 6 août 2004, art. 8-2°)* «l'exigent ou lorsqu'il n'a pu être trouvé de donneur majeur immunologiquement compatible».

Le prélèvement ne peut alors être opéré qu'à la condition que chacun des titulaires de l'autorité parentale y consente expressément par écrit.

Le refus de la personne mineure fait obstacle au prélèvement.

Art. L. 1221-6. Les caractéristiques du sang ne peuvent être modifiées avant le prélèvement en vue d'une utilisation thérapeutique pour autrui que par un médecin et *(Ord. n° 2016-1406 du 20 oct. 2016, art. 1er-3°)* «au sein de l'Établissement français du sang» *(Ord. n° 2018-20 du 17 janv. 2018, art. 5)* «ou du centre de transfusion sanguine des armées».

Cette modification ne peut intervenir qu'avec le consentement écrit du donneur, ce dernier ayant été préalablement averti par écrit des risques qu'il encourt et des conséquences éventuelles du prélèvement.

Elle ne peut pas être réalisée sur les personnes mentionnées à l'article L. 1221-5.

Art. L. 1221-7. Le receveur ne peut connaître l'identité du donneur, ni le donneur celle du receveur. Aucune information permettant d'identifier à la fois celui qui a fait don de son sang et celui qui l'a reçu ne peut être divulguée.

Il ne peut être dérogé à ce principe d'anonymat qu'en cas de nécessité thérapeutique.

Art. L. 1221-8. Peuvent être préparés à partir du sang ou de ses composants :

1° *(Ord. n° 2005-1087 du 1er sept. 2005, art. 8-I)* «Des produits sanguins labiles, comprenant notamment le sang total, le plasma *(L. n° 2014-1554 du 22 déc. 2014, art. 71-1°-a)* «dans la production duquel n'intervient pas un processus industriel, quelle que soit sa finalité,» et les cellules sanguines d'origine humaine. A l'exception des produits sanguins labiles destinés à des recherches impliquant la personne humaine, seuls peuvent être distribués ou délivrés à des fins thérapeutiques, les produits sanguins labiles dont la liste et les caractéristiques sont fixées par décision de *(L. n° 2011-2012 du 29 déc. 2011, art. 5-IV)* «l'Agence nationale de sécurité du médicament et des produits de santé», après avis *(Ord. n° 2016-1406 du 20 oct. 2016, art. 1er-4°-a)* «du président» de l'Établissement français du sang *(Ord. n° 2016-1406 du 20 oct. 2016, art. 1er-4°-a)* «et du directeur du Centre de transfusion sanguine des armées», et publiée au *Journal officiel* de la République française.»

2° *(L. n° 2004-800 du 6 août 2004, art. 8-3°)* «Des pâtes plasmatiques;»

(L. n° 2014-1554 du 22 déc. 2014, art. 71-1°-b et c) «2° *bis* Du plasma à finalité transfusionnelle dans la production duquel intervient un processus industriel, régi par le livre Ier de la cinquième partie;

«3° Des médicaments issus du fractionnement du plasma régis par le même livre Ier;»

(L. n° 2004-800 du 6 août 2004, art. 8-3°) «4°» *(Ord. n° 2001-198 du 1er mars 2001, art. 12)* «Des *(Ord. n° 2016-1406 du 20 oct. 2016, art. 1er-4°-b)* «dispositifs médicaux

de diagnostic *in vitro*» dont les conditions de mise sur le marché sont fixées par le titre II du livre II de la cinquième partie»;

5° *(L. n° 2004-800 du 6 août 2004, art. 8-3°)* «Des produits cellulaires à finalité thérapeutique mentionnés à l'article L. 1243-1;

«7° Des excipients à usage pharmaceutique et des substances utilisées lors de la fabrication d'un médicament mais n'entrant pas dans sa composition.

«Le sang et ses composants, qu'ils aient ou non été prélevés *(Ord. n° 2016-1406 du 20 oct. 2016, art. 1er-4°-c)* «au sein de l'Établissement français du sang», peuvent également être utilisés pour effectuer les contrôles de qualité des examens de biologie médicale ainsi que pour la réalisation et le contrôle des dispositifs médicaux de diagnostic *in vitro*, ou pour effectuer sur les produits préparés à partir du sang ou de ses composants les expertises et les contrôles techniques réalisés par *(L. n° 2011-2012 du 29 déc. 2011, art. 5-IV)* «l'Agence nationale de sécurité du médicament et des produits de santé» en application du 1° de l'article L. 5311-2. Les principes mentionnés aux articles L. 1221-3, L. 1221-4 et L. 1221-6 sont également applicables dans ce cas.»

Art. L. 1221-8-1. *(L. n° 2004-800 du 6 août 2004, art. 8-4°)* Le sang et ses composants peuvent être utilisés dans le cadre d'une activité de recherche, qu'ils aient été ou non prélevés *(Ord. n° 2016-1406 du 20 oct. 2016, art. 1er-5°)* «au sein de l'Établissement français du sang». *(L. n° 2012-300 du 5 mars 2012, art. 1er-IV)* «Dans ce cas, la recherche est menée à partir de prélèvements réalisés soit dans une finalité médicale, soit dans le cadre d'une recherche impliquant la personne humaine.» Dans tous les cas, les principes mentionnés aux articles L. 1221-3, L. 1221-4 et L. 1221-6 sont applicables, sans préjudice des dispositions du titre II du livre Ier de la présente partie *(L. n° 2012-300 du 5 mars 2012, art. 1er-IV)* «relatives aux recherches impliquant la personne humaine.»

Art. L. 1221-8-2. *(Ord. n° 2005-1087 du 1er sept. 2005, art. 8-II)* Les produits sanguins labiles proposés en vue de leur inscription sur la liste mentionnée au 1° de l'article L. 1221-8 font l'objet d'une évaluation par *(L. n° 2011-2012 du 29 déc. 2011, art. 5-IV)* «l'Agence nationale de sécurité du médicament et des produits de santé», au vu d'un dossier dont le contenu est fixé par décision de l'Agence et qui peut être fourni par l'Établissement français du sang, le Centre de transfusion sanguine des armées, tout établissement de transfusion sanguine des États membres de l'Union européenne ou tout fabricant de dispositifs médicaux.

L'Agence procède en tant que de besoin à la réévaluation des produits inscrits sur la liste. Elle peut demander à cet effet des informations à l'Établissement français du sang, au Centre de transfusion sanguine des armées, à tout établissement de transfusion sanguine des États membres de l'Union européenne ou aux fabricants de dispositifs médicaux concernés.

Art. L. 1221-9. *(L. n° 2016-41 du 26 janv. 2016, art. 170-1°)* «Un arrêté des ministres chargés de la santé et de la sécurité sociale fixe les tarifs de cession des produits sanguins labiles, à l'exception des plasmas à finalité transfusionnelle relevant du 1° de l'article L. 1221-8.»

Pour *(Ord. n° 2013-1208 du 24 déc. 2013, art. 1er)* «la Guadeloupe, la Guyane, la Martinique, Mayotte et La Réunion» *(Décr. n° 2010-331 du 25 mars 2010, art. 43)* «et pour Saint-Barthélemy et Saint-Martin,» un arrêté des ministres chargés de l'outre-mer, de la santé et de la sécurité sociale peut déterminer des majorations aux tarifs fixés en application de l'alinéa précédent. Ces majorations prennent en compte les frais particuliers qui, dans chacun de ces départements, grèvent le coût des produits sanguins labiles par rapport à leur coût en métropole.

Art. L. 1221-10. *(Ord. nº 2018-20 du 17 janv. 2018, art. 5)* «Les produits sanguins labiles destinés à une utilisation thérapeutique directe sont conservés, en vue de leur distribution et de leur délivrance, à l'Établissement français du sang ainsi qu'au centre de transfusion sanguine des armées. Peuvent également conserver ces produits en vue de leur délivrance les établissements de santé et les hôpitaux des armées autorisés à cet effet par l'autorité administrative après avis de l'Établissement français du sang ou, le cas échéant, du centre de transfusion sanguine des armées, dans des conditions définies par décret, et les groupements de coopération sanitaire mentionnés à l'article L. 6133-1 autorisés selon la même procédure et dans des conditions définies par décret. Les produits sanguins labiles restent sous la surveillance d'un médecin ou d'un pharmacien. Un décret précise la section de l'Ordre national des pharmaciens dont ce pharmacien doit relever, à l'exception de ceux relevant des dispositions de l'article L. 4138-2 du code de la défense.»

La délivrance de produits sanguins labiles ne peut être faite que sur ordonnance médicale.

Art. L. 1221-10-1. *(Ord. nº 2005-1087 du 1er sept. 2005, art. 10-II; L. nº 2011-2012 du 29 déc. 2011, art. 5-IV; Ord. nº 2018-20 du 17 janv. 2018, art. 5)* L'Agence nationale de sécurité du médicament et des produits de santé peut, après avis de l'Établissement français du sang «et du centre de transfusion sanguine des armées», réglementer l'utilisation des produits sanguins labiles. L'Agence peut soumettre à des conditions particulières, restreindre, suspendre ou interdire leur utilisation dans l'intérêt de la santé publique.

Art. L. 1221-10-2. *(Ord. nº 2007-613 du 26 avr. 2007, art. 18)* Toute violation dans un établissement de santé *(Ord. nº 2018-20 du 17 janv. 2018, art. 5)* «ou dans un hôpital des armées» et du fait de celui-ci des prescriptions législatives et réglementaires relatives à la conservation des produits sanguins labiles en vue de leur délivrance ainsi que des termes de l'autorisation mentionnée au premier alinéa de l'article L. 1221-10 entraîne la suspension ou le retrait par l'autorité administrative de cette autorisation. Cette suspension ou ce retrait ne peut intervenir qu'après mise en demeure adressée au directeur de l'établissement de santé de prendre toutes mesures propres à remédier à la violation ou au manquement constaté, ou de fournir toutes explications nécessaires. Cette mise en demeure est faite par écrit par l'autorité compétente et fixe un délai d'exécution ou de réponse qui ne peut excéder un mois.

En cas d'urgence tenant à la sécurité des personnes, une suspension de l'autorisation peut être prononcée à titre conservatoire par l'autorité compétente.

Art. L. 1221-11. *(Ord. nº 2016-1406 du 20 oct. 2016, art. 1er-7º)* La publicité en faveur des substances mentionnées à l'article L. 1221-2 est interdite.

L'information médicale et celle destinée à signaler l'emplacement des dépôts ne constituent pas de la publicité.

Par dérogation au premier alinéa, la communication à caractère promotionnel à destination des professionnels de santé relative aux plasmas dans la production desquels n'intervient pas un processus industriel, mentionnés au 1º de l'article L. 1221-8, est autorisée dans les conditions définies au chapitre III du présent titre.

Art. L. 1221-12. L'importation, par quelque organisme que ce soit, d'un produit sanguin labile ou d'une pâte plasmatique *(L. nº 2004-800 du 6 août 2004, art. 8-5º)* «, à usage thérapeutique direct ou destiné à la préparation de produits de santé,» est subordonnée à une autorisation délivrée par *(L. nº 2011-2012 du 29 déc. 2011, art. 5-IV)* «l'Agence nationale de sécurité du médicament et des produits de santé» dans des conditions définies par décret.

(L. nº 2004-800 du 6 août 2004, art. 8-5º) «L'importation ou l'exportation de sang, de ses composants ou de ses produits dérivés à des fins scientifiques est soumise à l'autorisation du ministre chargé de la recherche prévue à l'article *(L. nº 2017-220 du 23 févr. 2017, art. 3-I-3º)* «L. 1245-5-1».»

Art. L. 1221-13. *(Ord. nº 2005-1087 du 1er sept. 2005, art. 10-III)* «L'hémovigilance a pour objet l'ensemble des procédures de surveillance et d'évaluation des incidents, ainsi que des effets indésirables survenant chez les donneurs ou les receveurs de produits sanguins labiles. Elle porte sur l'ensemble de la chaîne transfusionnelle allant de la collecte des produits sanguins labiles jusqu'au suivi des receveurs. L'hémovigilance comprend également le suivi épidémiologique des donneurs.»

(Ord. nº 2017-51 du 19 janv. 2017, art. 1er) «Les professionnels de santé, les établissements de transfusion sanguine et les établissements de santé signalent et déclarent les informations relevant de l'hémovigilance. Un décret en Conseil d'État détermine les conditions d'application du présent article, notamment les modalités d'organisation du système d'hémovigilance.»

Art. L. 1221-14. *(L. nº 2008-1330 du 17 déc. 2008, art. 67-I)* Les victimes de préjudices résultant de la contamination par le virus de l'*(L. nº 2012-1404 du 17 déc. 2012, art. 72-I-4º)* «hépatite B ou C ou le virus T-lymphotropique humain» causée par une transfusion de produits sanguins ou une injection de médicaments dérivés du sang réalisée sur les territoires auxquels s'applique le présent chapitre sont indemnisées *(L. nº 2012-1404 du 17 déc. 2012, art. 72-I-4º)* «au titre de la solidarité nationale» par l'office mentionné à l'article L. 1142-22 dans les conditions prévues à la seconde phrase du troisième alinéa de l'article L. 3122-1, aux deuxième et troisième alinéas de l'article L. 3122-2, au premier alinéa de l'article L. 3122-3 et à l'article L. 3122-4 *(L. nº 2012-1404 du 17 déc. 2012, art. 72-I-4º)* «, à l'exception de la seconde phrase du premier alinéa».

Dans leur demande d'indemnisation, les victimes ou leurs ayants droit justifient de l'atteinte par le virus de l'*(L. nº 2012-1404 du 17 déc. 2012, art. 72-I-4º)* «hépatite B ou C ou le virus T-lymphotropique humain» et des transfusions de produits sanguins ou des injections de médicaments dérivés du sang. *(L. nº 2012-1404 du 17 déc. 2012, art. 72-I-4º)* «L'office recherche les circonstances de la contamination. S'agissant des contaminations par le virus de l'hépatite C, cette recherche est réalisée notamment dans les conditions prévues à l'article 102 de la loi nº 2002-303 du 4 mars 2002 relative aux droits des malades et à la qualité du système de santé.» *(L. nº 2010-1594 du 20 déc. 2010, art. 65-II-1º)* «Il procède à toute investigation sans que puisse lui être opposé le secret professionnel.»

L'offre d'indemnisation visant à la réparation intégrale des préjudices subis du fait de la contamination est faite à la victime dans les conditions fixées aux deuxième, troisième et cinquième alinéas de l'article L. 1142-17.

La victime dispose du droit d'action en justice contre l'office si sa demande d'indemnisation a été rejetée, si aucune offre ne lui a été présentée dans un délai de six mois à compter du jour où l'office reçoit la justification complète des préjudices ou si elle juge cette offre insuffisante.

La transaction à caractère définitif ou la décision juridictionnelle rendue sur l'action en justice prévue au précédent alinéa vaut désistement de toute action juridictionnelle en cours et rend irrecevable toute autre action juridictionnelle visant à la réparation des mêmes préjudices.

(L. n° 2010-1594 du 20 déc. 2010, art. 65-II-2°) «La transaction intervenue entre l'office et la victime, ou ses ayants droit, en application du présent article est opposable à l'assureur, sans que celui-ci puisse mettre en œuvre la clause de direction du procès éventuellement contenue dans les contrats d'assurance applicables, ou, le cas échéant, au responsable des dommages, sauf le droit pour ceux-ci de contester devant le juge le principe de la responsabilité ou le montant des sommes réclamées. L'office et l'Établissement français du sang peuvent en outre obtenir le remboursement des frais d'expertise. Quelle que soit la décision du juge, le montant des indemnités allouées à la victime ou à ses ayants droit leur reste acquis.»

(L. n° 2012-1404 du 17 déc. 2012, art. 72-I-4°) «Lorsque l'office a indemnisé une victime, il peut directement demander à être garanti des sommes qu'il a versées par les assureurs des structures reprises par l'Établissement français du sang en vertu du B de l'article 18 de la loi n° 98-535 du 1er juillet 1998 relative au renforcement de la veille sanitaire et du contrôle de la sécurité sanitaire de produits destinés à l'homme, de l'article 60 de la loi de finances rectificative pour 2000 (n° 2000-1353 du 30 décembre 2000) et de l'article 14 de l'ordonnance n° 2005-1087 du 1er septembre 2005 relative aux établissements publics nationaux à caractère sanitaire et aux contentieux en matière de transfusion sanguine, que le dommage subi par la victime soit ou non imputable à une faute.

«L'office et les tiers payeurs ne peuvent exercer d'action subrogatoire contre l'Établissement français du sang, venu aux droits et obligations des structures mentionnées à l'avant-dernier alinéa, si l'établissement de transfusion sanguine n'est pas assuré, si sa couverture d'assurance est épuisée ou encore dans le cas où le délai de validité de sa couverture est expiré.»

Les modalités d'application du présent article sont fixées par décret en Conseil d'État.

C – LE DON D'ORGANE PENDANT LA VIE

83 Protocole additionnel à la Convention sur les droits de l'homme et la biomédecine relatif à la transplantation d'organes et de tissus d'origine humaine (chapitre III)

CHAPITRE III

Prélèvement d'organes et de tissus sur des personnes vivantes

Art. 9. *Règle générale.* Le prélèvement d'organes ou de tissu ne peut être effectué sur un donneur vivant que dans l'intérêt thérapeutique du receveur et à condition que l'on ne dispose pas d'organe ou de tissus appropriés d'une personne décédée ni de méthode thérapeutique alternative d'efficacité comparable.

Art. 10. *Donneurs potentiels d'organes.* Le prélèvement d'organes sur un donneur vivant peut être effectué en faveur d'un receveur ayant avec ce donneur des relations personnelles étroites telles que définies par la loi, ou, en l'absence de telles relations, uniquement sous les conditions définies par la loi et après autorisation d'une instance indépendante appropriée.

Art. 11. *Évaluation des risques pour le donneur.* Avant le prélèvement d'organes ou de tissus, des investigations et des interventions médicales appropriées doivent être pratiquées pour évaluer et limiter les risques pour la santé physique ou mentale du donneur.

Le prélèvement ne peut être effectué s'il existe un risque sérieux pour la vie ou la santé du donneur.

Art. 12. *Information du donneur.* Le donneur ainsi que, le cas échéant, la personne ou l'instance appelée à donner l'autorisation conformément à l'article 14, paragraphe 2, du présent Protocole sont informés au préalable de manière adéquate du but et de la nature du prélèvement ainsi que de ses conséquences et de ses risques.

Ils sont également informés des droits et garanties prévus par la loi pour la protection du donneur. En particulier, ils sont informés du droit à recevoir – de la part d'un professionnel de la santé ayant une expérience appropriée et ne participant ni au prélèvement de cet organe ou de ces tissus ni aux étapes ultérieures de la transplantation – une information indépendante sur les risques du prélèvement.

Art. 13. *Consentement du donneur vivant.* Sous réserve des articles 14 et 15 du présent Protocole, un organe ou des tissus ne peuvent être prélevés sur un donneur vivant qu'après que la personne concernée y a donné son consentement libre, éclairé et spécifique, soit par écrit soit devant une instance officielle.

La personne concernée peut à tout moment retirer librement son consentement.

Art. 14. *Protection des personnes qui n'ont pas la capacité de consentir au prélèvement d'organe ou de tissu.* 1. Aucun prélèvement d'organe ou de tissu ne peut être effectué sur une personne n'ayant pas la capacité de consentir conformément à l'article 13 du présent Protocole.

2. À titre exceptionnel et dans les conditions de protection prévues par la loi, le prélèvement de tissus régénérables sur une personne qui n'a pas la capacité de consentir peut être autorisé si les conditions suivantes sont réunies :

i) on ne dispose pas d'un donneur compatible jouissant de la capacité de consentir;

ii) le receveur est un frère ou une sœur du donneur;

iii) le don doit être de nature à préserver la vie du receveur;

iv) l'autorisation du représentant, d'une autorité ou d'une personne ou instance désignée par la loi a été donnée spécifiquement et par écrit et en accord avec l'instance compétente;

v) le donneur potentiel n'y oppose pas de refus.

Art. 15. *Prélèvement de cellules sur un donneur vivant.* La loi peut prévoir que les dispositions de l'article 14, paragraphe 2, alinéas ii et iii, ne s'appliquent pas aux cellules dès lors qu'il est établi que leur prélèvement n'implique pour le donneur qu'un risque minimal et une contrainte minimale.

84 Code de la santé publique (articles L. 1231-1 à L. 1231-4)

TITRE III

ORGANES

CHAPITRE PREMIER

Prélèvement sur une personne vivante

Art. L. 1231-1. *(L. n° 2004-800 du 6 août 2004, art. 9-B-II)* Le prélèvement d'organes sur une personne vivante, qui en fait le don, ne peut être opéré que dans l'intérêt thérapeutique direct d'un receveur. Le donneur doit avoir la qualité de père ou mère du receveur.

Par dérogation au premier alinéa, peuvent être autorisés à se prêter à un prélèvement d'organe dans l'intérêt thérapeutique direct d'un receveur son conjoint, ses frères ou sœurs, ses fils ou filles, ses grands-parents, ses oncles ou tantes, ses cousins germains et cousines germaines ainsi que le conjoint de son père ou de sa mère. Le donneur peut également être toute personne apportant la preuve d'une vie commune d'au moins deux ans avec le receveur *(L. n° 2011-814 du 7 juill. 2011, art. 7-I-1°)* «ainsi que toute personne pouvant apporter la preuve d'un lien affectif étroit et stable depuis au moins deux ans avec le receveur.

«En cas d'incompatibilité entre la personne ayant exprimé l'intention de don et la personne dans l'intérêt de laquelle le prélèvement peut être opéré en vertu des premier ou deuxième alinéas, rendant impossible la greffe, le donneur et le receveur potentiels peuvent se voir proposer le recours à un don croisé d'organes. Celui-ci consiste pour le receveur potentiel à bénéficier du don d'une autre personne ayant exprimé l'intention de don et également placée dans une situation d'incompatibilité à l'égard de la personne dans l'intérêt de laquelle le prélèvement peut être opéré en vertu des premier ou deuxième alinéas, tandis que cette dernière bénéficie du don du premier donneur. En cas de mise en œuvre d'un don croisé, les actes de prélèvement et de greffe sont engagés de façon simultanée respectivement sur les deux donneurs et sur les deux receveurs. L'anonymat entre donneur et receveur est respecté.»

Le donneur, préalablement informé par le comité d'experts mentionné à l'article L. 1231-3 des risques qu'il encourt *(L. n° 2011-814 du 7 juill. 2011, art. 7-I-1°)* «, des conséquences éventuelles du prélèvement et, le cas échéant, des modalités du don croisé, doit exprimer son consentement au don et, le cas échéant, au don croisé» devant le président du tribunal de grande instance ou le magistrat désigné par lui, qui s'assure au préalable que le consentement est libre et éclairé et que le don est conforme aux conditions prévues aux *(L. n° 2011-814 du 7 juill. 2011, art. 7-I-1°)* «premier, deuxième et, le cas échéant, troisième alinéas». En cas d'urgence vitale, le consentement est recueilli, par tout moyen, par le procureur de la République. Le consentement est révocable sans forme et à tout moment.

L'autorisation *(L. n° 2011-814 du 7 juill. 2011, art. 7-I-1°)* «de prélèvement sur une personne mentionnée» au deuxième alinéa est délivrée, postérieurement à l'expression du consentement, par le comité d'experts mentionné à l'article L. 1231-3.

Les prélèvements sur les personnes mentionnées au premier alinéa peuvent également, sauf en cas d'urgence vitale, être soumis à l'autorisation de ce comité lorsque le magistrat chargé de recueillir le consentement l'estime nécessaire.

L'Agence de la biomédecine est informée, préalablement à sa réalisation, de tout prélèvement d'organes à fins thérapeutiques sur une personne vivante.

Le Gouvernement remet au Parlement tous les quatre ans un rapport sur l'application du présent article, et notamment les dérogations autorisées au titre de son deuxième alinéa.

Art. L. 1231-2. Aucun prélèvement d'organes, en vue d'un don, ne peut avoir lieu sur une personne vivante mineure ou sur une personne vivante majeure faisant l'objet d'une mesure de protection légale.

Art. L. 1231-3. *(L. n° 2004-800 du 6 août 2004, art. 9-B-II)* Le comité d'experts dont l'intervention est prévue aux articles L. 1231-1, L. 1241-3 et L. 1241-4 siège en deux formations de cinq membres désignés pour trois ans par arrêté du ministre chargé de la santé. Trois de ces membres, dont deux médecins et une personne qualifiée dans le domaine des sciences humaines et sociales, sont communs aux deux formations. Lorsque le comité se prononce sur les prélèvements sur personne majeure mentionnés aux articles L. 1231-1 et L. 1241-4, il comporte un psychologue et un médecin. Lorsqu'il se prononce sur les prélèvements sur personne mineure mentionnés à l'article L. 1241-3, il comporte une personne qualifiée dans le domaine de la psychologie de l'enfant et un pédiatre. En cas d'urgence vitale, les membres du comité d'experts sont désignés par l'Agence de la biomédecine parmi les membres disponibles figurant sur l'arrêté susmentionné. Le comité ainsi constitué délivre son autorisation par tout moyen. Dans ce cas d'urgence, l'information prévue par le *(L. n° 2011-814 du 7 juill. 2011, art. 7-I-2°)* «quatrième» alinéa de l'article L. 1231-1 est délivrée par le praticien qui a posé l'indication de greffe ou par tout autre praticien du choix du donneur.

Le comité se prononce dans le respect des principes généraux énoncés au titre Ier du présent livre.

Afin d'apprécier la justification médicale *(L. n° 2011-814 du 7 juill. 2011, art. 7-I-2°)* «d'un prélèvement et d'une greffe d'organe, les risques que le prélèvement» est susceptible d'entraîner pour le donneur ainsi que ses conséquences prévisibles sur les plans physique et psychologique, le comité peut avoir accès aux informations médicales concernant le donneur et le receveur *(L. n° 2011-814 du 7 juill. 2011, art. 7-I-2°)* «potentiels». Ses membres sont tenus de garder secrètes les informations dont ils ont connaissance en raison de leurs fonctions.

Les décisions prises par le comité ne sont pas motivées.

Art. L. 1231-4. *(L. n° 2004-800 du 6 août 2004, art. 9-B-II)* Les modalités d'application des dispositions du présent chapitre sont déterminées par décret en Conseil d'État, et notamment *(L. n° 2011-814 du 7 juill. 2011, art. 7-I-3°)* «les dispositions applicables aux dons croisés d'organes,» le nombre des comités mentionnés à l'article L. 1231-3, leur compétence territoriale, leur composition, les conditions de désignation et de rémunération de leurs membres ainsi que leurs modalités de fonctionnement, y compris en cas d'urgence vitale.

D – LE DON D'ORGANE APRÈS LA MORT

85 Protocole additionnel à la Convention sur les droits de l'homme et la biomédecine relatif à la transplantation d'organes et de tissus d'origine humaine (chapitre IV)

CHAPITRE IV

Prélèvement d'organes et de tissus sur des personnes décédées

Art. 16. *Constatation du décès.* Un prélèvement d'organe ou de tissus sur une personne décédée ne peut être effectué que si le décès a été dûment constaté, conformément à la loi.

Les médecins constatant le décès d'une personne doivent être distincts de ceux participant directement au prélèvement d'organes ou de tissus sur cette personne ou aux étapes ultérieures de la transplantation, ainsi que de ceux chargés de soigner d'éventuels receveurs de ces organes ou tissus.

Art. 17. *Consentement et autorisations.* Des organes ou des tissus ne peuvent être prélevés sur le corps d'une personne décédée que si le consentement ou les autorisations requis par la loi ont été obtenus.

Le prélèvement ne doit pas être effectué si la personne décédée s'y était opposée.

Art. 18. *Respect du corps humain.* Dans le cadre du prélèvement, le corps humain doit être traité avec respect et toute mesure raisonnable doit être prise en vue de restaurer l'apparence du corps.

Art. 19. *Promotion du don.* Les Parties prennent toute mesure appropriée visant à favoriser le don d'organes et de tissus.

86 Code de la santé publique (articles L. 1232-1 à L. 1232-6)

TITRE III

ORGANES

CHAPITRE II

Prélèvement sur une personne décédée

Art. L. 1232-1. *(L. n° 2004-800 du 6 août 2004, art. 9-B-III)* Le prélèvement d'organes sur une personne dont la mort a été dûment constatée ne peut être effectué qu'à des fins thérapeutiques ou scientifiques.

(L. n° 2016-41 du 26 janv. 2016, art. 192-I) «Le médecin informe les proches du défunt, préalablement au prélèvement envisagé, de sa nature et de sa finalité, conformément aux bonnes pratiques arrêtées par le ministre chargé de la santé sur proposition de l'Agence de la biomédecine.

«Ce prélèvement peut être pratiqué sur une personne majeure dès lors qu'elle n'a pas fait connaître, de son vivant, son refus d'un tel prélèvement, principalement par l'inscription sur un registre national automatisé prévu à cet effet. Ce refus est révocable à tout moment.»

L'Agence de la biomédecine est avisée, préalablement à sa réalisation, de tout prélèvement à fins thérapeutiques ou à fins scientifiques.

Art. L. 1232-2. *(L. n° 2004-800 du 6 août 2004, art. 9-B-III)* Si la personne décédée était un mineur ou un majeur sous tutelle, le prélèvement à l'une ou plusieurs des fins mentionnées à l'article L. 1232-1 ne peut avoir lieu qu'à la condition que chacun des titulaires de l'autorité parentale ou le tuteur y consente par écrit.

Toutefois, en cas d'impossibilité de consulter l'un des titulaires de l'autorité parentale, le prélèvement peut avoir lieu à condition que l'autre titulaire y consente par écrit.

Art. L. 1232-3. *(L. n° 2004-800 du 6 août 2004, art. 9-B-III)* Les prélèvements à des fins scientifiques ne peuvent être pratiqués que dans le cadre de protocoles transmis, préalablement à leur mise en œuvre, à l'Agence de la biomédecine. Le ministre chargé de la recherche peut suspendre ou interdire la mise en œuvre de tels protocoles, lorsque la nécessité du prélèvement ou la pertinence de la recherche n'est pas établie.

Art. L. 1232-4. Les médecins qui établissent le constat de la mort, d'une part, et ceux qui effectuent le prélèvement ou la *(L. n° 2004-800 du 6 août 2004, art. 9-B-III)* «greffe», d'autre part, doivent faire partie d'unités fonctionnelles ou de services distincts.

Art. L. 1232-5. *(L. n° 2004-800 du 6 août 2004, art. 9-B-III)* Les médecins ayant procédé à un prélèvement ou à une autopsie médicale sur une personne décédée sont tenus de s'assurer de la meilleure restauration possible du corps.

Art. L. 1232-6. Les modalités d'application des dispositions du présent chapitre sont déterminées par décret en Conseil d'État et notamment :

1° *(L. n° 2004-800 du 6 août 2004, art. 9-B-III)* «Les conditions dans lesquelles est établi le constat de la mort prévu au premier alinéa de l'article L. 1232-1»;

(L. n° 2016-41 du 26 janv. 2016, art. 192-II) «2° Les modalités selon lesquelles le refus prévu au dernier alinéa du même article peut être exprimé et révoqué ainsi que les conditions dans lesquelles le public et les usagers du système de santé sont informés de ces modalités;»

3° *(L. n° 2004-800 du 6 août 2004, art. 9-B-III)* «Les modalités d'interdiction ou de suspension des protocoles mentionnés à l'article L. 1232-3 par le ministre chargé de la recherche ainsi que les modalités de transmission, par l'Agence de la biomédecine, des informations dont elle dispose sur lesdits protocoles.»

E – LE DON DE TISSUS, CELLULES, PRODUITS DU CORPS HUMAIN ET DE LEURS DÉRIVÉS

87 Code de la santé publique (articles L. 1241-1 à L. 1241-7)

TITRE IV

TISSUS, CELLULES, PRODUITS DU CORPS HUMAIN ET LEURS DÉRIVÉS

CHAPITRE PREMIER

Prélèvement et collecte

Art. L. 1241-1. *(L. n° 2004-800 du 6 août 2004, art. 12-A-II)* Le prélèvement de tissus ou de cellules ou la collecte de produits du corps humain sur une personne vivante en vue de don ne peut être opéré que dans un but thérapeutique ou scientifique ou de réalisation ou de contrôle des dispositifs médicaux de diagnostic *in vitro* ou de contrôle de qualité des examens de biologie médicale ou dans le cadre des expertises et des contrôles techniques réalisés sur les tissus ou sur les cellules ou sur les produits du corps humain par *(L. n° 2011-2012 du 29 déc. 2011, art. 5-IV)* «l'Agence nationale de sécurité du médicament et des produits de santé» en application du 1° de l'article L. 5311-2. Seuls peuvent être prélevés en vue de don à des fins thérapeutiques les tissus figurant sur une liste prévue à cet effet, à l'exception des tissus prélevés dans le cadre d'une recherche impliquant la personne humaine.

Le prélèvement de tissus ou de cellules autres que les cellules hématopoïétiques, ou la collecte de produits du corps humain en vue de don à des fins thérapeutiques ou en vue de réalisation ou de contrôle des dispositifs médicaux de diagnostic *in vitro* ou en vue du contrôle de qualité des examens de biologie médicale ou dans le cadre des expertises et des contrôles techniques réalisés sur les tissus ou sur les cellules ou sur les produits du corps humain par *(L. n° 2011-2012 du 29 déc. 2011, art. 5-IV)* «l'Agence nationale de sécurité du médicament et des produits de santé» en application du 1° de l'article L. 5311-2 ne peut avoir lieu qu'à la condition que le donneur, dûment informé de l'objet du prélèvement ou de la collecte et de leurs conséquences et des risques qui y sont attachés, ait donné son consentement par écrit. Ce consentement est révocable sans forme et à tout moment. Toutefois, les conditions d'expression du consentement et d'obtention d'une autorisation prévues à l'article L. 1231-1 s'appliquent, lorsque la nature du prélèvement et ses conséquences pour le donneur le justifient.

(L. n° 2011-814 du 7 juill. 2011, art. 17-II-1°) «Le prélèvement, en vue de don à des fins thérapeutiques, de cellules hématopoïétiques recueillies par prélèvement dans la moelle osseuse ou dans le sang périphérique» ne peut avoir lieu qu'à la condition que le donneur, préalablement informé des risques qu'il encourt et des conséquences éventuelles du prélèvement, ait exprimé son consentement devant le président du tribunal de grande instance ou le magistrat désigné par lui, qui s'assure au préalable que le consentement est libre et éclairé. En cas d'urgence vitale, le consentement est recueilli, par tout moyen, par le procureur de la République. Le consentement est révocable sans forme et à tout moment.

(L. n° 2011-814 du 7 juill. 2011, art. 18-1°) «Le prélèvement de cellules hématopoïétiques du sang de cordon et du sang placentaire ainsi que de cellules du cordon et du placenta ne peut être effectué qu'à des fins scientifiques ou thérapeutiques, en vue d'un don anonyme et gratuit, et à la condition que la femme, durant sa grossesse, ait donné son consentement par écrit au prélèvement et à l'utilisation de ces cellules, après avoir reçu une information sur les finalités de cette utilisation. Ce consentement est révocable sans forme et à tout moment tant que le prélèvement n'est pas intervenu. Par dérogation, le don peut être dédié à l'enfant né ou aux frères ou sœurs de cet enfant en cas de nécessité thérapeutique avérée et dûment justifiée lors du prélèvement.»

Art. L. 1241-2. Aucun prélèvement de tissus ou de cellules, aucune collecte de produits du corps humain *(L. n° 2004-800 du 6 août 2004, art. 12-A-II)* «en vue de don» ne peut avoir lieu sur une personne vivante mineure ou sur une personne vivante majeure faisant l'objet d'une mesure de protection légale.

Art. L. 1241-3. *(L. n° 2004-800 du 6 août 2004, art. 12-A-II)* Par dérogation aux dispositions de l'article L. 1241-2, en l'absence d'autre solution thérapeutique, un prélèvement de cellules hématopoïétiques *(L. n° 2011-814 du 7 juill. 2011, art. 17-II-2°)* «recueillies par prélèvement dans la moelle osseuse ou dans le sang périphérique» peut être fait sur un mineur au bénéfice de son frère ou de sa sœur.

Lorsqu'un tel prélèvement n'est pas possible et en l'absence d'autre solution thérapeutique *(L. n° 2011-814 du 7 juill. 2011, art. 17-II-2°)* «appropriée», le prélèvement de cellules hématopoïétiques issues de la mœlle osseuse peut, à titre exceptionnel, être fait sur un mineur au bénéfice de son cousin germain ou de sa cousine germaine, de son oncle ou de sa tante, de son neveu ou de sa nièce.

Dans tous les cas, ce prélèvement ne peut être pratiqué que sous réserve du consentement de chacun des titulaires de l'autorité parentale ou du représentant légal du mineur informés des risques encourus par le mineur et des conséquences éventuelles du prélèvement par le praticien qui a posé l'indication de greffe ou par tout autre praticien de leur choix. Le consentement est exprimé devant le président du tribunal de grande instance ou le magistrat désigné par lui, qui s'assure au préalable que le consentement est libre et éclairé. En cas d'urgence vitale, le consentement est recueilli, par tout moyen, par le procureur de la République. Le consentement est révocable sans forme et à tout moment.

L'autorisation d'effectuer le prélèvement est accordée par le comité d'experts mentionné à l'article L. 1231-3 qui s'assure au préalable *(L. n° 2011-814 du 7 juill. 2011, art. 17-II-2°)* «que, notamment au regard des règles de bonnes pratiques mentionnées à l'article L. 1245-6, les conditions de réalisation du prélèvement ne comportent aucun risque pour le mineur compte tenu de son âge ou de son développement,» que tous les moyens ont été mis en œuvre pour trouver un donneur majeur *(L. n° 2011-814 du 7 juill. 2011, art. 17-II-2°)* «suffisamment» compatible pour le receveur et que le mineur a été informé du prélèvement envisagé en vue d'exprimer sa volonté, s'il y est apte. En ce cas, le refus du mineur fait obstacle au prélèvement.

Art. L. 1241-4. *(L. n° 2004-800 du 6 août 2004, art. 12-A-II)* Par dérogation aux dispositions de l'article L. 1241-2, en l'absence d'autre solution thérapeutique, un prélèvement de cellules hématopoïétiques *(L. n° 2011-814 du 7 juill. 2011, art. 17-II-3°)* «recueillies par prélèvement dans la moelle osseuse ou dans le sang périphérique» peut être fait sur une personne vivante majeure faisant l'objet d'une mesure de protection légale au bénéfice de son frère ou de sa sœur.

Si la personne protégée fait l'objet d'une mesure de tutelle, ce prélèvement est subordonné à une décision du juge des tutelles compétent qui se prononce après avoir recueilli l'avis de la personne concernée lorsque cela est possible, du tuteur et du comité d'experts mentionné à l'article L. 1231-3.

Si la personne protégée fait l'objet d'une mesure de curatelle ou de sauvegarde de justice et si le juge des tutelles compétent estime, après l'avoir entendue, que la personne protégée a la faculté de consentir au prélèvement, celui-ci est subordonné à une autorisation du comité d'experts mentionné à l'article L. 1231-3, après recueil du consentement de l'intéressé dans les conditions prévues à l'article L. 1241-3. Hors les cas où la personne protégée a la faculté de consentir au prélèvement, celui-ci ne peut être pratiqué que dans les conditions prévues au deuxième alinéa du présent article.

En l'absence d'autre solution thérapeutique *(L. nº 2011-814 du 7 juill. 2011, art. 17-II-3º)* «appropriée», le prélèvement de cellules hématopoïétiques issues de la mœlle osseuse peut, à titre exceptionnel, être effectué sur une personne protégée au bénéfice de son cousin germain ou de sa cousine germaine, de son oncle ou de sa tante, de son neveu ou de sa nièce. Toutefois, seules peuvent faire l'objet d'un prélèvement les personnes protégées qui font l'objet d'une mesure de curatelle ou de sauvegarde de justice et qui ont été reconnues comme ayant la faculté de consentir au prélèvement par le juge des tutelles compétent après avoir été entendues par celui-ci. Le consentement est recueilli et l'autorisation de prélèvement est délivrée par le comité d'experts dans les conditions prévues au troisième alinéa.

Avant de formuler l'avis mentionné au deuxième alinéa ou de délivrer les autorisations prévues aux troisième et quatrième alinéas, le comité d'experts mentionné à l'article L. 1231-3 s'assure que tous les moyens ont été mis en œuvre pour trouver un donneur majeur *(L. nº 2011-814 du 7 juill. 2011, art. 17-II-3º)* «suffisamment» compatible pour le receveur.

Le refus de la personne protégée fait obstacle au prélèvement.

Art. L. 1241-5. *(L. nº 2004-800 du 6 août 2004, art. 27)* Des tissus ou cellules embryonnaires ou fœtaux ne peuvent être prélevés, conservés et utilisés à l'issue d'une interruption de grossesse qu'à des fins diagnostiques, thérapeutiques ou scientifiques. La femme ayant subi une interruption de grossesse donne son consentement écrit après avoir reçu une information appropriée sur les finalités d'un tel prélèvement. Cette information doit être postérieure à la décision prise par la femme d'interrompre sa grossesse.

Un tel prélèvement ne peut avoir lieu si la femme ayant subi l'interruption de grossesse est mineure ou fait l'objet d'une mesure de protection légale, sauf s'il s'agit de rechercher les causes de l'interruption de grossesse. Dans ce cas, la femme ayant subi cette interruption de grossesse doit avoir reçu auparavant une information sur son droit de s'opposer à un tel prélèvement.

Les tissus et cellules embryonnaires ou fœtaux prélevés à l'occasion d'une interruption de grossesse, lorsqu'ils sont conservés en vue d'une utilisation ultérieure, sont soumis aux seules dispositions des articles L. 1211-1, L. 1211-3 à L. 1211-7 et du chapitre III du présent titre.

Les prélèvements à des fins scientifiques autres que ceux ayant pour but de rechercher les causes de l'interruption de grossesse ne peuvent être pratiqués que dans le cadre de protocoles transmis, préalablement à leur mise en œuvre, à l'Agence de la biomédecine. L'agence communique la liste de ces protocoles, accompagnée le cas échéant de son avis sur ces derniers, au ministre chargé de la recherche. Celui-ci peut suspendre ou interdire la réalisation de ces protocoles, lorsque leur pertinence scientifique ou la nécessité du prélèvement n'est pas établie, ou lorsque le respect des principes éthiques n'est pas assuré.

Art. L. 1241-6. *(L. n° 2004-800 du 6 août 2004, art. 12-A-II)* Le prélèvement de tissus et de cellules et la collecte de produits du corps humain sur une personne dont la mort a été dûment constatée ne peuvent être effectués qu'à des fins thérapeutiques ou scientifiques et dans les conditions prévues au chapitre II du titre III.

Art. L. 1241-7. *(L. n° 2004-800 du 6 août 2004, art. 12-A-II)* Les modalités d'application du présent chapitre sont déterminées par décret en Conseil d'État, et notamment :

1° La liste des tissus mentionnés au premier alinéa de l'article L. 1241-1 pouvant être prélevés, en vue de don à des fins thérapeutiques, sur une personne vivante;

2° Les tissus et les cellules mentionnés au deuxième alinéa de l'article L. 1241-1 dont le prélèvement est soumis à l'une ou plusieurs des conditions prévues à l'article L. 1231-1;

3° Les situations médicales et les conditions dans lesquelles le prélèvement prévu à l'article L. 1241-6 est autorisé.

TROISIÈME PARTIE
LA VIE PRIVÉE

I – LES DROITS

CHAPITRE 1
Le droit au respect de la vie privée

Section 1
Les principes généraux

88 Déclaration universelle des droits de l'homme (article 12)

Art. 12. Nul ne sera l'objet d'immixtions arbitraires dans sa vie privée, sa famille, son domicile ou sa correspondance, ni d'atteintes à son honneur et à sa réputation. Toute personne a droit à la protection de la loi contre de telles immixtions ou de telles atteintes.

89 Pacte international relatif aux droits civils et politiques (article 17)

Art. 17. 1. Nul ne sera l'objet d'immixtions arbitraires ou illégales dans sa vie privée, sa famille, son domicile ou sa correspondance, ni d'atteintes illégales à son honneur et à sa réputation.

2. Toute personne a droit à la protection de la loi contre de telles immixtions ou de telles atteintes.

90 Convention européenne de sauvegarde des droits de l'homme et des libertés fondamentales (article 8)

Art. 8. *Droit au respect de la vie privée et familiale.* 1. Toute personne a droit au respect de sa vie privée et familiale, de son domicile et de sa correspondance.

2. Il ne peut y avoir ingérence d'une autorité publique dans l'exercice de ce droit que pour autant que cette ingérence est prévue par la loi et qu'elle constitue une mesure qui, dans une société démocratique, est nécessaire à la sécurité nationale, à la sûreté publique, au bien-être économique du pays, à la défense de l'ordre et à la prévention des infractions pénales, à la protection de la santé ou de la morale, ou à la protection des droits et libertés d'autrui.

91 Charte des droits fondamentaux de l'Union européenne (article 7)

Art. 7. *Respect de la vie privée et familiale.* Toute personne a droit au respect de sa vie privée et familiale, de son domicile et de ses communications.

92 Code civil (article 9)

LIVRE Ier

DES PERSONNES

Art. 9. *(L. n° 70-643 du 17 juill. 1970)* Chacun a droit au respect de sa vie privée.

Les juges peuvent, sans préjudice de la réparation du dommage subi, prescrire toutes mesures, telles que séquestre, saisie et autres, propres à empêcher ou faire cesser une atteinte à l'intimité de la vie privée : ces mesures peuvent, s'il y a urgence, être ordonnées en référé.

93 Code de la sécurité intérieure (article L. 801-1)

LIVRE VIII

DU RENSEIGNEMENT

Art. L. 801-1. *(L. n° 2015-912 du 24 juill. 2015, art. 1er, en vigueur le 3 oct. 2015)* Le respect de la vie privée, dans toutes ses composantes, notamment le secret des correspondances, la protection des données personnelles *[nouvelle rédaction issue de l'Ord. n° 2018-1125 du 12 déc. 2018, art. 22 et 29, en vigueur au plus tard le 1er juin 2019 : «données à caractère personnel»]* et l'inviolabilité du domicile, est garanti par la loi. L'autorité publique ne peut y porter atteinte que dans les seuls cas de nécessité d'intérêt public prévus par la loi, dans les limites fixées par celle-ci et dans le respect du principe de proportionnalité.

L'autorisation et la mise en œuvre sur le territoire national des techniques de recueil de renseignement mentionnées aux chapitres Ier à III du titre V du présent livre ne peuvent être décidées que si :

1° Elles procèdent d'une autorité ayant légalement compétence pour le faire;

2° Elles résultent d'une procédure conforme au titre II du même livre;

3° Elles respectent les missions confiées aux services mentionnés à l'article L. 811-2 ou aux services désignés par le décret en Conseil d'État prévu à l'article L. 811-4;

4° Elles sont justifiées par les menaces, les risques et les enjeux liés aux intérêts fondamentaux de la Nation mentionnés à l'article L. 811-3;

5° Les atteintes qu'elles portent au respect de la vie privée sont proportionnées aux motifs invoqués.

La Commission nationale de contrôle des techniques de renseignement s'assure, dans les conditions prévues au présent livre, du respect de ces principes. Le Conseil d'État statue sur les recours formés contre les décisions relatives à l'autorisation et à la mise en œuvre de ces techniques et ceux portant sur la conservation des renseignements collectés.

Section 2

La protection des éléments immatériels

A – LA PROTECTION DE L'IMAGE

94 Code pénal (articles 226-1 à 226-3 et 226-6)

TITRE II

DES ATTEINTES À LA PERSONNE HUMAINE

CHAPITRE VI

Des atteintes à la personnalité

Art. 226-1. Est puni d'un an d'emprisonnement et de 45 000 € d'amende le fait, au moyen d'un procédé quelconque, volontairement de porter atteinte à l'intimité de la vie privée d'autrui :

1° En captant, enregistrant ou transmettant, sans le consentement de leur auteur, des paroles prononcées à titre privé ou confidentiel;

2° En fixant, enregistrant ou transmettant, sans le consentement de celle-ci, l'image d'une personne se trouvant dans un lieu privé.

Lorsque les actes mentionnés au présent article ont été accomplis au vu et au su des intéressés sans qu'ils s'y soient opposés, alors qu'ils étaient en mesure de le faire, le consentement de ceux-ci est présumé.

Art. 226-2. Est puni des mêmes peines le fait de conserver, porter ou laisser porter à la connaissance du public ou d'un tiers ou d'utiliser de quelque manière que ce soit tout enregistrement ou document obtenu à l'aide de l'un des actes prévus par l'article 226-1.

Lorsque le délit prévu par l'alinéa précédent est commis par la voie de la presse écrite ou audiovisuelle, les dispositions particulières des lois qui régissent ces matières sont applicables en ce qui concerne la détermination des personnes responsables.

Art. 226-3. *(Ord. nº 2011-1012 du 24 août 2011, art. 44)* Est puni de cinq ans d'emprisonnement et de 300 000 € d'amende :

1° La fabrication, l'importation, la détention, l'exposition, l'offre, la location ou la vente d'appareils ou de dispositifs techniques *(L. nº 2013-1168 du 18 déc. 2013, art. 23)* «de nature à permettre la réalisation d'opérations» pouvant constituer l'infraction prévue par le second alinéa de l'article 226-15 ou qui, conçus pour la détection à distance des conversations, permettent de réaliser l'infraction prévue par l'article 226-1 ou ayant pour objet la captation de données informatiques prévue *(L. nº 2015-912 du 24 juill. 2015, art. 7)* «aux articles 706-102-1 du code de procédure pénale et L. 853-2 du code de la sécurité intérieure» et figurant sur une liste dressée dans des conditions fixées par décret en Conseil d'État, lorsque ces faits sont commis, y compris par négligence, en l'absence d'autorisation ministérielle dont les conditions d'octroi sont fixées par ce même décret ou sans respecter les conditions fixées par cette autorisation;

2° Le fait de réaliser une publicité en faveur d'un appareil ou d'un dispositif technique susceptible de permettre la réalisation des infractions prévues par l'article 226-1 et le second alinéa de l'article 226-15 lorsque cette publicité constitue une incitation à commettre cette infraction ou ayant pour objet la captation de données informatiques prévue *(L. n° 2015-912 du 24 juill. 2015, art. 7)* «aux articles 706-102-1 du code de procédure pénale et L. 853-2 du code de la sécurité intérieure» lorsque cette publicité constitue une incitation à en faire un usage frauduleux.

Art. 226-6. Dans les cas prévus par les articles 226-1 *(L. n° 2016-1321 du 7 oct. 2016, art. 67)* «à 226-2-1», l'action publique ne peut être exercée que sur plainte de la victime, de son représentant légal ou de ses ayants droit.

B – LA PROTECTION CONTRE L'USURPATION D'IDENTITÉ

95 Code pénal (article 226-4-1)

Art. 226-4-1. *(L. n° 2011-267 du 14 mars 2011, art. 2)* Le fait d'usurper l'identité d'un tiers ou de faire usage d'une ou plusieurs données de toute nature permettant de l'identifier en vue de troubler sa tranquillité ou celle d'autrui, ou de porter atteinte à son honneur ou à sa considération, est puni d'un an d'emprisonnement et de 15000 € d'amende.

Cette infraction est punie des mêmes peines lorsqu'elle est commise sur un réseau de communication au public en ligne.

C – LE DROIT DU SECRET ET LA PROTECTION DU SECRET PROFESSIONNEL

96 Code pénal (articles 226-13 et 226-14)

TITRE II

DES ATTEINTES À LA PERSONNE HUMAINE

CHAPITRE VI

Des atteintes à la personnalité

Section IV

De l'atteinte au secret

§ 1er : De l'atteinte au secret professionnel

Art. 226-13. La révélation d'une information à caractère secret par une personne qui en est dépositaire soit par état ou par profession, soit en raison d'une fonction ou d'une mission temporaire, est punie d'un an d'emprisonnement et de 15000 € d'amende.

Art. 226-14. *(L. n° 2004-1 du 2 janv. 2004, art. 11)* L'article 226-13 n'est pas applicable dans les cas où la loi impose ou autorise la révélation du secret. En outre, il n'est pas applicable :

1° A celui qui informe les autorités judiciaires, médicales ou administratives de privations ou de sévices, y compris lorsqu'il s'agit d'atteintes *(L. n° 2006-399 du 4 avr. 2006, art. 14)* «ou mutilations» sexuelles, dont il a eu connaissance et qui ont été infligées à un mineur ou à une personne qui n'est pas en mesure de se protéger en raison de son âge ou de son incapacité physique ou psychique;

2° Au médecin *(L. n° 2015-1402 du 5 nov. 2015, art. 1er)* «ou à tout autre professionnel de santé» qui, avec l'accord de la victime, porte à la connaissance du procureur de la République *(L. n° 2015-1402 du 5 nov. 2015, art. 1er)* «ou de la cellule de recueil, de traitement et d'évaluation des informations préoccupantes relatives aux mineurs en danger ou qui risquent de l'être, mentionnée au deuxième alinéa de l'article L. 226-3 du code de l'action sociale et des familles,» les sévices ou privations qu'il a constatés, sur le plan physique ou psychique, dans l'exercice de sa profession et qui lui permettent de présumer que des violences physiques, sexuelles ou psychiques de toute nature ont été commises. *(L. n° 2007-297 du 5 mars 2007, art. 34)* «Lorsque la victime est un mineur ou une personne qui n'est pas en mesure de se protéger en raison de son âge ou de son incapacité physique ou psychique, son accord n'est pas nécessaire;»

3° Aux professionnels de la santé ou de l'action sociale qui informent le préfet et, à Paris, le préfet de police du caractère dangereux pour elles-mêmes ou pour autrui des personnes qui les consultent et dont ils savent qu'elles détiennent une arme ou qu'elles ont manifesté leur intention d'en acquérir une.

(L. n° 2015-1402 du 5 nov. 2015, art. 1er) «Le signalement aux autorités compétentes effectué dans les conditions prévues au présent article ne peut engager la responsabilité civile, pénale ou disciplinaire de son auteur, sauf s'il est établi qu'il n'a pas agi de bonne foi.»

97 Code du travail (article L. 1121-1)

TITRE II

DROITS ET LIBERTÉS DANS L'ENTREPRISE

Art. L. 1121-1. Nul ne peut apporter aux droits des personnes et aux libertés individuelles et collectives de restrictions qui ne seraient pas justifiées par la nature de la tâche à accomplir ni proportionnées au but recherché.

98 Code du travail (article L. 1227-1)

TITRE II

FORMATION ET EXECUTION DU CONTRAT DE TRAVAIL

CHAPITRE VI

Dispositions pénales

Art. L. 1227-1. Le fait pour un directeur ou un salarié de révéler ou de tenter de révéler un secret de fabrication est puni d'un emprisonnement de deux ans et d'une amende de 30000 €.

La juridiction peut également prononcer, à titre de peine complémentaire, pour une durée de cinq ans au plus, l'interdiction des droits civiques, civils et de famille prévue par l'article 131-26 du code pénal.

Section 3

La protection des éléments matériels

A – LE SECRET BANCAIRE

99 Code monétaire et financier (article L. 511-33)

TITRE Ier

PRESTATAIRES DE SERVICES BANCAIRES

CHAPITRE Ier

Dispositions générales

Art. L. 511-33. *(L. n° 2008-776 du 4 août 2008, art. 154-I) (Ord. n° 2014-158 du 20 févr. 2014, art. 3)* «I. —» Tout membre d'un conseil d'administration et, selon le cas, d'un conseil de surveillance et toute personne qui à un titre quelconque participe à la direction ou à la gestion d'un établissement de crédit *(Ord. n° 2013-544 du 27 juin 2013, art. 4, en vigueur le 1er janv. 2014)* «, d'une société de financement» ou d'un organisme mentionné *(L. n° 2015-992 du 17 août 2015, art. 23-IV)* «aux 5 et 8» de l'article L. 511-6 ou qui est employée par l'un de ceux-ci est tenu au secret professionnel.

Outre les cas où la loi le prévoit, le secret professionnel ne peut être opposé ni à l'Autorité de contrôle prudentiel et de résolution, ni à la Banque de France, *(Ord. n° 2015-859 du 15 juill. 2015, art. 15)* «ni à l'Institut d'émission des départements d'outre-mer, ni à l'Institut d'émission d'outre-mer,» ni à l'autorité judiciaire agissant dans le cadre d'une procédure pénale *(L. n° 2013-672 du 26 juill. 2013, art. 31-I)* «, ni aux commissions d'enquête créées en application de l'article 6 de l'ordonnance n° 58-1100 du 17 novembre 1958 relative au fonctionnement des assemblées parlementaires».

Les établissements de crédit *(Ord. n° 2013-544 du 27 juin 2013, art. 4, en vigueur le 1er janv. 2014)* «et les sociétés de financement» peuvent par ailleurs communiquer des informations couvertes par le secret professionnel, d'une part, aux agences de notation pour les besoins de la notation des produits financiers et, d'autre part, aux personnes avec lesquelles ils négocient, concluent ou exécutent les opérations ci-après énoncées, dès lors que ces informations sont nécessaires à celles-ci :

1° Opérations de crédit effectuées, directement ou indirectement, par un ou plusieurs établissements de crédit *(Ord. n° 2013-544 du 27 juin 2013, art. 4, en vigueur le 1er janv. 2014)* «ou sociétés de financement»;

2° Opérations sur instruments financiers, de garanties ou d'assurance destinées à la couverture d'un risque de crédit;

(Ord. n° 2013-544 du 27 juin 2013, art. 4, en vigueur le 1er janv. 2014) «3° Prises de participation ou de contrôle dans un établissement de crédit, une entreprise d'investissement ou une société de financement;»

4° Cessions d'actifs ou de fonds de commerce;

5° Cessions ou transferts de créances ou de contrats;

6° Contrats de prestations de services conclus avec un tiers en vue de lui confier des fonctions opérationnelles importantes;

7° Lors de l'étude ou l'élaboration de tout type de contrats ou d'opérations, dès lors que ces entités appartiennent au même groupe que l'auteur de la communication.

(L. nº 2016-1691 du 9 déc. 2016, art. 56) «Lors d'opérations sur contrats financiers, les établissements de crédit et les sociétés de financement peuvent également communiquer des informations couvertes par le secret professionnel, lorsqu'une législation ou une réglementation d'un État qui n'est pas membre de l'Union européenne prévoit la déclaration de ces informations à un référentiel central. Lorsque ces informations constituent des données à caractère personnel soumises à la loi nº 78-17 du 6 janvier 1978 relative à l'informatique, aux fichiers et aux libertés, leur transmission doit s'effectuer dans les conditions prévues par la même loi.»

Outre les cas exposés ci-dessus, les établissements de crédit *(Ord. nº 2013-544 du 27 juin 2013, art. 4, en vigueur le 1er janv. 2014)* «et les sociétés de financement» peuvent communiquer des informations couvertes par le secret professionnel au cas par cas et uniquement lorsque les personnes concernées leur ont expressément permis de le faire.

Les personnes recevant des informations couvertes par le secret professionnel, qui leur ont été fournies pour les besoins d'une des opérations ci-dessus énoncées, doivent les conserver confidentielles, que l'opération susvisée aboutisse ou non. Toutefois, dans l'hypothèse où l'opération susvisée aboutit, ces personnes peuvent à leur tour communiquer les informations couvertes par le secret professionnel dans les mêmes conditions que celles visées au présent article aux personnes avec lesquelles elles négocient, concluent ou exécutent les opérations énoncées ci-dessus.

(Ord. nº 2014-158 du 20 févr. 2014, art. 3) «II. — Le personnel des établissements de crédit, des sociétés de financement, des compagnies financières holding, des compagnies financières holding mixtes et des entreprises mères de société de financement soumis au contrôle de l'Autorité de contrôle prudentiel et de résolution, ainsi que le personnel des prestataires externes de ces personnes, peuvent signaler à l'Autorité les manquements et infractions potentiels ou avérés au règlement (UE) nº 575/2013 du Parlement européen et du Conseil du 26 juin 2013 *(Ord. nº 2017-1107 du 22 juin 2017, art. 5, en vigueur le 3 janv. 2018)* «et au règlement (UE) nº 600/2014 du Parlement européen et du Conseil du 15 mai 2014», aux dispositions du présent titre et du titre III du présent livre ou d'un règlement pris pour leur application ou de toute autre disposition législative ou réglementaire dont la méconnaissance entraîne celle des dispositions précitées. Les signalements sont faits sous forme écrite et accompagnés de tout élément de nature à établir la réalité des faits signalés.

«L'Autorité de contrôle prudentiel et de résolution recueille les signalements dans des conditions qui garantissent la protection des personnes signalant les manquements, notamment en ce qui concerne leur identité, et la protection des données à caractère personnel relatives aux personnes concernées par les signalements.»

B – LA PROTECTION DU DOMICILE

100 Code pénal (articles 226-4 à 226-4-2)

Art. 226-4. L'introduction dans le domicile d'autrui à l'aide de manœuvres, menaces, voies de fait ou contrainte, hors les cas où la loi le permet, est puni d'un an d'emprisonnement et de 15000 € d'amende.

(L. nº 2015-714 du 24 juin 2015) «Le maintien dans le domicile d'autrui à la suite de l'introduction mentionnée au premier alinéa, hors les cas où la loi le permet, est puni des même peines».

TITRE II

DES ATTEINTES À LA PERSONNE HUMAINE

CHAPITRE VI

Des atteintes à la personnalité

Art. 226-4-1. *(L. n° 2011-267 du 14 mars 2011, art. 2)* Le fait d'usurper l'identité d'un tiers ou de faire usage d'une ou plusieurs données de toute nature permettant de l'identifier en vue de troubler sa tranquillité ou celle d'autrui, ou de porter atteinte à son honneur ou à sa considération, est puni d'un an d'emprisonnement et de 15000 € d'amende.

Cette infraction est punie des mêmes peines lorsqu'elle est commise sur un réseau de communication au public en ligne.

Art. 226-4-2. *(L. n° 2014-366 du 24 mars 2014, art. 26)* Le fait de forcer un tiers à quitter le lieu qu'il habite sans avoir obtenu le concours de l'État dans les conditions prévues à l'article L. 153-1 du code des procédures civiles d'exécution, à l'aide de manœuvres, menaces, voies de fait ou contraintes, est puni de trois ans d'emprisonnement et de 30000 € d'amende.

C – LE SECRET DES CORRESPONDANCES

101 Code pénal (articles 226-15 et 432-9)

LIVRE II

DES CRIMES ET DÉLITS CONTRE LES PERSONNES

TITRE II

DES ATTEINTES À LA PERSONNE HUMAINE

CHAPITRE VI

Des atteintes à la personnalité

Section IV

De l'atteinte au secret

§ 2 : De l'atteinte au secret des correspondances

Art. 226-15. Le fait, commis de mauvaise foi, d'ouvrir, de supprimer, de retarder ou de détourner des correspondances arrivées ou non à destination et adressées à des tiers, ou d'en prendre frauduleusement connaissance, est puni d'un an d'emprisonnement et de 45000 € d'amende.

Est puni des mêmes peines le fait, commis de mauvaise foi, d'intercepter, de détourner, d'utiliser ou de divulguer des correspondances émises, transmises ou reçues par la *(L. n° 2011-525 du 17 mai 2011, art. 150-2°)* «voie électronique» ou de procéder à l'installation d'appareils *(L. n° 2013-1168 du 18 déc. 2013, art. 23)* «de nature à permettre la réalisation» de telles interceptions.

LIVRE IV

DES CRIMES ET DÉLITS CONTRE LA NATION, L'ÉTAT ET LA PAIX PUBLIQUE

TITRE III

DES ATTEINTES A L'AUTORITÉ DE L'ÉTAT

CHAPITRE II

Des atteintes à l'administration publique commises par des personnes exerçant une fonction publique

Section 2

Des abus d'autorité commis contre les particuliers

§ 4 : Des atteintes au secret des correspondances

Art. 432-9. Le fait, par une personne dépositaire de l'autorité publique ou chargée d'une mission de service public, agissant dans l'exercice ou à l'occasion de l'exercice de ses fonctions ou de sa mission, d'ordonner, de commettre ou de faciliter, hors les cas prévus par la loi, le détournement, la suppression ou l'ouverture de correspondances ou la révélation du contenu de ces correspondances, est puni de trois ans d'emprisonnement et de 45000 € d'amende.

Est puni des mêmes peines le fait, par une personne visée à l'alinéa précédent ou un agent *(L. n° 2004-669 du 9 juill. 2004, art. 121)* «d'un exploitant de réseaux ouverts au public de communications électroniques» ou d'un fournisseur de services de télécommunications, agissant dans l'exercice de ses fonctions, d'ordonner, de commettre ou de faciliter, hors les cas prévus par la loi, l'interception ou le détournement des correspondances émises, transmises ou reçues par la voie des télécommunications, l'utilisation ou la divulgation de leur contenu.

102 Code des postes et des communications électroniques (article L. 3-2)

TITRE Ier

DISPOSITIONS GÉNÉRALES

CHAPITRE Ier

Le service universel postal et les obligations du service postal

Art. L. 3-2. *(L. n° 2005-516 du 20 mai 2005, art. 1er-7°)* Toute prestation de services postaux est soumise aux règles suivantes :

a) Garantir la sécurité des usagers, des personnels et des installations du prestataire de service;

b) Garantir la confidentialité des envois de correspondance et l'intégrité de leur contenu ;

(L. n° 2010-123 du 9 févr. 2010, art. 23) «*b bis)* Garantir le secret des correspondances, ainsi que la neutralité des services postaux au regard de l'identité de l'expéditeur et de la nature des envois postaux ;»

c) Assurer la protection des données à caractère personnel dont peuvent être dépositaires le prestataire du service universel ou les titulaires de l'autorisation prévue à l'article L. 3, ainsi que la protection de la vie privée des usagers de ces services ;

d) Être fournie dans les conditions techniques respectant l'objectif de préservation de l'environnement ;

(L. n° 2010-123 du 9 févr. 2010, art. 23) «*e)* Mettre en place des procédures simples, transparentes et gratuites de traitement des réclamations et respecter les intérêts des usagers au regard des obligations fixées à l'article L. 7 ;

«*f)* Garantir l'accès aux services et aux installations aux personnes handicapées dans les conditions prévues à l'article L. 111-7-3 du code de la construction et de l'habitation ;

«*g)* Respecter les obligations légales et conventionnelles applicables en matière de droit du travail et la législation de sécurité sociale en vigueur, sans préjudice des dispositions spécifiques applicables aux personnels ayant, le cas échéant, le statut de fonctionnaire ;

«*h)* Respecter l'ordre public et les obligations liées à la défense nationale.»

CHAPITRE 2
Le droit au nom

Section 1
Les principes généraux

103 Pacte international relatif aux droits civils et politiques (article 24)

Art. 24. 1. Tout enfant, sans discrimination aucune fondée sur la race, la couleur, le sexe, la langue, la religion, l'origine nationale ou sociale, la fortune ou la naissance, a droit, de la part de sa famille, de la société et de l'État, aux mesures de protection qu'exige sa condition de mineur.

2. Tout enfant doit être enregistré immédiatement après sa naissance et avoir un nom.

3. Tout enfant a le droit d'acquérir une nationalité.

104 Convention de New York relative aux droits de l'enfant (article 7)

Art. 7. 1. L'enfant est enregistré aussitôt sa naissance et a dès celle-ci le droit à un nom, le droit d'acquérir une nationalité et, dans la mesure du possible, le droit de connaître ses parents et d'être élevé par eux.

2. Les États parties veillent à mettre ces droits en œuvre conformément à leur législation nationale et aux obligations que leur imposent les instruments internationaux applicables en la matière, en particulier dans les cas où faute de cela l'enfant se trouverait apatride.

Section 2

Le changement de nom et de prénom

105 Code civil (articles 60 à 61-4)

TITRE II

DES ACTES DE L'ÉTAT CIVIL

CHAPITRE II

Des actes de naissance

Section II

Des changements de prénoms et de nom

Art. 60. *(L. n° 2016-1547 du 18 nov. 2016, art. 56-I)* Toute personne peut demander à l'officier de l'état civil à changer de prénom. La demande est remise à l'officier de l'état civil du lieu de résidence ou du lieu où l'acte de naissance a été dressé. S'il s'agit d'un mineur ou d'un majeur en tutelle, la demande est remise par son représentant légal. L'adjonction, la suppression ou la modification de l'ordre des prénoms peut également être demandée.

Si l'enfant est âgé de plus de treize ans, son consentement personnel est requis.

La décision de changement de prénom est inscrite sur le registre de l'état civil.

S'il estime que la demande ne revêt pas un intérêt légitime, en particulier lorsqu'elle est contraire à l'intérêt de l'enfant ou aux droits des tiers à voir protéger leur nom de famille, l'officier de l'état civil saisit sans délai le procureur de la République. Il en informe le demandeur. Si le procureur de la République s'oppose à ce changement, le demandeur, ou son représentant légal, peut alors saisir le juge aux affaires familiales.

Art. 61. *(L. n° 93-22 du 8 janv. 1993)* Toute personne qui justifie d'un intérêt légitime peut demander à changer de nom.

La demande de changement de nom peut avoir pour objet d'éviter l'extinction du nom porté par un ascendant ou un collatéral du demandeur jusqu'au quatrième degré.

Le changement de nom est autorisé par décret.

Art. 61-1. *(L. n° 93-22 du 8 janv. 1993)* Tout intéressé peut faire opposition devant le Conseil d'État au décret portant changement de nom dans un délai de deux mois à compter de sa publication au *Journal officiel.*

Un décret portant changement de nom prend effet, s'il n'y a pas eu d'opposition, à l'expiration du délai pendant lequel l'opposition est recevable ou, dans le cas contraire, après le rejet de l'opposition.

Art. 61-2. *(L. n° 93-22 du 8 janv. 1993)* Le changement de nom s'étend de plein droit aux enfants du bénéficiaire lorsqu'ils ont moins de treize ans.

Art. 61-3. *(L. nº 93-22 du 8 janv. 1993)* Tout changement de nom de l'enfant de plus de treize ans nécessite son consentement personnel lorsque ce changement ne résulte pas de l'établissement ou d'une modification d'un lien de filiation.

L'établissement ou la modification du lien de filiation n'emporte cependant le changement du *(L. nº 2002-304 du 4 mars 2002)* «nom de famille» des enfants majeurs que sous réserve de leur consentement.

Art. 61-3-1. *(L. nº 2016-1547 du 18 nov. 2016, art. 57-I-1)* Toute personne qui justifie d'un nom inscrit sur le registre de l'état civil d'un autre État peut demander à l'officier de l'état civil dépositaire de son acte de naissance établi en France son changement de nom en vue de porter le nom acquis dans cet autre État. Lorsque la personne est mineure, la déclaration est effectuée conjointement par les deux parents exerçant l'autorité parentale ou par le parent exerçant seul l'autorité parentale, avec son consentement personnel si elle a plus de treize ans.

Le changement de nom est autorisé par l'officier de l'état civil, qui le consigne dans le registre de naissance en cours.

En cas de difficultés, l'officier de l'état civil saisit le procureur de la République, qui peut s'opposer à la demande. En ce cas, l'intéressé en est avisé.

Saisi dans les mêmes conditions, le procureur de la République du lieu de naissance peut ordonner lui-même le changement de nom.

Le changement de nom acquis dans les conditions fixées aux quatre premiers alinéas s'étend de plein droit aux enfants du bénéficiaire lorsqu'ils ont moins de treize ans.

Art. 61-4. *(L. nº 93-22 du 8 janv. 1993)* Mention des décisions de changement de prénoms et de nom est portée en marge des actes de l'état civil de l'intéressé et, le cas échéant, de ceux de son conjoint *(L. nº 2016-1547 du 18 nov. 2016, art. 57-I-2)* «, de son partenaire lié par un pacte civil de solidarité» et de ses enfants.

(L. nº 2016-1547 du 18 nov. 2016, art. 57-I-2) «De même, les décisions de changement de prénoms et de nom régulièrement acquises à l'étranger sont portées en marge des actes de l'état civil sur instructions du procureur de la République.»

Les dispositions des articles 100 et 101 sont applicables aux modifications de prénoms et de nom.

Section 3

La liberté du choix du nom de l'enfant

106 Code civil (article 311-21)

TITRE VII

DE LA FILIATION

CHAPITRE Ier

Dispositions générales

Section IV

Des règles de dévolution du nom de famille

Art. 311-21. *(L. n° 2002-304 du 4 mars 2002; L. n° 2003-516 du 18 juin 2003)* Lorsque la filiation d'un enfant est établie à l'égard de ses deux parents au plus tard le jour de la déclaration de sa naissance ou par la suite mais simultanément, ces derniers choisissent le nom de famille qui lui est dévolu : soit le nom du père, soit le nom de la mère, soit leurs deux noms accolés dans l'ordre choisi par eux dans la limite d'un nom de famille pour chacun d'eux. En l'absence de déclaration conjointe à l'officier de l'état civil mentionnant le choix du nom de l'enfant, celui-ci prend le nom de celui de ses parents à l'égard duquel sa filiation est établie en premier lieu et le nom de son père si sa filiation est établie simultanément à l'égard de l'un et de l'autre. *(L. n° 2013-404 du 17 mai 2013, art. 11)* «En cas de désaccord entre les parents, signalé par l'un d'eux à l'officier de l'état civil, au plus tard au jour de la déclaration de naissance ou après la naissance, lors de l'établissement simultané de la filiation, l'enfant prend leurs deux noms, dans la limite du premier nom de famille pour chacun d'eux, accolés selon l'ordre alphabétique.»

En cas de naissance à l'étranger d'un enfant dont l'un au moins des parents est français, les parents qui n'ont pas usé de la faculté de choix du nom dans les conditions du précédent alinéa peuvent effectuer une telle déclaration lors de la demande de transcription de l'acte, au plus tard dans les trois ans de la naissance de l'enfant.

(Ord. n° 2005-759 du 4 juill. 2005) «Lorsqu'il a déjà été fait application du présent article *(L. n° 2013-404 du 17 mai 2013, art. 11)* «, du deuxième alinéa de l'article 311-23 ou de l'article 357» à l'égard d'un enfant commun, le nom précédemment dévolu ou choisi vaut pour les autres enfants communs.»

Lorsque les parents ou l'un d'entre eux portent un double nom de famille, ils peuvent, par une déclaration écrite conjointe, ne transmettre qu'un seul nom à leurs enfants.

Section 4

Le droit de porter le nom de l'époux

107 Code civil (article 225-1)

TITRE V

DU MARIAGE

Art. 225-1. *(L. n° 2013-404 du 17 mai 2013, art. 10)* Chacun des époux peut porter, à titre d'usage, le nom de l'autre époux, par substitution ou adjonction à son propre nom dans l'ordre qu'il choisit.

CHAPITRE 3

L'établissement de la filiation et le droit de connaître ses origines

108 Code civil (articles 318 à 331)

Section première

Dispositions générales

(Ord. n° 2005-759 du 4 juill. 2005).

Art. 318. *(L. n° 72-3 du 3 janv. 1972)* Aucune action n'est reçue quant à la filiation d'un enfant qui n'est pas né viable.

Art. 318-1. *(L. n° 72-3 du 3 janv. 1972)* Le tribunal de grande instance, statuant en matière civile, est seul compétent pour connaître des actions relatives à la filiation.

Art. 319. *(L. n° 72-3 du 3 janv. 1972)* En cas *(Ord. n° 2005-759 du 4 juill. 2005)* «d'infraction» portant atteinte à la filiation *(Ord. n° 2005-759 du 4 juill. 2005)* «d'une personne», il ne peut être statué sur l'action pénale qu'après le jugement passé en force de chose jugée sur la question de filiation.

Art. 320. *(Ord. n° 2005-759 du 4 juill. 2005)* Tant qu'elle n'a pas été contestée en justice, la filiation légalement établie fait obstacle à l'établissement d'une autre filiation qui la contredirait.

Art. 321. *(Ord. n° 2005-759 du 4 juill. 2005)* Sauf lorsqu'elles sont enfermées par la loi dans un autre délai, les actions relatives à la filiation se prescrivent par dix ans à compter du jour où la personne a été privée de l'état qu'elle réclame, ou a commencé à jouir de l'état qui lui est contesté. A l'égard de l'enfant, ce délai est suspendu pendant sa minorité.

Art. 322. *(Ord. n° 2005-759 du 4 juill. 2005)* L'action peut être exercée par les héritiers d'une personne décédée avant l'expiration du délai qui était imparti à celle-ci pour agir.

Les héritiers peuvent également poursuivre l'action déjà engagée, à moins qu'il n'y ait eu désistement ou péremption d'instance.

Art. 323. *(L. n° 72-3 du 3 janv. 1972)* Les actions relatives à la filiation ne peuvent faire l'objet de renonciation.

Art. 324. *(Ord. n° 2005-759 du 4 juill. 2005)* «Les jugements rendus en matière de filiation sont opposables aux personnes qui n'y ont point été parties. Celles-ci ont le droit d'y former tierce opposition dans le délai mentionné à l'article 321 si l'action leur était ouverte.»

(L. n° 72-3 du 3 janv. 1972) Les juges peuvent d'office ordonner que soient mis en cause tous les intéressés auxquels ils estiment que le jugement doit être rendu commun.

Section II

Des actions aux fins d'établissement de la filiation

(Ord. n° 2005-759 du 4 juill. 2005).

Art. 325. *(Ord. n° 2005-759 du 4 juill. 2005; L. n° 2009-61 du 16 janv. 2009, art. 1er)* A défaut de titre et de possession d'état, la recherche de maternité est admise.

L'action est réservée à l'enfant qui est tenu de prouver qu'il est celui dont la mère prétendue a accouché.

Art. 326. *(L. n° 93-22 du 8 janv. 1993)* Lors de l'accouchement, la mère peut demander que le secret de son admission et de son identité soit préservé.

Art. 327. *(L. n° 93-22 du 8 janv. 1993)* La paternité hors mariage peut être judiciairement déclarée.

(Ord. n° 2005-759 du 4 juill. 2005) «L'action en recherche de paternité est réservée à l'enfant.»

Art. 328. *(Ord. n° 2005-759 du 4 juill. 2005)* Le parent, même mineur, à l'égard duquel la filiation est établie a, pendant la minorité de l'enfant, seul qualité pour exercer l'action en recherche de maternité ou de paternité.

Si aucun lien de filiation n'est établi ou si ce parent est décédé ou dans l'impossibilité de manifester sa volonté, l'action est intentée *(L. n° 2011-525 du 17 mai 2011, art. 195)* «par le tuteur» conformément aux dispositions *(L. n° 2011-525 du 17 mai 2011, art. 195)* «du deuxième alinéa de l'article 408».

L'action est exercée contre le parent prétendu ou ses héritiers. A défaut d'héritiers ou si ceux-ci ont renoncé à la succession, elle est dirigée contre l'État. Les héritiers renonçants sont appelés à la procédure pour y faire valoir leurs droits.

Art. 329. *(Ord. n° 2005-759 du 4 juill. 2005)* Lorsque la présomption de paternité a été écartée en application *(L. n° 2011-525 du 17 mai 2011, art. 195)* «de l'article 313», chacun des époux peut demander, durant la minorité de l'enfant, que ses effets soient rétablis en prouvant que le mari est le père. L'action est ouverte à l'enfant pendant les dix années qui suivent sa majorité.

Art. 330. *(L. nº 2009-61 du 16 janv. 2009, art. 1er)* La possession d'état peut être constatée, à la demande de toute personne qui y a intérêt, dans le délai de dix ans à compter de sa cessation ou du décès du parent prétendu.

Art. 331. *(Ord. nº 2005-759 du 4 juill. 2005)* Lorsqu'une action est exercée en application de la présente section, le tribunal statue, s'il y a lieu, sur l'exercice de l'autorité parentale, la contribution à l'entretien et à l'éducation de l'enfant et l'attribution du nom.

109 Code de l'action sociale et des familles (articles L. 147-1 à L. 147-11)

TITRE IV
INSTITUTIONS

CHAPITRE VII
Conseil national pour l'accès aux origines personnelles

(L. nº 2002-93 du 22 janv. 2002)

Art. L. 147-1. Un Conseil national, placé auprès du ministre chargé des affaires sociales, est chargé de faciliter, en liaison avec les départements et les collectivités d'outre-mer, l'accès aux origines personnelles dans les conditions prévues au présent chapitre.

Il assure l'information des départements, des collectivités d'outre-mer et des organismes autorisés et habilités pour l'adoption sur la procédure de recueil, de communication et de conservation des renseignements visés à l'article L. 147-5, ainsi que sur les dispositifs d'accueil et d'accompagnement des personnes à la recherche de leurs origines, des parents de naissance et des familles adoptives concernés par cette recherche ainsi que sur l'accueil et l'accompagnement des femmes demandant le bénéfice des dispositions de l'article L. 222-6.

Il émet des avis et formule toutes propositions utiles relatives à l'accès aux origines personnelles. Il est consulté sur les mesures législatives et réglementaires prises dans ce domaine.

Il est composé d'un magistrat de l'ordre judiciaire, d'un membre de la juridiction administrative, de représentants des ministres concernés, d'un représentant des conseils départementaux, de trois représentants d'associations de défense des droits des femmes, d'un représentant d'associations de familles adoptives, d'un représentant d'associations de pupilles de l'État, d'un représentant d'associations de défense du droit à la connaissance de ses origines, et de deux personnalités que leurs expérience et compétence professionnelles médicales, paramédicales ou sociales qualifient particulièrement pour l'exercice de fonctions en son sein.

Art. L. 147-2. Le Conseil national pour l'accès aux origines personnelles reçoit :

1° La demande d'accès à la connaissance des origines de l'enfant formulée :

— s'il est majeur, par celui-ci;

— s'il est mineur *(L. nº 2007-293 du 5 mars 2007, art. 11)* «et qu'il a atteint l'âge de discernement, par celui-ci avec l'accord de ses représentants légaux;»

— s'il est majeur placé sous tutelle, par son tuteur;

— s'il est décédé, par ses descendants en ligne directe majeurs;

2° La déclaration de la mère ou, le cas échéant, du père de naissance par laquelle chacun d'entre eux autorise la levée du secret de sa propre identité;

3° Les déclarations d'identité formulées par leurs ascendants, leurs descendants et leurs collatéraux privilégiés;

4° La demande du père ou de la mère de naissance s'enquérant de leur recherche éventuelle par l'enfant.

Art. L. 147-3. La demande d'accès à la connaissance de ses origines est formulée par écrit auprès du Conseil national pour l'accès aux origines personnelles ou du président du conseil départemental; elle peut être retirée à tout moment dans les mêmes formes.

Le père ou la mère de naissance qui font une déclaration expresse de levée du secret ou les ascendants, descendants ou collatéraux privilégiés du père ou de la mère de naissance qui font une déclaration d'identité sont informés que cette déclaration ne sera communiquée à la personne concernée que si celle-ci fait elle-même une demande d'accès à ses origines.

Art. L. 147-4. Le conseil communique au président du conseil départemental copie de l'ensemble des demandes et déclarations reçues en application de l'article L. 147-2.

Art. L. 147-5. Pour satisfaire aux demandes dont il est saisi, le conseil recueille copie des éléments relatifs à l'identité :

1° De la femme qui a demandé le secret de son identité et de son admission lors de son accouchement dans un établissement de santé et, le cas échéant, de la personne qu'elle a désignée à cette occasion comme étant l'auteur de l'enfant;

2° De la ou des personnes qui ont demandé la préservation du secret de leur identité lors de l'admission de leur enfant comme pupille de l'État ou de son accueil par un organisme autorisé et habilité pour l'adoption;

3° Des auteurs de l'enfant dont le nom n'a pas été révélé à l'officier de l'état civil lors de l'établissement de l'acte de naissance.

Les établissements de santé et les services départementaux ainsi que les organismes autorisés et habilités pour l'adoption communiquent au conseil national, sur sa demande, copie des éléments relatifs à l'identité des personnes mentionnées aux alinéas qui précèdent ainsi que tout renseignement ne portant pas atteinte au secret de cette identité, et concernant la santé des père et mère de naissance, les origines de l'enfant et les raisons et circonstances de sa remise au service de l'aide sociale à l'enfance ou à un organisme autorisé et habilité pour l'adoption.

Pour satisfaire aux demandes dont il est saisi, le conseil recueille également, auprès de l'Autorité centrale pour l'adoption, de la mission de l'adoption internationale ou des organismes autorisés et habilités pour l'adoption, les renseignements qu'ils peuvent obtenir des autorités du pays d'origine de l'enfant en complément des informations reçues initialement.

Art. L. 147-6. Le conseil communique aux personnes mentionnées au 1° de l'article L. 147-2, après s'être assuré qu'elles maintiennent leur demande, l'identité de la mère de naissance :

— s'il dispose déjà d'une déclaration expresse de levée du secret de son identité;

— s'il n'y a pas eu de manifestation expresse de sa volonté de préserver le secret de son identité, après avoir vérifié sa volonté;

— si l'un de ses membres ou une personne mandatée par lui a pu recueillir son consentement exprès dans le respect de sa vie privée ;

— si la mère est décédée, sous réserve qu'elle n'ait pas exprimé de volonté contraire à l'occasion d'une demande d'accès à la connaissance des origines de l'enfant. Dans ce cas, l'un des membres du conseil ou une personne mandatée par lui prévient la famille de la mère de naissance et lui propose un accompagnement.

Si la mère de naissance a expressément consenti à la levée du secret de son identité ou, en cas de décès de celle-ci, si elle ne s'est pas opposée à ce que son identité soit communiquée après sa mort, le conseil communique à l'enfant qui a fait une demande d'accès à ses origines personnelles l'identité des personnes visées au 3° de l'article L. 147-2.

Le conseil communique aux personnes mentionnées au 1° de l'article L. 147-2, après s'être assuré qu'elles maintiennent leur demande, l'identité du père de naissance :

— s'il dispose déjà d'une déclaration expresse de levée du secret de son identité ;

— s'il n'y a pas eu de manifestation expresse de sa volonté de préserver le secret de son identité, après avoir vérifié sa volonté ;

— si l'un de ses membres ou une personne mandatée par lui a pu recueillir son consentement exprès dans le respect de sa vie privée ;

— si le père est décédé, sous réserve qu'il n'ait pas exprimé de volonté contraire à l'occasion d'une demande d'accès à la connaissance des origines de l'enfant. Dans ce cas, l'un des membres du conseil ou une personne mandatée par lui prévient la famille du père de naissance et lui propose un accompagnement.

Si le père de naissance a expressément consenti à la levée du secret de son identité ou, en cas de décès de celui-ci, s'il ne s'est pas opposé à ce que son identité soit communiquée après sa mort, le conseil communique à l'enfant qui a fait une demande d'accès à ses origines personnelles l'identité des personnes visées au 3° de l'article L. 147-2.

Le conseil communique aux personnes mentionnées au 1° de l'article L. 147-2 les renseignements ne portant pas atteinte à l'identité des père et mère de naissance, transmis par les établissements de santé, les services départementaux et les organismes visés au cinquième alinéa de l'article L. 147-5 ou recueillis auprès des père et mère de naissance, dans le respect de leur vie privée, par un membre du conseil ou une personne mandatée par lui.

Art. L. 147-7. L'accès d'une personne à ses origines est sans effet sur l'état civil et la filiation. Il ne fait naître ni droit ni obligation au profit ou à la charge de qui que ce soit.

Art. L. 147-8. Le procureur de la République communique au conseil national, sur sa demande, les éléments figurant dans les actes de naissance d'origine, lorsque ceux-ci sont considérés comme nuls en application de l'article 354 du code civil.

Sous réserve des dispositions de l'article 6 de la loi n° 51-711 du 7 juin 1951 sur l'obligation, la coordination et le secret en matière de statistiques, les administrations ou services de l'État et des collectivités publiques, les organismes de sécurité sociale et les organismes qui assurent la gestion des prestations sociales sont tenus de réunir et de communiquer au conseil national les renseignements dont ils disposent permettant de déterminer les adresses de la mère et du père de naissance.

Art. L. 147-9. Lorsque, pour l'exercice de sa mission, le conseil national demande la consultation de documents d'archives publiques, les délais prévus aux articles L. 213-1 et L. 213-2 du code du patrimoine ne lui sont pas opposables.

Art. L. 147-10. Les personnes participant, à quelque titre que ce soit, aux travaux du conseil sont tenues au secret professionnel dans les conditions et sous les peines fixées par les articles 226-13 et 226-14 du code pénal.

Art. L. 147-11. Les modalités d'application du présent chapitre sont fixées par décret en Conseil d'État. Le décret relatif aux conditions dans lesquelles sont traités et conservés les informations relatives à l'identité des personnes et les renseignements ne portant pas atteinte au secret de l'identité, en application de l'article L. 147-5, est pris après avis de la Commission nationale de l'informatique et des libertés.

CHAPITRE 4
La mention du sexe à l'état civil

110 Code civil (articles 61-5 à 61-8)

CHAPITRE II
Des actes de naissance

Section II bis

De la modification de la mention du sexe à l'état civil

(L. n° 2016-1547 du 18 nov. 2016, art. 56-II)

Art. 61-5. Toute personne majeure ou mineure émancipée qui démontre par une réunion suffisante de faits que la mention relative à son sexe dans les actes de l'état civil ne correspond pas à celui dans lequel elle se présente et dans lequel elle est connue peut en obtenir la modification.

Les principaux de ces faits, dont la preuve peut être rapportée par tous moyens, peuvent être :

1° Qu'elle se présente publiquement comme appartenant au sexe revendiqué ;

2° Qu'elle est connue sous le sexe revendiqué de son entourage familial, amical ou professionnel ;

3° Qu'elle a obtenu le changement de son prénom afin qu'il corresponde au sexe revendiqué.

Art. 61-6. La demande est présentée devant le tribunal de grande instance.

Le demandeur fait état de son consentement libre et éclairé à la modification de la mention relative à son sexe dans les actes de l'état civil et produit tous éléments de preuve au soutien de sa demande.

Le fait de ne pas avoir subi des traitements médicaux, une opération chirurgicale ou une stérilisation ne peut motiver le refus de faire droit à la demande.

Le tribunal constate que le demandeur satisfait aux conditions fixées à l'article 61-5 et ordonne la modification de la mention relative au sexe ainsi que, le cas échéant, des prénoms, dans les actes de l'état civil.

Art. 61-7. Mention de la décision de modification du sexe et, le cas échéant, des prénoms est portée en marge de l'acte de naissance de l'intéressé, à la requête du procureur de la République, dans les quinze jours suivant la date à laquelle cette décision est passée en force de chose jugée.

Par dérogation à l'article 61-4, les modifications de prénoms corrélatives à une décision de modification de sexe ne sont portées en marge des actes de l'état civil des conjoints et enfants qu'avec le consentement des intéressés ou de leurs représentants légaux.

Les articles 100 et 101 sont applicables aux modifications de sexe.

Art. 61-8. La modification de la mention du sexe dans les actes de l'état civil est sans effet sur les obligations contractées à l'égard de tiers ni sur les filiations établies avant cette modification.

II – LES LIBERTÉS

CHAPITRE 1
Le droit de fonder une famille et de se marier

111 Déclaration universelle des droits de l'homme (article 16)

Art. 16. 1. A partir de l'âge nubile, l'homme et la femme, sans aucune restriction quant à la race, la nationalité ou la religion, ont le droit de se marier et de fonder une famille. Ils ont des droits égaux au regard du mariage, durant le mariage et lors de sa dissolution.

2. Le mariage ne peut être conclu qu'avec le libre et plein consentement des futurs époux.

3. La famille est l'élément naturel et fondamental de la société et a droit à la protection de la société et de l'État.

112 Pacte international relatif aux droits civils et politiques (article 23)

Art. 23. 1. La famille est l'élément naturel et fondamental de la société et a droit à la protection de la société et de l'État.

2. Le droit de se marier et de fonder une famille est reconnu à l'homme et à la femme à partir de l'âge nubile.

3. Nul mariage ne peut être conclu sans le libre et plein consentement des futurs époux.

4. Les États parties au présent Pacte prendront les mesures appropriées pour assurer l'égalité de droits et de responsabilités des époux au regard du mariage, durant le mariage et lors de sa dissolution. En cas de dissolution, des dispositions seront prises afin d'assurer aux enfants la protection nécessaire.

113 Convention européenne de sauvegarde des droits de l'homme et des libertés fondamentales (article 12)

Art. 12. *Droit au mariage.* A partir de l'âge nubile, l'homme et la femme ont le droit de se marier et de fonder une famille selon les lois nationales régissant l'exercice de ce droit.

114 Charte des droits fondamentaux de l'Union européenne (article 9)

Art. 9. *Droit de se marier et droit de fonder une famille.* Le droit de se marier et le droit de fonder une famille sont garantis selon les lois nationales qui en régissent l'exercice.

115 Code civil (articles 143 à 164)

TITRE V

DU MARIAGE

CHAPITRE PREMIER

Des qualités et conditions requises pour pouvoir contracter mariage

Art. 143. *(L. n° 2013-404 du 17 mai 2013, art. 1er)* Le mariage est contracté par deux personnes de sexe différent ou de même sexe.

Art. 144. *(L. n° 2013-404 du 17 mai 2013, art. 1er)* Le mariage ne peut être contracté avant dix-huit ans révolus.

Art. 145. *(L. n° 70-1266 du 23 déc. 1970)* Néanmoins, il est loisible au procureur de la République du lieu de célébration du mariage, d'accorder des dispenses d'âge pour des motifs graves.

Art. 146. Il n'y a pas de mariage lorsqu'il n'y a point de consentement.

Art. 146-1. *(L. n° 93-1027 du 24 août 1993)* Le mariage d'un Français, même contracté à l'étranger, requiert sa présence.

Art. 147. On ne peut contracter un second mariage avant la dissolution du premier.

Art. 148. *(L. 17 juill. 1927)* Les mineurs ne peuvent contracter mariage sans le consentement de leurs père et mère; en cas de dissentiment entre le père et la mère, ce partage emporte consentement.

Art. 149. *(L. 7 févr. 1924)* Si l'un des deux est mort ou s'il est dans l'impossibilité de manifester sa volonté, le consentement de l'autre suffit.

Il n'est pas nécessaire de produire l'acte de décès du père ou de la mère de l'un des futurs époux lorsque le conjoint ou les père et mère du défunt attestent ce décès sous serment.

Si la résidence actuelle du père ou de la mère est inconnue, et s'il n'a pas donné de ses nouvelles depuis un an, il pourra être procédé à la célébration du mariage si l'enfant et celui de ses père et mère qui donnera son consentement en fait la déclaration sous serment.

Du tout il sera fait mention sur l'acte de mariage.

Le faux serment prêté dans les cas prévus au présent article et aux articles suivants du présent chapitre sera puni des peines édictées par l'article 363 du code pénal.

Art. 150. *(L. 17 juill. 1927)* «Si le père et la mère sont morts, ou s'ils sont dans l'impossibilité de manifester leur volonté, les aïeuls et aïeules les remplacent; s'il y a dissentiment entre l'aïeul et l'aïeule de la même ligne, ou s'il y a dissentiment entre les deux lignes, ce partage emporte consentement.»

(L. 7 févr. 1924) Si la résidence actuelle des père et mère est inconnue et s'ils n'ont pas donné de leurs nouvelles depuis un an, il pourra être procédé à la célébration du mariage si les aïeuls et aïeules ainsi que l'enfant lui-même en font la déclaration sous serment. Il en est de même si, un ou plusieurs aïeuls ou aïeules donnant leur consentement au mariage, la résidence actuelle des autres aïeuls ou aïeules est inconnue et s'ils n'ont pas donné de leurs nouvelles depuis un an.

Art. 151. *(L. 2 févr. 1933)* La production de l'expédition, réduite au dispositif, du jugement qui aurait déclaré l'absence ou aurait ordonné l'enquête sur l'absence des père et mère, aïeuls ou aïeules de l'un des futurs époux équivaudra à la production de leurs actes de décès dans les cas prévus aux articles 149, 150, 158 et 159 du présent code.

Art. 154. *(L. 2 févr. 1933)* Le dissentiment entre le père et la mère, entre l'aïeul et l'aïeule de la même ligne, ou entre aïeuls des deux lignes peut être constaté par un notaire, requis par le futur époux et instrumentant sans le concours d'un deuxième notaire ni de témoins, qui notifiera l'union projetée à celui ou à ceux des père, mère ou aïeuls dont le consentement n'est pas encore obtenu.

L'acte de notification énonce les prénoms, noms, professions, domiciles et résidences des futurs époux, de leurs pères et mères, ou, le cas échéant, de leurs aïeuls, ainsi que le lieu où sera célébré le mariage.

Il contient aussi déclaration que cette notification est faite en vue d'obtenir le consentement non encore accordé et que, à défaut, il sera passé outre à la célébration du mariage.

Art. 155. *(L. 2 févr. 1933; L. 4 févr. 1934)* Le dissentiment des ascendants peut également être constaté, soit par une lettre dont la signature est légalisée et qui est adressée à l'officier de l'état civil qui doit célébrer le mariage, soit par un acte dressé dans la forme prévue par l'article 73, alinéa 2.

Les actes énumérés au présent article et à l'article précédent sont visés pour timbre et enregistrés gratis.

Art. 156. *(L. 21 juin 1907)* Les officiers de l'état civil qui auraient procédé à la célébration des mariages contractés par des fils ou filles n'ayant pas atteint l'âge de dix-huit ans accomplis sans que le consentement des pères et mères, celui des aïeuls ou aïeules et celui du conseil de famille, dans le cas où il est requis, soit énoncé dans l'acte de mariage, seront, à la diligence des parties intéressées ou du procureur de la République près le tribunal de grande instance de l'arrondissement où le mariage aura été célébré, condamnés à l'amende portée par l'article 192 du code civil.

Art. 157. *(L. 4 févr. 1934)* L'officier de l'état civil qui n'aura pas exigé la justification de la notification prescrite par l'article 154, sera condamné à l'amende prévue en l'article précédent.

Art. 159. *(L. 10 mars 1913)* S'il n'y a ni père, ni mère, ni aïeuls, ni aïeules, ou s'ils se trouvent tous dans l'impossibilité de manifester leur volonté, les mineurs de dix-huit ans ne peuvent contracter mariage sans le consentement du conseil de famille.

Art. 160. *(L. 7 févr. 1924)* Si la résidence actuelle de ceux des ascendants du mineur de dix-huit ans dont le décès n'est pas établi est inconnue et si ces ascendants n'ont pas donné de leurs nouvelles depuis un an, le mineur en fera la déclaration sous serment devant le *(L. n° 64-1230 du 14 déc. 1964)* «juge des tutelles» de sa résidence, assisté de son greffier, dans son cabinet, et le *(L. n° 64-1230 du 14 déc. 1964)* «juge des tutelles» en donnera acte.

(L. n° 64-1230 du 14 déc. 1964) «Le juge des tutelles notifiera ce serment au conseil de famille, qui statuera sur la demande d'autorisation en mariage. Toutefois le mineur pourra prêter directement serment en présence des membres du conseil de famille.»

Art. 161. En ligne directe, le mariage est prohibé entre tous les ascendants et descendants et les alliés dans la même ligne.

Art. 162. *(L. 1er juill. 1914; L. nº 75-617 du 11 juill. 1975; Ord. nº 2005-759 du 4 juill. 2005)* En ligne collatérale, le mariage est prohibé entre le frère et la sœur *(L. nº 2013-404 du 17 mai 2013, art. 1er)* «, entre frères et entre sœurs».

Art. 163. *(L. nº 2013-404 du 17 mai 2013, art. 1er)* Le mariage est prohibé entre l'oncle et la nièce ou le neveu, et entre la tante et le neveu ou la nièce.

Art. 164. *(L. 10 mars 1938)* Néanmoins, il est loisible au Président de la République de lever, pour des causes graves, les prohibitions portées :

1° par l'article 161 aux mariages entre alliés en ligne directe lorsque la personne qui a créé l'alliance est décédée;

(L. nº 2013-404 du 17 mai 2013, art. 1er) «3° par l'article 163.»

CHAPITRE 2
L'accouchement sous X

116 Code de l'action sociale et des familles (article L. 222-6)

TITRE II
ENFANCE

CHAPITRE II
Prestations d'aide sociale à l'enfance

Art. L. 222-6. *(L. nº 2002-93 du 22 janv. 2002, art. 2)* «Toute femme qui demande, lors de son accouchement, la préservation du secret de son admission et de son identité par un établissement de santé est informée des conséquences juridiques de cette demande et de l'importance pour toute personne de connaître ses origines et son histoire. Elle est donc invitée à laisser, si elle l'accepte, des renseignements sur sa santé et celle du père, les origines de l'enfant et les circonstances de la naissance ainsi que, sous pli fermé, son identité. Elle est informée de la possibilité qu'elle a de lever à tout moment le secret de son identité et, qu'à défaut, son identité ne pourra être communiquée que dans les conditions prévues à l'article L. 147-6. Elle est également informée qu'elle peut à tout moment donner son identité sous pli fermé ou compléter les renseignements qu'elle a donnés au moment de la naissance. Les prénoms donnés à l'enfant et, le cas échéant, mention du fait qu'ils l'ont été par la mère, ainsi que le sexe de l'enfant et la date, le lieu et l'heure de sa naissance sont mentionnés à l'extérieur de ce pli. Ces formalités sont accomplies par les personnes visées à l'article L. 223-7 avisées sous la responsabilité du directeur de l'établissement de santé. A défaut, elles sont accomplies sous la responsabilité de ce directeur.»

Les frais d'hébergement et d'accouchement des femmes qui ont demandé, lors de leur admission dans un établissement public ou privé conventionné, à ce que le secret de leur identité soit préservé, sont pris en charge par le service de l'aide sociale à l'enfance du département siège de l'établissement.

Sur leur demande ou avec leur accord, les femmes mentionnées au premier alinéa bénéficient d'un accompagnement psychologique et social de la part du service de l'aide sociale à l'enfance.

(L. n° 2002-93 du 22 janv. 2002, art. 2) «Pour l'application des deux premiers alinéas, aucune pièce d'identité n'est exigée et il n'est procédé à aucune enquête.

«Les frais d'hébergement et d'accouchement dans un établissement public ou privé conventionné des femmes qui, sans demander le secret de leur identité, confient leur enfant en vue d'adoption sont également pris en charge par le service de l'aide sociale à l'enfance du département, siège de l'établissement.»

CHAPITRE 3
L'adoption

117 Convention de New York relative aux droits de l'enfant (articles 20 et 21)

Art. 20. 1. Tout enfant qui est temporairement ou définitivement privé de son milieu familial, ou qui, dans son propre intérêt, ne peut être laissé dans ce milieu, a droit à une protection et une aide spéciales de l'État.

2. Les États parties prévoient pour cet enfant une protection de remplacement conforme à leur législation nationale.

3. Cette protection de remplacement peut notamment avoir la forme du placement dans une famille, de la Kafalah de droit islamique, de l'adoption ou, en cas de nécessité, du placement dans un établissement pour enfants approprié. Dans le choix entre ces solutions, il est dûment tenu compte de la nécessité d'une certaine continuité dans l'éducation de l'enfant, ainsi que de son origine ethnique, religieuse, culturelle et linguistique.

Art. 21. Les États parties qui admettent et/ou autorisent l'adoption s'assurent que l'intérêt supérieur de l'enfant est la considération primordiale en la matière, et :

a) Veillent à ce que l'adoption d'un enfant ne soit autorisée que par les autorités compétentes, qui vérifient, conformément à la loi et aux procédures applicables et sur la base de tous les renseignements fiables relatifs au cas considéré, que l'adoption peut avoir lieu eu égard à la situation de l'enfant par rapport à ses père et mère, parents et représentants légaux et que, le cas échéant, les personnes intéressées ont donné leur consentement à l'adoption en connaissance de cause, après s'être entourées des avis nécessaires;

b) Reconnaissent que l'adoption à l'étranger peut être envisagée comme un autre moyen d'assurer les soins nécessaires à l'enfant, si celui-ci ne peut, dans son pays d'origine, être placé dans une famille nourricière ou adoptive ou être convenablement élevé;

c) Veillent, en cas d'adoption à l'étranger, à ce que l'enfant ait le bénéfice de garanties et de normes équivalant à celles existant en cas d'adoption nationale;

d) Prennent toutes les mesures appropriées pour veiller à ce que, en cas d'adoption à l'étranger, le placement de l'enfant ne se traduise pas par un profit matériel indu pour les personnes qui en sont responsables;

e) Poursuivent les objectifs du présent article en concluant des arrangements ou des accords bilatéraux ou multilatéraux, selon les cas, et s'efforcent dans ce cadre de veiller à ce que les placements d'enfants à l'étranger soient effectués par des autorités ou des organes compétents.

118 Convention de La Haye sur la protection des enfants et la coopération en matière d'adoption internationale (articles 1 à 35)

Date d'adoption : 29 mai 1993

CHAPITRE Ier

Champ d'application de la Convention

Art. 1er. La présente Convention a pour objet :

a) D'établir des garanties pour que les adoptions internationales aient lieu dans l'intérêt supérieur de l'enfant et dans le respect des droits fondamentaux qui lui sont reconnus en droit international ;

b) D'instaurer un système de coopération entre les États contractants pour assurer le respect de ces garanties et prévenir ainsi l'enlèvement, la vente ou la traite d'enfants ;

c) D'assurer la reconnaissance dans les États contractants des adoptions réalisées selon la Convention.

Art. 2. 1. La Convention s'applique lorsqu'un enfant résidant habituellement dans un État contractant (« l'État d'origine ») a été, est ou doit être déplacé vers un autre État contractant (« l'État d'accueil »), soit après son adoption dans l'État d'origine par des époux ou une personne résidant habituellement dans l'État d'accueil, soit en vue d'une telle adoption dans l'État d'accueil ou dans l'État d'origine.

2. La Convention ne vise que les adoptions établissant un lien de filiation.

Art. 3. La Convention cesse de s'appliquer si les acceptations visées à l'article 17, lettre *c,* n'ont pas été données avant que l'enfant n'ait atteint l'âge de dix-huit ans.

CHAPITRE II

Conditions des adoptions internationales

Art. 4. Les adoptions visées par la Convention ne peuvent avoir lieu que si les autorités compétentes de l'État d'origine :

a) Ont établi que l'enfant est adoptable ;

b) Ont constaté, après avoir dûment examiné les possibilités de placement de l'enfant dans son État d'origine, qu'une adoption internationale répond à l'intérêt supérieur de l'enfant ;

c) Se sont assurées :

1° Que les personnes, institutions et autorités dont le consentement est requis pour l'adoption ont été entourées des conseils nécessaires et dûment informées sur les conséquences de leur consentement, en particulier sur le maintien ou la rupture, en raison d'une adoption, des liens de droit entre l'enfant et sa famille d'origine.

2° Que celles-ci ont donné librement leur consentement dans les formes légales requises, et que ce consentement a été donné ou constaté par écrit ;

3° Que les consentements n'ont pas été obtenus moyennant paiement ou contrepartie d'aucune sorte et qu'ils n'ont pas été retirés, et

4° Que le consentement de la mère, s'il est requis, n'a été donné qu'après la naissance de l'enfant, et

d) Se sont assurées, eu égard à l'âge et à la maturité de l'enfant :

1° Que celui-ci a été entouré de conseils et dûment informé sur les conséquences de l'adoption et de son consentement à l'adoption, si celui-ci est requis;

2° Que les souhaits et avis de l'enfant ont été pris en considération;

3° Que le consentement de l'enfant à l'adoption, lorsqu'il est requis, a été donné librement, dans les formes légales requises, et que son consentement a été donné ou constaté par écrit, et

4° Que ce consentement n'a pas été obtenu moyennant paiement ou contrepartie d'aucune sorte.

Art. 5. Les adoptions visées par la Convention ne peuvent avoir lieu que si les autorités compétentes de l'État d'accueil :

a) Ont constaté que les futurs parents adoptifs sont qualifiés et aptes à adopter;

b) Se sont assurées que les futurs parents adoptifs ont été entourés des conseils nécessaires, et

c) Ont constaté que l'enfant est ou sera autorisé à entrer et à séjourner de façon permanente dans cet État.

CHAPITRE III

Autorités centrales et organismes agréés

Art. 6. 1. Chaque État contractant désigne une autorité centrale chargée de satisfaire aux obligations qui lui sont imposées par la Convention.

2. Un État fédéral, un État dans lequel plusieurs systèmes de droit sont en vigueur ou un État ayant des unités territoriales autonomes est libre de désigner plus d'une autorité centrale et de spécifier l'étendue territoriale ou personnelle de leurs fonctions. L'État qui fait usage de cette faculté désigne l'autorité centrale à laquelle toute communication peut être adressée en vue de sa transmission à l'autorité centrale compétente au sein de cet État.

Art. 7. 1. Les autorités centrales doivent coopérer entre elles et promouvoir une collaboration entre les autorités compétentes de leurs États pour assurer la protection des enfants et réaliser les autres objectifs de la Convention.

2. Elles prennent directement toutes mesures appropriées pour :

a) Fournir des informations sur la législation de leurs États en matière d'adoption et d'autres informations générales, telles que des statistiques et formules types;

b) S'informer mutuellement sur le fonctionnement de la Convention et, dans la mesure du possible, lever les obstacles à son application.

Art. 8. Les autorités centrales prennent, soit directement, soit avec le concours d'autorités publiques, toutes mesures appropriées pour prévenir les gains matériels indus à l'occasion d'une adoption et empêcher toute pratique contraire aux objectifs de la Convention.

Art. 9. Les autorités centrales prennent, soit directement, soit avec le concours d'autorités publiques ou d'organismes dûment agréés dans leur État, toutes mesures appropriées, notamment pour :

a) Rassembler, conserver et échanger des informations relatives à la situation de l'enfant et des futurs parents adoptifs, dans la mesure nécessaire à la réalisation de l'adoption;

b) Faciliter, suivre et activer la procédure en vue de l'adoption;

c) Promouvoir dans leurs États le développement de services de conseils pour l'adoption et pour le suivi de l'adoption;

d) Échanger des rapports généraux d'évaluation sur les expériences en matière d'adoption internationale;

e) Répondre, dans la mesure permise par la loi de leur État, aux demandes motivées d'informations sur une situation particulière d'adoption formulées par d'autres autorités centrales ou par des autorités publiques.

Art. 10. Peuvent seuls bénéficier de l'agrément et le conserver les organismes qui démontrent leur aptitude à remplir correctement les missions qui pourraient leur être confiées.

Art. 11. Un organisme agréé doit :

a) Poursuivre uniquement des buts non lucratifs dans les conditions et limites fixées par les autorités compétentes de l'État d'agrément;

b) Être dirigé et géré par des personnes qualifiées par leur intégrité morale et leur formation ou expérience pour agir dans le domaine de l'adoption internationale, et

c) Être soumis à la surveillance d'autorités compétentes de cet État pour sa composition, son fonctionnement et sa situation financière.

Art. 12. Un organisme agréé dans un État contractant ne pourra agir dans un autre État contractant que si les autorités compétentes des deux États l'ont autorisé.

Art. 13. La désignation des autorités centrales et, le cas échéant, l'étendue de leurs fonctions ainsi que le nom et l'adresse des organismes agréés sont communiqués par chaque État contractant au Bureau permanent de la conférence de La Haye de droit international privé.

CHAPITRE IV

Conditions procédurales de l'adoption internationale

Art. 14. Les personnes résidant habituellement dans un État contractant, qui désirent adopter un enfant dont la résidence habituelle est située dans un autre État contractant, doivent s'adresser à l'autorité centrale de l'État de leur résidence habituelle.

Art. 15. 1. Si l'autorité centrale de l'État d'accueil considère que les requérants sont qualifiés et aptes à adopter, elle établit un rapport contenant des renseignements sur leur identité, leur capacité légale et leur aptitude à adopter, leur situation personnelle, familiale et médicale, leur milieu social, les motifs qui les animent, leur aptitude à assumer une adoption internationale ainsi que sur les enfants qu'ils seraient aptes à prendre en charge.

2. Elle transmet le rapport à l'autorité centrale de l'État d'origine.

Art. 16. 1. Si l'autorité centrale de l'État d'origine considère que l'enfant est adoptable :

a) Elle établit un rapport contenant des renseignements sur l'identité de l'enfant, son adoptabilité, son milieu social, son évolution personnelle et familiale, son passé médical et celui de sa famille, ainsi que sur ses besoins particuliers ;

b) Elle tient dûment compte des conditions d'éducation de l'enfant ainsi que de son origine ethnique, religieuse et culturelle ;

c) Elle s'assure que les consentements visés à l'article 4 ont été obtenus ; et

d) Elle constate, en se fondant notamment sur les rapports concernant l'enfant et les futurs parents adoptifs, que le placement envisagé est dans l'intérêt supérieur de l'enfant.

2. Elle transmet à l'autorité centrale de l'État d'accueil son rapport sur l'enfant, la preuve des consentements requis et les motifs de son constat sur le placement en veillant à ne pas révéler l'identité de la mère et du père si, dans l'État d'origine, cette identité ne peut pas être divulguée.

Art. 17. Toute décision de confier un enfant à des futurs parents adoptifs ne peut être prise dans l'État d'origine que :

a) Si l'autorité centrale de cet État s'est assurée de l'accord des futurs parents adoptifs ;

b) Si l'autorité centrale de l'État d'accueil a approuvé cette décision, lorsque la loi de cet État ou l'autorité centrale de l'État d'origine le requiert ;

c) Si les autorités centrales des deux États ont accepté que la procédure en vue de l'adoption se poursuive ; et

d) S'il a été constaté conformément à l'article 5 que les futurs parents adoptifs sont qualifiés et aptes à adopter et que l'enfant est ou sera autorisé à entrer et à séjourner de façon permanente dans l'État d'accueil.

Art. 18. Les Autorités centrales des deux États prennent toutes mesures utiles pour que l'enfant reçoive l'autorisation de sortie de l'État d'origine, ainsi que celle d'entrée et de séjour permanent dans l'État d'accueil.

Art. 19. 1. Le déplacement de l'enfant vers l'État d'accueil ne peut avoir lieu que si les conditions de l'article 17 ont été remplies.

2. Les autorités centrales des deux États veillent à ce que ce déplacement s'effectue en toute sécurité, dans des conditions appropriées et, si possible, en compagnie des parents adoptifs ou des futurs parents adoptifs.

3. Si ce déplacement n'a pas lieu, les rapports visés aux articles 15 et 16 sont renvoyés aux autorités expéditrices.

Art. 20. Les autorités centrales se tiennent informées sur la procédure d'adoption et les mesures prises pour la mener à terme, ainsi que sur le déroulement de la période probatoire, lorsque celle-ci est requise.

Art. 21. 1. Lorsque l'adoption doit avoir lieu après le déplacement de l'enfant dans l'État d'accueil et que l'autorité centrale de cet État considère que le maintien de l'enfant dans la famille d'accueil n'est plus de son intérêt supérieur, cette autorité prend les mesures utiles à la protection de l'enfant en vue notamment :

a) De retirer l'enfant aux personnes qui désiraient l'adopter et d'en prendre soin provisoirement ;

b) En consultation avec l'autorité centrale de l'État d'origine, d'assurer sans délai un nouveau placement de l'enfant en vue de son adoption ou, à défaut, une prise en charge alternative durable, une adoption ne peut avoir lieu que si l'autorité centrale de l'État d'origine a été dûment informée sur les nouveaux parents adoptifs;

c) En dernier ressort, d'assurer le retour de l'enfant, si son intérêt l'exige.

2. Eu égard notamment à l'âge et à la maturité de l'enfant, celui-ci sera consulté et, le cas échéant, son consentement obtenu sur les mesures à prendre conformément au présent article.

Art. 22. 1. Les fonctions conférées à l'autorité centrale par le présent chapitre peuvent être exercées par des autorités publiques ou par des organismes agréés conformément au chapitre III, dans la mesure prévue par la loi de son État.

2. Un État contractant peut déclarer auprès du dépositaire de la Convention que les fonctions conférées à l'autorité centrale par les articles 15 à 21 peuvent aussi être exercées dans cet État, dans la mesure prévue par la loi et sous le contrôle des autorités compétentes de cet État, par des organismes ou personnes qui :

a) Remplissent les conditions de moralité, de compétence professionnelle, d'expérience et de responsabilité requises par cet État; et

b) Sont qualifiées par leur intégrité morale et leur formation ou expérience pour agir dans le domaine de l'adoption internationale.

3. L'État contractant qui fait la déclaration visée au paragraphe 2 informe régulièrement le Bureau permanent de la conférence de La Haye de droit international privé des noms et adresses de ces organismes et personnes.

4. Un État contractant peut déclarer auprès du dépositaire de la Convention que les adoptions d'enfants dont la résidence habituelle est située sur son territoire ne peuvent avoir lieu que si les fonctions conférées aux autorités centrales sont exercées conformément au paragraphe 1er.

5. Nonobstant toute déclaration effectuée conformément au paragraphe 2, les rapports prévus aux articles 15 et 16 sont, dans tous les cas établis sous la responsabilité de l'autorité centrale ou d'autres autorités ou organismes, conformément au paragraphe 1er.

CHAPITRE V

Reconnaissance et effets de l'adoption

Art. 23. 1. Une adoption certifiée conforme à la Convention par l'autorité compétente de l'État contractant où elle a eu lieu est reconnue de plein droit dans les autres États contractants. Le certificat indique quand et par qui les acceptations visées à l'article 17, lettre *c,* ont été données.

2. Tout État contractant, au moment de la signature, de la ratification, de l'acceptation, de l'approbation ou de l'adhésion, notifiera au dépositaire de la Convention l'identité et les fonctions de l'autorité ou des autorités qui, dans cet État, sont compétentes pour délivrer le certificat. Il lui notifiera aussi toute modification dans la désignation de ces autorités.

Art. 24. La reconnaissance d'une adoption ne peut être refusée dans un État contractant que si l'adoption est manifestement contraire à son ordre public, compte tenu de l'intérêt supérieur de l'enfant.

Art. 25. Tout État contractant peut déclarer au dépositaire de la Convention qu'il ne sera pas tenu de reconnaître en vertu de celle-ci les adoptions faites conformément à un accord conclu en application de l'article 39, paragraphe 2.

Art. 26. 1. La reconnaissance de l'adoption comporte celle :

a) Du lien de filiation entre l'enfant et ses parents adoptifs;

b) De la responsabilité parentale des parents adoptifs à l'égard de l'enfant;

c) De la rupture du lien préexistant de filiation entre l'enfant et sa mère et son père, si l'adoption produit cet effet dans l'État contractant où elle a eu lieu.

2. Si l'adoption a pour effet de rompre le lien préexistant de filiation, l'enfant jouit, dans l'État d'accueil et dans tout autre État contractant où l'adoption est reconnue, des droits équivalents à ceux résultant d'une adoption produisant cet effet dans chacun de ces États.

3. Les paragraphes précédents ne portent pas atteinte à l'application de toute disposition plus favorable à l'enfant, en vigueur dans l'État contractant qui reconnaît l'adoption.

Art. 27. 1. Lorsqu'une adoption faite dans l'État d'origine n'a pas pour effet de rompre le lien préexistant de filiation, elle peut, dans l'État d'accueil qui reconnaît l'adoption conformément à la Convention, être convertie en une adoption produisant cet effet :

a) Si le droit de l'État d'accueil le permet; et

b) Si les consentements visés à l'article 4, lettres *c* et *d,* ont été ou sont donnés en vue d'une telle adoption.

2. L'article 23 s'applique à la décision de conversion.

CHAPITRE VI

Dispositions générales

Art. 28. La Convention ne déroge pas aux lois de l'État d'origine qui requièrent que l'adoption d'un enfant résidant habituellement dans cet État doive avoir lieu dans cet État ou qui interdisent le placement de l'enfant dans l'État d'accueil ou son déplacement vers cet État avant son adoption.

Art. 29. Aucun contact entre les futurs parents adoptifs et les parents de l'enfant ou toute autre personne qui a la garde de celui-ci ne peut avoir lieu tant que les dispositions de l'article 4, lettres *a* à *c,* et de l'article 5, lettre *a,* n'ont pas été respectées, sauf si l'adoption a lieu entre membres d'une même famille ou si les conditions fixées par l'autorité compétente de l'État d'origine sont remplies.

Art. 30. 1. Les autorités compétentes d'un État contractant veillent à conserver les informations qu'elles détiennent sur les origines de l'enfant, notamment celles relatives à l'identité de sa mère et de son père, ainsi que les données sur le passé médical de l'enfant et de sa famille.

2. Elles assurent l'accès de l'enfant ou de son représentant à ces informations, avec les conseils appropriés, dans la mesure permise par la loi de leur État.

Art. 31. Sous réserve de l'article 30, les données personnelles rassemblées ou transmises conformément à la Convention, en particulier celles visées aux articles 15 et 16, ne peuvent être utilisées à d'autres fins que celles pour lesquelles elles ont été rassemblées ou transmises.

Art. 32. 1. Nul ne peut tirer un gain matériel indu en raison d'une intervention à l'occasion d'une adoption internationale.

2. Seuls peuvent être demandés et payés les frais et dépenses, y compris les honoraires raisonnables des personnes qui sont intervenues dans l'adoption.

3. Les dirigeants, administrateurs et employés d'organismes intervenant dans une adoption ne peuvent recevoir une rémunération disproportionnée par rapport aux services rendus.

Art. 33. Toute autorité compétente qui constate qu'une des dispositions de la Convention a été méconnue ou risque manifestement de l'être en informe aussitôt l'autorité centrale de l'État dont elle relève. Cette autorité centrale a la responsabilité de veiller à ce que les mesures utiles soient prises.

Art. 34. Si l'autorité compétente de l'État destinataire d'un document le requiert, une traduction certifiée conforme doit être produite. Sauf dispense, les frais de traduction sont à la charge des futurs parents adoptifs.

Art. 35. Les autorités compétentes des États contractants agissent rapidement dans les procédures d'adoption.

119 Code civil (articles 343 à 349)

TITRE VIII

DE LA FILIATION ADOPTIVE

CHAPITRE Ier

De l'adoption plénière

Section première

Des conditions requises pour l'adoption plénière

Art. 343. *(L. n° 96-604 du 5 juill. 1996)* L'adoption peut être demandée par deux époux non séparés de corps, mariés depuis plus de deux ans ou âgés l'un et l'autre de plus de vingt-huit ans.

Art. 343-1. L'adoption peut être aussi demandée par toute personne âgée de plus de *(L. n° 96-604 du 5 juill. 1996)* «vingt-huit ans».

Si l'adoptant est marié et non séparé de corps, le consentement de son conjoint est nécessaire à moins que ce conjoint ne soit dans l'impossibilité de manifester sa volonté.

Art. 343-2. *(L. n° 76-1179 du 22 déc. 1976)* La condition d'âge prévue à l'article précédent n'est pas exigée en cas d'adoption de l'enfant du conjoint.

Art. 344. Les adoptants doivent avoir quinze ans de plus que les enfants qu'ils se proposent d'adopter. Si ces derniers sont les enfants de leur conjoint, la différence d'âge exigée n'est que de dix ans.

(L. n° 76-1179 du 22 déc. 1976) «Toutefois, le tribunal peut, s'il y a de justes motifs, prononcer l'adoption lorsque la différence d'âge est inférieure à celles que prévoit l'alinéa précédent.»

Art. 345. L'adoption n'est permise qu'en faveur des enfants âgés de moins de quinze ans, accueillis au foyer du ou des adoptants depuis au moins six mois.

Toutefois, si l'enfant a plus de quinze ans et a été accueilli avant d'avoir atteint cet âge par des personnes qui ne remplissaient pas les conditions légales pour adopter ou s'il a fait l'objet d'une adoption simple avant d'avoir atteint cet âge, l'adoption plénière pourra être demandée, si les conditions en sont remplies, *(L. n° 96-604 du 5 juill. 1996)* «pendant la minorité de l'enfant et dans les deux ans suivant sa majorité».

S'il a plus de *(L. n° 76-1179 du 22 déc. 1976)* «treize ans», l'adopté doit consentir personnellement à son adoption plénière. *(L. n° 2010-1609 du 22 déc. 2010, art. 28)* «Ce consentement est donné selon les formes prévues au premier alinéa de l'article 348-3. Il peut être rétracté à tout moment jusqu'au prononcé de l'adoption.»

Art. 345-1. *(L. n° 96-604 du 5 juill. 1996)* L'adoption plénière de l'enfant du conjoint est permise :

1° Lorsque l'enfant n'a de filiation légalement établie qu'à l'égard de ce conjoint;

(L. n° 2013-404 du 17 mai 2013, art. 7) «1° *bis* Lorsque l'enfant a fait l'objet d'une adoption plénière par ce seul conjoint et n'a de filiation établie qu'à son égard;»

2° Lorsque l'autre parent que le conjoint s'est vu retirer totalement l'autorité parentale;

3° Lorsque l'autre parent que le conjoint est décédé et n'a pas laissé d'ascendants au premier degré ou lorsque ceux-ci se sont manifestement désintéressés de l'enfant.

Art. 346. Nul ne peut être adopté par plusieurs personnes si ce n'est par deux époux.

(L. n° 76-1179 du 22 déc. 1976) «Toutefois, une nouvelle adoption peut être prononcée soit après décès de l'adoptant, ou des deux adoptants, soit encore après décès de l'un des deux adoptants, si la demande est présentée par le nouveau conjoint du survivant d'entre eux.»

Art. 347. Peuvent être adoptés :

1° Les enfants pour lesquels les père et mère ou le conseil de famille ont valablement consenti à l'adoption;

2° Les pupilles de l'État;

3° Les enfants déclarés abandonnés dans les conditions prévues *(L. n° 2016-297 du 14 mars 2016, art. 40)* «aux articles 381-1 et 381-2».

Art. 348. Lorsque la filiation d'un enfant est établie à l'égard de son père et de sa mère, ceux-ci doivent consentir l'un et l'autre à l'adoption.

Si l'un des deux est mort ou dans l'impossibilité de manifester sa volonté, s'il a perdu ses droits d'autorité parentale, le consentement de l'autre suffit.

Art. 348-1. Lorsque la filiation d'un enfant n'est établie qu'à l'égard d'un de ses auteurs, celui-ci donne le consentement à l'adoption.

Art. 348-2. Lorsque les père et mère de l'enfant sont décédés, dans l'impossibilité de manifester leur volonté ou s'ils ont perdu leurs droits d'autorité parentale, le consentement est donné par le conseil de famille, après avis de la personne qui en fait prend soin de l'enfant.

Il en est de même lorsque la filiation de l'enfant n'est pas établie.

Art. 348-3. Le consentement à l'adoption est donné devant un notaire français ou étranger, ou devant les agents diplomatiques ou consulaires français. Il peut également être reçu par le service de l'aide sociale à l'enfance lorsque l'enfant lui a été remis.

Le consentement à l'adoption peut être rétracté pendant *(L. n° 96-604 du 5 juill. 1996)* «deux mois». La rétractation doit être faite par lettre recommandée avec demande d'avis de réception adressée à la personne ou au service qui a reçu le consentement à l'adoption. La remise de l'enfant à ses parents sur demande même verbale vaut également preuve de la rétractation.

Si à l'expiration du délai de *(L. n° 96-604 du 5 juill. 1996)* «deux mois» le consentement n'a pas été rétracté, les parents peuvent encore demander la restitution de l'enfant à condition que celui-ci n'ait pas été placé en vue de l'adoption. Si la personne qui l'a recueilli refuse de le rendre, les parents peuvent saisir le tribunal qui apprécie, compte tenu de l'intérêt de l'enfant, s'il y a lieu d'en ordonner la restitution. La restitution rend caduc le consentement à l'adoption.

Art. 348-4. *(L. n° 96-604 du 5 juill. 1996)* Lorsque les père et mère ou le conseil de famille consentent à l'adoption de l'enfant en le remettant au service de l'aide sociale à l'enfance ou à un organisme autorisé pour l'adoption, le choix de l'adoptant est laissé au tuteur avec l'accord du conseil de famille des pupilles de l'État ou du conseil de famille de la tutelle organisée à l'initiative de l'organisme autorisé pour l'adoption.

Art. 348-5. Sauf le cas où il existe un lien de parenté ou d'alliance jusqu'au sixième degré inclus entre l'adoptant et l'adopté, le consentement à l'adoption des enfants de moins de deux ans n'est valable que si l'enfant a été effectivement remis au service de l'aide sociale à l'enfance ou à *(L. n° 96-604 du 5 juill. 1996)* «un organisme autorisé pour l'adoption».

Art. 348-6. Le tribunal peut prononcer l'adoption s'il estime abusif le refus de consentement opposé par les parents ou par l'un d'entre eux seulement, lorsqu'ils se sont désintéressés de l'enfant au risque d'en compromettre la santé ou la moralité.

Il en est de même en cas de refus abusif de consentement du conseil de famille.

Art. 349. Pour les pupilles de l'État dont les parents n'ont pas consenti à l'adoption, le consentement est donné par le conseil de famille de ces pupilles.

120 Code de l'action sociale et des familles (articles L. 148-1 et L. 148-2)

CHAPITRE VIII

Conseil supérieur de l'adoption et autorité centrale pour l'adoption internationale

(L. n° 2002-93 du 22 janv. 2002, art. 12-I)

Art. L. 148-1. Il est créé un Conseil supérieur de l'adoption.

Il est composé de parlementaires, de représentants de l'État, de représentants des conseils départementaux *(Ord. n° 2016-1562 du 21 nov. 2016, art. 23-I, en vigueur le 1er janv. 2018)* «ou de la collectivité de Corse», *(L. n° 2019-222 du 23 mars 2019, art. 102-I)* «d'un magistrat», de représentants des organismes autorisés ou habilités pour l'adoption, de représentants des associations de familles adoptives, de personnes adoptées et de pupilles de l'État, d'un représentant du service social d'aide aux émigrants, d'un représentant de la mission pour l'adoption internationale, ainsi que de personnalités qualifiées.

Il se réunit à la demande de son président, du garde des sceaux, ministre de la justice, du ministre chargé de la famille, du ministre des affaires étrangères ou de la majorité de ses membres, et au moins une fois par semestre.

Le Conseil supérieur de l'adoption émet des avis et formule toutes propositions utiles relatives à l'adoption, y compris l'adoption internationale. Il est consulté sur les mesures législatives et réglementaires prises en ce domaine.

Les modalités d'application du présent article sont fixées par décret.

Art. L. 148-2. Il est institué une Autorité centrale pour l'adoption chargée d'orienter et de coordonner l'action des administrations et des autorités compétentes en matière d'adoption internationale.

Un décret en Conseil d'État précise les conditions d'application du présent article.

QUATRIÈME PARTIE
LA VIE TECHNOLOGIQUE

I – LES LIBERTÉS

CHAPITRE 1
La liberté de communication en ligne

121 Loi n° 86-1067 du 30 septembre 1986 relative à la liberté de communication (articles 1 à 3-1)

Art. 1er. *(L. n° 2004-575 du 21 juin 2004, art. 1-I et 13)* La communication au public par voie électronique est libre.

L'exercice de cette liberté ne peut être limité que dans la mesure requise, d'une part, par le respect de la dignité de la personne humaine, de la liberté et de la propriété d'autrui, du caractère pluraliste de l'expression des courants de pensée et d'opinion et, d'autre part, *(L. n° 2004-669 du 9 juill. 2004, art. 109-I, en vigueur le 1er août 2004)* «par la protection de l'enfance et de l'adolescence,» par la sauvegarde de l'ordre public, par les besoins de la défense nationale, par les exigences de service public, par les contraintes techniques inhérentes aux moyens de communication, ainsi que par la nécessité, pour les services audiovisuels, de développer la production audiovisuelle.

Les services audiovisuels comprennent les services de communication audiovisuelle telle que définie à l'article 2 ainsi que l'ensemble des services mettant à disposition du public ou d'une catégorie de public des œuvres audiovisuelles, cinématographiques ou sonores, quelles que soient les modalités techniques de cette mise à disposition.

Art. 2. *(L. n° 2004-575 du 21 juin 2004, art. 1-II)* On entend par communications électroniques les émissions, transmissions ou réceptions de signes, de signaux, d'écrits, d'images ou de sons, par voie électromagnétique.

On entend par communication au public par voie électronique toute mise à disposition du public ou de catégories de public, par un procédé de communication électronique, de signes, de signaux, d'écrits, d'images, de sons ou de messages de toute nature qui n'ont pas le caractère d'une correspondance privée.

(L. n° 2009-258 du 5 mars 2009, art. 36) «On entend par communication audiovisuelle toute communication au public de services de radio ou de télévision, quelles que soient les modalités de mise à disposition auprès du public, toute communication au public par voie électronique de services autres que de radio et de télévision et ne relevant pas de la communication au public en ligne telle que définie à l'article 1er de la loi n° 2004-575 du 21 juin 2004 pour la confiance dans l'économie numérique, ainsi que toute communication au public de services de médias audiovisuels à la demande.»

Est considéré comme service de télévision tout service de communication au public par voie électronique destiné à être reçu simultanément par l'ensemble du public ou par une catégorie de public et dont le programme principal est composé d'une suite ordonnée d'émissions comportant des images et des sons.

Est considéré comme service de radio tout service de communication au public par voie électronique destiné à être reçu simultanément par l'ensemble du public ou par une catégorie de public et dont le programme principal est composé d'une suite ordonnée d'émissions comportant des sons.

(L. n° 2009-258 du 5 mars 2009, art. 36) «Est considéré comme service de médias audiovisuels à la demande tout service de communication au public par voie électronique permettant le visionnage de programmes au moment choisi par l'utilisateur et sur sa demande, à partir d'un catalogue de programmes dont la sélection et l'organisation sont contrôlées par l'éditeur de ce service. Sont exclus les services qui ne relèvent pas d'une activité économique au sens de l'article 256 A du code général des impôts, ceux dont le contenu audiovisuel est secondaire, ceux consistant à fournir ou à diffuser du contenu audiovisuel créé par des utilisateurs privés à des fins de partage et d'échanges au sein de communautés d'intérêt, ceux consistant à assurer, pour mise à disposition du public par des services de communication au public en ligne, le seul stockage de signaux audiovisuels fournis par des destinataires de ces services et ceux dont le contenu audiovisuel est sélectionné et organisé sous le contrôle d'un tiers. Une offre composée de services de médias audiovisuels à la demande et d'autres services ne relevant pas de la communication audiovisuelle ne se trouve soumise à la présente loi qu'au titre de cette première partie de l'offre.»

Art. 2-1. *(L. n° 2000-179 du 1er août 2000)* Pour l'application de la présente loi, les mots : «distributeur de services» désignent toute personne qui établit avec des éditeurs de services des relations contractuelles en vue de constituer une offre de services de communication audiovisuelle mise à disposition auprès du public *(L. n° 2004-669 du 9 juill. 2004, art. 107-II)* «par un réseau de communications électroniques au sens du 2° de l'article L. 32 du code des postes et des communications électroniques». Est également regardée comme distributeur de services toute personne qui constitue une telle offre en établissant des relations contractuelles avec d'autres distributeurs.

Art. 3. *(L. n° 89-25 du 17 janv. 1989)* Le secret des choix faits par les personnes parmi les services de *(L. n° 2004-669 du 9 juill. 2004, art. 27)* «communications électroniques» et parmi les programmes offerts par ceux-ci ne peut être levé sans leur accord.

Art. 3-1. *(L. n° 2004-575 du 21 juin 2004, art. 1er-III)* Le Conseil supérieur de l'audiovisuel, autorité *(L. n° 2013-1028 du 15 nov. 2013, art. 1er)* «publique indépendante, garantit l'exercice de la liberté de communication audiovisuelle par tout procédé de communication électronique, dans les conditions définies par la présente loi.

Il assure l'égalité de traitement; il garantit l'indépendance et l'impartialité du secteur public de la *(L. n° 2009-258 du 5 mars 2009, art. 37)* «communication audiovisuelle»; il veille à favoriser la libre concurrence et l'établissement de relations non discriminatoires entre éditeurs et distributeurs de services *(L. n° 2007-309 du 5 mars 2007, art. 10)* «, quel que soit le réseau de communications électroniques utilisé par ces derniers, conformément au principe de neutralité technologique»; il veille à la qualité et à la diversité des programmes, au développement de la production et de la création audiovisuelles nationales ainsi qu'à la défense et à l'illustration de la langue et de la culture françaises. Il peut formuler des propositions sur l'amélioration de la qualité des programmes. *(L. n° 2016-1524 du 14 nov. 2016, art. 18, en vigueur le 14 févr. 2017)* «Il veille au respect de la numérotation logique s'agissant de la reprise des services nationaux de télévision en clair diffusés par voie hertzienne terrestre, selon les modalités prévues à l'article 34-4, et au caractère équitable, transparent, homogène et non discriminatoire de la numérotation des autres services de télévision dans les offres de programmes des distributeurs de services.»

(L. n° 2016-1524 du 14 nov. 2016, art. 6) «Le Conseil supérieur de l'audiovisuel garantit l'honnêteté, l'indépendance et le pluralisme de l'information et des programmes qui y concourent, sous réserve de l'article 1er de la présente loi. A cet effet, il veille notamment à ce que les conventions conclues en application de la présente loi avec les éditeurs de services de télévision et de radio garantissent le respect de l'article 2 *bis* de la loi du 29 juillet 1881 sur la liberté de la presse. *(L. n° 2017-86 du 27 janv. 2017, art. 182)* «Il veille à ce que la diversité de la société française soit représentée dans les programmes des services de communication audiovisuelle et que cette représentation soit exempte de préjugés.» Il s'assure que les intérêts économiques des actionnaires des éditeurs de services de communication audiovisuelle et de leurs annonceurs ne portent aucune atteinte à ces principes.»

(L. n° 2006-396 du 31 mars 2006, art. 47) «Le Conseil supérieur de l'audiovisuel contribue aux actions en faveur de la cohésion sociale et à la lutte contre les discriminations dans le domaine de la communication audiovisuelle. Il veille, notamment, auprès des éditeurs de services de *(L. n° 2009-258 du 5 mars 2009, art. 37)* «communication audiovisuelle», compte tenu de la nature de leurs programmes, à ce que la programmation reflète la diversité de la société française» *(L. n° 2009-594 du 27 mai 2009, art. 63)* «et contribue notamment au rayonnement de la France d'outre-mer.» *(L. n° 2009-258 du 5 mars 2009, art. 1er)* «Il rend compte chaque année au Parlement des actions des éditeurs de services de télévision en matière de programmation reflétant la diversité de la société française et propose les mesures adaptées pour améliorer l'effectivité de cette diversité dans tous les genres de programmes.»

(L. n° 2014-873 du 4 août 2014, art. 56) «Il assure le respect des droits des femmes dans le domaine de la communication audiovisuelle. A cette fin, il veille, d'une part, à une juste représentation des femmes et des hommes dans les programmes des services de communication audiovisuelle et, d'autre part, à l'image des femmes qui apparaît dans ces programmes, notamment en luttant contre les stéréotypes, les préjugés sexistes, les images dégradantes, les violences faites aux femmes et les violences commises au sein des couples. Dans ce but, il porte une attention particulière aux programmes des services de communication audiovisuelle destinés à l'enfance et à la jeunesse.»

(L. n° 2010-788 du 12 juill. 2010, art. 183-II) «Le Conseil supérieur de l'audiovisuel veille à ce que le développement du secteur de la communication audiovisuelle s'accompagne d'un niveau élevé de protection de l'environnement et de la santé de la population.»

(L. n° 2013-1028 du 15 nov. 2013, art. 5) «En cas de litige, le Conseil supérieur de l'audiovisuel assure une mission de conciliation entre éditeurs de services et producteurs d'œuvres ou de programmes audiovisuels ou leurs mandataires, ou les organisations professionnelles qui les représentent.»

Le conseil peut adresser aux éditeurs et distributeurs de services de *(L. n° 2009-258 du 5 mars 2009, art. 37)* «communication audiovisuelle» des recommandations relatives au respect des principes énoncés dans la présente loi. Ces recommandations sont publiées au *Journal officiel* de la République française.

122 Loi n° 2004-575 du 21 juin 2004 pour la confiance dans l'économie numérique (article 1)

TITRE PREMIER

De la liberté de communication en ligne

CHAPITRE Ier

La communication au public en ligne

Art. 1er. *I, II, III : Paragraphes modificateurs.*

IV — Ainsi qu'il est dit à l'article 1er de la loi n° 86-1067 du 30 septembre 1986 relative à la liberté de communication, la communication au public par voie électronique est libre.

L'exercice de cette liberté ne peut être limité que dans la mesure requise, d'une part, par le respect de la dignité de la personne humaine, de la liberté et de la propriété d'autrui, du caractère pluraliste de l'expression des courants de pensée et d'opinion et, d'autre part, par la sauvegarde de l'ordre public, par les besoins de la défense nationale, par les exigences de service public, par les contraintes techniques inhérentes aux moyens de communication, ainsi que par la nécessité, pour les services audiovisuels, de développer la production audiovisuelle.

On entend par communication au public par voie électronique toute mise à disposition du public ou de catégories de public, par un procédé de communication électronique, de signes, de signaux, d'écrits, d'images, de sons ou de messages de toute nature qui n'ont pas le caractère d'une correspondance privée.

On entend par communication au public en ligne toute transmission, sur demande individuelle, de données numériques n'ayant pas un caractère de correspondance privée, par un procédé de communication électronique permettant un échange réciproque d'informations entre l'émetteur et le récepteur.

On entend par courrier électronique tout message, sous forme de texte, de voix, de son ou d'image, envoyé par un réseau public de communication, stocké sur un serveur du réseau ou dans l'équipement terminal du destinataire, jusqu'à ce que ce dernier le récupère.

CHAPITRE 2
Le garant de la liberté d'expression audiovisuelle : le Conseil supérieur de l'audiovisuel

123 Loi n° 86-1067 du 30 septembre 1986 relative à la liberté de la communication (articles 4 à 9 et 12 à 17)

TITRE Ier

DU CONSEIL SUPÉRIEUR DE L'AUDIOVISUEL

Art. 4. Le Conseil supérieur de l'audiovisuel comprend sept membres nommés par décret du Président de la République.

Trois membres sont désignés par le Président de l'Assemblée nationale et trois membres par le Président du Sénat. Dans chaque assemblée parlementaire, ils sont désignés en raison de leurs compétences en matière économique, juridique ou technique ou de leur expérience professionnelle dans le domaine de la communication, notamment dans le secteur audiovisuel ou des communications électroniques, après avis conforme de la commission permanente chargée des affaires culturelles statuant à bulletin secret à la majorité des trois cinquièmes des suffrages exprimés. Les nominations au Conseil supérieur de l'audiovisuel concourent à une représentation paritaire des femmes et des hommes.

Le président est nommé par le Président de la République pour la durée de ses fonctions de membre du conseil. En cas d'empêchement du président, pour quelque cause que ce soit, la présidence est assurée par le membre du conseil le plus âgé.

Le mandat des membres du conseil est de six ans. Il n'est ni révocable, ni renouvelable. Il n'est pas interrompu par les règles concernant la limite d'âge éventuellement applicables aux intéressés.

À l'exception de son président, le Conseil supérieur de l'audiovisuel est renouvelé par tiers tous les deux ans.

(Ord. n° 2015-948 du 31 juill. 2015, art. 16) «A l'occasion de chaque renouvellement biennal, les présidents des assemblées désignent une femme et un homme. Sauf accord contraire, chacun désigne un membre du sexe opposé à celui qu'il a désigné pour le précédent renouvellement biennal. Le présent alinéa s'applique sous réserve du huitième alinéa.

«Les membres du conseil ne peuvent être nommés au-delà de l'âge de soixante-cinq ans.

«En cas de vacance survenant plus de six mois avant l'expiration du mandat, il est pourvu à la nomination, dans les conditions prévues au présent article, d'un nouveau membre dont le mandat expire à la date à laquelle aurait expiré le mandat de la personne qu'il remplace. Le membre nommé dans ces conditions est de même sexe que celui qu'il remplace. Son mandat peut être renouvelé s'il a occupé ces fonctions de remplacement pendant moins de deux ans. Dans ce cas, le président de l'autre assemblée désigne un membre du sexe opposé.»

Le Conseil supérieur de l'audiovisuel établit son règlement intérieur.

Art. 5. Les fonctions de membre du Conseil supérieur de l'audiovisuel sont incompatibles avec tout mandat électif, tout emploi public et toute autre activité professionnelle.

(L. n° 2013-1028 du 15 nov. 2013, art. 3) «Sous réserve des dispositions du code de la propriété intellectuelle, les membres du conseil ne peuvent, directement ou indirectement, exercer des fonctions, recevoir d'honoraires, sauf pour des services rendus avant leur entrée en fonctions, détenir d'intérêt ou avoir un contrat de travail dans une entreprise de l'audiovisuel, du cinéma, de l'édition, de la presse, de la publicité ou des communications électroniques. Si, au moment de sa nomination, un membre du conseil détient des intérêts ou dispose d'un contrat de travail ou de prestation de services dans une telle entreprise, il dispose d'un délai de trois mois pour se mettre en conformité avec la loi.»

Le non-respect des dispositions de l'alinéa précédent est passible des peines prévues à l'article 432-12 du code pénal.

Le membre du conseil qui a exercé une activité, accepté un emploi ou un mandat électif incompatible avec sa qualité de membre ou manqué aux obligations définies au deuxième alinéa ou au cinquième alinéa *(L. n° 2013-1028 du 15 nov. 2013, art. 3)* «ou au cinquième alinéa» du présent article est déclaré démissionnaire d'office par le conseil statuant à la *(L. n° 2013-1028 du 15 nov. 2013, art. 3)* «majorité».

Pendant la durée de leurs fonctions et durant un an à compter de la cessation de leurs fonctions, les membres du conseil sont tenus de s'abstenir de toute prise de position publique sur les questions *(L. n° 2013-1028 du 15 nov. 2013, art. 3)* «en cours d'examen. Les membres et anciens membres du conseil sont tenus de respecter le secret des délibérations.»

Après la cessation de leurs fonctions, les membres du Conseil supérieur de l'audiovisuel sont soumis aux dispositions de l'article 432-13 du code pénal et, en outre, pendant le délai d'un an, sous les peines prévues au même article, aux obligations résultant du deuxième alinéa du présent article.

Le président et les membres du Conseil supérieur de l'audiovisuel reçoivent respectivement un traitement égal à celui afférent aux deux catégories supérieures des emplois de l'État classés hors échelle. À l'expiration de leur mandat, les membres du Conseil supérieur de l'audiovisuel continuent de percevoir leur traitement pendant une durée maximum d'un an. Toutefois, si les intéressés reprennent une activité rémunérée, perçoivent une retraite ou, pour les fonctionnaires ou les magistrats, sont réintégrés, le versement de ce traitement cesse. Il cesse également sur décision du conseil statuant à la majorité de ses membres après que les intéressés ont été mis à même de présenter leurs observations, si ceux-ci manquent aux obligations prévues au deuxième alinéa. *(L. n° 2013-1028 du 15 nov. 2013, art. 3)* «Il cesse également, partiellement ou totalement, dans les mêmes conditions, en cas de manquement aux obligations résultant du cinquième alinéa.»

Lorsqu'il est occupé par un fonctionnaire, l'emploi permanent de membre du Conseil supérieur de l'audiovisuel est un emploi conduisant à pension au titre du code des pensions civiles et militaires de retraite.

Art. 6. Celles des décisions du conseil mentionnées aux articles 22 *(L. n° 2004-669 du 9 juill. 2004, art. 28)* «et 27» qui présentent un caractère réglementaire sont transmises au Premier ministre qui peut, dans les quinze jours suivant leur réception, demander au conseil une nouvelle délibération.

Les résultats des délibérations ainsi que les rapports du conseil, quelle qu'en soit la nature, sont publiés au Journal officiel de la République française.

Art. 7. Le Conseil supérieur de l'audiovisuel dispose de services qui sont placés sous l'autorité de son président.

Les personnels de ces services ne peuvent être membres des conseils d'administration de l'établissement public et des sociétés prévus *(L. n° 2003-1365 du 31 déc. 2003, art 3)* «aux articles 44, 45 et 49» de la présente loi, ni bénéficier d'une autorisation relative à un service de communication audiovisuelle, ni exercer de fonctions ou détenir d'intérêts dans une société ou une association titulaire d'une telle autorisation.

Le Conseil supérieur de l'audiovisuel propose, lors de l'élaboration du projet de loi de finances de l'année, les crédits nécessaires à l'accomplissement de ses missions. Ceux-ci sont inscrits au budget général de l'État. Les dispositions de la loi du 10 août 1922 relative à l'organisation du contrôle des dépenses engagées ne sont pas applicables à leur gestion.

Le président du Conseil supérieur est ordonnateur des dépenses. Il présente les comptes du conseil au contrôle de la Cour des comptes.

Art. 8. Les membres et les agents du conseil sont astreints au secret professionnel pour les faits, actes et renseignements dont ils ont pu avoir connaissance en raison de leurs fonctions, dans les conditions et sous les peines prévues à l'article 75 du code pénal et, sous réserve de ce qui est nécessaire à l'établissement du rapport annuel prévu à l'article 18 de la présente loi, aux articles *(L. n° 92-1336 du 16 déc. 1992, art. 333)* «226-13» du même code.

Art. 9. Le Conseil supérieur de l'audiovisuel est consulté sur la définition de la position de la France dans les négociations internationales sur la radio et la télévision.

Le Conseil supérieur de l'audiovisuel favorise la coordination des positions des sociétés et établissements du secteur public de la communication audiovisuelle d'une part, et des services de communication audiovisuelle autorisés et concédés d'autre part, au sein des instances ou des organismes internationaux, qu'ils soient gouvernementaux ou non, et notamment des instances et des organismes européens.

(L. n° 2009-258 du 5 mars 2009, art. 21) «Le Conseil supérieur de l'audiovisuel est consulté sur les projets de loi et d'actes réglementaires relatifs au secteur de la communication audiovisuelle. Cette disposition n'est pas applicable aux décrets portant approbation des statuts des sociétés nationales de programme.»

Art. 12. Le Conseil supérieur de l'audiovisuel est consulté sur tout projet visant à rendre obligatoires les normes relatives aux matériels et techniques de diffusion ou de distribution des services de communication audiovisuelle par un réseau de communications électroniques au sens du 2° de l'article L. 32 du code des postes et des communications électroniques. Il peut formuler toute recommandation concernant ces normes.

Toutefois, les caractéristiques techniques des signaux émis pour la fourniture des services diffusés par voie hertzienne terrestre ou par satellite doivent être conformes à des spécifications techniques définies par arrêté interministériel, pris après avis du Conseil supérieur de l'audiovisuel; lorsque ces signaux sont numérisés, leurs caractéristiques techniques sont normalisées. Cet arrêté précise également les conditions de la protection radioélectrique des services de communication audiovisuelle considérés. *(L. n° 2015-1267 du 14 oct. 2015, art. 1er)* «Lorsque ces spécifications techniques sont modifiées afin d'assurer une utilisation optimale des fréquences radioélectriques, l'arrêté s'impose aux titulaires d'autorisation par voie hertzienne terrestre ou satellitaire.»

Art. 13. Le Conseil supérieur de l'audiovisuel assure le respect de l'expression pluraliste des courants de pensée et d'opinion dans les programmes des services de

(L. n° 2004-669 du 9 juill. 2004, art. 108) «radio» et de télévision, en particulier pour les émissions d'information politique et générale.

Le Conseil supérieur de l'audiovisuel communique chaque mois aux présidents de chaque assemblée et aux responsables des différents partis politiques représentés au Parlement le relevé des temps d'intervention des personnalités politiques dans les journaux et les bulletins d'information, les magazines et les autres émissions des programmes.

Art. 14. Le Conseil supérieur de l'audiovisuel exerce un contrôle, par tous moyens appropriés, sur l'objet, le contenu et les modalités de programmation des émissions publicitaires diffusées par les services de communication audiovisuelle en vertu de la présente loi. *(L. n° 2009-258 du 5 mars 2009, art. 39)* «Il peut prendre en compte les recommandations des autorités d'autorégulation mises en place dans le secteur de la publicité».

Les émissions publicitaires à caractère politique sont interdites.

Toute infraction aux dispositions de l'alinéa ci-dessus est passible des peines prévues à l'article L. 90-1 du code électoral.

Art. 14-1. *(L. n° 2009-258 du 5 mars 2009, art. 40)* Le Conseil supérieur de l'audiovisuel fixe les conditions dans lesquelles les programmes des services de communication audiovisuelle, et notamment les vidéomusiques, peuvent comporter du placement de produit.

Le Conseil supérieur de l'audiovisuel veille à ce que les programmes comportant du placement de produit respectent les exigences suivantes :

1° Leur contenu et, dans le cas de la radiodiffusion télévisuelle, leur programmation ne doivent en aucun cas être influencés de manière à porter atteinte à la responsabilité et à l'indépendance éditoriale de l'éditeur de services de médias;

2° Ils n'incitent pas directement à l'achat ou à la location des produits ou services d'un tiers et ne peuvent en particulier comporter des références promotionnelles spécifiques à ces produits ou services;

3° Ils ne mettent pas en avant de manière injustifiée le produit en question;

4° Les téléspectateurs sont clairement informés de l'existence d'un placement de produit. Les programmes comportant du placement de produit sont identifiés de manière appropriée au début et à la fin de leur diffusion, ainsi que lorsqu'un programme reprend après une interruption publicitaire, afin d'éviter toute confusion de la part du téléspectateur.

Art. 15. Le Conseil supérieur de l'audiovisuel veille à la protection de l'enfance et de l'adolescence et au respect de la dignité de la personne dans les programmes mis à disposition du public par un service de communication audiovisuelle.

Il veille à ce que des programmes susceptibles de nuire à l'épanouissement physique, mental ou moral des mineurs ne soient pas mis à disposition du public par un service de communication audiovisuelle, sauf lorsqu'il est assuré, par le choix de l'heure de diffusion ou par tout procédé technique approprié, que des mineurs ne sont normalement pas susceptibles de les voir ou de les entendre.

Lorsque des programmes susceptibles de nuire à l'épanouissement physique, mental ou moral des mineurs sont mis à disposition du public par des services de télévision, le conseil veille à ce qu'ils soient précédés d'un avertissement au public et qu'ils soient identifiés par la présence d'un symbole visuel tout au long de leur durée. À cette fin, il veille à la mise en œuvre d'un procédé technique de contrôle d'accès approprié aux services de télévision mobile personnelle ainsi qu'à la mise en œuvre de tout moyen adapté à la nature des services de médias audiovisuels à la demande.

Il veille en outre à ce qu'aucun programme susceptible de nuire gravement à l'épanouissement physique, mental ou moral des mineurs ne soit mis à disposition du public par les services de communication audiovisuelle.

Il veille enfin à ce que les programmes mis à disposition du public par un service de communication audiovisuelle ne contiennent aucune incitation à la haine ou à la violence pour des raisons de race, de sexe, de mœurs, de religion ou de nationalité. *(L. n° 2016-987 du 21 juillet 2016, art. 20)* «Il élabore un code de bonne conduite relatif à la couverture audiovisuelle d'actes terroristes.»

Art. 16. *(L. n° 2004-669 du 9 juill. 2004, art. 32)* Le Conseil supérieur de l'audiovisuel fixe les règles concernant les conditions de production, de programmation et de diffusion des émissions relatives aux campagnes électorales que les sociétés mentionnées à l'article 44 sont tenues de produire et de programmer. Les prestations fournies à ce titre font l'objet de dispositions insérées dans les cahiers des charges.

Pour la durée des campagnes électorales, le conseil adresse des recommandations aux éditeurs des services de radio et de télévision autorisés ou ayant conclu une convention en vertu de la présente loi.

Art. 16-1. Le Conseil supérieur de l'audiovisuel fixe les règles concernant les conditions de diffusion par les sociétés nationales de programme mentionnées aux *(L. n° 2004-669 du 9 juill. 2004, art. 33)* «I et III» de l'article 44 de la présente loi et les services de télévision diffusés par voie hertzienne terrestre, aux heures de grande écoute, des messages d'alerte sanitaire émis par le ministre chargé de la santé.

Les prestations fournies à ce titre font l'objet de dispositions insérées dans les cahiers des charges et les conventions.

Art. 17. Le Conseil supérieur de l'audiovisuel adresse des recommandations au Gouvernement pour le développement de la concurrence dans les activités *(L. n° 2004-669 du 9 juill. 2004, art. 34)* «de radio et de télévision».

Il est habilité à saisir les autorités administratives ou judiciaires compétentes pour connaître des pratiques restrictives de la concurrence et des concentrations économiques. Ces mêmes autorités peuvent le saisir pour avis.

CHAPITRE 3
Les limites liées à la lutte contre la manipulation de l'information

124 Code électoral (articles L. 163-1 et L. 163-2)

CHAPITRE VI
Propagande

Art. L. 163-1. *(L. n° 2018-1202 du 22 déc. 2018, art. 1er)* Pendant les trois mois précédant le premier jour du mois d'élections générales et jusqu'à la date du tour de scrutin où celles-ci sont acquises, les opérateurs de plateforme en ligne au sens de l'article

L. 111-7 du code de la consommation dont l'activité dépasse un seuil déterminé de nombre de connexions sur le territoire français sont tenus, au regard de l'intérêt général attaché à l'information éclairée des citoyens en période électorale et à la sincérité du scrutin :

1° De fournir à l'utilisateur une information loyale, claire et transparente sur l'identité de la personne physique ou sur la raison sociale, le siège social et l'objet social de la personne morale et de celle pour le compte de laquelle, le cas échéant, elle a déclaré agir, qui verse à la plateforme des rémunérations en contrepartie de la promotion de contenus d'information se rattachant à un débat d'intérêt général ;

2° De fournir à l'utilisateur une information loyale, claire et transparente sur l'utilisation de ses données personnelles dans le cadre de la promotion d'un contenu d'information se rattachant à un débat d'intérêt général ;

3° De rendre public le montant des rémunérations reçues en contrepartie de la promotion de tels contenus d'information lorsque leur montant est supérieur à un seuil déterminé.

Ces informations sont agrégées au sein d'un registre mis à la disposition du public par voie électronique, dans un format ouvert, et régulièrement mis à jour au cours de la période mentionnée au premier alinéa du présent article.

Les modalités d'application du présent article sont définies par décret.

Art. L. 163-2. *(L. n° 2018-1202 du 22 déc. 2018, art. 1er)* I. — Pendant les trois mois précédant le premier jour du mois d'élections générales et jusqu'à la date du tour de scrutin où celles-ci sont acquises, lorsque des allégations ou imputations inexactes ou trompeuses d'un fait de nature à altérer la sincérité du scrutin à venir sont diffusées de manière délibérée, artificielle ou automatisée et massive par le biais d'un service de communication au public en ligne, le juge des référés peut, à la demande du ministère public, de tout candidat, de tout parti ou groupement politique ou de toute personne ayant intérêt à agir, et sans préjudice de la réparation du dommage subi, prescrire aux personnes physiques ou morales mentionnées au 2 du I de l'article 6 de la loi n° 2004-575 du 21 juin 2004 pour la confiance dans l'économie numérique ou, à défaut, à toute personne mentionnée au 1 du même I toutes mesures proportionnées et nécessaires pour faire cesser cette diffusion.

II. — Le juge des référés se prononce dans un délai de quarante-huit heures à compter de la saisine.

En cas d'appel, la cour se prononce dans un délai de quarante-huit heures à compter de la saisine.

III. — Les actions fondées sur le présent article sont exclusivement portées devant un tribunal de grande instance et une cour d'appel déterminés par décret.

125 Loi n° 2018-1202 du 22 décembre 2018 relative à la lutte contre la manipulation de l'information (articles 11 à 15)

Art. 11. I. — Les opérateurs de plateforme en ligne mentionnés au premier alinéa de l'article L. 163-1 du code électoral mettent en œuvre des mesures en vue de lutter contre la diffusion de fausses informations susceptibles de troubler l'ordre public ou d'altérer la sincérité d'un des scrutins mentionnés au premier alinéa de l'article 33-1-1 de la loi n° 86-1067 du 30 septembre 1986 relative à la liberté de communication.

Ils mettent en place un dispositif facilement accessible et visible permettant à leurs utilisateurs de signaler de telles informations, notamment lorsque celles-ci sont issues de contenus promus pour le compte d'un tiers.

Ils mettent également en œuvre des mesures complémentaires pouvant notamment porter sur :

1° La transparence de leurs algorithmes ;

2° La promotion des contenus issus d'entreprises et d'agences de presse et de services de communication audiovisuelle ;

3° La lutte contre les comptes propageant massivement de fausses informations ;

4° L'information des utilisateurs sur l'identité de la personne physique ou la raison sociale, le siège social et l'objet social des personnes morales leur versant des rémunérations en contrepartie de la promotion de contenus d'information se rattachant à un débat d'intérêt général ;

5° L'information des utilisateurs sur la nature, l'origine et les modalités de diffusion des contenus ;

6° L'éducation aux médias et à l'information.

Ces mesures, ainsi que les moyens qu'ils y consacrent, sont rendus publics. Chaque opérateur adresse chaque année au Conseil supérieur de l'audiovisuel une déclaration dans laquelle sont précisées les modalités de mise en œuvre desdites mesures.

II. — Le présent article est applicable en Polynésie française, dans les îles Wallis-et-Futuna, en Nouvelle-Calédonie et dans les Terres australes et antarctiques françaises.

Art. 12. Après l'article 17-1 de la loi n° 86-1067 du 30 septembre 1986 précitée, il est inséré un article 17-2 ainsi rédigé :

« **Art. 17-2** Le Conseil supérieur de l'audiovisuel contribue à la lutte contre la diffusion de fausses informations susceptibles de troubler l'ordre public ou de porter atteinte à la sincérité d'un des scrutins mentionnés au premier alinéa de l'article 33-1-1 de la présente loi.

En cas de nécessité, il adresse, à ce titre, aux opérateurs de plateforme en ligne mentionnés au premier alinéa de l'article L. 163-1 du code électoral des recommandations visant à améliorer la lutte contre la diffusion de telles informations.

Il s'assure du suivi de l'obligation pour les opérateurs de plateforme en ligne de prendre les mesures prévues à l'article 11 de la loi n° 2018-1202 du 22 décembre 2018 relative à la lutte contre la manipulation de l'information.

Il publie un bilan périodique de leur application et de leur effectivité. A cette fin, il recueille auprès de ces opérateurs, dans les conditions fixées à l'article 19 de la présente loi, toutes les informations nécessaires à l'élaboration de ce bilan. »

Art. 13. Les opérateurs de plateforme en ligne mentionnés au premier alinéa de l'article L. 163-1 du code électoral désignent un représentant légal exerçant les fonctions d'interlocuteur référent sur le territoire français pour l'application des dispositions prévues au présent titre et au troisième alinéa du 7 du I de l'article 6 de la loi n° 2004-575 du 21 juin 2004 pour la confiance dans l'économie numérique.

Art. 14. Les opérateurs de plateforme en ligne mentionnés au premier alinéa de l'article L. 163-1 du code électoral qui recourent à des algorithmes de recommandation, classement ou référencement de contenus d'information se rattachant à un débat d'intérêt général publient des statistiques agrégées sur leur fonctionnement.

Sont mentionnées pour chaque contenu :

1° La part d'accès direct, sans recours aux algorithmes de recommandation, classement ou référencement;

2° Les parts d'accès indirects imputables, d'une part, à l'algorithme du moteur de recherche interne de la plateforme le cas échéant et, d'autre part, aux autres algorithmes de recommandation, classement ou référencement de la plateforme qui sont intervenus dans l'accès aux contenus.

Ces statistiques sont publiées en ligne et accessibles à tous, dans un format libre et ouvert.

Art. 15. Les opérateurs de plateforme en ligne mentionnés au premier alinéa de l'article L. 163-1 du code électoral, les agences de presse au sens de l'ordonnance n° 45-2646 du 2 novembre 1945 portant réglementation des agences de presse, les éditeurs de publication de presse ou de services de presse en ligne au sens de la loi n° 86-897 du 1er août 1986 portant réforme du régime juridique de la presse, les éditeurs de services de communication audiovisuelle au sens de la loi n° 86-1067 du 30 septembre 1986 relative à la liberté de communication, les annonceurs au sens du code de la consommation, les organisations représentatives des journalistes et toute autre organisation susceptible de contribuer à la lutte contre la diffusion de fausses informations peuvent conclure des accords de coopération relatifs à la lutte contre la diffusion de fausses informations.

126 Loi n° 86-1067 du 30 septembre 1986 relative à la liberté de communication (Loi Léotard) (article 33-1-1)

Art. 33-1-1. *(L. n° 2018-1202 du 22 déc. 2018, art. 6)* Pendant les trois mois précédant le premier jour du mois de l'élection du Président de la République, des élections générales des députés, de l'élection des sénateurs, de l'élection des représentants au Parlement européen et des opérations référendaires, et jusqu'à la date du tour de scrutin où ces élections sont acquises, le Conseil supérieur de l'audiovisuel, s'il constate que le service ayant fait l'objet d'une convention conclue avec une personne morale contrôlée, au sens de l'article L. 233-3 du code de commerce, par un État étranger ou placée sous l'influence de cet État diffuse, de façon délibérée, de fausses informations de nature à altérer la sincérité du scrutin, peut, pour prévenir ou faire cesser ce trouble, ordonner la suspension de la diffusion de ce service par tout procédé de communication électronique jusqu'à la fin des opérations de vote.

S'il estime que les faits justifient l'engagement de la procédure prévue au présent article, le conseil notifie les griefs aux personnes mises en cause. Celles-ci peuvent présenter leurs observations dans un délai de quarante-huit heures à compter de la notification. Le présent alinéa n'est pas applicable dans les cas prévus aux 1° et 2° de l'article L. 121-2 du code des relations entre le public et l'administration.

La décision du conseil prise au terme de la procédure prévue au présent article est motivée et notifiée aux personnes mises en cause ainsi qu'aux distributeurs ou aux opérateurs satellitaires qui assurent la diffusion du service en France et doivent assurer l'exécution de la mesure de suspension.

II – LES DROITS

CHAPITRE 1
La technologie et la vie privée

Section 1
La protection des données personnelles

A – LES PRINCIPES GÉNÉRAUX

127 Convention pour la protection des personnes à l'égard du traitement automatisé des données à caractère personnel

Date d'adoption : 28 janvier 1981

Préambule

Les États membres du Conseil de l'Europe, signataires de la présente Convention,

Considérant que le but du Conseil de l'Europe est de réaliser une union plus étroite entre ses membres, dans le respect notamment de la prééminence du droit ainsi que des droits de l'homme et des libertés fondamentales ;

Considérant qu'il est souhaitable d'étendre la protection des droits et des libertés fondamentales de chacun, notamment le droit au respect de la vie privée, eu égard à l'intensification de la circulation à travers les frontières des données à caractère personnel faisant l'objet de traitements automatisés ;

Réaffirmant en même temps leur engagement en faveur de la liberté d'information sans considération de frontières ;

Reconnaissant la nécessité de concilier les valeurs fondamentales du respect de la vie privée et de la libre circulation de l'information entre les peuples,

Sont convenus de ce qui suit :

CHAPITRE I

Dispositions générales

Art. 1er. *Objet et but.* Le but de la présente Convention est de garantir, sur le territoire de chaque Partie, à toute personne physique, quelles que soient sa nationalité ou sa résidence, le respect de ses droits et de ses libertés fondamentales, et notamment de son droit à la vie privée, à l'égard du traitement automatisé des données à caractère personnel la concernant (" protection des données ").

Art. 2. *Définitions.* Aux fins de la présente Convention :

a) " données à caractère personnel " signifie : toute information concernant une personne physique identifiée ou identifiable (" personne concernée ");

b) " fichier automatisé " signifie : tout ensemble d'informations faisant l'objet d'un traitement automatisé ;

c) " traitement automatisé " s'entend des opérations suivantes effectuées en totalité ou en partie à l'aide de procédés automatisés : enregistrement des données, application à ces données d'opérations logiques et/ou arithmétiques, leur modification, effacement, extraction ou diffusion ;

d) " maître du fichier " signifie : la personne physique ou morale, l'autorité publique, le service ou tout autre organisme qui est compétent selon la loi nationale, pour décider quelle sera la finalité du fichier automatisé, quelles catégories de données à caractère personnel doivent être enregistrées et quelles opérations leur seront appliquées.

Art. 3. *Champ d'application.* 1. Les Parties s'engagent à appliquer la présente Convention aux fichiers et aux traitements automatisés de données à caractère personnel dans les secteurs public et privé.

2. Tout État peut, lors de la signature ou du dépôt de son instrument de ratification, d'acceptation, d'approbation ou d'adhésion, ou à tout moment ultérieur, faire connaître par déclaration adressée au Secrétaire Général du Conseil de l'Europe :

a) qu'il n'appliquera pas la présente Convention à certaines catégories de fichiers automatisés de données à caractère personnel dont une liste sera déposée. Il ne devra toutefois pas inclure dans cette liste des catégories de fichiers automatisés assujetties selon son droit interne à des dispositions de protection des données. En conséquence, il devra amender cette liste par une nouvelle déclaration lorsque des catégories supplémentaires de fichiers automatisés de données à caractère personnel seront assujetties à son régime de protection des données ;

b) qu'il appliquera la présente Convention également à des informations afférentes à des groupements, associations, fondations, sociétés, corporations ou à tout autre organisme regroupant directement ou indirectement des personnes physiques et jouissant ou non de la personnalité juridique ;

c) qu'il appliquera la présente Convention également aux fichiers de données à caractère personnel ne faisant pas l'objet de traitements automatisés.

3. Tout État qui a étendu le champ d'application de la présente Convention par l'une des déclarations visées aux alinéas 2.b ou c ci-dessus peut, dans ladite déclaration, indiquer que les extensions ne s'appliqueront qu'à certaines catégories de fichiers à caractère personnel dont la liste sera déposée.

4. Toute Partie qui a exclu certaines catégories de fichiers automatisés de données à caractère personnel par la déclaration prévue à l'alinéa 2.a ci-dessus ne peut pas prétendre à l'application de la présente Convention à de telles catégories par une Partie qui ne les a pas exclues.

5. De même, une Partie qui n'a pas procédé à l'une ou à l'autre des extensions prévues aux paragraphes 2.b et c du présent article ne peut se prévaloir de l'application de la présente Convention sur ces points à l'égard d'une Partie qui a procédé à de telles extensions.

6. Les déclarations prévues au paragraphe 2 du présent article prendront effet au moment de l'entrée en vigueur de la Convention à l'égard de l'État qui les a formulées, si cet État les a faites lors de la signature ou du dépôt de son instrument de ratification,

d'acceptation, d'approbation ou d'adhésion, ou trois mois après leur réception par le Secrétaire Général du Conseil de l'Europe si elles ont été formulées à un moment ultérieur. Ces déclarations pourront être retirées en tout ou en partie par notification adressée au Secrétaire Général du Conseil de l'Europe. Le retrait prendra effet trois mois après la date de réception d'une telle notification.

CHAPITRE II

Principes de base pour la protection des données

Art. 4. *Engagements des Parties.* 1. Chaque Partie prend, dans son droit interne, les mesures nécessaires pour donner effet aux principes de base pour la protection des données énoncés dans le présent chapitre.

2. Ces mesures doivent être prises au plus tard au moment de l'entrée en vigueur de la présente Convention à son égard.

Art. 5. *Qualité des données.* Les données à caractère personnel faisant l'objet d'un traitement automatisé sont :

a) obtenues et traitées loyalement et licitement;

b) enregistrées pour des finalités déterminées et légitimes et ne sont pas utilisées de manière incompatible avec ces finalités;

c) adéquates, pertinentes et non excessives par rapport aux finalités pour lesquelles elles sont enregistrées;

d) exactes et si nécessaire mises à jour;

e) conservées sous une forme permettant l'identification des personnes concernées pendant une durée n'excédant pas celle nécessaire aux finalités pour lesquelles elles sont enregistrées.

Art. 6. *Catégories particulières de données.* Les données à caractère personnel révélant l'origine raciale, les opinions politiques, les convictions religieuses ou autres convictions, ainsi que les données à caractère personnel relatives à la santé ou à la vie sexuelle, ne peuvent être traitées automatiquement à moins que le droit interne ne prévoie des garanties appropriées. Il en est de même des données à caractère personnel concernant des condamnations pénales.

Art. 7. *Sécurité des données.* Des mesures de sécurité appropriées sont prises pour la protection des données à caractère personnel enregistrées dans des fichiers automatisés contre la destruction accidentelle ou non autorisée, ou la perte accidentelle, ainsi que contre l'accès, la modification ou la diffusion non autorisés.

Art. 8. *Garanties complémentaires pour la personne concernée.* Toute personne doit pouvoir :

a) connaître l'existence d'un fichier automatisé de données à caractère personnel, ses finalités principales, ainsi que l'identité et la résidence habituelle ou le principal établissement du maître du fichier;

b) obtenir à des intervalles raisonnables et sans délais ou frais excessifs la confirmation de l'existence ou non dans le fichier automatisé, de données à caractère personnel la concernant ainsi que la communication de ces données sous une forme intelligible;

c) obtenir, le cas échéant, la rectification de ces données ou leur effacement lorsqu'elles ont été traitées en violation des dispositions du droit interne donnant effet aux principes de base énoncés dans les articles 5 et 6 de la présente Convention;

d) disposer d'un recours s'il n'est pas donné suite à une demande de confirmation ou, le cas échéant, de communication, de rectification ou d'effacement, visée aux paragraphes b et c du présent article.

Art. 9. *Exceptions et restrictions.* 1. Aucune exception aux dispositions des articles 5, 6 et 8 de la présente Convention n'est admise, sauf dans les limites définies au présent article.

2. Il est possible de déroger aux dispositions des articles 5, 6 et 8 de la présente Convention lorsqu'une telle dérogation, prévue par la loi de la Partie, constitue une mesure nécessaire dans une société démocratique :

a) à la protection de la sécurité de l'État, à la sûreté publique, aux intérêts monétaires de l'État ou à la répression des infractions pénales;

b) à la protection de la personne concernée et des droits et libertés d'autrui.

3. Des restrictions à l'exercice des droits visés aux paragraphes b, c et d de l'article 8 peuvent être prévues par la loi pour les fichiers automatisés de données à caractère personnel utilisés à des fins de statistiques ou de recherches scientifiques, lorsqu'il n'existe manifestement pas de risques d'atteinte à la vie privée des personnes concernées.

Art. 10. *Sanctions et recours.* Chaque Partie s'engage à établir des sanctions et recours appropriés visant les violations aux dispositions du droit interne donnant effet aux principes de base pour la protection des données énoncés dans le présent chapitre.

Art. 11. *Protection plus étendue.* Aucune des dispositions du présent chapitre ne sera interprétée comme limitant ou portant atteinte à la faculté pour chaque Partie d'accorder aux personnes concernées une protection plus étendue que celle prévue par la présente Convention.

CHAPITRE III

Flux transfrontières de données

Art. 12. *Flux transfrontières de données à caractère personnel et droit interne.* 1. Les dispositions suivantes s'appliquent aux transferts à travers les frontières nationales, quel que soit le support utilisé, de données à caractère personnel faisant l'objet d'un traitement automatisé ou rassemblées dans le but de les soumettre à un tel traitement.

2. Une Partie ne peut pas, aux seules fins de la protection de la vie privée, interdire ou soumettre à une autorisation spéciale les flux transfrontières de données à caractère personnel à destination du territoire d'une autre Partie.

3. Toutefois, toute Partie a la faculté de déroger aux dispositions du paragraphe 2 :

a) dans la mesure où sa législation prévoit une réglementation spécifique pour certaines catégories de données à caractère personnel ou de fichiers automatisés de données à caractère personnel, en raison de la nature de ces données ou de ces fichiers, sauf si la réglementation de l'autre Partie apporte une protection équivalente;

b) lorsque le transfert est effectué à partir de son territoire vers le territoire d'un État non contractant par l'intermédiaire du territoire d'une autre Partie, afin d'éviter que de tels transferts n'aboutissent à contourner la législation de la Partie visée au début du présent paragraphe.

CHAPITRE IV

Entraide

Art. 13. *Coopération entre les Parties.* 1. Les Parties s'engagent à s'accorder mutuellement assistance pour la mise en œuvre de la présente Convention.

2. À cette fin,

a) chaque Partie désigne une ou plusieurs autorités dont elle communique la dénomination et l'adresse au Secrétaire Général du Conseil de l'Europe;

b) chaque Partie qui a désigné plusieurs autorités indique dans la communication visée à l'alinéa précédent la compétence de chacune de ces autorités.

3. Une autorité désignée par une Partie, à la demande d'une autorité désignée par une autre Partie :

a) fournira des informations sur son droit et sur sa pratique administrative en matière de protection des données;

b) prendra, conformément à son droit interne et aux seules fins de la protection de la vie privée, toutes mesures appropriées pour fournir des informations de fait concernant un traitement automatisé déterminé effectué sur son territoire à l'exception toutefois des données à caractère personnel faisant l'objet de ce traitement.

Art. 14. *Assistance aux personnes concernées ayant leur résidence à l'étranger.* 1. Chaque Partie prête assistance à toute personne ayant sa résidence à l'étranger pour l'exercice des droits prévus par son droit interne donnant effet aux principes énoncés à l'article 8 de la présente Convention.

2. Si une telle personne réside sur le territoire d'une autre Partie, elle doit avoir la faculté de présenter sa demande par l'intermédiaire de l'autorité désignée par cette Partie.

3. La demande d'assistance doit contenir toutes les indications nécessaires concernant notamment :

a) le nom, l'adresse et tous autres éléments pertinents d'identification concernant le requérant;

b) le fichier automatisé de données à caractère personnel auquel la demande se réfère ou le maître de ce fichier;

c) le but de la demande.

Art. 15. *Garanties concernant l'assistance fournie par les autorités désignées.* 1. Une autorité désignée par une Partie qui a reçu des informations d'une autorité désignée par une autre Partie, soit à l'appui d'une demande d'assistance, soit en réponse à une demande d'assistance qu'elle a formulée elle-même, ne pourra faire usage de ces informations à des fins autres que celles spécifiées dans la demande d'assistance.

2. Chaque Partie veillera à ce que les personnes appartenant ou agissant au nom de l'autorité désignée soient liées par des obligations appropriées de secret ou de confidentialité à l'égard de ces informations.

3. En aucun cas, une autorité désignée ne sera autorisée à faire, aux termes de l'article 14, paragraphe 2, une demande d'assistance au nom d'une personne concernée résidant à l'étranger, de sa propre initiative et sans le consentement exprès de cette personne.

Art. 16. *Refus des demandes d'assistance.* Une autorité désignée, saisie d'une demande d'assistance aux termes des articles 13 ou 14 de la présente Convention, ne peut refuser d'y donner suite que si :

a) la demande est incompatible avec les compétences, dans le domaine de la protection des données, des autorités habilitées à répondre;

b) la demande n'est pas conforme aux dispositions de la présente Convention;

c) l'exécution de la demande serait incompatible avec la souveraineté, la sécurité ou l'ordre public de la Partie qui l'a désignée, ou avec les droits et libertés fondamentales des personnes relevant de la juridiction de cette Partie.

Art. 17. *Frais et procédures de l'assistance.* 1. L'entraide que les Parties s'accordent aux termes de l'article 13, ainsi que l'assistance qu'elles prêtent aux personnes concernées résidant à l'étranger aux termes de l'article 14, ne donnera pas lieu au paiement des frais et droits autres que ceux afférents aux experts et aux interprètes. Ces frais et droits seront à la charge de la Partie qui a désigné l'autorité qui a fait la demande d'assistance.

2. La personne concernée ne peut être tenue de payer, en liaison avec les démarches entreprises pour son compte sur le territoire d'une autre Partie, des frais et droits autres que ceux exigibles des personnes résidant sur le territoire de cette Partie.

3. Les autres modalités relatives à l'assistance concernant notamment les formes et procédures ainsi que les langues à utiliser seront établies directement entre les Parties concernées.

CHAPITRE V

Comité consultatif

Art. 18. *Composition du comité.* 1. Un comité consultatif est constitué après l'entrée en vigueur de la présente Convention.

2. Toute Partie désigne un représentant et un suppléant à ce comité. Tout État membre du Conseil de l'Europe qui n'est pas Partie à la Convention a le droit de se faire représenter au comité par un observateur.

3. Le comité consultatif peut, par une décision prise à l'unanimité, inviter tout État non-membre du Conseil de l'Europe qui n'est pas Partie à la Convention à se faire représenter par un observateur à l'une de ses réunions.

Art. 19. *Fonctions du comité.* Le comité consultatif :

a) peut faire des propositions en vue de faciliter ou d'améliorer l'application de la Convention;

b) peut faire des propositions d'amendement à la présente Convention conformément à l'article 21;

c) formule un avis sur toute proposition d'amendement à la présente Convention qui lui est soumis conformément à l'article 21, paragraphe 3;

d peut, à la demande d'une Partie, exprimer un avis sur toute question relative à l'application de la présente Convention.

Art. 20. *Procédure.* 1. Le comité consultatif est convoqué par le Secrétaire Général du Conseil de l'Europe. Il tient sa première réunion dans les douze mois qui suivent l'entrée en vigueur de la présente Convention. Il se réunit par la suite au moins une fois tous les deux ans et, en tout cas, chaque fois qu'un tiers des représentants des Parties demande sa convocation.

2. La majorité des représentants des Parties constitue le quorum nécessaire pour tenir une réunion du comité consultatif.

3. À l'issue de chacune de ses réunions, le comité consultatif soumet au Comité des Ministres du Conseil de l'Europe un rapport sur ses travaux et sur le fonctionnement de la Convention.

4. Sous réserve des dispositions de la présente Convention, le Comité consultatif établit son règlement intérieur.

128 Charte des droits fondamentaux de l'Union européenne (article 8)

Art. 8. *Protection des données à caractère personnel.* 1. Toute personne a droit à la protection des données à caractère personnel la concernant.

2. Ces données doivent être traitées loyalement, à des fins déterminées et sur la base du consentement de la personne concernée ou en vertu d'un autre fondement légitime prévu par la loi. Toute personne a le droit d'accéder aux données collectées la concernant et d'en obtenir la rectification.

3. Le respect de ces règles est soumis au contrôle d'une autorité indépendante.

129 Règlement (UE) 2016/679 du 27 avril 2016 du Parlement européen et du Conseil relatif à la protection des personnes physiques à l'égard du traitement des données à caractère personnel et à la libre circulation de ces données, et abrogeant la directive 95/46/CE (règlement général sur la protection des données)

CHAPITRE PREMIER

Dispositions générales

Art. 1er. *Objet et objectifs.* 1. Le présent règlement établit des règles relatives à la protection des personnes physiques à l'égard du traitement des données à caractère personnel et des règles relatives à la libre circulation de ces données.

2. Le présent règlement protège les libertés et droits fondamentaux des personnes physiques, et en particulier leur droit à la protection des données à caractère personnel.

3. La libre circulation des données à caractère personnel au sein de l'Union n'est ni limitée ni interdite pour des motifs liés à la protection des personnes physiques à l'égard du traitement des données à caractère personnel.

Art. 2. *Champ d'application matériel.* 1. Le présent règlement s'applique au traitement de données à caractère personnel, automatisé en tout ou en partie, ainsi qu'au traitement non automatisé de données à caractère personnel contenues ou appelées à figurer dans un fichier.

2. Le présent règlement ne s'applique pas au traitement de données à caractère personnel effectué :

a) dans le cadre d'une activité qui ne relève pas du champ d'application du droit de l'Union;

b) par les États membres dans le cadre d'activités qui relèvent du champ d'application du chapitre 2 du titre V du traité sur l'Union européenne;

c) par une personne physique dans le cadre d'une activité strictement personnelle ou domestique;

d) par les autorités compétentes à des fins de prévention et de détection des infractions pénales, d'enquêtes et de poursuites en la matière ou d'exécution de sanctions pénales, y compris la protection contre des menaces pour la sécurité publique et la prévention de telles menaces.

3. Le règlement (CE) n° 45/2001 s'applique au traitement des données à caractère personnel par les institutions, organes et organismes de l'Union. Le règlement (CE) n° 45/2001 et les autres actes juridiques de l'Union applicables audit traitement des données à caractère personnel sont adaptés aux principes et aux règles du présent règlement conformément à l'article 98.

4. Le présent règlement s'applique sans préjudice de la directive 2000/31/CE, et notamment de ses articles 12 à 15 relatifs à la responsabilité des prestataires de services intermédiaires.

Art. 3. *Champ d'application territorial.* 1. Le présent règlement s'applique au traitement des données à caractère personnel effectué dans le cadre des activités d'un établissement d'un responsable du traitement ou d'un sous-traitant sur le territoire de l'Union, que le traitement ait lieu ou non dans l'Union.

2. Le présent règlement s'applique au traitement des données à caractère personnel relatives à des personnes concernées qui se trouvent sur le territoire de l'Union par un responsable du traitement ou un sous-traitant qui n'est pas établi dans l'Union, lorsque les activités de traitement sont liées :

a) à l'offre de biens ou de services à ces personnes concernées dans l'Union, qu'un paiement soit exigé ou non desdites personnes; ou

b) au suivi du comportement de ces personnes, dans la mesure où il s'agit d'un comportement qui a lieu au sein de l'Union.

3. Le présent règlement s'applique au traitement de données à caractère personnel par un responsable du traitement qui n'est pas établi dans l'Union mais dans un lieu où le droit d'un État membre s'applique en vertu du droit international public.

Art. 4. *Définitions.* Aux fins du présent règlement, on entend par :

1) "données à caractère personnel", toute information se rapportant à une personne physique identifiée ou identifiable (ci-après dénommée "personne concernée"); est réputée être une "personne physique identifiable" une personne physique qui peut être identifiée, directement ou indirectement, notamment par référence à un identifiant, tel qu'un nom, un numéro d'identification, des données de localisation, un identifiant en ligne, ou à un ou plusieurs éléments spécifiques propres à son identité physique, physiologique, génétique, psychique, économique, culturelle ou sociale;

2) "traitement", toute opération ou tout ensemble d'opérations effectuées ou non à l'aide de procédés automatisés et appliquées à des données ou des ensembles de données à caractère personnel, telles que la collecte, l'enregistrement, l'organisation, la structuration,

la conservation, l'adaptation ou la modification, l'extraction, la consultation, l'utilisation, la communication par transmission, la diffusion ou toute autre forme de mise à disposition, le rapprochement ou l'interconnexion, la limitation, l'effacement ou la destruction;

3) "limitation du traitement", le marquage de données à caractère personnel conservées, en vue de limiter leur traitement futur;

4) "profilage", toute forme de traitement automatisé de données à caractère personnel consistant à utiliser ces données à caractère personnel pour évaluer certains aspects personnels relatifs à une personne physique, notamment pour analyser ou prédire des éléments concernant le rendement au travail, la situation économique, la santé, les préférences personnelles, les intérêts, la fiabilité, le comportement, la localisation ou les déplacements de cette personne physique;

5) "pseudonymisation", le traitement de données à caractère personnel de telle façon que celles-ci ne puissent plus être attribuées à une personne concernée précise sans avoir recours à des informations supplémentaires, pour autant que ces informations supplémentaires soient conservées séparément et soumises à des mesures techniques et organisationnelles afin de garantir que les données à caractère personnel ne sont pas attribuées à une personne physique identifiée ou identifiable;

6) "fichier", tout ensemble structuré de données à caractère personnel accessibles selon des critères déterminés, que cet ensemble soit centralisé, décentralisé ou réparti de manière fonctionnelle ou géographique;

7) "responsable du traitement", la personne physique ou morale, l'autorité publique, le service ou un autre organisme qui, seul ou conjointement avec d'autres, détermine les finalités et les moyens du traitement; lorsque les finalités et les moyens de ce traitement sont déterminés par le droit de l'Union ou le droit d'un État membre, le responsable du traitement peut être désigné ou les critères spécifiques applicables à sa désignation peuvent être prévus par le droit de l'Union ou par le droit d'un État membre;

8) "sous-traitant", la personne physique ou morale, l'autorité publique, le service ou un autre organisme qui traite des données à caractère personnel pour le compte du responsable du traitement;

9) "destinataire", la personne physique ou morale, l'autorité publique, le service ou tout autre organisme qui reçoit communication de données à caractère personnel, qu'il s'agisse ou non d'un tiers. Toutefois, les autorités publiques

qui sont susceptibles de recevoir communication de données à caractère personnel dans le cadre d'une mission d'enquête particulière conformément au droit de l'Union ou au droit d'un État membre ne sont pas considérées comme des destinataires; le traitement de ces données par les autorités publiques en question est conforme aux règles applicables en matière de protection des données en fonction des finalités du traitement;

10) "tiers", une personne physique ou morale, une autorité publique, un service ou un organisme autre que la personne concernée, le responsable du traitement, le sous-traitant et les personnes qui, placées sous l'autorité directe du responsable du traitement ou du sous-traitant, sont autorisées à traiter les données à caractère personnel;

11) "consentement" de la personne concernée, toute manifestation de volonté, libre, spécifique, éclairée et univoque par laquelle la personne concernée accepte, par une déclaration ou par un acte positif clair, que des données à caractère personnel la concernant fassent l'objet d'un traitement;

12) "violation de données à caractère personnel", une violation de la sécurité entraînant, de manière accidentelle ou illicite, la destruction, la perte, l'altération, la divulgation

non autorisée de données à caractère personnel transmises, conservées ou traitées d'une autre manière, ou l'accès non autorisé à de telles données ;

13) "données génétiques", les données à caractère personnel relatives aux caractéristiques génétiques héréditaires ou acquises d'une personne physique qui donnent des informations uniques sur la physiologie ou l'état de santé de cette personne physique et qui résultent, notamment, d'une analyse d'un échantillon biologique de la personne physique en question ;

14) "données biométriques", les données à caractère personnel résultant d'un traitement technique spécifique, relatives aux caractéristiques physiques, physiologiques ou comportementales d'une personne physique, qui permettent ou confirment son identification unique, telles que des images faciales ou des données dactyloscopiques ;

15) "données concernant la santé", les données à caractère personnel relatives à la santé physique ou mentale d'une personne physique, y compris la prestation de services de soins de santé, qui révèlent des informations sur l'état de santé de cette personne ;

16) "établissement principal",

a) en ce qui concerne un responsable du traitement établi dans plusieurs États membres, le lieu de son administration centrale dans l'Union, à moins que les décisions quant aux finalités et aux moyens du traitement de données à caractère personnel soient prises dans un autre établissement du responsable du traitement dans l'Union et que ce dernier établissement a le pouvoir de faire appliquer ces décisions, auquel cas l'établissement ayant pris de telles décisions est considéré comme l'établissement principal ;

b) en ce qui concerne un sous-traitant établi dans plusieurs États membres, le lieu de son administration centrale dans l'Union ou, si ce sous-traitant ne dispose pas d'une administration centrale dans l'Union, l'établissement du sous-traitant dans l'Union où se déroule l'essentiel des activités de traitement effectuées dans le cadre des activités d'un établissement du sous-traitant, dans la mesure où le sous-traitant est soumis à des obligations spécifiques en vertu du présent règlement ;

17) "représentant", une personne physique ou morale établie dans l'Union, désignée par le responsable du traitement ou le sous-traitant par écrit, en vertu de l'article 27, qui les représente en ce qui concerne leurs obligations respectives en vertu du présent règlement ;

18) "entreprise", une personne physique ou morale exerçant une activité économique, quelle que soit sa forme juridique, y compris les sociétés de personnes ou les associations qui exercent régulièrement une activité économique ;

19) "groupe d'entreprises", une entreprise qui exerce le contrôle et les entreprises qu'elle contrôle ;

20) "règles d'entreprise contraignantes", les règles internes relatives à la protection des données à caractère personnel qu'applique un responsable du traitement ou un sous-traitant établi sur le territoire d'un État membre pour des transferts ou pour un ensemble de transferts de données à caractère personnel à un responsable du traitement ou à un sous-traitant établi dans un ou plusieurs pays tiers au sein d'un groupe d'entreprises, ou d'un groupe d'entreprises engagées dans une activité économique conjointe ;

21) "autorité de contrôle", une autorité publique indépendante qui est instituée par un État membre en vertu de l'article 51 ;

22) "autorité de contrôle concernée", une autorité de contrôle qui est concernée par le traitement de données à caractère personnel parce que :

a) le responsable du traitement ou le sous-traitant est établi sur le territoire de l'État membre dont cette autorité de contrôle relève ;

b) des personnes concernées résidant dans l'État membre de cette autorité de contrôle sont sensiblement affectées par le traitement ou sont susceptibles de l'être; ou

c) une réclamation a été introduite auprès de cette autorité de contrôle;

23) "traitement transfrontalier",

a) un traitement de données à caractère personnel qui a lieu dans l'Union dans le cadre des activités d'établissements dans plusieurs États membres d'un responsable du traitement ou d'un sous-traitant lorsque le responsable du traitement ou le sous-traitant est établi dans plusieurs États membres; ou

b) un traitement de données à caractère personnel qui a lieu dans l'Union dans le cadre des activités d'un établissement unique d'un responsable du traitement ou d'un sous-traitant, mais qui affecte sensiblement ou est susceptible d'affecter sensiblement des personnes concernées dans plusieurs États membres;

24) "objection pertinente et motivée", une objection à un projet de décision quant à savoir s'il y a ou non violation du présent règlement ou si l'action envisagée en ce qui concerne le responsable du traitement ou le sous-traitant respecte le présent règlement, qui démontre clairement l'importance des risques que présente le projet de décision pour les libertés et droits fondamentaux des personnes concernées et, le cas échéant, le libre flux des données à caractère personnel au sein de l'Union;

25) "service de la société de l'information", un service au sens de l'article 1er, paragraphe 1, point b), de la directive (UE) 2015/1535 du Parlement européen et du Conseil (1);

26) "organisation internationale", une organisation internationale et les organismes de droit public international qui en relèvent, ou tout autre organisme qui est créé par un accord entre deux pays ou plus, ou en vertu d'un tel accord.

CHAPITRE II

Principes

Art. 5. *Principes relatifs au traitement des données à caractère personnel.* 1. Les données à caractère personnel doivent être :

a) traitées de manière licite, loyale et transparente au regard de la personne concernée (licéité, loyauté, transparence);

b) collectées pour des finalités déterminées, explicites et légitimes, et ne pas être traitées ultérieurement d'une manière incompatible avec ces finalités; le traitement ultérieur à des fins archivistiques dans l'intérêt public, à des fins de recherche scientifique ou historique ou à des fins statistiques n'est pas considéré, conformément à l'article 89, paragraphe 1, comme incompatible avec les finalités initiales (limitation des finalités);

c) adéquates, pertinentes et limitées à ce qui est nécessaire au regard des finalités pour lesquelles elles sont traitées (minimisation des données);

d) exactes et, si nécessaire, tenues à jour; toutes les mesures raisonnables doivent être prises pour que les données à caractère personnel qui sont inexactes, eu égard aux finalités pour lesquelles elles sont traitées, soient effacées ou rectifiées sans tarder (exactitude);

(1) Directive (UE) 2015/1535 du Parlement européen et du Conseil du 9 septembre 2015 prévoyant une procédure d'information dans le domaine des réglementations techniques et des règles relatives aux services de la société de l'information (JO L 241 du 17.9.2015, p. 1).

e) conservées sous une forme permettant l'identification des personnes concernées pendant une durée n'excédant pas celle nécessaire au regard des finalités pour lesquelles elles sont traitées; les données à caractère personnel peuvent être conservées pour des durées plus longues dans la mesure où elles seront traitées exclusivement à des fins archivistiques dans l'intérêt public, à des fins de recherche scientifique ou historique ou à des fins statistiques conformément à l'article 89, paragraphe 1, pour autant que soient mises en œuvre les mesures techniques et organisationnelles appropriées requises par le présent règlement afin de garantir les droits et libertés de la personne concernée (limitation de la conservation);

f) traitées de façon à garantir une sécurité appropriée des données à caractère personnel, y compris la protection contre le traitement non autorisé ou illicite et contre la perte, la destruction ou les dégâts d'origine accidentelle, à l'aide de mesures techniques ou organisationnelles appropriées (intégrité et confidentialité);

2. Le responsable du traitement est responsable du respect du paragraphe 1 et est en mesure de démontrer que celui— ci est respecté (responsabilité).

Art. 6. *Licéité du traitement.* 1. Le traitement n'est licite que si, et dans la mesure où, au moins une des conditions suivantes est remplie :

a) la personne concernée a consenti au traitement de ses données à caractère personnel pour une ou plusieurs finalités spécifiques;

b) le traitement est nécessaire à l'exécution d'un contrat auquel la personne concernée est partie ou à l'exécution de mesures précontractuelles prises à la demande de celle-ci;

c) le traitement est nécessaire au respect d'une obligation légale à laquelle le responsable du traitement est soumis;

d) le traitement est nécessaire à la sauvegarde des intérêts vitaux de la personne concernée ou d'une autre personne physique;

e) le traitement est nécessaire à l'exécution d'une mission d'intérêt public ou relevant de l'exercice de l'autorité publique dont est investi le responsable du traitement;

f) le traitement est nécessaire aux fins des intérêts légitimes poursuivis par le responsable du traitement ou par un tiers, à moins que ne prévalent les intérêts ou les libertés et droits fondamentaux de la personne concernée qui exigent une protection des données à caractère personnel, notamment lorsque la personne concernée est un enfant.

Le point f) du premier alinéa ne s'applique pas au traitement effectué par les autorités publiques dans l'exécution de leurs missions.

2. Les États membres peuvent maintenir ou introduire des dispositions plus spécifiques pour adapter l'application des règles du présent règlement pour ce qui est du traitement dans le but de respecter le paragraphe 1, points c) et e), en déterminant plus précisément les exigences spécifiques applicables au traitement ainsi que d'autres mesures visant à garantir un traitement licite et loyal, y compris dans d'autres situations particulières de traitement comme le prévoit le chapitre IX.

3. Le fondement du traitement visé au paragraphe 1, points c) et e), est défini par :

a) le droit de l'Union; ou

b) le droit de l'État membre auquel le responsable du traitement est soumis.

Les finalités du traitement sont définies dans cette base juridique ou, en ce qui concerne le traitement visé au paragraphe 1, point e), sont nécessaires à l'exécution d'une mission d'intérêt public ou relevant de l'exercice de l'autorité publique dont est investi le responsable du traitement. Cette base juridique peut contenir des dispositions spécifiques pour adapter l'application des règles du présent règlement, entre autres : les conditions générales régissant la licéité du traitement par le responsable du traitement; les types de données qui font l'objet du traitement; les personnes concernées; les entités auxquelles les données à caractère personnel peuvent être communiquées et les finalités pour lesquelles elles peuvent l'être; la limitation des finalités; les durées de conservation; et les opérations et procédures de

traitement, y compris les mesures visant à garantir un traitement licite et loyal, telles que celles prévues dans d'autres situations particulières de traitement comme le prévoit le chapitre IX. Le droit de l'Union ou le droit des États membres répond à un objectif d'intérêt public et est proportionné à l'objectif légitime poursuivi.

4. Lorsque le traitement à une fin autre que celle pour laquelle les données ont été collectées n'est pas fondé sur le consentement de la personne concernée ou sur le droit de l'Union ou le droit d'un État membre qui constitue une mesure nécessaire et proportionnée dans une société démocratique pour garantir les objectifs visés à l'article 23, paragraphe 1, le responsable du traitement, afin de déterminer si le traitement à une autre fin est compatible avec la finalité pour laquelle les données à caractère personnel ont été initialement collectées, tient compte, entre autres :

a) de l'existence éventuelle d'un lien entre les finalités pour lesquelles les données à caractère personnel ont été collectées et les finalités du traitement ultérieur envisagé;

b) du contexte dans lequel les données à caractère personnel ont été collectées, en particulier en ce qui concerne la relation entre les personnes concernées et le responsable du traitement;

c) de la nature des données à caractère personnel, en particulier si le traitement porte sur des catégories particulières de données à caractère personnel, en vertu de l'article 9, ou si des données à caractère personnel relatives à des condamnations pénales et à des infractions sont traitées, en vertu de l'article 10;

d) des conséquences possibles du traitement ultérieur envisagé pour les personnes concernées;

e) de l'existence de garanties appropriées, qui peuvent comprendre le chiffrement ou la pseudonymisation.

Art. 7. *Conditions applicables au consentement.* 1. Dans les cas où le traitement repose sur le consentement, le responsable du traitement est en mesure de démontrer que la personne concernée a donné son consentement au traitement de données à caractère personnel la concernant.

2. Si le consentement de la personne concernée est donné dans le cadre d'une déclaration écrite qui concerne également d'autres questions, la demande de consentement est présentée sous une forme qui la distingue clairement de ces autres questions, sous une forme compréhensible et aisément accessible, et formulée en des termes clairs et simples. Aucune partie de cette déclaration qui constitue une violation du présent règlement n'est contraignante.

3. La personne concernée a le droit de retirer son consentement à tout moment. Le retrait du consentement ne compromet pas la licéité du traitement fondé sur le consentement effectué avant ce retrait. La personne concernée en est informée avant de donner son consentement. Il est aussi simple de retirer que de donner son consentement.

4. Au moment de déterminer si le consentement est donné librement, il y a lieu de tenir le plus grand compte de la question de savoir, entre autres, si l'exécution d'un contrat, y compris la fourniture d'un service, est subordonnée au consentement au

traitement de données à caractère personnel qui n'est pas nécessaire à l'exécution dudit contrat.

Art. 8. *Conditions applicables au consentement des enfants en ce qui concerne les services de la société de l'information.* 1. Lorsque l'article 6, paragraphe 1, point a), s'applique, en ce qui concerne l'offre directe de services de la société de l'information aux enfants, le traitement des données à caractère personnel relatives à un enfant est licite lorsque l'enfant est âgé d'au moins 16 ans. Lorsque l'enfant est âgé de moins de 16 ans, ce traitement n'est licite que si, et dans la mesure où, le consentement est donné ou autorisé par le titulaire de la responsabilité parentale à l'égard de l'enfant.

Les États membres peuvent prévoir par la loi un âge inférieur pour ces finalités pour autant que cet âge inférieur ne soit pas en-dessous de 13 ans.

2. Le responsable du traitement s'efforce raisonnablement de vérifier, en pareil cas, que le consentement est donné ou autorisé par le titulaire de la responsabilité parentale à l'égard de l'enfant, compte tenu des moyens technologiques disponibles.

3. Le paragraphe 1 ne porte pas atteinte au droit général des contrats des États membres, notamment aux règles concernant la validité, la formation ou les effets d'un contrat à l'égard d'un enfant.

Art. 9. *Traitement portant sur des catégories particulières de données à caractère personnel.* 1. Le traitement des données à caractère personnel qui révèle l'origine raciale ou ethnique, les opinions politiques, les convictions religieuses ou philosophiques ou l'appartenance syndicale, ainsi que le traitement des données génétiques, des données biométriques aux fins d'identifier une personne physique de manière unique, des données concernant la santé ou des données concernant la vie sexuelle ou l'orientation sexuelle d'une personne physique sont interdits.

2. Le paragraphe 1 ne s'applique pas si l'une des conditions suivantes est remplie :

a) la personne concernée a donné son consentement explicite au traitement de ces données à caractère personnel pour une ou plusieurs finalités spécifiques, sauf lorsque le droit de l'Union ou le droit de l'État membre prévoit que l'interdiction visée au paragraphe 1 ne peut pas être levée par la personne concernée;

b) le traitement est nécessaire aux fins de l'exécution des obligations et de l'exercice des droits propres au responsable du traitement ou à la personne concernée en matière de droit du travail, de la sécurité sociale et de la protection sociale, dans la mesure où ce traitement est autorisé par le droit de l'Union, par le droit d'un État membre ou par une convention collective conclue en vertu du droit d'un État membre qui prévoit des garanties appropriées pour les droits fondamentaux et les intérêts de la personne concernée;

c) le traitement est nécessaire à la sauvegarde des intérêts vitaux de la personne concernée ou d'une autre personne physique, dans le cas où la personne concernée se trouve dans l'incapacité physique ou juridique de donner son consentement;

d) le traitement est effectué, dans le cadre de leurs activités légitimes et moyennant les garanties appropriées, par une fondation, une association ou tout autre organisme à but non lucratif et poursuivant une finalité politique, philosophique, religieuse ou syndicale, à condition que ledit traitement se rapporte exclusivement aux membres ou aux anciens membres dudit organisme ou aux personnes entretenant avec celui-ci des contacts réguliers en liaison avec ses finalités et que les données à caractère personnel ne soient pas communiquées en dehors de cet organisme sans le consentement des personnes concernées;

e) le traitement porte sur des données à caractère personnel qui sont manifestement rendues publiques par la personne concernée;

f) le traitement est nécessaire à la constatation, à l'exercice ou à la défense d'un droit en justice ou chaque fois que des juridictions agissent dans le cadre de leur fonction juridictionnelle;

g) le traitement est nécessaire pour des motifs d'intérêt public important, sur la base du droit de l'Union ou du droit d'un 'État membre qui doit être proportionné à l'objectif poursuivi, respecter l'essence du droit à la protection des données et prévoir des mesures appropriées et spécifiques pour la sauvegarde des droits fondamentaux et des intérêts de la personne concernée;

h) le traitement est nécessaire aux fins de la médecine préventive ou de la médecine du travail, de l'appréciation de la capacité de travail du travailleur, de diagnostics médicaux, de la prise en charge sanitaire ou sociale, ou de la gestion des systèmes et des services de soins de santé ou de protection sociale sur la base du droit de l'Union, du droit d'un État membre ou en vertu d'un contrat conclu avec un professionnel de la santé et soumis aux conditions et garanties visées au paragraphe 3;

i) le traitement est nécessaire pour des motifs d'intérêt public dans le domaine de la santé publique, tels que la protection contre les menaces transfrontalières graves pesant sur la santé, ou aux fins de garantir des normes élevées de qualité et de sécurité des soins de santé et des médicaments ou des dispositifs médicaux, sur la base du droit de l'Union ou du droit de l'État membre qui prévoit des mesures appropriées et spécifiques pour la sauvegarde des droits et libertés de la personne concernée, notamment le secret professionnel;

j) le traitement est nécessaire à des fins archivistiques dans l'intérêt public, à des fins de recherche scientifique ou historique ou à des fins statistiques, conformément à l'article 89, paragraphe 1, sur la base du droit de l'Union ou du droit d'un État membre qui doit être proportionné à l'objectif poursuivi, respecter l'essence du droit à la protection des données et prévoir des mesures appropriées et spécifiques pour la sauvegarde des droits fondamentaux et des intérêts de la personne concernée.

3. Les données à caractère personnel visées au paragraphe 1 peuvent faire l'objet d'un traitement aux fins prévues au paragraphe 2, point h), si ces données sont traitées par un professionnel de la santé soumis à une obligation de secret professionnel conformément au droit de l'Union, au droit d'un État membre ou aux règles arrêtées par les organismes nationaux compétents, ou sous sa responsabilité, ou par une autre personne également soumise à une obligation de secret conformément au droit de l'Union ou au droit d'un État membre ou aux règles arrêtées par les organismes nationaux compétents.

4. Les États membres peuvent maintenir ou introduire des conditions supplémentaires, y compris des limitations, en ce qui concerne le traitement des données génétiques, des données biométriques ou des données concernant la santé.

Art. 10. *Traitement des données à caractère personnel relatives aux condamnations pénales et aux infractions.* Le traitement des données à caractère personnel relatives aux condamnations pénales et aux infractions ou aux mesures de sûreté connexes fondé sur l'article 6, paragraphe 1, ne peut être effectué que sous le contrôle de l'autorité publique, ou si le traitement est autorisé par le droit de l'Union ou par le droit d'un 'État membre qui prévoit des garanties appropriées pour les droits et libertés des personnes concernées. Tout registre complet des condamnations pénales ne peut être tenu que sous le contrôle de l'autorité publique.

Art. 11. *Traitement ne nécessitant pas l'identification.* 1. Si les finalités pour lesquelles des données à caractère personnel sont traitées n'imposent pas ou n'imposent plus au responsable du traitement d'identifier une personne concernée, celui-ci n'est pas tenu de conserver, d'obtenir ou de traiter des informations supplémentaires pour identifier la personne concernée à la seule fin de respecter le présent règlement.

2. Lorsque, dans les cas visés au paragraphe 1 du présent article, le responsable du traitement est à même de démontrer qu'il n'est pas en mesure d'identifier la personne concernée, il en informe la personne concernée, si possible. En pareils cas, les articles 15 à 20 ne sont pas applicables, sauf lorsque la personne concernée fournit, aux fins d'exercer les droits que lui confèrent ces articles, des informations complémentaires qui permettent de l'identifier.

CHAPITRE III

Droits de la personne concernée

Section I

Transparence et modalités

Art. 12. *Transparence des informations et des communications et modalités de l'exercice des droits de la personne concernée.* 1. Le responsable du traitement prend des mesures appropriées pour fournir toute information visée aux articles 13 et 14 ainsi que pour procéder à toute communication au titre des articles 15 à 22 et de l'article 34 en ce qui concerne le traitement à la personne concernée d'une façon concise, transparente, compréhensible et aisément accessible, en des termes clairs et simples, en particulier pour toute information destinée spécifiquement à un enfant. Les informations sont fournies par écrit ou par d'autres moyens y compris, lorsque c'est approprié, par voie électronique. Lorsque la personne concernée en fait la demande, les informations peuvent être fournies oralement, à condition que l'identité de la personne concernée soit démontrée par d'autres moyens.

2. Le responsable du traitement facilite l'exercice des droits conférés à la personne concernée au titre des articles 15 à 22. Dans les cas visés à l'article 11, paragraphe 2, le responsable du traitement ne refuse pas de donner suite à la demande de la personne concernée d'exercer les droits que lui confèrent les articles 15 à 22, à moins que le responsable du traitement ne démontre qu'il n'est pas en mesure d'identifier la personne concernée.

3. Le responsable du traitement fournit à la personne concernée des informations sur les mesures prises à la suite d'une demande formulée en application des articles 15 à 22, dans les meilleurs délais et en tout état de cause dans un délai d'un mois à compter de la réception de la demande. Au besoin, ce délai peut être prolongé de deux mois, compte tenu de la complexité et du nombre de demandes. Le responsable du traitement informe la personne concernée de cette prolongation et des motifs du report dans un délai d'un mois à compter de la réception de la demande. Lorsque la personne concernée présente sa demande sous une forme électronique, les informations sont fournies par voie électronique lorsque cela est possible, à moins que la personne concernée ne demande qu'il en soit autrement.

4. Si le responsable du traitement ne donne pas suite à la demande formulée par la personne concernée, il informe celle-ci sans tarder et au plus tard dans un délai d'un mois à

compter de la réception de la demande des motifs de son inaction et de la possibilité d'introduire une réclamation auprès d'une autorité de contrôle et de former un recours juridictionnel.

5. Aucun paiement n'est exigé pour fournir les informations au titre des articles 13 et 14 et pour procéder à toute communication et prendre toute mesure au titre des articles 15 à 22 et de l'article 34. Lorsque les demandes d'une personne concernée sont manifestement infondées ou excessives, notamment en raison de leur caractère répétitif, le responsable du traitement peut :

a) exiger le paiement de frais raisonnables qui tiennent compte des coûts administratifs supportés pour fournir les informations, procéder aux communications ou prendre les mesures demandées; ou

b) refuser de donner suite à ces demandes.

Il incombe au responsable du traitement de démontrer le caractère manifestement infondé ou excessif de la demande.

6. Sans préjudice de l'article 11, lorsque le responsable du traitement a des doutes raisonnables quant à l'identité de la personne physique présentant la demande visée aux articles 15 à 21, il peut demander que lui soient fournies des informations supplémentaires nécessaires pour confirmer l'identité de la personne concernée.

7. Les informations à communiquer aux personnes concernées en application des articles 13 et 14 peuvent être fournies accompagnées d'icônes normalisées afin d'offrir une bonne vue d'ensemble, facilement visible, compréhensible et clairement lisible, du traitement prévu. Lorsque les icônes sont présentées par voie électronique, elles sont lisibles par machine.

8. La Commission est habilitée à adopter des actes délégués en conformité avec l'article 92, aux fins de déterminer les informations à présenter sous la forme d'icônes ainsi que les procédures régissant la fourniture d'icônes normalisées.

Section II

Information et accès aux données à caractère personnel

Art. 13. *Informations à fournir lorsque des données à caractère personnel sont collectées auprès de la personne concernée.* 1. Lorsque des données à caractère personnel relatives à une personne concernée sont collectées auprès de cette personne, le responsable du traitement lui fournit, au moment où les données en question sont obtenues, toutes les informations suivantes :

a) l'identité et les coordonnées du responsable du traitement et, le cas échéant, du représentant du responsable du traitement

b) le cas échéant, les coordonnées du délégué à la protection des données;

c) les finalités du traitement auquel sont destinées les données à caractère personnel ainsi que la base juridique du traitement;

d) lorsque le traitement est fondé sur l'article 6, paragraphe 1, point f), les intérêts légitimes poursuivis par le responsable du traitement ou par un tiers;

e) les destinataires ou les catégories de destinataires des données à caractère personnel, s'ils existent; et

f) le cas échéant, le fait que le responsable du traitement a l'intention d'effectuer un transfert de données à caractère personnel vers un pays tiers ou à une organisation internationale, et l'existence ou l'absence d'une décision d'adéquation rendue par la Commission ou, dans le cas des transferts visés à l'article 46 ou 47, ou à l'article 49, paragraphe 1, deuxième alinéa, la référence aux garanties appropriées ou adaptées et les moyens d'en obtenir une copie ou l'endroit où elles ont été mises à disposition;

2. En plus des informations visées au paragraphe 1, le responsable du traitement fournit à la personne concernée, au moment où les données à caractère personnel sont obtenues, les informations complémentaires suivantes qui sont nécessaires pour garantir un traitement équitable et transparent :

a) la durée de conservation des données à caractère personnel ou, lorsque ce n'est pas possible, les critères utilisés pour déterminer cette durée;

b) l'existence du droit de demander au responsable du traitement l'accès aux données à caractère personnel, la rectification ou l'effacement de celles-ci, ou une limitation du traitement relatif à la personne concernée, ou du droit de s'opposer au traitement et du droit à la portabilité des données;

c) lorsque le traitement est fondé sur l'article 6, paragraphe 1, point a), ou sur l'article 9, paragraphe 2, point a), l'existence du droit de retirer son consentement à tout moment, sans porter atteinte à la licéité du traitement fondé sur le consentement effectué avant le retrait de celui-ci;

d) le droit d'introduire une réclamation auprès d'une autorité de contrôle;

e) des informations sur la question de savoir si l'exigence de fourniture de données à caractère personnel a un caractère réglementaire ou contractuel ou si elle conditionne la conclusion d'un contrat et si la personne concernée est tenue de fournir les données à caractère personnel, ainsi que sur les conséquences éventuelles de la non-fourniture de ces données;

f) l'existence d'une prise de décision automatisée, y compris un profilage, visée à l'article 22, paragraphes 1 et 4, et, au moins en pareils cas, des informations utiles concernant la logique sous-jacente, ainsi que l'importance et les conséquences prévues de ce traitement pour la personne concernée.

3. Lorsqu'il a l'intention d'effectuer un traitement ultérieur des données à caractère personnel pour une finalité autre que celle pour laquelle les données à caractère personnel ont été collectées, le responsable du traitement fournit au préalable à la personne concernée des informations au sujet de cette autre finalité et toute autre information pertinente visée au paragraphe 2.

4. Les paragraphes 1, 2 et 3 ne s'appliquent pas lorsque, et dans la mesure où, la personne concernée dispose déjà de ces informations.

Art. 14. *Informations à fournir lorsque les données à caractère personnel n'ont pas été collectées auprès de la personne concernée.* 1. Lorsque les données à caractère personnel n'ont pas été collectées auprès de la personne concernée, le responsable du traitement fournit à celle-ci toutes les informations suivantes :

a) l'identité et les coordonnées du responsable du traitement et, le cas échéant, du représentant du responsable du traitement;

b) le cas échéant, les coordonnées du délégué à la protection des données;

c) les finalités du traitement auquel sont destinées les données à caractère personnel ainsi que la base juridique du traitement;

d) les catégories de données à caractère personnel concernées;

e) le cas échéant, les destinataires ou les catégories de destinataires des données à caractère personnel;

f) le cas échéant, le fait que le responsable du traitement a l'intention d'effectuer un transfert de données à caractère personnel à un destinataire dans un pays tiers ou une organisation internationale, et l'existence ou l'absence d'une décision d'adéquation rendue par la Commission ou, dans le cas des transferts visés à l'article 46 ou 47, ou à l'article 49, paragraphe 1, deuxième alinéa, la référence aux garanties appropriées ou adaptées et les moyens d'en obtenir une copie ou l'endroit où elles ont été mises à disposition ;

2. En plus des informations visées au paragraphe 1, le responsable du traitement fournit à la personne concernée les informations suivantes nécessaires pour garantir un traitement équitable et transparent à l'égard de la personne concernée :

a) la durée pendant laquelle les données à caractère personnel seront conservées ou, lorsque ce n'est pas possible, les critères utilisés pour déterminer cette durée ;

b) lorsque le traitement est fondé sur l'article 6, paragraphe 1, point f), les intérêts légitimes poursuivis par le responsable du traitement ou par un tiers ;

c) l'existence du droit de demander au responsable du traitement l'accès aux données à caractère personnel, la rectification ou l'effacement de celles-ci, ou une limitation du traitement relatif à la personne concernée, ainsi que du droit de s'opposer au traitement et du droit à la portabilité des données ;

d) lorsque le traitement est fondé sur l'article 6, paragraphe 1, point a), ou sur l'article 9, paragraphe 2, point a), l'existence du droit de retirer le consentement à tout moment, sans porter atteinte à la licéité du traitement fondé sur le consentement effectué avant le retrait de celui-ci ;

e) le droit d'introduire une réclamation auprès d'une autorité de contrôle ;

f) la source d'où proviennent les données à caractère personnel et, le cas échéant, une mention indiquant qu'elles sont issues ou non de sources accessibles au public ;

g) l'existence d'une prise de décision automatisée, y compris un profilage, visée à l'article 22, paragraphes 1 et 4, et, au moins en pareils cas, des informations utiles concernant la logique sous-jacente, ainsi que l'importance et les conséquences prévues de ce traitement pour la personne concernée.

3. Le responsable du traitement fournit les informations visées aux paragraphes 1 et 2 :

a) dans un délai raisonnable après avoir obtenu les données à caractère personnel, mais ne dépassant pas un mois, eu égard aux circonstances particulières dans lesquelles les données à caractère personnel sont traitées ;

b) si les données à caractère personnel doivent être utilisées aux fins de la communication avec la personne concernée, au plus tard au moment de la première communication à ladite personne ; ou

c) s'il est envisagé de communiquer les informations à un autre destinataire, au plus tard lorsque les données à caractère personnel sont communiquées pour la première fois.

4. Lorsqu'il a l'intention d'effectuer un traitement ultérieur des données à caractère personnel pour une finalité autre que celle pour laquelle les données à caractère personnel ont été obtenues, le responsable du traitement fournit au préalable à la personne concernée des informations au sujet de cette autre finalité et toute autre information pertinente visée au paragraphe 2.

5. Les paragraphes 1 à 4 ne s'appliquent pas lorsque et dans la mesure où :

a) la personne concernée dispose déjà de ces informations ;

b) la fourniture de telles informations se révèle impossible ou exigerait des efforts disproportionnés, en particulier pour le traitement à des fins archivistiques dans l'intérêt public, à des fins de recherche scientifique ou historique ou à des fins statistiques sous réserve des conditions et garanties visées à l'article 89, paragraphe 1, ou dans la mesure où l'obligation visée au paragraphe 1 du présent article est susceptible de rendre impossible ou de compromettre gravement la réalisation des objectifs dudit traitement. En pareils cas, le responsable du traitement prend des mesures appropriées pour protéger les droits et libertés ainsi que les intérêts légitimes de la personne concernée, y compris en rendant les informations publiquement disponibles;

c) l'obtention ou la communication des informations sont expressément prévues par le droit de l'Union ou le droit de l'État membre auquel le responsable du traitement est soumis et qui prévoit des mesures appropriées visant à protéger les intérêts légitimes de la personne concernée; ou

d) les données à caractère personnel doivent rester confidentielles en vertu d'une obligation de secret professionnel réglementée par le droit de l'Union ou le droit des États membre, y compris une obligation légale de secret professionnel.

Art. 15. *Droit d'accès de la personne concernée.* 1. La personne concernée a le droit d'obtenir du responsable du traitement la confirmation que des données à caractère personnel la concernant sont ou ne sont pas traitées et, lorsqu'elles le sont, l'accès auxdites données à caractère personnel ainsi que les informations suivantes :

a) les finalités du traitement;

b) les catégories de données à caractère personnel concernées;

c) les destinataires ou catégories de destinataires auxquels les données à caractère personnel ont été ou seront communiquées, en particulier les destinataires qui sont établis dans des pays tiers ou les organisations internationales;

d) lorsque cela est possible, la durée de conservation des données à caractère personnel envisagée ou, lorsque ce n'est pas possible, les critères utilisés pour déterminer cette durée;

e) l'existence du droit de demander au responsable du traitement la rectification ou l'effacement de données à caractère personnel, ou une limitation du traitement des données à caractère personnel relatives à la personne concernée, ou du droit de s'opposer à ce traitement;

f) le droit d'introduire une réclamation auprès d'une autorité de contrôle;

g) lorsque les données à caractère personnel ne sont pas collectées auprès de la personne concernée, toute information disponible quant à leur source;

h) l'existence d'une prise de décision automatisée, y compris un profilage, visée à l'article 22, paragraphes 1 et 4, et, au moins en pareils cas, des informations utiles concernant la logique sous-jacente, ainsi que l'importance et les conséquences prévues de ce traitement pour la personne concernée.

2. Lorsque les données à caractère personnel sont transférées vers un pays tiers ou à une organisation internationale, la personne concernée a le droit d'être informée des garanties appropriées, en vertu de l'article 46, en ce qui concerne ce transfert.

3. Le responsable du traitement fournit une copie des données à caractère personnel faisant l'objet d'un traitement. Le responsable du traitement peut exiger le paiement de frais raisonnables basés sur les coûts administratifs pour toute copie supplémentaire demandée par la personne concernée. Lorsque la personne concernée présente sa demande par voie électronique, les informations sont fournies sous une forme électronique d'usage courant, à moins que la personne concernée ne demande qu'il en soit autrement.

4. Le droit d'obtenir une copie visé au paragraphe 3 ne porte pas atteinte aux droits et libertés d'autrui.

Section III

Rectification et effacement

Art. 16. *Droit de rectification.* La personne concernée a le droit d'obtenir du responsable du traitement, dans les meilleurs délais, la rectification des données à caractère personnel la concernant qui sont inexactes. Compte tenu des finalités du traitement, la personne concernée a le droit d'obtenir que les données à caractère personnel incomplètes soient complétées, y compris en fournissant une déclaration complémentaire.

Art. 17. *Droit à l'effacement ("droit à l'oubli").* 1. La personne concernée a le droit d'obtenir du responsable du traitement l'effacement, dans les meilleurs délais, de données à caractère personnel la concernant et le responsable du traitement a l'obligation d'effacer ces données à caractère personnel dans les meilleurs délais, lorsque l'un des motifs suivants s'applique :

a) les données à caractère personnel ne sont plus nécessaires au regard des finalités pour lesquelles elles ont été collectées ou traitées d'une autre manière;

b) la personne concernée retire le consentement sur lequel est fondé le traitement, conformément à l'article 6, paragraphe 1, point a), ou à l'article 9, paragraphe 2, point a), et il n'existe pas d'autre fondement juridique au traitement;

c) la personne concernée s'oppose au traitement en vertu de l'article 21, paragraphe 1, et il n'existe pas de motif légitime impérieux pour le traitement, ou la personne concernée s'oppose au traitement en vertu de l'article 21, paragraphe 2;

d) les données à caractère personnel ont fait l'objet d'un traitement illicite;

e) les données à caractère personnel doivent être effacées pour respecter une obligation légale qui est prévue par le droit de l'Union ou par le droit de l'État membre auquel le responsable du traitement est soumis;

f) les données à caractère personnel ont été collectées dans le cadre de l'offre de services de la société de l'information visée à l'article 8, paragraphe 1.

2. Lorsqu'il a rendu publiques les données à caractère personnel et qu'il est tenu de les effacer en vertu du paragraphe 1, le responsable du traitement, compte tenu des technologies disponibles et des coûts de mise en œuvre, prend des mesures raisonnables, y compris d'ordre technique, pour informer les responsables du traitement qui traitent ces données à caractère personnel que la personne concernée a demandé l'effacement par ces responsables du traitement de tout lien vers ces données à caractère personnel, ou de toute copie ou reproduction de celles-ci.

3. Les paragraphes 1 et 2 ne s'appliquent pas dans la mesure où ce traitement est nécessaire :

a) à l'exercice du droit à la liberté d'expression et d'information;

b) pour respecter une obligation légale qui requiert le traitement prévue par le droit de l'Union ou par le droit de l'État membre auquel le responsable du traitement est soumis, ou pour exécuter une mission d'intérêt public ou relevant de l'exercice de l'autorité publique dont est investi le responsable du traitement;

c) pour des motifs d'intérêt public dans le domaine de la santé publique, conformément à l'article 9, paragraphe 2, points h) et i), ainsi qu'à l'article 9, paragraphe 3;

d) à des fins archivistiques dans l'intérêt public, à des fins de recherche scientifique ou historique ou à des fins statistiques conformément à l'article 89, paragraphe 1, dans la mesure où le droit visé au paragraphe 1 est susceptible de rendre impossible ou de compromettre gravement la réalisation des objectifs dudit traitement; ou

e) à la constatation, à l'exercice ou à la défense de droits en justice.

Art. 18. *Droit à la limitation du traitement.* 1. La personne concernée a le droit d'obtenir du responsable du traitement la limitation du traitement lorsque l'un des éléments suivants s'applique :

a) l'exactitude des données à caractère personnel est contestée par la personne concernée, pendant une durée permettant au responsable du traitement de vérifier l'exactitude des données à caractère personnel ;

b) le traitement est illicite et la personne concernée s'oppose à leur effacement et exige à la place la limitation de leur utilisation ;

c) le responsable du traitement n'a plus besoin des données à caractère personnel aux fins du traitement mais celles-ci sont encore nécessaires à la personne concernée pour la constatation, l'exercice ou la défense de droits en justice ;

d) la personne concernée s'est opposée au traitement en vertu de l'article 21, paragraphe 1, pendant la vérification portant sur le point de savoir si les motifs légitimes poursuivis par le responsable du traitement prévalent sur ceux de la personne concernée.

2. Lorsque le traitement a été limité en vertu du paragraphe 1, ces données à caractère personnel ne peuvent, à l'exception de la conservation, être traitées qu'avec le consentement de la personne concernée, ou pour la constatation, l'exercice ou la défense de droits en justice, ou pour la protection des droits d'une autre personne physique ou morale, ou encore pour des motifs importants d'intérêt public de l'Union ou d'un État membre.

3. Une personne concernée qui a obtenu la limitation du traitement en vertu du paragraphe 1 est informée par le responsable du traitement avant que la limitation du traitement ne soit levée.

Art. 19. *Obligation de notification en ce qui concerne la rectification ou l'effacement de données à caractère personnel ou la limitation du traitement.* Le responsable du traitement notifie à chaque destinataire auquel les données à caractère personnel ont été communiquées toute rectification ou tout effacement de données à caractère personnel ou toute limitation du traitement effectué conformément à l'article 16, à l'article 17, paragraphe 1, et à l'article 18, à moins qu'une telle communication se révèle impossible ou exige des efforts disproportionnés. Le responsable du traitement fournit à la personne concernée des informations sur ces destinataires si celle-ci en fait la demande.

Art. 20. *Droit à la portabilité des données.* 1. Les personnes concernées ont le droit de recevoir les données à caractère personnel les concernant qu'elles ont fournies à un responsable du traitement, dans un format structuré, couramment utilisé et lisible par machine, et ont le droit de transmettre ces données à un autre responsable du traitement sans que le responsable du traitement auquel les données à caractère personnel ont été communiquées y fasse obstacle, lorsque :

a) le traitement est fondé sur le consentement en application de l'article 6, paragraphe 1, point a), ou de l'article 9, paragraphe 2, point a), ou sur un contrat en application de l'article 6, paragraphe 1, point b) ; et

b) le traitement est effectué à l'aide de procédés automatisés.

2. Lorsque la personne concernée exerce son droit à la portabilité des données en application du paragraphe 1, elle a le droit d'obtenir que les données à caractère personnel soient transmises directement d'un responsable du traitement à un autre, lorsque cela est techniquement possible.

3. L'exercice du droit, visé au paragraphe 1 du présent article s'entend sans préjudice de l'article 17. Ce droit ne s'applique pas au traitement nécessaire à l'exécution d'une

mission d'intérêt public ou relevant de l'exercice de l'autorité publique dont est investi le responsable du traitement.

4. Le droit visé au paragraphe 1 ne porte pas atteinte aux droits et libertés de tiers.

Section IV

Droit d'opposition et prise de décision individuelle automatisée

Art. 21. *Droit d'opposition.* 1. La personne concernée a le droit de s'opposer à tout moment, pour des raisons tenant à sa situation particulière, à un traitement des données à caractère personnel la concernant fondé sur l'article 6, paragraphe 1, point e) ou f), y compris un profilage fondé sur ces dispositions. Le responsable du traitement ne traite plus les données à caractère personnel, à moins qu'il ne démontre qu'il existe des motifs légitimes et impérieux pour le traitement qui prévalent sur les intérêts et les droits et libertés de la personne concernée, ou pour la constatation, l'exercice ou la défense de droits en justice.

2. Lorsque les données à caractère personnel sont traitées à des fins de prospection, la personne concernée a le droit de s'opposer à tout moment au traitement des données à caractère personnel la concernant à de telles fins de prospection, y compris au profilage dans la mesure où il est lié à une telle prospection.

3. Lorsque la personne concernée s'oppose au traitement à des fins de prospection, les données à caractère personnel ne sont plus traitées à ces fins.

4. Au plus tard au moment de la première communication avec la personne concernée, le droit visé aux paragraphes 1 et 2 est explicitement porté à l'attention de la personne concernée et est présenté clairement et séparément de toute autre information.

5. Dans le cadre de l'utilisation de services de la société de l'information, et nonobstant la directive 2002/58/CE, la personne concernée peut exercer son droit d'opposition à l'aide de procédés automatisés utilisant des spécifications techniques.

6. Lorsque des données à caractère personnel sont traitées à des fins de recherche scientifique ou historique ou à des fins statistiques en application de l'article 89, paragraphe 1, la personne concernée a le droit de s'opposer, pour des raisons tenant à sa situation particulière, au traitement de données à caractère personnel la concernant, à moins que le traitement ne soit nécessaire à l'exécution d'une mission d'intérêt public.

Art. 22. *Décision individuelle automatisée, y compris le profilage.* 1. La personne concernée a le droit de ne pas faire l'objet d'une décision fondée exclusivement sur un traitement automatisé, y compris le profilage, produisant des effets juridiques la concernant ou l'affectant de manière significative de façon similaire.

2. Le paragraphe 1 ne s'applique pas lorsque la décision :

a) est nécessaire à la conclusion ou à l'exécution d'un contrat entre la personne concernée et un responsable du traitement;

b) est autorisée par le droit de l'Union ou le droit de l'État membre auquel le responsable du traitement est soumis et qui prévoit également des mesures appropriées pour la sauvegarde des droits et libertés et des intérêts légitimes de la personne concernée; ou

c) est fondée sur le consentement explicite de la personne concernée.

3. Dans les cas visés au paragraphe 2, points a) et c), le responsable du traitement met en œuvre des mesures appropriées pour la sauvegarde des droits et libertés et des intérêts légitimes de la personne concernée, au moins du droit de la personne concernée d'obtenir une intervention humaine de la part du responsable du traitement, d'exprimer son point de vue et de contester la décision.

4. Les décisions visées au paragraphe 2 ne peuvent être fondées sur les catégories particulières de données à caractère personnel visées à l'article 9, paragraphe 1, à moins que l'article 9, paragraphe 2, point a) ou g), ne s'applique et que des mesures appropriées pour la sauvegarde des droits et libertés et des intérêts légitimes de la personne concernée ne soient en place.

Section V

Limitations

Art. 23. *Limitations.* 1. Le droit de l'Union ou le droit de l'État membre auquel le responsable du traitement ou le sous-traitant est soumis peuvent, par la voie de mesures législatives, limiter la portée des obligations et des droits prévus aux articles 12 à 22 et à l'article 34, ainsi qu'à l'article 5 dans la mesure où les dispositions du droit en question correspondent aux droits et obligations prévus aux articles 12 à 22, lorsqu'une telle limitation respecte l'essence des libertés et droits fondamentaux et qu'elle constitue une mesure nécessaire et proportionnée dans une société démocratique pour garantir :

a) la sécurité nationale;

b) la défense nationale;

c) la sécurité publique;

d) la prévention et la détection d'infractions pénales, ainsi que les enquêtes et les poursuites en la matière ou l'exécution de sanctions pénales, y compris la protection contre les menaces pour la sécurité publique et la prévention de telles menaces;

e) d'autres objectifs importants d'intérêt public général de l'Union ou d'un État membre, notamment un intérêt économique ou financier important de l'Union ou d'un État membre, y compris dans les domaines monétaire, budgétaire et fiscal, de la santé publique et de la sécurité sociale;

f) la protection de l'indépendance de la justice et des procédures judiciaires;

g) la prévention et la détection de manquements à la déontologie des professions réglementées, ainsi que les enquêtes et les poursuites en la matière;

h) une mission de contrôle, d'inspection ou de réglementation liée, même occasionnellement, à l'exercice de l'autorité publique, dans les cas visés aux points a) à e) et g);

i) la protection de la personne concernée ou des droits et libertés d'autrui;

j) l'exécution des demandes de droit civil.

2. En particulier, toute mesure législative visée au paragraphe 1 contient des dispositions spécifiques relatives, au moins, le cas échéant :

a) aux finalités du traitement ou des catégories de traitement;

b) aux catégories de données à caractère personnel;

c) à l'étendue des limitations introduites;

d) aux garanties destinées à prévenir les abus ou l'accès ou le transfert illicites;

e) à la détermination du responsable du traitement ou des catégories de responsables du traitement;

f) aux durées de conservation et aux garanties applicables, en tenant compte de la nature, de la portée et des finalités du traitement ou des catégories de traitement;

g) aux risques pour les droits et libertés des personnes concernées; et

h) au droit des personnes concernées d'être informées de la limitation, à moins que cela risque de nuire à la finalité de la limitation.

CHAPITRE VI

Autorités de contrôle indépendantes

Section I

Statut d'indépendance

Art. 51. *Autorité de contrôle.* 1. Chaque État membre prévoit qu'une ou plusieurs autorités publiques indépendantes sont chargées de surveiller l'application du présent règlement, afin de protéger les libertés et droits fondamentaux des personnes physiques à l'égard du traitement et de faciliter le libre flux des données à caractère personnel au sein de l'Union (ci-après dénommée
"autorité de contrôle").

2. Chaque autorité de contrôle contribue à l'application cohérente du présent règlement dans l'ensemble de l'Union. À cette fin, les autorités de contrôle coopèrent entre elles et avec la Commission conformément au chapitre VII.

3. Lorsqu'un État membre institue plusieurs autorités de contrôle, il désigne celle qui représente ces autorités au comité et définit le mécanisme permettant de s'assurer du respect, par les autres autorités, des règles relatives au mécanisme de contrôle de la cohérence visé à l'article 63.

4. Chaque État membre notifie à la Commission les dispositions légales qu'il adopte en vertu du présent chapitre, au plus tard, le 25 mai 2018 et, sans tarder, toute modification ultérieure les affectant.

Art. 52. *Indépendance.* 1. Chaque autorité de contrôle exerce en toute indépendance les missions et les pouvoirs dont elle est investie conformément au présent règlement.

2. Dans l'exercice de leurs missions et de leurs pouvoirs conformément au présent règlement, le ou les membres de chaque autorité de contrôle demeurent libres de toute influence extérieure, qu'elle soit directe ou indirecte, et ne sollicitent ni n'acceptent d'instructions de quiconque.

3. Le ou les membres de chaque autorité de contrôle s'abstiennent de tout acte incompatible avec leurs fonctions et, pendant la durée de leur mandat, n'exercent aucune activité professionnelle incompatible, rémunérée ou non.

4. Chaque État membre veille à ce que chaque autorité de contrôle dispose des ressources humaines, techniques et financières ainsi que des locaux et de l'infrastructure nécessaires à l'exercice effectif de ses missions et de ses pouvoirs, y compris lorsque celle-ci doit agir dans le cadre de l'assistance mutuelle, de la coopération et de la participation au comité.

5. Chaque État membre veille à ce que chaque autorité de contrôle choisisse et dispose de ses propres agents, qui sont placés sous les ordres exclusifs du ou des membres de l'autorité de contrôle concernée.

6. Chaque État membre veille à ce que chaque autorité de contrôle soit soumise à un contrôle financier qui ne menace pas son indépendance et qu'elle dispose d'un budget annuel public propre, qui peut faire partie du budget global national ou d'une entité fédérée.

Art. 53. *Conditions générales applicables aux membres de l'autorité de contrôle.* 1. Les États membres prévoient que chacun des membres de leurs autorités de contrôle est nommé selon une procédure transparente par :

— leur parlement;

— leur gouvernement;

— leur chef d'État ; ou

— un organisme indépendant chargé de procéder à la nomination en vertu du le droit de l'État membre

2. Chaque membre a les qualifications, l'expérience et les compétences nécessaires, notamment dans le domaine de la protection des données à caractère personnel, pour l'exercice de ses fonctions et de ses pouvoirs.

3. Les fonctions d'un membre prennent fin à l'échéance de son mandat, en cas de démission ou de mise à la retraite d'office, conformément au droit de l'État membre concerné.

4. Un membre ne peut être démis de ses fonctions que s'il a commis une faute grave ou s'il ne remplit plus les conditions nécessaires à l'exercice de ses fonctions.

Art. 54. *Règles relatives à l'établissement de l'autorité de contrôle.* 1. Chaque État membre prévoit, par la loi, tous les éléments suivants :

a) la création de chaque autorité de contrôle ;

b) les qualifications et les conditions d'éligibilité requises pour être nommé membre de chaque autorité de contrôle ;

c) les règles et les procédures pour la nomination du ou des membres de chaque autorité de contrôle ;

d) la durée du mandat du ou des membres de chaque autorité de contrôle, qui ne peut être inférieure à quatre ans, sauf pour le premier mandat après le 24 mai 2016, dont une partie peut être d'une durée plus courte lorsque cela est nécessaire pour protéger l'indépendance de l'autorité de contrôle au moyen d'une procédure de nominations échelonnées ;

e) le caractère renouvelable ou non du mandat du ou des membres de chaque autorité de contrôle et, si c'est le cas, le nombre de mandats ;

f) les conditions régissant les obligations du ou des membres et des agents de chaque autorité de contrôle, les interdictions d'activités, d'emplois et d'avantages incompatibles avec celles-ci, y compris après la fin de leur mandat, et les règles régissant la cessation de l'emploi.

2. Le ou les membres et les agents de chaque autorité de contrôle sont soumis, conformément au droit de l'Union ou au droit des États membres, au secret professionnel concernant toute information confidentielle dont ils ont eu connaissance dans l'exercice de leurs missions ou de leurs pouvoirs, y compris après la fin de leur mandat. Pendant la durée de leur mandat, ce secret professionnel s'applique en particulier au signalement par des personnes physiques de violations du présent règlement.

Section II

Compétence, missions et pouvoirs

Art. 55. *Compétence.* 1. Chaque autorité de contrôle est compétente pour exercer les missions et les pouvoirs dont elle est investie conformément au présent règlement sur le territoire de l'État membre dont elle relève.

2. Lorsque le traitement est effectué par des autorités publiques ou des organismes privés agissant sur la base de l'article 6, paragraphe 1, point c) ou e), l'autorité de contrôle de l'État membre concerné est compétente. Dans ce cas, l'article 56 n'est pas applicable.

3. Les autorités de contrôle ne sont pas compétentes pour contrôler les opérations de traitement effectuées par les juridictions dans l'exercice de leur fonction juridictionnelle.

Art. 56. *Compétence de l'autorité de contrôle chef de file.* 1. Sans préjudice de l'article 55, l'autorité de contrôle de l'établissement principal ou de l'établissement unique du responsable du traitement ou du sous-traitant est compétente pour agir en tant qu'autorité de contrôle chef de file concernant le traitement transfrontalier effectué par ce responsable du traitement ou ce sous-traitant, conformément à la procédure prévue à l'article 60.

2. Par dérogation au paragraphe 1, chaque autorité de contrôle est compétente pour traiter une réclamation introduite auprès d'elle ou une éventuelle violation du présent règlement, si son objet concerne uniquement un établissement dans l'État membre dont elle relève ou affecte sensiblement des personnes concernées dans cet État membre uniquement.

3. Dans les cas visés au paragraphe 2 du présent article, l'autorité de contrôle informe sans tarder l'autorité de contrôle chef de file de la question. Dans un délai de trois semaines suivant le moment où elle a été informée, l'autorité de contrôle chef de file décide si elle traitera ou non le cas conformément à la procédure prévue à l'article 60, en considérant s'il existe ou non un établissement du responsable du traitement ou du sous-traitant dans l'État membre de l'autorité de contrôle qui l'a informée.

4. Si l'autorité de contrôle chef de file décide de traiter le cas, la procédure prévue à l'article 60 s'applique. L'autorité de contrôle qui a informé l'autorité de contrôle chef de file peut lui soumettre un projet de décision. L'autorité de contrôle chef de file tient le plus grand compte de ce projet lorsqu'elle élabore le projet de décision visé à l'article 60, paragraphe 3.

5. Lorsque l'autorité de contrôle chef de file décide de ne pas traiter le cas, l'autorité de contrôle qui l'a informée le traite conformément aux articles 61 et 62.

6. L'autorité de contrôle chef de file est le seul interlocuteur du responsable du traitement ou du sous-traitant pour le traitement transfrontalier effectué par ce responsable du traitement ou ce sous-traitant.

Art. 57. *Missions.* 1. Sans préjudice des autres missions prévues au titre du présent règlement, chaque autorité de contrôle, sur son territoire :

a) contrôle l'application du présent règlement et veille au respect de celui-ci;

b) favorise la sensibilisation du public et sa compréhension des risques, des règles, des garanties et des droits relatifs au traitement. Les activités destinées spécifiquement aux enfants font l'objet d'une attention particulière;

c) conseille, conformément au droit de l'État membre, le parlement national, le gouvernement et d'autres institutions et organismes au sujet des mesures législatives et administratives relatives à la protection des droits et libertés des personnes physiques à l'égard du traitement;

d) encourage la sensibilisation des responsables du traitement et des sous-traitants en ce qui concerne les obligations qui leur incombent en vertu du présent règlement;

e) fournit, sur demande, à toute personne concernée des informations sur l'exercice des droits que lui confère le présent règlement et, si nécessaire, coopère, à cette fin, avec les autorités de contrôle d'autres États membres;

f) traite les réclamations introduites par une personne concernée ou par un organisme, une organisation ou une association, conformément à l'article 80, examine l'objet de la réclamation, dans la mesure nécessaire, et informe l'auteur de la réclamation de l'état d'avancement et de l'issue de l'enquête dans un délai raisonnable, notamment si un complément d'enquête ou une coordination avec une autre autorité de contrôle est nécessaire;

g) coopère avec d'autres autorités de contrôle, y compris en partageant des informations, et fournit une assistance mutuelle dans ce cadre en vue d'assurer une application cohérente du présent règlement et des mesures prises pour en assurer le respect;

h) effectue des enquêtes sur l'application du présent règlement, y compris sur la base d'informations reçues d'une autre autorité de contrôle ou d'une autre autorité publique;

i) suit les évolutions pertinentes, dans la mesure où elles ont une incidence sur la protection des données à caractère personnel, notamment dans le domaine des technologies de l'information et de la communication et des pratiques commerciales;

j) adopte les clauses contractuelles types visées à l'article 28, paragraphe 8, et à l'article 46, paragraphe 2, point d);

k) établit et tient à jour une liste en lien avec l'obligation d'effectuer une analyse d'impact relative à la protection des données en application de l'article 35, paragraphe 4;

l) fournit des conseils sur les opérations de traitement visées à l'article 36, paragraphe 2;

m) encourage l'élaboration de codes de conduite en application de l'article 40, paragraphe 1, rend un avis et approuve les codes de conduite qui fournissent des garanties suffisantes, en application de l'article 40, paragraphe 5;

n) encourage la mise en place de mécanismes de certification ainsi que de labels et de marques en matière de protection des données en application de l'article 42, paragraphe 1, et approuve les critères de certification en application de l'article 42, paragraphe 5;

o) procède, le cas échéant, à l'examen périodique des certifications délivrées conformément à l'article 42, paragraphe 7;

p) rédige et publie les critères d'agrément d'un organisme chargé du suivi des codes de conduite en application de l'article 41 et d'un organisme de certification en application de l'article 43;

q) procède à l'agrément d'un organisme chargé du suivi des codes de conduite en application de l'article 41 et d'un organisme de certification en application de l'article 43;

r) autorise les clauses contractuelles et les dispositions visées à l'article 46, paragraphe 3;

s) approuve les règles d'entreprise contraignantes en application de l'article 47;

t) contribue aux activités du comité;

u) tient des registres internes des violations au présent règlement et des mesures prises conformément à l'article 58, paragraphe 2; et

v) s'acquitte de toute autre mission relative à la protection des données à caractère personnel.

2. Chaque autorité de contrôle facilite l'introduction des réclamations visées au paragraphe 1, point f), par des mesures telles que la fourniture d'un formulaire de réclamation qui peut aussi être rempli par voie électronique, sans que d'autres moyens de communication ne soient exclus.

3. L'accomplissement des missions de chaque autorité de contrôle est gratuit pour la personne concernée et, le cas échéant, pour le délégué à la protection des données.

4. Lorsque les demandes sont manifestement infondées ou excessives, en raison, notamment, de leur caractère répétitif, l'autorité de contrôle peut exiger le paiement de frais raisonnables basés sur les coûts administratifs ou refuser de donner suite à la demande. Il incombe à l'autorité de contrôle de démontrer le caractère manifestement infondé ou excessif de la demande.

Art. 58. *Pouvoirs.* 1. Chaque autorité de contrôle dispose de tous les pouvoirs d'enquête suivants :

a) ordonner au responsable du traitement et au sous-traitant, et, le cas échéant, au représentant du responsable du traitement ou du sous-traitant, de lui communiquer toute information dont elle a besoin pour l'accomplissement de ses missions;

b) mener des enquêtes sous la forme d'audits sur la protection des données;

c) procéder à un examen des certifications délivrées en application de l'article 42, paragraphe 7;

d) notifier au responsable du traitement ou au sous-traitant une violation alléguée du présent règlement;

e) obtenir du responsable du traitement et du sous-traitant l'accès à toutes les données à caractère personnel et à toutes les informations nécessaires à l'accomplissement de ses missions;

f) obtenir l'accès à tous les locaux du responsable du traitement et du sous-traitant, notamment à toute installation et à tout moyen de traitement, conformément au droit de l'Union ou au droit procédural des États membres.

2. Chaque autorité de contrôle dispose du pouvoir d'adopter toutes les mesures correctrices suivantes :

a) avertir un responsable du traitement ou un sous-traitant du fait que les opérations de traitement envisagées sont susceptibles de violer les dispositions du présent règlement;

b) rappeler à l'ordre un responsable du traitement ou un sous-traitant lorsque les opérations de traitement ont entraîné une violation des dispositions du présent règlement;

c) ordonner au responsable du traitement ou au sous-traitant de satisfaire aux demandes présentées par la personne concernée en vue d'exercer ses droits en application du présent règlement;

d) ordonner au responsable du traitement ou au sous-traitant de mettre les opérations de traitement en conformité avec les dispositions du présent règlement, le cas échéant, de manière spécifique et dans un délai déterminé;

e) ordonner au responsable du traitement de communiquer à la personne concernée une violation de données à caractère personnel;

f) imposer une limitation temporaire ou définitive, y compris une interdiction, du traitement;

g) ordonner la rectification ou l'effacement de données à caractère personnel ou la limitation du traitement en application des articles 16, 17 et 18 et la notification de ces mesures aux destinataires auxquels les données à caractère personnel ont été divulguées en application de l'article 17, paragraphe 2, et de l'article 19;

h) retirer une certification ou ordonner à l'organisme de certification de retirer une certification délivrée en application des articles 42 et 43, ou ordonner à l'organisme de certification de ne pas délivrer de certification si les exigences applicables à la certification ne sont pas ou plus satisfaites;

i) imposer une amende administrative en application de l'article 83, en complément ou à la place des mesures visées au présent paragraphe, en fonction des caractéristiques propres à chaque cas;

j) ordonner la suspension des flux de données adressés à un destinataire situé dans un pays tiers ou à une organisation internationale.

3. Chaque autorité de contrôle dispose de tous les pouvoirs d'autorisation et de tous les pouvoirs consultatifs suivants :

a) conseiller le responsable du traitement conformément à la procédure de consultation préalable visée à l'article 36;

b) émettre, de sa propre initiative ou sur demande, des avis à l'attention du parlement national, du gouvernement de l'État membre ou, conformément au droit de l'État membre, d'autres institutions et organismes ainsi que du public, sur toute question relative à la protection des données à caractère personnel;

c) autoriser le traitement visé à l'article 36, paragraphe 5, si le droit de l'État membre exige une telle autorisation préalable;

d) rendre un avis sur les projets de codes de conduite et les approuver en application de l'article 40, paragraphe 5;

e) agréer des organismes de certification en application de l'article 43;

f) délivrer des certifications et approuver des critères de certification conformément à l'article 42, paragraphe 5;

g) adopter les clauses types de protection des données visées à l'article 28, paragraphe 8, et à l'article 46, paragraphe 2, point d);

h) autoriser les clauses contractuelles visées à l'article 46, paragraphe 3, point a);

i) autoriser les arrangements administratifs visés à l'article 46, paragraphe 3, point b);

j) approuver les règles d'entreprise contraignantes en application de l'article 47.

4. L'exercice des pouvoirs conférés à l'autorité de contrôle en application du présent article est subordonné à des garanties appropriées, y compris le droit à un recours juridictionnel effectif et à une procédure régulière, prévues par le droit de l'Union et le droit des États membres conformément à la Charte.

5. Chaque État membre prévoit, par la loi, que son autorité de contrôle a le pouvoir de porter toute violation du présent règlement à l'attention des autorités judiciaires et, le cas échéant, d'ester en justice d'une manière ou d'une autre, en vue de faire appliquer les dispositions du présent règlement.

6. Chaque État membre peut prévoir, par la loi, que son autorité de contrôle dispose de pouvoirs additionnels à ceux visés aux paragraphes 1, 2 et 3. L'exercice de ces pouvoirs n'entrave pas le bon fonctionnement du chapitre VII.

Art. 59. *Rapports d'activité.* Chaque autorité de contrôle établit un rapport annuel sur ses activités, qui peut comprendre une liste des types de violations notifiées et des types de mesures prises conformément à l'article 58, paragraphe 2. Ces rapports sont transmis au parlement national, au gouvernement et à d'autres autorités désignées par le droit de l'État membre. Ils sont mis à la disposition du public, de la Commission et du comité.

CHAPITRE VII
Coopération et cohérence

Section III

Comité européen de la protection des données

Art. 68. *Comité européen de la protection des données.* 1. Le comité européen de la protection des données (ci-après dénommé "comité") est institué en tant qu'organe de l'Union et possède la personnalité juridique.

2. Le comité est représenté par son président.

3. Le comité se compose du chef d'une autorité de contrôle de chaque État membre et du Contrôleur européen de la protection des données, ou de leurs représentants respectifs.

4. Lorsque, dans un État membre, plusieurs autorités de contrôle sont chargées de surveiller l'application des dispositions du présent règlement, un représentant commun est désigné conformément au droit de cet État membre.

5. La Commission a le droit de participer aux activités et réunions du comité sans droit de vote. La Commission désigne un représentant. Le président du comité informe la Commission des activités du comité.

6. Dans les cas visés à l'article 65, le Contrôleur européen de la protection des données ne dispose de droits de vote qu'à l'égard des décisions concernant des principes et règles applicables aux institutions, organes et organismes de l'Union qui correspondent, en substance, à ceux énoncés dans le présent règlement.

Art. 69. *Indépendance.* 1. Le comité exerce les missions et les pouvoirs qui lui sont conférés conformément aux articles 70 et 71 en toute indépendance.

2. Sans préjudice des demandes de la Commission visées à l'article 70, paragraphe 1, point b), et à l'article 70, paragraphe 2, le comité ne sollicite ni n'accepte d'instructions de quiconque dans l'exercice de ses missions et de ses pouvoirs.

Art. 70. *Missions du comité.* 1. Le comité veille à l'application cohérente du présent règlement. À cet effet, le comité, de sa propre initiative ou, le cas échéant, à la demande de la Commission, a notamment pour missions :

a) de surveiller et garantir la bonne application du présent règlement dans les cas prévus aux articles 64 et 65, sans préjudice des missions des autorités de contrôle nationales;

b) de conseiller la Commission sur toute question relative à la protection des données à caractère personnel dans l'Union, y compris sur tout projet de modification du présent règlement;

c) de conseiller la Commission, en ce qui concerne les règles d'entreprise contraignantes, sur la forme de l'échange d'informations entre les responsables du traitement, les sous-traitants et les autorités de contrôle, ainsi que les procédures qui s'y rapportent;

d) de publier des lignes directrices, des recommandations et des bonnes pratiques sur les procédures de suppression des liens vers des données à caractère personnel, des copies ou des reproductions de celles-ci existant dans les services de communication accessibles au public, ainsi que le prévoit l'article 17, paragraphe 2;

e) d'examiner, de sa propre initiative, à la demande de l'un de ses membres ou à la demande de la Commission, toute question portant sur l'application du présent règlement, et de publier des lignes directrices, des recommandations et des bonnes pratiques afin de favoriser l'application cohérente du présent règlement;

f) de publier des lignes directrices, des recommandations et des bonnes pratiques conformément au point e) du présent paragraphe, en vue de préciser davantage les critères et conditions applicables aux décisions fondées sur le profilage en vertu de l'article 22, paragraphe 2;

g) de publier des lignes directrices, des recommandations et des bonnes pratiques conformément au point e) du présent paragraphe, en vue d'établir les violations de données à caractère personnel, de déterminer les meilleurs délais visés à l'article 33, paragraphes 1 et 2, et de préciser les circonstances particulières dans lesquelles un responsable du traitement ou un sous-traitant est tenu de notifier la violation de données à caractère personnel;

h) de publier des lignes directrices, des recommandations et des bonnes pratiques conformément au point e) du présent paragraphe concernant les circonstances dans lesquelles une violation de données à caractère personnel est susceptible d'engendrer un risque élevé pour les droits et libertés des personnes physiques comme le prévoit l'article 34, paragraphe 1;

i) de publier des lignes directrices, des recommandations et des bonnes pratiques conformément au point e) du présent paragraphe, aux fins de préciser davantage les critères et exigences applicables aux transferts de données à caractère personnel fondés sur des règles d'entreprise contraignantes appliquées par les responsables du traitement et sur des règles d'entreprise contraignantes appliquées par les sous-traitants et concernant les autres exigences nécessaires pour assurer la protection des données à caractère personnel des personnes concernées visées à l'article 47;

j) de publier des lignes directrices, des recommandations et des bonnes pratiques conformément au point e) du présent paragraphe, en vue de préciser davantage les critères et exigences applicables aux transferts de données à caractère personnel sur la base de l'article 49, paragraphe 1;

k) d'élaborer, à l'intention des autorités de contrôle, des lignes directrices concernant l'application des mesures visées à l'article 58, paragraphes 1, 2 et 3, ainsi que la fixation des amendes administratives en vertu de l'article 83;

l) de faire le bilan de l'application pratique des lignes directrices, recommandations et des bonnes pratiques visées aux points e) et f);

m) de publier des lignes directrices, des recommandations et des bonnes pratiques conformément au point e) du présent paragraphe, en vue d'établir des procédures communes pour le signalement par des personnes physiques de violations du présent règlement en vertu de l'article 54, paragraphe 2;

n) d'encourager l'élaboration de codes de conduite et la mise en place de mécanismes de certification et de labels et de marques en matière de protection des données en vertu des articles 40 et 42;

o) de procéder à l'agrément des organismes de certification et à l'examen périodique de cet agrément en vertu de l'article 43 et de tenir un registre public des organismes agréés en vertu de l'article 43, paragraphe 6, ainsi que des responsables du traitement ou des sous-traitants agréés établis dans des pays tiers en vertu de l'article 42, paragraphe 7;

p) de définir les exigences visées à l'article 43, paragraphe 3, aux fins de l'agrément des organismes de certification prévu à l'article 42;

q) de rendre à la Commission un avis sur les exigences en matière de certification visées à l'article 43, paragraphe 8;

r) de rendre à la Commission un avis sur les icônes visées à l'article 12, paragraphe 7;

s) de rendre à la Commission un avis en ce qui concerne l'évaluation du caractère adéquat du niveau de protection assuré par un pays tiers ou une organisation internationale, y compris concernant l'évaluation visant à déterminer si un pays tiers, un territoire ou un ou plusieurs secteurs déterminés dans ce pays tiers, ou une organisation internationale n'assurent plus un niveau adéquat de protection. À cette fin, la Commission fournit au comité tous les documents nécessaires, y compris la correspondance avec le gouvernement du pays tiers, en ce qui concerne ledit pays tiers, territoire ou secteur déterminé ou avec l'organisation internationale;

t) d'émettre des avis sur les projets de décisions des autorités de contrôle conformément au mécanisme de contrôle de la cohérence visé à l'article 64, paragraphe 1, sur les questions soumises en vertu de l'article 64, paragraphe 2, et d'émettre des décisions contraignantes en vertu de l'article 65, y compris dans les cas visés à l'article 66;

u) de promouvoir la coopération et l'échange bilatéral et multilatéral effectif d'informations et de bonnes pratiques entre les autorités de contrôle;

v) de promouvoir l'élaboration de programmes de formation conjoints et de faciliter les échanges de personnel entre autorités de contrôle, ainsi que, le cas échéant, avec les autorités de contrôle de pays tiers ou d'organisations internationales;

w) de promouvoir l'échange, avec des autorités de contrôle de la protection des données de tous pays, de connaissances et de documentation sur la législation et les pratiques en matière de protection des données;

x) d'émettre des avis sur les codes de conduite élaborés au niveau de l'Union en application de l'article 40, paragraphe 9; et

y) de tenir un registre électronique, accessible au public, des décisions prises par les autorités de contrôle et les juridictions sur les questions traitées dans le cadre du mécanisme de contrôle de la cohérence.

2. Lorsque la Commission demande conseil au comité, elle peut mentionner un délai, selon l'urgence de la question.

3. Le comité transmet ses avis, lignes directrices, recommandations et bonnes pratiques à la Commission et au comité visé à l'article 93, et les publie.

4. Le comité consulte, le cas échéant, les parties intéressées et leur permet de formuler des observations dans un délai raisonnable. Il met les résultats de la procédure de consultation à la disposition du public, sans préjudice de l'article 76.

CHAPITRE VIII
Voies de recours, responsabilité et sanctions

Art. 77. *Droit d'introduire une réclamation auprès d'une autorité de contrôle.* 1. Sans préjudice de tout autre recours administratif ou juridictionnel, toute personne concernée a le droit d'introduire une réclamation auprès d'une autorité de contrôle, en particulier dans l'État membre dans lequel se trouve sa résidence habituelle, son lieu de travail ou le lieu où la violation aurait été commise, si elle considère que le traitement de données à caractère personnel la concernant constitue une violation du présent règlement.

2. L'autorité de contrôle auprès de laquelle la réclamation a été introduite informe l'auteur de la réclamation de l'état d'avancement et de l'issue de la réclamation, y compris de la possibilité d'un recours juridictionnel en vertu de l'article 78.

Art. 78. *Droit à un recours juridictionnel effectif contre une autorité de contrôle.* 1. Sans préjudice de tout autre recours administratif ou extrajudiciaire, toute personne physique ou morale a le droit de former un recours juridictionnel effectif contre une décision juridiquement contraignante d'une autorité de contrôle qui la concerne.

2. Sans préjudice de tout autre recours administratif ou extrajudiciaire, toute personne concernée a le droit de former un recours juridictionnel effectif lorsque l'autorité de contrôle qui est compétente en vertu des articles 55 et 56 ne traite pas une réclamation ou n'informe pas la personne concernée, dans un délai de trois mois, de l'état d'avancement ou de l'issue de la réclamation qu'elle a introduite au titre de l'article 77.

3. Toute action contre une autorité de contrôle est intentée devant les juridictions de l'État membre sur le territoire duquel l'autorité de contrôle est établie.

4. Dans le cas d'une action intentée contre une décision d'une autorité de contrôle qui a été précédée d'un avis ou d'une décision du comité dans le cadre du mécanisme de contrôle de la cohérence, l'autorité de contrôle transmet l'avis ou la décision en question à la juridiction concernée.

Art. 79. *Droit à un recours juridictionnel effectif contre un responsable du traitement ou un sous-traitant.* 1. Sans préjudice de tout recours administratif ou extrajudiciaire qui lui est ouvert, y compris le droit d'introduire une réclamation auprès d'une autorité de contrôle au titre de l'article 77, chaque personne concernée a droit à un recours juridictionnel effectif si elle considère que les droits que lui confère le présent règlement ont été violés du fait d'un traitement de ses données à caractère personnel effectué en violation du présent règlement.

2. Toute action contre un responsable du traitement ou un sous-traitant est intentée devant les juridictions de l'État membre dans lequel le responsable du traitement ou le sous-traitant dispose d'un établissement. Une telle action peut aussi être intentée devant les juridictions de l'État membre dans lequel la personne concernée a sa résidence habituelle, sauf si le responsable du traitement ou le sous-traitant est une autorité publique d'un État membre agissant dans l'exercice de ses prérogatives de puissance publique.

(1) Règlement (CE) n° 1049/2001 du Parlement européen et du Conseil du 30 mai 2001 relatif à l'accès du public aux documents du Parlement européen, du Conseil et de la Commission (JO L 145 du 31.5.2001, p. 43).

Art. 80. *Représentation des personnes concernées.* 1. La personne concernée a le droit de mandater un organisme, une organisation ou une association à but non lucratif, qui a été valablement constitué conformément au droit d'un État membre, dont les objectifs statutaires sont d'intérêt public et est actif dans le domaine de la protection des droits et libertés des personnes concernées dans le cadre de la protection des données à caractère personnel les concernant, pour qu'il introduise une réclamation en son nom, exerce en son nom les droits visés aux articles 77, 78 et 79 et exerce en son nom le droit d'obtenir réparation visé à l'article 82 lorsque le droit d'un État membre le prévoit.

2. Les États membres peuvent prévoir que tout organisme, organisation ou association visé au paragraphe 1 du présent article, indépendamment de tout mandat confié par une personne concernée, a, dans l'État membre en question, le droit d'introduire une réclamation auprès de l'autorité de contrôle qui est compétente en vertu de l'article 77, et d'exercer les droits visés aux articles 78 et 79 s'il considère que les droits d'une personne concernée prévus dans le présent règlement ont été violés du fait du traitement.

Art. 81. *Suspension d'une action.* 1. Lorsqu'une juridiction compétente d'un État membre est informée qu'une action concernant le même objet a été intentée à l'égard d'un traitement effectué par le même responsable du traitement ou le même sous-traitant et est pendante devant une juridiction d'un autre État membre, elle contacte cette juridiction dans l'autre État membre pour confirmer l'existence d'une telle action.

2. Lorsqu'une action concernant le même objet a été intentée à l'égard d'un traitement effectué par le même responsable du traitement ou le même sous-traitant et est pendante devant une juridiction d'un autre État membre, toute juridiction compétente autre que la juridiction saisie en premier lieu peut suspendre son action.

3. Lorsque cette action est pendante devant des juridictions du premier degré, toute juridiction autre que la juridiction saisie en premier lieu peut également se dessaisir, à la demande de l'une des parties, à condition que la juridiction saisie en premier lieu soit compétente pour connaître des actions en question et que le droit applicable permette leur jonction.

Art. 82. *Droit à réparation et responsabilité.* 1. Toute personne ayant subi un dommage matériel ou moral du fait d'une violation du présent règlement a le droit d'obtenir du responsable du traitement ou du sous-traitant réparation du préjudice subi.

2. Tout responsable du traitement ayant participé au traitement est responsable du dommage causé par le traitement qui constitue une violation du présent règlement. Un sous-traitant n'est tenu pour responsable du dommage causé par le traitement que s'il n'a pas respecté les obligations prévues par le présent règlement qui incombent spécifiquement aux sous-traitants ou qu'il a agi en-dehors des instructions licites du responsable du traitement ou contrairement à celles-ci.

3. Un responsable du traitement ou un sous-traitant est exonéré de responsabilité, au titre du paragraphe 2, s'il prouve que le fait qui a provoqué le dommage ne lui est nullement imputable.

4. Lorsque plusieurs responsables du traitement ou sous-traitants ou lorsque, à la fois, un responsable du traitement et un sous-traitant participent au même traitement et, lorsque, au titre des paragraphes 2 et 3, ils sont responsables d'un dommage causé par le traitement, chacun des responsables du traitement ou des sous-traitants est tenu responsable du dommage dans sa totalité afin de garantir à la personne concernée une réparation effective.

5. Lorsqu'un responsable du traitement ou un sous-traitant a, conformément au paragraphe 4, réparé totalement le dommage subi, il est en droit de réclamer auprès des autres responsables du traitement ou sous-traitants ayant participé au même traitement la part de la réparation correspondant à leur part de responsabilité dans le dommage, conformément aux conditions fixées au paragraphe 2.

6. Les actions judiciaires engagées pour exercer le droit à obtenir réparation sont intentées devant les juridictions compétentes en vertu du droit de l'État membre visé à l'article 79, paragraphe 2.

130 Loi n° 78-17 du 6 janvier 1978 relative à l'informatique, aux fichiers et aux libertés (articles 6 à 7-1 et 38)

CHAPITRE II

Conditions de licéité des traitements de données à caractère personnel

(L. n° 2004-801 du 6 août 2004, art. 2)

Section I

Dispositions générales

Art. 6. Un traitement ne peut porter que sur des données à caractère personnel qui satisfont aux conditions suivantes :

1° Les données sont collectées et traitées de manière loyale et licite;

2° Elles sont collectées pour des finalités déterminées, explicites et légitimes et ne sont pas traitées ultérieurement de manière incompatible avec ces finalités. Toutefois, un traitement ultérieur de données à des fins statistiques ou à des fins de recherche scientifique ou historique est considéré comme compatible avec les finalités initiales de la collecte des données, s'il est réalisé dans le respect des principes et des procédures prévus au présent chapitre, au chapitre IV et à la section I du chapitre V ainsi qu'*(L. n° 2016-41 du 26 janv. 2016, art. 193-VIII)* «au chapitre IX» et s'il n'est pas utilisé pour prendre des décisions à l'égard des personnes concernées;

3° Elles sont adéquates, pertinentes et non excessives au regard des finalités pour lesquelles elles sont collectées et de leurs traitements ultérieurs;

4° Elles sont exactes, complètes et, si nécessaire, mises à jour; les mesures appropriées doivent être prises pour que les données inexactes ou incomplètes au regard des finalités pour lesquelles elles sont collectées ou traitées soient effacées ou rectifiées;

5° Elles sont conservées sous une forme permettant l'identification des personnes concernées pendant une durée qui n'excède pas la durée nécessaire aux finalités pour lesquelles elles sont collectées et traitées.

Art. 7. Un traitement de données à caractère personnel doit avoir reçu le consentement de la personne concernée *(L. n° 2018-493 du 20 juin 2018, art. 19, en vigueur le 25 mai 2018)* «, dans les conditions mentionnées au 11 de l'article 4 et à l'article 7 du règlement (UE) 2016/679 du Parlement européen et du Conseil du 27 avril 2016 précité,» ou satisfaire à l'une des conditions suivantes :

1° Le respect d'une obligation légale incombant au responsable du traitement;

2° La sauvegarde de la vie de la personne concernée;

3° L'exécution d'une mission de service public dont est investi le responsable ou le destinataire du traitement;

4° L'exécution, soit d'un contrat auquel la personne concernée est partie, soit de mesures précontractuelles prises à la demande de celle-ci;

5° La réalisation de l'intérêt légitime poursuivi par le responsable du traitement ou par le destinataire, sous réserve de ne pas méconnaître l'intérêt ou les droits et libertés fondamentaux de la personne concernée.

Art. 7-1. *(L. n° 2018-493 du 20 juin 2018, art. 20, en vigueur le 25 mai 2018)* En application du 1 de l'article 8 du règlement (UE) 2016/679 du Parlement européen et du Conseil du 27 avril 2016 précité, un mineur peut consentir seul à un traitement de données à caractère personnel en ce qui concerne l'offre directe de services de la société de l'information à compter de l'âge de quinze ans.

Lorsque le mineur est âgé de moins de quinze ans, le traitement n'est licite que si le consentement est donné conjointement par le mineur concerné et le ou les titulaires de l'autorité parentale à l'égard de ce mineur.

Le responsable de traitement rédige en des termes clairs et simples, aisément compréhensibles par le mineur, les informations et communications relatives au traitement qui le concerne.

CHAPITRE V

Obligations incombant aux responsables de traitements et droits des personnes

Section II

Droits des personnes à l'égard des traitements de données à caractère personnel

Art. 38. Toute personne physique a le droit de s'opposer, pour des motifs légitimes, à ce que des données à caractère personnel la concernant fassent l'objet d'un traitement.

Elle a le droit de s'opposer, sans frais, à ce que les données la concernant soient utilisées à des fins de prospection, notamment commerciale, par le responsable actuel du traitement ou celui d'un traitement ultérieur.

Les dispositions du premier alinéa ne s'appliquent pas lorsque le traitement répond à une obligation légale ou lorsque l'application de ces dispositions a été écartée par une disposition expresse de l'acte autorisant le traitement.

131 Code de la sécurité intérieure (articles L. 232-1 à 235-1)

TITRE III

TRAITEMENTS AUTOMATISÉS DE DONNÉES PERSONNELLES ET ENQUÊTES ADMINISTRATIVES

CHAPITRE II

Traitements automatisés de données recueillies à l'occasion de déplacements internationaux

Art. L. 232-1. Afin d'améliorer le contrôle aux frontières et de lutter contre l'immigration clandestine, le ministre de l'Intérieur est autorisé à procéder à la mise en œuvre de traitements automatisés de données à caractère personnel, recueillies à l'occasion de déplacements internationaux en provenance ou à destination d'États n'appartenant pas à l'Union européenne, à l'exclusion des données relevant du I de l'article 8 *[nouvelle rédaction issue de l'Ord. n° 2018-1125 du 12 déc. 2018, art. 22 et 29, en vigueur au plus tard le 1er juin 2019 : « 6 »]* de la loi n° 78-17 du 6 janvier 1978 relative à l'informatique, aux fichiers et aux libertés :

1° Figurant sur les cartes de débarquement et d'embarquement des passagers de transporteurs aériens;

2° Collectées à partir de la bande de lecture optique des documents de voyage, de la carte nationale d'identité et des visas des passagers de transporteurs aériens, maritimes ou ferroviaires;

3° Relatives aux passagers et enregistrées dans les systèmes de contrôle des départs lorsqu'elles sont détenues par les transporteurs aériens, maritimes ou ferroviaires.

Les traitements mentionnés au premier alinéa sont soumis aux dispositions de la loi n° 78-17 du 6 janvier 1978 précitée.

Art. L. 232-2. Les traitements mentionnés à l'article L. 232-1 peuvent également être mis en œuvre dans les mêmes conditions aux fins de prévenir et de réprimer des actes de terrorisme *(L. n° 2013-1168 du 18 déc. 2013, art. 16-1°)* «ainsi que des atteintes aux intérêts fondamentaux de la Nation». L'accès à ceux-ci est alors limité aux agents individuellement désignés et dûment habilités :

1° Des services de police et de gendarmerie nationales spécialement chargés de ces missions;

2° Des services de police et de gendarmerie nationales ainsi que des douanes, chargés de la sûreté des transports internationaux;

3° Des services de renseignement du ministère de la défense aux seules fins de la prévention des actes *(L. n° 2013-1168 du 18 déc. 2013, art. 16-2°)* «et atteintes mentionnés au premier alinéa.»

Art. L. 232-3. Les traitements mentionnés aux articles L. 232-1 et L. 232-2 peuvent faire l'objet d'une interconnexion avec le fichier des personnes recherchées et le système d'information Schengen.

Art. L. 232-4. Pour la mise en œuvre des traitements mentionnés aux articles L. 232-1 et L. 232-2, les transporteurs aériens sont tenus de recueillir et de transmettre aux services du ministère de l'Intérieur les données énumérées au 2 de l'article 3 de la directive 2004/82/CE du Conseil du 29 avril 2004, concernant l'obligation pour les transporteurs de communiquer les données relatives aux passagers, et mentionnées au 3° de l'article L. 232-1.

Ils sont également tenus de communiquer aux services mentionnés à l'alinéa précédent les données du 3° de l'article L. 232-1 autres que celles mentionnées au même alinéa lorsqu'ils les détiennent.

Les obligations définies aux deux alinéas précédents sont applicables aux transporteurs *(L. n° 2016-816 du 20 juin 2016, art. 64-1°) «maritimes et»* ferroviaires.

(L. n° 2016-816 du 20 juin 2016, art. 64-1°) «Pour la mise en œuvre des traitements mentionnés aux articles L. 232-1 et L. 232-2, les transporteurs maritimes sont tenus de recueillir et de transmettre aux services du ministère de l'Intérieur les données relatives aux passagers mentionnées au paragraphe 3.1.2 de l'annexe VI au *(L. n° 2017-1510 du 30 oct. 2017, art. 14-3°)* «règlement (UE) 2016/399 du Parlement européen et du Conseil du 9 mars 2016 concernant un code de l'Union relatif au régime de franchissement des frontières par les personnes (code frontières Schengen)».

«Ils sont également tenus de communiquer aux services mentionnés au quatrième alinéa du présent article les données mentionnées au 3° de l'article L. 232-1 autres que celles mentionnées au même quatrième alinéa lorsqu'ils les détiennent.»

Un décret en Conseil d'État, pris après avis de la Commission nationale de l'informatique et des libertés, fixe les modalités de transmission des données mentionnées au 3° de l'article L. 232-1.

Art. L. 232-5. Est puni d'une amende d'un montant maximum de 50000 euros pour chaque voyage le fait pour une entreprise de transport aérien, maritime ou ferroviaire de méconnaître les obligations fixées à l'article L. 232-4.

Le manquement est constaté par un procès-verbal établi par un fonctionnaire appartenant à l'un des corps dont la liste est définie par décret en Conseil d'État. Copie du procès-verbal est remise à l'entreprise de transport intéressée. Le manquement ainsi relevé donne lieu à une amende prononcée par l'autorité administrative compétente. L'amende est prononcée pour chaque voyage ayant donné lieu au manquement. Son montant est versé au Trésor public par l'entreprise de transport.

L'entreprise de transport a accès au dossier. Elle est mise à même de présenter ses observations écrites dans un délai d'un mois sur le projet de sanction. La décision de l'autorité administrative est susceptible d'un recours de pleine juridiction.

L'autorité administrative ne peut infliger d'amende à raison de faits remontant à plus d'un an.

Art. L. 232-6. Les transporteurs aériens, maritimes et ferroviaires ont obligation d'informer les personnes concernées par le traitement mis en œuvre au titre du 3° de l'article L. 232-1 conformément aux dispositions de la loi n° 78-17 du 6 janvier 1978 relative à l'informatique, aux fichiers et aux libertés.

Art. L. 232-7. *(L. n° 2013-1168 du 18 déc. 2013, art. 17, applicable jusqu'au 31 déc. 2017)* I. — *(L. n° 2017-1510 du 30 oct. 2017, art. 13-2°)* «Pour les besoins de la prévention et de la constatation de certaines infractions, du rassemblement des preuves de ces infractions ainsi que de la recherche de leurs auteurs, le ministre de l'Intérieur, le ministre de la défense, le ministre chargé des transports et le ministre chargé des douanes sont autorisés à mettre en œuvre un traitement automatisé de données à caractère personnel.

«Les infractions mentionnées au premier alinéa du présent I sont les actes de terrorisme, les atteintes aux intérêts fondamentaux de la nation ainsi que les infractions mentionnées à l'annexe II de la directive (UE) 2016/681 du Parlement européen et du Conseil du 27 avril 2016 relative à l'utilisation des données des dossiers passagers (PNR) pour la prévention et la détection des infractions terroristes et des formes graves de criminalité, ainsi que pour les enquêtes et les poursuites en la matière, lorsqu'elles sont punies d'une peine privative de liberté d'une durée égale ou supérieure à trois ans d'emprisonnement ou d'une mesure de sûreté privative de liberté d'une durée égale ou supérieure à trois ans.»

Sont exclues de ce traitement automatisé de données les données à caractère personnel susceptibles de révéler l'origine raciale ou ethnique d'une personne, ses convictions religieuses ou philosophiques, ses opinions politiques, son appartenance à un syndicat, ou les données qui concernent la santé ou la vie sexuelle de l'intéressé.

II. — Pour la mise en œuvre du traitement mentionné au I, les transporteurs aériens *(L. n° 2017-1510 du 30 oct. 2017, art. 14-2°) (L. n° 2016-816 du 20 juin 2016, art. 63-1°) «et maritimes»* recueillent et transmettent les données d'enregistrement relatives aux passagers des *(L. n° 2016-816 du 20 juin 2016, art. 63-1°-a)* «déplacements» à destination et en provenance du territoire national, à l'exception des *(L. n° 2016-816 du 20 juin 2016, art. 63-1°)* «déplacements» reliant deux points de la France métropolitaine. Les données concernées sont celles mentionnées au premier alinéa de l'article L. 232-4 du présent code.

Les transporteurs aériens sont également tenus de communiquer les données relatives aux passagers enregistrées dans leurs systèmes de réservation.

(L. n° 2015-917 du 28 juill. 2015, art. 28-1°) «En outre, les ministres mentionnés au I du présent article peuvent demander aux *(L. n° 2017-1510 du 30 oct. 2017, art. 13-2°)* «agences de voyage et *[aux]* opérateurs de voyage» ou de séjour affrétant tout ou partie d'un aéronef de transmettre les données relatives aux passagers enregistrées dans leurs systèmes de réservation.»

III. — Les transporteurs aériens *(L. n° 2016-816 du 20 juin 2016, art. 63-2°; L. n° 2015-917 du 28 juill. 2015, art. 28-2°)* «et les *(L. n° 2017-1510 du 30 oct. 2017, art. 13-2°)* «agences de voyage et opérateurs de voyage» ou de séjour affrétant tout ou partie d'un aéronef» mentionnés au II informent les personnes concernées par le traitement mentionné au I.

IV. — Les données mentionnées au II ne peuvent être conservées que pour une durée maximale de cinq ans.

V. — En cas de méconnaissance des obligations fixées au présent article par une entreprise de transport aérien *(L. nº 2015-917 du 28 juill. 2015, art. 28-3º)* «ou par *(L. nº 2017-1510 du 30 oct. 2017, art. 13-2º)* «une agence de voyage ou un opérateur de voyage» ou de séjour affrétant tout ou partie d'un aéronef», l'amende et la procédure prévues à l'article L. 232-5 sont applicables.

VI. — Les modalités d'application du présent article sont fixées par décret en Conseil d'État, pris après avis de la Commission nationale de l'informatique et des libertés. Ce décret détermine les services autorisés à interroger l'unité de gestion chargée de la collecte des données auprès des transporteurs aériens *(L. nº 2015-917 du 28 juill. 2015, art. 28-4º)* «et des *(L. nº 2017-1510 du 30 oct. 2017, art. 13-2º)* «agences de voyage et opérateurs de voyage» ou de séjour affrétant tout ou partie d'un aéronef», de leur conservation et de leur analyse, en précisant si cette autorisation est délivrée à des fins de prévention ou à des fins de répression.

Art. L. 232-7-1. *(L. nº 2017-1510 du 30 oct. 2017, art. 14-1º)* I. — Pour les besoins de la prévention et de la constatation de certaines infractions, du rassemblement des preuves de ces infractions ainsi que de la recherche de leurs auteurs, le ministre de l'Intérieur, le ministre de la défense, le ministre chargé des transports et le ministre chargé des douanes sont autorisés à mettre en œuvre un traitement automatisé de données à caractère personnel.

Les infractions mentionnées au premier alinéa du présent I sont les actes de terrorisme, les atteintes aux intérêts fondamentaux de la nation ainsi que les infractions mentionnées à l'article 694-32 du code de procédure pénale, punies d'une peine privative de liberté d'une durée égale ou supérieure à trois ans d'emprisonnement ou d'une mesure de sûreté privative de liberté d'une durée égale ou supérieure à trois ans, à l'exclusion de celles mentionnées aux 17º, 20º, 21º, 24º et 29º du même article 694-32.

Sont exclues de ce traitement automatisé de données les données à caractère personnel susceptibles de révéler l'origine raciale ou ethnique d'une personne, ses convictions religieuses ou philosophiques, ses opinions politiques, son appartenance à un syndicat, ou les données qui concernent la santé ou la vie sexuelle de l'intéressé.

II. — Pour la mise en œuvre du traitement mentionné au I du présent article, les exploitants de navire recueillent et transmettent les données d'enregistrement relatives aux passagers à destination et en provenance du territoire national voyageant à bord d'un navire à passagers faisant l'objet d'une certification :

1º Soit au sens du code international pour la sûreté des navires et des installations portuaires adopté à Londres le 12 décembre 2002 en application de la convention internationale de 1974 pour la sauvegarde de la vie humaine en mer, faite à Londres le 1er novembre 1974, modifiée;

2º Soit en application du 2 de l'article 3 du règlement (CE) nº 725/2004 du Parlement européen et du Conseil du 31 mars 2004 relatif à l'amélioration de la sûreté des navires et des installations portuaires;

3º Soit en application du 3 de l'article 3 du règlement (CE) nº 725/2004 du 31 mars 2004 précité après décision du ministre chargé de la mer.

Les données concernées sont celles mentionnées au quatrième alinéa de l'article L. 232-4 du présent code.

Les exploitants de navire sont également tenus de communiquer les données relatives aux passagers enregistrés dans leurs systèmes de réservation, ainsi que celles relatives à l'embarquement de ces mêmes passagers.

En outre, les ministres mentionnés au I du présent article peuvent demander aux agences de voyage et *[aux]* opérateurs de voyage ou de séjour affrétant tout ou partie d'un navire de transmettre les données relatives aux passagers enregistrées dans leurs systèmes de réservation.

III. — Les exploitants de navire, les agences de voyage et les opérateurs de voyage ou de séjour affrétant tout ou partie d'un navire mentionnés au II informent les personnes concernées par le traitement mentionné au I.

IV. — Les données mentionnées au II ne peuvent être conservées que pour une durée maximale de cinq ans.

V. — En cas de méconnaissance des obligations fixées au présent article par une entreprise de transport maritime ou par une agence de voyage ou un opérateur de voyage ou de séjour affrétant tout ou partie d'un navire, l'amende et la procédure prévues à l'article L. 232-5 sont applicables.

VI. — Les modalités d'application du présent article sont fixées par décret en Conseil d'État, pris après avis de la Commission nationale de l'informatique et des libertés. Ce décret détermine les services autorisés à interroger le traitement de données à caractère personnel mentionné au I, précise si cette autorisation est délivrée à des fins de prévention ou à des fins de répression et fixe les modalités de conservation et d'analyse des données mentionnées au II. Ces données ne peuvent être consultées de manière directe par les services susmentionnés.

Art. L. 232-8. *(L. n° 2014-1353 du 13 nov. 2014, art. 1er-2°)* Lorsque l'autorité administrative constate que les données transmises en application du présent chapitre permettent d'identifier une personne faisant l'objet d'une interdiction de sortie du territoire mentionnée à l'article L. 224-1, elle notifie à l'entreprise de transport concernée, par un moyen tenant compte de l'urgence, une décision d'interdiction de transport de cette personne.

En cas de méconnaissance de l'interdiction de transport par une entreprise de transport, l'amende prévue à l'article L. 232-5 est applicable, dans les conditions prévues au même article.

Les conditions d'application du présent article sont précisées par décret en Conseil d'État.

CHAPITRE III

Contrôle automatisé des données signalétiques des véhicules

Art. L. 233-1. Afin de prévenir et de réprimer le terrorisme, de faciliter la constatation des infractions s'y rattachant, de faciliter la constatation des infractions criminelles ou liées à la criminalité organisée au sens *(L. n° 2016-731 du 3 juin 2016, art. 45)* «des articles 706-73 et 706-73-1» du code de procédure pénale, des infractions de vol et de recel de véhicules volés, des infractions de contrebande, d'importation ou d'exportation commises en bande organisée, prévues et réprimées par le *(L. n° 2014-315 du 11 mars 2014, art. 14-1°)* «dernier» alinéa de l'article 414 du code des douanes, ainsi que la constatation, lorsqu'elles portent sur des fonds provenant de ces mêmes infractions, de la réalisation ou de la tentative de réalisation des opérations financières définies à l'article 415 du même code et afin de permettre le rassemblement des preuves de ces infractions et la recherche de leurs auteurs, les services de police et de gendarmerie nationales et des douanes peuvent mettre en œuvre des dispositifs fixes ou mobiles de contrôle automatisé des données signalétiques des véhicules prenant la photographie de leurs occupants, en tous points appropriés du territoire, en particulier dans les zones frontalières, portuaires ou aéroportuaires ainsi que sur les grands axes de transit national ou international.

L'emploi de tels dispositifs est également possible par les services de police et de gendarmerie nationales, à titre temporaire, pour la préservation de l'ordre public, à l'occasion d'événements particuliers ou de grands rassemblements de personnes, par décision de l'autorité administrative.

Art. L. 233-1-1. *(L. n° 2016-1547 du 18 nov. 2016, art. 35-IV, en vigueur le 5 nov. 2017)* Afin de faciliter la constatation des infractions au code de la route, permettre le rassemblement des preuves de ces infractions et la recherche de leurs auteurs ainsi que mettre en œuvre les dispositions de l'article L. 121-4-1 du code de la route, les services de police et de gendarmerie nationales peuvent mettre en œuvre des dispositifs fixes ou mobiles de contrôle automatisé des données signalétiques des véhicules prenant la photographie de leurs occupants, en tous points appropriés du territoire.

Art. L. 233-2. Pour les finalités mentionnées *(L. n° 2016-1547 du 18 nov. 2016, art. 35-IV, en vigueur le 5 nov. 2017)* «aux articles L. 233-1 et L. 233-1-1», les données à caractère personnel collectées à l'occasion des contrôles susmentionnés peuvent faire l'objet de traitements automatisés mis en œuvre par les services de police et de gendarmerie nationales et les services des douanes et soumis aux dispositions de la loi n° 78-17 du 6 janvier 1978 relative à l'informatique, aux fichiers et aux libertés.

Ces traitements comportent une consultation du traitement automatisé des données relatives aux véhicules volés ou signalés ainsi que du système d'information Schengen.

(L. n° 2016-1547 du 18 nov. 2016, art. 35-IV, en vigueur le 5 nov. 2017) «Ces traitements comportent également une consultation du traitement automatisé de données du système d'immatriculation des véhicules, du traitement automatisé du système de contrôle automatisé ainsi que des traitements de données relatives à l'assurance des véhicules.»

Afin de permettre cette consultation, les données collectées sont conservées durant un délai maximum de *(L. n° 2016-731 du 3 juin 2016, art. 104)* «quinze» jours au-delà duquel elles sont effacées dès lors qu'elles n'ont donné lieu à aucun rapprochement positif avec les traitements mentionnés au précédent alinéa. Durant cette période de *(L. n° 2016-731 du 3 juin 2016, art. 104)* «quinze» jours, la consultation des données n'ayant pas fait l'objet d'un rapprochement positif avec ces traitements est interdite, sans préjudice des nécessités de leur consultation pour les besoins d'une procédure pénale ou douanière. Les données qui font l'objet d'un rapprochement positif avec ces mêmes traitements sont conservées pour une durée d'un mois sans préjudice des nécessités de leur conservation pour les besoins d'une procédure pénale ou douanière.

Aux fins de prévenir et de réprimer les actes de terrorisme et de faciliter la constatation des infractions s'y rattachant, les agents individuellement désignés et dûment habilités des services de police et de gendarmerie nationales spécialement chargés de ces missions peuvent avoir accès à ces traitements.

CHAPITRE IV

Consultation des traitements automatisés de données personnelles aux fins d'enquêtes administratives

Art. L. 234-1. Un décret en Conseil d'État fixe la liste des enquêtes administratives mentionnées à l'article L. 114-1 qui donnent lieu à la consultation des traitements automatisés de données personnelles *[nouvelle rédaction issue de l'Ord. n° 2018-1125 du 12 déc. 2018, art. 22 et 29, en vigueur au plus tard le 1er juin 2019 : «données à caractère personnel»]* mentionnés à l'article 230-6 du code de procédure pénale, y compris pour les données portant sur des procédures judiciaires en cours, dans la stricte mesure exigée par la protection de la sécurité des personnes et la défense des intérêts fondamentaux de la Nation. Il détermine les conditions dans lesquelles les personnes intéressées sont informées de cette consultation.

Art. L. 234-2. La consultation prévue à l'article L. 234-1 est faite par des agents *(L. n° 2013-1168 du 18 déc. 2013, art. 18)* «individuellement désignés et spécialement habilités :

«1° De la police et de la gendarmerie nationales;

«2° Dans des conditions fixées par le décret en Conseil d'État mentionné à l'article L. 234-1, des services spécialisés de renseignement mentionnés *(L. n° 2015-912 du 24 juill. 2015, art. 21-II-2°, en vigueur le 3 oct. 2015)* «à l'article L. 811-2».

«Dans des conditions déterminées par décret en Conseil d'État, elle peut également être effectuée par des personnels investis de missions de police administrative désignés selon les mêmes procédures.»

Art. L. 234-3. La consultation des traitements automatisés de données personnelles *[nouvelle rédaction issue de l'Ord. n° 2018-1125 du 12 déc. 2018, art. 22 et 29, en vigueur au plus tard le 1er juin 2019 : «données à caractère personnel»]* mentionnés à l'article 230-6 du code de procédure pénale peut également être effectuée, y compris pour des données portant sur des procédures judiciaires en cours, pour l'exercice de missions ou d'interventions lorsque la nature de celles-ci ou les circonstances particulières dans lesquelles elles doivent se dérouler comportent des risques d'atteinte à l'ordre public ou à la sécurité des personnes et des biens, ainsi qu'au titre des mesures de protection ou de défense prises dans les secteurs de sécurité des installations prioritaires de défense mentionnés à l'article L. 1321-2 du code de la défense. Cette consultation est effectuée par des agents *(L. n° 2013-1168 du 18 déc. 2013, art. 19)* «individuellement désignés et spécialement habilités» de la police et de la gendarmerie nationales *(L. n° 2013-1168 du 18 déc. 2013, art. 19)* «ainsi que, dans la limite de leurs attributions et dans des conditions fixées par décret en Conseil d'État, des services de renseignement désignés par le ministre de la défense, aux fins de protection de la sécurité de leurs personnels».

Art. L. 234-4. *(L. n° 2015-912 du 24 juill. 2015, art. 20)* Dans la stricte limite de leurs attributions et pour les seuls besoins liés à la protection des intérêts mentionnés aux 1°, 4° et 5° de l'article L. 811-3 du présent code, peuvent avoir accès aux traitements automatisés de données à caractère personnel mentionnés à l'article 230-6 du code de procédure pénale, y compris pour les données portant sur des procédures judiciaires en cours et à l'exclusion de celles relatives aux personnes enregistrées en qualité de victimes, les agents individuellement désignés et habilités des services mentionnés à l'article L. 811-2 et ceux désignés par le décret en Conseil d'État mentionné à l'article L. 811-4.

Un décret en Conseil d'État détermine les services concernés ainsi que les modalités et les finalités de l'accès aux traitements automatisés mentionnés au présent article.

CHAPITRE V

Coopération internationale en matière d'accès aux traitements automatisés de données personnelles

Art. L. 235-1. Les données contenues dans les traitements automatisés de données à caractère personnel gérés par les services de police et de gendarmerie nationales peuvent être transmises, dans le cadre des engagements internationaux régulièrement introduits dans l'ordre juridique interne, à des organismes de coopération internationale en matière de police judiciaire ou à des services de police étrangers, qui représentent un niveau de protection suffisant de la vie privée, des libertés et des droits fondamentaux des personnes à l'égard du traitement dont ces données font l'objet ou peuvent faire l'objet. Le caractère suffisant du niveau de protection assuré par un État s'apprécie en fonction notamment des dispositions en vigueur dans cet État, des mesures de sécurité qui y sont appliquées, des caractéristiques propres du traitement, telles que ses fins et sa durée, ainsi que de la nature, de l'origine et de la destination des données traitées.

Les services de police et de gendarmerie nationales peuvent recevoir des données contenues dans les traitements gérés par les organismes de coopération internationale en matière de police judiciaire ou les services de police étrangers dans le cadre des engagements prévus au présent article.

B – LE GARANT : LA COMMISSION NATIONALE DE L'INFORMATIQUE ET DES LIBERTÉS

132 Loi n° 78-17 du 6 janvier 1978 relative à l'informatique, aux fichiers et aux libertés (articles 11 à 21 et 45 à 49-5)

CHAPITRE III

La Commission nationale de l'informatique et des libertés

(L. n° 2004-801 du 6 août 2004, art. 3)

Art. 11. *(L. n° 2018-493 du 20 juin 2018, art. 1er, en vigueur le 25 mai 2018)* «I. —» La Commission nationale de l'informatique et des libertés est une autorité administrative indépendante. *(L. n° 2018-493 du 20 juin 2018, art. 1er, en vigueur le 25 mai 2018)* «Elle est l'autorité de contrôle nationale au sens et pour l'application du règlement (UE) 2016/679 du Parlement européen et du Conseil du 27 avril 2017 précité». Elle exerce les missions suivantes :

1° Elle informe toutes les personnes concernées et tous les responsables de traitements de leurs droits et obligations *(L. n° 2018-493 du 20 juin 2018, art. 1er, en vigueur le 25 mai 2018)* «et peut, à cette fin, apporter une information adaptée aux collectivités territoriales, à leurs groupements et aux petites et moyennes entreprises»;

2° Elle veille à ce que les traitements de données à caractère personnel soient mis en œuvre conformément aux dispositions de la présente loi *(L. n° 2018-493 du 20 juin 2018, art. 1er, en vigueur le 25 mai 2018)* «et aux autres dispositions relatives à la protection des données personnelles prévues par les textes législatifs et réglementaires, le droit de l'Union européenne et les engagements internationaux de la France».

A ce titre :

a) Elle donne un avis sur les traitements mentionnés aux articles 26 et 27;

(L. n° 2018-493 du 20 juin 2018, art. 1er, en vigueur le 25 mai 2018) «*a bis)* Elle établit et publie des lignes directrices, recommandations ou référentiels destinés à faciliter la mise en conformité des traitements de données à caractère personnel avec les textes relatifs à la protection des données à caractère personnel et à procéder à l'évaluation préalable des risques par les responsables de traitement et leurs sous-traitants. Elle prend en compte la situation des personnes dépourvues de compétences numériques. Elle encourage l'élaboration de codes de conduite définissant les obligations qui incombent aux responsables de traitement et à leurs sous-traitants, compte tenu du risque inhérent aux traitements de données à caractère personnel pour les droits et libertés des personnes physiques, notamment des mineurs, et des besoins spécifiques des collectivités territoriales, de leurs groupements et des micro-entreprises, petites entreprises et moyennes entreprises; elle homologue et publie les méthodologies de référence destinées à favoriser la conformité des traitements de données de santé à caractère personnel;

«*b)* En concertation avec les organismes publics et privés représentatifs des acteurs concernés, elle établit et publie des règlements types en vue d'assurer la sécurité des systèmes de traitement de données à caractère personnel et de régir les traitements de données biométriques, génétiques et de santé. A ce titre, sauf pour les traitements mis en œuvre pour le compte de l'État agissant dans l'exercice de ses prérogatives de puissance publique, elle peut prescrire des mesures, notamment techniques et organisationnelles, supplémentaires pour le traitement des données biométriques, génétiques et de santé en application du 4 de l'article 9 du règlement (UE) 2016/679 du Parlement européen et du Conseil du 27 avril 2016 précité et des garanties complémentaires en matière de traitement de données à caractère personnel relatives aux condamnations pénales et aux infractions conformément à l'article 10 du même règlement;»

c) Elle reçoit les réclamations, pétitions et plaintes relatives à la mise en œuvre des traitements de données à caractère personnel et informe leurs auteurs des suites données à celles-ci;

d) Elle répond aux demandes d'avis des pouvoirs publics et, le cas échéant, des juridictions, et conseille les personnes et organismes qui mettent en œuvre ou envisagent de mettre en œuvre des traitements automatisés de données à caractère personnel;

e) Elle informe sans délai le procureur de la République, conformément à l'article 40 du code de procédure pénale, des infractions dont elle a connaissance, et peut présenter des observations dans les procédures pénales, dans les conditions prévues à l'article 52;

f) Elle peut, par décision particulière, charger un ou plusieurs de ses membres ou *(L. n° 2011-334 du 29 mars 2011, art. 2-1°, en vigueur le 31 mars)* «le secrétaire général», dans les conditions prévues à l'article 44, de procéder *(L. n° 2011-334 du 29 mars 2011, art. 2-2°, en vigueur le 31 mars)* «ou de faire procéder par les agents de ses services» à des vérifications portant sur tous traitements et, le cas échéant, d'obtenir des copies de tous documents ou supports d'information utiles à ses missions;

(L. n° 2018-493 du 20 juin 2018, art. 1er, en vigueur le 25 mai 2018) «*f bis)* Elle peut décider de certifier des personnes, des produits, des systèmes de données ou des

procédures aux fins de reconnaître qu'ils se conforment au règlement (UE) 2016/679 du Parlement européen et du Conseil du 27 avril 2016 précité et à la présente loi. Elle prend en considération, à cette fin, les besoins spécifiques des collectivités territoriales, de leurs groupements et des micro-entreprises, petites entreprises et moyennes entreprises. Elle agrée, aux mêmes fins, des organismes certificateurs, sur la base, le cas échéant, de leur accréditation par l'organisme national d'accréditation mentionné au *b* du 1 de l'article 43 du même règlement*[,]* ou décide, conjointement avec cet organisme, que ce dernier procède à leur agrément, dans des conditions précisées par décret en Conseil d'État pris après avis de la Commission nationale de l'informatique et des libertés. La commission élabore ou approuve les critères des référentiels de certification et d'agrément;»

(L. n° 2016-1321 du 7 oct. 2016, art. 60) «*g)* Elle peut certifier ou homologuer et publier des référentiels ou des méthodologies générales aux fins de certification *(L. n° 2018-493 du 20 juin 2018, art. 1er, en vigueur le 25 mai 2018)* «, par des tiers agréés ou accrédités selon les modalités mentionnées au *f bis* du présent 2°,» de la conformité à la présente loi de processus d'anonymisation des données à caractère personnel, notamment en vue de la réutilisation d'informations publiques mises en ligne dans les conditions prévues au titre II du livre III du code des relations entre le public et l'administration.

«Il en est tenu compte, le cas échéant, pour la mise en œuvre des sanctions prévues au chapitre VII de la présente loi;»

h) Elle répond aux demandes *(L. n° 2018-493 du 20 juin 2018, art. 1er, en vigueur le 25 mai 2018)* «ou *[aux]* saisines prévues aux articles 41, 42 et 70-22;

«*i)* Elle peut établir une liste des traitements susceptibles de créer un risque élevé devant faire l'objet d'une consultation préalable conformément à l'article 70-4;

«*j)* Elle mène des actions de sensibilisation auprès des médiateurs de la consommation et des médiateurs publics, au sens de l'article L. 611-1 du code de la consommation, en vue de la bonne application de la présente loi;»

3° A la demande d'organisations professionnelles ou d'institutions regroupant principalement des responsables de traitements :

a) Elle donne un avis sur la conformité aux dispositions de la présente loi des projets de règles professionnelles et des produits et procédures tendant à la protection des personnes à l'égard du traitement de données à caractère personnel, ou à l'anonymisation de ces données, qui lui sont soumis;

b) Elle porte une appréciation sur les garanties offertes par des règles professionnelles qu'elle a précédemment reconnues conformes aux dispositions de la présente loi, au regard du respect des droits fondamentaux des personnes;

c) Elle délivre un label à des produits ou à des procédures tendant à la protection des personnes à l'égard du traitement des données à caractère personnel, après qu'elle les a reconnus conformes aux dispositions de la présente loi *(L. n° 2009-526 du 12 mai 2009, art. 105-I-1°)* «dans le cadre de l'instruction préalable à la délivrance du label par la commission, le président peut, lorsque la complexité du produit ou de la procédure le justifie, recourir à toute personne indépendante qualifiée pour procéder à leur évaluation *(L. n° 2014-344 du 17 mars 2014, art. 17)* « ; la commission peut également déterminer, de sa propre initiative, les produits et procédures susceptibles de bénéficier d'un label». Le coût de cette évaluation est pris en charge par l'entreprise qui demande le label *(L. n° 2014-344 du 17 mars 2014, art. 17)* « ; elle retire le label lorsqu'elle constate, par tout moyen, que les conditions qui ont permis sa délivrance ne sont plus satisfaites».

4° Elle se tient informée de l'évolution des technologies de l'information et rend publique le cas échéant son appréciation des conséquences qui en résultent pour l'exercice des droits et libertés mentionnés à l'article 1er;

A ce titre :

a) (L. n° 2016-1321 du 7 oct. 2016, art. 59-1°, a, b, c) «Elle est consultée sur tout projet de loi ou de décret ou toute disposition de projet de loi ou de décret relatifs à la protection des données à caractère personnel ou au traitement de telles données. *(L. n° 2018-493 du 20 juin 2018, art. 1er, en vigueur le 25 mai 2018)* «Elle peut également être consultée par le Président de l'Assemblée nationale, par le président du Sénat ou par les commissions compétentes de l'Assemblée nationale et du Sénat ainsi qu'à la demande d'un président de groupe parlementaire sur toute proposition de loi relative à la protection des données à caractère personnel ou au traitement de telles données.» Outre les cas prévus aux articles 26 et 27, lorsqu'une loi prévoit qu'un décret ou un arrêté est pris après avis de la commission, cet avis est publié avec le décret ou l'arrêté;»

b) Elle propose au Gouvernement les mesures législatives ou réglementaires d'adaptation de la protection des libertés à l'évolution des procédés et techniques informatiques;

c) A la demande d'autres autorités administratives indépendantes, elle peut apporter son concours en matière de protection des données;

d) Elle peut être associée, à la demande du Premier ministre, à la préparation et à la définition de la position française dans les négociations internationales dans le domaine de la protection des données à caractère personnel. Elle peut participer, à la demande du Premier ministre, à la représentation française dans les organisations internationales et communautaires compétentes en ce domaine;

(L. n° 2016-1321 du 7 oct. 2016, art. 59-2°) «*e)* Elle conduit une réflexion sur les problèmes éthiques et les questions de société soulevés par l'évolution des technologies numériques;

«*f)* Elle promeut, dans le cadre de ses missions, l'utilisation des technologies protectrices de la vie privée, notamment les technologies de chiffrement des données.»

(L. n° 2018-493 du 20 juin 2018, art. 1er, en vigueur le 25 mai 2018) «5° Elle peut présenter des observations devant toute juridiction à l'occasion d'un litige relatif à l'application de la présente loi et des dispositions relatives à la protection des données personnelles prévues par les textes législatifs et règlementaires, le droit de l'Union européenne, y compris le réglement (UE) 2016/679 du Parlement européen et du Conseil du 27 avril 2016 précité, et les engagements internationaux de la France.

«II. —» Pour l'accomplissement de ses missions, la commission peut procéder par voie de recommandation et prendre des décisions individuelles ou réglementaires dans les cas prévus par la présente loi.

La commission présente chaque année au Président de la République *(L. n° 2017-55 du 20 janv. 2017, art. 40-1°)* «et au Premier ministre» un rapport public rendant compte de l'exécution de sa mission.

Art. 13. I. — La Commission nationale de l'informatique et des libertés est composée de *(L. n° 2016-1321 du 7 oct. 2016, art. 25-1°)* «dix-huit» membres :

1° Deux députés et deux sénateurs;

2° Deux membres du Conseil économique, social et environnemental, élus par cette assemblée;

3° Deux membres ou anciens membres du Conseil d'État, d'un grade au moins égal à celui de conseiller, élus par l'assemblée générale du Conseil d'État;

4° Deux membres ou anciens membres de la Cour de cassation, d'un grade au moins égal à celui de conseiller, élus par l'assemblée générale de la Cour de cassation;

5° Deux membres ou anciens membres de la Cour des comptes, d'un grade au moins égal à celui de conseiller maître, élus par l'assemblée générale de la Cour des comptes;

6° Trois personnalités qualifiées pour leur connaissance *(L. n° 2016-1321 du 7 oct. 2016, art. 25-2°)* «du numérique» *(L. n° 2018-493 du 20 juin 2018, art. 2, en vigueur le 25 mai 2018)* «et» des questions touchant aux libertés individuelles, nommées par décret;

7° Deux personnalités qualifiées pour leur connaissance *(L. n° 2016-1321 du 7 oct. 2016, art. 25-2°)* «du numérique» *(L. n° 2018-493 du 20 juin 2018, art. 2, en vigueur le 25 mai 2018)* «et des questions touchant aux libertés individuelles», désignées respectivement par le président de l'Assemblée nationale et par le président du Sénat;

(L. n° 2016-1321 du 7 oct. 2016, art. 25-3°) «8° Le président de la Commission d'accès aux documents administratifs, ou son représentant.»

(L. n° 2011-334 du 29 mars 2011, art. 1er-I, en vigueur le 31 mars) «Elle comprend en outre, avec voix consultative, le Défenseur des droits ou son représentant.»

(Ord. n° 2015-948 du 31 juill. 2015, art. 15-I-1°) «Les deux membres désignés ou élus par une même autorité en application des 1° à 5° sont une femme et un homme. Les trois membres mentionnés au 6° comprennent au moins une femme et un homme.

«Les deux membres mentionnés au 7° sont une femme et un homme. Pour l'application de cette règle, le membre succédant à une femme est un homme et celui succédant à un homme, une femme. Toutefois, le nouveau membre désigné est de même sexe que celui qu'il remplace, soit en cas *(L. n° 2017-55 du 20 janv. 2017, art. 40-3°)* «de cessation du mandat avant son terme normal», soit en cas de renouvellement du mandat de l'autre membre mentionné au 7°.»

(L. n° 2017-55 du 20 janv. 2017, art. 40-3°) «Selon des modalités fixées par décret en Conseil d'État, le collège est, à l'exception de son président, renouvelé par moitié tous les deux ans et six mois.

«Le président est nommé par décret du Président de la République parmi les membres pour la durée de son mandat.» La commission élit en son sein deux vice-présidents, dont un vice-président délégué. *(L. n° 2017-55 du 20 janv. 2017, art. 40-3°)* «Le président et les vice-présidents» composent le bureau.

(L. n° 2017-55 du 20 janv. 2017, art. 40-3°) «Le président exerce ses fonctions à temps plein. Sa fonction est incompatible avec» toute détention, directe ou indirecte, d'intérêts dans une entreprise du secteur des communications électroniques ou de l'informatique.

«La durée du mandat de président est de cinq ans.

«Le président de la commission reçoit un traitement égal à celui afférent à la seconde des deux catégories supérieures des emplois de l'État classés hors échelle.»

(L. n° 2011-334 du 29 mars 2011, art. 5, en vigueur le 31 mars) «La formation restreinte de la commission est composée d'un président et de cinq autres membres élus par la commission en son sein. Les membres du bureau ne sont pas éligibles à la formation restreinte.»

En cas de partage égal des voix, celle du président est prépondérante.

II. — Le mandat des membres de la commission est de cinq ans; il est renouvelable une fois *(Ord. n° 2015-948 du 31 juill. 2015, art. 15-I-2°)* «, sous réserve des dixième et onzième alinéas du I».

(L. n° 2017-55 du 20 janv. 2017, art. 40-3°) «Le règlement intérieur de la commission» précise notamment les règles relatives aux délibérations, à l'instruction des dossiers et à leur présentation devant la commission *(L. n° 2009-526 du 12 mai 2009, art. 105-I-2°)* «, ainsi que les modalités de mise en œuvre de la procédure de labellisation prévue au *c* du 3° *(L. n° 2018-493 du 20 juin 2018, art. 34, en vigueur le 25 mai 2018)* «du I» de l'article 11».

Art. 15. Sous réserve des compétences du bureau et de la formation restreinte, la commission se réunit en formation plénière.

(L. n° 2018-493 du 20 juin 2018, art. 3, en vigueur le 25 mai 2018) «L'ordre du jour de la commission réunie en formation plénière est rendu public.»

En cas de partage égal des voix, la voix du président est prépondérante.

La commission peut charger le président ou le vice-président délégué d'exercer celles de ses attributions mentionnées :

— aux *e* et *f* du 2° *(L. n° 2018-493 du 20 juin 2018, art. 34, en vigueur le 25 mai 2018)* «du I» de l'article 11;

— au *c* du 2° *(L. n° 2018-493 du 20 juin 2018, art. 34, en vigueur le 25 mai 2018)* «du I» de l'article 11;

— au *d* du 4° *(L. n° 2018-493 du 20 juin 2018, art. 34, en vigueur le 25 mai 2018)* «du I» de l'article 11;

— aux articles 41 et 42;

— à l'article 54;

— *(L. n° 2009-526 du 12 mai 2009, art. 106)* «aux deux derniers alinéas de l'article 69, à l'exception des traitements mentionnés aux I ou II de l'article 26;»

(L. n° 2018-493 du 20 juin 2018, art. 3, en vigueur le 25 mai 2018) «— au 4 de l'article 34 du règlement (UE) 2016/679 du Parlement européen et du Conseil du 27 avril 2016 précité, pour les décisions donnant acte du respect des conditions mentionnées au 3 du même article 34;

«— aux *a* et *h* du 3 de l'article 58 du même règlement.

«Un décret en Conseil d'État, pris après avis de la Commission nationale de l'informatique et des libertés, fixe les conditions et limites dans lesquelles le président de la commission et le vice-président délégué peuvent déléguer leur signature.»

Art. 15 *bis*. *(L. n° 2016-1321 du 7 oct. 2016, art. 26)* La Commission nationale de l'informatique et des libertés et la Commission d'accès aux documents administratifs se réunissent dans un collège unique, sur l'initiative conjointe de leurs présidents, lorsqu'un sujet d'intérêt commun le justifie.

Art. 16. Le bureau peut être chargé par la commission d'exercer les attributions de celle-ci mentionnées :

— au dernier alinéa de l'article 19;

Art. 17. *(L. n° 2011-334 du 29 mars 2011, art. 3-2°, en vigueur le 31 mars)* La formation restreinte *(L. n° 2018-493 du 20 juin 2018, art. 4, en vigueur le 25 mai 2018)* «prend les mesures et» prononce les sanctions à l'encontre des responsables de traitements *[traitement] (L. n° 2018-493 du 20 juin 2018, art. 4, en vigueur le 25 mai 2018)* «ou des sous-traitants» qui ne respectent pas les obligations découlant *(L. n° 2018-493* *du 20 juin 2018, art. 4, en vigueur le 25 mai 2018)* «du règlement (UE) 2016/679 du Parlement européen et du Conseil du 27 avril 2016 précité et» de la présente loi dans les conditions prévues au chapitre VII.

(L. n° 2018-493 du 20 juin 2018, art. 4, en vigueur le 25 mai 2018) «Ses membres délibèrent hors de la présence des agents de la commission, à l'exception de ceux chargés de la tenue de la séance.»

Les membres de la formation restreinte ne peuvent participer à l'exercice des attributions de la commission mentionnées aux *c*, *e* et *f* du 2° *(L. n° 2018-493 du 20 juin 2018, art. 34, en vigueur le 25 mai 2018)* «du I» de l'article 11 et à l'article 44.

Art. 18. Un commissaire du Gouvernement, désigné par le Premier ministre, siège auprès de la commission. Des commissaires adjoints peuvent être désignés dans les mêmes conditions.

(L. n° 2018-493 du 20 juin 2018, art. 4, en vigueur le 25 mai 2018) «Le commissaire du Gouvernement assiste à toutes les délibérations de la commission réunie en formation plénière ainsi qu'à celles des réunions de son bureau qui ont pour objet l'exercice des attributions déléguées en application de l'article 16. Il peut assister aux séances de la formation restreinte, sans être présent au délibéré. Il est rendu destinataire de l'ensemble des avis et décisions de la commission et de la formation restreinte.»

«Sauf en matière de mesures ou de sanctions relevant du chapitre VII, il peut provoquer une seconde délibération de la commission, qui doit intervenir dans les dix jours suivant la délibération initiale.»

Art. 19. Les agents de la commission sont nommés par le président.

En cas de besoin, le vice-président délégué exerce les attributions du président.

Le secrétaire général est chargé du fonctionnement et de la coordination des services sous l'autorité du président.

Ceux des agents qui peuvent être appelés à participer à la mise en œuvre des missions de vérification mentionnées à l'article 44 doivent y être habilités par la commission; cette habilitation ne dispense pas de l'application des dispositions définissant les procédures autorisant l'accès aux secrets protégés par la loi.

Art. 20. Les agents de la commission sont astreints au secret professionnel pour les faits, actes ou renseignements dont ils ont pu avoir connaissance en raison de leurs fonctions, dans les conditions prévues à l'article 413-10 du code pénal et, sous réserve de ce qui est nécessaire à l'établissement du rapport annuel, à l'article 226-13 du même code.

Art. 21. Les ministres, autorités publiques, dirigeants d'entreprises publiques ou privées, responsables de groupements divers et plus généralement les détenteurs ou utilisateurs de traitements ou de fichiers de données à caractère personnel ne peuvent s'opposer à l'action de la commission ou de ses membres et doivent au contraire prendre toutes mesures utiles afin de faciliter sa tâche.

Sauf dans les cas où elles sont astreintes au secret professionnel, les personnes interrogées dans le cadre des vérifications faites par la commission en application du *f* du 2° *(L. n° 2018-493 du 20 juin 2018, art. 34, en vigueur le 25 mai 2018)* «du I» de l'article 11 sont tenues de fournir les renseignements demandés par celle-ci pour l'exercice de ses missions.

CHAPITRE VII

Mesures et sanctions prises par la formation restreinte de la Commission nationale de l'informatique et des libertés

(L. n° 2018-493 du 20 juin 2018, art. 7, en vigueur le 25 mai 2018).
(L. n° 2004-801 du 6 août 2004, art. 7)

Art. 45. *(L. n° 2018-493 du 20 juin 2018, art. 7, en vigueur le 25 mai 2018)* I. — Le président de la Commission nationale de l'informatique et des libertés peut avertir un responsable de traitement ou son sous-traitant du fait que les opérations de traitement envisagées sont susceptibles de violer les dispositions du règlement (UE) 2016/679 du Parlement européen et du Conseil du 27 avril 2016 précité ou de la présente loi.

II. — Lorsque le responsable de traitement ou son sous-traitant ne respecte pas les obligations résultant du règlement (UE) 2016/679 du Parlement européen et du Conseil du 27 avril 2016 précité ou de la présente loi, le président de la Commission nationale de l'informatique et des libertés peut, si le manquement constaté est susceptible de faire l'objet d'une mise en conformité, prononcer à son égard une mise en demeure, dans le délai qu'il fixe :

1° De satisfaire aux demandes présentées par la personne concernée en vue d'exercer ses droits;

2° De mettre les opérations de traitement en conformité avec les dispositions applicables;

3° A l'exception des traitements qui intéressent la sûreté de l'État ou la défense, de communiquer à la personne concernée une violation de données à caractère personnel;

4° De rectifier ou d'effacer des données à caractère personnel, ou de limiter le traitement de ces données.

Dans le cas prévu au 4° du présent II, le président peut, dans les mêmes conditions, mettre en demeure le responsable de traitement ou son sous-traitant de notifier aux destinataires des données les mesures qu'il a prises.

Le délai de mise en conformité peut être fixé à vingt-quatre heures en cas d'extrême urgence.

Le président prononce, le cas échéant, la clôture de la procédure de mise en demeure.

Le président peut demander au bureau de rendre publique la mise en demeure. Dans ce cas, la décision de clôture de la procédure de mise en demeure fait l'objet de la même publicité.

III. — Lorsque le responsable de traitement ou son sous-traitant ne respecte pas les obligations résultant du règlement (UE) 2016/679 du Parlement européen et du Conseil du 27 avril 2016 précité ou de la présente loi, le président de la Commission nationale de l'informatique et des libertés peut également, le cas échéant après lui avoir adressé l'avertissement prévu au I du présent article ou, le cas échéant en complément d'une mise en demeure prévue au II, saisir la formation restreinte de la commission en vue du prononcé, après procédure contradictoire, de l'une ou de plusieurs des mesures suivantes :

1° Un rappel à l'ordre;

2° Une injonction de mettre en conformité le traitement avec les obligations résultant de la présente loi ou du règlement (UE) 2016/679 du Parlement européen et du Conseil du 27 avril 2016 précité ou de satisfaire aux demandes présentées par la personne concernée en vue d'exercer ses droits, qui peut être assortie, sauf dans des cas où le traitement est mis en œuvre par l'État, d'une astreinte dont le montant ne peut excéder 100000 € par jour de retard à compter de la date fixée par la formation restreinte;

3° A l'exception des traitements qui intéressent la sûreté de l'État ou la défense ou de ceux relevant du chapitre XIII de la présente loi lorsqu'ils sont mis en œuvre pour le compte de l'État, la limitation temporaire ou définitive du traitement, son interdiction ou le retrait d'une autorisation accordée en application du même règlement ou de la présente loi;

4° Le retrait d'une certification ou l'injonction, à l'organisme certificateur concerné, de refuser une certification ou de retirer la certification accordée;

5° La suspension des flux de données adressées à un destinataire situé dans un pays tiers ou à une organisation internationale;

6° La suspension partielle ou totale de la décision d'approbation des règles d'entreprise contraignantes;

7° A l'exception des cas où le traitement est mis en œuvre par l'État, une amende administrative ne pouvant excéder 10 millions d'euros ou, s'agissant d'une entreprise, 2% du chiffre d'affaires annuel mondial total de l'exercice précédent, le montant le plus élevé étant retenu. Dans les hypothèses mentionnées aux 5 et 6 de l'article 83 du règlement (UE) 2016/679 du Parlement européen et du Conseil du 27 avril 2016 précité, ces plafonds sont portés, respectivement, à 20 millions d'euros et 4% dudit chiffre d'affaires. La formation restreinte prend en compte, dans la détermination du montant de l'amende, les critères précisés au même article 83.

Le projet de mesure est, le cas échéant, soumis aux autres autorités de contrôle concernées selon les modalités définies à l'article 60 du même règlement.

Art. 46. *(L. n° 2018-493 du 20 juin 2018, art. 7, en vigueur le 25 mai 2018)* I. — Lorsque le non-respect des dispositions du règlement (UE) 2016/679 du Parlement européen et du Conseil du 27 avril 2016 précité ou de la présente loi entraîne une violation des droits et libertés mentionnés à l'article 1er de la présente loi et que le président de la commission considère qu'il est urgent d'intervenir, il saisit la formation restreinte, qui peut, dans le cadre d'une procédure d'urgence contradictoire définie par décret en Conseil d'État, adopter l'une des mesures suivantes :

1° L'interruption provisoire de la mise en œuvre du traitement, y compris d'un transfert de données hors de l'Union européenne, pour une durée maximale de trois mois, si le traitement n'est pas au nombre de ceux qui intéressent la sûreté de l'État ou la défense ou de ceux relevant du chapitre XIII lorsqu'ils sont mis en œuvre pour le compte de l'État;

2° La limitation du traitement de certaines des données à caractère personnel traitées, pour une durée maximale de trois mois, si le traitement n'est pas au nombre de ceux qui intéressent la sûreté de l'État ou la défense ou de ceux relevant du même chapitre XIII lorsqu'ils sont mis en œuvre pour le compte de l'État;

3° La suspension provisoire de la certification délivrée au responsable de traitement ou à son sous-traitant;

4° La suspension provisoire de l'agrément délivré à un organisme de certification ou un organisme chargé du respect d'un code de conduite;

5° La suspension provisoire de l'autorisation délivrée sur le fondement du III de l'article 54 de la présente loi;

6° L'injonction de mettre en conformité le traitement avec les obligations résultant du règlement (UE) 2016/679 du Parlement européen et du Conseil du 27 avril 2016 précité ou de la présente loi ou de satisfaire aux demandes présentées par la personne concernée en vue d'exercer ses droits, qui peut être assortie, sauf dans le cas où le traitement est mis en œuvre par l'État, d'une astreinte dont le montant ne peut excéder 100000 € par jour de retard à compter de la date fixée par la formation restreinte;

7° Un rappel à l'ordre;

8° L'information du Premier ministre pour qu'il prenne, le cas échéant, les mesures permettant de faire cesser la violation constatée, si le traitement en cause est au nombre de ceux qui intéressent la sûreté de l'État ou la défense ou de ceux relevant du chapitre XIII de la présente loi lorsqu'ils sont mis en œuvre pour le compte de l'État. Le Premier ministre fait alors connaître à la formation restreinte les suites qu'il a données à cette information au plus tard quinze jours après l'avoir reçue.

II. — En cas de circonstances exceptionnelles prévues au 1 de l'article 66 du règlement (UE) 2016/679 du Parlement européen et du Conseil du 27 avril 2016 précité, lorsque la formation restreinte adopte les mesures provisoires prévues aux 1° à 4° du I du présent article, elle informe sans délai de la teneur des mesures prises et de leurs motifs les autres autorités de contrôle concernées, le Comité européen de la protection des données et la Commission européenne.

Lorsque la formation restreinte a pris de telles mesures et qu'elle estime que des mesures définitives doivent être prises, elle met en œuvre les dispositions du 2 de l'article 66 du règlement (UE) 2016/679 du Parlement européen et du Conseil du 27 avril 2016 précité.

III. — Pour les traitements relevant du règlement (UE) 2016/679 du Parlement européen et du Conseil du 27 avril 2016 précité, lorsqu'une autorité de contrôle compétente en application du même règlement n'a pas pris de mesure appropriée dans une situation où *[dans laquelle]* il est urgent d'intervenir afin de protéger les droits et libertés des personnes concernées, la formation restreinte, saisie par le président de la commission, peut demander au Comité européen de la protection des données un avis d'urgence ou une décision contraignante d'urgence dans les conditions et selon les modalités prévues aux 3 et 4 de l'article 66 dudit règlement.

IV. — En cas d'atteinte grave et immédiate aux droits et libertés mentionnés à l'article 1er de la présente loi, le président de la commission peut en outre demander, par la voie du référé, à la juridiction compétente d'ordonner, le cas échéant sous astreinte, toute mesure nécessaire à la sauvegarde de ces droits et libertés.

Art. 47. *(L. n° 2018-493 du 20 juin 2018, art. 7, en vigueur le 25 mai 2018)* Les mesures prévues au III de l'article 45 et aux 1° à 7° du I de l'article 46 sont prononcées sur la base d'un rapport établi par l'un des membres de la Commission nationale de l'informatique et des libertés, désigné par le président de celle-ci parmi les membres n'appartenant pas à la formation restreinte. Ce rapport est notifié au responsable de traitement ou à son sous-traitant, qui peut déposer des observations et se faire représenter ou assister. Le rapporteur peut présenter des observations orales à la formation restreinte mais ne prend pas part à ses délibérations. La formation restreinte peut entendre toute personne dont l'audition lui paraît susceptible de contribuer utilement à son information, y compris, à la demande du secrétaire général de la commission, les agents des services de celle-ci.

La formation restreinte peut rendre publiques les mesures qu'elle prend. Elle peut également ordonner leur insertion dans des publications, journaux et supports qu'elle désigne, aux frais des personnes sanctionnées.

Sans préjudice des obligations d'information qui incombent au responsable de traitement ou à son sous-traitant en application de l'article 34 du règlement (UE) 2016/679 du Parlement européen et du Conseil du 27 avril 2016 précité, la formation restreinte peut ordonner que ce responsable ou ce sous-traitant informe individuellement, à ses frais, chacune des personnes concernées de la violation relevée des dispositions de la présente loi ou du règlement précité ainsi que, le cas échéant, de la mesure prononcée.

Lorsque la formation restreinte a prononcé une sanction pécuniaire devenue définitive avant que le juge pénal ait statué définitivement sur les mêmes faits ou *[sur]* des faits connexes, celui-ci peut ordonner que l'amende administrative s'impute sur l'amende pénale qu'il prononce.

L'astreinte est liquidée par la formation restreinte, qui en fixe le montant définitif.

Les sanctions pécuniaires et les astreintes sont recouvrées comme les créances de l'État étrangères à l'impôt et au domaine.

Art. 48. *(L. nº 2018-493 du 20 juin 2018, art. 7, en vigueur le 25 mai 2018)* Lorsqu'un organisme de certification ou un organisme chargé du respect d'un code de conduite a manqué à ses obligations ou n'a pas respecté les dispositions du règlement (UE) 2016/679 du Parlement européen et du Conseil du 27 avril 2016 précité ou celles de la présente loi, le président de la Commission nationale de l'informatique et des libertés peut, le cas échéant après mise en demeure, saisir la formation restreinte de la commission, qui peut prononcer, dans les mêmes conditions que celles prévues aux articles 45 à 47, le retrait de l'agrément qui a été délivré à cet organisme.

CHAPITRE VII *BIS*

De la coopération

(L. nº 2018-493 du 20 juin 2018, art. 6, en vigueur le 25 mai 2018)

Art. 49. *(L. nº 2018-493 du 20 juin 2018, art. 6, en vigueur le 25 mai 2018)* Dans les conditions prévues aux articles 60 à 67 du règlement (UE) 2016/679 du Parlement européen et du Conseil du 27 avril 2016 précité, la Commission nationale de l'informatique et des libertés met en œuvre des procédures de coopération et d'assistance mutuelle avec les autorités de contrôle des autres États membres de l'Union européenne et réalise avec ces autorités des opérations conjointes.

La commission, le président, le bureau, la formation restreinte et les agents de la commission mettent en œuvre, chacun pour ce qui le concerne, les procédures mentionnées au premier alinéa du présent article.

La commission peut charger le bureau :

1° D'exercer ses prérogatives en tant qu'autorité concernée, au sens du règlement (UE) 2016/679 du Parlement européen et du Conseil du 27 avril 2016 précité, et en particulier d'émettre une objection pertinente et motivée au projet de décision d'une autre autorité de contrôle ;

2° Lorsque la commission adopte un projet de décision en tant qu'autorité *[de contrôle]* chef de file ou autorité compétente, de mettre en œuvre les procédures de coopération, de contrôle de la cohérence et de règlement des litiges prévues par le règlement (UE) 2016/679 du Parlement européen et du Conseil du 27 avril 2016 précité et d'arrêter la décision au nom de la commission.

Art. 49-1. *(L. nº 2018-493 du 20 juin 2018, art. 6, en vigueur le 25 mai 2018)* I. — Pour l'application de l'article 62 du règlement (UE) 2016/679 du Parlement européen et du Conseil du 27 avril 2016 précité, la Commission nationale de l'informatique et des libertés coopère avec les autorités de contrôle des autres États membres de l'Union européenne, dans les conditions prévues au présent article.

II. — Qu'elle agisse en tant qu'autorité de contrôle chef de file ou en tant qu'autorité *[de contrôle]* concernée au sens des articles 4 et 56 du règlement (UE) 2016/679 du Parlement européen et du Conseil du 27 avril 2016 précité, la Commission nationale de l'informatique et des libertés est compétente pour traiter une réclamation ou une éventuelle violation des dispositions du même règlement affectant par ailleurs d'autres États membres. Le président de la commission invite les autres autorités de contrôle concernées à participer aux opérations de contrôle conjointes qu'il décide de conduire.

III. — Lorsqu'une opération de contrôle conjointe se déroule sur le territoire français, des membres ou *[des]* agents habilités de la commission, agissant en tant qu'autorité de contrôle d'accueil, sont présents aux côtés des membres et *[des]* agents des autres autorités de contrôle participant, le cas échéant, à l'opération. A la demande de l'autorité de contrôle d'un État membre, le président de la commission peut habiliter, par décision particulière, ceux des membres ou *[des]* agents de l'autorité de contrôle concernée qui présentent des garanties comparables à celles requises des agents de la commission, en application de l'article 19 de la présente loi, à exercer, sous son autorité, tout ou partie des pouvoirs de vérification et d'enquête dont disposent les membres et les agents de la commission.

IV. — Lorsque la commission est invitée à contribuer à une opération de contrôle conjointe décidée par l'autorité de contrôle d'un autre État membre, le président de la commission se prononce sur le principe et les conditions de la participation, désigne les membres et *[les]* agents habilités et en informe l'autorité requérante dans les conditions prévues à l'article 62 du règlement (UE) 2016/679 du Parlement européen et du Conseil du 27 avril 2016 précité.

Art. 49-2. *(L. nº 2018-493 du 20 juin 2018, art. 6, en vigueur le 25 mai 2018)* I. — Les traitements mentionnés à l'article 70-1 font l'objet d'une coopération entre la Commission nationale de l'informatique et des libertés et les autorités de contrôle des autres États membres de l'Union européenne dans les conditions prévues au présent article.

II. — La commission communique aux autorités de contrôle des autres États membres les informations utiles et leur prête assistance en mettant notamment en œuvre, à leur demande, des mesures de contrôle telles que des mesures de consultation, d'inspection et d'enquête.

La commission répond à une demande d'assistance mutuelle formulée par une autre autorité de contrôle dans les meilleurs délais et au plus tard un mois après réception de la demande contenant toutes les informations nécessaires, notamment sa finalité et ses motifs. Elle ne peut refuser de satisfaire à cette demande que si elle n'est pas compétente pour traiter l'objet de la demande ou les mesures qu'elle est invitée à exécuter, ou si une disposition du droit de l'Union européenne ou du droit français y fait obstacle.

La commission informe l'autorité de contrôle requérante des résultats obtenus ou, selon le cas, de l'avancement du dossier ou des mesures prises pour donner suite à la demande.

La commission peut, pour l'exercice de ses missions, solliciter l'assistance d'une autorité de contrôle d'un autre État membre de l'Union européenne.

La commission donne les motifs de tout refus de satisfaire à une demande lorsqu'elle estime ne pas être compétente ou lorsqu'elle considère que satisfaire à la demande constituerait une violation du droit de l'Union européenne ou du droit français.

Art. 49-3. *(L. n° 2018-493 du 20 juin 2018, art. 6, en vigueur le 25 mai 2018)* Lorsque la commission agit en tant qu'autorité de contrôle chef de file s'agissant d'un traitement transfrontalier au sein de l'Union européenne, elle communique sans tarder aux autres autorités de contrôle concernées le rapport du rapporteur mentionné au premier alinéa de l'article 47 ainsi que l'ensemble des informations utiles de la procédure ayant permis d'établir le rapport, avant l'éventuelle audition du responsable de traitement ou de son sous-traitant. Les autorités concernées sont mises en mesure d'assister, par tout moyen de retransmission approprié, à l'audition par la formation restreinte du responsable de traitement ou de son sous-traitant, ou de prendre connaissance d'un procès-verbal dressé à la suite de l'audition.

Après en avoir délibéré, la formation restreinte soumet son projet de décision aux autres autorités de contrôle concernées conformément à la procédure définie à l'article 60 du règlement (UE) 2016/679 du Parlement européen et du Conseil du 27 avril 2016 précité. A ce titre, elle se prononce sur la prise en compte des objections pertinentes et motivées émises par ces autorités et saisit, si elle décide d'écarter l'une des objections, le Comité européen de la protection des données conformément à l'article 65 du même règlement.

Les conditions d'application du présent article sont définies par décret en Conseil d'État, après avis de la Commission nationale de l'informatique et des libertés.

Art. 49-4. *(L. n° 2018-493 du 20 juin 2018, art. 6, en vigueur le 25 mai 2018)* Lorsque la commission agit en tant qu'autorité de contrôle concernée, au sens du règlement (UE) 2016/679 du Parlement européen et du Conseil du 27 avril 2016 précité, le président de la commission est saisi des projets de mesures correctrices soumis à la commission par une autorité de contrôle chef de file.

Lorsque ces mesures sont d'objet équivalent à celles définies aux I et II de l'article 45 de la présente loi, le président décide, le cas échéant, d'émettre une objection pertinente et motivée, selon les modalités prévues à l'article 60 du règlement (UE) 2016/679 du Parlement européen et du Conseil du 27 avril 2016 précité.

Lorsque ces mesures sont d'objet équivalent à celles définies au III de l'article 45 de la présente loi, le président saisit la formation restreinte. Le président de la formation restreinte ou le membre de la formation restreinte qu'il désigne peut, le cas échéant, émettre une objection pertinente et motivée selon les mêmes modalités.

Art. 49-5. *(L. n° 2016-1321 du 7 oct. 2016, art. 66)* La Commission nationale de l'informatique et des libertés peut, à la demande d'une autorité exerçant des compétences analogues aux siennes dans un État non membre de l'Union européenne, dès lors que celui-ci offre un niveau de protection adéquat des données à caractère personnel, procéder à des vérifications dans les mêmes conditions que celles prévues à l'article 44, sauf s'il s'agit d'un traitement mentionné aux I ou II de l'article 26.

La commission est habilitée à communiquer les informations qu'elle recueille ou qu'elle détient, à leur demande, aux autorités exerçant des compétences analogues aux siennes dans des États non membres de l'Union européenne, dès lors que ceux-ci offrent un niveau de protection adéquat des données à caractère personnel.

Pour la mise en œuvre du présent article, la commission conclut préalablement une convention organisant ses relations avec l'autorité exerçant des compétences analogues aux siennes. Cette convention est publiée au *Journal officiel*.

C – LES DISPOSITIONS PÉNALES

133 Code pénal (articles 226-16 à 226-23)

TITRE II

DES ATTEINTES À LA PERSONNE HUMAINE

CHAPITRE VI

Des atteintes à la personnalité

Section V

Des atteintes aux droits de la personne résultant des fichiers ou des traitements informatiques

Art. 226-16. *(L. n° 2004-801 du 6 août 2004, art. 14)* Le fait, y compris par négligence, de procéder ou de faire procéder à des traitements de données à caractère personnel sans qu'aient été respectées les formalités préalables à leur mise en œuvre prévues par la loi est puni de cinq ans d'emprisonnement et de 300000 € d'amende.

Est puni des mêmes peines le fait, y compris par négligence, de procéder ou de faire procéder à un traitement qui a fait l'objet de l'une des mesures prévues au *(L. n° 2016-1321 du 7 oct. 2016, art. 64)* «3°» du *(L. n° 2018-493 du 20 juin 2018, art. 7)* «III» de l'article *(Ord. n° 2018-1125 du 12 déc. 2018, art. 13, en vigueur au plus tard le 1er juin 2019)* «20» de la loi n° 78-17 du 6 janvier 1978 relative à l'informatique, aux fichiers et aux libertés.

Art. 226-16-1. *(L. n° 2004-801 du 6 août 2004, art. 14)* Le fait, hors les cas où le traitement a été autorisé dans les conditions prévues par la loi n° 78-17 du 6 janvier 1978 précitée, de procéder ou faire procéder à un traitement de données à caractère personnel incluant parmi les données sur lesquelles il porte le numéro d'inscription des personnes au répertoire national d'identification des personnes physiques, est puni de cinq ans d'emprisonnement et de 300000 € d'amende.

Art. 226-17. *(L. n° 2004-801 du 6 août 2004, art. 14)* Le fait de procéder ou de faire procéder à un traitement de données à caractère personnel sans mettre en œuvre les mesures prescrites *(Ord. n° 2018-1125 du 12 déc. 2018, art. 13, en vigueur au plus tard le 1er juin 2019)* «aux articles 24, 25, 30 et 32 du règlement (UE) 2016/679 du 27 avril 2016 précité ou au 6° de l'article 4 et aux articles 99 à 101» de la loi n° 78-17 du 6 janvier 1978 précitée est puni de cinq ans d'emprisonnement et de 300000 € d'amende.

Art. 226-17-1. *(Ord. n° 2011-1012 du 24 août 2011, art. 39)* Le fait pour un fournisseur de services de communications électroniques *(Ord. n° 2018-1125 du 12 déc. 2018, art. 13, en vigueur au plus tard le 1er juin 2019)* «ou pour un responsable de traitement» de ne pas procéder à la notification d'une violation de données à caractère personnel à la Commission nationale de l'informatique et des libertés ou à l'intéressé, en méconnaissance des *(Ord. n° 2018-1125 du 12 déc. 2018, art. 13, en vigueur au plus tard le 1er juin 2019)* «articles 33 et 34 du règlement (UE) 2016/679 du 27 avril 2016 précité ou des dispositions du II de l'article 83 et de l'article 102» de la loi n° 78-17 du 6 janvier 1978, est puni de cinq ans d'emprisonnement et de 300000 € d'amende.

(Ord. n° 2018-1125 du 12 déc. 2018, art. 13, en vigueur au plus tard le 1er juin 2019) «Est puni des mêmes peines le fait pour un sous-traitant de ne pas notifier cette violation au responsable de traitement en méconnaissance de l'article 33 du règlement (UE) 2016/679 du 27 avril 2016 précité ou de l'article 102 de la loi n° 78-17 du 6 janvier 1978 précitée.»

Art. 226-18. *(L. n° 2004-801 du 6 août 2004, art. 14)* Le fait de collecter des données à caractère personnel par un moyen frauduleux, déloyal ou illicite est puni de cinq ans d'emprisonnement et de 300000 € d'amende.

Art. 226-18-1. *(L. n° 2004-801 du 6 août 2004, art. 14)* Le fait de procéder à un traitement de données à caractère personnel concernant une personne physique malgré l'opposition de cette personne, lorsque ce traitement répond à des fins de prospection, notamment commerciale, ou lorsque cette opposition est fondée sur des motifs légitimes, est puni de cinq ans d'emprisonnement et de 300000 € d'amende.

Art. 226-19. *(L. n° 2004-801 du 6 août 2004, art. 14)* Le fait, hors les cas prévus par la loi, de mettre ou de conserver en mémoire informatisée, sans le consentement exprès de l'intéressé, des données à caractère personnel qui, directement ou indirectement, font apparaître les origines raciales ou ethniques, les opinions politiques, philosophiques ou religieuses, ou les appartenances syndicales des personnes, ou qui sont relatives à la santé ou à l'orientation *(L. n° 2017-86 du 27 janv. 2017, art. 171)* «sexuelle ou à l'identité de genre» de celles-ci, est puni de cinq ans d'emprisonnement et de 300000 € d'amende.

Est puni des mêmes peines le fait, hors les cas prévus par la loi, de mettre ou de conserver en mémoire informatisée des données à caractère personnel concernant des infractions, des condamnations ou des mesures de sûreté.

(Ord. n° 2018-1125 du 12 déc. 2018, art. 13, en vigueur au plus tard le 1er juin 2019) «Les dispositions du présent article sont applicables aux traitements non automatisés de données à caractère personnel dont la mise en œuvre ne se limite pas à l'exercice d'activités exclusivement personnelles.»

Art. 226-19-1. *(L. n° 2004-801 du 6 août 2004, art. 14)* En cas de traitement de données à caractère personnel ayant pour fin la recherche dans le domaine de la santé, est puni de cinq ans d'emprisonnement et de 300000 € d'amende le fait de procéder à un traitement :

1° Sans avoir préalablement informé individuellement les personnes sur le compte desquelles des données à caractère personnel sont recueillies ou transmises de leur droit d'accès, de rectification et d'opposition, de la nature des données transmises et des destinataires de celles-ci ;

2° Malgré l'opposition de la personne concernée ou, lorsqu'il est prévu par la loi, en l'absence du consentement éclairé et exprès de la personne, ou s'il s'agit d'une personne décédée, malgré le refus exprimé par celle-ci de son vivant.

Art. 226-20. *(L. n° 2004-801 du 6 août 2004, art. 14)* Le fait de conserver des données à caractère personnel au-delà de la durée prévue par la loi ou le règlement, par la demande d'autorisation ou d'avis, ou par la déclaration préalable adressée à la Commission nationale de l'informatique et des libertés, est puni de cinq ans d'emprisonnement et de 300000 € d'amende, sauf si cette conservation est effectuée à des fins historiques, statistiques ou scientifiques dans les conditions prévues par la loi.

Est puni des mêmes peines le fait, hors les cas prévus par la loi, de traiter à des fins autres qu'historiques, statistiques ou scientifiques des données à caractère personnel conservées au-delà de la durée mentionnée au premier alinéa.

Art. 226-21. *(L. n° 2004-801 du 6 août 2004, art. 14)* Le fait, par toute personne détentrice de données à caractère personnel à l'occasion de leur enregistrement, de leur classement, de leur transmission ou de toute autre forme de traitement, de détourner ces informations de leur finalité telle que définie par la disposition législative, l'acte réglementaire ou la décision de la Commission nationale de l'informatique et des libertés autorisant le traitement automatisé, ou par les déclarations préalables à la mise en œuvre de ce traitement, est puni de cinq ans d'emprisonnement et de 300000 € d'amende.

Art. 226-22. *(L. n° 2004-801 du 6 août 2004, art. 14)* Le fait, par toute personne qui a recueilli, à l'occasion de leur enregistrement, de leur classement, de leur transmission ou d'une autre forme de traitement, des données à caractère personnel dont la divulgation aurait pour effet de porter atteinte à la considération de l'intéressé ou à l'intimité de sa vie privée, de porter, sans autorisation de l'intéressé, ces données à la connaissance d'un tiers qui n'a pas qualité pour les recevoir est puni de cinq ans d'emprisonnement et de 300000 € d'amende.

La divulgation prévue à l'alinéa précédent est punie de trois ans d'emprisonnement et de 100000 € d'amende lorsqu'elle a été commise par imprudence ou négligence.

Dans les cas prévus aux deux alinéas précédents, la poursuite ne peut être exercée que sur plainte de la victime, de son représentant légal ou de ses ayants droit.

Art. 226-22-1. *(L. n° 2004-801 du 6 août 2004, art. 14)* Le fait de procéder ou de faire procéder à un transfert de données à caractère personnel faisant l'objet ou destinées à faire l'objet d'un traitement vers un État n'appartenant pas à *(L. n° 2018-493 du 20 juin 2018, art. 27)* «l'Union européenne ou à une organisation internationale en violation du chapitre V du règlement (UE) 2016/679 du Parlement européen et du Conseil du 27 avril 2016 relatif à la protection des personnes physiques à l'égard du traitement des données à caractère personnel et à la libre circulation de ces données, et abrogeant la directive 95/46/CE, ou des articles *(Ord. n° 2018-1125 du 12 déc. 2018, art. 13, en vigueur au plus tard le 1er juin 2019)* «112 à 114»» de la loi n° 78-17 du 6 janvier 1978 précitée est puni de cinq ans d'emprisonnement et de 300000 € d'amende.

Art. 226-22-2. *(Ord. n° 2018-1125 du 12 déc. 2018, art. 13, en vigueur au plus tard le 1er juin 2019)* Est puni d'un an d'emprisonnement et de 15000 € d'amende le fait d'entraver l'action de la Commission nationale de l'informatique et des libertés :

1° Soit en s'opposant à l'exercice des missions confiées à ses membres ou aux agents habilités en application du dernier alinéa de l'article 10 de la loi n° 78-17 du 6 janvier 1978 précitée lorsque la visite a été autorisée par le juge;

2° Soit en refusant de communiquer à ses membres ou aux agents habilités en application du dernier alinéa de l'article 10 de la même loi, ou aux agents d'une autorité de contrôle d'un État membre de l'Union européenne en application de l'article 62 du règlement (UE) 2016/679 du 27 avril 2016 précité, les renseignements et documents utiles à leur mission, ou en dissimulant lesdits documents ou renseignements, ou en les faisant disparaître;

3° Soit en communiquant des informations qui ne sont pas conformes au contenu des enregistrements tel qu'il était au moment où la demande a été formulée ou qui ne présentent pas ce contenu sous une forme directement accessible.

Art. 226-23. *(L. n° 2004-801 du 6 août 2004, art. 14)* Les dispositions de l'article 226-19 sont applicables aux traitements non automatisés de données à caractère personnel dont la mise en œuvre ne se limite pas à l'exercice d'activités exclusivement personnelles.

Section 2

Les méthodes de surveillance

A – LES ÉCOUTES

134 Code de procédure pénale (articles 100 à 100-7)

TITRE III

DES JURIDICTIONS D'INSTRUCTION

CHAPITRE Ier

Du juge d'instruction : juridiction d'instruction du premier degré

Section III

Des transports, des perquisitions, des saisies et des interceptions de correspondances émises par la voie des télécommunications

Sous-Section 2 – Des interceptions de correspondances émises par la voie des communications électroniques (L. n° 2016-731 du 3 juin 2016, art. 57).
(L. n° 91-646 du 10 juill. 1991)

Art. 100. En matière criminelle et en matière correctionnelle, si la peine encourue est égale ou supérieure à *(L. n° 2019-222 du 23 mars 2019, art. 44-V et 109-XIII, en vigueur le 1er juin 2019)* «trois» ans d'emprisonnement, le juge d'instruction peut, lorsque les nécessités de l'information l'exigent, prescrire l'interception, l'enregistrement et la transcription de correspondances émises par la voie des *(L. n° 2016-731 du 3 juin 2016, art. 57)* «communications électroniques». Ces opérations sont effectuées sous son autorité et son contrôle.

La décision d'interception est écrite. Elle n'a pas de caractère juridictionnel et n'est susceptible d'aucun recours.

(L. n° 2019-222 du 23 mars 2019, art. 44-V et 109-XIII, en vigueur le 1er juin 2019) «En cas de délit puni d'une peine d'emprisonnement commis par la voie des communications électroniques sur la ligne de la victime, l'interception peut également être autorisée, selon les mêmes modalités, si elle intervient sur cette ligne à la demande de la victime.»

Art. 100-1. La décision prise en application de l'article 100 *(L. n° 2019-222 du 23 mars 2019, art. 44-VI et 109-XIII, en vigueur le 1er juin 2019)* «est motivée par référence aux éléments de fait et de droit justifiant que ces opérations sont nécessaires. Elle comporte tous les éléments d'identification de la liaison à intercepter, l'infraction qui motive le recours à l'interception ainsi que la durée de celle-ci.»

Art. 100-2. Cette décision est prise pour une durée maximum de quatre mois. Elle ne peut être renouvelée que dans les mêmes conditions de forme et de durée *(L. n° 2016-731 du 3 juin 2016, art. 57)* «, sans que la durée totale de l'interception puisse excéder un an ou, s'il s'agit d'une infraction prévue aux articles 706-73 et 706-73-1, deux ans».

Art. 100-3. Le juge d'instruction ou l'officier de police judiciaire commis par lui peut requérir tout agent qualifié d'un service ou organisme placé sous l'autorité ou la tutelle du ministre chargé des *(L. n° 2016-731 du 3 juin 2016, art. 57)* «communications électroniques» ou tout agent qualifié d'un exploitant de réseau ou fournisseur de services de *(L. n° 2016-731 du 3 juin 2016, art. 57)* «communications électroniques» autorisé, en vue de procéder à l'installation d'un dispositif d'interception.

Art. 100-4. Le juge d'instruction ou l'officier de police judiciaire commis par lui dresse procès-verbal de chacune des opérations d'interception et d'enregistrement. Ce procès-verbal mentionne la date et l'heure auxquelles l'opération a commencé et celles auxquelles elle s'est terminée.

Les enregistrements sont placés sous scellés fermés.

Art. 100-5. Le juge d'instruction ou l'officier de police judiciaire commis par lui transcrit la correspondance utile à la manifestation de la vérité. Il en est dressé procès-verbal. Cette transcription est versée au dossier.

Les correspondances en langue étrangère sont transcrites en français avec l'assistance d'un interprète requis à cette fin.

(L. n° 2005-1549 du 12 déc. 2005, art. 38) «A peine de nullité, ne peuvent être transcrites les correspondances avec un avocat relevant de l'exercice des droits de la défense.»

(L. n° 2010-1 du 4 janv. 2010) «A peine de nullité, ne peuvent être transcrites les correspondances avec un journaliste permettant d'identifier une source en violation de l'article 2 de la loi du 29 juillet 1881 sur la liberté de la presse.»

Art. 100-6. Les enregistrements sont détruits, à la diligence du procureur de la République ou du procureur général, à l'expiration du délai de prescription de l'action publique.

Il est dressé procès-verbal de l'opération de destruction.

Art. 100-7. *(L. n° 95-125 du 8 févr. 1995)* «Aucune interception ne peut avoir lieu sur la ligne d'un député ou d'un sénateur sans que le président de l'assemblée à laquelle il appartient en soit informé par le juge d'instruction.»

Aucune interception ne peut avoir lieu sur une ligne dépendant du cabinet d'un avocat ou de son domicile sans que le bâtonnier en soit informé par le juge d'instruction.

(L. n° 2004-204 du 9 mars 2004, art. 5) «Aucune interception ne peut avoir lieu sur une ligne dépendant du cabinet d'un magistrat ou de son domicile sans que le premier président ou le procureur général de la juridiction où il réside en soit informé.»

(L. n° 93-1013 du 24 août 1993) «Les formalités prévues par le présent article sont prescrites à peine de nullité.»

B – LES CAMÉRAS ET LA VIDÉOPROTECTION

135 Code de la sécurité intérieure (articles L. 241-1 et L. 251-1 à 254-1)

TITRE IV

CAMÉRAS MOBILES

CHAPITRE UNIQUE

Art. L. 241-1. *(L. nº 2016-731 du 3 juin 2016, art. 112)* Dans l'exercice de leurs missions de prévention des atteintes à l'ordre public et de protection de la sécurité des personnes et des biens ainsi que de leurs missions de police judiciaire, les agents de la police nationale et les militaires de la gendarmerie nationale peuvent procéder en tous lieux, au moyen de caméras individuelles, à un enregistrement audiovisuel de leurs interventions lorsque se produit ou est susceptible de se produire un incident, eu égard aux circonstances de l'intervention ou au comportement des personnes concernées.

L'enregistrement n'est pas permanent.

Les enregistrements ont pour finalités la prévention des incidents au cours des interventions des agents de la police nationale et des militaires de la gendarmerie nationale, le constat des infractions et la poursuite de leurs auteurs par la collecte de preuves ainsi que la formation et la pédagogie des agents.

Les caméras sont portées de façon apparente par les agents et les militaires. Un signal visuel spécifique indique si la caméra enregistre. Le déclenchement de l'enregistrement fait l'objet d'une information des personnes filmées, sauf si les circonstances l'interdisent. Une information générale du public sur l'emploi de ces caméras est organisée par le ministre de l'Intérieur. Les personnels auxquels les caméras individuelles sont fournies ne peuvent avoir accès directement aux enregistrements auxquels ils procèdent.

Les enregistrements audiovisuels, hors le cas où ils sont utilisés dans le cadre d'une procédure judiciaire, administrative ou disciplinaire, sont effacés au bout de six mois.

Les modalités d'application du présent article et d'utilisation des données collectées sont précisées par un décret en Conseil d'État, pris après avis de la Commission nationale de l'informatique et des libertés.

TITRE V

VIDÉOPROTECTION

CHAPITRE Ier

Dispositions générales

Art. L. 251-1. Les enregistrements visuels de vidéoprotection répondant aux conditions fixées aux articles L. 251-2 et L. 251-3 sont soumis aux dispositions du présent titre, à l'exclusion de ceux qui sont utilisés dans des traitements automatisés ou contenus dans des fichiers structurés selon des critères permettant d'identifier, directement ou indirectement, des personnes physiques, qui sont soumis à la loi n° 78-17 du 6 janvier 1978 relative à l'informatique, aux fichiers et aux libertés.

Art. L. 251-2. La transmission et l'enregistrement d'images prises sur la voie publique par le moyen de la vidéoprotection peuvent être mis en œuvre par les autorités publiques compétentes aux fins d'assurer :

1° La protection des bâtiments et installations publics et de leurs abords ;

2° La sauvegarde des installations utiles à la défense nationale ;

3° La régulation des flux de transport ;

4° La constatation des infractions aux règles de la circulation ;

5° La prévention des atteintes à la sécurité des personnes et des biens dans des lieux particulièrement exposés à des risques d'agression, de vol ou de trafic de stupéfiants ainsi que la prévention, dans des zones particulièrement exposées à ces infractions, des fraudes douanières prévues par le *(L. n° 2014-315 du 11 mars 2014, art. 14-2°)* « dernier » alinéa de l'article 414 du code des douanes et des délits prévus à l'article 415 du même code portant sur des fonds provenant de ces mêmes infractions ;

6° La prévention d'actes de terrorisme, dans les conditions prévues au chapitre III du titre II du présent livre ;

7° La prévention des risques naturels ou technologiques ;

8° Le secours aux personnes et la défense contre l'incendie ;

9° La sécurité des installations accueillant du public dans les parcs d'attraction ;

(L. n° 2016-1547 du 18 nov. 2016, art. 35-IV, en vigueur le 5 nov. 2017) « 10° Le respect de l'obligation d'être couvert, pour faire circuler un véhicule terrestre à moteur, par une assurance garantissant la responsabilité civile. »

Il peut être également procédé à ces opérations dans des lieux et établissements ouverts au public aux fins d'y assurer la sécurité des personnes et des biens lorsque ces lieux et établissements sont particulièrement exposés à des risques d'agression ou de vol.

(L. n° 2014-626 du 18 juin 2014, art. 73-I) « Après information du maire de la commune concernée et autorisation des autorités publiques compétentes, des commerçants peuvent mettre en œuvre sur la voie publique un système de vidéoprotection aux fins d'assurer la protection des abords immédiats de leurs bâtiments et installations, dans les lieux particulièrement exposés à des risques d'agression ou de vol. Les conditions de mise en œuvre et le type de bâtiments et installations concernés sont définis par décret en Conseil d'État. »

Art. L. 251-3. Les opérations de vidéoprotection de la voie publique sont réalisées de telle sorte qu'elles ne visualisent pas les images de l'intérieur des immeubles d'habitation ni, de façon spécifique, celles de leurs entrées.

Le public est informé de manière claire et permanente de l'existence du système de vidéoprotection et de l'autorité ou de la personne responsable.

Art. L. 251-4. Dans chaque département, une commission départementale de vidéoprotection présidée par un magistrat honoraire *(L. n° 2019-222 du 23 mars 2019, art. 102-IV-1°)* « ou, à défaut, une personnalité qualifiée, nommée par le premier président de la cour d'appel, » est chargée de donner un avis au représentant de l'État dans le département, ou à Paris au préfet de police, sur les demandes d'autorisation de systèmes de vidéoprotection et d'exercer un contrôle sur les conditions de fonctionnement des systèmes autorisés.

(L. n° 2019-222 du 23 mars 2019, art. 102, IV-1°) «La personnalité qualifiée est choisie en raison de sa compétence dans le domaine de la vidéoprotection ou des libertés individuelles.»

Art. L. 251-5. *(Abrogé par L. n° 2018-699 du 3 août 2018, art. 84 et 86, à compter du 1er juill. 2022)* La Commission nationale de la vidéoprotection exerce une mission de conseil et d'évaluation de l'efficacité de la vidéoprotection. Elle émet des recommandations destinées au ministre de l'Intérieur en ce qui concerne les caractéristiques techniques, le fonctionnement ou l'emploi des systèmes de vidéoprotection.

Elle peut être saisie par le ministre de l'Intérieur, un député, un sénateur ou une commission départementale de vidéoprotection de toute question relative à la vidéoprotection.

Elle peut également se saisir d'office de toute difficulté tenant au fonctionnement d'un système de vidéoprotection ou de toute situation susceptible de constituer un manquement.

Art. L. 251-6. *(Abrogé par L. n° 2018-699 du 3 août 2018, art. 84 et 86, à compter du 1er juill. 2022)* La Commission nationale de la vidéoprotection est composée :

1° De représentants des personnes publiques et privées autorisées à mettre en œuvre un système de vidéoprotection;

2° De représentants des administrations chargées de contrôler les systèmes mis en œuvre;

3° D'un membre de la Commission nationale de l'informatique et des libertés;

4° De deux députés et de deux sénateurs de manière à assurer une représentation pluraliste;

5° De personnalités qualifiées *(Abrogé par L. n° 2019-222 du 23 mars 2019, art. 102-IV-2° et 109-XXIV à compter du prochain renouvellement de la commission)* «, dont au moins un magistrat du siège et un magistrat du parquet désignés par le premier président de la Cour de cassation».

La qualité de membre de la commission est incompatible avec la détention d'un intérêt direct ou indirect dans une entreprise exerçant des activités dans le domaine de la vidéoprotection.

La composition et les modalités de l'organisation et du fonctionnement de la commission sont définies par voie réglementaire.

Art. L. 251-7. Le Gouvernement transmet chaque année à la Commission nationale de l'informatique et des libertés *(Abrogé par L. n° 2018-699 du 3 août 2018, art. 84 et 86, à compter du 1er juill. 2022) «et à la Commission nationale de la vidéoprotection»* un rapport faisant état de l'activité des commissions départementales de vidéoprotection et des conditions d'application du présent titre.

Art. L. 251-8. Les conditions dans lesquelles le représentant de l'État dans le département et, à Paris, le préfet de police peuvent prescrire la mise en œuvre de systèmes de vidéoprotection aux fins de prévention d'actes de terrorisme sont prévues au chapitre III du titre II du présent livre.

CHAPITRE II

Autorisation et conditions de fonctionnement

Art. L. 252-1. L'installation d'un système de vidéoprotection dans le cadre du présent titre est subordonnée à une autorisation du représentant de l'État dans le département et, à Paris, du préfet de police donnée, sauf en matière de défense nationale, après avis de la commission départementale de vidéoprotection. Lorsque le système comporte des caméras installées sur le territoire de plusieurs départements, l'autorisation est délivrée par le représentant de l'État dans le département dans lequel est situé le siège social du demandeur et, lorsque ce siège est situé à Paris, par le préfet de police, après avis de la commission départementale de vidéoprotection. Les représentants de l'État dans les départements dans lesquels des caméras sont installées en sont informés.

Seuls sont autorisés par la Commission nationale de l'informatique et des libertés, en application de la loi n° 78-17 du 6 janvier 1978 relative à l'informatique, aux fichiers et aux libertés, les systèmes installés sur la voie publique ou dans des lieux ouverts au public dont les enregistrements sont utilisés dans des traitements automatisés ou contenus dans des fichiers structurés selon des critères permettant d'identifier, directement ou indirectement, des personnes physiques.

Art. L. 252-2. L'autorisation préfectorale prescrit toutes les précautions utiles, en particulier quant à la qualité des personnes chargées de l'exploitation du système de vidéoprotection ou visionnant les images et aux mesures à prendre pour assurer le respect des dispositions de la loi.

(L. n° 2014-626 du 18 juin 2014, art. 73-II) «Dans le cas prévu au dernier alinéa de l'article L. 251-2, le visionnage des images ne peut être assuré que par des agents de l'autorité publique individuellement désignés et habilités des services de police et de gendarmerie nationale.»

Art. L. 252-3. L'autorisation peut prescrire que les agents individuellement désignés et dûment habilités des services de police et de gendarmerie nationales ainsi que des douanes et des services d'incendie et de secours sont destinataires des images et enregistrements. Elle précise alors les modalités de transmission des images et d'accès aux enregistrements ainsi que la durée de conservation des images, dans la limite d'un mois à compter de cette transmission ou de cet accès, sans préjudice des nécessités de leur conservation pour les besoins d'une procédure pénale. La décision de permettre aux agents individuellement désignés et dûment habilités des services de police et de gendarmerie nationales ainsi que des douanes et des services d'incendie et de secours d'être destinataires des images et enregistrements peut également être prise à tout moment, après avis de la commission départementale de vidéoprotection, par arrêté préfectoral. Ce dernier précise alors les modalités de transmission des images et d'accès aux enregistrements. Lorsque l'urgence et l'exposition particulière à un risque d'actes de terrorisme le requièrent, cette décision peut être prise sans avis préalable de la commission départementale de vidéoprotection. Le président de la commission est immédiatement informé de cette décision, qui fait l'objet d'un examen lors de la plus prochaine réunion de la commission.

Art. L. 252-4. Les systèmes de vidéoprotection sont autorisés pour une durée de cinq ans renouvelable.

Les systèmes de vidéoprotection installés doivent être conformes à des normes techniques définies par arrêté du ministre de l'Intérieur à compter de l'expiration d'un délai de deux ans après la publication de l'acte définissant ces normes.

Les autorisations mentionnées au présent titre et délivrées avant le 1er janvier 2000 expirent le 24 janvier 2012. Celles délivrées entre le 1er janvier 2000 et le 31 décembre 2002 expirent le 24 janvier 2013. Celles délivrées entre le 1er janvier 2003 et le 24 janvier 2006 expirent le 24 janvier 2014.

Art. L. 252-5. Hormis le cas d'une enquête de flagrant délit, d'une enquête préliminaire ou d'une information judiciaire, les enregistrements sont détruits dans un délai maximum fixé par l'autorisation. Ce délai ne peut excéder un mois.

L'autorisation peut prévoir un délai minimal de conservation des enregistrements.

Art. L. 252-6. Lorsqu'il est informé de la tenue imminente d'une manifestation ou d'un rassemblement de grande ampleur présentant des risques particuliers d'atteinte à la sécurité des personnes et des biens, le représentant de l'État dans le département et, à Paris, le préfet de police peuvent délivrer aux personnes mentionnées à l'article L. 251-2, sans avis préalable de la commission départementale de vidéoprotection, une autorisation provisoire d'installation d'un système de vidéoprotection, exploité dans les conditions prévues par le présent titre, pour une durée maximale de quatre mois. Le président de la commission est immédiatement informé de cette décision. Il peut alors la réunir sans délai afin qu'elle donne un avis sur la mise en œuvre de la procédure d'autorisation provisoire. L'autorisation d'installation du dispositif cesse d'être valable dès que la manifestation ou le rassemblement a pris fin.

Sauf dans les cas où les manifestations ou rassemblements de grande ampleur ont déjà pris fin, le représentant de l'État dans le département et, à Paris, le préfet de police recueillent l'avis de la commission départementale de vidéoprotection sur la mise en œuvre du système de vidéoprotection conformément à la procédure prévue à l'article L. 252-1 et se prononcent sur son maintien. La commission doit rendre son avis avant l'expiration du délai de validité de l'autorisation provisoire.

Art. L. 252-7. Lorsqu'il est informé de la tenue imminente d'une manifestation ou d'un rassemblement de grande ampleur présentant des risques particuliers d'atteinte à la sécurité des personnes et des biens, le représentant de l'État dans le département et, à Paris, le préfet de police peuvent prescrire, sans l'avis préalable de la commission départementale de vidéoprotection, la mise en œuvre d'un système de vidéoprotection exploité dans les conditions prévues par l'article L. 252-1. Quand cette décision porte sur une installation de vidéoprotection filmant la voie publique ou des lieux ou établissements ouverts au public, le président de la commission est immédiatement informé de cette décision. Il peut alors la réunir sans délai afin qu'elle donne un avis sur la mise en œuvre de la procédure de décision provisoire. La prescription d'installation du dispositif cesse d'être valable dès que la manifestation ou le rassemblement a pris fin.

Sauf dans les cas où les manifestations ou rassemblements de grande ampleur mentionnés à l'alinéa précédent ont déjà pris fin, avant l'expiration d'un délai maximal de quatre mois, le représentant de l'État dans le département et, à Paris, le préfet de police recueillent l'avis de la commission départementale de vidéoprotection sur la mise en œuvre du système de vidéoprotection conformément à la procédure prévue à l'article L. 252-1 et se prononcent sur son maintien.

CHAPITRE III

Contrôle et droit d'accès

Art. L. 253-1. La commission départementale de vidéoprotection peut à tout moment exercer, sauf en matière de défense nationale, un contrôle sur les conditions de fonctionnement des systèmes de vidéoprotection répondant aux conditions fixées aux articles L. 251-2 et L. 251-3. Elle émet, le cas échéant, des recommandations et propose la suspension ou la suppression des dispositifs non autorisés, non conformes à leur autorisation ou dont il est fait un usage anormal. Elle informe le maire de la commune concernée de cette proposition.

Art. L. 253-2. La Commission nationale de l'informatique et des libertés peut, sur demande de la commission départementale de vidéoprotection, du responsable d'un système ou de sa propre initiative, exercer un contrôle visant à s'assurer que le système est utilisé conformément à son autorisation et, selon le régime juridique dont le système relève, aux dispositions du présent titre ou à celles de la loi n° 78-17 du 6 janvier 1978 relative à l'informatique, aux fichiers et aux libertés. Lorsque la Commission nationale de l'informatique et des libertés constate un manquement aux dispositions du présent titre, elle peut, après avoir mis en demeure la personne responsable du système de se mettre en conformité dans un délai qu'elle fixe, demander au représentant de l'État dans le département ou, à Paris, au préfet de police d'ordonner la suspension ou la suppression du système de vidéoprotection. Elle informe le maire de la commune concernée de cette demande.

Art. L. 253-3. Les membres de la Commission nationale de l'informatique et des libertés, les agents de ses services habilités dans les conditions définies au dernier alinéa de l'article 19 *[nouvelle rédaction issue de l'Ord. n° 2018-1125 du 12 déc. 2018, art. 22 et 29, en vigueur au plus tard le 1er juin 2019 : « 10 »]* de la loi n° 78-17 du 6 janvier 1978 relative à l'informatique, aux fichiers et aux libertés ainsi que les membres des commissions départementales de vidéoprotection ont accès de six heures à vingt et une heures, pour l'exercice de leurs missions, aux lieux, locaux, enceintes, installations ou établissements servant à la mise en œuvre d'un système de vidéoprotection, à l'exclusion des parties de ceux-ci affectées au domicile privé. Le procureur de la République territorialement compétent en est préalablement informé.

Le responsable des locaux professionnels privés est informé de son droit d'opposition à la visite. Lorsqu'il exerce ce droit, la visite ne peut se dérouler qu'après l'autorisation du juge des libertés et de la détention du tribunal de grande instance dans le ressort duquel sont situés les locaux à visiter, qui statue dans des conditions fixées par décret en Conseil d'État. Toutefois, lorsque l'urgence, la gravité des faits à l'origine du contrôle ou le risque de destruction ou de dissimulation de documents le justifie, la visite peut avoir lieu sans que le responsable des locaux en ait été informé, sur autorisation préalable du juge des libertés et de la détention. Dans ce cas, le responsable des lieux ne peut s'opposer à la visite.

La visite s'effectue sous l'autorité et le contrôle du juge des libertés et de la détention qui l'a autorisée, en présence de l'occupant des lieux ou de son représentant, qui peut se faire assister d'un conseil de son choix ou, à défaut, en présence de deux témoins qui ne sont pas placés sous l'autorité des personnes chargées de procéder au contrôle.

L'ordonnance ayant autorisé la visite est exécutoire au seul vu de la minute. Elle mentionne que le juge ayant autorisé la visite peut être saisi à tout moment d'une demande de suspension ou d'arrêt de cette visite. Elle indique le délai et la voie de recours. Elle peut faire l'objet, suivant les règles prévues par le code de procédure civile, d'un appel devant le premier président de la cour d'appel. Celui-ci connaît également des recours contre le déroulement des opérations de visite.

Les personnes mentionnées au premier alinéa peuvent demander communication de tous documents nécessaires à l'accomplissement de leur mission, quel qu'en soit le support, et en prendre copie ; elles peuvent recueillir, sur place ou sur convocation, tout renseignement et toute justification utiles ; elles peuvent accéder aux programmes informatiques et aux données ainsi qu'en demander la transcription par tout traitement approprié dans des documents directement utilisables pour les besoins du contrôle.

Elles peuvent, à la demande du président de la commission, être assistées par des experts désignés par l'autorité dont ceux-ci dépendent.

Il est dressé contradictoirement procès-verbal des vérifications et visites menées en application du présent article.

Art. L. 253-4. A la demande de la commission départementale de vidéoprotection, de la Commission nationale de l'informatique et des libertés ou de sa propre initiative, le représentant de l'État dans le département et, à Paris, le préfet de police peuvent fermer pour une durée de trois mois, après mise en demeure non suivie d'effets dans le délai qu'elle fixe, un établissement ouvert au public dans lequel est maintenu un système de vidéoprotection sans autorisation. Lorsque, à l'issue du délai de trois mois, l'établissement n'a pas sollicité la régularisation de son système, l'autorité administrative peut lui enjoindre de démonter ledit système. S'il n'est pas donné suite à cette injonction, une nouvelle mesure de fermeture de trois mois peut être prononcée.

Art. L. 253-5. Toute personne intéressée peut s'adresser au responsable d'un système de vidéoprotection afin d'obtenir un accès aux enregistrements qui la concernent ou d'en vérifier la destruction dans le délai prévu. Cet accès est de droit. Un refus d'accès peut toutefois être opposé pour un motif tenant à la sûreté de l'État, à la défense, à la sécurité publique, au déroulement de procédures engagées devant les juridictions ou d'opérations préliminaires à de telles procédures ou au droit des tiers.

Toute personne intéressée peut saisir la commission départementale de vidéoprotection ou la Commission nationale de l'informatique et des libertés de toute difficulté tenant au fonctionnement d'un système de vidéoprotection.

Les dispositions du précédent alinéa ne font pas obstacle au droit de la personne intéressée de saisir la juridiction compétente, au besoin en la forme du référé.

CHAPITRE IV

Dispositions pénales

Art. L. 254-1. Le fait d'installer un système de vidéoprotection ou de le maintenir sans autorisation, de procéder à des enregistrements de vidéoprotection sans autorisation, de ne pas les détruire dans le délai prévu, de les falsifier, d'entraver l'action de la commission départementale de vidéoprotection ou de la Commission nationale de l'informatique et des libertés, de faire accéder des personnes non habilitées aux images ou d'utiliser ces images à d'autres fins que celles pour lesquelles elles sont autorisées est puni de trois ans d'emprisonnement et de 45 000 euros d'amende, sans préjudice des dispositions des articles 226-1 du code pénal et L. 1121-1, L. 1221-9, L. 1222-4 et *(L. nº 2015-994 du 17 août 2015, art. 18-XIX et XX, en vigueur le 1er janv. 2016)* « L. 2323-47 » du code du travail.

C – LE RENSEIGNEMENT

136 Code de la sécurité intérieure (livre VIII, titres I à V)

PARTIE LÉGISLATIVE

Art. L. 801-1. *(L. n° 2015-912 du 24 juill. 2015, art. 1er, en vigueur le 3 oct. 2015)* Le respect de la vie privée, dans toutes ses composantes, notamment le secret des correspondances, la protection des données personnelles *[nouvelle rédaction issue de l'Ord. n° 2018-1125 du 12 déc. 2018, art. 22 et 29, en vigueur au plus tard le 1er juin 2019 : «données à caractère personnel»]* et l'inviolabilité du domicile, est garanti par la loi. L'autorité publique ne peut y porter atteinte que dans les seuls cas de nécessité d'intérêt public prévus par la loi, dans les limites fixées par celle-ci et dans le respect du principe de proportionnalité.

L'autorisation et la mise en œuvre sur le territoire national des techniques de recueil de renseignement mentionnées aux chapitres Ier à III du titre V du présent livre ne peuvent être décidées que si :

1° Elles procèdent d'une autorité ayant légalement compétence pour le faire;

2° Elles résultent d'une procédure conforme au titre II du même livre;

3° Elles respectent les missions confiées aux services mentionnés à l'article L. 811-2 ou aux services désignés par le décret en Conseil d'État prévu à l'article L. 811-4;

4° Elles sont justifiées par les menaces, les risques et les enjeux liés aux intérêts fondamentaux de la Nation mentionnés à l'article L. 811-3;

5° Les atteintes qu'elles portent au respect de la vie privée sont proportionnées aux motifs invoqués.

La Commission nationale de contrôle des techniques de renseignement s'assure, dans les conditions prévues au présent livre, du respect de ces principes. Le Conseil d'État statue sur les recours formés contre les décisions relatives à l'autorisation et à la mise en œuvre de ces techniques et ceux portant sur la conservation des renseignements collectés.

TITRE PREMIER

DISPOSITIONS GÉNÉRALES

(L. n° 2015-912 du 24 juill. 2015, art. 1er, en vigueur le 3 oct. 2015)

Art. L. 811-1. La politique publique de renseignement concourt à la stratégie de sécurité nationale ainsi qu'à la défense et à la promotion des intérêts fondamentaux de la Nation. Elle relève de la compétence exclusive de l'État.

Art. L. 811-2. Les services spécialisés de renseignement sont désignés par décret en Conseil d'État. Ils ont pour missions, en France et à l'étranger, la recherche, la collecte, l'exploitation et la mise à disposition du Gouvernement des renseignements relatifs aux enjeux géopolitiques et stratégiques ainsi qu'aux menaces et aux risques susceptibles d'affecter la vie de la Nation. Ils contribuent à la connaissance et à l'anticipation de ces enjeux ainsi qu'à la prévention et à l'entrave de ces risques et de ces menaces.

Ils agissent dans le respect de la loi, sous l'autorité du Gouvernement et conformément aux orientations déterminées par le Conseil national du renseignement.

La mise en œuvre sur le territoire national du chapitre II du titre II et des chapitres Ier à III du titre V du présent livre est effectuée sans préjudice du second alinéa de l'article 40 du code de procédure pénale.

Art. L. 811-3. Pour le seul exercice de leurs missions respectives, les services spécialisés de renseignement peuvent recourir aux techniques mentionnées au titre V du présent livre pour le recueil des renseignements relatifs à la défense et à la promotion des intérêts fondamentaux de la Nation suivants :

1° L'indépendance nationale, l'intégrité du territoire et la défense nationale;

2° Les intérêts majeurs de la politique étrangère, l'exécution des engagements européens et internationaux de la France et la prévention de toute forme d'ingérence étrangère;

3° Les intérêts économiques, industriels et scientifiques majeurs de la France;

4° La prévention du terrorisme;

5° La prévention :

a) Des atteintes à la forme républicaine des institutions;

b) Des actions tendant au maintien ou à la reconstitution de groupements dissous en application de l'article L. 212-1;

c) Des violences collectives de nature à porter gravement atteinte à la paix publique;

6° La prévention de la criminalité et de la délinquance organisées;

7° La prévention de la prolifération des armes de destruction massive.

Art. L. 811-4. Un décret en Conseil d'État, pris après avis de la Commission nationale de contrôle des techniques de renseignement, désigne les services, autres que les services spécialisés de renseignement, relevant des ministres de la défense *(L. n° 2016-731 du 3 juin 2016, art. 14-I-1°)* «, de l'intérieur et de la justice» ainsi que des ministres chargés de l'économie, du budget ou des douanes, qui peuvent être autorisés à recourir aux techniques mentionnées au titre V du présent livre dans les conditions prévues au même livre. Il précise, pour chaque service, les finalités mentionnées à l'article L. 811-3 et les techniques qui peuvent donner lieu à autorisation.

TITRE DEUXIÈME

DE LA PROCÉDURE APPLICABLE AUX TECHNIQUES DE RECUEIL DE RENSEIGNEMENT SOUMISES À AUTORISATION

CHAPITRE PREMIER

De l'autorisation de mise en œuvre

Art. L. 821-1. La mise en œuvre sur le territoire national des techniques de recueil de renseignement mentionnées *(L. n° 2017-1510 du 30 oct. 2017, art. 15-I)* «aux chapitres Ier à IV du» titre V du présent livre est soumise à autorisation préalable du Premier ministre, délivrée après avis de la Commission nationale de contrôle des techniques de renseignement.

Ces techniques ne peuvent être mises en œuvre que par des agents individuellement désignés et habilités.

Art. L. 821-2. L'autorisation mentionnée à l'article L. 821-1 est délivrée sur demande écrite et motivée du ministre de la défense, du ministre de l'Intérieur *(L. n° 2016-731 du 3 juin 2016, art. 14-I-2°)* «, du ministre de la justice» ou des ministres chargés de l'économie, du budget ou des douanes. Chaque ministre ne peut déléguer cette attribution individuellement qu'à des collaborateurs directs habilités au secret de la défense nationale.

La demande précise :

1° La ou les techniques à mettre en œuvre;

2° Le service pour lequel elle est présentée;

3° La ou les finalités poursuivies;

4° Le ou les motifs des mesures;

5° La durée de validité de l'autorisation;

6° La ou les personnes, le ou les lieux ou véhicules concernés.

Pour l'application du 6°, les personnes dont l'identité n'est pas connue peuvent être désignées par leurs identifiants ou leur qualité et les lieux ou véhicules peuvent être désignés par référence aux personnes faisant l'objet de la demande.

Lorsqu'elle a pour objet le renouvellement d'une autorisation, la demande expose les raisons pour lesquelles ce renouvellement est justifié au regard de la ou des finalités poursuivies.

Art. L. 821-3. La demande est communiquée au président ou, à défaut, à l'un des membres de la Commission nationale de contrôle des techniques de renseignement parmi ceux mentionnés aux 2° et 3° de l'article L. 831-1, qui rend un avis au Premier ministre dans un délai de vingt-quatre heures. Si la demande est examinée par la formation restreinte ou par la formation plénière de la commission, le Premier ministre en est informé sans délai et l'avis est rendu dans un délai de soixante-douze heures.

Les avis mentionnés au présent article sont communiqués sans délai au Premier ministre. En l'absence d'avis transmis dans les délais prévus au même article, celui-ci est réputé rendu.

Art. L. 821-4. L'autorisation de mise en œuvre des techniques mentionnées *(L. n° 2017-1510 du 30 oct. 2017, art. 15-I)* «aux chapitres Ier à IV du» titre V du présent livre est délivrée par le Premier ministre pour une durée maximale de quatre mois. Le Premier ministre ne peut déléguer cette attribution individuellement qu'à des collaborateurs directs habilités au secret de la défense nationale. L'autorisation comporte les motivations et mentions prévues aux 1° à 6° de l'article L. 821-2. Toute autorisation est renouvelable dans les mêmes conditions que celles prévues au présent chapitre.

Lorsque l'autorisation est délivrée après un avis défavorable de la Commission nationale de contrôle des techniques de renseignement, elle indique les motifs pour lesquels cet avis n'a pas été suivi.

L'autorisation du Premier ministre est communiquée sans délai au ministre responsable de son exécution ainsi qu'à la commission.

La demande et l'autorisation sont enregistrées par les services du Premier ministre. Les registres sont tenus à la disposition de la Commission nationale de contrôle des techniques de renseignement.

Art. L. 821-5. En cas d'urgence absolue et pour les seules finalités mentionnées aux 1° et 4° et au *a* du 5° de l'article L. 811-3, le Premier ministre, ou l'une des personnes déléguées mentionnées à l'article L. 821-4, peut délivrer de manière exceptionnelle l'autorisation mentionnée au même article L. 821-4 sans avis préalable de la Commission nationale de contrôle des techniques de renseignement. Il en informe celle-ci sans délai et par tout moyen.

Le Premier ministre fait parvenir à la commission, dans un délai maximal de vingt-quatre heures à compter de la délivrance de l'autorisation, tous les éléments de motivation mentionnés audit article L. 821-4 et ceux justifiant le caractère d'urgence absolue au sens du présent article.

Art. L. 821-6. *[Dispositions déclarées non conformes à la Constitution par la décision du Conseil constitutionnel n° 2015-713 DC du 23 juill. 2015.]*

Art. L. 821-7. Un parlementaire, un magistrat, un avocat ou un journaliste ne peut être l'objet d'une demande de mise en œuvre, sur le territoire national, d'une technique de recueil de renseignement mentionnée *(L. n° 2017-1510 du 30 oct. 2017, art. 15-I)* «aux chapitres Ier à IV du» titre V du présent livre à raison de l'exercice de son mandat ou de sa profession. Lorsqu'une telle demande concerne l'une de ces personnes ou ses véhicules, ses bureaux ou ses domiciles, l'avis de la Commission nationale de contrôle des techniques de renseignement est examiné en formation plénière. L'article L. 821-5 n'est pas applicable.

La commission est informée des modalités d'exécution des autorisations délivrées en application du présent article.

Les transcriptions des renseignements collectés en application du présent article sont transmises à la commission, qui veille au caractère nécessaire et proportionné des atteintes, le cas échéant, portées aux garanties attachées à l'exercice de ces activités professionnelles ou mandats.

Art. L. 821-8. La Commission nationale de contrôle des techniques de renseignement peut adresser des recommandations et saisir le Conseil d'État dans les conditions prévues, respectivement, aux articles L. 833-6 et L. 833-8.

CHAPITRE II

Des renseignements collectés

Art. L. 822-1. Les procédures prévues au présent chapitre sont mises en œuvre sous l'autorité du Premier ministre dans des conditions qu'il définit après consultation de la Commission nationale de contrôle des techniques de renseignement.

Le Premier ministre organise la traçabilité de l'exécution des techniques autorisées en application du chapitre Ier du présent titre et définit les modalités de la centralisation des renseignements collectés.

A cet effet, un relevé de chaque mise en œuvre d'une technique de recueil de renseignement est établi. Il mentionne les dates de début et de fin de cette mise en œuvre ainsi que la nature des renseignements collectés. Ce relevé est tenu à la disposition de la commission, qui peut y accéder de manière permanente, complète et directe, quel que soit son degré d'achèvement.

Art. L. 822-2. I. — Les renseignements collectés par la mise en œuvre d'une technique de recueil de renseignement autorisée en application du chapitre Ier du présent titre sont détruits à l'issue d'une durée de :

1° Trente jours à compter de leur recueil pour les correspondances interceptées en application *(L. n° 2017-1510 du 30 oct. 2017, art. 15-I)* «des articles L. 852-1 et L. 852-2» et pour les paroles captées en application de l'article L. 853-1;

2° Cent vingt jours à compter de leur recueil pour les renseignements collectés par la mise en œuvre des techniques mentionnées au chapitre III du titre V du présent livre, à l'exception des informations ou documents mentionnés à l'article L. 851-1;

3° Quatre ans à compter de leur recueil pour les informations ou documents mentionnés à l'article L. 851-1.

Pour ceux des renseignements qui sont chiffrés, le délai court à compter de leur déchiffrement. Ils ne peuvent être conservés plus de six ans à compter de leur recueil.

Dans une mesure strictement nécessaire aux besoins de l'analyse technique et à l'exclusion de toute utilisation pour la surveillance des personnes concernées, les renseignements collectés qui contiennent des éléments de cyberattaque ou qui sont chiffrés, ainsi que les renseignements déchiffrés associés à ces derniers, peuvent être conservés au-delà des durées mentionnées au présent I.

II. — Par dérogation au I, les renseignements qui concernent une requête dont le Conseil d'État a été saisi ne peuvent être détruits. A l'expiration des délais prévus au même I, ils sont conservés pour les seuls besoins de la procédure devant le Conseil d'État.

Art. L. 822-3. Les renseignements ne peuvent être collectés, transcrits ou extraits pour d'autres finalités que celles mentionnées à l'article L. 811-3. Ces opérations sont soumises au contrôle de la Commission nationale de contrôle des techniques de renseignement.

Les transcriptions ou les extractions doivent être détruites dès que leur conservation n'est plus indispensable à la poursuite de ces finalités.

Art. L. 822-4. Les opérations de destruction des renseignements collectés, les transcriptions et les extractions mentionnées aux articles L. 822-2 et L. 822-3 sont effectuées par des agents individuellement désignés et habilités. Elles font l'objet de relevés tenus à la disposition de la Commission nationale de contrôle des techniques de renseignement.

TITRE TROISIÈME
DE LA COMMISSION NATIONALE DE CONTRÔLE DES TECHNIQUES DE RENSEIGNEMENT

CHAPITRE PREMIER
Composition et organisation

Art. L. 831-1. La Commission nationale de contrôle des techniques de renseignement est une autorité administrative indépendante.

Elle est composée de neuf membres :

1° Deux députés et deux sénateurs, désignés de manière à assurer une représentation pluraliste du Parlement;

2° Deux membres du Conseil d'État, d'un grade au moins égal à celui de conseiller d'État, nommés par le vice-président du Conseil d'État;

3° Deux magistrats hors hiérarchie de la Cour de cassation, nommés conjointement par le premier président et par le procureur général de la Cour de cassation;

4° Une personnalité qualifiée pour sa connaissance en matière de communications électroniques, nommée sur proposition du président de l'Autorité de régulation des communications électroniques et des postes.

Les modalités de désignation ou de nomination des membres mentionnés aux 1° à 3° assurent l'égale représentation des hommes et des femmes.

Le président de la commission est nommé par décret du Président de la République parmi les membres mentionnés aux 2° et 3°.

Le mandat des membres, à l'exception de ceux mentionnés au 1°, est de six ans. Il n'est pas renouvelable.

Les membres du Conseil d'État ou de la Cour de cassation sont renouvelés par moitié tous les trois ans.

Art. L. 831-2. La formation plénière de la Commission nationale de contrôle des techniques de renseignement comprend l'ensemble des membres mentionnés à l'article L. 831-1.

La formation restreinte de la Commission nationale de contrôle des techniques de renseignement est composée des membres mentionnés aux 2° à 4° du même article L. 831-1.

Ces formations sont présidées par le président de la commission.

CHAPITRE II
Règles de déontologie et de fonctionnement

Art. L. 832-2. Le président de la commission ne peut être titulaire d'aucun mandat électif et *(L. n° 2017-55 du 20 janv. 2017, art. 39-3°)* «exerce ses fonctions à temps plein.»

La fonction de membre de la commission est incompatible avec tout intérêt, direct ou indirect, dans les services pouvant être autorisés à mettre en œuvre les techniques mentionnées au titre V du présent livre ou dans l'activité de l'une des personnes mentionnées au II de l'article L. 34-1 du code des postes et des communications électroniques ainsi qu'aux 1 et 2 du I de l'article 6 de la loi n° 2004-575 du 21 juin 2004 pour la confiance dans l'économie numérique. La fonction de membre est également incompatible avec toute activité professionnelle ou autre emploi public exercés à temps plein et tout mandat électif, à l'exception de ceux des membres mentionnés au 1° de l'article L. 831-1.

Art. L. 832-3. Les avis sur les demandes mentionnées à l'article L. 821-2 sont rendus par le président ou par un autre membre mentionné aux 2° et 3° de l'article L. 831-1. Ces avis sont tenus à la disposition de tous les membres de la commission.

Toute question nouvelle ou sérieuse est renvoyée à la formation restreinte ou à la formation plénière. Ces formations peuvent également être réunies si le président de la commission ou le membre mentionné au *(L. n° 2017-55 du 20 janv. 2017, art. 39-4°-b)* «premier» alinéa du présent article estime que la validité de la demande n'est pas certaine. La formation restreinte et la formation plénière ne peuvent valablement délibérer que si, respectivement, au moins trois et quatre membres sont présents. Leurs décisions sont prises à la majorité des membres présents.

En cas de partage égal des voix, la voix du président est prépondérante.

La formation plénière se réunit au moins une fois par mois. Elle est informée des avis rendus sur les demandes mentionnées à l'article L. 821-2 lors de sa plus proche réunion.

Art. L. 832-5. Les membres de la commission sont autorisés ès qualités à connaître des informations ou des éléments d'appréciation protégés au titre de l'article 413-9 du code pénal et utiles à l'exercice de leurs fonctions.

Les agents de la commission doivent être habilités au secret de la défense nationale aux fins d'accéder aux informations et aux documents nécessaires à l'accomplissement de leurs missions.

Les membres et les agents de la commission sont astreints au respect des secrets protégés aux articles 413-10 et 226-13 du même code pour les faits, actes et renseignements dont ils peuvent avoir connaissance dans l'exercice de leurs fonctions.

Les travaux de la commission sont couverts par le secret de la défense nationale.

CHAPITRE III
Missions

Art. L. 833-1. La Commission nationale de contrôle des techniques de renseignement veille à ce que les techniques de recueil de renseignement soient mises en œuvre sur le territoire national conformément au présent livre.

Art. L. 833-2. Pour l'accomplissement de ses missions, la commission :

1° Reçoit communication de toutes demandes et autorisations mentionnées au présent livre;

2° Dispose d'un accès permanent, complet et direct aux relevés, registres, renseignements collectés, transcriptions et extractions mentionnés au présent livre, ainsi qu'aux dispositifs de traçabilité des renseignements collectés et aux locaux où sont centralisés ces renseignements en application de l'article L. 822-1;

3° Est informée à tout moment, à sa demande, des modalités d'exécution des autorisations en cours;

4° Peut solliciter du Premier ministre tous les éléments nécessaires à l'accomplissement de ses missions, y compris lorsque la technique de recueil de renseignement mise en œuvre n'a fait l'objet ni d'une demande, ni d'une autorisation ou ne répond pas aux conditions de traçabilité, à l'exclusion des éléments communiqués par des services étrangers ou par des organismes internationaux ou qui pourraient donner connaissance à la commission, directement ou indirectement, de l'identité des sources des services spécialisés de renseignement;

5° Peut solliciter du Premier ministre tout ou partie des rapports de l'inspection des services de renseignement ainsi que des rapports des services d'inspection générale des ministères portant sur les services qui relèvent de leur compétence, en lien avec les missions de la commission.

Art. L. 833-3. Les ministres, les autorités publiques et les agents publics prennent toutes mesures utiles pour faciliter l'action de la commission.

Est puni d'un an d'emprisonnement et de 15000 € d'amende le fait d'entraver l'action de la commission :

1° Soit en refusant de communiquer à la commission les documents et les renseignements qu'elle a sollicités en application de l'article L. 833-2, ou en dissimulant lesdits documents ou renseignements, ou en les faisant disparaître;

2° Soit en communiquant des transcriptions ou des extractions qui ne sont pas conformes au contenu des renseignements collectés tel qu'il était au moment où la demande a été formulée;

3° Soit en s'opposant à l'exercice des missions confiées à ses membres ou aux agents habilités en application de l'article L. 832-5.

Art. L. 833-4. De sa propre initiative ou lorsqu'elle est saisie d'une réclamation de toute personne souhaitant vérifier qu'aucune technique de renseignement n'est irrégulièrement mise en œuvre à son égard, la commission procède au contrôle de la ou des techniques invoquées en vue de vérifier qu'elles ont été ou sont mises en œuvre dans le respect du présent livre. Elle notifie à l'auteur de la réclamation qu'il a été procédé aux vérifications nécessaires, sans confirmer ni infirmer leur mise en œuvre.

Art. L. 833-5. Lorsqu'elle rend un avis sur la demande d'autorisation pour la mise en œuvre d'une technique de renseignement prévue aux chapitres Ier à III du titre V du présent livre ou qu'elle en contrôle la mise en œuvre, la commission vérifie que la mesure respecte l'article L. 801-1.

Art. L. 833-6. La commission peut adresser, à tout moment, au Premier ministre, au ministre responsable de son exécution et au service concerné une recommandation tendant à ce que la mise en œuvre d'une technique soit interrompue et les renseignements collectés détruits lorsqu'elle estime que :

1° Une autorisation a été accordée en méconnaissance du présent livre;

2° Une technique a été mise en œuvre en méconnaissance du présent livre;

3° La collecte, la transcription, l'extraction, la conservation ou la destruction des renseignements collectés est effectuée en méconnaissance du chapitre II du titre II du présent livre.

Art. L. 833-7. Le Premier ministre informe sans délai la commission des suites données à ses recommandations.

Art. L. 833-8. Le Conseil d'État peut être saisi d'un recours prévu au 2° de l'article L. 841-1 soit par le président de la commission lorsque le Premier ministre ne donne pas suite aux avis ou aux recommandations de la commission ou que les suites qui y sont données sont estimées insuffisantes, soit par au moins trois membres de la commission.

Art. L. 833-9. Dans le respect du secret de la défense nationale et sans révéler des procédures ou des méthodes opérationnelles, le rapport public de la commission fait état du nombre :

1° De demandes dont elle a été saisie et d'avis qu'elle a rendus;

2° De réclamations dont elle a été saisie;

3° De recommandations qu'elle a adressées au Premier ministre et de suites favorables données à ces recommandations;

4° D'observations qu'elle a adressées au Premier ministre et d'avis qu'elle a rendus sur demande;

5° D'utilisation des procédures d'urgence définies aux articles L. 821-5;

6° De recours dont elle a saisi le Conseil d'État et de recours pour lesquels elle a produit des observations devant lui.

Art. L. 833-10. La commission peut adresser au Premier ministre, à tout moment, les observations qu'elle juge utiles.

Ces observations sont communiquées par le Premier ministre à la délégation parlementaire au renseignement, sous réserve du respect du dernier alinéa du I et du premier alinéa du IV de l'article 6 *nonies* de l'ordonnance n° 58-1100 du 17 novembre 1958 relative au fonctionnement des assemblées parlementaires.

Art. L. 833-11. La commission répond aux demandes d'avis du Premier ministre, du président de l'Assemblée nationale, du président du Sénat et de la délégation parlementaire au renseignement.

Dans le respect du secret de la défense nationale, la commission peut consulter l'Autorité de régulation des communications électroniques et des postes ou répondre aux demandes de celle-ci.

TITRE QUATRIÈME

DES RECOURS RELATIFS À LA MISE EN ŒUVRE DES TECHNIQUES DE RENSEIGNEMENT SOUMISES À AUTORISATION ET DES FICHIERS INTÉRESSANT LA SÛRETÉ DE L'ÉTAT

Art. L. 841-1. *(L. n° 2015-1556 du 30 nov. 2015, art. 1er-2°)* «Sous réserve des dispositions particulières prévues à l'article L. 854-9 du présent code,» le Conseil d'État est compétent pour connaître, dans les conditions prévues au chapitre III *bis* du titre VII du livre VII du code de justice administrative, des requêtes concernant la mise en œuvre des techniques de renseignement mentionnées au titre V du présent livre.

Il peut être saisi par :

1° Toute personne souhaitant vérifier qu'aucune technique de renseignement n'est irrégulièrement mise en œuvre à son égard et justifiant de la mise en œuvre préalable de la procédure prévue à l'article L. 833-4;

2° La Commission nationale de contrôle des techniques de renseignement, dans les conditions prévues à l'article L. 833-8.

Lorsqu'une juridiction administrative ou une autorité judiciaire est saisie d'une procédure ou d'un litige dont la solution dépend de l'examen de la régularité d'une ou de plusieurs techniques de recueil de renseignement, elle peut, d'office ou sur demande de l'une des parties, saisir le Conseil d'État à titre préjudiciel. Il statue dans le délai d'un mois à compter de sa saisine.

Art. L. 841-2. Le Conseil d'État est compétent pour connaître, dans les conditions prévues au chapitre III *bis* du titre VII du livre VII du code de justice administrative, des requêtes concernant la mise en œuvre de l'article 41 *[nouvelle rédaction issue de l'Ord. n° 2018-1125 du 12 déc. 2018, art. 22 et 29, en vigueur au plus tard le 1er juin 2019 : «118»]* de la loi n° 78-17 du 6 janvier 1978 relative à l'informatique, aux fichiers et aux libertés, pour les traitements ou parties de traitements intéressant la sûreté de l'État dont la liste est fixée par décret en Conseil d'État.

TITRE CINQUIÈME

DES TECHNIQUES DE RECUEIL DE RENSEIGNEMENT SOUMISES À AUTORISATION

CHAPITRE PREMIER

Des accès administratifs aux données de connexion

Art. L. 851-1. *(L. n° 2013-1168 du 18 déc. 2013, art. 20-I-2° et IV, en vigueur le 1er janv. 2015) (L. n° 2015-912 du 24 juill. 2015, art. 5-III-1°-a, en vigueur le 3 oct. 2015)* «Dans les conditions prévues au chapitre Ier du titre II du présent livre», peut être autorisé le recueil, auprès des opérateurs de communications électroniques et des personnes mentionnées à l'article L. 34-1 du code des postes et des communications électroniques ainsi que des personnes mentionnées aux 1 et 2 du I de l'article 6 de la loi n° 2004-575 du 21 juin 2004 pour la confiance dans l'économie numérique, des informations ou documents traités ou conservés par leurs réseaux ou services de communications électroniques, y compris les données techniques relatives à l'identification des numéros d'abonnement ou de connexion à des services de communications électroniques, au recensement de l'ensemble des numéros d'abonnement ou de connexion d'une personne désignée, à la localisation des équipements terminaux utilisés ainsi qu'aux communications d'un abonné portant sur la liste des numéros appelés et appelants, la durée et la date des communications.

(L. n° 2015-912 du 24 juill. 2015, art. 5-III-1°-b, en vigueur le 3 oct. 2015) «Par dérogation à l'article L. 821-2, les demandes écrites et motivées portant sur les données techniques relatives à l'identification des numéros d'abonnement ou de connexion à des services de communications électroniques, ou au recensement de l'ensemble des numéros d'abonnement ou de connexion d'une personne désignée sont directement transmises à la Commission nationale de contrôle des techniques de renseignement par les agents individuellement désignés et habilités des services de renseignement mentionnés aux articles L. 811-2 et L. 811-4. La commission rend son avis dans les conditions prévues à l'article L. 821-3.

«Un service du Premier ministre est chargé de recueillir les informations ou documents auprès des opérateurs et des personnes mentionnés au premier alinéa du présent article. La Commission nationale de contrôle des techniques de renseignement dispose d'un accès permanent, complet, direct et immédiat aux informations ou documents collectés.

«Les modalités d'application du présent article sont fixées par décret en Conseil d'État, pris après avis de la Commission nationale de l'informatique et des libertés et de la Commission nationale de contrôle des techniques de renseignement.»

Art. L. 851-2. *(L. n° 2016-987 du 21 juill. 2016, art. 15)* I. — Dans les conditions prévues au chapitre Ier du titre II du présent livre et pour les seuls besoins de la prévention du terrorisme, peut être individuellement autorisé le recueil en temps réel, sur les réseaux des opérateurs et des personnes mentionnés à l'article L. 851-1, des informations ou documents mentionnés au même article L. 851-1 relatifs à une personne préalablement identifiée susceptible d'être en lien avec une menace. *(L. n° 2017-1510 du 30 oct. 2017, art. 15-I et II, en vigueur le 1er nov. 2017)* «Lorsqu'il existe des raisons sérieuses de penser qu'une ou plusieurs personnes appartenant à l'entourage de la personne concernée par l'autorisation sont susceptibles de fournir des informations au titre de la finalité qui motive l'autorisation, celle-ci peut être également accordée individuellement pour chacune de ces personnes.

«I *bis*. — Le nombre maximal des autorisations délivrées en application du présent article en vigueur simultanément est arrêté par le Premier ministre, après avis de la Commission nationale de contrôle des techniques de renseignement. La décision fixant ce contingent et sa répartition entre les ministres mentionnés au premier alinéa de l'article L. 821-2 ainsi que le nombre d'autorisations d'interception délivrées sont portés à la connaissance de la commission.»

II. — L'article L. 821-5 n'est pas applicable à une autorisation délivrée en application du présent article.

Art. L. 851-3. *(L. n° 2015-912 du 24 juill. 2015, art. 5-III, en vigueur le 3 oct. 2015)* I. — Dans les conditions prévues au chapitre Ier du titre II du présent livre et pour les seuls besoins de la prévention du terrorisme, il peut être imposé aux opérateurs et aux personnes mentionnés à l'article L. 851-1 la mise en œuvre sur leurs réseaux de traitements automatisés destinés, en fonction de paramètres précisés dans l'autorisation, à détecter des connexions susceptibles de révéler une menace terroriste.

Ces traitements automatisés utilisent exclusivement les informations ou documents mentionnés à l'article L. 851-1, sans recueillir d'autres données que celles qui répondent à leurs paramètres de conception et sans permettre l'identification des personnes auxquelles les informations ou documents se rapportent.

Dans le respect du principe de proportionnalité, l'autorisation du Premier ministre précise le champ technique de la mise en œuvre de ces traitements.

II. — La Commission nationale de contrôle des techniques de renseignement émet un avis sur la demande d'autorisation relative aux traitements automatisés et les paramètres de détection retenus. Elle dispose d'un accès permanent, complet et direct à ces traitements ainsi qu'aux informations et données recueillies. Elle est informée de toute modification apportée aux traitements et paramètres et peut émettre des recommandations.

La première autorisation de mise en œuvre des traitements automatisés prévue au I du présent article est délivrée pour une durée de deux mois. L'autorisation est renouvelable dans les conditions de durée prévues au chapitre Ier du titre II du présent livre. La demande de renouvellement comporte un relevé du nombre d'identifiants signalés par le traitement automatisé et une analyse de la pertinence de ces signalements.

III. — Les conditions prévues à l'article L. 871-6 sont applicables aux opérations matérielles effectuées pour cette mise en œuvre par les opérateurs et les personnes mentionnés à l'article L. 851-1.

IV. — Lorsque les traitements mentionnés au I du présent article détectent des données susceptibles de caractériser l'existence d'une menace à caractère terroriste, le Premier ministre ou l'une des personnes déléguées par lui peut autoriser, après avis de la Commission nationale de contrôle des techniques de renseignement donné dans les conditions prévues au chapitre Ier du titre II du présent livre, l'identification de la ou des personnes concernées et le recueil des données y afférentes. Ces données sont exploitées dans un délai de soixante jours à compter de ce recueil et sont détruites à l'expiration de ce délai, sauf en cas d'éléments sérieux confirmant l'existence d'une menace terroriste attachée à une ou plusieurs des personnes concernées.

V. — L'article L. 821-5 n'est pas applicable à une autorisation délivrée en application du présent article.

Art. L. 851-4. *(L. n° 2013-1168 du 18 déc. 2013, art. 20-I-2° et IV, en vigueur le 1er janv. 2015) (L. n° 2015-912 du 24 juill. 2015, art. 5-III-3°-a, en vigueur le 3 oct. 2015)* «Dans les conditions prévues au chapitre Ier du titre II du présent livre, les données techniques relatives à la localisation des équipements terminaux utilisés mentionnées à l'article L. 851-1» peuvent être recueillis *[recueillies]* sur sollicitation du réseau et transmis *[transmises]* en temps réel par les opérateurs *(L. n° 2015-912 du 24 juill. 2015, art. 5-III-3°-a, en vigueur le 3 oct. 2015)* «à un service du Premier ministre».

Art. L. 851-5. *(L. n° 2015-912 du 24 juill. 2015, art. 5-III-4°, en vigueur le 3 oct. 2015)* Dans les conditions prévues au chapitre Ier du titre II du présent livre, peut être autorisée l'utilisation d'un dispositif technique permettant la localisation en temps réel d'une personne, d'un véhicule ou d'un objet.

Si la mise en œuvre de cette technique nécessite l'introduction dans un véhicule ou dans un lieu privé, cette mesure s'effectue selon les modalités définies à l'article L. 853-3.

Art. L. 851-6. *(L. n° 2015-912 du 24 juill. 2015, art. 5-III, en vigueur le 3 oct. 2015)* I. — Dans les conditions prévues au chapitre Ier du titre II du présent livre, peuvent être directement recueillies, au moyen d'un appareil ou d'un dispositif technique mentionné au 1° de l'article 226-3 du code pénal, les données techniques de connexion permettant l'identification d'un équipement terminal ou du numéro d'abonnement de son utilisateur ainsi que les données relatives à la localisation des équipements terminaux utilisés.

Par dérogation à l'article L. 821-4 du présent code, l'autorisation est délivrée pour une durée de deux mois, renouvelable dans les mêmes conditions de durée.

II. — Les appareils ou dispositifs techniques mentionnés au I font l'objet d'une inscription dans un registre spécial tenu à la disposition de la Commission nationale de contrôle des techniques de renseignement et ne peuvent être mis en œuvre que par des agents individuellement désignés et habilités.

III. — Un service du Premier ministre centralise les informations ou documents recueillis, qui sont :

1° Conservés dans les conditions prévues à l'article L. 822-2, s'ils se rapportent à l'autorisation de mise en œuvre ;

2° Détruits dès qu'il apparaît qu'ils ne sont pas en rapport avec l'autorisation de mise en œuvre, dans un délai maximal de quatre-vingt-dix jours.

IV. — Le nombre maximal d'appareils ou de dispositifs techniques mentionnés au II du présent article pouvant être utilisés simultanément est arrêté par le Premier ministre, après avis de la Commission nationale de contrôle des techniques de renseignement. La décision fixant ce contingent et sa répartition entre les ministres mentionnés au premier alinéa de l'article L. 821-2 est portée à la connaissance de la commission.

Art. L. 851-7. *(L. n° 2015-912 du 24 juill. 2015, art. 5-III-6°, en vigueur le 3 oct. 2015)* Le présent chapitre est mis en œuvre dans le respect de l'article 226-15 du code pénal.

CHAPITRE II

Des interceptions de sécurité

Art. L. 852-1. I. — Dans les conditions prévues au chapitre Ier du titre II du présent livre, peuvent être autorisées les interceptions de correspondances émises par la voie des communications électroniques et susceptibles de révéler des renseignements relatifs aux finalités mentionnées à l'article L. 811-3. Lorsqu'il existe des raisons sérieuses de croire qu'une ou plusieurs personnes appartenant à l'entourage d'une personne concernée par l'autorisation sont susceptibles de fournir des informations au titre de la finalité qui motive l'autorisation, celle-ci peut être également accordée pour ces personnes.

II. — Pour les seules finalités mentionnées aux 1° et 4° et *a* du 5° de l'article L. 811-3 du présent code, peut être autorisée, pour une durée de quarante-huit heures renouvelable, l'utilisation d'un appareil ou d'un dispositif technique mentionné au 1° de l'article 226-3 du code pénal afin d'intercepter des correspondances émises ou reçues par un équipement terminal. Les correspondances interceptées par cet appareil ou ce dispositif technique sont détruites dès qu'il apparaît qu'elles sont sans lien avec l'autorisation délivrée, dans la limite du délai prévu au 1° du I de l'article L. 822-2 du présent code.

III. — L'autorisation vaut autorisation de recueil des informations ou documents mentionnés à l'article L. 851-1 *(L. n° 2016-987 du 21 juill. 2016, art. 17-1°)* «associés» à l'exécution de l'interception et à son exploitation.

IV. — Un service du Premier ministre organise la centralisation de l'exécution des interceptions mentionnées au I. Après avis de la Commission nationale de contrôle des techniques de renseignement, le Premier ministre définit les modalités de la centralisation des correspondances interceptées en application du II.

V. — Les opérations de transcription et d'extraction des communications interceptées, auxquelles la Commission nationale de contrôle des techniques de renseignement dispose d'un accès permanent, complet, direct et immédiat, sont effectuées au sein d'un service du Premier ministre.

VI. — Le nombre maximal des autorisations d'interception en vigueur simultanément est arrêté par le Premier ministre, après avis de la Commission nationale de contrôle des techniques de renseignement. La décision fixant ce contingent et sa répartition entre les ministres mentionnés au premier alinéa de l'article L. 821-2 ainsi que le nombre d'autorisations d'interception délivrées sont portés à la connaissance de la commission.

Art. L. 852-2. *(L. n° 2017-1510 du 30 oct. 2017, art. 15-I)* Dans les conditions prévues au chapitre Ier du titre II du présent livre, peuvent être autorisées les interceptions de correspondances échangées au sein d'un réseau de communications électroniques empruntant exclusivement la voie hertzienne et n'impliquant pas l'intervention d'un opérateur de communications électroniques, lorsque ce réseau est conçu pour une utilisation privative par une personne ou un groupe fermé d'utilisateurs. Pour l'application du 6° de l'article L. 821-2, lorsque l'identité de la personne concernée n'est pas connue, la demande précise les éléments nécessaires à l'identification du réseau concerné.

L'autorisation mentionnée au premier alinéa du présent article vaut autorisation de recueil des informations ou documents mentionnés à l'article L. 851-1 associés à l'exécution de l'interception et à son exploitation.

CHAPITRE III

De la sonorisation de certains lieux et véhicules et de la captation d'images et de données informatiques

Art. L. 853-1. I. — Dans les conditions prévues au chapitre Ier du titre II du présent livre, peut être autorisée, lorsque les renseignements ne peuvent être recueillis par un autre moyen légalement autorisé, l'utilisation de dispositifs techniques permettant la captation, la fixation, la transmission et l'enregistrement de paroles prononcées à titre privé ou confidentiel, ou d'images dans un lieu privé.

II. — Par dérogation à l'article L. 821-4, l'autorisation est délivrée pour une durée maximale de deux mois, renouvelable dans les mêmes conditions de durée.

III. — Les dispositifs techniques mentionnés au I du présent article ne peuvent être utilisés que par des agents appartenant à l'un des services mentionnés aux articles L. 811-2 et L. 811-4 dont la liste est fixée par décret en Conseil d'État.

IV. — Le service autorisé à recourir à la technique mentionnée au I du présent article rend compte à la Commission nationale de contrôle des techniques de renseignement de sa mise en œuvre. La commission peut à tout moment adresser une recommandation tendant à ce que cette opération soit interrompue et que les renseignements collectés soient détruits.

V. — Si la mise en œuvre de cette technique nécessite l'introduction dans un véhicule ou dans un lieu privé, cette mesure s'effectue selon les modalités définies à l'article L. 853-3.

Art. L. 853-2. I. — Dans les conditions prévues au chapitre Ier du titre II du présent livre, peut être autorisée, lorsque les renseignements ne peuvent être recueillis par un autre moyen légalement autorisé, l'utilisation de dispositifs techniques permettant :

1° D'accéder à des données informatiques stockées dans un système informatique, de les enregistrer, de les conserver et de les transmettre;

2° D'accéder à des données informatiques, de les enregistrer, de les conserver et de les transmettre, telles qu'elles s'affichent sur un écran pour l'utilisateur d'un système de traitement automatisé de données, telles qu'il les y introduit par saisie de caractères ou telles qu'elles sont reçues et émises par des périphériques.

II. — Par dérogation à l'article L. 821-4, l'autorisation de mise en œuvre de la technique mentionnée au 1° du I du présent article est délivrée pour une durée maximale de trente jours et celle mentionnée au 2° du même I pour une durée maximale de deux mois. L'autorisation est renouvelable dans les mêmes conditions de durée.

III. — Les dispositifs techniques mentionnés au I du présent article ne peuvent être utilisés que par des agents appartenant à l'un des services mentionnés aux articles L. 811-2 et L. 811-4 dont la liste est fixée par décret en Conseil d'État.

IV. — Le service autorisé à recourir à la technique mentionnée au I rend compte à la Commission nationale de contrôle des techniques de renseignement de sa mise en œuvre. La commission peut à tout moment adresser une recommandation tendant à ce que cette opération soit interrompue et que les renseignements collectés soient détruits.

V. — Si la mise en œuvre de cette technique nécessite l'introduction dans un véhicule ou dans un lieu privé, cette mesure s'effectue selon les modalités définies à l'article L. 853-3.

Art. L. 853-3. I. — Dans les conditions prévues au chapitre Ier du titre II du présent livre, lorsque les renseignements ne peuvent être recueillis par un autre moyen légalement autorisé, l'introduction dans un véhicule ou dans un lieu privé à la seule fin de mettre en place, d'utiliser ou de retirer les dispositifs techniques mentionnés aux articles L. 851-5, L. 853-1 et L. 853-2 peut être autorisée. S'il s'agit d'un lieu d'habitation ou pour l'utilisation de la technique mentionnée au 1° du I de l'article L. 853-2, l'autorisation ne peut être donnée qu'après avis exprès de la Commission nationale de contrôle des techniques de renseignement, statuant en formation restreinte ou en formation plénière.

L'introduction dans un véhicule ou dans un lieu privé ne peut être effectuée que par des agents individuellement désignés et habilités appartenant à l'un des services mentionnés aux articles L. 811-2 et L. 811-4 dont la liste est fixée par décret en Conseil d'État.

II. — Lorsqu'il est fait application de l'avant-dernier alinéa de l'article L. 821-2, la demande mentionne, lorsqu'ils sont connus, toute indication permettant d'identifier le lieu, son usage, son propriétaire ou toute personne bénéficiant d'un droit, ainsi que la nature détaillée du dispositif envisagé.

III. — Par dérogation à l'article L. 821-4, l'autorisation, spécialement motivée, est délivrée pour une durée maximale de trente jours et est renouvelable dans les mêmes conditions de durée que l'autorisation initiale. Elle ne vaut que pour les actes d'installation, d'utilisation, de maintenance ou de retrait des dispositifs techniques.

Lorsque l'introduction mentionnée au I du présent article et portant sur un lieu privé à usage d'habitation est autorisée après avis défavorable de la Commission nationale de contrôle des techniques de renseignement, le Conseil d'État est immédiatement saisi par le président de la commission ou, à défaut, par l'un des membres de la commission parmi ceux mentionnés aux 2° et 3° de l'article L. 831-1 du présent code. La formation spécialisée mentionnée à l'article L. 773-2 du code de justice administrative, le président de la formation restreinte mentionnée au même article L. 773-2 ou le membre qu'il délègue statue dans un délai de vingt-quatre heures à compter de cette saisine. La décision d'autorisation du Premier ministre ne peut être exécutée avant que le Conseil d'État n'ait statué, sauf si elle a été délivrée au titre du 4° de l'article L. 811-3 du présent code et que le Premier ministre a ordonné sa mise en œuvre immédiate.

IV. — Le service autorisé à recourir à l'introduction dans un véhicule ou dans un lieu privé rend compte à la commission de sa mise en œuvre. La commission peut à tout moment adresser une recommandation tendant à ce que cette opération soit interrompue et que les renseignements collectés soient détruits.

CHAPITRE IV
Des mesures de surveillance des communications électroniques internationales

(L. n° 2015-1556 du 30 nov. 2015, art. 1er-1°)

Art. L. 854-1. Dans les conditions prévues au présent chapitre, peut être autorisée, aux seules fins de défense et de promotion des intérêts fondamentaux de la Nation mentionnés à l'article L. 811-3, la surveillance des communications qui sont émises ou reçues à l'étranger.

Cette surveillance, qu'elle porte sur des correspondances ou sur des données de connexion, est exclusivement régie par le présent chapitre.

Les mesures prises à ce titre ne peuvent avoir pour objet d'assurer la surveillance individuelle des communications de personnes utilisant des numéros d'abonnement ou des identifiants techniques rattachables au territoire national, à l'exception du cas où ces personnes communiquent depuis l'étranger et, soit faisaient l'objet d'une autorisation d'interception de sécurité, délivrée en application de l'article L. 852-1, à la date à laquelle elles ont quitté le territoire national, soit sont identifiées comme présentant une menace au regard des intérêts fondamentaux de la Nation mentionnés à l'article L. 811-3.

(L. n° 2018-607 du 13 juill. 2018, art. 37) «Les autorisations prévues aux articles L. 851-1, L. 851-2 et au I de l'article L. 852-1 peuvent valoir, lorsque la décision d'autorisation le prévoit, autorisation d'exploitation des communications, ou des seules données de connexion, interceptées dans le cadre de la mise en œuvre de mesures de surveillance des communications internationales, dans la limite de la portée de ces autorisations et dans le respect des garanties qui les entourent.»

Sous réserve des dispositions particulières *(L. n° 2018-607 du 13 juill. 2018, art. 37)* «des troisième et quatrième alinéas du présent article ainsi que du V de l'article

L. 854-2», lorsqu'il apparaît que des communications électroniques interceptées sont échangées entre des personnes ou des équipements utilisant des numéros d'abonnement ou des identifiants techniques rattachables au territoire national, y compris lorsque ces communications transitent par des équipements non rattachables à ce territoire, celles-ci sont instantanément détruites.

Art. L. 854-2. I. — Le Premier ministre désigne, par une décision motivée, les réseaux de communications électroniques sur lesquels il autorise l'interception des communications émises ou reçues à l'étranger, dans les limites fixées à l'article L. 854-1.

II. — Sur demande motivée des ministres ou de leurs délégués mentionnés au premier alinéa de l'article L. 821-2, le Premier ministre ou l'une des personnes déléguées mentionnées à l'article L. 821-4 peut autoriser l'exploitation non individualisée des données de connexion interceptées.

L'autorisation désigne :

1° La ou les finalités poursuivies parmi celles mentionnées à l'article L. 811-3;

2° Le ou les motifs des mesures;

3° Le ou les services mentionnés à l'article L. 811-2 en charge de cette exploitation;

4° Le type de traitements automatisés pouvant être mis en œuvre, en précisant leur objet.

L'autorisation, renouvelable dans les mêmes conditions que celles prévues au présent II, est délivrée pour une durée maximale d'un an.

III. — Sur demande motivée des ministres ou de leurs délégués mentionnés au premier alinéa de l'article L. 821-2, le Premier ministre ou l'un de ses délégués peut également *(L. n° 2018-607 du 13 juill. 2018, art. 37)* «, après avis de la Commission nationale de contrôle des techniques de renseignement,» délivrer une autorisation d'exploitation de communications, ou de seules données de connexion, interceptées.

L'autorisation désigne :

1° La ou les finalités poursuivies parmi celles mentionnées à l'article L. 811-3;

2° Le ou les motifs des mesures;

3° Les zones géographiques ou les organisations, groupes de personnes ou personnes concernés;

4° Le ou les services mentionnés à l'article L. 811-2 en charge de cette exploitation.

L'autorisation, renouvelable dans les mêmes conditions que celles prévues au présent III, est délivrée pour une durée maximale de quatre mois.

(L. n° 2018-607 du 13 juill. 2018, art. 37) «IV. — L'autorisation prévue au III vaut autorisation d'effectuer au sein des données de connexion interceptées des vérifications ponctuelles aux seules fins de détecter une menace pour les intérêts fondamentaux de la Nation liée aux relations entre des numéros d'abonnement ou des identifiants techniques rattachables au territoire français et des zones géographiques, organisations ou personnes mentionnés au 3° du même III.

«A la seule fin de détecter, de manière urgente, une menace terroriste, cette vérification ponctuelle peut porter sur les communications de numéros d'abonnement ou d'identifiants techniques rattachables au territoire national. Ces numéros et identifiants sont immédiatement communiqués au Premier ministre et à la Commission nationale de contrôle des techniques de renseignement, pour les besoins du contrôle prévu à l'article L. 854-9.

«Des vérifications ponctuelles peuvent également être mises en œuvre pour détecter sur les communications d'identifiants techniques rattachables au territoire national, à des fins d'analyse technique, des éléments de cyberattaques susceptibles de porter atteinte aux intérêts fondamentaux de la Nation mentionnés au 1° de l'article L. 811-3.

«Lorsque les vérifications ponctuelles mentionnées au présent IV font apparaître la nécessité d'une surveillance, l'exploitation des communications ou des seules données de connexion interceptées ne peut être poursuivie que sur le fondement d'une autorisation obtenue en application des chapitres Ier ou II du présent titre ou du V du présent article, dans le respect des règles qui leur sont propres.

«V. — Par dérogation au troisième alinéa de l'article L. 854-1 et pour la défense ou la promotion des finalités mentionnées aux 1°, 2°, 4°, 6° et 7° de l'article L. 811-3, le Premier ministre ou l'un de ses délégués peut, dans les conditions prévues au III du présent article, délivrer une autorisation d'exploitation de communications ou de seules données de connexion interceptées, de numéros d'abonnement ou d'identifiants techniques rattachables au territoire national dont l'utilisateur communique depuis ce territoire.

«Le nombre maximal des autorisations d'exploitation, en vigueur simultanément et portant sur des correspondances, est arrêté par le Premier ministre, après avis de la Commission nationale de contrôle des techniques de renseignement. La décision fixant ce contingent et sa répartition entre les ministres mentionnés au premier alinéa de l'article L. 821-2 sont portées à la connaissance de la commission.»

Art. L. 854-3. Les personnes qui exercent en France un mandat ou une profession mentionné à l'article L. 821-7 ne peuvent faire l'objet d'une surveillance individuelle de leurs communications à raison de l'exercice du mandat ou de la profession concerné.

Art. L. 854-4. L'interception et l'exploitation des communications en application du présent chapitre *(L. n° 2018-607 du 13 juill. 2018, art. 37)* «ainsi que la vérification ponctuelle mentionnée au IV de l'article L. 854-2» font l'objet de dispositifs de traçabilité organisés par le Premier ministre après avis de la Commission nationale de contrôle des techniques de renseignement. Le Premier ministre définit les modalités de la centralisation des renseignements collectés.

Art. L. 854-5. Sous réserve des dispositions particulières de l'article L. 854-8, les renseignements collectés en application du présent chapitre sont détruits à l'issue d'une durée de :

1° Douze mois à compter de leur première exploitation pour les correspondances, dans la limite d'une durée de quatre ans à compter de leur recueil;

2° Six ans à compter de leur recueil pour les données de connexion.

Pour ceux des renseignements qui sont chiffrés, le délai court à compter de leur déchiffrement. Ils ne peuvent être conservés plus de huit ans à compter de leur recueil.

Dans une mesure strictement nécessaire aux besoins de l'analyse technique et à l'exclusion de toute utilisation pour la surveillance des personnes concernées, les renseignements collectés au titre du présent chapitre qui contiennent des éléments de cyberattaque ou qui sont chiffrés, ainsi que les renseignements déchiffrés associés à ces derniers, peuvent être conservés au-delà des durées mentionnées au présent article.

Par dérogation aux cinq premiers alinéas, les renseignements qui concernent une requête dont le Conseil d'État a été saisi ne peuvent être détruits. A l'expiration des délais prévus au présent article, ils sont conservés pour les seuls besoins de la procédure devant le Conseil d'État.

Art. L. 854-6. Sous réserve des dispositions particulières de l'article L. 854-8, les renseignements collectés en application du présent chapitre sont exploités par le ou les services mentionnés à l'article L. 811-2 désignés par l'autorisation.

Les renseignements ne peuvent être collectés, transcrits ou extraits pour d'autres finalités que celles mentionnées à l'article L. 811-3.

Les transcriptions ou les extractions doivent être détruites dès que leur conservation n'est plus indispensable à la poursuite des finalités mentionnées au même article L. 811-3.

Les opérations de destruction des renseignements collectés, les transcriptions et les extractions sont effectuées par des agents individuellement désignés et habilités et font l'objet de relevés.

Art. L. 854-7. Les conditions prévues aux articles L. 871-6 et L. 871-7 sont applicables aux opérations matérielles effectuées par les opérateurs de communications électroniques pour la mise en œuvre des mesures prévues au I de l'article L. 854-2.

Art. L. 854-8. Lorsque les correspondances interceptées renvoient à des numéros d'abonnement ou à des identifiants techniques rattachables au territoire national, elles sont exploitées dans les conditions prévues aux IV et V de l'article L. 852-1 et conservées et détruites dans les conditions prévues aux articles L. 822-2 à L. 822-4, sous le contrôle de la Commission nationale de contrôle des techniques de renseignement. Le délai de conservation des correspondances court toutefois à compter de leur première exploitation, mais ne peut excéder six mois à compter de leur recueil. Les données de connexion associées à ces correspondances sont conservées et détruites dans les conditions prévues aux mêmes articles L. 822-2 à L. 822-4.

Art. L. 854-9. *(L. n° 2018-607 du 13 juill. 2018, art. 37)* «La Commission nationale de contrôle des techniques de renseignement émet un avis sur les demandes mentionnées aux III et V de l'article L. 854-2 dans les délais prévus à l'article L. 821-3. Elle reçoit communication de toutes les décisions et autorisations mentionnées à l'article L. 854-2.» Elle dispose d'un accès permanent, complet et direct aux dispositifs de traçabilité mentionnés à l'article L. 854-4, aux renseignements collectés, aux transcriptions et extractions réalisées ainsi qu'aux relevés mentionnés à l'article L. 854-6. A sa demande, elle peut contrôler les dispositifs techniques nécessaires à l'exécution des décisions et des autorisations. Si la surveillance des personnes mentionnées au troisième alinéa de l'article L. 854-1 n'a pas déjà fait l'objet d'une autorisation spécifique, leur identité est portée sans délai à la connaissance de la commission.

La commission peut solliciter du Premier ministre tous les éléments nécessaires à l'accomplissement de ses missions.

L'article L. 833-3 est applicable aux contrôles effectués par la commission en application du présent article.

De sa propre initiative ou sur réclamation de toute personne souhaitant vérifier qu'aucune mesure de surveillance *(L. n° 2018-607 du 13 juill. 2018, art. 37)* «ou de vérification ponctuelle» n'est irrégulièrement mise en œuvre à son égard, la commission s'assure que les mesures mises en œuvre au titre du présent chapitre respectent les conditions qu'il fixe ainsi que celles définies par les textes pris pour son application et par les décisions et autorisations du Premier ministre ou de ses délégués. Elle notifie à l'auteur de la réclamation qu'il a été procédé aux vérifications nécessaires, sans confirmer ni infirmer la mise en œuvre de mesures de surveillance *(L. n° 2018-607 du 13 juill. 2018, art. 37)* «ou de vérification ponctuelle».

Lorsqu'elle constate un manquement au présent chapitre, la commission adresse au Premier ministre une recommandation tendant à ce que le manquement cesse et que les renseignements collectés soient, le cas échéant, détruits. Lorsque le Premier ministre ne donne pas suite à cette recommandation ou que les suites qui y sont données sont estimées insuffisantes, le Conseil d'État, statuant dans les conditions prévues au chapitre III *bis* du titre VII du livre VII du code de justice administrative, peut être saisi par le président ou par au moins trois membres de la commission. *(L. n° 2018-607 du 13 juill. 2018, art. 37)* «Toutefois, toute personne souhaitant vérifier qu'elle n'a pas fait l'objet d'une surveillance irrégulière au titre du V de l'article L. 854-2 du présent code peut saisir le Conseil d'État du recours prévu au 1° de l'article L. 841-1.»

La commission peut adresser à tout moment au Premier ministre les recommandations et les observations qu'elle juge nécessaires au titre du contrôle qu'elle exerce sur l'application du présent chapitre.

CHAPITRE V
Des mesures de surveillance de certaines communications hertziennes

(L. n° 2017-1510 du 30 oct. 2017, art. 15-I)

Art. L. 855-1 A. Les services de renseignement mentionnés aux articles L. 811-2 et L. 811-4 sont autorisés, aux seules fins de la défense et de la promotion des intérêts fondamentaux de la Nation mentionnés à l'article L. 811-3, à procéder à l'interception et à l'exploitation des communications électroniques empruntant exclusivement la voie hertzienne et n'impliquant pas l'intervention d'un opérateur de communications électroniques lorsque cette interception et cette exploitation n'entrent dans le champ d'application d'aucune des techniques de renseignement prévues aux chapitres Ier à IV du présent titre. Ces mesures de surveillance sont exclusivement régies par le présent chapitre.

Art. L. 855-1 B. I. — Les renseignements collectés en application de l'article L. 855-1 A sont détruits à l'issue d'une durée de six ans à compter de leur recueil.

Pour ceux des renseignements qui sont chiffrés, le délai court à compter de leur déchiffrement. Ils ne peuvent être conservés plus de huit ans à compter de leur recueil.

II. — Les renseignements mentionnés au I ne peuvent être transcrits ou extraits pour d'autres finalités que celles mentionnées à l'article L. 811-3. Les transcriptions ou les extractions doivent être détruites dès que leur conservation n'est plus indispensable à la poursuite des finalités mentionnées au même article L. 811-3.

Art. L. 855-1 C. La Commission nationale de contrôle des techniques de renseignement veille au respect des champs d'application respectifs des articles des chapitres Ier à IV du présent titre régissant les techniques de renseignement et de l'article L. 855-1 A.

A ce titre, elle est informée du champ et de la nature des mesures prises en application du même article L. 855-1 A. Elle peut, à sa demande et à la seule fin de s'assurer du respect des champs d'application mentionnés au premier alinéa du présent article, se faire présenter sur place les capacités d'interception mises en œuvre sur le fondement dudit article L. 855-1 A et se faire communiquer les renseignements collectés conservés à la date de sa demande et les transcriptions et extractions réalisées.

La commission peut, à tout moment, adresser au Premier ministre, ainsi qu'à la délégation parlementaire au renseignement, les recommandations et observations qu'elle juge nécessaires au titre du contrôle qu'elle exerce sur l'application du présent chapitre.

TITRE CINQUIÈME *BIS*

DU RENSEIGNEMENT DE SÉCURITÉ PÉNITENTIAIRE

(L. nº 2017-258 du 28 févr. 2017, art. 35-II)

Art. L. 855-1. Par dérogation aux 3° et 4° de l'article L. 801-1, les services de l'administration pénitentiaire désignés par décret en Conseil d'État pris après avis de la Commission nationale de contrôle des techniques de renseignement peuvent être autorisés à recourir aux techniques mentionnées aux articles L. 851-1, L. 851-4, L. 851-5 *(L. nº 2019-222 du 23 mars 2019, art. 89-II-1º)* «et L. 851-6, au I de l'article L. 852-1, aux articles L. 852-2 et L. 853-1 ainsi que, dans le cas prévu au V du même article L. 853-1, à l'article L. 853-3» dans les conditions prévues aux titres II et V du présent livre, aux fins de prévenir les évasions et d'assurer la sécurité au sein des établissements pénitentiaires ou des établissements de santé destinés à recevoir des personnes détenues.

(L. nº 2019-222 du 23 mars 2019, art. 89-II-3º) «La technique de renseignement définie au I de l'article L. 853-1 ne peut être mise en œuvre, dans le cas prévu au V du même article L. 853-1 et selon les modalités définies à l'article L. 853-3, qu'à l'encontre des personnes détenues qui présentent un risque particulièrement élevé d'évasion ou dont le comportement constitue une menace d'une particulière gravité pour la sécurité au sein des établissements pénitentiaires ou des établissements de santé destinés à recevoir des personnes détenues. Les autres techniques de renseignement mentionnées au premier alinéa du présent article peuvent être mises en œuvre à l'encontre des personnes qui présentent un risque particulièrement élevé d'évasion ou dont le comportement constitue une menace d'une particulière gravité pour la sécurité au sein des établissements pénitentiaires ou des établissements de santé destinés à recevoir des personnes détenues. Aucune des techniques de renseignement mentionnées au même premier alinéa ne peut être mise en œuvre à l'occasion des communications ni des entretiens entre une personne détenue et son avocat.

«Après avis de la Commission nationale de contrôle des techniques de renseignement, le Premier ministre arrête le nombre maximal d'autorisations simultanément en vigueur délivrées sur le fondement, d'une part, de l'article L. 852-2, d'autre part, du I de l'article L. 853-1 et, enfin, dans le cas prévu au V du même article L. 853-1, de l'article L. 853-3. Les décisions fixant ces trois contingents ainsi que le nombre d'autorisations délivrées sont portés à la connaissance de la commission.»

D – LES ENREGISTREMENTS DES INTERVENTIONS DE POLICE

137 Code de la sécurité intérieure (articles L. 241-1 et L. 241-2, R. 241-1 à R. 241-15)

PREMIÈRE PARTIE
LÉGISLATIVE

LIVRE DEUXIÈME
ORDRE ET SÉCURITÉ PUBLICS

TITRE QUATRIÈME
CAMÉRAS MOBILES

(L. n° 2016-731 du 3 juin 2016, art. 112)

CHAPITRE UNIQUE

Art. L. 241-1. Dans l'exercice de leurs missions de prévention des atteintes à l'ordre public et de protection de la sécurité des personnes et des biens ainsi que de leurs missions de police judiciaire, les agents de la police nationale et les militaires de la gendarmerie nationale peuvent procéder en tous lieux, au moyen de caméras individuelles, à un enregistrement audiovisuel de leurs interventions lorsque se produit ou est susceptible de se produire un incident, eu égard aux circonstances de l'intervention ou au comportement des personnes concernées.

L'enregistrement n'est pas permanent.

Les enregistrements ont pour finalités la prévention des incidents au cours des interventions des agents de la police nationale et des militaires de la gendarmerie nationale, le constat des infractions et la poursuite de leurs auteurs par la collecte de preuves ainsi que la formation et la pédagogie des agents.

Les caméras sont portées de façon apparente par les agents et les militaires. Un signal visuel spécifique indique si la caméra enregistre. Le déclenchement de l'enregistrement fait l'objet d'une information des personnes filmées, sauf si les circonstances l'interdisent. Une information générale du public sur l'emploi de ces caméras est organisée par le ministre de l'Intérieur. Les personnels auxquels les caméras individuelles sont fournies ne peuvent avoir accès directement aux enregistrements auxquels ils procèdent.

Les enregistrements audiovisuels, hors le cas où ils sont utilisés dans le cadre d'une procédure judiciaire, administrative ou disciplinaire, sont effacés au bout de six mois.

Les modalités d'application du présent article et d'utilisation des données collectées sont précisées par un décret en Conseil d'État, pris après avis de la Commission nationale de l'informatique et des libertés.

Art. L. 241-2. *(L. n° 2018-697 du 3 août 2018, art. 3)* Dans l'exercice de leurs missions de prévention des atteintes à l'ordre public et de protection de la sécurité des personnes et des biens ainsi que de leurs missions de police judiciaire, les agents de police municipale peuvent être autorisés, par le représentant de l'État dans le département, à procéder en tous lieux, au moyen de caméras individuelles, à un enregistrement audiovisuel de leurs interventions lorsque se produit ou est susceptible de se produire un incident, eu égard aux circonstances de l'intervention ou au comportement des personnes concernées.

L'enregistrement n'est pas permanent.

Les enregistrements ont pour finalités la prévention des incidents au cours des interventions des agents de police municipale, le constat des infractions et la poursuite de leurs auteurs par la collecte de preuves ainsi que la formation et la pédagogie des agents.

Les caméras sont portées de façon apparente par les agents. Un signal visuel spécifique indique si la caméra enregistre. Le déclenchement de l'enregistrement fait l'objet d'une information des personnes filmées, sauf si les circonstances l'interdisent. Une information générale du public sur l'emploi de ces caméras est organisée par le ministre de l'Intérieur. Les personnels auxquels les caméras individuelles sont fournies ne peuvent avoir accès directement aux enregistrements auxquels ils procèdent.

Les enregistrements audiovisuels, hors le cas où ils sont utilisés dans le cadre d'une procédure judiciaire, administrative ou disciplinaire, sont effacés au bout de six mois.

L'autorisation mentionnée au premier alinéa est subordonnée à la demande préalable du maire et à l'existence d'une convention de coordination des interventions de la police municipale et des forces de sécurité de l'État prévue à la section II du chapitre II du titre Ier du livre V du présent code.

Lorsque l'agent est employé par un établissement public de coopération intercommunale et mis à disposition de plusieurs communes dans les conditions prévues au premier alinéa de l'article L. 512-2, cette demande est établie conjointement par l'ensemble des maires des communes où il est affecté.

Les projets d'équipements des polices municipales en caméras individuelles sont éligibles au fonds interministériel pour la prévention de la délinquance défini à l'article 5 de la loi n° 2007-297 du 5 mars 2007 relative à la prévention de la délinquance.

Les modalités d'application du présent article et d'utilisation des données collectées sont précisées par un décret en Conseil d'État, pris après avis publié et motivé de la Commission nationale de l'informatique et des libertés.

DEUXIÈME PARTIE
RÉGLEMENTAIRE

LIVRE DEUXIÈME
ORDRE ET SÉCURITÉ PUBLICS

(Décr. nº 2013-1113 du 4 déc. 2013, en vigueur le 1er janv. 2014)

TITRE QUATRIÈME
CAMÉRAS MOBILES

(Décr. nº 2016-1860 du 23 déc. 2016, art. 1er)

CHAPITRE UNIQUE

Section première

Traitements de données à caractère personnel provenant des caméras individuelles des agents de la police nationale et des militaires de la gendarmerie nationale

(Décr. nº 2019-140 du 27 févr. 2019).

Art. R. 241-1. I. — Le ministre de l'Intérieur est autorisé, en application de l'article L. 241-1, à mettre en œuvre des traitements de données à caractère personnel provenant des seules caméras individuelles fournies aux agents de la police nationale et aux militaires de la gendarmerie nationale au titre de l'équipement des personnels.

II. — Ces traitements ont pour finalités :

1° La prévention des incidents au cours des interventions des agents de la police nationale et des militaires de la gendarmerie nationale;

2° Le constat des infractions et la poursuite de leurs auteurs par la collecte de preuves;

3° La formation et la pédagogie des agents.

Art. R. 241-2. Les catégories de données à caractère personnel et informations enregistrées dans les traitements sont :

1° Les images et les sons captés par les caméras individuelles utilisées par les agents de la police nationale et les militaires de la gendarmerie nationale dans les circonstances et pour les finalités prévues à l'article L. 241-1;

2° Le jour et les plages horaires d'enregistrement;

3° L'identification de l'agent porteur de la caméra lors de l'enregistrement des données;

4° Le lieu où ont été collectées les données.

Si les données mentionnées aux 3° et 4° ne peuvent être enregistrées sur le même support que les images et sons visés au 1°, les personnes mentionnées au II de l'article R. 241-3 doivent être en mesure d'en justifier par l'application de suivi de l'activité.

Les données enregistrées dans le traitement sont susceptibles de faire apparaître, directement ou indirectement, des éléments mentionnés au I de l'article 8 de la loi nº 78-17 du

6 janvier 1978 relative à l'informatique, aux fichiers et aux libertés. Il est interdit de sélectionner dans les traitements une catégorie particulière de personnes à partir de ces seules données.

Art. R. 241-3. I. — Les enregistrements sont transférés sur un support informatique sécurisé dès le retour des agents de la police nationale et des militaires de la gendarmerie nationale au service. Les enregistrements ne peuvent être consultés qu'à l'issue de l'intervention et après leur transfert sur le support informatique sécurisé. Aucun système de transmission permettant de visionner les images à distance en temps réel ne peut être mis en œuvre.

II. — Dans la limite de leurs attributions respectives, ont seuls accès aux données et informations mentionnées à l'article R. 241-2 :

1° Le chef du service ou le commandant de l'unité;

2° Les agents ou militaires individuellement désignés et habilités par le chef du service ou le commandant de l'unité.

Ces personnes sont seules habilitées à procéder à l'extraction des données et informations mentionnées à l'article R. 241-2 pour les besoins exclusifs d'une procédure judiciaire, administrative ou disciplinaire ou dans le cadre d'une action de formation ou de pédagogie des agents.

III. — Dans la limite de leurs attributions respectives et de leur besoin d'en connaître dans le cadre d'une procédure judiciaire, administrative ou disciplinaire, ou dans le cadre d'une action de formation et de pédagogie, peuvent être destinataires de tout ou partie des données et informations enregistrées dans les traitements :

1° Les officiers et agents de police judiciaire de la police nationale et de la gendarmerie nationale;

2° Les agents et militaires des corps et services d'inspection et de contrôle relevant du ministère de l'intérieur;

3° Les agents et militaires participant à l'exercice du pouvoir disciplinaire;

4° Les agents et militaires chargés de la formation des personnels.

Art. R. 241-4. Les données mentionnées à l'article R. 241-2 sont conservées pendant un délai de six mois à compter du jour de leur enregistrement.

Au terme de ce délai, ces données sont effacées automatiquement des traitements.

Lorsque les données ont dans le délai de six mois été extraites et transmises pour les besoins d'une procédure judiciaire, administrative ou disciplinaire, elles sont conservées selon les règles propres à chacune de ces procédures.

Les données mentionnées au 1° de l'article R. 241-2 utilisées à des fins pédagogiques et de formation sont anonymisées.

Art. R. 241-5. Chaque opération de consultation et d'extraction de données fait l'objet d'un enregistrement dans le traitement ou, à défaut, d'une consignation dans un registre spécialement ouvert à cet effet. Cette consignation comprend :

1° Les matricule, nom, prénom et grade des agents ou militaires procédant à l'opération de consultation et d'extraction;

2° La date et l'heure de la consultation et de l'extraction ainsi que le motif judiciaire, administratif, disciplinaire ou pédagogique;

3° Le service ou l'unité destinataire des données;

4° L'identification des enregistrements audiovisuels extraits et de la caméra dont ils sont issus.

Ces données sont conservées trois ans.

Art. R. 241-6. L'information générale du public sur l'emploi des caméras individuelles est délivrée sur les sites internet du ministère de l'intérieur, de la direction générale de la police nationale, de la direction générale de la gendarmerie nationale et de la préfecture de police.

Le droit d'opposition prévu à l'article 38 de la loi n° 78-17 du 6 janvier 1978 relative à l'informatique, aux fichiers et aux libertés ne s'applique pas aux traitements mentionnés à l'article R. 241-1.

Le droit d'accès s'exerce de manière indirecte auprès de la Commission nationale de l'informatique et des libertés dans les conditions prévues à l'article 41 de la même loi.

Art. R. 241-7. La mise en œuvre des traitements mentionnés à l'article R. 241-1 est subordonnée à l'envoi préalable à la Commission nationale de l'informatique et des libertés d'un engagement de conformité faisant référence aux dispositions du présent chapitre et précisant le nombre de dispositifs et le service utilisateur. Cet engagement de conformité est accompagné d'un dossier technique de présentation du traitement.

Cet envoi est accompli respectivement par la direction générale de la police nationale, la direction générale de la gendarmerie nationale ou la préfecture de police, pour les services qui leur sont rattachés.

Section II

Traitements de données à caractère personnel provenant des caméras individuelles des agents de la police municipale

(Décr. n° 2019-140 du 27 févr. 2019)

Art. R. 241-8. I. — Le maire, ou l'ensemble des maires des communes lorsque les agents susceptibles d'être équipés de caméras mobiles sont employés par un établissement public de coopération intercommunale et mis à disposition de plusieurs communes dans les conditions prévues au premier alinéa de l'article L. 512-2 du présent code, présentent au préfet de département, et dans le département des Bouches-du-Rhône, au préfet de police des Bouches-du-Rhône, une demande d'autorisation, accompagnée des pièces suivantes :

1° La convention de coordination des interventions de la police municipale et des forces de sécurité de l'État prévue à la section 2 du chapitre II du titre Ier du livre V du présent code;

2° Un dossier technique de présentation du traitement envisagé;

3° Le cas échéant, les éléments nécessités par les circonstances locales de mise en œuvre du traitement, complémentaires à l'analyse d'impact relative à la protection des données à caractère personnel adressée à la Commission nationale de l'informatique et des libertés par le ministère de l'intérieur avec la demande d'avis sur les dispositions de la présente section;

4° L'engagement de conformité destiné à la Commission nationale de l'informatique et des libertés, faisant référence aux dispositions de la présente section et précisant le nombre de caméras et le service utilisateur;

5° Le cas échéant, une mention de la commune dans laquelle est installé le support informatique sécurisé mentionné à l'article R. 241-11 lorsque la demande est présentée par l'ensemble des maires des communes concernées.

II. — L'enregistrement audiovisuel des interventions des agents de police municipale est autorisé par arrêté du préfet de département, et dans le département des Bouches-du-Rhône, du préfet de police des Bouches-du-Rhône. Cet arrêté précise le nombre de caméras, la ou les communes sur le territoire desquelles elles sont utilisées et, le cas échéant, la commune de l'établissement public de coopération intercommunale dans laquelle est installé le support informatique sécurisé.

Art. R. 241-9. Dans le cadre de l'autorisation prévue à l'article R. 241-8, les communes sont autorisées à mettre en œuvre des traitements de données à caractère personnel provenant des seules caméras individuelles fournies aux agents de police municipale au titre de l'équipement des personnels, dans les conditions prévues à l'article L. 241-2.

Ces traitements ont pour finalités :

1° La prévention des incidents au cours des interventions des agents de la police municipale ;

2° Le constat des infractions et la poursuite de leurs auteurs par la collecte de preuves ;

3° La formation et la pédagogie des agents de police municipale.

Art. R. 241-10. Les catégories de données à caractère personnel et informations enregistrées dans les traitements sont :

1° Les images et les sons captés par les caméras individuelles utilisées par les agents de la police municipale dans les circonstances et pour les finalités prévues à l'article L. 241-2 ;

2° Le jour et les plages horaires d'enregistrement ;

3° L'identification de l'agent porteur de la caméra lors de l'enregistrement des données ;

4° Le lieu où ont été collectées les données.

Si les données mentionnées aux 3° et 4° ne peuvent être enregistrées sur le même support que les images et sons mentionnés au 1°, les personnes mentionnées au I de l'article R. 241-12 doivent être en mesure d'en justifier.

Les données enregistrées dans les traitements sont susceptibles de faire apparaître, directement ou indirectement, des éléments mentionnés au I de l'article 8 de la loi n° 78-17 du 6 janvier 1978 relative à l'informatique, aux fichiers et aux libertés. Il est interdit de sélectionner dans les traitements une catégorie particulière de personnes à partir de ces seules données.

Art. R. 241-11. Lorsque les agents de police municipale ont procédé à l'enregistrement d'une intervention dans les conditions prévues à l'article L. 241-2, les données enregistrées par les caméras individuelles sont transférées sur un support informatique sécurisé dès leur retour au service.

Les enregistrements ne peuvent être consultés qu'à l'issue de l'intervention et après leur transfert sur le support informatique sécurisé. Aucun système de transmission permettant de visionner les images à distance en temps réel ne peut être mis en œuvre.

Art. R. 241-12. I. — Dans la limite de leurs attributions respectives et de leur besoin d'en connaitre, ont seuls accès aux données et informations mentionnées à l'article R. 241-10 :

1° Le responsable du service de la police municipale ;

2° Les agents de police municipale individuellement désignés et habilités par le responsable du service.

Ces personnes sont seules habilitées à procéder à l'extraction des données et informations mentionnées à l'article R. 241-10 pour les besoins exclusifs d'une procédure judiciaire, administrative ou disciplinaire ou dans le cadre d'une action de formation ou de pédagogie des agents.

II. — Dans la limite de leurs attributions respectives et de leur besoin d'en connaître dans le cadre d'une procédure judiciaire, administrative ou disciplinaire, ou dans le cadre d'une action de formation et de pédagogie, peuvent être destinataires de tout ou partie des données et informations enregistrées dans les traitements :

1° Les officiers et agents de police judiciaire de la police nationale et de la gendarmerie nationale;

2° Les agents des services d'inspection générale de l'État, dans les conditions prévues à l'article L. 513-1 du présent code;

3° Le maire et le président de l'établissement public de coopération intercommunale en qualité d'autorité disciplinaire ainsi que les membres des instances disciplinaires et les agents en charge de l'instruction des dossiers présentés à ces instances;

4° Les agents chargés de la formation des personnels.

Art. R. 241-13. Les données mentionnées à l'article R. 241-10 sont conservées pendant un délai de six mois à compter du jour de leur enregistrement.

Au terme de ce délai, ces données sont effacées automatiquement des traitements.

Lorsque les données ont, dans le délai de six mois, été extraites et transmises pour les besoins d'une procédure judiciaire, administrative ou disciplinaire, elles sont conservées selon les règles propres à chacune de ces procédures par l'autorité qui en a la charge.

Les données mentionnées au 1° de l'article R. 241-10 utilisées à des fins pédagogiques et de formation sont anonymisées.

Art. R. 241-14. Chaque opération de consultation, d'extraction et d'effacement de données fait l'objet d'un enregistrement dans le traitement ou, à défaut, d'une consignation dans un registre spécialement ouvert à cet effet. Cette consignation comprend :

1° Les matricule, nom, prénom et grade des agents procédant à l'opération de consultation, d'extraction et d'effacement;

2° La date et l'heure de la consultation et de l'extraction ainsi que le motif judiciaire, administratif, disciplinaire ou pédagogique;

3° Le service ou l'unité destinataire des données;

4° L'identification des enregistrements audiovisuels extraits et de la caméra dont ils sont issus.

Ces données sont conservées trois ans.

Art. R. 241-15. I. — L'information générale du public sur l'emploi des caméras individuelles par la commune est délivrée sur le site internet de la commune ou, à défaut, par voie d'affichage en mairie.

II. — Le droit d'opposition prévu à l'article 38 de la loi n° 78-17 du 6 janvier 1978 relative à l'informatique, aux fichiers et aux libertés ne s'applique pas aux traitements mentionnés à l'article R. 241-9.

III. — Les droits d'information, d'accès et d'effacement prévus aux articles 70-18 à 70-20 de la même loi s'exercent directement auprès du maire, ou de l'ensemble des maires des communes lorsque les agents susceptibles d'être équipés de caméras mobiles sont employés par un établissement public de coopération intercommunale et mis à disposition de plusieurs communes dans les conditions prévues au premier alinéa de l'article L. 512-2 du présent code.

Afin d'éviter de gêner des enquêtes et des procédures administratives ou judiciaires et d'éviter de nuire à la prévention ou la détection d'infractions pénales, aux enquêtes ou aux poursuites en la matière, les droits d'accès et d'effacement peuvent faire l'objet de restrictions en application des 2° et 3° du II et du III de l'article 70-21 de la même loi.

La personne concernée par ces restrictions exerce ses droits auprès de la Commission nationale de l'informatique et des libertés dans les conditions prévues à l'article 70-22 de la même loi.

CHAPITRE 2
Les droits sur Internet

Section 1
Le droit de réponse sur Internet

138 Loi n° 2004-575 du 21 juin 2004 pour la confiance dans l'économie numérique (article 6. IV)

Art. 6. IV. — Toute personne nommée ou désignée dans un service de communication au public en ligne dispose d'un droit de réponse, sans préjudice des demandes de correction ou de suppression du message qu'elle peut adresser au service.

La demande d'exercice du droit de réponse est adressée au directeur de la publication ou, lorsque la personne éditant à titre non professionnel a conservé l'anonymat, à la personne mentionnée au 2 du I qui la transmet sans délai au directeur de la publication. Elle est présentée au plus tard dans un délai de trois mois à compter de la mise à disposition du public du message justifiant cette demande.

Le directeur de la publication est tenu d'insérer dans les trois jours de leur réception les réponses de toute personne nommée ou désignée dans le service de communication au public en ligne sous peine d'une amende de 3 750 €, sans préjudice des autres peines et dommages-intérêts auxquels l'article pourrait donner lieu.

Les conditions d'insertion de la réponse sont celles prévues par l'article 13 de la loi du 29 juillet 1881 précitée. La réponse sera toujours gratuite.

Un décret en Conseil d'État fixe les modalités d'application du présent *(L. n° 2004-669 du 9 juill. 2004, art. 111, en vigueur le 1er août 2004)* «IV».

139 Décret n° 2007-1527 du 24 octobre 2007 relatif au droit de réponse applicable aux services de communication au public en ligne et pris pour l'application du IV de l'article 6 de la loi no 2004-575 du 21 juin 2004 pour la confiance dans l'économie numérique

Art. 1er. La demande d'exercice du droit de réponse mentionné au IV de l'article 6 de la loi du 21 juin 2004 susvisée est adressée par lettre recommandée avec demande d'avis de réception ou par tout autre moyen garantissant l'identité du demandeur et apportant la preuve de la réception de la demande.

La procédure prévue par le présent décret ne peut être engagée lorsque les utilisateurs sont en mesure, du fait de la nature du service de communication au public en ligne, de formuler directement les observations qu'appelle de leur part un message qui les met en cause.

Art. 2. La demande indique les références du message, ses conditions d'accès sur le service de communication au public en ligne et, s'il est mentionné, le nom de son auteur. Elle précise s'il s'agit d'un écrit, de sons ou d'images. Elle contient la mention des passages contestés et la teneur de la réponse sollicitée.

Art. 3. La réponse sollicitée prend la forme d'un écrit quelle que soit la nature du message auquel elle se rapporte. Elle est limitée à la longueur du message qui l'a provoquée ou, lorsque celui-ci ne se présente pas sous une forme alphanumérique, à celle de sa transcription sous forme d'un texte. La réponse ne peut pas être supérieure à 200 lignes.

Art. 4. La réponse est mise à la disposition du public par le directeur de publication dans des conditions similaires à celles du message en cause et présentée comme résultant de l'exercice du droit de réponse. Elle est soit publiée à la suite du message en cause, soit accessible à partir de celui-ci. Lorsque le message n'est plus mis à la disposition du public, la réponse est accompagnée d'une référence à celui-ci et d'un rappel de la date et de la durée de sa mise à disposition du public.

La réponse demeure accessible durant la même période que celle pendant laquelle l'article ou le message qui la fonde est mis à disposition du public par l'éditeur de service de communication au public en ligne. La durée pendant laquelle la réponse est accessible ne peut être inférieure à un jour.

Lorsque le message est mis à la disposition du public par le biais d'un courrier électronique périodique non quotidien, le directeur de la publication est tenu d'insérer la réponse dans la parution qui suit la réception de la demande.

Le directeur de publication fait connaître au demandeur la suite qu'il entend donner à sa demande dans le délai prévu au troisième alinéa du paragraphe IV de l'article 6 de la loi du 21 juin 2004 susvisée ainsi que, le cas échéant, les modalités selon lesquelles il y est donné suite.

Art. 5. La personne qui adresse une demande d'exercice de droit de réponse peut préciser que sa demande deviendra sans objet si le directeur de publication accepte de supprimer ou de rectifier tout ou partie du message à l'origine de l'exercice de ce droit. La demande précise alors les passages du message dont la suppression est sollicitée ou la teneur de la rectification envisagée. Le directeur n'est pas tenu d'insérer la réponse s'il procède à la suppression ou à la rectification sollicitée dans un délai de trois jours à compter de la réception de la demande.

Art. 6. Est puni de l'amende prévue pour les contraventions de la 4e classe le fait pour la personne mentionnée au 2 du I de l'article 6 de la loi du 21 juin 2004 susvisée de ne pas avoir transmis dans un délai de vingt-quatre heures la demande de droit de réponse conformément aux éléments d'identification personnelle que cette personne détient en vertu du III du même article.

Art. 7. Les dispositions du présent décret s'appliquent à Mayotte, aux îles Wallis-et-Futuna, en Polynésie française et en Nou-velle-Calédonie.

Art. 8. La ministre de l'intérieur, de l'outre-mer et des collectivités territoriales, la garde des Sceaux, ministre de la justice, et la ministre de la Culture et de la communication sont chargées, chacune en ce qui la concerne, de l'exécution du présent décret, qui sera publié au *Journal officiel* de la République française.

Section 2

La responsabilité des hébergeurs

140 Loi n° 2004-575 du 21 juin 2004 pour la confiance dans l'économie numérique (articles 6. I. 2 et 6. I. 3)

Art. 6. I. — 2. Les personnes physiques ou morales qui assurent, même à titre gratuit, pour mise à disposition du public par des services de communication au public en ligne, le stockage de signaux, d'écrits, d'images, de sons ou de messages de toute nature fournis par des destinataires de ces services ne peuvent pas voir leur responsabilité civile engagée du fait des activités ou des informations stockées à la demande d'un destinataire de ces services si elles n'avaient pas effectivement connaissance de leur caractère illicite ou de faits et circonstances faisant apparaître ce caractère ou si, dès le moment où elles en ont eu cette connaissance, elles ont agi promptement pour retirer ces données ou en rendre l'accès impossible.

L'alinéa précédent ne s'applique pas lorsque le destinataire du service agit sous l'autorité ou le contrôle de la personne visée audit alinéa.

3. Les personnes visées au 2 ne peuvent voir leur responsabilité pénale engagée à raison des informations stockées à la demande d'un destinataire de ces services si elles n'avaient pas effectivement connaissance de l'activité ou de l'information illicites ou si, dès le moment où elles en ont eu connaissance, elles ont agi promptement pour retirer ces informations ou en rendre l'accès impossible.

L'alinéa précédent ne s'applique pas lorsque le destinataire du service agit sous l'autorité ou le contrôle de la personne visée audit alinéa.

Section 3

Internet et droits d'auteur

141 Code de la propriété intellectuelle (articles L. 331-12 à L. 331-37 et L. 336-1 à L. 336-4)

TITRE III
PRÉVENTION, PROCÉDURES ET SANCTIONS

CHAPITRE Ier
Dispositions générales

Section III

Haute autorité pour la diffusion des œuvres et la protection des droits sur internet

(L. n° 2009-669 du 12 juin 2009, art. 5)

Sous-section 1 – Compétences, composition et organisation

Art. L. 331-12. La Haute Autorité pour la diffusion des œuvres et la protection des droits sur internet est une autorité publique indépendante.

Art. L. 331-13. La Haute Autorité assure :

1° Une mission d'encouragement au développement de l'offre légale et d'observation de l'utilisation licite et illicite des œuvres et des objets auxquels est attaché un droit d'auteur ou un droit voisin sur les réseaux de communications électroniques utilisés pour la fourniture de services de communication au public en ligne;

2° Une mission de protection de ces œuvres et objets à l'égard des atteintes à ces droits commises sur les réseaux de communications électroniques utilisés pour la fourniture de services de communication au public en ligne;

3° Une mission de régulation et de veille dans le domaine des mesures techniques de protection et d'identification des œuvres et des objets protégés par un droit d'auteur ou par un droit voisin.

Au titre de ces missions, la Haute Autorité peut recommander toute modification législative ou réglementaire. Elle peut être consultée par le Gouvernement sur tout projet de loi ou de décret intéressant la protection des droits de propriété littéraire et artistique. Elle peut également être consultée par le Gouvernement ou par les commissions parlementaires sur toute question relative à ses domaines de compétence.

Art. L. 331-14. La Haute Autorité remet chaque année au Gouvernement et au Parlement un rapport rendant compte du respect de leurs obligations et engagements par les professionnels des différents secteurs concernés. Ce rapport est rendu public.

Art. L. 331-15. La Haute Autorité est composée d'un collège et d'une commission de protection des droits. Le président du collège est le président de la Haute Autorité.

Sauf disposition législative contraire, les missions confiées à la Haute Autorité sont exercées par le collège.

Dans l'exercice de leurs attributions, les membres du collège et de la commission de protection des droits ne reçoivent d'instruction d'aucune autorité.

Art. L. 331-16. Le collège de la Haute Autorité est composé de neuf membres, dont le président, nommés pour une durée de six ans par décret :

1° Un membre en activité du Conseil d'État désigné par le vice-président du Conseil d'État;

2° Un membre en activité de la Cour de cassation désigné par le premier président de la Cour de cassation;

3° Un membre en activité de la Cour des comptes désigné par le premier président de la Cour des comptes;

4° Un membre du Conseil supérieur de la propriété littéraire et artistique désigné par le président du Conseil supérieur de la propriété littéraire et artistique;

5° Trois personnalités qualifiées, désignées sur proposition conjointe des ministres chargés des communications électroniques, de la consommation et de la culture;

6° Deux personnalités qualifiées, désignées respectivement par le président de l'Assemblée nationale et par le président du Sénat.

Le président du collège est élu par les membres parmi les personnes mentionnées aux 1°, 2° et 3°.

Pour les membres désignés en application des 1° à 4°, des membres suppléants sont désignés dans les mêmes conditions.

(L. nº 2017-55 du 20 janv. 2017, art. 47-3°) «Selon des modalités fixées par décret en Conseil d'État, le collège est renouvelé partiellement tous les trois ans.»

(Ord. nº 2015-948 du 31 juill. 2015, art. 19-I-1°-a, en vigueur le 23 déc. 2021) «Lors de chaque renouvellement, le membre titulaire succédant à une femme est un homme et celui-ci succédant à homme, une femme.

«Le membre titulaire et son suppléant sont de sexe différent.»

(L. nº 2017-55 du 20 janv. 2017, art. 47-3°) «Le mandat des membres n'est pas renouvelable.

«Le président exerce ses fonctions à temps plein.»

Art. L. 331-17. La commission de protection des droits est chargée de prendre les mesures prévues à l'article *(L. nº 2009-1311 du 28 oct. 2009, art. 12)* «L. 331-25».

Elle est composée de trois membres, dont le président, nommés pour une durée de six ans par décret :

1° Un membre en activité du Conseil d'État désigné par le vice-président du Conseil d'État;

2° Un membre en activité de la Cour de cassation désigné par le premier président de la Cour de cassation;

3° Un membre en activité de la Cour des comptes désigné par le premier président de la Cour des comptes.

Des membres suppléants sont nommés dans les mêmes conditions.

(Ord. nº 2015-948 du 31 juill. 2015, art. 19-I-2°-a) «Lors de chaque renouvellement, le membre titulaire succédant à une femme est un homme et celui succédant à un homme, une femme.

«Le membre titulaire et son suppléant sont de sexe différent.»

En cas de vacance d'un siège de membre de la commission de protection des droits, pour quelque cause que ce soit, il est procédé à la nomination, dans les conditions prévues au présent article, d'un nouveau membre *(Ord. n° 2015-948 du 31 juill. 2015, art. 19-I-2°-b)* «de même sexe» pour la durée du mandat restant à courir.

Le mandat des membres n'est ni révocable, ni renouvelable.

Sauf démission, il ne peut être mis fin aux fonctions d'un membre qu'en cas d'empêchement constaté par la commission dans les conditions qu'elle définit.

Les fonctions de membre du collège et de membre de la commission de protection des droits sont incompatibles.

Art. L. 331-18. I. — Les fonctions de membre et de secrétaire général de la Haute Autorité sont incompatibles avec le fait d'exercer ou d'avoir exercé, au cours des trois dernières années :

1° Les fonctions de dirigeant, de salarié ou de conseiller *(Ord. n° 2016-1823 du 22 déc. 2016, art. 2-22°)* «d'un organisme de gestion collective régi» par le titre II du présent livre;

2° Les fonctions de dirigeant, de salarié ou de conseiller d'une entreprise exerçant une activité de production de phonogrammes ou de vidéogrammes ou d'édition d'œuvres protégées par un droit d'auteur ou des droits voisins;

3° Les fonctions de dirigeant, de salarié ou de conseiller d'une entreprise de communication audiovisuelle;

4° Les fonctions de dirigeant, de salarié ou de conseiller d'une entreprise offrant des services de mise à disposition d'œuvres ou d'objets protégés par un droit d'auteur ou des droits voisins;

5° Les fonctions de dirigeant, de salarié ou de conseiller d'une entreprise dont l'activité est d'offrir un accès à des services de communication au public en ligne.

II. — Après la cessation de leurs fonctions, les membres de la Haute Autorité et son secrétaire général sont soumis aux dispositions de l'article 432-13 du code pénal.

Les membres de la Haute Autorité et son secrétaire général ne peuvent, directement ou indirectement, détenir d'intérêts dans *(Ord. n° 2016-1823 du 22 déc. 2016, art. 2-22°)* «un organisme ou *[une]* entreprise mentionné» au I du présent article.

Art. L. 331-19. *(L. n° 2009-669 du 12 juin 2009, art. 5; L. n° 2017-55 du 20 janv. 2017, art. 47-5°)* Un secrétaire général est chargé du fonctionnement et de la coordination des services sous l'autorité du président.

Les rapporteurs chargés de l'instruction de dossiers auprès de la Haute Autorité sont nommés par le président.

La Haute Autorité peut faire appel à des experts. Elle peut également solliciter, en tant que de besoin, l'avis d'autorités administratives, d'organismes extérieurs ou d'associations représentatives des utilisateurs des réseaux de communications électroniques, et elle peut être consultée pour avis par ces mêmes autorités ou organismes.

Art. L. 331-20. Les décisions du collège et de la commission de protection des droits sont prises à la majorité des voix. Au sein du collège, la voix du président est prépondérante en cas de partage égal des voix.

Art. L. 331-21. Pour l'exercice, par la commission de protection des droits, de ses attributions, la Haute Autorité dispose d'agents publics assermentés habilités par le président de la Haute Autorité dans des conditions fixées par un décret en Conseil d'État.

Cette habilitation ne dispense pas de l'application des dispositions définissant les procédures autorisant l'accès aux secrets protégés par la loi.

Les membres de la commission de protection des droits et les agents mentionnés au premier alinéa reçoivent les saisines adressées à ladite commission dans les conditions prévues à l'article L. 331-24. Ils procèdent à l'examen des faits.

Ils peuvent, pour les nécessités de la procédure, obtenir tous documents, quel qu'en soit le support, y compris les données conservées et traitées par les opérateurs de communications électroniques en application de l'article L. 34-1 du code des postes et des communications électroniques et les prestataires mentionnés aux 1 et 2 du I de l'article 6 de la loi n° 2004-575 du 21 juin 2004 pour la confiance dans l'économie numérique.

Ils peuvent également obtenir copie des documents mentionnés à l'alinéa précédent.

Ils peuvent, notamment, obtenir des opérateurs de communications électroniques l'identité, l'adresse postale, l'adresse électronique et les coordonnées téléphoniques de l'abonné dont l'accès à des services de communication au public en ligne a été utilisé à des fins de reproduction, de représentation, de mise à disposition ou de communication au public d'œuvres ou d'objets protégés sans l'autorisation des titulaires des droits prévus aux livres Ier et II lorsqu'elle est requise.

Art. L. 331-21-1. *(L. n° 2009-1311 du 28 oct. 2009, art. 1er)* Les membres de la commission de protection des droits, ainsi que ses agents habilités et assermentés devant l'autorité judiciaire mentionnés à l'article L. 331-21, peuvent constater les faits susceptibles de constituer des infractions prévues au présent titre lorsqu'elles sont punies de la peine complémentaire de suspension de l'accès à un service de communication au public en ligne mentionnée aux articles L. 335-7 et L. 335-7-1.

Ils peuvent en outre recueillir les observations des personnes concernées. Il est fait mention de ce droit dans la lettre de convocation.

Lorsque les personnes concernées demandent à être entendues, ils les convoquent et les entendent. Toute personne entendue a le droit de se faire assister d'un conseil de son choix.

(L. n° 2016-731 du 3 juin 2016, art. 83-VI) «Conformément à l'article 28 du code de procédure pénale, l'article 61-1 du même code est applicable lorsqu'il est procédé à l'audition d'une personne à l'égard de laquelle il existe des raisons plausibles de soupçonner qu'elle a commis ou tenté de commettre une infraction.»

Une copie du procès-verbal d'audition est remise à la personne concernée.

Art. L. 331-22. Les membres et les agents publics de la Haute Autorité sont astreints au secret professionnel pour les faits, actes ou renseignements dont ils ont pu avoir connaissance en raison de leurs fonctions, dans les conditions prévues à l'article 413-10 du code pénal et, sous réserve de ce qui est nécessaire à l'établissement des avis, des recommandations et des rapports, à l'article 226-13 du même code.

Dans les conditions prévues par l'article 17-1 de la loi n° 95-73 du 21 janvier 1995 d'orientation et de programmation relative à la sécurité, les décisions d'habilitation des agents mentionnés à l'article L. 331-21 du présent code sont précédées d'enquêtes administratives destinées à vérifier que leur comportement n'est pas incompatible avec l'exercice de leurs fonctions ou missions.

Sous-section 2 – Mission d'encouragement au développement de l'offre légale et d'observation de l'utilisation licite et illicite d'œuvres et d'objets protégés par un droit d'auteur ou par un droit voisin sur les réseaux de communications électroniques

Art. L. 331-23. Au titre de sa mission d'encouragement au développement de l'offre légale, qu'elle soit ou non commerciale, et d'observation de l'utilisation, qu'elle soit licite ou illicite, des œuvres et des objets protégés par un droit d'auteur ou par un droit voisin sur les réseaux de communications électroniques, la Haute Autorité publie chaque année des indicateurs dont la liste est fixée par décret. Elle rend compte du développement de l'offre légale dans le rapport mentionné à l'article L. 331-14.

Dans des conditions fixées par décret en Conseil d'État, la Haute Autorité attribue aux offres proposées par des personnes dont l'activité est d'offrir un service de communication au public en ligne un label permettant aux usagers de ce service d'identifier clairement le caractère légal de ces offres. Cette labellisation est revue périodiquement.

La Haute Autorité veille à la mise en place, à la mise en valeur et à l'actualisation d'un portail de référencement de ces mêmes offres.

Elle évalue, en outre, les expérimentations conduites dans le domaine des technologies de reconnaissance des contenus et de filtrage par les concepteurs de ces technologies, les titulaires de droits sur les œuvres et objets protégés et les personnes dont l'activité est d'offrir un service de communication au public en ligne. Elle rend compte des principales évolutions constatées en la matière, notamment pour ce qui regarde l'efficacité de telles technologies, dans son rapport annuel prévu à l'article L. 331-14.

Elle identifie et étudie les modalités techniques permettant l'usage illicite des œuvres et des objets protégés par un droit d'auteur ou par un droit voisin sur les réseaux de communications électroniques. Dans le cadre du rapport prévu à l'article L. 331-14, elle propose, le cas échéant, des solutions visant à y remédier.

Sous-section 3 – Mission de protection des œuvres et objets auxquels est attaché un droit d'auteur ou un droit voisin

Art. L. 331-24. La commission de protection des droits agit sur saisine d'agents assermentés et agréés dans les conditions définies à l'article L. 331-2 qui sont désignés par :

— les organismes de défense professionnelle régulièrement constitués;

— les *(Ord. n° 2016-1823 du 22 déc. 2016, art. 2-14°)* «organismes de gestion collective»;

— le Centre national du cinéma et de l'image animée.

La commission de protection des droits peut également agir sur la base d'informations qui lui sont transmises par le procureur de la République.

Elle ne peut être saisie de faits remontant à plus de six mois.

Art. L. 331-25. Lorsqu'elle est saisie de faits susceptibles de constituer un manquement à l'obligation définie à l'article L. 336-3, la commission de protection des droits peut envoyer à l'abonné, sous son timbre et pour son compte, par la voie électronique et par l'intermédiaire de la personne dont l'activité est d'offrir un accès à des services de communication au public en ligne ayant conclu un contrat avec l'abonné, une recommandation lui rappelant les dispositions de l'article L. 336-3, lui enjoignant de respecter l'obligation qu'elles définissent *(L. n° 2009-1311 du 28 oct. 2009, art. 3)* «et l'avertissant des sanctions encourues en application des articles L. 335-7 et L. 335-7-1». Cette recommandation contient également une information de l'abonné sur l'offre légale de contenus culturels en ligne, sur l'existence de moyens de sécurisation permettant de prévenir les manquements à l'obligation définie à l'article L. 336-3 ainsi que sur les dangers pour le renouvellement de la création artistique et pour l'écon omie du secteur culturel des pratiques ne respectant pas le droit d'auteur et les droits voisins.

En cas de renouvellement, dans un délai de six mois à compter de l'envoi de la recommandation visée au premier alinéa, de faits susceptibles de constituer un manquement à l'obligation définie à l'article L. 336-3, la commission peut adresser une nouvelle recommandation comportant les mêmes informations que la précédente par la voie électronique dans les conditions prévues au premier alinéa. Elle *(L. nº 2009-1311 du 28 oct. 2009, art. 3)* «doit» assortir cette recommandation d'une lettre remise contre signature ou de tout autre moyen propre à établir la preuve de la date *(L. nº 2009-1311 du 28 oct. 2009, art. 3)* «de présentation» de cette recommandation.

Les recommandations adressées sur le fondement du présent article mentionnent la date et l'heure auxquelles les faits susceptibles de constituer un manquement à l'obligation définie à l'article L. 336-3 ont été constatés. En revanche, elles ne divulguent pas le contenu des œuvres ou objets protégés concernés par ce manquement. Elles indiquent les coordonnées téléphoniques, postales et électroniques où leur destinataire peut adresser, s'il le souhaite, des observations à la commission de protection des droits et obtenir, s'il en formule la demande expresse, des précisions sur le contenu des œuvres ou objets protégés concernés par le manquement qui lui est reproché.

Art. L. 331-26. Après consultation des concepteurs de moyens de sécurisation destinés à prévenir l'utilisation illicite de l'accès à un service de communication au public en ligne, des personnes dont l'activité est d'offrir l'accès à un tel service ainsi que *(Ord. nº 2016-1823 du 22 déc. 2016, art. 23º)* «des organismes de gestion collective régis» par le titre II du présent livre et des organismes de défense professionnelle régulièrement constitués, la Haute Autorité rend publiques les spécifications fonctionnelles pertinentes que ces moyens doivent présenter.

Au terme d'une procédure d'évaluation certifiée prenant en compte leur conformité aux spécifications visées au premier alinéa et leur efficacité, la Haute Autorité établit une liste labellisant les moyens de sécurisation. Cette labellisation est périodiquement revue.

Un décret en Conseil d'État précise la procédure d'évaluation et de labellisation de ces moyens de sécurisation.

Art. L. 331-27. Les personnes dont l'activité est d'offrir un accès à des services de communication au public en ligne font figurer, dans les contrats conclus avec leurs abonnés, la mention claire et lisible des dispositions de l'article L. 336-3 et des mesures qui peuvent être prises par la commission de protection des droits. Elles font également figurer, dans les contrats conclus avec leurs abonnés, les sanctions pénales et civiles encourues en cas de violation des droits d'auteur et des droits voisins *(L. nº 2009-1311 du 28 oct. 2009, art. 3)* «et en application de l'article L. 335-7-1».

En outre, les personnes visées au premier alinéa du présent article informent leurs nouveaux abonnés et les personnes reconduisant leur contrat d'abonnement sur l'offre légale de contenus culturels en ligne, sur l'existence de moyens de sécurisation permettant de prévenir les manquements à l'obligation définie à l'article L. 336-3 ainsi que sur les dangers pour le renouvellement de la création artistique et pour l'économie du secteur culturel des pratiques ne respectant pas le droit d'auteur et les droits voisins.

Art. L. 331-28. La commission de protection des droits peut conserver les données techniques mises à sa disposition pendant la durée nécessaire à l'exercice des compétences qui lui sont confiées à la présente sous-section.

(L. n° 2009-1311 du 28 oct. 2009, art. 4) «La personne dont l'activité est d'offrir un accès à des services de communication au public en ligne est tenue d'informer la commission de protection des droits de la date à laquelle elle a débuté la suspension; la commission procède à l'effacement des données à caractère personnel relatives à l'abonné dès le terme de la période de suspension.»

Art. L. 331-29. Est autorisée la création, par la Haute Autorité, d'un traitement automatisé de données à caractère personnel portant sur les personnes faisant l'objet d'une procédure dans le cadre de la présente sous-section.

Ce traitement a pour finalité la mise en œuvre, par la commission de protection des droits, des mesures prévues à la présente sous-section *(L. n° 2009-1311 du 28 oct. 2009, art. 5)* «, de tous les actes de procédure afférents et des modalités de l'information des organismes de défense professionnelle et des *(Ord. n° 2016-1823 du 22 déc. 2016, art. 2-14°)* «organismes de gestion collective» des éventuelles saisines de l'autorité judiciaire ainsi que des notifications prévues au cinquième alinéa de l'article L. 335-7».

Un décret en Conseil d'État, pris après avis de la Commission nationale de l'informatique et des libertés, fixe les modalités d'application du présent article. Il précise notamment :

— les catégories de données enregistrées et leur durée de conservation;

— les destinataires habilités à recevoir communication de ces données, notamment les personnes dont l'activité est d'offrir un accès à des services de communication au public en ligne;

— les conditions dans lesquelles les personnes intéressées peuvent exercer, auprès de la Haute Autorité, leur droit d'accès aux données les concernant conformément à la loi n° 78-17 du 6 janvier 1978 relative à l'informatique, aux fichiers et aux libertés.

Art. L. 331-30. Un décret en Conseil d'État fixe les règles applicables à la procédure et à l'instruction des dossiers devant le collège et la commission de protection des droits de la Haute Autorité.

Sous-section 4 – Mission de régulation et de veille dans le domaine des mesures techniques de protection et d'identification des œuvres et des objets protégés par un droit d'auteur ou un droit voisin

Art. L. 331-31. Au titre de sa mission de régulation et de veille dans les domaines des mesures techniques de protection et d'identification des œuvres et des objets protégés par le droit d'auteur ou par les droits voisins, la Haute Autorité exerce les fonctions suivantes :

1° Elle veille à ce que les mesures techniques visées à l'article L. 331-5 n'aient pas pour conséquence, du fait de leur incompatibilité mutuelle ou de leur incapacité d'interopérer, d'entraîner dans l'utilisation d'une œuvre des limitations supplémentaires et indépendantes de celles expressément décidées par le titulaire d'un droit d'auteur sur une œuvre autre qu'un logiciel ou par le titulaire d'un droit voisin sur une interprétation, un phonogramme, un vidéogramme ou un programme;

2° Elle veille à ce que la mise en œuvre des mesures techniques de protection n'ait pas pour effet de priver les bénéficiaires des exceptions définies aux :

— 2°, *e* du 3° à compter du 1er janvier 2009, 7° et 8° de l'article L. 122-5;

— 2°, dernier alinéa du 3° à compter du 1er janvier 2009, 6° et 7° de l'article L. 211-3;

— 3° et, à compter du 1er janvier 2009, 4° de l'article L. 342-3;

— et à l'article L. 331-4.

Elle veille également à ce que la mise en œuvre des mesures techniques de protection n'ait pas pour effet de priver les personnes bénéficiaires de l'exception de reproduction à des fins de collecte, de conservation et de consultation sur place mentionnée au 2° de l'article L. 132-4 et aux articles L. 132-5 et L. 132-6 du code du patrimoine.

Sous réserve des articles L. 331-7 à L. 331-10, *(L. n° 2009-1311 du 28 oct. 2009, art. 12)* «L. 331-33 à L. 331-35 et L. 331-37» du présent code, la Haute Autorité détermine les modalités d'exercice des exceptions précitées et fixe notamment le nombre minimal de copies autorisées dans le cadre de l'exception pour copie privée, en fonction du type d'œuvre ou d'objet protégé, des divers modes de communication au public et des possibilités offertes par les techniques de protection disponibles.

Art. L. 331-32. *(L. n° 2006-961 du 1er août 2006, art. 14)* Tout éditeur de logiciel, tout fabricant de système technique et tout exploitant de service peut, en cas de refus d'accès aux informations essentielles à l'interopérabilité, demander à *(L. n° 2009-669 du 12 juin 2009, art. 2)* «la Haute Autorité» de garantir l'interopérabilité des systèmes et des services existants, dans le respect des droits des parties, et d'obtenir du titulaire des droits sur la mesure technique les informations essentielles à cette interopérabilité. A compter de sa saisine, *(L. n° 2009-669 du 12 juin 2009, art. 2)* «la Haute Autorité» dispose d'un délai de deux mois pour rendre sa décision.

On entend par informations essentielles à l'interopérabilité la documentation technique et les interfaces de programmation nécessaires pour permettre à un dispositif technique d'accéder, y compris dans un standard ouvert au sens de l'article 4 de la loi n° 2004-575 du 21 juin 2004 pour la confiance dans l'économie numérique, à une œuvre ou à un objet protégé par une mesure technique et aux informations sous forme électronique jointes, dans le respect des conditions d'utilisation de l'œuvre ou de l'objet protégé qui ont été définies à l'origine.

Le titulaire des droits sur la mesure technique ne peut imposer au bénéficiaire de renoncer à la publication du code source et de la documentation technique de son logiciel indépendant et interopérant que s'il apporte la preuve que celle-ci aurait pour effet de porter gravement atteinte à la sécurité et à l'efficacité de ladite mesure technique.

(L. n° 2009-669 du 12 juin 2009, art. 2) «La Haute Autorité» peut accepter des engagements proposés par les parties et de nature à mettre un terme aux pratiques contraires à l'interopérabilité. A défaut d'un accord entre les parties et après avoir mis les intéressés à même de présenter leurs observations, elle rend une décision motivée de rejet de la demande ou émet une injonction prescrivant, au besoin sous astreinte, les conditions dans lesquelles le demandeur peut obtenir l'accès aux informations essentielles à l'interopérabilité et les engagements qu'il doit respecter pour garantir l'efficacité et l'intégrité de la mesure technique, ainsi que les conditions d'accès et d'usage du contenu protégé. L'astreinte prononcée par *(L. n° 2009-669 du 12 juin 2009, art. 2)* «la Haute Autorité» est liquidée par cette dernière.

(L. n° 2009-669 du 12 juin 2009, art. 2) «La Haute Autorité» a le pouvoir d'infliger une sanction pécuniaire applicable soit en cas d'inexécution de ses injonctions, soit en

cas de non-respect des engagements qu'elle a acceptés. Chaque sanction pécuniaire est proportionnée à l'importance du dommage causé aux intéressés, à la situation de l'organisme ou de l'entreprise sanctionné et à l'éventuelle réitération des pratiques contraires à l'interopérabilité. Elle est déterminée individuellement et de façon motivée. Son montant maximum s'élève à 5% du montant du chiffre d'affaires mondial hors taxes le plus élevé réalisé au cours d'un des exercices clos depuis l'exercice précédant celui au cours duquel les pratiques contraires à l'interopérabilité ont été mises en œuvre dans le cas d'une entreprise et à 1,5 million d'euros dans les autres cas.

Les décisions de *(L. nº 2009-669 du 12 juin 2009, art. 2)* «la Haute Autorité» sont rendues publiques dans le respect des secrets protégés par la loi. Elles sont notifiées aux parties qui peuvent introduire un recours devant la cour d'appel de Paris. Le recours a un effet suspensif.

Le président de *(L. nº 2009-669 du 12 juin 2009, art. 2)* «la Haute Autorité» saisit l'Autorité de la concurrence des abus de position dominante et des pratiques entravant le libre exercice de la concurrence dont il pourrait avoir connaissance dans le secteur des mesures techniques. Cette saisine peut être introduite dans le cadre d'une procédure d'urgence, dans les conditions prévues à l'article L. 464-1 du code de commerce. Le président de *(L. nº 2009-669 du 12 juin 2009, art. 2)* «la Haute Autorité» peut également le saisir, pour avis, de toute autre question relevant de sa compétence. L'Autorité de la concurrence communique à *(L. nº 2009-669 du 12 juin 2009, art. 2)* «la Haute Autorité» toute saisine entrant dans le champ de compétence de celle-ci et recueille son avis sur les pratiques dont il est saisi dans le secteur des mesures techniques mentionnées à l'article L. 331-5 du présent code.

Art. L. 331-33. *(L. nº 2006-961 du 1er août 2006, art. 16)* Toute personne bénéficiaire des exceptions mentionnées *(L. nº 2009-669 du 12 juin 2009, art. 2)* «au 2° de l'article» *(L. nº 2009-1311 du 28 oct. 2009, art. 12)* «L. 331-31» ou toute personne morale agréée qui la représente peut saisir *(L. nº 2009-669 du 12 juin 2009, art. 2)* «la Haute Autorité» de tout différend portant sur les restrictions que les mesures techniques de protection définies à l'article L. 331-5 apportent au bénéfice desdites exceptions.

Art. L. 331-34. *(L. nº 2006-961 du 1er août 2006, art. 16)* Les personnes morales et les établissements ouverts au public visés au 7° de l'article L. 122-5 qui réalisent des reproductions ou des représentations d'une œuvre ou d'un objet protégé adaptées aux personnes handicapées peuvent saisir *(L. nº 2009-669 du 12 juin 2009, art. 2)* «la Haute Autorité» de tout différend portant sur la transmission des textes imprimés sous la forme d'un fichier numérique.

Art. L. 331-35. *(L. nº 2006-961 du 1er août 2006, art. 16)* Dans le respect des droits des parties, *(L. nº 2009-669 du 12 juin 2009, art. 2)* «la Haute Autorité» favorise ou suscite une solution de conciliation. Lorsqu'elle dresse un procès-verbal de conciliation, celui-ci a force exécutoire; il fait l'objet d'un dépôt au greffe du tribunal d'instance.

A défaut de conciliation dans un délai de deux mois à compter de sa saisine, *(L. nº 2009-669 du 12 juin 2009, art. 2)* «la Haute Autorité», après avoir mis les intéressés à même de présenter leurs observations, rend une décision motivée de rejet de la demande ou émet une injonction prescrivant, au besoin sous astreinte, les mesures propres à assurer le bénéfice effectif de l'exception. L'astreinte prononcée par *(L. nº 2009-669 du 12 juin 2009, art. 2)* «la Haute Autorité» est liquidée par cette dernière.

Ces décisions ainsi que le procès-verbal de conciliation sont rendus publics dans le respect des secrets protégés par la loi. Elles sont notifiées aux parties qui peuvent introduire un recours devant la cour d'appel de Paris. Le recours a un effet suspensif.

Art. L. 331-36. *(L. nº 2009-669 du 12 juin 2009, art. 2)* La Haute Autorité peut être saisie pour avis par l'une des personnes visées à l'article *(L. nº 2009-1311 du 28 oct. 2009, art. 12)* «L. 331-32» de toute question relative à l'interopérabilité des mesures techniques.

Elle peut également être saisie pour avis, par une personne bénéficiaire de l'une des exceptions mentionnées au 2º de l'article *(L. nº 2009-1311 du 28 oct. 2009, art. 12)* «L. 331-31» ou par la personne morale agréée qui la représente, de toute question relative à la mise en œuvre effective de cette exception.

Art. L. 331-37. *(L. nº 2006-961 du 1er août 2006, art. 16)* Un décret en Conseil d'État précise les conditions d'application de la présente *(L. nº 2009-669 du 12 juin 2009, art. 2)* «sous-section». Il prévoit les modalités d'information des utilisateurs d'une œuvre, d'un vidéogramme, d'un programme ou d'un phonogramme mentionnées à l'article *(L. nº 2009-669 du 12 juin 2009, art. 2)* «L. 331-10».

CHAPITRE VI

Prévention du téléchargement et de la mise à disposition illicites d'œuvres et d'objets protégés par un droit d'auteur ou un droit voisin

(L. nº 2009-669 du 12 juin 2009, art. 9).
(L. nº 2006-961 du 1er août 2006, art. 27)

Art. L. 336-1. *(L. nº 2006-961 du 1er août 2006, art. 27)* Lorsqu'un logiciel est principalement utilisé pour la mise à disposition illicite d'œuvres ou d'objets protégés par un droit de propriété littéraire et artistique, le président du tribunal de grande instance, statuant en référé, peut ordonner sous astreinte toutes mesures nécessaires à la protection de ce droit et conformes à l'état de l'art.

Les mesures ainsi ordonnées ne peuvent avoir pour effet de dénaturer les caractéristiques essentielles ou la destination initiale du logiciel.

L'article L. 332-4 est applicable aux logiciels mentionnés au présent article.

Art. L. 336-2. *(L. nº 2009-669 du 12 juin 2009, art. 10)* En présence d'une atteinte à un droit d'auteur ou à un droit voisin occasionnée par le contenu d'un service de communication au public en ligne, le tribunal de grande instance, statuant le cas échéant en la forme des référés, peut ordonner à la demande des titulaires de droits sur les œuvres et objets protégés, de leurs ayants droit, *(Ord. nº 2016-1823 du 22 déc. 2016, art. 2-24º)* «des organismes de gestion collective régis par le titre II du livre III» ou des organismes de défense professionnelle visés à l'article L. 331-1, toutes mesures propres à prévenir ou à faire cesser une telle atteinte à un droit d'auteur ou un droit voisin, à l'encontre de toute personne susceptible de contribuer à y remédier. *(L. nº 2016-925 du 7 juill. 2016, art. 40-I)* «La demande peut également être effectuée par le Centre national du cinéma et de l'image animée.»

Art. L. 336-3. *(L. nº 2009-669 du 12 juin 2009, art. 11)* La personne titulaire de l'accès à des services de communication au public en ligne a l'obligation de veiller à ce que cet accès ne fasse pas l'objet d'une utilisation à des fins de reproduction, de représentation, de mise à disposition ou de communication au public d'œuvres ou d'objets protégés par un droit d'auteur ou par un droit voisin sans l'autorisation des titulaires des droits prévus aux livres Ier et II lorsqu'elle est requise.

Le manquement de la personne titulaire de l'accès à l'obligation définie au premier alinéa n'a pas pour effet d'engager la responsabilité pénale de l'intéressé *(L. nº 2009-1311 du 28 oct. 2009, art. 10)* «, sous réserve des articles L. 335-7 et L. 335-7-1».

Art. L. 336-4. *(L. nº 2009-669 du 12 juin 2009, art. 11)* Les caractéristiques essentielles de l'utilisation autorisée d'une œuvre ou d'un objet protégé, mis à disposition par un service de communication au public en ligne, sont portées à la connaissance de l'utilisateur d'une manière facilement accessible, conformément à l'article L. 331-10 du présent code et à l'article L. 111-1 du code de la consommation.

CINQUIÈME PARTIE
LA VIE EN SOCIÉTÉ

I – LES DROITS

CHAPITRE 1
La sécurité

Section 1
Le droit à la sécurité

142 Code de la sécurité intérieure (articles L. 111-1 et L. 112-2)

TITRE Ier

PRINCIPES GÉNÉRAUX DE LA SÉCURITÉ INTÉRIEURE

CHAPITRE PREMIER

Sécurité publique

Art. L. 111-1. La sécurité est un droit fondamental et l'une des conditions de l'exercice des libertés individuelles et collectives.

L'État a le devoir d'assurer la sécurité en veillant, sur l'ensemble du territoire de la République, à la défense des institutions et des intérêts nationaux, au respect des lois, au maintien de la paix et de l'ordre publics, à la protection des personnes et des biens.

Il associe à la politique de sécurité, dans le cadre de dispositifs locaux dont la structure est définie par voie réglementaire, les collectivités territoriales et les établissements publics de coopération intercommunale ainsi que les représentants des professions, des services et des associations confrontés aux manifestations de la délinquance ou œuvrant dans les domaines de la prévention, de la médiation, de la lutte contre l'exclusion ou de l'aide aux victimes.

CHAPITRE II

Sécurité civile

Art. L. 112-2. L'État est garant de la cohérence de la sécurité civile au plan national. Il en définit la doctrine et coordonne ses moyens.

Il évalue en permanence l'état de préparation aux risques et veille à la mise en œuvre des mesures d'information et d'alerte des populations.

Sans préjudice des dispositions relatives à l'organisation de l'État en temps de crise et de celles du code général des collectivités territoriales, le ministre chargé de la sécurité civile coordonne les opérations de secours dont l'ampleur le justifie.

Section 2

Les forces de sécurité

143 Code de la sécurité intérieure (articles R. 434-1 à R. 434-33)

TITRE III

DISPOSITIONS COMMUNES

CHAPITRE IV

Déontologie de la police nationale et de la gendarmerie nationale

Section première

Dispositions générales

Art. R. 434-1. Les dispositions du présent chapitre constituent le code de déontologie de la police nationale et de la gendarmerie nationale pour l'exécution de leurs missions de sécurité intérieure.

Art. R. 434-2. Placées sous l'autorité du ministre de l'Intérieur pour l'accomplissement des missions de sécurité intérieure et agissant dans le respect des règles du code de procédure pénale en matière judiciaire, la police nationale et la gendarmerie nationale ont pour mission d'assurer la défense des institutions et des intérêts nationaux, le respect des lois, le maintien de la paix et de l'ordre publics, la protection des personnes et des biens.

Au service des institutions républicaines et de la population, policiers et gendarmes exercent leurs fonctions avec loyauté, sens de l'honneur et dévouement.

Dans l'accomplissement de leurs missions de sécurité intérieure, la police nationale, force à statut civil, et la gendarmerie nationale, force armée, sont soumises à des règles déontologiques communes et à des règles propres à chacune d'elles. Ces dernières sont précisées à la section IV du présent chapitre.

Art. R. 434-3. I. — Les règles déontologiques énoncées par le présent code de déontologie procèdent de la Constitution, des traités internationaux, notamment de la convention européenne de sauvegarde des droits de l'homme et des libertés fondamentales, des principes généraux du droit, et des lois et règlements de la République.

Elles définissent les devoirs qui incombent aux policiers et aux gendarmes dans l'exercice de leurs missions de sécurité intérieure pendant ou en dehors du service et s'appliquent sans préjudice des règles statutaires et autres obligations auxquelles ils sont respectivement soumis. Elles font l'objet d'une formation, initiale et continue, dispensée aux policiers et aux gendarmes pour leur permettre d'exercer leurs fonctions de manière irréprochable.

II. — Pour l'application du présent code de déontologie, le terme : "policier" désigne tous les personnels actifs de la police nationale, ainsi que les personnels exerçant dans un service de la police nationale ou dans un établissement public concourant à ses missions et le terme : "gendarme" désigne les officiers et sous-officiers de la gendarmerie, ainsi que les gendarmes adjoints volontaires.

Section II

Principes généraux

Sous-section 1 – Autorité et protection

Art. R. 434-4. I.— L'autorité investie du pouvoir hiérarchique prend des décisions, donne des ordres et les fait appliquer. Elle veille à ce que ses instructions soient précises et apporte à ceux qui sont chargés de les exécuter toutes *[les]* informations pertinentes nécessaires à leur compréhension.

L'autorité hiérarchique assume la responsabilité des ordres donnés.

Ordres et instructions parviennent à leurs destinataires par la voie hiérarchique. Si l'urgence impose une transmission directe, la hiérarchie intermédiaire en est informée sans délai.

II. — Le policier ou le gendarme porte sans délai à la connaissance de l'autorité hiérarchique tout fait survenu à l'occasion ou en dehors du service, ayant entraîné ou susceptible d'entraîner sa convocation par une autorité de police, juridictionnelle, ou de contrôle.

Art. R. 434-5. I. — Le policier ou le gendarme exécute loyalement et fidèlement les instructions et obéit de même aux ordres qu'il reçoit de l'autorité investie du pouvoir hiérarchique, sauf dans le cas où l'ordre donné est manifestement illégal et de nature à compromettre gravement un intérêt public.

S'il pense être confronté à un tel ordre, il fait part de ses objections à l'autorité qui le lui a donné, ou, à défaut, à la première autorité qu'il a la possibilité de joindre, en mentionnant expressément le caractère d'illégalité manifeste qu'il lui attribue. Si, malgré ses objections, l'ordre est maintenu, il peut en demander la confirmation écrite lorsque les circonstances le permettent. Il a droit à ce qu'il soit pris acte de son opposition. Même si le policier ou le gendarme reçoit la confirmation écrite demandée et s'il exécute l'ordre, l'ordre écrit ne l'exonère pas de sa responsabilité.

L'invocation à tort d'un motif d'illégalité manifeste pour ne pas exécuter un ordre régulièrement donné expose le subordonné à ce que sa responsabilité soit engagée.

Dans l'exécution d'un ordre, la responsabilité du subordonné n'exonère pas l'auteur de l'ordre de sa propre responsabilité.

II. — Le policier ou le gendarme rend compte à l'autorité investie du pouvoir hiérarchique de l'exécution des ordres reçus ou, le cas échéant, des raisons de leur inexécution. Dans les actes qu'il rédige, les faits ou événements sont relatés avec fidélité et précision.

Art. R. 434-6. I. — Le supérieur hiérarchique veille en permanence à la préservation de l'intégrité physique de ses subordonnés. Il veille aussi à leur santé physique et mentale. Il s'assure de la bonne condition de ses subordonnés.

II. — L'autorité investie du pouvoir hiérarchique conçoit et met en œuvre au profit des personnels une formation adaptée, en particulier dans les domaines touchant au respect de l'intégrité physique et de la dignité des personnes ainsi qu'aux libertés publiques.

Cette formation est régulièrement mise à jour pour tenir compte des évolutions affectant l'exercice des missions de police administrative et judiciaire.

Art. R. 434-7. L'État défend le policier ou le gendarme, ainsi que, dans les conditions et limites fixées par la loi, ses proches, contre les attaques, menaces, violences, voies de fait, injures, diffamations et outrages dont il peut être victime dans l'exercice ou du fait de ses fonctions.

L'État accorde au policier ou au gendarme sa protection juridique en cas de poursuites judiciaires liées à des faits qui n'ont pas le caractère d'une faute personnelle. Il l'assiste et l'accompagne dans les démarches relatives à sa défense.

Sous-section 2 – Devoirs du policier et du gendarme

Art. R. 434-8. Soumis aux obligations du secret professionnel et au devoir de discrétion, le policier ou le gendarme s'abstient de divulguer à quiconque n'a ni le droit, ni le besoin d'en connaître, sous quelque forme que ce soit, les informations dont il a connaissance dans l'exercice ou au titre de ses fonctions.

Art. R. 434-9. Le policier ou le gendarme exerce ses fonctions avec probité.

Il ne se prévaut pas de sa qualité pour en tirer un avantage personnel et n'utilise pas à des fins étrangères à sa mission les informations dont il a connaissance dans le cadre de ses fonctions.

Il n'accepte aucun avantage ni aucun présent directement ou indirectement lié à ses fonctions ou qu'il se verrait proposer au motif, réel ou supposé, d'une décision prise ou dans l'espoir d'une décision à prendre.

Il n'accorde aucun avantage pour des raisons d'ordre privé.

Art. R. 434-10. Le policier ou le gendarme fait, dans l'exercice de ses fonctions, preuve de discernement.

Il tient compte en toutes *[toute]* circonstances *[circonstance]* de la nature des risques et menaces de chaque situation à laquelle il est confronté et des délais qu'il a pour agir, pour choisir la meilleure réponse légale à lui apporter.

Art. R. 434-11. Le policier et le gendarme accomplissent leurs missions en toute impartialité.

Ils accordent la même attention et le même respect à toute personne et n'établissent aucune distinction dans leurs actes et leurs propos de nature à constituer l'une des discriminations énoncées à l'article 225-1 du code pénal.

Art. R. 434-12. Le policier ou le gendarme ne se départ de sa dignité en aucune circonstance.

En tout temps, dans ou en dehors du service, y compris lorsqu'il s'exprime à travers les réseaux de communication électronique sociaux, il s'abstient de tout acte, propos ou comportement de nature à nuire à la considération portée à la police nationale et à la gendarmerie nationale. Il veille à ne porter, par la nature de ses relations, aucune atteinte à leur crédit ou à leur réputation.

Art. R. 434-13. Le policier ou le gendarme se consacre à sa mission.

Il ne peut exercer une activité privée lucrative que dans les cas et les conditions définis pour chacun d'eux par les lois et règlements.

Section III

Dispositions communes à la police nationale et à la gendarmerie nationale

Sous-section 1 – Relation avec la population et respect des libertés

Art. R. 434-14. Le policier ou le gendarme est au service de la population.

Sa relation avec celle-ci est empreinte de courtoisie et requiert l'usage du vouvoiement.

Respectueux de la dignité des personnes, il veille à se comporter en toute circonstance d'une manière exemplaire, propre à inspirer en retour respect et considération.

Art. R. 434-15. Le policier ou le gendarme exerce ses fonctions en uniforme. Il peut être dérogé à ce principe selon les règles propres à chaque force.

Sauf exception justifiée par le service auquel il appartient ou la nature des missions qui lui sont confiées, il se conforme aux prescriptions relatives à son identification individuelle.

Art. R. 434-16. Lorsque la loi l'autorise à procéder à un contrôle d'identité, le policier ou le gendarme ne se fonde sur aucune caractéristique physique ou aucun signe distinctif pour déterminer les personnes à contrôler, sauf s'il dispose d'un signalement précis motivant le contrôle.

Le contrôle d'identité se déroule sans qu'il soit porté atteinte à la dignité de la personne qui en fait l'objet.

La palpation de sécurité est exclusivement une mesure de sûreté. Elle ne revêt pas un caractère systématique. Elle est réservée aux cas dans lesquels elle apparaît nécessaire à la garantie de la sécurité du policier ou du gendarme qui l'accomplit ou de celle d'autrui. Elle a pour finalité de vérifier que la personne contrôlée n'est pas porteuse d'un objet dangereux pour elle-même ou pour autrui.

Chaque fois que les circonstances le permettent, la palpation de sécurité est pratiquée à l'abri du regard du public.

Art. R. 434-17. Toute personne appréhendée est placée sous la protection des policiers ou des gendarmes et préservée de toute forme de violence et de tout traitement inhumain ou dégradant.

Nul ne peut être intégralement dévêtu, hors le cas et dans les conditions prévus par l'article 63-7 du code de procédure pénale visant la recherche des preuves d'un crime ou d'un délit.

Le policier ou le gendarme ayant la garde d'une personne appréhendée est attentif à son état physique et psychologique et prend toutes les mesures possibles pour préserver la vie, la santé et la dignité de cette personne.

L'utilisation du port des menottes ou des entraves n'est justifiée que lorsque la personne appréhendée est considérée soit comme dangereuse pour autrui ou pour elle-même, soit comme susceptible de tenter de s'enfuir.

Art. R. 434-18. Le policier ou le gendarme emploie la force dans le cadre fixé par la loi, seulement lorsque c'est nécessaire, et de façon proportionnée au but à atteindre ou à la gravité de la menace, selon le cas.

Il ne fait usage des armes qu'en cas d'absolue nécessité et dans le cadre des dispositions législatives applicables à son propre statut.

Art. R. 434-19. Lorsque les circonstances le requièrent, le policier ou le gendarme, même lorsqu'il n'est pas en service, intervient de sa propre initiative, avec les moyens dont il dispose, notamment pour porter assistance aux personnes en danger.

Art. R. 434-20. Sans se départir de son impartialité, le policier ou le gendarme accorde une attention particulière aux victimes et veille à la qualité de leur prise en charge tout au long de la procédure les concernant. Il garantit la confidentialité de leurs propos et déclarations.

Art. R. 434-21. Sans préjudice des exigences liées à l'accomplissement de sa mission, le policier ou le gendarme respecte et préserve la vie privée des personnes, notamment lors d'enquêtes administratives ou judiciaires.

A ce titre, il se conforme aux dispositions législatives et réglementaires qui régissent la création et l'utilisation des traitements de données à caractère personnel.

Il alimente et consulte les fichiers auxquels il a accès dans le strict respect des finalités et des règles propres à chacun d'entre eux, telles qu'elles sont définies par les textes les régissant, et qu'il est tenu de connaître.

Art. R. 434-22. A l'occasion de la recherche des renseignements nécessaires à ses missions, le policier ou le gendarme peut avoir recours à des informateurs. Dans ce cas, il est tenu d'appliquer les règles d'exécution du service définies en la matière pour chacune des deux forces.

Sous-section 2 – Contrôle de l'action de la police et de la gendarmerie

Art. R. 434-23. La police nationale et la gendarmerie nationale sont soumises au contrôle des autorités désignées par la loi et par les conventions internationales.

Dans l'exercice de leurs missions judiciaires, la police nationale et la gendarmerie nationale sont soumises au contrôle de l'autorité judiciaire conformément aux dispositions du code de procédure pénale.

Art. R. 434-24. La police nationale et la gendarmerie nationale sont soumises au contrôle du Défenseur des droits conformément au rôle que lui confère l'article 71-1 de la Constitution.

L'exercice par le Défenseur des droits de ce contrôle peut le conduire à saisir l'autorité chargée d'engager les poursuites disciplinaires des faits portés à sa connaissance qui lui paraissent de nature à justifier une sanction.

Lorsqu'il y est invité par le Défenseur des droits, le policier ou le gendarme lui communique les informations et pièces que celui-ci juge utiles à l'exercice de sa mission. Il défère à ses convocations et peut à cette occasion être assisté de la personne de son choix.

Art. R. 434-25. L'autorité investie du pouvoir hiérarchique contrôle l'action de ses subordonnés.

Le policier ou le gendarme est également soumis au contrôle d'une ou de plusieurs inspections générales compétentes à l'égard du service auquel il appartient.

Sans préjudice des règles propres à la procédure disciplinaire et des droits dont le policier ou le gendarme bénéficie en cas de mise en cause personnelle, il facilite en toute circonstance le déroulement des opérations de contrôle et d'inspection auxquelles il est soumis.

Art. R. 434-26. Les policiers et gendarmes de tous grades auxquels s'applique le présent code de déontologie en sont dépositaires. Ils veillent à titre individuel et collectif à son respect.

Art. R. 434-27. Tout manquement du policier ou du gendarme aux règles et principes définis par le présent code de déontologie l'expose à une sanction disciplinaire en application des règles propres à son statut, indépendamment des sanctions pénales encourues le cas échéant.

Section IV

Dispositions propres à la police nationale ou à la gendarmerie nationale

Sous-section 1 – Dispositions propres à la police nationale

Art. R. 434-28. La fonction de policier comporte des devoirs et implique des risques et des sujétions qui méritent le respect et la considération de tous.

Gardien de la paix, éventuellement au péril de sa vie, le policier honore la mémoire de ceux qui ont péri dans l'exercice de missions de sécurité intérieure, victimes de leur devoir.

Art. R. 434-29. Le policier est tenu à l'obligation de neutralité.

Il s'abstient, dans l'exercice de ses fonctions, de toute expression ou manifestation de ses convictions religieuses, politiques ou philosophiques.

Lorsqu'il n'est pas en service, il s'exprime librement dans les limites imposées par le devoir de réserve et par la loyauté à l'égard des institutions de la République.

Dans les mêmes limites, les représentants du personnel bénéficient, dans le cadre de leur mandat, d'une plus grande liberté d'expression.

Art. R. 434-30. Le policier est disponible à tout moment pour les nécessités du service.

Sous-section 2 – Dispositions propres à la gendarmerie nationale

Art. R. 434-31. Le militaire de la gendarmerie obéit aux règles militaires et adhère aux valeurs inhérentes à son statut. L'état militaire exige en toute circonstance esprit de sacrifice, pouvant aller jusqu'au sacrifice suprême, discipline, disponibilité, loyalisme et neutralité.

Les devoirs qu'il comporte et les sujétions qu'il implique méritent le respect des citoyens et la considération de la Nation.

Les honneurs militaires sont rendus aux militaires de la gendarmerie nationale victimes du devoir ou du seul fait de porter l'uniforme. Leur mémoire est honorée.

Art. R. 434-32. Les militaires de la gendarmerie ne peuvent exprimer des opinions ou croyances, notamment philosophiques, religieuses ou politiques qu'en dehors du service et avec la réserve exigée par l'état militaire, conformément aux dispositions du code de la défense.

Dans le cadre du dialogue interne mis en place au sein de l'institution militaire, ils disposent de différentes instances de représentation et de concertation dans lesquelles les membres s'expriment librement.

Art. R. 434-33. Le gendarme, soldat de la loi, est soumis aux devoirs et sujétions prévus par le statut général des militaires défini par le code de la défense, ainsi qu'aux sujétions spécifiques liées aux conditions de l'exercice du métier de militaire de la gendarmerie.

Section 3

La lutte contre le terrorisme

144 Code pénal (articles 421-1 à 421-8)

TITRE II

DU TERRORISME

CHAPITRE PREMIER

Des actes de terrorisme

Art. 421-1. Constituent des actes de terrorisme, lorsqu'elles sont *(L. n° 96-647 du 22 juill. 1996)* «intentionnellement» en relation avec une entreprise individuelle ou collective ayant pour but de troubler gravement l'ordre public par l'intimidation ou la terreur, les infractions suivantes :

1° Les atteintes volontaires à la vie, les atteintes volontaires à l'intégrité de la personne, l'enlèvement et la séquestration ainsi que le détournement d'aéronef, de navire ou de tout autre moyen de transport, définis par le livre II du présent code;

2° Les vols, les extorsions, les destructions, dégradations et détériorations, ainsi que les infractions en matière informatique définis par le livre III du présent code;

(L. n° 96-647 du 22 juill. 1996) «3° Les infractions en matière de groupes de combat et de mouvements dissous définies par les articles 431-13 à 431-17 et les infractions définies par les articles 434-6 et 441-2 à 441-5;»

(Ord. n° 2012-351 du 12 mars 2012, art. 8, en vigueur le 1er mai 2012) «4° Les infractions en matière d'armes, de produits explosifs ou de matières nucléaires définies par *(L. n° 2014-1353 du 13 nov. 2014, art. 4)* «les *(L. n° 2016-731 du 3 juin 2016, art. 26)* «articles 222-52 à 222-54, 322-6-1 et 322-11-1» du présent code,» le I de l'article L. 1333-9, les articles L. 1333-11 et L. 1333-13-2, le II des articles L. 1333-13-3 et L. 1333-13-4, les articles L. 1333-13-6, L. 2339-2, L. 2339-14, L. 2339-16, L. 2341-1, L. 2341-4, L. 2341-5, L. 2342-57 à L. 2342-62, L. 2353-4, le 1° de l'article L. 2353-5 et l'article L. 2353-13 du code de la défense, ainsi que les articles L. 317-7 et L. 317-8 à l'exception des *(L. n° 2012-304 du 6 mars 2012, art. 33 et 34-XVI, en vigueur le 6 sept. 2013)* «armes de la catégorie D définies par décret en Conseil d'État», du code de la sécurité intérieure»;

(L. n° 96-647 du 22 juill. 1996) «5° Le recel du produit de l'une des infractions prévues aux 1° à 4° ci-dessus»;

(L. n° 2001-1062 du 15 nov. 2001, art. 33; L. n° 2003-239 du 18 mars 2003, art. 31) «6° Les infractions de blanchiment prévues au chapitre IV du titre II du livre III du présent code;

«7° Les délits d'initié prévus *(L. n° 2016-819 du 21 juin 2016, art. 1er, en vigueur le 3 juill. 2016)* «aux articles L. 465-1 à L. 465-3» du code monétaire et financier.»

Art. 421-2. Constitue également un acte de terrorisme, lorsqu'il est *(L. n° 96-647 du 22 juill. 1996)* «intentionnellement» en relation avec une entreprise individuelle ou collective ayant pour but de troubler gravement l'ordre public par l'intimidation ou la terreur, le fait d'introduire dans l'atmosphère, sur le sol, dans le sous-sol *(L. n° 2004-204 du 9 mars 2004, art. 8)* «, dans les aliments ou les composants alimentaires» ou dans les eaux, y compris celles de la mer territoriale, une substance de nature à mettre en péril la santé de l'homme ou des animaux ou le milieu naturel.

Art. 421-2-1. *(L. n° 96-647 du 22 juill. 1996)* Constitue également un acte de terrorisme le fait de participer à un groupement formé ou à une entente établie en vue de la préparation, caractérisée par un ou plusieurs faits matériels, d'un des actes de terrorisme mentionnés aux articles précédents.

Art. 421-2-2. *(L. n° 2001-1062 du 15 nov. 2001, art. 33; L. n° 2003-239 du 18 mars 2003, art. 31)* Constitue également un acte de terrorisme le fait de financer une entreprise terroriste en fournissant, en réunissant ou en gérant des fonds, des valeurs ou des biens quelconques ou en donnant des conseils à cette fin, dans l'intention de voir ces fonds, valeurs ou biens utilisés ou en sachant qu'ils sont destinés à être utilisés, en tout ou partie, en vue de commettre l'un quelconque des actes de terrorisme prévus au présent chapitre, indépendamment de la survenance éventuelle d'un tel acte.

Art. 421-2-3. *(L. n° 2003-239 du 18 mars 2003, art. 45)* Le fait de ne pouvoir justifier de ressources correspondant à son train de vie, tout en étant en relations habituelles avec une ou plusieurs personnes se livrant à l'un ou plusieurs des actes visés aux articles 421-1 à 421-2-2, est puni de sept ans d'emprisonnement et de 100000 € d'amende.

Art. 421-2-4. *(L. n° 2012-1432 du 21 déc. 2012)* Le fait d'adresser à une personne des offres ou des promesses, de lui proposer des dons, présents ou avantages quelconques, de la menacer ou d'exercer sur elle des pressions afin qu'elle participe à un groupement ou une entente prévu *[prévue]* à l'article 421-2-1 ou qu'elle commette un des actes de terrorisme mentionnés aux articles 421-1 et 421-2 est puni, même lorsqu'il n'a pas été suivi d'effet, de dix ans d'emprisonnement et de 150000 € d'amende.

Art. 421-2-4-1. *(L. n° 2017-1510 du 30 oct. 2017, art. 10)* Le fait, par une personne ayant autorité sur un mineur, de faire participer ce mineur à un groupement formé ou à une entente établie en vue de la préparation, caractérisée par un ou plusieurs faits matériels, d'un des actes de terrorisme mentionnés aux articles 421-1 et 421-2 est puni de quinze ans de réclusion criminelle et de 225000 € d'amende.

Lorsque le fait est commis par une personne titulaire de l'autorité parentale sur le mineur, la juridiction de jugement se prononce sur le retrait total ou partiel de l'autorité parentale en application des articles 378 et 379-1 du code civil. Elle peut alors statuer sur le retrait de l'autorité parentale en ce qu'elle concerne les autres enfants mineurs de cette personne. Si les poursuites ont lieu devant la cour d'assises, celle-ci statue sur cette question sans l'assistance des jurés.

Art. 421-2-5. *(L. n° 2014-1353 du 13 nov. 2014, art. 5-I)* Le fait de provoquer directement à des actes de terrorisme ou de faire publiquement l'apologie de ces actes est puni de cinq ans d'emprisonnement et de 75 000 € d'amende.

Les peines sont portées à sept ans d'emprisonnement et à 100 000 € d'amende lorsque les faits ont été commis en utilisant un service de communication au public en ligne.

Lorsque les faits sont commis par la voie de la presse écrite ou audiovisuelle ou de la communication au public en ligne, les dispositions particulières des lois qui régissent ces matières sont applicables en ce qui concerne la détermination des personnes responsables.

Art. 421-2-5-1. *(L. n° 2016-731 du 3 juin 2016, art. 18)* Le fait d'extraire, de reproduire et de transmettre intentionnellement des données faisant l'apologie publique d'actes de terrorisme ou provoquant directement à ces actes afin d'entraver, en connaissance de cause, l'efficacité des procédures prévues à l'article 6-1 de la loi n° 2004-575 du 21 juin 2004 pour la confiance dans l'économie numérique ou à l'article 706-23 du code de procédure pénale est puni de cinq ans d'emprisonnement et de 75 000 € d'amende.

Art. 421-2-6. *(L. n° 2014-1353 du 13 nov. 2014, art. 6-I)* I. — Constitue un acte de terrorisme le fait de préparer la commission d'une des infractions mentionnées au II, dès lors que la préparation de ladite infraction est intentionnellement en relation avec une entreprise individuelle ayant pour but de troubler gravement l'ordre public par l'intimidation ou la terreur et qu'elle est caractérisée par :

1° Le fait de détenir, de se procurer *(L. n° 2019-222 du 23 mars 2019, art. 67)* «, de tenter de se procurer» ou de fabriquer des objets ou des substances de nature à créer un danger pour autrui;

2° Et l'un des autres faits matériels suivants :

a) Recueillir des renseignements sur des lieux ou des personnes permettant de mener une action dans ces lieux ou de porter atteinte à ces personnes ou exercer une surveillance sur ces lieux ou ces personnes;

b) S'entraîner ou se former au maniement des armes ou à toute forme de combat, à la fabrication ou à l'utilisation de substances explosives, incendiaires, nucléaires, radiologiques, biologiques ou chimiques ou au pilotage d'aéronefs ou à la conduite de navires;

c) Consulter habituellement un ou plusieurs services de communication au public en ligne ou détenir des documents provoquant directement à la commission d'actes de terrorisme ou en faisant l'apologie;

d) Avoir séjourné à l'étranger sur un théâtre d'opérations de groupements terroristes.

II. — Le I s'applique à la préparation de la commission des infractions suivantes :

1° Soit un des actes de terrorisme mentionnés au 1° de l'article 421-1;

2° Soit un des actes de terrorisme mentionnés au 2° du même article 421-1, lorsque l'acte préparé consiste en des destructions, dégradations ou détériorations par substances explosives ou incendiaires devant être réalisées dans des circonstances de temps ou de lieu susceptibles d'entraîner des atteintes à l'intégrité physique d'une ou plusieurs personnes;

3° Soit un des actes de terrorisme mentionnés à l'article 421-2, lorsque l'acte préparé est susceptible d'entraîner des atteintes à l'intégrité physique d'une ou plusieurs personnes.

Art. 421-3. Le maximum de la peine privative de liberté encourue pour les infractions mentionnées *(L. n° 96-647 du 22 juill. 1996)* «à l'article 421-1» est relevé ainsi qu'il suit lorsque ces infractions constituent des actes de terrorisme :

1° Il est porté à la réclusion criminelle à perpétuité lorsque l'infraction est punie de trente ans de réclusion criminelle;

2° Il est porté à trente ans de réclusion criminelle lorsque l'infraction est punie de vingt ans de réclusion criminelle;

3° Il est porté à vingt ans de réclusion criminelle lorsque l'infraction est punie de quinze ans de réclusion criminelle;

4° Il est porté à quinze ans de réclusion criminelle lorsque l'infraction est punie de dix ans d'emprisonnement;

5° Il est porté à dix ans d'emprisonnement lorsque l'infraction est punie de sept ans d'emprisonnement;

6° Il est porté à sept ans d'emprisonnement lorsque l'infraction est punie de cinq ans d'emprisonnement;

7° Il est porté au double lorsque l'infraction est punie d'un emprisonnement de trois ans au plus.

Art. 421-4. L'acte de terrorisme défini à l'article 421-2 est puni de *(L. n° 2002-1138 du 9 sept. 2002, art. 46)* «vingt ans de réclusion criminelle et de 350000 € d'amende».

Lorsque cet acte a entraîné la mort d'une ou plusieurs personnes, il est puni de la réclusion criminelle à perpétuité et de 750000 € d'amende.

Art. 421-5. *(L. n° 96-647 du 22 juill. 1996; L. n° 2001-1062 du 15 nov. 2001, art. 33; L. n° 2003-239 du 18 mars 2003, art. 31)* «Les actes de terrorisme définis aux articles 421-2-1 et 421-2-2 sont punis» de dix ans d'emprisonnement et de 225000 € d'amende.

(L. n° 2004-204 du 9 mars 2004, art. 6-XI) «Le fait de diriger ou d'organiser le groupement ou l'entente défini à l'article 421-2-1 est puni de *(L. n° 2016-987 du 21 juill. 2016, art. 13)* «trente» ans de réclusion criminelle et de 500000 € d'amende.»

(L. n° 2001-1062 du 15 nov. 2001, art. 33; L. n° 2003-239 du 18 mars 2003, art. 31) «La tentative du délit défini à l'article 421-2-2 est punie des mêmes peines.»

(L. n° 2014-1353 du 13 nov. 2014, art. 6-II) «L'acte de terrorisme défini à l'article 421-2-6 est puni de dix ans d'emprisonnement et de 150000 € d'amende.»

Art. 421-6. *(L. n° 2006-64 du 23 janv. 2006, art. 11)* Les peines sont portées à *(L. n° 2016-987 du 21 juill. 2016, art. 13)* «trente ans de réclusion criminelle et 450000» € d'amende lorsque le groupement ou l'entente définie à l'article 421-2-1 a pour objet la préparation :

1° Soit d'un ou plusieurs crimes d'atteintes aux personnes visés au 1° de l'article 421-1;

2° Soit d'une ou plusieurs destructions par substances explosives ou incendiaires visées au 2° de l'article 421-1 et devant être réalisées dans des circonstances de temps ou de lieu susceptibles d'entraîner la mort d'une ou plusieurs personnes;

3° Soit de l'acte de terrorisme défini à l'article 421-2 lorsqu'il est susceptible d'entraîner la mort d'une ou plusieurs personnes.

Le fait de diriger ou d'organiser un tel groupement ou une telle entente est puni de *(L. n° 2016-987 du 21 juill. 2016, art. 13)* «la réclusion criminelle à perpétuité et de» 500000 € d'amende.

Art. 421-7. *(L. n° 2016-731 du 3 juin 2016, art. 11)* Les deux premiers alinéas de l'article 132-23 relatif à la période de sûreté sont applicables aux crimes ainsi qu'aux délits punis de dix ans d'emprisonnement prévus au présent chapitre. Toutefois, lorsque le crime prévu au présent chapitre est puni de la réclusion criminelle à perpétuité, la cour d'assises peut, par décision spéciale, soit porter la période de sûreté jusqu'à trente ans, soit, si elle prononce la réclusion criminelle à perpétuité, décider qu'aucune des mesures énumérées au même article 132-23 ne pourra être accordée au condamné. En cas de commutation de la peine, et sauf si le décret de grâce en dispose autrement, la période de sûreté est égale à la durée de la peine résultant de la mesure de grâce.

Art. 421-8. *(L. n° 2016-731 du 3 juin 2016, art. 13)* Les personnes coupables des infractions définies aux articles 421-1 à 421-6 peuvent également être condamnées à un suivi socio-judiciaire selon les modalités prévues aux articles 131-36-1 à 131-36-13.

145 Loi n° 2004-575 du 21 juin 2004 pour la confiance dans l'économie numérique (article 1)

Art. 1er. *[I. —]* La communication au public par voie électronique est libre.

L'exercice de cette liberté ne peut être limité que dans la mesure requise, d'une part, par le respect de la dignité de la personne humaine, de la liberté et de la propriété d'autrui, du caractère pluraliste de l'expression des courants de pensée et d'opinion et, d'autre part, par la sauvegarde de l'ordre public, par les besoins de la défense nationale, par les exigences de service public, par les contraintes techniques inhérentes aux moyens de communication, ainsi que par la nécessité, pour les services audiovisuels, de développer la production audiovisuelle.

Les services audiovisuels comprennent les services de communication audiovisuelle telle que définie à l'article 2 ainsi que l'ensemble des services mettant à disposition du public ou d'une catégorie de public des œuvres audiovisuelles, cinématographiques ou sonores, quelles que soient les modalités techniques de cette mise à disposition.»

II. — L'article 2 de la loi n° 86-1067 du 30 septembre 1986 précitée est ainsi rédigé :

« **Art. 2** On entend par communications électroniques les émissions, transmissions ou réceptions de signes, de signaux, d'écrits, d'images ou de sons, par voie électromagnétique.

On entend par communication au public par voie électronique toute mise à disposition du public ou de catégories de public, par un procédé de communication électronique, de signes, de signaux, d'écrits, d'images, de sons ou de messages de toute nature qui n'ont pas le caractère d'une correspondance privée.

On entend par communication audiovisuelle toute communication au public de services de radio ou de télévision, quelles que soient les modalités de mise à disposition auprès du public, ainsi que toute communication au public par voie électronique de services autres que de radio et de télévision et ne relevant pas de la communication au public en ligne telle que définie à l'article 1er de la loi n° 2004-575 du 21 juin 2004 pour la confiance dans l'économie numérique.

Est considéré comme service de télévision tout service de communication au public par voie électronique destiné à être reçu simultanément par l'ensemble du public ou par une catégorie de public et dont le programme principal est composé d'une suite ordonnée d'émissions comportant des images et des sons.

Est considéré comme service de radio tout service de communication au public par voie électronique destiné à être reçu simultanément par l'ensemble du public ou par une catégorie de public et dont le programme principal est composé d'une suite ordonnée d'émissions comportant des sons. »

III. — Après l'article 3 de la loi n° 86-1067 du 30 septembre 1986 précitée, il est inséré un article 3-1 ainsi rédigé :

« **Art. 3-1** Le Conseil supérieur de l'audiovisuel, autorité indépendante, garantit l'exercice de la liberté de communication audiovisuelle en matière de radio et de télévision par tout procédé de communication électronique, dans les conditions définies par la présente loi.

Il assure l'égalité de traitement; il garantit l'indépendance et l'impartialité du secteur public de la radio et de la télévision; il veille à favoriser la libre concurrence et l'établissement de relations non discriminatoires entre éditeurs et distributeurs de services; il veille à la qualité et à la diversité des programmes, au développement de la production et de la création audiovisuelles nationales ainsi qu'à la défense et à l'illustration de la langue et de la culture françaises. Il peut formuler des propositions sur l'amélioration de la qualité des programmes.

Le conseil peut adresser aux éditeurs et distributeurs de services de radio et de télévision ainsi qu'aux éditeurs de services mentionnés à l'article 30-5 des recommandations relatives au respect des principes énoncés dans la présente loi. Ces recommandations sont publiées au *Journal officiel* de la République française. »

IV. — Ainsi qu'il est dit à l'article 1er de la loi n° 86-1067 du 30 septembre 1986 relative à la liberté de communication, la communication au public par voie électronique est libre.

L'exercice de cette liberté ne peut être limité que dans la mesure requise, d'une part, par le respect de la dignité de la personne humaine, de la liberté et de la propriété d'autrui, du caractère pluraliste de l'expression des courants de pensée et d'opinion et, d'autre part, *(L. n° 2004-669 du 9 juill. 2004, art. 109-II, en vigueur le 1er août 2004)* «par la protection de l'enfance et de l'adolescence,» par la sauvegarde de l'ordre public, par les besoins de la défense nationale, par les exigences de service public, par les contraintes techniques inhérentes aux moyens de communication, ainsi que par la nécessité, pour les services audiovisuels, de développer la production audiovisuelle.

On entend par communication au public par voie électronique toute mise à disposition du public ou de catégories de public, par un procédé de communication électronique, de signes, de signaux, d'écrits, d'images, de sons ou de messages de toute nature qui n'ont pas le caractère d'une correspondance privée.

On entend par communication au public en ligne toute transmission, sur demande individuelle, de données numériques n'ayant pas un caractère de correspondance privée, par un procédé de communication électronique permettant un échange réciproque d'informations entre l'émetteur et le récepteur.

On entend par courrier électronique tout message, sous forme de texte, de voix, de son ou d'image, envoyé par un réseau public de communication, stocké sur un serveur du réseau ou dans l'équipement terminal du destinataire, jusqu'à ce que ce dernier le récupère.

146 Code de la sécurité intérieure (articles L. 221-1 à L. 225-8, L. 226-1 à L. 229-6 et L. 22-10-1)

TITRE DEUXIÈME

LUTTE CONTRE LE TERRORISME ET LES ATTEINTES AUX INTÉRÊTS FONDAMENTAUX DE LA NATION

CHAPITRE PREMIER

Lutte contre le financement des activités terroristes

Art. L. 221-1. Les obligations des prestataires de services financiers relatives à la lutte contre le financement des activités terroristes sont définies par les chapitres Ier et II du titre VI du livre V du code monétaire et financier. La méconnaissance de ces obligations expose aux sanctions pénales prévues par le chapitre IV du titre VII du même livre.

CHAPITRE II

Accès à des traitements administratifs automatisés et à des données détenues par des opérateurs privés

(L. nº 2013-1168 du 18 déc. 2013, art. 15, en vigueur le 30 juin 2014).

Art. L. 222-1. *(L. nº 2013-1168 du 18 déc. 2013, art. 15-I-2º-a et II, en vigueur le 30 juin 2014)* «I. —» Pour les besoins de la prévention et de la répression des atteintes *(L. nº 2013-1168 du 18 déc. 2013, art. 15-I-2º-a et II, en vigueur le 30 juin 2014)* «aux intérêts fondamentaux de la Nation» et des actes de terrorisme, les agents individuellement désignés et dûment habilités des services de police et de gendarmerie nationales spécialement chargés de ces missions peuvent, dans les conditions fixées par la loi nº 78-17 du 6 janvier 1978 relative à l'informatique, aux fichiers et aux libertés, avoir accès aux traitements automatisés suivants :

1º Le fichier national des immatriculations;

2º Le système national de gestion des permis de conduire;

3º Le système de gestion des cartes nationales d'identité;

4º Le système de gestion des passeports;

5º Le système informatisé de gestion des dossiers des ressortissants étrangers en France;

6º Les données à caractère personnel, mentionnées aux articles L. 611-3 à L. 611-5 du code de l'entrée et du séjour des étrangers et du droit d'asile, relatives aux ressortissants étrangers qui, ayant été contrôlés à l'occasion du franchissement de la frontière, ne remplissent pas les conditions d'entrée requises;

7º Les données à caractère personnel mentionnées à l'article L. 611-6 du même code.

(L. nº 2013-1168 du 18 déc. 2013, art. 15-I-2º-b et II, en vigueur le 30 juin 2014) «II. — Pour les seuls besoins de la prévention des atteintes et des actes mentionnés au premier alinéa du I, les agents individuellement désignés et dûment habilités des services spécialisés de renseignement mentionnés *(L. nº 2015-912 du 24 juill. 2015, art. 21-II-1º, en vigueur le 3 oct. 2015)* «à l'article L. 811-2 du présent code» sont également» autorisés, dans les conditions fixées par la loi nº 78-17 du 6 janvier 1978 précitée, à accéder aux traitements automatisés mentionnés ci-dessus.

(L. n° 2013-1168 du 18 déc. 2013, art. 15-I-2°-c et II, en vigueur le 30 juin 2014) « Un décret en Conseil d'État détermine les services spécialisés de renseignement mentionnés au premier alinéa du présent II et les modalités de leur accès aux traitements automatisés mentionnés au présent article. »

CHAPITRE III

Mise en œuvre de systèmes de vidéoprotection

Art. L. 223-1. La transmission et l'enregistrement d'images prises sur la voie publique par le moyen de la vidéoprotection peuvent être mis en œuvre par les autorités publiques compétentes aux fins de prévention d'actes de terrorisme ainsi que, pour la protection des abords immédiats de leurs bâtiments et installations, par les autres personnes morales, dans les lieux susceptibles d'être exposés à des actes de terrorisme.

Il peut être également procédé à ces opérations dans des lieux et établissements ouverts au public aux fins d'y assurer la sécurité des personnes et des biens lorsque ces lieux et établissements sont susceptibles d'être exposés à des actes de terrorisme.

La vidéoprotection de la voie publique ou de lieux ou établissements ouverts au public est mise en œuvre dans les conditions prévues au chapitre II du titre V du présent livre.

Art. L. 223-2. Aux fins de prévention d'actes de terrorisme, le représentant de l'État dans le département et, à Paris, le préfet de police peuvent prescrire la mise en œuvre, dans un délai qu'ils fixent, de systèmes de vidéoprotection, aux personnes suivantes :

1° Les exploitants des établissements, installations ou ouvrages mentionnés aux articles L. 1332-1 et L. 1332-2 du code de la défense ;

2° Les gestionnaires d'infrastructures, les autorités et personnes exploitant des transports collectifs, relevant de l'activité de transports terrestres régie par l'article L. 1000-1 du code des transports ;

3° Les exploitants d'aéroports qui, n'étant pas mentionnés aux deux alinéas précédents, sont ouverts au trafic international.

Art. L. 223-3. Sauf en matière de défense nationale, la décision mentionnée à l'article L. 223-2 doit être précédée d'une consultation de la commission départementale de vidéoprotection si elle porte sur une installation de vidéoprotection filmant la voie publique ou des lieux et établissements ouverts au public.

Les systèmes de vidéoprotection installés en application de l'article L. 223-2 sont soumis aux dispositions des articles L. 251-3, L. 252-1 (deuxième alinéa), L. 252-2, L. 252-4, L. 252-5, L. 253-3, L. 253-4, L. 253-5, L. 254-1, L. 255-1.

Art. L. 223-4. Lorsque l'urgence et l'exposition particulière à un risque d'actes de terrorisme le requièrent, le représentant de l'État dans le département et, à Paris, le préfet de police peuvent délivrer aux personnes mentionnées à l'article L. 223-1, sans avis préalable de la commission départementale de vidéoprotection, une autorisation provisoire d'installation d'un système de vidéoprotection, exploité dans les conditions prévues au titre V du présent livre, pour une durée maximale de quatre mois. Le président de la commission est immédiatement informé de cette décision. Il peut alors la réunir sans délai afin qu'elle donne un avis sur la mise en œuvre de la procédure d'autorisation provisoire.

Le représentant de l'État dans le département et, à Paris, le préfet de police recueillent l'avis de la commission départementale de vidéoprotection sur la mise en œuvre du système de vidéoprotection conformément à la procédure prévue à l'article L. 252-1 et se prononcent sur son maintien. La commission doit rendre son avis avant l'expiration du délai de validité de l'autorisation provisoire.

Art. L. 223-5. Lorsque l'urgence et l'exposition particulière à un risque d'actes de terrorisme le requièrent, le représentant de l'État dans le département et, à Paris, le préfet de police peuvent prescrire, sans avis préalable de la commission départementale de vidéoprotection, la mise en œuvre d'un système de vidéoprotection exploité dans les conditions prévues par l'article L. 223-3. Quand cette décision porte sur une installation de vidéoprotection filmant la voie publique ou des lieux ou établissements ouverts au public, le président de la commission est immédiatement informé de cette décision. Il peut alors la réunir sans délai afin qu'elle donne un avis sur la mise en œuvre de la procédure de décision provisoire.

Avant l'expiration d'un délai maximal de quatre mois, le représentant de l'État dans le département et, à Paris, le préfet de police recueillent l'avis de la commission départementale de vidéoprotection sur la mise en œuvre du système de vidéoprotection conformément à la procédure prévue à l'article L. 252-1 et se prononcent sur son maintien.

Art. L. 223-6. Si les personnes mentionnées à l'article L. 223-2 refusent de mettre en œuvre le système de vidéoprotection prescrit, le représentant de l'État dans le département et, à Paris, le préfet de police les mettent en demeure de procéder à cette installation dans le délai qu'ils fixent en tenant compte des contraintes particulières liées à l'exploitation des établissements, installations et ouvrages et, le cas échéant, de l'urgence.

Art. L. 223-7. Est puni d'une amende de 150000 euros le fait, pour les personnes mentionnées à l'article L. 223-2, de ne pas avoir pris les mesures d'installation du système de vidéoprotection prescrit à l'expiration du délai défini par la mise en demeure mentionnée à l'article L. 223-6.

Art. L. 223-8. Aux fins de prévention d'actes de terrorisme, de protection des abords des établissements, installations ou ouvrages mentionnés aux articles L. 1332-1 et L. 1332-2 du code de la défense ou de protection des intérêts fondamentaux de la Nation, le représentant de l'État dans le département ou, à Paris, le préfet de police, peut demander à une commune la mise en œuvre de systèmes de vidéoprotection. Le conseil municipal doit en délibérer dans un délai de trois mois.

Les conditions de financement du fonctionnement et de la maintenance du système de vidéoprotection font l'objet d'une convention conclue entre la commune de son lieu d'implantation et le représentant de l'État dans le département ou, à Paris, le préfet de police.

Les articles L. 223-3 et L. 223-5 sont applicables.

Art. L. 223-9. L'article L. 223-8 est applicable aux établissements publics de coopération intercommunale qui ont décidé de faire application de l'article L. 132-14.

CHAPITRE IV

Interdiction de sortie du territoire

(L. n° 2014-1353 du 13 nov. 2014, art. 1er-1°)

Art. L. 224-1. Tout Français peut faire l'objet d'une interdiction de sortie du territoire lorsqu'il existe des raisons sérieuses de penser qu'il projette :

1° Des déplacements à l'étranger ayant pour objet la participation à des activités terroristes;

2° Ou des déplacements à l'étranger sur un théâtre d'opérations de groupements terroristes, dans des conditions susceptibles de le conduire à porter atteinte à la sécurité publique lors de son retour sur le territoire français.

L'interdiction de sortie du territoire est prononcée par le ministre de l'Intérieur pour une durée maximale de six mois à compter de sa notification. La décision est écrite et motivée. Le ministre de l'Intérieur ou son représentant met la personne concernée en mesure de lui présenter ses observations dans un délai maximal de huit jours après la notification de la décision. Cette personne peut se faire assister par un conseil ou représenter par un mandataire de son choix.

Lorsque les conditions en sont réunies, l'interdiction de sortie du territoire peut être renouvelée par décision expresse et motivée. Elle est levée aussitôt que ces conditions ne sont plus satisfaites.

La personne qui fait l'objet d'une interdiction de sortie du territoire peut, dans le délai de deux mois suivant la notification de la décision et suivant la notification de chaque renouvellement, demander au tribunal administratif l'annulation de cette décision. Le tribunal administratif statue dans un délai de quatre mois à compter de sa saisine. Ces recours s'exercent sans préjudice des procédures ouvertes aux articles L. 521-1 et L. 521-2 du code de justice administrative.

L'interdiction de sortie du territoire emporte dès son prononcé et à titre conservatoire l'invalidation du passeport et de la carte nationale d'identité de la personne concernée ou, le cas échéant, fait obstacle à la délivrance d'un tel document. L'autorité administrative informe la personne concernée par tout moyen.

Dès notification de l'interdiction de sortie du territoire, et au plus tard dans les vingt-quatre heures à compter de celle-ci, la personne concernée est tenue de restituer son passeport et sa carte nationale d'identité.

Un récépissé valant justification de son identité est remis à la personne concernée en échange de la restitution de son passeport et de sa carte nationale d'identité ou, à sa demande, en lieu et place de la délivrance d'un tel document. Ce récépissé suffit à justifier de l'identité de la personne concernée sur le territoire national en application de l'article 1er de la loi n° 2012-410 du 27 mars 2012 relative à la protection de l'identité.

Le fait de quitter ou de tenter de quitter le territoire français en violation d'une interdiction de sortie du territoire prise en application du présent article est puni de trois ans d'emprisonnement et de 45 000 € d'amende.

Le fait, pour toute personne s'étant vu notifier une décision d'interdiction de sortie du territoire, de se soustraire à l'obligation de restitution de son passeport et de sa carte nationale d'identité est puni de deux ans d'emprisonnement et de 4 500 € d'amende.

Un décret en Conseil d'État précise les modalités de mise en œuvre du présent article, s'agissant notamment des modalités d'établissement du récépissé mentionné au neuvième alinéa.

CHAPITRE V

Contrôle administratif des retours sur le territoire national

Art. L. 225-1. Toute personne qui a quitté le territoire national et dont il existe des raisons sérieuses de penser que ce déplacement a pour but de rejoindre un théâtre d'opérations de groupements terroristes dans des conditions susceptibles de la conduire à porter atteinte à la sécurité publique lors de son retour sur le territoire français peut faire l'objet d'un contrôle administratif dès son retour sur le territoire national.

Art. L. 225-2. Le ministre de l'Intérieur peut, après en avoir informé le procureur de la République de Paris *[nouvelle rédaction issue de la L. n° 2019-222 du 23 mars 2019, art. 69-III et 109-XVIII, en vigueur au plus tard le 1er janv. 2020 : «antiterroriste»] (L. n° 2017-1510 du 30 oct. 2017, art. 3-1°)* «et le procureur de la République territorialement compétent», faire obligation à la personne mentionnée à l'article L. 225-1, dans un délai maximal d'un mois à compter de la date certaine de son retour sur le territoire national, de :

1° Résider dans un périmètre géographique déterminé permettant à l'intéressé de poursuivre une vie familiale et professionnelle normale et, le cas échéant, l'astreindre à demeurer à son domicile ou, à défaut, dans un autre lieu à l'intérieur de ce périmètre, pendant une plage horaire fixée par le ministre, dans la limite de huit heures par vingt-quatre heures;

2° Se présenter périodiquement aux services de police ou aux unités de gendarmerie, dans la limite de trois présentations par semaine, en précisant si cette obligation s'applique les dimanches et jours fériés ou chômés;

Les obligations prévues aux 1° et 2° du présent article sont prononcées pour une durée maximale d'un mois *(L. n° 2016-987 du 21 juill. 2016, art. 10)* «, renouvelable deux fois par décision motivée».

Art. L. 225-3. Le ministre de l'Intérieur peut, après en avoir informé le procureur de la République de Paris *[nouvelle rédaction issue de la L. n° 2019-222 du 23 mars 2019, art. 69-III et 109-XVIII, en vigueur au plus tard le 1er janv. 2020 : «antiterroriste»] (L. n° 2017-1510 du 30 oct. 2017, art. 3-1°)* «et le procureur de la République territorialement compétent», faire obligation à toute personne mentionnée à l'article L. 225-1, dans un délai maximal d'un an à compter de la date certaine de son retour sur le territoire national, de :

1° Déclarer son domicile et tout changement de domicile;

2° Ne pas se trouver en relation directe ou indirecte avec certaines personnes, nommément désignées, dont il existe des raisons sérieuses de penser que leur comportement constitue une menace pour la sécurité et l'ordre publics.

Ces obligations sont prononcées pour une durée maximale de trois mois, renouvelable une fois par décision motivée.

Art. L. 225-4. Les décisions prononçant les obligations prévues aux articles L. 225-2 et L. 225-3 sont écrites et motivées. Le ministre de l'Intérieur ou son représentant met la personne concernée en mesure de lui présenter ses observations dans un délai maximal de huit jours à compter de la notification de la décision. Cette personne peut se faire assister par un conseil ou représenter par un mandataire de son choix.

Les décisions prononçant les obligations prévues aux mêmes articles L. 225-2 et L. 225-3 sont levées aussitôt que les conditions prévues à l'article L. 225-1 ne sont plus satisfaites.

La personne faisant l'objet d'obligations fixées en application des articles L. 225-2 et L. 225-3 peut, dans un délai de deux mois à compter de la notification de la décision ou de son renouvellement, demander au tribunal administratif l'annulation de cette décision. Le tribunal administratif statue dans un délai de quatre mois à compter de sa saisine. Ces recours s'exercent sans préjudice des procédures prévues aux articles L. 521-1 et L. 521-2 du code de justice administrative.

En cas de recours formé sur le fondement de l'article L. 521-2 du même code, la condition d'urgence est présumée remplie, sauf à ce que le ministre de l'Intérieur fasse valoir des circonstances particulières.

Art. L. 225-5. Lorsque des poursuites judiciaires *(L. n° 2017-258 du 28 févr. 2017, art. 8)* «, fondées sur des faits qualifiés d'actes de terrorisme par les articles 421-1 à 421-6 du code pénal et accompagnées de mesures restrictives ou privatives de liberté,» sont engagées à l'encontre d'une personne faisant l'objet d'obligations fixées en application du présent chapitre ou lorsque des mesures d'assistance éducative sont ordonnées en application des articles 375 à 375-9 du code civil à l'égard d'un mineur faisant l'objet des mêmes obligations, le ministre de l'Intérieur abroge les décisions fixant ces obligations.

Art. L. 225-6. Les obligations prononcées en application des articles L. 225-2 et L. 225-3 peuvent être en tout ou partie suspendues lorsque la personne accepte de participer, dans un établissement habilité à cet effet, à une action destinée à permettre sa réinsertion et l'acquisition des valeurs de citoyenneté.

Art. L. 225-7. Le fait de se soustraire aux obligations fixées par l'autorité administrative en application des articles L. 225-2 et L. 225-3 est puni de trois ans d'emprisonnement et de 45 000 € d'amende.

Art. L. 225-8. Un décret en Conseil d'État fixe les modalités de mise en œuvre du présent chapitre.

CHAPITRE VI
Périmètres de protection

(L. n° 2017-1510 du 30 oct. 2017, art. 1er-I et 5-II, applicable jusqu'au 31 déc. 2020)

Art. L. 226-1. Afin d'assurer la sécurité d'un lieu ou d'un événement exposé à un risque d'actes de terrorisme à raison de sa nature et de l'ampleur de sa fréquentation, le représentant de l'État dans le département ou, à Paris, le préfet de police peut instituer par arrêté motivé un périmètre de protection au sein duquel l'accès et la circulation des personnes sont réglementés.

L'arrêté est transmis sans délai au procureur de la République et communiqué au maire de la commune concernée.

L'arrêté définit ce périmètre, limité aux lieux exposés à la menace et à leurs abords, ainsi que ses points d'accès. Son étendue et sa durée sont adaptées et proportionnées aux nécessités que font apparaître les circonstances. L'arrêté prévoit les règles d'accès et de circulation des personnes dans le périmètre, en les adaptant aux impératifs de leur vie privée, professionnelle et familiale, ainsi que les vérifications, parmi celles mentionnées aux quatrième et sixième alinéas et à l'exclusion de toute autre, auxquelles elles peuvent être soumises pour y accéder ou y circuler, et les catégories d'agents habilités à procéder à ces vérifications.

L'arrêté peut autoriser les agents mentionnés aux 2° à 4° de l'article 16 du code de procédure pénale et, sous la responsabilité de ces agents, ceux mentionnés à l'article 20 et aux 1°, 1° *bis* et 1° *ter* de l'article 21 du même code à procéder, au sein du périmètre de protection, avec le consentement des personnes faisant l'objet de ces vérifications, à des palpations de sécurité ainsi qu'à l'inspection visuelle et à la fouille des bagages. La palpation de sécurité est effectuée par une personne de même sexe que la personne qui en fait l'objet. Pour la mise en œuvre de ces opérations, ces agents peuvent être assistés par des agents exerçant l'activité mentionnée au 1° de l'article L. 611-1 du présent code, placés sous l'autorité d'un officier de police judiciaire.

Après accord du maire, l'arrêté peut autoriser les agents de police municipale mentionnés à l'article L. 511-1 à participer à ces opérations sous l'autorité d'un officier de police judiciaire.

Lorsque, compte tenu de la configuration des lieux, des véhicules sont susceptibles de pénétrer au sein de ce périmètre, l'arrêté peut également en subordonner l'accès à la visite du véhicule, avec le consentement de son conducteur. Ces opérations ne peuvent être accomplies que par les agents mentionnés aux 2° à 4° de l'article 16 du code de procédure pénale et, sous la responsabilité de ces agents, par ceux mentionnés à l'article 20 et aux 1°, 1° *bis* et 1° *ter* de l'article 21 du même code.

Les personnes qui refusent de se soumettre, pour accéder ou circuler à l'intérieur de ce périmètre, aux palpations de sécurité, à l'inspection visuelle ou à la fouille de leurs bagages ou à la visite de leur véhicule s'en voient interdire l'accès ou sont reconduites d'office à l'extérieur du périmètre par les agents mentionnés au sixième alinéa du présent article.

La durée de validité d'un arrêté préfectoral instaurant un périmètre de protection en application du présent article ne peut excéder un mois. Le représentant de l'État dans le département ou, à Paris, le préfet de police ne peut renouveler l'arrêté au-delà de ce délai que si les conditions prévues au premier alinéa continuent d'être réunies.

CHAPITRE VII
Fermeture de lieux de culte

(L. n° 2017-1510 du 30 oct. 2017, art. 2 et 5-II, applicable jusqu'au 31 déc. 2020)

Art. L. 227-1. Aux seules fins de prévenir la commission d'actes de terrorisme, le représentant de l'État dans le département ou, à Paris, le préfet de police peut prononcer la fermeture des lieux de culte dans lesquels les propos qui sont tenus, les idées ou théories qui sont diffusées ou les activités qui se déroulent provoquent à la violence, à la haine ou à la discrimination, provoquent à la commission d'actes de terrorisme ou font l'apologie de tels actes.

Cette fermeture, dont la durée doit être proportionnée aux circonstances qui l'ont motivée et qui ne peut excéder six mois, est prononcée par arrêté motivé et précédée d'une procédure contradictoire dans les conditions prévues au chapitre II du titre II du livre Ier du code des relations entre le public et l'administration.

L'arrêté de fermeture est assorti d'un délai d'exécution qui ne peut être inférieur à quarante-huit heures, à l'expiration duquel la mesure peut faire l'objet d'une exécution d'office. Toutefois, si une personne y ayant un intérêt a saisi le tribunal administratif, dans ce délai, d'une demande présentée sur le fondement de l'article L. 521-2 du code de justice administrative, la mesure ne peut être exécutée d'office avant que le juge des référés ait informé les parties de la tenue ou non d'une audience publique en application du deuxième alinéa de l'article L. 522-1 du même code ou, si les parties ont été informées d'une telle audience, avant que le juge ait statué sur la demande.

Art. L. 227-2. La violation d'une mesure de fermeture d'un lieu de culte prise en application de l'article L. 227-1 est punie d'une peine de six mois d'emprisonnement et de 7500 € d'amende.

CHAPITRE VIII

Mesures individuelles de contrôle administratif et de surveillance

(L. n° 2017-1510 du 30 oct. 2017, art. 3-2° et 5-II, applicable jusqu'au 31 déc. 2020)

Art. L. 228-1. Aux seules fins de prévenir la commission d'actes de terrorisme, toute personne à l'égard de laquelle il existe des raisons sérieuses de penser que son comportement constitue une menace d'une particulière gravité pour la sécurité et l'ordre publics et qui*[,]* soit entre en relation de manière habituelle avec des personnes ou des organisations incitant, facilitant ou participant à des actes de terrorisme, soit soutient, diffuse, lorsque cette diffusion s'accompagne d'une manifestation d'adhésion à l'idéologie exprimée, ou adhère à des thèses incitant à la commission d'actes de terrorisme ou faisant l'apologie de tels actes*[,]* peut se voir prescrire par le ministre de l'Intérieur les obligations prévues au présent chapitre.

Art. L. 228-2. Le ministre de l'Intérieur peut, après en avoir informé le procureur de la République de Paris *[nouvelle rédaction issue de la L. n° 2019-222 du 23 mars 2019, art. 69-III et 109-XVIII, en vigueur au plus tard le 1er janv. 2020 : « antiterroriste »]* et le procureur de la République territorialement compétent, faire obligation à la personne mentionnée à l'article L. 228-1 de :

1° Ne pas se déplacer à l'extérieur d'un périmètre géographique déterminé, qui ne peut être inférieur au territoire de la commune. La délimitation de ce périmètre permet à l'intéressé de poursuivre une vie familiale et professionnelle et s'étend, le cas échéant, aux territoires d'autres communes ou d'autres départements que ceux de son lieu habituel de résidence ;

2° Se présenter périodiquement aux services de police ou aux unités de gendarmerie, dans la limite d'une fois par jour, en précisant si cette obligation s'applique les dimanches et jours fériés ou chômés ;

3° Déclarer son lieu d'habitation et tout changement de lieu d'habitation.

Les obligations prévues aux 1° à 3° du présent article sont prononcées pour une durée maximale de trois mois à compter de la notification de la décision du ministre. Elles peuvent être renouvelées par décision motivée, pour une durée maximale de trois mois, lorsque les conditions prévues à l'article L. 228-1 continuent d'être réunies. Au-delà d'une durée cumulée de six mois, chaque renouvellement est subordonné à l'existence d'éléments nouveaux ou complémentaires. La durée totale cumulée des obligations prévues aux 1° à 3° du présent article ne peut excéder douze mois. Les mesures sont levées dès que les conditions prévues à l'article L. 228-1 ne sont plus satisfaites.

Toute décision de renouvellement des obligations prévues aux 1° à 3° du présent article est notifiée à la personne concernée au plus tard cinq jours avant son entrée en vigueur. *(L. n° 2019-222 du 23 mars 2019, art. 65)* «La personne concernée peut demander au président du tribunal administratif ou au magistrat qu'il délègue l'annulation de la décision dans un délai de quarante-huit heures à compter de sa notification. Il est statué sur la légalité de la décision au plus tard dans un délai de soixante-douze heures à compter de la saisine du tribunal. Dans ce cas, la mesure ne peut entrer en vigueur avant que le juge ait statué sur la demande.

«L'audience est publique. Elle se déroule sans conclusions du rapporteur public. Lorsque la présence du requérant à l'audience est susceptible de méconnaître les obligations résultant de la mesure de surveillance, le requérant peut solliciter un sauf-conduit pour s'y rendre. Le sauf-conduit n'est pas délivré si le déplacement du requérant constitue une menace pour la sécurité et l'ordre publics.»

La personne soumise aux obligations prévues aux 1° à 3° du présent article peut, *(L. n° 2019-222 du 23 mars 2019, art. 65)* «dans un délai de deux mois» à compter de la notification de la décision *(L. n° 2019-222 du 23 mars 2019, art. 65)* «, ou à compter de la notification de chaque renouvellement lorsqu'il n'a pas été fait préalablement usage de la faculté prévue au sixième alinéa», demander au tribunal administratif l'annulation de cette décision. *(L. n° 2019-222 du 23 mars 2019, art. 65)* «Le tribunal administratif statue dans un délai de quinze jours à compter de sa saisine. Ces recours, dont les modalités sont fixées au chapitre III *ter* du titre VII du livre VII du code de justice administrative, s'exercent sans préjudice des procédures prévues au sixième alinéa du présent article ainsi qu'aux articles L. 521-1 et L. 521-2 du même code.»

Art. L. 228-3. A la place de l'obligation prévue au 2° de l'article L. 228-2, le ministre de l'Intérieur peut proposer à la personne faisant l'objet de la mesure prévue au 1° du même article L. 228-2 de la placer sous surveillance électronique mobile, après en avoir informé le procureur de la République de Paris *[nouvelle rédaction issue de la L. n° 2019-222 du 23 mars 2019, art. 69-III et 109-XVIII, en vigueur au plus tard le 1er janv. 2020 : «antiterroriste»]* et le procureur de la République territorialement compétent. Ce placement est subordonné à l'accord écrit de la personne concernée. Dans ce cas, le périmètre géographique imposé en application du même 1° ne peut être inférieur au territoire du département.

Le placement sous surveillance électronique mobile est décidé pour la durée de la mesure prise en application dudit 1°. Il y est mis fin en cas de dysfonctionnement temporaire du dispositif ou sur demande de l'intéressé, qui peut alors être assujetti à l'obligation prévue au 2° dudit article L. 228-2.

La personne concernée est astreinte, pendant toute la durée du placement, au port d'un dispositif technique permettant à tout moment à l'autorité administrative de s'assurer à distance qu'elle n'a pas quitté le périmètre défini en application du 1° du même article L. 228-2. Le dispositif technique ne peut être utilisé par l'autorité administrative pour localiser la personne, sauf lorsque celle-ci a quitté ce périmètre ou en cas de fonctionnement altéré dudit dispositif technique.

Un décret en Conseil d'État fixe les modalités d'application du présent article. Il peut déterminer les conditions dans lesquelles la mise en œuvre du dispositif technique permettant le contrôle à distance prévu au troisième alinéa, pour lequel peut être mis en œuvre un traitement automatisé de données à caractère personnel, peut être confiée à une personne de droit privé habilitée à cet effet.

Art. L. 228-4. S'il ne fait pas application des articles L. 228-2 et L. 228-3, le ministre de l'Intérieur peut, après en avoir informé le procureur de la République de Paris *[nouvelle rédaction issue de la L. n° 2019-222 du 23 mars 2019, art. 69-III et 109-XVIII, en vigueur au plus tard le 1er janv. 2020 : « antiterroriste »]* et le procureur de la République territorialement compétent, faire obligation à toute personne mentionnée à l'article L. 228-1 de :

1° Déclarer son domicile et tout changement de domicile ;

2° Signaler ses déplacements à l'extérieur d'un périmètre déterminé ne pouvant être plus restreint que le territoire de la commune de son domicile ;

3° Ne pas paraître dans un lieu déterminé, qui ne peut inclure le domicile de la personne intéressée. Cette obligation tient compte de la vie familiale et professionnelle de la personne intéressée.

Les obligations mentionnées aux 1° à 3° du présent article sont prononcées pour une durée maximale de six mois à compter de la notification de la décision du ministre. Elles peuvent être renouvelées par décision motivée, pour une durée maximale de six mois, lorsque les conditions prévues à l'article L. 228-1 continuent d'être réunies. Au-delà d'une durée cumulée de six mois, le renouvellement est subordonné à l'existence d'éléments nouveaux ou complémentaires. La durée totale cumulée des obligations prévues aux 1° à 3° du présent article ne peut excéder douze mois. Les mesures sont levées dès que les conditions prévues à l'article L. 228-1 ne sont plus satisfaites.

Toute décision de renouvellement est notifiée à la personne concernée au plus tard cinq jours avant son entrée en vigueur. Si la personne concernée saisit le juge administratif d'une demande présentée sur le fondement de l'article L. 521-2 du code de justice administrative dans un délai de quarante-huit heures à compter de la notification de la décision, la mesure ne peut entrer en vigueur avant que le juge ait statué sur la demande.

La personne soumise aux obligations prévues aux 1° à 3° du présent article peut, dans un délai de deux mois à compter de la notification de la décision ou à compter de la notification de chaque renouvellement, demander au tribunal administratif l'annulation de cette décision. Le tribunal administratif statue dans un délai de quatre mois à compter de sa saisine. Ces recours s'exercent sans préjudice des procédures ouvertes aux articles L. 521-1 et L. 521-2 du code de justice administrative.

Art. L. 228-5. Le ministre de l'Intérieur peut, après en avoir informé le procureur de la République de Paris *[nouvelle rédaction issue de la L. n° 2019-222 du 23 mars 2019, art. 69-III et 109-XVIII, en vigueur au plus tard le 1er janv. 2020 : « antiterroriste »]* et le procureur de la République territorialement compétent, faire obligation à toute personne mentionnée à l'article L. 228-1, y compris lorsqu'il est fait application des articles L. 228-2 à L. 228-4, de ne pas se trouver en relation directe ou indirecte avec certaines personnes, nommément désignées, dont il existe des raisons sérieuses de penser que leur comportement constitue une menace pour la sécurité publique.

L'obligation mentionnée au premier alinéa du présent article est prononcée pour une durée maximale de six mois à compter de la notification de la décision du ministre. Au-delà d'une durée cumulée de six mois, le renouvellement est subordonné à l'existence d'éléments nouveaux ou complémentaires. La durée totale cumulée de l'obligation prévue au premier alinéa du présent article ne peut excéder douze mois. L'obligation est levée dès que les conditions prévues à l'article L. 228-1 ne sont plus satisfaites.

Toute décision de renouvellement est notifiée à la personne concernée au plus tard cinq jours avant son entrée en vigueur. *(L. nº 2019-222 du 23 mars 2019, art. 65)* «La personne concernée peut demander au président du tribunal administratif ou au magistrat qu'il délègue l'annulation de la décision dans un délai de quarante-huit heures à compter de sa notification. Il est statué sur la légalité de la décision au plus tard dans un délai de soixante-douze heures à compter de la saisine du tribunal. Dans ce cas, la mesure ne peut entrer en vigueur avant que le juge ait statué sur la demande.

«L'audience est publique. Elle se déroule sans conclusions du rapporteur public. Lorsque la présence du requérant à l'audience est susceptible de méconnaître les obligations résultant de la mesure de surveillance, le requérant peut solliciter un sauf-conduit pour s'y rendre. Le sauf-conduit n'est pas délivré si le déplacement du requérant constitue une menace pour la sécurité et l'ordre publics.»

La personne soumise à l'obligation mentionnée au premier alinéa du présent article peut, dans un délai de deux mois à compter de la notification de la décision *(L. nº 2019-222 du 23 mars 2019, art. 65)* «, ou à compter de la notification de chaque renouvellement lorsqu'il n'a pas été fait préalablement usage de la faculté prévue au troisième alinéa», demander au tribunal administratif l'annulation de cette décision. *(L. nº 2019-222 du 23 mars 2019, art. 65)* «Le tribunal administratif statue dans un délai d'un mois à compter de sa saisine. Ces recours, dont les modalités sont fixées au chapitre III *ter* du titre VII du livre VII du code de justice administrative, s'exercent sans préjudice des procédures prévues au troisième alinéa du présent article ainsi qu'aux articles L. 521-1 et L. 521-2 du même code.»

Art. L. 228-6. Les décisions du ministre de l'Intérieur prises en application des articles L. 228-2 à L. 228-5 sont écrites et motivées. A l'exception des mesures prises sur le fondement de l'article L. 228-3, le ministre de l'Intérieur ou son représentant met la personne concernée en mesure de lui présenter ses observations dans un délai maximal de huit jours à compter de la notification de la décision.

Art. L. 228-7. Le fait de se soustraire aux obligations fixées en application des articles L. 228-2 à L. 228-5 est puni de trois ans d'emprisonnement et de 45000 € d'amende.

CHAPITRE IX
Visites et saisies

(L. nº 2017-1510 du 30 oct. 2017, art. 4-I et 5-II, applicable jusqu'au 31 déc. 2020)

Art. L. 229-1. Sur saisine motivée du représentant de l'État dans le département ou, à Paris, du préfet de police, le juge des libertés et de la détention du tribunal de grande instance de Paris peut, par une ordonnance écrite et motivée et après avis du procureur de la République de Paris *[nouvelle rédaction issue de la L. nº 2019-222 du 23 mars 2019, art. 69-III et 109-XVIII, en vigueur au plus tard le 1er janv. 2020 : «antiterroriste»]*, autoriser la visite d'un lieu ainsi que la saisie *(L. nº 2019-222 du 23 mars 2019, art. 66)* «des documents et» données qui s'y trouvent, aux seules fins de prévenir la commission d'actes de terrorisme et lorsqu'il existe des raisons sérieuses de penser qu'un lieu est fréquenté par une personne dont le comportement constitue une menace d'une particulière gravité pour la sécurité et l'ordre publics et qui*[,]* soit entre en relation de manière habituelle avec des personnes ou des organisations incitant, facilitant ou participant à des actes de terrorisme, soit soutient, diffuse, lorsque cette diffusion s'accompagne d'une manifestation d'adhésion à l'idéologie exprimée, ou adhère à des thèses incitant à la commission d'actes de terrorisme ou faisant l'apologie de tels actes.

Ces opérations ne peuvent concerner les lieux affectés à l'exercice d'un mandat parlementaire ou à l'activité professionnelle des avocats, des magistrats ou des journalistes et les domiciles des personnes concernées.

La saisine du juge des libertés et de la détention du tribunal de grande instance de Paris est précédée d'une information du procureur de la République de Paris *[nouvelle rédaction issue de la L. n° 2019-222 du 23 mars 2019, art. 69-III et 109-XVIII, en vigueur au plus tard le 1er janv. 2020 : «antiterroriste»]* et du procureur de la République territorialement compétent, qui reçoivent tous les éléments relatifs à ces opérations. L'ordonnance est communiquée au procureur de la République de Paris *[nouvelle rédaction issue de la L. n° 2019-222 du 23 mars 2019, art. 69-III et 109-XVIII, en vigueur au plus tard le 1er janv. 2020 : «antiterroriste»]* et au procureur de la République territorialement compétent.

L'ordonnance mentionne l'adresse des lieux dans lesquels les opérations de visite et de saisie peuvent être effectuées, le service et la qualité des agents habilités à y procéder, le numéro d'immatriculation administrative du chef de service qui nomme l'officier de police judiciaire territorialement compétent présent sur les lieux, chargé d'assister à ces opérations et de tenir informé le juge des libertés et de la détention de leur déroulement, ainsi que la faculté pour l'occupant des lieux ou son représentant de faire appel à un conseil de son choix, sans que l'exercice de cette faculté n'entraîne la suspension des opérations autorisées sur le fondement du premier alinéa.

L'ordonnance est exécutoire au seul vu de la minute.

Art. L. 229-2. L'ordonnance est notifiée sur place au moment de la visite à l'occupant des lieux ou à son représentant, qui en reçoit copie intégrale contre récépissé ou émargement au procès-verbal de visite. En l'absence de l'occupant des lieux ou de son représentant, l'ordonnance est notifiée après les opérations, par lettre recommandée avec demande d'avis de réception. La notification est réputée faite à la date de réception figurant sur l'avis. A défaut de réception, il est procédé à la signification de l'ordonnance par acte d'huissier de justice.

L'acte de notification comporte mention des voies et délais de recours contre l'ordonnance ayant autorisé la visite et contre le déroulement des opérations de visite et de saisie.

La visite est effectuée en présence de l'occupant des lieux ou de son représentant, qui peut se faire assister d'un conseil de son choix. En l'absence de l'occupant des lieux, les agents chargés de la visite ne peuvent procéder à celle-ci qu'en présence de deux témoins qui ne sont pas placés sous leur autorité.

La visite ne peut être commencée avant 6 heures ni après 21 heures, sauf autorisation expresse, écrite et motivée accordée par le juge des libertés et de la détention du tribunal de grande instance de Paris, fondée sur l'urgence ou les nécessités de l'opération.

Elle s'effectue sous l'autorité et le contrôle du juge des libertés et de la détention qui l'a autorisée. A cette fin, ce dernier donne toutes instructions aux agents qui participent à l'opération. Il peut, s'il l'estime utile, se rendre dans les locaux pendant l'opération et, à tout moment, sur saisine de l'occupant des lieux ou de son représentant, ou de son propre chef, en décider la suspension ou l'arrêt. Afin d'exercer ce contrôle, lorsque la visite a lieu en dehors du ressort du tribunal de grande instance de Paris, il peut délivrer une commission rogatoire au juge des libertés et de la détention du tribunal de grande instance dans le ressort duquel s'effectue la visite.

Lorsqu'une infraction est constatée, l'officier de police judiciaire en dresse procès-verbal, procède à toute saisie utile et en informe sans délai le procureur de la République territorialement compétent.

Un procès-verbal relatant les modalités et le déroulement de l'opération et consignant les constatations effectuées est dressé sur-le-champ par les agents qui ont procédé à la visite. Le procès-verbal est signé par ces agents et par l'officier de police judiciaire territorialement compétent présent sur les lieux, qui peuvent s'identifier par le numéro d'immatriculation administrative mentionné à l'article 15-4 du code de procédure pénale, leur qualité et leur service ou unité d'affectation, ainsi que par l'occupant des lieux ou, le cas échéant, son représentant ou les témoins. En cas de refus de signer, mention en est faite au procès-verbal.

L'original du procès-verbal est, dès qu'il a été établi, adressé au juge qui a autorisé la visite. Une copie de ce même document est remise ou adressée par lettre recommandée avec demande d'avis de réception à l'occupant des lieux ou à son représentant.

Le procès-verbal mentionne le délai et les voies de recours.

Si, à l'occasion de la visite, les agents qui y procèdent découvrent des éléments révélant l'existence d'autres lieux répondant aux conditions fixées au premier alinéa de l'article L. 229-1, ils peuvent, sur autorisation du juge qui a pris l'ordonnance, délivrée en cas d'urgence par tout moyen, procéder sans délai à la visite de ces lieux. Mention de cette autorisation est portée au procès-verbal mentionné au septième alinéa du présent article.

Le juge qui a autorisé la visite et les juridictions de jugement saisies à cet effet ont accès aux nom et prénom de toute personne identifiée par un numéro d'immatriculation administrative dans le procès-verbal mentionné au même septième alinéa.

Art. L. 229-3. I. — L'ordonnance autorisant la visite et les saisies peut faire l'objet d'un appel devant le premier président de la cour d'appel de Paris. Les parties ne sont pas tenues de constituer avocat.

Cet appel est formé par déclaration remise ou adressée par pli recommandé au greffe de la cour dans un délai de quinze jours. Ce délai court à compter de la notification de l'ordonnance. Cet appel n'est pas suspensif.

Le greffe du tribunal de grande instance transmet sans délai le dossier de l'affaire au greffe de la cour d'appel où les parties peuvent le consulter.

L'ordonnance du premier président de la cour d'appel de Paris est susceptible d'un pourvoi en cassation, selon les règles prévues par le code de procédure pénale. Le délai de pourvoi en cassation est de quinze jours.

II. — Le premier président de la cour d'appel de Paris connaît des recours contre le déroulement des opérations de visite et saisie autorisées par le juge des libertés et de la détention. Les parties ne sont pas tenues de constituer avocat.

Le recours est formé par déclaration remise ou adressée par pli recommandé au greffe de la cour dans un délai de quinze jours. Ce délai court à compter de la remise ou de la réception du procès-verbal de visite. Ce recours n'est pas suspensif.

L'ordonnance du premier président de la cour d'appel de Paris est susceptible d'un pourvoi en cassation selon les règles prévues par le code de procédure pénale. Le délai de pourvoi en cassation est de quinze jours.

Art. L. 229-4. I. — Lorsqu'elle est susceptible de fournir des renseignements sur les *(L. n° 2019-222 du 23 mars 2019, art. 66)* «documents et» données présents sur le lieu de la visite ayant un lien avec la finalité de prévention de la commission d'actes de terrorisme ayant justifié la visite, la personne pour laquelle il existe des raisons sérieuses de penser que son comportement constitue une menace d'une particulière gravité pour la sécurité et l'ordre publics peut, après information sans délai du juge des libertés et de la détention du tribunal de grande instance de Paris, être retenue sur place par l'officier de police judiciaire pendant le temps strictement nécessaire au déroulement des opérations.

La retenue ne peut excéder quatre heures à compter du début de la visite et le juge des libertés et de la détention peut y mettre fin à tout moment.

Lorsqu'il s'agit d'un mineur, la retenue fait l'objet d'un accord exprès du juge des libertés et de la détention. Le mineur doit être assisté de son représentant légal, sauf impossibilité dûment justifiée.

Mention de l'information ou de l'accord exprès du juge des libertés et de la détention est portée au procès-verbal mentionné au premier alinéa du III.

II. — La personne retenue est immédiatement informée par l'officier de police judiciaire ou, sous le contrôle de celui-ci, par un agent de police judiciaire, dans une langue qu'elle comprend :

1° Du fondement légal de son placement en retenue;

2° De la durée maximale de la mesure;

3° Du fait que la retenue dont elle fait l'objet ne peut donner lieu à audition et qu'elle a le droit de garder le silence;

4° Du fait qu'elle bénéficie du droit de faire prévenir par l'officier de police judiciaire toute personne de son choix ainsi que son employeur.

Si l'officier de police judiciaire estime, en raison des nécessités liées à la retenue, ne pas devoir faire droit à cette demande, il en réfère sans délai au juge des libertés et de la détention qui décide, s'il y a lieu, d'y faire droit.

Sauf en cas de circonstance insurmontable, qui doit être mentionnée au procès-verbal, les diligences incombant à l'officier de police judiciaire en application du premier alinéa du présent 4° doivent intervenir, au plus tard, dans un délai de deux heures à compter du moment où la personne a formulé sa demande.

III. — L'officier de police judiciaire mentionne, dans un procès-verbal, les motifs qui justifient la retenue. Il précise le jour et l'heure à partir desquels la retenue a débuté, le jour et l'heure de la fin de la retenue et la durée de celle-ci.

Ce procès-verbal est présenté à la signature de l'intéressé. Si ce dernier refuse de le signer, mention est faite du refus et des motifs de celui-ci.

Le procès-verbal est transmis au juge des libertés et de la détention, copie en ayant été remise à l'intéressé.

La durée de la retenue s'impute, s'il y a lieu, sur celle de la garde à vue.

Art. L. 229-5. I. — Aux seules fins de prévenir la commission d'actes de terrorisme, si la visite révèle l'existence de *(L. n° 2019-222 du 23 mars 2019, art. 66)* «documents ou» données relatifs à la menace d'une particulière gravité pour la sécurité et l'ordre publics que constitue le comportement de la personne concernée, il peut être procédé à leur saisie ainsi qu'à celle des données contenues dans tout système informatique ou équipement terminal présent sur les lieux de la visite*[,]* soit par leur copie, soit par la saisie de leur support lorsque la copie ne peut être réalisée ou achevée pendant le temps de la visite.

La copie des données ou la saisie des systèmes informatiques ou des équipements terminaux est réalisée en présence de l'officier de police judiciaire. Le procès-verbal mentionné à l'article L. 229-2 indique les motifs de la saisie et dresse l'inventaire des *(L. nº 2019-222 du 23 mars 2019, art. 66)* «documents et» données saisis. Copie en est remise aux personnes mentionnées au troisième alinéa du même article L. 229-2 ainsi qu'au juge ayant délivré l'autorisation. Les éléments saisis sont conservés sous la responsabilité du chef du service ayant procédé à la visite. A compter de la saisie, nul n'y a accès avant l'autorisation du juge.

II. — Dès la fin de la visite, l'autorité administrative peut demander au juge des libertés et de la détention du tribunal de grande instance de Paris d'autoriser l'exploitation des *(L. nº 2019-222 du 23 mars 2019, art. 66)* «documents et données saisis». Au vu des éléments révélés par la visite, le juge statue dans un délai de quarante-huit heures à compter de sa saisine sur la régularité de la saisie et sur la demande de l'autorité administrative. Sont exclus de l'autorisation les éléments dépourvus de tout lien avec la finalité de prévention de la commission d'actes de terrorisme ayant justifié la visite.

L'ordonnance est notifiée par lettre recommandée avec demande d'avis de réception. La notification est réputée faite à la date de réception figurant sur l'avis. A défaut de réception, il est procédé à la signification de l'ordonnance par acte d'huissier de justice.

L'acte de notification comporte mention des voies et délais de recours contre l'ordonnance ayant autorisé l'exploitation des *(L. nº 2019-222 du 23 mars 2019, art. 66)* «documents et données saisis».

L'ordonnance autorisant l'exploitation des *(L. nº 2019-222 du 23 mars 2019, art. 66)* «documents et données saisis» peut faire l'objet, dans un délai de quarante-huit heures, d'un appel devant le premier président de la cour d'appel de Paris selon les modalités mentionnées aux trois premiers alinéas du I de l'article L. 229-3. Le premier président statue dans un délai de quarante-huit heures.

L'ordonnance du premier président de la cour d'appel de Paris est susceptible d'un pourvoi en cassation selon les règles prévues par le code de procédure pénale. Le délai de pourvoi en cassation est de quinze jours.

En cas de décision de refus devenue irrévocable, les données copiées sont détruites et les *(L. nº 2019-222 du 23 mars 2019, art. 66)* «documents et» supports saisis sont restitués, dans l'état dans lequel ils ont été saisis, à leur propriétaire.

Pendant le temps strictement nécessaire à leur exploitation autorisée selon la procédure mentionnée au présent article, *(L. nº 2019-222 du 23 mars 2019, art. 66)* «les documents,» les données et les supports saisis sont conservés sous la responsabilité du chef du service ayant procédé à la visite et à la saisie. *(L. nº 2019-222 du 23 mars 2019, art. 66)* «Les documents ainsi que» les systèmes informatiques ou équipements terminaux sont restitués à leur propriétaire, le cas échéant après qu'il a été procédé à *(L. nº 2019-222 du 23 mars 2019, art. 66)* «leur copie ou à celle» des données qu'ils contiennent, à l'issue d'un délai maximal de quinze jours à compter de la date de leur saisie ou de la date à laquelle le juge, saisi dans ce délai, a autorisé *(L. nº 2019-222 du 23 mars 2019, art. 66)* «leur exploitation ou celle» des données qu'ils contiennent. Les *(L. nº 2019-222 du 23 mars 2019, art. 66)* «copies des documents ou des données» sont détruites à l'expiration d'un délai maximal de trois mois à compter de la date de la visite ou de la date à laquelle le juge, saisi dans ce délai, en a autorisé l'exploitation.

En cas de difficulté dans l'accès aux données contenues dans les supports saisis ou dans l'exploitation des données copiées, lorsque cela est nécessaire, les délais prévus à l'avant-dernier alinéa du présent II peuvent être prorogés, pour la même durée, par le juge des libertés et de la détention du tribunal de grande instance de Paris, saisi par l'autorité administrative au moins quarante-huit heures avant l'expiration de ces délais. Le juge statue dans un délai de quarante-huit heures sur la demande de prorogation présentée par l'autorité administrative. Si l'exploitation ou l'examen des données et des supports saisis conduit à la constatation d'une infraction, ces données et supports sont conservés selon les règles applicables en matière de procédure pénale.

Art. L. 229-6. Les juridictions de l'ordre judiciaire sont compétentes pour connaître du contentieux indemnitaire résultant des mesures prises en application du présent chapitre, dans les conditions prévues à l'article L. 141-1 du code de l'organisation judiciaire.

CHAPITRE X

Contrôle parlementaire

(L. n° 2017-1510 du 30 oct. 2017, art. 5-I et II, applicable jusqu'au 31 déc. 2020)

Art. L. 22-10-1. L'Assemblée nationale et le Sénat sont informés sans délai des mesures prises ou mises en œuvre par les autorités administratives en application des chapitres VI à IX du présent titre. Ces autorités administratives leur transmettent sans délai copie de tous les actes qu'elles prennent en application de ces dispositions. L'Assemblée nationale et le Sénat peuvent requérir toute information complémentaire dans le cadre du contrôle et de l'évaluation de ces mesures.

Le Gouvernement adresse chaque année au Parlement un rapport détaillé sur l'application de ces mesures.

147 Code de l'entrée et du séjour des étrangers et du droit d'asile (article L. 563-1)

TITRE VI

ASSIGNATION À RÉSIDENCE

CHAPITRE III

Assignation à résidence avec interdiction de se trouver en relation avec une personne nommément désignée

Art. L. 563-1. *(L. n° 2014-1353 du 13 nov. 2014, art. 3-I)* L'étranger astreint à résider dans les lieux qui lui sont fixés en application des articles L. 523-3, L. 523-4 ou L. 541-3 qui a été condamné à une peine d'interdiction du territoire pour des actes de terrorisme prévus au titre II du livre IV du code pénal ou à l'encontre duquel un arrêté d'expulsion a été prononcé pour un comportement lié à des activités à caractère terroriste peut, si la préservation de la sécurité publique l'exige, se voir prescrire par l'autorité administrative compétente pour prononcer l'assignation à résidence une interdiction de se trouver en relation, directement ou indirectement, avec certaines personnes nommément désignées dont le comportement est lié à des activités à caractère terroriste. La décision est écrite et motivée. Elle peut être prise pour une durée maximale de six mois et renouvelée, dans la même limite de durée, par une décision également motivée. Cette interdiction est levée dès que les conditions ne sont plus satisfaites ou en cas de levée de l'assignation à résidence.

La violation de cette interdiction est sanctionnée dans les conditions prévues à l'article L. 624-4 du présent code.

148 Code de procédure pénale (articles 706-16 à 706-25-14)

TITRE QUINZIÈME

DE LA POURSUITE DE L'INSTRUCTION ET DU JUGEMENT DES ACTES DE TERRORISME

(L. n° 92-1336 du 16 déc. 1992).

(L. n° 86-1020 du 9 sept. 1986)

Art. 706-16. *(L. n° 96-647 du 22 juill. 1996)* «Les actes de terrorisme incriminés par les articles 421-1 à *(L. n° 2006-64 du 23 janv. 2006, art. 11)* «421-6» du code pénal» *(L. n° 92-1336 du 16 déc. 1992)* ainsi que les infractions connexes sont poursuivis, instruits et jugés selon les règles du présent code sous réserve des dispositions du présent titre.

(L. n° 96-647 du 22 juill. 1996) «Ces dispositions sont également applicables à la poursuite, à l'instruction et au jugement des actes de terrorisme commis à l'étranger lorsque la loi française est applicable en vertu des dispositions de la section II du chapitre III du titre Ier du livre Ier du code pénal.»

(L. n° 2011-1862 du 13 déc. 2011, art. 32-I et 70-II, en vigueur le 1er janv. 2012) «Elles sont également applicables à la poursuite, à l'instruction et au jugement des actes de terrorisme commis hors du territoire de la République par les membres des forces armées françaises ou à l'encontre de celles-ci dans les cas prévus au chapitre Ier du titre II du livre Ier du code de justice militaire.»

(L. n° 2015-912 du 24 juill. 2015, art. 19) «Ces dispositions sont également applicables à la poursuite, à l'instruction et au jugement des infractions prévues à l'article 706-25-7 du présent code.»

(L. n° 2014-1353 du 13 nov. 2014, art. 9) «La section I du présent titre est également applicable à la poursuite, à l'instruction et au jugement des infractions commises en détention par une personne détenue, prévenue, condamnée, recherchée dans le cadre d'un mandat d'arrêt européen ou réclamée dans le cadre d'une extradition pour des actes de terrorisme incriminés par les articles 421-1 à 421-6 du code pénal.

«Ces dispositions sont également applicables à la poursuite, à l'instruction et au jugement des infractions d'évasion incriminées par les articles 434-27 à 434-37 du même code, des infractions d'association de malfaiteurs prévues à l'article 450-1 dudit code lorsqu'elles ont pour objet la préparation de l'une des infractions d'évasion précitées, des infractions prévues à l'article L. 624-4 du code de l'entrée et du séjour des étrangers et du droit d'asile ainsi que des infractions prévues à l'article L. 224-1 du code de *[la]* sécurité intérieure, lorsqu'elles sont commises par une personne détenue, prévenue, condamnée, recherchée dans le cadre d'un mandat d'arrêt européen ou réclamée dans le cadre d'une extradition pour des actes de terrorisme incriminés par les articles 421-1 à 421-6 du code pénal.»

Art. 706-16-1. *(L. n° 2019-222 du 23 mars 2019, art. 64, en vigueur le 1er avr. 2019)* Lorsqu'elle est exercée devant les juridictions répressives, l'action civile portant sur une infraction qui constitue un acte de terrorisme ne peut avoir pour objet que de mettre en mouvement l'action publique ou de soutenir cette action. Elle ne peut tendre à la réparation du dommage causé par cette infraction.

L'action civile en réparation de ce dommage ne peut être exercée que devant une juridiction civile, séparément de l'action publique. L'article 5 n'est alors pas applicable.

Lorsque la juridiction répressive est saisie d'une demande tendant à la réparation du dommage causé par cette infraction, elle renvoie l'affaire, par une décision non susceptible de recours, devant la juridiction civile compétente en application de l'article L. 217-6 du code de l'organisation judiciaire qui l'examine d'urgence selon une procédure simplifiée déterminée par décret en Conseil d'État.

Art. 706-16-2. *(L. n° 2019-222 du 23 mars 2019, art. 64, en vigueur le 1er avr. 2019)* La juridiction civile compétente en application de l'article L. 217-6 du code de l'organisation judiciaire peut procéder ou faire procéder à toutes auditions et investigations utiles, sans que puisse lui être opposé le secret professionnel. Elle peut notamment se faire communiquer, par le procureur de la République ou le juge d'instruction, copie des procès-verbaux constatant l'infraction ou de toute autre pièce de la procédure pénale, même en cours.

Elle peut également requérir :

1° De toute personne ou administration la communication de renseignements sur la situation professionnelle, financière, fiscale ou sociale des personnes ayant à répondre du dommage causé par l'infraction ou du requérant;

2° De toute administration ou tout service de l'État, collectivité publique, organisme de sécurité sociale, organisme assurant la gestion des prestations sociales ou entreprise d'assurance susceptible de réparer tout ou partie du préjudice la communication des renseignements relatifs à l'exécution de ses obligations éventuelles.

Les renseignements ainsi recueillis ne peuvent être utilisés à d'autres fins que l'instruction de la demande d'indemnité et leur divulgation est interdite.

Section première

Compétence

Art. 706-17. *(L. n° 86-1020 du 9 sept. 1986)* Pour la poursuite, l'instruction et le jugement des infractions entrant dans le champ d'application de l'article 706-16, le procureur de la République *(L. n° 2019-222 du 23 mars 2019, art. 69 et 109-XVIII, en vigueur à compter d'une date fixée par décret et au plus tard le 1er janv. 2020)* «antiterroriste», le juge d'instruction, le tribunal correctionnel et la cour d'assises de Paris exercent une compétence concurrente à celle qui résulte de l'application des articles 43, 52 *(L. n° 2004-204 du 9 mars 2004, art. 112-III)* «et 382».

En ce qui concerne les mineurs, le procureur de la République *(L. n° 2019-222 du 23 mars 2019, art. 69 et 109-XVIII, en vigueur à compter d'une date fixée par décret et au plus tard le 1er janv. 2020)* «antiterroriste», le juge d'instruction, le juge des enfants, le tribunal pour enfants et la cour d'assises des mineurs de Paris exercent une compétence concurrente à celle qui résulte de l'application des dispositions de l'ordonnance n° 45-174 du 2 février 1945 relative à l'enfance délinquante.

Lorsqu'ils sont compétents pour la poursuite et l'instruction des infractions entrant dans le champ d'application de l'article 706-16, le procureur de la République *(L. n° 2019-222 du 23 mars 2019, art. 69 et 109-XVIII, en vigueur à compter d'une date fixée par décret et au plus tard le 1er janv. 2020)* «antiterroriste» et le juge d'instruction de Paris exercent leurs attributions sur toute l'étendue du territoire national.

(L. n° 2001-1062 du 15 nov. 2001, art. 33-V; L. n° 2003-239 du 18 mars 2003, art. 31) «L'instruction des actes de terrorisme définis aux 5° à 7° de l'article 421-1 du code pénal *(L. n° 2004-204 du 9 mars 2004, art. 10)* «et aux articles 421-2-2 et 421-2-3» du même code peut être confiée, le cas échéant dans les conditions prévues à l'article 83-1, à un magistrat du tribunal de grande instance de Paris affecté aux formations d'instruction spécialisées en matière économique et financière en application des dispositions du *(L. n° 2013-1117 du 6 déc. 2013, art. 63, en vigueur le 1er févr. 2014)* «vingt et unième» alinéa de l'article 704.»

Art. 706-17-1. *(L. n° 2019-222 du 23 mars 2019, art. 69 et 109-XVIII, en vigueur à compter d'une date fixée par décret et au plus tard le 1er janv. 2020)* Sans préjudice des dispositions du troisième alinéa de l'article 41, lorsqu'il exerce sa compétence en application de la présente section, le procureur de la République antiterroriste peut requérir par délégation judiciaire tout procureur de la République de procéder ou faire procéder aux actes nécessaires à la recherche et à la poursuite des infractions entrant dans le champ d'application de l'article 706-16 dans les lieux où ce dernier est territorialement compétent.

La délégation judiciaire mentionne les actes d'enquête confiés au procureur de la République ainsi requis. Elle ne peut prescrire que des actes se rattachant directement à l'enquête pour laquelle elle a été délivrée.

Elle indique la nature de l'infraction*[,]* objet de l'enquête. Elle est datée et signée par le procureur de la République antiterroriste et revêtue de son sceau.

Le procureur de la République antiterroriste fixe le délai dans lequel la délégation doit lui être retournée accompagnée des procès-verbaux relatant son exécution. A défaut d'un délai fixé par la délégation, la délégation judiciaire et les procès-verbaux doivent lui être transmis dans les huit jours de la fin des opérations exécutées en vertu de cette délégation.

Les magistrats commis pour son exécution exercent, dans les limites de la délégation judiciaire, tous les pouvoirs du procureur de la République antiterroriste prévus par la présente section.

Art. 706-17-2. *(L. n° 97-1273 du 29 déc. 1997)* Pour le jugement des délits et des crimes entrant dans le champ d'application de l'article 706-16, le premier président de la cour d'appel de Paris peut, sur les réquisitions du procureur général, après avis des chefs des tribunaux de grande instance intéressés, du bâtonnier de Paris et, le cas échéant, du président de la cour d'assises de Paris, décider que l'audience du tribunal correctionnel, de la chambre des appels correctionnels de Paris ou de la cour d'assises de Paris se tiendra, à titre exceptionnel et pour des motifs de sécurité, dans tout autre lieu du ressort de la cour d'appel que celui où ces juridictions tiennent habituellement leurs audiences.

L'ordonnance prise en application du précédent alinéa est portée à la connaissance des tribunaux intéressés par les soins du procureur général. Elle constitue une mesure d'administration judiciaire qui n'est pas susceptible de recours.

Art. 706-18. *(L. n° 86-1020 du 9 sept. 1986)* Le procureur de la République près un tribunal de grande instance autre que celui de Paris peut, pour les infractions entrant dans le champ d'application de l'article 706-16, requérir le juge d'instruction de se dessaisir au profit de la juridiction d'instruction de Paris. *(L. n° 93-2 du 4 janv. 1993)* «Les parties sont préalablement avisées et invitées» à faire connaître leurs observations *(L. n° 2004-204 du 9 mars 2004, art. 28-I)* «par le juge d'instruction»; l'ordonnance est rendue *(L. n° 2004-204 du 9 mars 2004, art. 28-I)* «huit jours au plus tôt et un mois au plus tard à compter de cet avis».

L'ordonnance par laquelle le juge d'instruction se dessaisit ne prend effet qu'à compter du délai de cinq jours prévu par l'article 706-22; lorsqu'un recours est exercé en application de cet article, le juge d'instruction demeure saisi jusqu'à ce que l'arrêt de la chambre criminelle de la Cour de cassation soit porté à sa connaissance.

Dès que l'ordonnance est devenue définitive, le procureur de la République adresse le dossier de la procédure au procureur de la République *(L. n° 2019-222 du 23 mars 2019, art. 69 et 109-XVIII, en vigueur à compter d'une date fixée par décret et au plus tard le 1er janv. 2020)* «antiterroriste *[ancienne rédaction : de Paris]*».

Les dispositions du présent article sont applicables devant la chambre de l'instruction.

Art. 706-19. *(L. n° 86-1020 du 9 sept. 1986)* Lorsqu'il apparaît au juge d'instruction de Paris que les faits dont il a été saisi ne constituent pas une des infractions entrant dans le champ d'application de l'article 706-16 et ne relèvent pas de sa compétence à un autre titre, ce magistrat se déclare incompétent, soit sur requête du procureur de la République *(L. n° 2019-222 du 23 mars 2019, art. 69 et 109-XVIII, en vigueur à compter d'une date fixée par décret et au plus tard le 1er janv. 2020)* «antiterroriste», soit après avis de ce dernier, d'office ou sur requête *(L. n° 93-2 du 4 janv. 1993)* «des parties. Celles des parties» qui n'ont pas présenté requête sont préalablement avisées et invitées à faire connaître leurs observations; l'ordonnance est rendue au plus tôt huit jours après cet avis.

Les dispositions du deuxième alinéa de l'article 706-18 sont applicables à l'ordonnance par laquelle le juge d'instruction de Paris se déclare incompétent.

Dès que l'ordonnance est devenue définitive, le procureur de la République *(L. n° 2019-222 du 23 mars 2019, art. 69 et 109-XVIII, en vigueur à compter d'une date fixée par décret et au plus tard le 1er janv. 2020)* «antiterroriste *[ancienne rédaction : de Paris]*» adresse le dossier de la procédure au procureur de la République territorialement compétent.

Les dispositions du présent article sont applicables lorsque la chambre de l'instruction de la cour d'appel de Paris statue sur sa compétence.

Art. 706-20. *(L. n° 86-1020 du 9 sept. 1986)* Lorsque le tribunal correctionnel ou le tribunal pour enfants de Paris se déclare incompétent pour les motifs prévus par l'article 706-19, il renvoie le ministère public à se pourvoir ainsi qu'il avisera; il peut, le ministère public entendu décerner, par la même décision, mandat de dépôt ou d'arrêt contre le prévenu.

Art. 706-21. *(L. n° 86-1020 du 9 sept. 1986)* Dans les cas prévus par les articles 706-18 à 706-20, le mandat de dépôt ou d'arrêt conserve sa force exécutoire; les actes de poursuite ou d'instruction et les formalités intervenus avant que la décision de dessaisissement ou d'incompétence soit devenue définitive n'ont pas à être renouvelés.

Art. 706-22. *(L. nº 86-1020 du 9 sept. 1986)* Toute ordonnance rendue sur le fondement de l'article 706-18 ou de l'article 706-19 par laquelle un juge d'instruction statue sur son dessaisissement ou le juge d'instruction de Paris statue sur sa compétence peut, à l'exclusion de toute autre voie de recours, être déférée dans les cinq jours de sa notification, à la requête du ministère public, *(L. nº 93-2 du 4 janv. 1993)* «des parties», à la chambre criminelle de la Cour de cassation qui désigne, dans les huit jours suivant la date de réception du dossier, le juge d'instruction chargé de poursuivre l'information. *(L. nº 2004-204 du 9 mars 2004, art. 28-II)* «Le ministère public peut également saisir directement la chambre criminelle de la Cour de cassation lorsque le juge d'instruction n'a pas rendu son ordonnance dans le délai d'un mois prévu au premier alinéa de l'article 706-18.»

La chambre criminelle qui constate que le juge du tribunal de grande instance de Paris n'est pas compétent peut néanmoins, dans l'intérêt d'une bonne administration de la justice, décider que l'information sera poursuivie à ce tribunal.

L'arrêt de la chambre criminelle est porté à la connaissance du juge d'instruction ainsi qu'au ministère public et signifié *(L. nº 93-2 du 4 janv. 1993)* «aux parties».

Les dispositions du présent article sont applicables à l'arrêt rendu sur le fondement du dernier alinéa des articles 706-18 et 706-19 par lequel une chambre de l'instruction statue sur son dessaisissement ou sa compétence.

Art. 706-22-1. *(L. nº 2006-64 du 23 janv. 2006, art. 14, en vigueur le 1er mai 2006)* Par dérogation aux dispositions de l'article 712-10, sont seuls compétents le juge de l'application des peines du tribunal de grande instance de Paris, le tribunal de l'application des peines de Paris et la chambre de l'application des peines de la cour d'appel de Paris pour prendre les décisions concernant les personnes condamnées *(L. nº 2016-731 du 3 juin 2016, art. 9)* «par le tribunal correctionnel, la cour d'assises, le juge des enfants, le tribunal pour enfants ou la cour d'assises des mineurs de Paris statuant en application de l'article 706-17», quel que soit le lieu de détention ou de résidence du condamné.

(L. nº 2016-731 du 3 juin 2016, art. 9) «Pour prendre les décisions concernant les personnes condamnées pour une infraction entrant dans le champ d'application de l'article 706-16 pour laquelle n'a pas été exercée la compétence prévue à l'article 706-17, le juge de l'application des peines du tribunal de grande instance de Paris, le tribunal de l'application des peines de Paris et la chambre de l'application des peines de la cour d'appel de Paris exercent une compétence concurrente à celle qui résulte de l'application de l'article 712-10.»

Ces décisions sont prises après avis du juge de l'application des peines compétent en application de l'article 712-10.

Pour l'exercice de leurs attributions, les magistrats des juridictions mentionnées *(L. nº 2016-731 du 3 juin 2016, art. 9)* «aux premier et deuxième alinéas» peuvent se déplacer sur l'ensemble du territoire national, sans préjudice de l'application des dispositions de l'article 706-71 sur l'utilisation de moyens de télécommunication.

(L. nº 2019-222 du 23 mars 2019, art. 69 et 109-XVIII, en vigueur à compter d'une date fixée par décret et au plus tard le 1er janv. 2020) «Le ministère public auprès des juridictions du premier degré de Paris compétentes en application du présent article est représenté par le procureur de la République antiterroriste en personne ou par ses substituts.»

Section II

Procédure

Art. 706-23. *(L. n° 2014-1353 du 13 nov. 2014, art. 8)* L'arrêt d'un service de communication au public en ligne peut être prononcé par le juge des référés pour les faits prévus à l'article 421-2-5 du code pénal lorsqu'ils constituent un trouble manifestement illicite, à la demande du ministère public ou de toute personne physique ou morale ayant un intérêt à agir.

Art. 706-24. *(L. n° 2006-64 du 23 janv. 2006, art. 12)* Les officiers et agents de police judiciaire, affectés dans les services de police judiciaire spécialement chargés de la lutte contre le terrorisme, peuvent être nominativement autorisés par le procureur général près la cour d'appel de Paris à procéder aux investigations relatives aux infractions entrant dans le champ d'application de l'article 706-16, en s'identifiant par leur numéro d'immatriculation administrative. Ils peuvent être autorisés à déposer ou à comparaître comme témoins sous ce même numéro.

L'état civil des officiers et agents de police judiciaire visés au premier alinéa ne peut être communiqué que sur décision du procureur général près la cour d'appel de Paris. Il est également communiqué, à sa demande, au président de la juridiction de jugement saisie des faits.

Les dispositions de l'article 706-84 sont applicables en cas de révélation de l'identité de ces officiers ou agents de police judiciaire, hors les cas prévus à l'alinéa précédent.

Aucune condamnation ne peut être prononcée sur le seul fondement d'actes de procédure effectués par des enquêteurs ayant bénéficié des dispositions du présent article et dont l'état civil n'aurait pas été communiqué, à sa demande, au président de la juridiction saisie des faits.

Les modalités d'application du présent article sont, en tant que de besoin, précisées par décret en Conseil d'État.

Art. 706-24-1. *(L. n° 2014-1353 du 13 nov. 2014, art. 8)* Les articles 706-88 à 706-94 du présent code ne sont pas applicables aux délits prévus *(L. n° 2016-731 du 3 juin 2016, art. 18)* «aux articles 421-2-5 à 421-2-5-2» du code pénal.

Art. 706-24-3. *(L. n° 2016-731 du 3 juin 2016, art. 7)* Par dérogation à l'article 145-1 du présent code, la durée de détention provisoire ne peut excéder six mois pour l'instruction des délits prévus aux articles 421-1 à 421-6 du code pénal.

A titre exceptionnel, le juge des libertés et de la détention peut décider de prolonger la détention provisoire, pour une durée qui ne peut excéder six mois, par une ordonnance motivée conformément à l'article 137-3 du présent code et rendue après un débat contradictoire organisé conformément au sixième alinéa de l'article 145, l'avocat ayant été convoqué selon les modalités prévues au deuxième alinéa de l'article 114. Cette décision peut être renouvelée selon la même procédure, sous réserve de l'article 145-3, la durée totale de la détention ne pouvant excéder deux ans. Cette durée est portée à trois ans pour l'instruction du délit mentionné à l'article 421-2-1 du code pénal.

Le dernier alinéa de l'article 145-1 du présent code est applicable.

Pour l'application du présent article, le délai de huit mois prévu au premier alinéa de l'article 145-3 est porté à un an.

Art. 706-24-4. *(L. n° 2016-987 du 21 juill. 2016, art. 12)* La durée totale de détention provisoire mentionnée au douzième alinéa de l'article 11 de l'ordonnance n° 45-174 du 2 février 1945 relative à l'enfance délinquante est portée à deux ans pour l'instruction du délit mentionné à l'article 421-2-1 du code pénal.

La durée totale de détention provisoire mentionnée au quatorzième alinéa de l'article 11 de l'ordonnance n° 45-174 du 2 février 1945 précitée est portée à trois ans pour l'instruction des crimes prévus au 1° de l'article 421-1 et aux articles 421-5 et 421-6 du code pénal.

Art. 706-25. *(L. n° 92-1336 du 16 déc. 1992)* «Pour le jugement des accusés majeurs, les règles relatives à la composition et au fonctionnement de la cour d'assises sont fixées par les dispositions de l'article 698-6.» *(L. n° 2006-64 du 23 janv. 2006, art. 15; L. n° 2007-1198 du 10 août 2007)* «Pour le jugement des accusés mineurs âgés de seize ans au moins, les règles relatives à la composition et au fonctionnement de la cour d'assises des mineurs sont également fixées par ces dispositions, deux des assesseurs étant pris parmi les juges des enfants du ressort de la cour d'appel, conformément aux dispositions de l'article 20 de l'ordonnance n° 45-174 du 2 février 1945 relative à l'enfance délinquante, dont les huitième à *(L. n° 2014-896 du 15 août 2014, art. 7, en vigueur le 1er oct. 2014)* «dernier» alinéas sont applicables.»

(L. n° 2000-516 du 15 juin 2000, art. 136-XIX, en vigueur le 1er janv. 2001) «Pour l'application de l'alinéa précédent, le juge d'instruction ou la chambre de l'instruction qui prononce la mise en accusation constate que les faits entrent dans le champ d'application de l'article 706-16.»

(L. n° 2019-222 du 23 mars 2019, art. 69 et 109-XVIII, en vigueur à compter d'une date fixée par décret et au plus tard le 1er janv. 2020) «Par dérogation à l'article 34, le ministère public près la cour d'assises statuant en première instance est représenté par le procureur de la République antiterroriste en personne ou par ses substituts. En appel, le procureur général peut se faire représenter par le procureur de la République antiterroriste ou l'un de ses substituts.»

Art. 706-25-2. *(L. n° 2017-258 du 28 févr. 2017, art. 14)* Le procureur de la République de Paris, pour les procédures d'enquête ouvertes sur le fondement d'une ou de plusieurs infractions entrant dans le champ d'application de l'article 706-16 dont il s'est saisi, peut communiquer aux services spécialisés de renseignement mentionnés à l'article L. 811-2 du code de la sécurité intérieure, de sa propre initiative ou à la demande de ces services, copie des éléments de toute nature figurant dans ces procédures et nécessaires à l'exercice des missions de ces services en matière de prévention du terrorisme.

Le premier alinéa du présent article est également applicable aux procédures d'information ouvertes au tribunal de grande instance de Paris sur le fondement d'une ou de plusieurs infractions entrant dans le champ d'application de l'article 706-16 du présent code. Le juge d'instruction chargé de l'information peut communiquer, de sa propre initiative ou à la demande de ces mêmes services, copie des éléments de toute nature figurant au dossier d'information, après avis du procureur de la République de Paris.

Les informations communiquées en application du présent article peuvent être transmises aux services mentionnés à l'article L. 811-4 du code de la sécurité intérieure lorsqu'elles sont nécessaires à l'exercice des missions de ces services en matière de prévention du terrorisme. Elles ne peuvent faire l'objet d'un échange avec des services étrangers ou avec des organismes internationaux compétents dans le domaine du renseignement.

Les agents des services mentionnés aux articles L. 811-2 et L. 811-4 du même code destinataires des informations communiquées en application du présent article sont tenus au secret professionnel, dans les conditions et sous les peines prévues aux articles 226-13 et 226-14 du code pénal.

Section III

Du fichier judiciaire national automatisé des auteurs d'infractions terroristes

(L. n° 2015-912 du 24 juill. 2015, art. 19)

Art. 706-25-3. Le fichier judiciaire national automatisé des auteurs d'infractions terroristes constitue une application automatisée d'informations nominatives tenue par le service du casier judiciaire national sous l'autorité du ministre de la justice et le contrôle d'un magistrat. Afin de prévenir le renouvellement des infractions mentionnées à l'article 706-25-4 et de faciliter l'identification de leurs auteurs, ce traitement reçoit, conserve et communique aux personnes habilitées les informations prévues au même article 706-25-4, selon les modalités prévues à la présente section.

Art. 706-25-4. Lorsqu'elles concernent une ou plusieurs des infractions mentionnées aux articles 421-1 à 421-6 du code pénal, à l'exclusion de celles mentionnées *(L. n° 2016-731 du 3 juin 2016, art. 18)* «aux articles 421-2-5 à 421-2-5-2» du même code, ainsi que les infractions mentionnées *(L. n° 2017-258 du 28 févr. 2017, art. 15)* «aux articles L. 224-1 et L. 225-7» du code de la sécurité intérieure, sont enregistrées dans le fichier les informations relatives à l'identité ainsi que l'adresse ou les adresses successives du domicile et, le cas échéant, des résidences des personnes ayant fait l'objet :

1° D'une condamnation, même non encore définitive, y compris d'une condamnation par défaut ou d'une déclaration de culpabilité assortie d'une dispense ou d'un ajournement de la peine;

2° D'une décision, même non encore définitive, prononcée en application des articles 8, 15, 15-1, 16, 16 *bis* et 28 de l'ordonnance n° 45-174 du 2 février 1945 relative à l'enfance délinquante;

3° D'une décision d'irresponsabilité pénale pour cause de trouble mental;

4° D'une décision de même nature que celles mentionnées aux 1° à 3° prononcées par les juridictions ou les autorités judiciaires étrangères qui, en application d'une convention internationale ou d'un accord international, ont fait l'objet d'un avis aux autorités françaises ou ont été exécutées en France à la suite du transfèrement des personnes condamnées;

5° D'une mise en examen lorsque le juge d'instruction a ordonné l'inscription de la décision dans le fichier.

Le fichier comprend aussi les informations relatives à la décision judiciaire ayant justifié l'inscription et la nature de l'infraction. Les décisions mentionnées aux 1° et 2° sont enregistrées dès leur prononcé.

Les décisions mentionnées aux mêmes 1° et 2° sont inscrites dans le fichier sur décision de la juridiction ou, dans les cas prévus aux 3° et 4°, sur décision du procureur de la République.

Les décisions concernant des mineurs de moins de treize ans ne sont pas inscrites dans le fichier. Les décisions concernant des mineurs de treize à dix-huit ans ne sont pas inscrites dans le fichier, sauf si cette inscription est ordonnée par décision expresse de la juridiction ou, dans les cas prévus aux mêmes 3° et 4°, du procureur de la République.

Art. 706-25-5. Le procureur de la République compétent fait procéder sans délai à l'enregistrement des informations devant figurer dans le fichier par l'intermédiaire d'un moyen de communications électroniques sécurisé. Ces informations ne sont toutefois accessibles, en cas de consultation du fichier, qu'après vérification, lorsqu'elle est possible, de l'identité de la personne concernée, faite par le service gestionnaire du fichier au vu du répertoire national d'identification.

Lorsqu'ils ont connaissance de la nouvelle adresse d'une personne dont l'identité est enregistrée dans le fichier, lorsqu'ils reçoivent la justification de l'adresse d'une telle personne, ainsi que lorsqu'ils sont informés d'un déplacement à l'étranger, les officiers de police judiciaire, les services du ministre des affaires étrangères ou le service gestionnaire, selon les hypothèses prévues à l'article 706-25-7, enregistrent sans délai cette information dans le fichier par l'intermédiaire d'un moyen de communications électroniques sécurisé.

Art. 706-25-6. Sans préjudice de l'application des articles 706-25-11 et 706-25-12, les informations mentionnées à l'article 706-25-4 concernant une même personne sont retirées du fichier au décès de l'intéressé ou à l'expiration, à compter du prononcé de la décision prévue au même article 706-25-4, d'un délai de :

1° Vingt ans s'il s'agit d'un majeur;

2° Dix ans s'il s'agit d'un mineur.

Lorsqu'elles concernent une infraction mentionnée *(L. n° 2017-258 du 28 févr. 2017, art. 15)* «aux articles L. 224-1 ou L. 225-7» du code de la sécurité intérieure, les informations mentionnées à l'article 706-25-4 du présent code concernant une même personne sont retirées du fichier au décès de l'intéressé ou à l'expiration, à compter du prononcé de la décision, d'un délai de :

a) Cinq ans s'il s'agit d'un majeur;

b) Trois ans s'il s'agit d'un mineur.

Lorsque la personne *(L. n° 2016-731 du 3 juin 2016, art. 79, en vigueur le 1er juin 2017)* «exécute une peine privative de liberté sans sursis en application» de la condamnation entraînant l'inscription, ces délais ne commencent à courir qu'à compter de sa libération.

L'amnistie ou la réhabilitation ainsi que les règles propres à l'effacement des condamnations figurant au casier judiciaire n'entraînent pas l'effacement de ces informations.

Ces informations ne peuvent, à elles seules, servir de preuve à la constatation de l'état de récidive.

Les mentions prévues aux 1°, 2° et 5° de l'article 706-25-4 sont retirées du fichier en cas de décision définitive de non-lieu, de relaxe ou d'acquittement.

Les mentions prévues au même 5° peuvent également être retirées sur décision du juge d'instruction.

Art. 706-25-7. Toute personne dont l'identité est enregistrée dans le fichier est astreinte, à titre de mesure de sûreté, aux obligations prévues au présent article.

La personne est tenue :

1° De justifier de son adresse, une première fois après avoir reçu l'information des mesures et des obligations mentionnée au deuxième alinéa de l'article 706-25-8, puis tous les trois mois;

2° De déclarer ses changements d'adresse, dans un délai de quinze jours au plus tard après ce changement;

3° De déclarer tout déplacement à l'étranger quinze jours au plus tard avant ledit déplacement;

4° Si la personne réside à l'étranger, de déclarer tout déplacement en France quinze jours au plus tard avant ledit déplacement.

Si la personne réside en France, elle doit se présenter personnellement au commissariat de police ou à la brigade de gendarmerie dont dépend son domicile.

Si une personne de nationalité française réside à l'étranger, elle doit se présenter personnellement au consulat de France ou à la section consulaire de l'ambassade de France le plus proche de son domicile.

Si une personne de nationalité étrangère réside à l'étranger, elle doit adresser ses justificatifs par lettre recommandée avec demande d'avis de réception auprès du service gestionnaire.

Les obligations de justification et de présentation prévues au présent article cessent de s'appliquer pendant le temps où la personne est incarcérée sur le territoire national.

Toute personne inscrite au fichier judiciaire national automatisé des auteurs d'infractions terroristes est enregistrée au fichier des personnes recherchées pendant toute la durée de ses obligations.

La personne est astreinte aux obligations de justification et de présentation prévues au présent article, à compter du prononcé de la décision prévue à l'article 706-25-4, pendant un délai de :

a) Dix ans s'il s'agit d'un majeur;

b) Cinq ans s'il s'agit d'un mineur.

La personne condamnée pour une infraction mentionnée *(L. n° 2017-258 du 28 févr. 2017, art. 15)* «aux articles L. 224-1 ou L. 225-7» du code de la sécurité intérieure est astreinte aux obligations de justification et de présentation prévues au présent article, à compter du prononcé de la décision prévue à l'article 706-25-4 du présent code, pendant un délai de :

— cinq ans s'il s'agit d'un majeur;

— trois ans s'il s'agit d'un mineur.

Lorsque la personne *(L. n° 2016-731 du 3 juin 2016, art. 79, en vigueur le 1er juin 2017)* «exécute une peine privative de liberté sans sursis en application» de la condamnation entraînant l'inscription, ces délais ne commencent à courir qu'à compter de sa libération.

Le fait pour les personnes tenues aux obligations prévues au présent article de ne pas respecter ces obligations est puni de deux ans d'emprisonnement et de 30000 € d'amende.

La tentative de déplacement à l'étranger sans avoir procédé à la déclaration prévue au 3° du présent article est punie des mêmes peines.

Le non-respect, par les personnes résidant à l'étranger, des obligations prévues au présent article est puni des mêmes peines.

Art. 706-25-8. Toute personne dont l'identité est enregistrée dans le fichier en est informée par l'autorité judiciaire soit par notification à personne, soit par lettre recommandée avec demande d'avis de réception adressée à la dernière adresse déclarée, soit, à défaut, par le recours à la force publique par l'officier de police judiciaire, avec l'autorisation préalable du procureur de la République.

Elle est alors informée des mesures et des obligations auxquelles elle est astreinte en application de l'article 706-25-7 et des peines encourues en cas de non-respect de ces obligations.

Lorsque la personne est détenue au titre de la condamnation justifiant son inscription au fichier et qu'elle n'a pas encore reçu l'information mentionnée au premier alinéa du présent article, les informations prévues au même article lui sont données au moment de sa libération définitive ou préalablement à la première mesure d'aménagement de sa peine.

Art. 706-25-9. Les informations contenues dans le fichier sont directement accessibles, par l'intermédiaire d'un système de communications électroniques sécurisé :

1° Aux autorités judiciaires;

2° Aux officiers de police judiciaire, dans le cadre de procédures concernant une des infractions prévues aux articles 421-1 à 421-6 du code pénal ou *(L. n° 2017-258 du 28 févr. 2017, art. 15)* «aux articles L. 224-1 et L. 225-7» du code de la sécurité intérieure, et pour l'exercice des diligences prévues aux articles 706-25-7,706-25-8 et 706-25-10 du présent code. Les officiers de police judiciaire peuvent également, sur instruction du procureur de la République ou du juge d'instruction ou avec l'autorisation de l'un de ces magistrats, consulter le fichier dans le cadre d'une enquête de flagrance ou d'une enquête préliminaire ou en exécution d'une commission rogatoire;

3° Aux représentants de l'État dans le département et aux administrations de l'État dont la liste est fixée par le décret prévu à l'article 706-25-14, pour les décisions administratives de recrutement, d'affectation, d'autorisation, d'agrément ou d'habilitation;

4° Aux agents des greffes pénitentiaires habilités par les chefs d'établissement, pour vérifier que la personne a fait l'objet de l'information mentionnée à l'article 706-25-8 et pour enregistrer les dates de mise sous écrou et de libération ainsi que l'adresse du domicile déclaré par la personne libérée, ainsi qu'aux agents individuellement désignés et habilités du bureau du renseignement pénitentiaire de la direction de l'administration pénitentiaire;

5° Aux agents individuellement désignés et habilités des services mentionnés à l'article L. 811-2 du code de la sécurité intérieure et des services désignés par le décret en Conseil d'État prévu à l'article L. 811-4 du même code pour la seule finalité de prévention du terrorisme;

6° Aux agents du ministère des affaires étrangères habilités pour l'exercice des diligences de l'article 706-25-7 du présent code.

Les autorités et personnes mentionnées aux 1° et 2° et 4° à 6° du présent article peuvent interroger le fichier à partir d'un ou de plusieurs critères fixés par le décret prévu à l'article 706-25-14, et notamment à partir de l'identité d'une personne, de ses adresses successives ou de la nature des infractions.

Les personnes mentionnées au 3° du présent article ne peuvent consulter le fichier qu'à partir de l'identité de la personne concernée par la décision administrative.

Les maires et les présidents des collectivités territoriales et des groupements de collectivités territoriales sont également destinataires, par l'intermédiaire des représentants de l'État dans le département, des informations contenues dans le fichier pour les décisions administratives mentionnées au même 3°.

A l'issue des délais prévus à l'article 706-25-7, les informations contenues dans le fichier sont uniquement consultables par le service gestionnaire du fichier, les autorités judiciaires, les officiers de police judiciaire mentionnés au 2° du présent article et les agents individuellement désignés et habilités des services mentionnés au 5°.

Art. 706-25-10. Selon des modalités précisées par le décret prévu à l'article 706-25-14, le gestionnaire du fichier avise directement le ministère de l'intérieur, qui transmet sans délai l'information aux services compétents, en cas de nouvelle inscription, de modification d'adresse concernant une inscription, d'information sur un départ à l'étranger, d'un déplacement en France ou lorsque la personne n'a pas apporté la justification de son adresse dans les délais requis. Il avise directement le service gestionnaire du fichier des personnes recherchées des effacements auxquels il a procédé en application des articles 706-25-6 et 706-25-12.

Le procureur de la République peut également procéder d'office.

S'il apparaît que la personne ne se trouve plus à l'adresse indiquée, l'officier de police judiciaire en informe le procureur de la République, qui l'inscrit sans délai au fichier des personnes recherchées.

Les services de police ou de gendarmerie peuvent procéder à toutes vérifications utiles et toutes réquisitions auprès des administrations publiques pour vérifier ou retrouver l'adresse de la personne.

Art. 706-25-11. Toute personne justifiant de son identité obtient, sur demande adressée au procureur de la République près le tribunal de grande instance dans le ressort duquel elle réside, communication de l'intégralité des informations la concernant figurant dans le fichier.

Les troisième à avant-dernier alinéas de l'article 777-2 sont alors applicables.

Art. 706-25-12. Toute personne dont l'identité est inscrite dans le fichier peut demander au procureur de la République de rectifier ou d'ordonner l'effacement des informations la concernant si les informations ne sont pas exactes ou si leur conservation n'apparaît plus nécessaire compte tenu de la finalité du fichier, au regard de la nature de l'infraction, de l'âge de la personne lors de sa commission, du temps écoulé depuis lors et de la personnalité actuelle de l'intéressé.

La même demande peut être faite au juge d'instruction lorsque l'inscription a été prise sur le fondement du 5° de l'article 706-25-4.

La demande d'effacement est irrecevable tant que les mentions sont relatives à une procédure judiciaire en cours, sauf dans l'hypothèse d'une inscription sur le fondement du même 5°.

Si le procureur de la République ou le juge d'instruction n'ordonne pas la rectification ou l'effacement, la personne peut saisir à cette fin le juge des libertés et de la détention, dont la décision peut être contestée devant le président de la chambre de l'instruction.

Avant de statuer sur la demande de rectification ou d'effacement, le procureur de la République, le juge des libertés et de la détention, le juge d'instruction et le président de la chambre de l'instruction peuvent faire procéder à toutes les vérifications qu'ils estiment nécessaires.

Art. 706-25-13. Aucun rapprochement ni aucune interconnexion, au sens de l'article 30 de la loi n° 78-17 du 6 janvier 1978 relative à l'informatique, aux fichiers et aux libertés, ne peuvent être effectués entre le fichier prévu à la présente section et tout autre fichier ou recueil de données nominatives détenu par une personne quelconque ou par un service de l'État ne dépendant pas du ministère de la justice, à l'exception du fichier des personnes recherchées pour l'exercice des diligences prévues à la présente section.

Aucun fichier ou recueil de données nominatives détenu par une personne quelconque ou par un service de l'État ne dépendant pas du ministère de la justice ne peut mentionner, hors les cas et dans les conditions prévus par la loi, les informations figurant dans le fichier.

Toute infraction aux deux premiers alinéas du présent article est punie des peines encourues pour le délit prévu à l'article 226-21 du code pénal.

Art. 706-25-14. Les modalités d'application de la présente section sont déterminées par décret en Conseil d'État, pris après avis de la Commission nationale de l'informatique et des libertés. Ce décret précise les conditions dans lesquelles le fichier conserve la trace des interrogations et des consultations dont il fait l'objet.

CHAPITRE 2
La sûreté

Section 1
Le droit à la sûreté

149 Déclaration universelle des droits de l'homme (article 3)

Art. 3. Tout individu a droit à la vie, à la liberté et à la sûreté de sa personne.

150 Convention européenne de sauvegarde des droits de l'homme et des libertés fondamentales (article 5)

Art. 5. *Droit à la liberté et à la sûreté.* 1. Toute personne a droit à la liberté et à la sûreté. Nul ne peut être privé de sa liberté, sauf dans les cas suivants et selon les voies légales :

a) s'il est détenu régulièrement après condamnation par un tribunal compétent;

b) s'il a fait l'objet d'une arrestation ou d'une détention régulières pour insoumission à une ordonnance rendue, conformément à la loi, par un tribunal ou en vue de garantir l'exécution d'une obligation prescrite par la loi;

c) s'il a été arrêté et détenu en vue d'être conduit devant l'autorité judiciaire compétente, lorsqu'il y a des raisons plausibles de soupçonner qu'il a commis une infraction ou qu'il y a des motifs raisonnables de croire à la nécessité de l'empêcher de commettre une infraction ou de s'enfuir après l'accomplissement de celle-ci;

d) s'il s'agit de la détention régulière d'un mineur, décidée pour son éducation surveillée ou de sa détention régulière, afin de le traduire devant l'autorité compétente;

e) s'il s'agit de la détention régulière d'une personne susceptible de propager une maladie contagieuse, d'un aliéné, d'un alcoolique, d'un toxicomane ou d'un vagabond;

f) s'il s'agit de l'arrestation ou de la détention régulières d'une personne pour l'empêcher de pénétrer irrégulièrement dans le territoire, ou contre laquelle une procédure d'expulsion ou d'extradition est en cours.

2. Toute personne arrêtée doit être informée, dans le plus court délai et dans une langue qu'elle comprend, des raisons de son arrestation et de toute accusation portée contre elle.

3. Toute personne arrêtée ou détenue, dans les conditions prévues au paragraphe 1 *c* du présent article, doit être aussitôt traduite devant un juge ou un autre magistrat habilité par la loi à exercer des fonctions judiciaires et a le droit d'être jugée dans un délai rai-

sonnable, ou libérée pendant la procédure. La mise en liberté peut être subordonnée à une garantie assurant la comparution de l'intéressé à l'audience.

4. Toute personne privée de sa liberté par arrestation ou détention a le droit d'introduire un recours devant un tribunal, afin qu'il statue à bref délai sur la légalité de sa détention et ordonne sa libération si la détention est illégale.

5. Toute personne victime d'une arrestation ou d'une détention dans des conditions contraires aux dispositions de cet article a droit à réparation.

151 Charte des droits fondamentaux de l'Union européenne (article 6)

Art. 6. *Droit à la liberté et à la sûreté.* Toute personne a droit à la liberté et à la sûreté.

152 Déclaration universelle des droits de l'homme (articles 7 à 9)

Art. 7. Tous sont égaux devant la loi et ont droit sans distinction à une égale protection de la loi. Tous ont droit à une protection égale contre toute discrimination qui violerait la présente Déclaration et contre toute provocation à une telle discrimination.

Art. 8. Toute personne a droit à un recours effectif devant les juridictions nationales compétentes contre les actes violant les droits fondamentaux qui lui sont reconnus par la constitution ou par la loi.

Art. 9. Nul ne peut être arbitrairement arrêté, détenu ou exilé.

Section 2

La police judiciaire

153 Traité sur le fonctionnement de l'Union européenne (articles 86 à 89)

TROISIÈME PARTIE

Les politiques et actions internes de l'Union

TITRE V

L'espace de liberté, de sécurité et de justice

CHAPITRE IV

Coopération judiciaire en matière pénale

Art. 86. 1. Pour combattre les infractions portant atteinte aux intérêts financiers de l'Union, le Conseil, statuant par voie de règlements conformément à une procédure législative spéciale, peut instituer un Parquet européen à partir d'Eurojust. Le Conseil statue à l'unanimité, après approbation du Parlement européen.

En l'absence d'unanimité, un groupe composé d'au moins neuf États membres peut demander que le Conseil européen soit saisi du projet de règlement. Dans ce cas, la procédure au Conseil est suspendue. Après discussion, et en cas de consensus, le Conseil européen, dans un délai de quatre mois à compter de cette suspension, renvoie le projet au Conseil pour adoption.

Dans le même délai, en cas de désaccord, et si au moins neuf États membres souhaitent instaurer une coopération renforcée sur la base du projet de règlement concerné, ils en informent le Parlement européen, le Conseil et la Commission. Dans un tel cas, l'autorisation de procéder à une coopération renforcée, qui est visée à l'article 20, paragraphe 2, du traité sur l'Union européenne et à l'article 329, paragraphe 1, du présent traité, est réputée accordée et les dispositions sur la coopération renforcée s'appliquent.

2. Le Parquet européen est compétent pour rechercher, poursuivre et renvoyer en jugement, le cas échéant en liaison avec Europol, les auteurs et complices d'infractions portant atteinte aux intérêts financiers de l'Union, tels que déterminés par le règlement prévu au paragraphe 1. Il exerce devant les juridictions compétentes des États membres l'action publique relative à ces infractions.

3. Les règlements visés au paragraphe 1 fixent le statut du Parquet européen, les conditions d'exercice de ses fonctions, les règles de procédure applicables à ses activités, ainsi que celles gouvernant l'admissibilité des preuves, et les règles applicables au contrôle juridictionnel des actes de procédure qu'il arrête dans l'exercice de ses fonctions.

4. Le Conseil européen peut, simultanément ou ultérieurement, adopter une décision modifiant le paragraphe 1 afin d'étendre les attributions du Parquet européen à la lutte contre la criminalité grave ayant une dimension transfrontière et modifiant en conséquence le paragraphe 2 en ce qui concerne les auteurs et les complices de crimes graves affectant plusieurs États membres. Le Conseil européen statue à l'unanimité, après approbation du Parlement européen et après consultation de la Commission.

CHAPITRE V
Coopération policière

Art. 87. 1. L'Union développe une coopération policière qui associe toutes les autorités compétentes des États membres, y compris les services de police, les services des douanes et autres services répressifs spécialisés dans les domaines de la prévention ou de la détection des infractions pénales et des enquêtes en la matière.

2. Aux fins du paragraphe 1, le Parlement européen et le Conseil, statuant conformément à la procédure législative ordinaire peuvent établir des mesures portant sur :

a) la collecte, le stockage, le traitement, l'analyse et l'échange d'informations pertinentes;

b) un soutien à la formation de personnel, ainsi que la coopération relative à l'échange de personnel, aux équipements et à la recherche en criminalistique;

c) les techniques communes d'enquête concernant la détection de formes graves de criminalité organisée.

3. Le Conseil, statuant conformément à une procédure législative spéciale, peut établir des mesures portant sur la coopération opérationnelle entre les autorités visées au

présent article. Le Conseil statue à l'unanimité, après consultation du Parlement européen.

En l'absence d'unanimité, un groupe composé d'au moins neuf États membres peut demander que le Conseil européen soit saisi du projet de mesures. Dans ce cas, la procédure au Conseil est suspendue. Après discussion, et en cas de consensus, le Conseil européen, dans un délai de quatre mois à compter de cette suspension, renvoie le projet au Conseil pour adoption.

Dans le même délai, en cas de désaccord, et si au moins neuf États membres souhaitent instaurer une coopération renforcée sur la base du projet de mesures concerné, ils en informent le Parlement européen, le Conseil et la Commission. Dans un tel cas, l'autorisation de procéder à une coopération renforcée, qui est visée à l'article 20, paragraphe 2, du traité sur l'Union européenne et à l'article 329, paragraphe 1, du présent traité, est réputée accordée et les dispositions sur la coopération renforcée s'appliquent.

La procédure spécifique prévue aux deuxième et troisième alinéas ne s'applique pas aux actes qui constituent un développement de l'acquis de Schengen.

Art. 88. 1. La mission d'Europol est d'appuyer et de renforcer l'action des autorités policières et des autres services répressifs des États membres ainsi que leur collaboration mutuelle dans la prévention de la criminalité grave affectant deux ou plusieurs États membres, du terrorisme et des formes de criminalité qui portent atteinte à un intérêt commun qui fait l'objet d'une politique de l'Union, ainsi que la lutte contre ceux-ci.

2. Le Parlement européen et le Conseil, statuant par voie de règlements conformément à la procédure législative ordinaire, déterminent la structure, le fonctionnement, le domaine d'action et les tâches d'Europol. Ces tâches peuvent comprendre :

a) la collecte, le stockage, le traitement, l'analyse et l'échange des informations, transmises notamment par les autorités des États membres ou de pays ou instances tiers ;

b) la coordination, l'organisation et la réalisation d'enquêtes et d'actions opérationnelles, menées conjointement avec les autorités compétentes des États membres ou dans le cadre d'équipes conjointes d'enquête, le cas échéant en liaison avec Eurojust.

Ces règlements fixent également les modalités de contrôle des activités d'Europol par le Parlement européen, contrôle auquel sont associés les parlements nationaux.

3. Toute action opérationnelle d'Europol doit être menée en liaison et en accord avec les autorités du ou des États membres dont le territoire est concerné. L'application de mesures de contrainte relève exclusivement des autorités nationales compétentes.

Art. 89. Le Conseil, statuant conformément à une procédure législative spéciale, fixe les conditions et les limites dans lesquelles les autorités compétentes des États membres visées aux articles 82 et 87 peuvent intervenir sur le territoire d'un autre État membre en liaison et en accord avec les autorités de celui-ci. Le Conseil statue à l'unanimité, après consultation du Parlement européen.

154 Code de procédure pénale (articles 12 à 21-2)

TITRE Ier

DES AUTORITÉS CHARGÉES DE LA CONDUITE DE LA POLITIQUE PÉNALE, DE L'ACTION PUBLIQUE ET DE L'INSTRUCTION

CHAPITRE PREMIER

De la police judiciaire

Section première

Dispositions générales

Art. 12. La police judiciaire est exercée, sous la direction du procureur de la République, par les officiers, fonctionnaires et agents désignés au présent titre.

Art. 12-1. *(L. n° 2009-971 du 3 août 2009, art. 2)* Le procureur de la République et le juge d'instruction ont le libre choix des formations auxquelles appartiennent les officiers de police judiciaire.

Art. 13. *(L. n° 2009-971 du 3 août 2009, art. 3)* «La police judiciaire» est placée, dans chaque ressort de cour d'appel, sous la surveillance du procureur général et sous le contrôle de la chambre de l'instruction conformément aux articles 224 et suivants.

Art. 14. Elle est chargée, suivant les distinctions établies au présent titre, de constater les infractions à la loi pénale, d'en rassembler les preuves et d'en rechercher les auteurs tant qu'une information n'est pas ouverte.

Lorsqu'une information est ouverte, elle exécute les délégations des juridictions d'instruction et défère à leurs réquisitions.

Art. 15. La police judiciaire comprend :

1° Les officiers de police judiciaire;

2° *(L. n° 78-788 du 28 juill. 1978)* «Les agents de police judiciaire et les agents de police judiciaire adjoints»;

3° Les fonctionnaires et agents auxquels sont attribuées par la loi certaines fonctions de police judiciaire.

Art. 15-1. *(L. n° 94-89 du 1er févr. 1994)* Les catégories de services ou unités dans lesquels les officiers et agents de police judiciaire visés aux sections II et III du présent chapitre exercent leurs fonctions habituelles, les modalités de création de ces services ou unités ainsi que leurs critères de compétence territoriale sont déterminés par décret en Conseil d'État pris sur le rapport du ministre de la justice et du ministre intéressé. *(L. n° 2003-239 du 18 mars 2003, art. 8)* «La compétence territoriale de ces services ou unités s'exerce, selon les distinctions prévues par ce décret, soit sur l'ensemble du territoire national, soit sur une ou plusieurs zones de défense, ou parties de celles-ci, soit sur l'ensemble d'un département.»

Art. 15-2. *(L. nº 2000-516 du 15 juin 2000, art. 17)* Les enquêtes administratives relatives au comportement d'un officier ou d'un agent de police judiciaire dans l'exercice d'une mission de police judiciaire associent l'inspection générale *(L. nº 2019-222 du 23 mars 2019, art. 51)* «de la justice» au service d'enquête compétent. Elles peuvent être ordonnées par le ministre de la justice et sont alors dirigées par un magistrat.

Art. 15-3. *(L. nº 2019-222 du 23 mars 2019, art. 42-III)* «Les officiers et agents de police judiciaire sont tenus de recevoir les plaintes déposées par les victimes d'infractions à la loi pénale, y compris lorsque ces plaintes sont déposées dans un service ou une unité de police judiciaire territorialement incompétents. Dans ce cas, la plainte est, s'il y a lieu, transmise au service ou à l'unité territorialement compétents.»

(L. nº 2004-204 du 9 mars 2004, art. 77-I) «Tout dépôt de plainte fait l'objet d'un procès-verbal et donne lieu à la délivrance immédiate d'un récépissé à la victime *(L. nº 2017-242 du 27 févr. 2017)* «, qui mentionne les délais de prescription de l'action publique définis aux articles 7 à 9 ainsi que la possibilité d'interrompre le délai de prescription par le dépôt d'une plainte avec constitution de partie civile, en application de l'article 85». Si elle en fait la demande, une copie du procès-verbal lui est immédiatement remise.» *(L. nº 2019-222 du 23 mars 2019, art. 42-III)* «Les officiers ou agents de police judiciaire peuvent s'identifier dans ce procès-verbal par leur numéro d'immatriculation administrative.»

Art. 15-3-1. *(L. nº 2019-222 du 23 mars 2019, art. 42-IV)* Lorsque, dans les cas et selon les modalités prévues par décret, la plainte de la victime est adressée par voie électronique, le procès-verbal de réception de plainte est établi selon les modalités prévues à l'article 801-1 et le récépissé ainsi que, le cas échéant, la copie du procès-verbal peuvent être adressés, selon les modalités prévues par décret, à la victime dans les meilleurs délais.

Le lieu de traitement automatisé des informations nominatives relatives aux plaintes adressées conformément au présent article est considéré comme le lieu de l'infraction. Il en est de même s'agissant des traitements des informations relatives au signalement des infractions.

La plainte par voie électronique ne peut être imposée à la victime.

Si la nature ou la gravité des faits le justifie, le dépôt d'une plainte par la victime selon les modalités prévues par le présent article ne dispense pas les enquêteurs de procéder à son audition. La date de celle-ci peut alors être fixée au moment du dépôt de la plainte et la victime est avisée de ses droits énumérés à l'article 10-2.

Art. 15-4. *(L. nº 2017-258 du 28 févr. 2017, art. 3)* I. — Dans l'exercice de ses fonctions, tout agent de la police nationale ou de la gendarmerie nationale peut être autorisé à ne pas être identifié par ses nom et prénom dans les actes de procédure définis aux 1° et 2° du présent I qu'il établit *(L. nº 2019-222 du 23 mars 2019, art. 43)* «ou dans lesquels il intervient», lorsque la révélation de son identité est susceptible, compte tenu des conditions d'exercice de sa mission ou de la nature des faits qu'il est habituellement amené à constater, de mettre en danger sa vie ou son intégrité physique ou celles de ses proches.

L'autorisation est délivrée nominativement par un responsable hiérarchique d'un niveau suffisant, défini par décret, statuant par une décision motivée. Copie en est transmise au procureur de la République territorialement compétent.

Cette autorisation permet à l'agent qui en bénéficie d'être identifié par un numéro d'immatriculation administrative, sa qualité et son service ou unité d'affectation dans tous les actes des procédures suivantes :

1° Les procédures portant sur un crime ou un délit puni d'au moins trois ans d'emprisonnement;

2° Après autorisation délivrée pour l'ensemble d'une procédure dans les conditions prévues au deuxième alinéa du présent I, les procédures portant sur un délit puni de moins de trois ans d'emprisonnement lorsqu'en raison de circonstances particulières dans la commission des faits ou de la personnalité des personnes mises en cause, la révélation de l'identité de l'agent est susceptible de mettre en danger sa vie ou son intégrité physique ou celles de ses proches.

Le bénéficiaire de l'autorisation est également autorisé à déposer ou à comparaître comme témoin au cours de l'enquête ou devant les juridictions d'instruction ou de jugement et à se constituer partie civile en utilisant ces mêmes éléments d'identification, qui sont seuls mentionnés dans les procès-verbaux, citations, convocations, ordonnances, jugements ou arrêts. Il ne peut être fait état de ses nom et prénom au cours des audiences publiques.

Le présent I n'est pas applicable lorsque, en raison d'un acte commis dans l'exercice de ses fonctions, le bénéficiaire de l'autorisation est entendu en application des articles 61-1 ou 62-2 du présent code ou qu'il fait l'objet de poursuites pénales.

II. — Le I du présent article est applicable aux agents mentionnés aux articles 28-1 et 28-2.

III. — Les juridictions d'instruction ou de jugement saisies des faits ont accès aux nom et prénom de la personne identifiée par un numéro d'immatriculation administrative dans un acte de procédure.

Saisi par une partie à la procédure d'une requête écrite et motivée tendant à la communication des nom et prénom d'une personne bénéficiaire d'une autorisation délivrée en application du I, le juge d'instruction ou le président de la juridiction de jugement décide des suites à donner à cette requête, après avis du ministère public et en tenant compte, d'une part, de la menace que la révélation de l'identité de cette personne ferait peser sur sa vie ou son intégrité physique ou celles de ses proches et, d'autre part, de la nécessité de communiquer cette identité pour l'exercice des droits de la défense de l'auteur de la demande. Le procureur de la République se prononce dans les mêmes conditions lorsqu'il est fait application de l'article 77-2.

En cas de demande d'annulation d'un acte de procédure fondée sur la violation des formes prescrites par la loi à peine de nullité ou sur l'inobservation des formalités substantielles dont l'appréciation nécessite la révélation des nom et prénom du bénéficiaire d'une autorisation délivrée en application du I du présent article, le juge d'instruction, le président de la chambre de l'instruction ou le président de la juridiction de jugement statue sans verser ces éléments au débat contradictoire ni indiquer les nom et prénom du bénéficiaire de cette autorisation dans sa décision.

IV. — Hors les cas prévus au deuxième alinéa du III, la révélation des nom et prénom du bénéficiaire d'une autorisation délivrée en application du I ou de tout élément permettant son identification personnelle ou sa localisation est punie de cinq ans d'emprisonnement et de 75 000 € d'amende.

Lorsque cette révélation a entraîné des violences à l'encontre du bénéficiaire de l'autorisation ou de son conjoint, de ses enfants ou de ses ascendants directs, les peines sont portées à sept ans d'emprisonnement et à 100 000 € d'amende.

Lorsque cette révélation a entraîné la mort des personnes mentionnées au deuxième alinéa du présent IV, les peines sont portées à dix ans d'emprisonnement et à 150 000 € d'amende, sans préjudice, le cas échéant, de l'application du chapitre Ier du titre II du livre II du code pénal.

V. — Un décret en Conseil d'État précise les modalités d'application du présent article.

Section II

Des officiers de police judiciaire

Art. 16. *(L. n° 66-493 du 9 juill. 1966)* Ont la qualité d'officier de police judiciaire :

1° Les maires et leurs adjoints ;

2° Les officiers et les gradés de la gendarmerie, les gendarmes comptant au moins *(L. n° 96-647 du 22 juill. 1996)* « trois ans » de service dans la gendarmerie, nominativement désignés par arrêté *(L. n° 96-647 du 22 juill. 1996)* « des ministres de la justice et de » *(L. n° 2009-971 du 3 août 2009, art. 15-1°)* « l'intérieur », après avis conforme d'une commission ;

3° *(L. n° 78-788 du 28 juill. 1978)* « Les inspecteurs généraux, les sous-directeurs de police active, les contrôleurs généraux, les commissaires de police *(L. n° 2006-64 du 23 janv. 2006, art. 16)* « et les officiers de police » ;

(L. n° 98-1035 du 18 nov. 1998) « 4° Les fonctionnaires du corps *(L. n° 2006-64 du 23 janv. 2006, art. 16)* « d'encadrement » et d'application de la police nationale comptant au moins trois ans de services dans ce corps, nominativement désignés par arrêté des ministres de la justice et de l'intérieur, après avis conforme *(L. n° 2006-64 du 23 janv. 2006, art. 16)* « d'une commission ».

(Ord. n° 2015-952 du 31 juill. 2015, art. 1er, en vigueur le 1er sept. 2016) « La composition de la commission prévue aux 2° et 4° est déterminée par un décret en Conseil d'État pris sur le rapport du ministre de la justice et du ministre de l'intérieur.

« Ont également la qualité d'officier de police judiciaire les personnes exerçant des fonctions de directeur ou sous-directeur de la police judiciaire et de directeur ou sous-directeur de la gendarmerie. »

(L. n° 85-1196 du 18 nov. 1985) « Les fonctionnaires mentionnés aux *(L. n° 98-1035 du 18 nov. 1998)* « 2° à 4° » ci-dessus ne peuvent exercer effectivement les attributions attachées à leur qualité d'officier de police judiciaire ni se prévaloir de cette qualité que s'ils sont affectés à un emploi comportant cet exercice et en vertu d'une décision du procureur général près la cour d'appel les y habilitant personnellement. L'exercice de ces attributions est momentanément suspendu pendant le temps où ils participent, en unité constituée, à une opération de maintien de l'ordre. »

(L. n° 98-1035 du 18 nov. 1998) « Toutefois, les fonctionnaires visés au 4° ne peuvent recevoir l'habilitation prévue à l'alinéa précédent que s'ils sont affectés soit dans un service ou une catégorie de services déterminés en application de l'article 15-1 et figurant sur une liste fixée par arrêté des ministres de la justice et de l'intérieur, soit, à titre exclusif, dans une formation d'un service mentionnée par le même arrêté. »

(L. n° 2019-222 du 23 mars 2019, art. 47) « L'habilitation est délivrée par le procureur général près la cour d'appel dans le ressort de laquelle intervient la première affectation du fonctionnaire. Elle est valable pour toute la durée de ses fonctions, y compris en cas de changement d'affectation. »

(L. n° 75-701 du 6 août 1975) «Les conditions d'octroi, de retrait et de suspension pour une durée déterminée de l'habilitation prévue *(L. n° 2019-222 du 23 mars 2019, art. 47)* «aux neuvième et avant-dernier alinéas du présent article» sont fixées par décret en Conseil d'État pris sur le rapport du ministre de la justice et des ministres intéressés.»

Art. 16-1. *(L. n° 75-701 du 6 août 1975)* Dans le mois qui suit la notification de la décision *(L. n° 2009-526 du 12 mai 2009, art. 128-1°)* «de refus,» de suspension ou de retrait d'habilitation, l'officier de police judiciaire peut demander au procureur général de rapporter cette décision. Le procureur général doit statuer dans un délai d'un mois. A défaut, son silence vaut rejet de la demande.

Art. 16-2. *(L. n° 75-701 du 6 août 1975)* Dans le délai d'un mois à partir du rejet explicite ou implicite de la demande prévue à l'article précédent, l'officier de police judiciaire peut former un recours devant une commission composée de trois magistrats du siège de la Cour de cassation ayant le grade de président de chambre ou de conseiller. Ces magistrats sont désignés annuellement, en même temps que trois suppléants, par le bureau de la Cour de cassation.

Les fonctions du ministère public sont remplies par le parquet général près la Cour de cassation.

Art. 16-3. *(L. n° 75-701 du 6 août 1975)* La commission statue par une décision motivée. Les débats ont lieu et la décision est rendue en chambre du conseil. Le débat est oral; le requérant peut être entendu personnellement sur sa demande ou celle de son conseil; il peut être assisté de son conseil.

La procédure devant la commission est fixée par un décret en Conseil d'État.

Art. 17. Les officiers de police judiciaire exercent les pouvoirs définis à l'article 14; ils reçoivent les plaintes et dénonciations; ils procèdent à des enquêtes préliminaires dans les conditions prévues par les articles 75 à 78.

En cas de crimes et délits flagrants, ils exercent les pouvoirs qui leur sont conférés par les articles 53 à 67.

Ils ont le droit de requérir directement le concours de la force publique pour l'exécution de leur mission.

Art. 18. *(L. n° 94-89 du 1er févr. 1994)* «Les officiers de police judiciaire ont compétence dans les limites territoriales où ils exercent leurs fonctions habituelles.»

(L. n° 2003-239 du 18 mars 2003, art. 8) «Les officiers de police judiciaire, mis temporairement à disposition d'un service autre que celui dans lequel ils sont affectés, ont la même compétence territoriale que celle des officiers de police judiciaire du service d'accueil.»

(L. n° 2019-222 du 23 mars 2019, art. 47) «Les officiers de police judiciaire peuvent se transporter sur toute l'étendue du territoire national, à l'effet d'y poursuivre leurs investigations et de procéder à des auditions, perquisitions et saisies, après en avoir informé le procureur de la République saisi de l'enquête ou le juge d'instruction. Ils sont tenus d'être assistés d'un officier de police judiciaire territorialement compétent si ce magistrat le décide. Le procureur de la République du tribunal de grande instance dans le ressort duquel les investigations sont réalisées est également informé par l'officier de police judiciaire de ce transport.»

(L. n° 2004-204 du 9 mars 2004, art. 78) «Avec l'accord des autorités compétentes de l'État concerné, les officiers de police judiciaire peuvent, sur commission rogatoire

expresse du juge d'instruction ou sur réquisitions du procureur de la République, procéder à des auditions sur le territoire d'un État étranger.»

(L. n° 2003-239 du 18 mars 2003, art. 8) «Les officiers ou agents de police judiciaire exerçant habituellement leur mission dans les véhicules affectés au transport collectif de voyageurs ou dans les lieux destinés à l'accès à ces moyens de transport sont compétents pour opérer sur l'étendue de la zone de défense de leur service d'affectation, dans des conditions déterminées par décret en Conseil d'État.» *(L. n° 2016-339 du 22 mars 2016, art. 8)* «Lorsque les réquisitions prises par le procureur de la République en application de l'article 78-7 le prévoient expressément, ces officiers ou agents de police judiciaire sont compétents pour les mettre en œuvre sur l'ensemble du trajet d'un véhicule de transport ferroviaire de voyageurs.»

Art. 19. Les officiers de police judiciaire sont tenus d'informer sans délai le procureur de la République des crimes, délits et contraventions dont ils ont connaissance. Dès la clôture de leurs opérations, ils doivent lui faire parvenir directement l'original ainsi qu'une copie des procès-verbaux qu'ils ont dressés; tous actes et documents y relatifs lui sont en même temps adressés; les objets saisis sont mis à sa disposition.

Les procès-verbaux doivent énoncer la qualité d'officier de police judiciaire de leur rédacteur.

(L. n° 2016-731 du 3 juin 2016, art. 73) «Le procureur de la République peut autoriser que les procès-verbaux, actes et documents lui soient transmis sous forme électronique.»

Art. 19-1. *(L. n° 93-2 du 4 janv. 1993)* La notation par le procureur général de l'officier de police judiciaire habilité est prise en compte pour toute décision d'avancement.

Section III

Des agents de police judiciaire

Art. 20. *(L. n° 78-788 du 28 juill. 1978)* «Sont agents de police judiciaire :

«1°*(L. n° 2016-731 du 3 juin 2016, art. 74)* «Les élèves-gendarmes affectés en unité opérationnelle et» les gendarmes n'ayant pas la qualité d'officier de police judiciaire;»

(L. n° 2011-267 du 14 mars 2011, art. 114-1°) «2° Les fonctionnaires des services actifs de la police nationale, titulaires et stagiaires, n'ayant pas la qualité d'officier de police judiciaire;»

(L. n° 87-1130 du 31 déc. 1987) «Toutefois, les fonctionnaires» *(L. n° 2016-731 du 3 juin 2016, art. 74)* «et militaires mentionnés aux 1° et 2°» *(L. n° 85-1196 du 18 nov. 1985)* «ne peuvent exercer effectivement les attributions attachées à leur qualité d'agent de police judiciaire et se prévaloir de cette qualité que s'ils sont affectés à un emploi comportant cet exercice; l'exercice de ces attributions est momentanément suspendu pendant le temps où ils participent, en unité constituée, à une opération de maintien de l'ordre.»

(L. n° 78-788 du 28 juill. 1978) «Les agents de police judiciaire ont pour mission» :

(Ord. n° 60-529 du 4 juill. 1960) De seconder, dans l'exercice de leurs fonctions, les officiers de police judiciaire;

De constater les crimes, délits ou contraventions et d'en dresser procès-verbal;

De recevoir par procès-verbal les déclarations qui leur sont faites par toutes personnes susceptibles de leur fournir des indices, preuves et renseignements sur les auteurs et complices de ces infractions.

Les agents de police judiciaire n'ont pas qualité pour décider des mesures de garde à vue.

Art. 20-1. *(L. n° 2003-239 du 18 mars 2003, art. 9)* Les fonctionnaires de la police nationale et les militaires de la gendarmerie nationale à la retraite ayant eu durant leur activité la qualité d'officier ou d'agent de police judiciaire peuvent bénéficier de la qualité d'agent de police judiciaire lorsqu'ils sont appelés au titre de la réserve civile de la police nationale ou au titre de la réserve opérationnelle de la gendarmerie nationale. Un décret en Conseil d'État fixe les conditions d'application du présent article. Il précise les conditions d'expérience et les qualités requises pour bénéficier de la qualité d'agent de police judiciaire au titre du présent article.

Art. 21. *(L. n° 78-788 du 28 juill. 1978)* «Sont agents de police judiciaire adjoints» :

(L. n° 85-1196 du 18 nov. 1985) «1° Les fonctionnaires des services actifs de police nationale ne remplissant pas les conditions prévues par l'article 20»;

(L. n° 97-1019 du 28 oct. 1997) «1° *bis* Les volontaires servant en qualité de militaire dans la gendarmerie» *(L. n° 2011-267 du 14 mars 2011, art. 115-1°)* «et les militaires servant au titre de la réserve opérationnelle de la gendarmerie nationale ne remplissant pas les conditions prévues par l'article 20-1»;

(L. n° 2001-1062 du 15 nov. 2001) «1° *ter* Les adjoints de sécurité mentionnés à l'article 36 de la loi n° 95-73 du 21 janvier 1995 d'orientation et de programmation relative à la sécurité *(L. n° 2017-258 du 28 févr. 2017, art. 18)* «et les membres de la réserve civile de la police nationale qui ne remplissent pas les conditions prévues à l'article 20-1 du présent code»;

(L. n° 2017-257 du 28 févr. 2017, art. 28 et 30, en vigueur le 1er juill. 2017) «1° *quater* Les contrôleurs de la préfecture de police exerçant leurs fonctions dans la spécialité voie publique et les agents de surveillance de Paris;»

(L. n° 66-493 du 9 juill. 1966) «2° Les agents de police municipale;»

(L. n° 2007-297 du 5 mars 2007, art. 74) «3° Les gardes champêtres, lorsqu'ils agissent pour l'exercice des attributions fixées au dernier alinéa de l'article L. 2213-18 du code général des collectivités territoriales.»

(Ord. n° 60-529 du 4 juin 1960) Ils ont pour mission :

De seconder, dans l'exercice de leurs fonctions, les officiers de police judiciaire;

De rendre compte à leurs chefs hiérarchiques de tous crimes, délits ou contraventions dont ils ont connaissance;

De constater en se conformant aux ordres de leurs chefs, les infractions à la loi pénale et de recueillir tous les renseignements en vue de découvrir les auteurs de ces infractions, le tout dans le cadre et dans les formes prévues par les lois organiques ou spéciales qui leur sont propres;

(L. n° 2001-1062 du 15 nov. 2001) «De constater par procès-verbal les contraventions aux dispositions du code de la route dont la liste est fixée par décret en Conseil d'État *(L. n° 2018-703 du 3 août 2018, art. 15)* «ainsi que les contraventions prévues à l'article 621-1 du code pénal».»

(L. n° 2003-239 du 18 mars 2003, art. 90) «Lorsqu'ils constatent une infraction par procès-verbal, les agents de police judiciaire adjoints peuvent recueillir les éventuelles observations du contrevenant.»

Art. 21-1. *(L. n° 85-1196 du 18 nov. 1985)* Les agents de police judiciaire et agents de police judiciaire adjoints ont compétence dans les limites territoriales où ils exercent leurs fonctions habituelles ainsi que dans celles où l'officier de police judiciaire responsable du service de la police nationale ou de l'unité de gendarmerie auprès duquel ils ont été nominativement mis à disposition temporaire exerce ses fonctions. Lorsqu'ils secondent un officier de police judiciaire, ils ont compétence dans les limites territoriales où ce dernier exerce ses attributions en application des dispositions de l'article 18.

Art. 21-2. *(L. n° 99-291 du 15 avr. 1999)* Sans préjudice de l'obligation de rendre compte au maire qu'ils tiennent de l'article 21, les agents de police municipale rendent compte immédiatement à tout officier de police judiciaire de la police nationale ou de la gendarmerie nationale territorialement compétent de tous crimes, délits ou contraventions dont ils ont connaissance.

Ils adressent sans délai leurs rapports et procès-verbaux simultanément au maire et, par l'intermédiaire des officiers de police judiciaire mentionnés à l'alinéa précédent, au procureur de la République.

Section 3

Le contrôle d'identité

155 Code de procédure pénale (articles 78-1 à 78-7)

TITRE II

DES ENQUÊTES ET DES CONTRÔLES D'IDENTITÉ

CHAPITRE III

Des contrôles, des vérifications et des relevés d'identité

(L. n° 99-291 du 15 avr. 1999).

(L. n° 93-992 du 10 août 1993)

Art. 78-1. *(L. n° 83-466 du 10 juin 1983)* L'application des règles prévues par le présent chapitre est soumise au contrôle des autorités judiciaires mentionnées aux articles 12 et 13.

(L. n° 86-1004 du 3 sept. 1986) «Toute personne se trouvant sur le territoire national doit accepter de se prêter à un contrôle d'identité effectué dans les conditions et par les autorités de police visées aux articles suivants.»

Art. 78-2. *(L. n° 83-466 du 10 juin 1983)* Les officiers de police judiciaire et, sur l'ordre et sous la responsabilité de ceux-ci, les agents de police judiciaire et agents de police judiciaire adjoints mentionnés aux articles 20 et 21-1° peuvent inviter à justifier, par tout moyen, de son identité toute personne à l'égard de laquelle existe *(L. n° 2003-239 du 18 mars 2003, art. 10)* «une ou plusieurs raisons plausibles de soupçonner» :

— qu'elle a commis ou tenté de commettre une infraction;

— ou qu'elle se prépare à commettre un crime ou un délit;

— ou qu'elle est susceptible de fournir des renseignements utiles à l'enquête en cas de crime ou de délit;

(L. nº 2016-731 du 3 juin 2016, art. 77) «— ou qu'elle a violé les obligations ou interdictions auxquelles elle est soumise dans le cadre d'un contrôle judiciaire, d'une mesure d'assignation à résidence avec surveillance électronique, d'une peine ou d'une mesure suivie par le juge de l'application des peines;»

— ou qu'elle fait l'objet de recherches ordonnées par une autorité judiciaire.

(L. nº 93-992 du 10 août 1993) «Sur réquisitions écrites du procureur de la République aux fins de recherche et de poursuite d'infractions qu'il précise, l'identité de toute personne peut être également contrôlée, selon les mêmes modalités, dans les lieux et pour une période de temps déterminés par ce magistrat. Le fait que le contrôle d'identité révèle des infractions autres que celles visées dans les réquisitions du procureur de la République ne constitue pas une cause de nullité des procédures incidentes.

«L'identité de toute personne, quel que soit son comportement, peut également être contrôlée, selon les modalités prévues au premier alinéa, pour prévenir une atteinte à l'ordre public, notamment à la sécurité des personnes ou des biens.

«Dans une zone comprise entre la frontière terrestre de la France avec les États parties à la Convention signée à Schengen le 19 juin 1990 et une ligne tracée à 20 kilomètres en deçà, ainsi que dans les zones accessibles au public des ports, aéroports et gares ferroviaires ou routières ouverts au trafic international et désignés par arrêté *(L. nº 2017-1510 du 30 oct. 2017, art. 19)* «et aux abords de ces gares» *(L. nº 2011-267 du 14 mars 2011, art. 69-I-1º)* «, pour la prévention et la recherche des infractions liées à la criminalité transfrontalière,» l'identité de toute personne peut également être contrôlée, selon les modalités prévues au premier alinéa, en vue de vérifier le respect des obligations de détention, de port et de présentation des titres et documents prévues par la loi. *(L. nº 2006-64 du 23 janv. 2006, art. 3, en vigueur jusqu'au 31 déc. 2012)* «Lorsque ce contrôle a lieu à bord d'un train effectuant une liaison internationale, il peut être opéré sur la portion du trajet entre la frontière et le premier arrêt qui se situe au-delà des vingt kilomètres de la frontière. Toutefois, sur celles des lignes ferroviaires effectuant une liaison internationale et présentant des caractéristiques particulières de desserte, le contrôle peut également être opéré entre cet arrêt et un arrêt situé dans la limite des cinquante kilomètres suivants. Ces lignes et ces arrêts sont désignés par arrêté ministériel.» *(L. nº 2003-1119 du 26 nov. 2003, art. 81)* «Lorsqu'il existe une section autoroutière démarrant dans la zone *(L. nº 2006-64 du 23 janv. 2006, art. 3, en vigueur jusqu'au 31 déc. 2012)* «mentionnée à la première phrase du présent alinéa» et que le premier péage autoroutier se situe au-delà de la ligne des 20 kilomètres, le contrôle peut en outre avoir lieu jusqu'à ce premier péage sur les aires de stationnement ainsi que sur le lieu de ce péage et les aires de stationnement attenantes. Les péages concernés par cette disposition sont désignés par arrêté.» Le fait que le contrôle d'identité révèle une infraction autre que celle de non-respect des obligations susvisées ne constitue pas une cause de nullité des procédures incidentes.» *(L. nº 2011-267 du 14 mars 2011, art. 69-I-2º)* «Pour l'application du présent alinéa, le contrôle des obligations de détention, de port et de présentation des titres et documents prévus par la loi ne peut être pratiqué que pour une durée n'excédant pas *(L. nº 2017-1510 du 30 oct. 2017, art. 19)* «douze» heures consécutives dans un même lieu et ne peut consister en un contrôle systématique des personnes présentes ou circulant dans les zones ou lieux mentionnés au même alinéa.»

(L. nº 2017-1510 du 30 oct. 2017, art. 19) «Dans un rayon maximal de dix kilomètres autour des ports et aéroports constituant des points de passage frontaliers au sens de

l'article 2 du règlement (UE) 2016/399 du Parlement européen et du Conseil du 9 mars 2016 concernant un code de l'Union relatif au régime de franchissement des frontières par les personnes (code frontières Schengen), désignés par arrêté en raison de l'importance de leur fréquentation et de leur vulnérabilité, l'identité de toute personne peut être contrôlée, pour la recherche et la prévention des infractions liées à la criminalité transfrontalière, selon les modalités prévues au premier alinéa du présent article, en vue de vérifier le respect des obligations de détention, de port et de présentation des titres et documents prévus par la loi. L'arrêté mentionné à la première phrase du présent alinéa fixe le rayon autour du point de passage frontalier dans la limite duquel les contrôles peuvent être effectués. Lorsqu'il existe une section autoroutière commençant dans la zone mentionnée à la même première phrase et que le premier péage autoroutier se situe au-delà des limites de cette zone, le contrôle peut en outre avoir lieu jusqu'à ce premier péage sur les aires de stationnement ainsi que sur le lieu de ce péage et les aires de stationnement attenantes. Les péages concernés par cette disposition sont désignés par arrêté. Le fait que le contrôle d'identité révèle une infraction autre que celle de non-respect des obligations susmentionnées ne constitue pas une cause de nullité des procédures incidentes. Pour l'application du présent alinéa, le contrôle des obligations de détention, de port et de présentation des titres et documents prévus par la loi ne peut être pratiqué que pour une durée n'excédant pas douze heures consécutives dans un même lieu et ne peut consister en un contrôle systématique des personnes présentes ou circulant dans les zones mentionnées au présent alinéa.»

(L. n° 97-396 du 24 avr. 1997) «Dans une zone comprise entre les frontières terrestres ou le littoral du département de la Guyane et une ligne tracée à vingt kilomètres en deçà *(L. n° 2003-239 du 18 mars 2003, art. 143)* «et sur une ligne tracée à cinq kilomètres de part et d'autre, ainsi que sur la route nationale 2 sur le territoire de la commune de Régina», l'identité de toute personne peut être contrôlée, selon les modalités prévues au premier alinéa, en vue de vérifier le respect des obligations de détention, de port et de présentation des titres et documents prévus par la loi.»

(L. n° 2006-911 du 24 juill. 2006, art. 113) «L'identité de toute personne peut également être contrôlée, selon les modalités prévues au premier alinéa du présent article, en vue de vérifier le respect des obligations de détention, de port et de présentation des titres et documents prévus par la loi :

«1° En Guadeloupe, dans une zone comprise entre le littoral et une ligne tracée à un kilomètre en deçà, ainsi que *(L. n° 2017-256 du 28 févr. 2017, art. 109)* «sur le territoire des communes que traversent les routes nationales 1, 2, 4, 5, 6, 9, 10 et 11»;

«2° A Mayotte *(L. n° 2018-778 du 10 sept. 2018, art. 68 et 71, en vigueur au plus tard le 1er janv. 2019)* «sur l'ensemble du territoire;»

(Ord. n° 2009-536 du 14 mai 2009, art. 22) «3° A Saint-Martin, dans une zone comprise entre le littoral et une ligne tracée à un kilomètre en deçà;

«4° A Saint-Barthélemy, dans une zone comprise entre le littoral et une ligne tracée à un kilomètre en deçà;»

(L. n° 2016-274 du 7 mars 2016, art. 47) «5° En Martinique, dans une zone comprise entre le littoral et une ligne tracée à un kilomètre en deçà, ainsi que dans une zone d'un kilomètre de part et d'autre de la route nationale 1 qui traverse les communes de Sainte-Marie, La Trinité, Le Robert et Le Lamentin, de la route nationale 2 qui traverse les communes de Saint-Pierre, Le Carbet, Le Morne-Rouge, l'Ajoupa-Bouillon et Basse-Pointe, de la route nationale 3 qui traverse les communes de Le Morne-Rouge, l'Ajoupa-Bouillon, Basse-Pointe, Fonds-Saint-Denis et Fort-de-France, de la route nationale 5 qui

traverse les communes de Le Lamentin, Ducos, Rivière-Salée, Sainte-Luce, Rivière-Pilote et Le Marin, de la route nationale 6 qui traverse les communes de Ducos, Le Lamentin, Le Robert, Le François et Le Vauclin, Rivière-Salée, Sainte-Luce, Rivière-Pilote et Le Marin et de la route départementale 1 qui traverse les communes de Le Robert, Le François et Le Vauclin.»

Art. 78-2-1. *(L. nº 97-396 du 24 avr. 1997)* Sur réquisitions du procureur de la République, les officiers de police judiciaire et, sur l'ordre ou la responsabilité de ceux-ci, les agents de police judiciaire et agents de police judiciaire adjoints mentionnés aux articles 20 et 21 (1º) sont habilités à entrer dans les lieux à usage professionnel, ainsi que dans leurs annexes et dépendances, sauf s'ils constituent un domicile, où sont en cours des activités de construction, de production, de transformation, de réparation, de prestation de services ou de commercialisation, en vue :

— de s'assurer que ces activités ont donné lieu à l'immatriculation au répertoire des métiers ou au registre du commerce et des sociétés lorsqu'elle est obligatoire, ainsi qu'aux déclarations exigées par les organismes de protection sociale et l'administration fiscale;

— de se faire présenter le registre unique du personnel et les documents attestant que les déclarations préalables à l'embauche ont été effectuées;

— de contrôler l'identité des personnes occupées, dans le seul but de vérifier qu'elles figurent sur le registre ou qu'elles ont fait l'objet des déclarations mentionnées à l'alinéa précédent.

Les réquisitions du procureur de la République sont écrites et précisent les infractions, parmi celles visées aux articles L. 324-9 *[L. 8221-1 et L. 8221-2 nouv.]* et L. 341-6 *[L. 5221-8, L. 5221-11 et L. 8251-1 nouv.]* du code du travail, qu'il entend faire rechercher et poursuivre, ainsi que les lieux dans lesquels l'opération de contrôle se déroulera. Ces réquisitions sont prises pour une durée maximum d'un mois et sont présentées à la personne disposant des lieux ou à celle qui la représente.

Les mesures prises en application des dispositions prévues au présent article font l'objet d'un procès-verbal remis à l'intéressé.

Art. 78-2-2. *(L. nº 2016-731 du 3 juin 2016, art. 47)* I. — Sur réquisitions écrites du procureur de la République, dans les lieux et pour la période de temps que ce magistrat détermine et qui ne peut excéder vingt-quatre heures, renouvelables sur décision expresse et motivée selon la même procédure, les officiers de police judiciaire et, sur l'ordre et sous la responsabilité de ceux-ci, les agents de police judiciaire et les agents de police judiciaire adjoints mentionnés aux 1º, 1º *bis* et 1º *ter* de l'article 21 du présent code, peuvent procéder aux contrôles d'identité prévus au septième alinéa de l'article 78-2, aux fins de recherche et de poursuite des infractions suivantes :

1º Actes de terrorisme mentionnés aux articles 421-1 à 421-6 du code pénal;

2º Infractions en matière de prolifération des armes de destruction massive et de leurs vecteurs mentionnées aux 1º et 2º du I de l'article L. 1333-9, à l'article L. 1333-11, au II des articles L. 1333-13-3 et L. 1333-13-4 et aux articles L. 1333-13-5, L. 2339-14, L. 2339-15, L. 2341-1, L. 2341-2, L. 2341-4, L. 2342-59 et L. 2342-60 du code de la défense;

3º Infractions en matière d'armes mentionnées à l'article 222-54 du code pénal et à l'article L. 317-8 du code de la sécurité intérieure;

4º Infractions en matière d'explosifs mentionnés à l'article 322-11-1 du code pénal et à l'article L. 2353-4 du code de la défense;

5° Infractions de vol mentionnées aux articles 311-3 à 311-11 du code pénal;

6° Infractions de recel mentionnées aux articles 321-1 et 321-2 du même code;

7° Faits de trafic de stupéfiants mentionnés aux articles 222-34 à 222-38 dudit code.

II. — Dans les mêmes conditions et pour les mêmes infractions que celles prévues au I, les officiers de police judiciaire, assistés, le cas échéant, des agents de police judiciaire et des agents de police judiciaire adjoints mentionnés aux 1°, 1° *bis* et 1° *ter* de l'article 21 du présent code peuvent procéder à la visite des véhicules circulant, arrêtés ou stationnant sur la voie publique ou dans des lieux accessibles au public.

Les véhicules en circulation ne peuvent être immobilisés que le temps strictement nécessaire au déroulement de la visite qui doit avoir lieu en présence du conducteur. Lorsqu'elle porte sur un véhicule à l'arrêt ou en stationnement, la visite se déroule en présence du conducteur ou du propriétaire du véhicule ou, à défaut, d'une personne requise à cet effet par l'officier ou l'agent de police judiciaire et qui ne relève pas de son autorité administrative. La présence d'une personne extérieure n'est toutefois pas requise si la visite comporte des risques graves pour la sécurité des personnes et des biens.

En cas de découverte d'une infraction ou si le conducteur ou le propriétaire du véhicule le demande ainsi que dans le cas où la visite se déroule en leur absence, il est établi un procès-verbal mentionnant le lieu et les dates et heures de début et de fin de ces opérations. Un exemplaire en est remis à l'intéressé et un autre exemplaire est transmis sans délai au procureur de la République.

Toutefois, la visite des véhicules spécialement aménagés à usage d'habitation et effectivement utilisés comme résidence ne peut être faite que conformément aux dispositions relatives aux perquisitions et visites domiciliaires.

III. — Dans les mêmes conditions et pour les mêmes infractions que celles prévues au I, les officiers de police judiciaire, assistés, le cas échéant, des agents de police judiciaire et des agents de police judiciaire adjoints mentionnés aux 1°, 1° *bis* et 1° *ter* de l'article 21 du présent code peuvent procéder à l'inspection visuelle des bagages ou à leur fouille.

Les propriétaires des bagages ne peuvent être retenus que le temps strictement nécessaire au déroulement de l'inspection visuelle ou de la fouille des bagages, qui doit avoir lieu en présence du propriétaire.

En cas de découverte d'une infraction ou si le propriétaire du bagage le demande, il est établi un procès-verbal mentionnant le lieu et les dates et heures de début et de fin de ces opérations. Un exemplaire en est remis à l'intéressé et un autre exemplaire est transmis sans délai au procureur de la République.

(L. n° 2019-222 du 23 mars 2019, art. 49-IV) «III *bis*. — Dans les mêmes conditions et pour les mêmes infractions que celles prévues au I, les officiers de police judiciaire, assistés, le cas échéant, des agents de police judiciaire et des agents de police judiciaire adjoints mentionnés aux 1°, 1° *bis* et 1° *ter* de l'article 21, peuvent accéder à bord et procéder à une visite des navires présents en mer territoriale, se dirigeant ou ayant déclaré leur intention de se diriger vers un port ou vers les eaux intérieures, ou présents en amont de la limite transversale de la mer, ainsi que des bateaux, engins flottants, établissements flottants et matériels flottants se trouvant dans la mer territoriale ou en amont de la limite transversale de la mer, ainsi que sur les lacs et plans d'eau.

«La visite se déroule en présence du capitaine ou de son représentant. Est considérée comme le capitaine la personne qui exerce, de droit ou de fait, le commandement, la conduite ou la garde du navire, du bateau, de l'engin flottant, de l'établissement flottant ou du matériel flottant lors de la visite.

«La visite comprend l'inspection des extérieurs ainsi que des cales, des soutes et des locaux.

«La visite des locaux spécialement aménagés à un usage d'habitation et effectivement utilisés comme résidence ne peut être faite que conformément aux dispositions relatives aux perquisitions et visites domiciliaires.

«Le navire, le bateau, l'engin flottant, l'établissement flottant ou le matériel flottant ne peut être immobilisé que le temps strictement nécessaire au déroulement de la visite, dans la limite de douze heures.

«L'officier de police judiciaire responsable de la visite rend compte du déroulement des opérations au procureur de la République et l'informe sans délai de toute infraction constatée.»

IV. — Le fait que ces opérations révèlent des infractions autres que celles visées dans les réquisitions du procureur de la République ne constitue pas une cause de nullité des procédures incidentes.

Art. 78-2-3. *(L. n° 2003-239 du 18 mars 2003, art. 12)* Les officiers de police judiciaire, assistés, le cas échéant, des agents de police judiciaire et des agents de police judiciaire adjoints mentionnés aux 1°, 1° *bis* et 1° *ter* de l'article 21, peuvent procéder à la visite des véhicules circulant ou arrêtés sur la voie publique ou dans des lieux accessibles au public lorsqu'il existe à l'égard du conducteur ou d'un passager une ou plusieurs raisons plausibles de soupçonner qu'il a commis, comme auteur ou comme complice, un crime ou un délit flagrant; ces dispositions s'appliquent également à la tentative.

(L. n° 2016-339 du 22 mars 2016, art. 9) «Le II de l'article 78-2-2 est applicable au présent article.»

Art. 78-2-4. *(L. n° 2016-339 du 22 mars 2016, art. 9)* I. — Pour prévenir une atteinte grave à la sécurité des personnes et des biens, les officiers de police judiciaire et, sur l'ordre et sous la responsabilité de ceux-ci, les agents de police judiciaire et les agents de police judiciaire adjoints mentionnés aux 1°, 1° *bis* et 1° *ter* de l'article 21 peuvent procéder non seulement aux contrôles d'identité prévus au *(L. n° 2016-731 du 3 juin 2016, art. 77)* «huitième» alinéa de l'article 78-2 mais aussi, avec l'accord du conducteur ou du propriétaire du bagage ou, à défaut, sur instructions du procureur de la République communiquées par tous moyens, à :

1° La visite des véhicules circulant, arrêtés ou stationnant sur la voie publique ou dans des lieux accessibles au public;

2° L'inspection visuelle des bagages ou leur fouille.

II. — Pour l'application du 1° du I du présent article, le II de l'article 78-2-2 est applicable.

Dans l'attente des instructions du procureur de la République, le véhicule peut être immobilisé pour une durée qui ne peut excéder trente minutes.

III. — Pour l'application du 2° du I du présent article, le III de l'article 78-2-2 est applicable.

Dans l'attente des instructions du procureur de la République, le propriétaire du bagage peut être retenu pour une durée qui ne peut excéder trente minutes.

Art. 78-2-5. *(L. n° 2019-290 du 10 avr. 2019, art. 2)* Aux fins de recherche et de poursuite de l'infraction prévue à l'article 431-10 du code pénal, les officiers de police judiciaire mentionnés aux 2° à 4° de l'article 16 du présent code et, sous la responsabilité de ces derniers, les agents mentionnés à l'article 20 et aux 1°, 1° *bis* et 1° *ter* de l'article 21 peuvent, sur réquisitions écrites du procureur de la République, procéder sur les lieux d'une manifestation sur la voie publique et à ses abords immédiats à :

1° L'inspection visuelle des bagages des personnes et leur fouille, dans les conditions prévues au III de l'article 78-2-2 ;

2° La visite des véhicules circulant, arrêtés ou stationnant sur la voie publique ou dans des lieux accessibles au public, dans les conditions prévues au II du même article 78-2-2.

Le fait que les opérations prévues aux 1° et 2° du présent article révèlent d'autres infractions ne constitue pas une cause de nullité des procédures incidentes.

Art. 78-3. *(L. n° 83-466 du 10 juin 1983)* Si l'intéressé refuse ou se trouve dans l'impossibilité de justifier de son identité, il peut, en cas de nécessité, être retenu sur place ou dans le local de police où il est conduit aux fins de vérification de son identité. Dans tous les cas, il est présenté immédiatement à un officier de police judiciaire qui le met en mesure de fournir par tout moyen les éléments permettant d'établir son identité et qui procède, s'il y a lieu, aux opérations de vérification nécessaires. Il est aussitôt informé par celui-ci de son droit de faire aviser le procureur de la République de la vérification dont il fait l'objet et de prévenir à tout moment sa famille ou toute personne de son choix. Si des circonstances particulières l'exigent, l'officier de police judiciaire prévient lui-même la famille ou la personne choisie.

(L. n° 86-1004 du 3 sept. 1986) «Lorsqu'il s'agit d'un mineur de dix-huit ans, le procureur de la République doit être informé dès le début de la rétention. Sauf impossibilité, le mineur doit être assisté de son représentant légal.»

La personne qui fait l'objet d'une vérification ne peut être retenue que pendant le temps strictement exigé par l'établissement de son identité. La rétention ne peut excéder quatre heures *(L. n° 2006-911 du 24 juill. 2006, art. 114)* «, ou huit heures à Mayotte,» à compter du contrôle effectué en application de l'article 78-2 et le procureur de la République peut y mettre fin à tout moment.

(L. n° 86-1004 du 3 sept. 1986) «Si la personne interpellée maintient son refus de justifier de son identité ou fournit des éléments d'identité manifestement inexacts, les opérations de vérification peuvent donner lieu, après autorisation du procureur de la République ou du juge d'instruction, à la prise d'empreintes digitales ou de photographies lorsque celle-ci constitue l'unique moyen d'établir l'identité de l'intéressé.

«La prise d'empreintes ou de photographies doit être mentionnée et spécialement motivée dans le procès-verbal prévu ci-après.»

L'officier de police judiciaire mentionne, dans un procès-verbal, les motifs qui justifient le contrôle ainsi que la vérification d'identité, et les conditions dans lesquelles la personne a été présentée devant lui, informée de ses droits et mise en mesure de les exercer. Il précise le jour et l'heure à partir desquels le contrôle a été effectué, le jour et l'heure de la fin de la rétention et la durée de celle-ci.

Ce procès-verbal est présenté à la signature de l'intéressé. Si ce dernier refuse de le signer, mention est faite du refus et des motifs de celui-ci.

Le procès-verbal est transmis au procureur de la République, copie en ayant été remise à l'intéressé dans le cas prévu par l'alinéa suivant.

Si elle n'est suivie à l'égard de la personne qui a été retenue d'aucune procédure d'enquête ou d'exécution adressée à l'autorité judiciaire, la vérification d'identité ne peut donner lieu à une mise en mémoire sur fichiers et le procès-verbal ainsi que toutes les pièces se rapportant à la vérification sont détruits dans un délai de six mois sous le contrôle du procureur de la République.

Dans le cas où il y a lieu à procédure d'enquête ou d'exécution adressée à l'autorité judiciaire et assortie du maintien en garde à vue, la personne retenue doit être aussitôt informée de son droit de faire aviser le procureur de la République de la mesure dont elle fait l'objet.

(L. nº 93-1013 du 24 août 1993) «Les prescriptions énumérées au présent article sont imposées à peine de nullité.»

Art. 78-3-1. *(L. nº 2016-731 du 3 juin 2016, art. 48)* I. — Toute personne faisant l'objet d'un contrôle ou d'une vérification d'identité prévus au présent chapitre peut, lorsque ce contrôle ou cette vérification révèle qu'il existe des raisons sérieuses de penser que son comportement peut être lié à des activités à caractère terroriste, faire l'objet d'une retenue sur place ou dans le local de police où elle est conduite pour une vérification de sa situation par un officier de police judiciaire permettant de consulter les traitements automatisés de données à caractère personnel relevant de l'article 26 de la loi nº 78-17 du 6 janvier 1978 relative à l'informatique, aux fichiers et aux libertés, selon les règles propres à chacun de ces traitements et, le cas échéant, d'interroger les services à l'origine du signalement de l'intéressé ainsi que des organismes de coopération internationale en matière de police judiciaire ou des services de police étrangers.

La retenue ne peut donner lieu à audition.

Le procureur de la République territorialement compétent est informé dès le début de la retenue.

II. — La personne retenue est immédiatement informée par l'officier de police judiciaire ou, sous le contrôle de celui-ci, par un agent de police judiciaire, dans une langue qu'elle comprend :

1º Du fondement légal de son placement en retenue;

2º De la durée maximale de la mesure;

3º Du fait que la retenue dont elle fait l'objet ne peut donner lieu à audition et qu'elle a le droit de garder le silence;

4º Du fait qu'elle bénéficie du droit de faire prévenir par l'officier de police judiciaire toute personne de son choix ainsi que son employeur.

Si l'officier de police judiciaire estime, en raison des nécessités liées à la retenue, ne pas devoir faire droit à cette demande, il en réfère sans délai au procureur de la République qui décide, s'il y a lieu, d'y faire droit.

Sauf en cas de circonstance insurmontable, qui doit être mentionnée au procès-verbal, les diligences incombant à l'officier de police judiciaire en application du premier alinéa du présent 4º doivent intervenir, au plus tard, dans un délai de deux heures à compter du moment où la personne a formulé sa demande.

III. — Lorsqu'il s'agit d'un mineur de dix-huit ans, la retenue fait l'objet d'un accord exprès du procureur de la République. Le mineur doit être assisté de son représentant légal, sauf impossibilité dûment justifiée.

IV. — La personne faisant l'objet d'une vérification de situation ne peut être retenue que pendant le temps strictement nécessaire à l'accomplissement des vérifications mentionnées au premier alinéa du I, pour une durée qui ne peut excéder quatre heures à compter du début du contrôle effectué.

Le procureur de la République peut mettre fin à tout moment à la retenue.

L'officier de police judiciaire mentionne dans un procès-verbal les motifs qui justifient la vérification de situation administrative et les conditions dans lesquelles la personne a été présentée devant lui, informée de ses droits et mise en mesure de les exercer. Il précise le jour et l'heure à partir desquels la vérification a été effectuée, le jour et l'heure de la fin de la retenue et la durée de celle-ci.

Ce procès-verbal est présenté à la signature de la personne. Si cette dernière refuse de le signer, mention est faite du refus et des motifs de celui-ci. Le procès-verbal est transmis sans délai au procureur de la République, copie en ayant été remise à la personne.

V. — Les prescriptions énumérées au présent article sont imposées à peine de nullité.

Art. 78-4. *(L. n° 83-466 du 10 juin 1983)* La durée de la rétention prévue *(L. n° 2016-731 du 3 juin 2016, art. 48)* «aux articles 78-3 et 78-3-1» s'impute, s'il y a lieu, sur celle de la garde à vue.

Art. 78-5. *(L. n° 86-1004 du 3 sept. 1986)* Seront punis d'un emprisonnement de trois mois et d'une amende de 3750 € ceux qui auront refusé de se prêter aux prises d'empreintes digitales ou de photographies autorisées par le procureur de la République ou le juge d'instruction, conformément aux dispositions de l'article 78-3.

Art. 78-6. *(L. n° 99-291 du 15 avr. 1999; L. n° 2001-1062 du 15 nov. 2001)* «Les agents de police judiciaire adjoints mentionnés aux 1° *bis*, 1° *ter*, 1° *quater* et 2° de l'article 21» sont habilités à relever l'identité des contrevenants pour dresser les procès-verbaux concernant des contraventions aux arrêtés de police du maire, des contraventions au code de la route que la loi et les règlements les autorisent à verbaliser ou des contraventions qu'ils peuvent constater en vertu d'une disposition législative expresse.

Si le contrevenant refuse ou se trouve dans l'impossibilité de justifier de son identité, *(L. n° 2001-1062 du 15 nov. 2001)* «l'agent de police judiciaire adjoint mentionné au premier alinéa» en rend compte immédiatement à tout officier de police judiciaire de la police nationale ou de la gendarmerie nationale territorialement compétent, qui peut alors lui ordonner sans délai de lui présenter sur-le-champ le contrevenant *(L. n° 2017-258 du 28 févr. 2017, art. 17)* «ou de retenir celui-ci pendant le temps nécessaire à son arrivée ou à celle d'un agent de police judiciaire agissant sous son contrôle». A défaut de cet ordre, *(L. n° 2001-1062 du 15 nov. 2001)* «l'agent de police judiciaire adjoint mentionné au premier alinéa» ne peut retenir le contrevenant. *(L. n° 2017-258 du 28 févr. 2017, art. 17)* «Pendant le temps nécessaire à l'information et à la décision de l'officier de police judiciaire, le contrevenant est tenu de demeurer à la disposition d'un agent mentionné au même premier alinéa. La violation de cette obligation est punie de deux mois d'emprisonnement et de 7500 € d'amende.» Lorsque l'officier de police judiciaire décide de procéder à une vérification d'identité, dans les conditions prévues à l'article 78-3, le délai prévu au troisième alinéa de cet article court à compter du relevé d'identité.

Art. 78-7. *(L. n° 2016-339 du 22 mars 2016, art. 8)* Sans préjudice des prérogatives des procureurs territorialement compétents, le procureur de la République du lieu où se situe la gare de départ d'un véhicule de transport ferroviaire de voyageurs peut, en vue des contrôles et des vérifications mis en œuvre dans ce véhicule sur son trajet, prendre les réquisitions et les instructions prévues au sixième alinéa de l'article 78-2 et à l'article 78-2-2.

Lorsque la gare de départ se situe hors du territoire national, sans préjudice des prérogatives des procureurs territorialement compétents, les réquisitions et les instructions mentionnées au premier alinéa du présent article peuvent être prises par le procureur de la République du lieu où se situe la gare d'arrivée.

Les procureurs des lieux où le train marque un arrêt en sont informés.

Lorsque les gares de départ et d'arrivée se situent hors du territoire national, sans préjudice des prérogatives des procureurs territorialement compétents, les réquisitions et les instructions mentionnées au même premier alinéa peuvent être prises par le procureur de la République du lieu du premier arrêt du train en France. Les procureurs des autres lieux où le train marque un arrêt en sont informés.

156 Code des douanes (articles 67 et 67-1)

TITRE II

ORGANISATION ET FONCTIONNEMENT DU SERVICE DES DOUANES

CHAPITRE IV

Pouvoirs des agents des douanes

Section V [Section VI]

Présentation des titres et documents d'identité

(L. n° 2011-525 du 17 mai 2011, art. 161-I-1°).

Art. 67. Les agents des douanes peuvent contrôler l'identité des personnes qui entrent dans le territoire douanier ou qui en sortent, ou qui circulent dans le rayon des douanes.

Art. 67-1. *(L. n° 2012-1560 du 31 déc. 2012, art. 7)* Les agents des douanes sont habilités à relever l'identité des personnes afin de rédiger les procès-verbaux prévus par le présent code.

Si la personne refuse ou se trouve dans l'impossibilité de justifier de son identité, les agents des douanes investis des fonctions de chef de poste ou les fonctionnaires désignés par eux titulaires du grade de contrôleur ou d'un grade supérieur peuvent en rendre compte à tout officier de police judiciaire de la police nationale ou de la gendarmerie nationale territorialement compétent, qui peut alors leur ordonner sans délai de lui présenter sur-le-champ le contrevenant aux fins de vérification d'identité dans les conditions prévues à l'article 78-3 du code de procédure pénale. Le délai prévu au troisième alinéa de cet article court à compter du relevé d'identité mentionné au premier alinéa du présent article.

Les résultats de cette vérification d'identité sont communiqués sans délai aux agents des douanes.

157 Code de l'entrée et du séjour des étrangers et du droit d'asile (article L. 611-1)

TITRE Ier

CONTRÔLES

Art. L. 611-1. *(L. nº 2012-1560 du 31 déc. 2012, art. 1er)* «I. —» En dehors de tout contrôle d'identité, les personnes de nationalité étrangère doivent être en mesure de présenter les pièces ou documents sous le couvert desquels elles sont autorisées à circuler ou à séjourner en France à toute réquisition des officiers de police judiciaire et, sur l'ordre et sous la responsabilité de ceux-ci, des agents de police judiciaire et agents de police judiciaire adjoints mentionnés aux articles 20 et 21 (1º) du code de procédure pénale.

A la suite d'un contrôle d'identité effectué en application des articles 78-1, 78-2 *(L. nº 2012-1560 du 31 déc. 2012, art. 1er)* «, 78-2-1 et 78-2-2» du code de procédure pénale, les personnes de nationalité étrangère peuvent être également tenues de présenter les pièces et documents visés à l'alinéa précédent.

(L. nº 2012-1560 du 31 déc. 2012, art. 1er) «Les contrôles des obligations de détention, de port et de présentation des pièces et documents prévus aux deux premiers alinéas du présent I ne peuvent être effectués que si des éléments objectifs déduits de circonstances extérieures à la personne même de l'intéressé sont de nature à faire apparaître sa qualité d'étranger.

«II. — Les contrôles des obligations de détention, de port et de présentation des pièces et documents mentionnés au premier alinéa du I ne peuvent être pratiqués que pour une durée n'excédant pas six heures consécutives dans un même lieu et ne peuvent consister en un contrôle systématique des personnes présentes ou circulant dans ce lieu.»

Section 4

Le traitement des données relatives à l'identité

158 Décret nº 2016-1460 du 28 octobre 2016 autorisant la création d'un traitement de données à caractère personnel relatif aux passeports et aux cartes nationales d'identité (articles 1 à 19)

CHAPITRE PREMIER

Dispositions autorisant la création d'un traitement de données à caractère personnel relatif aux passeports et aux cartes nationales d'identité dénommé «titres électroniques sécurisés» (TES)

Art. 1er. Pour procéder à l'établissement, à la délivrance, au renouvellement et à l'invalidation des cartes nationales d'identité mentionnées à l'article 7 du décret du

22 octobre 1955 susvisé et des passeports mentionnés aux articles 1er et 17-1 du décret du 30 décembre 2005 susvisé, ainsi que prévenir et détecter leur falsification et contrefaçon, le ministre de l'intérieur met en œuvre un traitement de données à caractère personnel dénommé «titres électroniques sécurisés» (TES).

Art. 2. I. — Les données à caractère personnel et informations enregistrées dans le traitement mentionné à l'article 1er sont :

1° Les données relatives au demandeur ou au titulaire du titre :

a) Le nom de famille, le nom d'usage, les prénoms;

b) La date et le lieu de naissance;

c) Le sexe;

d) La couleur des yeux;

e) La taille;

f) Le domicile ou la résidence ou, le cas échéant, la commune de rattachement de l'intéressé ou l'adresse de l'organisme d'accueil auprès duquel la personne est domiciliée;

g) Les données relatives à sa filiation : les noms, prénoms, dates et lieux de naissance de ses parents, leur nationalité;

h) Le cas échéant, le document attestant de la qualité du représentant légal lorsque le titulaire du titre est un mineur ou un majeur placé sous tutelle;

i) L'image numérisée du visage et celle des empreintes digitales qui peuvent être légalement recueillies;

j) L'image numérisée de la signature du demandeur de la carte nationale d'identité;

k) L'adresse de messagerie électronique et les coordonnées téléphoniques du demandeur, lorsque celui-ci a choisi d'effectuer une pré-demande de titre en ligne ou a demandé à bénéficier de l'envoi postal sécurisé, ou sur déclaration de l'usager lorsqu'il souhaite être informé par ce moyen de la disponibilité de son titre;

l) Le cas échéant, le code de connexion délivré par l'administration au demandeur pour lui permettre de déclarer la réception de son passeport lorsque ce titre lui a été adressé par courrier sécurisé;

2° Les informations relatives au titre :

a) Numéro du titre;

b) Type de titre;

c) Tarif du droit de timbre;

d) Date et lieu de délivrance;

e) Autorité de délivrance;

f) Date d'expiration;

g) Mention, avec la date, de l'invalidation du titre et de son motif (perte, vol, retrait, interdiction de sortie du territoire, autre motif), de la restitution du titre à l'administration, de sa destruction;

h) Mentions des justificatifs présentés à l'appui de la demande de titre;

i) Informations à caractère technique relatives à l'établissement du titre;

j) Informations relatives à la demande de titre : numéro de demande et, le cas échéant, de pré-demande, lieu de dépôt, date de réception de la demande, date de l'envoi du titre au guichet de dépôt, motif de non-délivrance;

k) La date et le mode de remise du titre ainsi que, le cas échéant, les nom, prénoms et identifiant du consul honoraire chargé de sa remise ou le nom, l'adresse du site internet de suivi et l'identifiant du transporteur chargé de son acheminement lorsque le titre est adressé à l'usager par courrier sécurisé ;

l) Les informations relatives à la réception du passeport par le demandeur lorsque le titre lui est adressé par courrier sécurisé : la date d'envoi du passeport, le numéro de suivi du courrier sécurisé, la date de la déclaration de réception, de non-réception ou de refus de réception du passeport, la mention des justificatifs produits à l'appui de la déclaration ;

3° Les données relatives au fabricant du titre et aux agents chargés de la délivrance du titre :

a) Nom, prénom et références de l'agent qui enregistre la demande de titre ;

b) Noms, prénoms et références des agents mentionnés à l'article 3 ;

c) Identifiant du fabricant du titre ;

4° L'image numérisée des pièces du dossier de demande de titre.

II. — Le traitement ne comporte pas de dispositif de recherche permettant l'identification à partir de l'image numérisée du visage ou de l'image numérisée des empreintes digitales enregistrées dans ce traitement.

Art. 3. I. — Peuvent accéder, à raison de leurs attributions et dans la limite du besoin d'en connaître, à tout ou partie des données enregistrées dans le traitement mentionné à l'article 1er et dans le composant électronique prévu à l'article 2 du décret du 30 décembre 2005 susvisé :

1° Les agents des services centraux du ministère de l'intérieur et du ministère des affaires étrangères chargés de l'application de la réglementation relative au passeport et à la carte nationale d'identité, individuellement désignés et dûment habilités par le ministre de l'intérieur ou le ministre des affaires étrangères ;

2° Les agents des préfectures et des sous-préfectures chargés de la délivrance des passeports et des cartes nationales d'identité, individuellement désignés et dûment habilités par le préfet ;

3° Les agents diplomatiques et consulaires chargés de la délivrance des passeports et des cartes nationales d'identité, individuellement désignés et dûment habilités par l'ambassadeur ou le consul ;

4° Les agents chargés de la délivrance des passeports de service au ministère de l'intérieur, individuellement désignés et dûment habilités par le ministre de l'intérieur.

II. — Peuvent accéder aux données enregistrées dans le composant électronique prévu à l'article 2 du décret du 30 décembre 2005 susvisé dans le cadre de leur mission de recueil de la demande et de remise des titres :

1° Les agents des communes individuellement désignés et dûment habilités par le maire ;

2° Pour les seuls passeports de mission, les agents des formations administratives du ministère de la défense, individuellement désignés et dûment habilités par le ministre de la défense. Le ministre de la défense peut, par arrêté, déléguer ses pouvoirs dans ce domaine aux commandants des formations administratives.

Art. 4. I. — Pour les besoins exclusifs de leurs missions, peuvent accéder aux données enregistrées dans le traitement prévu à l'article 1er, à l'exclusion de l'image numérisée des empreintes digitales, dans les conditions fixées par l'article L. 222-1 du code de la sécurité intérieure :

1° Les agents des services de la police nationale et les militaires des unités de la gendarmerie nationale chargés des missions de prévention et de répression des atteintes aux intérêts fondamentaux de la Nation et des actes de terrorisme, individuellement désignés et dûment habilités par le directeur dont ils relèvent;

2° Les agents des services spécialisés du renseignement mentionnés à l'article R. 222-1 du code de la sécurité intérieure, individuellement désignés et dûment habilités par le directeur dont ils relèvent, pour les seuls besoins de la prévention des atteintes aux intérêts fondamentaux de la Nation et des actes de terrorisme.

II. — Pour les besoins exclusifs de leurs missions, peuvent accéder aux données enregistrées dans le traitement mentionné à l'article 1er, à l'exclusion de l'image numérisée des empreintes digitales, les agents de la direction centrale de la police judiciaire, individuellement désignés et dûment habilités par le directeur dont ils relèvent, chargés des échanges avec INTERPOL au titre de la position commune du 24 janvier 2005 susvisée et du règlement d'INTERPOL sur le traitement des données, ainsi qu'avec les autorités compétentes des États appliquant la décision 2007/533/JAI du Conseil du 12 juin 2007 sur l'établissement, le fonctionnement et l'utilisation du système d'information Schengen de deuxième génération (SIS II), au titre de ses articles 7, 38 et 39.

Dans le cadre de ces échanges, des données à caractère personnel peuvent être transmises aux autorités compétentes des États membres d'INTERPOL ou qui appliquent la décision 2007/533/JAI du 12 juin 2007 mentionnée à l'alinéa précédent, aux seules fins de confirmer l'exactitude et la pertinence du signalement d'un titre perdu, volé ou invalidé.

Art. 5. Pour les besoins exclusifs de l'accomplissement de leurs missions, les personnels chargés des missions de recherche et de contrôle de l'identité des personnes, de vérification de la validité et de l'authenticité des passeports au sein des services de la police nationale, de la gendarmerie nationale et des douanes peuvent accéder aux données enregistrées dans le composant électronique prévu à l'article 2 du décret du 30 décembre 2005 susvisé.

Art. 6. Le traitement mentionné à l'article 1er transmet à la base INTERPOL et au système d'information Schengen les informations relatives aux numéros des titres perdus, volés ou invalidés et à la date de l'évènement, ainsi que l'indication relative au pays émetteur, au type et au caractère vierge ou personnalisé du document.

Les informations transmises au système d'information Schengen peuvent être complétées par les données suivantes : nom, prénoms, date de naissance, date de délivrance du titre.

Art. 7. Le traitement mentionné à l'article 1er transmet au fichier national de contrôle de la validité des titres les informations relatives aux numéros des titres émis ainsi que l'indication relative au type de titre. Sont également transmises les données relatives aux titres perdus, volés ou invalidés : les informations se limitent aux nom, prénoms, à la date et au lieu de naissance ainsi qu'au numéro du titre et à sa date de délivrance et, le cas échéant, au motif de son invalidité avec mention de la date de l'évènement.

Art. 8. Pour l'instruction des demandes de carte nationalité d'identité ou de passeport, il est vérifié par la consultation du fichier des personnes recherchées qu'aucune décision judiciaire ni aucune circonstance particulière ne s'oppose à sa délivrance. Il est également procédé à une consultation du traitement mentionné à l'article 1er afin de vérifier si des titres ont déjà été sollicités ou délivrés sous l'identité du demandeur.

Art. 9. I. — Les données à caractère personnel et les informations mentionnées au I de l'article 1er sont conservées dans le traitement pendant quinze ans s'il s'agit d'un passeport et vingt ans s'il s'agit d'une carte nationale d'identité. Ces durées sont respectivement de dix ans et de quinze ans lorsque le titulaire du titre est un mineur.

Les données et informations relatives aux passeports de service et aux passeports de mission sont conservées pendant dix ans.

Les données relatives aux cartes nationales d'identité délivrées à des majeurs et périmées au 1er janvier 2014 sont conservées pendant quinze ans.

Le délai court à compter de la délivrance du titre, ou, à défaut, à compter de l'enregistrement de la demande.

II. — Les consultations, créations, modifications ou suppressions de données font l'objet d'un enregistrement comprenant l'identification de leur auteur ainsi que la date, l'heure et la nature de l'opération. Ces informations sont conservées pendant cinq ans à compter de l'enregistrement.

Art. 10. I. — Le demandeur du titre est informé, au moment de la demande :

1° De la nature des données à caractère personnel enregistrées dans le traitement;

2° Du nombre et de la nature des empreintes digitales enregistrées dans le traitement;

3° Des autres renseignements mentionnés au I de l'article 32 de la loi du 6 janvier 1978 susvisée.

II. — La remise du passeport s'accompagne d'une copie sur papier des données nominatives enregistrées dans le composant électronique.

Art. 11. Le droit d'accès et le droit de rectification s'exercent auprès de l'autorité de délivrance dans les conditions fixées aux articles 39 et 40 de la loi du 6 janvier 1978 susvisée.

Art. 12. Le droit d'opposition prévu à l'article 38 de la loi du 6 janvier 1978 susvisée ne s'applique pas au présent traitement.

CHAPITRE II

Dispositions modifiant le décret n° 55-1397 du 22 octobre 1955 instituant la carte nationale d'identité

Art. 13. L'article 2 du décret du 22 octobre 1955 susviséest remplacé par les dispositions suivantes :

« **Art. 2** La carte nationale d'identité est délivrée sans condition d'âge à tout Français qui en fait la demande.

Elle est délivrée ou renouvelée par le préfet ou le sous-préfet.

A Paris, elle est délivrée ou renouvelée par le préfet de police.

A l'étranger, elle est délivrée ou renouvelée par le chef de poste diplomatique ou consulaire.

Le demandeur justifie de son domicile par tous moyens, notamment par la production d'un titre de propriété, d'un certificat d'imposition ou de non-imposition, d'une quittance de loyer, de gaz, d'électricité ou de téléphone ou d'une attestation d'assurance du logement.

Le demandeur auquel la loi a fixé une commune de rattachement produit un livret spécial de circulation ou un livret de circulation en cours de validité.

Les personnes qui n'ont pas la possibilité d'apporter la preuve d'un domicile ou d'une résidence, ou auxquelles la loi n'a pas fixé une commune de rattachement, doivent fournir une attestation d'élection de domicile dans les conditions fixées à l'article L. 264-2 du code de l'action sociale et des familles.» »

Art. 14. Dans toutes les dispositions du même décret, les références à l'article 6 sont remplacées par des références au titre II.

Art. 15. L'article 4-3 du même décret est remplacé par les dispositions suivantes :

« **Art. 4-3** Lors du dépôt de la demande de carte nationale d'identité, il est procédé au recueil des empreintes digitales à plat de chacun des index du demandeur. Si le recueil de l'une de ces empreintes s'avère impossible, il est procédé au recueil de celle du majeur ou de l'annulaire de la même main ou, à défaut, de l'autre main, dans cet ordre de priorité. Les empreintes digitales des enfants de moins de douze ans ne sont pas recueillies.

Le demandeur produit à l'appui de la demande de carte nationale d'identité une photographie récente et parfaitement ressemblante, le représentant de face et tête nue.

Cette photographie est conforme aux spécifications arrêtées par le ministre de l'intérieur.

Toutefois, peuvent recueillir l'image numérisée du visage du demandeur par la mise en œuvre de dispositifs techniques appropriés :

1° Les ambassades et les postes consulaires;

2° Lorsqu'elle ne peut y être recueillie par un photographe professionnel, les communes de Guyane, de Mayotte, de Nouvelle-Calédonie, de Polynésie française et les circonscriptions territoriales de Wallis-et-Futuna.» »

Art. 16. L'article 4-4 du même décret est complété par un alinéa ainsi rédigé :

La présence du mineur ou du majeur placé sous tutelle est requise lors du dépôt de la demande.»

Art. 17. L'article 5 du même décret est remplacé par les dispositions suivantes :

« **Art. 5** La carte nationale d'identité est remise au demandeur au lieu du dépôt de la demande. Lorsque le titulaire est un mineur ou un majeur sous tutelle, la carte est remise au représentant légal.

Le demandeur est informé de la mise à disposition de sa carte par tout moyen.

Toute carte non retirée par l'intéressé, dans le délai de trois mois suivant sa mise à disposition par l'autorité auprès de laquelle la demande a été déposée, est détruite.

Toutefois, à l'étranger, la carte nationale d'identité peut également être remise, si le demandeur en a exprimé le choix lors du dépôt de sa demande, soit à l'occasion d'un déplacement de l'autorité de délivrance ou de son représentant dans la même circonscription consulaire, soit par un consul honoraire de cette circonscription habilité à cette fin par arrêté du ministre des affaires étrangères.» »

Art. 18. I. — Au premier alinéa de l'article 15 du même décret, les mots : «dans sa rédaction résultant du décret n° 2016-998 du 20 juillet 2016» sont remplacés par les mots : «dans sa rédaction résultant du décret n° 2016-1460 du 28 octobre 2016».

II. — Après le septième alinéa, il est inséré deux alinéas ainsi rédigés :

"Pour l'application de l'article 2 en Nouvelle-Calédonie et à Wallis-et-Futuna, la référence à l'article L. 264-2 du code de l'action sociale et des familles est remplacée par la référence à la réglementation applicable localement.

"Pour l'application du même article en Polynésie française, les mots : “ attestation d'élection de domicile dans les conditions fixées à l'article L. 264-2 du code de l'action sociale et des familles ” sont remplacés par les mots : “ attestation établissant son lien avec un organisme d'accueil agréé dans les conditions fixées par la réglementation applicable localement. ""

Art. 19. Les articles 3,6 et 8 à 13-1 du même décret sont abrogés.

Section 5

La garde à vue

159 Code de procédure pénale (articles 62-2 à 67 et 73)

TITRE II
DES ENQUÊTES ET DES CONTRÔLES D'IDENTITÉ

CHAPITRE PREMIER
Des crimes et délits flagrants

Art. 62-2. *(L. n° 2011-392 du 14 avr. 2011, en vigueur le 1er juin 2011)* La garde à vue est une mesure de contrainte décidée par un officier de police judiciaire, sous le contrôle de l'autorité judiciaire, par laquelle une personne à l'encontre de laquelle il existe une ou plusieurs raisons plausibles de soupçonner qu'elle a commis ou tenté de commettre un crime ou un délit puni d'une peine d'emprisonnement est maintenue à la disposition des enquêteurs.

Cette mesure doit constituer l'unique moyen de parvenir à l'un au moins des objectifs suivants :

1° Permettre l'exécution des investigations impliquant la présence ou la participation de la personne;

2° Garantir la présentation de la personne devant le procureur de la République afin que ce magistrat puisse apprécier la suite à donner à l'enquête;

3° Empêcher que la personne ne modifie les preuves ou indices matériels;

4° Empêcher que la personne ne fasse pression sur les témoins ou les victimes ainsi que sur leur famille ou leurs proches;

5° Empêcher que la personne ne se concerte avec d'autres personnes susceptibles d'être ses coauteurs ou complices;

6° Garantir la mise en œuvre des mesures destinées à faire cesser le crime ou le délit.

Art. 62-3. *(L. n° 2011-392 du 14 avr. 2011, en vigueur le 1er juin 2011)* La garde à vue s'exécute sous le contrôle du procureur de la République, sans préjudice des prérogatives du juge des libertés et de la détention prévues aux articles 63-4-2 et 706-88 à 706-88-2 en matière de prolongation de la mesure au-delà de la quarante-huitième heure et de report de l'intervention de l'avocat.

Le procureur de la République apprécie si le maintien de la personne en garde à vue et, le cas échéant, la prolongation de cette mesure sont nécessaires à l'enquête et proportionnés à la gravité des faits que la personne est soupçonnée d'avoir commis ou tenté de commettre.

Il assure la sauvegarde des droits reconnus par la loi à la personne gardée à vue.

Il peut ordonner à tout moment que la personne gardée à vue soit présentée devant lui ou remise en liberté.

Art. 63. *(L. n° 2011-392 du 14 avr. 2011, en vigueur le 1er juin 2011)* I. — Seul un officier de police judiciaire peut, d'office ou sur instruction du procureur de la République, placer une personne en garde à vue.

Dès le début de la mesure, l'officier de police judiciaire informe le procureur de la République, par tout moyen, du placement de la personne en garde à vue. Il lui donne connaissance des motifs justifiant, en application de l'article 62-2, ce placement et l'avise de la qualification des faits qu'il a notifiée à la personne en application du 2° de l'article 63-1. Le procureur de la République peut modifier cette qualification; dans ce cas, la nouvelle qualification est notifiée à la personne dans les conditions prévues au même article 63-1.

II. — La durée de la garde à vue ne peut excéder vingt-quatre heures.

Toutefois, la garde à vue peut être prolongée pour un nouveau délai de vingt-quatre heures au plus, sur autorisation écrite et motivée du procureur de la République, si l'infraction que la personne est soupçonnée d'avoir commise ou tenté de commettre est un crime ou un délit puni d'une peine d'emprisonnement supérieure ou égale à un an et si la prolongation de la mesure est l'unique moyen de parvenir à l'un au moins des objectifs mentionnés aux 1° à 6° de l'article 62-2 *(L. n° 2019-222 du 23 mars 2019, art. 48-I)* «ou de permettre, dans les cas où il n'existe pas dans le tribunal de locaux relevant de l'article 803-3, la présentation de la personne devant l'autorité judiciaire.

«Le procureur de la République peut subordonner son autorisation à la présentation de la personne devant lui.» Cette présentation peut être réalisée par l'utilisation d'un moyen de télécommunication audiovisuelle.

(L. n° 2014-535 du 27 mai 2014, art. 1er, en vigueur le 2 juin 2014) «III. — Si, avant d'être placée en garde à vue, la personne a été appréhendée ou a fait l'objet de toute autre mesure de contrainte pour ces mêmes faits, l'heure du début de la garde à vue est fixée, pour le respect des durées prévues au II du présent article, à l'heure à partir de laquelle la personne a été privée de liberté. Si la personne n'a pas fait l'objet d'une mesure de contrainte préalable, mais que son placement en garde à vue est effectué dans le prolongement immédiat d'une audition, cette heure est fixée à celle du début de l'audition.»

Si une personne a déjà été placée en garde à vue pour les mêmes faits, la durée des précédentes périodes de garde à vue s'impute sur la durée de la mesure.

Art. 63-1. *(L. n° 2011-392 du 14 avr. 2011, en vigueur le 1er juin 2011)* La personne placée en garde à vue est immédiatement informée par un officier de police judiciaire ou, sous le contrôle de celui-ci, par un agent de police judiciaire, dans une langue qu'elle comprend, le cas échéant au moyen *(L. n° 2014-535 du 27 mai 2014, art. 4, en vigueur le 2 juin 2014)* «du formulaire prévu au treizième alinéa» :

1° De son placement en garde à vue ainsi que de la durée de la mesure et de la ou des prolongations dont celle-ci peut faire l'objet;

2° *(L. n° 2014-535 du 27 mai 2014, art. 4, en vigueur le 2 juin 2014)* «De la qualification, de la date et du lieu présumés» de l'infraction qu'elle est soupçonnée d'avoir commise ou tenté de commettre *(L. n° 2014-535 du 27 mai 2014, art. 4, en vigueur le 2 juin*

2014) «ainsi que des motifs mentionnés aux 1° à 6° de l'article 62-2 justifiant son placement en garde à vue»;

3° Du fait qu'elle bénéficie :

— du droit de faire prévenir un proche et son employeur *(L. n° 2014-535 du 27 mai 2014, art. 4, en vigueur le 2 juin 2014)* «ainsi que, si elle est de nationalité étrangère, les autorités consulaires de l'État dont elle est ressortissante» *(L. n° 2016-731 du 3 juin 2016, art. 63, en vigueur le 15 nov. 2016)* «et, le cas échéant, de communiquer avec ces personnes,» conformément à l'article 63-2;

— du droit d'être examinée par un médecin, conformément à l'article 63-3;

— du droit d'être assistée par un avocat, conformément aux articles 63-3-1 à 63-4-3;

(L. n° 2014-535 du 27 mai 2014, art. 4, en vigueur le 2 juin 2014) «— s'il y a lieu, du droit d'être assistée par un interprète;

«— du droit de consulter, dans les meilleurs délais et au plus tard avant l'éventuelle prolongation de la garde à vue, les documents mentionnés à l'article 63-4-1;

«— du droit de présenter des observations au procureur de la République ou, le cas échéant, au juge des libertés et de la détention, lorsque ce magistrat se prononce sur l'éventuelle prolongation de la garde à vue, tendant à ce qu'il soit mis fin à cette mesure. Si la personne n'est pas présentée devant le magistrat, elle peut faire connaître oralement ses observations dans un procès-verbal d'audition, qui est communiqué à celui-ci avant qu'il ne statue sur la prolongation de la mesure;»

— du droit, lors des auditions, après avoir décliné son identité, de faire des déclarations, de répondre aux questions qui lui sont posées ou de se taire.

Si la personne est atteinte de surdité et qu'elle ne sait ni lire, ni écrire, elle doit être assistée par un interprète en langue des signes ou par toute personne qualifiée maîtrisant un langage ou une méthode permettant de communiquer avec elle. Il peut également être recouru à tout dispositif technique permettant de communiquer avec une personne atteinte de surdité.

Si la personne ne comprend pas le français, ses droits doivent lui être notifiés par un interprète, le cas échéant après qu'un formulaire lui a été remis pour son information immédiate.

Mention de l'information donnée en application du présent article est portée au procès-verbal de déroulement de la garde à vue et émargée par la personne gardée à vue. En cas de refus d'émargement, il en est fait mention.

(L. n° 2014-535 du 27 mai 2014, art. 4, en vigueur le 2 juin 2014) «En application de l'article 803-6, un document énonçant ces droits est remis à la personne lors de la notification de sa garde à vue.»

Art. 63-2. *(L. n° 93-2 du 4 janv. 1993) (L. n° 2016-731 du 3 juin 2016, art. 63, en vigueur le 15 nov. 2016)* «I. —» Toute personne placée en garde à vue peut, à sa demande, faire prévenir, par téléphone, *(L. n° 93-1013 du 24 août 1993)* «une personne avec laquelle elle vit habituellement ou l'un de ses parents en ligne directe, *(L. n° 2019-222 du 23 mars 2019, art. 48-II et 109-XIII, en vigueur le 1er juin 2019)* «ou l'un de ses frères et sœurs» de la mesure dont elle est l'objet. *(L. n° 2011-392 du 14 avr. 2011)* «Elle peut en outre faire prévenir son employeur. Lorsque la personne gardée à vue est de nationalité étrangère, elle peut faire contacter les autorités consulaires de son pays.»

(L. n° 2011-392 du 14 avr. 2011) «Sauf en cas de circonstance insurmontable, qui doit être mentionnée au procès-verbal, les diligences incombant aux enquêteurs en

application du premier alinéa doivent intervenir au plus tard dans un délai de trois heures à compter du moment où la personne a formulé la demande.»

(L. n° 2016-731 du 3 juin 2016, art. 63, en vigueur le 15 nov. 2016) «Le procureur de la République peut, à la demande de l'officier de police judiciaire, décider que l'avis prévu au premier alinéa du présent I sera différé ou ne sera pas délivré si cette décision est, au regard des circonstances, indispensable afin de permettre le recueil ou la conservation des preuves ou de prévenir une atteinte grave à la vie, à la liberté ou à l'intégrité physique d'une personne.

«Si la garde à vue est prolongée au-delà de quarante-huit heures, le report de l'avis peut être maintenu, pour les mêmes raisons, par le juge des libertés et de la détention ou le juge d'instruction, sauf lorsque l'avis concerne les autorités consulaires.

«II. — L'officier de police judiciaire peut autoriser la personne en garde à vue qui en fait la demande à communiquer, par écrit, par téléphone ou lors d'un entretien, avec un des tiers mentionnés au I du présent article, s'il lui apparaît que cette communication n'est pas incompatible avec les objectifs mentionnés à l'article 62-2 et qu'elle ne risque pas de permettre une infraction.

«Afin d'assurer le bon ordre, la sûreté et la sécurité des locaux dans lesquels s'effectue la garde à vue, l'officier ou l'agent de police judiciaire détermine le moment, les modalités et la durée de cette communication, qui ne peut excéder trente minutes et intervient sous son contrôle, le cas échéant en sa présence ou en la présence d'une personne qu'il désigne. Si la demande de communication concerne les autorités consulaires, l'officier de police judiciaire ne peut s'y opposer au-delà de la quarante-huitième heure de la garde à vue.

«Le présent II n'est pas applicable en cas de demande de communication avec un tiers dont il a été décidé en application des deux derniers alinéas du I du présent article qu'il ne pouvait être avisé de la garde à vue.»

Art. 63-3. Toute personne placée en garde à vue peut, à sa demande, être examinée par un médecin *(L. n° 93-1013 du 24 août 1993)* «désigné par le procureur de la République ou l'officier de police judiciaire». En cas de prolongation, elle peut demander à être examinée une seconde fois. *(L. n° 2011-392 du 14 avr. 2011, en vigueur le 1er juin 2011)* «Le médecin se prononce sur l'aptitude au maintien en garde à vue et procède à toutes constatations utiles. Sauf en cas de circonstance insurmontable, les diligences incombant aux enquêteurs en application du présent alinéa doivent intervenir au plus tard dans un délai de trois heures à compter du moment où la personne a formulé la demande. Sauf décision contraire du médecin, l'examen médical doit être pratiqué à l'abri du regard et de toute écoute extérieurs afin de permettre le respect de la dignité et du secret professionnel.»

(L. n° 93-1013 du 24 août 1993) «A tout moment, le procureur de la République ou l'officier de police judiciaire peut d'office désigner un médecin pour examiner la personne gardée à vue.

«En l'absence de demande de la personne gardée à vue, du procureur de la République ou de l'officier de police judiciaire, un examen médical est de droit si un membre de sa famille le demande; le médecin est désigné par le procureur de la République ou l'officier de police judiciaire.»

Le médecin examine sans délai la personne gardée à vue. Le certificat médical est versé au dossier.

(L. n° 93-1013 du 24 août 1993) «Les dispositions du présent article ne sont pas applicables lorsqu'il est procédé à un examen médical en application de règles particulières.»

Art. 63-3-1. *(L. n° 2011-392 du 14 avr. 2011, en vigueur le 1er juin 2011)* Dès le début de la garde à vue, la personne peut demander à être assistée par un avocat. Si elle n'est pas en mesure d'en désigner un ou si l'avocat choisi ne peut être contacté, elle peut demander qu'il lui en soit commis un d'office par le bâtonnier.

Le bâtonnier ou l'avocat de permanence commis d'office par le bâtonnier est informé de cette demande par tous moyens et sans délai.

L'avocat peut également être désigné par la ou les personnes prévenues en application du premier alinéa *(L. n° 2016-731 du 3 juin 2016, art. 63, en vigueur le 15 nov. 2016)* «du I» de l'article 63-2. Cette désignation doit toutefois être confirmée par la personne.

L'avocat désigné est informé par l'officier de police judiciaire ou, sous le contrôle de celui-ci, par un agent de police judiciaire de la nature et de la date présumée de l'infraction sur laquelle porte l'enquête.

S'il constate un conflit d'intérêts, l'avocat fait demander la désignation d'un autre avocat. En cas de divergence d'appréciation entre l'avocat et l'officier de police judiciaire ou le procureur de la République sur l'existence d'un conflit d'intérêts, l'officier de police judiciaire ou le procureur de la République saisit le bâtonnier qui peut désigner un autre défenseur.

Le procureur de la République, d'office ou saisi par l'officier de police judiciaire ou l'agent de police judiciaire, peut également saisir le bâtonnier afin qu'il soit désigné plusieurs avocats lorsqu'il est nécessaire de procéder à l'audition simultanée de plusieurs personnes placées en garde à vue.

Art. 63-4. *(L. n° 2011-392 du 14 avr. 2011, en vigueur le 1er juin 2011)* L'avocat désigné dans les conditions prévues à l'article 63-3-1 peut communiquer avec la personne gardée à vue dans des conditions qui garantissent la confidentialité de l'entretien.

La durée de l'entretien ne peut excéder trente minutes.

Lorsque la garde à vue fait l'objet d'une prolongation, la personne peut, à sa demande, s'entretenir à nouveau avec un avocat dès le début de la prolongation, dans les conditions et pour la durée prévues aux deux premiers alinéas.

Art. 63-4-1. *(L. n° 2011-392 du 14 avr. 2011, en vigueur le 1er juin 2011)* A sa demande, l'avocat peut consulter le procès-verbal établi en application *(L. n° 2014-535 du 27 mai 2014, art. 4, en vigueur le 2 juin 2014)* «de l'avant-dernier» alinéa de l'article 63-1 constatant la notification du placement en garde à vue et des droits y étant attachés, le certificat médical établi en application de l'article 63-3, ainsi que les procès-verbaux d'audition de la personne qu'il assiste. Il ne peut en demander ou en réaliser une copie. Il peut toutefois prendre des notes.

(L. n° 2014-535 du 27 mai 2014, art. 4, en vigueur le 2 juin 2014) «La personne gardée à vue peut également consulter les documents mentionnés au premier alinéa du présent article ou une copie de ceux-ci.»

Art. 63-4-2. *(L. n° 2011-392 du 14 avr. 2011, en vigueur le 1er juin 2011)* La personne gardée à vue peut demander que l'avocat assiste à ses auditions et confrontations. Dans ce cas, la première audition, sauf si elle porte uniquement sur les éléments d'identité, ne peut débuter sans la présence de l'avocat choisi ou commis d'office avant l'expiration d'un délai de deux heures suivant l'avis adressé dans les conditions prévues à l'article 63-3-1 de la demande formulée par la personne gardée à vue d'être assistée par un avocat. Au cours des auditions ou confrontations, l'avocat peut prendre des notes.

Si l'avocat se présente après l'expiration du délai prévu au premier alinéa alors qu'une audition ou une confrontation est en cours, celle-ci est interrompue à la demande de la personne gardée à vue afin de lui permettre de s'entretenir avec son avocat dans les conditions prévues à l'article 63-4 et que celui-ci prenne connaissance des documents prévus à l'article 63-4-1. Si la personne gardée à vue ne demande pas à s'entretenir avec son avocat, celui-ci peut assister à l'audition en cours dès son arrivée dans les locaux du service de police judiciaire ou à la confrontation.

Lorsque les nécessités de l'enquête exigent une audition immédiate de la personne, le procureur de la République peut autoriser, par décision écrite et motivée, sur demande de l'officier de police judiciaire, que l'audition débute sans attendre l'expiration du délai prévu au premier alinéa.

A titre exceptionnel, sur demande de l'officier de police judiciaire, le procureur de la République ou le juge des libertés et de la détention, selon les distinctions prévues par l'alinéa suivant, peut autoriser, par décision écrite et motivée, le report de présence de l'avocat lors des auditions ou confrontations, si cette mesure apparaît indispensable pour des raisons impérieuses tenant aux circonstances particulières de l'enquête, soit pour permettre le bon déroulement d'investigations urgentes tendant au recueil ou à la conservation des preuves, soit pour prévenir une atteinte *(L. n° 2016-731 du 3 juin 2016, art. 63, en vigueur le 15 nov. 2016)* «grave et imminente à la vie, à la liberté ou à l'intégrité physique d'une personne.»

Le procureur de la République ne peut différer la présence de l'avocat que pendant une durée maximale de douze heures. Lorsque la personne est gardée à vue pour un crime ou un délit puni d'une peine d'emprisonnement supérieure ou égale à cinq ans, le juge des libertés et de la détention peut, sur requête du procureur de la République, autoriser à différer la présence de l'avocat, au-delà de la douzième heure, jusqu'à la vingt-quatrième heure. Les autorisations du procureur de la République et du juge des libertés et de la détention sont écrites et motivées par référence aux conditions prévues à l'alinéa précédent au regard des éléments précis et circonstanciés résultant des faits de l'espèce.

Lorsque, conformément aux dispositions des deux alinéas qui précèdent, le procureur de la République ou le juge des libertés et de la détention a autorisé à différer la présence de l'avocat lors des auditions ou confrontations, il peut également, dans les conditions et selon les modalités prévues par ces mêmes alinéas, décider que l'avocat ne peut, pour une durée identique, consulter les procès-verbaux d'audition de la personne gardée à vue.

Art. 63-4-3. *(L. n° 2011-392 du 14 avr. 2011, en vigueur le 1er juin 2011)* L'audition ou la confrontation est menée sous la direction de l'officier ou de l'agent de police judiciaire qui peut à tout moment, en cas de difficulté, y mettre un terme et en aviser immédiatement le procureur de la République qui informe, s'il y a lieu, le bâtonnier aux fins de désignation d'un autre avocat.

A l'issue de chaque audition ou confrontation à laquelle il assiste, l'avocat peut poser des questions. L'officier ou l'agent de police judiciaire ne peut s'opposer aux questions que si celles-ci sont de nature à nuire au bon déroulement de l'enquête. Mention de ce refus est portée au procès-verbal.

A l'issue de chaque entretien avec la personne gardée à vue et de chaque audition ou confrontation à laquelle il a assisté, l'avocat peut présenter des observations écrites dans lesquelles il peut consigner les questions refusées en application du deuxième alinéa. Celles-ci sont jointes à la procédure. L'avocat peut adresser ses observations, ou copie de celles-ci, au procureur de la République pendant la durée de la garde à vue.

Art. 63-4-3-1. *(L. n° 2016-731 du 3 juin 2016, art. 64)* Si la personne gardée à vue est transportée sur un autre lieu *(L. n° 2019-222 du 23 mars 2019, art. 48-III)* «où elle doit être entendue ou faire l'objet d'un des actes prévus à l'article 61-3», son avocat en est informé sans délai.

Art. 63-4-4. *(L. n° 2011-392 du 14 avr. 2011, en vigueur le 1er juin 2011)* Sans préjudice de l'exercice des droits de la défense, l'avocat ne peut faire état auprès de quiconque pendant la durée de la garde à vue ni des entretiens avec la personne qu'il assiste, ni des informations qu'il a recueillies en consultant les procès-verbaux et en assistant aux auditions et aux confrontations.

Art. 63-4-5. *(L. n° 2011-392 du 14 avr. 2011, en vigueur le 1er juin 2011)* Si la victime est confrontée avec une personne gardée à vue, elle peut demander à être également assistée par un avocat choisi par elle ou par son représentant légal si elle est mineure ou, à sa demande, désigné par le bâtonnier.

La victime est informée de ce droit avant qu'il soit procédé à la confrontation.

A sa demande, l'avocat peut consulter les procès-verbaux d'audition de la personne qu'il assiste.

L'article 63-4-3 est applicable.

Art. 63-5. *(L. n° 2011-392 du 14 avr. 2011, en vigueur le 1er juin 2011)* La garde à vue doit s'exécuter dans des conditions assurant le respect de la dignité de la personne.

Seules peuvent être imposées à la personne gardée à vue les mesures de sécurité strictement nécessaires.

Art. 63-6. *(L. n° 2011-392 du 14 avr. 2011, en vigueur le 1er juin 2011)* Les mesures de sécurité ayant pour objet de s'assurer que la personne gardée à vue ne détient aucun objet dangereux pour elle-même ou pour autrui sont définies par arrêté de l'autorité ministérielle compétente. Elles ne peuvent consister en une fouille intégrale.

La personne gardée à vue dispose, au cours de son audition, des objets dont le port ou la détention sont nécessaires au respect de sa dignité.

Le présent article est également applicable en cas de retenue intervenant en application des articles 141-4, *(L. n° 2014-896 du 15 août 2014, art. 34, en vigueur le 1er oct. 2014)* «709-1-1», 716-5 et 803-3.

Art. 63-7. *(L. n° 2011-392 du 14 avr. 2011, en vigueur le 1er juin 2011)* Lorsqu'il est indispensable pour les nécessités de l'enquête de procéder à une fouille intégrale d'une personne gardée à vue, celle-ci doit être décidée par un officier de police judiciaire et réalisée dans un espace fermé par une personne de même sexe que la personne faisant l'objet de la fouille. La fouille intégrale n'est possible que si la fouille par palpation ou l'utilisation des moyens de détection électronique ne peuvent être réalisées.

Lorsqu'il est indispensable pour les nécessités de l'enquête de procéder à des investigations corporelles internes sur une personne gardée à vue, celles-ci ne peuvent être réalisées que par un médecin requis à cet effet.

Art. 63-8. *(L. n° 2011-392 du 14 avr. 2011, en vigueur le 1er juin 2011)* A l'issue de la garde à vue, la personne est, sur instruction du procureur de la République sous la direction duquel l'enquête est menée, soit remise en liberté, soit déférée devant ce magistrat.

Si la personne est remise en liberté à l'issue de la garde à vue sans qu'aucune décision n'ait été prise par le procureur de la République sur l'action publique, les dispositions de l'article 77-2 sont portées à sa connaissance.

Art. 63-9. *(L. n° 2011-392 du 14 avr. 2011, en vigueur le 1er juin 2011)* Le procureur de la République compétent pour être avisé des placements en garde à vue, en contrôler le déroulement, en ordonner la prolongation et décider de l'issue de la mesure est celui sous la direction duquel l'enquête est menée.

Toutefois, le procureur de la République du lieu où est exécutée la garde à vue est également compétent pour la contrôler et en ordonner la prolongation.

Art. 64. *(L. n° 2011-392 du 14 avr. 2011, en vigueur le 1er juin 2011)* I. — L'officier de police judiciaire établit un procès-verbal mentionnant :

1° Les motifs justifiant le placement en garde à vue, conformément aux 1° à 6° de l'article 62-2;

2° La durée des auditions de la personne gardée à vue et des repos qui ont séparé ces auditions, les heures auxquelles elle a pu s'alimenter, le jour et l'heure à partir desquels elle a été gardée à vue, ainsi que le jour et l'heure à partir desquels elle a été soit libérée, soit déférée devant le magistrat compétent;

3° Le cas échéant, les auditions de la personne gardée à vue effectuées dans une autre procédure pendant la durée de la garde à vue;

4° Les informations données et les demandes faites en application des articles 63-2 à 63-3-1 et les suites qui leur ont été données;

5° S'il a été procédé à une fouille intégrale ou à des investigations corporelles internes.

Ces mentions doivent être spécialement émargées par la personne gardée à vue. En cas de refus, il en est fait mention.

II. — Les mentions et émargements prévus aux 2° et 5° du I concernant les dates et heures du début et de fin de garde à vue et la durée des auditions et des repos séparant ces auditions ainsi que le recours à des fouilles intégrales ou des investigations corporelles internes figurent également sur un registre spécial, tenu à cet effet dans tout local de police ou de gendarmerie susceptible de recevoir une personne gardée à vue. Ce registre peut être tenu sous forme dématérialisée.

Dans les corps ou services où les officiers de police judiciaire sont astreints à tenir un carnet de déclarations, les mentions et émargements prévus au premier alinéa du présent II sont également portés sur ce carnet. Seules les mentions sont reproduites au procès-verbal qui est transmis à l'autorité judiciaire.

Art. 64-1. *(L. n° 2007-291 du 5 mars 2007, art. 14-I, en vigueur le 1er juin 2008)* Les *(L. n° 2011-392 du 14 avr. 2011)* «auditions» des personnes placées en garde à vue pour crime, *(L. n° 2011-392 du 14 avr. 2011)* «réalisées» dans les locaux d'un service ou d'une unité de police ou de gendarmerie exerçant une mission de police judiciaire *[,]* font l'objet d'un enregistrement audiovisuel.

L'enregistrement ne peut être consulté, au cours de l'instruction ou devant la juridiction de jugement, qu'en cas de contestation du contenu du procès-verbal d'*(L. n° 2011-392 du 14 avr. 2011)* « audition », sur décision du juge d'instruction ou de la juridiction de jugement, à la demande du ministère public ou d'une des parties. Les huit derniers alinéas de l'article 114 ne sont pas applicables. Lorsqu'une partie demande la consultation de l'enregistrement, cette demande est formée et le juge d'instruction statue conformément aux deux premiers alinéas de l'article 82-1.

Le fait, pour toute personne, de diffuser un enregistrement réalisé en application du présent article est puni d'un an d'emprisonnement et de 15 000 € d'amende.

A l'expiration d'un délai de cinq ans à compter de la date de l'extinction de l'action publique, l'enregistrement est détruit dans le délai d'un mois.

Lorsque le nombre de personnes gardées à vue devant être simultanément interrogées, au cours de la même procédure ou de procédures distinctes, fait obstacle à l'enregistrement de *(L. n° 2011-392 du 14 avr. 2011)* « toutes les auditions », l'officier de police judiciaire en réfère sans délai au procureur de la République qui désigne, par décision écrite versée au dossier, au regard des nécessités de l'enquête, la ou les personnes *(L. n° 2011-392 du 14 avr. 2011)* « dont les auditions ne seront pas enregistrées ».

Lorsque l'enregistrement ne peut être effectué en raison d'une impossibilité technique, il en est fait mention dans le procès-verbal d'*(L. n° 2011-392 du 14 avr. 2011)* « audition » qui précise la nature de cette impossibilité. Le procureur de la République en est immédiatement avisé.

Un décret précise en tant que de besoin les modalités d'application du présent article.

Art. 65. *(L. n° 2014-535 du 27 mai 2014, art. 4, en vigueur le 2 juin 2014)* Si, au cours de sa garde à vue, la personne est entendue dans le cadre d'une procédure suivie du chef d'une autre infraction et qu'il existe des raisons plausibles de soupçonner qu'elle a commis ou tenté de commettre cette infraction, elle doit faire l'objet des informations prévues aux 1°, 3° et 4° de l'article 61-1 et être avertie qu'elle a le droit d'être assistée par un avocat conformément aux articles 63-3-1 à 63-4-3.

Art. 66. Les procès-verbaux dressés par l'officier de police judiciaire en exécution des articles 54 à 62 sont rédigés sur-le-champ *(L. n° 2019-222 du 23 mars 2019, art. 50)* « ou dès que possible » et signés par lui sur chaque feuillet du procès-verbal.

Art. 67. Les dispositions des articles 54 à 66 *(L. n° 2009-526 du 12 mai 2009, art. 133-I)* « , à l'exception de celles de l'article 64-1, » sont applicables, au cas de délit flagrant, dans tous les cas où la loi prévoit une peine d'emprisonnement.

Art. 73. Dans les cas de crime flagrant ou de délit flagrant puni d'une peine d'emprisonnement, toute personne a qualité pour en appréhender l'auteur et le conduire devant l'officier de police judiciaire le plus proche.

(L. n° 2011-392 du 14 avr. 2011, en vigueur le 1er juin 2011) « Lorsque la personne est présentée devant l'officier de police judiciaire, son placement en garde à vue, lorsque les conditions de cette mesure prévues par le présent code sont réunies, n'est pas obligatoire dès lors qu'elle n'est pas tenue sous la contrainte de demeurer à la disposition des enquêteurs et qu'elle a été informée qu'elle peut à tout moment quitter les locaux de police ou de gendarmerie. Le présent alinéa n'est toutefois pas applicable si la personne a été conduite *(L. n° 2014-535 du 27 mai 2014, art. 1er, en vigueur le 2 juin 2014)* « , sous contrainte, » par la force publique devant l'officier de police judiciaire. »

160 Code de procédure pénale (articles 706-73 et 706-88)

TITRE XXV

DE LA PROCÉDURE APPLICABLE À LA CRIMINALITÉ ET À LA DÉLINQUANCE ORGANISÉES

Art. 706-73. La procédure applicable à l'enquête, la poursuite, l'instruction et le jugement des crimes et des délits suivants est celle prévue par le présent code, sous réserve des dispositions du présent titre :

1° Crime de meurtre commis en bande organisée prévu par le 8° de l'article 221-4 du code pénal;

2° Crime de tortures et d'actes de barbarie commis en bande organisée prévu par l'article 222-4 du code pénal;

3° Crimes et délits de trafic de stupéfiants prévus par les articles 222-34 à 222-40 du code pénal;

4° Crimes et délits d'enlèvement et de séquestration commis en bande organisée prévus par l'article 224-5-2 du code pénal;

5° Crimes et délits aggravés de traite des êtres humains prévus par les articles 225-4-2 à 225-4-7 du code pénal;

6° Crimes et délits aggravés de proxénétisme prévus par les articles 225-7 à 225-12 du code pénal;

7° Crime de vol commis en bande organisée prévu par l'article 311-9 du code pénal;

8° Crimes aggravés d'extorsion prévus par les articles 312-6 et 312-7 du code pénal;

9° Crime de destruction, dégradation et détérioration d'un bien commis en bande organisée prévu par l'article 322-8 du code pénal;

10° Crimes en matière de fausse monnaie prévus par les articles 442-1 et 442-2 du code pénal;

11° Crimes et délits constituant des actes de terrorisme prévus par les articles 421-1 à *(L. n° 2006-64 du 23 janv. 2006, art. 11)* «421-6» du code pénal;

(L. n° 2017-1510 du 30 oct. 2017, art. 9) «11° *bis* Crimes portant atteinte aux intérêts fondamentaux de la nation prévus au titre Ier du livre IV du code pénal;»

(L. n° 2016-731 du 3 juin 2016, art. 25) «12° Délits en matière d'armes et de produits explosifs prévus aux articles 222-52 à 222-54, 222-56 à 222-59, 322-6-1 et 322-11-1 du code pénal, aux articles L. 2339-2, L. 2339-3, L. 2339-10, L. 2341-4, L. 2353-4 et L. 2353-5 du code de la défense ainsi qu'aux articles L. 317-2 et L. 317-7 du code de la sécurité intérieure;»

13° Délits d'aide à l'entrée, à la circulation et au séjour irréguliers d'un étranger en France commis en bande organisée prévus par le quatrième alinéa du I de l'article 21 de l'ordonnance n° 45-2658 du 2 novembre 1945 relative aux conditions d'entrée et de séjour des étrangers en France;

14° Délits de blanchiment prévus par les articles 324-1 et 324-2 du code pénal, ou de recel prévus par les articles 321-1 et 321-2 du même code, du produit, des revenus, des choses provenant des infractions mentionnées aux 1° à 13°;

15° Délits d'association de malfaiteurs prévus par l'article 450-1 du code pénal, lorsqu'ils ont pour objet la préparation de l'une des infractions mentionnées aux 1° à 14° *(L. n° 2011-13 du 5 janv. 2011, art. 5-1°)* «et 17°»;

(L. n° 2006-64 du 23 janv. 2006, art. 24) «16° Délit de non-justification de ressources correspondant au train de vie, prévu par l'article 321-6-1 du code pénal, lorsqu'il est en relation avec l'une des infractions mentionnées aux 1° à 15°» *(L. n° 2011-13 du 5 janv. 2011 art. 5-1°)* «et 17°»;

(L. n° 2011-13 du 5 janv. 2011, art. 5-2°) «17° Crime de détournement d'aéronef, de navire ou de tout autre moyen de transport commis en bande organisée prévu par l'article 224-6-1 du code pénal»;

(L. n° 2011-266 du 14 mars 2011, art. 17-2°) «18° Crimes et délits punis de dix ans d'emprisonnement, contribuant à la prolifération des armes de destruction massive et de leurs vecteurs entrant dans le champ d'application de l'article 706-167.»

Pour les infractions visées aux 3°, 6° et 11°, sont applicables, sauf précision contraire, les dispositions du présent titre ainsi que celles des titres XV, XVI et XVII;

(L. n° 2013-1029 du 15 nov. 2013, art. 32) «19° Délit d'exploitation d'une mine ou de disposition d'une substance concessible sans titre d'exploitation ou autorisation, accompagné d'atteintes à l'environnement, commis en bande organisée, prévu à l'article L. 512-2 du code minier, lorsqu'il est connexe avec l'une des infractions mentionnées aux 1° à 17° du présent article.»

Art. 706-88. Pour l'application des articles 63, 77 et 154, si les nécessités de l'enquête ou de l'instruction relatives à l'une des infractions entrant dans le champ d'application de l'article 706-73 l'exigent, la garde à vue d'une personne peut, à titre exceptionnel, faire l'objet de deux prolongations supplémentaires de vingt-quatre heures chacune.

Ces prolongations sont autorisées, par décision écrite et motivée, soit, à la requête du procureur de la République, par le juge des libertés et de la détention, soit par le juge d'instruction.

La personne gardée à vue doit être présentée au magistrat qui statue sur la prolongation préalablement à cette décision. La seconde prolongation peut toutefois, à titre exceptionnel, être autorisée sans présentation préalable de la personne en raison des nécessités des investigations en cours ou à effectuer.

Lorsque la première prolongation est décidée, la personne gardée à vue est examinée par un médecin désigné par le procureur de la République, le juge d'instruction ou l'officier de police judiciaire. Le médecin délivre un certificat médical par lequel il doit notamment se prononcer sur l'aptitude au maintien en garde à vue, qui est versé au dossier. La personne est avisée par l'officier de police judiciaire du droit de demander un nouvel examen médical. Ces examens médicaux sont de droit. Mention de cet avis est portée au procès-verbal et émargée par la personne intéressée; en cas de refus d'émargement, il en est fait mention.

Par dérogation aux dispositions du premier alinéa, si la durée prévisible des investigations restant à réaliser à l'issue des premières quarante-huit heures de garde à vue le justifie, le juge des libertés et de la détention ou le juge d'instruction peuvent décider, selon les modalités prévues au deuxième alinéa, que la garde à vue fera l'objet d'une seule prolongation supplémentaire de quarante-huit heures.

(L. n° 2011-392 du 14 avr. 2011, en vigueur le 1er juin 2011) «Par dérogation aux dispositions des articles 63-4 à 63-4-2, lorsque la personne est gardée à vue pour une infraction entrant dans le champ d'application de l'article 706-73, l'intervention de l'avocat peut être différée, en considération de raisons impérieuses tenant aux circonstances particulières de l'enquête ou de l'instruction, soit pour permettre le recueil ou la conserva-

tion des preuves, soit pour prévenir une atteinte aux personnes, pendant une durée maximale de quarante-huit heures ou, s'il s'agit d'une infraction mentionnée aux 3° ou 11° du même article 706-73, pendant une durée maximale de soixante-douze heures.

«Le report de l'intervention de l'avocat jusqu'à la fin de la vingt-quatrième heure est décidé par le procureur de la République, d'office ou à la demande de l'officier de police judiciaire. Le report de l'intervention de l'avocat au-delà de la vingt-quatrième heure est décidé, dans les limites fixées au sixième alinéa, par le juge des libertés et de la détention statuant à la requête du procureur de la République. Lorsque la garde à vue intervient au cours d'une commission rogatoire, le report est décidé par le juge d'instruction. Dans tous les cas, la décision du magistrat, écrite et motivée, précise la durée pour laquelle l'intervention de l'avocat est différée.

«Lorsqu'il est fait application des sixième et septième alinéas du présent article, l'avocat dispose, à partir du moment où il est autorisé à intervenir en garde à vue, des droits prévus aux articles 63-4 et 63-4-1, au premier alinéa de l'article 63-4-2 et à l'article 63-4-3.»

Section 6

Le contrôle judiciaire, l'assignation à résidence et la détention provisoire

161 Code de procédure pénale (articles 137 à 150)

TITRE III

DES JURIDICTIONS D'INSTRUCTION

CHAPITRE Ier

Du juge d'instruction : juridiction d'instruction du premier degré

Section VII

Du contrôle judiciaire, de l'assignation à résidence et de la détention provisoire

(L. n° 2009-1436 du 24 nov. 2009, art. 71-I).

(L. n° 70-643 du 17 juill. 1970)

Art. 137. *(L. n° 2009-1436 du 24 nov. 2009, art. 71-II)* Toute personne mise en examen, présumée innocente, demeure libre.

Toutefois, en raison des nécessités de l'instruction ou à titre de mesure de sûreté, elle peut être astreinte à une ou plusieurs obligations du contrôle judiciaire ou, si celles-ci se révèlent insuffisantes, être assignée à résidence avec surveillance électronique.

A titre exceptionnel, si les obligations du contrôle judiciaire ou de l'assignation à résidence avec surveillance électronique ne permettent pas d'atteindre ces objectifs, elle peut être placée en détention provisoire.

Art. 137-1. *(L. n° 2000-516 du 15 juin 2000, art. 48)* La détention provisoire est ordonnée ou prolongée par le juge des libertés et de la détention. Les demandes de mise en liberté lui sont également soumises.

(L. n° 2016-1547 du 18 nov. 2016, art. 17, en vigueur le 1er sept. 2017) «Lorsque le juge des libertés et de la détention statue à l'issue d'un débat contradictoire, il est assisté d'un greffier. Il peut alors faire application de l'article 93.»

Il ne peut, à peine de nullité, participer au jugement des affaires pénales dont il a connu.

(L. n° 2004-204 du 9 mars 2004, art. 121-II) «Hors le cas prévu par le deuxième alinéa de l'article 137-4,» il est saisi par une ordonnance motivée du juge d'instruction, qui lui transmet le dossier de la procédure accompagné des réquisitions du procureur de la République. *(L. n° 2007-291 du 5 mars 2007, art. 10-I, en vigueur le 1er juill. 2007)* «Lorsque le juge des libertés et de la détention doit statuer en application de l'article 145, le juge d'instruction peut indiquer dans son ordonnance si la publicité de ce débat lui paraît devoir être écartée au regard d'une ou plusieurs des raisons mentionnées au sixième alinéa de cet article.»

Art. 137-1-1. *(Ord. n° 2006-673 du 8 juin 2006, art. 8) (L. n° 2016-1547 du 18 nov. 2016, art. 17, en vigueur le 1er sept. 2017)* «Le juge des libertés et de la détention peut être suppléé en cas de vacance d'emploi, d'absence ou d'empêchement, par un magistrat du siège du premier grade ou hors hiérarchie désigné par le président du tribunal de grande instance. En cas d'empêchement de ces magistrats, le président du tribunal de grande instance peut désigner un magistrat du second grade.»

Pour l'organisation du service de fin de semaine ou du service allégé pendant la période au cours de laquelle les magistrats bénéficient de leurs congés annuels, *(L. n° 2016-1547 du 18 nov. 2016, art. 17, en vigueur le 1er sept. 2017)* «le juge des libertés et de la détention d'un» tribunal de grande instance peut être désigné afin d'exercer concurremment ces fonctions dans, au plus, deux autres tribunaux de grande instance du ressort de la cour d'appel; cette désignation est décidée par ordonnance du premier président prise à la demande des présidents de ces juridictions et après avis du président du tribunal de grande instance concerné; elle en précise le motif et la durée, ainsi que les tribunaux pour lesquels elle s'applique; la durée totale d'exercice concurrent des fonctions de juge des libertés et de la détention dans plusieurs tribunaux de grande instance ne peut excéder quarante jours au cours de l'année judiciaire.

La désignation prévue à l'alinéa précédent peut également être ordonnée, selon les mêmes modalités et pour une durée totale, intermittente ou continue, qui ne peut excéder quarante jours, lorsque, pour cause de vacance d'emploi ou d'empêchement, aucun magistrat n'est susceptible, au sein d'une juridiction, d'exercer les fonctions de juge des libertés et de la détention.

Art. 137-2. *(L. n° 2000-516 du 15 juin 2000)* Le contrôle judiciaire est ordonné par le juge d'instruction, qui statue après avoir recueilli les réquisitions du procureur de la République.

Le contrôle judiciaire peut être également ordonné par le juge des libertés et de la détention, lorsqu'il est saisi.

Art. 137-3. *(L. n° 2000-516 du 15 juin 2000)* Le juge des libertés et de la détention statue par ordonnance motivée. Lorsqu'il ordonne ou prolonge une détention provisoire ou qu'il rejette une demande de mise en liberté, l'ordonnance doit comporter l'énoncé des considérations de droit et de fait sur le caractère insuffisant des obligations du contrôle judiciaire *(L. n° 2019-222 du 23 mars 2019, art. 54-IV et 109-XIII, en vigueur le 1er juin 2019)* «ou de l'assignation à résidence avec surveillance électronique» et le motif de la détention par référence aux seules dispositions des articles 143-1 et 144.

Dans tous les cas, l'ordonnance est notifiée à la personne mise en examen qui en reçoit copie intégrale contre émargement au dossier de la procédure.

Art. 137-4. *(L. n° 2002-1138 du 9 sept. 2002, art. 37)* Lorsque, saisi de réquisitions du procureur de la République tendant au placement en détention provisoire, le juge d'instruction estime que cette détention n'est pas justifiée et qu'il décide de ne pas transmettre le dossier de la procédure au juge des libertés et de la détention, il est tenu de statuer sans délai par ordonnance motivée, qui est immédiatement portée à la connaissance du procureur de la République.

(L. n° 2004-204 du 9 mars 2004, art. 121-I) «En matière criminelle ou pour les délits punis de dix ans d'emprisonnement, le procureur de la République peut alors, si les réquisitions sont motivées, en tout ou partie, par les motifs prévus aux *(L. n° 2007-291 du 5 mars 2007, art. 9-II, en vigueur le 1er juill. 2007)* «4° à 7°» de l'article 144 et qu'elles précisent qu'il envisage de faire application des dispositions du présent alinéa, saisir directement le juge des libertés et de la détention en déférant sans délai devant lui la personne mise en examen; l'ordonnance rendue par le juge des libertés et de la détention entraîne le cas échéant la caducité de l'ordonnance du juge d'instruction ayant placé la personne sous contrôle judiciaire. S'il renonce à saisir directement le juge des libertés et de la détention, le procureur de la République en avise le juge d'instruction et la personne peut être laissée en liberté.»

Sous-section 1 – Du contrôle judiciaire
(L. n° 70-643 du 17 juill. 1970)

Art. 138. *(L. n° 70-643 du 17 juill. 1970)* Le contrôle judiciaire peut être ordonné par le juge d'instruction *(L. n° 2000-516 du 15 juin 2000, art. 132-V, en vigueur le 1er janv. 2001)* «ou par le juge des libertés et de la détention» *(L. n° 93-2 du 4 janv. 1993)* «si la personne mise en examen» encourt une peine d'emprisonnement correctionnel ou une peine plus grave.

Ce contrôle *(L. n° 93-2 du 4 janv. 1993)* «astreint la personne concernée» à se soumettre, selon la décision du juge d'instruction *(L. n° 2004-204 du 9 mars 2004, art. 126-IV)* «ou du juge des libertés et de la détention», à une ou plusieurs des obligations ci-après énumérées :

1° Ne pas sortir des limites territoriales déterminées par le juge d'instruction *(L. n° 2004-204 du 9 mars 2004, art. 126-IV)* «ou le juge des libertés et de la détention»;

2° Ne s'absenter de son domicile ou de la résidence fixée par le juge d'instruction *(L. n° 2004-204 du 9 mars 2004, art. 126-IV)* «ou le juge des libertés et de la détention» qu'aux conditions et pour les motifs déterminés par ce magistrat;

3° Ne pas se rendre en certains lieux ou ne se rendre que dans les lieux déterminés par le juge d'instruction *(L. n° 2004-204 du 9 mars 2004, art. 126-IV)* «ou le juge des libertés et de la détention»;

(L. n° 2019-290 du 10 avr. 2019, art. 8) «3° *bis* Ne pas participer à des manifestations sur la voie publique dans des lieux déterminés par le juge d'instruction ou le juge des libertés et de la détention;»

4° Informer le juge d'instruction *(L. n° 2004-204 du 9 mars 2004, art. 126-IV)* «ou le juge des libertés et de la détention» de tout déplacement au-delà de limites déterminées;

5° Se présenter périodiquement aux services *(L. n° 2000-516 du 15 juin 2000, art. 50-I, en vigueur le 1er janv. 2001)* «, associations habilitées» ou autorités désignés par le juge d'instruction *(L. n° 2004-204 du 9 mars 2004, art. 126-IV)* «ou le juge des libertés et de la détention» qui sont tenus d'observer la plus stricte discrétion sur les faits reprochés à *(L. n° 93-2 du 4 janv. 1993)* «la personne mise en examen»;

6° Répondre aux convocations de toute autorité *(L. n° 2000-516 du 15 juin 2000, art. 50-I, en vigueur le 1er janv. 2001)* «, de toute association» ou de toute personne qualifiée désignée par le juge d'instruction *(L. n° 2004-204 du 9 mars 2004, art. 126-IV)* «ou le juge des libertés et de la détention» et se soumettre, le cas échéant, aux mesures de contrôle portant sur ses activités professionnelles ou sur son assiduité à un enseignement *(L. n° 2000-516 du 15 juin 2000, art. 50-I, en vigueur le 1er janv. 2001)* «ainsi qu'aux mesures socio-éducatives destinées à favoriser son insertion sociale et à» *(L. n° 2004-204 du 9 mars 2004, art. 126-V)* «prévenir le renouvellement de l'infraction»;

7° Remettre soit au greffe, soit à un service de police ou à une brigade de gendarmerie tous documents justificatifs de l'identité, et notamment le passeport, en échange d'un récépissé valant justification de l'identité;

8° S'abstenir de conduire tous les véhicules *(L. n° 2016-1547 du 18 nov. 2016, art. 34)* «, certains véhicules ou un véhicule qui ne soit pas équipé, par un professionnel agréé ou par construction, d'un dispositif homologué d'antidémarrage par éthylotest électronique» et, le cas échéant, remettre au greffe son permis de conduire contre récépissé; *(L. n° 85-1407 du 30 déc. 1985)* «toutefois, le juge d'instruction *(L. n° 2004-204 du 9 mars 2004, art. 126-IV)* «ou le juge des libertés et de la détention» peut décider que *(L. n° 93-2 du 4 janv. 1993)* «la personne mise en examen» pourra faire usage de son permis de conduire pour l'exercice de son activité professionnelle»;

9° S'abstenir de recevoir ou de rencontrer certaines personnes spécialement désignées par le juge d'instruction *(L. n° 2004-204 du 9 mars 2004, art. 126-IV)* «ou le juge des libertés et de la détention», ainsi que d'entrer en relation avec elles, de quelque façon que ce soit;

10° Se soumettre à des mesures d'examen, de traitement ou de soins, même sous le régime de l'hospitalisation, notamment aux fins de désintoxication. *(L. n° 2012-409 du 27 mars 2012, art. 5-I)* «Une copie de l'ordonnance de placement sous contrôle judiciaire est adressée par le juge d'instruction au médecin ou au psychologue qui doit suivre la personne mise en examen. Les rapports des expertises réalisées pendant l'enquête ou l'instruction sont adressés au médecin ou au psychologue, à leur demande ou à l'initiative du juge d'instruction. Celui-ci peut également leur adresser toute autre pièce utile du dossier;»

11° Fournir un cautionnement dont le montant et les délais de versement, en une ou plusieurs fois, sont fixés par le juge d'instruction *(L. n° 2004-204 du 9 mars 2004, art. 126-IV)* «ou le juge des libertés et de la détention», compte tenu notamment des ressources *(L. n° 2000-516 du 15 juin 2000, art. 51-I, en vigueur le 1er janv. 2001)* «et des charges» de *(L. n° 93-2 du 4 janv. 1993)* «la personne mise en examen»;

12° *(L. n° 75-701 du 6 août 1975)* «Ne pas se livrer à certaines activités de nature professionnelle ou sociale, à l'exclusion de l'exercice des mandats électifs et des responsabilités syndicales, lorsque l'infraction a été commise dans l'exercice ou à l'occasion de l'exercice de ces activités et lorsqu'il est à redouter qu'une nouvelle infraction soit commise. *(L. n° 93-2 du 4 janv. 1993)* «Lorsque l'activité concernée est celle d'un avocat,» *(L. n° 2000-516 du 15 juin 2000, art. 45)* «le conseil de l'ordre, saisi par le juge d'instruction *(L. n° 2004-204 du 9 mars 2004, art. 126-IV)* «ou le juge des libertés et de la détention», a seul le pouvoir de prononcer cette mesure à charge d'appel, dans les conditions prévues *(L. n° 2004-130 du 11 févr. 2004, art. 32)* «à l'article 24» de la loi n° 71-1130 du 31 décembre 1971 portant réforme de certaines professions judiciaires et juridiques; le conseil de l'ordre statue dans les quinze jours»;

(L. n° 2016-457 du 14 avr. 2016, art. 1er) «12° *bis* Ne pas exercer une activité impliquant un contact habituel avec des mineurs lorsqu'il est à redouter qu'une nouvelle infraction soit commise;»

«13° Ne pas émettre de chèques autres que ceux qui permettent exclusivement le retrait de fonds par le tireur auprès du tiré ou ceux qui sont certifiés et, le cas échéant, remettre au greffe les formules de chèques dont l'usage est ainsi prohibé»;

(L. n° 83-608 du 8 juill. 1983) «14° Ne pas détenir ou porter une arme et, le cas échéant, remettre au greffe contre récépissé les armes dont *(L. n° 93-2 du 4 janv. 1993)* «elle» est détentrice;

«15° Constituer, dans un délai, pour une période et un montant déterminés par le juge d'instruction *(L. n° 2004-204 du 9 mars 2004, art. 126-IV)* «ou le juge des libertés et de la détention», des sûretés personnelles ou réelles;

«16° Justifier qu'elle contribue aux charges familiales ou acquitte régulièrement les aliments qu'*(L. n° 93-2 du 4 janv. 1993)* «elle a été condamnée» à payer conformément aux décisions judiciaires et aux conventions judiciairement homologuées portant obligation de verser des prestations, subsides ou contributions aux charges du mariage;»

(L. n° 2006-399 du 4 avr. 2006, art. 12) «17° En cas d'infraction commise soit contre son conjoint, son concubin ou son partenaire lié par un pacte civil de solidarité, soit contre ses enfants ou ceux de son conjoint, concubin ou partenaire, résider hors du domicile ou de la résidence du couple et, le cas échéant, s'abstenir de paraître dans ce domicile ou cette résidence ou aux abords immédiats de celui-ci, ainsi que, si nécessaire, faire l'objet d'une prise en charge sanitaire, sociale ou psychologique; les dispositions du présent 17° sont également applicables lorsque l'infraction est commise par l'ancien conjoint ou concubin de la victime, ou par la personne ayant été liée à elle par un pacte civil de solidarité, le domicile concerné étant alors celui de la victime.» *(L. n° 2014-873 du 4 août 2014, art. 35)* «Pour l'application du présent 17°, le juge d'instruction recueille ou fait recueillir, dans les meilleurs délais et par tous moyens, l'avis de la victime sur l'opportunité d'astreindre l'auteur des faits à résider hors du logement du couple. Sauf circonstances particulières, cette mesure est prise lorsque sont en cause des faits de violences susceptibles d'être renouvelés et que la victime la sollicite. Le juge d'instruction peut préciser les modalités de prise en charge des frais afférents à ce logement»;

(L. n° 2016-731 du 3 juin 2016, art. 10) «18° Respecter les conditions d'une prise en charge sanitaire, sociale, éducative ou psychologique, destinée à permettre sa réinsertion et l'acquisition des valeurs de la citoyenneté; cette prise en charge peut, le cas échéant, intervenir au sein d'un établissement d'accueil adapté dans lequel la personne est tenue de résider.»

(L. n° 83-466 du 10 juin 1983) «Les modalités d'application du présent article, en ce qui concerne notamment l'habilitation des personnes contribuant au contrôle judiciaire sont déterminées en tant que de besoin par un décret en Conseil d'État.»

Art. 138-1. *(L. n° 2004-204 du 9 mars 2004, art. 92-I, en vigueur le 1er oct. 2004)* Lorsque la personne mise en examen est soumise à l'interdiction de recevoir, ou rencontrer la victime ou d'entrer en relation de quelque façon que ce soit avec elle en application des dispositions du 9° de l'article 138, le juge d'instruction ou le juge des libertés et de la détention adresse à celle-ci un avis l'informant de cette mesure; si la victime est partie civile, cet avis est également adressé à son avocat.

Cet avis précise les conséquences susceptibles de résulter pour la personne mise en examen du non-respect de cette interdiction.

Art. 138-2. *(L. n° 2012-409 du 27 mars 2012, art. 6-I)* En cas de poursuites pour un crime ou pour une infraction mentionnée à l'article 706-47, le juge d'instruction ou le juge des libertés et de la détention peut, d'office ou sur réquisition du ministère public, décider dans son ordonnance de placement sous contrôle judiciaire qu'une copie de cette ordonnance est transmise à la personne chez qui le mis en examen établit sa résidence si cette transmission apparaît nécessaire pour prévenir le renouvellement de l'infraction.

Lorsque la personne mise en examen pour l'une des infractions mentionnées au premier alinéa du présent article est scolarisée ou a vocation à poursuivre sa scolarité dans un établissement scolaire, public ou privé, copie de l'ordonnance est, dans tous les cas, transmise par le juge d'instruction à l'autorité académique et, le cas échéant, au chef d'établissement concerné; le juge d'instruction informe également ces autorités des décisions modifiant les obligations du contrôle judiciaire ayant une incidence sur le lieu ou le mode de scolarisation de la personne.

Les personnes à qui des décisions ont été transmises en application du deuxième alinéa ne peuvent faire état des renseignements ainsi obtenus qu'aux personnels qui sont responsables de la sécurité et de l'ordre dans l'établissement et, le cas échéant, dans les structures chargées de l'hébergement des élèves et aux professionnels, soumis au secret professionnel, qui sont chargés du suivi social et sanitaire des élèves. Le partage de ces informations est strictement limité à ce qui est nécessaire à l'exercice de leurs missions.

Sans préjudice des dispositions de l'article 226-13 du code pénal réprimant la violation du secret professionnel, le fait, pour les personnes à qui des décisions ont été transmises en application du présent article ou qui ont eu connaissance des informations qu'elles contiennent en application de l'avant-dernier alinéa, de communiquer ces décisions ou leur contenu à des tiers non autorisés à partager ces informations est puni d'une amende de 3750 €.

Art. 139. *(L. n° 93-2 du 4 janv. 1993)* «La personne mise en examen est placée» *(L. n° 70-643 du 17 juill. 1970)* sous contrôle judiciaire par une ordonnance du juge d'instruction qui peut être prise en tout état de l'instruction.

Le juge d'instruction peut, à tout moment, imposer à *(L. n° 93-2 du 4 janv. 1993)* «la personne placée» sous contrôle judiciaire une ou plusieurs obligations nouvelles, supprimer tout ou partie des obligations comprises dans le contrôle, modifier une ou plusieurs de ces obligations ou accorder une dispense occasionnelle ou temporaire d'observer certaines d'entre elles.

Art. 140. *(L. n° 70-643 du 17 juill. 1970)* La mainlevée du contrôle judiciaire peut être ordonnée à tout moment par le juge d'instruction, soit d'office, soit sur les réquisitions du procureur de la République, soit sur la demande de *(L. n° 93-2 du 4 janv. 1993)* «la personne» après avis du procureur de la République.

Le juge d'instruction statue sur la demande de *(L. n° 93-2 du 4 janv. 1993)* «la personne», dans un délai de cinq jours, par ordonnance motivée.

Faute par le juge d'instruction d'avoir statué dans ce délai, *(L. n° 93-2 du 4 janv. 1993)* «la personne» peut saisir directement de sa demande la chambre de l'instruction qui, sur les réquisitions écrites et motivées du procureur général, se prononce dans les *(L. n° 85-1407 du 30 déc. 1985)* «vingt jours» de sa saisine. A défaut, la mainlevée du contrôle judiciaire est acquise de plein droit, sauf si des vérifications concernant la demande de *(L. n° 93-2 du 4 janv. 1993)* «la personne» ont été ordonnées.

Art. 141-1. *(L. n° 70-643 du 17 juill. 1970)* Les pouvoirs conférés au juge d'instruction par les articles 139 et 140 appartiennent, en tout état de cause, à la juridiction compétente selon les distinctions de l'article 148-1.

Art. 141-2. *(L. n° 2000-516 du 15 juin 2000, art. 132-VI, en vigueur le 1er janv. 2001)* «Si la personne mise en examen se soustrait volontairement aux obligations du contrôle judiciaire, le juge d'instruction peut décerner à son encontre mandat d'arrêt ou d'amener. Il peut également, dans les conditions prévues au quatrième alinéa de l'article 137-1, saisir le juge des libertés et de la détention aux fins de placement en détention provisoire. Quelle que soit la peine d'emprisonnement encourue, le juge des libertés et de la détention peut décerner, à l'encontre de cette personne, un mandat de dépôt en vue de sa détention provisoire, sous réserve des dispositions de l'article 141-3.»

(L. n° 2004-204 du 9 mars 2004, art. 100-I, en vigueur le 1er oct. 2004) «Si la personne se soustrait aux obligations du contrôle judiciaire alors qu'elle est renvoyée devant la juridiction de jugement, le procureur de la République peut, hors le cas prévu par l'article 272-1, saisir le juge des libertés et de la détention pour que celui-ci décerne mandat d'arrêt ou d'amener à son encontre. Ce magistrat est également compétent pour ordonner, conformément aux dispositions de l'article 135-2, le placement en détention provisoire de l'intéressé.» *(L. n° 2010-769 du 9 juill. 2010, art. 5-III)* «Les *(L. n° 2016-731 du 3 juin 2016, art. 86)* «articles 141-4 et 141-5» sont applicables; les attributions confiées au juge d'instruction par *(L. n° 2016-731 du 3 juin 2016, art. 86)* «ces mêmes articles» sont alors exercées par le procureur de la République.»

Art. 141-3. *(L. n° 2000-516 du 15 juin 2000, art. 61, en vigueur le 1er janv. 2001)* Lorsque la détention provisoire est ordonnée à la suite d'une révocation du contrôle judiciaire à l'encontre d'une personne antérieurement placée en détention provisoire pour les mêmes faits, la durée cumulée des détentions ne peut excéder de plus de quatre mois la durée maximale de la détention prévue respectivement aux articles 145-1 et 145-2. Lorsque la peine encourue est inférieure à celle mentionnée à l'article 143-1, la durée totale des détentions ne peut excéder quatre mois.

Art. 141-4. *(L. n° 2010-769 du 9 juill. 2010, art. 5-II)* Les services de police et les unités de gendarmerie peuvent, d'office ou sur instruction du juge d'instruction, appréhender toute personne placée sous contrôle judiciaire à l'encontre de laquelle il existe une ou plusieurs raisons plausibles de soupçonner qu'elle a manqué aux obligations qui lui incombent au titre des *(L. n° 2014-896 du 15 août 2014, art. 34, en vigueur le 1er oct. 2014)* «1°, 2°, 3°, 8°, 9°, 14°» et 17° de l'article 138. La personne peut alors, sur décision d'un officier de police judiciaire, être retenue vingt-quatre heures au plus dans un local de police ou de gendarmerie afin que soit vérifiée sa situation et qu'elle soit entendue sur la violation de ses obligations.

Dès le début de la mesure, l'officier de police judiciaire informe le juge d'instruction.

(L. n° 2014-896 du 15 août 2014, art. 34, en vigueur le 1er oct. 2014) «La personne retenue est immédiatement informée par l'officier de police judiciaire ou, sous le contrôle de celui-ci, par un agent de police judiciaire, dans une langue qu'elle comprend, de la durée maximale de la mesure, de la nature des obligations qu'elle est soupçonnée d'avoir violées et du fait qu'elle bénéficie :

«1° Du droit de faire prévenir un proche et son employeur ainsi que, si elle est de nationalité étrangère, les autorités consulaires de l'État dont elle est ressortissante, conformément à l'article 63-2;

«2° Du droit d'être examinée par un médecin, conformément à l'article 63-3;

«3° Du droit d'être assistée par un avocat, conformément aux articles 63-3-1 à 63-4-3;

«4° S'il y a lieu, du droit d'être assistée par un interprète;

«5° Du droit, lors des auditions, après avoir décliné son identité, de faire des déclarations, de répondre aux questions qui lui sont posées ou de se taire.»

Les pouvoirs conférés au procureur de la République par les articles 63-2 et 63-3 sont exercés par le juge d'instruction.

(L. n° 2014-896 du 15 août 2014, art. 34, en vigueur le 1er oct. 2014) «La retenue s'exécute dans des conditions assurant le respect de la dignité de la personne. Seules peuvent être imposées à la personne retenue les mesures de sécurité strictement nécessaires.

«La personne retenue ne peut faire l'objet d'investigations corporelles internes au cours de sa rétention par le service de police ou par l'unité de gendarmerie.

«L'article 64 est applicable à la présente mesure de retenue.»

A l'issue de la mesure, le juge d'instruction peut ordonner que la personne soit conduite devant lui, le cas échéant pour qu'il saisisse le juge des libertés et de la détention aux fins de révocation du contrôle judiciaire.

Le juge d'instruction peut également demander à un officier ou un agent de police judiciaire d'aviser la personne qu'elle est convoquée devant lui à une date ultérieure.

(L. n° 2014-896 du 15 août 2014, art. 34, en vigueur le 1er oct. 2014) «Le présent article est également applicable aux personnes placées sous assignation à résidence avec surveillance électronique.»

Art. 141-5. *(L. n° 2014-896 du 15 août 2014, art. 34, en vigueur le 1er oct. 2014)* Les services de police et les unités de gendarmerie peuvent, selon les modalités prévues aux articles 56 à 58 et pendant les heures prévues à l'article 59, et après avoir recueilli l'accord du juge d'instruction ou sur instruction de ce magistrat, procéder à une perquisition chez une personne qui, placée sous contrôle judiciaire ou sous assignation à résidence avec surveillance électronique, est soumise à l'interdiction de détenir une arme, lorsqu'il existe des indices graves ou concordants que des armes se trouvent actuellement à son domicile.

Si des armes sont découvertes, elles sont saisies et placées sous scellés.

Art. 142. *(L. n° 70-643 du 17 juill. 1970)* Lorsque *(L. n° 93-2 du 4 janv. 1993)* «la personne mise en examen est astreinte» *(L. n° 2000-516 du 15 juin 2000, art. 51-III)* «à fournir un cautionnement ou à constituer des sûretés, ce cautionnement ou ces sûretés garantissent» :

1° La représentation de *(L. n° 93-2 du 4 janv. 1993)* «la personne mise en examen», du prévenu ou de l'accusé à tous les actes de la procédure et pour l'exécution du jugement, ainsi que, le cas échéant, l'exécution des autres obligations qui lui ont été imposées;

2° Le paiement dans l'ordre suivant :

a) *(L. nº 93-2 du 4 janv. 1993)* «De la réparation des dommages causés par l'infraction et des restitutions, ainsi que de la dette alimentaire lorsque la personne mise en examen est poursuivie pour le défaut de paiement de cette dette;

«*b*) Des amendes.»

(L. nº 2000-516 du 15 juin 2000, art. 51-IV) «La décision du juge d'instruction *(L. nº 2004-204 du 9 mars 2004, art. 126-IV)* «ou du juge des libertés et de la détention» détermine les sommes affectées à chacune des deux parties du cautionnement ou des sûretés.» *(L. nº 2004-204 du 9 mars 2004, art. 93 et 126-IV)* «Le juge d'instruction ou le juge des libertés et de la détention peut toutefois décider que les sûretés garantiront dans leur totalité le paiement des sommes prévues au 2° ou l'une ou l'autre de ces sommes.

«Lorsque les sûretés garantissent, en partie ou en totalité, les droits d'une ou plusieurs victimes qui ne sont pas encore identifiées ou qui ne sont pas encore constituées parties civiles, elles sont établies, dans des conditions précisées par décret en Conseil d'État, au nom d'un bénéficiaire provisoire agissant pour le compte de ces victimes et, le cas échéant, du Trésor.»

(L. nº 2016-1691 du 9 déc. 2016, art. 62) «Un décret en Conseil d'État fixe le montant au-delà duquel le cautionnement ne peut être effectué en espèces, sauf décision contraire du juge des libertés et de la détention ou du juge d'instruction.»

Art. 142-1. *(L. nº 94-89 du 1er févr. 1994)* «Le juge d'instruction» *(L. nº 2004-204 du 9 mars 2004, art. 126-IV)* «ou le juge des libertés et de la détention» *(L. nº 93-2 du 4 janv. 1993)* «peut, avec le consentement de la personne mise en examen» *(L. nº 70-643 du 17 juill. 1970),* ordonner que la partie du cautionnement affectée à la garantie des droits de la victime ou du créancier d'une dette alimentaire soit versée à ceux-ci par provision, sur leur demande.

(L. nº 83-608 du 8 juill. 1983) «Ce versement peut aussi être ordonné, même sans le consentement de *(L. nº 93-2 du 4 janv. 1993)* «la personne mise en examen», lorsqu'une décision de justice exécutoire a accordé à la victime ou au créancier une provision à l'occasion des faits qui sont l'objet des poursuites.»

Art. 142-2. *(L. nº 70-643 du 17 juill. 1970)* La première partie du cautionnement est restituée *(L. nº 2000-516 du 15 juin 2000, art. 51-V, en vigueur le 1er janv. 2001)* «ou la première partie des sûretés est levée» si *(L. nº 93-2 du 4 janv. 1993)* «la personne mise en examen», le prévenu ou l'accusé s'est présenté à tous les actes de la procédure, a satisfait aux obligations du contrôle judiciaire et s'est soumis à l'exécution du jugement.

(L. nº 2000-516 du 15 juin 2000, art. 51-VI, en vigueur le 1er janv. 2001) «Dans le cas contraire, sauf motif légitime d'excuse ou décision de non-lieu, de relaxe, d'acquittement ou d'exemption de peine, la première partie du cautionnement est acquise à l'État, ou il est procédé au recouvrement de la créance garantie par la première partie des sûretés.»

Art. 142-3. *(L. nº 70-643 du 17 juill. 1970)* Le montant affecté à la deuxième partie du cautionnement qui n'a pas été versé à la victime de l'infraction ou au créancier d'une dette alimentaire est restitué en cas de non-lieu et, sauf s'il est fait application de l'article 372, en cas d'absolution ou d'acquittement.

En cas de condamnation, il est employé conformément aux dispositions du 2° de l'article 142. Le surplus est restitué *(L. nº 89-461 du 6 juill. 1989)* «lorsque la condamnation est définitive».

(L. n° 2000-516 du 15 juin 2000, art. 51-VII, en vigueur le 1er janv. 2001) «La deuxième partie des sûretés est levée ou il est procédé au recouvrement des créances que cette partie garantit selon les distinctions prévues aux deux alinéas précédents.»

Les conditions d'application du présent article sont fixées par un règlement d'administration publique *[décret en Conseil d'État]*.

Art. 142-4. *(L. n° 70-643 du 17 juill. 1970)* Lorsqu'une juridiction de jugement est appelée à statuer dans les cas prévus à la présente sous-section, elle le fait dans les conditions déterminées par l'article 148-2.

Sous-section 2 – De l'assignation à résidence avec surveillance électronique
(L. n° 2009-1436 du 24 nov. 2009, art. 71-III)

Art. 142-5. L'assignation à résidence avec surveillance électronique peut être ordonnée, *(L. n° 2019-222 du 23 mars 2019, art. 54-V et 109-XIII, en vigueur le 1er juin 2019)* «d'office» ou à la demande de l'intéressé, par le juge d'instruction ou par le juge des libertés et de la détention si la personne mise en examen encourt une peine d'emprisonnement correctionnel d'au moins deux ans ou une peine plus grave.

Cette mesure oblige la personne à demeurer à son domicile ou dans une résidence fixée par le juge d'instruction ou le juge des libertés et de la détention et de ne s'en absenter qu'aux conditions et pour les motifs déterminés par ce magistrat.

Cette obligation est exécutée sous le régime du placement sous surveillance électronique, à l'aide du procédé prévu par l'article 723-8. Elle peut également être exécutée sous le régime du placement sous surveillance électronique mobile, à l'aide du procédé prévu par l'article 763-12, si la personne est mise en examen pour une infraction punie de plus de sept ans d'emprisonnement et pour laquelle le suivi socio-judiciaire est encouru. Les articles 723-9 et 723-12 ainsi que, le cas échéant, les articles 763-12 et 763-13 sont applicables, le juge d'instruction exerçant les compétences attribuées au juge de l'application des peines.

La personne peut être en outre astreinte aux obligations et interdictions prévues par l'article 138.

(L. n° 2019-222 du 23 mars 2019, art. 54-V et 109-XIII, en vigueur le 1er juin 2019) «La personne mise en examen est avisée que l'installation du dispositif prévu à l'article 723-8 ne peut être effectuée sans son consentement mais que le fait de refuser cette installation constitue une violation des obligations qui lui incombent et peut donner lieu à la révocation de l'assignation à résidence avec surveillance électronique et à son placement en détention provisoire.»

Art. 142-6. L'assignation à résidence avec surveillance électronique est décidée par ordonnance motivée du juge d'instruction ou du juge des libertés et de la détention, qui statue après un débat contradictoire conformément à l'article 145 *(L. n° 2019-222 du 23 mars 2019, art. 54-VI et 109-XIII, en vigueur le 1er juin 2019)* «ou au vu des réquisitions écrites du procureur de la République, dont il est donné lecture à la personne mise en examen, et après avoir entendu ses observations et celles de son avocat.

«Elle peut également être décidée, sans débat contradictoire ou recueil préalable des observations de la personne et de son avocat, par ordonnance statuant sur une demande de mise en liberté ou décidant d'une mise en liberté d'office.

«Le juge statue après avoir fait vérifier la faisabilité technique de la mesure par le service pénitentiaire d'insertion et de probation, qui peut être saisi à cette fin à tout moment de l'instruction.

«En matière correctionnelle, cette saisine est obligatoire si elle est demandée par la personne détenue ou son avocat un mois avant la date à laquelle la détention peut être prolongée, sauf décision de refus spécialement motivée du juge d'instruction.

«Cette saisine est également obligatoire avant la date à laquelle la détention peut être prolongée lorsque la personne encourt une peine d'emprisonnement inférieure ou égale à cinq ans, sauf décision de refus spécialement motivée du juge.

«S'il est interjeté appel d'une ordonnance prolongeant la détention provisoire sans que les dispositions des quatrième et avant-dernier alinéas aient été respectées, le service pénitentiaire d'insertion et de probation doit être saisi par le président de la chambre de l'instruction.»

Art. 142-7. L'assignation à résidence est ordonnée pour une durée qui ne peut excéder six mois. *(L. n° 2019-222 du 23 mars 2019, art. 54-VII et 109-XIII, en vigueur le 1er juin 2019)* «Au cours de l'instruction,» elle peut être prolongée pour une même durée selon les modalités prévues au premier alinéa de l'article 142-6, sans que la durée totale du placement dépasse deux ans.

(L. n° 2019-222 du 23 mars 2019, art. 54-VII et 109-XIII, en vigueur le 1er juin 2019) «Lorsque la personne renvoyée devant le tribunal correctionnel ou la cour d'assises est maintenue ou demeure sous assignation à résidence conformément aux articles 179 et 181, la durée totale de la mesure, compte tenu de celle exécutée au cours de l'instruction, ne peut excéder deux ans, sans qu'il soit nécessaire d'en ordonner la prolongation tous les six mois et sous réserve de la possibilité pour l'intéressé d'en demander la mainlevée.»

Art. 142-8. Le deuxième alinéa de l'article 139 et les articles 140 et 141-3 sont applicables à l'assignation à résidence avec surveillance électronique.

La personne qui ne respecte pas les obligations résultant de l'assignation à résidence avec surveillance électronique peut faire l'objet d'un mandat d'arrêt ou d'amener et être placée en détention provisoire, conformément à l'article 141-2.

Art. 142-9. Avec l'accord préalable du juge d'instruction, les horaires de présence au domicile ou dans les lieux d'assignation peuvent, lorsqu'il s'agit de modifications favorables à la personne mise en examen ne touchant pas à l'équilibre de la mesure de contrôle, être modifiés par le chef d'établissement pénitentiaire ou le directeur du service pénitentiaire d'insertion et de probation qui en informe le juge d'instruction.

Art. 142-10. En cas de décision de non-lieu, relaxe ou acquittement devenue définitive, la personne placée sous assignation à résidence avec surveillance électronique a droit à la réparation du préjudice subi selon les modalités prévues par les articles 149 à 150.

Art. 142-11. L'assignation à résidence avec surveillance électronique est assimilée à une détention provisoire pour l'imputation intégrale de sa durée sur celle d'une peine privative de liberté, conformément à l'article 716-4.

Art. 142-12. Les juridictions d'instruction et de jugement peuvent prononcer, comme mesure alternative à la détention provisoire, une assignation à résidence avec surveillance électronique dans les cas prévus par les articles 135-2, 145, 148, 201, 221-3, 272-1, 397-3, 695-34 et 696-19.

Cette mesure peut être levée, maintenue, modifiée ou révoquée par les juridictions d'instruction et de jugement selon les mêmes modalités que le contrôle judiciaire en application des articles 148-2, 148-6, 213, 272-1, 695-35, 695-36, 696-20 et 696-21.

Art. 142-12-1. *(L. n° 2010-769 du 9 juill. 2010, art. 6-I)* Par dérogation aux dispositions de l'article 142-5, l'assignation à résidence exécutée sous le régime du placement sous surveillance électronique mobile peut être ordonnée lorsque la personne est mise en examen pour des violences ou des menaces, punies d'au moins cinq ans d'emprisonnement, commises :

1° Soit contre son conjoint, son concubin ou son partenaire lié par un pacte civil de solidarité ;

2° Soit contre ses enfants ou ceux de son conjoint, concubin ou partenaire.

Le présent article est également applicable lorsque l'infraction est commise par l'ancien conjoint ou concubin de la victime ou par la personne ayant été liée à elle par un pacte civil de solidarité, le domicile concerné étant alors celui de la victime.

Art. 142-13. Un décret détermine les modalités d'application de la présente sous-section.

Sous-section 3 – De la détention provisoire

Art. 143-1. *(L. n° 2000-516 du 15 juin 2000, art. 57, en vigueur le 1er janv. 2001)* Sous réserve des dispositions de l'article 137, la détention provisoire ne peut être ordonnée ou prolongée que dans l'un des cas ci-après énumérés :

1° La personne mise en examen encourt une peine criminelle ;

2° La personne mise en examen encourt une peine correctionnelle d'une durée égale ou supérieure à trois ans d'emprisonnement.

La détention provisoire peut également être ordonnée dans les conditions prévues à l'article 141-2 lorsque la personne mise en examen se soustrait volontairement aux obligations du contrôle judiciaire *(L. n° 2009-1436 du 24 nov. 2009, art. 93-III)* «ou d'une assignation à résidence avec surveillance électronique».

Art. 144. *(L. n° 2007-291 du 5 mars 2007, art. 9-I, en vigueur le 1er juill. 2007)* La détention provisoire ne peut être ordonnée ou prolongée que s'il est démontré, au regard des éléments précis et circonstanciés résultant de la procédure, qu'elle constitue l'unique moyen de parvenir à l'un ou plusieurs des objectifs suivants et que ceux-ci ne sauraient être atteints en cas de placement sous contrôle judiciaire *(L. n° 2009-1436 du 24 nov. 2009, art. 93-IV)* «ou d'assignation à résidence avec surveillance électronique» :

1° Conserver les preuves ou les indices matériels qui sont nécessaires à la manifestation de la vérité ;

2° Empêcher une pression sur les témoins ou les victimes ainsi que sur leur famille ;

3° Empêcher une concertation frauduleuse entre la personne mise en examen et ses coauteurs ou complices ;

4° Protéger la personne mise en examen ;

5° Garantir le maintien de la personne mise en examen à la disposition de la justice ;

6° Mettre fin à l'infraction ou prévenir son renouvellement ;

7° Mettre fin au trouble exceptionnel et persistant à l'ordre public provoqué par la gravité de l'infraction, les circonstances de sa commission ou l'importance du préjudice qu'elle a causé. Ce trouble ne peut résulter du seul retentissement médiatique de l'affaire. Toutefois, le présent alinéa n'est pas applicable en matière correctionnelle.

Art. 144-1. *(L. n° 96-1235 du 30 déc. 1996)* La détention provisoire ne peut excéder une durée raisonnable, au regard de la gravité des faits reprochés à la personne mise en examen et de la complexité des investigations nécessaires à la manifestation de la vérité.

Le juge d'instruction *(L. n° 2000-516 du 15 juin 2000, art. 132-VII, en vigueur le 1er janv. 2001)* «ou, s'il est saisi, le juge des libertés et de la détention» doit ordonner la mise en liberté immédiate de la personne placée en détention provisoire, selon les modalités prévues par l'article 147, dès que les conditions prévues à l'article 144 et au présent article ne sont plus remplies.

Art. 144-2. *(L. n° 2004-204 du 9 mars 2004, art. 92-II, en vigueur le 1er oct. 2004)* Lorsqu'une mise en liberté est ordonnée en raison des dispositions des articles 143-1, 144, 144-1, 145-2, 145-3 ou 706-24-3, mais qu'elle est susceptible de faire courir un risque à la victime, la juridiction place la personne mise en examen sous contrôle judiciaire en la soumettant à l'interdiction de recevoir ou rencontrer la victime ou d'entrer en relation de quelque façon que ce soit avec elle en application des dispositions du 9° de l'article 138. Cette dernière en est avisée conformément aux dispositions de l'article 138-1.

Art. 145. *(L. n° 2000-516 du 15 juin 2000)* «Le juge des libertés et de la détention saisi par une ordonnance du juge d'instruction tendant au placement en détention de la personne mise en examen fait comparaître cette personne devant lui, assistée de son avocat si celui-ci a déjà été désigné, et procède conformément aux dispositions du présent article.

«Au vu des éléments du dossier et après avoir, s'il l'estime utile, recueilli les observations de l'intéressé, ce magistrat fait connaître à la personne mise en examen s'il envisage de la placer en détention provisoire.

«S'il n'envisage pas de la placer en détention provisoire, ce magistrat, après avoir le cas échéant ordonné le placement de la personne sous contrôle judiciaire, procède conformément aux deux derniers alinéas de l'article 116 relatifs à la déclaration d'adresse.

«S'il envisage d'ordonner la détention provisoire de la personne, il l'informe que sa décision ne pourra intervenir qu'à l'issue d'un débat contradictoire et qu'elle a le droit de demander un délai pour préparer sa défense.»

(L. n° 2007-291 du 5 mars 2007, art. 10-II) «Si cette personne n'est pas déjà assistée d'un avocat, le juge l'avise qu'elle sera défendue lors du débat par un avocat de son choix ou, si elle ne choisit pas d'avocat, par un avocat commis d'office. L'avocat choisi ou, dans le cas d'une commission d'office, le bâtonnier de l'ordre des avocats en est avisé par tout moyen et sans délai. Si l'avocat choisi ne peut se déplacer, il est remplacé par un avocat commis d'office. Mention de ces formalités est faite au procès-verbal.»

Le *(L. n° 2000-516 du 15 juin 2000, art. 52)* «juge des libertés et de la détention» statue après un débat contradictoire au cours duquel *(L. n° 96-1235 du 30 déc. 1996)* «il entend le ministère public qui développe ses réquisitions prises conformément au troisième alinéa de l'article 82», puis les observations de la personne mise en examen et, le cas échéant, celles de son avocat. *(L. n° 2007-291 du 5 mars 2007, art. 10-II)* «Si la personne mise en examen est majeure, le débat contradictoire a lieu et le juge statue en audience publique. Toutefois, le ministère public, la personne mise en examen ou son avocat peuvent s'opposer à cette publicité si l'enquête porte sur des faits *(L. n° 2015-993 du 17 août 2015, art. 11)* «mentionnés aux articles 706-73 et 706-73-1» ou si celle-ci est de nature à entraver les investigations spécifiques nécessitées par l'instruction, à porter atteinte à la présomption d'innocence ou à la sérénité des débats ou à nuire à la dignité de la personne ou aux intérêts d'un tiers. Le juge statue sur cette opposition en audience de cabinet par ordonnance motivée, après avoir recueilli les observations du ministère public, de la personne mise en examen et de son avocat. S'il fait droit à cette opposition ou si la personne mise en examen est mineure, le débat a lieu et le juge statue en audience de cabinet.»

Toutefois, le *(L. n° 2000-516 du 15 juin 2000, art. 52)* «juge des libertés et de la détention» ne peut ordonner immédiatement le placement en détention lorsque la personne mise en examen ou son avocat sollicite un délai pour préparer sa défense.

Dans ce cas, il peut, au moyen d'une ordonnance motivée par référence aux dispositions de l'alinéa précédent et non susceptible d'appel, prescrire l'incarcération de la personne pour une durée déterminée qui ne peut en aucun cas excéder quatre jours ouvrables. Dans ce délai, il fait comparaître à nouveau la personne et, que celle-ci soit ou non assistée d'un avocat, procède comme il est dit *(L. n° 2000-516 du 15 juin 2000, art. 52)* «au sixième alinéa». S'il n'ordonne pas le placement de la personne en détention provisoire, celle-ci est mise en liberté d'office.

(L. n° 2007-291 du 5 mars 2007, art. 10-II) «Pour permettre au juge d'instruction de procéder à des vérifications relatives à la situation personnelle du mis en examen ou aux faits qui lui sont reprochés, lorsque ces vérifications sont susceptibles de permettre le placement de l'intéressé sous contrôle judiciaire *(L. n° 2011-1862 du 13 déc. 2011, art. 61-2°)* «ou sous assignation à résidence avec surveillance électronique», le juge des libertés et de la détention peut également décider d'office de prescrire par ordonnance motivée l'incarcération provisoire du mis en examen pendant une durée déterminée qui ne saurait excéder quatre jours ouvrables jusqu'à la tenue du débat contradictoire. A défaut de débat dans ce délai, la personne est mise en liberté d'office. L'ordonnance mentionnée au présent alinéa peut faire l'objet du recours prévu à l'article 187-1.»

L'incarcération provisoire est, le cas échéant, imputée sur la durée de la détention provisoire pour l'application des articles 145-1 et 145-2. Elle est assimilée à une détention provisoire, *(L. n° 92-1336 du 16 déc. 1992)* «au sens des articles 149 et 716-4».

Art. 145-1. *(L. n° 2000-516 du 15 juin 2000, art. 58, en vigueur le 1er janv. 2001)* En matière correctionnelle, la détention provisoire ne peut excéder quatre mois si la personne mise en examen n'a pas déjà été condamnée pour crime ou délit de droit commun soit à une peine criminelle, soit à une peine d'emprisonnement sans sursis d'une durée supérieure à un an et lorsqu'elle encourt une peine inférieure ou égale à cinq ans.

Dans les autres cas, à titre exceptionnel, le juge des libertés et de la détention peut décider de prolonger la détention provisoire pour une durée qui ne peut excéder quatre mois par une ordonnance motivée conformément aux dispositions de l'article 137-3 et rendue après un débat contradictoire organisé conformément aux dispositions du sixième alinéa de l'article 145, l'avocat ayant été convoqué selon les dispositions du deuxième alinéa de l'article 114. Cette décision peut être renouvelée selon la même procédure, sous réserve des dispositions de l'article 145-3, la durée totale de la détention ne pouvant excéder un an. Toutefois, cette durée est portée à deux ans lorsqu'un des faits constitutifs de l'infraction a été commis hors du territoire national ou lorsque la personne est poursuivie pour trafic de stupéfiants, association de malfaiteurs, proxénétisme, extorsion de fonds ou pour une infraction commise en bande organisée et qu'elle encourt une peine égale à dix ans d'emprisonnement.

(L. nº 2002-1138 du 9 sept. 2002, art. 37) «A titre exceptionnel, lorsque les investigations du juge d'instruction doivent être poursuivies et que la mise en liberté de la personne mise en examen causerait pour la sécurité des personnes et des biens un risque d'une particulière gravité, la chambre de l'instruction peut prolonger pour une durée de quatre mois la durée de deux ans prévue au présent article. La chambre de l'instruction, devant laquelle la comparution personnelle du mis en examen est de droit, est saisie par ordonnance motivée du juge des libertés et de la détention selon les modalités prévues par le dernier alinéa de l'article 137-1, et elle statue conformément aux dispositions des articles 144, 144-1, 145-3, 194, 197, 198, 199, 200, 206 et 207.»

Art. 145-2. *(L. nº 93-2 du 4 janv. 1993)* En matière criminelle, la personne mise en examen ne peut être maintenue en détention au-delà d'un an. Toutefois *(L. nº 96-1235 du 30 déc. 1996)* «, sous réserve des dispositions de l'article 145-3», *(L. nº 2000-516 du 15 juin 2000, art. 132-VIII, en vigueur le 1er janv. 2001)* «le juge des libertés et de la détention» peut, à l'expiration de ce délai, prolonger la détention pour une durée qui ne peut être supérieure à *(L. nº 96-1235 du 30 déc. 1996)* «six mois» *(L. nº 2000-516 du 15 juin 2000, art. 132-VIII, en vigueur le 1er janv. 2001)* «par une ordonnance motivée conformément aux dispositions de l'article 137-3 et rendue après un débat contradictoire organisé conformément aux dispositions du sixième alinéa de l'article 145», l'avocat ayant été convoqué conformément aux dispositions du deuxième alinéa de l'article 114. Cette décision peut être renouvelée selon la même procédure.

(L. nº 2000-516 du 15 juin 2000, art. 59, en vigueur le 1er janv. 2001) «La personne mise en examen ne peut être maintenue en détention provisoire au-delà de deux ans lorsque la peine encourue est inférieure à vingt ans de réclusion ou de détention criminelles et au-delà de trois ans dans les autres cas. Les délais sont portés respectivement à trois et quatre ans lorsque l'un des faits constitutifs de l'infraction a été commis hors du territoire national. Le délai est également de quatre ans lorsque la personne est poursuivie pour plusieurs crimes mentionnés aux livres II et IV du code pénal, ou pour trafic de stupéfiants, terrorisme, proxénétisme, extorsion de fonds ou pour un crime commis en bande organisée.»

(L. nº 2002-1138 du 9 sept. 2002, art. 37) «A titre exceptionnel, lorsque les investigations du juge d'instruction doivent être poursuivies et que la mise en liberté de la personne mise en examen causerait pour la sécurité des personnes et des biens un risque d'une particulière gravité, la chambre de l'instruction peut prolonger pour une durée de quatre mois les durées prévues au présent article. La chambre de l'instruction, devant laquelle la comparution personnelle du mis en examen est de droit, est saisie par ordonnance motivée du juge des libertés et de la détention selon les modalités prévues par le dernier alinéa de l'article 137-1, et elle statue conformément aux dispositions des articles 144, 144-1, 145-3, 194, 197, 198, 199, 200, 206 et 207. Cette décision peut être renouvelée une fois sous les mêmes conditions et selon les mêmes modalités.»

Les dispositions du présent article sont applicables jusqu'à l'ordonnance de règlement.

Art. 145-3. *(L. nº 96-1235 du 30 déc. 1996)* Lorsque la durée de la détention provisoire excède un an en matière criminelle ou huit mois en matière délictuelle, les décisions ordonnant sa prolongation ou rejetant les demandes de mise en liberté doivent aussi comporter les indications particulières qui justifient en l'espèce la poursuite de l'information et le délai prévisible d'achèvement de la procédure.

(L. n° 2000-516 du 15 juin 2000, art. 53, en vigueur le 1er janv. 2001) «Il n'est toutefois pas nécessaire que l'ordonnance de prolongation indique la nature des investigations auxquelles le juge d'instruction a l'intention de procéder lorsque cette indication risque d'entraver l'accomplissement de ces investigations.»

Art. 145-4. *(L. n° 2016-1547 du 18 nov. 2016, art. 108)* Lorsque la personne mise en examen est placée en détention provisoire, le juge d'instruction peut prescrire à son encontre l'interdiction de communiquer pour une période de dix jours. Cette mesure peut être renouvelée, mais pour une nouvelle période de dix jours seulement. En aucun cas l'interdiction de communiquer ne s'applique à l'avocat de la personne mise en examen.

Sous réserve des dispositions qui précèdent, toute personne placée en détention provisoire peut, avec l'autorisation du juge d'instruction, recevoir des visites sur son lieu de détention ou téléphoner à un tiers.

A l'expiration d'un délai d'un mois à compter du placement en détention provisoire, le juge d'instruction ne peut refuser de délivrer un permis de visite ou d'autoriser l'usage du téléphone que par une décision écrite et spécialement motivée au regard des nécessités de l'instruction, du maintien du bon ordre et de la sécurité ou de la prévention des infractions.

Cette décision est notifiée par tout moyen et sans délai au demandeur. Ce dernier peut la déférer au président de la chambre de l'instruction, qui statue dans un délai de cinq jours par une décision écrite et motivée non susceptible de recours. Lorsqu'il infirme la décision du juge d'instruction, le président de la chambre de l'instruction délivre le permis de visite ou l'autorisation de téléphoner.

Après la clôture de l'instruction, les attributions du juge d'instruction sont exercées par le procureur de la République selon les formes et conditions prévues au présent article. Il en est de même dans tous les autres cas où une personne est placée en détention provisoire.

A défaut de réponse du juge d'instruction ou du procureur de la République à la demande de permis de visite ou de téléphoner dans un délai de vingt jours, la personne peut également saisir le président de la chambre de l'instruction.

Lorsque la procédure est en instance d'appel, les attributions du procureur de la République sont confiées au procureur général.

Art. 145-4-1. *(L. n° 2009-1436 du 24 nov. 2009, art. 93-V)* Le juge d'instruction ou le juge des libertés et de la détention peut prescrire, par ordonnance motivée, que la personne placée en détention soit soumise à l'isolement aux fins d'être séparée des autres personnes détenues, si cette mesure est indispensable aux nécessités de l'information, pour une durée qui ne peut excéder celle du mandat de dépôt et qui peut être renouvelée à chaque prolongation de la détention. La décision du juge d'instruction peut faire l'objet d'un recours devant le président de la chambre de l'instruction.

Le placement à l'isolement n'affecte pas l'exercice des droits visés à l'article 22 de la loi n° 2009-1436 du 24 novembre 2009 pénitentiaire, sous réserve des aménagements qu'impose la sécurité.

Un décret en Conseil d'État précise les modalités d'application du présent article.

Art. 145-4-2. *(L. n° 2019-222 du 23 mars 2019, art. 55)* Lorsque la personne mise en examen est placée en détention provisoire, le juge d'instruction peut décider de prescrire à son encontre l'interdiction de correspondre par écrit avec une ou plusieurs personnes qu'il désigne, au regard des nécessités de l'instruction, du maintien du bon ordre et de la sécurité ou de la prévention des infractions. Il peut pour les mêmes motifs décider de retenir un courrier écrit par la personne détenue ou qui lui est adressé.

Les décisions mentionnées au premier alinéa sont motivées et notifiées par tout moyen et sans délai à la personne détenue. Celle-ci peut les déférer au président de la chambre de l'instruction, qui statue dans un délai d'un mois par une décision écrite et motivée non susceptible de recours.

Après la clôture de l'instruction, les attributions du juge d'instruction sont exercées par le procureur de la République selon les formes et conditions prévues au présent article. Il en est de même dans tous les autres cas où une personne est placée en détention provisoire.

Lorsque la procédure est en instance d'appel, les attributions du procureur de la République sont confiées au procureur général.

Les autres décisions ou avis conformes émanant de l'autorité judiciaire prévus par les dispositions réglementaires du présent code ou par la loi n° 2009-1436 du 24 novembre 2009 pénitentiaire et relatifs aux modalités d'exécution d'une détention provisoire ou à l'exercice de ses droits par une personne placée en détention provisoire peuvent, conformément aux dispositions du présent article, faire l'objet d'un recours du détenu ou du ministère public devant le président de la chambre de l'instruction.

Art. 145-5. *(L. n° 2002-307 du 4 mars 2002)* «Le placement en détention provisoire d'une personne faisant connaître, lors de son interrogatoire par le juge d'instruction préalable à la saisine du juge des libertés et de la détention, qu'elle exerce à titre exclusif l'autorité parentale sur un mineur de seize ans au plus ayant chez elle sa résidence ne peut être ordonné sans que l'un des services ou l'une des personnes visés au septième alinéa de l'article 81 ait été chargé au préalable de rechercher et de proposer toutes mesures propres à éviter que la santé, la sécurité et la moralité du mineur ne soient en danger ou que les conditions de son éducation ne soient gravement compromises.»

(L. n° 2000-516 du 15 juin 2000, en vigueur le 1er janv. 2001) «Les dispositions du présent article ne sont pas applicables en cas de crime, en cas de délit commis contre un mineur ou en cas de non-respect des obligations du contrôle judiciaire.»

Art. 146. *(L. n° 2000-516 du 15 juin 2000, art. 54, en vigueur le 1er janv. 2001)* S'il apparaît, au cours de l'instruction, que la qualification criminelle ne peut être retenue, le juge d'instruction peut, après avoir communiqué le dossier au procureur de la République aux fins de réquisitions, soit saisir par ordonnance motivée le juge des libertés et de la détention aux fins du maintien en détention provisoire de la personne mise en examen, soit prescrire sa mise en liberté assortie ou non du contrôle judiciaire.

Le juge des libertés et de la détention statue dans le délai de trois jours à compter de la date de sa saisine par le juge d'instruction.

Art. 147. *(L. n° 70-643 du 17 juill. 1970)* En toute matière, la mise en liberté assortie ou non du contrôle judiciaire peut être ordonnée d'office par le juge d'instruction après avis du procureur de la République, à charge pour *(L. n° 93-2 du 4 janv. 1993)* «la personne mise en examen» de prendre l'engagement de se représenter à tous les actes de la procédure aussitôt qu'*(L. n° 93-2 du 4 janv. 1993)* «elle en sera requise» et de tenir informé le magistrat instructeur de tous ses déplacements.

Le procureur de la République peut également la requérir à tout moment. *(L. n° 2000-516 du 15 juin 2000, art. 55, en vigueur le 1er janv. 2001)* «Sauf s'il ordonne la mise en liberté de la personne, le juge d'instruction doit, dans les cinq jours suivant les réquisitions du procureur de la République, transmettre le dossier, assorti de son avis motivé, au juge des libertés et de la détention, qui statue dans le délai de trois jours ouvrables.»

Art. 147-1. *(L. n° 2014-896 du 15 août 2014, art. 50, en vigueur le 1er oct. 2014)* En toute matière et à tous les stades de la procédure, sauf s'il existe un risque grave de renouvellement de l'infraction, la mise en liberté d'une personne placée en détention provisoire peut être ordonnée, d'office ou à la demande de l'intéressé, lorsqu'une expertise médicale établit que cette personne est atteinte d'une pathologie engageant le pronostic vital ou que son état de santé physique ou mentale est incompatible avec le maintien en détention.

En cas d'urgence, la mise en liberté peut être ordonnée au vu d'un certificat médical établi par le médecin responsable de la structure sanitaire dans laquelle cette personne est prise en charge ou par le remplaçant de ce médecin.

La décision de mise en liberté peut être assortie d'un placement sous contrôle judiciaire ou d'une assignation à résidence avec surveillance électronique.

L'évolution de l'état de santé de la personne peut constituer un élément nouveau permettant qu'elle fasse l'objet d'une nouvelle décision de placement en détention provisoire, selon les modalités prévues au présent code, dès lors que les conditions de cette mesure prévues à l'article 144 sont réunies.

Art. 148. *(L. n° 2000-516 du 15 juin 2000)* «En toute matière, la personne placée en détention provisoire ou son avocat peut, à tout moment, demander sa mise en liberté, sous les obligations prévues *(L. n° 2016-731 du 3 juin 2016, art. 75)* «à l'article 147. Toutefois, à peine d'irrecevabilité, aucune demande de mise en liberté ne peut être formée tant qu'il n'a pas été statué par le juge des libertés et de la détention, dans les délais prévus au troisième alinéa du présent article, sur une précédente demande. Cette irrecevabilité s'applique de plein droit sans qu'elle soit constatée par ordonnance du juge d'instruction.»

«La demande de mise en liberté est adressée au juge d'instruction, qui communique immédiatement le dossier au procureur de la République aux fins de réquisitions.

«Sauf s'il donne une suite favorable à la demande, le juge d'instruction doit, dans les cinq jours suivant la communication au procureur de la République, la transmettre avec son avis motivé au juge des libertés et de la détention. Ce magistrat statue dans un délai de trois jours ouvrables, par une ordonnance comportant l'énoncé des considérations de droit et de fait qui constituent le fondement de cette décision par référence aux dispositions de l'article 144. Toutefois, lorsqu'il n'a pas encore été statué sur l'appel d'une précédente ordonnance de refus de mise en liberté, les délais précités ne commencent à courir qu'à compter de la décision rendue par la juridiction compétente.» *(L. n° 2004-204 du 9 mars 2004, art. 101)* «Lorsqu'il a été adressé plusieurs demandes de mise en liberté, il peut être répondu à ces différentes demandes dans les délais précités par une décision unique.»

(L. n° 70-643 du 17 juill. 1970) La mise en liberté, lorsqu'elle est accordée, peut être assortie de mesures de contrôle judiciaire.

Faute par *(L. n° 2000-516 du 15 juin 2000)* «le juge des libertés et de la détention» d'avoir statué dans le délai fixé au troisième alinéa, *(L. n° 93-2 du 4 janv. 1993)* «la personne» peut saisir directement de sa demande la *(L. n° 2000-516 du 15 juin 2000)* «chambre de l'instruction» qui, sur les réquisitions écrites et motivées du procureur général, se prononce dans les *(L. n° 85-1407 du 30 déc. 1985)* «vingt jours» de sa saisine faute de quoi *(L. n° 93-2 du 4 janv. 1993)* «la personne est mise d'office» en liberté sauf si des vérifications concernant sa demande ont été ordonnées. Le droit de saisir dans les mêmes conditions la *(L. n° 2000-516 du 15 juin 2000)* «chambre de l'instruction» appartient également au procureur de la République.

Art. 148-1. *(L. n° 70-643 du 17 juill. 1970)* La mise en liberté peut aussi être demandée en tout état de cause par *(L. n° 93-2 du 4 janv. 1993)* «toute personne mise en examen, tout prévenu» ou accusé, et en toute période de la procédure.

(L. n° 2000-516 du 15 juin 2000, art. 136-II, en vigueur le 1er janv. 2001) «Lorsqu'une juridiction de jugement est saisie, il lui appartient de statuer sur la détention provisoire. Toutefois, en matière criminelle, la cour d'assises n'est compétente que lorsque la demande est formée durant la session au cours de laquelle elle doit juger l'accusé. Dans les autres cas, la demande est examinée par la chambre de l'instruction.»

En cas de pourvoi et jusqu'à l'arrêt de la Cour de cassation, il est statué sur la demande de mise en liberté par la juridiction qui a connu en dernier lieu de l'affaire au fond. Si le pourvoi a été formé contre un arrêt de la cour d'assises, il est statué sur la détention par la *(L. n° 2000-516 du 15 juin 2000, art. 83, en vigueur le 1er janv. 2001)* «chambre de l'instruction».

En cas de décision d'incompétence et généralement dans tous les cas où aucune juridiction n'est saisie, la *(L. n° 2000-516 du 15 juin 2000, art. 83, en vigueur le 1er janv. 2001)* «chambre de l'instruction» connaît des demandes de mise en liberté.

Art. 148-1-1. *(L. n° 2002-1138 du 9 sept. 2002, art. 38, en vigueur le 1er nov. 2002)* Lorsqu'une ordonnance de mise en liberté d'une personne placée en détention provisoire est rendue par le juge des libertés et de la détention ou le juge d'instruction contrairement aux réquisitions du procureur de la République, cette ordonnance est immédiatement notifiée à ce magistrat. Pendant un délai de quatre heures à compter de *(L. n° 2004-204 du 9 mars 2004, art. 126-VI)* «la notification de l'ordonnance au procureur de la République», et sous réserve de l'application des dispositions du dernier alinéa du présent article, la personne mise en examen ne peut être remise en liberté et cette décision ne peut être adressée pour exécution au chef de l'établissement pénitentiaire.

Le procureur de la République peut interjeter appel de l'ordonnance devant le greffier du juge des libertés et de la détention ou du juge d'instruction, en saisissant dans le même temps le premier président de la cour d'appel d'un référé-détention, conformément aux dispositions de l'article 187-3; l'appel et le référé-détention sont mentionnés sur l'ordonnance. La personne mise en examen et son avocat en sont avisés en même temps que leur est notifiée l'ordonnance, qui ne peut être mise à exécution, la personne restant détenue tant que n'est pas intervenue la décision du premier président de la cour d'appel et, le cas échéant, celle de la chambre de l'instruction. La personne mise en examen et son avocat sont également avisés de leur droit de faire des observations écrites devant le premier président de la cour d'appel. Faute pour le procureur de la République d'avoir formé un référé-détention, dans un délai de quatre heures à compter de la notification de l'ordonnance de mise en liberté, celle-ci, revêtue d'une mention du greffier indiquant l'absence de référé-détention, est adressée au chef d'établissement pénitentiaire et la personne est mise en liberté sauf si elle est détenue pour une autre cause.

Si le procureur de la République, ayant pris des réquisitions de maintien en détention, estime néanmoins ne pas avoir à s'opposer à la mise en liberté immédiate de la personne, et sans préjudice de son droit de former ultérieurement appel dans le délai prévu par l'article 185, il retourne l'ordonnance au magistrat qui l'a rendue en mentionnant sur celle-ci qu'il ne s'oppose pas à sa mise à exécution. La personne est alors mise en liberté, si elle n'est pas détenue pour une autre cause.

Art. 148-2. *(L. n° 83-466 du 10 juin 1983)* Toute juridiction appelée à statuer, en application des articles 141-1 et 148-1, sur une demande de mainlevée totale ou partielle du contrôle judiciaire ou sur une demande de mise en liberté se prononce après audition du ministère public, du prévenu ou de son *(L. n° 93-2 du 4 janv. 1993)* «avocat»; le prévenu non détenu et son *(L. n° 93-2 du 4 janv. 1993)* «avocat» sont convoqués, par lettre recommandée, quarante-huit heures au moins avant la date de l'audience. *(L. n° 2004-204 du 9 mars 2004, art. 102)* «Si la personne a déjà comparu devant la juridiction moins de quatre mois auparavant, le président de cette juridiction peut en cas de demande de mise en liberté refuser la comparution personnelle de l'intéressé par une décision motivée qui n'est susceptible d'aucun recours.»

(L. n° 2002-1138 du 9 sept. 2002, art. 38) «Lorsque la personne n'a pas encore été jugée en premier ressort, la juridiction saisie statue dans les dix jours ou les vingt jours de la réception de la demande, selon qu'elle est du premier ou du second degré. Lorsque la personne a déjà été jugée en premier ressort et qu'elle est en instance d'appel, la juridiction saisie statue dans les deux mois de la demande. Lorsque la personne a déjà été jugée en second ressort et qu'elle a formé un pourvoi en cassation, la juridiction saisie statue dans les quatre mois de la demande.

«Toutefois, lorsqu'au jour de la réception de la demande il n'a pas encore été statué soit sur une précédente demande de mise en liberté ou de mainlevée de contrôle judiciaire, soit sur l'appel d'une précédente décision de refus de mise en liberté ou de mainlevée du contrôle judiciaire, les délais prévus ci-dessus ne commencent à courir qu'à compter de la décision rendue par la juridiction compétente. Faute de décision à l'expiration des délais, il est mis fin au contrôle judiciaire ou à la détention provisoire, le prévenu, s'il n'est pas détenu pour une autre cause, étant d'office remis en liberté.»

La décision du tribunal est immédiatement exécutoire nonobstant appel; lorsque le prévenu est maintenu en détention, la cour se prononce dans les vingt jours de l'appel, faute de quoi le prévenu, s'il n'est pas détenu pour autre cause, est mis d'office en liberté.

Art. 148-3. *(L. n° 85-1407 du 30 déc. 1985)* Préalablement à sa mise en liberté, *(L. n° 93-2 du 4 janv. 1993)* «la personne mise en examen» doit faire, auprès du juge d'instruction ou du chef de l'établissement pénitentiaire, la déclaration d'adresse prévue par *(L. n° 93-2 du 4 janv. 1993)* «le *(L. n° 2014-535 du 27 mai 2014, art. 6, en vigueur le 2 juin 2014)* «quatrième» alinéa de l'article 116».

(L. n° 93-2 du 4 janv. 1993) «La personne mise en examen est avisée qu'elle» doit signaler au juge d'instruction, jusqu'à la clôture de l'information, par nouvelle déclaration ou par lettre recommandée avec demande d'avis de réception, tout changement de l'adresse déclarée. *(L. n° 93-2 du 4 janv. 1993)* «Elle est également avisée» que toute notification ou signification faite à la dernière adresse déclarée sera réputée faite à sa personne.

Mention de cet avis, ainsi que de la déclaration d'adresse, est portée soit au procès-verbal, soit dans le document qui est adressé sans délai, en original ou en copie, par le chef de l'établissement pénitentiaire au juge d'instruction.

Art. 148-4. *(L. n° 75-701 du 6 août 1975)* A l'expiration d'un délai de quatre mois depuis sa dernière comparution devant le juge d'instruction ou le magistrat par lui délégué et tant que l'ordonnance de règlement n'a pas été rendue, *(L. n° 93-2 du 4 janv. 1993)* «la personne détenue ou son avocat» peut saisir directement d'une demande de mise en liberté la chambre de l'instruction qui statue dans les conditions prévues à l'article 148 (dernier alinéa).

Art. 148-5. *(L. n° 2019-222 du 23 mars 2019, art. 55)* En toute matière et en tout état de la procédure, toute personne placée en détention provisoire peut, à titre exceptionnel, faire l'objet d'une autorisation de sortie sous escorte selon des modalités prévues par décret. Les décisions accordant ou refusant ces autorisations peuvent faire l'objet du recours prévu au dernier alinéa de l'article 145-4-2.

Art. 148-6. *(L. n° 85-1407 du 30 déc. 1985)* Toute demande de mainlevée ou de modification du contrôle judiciaire ou de mise en liberté doit faire l'objet d'une déclaration au greffier de la juridiction d'instruction saisie du dossier ou à celui de la juridiction compétente en vertu de l'article 148-1.

Elle doit être constatée et datée par le greffier qui la signe ainsi que le demandeur ou son avocat. Si le demandeur ne peut signer, il en est fait mention par le greffier.

(L. n° 93-2 du 4 janv. 1993) «Lorsque la personne ou son avocat» ne réside pas dans le ressort de la juridiction compétente, la déclaration au greffier peut être faite au moyen d'une lettre recommandée avec demande d'avis de réception.

Art. 148-7. *(L. n° 85-1407 du 30 déc. 1985)* Lorsque *(L. n° 93-2 du 4 janv. 1993)* «la personne mise en examen», le prévenu ou l'accusé est détenu, la demande de mise en liberté peut aussi être faite au moyen d'une déclaration auprès du chef de l'établissement pénitentiaire.

Cette déclaration est constatée et datée par le chef de l'établissement pénitentiaire qui la signe, ainsi que le demandeur. Si celui-ci ne peut signer, il en est fait mention par le chef de l'établissement.

Ce document est adressé sans délai, en original ou en copie et par tout moyen, soit au greffier de la juridiction saisie du dossier, soit à celui de la juridiction compétente selon les distinctions de l'article 148-1.

Art. 148-8. *(L. n° 85-1407 du 30 déc. 1985)* Lorsque *(L. n° 93-2 du 4 janv. 1993)* «la personne mise en examen» entend saisir la chambre de l'instruction en application des dispositions des articles 140, troisième alinéa, 148, sixième alinéa, ou 148-4, sa demande est faite, dans les formes prévues par les articles 148-6 et 148-7, au greffier de la chambre de l'instruction compétente ou au chef de l'établissement pénitentiaire qui en assure la transmission.

(L. n° 89-461 du 6 juill. 1989) «Lorsque le président de la chambre de l'instruction constate que cette juridiction a été directement saisie, sur le fondement des articles 140, 148, sixième alinéa, ou 148-4, d'une demande de mainlevée du contrôle judiciaire ou de mise en liberté manifestement irrecevable, il peut décider, par une ordonnance motivée non susceptible de voie de recours, qu'il n'y a pas lieu de statuer sur cette demande; dans ce cas, la demande et l'ordonnance sont versées au dossier de la procédure.»

Sous-section 4 – De la réparation à raison d'une détention
(L. n° 2000-1354 du 30 déc. 2000).
(L. n° 70-643 du 17 juill. 1970)

Art. 149. *(L. n° 2000-516 du 15 juin 2000, art. 70-I; L. n° 2000-1354 du 30 déc. 2000, art. 1er à 3)* Sans préjudice de l'application des dispositions des articles L. 141-2 et L. 141-3 du code de l'organisation judiciaire, la personne qui a fait l'objet d'une détention provisoire au cours d'une procédure terminée à son égard par une décision de non-lieu, de relaxe ou d'acquittement devenue définitive a droit, à sa demande, à réparation intégrale du préjudice moral et matériel que lui a causé cette détention. Toutefois, aucune réparation n'est due lorsque cette décision a pour seul fondement la reconnaissance de son irresponsabilité au sens de l'article 122-1 du code pénal, une amnistie postérieure à la mise en détention provisoire, *(L. n° 2004-204 du 9 mars 2004, art. 103)* «ou la prescription de l'action publique intervenue après la libération de la personne, lorsque la personne était dans le même temps détenue pour autre cause,» ou lorsque la personne a fait l'objet d'une détention provisoire pour s'être librement et volontairement accusée ou laissé accuser à tort en vue de faire échapper l'auteur des faits aux poursuites. A la demande de l'intéressé, le préjudice est évalué par expertise contradictoire réalisée dans les conditions des articles 156 et suivants.

Lorsque la décision de non-lieu, de relaxe ou d'acquittement lui est notifiée, la personne est avisée de son droit de demander réparation, ainsi que des dispositions des articles 149-1 à 149-3 (premier alinéa).

Art. 149-1. *(L. n° 2000-1354 du 30 déc. 2000, art. 4)* «La réparation» *(L. n° 2000-516 du 15 juin 2000, art. 71, en vigueur le 16 déc. 2000)* prévue à l'article précédent est allouée par décision du premier président de la cour d'appel dans le ressort de laquelle a été prononcée la décision de non-lieu, de relaxe ou d'acquittement.

Art. 149-2. *(L. n° 2000-516 du 15 juin 2000, art. 71, en vigueur le 16 déc. 2000)* «Le premier président de la cour d'appel, saisi» *(L. n° 70-643 du 17 juill. 1970)* par voie de requête dans le délai de six mois de la décision de non-lieu, de relaxe ou d'acquittement devenue définitive, statue *(L. n° 2000-516 du 15 juin 2000, art. 70)* «par une décision motivée».

(L. n° 2000-516 du 15 juin 2000, art. 70) «Les débats ont lieu en audience publique, sauf opposition du requérant. A sa demande, celui-ci est entendu personnellement ou par l'intermédiaire de son conseil.»

Art. 149-3. *(L. n° 2000-516 du 15 juin 2000, art. 71, en vigueur le 16 déc. 2000)* Les décisions prises par le premier président de la cour d'appel peuvent, dans les dix jours de leur notification, faire l'objet d'un recours devant une commission nationale *(L. n° 2000-1354 du 30 déc. 2000)* «de réparation des détentions». Cette commission, placée auprès de la Cour de cassation, statue souverainement et ses décisions ne sont susceptibles d'aucun recours, de quelque nature que ce soit.

Le bureau de la Cour de cassation peut décider que la commission nationale comportera plusieurs formations.

La commission nationale, ou le cas échéant chacune des formations qu'elle comporte, est composée du premier président de la Cour de cassation, ou de son représentant, qui la préside, et de deux magistrats du siège de la Cour ayant le grade de président de chambre, de conseiller ou de conseiller référendaire, désignés annuellement par le bureau de la cour. Outre ces deux magistrats, ce bureau désigne également, dans les mêmes conditions, trois suppléants.

Les fonctions du ministère public sont remplies par le parquet général près la Cour de cassation.

Les dispositions de l'article 149-2 sont applicables aux décisions rendues par la commission nationale.

Art. 149-4. *(L. n° 2000-516 du 15 juin 2000, art. 71, en vigueur le 16 déc. 2000)* La procédure devant le premier président de la cour d'appel et la commission nationale, qui statuent en tant que juridictions civiles, est fixée par un décret en Conseil d'État.

Art. 150. *(L. n° 2000-1354 du 30 déc. 2000, art. 5)* «La réparation» *(L. n° 70-643 du 17 juill. 1970)* allouée en application de la présente sous-section est à la charge de l'État, sauf le recours de celui-ci contre le dénonciateur de mauvaise foi ou le faux témoin dont la faute aurait provoqué la détention ou sa prolongation. Elle est payée comme frais de justice criminelle.

162 Code de procédure pénale (articles 185 à 187-3)

TITRE III

DES JURIDICTIONS D'INSTRUCTION

CHAPITRE Ier

Du juge d'instruction : juridiction d'instruction du premier degré

Section XII

De l'appel des ordonnances du juge d'instruction ou du juge des libertés et de la détention

(L. n° 2000-516 du 15 juin 2000).

Art. 185. Le procureur de la République a le droit d'interjeter appel devant la chambre de l'instruction de toute ordonnance du juge d'instruction *(L. n° 2000-516 du 15 juin 2000, art. 132-X, en vigueur le 1er janv. 2001)* «ou du juge des libertés et de la détention».

(L. n° 85-1407 du 30 déc. 1985) «Cet appel, formé par déclaration au greffe du tribunal, doit être interjeté dans les *(L. n° 2019-222 du 23 mars 2019, art. 56-V)* «dix» jours qui suivent la notification de la décision.»

(L. n° 2000-1354 du 30 déc. 2000, art. 26 et 37, en vigueur le 1er janv. 2001) «En cas d'appel par la personne mise en examen de l'ordonnance de mise en accusation prévue par l'article 181, le procureur de la République dispose d'un délai d'appel incident de cinq jours supplémentaires à compter de l'appel de la personne mise en examen.»

Le droit d'appel appartient également dans tous les cas au procureur général. *(L. n° 2011-525 du 17 mai 2011, art. 156-11°)* «Celui-ci forme cet appel dans les dix jours qui suivent l'ordonnance du juge par déclaration au greffe du tribunal.»

Art. 186. *(L. n° 93-2 du 4 janv. 1993 ; L. n° 93-1013 du 24 août 1993)* «Le droit d'appel appartient à la personne mise en examen contre les ordonnances et décisions prévues par les articles *(L. n° 2007-291 du 5 mars 2007, art. 17-III, en vigueur le 1er juill. 2007)* «80-1-1,» 87, 139, 140, *(L. n° 2000-516 du 15 juin 2000, art. 132-XI, en vigueur le 1er janv. 2001)* «137-3» *(L. n° 2009-1436 du 24 nov. 2009, art. 93-VIII)* «, 142-6, 142-7», 145-1, 145-2, 148, *(L. n° 2007-291 du 5 mars 2007, art. 18-VII, en vigueur le 1er juill. 2007)* «167, quatrième alinéa,» 179, troisième alinéa» *(L. n° 2000-516 du 15 juin 2000, art. 82-II, en vigueur le 1er janv. 2001 ; L. n° 2015-993 du 17 août 2015, art. 2, en vigueur le 1er oct. 2015)* «, 181 et 696-70».

(L. n° 70-643 du 17 juill. 1970) La partie civile peut interjeter appel des ordonnances de non-informer, de non-lieu et des ordonnances faisant grief à ses intérêts civils. Toutefois, son appel ne peut, en aucun cas, porter sur une ordonnance ou sur la disposition d'une ordonnance relative à la détention *(L. n° 93-2 du 4 janv. 1993)* «de la personne mise en examen» ou au contrôle judiciaire.

(L. n° 93-2 du 4 janv. 1993) «Les parties» peuvent aussi interjeter appel de l'ordonnance par laquelle le juge a, d'office ou sur déclinatoire, statué sur sa compétence.

(L. n° 85-1407 du 30 déc. 1985) «L'appel *(L. n° 93-2 du 4 janv. 1993)* «des parties» ainsi que la requête prévue par le cinquième alinéa de l'article 99 doivent être formés dans les conditions et selon les modalités prévues par les articles 502 et 503, dans les dix jours qui suivent la notification ou la signification de la décision.»

Le dossier de l'information ou sa copie établie conformément à l'article 81 est transmis, avec l'avis motivé du procureur de la République, au procureur général, qui procède ainsi qu'il est dit aux articles 194 et suivants.

(L. n° 72-1226 du 29 déc. 1972) «Si le président de la *(L. n° 2000-516 du 15 juin 2000, art. 83, en vigueur le 1er janv. 2001)* «chambre de l'instruction» constate qu'il a été fait appel d'une ordonnance non visée aux alinéas 1 à 3 du présent article, il rend d'office une ordonnance de non-admission de l'appel qui n'est pas susceptible de voies de recours.» *(L. n° 2004-204 du 9 mars 2004, art. 107-I)* «Il en est de même lorsque l'appel a été formé après l'expiration du délai prévu au quatrième alinéa ou lorsque l'appel est devenu sans objet. Le président de la chambre de l'instruction est également compétent pour constater le désistement de l'appel formé par l'appelant.»

Art. 186-1. *(L. n° 93-2 du 4 janv. 1993)* «Les parties peuvent aussi interjeter appel des ordonnances prévues par le neuvième alinéa de l'article 81, par *(L. n° 2000-516 du 15 juin 2000, art. 22-II, en vigueur le 1er janv. 2001)* «les articles 82-1 et 82-3» *(L. n° 2007-291 du 5 mars 2007, art. 18-VII, en vigueur le 1er juill. 2007)* «et» par le deuxième alinéa de l'article 156».

(L. n° 72-1226 du 29 déc. 1972) Dans ce cas, le dossier de l'information, ou sa copie établie conformément à l'article 81, est transmis avec l'avis motivé du procureur de la République au président de la chambre de l'instruction.

Dans les huit jours de la réception de ce dossier, le président décide, par une ordonnance qui n'est pas susceptible de voie de recours, s'il y a lieu ou non de saisir la chambre de l'instruction de cet appel.

Dans l'affirmative, il transmet le dossier au procureur général qui procède ainsi qu'il est dit aux articles 194 et suivants.

Dans la négative, il ordonne *(L. n° 93-2 du 4 janv. 1993)* «par décision motivée» que le dossier de l'information soit renvoyé au juge d'instruction.

Art. 186-2. *(L. n° 2000-516 du 15 juin 2000, art. 82-III, en vigueur le 1er janv. 2001)* En cas d'appel contre une ordonnance prévue par l'article 181, la chambre de l'instruction statue dans les quatre mois *(L. n° 2016-731 du 3 juin 2016, art. 59, en vigueur le 1er août 2016)* «suivant la date de déclaration d'appel», faute de quoi, si la personne est détenue, elle est mise d'office en liberté.

Art. 186-3. *(L. n° 2004-204 du 9 mars 2004, art. 124-I, en vigueur le 1er oct. 2004)* La personne mise en examen et la partie civile peuvent interjeter appel des ordonnances prévues par le premier alinéa de l'article 179 dans le cas où elles estiment que les faits renvoyés devant le tribunal correctionnel constituent un crime qui aurait dû faire l'objet d'une ordonnance de mise en accusation devant la cour d'assises.

(L. n° 2007-291 du 5 mars 2007, art. 7-V et 30-III, en vigueur le 1er mars 2008) «Lorsque l'information a fait l'objet d'une cosaisine, elles peuvent également, en l'absence de cosignature par les juges d'instruction cosaisis conformément à l'article 83-2, interjeter appel de ces ordonnances.»

(L. n° 2016-731 du 3 juin 2016, art. 87) «Hors les cas prévus par le présent article, l'appel formé par la personne mise en examen ou la partie civile contre une ordonnance de renvoi devant le tribunal correctionnel est irrecevable et donne lieu à une ordonnance de non-admission de l'appel par le président de la chambre de l'instruction conformément au dernier alinéa de l'article 186. Il en est de même s'il est allégué que l'ordonnance de règlement statue également sur une demande formée avant l'avis prévu à l'article 175 mais à laquelle il n'a pas été répondu, ou sur une demande formée en application du *(L. n° 2019-222 du 23 mars 2019, art. 56-VIII et 109-XIII, en vigueur le 1er juin 2019)* «2° du IV» du même article 175, alors que cette demande était irrecevable ou que le président considère qu'il n'y a pas lieu d'en saisir la chambre de l'instruction conformément à l'article 186-1.»

Art. 186-4. *(L. n° 2016-731 du 3 juin 2016, art. 59, en vigueur le 1er août 2016)* En cas d'appel, même irrecevable, formé contre une ordonnance prévue au premier alinéa de l'article 179, la chambre de l'instruction statue dans les deux mois suivant la date de déclaration d'appel, faute de quoi la personne détenue est remise d'office en liberté.

Art. 186-5. *(L. n° 2016-731 du 3 juin 2016, art. 59, en vigueur le 1er août 2016)* Les délais relatifs à la durée de la détention provisoire prévus aux articles 145-1 à 145-3 ne sont plus applicables lorsque le juge d'instruction a rendu son ordonnance de renvoi devant la juridiction de jugement, même en cas d'appel formé contre cette ordonnance.

Art. 187. *(L. n° 93-1013 du 24 août 1993)* Lorsqu'il est interjeté appel d'une ordonnance autre qu'une ordonnance de règlement ou que la chambre de l'instruction est directement saisie, en application des articles 81, neuvième alinéa, 82-1, deuxième alinéa, 156, deuxième alinéa, ou 167, quatrième alinéa, le juge d'instruction poursuit son information *(L. n° 95-125 du 8 févr. 1995)* «y compris, le cas échéant, jusqu'au règlement de celle-ci», sauf décision contraire du président de la chambre de l'instruction. Cette décision n'est pas susceptible de recours.

Il en est de même lorsque la chambre de l'instruction est saisie d'une requête en nullité en application de l'article 173.

Art. 187-1. *(L. n° 96-1235 du 30 déc. 1996)* «En cas d'appel d'une ordonnance de placement en détention provisoire, la personne mise en examen ou le procureur de la République peut, si l'appel est interjeté au plus tard le jour suivant la décision de placement en détention, demander au président de la chambre de l'instruction ou, en cas d'empêchement, au magistrat qui le remplace, d'examiner immédiatement son appel sans attendre l'audience de la chambre de l'instruction. Cette demande doit, à peine d'irrecevabilité, être formée en même temps que l'appel devant la chambre de l'instruction. La personne mise en examen, son avocat ou le procureur de la République peut joindre toutes observations écrites à l'appui de la demande. A sa demande, l'avocat de la personne mise en examen présente oralement des observations devant le président de la chambre de l'instruction ou le magistrat qui le remplace, lors d'une audience de cabinet dont est avisé le ministère public pour qu'il y prenne, le cas échéant, ses réquisitions, l'avocat ayant la parole en dernier.

«Le président de la chambre de l'instruction ou le magistrat qui le remplace statue au plus tard le troisième jour ouvrable suivant la demande, au vu des éléments du dossier de la procédure, par une ordonnance non motivée qui n'est pas susceptible de recours.

«Le président de la chambre de l'instruction ou le magistrat qui le remplace peut, s'il estime que les conditions prévues par l'article 144 ne sont pas remplies, infirmer l'ordonnance *(L. n° 2000-1354 du 30 déc. 2000, art. 16-I)* «du juge des libertés et de la détention» et ordonner la remise en liberté de la personne. La chambre de l'instruction est alors dessaisie.

«Dans le cas contraire, il doit renvoyer l'examen de l'appel à la chambre de l'instruction.

«S'il infirme l'ordonnance *(L. n° 2000-1354 du 30 déc. 2000, art. 16-I)* «du juge des libertés et de la détention», le président de la chambre de l'instruction ou le magistrat qui le remplace peut ordonner le placement sous contrôle judiciaire de la personne mise en examen.

«Si l'examen de l'appel est renvoyé à la chambre de l'instruction, la décision est portée à la connaissance du procureur général. Elle est notifiée à la personne mise en examen par le greffe de l'établissement pénitentiaire qui peut, le cas échéant, recevoir le désistement d'appel de cette dernière.»

(L. n° 93-1013 du 24 août 1993) La déclaration d'appel et la demande prévue au premier alinéa du présent article peuvent être constatées *(L. n° 2000-1354 du 30 déc. 2000, art. 16-II)* «par le juge des libertés et de la détention» à l'issue du débat contradictoire prévu par le quatrième alinéa de l'article 145. Pour l'application du deuxième alinéa du présent article, la transmission du dossier de la procédure au président de la chambre de l'instruction peut être effectuée par télécopie.

Art. 187-2. *(L. n° 2000-516 du 15 juin 2000, art. 64-I, en vigueur le 1er janv. 2001)* La personne qui forme le recours prévu par l'article 187-1 peut demander à ce qu'il soit directement examiné par la chambre de l'instruction. Il est alors statué au plus tard, au vu des éléments du dossier, le cinquième jour ouvrable suivant la demande.

Art. 187-3. *(L. n° 2002-1138 du 9 sept. 2002, art. 38, en vigueur le 1er nov. 2002)* Dans le cas prévu par le deuxième alinéa de l'article 148-1-1, le procureur de la République qui interjette appel d'une ordonnance de mise en liberté contraire à ses réquisitions dans un délai de quatre heures à compter de sa notification doit, à peine d'irrecevabilité, saisir dans le même temps le premier président de la cour d'appel ou, en cas d'empêchement, le magistrat qui le remplace, d'un référé-détention afin de déclarer cet appel suspensif. Le procureur de la République joint à sa demande les observations écrites justifiant le maintien en détention de la personne. La personne mise en examen et son avocat peuvent également présenter les observations écrites qu'ils jugent utiles.

Le premier président de la cour d'appel ou le magistrat qui le remplace statue au plus tard le deuxième jour ouvrable suivant la demande. Pendant cette durée, les effets de l'ordonnance de mise en liberté sont suspendus et la personne reste détenue. A défaut pour le premier président de la cour d'appel ou le magistrat qui le remplace de statuer dans ce délai, la personne est remise en liberté, sauf si elle est détenue pour une autre cause.

Le premier président de la cour d'appel ou le magistrat qui le remplace statue au vu des éléments du dossier de la procédure, par une ordonnance motivée qui n'est pas susceptible de recours. A sa demande, l'avocat de la personne mise en examen peut présenter des observations orales devant ce magistrat, lors d'une audience de cabinet dont le ministère public est avisé pour qu'il y prenne, le cas échéant, ses réquisitions.

Si le premier président de la cour d'appel ou le magistrat qui le remplace estime que le maintien en détention de la personne est manifestement nécessaire au vu d'au moins deux des critères prévus par les dispositions de l'article 144 jusqu'à ce que la chambre d'instruction statue sur l'appel du ministère public, il ordonne la suspension des effets de l'ordonnance de mise en liberté jusqu'à cette date. La personne mise en examen ne peut alors être mise en liberté jusqu'à l'audience de la chambre de l'instruction devant laquelle sa comparution personnelle est de droit; la chambre de l'instruction doit se prononcer dans les plus brefs délais et au plus tard dans les dix jours de l'appel, faute de quoi la personne est mise d'office en liberté si elle n'est pas détenue pour une autre cause.

Dans le cas contraire, le premier président de la cour d'appel ou le magistrat qui le remplace ordonne que la personne soit mise en liberté si elle n'est pas détenue pour une autre cause.

A peine de nullité, le magistrat ayant statué sur la demande de référé-détention ne peut faire partie de la composition de la chambre de l'instruction qui statuera sur l'appel du ministère public.

La transmission du dossier de la procédure au premier président de la cour d'appel ou au magistrat qui le remplace peut être effectuée par télécopie.

Section 7

L'hospitalisation sans consentement

163 Code de la santé publique (articles L. 3211-2-1 à L. 3211-3, L. 3211-12 à L. 3211-12-6, L. 3212-1 à L. 3212-12 et L. 3213-1 à L. 3213-11)

TITRE Ier

MODALITÉS DE SOINS PSYCHIATRIQUES

CHAPITRE Ier

Droits des personnes faisant l'objet de soins psychiatriques

Art. L. 3211-2-1. *(L. nº 2013-869 du 27 sept. 2013, art. 1er-1º)* I. — Une personne faisant l'objet de soins psychiatriques en application des chapitres II et III du présent titre ou de l'article 706-135 du code de procédure pénale est dite en soins psychiatriques sans consentement.

La personne est prise en charge :

1º Soit sous la forme d'une hospitalisation complète dans un établissement mentionné à l'article L. 3222-1 du présent code;

2º Soit sous toute autre forme, pouvant comporter des soins ambulatoires, des soins à domicile dispensés par un établissement mentionné au même article L. 3222-1 et, le cas échéant, une hospitalisation à domicile, des séjours à temps partiel ou des séjours de courte durée à temps complet effectués dans un établissement mentionné audit article L. 3222-1.

II. — Lorsque les soins prennent la forme prévue au 2° du I, un programme de soins est établi par un psychiatre de l'établissement d'accueil et ne peut être modifié, afin de tenir compte de l'évolution de l'état de santé du patient, que dans les mêmes conditions. Le programme de soins définit les types de soins, leur périodicité et les lieux de leur réalisation, dans des conditions déterminées par décret en Conseil d'État.

Pour l'établissement et la modification du programme de soins, le psychiatre de l'établissement d'accueil recueille l'avis du patient lors d'un entretien au cours duquel il donne au patient l'information prévue à l'article L. 3211-3 et l'avise des dispositions du III du présent article et de celles de l'article L. 3211-11.

III. — Aucune mesure de contrainte ne peut être mise en œuvre à l'égard d'un patient pris en charge sous la forme prévue au 2° du I.

Art. L. 3211-2-2. *(L. n° 2011-803 du 5 juill. 2011, art. 1er-I-5°)* Lorsqu'une personne est admise en soins psychiatriques en application des chapitres II ou III du présent titre, elle fait l'objet d'une période d'observation et de soins initiale sous la forme d'une hospitalisation complète.

Dans les vingt-quatre heures suivant l'admission, un médecin réalise un examen somatique complet de la personne et un psychiatre de l'établissement d'accueil établit un certificat médical constatant son état mental et confirmant ou non la nécessité de maintenir les soins psychiatriques au regard des conditions d'admission définies aux articles L. 3212-1 ou L. 3213-1. Ce psychiatre ne peut être l'auteur du certificat médical ou d'un des deux certificats médicaux sur la base desquels la décision d'admission a été prononcée.

Dans les soixante-douze heures suivant l'admission, un nouveau certificat médical est établi dans les mêmes conditions que celles prévues au deuxième alinéa du présent article.

(L. n° 2013-869 du 27 sept. 2013, art. 1er-2°) «Lorsque les deux certificats médicaux ont conclu à la nécessité de maintenir les soins psychiatriques, le psychiatre propose dans le certificat mentionné au troisième alinéa du présent article la forme de la prise en charge mentionnée aux 1° et 2° du I de l'article L. 3211-2-1 et, le cas échéant, le programme de soins. Cette proposition est motivée au regard de l'état de santé du patient et de l'expression de ses troubles mentaux.»

Art. L. 3211-2-3. *(L. n° 2011-803 du 5 juill. 2011, art. 1er-I-5°)* Lorsqu'une personne remplissant les conditions pour être admise en soins psychiatriques prévues aux chapitres II et III du présent titre est prise en charge en urgence par un établissement de santé qui *(L. n° 2016-41 du 26 janv. 2016, art. 69-I-2°)* «n'assure pas, en application de l'article L. 3222-1, la prise en charge des personnes faisant l'objet de soins psychiatriques au titre des chapitres II à IV du présent titre ou de l'article 706-135 du code de procédure pénale», son transfert vers un établissement exerçant cette mission est organisé, selon des modalités prévues par convention, dans des délais adaptés à son état de santé et au plus tard sous quarante-huit heures. La période d'observation et de soins initiale mentionnée à l'article L. 3211-2-2 prend effet dès le début de la prise en charge.

Art. L. 3211-3. Lorsqu'une personne atteinte de troubles mentaux *(L. n° 2011-803 du 5 juill. 2011, art. 1er-I-6°)* «fait l'objet de soins psychiatriques» en application des dispositions des chapitres II et III du présent titre *(L. n° 2004-806 du 9 août 2004, art. 120; L. n° 2011-803 du 5 juill. 2011, art. 1er-I-6°)* «ou est transportée en vue de ces soins», les restrictions à l'exercice de ses libertés individuelles doivent être *(L. n° 2011-803 du 5 juill. 2011, art. 1er-I-6°)* «adaptées, nécessaires et proportionnées à son état mental et à la mise en œuvre du traitement requis». En toutes circonstances, la dignité de la personne doit être respectée et sa réinsertion recherchée.

(L. n° 2011-803 du 5 juill. 2011, art. 1er-I-6°) «Avant chaque décision prononçant le maintien des soins en application des articles L. 3212-4, L. 3212-7» et L. 3213-4 ou définissant la forme de la prise en charge en application des articles L. 3211-12-5, L. 3212-4, L. 3213-1 et L. 3213-3, la personne faisant l'objet de soins psychiatriques est, dans la mesure où son état le permet, informée de ce projet de décision et mise à même de faire valoir ses observations, par tout moyen et de manière appropriée à cet état.

«En outre, toute personne faisant l'objet de soins psychiatriques en application des chapitres II et III du présent titre ou de l'article 706-135 du code de procédure pénale est informée :

«*a)* Le plus rapidement possible et d'une manière appropriée à son état, de la décision d'admission et de chacune des décisions mentionnées au deuxième alinéa du présent article, ainsi que des raisons qui les motivent;

«*b)* Dès l'admission ou aussitôt que son état le permet et, par la suite, à sa demande et après chacune des décisions mentionnées au même deuxième alinéa, de sa situation juridique, de ses droits, des voies de recours qui lui sont ouvertes et des garanties qui lui sont offertes en application de l'article L. 3211-12-1.

«L'avis de cette personne sur les modalités des soins doit être recherché et pris en considération dans toute la mesure du possible.»

En tout état de cause, elle dispose du droit :

1° De communiquer avec les autorités mentionnées à l'article L. 3222-4;

2° De saisir la commission prévue à l'article L. 3222-5 *(L. n° 2011-803 du 5 juill. 2011, art. 1er-I-6°)* «et, lorsqu'elle est hospitalisée, la commission mentionnée à l'article L. 1112-3;

«3° De porter à la connaissance du Contrôleur général des lieux de privation de liberté des faits ou situations susceptibles de relever de sa compétence;»

4° De prendre conseil d'un médecin ou d'un avocat de son choix;

5° D'émettre ou de recevoir des courriers;

6° De consulter le règlement intérieur de l'établissement et de recevoir les explications qui s'y rapportent;

7° D'exercer son droit de vote;

8° De se livrer aux activités religieuses ou philosophiques de son choix.

Ces droits, à l'exception de ceux mentionnés aux *(L. n° 2011-803 du 5 juill. 2011, art. 1er-I-6°)* «5°, 7° et 8°», peuvent être exercés à leur demande par les parents ou les personnes susceptibles d'agir dans l'intérêt du malade.

Art. L. 3211-12. *(L. n° 2011-803 du 5 juill. 2011, art. 1er-I-14°)* I. — Le juge des libertés et de la détention dans le ressort duquel se situe l'établissement d'accueil peut être saisi, à tout moment, aux fins d'ordonner, à bref délai, la mainlevée immédiate d'une mesure de soins psychiatriques prononcée en application des chapitres II à IV du présent titre ou de l'article 706-135 du code de procédure pénale, quelle qu'en soit la forme.

La saisine peut être formée par :

1° La personne faisant l'objet des soins;

2° Les titulaires de l'autorité parentale ou le tuteur si la personne est mineure;

3° La personne chargée de sa protection si, majeure, elle a été placée en tutelle ou en curatelle;

4° Son conjoint, son concubin, la personne avec laquelle elle est liée par un pacte civil de solidarité;

5° La personne qui a formulé la demande de soins;

6° Un parent ou une personne susceptible d'agir dans l'intérêt de la personne faisant l'objet des soins;

7° Le procureur de la République.

Le juge des libertés et de la détention peut également se saisir d'office, à tout moment. A cette fin, toute personne intéressée peut porter à sa connaissance les informations qu'elle estime utiles sur la situation d'une personne faisant l'objet d'une telle mesure.

(L. nº 2013-869 du 27 sept. 2013, art. 4) «II. — Le juge des libertés et de la détention ne peut statuer qu'après avoir recueilli l'avis du collège mentionné à l'article L. 3211-9 du présent code lorsque la personne fait l'objet d'une mesure de soins ordonnée en application de l'article L. 3213-7 du même code ou de l'article 706-135 du code de procédure pénale à la suite d'un classement sans suite, d'une décision d'irresponsabilité pénale ou d'un jugement ou arrêt de déclaration d'irresponsabilité pénale prononcés sur le fondement du premier alinéa de l'article 122-1 du code pénal et concernant des faits punis d'au moins cinq ans d'emprisonnement en cas d'atteinte aux personnes ou d'au moins dix ans d'emprisonnement en cas d'atteinte aux biens.

«Le juge ne peut, en outre, décider la mainlevée de la mesure qu'après avoir recueilli deux expertises établies par les psychiatres inscrits sur les listes mentionnées à l'article L. 3213-5-1 du présent code.

«Le juge fixe les délais dans lesquels l'avis du collège et les deux expertises prévus au présent II doivent être produits, dans une limite maximale fixée par décret en Conseil d'État. Passés *[Passé]* ces délais, il statue immédiatement.»

III. — Le juge des libertés et de la détention ordonne, s'il y a lieu, la mainlevée de la mesure d'hospitalisation complète.

Lorsqu'il ordonne cette mainlevée, il peut, au vu des éléments du dossier et par décision motivée, décider que la mainlevée prend effet dans un délai maximal de vingt-quatre heures afin qu'un programme de soins puisse, le cas échéant, être établi en application de l'article L. 3211-2-1. Dès l'établissement de ce programme ou à l'issue du délai mentionné à la phrase précédente, la mesure d'hospitalisation complète prend fin.

Art. L. 3211-12-1. *(L. nº 2013-869 du 27 sept. 2013, art. 5 et 14-I)* I. — L'hospitalisation complète d'un patient ne peut se poursuivre sans que le juge des libertés et de la détention, préalablement saisi par le directeur de l'établissement lorsque l'hospitalisation a été prononcée en application du chapitre II du présent titre ou par le représentant de l'État dans le département lorsqu'elle a été prononcée en application du chapitre III du présent titre, de l'article L. 3214-3 du présent code ou de l'article 706-135 du code de procédure pénale, ait statué sur cette mesure :

1° Avant l'expiration d'un délai de douze jours à compter de l'admission prononcée en application des chapitres II ou III du présent titre ou de l'article L. 3214-3 du même code. Le juge des libertés et de la détention est alors saisi dans un délai de huit jours à compter de cette admission;

2° Avant l'expiration d'un délai de douze jours à compter de la décision modifiant la forme de la prise en charge du patient et procédant à son hospitalisation complète en application, respectivement, du dernier alinéa de l'article L. 3212-4 ou du III de l'article

L. 3213-3. Le juge des libertés et de la détention est alors saisi dans un délai de huit jours à compter de cette décision;

3° Avant l'expiration d'un délai de six mois à compter soit de toute décision judiciaire prononçant l'hospitalisation en application de l'article 706-135 du code de procédure pénale, soit de toute décision prise par le juge des libertés et de la détention en application du présent I ou des articles L. 3211-12 *(L. n° 2016-41 du 26 janv. 2016, art. 70)* «, L. 3213-3, L. 3213-8» ou L. 3213-9-1 du présent code, lorsque le patient a été maintenu en hospitalisation complète de manière continue depuis cette décision. Toute décision du juge des libertés et de la détention prise avant l'expiration de ce délai en application du 2° du présent I ou de l'un des mêmes articles L. 3211-12 *(L. n° 2016-41 du 26 janv. 2016, art. 70)* «, L. 3213-3, L. 3213-8» ou L. 3213-9-1, ou toute nouvelle décision judiciaire prononçant l'hospitalisation en application de l'article 706-135 du code de procédure pénale fait courir à nouveau ce délai. Le juge des libertés et de la détention est alors saisi quinze jours au moins avant l'expiration du délai de six mois prévu au présent 3°.

Toutefois, lorsque le juge des libertés et de la détention a ordonné, avant l'expiration de l'un des délais mentionnés aux 1° à 3° du présent I, une expertise soit en application du III du présent article, soit, à titre exceptionnel, en considération de l'avis mentionné au II, ce délai est prolongé d'une durée qui ne peut excéder quatorze jours à compter de la date de cette ordonnance. L'hospitalisation complète du patient est alors maintenue jusqu'à la décision du juge, sauf s'il y est mis fin en application des chapitres II ou III du présent titre. L'ordonnance mentionnée au présent alinéa peut être prise sans audience préalable.

Le juge fixe les délais dans lesquels l'expertise mentionnée à l'avant-dernier alinéa du présent I doit être produite, dans une limite maximale fixée par décret en Conseil d'État. Passés *[Passé]* ces délais, il statue immédiatement.

II. — La saisine mentionnée au I du présent article est accompagnée de l'avis motivé d'un psychiatre de l'établissement d'accueil se prononçant sur la nécessité de poursuivre l'hospitalisation complète.

Lorsque le patient relève de l'un des cas mentionnés au II de l'article L. 3211-12, l'avis prévu au premier alinéa du présent II est rendu par le collège mentionné à l'article L. 3211-9.

III. — Le juge des libertés et de la détention ordonne, s'il y a lieu, la mainlevée de la mesure d'hospitalisation complète.

Lorsqu'il ordonne cette mainlevée, il peut, au vu des éléments du dossier et par décision motivée, décider que la mainlevée prend effet dans un délai maximal de vingt-quatre heures, afin qu'un programme de soins puisse, le cas échéant, être établi en application du II de l'article L. 3211-2-1. Dès l'établissement de ce programme ou à l'issue du délai mentionné à la première phrase du présent alinéa, la mesure d'hospitalisation complète prend fin.

Toutefois, lorsque le patient relève de l'un des cas mentionnés au II de l'article L. 3211-12, le juge ne peut décider la mainlevée de la mesure qu'après avoir recueilli deux expertises établies par les psychiatres inscrits sur les listes mentionnées à l'article L. 3213-5-1.

IV. — Lorsque le juge des libertés et de la détention n'a pas statué avant l'expiration du délai de douze jours prévu aux 1° et 2° du I ou du délai de six mois prévu au 3° du même I, la mainlevée de la mesure d'hospitalisation complète est acquise à l'issue de chacun de ces délais.

Si le juge des libertés et de la détention est saisi après l'expiration du délai de huit jours prévu aux 1° et 2° du I ou du délai de quinze jours prévu au 3° du même I, il constate sans débat que la mainlevée de l'hospitalisation complète est acquise, à moins qu'il ne soit justifié de circonstances exceptionnelles à l'origine de la saisine tardive et que le débat puisse avoir lieu dans le respect des droits de la défense.

Art. L. 3211-12-2. *(L. n° 2013-869 du 27 sept. 2013, art. 6 et 14-I)* I. — Lorsqu'il est saisi en application des articles L. 3211-12 ou L. 3211-12-1, le juge, après débat contradictoire, statue publiquement. Il peut décider que les débats ont lieu ou se poursuivent en chambre du conseil s'il doit résulter de leur publicité une atteinte à l'intimité de la vie privée, s'il survient des désordres de nature à troubler la sérénité de la justice ou si l'une des parties le demande. Il est fait droit à cette demande lorsqu'elle émane de la personne faisant l'objet de soins psychiatriques.

A l'audience, la personne faisant l'objet de soins psychiatriques est entendue, assistée ou représentée par un avocat choisi, désigné au titre de l'aide juridictionnelle ou commis d'office. Si, au vu d'un avis médical motivé, des motifs médicaux font obstacle, dans son intérêt, à son audition, la personne est représentée par un avocat dans les conditions prévues au présent alinéa.

Le juge des libertés et de la détention statue dans une salle d'audience attribuée au ministère de la justice, spécialement aménagée sur l'emprise de l'établissement d'accueil ou, en cas de nécessité, sur l'emprise d'un autre établissement de santé situé dans le ressort du tribunal de grande instance, dans les circonstances et selon les modalités prévues par une convention conclue entre le tribunal de grande instance et l'agence régionale de santé. Cette salle doit permettre d'assurer la clarté, la sécurité et la sincérité des débats ainsi que l'accès du public. Lorsque ces conditions ne sont pas satisfaites, le juge, soit d'office, soit sur demande de l'une des parties, statue au siège du tribunal de grande instance. *(L. n° 2016-41 du 26 janv. 2016, art. 71)* « En cas de transfert de la personne faisant l'objet de soins psychiatriques dans un autre établissement de santé, après que la saisine du juge des libertés et de la détention a été effectuée, l'établissement d'accueil est celui dans lequel la prise en charge du patient était assurée au moment de la saisine. »

II. — Lorsque le juge des libertés et de la détention statue dans la salle mentionnée au dernier alinéa du I, le président du tribunal de grande instance peut, en cas de nécessité, autoriser qu'une seconde audience soit tenue le même jour au siège du tribunal de grande instance.

Art. L. 3211-12-3. *(L. n° 2011-803 du 5 juill. 2011, art. 1er-I-15°)* Le juge des libertés et de la détention saisi en application de l'article L. 3211-12-1 peut, si un recours a été formé sur le fondement de l'article L. 3211-12, statuer par une même décision suivant la procédure prévue au même article L. 3211-12-1.

Art. L. 3211-12-4. *(L. n° 2011-803 du 5 juill. 2011, art. 1er-I-15°)* L'ordonnance du juge des libertés et de la détention prise en application des articles L. 3211-12 ou L. 3211-12-1 est susceptible d'appel devant le premier président de la cour d'appel ou son délégué. Le débat est tenu selon les modalités prévues à l'article L. 3211-12-2 *(L. n° 2013-869 du 27 sept. 2013, art. 7-1°)* « , à l'exception du dernier alinéa du I ».

L'appel formé à l'encontre de l'ordonnance mentionnée au premier alinéa n'est pas suspensif. Le premier président de la cour d'appel ou son délégué statue alors à bref délai dans des conditions définies par décret en Conseil d'État. *(L. n° 2013-869 du*

27 sept. 2013, art. 7-2°) « Lorsque l'ordonnance mentionnée au même premier alinéa a été prise en application de l'article L. 3211-12-1, un avis rendu par un psychiatre de l'établissement d'accueil de la personne admise en soins psychiatriques sans consentement se prononçant sur la nécessité de poursuivre l'hospitalisation complète est adressé au greffe de la cour d'appel au plus tard quarante-huit heures avant l'audience. »

Toutefois, lorsque le juge des libertés et de la détention ordonne la mainlevée d'une mesure de soins psychiatriques sous la forme d'une hospitalisation complète ou constate la mainlevée de cette mesure, le procureur de la République peut demander au premier président de la cour d'appel ou à son délégué de déclarer le recours suspensif en cas de risque grave d'atteinte à l'intégrité du malade ou d'autrui. Dans ce cas, l'appel, accompagné de la demande faisant état du risque grave d'atteinte à l'intégrité du malade ou d'autrui, est formé dans un délai de six heures à compter de la notification de l'ordonnance à l'auteur de la saisine et transmis au premier président de la cour d'appel ou à son délégué. Celui-ci décide, sans délai, s'il y a lieu de donner à cet appel un effet suspensif en fonction du risque grave d'atteinte à l'intégrité du malade ou d'autrui. Il statue par une ordonnance motivée qui n'est pas susceptible de recours. Le patient est maintenu en hospitalisation complète jusqu'à ce que cette ordonnance soit rendue et, si elle donne un effet suspensif à l'appel, jusqu'à ce qu'il soit statué sur le fond, sauf s'il est mis fin à l'hospitalisation complète en application des chapitres II ou III du présent titre.

Lorsqu'il a été donné un effet suspensif à l'appel, le premier président de la cour d'appel ou son délégué se prononce sur la demande en appel dans un délai de trois jours à compter de la déclaration d'appel. Toutefois, par une ordonnance qui peut être prise sans audience préalable, il peut, avant l'expiration de ce délai, ordonner une expertise. Il se prononce alors dans un délai de quatorze jours à compter de la date de cette ordonnance. En l'absence de décision à l'issue de l'un ou l'autre de ces délais, la mainlevée est acquise.

Art. L. 3211-12-5. *(L. n° 2011-803 du 5 juill. 2011, art. 1er-I-15°)* Lorsque la mainlevée d'une mesure d'hospitalisation complète est acquise en application du IV de l'article L. 3211-12-1, le patient peut, dès cette mainlevée, faire l'objet de soins psychiatriques sous la forme mentionnée au 2° *(L. n° 2013-869 du 27 sept. 2013, art. 1er-4°)* « du I » de l'article L. 3211-2-1 si les conditions prévues au I des articles L. 3212-1 ou L. 3213-1 sont toujours réunies et selon les modalités prévues, respectivement, aux chapitres II ou III du présent titre.

Dans ce cas, un programme de soins est établi en application de l'article L. 3211-2-1. La période d'observation et de soins initiale mentionnée à l'article L. 3211-2-2 n'est pas applicable.

Art. L. 3211-12-6. *(L. n° 2011-803 du 5 juill. 2011, art. 1er-I-15°)* Lorsque la mesure de soins psychiatriques dont une personne fait l'objet est levée en application du présent chapitre ou des chapitres II ou III du présent titre, un psychiatre de l'établissement d'accueil l'informe, en tant que de besoin, de la nécessité de poursuivre son traitement en soins libres et lui indique les modalités de soins qu'il estime les plus appropriées à son état.

CHAPITRE II

Admission en soins psychiatriques à la demande d'un tiers ou en cas de péril imminent

(L. n° 2011-803 du 5 juill. 2011, art. 2-1°, en vigueur le 1er août 2011).

Art. L. 3212-1. *(L. n° 2011-803 du 5 juill. 2011, art. 2-2°)* I. — Une personne atteinte de troubles mentaux ne peut faire l'objet de soins psychiatriques sur la décision du directeur d'un établissement mentionné à l'article L. 3222-1 que lorsque les deux conditions suivantes sont réunies :

1° Ses troubles mentaux rendent impossible son consentement;

2° Son état mental impose des soins immédiats assortis soit d'une surveillance médicale constante justifiant une hospitalisation complète, soit d'une surveillance médicale régulière justifiant une prise en charge sous la forme mentionnée au 2° *(L. n° 2013-869 du 27 sept. 2013, art. 1er-4°)* «du I» de l'article L. 3211-2-1.

II. — Le directeur de l'établissement prononce la décision d'admission :

1° Soit lorsqu'il a été saisi d'une demande présentée par un membre de la famille du malade ou par une personne justifiant de l'existence de relations avec le malade antérieures à la demande de soins et lui donnant qualité pour agir dans l'intérêt de celui-ci, à l'exclusion des personnels soignants exerçant dans l'établissement prenant en charge la personne malade. Lorsqu'il remplit les conditions prévues au présent alinéa, le tuteur ou le curateur d'un majeur protégé peut faire une demande de soins pour celui-ci.

La forme et le contenu de cette demande sont fixés par décret en Conseil d'État.

La décision d'admission est accompagnée de deux certificats médicaux circonstanciés datant de moins de quinze jours, attestant que les conditions prévues aux 1° et 2° du I du présent article sont réunies.

Le premier certificat médical ne peut être établi que par un médecin n'exerçant pas dans l'établissement accueillant le malade; il constate l'état mental de la personne malade, indique les caractéristiques de sa maladie et la nécessité de recevoir des soins. Il doit être confirmé par un certificat d'un second médecin qui peut exercer dans l'établissement accueillant le malade. Les deux médecins ne peuvent être parents ou alliés, au quatrième degré inclusivement, ni entre eux, ni du directeur de l'établissement mentionné à l'article L. 3222-1 qui prononce la décision d'admission, ni de la personne ayant demandé les soins ou de la personne faisant l'objet de ces soins;

2° Soit lorsqu'il s'avère impossible d'obtenir une demande dans les conditions prévues au 1° du présent II et qu'il existe, à la date d'admission, un péril imminent pour la santé de la personne, dûment constaté par un certificat médical établi dans les conditions prévues au troisième alinéa du même 1°. Ce certificat constate l'état mental de la personne malade, indique les caractéristiques de sa maladie et la nécessité de recevoir des soins. Le médecin qui établit ce certificat ne peut exercer dans l'établissement accueillant la personne malade; il ne peut en outre être parent ou allié, jusqu'au quatrième degré inclusivement, ni avec le directeur de cet établissement ni avec la personne malade.

Dans ce cas, le directeur de l'établissement d'accueil informe, dans un délai de vingt-quatre heures sauf difficultés particulières, la famille de la personne qui fait l'objet de soins et, le cas échéant, la personne chargée de la protection juridique de l'intéressé ou, à défaut, toute personne justifiant de l'existence de relations avec la personne malade antérieures à l'admission en soins et lui donnant qualité pour agir dans l'intérêt de celle-ci.

Lorsque l'admission a été prononcée en application du présent 2°, les certificats médicaux mentionnés aux deuxième et troisième alinéas de l'article L. 3211-2-2 sont établis par deux psychiatres distincts.

Art. L. 3212-2. *(L. n° 2011-803 du 5 juill. 2011, art. 2-2°)* Avant d'admettre une personne en soins psychiatriques en application de l'article L. 3212-1, le directeur de l'établissement d'accueil s'assure de son identité. Lorsque la personne est admise en application du 1° du II du même article L. 3212-1, le directeur de l'établissement vérifie également que la demande de soins a été établie conformément au même 1° et s'assure de l'identité de la personne qui formule la demande de soins. Si la demande est formulée pour un majeur protégé par son tuteur ou curateur, celui-ci doit fournir à l'appui de sa demande un extrait du jugement de mise sous tutelle ou curatelle.

Art. L. 3212-3. *(L. n° 2011-803 du 5 juill. 2011, art. 2-2°)* En cas d'urgence, lorsqu'il existe un risque grave d'atteinte à l'intégrité du malade, le directeur d'un établissement mentionné à l'article L. 3222-1 peut, à titre exceptionnel, prononcer à la demande d'un tiers l'admission en soins psychiatriques d'une personne malade au vu d'un seul certificat médical émanant, le cas échéant, d'un médecin exerçant dans l'établissement. Dans ce cas, les certificats médicaux mentionnés aux deuxième et troisième alinéas de l'article L. 3211-2-2 sont établis par deux psychiatres distincts.

Préalablement à l'admission, le directeur de l'établissement d'accueil vérifie que la demande de soins a été établie conformément au 1° du II de l'article L. 3212-1 et s'assure de l'identité de la personne malade et de celle qui demande les soins. Si la demande est formulée pour un majeur protégé par son tuteur ou curateur, celui-ci doit fournir à l'appui de sa demande un extrait de jugement de mise sous tutelle ou curatelle.

Art. L. 3212-4. *(L. n° 2011-803 du 5 juill. 2011, art. 2-2°)* Lorsque l'un des deux certificats médicaux mentionnés aux deuxième et troisième alinéas de l'article L. 3211-2-2 conclut que l'état de la personne ne justifie plus la mesure de soins, le directeur de l'établissement d'accueil prononce immédiatement la levée de cette mesure.

Lorsque les deux certificats médicaux ont conclu à la nécessité de prolonger les soins, le directeur de l'établissement prononce le maintien des soins *(L. n° 2013-869 du 27 sept. 2013, art. 8-1°)* «pour une durée d'un mois,» en retenant la forme de la prise en charge proposée par le psychiatre en application du même article L. 3211-2-2. Il joint à sa décision, le cas échéant, le programme de soins établi par le psychiatre.

Dans l'attente de la décision du directeur de l'établissement, la personne malade est prise en charge sous la forme d'une hospitalisation complète.

Lorsque le psychiatre qui participe à la prise en charge de la personne malade propose de modifier la forme de prise en charge de celle-ci, le directeur de l'établissement est tenu de la modifier sur la base du certificat médical ou de l'avis mentionnés à l'article L. 3211-11.

Art. L. 3212-5. *(L. n° 2016-41 du 26 janv. 2016, art. 69-I-4°-a)* «I. — Le directeur de l'établissement d'accueil transmet sans délai au représentant de l'État dans le département ou, à Paris, au préfet de police, et à la commission départementale des soins psychiatriques mentionnée à l'article L. 3222-5 toute décision d'admission d'une personne en soins psychiatriques en application du présent chapitre. Il transmet également sans délai à cette commission une copie du certificat médical d'admission, du bulletin d'entrée et de chacun des certificats médicaux mentionnés aux deuxième et troisième alinéas de l'article L. 3211-2-2.»

III. — Dans le cas où la personne malade a été admise en application du 1° du II de l'article L. 3212-1 ou de l'article L. 3212-3 et fait l'objet d'une prise en charge sous la forme d'une hospitalisation complète, le directeur de l'établissement d'accueil informe la personne ayant demandé les soins de toute décision modifiant la forme de la prise en charge.

Art. L. 3212-7. *(L. n° 2011-803 du 5 juill. 2011, art. 2-4°) (L. n° 2013-869 du 27 sept. 2013, art. 8-2°-a et b)* «A l'issue de la première période de soins psychiatriques prononcée en application du deuxième alinéa de l'article L. 3212-4, les soins peuvent être maintenus par le directeur de l'établissement pour des périodes d'un mois, renouvelables selon les modalités prévues au présent article.

«Dans les trois derniers jours de chacune des périodes mentionnées au premier alinéa, un psychiatre» de l'établissement d'accueil établit un certificat médical circonstancié indiquant si les soins sont toujours nécessaires. Ce certificat médical précise si la forme de la prise en charge de la personne malade décidée en application de l'article L. 3211-2-2 demeure adaptée et, le cas échéant, en propose une nouvelle. Lorsqu'il ne peut être procédé à l'examen de la personne malade, le psychiatre de l'établissement d'accueil établit un avis médical sur la base du dossier médical.

Lorsque la durée des soins excède une période continue d'un an à compter de l'admission en soins, le maintien de ces soins est subordonné à une évaluation *(L. n° 2013-869 du 27 sept. 2013, art. 8-2°-d)* «médicale» approfondie de l'état mental de la personne réalisée par le collège mentionné à l'article L. 3211-9. *(L. n° 2013-869 du 27 sept. 2013, art. 8-2°-d)* «Cette évaluation est renouvelée tous les ans.» Ce collège recueille l'avis du patient. En cas d'impossibilité d'examiner le patient à l'échéance prévue en raison de son absence, attestée par le collège, l'évaluation et le recueil de son avis sont réalisés dès que possible.

Le défaut de production d'un des certificats médicaux, des avis médicaux ou des attestations mentionnés au présent article entraîne la levée de la mesure de soins.

Les copies des certificats médicaux, des avis médicaux ou des attestations prévus au présent article et à l'article L. 3211-11 sont adressées sans délai par le directeur de l'établissement d'accueil à la commission départementale des soins psychiatriques mentionnée à l'article L. 3222-5.

Art. L. 3212-8. Sans préjudice des dispositions mentionnées à l'article L. 3212-7, il est mis fin à la mesure *(L. n° 2011-803 du 5 juill. 2011, art. 2-5°)* «de soins» prise en application de l'article L. 3212-1 ou de l'article L. 3212-3 dès qu'un psychiatre de l'établissement certifie que les conditions *(L. n° 2011-803 du 5 juill. 2011, art. 2-5°)* «ayant motivé cette mesure» ne sont plus réunies et en fait mention sur le registre prévu à l'article L. 3212-11. Ce certificat circonstancié doit mentionner l'évolution ou la disparition des troubles ayant justifié *(L. n° 2011-803 du 5 juill. 2011, art. 2-5°)* «les soins».

Dans les vingt-quatre heures qui suivent la fin de *(L. n° 2011-803 du 5 juill. 2011, art. 2-5°)* «la mesure de soins», le directeur de l'établissement en informe le représentant de l'État dans le département *(L. n° 2011-803 du 5 juill. 2011, art. 2-5°)* «ou, à Paris, le préfet de police», la commission mentionnée à l'article L. 3222-5, et la personne qui a demandé *(L. n° 2011-803 du 5 juill. 2011, art. 2-5°)* «les soins».

Art. L. 3212-9. *(L. n° 2011-803 du 5 juill. 2011, art. 2-6°)* Le directeur de l'établissement prononce la levée de la mesure de soins psychiatriques lorsque celle-ci est demandée :

1° Par la commission départementale des soins psychiatriques mentionnée à l'article L. 3222-5 ;

2° Par une des personnes mentionnées au deuxième alinéa du 2° du II de l'article L. 3212-1.

Dans le cas mentionné au 2° du présent article, le directeur de l'établissement n'est pas tenu de faire droit à cette demande lorsqu'un certificat médical ou, en cas d'impossibilité d'examiner le patient, un avis médical établi par un psychiatre de l'établissement et datant de moins de vingt-quatre heures atteste que l'arrêt des soins entraînerait un péril imminent pour la santé du patient. Le directeur de l'établissement informe alors par écrit le demandeur de son refus en lui indiquant les voies de recours prévues à l'article L. 3211-12.

Dans ce même cas, lorsqu'un certificat *(L. n° 2013-869 du 27 sept. 2013, art. 8-3°)* «médical ou, en cas d'impossibilité d'examiner le patient, un avis médical» établi par un psychiatre de l'établissement datant de moins de vingt-quatre heures atteste que l'état mental du patient nécessite des soins et compromet la sûreté des personnes ou porte atteinte, de façon grave, à l'ordre public, le directeur de l'établissement informe préalablement à la levée de la mesure de soins le représentant de l'État dans le département ou, à Paris, le préfet de police, qui peut prendre la mesure prévue à l'article L. 3213-6.

Art. L. 3212-11. Dans chaque établissement *(L. n° 2011-803 du 5 juill. 2011, art. 2-8°)* «mentionné à l'article L. 3222-1» est tenu un registre sur lequel sont transcrits *(L. n° 2011-803 du 5 juill. 2011, art. 2-8°)* «ou reproduits» dans les vingt-quatre heures :

1° Les nom, prénoms, profession, âge et domicile des personnes *(L. n° 2011-803 du 5 juill. 2011, art. 2-8°)* «faisant l'objet de soins en application du présent chapitre»;

2° La date de *(L. n° 2011-803 du 5 juill. 2011, art. 2-8°)* «l'admission en soins psychiatriques»;

3° Les nom, prénoms, profession et domicile de la personne ayant demandé *(L. n° 2011-803 du 5 juill. 2011, art. 2-8°)* «les soins ou une mention précisant que l'admission en soins a été prononcée en application du 2° du II de l'article L. 3212-1 ou de l'article L. 3212-3;

«4° Les dates de délivrance des informations mentionnées aux *a* et *b* de l'article L. 3211-3;»

5° Le cas échéant, la mention de la décision de mise sous tutelle, curatelle ou sauvegarde de justice;

(L. n° 2011-803 du 5 juill. 2011, art. 2-8°) «6° Les avis et les certificats médicaux ainsi que les attestations mentionnés au présent chapitre;

«7° La date et le dispositif des décisions rendues par le juge des libertés et de la détention en application des articles L. 3211-12 et L. 3211-12-1;

«8° Les levées des mesures de soins psychiatriques autres que celles mentionnées au 7°;»

9° Les décès.

Ce registre est soumis aux personnes qui, en application des articles L. 3222-4 et L. 3223-1 visitent l'établissement; ces dernières apposent, à l'issue de la visite, leur visa, leur signature et s'il y a lieu, leurs observations.

(L. n° 2011-803 du 5 juill. 2011, art. 2-8°) «Le présent article est applicable aux personnes admises en soins psychiatriques en application des chapitres III et IV du présent titre.»

Art. L. 3212-12. Les modalités d'application du présent chapitre sont déterminées en tant que de besoin par décret en Conseil d'État.

CHAPITRE III

Admission en soins psychiatriques sur décision du représentant de l'état

(L. nº 2011-803 du 5 juill. 2011, art. 3-1º, en vigueur le 1er août 2011).

Art. L. 3213-1. *(L. nº 2013-869 du 27 sept. 2013, art. 10-1º)* I. — Le représentant de l'État dans le département prononce par arrêté, au vu d'un certificat médical circonstancié ne pouvant émaner d'un psychiatre exerçant dans l'établissement d'accueil, l'admission en soins psychiatriques des personnes dont les troubles mentaux nécessitent des soins et compromettent la sûreté des personnes ou portent atteinte, de façon grave, à l'ordre public. Les arrêtés préfectoraux sont motivés et énoncent avec précision les circonstances qui ont rendu l'admission en soins nécessaire. Ils désignent l'établissement mentionné à l'article L. 3222-1 qui assure la prise en charge de la personne malade.

Le directeur de l'établissement d'accueil transmet sans délai au représentant de l'État dans le département et à la commission départementale des soins psychiatriques mentionnée à l'article L. 3222-5 :

1º Le certificat médical mentionné au deuxième alinéa de l'article L. 3211-2-2;

2º Le certificat médical et, le cas échéant, la proposition mentionnés aux deux derniers alinéas du même article L. 3211-2-2.

II. — Dans un délai de trois jours francs suivant la réception du certificat médical mentionné à l'avant-dernier alinéa de l'article L. 3211-2-2, le représentant de l'État dans le département décide de la forme de prise en charge prévue à l'article L. 3211-2-1, en tenant compte de la proposition établie, le cas échéant, par le psychiatre en application du dernier alinéa de l'article L. 3211-2-2 et des exigences liées à la sûreté des personnes et à l'ordre public. Il joint à sa décision, le cas échéant, le programme de soins établi par le psychiatre.

Dans l'attente de la décision du représentant de l'État, la personne malade est prise en charge sous la forme d'une hospitalisation complète.

III. — Lorsque la proposition établie par le psychiatre en application de l'article L. 3211-2-2 recommande une prise en charge sous une autre forme que l'hospitalisation complète, le représentant de l'État ne peut modifier la forme de prise en charge des personnes mentionnées au II de l'article L. 3211-12 qu'après avoir recueilli l'avis du collège mentionné à l'article L. 3211-9.

IV. — Les mesures provisoires, les décisions, les avis et les certificats médicaux mentionnés au présent chapitre figurent sur le registre mentionné à l'article L. 3212-11.

Art. L. 3213-2. En cas de danger imminent pour la sûreté des personnes, attesté par un avis médical, le maire et, à Paris, les commissaires de police arrêtent, à l'égard des personnes dont le comportement révèle des troubles mentaux manifestes, toutes les mesures provisoires nécessaires, à charge d'en référer dans les vingt-quatre heures au représentant de l'État dans le département qui statue sans délai et prononce, s'il y a lieu, un arrêté *(L. nº 2011-803 du 5 juill. 2011, art. 3-3º)* «d'admission en soins psychiatriques» dans les formes prévues à l'article L. 3213-1. Faute de décision du représentant de l'État, ces mesures provisoires sont caduques au terme d'une durée de quarante-huit heures.

(L. n° 2011-803 du 5 juill. 2011, art. 3-3°) «La période d'observation et de soins initiale mentionnée à l'article L. 3211-2-2 prend effet dès l'entrée en vigueur des mesures provisoires prévues au premier alinéa.»

Art. L. 3213-3. *(L. n° 2011-803 du 5 juill. 2011, art. 3-4°)* I. — *(L. n° 2013-869 du 27 sept. 2013, art. 10-2°-a)* «Dans le mois qui suit l'admission en soins psychiatriques décidée en application du présent chapitre ou résultant de la décision mentionnée à l'article 706-135 du code de procédure pénale et ensuite» au moins tous les mois, la personne malade est examinée par un psychiatre de l'établissement d'accueil qui établit un certificat médical circonstancié confirmant ou infirmant, s'il y a lieu, les observations contenues dans les précédents certificats et précisant les caractéristiques de l'évolution des troubles ayant justifié les soins ou leur disparition. Ce certificat précise si la forme de la prise en charge du malade décidée en application de l'article L. 3211-2-1 *(L. n° 2013-869 du 27 sept. 2013, art. 10-2°-a)* «du présent code» demeure adaptée et, le cas échéant, en propose une nouvelle. Lorsqu'il ne peut être procédé à l'examen du patient, le psychiatre de l'établissement établit un avis médical sur la base du dossier médical du patient.

II. — Les copies des certificats et avis médicaux prévus au présent article et à l'article L. 3211-11 sont adressées sans délai par le directeur de l'établissement d'accueil au représentant de l'État dans le département et à la commission départementale des soins psychiatriques mentionnée à l'article L. 3222-5.

III. — Après réception des certificats ou avis médicaux mentionnés aux I et II du présent article et, le cas échéant, de l'avis du collège mentionné à l'article L. 3211-9 et de l'expertise psychiatrique mentionnée à l'article L. 3213-5-1, et compte tenu des exigences liées à la sûreté des personnes et à l'ordre public, le représentant de l'État dans le département peut décider de modifier la forme de la prise en charge de la personne malade.

(L. n° 2013-869 du 27 sept. 2013, art. 10-2°-d) «IV. — Lorsque le représentant de l'État décide de ne pas suivre l'avis du collège mentionné à l'article L. 3211-9 recommandant la prise en charge d'une personne mentionnée au II de l'article L. 3211-12 sous une autre forme que l'hospitalisation complète, il ordonne une expertise dans les conditions prévues à l'article L. 3213-5-1.

«Lorsque l'expertise confirme la recommandation de prise en charge sous une autre forme que l'hospitalisation complète, le représentant de l'État décide d'une prise en charge sous la forme mentionnée au 2° du I de l'article L. 3211-2-1, conformément à la proposition mentionnée au premier alinéa du I du présent article.

«Lorsque l'expertise préconise le maintien de l'hospitalisation complète et que le représentant de l'État maintient l'hospitalisation complète, il en informe le directeur de l'établissement d'accueil, qui saisit le juge des libertés et de la détention afin que ce dernier statue à bref délai sur cette mesure dans les conditions prévues à l'article L. 3211-12. Le présent alinéa n'est pas applicable lorsque la décision du représentant de l'État intervient dans les délais mentionnés aux 1° et 2° du I de l'article L. 3211-12-1.»

Art. L. 3213-4. *(L. n° 2011-803 du 5 juill. 2011, art. 3-4°)* Dans les trois derniers jours du premier mois suivant la décision d'admission en soins psychiatriques mentionnée au I de l'article L. 3213-1 ou, le cas échéant, suivant la mesure provisoire prévue à l'article L. 3213-2, le représentant de l'État dans le département peut prononcer, au vu du certificat médical ou de l'avis médical mentionné à l'article L. 3213-3, le maintien de la mesure de soins pour une nouvelle durée de trois mois. Il se prononce, le cas échéant, sur la forme de la prise en charge du patient dans les conditions prévues au même article L. 3213-3. Au-delà de cette durée, la mesure de soins peut être maintenue par le représentant de l'État dans le département pour des périodes maximales de six mois renouvelables selon les mêmes modalités.

Faute de décision du représentant de l'État à l'issue de chacun des délais prévus au premier alinéa, la levée de la mesure de soins est acquise.

En outre, le représentant de l'État dans le département peut à tout moment mettre fin à la mesure de soins prise en application de l'article L. 3213-1 après avis d'un psychiatre participant à la prise en charge du patient attestant que les conditions ayant justifié la mesure de soins en application du même article L. 3213-1 ne sont plus réunies, ou sur proposition de la commission départementale des soins psychiatriques mentionnée à l'article L. 3222-5.

Le présent article n'est pas applicable aux personnes mentionnées *(L. n° 2013-869 du 27 sept. 2013, art. 10-3°)* «au II de l'article L. 3211-12.»

Art. L. 3213-5-1. *(L. n° 2011-803 du 5 juill. 2011, art. 3-5°)* Le représentant de l'État dans le département peut à tout moment ordonner l'expertise psychiatrique des personnes faisant l'objet d'une mesure de soins psychiatriques prononcée en application du présent chapitre ou du chapitre IV du présent titre ou ordonnée en application de l'article 706-135 du code de procédure pénale. Cette expertise est conduite par un psychiatre n'appartenant pas à l'établissement d'accueil de la personne malade, choisi par le représentant de l'État dans le département sur une liste établie par le procureur de la République, après avis du directeur général de l'agence régionale de santé de la région dans laquelle est situé l'établissement ou, à défaut, sur la liste des experts inscrits près la cour d'appel du ressort de l'établissement.

Le représentant de l'État dans le département fixe les délais dans lesquels l'expertise mentionnée au premier alinéa doit être produite, dans une limite maximale fixée par décret en Conseil d'État.

Art. L. 3213-6. *(L. n° 2011-803 du 5 juill. 2011, art. 3-6°)* Lorsqu'un psychiatre de l'établissement d'accueil d'une personne faisant l'objet de soins psychiatriques en application de l'article L. 3212-1 atteste par un certificat médical ou, lorsqu'il ne peut être procédé à l'examen de l'intéressé, par un avis médical sur la base de son dossier médical que l'état mental de cette personne nécessite des soins et compromet la sûreté des personnes ou porte atteinte de façon grave à l'ordre public, le directeur de l'établissement d'accueil en donne aussitôt connaissance au représentant de l'État dans le département qui peut prendre une mesure d'admission en soins psychiatriques en application de l'article L. 3213-1, sur la base de ce certificat ou de cet avis médical. Les certificats médicaux mentionnés aux deuxième et troisième alinéas de l'article L. 3211-2-2 sont alors établis par deux psychiatres distincts. Lorsque ceux-ci ne peuvent procéder à l'examen de la personne malade, ils établissent un avis médical sur la base de son dossier médical.

Art. L. 3213-7. *(L. n° 2011-803 du 5 juill. 2011, art. 3-7°)* «Lorsque les autorités judiciaires estiment que l'état mental d'une personne qui a bénéficié, sur le fondement du premier alinéa de l'article 122-1 du code pénal, d'un classement sans suite, d'une décision d'irresponsabilité pénale ou d'un jugement ou arrêt de déclaration d'irresponsabilité pénale nécessite des soins et compromet la sûreté des personnes ou porte atteinte de façon grave à l'ordre public, elles avisent immédiatement la commission mentionnée à l'article L. 3222-5 du présent code ainsi que le représentant de l'État dans le département qui ordonne sans délai la production d'un certificat médical circonstancié portant sur l'état actuel du malade. Au vu de ce certificat, il peut prononcer une mesure d'admission en soins psychiatriques dans les conditions définies à l'article L. 3213-1.» *(L. n° 2013-869 du 27 sept. 2013, art. 10-5°-a)* «Toutefois, si la personne concernée fait déjà l'objet d'une mesure de soins psychiatriques en application du même article L. 3213-1, la production de ce certificat n'est pas requise pour modifier le fondement de la mesure en cours.»

(L. n° 2005-1549 du 12 déc. 2005, art. 34) «A toutes fins utiles, le procureur de la République informe le représentant de l'État dans le département de ses réquisitions ainsi que des dates d'audience et des décisions rendues.»

(L. n° 2013-869 du 27 sept. 2013, art. 10-5°-b) «Si l'état de la personne mentionnée au premier alinéa le permet, celle-ci est informée par les autorités judiciaires de l'avis dont elle fait l'objet ainsi que des suites que peut y donner le représentant de l'État dans le département. Cette information lui est transmise par tout moyen et de manière appropriée à son état.

«L'avis mentionné au premier alinéa indique si la procédure concerne des faits punis d'au moins cinq ans d'emprisonnement en cas d'atteinte aux personnes ou d'au moins dix ans d'emprisonnement en cas d'atteinte aux biens. Dans ce cas, la personne est également informée des conditions dans lesquelles il peut être mis fin à la mesure de soins psychiatriques en application des articles L. 3211-12, L. 3211-12-1 et L. 3213-8.»

Art. L. 3213-8. *(L. n° 2013-869 du 27 sept. 2013, art. 10-6°)* I. — Si le collège mentionné à l'article L. 3211-9 émet un avis selon lequel la mesure de soins psychiatriques sous la forme d'une hospitalisation complète dont fait l'objet une personne mentionnée au II de l'article L. 3211-12 n'est plus nécessaire et que la mesure de soins sans consentement peut être levée, le représentant de l'État dans le département ordonne une expertise de l'état mental de la personne par deux psychiatres choisis dans les conditions fixées à l'article L. 3213-5-1. Ces derniers se prononcent, dans un délai maximal de soixante-douze heures à compter de leur désignation, sur la nécessité du maintien de la mesure de soins psychiatriques.

II. — Lorsque les deux avis des psychiatres prévus au I confirment l'absence de nécessité de l'hospitalisation complète, le représentant de l'État ordonne la levée de la mesure de soins psychiatriques.

Lorsque ces avis divergent ou préconisent le maintien de la mesure de soins psychiatriques et que le représentant de l'État la maintient, il en informe le directeur de l'établissement d'accueil, qui saisit le juge des libertés et de la détention afin que ce dernier statue à bref délai sur cette mesure dans les conditions prévues à l'article L. 3211-12. Le présent alinéa n'est pas applicable lorsque la décision du représentant de l'État intervient dans les délais mentionnés aux 1° et 2° du I de l'article L. 3211-12-1.

Art. L. 3213-9. *(L. n° 2011-803 du 5 juill. 2011, art. 3-8°)* Le représentant de l'État dans le département avise dans les vingt-quatre heures de toute admission en soins psychiatriques prise en application du présent chapitre ou du chapitre IV du présent titre ou sur décision de justice, de toute décision de maintien et de toute levée de cette mesure :

1° Le procureur de la République près le tribunal de grande instance dans le ressort duquel est situé l'établissement d'accueil de la personne malade et le procureur de la

République près le tribunal de grande instance dans le ressort duquel celle-ci a sa résidence habituelle ou son lieu de séjour;

2° Le maire de la commune où est implanté l'établissement et le maire de la commune où la personne malade a sa résidence habituelle ou son lieu de séjour;

3° La commission départementale des soins psychiatriques mentionnée à l'article L. 3222-5;

4° La famille de la personne qui fait l'objet de soins;

5° Le cas échéant, la personne chargée de la protection juridique de l'intéressé.

Le représentant de l'État dans le département informe sans délai les autorités et les personnes mentionnées aux 1° à 5° de toute décision de prise en charge du patient sous une autre forme que celle d'une hospitalisation complète.

Art. L. 3213-9-1. *(L. n° 2013-869 du 27 sept. 2013, art. 10-7°)* I. — Si un psychiatre participant à la prise en charge du patient atteste par un certificat médical qu'une mesure de soins psychiatriques sous la forme d'une hospitalisation complète n'est plus nécessaire et que la mesure de soins sans consentement peut être levée ou que le patient peut être pris en charge sous la forme mentionnée au 2° du I de l'article L. 3211-2-1, le directeur de l'établissement d'accueil en réfère dans les vingt-quatre heures au représentant de l'État dans le département, qui statue dans un délai de trois jours francs après la réception du certificat médical.

II. — Lorsque le représentant de l'État décide de ne pas suivre l'avis du psychiatre participant à la prise en charge du patient, il en informe sans délai le directeur de l'établissement d'accueil, qui demande immédiatement l'examen du patient par un deuxième psychiatre. Celui-ci rend, dans un délai maximal de soixante-douze heures à compter de la décision du représentant de l'État, un avis sur la nécessité de l'hospitalisation complète.

III. — Lorsque l'avis du deuxième psychiatre prévu au II du présent article confirme l'absence de nécessité de l'hospitalisation complète, le représentant de l'État ordonne la levée de la mesure de soins sans consentement ou décide d'une prise en charge sous la forme mentionnée au 2° du I de l'article L. 3211-2-1, conformément à la proposition figurant dans le certificat médical mentionné au I du présent article.

Lorsque l'avis du deuxième psychiatre prévu au II préconise le maintien de l'hospitalisation complète et que le représentant de l'État maintient l'hospitalisation complète, il en informe le directeur de l'établissement d'accueil, qui saisit le juge des libertés et de la détention afin que ce dernier statue à bref délai sur cette mesure dans les conditions prévues à l'article L. 3211-12. Le présent alinéa n'est pas applicable lorsque la décision du représentant de l'État intervient dans les délais mentionnés aux 1° et 2° du I de l'article L. 3211-12-1.

Art. L. 3213-10. *(L. n° 2011-803 du 5 juill. 2011, art. 3-10°)* Pour l'application à Paris du présent chapitre, le représentant de l'État dans le département est le préfet de police.

Art. L. 3213-11. Les modalités d'application du présent chapitre sont déterminées en tant que de besoin par décret en Conseil d'État.

Section 8

Les états d'exception

A – L'ÉTAT D'URGENCE

164 Convention européenne de sauvegarde des droits de l'homme et des libertés fondamentales (article 15)

TITRE PREMIER

Droits et libertés

Art. 15. *Dérogation en cas d'état d'urgence.* 1. En cas de guerre ou en cas d'autre danger public menaçant la vie de la nation, toute Haute Partie contractante peut prendre des mesures dérogeant aux obligations prévues par la présente Convention, dans la stricte mesure où la situation l'exige et à la condition que ces mesures ne soient pas en contradiction avec les autres obligations découlant du droit international.

2. La disposition précédente n'autorise aucune dérogation à l'article 2, sauf pour le cas de décès résultant d'actes licites de guerre, et aux articles 3, 4 (paragraphe 1) et 7.

3. Toute Haute Partie contractante qui exerce ce droit de dérogation tient le Secrétaire général du Conseil de l'Europe pleinement informé des mesures prises et des motifs qui les ont inspirées. Elle doit également informer le Secrétaire général du Conseil de l'Europe de la date à laquelle ces mesures ont cessé d'être en vigueur et les dispositions de la Convention reçoivent de nouveau pleine application.

165 Loi n° 55-385 du 3 avril 1955 relative à l'état d'urgence

TITRE Ier

Art. 1er. L'état d'urgence peut être déclaré sur tout ou partie du territoire métropolitain, des départements d'outre-mer, des collectivités d'outre-mer régies par l'article 74 de la Constitution et en Nouvelle-Calédonie, soit en cas de péril imminent résultant d'atteintes graves à l'ordre public, soit en cas d'événements présentant, par leur nature et leur gravité, le caractère de calamité publique.

Art. 2. *(Ord. n° 60-372 du 15 avr. 1960, art. 1er)* L'état d'urgence est déclaré par décret en Conseil des ministres. Ce décret détermine la ou les circonscriptions territoriales à l'intérieur desquelles il entre en vigueur.

Dans la limite de ces circonscriptions, les zones où l'état d'urgence recevra application seront fixées par décret.

La prorogation de l'état d'urgence au-delà de douze jours ne peut être autorisée que par la loi.

Art. 3. *(Ord. n° 60-372 du 15 avr. 1960, art. 1er)* La loi autorisant la prorogation au-delà de douze jours de l'état d'urgence fixe sa durée définitive.

Art. 4. *(Ord. n° 60-372 du 15 avr. 1960, art. 1er)* La loi portant prorogation de l'état d'urgence est caduque à l'issue d'un délai de quinze jours francs suivant la date de démission du Gouvernement ou de dissolution de l'Assemblée nationale.

Art. 4-1. *(L. n° 2015-1501 du 20 nov. 2015, art. 4)* L'Assemblée nationale et le Sénat sont informés sans délai des mesures prises par le Gouvernement pendant l'état d'urgence. Ils peuvent requérir toute information complémentaire dans le cadre du contrôle et de l'évaluation de ces mesures.

Art. 5. La déclaration de l'état d'urgence donne pouvoir au préfet dont le département se trouve en tout ou partie compris dans une circonscription prévue à l'article 2, dans le but de prévenir des troubles à la sécurité et à l'ordre publics :

1° D'interdire la circulation des personnes ou des véhicules dans les lieux et aux heures fixés par arrêté ;

3° D'interdire le séjour dans tout ou partie du département à toute personne à l'égard de laquelle il existe des raisons sérieuses de penser que son comportement constitue une menace pour la sécurité et l'ordre publics. L'arrêté énonce la durée, limitée dans le temps, de la mesure, les circonstances précises de fait et de lieu qui la motivent, ainsi que le territoire sur lequel elle s'applique, qui ne peut inclure le domicile de la personne intéressée.

Ces mesures tiennent compte de la vie familiale et professionnelle des personnes susceptibles d'être concernées.

Art. 6. *(L. n° 2015-1501 du 20 nov. 2015, art. 4)* «Le ministre de l'intérieur peut prononcer l'assignation à résidence, dans le lieu qu'il fixe, de toute personne résidant dans la zone fixée par le décret mentionné à l'article 2 et à l'égard de laquelle il existe des raisons sérieuses de penser que son comportement constitue une menace pour la sécurité et l'ordre publics dans les circonscriptions territoriales mentionnées au même article 2. Le ministre de l'intérieur peut la faire conduire sur le lieu de l'assignation à résidence par les services de police ou les unités de gendarmerie.

«La personne mentionnée au premier alinéa du présent article peut également être astreinte à demeurer dans le lieu d'habitation déterminé par le ministre de l'intérieur, pendant la plage horaire qu'il fixe, dans la limite de douze heures par vingt-quatre heures.»

L'assignation à résidence doit permettre à ceux qui en sont l'objet de résider dans une agglomération ou à proximité immédiate d'une agglomération.

En aucun cas, l'assignation à résidence ne pourra avoir pour effet la création de camps où seraient détenues les personnes *(L. n° 2015-1501 du 20 nov. 2015, art. 4)* «mentionnées au premier alinéa».

L'autorité administrative devra prendre toutes dispositions pour assurer la subsistance des personnes astreintes à résidence ainsi que celle de leur famille.

(L. n° 2015-1501 du 20 nov. 2015, art. 4) «Le ministre de l'intérieur peut prescrire à la personne assignée à résidence :

«1° L'obligation de se présenter périodiquement aux services de police ou aux unités de gendarmerie, selon une fréquence qu'il détermine dans la limite de trois présentations par jour, en précisant si cette obligation s'applique y compris les dimanches et jours fériés ou chômés ;

«2° La remise à ces services de son passeport ou de tout document justificatif de son identité. Il lui est délivré en échange un récépissé, valant justification de son identité en application de l'article 1er de la loi n° 2012-410 du 27 mars 2012 relative à la protection de l'identité, sur lequel sont mentionnées la date de retenue et les modalités de restitution du document retenu.

« La personne astreinte à résider dans le lieu qui lui est fixé en application du premier alinéa du présent article peut se voir interdire par le ministre de l'intérieur de se trouver en relation, directement ou indirectement, avec certaines personnes, nommément désignées, dont il existe des raisons sérieuses de penser que leur comportement constitue une menace pour la sécurité et l'ordre publics. Cette interdiction est levée dès qu'elle n'est plus nécessaire.

« Lorsque la personne assignée à résidence a été condamnée à une peine privative de liberté pour un crime qualifié d'acte de terrorisme ou pour un délit recevant la même qualification puni de dix ans d'emprisonnement et a fini l'exécution de sa peine depuis moins de huit ans, le ministre de l'intérieur peut également ordonner qu'elle soit placée sous surveillance électronique mobile. Ce placement est prononcé après accord de la personne concernée, recueilli par écrit. La personne concernée est astreinte, pendant toute la durée du placement, au port d'un dispositif technique permettant à tout moment de déterminer à distance sa localisation sur l'ensemble du territoire national. Elle ne peut être astreinte ni à l'obligation de se présenter périodiquement aux services de police et de gendarmerie, ni à l'obligation de demeurer dans le lieu d'habitation mentionné au deuxième alinéa. Le ministre de l'intérieur peut à tout moment mettre fin au placement sous surveillance électronique mobile, notamment en cas de manquement de la personne placée aux prescriptions liées à son assignation à résidence ou à son placement ou en cas de dysfonctionnement technique du dispositif de localisation à distance. »

Art. 6-1. *(L. n° 2015-1501 du 20 nov. 2015, art. 4)* Sans préjudice de l'application de l'article L. 212-1 du code de la sécurité intérieure, sont dissous par décret en conseil des ministres les associations ou groupements de fait qui participent à la commission d'actes portant une atteinte grave à l'ordre public ou dont les activités facilitent cette commission ou y incitent.

Le maintien ou la reconstitution d'une association ou d'un groupement dissous en application du présent article ou l'organisation de ce maintien ou de cette reconstitution sont réprimés dans les conditions prévues aux articles 431-15 et 431-17 à 431-21 du code pénal.

Par dérogation à l'article 14 de la présente loi, les mesures prises sur le fondement du présent article ne cessent pas de produire leurs effets à la fin de l'état d'urgence.

Pour la prévention des actions tendant au maintien ou à la reconstitution des associations ou groupements dissous en application du présent article, les services spécialisés de renseignement mentionnés à l'article L. 811-2 du code de la sécurité intérieure et les services désignés par le décret en Conseil d'État prévu à l'article L. 811-4 du même code peuvent recourir aux techniques de renseignement dans les conditions prévues au livre VIII dudit code.

Art. 8. Le ministre de l'intérieur, pour l'ensemble du territoire où est institué l'état d'urgence, le préfet, dans le département, peuvent ordonner la fermeture provisoire des salles de spectacles, débits de boissons et lieux de réunion de toute nature dans les zones déterminées par le décret prévu à l'article 2.

Peuvent être également interdites, à titre général ou particulier, les réunions de nature à provoquer ou à entretenir le désordre.

Art. 9. *(L. n° 2015-1501 du 20 nov. 2015, art. 4)* Les autorités administratives désignées à l'article 8 peuvent ordonner la remise des armes et des munitions, détenues ou acquises légalement, relevant des catégories A à C, ainsi que celles soumises à enregistrement relevant de la catégorie D, définies à l'article L. 311-2 du code de la sécurité intérieure. Le représentant de l'État dans le département peut aussi, pour des motifs d'ordre public, prendre une décision individuelle de remise d'armes.

Les armes remises en application du premier alinéa du présent article donnent lieu à la délivrance d'un récépissé. Elles sont rendues à leur propriétaire en l'état où elles étaient lors de leur dépôt.

Art. 10. *(L. n° 2015-1501 du 20 nov. 2015, art. 4)* La déclaration de l'état d'urgence s'ajoute aux cas prévus à l'article L. 1111-2 du code de la défense pour la mise à exécution des réquisitions dans les conditions prévues au livre II de la deuxième partie du même code.

Art. 11. *(L. n° 2015-1501 du 20 nov. 2015, art. 4)* I. — Le décret déclarant ou la loi prorogeant l'état d'urgence peut, par une disposition expresse, conférer aux autorités administratives mentionnées à l'article 8 le pouvoir d'ordonner des perquisitions en tout lieu, y compris un domicile, de jour et de nuit, sauf dans un lieu affecté à l'exercice d'un mandat parlementaire ou à l'activité professionnelle des avocats, des magistrats ou des journalistes, lorsqu'il existe des raisons sérieuses de penser que ce lieu est fréquenté par une personne dont le comportement constitue une menace pour la sécurité et l'ordre publics.

La décision ordonnant une perquisition précise le lieu et le moment de la perquisition. Le procureur de la République territorialement compétent est informé sans délai de cette décision. La perquisition est conduite en présence d'un officier de police judiciaire territorialement compétent. Elle ne peut se dérouler qu'en présence de l'occupant ou, à défaut, de son représentant ou de deux témoins.

Il peut être accédé, par un système informatique ou un équipement terminal présent sur les lieux où se déroule la perquisition, à des données stockées dans ledit système ou équipement ou dans un autre système informatique ou équipement terminal, dès lors que ces données sont accessibles à partir du système initial ou disponibles pour le système initial.

La perquisition donne lieu à l'établissement d'un compte rendu communiqué sans délai au procureur de la République.

Lorsqu'une infraction est constatée, l'officier de police judiciaire en dresse procès-verbal, procède à toute saisie utile et en informe sans délai le procureur de la République.

Le présent I n'est applicable que dans les zones fixées par le décret prévu à l'article 2.

II. — Le ministre de l'intérieur peut prendre toute mesure pour assurer l'interruption de tout service de communication au public en ligne provoquant à la commission d'actes de terrorisme ou en faisant l'apologie.

Art. 13. *(L. n° 2015-1501 du 20 nov. 2015, art. 4)* Les infractions aux articles 5, 8 et 9 sont punies de six mois d'emprisonnement et de 7500 € d'amende.

Les infractions au premier alinéa de l'article 6 sont punies de trois ans d'emprisonnement et de 45000 € d'amende.

Les infractions au deuxième et aux cinq derniers alinéas du même article 6 sont punies d'un an d'emprisonnement et de 15000 € d'amende.

L'exécution d'office, par l'autorité administrative, des mesures prescrites peut être assurée nonobstant l'existence de ces dispositions pénales.

Art. 14. Les mesures prises en application de la présente loi cessent d'avoir effet en même temps que prend fin l'état d'urgence.

Art. 14-1. *(L. n° 2015-1501 du 20 nov. 2015, art. 4)* À l'exception des peines prévues à l'article 13, les mesures prises sur le fondement de la présente loi sont soumises au contrôle du juge administratif dans les conditions fixées par le code de justice administrative, notamment son livre V.

TITRE II

Art. 15. *(L. n° 2015-1501 du 20 nov. 2015, art. 5)* La présente loi, dans sa rédaction résultant de la loi n° 2015-1501 du 20 novembre 2015 prorogeant l'application de la loi n° 55-385 du 3 avril 1955 relative à l'état d'urgence et renforçant l'efficacité de ses dispositions, est applicable sur l'ensemble du territoire de la République. *(...)*

166 Loi n° 2017-1154 du 11 juillet 2017 prorogeant l'application de la loi n° 55-385 du 3 avril 1955 relative à l'état d'urgence

Art. 1er. I. — Est prorogé, à compter du 16 juillet 2017, jusqu'au 1er novembre 2017, l'état d'urgence :

— déclaré par le décret n° 2015-1475 du 14 novembre 2015 portant application de la loi n° 55-385 du 3 avril 1955 et le décret n° 2015-1493 du 18 novembre 2015 portant application outre-mer de la loi n° 55-385 du 3 avril 1955;

— et prorogé en dernier lieu par la loi n° 2016-1767 du 19 décembre 2016 prorogeant l'application de la loi n° 55-385 du 3 avril 1955 relative à l'état d'urgence.

II. — Il emporte, pour sa durée, application du I de l'article 11 de la loi n° 55-385 du 3 avril 1955 relative à l'état d'urgence.

III. — Il peut y être mis fin par décret en conseil des ministres avant l'expiration du délai mentionné au I du présent article. En ce cas, il en est rendu compte au Parlement.

Art. 2. L'article 5 de la loi n° 55-385 du 3 avril 1955 relative à l'état d'urgence est ainsi modifié :

1° Le premier alinéa est complété par les mots : ", dans le but de prévenir des troubles à la sécurité et à l'ordre publics";

2° Le 3° est ainsi rédigé :

«3° D'interdire le séjour dans tout ou partie du département à toute personne à l'égard de laquelle il existe des raisons sérieuses de penser que son comportement constitue une menace pour la sécurité et l'ordre publics. L'arrêté énonce la durée, limitée dans le temps, de la mesure, les circonstances précises de fait et de lieu qui la motivent, ainsi que le territoire sur lequel elle s'applique, qui ne peut inclure le domicile de la personne intéressée.»;

3° Il est ajouté un alinéa ainsi rédigé :

«Ces mesures tiennent compte de la vie familiale et professionnelle des personnes susceptibles d'être concernées.»

Art. 3. A l'article 15 de la loi n° 55-385 du 3 avril 1955 relative à l'état d'urgence, la référence : «n° 2017-258 du 28 février 2017 relative à la sécurité publique» est remplacée par la référence : «n° 2017-1154 du 11 juillet 2017 prorogeant l'application de la loi n° 55-385 du 3 avril 1955 relative à l'état d'urgence».

La présente loi sera exécutée comme loi de l'État.

B – L'ÉTAT DE SIÈGE

167 Constitution du 4 octobre 1958 (article 36)

Art. 36. L'état de siège est décrété en conseil des ministres.

Sa prorogation au-delà de douze jours ne peut être autorisée que par le Parlement.

168 Code de la défense (articles L. 2121-1 à L. 2121-8)

TITRE II

État de siège

CHAPITRE UNIQUE

Art. L. 2121-1. L'état de siège ne peut être déclaré, par décret en conseil des ministres, qu'en cas de péril imminent résultant d'une guerre étrangère ou d'une insurrection armée.

Le décret désigne le territoire auquel il s'applique et détermine sa durée d'application.

Art. L. 2121-2. Aussitôt l'état de siège décrété, les pouvoirs dont l'autorité civile était investie pour le maintien de l'ordre et la police sont transférés à l'autorité militaire.

L'autorité civile continue à exercer ses autres attributions.

Art. L. 2121-3. Dans les territoires décrétés en état de siège en cas de péril imminent résultant d'une guerre étrangère, les juridictions militaires peuvent être saisies quelle que soit la qualité des auteurs principaux ou des complices de la connaissance des infractions prévues et réprimées par les articles 224-1 à 224-5, 322-6 à 322-11, 410-1 à 413-12, 432-1 à 432-5, 432-11, 433-1 à 433-3, 433-8, alinéa 2, 442-1 à 442-3, 443-1, 444-1, 444-2 et 450-1 du code pénal.

Les juridictions militaires peuvent en outre connaître :

1° Des faits sanctionnés par l'article L. 332-3 du code de justice militaire;

2° De la provocation, par quelque moyen que ce soit, à la désobéissance des militaires envers leurs chefs dans tout ce qu'ils leur commandent pour l'exécution des lois et règlements militaires;

3° De la provocation, par quelque moyen que ce soit, aux crimes d'assassinat, de meurtre, d'incendie, de pillage, de destruction d'édifices, d'ouvrages militaires;

4° Des délits commis par les fournisseurs en ce qui concerne les fournitures destinées aux forces armées *(Ord. n° 2016-982 du 20 juill. 2016, art. 7-4°)* «et formations rattachées», dans les cas prévus *(L. n° 2018-607 du 13 juill. 2018, art. 60)* «au titre V du livre IV» du code de la consommation et les lois spéciales qui s'y rattachent;

5° Des faux commis au préjudice des forces armées *(Ord. n° 2016-982 du 20 juill. 2016, art. 7-4°)* «et formations rattachées» et, d'une manière générale, tous crimes ou délits portant atteinte à la défense nationale.

Ce régime exceptionnel cesse de plein droit à la signature de la paix.

Art. L. 2121-4. Si l'état de siège est décrété en cas de péril imminent résultant d'une insurrection à main armée, la compétence exceptionnelle reconnue aux juridictions militaires, en ce qui concerne les non-militaires, ne peut s'appliquer qu'aux crimes spécialement prévus par le code de justice militaire ou par les articles du code pénal mentionnés au premier alinéa de l'article L. 2121-3 et aux crimes connexes.

Art. L. 2121-5. Dans les cas prévus aux articles L. 2121-3 et L. 2121-4, les juridictions de droit commun restent saisies tant que l'autorité militaire ne revendique pas la poursuite.

Art. L. 2121-6. Après la levée de l'état de siège, les juridictions militaires continuent de connaître des crimes et délits dont la poursuite leur avait été déférée.

Art. L. 2121-7. Lorsque l'état de siège est décrété, l'autorité militaire peut :

1° Faire des perquisitions domiciliaires de jour et de nuit;

2° Éloigner toute personne ayant fait l'objet d'une condamnation devenue définitive pour crime ou délit et les individus qui n'ont pas leur domicile dans les lieux soumis à l'état de siège;

3° Ordonner la remise des armes et munitions, et procéder à leur recherche et à leur enlèvement;

4° Interdire les publications et les réunions qu'elle juge de nature à menacer l'ordre public.

Art. L. 2121-8. Nonobstant l'état de siège, l'ensemble des droits garantis par la Constitution continue de s'exercer, lorsque leur jouissance n'est pas suspendue en vertu des articles précédents.

C – LES POUVOIRS EXCEPTIONNELS DU PRÉSIDENT DE LA RÉPUBLIQUE

169 Constitution du 4 octobre 1958 (article 16)

Art. 16. Lorsque les institutions de la République, l'indépendance de la nation, l'intégrité de son territoire ou l'exécution de ses engagements internationaux sont menacées d'une manière grave et immédiate et que le fonctionnement régulier des pouvoirs publics constitutionnels est interrompu, le Président de la République prend les mesures exigées par ces circonstances, après consultation officielle du Premier ministre, des présidents des assemblées ainsi que du Conseil constitutionnel.

Il en informe la nation par un message.

Ces mesures doivent être inspirées par la volonté d'assurer aux pouvoirs publics constitutionnels, dans les moindres délais, les moyens d'accomplir leur mission. Le Conseil constitutionnel est consulté à leur sujet.

Le Parlement se réunit de plein droit.

L'Assemblée nationale ne peut être dissoute pendant l'exercice des pouvoirs exceptionnels.

Après trente jours d'exercice des pouvoirs exceptionnels, le Conseil constitutionnel peut être saisi par le Président de l'Assemblée nationale, le Président du Sénat, soixante députés ou soixante sénateurs, aux fins d'examiner si les conditions énoncées au premier alinéa demeurent réunies. Il se prononce dans les délais les plus brefs par un avis public. Il procède de plein droit à cet examen et se prononce dans les mêmes conditions au terme de soixante jours d'exercice des pouvoirs exceptionnels et à tout moment au-delà de cette durée.

Section 9

La commission nationale consultative des droits de l'homme

170 Loi n° 2007-292 du 5 mars 2007 relative à la Commission nationale consultative des droits de l'homme (article 1)

Art. 1er. La Commission nationale consultative des droits de l'homme assure, auprès du Gouvernement, un rôle de conseil et de proposition dans le domaine des droits de l'homme, du droit international humanitaire et de l'action humanitaire. Elle assiste le Premier ministre et les ministres intéressés par ses avis sur toutes les questions de portée générale relevant de son champ de compétence tant sur le plan national qu'international. Elle peut, de sa propre initiative, appeler publiquement l'attention du Parlement et du Gouvernement sur les mesures qui lui paraissent de nature à favoriser la protection et la promotion des droits de l'homme.

La commission exerce sa mission en toute indépendance.

Elle est composée de représentants des organisations non gouvernementales spécialisées dans le domaine des droits de l'homme, du droit international humanitaire ou de l'action humanitaire, d'experts siégeant dans les organisations internationales compétentes dans ce même domaine, de personnalités qualifiées, de représentants des principales confédérations syndicales, du Médiateur de la République, ainsi que d'un député, d'un sénateur et d'un membre du Conseil économique et social désignés par leurs assemblées respectives.

Le mandat de membre de la commission n'est pas révocable pour autant que son titulaire conserve la qualité en vertu de laquelle il a été désigné et qu'il se conforme à l'obligation d'assiduité qui lui incombe.

Des représentants du Premier ministre et des ministres intéressés peuvent participer sans voix délibérative aux travaux de la commission.

CHAPITRE 3
Le droit des étrangers

Section 1
L'égalité des droits

171 Code civil (articles 11 et 14)

TITRE Ier

DES DROITS CIVILS

Art. 11. L'étranger jouira en France des mêmes droits civils que ceux qui sont ou seront accordés aux Français par les traités de la nation à laquelle cet étranger appartiendra.

Art. 14. L'étranger, même non résidant en France, pourra être cité devant les tribunaux français, pour l'exécution des obligations par lui contractées en France avec un Français; il pourra être traduit devant les tribunaux de France, pour les obligations par lui contractées en pays étranger envers des Français.

Section 2
L'entrée

172 Code de l'entrée et du séjour des étrangers et du droit d'asile (article L. 211-1)

TITRE Ier

CONDITIONS D'ADMISSION

CHAPITRE Ier

Documents exigés

Section I

Généralités

Art. L. 211-1. Pour entrer en France, tout étranger doit être muni :

1° Des documents et visas exigés par les conventions internationales et les règlements en vigueur;

2° Sous réserve des conventions internationales, du justificatif d'hébergement prévu à l'article L. 211-3, s'il est requis, et des autres documents prévus par décret en Conseil d'État relatifs, d'une part, à l'objet et aux conditions de son séjour et, d'autre part, s'il y a lieu, à ses moyens d'existence, à la prise en charge par un opérateur d'assurance agréé des dépenses médicales et hospitalières, y compris d'aide sociale, résultant de soins qu'il pourrait engager en France, ainsi qu'aux garanties de son rapatriement;

3° Des documents nécessaires à l'exercice d'une activité professionnelle s'il se propose d'en exercer une.

Section 3
Le séjour

173 Directive 2003/109/CE du 25 novembre 2003 (chapitre II)

CHAPITRE II

Statut de résident de longue durée dans un état membre

Art. 4. *Durée de résidence.* 1. Les États membres accordent le statut de résident de longue durée aux ressortissants de pays tiers qui ont résidé de manière légale et ininterrompue sur leur territoire pendant les cinq années qui ont immédiatement précédé l'introduction de la demande en cause.

2. Les périodes de résidence pour les raisons évoquées à l'article 3, paragraphe 2, points e) et f), ne sont pas prises en considération pour calculer la période visée au paragraphe 1.

Concernant les cas couverts à l'article 3, paragraphe 2, point a), lorsque le ressortissant d'un pays tiers concerné a acquis un titre de séjour qui lui permettra d'obtenir le statut de résident de longue durée, seule la moitié des périodes de résidence effectuées aux fins d'études ou de formation professionnelle peut être prise en compte dans le calcul de la période visée au paragraphe 1.

3. Les périodes d'absence du territoire de l'État membre concerné n'interrompent pas la période visée au paragraphe 1 et sont prises en compte dans le calcul de celle-ci lorsqu'elles sont inférieures à six mois consécutifs et ne dépassent pas un total de dix mois au cours de la période visée au paragraphe 1.

Dans des cas justifiés par des raisons spécifiques ou exceptionnelles à caractère temporaire et conformément à leur législation nationale, les États membres peuvent accepter qu'une période d'absence plus longue que celle qui est visée au premier alinéa n'interrompe pas la période visée au paragraphe 1. Dans ces conditions, les États membres ne tiennent pas compte de la période d'absence en question dans le calcul de la période visée au paragraphe 1.

Par dérogation au deuxième alinéa, les États membres peuvent tenir compte, dans le calcul de la période visée au para-graphe 1, de périodes d'absence liées à un détachement pour raisons de travail, y compris dans le cadre d'une prestation de services transfrontaliers.

Art. 5. *Conditions relatives à l'acquisition du statut de résident de longue durée.* 1. Les États membres exigent du ressortissant d'un pays tiers de fournir la preuve qu'il dispose pour lui et pour les membres de sa famille qui sont à sa charge :

a) de ressources stables, régulières et suffisantes pour subvenir à ses propres besoins et à ceux des membres de sa famille sans recourir au système d'aide sociale de l'État membre concerné. Les États membres évaluent ces ressources par rapport à leur nature et à leur régularité et peuvent tenir compte du niveau minimal des salaires et pensions avant la demande d'acquisition du statut de résident de longue durée;

b) d'une assurance maladie pour tous les risques normalement couverts pour leurs propres ressortissants dans l'État membre concerné.

2. Les États membres peuvent exiger que les ressortissants de pays tiers satisfassent à des conditions d'intégration conformément à leur droit national.

Art. 6. *Ordre public et sécurité publique.* 1. Les États membres peuvent refuser l'octroi du statut de résident de longue durée pour des motifs d'ordre public ou de sécurité publique.

Lorsqu'il prend pareille décision, l'État membre prend en considération la gravité ou la nature de l'infraction contre l'ordre public ou la sécurité publique, ou le danger que représente la personne concernée, tout en tenant également compte de la durée de résidence et de l'existence de liens avec le pays de résidence.

2. Le refus visé au paragraphe 1 ne saurait être justifié par des raisons économiques.

Art. 7. *Acquisition du statut de résident de longue durée.* 1. Afin d'acquérir le statut de résident de longue durée, le ressortissant de pays tiers concerné introduit une demande auprès des autorités compétentes de l'État membre dans lequel il réside. La demande est accompagnée de pièces justificatives, à déterminer par le droit national, prouvant qu'il remplit les conditions énumérées aux articles 4 et 5, ainsi que, si nécessaire, d'un document de voyage valide ou d'une copie certifiée conforme de celui-ci.

Parmi les pièces justificatives visées au premier alinéa peuvent également figurer des documents attestant de conditions de logement appropriées.

2. Dès que possible, et en tout état de cause au plus tard six mois après la date du dépôt de la demande, les autorités nationales compétentes notifient par écrit au demandeur la décision le concernant. Cette décision est notifiée au ressortissant de pays tiers concerné conformément aux procédures de notification du droit national en la matière.

Dans des cas exceptionnels liés à la complexité de l'examen de la demande, le délai visé au premier alinéa peut être prorogé.

En outre, la personne concernée est informée de ses droits et obligations en vertu de la présente directive.

Toute conséquence de l'absence de décision à l'expiration du délai visé dans la présente disposition doit être réglée par la législation nationale de l'État membre concerné.

3. Si les conditions prévues aux articles 4 et 5 sont remplies et si la personne ne représente pas une menace au sens de l'article 6, l'État membre concerné accorde le statut de résident de longue durée au ressortissant de pays tiers concerné.

Art. 8. *Permis de séjour de résident de longue durée-CE.* 1. Le statut de résident de longue durée est permanent, sous réserve de l'article 9.

2. Les États membres délivrent au résident de longue durée le permis de séjour de résident de longue durée – CE. Ce permis a une durée de validité d'au moins cinq ans; à son échéance, il est renouvelable de plein droit, au besoin sur demande.

3. Le permis de séjour de résident de longue durée – CE peut être émis sous forme de vignette adhésive ou de document séparé. Il est émis selon les règles et le modèle type prévus par le règlement (CE) n° 1030/2002 du Conseil du 13 juin 2002 établissant un modèle uniforme de titre de séjour pour les ressortissants de pays tiers. Sous la rubrique

" catégorie du titre de séjour ", les États membres inscrivent " résident de longue durée – CE ".

Art. 9. *Retrait ou perte du statut.* 1. Le résident de longue durée perd le droit au statut de résident de longue durée dans les cas suivants :

a) constatation de l'acquisition frauduleuse du statut de résident de longue durée;

b) adoption d'une mesure d'éloignement dans les conditions prévues à l'article 12;

c) absence du territoire de la Communauté pendant une période de douze mois consécutifs.

2. Par dérogation au paragraphe 1, point c), les États membres peuvent prévoir que des absences supérieures à douze mois consécutifs ou pour des raisons spécifiques ou exceptionnelles n'entraînent pas le retrait ou la perte du statut.

3. Les États membres peuvent prévoir que le résident de longue durée perd le droit au statut de résident de longue durée si, par la gravité des infractions qu'il a commises, il représente une menace pour l'ordre public, sans que cela ne justifie un éloignement au titre de l'article 12.

4. Le résident de longue durée qui a séjourné dans un autre État membre conformément au chapitre III perd le droit au statut de résident de longue durée acquis dans le premier État membre, dès lors que ce statut est accordé dans un autre État membre au titre de l'article 23.

En tout état de cause, après six ans d'absence du territoire de l'État membre qui lui a accordé le statut de résident de longue durée, la personne concernée perd le droit au statut de résident de longue durée dans ledit État membre.

Par dérogation au deuxième alinéa, l'État membre concerné peut prévoir que, pour des raisons spécifiques, le résident de longue durée conserve son statut dans ledit État membre en cas d'absences pendant une période supérieure à six ans.

5. Eu égard aux cas visés au paragraphe 1, point c), et au paragraphe 4, les États membres qui ont accordé le statut prévoient une procédure simplifiée pour le recouvrement du statut de résident de longue durée.

Ladite procédure s'applique notamment aux personnes ayant séjourné dans un deuxième État membre pour y suivre des études.

Les conditions et la procédure pour le recouvrement du statut de résident de longue durée sont fixées par le droit national.

6. L'expiration du permis de séjour de résident de longue durée – CE n'entraîne en aucune façon le retrait ou la perte du statut de résident de longue durée.

7. Lorsque le retrait ou la perte du statut de résident de longue durée ne conduit pas à l'éloignement, l'État membre autorise la personne concernée à rester sur son territoire si elle remplit les conditions prévues par sa législation nationale et si elle ne constitue pas une menace pour l'ordre public ou la sécurité publique.

Art. 10. *Garanties procédurales.* 1. Toute décision de rejet de la demande d'acquisition du statut de résident de longue durée ou de retrait de ce statut doit être motivée. Cette décision est notifiée au ressortissant de pays tiers concerné conformément aux procédures de notification du droit national en la matière. La notification indique les voies de recours auxquelles l'intéressé a accès, ainsi que le délai dans lequel il peut agir.

2. En cas de rejet de la demande d'acquisition du statut de résident de longue durée, de retrait ou de perte de ce statut ou de non-renouvellement du titre de séjour, la

personne concernée a le droit d'exercer un recours juridictionnel dans l'État membre concerné.

Art. 11. *Égalité de traitement.* 1. Le résident de longue durée bénéficie de l'égalité de traitement avec les nationaux en ce qui concerne :

a) les conditions d'accès à un emploi salarié et à une activité non salariée, à condition que ces activités ne soient pas liées, même à titre occasionnel, à l'exercice de l'autorité publique, ainsi que les conditions d'emploi et de travail, y compris les conditions de licenciement et de rémunération;

b) l'éducation et la formation professionnelle, y compris les allocations et bourses d'études conformément à la législation nationale;

c) la reconnaissance des diplômes, certificats et autres titres professionnels, conformément aux procédures nationales pertinentes;

d) la sécurité sociale, l'aide sociale et la protection sociale telles qu'elles sont définies par la législation nationale;

e) les avantages fiscaux;

f) l'accès aux biens et aux services et la fourniture de biens et de services à la disposition du public, ainsi que l'accès aux procédures d'attribution d'un logement;

g) la liberté d'association, d'affiliation et d'engagement dans une organisation de travailleurs ou d'employeurs ou toute organisation professionnelle, y compris les avantages qui peuvent en résulter, sans préjudice des dispositions nationales en matière d'ordre public et de sécurité publique;

h) le libre accès à l'ensemble du territoire de l'État membre concerné, dans les limites prévues par la législation nationale pour des raisons de sécurité.

2. En ce qui concerne le paragraphe 1, points b), d), e), f) et g), l'État membre concerné peut limiter l'égalité de traitement aux cas où le lieu de résidence enregistré ou habituel du résident de longue durée, ou celui de membres de sa famille pour lesquels il demande des prestations, se trouve sur son territoire.

3. Un État membre peut restreindre l'égalité de traitement par rapport à ses ressortissants dans les cas suivants :

a) l'État membre peut maintenir des restrictions à l'accès à l'emploi ou à des activités non salariées lorsque, conformément à sa législation nationale ou au droit communautaire en vigueur, ces activités sont réservées à ses ressortissants nationaux, aux citoyens de l'Union européenne ou de l'Espace économique européen;

b) les États membres peuvent exiger la preuve d'une connaissance appropriée de la langue pour accéder à l'éducation ou à la formation. L'accès aux études universitaires peut être subordonné à des conditions particulières préalables en matière d'études.

4. En matière d'aide sociale et de protection sociale, les États membres peuvent limiter l'égalité de traitement aux prestations essentielles.

5. Les États membres peuvent décider d'accorder l'accès à des prestations supplémentaires dans les domaines visés au paragraphe 1.

Les États membres peuvent également décider d'accorder l'égalité de traitement dans des domaines non couverts par le paragraphe 1.

Art. 12. *Protection contre l'éloignement.* 1. Les États membres ne peuvent prendre une décision d'éloignement à l'encontre d'un résident de longue durée que lorsqu'il représente une menace réelle et suffisamment grave pour l'ordre public ou la sécurité publique.

2. La décision visée au paragraphe 1 ne peut être justifiée par des raisons économiques.

3. Avant de prendre une décision d'éloignement à l'encontre d'un résident de longue durée, les États membres prennent en compte les éléments suivants :

a) la durée de la résidence sur leur territoire;

b) l'âge de la personne concernée;

c) les conséquences pour elle et pour les membres de sa famille;

d) les liens avec le pays de résidence ou l'absence de liens avec le pays d'origine.

4. Lorsqu'une décision d'éloignement a été arrêtée, le résident de longue durée peut exercer un recours juridictionnel dans l'État membre concerné.

5. L'aide judiciaire est accordée au résident de longue durée qui ne dispose pas de ressources suffisantes, dans les mêmes conditions qu'aux ressortissants de l'État dans lequel il réside.

Art. 13. *Dispositions nationales plus favorables.* Les États membres peuvent délivrer des titres de séjour permanents ou d'une durée de validité illimitée à des conditions plus favorables que celles établies dans la présente directive. Ces titres de séjour ne donnent pas accès au droit de séjour dans les autres États membres tel que prévu au chapitre III.

174 Code de l'entrée et du séjour des étrangers et du droit d'asile (articles L. 311-1 à L. 311-8, L. 321-1 et L. 331-1)

TITRE PREMIER

LES TITRES DE SÉJOUR

CHAPITRE PREMIER

DISPOSITIONS GÉNÉRALES

Section première

Dispositions relatives aux documents de séjour

(L. nº 2006-911 du 24 juill. 2006, art. 2-I).

Art. L. 311-1. *(L. nº 2016-274 du 7 mars 2016, art. 4-I et 67-II, en vigueur le 1er nov. 2016)* Sous réserve des engagements internationaux de la France ou de l'article L. 121-1, tout étranger âgé de plus de dix-huit ans qui souhaite séjourner en France pour une durée supérieure à trois mois doit être titulaire de l'un des documents de séjour suivants :

1° Un visa de long séjour, d'une durée maximale d'un an;

2° Un visa de long séjour, d'une durée maximale d'un an, conférant à son titulaire, en application du troisième alinéa de l'article L. 211-2-1, les droits attachés à une carte de séjour temporaire ou à la carte de séjour pluriannuelle prévue aux articles L. 313-20 et L. 313-21 *(L. nº 2018-778 du 10 sept. 2018, art. 65)* «et aux I et II de l'article L. 313-24» lorsque le séjour envisagé sur ce fondement est d'une durée inférieure ou égale à un an;

3° Une carte de séjour temporaire, d'une durée maximale d'un an, dont les conditions de délivrance et de renouvellement sont prévues au chapitre III du présent titre;

4° Une carte de séjour pluriannuelle, d'une durée maximale de quatre ans, dont les conditions de délivrance et de renouvellement sont prévues au même chapitre III;

5° Une carte de résident, d'une durée de dix ans ou à durée indéterminée, dont les conditions de délivrance et de renouvellement sont prévues au chapitre IV du présent titre;

6° Une carte de séjour portant la mention "retraité", d'une durée de dix ans, dont les conditions de délivrance et de renouvellement sont prévues au chapitre VII du présent titre.

L'étranger qui séjourne au titre de l'un des documents mentionnés aux 2° et 3° du présent article peut solliciter la délivrance d'une carte de séjour pluriannuelle ou d'une carte de résident dans les conditions prévues, respectivement, à l'article L. 313-17 et aux articles L. 314-8 à L. 314-12, sous réserve des exceptions prévues par les dispositions législatives du présent code.

Art. L. 311-3. *(L. n° 2016-274 du 7 mars 2016, art. 20-I-13° et 67-II, en vigueur le 1er nov. 2016)* «Les étrangers âgés de seize à dix-huit ans qui déclarent vouloir exercer une activité professionnelle reçoivent, de plein droit, une carte de séjour temporaire s'ils remplissent les conditions prévues à l'article L. 313-11, la carte de séjour portant la mention "passeport talent (famille)" s'ils remplissent les conditions prévues à l'article L. 313-21 ou une carte de résident s'ils remplissent les conditions prévues à l'article L. 314-11.» Ils peuvent, dans les autres cas, solliciter une carte de séjour temporaire ou une carte de résident en application des articles L. 314-8 et L. 314-9.

Art. L. 311-4. La détention *(L. n° 2015-925 du 29 juill. 2015, art. 21-II-1° et 35-III, en vigueur le 1er nov. 2015)* «d'une attestation de» demande de délivrance ou de renouvellement d'un titre de séjour, d'un récépissé d'une demande d'asile ou d'une autorisation provisoire de séjour autorise la présence de l'étranger en France sans préjuger de la décision définitive qui sera prise au regard de son droit au séjour. Sauf dans les cas expressément prévus par la loi ou les règlements, ces documents n'autorisent pas leurs titulaires à exercer une activité professionnelle.

Entre la date d'expiration *(L. n° 2018-778 du 10 sept. 2018, art. 63, en vigueur au plus tard le 1er mars 2019)* «de la carte de séjour pluriannuelle d'une durée de quatre ans mentionnée au premier alinéa de l'article L. 313-18,» de la carte de résident ou d'un titre de séjour d'une durée supérieure à un an prévu par une stipulation internationale et la décision prise par l'autorité administrative sur la demande tendant à son renouvellement, dans la limite de trois mois à compter de cette date d'expiration, l'étranger peut également justifier de la régularité de son séjour par la présentation de la carte ou du titre arrivé à expiration. Pendant cette période, il conserve l'intégralité de ses droits sociaux ainsi que son droit d'exercer une activité professionnelle.

(L. n° 2018-778 du 10 sept. 2018, art. 63, en vigueur au plus tard le 1er mars 2019 et applicable jusqu'au 31 déc. 2020) «Dans des départements dont la liste est fixée par arrêté du ministre chargé de l'immigration, l'étranger qui a déposé une demande de renouvellement de sa carte de séjour temporaire ou de sa carte de séjour pluriannuelle autre que celle mentionnée au deuxième alinéa du présent article, avant l'expiration de celle-ci, peut justifier, dans la limite de trois mois à compter de cette date d'expiration, de la régularité de son séjour par la présentation de la carte arrivée à expiration. Pendant

cette période, il conserve l'intégralité de ses droits sociaux ainsi que son droit d'exercer une activité professionnelle.»

Art. L. 311-5. La délivrance d'une autorisation provisoire de séjour, d'un récépissé de demande de titre de séjour ou *(L. n° 2015-925 du 29 juill. 2015, art. 21-II-2° et 35-III, en vigueur le 1er nov. 2015)* «d'une attestation mentionnée aux articles L. 741-1, L. 742-1 ou L. 743-1» n'a pas pour effet de régulariser les conditions de l'entrée en France, sauf s'il s'agit d'un étranger qui s'est vu reconnaître la qualité de réfugié *(L. n° 2015-925 du 29 juill. 2015, art. 21-II-2° et 35-III, en vigueur dans les conditions décrites ci-dessous)* «ou accorder le bénéfice de la protection subsidiaire en application du livre VII».

Art. L. 311-5-1. *(L. n° 2015-925 du 29 juill. 2015, art. 21-II-3°)* L'étranger auquel la qualité de réfugié est reconnue par l'Office français de protection des réfugiés et apatrides ou la Cour nationale du droit d'asile est admis à souscrire une demande de délivrance de carte de résident.

Dans un délai de huit jours à compter de sa demande, il est mis en possession d'un récépissé de demande de titre de séjour, qui vaut autorisation de séjour d'une durée de validité de six mois renouvelable et qui porte la mention "reconnu réfugié".

Ce récépissé confère à son titulaire le droit d'exercer la profession de son choix dans les conditions prévues à l'article L. 314-4.

Art. L. 311-5-2. *(L. n° 2015-925 du 29 juill. 2015, art. 21-II-3°)* L'étranger qui s'est vu accorder le bénéfice de la protection subsidiaire par l'Office français de protection des réfugiés et apatrides ou la Cour nationale du droit d'asile est admis à souscrire une demande de délivrance de carte de séjour.

Dans un délai de huit jours à compter de sa demande, il est mis en possession d'un récépissé de demande de titre de séjour, qui vaut autorisation de séjour d'une durée de validité de six mois renouvelable.

Ce récépissé confère à son titulaire le droit d'exercer la profession de son choix dans les conditions prévues à l'article L. 314-4.

Art. L. 311-6. *(L. n° 2018-778 du 10 sept. 2018, art. 44, en vigueur au plus tard le 1er mars 2019)* Lorsqu'un étranger a présenté une demande d'asile qui relève de la compétence de la France, l'autorité administrative, après l'avoir informé des motifs pour lesquels une autorisation de séjour peut être délivrée et des conséquences de l'absence de demande sur d'autres fondements à ce stade, l'invite à indiquer s'il estime pouvoir prétendre à une admission au séjour à un autre titre et, dans l'affirmative, l'invite à déposer sa demande dans un délai fixé par décret. Il est informé que, sous réserve de circonstances nouvelles, notamment pour des raisons de santé, et sans préjudice de l'article L. 511-4, il ne pourra, à l'expiration de ce délai, solliciter son admission au séjour.

Un décret en Conseil d'État précise les conditions d'application du présent article.

Art. L. 311-8-1. *(L. n° 2015-925 du 29 juill. 2015, art. 28-4°)* Lorsqu'il est mis fin au statut de réfugié ou au bénéfice de la protection subsidiaire par décision définitive de l'Office français de protection des réfugiés et apatrides ou par décision de justice ou lorsque l'étranger renonce à ce statut ou à ce bénéfice, la carte de résident mentionnée au 8° de l'article L. 314-11 ou la carte de séjour temporaire mentionnée à l'article L. 313-13 est retirée.

Dans les cas prévus au premier alinéa du présent article, l'autorité administrative statue, dans un délai fixé par décret en Conseil d'État, sur le droit au séjour des intéressés à un autre titre.

La carte de résident ou la carte de séjour temporaire ne peut être retirée en application du même premier alinéa quand l'étranger est en situation régulière depuis au moins cinq ans.

TITRE DEUXIÈME

LES CONDITIONS DU SÉJOUR

CHAPITRE PREMIER

Conditions de circulation

Section première

Dispositions générales

Art. L. 321-1. Tout étranger résidant en France, quelle que soit la nature de son titre de séjour, peut quitter librement le territoire français.

TITRE TROISIÈME

L'AIDE AU RETOUR VOLONTAIRE

CHAPITRE UNIQUE

Art. L. 331-1. Les étrangers qui quittent la France pour s'établir dans leur pays d'origine et qui bénéficient à ce titre, sur leur demande, d'une aide publique à la réinsertion perdent les droits attachés aux titres de séjour et de travail qu'ils détiennent. Les intéressés restituent leurs titres et reçoivent une autorisation de séjour provisoire suivant des modalités fixées par décret.

Section 4

Le regroupement familial

175 Directive n° 2003/86/CE du 22 septembre 2003 (chapitres I à VI)

CHAPITRE I

Dispositions générales

Art. 1er. Le but de la présente directive est de fixer les conditions dans lesquelles est exercé le droit au regroupement familial dont disposent les ressortissants de pays tiers résidant légalement sur le territoire des États membres.

Art. 2. Aux fins de la présente directive, on entend par :

a) " ressortissant de pays tiers " : toute personne qui n'est pas citoyenne de l'Union au sens de l'article 17, paragraphe 1, du traité;

b) " réfugié " : tout ressortissant de pays tiers ou apatride bénéficiant d'un statut de réfugié au sens de la convention relative au statut des réfugiés du 28 juillet 1951, modifiée par le protocole signé à New York le 31 janvier 1967;

c) " regroupant " : un ressortissant de pays tiers qui réside légalement dans un État membre et qui demande le regroupement familial, ou dont des membres de la famille demandent à le rejoindre;

d) " regroupement familial " : l'entrée et le séjour dans un État membre des membres de la famille d'un ressortissant de pays tiers résidant légalement dans cet État membre afin de maintenir l'unité familiale, que les liens familiaux soient antérieurs ou postérieurs à l'entrée du regroupant;

e) " titre de séjour " : toute autorisation délivrée par les autorités d'un État membre, permettant à un ressortissant de pays tiers de séjourner légalement sur le territoire dudit État membre, conformément à l'article 1er, paragraphe 2, point a), du règlement (CE) n° 1030/2002 du Conseil du 13 juin 2002 établissant un modèle uniforme de titre de séjour pour les ressortissants de pays tiers (5);

f) " mineur non accompagné " : tout ressortissant de pays tiers ou apatride âgé de moins de 18 ans, entrant sur le territoire d'un État membre sans être accompagné d'un adulte qui soit responsable de lui de par la loi ou la coutume, aussi longtemps qu'il n'est pas effectivement pris en charge par une telle personne, ou toute personne mineure qui est laissée seule après être entrée sur le territoire d'un État membre.

Art. 3. 1. La présente directive s'applique lorsque le regroupant est titulaire d'un titre de séjour délivré par un État membre d'une durée de validité supérieure ou égale à un an, ayant une perspective fondée d'obtenir un droit de séjour permanent, si les membres de sa famille sont des ressortissants de pays tiers, indépendamment de leur statut juridique.

2. La présente directive ne s'applique pas lorsque le regroupant est un ressortissant de pays tiers :

a) qui sollicite la reconnaissance de la qualité de réfugié et dont la demande n'a pas encore fait l'objet d'une décision définitive;

b) autorisé à séjourner dans un État membre en vertu d'une protection temporaire ou demandant l'autorisation de séjourner à ce titre et dans l'attente d'une décision sur son statut;

c) autorisé à séjourner dans un État membre en vertu de formes subsidiaires de protection, conformément aux obligations internationales, aux législations nationales ou aux pratiques des États membres, ou demandant l'autorisation de séjourner à ce titre et dans l'attente d'une décision sur son statut.

3. La présente directive ne s'applique pas aux membres de la famille d'un citoyen de l'Union.

4. La présente directive ne porte pas atteinte aux dispositions plus favorables :

a) des accords bilatéraux et multilatéraux entre la Communauté ou la Communauté et ses États membres, d'une part, et des pays tiers, d'autre part;

b) de la charte sociale européenne du 18 octobre 1961, de la charte sociale européenne modifiée du 3 mai 1987 et de la convention européenne relative au statut juridique du travailleur migrant du 24 novembre 1977.

5. La présente directive ne porte pas atteinte à la faculté qu'ont les États membres d'adopter ou de maintenir des conditions plus favorables.

CHAPITRE II

Membres de la famille

Art. 4. 1. Les États membres autorisent l'entrée et le séjour, conformément à la présente directive et sous réserve du respect des conditions visées au chapitre IV, ainsi qu'à l'article 16, des membres de la famille suivants :

a) le conjoint du regroupant;

b) les enfants mineurs du regroupant et de son conjoint, y compris les enfants adoptés conformément à une décision prise par l'autorité compétente de l'État membre concerné ou à une décision exécutoire de plein droit en vertu d'obligations internationales dudit État membre ou qui doit être reconnue conformément à des obligations internationales;

c) les enfants mineurs, y compris les enfants adoptés, du regroupant, lorsque celui-ci a le droit de garde et en a la charge. Les États membres peuvent autoriser le regroupement des enfants dont la garde est partagée, à condition que l'autre titulaire du droit de garde ait donné son accord;

d) les enfants mineurs, y compris les enfants adoptés, du conjoint, lorsque celui-ci a le droit de garde et en a la charge. Les États membres peuvent autoriser le regroupement des enfants dont la garde est partagée, à condition que l'autre titulaire du droit de garde ait donné son accord.

Les enfants mineurs visés au présent article doivent être d'un âge inférieur à la majorité légale de l'État membre concerné et ne pas être mariés.

Par dérogation, lorsqu'un enfant a plus de 12 ans et arrive indépendamment du reste de sa famille, l'État membre peut, avant d'autoriser son entrée et son séjour au titre de la présente directive, examiner s'il satisfait à un critère d'intégration prévu par sa législation existante à la date de la mise en œuvre de la présente directive.

2. Les États membres peuvent, par voie législative ou réglementaire, autoriser l'entrée et le séjour, au titre de la présente directive, sous réserve du respect des conditions définies au chapitre IV, des membres de la famille suivants :

a) les ascendants en ligne directe au premier degré du regroupant ou de son conjoint, lorsqu'ils sont à sa charge et qu'ils sont privés du soutien familial nécessaire dans le pays d'origine;

b) les enfants majeurs célibataires du regroupant ou de son conjoint, lorsqu'ils sont objectivement dans l'incapacité de subvenir à leurs propres besoins en raison de leur état de santé.

3. Les États membres peuvent, par voie législative ou réglementaire, autoriser l'entrée et le séjour, au titre de la présente directive, sous réserve du respect des conditions définies au chapitre IV, du partenaire non marié ressortissant d'un pays tiers qui a avec le regroupant une relation durable et stable dûment prouvée, ou du ressortissant de pays tiers qui est lié au regroupant par un partenariat enregistré, conformément à l'article 5, paragraphe 2, ainsi que des enfants mineurs non mariés, y compris les enfants adoptés, et des enfants majeurs célibataires qui sont objectivement dans l'incapacité de subvenir à leurs propres besoins en raison de leur état de santé.

Les États membres peuvent décider que les partenaires enregistrés sont assimilés aux conjoints pour ce qui est du regroupement familial.

4. En cas de mariage polygame, si le regroupant a déjà un conjoint vivant avec lui sur le territoire d'un État membre, l'État membre concerné n'autorise pas le regroupement familial d'un autre conjoint.

Par dérogation au paragraphe 1, point c), les États membres peuvent imposer des restrictions concernant le regroupement familial des enfants mineurs d'un autre conjoint auprès du regroupant.

5. Afin d'assurer une meilleure intégration et de prévenir des mariages forcés, les États membres peuvent demander que le regroupant et son conjoint aient atteint un âge minimal, qui ne peut être supérieur à 21 ans, avant que le conjoint ne puisse rejoindre le regroupant.

6. Par dérogation, les États membres peuvent demander que les demandes concernant le regroupement familial d'enfants mineurs soient introduites avant que ceux-ci n'aient atteint l'âge de 15 ans, conformément aux dispositions de leur législation en vigueur à la date de la mise en œuvre de la présente directive. Si elles sont introduites ultérieurement, les États membres qui décident de faire usage de la présente dérogation autorisent l'entrée et le séjour de ces enfants pour d'autres motifs que le regroupement familial.

CHAPITRE III
Dépôt et examen de la demande

Art. 5. 1. Les États membres déterminent si, aux fins de l'exercice du droit au regroupement familial, une demande d'entrée et de séjour doit être introduite auprès des autorités compétentes de l'État membre concerné soit par le regroupant, soit par les membres de la famille.

2. La demande est accompagnée de pièces justificatives prouvant les liens familiaux et le respect des conditions prévues aux articles 4 et 6 et, le cas échéant, aux articles 7 et 8, ainsi que de copies certifiées conformes des documents de voyage des membres de la famille.

Le cas échéant, pour obtenir la preuve de l'existence de liens familiaux, les États membres peuvent procéder à des entretiens avec le regroupant et les membres de sa famille et à toute enquête jugée nécessaire.

Lors de l'examen d'une demande concernant le partenaire non marié du regroupant, les États membres tiennent compte, afin d'établir l'existence de liens familiaux, d'éléments tels qu'un enfant commun, une cohabitation préalable, l'enregistrement du partenariat ou tout autre moyen de preuve fiable.

3. La demande est introduite et examinée alors que les membres de la famille résident à l'extérieur du territoire de l'État membre dans lequel le regroupant réside.

Par dérogation, un État membre peut accepter, dans des cas appropriés, qu'une demande soit introduite alors que les membres de la famille se trouvent déjà sur son territoire.

4. Dès que possible, et en tout état de cause au plus tard neuf mois après la date du dépôt de la demande, les autorités compétentes de l'État membre notifient par écrit à la personne qui a déposé la demande la décision la concernant.

Dans des cas exceptionnels liés à la complexité de l'examen de la demande, le délai visé au premier alinéa peut être prorogé.

La décision de rejet de la demande est dûment motivée. Toute conséquence de l'absence de décision à l'expiration du délai visé au premier alinéa doit être réglée par la législation nationale de l'État membre concerné.

5. Au cours de l'examen de la demande, les États membres veillent à prendre dûment en considération l'intérêt supérieur de l'enfant mineur.

CHAPITRE IV

Conditions requises pour l'exercice du droit au regroupement familial

Art. 6. 1. Les États membres peuvent rejeter une demande d'entrée et de séjour d'un des membres de la famille pour des raisons d'ordre public, de sécurité publique ou de santé publique.

2. Les États membres peuvent retirer le titre de séjour d'un membre de la famille ou refuser de le renouveler pour des raisons d'ordre public, de sécurité publique ou de santé publique.

Lorsqu'ils prennent une telle décision, les États membres tiennent compte, outre de l'article 17, de la gravité ou de la nature de l'infraction à l'ordre public ou à la sécurité publique commise par le membre de la famille, ou des dangers que cette personne est susceptible de causer.

3. La seule survenance de maladies ou d'infirmités après la délivrance du titre de séjour ne peut justifier le refus de renouvellement du titre de séjour ou l'éloignement du territoire par l'autorité compétente de l'État membre concerné.

Art. 7. 1. Lors du dépôt de la demande de regroupement familial, l'État membre concerné peut exiger de la personne qui a introduit la demande de fournir la preuve que le regroupant dispose :

a) d'un logement considéré comme normal pour une famille de taille comparable dans la même région et qui répond aux normes générales de salubrité et de sécurité en vigueur dans l'État membre concerné;

b) d'une assurance maladie couvrant l'ensemble des risques normalement couverts pour ses propres ressortissants dans l'État membre concerné, pour lui-même et les membres de sa famille;

c) de ressources stables, régulières et suffisantes pour subvenir à ses propres besoins et à ceux des membres de sa famille sans recourir au système d'aide sociale de l'État membre concerné. Les États membres évaluent ces ressources par rapport à leur nature et leur régularité et peuvent tenir compte du niveau des rémunérations et des pensions minimales nationales ainsi que du nombre de membres que compte la famille.

2. Les États membres peuvent exiger des ressortissants de pays tiers qu'ils se conforment aux mesures d'intégration, dans le respect du droit national.

En ce qui concerne les réfugiés et/ou les membres de la famille de réfugiés visés à l'article 12, les mesures d'intégration visées au premier alinéa ne peuvent s'appliquer qu'une fois que les personnes concernées ont bénéficié du regroupement familial.

Art. 8. Les États membres peuvent exiger que le regroupant ait séjourné légalement sur leur territoire pendant une période qui ne peut pas dépasser deux ans, avant de se faire rejoindre par les membres de sa famille.

Par dérogation, lorsqu'en matière de regroupement familial, la législation existant dans un État membre à la date d'adoption de la présente directive tient compte de sa capacité d'accueil, cet État membre peut prévoir d'introduire une période d'attente de trois ans au maximum entre le dépôt de la demande de regroupement familial et la délivrance d'un titre de séjour aux membres de la famille.

CHAPITRE V

Regroupement familial des réfugiés

Art. 9. 1. Le présent chapitre s'applique au regroupement familial des réfugiés reconnus comme tels par les États membres.

2. Les États membres peuvent limiter l'application du présent chapitre aux réfugiés dont les liens familiaux sont antérieurs à leur entrée sur le territoire.

3. Le présent chapitre ne porte pas atteinte à d'éventuelles dispositions accordant le statut de réfugié aux membres de la famille.

Art. 10. 1. L'article 4 s'applique à la définition des membres de la famille, à l'exception de son paragraphe 1, troisième alinéa, qui ne s'applique pas aux enfants de réfugiés.

2. Les États membres peuvent autoriser le regroupement d'autres membres de la famille non visés à l'article 4 s'ils sont à la charge du réfugié.

3. Si le réfugié est un mineur non accompagné, les États membres :

a) autorisent l'entrée et le séjour aux fins du regroupement familial de ses ascendants directs au premier degré sans que soient appliquées les conditions fixées à l'article 4, paragraphe 2, point a);

b) peuvent autoriser l'entrée et le séjour aux fins du regroupement familial de son tuteur légal ou de tout autre membre de la famille, lorsque le réfugié n'a pas d'ascendants directs ou que ceux-ci ne peuvent être retrouvés.

Art. 11. 1. En ce qui concerne le dépôt et l'examen de la demande, l'article 5 s'applique, sous réserve du paragraphe 2 du présent article.

2. Lorsqu'un réfugié ne peut fournir les pièces justificatives officielles attestant des liens familiaux, l'État membre tient compte d'autres preuves de l'existence de ces liens, qui doivent être appréciées conformément au droit national. Une décision de rejet de la demande ne peut pas se fonder uniquement sur l'absence de pièces justificatives.

Art. 12. 1. Par dérogation à l'article 7, les États membres ne peuvent pas imposer au réfugié et/ou aux membres de la famille de fournir, en ce qui concerne les demandes relatives aux membres de la famille visés à l'article 4, paragraphe 1, des éléments de preuve attestant qu'il répond aux conditions visées à l'article 7.

Sans préjudice d'obligations internationales, lorsque le regroupement familial est possible dans un pays tiers avec lequel le regroupant et/ou le membre de la famille a un lien particulier, les États membres peuvent exiger les éléments de preuve visés au premier alinéa.

Les États membres peuvent exiger du réfugié qu'il remplisse les conditions visées à l'article 7, paragraphe 1, si la demande de regroupement familial n'est pas introduite dans un délai de trois mois suivant l'octroi du statut de réfugié.

2. Par dérogation à l'article 8, les États membres n'imposent pas au réfugié d'avoir séjourné sur leur territoire pendant un certain temps avant de se faire rejoindre par des membres de sa famille.

CHAPITRE VI

Entrée et séjour des membres de la famille

Art. 13. 1. Dès que la demande de regroupement familial est acceptée, l'État membre concerné autorise l'entrée du ou des membres de la famille. À cet égard, l'État membre concerné accorde à ces personnes toute facilité pour obtenir les visas exigés.

2. L'État membre concerné délivre aux membres de la famille un premier titre de séjour d'une durée d'au moins un an. Ce titre de séjour est renouvelable.

3. La période de validité des titres de séjour accordés aux membres de la famille ne peut, en principe, dépasser la date d'expiration du titre de séjour du regroupant.

Art. 14. 1. Les membres de la famille du regroupant ont droit, au même titre que celui-ci, à :

a) l'accès à l'éducation;

b) l'accès à un emploi salarié ou à une activité indépendante;

c) l'accès à l'orientation, à la formation, au perfectionnement et au recyclage professionnels.

2. Les États membres peuvent fixer, conformément à leur droit national, les conditions dans lesquelles des membres de la famille exercent une activité salariée ou indépendante. Ces conditions prévoient un délai, qui ne peut en aucun cas dépasser douze mois, au cours desquels les États membres peuvent examiner la situation sur leur marché du travail avant d'autoriser les membres de la famille à exercer une activité salariée ou indépendante.

3. Les États membres peuvent limiter l'accès à un emploi salarié ou à une activité indépendante des ascendants en ligne directe et du premier degré ou des enfants majeurs célibataires visés à l'article 4, paragraphe 2.

Art. 15. 1. Au plus tard après cinq ans de résidence et dans la mesure où les membres de la famille n'ont pas reçu de titre de séjour pour d'autres motifs que le regroupement familial, le conjoint ou le partenaire non marié et l'enfant devenu majeur ont droit, au besoin sur demande, à un titre de séjour autonome, indépendant de celui du regroupant.

En cas de rupture du lien familial, les États membres peuvent limiter l'octroi du titre de séjour visé au premier alinéa au conjoint ou au partenaire non marié.

2. Les États membres peuvent accorder un titre de séjour autonome aux enfants majeurs et aux ascendants directs visés à l'article 4, paragraphe 2.

3. En cas de veuvage, de divorce, de séparation ou de décès d'ascendants ou de descendants directs au premier degré, un titre de séjour autonome peut être délivré, au besoin sur demande, aux personnes entrées au titre du regroupement familial. Les États membres arrêtent des dispositions garantissant l'octroi d'un titre de séjour autonome en cas de situation particulièrement difficile.

4. Les conditions applicables à l'octroi et à la durée du titre de séjour autonome sont définies par le droit national.

(...)

176 Code de l'entrée et du séjour des étrangers et du droit d'asile (articles L. 411-1 à L. 411-7)

TITRE Ier

CONDITIONS DU REGROUPEMENT FAMILIAL

CHAPITRE UNIQUE

Art. L. 411-1. Le ressortissant étranger qui séjourne régulièrement en France *(L. n° 2006-911 du 24 juill. 2006, art. 44)* «depuis au moins dix-huit mois», sous couvert d'un des titres d'une durée de validité d'au moins un an prévus par le présent code ou par des conventions internationales, peut demander à bénéficier de son droit à être rejoint, au titre du regroupement familial, par son conjoint *(L. n° 2006-911 du 24 juill. 2006, art. 44)* «, si ce dernier est âgé d'au moins dix-huit ans,» et les enfants du couple mineurs de dix-huit ans.

Art. L. 411-2. Le regroupement familial peut également être sollicité pour les enfants mineurs de dix-huit ans du demandeur et ceux de son conjoint dont, au jour de la demande, la filiation n'est établie qu'à l'égard du demandeur ou de son conjoint ou dont l'autre parent est décédé ou déchu de ses droits parentaux.

Art. L. 411-3. Le regroupement familial peut être demandé pour les enfants mineurs de dix-huit ans du demandeur et ceux de son conjoint, qui sont confiés, selon le cas, à l'un ou l'autre, au titre de l'exercice de l'autorité parentale, en vertu d'une décision d'une juridiction étrangère. Une copie de cette décision devra être produite ainsi que l'autorisation de l'autre parent de laisser le mineur venir en France.

Art. L. 411-4. L'enfant pouvant bénéficier du regroupement familial est celui qui répond à la définition donnée au dernier alinéa de l'article L. 314-11.

Le regroupement familial est sollicité pour l'ensemble des personnes désignées aux articles L. 411-1 à L. 411-3. Un regroupement partiel peut être autorisé pour des motifs tenant à l'intérêt des enfants.

Art. L. 411-5. Le regroupement familial ne peut être refusé que pour l'un des motifs suivants :

1° Le demandeur ne justifie pas de ressources stables et suffisantes pour subvenir aux besoins de sa famille. Sont prises en compte toutes les ressources du demandeur et de son conjoint indépendamment des prestations familiales *(L. n° 2016-274 du 7 mars 2016, art. 20-II)* «, de l'allocation équivalent retraite» *(L. n° 2006-911 du 24 juill. 2006, art. 45-1°)* «et des allocations prévues à l'article L. 262-1 du code de l'action sociale et des familles, à l'article L. 815-1 du code de la sécurité sociale et aux articles *(L. n° 2016-274 du 7 mars 2016, art. 20-II)* «L. 5423-1» *(L. n° 2016-1917 du 29 déc. 2016, art. 87-IV-C-2° et F, en vigueur le 1er sept. 2017)* «et L. 5423-2» du code du travail». *(L. n° 2007-1631 du 20 nov. 2007, art. 2-1°)* «Les ressources doivent atteindre un montant qui tient compte de la taille de la famille du demandeur. Le décret en Conseil d'État prévu à l'article L. 441-1 fixe ce montant qui doit être au moins égal au salaire minimum de croissance mensuel et au plus égal à ce salaire majoré d'un cinquième. Ces dispositions ne sont pas applicables lorsque la personne qui demande le regroupement familial est titulaire de l'allocation aux adultes handicapés mentionnée *(L. n° 2016-274 du 7 mars 2016, art. 20-III)* «aux articles L. 821-1 ou L. 821-2» du code de la sécurité sociale ou de l'allocation supplémentaire mentionnée à l'article L. 815-24 du même code» *(L. n° 2016-274 du 7 mars 2016, art. 20-III)* «ou lorsqu'une personne âgée de plus de soixante-cinq ans et résidant régulièrement en France depuis au moins vingt-cinq ans demande le regroupement familial pour son conjoint et justifie d'une durée de mariage d'au moins dix ans»;

2° Le demandeur ne dispose pas ou ne disposera pas à la date d'arrivée de sa famille en France d'un logement considéré comme normal pour une famille comparable *(L. n° 2006-911 du 24 juill. 2006, art. 45-2°)* «vivant dans la même région géographique»;

(L. n° 2006-911 du 24 juill. 2006, art. 45-3°; L. n° 2007-1631 du 20 nov. 2007, art. 2-2°) «3° Le demandeur ne se conforme pas aux principes essentiels qui, conformément aux lois de la République, régissent la vie familiale en France, pays d'accueil.»

Art. L. 411-6. Peut être exclu du regroupement familial :

1° Un membre de la famille dont la présence en France constituerait une menace pour l'ordre public;

2° Un membre de la famille atteint d'une maladie inscrite au règlement sanitaire international;

3° Un membre de la famille résidant en France.

Art. L. 411-7. Lorsqu'un étranger polygame réside en France avec un premier conjoint, le bénéfice du regroupement familial ne peut être accordé à un autre conjoint. Sauf si cet autre conjoint est décédé ou déchu de ses droits parentaux, ses enfants ne bénéficient pas non plus du regroupement familial.

Le titre de séjour sollicité ou obtenu par un autre conjoint est, selon le cas, refusé ou retiré. Le titre de séjour du ressortissant étranger polygame qui a fait venir auprès de lui plus d'un conjoint, ou des enfants autres que ceux du premier conjoint ou d'un autre conjoint décédé ou déchu de ses droits parentaux, lui est retiré.

Section 5

Les citoyens européens

177 Code de l'entrée et du séjour des étrangers et du droit d'asile (articles L. 121-1 à L. 122-3 et L. 531-1 à L. 531-4)

LIVRE Ier

DISPOSITIONS GÉNÉRALES APPLICABLES AUX ÉTRANGERS ET AUX RESSORTISSANTS DE CERTAINS ÉTATS

TITRE DEUXIÈME

ENTRÉE ET SÉJOUR DES CITOYENS DE L'UNION EUROPÉENNE, DES RESSORTISSANTS DES AUTRES ÉTATS PARTIES À L'ACCORD SUR L'ESPACE ÉCONOMIQUE EUROPÉEN ET DE LA CONFÉDÉRATION SUISSE AINSI QUE DES MEMBRES DE LEUR FAMILLE *(L. n° 2006-911 du 24 juill. 2006, art. 23-I).*

CHAPITRE PREMIER

Droit au séjour

(L. n° 2006-911 du 24 juill. 2006, art. 23-II)

Art. L. 121-1. *(L. n° 2006-911 du 24 juill. 2006, art. 23-II)* Sauf si sa présence constitue une menace pour l'ordre public, tout citoyen de l'Union européenne, tout ressortissant d'un autre État partie à l'accord sur l'Espace économique européen ou de la Confédération suisse a le droit de séjourner en France pour une durée supérieure à trois mois s'il satisfait à l'une des conditions suivantes :

1° S'il exerce une activité professionnelle en France ;

2° S'il dispose pour lui et pour les membres de sa famille tels que visés au 4° de ressources suffisantes afin de ne pas devenir une charge pour le système d'assistance sociale, ainsi que d'une assurance maladie ;

3° S'il est inscrit dans un établissement fonctionnant conformément aux dispositions législatives et réglementaires en vigueur pour y suivre à titre principal des études ou, dans ce cadre, une formation professionnelle, et garantit disposer d'une assurance maladie ainsi que de ressources suffisantes pour lui et pour les membres de sa famille tels que visés au 5° afin de ne pas devenir une charge pour le système d'assistance sociale ;

4° S'il est un descendant direct âgé de moins de vingt et un ans ou à charge, ascendant direct à charge, conjoint, ascendant ou descendant direct à charge du conjoint, accompagnant ou rejoignant un ressortissant qui satisfait aux conditions énoncées aux 1° ou 2° ;

5° S'il est le conjoint ou un enfant à charge accompagnant ou rejoignant un ressortissant qui satisfait aux conditions énoncées au 3°.

Art. L. 121-2. Les ressortissants visés à l'article L. 121-1 qui souhaitent établir en France leur résidence habituelle se font enregistrer auprès du maire de leur commune de résidence dans les trois mois suivant leur arrivée. *(L. n° 2007-1631 du 20 nov. 2007, art. 33)* « Les ressortissants qui n'ont pas respecté cette obligation d'enregistrement sont réputés résider en France depuis moins de trois mois. »

Ils ne sont pas tenus de détenir un titre de séjour. S'ils en font la demande, il leur est délivré un titre de séjour.

Toutefois, demeurent soumis à la détention d'un titre de séjour durant le temps de validité des mesures transitoires éventuellement prévues en la matière par le traité d'adhésion du pays dont ils sont ressortissants, et sauf si ce traité en stipule autrement, les citoyens de l'Union européenne qui souhaitent exercer en France une activité professionnelle.

Si les citoyens mentionnés à l'alinéa précédent souhaitent exercer une activité salariée dans un métier caractérisé par des difficultés de recrutement et figurant sur une liste établie, au plan national, par l'autorité administrative, ils ne peuvent se voir opposer la situation de l'emploi sur le fondement de l'article L. 341-2 *[L. 5221-1]* du code du travail.

Lorsque ces citoyens ont achevé avec succès, dans un établissement d'enseignement supérieur habilité au plan national, un cycle de formation conduisant à un diplôme au moins équivalent au master, ils ne sont pas soumis à la détention d'un titre de séjour pour exercer une activité professionnelle en France.

Art. L. 121-3. *(L. n° 2006-911 du 24 juill. 2006, art. 23-II)* Sauf si sa présence constitue une menace pour l'ordre public, le membre de famille visé aux 4° ou 5° de l'article L. 121-1 selon la situation de la personne qu'il accompagne ou rejoint, ressortissant d'un État tiers, a le droit de séjourner sur l'ensemble du territoire français pour une durée supérieure à trois mois.

(L. n° 2007-1631 du 20 nov. 2007, art. 20) « S'il est âgé de plus de dix-huit ans ou d'au moins seize ans lorsqu'il veut exercer une activité professionnelle, il doit être muni d'une carte de séjour. Cette carte, dont la durée de validité correspond à la durée de séjour envisagée du citoyen de l'Union dans la limite de cinq années, porte la mention : "carte de

séjour de membre de la famille d'un citoyen de l'Union". Sauf application des mesures transitoires prévues par le traité d'adhésion à l'Union européenne de l'État dont il est ressortissant, cette carte donne à son titulaire le droit d'exercer une activité professionnelle.»

Art. L. 121-4. *(L. nº 2006-911 du 24 juill. 2006, art. 23-II)* Tout citoyen de l'Union européenne, tout ressortissant d'un autre État partie à l'accord sur l'Espace économique européen ou de la Confédération suisse ou les membres de sa famille qui ne peuvent justifier d'un droit au séjour en application de l'article L. 121-1 ou de l'article L. 121-3 ou dont la présence constitue une menace à l'ordre public peut faire l'objet, selon le cas, d'une décision de refus de séjour, d'un refus de délivrance ou de renouvellement d'une carte de séjour ou d'un retrait de celle-ci ainsi que d'une mesure d'éloignement prévue au livre V.

Art. L. 121-4-1. *(L. nº 2011-672 du 16 juin 2011, art. 22)* Tant qu'ils ne deviennent pas une charge déraisonnable pour le système d'assistance sociale, les citoyens de l'Union européenne, les ressortissants d'un autre État partie à l'accord sur l'Espace économique européen ou de la Confédération suisse, ainsi que les membres de leur famille tels que définis aux 4° et 5° de l'article L. 121-1, ont le droit de séjourner en France pour une durée maximale de trois mois, sans autre condition ou formalité que celles prévues pour l'entrée sur le territoire français.

Art. L. 121-5. *(L. nº 2006-911 du 24 juill. 2006, art. 23-II)* Un décret en Conseil d'État fixe les conditions d'application du présent chapitre.

CHAPITRE II

Droit au séjour permanent

(L. nº 2006-911 du 24 juill. 2006, art. 23-II)

Art. L. 122-1. *(L. nº 2006-911 du 24 juill. 2006, art. 23-II)* Sauf si sa présence constitue une menace pour l'ordre public, le ressortissant visé à l'article L. 121-1 qui a résidé de manière légale et ininterrompue en France pendant les cinq années précédentes acquiert un droit au séjour permanent sur l'ensemble du territoire français.

Sauf si sa présence constitue une menace pour l'ordre public, le membre de sa famille mentionné à l'article L. 121-3 acquiert également un droit au séjour permanent sur l'ensemble du territoire français à condition qu'il ait résidé en France de manière légale et ininterrompue avec le ressortissant visé à l'article L. 121-1 pendant les cinq années précédentes. Une carte de séjour d'une durée de validité de dix ans renouvelable de plein droit lui est délivrée.

Art. L. 122-2. *(L. nº 2006-911 du 24 juill. 2006, art. 23-II)* Une absence du territoire français pendant une période de plus de deux années consécutives fait perdre à son titulaire le bénéfice du droit au séjour permanent.

Art. L. 122-3. *(L. nº 2006-911 du 24 juill. 2006, art. 23-II)* Un décret en Conseil d'État fixe les conditions d'application des dispositions du présent chapitre, en particulier celles dans lesquelles le droit au séjour permanent est acquis par les travailleurs ayant cessé leur activité en France et les membres de leur famille dans des conditions dérogatoires au délai de cinq années mentionné à l'article L. 122-1 et celles relatives à la continuité du séjour.

LIVRE V
LES MESURES D'ÉLOIGNEMENT

TITRE III
AUTRES MESURES ADMINISTRATIVES D'ÉLOIGNEMENT

CHAPITRE PREMIER
Mesures prises dans le cadre de l'union européenne et de la convention de schengen

Art. L. 531-1. *(L. n° 2018-778 du 10 sept. 2018, art. 27, en vigueur au plus tard le 1er janv. 2019)* «I. —» Par dérogation aux articles L. 213-2 et L. 213-3, L. 511-1 à L. 511-3, *(L. n° 2011-672 du 16 juin 2011, art. 64 et 111, en vigueur le 18 juill. 2011)* «L. 512-1, L. 512-3, L. 512-4», L. 513-1 et L. 531-3, l'étranger non ressortissant d'un État membre de l'Union européenne qui a pénétré ou séjourné en France sans se conformer aux dispositions des articles L. 211-1 *(L. n° 2016-274 du 7 mars 2016, art. 30 et 67-II, en vigueur le 1er nov. 2016)* «et L. 311-1» peut être remis aux autorités compétentes de l'État membre qui l'a admis à entrer ou à séjourner sur son territoire, ou dont il provient directement, en application des dispositions des conventions internationales conclues à cet effet avec les États membres de l'Union européenne *(L. n° 2016-274 du 7 mars 2016, art. 30 et 67-II, en vigueur le 1er nov. 2016)* «, en vigueur au 13 janvier 2009».

L'étranger visé au premier alinéa est informé de cette remise par décision écrite et motivée prise par une autorité administrative définie par décret en Conseil d'État.

Cette décision peut être exécutée d'office par l'administration après que l'étranger a été mis en mesure de présenter des observations et d'avertir ou de faire avertir son consulat, un conseil ou toute personne de son choix.

(L. n° 2018-778 du 10 sept. 2018, art. 27, en vigueur au plus tard le 1er janv. 2019) «II. — L'autorité administrative peut, par décision motivée, assortir la décision de remise prise en application du premier alinéa du I à l'encontre d'un étranger titulaire d'un titre de séjour dans un autre État membre de l'Union européenne d'une interdiction de circulation sur le territoire français d'une durée maximale de trois ans.

«Toutefois, cette interdiction de circulation sur le territoire français n'est applicable à l'étranger détenteur d'une carte de résident portant la mention "résident de longue durée-UE" en cours de validité accordée par un autre État membre ou d'une carte de séjour portant la mention "carte bleue européenne" en cours de validité accordée par un autre État membre de l'Union européenne ou à l'étranger et aux membres de sa famille, admis à séjourner sur le territoire d'un État membre de l'Union européenne et bénéficiant d'un transfert temporaire intragroupe conformément à la directive 2014/66/UE du Parlement européen et du Conseil du 15 mai 2014 établissant les conditions d'entrée et de séjour des ressortissants de pays tiers dans le cadre d'un transfert temporaire intragroupe que lorsque leur séjour en France constitue un abus de droit ou si leur comportement personnel constitue, du point de vue de l'ordre public ou de la sécurité publique, une menace réelle, actuelle et suffisamment grave à l'encontre d'un intérêt fondamental de la société.

«Le prononcé et la durée de l'interdiction de circulation sont décidés par l'autorité administrative en tenant compte de la durée de présence de l'étranger sur le territoire français, de la nature et de l'ancienneté de ses liens avec la France, de la circonstance qu'il a déjà fait l'objet ou non d'une mesure d'éloignement et de la menace pour l'ordre public que représente sa présence sur le territoire français.

«L'autorité administrative peut à tout moment abroger l'interdiction de circulation. Lorsque l'étranger sollicite l'abrogation de l'interdiction de circulation, sa demande n'est recevable que s'il justifie résider hors de France depuis au moins un an.

«Cette condition ne s'applique pas :

«1° Pendant le temps où l'étranger purge en France une peine d'emprisonnement ferme;

«2° Lorsque l'étranger fait l'objet d'une mesure d'assignation à résidence prise en application des articles L. 561-1 ou L. 561-2.»

Art. L. 531-2. *(L. n° 2015-925 du 29 juill. 2015, art. 20-II-3°)* «L'article L. 531-1 est applicable» à l'étranger qui, en provenance du territoire d'un État partie à la convention signée à Schengen le 19 juin 1990, est entré ou a séjourné sur le territoire métropolitain sans se conformer aux dispositions des articles 19, paragraphe*[s]* 1 ou 2, 20, paragraphe*[s]* 1, ou 21, paragraphe*[s]* 1 ou 2, de cette convention ou sans souscrire, au moment de l'entrée sur ce territoire, la déclaration obligatoire prévue par l'article 22 de la même convention, alors qu'il était astreint à cette formalité.

(L. n° 2006-911 du 24 juill. 2006, art. 69) «Il en est de même de l'étranger détenteur d'un titre de *(L. n° 2016-274 du 7 mars 2016, art. 20-IV-1°)* «résident de longue durée-UE» en cours de validité accordé par un autre État membre qui fait l'objet d'une mesure d'éloignement du territoire français. Un décret en Conseil d'État détermine les conditions d'application du présent alinéa.»

(L. n° 2011-672 du 16 juin 2011, art. 20 et 111, en vigueur le 30 sept. 2011) «Il en est également de même de l'étranger détenteur d'une carte de séjour portant la mention "carte bleue européenne" en cours de validité accordée par un autre État membre de l'Union européenne lorsque lui est refusée la délivrance de la carte de séjour prévue au *(L. n° 2016-274 du 7 mars 2016, art. 20-IV-2° et 67-II, en vigueur le 1er nov. 2016)* «2° de l'article L. 313-20» ou bien lorsque la carte de séjour portant la mention "carte bleue européenne" dont il bénéficie expire ou lui est retirée durant l'examen de sa demande, ainsi que des membres de sa famille. Un décret en Conseil d'État détermine les conditions d'application du présent alinéa.»

(L. n° 2016-274 du 7 mars 2016, art. 31 et 67-II, en vigueur le 1er nov. 2016) «Il en est de même de l'étranger et des membres de sa famille, admis à séjourner sur le territoire d'un État membre de l'Union européenne et bénéficiant d'un transfert temporaire intragroupe conformément à la directive 2014/66/UE du Parlement européen et du Conseil du 15 mai 2014 établissant les conditions d'entrée et de séjour des ressortissants de pays tiers dans le cadre d'un transfert temporaire intragroupe, lorsque :

«1° Le titre de séjour a expiré ou a été retiré par l'État membre qui l'a délivré, au cours de la période de mobilité;

«2° L'autorité administrative compétente n'a pas reçu la notification de l'intention de cet étranger de travailler dans l'un des établissements de son groupe d'entreprises d'origine implanté sur le territoire français;

«3° L'autorité administrative compétente a fait objection à la mobilité d'une durée inférieure ou égale à quatre-vingt-dix jours de cet étranger;

«4° L'autorité administrative compétente a rejeté une demande de mobilité d'une durée supérieure à quatre-vingt-dix jours de cet étranger;

«5° Les conditions de délivrance du titre de séjour n'ont pas été respectées;

«6° Les conditions auxquelles la mobilité de cet étranger entre deux États membres de l'Union européenne a été autorisée ne sont plus réunies.»

(L. n° 2018-778 du 10 sept. 2018, art. 41, en vigueur au plus tard le 1er mars 2019) «Il en est de même de l'étranger étudiant et de l'étranger chercheur ainsi que des membres de la famille de ce dernier, admis au séjour sur le territoire d'un État membre de l'Union européenne et bénéficiant d'une mobilité en France conformément à la directive (UE) 2016/801 du Parlement européen et du Conseil du 11 mai 2016 relative aux conditions d'entrée et de séjour des ressortissants de pays tiers à des fins de recherche, d'études, de formation, de volontariat et de programmes d'échange d'élèves ou de projets éducatifs et de travail au pair, lorsque :

«*a)* Le titre de séjour a expiré ou a été retiré par l'État membre qui l'a délivré, au cours de la période de mobilité;

«*b)* L'étranger ne remplit pas ou plus les conditions de la mobilité;

«*c)* L'autorité administrative compétente n'a pas reçu la notification de l'intention de cet étranger d'effectuer une mobilité sur le territoire français;

«*d)* L'autorité administrative compétente a fait objection à la mobilité de cet étranger.»

Art. L. 531-2-1. *(L. n° 2016-274 du 7 mars 2016, art. 34-II et 67-II, en vigueur le 1er nov. 2016)* Pour l'exécution des mesures prévues aux articles L. 531-1 et L. 531-2, les articles L. 513-5 et L. 561-1 sont applicables.

Art. L. 531-3. Lorsqu'un étranger non ressortissant d'un État membre de l'Union européenne a fait l'objet d'un signalement aux fins de non-admission en vertu d'une décision exécutoire prise par l'un des autres États parties à la convention signée à Schengen le 19 juin 1990 et qu'il se trouve irrégulièrement sur le territoire métropolitain, l'autorité administrative *[le représentant de l'État dans le département et, à Paris, le préfet de police]* peut décider qu'il sera d'office reconduit à la frontière.

Il en est de même lorsqu'un étranger non ressortissant d'un État membre de l'Union européenne, qui se trouve en France, a fait l'objet d'une décision d'éloignement exécutoire prise par l'un des autres États membres de l'Union européenne.

Un décret en Conseil d'État fixe les conditions d'application du précédent alinéa.

Pour l'exécution des mesures prévues au présent article, les dispositions de l'article L. 513-2, du premier alinéa de l'article L. 513-3 et *(L. n° 2016-274 du 7 mars 2016, art. 34-II et 67-II, en vigueur le 1er nov. 2016)* «des articles L. 513-5 et L. 561-1» sont applicables.

Art. L. 531-4. *(L. n° 2006-911 du 24 juill. 2006, art. 70)* Est placée sous l'autorité du ministre de l'intérieur l'escorte de l'étranger non ressortissant d'un État membre de l'Union européenne ou d'un État partie à la convention signée à Schengen le 19 juin 1990 qui transite par un aéroport métropolitain en vue de son acheminement vers le pays de destination en exécution d'une mesure d'éloignement prise par un des États précités, à l'exception du Danemark, de l'Irlande et du Royaume-Uni.

Dans ce cadre, les prérogatives des membres de l'escorte sont limitées à la légitime défense et, dans le but de porter assistance aux autorités françaises, à un usage raisonnable et proportionné de la force. Ils ne disposent en aucun cas du pouvoir d'interpellation.

Section 6

Le droit d'asile

178 Déclaration universelle des droits de l'homme (article 14)

Art. 14. 1. Devant la persécution, toute personne a le droit de chercher asile et de bénéficier de l'asile en d'autres pays.

2. Ce droit ne peut être invoqué dans le cas de poursuites réellement fondées sur un crime de droit commun ou sur des agissements contraires aux buts et aux principes des Nations Unies.

179 Convention de Genève relative au statut des réfugiés (chapitres I à V)

Date d'adoption : 28 juillet 1951

CHAPITRE PREMIER
Dispositions générales

Art. 1er. *Définition du terme " réfugié ".* A. Aux fins de la présente Convention, le terme " réfugié " s'appliquera à toute personne :

1) Qui a été considérée comme réfugiée en application des Arrangements du 12 mai 1926 et du 30 juin 1928, ou en application des Conventions du 28 octobre 1933 et du 10 février 1938 et du Protocole du 14 septembre 1939 ou encore en application de la Constitution de l'Organisation internationale pour les réfugiés.

Les décisions de non-éligibilité prise par l'Organisation internationale pour les réfugiés pendant la durée de son mandat ne font pas obstacle à ce que la qualité de réfugié soit accordée à des personnes qui remplissent les conditions prévues au paragraphe 2 de la présente section.

2) Qui, par suite d'événements survenus avant le premier janvier 1951 et craignant avec raison d'être persécutée du fait de sa race, de sa religion, de sa nationalité, de son appartenance à un certain groupe social ou de ses opinions politiques, se trouve hors du pays dont elle a la nationalité et qui ne peut ou, du fait de cette crainte, ne veut se réclamer de la protection de ce pays ; ou qui, si elle n'a pas de nationalité et se trouve hors du pays dans lequel elle avait sa résidence habituelle à la suite de tels événements, ne peut ou, en raison de ladite crainte, ne veut y retourner.

Dans le cas d'une personne qui a plus d'une nationalité, l'expression " du pays dont elle a la nationalité " vise chacun des pays dont cette personne a la nationalité. Ne sera pas considérée comme privée de la protection du pays dont elle a la nationalité toute personne qui, sans raison valable fondée sur une crainte justifiée, ne s'est pas réclamée de la protection de l'un des pays dont elle a la nationalité.

B. 1) Aux fins de la présente Convention, les mots " événements survenus avant le premier janvier 1951 " figurant à l'article 1, section A, pourront être compris dans le sens de soit a) " événements survenus avant le premier janvier 1951 en Europe ", soit b) " événements survenus avant le premier janvier 1951 en Europe ou ailleurs " ; et chaque État contractant fera, au moment de la signature, de la ratification ou de l'adhésion, une déclaration précisant la portée qu'il entend donner à cette expression au point de vue des obligations assumées par lui en vertu de la présente Convention.

2) Tout État contractant qui a adopté la formule a pourra à tout moment étendre ses obligations en adoptant la formule b par notification adressée au Secrétaire général des Nations Unies.

C. Cette Convention cessera, dans les cas ci-après, d'être applicable à toute personne visée par les dispositions de la section A ci-dessus :

1) Si elle s'est volontairement réclamée à nouveau de la protection du pays dont elle a la nationalité ; ou

2) Si, ayant perdu sa nationalité, elle l'a volontairement recouvrée ; ou

3) Si elle a acquis une nouvelle nationalité et jouit de la protection du pays dont elle a acquis la nationalité ; ou

4) Si elle est retournée volontairement s'établir dans le pays qu'elle a quitté ou hors duquel elle est demeurée de crainte d'être persécutée ; ou

5) Si, les circonstances à la suite desquelles elle a été reconnue comme réfugiée ayant cessé d'exister, elle ne peut plus continuer à refuser de se réclamer de la protection du pays dont elle a la nationalité ;

Étant entendu, toutefois, que les dispositions du présent paragraphe ne s'appliqueront pas à tout réfugié visé au paragraphe 1 de la section A du présent article qui peut invoquer, pour refuser de se réclamer de la protection du pays dont il a la nationalité, des raisons impérieuses tenant à des persécutions antérieures ;

6) S'agissant d'une personne qui n'a pas de nationalité, si, les circonstances à la suite desquelles elle a été reconnue comme réfugiée ayant cessé d'exister, elle est en mesure de retourner dans le pays dans lequel elle avait sa résidence habituelle ;

Étant entendu, toutefois, que les dispositions du présent paragraphe ne s'appliqueront pas à tout réfugié visé au paragraphe 1 de la section A du présent article qui peut invoquer, pour refuser de retourner dans le pays dans lequel il avait sa résidence habituelle, des raisons impérieuses tenant à des persécutions antérieures.

D. Cette Convention ne sera pas applicable aux personnes qui bénéficient actuellement d'une protection ou d'une assistance de la part d'un organisme ou d'une institution des Nations Unies autre que le Haut-Commissariat des Nations Unies pour les réfugiés.

Lorsque cette protection ou cette assistance aura cessé pour une raison quelconque, sans que le sort de ces personnes ait été définitivement réglé, conformément aux résolutions y relatives adoptées par l'Assemblée générale des Nations Unies, ces personnes bénéficieront de plein droit du régime de cette Convention.

E. Cette Convention ne sera pas applicable à une personne considérée par les autorités compétentes du pays dans lequel cette personne a établi sa résidence comme ayant les droits et les obligations attachés à la possession de la nationalité de ce pays.

F. Les dispositions de cette Convention ne seront pas applicables aux personnes dont on aura des raisons sérieuses de penser :

a) Qu'elles ont commis un crime contre la paix, un crime de guerre ou un crime contre l'humanité, au sens des instruments internationaux élaborés pour prévoir des dispositions relatives à ces crimes ;

b) Qu'elles ont commis un crime grave de droit commun en dehors du pays d'accueil avant d'y être admises comme réfugiés;

c) Qu'elles se sont rendues coupables d'agissements contraires aux buts et aux principes des Nations Unies.

Art. 2. *Obligations générales.* Tout réfugié a, à l'égard du pays où il se trouve, des devoirs qui comportent notamment l'obligation de se conformer aux lois et règlements ainsi qu'aux mesures prises pour le maintien de l'ordre public.

Art. 3. *Non-discrimination.* Les États contractants appliqueront les dispositions de cette Convention aux réfugiés sans discrimination quant à la race, la religion ou le pays d'origine.

Art. 4. *Religion.* Les États contractants accorderont aux réfugiés sur leur territoire un traitement au moins aussi favorable que celui accordé aux nationaux en ce qui concerne la liberté de pratiquer leur religion et en ce qui concerne la liberté d'instruction religieuse de leurs enfants.

Art. 5. *Droits accordés indépendamment de cette Convention.* Aucune disposition de cette Convention ne porte atteinte aux autres droits et avantages accordés, indépendamment de cette Convention, aux réfugiés.

Art. 6. *L'expression " dans les mêmes circonstances ".* Aux fins de cette Convention, les termes " dans les mêmes circonstances " impliquent que toutes les conditions (et notamment celles qui ont trait à la durée et aux conditions de séjour ou de résidence) que l'intéressé devrait remplir, pour pouvoir exercer le droit en question, s'il n'était pas un réfugié, doivent être remplies par lui à l'exception des conditions qui, en raison de leur nature, ne peuvent être remplies par un réfugié.

Art. 7. *Dispense de réciprocité.* 1. Sous réserve des dispositions plus favorables prévues par cette Convention, tout État contractant accordera aux réfugiés le régime qu'il accorde aux étrangers en général.

2. Après un délai de résidence de trois ans, tous les réfugiés bénéficieront, sur le territoire des États contractants, de la dispense de réciprocité législative.

3. Tout État contractant continuera à accorder aux réfugiés les droits et avantages auxquels ils pouvaient déjà prétendre, en l'absence de réciprocité, à la date d'entrée en vigueur de cette Convention pour ledit État.

4. Les États contractants envisageront avec bienveillance la possibilité d'accorder aux réfugiés, en l'absence de réciprocité, des droits et des avantages outre ceux auxquels ils peuvent prétendre en vertu des paragraphes 2 et 3 ainsi que la possibilité de faire bénéficier de la dispense de réciprocité des réfugiés qui ne remplissent pas les conditions visées aux paragraphes 2 et 3.

5. Les dispositions des paragraphes 2 et 3 ci-dessus s'appliquent aussi bien aux droits et avantages visés aux articles 13, 18, 19, 21 et 22 de cette Convention qu'aux droits et avantages qui ne sont pas prévus par elle.

Art. 8. *Dispense de mesures exceptionnelles.* En ce qui concerne les mesures exceptionnelles qui peuvent être prises contre la personne, les biens ou les intérêts des ressortissants d'un État déterminé, les États contractants n'appliqueront pas ces mesures à un réfugié ressortissant formellement dudit État uniquement en raison de sa nationalité. Les États contractants qui, de par leur législation, ne peuvent appliquer le principe général consacré dans cet article accorderont dans des cas appropriés des dispenses en faveur de tels réfugiés.

Art. 9. *Mesures provisoires.* Aucune des dispositions de la présente Convention n'a pour effet d'empêcher un État contractant, en temps de guerre ou dans d'autres circonstances graves et exceptionnelles, de prendre provisoirement, à l'égard d'une personne déterminée, les mesures que cet État estime indispensables à la sécurité nationale, en attendant qu'il soit établi par ledit État contractant que cette personne est effectivement un réfugié et que le maintien desdites mesures est nécessaire à son égard dans l'intérêt de sa sécurité nationale.

Art. 10. *Continuité de résidence.* 1. Lorsqu'un réfugié a été déporté au cours de la deuxième guerre mondiale et transporté sur le territoire de l'un des États contractants et y réside, la durée de ce séjour forcé comptera comme résidence régulière sur ce territoire.

2. Lorsqu'un réfugié a été déporté du territoire d'un État contractant au cours de la deuxième guerre mondiale et y est retourné avant l'entrée en vigueur de cette Convention pour y établir sa résidence, la période qui précède et celle qui suit cette déportation seront considérées, à toutes les fins pour lesquelles une résidence ininterrompue est nécessaire, comme ne constituant qu'une seule période ininterrompue.

Art. 11. *Gens de mer réfugiés.* Dans le cas de réfugiés régulièrement employés comme membres de l'équipage à bord d'un navire battant pavillon d'un État contractant, cet État examinera avec bienveillance la possibilité d'autoriser lesdits réfugiés à s'établir sur son territoire et de leur délivrer des titres de voyage ou de les admettre à titre temporaire sur son territoire, afin, notamment, de faciliter leur établissement dans un autre pays.

CHAPITRE II

Condition juridique

Art. 12. *Statut personnel.* 1. Le statut personnel de tout réfugié sera régi par la loi du pays de son domicile ou, à défaut de domicile, par la loi du pays de sa résidence.

2. Les droits précédemment acquis par le réfugié et découlant du statut personnel, et notamment ceux qui résultent du mariage, seront respectés par tout État contractant, sous réserve, le cas échéant, de l'accomplissement des formalités prévues par la législation dudit État, étant entendu, toutefois, que le droit en cause doit être de ceux qui auraient été reconnus par la législation dudit État si l'intéressé n'était devenu un réfugié.

Art. 13. *Propriété mobilière et immobilière.* Les États contractants accorderont à tout réfugié un traitement aussi favorable que possible et de toute façon un traitement qui ne soit pas moins favorable que celui qui est accordé, dans les mêmes circonstances, aux étrangers en général en ce qui concerne l'acquisition de la propriété mobilière et immobilière et autres droits s'y rapportant, le louage et les autres contrats relatifs à la propriété mobilière et immobilière.

Art. 14. *Propriété intellectuelle et industrielle.* En matière de protection de la propriété industrielle, notamment d'inventions, dessins, modèles, marques de fabrique, nom commercial, et en matière de protection de la propriété littéraire, artistique et scientifique, tout réfugié bénéficiera dans le pays où il a sa résidence habituelle de la protection qui est accordée aux nationaux dudit pays. Dans le territoire de l'un quelconque des autres États contractants, il bénéficiera de la protection qui est accordée dans ledit territoire aux nationaux du pays dans lequel il a sa résidence habituelle.

Art. 15. *Droit d'association.* Les États contractants accorderont aux réfugiés qui résident régulièrement sur leur territoire, en ce qui concerne les associations à but non politique et non lucratif et les syndicats professionnels, le traitement le plus favorable accordé aux ressortissants d'un pays étranger dans les mêmes circonstances.

Art. 16. *Droit d'ester en justice.* 1. Tout réfugié aura, sur le territoire des États contractants, libre et facile accès devant les tribunaux.

2. Dans l'État contractant où il a sa résidence habituelle, tout réfugié jouira du même traitement qu'un ressortissant en ce qui concerne l'accès aux tribunaux, y compris l'assistance judiciaire et l'exemption de la caution judicatum solvi.

3. Dans les États contractants autres que celui où il a sa résidence habituelle, et en ce qui concerne les questions visées au paragraphe 2, tout réfugié jouira du même traitement qu'un national du pays dans lequel il a sa résidence habituelle.

CHAPITRE III

Emplois lucratifs

Art. 17. *Professions salariées.* 1. Les États contractants accorderont à tout réfugié résidant régulièrement sur leur territoire le traitement le plus favorable accordé, dans les mêmes circonstances, aux ressortissants d'un pays étranger en ce qui concerne l'exercice d'une activité professionnelle salariée.

2. En tout cas, les mesures restrictives imposées aux étrangers ou à l'emploi d'étrangers pour la protection du marché national du travail ne seront pas applicables aux réfugiés qui en étaient déjà dispensés à la date de l'entrée en vigueur de cette Convention par l'État contractant intéressé, ou qui remplissent l'une des conditions suivantes :

a) Compter trois ans de résidence dans le pays;

b) Avoir pour conjoint une personne possédant la nationalité du pays de résidence. Un réfugié ne pourrait invoquer le bénéfice de cette disposition au cas où il aurait abandonné son conjoint;

c) Avoir un ou plusieurs enfants possédant la nationalité du pays de résidence.

3. Les États contractants envisageront avec bienveillance l'adoption de mesures tendant à assimiler les droits de tous les réfugiés en ce qui concerne l'exercice des professions salariées à ceux de leurs nationaux et ce, notamment pour les réfugiés qui sont entrés sur leur territoire en application d'un programme de recrutement de la main-d'œuvre ou d'un plan d'immigration.

Art. 18. *Professions non salariées.* Les États contractants accorderont aux réfugiés se trouvant régulièrement sur leur territoire un traitement aussi favorable que possible et en tout cas un traitement non moins favorable que celui accordé dans les mêmes circonstances aux étrangers en général, en ce qui concerne l'exercice d'une profession non salariée dans l'agriculture, l'industrie, l'artisanat et le commerce, ainsi que la création de sociétés commerciales et industrielles.

Art. 19. *Professions libérales.* 1. Tout État contractant accordera aux réfugiés résidant régulièrement sur son territoire, qui sont titulaires de diplômes reconnus par les autorités compétentes dudit État et qui sont désireux d'exercer une profession libérale, un traitement aussi favorable que possible et en tout cas un traitement non moins favorable que celui accordé, dans les mêmes circonstances, aux étrangers en général.

2. Les États contractants feront tout ce qui est en leur pouvoir, conformément à leurs lois et constitutions, pour assurer l'installation de tels réfugiés dans les territoires, autres que le territoire métropolitain, dont ils assument la responsabilité des relations internationales.

CHAPITRE IV
Bien-être

Art. 20. *Rationnement.* Dans le cas où il existe un système de rationnement auquel est soumise la population dans son ensemble et qui réglemente la répartition générale de produits dont il y a pénurie, les réfugiés seront traités comme les nationaux.

Art. 21. *Logement.* En ce qui concerne le logement, les États contractants accorderont, dans la mesure où cette question tombe sous le coup des lois et règlements ou est soumise au contrôle des autorités publiques, aux réfugiés résidant régulièrement sur leur territoire un traitement aussi favorable que possible; ce traitement ne saurait être, en tout cas, moins favorable que celui qui est accordé, dans les mêmes circonstances, aux étrangers en général.

Art. 22. *Éducation publique.* 1. Les États contractants accorderont aux réfugiés le même traitement qu'aux nationaux en ce qui concerne l'enseignement primaire.

2. Les États contractants accorderont aux réfugiés un traitement aussi favorable que possible, et en tout cas non moins favorable que celui qui est accordé aux étrangers en général dans les mêmes circonstances quant aux catégories d'enseignement autre que l'enseignement primaire et notamment en ce qui concerne l'accès aux études, la reconnaissance de certificats d'études, de diplômes et de titres universitaires délivrés à l'étranger, la remise des droits et taxes et l'attribution de bourses d'études.

Art. 23. *Assistance publique.* Les États contractants accorderont aux réfugiés résidant régulièrement sur leur territoire le même traitement en matière d'assistance et de secours publics qu'à leurs nationaux.

Art. 24. *Législation du travail et sécurité sociale.* 1. Les États contractants accorderont aux réfugiés résidant régulièrement sur leur territoire le même traitement qu'aux nationaux en ce qui concerne les matières suivantes :

a) Dans la mesure où ces questions sont réglementées par la législation ou dépendent des autorités administratives : la rémunération, y compris les allocations familiales lorsque ces allocations font partie de la rémunération, la durée du travail, les heures supplémentaires, les congés payés, les restrictions au travail à domicile, l'âge d'admission à l'emploi, l'apprentissage et la formation professionnelle, le travail des femmes et des adolescents et la jouissance des avantages offerts par les conventions collectives;

b) La sécurité sociale (les dispositions légales relatives aux accidents du travail, aux maladies professionnelles, à la maternité, à la maladie, à l'invalidité, à la vieillesse et au décès, au chômage, aux charges de famille, ainsi qu'à tout autre risque qui, conformément à la législation nationale, est couvert par un système de sécurité sociale), sous réserve :

i) Des arrangements appropriés visant le maintien des droits acquis et des droits en cours d'acquisition;

ii) Des dispositions particulières prescrites par la législation nationale du pays de résidence et visant les prestations ou fractions de prestations payables exclusivement sur les fonds publics, ainsi que les allocations versées aux personnes qui ne réunissent pas les conditions de cotisation exigées pour l'attribution d'une pension normale.

2. Les droits à prestation ouverts par le décès d'un réfugié survenu du fait d'un accident du travail ou d'une maladie professionnelle ne seront pas affectés par le fait que l'ayant droit réside en dehors du territoire de l'État contractant.

3. Les États contractants étendront aux réfugiés le bénéfice des accords qu'ils ont conclus ou viendront à conclure entre eux, concernant le maintien des droits acquis ou en cours d'acquisition en matière de sécurité sociale, pour autant que les réfugiés réunissent les conditions prévues pour les nationaux des pays signataires des accords en question.

4. Les États contractants examineront avec bienveillance la possibilité d'étendre, dans toute la mesure du possible, aux réfugiés le bénéfice d'accords similaires qui sont ou seront en vigueur entre ces États contractants et des États non contractants.

CHAPITRE V
Mesures administratives

Art. 25. *Aide administrative.* 1. Lorsque l'exercice d'un droit par un réfugié nécessiterait normalement le concours d'autorités étrangères auxquelles il ne peut recourir, les États contractants sur le territoire desquels il réside veilleront à ce que ce concours lui soit fourni soit par leurs propres autorités, soit par une autorité internationale.

2. La ou les autorités visées au paragraphe 1 délivreront ou feront délivrer, sous leur contrôle, aux réfugiés les documents ou certificats qui normalement seraient délivrés à un étranger par ses autorités nationales ou par leur intermédiaire.

3. Les documents ou certificats ainsi délivrés remplaceront les actes officiels délivrés à des étrangers par leurs autorités nationales ou par leur intermédiaire, et feront foi jusqu'à preuve du contraire.

4. Sous réserve des exceptions qui pourraient être admises en faveur des indigents, les services mentionnés dans le présent article pourront être rétribués; mais ces rétributions seront modérées et en rapport avec les perceptions opérées sur les nationaux à l'occasion de services analogues.

5. Les dispositions de cet article n'affectent en rien les articles 27 et 28.

Art. 26. *Liberté de circulation.* Tout État contractant accordera aux réfugiés se trouvant régulièrement sur son territoire le droit d'y choisir leur lieu de résidence et d'y circuler librement sous les réserves instituées par la réglementation applicable aux étrangers en général dans les mêmes circonstances.

Art. 27. *Pièces d'identité.* Les États contractants délivreront des pièces d'identité à tout réfugié se trouvant sur leur territoire et qui ne possède pas un titre de voyage valable.

Art. 28. *Titres de voyage.* 1. Les États contractants délivreront aux réfugiés résidant régulièrement sur leur territoire des titres de voyage destinés à leur permettre de voyager hors de ce territoire à moins que des raisons impérieuses de sécurité nationale ou d'ordre public ne s'y opposent; les dispositions de l'annexe à cette Convention s'appliqueront à ces documents. Les États contractants pourront délivrer un titre de voyage à tout autre réfugié se trouvant sur leur territoire; ils accorderont une attention particulière aux cas de réfugiés se trouvant sur leur territoire et qui ne sont pas en mesure d'obtenir un titre de voyage du pays de leur résidence régulière.

2. Les documents de voyage délivrés aux termes d'accords internationaux antérieurs par les parties à ces accords seront reconnus par les États contractants et traités comme s'ils avaient été délivrés aux réfugiés en vertu du présent article.

Art. 29. *Charges fiscales.* 1. Les États contractants n'assujettiront pas les réfugiés à des droits, taxes, impôts, sous quelque dénomination que ce soit, autres ou plus élevés que ceux qui sont ou qui seront perçus sur leurs nationaux dans des situations analogues.

2. Les dispositions du paragraphe précédent ne s'opposent pas à l'application aux réfugiés des dispositions des lois et règlements concernant les taxes afférentes à la délivrance aux étrangers de documents administratifs, pièces d'identité y comprises.

Art. 30. *Transfert des avoirs.* 1. Tout État contractant permettra aux réfugiés, conformément aux lois et règlements de leur pays, de transférer les avoirs qu'ils ont fait entrer sur son territoire dans le territoire d'un autre pays où ils ont été admis afin de s'y réinstaller.

2. Tout État contractant accordera sa bienveillante attention aux demandes présentées par des réfugiés qui désirent obtenir l'autorisation de transférer tous autres avoirs nécessaires à leur réinstallation dans un autre pays où ils ont été admis afin de s'y réinstaller.

Art. 31. *Réfugiés en situation irrégulière dans le pays d'accueil.* 1. Les États contractants n'appliqueront pas de sanctions pénales, du fait de leur entrée ou de leur séjour irréguliers, aux réfugiés qui, arrivant directement du territoire où leur vie ou leur liberté était menacée au sens prévu par l'article premier, entrent ou se trouvent sur leur territoire sans autorisation, sous la réserve qu'ils se présentent sans délai aux autorités et leur exposent des raisons reconnues valables de leur entrée ou présence irrégulières.

2. Les États contractants n'appliqueront aux déplacements de ces réfugiés d'autres restrictions que celles qui sont nécessaires; ces restrictions seront appliquées seulement en attendant que le statut de ces réfugiés dans le pays d'accueil ait été régularisé ou qu'ils aient réussi à se faire admettre dans un autre pays. En vue de cette dernière admission, les États contractants accorderont à ces réfugiés un délai raisonnable ainsi que toutes facilités nécessaires.

Art. 32. *Expulsion.* 1. Les États contractants n'expulseront un réfugié se trouvant régulièrement sur leur territoire que pour des raisons de sécurité nationale ou d'ordre public.

2. L'expulsion de ce réfugié n'aura lieu qu'en exécution d'une décision rendue conformément à la procédure par la loi. Le réfugié devra, sauf si des raisons impérieuses de

sécurité nationale s'y opposent, être admis à fournir des preuves tendant à le disculper, à présenter un recours et à se faire représenter à cet effet devant une autorité compétente ou devant une ou plusieurs personnes spécialement désignées par l'autorité compétente.

3. Les États contractants accorderont à un tel réfugié un délai raisonnable pour lui permettre de chercher à se faire admettre régulièrement dans un autre pays. Les États contractants peuvent appliquer, pendant ce délai, telle mesure d'ordre interne qu'ils jugeront opportune.

Art. 33. *Défense d'expulsion et de refoulement.* 1. Aucun des États contractants n'expulsera ou ne refoulera, de quelque manière que ce soit, un réfugié sur les frontières des territoires où sa vie ou sa liberté serait menacée en raison de sa race, de sa religion, de sa nationalité, de son appartenance à un certain groupe social ou de ses opinions politiques.

2. Le bénéfice de la présente disposition ne pourra toutefois être invoqué par un réfugié qu'il y aura des raisons sérieuses de considérer comme un danger pour la sécurité du pays où il se trouve ou qui, ayant été l'objet d'une condamnation définitive pour un crime ou délit particulièrement grave, constitue une menace pour la communauté dudit pays.

Art. 34. *Naturalisation.* Les États contractants faciliteront, dans toute la mesure possible, l'assimilation et la naturalisation des réfugiés. Ils s'efforceront notamment d'accélérer la procédure de naturalisation et de réduire, dans toute la mesure possible, les taxes et les frais de cette procédure.

180 Convention relative au statut des apatrides (chapitres I à V)

Date d'adoption : 28 septembre 1954

CHAPITRE PREMIER

Dispositions générales

Art. 1er. *Définition du terme " apatride ".* Aux fins de la présente Convention, le terme " apatride " désigne une personne qu'aucun État ne considère comme son ressortissant par application de sa législation.

2. Cette Convention ne sera pas applicable :

i) Aux personnes qui bénéficient actuellement d'une protection ou d'une assistance de la part d'un organisme ou d'une institution des Nations Unies autre que le Haut-Commissariat des Nations Unies pour les réfugiés, tant qu'elles bénéficieront de ladite protection ou de ladite assistance;

ii) Aux personnes considérées par les autorités compétentes du pays dans lequel ces personnes ont établi leur résidence comme ayant les droits et les obligations attachés à la possession de la nationalité de ce pays;

iii) Aux personnes dont on aura des raisons sérieuses de penser :

a) Qu'elles ont commis un crime contre la paix, un crime de guerre ou un crime contre l'humanité, au sens des instruments internationaux élaborés pour prévoir des dispositions relatives à ces crimes;

b) Qu'elles ont commis un crime grave de droit commun en dehors du pays de leur résidence avant d'y être admises;

c) Qu'elles se sont rendues coupables d'agissements contraires aux buts et aux principes des Nations Unies.

Art. 2. *Obligations générales.* Tout apatride a, à l'égard du pays où il se trouve, des devoirs qui comportent notamment l'obligation de se conformer aux lois et règlements ainsi qu'aux mesures prises pour le maintien de l'ordre public.

Art. 3. *Non-discrimination.* Les États contractants appliqueront les dispositions de cette Convention aux apatrides sans discrimination quant à la race, la religion ou le pays d'origine.

Art. 4. *Religion.* Les États contractants accorderont aux apatrides sur leur territoire un traitement au moins aussi favorable que celui accordé aux nationaux en ce qui concerne la liberté de pratiquer leur religion et en ce qui concerne la liberté d'instruction religieuse de leurs enfants.

Art. 5. *Droits accordés indépendamment de cette Convention.* Aucune disposition de cette convention ne porte atteinte aux autres droits et avantages accordés, indépendamment de cette Convention, aux apatrides.

Art. 6. *L'expression " dans les mêmes circonstances ".* Aux fins de cette Convention, les termes " dans les mêmes circonstances " impliquent que toutes les conditions (et notamment celles qui ont trait à la durée et aux conditions de séjour ou de résidence) que l'intéressé devrait remplir pour pouvoir exercer le droit en question, s'il n'était pas un apatride, doivent être remplies par lui, à l'exception des conditions qui, en raison de leur nature, ne peuvent pas être remplies par un apatride.

Art. 7. *Dispense de réciprocité.* 1. Sous réserve des dispositions plus favorables prévues par cette Convention, tout État contractant accordera aux apatrides le régime qu'il accorde aux étrangers en général.

2. Après un délai de résidence de trois ans, tous les apatrides bénéficieront, sur le territoire des États contractants, de la dispense de réciprocité législative.

3. Tout État contractant continuera à accorder aux apatrides les droits et avantages auxquels ils pouvaient déjà prétendre, en l'absence de réciprocité, à la date d'entrée en vigueur de cette Convention pour ledit État.

4. Les États contractants envisageront avec bienveillance la possibilité d'accorder aux apatrides, en l'absence de réciprocité, des droits et des avantages outre ceux auxquels ils peuvent prétendre en vertu des paragraphes 2 et 3, ainsi que la possibilité de faire bénéficier de la dispense de réciprocité des apatrides qui ne remplissent pas les conditions visées aux paragraphes 2 et 3.

5. Les dispositions des paragraphes 2 et 3 ci-dessus s'appliquent aussi bien aux droits et avantages visés aux articles 13, 18, 19, 21 et 22 de cette Convention qu'aux droits et avantages qui ne sont pas prévus par elle.

Art. 8. *Dispense de mesures exceptionnelles.* En ce qui concerne les mesures exceptionnelles qui peuvent être prises contre la personne, les biens ou les intérêts de ressortissants ou des anciens ressortissants d'un État déterminé, les États contractants n'appliqueront pas ces mesures à un apatride uniquement parce qu'il a possédé la nationalité de l'État en question. Les États contractants qui, de par leur législation, ne peuvent appliquer le principe général consacré dans cet article accorderont dans des cas appropriés des dispenses en faveur de tels apatrides.

Art. 9. *Mesures provisoires.* Aucune des dispositions de la présente Convention n'a pour effet d'empêcher un État contractant, en temps de guerre ou dans d'autres circonstances graves et exceptionnelles, de prendre provisoirement à l'égard d'une personne déterminée les mesures que cet État estime indispensables à la sécurité nationale, en attendant qu'il soit établi par ledit État contractant que cette personne est effectivement un apatride et que le maintien desdites mesures est nécessaire à son égard dans l'intérêt de la sécurité nationale.

Art. 10. *Continuité de résidence.* 1. Lorsqu'un apatride a été déporté au cours de la deuxième guerre mondiale et transporté sur le territoire de l'un des États contractants et y réside, la durée de ce séjour forcé comptera comme résidence régulière sur le territoire.

2. Lorsqu'un apatride a été déporté du territoire d'un État contractant au cours de la deuxième guerre mondiale et y est retourné avant l'entrée en vigueur de cette Convention pour y établir sa résidence, la période qui précède et celle qui suit cette déportation seront considérées, à toutes les fins pour lesquelles une résidence ininterrompue est nécessaire, comme ne constituant qu'une seule période ininterrompue.

Art. 11. *Gens de mer apatrides.* Dans le cas d'apatrides régulièrement employés comme membres de l'équipage à bord d'un navire battant pavillon d'un État contractant, cet État examinera avec bienveillance la possibilité d'autoriser lesdits apatrides à s'établir sur son territoire et de leur délivrer des titres de voyage ou de les admettre à titre temporaire sur son territoire, afin notamment de faciliter leur établissement dans un autre pays.

CHAPITRE II

Condition juridique

Art. 12. *Statut personnel.* 1. Le statut personnel de tout apatride sera régi par la loi du pays de son domicile ou, à défaut de domicile, par la loi du pays de sa résidence.

2. Les droits précédemment acquis par l'apatride et découlant du statut personnel, et notamment ceux qui résultent du mariage, seront respectés par tout État contractant, sous réserve, le cas échéant, de l'accomplissement des formalités prévues par la législation dudit État, étant entendu, toutefois, que le droit en cause doit être de ceux qui auraient été reconnus par la législation dudit État si l'intéressé n'était devenu apatride.

Art. 13. *Propriété mobilière et immobilière.* Les États contractants accorderont à tout apatride un traitement aussi favorable que possible et, de toute façon, un traitement qui ne soit pas moins favorable que celui qui est accordé, dans les mêmes circonstances, aux étrangers en général en ce qui concerne l'acquisition de la propriété mobilière et immobilière et autres droits s'y rapportant, le louage et les autres contrats relatifs à la propriété mobilière et immobilière.

Art. 14. *Propriété intellectuelle et industrielle.* En matière de protection de la propriété industrielle, notamment d'inventions, dessins, modèles, marques de fabrique, nom commercial, et en matière de protection de la propriété littéraire, artistique et scientifique, tout apatride bénéficiera dans le pays où il a sa résidence habituelle de la protection qui est accordée aux nationaux dudit pays. Dans le territoire de l'un quelconque des autres États contractants, il bénéficiera de la protection qui est accordée dans ledit territoire aux nationaux du pays dans lequel il a sa résidence habituelle.

Art. 15. *Droit d'association.* Les États contractants accorderont aux apatrides qui résident régulièrement sur leur territoire, en ce qui concerne les associations à but non politique et non lucratif et les syndicats professionnels, un traitement aussi favorable que possible et, de toute façon, un traitement qui ne soit pas moins favorable que celui qui est accordé, dans les mêmes circonstances, aux étrangers en général.

Art. 16. *Droit d'ester en justice.* 1. Tout apatride aura, sur le territoire des États contractants, libre et facile accès devant les tribunaux.

2. Dans l'État contractant où il a sa résidence habituelle, tout apatride jouira du même traitement qu'un ressortissant en ce qui concerne l'accès aux tribunaux, y compris l'assistance judiciaire et l'exemption de la caution judicatum solvi.

3. Dans les États contractants autres que celui où il a sa résidence habituelle et en ce qui concerne les questions visées au paragraphe 2, tout apatride jouira du même traitement qu'un ressortissant du pays dans lequel il a sa résidence habituelle.

CHAPITRE III

Emplois lucratifs

Art. 17. *Professions salariées.* 1. Les États contractants accorderont à tout apatride résidant régulièrement sur leur territoire un traitement aussi favorable que possible et, de toute façon, un traitement qui ne soit pas moins favorable que celui qui est accordé, dans les mêmes circonstances, aux étrangers en général en ce qui concerne l'exercice d'une activité professionnelle salariée.

2. Les États contractants envisageront avec bienveillance l'adoption de mesures tendant à assimiler les droits de tous les apatrides en ce qui concerne l'exercice des professions salariées à ceux de leurs nationaux, et ce notamment pour les apatrides qui sont entrés sur leur territoire en application d'un programme de recrutement de la main-d'œuvre ou d'un plan d'immigration.

Art. 18. *Professions non salariées.* Les États contractants accorderont aux apatrides se trouvant régulièrement sur leur territoire un traitement aussi favorable que possible et, de toute façon, un traitement qui ne soit pas moins favorable que celui qui est accordé, dans les mêmes circonstances, aux étrangers en général, en ce qui concerne l'exercice d'une profession non salariée dans l'agriculture, l'industrie, l'artisanat et le commerce, ainsi que la création de sociétés commerciales et industrielles.

Art. 19. *Professions libérales.* Tout État contractant accordera aux apatrides résidant régulièrement sur son territoire, qui sont titulaires de diplômes reconnus par les autorités compétentes dudit État et qui sont désireux d'exercer une profession libérale, un traitement aussi favorable que possible et, de toute façon, un traitement qui ne soit pas moins favorable que celui qui est accordé, dans les mêmes circonstances, aux étrangers en général.

CHAPITRE IV

Avantages sociaux

Art. 20. *Rationnement.* Dans le cas où il existe un système de rationnement auquel est soumise la population dans son ensemble et qui réglemente la répartition générale de produits dont il y a pénurie, les apatrides seront traités comme les nationaux.

Art. 21. *Logement.* En ce qui concerne le logement, les États contractants accorderont, dans la mesure où cette question tombe sous le coup des lois et règlements ou est soumise au contrôle des autorités publiques, aux apatrides résidant régulièrement sur leur territoire un traitement aussi favorable que possible et, de toute façon, un traitement qui ne soit pas moins favorable que celui qui est accordé, dans les mêmes circonstances, aux étrangers en général.

Art. 22. *Éducation publique.* 1. Les États contractants accorderont aux apatrides le même traitement qu'aux nationaux en ce qui concerne l'enseignement primaire.

2. Les États contractants accorderont aux apatrides un traitement aussi favorable que possible et, de toute façon, un traitement qui ne soit pas moins favorable que celui qui est accordé aux étrangers en général, dans les mêmes circonstances, quant aux catégories d'enseignement autres que l'enseignement primaire et, notamment, en ce qui concerne l'accès aux études, la reconnaissance de certificats d'études, de diplômes et de titres universitaires délivrés à l'étranger, la remise des droits et taxes et l'attribution de bourses d'études.

Art. 23. *Assistance publique.* Les États contractants accorderont aux apatrides résidant régulièrement sur leur territoire le même traitement en matière d'assistance et de secours publics qu'à leurs nationaux.

Art. 24. *Législation de travail et sécurité sociale.* 1. Les États contractants accorderont aux apatrides résidant régulièrement sur leur territoire le même traitement qu'aux nationaux en ce qui concerne les matières suivantes :

a) Dans la mesure où ces questions sont réglementées par la législation ou dépendent des autorités administratives : la rémunération, y compris les allocations familiales lorsque ces allocations font partie de la rémunération, la durée du travail, les heures supplémentaires, les congés payés, les restrictions au travail à domicile, l'âge d'admission à l'emploi, l'apprentissage et la formation professionnelle, le travail des femmes et des adolescents et la jouissance des avantages offerts par les conventions collectives :

b) La sécurité sociale (les dispositions légales relatives aux accidents du travail, aux maladies professionnelles, à la maternité, à la maladie, à l'invalidité, à la vieillesse et au décès, au chômage, aux charges de famille, ainsi qu'à tout autre risque qui, conformément à la législation nationale, est couvert par un système de sécurité sociale), sous réserve :

i) Des arrangements appropriés visant le maintien des droits acquis et des droits en cours d'acquisition;

ii) Des dispositions particulières prescrites par la législation nationale du pays de résidence et visant les prestations ou fractions de prestations payables exclusivement sur les fonds publics, ainsi que les allocations versées aux personnes qui ne réunissent pas les conditions de cotisation exigées pour l'attribution d'une pension normale.

2. Les droits à prestation ouverts par le décès d'un apatride survenu du fait d'un accident du travail ou d'une maladie professionnelle ne seront pas affectés par le fait que l'ayant droit réside en dehors du territoire de l'État contractant.

3. Les États contractants étendront aux apatrides le bénéfice des accords qu'ils ont conclus ou viendront à conclure entre eux concernant le maintien des droits acquis ou en cours d'acquisition en matière de sécurité sociale, pour autant que les apatrides réunissent les conditions prévues pour les nationaux des pays signataires des accords en question.

4. Les États contractants examineront avec bienveillance la possibilité d'étendre, dans toute la mesure du possible, aux apatrides le bénéfice d'accords similaires qui sont ou seront en vigueur entre ces États contractants et des États non contractants.

CHAPITRE V
Mesures administratives

Art. 25. *Aide administrative.* 1. Lorsque l'exercice d'un droit par un apatride nécessiterait normalement le concours d'autorités étrangères auxquelles il ne peut recourir, les États contractants sur le territoire desquels il réside veilleront à ce que ce concours lui soit fourni par leurs propres autorités.

2. La ou les autorités visées au paragraphe 1 délivreront ou feront délivrer, sous leur contrôle, aux apatrides les documents ou certificats qui, normalement, seraient délivrés à un étranger par ses autorités nationales ou par leur intermédiaire.

3. Les documents ou certificats ainsi délivrés remplaceront les actes officiels délivrés à des étrangers par leurs autorités nationales ou par leur intermédiaire et feront foi jusqu'à preuve du contraire.

4. Sous réserve des exceptions qui pourraient être admises en faveur des indigents, les services mentionnés dans le présent article pourront être rétribués, mais ces rétributions seront modérées et en rapport avec les perceptions opérées sur les nationaux à l'occasion de services analogues.

5. Les dispositions de cet article n'affectent en rien les articles 27 et 28.

Art. 26. *Liberté de circulation.* Tout État contractant accordera aux apatrides se trouvant régulièrement sur son territoire le droit de choisir leur lieu de résidence et d'y circuler librement, sous les réserves instituées par la réglementation applicable aux étrangers en général, dans les mêmes circonstances.

Art. 27. *Pièces d'identité.* Les États contractants délivreront des pièces d'identité à tout apatride se trouvant sur leur territoire et qui ne possède pas un titre de voyage valable.

Art. 28. *Titres de voyage.* Les États contractants délivreront aux apatrides résidant régulièrement sur leur territoire des titres de voyage destinés à leur permettre de voyager hors de ce territoire, à moins que des raisons impérieuses de sécurité nationale ou d'ordre public ne s'y opposent. Les dispositions de l'annexe à cette Convention s'appliqueront à ces documents. Les États contractants pourront délivrer un tel titre de voyage à tout autre apatride se trouvant sur leur territoire ; ils accorderont une attention particulière aux cas d'apatrides se trouvant sur leur territoire et qui ne sont pas en mesure d'obtenir un titre de voyage du pays de leur résidence régulière.

Art. 29. *Charges fiscales.* 1. Les États contractants n'assujettiront pas les apatrides à des droits, taxes, impôts, sous quelque dénomination que ce soit, autres ou plus élevés que ceux qui sont ou qui seront perçus sur leurs nationaux dans des situations analogues.

2. Les dispositions du paragraphe précédent ne s'opposent pas à l'application aux apatrides des dispositions des lois et règlements concernant les taxes afférentes à la délivrance aux étrangers de documents administratifs, pièces d'identité y comprises.

Art. 30. *Transfert des avoirs.* 1. Tout État contractant permettra aux apatrides, conformément aux lois et règlements de leur pays, de transférer les avoirs qu'ils ont fait entrer sur son territoire dans le territoire d'un autre pays où ils ont été admis afin de s'y réinstaller.

2. Tout État contractant accordera sa bienveillante attention aux demandes présentées par des apatrides qui désirent obtenir l'autorisation de transférer tous autres avoirs nécessaires à leur réinstallation dans un autre pays où ils ont été admis afin de s'y réinstaller.

Art. 31. *Expulsion.* 1. Les États contractants n'expulseront un apatride se trouvant régulièrement sur leur territoire que pour des raisons de sécurité nationale ou d'ordre public.

2. L'expulsion de cet apatride n'aura lieu qu'en exécution d'une décision rendue conformément à la procédure prévue par la loi. L'apatride devra, sauf si des raisons impérieuses de sécurité nationale s'y opposent, être admis à fournir des preuves tendant à le disculper, à présenter un recours et à se faire représenter à cet effet devant une autorité compétente ou devant une ou plusieurs personnes spécialement désignées par l'autorité compétente.

3. Les États contractants accorderont à un tel apatride un délai raisonnable pour lui permettre de chercher à se faire admettre régulièrement dans un autre pays. Les États contractants peuvent appliquer, pendant ce délai, telle mesure d'ordre interne qu'ils jugeront opportune.

Art. 32. *Naturalisation.* Les États contractants faciliteront, dans toute la mesure du possible, l'assimilation et la naturalisation des apatrides. Ils s'efforceront notamment d'accélérer la procédure de naturalisation et de réduire, dans toute la mesure du possible, les taxes et les frais de cette procédure.

181 Traité sur le fonctionnement de l'Union européenne (article 78)

TROISIÈME PARTIE

Les politiques et actions internes de l'Union

TITRE V

L'espace de liberté, de sécurité et de justice

CHAPITRE II

Politiques relatives aux contrôles aux frontières, à l'asile et à l'immigration

Art. 78. *(ex-articles 63, points 1 et 2, et 64, paragraphe 2, TCE)*

1. L'Union développe une politique commune en matière d'asile, de protection subsidiaire et de protection temporaire visant à offrir un statut approprié à tout ressortissant d'un pays tiers nécessitant une protection internationale et à assurer le respect du principe de non-refoulement. Cette politique doit être conforme à la Convention de Genève

du 28 juillet 1951 et au protocole du 31 janvier 1967 relatifs au statut des réfugiés, ainsi qu'aux autres traités pertinents.

2. Aux fins du paragraphe 1, le Parlement européen et le Conseil, statuant conformément à la procédure législative ordinaire, adoptent les mesures relatives à un système européen commun d'asile comportant :

a) un statut uniforme d'asile en faveur de ressortissants de pays tiers, valable dans toute l'Union;

b) un statut uniforme de protection subsidiaire pour les ressortissants des pays tiers qui, sans obtenir l'asile européen, ont besoin d'une protection internationale;

c) un système commun visant, en cas d'afflux massif, une protection temporaire des personnes déplacées;

d) des procédures communes pour l'octroi et le retrait du statut uniforme d'asile ou de protection subsidiaire;

e) des critères et mécanismes de détermination de l'État membre responsable de l'examen d'une demande d'asile ou de protection subsidiaire;

f) des normes concernant les conditions d'accueil des demandeurs d'asile ou de protection subsidiaire;

g) le partenariat et la coopération avec des pays tiers pour gérer les flux de personnes demandant l'asile ou une protection subsidiaire ou temporaire.

3. Au cas où un ou plusieurs États membres se trouvent dans une situation d'urgence caractérisée par un afflux soudain de ressortissants de pays tiers, le Conseil, sur proposition de la Commission, peut adopter des mesures provisoires au profit du ou des États membres concernés. Il statue après consultation du Parlement européen.

182 Charte des droits fondamentaux de l'Union européenne (article 18)

Art. 18. *Droit d'asile.* Le droit d'asile est garanti dans le respect des règles de la convention de Genève du 28 juillet 1951 et du protocole du 31 janvier 1967 relatifs au statut des réfugiés et conformément au traité sur l'Union européenne et au traité sur le fonctionnement de l'Union européenne (ci-après dénommés "les traités").

183 Code de l'entrée et du séjour des étrangers et du droit d'asile (articles L. 711-1 à L. 714-1, L. 721-1 à L. 721-4, L. 731-1 à L. 731-4 et L. 751-1 à L. 753-5)

TITRE PREMIER
LES CONDITIONS D'OCTROI DE L'ASILE

(L. nº 2015-925 du 29 juill. 2015, art. 1er).

CHAPITRE PREMIER
La qualité de réfugié

Art. L. 711-1. La qualité de réfugié est reconnue à toute personne persécutée en raison de son action en faveur de la liberté ainsi qu'à toute personne sur laquelle le Haut-Commissariat des Nations unies pour les réfugiés exerce son mandat aux termes des articles 6 et 7 de son statut tel qu'adopté par l'Assemblée générale des Nations unies le 14 décembre 1950 ou qui répond aux définitions de l'article 1er de la Convention de Genève du 28 juillet 1951 relative au statut des réfugiés. Ces personnes sont régies par les dispositions applicables aux réfugiés en vertu de la Convention de Genève susmentionnée.

Art. L. 711-2. *(L. nº 2015-925 du 29 juill. 2015, art. 3-1º)* Les actes de persécution et les motifs de persécution, au sens de la section A de l'article 1er de la convention de Genève, du 28 juillet 1951, relative au statut des réfugiés, sont appréciés dans les conditions prévues aux paragraphes 1 et 2 de l'article 9 et au paragraphe 1 de l'article 10 de la directive 2011/95/ UE du Parlement européen et du Conseil, du 13 décembre 2011, concernant les normes relatives aux conditions que doivent remplir les ressortissants des pays tiers ou les apatrides pour pouvoir bénéficier d'une protection internationale, à un statut uniforme pour les réfugiés ou les personnes pouvant bénéficier de la protection subsidiaire, et au contenu de cette protection.

S'agissant des motifs de persécution, les aspects liés au *(L. nº 2018-778 du 10 sept. 2018, art. 4, en vigueur au plus tard le 1er janv. 2019)* «sexe, à l'identité de» genre et à l'orientation sexuelle sont dûment pris en considération aux fins de la reconnaissance de l'appartenance à un certain groupe social ou de l'identification d'une caractéristique d'un tel groupe.

Pour que la qualité de réfugié soit reconnue, il doit exister un lien entre l'un des motifs de persécution et les actes de persécution ou l'absence de protection contre de tels actes.

Lorsque l'autorité compétente évalue si un demandeur craint avec raison d'être persécuté, il est indifférent que celui-ci possède effectivement les caractéristiques liées au motif de persécution ou que ces caractéristiques lui soient seulement attribuées par l'auteur des persécutions.

Art. L. 711-3. *(L. nº 2015-925 du 29 juill. 2015, art. 3-2º)* Le statut de réfugié n'est pas accordé à une personne qui relève de l'une des clauses d'exclusion prévues aux sections D, E ou F de l'article 1er de la convention de Genève, du 28 juillet 1951, précitée.

La même section F s'applique également aux personnes qui sont les instigatrices ou les complices des crimes ou des agissements mentionnés à ladite section ou qui y sont personnellement impliquées.

Art. L. 711-4. *(L. nº 2015-925 du 29 juill. 2015, art. 3-2º)* L'Office français de protection des réfugiés et apatrides peut mettre *[nouvelle rédaction issue de la L. nº 2018-778 du 10 sept. 2018, art. 5, en vigueur au plus tard le 1er janv. 2019 : «met»]* fin, de sa propre initiative ou à la demande de l'autorité administrative, au statut de réfugié lorsque la personne concernée relève de l'une des clauses de cessation prévues à la section C de l'article 1er de la convention de Genève, du 28 juillet 1951, précitée. Pour l'application des 5 et 6 de la même section C, le changement dans les circonstances ayant justifié la reconnaissance de la qualité de réfugié doit être suffisamment significatif et durable pour que les craintes du réfugié d'être persécuté ne puissent plus être considérées comme fondées.

L'office peut également mettre *[nouvelle rédaction issue de la L. nº 2018-778 du 10 sept. 2018, art. 5, en vigueur au plus tard le 1er janv. 2019 : «met également»]* fin à tout moment, de sa propre initiative ou à la demande de l'autorité administrative, au statut de réfugié lorsque :

1º Le réfugié aurait dû être exclu du statut de réfugié en application des sections D, E ou F de l'article 1er de la convention de Genève, du 28 juillet 1951, précitée;

2° La décision de reconnaissance de la qualité de réfugié a résulté d'une fraude;

3° Le réfugié doit, compte tenu de circonstances intervenues après la reconnaissance de cette qualité, en être exclu en application des sections D, E ou F de l'article 1er de la convention de Genève, du 28 juillet 1951, précitée.

Art. L. 711-5. *(L. n° 2015-925 du 29 juill. 2015, art. 3-2°)* Dans les cas prévus aux 1° et 2° de l'article L. 711-4, lorsque la reconnaissance de la qualité de réfugié résulte d'une décision de la Cour nationale du droit d'asile ou du Conseil d'État, la juridiction peut être saisie par l'office ou par le ministre chargé de l'asile en vue de mettre fin au statut de réfugié. Les modalités de cette procédure sont fixées par décret en Conseil d'État.

Art. L. 711-6. *(L. n° 2015-925 du 29 juill. 2015, art. 3-2°)* Le statut de réfugié *(L. n° 2018-778 du 10 sept. 2018, art. 5, en vigueur au plus tard le 1er janv. 2019)* «est» refusé ou il *(L. n° 2018-778 du 10 sept. 2018, art. 5, en vigueur au plus tard le 1er janv. 2019)* «est» mis fin à ce statut lorsque :

1° Il y a des raisons sérieuses de considérer que la présence en France de la personne concernée constitue une menace grave pour la sûreté de l'État;

2° La personne concernée a été condamnée en dernier ressort en France *(L. n° 2018-778 du 10 sept. 2018, art. 5, en vigueur au plus tard le 1er janv. 2019)* «, dans un État membre de l'Union européenne ou dans un État tiers figurant sur la liste, fixée par décret en Conseil d'État, des États dont la France reconnaît les législations et juridictions pénales au vu de l'application du droit dans le cadre d'un régime démocratique et des circonstances politiques générales» soit pour un crime, soit pour un délit constituant un acte de terrorisme ou puni de dix ans d'emprisonnement, et sa présence constitue une menace grave pour la société *(L. n° 2018-778 du 10 sept. 2018, art. 5, en vigueur au plus tard le 1er janv. 2019)* «française».

CHAPITRE II

La protection subsidiaire

Art. L. 712-1. *(L. n° 2015-925 du 29 juill. 2015, art. 4-1°)* «Le bénéfice de la protection subsidiaire est accordé à toute personne qui ne remplit pas les conditions pour se voir reconnaître la qualité de réfugié et pour laquelle il existe des motifs sérieux et avérés de croire qu'elle courrait dans son pays un risque réel de subir l'une des atteintes graves suivantes :

«*a)* La peine de mort ou une exécution;»

b) La torture ou des peines ou traitements inhumains ou dégradants;

c) S'agissant d'un civil, une menace grave et individuelle contre sa vie ou sa personne en raison d'une violence *(L. n° 2015-925 du 29 juill. 2015, art. 4-1°)* «qui peut s'étendre à des personnes sans considération de leur situation personnelle et» résultant d'une situation de conflit armé interne ou international.

Art. L. 712-2. La protection subsidiaire n'est pas accordée à une personne s'il existe des raisons sérieuses de penser :

a) Qu'elle a commis un crime contre la paix, un crime de guerre ou un crime contre l'humanité;

b) Qu'elle a commis un crime grave;

c) Qu'elle s'est rendue coupable d'agissements contraires aux buts et aux principes des Nations unies;

d) Que son activité sur le territoire constitue une menace grave pour l'ordre public, la sécurité publique ou la sûreté de l'État.

(L. n° 2015-925 du 29 juill. 2015, art. 4-2°) «Les *a* à *c* s'appliquent aux personnes qui sont les instigatrices, les auteurs ou les complices des crimes ou des agissements mentionnés à ces mêmes *a* à *c* ou qui y sont personnellement impliquées.

«La protection subsidiaire peut être *[nouvelle rédaction issue de la L. n° 2018-778 du 10 sept. 2018, art. 5, en vigueur au plus tard le 1er janv. 2019 : «est»]* refusée à une personne s'il existe des raisons sérieuses de penser, d'une part, qu'elle a commis, avant son entrée en France, un ou plusieurs crimes qui ne relèvent pas du champ d'application des *a* à *d* et qui seraient passibles d'une peine de prison s'ils avaient été commis en France et, d'autre part, qu'elle n'a quitté son pays d'origine que dans le but d'échapper à des sanctions résultant de ces crimes.»

Art. L. 712-3. *(L. n° 2015-925 du 29 juill. 2015, art. 4-3°)* L'Office français de protection des réfugiés et apatrides peut mettre *[nouvelle rédaction issue de la L. n° 2018-778 du 10 sept. 2018, art. 5, en vigueur au plus tard le 1er janv. 2019 : «met»]* fin, de sa propre initiative ou à la demande de l'autorité administrative, au bénéfice de la protection subsidiaire lorsque les circonstances ayant justifié l'octroi de cette protection ont cessé d'exister ou ont connu un changement suffisamment significatif et durable pour que celle-ci ne soit plus requise.

Par dérogation au premier alinéa, la protection subsidiaire est maintenue lorsque son bénéficiaire justifie de raisons impérieuses tenant à des atteintes graves antérieures pour refuser de se réclamer de la protection de son pays.

L'office peut également mettre *[nouvelle rédaction issue de la L. n° 2018-778 du 10 sept. 2018, art. 5, en vigueur au plus tard le 1er janv. 2019 : «met également»]* fin à tout moment, de sa propre initiative ou à la demande de l'autorité administrative, au bénéfice de la protection subsidiaire lorsque :

1° Son bénéficiaire aurait dû être exclu de cette protection pour l'un des motifs prévus à l'article L. 712-2;

2° La décision d'octroi de cette protection a résulté d'une fraude;

3° Son bénéficiaire doit, à raison de faits commis après l'octroi de la protection, en être exclu pour l'un des motifs prévus au même article L. 712-2.

Art. L. 712-4. *(L. n° 2015-925 du 29 juill. 2015, art. 4-4°)* Dans les cas prévus aux 1° et 2° de l'article L. 712-3, lorsque l'octroi de la protection subsidiaire résulte d'une décision de la Cour nationale du droit d'asile ou du Conseil d'État, la juridiction peut être saisie par l'office ou par le ministre chargé de l'asile en vue de mettre fin à la protection subsidiaire. Les modalités de cette procédure sont fixées par décret en Conseil d'État.

CHAPITRE III
Dispositions communes

Art. L. 713-1. La qualité de réfugié est reconnue et le bénéfice de la protection subsidiaire est accordé par l'Office français de protection des réfugiés et apatrides dans les conditions prévues au chapitre III du titre II du présent livre. *(L. n° 2015-925 du 29 juill. 2015, art. 5-1°)* «Ils peuvent également l'être par la Cour nationale du droit d'asile dans les conditions prévues au chapitre III du titre III du présent livre.»

Art. L. 713-2. *(L. n° 2015-925 du 29 juill. 2015, art. 5-2°)* «Les persécutions ou menaces de persécutions prises en compte dans la reconnaissance de la qualité de réfugié et les atteintes graves ou menaces d'atteintes graves pouvant» donner lieu au bénéfice de la protection subsidiaire peuvent être le fait des autorités de l'État, de partis ou d'organisations qui contrôlent l'État ou une partie substantielle du territoire de l'État, ou d'acteurs non étatiques dans les cas où les autorités définies à l'alinéa suivant refusent ou ne sont pas en mesure d'offrir une protection.

Les autorités susceptibles d'offrir une protection peuvent être les autorités de l'État *(L. n° 2015-925 du 29 juill. 2015, art. 5-2°)* «ou des partis ou organisations, y compris des organisations internationales, qui contrôlent l'État ou une partie importante du territoire de celui-ci. Cette protection doit être effective et non temporaire.

«Une telle protection est en principe assurée lorsque les autorités mentionnées au deuxième alinéa prennent des mesures appropriées pour empêcher les persécutions ou les atteintes graves, en particulier lorsqu'elles disposent d'un système judiciaire effectif permettant de déceler, de poursuivre et de sanctionner les actes constituant de telles persécutions ou de telles atteintes, et lorsque le demandeur a accès à cette protection.»

Art. L. 713-3. Peut être rejetée la demande d'asile d'une personne qui aurait accès à une protection sur une partie du territoire de son pays d'origine si cette personne n'a aucune raison de craindre d'y être persécutée ou d'y être exposée à une atteinte grave *(L. n° 2015-925 du 29 juill. 2015, art. 5-3°)* «, si elle peut, légalement et en toute sécurité, se rendre vers cette partie du territoire et si l'on peut raisonnablement s'attendre à ce qu'elle s'y établisse.» Il est tenu compte des conditions générales prévalant dans cette partie du territoire, de la situation personnelle du demandeur ainsi que de l'auteur de la persécution au moment où il est statué sur la demande d'asile.

Art. L. 713-4. *(L. n° 2015-925 du 29 juill. 2015, art. 5-4°)* Les craintes de persécutions prises en compte dans la reconnaissance de la qualité de réfugié et le risque réel de subir des atteintes graves pouvant donner lieu au bénéfice de la protection subsidiaire peuvent être fondés sur des événements survenus après que le demandeur d'asile a quitté son pays d'origine ou à raison d'activités qu'il a exercées après son départ du pays, notamment s'il est établi que les activités invoquées constituent l'expression et la prolongation de convictions ou d'orientations affichées dans son pays.

Art. L. 713-5. *(L. n° 2015-925 du 29 juill. 2015, art. 5-4°)* L'autorité judiciaire communique au directeur général de l'Office français de protection des réfugiés et apatrides et au président de la Cour nationale du droit d'asile, sur demande ou d'office, tout élément recueilli au cours d'une instance civile ou d'une information criminelle ou correctionnelle, y compris lorsque celle-ci s'est terminée par un non-lieu, de nature à faire suspecter qu'une personne qui demande l'asile ou le statut d'apatride ou qui s'est vu reconnaître le statut de réfugié, le bénéfice de la protection subsidiaire ou le statut d'apatride relève de l'une des clauses d'exclusion mentionnées aux articles L. 711-3 et L. 712-2 du présent code ou à l'article 1er de la convention de New York, du 28 septembre 1954, relative au statut des apatrides *(L. n° 2018-778 du 10 sept. 2018, art. 5, en vigueur au plus tard le 1er janv. 2019)* «ou d'un refus ou d'une fin de protection en application de l'article L. 711-6 du présent code».

Art. L. 713-6. *(L. n° 2015-925 du 29 juill. 2015, art. 5-4°)* L'autorité judiciaire communique au directeur général de l'Office français de protection des réfugiés et apatrides et au président de la Cour nationale du droit d'asile, sur demande ou d'office, tout élément recueilli au cours d'une instance civile ou d'une information criminelle ou correctionnelle, y compris lorsque celle-ci s'est terminée par un non-lieu, de nature à faire suspecter le caractère frauduleux d'une demande d'asile ou du statut d'apatride.

CHAPITRE IV
La dimension extérieure de l'asile

(L. n° 2018-778 du 10 sept. 2018, art. 7)

Art. L. 714-1. Les autorités en charge de l'asile peuvent organiser, le cas échéant en effectuant des missions sur place, la réinstallation à partir de pays tiers à l'Union européenne de personnes en situation de vulnérabilité relevant de la protection internationale. Ces personnes sont autorisées à venir s'établir en France par l'autorité compétente.

TITRE DEUXIÈME
L'OFFICE FRANÇAIS DE PROTECTION DES RÉFUGIÉS ET APATRIDES

CHAPITRE PREMIER
Missions

Art. L. 721-1. L'Office français de protection des réfugiés et apatrides, placé auprès du ministre *(L. n° 2007-1631 du 20 nov. 2007, art. 28, 1°)* «chargé de l'asile», est un établissement public doté de la personnalité civile et de l'autonomie financière et administrative.

Art. L. 721-2. L'office reconnaît la qualité de réfugié ou accorde le bénéfice de la protection subsidiaire aux personnes remplissant les conditions mentionnées au titre Ier du présent livre.

Il exerce la protection juridique et administrative des réfugiés ainsi que celle des bénéficiaires de la protection subsidiaire.

(L. n° 2015-925 du 29 juill. 2015, art. 7-1°) «L'office exerce en toute impartialité les missions mentionnées ci-dessus et ne reçoit, dans leur accomplissement, aucune instruction.

«L'anonymat des agents de l'office chargés de l'instruction des demandes d'asile et de l'entretien personnel mené avec les demandeurs est assuré.

«L'office» assure, en liaison avec les autorités administratives compétentes, le respect des garanties fondamentales offertes par le droit national, l'exécution des conventions, accords ou arrangements internationaux intéressant la protection des réfugiés sur le territoire de la République, et notamment la protection prévue par la convention de Genève du 28 juillet 1951 et par le protocole de New York du 31 janvier 1967 relatifs au statut des réfugiés.

Il coopère avec le haut-commissaire des Nations unies pour les réfugiés et facilite sa mission de surveillance dans les conditions prévues par les accords internationaux.

Art. L. 721-3. L'office est habilité à délivrer, après enquête s'il y a lieu, aux réfugiés *(L. n° 2015-925 du 29 juill. 2015, art. 7-2°)* «et bénéficiaires de la protection subsidiaire» les pièces nécessaires pour leur permettre soit d'exécuter les divers actes de la vie civile, soit de faire appliquer les dispositions de la législation interne ou des accords internationaux qui intéressent leur protection, notamment les pièces tenant lieu d'actes d'état civil.

Le directeur général de l'office authentifie les actes et documents qui lui sont soumis. Les actes et documents qu'il établit ont la valeur d'actes authentiques.

Ces diverses pièces suppléent à l'absence d'actes et de documents délivrés dans le pays d'origine. Les pièces délivrées par l'office ne sont pas soumises à l'enregistrement ni au droit de timbre.

Art. L. 721-4. *(L. n° 2015-925 du 29 juill. 2015, art. 7-3°)* L'office établit chaque année un rapport retraçant son activité, fournissant des données quantitatives et qualitatives présentées par sexe sur la demande d'asile et l'apatridie et présentant les actions de formation délivrées aux agents, notamment en matière de persécutions en raison du sexe et de prise en compte de la vulnérabilité des demandeurs d'asile. Ce rapport est transmis au Parlement et rendu public.

TITRE TROISIÈME
COUR NATIONALE DU DROIT D'ASILE

(L. n° 2007-1631 du 20 nov. 2007, art. 29-I).

CHAPITRE PREMIER
Missions

Art. L. 731-1. La *(L. n° 2007-1631 du 20 nov. 2007, art. 29-I)* «Cour nationale du droit d'asile» est une juridiction administrative, placée sous l'autorité d'un président, *(L. n° 2018-778 du 10 sept. 2018, art. 62)* «conseiller» d'État, désigné par le vice-président du Conseil d'État.

Art. L. 731-2. *(L. n° 2015-925 du 29 juill. 2015, art. 17-I-1°)* La Cour nationale du droit d'asile statue sur les recours formés contre les décisions de l'Office français de protection des réfugiés et apatrides prises en application des articles L. 711-1 à L. 711-4, *(L. n° 2016-274 du 7 mars 2016, art. 33-V et 67-II, en vigueur le 1er nov. 2016)* «L. 711-6,» L. 712-1 à L. 712-3, L. 713-1 à L. 713-4, L. 723-1 à L. 723-8, L. 723-11, L. 723-15 et L. 723-16. A peine d'irrecevabilité, ces recours doivent être exercés dans le délai d'un mois à compter de la notification de la décision de l'office, dans des conditions fixées par décret en Conseil d'État.

La Cour nationale du droit d'asile statue en formation collégiale, dans un délai de cinq mois à compter de sa saisine. Toutefois, sans préjudice de l'application de l'article L. 733-2, lorsque la décision de l'office a été prise en application des articles L. 723-2 ou L. 723-11, le président de la Cour nationale du droit d'asile ou le président de formation de jugement qu'il désigne à cette fin statue dans un délai de cinq semaines à compter de sa saisine. *(L. n° 2018-778 du 10 sept. 2018, art. 8-1°-a, en vigueur au plus tard le 1er janv. 2019 et applicable aux décisions prises après cette date)* «Il en est de même lorsque l'office prend une décision mettant fin au statut de réfugié en application de l'article L. 711-6 ou au bénéfice de la protection subsidiaire en application des 1° ou 3° de l'article L. 712-3 pour le motif prévu au *d* de l'article L. 712-2.» De sa propre initiative ou à la demande du requérant, le président de la cour ou le président de formation de jugement désigné à cette fin peut, à tout moment de la procédure, renvoyer à la formation collégiale la demande s'il estime que celle-ci ne relève pas de l'un des cas prévus aux articles L. 723-2 et L. 723-11 ou qu'elle soulève une difficulté sérieuse. La cour statue alors dans les conditions prévues à la première phrase du présent alinéa.

Art. L. 731-3. La *(L. n° 2007-1631 du 20 nov. 2007, art. 29-I)* «Cour nationale du droit d'asile» examine les requêtes qui lui sont adressées par les réfugiés visés par l'une des mesures prévues par les articles 31, 32 et 33 de la convention de Genève du 28 juillet 1951 relative au statut des réfugiés et formule un avis quant au maintien ou à l'annulation de ces mesures. En cette matière, le recours est suspensif d'exécution. Dans ce cas, le droit au recours doit être exercé dans le délai d'une semaine *(L. n° 2015-925 du 29 juill. 2015, art. 17-I-2°)* «dans des conditions fixées par décret en Conseil d'État».

Art. L. 731-4. *(L. n° 2015-925 du 29 juill. 2015, art. 17-I-3°)* Le rapport d'activité de la Cour nationale du droit d'asile est rendu public. Il comprend notamment des données quantitatives et qualitatives présentées par sexe et les actions de formation des agents et des membres des formations de jugement, en particulier sur les persécutions en raison du sexe.

TITRE CINQUIÈME
CONTENU DE LA PROTECTION ACCORDÉE
(L. n° 2015-925 du 29 juill. 2015, art. 29)

CHAPITRE PREMIER
Information et accès aux droits

Art. L. 751-1. *(L. n° 2015-925 du 29 juill. 2015, art. 29 et 35-IV, en vigueur le 1er nov. 2015)* L'étranger qui a obtenu le statut de réfugié ou le bénéfice de la protection subsidiaire en application du présent livre VII et a signé le contrat d'*(L. n° 2016-274 du 7 mars 2016, art. 1er-II et 67-I, en vigueur le 1er juill. 2016)* «intégration républicaine» prévu à l'article L. 311-9 bénéficie d'un accompagnement personnalisé pour l'accès à l'emploi et au logement.

A cet effet, l'autorité administrative conclut avec les collectivités territoriales et les autres personnes morales concernées ou souhaitant participer à cet accompagnement une convention prévoyant les modalités d'organisation de celui-ci.

Art. L. 751-2. *(L. n° 2015-925 du 29 juill. 2015, art. 29 et 35-IV, en vigueur le 1er nov. 2015)* Dans la mise en œuvre des droits accordés aux réfugiés et aux bénéficiaires de la protection subsidiaire, il est tenu compte de la situation spécifique des personnes vulnérables ayant des besoins particuliers.

Art. L. 751-3. *(L. n° 2018-778 du 10 sept. 2018, art. 14, en vigueur au plus tard le 1er janv. 2019)* Dans l'attente de la fixation définitive de son état civil par l'Office français de protection des réfugiés et apatrides, le réfugié ou le bénéficiaire de la protection subsidiaire peut solliciter le bénéfice des droits qui lui sont ouverts en application du code du travail, du code de la sécurité sociale, du code de l'action sociale et des familles ou du code de la construction et de l'habitation, sur la base de la composition familiale prise en compte dans le cadre de la procédure d'asile prévue au titre IV du présent livre.

Un décret fixe les modalités d'application du présent article.

CHAPITRE II

Réunification familiale et intérêt supérieur de l'enfant

Art. L. 752-1. I. — Sauf si sa présence constitue une menace pour l'ordre public, le ressortissant étranger qui s'est vu reconnaître la qualité de réfugié ou qui a obtenu le bénéfice de la protection subsidiaire peut demander à bénéficier de son droit à être rejoint, au titre de la réunification familiale :

1° Par son conjoint ou le partenaire avec lequel il est lié par une union civile, âgé d'au moins dix-huit ans, si le mariage ou l'union civile est antérieur à la date d'introduction de sa demande d'asile;

2° Par son concubin, âgé d'au moins dix-huit ans, avec lequel il avait, avant la date d'introduction de sa demande d'asile, une vie commune suffisamment stable et continue;

3° Par les enfants non mariés du couple, âgés au plus de dix-neuf ans.

Si le réfugié ou le bénéficiaire de la protection subsidiaire est un mineur non marié, il peut demander à bénéficier de son droit à être rejoint par ses ascendants directs au premier degré *(L. n° 2018-778 du 10 sept. 2018, art. 3, en vigueur au plus tard le 1er janv. 2019)* «, accompagnés le cas échéant par leurs enfants mineurs non mariés dont ils ont la charge effective».

L'âge des enfants est apprécié à la date à laquelle la demande de réunification familiale a été introduite.

II. — Les articles L. 411-2 à L. 411-4 et le premier alinéa de l'article L. 411-7 sont applicables.

La réunification familiale n'est pas soumise à des conditions de durée préalable de séjour régulier, de ressources ou de logement.

Les membres de la famille d'un réfugié ou d'un bénéficiaire de la protection subsidiaire sollicitent, pour entrer en France, un visa d'entrée pour un séjour d'une durée supérieure à trois mois auprès des autorités diplomatiques et consulaires, qui statuent sur cette demande dans les meilleurs délais.

Pour l'application du troisième alinéa du présent II, ils produisent les actes de l'état civil justifiant de leur identité et des liens familiaux avec le réfugié ou le bénéficiaire de la protection subsidiaire. En l'absence d'acte de l'état civil ou en cas de doute sur leur authenticité, les éléments de possession d'état définis à l'article 311-1 du code civil et les documents établis ou authentifiés par l'Office français de protection des réfugiés et apatrides, sur le fondement de l'article L. 721-3 du présent code, peuvent permettre de justifier de la situation de famille et de l'identité des demandeurs. Les éléments de possession d'état font foi jusqu'à preuve du contraire. Les documents établis par l'office font foi jusqu'à inscription de faux.

La réunification familiale ne peut être refusée que si le demandeur *(L. n° 2018-778 du 10 sept. 2018, art. 3, en vigueur au plus tard le 1er janv. 2019)* «ou le bénéficiaire» ne se conforme pas aux principes essentiels qui, conformément aux lois de la République, régissent la vie familiale en France, pays d'accueil.

Est exclu de la réunification familiale un membre de la famille dont la présence en France constituerait une menace pour l'ordre public ou lorsqu'il est établi qu'il est instigateur, auteur ou complice des persécutions et atteintes graves qui ont justifié l'octroi d'une protection au titre de l'asile.

Art. L. 752-2. Lorsqu'une protection au titre de l'asile est octroyée à un mineur non accompagné, des mesures sont prises dès que possible pour assurer sa représentation légale. Dans toutes les décisions le concernant, notamment en matière de placement et de recherche des membres de sa famille, il est tenu compte de son intérêt supérieur, de ses besoins particuliers ainsi que de son avis, en fonction de son âge et de sa maturité.

Si la recherche des membres de sa famille n'a pas commencé, il y est procédé dès que possible. Dans le cas où la vie ou l'intégrité physique du mineur ou de ses parents proches restés dans le pays d'origine serait menacée, cette recherche est menée de manière confidentielle.

Art. L. 752-3. Lorsqu'une protection au titre de l'asile a été octroyée à une mineure invoquant un risque de mutilation sexuelle, l'Office français de protection des réfugiés et apatrides, tant que ce risque existe et tant que l'intéressée est mineure, lui demande de se soumettre à un examen médical visant à constater l'absence de mutilation. L'office transmet au procureur de la République tout refus de se soumettre à cet examen ou tout constat de mutilation.

(L. n° 2018-778 du 10 sept. 2018, art. 3, en vigueur au plus tard le 1er janv. 2019) «Le certificat médical, dûment renseigné, est transmis à l'office sans délai par le médecin qui l'a rédigé. Une copie du certificat est remise en main propre aux parents ou représentants légaux.»

Aucun constat de mutilation sexuelle ne peut entraîner, à lui seul, la cessation de la protection accordée à la mineure au titre de l'asile. Il ne peut être mis fin à ladite protection à la demande des parents ou des titulaires de l'autorité parentale tant que le risque de mutilation sexuelle existe.

L'office doit observer un délai minimal de trois ans entre deux examens, sauf s'il existe des motifs réels et sérieux de penser qu'une mutilation sexuelle a effectivement été pratiquée ou pourrait être pratiquée.

Un arrêté conjoint des ministres chargés de l'asile et de la santé, pris après avis du directeur général de l'office, définit les modalités d'application du présent article et, en particulier, les catégories de médecins qui peuvent pratiquer l'examen mentionné au premier alinéa.

CHAPITRE III

Documents de voyage

Art. L. 753-1. A moins que des raisons impérieuses de sécurité nationale ou d'ordre public ne s'y opposent, l'étranger titulaire d'un titre de séjour en cours de validité auquel la qualité de réfugié a été reconnue en application de l'article L. 711-1 et qui se trouve toujours sous la protection de l'Office français de protection des réfugiés et apatrides peut se voir délivrer un document de voyage dénommé "titre de voyage pour réfugié" l'autorisant à voyager hors du territoire français. Ce titre permet à son titulaire de demander à se rendre dans tous les États, à l'exclusion de celui ou de ceux vis-à-vis desquels ses craintes de persécution ont été reconnues comme fondées en application du même article L. 711-1.

Art. L. 753-2. A moins que des raisons impérieuses de sécurité nationale ou d'ordre public ne s'y opposent, l'étranger titulaire d'un titre de séjour en cours de validité auquel le bénéfice de la protection subsidiaire a été accordé en application de l'article L. 712-1 qui se trouve toujours sous la protection de l'office peut se voir délivrer un document de voyage dénommé "titre d'identité et de voyage" l'autorisant à voyager hors du territoire français. Ce titre permet à son titulaire de demander à se rendre dans tous les États, à l'exclusion de celui ou de ceux dans lesquels il est établi qu'il est exposé à l'une des atteintes graves énumérées au même article L. 712-1.

Art. L. 753-3. A moins que des raisons impérieuses de sécurité nationale ou d'ordre public ne s'y opposent, l'enfant étranger mineur du réfugié ou du bénéficiaire de la protection subsidiaire, présent sur le territoire français, qui ne peut bénéficier d'une protection au titre de l'asile peut se voir délivrer le document de voyage prévu à l'article L. 753-2.

Art. L. 753-4. Les durées de validité des documents de voyage délivrés aux étrangers en application des articles L. 753-1 et L. 753-2 sont fixées au IV de l'article 953 du code général des impôts.

Art. L. 753-5. Le document de voyage mentionné aux articles L. 753-1, L. 753-2 ou L. 753-3 peut être retiré ou son renouvellement refusé lorsqu'il apparaît, postérieurement à sa délivrance, que des raisons impérieuses de sécurité nationale ou d'ordre public le justifient.

Section 7

Les mesures d'expulsion, d'éloignement et l'assignation à résidence

184 Protocole n° 7 à la Convention de sauvegarde des droits de l'homme et des libertés fondamentales (article 7)

Art. 7. *Relations avec la Convention.* 1. Les États Parties considèrent les articles 1 à 6 du présent Protocole comme des articles additionnels à la Convention et toutes les dispositions de la Convention s'appliquent en conséquence.

185 Charte des droits fondamentaux de l'Union européenne (article 19)

Art. 19. *Protection en cas d'éloignement, d'expulsion et d'extradition.* 1. Les expulsions collectives sont interdites.

2. Nul ne peut être éloigné, expulsé ou extradé vers un État où il existe un risque sérieux qu'il soit soumis à la peine de mort, à la torture ou à d'autres peines ou traitements inhumains ou dégradants.

186 Directive 2008/115/CE (chapitres I, II et IV)

CHAPITRE Ier

Dispositions générales

Art. 1er. *Objet.* La présente directive fixe les normes et procédures communes à appliquer dans les États membres au retour des ressortissants de pays tiers en séjour irrégulier, conformément aux droits fondamentaux en tant que principes généraux du droit communautaire ainsi qu'au droit international, y compris aux obligations en matière de protection des réfugiés et de droits de l'homme.

Art. 2. *Champ d'application.* 1. La présente directive s'applique aux ressortissants de pays tiers en séjour irrégulier sur le territoire d'un État membre.

2. Les États membres peuvent décider de ne pas appliquer la présente directive aux ressortissants de pays tiers :

a) faisant l'objet d'une décision de refus d'entrée conformément à l'article 13 du code frontières Schengen, ou arrêtés ou interceptés par les autorités compétentes à l'occasion du franchissement irrégulier par voie terrestre, maritime ou aérienne de la frontière extérieure d'un État membre et qui n'ont pas obtenu par la suite l'autorisation ou le droit de séjourner dans ledit État membre;

b) faisant l'objet d'une sanction pénale prévoyant ou ayant pour conséquence leur retour, conformément au droit national, ou faisant l'objet de procédures d'extradition.

3. La présente directive ne s'applique pas aux personnes jouissant du droit communautaire à la libre circulation, telles que définies à l'article 2, point 5), du code frontières Schengen.

Art. 3. *Définitions.* Aux fins de la présente directive, on entend par :

1. " ressortissant d'un pays tiers " : toute personne qui n'est ni un citoyen de l'Union au sens de l'article 17, paragraphe 1, du traité ni une personne jouissant du droit communautaire à la libre circulation, telle que définie à l'article 2, point 5), du code frontières Schengen;

2. " séjour irrégulier " : la présence sur le territoire d'un État membre d'un ressortissant d'un pays tiers qui ne remplit pas, ou ne remplit plus, les conditions d'entrée énoncées à l'article 5 du code frontières Schengen, ou d'autres conditions d'entrée, de séjour ou de résidence dans cet État membre;

3. " retour " : le fait, pour le ressortissant d'un pays tiers, de rentrer – que ce soit par obtempération volontaire à une obligation de retour ou en y étant forcé – dans :

— son pays d'origine, ou

— un pays de transit conformément à des accords ou autres arrangements de réadmission communautaires ou bilatéraux, ou

— un autre pays tiers dans lequel le ressortissant concerné d'un pays tiers décide de retourner volontairement et sur le territoire duquel il sera admis;

4. " décision de retour " : une décision ou un acte de nature administrative ou judiciaire déclarant illégal le séjour d'un ressortissant d'un pays tiers et imposant ou énonçant une obligation de retour;

5. " éloignement " : l'exécution de l'obligation de retour, à savoir le transfert physique hors de l'État membre;

6. " interdiction d'entrée " : une décision ou un acte de nature administrative ou judiciaire interdisant l'entrée et le séjour sur le territoire des États membres pendant une durée déterminée, qui accompagne une décision de retour;

7. " risque de fuite " : le fait qu'il existe des raisons, dans un cas particulier et sur la base de critères objectifs définis par la loi, de penser qu'un ressortissant d'un pays tiers faisant l'objet de procédures de retour peut prendre la fuite;

8. " départ volontaire " : l'obtempération à l'obligation de retour dans le délai imparti à cette fin dans la décision de retour;

9. " personnes vulnérables " : les mineurs, les mineurs non accompagnés, les personnes handicapées, les personnes âgées, les femmes enceintes, les parents isolés accompagnés d'enfants mineurs et les personnes qui ont été victimes de torture, de viol ou d'une autre forme grave de violence psychologique, physique ou sexuelle.

Art. 4. *Dispositions plus favorables.* 1. La présente directive s'applique sans préjudice des dispositions plus favorables :

a) des accords bilatéraux ou multilatéraux conclus entre la Communauté – ou la Communauté et ses États membres – et un ou plusieurs pays tiers;

b) des accords bilatéraux ou multilatéraux conclus entre un ou plusieurs États membres et un ou plusieurs pays tiers.

2. La présente directive s'applique sans préjudice des dispositions qui relèvent de l'acquis communautaire en matière d'immigration et d'asile et qui s'avéreraient plus favorables pour le ressortissant d'un pays tiers.

3. La présente directive s'applique sans préjudice du droit des États membres d'adopter ou de maintenir des dispositions plus favorables pour les personnes auxquelles la présente directive s'applique, à condition que ces dispositions soient compatibles avec la présente directive.

4. En ce qui concerne les ressortissants de pays tiers exclus du champ d'application de la présente directive conformément à l'article 2, paragraphe 2, point a), les États membres :

a) veillent à ce que le traitement et le niveau de protection qui leur sont accordés ne soient pas moins favorables que ceux prévus à l'article 8, paragraphes 4 et 5 (limitations du recours aux mesures coercitives), à l'article 9, paragraphe 2, point a) (report de l'éloignement), à l'article 14, paragraphe 1, points b) et d) (soins médicaux d'urgence et prise en considération des besoins des personnes vulnérables), ainsi qu'aux articles 16 et 17 (conditions de rétention), et

b) respectent le principe de non-refoulement.

Art. 5. *Non-refoulement, intérêt supérieur de l'enfant, vie familiale et état de santé.* Lorsqu'ils mettent en œuvre la présente directive, les États membres tiennent dûment compte :

a) de l'intérêt supérieur de l'enfant,

b) de la vie familiale,

c) de l'état de santé du ressortissant concerné d'un pays tiers,

et respectent le principe de non-refoulement.

CHAPITRE II

Fin du séjour irrégulier

Art. 6. *Décision de retour.* 1. Les État membres prennent une décision de retour à l'encontre de tout ressortissant d'un pays tiers en séjour irrégulier sur leur territoire, sans préjudice des exceptions visées aux paragraphes 2 à 5.

2. Les ressortissants de pays tiers en séjour irrégulier sur le territoire d'un État membre et titulaires d'un titre de séjour valable ou d'une autre autorisation conférant un droit de séjour délivrés par un autre État membre sont tenus de se rendre immédiatement sur le territoire de cet autre État membre. En cas de non-respect de cette obligation par le ressortissant concerné d'un pays tiers ou lorsque le départ immédiat du ressortissant d'un

pays tiers est requis pour des motifs relevant de l'ordre public ou de la sécurité nationale, le paragraphe 1 s'applique.

3. Les État membres peuvent s'abstenir de prendre une décision de retour à l'encontre d'un ressortissant d'un pays tiers en séjour irrégulier sur leur territoire si le ressortissant concerné d'un pays tiers est repris par un autre État membre en vertu d'accords ou d'arrangements bilatéraux existant à la date d'entrée en vigueur de la présente directive. Dans ce cas, l'État membre qui a repris le ressortissant concerné d'un pays tiers applique le paragraphe 1.

4. À tout moment, les États membres peuvent décider d'accorder un titre de séjour autonome ou une autre autorisation conférant un droit de séjour pour des motifs charitables, humanitaires ou autres à un ressortissant d'un pays tiers en séjour irrégulier sur leur territoire. Dans ce cas, aucune décision de retour n'est prise. Si une décision de retour a déjà été prise, elle est annulée ou suspendue pour la durée de validité du titre de séjour ou d'une autre autorisation conférant un droit de séjour.

5. Si un ressortissant d'un pays tiers en séjour irrégulier sur le territoire d'un État membre fait l'objet d'une procédure en cours portant sur le renouvellement de son titre de séjour ou d'une autre autorisation lui conférant un droit de séjour, cet État membre examine s'il y a lieu de s'abstenir de prendre une décision de retour jusqu'à l'achèvement de la procédure en cours, sans préjudice du paragraphe 6.

6. La présente directive n'empêche pas les États membres d'adopter une décision portant sur la fin du séjour régulier en même temps qu'une décision de retour et/ou une décision d'éloignement et/ou d'interdiction d'entrée dans le cadre d'une même décision ou d'un même acte de nature administrative ou judiciaire, conformément à leur législation nationale, sans préjudice des garanties procédurales offertes au titre du chapitre III ainsi que d'autres dispositions pertinentes du droit communautaire et du droit national.

Art. 7. *Départ volontaire.* 1. La décision de retour prévoit un délai approprié allant de sept à trente jours pour le départ volontaire, sans préjudice des exceptions visées aux paragraphes 2 et 4. Les États membres peuvent prévoir dans leur législation nationale que ce délai n'est accordé qu'à la suite d'une demande du ressortissant concerné d'un pays tiers. Dans ce cas, les États membres informent les ressortissants concernés de pays tiers de la possibilité de présenter une telle demande.

Le délai prévu au premier alinéa n'exclut pas la possibilité, pour les ressortissants concernés de pays tiers, de partir plus tôt.

2. Si nécessaire, les États membres prolongent le délai de départ volontaire d'une durée appropriée, en tenant compte des circonstances propres à chaque cas, telles que la durée du séjour, l'existence d'enfants scolarisés et d'autres liens familiaux et sociaux.

3. Certaines obligations visant à éviter le risque de fuite, comme les obligations de se présenter régulièrement aux autorités, de déposer une garantie financière adéquate, de remettre des documents ou de demeurer en un lieu déterminé, peuvent être imposées pendant le délai de départ volontaire.

4. S'il existe un risque de fuite, ou si une demande de séjour régulier a été rejetée comme étant manifestement non fondée ou frauduleuse, ou si la personne concernée constitue un danger pour l'ordre public, la sécurité publique ou la sécurité nationale, les États membres peuvent s'abstenir d'accorder un délai de départ volontaire ou peuvent accorder un délai inférieur à sept jours.

Art. 8. *Éloignement.* 1. Les États membres prennent toutes les mesures nécessaires pour exécuter la décision de retour si aucun délai n'a été accordé pour un départ volontaire conformément à l'article 7, paragraphe 4, ou si l'obligation de retour n'a pas été respectée dans le délai accordé pour le départ volontaire conformément à l'article 7.

2. Si un État membre a accordé un délai de départ volontaire conformément à l'article 7, la décision de retour ne peut être exécutée qu'après expiration de ce délai, à moins que, au cours de celui-ci, un risque visé à l'article 7, paragraphe 4, apparaisse.

3. Les États membres peuvent adopter une décision ou un acte distinct de nature administrative ou judiciaire ordonnant l'éloignement.

4. Lorsque les États membres utilisent – en dernier ressort – des mesures coercitives pour procéder à l'éloignement d'un ressortissant d'un pays tiers qui s'oppose à son éloignement, ces mesures sont proportionnées et ne comportent pas d'usage de la force allant au-delà du raisonnable. Ces mesures sont mises en œuvre comme il est prévu par la législation nationale, conformément aux droits fondamentaux et dans le respect de la dignité et de l'intégrité physique du ressortissant concerné d'un pays tiers.

5. Lorsque les États membres procèdent aux éloignements par voie aérienne, ils tiennent compte des orientations communes sur les mesures de sécurité à prendre pour les opérations communes d'éloignement par voie aérienne, annexées à la décision 2004/573/CE.

6. Les États membres prévoient un système efficace de contrôle du retour forcé.

Art. 9. *Report de l'éloignement.* 1. Les États membres reportent l'éloignement :

a) dans le cas où il se ferait en violation du principe de non-refoulement, ou

b) tant que dure l'effet suspensif accordé conformément à l'article 13, paragraphe 2.

2. Les États membres peuvent reporter l'éloignement pour une période appropriée en tenant compte des circonstances propres à chaque cas. Ils prennent en compte notamment :

a) l'état physique ou mental du ressortissant d'un pays tiers;

b) des motifs d'ordre technique, comme l'absence de moyens de transport ou l'échec de l'éloignement en raison de l'absence d'identification.

3. Si l'éloignement est reporté conformément aux paragraphes 1 et 2, les obligations prévues à l'article 7, paragraphe 3, peuvent être imposées au ressortissant concerné d'un pays tiers.

Art. 10. *Retour et éloignement des mineurs non accompagnés.* 1. Avant que soit prise une décision de retour concernant un mineur non accompagné, l'assistance d'organismes compétents autres que les autorités chargées d'exécuter le retour est accordée en tenant dûment compte de l'intérêt supérieur de l'enfant.

2. Avant d'éloigner du territoire d'un État membre un mineur non accompagné, les autorités de cet État membre s'assurent qu'il sera remis à un membre de sa famille, à un tuteur désigné ou à des structures d'accueil adéquates dans l'État de retour.

Art. 11. *Interdiction d'entrée.* 1. Les décisions de retour sont assorties d'une interdiction d'entrée :

a) si aucun délai n'a été accordé pour le départ volontaire, ou

b) si l'obligation de retour n'a pas été respectée.

Dans les autres cas, les décisions de retour peuvent être assorties d'une interdiction d'entrée.

2. La durée de l'interdiction d'entrée est fixée en tenant dûment compte de toutes les circonstances propres à chaque cas et ne dépasse pas cinq ans en principe. Elle peut cependant dépasser cinq ans si le ressortissant d'un pays tiers constitue une menace grave pour l'ordre public, la sécurité publique ou la sécurité nationale.

3. Les États membres examinent la possibilité de lever ou de suspendre une interdiction d'entrée lorsqu'un ressortissant d'un pays tiers faisant l'objet d'une telle interdiction décidée conformément au paragraphe 1, deuxième alinéa, peut démontrer qu'il a quitté le territoire d'un État membre en totale conformité avec une décision de retour.

Les personnes victimes de la traite des êtres humains auxquelles un titre de séjour a été accordé conformément à la directive 2004/81/CE du Conseil du 29 avril 2004 relative au titre de séjour délivré aux ressortissants de pays tiers qui sont victimes de la traite des êtres humains ou ont fait l'objet d'une aide à l'immigration clandestine et qui coopèrent avec les autorités compétentes ne font pas l'objet d'une interdiction d'entrée, sans préjudice du paragraphe 1, premier alinéa, point b), et à condition que le ressortissant concerné d'un pays tiers ne représente pas un danger pour l'ordre public, la sécurité publique ou la sécurité nationale.

Les États membres peuvent s'abstenir d'imposer, peuvent lever ou peuvent suspendre une interdiction d'entrée, dans des cas particuliers, pour des raisons humanitaires.

Les États membres peuvent lever ou suspendre une interdiction d'entrée, dans des cas particuliers ou certaines catégories de cas, pour d'autres raisons.

4. Lorsqu'un État membre envisage de délivrer un titre de séjour ou une autre autorisation conférant un droit de séjour à un ressortissant d'un pays tiers qui fait l'objet d'une interdiction d'entrée délivrée par un autre État membre, il consulte au préalable l'État membre ayant délivré l'interdiction d'entrée et prend en compte les intérêts de celui-ci conformément à l'article 25 de la convention d'application de l'accord de Schengen.

5. Les paragraphes 1 à 4 s'appliquent sans préjudice du droit à la protection internationale, telle qu'elle est définie à l'article 2, point a), de la directive 2004/83/CE du Conseil du 29 avril 2004 concernant les normes minimales relatives aux conditions que doivent remplir les ressortissants des pays tiers ou les apatrides pour pouvoir prétendre au statut de réfugié ou les personnes qui, pour d'autres raisons, ont besoin d'une protection internationale, et relatives au contenu de ces statuts, dans les États membres.

CHAPITRE IV
Rétention à des fins d'éloignement

Art. 15. *Rétention.* 1. À moins que d'autres mesures suffisantes, mais moins coercitives, puissent être appliquées efficacement dans un cas particulier, les États membres peuvent uniquement placer en rétention le ressortissant d'un pays tiers qui fait l'objet de procédures de retour afin de préparer le retour et/ou de procéder à l'éloignement, en particulier lorsque :

a) il existe un risque de fuite, ou

b) le ressortissant concerné d'un pays tiers évite ou empêche la préparation du retour ou de la procédure d'éloignement.

Toute rétention est aussi brève que possible et n'est maintenue qu'aussi longtemps que le dispositif d'éloignement est en cours et exécuté avec toute la diligence requise.

2. La rétention est ordonnée par les autorités administratives ou judiciaires.

La rétention est ordonnée par écrit, en indiquant les motifs de fait et de droit.

Si la rétention a été ordonnée par des autorités administratives, les États membres :

a) soit prévoient qu'un contrôle juridictionnel accéléré de la légalité de la rétention doit avoir lieu le plus rapidement possible à compter du début de la rétention,

b) soit accordent au ressortissant concerné d'un pays tiers le droit d'engager une procédure par laquelle la légalité de la rétention fait l'objet d'un contrôle juridictionnel accéléré qui doit avoir lieu le plus rapidement possible à compter du lancement de la procédure en question. Dans ce cas, les États membres informent immédiatement le ressortissant concerné d'un pays tiers de la possibilité d'engager cette procédure.

Le ressortissant concerné d'un pays tiers est immédiatement remis en liberté si la rétention n'est pas légale.

3. Dans chaque cas, la rétention fait l'objet d'un réexamen à intervalles raisonnables soit à la demande du ressortissant concerné d'un pays tiers, soit d'office. En cas de périodes de rétention prolongées, les réexamens font l'objet d'un contrôle par une autorité judiciaire.

4. Lorsqu'il apparaît qu'il n'existe plus de perspective raisonnable d'éloignement pour des considérations d'ordre juridique ou autres ou que les conditions énoncées au paragraphe 1 ne sont plus réunies, la rétention ne se justifie plus et la personne concernée est immédiatement remise en liberté.

5. La rétention est maintenue aussi longtemps que les conditions énoncées au paragraphe 1 sont réunies et qu'il est nécessaire de garantir que l'éloignement puisse être mené à bien. Chaque État membre fixe une durée déterminée de rétention, qui ne peut pas dépasser six mois.

6. Les États membres ne peuvent pas prolonger la période visée au paragraphe 5, sauf pour une période déterminée n'excédant pas douze mois supplémentaires, conformément au droit national, lorsque, malgré tous leurs efforts raisonnables, il est probable que l'opération d'éloignement dure plus longtemps en raison :

a) du manque de coopération du ressortissant concerné d'un pays tiers, ou

b) des retards subis pour obtenir de pays tiers les documents nécessaires.

Art. 16. *Conditions de rétention.* 1. La rétention s'effectue en règle générale dans des centres de rétention spécialisés. Lorsqu'un État membre ne peut les placer dans un centre de rétention spécialisé et doit les placer dans un établissement pénitentiaire, les ressortissants de pays tiers placés en rétention sont séparés des prisonniers de droit commun.

2. Les ressortissants de pays tiers placés en rétention sont autorisés – à leur demande – à entrer en contact en temps utile avec leurs représentants légaux, les membres de leur famille et les autorités consulaires compétentes.

3. Une attention particulière est accordée à la situation des personnes vulnérables. Les soins médicaux d'urgence et le traitement indispensable des maladies sont assurés.

4. Les organisations et instances nationales, internationales et non gouvernementales compétentes ont la possibilité de visiter les centres de rétention visés au paragraphe 1, dans la mesure où ils sont utilisés pour la rétention de ressortissants de pays tiers conformément au présent chapitre. Ces visites peuvent être soumises à une autorisation.

5. Les ressortissants de pays tiers placés en rétention se voient communiquer systématiquement des informations expliquant le règlement des lieux et énonçant leurs droits et leurs devoirs. Ces informations portent notamment sur leur droit, conformément au droit national, de contacter les organisations et instances visées au paragraphe 4.

Art. 17. *Rétention des mineurs et des familles.* 1. Les mineurs non accompagnés et les familles comportant des mineurs ne sont placés en rétention qu'en dernier ressort et pour la période appropriée la plus brève possible.

2. Les familles placées en rétention dans l'attente d'un éloignement disposent d'un lieu d'hébergement séparé qui leur garantit une intimité adéquate.

3. Les mineurs placés en rétention ont la possibilité de pratiquer des activités de loisirs, y compris des jeux et des activités récréatives adaptés à leur âge, et ont, en fonction de la durée de leur séjour, accès à l'éducation.

4. Les mineurs non accompagnés bénéficient, dans la mesure du possible, d'un hébergement dans des institutions disposant d'un personnel et d'installations adaptés aux besoins des personnes de leur âge.

5. L'intérêt supérieur de l'enfant constitue une considération primordiale dans le cadre de la rétention de mineurs dans l'attente d'un éloignement.

Art. 18. *Situations d'urgence.* 1. Lorsqu'un nombre exceptionnellement élevé de ressortissants de pays tiers soumis à une obligation de retour fait peser une charge lourde et imprévue sur la capacité des centres de rétention d'un État membre ou sur son personnel administratif et judiciaire, l'État membre en question peut, aussi longtemps que cette situation exceptionnelle persiste, décider d'accorder pour le contrôle juridictionnel des délais plus longs que ceux prévus à l'article 15, paragraphe 2, troisième alinéa, et de prendre des mesures d'urgence concernant les conditions de rétention dérogeant à celles énoncées à l'article 16, paragraphe 1, et à l'article 17, paragraphe 2.

2. Lorsqu'il recourt à ce type de mesures exceptionnelles, l'État membre concerné en informe la Commission. Il informe également la Commission dès que les motifs justifiant l'application de ces mesures ont cessé d'exister.

3. Aucune disposition du présent article ne saurait être interprétée comme autorisant les États membres à déroger à l'obligation générale qui leur incombe de prendre toutes les mesures appropriées, qu'elles soient générales ou particulières, pour veiller au respect de leurs obligations découlant de la présente directive.

187 Code de l'entrée et du séjour des étrangers et du droit d'asile (articles L. 511-1 à L. 514-1, L. 521-1 à L. 524-4, L. 531-1 à L. 532-1, L. 561-1 à L. 563-1 et L. 571-1 à L. 571-3)

TITRE PREMIER

L'OBLIGATION DE QUITTER LE TERRITOIRE FRANÇAIS, L'INTERDICTION DE RETOUR SUR LE TERRITOIRE FRANÇAIS ET L'INTERDICTION DE CIRCULATION SUR LE TERRITOIRE FRANÇAIS

(L. n° 2016-274 du 7 mars 2016, art. 28-III et 67-II, en vigueur le 1er nov. 2016).

CHAPITRE PREMIER

Cas dans lesquels un étranger peut faire l'objet d'une obligation de quitter le territoire français, d'une interdiction de retour sur le territoire français et d'une interdiction de circulation sur le territoire français

(L. n° 2016-274 du 7 mars 2016, art. 28-III et 67-II, en vigueur le 1er nov. 2016).

Art. L. 511-1. *(L. n° 2011-672 du 16 juin 2011, art. 37 et 111, en vigueur le 18 juill. 2011)* I. — L'autorité administrative peut obliger à quitter le territoire français un étranger non ressortissant d'un État membre de l'Union européenne, d'un autre État partie à l'accord sur l'Espace économique européen ou de la Confédération suisse et qui n'est pas membre de la famille d'un tel ressortissant au sens des 4° et 5° de l'article L. 121-1, lorsqu'il se trouve dans l'un des cas suivants :

1° Si l'étranger ne peut justifier être entré régulièrement sur le territoire français, à moins qu'il ne soit titulaire d'un titre de séjour en cours de validité;

2° Si l'étranger s'est maintenu sur le territoire français au-delà de la durée de validité de son visa ou, s'il n'est pas soumis à l'obligation du visa, à l'expiration d'un délai de trois mois à compter de son entrée sur le territoire sans être titulaire d'un premier titre de séjour régulièrement délivré;

3° Si la délivrance ou le renouvellement d'un titre de séjour a été refusé à l'étranger ou si le titre de séjour qui lui avait été délivré lui a été retiré;

4° Si l'étranger n'a pas demandé le renouvellement de son titre de séjour temporaire *(L. n° 2016-274 du 7 mars 2016, art. 27-I et 67-II, en vigueur le 1er nov. 2016)* «ou pluriannuel» et s'est maintenu sur le territoire français à l'expiration de ce titre;

5° Si le récépissé de la demande de carte de séjour ou l'autorisation provisoire de séjour qui avait été délivré à l'étranger lui a été retiré ou si le renouvellement de ces documents lui a été refusé;

(L. n° 2015-925 du 29 juill. 2015, art. 22) «6° Si la reconnaissance de la qualité de réfugié ou le bénéfice de la protection subsidiaire a été définitivement refusé à l'étranger ou si l'étranger ne bénéficie plus du droit de se maintenir sur le territoire français en application *(L. n° 2018-778 du 10 sept. 2018, art. 23-1°, en vigueur au plus tard le 1er janv. 2019)* «des articles L. 743-1 et L. 743-2», à moins qu'il ne soit titulaire d'un titre de séjour en cours de validité.» *(L. n° 2018-778 du 10 sept. 2018, art. 23-1°, en vigueur au plus tard le 1er janv. 2019)* «Lorsque, dans l'hypothèse mentionnée à l'article L. 311-6, un refus de séjour a été opposé à l'étranger, la mesure peut être prise sur le seul fondement du présent 6°;»

(L. n° 2016-274 du 7 mars 2016, art. 27-I et 67-II, en vigueur le 1er nov. 2016) «7° Si le comportement de l'étranger qui ne réside pas régulièrement en France depuis plus de trois mois constitue une menace pour l'ordre public;

«8° Si l'étranger qui ne réside pas régulièrement en France depuis plus de trois mois a méconnu l'article L. 5221-5 du code du travail.»

La décision énonçant l'obligation de quitter le territoire français est motivée. Elle n'a pas à faire l'objet d'une motivation distincte de celle de la décision relative au séjour dans les cas prévus aux 3° et 5° du présent I, sans préjudice, le cas échéant, de l'indication des motifs pour lesquels il est fait application des II et III.

(L. n° 2018-778 du 10 sept. 2018, art. 62) «Pour satisfaire à l'obligation qui lui a été faite de quitter le territoire français, l'étranger rejoint le pays dont il possède la nationalité ou tout autre pays non membre de l'Union européenne avec lequel ne s'applique pas l'acquis de Schengen où il est légalement admissible. Toutefois, lorsqu'il est accompagné d'un enfant mineur ressortissant d'un autre État membre de l'Union européenne, d'un autre État partie à l'accord sur l'Espace économique européen ou de la Confédération suisse dont il assure seul la garde effective, il ne peut être tenu de rejoindre qu'un pays membre de l'Union européenne ou appliquant l'acquis de Schengen.» L'obligation de quitter le territoire français fixe le pays à destination duquel l'étranger est renvoyé en cas d'exécution d'office.

II. — *(L. n° 2018-778 du 10 sept. 2018, art. 62)* «L'étranger auquel il est fait obligation de quitter le territoire français dispose d'un délai de départ volontaire de trente jours à compter de la notification de l'obligation de quitter le territoire français.» *(L. n° 2016-274 du 7 mars 2016, art. 27-I et 67-II, en vigueur le 1er nov. 2016)* «L'autorité administrative peut accorder, à titre exceptionnel, un délai de départ volontaire supérieur à trente jours s'il apparaît nécessaire de tenir compte de circonstances propres à chaque cas.

«Le délai de départ volontaire accordé à l'étranger peut faire l'objet d'une prolongation par l'autorité administrative pour une durée appropriée s'il apparaît nécessaire de tenir compte de circonstances propres à chaque cas. L'étranger est informé par écrit de cette prolongation.»

Toutefois, l'autorité administrative peut, par une décision motivée, décider que l'étranger est obligé de quitter sans délai le territoire français :

1° Si le comportement de l'étranger constitue une menace pour l'ordre public;

2° Si l'étranger s'est vu refuser la délivrance ou le renouvellement de son titre de séjour, de son récépissé de demande de carte de séjour ou de son autorisation provisoire de séjour au motif que sa demande était ou manifestement infondée ou frauduleuse;

3° S'il existe un risque que l'étranger se soustraie à cette obligation. Ce risque *(L. n° 2016-274 du 7 mars 2016, art. 27-I et 67-II, en vigueur le 1er nov. 2016)* «peut être» regardé comme établi, sauf circonstance particulière, dans les cas suivants :

a) Si l'étranger, qui ne peut justifier être entré régulièrement sur le territoire français, n'a pas sollicité la délivrance d'un titre de séjour;

b) Si l'étranger s'est maintenu sur le territoire français au-delà de la durée de validité de son visa ou, s'il n'est pas soumis à l'obligation du visa, à l'expiration d'un délai de trois mois à compter de son entrée en France, sans avoir sollicité la délivrance d'un titre de séjour;

c) Si l'étranger s'est maintenu sur le territoire français plus d'un mois après l'expiration de son titre de séjour, de son récépissé de demande de carte de séjour ou de son autorisation provisoire de séjour, sans en avoir demandé le renouvellement;

d) Si l'étranger s'est soustrait à l'exécution d'une précédente mesure d'éloignement;

e) Si l'étranger a contrefait, falsifié ou établi sous un autre nom que le sien un titre de séjour ou un document d'identité ou de voyage *(L. n° 2018-778 du 10 sept. 2018, art. 23)* «ou s'il a fait usage d'un tel titre ou document;

«*f)* Si l'étranger ne présente pas de garanties de représentation suffisantes, notamment parce qu'il ne peut présenter des documents d'identité ou de voyage en cours de validité, qu'il a refusé de communiquer les renseignements permettant d'établir son identité ou sa situation au regard du droit de circulation et de séjour ou a communiqué des renseignements inexacts, qu'il a refusé de se soumettre aux opérations de relevé d'empreintes digitales ou de prise de photographie prévues au deuxième alinéa de l'article L. 611-3, qu'il ne justifie pas d'une résidence effective et permanente dans un local affecté à son habitation principale ou qu'il s'est précédemment soustrait aux obligations prévues aux articles L. 513-4, L. 513-5, L. 552-4, L. 561-1, L. 561-2 et L. 742-2;

«*g)* Si l'étranger, entré irrégulièrement sur le territoire de l'un des États avec lesquels s'applique l'acquis de Schengen, fait l'objet d'une décision d'éloignement exécutoire prise par l'un de ces États ou s'est maintenu sur le territoire d'un de ces États sans justifier d'un droit de séjour;

«*h)* Si l'étranger a explicitement déclaré son intention de ne pas se conformer à son obligation de quitter le territoire français.»

L'autorité administrative peut faire application du *(L. n° 2016-274 du 7 mars 2016, art. 27-I et 67-II, en vigueur le 1er nov. 2016)* «troisième» alinéa du présent II lorsque le motif apparaît au cours du délai accordé en application du premier alinéa.

III. — *(L. n° 2016-274 du 7 mars 2016, art. 27-I et 67-II, en vigueur le 1er nov. 2016)* «L'autorité administrative, par une décision motivée, assortit l'obligation de quitter le territoire français d'une interdiction de retour sur le territoire français, d'une durée maximale de trois ans à compter de *(L. n° 2018-778 du 10 sept. 2018, art. 23)* «l'exécution de l'obligation de quitter le territoire français», lorsque aucun délai de départ volontaire n'a été accordé à l'étranger.

«Des circonstances humanitaires peuvent toutefois justifier que l'autorité administrative ne prononce pas d'interdiction de retour.

«Sauf s'il n'a pas satisfait à une précédente obligation de quitter le territoire français ou si son comportement constitue une menace pour l'ordre public, le présent III n'est pas applicable à l'étranger obligé de quitter le territoire français au motif que le titre de séjour qui lui avait été délivré en application de l'article L. 316-1 n'a pas été renouvelé ou a été retiré ou que, titulaire d'un titre de séjour délivré sur le même fondement dans un autre État membre de l'Union européenne, il n'a pas rejoint le territoire de cet État à l'expiration de son droit de circulation sur le territoire français dans le délai qui lui a, le cas échéant, été imparti pour le faire.

«Lorsqu'elle ne se trouve pas en présence *(L. n° 2018-778 du 10 sept. 2018, art. 23)* «du cas prévu» au premier alinéa du présent III, l'autorité administrative peut, par une décision motivée, assortir l'obligation de quitter le territoire français d'une interdiction de retour sur le territoire français d'une durée maximale de deux ans *(L. n° 2018-778 du 10 sept. 2018, art. 23)* «à compter de l'exécution de l'obligation de quitter le territoire français».»

L'étranger à l'encontre duquel a été prise une interdiction de retour est informé qu'il fait l'objet d'un signalement aux fins de non-admission dans le système d'information Schengen, conformément à *(L. n° 2016-274 du 7 mars 2016, art. 27-I et 67-II, en vigueur le 1er nov. 2016)* «l'article 24 du règlement (CE) n° 1987/2006 du Parlement européen et du Conseil du 20 décembre 2006 sur l'établissement, le fonctionnement et l'utilisation du système d'information Schengen de deuxième génération (SIS II)». Les modalités de suppression du signalement de l'étranger en cas d'annulation ou d'abrogation de l'interdiction de retour sont fixées par voie réglementaire.

Lorsque l'étranger ne faisant pas l'objet d'une interdiction de retour s'est maintenu *(L. n° 2018-778 du 10 sept. 2018, art. 23)* «irrégulièrement» sur le territoire au-delà du délai de départ volontaire, l'autorité administrative *(L. n° 2018-778 du 10 sept. 2018, art. 23)* «prononce» une interdiction de retour pour une durée maximale de deux ans à compter de *(L. n° 2018-778 du 10 sept. 2018, art. 23)* «l'exécution de l'obligation de quitter le territoire français. Des circonstances humanitaires peuvent toutefois justifier que l'autorité administrative ne prononce pas d'interdiction de retour.»

Lorsque l'étranger faisant l'objet d'une interdiction de retour s'est maintenu *(L. n° 2018-778 du 10 sept. 2018, art. 23)* «irrégulièrement» sur le territoire au-delà du délai de départ volontaire ou alors qu'il était obligé de quitter sans délai le territoire français ou, ayant déféré à l'obligation de quitter le territoire français, y est revenu alors que l'interdiction de retour poursuit ses effets, l'autorité administrative peut prolonger cette mesure pour une durée maximale de deux ans.

(L. n° 2016-274 du 7 mars 2016, art. 27-I et 67-II, en vigueur le 1er nov. 2016) «La durée de l'interdiction de retour mentionnée *(L. n° 2018-778 du 10 sept. 2018, art. 23)* «aux premier, sixième et septième alinéas» du présent III ainsi que le prononcé et la durée de l'interdiction de retour mentionnée au quatrième alinéa sont décidés» par l'autorité administrative en tenant compte de la durée de présence de l'étranger sur le

territoire français, de la nature et de l'ancienneté de ses liens avec la France, de la circonstance qu'il a déjà fait l'objet ou non d'une mesure d'éloignement et de la menace pour l'ordre public que représente sa présence sur le territoire français.

(L. n° 2016-274 du 7 mars 2016, art. 27-I et 67-II, en vigueur le 1er nov. 2016) «Sauf menace grave pour l'ordre public, la durée totale de l'interdiction de retour ne peut excéder cinq ans, compte tenu des prolongations éventuellement décidées.»

L'autorité administrative peut à tout moment abroger l'interdiction de retour. Lorsque l'étranger sollicite l'abrogation de l'interdiction de retour, sa demande n'est recevable que s'il justifie résider hors de France. Cette condition ne s'applique pas :

1° Pendant le temps où l'étranger purge en France une peine d'emprisonnement ferme;

2° Lorsque l'étranger fait l'objet d'une mesure d'assignation à résidence prise en application des articles L. 561-1 ou L. 561-2.

Lorsqu'un étranger faisant l'objet d'une obligation de quitter le territoire français avec délai de départ volontaire assortie d'une interdiction de retour justifie avoir satisfait à cette obligation dans le délai imparti, au plus tard deux mois suivant l'expiration de ce délai de départ volontaire, l'interdiction de retour est abrogée. Toutefois, par décision motivée, l'autorité administrative peut refuser cette abrogation au regard de circonstances particulières tenant à la situation et au comportement de l'intéressé.

(L. n° 2018-778 du 10 sept. 2018, art. 23) «Les modalités de constat de la date d'exécution de l'obligation de quitter le territoire français de l'étranger faisant l'objet d'une interdiction de retour sont déterminées par voie réglementaire.»

Art. L. 511-2. *(L. n° 2011-672 du 16 juin 2011, art. 60 et 111, en vigueur le 18 juill. 2011)* Le 1° du I et le *a* du 3° du II de l'article L. 511-1 sont applicables à l'étranger qui n'est pas ressortissant d'un État membre de l'Union européenne :

1° S'il ne remplit pas les conditions d'entrée prévues à l'article 5 du règlement (CE) n° 562/2006 du Parlement européen et du Conseil, du 15 mars 2006, établissant un code communautaire relatif au régime de franchissement des frontières par les personnes (code frontières Schengen);

2° Si, en provenance directe du territoire d'un État partie à la convention précitée signée à Schengen le 19 juin 1990, il ne peut justifier être entré sur le territoire métropolitain en se conformant aux stipulations de ses articles 19, paragraphe 1 ou 2, 20, paragraphe *[paragraphes]* 1, et 21, paragraphe *[paragraphes]* 1 ou 2, de cette même convention.

Art. L. 511-3. Les dispositions *(L. n° 2011-672 du 16 juin 2011, art. 38 et 111, en vigueur le 18 juill. 2011)* «du 2° du I et du *b* du 3°» *(L. n° 2006-911 du 24 juill. 2006, art. 54)* «du II» de l'article L. 511-1 sont applicables à l'étranger qui n'est pas ressortissant d'un État membre de l'Union européenne si, en provenance directe du territoire d'un des États parties à la convention signée à Schengen le 19 juin 1990, il s'est maintenu sur le territoire métropolitain sans se conformer aux stipulations de l'article 19, paragraphe 1 ou 2, de l'article 20, paragraphe 1, et de l'article 21, paragraphe 1 ou 2, de ladite convention.

Art. L. 511-3-1. *(L. n° 2011-672 du 16 juin 2011, art. 39 et 111, en vigueur au plus tard le 30 sept. 2011)* L'autorité administrative compétente peut, par décision motivée, obliger un ressortissant d'un État membre de l'Union européenne, d'un autre État partie à l'accord sur l'Espace économique européen ou de la Confédération suisse, ou un membre de sa famille à quitter le territoire français lorsqu'elle constate :

1° Qu'il ne justifie plus d'aucun droit au séjour tel que prévu par les articles L. 121-1, L. 121-3 ou L. 121-4-1 ;

2° Ou que son séjour est constitutif d'un abus de droit. Constitue un abus de droit le fait de renouveler des séjours de moins de trois mois dans le but de se maintenir sur le territoire alors que les conditions requises pour un séjour d'une durée supérieure à trois mois ne sont pas remplies. Constitue également un abus de droit le séjour en France dans le but essentiel de bénéficier du système d'assistance sociale ;

(L. n° 2016-274 du 7 mars 2016, art. 28-I) «3° Ou que son comportement personnel constitue, du point de vue de l'ordre public ou de la sécurité publique, une menace réelle, actuelle et suffisamment grave à l'encontre d'un intérêt fondamental de la société.»

L'autorité administrative compétente tient compte de l'ensemble des circonstances relatives à sa situation, notamment la durée du séjour de l'intéressé en France, son âge, son état de santé, sa situation familiale et économique, son intégration sociale et culturelle en France, et de l'intensité de ses liens avec son pays d'origine.

L'étranger dispose, pour satisfaire à l'obligation qui lui a été faite de quitter le territoire français, d'un délai qui, sauf urgence, ne peut être inférieur à trente jours à compter de sa notification. A titre exceptionnel, l'autorité administrative peut accorder un délai de départ volontaire supérieur à trente jours.

L'obligation de quitter le territoire français fixe le pays à destination duquel il est renvoyé en cas d'exécution d'office.

Les articles L. 512-1 à L. 512-4 sont applicables aux mesures prises en application du présent article.

Art. L. 511-3-2. *(L. n° 2016-274 du 7 mars 2016, art. 28-II et 67-II, en vigueur le 1er nov. 2016)* L'autorité administrative peut, par décision motivée, assortir l'obligation de quitter le territoire français prononcée en application des 2° et 3° de l'article L. 511-3-1 d'une interdiction de circulation sur le territoire français d'une durée maximale de trois ans.

L'autorité administrative peut à tout moment abroger l'interdiction de circulation sur le territoire français. Lorsque l'étranger sollicite l'abrogation de l'interdiction de circulation sur le territoire français, sa demande n'est recevable que s'il justifie résider hors de France depuis un an au moins.

Cette condition ne s'applique pas :

1° Pendant le temps où l'étranger purge en France une peine d'emprisonnement ferme ;

2° Lorsque l'étranger fait l'objet d'une mesure d'assignation à résidence prise en application des articles L. 561-1 ou L. 561-2.

Les quatre derniers alinéas de l'article L. 511-3-1 sont applicables.

Art. L. 511-4. Ne peuvent faire l'objet *(L. n° 2006-911 du 24 juill. 2006, art. 55-1°)* «d'une obligation de quitter le territoire français» :

1° L'étranger mineur de dix-huit ans ;

2° L'étranger qui justifie par tous moyens résider habituellement en France depuis qu'il a atteint au plus l'âge de treize ans ;

4° L'étranger qui réside régulièrement en France depuis plus de dix ans, sauf s'il a été, pendant toute cette période, titulaire d'une carte de séjour temporaire *(L. n° 2016-274 du 7 mars 2016, art. 57-I et 67-II, en vigueur le 1er nov. 2016)* «ou pluriannuelle» portant la mention "étudiant" ;

5° L'étranger qui réside régulièrement en France depuis plus de vingt ans ;

6° L'étranger ne vivant pas en état de polygamie qui est père ou mère d'un enfant français mineur résidant en France, à condition qu'il établisse contribuer effectivement à l'entretien et à l'éducation de l'enfant dans les conditions prévues par l'article 371-2 du code civil depuis la naissance de celui-ci ou depuis au moins *(L. n° 2006-911 du 24 juill. 2006, art. 55-3°)* «deux ans»;

7° L'étranger marié depuis au moins *(L. n° 2006-911 du 24 juill. 2006, art. 55-4°)* «trois» ans avec un conjoint de nationalité française, à condition que la communauté de vie n'ait pas cessé *(L. n° 2006-911 du 24 juill. 2006, art. 55-4°)* «depuis le mariage» et que le conjoint ait conservé la nationalité française;

8° L'étranger qui réside régulièrement en France depuis plus de dix ans et qui, ne vivant pas en état de polygamie, est marié depuis au moins trois ans avec un ressortissant étranger relevant du 2°, à condition que la communauté de vie n'ait pas cessé *(L. n° 2006-911 du 24 juill. 2006, art. 55-5°)* «depuis le mariage»;

9° L'étranger titulaire d'une rente d'accident du travail ou de maladie professionnelle servie par un organisme français et dont le taux d'incapacité permanente est égal ou supérieur à 20%;

10° L'étranger résidant habituellement en France *(L. n° 2016-274 du 7 mars 2016, art. 57-I et 67-II, en vigueur le 1er nov. 2016)* «si son état de santé nécessite une prise en charge médicale dont le défaut pourrait avoir pour lui des conséquences d'une exceptionnelle gravité et si, eu égard à l'offre de soins et aux caractéristiques du système de santé du pays de renvoi, il ne pourrait pas y bénéficier effectivement d'un traitement approprié;»

(L. n° 2006-911 du 24 juill. 2006, art. 55-6° et 7°) «11° Le ressortissant d'un État membre de l'Union européenne, d'un autre État partie à l'accord sur l'Espace économique européen ou de la Confédération suisse, ainsi que les membres de sa famille, qui bénéficient du droit au séjour permanent prévu par l'article L. 122-1.

Art. L. 511-5. *(L. n° 2015-925 du 29 juill. 2015, art. 28-6°)* En cas de reconnaissance de la qualité de réfugié ou d'octroi de la protection subsidiaire, l'autorité administrative abroge l'obligation de quitter le territoire français qui, le cas échéant, a été prise. Elle délivre sans délai au réfugié la carte de résident prévue au 8° de l'article L. 314-11 et au bénéficiaire de la protection subsidiaire la carte de séjour temporaire prévue à l'article L. 313-13.

CHAPITRE II
Procédure administrative et contentieuse

(L. n° 2011-672 du 16 juin 2011, art. 48 et 111, en vigueur le 18 juill. 2011)

Art. L. 512-1. *(L. n° 2011-672 du 16 juin 2011, art. 48 et 111, en vigueur le 18 juill. 2011)* I. — L'étranger qui fait l'objet d'une obligation de quitter le territoire français *(L. n° 2016-274 du 7 mars 2016, art. 27-II et 67-II, en vigueur le 1er nov. 2016)* «sur le fondement des 3°, 5°, 7° ou 8° du I de l'article L. 511-1 ou sur le fondement de l'article L. 511-3-1» et qui dispose du délai de départ volontaire mentionné au premier alinéa du II de l'article L. 511-1 *(L. n° 2016-274 du 7 mars 2016, art. 28-III et 67-II, en vigueur le 1er nov. 2016)* «ou au sixième alinéa de l'article L. 511-3-1» peut, dans le délai de trente jours suivant sa notification, demander au tribunal administratif l'annulation de cette décision, ainsi que l'annulation de la décision relative au séjour, de la décision mentionnant le pays de destination et de la décision d'interdiction de retour sur le territoire français *(L. n° 2016-274 du 7 mars 2016, art. 28-III et 67-II, en vigueur le 1er nov. 2016)* «ou d'interdiction de circulation sur le territoire français» qui l'accompagnent le cas échéant.

L'étranger peut demander le bénéfice de l'aide juridictionnelle au plus tard lors de l'introduction de sa requête en annulation. Le tribunal administratif statue dans un délai de trois mois à compter de sa saisine.

Toutefois, si l'étranger est placé en rétention en application de l'article L. 551-1 ou assigné à résidence en application de l'article L. 561-2, il est statué selon la procédure et dans le délai prévus au III du présent article.

(L. n° 2016-274 du 7 mars 2016, art. 27-II et 67-II, en vigueur le 1er nov. 2016) «I *bis*. — L'étranger qui fait l'objet d'une obligation de quitter le territoire français sur le fondement des 1°, 2°, 4° ou 6° du I de l'article L. 511-1 et qui dispose du délai de départ volontaire mentionné au premier alinéa du II du même article L. 511-1 peut, dans un délai de quinze jours à compter de sa notification, demander au président du tribunal administratif l'annulation de cette décision, ainsi que l'annulation de la décision mentionnant le pays de destination et de la décision d'interdiction de retour sur le territoire français qui l'accompagnent le cas échéant.

(L. n° 2018-778 du 10 sept. 2018, art. 24-1°, en vigueur au plus tard le 1er janv. 2019 et applicable aux demandes déposées postérieurement à cette date) «La même procédure s'applique lorsque l'étranger conteste une obligation de quitter le territoire fondée sur le 6° du I dudit article L. 511-1 et une décision relative au séjour intervenue concomitamment. Dans cette hypothèse, le président du tribunal administratif ou le juge qu'il désigne à cette fin statue par une seule décision sur les deux contestations.»

«L'étranger qui fait l'objet d'une interdiction de retour prévue au sixième alinéa du III du même article L. 511-1 peut, dans le délai de quinze jours suivant sa notification, demander l'annulation de cette décision.

«Le président du tribunal administratif ou le magistrat qu'il désigne à cette fin parmi les membres de sa juridiction ou parmi les magistrats honoraires inscrits sur la liste mentionnée à l'article L. 222-2-1 du code de justice administrative statue dans un délai de six semaines à compter de sa saisine.

«L'étranger peut demander au président du tribunal administratif ou au magistrat désigné à cette fin le concours d'un interprète et la communication du dossier contenant les pièces sur la base desquelles la décision contestée a été prise.

«L'audience est publique. Elle se déroule sans conclusions du rapporteur public, en présence de l'intéressé, sauf si celui-ci, dûment convoqué, ne se présente pas. L'étranger est assisté de son conseil s'il en a un. Il peut demander au président du tribunal administratif ou au magistrat désigné à cette fin qu'il lui en soit désigné un d'office.

«Toutefois, si l'étranger est placé en rétention en application de l'article L. 551-1 du présent code ou assigné à résidence en application de l'article L. 561-2, il est statué selon la procédure et dans le délai prévus au III du présent article.»

II. — L'étranger qui fait l'objet d'une obligation de quitter le territoire sans délai peut, dans les quarante-huit heures suivant sa notification par voie administrative, demander au président du tribunal administratif l'annulation de cette décision, ainsi que l'annulation de la décision relative au séjour, de la décision refusant un délai de départ volontaire, de la décision mentionnant le pays de destination et de la décision d'interdiction de retour sur le territoire français *(L. n° 2016-274 du 7 mars 2016, art. 28-III et 67-II, en vigueur le 1er nov. 2016)* «ou d'interdiction de circulation sur le territoire français» qui l'accompagnent le cas échéant.

Il est statué sur ce recours selon la procédure et dans les délais prévus *(L. n° 2016-274 du 7 mars 2016, art. 27-II et 67-II, en vigueur le 1er nov. 2016)* «, selon les cas, aux I ou I *bis*».

Toutefois, si l'étranger est placé en rétention en application de l'article L. 551-1 ou assigné à résidence en application de l'article L. 561-2, il est statué selon la procédure et dans le délai prévus au III du présent article.

III. — *(L. n° 2016-274 du 7 mars 2016, art. 33-I et 67-II, en vigueur le 1er nov. 2016)* «En cas de placement en rétention en application de l'article L. 551-1, l'étranger peut demander au président du tribunal administratif l'annulation de l'obligation de quitter le territoire français, de la décision refusant un délai de départ volontaire, de la décision mentionnant le pays de destination et de la décision d'interdiction de retour sur le territoire français ou d'interdiction de circulation sur le territoire français qui l'accompagnent*[,]* le cas échéant, dans un délai de quarante-huit heures à compter de leur notification, lorsque ces décisions sont notifiées avec la décision de placement en rétention. La décision de placement en rétention ne peut être contestée que devant le juge des libertés et de la détention, dans un délai de quarante-huit heures à compter de sa notification, suivant la procédure prévue à la section I du chapitre II du titre V du présent livre et dans une audience commune aux deux procédures, sur lesquelles le juge statue par ordonnance unique lorsqu'il est également saisi aux fins de prolongation de la rétention en application de l'article L. 552-1. *(L. n° 2018-778 du 10 sept. 2018, art. 24-2°-a, en vigueur au plus tard le 1er janv. 2019 et applicable aux recours qui sont postérieurs à cette date)* «Le juge des libertés et de la détention informe sans délai le tribunal administratif territorialement compétent, par tout moyen, du sens de sa décision. La méconnaissance des dispositions de l'avant-dernière phrase du présent alinéa est sans conséquence sur la régularité et le bien-fondé de procédures ultérieures d'éloignement et de rétention.»

«L'étranger faisant l'objet d'une décision d'assignation à résidence prise en application de l'article L. 561-2 peut, dans le même délai, demander au président du tribunal administratif l'annulation de cette décision. Les décisions mentionnées au premier alinéa du présent III peuvent être contestées dans le même recours lorsqu'elles sont notifiées avec la décision d'assignation.»

Le président du tribunal administratif ou le magistrat qu'il désigne à cette fin parmi les membres de sa juridiction ou les magistrats honoraires inscrits sur la liste mentionnée à l'article L. 222-2-1 du code de justice administrative statue au plus tard *(L. n° 2018-778 du 10 sept. 2018, art. 24-2°-b, en vigueur au plus tard le 1er janv. 2019 et s'applique aux recours qui sont postérieurs à cette date)* «quatre-vingt-seize heures à compter de l'expiration du délai de recours». Il peut se transporter au siège de la juridiction judiciaire la plus proche du lieu où se trouve l'étranger si celui-ci est retenu en application de l'article L. 551-1 du présent code. Si une salle d'audience attribuée au ministère de la justice lui permettant de statuer publiquement a été spécialement aménagée à proximité immédiate de ce lieu de rétention, il peut statuer dans cette salle. *(L. n° 2016-274 du 7 mars 2016, art. 27-II et 67-II, en vigueur le 1er nov. 2016)* L'audience peut se tenir dans cette salle et le juge siéger au tribunal dont il est membre, relié à la salle d'audience, en direct, par un moyen de communication audiovisuelle qui garantit la confidentialité de la transmission. La salle d'audience située à proximité du lieu de rétention et celle du tribunal administratif sont ouvertes au public.»

L'étranger peut demander au président du tribunal administratif ou au magistrat désigné à cette fin le concours d'un interprète et la communication du dossier contenant les pièces sur la base desquelles la décision contestée a été prise.

L'audience est publique. Elle se déroule sans conclusions du rapporteur public, en présence de l'intéressé, sauf si celui-ci, dûment convoqué, ne se présente pas. L'étranger est assisté de son conseil s'il en a un. Il peut demander au président du tribunal administratif ou au magistrat désigné à cette fin qu'il lui en soit désigné un d'office.

Il est également statué selon la procédure prévue au présent III sur le recours dirigé contre l'obligation de quitter le territoire français par un étranger qui est l'objet en cours d'instance d'une décision de placement en rétention ou d'assignation à résidence en application de l'article L. 561-2. *(L. nº 2018-778 du 10 sept. 2018, art. 24-2º-c, en vigueur au plus tard le 1er janv. 2019 et applicable aux décisions prises après cette date)* «Le président du tribunal administratif ou le magistrat désigné à cette fin statue dans un délai de cent quarante-quatre heures à compter de» la notification par l'administration au tribunal de la décision de placement en rétention ou d'assignation.

(L. nº 2018-778 du 10 sept. 2018, art. 24-3º, en vigueur au plus tard le 1er janv. 2019 et applicable aux recours postérieurs à cette date) «IV. — En cas de détention de l'étranger, celui-ci est informé dans une langue qu'il comprend, dès la notification de l'obligation de quitter le territoire français, qu'il peut, avant même l'introduction de sa requête, demander au président du tribunal administratif l'assistance d'un interprète ainsi que d'un conseil.

«Lorsqu'il apparaît, en cours d'instance, que l'étranger détenu est susceptible d'être libéré avant que le juge statue, l'autorité administrative en informe le président du tribunal administratif ou le magistrat désigné qui statue sur le recours dirigé contre l'obligation de quitter le territoire français selon la procédure prévue au III et dans un délai de huit jours à compter de l'information du tribunal par l'administration.»

Art. L. 512-2. Dès notification de l'obligation de quitter le territoire français, l'étranger auquel aucun délai de départ volontaire n'a été accordé est mis en mesure, dans les meilleurs délais, d'avertir un conseil, son consulat ou une personne de son choix. L'étranger est informé qu'il peut recevoir communication des principaux éléments des décisions qui lui sont notifiées en application de l'article L. 511-1. Ces éléments lui sont alors communiqués dans une langue qu'il comprend ou dont il est raisonnable de supposer qu'il la comprend.

Art. L. 512-3. Les articles L. 551-1 et L. 561-2 sont applicables à l'étranger faisant l'objet d'une obligation de quitter le territoire français dès l'expiration du délai de départ volontaire qui lui a été accordé ou, si aucun délai n'a été accordé, dès la notification de l'obligation de quitter le territoire français.

L'obligation de quitter le territoire français ne peut faire l'objet d'une exécution d'office ni avant l'expiration du délai de départ volontaire ou, si aucun délai n'a été accordé, avant l'expiration d'un délai de quarante-huit heures suivant sa notification par voie administrative, ni avant que le tribunal administratif n'ait statué s'il a été saisi. L'étranger en est informé par la notification écrite de l'obligation de quitter le territoire français.

Art. L. 512-4. Si l'obligation de quitter le territoire français est annulée, il est immédiatement mis fin aux mesures de surveillance prévues aux articles L. 513-4, L. 551-1, L. 552-4, L. 561-1 et L. 561-2 et l'étranger est muni d'une autorisation provisoire de séjour jusqu'à ce que l'autorité administrative ait à nouveau statué sur son cas.

Si la décision de ne pas accorder de délai de départ volontaire ou la décision d'assignation à résidence est annulée, il est immédiatement mis fin aux mesures de surveillance prévues aux articles L. 551-1, L. 552-4, L. 561-1 et L. 561-2 et le président du tribunal administratif ou le magistrat désigné à cette fin rappelle à l'étranger son obligation de quitter le territoire français dans le délai qui lui sera fixé par l'autorité administrative en application du II de l'article L. 511-1 ou du sixième alinéa de l'article L. 511-3-1. Ce délai court à compter de sa notification.

Art. L. 512-5. L'étranger qui fait l'objet d'une obligation de quitter le territoire français peut solliciter un dispositif d'aide au retour dans son pays d'origine. *(L. n° 2018-778 du 10 sept. 2018, art. 25, en vigueur au plus tard le 1er janv. 2019)* «Lorsqu'il sollicite une telle aide alors qu'il est placé en rétention, cette circonstance n'est pas à elle seule susceptible de justifier le refus de prolongation du maintien en rétention.» *(Ord. n° 2014-464 du 7 mai 2014, art. 13 et 23, en vigueur le 26 mai 2014)* «A Mayotte, l'étranger ne peut bénéficier d'une aide au retour mais, dans des circonstances exceptionnelles et sous réserve de l'existence d'un projet économique viable, d'une aide à la réinsertion économique, ou, s'il est accompagné d'un ou plusieurs enfants mineurs, de mesures d'accompagnement, dans des conditions définies par arrêté du ministre de l'intérieur et du ministre chargé des outre-mer.»

Art. L. 512-6. L'annulation de la décision relative au séjour emporte abrogation de la décision d'interdiction de retour qui l'accompagne le cas échéant, y compris lorsque le recours dirigé contre celle-ci a été rejeté selon la procédure prévue au III de l'article L. 512-1.

CHAPITRE III

Exécution des obligations de quitter le territoire français, des interdictions de retour sur le territoire français et des interdictions de circulation sur le territoire français

(L. n° 2011-672 du 16 juin 2011, art. 41 et 111, en vigueur le 18 juill. 2011 ; L. n° 2016-274 du 7 mars 2016, art. 28-III et 67-II, en vigueur le 1er nov. 2016).

Art. L. 513-1. *(L. n° 2011-672 du 16 juin 2011, art. 42 et 111, en vigueur le 18 juill. 2011)* I. — L'obligation de quitter sans délai le territoire français, qui n'a pas été contestée devant le président du tribunal administratif dans le délai prévu au II de l'article L. 512-1 ou qui n'a pas fait l'objet d'une annulation, peut être exécutée d'office.

L'obligation de quitter le territoire français avec un délai de départ volontaire, qui n'a pas été contestée devant le tribunal administratif dans *(L. n° 2016-274 du 7 mars 2016, art. 27-III et 67-II, en vigueur le 1er nov. 2016)* «les délais prévus aux I et I *bis*» du même article L. 512-1 ou qui n'a pas fait l'objet d'une annulation, peut être exécutée d'office à l'expiration du délai de départ volontaire.

II. — Sous réserve des dispositions de l'article L. 512-3, l'étranger faisant l'objet d'une interdiction de retour *(L. n° 2016-274 du 7 mars 2016, art. 28-III et 67-III, en vigueur le 1er nov. 2016)* «ou d'une interdiction de circulation» sur le territoire français peut être d'office reconduit à la frontière.

Art. L. 513-2. L'étranger qui *(L. n° 2011-672 du 16 juin 2011, art. 61-1°)* «fait l'objet d'une mesure d'éloignement» est éloigné :

1° A destination du pays dont il a la nationalité, sauf si l'Office français de protection des réfugiés et apatrides ou la *(L. n° 2007-1631 du 20 nov. 2007, art. 29-I)* «Cour nationale du droit d'asile» lui a reconnu le statut de réfugié *(L. n° 2011-672 du 16 juin 2011, art. 61-2°)* «ou lui a accordé le bénéfice de la protection subsidiaire» ou s'il n'a pas encore été statué sur sa demande d'asile;

2° Ou *(L. n° 2016-274 du 7 mars 2016, art. 32 et 67-II, en vigueur le 1er nov. 2016)* «, en application d'un accord ou arrangement de réadmission communautaire ou bilatéral,» à destination du pays qui lui a délivré un document de voyage en cours de validité;

3° Ou *(L. n° 2016-274 du 7 mars 2016, art. 32 et 67-II, en vigueur le 1er nov. 2016)* «, avec son accord,» à destination d'un autre pays dans lequel il est légalement admissible.

Un étranger ne peut être éloigné à destination d'un pays s'il établit que sa vie ou sa liberté y sont menacées ou qu'il y est exposé à des traitements contraires aux stipulations de l'article 3 de la Convention européenne de sauvegarde des droits de l'homme et des libertés fondamentales du 4 novembre 1950.

Art. L. 513-3. La décision fixant le pays de renvoi constitue une décision distincte de la mesure d'éloignement elle-même.

(L. n° 2011-672 du 16 juin 2011, art. 49 et 111, en vigueur le 18 juill. 2011) «Le recours contentieux contre la décision fixant le pays de renvoi n'est suspensif d'exécution, dans les conditions prévues au second alinéa de l'article L. 512-3, que s'il est présenté en même temps que le recours contre *(L. n° 2016-274 du 7 mars 2016, art. 57-I-5° et 67-II, en vigueur le 1er nov. 2016)* «la mesure d'éloignement» qu'elle vise à exécuter.»

Art. L. 513-4. *(L. n° 2011-672 du 16 juin 2011, art. 43 et 111, en vigueur le 18 juill. 2011)* L'étranger auquel un délai de départ volontaire a été accordé en application du II de l'article L. 511-1 peut, dès la notification de l'obligation de quitter le territoire français, être astreint à se présenter à l'autorité administrative ou aux services de police ou aux unités de gendarmerie pour y indiquer ses diligences dans la préparation de son départ.

(L. n° 2018-778 du 10 sept. 2018, art. 26, en vigueur au plus tard le 1er janv. 2019) «Cet étranger peut également être contraint à résider dans le lieu qu'une décision motivée de l'autorité administrative désigne. Cette décision est prise pour une durée qui ne peut se poursuivre au delà de l'expiration du délai de départ volontaire. Le premier alinéa du présent article est applicable. L'autorité administrative peut prescrire à l'étranger la remise de son passeport ou de tout document justificatif de son identité dans les conditions prévues à l'article L. 611-2.»

Un décret en Conseil d'État prévoit les modalités d'application du présent article.

Art. L. 513-5. *(L. n° 2016-274 du 7 mars 2016, art. 34-I et 67-II, en vigueur le 1er nov. 2016)* Si l'étranger assigné à résidence en application des articles L. 523-3 à L. 523-5, L. 552-4, L. 561-1 ou L. 561-2 n'a pas déféré, sans motif légitime, à une demande de présentation aux autorités consulaires du pays dont il est raisonnable de penser qu'il a la nationalité, en vue de la délivrance d'un document de voyage, l'autorité administrative peut le faire conduire auprès de ces autorités par les services de police ou les unités de gendarmerie en vue de cette démarche, dans les conditions et pour le temps strictement nécessaires à celle-ci.

En cas d'impossibilité de faire conduire l'étranger auprès des autorités consulaires résultant d'une obstruction volontaire de sa part, l'autorité administrative peut demander au juge des libertés et de la détention de l'autoriser à requérir les services de police ou les unités de gendarmerie pour qu'ils visitent le domicile de l'étranger afin de s'assurer de sa présence et de le conduire auprès des autorités consulaires et, si les conditions en sont remplies, de lui notifier une décision de placement en rétention.

Le juge des libertés et de la détention, saisi par requête, statue dans les vingt-quatre heures. A peine de nullité, sa décision est motivée. Le juge s'assure de l'obstruction volontaire de l'étranger à la demande de présentation aux autorités consulaires, dûment constatée par l'autorité administrative, résultant de la non-présentation, sans motif légitime, aux autorités consulaires en vue de préparer l'exécution d'une décision d'éloignement. La décision mentionne l'adresse des lieux dans lesquels les opérations de visite peuvent être effectuées. L'ordonnance du juge des libertés et de la détention est exécutoire dans les conditions fixées aux troisième à sixième alinéas du II de l'article L. 561-2.

(L. n° 2018-778 du 10 sept. 2018, art. 31, en vigueur au plus tard le 1er janv. 2019) «Le présent article est également applicable dans le cas prévu au second alinéa de l'article L. 541-3.»

CHAPITRE IV

Dispositions propres à la guyane, à la Guadeloupe, à Mayotte, à Saint-Barthélemy et à Saint-Martin

(L. n° 2006-911 du 24 juill. 2006, art. 98-I; L. n° 2011-672 du 16 juin 2011, art. 103; Ord. n° 2014-464 du 7 mai 2014, art. 14-I et 23, en vigueur le 26 mai 2014).

Art. L. 514-1. *(L. n° 2016-274 du 7 mars 2016, art. 29-1°-a et 67-II, en vigueur le 1er nov. 2016)* «Pour la mise en œuvre du présent titre, sont applicables en Guyane, en Guadeloupe, à Mayotte, à Saint-Barthélemy et à Saint-Martin les dispositions suivantes :»

1° Si l'autorité consulaire le demande, *(L. n° 2011-672 du 16 juin 2011, art. 104-I-1° et 111, en vigueur le 18 juill. 2011)* «l'obligation de quitter sans délai le territoire français» ne peut être mise à exécution avant l'expiration du délai d'un jour franc à compter de la notification de l'arrêté;

2° Sans préjudice des dispositions de l'alinéa précédent, l'étranger qui a fait l'objet *(L. n° 2006-911 du 24 juill. 2006, art. 66)* «d'une obligation de quitter le territoire français» et qui défère cet acte au tribunal administratif peut assortir son recours d'une demande de suspension de son exécution;

(L. n° 2016-274 du 7 mars 2016, art. 29-1°-b et 67-II, en vigueur le 1er nov. 2016) «3° L'obligation de quitter le territoire français ne peut faire l'objet d'une exécution d'office, si l'étranger a saisi le tribunal administratif d'une demande sur le fondement de l'article L. 521-2 du code de justice administrative, avant que le juge des référés ait informé les parties de la tenue ou non d'une audience publique en application du deuxième alinéa de l'article L. 522-1 du même code, ni, si les parties ont été informées d'une telle audience, avant que le juge ait statué sur la demande.»

En conséquence, *(L. n° 2016-274 du 7 mars 2016, art. 33-II et 67-II, en vigueur le 1er nov. 2016)* «l'article L. 512-1, à l'exception de la seconde *[nouvelle rédaction issue de la L. n° 2018-778 du 10 sept. 2018, art. 65-9°, en vigueur au plus tard le 1er mars 2019 : «deuxième»]* phrase du premier alinéa de son III, ainsi que les articles» *(L. n° 2011-672 du 16 juin 2011, art. 104-I-3° et 111, en vigueur le 18 juill. 2011)* «, L. 512-3 et» *(L. n° 2006-911 du 24 juill. 2006, art. 60-III et 117, à compter du 1er janv. 2007 selon Décr. n° 2006-1708 du 23 déc. 2006, art. 12)* «L. 512-4» ne sont pas applicables *(Ord. n° 2014-464 du 7 mai 2014, art. 14-II et 23, en vigueur le 26 mai 2014)* « dans ces collectivités ». *(L. n° 2017-256 du 28 févr. 2017, art. 31-1°)* « Toutefois, les deuxième à cinquième phrases du troisième alinéa du III de l'article L. 512-1 sont applicables à la tenue de l'audience prévue au 3° du présent article. »

TITRE DEUXIÈME
L'EXPULSION

CHAPITRE PREMIER
Cas dans lesquels un étranger peut faire l'objet d'une mesure d'expulsion

Art. L. 521-1. Sous réserve des dispositions des articles L. 521-2, L. 521-3 et L. 521-4, l'expulsion peut être prononcée si la présence en France d'un étranger constitue une menace grave pour l'ordre public.

Art. L. 521-2. Ne peuvent faire l'objet d'une mesure d'expulsion que si cette mesure constitue une nécessité impérieuse pour la sûreté de l'État ou la sécurité publique et sous réserve que les dispositions de l'article L. 521-3 n'y fassent pas obstacle :

1° L'étranger, ne vivant pas en état de polygamie, qui est père ou mère d'un enfant français mineur résidant en France, à condition qu'il établisse contribuer effectivement à l'entretien et à l'éducation de l'enfant dans les conditions prévues par l'article 371-2 du code civil depuis la naissance de celui-ci ou depuis au moins un an ;

2° L'étranger marié depuis au moins *(L. n° 2006-911 du 24 juill. 2006, art. 67-1°)* « trois » ans avec un conjoint de nationalité française, à condition que la communauté de vie n'ait pas cessé *(L. n° 2006-911 du 24 juill. 2006, art. 67-1°)* « depuis le mariage » et que le conjoint ait conservé la nationalité française ;

4° L'étranger qui réside régulièrement en France depuis plus de dix ans, sauf s'il a été, pendant toute cette période, titulaire d'une carte de séjour temporaire *(L. n° 2016-274 du 7 mars 2016, art. 57-I-6° et 67-II, en vigueur le 1er nov. 2016)* « ou pluriannuelle » portant la mention "étudiant" ;

5° L'étranger titulaire d'une rente d'accident du travail ou de maladie professionnelle servie par un organisme français et dont le taux d'incapacité permanente est égal ou supérieur à 20 % ;

(L. n° 2011-672 du 16 juin 2011, art. 62) « 6° Le ressortissant d'un État membre de l'Union européenne, d'un autre État partie à l'accord sur l'Espace économique européen ou de la Confédération suisse qui séjourne régulièrement en France depuis dix ans.

« Par dérogation aux dispositions du présent article, l'étranger visé aux 1° à 5° peut faire l'objet d'un arrêté d'expulsion en application de l'article L. 521-1 s'il a été condamné définitivement à une peine d'emprisonnement ferme au moins égale à cinq ans. »

Art. L. 521-3. Ne peuvent faire l'objet d'une mesure d'expulsion qu'en cas de comportements de nature à porter atteinte aux intérêts fondamentaux de l'État, ou liés à des activités à caractère terroriste, ou constituant des actes de provocation explicite et délibérée à la discrimination, à la haine ou à la violence contre une personne déterminée ou un groupe de personnes :

1° L'étranger qui justifie par tous moyens résider habituellement en France depuis qu'il a atteint au plus l'âge de treize ans;

2° L'étranger qui réside régulièrement en France depuis plus de vingt ans;

3° L'étranger qui réside régulièrement en France depuis plus de dix ans et qui, ne vivant pas en état de polygamie, est marié depuis au moins *(L. nº 2006-911 du 24 juill. 2006, art. 68-1º)* «quatre» ans soit avec un ressortissant français ayant conservé la nationalité française, soit avec un ressortissant étranger relevant du 1°, à condition que la communauté de vie n'ait pas cessé *(L. nº 2006-911 du 24 juill. 2006, art. 68-2º)* «depuis le mariage»;

4° L'étranger qui réside régulièrement en France depuis plus de dix ans et qui, ne vivant pas en état de polygamie, est père ou mère d'un enfant français mineur résidant en France, à condition qu'il établisse contribuer effectivement à l'entretien et à l'éducation de l'enfant dans les conditions prévues par l'article 371-2 du code civil depuis la naissance de celui-ci ou depuis au moins un an;

5° L'étranger résidant habituellement en France *(L. nº 2016-274 du 7 mars 2016, art. 57-I-4º et 67-II, en vigueur le 1er nov. 2016)* «si son état de santé nécessite une prise en charge médicale dont le défaut pourrait avoir pour lui des conséquences d'une exceptionnelle gravité et si, eu égard à l'offre de soins et aux caractéristiques du système de santé du pays de renvoi, il ne pourrait pas y bénéficier effectivement d'un traitement approprié.»

Les dispositions du présent article ne sont toutefois pas applicables à l'étranger mentionné au 3° ou au 4° ci-dessus lorsque les faits à l'origine de la mesure d'expulsion ont été commis à l'encontre de son conjoint ou de ses enfants *(L. nº 2006-911 du 24 juill. 2006, art. 77-I)* «ou de tout enfant sur lequel il exerce l'autorité parentale».

Les étrangers mentionnés au présent article bénéficient de ses dispositions même s'ils se trouvent dans la situation prévue au dernier alinéa de l'article L. 521-2.

Art. L. 521-4. L'étranger mineur de dix-huit ans ne peut faire l'objet d'une mesure d'expulsion.

Art. L. 521-5. *(L. nº 2011-672 du 16 juin 2011, art. 63)* Les mesures d'expulsion prévues aux articles L. 521-1 à L. 521-3 peuvent être prises à l'encontre des ressortissants d'un État membre de l'Union européenne, d'un autre État partie à l'accord sur l'Espace économique européen ou de la Confédération suisse, ou d'un membre de leur famille, si leur comportement personnel représente une menace réelle, actuelle et suffisamment grave pour un intérêt fondamental de la société.

Pour prendre de telles mesures, l'autorité administrative tient compte de l'ensemble des circonstances relatives à leur situation, notamment la durée de leur séjour sur le territoire national, leur âge, leur état de santé, leur situation familiale et économique, leur intégration sociale et culturelle dans la société française ainsi que l'intensité des liens avec leur pays d'origine.

CHAPITRE II
Procédure administrative

Art. L. 522-1. I. — Sauf en cas d'urgence absolue, l'expulsion ne peut être prononcée que dans les conditions suivantes :

1° L'étranger doit être préalablement avisé dans des conditions fixées par décret en Conseil d'État;

2° L'étranger est convoqué pour être entendu par une commission qui se réunit à la demande de l'autorité administrative *[préfet]* et qui est composée :

a) Du président du tribunal de grande instance du chef-lieu du département, ou d'un juge délégué par lui, président;

b) D'un magistrat désigné par l'assemblée générale du tribunal de grande instance du chef-lieu du département;

c) D'un conseiller de tribunal administratif.

Art. L. 522-2. La convocation prévue au 2° de l'article L. 522-1 doit être remise à l'étranger quinze jours au moins avant la réunion de la commission. Elle précise que l'intéressé a le droit d'être assisté d'un conseil ou de toute personne de son choix et d'être entendu avec un interprète.

L'étranger peut demander le bénéfice de l'aide juridictionnelle dans les conditions prévues par la loi n° 91-647 du 10 juillet 1991 relative à l'aide juridique. Cette faculté est indiquée dans la convocation. L'admission provisoire à l'aide juridictionnelle peut être prononcée par le président de la commission.

Les débats de la commission sont publics. Le président veille à l'ordre de la séance. Tout ce qu'il ordonne pour l'assurer doit être immédiatement exécuté. Devant la commission, l'étranger peut faire valoir toutes les raisons qui militent contre son expulsion. Un procès-verbal enregistrant les explications de l'étranger est transmis, avec l'avis motivé de la commission, à l'autorité administrative compétente pour statuer. L'avis de la commission est également communiqué à l'intéressé.

(L. n° 2012-1432 du 21 déc. 2012, art. 9-I) «La commission rend son avis dans le délai d'un mois à compter de la remise à l'étranger de la convocation mentionnée au premier alinéa. Toutefois, lorsque l'étranger demande le renvoi pour un motif légitime, la commission prolonge ce délai, dans la limite d'un mois maximum à compter de la décision accordant ce renvoi. A l'issue du délai d'un mois ou, si la commission l'a prolongé, du délai supplémentaire qu'elle a fixé, les formalités de consultation de la commission sont réputées remplies.»

Art. L. 522-3. *(Ord. n° 2014-464 du 7 mai 2014, art. 15 et 23, en vigueur le 26 mai 2014)* Lorsque la présence simultanée à Mayotte des magistrats membres de la commission prévue à l'article L. 522-1, ou de leurs remplaçants, n'est pas matériellement possible, le ou les magistrats empêchés peuvent assister à l'audition de l'étranger depuis un autre point du territoire de la République, ce dernier se trouvant relié, en direct, par un moyen de communication audiovisuelle, à la salle dans laquelle siège la commission, où doit être présent au moins un magistrat.

Un décret en Conseil d'État détermine les modalités d'application des dispositions de l'alinéa précédent.

CHAPITRE III
Exécution des arrêtés d'expulsion

Art. L. 523-1. L'arrêté prononçant l'expulsion d'un étranger peut être exécuté d'office par l'administration.

(L. n° 2016-274 du 7 mars 2016, art. 34-II et 67-II, en vigueur le 1er nov. 2016) «Le dernier alinéa de l'article L. 214-4 est applicable.»

Art. L. 523-2. Le pays de renvoi d'un étranger faisant l'objet d'un arrêté d'expulsion est déterminé dans les conditions prévues à l'article L. 513-2.

Art. L. 523-3. L'étranger qui fait l'objet d'un arrêté d'expulsion et qui justifie être dans l'impossibilité de quitter le territoire français en établissant qu'il ne peut ni regagner son pays d'origine ni se rendre dans aucun autre pays peut faire l'objet d'une mesure d'assignation à résidence dans les conditions prévues à l'article *(L. n° 2011-672 du 16 juin 2011, art. 70-I et 111, en vigueur le 18 juill. 2011)* «L. 561-1». Les dispositions de l'article L. 624-4 sont applicables.

La même mesure peut, en cas d'urgence absolue et de nécessité impérieuse pour la sûreté de l'État ou la sécurité publique, être appliquée aux étrangers qui font l'objet d'une proposition d'expulsion. Dans ce cas, la mesure ne peut excéder un mois.

Art. L. 523-4. Peut également faire l'objet d'un arrêté d'assignation à résidence l'étranger qui a fait l'objet d'un arrêté d'expulsion non exécuté *(L. n° 2016-274 du 7 mars 2016, art. 57-I-7° et 67-II, en vigueur le 1er nov. 2016)* «si son état de santé nécessite une prise en charge médicale dont le défaut pourrait avoir pour lui des conséquences d'une exceptionnelle gravité et si, eu égard à l'offre de soins et aux caractéristiques du système de santé du pays de renvoi, il ne pourrait pas y bénéficier effectivement d'un traitement approprié.» Cette mesure est assortie d'une autorisation de travail. Les obligations de présentation aux services de police et aux unités de gendarmerie prévues à l'article *(L. n° 2011-672 du 16 juin 2011, art. 70-I et 111, en vigueur le 18 juill. 2011)* «L. 561-1» ainsi que les sanctions en cas de non-respect des prescriptions liées à l'assignation à résidence prévues à l'article L. 624-4 sont applicables.

Art. L. 523-5. Peut également faire l'objet d'un arrêté d'assignation à résidence, à titre probatoire et exceptionnel, l'étranger qui fait l'objet d'une mesure d'expulsion prononcée en application de l'article L. 521-2. Cette mesure est assortie d'une autorisation de travail. *(L. n° 2011-267 du 14 mars 2011, art. 120)* «Les obligations de présentation aux services de police et aux unités de gendarmerie prévues à l'article *(L. n° 2011-672 du 16 juin 2011, art. 70-I et 111, en vigueur le 18 juill. 2011)* «L. 561-1» ainsi que les sanctions en cas de manquement aux prescriptions liées à l'assignation à résidence prévues à l'article L. 624-4 sont applicables. La mesure peut être abrogée à tout moment en cas de manquement à ces obligations et prescriptions ou de faits nouveaux constitutifs d'un comportement préjudiciable à l'ordre public.»

CHAPITRE IV
Abrogation des arrêtés d'expulsion

Art. L. 524-1. L'arrêté d'expulsion peut à tout moment être abrogé. Lorsque la demande d'abrogation est présentée à l'expiration d'un délai de cinq ans à compter de l'exécution effective de l'arrêté d'expulsion, elle ne peut être rejetée qu'après avis de la commission prévue à l'article L. 522-1, devant laquelle l'intéressé peut se faire représenter.

Art. L. 524-2. Sans préjudice des dispositions de l'article L. 524-1, les motifs de l'arrêté d'expulsion donnent lieu à un réexamen tous les cinq ans à compter de la date d'adoption de l'arrêté. L'autorité compétente tient compte de l'évolution de la menace pour l'ordre public que constitue la présence de l'intéressé en France, des changements intervenus dans sa situation personnelle et familiale et des garanties de réinsertion professionnelle ou sociale qu'il présente, en vue de prononcer éventuellement l'abrogation de l'arrêté. L'étranger peut présenter des observations écrites.

A défaut de notification à l'intéressé d'une décision explicite d'abrogation dans un délai de deux mois, ce réexamen est réputé avoir conduit à une décision implicite de ne pas abroger. Cette décision est susceptible de recours. Le réexamen ne donne pas lieu à consultation de la commission prévue à l'article L. 522-1.

Art. L. 524-3. Il ne peut être fait droit à une demande d'abrogation d'un arrêté d'expulsion présentée plus de deux mois après la notification de cet arrêté que si le ressortissant étranger réside hors de France. Toutefois, cette condition ne s'applique pas :

1° Pour la mise en œuvre de l'article L. 524-2;

2° Pendant le temps où le ressortissant étranger subit en France une peine d'emprisonnement ferme;

3° Lorsque l'étranger fait l'objet d'un arrêté d'assignation à résidence pris en application des articles L. 523-3, L. 523-4 ou L. 523-5.

Art. L. 524-4. Sauf en cas de menace pour l'ordre public, dûment motivée, les étrangers qui résident hors de France et qui ont obtenu l'abrogation de la mesure d'expulsion dont ils faisaient l'objet bénéficient d'un visa pour rentrer en France, lorsque, à la date de la mesure, ils relevaient, sous les réserves prévues par ces articles, des catégories mentionnées aux 1° à 4° de l'article L. 521-3 et qu'ils entrent dans le champ d'application des 4° ou 6° de l'article L. 313-11 ou dans celui du livre IV.

Lorsqu'ils ont été condamnés en France pour violences ou menaces à l'encontre d'un ascendant, d'un conjoint ou d'un enfant, le droit au visa est subordonné à l'accord des ascendants, du conjoint et des enfants vivant en France.

Les dispositions du présent article ne sont applicables qu'aux étrangers ayant fait l'objet d'une mesure d'expulsion avant l'entrée en vigueur de la loi n° 2003-1119 du 26 novembre 2003 relative à la maîtrise de l'immigration, au séjour des étrangers en France et à la nationalité.

TITRE TROISIÈME
AUTRES MESURES ADMINISTRATIVES D'ÉLOIGNEMENT

CHAPITRE PREMIER
Mesures prises dans le cadre de l'union européenne et de la convention de Schengen

Art. L. 531-1. *(L. n° 2018-778 du 10 sept. 2018, art. 27, en vigueur au plus tard le 1er janv. 2019)* «I. —» Par dérogation aux articles L. 213-2 et L. 213-3, L. 511-1 à L. 511-3, *(L. n° 2011-672 du 16 juin 2011, art. 64 et 111, en vigueur le 18 juill. 2011)* «L. 512-1, L. 512-3, L. 512-4», L. 513-1 et L. 531-3, l'étranger non ressortissant d'un État membre de l'Union européenne qui a pénétré ou séjourné en France sans se conformer aux dispositions des articles L. 211-1 *(L. n° 2016-274 du 7 mars 2016, art. 30 et 67-II, en vigueur le 1er nov. 2016)* «et L. 311-1» peut être remis aux autorités compétentes de l'État membre qui l'a admis à entrer ou à séjourner sur son territoire, ou dont il provient directement, en application des dispositions des conventions internationales conclues à cet effet avec les États membres de l'Union européenne *(L. n° 2016-274 du*

7 mars 2016, art. 30 et 67-II, en vigueur le 1er nov. 2016) «, en vigueur au 13 janvier 2009».

L'étranger visé au premier alinéa est informé de cette remise par décision écrite et motivée prise par une autorité administrative définie par décret en Conseil d'État.

Cette décision peut être exécutée d'office par l'administration après que l'étranger a été mis en mesure de présenter des observations et d'avertir ou de faire avertir son consulat, un conseil ou toute personne de son choix.

(L. n° 2018-778 du 10 sept. 2018, art. 27, en vigueur au plus tard le 1er janv. 2019) «II. — L'autorité administrative peut, par décision motivée, assortir la décision de remise prise en application du premier alinéa du I à l'encontre d'un étranger titulaire d'un titre de séjour dans un autre État membre de l'Union européenne d'une interdiction de circulation sur le territoire français d'une durée maximale de trois ans.

«Toutefois, cette interdiction de circulation sur le territoire français n'est applicable à l'étranger détenteur d'une carte de résident portant la mention "résident de longue durée-UE" en cours de validité accordée par un autre État membre ou d'une carte de séjour portant la mention "carte bleue européenne" en cours de validité accordée par un autre État membre de l'Union européenne ou à l'étranger et aux membres de sa famille, admis à séjourner sur le territoire d'un État membre de l'Union européenne et bénéficiant d'un transfert temporaire intragroupe conformément à la directive 2014/66/UE du Parlement européen et du Conseil du 15 mai 2014 établissant les conditions d'entrée et de séjour des ressortissants de pays tiers dans le cadre d'un transfert temporaire intragroupe que lorsque leur séjour en France constitue un abus de droit ou si leur comportement personnel constitue, du point de vue de l'ordre public ou de la sécurité publique, une menace réelle, actuelle et suffisamment grave à l'encontre d'un intérêt fondamental de la société.

«Le prononcé et la durée de l'interdiction de circulation sont décidés par l'autorité administrative en tenant compte de la durée de présence de l'étranger sur le territoire français, de la nature et de l'ancienneté de ses liens avec la France, de la circonstance qu'il a déjà fait l'objet ou non d'une mesure d'éloignement et de la menace pour l'ordre public que représente sa présence sur le territoire français.

«L'autorité administrative peut à tout moment abroger l'interdiction de circulation. Lorsque l'étranger sollicite l'abrogation de l'interdiction de circulation, sa demande n'est recevable que s'il justifie résider hors de France depuis au moins un an.

«Cette condition ne s'applique pas :

«1° Pendant le temps où l'étranger purge en France une peine d'emprisonnement ferme;

«2° Lorsque l'étranger fait l'objet d'une mesure d'assignation à résidence prise en application des articles L. 561-1 ou L. 561-2.»

Art. L. 531-2. *(L. n° 2015-925 du 29 juill. 2015, art. 20-II-3°)* «L'article L. 531-1 est applicable» à l'étranger qui, en provenance du territoire d'un État partie à la convention signée à Schengen le 19 juin 1990, est entré ou a séjourné sur le territoire métropolitain sans se conformer aux dispositions des articles 19, paragraphe*[s]* 1 ou 2, 20, paragraphe*[s]* 1, ou 21, paragraphe*[s]* 1 ou 2, de cette convention ou sans souscrire, au moment de l'entrée sur ce territoire, la déclaration obligatoire prévue par l'article 22 de la même convention, alors qu'il était astreint à cette formalité.

(L. n° 2006-911 du 24 juill. 2006, art. 69) «Il en est de même de l'étranger détenteur d'un titre de *(L. n° 2016-274 du 7 mars 2016, art. 20-IV-1°)* «résident de longue durée-UE» en cours de validité accordé par un autre État membre qui fait l'objet d'une mesure

d'éloignement du territoire français. Un décret en Conseil d'État détermine les conditions d'application du présent alinéa.»

(L. n° 2011-672 du 16 juin 2011, art. 20 et 111, en vigueur le 30 sept. 2011) «Il en est également de même de l'étranger détenteur d'une carte de séjour portant la mention "carte bleue européenne" en cours de validité accordée par un autre État membre de l'Union européenne lorsque lui est refusée la délivrance de la carte de séjour prévue au *(L. n° 2016-274 du 7 mars 2016, art. 20-IV-2° et 67-II, en vigueur le 1er nov. 2016)* «2° de l'article L. 313-20» ou bien lorsque la carte de séjour portant la mention "carte bleue européenne" dont il bénéficie expire ou lui est retirée durant l'examen de sa demande, ainsi que des membres de sa famille. Un décret en Conseil d'État détermine les conditions d'application du présent alinéa.»

(L. n° 2016-274 du 7 mars 2016, art. 31 et 67-II, en vigueur le 1er nov. 2016) «Il en est de même de l'étranger et des membres de sa famille, admis à séjourner sur le territoire d'un État membre de l'Union européenne et bénéficiant d'un transfert temporaire intragroupe conformément à la directive 2014/66/UE du Parlement européen et du Conseil du 15 mai 2014 établissant les conditions d'entrée et de séjour des ressortissants de pays tiers dans le cadre d'un transfert temporaire intragroupe, lorsque :

« 1° Le titre de séjour a expiré ou a été retiré par l'État membre qui l'a délivré, au cours de la période de mobilité;

«2° L'autorité administrative compétente n'a pas reçu la notification de l'intention de cet étranger de travailler dans l'un des établissements de son groupe d'entreprises d'origine implanté sur le territoire français;

«3° L'autorité administrative compétente a fait objection à la mobilité d'une durée inférieure ou égale à quatre-vingt-dix jours de cet étranger;

«4° L'autorité administrative compétente a rejeté une demande de mobilité d'une durée supérieure à quatre-vingt-dix jours de cet étranger;

«5° Les conditions de délivrance du titre de séjour n'ont pas été respectées;

«6° Les conditions auxquelles la mobilité de cet étranger entre deux États membres de l'Union européenne a été autorisée ne sont plus réunies.»

(L. n° 2018-778 du 10 sept. 2018, art. 41, en vigueur au plus tard le 1er mars 2019) «Il en est de même de l'étranger étudiant et de l'étranger chercheur ainsi que des membres de la famille de ce dernier, admis au séjour sur le territoire d'un État membre de l'Union européenne et bénéficiant d'une mobilité en France conformément à la directive (UE) 2016/801 du Parlement européen et du Conseil du 11 mai 2016 relative aux conditions d'entrée et de séjour des ressortissants de pays tiers à des fins de recherche, d'études, de formation, de volontariat et de programmes d'échange d'élèves ou de projets éducatifs et de travail au pair, lorsque :

«*a)* Le titre de séjour a expiré ou a été retiré par l'État membre qui l'a délivré, au cours de la période de mobilité;

«*b)* L'étranger ne remplit pas ou plus les conditions de la mobilité;

«*c)* L'autorité administrative compétente n'a pas reçu la notification de l'intention de cet étranger d'effectuer une mobilité sur le territoire français;

«*d)* L'autorité administrative compétente a fait objection à la mobilité de cet étranger.»

Art. L. 531-2-1. *(L. n° 2016-274 du 7 mars 2016, art. 34-II et 67-II, en vigueur le 1er nov. 2016)* Pour l'exécution des mesures prévues aux articles L. 531-1 et L. 531-2, les articles L. 513-5 et L. 561-1 sont applicables.

Art. L. 531-3. Lorsqu'un étranger non ressortissant d'un État membre de l'Union européenne a fait l'objet d'un signalement aux fins de non-admission en vertu d'une décision exécutoire prise par l'un des autres États parties à la convention signée à Schengen le 19 juin 1990 et qu'il se trouve irrégulièrement sur le territoire métropolitain, l'autorité administrative *[le représentant de l'État dans le département et, à Paris, le préfet de police]* peut décider qu'il sera d'office reconduit à la frontière.

Il en est de même lorsqu'un étranger non ressortissant d'un État membre de l'Union européenne, qui se trouve en France, a fait l'objet d'une décision d'éloignement exécutoire prise par l'un des autres États membres de l'Union européenne.

Un décret en Conseil d'État fixe les conditions d'application du précédent alinéa.

Pour l'exécution des mesures prévues au présent article, les dispositions de l'article L. 513-2, du premier alinéa de l'article L. 513-3 et *(L. n° 2016-274 du 7 mars 2016, art. 34-II et 67-II, en vigueur le 1er nov. 2016)* «des articles L. 513-5 et L. 561-1» sont applicables.

Art. L. 531-4. *(L. n° 2006-911 du 24 juill. 2006, art. 70)* Est placée sous l'autorité du ministre de l'intérieur l'escorte de l'étranger non ressortissant d'un État membre de l'Union européenne ou d'un État partie à la convention signée à Schengen le 19 juin 1990 qui transite par un aéroport métropolitain en vue de son acheminement vers le pays de destination en exécution d'une mesure d'éloignement prise par un des États précités, à l'exception du Danemark, de l'Irlande et du Royaume-Uni.

Dans ce cadre, les prérogatives des membres de l'escorte sont limitées à la légitime défense et, dans le but de porter assistance aux autorités françaises, à un usage raisonnable et proportionné de la force. Ils ne disposent en aucun cas du pouvoir d'interpellation.

CHAPITRE II

Dispositions propres à la Guyane

Art. L. 532-1. En Guyane, lorsque l'équipage d'un navire se livrant à des activités de pêche illicite est contraint par l'autorité administrative de se rendre à terre, ses membres peuvent être éloignés d'office, avec leur accord et aux frais de l'État, à destination *(L. n° 2006-911 du 24 juill. 2006, art. 99)* «du Venezuela,» du Brésil, du Surinam ou du Guyana selon qu'ils ont la nationalité de l'un de ces États. L'autorité administrative prend toutes mesures à cette fin dans un délai qui ne peut excéder quarante-huit heures.

TITRE SIXIÈME

ASSIGNATION À RÉSIDENCE

(L. n° 2011-672 du 16 juin 2011, art. 47-4° et 111, en vigueur le 18 juill. 2011)

CHAPITRE PREMIER

Art. L. 561-1. Lorsque l'étranger justifie être dans l'impossibilité de quitter le territoire français ou ne peut ni regagner son pays d'origine ni se rendre dans aucun autre pays, l'autorité administrative peut, jusqu'à ce qu'existe une perspective raisonnable d'exécution de son obligation, l'autoriser à se maintenir provisoirement sur le territoire français en l'assignant à résidence, dans les cas suivants :

1° Si l'étranger fait l'objet d'une obligation de quitter le territoire français sans délai ou si le délai de départ volontaire qui lui a été accordé est expiré;

2° Si l'étranger doit être remis aux autorités d'un État membre de l'Union européenne en application des articles L. 531-1 ou L. 531-2 *(L. n° 2015-925 du 29 juill. 2015, art. 20-II-5°)* «ou transféré vers l'État responsable de sa demande d'asile en application de l'article L. 742-3»;

3° Si l'étranger doit être reconduit à la frontière en application de l'article L. 531-3;

4° Si l'étranger doit être reconduit à la frontière en exécution d'une interdiction de retour *(L. n° 2016-274 du 7 mars 2016, art. 39 et 67-II, en vigueur le 1er nov. 2016)* «ou d'une interdiction de circulation sur le territoire français»;

5° Si l'étranger doit être reconduit à la frontière en exécution d'une interdiction du territoire prévue au deuxième alinéa de l'article 131-30 du code pénal;

(L. n° 2014-1353 du 13 nov. 2014, art. 2) «6° Si l'étranger doit être reconduit à la frontière en exécution d'une interdiction administrative du territoire.»

(L. n° 2018-187 du 20 mars 2018, art. 4) «La décision d'assignation à résidence est motivée. Elle peut être prise pour une durée maximale de six mois, renouvelable une fois dans la même limite de durée, par une décision également motivée.

«Par exception :

«*a)* Dans le cas prévu au 4° du présent article, la décision d'assignation à résidence peut être renouvelée tant que l'interdiction de retour ou l'interdiction de circulation sur le territoire français demeure exécutoire;

«*b)* Dans *(L. n° 2018-778 du 10 sept. 2018, art. 31, en vigueur au plus tard le 1er janv. 2019)* «les cas prévus aux articles L. 523-3 à L. 523-5 et au 6° du présent article», la durée maximale de six mois ne s'applique pas;

«*c)* Dans le cas prévu au 5° du présent article, la durée maximale de six mois ne s'applique pas. Au-delà d'une durée de cinq ans, le maintien sous assignation à résidence fait l'objet d'une décision spécialement motivée faisant état des circonstances particulières justifiant cette prolongation au regard, notamment, de l'absence de garanties suffisantes de représentation de l'étranger ou si sa présence constitue une menace grave pour l'ordre public.»

L'étranger astreint à résider dans les lieux qui lui sont fixés par l'autorité administrative doit se présenter périodiquement aux services de police ou aux unités de gendarmerie. *(L. n° 2016-274 du 7 mars 2016, art. 39 et 67-II, en vigueur le 1er nov. 2016)* «Il doit également se présenter, lorsque l'autorité administrative le lui demande, aux autorités consulaires, en vue de la délivrance d'un document de voyage.» *(Ord. n° 2015-124 du 5 févr. 2015, art. 9)* «L'étranger qui fait l'objet d'un arrêté d'expulsion ou d'une interdiction judiciaire ou administrative du territoire prononcés en tout point du territoire de la République peut, quel que soit l'endroit où il se trouve, être astreint à résider dans des lieux choisis par l'autorité administrative dans l'ensemble du territoire de la République.» L'autorité administrative peut prescrire à l'étranger la remise de son passeport ou de tout document justificatif de son identité dans les conditions prévues à l'article L. 611-2. Si l'étranger présente une menace d'une particulière gravité pour l'ordre public, l'autorité administrative peut le faire conduire par les services de police ou de gendarmerie jusqu'aux lieux d'assignation.

(L. n° 2018-778 du 10 sept. 2018, art. 31, en vigueur au plus tard le 1er janv. 2019) «L'autorité administrative peut également, aux fins de préparation du départ de l'étranger, lui désigner, en tenant compte des impératifs de la vie privée et familiale, une plage horaire pendant laquelle il doit demeurer dans les locaux où il réside, dans la limite de

trois heures consécutives par période de vingt-quatre heures. Lorsque l'étranger est assigné à résidence en application des 5° ou 6° ou au titre d'une des mesures prévues aux articles L. 523-3 à L. 523-5 ou si son comportement constitue une menace pour l'ordre public, la durée de cette plage horaire peut être portée à dix heures consécutives par période de vingt-quatre heures. »

Le non-respect des prescriptions liées à l'assignation à résidence est sanctionné dans les conditions prévues à l'article L. 624-4.

Art. L. 561-2. *(L. n° 2016-274 du 7 mars 2016, art. 40-I et 67-II, en vigueur le 1er nov. 2016)* I. — L'autorité administrative peut prendre une décision d'assignation à résidence à l'égard de l'étranger qui ne peut quitter immédiatement le territoire français mais dont l'éloignement demeure une perspective raisonnable, lorsque cet étranger :

1° Doit être remis aux autorités compétentes d'un État membre de l'Union européenne en application des articles L. 531-1 ou L. 531-2 ;

(L. n° 2018-187 du 20 mars 2018, art. 1er) « 1° *bis* Fait l'objet d'une décision de transfert en application de l'article L. 742-3 ou d'une requête aux fins de prise en charge ou de reprise en charge en application du règlement (UE) n° 604/2013 du Parlement européen et du Conseil du 26 juin 2013 établissant les critères et mécanismes de détermination de l'État membre responsable de l'examen d'une demande de protection internationale introduite dans l'un des États membres par un ressortissant de pays tiers ou un apatride ; »

2° Fait l'objet d'un arrêté d'expulsion ;

3° Doit être reconduit à la frontière en exécution d'une interdiction judiciaire du territoire prise en application du deuxième alinéa de l'article 131-30 du code pénal ;

4° Fait l'objet d'un signalement aux fins de non-admission ou d'une décision d'éloignement exécutoire prise en application de l'article L. 531-3 du présent code ;

5° Fait l'objet d'une obligation de quitter le territoire français prise moins d'un an auparavant et pour laquelle le délai pour quitter le territoire est expiré ou n'a pas été accordé ;

6° Doit être reconduit d'office à la frontière en exécution d'une interdiction de retour sur le territoire français, d'une interdiction de circulation sur le territoire français ou d'une interdiction administrative du territoire ;

7° Ayant fait l'objet d'une décision d'assignation à résidence en application des 1° à 6° du présent article ou de placement en rétention administrative en application de l'article L. 551-1, n'a pas déféré à la mesure d'éloignement dont il fait l'objet ou, y ayant déféré, est revenu en France alors que cette mesure est toujours exécutoire.

Les *(L. n° 2018-187 du 20 mars 2018, art. 4)* « sept » *[nouvelle rédaction issue de la L. n° 2018-778 du 10 sept. 2018, art. 65-11°, en vigueur au plus tard le 1er mars 2019 : « huit »]* derniers alinéas de l'article L. 561-1 sont applicables, sous réserve que la durée maximale de l'assignation ne puisse excéder une durée de quarante-cinq jours, renouvelable une fois *(L. n° 2018-187 du 20 mars 2018, art. 1er)* « pour les cas relevant des 1° et 2° à 7° du présent I, ou trois fois pour les cas relevant du 1° *bis* ».

(L. n° 2018-187 du 20 mars 2018, art. 1er) « L'article L. 551-1 est applicable lorsqu'un étranger assigné à résidence en application du présent article :

« *a)* Ne présente plus de garanties de représentation effectives propres à prévenir le risque mentionné au 3° du II de l'article L. 511-1 ;

« *b)* Présente un risque non négligeable de fuite, tel que défini aux 1° à 12° du II de l'article L. 551-1, dans le cas d'un étranger faisant l'objet d'une requête aux fins de prise en charge ou de reprise en charge, en application du règlement (UE) n° 604/2013 du Parlement européen et du Conseil du 26 juin 2013 précité, ou d'une décision de transfert notifiée conformément à l'article L. 742-3.»

II. — En cas d'impossibilité d'exécution d'office de la mesure d'éloignement résultant de l'obstruction volontaire de l'étranger assigné à résidence en application du I du présent article, l'autorité administrative peut demander au juge des libertés et de la détention de l'autoriser à requérir les services de police ou les unités de gendarmerie pour qu'ils visitent le domicile de l'étranger afin de s'assurer de sa présence et de le reconduire à la frontière ou, si le départ n'est pas possible immédiatement, de lui notifier une décision de placement en rétention.

Le juge des libertés et de la détention, saisi par requête, statue dans un délai de vingt-quatre heures. A peine de nullité, sa décision est motivée. Le juge s'assure du caractère exécutoire de la décision d'éloignement que la mesure vise à exécuter et de l'obstruction volontaire de l'étranger à ladite exécution, dûment constatée par l'autorité administrative, résultant notamment de l'absence de réponse de l'étranger à sa demande de présentation pour les nécessités de son exécution. La décision mentionne l'adresse des lieux dans lesquels les opérations de visite peuvent être effectuées.

L'ordonnance ayant autorisé la visite est exécutoire pendant *(L. n° 2018-187 du 20 mars 2018, art. 1er)* «cent quarante-quatre *[nouvelle rédaction issue de la L. n° 2018-778 du 10 sept. 2018, art. 33, en vigueur au plus tard le 1er janv. 2019 : «quatre-vingt-seize»]* heures» au seul vu de la minute. Elle est notifiée sur place à l'étranger dans une langue qu'il comprend ou, à défaut, à l'occupant des lieux, qui en reçoit copie intégrale contre récépissé. L'acte de notification comporte mention des voies de recours.

Les opérations de visite sont effectuées sous le contrôle du magistrat qui les a autorisées, qui peut se déplacer sur les lieux pour veiller au respect des dispositions légales. Ces opérations ne peuvent être commencées avant 6 heures ni après 21 heures. Elles ne peuvent, à peine de nullité, avoir un autre objet que l'exécution de la mesure d'éloignement visée dans la décision du juge des libertés et de la détention.

Il est dressé un procès-verbal mentionnant les dates et heures de début et de fin des opérations et les conditions de leur déroulement. Ce procès-verbal est présenté à la signature de l'étranger ou, à défaut, de l'occupant des lieux; en cas de refus, mention est faite de ce refus et de ses motifs déclarés. Le procès-verbal est transmis au juge des libertés et de la détention, copie en ayant été remise à l'étranger ou, à défaut, à l'occupant des lieux.

Les ordonnances mentionnées au présent article sont susceptibles d'appel devant le premier président de la cour d'appel ou son délégué, qui est saisi sans forme et doit statuer dans un délai de quarante-huit heures à compter de sa saisine. L'appel n'est pas suspensif. Le premier président de la cour d'appel ou son délégué peut, par ordonnance motivée et sans avoir préalablement convoqué les parties, rejeter les déclarations d'appel manifestement irrecevables.

Lorsque l'étranger fait l'objet d'un arrêté d'expulsion, d'une interdiction judiciaire du territoire français ou d'une interdiction administrative du territoire français, la condition d'impossibilité d'exécution d'office de la mesure d'éloignement résultant de l'obstruction volontaire de l'étranger, prévue au premier alinéa du présent II, n'est pas requise.

Le présent II est applicable à l'étranger assigné à résidence en application des articles L. 523-3 à L. 523-5, L. 552-4 ou L. 561-1.

Art. L. 561-2-1. *(L. nº 2016-274 du 7 mars 2016, art. 41 et 67-II, en vigueur le 1er nov. 2016)* Les étrangers assignés à résidence sur le fondement des articles L. 552-4 et L. 561-2 se voient remettre une information sur les modalités d'exercice de leurs droits, sur les obligations qui leur incombent et, le cas échéant, sur la possibilité de bénéficier d'une aide au retour.

Art. L. 561-3. Les modalités d'application du présent chapitre sont fixées par décret en Conseil d'État.

CHAPITRE III
Assignation à résidence avec interdiction de se trouver en relation avec une personne nommément désignée

(L. nº 2014-1353 du 13 nov. 2014, art. 3-I)

Art. L. 563-1. L'étranger astreint à résider dans les lieux qui lui sont fixés en application des articles L. 523-3, L. 523-4 ou L. 541-3 qui a été condamné à une peine d'interdiction du territoire pour des actes de terrorisme prévus au titre II du livre IV du code pénal ou à l'encontre duquel un arrêté d'expulsion a été prononcé pour un comportement lié à des activités à caractère terroriste peut, si la préservation de la sécurité publique l'exige, se voir prescrire par l'autorité administrative compétente pour prononcer l'assignation à résidence une interdiction de se trouver en relation, directement ou indirectement, avec certaines personnes nommément désignées dont le comportement est lié à des activités à caractère terroriste. La décision est écrite et motivée. Elle peut être prise pour une durée maximale de six mois et renouvelée, dans la même limite de durée, par une décision également motivée. Cette interdiction est levée dès que les conditions ne sont plus satisfaites ou en cas de levée de l'assignation à résidence.

La violation de cette interdiction est sanctionnée dans les conditions prévues à l'article L. 624-4 du présent code.

TITRE SEPTIÈME
DISPOSITIONS DIVERSES

CHAPITRE UNIQUE

Art. L. 571-1. La libération conditionnelle des étrangers condamnés à une peine privative de liberté et faisant l'objet d'une mesure d'interdiction du territoire, *(L. nº 2011-672 du 16 juin 2011, art. 47-2º et 111, en vigueur le 18 juill. 2011)* «d'obligation de quitter le territoire français, d'interdiction de retour sur le territoire français,» *(L. nº 2016-274 du 7 mars 2016, art. 57-I-9º et 67-II, en vigueur le 1er nov. 2016)* «d'interdiction de circulation sur le territoire français,» *(L. nº 2014-1353 du 13 nov. 2014, art. 2)* «d'interdiction administrative du territoire,» de reconduite à la frontière, d'expulsion *(L. nº 2011-672 du 16 juin 2011, art. 47-2º et 111, en vigueur le 18 juill. 2011)* «, d'extradition ou de remise sur le fondement d'un mandat d'arrêt européen» est régie par les dispositions de l'article 729-2 du code de procédure pénale :

« **Art. 729-2** Lorsqu'un étranger condamné à une peine privative de liberté est l'objet d'une mesure d'interdiction du territoire français, *(L. nº 2011-672 du 16 juin 2011, art. 71, en vigueur le 18 juill. 2011)* «d'obligation de quitter le territoire français, d'interdiction de retour sur le territoire français,» *(L. nº 2016-274 du 7 mars 2016, art. 57-III et 67-II, en vigueur le 1er nov. 2016)* «d'interdiction de circulation sur le territoire français», d'expulsion *(L. nº 2009-526 du 12 mai 2009, art. 130-10º)* «, d'extradition ou de remise sur le fondement d'un mandat d'arrêt européen», sa libération conditionnelle est subordonnée à la condition que cette mesure soit exécutée. Elle peut être décidée sans son consentement.

«Par exception aux dispositions de l'alinéa précédent, le juge de l'application des peines, ou le tribunal de l'application des peines, peut également accorder une libération conditionnelle à un étranger faisant l'objet d'une peine complémentaire d'interdiction du territoire français en ordonnant la suspension de l'exécution de cette peine pendant la durée des mesures d'assistance et de contrôle prévue à l'article 732. A l'issue de cette durée, si la décision de mise en liberté conditionnelle n'a pas été révoquée, l'étranger est relevé de plein droit de la mesure d'interdiction du territoire français. Dans le cas contraire, la mesure redevient exécutoire.» »

Art. L. 571-2. *(L. nº 2006-911 du 24 juill. 2006, art. 100)* Sont applicables sur le territoire défini à l'article L. 111-3 les mesures d'interdiction du territoire prononcées par toute juridiction siégeant dans les îles Wallis-et-Futuna, en Polynésie française et en Nouvelle-Calédonie ainsi que les mesures de reconduite à la frontière et d'expulsion prononcées par le représentant de l'État à Mayotte, dans les îles Wallis-et-Futuna, en Polynésie française et en Nouvelle-Calédonie.

Art. L. 571-3. *(L. nº 2011-267 du 14 mars 2011, art. 116-1º)* L'autorité administrative peut ordonner le placement sous surveillance électronique mobile de l'étranger astreint à résider dans les lieux qui lui sont fixés en application des articles L. 523-3, L. 523-4 ou L. 541-3 s'il a été condamné à une peine d'interdiction du territoire pour des actes de terrorisme prévus par le titre II du livre IV du code pénal ou si une mesure d'expulsion a été prononcée à son encontre pour un comportement lié à des activités à caractère terroriste.

Ce placement est prononcé, après accord de l'étranger, pour une durée de trois mois qui peut être prolongée pour une même durée sans que la durée totale du placement dépasse deux ans. A défaut de prolongation, il est mis fin au placement sous surveillance électronique mobile.

L'étranger est astreint au port, pendant toute la durée du placement, d'un dispositif intégrant un émetteur permettant à tout moment de déterminer à distance sa localisation sur l'ensemble du territoire national.

La mise en œuvre du dispositif technique permettant le contrôle à distance peut être confiée à une personne de droit privé habilitée dans des conditions fixées par décret en Conseil d'État.

Pendant la durée du placement, l'autorité administrative peut, d'office ou à la demande de l'étranger, modifier ou compléter les obligations résultant dudit placement.

Le manquement aux prescriptions liées au placement sous surveillance électronique est sanctionné dans les conditions prévues à l'article L. 624-4.

Art. L. 571-4. *(L. nº 2018-778 du 10 sept. 2018, art. 34, en vigueur au plus tard le 1er janv. 2019)* I. — Le demandeur d'asile qui fait l'objet d'une mesure d'expulsion, prise en application des articles L. 521-1, L. 521-2, L. 521-3 ou L. 521-5, d'une peine d'interdiction du territoire, prise en application de l'article 131-30 du code pénal ou d'une interdiction administrative du territoire, prise en application des articles L. 214-1 ou L. 214-2 du présent code, et dont la demande d'asile est en cours d'examen ou a été présentée postérieurement à la notification de cette mesure, peine ou interdiction peut être assigné à résidence ou placé en rétention le temps strictement nécessaire à l'examen de sa demande d'asile par l'Office français de protection des réfugiés et apatrides et, en cas de décision de rejet ou d'irrecevabilité, dans l'attente de son départ.

Lorsque le demandeur est assigné à résidence, les dispositions de l'article L. 561-2 relatives à la durée maximale et aux modalités de l'assignation à résidence sont applicables.

Lorsque le demandeur est placé en rétention, les dispositions du titre V du présent livre relatives à la durée maximale et aux modalités du placement en rétention sont applicables. La décision de placement en rétention ne peut être prononcée que pour des raisons impérieuses de protection de l'ordre public ou de la sécurité nationale établies sur la base d'une évaluation individuelle du demandeur, si d'autres mesures moins coercitives ne peuvent être efficacement appliquées. Elle prend en compte la vulnérabilité du demandeur.

II. — A la demande de l'autorité administrative, et sans préjudice des cas prévus aux 5° et 6° de l'article L. 743-2, l'office statue sur la demande d'asile de l'étranger ainsi assigné à résidence ou placé en rétention selon les modalités prévues à l'article L. 723-2 et dans le délai prévu à l'article L. 556-1. Sans préjudice d'autres mesures de surveillance décidées par l'autorité administrative ou l'autorité judiciaire, il est mis fin à la rétention si l'office reconnaît à l'étranger la qualité de réfugié ou lui accorde le bénéfice de la protection subsidiaire.

III. — En cas de décision de rejet ou d'irrecevabilité par l'office, l'étranger peut, dans les quarante-huit heures suivant la notification de cette décision, demander au président du tribunal administratif de suspendre l'exécution de la mesure d'éloignement jusqu'à l'expiration du délai de recours devant la Cour nationale du droit d'asile ou, si celle-ci est saisie, soit jusqu'à la date de la lecture en audience publique de la décision de la cour, soit, s'il est statué par ordonnance, jusqu'à la date de la notification de celle-ci. La mesure d'éloignement ne peut être mise à exécution pendant ce délai de quarante-huit heures ou, en cas de saisine du président du tribunal administratif, avant que ce dernier ou le magistrat qu'il désigne à cette fin parmi les membres de sa juridiction ou les magistrats honoraires inscrits sur la liste mentionnée à l'article L. 222-2-1 du code de justice administrative ait statué. Le président du tribunal administratif ou le magistrat désigné à cette fin statue dans les conditions prévues au III de l'article L. 512-1 du présent code. Il fait droit à la demande de l'étranger lorsque celui-ci présente des éléments sérieux de nature à justifier, au titre de sa demande d'asile, son maintien sur le territoire durant l'examen de son recours par la cour. La suspension de l'exécution de la mesure d'éloignement ne met pas fin à l'assignation à résidence ou à la rétention de l'étranger, qui se poursuit dans les conditions et limites prévues au présent livre.

IV. — Un décret en Conseil d'État fixe les modalités d'application du présent article. Il précise notamment les modalités de prise en compte de la vulnérabilité du demandeur d'asile et, le cas échéant, de ses besoins particuliers.

CHAPITRE 4
Le droit à l'éducation

188 Déclaration universelle des droits de l'homme (article 26)

Art. 26. 1. Toute personne a droit à l'éducation. L'éducation doit être gratuite, au moins en ce qui concerne l'enseignement élémentaire et fondamental. L'enseignement élémentaire est obligatoire. L'enseignement technique et professionnel doit être généralisé; l'accès aux études supérieures doit être ouvert en pleine égalité à tous en fonction de leur mérite.

2. L'éducation doit viser au plein épanouissement de la personnalité humaine et au renforcement du respect des droits de l'homme et des libertés fondamentales. Elle doit favoriser la compréhension, la tolérance et l'amitié entre toutes les nations et tous les groupes raciaux ou religieux, ainsi que le développement des activités des Nations Unies pour le maintien de la paix.

3. Les parents ont, par priorité, le droit de choisir le genre d'éducation à donner à leurs enfants.

189 Convention de New York relative aux droits de l'enfant (articles 28, 29 et 32)

Art. 28. 1. Les États parties reconnaissent le droit de l'enfant à l'éducation, et en particulier, en vue d'assurer l'exercice de ce droit progressivement et sur la base de l'égalité des chances :

a) Ils rendent l'enseignement primaire obligatoire et gratuit pour tous;

b) Ils encouragent l'organisation de différentes formes d'enseignement secondaire, tant général que professionnel, les rendent ouvertes et accessibles à tout enfant, et prennent des mesures appropriées, telles que l'instauration de la gratuité de l'enseignement et l'offre d'une aide financière en cas de besoin;

c) Ils assurent à tous l'accès à l'enseignement supérieur, en fonction des capacités de chacun, par tous les moyens appropriés;

d) Ils rendent ouvertes et accessibles à tout enfant l'information et l'orientation scolaires et professionnelles;

e) Ils prennent des mesures pour encourager la régularité de la fréquentation scolaire et la réduction des taux d'abandon scolaire.

2. Les États parties prennent toutes les mesures appropriées pour veiller à ce que la discipline scolaire soit appliquée d'une manière compatible avec la dignité de l'enfant en tant qu'être humain et conformément à la présente Convention.

3. Les États parties favorisent et encouragent la coopération internationale dans le domaine de l'éducation, en vue notamment de contribuer à éliminer l'ignorance et l'analphabétisme dans le monde et de faciliter l'accès aux connaissances scientifiques et techniques et aux méthodes d'enseignement modernes. A cet égard, il est tenu particulièrement compte des besoins des pays en développement.

Art. 29. 1. Les États parties conviennent que l'éducation de l'enfant doit viser à :

a) Favoriser l'épanouissement de la personnalité de l'enfant et le développement de ses dons et de ses aptitudes mentales et physiques, dans toute la mesure de leurs potentialités;

b) Inculquer à l'enfant le respect des droits de l'homme et des libertés fondamentales, et des principes consacrés dans la Charte des Nations Unies ;

c) Inculquer à l'enfant le respect de ses parents, de son identité, de sa langue et de ses valeurs culturelles, ainsi que le respect des valeurs nationales du pays dans lequel il vit, du pays duquel il peut être originaire et des civilisations différentes de la sienne ;

d) Préparer l'enfant à assumer les responsabilités de la vie dans une société libre, dans un esprit de compréhension, de paix, de tolérance, d'égalité entre les sexes et d'amitié entre tous les peuples et groupes ethniques, nationaux et religieux, et avec les personnes d'origine autochtone ;

e) Inculquer à l'enfant le respect du milieu naturel.

2. Aucune disposition du présent article ou de l'article 28 ne sera interprétée d'une manière qui porte atteinte à la liberté des personnes physiques ou morales de créer et de diriger des établissements d'enseignement, à condition que les principes énoncés au paragraphe 1 du présent article soient respectés et que l'éducation dispensée dans ces établissements soit conforme aux normes minimales que l'État aura prescrites.

Art. 32. 1. Les États parties reconnaissent le droit de l'enfant d'être protégé contre l'exploitation économique et de n'être astreint à aucun travail comportant des risques ou susceptible de compromettre son éducation ou de nuire à sa santé ou à son développement physique, mental, spirituel, moral ou social.

2. Les États parties prennent des mesures législatives, administratives, sociales et éducatives pour assurer l'application du présent article. A cette fin, et compte tenu des dispositions pertinentes des autres instruments internationaux, les États parties, en particulier :

a) Fixent un âge minimum ou des âges minimum d'admission à l'emploi ;

b) Prévoient une réglementation appropriée des horaires de travail et des conditions d'emploi ;

c) Prévoient des peines ou autres sanctions appropriées pour assurer l'application effective du présent article.

190 Protocole additionnel n° 1 à la Convention de sauvegarde des droits de l'homme et des libertés fondamentales (article 2)

Art. 2. *Droit à l'instruction.* Nul ne peut se voir refuser le droit à l'instruction. L'État, dans l'exercice des fonctions qu'il assumera dans le domaine de l'éducation et de l'enseignement, respectera le droit des parents d'assurer cette éducation et cet enseignement conformément à leurs convictions religieuses et philosophiques.

191 Charte des droits fondamentaux de l'Union européenne (article 14)

Art. 14. *Droit à l'éducation.* 1. Toute personne a droit à l'éducation, ainsi qu'à l'accès à la formation professionnelle et continue.

2. Ce droit comporte la faculté de suivre gratuitement l'enseignement obligatoire.

3. La liberté de créer des établissements d'enseignement dans le respect des principes démocratiques, ainsi que le droit des parents d'assurer l'éducation et l'enseignement de

leurs enfants conformément à leurs convictions religieuses, philosophiques et pédagogiques, sont respectés selon les lois nationales qui en régissent l'exercice.

192 Préambule de la Constitution du 27 octobre 1946 (alinéa 13)

Al. 13. La nation garantit l'égal accès de l'enfant et de l'adulte à l'instruction, à la formation professionnelle et à la culture. L'organisation de l'enseignement public gratuit et laïque à tous les degrés est un devoir de l'État.

193 Code de l'éducation (articles L. 122-1-1 à L. 122-6)

TITRE II

OBJECTIFS ET MISSIONS DU SERVICE PUBLIC DE L'ENSEIGNEMENT

CHAPITRE II

Objectifs et missions de l'enseignement scolaire

Art. L. 122-1-1. *(L. n° 2013-595 du 8 juill. 2013, art. 13-1°)* «La scolarité obligatoire doit garantir à chaque élève les moyens nécessaires à l'acquisition d'un socle commun de connaissances, de compétences et de culture, auquel contribue l'ensemble des enseignements dispensés au cours de la scolarité. Le socle doit permettre la poursuite d'études, la construction d'un avenir personnel et professionnel et préparer à l'exercice de la citoyenneté. Les éléments de ce socle commun et les modalités de son acquisition progressive sont fixés par décret, après avis du Conseil supérieur des programmes.»

L'acquisition du socle commun par les élèves fait l'objet d'une évaluation, qui est prise en compte dans la poursuite de la scolarité.

Le Gouvernement présente tous les trois ans au Parlement un rapport sur la manière dont les programmes prennent en compte le socle commun et sur la maîtrise de celui-ci par les élèves au cours de leur scolarité.

Art. L. 122-2. *(L. n° 2013-595 du 8 juill. 2013, art. 14-1°)* «Tout élève qui, à l'issue de la scolarité obligatoire, n'a pas atteint un niveau de formation sanctionné par un diplôme national ou un titre professionnel enregistré et classé au niveau V du répertoire national des certifications professionnelles doit pouvoir poursuivre des études afin d'acquérir ce diplôme ou ce titre.» L'État prévoit les moyens nécessaires, dans l'exercice de ses compétences, à la prolongation de scolarité qui en découle.

(L. n° 2013-595 du 8 juill. 2013, art. 14-2°) «Tout jeune sortant du système éducatif sans diplôme bénéficie d'une durée complémentaire de formation qualifiante qu'il peut utiliser dans des conditions fixées par décret. Cette durée complémentaire de formation qualifiante peut consister en un droit au retour en formation initiale sous statut scolaire.»

(L. n° 2005-380 du 23 avr. 2005, art. 10) «Tout mineur non émancipé dispose du droit de poursuivre sa scolarité au-delà de l'âge de seize ans.

«Lorsque les personnes responsables d'un mineur non émancipé s'opposent à la poursuite de sa scolarité au-delà de l'âge de seize ans, une mesure d'assistance éducative peut être ordonnée dans les conditions prévues aux articles 375 et suivants du code civil afin de garantir le droit de l'enfant à l'éducation.»

Art. L. 122-3. Tout jeune doit se voir offrir, avant sa sortie du système éducatif et quel que soit le niveau d'enseignement qu'il a atteint, une formation professionnelle.

Art. L. 122-4. L'État assure ou encourage des actions d'adaptation professionnelle au profit des élèves qui cessent leurs études sans qualification professionnelle.

Art. L. 122-5. L'éducation permanente constitue une obligation nationale. Elle a pour objet d'assurer à toutes les époques de sa vie la formation et le développement de l'homme, de lui permettre d'acquérir les connaissances et l'ensemble des aptitudes intellectuelles ou manuelles qui concourent à son épanouissement comme au progrès culturel, économique et social.

L'éducation permanente fait partie des missions des établissements d'enseignement; elle offre à chacun la possibilité d'élever son niveau de formation, de s'adapter aux changements économiques et sociaux et de valider les connaissances acquises.

Art. L. 122-6. Comme il est dit *(Ord. nº 2008-1304 du 11 déc. 2008, art. 1er)* «aux articles L. 6211-1 et L. 6211-2 du code du travail,» l'apprentissage est une forme d'éducation alternée, qui concourt aux objectifs éducatifs de la Nation.

194 Code de l'éducation (articles L. 141-1 à L. 141-6)

TITRE IV

LA LAÏCITÉ DE L'ENSEIGNEMENT PUBLIC

CHAPITRE UNIQUE

Art. L. 141-1. Comme il est dit au treizième alinéa du Préambule de la Constitution du 27 octobre 1946 confirmé par celui de la Constitution du 4 octobre 1958, «la Nation garantit l'égal accès de l'enfant et de l'adulte à l'instruction, à la formation et à la culture; l'organisation de l'enseignement public gratuit et laïque à tous les degrés est un devoir de l'État».

Art. L. 141-2. Suivant les principes définis dans la Constitution, l'État assure aux enfants et adolescents dans les établissements publics d'enseignement la possibilité de recevoir un enseignement conforme à leurs aptitudes dans un égal respect de toutes les croyances.

L'État prend toutes dispositions utiles pour assurer aux élèves de l'enseignement public la liberté des cultes et de l'instruction religieuse.

Art. L. 141-3. Les écoles élémentaires publiques vaquent un jour par semaine en outre du dimanche, afin de permettre aux parents de faire donner, s'ils le désirent, à leurs enfants l'instruction religieuse, en dehors des édifices scolaires.

L'enseignement religieux est facultatif dans les écoles privées.

Art. L. 141-4. L'enseignement religieux ne peut être donné aux enfants inscrits dans les écoles publiques qu'en dehors des heures de classe.

Art. L. 141-5. Dans les établissements du premier degré publics, l'enseignement est exclusivement confié à un personnel laïque.

Art. L. 141-5-1. *(L. n° 2004-228 du 15 mars 2004, art. 1er)* Dans les écoles, les collèges et les lycées publics, le port de signes ou tenues par lesquels les élèves manifestent ostensiblement une appartenance religieuse est interdit.

Le règlement intérieur rappelle que la mise en œuvre d'une procédure disciplinaire est précédée d'un dialogue avec l'élève.

Art. L. 141-6. Le service public de l'enseignement supérieur est laïque et indépendant de toute emprise politique, économique, religieuse ou idéologique; il tend à l'objectivité du savoir; il respecte la diversité des opinions. Il doit garantir à l'enseignement et à la recherche leurs possibilités de libre développement scientifique, créateur et critique.

CHAPITRE 5
Le droit à la création

195 Déclaration universelle des droits de l'homme (article 27)

Art. 27. 1. Toute personne a le droit de prendre part librement à la vie culturelle de la communauté, de jouir des arts et de participer au progrès scientifique et aux bienfaits qui en résultent.

2. Chacun a droit à la protection des intérêts moraux et matériels découlant de toute production scientifique, littéraire ou artistique dont il est l'auteur.

196 Charte des droits fondamentaux de l'Union européenne (article 13)

Art. 13. *Liberté des arts et des sciences.* Les arts et la recherche scientifique sont libres. La liberté académique est respectée.

197 Code de la propriété intellectuelle (articles L. 111-1 à L. 111-5, L. 121-1 à L. 121-9 et L. 122-1 à L. 122-12)

TITRE Ier
OBJET DU DROIT D'AUTEUR

CHAPITRE PREMIER
Nature du droit d'auteur

Art. L. 111-1. L'auteur d'une œuvre de l'esprit jouit sur cette œuvre, du seul fait de sa création, d'un droit de propriété incorporelle exclusif et opposable à tous.

Ce droit comporte des attributs d'ordre intellectuel et moral ainsi que des attributs d'ordre patrimonial, qui sont déterminés par les livres Ier et III du présent code.

(L. n° 2006-961 du 1er août 2006, art. 31) «L'existence ou la conclusion d'un contrat de louage d'ouvrage ou de service par l'auteur d'une œuvre de l'esprit n'emporte pas dérogation à la jouissance du droit reconnu par le premier alinéa, sous réserve des exceptions

prévues par le présent code. Sous les mêmes réserves, il n'est pas non plus dérogé à la jouissance de ce même droit lorsque l'auteur de l'œuvre de l'esprit est un agent de l'État, d'une collectivité territoriale, d'un établissement public à caractère administratif, d'une autorité administrative indépendante dotée de la personnalité morale ou de la Banque de France.

«Les dispositions des articles L. 121-7-1 et L. 131-3-1 à L. 131-3-3 ne s'appliquent pas aux agents auteurs d'œuvres dont la divulgation n'est soumise, en vertu de leur statut ou des règles qui régissent leurs fonctions, à aucun contrôle préalable de l'autorité hiérarchique.»

Art. L. 111-2. L'œuvre est réputée créée, indépendamment de toute divulgation publique, du seul fait de la réalisation, même inachevée, de la conception de l'auteur.

Art. L. 111-3. La propriété incorporelle définie par l'article L. 111-1 est indépendante de la propriété de l'objet matériel.

L'acquéreur de cet objet n'est investi, du fait de cette acquisition, d'aucun des droits prévus par le présent code, sauf dans les cas prévus par les dispositions des deuxième et troisième alinéas de l'article L. 123-4. Ces droits subsistent en la personne de l'auteur ou de ses ayants droit qui, pourtant, ne pourront exiger du propriétaire de l'objet matériel la mise à leur disposition de cet objet pour l'exercice desdits droits. Néanmoins, en cas d'abus notoire du propriétaire empêchant l'exercice du droit de divulgation, le tribunal de grande instance peut prendre toute mesure appropriée, conformément aux dispositions de l'article L. 121-3.

Art. L. 111-4. Sous réserve des dispositions des conventions internationales auxquelles la France est partie, dans le cas où, après consultation du ministre des affaires étrangères, il est constaté qu'un État n'assure pas aux œuvres divulguées pour la première fois en France sous quelque forme que ce soit une protection suffisante et efficace, les œuvres divulguées pour la première fois sur le territoire de cet État ne bénéficient pas de la protection reconnue en matière de droit d'auteur par la législation française.

Toutefois, aucune atteinte ne peut être portée à l'intégrité ni à la paternité de ces œuvres.

Dans l'hypothèse prévue à l'alinéa 1er ci-dessus, les droits d'auteur sont versés à des organismes d'intérêt général désignés par décret.

Art. L. 111-5. Sous réserve des conventions internationales, les droits reconnus en France aux auteurs de logiciels par le présent code sont reconnus aux étrangers sous la condition que la loi de l'État dont ils sont les nationaux ou sur le territoire duquel ils ont leur domicile, leur siège social ou un établissement effectif accorde sa protection aux logiciels créés par les nationaux français et par les personnes ayant en France leur domicile ou un établissement effectif.

TITRE DEUXIÈME

DROITS DES AUTEURS

CHAPITRE PREMIER

Droits moraux

Art. L. 121-1. L'auteur jouit du droit au respect de son nom, de sa qualité et de son œuvre.

Ce droit est attaché à sa personne.

Il est perpétuel, inaliénable et imprescriptible.

Il est transmissible à cause de mort aux héritiers de l'auteur.

L'exercice peut être conféré à un tiers en vertu de dispositions testamentaires.

Art. L. 121-2. L'auteur a seul le droit de divulguer son œuvre. Sous réserve des dispositions de l'article L. 132-24, il détermine le procédé de divulgation et fixe les conditions de celle-ci.

Après sa mort, le droit de divulgation de ses œuvres posthumes est exercé leur vie durant par le ou les exécuteurs testamentaires désignés par l'auteur. A leur défaut, ou après leur décès, et sauf volonté contraire de l'auteur, ce droit est exercé dans l'ordre suivant : par les descendants, par le conjoint contre lequel n'existe pas un jugement passé en force de chose jugée de séparation de corps ou qui n'a pas contracté un nouveau mariage, par les héritiers autres que les descendants qui recueillent tout ou partie de la succession et par les légataires universels ou donataires de l'universalité des biens à venir.

Ce droit peut s'exercer même après l'expiration du droit exclusif d'exploitation déterminé à l'article L. 123-1.

Art. L. 121-3. En cas d'abus notoire dans l'usage ou le non-usage du droit de divulgation de la part des représentants de l'auteur décédé visés à l'article L. 121-2, le tribunal de grande instance peut ordonner toute mesure appropriée. Il en est de même s'il y a conflit entre lesdits représentants, s'il n'y a pas d'ayant droit connu ou en cas de vacance ou de déshérence.

Le tribunal peut être saisi notamment par le ministre chargé de la culture.

Art. L. 121-4. Nonobstant la cession de son droit d'exploitation, l'auteur, même postérieurement à la publication de son œuvre, jouit d'un droit de repentir ou de retrait vis-à-vis du cessionnaire. Il ne peut toutefois exercer ce droit qu'à charge d'indemniser préalablement le cessionnaire du préjudice que ce repentir ou ce retrait peut lui causer. Lorsque, postérieurement à l'exercice de son droit de repentir ou de retrait, l'auteur décide de faire publier son œuvre, il est tenu d'offrir par priorité ses droits d'exploitation au cessionnaire qu'il avait originairement choisi et aux conditions originairement déterminées.

Art. L. 121-5. L'œuvre audiovisuelle est réputée achevée lorsque la version définitive a été établie d'un commun accord entre, d'une part, le réalisateur ou, éventuellement, les coauteurs et, d'autre part, le producteur.

Il est interdit de détruire la matrice de cette version.

Toute modification de cette version par addition, suppression ou changement d'un élément quelconque exige l'accord des personnes mentionnées au premier alinéa.

Tout transfert de l'œuvre audiovisuelle sur un autre type de support en vue d'un autre mode d'exploitation doit être précédé de la consultation du réalisateur.

Les droits propres des auteurs, tels qu'ils sont définis à l'article L. 121-1, ne peuvent être exercés par eux que sur l'œuvre audiovisuelle achevée.

Art. L. 121-6. Si l'un des auteurs refuse d'achever sa contribution à l'œuvre audiovisuelle ou se trouve dans l'impossibilité d'achever cette contribution par suite de force majeure, il ne pourra s'opposer à l'utilisation, en vue de l'achèvement de l'œuvre, de la partie de cette contribution déjà réalisée. Il aura, pour cette contribution, la qualité d'auteur et jouira des droits qui en découlent.

Art. L. 121-7. *(L. n° 94-361 du 10 mai 1994, art. 3)* Sauf stipulation contraire plus favorable à l'auteur d'un logiciel, celui-ci ne peut :

1° S'opposer à la modification du logiciel par le cessionnaire des droits mentionnés au 2° de l'article L. 122-6, lorsqu'elle n'est préjudiciable ni à son honneur ni à sa réputation;

2° Exercer son droit de repentir ou de retrait.

Art. L. 121-7-1. *(L. n° 2006-961 du 1er août 2006, art. 32)* Le droit de divulgation reconnu à l'agent mentionné au troisième alinéa de l'article L. 111-1, qui a créé une œuvre de l'esprit dans l'exercice de ses fonctions ou d'après les instructions reçues, s'exerce dans le respect des règles auxquelles il est soumis en sa qualité d'agent et de celles qui régissent l'organisation, le fonctionnement et l'activité de la personne publique qui l'emploie.

L'agent ne peut :

1° S'opposer à la modification de l'œuvre décidée dans l'intérêt du service par l'autorité investie du pouvoir hiérarchique, lorsque cette modification ne porte pas atteinte à son honneur ou à sa réputation;

2° Exercer son droit de repentir et de retrait, sauf accord de l'autorité investie du pouvoir hiérarchique.

Art. L. 121-8. L'auteur seul a le droit de réunir ses articles et ses discours en recueil et de les publier ou d'en autoriser la publication sous cette forme.

(L. n° 2009-669 du 12 juin 2009, art. 20) «Pour toutes les œuvres publiées dans un titre de presse au sens de l'article L. 132-35, l'auteur conserve, sauf stipulation contraire, le droit de faire reproduire et d'exploiter ses œuvres sous quelque forme que ce soit, sous réserve des droits cédés dans les conditions prévues à la section 6 du chapitre II du titre III du livre Ier.

«Dans tous les cas, l'exercice par l'auteur de son droit suppose que cette reproduction ou cette exploitation ne soit pas de nature à faire concurrence à ce titre de presse.»

Art. L. 121-9. Sous tous les régimes matrimoniaux et à peine de nullité de toutes clauses contraires portées au contrat de mariage, le droit de divulguer l'œuvre, de fixer les conditions de son exploitation et d'en défendre l'intégrité reste propre à l'époux auteur ou à celui des époux à qui de tels droits ont été transmis. Ce droit ne peut être apporté en dot, ni acquis par la communauté ou par une société d'acquêts.

Les produits pécuniaires provenant de l'exploitation d'une œuvre de l'esprit ou de la cession totale ou partielle du droit d'exploitation sont soumis au droit commun des régimes matrimoniaux, uniquement lorsqu'ils ont été acquis pendant le mariage; il en est de même des économies réalisées de ces chefs.

Les dispositions prévues à l'alinéa précédent ne s'appliquent pas lorsque le mariage a été célébré antérieurement au 12 mars 1958.

Les dispositions législatives relatives à la contribution des époux aux charges du ménage sont applicables aux produits pécuniaires visés au deuxième alinéa du présent article.

CHAPITRE II

Droits patrimoniaux

Art. L. 122-1. Le droit d'exploitation appartenant à l'auteur comprend le droit de représentation et le droit de reproduction.

Art. L. 122-2. La représentation consiste dans la communication de l'œuvre au public par un procédé quelconque, et notamment :

1° Par récitation publique, exécution lyrique, représentation dramatique, présentation publique, projection publique et transmission dans un lieu public de l'œuvre télédiffusée ;

2° Par télédiffusion.

La télédiffusion s'entend de la diffusion par tout procédé de télécommunication de sons, d'images, de documents, de données et de messages de toute nature.

Est assimilée à une représentation l'émission d'une œuvre vers un satellite.

Art. L. 122-2-1. *(L. n° 97-283 du 27 mars 1997, art. 1er)* Le droit de représentation d'une œuvre télédiffusée par satellite est régi par les dispositions du présent code dès lors que l'œuvre est émise vers le satellite à partir du territoire national.

Art. L. 122-2-2. *(L. n° 97-283 du 27 mars 1997, art. 1er)* Est également régi par les dispositions du présent code le droit de représentation d'une œuvre télédiffusée par satellite émise à partir du territoire d'un État non membre de la Communauté européenne qui n'assure pas un niveau de protection des droits d'auteur équivalent à celui garanti par le présent code :

1° Lorsque la liaison montante vers le satellite est effectuée à partir d'une station située sur le territoire national. Les droits prévus par le présent code peuvent alors être exercés à l'égard de l'exploitant de la station ;

2° Lorsque la liaison montante vers le satellite n'est pas effectuée à partir d'une station située dans un État membre de la Communauté européenne et lorsque l'émission est réalisée à la demande, pour le compte ou sous le contrôle d'une entreprise de communication audiovisuelle ayant son principal établissement sur le territoire national. Les droits prévus par le présent code peuvent alors être exercés à l'égard de l'entreprise de communication audiovisuelle.

Art. L. 122-3. La reproduction consiste dans la fixation matérielle de l'œuvre par tous procédés qui permettent de la communiquer au public d'une manière indirecte.

Elle peut s'effectuer notamment par imprimerie, dessin, gravure, photographie, moulage et tout procédé des arts graphiques et plastiques, enregistrement mécanique, cinématographique ou magnétique.

Pour les œuvres d'architecture, la reproduction consiste également dans l'exécution répétée d'un plan ou d'un projet type.

Art. L. 122-3-1. *(L. n° 2006-961 du 1er août 2006, art. 4)* Dès lors que la première vente d'un ou des exemplaires matériels d'une œuvre a été autorisée par l'auteur ou ses ayants droit sur le territoire d'un État membre de la Communauté européenne ou d'un autre État partie à l'accord sur l'Espace économique européen, la vente de ces exemplaires de cette œuvre ne peut plus être interdite dans les États membres de la Communauté européenne et les États parties à l'accord sur l'Espace économique européen.

Art. L. 122-4. Toute représentation ou reproduction intégrale ou partielle faite sans le consentement de l'auteur ou de ses ayants droit ou ayants cause est illicite. Il en est de même pour la traduction, l'adaptation ou la transformation, l'arrangement ou la reproduction par un art ou un procédé quelconque.

Art. L. 122-5. Lorsque l'œuvre a été divulguée, l'auteur ne peut interdire :

1° Les représentations privées et gratuites effectuées exclusivement dans un cercle de famille ;

2° Les copies ou reproductions *(L. n° 2011-1898 du 20 déc. 2011, art. 1er)* « réalisées à partir d'une source licite et » strictement réservées à l'usage privé du copiste et non destinées à une utilisation collective, à l'exception des copies des œuvres d'art destinées à être utilisées pour des fins identiques à celles pour lesquelles l'œuvre originale a été créée *(L. n° 94-361 du 10 mai 1994, art. 5-II)* « et des copies d'un logiciel autres que la copie de sauvegarde établie dans les conditions prévues au II de l'article L. 122-6-1 » *(L. n° 98-536 du 1er juill. 1998, art. 2)* « ainsi que des copies ou reproductions d'une base de données électronique » ;

3° Sous réserve que soient indiqués clairement le nom de l'auteur et la source :

a) Les analyses et courtes citations justifiées par le caractère critique, polémique, pédagogique, scientifique ou d'information de l'œuvre à laquelle elles sont incorporées ;

b) Les revues de presse ;

c) La diffusion, même intégrale, par la voie de presse ou de télédiffusion, à titre d'information d'actualité, des discours destinés au public prononcés dans les assemblées politiques, administratives, judiciaires ou académiques, ainsi que dans les réunions publiques d'ordre politique et les cérémonies officielles ;

(L. n° 97-283 du 27 mars 1997, art. 17) « *d*) Les reproductions, intégrales ou partielles d'œuvres d'art graphiques ou plastiques destinées à figurer dans le catalogue d'une vente *(L. n° 2000-642 du 10 juill. 2000)* « judiciaire » effectuée en France pour les exemplaires *(L. n° 2000-642 du 10 juill. 2000)* « mis » à la disposition du public avant la vente dans le seul but de décrire les œuvres d'art mises en vente ; »

(L. n° 2006-961 du 1er août 2006, art. 1er) « *e)* La représentation ou la reproduction d'extraits d'œuvres, sous réserve des œuvres conçues à des fins *(L. n° 2013-595 du 8 juill. 2013, art. 77)* « pédagogiques et » des partitions de musique, à des fins exclusives d'illustration dans le cadre de l'enseignement et de la recherche *(L. n° 2013-595 du 8 juill. 2013, art. 77)* « , y compris pour l'élaboration et la diffusion de sujets d'examens ou de concours organisés dans la prolongation des enseignements », à l'exclusion de toute activité ludique ou récréative, dès lors que *(L. n° 2013-595 du 8 juill. 2013, art. 77)* « cette représentation ou cette reproduction est destinée, notamment au moyen d'un espace numérique de travail, à un public composé majoritairement d'élèves, d'étudiants, d'enseignants ou de chercheurs directement concernés par l'acte d'enseignement, de formation ou l'activité de recherche nécessitant cette représentation ou cette reproduction, qu'elle ne fait l'objet d'aucune publication ou diffusion à un tiers au public ainsi constitué », que l'utilisation de cette représentation ou cette reproduction ne donne lieu à aucune exploitation commerciale et qu'elle est compensée par une rémunération négociée sur une base forfaitaire sans préjudice de la cession du droit de reproduction par reprographie mentionnée à l'article L. 122-10 ; »

4° La parodie, le pastiche et la caricature, compte tenu des lois du genre ;

(L. n° 98-536 du 1er juill. 1998, art. 3) « 5° Les actes nécessaires à l'accès au contenu d'une base de données électronique pour les besoins et dans les limites de l'utilisation prévue par contrat ; »

(L. n° 2006-961 du 1er août 2006, art. 1er) « 6° La reproduction provisoire présentant un caractère transitoire ou accessoire, lorsqu'elle est une partie intégrante et essentielle d'un procédé technique et qu'elle a pour unique objet de permettre l'utilisation licite de l'œuvre ou sa transmission entre tiers par la voie d'un réseau faisant appel à un

intermédiaire; toutefois, cette reproduction provisoire qui ne peut porter que sur des œuvres autres que les logiciels et les bases de données ne doit pas avoir de valeur économique propre;»

(L. nº 2016-925 du 7 juill. 2016, art. 33-I-1º) «7º Dans les conditions prévues aux articles L. 122-5-1 et L. 122-5-2, la reproduction et la représentation par des personnes morales et par les établissements ouverts au public, tels que les bibliothèques, les archives, les centres de documentation et les espaces culturels multimédia, en vue d'une consultation strictement personnelle de l'œuvre par des personnes atteintes d'une ou de plusieurs déficiences des fonctions motrices, physiques, sensorielles, mentales, cognitives ou psychiques et empêchées, du fait de ces déficiences, d'accéder à l'œuvre dans la forme sous laquelle l'auteur la rend disponible au public».

(L. nº 2018-771 du 5 sept. 2018, art. 81) «Ces personnes empêchées peuvent également, en vue d'une consultation strictement personnelle de l'œuvre, réaliser, par elles-mêmes ou par l'intermédiaire d'une personne physique agissant en leur nom, des actes de reproduction et de représentation;»

(L. nº 2006-961 du 1er août 2006, art. 1er) «8º *(L. nº 2009-669 du 13 juin 2009, art. 21)* «La reproduction d'une œuvre et sa représentation effectuées à des fins de conservation ou destinées à préserver les conditions de sa consultation à des fins de recherche ou d'études privées par des particuliers, dans les locaux de l'établissement et sur des terminaux dédiés par des bibliothèques» accessibles au public, par des musées ou par des services d'archives, sous réserve que ceux-ci ne recherchent aucun avantage économique ou commercial;

«9º La reproduction ou la représentation, intégrale ou partielle, d'une œuvre d'art graphique, plastique ou architecturale, par voie de presse écrite, audiovisuelle ou en ligne, dans un but exclusif d'information immédiate et en relation directe avec cette dernière, sous réserve d'indiquer clairement le nom de l'auteur.

«Le premier alinéa du présent 9º ne s'applique pas aux œuvres, notamment photographiques ou d'illustration, qui visent elles-mêmes à rendre compte de l'information;

«Les reproductions ou représentations qui, notamment par leur nombre ou leur format, ne seraient pas en stricte proportion avec le but exclusif d'information immédiate poursuivi ou qui ne seraient pas en relation directe avec cette dernière donnent lieu à rémunération des auteurs sur la base des accords ou tarifs en vigueur dans les secteurs professionnels concernés»;

(L. nº 2016-1321 du 7 oct. 2016, art. 38-1º et 39) «10º Les copies ou reproductions numériques réalisées à partir d'une source licite, en vue de l'exploration de textes et de données incluses ou associées aux écrits scientifiques pour les besoins de la recherche publique, à l'exclusion de toute finalité commerciale. Un décret fixe les conditions dans lesquelles l'exploration des textes et des données est mise en œuvre, ainsi que les modalités de conservation et de communication des fichiers produits au terme des activités de recherche pour lesquelles elles ont été produites; ces fichiers constituent des données de la recherche;

«11º Les reproductions et représentations d'œuvres architecturales et de sculptures, placées en permanence sur la voie publique, réalisées par des personnes physiques, à l'exclusion de tout usage à caractère commercial.»

(L. nº 2006-961 du 1er août 2006, art. 1er) «Les exceptions énumérées par le présent article ne peuvent porter atteinte à l'exploitation normale de l'œuvre ni causer un préjudice injustifié aux intérêts légitimes de l'auteur.

«Les modalités d'application du présent article, notamment les caractéristiques et les conditions de distribution des documents mentionnés au *d* du 3°, sont précisées par décret en Conseil d'État.»

Art. L. 122-5-1. *(L. n° 2016-925 du 7 juill. 2016, art. 33-II)* La reproduction et la représentation mentionnées au *(L. n° 2018-771 du 5 sept. 2018, art. 81)* «premier alinéa du» 7° de l'article L. 122-5 sont assurées, à des fins non lucratives et dans la mesure requise par le handicap, dans les conditions suivantes :

1° La reproduction et la représentation sont assurées par des personnes morales ou des établissements figurant sur une liste arrêtée conjointement par les ministres chargés de la culture et des personnes handicapées. La liste de ces personnes morales et de ces établissements est établie au vu de leur activité professionnelle effective de conception, de réalisation ou de communication de documents adaptés au bénéfice des personnes physiques mentionnées au 7° du même article L. 122-5 et par référence à leur objet social, à l'importance des effectifs de leurs membres ou de leurs usagers, aux moyens matériels et humains dont ils disposent *(L. n° 2018-771 du 5 sept. 2018, art. 81)* «, aux services qu'ils rendent ainsi qu'aux moyens de sécurisation qu'ils mettent en œuvre pour empêcher et prévenir la distribution, la communication ou la mise à disposition à des personnes non autorisées».

2° La reproduction et la représentation peuvent également porter sur toute œuvre dont le fichier numérique est déposé par l'éditeur, dans un format facilitant la production de documents adaptés, auprès de la Bibliothèque nationale de France qui le met à la disposition des personnes morales et des établissements figurant sur la liste mentionnée au 1° du présent article et agréés à cet effet.

Pour l'application du présent 2° :

a) L'agrément est accordé conjointement par les ministres chargés de la culture et des personnes handicapées à ceux, parmi les personnes morales et établissements mentionnés au 1°, qui présentent des garanties et des capacités de sécurisation et de confidentialité des fichiers susceptibles d'être mis à leur disposition puis transmis par eux aux personnes bénéficiaires de la reproduction ou de la représentation;

b) Ce dépôt est obligatoire pour les éditeurs :

— en ce qui concerne les livres scolaires, pour ceux dont le dépôt légal ou la publication sous forme de livre numérique, au sens de la loi n° 2011-590 du 26 mai 2011 relative au prix du livre numérique, sont postérieurs au 1er janvier 2016, au plus tard le jour de leur mise à la disposition du public;

— pour les autres œuvres, sur demande d'une des personnes morales et des établissements mentionnés au même 1° formulée dans les dix ans suivant le dépôt légal des œuvres imprimées quand celui-ci est postérieur au 4 août 2006 ou dès lors que des œuvres sont publiées sous forme de livre numérique, au sens de la loi n° 2011-590 du 26 mai 2011 précitée;

c) Le ministre chargé de la culture arrête la liste des formats mentionnés au premier alinéa du présent 2°, après avis de la Bibliothèque nationale de France, des personnes morales et des établissements mentionnés au présent 2° et des organisations représentatives des titulaires de droit d'auteur et des personnes handicapées concernées;

d) La Bibliothèque nationale de France conserve sans limitation de durée les fichiers déposés par les éditeurs. Elle garantit la confidentialité de ces fichiers et la sécurisation de leur accès;

e) Les personnes morales et les établissements agréés en application du premier alinéa du présent 2° détruisent les fichiers mis à leur disposition une fois effectué le travail de conception, de réalisation et de communication de documents adaptés au bénéfice des personnes physiques mentionnées au 7° de l'article L. 122-5;

f) Les fichiers des documents adaptés sous forme numérique sont transmis à la Bibliothèque nationale de France par les personnes morales et les établissements mentionnés au 1° du présent article qui les ont réalisés. La Bibliothèque nationale de France les met à la disposition des autres personnes morales et établissements. Elle procède à une sélection des fichiers qu'elle conserve. Elle rend compte de cette activité de sélection et de conservation dans un rapport annuel rendu public;

g) La mise à disposition de documents adaptés est autorisée entre les personnes morales et les établissements mentionnés au même 1°.

Les modalités d'application du présent article, notamment les modalités d'établissement de la liste mentionnée audit 1° et de l'agrément prévu au présent 2°, les caractéristiques des livres scolaires mentionnés au *b* du même 2°, les critères de la sélection prévue au *f* dudit 2° ainsi que les conditions d'accès aux fichiers numériques mentionnés au premier alinéa et au *f* du même 2° sont précisées par décret en Conseil d'État.

Art. L. 122-5-2. *(L. n° 2018-771 du 5 sept. 2018, art. 81)* Les personnes morales et les établissements figurant sur la liste mentionnée au 1° de l'article L. 122-5-1 fournissent, sur demande, aux personnes atteintes d'une déficience qui les empêche de lire, aux auteurs et aux autres entités autorisées la liste et les formats disponibles des documents adaptés dont ils disposent, ainsi que le nom et les coordonnées des entités autorisées avec lesquelles ils procèdent à des échanges de tels documents.

Ces personnes et établissements peuvent recevoir des documents adaptés ou en mettre à disposition d'une entité autorisée établie dans un autre État membre de l'Union européenne ou un autre État partie au traité de Marrakech adopté le 27 juin 2013 visant à faciliter l'accès des aveugles, des déficients visuels et des personnes ayant d'autres difficultés de lecture des textes imprimés aux œuvres publiées, en vue de leur consultation par des personnes atteintes d'une déficience qui les empêche de lire.

Les personnes atteintes de ce type de déficience peuvent également, en vue d'une telle consultation, obtenir communication de documents adaptés auprès d'une entité autorisée mentionnée au deuxième alinéa du présent article.

On entend par entité autorisée, au sens du présent article, toute personne morale ou tout établissement autorisé ou reconnu par un État ayant pour mission d'offrir, à titre non lucratif, aux personnes physiques atteintes d'une déficience qui les empêche de lire, des services en matière d'enseignement, de formation pédagogique, de lecture adaptée ou d'accès à l'information. Cette dénomination désigne également un organisme public ou une organisation à but non lucratif dont l'une des activités principales, obligations institutionnelles ou missions d'intérêt public est de fournir les mêmes services à ces personnes.

Les modalités d'application du présent article sont précisées par décret en Conseil d'État.

Art. L. 122-6. *(L. n° 94-361 du 10 mai 1994, art. 4)* Sous réserve des dispositions de l'article L. 122-6-1, le droit d'exploitation appartenant à l'auteur d'un logiciel comprend le droit d'effectuer et d'autoriser :

1° La reproduction permanente ou provisoire d'un logiciel en tout ou partie par tout moyen et sous toute forme. Dans la mesure où le chargement, l'affichage, l'exécution, la transmission ou le stockage de ce logiciel nécessitent une reproduction, ces actes ne sont possibles qu'avec l'autorisation de l'auteur;

2° La traduction, l'adaptation, l'arrangement ou toute autre modification d'un logiciel et la reproduction du logiciel en résultant;

3° La mise sur le marché à titre onéreux ou gratuit, y compris la location, du ou des exemplaires d'un logiciel par tout procédé. Toutefois, la première vente d'un exemplaire d'un logiciel dans le territoire d'un État membre de la Communauté européenne ou d'un État partie à l'accord sur l'Espace économique européen par l'auteur ou avec son consentement épuise le droit de mise sur le marché de cet exemplaire dans tous les États membres à l'exception du droit d'autoriser la location ultérieure d'un exemplaire.

Art. L. 122-6-1. *(L. n° 94-361 du 10 mai 1994, art. 5-I)* I. — Les actes prévus aux 1° et 2° de l'article L. 122-6 ne sont pas soumis à l'autorisation de l'auteur lorsqu'ils sont nécessaires pour permettre l'utilisation du logiciel, conformément à sa destination, par la personne ayant le droit de l'utiliser, y compris pour corriger des erreurs.

Toutefois, l'auteur est habilité à se réserver par contrat le droit de corriger les erreurs et de déterminer les modalités particulières auxquelles seront soumis les actes prévus aux 1° et 2° de l'article L. 122-6, nécessaires pour permettre l'utilisation du logiciel, conformément à sa destination, par la personne ayant le droit de l'utiliser.

II. — La personne ayant le droit d'utiliser le logiciel peut faire une copie de sauvegarde lorsque celle-ci est nécessaire pour préserver l'utilisation du logiciel.

III. — La personne ayant le droit d'utiliser le logiciel peut sans l'autorisation de l'auteur observer, étudier ou tester le fonctionnement *(L. n° 2013-1168 du 18 déc. 2013, art. 25)* «ou la sécurité» de ce logiciel afin de déterminer les idées et principes qui sont à la base de n'importe quel élément du logiciel lorsqu'elle effectue toute opération de chargement, d'affichage, d'exécution, de transmission ou de stockage du logiciel qu'elle est en droit d'effectuer.

IV. — La reproduction du code du logiciel ou la traduction de la forme de ce code n'est pas soumise à l'autorisation de l'auteur lorsque la reproduction ou la traduction au sens du 1° ou du 2° de l'article L. 122-6 est indispensable pour obtenir les informations nécessaires à l'interopérabilité d'un logiciel créé de façon indépendante avec d'autres logiciels, sous réserve que soient réunies les conditions suivantes :

1° Ces actes sont accomplis par la personne ayant le droit d'utiliser un exemplaire du logiciel ou pour son compte par une personne habilitée à cette fin;

2° Les informations nécessaires à l'interopérabilité n'ont pas déjà été rendues facilement et rapidement accessibles aux personnes mentionnées au 1° ci-dessus;

3° Et ces actes sont limités aux parties du logiciel d'origine nécessaires à cette interopérabilité.

Les informations ainsi obtenues ne peuvent être :

1° Ni utilisées à des fins autres que la réalisation de l'interopérabilité du logiciel créé de façon indépendante;

2° Ni communiquées à des tiers sauf si cela est nécessaire à l'interopérabilité du logiciel créé de façon indépendante;

3° Ni utilisées pour la mise au point, la production ou la commercialisation d'un logiciel dont l'expression est substantiellement similaire ou pour tout autre acte portant atteinte au droit d'auteur.

V. — Le présent article ne saurait être interprété comme permettant de porter atteinte à l'exploitation normale du logiciel ou de causer un préjudice injustifié aux intérêts légitimes de l'auteur.

Toute stipulation contraire aux dispositions prévues aux II, III et IV du présent article est nulle et non avenue.

Art. L. 122-6-2. *(L. n° 94-361 du 10 mai 1994, art. 5-I)* Toute publicité ou notice d'utilisation relative aux moyens permettant la suppression ou la neutralisation de tout dispositif technique protégeant un logiciel doit mentionner que l'utilisation illicite de ces moyens est passible des sanctions prévues en cas de contrefaçon.

Un décret en Conseil d'État fixera les conditions d'application du présent article.

Art. L. 122-7. Le droit de représentation et le droit de reproduction sont cessibles à titre gratuit ou à titre onéreux.

La cession du droit de représentation n'emporte pas celle du droit de reproduction.

La cession du droit de reproduction n'emporte pas celle du droit de représentation.

Lorsqu'un contrat comporte cession totale de l'un des deux droits visés au présent article, la portée en est limitée aux modes d'exploitation prévus au contrat.

Art. L. 122-7-1. *(L. n° 2006-961 du 1er août 2006, art. 1er)* L'auteur est libre de mettre ses œuvres gratuitement à la disposition du public, sous réserve des droits des éventuels coauteurs et de ceux des tiers ainsi que dans le respect des conventions qu'il a conclues.

Art. L. 122-8. *(L. n° 2006-961 du 1er août 2006, art. 48)* Les auteurs d'œuvres originales graphiques et plastiques ressortissants d'un État membre de la Communauté européenne ou d'un État partie à l'accord sur l'Espace économique européen bénéficient d'un droit de suite, qui est un droit inaliénable de participation au produit de toute vente d'une œuvre après la première cession opérée par l'auteur ou par ses ayants droit, lorsque intervient en tant que vendeur, acheteur ou intermédiaire un professionnel du marché de l'art. Par dérogation, ce droit ne s'applique pas lorsque le vendeur a acquis l'œuvre directement de l'auteur moins de trois ans avant cette vente et que le prix de vente ne dépasse pas 10000 €.

On entend par œuvres originales au sens du présent article les œuvres créées par l'artiste lui-même et les exemplaires exécutés en quantité limitée par l'artiste lui-même ou sous sa responsabilité.

Le droit de suite est à la charge du vendeur. La responsabilité de son paiement incombe au professionnel intervenant dans la vente et, si la cession s'opère entre deux professionnels, au vendeur.

Les professionnels du marché de l'art visés au premier alinéa doivent délivrer à l'auteur ou *(Ord. n° 2016-1823 du 22 déc. 2016, art. 2-1°)* «à un organisme de gestion collective» du droit de suite toute information nécessaire à la liquidation des sommes dues au titre du droit de suite pendant une période de trois ans à compter de la vente.

Les auteurs non ressortissants d'un État membre de la Communauté européenne ou d'un État partie à l'accord sur l'Espace économique européen et leurs ayants droit sont admis au bénéfice de la protection prévue au présent article si la législation de l'État dont ils sont ressortissants admet la protection du droit de suite des auteurs des États membres et de leurs ayants droit.

Un décret en Conseil d'État précise les conditions d'application du présent article et notamment le montant et les modalités de calcul du droit à percevoir, ainsi que le prix de vente au-dessus duquel les ventes sont soumises à ce droit. Il précise également les conditions dans lesquelles les auteurs non ressortissants d'un État membre de la Communauté européenne ou d'un État partie à l'accord sur l'Espace économique européen qui ont leur résidence habituelle en France et ont participé à la vie de l'art en France pendant au moins cinq ans peuvent demander à bénéficier de la protection prévue au présent article.

Art. L. 122-9. En cas d'abus notoire dans l'usage ou le non-usage des droits d'exploitation de la part des représentants de l'auteur décédé visés à l'article L. 121-2, le tribunal de grande instance peut ordonner toute mesure appropriée. Il en est de même s'il y a conflit entre lesdits représentants, s'il n'y a pas d'ayant droit connu ou en cas de vacance ou de déshérence.

Le tribunal peut être saisi notamment par le ministre chargé de la culture.

Art. L. 122-10. *(L. n° 95-4 du 3 janv. 1995, art. 1er)* La publication d'une œuvre emporte cession du droit de reproduction par reprographie à *(Ord. n° 2016-1823 du 22 déc. 2016, art. 2-2°)* «un organisme de gestion collective régi par le titre II du livre III et agréé à cet effet par le ministre chargé de la culture. Les organismes agréés peuvent seuls» conclure toute convention avec les utilisateurs aux fins de gestion du droit ainsi cédé, sous réserve, pour les stipulations autorisant les copies aux fins de vente, de location, de publicité ou de promotion, de l'accord de l'auteur ou de ses ayants droit. A défaut de désignation par l'auteur ou son ayant droit à la date de la publication de l'œuvre, *(Ord. n° 2016-1823 du 22 déc. 2016, art. 2-2°)* «un des organismes agréés est réputé» cessionnaire de ce droit.

La reprographie s'entend de la reproduction sous forme de copie sur papier ou support assimilé par une technique photographique ou d'effet équivalent permettant une lecture directe.

Les dispositions du premier alinéa ne font pas obstacle au droit de l'auteur ou de ses ayants droit de réaliser des copies aux fins de vente, de location, de publicité ou de promotion.

Nonobstant toute stipulation contraire, les dispositions du présent article s'appliquent à toutes les œuvres protégées quelle que soit la date de leur publication.

Art. L. 122-11. *(L. n° 95-4 du 3 janv. 1995, art. 1er)* Les conventions mentionnées à l'article L. 122-10 peuvent prévoir une rémunération forfaitaire dans les cas définis aux 1° à 3° de l'article L. 131-4.

Art. L. 122-12. *(L. n° 95-4 du 3 janv. 1995, art. 1er)* L'agrément *(Ord. n° 2016-1823 du 22 déc. 2016, art. 2-3°)* «des organismes mentionnés» au premier alinéa de l'article L. 122-10 est délivré en considération :

— de la diversité *(Ord. n° 2016-1823 du 22 déc. 2016, art. 2-3°)* «des membres»;

— de la qualification professionnelle des dirigeants;

— des moyens humains et matériels qu'ils proposent de mettre en œuvre pour assurer la gestion du droit de reproduction par reprographie;

— du caractère équitable des modalités prévues pour la répartition des sommes perçues.

Un décret en Conseil d'État fixe les modalités de la délivrance et du retrait de cet agrément ainsi que du choix *(Ord. n° 2016-1823 du 22 déc. 2016, art. 2-3°)* «des organismes» cessionnaires en application de la dernière phrase du premier alinéa de l'article L. 122-10.

II – LES LIBERTÉS

CHAPITRE 1
La liberté d'aller et venir

Section 1
Les principes généraux

198 Déclaration universelle des droits de l'homme (article 13)

Art. 13. 1. Toute personne a le droit de circuler librement et de choisir sa résidence à l'intérieur d'un État.

2. Toute personne a le droit de quitter tout pays, y compris le sien, et de revenir dans son pays.

199 Pacte international relatif aux droits civils et politiques (article 12)

Art. 12. 1. Quiconque se trouve légalement sur le territoire d'un État a le droit d'y circuler librement et d'y choisir librement sa résidence.

2. Toute personne est libre de quitter n'importe quel pays, y compris le sien.

3. Les droits mentionnés ci-dessus ne peuvent être l'objet de restrictions que si celles-ci sont prévues par la loi, nécessaires pour protéger la sécurité nationale, l'ordre public, la santé ou la moralité publiques, ou les droits et libertés d'autrui, et compatibles avec les autres droits reconnus par le présent Pacte.

4. Nul ne peut être arbitrairement privé du droit d'entrer dans son propre pays.

200 Protocole n° 4 à la Convention de sauvegarde des droits de l'homme et des libertés fondamentales (article 2)

Art. 2. *Liberté de circulation.* 1. Quiconque se trouve régulièrement sur le territoire d'un État a le droit d'y circuler librement et d'y choisir librement sa résidence.

2. Toute personne est libre de quitter n'importe quel pays, y compris le sien.

3. L'exercice de ces droits ne peut faire l'objet d'autres restrictions que celles qui, prévues par la loi, constituent des mesures nécessaires, dans une société démocratique, à la sécurité nationale, à la sûreté publique, au maintien de l'ordre public, à la prévention des infractions pénales, à la protection de la santé ou de la morale, ou à la protection des droits et libertés d'autrui.

4. Les droits reconnus au paragraphe 1er peuvent également, dans certaines zones déterminées, faire l'objet de restrictions qui, prévues par la loi, sont justifiées par l'intérêt public dans une société démocratique.

201 Traité sur l'Union européenne (article 3)

A. – TRAITÉ SUR L'UNION EUROPÉENNE

Art. 3. I. – L'Union offre à ses citoyens un espace de liberté, de sécurité et de justice sans frontières intérieures, au sein duquel est assurée la libre circulation des personnes, en liaison avec des mesures appropriées en matière de contrôle des frontières extérieures, d'asile, d'immigration ainsi que de prévention de la criminalité et de lutte contre ce phénomène.

202 Traité sur le fonctionnement de l'Union européenne (article 21, titres IV et V)

Art. 21 *(ex-article 18 TCE).* 1. Tout citoyen de l'Union a le droit de circuler et de séjourner librement sur le territoire des États membres, sous réserve des limitations et conditions prévues par les traités et par les dispositions prises pour leur application.

2. Si une action de l'Union apparaît nécessaire pour atteindre cet objectif, et sauf si les traités ont prévu des pouvoirs d'action à cet effet, le Parlement européen et le Conseil, statuant conformément à la procédure législative ordinaire, peuvent arrêter des dispositions visant à faciliter l'exercice des droits visés au paragraphe 1.

3. Aux mêmes fins que celles visées au paragraphe 1, et sauf si les traités ont prévu des pouvoirs d'action à cet effet, le Conseil, statuant conformément à une procédure législative spéciale, peut arrêter des mesures concernant la sécurité sociale ou la protection sociale. Le Conseil statue à l'unanimité, après consultation du Parlement européen.

TITRE IV

LA LIBRE CIRCULATION DES PERSONNES, DES SERVICES ET DES CAPITAUX

CHAPITRE I

Les travailleurs

Art. 45 *(ex-article 39 TCE).* 1. La libre circulation des travailleurs est assurée à l'intérieur de l'Union.

2. Elle implique l'abolition de toute discrimination, fondée sur la nationalité, entre les travailleurs des États membres, en ce qui concerne l'emploi, la rémunération et les autres conditions de travail.

3. Elle comporte le droit, sous réserve des limitations justifiées par des raisons d'ordre public, de sécurité publique et de santé publique :

a) de répondre à des emplois effectivement offerts,

b) de se déplacer à cet effet librement sur le territoire des États membres,

c) de séjourner dans un des États membres afin d'y exercer un emploi conformément aux dispositions législatives, réglementaires et administratives régissant l'emploi des travailleurs nationaux,

d) de demeurer, dans des conditions qui feront l'objet de règlements établis par la Commission, sur le territoire d'un État membre, après y avoir occupé un emploi.

4. Les dispositions du présent article ne sont pas applicables aux emplois dans l'administration publique.

Art. 46 ***(ex-article 40 TCE).*** Le Parlement européen et le Conseil, statuant conformément à la procédure législative ordinaire et après consultation du Comité économique et social, arrête, par voie de directives ou de règlements, les mesures nécessaires en vue de réaliser la libre circulation des travailleurs, telle qu'elle est définie à l'article 45, notamment :

a) en assurant une collaboration étroite entre les administrations nationales du travail,

b) en éliminant, celles des procédures et pratiques administratives, ainsi que les délais d'accès aux emplois disponibles découlant soit de la législation interne, soit d'accords antérieurement conclus entre les États membres, dont le maintien ferait obstacle à la libération des mouvements des travailleurs,

c) en éliminant tous les délais et autres restrictions, prévus soit par les législations internes, soit par des accords antérieurement conclus entre les États membres, qui imposent aux travailleurs des autres États membres d'autres conditions qu'aux travailleurs nationaux pour le libre choix d'un emploi,

d) en établissant des mécanismes propres à mettre en contact les offres et les demandes d'emploi et à en faciliter l'équilibre dans des conditions qui écartent des risques graves pour le niveau de vie et d'emploi dans les diverses régions et industries.

Art. 47 ***(ex-article 41 TCE).*** Les États membres favorisent, dans le cadre d'un programme commun, l'échange de jeunes travailleurs.

Art. 48 ***(ex-article 42 TCE).*** Le Parlement européen et le Conseil, statuant conformément à la procédure législative ordinaire, adoptent, dans le domaine de la sécurité sociale, les mesures nécessaires pour l'établissement de la libre circulation des travailleurs, en instituant notamment un système permettant d'assurer aux travailleurs migrants salariés et non salariés et à leurs ayants droit :

a) la totalisation, pour l'ouverture et le maintien du droit aux prestations, ainsi que pour le calcul de celles-ci, de toutes périodes prises en considération par les différentes législations nationales;

b) le paiement des prestations aux personnes résidant sur les territoires des États membres.

Lorsqu'un membre du Conseil déclare qu'un projet d'acte législatif visé au premier alinéa porterait atteinte à des aspects importants de son système de sécurité sociale, notamment pour ce qui est du champ d'application, du coût ou de la structure financière, ou en affecterait l'équilibre financier, il peut demander que le Conseil européen soit saisi. Dans ce cas, la procédure législative ordinaire est suspendue. Après discussion et dans un délai de quatre mois à compter de cette suspension, le Conseil européen :

a) renvoie le projet au Conseil, ce qui met fin à la suspension de la procédure législative ordinaire, ou

b) n'agit pas ou demande à la Commission de présenter une nouvelle proposition; dans ce cas, l'acte initialement proposé est réputé non adopté.

CHAPITRE II

Le droit d'établissement

Art. 49 ***(ex-article 43 TCE).*** Dans le cadre des dispositions ci-après, les restrictions à la liberté d'établissement des ressortissants d'un État membre dans le territoire d'un autre État membre sont interdites. Cette interdiction s'étend également aux restrictions à la création d'agences, de succursales ou de filiales, par les ressortissants d'un État membre établis sur le territoire d'un État membre.

La liberté d'établissement comporte l'accès aux activités non salariées et leur exercice, ainsi que la constitution et la gestion d'entreprises, et notamment de sociétés au sens de l'article 54, deuxième alinéa, dans les conditions définies par la législation du pays d'établissement pour ses propres ressortissants, sous réserve des dispositions du chapitre relatif aux capitaux.

Art. 50 ***(ex-article 44 TCE).*** 1. Pour réaliser la liberté d'établissement dans une activité déterminée, le Parlement européen et le Conseil, statuant conformément à la procédure législative ordinaire et après consultation du Comité économique et social, statuent par voie de directives.

2. Le Parlement européen, le Conseil et la Commission exercent les fonctions qui leur sont dévolues par les dispositions ci-dessus, notamment :

a) en traitant, en général, par priorité des activités où la liberté d'établissement constitue une contribution particulièrement utile au développement de la production et des échanges,

b) en assurant une collaboration étroite entre les administrations nationales compétentes en vue de connaître les situations particulières à l'intérieur de l'Union des diverses activités intéressées,

c) en éliminant celles des procédures et pratiques administratives découlant soit de la législation interne, soit d'accords antérieurement conclus entre les États membres, dont le maintien ferait obstacle à la liberté d'établissement,

d) en veillant à ce que les travailleurs salariés d'un des États membres, employés sur le territoire d'un autre État membre, puissent demeurer sur ce territoire pour y entreprendre une activité non salariée lorsqu'ils satisfont aux conditions auxquelles ils devraient satisfaire s'ils venaient dans cet État au moment où ils veulent accéder à cette activité,

e) en rendant possibles l'acquisition et l'exploitation de propriétés foncières situées sur le territoire d'un État membre par un ressortissant d'un autre État membre, dans la mesure où il n'est pas porté atteinte aux principes établis à l'article 39, paragraphe 2,

f) en appliquant la suppression progressive des restrictions à la liberté d'établissement, dans chaque branche d'activité considérée, d'une part, aux conditions de création, sur le territoire d'un État membre, d'agences, de succursales ou de filiales et, d'autre part, aux conditions d'entrée du personnel du principal établissement dans les organes de gestion ou de surveillance de celles-ci,

g) en coordonnant, dans la mesure nécessaire et en vue de les rendre équivalentes, les garanties qui sont exigées, dans les États membres, des sociétés au sens de l'article 54, deuxième alinéa, pour protéger les intérêts tant des associés que des tiers,

h) en s'assurant que les conditions d'établissement ne sont pas faussées par des aides accordées par les États membres.

Art. 51 ***(ex-article 45 TCE).*** Sont exceptées de l'application des dispositions du présent chapitre, en ce qui concerne l'État membre intéressé, les activités participant dans cet État, même à titre occasionnel, à l'exercice de l'autorité publique.

Le Parlement européen et le Conseil, statuant conformément à la procédure législative ordinaire, peuvent excepter certaines activités de l'application des dispositions du présent chapitre.

Art. 52 ***(ex-article 46 TCE).*** 1. Les prescriptions du présent chapitre et les mesures prises en vertu de celles-ci ne préjugent pas l'applicabilité des dispositions législatives, réglementaires et administratives prévoyant un régime spécial pour les ressortissants étrangers, et justifiées par des raisons d'ordre public, de sécurité publique et de santé publique.

2. Le Parlement européen et le Conseil, statuant conformément à la procédure législative ordinaire, arrêtent des directives pour la coordination des dispositions précitées.

Art. 53 ***(ex-article 47 TCE).*** 1. Afin de faciliter l'accès aux activités non salariées et leur exercice, le Parlement européen et le Conseil, statuant conformément à la procédure législative ordinaire, arrêtent des directives visant à la reconnaissance mutuelle des diplômes, certificats et autres titres, ainsi qu'à la coordination des dispositions législatives, réglementaires et administratives des États membres concernant l'accès aux activités non salariées et à l'exercice de celles-ci.

2. En ce qui concerne les professions médicales, paramédicales et pharmaceutiques, la suppression progressive des restrictions est subordonnée à la coordination de leurs conditions d'exercice dans les différents États membres.

Art. 54 ***(ex-article 48 TCE).*** Les sociétés constituées en conformité de la législation d'un État membre et ayant leur siège statutaire, leur administration centrale ou leur principal établissement à l'intérieur de l'Union sont assimilées, pour l'application des dispositions du présent chapitre, aux personnes physiques ressortissantes des États membres.

Par sociétés, on entend les sociétés de droit civil ou commercial, y compris les sociétés coopératives, et les autres personnes morales relevant du droit public ou privé, à l'exception des sociétés qui ne poursuivent pas de but lucratif.

Art. 55 ***(ex-article 294 TCE).*** Les États membres accordent le traitement national en ce qui concerne la participation financière des ressortissants des autres États membres au capital des sociétés au sens de l'article 54, sans préjudice de l'application des autres dispositions des traités.

CHAPITRE III

Les services

Art. 56 ***(ex-article 49 TCE).*** Dans le cadre des dispositions ci-après, les restrictions à la libre prestation des services à l'intérieur de l'Union sont interdites à l'égard des ressortissants des États membres établis dans un État membre autre que celui du destinataire de la prestation.

Le Parlement européen et le Conseil, statuant conformément à la procédure législative ordinaire, peuvent étendre le bénéfice des dispositions du présent chapitre aux prestataires de services ressortissants d'un État tiers et établis à l'intérieur de l'Union.

Art. 57 ***(ex-article 50 TCE).*** Au sens des traités, sont considérées comme services les prestations fournies normalement contre rémunération, dans la mesure où elles ne sont pas régies par les dispositions relatives à la libre circulation des marchandises, des capitaux et des personnes.

Les services comprennent notamment :

a) des activités de caractère industriel,

b) des activités de caractère commercial,

c) des activités artisanales,

d) les activités des professions libérales.

Sans préjudice des dispositions du chapitre relatif au droit d'établissement, le prestataire peut, pour l'exécution de sa prestation, exercer, à titre temporaire, son activité dans l'État membre où la prestation est fournie, dans les mêmes conditions que celles que cet État impose à ses propres ressortissants.

Art. 58 ***(ex-article 51 TCE).*** 1. La libre circulation des services, en matière de transports, est régie par les dispositions du titre relatif aux transports.

2. La libération des services des banques et des assurances qui sont liées à des mouvements de capitaux doit être réalisée en harmonie avec la libération de la circulation des capitaux.

Art. 59 ***(ex-article 52 TCE).*** 1. Pour réaliser la libération d'un service déterminé, le Parlement européen et le Conseil, statuant conformément à la procédure législative ordinaire, et après consultation du Comité économique et social, statuent par voie de directives.

2. Les directives visées au paragraphe 1 portent, en général, par priorité sur les services qui interviennent d'une façon directe dans les coûts de production ou dont la libération contribue à faciliter les échanges des marchandises.

Art. 60 ***(ex-article 53 TCE).*** Les États membres s'efforcent de procéder à la libéralisation des services au-delà de la mesure qui est obligatoire en vertu des directives arrêtées en application de l'article 59, paragraphe 1, si leur situation économique générale et la situation du secteur intéressé le leur permettent.

La Commission adresse aux États membres intéressés des recommandations à cet effet.

Art. 61 ***(ex-article 54 TCE).*** Aussi longtemps que les restrictions à la libre prestation des services ne sont pas supprimées, chacun des États membres les applique sans distinction de nationalité ou de résidence à tous les prestataires de services visés à l'article 56, premier alinéa.

Art. 62 ***(ex-article 55 TCE).*** Les dispositions des articles 51 à 54 inclus sont applicables à la matière régie par le présent chapitre.

CHAPITRE IV

Les capitaux et les paiements

Art. 63 ***(ex-article 56 TCE).*** 1. Dans le cadre des dispositions du présent chapitre, toutes les restrictions aux mouvements de capitaux entre les États membres et entre les États membres et les pays tiers sont interdites.

2. Dans le cadre des dispositions du présent chapitre, toutes les restrictions aux paiements entre les États membres et entre les États membres et les pays tiers sont interdites.

Art. 64 ***(ex-article 57 TCE).*** 1. L'article 63 ne porte pas atteinte à l'application, aux pays tiers, des restrictions existant le 31 décembre 1993 en vertu du droit national ou du droit de l'Union en ce qui concerne les mouvements de capitaux à destination ou en provenance de pays tiers lorsqu'ils impliquent des investissements directs, y compris les investissements immobiliers, l'établissement, la prestation de services financiers ou l'admission de titres sur les marchés des capitaux. En ce qui concerne les restrictions existant en vertu des lois nationales en Bulgarie, en Estonie et en Hongrie, la date en question est le 31 décembre 1999.

2. Tout en s'efforçant de réaliser l'objectif de libre circulation des capitaux entre États membres et pays tiers, dans la plus large mesure possible et sans préjudice des autres chapitres des traités, le Parlement européen et le Conseil, statuant conformément à la procédure législative ordinaire, adoptent les mesures relatives aux mouvements de capitaux à destination ou en provenance de pays tiers, lorsqu'ils impliquent des investissements directs, y compris les investissements immobiliers, l'établissement, la prestation de services financiers ou l'admission de titres sur les marchés des capitaux.

3. Par dérogation au paragraphe 2, seul le Conseil, statuant conformément à une procédure législative spéciale, à l'unanimité et après consultation du Parlement européen, peut adopter des mesures qui constituent un recul dans le droit de l'Union en ce qui concerne la libéralisation des mouvements de capitaux à destination ou en provenance de pays tiers.

Art. 65 ***(ex-article 58 TCE).*** 1. L'article 63 ne porte pas atteinte au droit qu'ont les États membres :

a) d'appliquer les dispositions pertinentes de leur législation fiscale qui établissent une distinction entre les contribuables qui ne se trouvent pas dans la même situation en ce qui concerne leur résidence ou le lieu où leurs capitaux sont investis;

b) de prendre toutes les mesures indispensables pour faire échec aux infractions à leurs lois et règlements, notamment en matière fiscale ou en matière de contrôle prudentiel des établissements financiers, de prévoir des procédures de déclaration des mouvements de capitaux à des fins d'information administrative ou statistique ou de prendre des mesures justifiées par des motifs liés à l'ordre public ou à la sécurité publique.

2. Le présent chapitre ne préjuge pas la possibilité d'appliquer des restrictions en matière de droit d'établissement qui sont compatibles avec les traités.

3. Les mesures et procédures visées aux paragraphes 1 et 2 ne doivent constituer ni un moyen de discrimination arbitraire ni une restriction déguisée à la libre circulation des capitaux et des paiements telle que définie à l'article 63.

4. En l'absence de mesures en application de l'article 64, paragraphe 3, la Commission, ou, en l'absence d'une décision de la Commission dans un délai de trois mois à compter de la demande de l'État membre concerné, le Conseil peut adopter une décision disposant que les mesures fiscales restrictives prises par un État membre à l'égard d'un ou de plusieurs pays tiers sont réputées conformes aux traités, pour autant qu'elles soient justifiées au regard de l'un des objectifs de l'Union et compatibles avec le bon fonctionnement du marché intérieur. Le Conseil statue à l'unanimité, sur demande d'un État membre.

Art. 66 *(ex-article 59 TCE)*. Lorsque, dans des circonstances exceptionnelles, les mouvements de capitaux en provenance ou à destination de pays tiers causent ou menacent de causer des difficultés graves pour le fonctionnement de l'Union économique et monétaire, le Conseil, statuant sur proposition de la Commission et après consultation de la Banque centrale européenne, peut prendre, à l'égard de pays tiers, des mesures de sauvegarde pour une période ne dépassant pas six mois pour autant que ces mesures soient strictement nécessaires.

TITRE V
L'espace de liberté, de sécurité et de justice

CHAPITRE PREMIER
Dispositions générales

Art. 67 *(ex-article 61 TCE et ex-article 29 TUE)*. 1. L'Union constitue un espace de liberté, de sécurité et de justice dans le respect des droits fondamentaux et des différents systèmes et traditions juridiques des États membres.

2. Elle assure l'absence de contrôles des personnes aux frontières intérieures et développe une politique commune en matière d'asile, d'immigration et de contrôle des frontières extérieures qui est fondée sur la solidarité entre États membres et qui est équitable à l'égard des ressortissants des pays tiers. Aux fins du présent titre, les apatrides sont assimilés aux ressortissants des pays tiers.

3. L'Union œuvre pour assurer un niveau élevé de sécurité par des mesures de prévention de la criminalité, du racisme et de la xénophobie, ainsi que de lutte contre ceux-ci, par des mesures de coordination et de coopération entre autorités policières et judiciaires et autres autorités compétentes, ainsi que par la reconnaissance mutuelle des décisions judiciaires en matière pénale et, si nécessaire, par le rapprochement des législations pénales.

4. L'Union facilite l'accès à la justice, notamment par le principe de reconnaissance mutuelle des décisions judiciaires et extrajudiciaires en matière civile.

Section 2
L'accueil et l'habitat des gens du voyage

203 Loi n° 2000-614 du 5 juillet 2000 relative à l'accueil et à l'habitat des gens du voyage (articles 1er à 3 et 9 à 9-2)

Art. 1er. I. — Les communes participent à l'accueil des personnes dites gens du voyage et dont l'habitat traditionnel est constitué de résidences mobiles *(L. n° 2017-86 du 27 janv. 2017, art. 149-1°)* «installées sur des aires d'accueil ou des terrains prévus à cet effet.

«Ce mode d'habitat est pris en compte par les politiques et les dispositifs d'urbanisme, d'habitat et de logement adoptés par l'État et par les collectivités territoriales.

«II. — Dans chaque département, au vu d'une évaluation préalable des besoins et de l'offre existante, notamment de la fréquence et de la durée des séjours des gens du voyage, de l'évolution de leurs modes de vie et de leur ancrage, des possibilités de scolarisation des enfants, d'accès aux soins et d'exercice des activités économiques, un schéma départemental prévoit les secteurs géographiques d'implantation et les communes où doivent être réalisés :

« 1° Des aires permanentes d'accueil, ainsi que leur capacité ;

« 2° Des terrains familiaux locatifs aménagés et implantés dans les conditions prévues à l'article L. 444-1 du code de l'urbanisme et destinés à l'installation prolongée de résidences mobiles, le cas échéant dans le cadre des mesures définies par le plan départemental d'action pour le logement et l'hébergement des personnes défavorisées, ainsi que le nombre et la capacité des terrains ;

« 3° Des aires de grand passage, destinées à l'accueil des gens du voyage se déplaçant collectivement à l'occasion des rassemblements traditionnels ou occasionnels, ainsi que la capacité et les périodes d'utilisation de ces aires.

« Le schéma départemental définit les conditions dans lesquelles l'État intervient pour assurer le bon déroulement des rassemblements traditionnels ou occasionnels et des grands passages.

« Les communes de plus de 5 000 habitants figurent obligatoirement au schéma départemental. Celui-ci définit la nature des actions à caractère social destinées aux gens du voyage.

« Deux annexes au schéma départemental recensent les terrains privés aménagés dans les conditions prévues à l'article L. 444-1 du code de l'urbanisme pour l'installation de résidences mobiles et les terrains mis à la disposition des gens du voyage par leurs employeurs, notamment dans le cadre d'emplois saisonniers.

« Le schéma départemental tient compte de l'existence de sites inscrits ou classés sur le territoire des communes concernées. La réalisation des aires permanentes d'accueil doit respecter la législation applicable, selon les cas, à chacun de ces sites.

« III. — Le schéma départemental est élaboré par le représentant de l'État dans le département et le président du conseil départemental. Après avis de l'organe délibérant des communes et des établissements publics de coopération intercommunale concernés et de la commission consultative prévue au IV, il est approuvé conjointement par le représentant de l'État dans le département et le président du conseil départemental dans un délai de dix-huit mois à compter de la publication de la présente loi. Passé ce délai, il est approuvé par le représentant de l'État dans le département. Il fait l'objet d'une publication.

« A l'initiative du représentant de l'État dans le département ou du président du conseil départemental, le schéma départemental est révisé selon la même procédure au moins tous les six ans à compter de sa publication. » *(L. n° 2018-957 du 7 nov. 2018, art. 1er)* « Il est tenu compte, lors de sa révision, des évolutions du schéma départemental de coopération intercommunale mentionné à l'article L. 5210-1-1 du code général des collectivités territoriales. »

(Ord. n° 2014-1543 du 19 déc. 2014, art. 26-1°, en vigueur le 1er janv. 2015) « III *bis*. — Le schéma qui s'applique sur les territoires du département du Rhône et de la métropole de Lyon est dénommé "schéma départemental-métropolitain". Il est élaboré par le représentant de l'État dans le département, le président du conseil départemental et le président du conseil de la métropole de Lyon selon la procédure prévue au III du présent article.

« Le schéma élaboré avant la création de la métropole de Lyon par le représentant de l'État dans le département et le président du conseil départemental demeure applicable jusqu'à l'approbation du schéma mentionné à l'alinéa précédent ou au plus tard jusqu'à sa révision.»

(Ord. n° 2016-1562 du 21 nov. 2016, art. 17-1°, en vigueur le 1er janv. 2018) «III *ter.* — En Corse, chaque schéma départemental est élaboré et approuvé par le représentant de l'État dans le département et le président du conseil exécutif.»

IV. — Dans chaque département, une commission consultative, comprenant notamment des représentants des communes *(L. n° 2017-86 du 27 janv. 2017, art. 149-1°)* «et des établissements *(L. n° 2018-957 du 7 nov. 2018, art. 1er)* «publics» de coopération intercommunale concernés», des représentants des gens du voyage et des associations intervenant auprès des gens du voyage, est associée à l'élaboration et à la mise en œuvre du schéma. Elle est présidée conjointement par le représentant de l'État dans le département et par le président du conseil départemental ou par leurs représentants.

La commission consultative établit chaque année un bilan d'application du schéma. Elle peut désigner un médiateur chargé d'examiner les difficultés rencontrées dans la mise en œuvre de ce schéma et de formuler des propositions de règlement de ces difficultés. Le médiateur rend compte à la commission de ses activités.

(Ord. n° 2014-1543 du 19 déc. 2014, art. 26-2°, en vigueur le 1er janv. 2015) «IV *bis.* — La commission consultative du département du Rhône est compétente également sur le territoire de la métropole de Lyon. Elle est dénommée "commission consultative départementale-métropolitaine". Elle est présidée par le représentant de l'État dans le département, le président du conseil départemental du Rhône et le président du conseil de la métropole de Lyon ou par leurs représentants.»

(Ord. n° 2016-1562 du 21 nov. 2016, art. 17-2°, en vigueur le 1er janv. 2018) «IV *ter.* — En Corse, la commission consultative est présidée conjointement par le représentant de l'État dans le département et par le président du conseil exécutif ou par leurs représentants.»

V. — Le représentant de l'État dans la région coordonne les travaux d'élaboration des schémas départementaux. Il s'assure de la cohérence de leur contenu et de leurs dates de publication. Il réunit à cet effet une commission constituée des représentants de l'État dans les départements, du président du conseil régional et des présidents des conseils départementaux, ou de leurs représentants. *(L. n° 2017-86 du 27 janv. 2017, art. 149-1°)* «Il coordonne l'action de l'État sur les grands passages.»

(Ord. n° 2016-1562 du 21 nov. 2016, art. 17-3°, en vigueur le 1er janv. 2018) «V *bis.* — Le représentant de l'État dans la collectivité de Corse coordonne les travaux d'élaboration des schémas départementaux. Il s'assure de la cohérence de leur contenu et de leurs dates de publication. Il réunit à cet effet une commission constituée des représentants de l'État dans les départements, du président du conseil exécutif ou de son représentant et de deux conseillers à l'Assemblée de Corse élus en son sein.»

Art. 2. *(L. n° 2018-957 du 7 nov. 2018, art. 1er)* «I — A. — Les communes figurant au schéma départemental et les établissements publics de coopération intercommunale compétents en matière de création, d'aménagement, d'entretien et de gestion des aires d'accueil des gens du voyage et des terrains familiaux locatifs définis aux 1° à 3° du II de l'article 1er sont tenus, dans un délai de deux ans suivant la publication de ce schéma, de participer à sa mise en œuvre.

«B. — Les communes membres d'un établissement public de coopération intercommunale compétent remplissent leurs obligations en accueillant sur leur territoire les aires et terrains mentionnés au A du présent I.

«L'établissement public de coopération intercommunale compétent remplit ses obligations en créant, en aménageant, en entretenant et en assurant la gestion des aires et terrains dont le schéma départemental a prévu la réalisation sur son territoire. Il peut retenir un terrain d'implantation pour une aire ou un terrain situé sur le territoire d'une commune membre autre que celle figurant au schéma départemental, à la condition qu'elle soit incluse dans le même secteur géographique d'implantation.

«L'établissement public de coopération intercommunale compétent peut également remplir ses obligations en contribuant au financement de la création, de l'aménagement, de l'entretien et de la gestion d'aires ou de terrains situés hors de son territoire. Il peut, à cette fin, conclure une convention avec un ou plusieurs autres établissements publics de coopération intercommunale.

«C. — Les communes qui ne sont pas membres d'un établissement public de coopération intercommunale compétent remplissent leurs obligations en créant, en aménageant, en entretenant et en assurant la gestion des aires et terrains dont le schéma départemental a prévu la réalisation sur leur territoire. Elles peuvent également contribuer au financement de la création, de l'aménagement, de l'entretien et de la gestion d'aires ou de terrains situés hors de leur territoire. Elles peuvent, à cette fin, conclure une convention avec d'autres communes ou établissements publics de coopération intercommunale compétents.

«II. — Les communes ou les établissements publics de coopération intercommunale compétents assurent la gestion de ces aires et terrains ou la confient par convention à une personne publique ou privée.»

(L. n° 2017-86 du 27 janv. 2017, art. 149-2°) «II *bis*. — Un décret en Conseil d'État détermine :

«1° En ce qui concerne les aires permanentes d'accueil : les règles applicables à leur aménagement, leur équipement, leur gestion, leur usage et les conditions de leur contrôle périodique, les modalités de coordination locale des périodes de fermeture temporaire, les modalités de calcul du droit d'usage et de la tarification des prestations fournies, le règlement intérieur type;

«2° En ce qui concerne les terrains familiaux locatifs : les règles applicables à leur aménagement, leur équipement, leur gestion et leur usage;

«3° En ce qui concerne les aires de grand passage : les règles applicables à leur aménagement, leur équipement, leur gestion et leur usage, les modalités de calcul du droit d'usage et de la tarification des prestations fournies, le règlement intérieur type.»

(L. n° 2004-809 du 13 août 2004, art. 201) «III. — Le délai de deux ans prévu au I est prorogé de deux ans, à compter de sa date d'expiration, lorsque la commune ou l'établissement public de coopération intercommunale a manifesté, dans ce délai, la volonté de se conformer à ses obligations :

«— soit par la transmission au représentant de l'État dans le département d'une délibération ou d'une lettre d'intention comportant la localisation de l'opération de réalisation ou de réhabilitation *(L. n° 2017-86 du 27 janv. 2017, art. 149-2°)* «de l'aire permanente d'accueil, des terrains familiaux locatifs ou de l'aire de grand passage;»

«— soit par l'acquisition des terrains ou le lancement d'une procédure d'acquisition des terrains sur lesquels les aménagements sont prévus;

«— soit par la réalisation d'une étude préalable.

«Le délai d'exécution de la décision d'attribution de subvention, qu'il s'agisse d'un acte unilatéral ou d'une convention, concernant les communes ou établissements publics de coopération intercommunale qui se trouvent dans la situation ci-dessus est prorogé de deux ans.»

(L. n° 2007-1822 du 24 déc. 2007) «IV. — Un délai supplémentaire est accordé, jusqu'au 31 décembre 2008 à compter de la date d'expiration du délai prévu au III, à la commune ou à l'établissement public de coopération intercommunale qui a manifesté, dans les conditions fixées au III, la volonté de se conformer à ses obligations et qui, au terme de ce délai, n'a pu néanmoins s'en acquitter.»

Art. 3. *(L. n° 2017-86 du 27 janv. 2017, art. 149-3°)* I. — Si, à l'expiration des délais prévus à l'article 2, une commune ou un établissement public de coopération intercommunale auquel a été transféré l'exercice de la compétence afférente n'a pas rempli les obligations mises à sa charge par le schéma départemental en matière d'aménagement, d'entretien et de gestion des aires permanentes d'accueil, des aires de grand passage et des terrains familiaux locatifs aménagés dans les conditions prévues à l'article L. 444-1 du code de l'urbanisme, le représentant de l'État dans le département met en demeure la commune ou l'établissement public de coopération intercommunale de prendre les mesures nécessaires selon un calendrier déterminé, en évaluant le montant des dépenses afférentes.

Si la commune ou l'établissement public de coopération intercommunale n'a pas pris les mesures nécessaires dans les délais prévus par le calendrier, le représentant de l'État dans le département peut lui ordonner de consigner entre les mains d'un comptable public les sommes correspondant au montant de ces dépenses. Ces sommes sont restituées au fur et à mesure de l'exécution de ces mesures.

Il est procédé au recouvrement de ces sommes comme en matière de créances de l'État étrangères à l'impôt et au domaine. L'opposition devant le juge administratif à l'état exécutoire pris en application d'une mesure de consignation ordonnée par le représentant de l'État dans le département n'a pas de caractère suspensif.

II. — Si, à l'expiration d'un délai de six mois à compter de la consignation des sommes prévue au I, la commune ou l'établissement public de coopération intercommunale n'a pas pris toutes les mesures nécessaires, le représentant de l'État dans le département peut mettre à nouveau en demeure la commune ou l'établissement public de coopération intercommunale de prendre ces mesures, selon un calendrier déterminé.

Si la commune ou l'établissement public de coopération intercommunale n'a pas obtempéré dans les délais prévus par le calendrier, l'État peut acquérir les terrains nécessaires, réaliser les travaux d'aménagement et gérer les aires ou les terrains aménagés au nom et pour le compte de la commune ou de l'établissement public.

Le représentant de l'État dans le département peut faire procéder d'office, en lieu et place et aux frais de la commune ou de l'établissement public de coopération intercommunale, à l'exécution des mesures nécessaires. Les sommes consignées en application du I peuvent être utilisées pour régler les dépenses ainsi engagées.

Le représentant de l'État dans le département peut se substituer à l'ensemble des organes de la commune ou de l'établissement public de coopération intercommunale pour faire procéder d'office à l'exécution des mesures nécessaires. Il peut procéder à la passation de marchés publics, selon les règles de procédures applicables à l'État.

A compter de l'achèvement des travaux d'aménagement, la commune ou l'établissement public de coopération intercommunale devient de plein droit propriétaire des aires ou terrains aménagés en application du présent II.

III. — Les dépenses d'acquisition, d'aménagement, d'entretien et de gestion des aires et terrains d'accueil des gens du voyage constituent des dépenses obligatoires, au sens des articles L. 1612-15 et L. 2321-2 du code général des collectivités territoriales, pour les communes ou les établissements publics de coopération intercommunale auxquels a été transféré l'exercice de cette compétence.

Art. 9. I. — *(L. nº 2003-239 du 18 mars 2003, art. 55; L. nº 2018-957 du 7 nov. 2018, art. 3)* «I. — Le maire d'une commune membre d'un établissement public de coopération intercommunale compétent en matière de création, d'aménagement, d'entretien et de gestion des aires d'accueil des gens du voyage et des terrains familiaux locatifs définis aux 1º à 3º du II de l'article 1er peut, par arrêté, interdire en dehors de ces aires et terrains le stationnement sur le territoire de la commune des résidences mobiles mentionnées au même article 1er, dès lors que l'une des conditions suivantes est remplie :

«1º L'établissement public de coopération intercommunale a satisfait aux obligations qui lui incombent en application de l'article 2;

«2º L'établissement public de coopération intercommunale bénéficie du délai supplémentaire prévu au III du même article 2;

«3º L'établissement public de coopération intercommunale dispose d'un emplacement provisoire agréé par le préfet;

«4º L'établissement public de coopération intercommunale est doté d'une aire permanente d'accueil, de terrains familiaux locatifs ou d'une aire de grand passage, sans qu'aucune des communes qui en sont membres soit inscrite au schéma départemental prévu à l'article 1er;

«5º L'établissement public de coopération intercommunale a décidé, sans y être tenu, de contribuer au financement d'une telle aire ou de tels terrains sur le territoire d'un autre établissement public de coopération intercommunale;

«6º La commune est dotée d'une aire permanente d'accueil, de terrains familiaux locatifs ou d'une aire de grand passage conformes aux prescriptions du schéma départemental, bien que l'établissement public de coopération intercommunale auquel elle appartient n'ait pas satisfait à l'ensemble de ses obligations.

«L'agrément prévu au 3º du présent I est délivré pour une durée ne pouvant excéder six mois, en fonction de la localisation, de la capacité et de l'équipement de l'emplacement concerné, dans des conditions définies par décret.

«L'agrément d'un emplacement provisoire n'exonère pas l'établissement public de coopération intercommunale des obligations qui lui incombent dans les délais prévus à l'article 2.

«I *bis*. — Le maire d'une commune qui n'est pas membre d'un établissement public de coopération intercommunale compétent en matière de création, d'aménagement, d'entretien et de gestion des aires d'accueil des gens du voyage et des terrains familiaux locatifs définis aux 1º à 3º du II de l'article 1er peut, par arrêté, interdire en dehors de ces aires et terrains le stationnement sur le territoire de la commune des résidences mobiles mentionnées au même article 1er, dès lors que l'une des conditions suivantes est remplie : "1º La commune a satisfait aux obligations qui lui incombent en application de l'article 2;" "2º La commune bénéficie du délai supplémentaire prévu au III du même article 2;" "3º La commune dispose d'un emplacement provisoire agréé par le préfet, dans les conditions prévues aux deux derniers alinéas du I du présent article;" "4º La commune, sans être inscrite au schéma départemental prévu à l'article 1er, est dotée d'une aire permanente d'accueil, de terrains familiaux locatifs ou d'une aire de grand passage;" "5° La commune a décidé, sans y être tenue, de contribuer au financement d'une telle aire ou de tels terrains sur le territoire d'une autre commune."»

II. — *(L. n° 2007-297 du 5 mars 2007, art. 27-2°)* En cas de stationnement effectué en violation de l'arrêté prévu au I *L. n° 2018-957 du 7 nov. 2018, art. 3)* «ou au I *bis*», le maire, le propriétaire ou le titulaire du droit d'usage du terrain occupé peut demander au préfet de mettre en demeure les occupants de quitter les lieux.

La mise en demeure ne peut intervenir que si le stationnement est de nature à porter atteinte à la salubrité, la sécurité ou la tranquillité publiques.

La mise en demeure est assortie d'un délai d'exécution qui ne peut être inférieur à vingt-quatre heures. Elle est notifiée aux occupants et publiée sous forme d'affichage en mairie et sur les lieux. Le cas échéant, elle est notifiée au propriétaire ou titulaire du droit d'usage du terrain.

(L. n° 2017-86 du 27 janv. 2017, art. 150) «Cette mise en demeure reste applicable lorsque la résidence mobile se retrouve à nouveau, dans un délai de sept jours à compter de sa notification aux occupants, en situation de stationnement illicite sur le territoire de la commune ou de tout ou partie du territoire de l'intercommunalité concernée en violation du même arrêté du maire ou, s'il est compétent, du président de l'établissement public de coopération intercommunale prévu au I et de nature à porter la même atteinte à la salubrité, à la sécurité ou à la tranquillité publiques.»

Lorsque la mise en demeure de quitter les lieux n'a pas été suivie d'effets dans le délai fixé et n'a pas fait l'objet d'un recours dans les conditions fixées au II bis, le préfet peut procéder à l'évacuation forcée des résidences mobiles, sauf opposition du propriétaire ou du titulaire du droit d'usage du terrain dans le délai fixé pour l'exécution de la mise en demeure.

Lorsque le propriétaire ou le titulaire du droit d'usage du terrain fait obstacle à l'exécution de la mise en demeure, le préfet peut lui demander de prendre toutes les mesures nécessaires pour faire cesser l'atteinte à la salubrité, à la sécurité ou la tranquillité publiques dans un délai qu'il fixe.

Le fait de ne pas se conformer à l'arrêté pris en application de l'alinéa précédent est puni de 3 750 € d'amende.

II. *bis* — *(L. n° 2007-297 du 5 mars 2007, art. 27-3°)* Les personnes destinataires de la décision de mise en demeure prévue au II, ainsi que le propriétaire ou le titulaire du droit d'usage du terrain peuvent, dans le délai fixé par celle-ci, demander son annulation au tribunal administratif. Le recours suspend l'exécution de la décision du préfet à leur égard. Le président du tribunal ou son délégué statue dans un délai de *(L. n° 2017-86 du 27 janv. 2017, art. 150)* «quarante-huit» heures à compter de sa saisine.

III. — *(L. n° 2007-297 du 5 mars 2007, art. 27, 4°)* «Les dispositions du I, du II et du II *bis*» ne sont pas applicables aux stationnement des résidences mobiles appartenant aux personnes mentionnées à l'article 1er de la présente loi :

1° Lorsque ces personnes sont propriétaires du terrain sur lequel elles stationnent;

3° Lorsqu'elles stationnent sur un terrain aménagé dans les conditions prévues à l'article*(L. n° 2017-86 du 27 janv. 2017, art. 150)* «L. 444-1» du même code.

IV. — En cas d'occupation, en violation de l'arrêté prévu au I *(L. n° 2018-957 du 7 nov. 2018, art. 3)* «ou au I *bis*», d'un terrain privé affecté à une activité à caractère économique, et dès lors que cette occupation est de nature à entraver ladite activité, le propriétaire ou le titulaire d'un droit réel d'usage sur le terrain peut saisir le président du tribunal de grande instance aux fins de faire ordonner l'évacuation forcée des résidences mobiles. Dans ce cas, le juge statue en la forme des référés. Sa décision est exécutoire à titre provisoire. En cas de nécessité, il peut ordonner que l'exécution aura lieu au seul vu de la minute. Si le cas requiert célérité, il fait application des dispositions du second alinéa de l'article 485 du nouveau code de procédure civile.

Art. 9-1. *(L. n° 2007-297 du 5 mars 2007, art. 28)* Dans les communes non inscrites au schéma départemental et non mentionnées à l'article 9, le préfet peut mettre en œuvre la procédure de mise en demeure et d'évacuation prévue au II du même article, à la demande du maire, du propriétaire ou du titulaire du droit d'usage du terrain, en vue de mettre fin au stationnement non autorisé de résidences mobiles de nature à porter atteinte à la salubrité, la sécurité ou la tranquillité publiques.

Art. 9-2. *(L. n° 2018-957 du 7 nov. 2018, art. 2)* Afin d'organiser l'accueil des personnes dites gens du voyage, tout stationnement d'un groupe de plus de cent cinquante résidences mobiles est notifié par les représentants du groupe au représentant de l'État dans la région de destination, au représentant de l'État dans le département et au président du conseil départemental concernés trois mois au moins avant l'arrivée sur les lieux pour permettre l'identification d'une aire de stationnement correspondant aux besoins exprimés.

Le représentant de l'État dans le département concerné informe le maire de la commune et le président de l'établissement public de coopération intercommunale à fiscalité propre sur le territoire desquels est située l'aire désignée pour cet accueil deux mois au moins avant son occupation. Il précise les conditions de cette occupation.

Par dérogation à l'article L. 2212-1 du code général des collectivités territoriales, en cas de stationnement de plus de cent cinquante résidences mobiles sur le territoire d'une commune, le maire, s'il n'est pas en mesure d'assurer le bon ordre, la sûreté, la sécurité et la salubrité publiques, peut demander au représentant de l'État dans le département de prendre les mesures nécessaires.

CHAPITRE 2
La liberté de réunion et d'association

Section 1
Les principes généraux

204 Déclaration universelle des droits de l'homme (article 20)

Art. 20. 1. Toute personne a droit à la liberté de réunion et d'association pacifiques.
2. Nul ne peut être obligé de faire partie d'une association.

205 Convention de New York relative aux droits de l'enfant (article 15)

Art. 15. 1. Les États parties reconnaissent les droits de l'enfant à la liberté d'association et à la liberté de réunion pacifique.

2. L'exercice de ces droits ne peut faire l'objet que des seules restrictions qui sont prescrites par la loi et qui sont nécessaires dans une société démocratique, dans l'intérêt de la sécurité nationale, de la sûreté publique ou de l'ordre public, ou pour protéger la santé ou la moralité publiques, ou les droits et libertés d'autrui.

206 Convention européenne de sauvegarde des droits de l'homme et des libertés fondamentales (article 11)

Art. 11. *Liberté de réunion et d'association.* 1. Toute personne a droit à la liberté de réunion pacifique et à la liberté d'association, y compris le droit de fonder avec d'autres des syndicats et de s'affilier à des syndicats pour la défense de ses intérêts.

2. L'exercice de ces droits ne peut faire l'objet d'autres restrictions que celles qui, prévues par la loi, constituent des mesures nécessaires, dans une société démocratique, à la sécurité nationale, à la sûreté publique, à la défense de l'ordre et à la prévention du crime, à la protection de la santé ou de la morale, ou à la protection des droits et libertés d'autrui. Le présent article n'interdit pas que des restrictions légitimes soient imposées à l'exercice de ces droits par les membres des forces armées, de la police ou de l'administration de l'État.

207 Charte des droits fondamentaux de l'Union européenne (article 12)

Art. 12. *Liberté de réunion et d'association.* 1. Toute personne a droit à la liberté de réunion pacifique et à la liberté d'association à tous les niveaux, notamment dans les domaines politique, syndical et civique, ce qui implique le droit de toute personne de fonder avec d'autres des syndicats et de s'y affilier pour la défense de ses intérêts.

2. Les partis politiques au niveau de l'Union contribuent à l'expression de la volonté politique des citoyens de l'Union.

Section 2

La liberté d'association

208 Loi du 1er juillet 1901 relative au contrat d'association

TITRE PREMIER

Art. 1er. L'association est la convention par laquelle deux ou plusieurs personnes mettent en commun d'une façon permanente leurs connaissances ou leur activité dans un but autre que de partager des bénéfices. Elle est régie, quant à sa validité, par les principes généraux du droit applicables aux contrats et obligations.

Art. 2. Les associations de personnes pourront se former librement sans autorisation ni déclaration préalable, mais elles ne jouiront de la capacité juridique que si elles se sont conformées aux dispositions de l'article 5.

Art. 2 *bis*. *(L. nº 2017-86 du 27 janv. 2017, art. 43)* Tout mineur peut librement devenir membre d'une association dans les conditions définies par la présente loi.

Tout mineur âgé de moins de seize ans, sous réserve d'un accord écrit préalable de son représentant légal, peut participer à la constitution d'une association et être chargé de son administration dans les conditions prévues à l'article 1990 du code civil. Il peut également accomplir, sous réserve d'un accord écrit préalable de son représentant légal, tous les actes utiles à l'administration de l'association, à l'exception des actes de disposition.

Tout mineur âgé de seize ans révolus peut librement participer à la constitution d'une association et être chargé de son administration dans les conditions prévues à l'article 1990 du code civil. Les représentants légaux du mineur en sont informés sans délai par l'association, dans des conditions fixées par décret. Sauf opposition expresse du représentant légal, le mineur peut accomplir seul tous les actes utiles à l'administration de l'association, à l'exception des actes de disposition.

Art. 3. Toute association fondée sur une cause ou en vue d'un objet illicite, contraire aux lois, aux bonnes mœurs, ou qui aurait pour but de porter atteinte à l'intégrité du territoire national et à la forme républicaine du Gouvernement, est nulle et de nul effet.

Art. 4. Tout membre d'une association peut s'en retirer en tout temps, après payement des cotisations échues et de l'année courante, nonobstant toute clause contraire.

Art. 5. Toute association qui voudra obtenir la capacité juridique prévue par l'article 6 devra être rendue publique par les soins de ses fondateurs.

(L. nº 71-604 du 20 juill. 1971) «La déclaration préalable en sera faite *(Ord. nº 2015-904 du 23 juill. 2015, art. 1er-1º)* «au représentant de l'État dans le département» où l'association aura son siège social. Elle fera connaître le titre et l'objet de l'association, le siège de ses établissements et les noms, professions, *(L. nº 81-909 du 9 oct. 1981)* «domiciles et nationalités» de ceux qui, à un titre quelconque, sont chargés de son administration. *(Ord. nº 2005-856 du 28 juill. 2005, art. 4)* «Un exemplaire des statuts est joint» à la déclaration. Il sera donné récépissé de celle-ci dans le délai de cinq jours.»

(L. nº 81-909 du 9 oct. 1981) «Lorsque l'association aura son siège social à l'étranger, la déclaration préalable prévue à l'alinéa précédent sera faite *(Ord. nº 2015-904 du 23 juill. 2015, art. 1er-1º)* «au représentant de l'État dans le département» où est situé le siège de son principal établissement.»

(L. nº 71-604 du 20 juill. 1971) «L'association n'est rendue publique que par une insertion au *Journal officiel*, sur production de ce récépissé.»

Les associations sont tenues de faire connaître, dans les trois mois, tous les changements survenus dans leur administration, ainsi que toutes les modifications apportées à leurs statuts.

Ces modifications et changements ne sont opposables aux tiers qu'à partir du jour où ils auront été déclarés.

Art. 6. *(L. nº 48-1001 du 23 juin 1948; L. nº 87-571 du 23 juill. 1987, art. 16)* «Toute association régulièrement déclarée peut, sans aucune autorisation spéciale, ester en justice, recevoir des dons manuels ainsi que des dons des établissements d'utilité publique, acquérir à titre onéreux, posséder et administrer, en dehors des subventions de l'État, des régions, des départements, des communes et de leurs établissements publics :

«1º Les cotisations de ses membres;»

2º Le local destiné à l'administration de l'association et à la réunion de ses membres;

3° Les immeubles strictement nécessaires à l'accomplissement du but qu'elle se propose.

(L. n° 2014-856 du 31 juill. 2014, art. 74-I) «Les associations déclarées depuis trois ans au moins et dont l'ensemble des activités est mentionné au *b* du 1 de l'article 200 du code général des impôts peuvent en outre :

«*a)* Accepter les libéralités entre vifs ou testamentaires, dans des conditions fixées à l'article 910 du code civil;

«*b)* Posséder et administrer tous immeubles acquis à titre gratuit.

«Les cinquième à septième alinéas du présent article s'appliquent sans condition d'ancienneté aux associations ayant pour but exclusif l'assistance, la bienfaisance ou la recherche scientifique ou médicale déclarées avant la date de promulgation de la loi n° 2014-856 du 31 juillet 2014 relative à l'économie sociale et solidaire et qui avaient, à cette même date, accepté une libéralité ou obtenu une réponse favorable à une demande faite sur le fondement du V de l'article 111 de la loi n° 2009-526 du 12 mai 2009 de simplification et de clarification du droit et d'allégement des procédures.»

Art. 7. *(L. n° 71-604 du 20 juill. 1971)* «En cas de nullité prévue par l'article 3, la dissolution de l'association est prononcée par le tribunal de grande instance, soit à la requête de tout intéressé, soit à la diligence du ministère public. Celui-ci peut assigner à jour fixe et le tribunal, sous les sanctions prévues à l'article 8, ordonner par provision et nonobstant toute voie de recours, la fermeture des locaux et l'interdiction de toute réunion des membres de l'association.»

Art. 8. Seront punis des peines d'amende prévues pour les contraventions de la 5e classe, en première infraction et en récidive, ceux qui auront contrevenu aux dispositions de l'article 5.

Seront punis *(L. n° 2001-504 du 12 juin 2001, art. 16)* «de trois ans d'emprisonnement et de 45000 € d'amende» les fondateurs, directeurs ou administrateurs de l'association qui se serait maintenue ou reconstituée illégalement après le jugement de dissolution.

Seront punies de la même peine les personnes qui auront favorisé la réunion des membres de l'association dissoute, en consentant l'usage d'un local dont elles disposent.

Art. 9. En cas de dissolution volontaire, statutaire ou prononcée par justice, les biens de l'association seront dévolus conformément aux statuts ou, à défaut de dispositions statutaires, suivant les règles déterminées en assemblée générale.

Art. 9 *bis*. *(L. n° 2014-856 du 31 juill. 2014, art. 71-1°)* I. — La fusion de plusieurs associations est décidée par des délibérations concordantes adoptées dans les conditions requises par leurs statuts pour leur dissolution. Lorsque la fusion est réalisée par voie de création d'une nouvelle association, le projet de statuts de la nouvelle association est approuvé par délibérations concordantes de chacune des associations qui disparaissent et il n'y a pas lieu à approbation de l'opération par la nouvelle association.

La scission d'une association est décidée dans les conditions requises par ses statuts pour sa dissolution. Lorsque la scission est réalisée par apport à une nouvelle association, le projet de statuts de la nouvelle association est approuvé par délibération de l'association scindée et il n'y a pas lieu à approbation de l'opération par la nouvelle association.

L'apport partiel d'actif entre associations est décidé par des délibérations concordantes adoptées dans les conditions requises par leurs statuts.

Les associations qui participent à l'une des opérations mentionnées aux trois premiers alinéas établissent un projet de fusion, de scission ou d'apport partiel d'actif, qui fait l'objet d'une publication sur un support habilité à recevoir des annonces légales, dans des conditions et délais fixés par voie réglementaire.

Lorsque la valeur totale de l'ensemble des apports est d'un montant au moins égal à un seuil fixé par voie réglementaire, les délibérations prévues aux trois premiers alinéas sont précédées de l'examen d'un rapport établi par un commissaire à la fusion, à la scission ou aux apports, désigné d'un commun accord par les associations qui procèdent à l'apport. Le rapport se prononce sur les méthodes d'évaluation et sur la valeur de l'actif et du passif des associations concernées et expose les conditions financières de l'opération. Pour l'exercice de sa mission, le commissaire peut obtenir, auprès de chacune des associations, communication de tous documents utiles et procéder aux vérifications nécessaires.

II. — La fusion ou la scission entraîne la dissolution sans liquidation des associations qui disparaissent et la transmission universelle de leur patrimoine aux associations bénéficiaires, dans l'état où il se trouve à la date de réalisation définitive de l'opération. L'apport partiel d'actif n'entraîne pas la dissolution de l'association qui apporte une partie de son actif.

Les membres des associations qui disparaissent acquièrent la qualité de membres de l'association résultant de la fusion ou de la scission.

Les articles L. 236-14, L. 236-20 et L. 236-21 du code de commerce sont applicables aux fusions ou aux scissions d'associations.

III. — Sauf stipulation contraire du traité d'apport, la fusion, la scission ou l'apport partiel d'actif prend effet :

1° En cas de création d'une ou de plusieurs associations nouvelles, à la date de publication au *Journal officiel* de la déclaration de la nouvelle association ou de la dernière d'entre elles ;

2° Lorsque l'opération entraîne une modification statutaire soumise à une approbation administrative, à la date d'entrée en vigueur de celle-ci ;

3° Dans les autres cas, à la date de la dernière délibération ayant approuvé l'opération.

IV. — Lorsqu'une association bénéficiant d'une autorisation administrative, d'un agrément, d'un conventionnement ou d'une habilitation participe à une fusion, à une scission ou à un apport partiel d'actif et qu'elle souhaite savoir si l'association résultant de la fusion ou de la scission ou bénéficiaire de l'apport bénéficiera de l'autorisation, de l'agrément, du conventionnement ou de l'habilitation pour la durée restant à courir, elle peut interroger l'autorité administrative, qui se prononce sur sa demande :

1° Si elles existent, selon les règles prévues pour autoriser la cession de l'autorisation, de l'agrément, du conventionnement ou de l'habilitation ;

2° Dans les autres cas, dans les conditions et délais prévus pour accorder l'autorisation, l'agrément, le conventionnement ou l'habilitation.

Le présent IV n'est pas applicable à la reconnaissance d'utilité publique.

V. — Un décret en Conseil d'État fixe les modalités d'application du présent article.

TITRE II

Art. 10. *(L. n° 87-571 du 23 juill. 1987, art. 17)* Les associations peuvent être reconnues d'utilité publique par décret en Conseil d'État à l'issue d'une période probatoire de fonctionnement d'une durée au moins égale à trois ans.

La reconnaissance d'utilité publique peut être retirée dans les mêmes formes.

La période probatoire de fonctionnement n'est toutefois pas exigée si les ressources prévisibles sur un délai de trois ans de l'association demandant cette reconnaissance sont de nature à assurer son équilibre financier.

Art. 11. *(L. nº 2014-856 du 31 juill. 2014, art. 76)* Les associations reconnues d'utilité publique peuvent faire tous les actes de la vie civile qui ne sont pas interdits par leurs statuts.

Les actifs éligibles aux placements des fonds de ces associations sont ceux autorisés par le code de la sécurité sociale pour la représentation des engagements réglementés des institutions et unions exerçant une activité d'assurance.

Les associations reconnues d'utilité publique peuvent accepter les libéralités entre vifs et testamentaires, dans les conditions fixées à l'article 910 du code civil.

Art. 12. *(L. nº 2014-856 du 31 juill. 2014, art. 71-2º)* La dissolution sans liquidation de l'association reconnue d'utilité publique qui disparaît du fait d'une fusion ou d'une scission est approuvée par décret en Conseil d'État. Ce même décret abroge le décret de reconnaissance d'utilité publique de l'association absorbée.

TITRE III

Art. 13. *(L. 8 avr. 1942)* Toute congrégation religieuse peut obtenir la reconnaissance légale par décret rendu sur avis conforme du Conseil d'État; les dispositions relatives aux congrégations antérieurement autorisées leur sont applicables.

La reconnaissance légale pourra être accordée à tout nouvel établissement congréganiste en vertu d'un décret en Conseil d'État.

La dissolution de la congrégation ou la suppression de tout établissement ne peut être prononcée que par décret sur avis conforme du Conseil d'État.

Art. 15. Toute congrégation religieuse tient un état de ses recettes et dépenses; elle dresse chaque année le compte financier de l'année écoulée et l'état inventorié de ses biens meubles et immeubles.

La liste complète de ses membres, mentionnant leur nom de famille, ainsi que le nom sous lequel ils sont désignés dans la congrégation, leur nationalité, âge et lieu de naissance, la date de leur entrée, doit se trouver au siège de la congrégation.

Celle-ci est tenue de représenter sans déplacement, sur toute réquisition du préfet, à lui-même ou à son délégué, les comptes, états et listes ci-dessus indiqués.

Seront punis des peines portées au paragraphe 2 de l'article 8 les représentants ou directeurs d'une congrégation qui auront fait des communications mensongères ou refusé d'obtempérer aux réquisitions du préfet dans les cas prévus par le présent article.

Art. 17. Sont nuls tous actes entre vifs ou testamentaires, à titre onéreux ou gratuit, accomplis soit directement, soit par personne interposée, ou toute autre voie indirecte, ayant pour objet de permettre aux associations légalement ou illégalement formées de se soustraire aux dispositions des articles 2, 6, 9, 11, 13, 14 et 16.

La nullité pourra être prononcée soit à la diligence du ministère public, soit à la requête de tout intéressé.

Art. 18. Les congrégations existantes au moment de la promulgation de la présente loi, qui n'auraient pas été antérieurement autorisées ou reconnues, devront, dans le délai de trois mois, justifier qu'elles ont fait les diligences nécessaires pour se conformer à ses prescriptions.

A défaut de cette justification, elles sont réputées dissoutes de plein droit. Il en sera de même des congrégations auxquelles l'autorisation aura été refusée.

La liquidation des biens détenus par elles aura lieu en justice. Le tribunal, à la requête du ministère public, nommera, pour y procéder, un liquidateur qui aura pendant toute la durée de la liquidation tous les pouvoirs d'un administrateur séquestre.

Le tribunal qui a nommé le liquidateur est seul compétent pour connaître, en matière civile, de toute action formée par le liquidateur ou contre lui.

Le liquidateur fera procéder à la vente des immeubles suivant les formes prescrites pour les ventes de biens de mineurs.

Le jugement ordonnant la liquidation sera rendu public dans la forme prescrite pour les annonces légales.

Les biens et valeurs appartenant aux membres de la congrégation antérieurement à leur entrée dans la congrégation, ou qui leur seraient échus depuis, soit par succession ab intestat en ligne directe ou collatérale, soit par donation ou legs en ligne directe, leur seront restitués.

Les dons et legs qui leur auraient été faits autrement qu'en ligne directe pourront être également revendiqués, mais à charge par les bénéficiaires de faire la preuve qu'ils n'ont pas été les personnes interposées prévues par l'article 17.

Les biens et valeurs acquis, à titre gratuit et qui n'auraient pas été spécialement affectés par l'acte de libéralité à une œuvre d'assistance pourront être revendiqués par le donateur, ses héritiers ou ayants droit, ou par les héritiers ou ayants droit du testateur, sans qu'il puisse leur être opposé aucune prescription pour le temps écoulé avant le jugement prononçant la liquidation.

Si les biens et valeurs ont été donnés ou légués en vue de gratifier non les congréganistes, mais de pourvoir à une œuvre d'assistance, ils ne pourront être revendiqués qu'à charge de pourvoir à l'accomplissement du but assigné à la libéralité.

Toute action en reprise ou revendication devra, à peine de forclusion, être formée contre le liquidateur dans le délai de six mois à partir de la publication du jugement. Les jugements rendus contradictoirement avec le liquidateur, et ayant acquis l'autorité de la chose jugée, sont opposables à tous les intéressés.

Passé le délai de six mois, le liquidateur procédera à la vente en justice de tous les immeubles qui n'auraient pas été revendiqués ou qui ne seraient pas affectés à une œuvre d'assistance.

Le produit de la vente, ainsi que toutes les valeurs mobilières, sera déposé à la Caisse des dépôts et consignations.

L'entretien des pauvres hospitalisés sera, jusqu'à l'achèvement de la liquidation, considéré comme frais privilégiés de liquidation.

S'il n'y a pas de contestation ou lorsque toutes les actions formées dans le délai prescrit auront été jugées, l'actif net est réparti entre les ayants droit.

Le décret visé par l'article 20 de la présente loi déterminera, sur l'actif resté libre après le prélèvement ci-dessus prévu, l'allocation, en capital ou sous forme de rente viagère, qui sera attribuée aux membres de la congrégation dissoute qui n'auraient pas de moyens d'existence assurés ou qui justifieraient avoir contribué à l'acquisition des valeurs mises en distribution par le produit de leur travail personnel.

Art. 20. Un décret déterminera les mesures propres à assurer l'exécution de la présente loi.

Art. 21. Sont abrogés les articles 291, 292, 293 du code pénal, ainsi que les dispositions de l'article 294 du même code relatives aux associations; l'article 20 de l'ordonnance du 5-8 juillet 1820; la loi du 10 avril 1834; l'article 13 du décret du 28 juillet 1848; l'article 7 de la loi du 30 juin 1881; la loi du 14 mars 1872; le paragraphe 2, article 2, de la loi du 24 mai 1825; le décret du 31 janvier 1852 et généralement toutes les dispositions contraires à la présente loi.

Il n'est en rien dérogé pour l'avenir aux lois spéciales relatives aux syndicats professionnels, aux sociétés de commerce et aux sociétés de secours mutuels.

Art. 21 *bis*. *(Ord. n° 2009-536 du 14 mai 2009, art. 1er) (Ord. n° 2015-904 du 23 juill. 2015, art. 14-I-2°)* «I. —» *(L. n° 2009-970 du 3 août 2009, art. 10-III-1°)* «La présente loi est applicable dans les collectivités d'outre-mer régies par l'article 74 de la Constitution et en Nouvelle-Calédonie, à l'exception de son article 18 et sous réserve des dispositions suivantes :»

II. — Pour l'application de la présente loi à Saint-Barthélemy, à Saint-Martin et à Saint-Pierre-et-Miquelon :

(Ord. n° 2015-904 du 23 juill. 2015, art. 14-I-3°) «1° A l'article 5, la référence au représentant de l'État dans le département est remplacée par la référence au représentant de l'État dans la collectivité territoriale;»

2° A l'article 6, les mots : "des régions, des départements" sont remplacés par les mots : "de la collectivité";

3° A l'article 15, la référence au préfet est remplacée par la référence au représentant de l'État.

III. — Pour l'application de la présente loi dans les îles Wallis-et-Futuna :

(Ord. n° 2015-904 du 23 juill. 2015, art. 14-I-4°-a) «1° Aux articles 5 et 15, les références au représentant de l'État dans le département et au préfet sont remplacées par la référence à l'administrateur supérieur des îles Wallis-et-Futuna;»

2° A l'article 6 :

a) Les mots : "des régions, des départements, des communes" sont remplacés par les mots : "des îles Wallis-et-Futuna, des circonscriptions territoriales";

b) Après les mots : "16 euros" sont insérés les mots : "ou à un montant équivalent en monnaie locale";

3° A l'article 7, la référence au tribunal de grande instance est remplacée par la référence au tribunal de première instance;

4° A l'article 8, après les mots : "45 000 euros" sont insérés les mots : "ou d'un montant équivalent en monnaie locale";

5° A l'article 11, les mots : "en titres pour lesquels est établi le bordereau de références nominatives prévu à l'article 55 de la loi n° 87-416 du 17 juin 1987 sur l'épargne" sont supprimés.

IV. — Pour l'application de la présente loi en Polynésie française :

(Ord. n° 2015-904 du 23 juill. 2015, art. 14-I-5°-a) «1° Aux articles 5 et 15, les références au représentant de l'État dans le département et au préfet sont remplacées par la référence au haut-commissaire de la République en Polynésie française;»

2° A l'article 6 :

a) Les mots : "des régions, des départements" sont remplacés par les mots : "de la Polynésie française";

b) Après les mots : "16 euros" sont insérés les mots : "ou à un montant équivalent en monnaie locale";

3° A l'article 7, la référence au tribunal de grande instance est remplacée par la référence au tribunal de première instance;

4° A l'article 8, après les mots : "45000 euros" sont insérés les mots : "ou d'un montant équivalent en monnaie locale";

5° A l'article 11, les mots : "en titres pour lesquels est établi le bordereau de références nominatives prévu à l'article 55 de la loi n° 87-416 du 17 juin 1987 sur l'épargne" sont supprimés;

6° A l'article 15, la référence au préfet est remplacée par la référence au haut-commissaire de la République.

V. — Pour l'application de la présente loi en Nouvelle-Calédonie :

(Ord. n° 2015-904 du 23 juill. 2015, art. 14-I-6°-a) «1° Aux articles 5 et 15, les références au représentant de l'État dans le département et au préfet sont remplacées par la référence au haut-commissaire de la République en Nouvelle-Calédonie;»

2° A l'article 6 :

a) Les mots : "des régions, des départements" sont remplacés par les mots : "de la Nouvelle-Calédonie ou de ses provinces";

b) Après les mots : "16 euros" sont insérés les mots : "ou à un montant équivalent en monnaie locale";

3° A l'article 7, la référence au tribunal de grande instance est remplacée par la référence au tribunal de première instance;

4° A l'article 8, après les mots : "45000 euros" sont insérés les mots : "ou d'un montant équivalent en monnaie locale";

5° A l'article 11, les mots : "en titres pour lesquels est établi le bordereau de références nominatives prévu à l'article 55 de la loi n° 87-416 du 17 juin 1987 sur l'épargne" sont supprimés;

Art. 21 *ter*. *(Ord. n° 2015-904 du 23 juill. 2015, art. 14-II)* Pour l'application de la présente loi à Mayotte :

1° A l'article 5, la référence au département est remplacée par la référence au Département de Mayotte;

2° A l'article 6, les mots : "des régions, des départements" sont remplacés par les mots : "du Département".

209 Code de la sécurité intérieure (articles L. 212-1 et L. 212-2)

TITRE Ier

ORDRE PUBLIC

CHAPITRE II

Suspension ou dissolution de certains groupements et associations

Section première

Groupes de combat et milices privées

Art. L. 212-1. Sont dissous, par décret en conseil des ministres, toutes les associations ou groupements de fait :

1° Qui provoquent à des manifestations armées dans la rue;

2° Ou qui présentent, par leur forme et leur organisation militaires, le caractère de groupes de combat ou de milices privées;

3° Ou qui ont pour but de porter atteinte à l'intégrité du territoire national ou d'attenter par la force à la forme républicaine du Gouvernement;

4° Ou dont l'activité tend à faire échec aux mesures concernant le rétablissement de la légalité républicaine;

5° Ou qui ont pour but soit de rassembler des individus ayant fait l'objet de condamnation du chef de collaboration avec l'ennemi, soit d'exalter cette collaboration;

6° Ou qui, soit provoquent à la discrimination, à la haine ou à la violence envers une personne ou un groupe de personnes à raison de leur origine ou de leur appartenance ou de leur non-appartenance à une ethnie, une nation, une race ou une religion déterminée, soit propagent des idées ou théories tendant à justifier ou encourager cette discrimination, cette haine ou cette violence;

7° Ou qui se livrent, sur le territoire français ou à partir de ce territoire, à des agissements en vue de provoquer des actes de terrorisme en France ou à l'étranger.

Le maintien ou la reconstitution d'une association ou d'un groupement dissous en application du présent article, ou l'organisation de ce maintien ou de cette reconstitution, ainsi que l'organisation d'un groupe de combat sont réprimées dans les conditions prévues par la section 4 du chapitre Ier du titre III du livre IV du code pénal.

Section II

Associations de supporters

Art. L. 212-2. Les conditions dans lesquelles les associations ou groupements de fait ayant pour objet le soutien à une association sportive mentionnée à l'article L. 122-1 du code du sport peuvent être dissous ou suspendus d'activité par voie réglementaire sont fixées par les dispositions de l'article L. 332-18 du même code.

La participation au maintien ou à la reconstitution d'une association ou d'un groupement dissous en application de ce dernier article, ou l'organisation de ce maintien ou de cette reconstitution, ainsi que la participation aux activités qu'une association suspendue d'activité s'est vu interdire en application du même article, ou l'organisation de ces activités, sont réprimées dans les conditions prévues à l'article L. 332-19 du même code.

Section 3

La liberté de réunion

210 Loi du 30 juin 1881 sur la liberté de réunion (articles 1 et 5 à 11)

Art. 1er. Les réunions publiques sont libres.

Elles peuvent avoir lieu sans autorisation préalable, sous les conditions prescrites par les articles suivants.

Art. 5. La réunion électorale est celle qui a pour but le choix ou l'audition de candidats à des fonctions publiques électives, et à laquelle ne peuvent assister que les électeurs de la circonscription, les candidats, les membres des deux Chambres et le mandataire de chacun des candidats.

Art. 6. Les réunions ne peuvent être tenues sur la voie publique; elles ne peuvent se prolonger au-delà de 11 heures du soir; cependant, dans les localités où la fermeture des établissements publics a lieu plus tard, elles pourront se prolonger jusqu'à l'heure fixée pour la fermeture de ces établissements.

Art. 8. Chaque réunion doit avoir un bureau composé de 3 personnes au moins. Le bureau est chargé de maintenir l'ordre, d'empêcher toute infraction aux lois, *de conserver à la réunion le caractère qui lui a été donné par la déclaration;* d'interdire tout discours contraire à l'ordre public et aux bonnes mœurs, ou contenant provocation à un acte qualifié crime ou délit.

A défaut de désignation par les signataires de la déclaration, les membres du bureau seront élus par l'assemblée.

Les membres du bureau *et, jusqu'à la formation du bureau, les signataires de la déclaration*, sont responsables des infractions aux prescriptions des articles 6, 7 et 8 de la présente loi.

Art. 9. Un fonctionnaire de l'ordre administratif ou judiciaire peut être délégué : à Paris, par le préfet de police, et dans les départements, par le préfet, le sous-préfet ou le maire, pour assister à la réunion.

Il choisit sa place.

Il n'est rien innové aux dispositions de l'article 3 de la loi des 16-24 août 1790, de l'article 9 de la loi des 19-22 juillet 1791 et des articles 9 et 15 de la loi du 18 juillet 1837.

Toutefois, le droit de dissolution ne devra être exercé par le représentant de l'autorité que s'il en est requis par le bureau, ou s'il se produit des collisions et voies de fait.

Art. 10. Toute infraction aux dispositions de la présente loi sera punie des peines de simple police, sans préjudice des poursuites pour crimes et délits qui pourraient être commis dans les réunions.

Art. 11. L'action publique et l'action privée se prescrivent par 6 mois.

211 Loi du 28 mars 1907 relative aux réunions publiques (article 1)

Art. 1er. Les réunions publiques, quel qu'en soit l'objet, pourront être tenues sans déclaration préalable.

CHAPITRE 3
La liberté d'expression

Section 1
Les principes généraux

212 Déclaration universelle des droits de l'homme (article 19)

Art. 19. Tout individu a droit à la liberté d'opinion et d'expression, ce qui implique le droit de ne pas être inquiété pour ses opinions et celui de chercher, de recevoir et de répandre, sans considérations de frontières, les informations et les idées par quelque moyen d'expression que ce soit.

213 Pacte international relatif aux droits civils et politiques (article 19)

Art. 19. 1. Nul ne peut être inquiété pour ses opinions.

2. Toute personne a droit à la liberté d'expression; ce droit comprend la liberté de rechercher, de recevoir et de répandre des informations et des idées de toute espèce, sans considération de frontières, sous une forme orale, écrite, imprimée ou artistique, ou par tout autre moyen de son choix.

3. L'exercice des libertés prévues au paragraphe 2 du présent article comporte des devoirs spéciaux et des responsabilités spéciales. Il peut en conséquence être soumis à certaines restrictions qui doivent toutefois être expressément fixées par la loi et qui sont nécessaires :

a) Au respect des droits ou de la réputation d'autrui;

b) A la sauvegarde de la sécurité nationale, de l'ordre public, de la santé ou de la moralité publiques.

214 Convention européenne de sauvegarde des droits de l'homme et des libertés fondamentales (article 10)

Art. 10. *Liberté d'expression.* 1. Toute personne a droit à la liberté d'expression. Ce droit comprend la liberté d'opinion et la liberté de recevoir ou de communiquer des informations ou des idées sans qu'il puisse y avoir ingérence d'autorités publiques et sans considération de frontière. Le présent article n'empêche pas les États de soumettre les entreprises de radiodiffusion, de cinéma ou de télévision à un régime d'autorisations.

2. L'exercice de ces libertés comportant des devoirs et des responsabilités peut être soumis à certaines formalités, conditions, restrictions ou sanctions, prévues par la loi, qui constituent des mesures nécessaires, dans une société démocratique, à la sécurité nationale, à l'intégrité territoriale ou à la sûreté publique, à la défense de l'ordre et à la prévention du crime, à la protection de la santé ou de la morale, à la protection de la réputation ou des droits d'autrui, pour empêcher la divulgation d'informations confidentielles ou pour garantir l'autorité et l'impartialité du pouvoir judiciaire.

215 Charte des droits fondamentaux de l'Union européenne (article 11)

Art. 11. *Liberté d'expression et d'information.* 1. Toute personne a droit à la liberté d'expression. Ce droit comprend la liberté d'opinion et la liberté de recevoir ou de communiquer des informations ou des idées sans qu'il puisse y avoir ingérence d'autorités publiques et sans considération de frontières.

2. La liberté des médias et leur pluralisme sont respectés.

216 Déclaration des droits de l'homme et du citoyen (article 10)

Art. 10. Nul ne doit être inquiété pour ses opinions, même religieuses, pourvu que leur manifestation ne trouble pas l'ordre public établi par la Loi.

Section 2

La liberté de la presse et ses limites

217 Loi du 29 juillet 1881 sur la liberté de la presse

CHAPITRE PREMIER

De l'imprimerie et de la librairie

Art. 1er. L'imprimerie et la librairie sont libres.

Art. 2. *(L. nº 2010-1 du 4 janv. 2010)* Le secret des sources des journalistes est protégé dans l'exercice de leur mission d'information du public.

Est considérée comme journaliste au sens du premier alinéa toute personne qui, exerçant sa profession dans une ou plusieurs entreprises de presse, de communication au public en ligne, de communication audiovisuelle ou une ou plusieurs agences de presse, y pratique, à titre régulier et rétribué, le recueil d'informations et leur diffusion au public.

Il ne peut être porté atteinte directement ou indirectement au secret des sources que si un impératif prépondérant d'intérêt public le justifie et si les mesures envisagées sont strictement nécessaires et proportionnées au but légitime poursuivi. Cette atteinte ne peut en aucun cas consister en une obligation pour le journaliste de révéler ses sources.

Est considéré comme une atteinte indirecte au secret des sources au sens du troisième alinéa le fait de chercher à découvrir les sources d'un journaliste au moyen d'investigations portant sur toute personne qui, en raison de ses relations habituelles avec un journaliste, peut détenir des renseignements permettant d'identifier ces sources.

Au cours d'une procédure pénale, il est tenu compte, pour apprécier la nécessité de l'atteinte, de la gravité du crime ou du délit, de l'importance de l'information recherchée pour la répression ou la prévention de cette infraction et du fait que les mesures d'investigation envisagées sont indispensables à la manifestation de la vérité.

Art. 2 *bis*. *(L. nº 2016-1524 du 14 nov. 2016, art. 1er)* Tout journaliste, au sens du 1º du I de l'article 2, a le droit de refuser toute pression, de refuser de divulguer ses sources et de refuser de signer un article, une émission, une partie d'émission ou une contribution dont la forme ou le contenu auraient été modifiés à son insu ou contre sa volonté. Il ne peut être contraint à accepter un acte contraire à sa conviction professionnelle formée dans le respect de la charte déontologique de son entreprise ou de sa société éditrice.

Toute convention ou tout contrat de travail signé entre un journaliste professionnel et une entreprise ou une société éditrice de presse ou de communication audiovisuelle entraîne l'adhésion à la charte déontologique de l'entreprise ou de la société éditrice.

Les entreprises ou sociétés éditrices de presse ou audiovisuelles dépourvues de charte déontologique engagent des négociations à compter de la publication de la loi n° 2016-1524 du 14 novembre 2016 visant à renforcer la liberté, l'indépendance et le pluralisme des médias. Cette charte est rédigée conjointement par la direction et les représentants des journalistes. A défaut de conclusion d'une charte avant le 1er juillet 2017 et jusqu'à l'adoption de celle-ci, les déclarations et les usages professionnels relatifs à la profession de journaliste peuvent être invoqués en cas de litige. Le comité institué à l'article 30-8 de la loi n° 86-1067 du 30 septembre 1986 relative à la liberté de communication est consulté lors de cette rédaction. Le deuxième alinéa du présent article s'applique à compter du 1er juillet 2017.

Art. 3. *(Décr.-L. 29 juill. 1939)* Tout écrit rendu public, à l'exception des ouvrages de ville ou bilboquets, portera l'indication du nom et du domicile de l'imprimeur à peine, contre celui-ci, d'une amende de 3 750 €.

La distribution des imprimés qui ne porteraient pas la mention exigée au paragraphe précédent est interdite et la même peine est applicable à ceux qui contreviendraient à cette interdiction.

Une peine d'emprisonnement de six mois pourra être prononcée si, dans les douze mois précédents, l'imprimeur ou le distributeur a été condamné pour contravention de même nature.

(L. n° 58-92 du 4 févr. 1958) «Toutefois, si l'imprimé fait appel à des techniques différentes et nécessite le concours de plusieurs imprimeurs, l'indication du nom et du domicile de l'un d'entre eux est suffisante.»

CHAPITRE II
De la presse périodique

§ 1er : Du droit de publication, de la gérance, de la déclaration et du dépôt au parquet

Art. 5. *(L. n° 2012-387 du 22 mars 2012, art. 99)* Tout journal ou écrit périodique peut être publié sans déclaration ni autorisation préalable, ni dépôt de cautionnement.

Art. 6. *(L. n° 86-897 du 1er août 1986)* Toute publication de presse doit avoir un directeur de la publication.

Lorsqu'une personne physique est propriétaire ou locataire-gérant d'une entreprise éditrice au sens de la loi n° 86-897 du 1er août 1986 portant réforme du régime juridique de la presse ou en détient la majorité du capital ou des droits de vote, cette personne est directeur de la publication. Dans les autres cas, le directeur de la publication est le représentant légal de l'entreprise éditrice. Toutefois, dans les sociétés anonymes régies par les articles 118 à 150 de la loi n° 66-537 du 24 juillet 1966 sur les sociétés commerciales, le directeur de la publication est le président du directoire ou le directeur général unique.

Si le directeur de la publication jouit de l'immunité parlementaire dans les conditions prévues à l'article 26 de la Constitution et aux articles 9 et 10 du Protocole du 8 avril 1965 sur les privilèges et immunités des communautés européennes, l'entreprise éditrice doit nommer un codirecteur de la publication choisi parmi les personnes ne bénéficiant pas de l'immunité parlementaire et, lorsque l'entreprise éditrice est une personne morale, parmi les membres du conseil d'administration, du directoire ou les gérants suivant la forme de ladite personne morale.

Le codirecteur de la publication doit être nommé dans le délai d'un mois à compter de la date à partir de laquelle le directeur de la publication bénéficie de l'immunité visée à l'alinéa précédent.

Le directeur et, éventuellement, le codirecteur de la publication doivent être majeurs, avoir la jouissance de leurs droits civils et n'être privés de leurs droits civiques par aucune condamnation judiciaire. *(L. n° 2017-86 du 27 janv. 2017, art. 41)* «Par dérogation, un mineur âgé de seize ans révolus peut être nommé directeur ou codirecteur de la publication de tout journal ou écrit périodique réalisé bénévolement, sans préjudice de l'application de la loi n° 49-956 du 16 juillet 1949 sur les publications destinées à la jeunesse. La responsabilité des parents d'un mineur âgé de seize ans révolus nommé directeur ou codirecteur de publication ne peut être engagée, sur le fondement de l'article 1242 du code civil, que si celui-ci a commis un fait de nature à engager sa propre responsabilité civile dans les conditions prévues par la présente loi.»

Toutes les obligations légales imposées au directeur de la publication sont applicables au codirecteur de la publication.

Art. 9. *(L. n° 2012-387 du 22 mars 2012, art. 99)* «En cas de contravention à l'article 6, le propriétaire, le directeur de la publication et, dans le cas prévu au troisième alinéa du même article 6, le codirecteur de la publication sont punis de l'amende prévue pour les contraventions de la cinquième classe.» La peine sera applicable à l'imprimeur à défaut du propriétaire ou du directeur ou, dans le cas prévu au *(L. n° 86-897 du 1er août 1986)* «troisième alinéa» de l'article 6, du codirecteur de la publication.

Le journal ou écrit périodique ne pourra continuer sa publication qu'après avoir rempli les formalités ci-dessus prescrites, à peine, si la publication irrégulière continue, de l'amende prévue pour les contraventions de la 4e classe, prononcée solidairement contre les mêmes personnes, pour chaque numéro publié à partir du jour de la prononciation du jugement de condamnation, si ce jugement est contradictoire, et du troisième jour qui suivra sa notification, s'il a été rendu par défaut; et ce, nonobstant opposition ou appel, si l'exécution provisoire est ordonnée.

Le condamné, même par défaut, peut interjeter appel. Il sera statué par la cour dans le délai de trois jours.

Art. 10. *(L. n° 2012-387 du 22 mars 2012, art. 99)* «Sont soumis à l'obligation de dépôt auprès du ministre chargé de la communication à la parution de chaque numéro les journaux et écrits périodiques à diffusion nationale. Un arrêté du ministre chargé de la communication fixe les modalités de mise en œuvre de l'obligation de dépôt ainsi que le nombre d'exemplaires à déposer. Ce nombre ne peut être supérieur à dix et tient compte notamment du fait que la publication est ou non consacrée à l'information politique et générale.

«Ce dépôt» sera effectué sous peine de l'amende prévue pour les contraventions de la 4e classe contre le directeur de la publication.

Art. 11. Le nom du directeur de la publication sera imprimé au bas de tous les exemplaires, à peine contre l'imprimeur de l'amende prévue pour les contraventions de la 4e classe par chaque numéro publié en contravention de la présente disposition.

§ 2 : Des rectifications

Art. 12. Le directeur de la publication est tenu d'insérer gratuitement, en tête du plus prochain numéro du journal ou écrit périodique, toutes les rectifications qui lui seront adressées par un dépositaire de l'autorité publique, au sujet des actes de sa fonction qui auront été inexactement rapportés par ledit journal ou écrit périodique.

Toutefois, ces rectifications ne dépasseront pas le double de l'article auquel elles répondront.

En cas de contravention, le directeur de la publication sera puni d'une amende de 3 750 €.

Art. 13. *(L. 29 sept. 1919)* Le directeur de la publication sera tenu d'insérer, dans les trois jours de leur réception, les réponses de toute personne nommée ou désignée dans le journal ou écrit périodique quotidien, sous peine *(L. nº 93-2 du 4 janv. 1993)* «d'une amende de» 3 750 €, sans préjudice des autres peines et dommages-intérêts auxquels l'article pourrait donner lieu.

En ce qui concerne les journaux ou écrits périodiques non quotidiens, le directeur de la publication, sous les mêmes sanctions, sera tenu d'insérer la réponse dans le numéro qui suivra le surlendemain de la réception.

Cette insertion devra être faite à la même place et en mêmes caractères que l'article qui l'aura provoquée et sans aucune intercalation.

Non compris l'adresse, les salutations, les réquisitions d'usage et la signature, qui ne seront jamais comptées dans la réponse, celle-ci sera limitée à la longueur de l'article qui l'aura provoquée. Toutefois, elle pourra atteindre cinquante lignes, alors même que cet article serait d'une longueur moindre, et elle ne pourra dépasser deux cents lignes, alors même que cet article serait d'une longueur supérieure. Les dispositions ci-dessus s'appliquent aux répliques, lorsque le journaliste aura accompagné la réponse de nouveaux commentaires.

La réponse sera toujours gratuite. Le demandeur en insertion ne pourra excéder les limites fixées au paragraphe précédent en offrant de payer le surplus.

La réponse ne sera exigible que dans l'édition ou les éditions où aura paru l'article.

Sera assimilé au refus d'insertion et puni des mêmes peines, sans préjudice de l'action en dommages-intérêts, le fait de publier, dans la région desservie par les éditions ou l'édition ci-dessus, une édition spéciale d'où serait retranchée la réponse que le numéro correspondant du journal était tenu de reproduire.

Le tribunal prononcera dans les dix jours de la citation sur la plainte en refus d'insertion. Il pourra décider que le jugement ordonnant l'insertion, mais en ce qui concerne l'insertion seulement, sera exécutoire sur minute nonobstant opposition ou appel. S'il y a appel, il y sera statué dans les dix jours de la déclaration faite au greffe.

Pendant toute période électorale, le délai de trois jours prévu pour l'insertion par le paragraphe 1er du présent article sera, pour les journaux quotidiens, réduit à vingt-quatre heures. La réponse devra être remise six heures au moins avant le tirage du journal dans lequel elle devra paraître. Dès l'ouverture de la période électorale, le directeur de la publication du journal sera tenu de déclarer au parquet, sous les peines édictées au paragraphe premier, l'heure à laquelle, pendant cette période, il entend fixer le tirage de son journal. Le délai de citation sur refus d'insertion sera réduit à vingt-quatre heures, sans augmentation pour les distances, et la citation pourra même être délivrée d'heure à heure sur ordonnance spéciale rendue par le président du tribunal. Le jugement ordonnant l'insertion sera exécutoire, mais en ce qui concerne cette insertion seulement, sur minute, nonobstant opposition ou appel. *(L. n° 46-2151 du 5 oct. 1946)* «Si l'insertion ainsi ordonnée n'est pas faite dans le délai qui est fixé par le présent alinéa et qui prendra cours à compter du prononcé du jugement, le directeur de la publication sera passible d'une peine d'emprisonnement de trois mois et d'une amende de 3 750 €.»

L'action en insertion forcée se prescrira *(L. n° 2000-516 du 15 juin 2000, art. 94-II)* «après trois mois révolus», à compter du jour où la publication aura eu lieu.

(L. n° 93-2 du 4 janv. 1993) «Sans préjudice de l'application de l'alinéa précédent, toute personne nommée ou désignée dans un journal ou écrit périodique à l'occasion de l'exercice de poursuites pénales peut également exercer l'action en insertion forcée, dans le délai de trois mois à compter du jour où la décision de non-lieu dont elle fait l'objet est intervenue ou celle de relaxe ou d'acquittement la mettant expressément ou non hors de cause est devenue définitive.»

Art. 13-1. *(L. n° 90-615 du 13 juill. 1990)* Le droit de réponse prévu par l'article 13 pourra être exercé par les associations remplissant les conditions prévues par l'article 48-1, lorsqu'une personne ou un groupe de personnes auront, dans un journal ou écrit périodique, fait l'objet d'imputations susceptibles de porter atteinte à leur honneur ou à leur réputation à raison de leur origine ou de leur appartenance ou de leur non-appartenance à une ethnie, une nation, une race ou une religion déterminée.

Toutefois, quand la mise en cause concernera des personnes considérées individuellement, l'association ne pourra exercer le droit de réponse que si elle justifie avoir reçu leur accord.

Aucune association ne pourra requérir l'insertion d'une réponse en application du présent article dès lors qu'aura été publiée une réponse à la demande d'une des associations remplissant les conditions prévues par l'article 48-1.

§ 3 : Des journaux ou écrits périodiques étrangers

Art. 14. *(Remplacé par Décr.-L. du 6 mai 1939, art. 1er ; La circulation en France des journaux ou écrits périodiques publiés à l'étranger ne pourra être interdite que par une décision spéciale délibérée en conseil des ministres.*

La circulation d'un numéro peut être interdite par une décision du ministre de l'intérieur.

La mise en vente ou la distribution, faite sciemment au mépris de l'interdiction, sera punie d'une amende de 50 francs à 500 francs.

CHAPITRE III
De l'affichage *(L. n° 2004-1343 du 9 déc. 2004, art. 13).*

§ 1er : De l'affichage

Art. 15. Dans chaque commune, le maire désignera, par arrêté, les lieux exclusivement destinés à recevoir les affiches des lois et autres actes de l'autorité publique.

Il est interdit d'y placarder des affiches particulières.

(L. n° 69-1067 du 28 nov. 1969) «Les affiches des actes émanés de l'autorité seront seules imprimées sur papier blanc. Toutefois, est licite l'usage du papier blanc pour l'impression d'affiches publicitaires lorsque celles-ci sont recouvertes de caractères ou d'illustrations de couleur et lorsque toute confusion, soit dans le texte, soit dans la présentation matérielle, est impossible avec les affiches administratives.»

Toute contravention aux dispositions du présent article sera punie des peines portées en l'article 2.

Art. 17. Ceux qui auront enlevé, déchiré, recouvert ou altéré par un procédé quelconque, de manière à les travestir ou à les rendre illisibles, des affiches apposées par ordre de l'Administration dans les emplacements à ce réservés, seront punis de l'amende prévue pour les contraventions de la 3e classe.

Si le fait a été commis par un fonctionnaire ou un agent de l'autorité publique, la peine sera de l'amende prévue pour les contraventions de la 4e classe.

Seront punis de l'amende prévue pour les contraventions de la 3e classe ceux qui auront enlevé, déchiré, recouvert ou altéré par un procédé quelconque, de manière à les travestir ou à les rendre illisibles, des affiches électorales émanant de simples particuliers, apposées ailleurs que sur les propriétés de ceux qui auront commis cette lacération ou altération.

La peine sera de l'amende prévue pour les contraventions de la 4e classe, si le fait a été commis par un fonctionnaire ou un agent de l'autorité publique, à moins que les affiches n'aient été apposées dans les emplacements réservés par l'article 15.

CHAPITRE IV

Des crimes et délits commis par la voie de la presse ou par tout autre moyen de publication

§ 1er : Provocation aux crimes et délits

Art. 23. *(L. n° 72-546 du 1er juill. 1972)* «Seront punis comme complices d'une action qualifiée crime ou délit ceux qui, soit par des discours, cris ou menaces proférés dans des lieux ou réunions publics, soit par des écrits, imprimés, dessins, gravures, peintures, emblèmes, images ou tout autre support de l'écrit, de la parole ou de l'image vendus ou distribués, mis en vente ou exposés dans des lieux ou réunions publics, soit par des placards ou des affiches exposés au regard du public, *(L. n° 85-1317 du 13 déc. 1985)* «soit par tout moyen de» *(L. n° 2004-575 du 21 juin 2004, art. 2-II)* «communication au public par voie électronique», auront directement provoqué l'auteur ou les auteurs à commettre ladite action, si la provocation a été suivie d'effet.»

Cette disposition sera également applicable lorsque la provocation n'aura été suivie que d'une tentative de crime prévue par *l'article 2 du code pénal.*

Art. 24. *(L. n° 92-1336 du 16 déc. 1992)* «Seront punis de cinq ans d'emprisonnement et de 45 000 € d'amende ceux qui, par l'un des moyens énoncés à l'article précédent, auront directement provoqué, dans le cas où cette provocation n'aurait pas été suivie d'effet, à commettre l'une des infractions suivantes :

«1° Les atteintes volontaires à la vie, les atteintes volontaires à l'intégrité de la personne et les agressions sexuelles, définies par le livre II du code pénal;

«2° Les vols, les extorsions et les destructions, dégradations et détériorations volontaires dangereuses pour les personnes, définis par le livre III du code pénal.»

(L. 12 déc. 1893) «Ceux qui, par les mêmes moyens, auront directement provoqué à l'un des crimes *(L. n° 92-1336 du 16 déc. 1992)* «et délits portant atteinte aux intérêts fondamentaux de la nation prévus par le titre Ier du livre IV du code pénal», seront punis des mêmes peines.»

(L. n° 51-18 du 5 janv. 1951) «Seront punis de la même peine ceux qui, par l'un des moyens énoncés en l'article 23, auront fait l'apologie *(L. n° 92-1336 du 16 déc. 1992)* «des crimes visés au premier alinéa», des crimes de guerre, *(L. n° 87-1157 du 31 déc. 1987)* «des crimes contre l'humanité» *(L. n° 2017-86 du 27 janv. 2017, art. 173)* «, des crimes de réduction en esclavage ou d'exploitation d'une personne réduite en esclavage» ou des crimes ou délits de collaboration avec l'ennemi» *(L. n° 2017-86 du 27 janv. 2017, art. 173)* «, y compris si ces crimes n'ont pas donné lieu à la condamnation de leurs auteurs».

Tous cris et chants séditieux proférés dans des lieux ou réunions publics seront punis de l'amende prévue pour les contraventions de la 5e classe ou de l'une de ces deux peines seulement.

(L. n° 72-546 du 1er juill. 1972) «Ceux qui, par l'un des moyens énoncés à l'article 23, auront provoqué à la discrimination, à la haine ou à la violence à l'égard d'une personne ou d'un groupe de personnes à raison de leur origine ou de leur appartenance ou de leur non-appartenance à une ethnie, une nation, une race ou une religion déterminée, seront punis d'un emprisonnement d'un an et d'une amende de 45000 € ou de l'une de ces deux peines seulement.»

(L. n° 2004-1486 du 30 déc. 2004, art. 20) «Seront punis des peines prévues à l'alinéa précédent ceux qui, par ces mêmes moyens, auront provoqué à la haine ou à la violence à l'égard d'une personne ou d'un groupe de personnes à raison de leur sexe, de leur orientation *(L. n° 2017-86 du 27 janv. 2017, art. 170)* «sexuelle ou identité de genre» ou de leur handicap ou auront provoqué, à l'égard des mêmes personnes, aux discriminations prévues par les articles 225-2 et 432-7 du code pénal.»

(L. n° 90-615 du 13 juill. 1990; L. n° 2004-1486 du 30 déc. 2004, art. 22, 3°) «En cas de condamnation pour l'un des faits prévus par les deux alinéas précédents, le tribunal pourra en outre ordonner :

«1° Sauf lorsque la responsabilité de l'auteur de l'infraction est retenue sur le fondement de l'article 42 et du premier alinéa de l'article 43 de la présente loi ou des trois premiers alinéas de l'article 93-3 de la loi n° 82-652 du 29 juillet 1982 sur la communication audiovisuelle, la privation des droits énumérés aux 2° et 3° de l'article *(L. n° 92-1336 du 16 déc. 1992)* «131-26» du code pénal pour une durée de cinq ans au plus;

«2°» *(L. n° 92-1336 du 16 déc. 1992)* «L'affichage ou la diffusion de la décision prononcée dans les conditions prévues par l'article 131-35 du code pénal»;

(L. n° 2017-86 du 27 janv. 2017, art. 170) «3° La peine de stage de citoyenneté prévue à l'article 131-5-1 du code pénal.»

Art. 24 *bis*. *(L. n° 90-615 du 13 juill. 1990)* Seront punis *(L. n° 2014-1353 du 13 nov. 2014, art. 5-II)* «d'un an d'emprisonnement et de 45000 € d'amende» ceux qui auront contesté, par un des moyens énoncés à l'article 23, l'existence d'un ou plusieurs crimes contre l'humanité tels qu'ils sont définis par l'article 6 du statut du tribunal militaire international annexé à l'accord de Londres du 8 août 1945 et qui ont été commis soit par les membres d'une organisation déclarée criminelle en application de l'article 9 dudit statut, soit par une personne reconnue coupable de tels crimes par une juridiction française ou internationale.

(L. nº 2017-86 du 27 janv. 2017, art. 173) «Seront punis des mêmes peines ceux qui auront nié, minoré ou banalisé de façon outrancière, par un des moyens énoncés à l'article 23, l'existence d'un crime de génocide autre que ceux mentionnés au premier alinéa du présent article, d'un autre crime contre l'humanité, d'un crime de réduction en esclavage ou d'exploitation d'une personne réduite en esclavage ou d'un crime de guerre défini aux articles 6,7 et 8 du statut de la Cour pénale internationale signé à Rome le 18 juillet 1998 et aux articles 211-1 à 212-3, 224-1 A à 224-1 C et 461-1 à 461-31 du code pénal, lorsque :

«1° Ce crime a donné lieu à une condamnation prononcée par une juridiction française ou internationale.»

Le tribunal pourra en outre ordonner :

1° *(L. nº 92-1336 du 16 déc. 1992)* «L'affichage ou la diffusion de la décision prononcée dans les conditions prévues par l'article 131-35 du code pénal.»

§ 2 : Délits contre la chose publique

Art. 27. *(Ord. 6 mai 1944)* La publication, la diffusion ou la reproduction, par quelque moyen que ce soit, de nouvelles fausses, de pièces fabriquées, falsifiées ou mensongèrement attribuées à des tiers lorsque, faite de mauvaise foi, elle aura troublé la paix publique ou aura été susceptible de la troubler, sera punie *(L. nº 2000-516 du 15 juin 2000, art. 90-II)* «d'une amende de 45 000 €».

Les mêmes faits seront punis *(L. nº 2000-516 du 15 juin 2000, art. 90-II)* «d'une amende de 135 000 €», lorsque la publication, la diffusion ou la reproduction faite de mauvaise foi sera de nature à ébranler la discipline ou le moral des armées ou à entraver l'effort de guerre de la Nation.

§ 3 : Délits contre les personnes

Art. 29. *(Ord. 6 mai 1944)* Toute allégation ou imputation d'un fait qui porte atteinte à l'honneur ou à la considération de la personne ou du corps auquel le fait est imputé est une diffamation. La publication directe ou par voie de reproduction de cette allégation ou de cette imputation est punissable, même si elle est faite sous forme dubitative ou si elle vise une personne ou un corps non expressément nommés, mais dont l'identification est rendue possible par les termes des discours, cris, menaces, écrits ou imprimés, placards ou affiches incriminés.

Toute expression outrageante, termes de mépris ou invective qui ne renferme l'imputation d'aucun fait est une injure.

Art. 30. *(Ord. 6 mai 1944; L. nº 72-546 du 1er juill. 1972)* La diffamation commise par l'un des moyens énoncés en l'article 23 envers les cours, les tribunaux, les armées *(L. nº 52-1352 du 19 déc. 1952)* «de terre, de mer ou de l'air», les corps constitués et les administrations publiques, sera punie *(L. nº 2000-516 du 15 juin 2000, art. 90-III)* «d'une amende de 45 000 €».

Art. 31. Sera punie de la même peine la diffamation commise par les mêmes moyens, à raison de leurs fonctions ou de leur qualité, envers *(L. nº 2013-711 du 5 août 2013, art. 21)* «le Président de la République,» un ou plusieurs membres du ministère, un ou plusieurs membres de l'une ou de l'autre Chambre, un fonctionnaire public, un dépositaire ou agent de l'autorité publique, *un ministre de l'un des cultes salariés par* *l'État*, un citoyen chargé d'un service ou d'un mandat public, temporaire ou permanent, un juré ou un témoin, à raison de sa déposition.

(Ord. 6 mai 1944) «La diffamation contre les mêmes personnes concernant la vie privée relève de l'article 32 ci-après.»

Art. 32. *(Décr.-L. 21 avr. 1939; Ord. 24 nov. 1943; Ord. 6 mai 1944; L. n° 72-546 du 1er juill. 1972)* La diffamation commise envers les particuliers par l'un des moyens énoncés en l'article 23 sera punie *(L. n° 2000-516 du 15 juin 2000, art. 90-IV)* «d'une amende de 12000 €».

La diffamation commise par les mêmes moyens envers une personne ou un groupe de personnes à raison de leur origine ou de leur appartenance ou de leur non-appartenance à une ethnie, une nation, une race ou une religion déterminée sera punie d'un emprisonnement d'un an et d'une amende de 45000 € ou de l'une de ces deux peines seulement.

(L. n° 2004-1486 du 30 déc. 2004, art. 21, 1°) «Sera punie des peines prévues à l'alinéa précédent la diffamation commise par les mêmes moyens envers une personne ou un groupe de personnes à raison de leur sexe, de leur orientation *(L. n° 2017-86 du 27 janv. 2017, art. 170)* «sexuelle ou identité de genre» ou de leur handicap.»

(L. n° 90-615 du 13 juill. 1990; L. n° 2004-1486 du 30 déc. 2004, art. 22, 3°) «En cas de condamnation pour l'un des faits prévus par les deux alinéas précédents, le tribunal pourra en outre ordonner :

«1° *(L. n° 92-1336 du 16 déc. 1992)* «L'affichage ou la diffusion de la décision prononcée dans les conditions prévues par l'article 131-35 du code pénal»;

(L. n° 2017-86 du 27 janv. 2017, art. 170) «2° La peine de stage de citoyenneté prévue à l'article 131-5-1 du code pénal.»

Art. 33. *(Décr.-L. 21 avr. 1939; Ord. 24 nov. 1943; Ord. 6 mai 1944)* L'injure commise par les mêmes moyens envers les corps ou les personnes désignés par les articles 30 et 31 de la présente loi sera punie *(L. n° 2000-516 du 15 juin 2000, art. 90-V)* «d'une amende de 12000 €».

(L. n° 72-546 du 1er juill. 1972) «L'injure commise de la même manière envers les particuliers, lorsqu'elle n'aura pas été précédée de provocations, sera punie» *(L. n° 2000-516 du 15 juin 2000, art. 90-V)* «d'une amende de 12000 €.

«Sera punie *(L. n° 2017-86 du 27 janv. 2017, art. 170)* «d'un an d'emprisonnement et de 45000 euros d'amende» l'injure commise» *(L. n° 2017-86 du 27 janv. 2017, art. 170)* «par les mêmes moyens» *(L. n° 72-546 du 1er juill. 1972)* «envers une personne ou un groupe de personnes à raison de leur origine ou de leur appartenance ou de leur non-appartenance à une ethnie, une nation, une race ou une religion déterminée.»

(L. n° 2004-1486 du 30 déc. 2004, art. 21, 2°) «Sera punie des peines prévues à l'alinéa précédent l'injure commise dans les mêmes conditions envers une personne ou un groupe de personnes à raison de leur sexe, de leur orientation *(L. n° 2017-86 du 27 janv. 2017, art. 170)* «sexuelle ou identité de genre» ou de leur handicap.»

(L. n° 90-615 du 13 juill. 1990; L. n° 2004-1486 du 30 déc. 2004, art. 22, 3°) «En cas de condamnation pour l'un des faits prévus par les deux alinéas précédents, le tribunal pourra en outre ordonner :

«1° *(L. n° 92-1336 du 16 déc. 1992)* «L'affichage ou la diffusion de la décision prononcée dans les conditions prévues par l'article 131-35 du code pénal»;

(L. n° 2017-86 du 27 janv. 2017, art. 170) «2° La peine de stage de citoyenneté prévue à l'article 131-5-1 du code pénal.»

Art. 34. *(L. 29 sept. 1919)* Les articles 31, 32 et 33 ne seront applicables aux diffamations ou injures dirigées contre la mémoire des morts que dans les cas où les auteurs de ces diffamations ou injures auraient eu l'intention de porter atteinte à l'honneur ou à la considération des héritiers, époux ou légataires universels vivants.

Que les auteurs des diffamations ou injures aient eu ou non l'intention de porter atteinte à l'honneur ou à la considération des héritiers, époux ou légataires universels vivants, ceux-ci pourront user, dans les deux cas, du droit de réponse prévu par l'article 13.

Art. 35. La vérité du fait diffamatoire, mais seulement quand il est relatif aux fonctions, pourra être établie par les voies ordinaires, dans le cas d'imputations contre les corps constitués, les *(L. n° 52-1352 du 19 déc. 1952)* «armées de terre, de mer ou de l'air», les administrations publiques et contre toutes les personnes énumérées dans l'article 31.

La vérité des imputations diffamatoires et injurieuses pourra être également établie contre les directeurs ou administrateurs de toute entreprise industrielle, commerciale ou financière, *(Ord. n° 2009-80 du 22 janv. 2009, art. 19, en vigueur le 1er avr. 2009)* «dont les titres financiers sont admis aux négociations sur un marché réglementé ou offerts au public sur un système multilatéral de négociation» ou au crédit.

(Ord. du 6 mai 1944) «La vérité des faits diffamatoires peut toujours être prouvée, sauf :

«*a)* Lorsque l'imputation concerne la vie privée de la personne;»

(L. n° 98-468 du 17 juin 1998) «Les deux alinéas *a* et *b* qui précèdent ne s'appliquent pas lorsque les faits sont prévus et réprimés par les articles 222-23 à 222-32 et 227-22 à 227-27 du code pénal et ont été commis contre un mineur.»

Dans les cas prévus aux deux paragraphes précédents la preuve contraire est réservée. Si la preuve du fait diffamatoire est rapportée, le prévenu sera renvoyé des fins de la plainte.

Dans toute autre circonstance et envers toute autre personne non qualifiée, lorsque le fait imputé est l'objet de poursuites commencées à la requête du ministère public, ou d'une plainte de la part du prévenu, il sera, durant l'instruction qui devra avoir lieu, sursis à la poursuite et au jugement du délit de diffamation.

(L. n° 2010-1 du 4 janv. 2010, art. 1er) «Le prévenu peut produire pour les nécessités de sa défense, sans que cette production puisse donner lieu à des poursuites pour recel, des éléments provenant d'une violation du secret de l'enquête ou de l'instruction ou de tout autre secret professionnel s'ils sont de nature à établir sa bonne foi ou la vérité des faits diffamatoires.»

Art. 35 *bis*. *(Ord. 6 mai 1944)* Toute reproduction d'une imputation qui a été jugée diffamatoire sera réputée faite de mauvaise foi, sauf preuve contraire par son auteur.

Art. 35 *ter*. *(L. n° 2000-516 du 15 juin 2000, art. 92)* I. — Lorsqu'elle est réalisée sans l'accord de l'intéressé, la diffusion, par quelque moyen que ce soit et quel qu'en soit le support, de l'image d'une personne identifiée ou identifiable mise en cause à l'occasion d'une procédure pénale mais n'ayant pas fait l'objet d'un jugement de condamnation et faisant apparaître, soit que cette personne porte des menottes ou entraves, soit qu'elle est placée en détention provisoire, est punie de 15000 € d'amende.

II. — Est puni de la même peine le fait :

— soit de réaliser, de publier ou de commenter un sondage d'opinion, ou toute autre consultation, portant sur la culpabilité d'une personne mise en cause à l'occasion d'une procédure pénale ou sur la peine susceptible d'être prononcée à son encontre ;

— soit de publier des indications permettant d'avoir accès à des sondages ou consultations visés à l'alinéa précédent.

Art. 35 *quater*. *(L. nº 2000-516 du 15 juin 2000, art. 97-I)* La diffusion, par quelque moyen que ce soit et quel qu'en soit le support, de la reproduction des circonstances d'un crime ou d'un délit, lorsque cette reproduction porte gravement atteinte à la dignité d'une victime et qu'elle est réalisée sans l'accord de cette dernière, est punie de 15000 € d'amende.

§ 4 : Délits contre les chefs d'État et agents diplomatiques étrangers

Art. 37. *(Ord. 6 mai 1944)* L'outrage commis publiquement envers les ambassadeurs et ministres plénipotentiaires, envoyés, chargés d'affaires ou autres agents diplomatiques accrédités près du Gouvernement de la République, sera puni *(L. nº 2000-516 du 15 juin 2000, art. 90-VI)* «d'une amende de 45000 €».

§ 5 : Publications interdites, immunités de la défense

Art. 38. Il est interdit de publier les actes d'accusation et tous autres actes de procédure criminelle ou correctionnelle avant qu'ils aient été lus en audience publique, et ce, sous peine d'une amende de 3750 €.

(L. nº 51-1078 du 10 sept. 1951) Sans préjudice des dispositions de l'article 378 du code d'instruction criminelle il est interdit, sous la même peine, de publier aucune information relative aux travaux et délibérations du Conseil supérieur de la magistrature *(L. org. nº 2001-539 du 25 juin 2001)* «, à l'exception des informations concernant les audiences publiques et les décisions publiques rendues en matière disciplinaire à l'encontre des magistrats». Pourront, toutefois, être publiées les informations communiquées par le président *(L. org. nº 2010-830 du 22 juill. 2010, art. 37)* «d'une formation du Conseil supérieur».

Art. 38 *ter*. *(L. nº 81-82 du 2 févr. 1981)* Dès l'ouverture de l'audience des juridictions administratives ou judiciaires, l'emploi de tout appareil permettant d'enregistrer, de fixer ou de transmettre la parole ou l'image est interdit. Le président fait procéder à la saisie de tout appareil et du support de la parole ou de l'image utilisés en violation de cette interdiction.

Toutefois, sur demande présentée avant l'audience, le président peut autoriser des prises de vues quand les débats ne sont pas commencés et à la condition que les parties ou leurs représentants et le ministère public y consentent.

Toute infraction aux dispositions du présent article sera punie d'une amende de 4500 €. Le tribunal pourra en outre prononcer la confiscation du matériel ayant servi à commettre l'infraction et du support de la parole ou de l'image utilisé.

Est interdite, sous les mêmes peines, la cession ou la publication, de quelque manière et par quelque moyen que ce soit, de tout enregistrement ou document obtenu en violation des dispositions du présent article.

Art. 39. *(L. n° 75-617 du 11 juill. 1975, art. 22)* «Il est interdit de rendre compte des procès en diffamation dans les cas prévus aux paragraphes *a, b* et *c* de l'article 35 de la présente loi. Il est pareillement interdit de rendre compte des débats et de publier des pièces de procédure concernant les questions de filiation, actions à fins de subsides, procès en divorce, séparation de corps et nullités de mariage, procès en matière d'avortement. Cette interdiction ne s'applique pas au dispositif des décisions, qui peut toujours être publié.

«Les dispositions qui précèdent ne s'appliquent pas aux publications techniques à condition que soit respecté l'anonymat des parties.»

(Ord. 6 mai 1944) «Dans toutes affaires civiles, les cours et tribunaux pourront interdire le compte rendu du procès.

«Il est également interdit de rendre compte des délibérations intérieures, soit des jurys, soit des cours et tribunaux.

«Toute infraction à ces dispositions sera punie d'une amende de 18000 €.»

Art. 39 *bis*. *(L. n° 2000-516 du 15 juin 2000, art. 99-I)* Est puni de 15000 € d'amende le fait de diffuser, de quelque manière que ce soit, des informations relatives à l'identité ou permettant l'identification :

— d'un mineur ayant quitté ses parents, son tuteur, la personne ou l'institution qui était chargée de sa garde ou à laquelle il était confié;

— d'un mineur délaissé dans les conditions mentionnées aux articles 227-1 et 227-2 du code pénal;

— d'un mineur qui s'est suicidé;

— d'un mineur victime d'une infraction.

Les dispositions du présent article ne sont pas applicables lorsque la publication est réalisée à la demande des personnes ayant la garde du mineur ou des autorités administratives ou judiciaires.

Art. 39 *quater*. *(L. n° 66-500 du 11 juill. 1966)* Il est interdit, moins de trente ans après la mort de l'adopté, de publier par le livre, la presse, la radiodiffusion, le cinématographe ou de quelque manière que ce soit, une information relative à la filiation d'origine d'une personne ayant fait l'objet d'une adoption plénière.

Les infractions à la disposition qui précède sont punies d'une amende de 6000 €; en cas de récidive, un emprisonnement de deux ans pourra être prononcé.

Art. 39 *quinquies*. *(L. n° 80-1041 du 23 déc. 1980; L. n° 2000-516 du 15 juin 2000, art. 97-II)* Le fait de diffuser, par quelque moyen que ce soit et quel qu'en soit le support, des renseignements concernant l'identité d'une victime d'une agression ou d'une atteinte sexuelles ou l'image de cette victime lorsqu'elle est identifiable est puni de 15000 € d'amende.

Les dispositions du présent article ne sont pas applicables lorsque la victime a donné son accord écrit.

Art. 39 *sexies*. *(L. n° 2009-971 du 3 août 2009, art. 21)* «Le fait de révéler, par quelque moyen d'expression que ce soit, l'identité des fonctionnaires de la police nationale, de militaires, de personnels civils du ministère de la défense» *(L. n° 95-73 du 21 janv. 1995)* «ou d'agents des douanes appartenant à des services ou unités désignés par arrêté du ministre intéressé et dont les missions exigent, pour des raisons de sécurité, le respect de l'anonymat, est puni d'une amende de 15000 €.»

Art. 40. *(Ord. 6 mai 1944)* Il est interdit d'ouvrir ou d'annoncer publiquement des souscriptions ayant pour objet d'indemniser des amendes, frais et dommages-intérêts prononcés par des condamnations judiciaires *(L. n° 2017-86 du 27 janv. 2017, art. 175)* «, des amendes forfaitaires, des amendes de composition pénale ou des sommes dues au titre des transactions prévues par le code de procédure pénale ou par l'article 28 de la loi organique n° 2011-333 du 29 mars 2011 relative au Défenseur des droits», sous peine d'un emprisonnement de six mois, et d'une amende de 45 000 € ou de l'une de ces deux peines seulement.

(L. n° 2017-86 du 27 janv. 2017, art. 175) «Le fait d'annoncer publiquement la prise en charge financière des amendes, frais, dommages-intérêts et autres sommes mentionnés au premier alinéa du présent article est sanctionné des mêmes peines.»

Art. 41. *(Ord. n° 58-1100 du 17 nov. 1958)* «Ne donneront ouverture à aucune action les discours tenus dans le sein de l'Assemblée nationale ou du Sénat ainsi que les rapports ou toute autre pièce imprimée par ordre de l'une de ces deux assemblées.

«Ne donnera lieu à aucune action le compte rendu des séances publiques des assemblées visées à l'alinéa ci-dessus fait de bonne foi dans les journaux.»

(L. n° 2008-1187 du 14 nov. 2008) «Ne donneront lieu à aucune action en diffamation, injure ou outrage ni les propos tenus ou les écrits produits devant une commission d'enquête créée, en leur sein, par l'Assemblée nationale ou le Sénat, par la personne tenue d'y déposer, sauf s'ils sont étrangers à l'objet de l'enquête, ni le compte rendu fidèle des réunions publiques de cette commission fait de bonne foi.»

Ne donneront lieu à aucune action en diffamation, injure ou outrage, ni le compte rendu fidèle fait de bonne foi des débats judiciaires, ni les discours prononcés ou les écrits produits devant les tribunaux.

(L. n° 82-506 du 15 juin 1982) «Pourront néanmoins les juges, saisis de la cause et statuant sur le fond, prononcer la suppression des discours injurieux, outrageants ou diffamatoires, et condamner qui il appartiendra à des dommages-intérêts.»

Pourront toutefois les faits diffamatoires étrangers à la cause donner ouverture, soit à l'action publique, soit à l'action civile des parties, lorsque ces actions leur auront été réservées par les tribunaux, et, dans tous les cas, à l'action civile des tiers.

Art. 41-1. *(L. n° 85-1317 du 13 déc. 1985)* Pour l'application des dispositions des paragraphes 4 et 5 du présent chapitre, la communication audiovisuelle est regardée comme un mode de publication.

CHAPITRE V
Des poursuites et de la répression

§ 1er : Des personnes responsables des crimes et délits commis par la voie de la presse

Art. 42. *(L. n° 52-336 du 25 mars 1952)* Seront passibles, comme auteurs principaux, des peines qui constituent la répression des crimes et délits commis par la voie de la presse dans l'ordre ci-après, savoir :

1° Les directeurs de publications ou éditeurs quelles que soient leurs professions ou leurs dénominations et, dans les cas prévus au deuxième alinéa de l'article 6, les codirecteurs de la publication;

2° A leur défaut, les auteurs;

3° A défaut des auteurs, les imprimeurs;

4° A défaut des imprimeurs, les vendeurs, les distributeurs et afficheurs.

Dans les cas prévus au deuxième alinéa de l'article 6, la responsabilité subsidiaire des personnes visées aux paragraphes 2°, 3° et 4° du présent article joue comme s'il n'y avait pas de directeur de la publication lorsque, contrairement aux dispositions de la présente loi, un codirecteur de la publication n'a pas été désigné.

Art. 43. *(L. n° 52-336 du 25 mars 1952)* Lorsque les directeurs ou codirecteurs de la publication ou les éditeurs seront en cause, les auteurs seront poursuivis comme complices.

Pourront l'être, au même titre et dans tous les cas, les personnes auxquelles *(L. n° 92-1336 du 16 déc. 1992)* «les articles 121-6 et 121-7» du code pénal pourrait s'appliquer. Ledit article ne pourra s'appliquer aux imprimeurs pour faits d'impression, sauf dans le cas et les conditions prévus par l'article 6 de la loi du 7 juin 1848 sur les attroupements ou, à défaut de codirecteur de la publication, dans le cas prévu au deuxième alinéa de l'article 6.

Toutefois, les imprimeurs pourront être poursuivis comme complices si l'irresponsabilité pénale du directeur ou du codirecteur de la publication était prononcée par les tribunaux. En ce cas, les poursuites sont engagées dans les trois mois du délit ou, au plus tard, dans les trois mois de la constatation judiciaire de l'irresponsabilité du directeur ou du codirecteur de la publication.

Art. 43-1. *(L. n° 2004-204 du 9 mars 2004, art. 55-III, en vigueur le 31 déc. 2005)* Les dispositions de l'article 121-2 du code pénal ne sont pas applicables aux infractions pour lesquelles les dispositions des articles 42 ou 43 de la présente loi sont applicables.

Art. 44. Les propriétaires des journaux ou écrits périodiques sont responsables des condamnations pécuniaires prononcées au profit des tiers contre les personnes désignées dans les deux articles précédents, conformément aux *(Ord. n° 2016-131 du 10 févr. 2016, art. 6)* «dispositions des articles 1240, 1241, 1242» du code civil.

(L. n° 52-336 du 25 mars 1952) «Dans les cas prévus au deuxième alinéa de l'article 6, le recouvrement des amendes et dommages-intérêts pourra être poursuivi sur l'actif de l'entreprise.»

Art. 45. *(Ord. 6 mai 1944)* Les infractions aux lois sur la presse sont déférées aux tribunaux correctionnels, sauf :

a) Dans les cas prévus par l'article 23, en cas de crime;

b) Lorsqu'il s'agit de simples contraventions.

Art. 46. L'action civile résultant des délits de diffamation prévus et punis par les articles 30 et 31 ne pourra, sauf dans le cas de décès de l'auteur du fait incriminé ou d'amnistie, être poursuivie séparément de l'action publique.

§ 2 : De la procédure
(Ord. n° 45-2090 du 13 sept. 1945)

Art. 47. La poursuite des délits et contraventions de simple police commis par la voie de presse ou par tout autre moyen de publication aura lieu d'office et à la requête du ministère public sous les modifications ci-après.

Art. 48. 1° Dans le cas d'injure ou de diffamation envers les cours, tribunaux et autres corps indiqués en l'article 30, la poursuite n'aura lieu que sur une délibération prise par eux en assemblée générale et requérant les poursuites, ou, si le corps n'a pas d'assemblée générale, sur la plainte du chef du corps ou du ministre duquel ce corps relève;

2° Dans le cas d'injure ou de diffamation envers *(L. n° 2013-711 du 5 août 2013, art. 21)* «le Président de la République, un membre du Gouvernement ou un membre du Parlement», la poursuite n'aura lieu que sur la plainte de la personne ou des personnes intéressées;

3° Dans le cas d'injure ou diffamation envers les fonctionnaires publics, les dépositaires ou agents de l'autorité publique autres que les ministres, et envers les citoyens chargés d'un service ou d'un mandat public, la poursuite aura lieu, soit sur leur plainte, soit d'office, sur la plainte du ministre dont ils relèvent;

4° Dans le cas de diffamation envers un juré ou un témoin, délit prévu par l'article 31, la poursuite n'aura lieu que sur la plainte du juré ou du témoin qui se prétendra diffamé;

5° Dans le cas d'outrage envers les agents diplomatiques étrangers, la poursuite aura lieu sur leur demande adressée au ministre des affaires étrangères, et par celui-ci au ministre de la justice;

6° Dans le cas de diffamation envers les particuliers prévu par l'article 32, et dans le cas d'injure prévu par l'article 33, paragraphe 2, la poursuite n'aura lieu que sur la plainte de la personne diffamée ou injuriée. *(L. n° 72-546 du 1er juill. 1972)* «Toutefois, la poursuite pourra être exercée d'office par le ministère public lorsque la diffamation ou l'injure aura été commise envers une personne ou un groupe de personnes à raison de leur origine ou de leur appartenance ou de leur non-appartenance à une ethnie, une nation, une race ou une religion déterminée.» *(L. n° 2004-1486 du 30 déc. 2004, art. 22)* «La poursuite pourra également être exercée d'office par le ministère public lorsque la diffamation ou l'injure aura été commise envers un groupe de personnes à raison de leur sexe *(L. n° 2007-297 du 5 mars 2007, art. 34)* «, de leur orientation sexuelle ou de leur handicap»; il en sera de même lorsque ces diffamations ou injures auront été commises envers des personnes considérées individuellement, à la condition que celles-ci aient donné leur accord;»

(L. n° 2000-516 du 15 juin 2000, art. 98) «7° Dans le cas de diffusion de l'image d'une personne menottée ou entravée prévue par l'article 35 *ter*, la poursuite n'aura lieu que sur la plainte de la personne intéressée;

«8° Dans le cas d'atteinte à la dignité de la victime prévue par l'article 35 *quater*, la poursuite n'aura lieu que sur la plainte de la victime.

«En outre, dans les cas prévus ci-dessus, ainsi que dans les cas prévus aux articles 13 et 39 *quinquies* de la présent loi, la poursuite pourra être exercée à la requête de la partie lésée.»

Art. 48-1. *(L. n° 72-546 du 1er juill. 1972)* Toute association, régulièrement déclarée depuis au moins cinq ans à la date des faits, se proposant, par ses statuts, de *(L. n° 2001-434 du 21 mai 2001)* «défendre la mémoire des esclaves et l'honneur de leurs descendants,» combattre le racisme *(L. n° 90-615 du 13 juill. 1990)* «ou d'assister les victimes de discrimination fondée sur leur origine nationale, ethnique, raciale ou religieuse», peut exercer les droits reconnus à la partie civile en ce qui concerne les infractions prévues par les articles 24 *(L. n° 2014-1353 du 13 nov. 2014, art. 5)* «(alinéa 7)», 32 (alinéa 2) et 33 (alinéa 3) de la présente loi *(L. n° 2007-297 du 5 mars*

2007, art. 34) «, ainsi que les délits de provocation prévus par le 1° de l'article 24, lorsque la provocation concerne des crimes ou délits commis avec la circonstance aggravante prévue par l'article 132-76 du code pénal».

Toutefois, quand l'infraction aura été commise envers des personnes considérées individuellement, l'association ne sera recevable dans son action que si elle justifie avoir reçu l'accord de ces personnes *(L. n° 2017-86 du 27 janv. 2017, art. 174)* «ou si elle justifie que ces personnes ne s'opposent pas aux poursuites».

Art. 48-1-1. *(L. n° 2017-86 du 27 janv. 2017, art. 173)* Toute association régulièrement déclarée depuis au moins cinq ans se proposant, par ses statuts, de lutter contre l'esclavage ou de défendre la mémoire des esclaves et l'honneur de leurs descendants peut exercer les droits reconnus à la partie civile en ce qui concerne les infractions d'apologie, de négation, de minoration ou de banalisation des crimes de réduction en esclavage ou d'exploitation d'une personne réduite en esclavage prévues aux articles 24 et 24 *bis*.

Toutefois, quand l'infraction a été commise envers des personnes considérées individuellement, l'association n'est recevable dans son action que si elle justifie avoir reçu l'accord de ces personnes ou si elle justifie que ces personnes ne s'opposent pas aux poursuites.

Art. 48-2. *(L. n° 2017-86 du 27 janv. 2017, art. 176)* Toute association régulièrement déclarée depuis au moins cinq ans à la date des faits qui se propose, par ses statuts, de défendre les intérêts moraux et l'honneur de la Résistance ou des déportés, d'assister les victimes de crimes de guerre ou de crimes contre l'humanité, de défendre leur mémoire ou de lutter contre les discriminations peut exercer les droits reconnus à la partie civile en ce qui concerne :

1° L'apologie des crimes de guerre, des crimes contre l'humanité ou des crimes ou délits de collaboration avec l'ennemi mentionnée au cinquième alinéa de l'article 24, lorsque ces crimes ou délits ont donné lieu à une ou plusieurs condamnations prononcées par une juridiction française ou internationale;

2° L'infraction prévue à l'article 24 *bis*.

Art. 48-3. *(L. n° 91-1257 du 17 déc. 1991)* Toute association régulièrement déclarée depuis au moins cinq ans à la date des faits et inscrite auprès de l'Office national des anciens combattants et victimes de guerre dans des conditions fixées par décret en Conseil d'État, qui se propose par ses statuts de défendre les intérêts moraux et l'honneur des anciens combattants et victimes de guerre et des morts pour la France, peut exercer les droits reconnus à la partie civile en ce qui concerne les délits de diffamation ou d'injures qui ont causé un préjudice direct ou indirect à la mission qu'elle remplit.

(L. n° 2006-449 du 18 avr. 2006, art. 27) «En cas de diffamation ou d'injure contre les armées prévues par l'article 30 et le premier alinéa de l'article 33, les dispositions du 1° de l'article 48 ne sont pas applicables.

«En cas de diffamation ou d'injure commises envers des personnes considérées individuellement, l'association ne sera recevable dans son action que si elle justifie avoir reçu l'accord de ces personnes ou de leurs ayants droit.»

Art. 48-4. *(L. n° 2004-1486 du 30 déc. 2004, art. 22, 2°)* Toute association, régulièrement déclarée depuis au moins cinq ans à la date des faits, se proposant, par ses statuts, de combattre les violences ou les discriminations fondées sur l'orientation *(L. n° 2017-86 du 27 janv. 2017, art. 170)* «sexuelle ou identité de genre» ou d'assister les victimes de ces discriminations peut exercer les droits reconnus à la partie civile en ce qui concerne les délits prévus par le *(L. n° 2014-1353 du 13 nov. 2014, art. 5-II)* «huitième» alinéa de l'article 24, le troisième alinéa de l'article 32 et le quatrième alinéa de l'article 33 *(L. n° 2007-297 du 5 mars 2007, art. 34)* «, ainsi que les délits de provocation prévus par le 1° de l'article 24, lorsque la provocation concerne des crimes ou délits commis avec la circonstance aggravante prévue par l'article 132-77 du code pénal».

Toutefois, quand l'infraction aura été commise envers des personnes considérées individuellement, l'association ne sera recevable dans son action que si elle justifie avoir reçu l'accord de ces personnes.

Art. 48-5. *(L. n° 2004-1486 du 30 déc. 2004, art. 22, 2°)* Toute association, régulièrement déclarée depuis au moins cinq ans à la date des faits, se proposant, par ses statuts, de combattre les violences ou les discriminations fondées sur le sexe ou d'assister les victimes de ces discriminations peut exercer les droits reconnus à la partie civile en ce qui concerne les délits prévus par le *(L. n° 2014-1353 du 13 nov. 2014, art. 5-II)* «huitième» alinéa de l'article 24, le troisième alinéa de l'article 32 et le quatrième alinéa de l'article 33 *(L. n° 2007-297 du 5 mars 2007, art. 34)* «, ainsi que les délits de provocation prévus par le 1° de l'article 24, lorsque la provocation concerne des crimes ou délits d'agressions sexuelles ou commis avec la circonstance aggravante prévue par l'article 132-80 du code pénal».

Toutefois, quand l'infraction aura été commise envers des personnes considérées individuellement, l'association ne sera recevable dans son action que si elle justifie avoir reçu l'accord de ces personnes.

Art. 48-6. *(L. n° 2004-1486 du 30 déc. 2004, art. 22, 2°)* Toute association, régulièrement déclarée depuis au moins cinq ans à la date des faits, se proposant, par ses statuts, de combattre les violences ou les discriminations fondées sur le handicap ou d'assister les victimes de ces discriminations peut exercer les droits reconnus à la partie civile en ce qui concerne les délits prévus au *(L. n° 2014-1353 du 13 nov. 2014, art. 5-II)* «huitième» alinéa de l'article 24, au troisième alinéa de l'article 32 et au quatrième alinéa de l'article 33 *(L. n° 2007-297 du 5 mars 2007, art. 34)* «, ainsi que les délits de provocation prévus par le 1° de l'article 24, lorsque la provocation concerne des crimes ou délits aggravés en raison du handicap de la victime».

Toutefois, quand l'infraction aura été commise envers des personnes considérées individuellement, l'association ne sera recevable dans son action que si elle justifie avoir reçu l'accord de ces personnes.

Art. 49. Dans tous les cas de poursuites correctionnelles ou de simple police, le désistement du plaignant ou de la partie poursuivante arrêtera la poursuite commencée.

Art. 50. Si le ministère public requiert une information, il sera tenu, dans son réquisitoire, d'articuler et de qualifier les provocations, outrages, diffamations et injures à raison desquels la poursuite est intentée, avec indication des textes dont l'application est demandée, à peine de nullité du réquisitoire de ladite poursuite.

Art. 50-1. *(L. n° 2007-297 du 5 mars 2007, art. 39)* Lorsque les faits visés par les articles 24 et 24 *bis (L. n° 2017-86 du 27 janv. 2017, art. 170)* «, par les deuxième et troisième alinéas de l'article 32 et par les troisième et quatrième alinéas de l'article 33» résultent de messages ou informations mis à disposition du public par un service de communication au public en ligne et qu'ils constituent un trouble manifestement illicite, l'arrêt de ce service peut être prononcé par le juge des référés, à la demande du ministère public et de toute personne physique ou morale ayant intérêt à agir.

Art. 51. Immédiatement après le réquisitoire, le juge d'instruction pourra ordonner la saisie de quatre exemplaires de l'écrit, du journal ou du dessin incriminé.

(L. nº 2012-387 du 22 mars 2012, art. 99-5º) «Toutefois, dans les cas prévus aux premier à troisième et cinquième alinéas de l'article 24 et à l'article 37, la saisie des écrits ou imprimés, des placards ou affiches, a lieu conformément aux règles édictées par le code de procédure pénale.» *(L. nº 2017-86 du 27 janv. 2017, art. 170)* «Il en est de même pour la saisie des tracts ou des affiches dans les cas prévus aux septième et huitième alinéas de l'article 24, aux deuxième et troisième alinéas de l'article 32 et aux troisième et quatrième alinéas de l'article 33.»

Art. 52. Si la personne mise en examen est domiciliée en France, elle ne pourra être *(L. nº 2012-1432 du 21 déc. 2012)* «placée en détention provisoire que dans les cas prévus à l'article 23 et aux deuxième à quatrième alinéas de l'article 24».

Art. 53. La citation précisera et qualifiera le fait incriminé, elle indiquera le texte de loi applicable à la poursuite.

Si la citation est à la requête du plaignant, elle contiendra élection de domicile dans la ville où siège la juridiction saisie et sera notifiée tant au prévenu qu'au ministère public.

Toutes ces formalités seront observées à peine de nullité de la poursuite.

Art. 54. *(Ord. nº 45-2090 du 13 sept. 1945)* Le délai entre la citation et la comparution sera de vingt jours outre un jour par cinq myriamètres de distance.

Toutefois, en cas de diffamation ou d'injure pendant la période électorale contre un candidat à une fonction électorale, ce délai sera réduit à vingt-quatre heures, outre le délai de distance, et les dispositions des articles 55 et 56 ne seront pas applicables.

Art. 54-1. *(L. nº 2017-86 du 27 janv. 2017, art. 170)* En cas de poursuites engagées en application des articles 50 ou 53 sous la qualification prévue soit au septième alinéa de l'article 24, soit au deuxième alinéa de l'article 32, soit au troisième alinéa de l'article 33, la juridiction de jugement peut, dans le respect du principe du contradictoire, requalifier l'infraction sur le fondement de l'une de ces dispositions.

En cas de poursuites engagées en application des articles 50 ou 53 sous la qualification prévue soit au huitième alinéa de l'article 24, soit au troisième alinéa de l'article 32, soit au quatrième alinéa de l'article 33, la juridiction de jugement peut, dans le respect du principe du contradictoire, requalifier l'infraction sur le fondement de l'une de ces dispositions.

Art. 55. *(Ord. nº 45-2090 du 13 sept. 1945)* Quand le prévenu voudra être admis à prouver la vérité des faits diffamatoires, conformément aux dispositions de l'article 35 de la présente loi, il devra, dans le délai de dix jours après la signification de la citation, faire signifier au ministère public ou au plaignant au domicile par lui élu, suivant qu'il est assigné à la requête de l'un ou de l'autre :

1º Les faits articulés et qualifiés dans la citation, desquels il entend prouver la vérité;

2º La copie des pièces;

3º Les noms, professions et demeures des témoins par lesquels il entend faire la preuve.

Cette signification contiendra élection de domicile près le tribunal correctionnel, le tout à peine d'être déchu du droit de faire la preuve.

(L. n° 2017-86 du 27 janv. 2017, art. 170) «En cas de poursuites engagées sous la qualification prévues aux septième ou huitième alinéas de l'article 24 ou aux troisième ou quatrième alinéas de l'article 33, le présent article est également applicable devant la juridiction de jugement si celle-ci requalifie l'infraction sous la qualification prévue aux deuxième et troisième alinéas de l'article 32.»

Art. 56. *(Ord. n° 45-2090 du 13 sept. 1945)* Dans les cinq jours suivants, en tout cas au moins trois jours francs avant l'audience, le plaignant ou le ministère public, suivant les cas, sera tenu de faire signifier au prévenu, au domicile par lui élu, les copies des pièces et les noms, professions et demeures des témoins par lesquels il entend faire la preuve du contraire, sous peine d'être déchu de son droit.

Art. 57. *(Ord. n° 45-2090 du 13 sept. 1945)* Le tribunal correctionnel et le tribunal de simple police seront tenus de statuer au fond dans le délai maximum d'un mois à compter de la date de la première audience.

Dans le cas prévu à l'alinéa 2 de l'article 54, la cause ne pourra être remise au delà du jour fixé pour le scrutin.

Art. 58. *(Ord. n° 45-2090 du 13 sept. 1945)* Le droit de se pourvoir en cassation appartiendra au prévenu et à la partie civile, quant aux dispositions relatives à ses intérêts civils. *(L. n° 81-759 du 6 août 1981)* «Le prévenu sera dispensé de se mettre en état.»

La partie civile pourra user du bénéfice de l'article 124 (424) du code d'instruction criminelle, sans le ministère d'un avocat à la cour de cassation.

Art. 59. *(Ord. n° 45-2090 du 13 sept. 1945)* Le pourvoi devra être formé, dans les trois jours, au greffe de la cour ou du tribunal qui aura rendu la décision. Dans les vingt-quatre heures qui suivront, les pièces seront envoyées à la cour de cassation, qui jugera d'urgence dans les dix jours à partir de leur réception.

L'appel contre les jugements ou le pourvoi contre les arrêts des cours d'appel qui auront statué sur les incidents et exceptions autres que les exceptions d'incompétence ne sera formé, à peine de nullité, qu'après le jugement ou l'arrêt définitif et en même temps que l'appel ou le pourvoi contre ledit jugement ou arrêt.

Toutes les exceptions d'incompétence devront être proposées avant toute ouverture du débat sur le fond; faute de ce, elles seront jointes au fond et il sera statué sur le tout par le même jugement.

Art. 60. *(Ord. n° 45-2090 du 13 sept. 1945)* Sous réserve des dispositions des articles 50, 51 et 52 ci-dessus, la poursuite des crimes aura lieu conformément au droit commun.

§ 3 : Peines complémentaires, récidive, circonstances atténuantes, prescription (Ord. n° 45-2090 du 13 sept. 1945).

Art. 61. *(Ord. n° 45-2090 du 13 sept. 1945)* S'il y a condamnation, l'arrêt pourra, dans les cas prévus aux articles 24 (§§ 1er et 3), 25, 36 et 37, prononcer la confiscation des écrits ou imprimés, placards ou affiches saisis, et, dans tous les cas, ordonner la saisie et la suppression ou la destruction de tous les exemplaires qui seraient mis en vente, distribués ou exposés aux regards du public. Toutefois, la suppression ou la destruction pourra ne s'appliquer qu'à certaines parties des exemplaires saisis.

Art. 62. *(Ord. n° 45-2090 du 13 sept. 1945)* En cas de condamnation prononcée en application des articles 23, 24 (alinéas 1er et 2), 25 et 27, la suspension du journal ou du périodique pourra être prononcée par la même décision de justice pour une durée qui n'excédera pas trois mois. Cette suspension sera sans effet sur les contrats de travail qui liaient l'exploitant, lequel reste tenu de toutes les obligations contractuelles ou légales en résultant.

Art. 63. *(L. n° 72-546 du 1er juill. 1972; L. n° 2004-1486 du 30 déc. 2004, art. 22, 4°)* «L'aggravation des peines résultant de la récidive ne sera applicable qu'aux infractions prévues par les articles 24 (alinéas 5, *(L. n° 2014-1353 du 13 nov. 2014, art. 5-II)* «7 et 8»), 32 (alinéas 2 et 3) et 33 (alinéas 3 et 4) de la présente loi.»

En cas de conviction de plusieurs crimes ou délits prévus par la présente loi, les peines ne se cumuleront pas, et la plus forte sera seule prononcée.

Art. 64. *(L. n° 2000-516 du 15 juin 2000, art. 95)* Lorsque ont été ordonnées en référé des mesures limitant par quelque moyen que ce soit la diffusion de l'information, le premier président de la cour d'appel statuant en référé peut, en cas d'appel, arrêter l'exécution provisoire de la décision si celle-ci risque d'entraîner des conséquences manifestement excessives.

Art. 65. *(L. n° 93-2 du 4 janv. 1993)* «L'action publique et l'action civile résultant des crimes, délits et contraventions prévus par la présente loi se prescriront après trois mois révolus, à compter du jour où ils auront été commis ou du jour du dernier acte d'instruction ou de poursuite s'il en a été fait.

«Toutefois, avant l'engagement des poursuites, seules les réquisitions aux fins d'enquête seront interruptives de prescription. Ces réquisitions devront, à peine de nullité, articuler et qualifier les provocations, outrages, diffamations et injures à raison desquels l'enquête est ordonnée.»

Les prescriptions commencées à l'époque de la publication de la présente loi et pour lesquelles il faudrait encore, suivant les lois existantes, plus de trois mois à compter de la même époque, seront, par ce laps de trois mois, définitivement accomplies.

Art. 65-1. *(L. n° 93-2 du 4 janv. 1993)* Les actions fondées sur une atteinte au respect de la présomption d'innocence commise par l'un des moyens visés à l'article 23 se prescriront après trois mois révolus à compter du jour de l'acte de publicité.

Art. 65-2. *(L. n° 93-2 du 4 janv. 1993)* En cas d'imputation portant sur un fait susceptible de revêtir une qualification pénale, le délai de prescription prévu par l'article 65 est réouvert ou court à nouveau, au profit de la personne visée, à compter du jour où est devenue définitive une décision pénale intervenue sur ces faits et ne la mettant pas en cause.

Art. 65-3. *(L. n° 2004-204 du 9 mars 2004, art. 45)* Pour les délits prévus par *(L. n° 2012-1432 du 21 déc. 2012; L. n° 2014-56 du 27 janv. 2014)* «les *(L. n° 2014-1353 du 13 nov. 2014, art. 5-II)* «septième et huitième» alinéas» de l'article 24, l'article 24 *bis*, *(L. n° 2014-56 du 27 janv. 2014)* «les deuxième et troisième alinéas» de l'article 32 et *(L. n° 2014-56 du 27 janv. 2014)* «les troisième et quatrième alinéas» de l'article 33, le délai de prescription prévu par l'article 65 est porté à un an.

(L. n° 2017-86 du 27 janv. 2017, art. 170) «Pour ces délits, le deuxième alinéa de l'article 65 n'est pas applicable.»

Art. 65-4. *(L. n° 2017-86 du 27 janv. 2017, art. 170)* Les articles 54-1 et 65-3 et le dernier alinéa de l'article 55 sont applicables aux contraventions prévues par le code pénal réprimant les faits prévus aux septième et huitième alinéas de l'article 24, aux deuxième et troisième alinéas de l'article 32 et aux troisième et quatrième alinéas de l'article 33 lorsque ces faits ne sont pas commis publiquement.

Dispositions transitoires

Art. 68. Sont abrogés les édits, lois, décrets, ordonnances, arrêtés, règlements, déclarations généralement quelconques, relatifs à l'imprimerie, à la librairie, à la presse périodique ou non périodique, au colportage, à l'affichage, à la vente sur la voie publique et aux crimes et délits prévus par les lois sur la presse et les autres moyens de publication, sans que puissent revivre les dispositions abrogées par les lois antérieures.

Est également abrogé le second paragraphe de l'article 31 de la loi du 10 août 1871 sur les conseils généraux, relatif à l'appréciation de leurs discussions par les journaux.

Art. 69. *(Ord. n° 96-267 du 28 mars 1996)* La présente loi est applicable *(L. n° 2016-1524 du 14 nov. 2016, art. 30)* «, dans sa rédaction résultant de la *(L. n° 2017-86 du 27 janv. 2017, art. 224)* «loi n° 2017-86 du 27 janvier 2017 relative à l'égalité et à la citoyenneté», dans les îles Wallis-et-Futuna, en Polynésie française, en Nouvelle-Calédonie et dans les Terres australes et antarctiques françaises.»

218 Code de procédure pénale (article 109)

TITRE III

DES JURIDICTIONS D'INSTRUCTION

CHAPITRE Ier

Du juge d'instruction : juridiction d'instruction du premier degré

Section IV

Des auditions de témoins

Art. 109. Toute personne citée pour être entendue comme témoin est tenue de comparaître, de prêter serment et de déposer, sous réserve des dispositions *(L. n° 92-1336 du 16 déc. 1992)* «des articles 226-13 et 226-14 du code pénal».

(L. n° 93-2 du 4 janv. 1993) «Tout journaliste, entendu comme témoin sur des informations recueillies dans l'exercice de son activité, est libre de ne pas en révéler l'origine.»

(Ord. n° 58-1296 du 23 déc. 1958) «Si le témoin ne comparaît pas *(L. n° 2000-516 du 15 juin 2000, art. 31-IV, en vigueur le 1er janv. 2001)* «ou refuse de comparaître», le juge d'instruction peut, sur les réquisitions du procureur de la République, l'y contraindre par la force publique».

Section 3

La lutte contre la manipulation de l'information

219 Code électoral (articles L. 163-1 et L. 163-2)

Art. L. 163-1. *(L. n° 2018-1202 du 22 déc. 2018, art. 1er)* Pendant les trois mois précédant le premier jour du mois d'élections générales et jusqu'à la date du tour de scrutin où celles-ci sont acquises, les opérateurs de plateforme en ligne au sens de l'article L. 111-7 du code de la consommation dont l'activité dépasse un seuil déterminé de nombre de connexions sur le territoire français sont tenus, au regard de l'intérêt général attaché à l'information éclairée des citoyens en période électorale et à la sincérité du scrutin :

1° De fournir à l'utilisateur une information loyale, claire et transparente sur l'identité de la personne physique ou sur la raison sociale, le siège social et l'objet social de la personne morale et de celle pour le compte de laquelle, le cas échéant, elle a déclaré agir, qui verse à la plateforme des rémunérations en contrepartie de la promotion de contenus d'information se rattachant à un débat d'intérêt général;

2° De fournir à l'utilisateur une information loyale, claire et transparente sur l'utilisation de ses données personnelles dans le cadre de la promotion d'un contenu d'information se rattachant à un débat d'intérêt général;

3° De rendre public le montant des rémunérations reçues en contrepartie de la promotion de tels contenus d'information lorsque leur montant est supérieur à un seuil déterminé.

Ces informations sont agrégées au sein d'un registre mis à la disposition du public par voie électronique, dans un format ouvert, et régulièrement mis à jour au cours de la période mentionnée au premier alinéa du présent article.

Les modalités d'application du présent article sont définies par décret.

Art. L. 163-2. *(L. n° 2018-1202 du 22 déc. 2018, art. 1er)* I. — Pendant les trois mois précédant le premier jour du mois d'élections générales et jusqu'à la date du tour de scrutin où celles-ci sont acquises, lorsque des allégations ou imputations inexactes ou trompeuses d'un fait de nature à altérer la sincérité du scrutin à venir sont diffusées de manière délibérée, artificielle ou automatisée et massive par le biais d'un service de communication au public en ligne, le juge des référés peut, à la demande du ministère public, de tout candidat, de tout parti ou groupement politique ou de toute personne ayant intérêt à agir, et sans préjudice de la réparation du dommage subi, prescrire aux personnes physiques ou morales mentionnées au 2 du I de l'article 6 de la loi n° 2004-575 du 21 juin 2004 pour la confiance dans l'économie numérique ou, à défaut, à toute personne mentionnée au 1 du même I toutes mesures proportionnées et nécessaires pour faire cesser cette diffusion.

II. — Le juge des référés se prononce dans un délai de quarante-huit heures à compter de la saisine.

En cas d'appel, la cour se prononce dans un délai de quarante-huit heures à compter de la saisine.

III. — Les actions fondées sur le présent article sont exclusivement portées devant un tribunal de grande instance et une cour d'appel déterminés par décret.

Section 4

La liberté de manifestation et ses limites

220 Code de la sécurité intérieure (articles L. 211-1 à L. 211-16)

TITRE PREMIER

ORDRE PUBLIC

CHAPITRE PREMIER

Prévention des atteintes à l'ordre public lors de manifestations et de rassemblements

Section première

Manifestations sur la voie publique

Art. L. 211-1. Sont soumis à l'obligation d'une déclaration préalable tous cortèges, défilés et rassemblements de personnes, et, d'une façon générale, toutes manifestations sur la voie publique.

Toutefois, sont dispensées de cette déclaration les sorties sur la voie publique conformes aux usages locaux.

Les réunions publiques sont régies par les dispositions de l'article 6 de la loi du 30 juin 1881.

Art. L. 211-2. La déclaration est faite à la mairie de la commune ou aux mairies des différentes communes sur le territoire desquelles la manifestation doit avoir lieu, trois jours francs au moins et quinze jours francs au plus avant la date de la manifestation. A Paris, la déclaration est faite à la préfecture de police. Elle est faite au représentant de l'État dans le département en ce qui concerne les communes où est instituée la police d'État.

La déclaration fait connaître les noms, prénoms et domiciles des organisateurs et est signée par *(L. n° 2019-290 du 10 avr. 2019, art. 1er)* «au moins l'un d'entre eux»; elle indique le but de la manifestation, le lieu, la date et l'heure du rassemblement des groupements invités à y prendre part et, s'il y a lieu, l'itinéraire projeté.

L'autorité qui reçoit la déclaration en délivre immédiatement un récépissé.

Art. L. 211-3. Si les circonstances font craindre des troubles graves à l'ordre public et à compter du jour de déclaration d'une manifestation sur la voie publique ou si la manifestation n'a pas été déclarée, dès qu'il en a connaissance, le représentant de l'État dans le département ou, à Paris, le préfet de police, peut interdire, pendant les vingt-quatre heures qui la précèdent et jusqu'à dispersion, le port et le transport, sans motif légitime, d'objets pouvant constituer une arme au sens de l'article 132-75 du code pénal. L'aire géographique où s'applique cette interdiction se limite aux lieux de la manifestation, aux lieux avoisinants et à leurs accès, son étendue devant demeurer proportionnée aux nécessités que font apparaître les circonstances.

Les modalités d'application du présent article sont fixées par décret en Conseil d'État.

Art. L. 211-4. Si l'autorité investie des pouvoirs de police estime que la manifestation projetée est de nature à troubler l'ordre public, elle l'interdit par un arrêté qu'elle notifie immédiatement aux signataires de la déclaration au domicile élu.

Le maire transmet, dans les vingt-quatre heures, la déclaration au représentant de l'État dans le département. Il y joint, le cas échéant, une copie de son arrêté d'interdiction.

Si le maire, compétent pour prendre un arrêté d'interdiction, s'est abstenu de le faire, le représentant de l'État dans le département peut y pourvoir dans les conditions prévues à l'article L. 2215-1 du code général des collectivités territoriales.

Section II

Rassemblements festifs à caractère musical

Art. L. 211-5. Les rassemblements exclusivement festifs à caractère musical, organisés par des personnes privées, dans des lieux qui ne sont pas au préalable aménagés à cette fin et répondant à certaines caractéristiques fixées par décret en Conseil d'État tenant à leur importance, à leur mode d'organisation ainsi qu'aux risques susceptibles d'être encourus par les participants, font l'objet d'une déclaration des organisateurs auprès du représentant de l'État dans le département dans lequel le rassemblement doit se tenir, ou, à Paris, du préfet de police. Sont toutefois exemptées les manifestations soumises, en vertu des lois ou règlements qui leur sont applicables, à une obligation de déclaration ou d'autorisation instituée dans un souci de protection de la tranquillité et de la santé publiques.

La déclaration mentionne les mesures envisagées pour garantir la sécurité, la salubrité, l'hygiène et la tranquillité publiques. L'autorisation d'occuper le terrain ou le local où est prévu le rassemblement, donnée par le propriétaire ou le titulaire d'un droit réel d'usage, est jointe à la déclaration.

Art. L. 211-6. Lorsque les moyens envisagés paraissent insuffisants pour garantir le bon déroulement du rassemblement, le représentant de l'État dans le département ou, à Paris, le préfet de police, organise une concertation avec les responsables, destinée notamment à adapter lesdites mesures et, le cas échéant, à rechercher un terrain ou un local plus approprié.

Art. L. 211-7. Le représentant de l'État dans le département*[,]* ou, à Paris, le préfet de police, peut imposer aux organisateurs toute mesure nécessaire au bon déroulement du rassemblement, notamment la mise en place d'un service d'ordre ou d'un dispositif sanitaire.

Il peut interdire le rassemblement projeté si celui-ci est de nature à troubler gravement l'ordre public ou si, en dépit d'une mise en demeure préalable adressée à l'organisateur, les mesures prises par celui-ci pour assurer le bon déroulement du rassemblement sont insuffisantes.

Art. L. 211-8. Les conditions d'application de la présente section sont fixées par décret en Conseil d'État.

Section III

Attroupements

Art. L. 211-9. Un attroupement, au sens de l'article 431-3 du code pénal, peut être dissipé par la force publique après deux sommations de se disperser demeurées sans effet, adressées, lorsqu'ils sont porteurs des insignes de leur fonction, par :

1° Le représentant de l'État dans le département ou, à Paris, le préfet de police ;

2° Sauf à Paris, le maire ou l'un de ses adjoints ;

3° Tout officier de police judiciaire responsable de la sécurité publique, ou tout autre officier de police judiciaire.

Il est procédé à ces sommations suivant des modalités propres à informer les personnes participant à l'attroupement de l'obligation de se disperser sans délai.

Toutefois, les représentants de la force publique appelés en vue de dissiper un attroupement peuvent faire directement usage de la force si des violences ou voies de fait sont exercées contre eux ou s'ils ne peuvent défendre autrement le terrain qu'ils occupent.

Les modalités d'application des alinéas précédents sont précisées par un décret en Conseil d'État, qui détermine également les insignes que doivent porter les personnes mentionnées aux 1° à 3° et les conditions d'usage des armes à feu pour le maintien de l'ordre public.

Art. L. 211-10. L'État est civilement responsable des dégâts et dommages résultant des crimes et délits commis, à force ouverte ou par violence, par des attroupements ou rassemblements armés ou non armés, soit contre les personnes, soit contre les biens.

(L. n° 2019-290 du 10 avr. 2019, art. 9) « L'État peut également exercer une action récursoire contre les auteurs du fait dommageable, dans les conditions prévues au chapitre Ier du sous-titre II du titre III du livre III du code civil. »

Il peut exercer une action récursoire contre la commune lorsque la responsabilité de celle-ci se trouve engagée.

Section IV

Manifestations sportives, récréatives ou culturelles à but lucratif

Art. L. 211-11. Les organisateurs de manifestations sportives, récréatives ou culturelles à but lucratif peuvent être tenus d'y assurer un service d'ordre lorsque leur objet ou leur importance le justifie.

Les personnes physiques ou morales pour le compte desquelles sont mis en place par les forces de police ou de gendarmerie des services d'ordre qui ne peuvent être rattachés aux obligations normales incombant à la puissance publique en matière de maintien de l'ordre sont tenues de rembourser à l'État les dépenses supplémentaires qu'il a supportées dans leur intérêt.

Un décret en Conseil d'État fixe les conditions d'application du présent article.

Section IV bis

Grands événements

(L. n° 2016-731 du 3 juin 2016, art. 53)

Art. L. 211-11-1. Les grands événements exposés, par leur ampleur ou leurs circonstances particulières, à un risque exceptionnel de menace terroriste sont désignés par décret. Ce décret désigne également les établissements et les installations qui accueillent ces grands événements ainsi que leur organisateur.

L'accès de toute personne, à un autre titre que celui de spectateur ou de participant, à tout ou partie des établissements et installations désignés par le décret mentionné au premier alinéa est soumis à autorisation de l'organisateur pendant la durée de cet événement et de sa préparation. L'organisateur recueille au préalable l'avis de l'autorité administrative rendu à la suite d'une enquête administrative qui peut donner lieu à la consultation, selon les règles propres à chacun d'eux, de certains traitements automatisés de données à caractère personnel relevant de l'article 26 *[nouvelle rédaction issue de l'Ord. n° 2018-1125 du 12 déc. 2018, art. 22 et 29, en vigueur au plus tard le 1er juin 2019 : «31»]* de la loi n° 78-17 du 6 janvier 1978 relative à l'informatique, aux fichiers et aux libertés, à l'exception des fichiers d'identification. Un avis défavorable ne peut être émis que s'il ressort de l'enquête administrative que le comportement ou les agissements de la personne sont de nature à porter atteinte à la sécurité des personnes, à la sécurité publique ou à la sûreté de l'État.

Un décret en Conseil d'État pris après avis de la Commission nationale de l'informatique et des libertés fixe les modalités d'application du présent article, notamment la liste des fichiers mentionnés au deuxième alinéa pouvant faire l'objet d'une consultation, les catégories de personnes concernées et les garanties d'information ouvertes à ces personnes.

Section V

Dispositions pénales

Sous-section 1 – Manifestations sur la voie publique

Art. L. 211-12. L'organisation sur la voie publique d'une manifestation n'ayant pas fait l'objet d'une déclaration préalable dans les conditions prévues par la loi, ayant fait l'objet d'une déclaration incomplète ou inexacte de nature à tromper sur l'objet ou les conditions de la manifestation projetée, ou ayant été interdite dans les conditions fixées par la loi et la participation à une manifestation ou à une réunion publique en étant porteur d'une arme sont réprimées dans les conditions prévues à la section III du chapitre Ier du titre III du livre IV du code pénal.

Art. L. 211-14. L'interdiction du territoire français peut être également prononcée, dans les conditions prévues par l'article 131-30 du code pénal, pour une durée de trois ans au plus, à l'encontre de tout étranger s'étant rendu coupable, lors du déroulement de manifestations sur la voie publique, des infractions prévues aux articles 222-9, 222-11 à 222-13, 322-3 et 322-6 du code pénal.

Sous-section 2 – Rassemblements festifs à caractère musical

Art. L. 211-15. Si un rassemblement mentionné à l'article L. 211-5 se tient sans déclaration préalable ou en dépit d'une interdiction prononcée par le représentant de l'État dans le département, ou, à Paris, par le préfet de police, les officiers de police judiciaire et, sous leur responsabilité, les agents de police judiciaire peuvent saisir le matériel utilisé, pour une durée maximale de six mois, en vue de sa confiscation par le tribunal.

Sous-section 3 – Attroupements

Art. L. 211-16. La poursuite, après les sommations de se disperser, de la participation à un attroupement sans être porteur d'une arme, la participation à un attroupement en étant porteur d'une arme et la provocation directe à un attroupement armé sont réprimées dans les conditions prévues à la section II du chapitre Ier du titre III du livre IV du code pénal.

221 Code pénal (articles 431-9 à 431-12)

LIVRE QUATRIÈME

DES CRIMES ET DÉLITS CONTRE LA NATION, L'ÉTAT ET LA PAIX PUBLIQUE

(L. nº 92-686 du 22 juill. 1992)

TITRE TROISIÈME

DES ATTEINTES À L'AUTORITÉ DE L'ÉTAT

CHAPITRE PREMIER

Des atteintes à la paix publique

Section III

Des manifestations illicites et de la participation délictueuse à une manifestation ou à une réunion publique

Art. 431-9. Est puni de six mois d'emprisonnement et de 7 500 € d'amende le fait :

1° D'avoir organisé une manifestation sur la voie publique n'ayant pas fait l'objet d'une déclaration préalable dans les conditions fixées par la loi ;

2° D'avoir organisé une manifestation sur la voie publique ayant été interdite dans les conditions fixées par la loi ;

3° D'avoir établi une déclaration incomplète ou inexacte de nature à tromper sur l'objet ou les conditions de la manifestation projetée.

Art. 431-9-1. *(L. nº 2019-290 du 10 avr. 2019, art. 6)* Est puni d'un an d'emprisonnement et de 15 000 € d'amende le fait pour une personne, au sein ou aux abords immédiats d'une manifestation sur la voie publique, au cours ou à l'issue de laquelle des troubles à l'ordre public sont commis ou risquent d'être commis, de dissimuler volontairement tout ou partie de son visage sans motif légitime.

Art. 431-10. Le fait de participer à une manifestation ou à une réunion publique en étant porteur d'une arme est puni de trois ans d'emprisonnement et de 45000 € d'amende.

Art. 431-11. *(L. nº 2012-304 du 6 mars 2012, art. 20)* «I. —» Les personnes physiques coupables *(L. nº 2019-290 du 10 avr. 2019, art. 7)* «des infractions prévues à la présente section» encourent également les peines complémentaires suivantes :

1º L'interdiction des droits civiques, civils et de famille, suivant les modalités prévues par l'article 131-26;

(L. nº 2019-290 du 10 avr. 2019, art. 7) «2º L'interdiction de participer à des manifestations sur la voie publique, dans les conditions prévues à l'article 131-32-1;»

4º L'interdiction de séjour, suivant les modalités prévues par l'article 131-31.

(L. nº 2012-304 du 6 mars 2012, art. 16) «II. — En cas de condamnation pour *(L. nº 2019-290 du 10 avr. 2019, art. 7)* «les infractions prévues à la présente section», le prononcé des peines complémentaires suivantes est obligatoire :

«1º L'interdiction de détenir ou de porter, pour une durée de cinq ans au plus, une arme soumise à autorisation;

«2º La confiscation d'une ou de plusieurs armes dont le condamné est propriétaire ou dont il a la libre disposition.

«Toutefois, la juridiction peut, par une décision spécialement motivée, décider de ne pas prononcer ces peines, en considération des circonstances de l'infraction et de la personnalité de son auteur.»

Art. 431-12. L'interdiction du territoire français peut être prononcée dans les conditions prévues par l'article 131-30, soit à titre définitif, soit pour une durée de dix ans au plus, à l'encontre de tout étranger coupable de l'infraction définie à l'article 431-10.

222 Code de procédure pénale (article 78-2-5)

Art. 78-2-5. *(L. nº 2019-290 du 10 avr. 2019, art. 2)* Aux fins de recherche et de poursuite de l'infraction prévue à l'article 431-10 du code pénal, les officiers de police judiciaire mentionnés aux 2º à 4º de l'article 16 du présent code et, sous la responsabilité de ces derniers, les agents mentionnés à l'article 20 et aux 1º, 1º *bis* et 1º *ter* de l'article 21 peuvent, sur réquisitions écrites du procureur de la République, procéder sur les lieux d'une manifestation sur la voie publique et à ses abords immédiats à :

1º L'inspection visuelle des bagages des personnes et leur fouille, dans les conditions prévues au III de l'article 78-2-2;

2º La visite des véhicules circulant, arrêtés ou stationnant sur la voie publique ou dans des lieux accessibles au public, dans les conditions prévues au II du même article 78-2-2.

Le fait que les opérations prévues aux 1º et 2º du présent article révèlent d'autres infractions ne constitue pas une cause de nullité des procédures incidentes.

Section 5

D'autres limites à la liberté d'expression

A – LA PROTECTION DE LA VIE PRIVÉE

223 Code pénal (articles 226-1 à 226-7)

TITRE II

DES ATTEINTES À LA PERSONNE HUMAINE

CHAPITRE VI

Des atteintes à la personnalité

Section première

De l'atteinte à la vie privée

Art. 226-1. Est puni d'un an d'emprisonnement et de 45000 € d'amende le fait, au moyen d'un procédé quelconque, volontairement de porter atteinte à l'intimité de la vie privée d'autrui :

1° En captant, enregistrant ou transmettant, sans le consentement de leur auteur, des paroles prononcées à titre privé ou confidentiel;

2° En fixant, enregistrant ou transmettant, sans le consentement de celle-ci, l'image d'une personne se trouvant dans un lieu privé.

Lorsque les actes mentionnés au présent article ont été accomplis au vu et au su des intéressés sans qu'ils s'y soient opposés, alors qu'ils étaient en mesure de le faire, le consentement de ceux-ci est présumé.

Art. 226-2. Est puni des mêmes peines le fait de conserver, porter ou laisser porter à la connaissance du public ou d'un tiers ou d'utiliser de quelque manière que ce soit tout enregistrement ou document obtenu à l'aide de l'un des actes prévus par l'article 226-1.

Lorsque le délit prévu par l'alinéa précédent est commis par la voie de la presse écrite ou audiovisuelle, les dispositions particulières des lois qui régissent ces matières sont applicables en ce qui concerne la détermination des personnes responsables.

Art. 226-2-1. *(L. n° 2016-1321 du 7 oct. 2016, art. 67)* Lorsque les délits prévus aux articles 226-1 et 226-2 portent sur des paroles ou des images présentant un caractère sexuel prises dans un lieu public ou privé, les peines sont portées à deux ans d'emprisonnement et à 60000 € d'amende.

Est puni des mêmes peines le fait, en l'absence d'accord de la personne pour la diffusion, de porter à la connaissance du public ou d'un tiers tout enregistrement ou tout document portant sur des paroles ou des images présentant un caractère sexuel, obtenu, avec le consentement exprès ou présumé de la personne ou par elle-même, à l'aide de l'un des actes prévus à l'article 226-1.

Art. 226-3. *(Ord. nº 2011-1012 du 24 août 2011, art. 44)* Est puni de cinq ans d'emprisonnement et de 300000 € d'amende :

1° La fabrication, l'importation, la détention, l'exposition, l'offre, la location ou la vente d'appareils ou de dispositifs techniques *(L. nº 2013-1168 du 18 déc. 2013, art. 23)* «de nature à permettre la réalisation d'opérations» pouvant constituer l'infraction prévue par le second alinéa de l'article 226-15 ou qui, conçus pour la détection à distance des conversations, permettent de réaliser l'infraction prévue par l'article 226-1 ou ayant pour objet la captation de données informatiques prévue *(L. nº 2015-912 du 24 juill. 2015, art. 7)* «aux articles 706-102-1 du code de procédure pénale et L. 853-2 du code de la sécurité intérieure» et figurant sur une liste dressée dans des conditions fixées par décret en Conseil d'État, lorsque ces faits sont commis, y compris par négligence, en l'absence d'autorisation ministérielle dont les conditions d'octroi sont fixées par ce même décret ou sans respecter les conditions fixées par cette autorisation;

2° Le fait de réaliser une publicité en faveur d'un appareil ou d'un dispositif technique susceptible de permettre la réalisation des infractions prévues par l'article 226-1 et le second alinéa de l'article 226-15 lorsque cette publicité constitue une incitation à commettre cette infraction ou ayant pour objet la captation de données informatiques prévue *(L. nº 2015-912 du 24 juill. 2015, art. 7)* «aux articles 706-102-1 du code de procédure pénale et L. 853-2 du code de la sécurité intérieure» lorsque cette publicité constitue une incitation à en faire un usage frauduleux.

Art. 226-4. L'introduction dans le domicile d'autrui à l'aide de manœuvres, menaces, voies de fait ou contrainte, hors les cas où la loi le permet, est puni d'un an d'emprisonnement et de 15000 € d'amende.

(L. nº 2015-714 du 24 juin 2015) «Le maintien dans le domicile d'autrui à la suite de l'introduction mentionnée au premier alinéa, hors les cas où la loi le permet, est puni des même peines».

Art. 226-4-1. *(L. nº 2011-267 du 14 mars 2011, art. 2)* Le fait d'usurper l'identité d'un tiers ou de faire usage d'une ou plusieurs données de toute nature permettant de l'identifier en vue de troubler sa tranquillité ou celle d'autrui, ou de porter atteinte à son honneur ou à sa considération, est puni d'un an d'emprisonnement et de 15000 € d'amende.

Cette infraction est punie des mêmes peines lorsqu'elle est commise sur un réseau de communication au public en ligne.

Art. 226-4-2. *(L. nº 2014-366 du 24 mars 2014, art. 26)* Le fait de forcer un tiers à quitter le lieu qu'il habite sans avoir obtenu le concours de l'État dans les conditions prévues à l'article L. 153-1 du code des procédures civiles d'exécution, à l'aide de manœuvres, menaces, voies de fait ou contraintes, est puni de trois ans d'emprisonnement et de 30000 € d'amende.

Art. 226-5. La tentative des infractions prévues par la présente section est punie des mêmes peines.

Art. 226-6. Dans les cas prévus par les articles 226-1 *(L. nº 2016-1321 du 7 oct. 2016, art. 67)* «à 226-2-1», l'action publique ne peut être exercée que sur plainte de la victime, de son représentant légal ou de ses ayants droit.

Art. 226-7. *(L. n° 2009-526 du 12 mai 2009, art. 124-I)* «Les personnes morales déclarées responsables pénalement, dans les conditions prévues par l'article 121-2, des infractions définies à la présente section encourent, outre l'amende suivant les modalités prévues par l'article 131-38 :»

2° *[1°]* L'interdiction, à titre définitif ou pour une durée de cinq ans au plus, d'exercer directement ou indirectement l'activité professionnelle ou sociale dans l'exercice ou à l'occasion de l'exercice de laquelle l'infraction a été commise;

3° *[2°]* L'affichage ou la diffusion de la décision prononcée, dans les conditions prévues par l'article 131-35.

B – LA DÉCENCE

224 Code pénal (article R. 624-2)

TITRE II

DES CONTRAVENTIONS CONTRE LES PERSONNES

CHAPITRE IV

Des contraventions de la 4e classe contre les personnes

Section II

De la diffusion de messages contraires à la décence

Art. R. 624-2. Le fait de diffuser sur la voie publique ou dans des lieux publics des messages contraires à la décence est puni de l'amende prévue pour les contraventions de la 4e classe.

Est puni de la même peine le fait, sans demande préalable du destinataire, d'envoyer ou de distribuer à domicile de tels messages.

Les personnes coupables des contraventions prévues au présent article encourent également la peine complémentaire de confiscation de la chose qui a servi ou était destinée à commettre l'infraction ou de la chose qui en est le produit.

Le fait de faciliter sciemment, par aide ou assistance, la préparation ou la consommation des contraventions prévues au présent article est puni des mêmes peines.

(Décr. n° 2010-671 du 18 juin 2010) «Les personnes morales déclarées responsables pénalement, dans les conditions prévues par l'article 121-2, des infractions définies au présent article encourent, outre l'amende suivant les modalités prévues par l'article 131-41, la peine de confiscation de la chose qui a servi ou était destinée à commettre l'infraction ou de la chose qui en est le produit.»

C – DES PROVOCATIONS, DIFFAMATIONS ET INJURES NON PUBLIQUES PRÉSENTANT UN CARACTÈRE RACISTE OU DISCRIMINATOIRE

225 Code pénal (articles R. 625-7 à R. 625-8-2)

TITRE II
DES CONTRAVENTIONS CONTRE LES PERSONNES

CHAPITRE IV
Des contraventions de la 5e classe contre les personnes

Section III

Des provocations, diffamations et injures non publiques présentant un caractère raciste ou discriminatoire
(Décr. n° 2017-1230 du 3 août 2017).

Art. R. 625-7. La provocation non publique à la discrimination, à la haine ou à la violence à l'égard d'une personne ou d'un groupe de personnes à raison de leur origine ou de leur appartenance ou de leur non-appartenance, vraie ou supposée, à une ethnie, une nation, *(Décr. n° 2017-1230 du 3 août 2017)* «une prétendue race» ou une religion déterminée est punie de l'amende prévue pour les contraventions de la 5e classe.

(Décr. n° 2005-284 du 25 mars 2005, art. 4) «Est punie de la même peine la provocation non publique à la haine ou à la violence à l'égard d'une personne ou d'un groupe de personnes à raison de leur sexe, de leur orientation sexuelle *(Décr. n° 2017-1230 du 3 août 2017)* «ou identité de genre,» ou de leur handicap, ainsi que la provocation non publique, à l'égard de ces mêmes personnes, aux discriminations prévues par les articles 225-2 et 432-7.»

Art. R. 625-8. *(Décr. n° 2017-1230 du 3 août 2017)* La diffamation non publique commise envers une personne ou un groupe de personnes à raison de leur origine ou de leur appartenance ou de leur non-appartenance, vraie ou supposée, à une ethnie, une nation, une prétendue race ou une religion déterminée est punie de l'amende prévue pour les contraventions de la 5e classe.

Est punie de la même peine la diffamation non publique commise envers une personne ou un groupe de personnes à raison de leur sexe, de leur orientation sexuelle ou identité de genre, ou de leur handicap.

Art. R. 625-8-1. *(Décr. n° 2017-1230 du 3 août 2017)* L'injure non publique commise envers une personne ou un groupe de personnes à raison de leur origine ou de leur appartenance ou de leur non-appartenance, vraie ou supposée, à une ethnie, une nation, une prétendue race ou une religion déterminée est punie de l'amende prévue pour les contraventions de la 5e classe.

Est punie de la même peine l'injure non publique commise envers une personne ou un groupe de personnes à raison de leur sexe, de leur orientation sexuelle ou identité de genre, ou de leur handicap.

Art. R. 625-8-2. *(Décr. n° 2017-1230 du 3 août 2017)* Les personnes coupables des infractions prévues par la présente section encourent, outre les peines d'amende prévues par ces articles, les peines complémentaires suivantes :

1° L'interdiction de détenir ou de porter, pour une durée de trois ans au plus, une arme soumise à autorisation;

2° La confiscation d'une ou de plusieurs armes dont le condamné est propriétaire ou dont il a la libre disposition;

3° La confiscation de la chose qui a servi ou était destinée à commettre l'infraction ou de la chose qui en est le produit;

4° Le travail d'intérêt général pour une durée de vingt à cent vingt heures;

5° L'obligation d'accomplir, le cas échéant à ses frais, un stage de citoyenneté.

Les personnes morales déclarées responsables pénalement, dans les conditions prévues par l'article 121-2, des infractions prévues par la présente section encourent, outre l'amende suivant les modalités prévues par l'article 131-41, la peine de confiscation de la chose qui a servi ou était destinée à commettre l'infraction ou de la chose qui en est le produit.

La récidive des contraventions prévues par la présente section est réprimée conformément aux articles 132-11 et 132-15.

D – LE CINÉMA À CARACTÈRE PORNOGRAPHIQUE OU INCITANT À LA VIOLENCE

226 Code du cinéma et de l'image animée (articles L. 311-2, et R. 211-12 à 211-14)

PARTIE LÉGISLATIVE

TITRE Ier

AIDES DU CENTRE NATIONAL DU CINÉMA ET DE L'IMAGE ANIMÉE

Art. L. 311-2. Le produit de la taxe sur le prix des entrées aux séances organisées dans les établissements de spectacles cinématographiques mentionnée à l'article L. 115-1 perçue à l'occasion de la représentation d'œuvres ou de documents cinématographiques ou audiovisuels à caractère pornographique ou d'incitation à la violence n'est pas pris en compte dans le calcul des droits aux aides automatiques.

Les œuvres et documents précités ainsi que les établissements de spectacles cinématographiques où ils sont représentés ne peuvent bénéficier d'aucune aide sélective.

Les établissements de spectacles cinématographiques spécialisés dans la représentation d'œuvres ou de documents cinématographiques ou audiovisuels à caractère pornographique ne peuvent bénéficier d'aucune aide automatique ou sélective.

La liste des œuvres et documents auxquels s'appliquent les dispositions du présent article est établie par le ministre chargé de la culture lors de la délivrance du visa d'exploitation cinématographique.

Un décret fixe les modalités d'application du présent article afin, notamment, d'aménager les procédures d'attribution des aides, de définir les critères de spécialisation des établissements de spectacles cinématographiques *(Ord. nº 2017-762 du 4 mai 2017, art. 20)* «mentionnés» au troisième alinéa et de déterminer les conditions dans lesquelles les établissements de spectacles cinématographiques non spécialisés dans lesquels seraient représentés des œuvres ou documents cinématographiques ou audiovisuels à caractère pornographique perdent à ce titre le bénéfice des aides.

PARTIE RÈGLEMENTAIRE

TITRE Ier
EXERCICE DES PROFESSIONS ET ACTIVITÉS DU CINÉMA

CHAPITRE Ier
Visa d'exploitation cinématographique

Section I

Délivrance du visa d'exploitation cinématographique

Sous-section 3 – Décision du ministre chargé de la culture

Art. R. 211-12. *(Décr. nº 2014-794 du 9 juill. 2014) (Décr. nº 2017-150 du 8 févr. 2017)* «I. —» Le visa d'exploitation cinématographique s'accompagne de l'une des mesures de classification suivantes :

1° Autorisation de la représentation pour tous publics;

2° Interdiction de la représentation aux mineurs de douze ans;

3° Interdiction de la représentation aux mineurs de seize ans;

4° Interdiction de la représentation aux mineurs de dix-huit ans;

5° Interdiction de la représentation aux mineurs de dix-huit ans avec inscription de l'œuvre ou du document sur la liste prévue à l'article L. 311-2.

(Décr. nº 2017-150 du 8 févr. 2017) «II. — La mesure de classification, assortie le cas échéant de l'avertissement prévu à l'article R. 211-13, est proportionnée aux exigences tenant à la protection de l'enfance et de la jeunesse, au regard de la sensibilité et du développement de la personnalité propres à chaque âge, et au respect de la dignité humaine.

«Lorsque l'œuvre ou le document comporte des scènes de sexe ou de grande violence qui sont de nature, en particulier par leur accumulation, à troubler gravement la sensibilité des mineurs, à présenter la violence sous un jour favorable ou à la banaliser, le visa d'exploitation ne peut s'accompagner que de l'une des mesures prévues au 4° et au 5° du I.

«Dans le cas prévu au précédent alinéa, le parti pris esthétique ou le procédé narratif sur lequel repose l'œuvre ou le document peut justifier que le visa d'exploitation ne soit accompagné que de la mesure prévue au 4° du I.»

Art. R. 211-13. Sans préjudice de la mesure de classification qui accompagne sa délivrance, le visa d'exploitation cinématographique peut être assorti d'un avertissement, destiné à l'information du spectateur, portant sur le contenu ou les particularités de l'œuvre ou du document concerné.

Art. R. 211-14. La décision du ministre chargé de la culture délivrant un visa assorti d'un avertissement ou comportant une interdiction particulière de représentation, ou refusant le visa, est motivée.

Section 6

La protection des lanceurs d'alerte

227 Loi n° 2016-1691 du 9 décembre 2016 relative à la transparence, à la lutte contre la corruption et à la modernisation de la vie économique (articles 6, 8, 9 et 12)

TITRE Ier

DE LA LUTTE CONTRE LES MANQUEMENTS À LA PROBITÉ

CHAPITRE II

De la protection des lanceurs d'alerte

Art. 6. Un lanceur d'alerte est une personne physique qui révèle ou signale, de manière désintéressée et de bonne foi, un crime ou un délit, une violation grave et manifeste d'un engagement international régulièrement ratifié ou approuvé par la France, d'un acte unilatéral d'une organisation internationale pris sur le fondement d'un tel engagement, de la loi ou du règlement, ou une menace ou un préjudice graves pour l'intérêt général, dont elle a eu personnellement connaissance.

Les faits, informations ou documents, quel que soit leur forme ou leur support, couverts par le secret de la défense nationale, le secret médical ou le secret des relations entre un avocat et son client sont exclus du régime de l'alerte défini par le présent chapitre.

Art. 8. I. — Le signalement d'une alerte est porté à la connaissance du supérieur hiérarchique, direct ou indirect, de l'employeur ou d'un référent désigné par celui-ci.

En l'absence de diligences de la personne destinataire de l'alerte mentionnée au premier alinéa du présent I à vérifier, dans un délai raisonnable, la recevabilité du signalement, celui-ci est adressé à l'autorité judiciaire, à l'autorité administrative ou aux ordres professionnels.

En dernier ressort, à défaut de traitement par l'un des organismes mentionnés au deuxième alinéa du présent I dans un délai de trois mois, le signalement peut être rendu public.

II. — En cas de danger grave et imminent ou en présence d'un risque de dommages irréversibles, le signalement peut être porté directement à la connaissance des organismes mentionnés au deuxième alinéa du I. Il peut être rendu public.

III. — Des procédures appropriées de recueil des signalements émis par les membres de leur personnel ou par des collaborateurs extérieurs et occasionnels sont établies par les personnes morales de droit public ou de droit privé d'au moins cinquante salariés, les administrations de l'État, les communes de plus de 10000 habitants ainsi que les établissements publics de coopération intercommunale à fiscalité propre dont elles sont membres, les départements et les régions, dans des conditions fixées par décret en Conseil d'État.

IV. — Toute personne peut adresser son signalement au Défenseur des droits afin d'être orientée vers l'organisme approprié de recueil de l'alerte.

Art. 9. I. — Les procédures mises en œuvre pour recueillir les signalements, dans les conditions mentionnées à l'article 8, garantissent une stricte confidentialité de l'identité des auteurs du signalement, des personnes visées par celui-ci et des informations recueillies par l'ensemble des destinataires du signalement.

Les éléments de nature à identifier le lanceur d'alerte ne peuvent être divulgués, sauf à l'autorité judiciaire, qu'avec le consentement de celui-ci.

Les éléments de nature à identifier la personne mise en cause par un signalement ne peuvent être divulgués, sauf à l'autorité judiciaire, qu'une fois établi le caractère fondé de l'alerte.

II. — Le fait de divulguer les éléments confidentiels définis au I est puni de deux ans d'emprisonnement et de 30000 € d'amende.

Art. 12. En cas de rupture du contrat de travail consécutive au signalement d'une alerte au sens de l'article 6, le salarié peut saisir le conseil des prud'hommes dans les conditions prévues au chapitre V du titre V du livre IV de la première partie du code du travail.

228 Code pénal (art. 122-9)

TITRE DEUXIÈME
DE LA RESPONSABILITÉ PÉNALE

CHAPITRE II
Des causes d'irresponsabilité ou d'atténuation de la responsabilité

Art. 122-9. *(L. nº 2016-1691 du 9 déc. 2016, art. 7)* N'est pas pénalement responsable la personne qui porte atteinte à un secret protégé par la loi, dès lors que cette divulgation est nécessaire et proportionnée à la sauvegarde des intérêts en cause, qu'elle intervient dans le respect des procédures de signalement définies par la loi et que la personne répond aux critères de définition du lanceur d'alerte prévus à l'article 6 de la loi nº 2016-1691 du 9 décembre 2016 relative à la transparence, à la lutte contre la corruption et à la modernisation de la vie économique.

229 Code de justice administrative (art. L. 911-1-1)

TITRE PREMIER
PRINCIPES

Art. L. 911-1-1. *(L. nº 2016-1691 du 9 déc. 2016, art. 11)* Lorsqu'il est fait application de l'article L. 911-1, la juridiction peut prescrire de réintégrer toute personne ayant fait l'objet d'un licenciement, d'un non-renouvellement de son contrat ou d'une révocation en méconnaissance du deuxième alinéa de l'article L. 4122-4 du code de la défense, du deuxième alinéa de l'article L. 1132-3-3 du code du travail ou du deuxième alinéa de l'article 6 *ter* A de la loi n° 83-634 du 13 juillet 1983 portant droits et obligations des fonctionnaires, y compris lorsque cette personne était liée par une relation à durée déterminée avec la personne morale de droit public ou l'organisme de droit privé chargé de la gestion d'un service public.

CHAPITRE 4
La liberté de pensée, de conscience et de religion

Section 1
Les grands principes

230 Déclaration universelle des droits de l'homme (article 18)

Art. 18. Toute personne a droit à la liberté de pensée, de conscience et de religion; ce droit implique la liberté de changer de religion ou de conviction ainsi que la liberté de manifester sa religion ou sa conviction seule ou en commun, tant en public qu'en privé, par l'enseignement, les pratiques, le culte et l'accomplissement des rites.

231 Pacte international relatif aux droits civils et politiques (article 18)

Art. 18. 1. Toute personne a droit à la liberté de pensée, de conscience et de religion; ce droit implique la liberté d'avoir ou d'adopter une religion ou une conviction de son choix, ainsi que la liberté de manifester sa religion ou sa conviction, individuellement ou en commun, tant en public qu'en privé, par le culte et l'accomplissement des rites, les pratiques et l'enseignement.

2. Nul ne subira de contrainte pouvant porter atteinte à sa liberté d'avoir ou d'adopter une religion ou une conviction de son choix.

3. La liberté de manifester sa religion ou ses convictions ne peut faire l'objet que des seules restrictions prévues par la loi et qui sont nécessaires à la protection de la sécurité, de l'ordre et de la santé publique, ou de la morale ou des libertés et droits fondamentaux d'autrui.

4. Les États parties au présent Pacte s'engagent à respecter la liberté des parents et, le cas échéant, des tuteurs légaux de faire assurer l'éducation religieuse et morale de leurs enfants conformément à leurs propres convictions.

232 Déclaration sur l'élimination de toutes les formes d'intolérance et de discrimination fondées sur la religion ou la conviction

Date d'adoption : 25 novembre 1981

L'Assemblée générale,

Considérant qu'un des principes fondamentaux de la Charte des Nations Unies est celui de la dignité et de l'égalité inhérentes à tous les êtres humains et que tous les États Membres se sont engagés à agir, tant conjointement que séparément, en coopération avec l'Organisation des Nations Unies en vue de développer et d'encourager le respect universel et effectif des droits de l'homme et des libertés fondamentales pour tous, sans discrimination de race, de sexe, de langue ou de religion,

Considérant que la Déclaration universelle des droits de l'homme et les Pactes internationaux relatifs aux droits de l'homme proclament les principes de non-discrimination et d'égalité devant la loi et le droit à la liberté de pensée, de conscience, de religion ou de conviction,

Considérant que le mépris et la violation des droits de l'homme et des libertés fondamentales, en particulier du droit à la liberté de pensée, de conscience, de religion ou de conviction, quelle qu'elle soit, sont directement ou indirectement à l'origine de guerres et de grandes souffrances infligées à l'humanité, spécialement dans les cas où ils servent de moyen d'ingérence étrangère dans les affaires intérieures d'autres États et équivalent à attiser la haine entre les peuples et les nations,

Considérant que la religion ou la conviction constitue pour celui qui la professe un des éléments fondamentaux de sa conception de la vie et que la liberté de religion ou de conviction doit être intégralement respectée et garantie,

Considérant qu'il est essentiel de contribuer à la compréhension, à la tolérance et au respect en ce qui concerne la liberté de religion ou de conviction et de faire en sorte que l'utilisation de la religion ou de la conviction à des fins incompatibles avec la Charte, les autres instruments pertinents de l'Organisation des Nations Unies et les buts et principes de la présente Déclaration ne soit pas admissible,

Convaincue que la liberté de religion ou de conviction devrait également contribuer à la réalisation des buts de paix mondiale, de justice sociale et d'amitié entre les peuples et à l'élimination des idéologies ou pratiques du colonialisme et de la discrimination raciale,

Prenant note avec satisfaction de l'adoption, sous les auspices de l'Organisation des Nations Unies et des institutions spécialisées, de plusieurs conventions et de l'entrée en vigueur de certaines d'entre elles, visant à éliminer diverses formes de discrimination,

Préoccupée par les manifestations d'intolérance et par l'existence de discrimination en matière de religion ou de conviction que l'on constate encore dans certaines parties du monde,

Résolue à prendre toutes les mesures nécessaires pour éliminer rapidement toutes les formes et manifestations de cette intolérance et à prévenir et combattre toute discrimination fondée sur la religion ou la conviction,

Proclame la présente Déclaration sur l'élimination de toutes les formes d'intolérance et de discrimination fondées sur la religion ou la conviction :

Art. 1er. 1. Toute personne a droit à la liberté de pensée, de conscience et de religion. Ce droit implique la liberté d'avoir une religion ou n'importe quelle conviction de son choix, ainsi que la liberté de manifester sa religion ou sa conviction, individuellement ou en commun, tant en public qu'en privé, par le culte et l'accomplissement des rites, les pratiques et l'enseignement.

2. Nul ne subira de contrainte pouvant porter atteinte à sa liberté d'avoir une religion ou une conviction de son choix.

3. La liberté de manifester sa religion ou sa conviction ne peut faire l'objet que des seules restrictions qui sont prévues par la loi et qui sont nécessaires à la protection de la sécurité publique, de l'ordre public, de la santé ou de la morale ou des libertés et droits fondamentaux d'autrui.

Art. 2. 1. Nul ne peut faire l'objet de discrimination de la part d'un État, d'une institution, d'un groupe ou d'un individu quelconque en raison de sa religion ou de sa conviction.

2. Aux fins de la présente Déclaration, on entend par les termes " intolérance et discrimination fondées sur la religion ou la conviction " toute distinction, exclusion, restriction ou préférence fondées sur la religion ou la conviction et ayant pour objet ou pour effet de supprimer ou de limiter la reconnaissance, la jouissance ou l'exercice des droits de l'homme et des libertés fondamentales sur une base d'égalité.

Art. 3. La discrimination entre les êtres humains pour des motifs de religion ou de conviction constitue une offense à la dignité humaine et un désaveu des principes de la Charte des Nations Unies et doit être condamnée comme une violation des droits de l'homme et des libertés fondamentales proclamés dans la Déclaration universelle des droits de l'homme et énoncés en détail dans les Pactes internationaux relatifs aux droits de l'homme, et comme un obstacle aux relations amicales et pacifiques entre les nations.

Art. 4. 1. Tous les États prendront des mesures efficaces pour prévenir et éliminer toute discrimination fondée sur la religion ou la conviction, dans la reconnaissance, l'exercice et la jouissance des droits de l'homme et des libertés fondamentales dans tous les domaines de la vie civile, économique, politique, sociale et culturelle.

2. Tous les États s'efforceront d'adopter des mesures législatives ou de rapporter celles qui sont en vigueur, selon le cas, à l'effet d'interdire toute discrimination de ce genre, et de prendre toutes mesures appropriées pour combattre l'intolérance fondée sur la religion ou la conviction en la matière.

Art. 5. 1. Les parents ou, le cas échéant, les tuteurs légaux de l'enfant ont le droit d'organiser la vie au sein de la famille conformément à leur religion ou leur conviction et en tenant compte de l'éducation morale conformément à laquelle ils estiment que l'enfant doit être élevé.

2. Tout enfant jouit du droit d'accéder, en matière de religion ou de conviction, à une éducation conforme aux vœux de ses parents ou, selon le cas, de ses tuteurs légaux, et ne peut être contraint de recevoir un enseignement relatif à une religion ou une conviction contre les vœux de ses parents ou de ses tuteurs légaux, l'intérêt de l'enfant étant le principe directeur.

3. L'enfant doit être protégé contre toute forme de discrimination fondée sur la religion ou la conviction. Il doit être élevé dans un esprit de compréhension, de tolérance, d'amitié entre les peuples, de paix et de fraternité universelle, de respect de la liberté de

religion ou de conviction d'autrui et dans la pleine conscience que son énergie et ses talents doivent être consacrés au service de ses semblables.

4. Dans le cas d'un enfant qui n'est sous la tutelle ni de ses parents ni de tuteurs légaux, les vœux exprimés par ceux-ci, ou toute autre preuve recueillie sur leurs vœux en matière de religion ou de conviction, seront dûment pris en considération, l'intérêt de l'enfant étant le principe directeur.

5. Les pratiques d'une religion ou d'une conviction dans lesquelles un enfant est élevé ne doivent porter préjudice ni à sa santé physique ou mentale ni à son développement complet, compte tenu du paragraphe 3 de l'article premier de la présente Déclaration.

Art. 6. Conformément à l'article premier de la présente Déclaration et sous réserve des dispositions du paragraphe 3 dudit article, le droit à la liberté de pensée, de conscience, de religion ou de conviction implique, entre autres, les libertés suivantes :

a) La liberté de pratiquer un culte et de tenir des réunions se rapportant à une religion ou à une conviction et d'établir et d'entretenir des lieux à ces fins ;

b) La liberté de fonder et d'entretenir des institutions charitables ou humanitaires appropriées ;

c) La liberté de confectionner, d'acquérir et d'utiliser, en quantité adéquate, les objets et le matériel requis par les rites ou les usages d'une religion ou d'une conviction ;

d) La liberté d'écrire, d'imprimer et de diffuser des publications sur ces sujets ;

e) La liberté d'enseigner une religion ou une conviction dans les lieux convenant à cette fin ;

f) La liberté de solliciter et de recevoir des contributions volontaires, financières et autres, de particuliers et d'institutions ;

g) La liberté de former, de nommer, d'élire ou de désigner par succession les dirigeants appropriés, conformément aux besoins et aux normes de toute religion ou conviction ;

h) La liberté d'observer les jours de repos et de célébrer les fêtes et cérémonies conformément aux préceptes de sa religion ou de sa conviction ;

i) La liberté d'établir et de maintenir des communications avec des individus et des communautés en matière de religion ou de conviction aux niveaux national et international.

Art. 7. Les droits et libertés proclamés dans la présente Déclaration sont accordés dans la législation nationale d'une manière telle que chacun soit en mesure de jouir desdits droits et libertés dans la pratique.

Art. 8. Aucune disposition de la présente Déclaration ne sera interprétée comme constituant une restriction ou une dérogation à un droit énoncé dans la Déclaration universelle des droits de l'homme et dans les Pactes internationaux relatifs aux droits de l'homme.

233 Convention de New York relative aux droits de l'enfant (articles 14 et 30)

Art. 14. 1. Les États parties respectent le droit de l'enfant à la liberté de pensée, de conscience et de religion.

2. Les États parties respectent le droit et le devoir des parents ou, le cas échéant, des représentants légaux de l'enfant, de guider celui-ci dans l'exercice du droit susmentionné d'une manière qui corresponde au développement de ses capacités.

3. La liberté de manifester sa religion ou ses convictions ne peut être soumise qu'aux seules restrictions qui sont prescrites par la loi et qui sont nécessaires pour préserver la sûreté publique, l'ordre public, la santé et la moralité publiques, ou les libertés et droits fondamentaux d'autrui.

Art. 30. Dans les États où il existe des minorités ethniques, religieuses ou linguistiques ou des personnes d'origine autochtone, un enfant autochtone ou appartenant à une de ces minorités ne peut être privé du droit d'avoir sa propre vie culturelle, de professer et de pratiquer sa propre religion ou d'employer sa propre langue en commun avec les autres membres de son groupe.

234 Convention européenne de sauvegarde des droits de l'homme et des libertés fondamentales (article 9)

Art. 9. *Liberté de pensée, de conscience et de religion.* 1. Toute personne a droit à la liberté de pensée, de conscience et de religion; ce droit implique la liberté de changer de religion ou de conviction, ainsi que la liberté de manifester sa religion ou sa conviction individuellement ou collectivement, en public ou en privé, par le culte, l'enseignement, les pratiques et l'accomplissement des rites.

2. La liberté de manifester sa religion ou ses convictions ne peut faire l'objet d'autres restrictions que celles qui, prévues par la loi, constituent des mesures nécessaires, dans une société démocratique, à la sécurité publique, à la protection de l'ordre, de la santé ou de la morale publiques, ou à la protection des droits et libertés d'autrui.

235 Charte des droits fondamentaux de l'Union européenne (article 10)

Art. 10. *Liberté de pensée, de conscience et de religion.* 1. Toute personne a droit à la liberté de pensée, de conscience et de religion. Ce droit implique la liberté de changer de religion ou de conviction, ainsi que la liberté de manifester sa religion ou sa conviction individuellement ou collectivement, en public ou en privé, par le culte, l'enseignement, les pratiques et l'accomplissement des rites.

2. Le droit à l'objection de conscience est reconnu selon les lois nationales qui en régissent l'exercice.

236 Déclaration des droits de l'homme et du citoyen (article 10)

Art. 10. Nul ne doit être inquiété pour ses opinions, même religieuses, pourvu que leur manifestation ne trouble pas l'ordre public établi par la Loi.

237 Constitution du 4 octobre 1958 (article 1)

Art. 1er. *(L. const. nº 95-880 du 4 août 1995)* La France est une République indivisible, laïque, démocratique et sociale. Elle assure l'égalité devant la loi de tous les citoyens sans distinction d'origine, de race ou de religion. Elle respecte toutes les croyances. *(L. const. n° 2003-276 du 28 mars 2003, art. 1er)* «Son organisation est décentralisée.»

(L. const. n° 2008-724 du 23 juill. 2008, art. 1er-I) «La loi favorise l'égal accès des femmes et des hommes aux mandats électoraux et fonctions électives, ainsi qu'aux responsabilités professionnelles et sociales.»

Section 2

La séparation des Églises et de l'État et l'exercice des cultes

238 Loi du 9 décembre 1905 concernant la séparation des Églises et de l'État

TITRE PREMIER

Principes

Art. 1er. La République assure la liberté de conscience. Elle garantit le libre exercice des cultes sous les seules restrictions édictées ci-après dans l'intérêt de l'ordre public.

Art. 2. La République ne reconnaît, ne salarie ni ne subventionne aucun culte. En conséquence, à partir du 1er janvier qui suivra la promulgation de la présente loi, seront supprimées des budgets de l'État, des départements et des communes, toutes dépenses relatives à l'exercice des cultes. Pourront toutefois être inscrites auxdits budgets les dépenses relatives à des services d'aumônerie et destinées à assurer le libre exercice des cultes dans les établissements publics, tels que lycées, collèges, écoles, hospices, asiles et prisons.

Les établissements publics du culte sont supprimés, sous réserve des dispositions énoncées à l'article 3.

TITRE II

Attribution des biens – Pensions

Art. 3. Les établissements dont la suppression est ordonnée par l'article 2 continueront provisoirement de fonctionner, conformément aux dispositions qui les régissent actuellement, jusqu'à l'attribution de leurs biens aux associations prévues par le titre IV et au plus tard jusqu'à l'expiration du délai ci-après.

Dès la promulgation de la présente loi, il sera procédé par les agents de l'administration des domaines à l'inventaire descriptif et estimatif :

1° Des biens mobiliers et immobiliers desdits établissements;

2° Des biens de l'État, des départements et des communes dont les mêmes établissements ont la jouissance.

Ce double inventaire sera dressé contradictoirement avec les représentants légaux des établissements ecclésiastiques ou eux dûment appelés par une notification faite en la forme administrative.

Les agents chargés de l'inventaire auront le droit de se faire communiquer tous titres et documents utiles à leurs opérations.

Art. 4. Dans le délai d'un an, à partir de la promulgation de la présente loi, les biens mobiliers et immobiliers des menses, fabriques, conseils presbytéraux, consistoires et autres établissements publics du culte seront, avec toutes les charges et obligations qui les grèvent et avec leur affectation spéciale, transférés par les représentants légaux de ces établissements aux associations qui, en se conformant aux règles d'organisation générale du culte dont elles se proposent d'assurer l'exercice, se seront légalement formées, suivant les prescriptions de l'article 19, pour l'exercice de ce culte dans les anciennes circonscriptions desdits établissements.

Art. 5. Ceux des biens désignés à l'article précédent qui proviennent de l'État et qui ne sont pas grevés d'une fondation pieuse créée postérieurement à la loi du 18 germinal an X feront retour à l'État.

Les attributions de biens ne pourront être faites par les établissements ecclésiastiques qu'un mois après la promulgation du décret en Conseil d'État prévu à l'article 43. Faute de quoi la nullité pourra en être demandée devant le tribunal de grande instance par toute partie intéressée ou par le ministère public.

En cas d'aliénation par l'association cultuelle de valeurs mobilières ou d'immeubles faisant partie du patrimoine de l'établissement public dissous, le montant du produit de la vente devra être employé en titres de rente nominatifs ou dans les conditions prévues au paragraphe 2 de l'article 22.

L'acquéreur des biens aliénés sera personnellement responsable de la régularité de cet emploi.

Les biens revendiqués par l'État, les départements ou les communes ne pourront être aliénés, transformés ni modifiés jusqu'à ce qu'il ait été statué sur la revendication par les tribunaux compétents.

Art. 6. Les associations attributaires des biens des établissements ecclésiastiques supprimés seront tenues des dettes de ces établissements ainsi que de leurs emprunts sous réserve des dispositions du troisième paragraphe du présent article; tant qu'elles ne seront pas libérées de ce passif, elles auront droit à la jouissance des biens productifs de revenus qui doivent faire retour à l'État en vertu de l'article 5.

Les annuités des emprunts contractés pour dépenses relatives aux édifices religieux seront supportées par les associations en proportion du temps pendant lequel elles auront l'usage de ces édifices par application des dispositions du titre III.

Art. 7. Les biens mobiliers ou immobiliers grevés d'une affectation charitable ou d'une tout autre affectation étrangère à l'exercice du culte seront attribués, par les représentants légaux des établissements ecclésiastiques, aux services ou établissements publics ou d'utilité publique, dont la destination est conforme à celle desdits biens. Cette attribution devra être approuvée par le préfet du département où siège l'établissement ecclésiastique. En cas de non-approbation, il sera statué par décret en Conseil d'État.

(L. 13 avr. 1908, art. 2) «Toute action en reprise, qu'elle soit qualifiée en revendication, en révocation ou en résolution, concernant les biens dévolus en exécution du présent article, est soumise aux règles prescrites par l'article 9.»

Art. 8. Faute par un établissement ecclésiastique d'avoir, dans le délai fixé par l'article 4, procédé aux attributions ci-dessus prescrites, il y sera pourvu par décret.

A l'expiration dudit délai, les biens à attribuer seront, jusqu'à leur attribution, placés sous séquestre.

Dans le cas où les biens attribués en vertu de l'article 4 et du paragraphe 1er du présent article seront, soit dès l'origine, soit dans la suite, réclamés par plusieurs associations formées pour l'exercice du même culte, l'attribution qui en aura été faite par les représentants de l'établissement ou par décret pourra être contestée devant le Conseil d'État, statuant au contentieux, lequel prononcera en tenant compte de toutes les circonstances de fait.

La demande sera introduite devant le Conseil d'État, dans le délai d'un an à partir de la date du décret ou à partir de la notification, à l'autorité préfectorale, par les représentants légaux des établissements publics du culte, de l'attribution effectuée par eux. Cette notification devra être faite dans le délai d'un mois.

L'attribution pourra être ultérieurement contestée en cas de scission dans l'association nantie, de création d'association nouvelle par suite d'une modification dans le territoire de la circonscription ecclésiastique et dans le cas où l'association attributaire n'est plus en mesure de remplir son objet.

Art. 9. *(L. 13 avr. 1908, art. 1er)* «1. Les biens des établissements ecclésiastiques qui n'ont pas été réclamés par des associations cultuelles constituées dans le délai d'un an à partir de la promulgation de la loi du 9 décembre 1905 seront attribués par décret à des établissements communaux de bienfaisance ou d'assistance situés dans les limites territoriales de la circonscription ecclésiastique intéressée, ou, à défaut d'établissement de cette nature, aux communes ou sections de communes, sous la condition d'affecter aux services de bienfaisance ou d'assistance tous les revenus ou produits de ces biens, sauf les exceptions ci-après :

«1° Les édifices affectés au culte lors de la promulgation de la loi du 9 décembre 1905 et les meubles les garnissant deviendront la propriété des communes sur le territoire desquelles ils sont situés, s'ils n'ont pas été restitués ni revendiqués dans le délai légal;

«2° Les meubles ayant appartenu aux établissements ecclésiastiques ci-dessus mentionnés qui garnissent les édifices désignés à l'article 12, paragraphe 2, de la loi du 9 décembre 1905, deviendront la propriété de l'État, des départements et des communes, propriétaires desdits édifices, s'ils n'ont pas été restitués ni revendiqués dans le délai légal;

«3° Les immeubles bâtis, autres que les édifices affectés au culte, qui n'étaient pas productifs de revenus lors de la promulgation de la loi du 9 décembre 1905 et qui appartenaient aux menses archiépiscopales et épiscopales, aux chapitres et séminaires, ainsi que les cours et jardins y attenant, seront attribués par décret, soit à des départements, soit à des communes, soit à des établissements publics pour des services d'assistance ou de bienfaisance ou des services publics;

«4° Les biens des menses archiépiscopales et épiscopales, chapitres et séminaires, seront, sous réserve de l'application des dispositions du paragraphe précèdent, affectés dans la circonscription territoriale de ces anciens établissements, au paiement du reliquat des dettes régulières ou légales de l'ensemble des établissements ecclésiastiques compris dans ladite circonscription, dont les biens n'ont pas été attribués à des associations cultuelles, ainsi qu'au paiement de tous frais exposés et de toutes dépenses effectuées relativement à ces biens par le séquestre, sauf ce qui est dit au paragraphe 13 de l'article 3 ci-après.

«L'actif disponible après l'acquittement de ces dettes et dépenses sera attribué par décret à des services départementaux de bienfaisance ou d'assistance.

«En cas d'insuffisance d'actif il sera pourvu au paiement desdites dettes et dépenses sur l'ensemble des biens ayant fait retour à l'État, en vertu de l'article 5;

«5° Les documents, livres, manuscrits et œuvres d'art ayant appartenu aux établissements ecclésiastiques et non visés au 1° du présent paragraphe pourront être réclamés par l'État, en vue de leur dépôt dans les archives, bibliothèques ou musées et lui être attribués par décret;

«6° Les biens des caisses de retraite et maisons de secours pour les prêtres âgés ou infirmes seront attribués par décret à des sociétés de secours mutuels constituées dans les départements où ces établissements ecclésiastiques avaient leur siège.

«Pour être aptes à recevoir ces biens, lesdites sociétés devront être approuvées dans les conditions prévues par la loi du 1er avril 1898, avoir une destination conforme à celle desdits biens, être ouvertes à tous les intéressés et ne prévoir dans leurs statuts aucune amende ni aucun cas d'exclusion fondés sur un motif touchant à la discipline ecclésiastique.

«Les biens des caisses de retraite et maisons de secours qui n'auraient pas été réclamés dans le délai de dix-huit mois à dater de la promulgation de la présente loi par des sociétés de secours mutuels constituées dans le délai d'un an de ladite promulgation, seront attribués par décret aux départements où ces établissements ecclésiastiques avaient leur siège, et continueront à être administrés provisoirement au profit des ecclésiastiques qui recevaient des pensions ou secours ou qui étaient hospitalisés à la date du 15 décembre 1906.

«Les ressources non absorbées par le service de ces pensions ou secours seront employées au remboursement des versements que les ecclésiastiques ne recevant ni pension ni secours justifieront avoir faits aux caisses de retraite.

«Le surplus desdits biens sera affecté par les départements à des services de bienfaisance ou d'assistance fonctionnant dans les anciennes circonscriptions des caisses de retraite et maisons de secours.»

2. En cas de dissolution d'une association, les biens qui lui auront été dévolus en exécution des articles 4 et 8 seront attribués *(Ord. n° 2015-904 du 23 juill. 2015, art. 13-1°)* «par délibérations concordantes des associations ou établissements concernés», soit à des associations analogues dans la même circonscription ou, à leur défaut, dans les circonscriptions les plus voisines, soit aux établissements visés au paragraphe 1er du présent article.

(L. 13 avr. 1908, art. 3 et 4) «3. Toute action en reprise, qu'elle soit qualifiée en revendication, en révocation ou en résolution, doit être introduite dans le délai ci-après déterminé.

«Elle ne peut être exercée qu'en raison de donations, de legs ou de fondations pieuses, et seulement par les auteurs et leurs héritiers en ligne directe.

«Les arrérages de rentes dues aux fabriques pour fondations pieuses ou cultuelles et qui n'ont pas été rachetées cessent d'être exigibles.

«Aucune action d'aucune sorte ne pourra être intentée à raison de fondations pieuses antérieures à la loi du 18 germinal an X.

«4. L'action peut être exercée contre l'attributaire ou, à défaut d'attribution, contre le directeur général des domaines représentant l'État en qualité de séquestre.

«5. Nul ne pourra introduire une action, de quelque nature qu'elle soit, s'il n'a déposé, deux mois auparavant un mémoire préalable sur papier non timbré entre les mains du directeur général des domaines qui en délivrera un récépissé daté et signé.

« 6. Au vu de ce mémoire, et après avis du directeur des domaines, le préfet pourra en tout état de cause, et quel que soit l'état de la procédure, faire droit à tout ou partie de la demande par un arrêté.

« 7. L'action sera prescrite si le mémoire préalable n'a pas été déposé dans les dix mois à compter de la publication au *Journal officiel* de la liste des biens attribués ou à attribuer avec les charges auxquelles lesdits biens seront ou demeureront soumis, et si l'assignation devant la juridiction ordinaire n'a pas été délivrée dans les trois mois de la date du récépissé.

« Parmi ces charges, pourra être comprise celle de l'entretien des tombes.

« 8. Passé ces délais, les attributions seront définitives et ne pourront plus être attaquées de quelque manière ni pour quelque cause que ce soit.

« Néanmoins, toute personne intéressée pourra poursuivre devant le Conseil d'État statuant au contentieux l'exécution des charges imposées par les décrets d'attribution.

« 9. Il en sera de même pour les attributions faites après solution des litiges soulevés dans le délai.

« 10. Tout créancier, hypothécaire, privilégié ou autre, d'un établissement dont les biens ont été mis sous séquestre devra, pour obtenir le paiement de sa créance, déposer préalablement à toute poursuite un mémoire justificatif de sa demande, sur papier non timbré, avec les pièces à l'appui au directeur général des domaines qui en délivrera un récépissé daté et signé.

« 11. Au vu de ce mémoire et sur l'avis du directeur des domaines, le préfet pourra en tout état de cause, et quel que soit l'état de la procédure, décider, par un arrêté pris en conseil de préfecture, que le créancier sera admis, pour tout ou partie de sa créance, au passif de la liquidation de l'établissement supprimé.

« 12. L'action du créancier sera définitivement éteinte si le mémoire préalable n'a pas été déposé dans les six mois qui suivront la publication au *Journal officiel* prescrite par le paragraphe 7 du présent article, et si l'assignation devant la juridiction ordinaire n'a pas été délivrée dans les neuf mois de ladite publication.

« 13. Dans toutes les causes auxquelles s'appliquent les dispositions de la présente loi, le tribunal statue comme en matière sommaire, conformément au titre XXIVdu livre II du code de procédure civile.

« Les frais exposés par le séquestre seront, dans tous les cas, employés en frais privilégiés sur le bien séquestré, sauf recouvrement contre la partie adverse condamnée aux dépens, ou sur la masse générale des biens recueillis par l'État.

« Le donateur et les héritiers en ligne directe soit du donateur, soit du testateur ayant, dès à présent, intenté une action en revendication ou en révocation devant les tribunaux civils sont dispensés des formalités de procédure prescrites par les paragraphes 5, 6 et 7 du présent article.

« 14. L'État, les départements, les communes et les établissements publics ne peuvent remplir ni les charges pieuses ou cultuelles, afférentes aux libéralités à eux faites ou aux contrats conclus par eux, ni les charges dont l'exécution comportait l'intervention soit d'un établissement public du culte, soit de titulaires ecclésiastiques.

« Ils ne pourront remplir les charges comportant l'intervention d'ecclésiastiques pour l'accomplissement d'actes non cultuels que s'il s'agit de libéralités autorisées antérieurement à la promulgation de la présente loi, et si, nonobstant l'intervention de ces ecclésiastiques, ils conservent un droit de contrôle sur l'emploi desdites libéralités.

« Les dispositions qui précèdent s'appliquent au séquestre.

«Dans les cas prévus à l'alinéa 1er du présent paragraphe, et en cas d'inexécution des charges visées à l'alinéa 2, l'action en reprise, qu'elle soit qualifiée en revendication, en révocation ou en résolution, ne peut être exercée que par les auteurs des libéralités et leurs héritiers en ligne directe.

«Les paragraphes précédents s'appliquent à cette action sous les réserves ci-après :

«Le dépôt du mémoire est fait au préfet, et l'arrêté du préfet en conseil de préfecture est pris, s'il y a lieu, après avis de la commission départementale pour le département, du conseil municipal pour la commune et de la commission administrative pour l'établissement public intéressé.

«En ce qui concerne les biens possédés par l'État, il sera statué par décret.

«L'action sera prescrite si le mémoire n'a pas été déposé dans l'année qui suivra la promulgation de la présente loi, et l'assignation devant la juridiction ordinaire délivrée dans les trois mois de la date du récépissé.

«15. Les biens réclamés, en vertu du paragraphe 14, à l'État, aux départements, aux communes et à tous les établissements publics ne seront restituables, lorsque la demande ou l'action sera admise, que dans la proportion correspondant aux charges non exécutées, sans qu'il y ait lieu de distinguer si lesdites charges sont ou non déterminantes de la libéralité ou du contrat de fondation pieuse et sous déduction des frais et droits correspondants payés lors de l'acquisition des biens.

«16. Sur les biens grevés de fondations de messes, l'État, les départements, les communes et les établissements publics possesseurs ou attributaires desdits biens, devront, à défaut des restitutions à opérer en vertu du présent article, mettre en réserve la portion correspondant aux charges ci-dessus visées.

«Cette portion sera remise aux sociétés de secours mutuels constituées conformément au paragraphe 1er, 6°, de l'article 9 de la loi du 9 décembre 1905, sous la forme de titres de rente nominatifs, à charge pour celles-ci d'assurer l'exécution des fondations perpétuelles de messes.

«Pour les fondations temporaires, les fonds y afférents seront versés auxdites sociétés de secours mutuels, mais ne bénéficieront pas du taux de faveur prévu par l'article 21 de la loi du 1er avril 1898.

«Les titres nominatifs seront remis et les versements faits à la société de secours mutuels qui aura été constituée dans le département, ou à son défaut dans le département le plus voisin.

«A l'expiration du délai de dix-huit mois prévu au paragraphe 1er, 6° ci-dessus visé, si aucune des sociétés de secours mutuels qui viennent d'être mentionnées n'a réclamé la remise des titres ou le versement auquel elle a droit, l'État, les départements, les communes et les établissements publics seront définitivement libérés et resteront propriétaires des biens par eux possédés ou à eux attribués, sans avoir à exécuter aucune des fondations et messes grevant lesdits biens.

«La portion à mettre en réserve, en vertu des dispositions précédentes, sera calculée sur la base des tarifs indiqués dans l'acte de fondation, ou, à défaut, sur la base des tarifs en vigueur au 9 décembre 1905.»

Art. 10. 1. Les attributions prévues par les articles précédents ne donnent lieu à aucune perception au profit du Trésor.

2. Les transferts, transcriptions, inscriptions et mainlevées, mentions et certificats seront opérés ou délivrés par les compagnies, sociétés et autres établissements débiteurs et par les conservateurs des hypothèques, en vertu, soit d'une décision de justice devenue

définitive, soit d'un arrêté pris par le préfet, *(Ord. n° 2015-904 du 23 juill. 2015, art. 13-2°)* «soit des délibérations concordantes prévues au 2 de l'article 9,» soit d'un décret d'attribution.

3. Les arrêtés et décrets, les transferts, les transcriptions, inscriptions et mainlevées, mentions et certificats opérés ou délivrés venus desdits arrêtés et décrets ou des décisions de justice susmentionnés seront affranchis de droits de timbre, d'enregistrement et de toute taxe.

4. Les attributaires de biens immobiliers seront, dans tous les cas, dispensés de remplir les formalités de purge des hypothèques légales. Les biens attribués seront francs et quittes de toute charge hypothécaire ou privilégiée qui n'aurait pas été inscrite avant l'expiration du délai de six mois à dater de la publication au *Journal officiel* ordonnée par le paragraphe 7 de l'article 9.

TITRE III
Des édifices des cultes

Art. 12. Les édifices qui ont été mis à la disposition de la Nation et qui, en vertu de la loi du 18 germinal an X, servent à l'exercice public des cultes ou au logement de leurs ministres (cathédrales, églises, chapelles, temples, synagogues, archevêchés, évêchés, presbytères, séminaires), ainsi que leurs dépendances immobilières, et les objets mobiliers qui les garnissaient au moment où lesdits édifices ont été remis aux cultes, sont et demeurent propriétés de l'État, des départements *(L. n° 98-546 du 2 juill. 1998, art. 94)* «, des communes et des établissements publics de coopération intercommunale ayant pris la compétence en matière d'édifices des cultes».

Pour ces édifices, comme pour ceux postérieurs à la loi du 18 germinal an X, dont l'État, les départements et les communes seraient propriétaires, y compris les facultés de théologie protestante, il sera procédé conformément aux dispositions des articles suivants.

Art. 13. Les édifices servant à l'exercice public du culte, ainsi que les objets mobiliers les garnissant, seront laissés gratuitement à la disposition des établissements publics du culte, puis des associations appelées à les remplacer auxquelles les biens de ces établissements auront été attribués par application des dispositions du titre II.

La cessation de cette jouissance et, s'il y a lieu, son transfert seront prononcés *(Ord. n° 2015-904 du 23 juill. 2015, art. 13-3°-a)* «par arrêté préfectoral», sauf recours au Conseil d'État statuant au contentieux :

1° Si l'association bénéficiaire est dissoute;

2° Si, en dehors des cas de force majeure, le culte cesse d'être célébré pendant plus de six mois consécutifs;

3° Si la conservation de l'édifice ou celle des objets mobiliers classés en vertu de la loi de 1887 et de l'article 16 de la présente loi est compromise par insuffisance d'entretien et après mise en demeure dûment notifiée du conseil municipal ou, à son défaut, du préfet;

4° Si l'association cesse de remplir son objet ou si les édifices sont détournés de leur destination;

5° Si elle ne satisfait pas soit aux obligations de l'article 6 ou du dernier paragraphe du présent article, soit aux prescriptions relatives aux monuments historiques.

(Ord. n° 2015-904 du 23 juill. 2015, art. 13-3°-b) «Dans les cinq cas ci-dessus prévus, la désaffectation des édifices cultuels communaux ainsi que des objets mobiliers les garnissant pourra être prononcée par décret en Conseil d'État. Toutefois cette désaffectation pourra être prononcée par arrêté préfectoral, à la demande du conseil municipal, lorsque la personne physique ou morale ayant qualité pour représenter le culte affectataire aura donné par écrit son consentement à la désaffectation.

«En dehors de ces cas, la désaffectation ne pourra être prononcée que par une loi.»

Les immeubles autrefois affectés aux cultes et dans lesquels les cérémonies du culte n'auront pas été célébrées pendant le délai d'un an antérieurement à la présente loi, ainsi que ceux qui ne seront pas réclamés par une association cultuelle dans le délai de deux ans après sa promulgation, pourront être désaffectés par décret.

Il en est de même pour les édifices dont la désaffectation aura été demandée antérieurement au 1er juin 1905.

Les établissements publics du culte, puis les associations bénéficiaires, seront tenus des réparations de toute nature, ainsi que des frais d'assurance et autres charges afférentes aux édifices et aux meubles les garnissant.

(L. 13 avr. 1908) «L'État, les départements *(L. n° 98-546 du 2 juill. 1998, art. 94)* «, les communes et les établissements publics de coopération intercommunale» pourront engager les dépenses nécessaires pour l'entretien et la conservation des édifices du culte dont la propriété leur est reconnue par la présente loi.»

Art. 14. Les archevêchés, évêchés, les presbytères et leurs dépendances, les grands séminaires et facultés de théologie protestante seront laissés gratuitement à la disposition des établissements publics du culte, puis des associations prévues à l'article 13, savoir : les archevêchés et évêchés pendant une période de deux années; les presbytères dans les communes où résidera le ministre du culte, les grands séminaires et facultés de théologie protestante, pendant cinq années à partir de la promulgation de la présente loi.

Les établissements et associations sont soumis, en ce qui concerne ces édifices, aux obligations prévues par le dernier paragraphe de l'article 13. Toutefois ils ne seront pas tenus des grosses réparations.

La cessation de la jouissance des établissements et associations sera prononcée dans les conditions et suivant les formes déterminées par l'article 13. Les dispositions des paragraphes 3 et 5 du même article sont applicables aux édifices visés par le paragraphe 1er du présent article.

La distraction des parties superflues des presbytères laissés à la disposition des associations cultuelles pourra, pendant le délai prévu au paragraphe 1er, être prononcée pour un service public par décret rendu en Conseil d'État.

A l'expiration des délais de jouissance gratuite, la libre disposition des édifices sera rendue à l'État, aux départements ou aux communes.

(L. 13 avr. 1908) «Ceux de ces immeubles qui appartiennent à l'État pourront être, par décret, affectés ou concédés gratuitement, dans les formes prévues à l'ordonnance du 14 juin 1833, soit à des services publics de l'État, soit à des services publics départementaux ou communaux.»

Les indemnités de logement incombant actuellement aux communes, à défaut de presbytère, par application de l'article 136 de la loi du 5 avril 1884, resteront à leur charge pendant le délai de cinq ans. Elles cesseront de plein droit en cas de dissolution de l'association.

Art. 15. Dans les départements de la Savoie, de la Haute-Savoie et des Alpes-Maritimes, la jouissance des édifices antérieurs à la loi du 18 germinal an X, servant à l'exercice des cultes ou au logement de leurs ministres, sera attribuée par les communes sur le territoire desquelles ils se trouvent aux associations cultuelles, dans les conditions indiquées par les articles 12 et suivants de la présente loi. En dehors de ces obligations, les communes pourront disposer librement de la propriété de ces édifices.

Dans ces mêmes départements, les cimetières resteront la propriété des communes.

Art. 16. Il sera procédé à un classement complémentaire des édifices servant à l'exercice public du culte (cathédrales, églises, chapelles, temples, synagogues, archevêchés, évêchés, presbytères, séminaires), dans lequel devront être compris tous ceux de ces édifices représentant, dans leur ensemble ou dans leurs parties, une valeur artistique ou historique.

Les objets mobiliers ou les immeubles par destination mentionnés à l'article 13, qui n'auraient pas encore été inscrits sur la liste de classement dressée en vertu de la loi du 30 mars 1887, sont, par l'effet de la présente loi, ajoutés à ladite liste. Il sera procédé par le ministre compétent, dans le délai de trois ans, au classement définitif de ceux de ces objets dont la conservation présenterait, au point de vue de l'histoire ou de l'art, un intérêt suffisant. A l'expiration de ce délai, les autres objets seront déclassés de plein droit.

En outre, les immeubles et les objets mobiliers, attribués en vertu de la présente loi aux associations, pourront être classés dans les mêmes conditions que s'ils appartenaient à des établissements publics.

Il n'est pas dérogé, pour le surplus, aux dispositions de la loi du 30 mars 1887.

Les archives ecclésiastiques et bibliothèques existant dans les archevêchés, évêchés, grands séminaires, paroisses, succursales et leurs dépendances seront inventoriées, et celles qui seront reconnues propriétés de l'État lui seront restituées.

Art. 17. Les immeubles par destination classés en vertu de la loi du 30 mars 1887 ou de la présente loi sont inaliénables et imprescriptibles.

Dans le cas où la vente ou l'échange d'un objet classé serait autorisé par le ministre compétent, un droit de préemption est accordé : 1° aux associations cultuelles; 2° aux communes; 3° aux départements; 4° aux musées et sociétés d'art et d'archéologie; 5° à l'État. Le prix sera fixé par trois experts que désigneront le vendeur, l'acquéreur et le président du tribunal de grande instance.

Si aucun des acquéreurs visés ci-dessus ne fait usage du droit de préemption, la vente sera libre; mais il est interdit à l'acheteur d'un objet classé de le transporter hors de France.

La visite des édifices et l'exposition des objets mobiliers classés seront publiques; elles ne pourront donner lieu à aucune taxe ni redevance.

TITRE IV

Des associations pour l'exercice des cultes

Art. 18. Les associations formées pour subvenir aux frais, à l'entretien et à l'exercice public d'un culte devront être constituées conformément aux articles 5 et suivants du titre Ier de la loi du 1er juillet 1901. Elles seront, en outre, soumises aux prescriptions de la présente loi.

Art. 19. Ces associations devront avoir exclusivement pour objet l'exercice d'un culte et être composées au moins :

Dans les communes de moins de 1000 habitants, de sept personnes;

Dans les communes de 1000 à 20000 habitants, de quinze personnes;

Dans les communes dont le nombre des habitants est supérieur à 20000, de vingt-cinq personnes majeures, domiciliées ou résidant dans la circonscription religieuse.

Chacun de leurs membres pourra s'en retirer en tout temps, après payement des cotisations échues et de celles de l'année courante, nonobstant toute clause contraire.

Nonobstant toute clause contraire des statuts, les actes de gestion financière et d'administration légale des biens accomplis par les directeurs ou administrateurs seront, chaque année au moins présentés au contrôle de l'assemblée générale des membres de l'association et soumis à son approbation.

Les associations pourront recevoir, en outre, des cotisations prévues par l'article 6 de la loi du 1er juillet 1901, le produit des quêtes et collectes pour les frais du culte, percevoir des rétributions : pour les cérémonies et services religieux même par fondation; pour la location des bancs et sièges; pour la fourniture des objets destinés au service des funérailles dans les édifices religieux et à la décoration de ces édifices.

(L. 25 déc. 1942; Décr. n° 66-388 du 13 juin 1966) «Les associations cultuelles pourront recevoir, *(Ord. n° 2005-856 du 28 juill. 2005, art. 2-6°)* «dans les conditions prévues par *(L. n° 2009-526 du 12 mai 2009, art. 111-III)* «les *(L. n° 2011-525 du 17 mai 2011, art. 21-IV)* «trois» derniers alinéas» de l'article 910 du code civil», les libéralités testamentaires et entre vifs destinées à l'accomplissement de leur objet ou grevées de charges pieuses ou cultuelles.»

Elles pourront verser, sans donner lieu à perception de droits, le surplus de leurs recettes à d'autres associations constituées pour le même objet.

(L. 25 déc. 1942) «Elles ne pourront, sous quelque forme que ce soit, recevoir des subventions de l'État, des départements et des communes. Ne sont pas considérées comme subventions les sommes allouées pour réparations aux édifices affectés au culte public, qu'ils soient ou non classés monuments historiques.»

Art. 20. Ces associations peuvent, dans les formes déterminées par l'article 7 du décret du 16 août 1901, constituer des unions ayant une administration ou une direction centrale; ces unions seront réglées par l'article 18 et par les cinq derniers paragraphes de l'article 19 de la présente loi.

Art. 21. *(Ord. n° 2015-904 du 23 juill. 2015, art. 13-4°-a)* «Les associations et les unions dressent chaque année l'état inventorié de leurs biens meubles et immeubles.»

Le contrôle financier est exercé sur les associations et sur les unions par *(Ord. n° 2015-904 du 23 juill. 2015, art. 13-4°-b)* «le ministre des finances» et par l'inspection générale des finances.

Art. 22. *(Ord. n° 2015-904 du 23 juill. 2015, art. 13-5°)* Les associations et unions peuvent employer leurs ressources disponibles à la constitution d'un fonds de réserve suffisant pour assurer les frais et l'entretien du culte et ne pouvant, en aucun cas, recevoir une autre destination.

Art. 23. Seront punis d'une amende prévue par *(Décr. n° 94-167 du 25 févr. 1994, art. 1er)* «le 5° de l'article 131-13 du code pénal» pour les contraventions de la 5e classe, et, en cas de récidive, d'une amende double, les directeurs ou administrateurs d'une association ou d'une union qui auront contrevenu aux articles 18, 19, 20, 21 et 22.

(Ord. nº 2015-904 du 23 juill. 2015, art. 13-6º) «Les tribunaux pourront», en outre, dans tous les cas prévus au paragraphe 1er du présent article, prononcer la dissolution de l'association ou de l'union.

Art. 24. Les édifices affectés à l'exercice du culte appartenant à l'État, aux départements ou aux communes continueront à être exemptés de l'impôt foncier et de *l'impôt des portes et fenêtres.*

Les édifices servant au logement des ministres des cultes, les séminaires, les facultés de théologie protestante qui appartiennent à l'État, aux départements ou aux communes, les biens qui sont la propriété des associations et unions sont soumis aux mêmes impôts que ceux des particuliers.

(L. 19 juill. 1909) Toutefois les édifices affectés à l'exercice du culte qui ont été attribués aux associations ou unions en vertu des dispositions de l'article 4 de la présente loi sont, au même titre que ceux qui appartiennent à l'État, aux départements et aux communes, exonérés de l'impôt foncier et de *l'impôt des portes et fenêtres.*

Les associations et unions ne sont en aucun cas assujetties à la taxe d'abonnement ni à celle imposée aux cercles par l'article 33 de la loi du 8 août 1890, pas plus qu'à l'impôt de 4% sur le revenu établi par les lois du 28 décembre 1880 et 29 décembre 1884.

TITRE V
Police des cultes

Art. 25. Les réunions pour la célébration d'un culte tenues dans les locaux appartenant à une association cultuelle ou mis à sa disposition sont publiques. Elles sont dispensées des formalités de l'article 8 de la loi du 30 juin 1881, mais restent placées sous la surveillance des autorités dans l'intérêt de l'ordre public.

Art. 26. Il est interdit de tenir des réunions politiques dans les locaux servant habituellement à l'exercice d'un culte.

Art. 27. Les cérémonies, processions et autres manifestations extérieures d'un culte sont réglées en conformité de l'article L. 2212-2 du code général des collectivités territoriales.

Les sonneries des cloches seront réglées par arrêté municipal, et, en cas de désaccord entre le maire et le président ou directeur de l'association cultuelle, par arrêté préfectoral.

Le décret en Conseil d'État prévu par l'article 43 de la présente loi déterminera les conditions et les cas dans lesquels les sonneries civiles pourront avoir lieu.

Art. 28. Il est interdit, à l'avenir, d'élever ou d'apposer aucun signe ou emblème religieux sur les monuments publics ou en quelque emplacement public que ce soit, à l'exception des édifices servant au culte, des terrains de sépulture dans les cimetières, des monuments funéraires, ainsi que des musées ou expositions.

Art. 29. Les contraventions aux articles précédents sont punies des peines de police.

Sont passibles de ces peines, dans le cas des articles 25, 26 et 27, ceux qui ont organisé la réunion ou manifestation, ceux qui y ont participé en qualité de ministres du culte et, dans le cas des articles 25 et 26, ceux qui ont fourni le local.

Art. 31. Sont punis de la peine d'amende prévue pour les contraventions de la 5e classe et d'un emprisonnement de six jours à deux mois ou de l'une de ces deux peines seulement ceux qui, soit par voies de fait, violences ou menaces contre un individu, soit en lui faisant craindre de perdre son emploi ou d'exposer à un dommage sa personne, sa famille ou sa fortune, l'auront déterminé à exercer ou à s'abstenir d'exercer un culte, à faire partie ou à cesser de faire partie d'une association cultuelle, à contribuer ou à s'abstenir de contribuer aux frais d'un culte.

Art. 32. Seront punis des mêmes peines ceux qui auront empêché, retardé ou interrompu les exercices d'un culte par des troubles ou désordres causés dans le local servant à ces exercices.

Art. 33. Les dispositions des deux articles précédents ne s'appliquent qu'aux troubles, outrages ou voies de fait, dont la nature ou les circonstances ne donneront pas lieu à de plus fortes peines d'après les dispositions du code pénal.

Art. 34. Tout ministre d'un culte qui, dans les lieux où s'exerce ce culte, aura publiquement par des discours prononcés, des lectures faites, des écrits distribués ou des affiches apposées, outragé ou diffamé un citoyen chargé d'un service public, sera puni d'une amende de 3 750 € et d'un emprisonnement d'un an, ou de l'une de ces deux peines seulement.

La vérité du fait diffamatoire, mais seulement s'il est relatif aux fonctions, pourra être établie devant le tribunal correctionnel dans les formes prévues par l'article 52 de la loi du 29 juillet 1881. Les prescriptions édictées par l'article 65 de la même loi s'appliquent aux délits du présent article et de l'article qui suit.

Art. 35. Si un discours prononcé ou un écrit affiché ou distribué publiquement dans les lieux où s'exerce le culte contient une provocation directe à résister à l'exécution des lois ou aux actes légaux de l'autorité publique, ou s'il tend à soulever ou à armer une partie des citoyens contre les autres, le ministre du culte qui s'en sera rendu coupable sera puni d'un emprisonnement de trois mois à deux ans, sans préjudice des peines de la complicité, dans le cas où la provocation aurait été suivie d'une sédition, révolte ou guerre civile.

Art. 36. Dans le cas de condamnation par les tribunaux de police ou de police correctionnelle en application des articles 25 et 26, 34 et 35, l'association constituée pour l'exercice du culte dans l'immeuble où l'infraction a été commise sera civilement responsable.

TITRE VI

Dispositions générales

Art. 43. Un décret en Conseil d'État rendu dans les trois mois qui suivront la promulgation de la présente loi déterminera les mesures propres à assurer son application.

Des décrets en Conseil d'État détermineront les conditions dans lesquelles la présente loi sera applicable aux collectivités d'outre-mer régies par l'article 74 de la Constitution et à la Nouvelle-Calédonie.

Art. 44. Sont et demeurent abrogées toutes les dispositions relatives à l'organisation publique des cultes antérieurement reconnus par l'État, ainsi que toutes dispositions contraires à la présente loi et notamment :

1° La loi du 18 germinal an X, portant que la convention passée le 26 messidor an IX entre le pape et le Gouvernement français, ensemble les articles organiques de ladite convention et des cultes protestants, seront exécutés comme des lois de la République;

2° Le décret du 26 mars 1852 et la loi du 1er août 1879 sur les cultes protestants;

3° Les décrets du 17 mars 1808, la loi du 8 février 1831 et l'ordonnance du 25 mai 1844 sur le culte israélite;

4° Les décrets des 22 décembre 1812 et 19 mars 1859;

5° Les articles 201 à 208, 260 à 264, 294 du Code pénal;

6° Les articles 100 et 101, les paragraphes 11 et 12, de l'article 136 et l'article 167 de la loi du 5 avril 1884;

7° Le décret du 30 décembre 1809 et l'article 78 de la loi du 26 janvier 1892.

239 Loi du 2 janvier 1907 concernant l'exercice public des cultes

Art. 1er. Dès la promulgation de la présente loi, l'État, les départements et les communes recouvreront à titre définitif la libre disposition des archevêchés, évêchés, presbytères et séminaires qui sont leur propriété et dont la jouissance n'a pas été réclamée par une association constituée dans l'année qui a suivi la promulgation de la loi du 9 décembre 1905, conformément aux dispositions de ladite loi.

Cesseront de même, s'il n'a pas été établi d'associations de cette nature, les indemnités de logement incombant aux communes, à défaut de presbytère.

La location des édifices ci-dessus dont les départements ou les communes sont propriétaires devra être approuvée par l'administration préfectorale. En cas d'aliénation par le département, il sera procédé comme dans les cas prévus par l'article 48, paragraphe 1er, de la loi du 10 août 1871.

Art. 2. Les biens des établissements ecclésiastiques qui n'ont pas été réclamés par des associations constituées dans l'année qui a suivi la promulgation de la loi du 9 décembre 1905, conformément aux dispositions de ladite loi, seront attribués à titre définitif, dès la promulgation de la présente loi, aux établissements communaux d'assistance ou de bienfaisance dans les conditions déterminées par l'article 9, premier paragraphe de ladite loi, sans préjudice des attributions à opérer par application des articles 7 et 8, en ce qui concerne les biens grevés d'une affectation étrangère à l'exercice du culte.

Art. 3. A l'expiration du délai d'un mois à partir de la promulgation de la présente loi, seront de plein droit supprimées les allocations concédées par application de l'article 11 de la loi du 9 décembre 1905, aux ministres du culte qui continueront à exercer leurs fonctions dans les circonscriptions ecclésiastiques où n'auront pas été remplies les conditions prévues, soit par la loi du 9 décembre 1905, soit par la présente loi, pour l'exercice public du culte, après infraction dûment réprimée.

La déchéance sera constatée par arrêté du ministre des finances, rendu sur le vu d'un extrait du jugement ou de l'arrêt qui lui est adressé par les soins du ministre de la justice.

Art. 4. Indépendamment des associations soumises aux dispositions du titre IV de la loi du 9 décembre 1905, l'exercice public d'un culte peut être assuré tant au moyen d'associations régies par la loi du 1er juillet 1901 (articles 1, 2, 3, 4, 5, 6, 7, 8, 9, 12 et 17) que par voie de réunions tenues sur initiatives individuelles en vertu de la loi du 30 juin 1881 et selon les prescriptions de l'article 25 de la loi du 9 décembre 1905.

Art. 5. A défaut d'associations cultuelles, les édifices affectés à l'exercice du culte, ainsi que les meubles les garnissant, continueront, sauf désaffectation dans les cas prévus par la loi du 9 décembre 1905, à être laissés à la disposition des fidèles et des ministres du culte pour la pratique de leur religion.

La jouissance gratuite en pourra être accordée, soit à des associations cultuelles constituées conformément aux articles 18 et 19 de la loi du 9 décembre 1905, soit à des associations formées en vertu des dispositions précitées de la loi du 1er juillet 1901 pour assurer la continuation de l'exercice public du culte, soit aux ministres du culte dont les noms devront être indiqués dans les déclarations prescrites par l'article 25 de la loi du 9 décembre 1905.

La jouissance ci-dessus prévue desdits édifices et des meubles les garnissant sera attribuée, sous réserve des obligations énoncées par l'article 13 de la loi du 9 décembre 1905, au moyen d'un acte administratif dressé par le préfet pour les immeubles placés sous séquestre et ceux qui appartiennent à l'État et aux départements, par le maire pour les immeubles qui sont la propriété des communes.

Les règles susénoncées s'appliqueront aux édifices affectés au culte qui, ayant appartenu aux établissements ecclésiastiques, auront été attribués par décret aux établissements communaux d'assistance ou de bienfaisance par application de l'article 9, paragraphe 1er, de la loi du 9 décembre 1905.

Art. 6. Les dispositions de la loi du 9 décembre 1905 et des décrets en Conseil d'État pris pour son exécution sont maintenues en tout ce qu'elles n'ont pas de contraire à la présente loi.

Section 3

La laïcité dans l'espace public

240 Décret n° 2007-425 du 25 mars 2007 créant un observatoire de la laïcité

Art. 1er. Il est institué, auprès du Premier ministre, un observatoire de la laïcité.

Art. 2. L'observatoire de la laïcité assiste le Gouvernement dans son action visant au respect du principe de laïcité dans les services publics.

À ce titre, il réunit les données, produit et fait produire les analyses, études et recherches permettant d'éclairer les pouvoirs publics sur la laïcité.

Il peut saisir le Premier ministre de toute demande tendant à la réalisation d'études ou de recherches dans le domaine de la laïcité.

Il peut proposer au Premier ministre toute mesure qui lui paraît permettre une meilleure mise en œuvre de ce principe, notamment pour assurer l'information des agents publics et des usagers des services publics.

Il peut être consulté par le Premier ministre ou les ministres sur des projets de textes législatifs ou réglementaires.

Art. 3. L'observatoire remet chaque année au Premier ministre un rapport qui est rendu public.

Il peut également rédiger des études thématiques.

Art. 4. Outre son président, nommé par décret pour une durée de quatre ans, l'observatoire est composé :

a) Du secrétaire général du ministère de l'intérieur :

— du secrétaire général du ministère de la justice;

— du directeur général de l'administration et de la fonction publique;

— du *(Décr. n° 2010-271 du 15 mars 2010, art. 2)* «directeur général de l'offre de soins»;

— du directeur des affaires juridiques au ministère de l'éducation nationale, de l'enseignement supérieur et de la recherche;

— du directeur des affaires politiques, administratives et financières du ministère de l'outre-mer;

— du conseiller pour les affaires religieuses au ministère des affaires étrangères;

b) De deux députés et de deux sénateurs désignés respectivement par le président de l'Assemblée nationale et le président du Sénat;

c) De dix personnalités désignées en raison de leur compétence et de leur expérience.

Les membres visés aux *b* et *c* sont nommés pour une durée de quatre ans par arrêté du Premier ministre. Le mandat des députés prend en tout état de cause fin avec la législature au titre de laquelle ils ont été élus. Le mandat des sénateurs prend fin lors de chaque renouvellement partiel du Sénat.

Art. 5. Un rapporteur général est nommé par arrêté du Premier ministre. Il propose un programme de travail et assure la coordination des travaux de l'observatoire. Il assure le secrétariat des séances.

Art. 6. Le ministre d'État, ministre de l'intérieur et de l'aménagement du territoire, le ministre des affaires étrangères, le ministre de l'éducation nationale, de l'enseignement supérieur et de la recherche, le garde des Sceaux, ministre de la justice, le ministre de la santé et des solidarités, le ministre de la fonction publique et le ministre de l'outre-mer sont chargés, chacun en ce qui le concerne, de l'exécution du présent décret, qui sera publié au *Journal officiel* de la République française.

241 Code de l'éducation (article L. 141-5-1)

TITRE QUATRIÈME

LA LAÏCITÉ DE L'ENSEIGNEMENT PUBLIC

CHAPITRE UNIQUE

Art. L. 141-5-1. *(L. n° 2004-228 du 15 mars 2004, art. 1er)* Dans les écoles, les collèges et les lycées publics, le port de signes ou tenues par lesquels les élèves manifestent ostensiblement une appartenance religieuse est interdit.

Le règlement intérieur rappelle que la mise en œuvre d'une procédure disciplinaire est précédée d'un dialogue avec l'élève.

242 Loi n° 2010-1192 du 11 octobre 2010 interdisant la dissimulation du visage dans l'espace public

Art. 1er. Nul ne peut, dans l'espace public, porter une tenue destinée à dissimuler son visage.

Art. 2. I. — Pour l'application de l'article 1er, l'espace public est constitué des voies publiques ainsi que des lieux ouverts au public ou affectés à un service public.

II. — L'interdiction prévue à l'article 1er ne s'applique pas si la tenue est prescrite ou autorisée par des dispositions législatives ou réglementaires, si elle est justifiée par des raisons de santé ou des motifs professionnels, ou si elle s'inscrit dans le cadre de pratiques sportives, de fêtes ou de manifestations artistiques ou traditionnelles.

Art. 3. La méconnaissance de l'interdiction édictée à l'article 1er est punie de l'amende prévue pour les contraventions de la deuxième classe.

L'obligation d'accomplir le stage de citoyenneté mentionné au 8° de l'article 131-16 du code pénal peut être prononcée en même temps ou à la place de la peine d'amende.

Art. 4. Après la section 1 bis du chapitre V du titre II du livre II du code pénal, il est inséré une section 1 *ter* ainsi rédigée :

« Section 1 ter De la dissimulation forcée du visage

« **Art. 225-4-10** Le fait pour toute personne d'imposer à une ou plusieurs autres personnes de dissimuler leur visage par menace, violence, contrainte, abus d'autorité ou abus de pouvoir, en raison de leur sexe, est puni d'un an d'emprisonnement et de 30000 € d'amende.

Lorsque le fait est commis au préjudice d'un mineur, les peines sont portées à deux ans d'emprisonnement et à 60000 € d'amende. »

Art. 5. Les articles 1er à 3 entrent en vigueur à l'expiration d'un délai de six mois à compter de la promulgation de la présente loi.

Art. 6. La présente loi s'applique sur l'ensemble du territoire de la République.

Art. 7. Le Gouvernement remet au Parlement un rapport sur l'application de la présente loi dix-huit mois après sa promulgation. Ce rapport dresse un bilan de la mise en œuvre de la présente loi, des mesures d'accompagnement élaborées par les pouvoirs publics et des difficultés rencontrées.

La présente loi sera exécutée comme loi de l'État.

Section 4

La lutte contre les dérives sectaires

243 Loi n° 2001-504 du 12 juin 2001 tendant à renforcer la prévention et la répression des mouvements sectaires portant atteinte aux droits de l'homme et aux libertés fondamentales (articles 1 et 19)

CHAPITRE PREMIER

Dissolutions civiles de certaines personnes morales

Art. 1er. Peut être prononcée, selon les modalités prévues par le présent article, la dissolution de toute personne morale, quelle qu'en soit la forme juridique ou l'objet, qui poursuit des activités ayant pour but ou pour effet de créer, de maintenir ou d'exploiter la sujétion psychologique ou physique des personnes qui participent à ces activités, lorsque ont été prononcées, contre la personne morale elle-même ou ses dirigeants de droit ou de fait, des condamnations pénales définitives pour l'une ou l'autre des infractions mentionnées ci-après :

(L. n° 2004-800 du 6 août 2004, art. 30) « 1° Infractions contre l'espèce humaine, infractions d'atteintes volontaires ou involontaires à la vie ou à l'intégrité physique ou psychique de la personne, de mise en danger de la personne, d'atteinte aux libertés de la personne, d'atteinte à la dignité de la personne, d'atteinte à la personnalité, de mise en péril des mineurs, d'atteintes aux biens prévues par les articles 214-1 à 214-4, 221-1 à 221-6, 222-1 à 222-40, 223-1 à 223-15, 223-15-2, 224-1 à 224-4, 225-5 à 225-15, 225-17, 226-1 à 226-23, 227-1 à 227-27, 311-1 à 311-13, 312-1 à 312-12, 313-1 à 313-3, 314-1 à 314-3, 324-1 à 324-6 et 511-1-2 du code pénal » ;

2° Infractions d'exercice illégal de la médecine ou de la pharmacie prévues par les articles L. 4161-5 et L. 4223-1 du code de la santé publique ;

3° Infractions de publicité mensongère, de fraudes ou de falsifications prévues par les articles L. 121-6 et L. 213-1 à L. 213-4 du code de la consommation.

La procédure de dissolution est portée devant le tribunal de grande instance à la demande du ministère public agissant d'office ou à la requête de tout intéressé.

La demande est formée, instruite et jugée conformément à la procédure à jour fixe.

Le délai d'appel est de quinze jours. Le président de chambre à laquelle l'affaire est distribuée fixe à bref délai l'audience à laquelle l'affaire sera appelée. Au jour indiqué, il est procédé selon les modalités prévues aux articles 760 à 762 du code de procédure civile.

Le maintien ou la reconstitution, ouverte ou déguisée, d'une personne morale dissoute en application des dispositions du présent article constitue le délit prévu par le deuxième alinéa de l'article 434-43 du code pénal.

Le tribunal de grande instance peut prononcer au cours de la même procédure la dissolution de plusieurs personnes morales mentionnées au premier alinéa dès lors que ces personnes morales poursuivent le même objectif et sont unies par une communauté d'intérêts et qu'a été prononcée à l'égard de chacune d'entre elles ou de ses dirigeants de droit ou de fait au moins une condamnation pénale définitive pour l'une des infractions mentionnées aux 1° à 3°. Ces différentes personnes morales doivent être parties à la procédure.

CHAPITRE IV

Dispositions limitant la publicité des mouvements sectaires

Art. 19. Est puni de 7500 euros d'amende le fait de diffuser, par quelque moyen que ce soit, des messages destinés à la jeunesse et faisant la promotion d'une personne morale, quelle qu'en soit la forme juridique ou l'objet, qui poursuit des activités ayant pour but ou pour effet de créer, de maintenir ou d'exploiter la sujétion psychologique ou physique des personnes qui participent à ces activités, *(L. n° 2007-293 du 5 mars 2007)* «lorsque a été prononcée au moins une fois, contre la personne morale elle-même ou ses dirigeants de droit ou de fait, une condamnation pénale définitive pour l'une ou l'autre des infractions mentionnées ci-après :»

1° Infractions d'atteintes volontaires ou involontaires à la vie ou à l'intégrité physique ou psychique de la personne, de mise en danger de la personne, d'atteinte aux libertés de la personne, d'atteinte à la dignité de la personne, d'atteinte à la personnalité, de mise en péril des mineurs ou d'atteintes aux biens prévues par les articles 221-1 à 221-6, 222-1 à 222-40, 223-1 à 223-15, 223-15-2, 224-1 à 224-4, 225-5 à 225-15, 225-17, 226-1 à 226-23, 227-1 à 227-27, 311-1 à 311-13, 312-1 à 312-12, 313-1 à 313-3, 314-1 à 314-3 et 324-1 à 324-6 du code pénal;

2° Infractions d'exercice illégal de la médecine ou de la pharmacie prévues par les articles L. 4161-5 et L. 4223-1 du code de la santé publique;

3° Infractions de publicité mensongère, de fraudes ou de falsifications prévues par les articles L. 121-6 et L. 213-1 à L. 213-4 du code de la consommation.

Les mêmes peines sont applicables lorsque les messages visés au premier alinéa du présent article invitent à rejoindre une telle personne morale.

Les personnes morales peuvent être déclarées pénalement responsables dans les conditions prévues par l'article 121-2 du code pénal des infractions définies au présent article. La peine encourue par les personnes morales est l'amende, suivant les modalités prévues par l'article 131-38 du code pénal.

244 Décret n° 2002-1392 du 28 novembre 2002 instituant une mission interministérielle de vigilance et de lutte contre les dérives sectaires

Art. 1er. Il est institué, auprès du Premier ministre, une mission interministérielle de vigilance et de lutte contre les dérives sectaires qui est chargée :

1° D'observer et d'analyser le phénomène des mouvements à caractère sectaire dont les agissements sont attentatoires aux droits de l'homme et aux libertés fondamentales ou constituent une menace à l'ordre public ou sont contraires aux lois et règlements;

2° De favoriser, dans le respect des libertés publiques, la coordination de l'action préventive et répressive des pouvoirs publics à l'encontre de ces agissements;

3° De développer l'échange des informations entre les services publics sur les pratiques administratives dans le domaine de la lutte contre les dérives sectaires;

4° De contribuer à l'information et à la formation des agents publics dans ce domaine;

5° D'informer le public sur les risques, et le cas échéant les dangers, auxquels les dérives sectaires l'exposent et de faciliter la mise en œuvre d'actions d'aide aux victimes de ces dérives;

6° De participer aux travaux relatifs aux questions relevant de sa compétence menés par le ministère des affaires étrangères dans le champ international.

Art. 2. La mission est rendue destinataire par les différentes administrations concernées des informations que celles-ci détiennent sur les mouvements à caractère sectaire visés à l'article 1er, sauf lorsque la communication de ces informations est de nature à porter atteinte à un secret protégé par la loi.

Elle peut également saisir les services centraux des ministères de toute demande tendant à la réalisation d'études ou de recherches dans le domaine de la lutte contre les dérives sectaires.

Elle diffuse régulièrement à ces services la synthèse des analyses générales effectuées sur le sujet.

Elle leur signale les agissements portés à sa connaissance qui lui paraissent pouvoir appeler une initiative de leur part. Si ces agissements sont susceptibles de recevoir une qualification pénale, elle les dénonce au procureur de la République et avise de sa dénonciation le garde des sceaux, ministre de la justice.

Art. 3. Le président de la mission est nommé par décret pour une durée de trois ans.

Il est assisté d'un secrétaire général nommé par arrêté du Premier ministre.

Les agents placés sous l'autorité du secrétaire général de la mission sont également nommés par arrêté du Premier ministre.

Art. 4. Le président de la mission préside un comité exécutif de pilotage opérationnel composé de représentants des départements ministériels concernés.

Ce comité exécutif se réunit au moins six fois par an sur convocation du président de la mission. L'ordre du jour est établi par ce dernier.

Art. 5. Le président de la mission réunit périodiquement, sur un ordre du jour qu'il établit, un conseil d'orientation composé de personnalités nommées, à raison de leurs compétences ou de leur expérience, par arrêté du Premier ministre.

Ce conseil contribue, par ses travaux, à nourrir la réflexion des pouvoirs publics sur les dérives sectaires, à dégager des orientations et des perspectives d'action pour la mission et à favoriser l'évaluation de cette action.

Le conseil d'orientation entend toute personne qu'il juge utile pour mener à bien ses travaux. Les membres du comité exécutif peuvent, sur décision du président de la mission, assister aux réunions du conseil.

Art. 6. Le président de la mission détermine chaque année, après consultation du comité exécutif et du conseil d'orientation, le programme d'action de la mission. Il établit, dans les mêmes formes, un rapport annuel d'activité qui est remis au Premier ministre et est rendu public.

Art. 7. Le décret n° 98-890 du 7 octobre 1998 instituant une mission interministérielle de lutte contre les sectes est abrogé.

245 Code pénal (articles 223-15-2 à 223-15-3)

TITRE DEUXIÈME

DES ATTEINTES À LA PERSONNE HUMAINE

CHAPITRE III

De la mise en danger de la personne

Section VI bis

De l'abus frauduleux de l'état d'ignorance ou de faiblesse

(L. n° 2001-504 du 12 juin 2001)

Art. 223-15-2. Est puni de trois ans d'emprisonnement et de 375 000 € d'amende l'abus frauduleux de l'état d'ignorance ou de la situation de faiblesse soit d'un mineur, soit d'une personne dont la particulière vulnérabilité, due à son âge, à une maladie, à une infirmité, à une déficience physique ou psychique ou à un état de grossesse, est apparente *(L. n° 2009-526 du 12 mai 2009, art. 133-II)* «ou connue» de son auteur, soit d'une personne en état de sujétion psychologique ou physique résultant de l'exercice de pressions graves ou réitérées ou de techniques propres à altérer son jugement, pour conduire ce mineur ou cette personne à un acte ou à une abstention qui lui sont gravement préjudiciables.

Lorsque l'infraction est commise par le dirigeant de fait ou de droit d'un groupement qui poursuit des activités ayant pour but ou pour effet de créer, de maintenir ou d'exploiter la sujétion psychologique ou physique des personnes qui participent à ces activités, les peines sont portées à cinq ans d'emprisonnement et à 750 000 € d'amende.

Art. 223-15-3. Les personnes physiques coupables du délit prévu à la présente section encourent également les peines complémentaires suivantes :

1° L'interdiction des droits civiques, civils et de famille, suivant les modalités prévues par l'article 131-26;

2° L'interdiction, suivant les modalités prévues par l'article 131-27, d'exercer une fonction publique ou d'exercer l'activité professionnelle ou sociale dans l'exercice ou à l'occasion de l'exercice de laquelle l'infraction a été commise, pour une durée de cinq ans au plus *(L. n° 2009-1437 du 24 nov. 2009, art. 50)* «, ainsi que l'activité de prestataire de formation professionnelle continue au sens de l'article L. 6313-1 du code du travail, pour la même durée»;

3° La fermeture, pour une durée de cinq ans au plus, des établissements ou de l'un ou de plusieurs des établissements de l'entreprise ayant servi à commettre les faits incriminés;

4° La confiscation de la chose qui a servi ou était destinée à commettre l'infraction ou de la chose qui en est le produit, à l'exception des objets susceptibles de restitution;

5° L'interdiction de séjour, suivant les modalités prévues par l'article 131-31;

6° L'interdiction, pour une durée de cinq ans au plus, d'émettre des chèques autres que ceux qui permettent le retrait de fonds par le tireur auprès du tiré ou ceux qui sont certifiés ;

7° L'affichage ou la diffusion de la décision prononcée, dans les conditions prévues par l'article 131-35.

CHAPITRE 5
La liberté d'enseignement

246 Code de l'éducation (articles L. 151-1 à L. 151-6)

TITRE CINQUIÈME
LA LIBERTÉ DE L'ENSEIGNEMENT

CHAPITRE UNIQUE

Art. L. 151-1. L'État proclame et respecte la liberté de l'enseignement et en garantit l'exercice aux établissements privés régulièrement ouverts.

Art. L. 151-2. Les collectivités territoriales de la République concourent à la liberté de l'enseignement dans les conditions prévues par les articles L. 442-6 et L. 442-7.

Art. L. 151-3. Les établissements d'enseignement du premier et du second degré peuvent être publics ou privés.

Les établissements publics sont fondés et entretenus par l'État, les régions, les départements ou les communes.

Les établissements privés sont fondés et entretenus par des particuliers ou des associations.

Art. L. 151-4. Les établissements d'enseignement général du second degré privés peuvent obtenir des communes, des départements, des régions ou de l'État des locaux et une subvention, sans que cette subvention puisse excéder le dixième des dépenses annuelles de l'établissement. Le conseil académique de l'éducation nationale donne son avis préalable sur l'opportunité de ces subventions.

Art. L. 151-5. Les établissements d'enseignement technique sont publics ou privés.

Art. L. 151-6. L'enseignement supérieur est libre.

SIXIÈME PARTIE

LA VIE POLITIQUE ET ADMINISTRATIVE

I – LA NATIONALITÉ

CHAPITRE 1
Le droit à la nationalité

247 Déclaration universelle des droits de l'homme (article 15)

Art. 15. 1. Tout individu a droit à une nationalité.
2. Nul ne peut être arbitrairement privé de sa nationalité, ni du droit de changer de nationalité.

CHAPITRE 2
L'acquisition de la nationalité

248 Code civil (articles 18 à 19-4)

TITRE PREMIER *BIS*

DE LA NATIONALITÉ FRANÇAISE

(L. n° 93-933 du 22 juill. 1993)

CHAPITRE II

De la nationalité française d'origine

Section première

Des français par filiation

Art. 18. *(L. n° 73-42 du 9 janv. 1973)* Est français l'enfant dont l'un des parents au moins est français.

Art. 18-1. *(L. n° 93-933 du 22 juill. 1993)* «Toutefois, si un seul des parents est français, l'enfant qui n'est pas né en France a la faculté de répudier la qualité de Français dans les six mois précédant sa majorité et dans les douze mois la suivant.»
(L. n° 73-42 du 9 janv. 1973) Cette faculté se perd si le parent étranger ou apatride acquiert la nationalité française durant la minorité de l'enfant.

Section II

Des français par la naissance en France

Art. 19. *(L. n° 73-42 du 9 janv. 1973)* Est français l'enfant né en France de parents inconnus.

Toutefois, il sera réputé n'avoir jamais été français si, au cours de sa minorité, sa filiation est établie à l'égard d'un étranger et s'il a, conformément à la loi nationale de son auteur, la nationalité de celui-ci.

Art. 19-1. *(L. n° 73-42 du 9 janv. 1973)* Est français :

1° L'enfant né en France de parents apatrides;

2° L'enfant né en France de parents étrangers *(L. n° 2003-1119 du 26 nov. 2003)* «pour lequel les lois étrangères de nationalité ne permettent en aucune façon qu'il se voie transmettre la nationalité de l'un ou l'autre de ses parents».

(L. n° 98-170 du 16 mars 1998) «Toutefois, il sera réputé n'avoir jamais été français si, au cours de sa minorité, la nationalité étrangère acquise ou possédée par l'un de ses parents vient à lui être transmise.» — *Entrée en vigueur le 1er sept. 1998.*

Art. 19-2. *(L. n° 73-42 du 9 janv. 1973)* Est présumé né en France l'enfant dont l'acte de naissance a été dressé conformément à l'article 58 du présent code.

Art. 19-3. *(L. n° 73-42 du 9 janv. 1973)* Est français l'enfant né en France lorsque l'un de ses parents au moins y est lui-même né.

Art. 19-4. *(L. n° 93-933 du 22 juill. 1993)* «Toutefois, si un seul des parents est né en France, l'enfant français, en vertu de l'article 19-3, a la faculté de répudier cette qualité dans les six mois précédant sa majorité et dans les douze mois la suivant.»

(L. n° 73-42 du 9 janv. 1973) Cette faculté se perd si *(L. n° 93-933 du 22 juill. 1993)* «l'un des parents» acquiert la nationalité française durant la minorité de l'enfant.

249 Code civil (articles 21 à 21-6)

TITRE PREMIER *BIS*

DE LA NATIONALITÉ FRANÇAISE

(L. n° 93-933 du 22 juill. 1993)

CHAPITRE III

De l'acquisition de la nationalité française

Section première

Des modes d'acquisition de la nationalité française

§ 1er : Acquisition de la nationalité française à raison de la filiation

Art. 21. *(L. n° 73-42 du 9 janv. 1973)* L'adoption simple n'exerce de plein droit aucun effet sur la nationalité de l'adopté.

§ 2 : Acquisition de la nationalité française à raison du mariage

Art. 21-1. *(L. n° 73-42 du 9 janv. 1973)* Le mariage n'exerce de plein droit aucun effet sur la nationalité.

Art. 21-2. *(L. n° 2006-911 du 24 juill. 2006, art. 79)* L'étranger ou apatride qui contracte mariage avec un conjoint de nationalité française peut, après un délai de quatre ans à compter du mariage, acquérir la nationalité française par déclaration à condition qu'à la date de cette déclaration la communauté de vie tant affective que matérielle n'ait pas cessé entre les époux depuis le mariage et que le conjoint français ait conservé sa nationalité.

Le délai de communauté de vie est porté à cinq ans lorsque l'étranger, au moment de la déclaration, soit ne justifie pas avoir résidé de manière ininterrompue et régulière pendant au moins trois ans en France à compter du mariage, soit n'est pas en mesure d'apporter la preuve que son conjoint français a été inscrit pendant la durée de leur communauté de vie à l'étranger au registre des Français établis hors de France. En outre, le mariage célébré à l'étranger doit avoir fait l'objet d'une transcription préalable sur les registres de l'état civil français.

Le conjoint étranger doit *(L. n° 2011-672 du 16 juin 2011, art. 3)* «également justifier d'une connaissance suffisante, selon sa condition, de la langue française, dont le niveau et les modalités d'évaluation sont fixés par décret en Conseil d'État.»

Art. 21-3. *(L. n° 73-42 du 9 janv. 1973)* Sous réserve des dispositions prévues aux articles 21-4 et 26-3, l'intéressé acquiert la nationalité française à la date à laquelle la déclaration a été souscrite.

Art. 21-4. *(L. n° 93-933 du 22 juill. 1993)* «Le Gouvernement peut s'opposer par décret en Conseil d'État, pour indignité ou défaut d'assimilation *(L. n° 2003-1119 du 26 nov. 2003)* «autre que linguistique», à l'acquisition de la nationalité française par le conjoint étranger dans un délai *(L. n° 2006-911 du 24 juill. 2006, art. 80)* «de deux ans» à compter de la date du récépissé prévu au deuxième alinéa de l'article 26 ou, si l'enregistrement a été refusé, à compter du jour où la décision judiciaire admettant la régularité de la déclaration est passée en force de chose jugée.» — *Entrée en vigueur le 1er janv. 1994.*

(L. n° 2006-911 du 24 juill. 2006, art. 80) «La situation effective de polygamie du conjoint étranger ou la condamnation prononcée à son encontre au titre de l'infraction définie à l'article 222-9 du code pénal, lorsque celle-ci a été commise sur un mineur de quinze ans, sont constitutives du défaut d'assimilation.»

(L. n° 73-42 du 9 janv. 1973) En cas d'opposition du Gouvernement, l'intéressé est réputé n'avoir jamais acquis la nationalité française.

Toutefois, la validité des actes passés entre la déclaration et le décret d'opposition ne pourra être contestée pour le motif que l'auteur n'a pu acquérir la nationalité française.

Art. 21-5. *(L. n° 73-42 du 9 janv. 1973)* Le mariage déclaré nul par une décision émanant d'une juridiction française ou d'une juridiction étrangère dont l'autorité est reconnue en France ne rend pas caduque la déclaration prévue à l'article 21-2 au profit du conjoint qui l'a contracté de bonne foi.

Art. 21-6. *(L. n° 73-42 du 9 janv. 1973)* L'annulation du mariage n'a point d'effet sur la nationalité des enfants qui en sont issus.

250 Code civil (articles 21-7 à 21-11)

TITRE PREMIER *BIS*

DE LA NATIONALITÉ FRANÇAISE

(L. n° 93-933 du 22 juill. 1993)

CHAPITRE III

De l'acquisition de la nationalité française

Section première

Des modes d'acquisition de la nationalité française

§ 3 : Acquisition de la nationalité française à raison de la naissance et de la résidence en France

Art. 21-7. *(L. n° 98-170 du 16 mars 1998)* Tout enfant né en France de parents étrangers acquiert la nationalité française à sa majorité si, à cette date, il a en France sa résidence et s'il a eu sa résidence habituelle en France pendant une période continue ou discontinue d'au moins cinq ans, depuis l'âge de onze ans.

Les tribunaux d'instance, les collectivités territoriales, les organismes et services publics, et notamment les établissements d'enseignement sont tenus d'informer le public, et en particulier les personnes auxquelles s'applique le premier alinéa, des dispositions en vigueur en matière de nationalité. Les conditions de cette information sont fixées par décret en Conseil d'État.

Art. 21-8. *(L. n° 98-170 du 16 mars 1998)* L'intéressé a la faculté de déclarer, dans les conditions prévues aux articles 26 et suivants et sous réserve qu'il prouve qu'il a la nationalité d'un État étranger, qu'il décline la qualité de Français dans les six mois qui précèdent sa majorité ou dans les douze mois qui la suivent.

Dans ce dernier cas, il est réputé n'avoir jamais été français.

Art. 21-9. *(L. n° 98-170 du 16 mars 1998)* Toute personne qui remplit les conditions prévues à l'article 21-7 pour acquérir la qualité de Français perd la faculté de décliner celle-ci si elle contracte un engagement dans les armées françaises.

Tout mineur né en France de parents étrangers, qui est régulièrement incorporé en qualité d'engagé, acquiert la nationalité française à la date de son incorporation.

Art. 21-10. *(L. n° 98-170 du 16 mars 1998)* Les dispositions des articles 21-7 à 21-9 ne sont pas applicables aux enfants nés en France des agents diplomatiques et des consuls de carrière de nationalité étrangère. Ces enfants ont toutefois la faculté d'acquérir volontairement la nationalité française conformément aux dispositions de l'article 21-11 ci-après.

Art. 21-11. *(L. n° 98-170 du 16 mars 1998)* L'enfant mineur né en France de parents étrangers peut à partir de l'âge de seize ans réclamer la nationalité française par déclaration, dans les conditions prévues aux articles 26 et suivants si, au moment de sa déclaration, il a en France sa résidence et s'il a eu sa résidence habituelle en France pendant une période continue ou discontinue d'au moins cinq ans, depuis l'âge de onze ans.

(L. n° 2007-1631 du 20 nov. 2007, art. 39) «Dans les mêmes conditions, la nationalité française peut être réclamée, au nom de l'enfant mineur né en France de parents étrangers, à partir de l'âge de treize ans, la condition de résidence habituelle en France devant alors être remplie à partir de l'âge de huit ans. Le consentement du mineur est requis, sauf s'il est empêché d'exprimer sa volonté par une altération de ses facultés mentales ou corporelles constatée selon les modalités prévues au troisième alinéa de l'article 17-3.»

251 Code civil (articles 21-12 à 21-25-1)

TITRE PREMIER *BIS*

DE LA NATIONALITÉ FRANÇAISE

(L. n° 93-933 du 22 juill. 1993)

CHAPITRE III

De l'acquisition de la nationalité française

Section première

Des modes d'acquisition de la nationalité française

§ 4 : Acquisition de la nationalité française par déclaration de nationalité

Art. 21-12. *(L. n° 73-42 du 9 janv. 1973)* L'enfant qui a fait l'objet d'une adoption simple par une personne de nationalité française peut, jusqu'à sa majorité, déclarer, dans les conditions prévues aux articles 26 et suivants, qu'il réclame la qualité de Français, pourvu qu'à l'époque de sa déclaration il réside en France.

(L. n° 98-170 du 16 mars 1998) «Toutefois, l'obligation de résidence est supprimée lorsque l'enfant a été adopté par une personne de nationalité française n'ayant pas sa résidence habituelle en France.»

Peut, dans les mêmes conditions, réclamer la nationalité française :

(L. n° 2016-297 du 14 mars 2016, art. 42) «1° L'enfant qui, depuis au moins trois années, est recueilli sur décision de justice et élevé par une personne de nationalité française ou est confié au service de l'aide sociale à l'enfance;»

2° L'enfant recueilli en France et élevé dans des conditions lui ayant permis de recevoir, pendant cinq années au moins, une formation française, *(L. n° 93-933 du 22 juill. 1993)* «soit par un organisme public, soit par un organisme privé présentant les caractères déterminés par un décret en Conseil d'État».

Art. 21-13. *(L. n° 73-42 du 9 janv. 1973)* Peuvent réclamer la nationalité française *(L. n° 93-933 du 22 juill. 1993)* «par déclaration souscrite conformément aux articles 26 et suivants», les personnes qui ont joui, d'une façon constante, de la possession d'état de Français, pendant les dix années précédant leur déclaration.

Lorsque la validité des actes passés antérieurement à la déclaration était subordonnée à la possession de la nationalité française, cette validité ne peut être contestée pour le seul motif que le déclarant n'avait pas cette nationalité.

Art. 21-13-1. *(L. n° 2015-1776 du 28 déc. 2015, art. 38)* Peuvent réclamer la nationalité française, par déclaration souscrite en application des articles 26 à 26-5, les personnes qui, âgées de soixante-cinq ans au moins, résident régulièrement et habituellement en France depuis au moins vingt-cinq ans et sont les ascendants directs d'un ressortissant français.

Les conditions fixées au premier alinéa du présent article s'apprécient à la date de la souscription de la déclaration mentionnée au même premier alinéa.

Le Gouvernement peut s'opposer, dans les conditions définies à l'article 21-4, à l'acquisition de la nationalité française par le déclarant qui se prévaut des dispositions du présent article.

Art. 21-13-2. *(L. n° 2016-274 du 7 mars 2016, art. 59)* Peuvent réclamer la nationalité française à leur majorité, par déclaration souscrite auprès de l'autorité administrative en application des articles 26 à 26-5, les personnes qui résident habituellement sur le territoire français depuis l'âge de six ans, si elles ont suivi leur scolarité obligatoire en France dans des établissements d'enseignement soumis au contrôle de l'État, lorsqu'elles ont un frère ou une sœur ayant acquis la nationalité française en application des articles 21-7 ou 21-11.

L'article 21-4 est applicable aux déclarations souscrites en application du premier alinéa du présent article.

Art. 21-14. *(L. n° 93-933 du 22 juill. 1993)* Les personnes qui ont perdu la nationalité française en application de l'article 23-6 ou à qui a été opposée la fin de non-recevoir prévue par l'article 30-3 peuvent réclamer la nationalité française par déclaration souscrite conformément aux articles 26 et suivants.

Elles doivent avoir soit conservé ou acquis avec la France des liens manifestes d'ordre culturel, professionnel, économique ou familial, soit effectivement accompli des services militaires dans une unité de l'armée française ou combattu dans les armées françaises ou alliées en temps de guerre.

Les conjoints survivants des personnes qui ont effectivement accompli des services militaires dans une unité de l'armée française ou combattu dans les armées françaises ou alliées en temps de guerre peuvent également bénéficier des dispositions du premier alinéa du présent article.

§ 5 : Acquisition de la nationalité française par décision de l'autorité publique

Art. 21-14-1. *(L. n° 99-1141 du 29 déc. 1999)* La nationalité française est conférée par décret, sur proposition du ministre de la défense, à tout étranger engagé dans les armées françaises qui a été blessé en mission au cours ou à l'occasion d'un engagement opérationnel et qui en fait la demande.

En cas de décès de l'intéressé, dans les conditions prévues au premier alinéa, la même procédure est ouverte à ses enfants mineurs qui, au jour du décès, remplissaient la condition de résidence prévue à l'article 22-1.

Art. 21-15. *(L. n° 99-1141 du 29 déc. 1999)* Hors le cas prévu à l'article 21-14-1, l'acquisition de la nationalité française par décision de l'autorité publique résulte d'une naturalisation accordée par décret à la demande de l'étranger.

Art. 21-16. *(Ord. n° 45-2441 du 19 oct. 1945)* Nul ne peut être naturalisé s'il n'a en France sa résidence au moment de la signature du décret de naturalisation.

Art. 21-17. *(L. n° 93-933 du 22 juill. 1993)* Sous réserve des exceptions prévues aux articles 21-18, 21-19 et 21-20, la naturalisation ne peut être accordée qu'à l'étranger justifiant d'une résidence habituelle en France pendant les cinq années qui précèdent le dépôt de la demande.

Art. 21-18. *(L. n° 73-42 du 9 janv. 1973)* Le stage mentionné à l'article 21-17 est réduit à deux ans :

1° Pour l'étranger qui a accompli avec succès deux années d'études supérieures en vue d'acquérir un diplôme délivré par une université ou un établissement d'enseignement supérieur français ;

2° Pour celui qui a rendu ou qui peut rendre par ses capacités et ses talents des services importants à la France ;

(L. n° 2011-672 du 16 juin 2011, art. 1er) « 3° Pour l'étranger qui présente un parcours exceptionnel d'intégration, apprécié au regard des activités menées ou des actions accomplies dans les domaines civique, scientifique, économique, culturel ou sportif. »

Art. 21-19. *(L. n° 93-933 du 22 juill. 1993)* Peut être naturalisé sans condition de stage :

(L. n° 73-42 du 9 janv. 1973) 4° L'étranger qui a effectivement accompli des services militaires dans une unité de l'armée française ou qui, en temps de guerre, a contracté un engagement volontaire dans les armées françaises ou alliées ;

6° L'étranger qui a rendu des services exceptionnels à la France ou celui dont la naturalisation présente pour la France un intérêt exceptionnel. Dans ce cas, le décret de naturalisation ne peut être accordé qu'après avis du Conseil d'État sur le rapport motivé du ministre compétent ;

(L. n° 98-170 du 16 mars 1998) « 7° L'étranger qui a obtenu le statut de réfugié en application de la loi n° 52-893 du 25 juillet 1952 portant création d'un Office français de protection des réfugiés et apatrides. » — *Entrée en vigueur le 1er sept. 1998.*

Art. 21-20. *(L. n° 93-933 du 22 juill. 1993)* Peut être naturalisée sans condition de stage la personne qui appartient à l'entité culturelle et linguistique française, lorsqu'elle est ressortissante des territoires ou États dont la langue officielle ou l'une des langues officielles est le français, soit lorsque le français est sa langue maternelle, soit lorsqu'elle justifie d'une scolarisation minimale de cinq années dans un établissement enseignant en langue française.

Art. 21-21. *(L. n° 93-933 du 22 juill. 1993)* La nationalité française peut être conférée par naturalisation sur proposition du ministre des affaires étrangères à tout étranger francophone qui en fait la demande et qui contribue par son action émérite au rayonnement de la France et à la prospérité de ses relations économiques internationales.

Art. 21-22. *(L. n° 2006-911 du 24 juill. 2006, art. 83)* Nul ne peut être naturalisé s'il n'a atteint l'âge de dix-huit ans.

Toutefois, la naturalisation peut être accordée à l'enfant mineur resté étranger bien que l'un de ses parents ait acquis la nationalité française s'il justifie avoir résidé en France avec ce parent durant les cinq années précédant le dépôt de la demande.

Art. 21-23. *(L. n° 73-42 du 9 janv. 1973)* «Nul ne peut être naturalisé s'il n'est pas de bonnes vie et mœurs ou s'il a fait l'objet de l'une des condamnations visées à l'article 21-27 du présent code.»

Les condamnations prononcées à l'étranger pourront, toutefois, ne pas être prises en considération; en ce cas, le décret prononçant la naturalisation ne pourra être pris qu'après avis conforme du Conseil d'État.

Art. 21-24. *(Ord. n° 45-2441 du 19 oct. 1945)* Nul ne peut être naturalisé s'il ne justifie de son assimilation à la communauté française, notamment par une connaissance suffisante, selon sa condition, de la langue *(L. n° 2011-672 du 16 juin 2011, art. 2)* «, de l'histoire, de la culture et de la société françaises, dont le niveau et les modalités d'évaluation sont fixés par décret en Conseil d'État,» *(L. n° 2003-1119 du 26 nov. 2003)* «et des droits et devoirs conférés par la nationalité française» *(L. n° 2011-672 du 16 juin 2011, art. 2)* «ainsi que par l'adhésion aux principes et aux valeurs essentiels de la République.

«A l'issue du contrôle de son assimilation, l'intéressé signe la charte des droits et devoirs du citoyen français. Cette charte, approuvée par décret en Conseil d'État, rappelle les principes, valeurs et symboles essentiels de la République française.»

Art. 21-24-1. *(L. n° 2003-1119 du 26 nov. 2003)* La condition de connaissance de la langue française ne s'applique pas aux réfugiés politiques et apatrides résidant régulièrement et habituellement en France depuis quinze années au moins et âgés de plus de soixante-dix ans.

Art. 21-25. *(Ord. n° 45-2441 du 19 oct. 1945)* Les conditions dans lesquelles s'effectuera le contrôle de l'assimilation et de l'état de santé de l'étranger en instance de naturalisation seront fixées par décret.

Art. 21-25-1. *(L. n° 2006-911 du 24 juill. 2006, art. 84)* La réponse de l'autorité publique à une demande d'acquisition de la nationalité française par naturalisation doit intervenir au plus tard dix-huit mois à compter de la remise de toutes les pièces nécessaires à la constitution d'un dossier complet contre laquelle un récépissé est délivré immédiatement.

Le délai visé au premier alinéa est réduit à douze mois lorsque l'étranger en instance de naturalisation justifie avoir en France sa résidence habituelle depuis une période d'au moins dix ans au jour de cette remise.

Les délais précités peuvent être prolongés une fois, par décision motivée, pour une période de trois mois.

CHAPITRE 3
La perte de la nationalité

252 Code civil (articles 23 à 23-9, 25 et 25-1)

TITRE PREMIER *BIS*
DE LA NATIONALITÉ FRANÇAISE
(L. n° 93-933 du 22 juill. 1993)

CHAPITRE IV
De la perte, de la déchéance et de la réintégration dans la nationalité française

Section première

De la perte de la nationalité française

Art. 23. *(L. n° 73-42 du 9 janv. 1973)* Toute personne majeure de nationalité française, résidant habituellement à l'étranger, qui acquiert volontairement une nationalité étrangère ne perd la nationalité française que si elle le déclare expressément, dans les conditions prévues aux articles 26 et suivants du présent titre.

Art. 23-1. *(L. n° 73-42 du 9 janv. 1973)* La déclaration en vue de perdre la nationalité française peut être souscrite à partir du dépôt de la demande d'acquisition de la nationalité étrangère et, au plus tard, dans le délai d'un an à compter de la date de cette acquisition.

Art. 23-2. *(L. n° 98-170 du 16 mars 1998)* Les Français de moins de trente-cinq ans ne peuvent souscrire la déclaration prévue aux articles 23 et 23-1 ci-dessus que s'ils sont en règle avec les obligations du livre II du code du service national. *— Entrée en vigueur le 1er sept. 1998.*

Art. 23-3. *(L. n° 73-42 du 9 janv. 1973)* Perd la nationalité française le Français qui exerce la faculté de répudier cette qualité dans les cas prévus aux articles *(L. n° 98-170 du 16 mars 1998)* « 18-1, 19-4 et 22-3 ».

Art. 23-4. *(L. n° 73-42 du 9 janv. 1973)* Perd la nationalité française, le Français même mineur, qui, ayant une nationalité étrangère, est autorisé, sur sa demande, par le Gouvernement français, à perdre la qualité de Français.

Cette autorisation est accordée par décret.

Art. 23-5. *(L. n° 73-42 du 9 janv. 1973)* En cas de mariage avec un étranger, le conjoint français peut répudier la nationalité française selon les dispositions des articles 26 et suivants à la condition qu'il ait acquis la nationalité étrangère de son conjoint et que la résidence habituelle du ménage ait été fixée à l'étranger.

(L. n° 98-170 du 16 mars 1998) «Toutefois, les Français âgés de moins de trente-cinq ans ne pourront exercer cette faculté de répudiation que s'ils sont en règle avec les obligations prévues au livre II du code du service national.» *— Entrée en vigueur le 1er sept. 1998.*

Art. 23-6. *(L. n° 73-42 du 9 janv. 1973)* La perte de la nationalité française peut être constatée par jugement lorsque l'intéressé, français d'origine par filiation, n'en a point la possession d'état et n'a jamais eu sa résidence habituelle en France, si les ascendants, dont il tenait la nationalité française, n'ont eux-mêmes ni possession d'état de Français, ni résidence en France depuis un demi-siècle.

Le jugement détermine la date à laquelle la nationalité française a été perdue. Il peut décider que cette nationalité avait été perdue par les auteurs de l'intéressé et que ce dernier n'a jamais été français.

Art. 23-7. *(L. n° 73-42 du 9 janv. 1973)* Le Français qui se comporte en fait comme le national d'un pays étranger peut, s'il a la nationalité de ce pays, être déclaré, par décret après avis conforme du Conseil d'État, avoir perdu la qualité de Français.

Art. 23-8. *(L. n° 73-42 du 9 janv. 1973)* Perd la nationalité française le Français qui, occupant un emploi dans une armée ou un service public étranger ou dans une organisation internationale dont la France ne fait pas partie ou plus généralement leur apportant son concours, n'a pas résigné son emploi ou cessé son concours nonobstant l'injonction qui lui en aura été faite par le Gouvernement.

L'intéressé sera, par décret en Conseil d'État, déclaré avoir perdu la nationalité française si, dans le délai fixé par l'injonction, délai qui ne peut être inférieur à quinze jours et supérieur à deux mois, il n'a pas mis fin à son activité.

Lorsque l'avis du Conseil d'État est défavorable, la mesure prévue à l'alinéa précédent ne peut être prise que par décret en conseil des ministres.

Art. 23-9. *(L. n° 73-42 du 9 janv. 1973)* La perte de la nationalité française prend effet :

1° Dans le cas prévu à l'article 23 à la date de l'acquisition de la nationalité étrangère;

2° Dans le cas prévu aux articles 23-3 et 23-5 à la date de la déclaration;

3° Dans le cas prévu aux articles 23-4, 23-7 et 23-8 à la date du décret;

4° Dans les cas prévus à l'article 23-6 au jour fixé par le jugement.

Section III

De la déchéance de la nationalité française

Art. 25. *(L. n° 73-42 du 9 janv. 1973)* L'individu qui a acquis la qualité de Français peut, par décret pris après avis conforme du Conseil d'État, être déchu de la nationalité française *(L. n° 98-170 du 16 mars 1998, en vigueur le 1er sept. 1998)* «, sauf si la déchéance a pour résultat de le rendre apatride» :

1° S'il est condamné pour un acte qualifié *(L. n° 93-933 du 22 juill. 1993)* «de crime ou délit constituant une atteinte aux intérêts fondamentaux de la Nation» *(L. n° 96-647 du 22 juill. 1996, art. 12)* «ou pour un crime ou un délit constituant un acte de terrorisme»;

2° S'il est condamné pour un acte qualifié *(L. n° 93-933 du 22 juill. 1993)* «de crime ou délit prévu et réprimé par le chapitre II du titre III du livre IV du code pénal»;

3° S'il est condamné pour s'être soustrait aux obligations résultant pour lui du code du service national ;

4° S'il s'est livré au profit d'un État étranger à des actes incompatibles avec la qualité de Français et préjudiciables aux intérêts de la France.

Art. 25-1. *(L. n° 2003-1119 du 26 nov. 2003)* « La déchéance n'est encourue que si les faits reprochés à l'intéressé et visés à l'article 25 se sont produits antérieurement à l'acquisition de la nationalité française ou dans le délai de dix ans à compter de la date de cette acquisition. »

(L. n° 73-42 du 9 janv. 1973) Elle ne peut être prononcée que dans le délai de dix ans à compter de la perpétration desdits faits.

(L. n° 2006-64 du 23 janv. 2006, art. 21) « Si les faits reprochés à l'intéressé sont visés au 1° de l'article 25, les délais mentionnés aux deux alinéas précédents sont portés à quinze ans. »

II – LA CITOYENNETÉ POLITIQUE

CHAPITRE 1
Les élections

Section 1
Le droit à des élections libres

253 Déclaration universelle des droits de l'homme (article 21)

Art. 21. 1. Toute personne a le droit de prendre part à la direction des affaires publiques de son pays, soit directement, soit par l'intermédiaire de représentants librement choisis.

2. Toute personne a droit à accéder, dans des conditions d'égalité, aux fonctions publiques de son pays.

3. La volonté du peuple est le fondement de l'autorité des pouvoirs publics; cette volonté doit s'exprimer par des élections honnêtes qui doivent avoir lieu périodiquement, au suffrage universel égal et au vote secret ou suivant une procédure équivalente assurant la liberté du vote.

254 Protocole additionnel n° 1 à la Convention de sauvegarde des droits de l'homme et des libertés fondamentales (article 3)

Art. 3. *Droit à des élections libres.* Les Hautes Parties contractantes s'engagent à organiser, à des intervalles raisonnables, des élections libres au scrutin secret, dans les conditions qui assurent la libre expression de l'opinion du peuple sur le choix du corps législatif.

255 Constitution du 4 octobre 1958 (article 3)

Art. 3. La souveraineté nationale appartient au peuple qui l'exerce par ses représentants et par la voie du référendum.

Aucune section du peuple ni aucun individu ne peut s'en attribuer l'exercice.

Le suffrage peut être direct ou indirect dans les conditions prévues par la Constitution. Il est toujours universel, égal et secret.

Sont électeurs, dans les conditions déterminées par la loi, tous les nationaux français majeurs des deux sexes, jouissant de leurs droits civils et politiques.

256 Constitution du 4 octobre 1958 (articles 58 à 60)

Art. 58. Le Conseil constitutionnel veille à la régularité de l'élection du Président de la République.

Il examine les réclamations et proclame les résultats du scrutin.

Art. 59. Le Conseil constitutionnel statue, en cas de contestation, sur la régularité de l'élection des députés et des sénateurs.

Art. 60. Le Conseil constitutionnel veille à la régularité des opérations de référendum *(L. const. n° 2003-276 du 28 mars 2003, art. 12-III)* «prévues aux articles 11 et 89» *(L. const. n° 2005-204 du 1er mars 2005, art. 2-II)* «et au titre XV. Il en proclame les résultats».

257 Code électoral (article L. 85-1)

TITRE PREMIER

DISPOSITIONS COMMUNESÀ L'ÉLECTION DES DÉPUTÉS, DES CONSEILLERS DÉPARTEMENTAUX, DES CONSEILLERS MUNICIPAUX ET DES CONSEILLERS COMMUNAUTAIRES

(L. n° 2013-403 du 17 mai 2013, art. 1er et 32).

CHAPITRE VI

Vote

Section V

Commissions de contrôle des opérations de vote

(L. n° 73-2 du 2 janv. 1973)

Art. L. 85-1. *(L. n° 88-1262 du 30 déc. 1988)* «Dans toutes les communes de plus de 20000 habitants, il est institué des commissions de contrôle des opérations de vote qui sont chargées de vérifier la régularité» de la composition des bureaux de vote ainsi qu'à *[que]* celle des opérations de vote, de dépouillement des bulletins et de dénombrement des suffrages et de garantir aux électeurs ainsi qu'aux candidats ou listes en présence le libre exercice de leurs droits.

La commission est obligatoirement présidée par un magistrat de l'ordre judiciaire. Elle peut s'adjoindre des délégués choisis parmi les électeurs du département.

Son président, ses membres et ses délégués procèdent à tous contrôles et vérifications utiles. Ils ont accès à tout moment aux bureaux de vote et peuvent exiger l'inscription de toutes observations au procès-verbal, soit avant la proclamation des résultats du scrutin, soit après.

Les maires et les présidents de bureau de vote sont tenus de fournir tous les renseignements et de communiquer tous les documents nécessaires à l'exercice de cette mission.

A l'issue de chaque tour de scrutin, la commission dresse, s'il y a lieu, un rapport qui est adressé à la préfecture et joint au procès-verbal des opérations de vote.

La composition ainsi que les conditions de désignation et de fonctionnement des commissions instituées en application du présent article sont fixées par décret en Conseil d'État.

Section 2

La parité et la représentation politique

258 Convention sur l'élimination de toutes les formes de discrimination à l'égard des femmes (article 7)

Date d'adoption : 18 décembre 1979

Entrée en vigueur : 3 septembre 1981

Art. 7. Les États parties prennent toutes les mesures appropriées pour éliminer la discrimination à l'égard des femmes dans la vie politique et publique du pays et, en particulier, leur assurent, dans des conditions d'égalité avec les hommes, le droit :

a) De voter à toutes les élections et dans tous les référendums publics et être éligibles à tous les organismes publiquement élus;

b) De prendre part à l'élaboration de la politique de l'État et à son exécution, occuper des emplois publics et exercer toutes les fonctions publiques à tous les échelons du gouvernement;

c) De participer aux organisations et associations non gouvernementales s'occupant de la vie publique et politique du pays.

259 Constitution du 4 octobre 1958 (articles 1 et 4)

Art. 1er. *(L. const. nº 95-880 du 4 août 1995)* La France est une République indivisible, laïque, démocratique et sociale. Elle assure l'égalité devant la loi de tous les citoyens sans distinction d'origine, de race ou de religion. Elle respecte toutes les croyances. *(L. const. nº 2003-276 du 28 mars 2003, art. 1er)* «Son organisation est décentralisée.»

(L. const. nº 2008-724 du 23 juill. 2008, art. 1er-I) «La loi favorise l'égal accès des femmes et des hommes aux mandats électoraux et fonctions électives, ainsi qu'aux responsabilités professionnelles et sociales.»

TITRE PREMIER

DE LA SOUVERAINETÉ

Art. 4. Les partis et groupements politiques concourent à l'expression du suffrage. Ils se forment et exercent leur activité librement. Ils doivent respecter les principes de la souveraineté nationale et de la démocratie.

(L. const. nº 99-569 du 8 juill. 1999) «Ils contribuent à la mise en œuvre du principe énoncé *(L. const. nº 2008-724 du 23 juill. 2008, art. 2-1º)* «au second alinéa de l'article 1er» dans les conditions déterminées par la loi.»

(L. const. nº 2008-724 du 23 juill. 2008, art. 2-2º) «La loi garantit les expressions pluralistes des opinions et la participation équitable des partis et groupements politiques à la vie démocratique de la Nation.»

260 Code électoral (articles L. 191, L. 264, L. 273-9, L. 299 à 300, L. 346 et L. 370)

LIVRE PREMIER

ÉLECTION DES DÉPUTÉS, DES CONSEILLERS DÉPARTEMENTAUX, DES CONSEILLERS MUNICIPAUX ET DES CONSEILLERS COMMUNAUTAIRES *(L. n° 2013-403 du 17 mai 2013, art. 1er et 32).*

TITRE TROISIÈME

DISPOSITIONS SPÉCIALES À L'ÉLECTION DES CONSEILLERS DÉPARTEMENTAUX

CHAPITRE PREMIER

Composition des conseils départementaux et durée du mandat des conseillers

Art. L. 191. *(L. n° 2013-403 du 17 mai 2013, art. 3)* Les électeurs de chaque canton du département élisent au conseil départemental deux membres de sexe différent, qui se présentent en binôme de candidats dont les noms sont ordonnés dans l'ordre alphabétique sur tout bulletin de vote imprimé à l'occasion de l'élection.

TITRE QUATRIÈME

DISPOSITIONS SPÉCIALES À L'ÉLECTION DES CONSEILLERS MUNICIPAUX ET DES MEMBRES DU CONSEIL DE PARIS

CHAPITRE III

Dispositions spéciales aux communes de 1000 habitants et plus

(L. n° 2013-403 du 17 mai 2013, art. 24).

Section II

Déclarations de candidatures

Art. L. 264. Une déclaration de candidature est obligatoire pour chaque tour de scrutin. *(L. n° 2007-128 du 31 janv. 2007, art. 2)* « La liste est composée alternativement d'un candidat de chaque sexe. »

Seules peuvent se présenter au second tour les listes ayant obtenu au premier tour un nombre de suffrages au moins égal à 10 p. 100 du total des suffrages exprimés. Ces listes peuvent être modifiées dans leur composition pour comprendre des candidats ayant figuré au premier tour sur d'autres listes sous réserve que celles-ci ne se présentent pas au second tour et qu'elles aient obtenu au premier tour au moins 5 p. 100 des suffrages exprimés. En cas de modification de la composition d'une liste, l'ordre de présentation des candidats peut également être modifié.

Les candidats ayant figuré sur une même liste au premier tour ne peuvent figurer au second tour que sur une liste. Le choix de la liste sur laquelle ils sont candidats au second tour est notifié à la préfecture ou à la sous-préfecture par la personne ayant eu la qualité de responsable de la liste constituée par ces candidats au premier tour.

TITRE CINQUIÈME
DISPOSITIONS SPÉCIALES À L'ÉLECTION DES CONSEILLERS COMMUNAUTAIRES

(L. n° 2013-403 du 17 mai 2013, art. 33)

CHAPITRE II
Dispositions spéciales aux communes de 1000 habitants et plus

Art. L. 273-9. I. — La liste des candidats aux sièges de conseiller communautaire figure de manière distincte sur le même bulletin que la liste des candidats au conseil municipal dont elle est issue.

Sous réserve du II, la présentation de la liste des candidats au conseil municipal et à l'organe délibérant de l'établissement public de coopération intercommunale à fiscalité propre est soumise aux règles suivantes :

1° La liste des candidats aux sièges de conseiller communautaire comporte un nombre de candidats égal au nombre de sièges à pourvoir, augmenté d'un candidat supplémentaire si ce nombre est inférieur à cinq et de deux dans le cas inverse ;

2° Les candidats aux sièges de conseiller communautaire figurent dans l'ordre de présentation dans lequel ils apparaissent sur la liste des candidats au conseil municipal ;

3° La liste des candidats aux sièges de conseiller communautaire est composée alternativement de candidats de chaque sexe ;

4° Tous les candidats présentés dans le premier quart de la liste des candidats aux sièges de conseiller communautaire doivent figurer, de la même manière et dans le même ordre, en tête de la liste des candidats au conseil municipal ;

5° Tous les candidats aux sièges de conseiller communautaire doivent figurer au sein des trois premiers cinquièmes de la liste des candidats au conseil municipal.

II. — Lorsque le nombre de sièges de conseiller communautaire à pourvoir, augmenté en application du 1° du I, excède les trois cinquièmes du nombre de sièges de conseiller municipal à pourvoir, la liste des candidats aux sièges de conseiller communautaire reprend l'ordre de présentation de la liste des candidats au conseil municipal.

LIVRE DEUXIÈME
ÉLECTION DES SÉNATEURS DES DÉPARTEMENTS

(L. nº 75-1330 du 31 déc. 1975).

TITRE QUATRIÈME
ÉLECTION DES SÉNATEURS

CHAPITRE IV
Déclarations de candidatures

Art. L. 299. Dans les départements où les élections ont lieu au scrutin majoritaire, chaque candidat doit mentionner dans sa déclaration de candidature les nom, prénoms, *(L. nº 2000-493 du 6 juin 2000)* «sexe,» date et lieu de naissance, domicile et profession de la personne appelée à le remplacer comme sénateur dans les cas prévus à l'article L.O. 319. *(L. nº 2018-51 du 31 janv. 2018, art. 6)* «Il doit y joindre l'acceptation écrite du remplaçant revêtue de la signature de ce dernier, suivie de la mention manuscrite suivante : "La présente signature marque mon consentement à être remplaçant(e) de (indication des nom et prénoms du candidat) à l'élection au Sénat." Ce remplaçant doit remplir les conditions d'éligibilité exigées des candidats et transmettre la copie d'un justificatif d'identité.» *(L. nº 2013-702 du 2 août 2013, art. 10)* «Le candidat et son remplaçant sont de sexe différent.»

Nul ne peut figurer en qualité de remplaçant sur plusieurs déclarations de candidatures. Nul ne peut être à la fois candidat et remplaçant d'un autre candidat. Nul ne peut désigner pour le second tour de scrutin une personne autre que celle qui figurait sur sa déclaration de candidature lors du premier tour.

Art. L. 300. *(L. nº 2000-641 du 10 juill. 2000, art. 11)* «Dans les départements où les élections ont lieu à la représentation proportionnelle, chaque liste de candidats doit comporter deux noms de plus qu'il y a de sièges à pourvoir.» *(L. nº 2000-493 du 6 juin 2000, art. 3)* «Sur chacune des listes, l'écart entre le nombre des candidats de chaque sexe ne peut être supérieur à un. Chaque liste est composée alternativement d'un candidat de chaque sexe.»

Outre les renseignements mentionnés à l'article L. 298, la déclaration doit indiquer le titre de la liste et l'ordre de présentation des candidats. *(L. nº 2018-51 du 31 janv. 2018, art. 6)* «La déclaration de chaque candidat comporte la mention manuscrite suivante : "La présente signature marque mon consentement à me porter candidat à l'élection au Sénat sur la liste menée par (indication des nom et prénoms du candidat tête de liste)."»

(L. nº 2004-404 du 10 mai 2004, art. 8) «Une déclaration collective pour chaque liste est faite par un mandataire de celle-ci. Tout changement de composition d'une liste ne peut être effectué que par retrait de celle-ci et le dépôt d'une nouvelle déclaration. La déclaration de retrait doit comporter la signature de l'ensemble des candidats de la liste.

«Le retrait d'une liste ne peut intervenir après l'expiration du délai prévu pour le dépôt des déclarations de candidatures.»

En cas de décès de l'un des candidats au cours de la campagne électorale, les autres candidats de la liste auront le droit de le remplacer jusqu'à la veille de l'ouverture du scrutin par un nouveau candidat au rang qui leur conviendra.

LIVRE QUATRIÈME
ÉLECTION DES CONSEILLERS RÉGIONAUX ET DES CONSEILLERS À L'ASSEMBLÉE DE CORSE

(L. n° 85-692 du 10 juill. 1985 ; L. n° 91-428 du 13 mai 1991)

TITRE PREMIER
ÉLECTION DES CONSEILLERS RÉGIONAUX

(L. n° 85-692 du 10 juill. 1985 ; L. n° 91-428 du 13 mai 1991)

CHAPITRE V
Déclarations de candidature

Art. L. 346. *(L. n° 99-36 du 19 janv. 1999, art. 4)* Une déclaration de candidature est obligatoire pour chaque liste de candidats avant chaque tour de scrutin. *(L. n° 2003-327 du 11 avr. 2003, art. 4-1°)* « Le nombre de candidats figurant sur les sections départementales de chaque liste est fixé conformément au tableau n° 7 annexé au présent code. Au sein de chaque section, la liste est composée alternativement d'un candidat de chaque sexe. »

Seules peuvent se présenter au second tour les listes ayant obtenu au premier tour un nombre de suffrages au moins égal à *(L. n° 2003-327 du 11 avr. 2003, art. 4-2°-a)* « 10 % des suffrages exprimés ». *(L. n° 2003-327 du 11 avr. 2003, art. 4-2°-b)* « Dans le cas où une seule liste remplit cette condition, la liste ayant obtenu après celle-ci le plus grand nombre de suffrages au premier tour peut se maintenir au second. Dans le cas où aucune liste ne remplit cette condition, les deux listes ayant obtenu le plus grand nombre de suffrages au premier tour peuvent se maintenir au second. » La composition de ces listes peut être modifiée pour comprendre les candidats ayant figuré au premier tour sur d'autres listes, sous réserve que celles-ci aient obtenu au premier tour au moins *(L. n° 2003-327 du 11 avr. 2003, art. 4-2°-a)* « 5 % des suffrages exprimés » et ne se présentent pas au second tour. En cas de modification de la composition d'une liste, le titre de la liste et l'ordre de présentation des candidats peuvent également être modifiés.

Les candidats ayant figuré sur une même liste au premier tour ne peuvent figurer au second tour que sur une même liste. Le choix de la liste sur laquelle ils sont candidats au second tour est notifié à la préfecture de région par le candidat tête de la liste sur laquelle ils figuraient au premier tour.

TITRE DEUXIÈME

ÉLECTION DES CONSEILLERS À L'ASSEMBLÉE DE CORSE

(L. n° 91-428 du 13 mai 1991)

CHAPITRE V

Déclarations de candidature

Art. L. 370. Une déclaration de candidature est obligatoire pour chaque liste de candidats et chaque tour de scrutin. *(L. n° 2000-493 du 6 juin 2000)* «Sur chacune des listes, l'écart entre le nombre des candidats de chaque sexe ne peut être supérieur à un. *(L. n° 2003-1201 du 18 déc. 2003)* «Chaque liste est composée alternativement d'un candidat de chaque sexe.»

La déclaration de candidature est faite collectivement pour chaque liste par le candidat tête de liste ou par un mandataire porteur d'un mandat écrit établi par ce candidat à la préfecture de la collectivité *(Ord. n° 2016-1563 du 21 nov. 2016, art. 8)* «de Corse».

(L. n° 2011-412 du 14 avr. 2011, art. 12-V) «Pour le premier tour de scrutin, sont également jointes les pièces de nature à prouver que le candidat a procédé à la déclaration d'un mandataire conformément aux articles L. 52-5 et L. 52-6 ou, s'il n'a pas procédé à cette déclaration, les pièces prévues au premier alinéa de ces mêmes articles.»

261 Loi n° 88-227 du 11 mars 1988 relative à la transparence financière de la vie politique (article 9-1)

TITRE III

DISPOSITIONS RELATIVES AUX PARTIS ET GROUPEMENTS POLITIQUES ET À LEUR FINANCEMENT

Art. 9-1. *(L. n° 95-65 du 19 janv. 1995; L. n° 2000-493 du 6 juin 2000; L. n° 2010-1563 du 16 déc. 2010, art. 81-4° ; L. n° 2013-403 du 17 mai 2013, art. 48-I-2°)* Lorsque, pour un parti ou un groupement politique, l'écart entre le nombre de candidats de chaque sexe ayant déclaré se rattacher à ce parti ou groupement, lors du dernier renouvellement général de l'Assemblée nationale, conformément *(L. n° 2003-327 du 11 avr. 2003, art. 35)* «au cinquième alinéa» de l'article 9, dépasse 2% du nombre total de ces candidats, le montant de la première fraction qui lui est attribué en application des articles 8 et 9 est diminué d'un pourcentage égal *(L. n° 2014-873 du 4 août 2014, art. 60-II)* «à 150% de cet écart rapporté au nombre total de ces candidats, sans que cette diminution puisse excéder le montant total de la première fraction de l'aide.»

Cette diminution n'est pas applicable aux partis et groupements politiques ayant présenté des candidats exclusivement outre-mer lorsque l'écart entre le nombre de candidats de chaque sexe qui s'y sont rattachés n'est pas supérieur à un.

CHAPITRE 2
Le droit de vote et d'éligibilité

Section 1
Le citoyen français

A – LE DROIT DE VOTE

262 Code électoral (articles L. 1 à L. 2 et L. 5 à L. 6)

TITRE Ier

DISPOSITIONS COMMUNES A L'ÉLECTION DES DÉPUTÉS, DES CONSEILLERS DÉPARTEMENTAUX, DES CONSEILLERS MUNICIPAUX ET DES CONSEILLERS COMMUNAUTAIRES

CHAPITRE PREMIER

Conditions requises pour être électeur

Art. L. 1er. Le suffrage est direct et universel.

Art. L. 2. *(L. n° 74-631 du 5 juill. 1974)* Sont électeurs les Françaises et Français, âgés de dix-huit ans accomplis, jouissant de leurs droits civils et politiques et n'étant dans aucun cas d'incapacité prévu par la loi.

Art. L. 6. *(L. n° 85-1407 du 30 déc. 1985, art. 83; L. n° 92-1336 du 16 déc. 1992, art. 160)* Ne doivent pas être inscrits sur la liste électorale, pendant le délai fixé par le jugement, ceux auxquels les tribunaux ont interdit le droit de vote et d'élection, par application des lois qui autorisent cette interdiction.

B – LE DROIT D'ÊTRE ÉLU

263 Code électoral (article L. 44 à L. 45-1)

TITRE Ier

DISPOSITIONS COMMUNES A L'ÉLECTION DES DÉPUTÉS, DES CONSEILLERS DÉPARTEMENTAUX, DES CONSEILLERS MUNICIPAUX ET DES CONSEILLERS COMMUNAUTAIRES

CHAPITRE III

Conditions d'éligibilité et inéligibilités

Art. L. 44. *(L. n° 2000-295 du 5 avr. 2000, art. 1)* Tout Français et toute Française ayant la qualité d'électeur peut faire acte de candidature et être élu, sous réserve des cas d'incapacité ou d'inéligibilité prévus par la loi.

Art. L. 45. Nul ne peut être élu s'il ne justifie avoir satisfait aux obligations *(L. n° 2011-525 du 17 mai 2011, art. 181-I)* «imposées par le code du service national».

Art. L. 45-1. *(L. n° 2011-412 du 14 avr. 2011, art. 1er)* Ne peuvent pas faire acte de candidature :

1° Pendant une durée maximale de trois ans suivant la date de sa décision, les personnes déclarées inéligibles par le juge administratif en application des articles L. 118-3 et L. 118-4;

2° Pendant une durée maximale de trois ans suivant la date de sa décision, les personnes déclarées inéligibles par le Conseil constitutionnel en application des articles L.O. 136-1 et L.O. 136-3.

C – LA DÉCHÉANCE DES DROITS CIVIQUES

264 Code pénal (article 131-26)

TITRE TROISIÈME

DES PEINES

CHAPITRE PREMIER

De la nature des peines

Section première

Des peines applicables aux personnes physiques

Sous-section 5 – Du contenu et des modalités d'application de certaines peines

Art. 131-26. L'interdiction des droits civiques, civils et de famille porte sur :

1° Le droit de vote;

2° L'éligibilité;

3° Le droit d'exercer une fonction juridictionnelle ou d'être expert devant une juridiction, de représenter ou d'assister une partie devant la justice;

4° Le droit de témoigner en justice autrement que pour y faire de simples déclarations;

5° Le droit d'être tuteur ou curateur; cette interdiction n'exclut pas le droit, après avis conforme du juge des tutelles, le conseil de famille entendu, d'être tuteur ou curateur de ses propres enfants.

L'interdiction des droits civiques, civils et de famille ne peut excéder une durée de dix ans en cas de condamnation pour crime et une durée de cinq ans en cas de condamnation pour délit.

La juridiction peut prononcer l'interdiction de tout ou partie de ces droits.

L'interdiction du droit de vote ou l'inéligibilité prononcées en application du présent article emportent interdiction ou incapacité d'exercer une fonction publique.

Section 2

Le citoyen européen

265 Traité sur l'Union européenne (article 9)

TITRE II

DISPOSITIONS RELATIVES AUX PRINCIPES DÉMOCRATIQUES

Art. 9. Dans toutes ses activités, l'Union respecte le principe de l'égalité de ses citoyens, qui bénéficient d'une égale attention de ses institutions, organes et organismes. Est citoyen de l'Union toute personne ayant la nationalité d'un État membre. La citoyenneté de l'Union s'ajoute à la citoyenneté nationale et ne la remplace pas.

266 Traité sur le fonctionnement de l'Union européenne (article 20. 2. b)

Art. 20 ***(ex-article 17 TCE).*** 2. Les citoyens de l'Union jouissent des droits et sont soumis aux devoirs prévus par les traités. Ils ont, entre autres :

b) le droit de vote et d'éligibilité aux élections au Parlement européen ainsi qu'aux élections municipales dans l'État membre où ils résident, dans les mêmes conditions que les ressortissants de cet État.

267 Charte des droits fondamentaux de l'Union européenne (article 40)

TITRE V

CITOYENNETÉ

Art. 40. *Droit de vote et d'éligibilité aux élections municipales.* Tout citoyen de l'Union a le droit de vote et d'éligibilité aux élections municipales dans l'État membre où il réside, dans les mêmes conditions que les ressortissants de cet État.

268 Constitution du 4 octobre 1958 (article 88-3)

TITRE XV

DE L'UNION EUROPÉENNE

Art. 88-3. Sous réserve de réciprocité et selon les modalités prévues par le Traité sur l'Union européenne signé le 7 février 1992, le droit de vote et d'éligibilité aux élections municipales peut être accordé aux seuls citoyens de l'Union résidant en France. Ces citoyens ne peuvent exercer les fonctions de maire ou d'adjoint ni participer à la désignation des électeurs sénatoriaux et à l'élection des sénateurs. Une loi organique votée dans les mêmes termes par les deux assemblées détermine les conditions d'application du présent article.

269 Code électoral (articles L.O. 227-1 à 228-1 et 230-2)

TITRE QUATRIÈME

DISPOSITIONS SPÉCIALES À L'ÉLECTION DES CONSEILLERS MUNICIPAUX ET DES MEMBRES DU CONSEIL DE PARIS

CHAPITRE PREMIER

Dispositions applicables à toutes les communes

Section première bis

Dispositions spéciales à l'exercice par les ressortissants d'un état membre de l'Union Européenne autre que la France du droit de vote pour l'élection des conseillers municipaux et des membres du conseil de Paris

(L. org. n° 98-404 du 25 mai 1998)

Art. L.O. 227-1. Les citoyens de l'Union européenne résidant en France, autres que les citoyens français, peuvent participer à l'élection des conseillers municipaux dans les mêmes conditions que les électeurs français, sous réserve des dispositions de la présente section.

Les personnes mentionnées au premier alinéa sont considérées comme résidant en France si elles y ont leur domicile réel ou si leur résidence y a un caractère continu.

Pour l'application de la présente section, l'élection des membres du Conseil de Paris est assimilée à celle des conseillers municipaux.

Art. L.O. 227-2. Pour exercer leur droit de vote, les personnes visées à l'article L.O. 227-1 doivent être inscrites, à leur demande, sur une liste électorale complémentaire.

Elles peuvent demander leur inscription si elles jouissent de leur capacité électorale dans leur État d'origine et si elles remplissent les conditions légales autres que la nationalité française pour être électeurs et être inscrites sur une liste électorale en France.

Art. L.O. 227-3. *(L. org. nº 2016-1046 du 1er août 2016, art. 1er)* «Pour chaque commune et chaque bureau de vote, la liste électorale complémentaire est extraite d'un répertoire électoral unique complémentaire établi par l'Institut national de la statistique et des études économiques conformément à l'article L. 16.

«Les dispositions de l'article L. 10, du I de l'article L. 11 et des articles L. 15 à L. 41 et L. 43, dans leur rédaction résultant de la loi nº 2016-1048 du 1er août 2016 rénovant les modalités d'inscription sur les listes électorales, qui sont relatives à l'établissement des listes électorales et au contrôle de leur régularité sont applicables à l'établissement des listes électorales complémentaires et au contrôle de leur régularité.» Les droits conférés par ces articles aux nationaux français sont exercés par les personnes mentionnées à l'article L.O. 227-1.

(L. org. nº 2016-1046 du 1er août 2016, art. 1er) «Outre les indications mentionnées aux deuxième et troisième alinéas du I de l'article L. 16, la liste» électorale complémentaire mentionne la nationalité des personnes qui y figurent.

(L. org. nº 2016-1046 du 1er août 2016, art. 1er) «Dans chaque bureau de vote, la liste des électeurs inscrits sur la liste électorale complémentaire est établie à partir de celle-ci et comporte les mentions prévues au troisième alinéa du présent article. Elle comprend un numéro d'ordre attribué à chaque électeur. Elle reste déposée sur la table à laquelle siège le bureau pendant toute la durée des opérations électorales. Elle constitue la liste d'émargement. Le vote de chaque électeur est constaté par sa signature apposée à l'encre en face de son nom sur la liste d'émargement.»

Les recours prévus *(L. org. nº 2016-1046 du 1er août 2016, art. 1er)* «à la première phrase du premier alinéa du I de l'article L. 20» peuvent être exercés par les électeurs français et par les personnes inscrites sur la liste électorale complémentaire tant en ce qui concerne la liste électorale que la liste électorale complémentaire.

Art. L.O. 227-4. Outre les justifications exigibles des ressortissants français, le ressortissant d'un État de l'Union européenne autre que la France produit, à l'appui de sa demande d'inscription sur une liste électorale complémentaire, un document d'identité en cours de validité et une déclaration écrite précisant :

a) Sa nationalité;

b) Son adresse sur le territoire de la République;

c) Qu'il n'est pas déchu du droit de vote dans l'État dont il est ressortissant.

Art. L.O. 227-5. Est puni d'un an d'emprisonnement et de 15000 € d'amende :

a) Le fait de s'être fait inscrire sur la liste électorale complémentaire sous une fausse résidence, sous de faux noms ou de fausses qualités, ou d'avoir dissimulé, en se faisant inscrire, une incapacité électorale dans l'État dont on est ressortissant;

b) Le fait d'avoir demandé et obtenu son inscription sur plusieurs listes électorales complémentaires;

c) Toute fraude dans la délivrance ou la production d'un certificat d'inscription ou de radiation des listes électorales complémentaires;

d) Le fait de s'être fait inscrire sur une liste électorale complémentaire ou d'avoir tenté de le faire, à l'aide de déclarations frauduleuses ou de faux certificats, et de faire indûment inscrire ou radier ou de tenter de le faire, à l'aide des mêmes moyens, une autre personne.

Section II

Conditions d'éligibilité et inéligibilités

Art. L. 228. *(L. n° 82-974 du 19 nov. 1982)* «Nul ne peut être élu conseiller municipal, s'il n'est âgé de dix-huit ans révolus.»

Sont éligibles au conseil municipal tous les électeurs de la commune et les citoyens inscrits au rôle des contributions directes ou justifiant qu'ils devaient y être inscrits au 1er janvier de l'année de l'élection.

(L. n° 76-665 du 19 juill. 1976) «Toutefois, dans les communes de plus de 500 habitants, le nombre des conseillers qui ne résident pas dans la commune au moment de l'élection ne peut excéder le quart des membres du conseil.

«Dans les communes de 500 habitants au plus, ce nombre ne peut excéder quatre pour les conseils municipaux comportant *(L. n° 2013-403 du 17 mai 2013, art. 28-II)* «sept» membres et cinq pour les conseils municipaux comportant onze membres.

«Si les chiffres visés ci-dessus sont dépassés, la préférence est déterminée suivant les règles posées à l'article R. 2121-4 du code général des collectivités territoriales *[art. abrogé]*.»

Art. L.O. 228-1. *(L. org. n° 98-404 du 25 mai 1998)* Sont en outre éligibles au conseil municipal ou au conseil de Paris les ressortissants des États membres de l'Union européenne autres que la France qui :

a) Soit sont inscrits sur la liste électorale complémentaire de la commune;

b) Soit remplissent les conditions légales autres que la nationalité française pour être électeurs et être inscrits sur une liste électorale complémentaire en France et sont inscrits au rôle d'une des contributions directes de la commune ou justifient qu'ils devaient y être inscrits au 1er janvier de l'année de l'élection.

Art. L.O. 230-2. *(L. org. n° 98-404 du 25 mai 1998)* Ne peuvent être conseillers municipaux ni membres du conseil de Paris les ressortissants des États membres de l'Union européenne autres que la France déchus du droit d'éligibilité dans leur État d'origine.

CHAPITRE 3
Le droit de pétition européen et le droit d'initiative populaire

270 Charte des droits fondamentaux de l'Union européenne (article 44)

TITRE V
CITOYENNETÉ

Art. 44. *Droit de pétition.* Tout citoyen de l'Union ainsi que toute personne physique ou morale résidant ou ayant son siège statutaire dans un État membre a le droit de pétition devant le Parlement européen.

271 Traité sur l'Union européenne (article 11)

Art. 11. 1. Les institutions donnent, par les voies appropriées, aux citoyens et aux associations représentatives la possibilité de faire connaître et d'échanger publiquement leurs opinions dans tous les domaines d'action de l'Union.

2. Les institutions entretiennent un dialogue ouvert, transparent et régulier avec les associations représentatives et la société civile.

3. En vue d'assurer la cohérence et la transparence des actions de l'Union, la Commission européenne procède à de larges consultations des parties concernées.

4. Des citoyens de l'Union, au nombre d'un million au moins, ressortissants d'un nombre significatif d'États membres, peuvent prendre l'initiative d'inviter la Commission européenne, dans le cadre de ses attributions, à soumettre une proposition appropriée sur des questions pour lesquelles ces citoyens considèrent qu'un acte juridique de l'Union est nécessaire aux fins de l'application des traités.

Les procédures et conditions requises pour la présentation d'une telle initiative sont fixées conformément à l'article 24, premier alinéa, du traité sur le fonctionnement de l'Union européenne.

III – LA CITOYENNETÉ ADMINISTRATIVE

CHAPITRE 1
Le droit à une bonne administration

272 Charte des droits fondamentaux de l'Union européenne (article 41)

Art. 41. *Droit à une bonne administration.* 1. Toute personne a le droit de voir ses affaires traitées impartialement, équitablement et dans un délai raisonnable par les institutions, organes et organismes de l'Union.

2. Ce droit comporte notamment :

a) le droit de toute personne d'être entendue avant qu'une mesure individuelle qui l'affecterait défavorablement ne soit prise à son encontre;

b) le droit d'accès de toute personne au dossier qui la concerne, dans le respect des intérêts légitimes de la confidentialité et du secret professionnel et des affaires;

c) l'obligation pour l'administration de motiver ses décisions.

3. Toute personne a droit à la réparation par l'Union des dommages causés par les institutions, ou par ses agents dans l'exercice de leurs fonctions, conformément aux principes généraux communs aux droits des États membres.

4. Toute personne peut s'adresser aux institutions de l'Union dans une des langues des traités et doit recevoir une réponse dans la même langue.

273 Code des relations entre le public et l'administration (article L. 100-2)

DISPOSITIONS PRÉLIMINAIRES

Art. L. 100-2. L'administration agit dans l'intérêt général et respecte le principe de légalité. Elle est tenue à l'obligation de neutralité et au respect du principe de laïcité. Elle se conforme au principe d'égalité et garantit à chacun un traitement impartial.

CHAPITRE 2
Les droits de l'administré

Section 1
Les principes

A – SILENCE VAUT ACCEPTATION

274 Code des relations entre le public et l'administration (article L. 231-1)

TITRE TROISIÈME

LES DÉCISIONS IMPLICITES

CHAPITRE PREMIER

Régimes de décisions implicites

Section première

Principe du silence valant acceptation

Art. L. 231-1. Le silence gardé pendant deux mois par l'administration sur une demande vaut décision d'acceptation.

B – LE RESPECT D'UNE PROCÉDURE CONTRADICTOIRE

275 Code des relations entre le public et l'administration (articles L. 121-1 et L. 122-2)

TITRE DEUXIÈME

LE DROIT DE PRÉSENTER DES OBSERVATIONS AVANT L'INTERVENTION DE CERTAINES DÉCISIONS

CHAPITRE PREMIER

Décisions soumises au respect d'une procédure contradictoire préalable

Art. L. 121-1. Exception faite des cas où il est statué sur une demande, les décisions individuelles qui doivent être motivées en application de l'article L. 211-2, ainsi que les décisions qui, bien que non mentionnées à cet article, sont prises en considération de la personne, sont soumises au respect d'une procédure contradictoire préalable.

CHAPITRE II

Modalités de mise en œuvre de la procédure contradictoire préalable

Art. L. 122-2. Les mesures mentionnées à l'article L. 121-1 à caractère de sanction ne peuvent intervenir qu'après que la personne en cause a été informée des griefs formulés à son encontre et a été mise à même de demander la communication du dossier la concernant.

C – LE DROIT À LA RÉGULARISATION EN CAS D'ERREUR

276 Code des relations entre le public et l'administration (articles L. 123-1 et L. 123-2)

LIVRE PREMIER

LES ÉCHANGES AVEC L'ADMINISTRATION

(Ord. n° 2015-1341 du 23 oct. 2015, en vigueur le 1er janv. 2016; Décr. n° 2015-1342 du 23 oct. 2015, en vigueur le 1er janv. 2016)

TITRE DEUXIÈME

LES PROCÉDURES PRÉALABLES À L'INTERVENTION DE CERTAINES DÉCISIONS *(L. n° 2018-727 du 10 août 2018, art. 2).*

(Ord. n° 2015-1341 du 23 oct. 2015, en vigueur le 1er janv. 2016)

CHAPITRE III

Droit à régularisation en cas d'erreur

(L. n° 2018-727 du 10 août 2018, art. 2)

Art. L. 123-1. Une personne ayant méconnu pour la première fois une règle applicable à sa situation ou ayant commis une erreur matérielle lors du renseignement de sa situation ne peut faire l'objet, de la part de l'administration, d'une sanction, pécuniaire ou consistant en la privation de tout ou partie d'une prestation due, si elle a régularisé sa situation de sa propre initiative ou après avoir été invitée à le faire par l'administration dans le délai que celle-ci lui a indiqué.

La sanction peut toutefois être prononcée, sans que la personne en cause ne soit invitée à régulariser sa situation, en cas de mauvaise foi ou de fraude.

Les premier et deuxième alinéas ne sont pas applicables :

1° Aux sanctions requises pour la mise en œuvre du droit de l'Union européenne;

2° Aux sanctions prononcées en cas de méconnaissance des règles préservant directement la santé publique, la sécurité des personnes et des biens ou l'environnement;

3° Aux sanctions prévues par un contrat;

4° Aux sanctions prononcées par les autorités de régulation à l'égard des professionnels soumis à leur contrôle.

Art. L. 123-2. Est de mauvaise foi, au sens du présent titre, toute personne ayant délibérément méconnu une règle applicable à sa situation.

En cas de contestation, la preuve de la mauvaise foi et de la fraude incombe à l'administration.

D – LE DROIT AU CONTRÔLE ET L'OPPOSABILITÉ DU CONTRÔLE

277 Code des relations entre le public et l'administration (articles L. 124-1 et L. 124-2)

LIVRE PREMIER
LES ÉCHANGES AVEC L'ADMINISTRATION

(Ord. n° 2015-1341 du 23 oct. 2015, en vigueur le 1er janv. 2016;
Décr. n° 2015-1342 du 23 oct. 2015, en vigueur le 1er janv. 2016)

TITRE DEUXIÈME
LES PROCÉDURES PRÉALABLES À L'INTERVENTION DE CERTAINES DÉCISIONS *(L. n° 2018-727 du 10 août 2018, art. 2).*

(Ord. n° 2015-1341 du 23 oct. 2015, en vigueur le 1er janv. 2016)

CHAPITRE IV
Droit au contrôle et opposabilité du contrôle

(L. n° 2018-727 du 10 août 2018, art. 2)

Art. L. 124-1. Sous réserve des obligations qui résultent d'une convention internationale et sans préjudice des obligations qui lui incombent, toute personne peut demander à faire l'objet d'un contrôle prévu par les dispositions législatives et réglementaires en vigueur. La demande précise les points sur lesquels le contrôle est sollicité.

L'administration procède à ce contrôle dans un délai raisonnable, sauf en cas de mauvaise foi du demandeur, de demande abusive ou lorsque la demande a manifestement pour effet de compromettre le bon fonctionnement du service ou de mettre l'administration dans l'impossibilité matérielle de mener à bien son programme de contrôle.

Art. L. 124-2. Sous réserve des droits des tiers, toute personne contrôlée peut opposer les conclusions expresses d'un contrôle effectué en application de l'article L. 124-1 à l'administration dont elles émanent.

Ces conclusions expresses cessent d'être opposables :

1° En cas de changement de circonstances de droit ou de fait postérieur de nature à affecter leur validité;

2° Lorsque l'administration procède à un nouveau contrôle donnant lieu à de nouvelles conclusions expresses.

Les premier à quatrième alinéas du présent article ne peuvent faire obstacle à l'application des dispositions législatives ou réglementaires préservant directement la santé publique, la sécurité des personnes et des biens ou l'environnement.

Lorsque l'administration constate, à l'issue de son contrôle, une méconnaissance des règles applicables à la situation de la personne contrôlée, celle-ci peut régulariser sa situation dans les conditions prévues aux articles L. 123-1 et L. 123-2.

E – LA MOTIVATION DES ACTES ADMINISTRATIFS

278 Code des relations entre le public et l'administration (articles L. 211-2 à L. 211-8)

TITRE PREMIER

LA MOTIVATION ET LA SIGNATURE DES ACTES ADMINISTRATIFS

CHAPITRE PREMIER

Motivation

Section première

Champ d'application matériel

Art. L. 211-2. Les personnes physiques ou morales ont le droit d'être informées sans délai des motifs des décisions administratives individuelles défavorables qui les concernent.

A cet effet, doivent être motivées les décisions qui :

1° Restreignent l'exercice des libertés publiques ou, de manière générale, constituent une mesure de police ;

2° Infligent une sanction ;

3° Subordonnent l'octroi d'une autorisation à des conditions restrictives ou imposent des sujétions ;

4° Retirent ou abrogent une décision créatrice de droits ;

5° Opposent une prescription, une forclusion ou une déchéance ;

6° Refusent un avantage dont l'attribution constitue un droit pour les personnes qui remplissent les conditions légales pour l'obtenir ;

7° Refusent une autorisation, sauf lorsque la communication des motifs pourrait être de nature à porter atteinte à l'un des secrets ou intérêts protégés par les dispositions du *a* au *f* du 2° de l'article L. 311-5 ;

8° Rejettent un recours administratif dont la présentation est obligatoire préalablement à tout recours contentieux en application d'une disposition législative ou réglementaire.

Art. L. 211-3. Doivent également être motivées les décisions administratives individuelles qui dérogent aux règles générales fixées par la loi ou le règlement.

Art. L. 211-4. Des décrets en Conseil d'État précisent, en tant que de besoin, les catégories de décisions qui doivent être motivées en application de la présente section.

Section II

Modalités

Art. L. 211-5. La motivation exigée par le présent chapitre doit être écrite et comporter l'énoncé des considérations de droit et de fait qui constituent le fondement de la décision.

Art. L. 211-6. Lorsque l'urgence absolue a empêché qu'une décision soit motivée, le défaut de motivation n'entache pas d'illégalité cette décision. Toutefois, si l'intéressé en fait la demande, dans les délais du recours contentieux, l'autorité qui a pris la décision devra, dans un délai d'un mois, lui en communiquer les motifs.

Les dispositions du présent chapitre ne dérogent pas aux textes législatifs interdisant la divulgation ou la publication de faits couverts par le secret.

Section III

Règles spécifiques à certains organismes

Art. L. 211-7. Les organismes de sécurité sociale et Pôle emploi doivent faire connaître les motifs des décisions individuelles par lesquelles ils refusent un avantage dont l'attribution constitue un droit pour les personnes qui remplissent les conditions légales pour l'obtenir.

L'obligation de motivation s'étend aux décisions par lesquelles les organismes et institutions mentionnés à l'alinéa précédent refusent l'attribution d'aides ou de subventions dans le cadre de leur action sanitaire et sociale.

Art. L. 211-8. Les décisions des organismes de sécurité sociale et de mutualité sociale agricole de salariés ou de non-salariés ordonnant le reversement des prestations sociales indûment perçues sont motivées.

Elles indiquent les voies et délais de recours ouverts à l'assuré, ainsi que les conditions et les délais dans lesquels l'assuré peut présenter ses observations écrites ou orales. Dans ce dernier cas, l'assuré peut se faire assister par un conseil ou représenter par un mandataire de son choix.

F – L'ENTRÉE EN VIGUEUR ET LA SORTIE DE VIGUEUR DES ACTES ADMINISTRATIFS

279 Code des relations entre le public et l'administration (articles L. 221-4 et L. 242-1)

TITRE DEUXIÈME

L'ENTRÉE EN VIGUEUR DES ACTES ADMINISTRATIFS

CHAPITRE PREMIER

Règles générales

Section première

Règles d'entrée en vigueur et modalités d'application dans le temps

Sous-section 1 – Actes réglementaires

Art. L. 221-4. Sauf s'il en est disposé autrement par la loi, une nouvelle réglementation ne s'applique pas aux situations juridiques définitivement constituées avant son entrée en vigueur ou aux contrats formés avant cette date.

TITRE QUATRIÈME

LA SORTIE DE VIGUEUR DES ACTES ADMINISTRATIFS

CHAPITRE II

Les décisions créatrices de droits

Section première

Abrogation et retrait à l'initiative de l'administration ou sur demande d'un tiers

Art. L. 242-1. L'administration ne peut abroger ou retirer une décision créatrice de droits de sa propre initiative ou sur la demande d'un tiers que si elle est illégale et si l'abrogation ou le retrait intervient dans le délai de quatre mois suivant la prise de cette décision.

G – LE DROIT DE COMMUNICATION DES DOCUMENTS ADMINISTRATIFS

280 Charte des droits fondamentaux de l'Union européenne (article 42)

Art. 42. *Droit d'accès aux documents.* Tout citoyen de l'Union ainsi que toute personne physique ou morale résidant ou ayant son siège statutaire dans un État membre a un droit d'accès aux documents des institutions, organes et organismes de l'Union, quel que soit leur support.

281 Code des relations entre le public et l'administration (articles L. 311-1 à L. 311-8, L. 340-1, L. 341-1 et L. 342-1 à L. 342-2)

TITRE PREMIER
LE DROIT D'ACCÈS AUX DOCUMENTS ADMINISTRATIFS

CHAPITRE PREMIER
Communication des documents administratifs

Section première

Étendue du droit à communication

Art. L. 311-1. Sous réserve des dispositions des articles L. 311-5 et L. 311-6, les administrations mentionnées à l'article L. 300-2 sont tenues *(L. n° 2016-1321 du 7 oct. 2016, art. 3-2°)* «de publier en ligne ou» de communiquer les documents administratifs qu'elles détiennent aux personnes qui en font la demande, dans les conditions prévues par le présent livre.

Art. L. 311-2. Le droit à communication ne s'applique qu'à des documents achevés.

Le droit à communication ne concerne pas les documents préparatoires à une décision administrative tant qu'elle est en cours d'élaboration. Cependant, les avis, prévus par les textes législatifs ou réglementaires, au vu desquels est prise une décision rendue sur une demande tendant à bénéficier d'une décision individuelle créatrice de droits, sont communicables à l'auteur de cette demande dès leur envoi à l'autorité compétente pour statuer sur la demande. Lorsque les motifs de l'avis n'y figurent pas, ceux-ci doivent être également communiqués au demandeur en cas d'avis défavorable.

Par dérogation aux dispositions de l'alinéa précédent, les avis qui se prononcent sur les mérites comparés de deux ou plusieurs demandes dont l'administration a été saisie ne sont pas communicables tant que la décision administrative qu'ils préparent n'a pas été prise.

Le droit à communication ne s'exerce plus lorsque les documents font l'objet d'une diffusion publique.

Le dépôt aux archives publiques des documents administratifs communicables aux termes du présent chapitre ne fait pas obstacle au droit à communication à tout moment desdits documents.

Lorsqu'une administration mentionnée à l'article L. 300-2 est saisie d'une demande de communication portant sur un document administratif qu'elle ne détient pas mais qui est détenu par une autre administration mentionnée au même article, elle la transmet à cette dernière et en avise l'intéressé.

Lorsqu'une administration mentionnée à l'article L. 300-2, ou la Commission d'accès aux documents administratifs, est saisie d'une demande de communication d'un document administratif susceptible de relever de plusieurs des régimes d'accès mentionnés aux articles L. 342-1 et L. 342-2, il lui appartient de l'examiner d'office au regard de l'ensemble de ces régimes, à l'exception du régime organisé par l'article L. 213-3 du code du patrimoine.

L'administration n'est pas tenue de donner suite aux demandes abusives, en particulier par leur nombre ou leur caractère répétitif ou systématique.

Art. L. 311-3. Sous réserve des dispositions de la loi n° 78-17 du 6 janvier 1978 relative à l'informatique, aux fichiers et aux libertés, concernant les données à caractère personnel figurant dans des fichiers, toute personne a le droit de connaître les informations contenues dans un document administratif dont les conclusions lui sont opposées.

Sur sa demande, ses observations à l'égard desdites conclusions sont obligatoirement consignées en annexe au document concerné.

L'utilisation d'un document administratif au mépris des dispositions ci-dessus est interdite.

Art. L. 311-3-1. *(L. n° 2016-1321 du 7 oct. 2016, art. 4)* Sous réserve de l'application du 2° de l'article L. 311-5, une décision individuelle prise sur le fondement d'un traitement algorithmique comporte une mention explicite en informant l'intéressé. Les règles définissant ce traitement ainsi que les principales caractéristiques de sa mise en œuvre sont communiquées par l'administration à l'intéressé s'il en fait la demande.

Les conditions d'application du présent article sont fixées par décret en Conseil d'État.

Art. L. 311-4. Les documents administratifs sont communiqués *(L. n° 2016-1321 du 7 oct. 2016, art. 8-I)* «ou publiés» sous réserve des droits de propriété littéraire et artistique.

Art. L. 311-5. Ne sont pas communicables :

1° Les avis du Conseil d'État et des juridictions administratives, les documents de la Cour des comptes mentionnés à l'article *(Ord. n° 2016-1360 du 13 oct. 2016, art. 51-IV et 52, en vigueur le 1er mai 2017)* «L. 141-3» du code des juridictions financières et les documents des chambres régionales des comptes mentionnés *(Ord. n° 2016-1360 du 13 oct. 2016, art. 51-IV et 52, en vigueur le 1er mai 2017)* «aux articles L. 241-1 et L. 241-4» du même code, les documents élaborés ou détenus par l'Autorité de la concurrence dans le cadre de l'exercice de ses pouvoirs d'enquête, d'instruction et de décision, les documents élaborés ou détenus par la Haute Autorité pour la transparence de la vie publique dans le cadre des missions prévues à l'article 20 de la loi n° 2013-907 du 11 octobre 2013 relative à la transparence de la vie publique, les documents préalables à l'élaboration du rapport d'accréditation des établissements de santé prévu à l'article L. 6113-6 du code de la santé publique, les documents préalables à l'accréditation des personnels de santé prévue à l'article L. 1414-3-3 du code de la santé publique, les rapports d'audit des établissements de santé mentionnés à l'article 40 de la loi n° 2000-1257 du 23 décembre 2000 de financement de la sécurité sociale pour 2001 et les documents réalisés en exécution d'un contrat de prestation de services exécuté pour le compte d'une ou de plusieurs personnes déterminées;

2° Les autres documents administratifs dont la consultation ou la communication porterait atteinte :

a) Au secret des délibérations du Gouvernement et des autorités responsables relevant du pouvoir exécutif;

b) Au secret de la défense nationale;

c) A la conduite de la politique extérieure de la France;

d) A la sûreté de l'État, à la sécurité publique *(L. n° 2016-1321 du 7 oct. 2016, art. 2-II-1°)* «, à la sécurité des personnes ou à la sécurité des systèmes d'information des administrations»;

e) A la monnaie et au crédit public;

f) Au déroulement des procédures engagées devant les juridictions ou d'opérations préliminaires à de telles procédures, sauf autorisation donnée par l'autorité compétente;

(L. n° 2016-1321 du 7 oct. 2016, art. 2-II-2°) «*g)* A la recherche et à la prévention, par les services compétents, d'infractions de toute nature;»

h) Ou sous réserve de l'article L. 124-4 du code de l'environnement, aux autres secrets protégés par la loi.

Art. L. 311-6. Ne sont communicables qu'à l'intéressé les documents administratifs :

1° Dont la communication porterait atteinte à la protection de la vie privée, au secret médical et au secret *(L. n° 2018-670 du 30 juill. 2018, art. 4)* «des affaires» *(L. n° 2016-1321 du 7 oct. 2016, art. 6-I)* «, lequel comprend le secret des procédés, des informations économiques et financières et des stratégies commerciales ou industrielles et est apprécié en tenant compte, le cas échéant, du fait que la mission de service public de l'administration mentionnée au premier alinéa de l'article L. 300-2 est soumise à la concurrence»;

2° Portant une appréciation ou un jugement de valeur sur une personne physique, nommément désignée ou facilement identifiable;

3° Faisant apparaître le comportement d'une personne, dès lors que la divulgation de ce comportement pourrait lui porter préjudice.

Les informations à caractère médical sont communiquées à l'intéressé, selon son choix, directement ou par l'intermédiaire d'un médecin qu'il désigne à cet effet, dans le respect des dispositions de l'article L. 1111-7 du code de la santé publique.

Art. L. 311-7. Lorsque la demande porte sur un document comportant des mentions qui ne sont pas communicables en application des articles L. 311-5 et L. 311-6 mais qu'il est possible d'occulter ou de disjoindre, le document est communiqué au demandeur après occultation ou disjonction de ces mentions.

Art. L. 311-8. Les documents administratifs non communicables au sens du présent chapitre deviennent communicables au terme des délais et dans les conditions fixés par les articles L. 213-1 et L. 213-2 du code du patrimoine. Avant l'expiration de ces délais et par dérogation aux dispositions du présent article, la consultation de ces documents peut être autorisée dans les conditions prévues par l'article L. 213-3 du même code.

(L. n° 2016-1321 du 7 oct. 2016, art. 36-I) «Lorsqu'une demande faite en application du I du même article L. 213-3 porte sur une base de données et vise à effectuer des traitements à des fins de recherche ou d'étude présentant un caractère d'intérêt public, l'administration détenant la base de données ou l'administration des archives peut demander l'avis du comité du secret statistique institué par l'article 6 *bis* de la loi n° 51-711 du 7 juin 1951 sur l'obligation, la coordination et le secret en matière de statistiques. Le comité peut recommander le recours à une procédure d'accès sécurisé aux données présentant les garanties appropriées, dans des conditions fixées par décret en Conseil d'État.

«L'avis du comité tient compte :

«1° Des enjeux attachés aux secrets protégés par la loi, notamment la protection de la vie privée et la protection du secret *(L. n° 2018-670 du 30 juill. 2018, art. 4)* «des affaires»;

«2° De la nature et de la finalité des travaux pour l'exécution desquels la demande d'accès est formulée.»

TITRE QUATRIÈME
LA COMMISSION D'ACCÈS AUX DOCUMENTS ADMINISTRATIFS

Art. L. 340-1. La Commission d'accès aux documents administratifs est une autorité administrative indépendante.

Elle est chargée de veiller au respect de la liberté d'accès aux documents administratifs et aux archives publiques ainsi qu'à l'application *(Ord. n° 2016-307 du 17 mars 2016, art. 2-2°)* «du titre II du présent livre» dans les conditions prévues par le présent livre et par le titre Ier du livre II du code du patrimoine.

CHAPITRE PREMIER
Composition et fonctionnement de la commission d'accès aux documents administratifs

Art. L. 341-1. La commission comprend onze membres :

1° Un membre du Conseil d'État, d'un grade au moins égal à celui de conseiller, un magistrat de la Cour de cassation et un magistrat de la Cour des comptes en activité ou honoraire, désignés respectivement par le vice-président du Conseil d'État, le premier président de la Cour de cassation et le premier président de la Cour des comptes;

2° Un député et un sénateur, désignés respectivement par le président de l'Assemblée nationale et le président du Sénat;

3° Un élu d'une collectivité territoriale, désigné par le président du Sénat;

4° Un professeur de l'enseignement supérieur, en activité ou honoraire, proposé par le président de la commission;

5° Une personnalité qualifiée en matière d'archives, proposée par le directeur général des patrimoines;

(L. n° 2016-1321 du 7 oct. 2016, art. 27) «6° Le président de la Commission nationale de l'informatique et des libertés, ou son représentant;»

7° Une personnalité qualifiée en matière de concurrence et de prix, proposée par le président de l'Autorité de la concurrence;

8° Une personnalité qualifiée en matière de diffusion publique d'informations.

Un suppléant est désigné dans les mêmes conditions pour chacun des membres.

Chacune des autorités appelées à désigner ou proposer un membre de la commission en application du présent article fait en sorte que, après cette désignation ou cette proposition, l'écart entre le nombre de femmes et d'hommes parmi l'ensemble des membres, d'une part, et parmi les membres titulaires, d'autre part, ne soit pas supérieur à un.

(L. n° 2017-55 du 20 janv. 2017, art. 35-2°) «Le président de la commission est nommé par décret du Président de la République parmi les membres. Les autres» membres de la commission sont nommés par décret. Leur mandat est, à l'exception de ceux mentionnés aux 2° *(L. n° 2016-1321 du 7 oct. 2016, art. 27-2°)* «, 3° et 6°», qui siègent pour la durée du mandat au titre duquel ils ont été désignés, d'une durée de trois ans. Ce mandat est renouvelable *(L. n° 2017-55 du 20 janv. 2017, art. 35-2° et 3°)* «une fois.

«Selon des modalités fixées par décret en Conseil d'État, le collège est, à l'exception de son président, renouvelé par moitié tous les trois ans.»

La commission comprend en outre, avec voix consultative, le Défenseur des droits ou son représentant.

Un commissaire du Gouvernement, désigné par le Premier ministre, siège auprès de la commission et assiste à ses délibérations, sauf lorsque la commission se prononce en application des dispositions *(Ord. n° 2016-307 du 17 mars 2016, art. 2-3°)* «de l'article L. 326-1» ou de l'article L. 342-3 du présent code.

En cas de partage égal des voix, celle du président de la commission est prépondérante.

Un décret en Conseil d'État détermine les modalités de fonctionnement de la commission. Il fixe notamment les cas et les conditions dans lesquels la commission peut délibérer en formation restreinte *(L. n° 2016-1321 du 7 oct. 2016, art. 13-3°-b)* «ou déléguer à son président l'exercice de certaines de ses attributions».

CHAPITRE II

Attributions de la commission d'accès aux documents administratifs

Art. L. 342-1. La Commission d'accès aux documents administratifs émet des avis lorsqu'elle est saisie par une personne à qui est opposé un refus de communication *(L. n° 2016-1321 du 7 oct. 2016, art. 13-3°-a)* «ou un refus de publication» d'un document administratif en application du titre Ier, un refus de consultation ou de communication des documents d'archives publiques, à l'exception des documents mentionnés au *c* de l'article L. 211-4 du code du patrimoine et des actes et documents produits ou reçus par les assemblées parlementaires, ou une décision défavorable en matière de réutilisation d'informations publiques.

La saisine pour avis de la commission est un préalable obligatoire à l'exercice d'un recours contentieux.

Art. L. 342-2. La commission est également compétente pour connaître des questions relatives :

A. — A l'accès aux documents administratifs et à la réutilisation des informations publiques relevant des dispositions suivantes :

1° L'article 2449 du code civil;

2° L'article 79 du code civil local d'Alsace-Moselle;

3° Les articles L. 2121-26, L. 3121-17, L. 4132-16, L. 5211-46, L. 5421-5, L. 5621-9 et L. 5721-6 du code général des collectivités territoriales;

4° Les articles L. 28 *[nouvelle rédaction issue de la L. n° 2016-1048 du 1er août 2016, art. 11-IV et 16-I, en vigueur selon des modalités fixées par décret en Conseil d'État et, au plus tard, le 31 déc. 2019) : «L. 37»]*, L. 68 et L.O. 179 du code électoral ainsi que les dispositions de ce code relatives au registre des procurations;

5° Les dispositions du code rural et de la pêche maritime relatives aux listes électorales des chambres départementales d'agriculture;

6° Les dispositions du code forestier relatives aux listes électorales des centres régionaux de la propriété forestière;

7° Les articles L. 121-5, L. 123-1 à L. 123-19, L. 213-13 et L. 332-29 du code de l'urbanisme;

8° Les chapitres III et IV du titre II du livre Ier du code de l'environnement;

9° Les articles L. 225-3, L. 225-5 et L. 330-2 à L. 330-5 du code de la route;

10° Les dispositions du code de la voirie routière relatives aux enquêtes publiques en matière de classement, d'ouverture, de redressement, de fixation de la largeur et de déclassement des voies communales;

11° Le *a* et le *b* de l'article L. 104 et les articles L. 106, L. 111 et L. 135 B du livre des procédures fiscales;

12° L'article L. 107 A du livre des procédures fiscales;

13° L'article L. 421-8 du code de l'action sociale et des familles;

14° Les articles L. 1111-7 et L. 1131-1 du code de la santé publique;

15° L'article L. 161-37 du code de la sécurité sociale;

16° L'article 10 de la loi n° 2000-321 du 12 avril 2000 relative aux droits des citoyens dans leurs relations avec les administrations;

17° L'article 17 de la loi du 31 décembre 1913 sur les monuments historiques;

18° Les dispositions relatives à la conservation du cadastre;

19° L'article 5 de la loi du 1er juillet 1901 relative au contrat d'association;

20° L'article 12 de la loi du 1er mai 1889, révisée par la loi du 20 mai 1898, sur les associations coopératives de production et de consommation;

21° Les dispositions relatives aux procès-verbaux des séances de la commission de surveillance et de contrôle des publications destinées à la jeunesse;

(L. n° 2016-1321 du 7 oct. 2016, art. 1er) «22° L'article 1er de la loi n° 2016-1321 du 7 octobre 2016 pour une République numérique.»

(L. n° 2016-1919 du 29 déc. 2016, art. 6) «23° Les articles 1er et 3 de la loi n° 2016-1919 du 29 décembre 2016 relative à l'exercice, par la Croix-Rouge française, de sa mission statutaire de rétablissement des liens familiaux.»

B. — A l'accès aux informations détenues par les exploitants d'une installation nucléaire de base et les personnes responsables de transport de substances radioactives dans les conditions définies aux articles L. 125-10 et L. 125-11 du code de l'environnement.

C. — A la réutilisation des informations publiques relevant du chapitre III du titre II de la loi du 1er juin 1924 mettant en vigueur la législation civile française dans les départements du Bas-Rhin, du Haut-Rhin et de la Moselle.

H – LE DROIT DE PARTICIPATION ET DE CONSULTATION

282 Charte de l'environnement (article 7)

Art. 7. Toute personne a le droit, dans les conditions et les limites définies par la loi, d'accéder aux informations relatives à l'environnement détenues par les autorités publiques et de participer à l'élaboration des décisions publiques ayant une incidence sur l'environnement.

283 Code des relations entre le public et l'administration (articles L. 131-1 à R. 132-10 et L. 134-1 à L. 134-2)

TITRE TROISIÈME

L'ASSOCIATION DU PUBLIC AUX DÉCISIONS PRISES PAR L'ADMINISTRATION

CHAPITRE PREMIER

Principes généraux

(Ord. n° 2015-1341 du 23 oct. 2015, en vigueur le 1er janv. 2016)

Art. L. 131-1. Lorsque l'administration décide, en dehors des cas régis par des dispositions législatives ou réglementaires, d'associer le public à la conception d'une réforme ou à l'élaboration d'un projet ou d'un acte, elle rend publiques les modalités de cette procédure, met à disposition des personnes concernées les informations utiles, leur assure un délai raisonnable pour y participer et veille à ce que les résultats ou les suites envisagées soient, au moment approprié, rendus publics.

CHAPITRE II

Consultation ouverte sur internet

(Ord. n° 2015-1341 du 23 oct. 2015, en vigueur le 1er janv. 2016;
Décr. n° 2015-1342 du 23 oct. 2015, en vigueur le 1er janv. 2016)

Section première

Consultation ouverte se substituant à la consultation d'une commission

Art. L. 132-1. Lorsque l'administration est tenue de procéder à la consultation d'une commission consultative préalablement à l'édiction d'un acte réglementaire, elle peut décider d'organiser une consultation ouverte permettant de recueillir, sur un site internet, les observations des personnes concernées.

Cette consultation ouverte se substitue à la consultation obligatoire en application d'une disposition législative ou réglementaire. Les commissions consultatives dont l'avis doit être recueilli en application d'une disposition législative ou réglementaire peuvent faire part de leurs observations dans le cadre de la consultation prévue au présent article.

Demeurent obligatoires les consultations d'autorités administratives indépendantes prévues par les textes législatifs et réglementaires, les procédures d'avis conforme, celles qui concernent l'exercice d'une liberté publique, constituent la garantie d'une exigence constitutionnelle, traduisent un pouvoir de proposition ou mettent en œuvre le principe de participation.

Art. L. 132-2. L'administration qui décide d'organiser une consultation ouverte prévue à l'article L. 132-1 fait connaître par tout moyen les modalités de cette consultation.

Au terme de la consultation, elle établit une synthèse des observations qu'elle a recueillies, éventuellement accompagnée d'éléments d'information complémentaires. Cette synthèse est rendue publique.

Art. L. 132-3. La consultation ouverte prévue à l'article L. 132-1 ne peut être d'une durée inférieure à quinze jours. Ses conditions et modalités d'organisation sont fixées par décret en Conseil d'État.

Art. R.* 132-4. La décision d'organiser une consultation ouverte en application de l'article L. 132-1 est publiée :

1° Sur un site internet du Premier ministre lorsqu'elle est prise par une autorité de l'État ou d'un de ses établissements publics;

2° Par tout moyen, dont au moins une publication sur le site internet choisi par l'autorité intéressée pour le déroulement de la consultation, lorsqu'elle est prise par une collectivité territoriale, un groupement de collectivités territoriales ou un établissement public rattaché à ces dernières.

Art. R.* 132-5. La décision mentionnée à l'article R.* 132-4 indique la date d'ouverture et de clôture de la consultation. Elle précise si les observations formulées apparaîtront sur le site choisi pour le déroulement de la consultation.

Sa publication est assortie du projet d'acte concerné et d'une notice explicative précisant l'objet et le contenu de celui-ci ainsi que, en tant que de besoin, la ou les dates prévues pour l'entrée en vigueur des mesures envisagées.

Art. R.* 132-6. La synthèse des observations recueillies lors de la consultation ouverte est rendue publique par l'autorité organisatrice au plus tard à la date de la signature de l'acte ayant fait l'objet de la consultation.

Cette publicité est assurée :

1° Sur le site du Premier ministre mentionné à l'article R.* 132-4 lorsque l'autorité organisatrice est une autorité de l'État ou de l'un de ses établissements publics;

2° Sur le site ayant permis le recueil des observations lorsque l'autorité organisatrice est une collectivité territoriale, un groupement de collectivités territoriales ou un établissement public rattaché à ces dernières.

Art. R.* 132-7. La publication de la décision d'organiser une consultation ouverte sur le site internet mentionné à l'article R.* 132-4 précise si la procédure de consultation est organisée en application de l'article L. 132-1 et indique, dans ce cas, qu'elle se substitue à la consultation des commissions consultatives dans les conditions prévues par ce même article.

Section II

AUTRES CONSULTATIONS OUVERTES SUR INTERNET

Art. R.* 132-8. Les consultations organisées sur un site internet par les administrations de l'État, en application de dispositions législatives ou réglementaires qui imposent la consultation du public préalablement à l'adoption d'un acte réglementaire ayant un champ d'application national, font l'objet d'une publication sur le site internet mentionné à l'article R.* 132-4.

Art. R.* 132-9. Les consultations organisées sur un site internet sur des projets de loi font l'objet d'une publication sur le site mentionné à l'article R.* 132-4.

Art. R.* 132-10. Les administrations de l'État et ses établissements publics peuvent décider de rendre publiques sur le site mentionné à l'article R.* 132-4 les procédures de consultation du public qu'elles organisent préalablement à l'adoption d'un acte réglementaire en dehors des cas prévus à l'article R.* 132-8.

CHAPITRE IV

Enquêtes publiques

Section première

Objet et champ d'application

Art. L. 134-1. Sans préjudice de dispositions particulières figurant dans d'autres textes, le présent chapitre régit les enquêtes publiques qui doivent être organisées par l'administration et qui ne relèvent ni du code de l'expropriation pour cause d'utilité publique ni du code de l'environnement.

Art. L. 134-2. L'enquête publique a pour objet d'assurer l'information et la participation du public ainsi que la prise en compte des intérêts des tiers lors de l'élaboration d'une décision administrative. Les observations et propositions recueillies au cours de l'enquête sont prises en considération par l'administration compétente avant la prise de décision.

284 Code de l'environnement (article L. 121-1)

TITRE DEUXIÈME

INFORMATION ET PARTICIPATION DES CITOYENS

CHAPITRE PREMIER

Participation du public à l'élaboration des plans, programmes et projets ayant une incidence sur l'environnement

(Ord. n° 2016-1060 du 3 août 2016, art. 2-2°).

(L. n° 2002-276 du 27 févr. 2002, art. 134)

Section première

Missions de la commission nationale du débat public

(Ord. n° 2016-1060 du 3 août 2016, art. 2-4°).

Art. L. 121-1. *(Ord. n° 2016-1060 du 3 août 2016, art. 2-5°-a)* «I. —» La Commission nationale du débat public, autorité administrative indépendante, est chargée de veiller au respect de la participation du public au processus d'élaboration des projets d'aménagement ou d'équipement d'intérêt national de l'État, des collectivités territoriales, des établissements publics et des personnes privées, relevant de catégories *(Ord. n° 2016-1060 du 3 août 2016, art. 2-5°-a)* «de projets mentionnés à l'article L. 121-8» dont la liste est fixée par décret en Conseil d'État, dès lors qu'ils présentent de forts enjeux socio-économiques ou ont des impacts significatifs sur l'environnement ou l'aménagement du territoire.

(Ord. n° 2016-1060 du 3 août 2016, art. 2-5°-b et c) «La commission est également chargée de veiller au respect de la participation du public pour les plans ou programmes de niveau national mentionnés au IV de l'article L. 121-8.

«La Commission nationale du débat public peut décider d'organiser un débat public ou une concertation préalable permettant de débattre de l'opportunité, des objectifs et des caractéristiques principales du projet ou des objectifs et *(L. n° 2018-148 du 2 mars 2018, art. 2)* «des» principales orientations du plan ou programme, des enjeux socio-économiques qui s'y attachent ainsi que de leurs impacts significatifs sur l'environnement et l'aménagement du territoire. Ce débat ou cette concertation permet, le cas échéant, de débattre de solutions alternatives, y compris, pour un projet, son absence de mise en œuvre.» *(L. n° 2018-148 du 2 mars 2018, art. 2)* «Ce débat ou cette concertation porte également sur les modalités d'information et de participation du public après sa clôture.»

La participation du public est assurée pendant toute la phase d'élaboration d'un projet *(L. n° 2018-148 du 2 mars 2018, art. 2)* «, plan ou programme» *(Ord. n° 2016-1060 du 3 août 2016, art. 2-5°-d)* «depuis l'engagement des études préliminaires jusqu'à l'ouverture de l'enquête publique réalisée en application des dispositions du chapitre III du présent titre» ou *(Ord. n° 2014-1345 du 6 nov. 2014, art. 5-IV-1°, en vigueur le 1er janv. 2015)* «du livre Ier du code de l'expropriation pour cause d'utilité publique» *(Ord. n° 2016-1060 du 3 août 2016, art. 2-5°-d)* «ou, en l'absence d'enquête publique, du mode de participation retenu».

(Ord. n° 2016-1060 du 3 août 2016, art. 2-5°-e) «II. —» La Commission nationale du débat public veille au respect de bonnes conditions d'information du public durant la phase de réalisation des projets dont elle a été saisie jusqu'à la réception des équipements et travaux *(Ord. n° 2016-1060 du 3 août 2016, art. 2-5°-e et f)* «et, pour les plans et programmes mentionnés au I, jusqu'à leur adoption ou approbation.

«Elle peut, de sa propre initiative, ou saisie par un président de commission particulière du débat public ou par un garant mentionné à l'article L. 121-1-1, demander la réalisation d'*(L. n° 2018-148 du 2 mars 2018, art. 2)* «études techniques ou d'» expertises complémentaires. Sa décision est rendue publique.»

Elle conseille à leur demande les autorités compétentes et tout maître d'ouvrage *(L. n° 2018-148 du 2 mars 2018, art. 2)* «ou personne publique responsable» sur toute question relative à la *(Ord. n° 2016-1060 du 3 août 2016, art. 2-5°-g)* «participation du public tout au long de l'élaboration d'un plan, programme ou projet».

La Commission nationale du débat public a également pour mission d'émettre tous avis et recommandations à caractère général ou méthodologique de nature à favoriser et développer la *(Ord. n° 2016-1060 du 3 août 2016, art. 2-5°-h)* «participation du» public.

La Commission nationale du débat public et les commissions particulières ne se prononcent pas sur le fond *(Ord. n° 2016-1060 du 3 août 2016, art. 2-5°-i)* «des plans, programmes ou projets» qui leur sont soumis.

I – LE RÉFÉRENDUM LOCAL

285 Code général des collectivités territoriales (articles L.O. 1112-1 à L.O. 1112-2)

TITRE UNIQUE
LIBRE ADMINISTRATION DES COLLECTIVITÉS TERRITORIALES

CHAPITRE II
Participation des électeurs aux décisions locales

(L. org. n° 2003-705 du 1er août 2003)

Section première

Référendum local

Sous-section 1 – Dispositions générales

Art. L.O. 1112-1. L'assemblée délibérante d'une collectivité territoriale peut soumettre à référendum local tout projet de délibération tendant à régler une affaire de la compétence de cette collectivité.

Art. L.O. 1112-2. L'exécutif d'une collectivité territoriale peut seul proposer à l'assemblée délibérante de cette collectivité de soumettre à référendum local tout projet d'acte relevant des attributions qu'il exerce au nom de la collectivité, à l'exception des projets d'acte individuel.

Section 2

La défense des droits de l'administré

A – LE DROIT DE FORMER DES RECOURS ADMINISTRATIFS

286 Code des relations entre le public et l'administration (articles L. 410-1 à L. 412-8)

TITRE PREMIER

LES RECOURS ADMINISTRATIFS

(Ord. n° 2015-1341 du 23 oct. 2015, en vigueur le 1er janv. 2016)

Art. L. 410-1. Pour l'application du présent titre, on entend par :

1° Recours administratif : la réclamation adressée à l'administration en vue de régler un différend né d'une décision administrative ;

2° Recours gracieux : le recours administratif adressé à l'administration qui a pris la décision contestée ;

3° Recours hiérarchique : le recours administratif adressé à l'autorité à laquelle est subordonnée celle qui a pris la décision contestée ;

4° Recours administratif préalable obligatoire : le recours administratif auquel est subordonné l'exercice d'un recours contentieux à l'encontre d'une décision administrative.

CHAPITRE PREMIER

Règles générales

(Ord. n° 2015-1341 du 23 oct. 2015, en vigueur le 1er janv. 2016)

Art. L. 411-1. Sous réserve de dispositions législatives et réglementaires spéciales ou contraires, les règles applicables aux recours administratifs sont fixées par les dispositions qui suivent.

Art. L. 411-2. Toute décision administrative peut faire l'objet, dans le délai imparti pour l'introduction d'un recours contentieux, d'un recours gracieux ou hiérarchique qui interrompt le cours de ce délai.

Lorsque dans le délai initial du recours contentieux ouvert à l'encontre de la décision, sont exercés contre cette décision un recours gracieux et un recours hiérarchique, le délai du recours contentieux, prorogé par l'exercice de ces recours administratifs, ne recommence à courir à l'égard de la décision initiale que lorsqu'ils ont été l'un et l'autre rejetés.

Art. L. 411-3. Les articles L. 112-3 et L. 112-6 relatifs à la délivrance des accusés de réception sont applicables au recours administratif adressé à une administration par le destinataire d'une décision.

Art. L. 411-4. L'administration se prononce sur le recours formé à l'encontre d'une décision créatrice de droits sur le fondement de la situation de fait et de droit prévalant à la date de cette décision. En cas de recours formé contre une décision non créatrice de droits, elle se fonde sur la situation de fait et de droit prévalant à la date à laquelle elle statue sur le recours.

Art. L. 411-5. La décision rejetant un recours administratif dirigé contre une décision soumise à obligation de motivation en application des articles L. 211-2 et L. 211-3 est motivée lorsque cette obligation n'a pas été satisfaite au stade de la décision initiale.

La décision faisant droit à un recours administratif est motivée si elle entre, par elle-même, dans le champ des décisions individuelles visées aux articles L. 211-2 et L. 211-3.

Art. L. 411-6. Lorsque le recours administratif émane d'une personne autre que le bénéficiaire de la décision initiale et que la décision prise sur recours doit être motivée en application de l'article L. 211-2, la procédure contradictoire prévue à l'article L. 122-1 est mise en œuvre à son égard.

La présente disposition n'est pas applicable aux relations entre l'administration et ses agents.

Art. L. 411-7. Ainsi qu'il est dit à l'article L. 231-4, le silence gardé pendant plus de deux mois sur un recours administratif par l'autorité compétente vaut décision de rejet.

CHAPITRE II

Recours administratifs préalables obligatoires

(Ord. n° 2015-1341 du 23 oct. 2015, en vigueur le 1er janv. 2016)

Art. L. 412-1. Les dispositions du présent chapitre ne sont pas applicables aux relations entre l'administration et ses agents.

Art. L. 412-2. Les recours administratifs préalables obligatoires sont régis par les règles énoncées au chapitre Ier, sous réserve des dispositions qui suivent.

Art. L. 412-3. La décision soumise à recours administratif préalable obligatoire est notifiée avec l'indication de cette obligation ainsi que des voies et délais selon lesquels ce recours peut être exercé.

Il est également précisé que l'administration statuera sur le fondement de la situation de fait et de droit prévalant à la date de sa décision, sauf mention contraire dans une loi ou un règlement.

Art. L. 412-4. La présentation d'un recours gracieux ou hiérarchique ne conserve pas le délai imparti pour exercer le recours administratif préalable obligatoire non plus que le délai de recours contentieux.

Art. L. 412-5. L'administration statue sur le recours administratif préalable obligatoire sur le fondement de la situation de fait et de droit prévalant à la date de sa décision, sauf mention contraire dans une loi ou un règlement.

Art. L. 412-6. L'administration qui a pris la décision initiale peut la retirer d'office si elle est illégale tant que l'autorité chargée de statuer sur le recours administratif préalable obligatoire ne s'est pas prononcée.

Art. L. 412-7. La décision prise à la suite d'un recours administratif préalable obligatoire se substitue à la décision initiale.

Art. L. 412-8. Ainsi que le prévoit l'article L. 211-2, la décision qui rejette un recours administratif dont la présentation est obligatoire préalablement à tout recours contentieux en application d'une disposition législative ou réglementaire doit être motivée.

B – LE DÉFENSEUR DES DROITS

287 Constitution du 4 octobre 1958 (article 71-1)

TITRE XI *BIS*
LE DÉFENSEUR DES DROITS

Art. 71-1. *(L. const. n° 2008-724 du 23 juill. 2008, art. 41)* Le Défenseur des droits veille au respect des droits et libertés par les administrations de l'État, les collectivités territoriales, les établissements publics, ainsi que par tout organisme investi d'une mission de service public, ou à l'égard duquel la loi organique lui attribue des compétences.

Il peut être saisi, dans les conditions prévues par la loi organique, par toute personne s'estimant lésée par le fonctionnement d'un service public ou d'un organisme visé au premier alinéa. Il peut se saisir d'office.

La loi organique définit les attributions et les modalités d'intervention du Défenseur des droits. Elle détermine les conditions dans lesquelles il peut être assisté par un collège pour l'exercice de certaines de ses attributions.

Le Défenseur des droits est nommé par le Président de la République pour un mandat de six ans non renouvelable, après application de la procédure prévue au dernier alinéa de l'article 13. Ses fonctions sont incompatibles avec celles de membre du Gouvernement et de membre du Parlement. Les autres incompatibilités sont fixées par la loi organique.

Le Défenseur des droits rend compte de son activité au Président de la République et au Parlement.

288 Loi organique n° 2011-333 du 29 mars 2011 relative au défenseur des droits

L'Assemblée nationale et le Sénat ont adopté,
Le Conseil constitutionnel a déclaré conforme à la Constitution;
Le Président de la République promulgue la loi dont la teneur suit :

TITRE PREMIER
Dispositions générales

Art. 1er. Le Défenseur des droits est nommé par décret en conseil des ministres, après application de la procédure prévue au dernier alinéa de l'article 13 de la Constitution.

Il ne peut être mis fin à ses fonctions que sur sa demande ou en cas d'empêchement dans des conditions définies par décret en Conseil d'État.

Art. 2. Le Défenseur des droits, autorité *(L. org. n° 2017-54 du 20 janv. 2017, art. 5-1°)* «administrative» indépendante, ne reçoit *(L. org. n° 2017-54 du 20 janv. 2017, art. 5-1°)* «et ne sollicite», dans l'exercice de ses attributions, aucune instruction.

Le Défenseur des droits et ses adjoints ne peuvent être poursuivis, recherchés, arrêtés, détenus ou jugés à l'occasion des opinions qu'ils émettent ou des actes qu'ils accomplissent dans l'exercice de leurs fonctions.

Art. 3. Les fonctions de Défenseur des droits et celles de ses adjoints sont incompatibles avec celles de membre du Gouvernement, du Conseil constitutionnel, du Conseil supérieur de la magistrature et du Conseil économique, social et environnemental ainsi qu'avec tout mandat électif.

Le membre du Gouvernement, du Conseil constitutionnel, du Conseil supérieur de la magistrature, du Conseil économique, social et environnemental ou le titulaire d'un mandat électif qui est nommé Défenseur des droits ou adjoint est réputé avoir opté pour ces dernières fonctions s'il n'a pas exprimé de volonté contraire dans les huit jours suivant la publication au *Journal officiel* de sa nomination.

Les fonctions de Défenseur des droits et celles de ses adjoints sont, en outre, incompatibles avec toute autre fonction ou emploi public et toute activité professionnelle ainsi qu'avec toute fonction de président et de membre de conseil d'administration, de président et de membre de directoire, de président et de membre de conseil de surveillance, et d'administrateur délégué dans toute société, entreprise ou établissement.

Dans un délai d'un mois suivant la publication de sa nomination comme Défenseur des droits ou comme un de ses adjoints, la personne nommée doit cesser toute activité incompatible avec ses nouvelles fonctions. Si elle est fonctionnaire ou magistrat, elle est placée en position de détachement de plein droit pendant la durée de ses fonctions et ne peut recevoir, au cours de cette période, aucune promotion au choix.

TITRE II
Dispositions relatives aux compétences et à la saisine du Défenseur des droits

Art. 4. Le Défenseur des droits est chargé :

1° De défendre les droits et libertés dans le cadre des relations avec les administrations de l'État, les collectivités territoriales, les établissements publics et les organismes investis d'une mission de service public ;

2° De défendre et de promouvoir l'intérêt supérieur et les droits de l'enfant consacrés par la loi ou par un engagement international régulièrement ratifié ou approuvé par la France ;

3° De lutter contre les discriminations, directes ou indirectes, prohibées par la loi ou par un engagement international régulièrement ratifié ou approuvé par la France ainsi que de promouvoir l'égalité;

4° De veiller au respect de la déontologie par les personnes exerçant des activités de sécurité sur le territoire de la République;

(L. org. nº 2016-1690 du 9 déc. 2016) «5° D'orienter vers les autorités compétentes toute personne signalant une alerte dans les conditions fixées par la loi, de veiller aux droits et libertés de cette personne. *[Dispositions déclarées non conformes à la Constitution par la décision nº 2016-740 DC du 8 décembre 2016.]*»

Art. 5. Le Défenseur des droits peut être saisi :

1° Par toute personne physique ou morale qui s'estime lésée dans ses droits et libertés par le fonctionnement d'une administration de l'État, d'une collectivité territoriale, d'un établissement public ou d'un organisme investi d'une mission de service public;

2° Par un enfant qui invoque la protection de ses droits ou une situation mettant en cause son intérêt, par ses représentants légaux, les membres de sa famille, les services médicaux ou sociaux ou toute association régulièrement déclarée depuis au moins cinq ans à la date des faits et se proposant par ses statuts de défendre les droits de l'enfant;

3° Par toute personne qui s'estime victime d'une discrimination, directe ou indirecte, prohibée par la loi ou par un engagement international régulièrement ratifié ou approuvé par la France, ou par toute association régulièrement déclarée depuis au moins cinq ans à la date des faits se proposant par ses statuts de combattre les discriminations ou d'assister les victimes de discriminations, conjointement avec la personne s'estimant victime de discrimination ou avec son accord;

4° Par toute personne qui a été victime ou témoin de faits dont elle estime qu'ils constituent un manquement aux règles de déontologie dans le domaine de la sécurité.

Le Défenseur des droits peut être saisi des agissements de personnes publiques ou privées.

Il peut en outre se saisir d'office ou être saisi par les ayants droit de la personne dont les droits et libertés sont en cause.

Il est saisi des réclamations qui sont adressées à ses adjoints.

Art. 6. La saisine du Défenseur des droits est gratuite.

Elle est précédée de démarches préalables auprès des personnes publiques ou des organismes mis en cause, sauf lorsqu'elle est présentée au titre des compétences mentionnées aux 2° à 4° de l'article 4.

La saisine du Défenseur des droits n'interrompt ni ne suspend par elle-même les délais de prescription des actions en matière civile, administrative ou pénale, non plus que ceux relatifs à l'exercice de recours administratifs ou contentieux.

Art. 7. Une réclamation peut être adressée à un député, à un sénateur ou à un représentant français au Parlement européen, qui la transmet au Défenseur des droits s'il estime qu'elle appelle son intervention. Le Défenseur des droits informe le député, le sénateur ou le représentant français au Parlement européen des suites données à cette transmission.

Les membres du Parlement peuvent, de leur propre initiative, saisir le Défenseur des droits d'une question qui leur paraît appeler son intervention.

Sur la demande de l'une des commissions permanentes de son assemblée, le président de l'Assemblée nationale ou le président du Sénat peut transmettre au Défenseur des droits, dans les domaines de sa compétence, toute pétition dont l'assemblée a été saisie.

Le Défenseur des droits instruit également les réclamations qui lui sont transmises par le Médiateur européen ou un homologue étranger et qui lui paraissent relever de sa compétence et appeler son intervention.

Art. 8. Lorsqu'il se saisit d'office ou lorsqu'il est saisi autrement qu'à l'initiative de la personne s'estimant lésée ou, s'agissant d'un enfant, de ses représentants légaux, le Défenseur des droits ne peut intervenir qu'à la condition que cette personne ou, le cas échéant, ses ayants droit ait été avertie et ne se soit pas opposée à son intervention. Toutefois, il peut toujours se saisir des cas lui paraissant mettre en cause l'intérêt supérieur d'un enfant et des cas relatifs à des personnes qui ne sont pas identifiées ou dont il ne peut recueillir l'accord.

Art. 9. Lorsque le Défenseur des droits transmet une réclamation à une autre autorité indépendante investie d'une mission de protection des droits et libertés, il peut accompagner cette transmission de ses observations et demander à être informé des suites données à celles-ci.

Le Défenseur des droits est associé, à sa demande, aux travaux de la Commission nationale de l'informatique et des libertés et de la Commission d'accès aux documents administratifs.

Art. 10. Le Défenseur des droits ne peut être saisi ni ne peut se saisir des différends susceptibles de s'élever entre les personnes publiques et organismes mentionnés au 1° de l'article 4.

Il ne peut être saisi ni ne peut se saisir, sauf au titre de ses compétences mentionnées au 3°*(L. org. n° 2016-1690 du 9 déc. 2016)* «et au 5°» du même article 4, des différends susceptibles de s'élever entre, d'une part, ces personnes publiques et organismes et, d'autre part, leurs agents, à raison de l'exercice de leurs fonctions.

(L. org. n° 2016-1690 du 9 déc. 2016) «Il ne peut ni être saisi ni se saisir, au titre de ses compétences mentionnées au 5° du même article 4, des différends qui ne relèvent pas des situations prévues par la loi.»

289 Code des relations entre le public et l'administration (article L. 424-1)

TITRE DEUXIÈME

LES AUTRES MODES NON JURIDICTIONNELS DE RÉSOLUTION DES DIFFÉRENDS

CHAPITRE IV

Saisine du défenseur des droits

(Ord. n° 2015-1341 du 23 oct. 2015, en vigueur le 1er janv. 2016)

Art. L. 424-1. Le Défenseur des droits peut être saisi ou se saisir d'office de différends entre le public et l'administration, dans les cas et les conditions prévus par la loi organique n° 2011-333 du 29 mars 2011 relative au Défenseur des droits.

SEPTIÈME PARTIE
LA VIE JUDICIAIRE

I – LE PROCÈS

CHAPITRE 1
L'organisation de la justice

Section 1
La séparation des ordres judiciaires et administratifs

290 Loi des 16-24 août 1790 sur l'organisation judiciaire (articles 10, 12 et 13)

TITRE II

Art. 10. Les tribunaux ne pourront prendre directement ou indirectement aucune part à l'exercice du pouvoir législatif, ni empêcher ou suspendre l'exécution des décrets du Corps législatif, sanctionnés par le Roi, à peine de forfaiture.

Art. 12. Ils ne pourront point faire de règlements, mais ils s'adresseront au corps législatif toutes les fois qu'ils croiront nécessaire, soit d'interpréter une loi, soit d'en faire une nouvelle.

Art. 13. Les fonctions judiciaires sont distinctes et demeureront toujours séparées des fonctions administratives. Les juges ne pourront, à peine de forfaiture, troubler, de quelque manière que ce soit, les opérations des corps administratifs, ni citer devant eux les administrateurs pour raison de leurs fonctions.

291 Décret du 16 fructidor an III qui défend aux tribunaux de connaître des actes d'administration et annule toute procédure et jugement intervenus à cet égard

Art. unique. Défenses itératives sont faites aux tribunaux de connaître des actes d'administration, de quelque espèce qu'ils soient, aux peines de droit.

Section 2
Les garanties d'indépendance

A – LA JURIDICTION JUDICIAIRE

1. LES MAGISTRATS DU SIÈGE

292 Constitution du 4 octobre 1958 (article 64)

TITRE VIII

DE L'AUTORITÉ JUDICIAIRE

Art. 64. Le Président de la République est garant de l'indépendance de l'autorité judiciaire.

Il est assisté par le Conseil supérieur de la magistrature.

Une loi organique porte statut des magistrats.

Les magistrats du siège sont inamovibles.

293 Ordonnance n° 58-1270 du 22 décembre 1958 portant loi organique relative au statut de la magistrature (article 4)

Art. 4. Les magistrats du siège sont inamovibles.

En conséquence, le magistrat du siège ne peut recevoir, sans son consentement, une affectation nouvelle, même en avancement.

2. LES MAGISTRATS DU PARQUET

294 Code de procédure pénale (article 30)

TITRE PREMIER

DES AUTORITÉS CHARGÉES DE LA CONDUITE DE LA POLITIQUE PÉNALE, DE L'ACTION PUBLIQUE ET DE L'INSTRUCTION

(L. n° 2013-669 du 25 juill. 2013, art. 2-2°).

CHAPITRE PREMIER *BIS*

Des attributions du garde des sceaux, ministre de la justice

(L. n° 2004-204 du 9 mars 2004, art. 63)

Art. 30. *(L. n° 2013-669 du 25 juill. 2013, art. 1er)* Le ministre de la justice conduit la politique pénale déterminée par le Gouvernement. Il veille à la cohérence de son application sur le territoire de la République.

A cette fin, il adresse aux magistrats du ministère public des instructions générales.

Il ne peut leur adresser aucune instruction dans des affaires individuelles.

Chaque année, il publie un rapport sur l'application de la politique pénale déterminée par le Gouvernement, précisant les conditions de mise en œuvre de cette politique et des instructions générales adressées en application du deuxième alinéa. Ce rapport est transmis au Parlement. Il peut donner lieu à un débat à l'Assemblée nationale et au Sénat.

295 Ordonnance n° 58-1270 du 22 décembre 1958 portant loi organique relative au statut de la magistrature (article 5)

Art. 5. Les magistrats du parquet sont placés sous la direction et le contrôle de leurs chefs hiérarchiques et sous l'autorité du garde des Sceaux, ministre de la justice. A l'audience, leur parole est libre.

3. LE CONSEIL SUPÉRIEUR DE LA MAGISTRATURE

296 Constitution du 4 octobre 1958 (article 65)

Art. 65. *(L. const. n° 2008-724 du 23 juill. 2008, art. 31)* Le Conseil supérieur de la magistrature comprend une formation compétente à l'égard des magistrats du siège et une formation compétente à l'égard des magistrats du parquet.

La formation compétente à l'égard des magistrats du siège est présidée par le premier président de la Cour de cassation. Elle comprend, en outre, cinq magistrats du siège et un magistrat du parquet, un conseiller d'État désigné par le Conseil d'État, un avocat ainsi que six personnalités qualifiées qui n'appartiennent ni au Parlement, ni à l'ordre judiciaire, ni à l'ordre administratif. Le Président de la République, le Président de l'Assemblée nationale et le Président du Sénat désignent chacun deux personnalités qualifiées. La procédure prévue au dernier alinéa de l'article 13 est applicable aux nominations des personnalités qualifiées. Les nominations effectuées par le président de chaque assemblée du Parlement sont soumises au seul avis de la commission permanente compétente de l'assemblée intéressée.

La formation compétente à l'égard des magistrats du parquet est présidée par le procureur général près la Cour de cassation. Elle comprend, en outre, cinq magistrats du parquet et un magistrat du siège, ainsi que le conseiller d'État, l'avocat et les six personnalités qualifiées mentionnés au deuxième alinéa.

La formation du Conseil supérieur de la magistrature compétente à l'égard des magistrats du siège fait des propositions pour les nominations des magistrats du siège à la Cour de cassation, pour celles de premier président de cour d'appel et pour celles de président de tribunal de grande instance. Les autres magistrats du siège sont nommés sur son avis conforme.

La formation du Conseil supérieur de la magistrature compétente à l'égard des magistrats du parquet donne son avis sur les nominations qui concernent les magistrats du parquet.

La formation du Conseil supérieur de la magistrature compétente à l'égard des magistrats du siège statue comme conseil de discipline des magistrats du siège. Elle comprend alors, outre les membres visés au deuxième alinéa, le magistrat du siège appartenant à la formation compétente à l'égard des magistrats du parquet.

La formation du Conseil supérieur de la magistrature compétente à l'égard des magistrats du parquet donne son avis sur les sanctions disciplinaires qui les concernent. Elle comprend alors, outre les membres visés au troisième alinéa, le magistrat du parquet appartenant à la formation compétente à l'égard des magistrats du siège.

Le Conseil supérieur de la magistrature se réunit en formation plénière pour répondre aux demandes d'avis formulées par le Président de la République au titre de l'article 64. Il se prononce, dans la même formation, sur les questions relatives à la déontologie des magistrats ainsi que sur toute question relative au fonctionnement de la justice dont le saisit le ministre de la justice. La formation plénière comprend trois des cinq magistrats du siège mentionnés au deuxième alinéa, trois des cinq magistrats du parquet mentionnés au troisième alinéa, ainsi que le conseiller d'État, l'avocat et les six personnalités qualifiées mentionnés au deuxième alinéa. Elle est présidée par le premier président de la Cour de cassation, que peut suppléer le procureur général près cette Cour.

Sauf en matière disciplinaire, le ministre de la justice peut participer aux séances des formations du Conseil supérieur de la magistrature.

Le Conseil supérieur de la magistrature peut être saisi par un justiciable dans les conditions fixées par une loi organique.

La loi organique détermine les conditions d'application du présent article.

297 Loi organique n° 94-100 du 5 février 1994 sur le Conseil supérieur de la magistrature

TITRE PREMIER

Composition

Art. 1er. Les magistrats membres de la formation du Conseil supérieur de la magistrature compétente à l'égard des magistrats du siège sont désignés dans les conditions suivantes :

1° Un magistrat du siège hors hiérarchie de la Cour de cassation élu par l'assemblée des magistrats du siège hors hiérarchie de ladite cour;

2° Un premier président de cour d'appel élu par l'assemblée des premiers présidents de cour d'appel;

3° Un président de tribunal de grande instance élu par l'assemblée des présidents de tribunal de grande instance, de première instance ou de tribunal supérieur d'appel;

4° Deux magistrats du siège et un magistrat du parquet des cours et tribunaux, élus dans les conditions fixées à l'article 4.

Art. 2. Les magistrats membres de la formation du Conseil supérieur de la magistrature compétente à l'égard des magistrats du parquet sont désignés dans les conditions suivantes :

1° Un magistrat du parquet hors hiérarchie à la Cour de cassation élu par l'assemblée des magistrats du parquet hors hiérarchie de ladite cour;

2° Un procureur général près une cour d'appel élu par l'assemblée des procureurs généraux près les cours d'appel;

3° Un procureur de la République près un tribunal de grande instance élu par l'assemblée des procureurs de la République;

4° Deux magistrats du parquet et un magistrat du siège des cours et tribunaux élus dans les conditions fixées à l'article 4.

Art. 3. Dans le ressort de chaque cour d'appel, l'ensemble des magistrats du siège, à l'exception du premier président de la cour d'appel et des présidents des tribunaux, d'une part, et l'ensemble des magistrats du parquet, à l'exception du procureur général près la cour d'appel et des procureurs de la République, d'autre part, élisent, dans deux collèges, des magistrats du siège et des magistrats du parquet. Le collège des magistrats du siège comporte cent soixante membres et celui des magistrats du parquet quatre-vingts membres.

Les magistrats en fonction dans le ressort de la cour d'appel sont inscrits sur les listes des électeurs de chaque collège. Les magistrats en position de disponibilité, en congé spécial, en congé parental, en congé de longue durée ainsi que les magistrats temporairement interdits d'exercer leurs fonctions ne peuvent être inscrits sur une liste pendant le temps où ils se trouvent dans une de ces situations.

Les auditeurs et les conseillers référendaires à la Cour de cassation sont inscrits sur la liste des magistrats du siège de la cour d'appel de Paris. *(L. org. n° 2007-287 du 5 mars 2007, art. 33, en vigueur le 1er juin 2007)* «Les avocats généraux référendaires et les substituts» chargés d'un secrétariat général près la Cour de cassation, ainsi que les magistrats du cadre de l'administration centrale du ministère de la justice *(L. org. n° 2016-1090 du 8 août 2016, art. 44)* «, les magistrats mentionnés au 1° *bis* du I de l'article 1er de l'ordonnance n° 58-1270 du 22 décembre 1958 portant loi organique relative au statut de la magistrature» et les magistrats placés en position de détachement, sont inscrits sur la liste des magistrats du parquet de la cour d'appel de Paris.

Les magistrats en fonction dans les *(L. org. n° 2007-287 du 5 mars 2007, art. 33, en vigueur le 1er juin 2007)* «collectivités d'outre-mer et en Nouvelle-Calédonie» sont réunis en une même circonscription et inscrits sur les listes des deux collèges de cette circonscription.

Sont éligibles les magistrats figurant sur la liste des électeurs qui, à la date de l'élection, justifient de cinq ans de services effectifs en qualité de magistrat et sont en position d'activité à la cour d'appel ou dans un tribunal du ressort de cette cour.

Le nombre des magistrats à élire pour chaque collège dans le ressort de chaque cour d'appel et dans la circonscription prévue au quatrième alinéa est fixé, en tenant compte de l'importance du ressort ou de la circonscription, par décret en Conseil d'État.

(L. org. n° 2001-539 du 25 juin 2001) «Dans chaque collège, les électeurs procèdent à l'élection à bulletin secret au scrutin de liste, à la représentation proportionnelle suivant la règle du plus fort reste, sans panachage ni vote préférentiel.

«Chaque liste comprend autant de noms de candidats qu'il y a de magistrats à élire pour chaque collège dans le ressort considéré.

«Les listes qui n'ont pas obtenu 5% des suffrages exprimés ne sont pas admises à répartition des sièges.

«Dans le cas où, pour l'attribution d'un siège, des listes ont le même reste, le siège est attribué à la liste qui a recueilli le plus grand nombre de suffrages. Si plusieurs de ces listes ont obtenu le même nombre de suffrages, le siège est attribué à l'une d'entre elles par voie de tirage au sort.

«Les candidats élus sont désignés selon l'ordre de présentation de la liste.

«Le mandat des candidats élus a une durée de quatre ans. Toutefois, il prend fin si l'élu cesse d'exercer des fonctions correspondant au collège au titre duquel il a été élu.»

Art. 4. *(L. org. n° 2001-539 du 25 juin 2001)* «Les magistrats du siège élus en application de l'article 3 élisent en leur sein les deux magistrats du siège appelés à siéger au Conseil supérieur de la magistrature en application du 4° de l'article 1er et le magistrat du siège appelé à y siéger en application du 4° de l'article 2 à bulletin secret au scrutin de liste, à la représentation proportionnelle suivant la règle du plus fort reste, sans panachage ni vote préférentiel.

«Les magistrats du parquet élus en application de l'article 3 élisent en leur sein dans les mêmes conditions les deux magistrats du parquet appelés à siéger au Conseil supérieur de la magistrature en application du 4° de l'article 2 et le magistrat du parquet appelé à y siéger en application du 4° de l'article 1er.

«Chaque liste comprend trois noms de candidats.

«Les listes qui n'ont pas obtenu 5% des suffrages exprimés ne sont pas admises à répartition des sièges.

«Dans le cas où, pour l'attribution d'un siège, des listes ont obtenu le même reste, le siège est attribué à la liste qui a recueilli le plus grand nombre de suffrages. Si plusieurs de ces listes ont obtenu le même nombre de suffrages, le siège est attribué à l'une d'entre elles par voie de tirage au sort.

«La liste ayant droit au plus grand nombre de sièges choisit alternativement au sein de chacune des deux formations les sièges qu'elle souhaite se voir attribuer. Les autres listes exercent ensuite leur choix successivement dans l'ordre décroissant du nombre de sièges auxquels elles peuvent prétendre et dans les mêmes conditions.

«En cas d'égalité du nombre des sièges obtenus, l'ordre des choix est déterminé par le nombre respectif de suffrages obtenus par les listes en présence. En cas d'égalité du nombre des suffrages, l'ordre des choix est déterminé par tirage au sort.

«Les membres élus sont désignés selon l'ordre de présentation de la liste.»

Un décret en Conseil d'État fixe les conditions d'application de l'article 3 et du présent article, et notamment les modalités du vote par correspondance lors des opérations électorales prévues à l'article 3.

Art. 4-1. *(L. org. nº 2010-830 du 22 juill. 2010, art. 1er)* Les magistrats siégeant dans la formation plénière du Conseil supérieur de la magistrature sont, outre son président :

1° Le premier président de cour d'appel mentionné au 2° de l'article 1er, pendant la première moitié de son mandat;

2° Le procureur général près une cour d'appel mentionné au 2° de l'article 2, pendant la seconde moitié de son mandat;

3° Le président de tribunal de grande instance mentionné au 3° de l'article 1er, pendant la seconde moitié de son mandat;

4° Le procureur de la République près un tribunal de grande instance mentionné au 3° de l'article 2, pendant la première moitié de son mandat;

5° Les deux magistrats du siège mentionnés au 4° de l'article 1er, pour toute la durée de leur mandat;

6° Les deux magistrats du parquet mentionnés au 4° de l'article 2, pour toute la durée de leur mandat.

Art. 5. Le conseiller d'État qui siège dans les *(L. org. nº 2010-830 du 22 juill. 2010, art. 2)* «trois» formations du Conseil supérieur de la magistrature est élu par l'assemblée générale du Conseil d'État.

Art. 5-1. *(L. org. n° 2010-830 du 22 juill. 2010, art. 3)* L'avocat qui siège dans les trois formations du Conseil supérieur de la magistrature est désigné par le président du Conseil national des barreaux, après avis conforme de l'assemblée générale dudit conseil.

Art. 5-2. *(L. org. n° 2010-830 du 22 juill. 2010, art. 3)* Les nominations des personnalités qualifiées par chacune des autorités mentionnées à l'article 65 de la Constitution concourent, dans chaque cas, à une représentation équilibrée des hommes et des femmes. Elles sont soumises, dans les conditions prévues par cet article, à la commission permanente compétente en matière d'organisation judiciaire de chaque assemblée.

Art. 6. Les membres du Conseil supérieur sont désignés pour une durée de quatre ans non renouvelable immédiatement.

(L. org. n° 2010-830 du 22 juill. 2010, art. 4) «Aucun membre ne peut, pendant la durée de ses fonctions, exercer la profession d'officier public ou ministériel ni aucun mandat électif *(L. org. n° 2011-333 du 29 mars 2011, art. 41, en vigueur le 31 mars 2011)* «ni les fonctions de Défenseur de droits» ni, à l'exception du membre désigné en cette qualité en application du deuxième alinéa de l'article 65 de la Constitution, la profession d'avocat. *(L. org. n° 2017-54 du 20 janv. 2017, art. 3-II)* «Aucun membre ne peut, pendant la durée de ses fonctions, siéger au sein d'une autorité administrative indépendante ou d'une autorité publique indépendante.»

«La démission d'office du membre du Conseil supérieur qui ne s'est pas démis, dans le mois qui suit son entrée en fonctions, de la fonction incompatible avec sa qualité de membre est constatée par le président de la formation plénière, après avis de cette formation. Il en est de même pour le membre du Conseil supérieur qui exerce en cours de mandat une fonction incompatible avec sa qualité de membre.

«Les règles posées à l'avant-dernier alinéa sont applicables aux membres du Conseil supérieur définitivement empêchés d'exercer leurs fonctions.»

Art. 7. Il est pourvu au remplacement des membres du Conseil supérieur quinze jours au moins avant l'expiration de leurs fonctions.

(L. org. n° 2001-539 du 25 juin 2001) «Lorsqu'une vacance se produit avant la date normale d'expiration des mandats s'agissant d'un des membres visés aux 1° à 3° de l'article 1er ou d'un des membres visés aux 1° à 3° de l'article 2, il est procédé, dans un délai de trois mois et suivant les modalités prévues à ces articles, à une désignation complémentaire.

«Lorsqu'une vacance se produit avant la date normale d'expiration des mandats s'agissant d'un des membres visés au 4° de l'article 1er ou au 4° de l'article 2, le magistrat dont le nom figurait, sur la liste des candidats mentionnés à l'article 4, après celui du magistrat dont le siège est devenu vacant est désigné pour achever son mandat. Si cette liste ne comporte plus de nom utile, il est procédé, dans un délai de trois mois, à une désignation complémentaire au scrutin uninominal à un tour à bulletin secret.

(L. org. n° 2010-830 du 22 juill. 2010, art. 5) «Lorsqu'une vacance se produit avant la date normale d'expiration des mandats des autres membres du Conseil supérieur, ces derniers sont remplacés, dans les trois mois, selon les modalités prévues pour leur désignation initiale. Les membres ainsi désignés achèvent le mandat des membres qu'ils remplacent.»

«Les dispositions du premier alinéa de l'article 6 ne sont pas applicables aux membres désignés pour achever un mandat après la survenance d'une vacance.»

Si un membre du Conseil supérieur démissionne, la nomination du remplaçant intervient au plus tard dans les trois mois de la démission. Celle-ci prend effet à partir de la nomination du remplaçant.

Art. 8. Les magistrats membres du Conseil supérieur ne peuvent faire l'objet ni *(L. org. n° 2010-830 du 22 juill. 2010, art. 6)* «d'un avancement de grade, ni d'une promotion à une fonction hors hiérarchie,» ni d'une *(L. org. n° 2010-830 du 22 juill. 2010, art. 6)* «nomination à un autre emploi» pendant la durée de leur mandat.

Les membres du Conseil supérieur de la magistrature sont de droit et sur leur demande mis en position de détachement ou déchargés partiellement d'activité de service pendant la durée de leur mandat.

Les membres du Conseil supérieur admis à l'honorariat continuent à siéger jusqu'à l'expiration de leur mandat.

Art. 9. Les membres du Conseil supérieur perçoivent une indemnité de fonctions fixée par décret en Conseil d'État, ainsi que, s'il y a lieu, une indemnité de déplacement.

Art. 10. Les membres du Conseil supérieur ainsi que les personnes qui, à un titre quelconque, assistent aux délibérations sont tenus au secret professionnel.

Art. 10-1. *(L. org. n° 2010-830 du 22 juill. 2010, art. 7)* Les membres du Conseil supérieur *[de la magistrature]* exercent leur mission dans le respect des exigences d'indépendance, d'impartialité, d'intégrité et de dignité *(L. org. n° 2016-1090 du 8 août 2016, art. 41-1°)* «et veillent à prévenir ou à faire cesser immédiatement les situations de conflit d'intérêts». Ils veillent au respect de ces mêmes exigences par les personnes dont ils s'attachent les services dans l'exercice de leurs fonctions.

(L. org. n° 2016-1090 du 8 août 2016, art. 41-2°) «Constitue un conflit d'intérêts toute situation d'interférence entre un intérêt public et des intérêts publics ou privés qui est de nature à influencer ou à paraître influencer l'exercice indépendant, impartial et objectif d'une fonction.»

Saisie par le président d'une des formations du Conseil supérieur de la magistrature *(L. org. n° 2016-1090 du 8 août 2016, art. 41-3°-a)* «ou par six autres membres appartenant à l'une de ces formations, dont au moins un magistrat et une personnalité qualifiée», la formation plénière apprécie, à la majorité des membres la composant, si l'un des membres du Conseil supérieur *[de la magistrature]* a manqué aux obligations mentionnées *(L. org. n° 2016-1090 du 8 août 2016, art. 41-3°-b)* «aux deux premiers alinéas». Dans l'affirmative, elle prononce, selon la gravité du manquement, un avertissement ou la démission d'office.

Art. 10-1-1. *(L. org. n° 2016-1090 du 8 août 2016, art. 42)* Dans les deux mois qui suivent leur entrée en fonctions, les membres du Conseil supérieur de la magistrature établissent une déclaration d'intérêts, dans les conditions prévues aux dix premiers alinéas du III et aux IV et V de l'article 7-2 de l'ordonnance n° 58-1270 du 22 décembre 1958 portant loi organique relative au statut de la magistrature.

Les déclarations d'intérêts sont tenues à la disposition de l'ensemble des membres du Conseil supérieur de la magistrature.

Toute modification substantielle des intérêts détenus fait l'objet, dans un délai de deux mois, d'une déclaration complémentaire dans les mêmes formes.

Sous réserve du deuxième alinéa du présent article, la déclaration d'intérêts ne peut pas être communiquée aux tiers.

Art. 10-1-2. *(L. org. n° 2016-1090 du 8 août 2016, art. 43)* S'ils ne sont pas soumis à l'obligation d'établir une déclaration de situation patrimoniale à un autre titre, les membres du Conseil supérieur de la magistrature sont soumis à cette obligation dans les conditions prévues à l'article 7-3 de l'ordonnance n° 58-1270 du 22 décembre 1958 portant loi organique relative au statut de la magistrature.

Art. 10-2. *(L. org. n° 2010-830 du 22 juill. 2010, art. 7)* Aucun membre du Conseil supérieur ne peut délibérer ni procéder à des actes préparatoires lorsque sa présence ou sa participation pourrait entacher d'un doute l'impartialité de la décision rendue.

S'agissant du membre du Conseil supérieur désigné en qualité d'avocat en application du deuxième alinéa de l'article 65 de la Constitution, cette exigence s'étend aux avis ou décisions relatifs à un magistrat devant lequel il a plaidé depuis sa nomination au Conseil supérieur, ainsi qu'aux nominations de magistrats au sein des juridictions dans le ressort desquelles se situe le barreau auprès duquel il est inscrit.

La formation à laquelle l'affaire est soumise s'assure du respect de ces exigences.

Art. 11. *(L. org. n° 2010-830 du 22 juill. 2010, art. 8-1°)* «Le secrétaire général du Conseil supérieur de la magistrature est nommé par décret du Président de la République sur proposition conjointe du premier président de la Cour de cassation et du procureur général près ladite cour parmi les magistrats justifiant de sept ans de services effectifs en qualité de magistrat. Il est placé en position de détachement et ne peut exercer aucune autre fonction. Il est désigné pour la durée du mandat des membres du Conseil supérieur et peut être renouvelé une fois dans ses fonctions.»

Il peut être assisté d'un ou plusieurs adjoints désignés dans les mêmes conditions.

Les modalités de fonctionnement du Conseil supérieur ainsi que l'organisation du secrétariat *(L. org. n° 2010-830 du 22 juill. 2010, art. 8-2°)* «général» sont fixées par décret en Conseil d'État.

Art. 12. *(L. org. n° 2010-830 du 22 juill. 2010, art. 9)* L'autonomie budgétaire du Conseil supérieur est assurée dans les conditions déterminées par une loi de finances.

TITRE II

Attributions

Art. 13. *(L. org. n° 2010-830 du 22 juill. 2010, art. 10)* Chacune des formations du Conseil supérieur de la magistrature se réunit sur convocation de son président.

Art. 14. *(L. org. n° 2010-830 du 22 juill. 2010, art. 11-1°)* «En cas d'empêchement, le premier président de la Cour de cassation et le procureur général près ladite cour peuvent être suppléés respectivement par le magistrat visé au 1° de l'article 1er et par le magistrat visé au 1° de l'article 2.»

(L. org. n° 2010-830 du 22 juill. 2010, art. 11-2°) «Pour délibérer valablement lorsqu'elles siègent en matière disciplinaire, la formation compétente à l'égard des magistrats du siège et celle compétente à l'égard des magistrats du parquet comprennent, outre le président de séance, au moins sept de leurs membres. Dans les autres matières, chaque formation du Conseil supérieur délibère valablement si elle comprend, outre le président de séance, au moins huit de ses membres.»

Les propositions et avis de chacune des formations du Conseil supérieur sont formulés à la majorité des voix.

Section I

Des nominations des magistrats

Art. 15. Les candidatures aux emplois pourvus sur proposition du Conseil supérieur sont adressées simultanément au Conseil supérieur de la magistrature et au ministre de la justice.

Pour chaque nomination de magistrat du siège à la Cour de cassation, de premier président de cour d'appel ou de président de tribunal de grande instance, la formation compétente du Conseil supérieur arrête, après examen des dossiers des candidats et sur le rapport d'un de ses membres, la proposition qu'elle soumet au Président de la République.

Pour les nominations de magistrats aux autres fonctions du siège, l'avis de la formation du Conseil supérieur compétente à l'égard des magistrats du siège est donné sur les propositions du ministre de la justice et après un rapport fait par un membre de cette formation.

Art. 16. Pour les nominations de magistrats aux fonctions du parquet, l'avis de la formation compétente du Conseil supérieur est donné sur les propositions du ministre de la justice et après un rapport fait par un membre de cette formation.

Art. 17. Les propositions du ministre de la justice sont transmises au Conseil supérieur avec la liste des candidats pour chacun des postes concernés.

Le rapporteur a accès au dossier des magistrats candidats. Il peut demander au ministre de la justice toutes précisions utiles. Ces précisions et les observations éventuelles du magistrat intéressé sont versées dans le dossier de ce dernier.

Sur proposition du rapporteur, le Conseil supérieur peut remettre au ministre de la justice les observations qu'il estime utiles sur le contenu du dossier examiné.

Les dossiers des auditeurs conservés à l'École nationale de la magistrature sont transmis au Conseil supérieur lorsque celui-ci est consulté sur la première affectation des intéressés. Ces dossiers sont ensuite retournés à l'École nationale de la magistrature.

Section II

Du Conseil supérieur siégeant en formation disciplinaire

Art. 18. *(L. org. n° 2010-830 du 22 juill. 2010, art. 14)* L'examen des plaintes dont les justiciables saisissent le Conseil supérieur de la magistrature est confié à une ou plusieurs commissions d'admission des requêtes. Chaque commission d'admission des requêtes est composée, pour chaque formation du Conseil supérieur, de quatre de ses membres, deux magistrats et deux personnalités extérieures au corps judiciaire, désignés chaque année par le président de la formation.

Le président de la commission d'admission des requêtes est désigné par le président de la formation.

Les membres de la commission d'admission des requêtes ne peuvent siéger dans la formation siégeant en matière disciplinaire lorsque celle-ci est saisie d'une affaire qui lui a été renvoyée par la commission d'admission des requêtes à laquelle ils appartiennent ou lorsque le Conseil supérieur de la magistrature est saisi, par les autorités mentionnées aux articles 50-1, 50-2 et aux deux premiers alinéas de l'article 63 de l'ordonnance n° 58-1270 du 22 décembre 1958 portant loi organique relative au statut de la magistrature, de faits identiques à ceux invoqués par un justiciable dont la commission d'admission des requêtes a rejeté la plainte.

La commission d'admission des requêtes examine les plaintes présentées par les justiciables, dans les conditions prévues aux articles 50-3 et 63 de la même loi organique.

La commission d'admission des requêtes délibère valablement si trois de ses membres sont présents.

Elle se prononce à la majorité des voix. En cas de partage égal des voix, l'examen de la plainte est renvoyé à la formation compétente du Conseil supérieur.

Art. 19. La loi organique portant statut de la magistrature fixe les sanctions et la procédure disciplinaires applicables aux magistrats.

Section III

Des autres attributions du Conseil supérieur

Art. 20. Chaque formation du Conseil supérieur peut charger un ou plusieurs de ses membres de missions d'information auprès de la Cour de cassation, des cours d'appel, des tribunaux et de l'École nationale de la magistrature.

Tous les ans, le Conseil supérieur de la magistrature publie le rapport d'activité de chacune de ses formations.

Art. 20-1. *(L. org. n° 2007-287 du 5 mars 2007, art. 19, en vigueur le 1er juin 2007)* Un avis sur la demande de mise en position de détachement ou de disponibilité émise par un magistrat pour exercer une activité libérale ou une activité lucrative, salariée ou non, dans une entreprise ou un organisme privé, y compris lorsque cette demande intervient en application de l'article 76-4 de l'ordonnance n° 58-1270 du 22 décembre 1958 portant loi organique relative au statut de la magistrature *(L. org. n° 2010-830 du 22 juill. 2010, art. 16-1°)* «, est donné par la formation du Conseil supérieur compétente à l'égard du magistrat selon que celui-ci exerce les fonctions du siège ou du parquet». *(L. org. n° 2010-830 du 22 juill. 2010, art. 16-1°)* «Elle» examine si l'activité que le magistrat envisage d'exercer est compatible avec les fonctions qu'il a occupées au cours des trois dernières années. La demande est inscrite à l'ordre du jour de la première séance utile.

Pour l'application du présent article, est assimilée à une entreprise privée toute entreprise publique exerçant son activité dans un secteur concurrentiel et conformément aux règles de droit privé.

Art. 20-2. *(L. org. n° 2010-830 du 22 juill. 2010, art. 17-I)* La formation plénière du Conseil supérieur a compétence pour connaître des demandes formulées soit par le Président de la République, au titre de l'article 64 de la Constitution, soit par le garde des Sceaux, ministre de la justice, sur les questions énumérées par l'article 65 de la Constitution. Elle élabore et rend public un recueil des obligations déontologiques des magistrats.

Art. 21. L'ordonnance n° 58-1271 du 22 décembre 1958 portant loi organique pour le Conseil supérieur de la magistrature est abrogée.

Toutefois, jusqu'à la constitution de ses deux formations, le Conseil supérieur de la magistrature continue d'exercer ses fonctions conformément à l'ordonnance n° 58-1271 du 22 décembre 1958 précitée.

B – LA JURIDICTION ADMINISTRATIVE

1. LES TRIBUNAUX ADMINISTRATIFS ET LES COURS ADMINISTRATIVES D'APPEL

298 Code de justice administrative (articles L. 231-1 et L. 231-1-1)

TITRE III

DISPOSITIONS STATUTAIRES

CHAPITRE PREMIER

Dispositions générales

Art. L. 231-1. *(L. nº 2012-347 du 12 mars 2012, art. 86)* Les membres des tribunaux administratifs et des cours administratives d'appel sont des magistrats dont le statut est régi par le présent livre et, pour autant qu'elles n'y sont pas contraires, par les dispositions statutaires de la fonction publique de l'État.

Art. L. 231-1-1. *(L. nº 2016-483 du 20 avr. 2016, art. 13-1º)* Les magistrats des tribunaux administratifs et des cours administratives d'appel exercent leurs fonctions en toute indépendance, dignité, impartialité, intégrité et probité et se comportent de façon à prévenir tout doute légitime à cet égard.

Ils s'abstiennent de tout acte ou comportement à caractère public incompatible avec la réserve que leur imposent leurs fonctions.

Ils ne peuvent se prévaloir, à l'appui d'une activité politique, de leur appartenance à la juridiction administrative.

299 Code de justice administrative (articles L. 232-1 à L. 232-4)

TITRE III

DISPOSITIONS STATUTAIRES

CHAPITRE II

Le conseil supérieur des tribunaux administratifs et cours administratives d'appel

Section première

Attributions du Conseil supérieur

Art. L. 232-1. Le Conseil supérieur des tribunaux administratifs et cours administratives d'appel connaît des questions individuelles intéressant les magistrats des tribunaux administratifs et des cours administratives d'appel dans les conditions prévues par le présent article ou par un décret en Conseil d'État.

Il établit les tableaux d'avancement et les listes d'aptitude prévus aux articles L. 234-2-1, L. 234-2-2, L. 234-4 et L. 234-5.

Il émet des propositions sur les nominations, détachements et intégrations prévus aux articles L. 233-3, L. 233-4 et L. 233-5 et sur la désignation des magistrats des tribunaux administratifs et des cours administratives d'appel siégeant au jury des concours prévus par l'article L. 233-6 en vue du recrutement direct des magistrats des tribunaux administratifs et des cours administratives d'appel.

Il est saisi pour avis conforme sur la nomination des magistrats des tribunaux administratifs et des cours administratives d'appel en qualité de rapporteur public et de président d'un tribunal administratif. Il est saisi pour avis conforme de tout licenciement d'un magistrat pour insuffisance professionnelle après observation de la procédure prévue en matière disciplinaire.

Il émet un avis sur les mutations des magistrats des tribunaux administratifs et des cours administratives d'appel, sur leur demande de placement en disponibilité, sur l'acceptation de leur démission, sur leurs demandes de réintégration à l'issue d'une période de privation de droits civiques, d'interdiction d'exercer un emploi public ou de perte de la nationalité française, ainsi que sur leur nomination aux grades de conseiller d'État et de maître des requêtes prononcées sur le fondement de l'article L. 133-8 ainsi que sur les propositions de nomination aux fonctions de président d'une cour administrative d'appel.

Il peut être saisi par les magistrats des tribunaux administratifs et des cours administratives d'appel d'un recours contre l'évaluation prévue par l'article L. 234-7 ou contre un refus d'autorisation d'accomplir un service à temps partiel ou un refus d'honorariat.

Art. L. 232-2. Le Conseil supérieur des tribunaux administratifs et cours administratives d'appel exerce le pouvoir disciplinaire à l'égard des magistrats des tribunaux administratifs et des cours administratives d'appel dans les conditions définies au chapitre VI du présent titre.

Art. L. 232-3. Le Conseil supérieur des tribunaux administratifs et des cours administratives d'appel connaît des questions intéressant le fonctionnement et l'organisation des tribunaux administratifs et des cours administratives d'appel dans les conditions prévues par le présent article ou par un décret en Conseil d'État.

Le Conseil supérieur des tribunaux administratifs et cours administratives d'appel débat chaque année des orientations générales en matière d'évolution des effectifs, de répartition des emplois et de recrutement, ainsi que sur le bilan social de la gestion du corps des magistrats.

Il émet un avis sur toute question relative au statut des magistrats des tribunaux administratifs et des cours administratives d'appel ainsi qu'à leur régime indemnitaire, à leur formation, à l'égalité professionnelle, à la parité et à la lutte contre toutes les discriminations.

Il bénéficie du concours du comité d'hygiène, de sécurité et de conditions de travail mentionné à l'article 16 de la loi n° 84-16 du 11 janvier 1984 dans les matières relevant de sa compétence et peut le saisir de toute question. Il examine en outre les questions dont il est saisi par ce comité.

Il est également consulté sur toute question relative à la compétence, à l'organisation et au fonctionnement des tribunaux administratifs et des cours administratives d'appel ainsi que sur les dispositions qui prévoient la participation de magistrats des tribunaux administratifs et des cours administratives d'appel à l'exercice de fonctions autres que celles qu'ils exercent au sein de ces juridictions.

Section II

Composition du Conseil supérieur

(Ord. n° 2016-1366 du 13 oct. 2016, art. 1er, en vigueur le 14 juill. 2017)

Art. L. 232-4. Le Conseil supérieur des tribunaux administratifs et cours administratives d'appel est présidé par le vice-président du Conseil d'État et comprend en outre :

1° Le conseiller d'État, président de la mission d'inspection des juridictions administratives;

2° Le secrétaire général du Conseil d'État;

3° Le directeur chargé au ministère de la justice des services judiciaires;

4° Un chef de juridiction et un suppléant élus par leurs pairs;

5° Cinq représentants des magistrats des tribunaux administratifs et des cours administratives d'appel à l'exception de ceux détachés dans le corps depuis moins de deux ans, élus au scrutin proportionnel de liste à raison :

a) D'un représentant titulaire et d'un suppléant pour le grade de conseiller;

b) De deux représentants titulaires et de deux suppléants pour le grade de premier conseiller;

c) De deux représentants titulaires et de deux suppléants pour le grade de président;

6° Trois personnalités choisies pour leurs compétences dans le domaine du droit en dehors des membres du Conseil d'État et des magistrats des tribunaux administratifs et des cours administratives d'appel et qui n'exercent pas de mandat parlementaire nommées respectivement par le Président de la République, le président de l'Assemblée nationale et le président du Sénat.

Le mandat du chef de juridiction est d'une durée de trois ans. Il est renouvelable une seule fois. Toutefois, il prend fin à la date à laquelle son titulaire cesse d'exercer les fonctions de chef de juridiction.

Le mandat des représentants des magistrats des tribunaux administratifs et des cours administratives d'appel est d'une durée de trois ans. Il est renouvelable une seule fois. Toutefois, le mandat des membres élus du Conseil supérieur qui sont détachés au sein du corps prend fin en même temps que leur détachement.

Le mandat des personnalités qualifiées est d'une durée de trois ans non renouvelable. Elles perçoivent une indemnité dont le montant est fixé par arrêté du garde des sceaux, ministre de la justice, et du ministre chargé du budget.

2. LE CONSEIL D'ÉTAT

300 Code de justice administrative (articles R. 121-1 à R. 121-14)

TITRE II

ORGANISATION ET FONCTIONNEMENT

CHAPITRE PREMIER

Dispositions générales

Section première

Organisation

Art. R. 121-1. Les membres du Conseil d'État sont installés dans leurs fonctions en assemblée générale.

Art. R. 121-2. Les membres du Conseil d'État siègent dans l'ordre du tableau, sous réserve, en ce qui concerne la section du contentieux, des dispositions de l'article R. 122-3.

Art. R. 121-3. *(Décr. n° 2010-164 du 22 févr. 2010, art. 3)* Les conseillers d'État en service ordinaire, les maîtres des requêtes et les auditeurs peuvent être affectés soit à une, soit à deux sections.

Les présidents adjoints ainsi que les présidents des *(Décr. n° 2016-899 du 1er juill. 2016, art. 1er-1°)* «chambres» de la section du contentieux sont affectés uniquement à cette section.

Art. R. 121-5. L'affectation d'un membre du Conseil d'État à une section administrative comporte, outre sa contribution aux travaux de cette formation, sa participation à l'exercice d'activités administratives visées au chapitre VII du titre III du présent livre.

Art. R. 121-6. Les affectations prévues aux articles R. 121-3 et R. 121-4 sont prononcées par arrêté du vice-président du Conseil d'État après avis des présidents de section.

Art. R. 121-7. Le vice-président du Conseil d'État fixe par arrêté toutes mesures d'ordre intérieur non prévues par le présent livre.

Art. R. 121-8. En cas d'absence ou d'empêchement, le vice-président est suppléé par le président de section présent le premier inscrit au tableau, sauf les cas prévus aux articles R. 122-21 et R. 123-23.

Art. R. 121-9. Sous l'autorité du vice-président, le secrétaire général dirige les services du Conseil d'État et prend les mesures nécessaires à la préparation de ses travaux, à leur organisation et à la gestion du corps des magistrats des tribunaux administratifs et des cours administratives d'appel.

Le secrétaire général du Conseil d'État est nommé par décret du président de la République, sur la proposition du garde des sceaux, ministre de la justice. Le vice-président du Conseil d'État est appelé à faire les présentations après avis des présidents de section. Le secrétaire général est choisi parmi les conseillers d'État et les maîtres des requêtes.

Art. R. 121-10. Le secrétaire général du Conseil d'État est assisté et, en cas d'absence ou d'empêchement, suppléé *(Décr. n° 2010-164 du 22 févr. 2010, art. 25)* «par des membres» chargés des fonctions de secrétaire général adjoint par arrêté du vice-président.

Art. R. 121-11. Le secrétaire général et les secrétaires généraux adjoints assistent le vice-président du Conseil d'État dans l'exercice de ses attributions de gestion du corps des magistrats des tribunaux administratifs et des cours administratives d'appel. *(Décr. n° 2010-164 du 22 févr. 2010, art. 26)* «Ils peuvent recevoir délégation du vice-président pour signer tous actes et arrêtés concernant la gestion administrative et budgétaire du Conseil d'État.»

(Décr. n° 2001-562 du 29 juin 2001; Décr. n° 2010-164 du 22 févr. 2010, art. 26) «Délégation peut également être donnée, aux mêmes fins, aux chefs de service du Conseil d'État et aux fonctionnaires du secrétariat général appartenant à un corps de catégorie A ainsi qu'aux agents contractuels chargés de fonctions d'un niveau équivalent.»

(Décr. n° 2010-1710 du 30 déc. 2010, art. 1er) «Délégation peut en outre être donnée aux autres agents en fonction au Conseil d'État à l'effet de signer, sous la responsabilité des personnes mentionnées aux deux premiers alinéas, toute pièce relative aux dépenses et aux ordres de recettes.»

Art. R. 121-12. Le vice-président arrête la période des vacances annuelles du Conseil d'État ainsi que les mesures propres à assurer pendant cette période la continuité des travaux des diverses formations administratives du conseil. Il peut, en cas de besoin, former des sections de vacation et prononcer à titre provisoire les affectations nécessaires.

Art. R. 121-13. *(Décr. n° 2005-912 du 28 juill. 2005, art. 1er)* Le vice-président du Conseil d'État prend, sur proposition du secrétaire général, les actes relatifs à la gestion et à l'administration des agents du Conseil d'État, à l'exclusion des arrêtés d'ouverture de concours, des arrêtés relatifs à l'ouverture des examens professionnels pour les corps de catégorie A, des nominations dans un corps, des titularisations, des décisions entraînant la cessation définitive de fonctions, des mises en position hors cadres et des sanctions disciplinaires des troisième et quatrième groupes définies à l'article 66 de la loi n° 84-16 du 11 janvier 1984.

Art. R. 121-14. *(Décr. n° 2010-164 du 22 févr. 2010, art. 26)* Le vice-président du Conseil d'État est ordonnateur principal du budget du Conseil d'État. Il conclut les marchés et contrats passés par le Conseil d'État.

Section 3
Les grands principes d'organisation de la justice

301 Code de l'organisation judiciaire (articles L. 111-1 à L. 111-5)

TITRE PREMIER

PRINCIPES GÉNÉRAUX

CHAPITRE UNIQUE

Art. L. 111-1. Les juridictions judiciaires rendent leurs décisions au nom du peuple français.

Art. L. 111-2. *(L. n° 2016-1547 du 18 nov. 2016, art. 1er-I-1°)* Le service public de la justice concourt à l'accès au droit et assure un égal accès à la justice.

Sa gratuité est assurée selon les modalités fixées par la loi et le règlement.

Art. L. 111-3. Les décisions de justice sont rendues dans un délai raisonnable.

Art. L. 111-4. La permanence et la continuité du *(L. n° 2016-1547 du 18 nov. 2016, art. 1er-I-2°)* «service public de la justice» demeurent toujours assurées.

Art. L. 111-5. L'impartialité des juridictions judiciaires est garantie par les dispositions du présent code et celles prévues par les dispositions particulières à certaines juridictions ainsi que par les règles d'incompatibilité fixées par le statut de la magistrature.

302 Code de justice administrative (articles L. 1 à L. 11)

TITRE PRÉLIMINAIRE

Art. L. 1. Le présent code s'applique au Conseil d'État, aux cours administratives d'appel et aux tribunaux administratifs.

Art. L. 2. Les jugements sont rendus au nom du peuple français.

Art. L. 3. Les jugements sont rendus en formation collégiale, sauf s'il en est autrement disposé par la loi.

Art. L. 4. Sauf dispositions législatives spéciales, les requêtes n'ont pas d'effet suspensif s'il n'en est autrement ordonné par la juridiction.

Art. L. 5. L'instruction des affaires est contradictoire. Les exigences de la contradiction sont adaptées à celles de l'urgence *(L. n° 2017-258 du 28 févr. 2017, art. 4-II)* «, du secret de la défense nationale et de la protection de la sécurité des personnes».

Art. L. 6. Les débats ont lieu en audience publique.

Art. L. 7. Un membre de la juridiction, chargé des fonctions de *(Décr. n° 2009-14 du 7 janv. 2009, art. 1er-1°, en vigueur le 1er févr. 2009)* «rapporteur public», expose publiquement, et en toute indépendance, son opinion sur les questions que présentent à juger les requêtes et sur les solutions qu'elles appellent.

Art. L. 8. Le délibéré des juges est secret.

Art. L. 9. Les jugements sont motivés.

Art. L. 10. Les jugements sont publics. Ils mentionnent le nom des juges qui les ont rendus.

(L. n° 2019-222 du 23 mars 2019, art. 33) «Sous réserve des dispositions particulières qui régissent l'accès aux décisions de justice et leur publicité, les jugements sont mis à la disposition du public à titre gratuit sous forme électronique.

«Par dérogation au premier alinéa, les nom et prénoms des personnes physiques mentionnées dans le jugement, lorsqu'elles sont parties ou tiers, sont occultés préalablement à la mise à la disposition du public. Lorsque sa divulgation est de nature à porter atteinte à la sécurité ou au respect de la vie privée de ces personnes ou de leur entourage, est également occulté tout élément permettant d'identifier les parties, les tiers, les magistrats et les membres du greffe.

«Les données d'identité des magistrats et des membres du greffe ne peuvent faire l'objet d'une réutilisation ayant pour objet ou pour effet d'évaluer, d'analyser, de comparer ou de prédire leurs pratiques professionnelles réelles ou supposées. La violation de cette interdiction est punie des peines prévues aux articles 226-18, 226-24 et 226-31 du code pénal, sans préjudice des mesures et sanctions prévues par la loi n° 78-17 du 6 janvier 1978 relative à l'informatique, aux fichiers et aux libertés.»

(L. n° 2016-1321 du 7 oct. 2016, art. 20) «Les articles L. 321-1 à L. 326-1 du code des relations entre le public et l'administration sont également applicables à la réutilisation des informations publiques figurant dans ces jugements.

«Un décret en Conseil d'État fixe, pour les jugements de premier ressort, d'appel ou de cassation, les conditions d'application du présent article.»

Art. L. 10-1. *(L. n° 2019-222 du 23 mars 2019, art. 33)* Les tiers peuvent se faire délivrer copie des jugements, sous réserve des demandes abusives, en particulier par leur nombre ou par leur caractère répétitif ou systématique.

Les éléments permettant d'identifier les personnes physiques mentionnées dans le jugement, lorsqu'elles sont parties ou tiers, sont occultés si leur divulgation est de nature à porter atteinte à la sécurité ou au respect de la vie privée de ces personnes ou de leur entourage.

Un décret en Conseil d'État fixe, pour les décisions de premier ressort, d'appel ou de cassation, les conditions d'application du présent article.

Art. L. 11. Les jugements sont exécutoires.

CHAPITRE 2
La défense juridictionnelle des libertés fondamentales

Section 1
Les recours devant la Cour européenne des droits de l'homme

303 Convention européenne de sauvegarde des droits de l'homme et des libertés fondamentales (articles 34 et 35)

Art. 34. *Requêtes individuelles.* La Cour peut être saisie d'une requête par toute personne physique, toute organisation non gouvernementale ou tout groupe de particuliers qui se prétend victime d'une violation par l'une des Hautes Parties contractantes des droits reconnus dans la Convention ou ses protocoles. Les Hautes Parties contractantes s'engagent à n'entraver par aucune mesure l'exercice efficace de ce droit.

Art. 35. *Conditions de recevabilité.* 1. La Cour ne peut être saisie qu'après l'épuisement des voies de recours internes, tel qu'il est entendu selon les principes de droit international généralement reconnus, et dans un délai de six mois à partir de la date de la décision interne définitive.

2. La Cour ne retient aucune requête individuelle introduite en application de l'article 34, lorsque :

a) Elle est anonyme; ou

b) Elle est essentiellement la même qu'une requête précédemment examinée par la cour ou déjà soumise à une autre instance internationale d'enquête ou de règlement, et si elle ne contient pas de faits nouveaux.

3. La Cour déclare irrecevable toute requête individuelle introduite en application de l'article 34, lorsqu'elle estime :

a) que la requête est incompatible avec les dispositions de la Convention ou de ses Protocoles, manifestement mal fondée ou abusive; ou

b) que le requérant n'a subi aucun préjudice important, sauf si le respect des droits de l'homme garantis par la Convention et ses Protocoles exige un examen de la requête au fond et à condition de ne rejeter pour ce motif aucune affaire qui n'a pas été dûment examinée par un tribunal interne.

4. La Cour rejette toute requête qu'elle considère comme irrecevable en application du présent article. Elle peut procéder ainsi à tout stade de la procédure.

Section 2

La question prioritaire de constitutionnalité

304 Constitution du 4 octobre 1958 (article 61-1)

TITRE VII

LE CONSEIL CONSTITUTIONNEL

Art. 61-1. *(L. const. n° 2008-724 du 23 juill. 2008, art. 29)* Lorsque, à l'occasion d'une instance en cours devant une juridiction, il est soutenu qu'une disposition législative porte atteinte aux droits et libertés que la Constitution garantit, le Conseil constitutionnel peut être saisi de cette question sur renvoi du Conseil d'État ou de la Cour de cassation qui se prononce dans un délai déterminé.

Une loi organique détermine les conditions d'application du présent article.

305 Ordonnance n° 58-1067 du 7 novembre 1958 portant loi organique sur le Conseil constitutionnel (articles 23-1 à 23-12)

TITRE II

FONCTIONNEMENT DU CONSEIL CONSTITUTIONNEL

CHAPITRE II *BIS*

De la question prioritaire de constitutionnalité

Section I

Dispositions applicables devant les juridictions relevant du Conseil d'État ou de la Cour de cassation

Art. 23-1. *(L.-org. n° 2009-1523 du 10 déc. 2009, art. 1er)* Devant les juridictions relevant du Conseil d'État ou de la Cour de cassation, le moyen tiré de ce qu'une disposition législative porte atteinte aux droits et libertés garantis par la Constitution est, à peine d'irrecevabilité, présenté dans un écrit distinct et motivé. Un tel moyen peut être soulevé pour la première fois en cause d'appel. Il ne peut être relevé d'office.

Devant une juridiction relevant de la Cour de cassation, lorsque le ministère public n'est pas partie à l'instance, l'affaire lui est communiquée dès que le moyen est soulevé afin qu'il puisse faire connaître son avis.

Si le moyen est soulevé au cours de l'instruction pénale, la juridiction d'instruction du second degré en est saisie.

Le moyen ne peut être soulevé devant la cour d'assises. En cas d'appel d'un arrêt rendu par la cour d'assises en premier ressort, il peut être soulevé dans un écrit accompagnant la déclaration d'appel. Cet écrit est immédiatement transmis à la Cour de cassation.

Art. 23-2. *(L.-org. n° 2009-1523 du 10 déc. 2009, art. 1er)* La juridiction statue sans délai par une décision motivée sur la transmission de la question prioritaire de constitutionnalité au Conseil d'État ou à la Cour de cassation. Il est procédé à cette transmission si les conditions suivantes sont remplies :

1° La disposition contestée est applicable au litige ou à la procédure, ou constitue le fondement des poursuites ;

2° Elle n'a pas déjà été déclarée conforme à la Constitution dans les motifs et le dispositif d'une décision du Conseil constitutionnel, sauf changement des circonstances ;

3° La question n'est pas dépourvue de caractère sérieux.

En tout état de cause, la juridiction doit, lorsqu'elle est saisie de moyens contestant la conformité d'une disposition législative, d'une part, aux droits et libertés garantis par la Constitution et, d'autre part, aux engagements internationaux de la France, se prononcer par priorité sur la transmission de la question de constitutionnalité au Conseil d'État ou à la Cour de cassation.

La décision de transmettre la question est adressée au Conseil d'État ou à la Cour de cassation dans les huit jours de son prononcé avec les mémoires ou les conclusions des parties. Elle n'est susceptible d'aucun recours. Le refus de transmettre la question ne peut être contesté qu'à l'occasion d'un recours contre la décision réglant tout ou partie du litige.

Art. 23-3. *(L.-org. n° 2009-1523 du 10 déc. 2009, art. 1er)* Lorsque la question est transmise, la juridiction sursoit à statuer jusqu'à réception de la décision du Conseil d'État ou de la Cour de cassation ou, s'il a été saisi, du Conseil constitutionnel. Le cours de l'instruction n'est pas suspendu et la juridiction peut prendre les mesures provisoires ou conservatoires nécessaires.

Toutefois, il n'est sursis à statuer ni lorsqu'une personne est privée de liberté à raison de l'instance ni lorsque l'instance a pour objet de mettre fin à une mesure privative de liberté.

La juridiction peut également statuer sans attendre la décision relative à la question prioritaire de constitutionnalité si la loi ou le règlement prévoit qu'elle statue dans un délai déterminé ou en urgence. Si la juridiction de première instance statue sans attendre et s'il est formé appel de sa décision, la juridiction d'appel sursoit à statuer. Elle peut toutefois ne pas surseoir si elle est elle-même tenue de se prononcer dans un délai déterminé ou en urgence.

En outre, lorsque le sursis à statuer risquerait d'entraîner des conséquences irrémédiables ou manifestement excessives pour les droits d'une partie, la juridiction qui décide de transmettre la question peut statuer sur les points qui doivent être immédiatement tranchés.

Si un pourvoi en cassation a été introduit alors que les juges du fond se sont prononcés sans attendre la décision du Conseil d'État ou de la Cour de cassation ou, s'il a été saisi, celle du Conseil constitutionnel, il est sursis à toute décision sur le pourvoi tant qu'il n'a pas été statué sur la question prioritaire de constitutionnalité. Il en va autrement quand l'intéressé est privé de liberté à raison de l'instance et que la loi prévoit que la Cour de cassation statue dans un délai déterminé.

Section II

Dispositions applicables devant le Conseil d'État et la Cour de cassation

Art. 23-4. *(L.-org. nº 2009-1523 du 10 déc. 2009, art. 1er)* Dans un délai de trois mois à compter de la réception de la transmission prévue à l'article 23-2 ou au dernier alinéa de l'article 23-1, le Conseil d'État ou la Cour de cassation se prononce sur le renvoi de la question prioritaire de constitutionnalité au Conseil constitutionnel. Il est procédé à ce renvoi dès lors que les conditions prévues aux 1° et 2° de l'article 23-2 sont remplies et que la question est nouvelle ou présente un caractère sérieux.

Art. 23-5. *(L.-org. nº 2009-1523 du 10 déc. 2009, art. 1er)* Le moyen tiré de ce qu'une disposition législative porte atteinte aux droits et libertés garantis par la Constitution peut être soulevé, y compris pour la première fois en cassation, à l'occasion d'une instance devant le Conseil d'État ou la Cour de cassation. Le moyen est présenté, à peine d'irrecevabilité, dans un mémoire distinct et motivé. Il ne peut être relevé d'office.

En tout état de cause, le Conseil d'État ou la Cour de cassation doit, lorsqu'il est saisi de moyens contestant la conformité d'une disposition législative, d'une part, aux droits et libertés garantis par la Constitution et, d'autre part, aux engagements internationaux de la France, se prononcer par priorité sur le renvoi de la question de constitutionnalité au Conseil constitutionnel.

Le Conseil d'État ou la Cour de cassation dispose d'un délai de trois mois à compter de la présentation du moyen pour rendre sa décision. Le Conseil constitutionnel est saisi de la question prioritaire de constitutionnalité dès lors que les conditions prévues aux 1° et 2° de l'article 23-2 sont remplies et que la question est nouvelle ou présente un caractère sérieux.

Lorsque le Conseil constitutionnel a été saisi, le Conseil d'État ou la Cour de cassation sursoit à statuer jusqu'à ce qu'il se soit prononcé. Il en va autrement quand l'intéressé est privé de liberté à raison de l'instance et que la loi prévoit que la Cour de cassation statue dans un délai déterminé. Si le Conseil d'État ou la Cour de cassation est tenu de se prononcer en urgence, il peut n'être pas sursis à statuer.

Art. 23-7. *(L.-org. nº 2009-1523 du 10 déc. 2009, art. 1er)* La décision motivée du Conseil d'État ou de la Cour de cassation de saisir le Conseil constitutionnel lui est transmise avec les mémoires ou les conclusions des parties. Le Conseil constitutionnel reçoit une copie de la décision motivée par laquelle le Conseil d'État ou la Cour de cassation décide de ne pas le saisir d'une question prioritaire de constitutionnalité. Si le Conseil d'État ou la Cour de cassation ne s'est pas prononcé dans les délais prévus aux articles 23-4 et 23-5, la question est transmise au Conseil constitutionnel.

La décision du Conseil d'État ou de la Cour de cassation est communiquée à la juridiction qui a transmis la question prioritaire de constitutionnalité et notifiée aux parties dans les huit jours de son prononcé.

Section III

Dispositions applicables devant le Conseil constitutionnel

Art. 23-8. *(L.-org. n° 2009-1523 du 10 déc. 2009, art. 1er)* Le Conseil constitutionnel, saisi en application des dispositions du présent chapitre, avise immédiatement le Président de la République, le Premier ministre et les présidents de l'Assemblée nationale et du Sénat. Ceux-ci peuvent adresser au Conseil constitutionnel leurs observations sur la question prioritaire de constitutionnalité qui lui est soumise.

Lorsqu'une disposition d'une loi du pays de la Nouvelle-Calédonie fait l'objet de la question prioritaire de constitutionnalité, le Conseil constitutionnel avise également le président du gouvernement de la Nouvelle-Calédonie, le président du congrès et les présidents des assemblées de province.

Art. 23-9. *(L.-org. n° 2009-1523 du 10 déc. 2009, art. 1er)* Lorsque le Conseil constitutionnel a été saisi de la question prioritaire de constitutionnalité, l'extinction, pour quelque cause que ce soit, de l'instance à l'occasion de laquelle la question a été posée est sans conséquence sur l'examen de la question.

Art. 23-10. *(L.-org. n° 2009-1523 du 10 déc. 2009, art. 1er)* Le Conseil constitutionnel statue dans un délai de trois mois à compter de sa saisine. Les parties sont mises à même de présenter contradictoirement leurs observations. L'audience est publique, sauf dans les cas exceptionnels définis par le règlement intérieur du Conseil constitutionnel.

Art. 23-11. *(L.-org. n° 2009-1523 du 10 déc. 2009, art. 1er)* La décision du Conseil constitutionnel est motivée. Elle est notifiée aux parties et communiquée soit au Conseil d'État, soit à la Cour de cassation ainsi que, le cas échéant, à la juridiction devant laquelle la question prioritaire de constitutionnalité a été soulevée.

Le Conseil constitutionnel communique également sa décision au Président de la République, au Premier ministre et aux présidents de l'Assemblée nationale et du Sénat ainsi que, dans le cas prévu au dernier alinéa de l'article 23-8, aux autorités qui y sont mentionnées.

La décision du Conseil constitutionnel est publiée au Journal officiel et, le cas échéant, au Journal officiel de la Nou-velle-Calédonie.

Art. 23-12. *(L.-org. n° 2009-1523 du 10 déc. 2009, art. 1er)* Lorsque le Conseil constitutionnel est saisi d'une question prioritaire de constitutionnalité, la contribution de l'État à la rétribution des auxiliaires de justice qui prêtent leur concours au titre de l'aide juridictionnelle est majorée selon des modalités fixées par voie réglementaire.

Section 3

Le référé-liberté

306 Code de justice administrative (article L. 521-2)

TITRE II

LE JUGE DES RÉFÉRÉS STATUANT EN URGENCE

(L. nº 2000-597 du 30 juin 2000)

CHAPITRE PREMIER

Pouvoirs

Art. L. 521-2. Saisi d'une demande en ce sens justifiée par l'urgence, le juge des référés peut ordonner toutes mesures nécessaires à la sauvegarde d'une liberté fondamentale à laquelle une personne morale de droit public ou un organisme de droit privé chargé de la gestion d'un service public aurait porté, dans l'exercice d'un de ses pouvoirs, une atteinte grave et manifestement illégale. Le juge des référés se prononce dans un délai de quarante-huit heures.

Section 4

L'action de groupe

307 Loi nº 2016-1547 du 18 novembre 2016 de modernisation de la justice du XXIe siècle (articles 60 à 64)

TITRE V

L'ACTION DE GROUPE

CHAPITRE PREMIER

L'action de groupe devant le juge judiciaire

Art. 60. Sous réserve des dispositions particulières prévues pour chacune de ces actions, le présent chapitre est applicable aux actions suivantes devant le juge judiciaire :

1º L'action ouverte sur le fondement de la loi nº 2008-496 du 27 mai 2008 portant diverses dispositions d'adaptation au droit communautaire dans le domaine de la lutte contre les discriminations;

2º L'action ouverte sur le fondement des articles L. 1134-6 à L. 1134-10 du code du travail;

3º L'action ouverte sur le fondement de l'article L. 142-3-1 du code de l'environnement;

4° L'action ouverte sur le fondement du chapitre III du titre IV du livre Ier de la première partie du code de la santé publique ;

5° L'action ouverte sur le fondement de l'article 43 ter de la loi n° 78-17 du 6 janvier 1978 relative à l'informatique, aux fichiers et aux libertés.

Art. 61. Sauf disposition contraire, l'action de groupe est introduite et régie selon les règles prévues au code de procédure civile.

Section I

Objet de l'action de groupe, qualité pour agir et introduction de l'instance

Art. 62. Lorsque plusieurs personnes placées dans une situation similaire subissent un dommage causé par une même personne, ayant pour cause commune un manquement de même nature à ses obligations légales ou contractuelles, une action de groupe peut être exercée en justice au vu des cas individuels présentés par le demandeur.

Cette action peut être exercée en vue soit de la cessation du manquement mentionné au premier alinéa, soit de l'engagement de la responsabilité de la personne ayant causé le dommage afin d'obtenir la réparation des préjudices subis, soit de ces deux fins.

Art. 63. Seules les associations agréées et les associations régulièrement déclarées depuis cinq ans au moins dont l'objet statutaire comporte la défense d'intérêts auxquels il a été porté atteinte peuvent exercer l'action mentionnée à l'article 62.

Art. 64. Préalablement à l'introduction de l'action de groupe, la personne ayant qualité pour agir met en demeure celle à l'encontre de laquelle elle envisage d'agir par la voie de l'action de groupe de cesser ou de faire cesser le manquement ou de réparer les préjudices subis.

A peine d'irrecevabilité que le juge peut soulever d'office, afin que la personne mise en demeure puisse prendre les mesures pour cesser ou faire cesser le manquement ou réparer les préjudices subis, l'action de groupe ne peut être introduite qu'à l'expiration d'un délai de quatre mois à compter de la réception de cette mise en demeure.

308 Code de justice administrative (articles L. 77-10-3 à L. 77-10-5) et Code du travail (articles L. 1134-6 à L. 1134-10)

Art. L. 77-10-3. Lorsque plusieurs personnes, placées dans une situation similaire, subissent un dommage causé par une personne morale de droit public ou un organisme de droit privé chargé de la gestion d'un service public, ayant pour cause commune un manquement de même nature à ses obligations légales ou contractuelles, une action de groupe peut être exercée en justice au vu des cas individuels présentés par le demandeur.

Cette action peut être exercée en vue soit de la cessation du manquement mentionné au premier alinéa, soit de l'engagement de la responsabilité de la personne ayant causé le dommage afin d'obtenir la réparation des préjudices subis, soit de ces deux fins.

Art. L. 77-10-4. Seules les associations agréées et les associations régulièrement déclarées depuis cinq ans au moins et dont l'objet statutaire comporte la défense d'intérêts auxquels il a été porté atteinte peuvent exercer l'action mentionnée à l'article L. 77-10-3.

Art. L. 77-10-5. Préalablement à l'introduction de l'action de groupe, la personne ayant qualité pour agir met en demeure celle à l'encontre de laquelle elle envisage d'agir par la voie de l'action de groupe de cesser ou de faire cesser le manquement ou de réparer les préjudices subis.

A peine d'irrecevabilité que le juge peut soulever d'office, afin que la personne mise en demeure puisse prendre les mesures pour cesser ou faire cesser le manquement ou pour réparer les préjudices subis, l'action de groupe ne peut être introduite qu'à l'expiration d'un délai de quatre mois à compter de la réception de cette mise en demeure.

Art. L. 1134-6. Sous réserve des articles L. 1134-7 à L. 1134-10, le chapitre Ier du titre V de la loi n° 2016-1547 du 18 novembre 2016 de modernisation de la justice du XXIe siècle s'applique à l'action de groupe prévue à la présente section.

Art. L. 1134-7. Une organisation syndicale de salariés représentative au sens des articles L. 2122-1, L. 2122-5 ou L. 2122-9 peut agir devant une juridiction civile afin d'établir que plusieurs candidats à un emploi, à un stage ou à une période de formation en entreprise ou plusieurs salariés font l'objet d'une discrimination, directe ou indirecte, fondée sur un même motif figurant parmi ceux mentionnés à l'article L. 1132-1 et imputable à un même employeur.

Une association régulièrement déclarée depuis au moins cinq ans intervenant dans la lutte contre les discriminations ou œuvrant dans le domaine du handicap peut agir aux mêmes fins, pour la défense des intérêts de plusieurs candidats à un emploi ou à un stage en entreprise.

(L. n° 2017-86 du 27 janv. 2017, art. 212) «Pour l'application du présent article, l'organisation syndicale mentionnée au premier alinéa peut, si elle le souhaite, recueillir l'aide d'une association mentionnée au deuxième alinéa.»

Art. L. 1134-8. L'action peut tendre à la cessation du manquement et, le cas échéant, en cas de manquement, à la réparation des préjudices subis.

Sauf en ce qui concerne les candidats à un emploi, à un stage ou à une période de formation, sont seuls indemnisables dans le cadre de l'action de groupe les préjudices nés après la réception de la demande mentionnée à l'article L. 1134-9.

Art. L. 1134-9. Par dérogation à l'article 64 de la loi n° 2016-1547 du 18 novembre 2016 de modernisation de la justice du XXIe siècle, préalablement à l'engagement de l'action de groupe mentionnée à l'article L. 1134-7, les personnes mentionnées au même article L. 1134-7 demandent à l'employeur, par tout moyen conférant date certaine à cette demande, de faire cesser la situation de discrimination collective alléguée.

Dans un délai d'un mois à compter de la réception de cette demande, l'employeur en informe le *(Ord. n° 2017-1386 du 22 sept. 2017, art. 4)* «comité social et économique», ainsi que les organisations syndicales représentatives dans l'entreprise. A la demande du *(Ord. n° 2017-1386 du 22 sept. 2017, art. 4)* «comité social et économique», ou à la demande d'une organisation syndicale représentative, l'employeur engage une discussion sur les mesures permettant de faire cesser la situation de discrimination collective alléguée.

L'action de groupe engagée pour la défense des intérêts de plusieurs candidats à un emploi, à un stage ou à une période de formation en entreprise ou de plusieurs salariés peut être introduite à l'expiration d'un délai de six mois à compter de la demande tendant à faire cesser la situation de discrimination collective alléguée ou à compter de la notification par l'employeur du rejet de la demande.

Art. L. 1134-10. Lorsque l'action tend à la réparation des préjudices subis, elle s'exerce dans le cadre de la procédure individuelle de réparation définie au chapitre Ier du titre V de la loi n° 2016-1547 du 18 novembre 2016 de modernisation de la justice du XXIe siècle.

Le tribunal de grande instance connaît des demandes en réparation des préjudices subis du fait de la discrimination auxquelles l'employeur n'a pas fait droit.

309 Loi n° 2008-496 du 27 mai 2008 portant diverses dispositions d'adaptation au droit communautaire dans le domaine de la lutte contre les discriminations (article 1)

Art. 1er. Constitue une discrimination directe la situation dans laquelle, sur le fondement de son origine, de son sexe, de sa situation de famille, de sa grossesse, de son apparence physique, de la particulière vulnérabilité résultant de sa situation économique, apparente ou connue de son auteur, de son patronyme, de son lieu de résidence ou de sa domiciliation bancaire, de son état de santé, de sa perte d'autonomie, de son handicap, de ses caractéristiques génétiques, de ses mœurs, de son orientation sexuelle, de son identité de genre, de son âge, de ses opinions politiques, de ses activités syndicales, de sa capacité à s'exprimer dans une langue autre que le français, de son appartenance ou de sa non-appartenance, vraie ou supposée, à une ethnie, une nation, une prétendue race ou une religion déterminée, une personne est traitée de manière moins favorable qu'une autre ne l'est, ne l'a été ou ne l'aura été dans une situation comparable.

Constitue une discrimination indirecte une disposition, un critère ou une pratique neutre en apparence, mais susceptible d'entraîner, pour l'un des motifs mentionnés au premier alinéa, un désavantage particulier pour des personnes par rapport à d'autres personnes, à moins que cette disposition, ce critère ou cette pratique ne soit objectivement justifié par un but légitime et que les moyens pour réaliser ce but ne soient nécessaires et appropriés.

La discrimination inclut :

1° Tout agissement lié à l'un des motifs mentionnés au premier alinéa et tout agissement à connotation sexuelle, subis par une personne et ayant pour objet ou pour effet de porter atteinte à sa dignité ou de créer un environnement intimidant, hostile, dégradant, humiliant ou offensant;

2° Le fait d'enjoindre à quiconque d'adopter un comportement prohibé par l'article 2.

310 Loi n° 78-17 du 6 janvier 1978 relative à l'informatique, aux fichiers et aux libertés (article 43 *ter*)

Art. 43 *ter*. I. — Sous réserve du présent article, le chapitre Ier du titre V de la loi n° 2016-1547 du 18 novembre 2016 de modernisation de la justice du XXIe siècle et le chapitre X du titre VII du livre VII du code de justice administrative s'appliquent à l'action ouverte sur le fondement du présent article.

II. — Lorsque plusieurs personnes physiques placées dans une situation similaire subissent un dommage ayant pour cause commune un manquement de même nature aux dispositions de la présente loi par un responsable de traitement de données à caractère personnel ou un sous-traitant, une action de groupe peut être exercée devant la juridiction civile ou la juridiction administrative compétente.

III. — Cette action tend exclusivement à la cessation de ce manquement.

IV. — Peuvent seules exercer cette action :

1° Les associations régulièrement déclarées depuis cinq ans au moins ayant pour objet statutaire la protection de la vie privée et la protection des données à caractère personnel;

2° Les associations de défense des consommateurs représentatives au niveau national et agréées en application de l'article L. 811-1 du code de la consommation, lorsque le traitement de données à caractère personnel affecte des consommateurs;

3° Les organisations syndicales de salariés ou de fonctionnaires représentatives au sens des articles L. 2122-1, L. 2122-5 ou L. 2122-9 du code du travail ou du III de l'article 8 *bis* de la loi n° 83-634 du 13 juillet 1983 portant droits et obligations des fonctionnaires ou les syndicats représentatifs de magistrats de l'ordre judiciaire, lorsque le traitement affecte les intérêts des personnes que les statuts de ces organisations les chargent de défendre.

CHAPITRE 3
Les droits du procès

Section 1
Le droit au recours

311 Déclaration universelle des droits de l'homme (articles 8 et 10)

Art. 8. Toute personne a droit à un recours effectif devant les juridictions nationales compétentes contre les actes violant les droits fondamentaux qui lui sont reconnus par la constitution ou par la loi.

Art. 10. Toute personne a droit, en pleine égalité, à ce que sa cause soit entendue équitablement et publiquement par un tribunal indépendant et impartial, qui décidera, soit de ses droits et obligations, soit du bien-fondé de toute accusation en matière pénale dirigée contre elle.

312 Convention européenne de sauvegarde des droits de l'homme et des libertés fondamentales (article 6)

Art. 6. *Droit à un procès équitable.* 1. Toute personne a droit à ce que sa cause soit entendue équitablement, publiquement et dans un délai raisonnable, par un tribunal indépendant et impartial, établi par la loi, qui décidera, soit des contestations sur ses droits et obligations de caractère civil, soit du bien-fondé de toute accusation en matière pénale dirigée contre elle. Le jugement doit être rendu publiquement, mais l'accès de la salle d'audience peut être interdit à la presse et au public pendant la totalité ou une partie du procès dans l'intérêt de la moralité, de l'ordre public ou de la sécurité nationale dans une société démocratique, lorsque les intérêts des mineurs ou la protection de la vie privée des parties au procès l'exigent, ou dans la mesure jugée strictement nécessaire par le tribunal, lorsque dans des circonstances spéciales la publicité serait de nature à porter atteinte aux intérêts de la justice.

2. Toute personne accusée d'une infraction est présumée innocente jusqu'à ce que sa culpabilité ait été légalement établie.

3. Tout accusé a droit notamment à :

a) être informé, dans le plus court délai, dans une langue qu'il comprend et d'une manière détaillée, de la nature et de la cause de l'accusation portée contre lui ;

b) disposer du temps et des facilités nécessaires à la préparation de sa défense ;

c) se défendre lui-même ou avoir l'assistance d'un défenseur de son choix et, s'il n'a pas les moyens de rémunérer un défenseur, pouvoir être assisté gratuitement par un avocat d'office, lorsque les intérêts de la justice l'exigent ;

d) interroger ou faire interroger les témoins à charge et obtenir la convocation et l'interrogation des témoins à décharge dans les mêmes conditions que les témoins à charge ;

e) se faire assister gratuitement d'un interprète, s'il ne comprend pas ou ne parle pas la langue employée à l'audience.

313 Convention européenne de sauvegarde des droits de l'homme et des libertés fondamentales (article 13)

Art. 13. *Droit à un recours effectif.* Toute personne dont les droits et libertés reconnus dans la présente Convention ont été violés, a droit à l'octroi d'un recours effectif devant une instance nationale, alors même que la violation aurait été commise par des personnes agissant dans l'exercice de leurs fonctions officielles.

314 Protocole n° 7 à la Convention de sauvegarde des droits de l'homme et des libertés fondamentales (articles 2 à 4)

Art. 2. *Droit à un double degré de juridiction en matière pénale.* 1. Toute personne déclarée coupable d'une infraction pénale par un tribunal a le droit de faire examiner par une juridiction supérieure la déclaration de culpabilité ou la condamnation. L'exercice de ce droit, y compris les motifs pour lesquels il peut être exercé, sont régis par la loi.

2. Ce droit peut faire l'objet d'exceptions pour des infractions mineures telles qu'elles sont définies par la loi ou lorsque l'intéressé a été jugé en première instance par la plus haute juridiction ou a été déclaré coupable et condamné à la suite d'un recours contre son acquittement.

Art. 3. *Droit d'indemnisation en cas d'erreur judiciaire.* Lorsqu'une condamnation pénale définitive est ultérieurement annulée, ou lorsque la grâce est accordée, parce qu'un fait nouveau ou nouvellement révélé prouve qu'il s'est produit une erreur judiciaire, la personne qui a subi une peine en raison de cette condamnation est indemnisée, conformément à la loi ou à l'usage en vigueur dans l'État concerné, à moins qu'il ne soit prouvé que la non-révélation en temps utile du fait inconnu lui est imputable en tout ou en partie.

Art. 4. *Droit à ne pas être jugé ou puni deux fois.* 1. Nul ne peut être poursuivi ou puni pénalement par les juridictions du même État en raison d'une infraction pour laquelle il a déjà été acquitté ou condamné par un jugement définitif conformément à la loi et à la procédure pénale de cet État.

2. Les dispositions du paragraphe précédent n'empêchent pas la réouverture du procès, conformément à la loi et à la procédure pénale de l'État concerné, si des faits nouveaux ou nouvellement révélés ou un vice fondamental dans la procédure précédente sont de nature à affecter le jugement intervenu.

3. Aucune dérogation n'est autorisée au présent article au titre de l'article 15 de la Convention.

315 Charte des droits fondamentaux de l'Union européenne (article 47)

Art. 47. *Droit à un recours effectif et à accéder à un tribunal impartial.* Toute personne dont les droits et libertés garantis par le droit de l'Union ont été violés a droit à un recours effectif devant un tribunal dans le respect des conditions prévues au présent article.

Toute personne a droit à ce que sa cause soit entendue équitablement, publiquement et dans un délai raisonnable par un tribunal indépendant et impartial, établi préalablement par la loi. Toute personne a la possibilité de se faire conseiller, défendre et représenter.

Une aide juridictionnelle est accordée à ceux qui ne disposent pas de ressources suffisantes, dans la mesure où cette aide serait nécessaire pour assurer l'effectivité de l'accès à la justice.

316 Code de procédure civile (articles 14 à 20 et 22)

TITRE PREMIER

DISPOSITIONS LIMINAIRES

CHAPITRE PREMIER

Les principes directeurs du procès

Section VI

La contradiction

Art. 14. Nulle partie ne peut être jugée sans avoir été entendue ou appelée.

Art. 15. Les parties doivent se faire connaître mutuellement en temps utile les moyens de fait sur lesquels elles fondent leurs prétentions, les éléments de preuve qu'elles produisent et les moyens de droit qu'elles invoquent, afin que chacune soit à même d'organiser sa défense.

Art. 16. *(Décr. n° 81-500 du 12 mai 1981, art. 6)* Le juge doit, en toutes circonstances, faire observer et observer lui-même le principe de la contradiction.

Il ne peut retenir, dans sa décision, les moyens, les explications et les documents invoqués ou produits par les parties que si celles-ci ont été à même d'en débattre contradictoirement.

Il ne peut fonder sa décision sur les moyens de droit qu'il a relevés d'office sans avoir au préalable invité les parties à présenter leurs observations.

Art. 17. Lorsque la loi permet ou la nécessité commande qu'une mesure soit ordonnée à l'insu d'une partie, celle-ci dispose d'un recours approprié contre la décision qui lui fait grief.

Section VII

La défense

Art. 18. Les parties peuvent se défendre elles-mêmes, sous réserve des cas dans lesquels la représentation est obligatoire.

Art. 19. Les parties choisissent librement leur défenseur soit pour se faire représenter soit pour se faire assister suivant ce que la loi permet ou ordonne.

Art. 20. Le juge peut toujours entendre les parties elles-mêmes.

Section IX

Les débats

Art. 22. Les débats sont publics, sauf les cas où la loi exige ou permet qu'ils aient lieu en chambre du conseil.

317 Code de procédure pénale (article préliminaire)

PARTIE LÉGISLATIVE

Art. préliminaire. I. — La procédure pénale doit être équitable et contradictoire et préserver l'équilibre des droits des parties.

Elle doit garantir la séparation des autorités chargées de l'action publique et des autorités de jugement.

Les personnes se trouvant dans des conditions semblables et poursuivies pour les mêmes infractions doivent être jugées selon les mêmes règles.

II. — L'autorité judiciaire veille à l'information et à la garantie des droits des victimes au cours de toute procédure pénale.

III. — Toute personne suspectée ou poursuivie est présumée innocente tant que sa culpabilité n'a pas été établie. Les atteintes à sa présomption d'innocence sont prévenues, réparées et réprimées dans les conditions prévues par la loi.

Elle a le droit d'être informée des charges retenues contre elle et d'être assistée d'un défenseur.

(L. n° 2013-711 du 5 août 2013, art. 4) «Si cette personne ne comprend pas la langue française, elle a droit, dans une langue qu'elle comprend et jusqu'au terme de la procé-

dure, à l'assistance d'un interprète, y compris pour les entretiens avec son avocat ayant un lien direct avec tout interrogatoire ou toute audience, et, sauf renonciation expresse et éclairée de sa part, à la traduction des pièces essentielles à l'exercice de sa défense et à la garantie du caractère équitable du procès qui doivent, à ce titre, lui être remises ou notifiées en application du présent code.»

Les mesures de contraintes dont *(L. n° 2013-711 du 5 août 2013, art. 4)* «la personne suspectée ou poursuivie» peut faire l'objet sont prises sur décision ou sous le contrôle effectif de l'autorité judiciaire. Elles doivent être strictement limitées aux nécessités de la procédure, proportionnées à la gravité de l'infraction reprochée et ne pas porter atteinte à la dignité de la personne.

Il doit être définitivement statué sur l'accusation dont cette personne fait l'objet dans un délai raisonnable.

(L. n° 2019-222 du 23 mars 2019, art. 44-I, en vigueur le 1er juin 2019) «Au cours de la procédure pénale, les mesures portant atteinte à la vie privée d'une personne ne peuvent être prises, sur décision ou sous le contrôle effectif de l'autorité judiciaire, que si elles sont, au regard des circonstances de l'espèce, nécessaires à la manifestation de la vérité et proportionnées à la gravité de l'infraction.»

Toute personne condamnée a le droit de faire examiner sa condamnation par une autre juridiction.

(L. n° 2011-392 du 14 avr. 2011, en vigueur le 1er juin 2011) «En matière criminelle et correctionnelle, aucune condamnation ne peut être prononcée contre une personne sur le seul fondement de déclarations qu'elle a faites sans avoir pu s'entretenir avec un avocat et être assistée par lui.»

Section 2

Les modes alternatifs de règlement des différends

318 Loi n° 2016-1547 du 18 novembre 2016 de modernisation de la justice du XXIe siècle (articles 4 à 4-7)

TITRE II

FAVORISER LES MODES ALTERNATIFS DE RÈGLEMENT DES DIFFÉRENDS

Art. 4. A peine d'irrecevabilité que le juge peut prononcer d'office, la saisine du tribunal d'instance par déclaration au greffe doit être précédée d'une tentative de conciliation menée par un conciliateur de justice, sauf :

1° Si l'une des parties au moins sollicite l'homologation d'un accord;

2° Si les parties justifient d'autres diligences entreprises en vue de parvenir à une résolution amiable de leur litige;

3° Si l'absence de recours à la conciliation est justifiée par un motif légitime.

Art. 4-1. *(L. n° 2019-222 du 23 mars 2019, art. 4)* Les personnes physiques ou morales proposant, de manière rémunérée ou non, un service en ligne de conciliation ou de médiation, telle que définie à l'article 21 de la loi n° 95-125 du 8 février 1995 relative à l'organisation des juridictions et à la procédure civile, administrative et pénale, sont soumises aux obligations relatives à la protection des données à caractère personnel et, sauf accord des parties, de confidentialité. Le service en ligne délivre une information détaillée sur les modalités selon lesquelles la résolution amiable est réalisée.

Art. 4-2. *(L. n° 2019-222 du 23 mars 2019, art. 4)* Les personnes physiques ou morales proposant, de manière rémunérée ou non, un service en ligne d'arbitrage sont soumises aux obligations relatives à la protection des données à caractère personnel et, sauf accord des parties, de confidentialité. Le service en ligne délivre une information détaillée sur les modalités selon lesquelles l'arbitrage est rendu.

La sentence arbitrale peut être rendue sous forme électronique, sauf opposition de l'une des parties.

Art. 4-3. *(L. n° 2019-222 du 23 mars 2019, art. 4)* Les services en ligne mentionnés aux articles 4-1 et 4-2 ne peuvent avoir pour seul fondement un traitement algorithmique ou automatisé de données à caractère personnel. Lorsque ce service est proposé à l'aide d'un tel traitement, les parties doivent en être informées par une mention explicite et doivent expressément y consentir. Les règles définissant ce traitement ainsi que les principales caractéristiques de sa mise en œuvre sont communiquées par le responsable de traitement à toute partie qui en fait la demande. Le responsable de traitement s'assure de la maîtrise du traitement et de ses évolutions afin de pouvoir expliquer, en détail et sous une forme intelligible, à la partie qui en fait la demande la manière dont le traitement a été mis en œuvre à son égard.

Art. 4-4. *(L. n° 2019-222 du 23 mars 2019, art. 4)* Les personnes physiques ou morales proposant, de manière rémunérée ou non, un service en ligne d'aide à la saisine des juridictions sont soumises aux obligations relatives à la protection des données à caractère personnel et de confidentialité.

Art. 4-5. *(L. n° 2019-222 du 23 mars 2019, art. 4)* Les personnes physiques ou morales mentionnées aux articles 4-1, 4-2 et 4-4 ne peuvent réaliser des actes d'assistance ou de représentation que dans les conditions prévues à l'article 4 de la loi n° 71-1130 du 31 décembre 1971 portant réforme de certaines professions judiciaires et juridiques. Elles ne peuvent donner des consultations juridiques ou rédiger des actes sous seing privé qu'à la condition de respecter les obligations résultant de l'article 54 de la même loi.

Art. 4-6. *(L. n° 2019-222 du 23 mars 2019, art. 4)* Les personnes physiques ou morales qui concourent à la fourniture ou au fonctionnement des services en ligne mentionnés aux articles 4-1 et 4-2 accomplissent leur mission avec impartialité, indépendance, compétence et diligence.

L'article 226-13 du code pénal leur est applicable.

Art. 4-7. *(L. n° 2019-222 du 23 mars 2019, art. 4)* Les services en ligne fournissant des prestations de conciliation, de médiation, telle que définie à l'article 21 de la loi n° 95-125 du 8 février 1995 précitée, ou d'arbitrage peuvent faire l'objet d'une certification par un organisme accrédité.

Cette certification est accordée au service en ligne qui en fait la demande, après vérification du respect des exigences mentionnées aux articles 4-1 à 4-6.

Par exception, la certification est accordée de plein droit aux conciliateurs de justice, aux médiateurs inscrits sur la liste prévue à l'article L. 615-1 du code de la consommation au titre de leur activité de médiation de consommation ainsi qu'aux personnes inscrites, dans le ressort d'une cour d'appel, sur la liste des médiateurs prévue à l'article 22-1 A de la loi n° 95-125 du 8 février 1995 précitée.

Les conditions de délivrance et de retrait de la certification mentionnée au présent article ainsi que les conditions dans lesquelles est assurée la publicité de la liste des services en ligne de conciliation, de médiation ou d'arbitrage sont précisées par décret en Conseil d'État.

319 Loi n° 95-125 du 8 février 1995 relative à l'organisation des juridictions et à la procédure civile, pénale et administrative (articles 21 à 22-3)

TITRE II
Dispositions de procédure civile

CHAPITRE Ier
La médiation

Section I
Dispositions générales

Art. 21. *(Ord. n° 2011-1540, 16 nov. 2011, art. 1er)* La médiation régie par le présent chapitre s'entend de tout processus structuré, quelle qu'en soit la dénomination, par lequel deux ou plusieurs parties tentent de parvenir à un accord en vue de la résolution amiable de leurs différends, avec l'aide d'un tiers, le médiateur, choisi par elles ou désigné, avec leur accord, par le juge saisi du litige.

Art. 21-1. *(Ord. n° 2011-1540, 16 nov. 2011, art. 1er)* La médiation est soumise à des règles générales qui font l'objet de la présente section, sans préjudice de règles complémentaires propres à certaines médiations ou à certains médiateurs.

Art. 21-2. *(Ord. n° 2011-1540, 16 nov. 2011, art. 1er)* Le médiateur accomplit sa mission avec impartialité, compétence et diligence.

Art. 21-3. *(Ord. n° 2011-1540, 16 nov. 2011, art. 1er)* Sauf accord contraire des parties, la médiation est soumise au principe de confidentialité.

Les constatations du médiateur et les déclarations recueillies au cours de la médiation ne peuvent être divulguées aux tiers ni invoquées ou produites dans le cadre d'une instance judiciaire ou arbitrale sans l'accord des parties.

Il est fait exception aux alinéas précédents dans les deux cas suivants :

a) En présence de raisons impérieuses d'ordre public ou de motifs liés à la protection de l'intérêt supérieur de l'enfant ou à l'intégrité physique ou psychologique de la personne;

b) Lorsque la révélation de l'existence ou la divulgation du contenu de l'accord issu de la médiation est nécessaire pour sa mise en œuvre ou son exécution.

Lorsque le médiateur est désigné par un juge, il informe ce dernier de ce que les parties sont ou non parvenues à un accord.

Art. 21-4. *(Ord. n° 2011-1540, 16 nov. 2011, art. 1er)* L'accord auquel parviennent les parties ne peut porter atteinte à des droits dont elles n'ont pas la libre disposition.

Art. 21-5. *(Ord. n° 2011-1540, 16 nov. 2011, art. 1er)* L'accord auquel parviennent les parties peut être soumis à l'homologation du juge, qui lui donne force exécutoire.

Section II

La médiation judiciaire

(Ord. n° 2011-1540, 16 nov. 2011, art. 1er)

Art. 22. *(Ord. n° 2011-1540, 16 nov. 2011, art. 1er)* Le juge peut désigner, avec l'accord des parties, un médiateur pour procéder à une médiation, en tout état de la procédure, y compris en référé. Cet accord est recueilli dans des conditions prévues par décret en Conseil d'État.

Art. 22-1 A. *(L. n° 2016-1547 du 18 nov. 2016, art. 8)* Il est établi, pour l'information des juges, une liste des médiateurs dressée par chaque cour d'appel, dans des conditions fixées par un décret en Conseil d'État pris dans un délai de six mois à compter de la promulgation de la loi n° 2016-1547 du 18 novembre 2016 de modernisation de la justice du XXIe siècle.

Art. 22-1. *(L. n° 2019-222 du 23 mars 2019, art. 3)* «En tout état de la procédure, y compris en référé, lorsqu'il estime qu'une résolution amiable du litige est possible, le juge peut,» s'il n'a pas recueilli l'accord des parties, leur enjoindre de rencontrer un médiateur qu'il désigne et qui répond aux conditions prévues par décret en Conseil d'État. Celui-ci informe les parties sur l'objet et le déroulement d'une mesure de médiation.

Art. 22-2. *(Ord. n° 2011-1540, 16 nov. 2011, art. 1er)* Lorsque les frais de la médiation sont à la charge des parties, celles-ci déterminent librement entre elles leur répartition.

A défaut d'accord, ces frais sont répartis à parts égales, à moins que le juge n'estime qu'une telle répartition est inéquitable au regard de la situation économique des parties.

Lorsque l'aide juridictionnelle a été accordée à l'une des parties, la répartition de la charge des frais de la médiation est établie selon les règles prévues à l'alinéa précédent. Les frais incombant à la partie bénéficiaire de l'aide juridictionnelle sont à la charge de l'État, sous réserve des dispositions de l'article 50 de la loi du 10 juillet 1991 relative à l'aide juridique.

Le juge fixe le montant de la provision à valoir sur la rémunération du médiateur et désigne la ou les parties qui consigneront la provision dans le délai qu'il détermine. La désignation du médiateur est caduque à défaut de consignation dans le délai et selon les modalités impartis. *(L. n° 2019-222 du 23 mars 2019, art. 3)* «Lorsque la médiation est ordonnée en cours d'instance, celle-ci est» alors poursuivie.

Art. 22-3. *(Ord. n° 2011-1540, 16 nov. 2011, art. 1er)* La durée de la mission de médiation est fixée par le juge, sans qu'elle puisse excéder un délai déterminé par décret en Conseil d'État.

Le juge peut toutefois renouveler la mission de médiation. Il peut également y mettre fin, avant l'expiration du délai qu'il a fixé, d'office ou à la demande du médiateur ou d'une partie.

(L. n° 2019-222 du 23 mars 2019, art. 3) «Le présent article n'est pas applicable lorsque le juge ordonne la médiation dans la décision statuant définitivement sur les modalités d'exercice de l'autorité parentale.»

Section 3

Les grands principes du procès

A – LES PRINCIPES DE LÉGALITÉ ET PROPORTIONNALITÉ DES DÉLITS ET DES PEINES ET LA NON-RÉTROACTIVITÉ DE LA LOI

320 Déclaration universelle des droits de l'homme (article 11.2)

Art. 11. 2. Nul ne sera condamné pour des actions ou omissions qui, au moment où elles ont été commises, ne constituaient pas un acte délictueux d'après le droit national ou international. De même, il ne sera infligé aucune peine plus forte que celle qui était applicable au moment où l'acte délictueux a été commis.

321 Convention européenne de sauvegarde des droits de l'homme et des libertés fondamentales (article 7)

Art. 7. *Pas de peine sans loi.* 1. Nul ne peut être condamné pour une action ou une omission qui, au moment où elle a été commise, ne constituait pas une infraction d'après le droit national ou international. De même il n'est infligé aucune peine plus forte que celle qui était applicable au moment où l'infraction a été commise.

2. Le présent article ne portera pas atteinte au jugement et à la punition d'une personne coupable d'une action ou d'une omission qui, au moment où elle a été commise, était criminelle d'après les principes généraux de droit reconnus par les nations civilisées.

322 Charte des droits fondamentaux de l'Union européenne (article 49)

Art. 49. *Principes de légalité et de proportionnalité des délits et des peines.* 1. Nul ne peut être condamné pour une action ou une omission qui, au moment où elle a été commise, ne constituait pas une infraction d'après le droit national ou le droit international. De même, il n'est infligé aucune peine plus forte que celle qui était applicable au moment où l'infraction a été commise. Si, postérieurement à cette infraction, la loi prévoit une peine plus légère, celle-ci doit être appliquée.

2. Le présent article ne porte pas atteinte au jugement et à la punition d'une personne coupable d'une action ou d'une omission qui, au moment où elle a été commise, était criminelle d'après les principes généraux reconnus par l'ensemble des nations.

3. L'intensité des peines ne doit pas être disproportionnée par rapport à l'infraction.

323 Déclaration des droits de l'homme et du citoyen (article 7)

Art. 7. Nul homme ne peut être accusé, arrêté ni détenu que dans les cas déterminés par la Loi, et selon les formes qu'elle a prescrites. Ceux qui sollicitent, expédient, exécutent ou font exécuter des ordres arbitraires, doivent être punis; mais tout citoyen appelé ou saisi en vertu de la Loi doit obéir à l'instant : il se rend coupable par la résistance.

324 Déclaration des droits de l'homme et du citoyen (article 8)

Art. 8. La Loi ne doit établir que des peines strictement et évidemment nécessaires, et nul ne peut être puni qu'en vertu d'une Loi établie et promulguée antérieurement au délit, et légalement appliquée.

325 Code civil (article 2)

TITRE PRÉLIMINAIRE

DE LA PUBLICATION, DES EFFETS ET DE L'APPLICATION DES LOIS EN GÉNÉRAL

Art. 2. La loi ne dispose que pour l'avenir; elle n'a point d'effet rétroactif.

B – LA PRÉSOMPTION D'INNOCENCE

326 Déclaration universelle des droits de l'homme (article 11.1)

Art. 11. 1. Toute personne accusée d'un acte délictueux est présumée innocente jusqu'à ce que sa culpabilité ait été légalement établie au cours d'un procès public où toutes les garanties nécessaires à sa défense lui auront été assurées.

327 Convention européenne de sauvegarde des droits de l'homme et des libertés fondamentales (article 6.2)

Art. 6. *Droit à un procès équitable.* 2. Toute personne accusée d'une infraction est présumée innocente jusqu'à ce que sa culpabilité ait été légalement établie.

328 Charte des droits fondamentaux de l'Union européenne (article 48)

TITRE VI

JUSTICE

Art. 48. *Présomption d'innocence et droits de la défense.* 1. Tout accusé est présumé innocent jusqu'à ce que sa culpabilité ait été légalement établie.

2. Le respect des droits de la défense est garanti à tout accusé.

329 Déclaration des droits de l'homme et du citoyen (article 9)

Art. 9. Tout homme étant présumé innocent jusqu'à ce qu'il ait été déclaré coupable, s'il est jugé indispensable de l'arrêter, toute rigueur qui ne serait pas nécessaire pour s'assurer de sa personne doit être sévèrement réprimée par la loi.

330 Code civil (article 9-1)

LIVRE Ier

DES PERSONNES

Art. 9-1. *(L. n° 2000-516 du 15 juin 2000, art. 91)* Chacun a droit au respect de la présomption d'innocence.

Lorsqu'une personne est, avant toute condamnation, présentée publiquement comme coupable de faits faisant l'objet d'une enquête ou d'une instruction judiciaire, le juge peut, même en référé, sans préjudice de la réparation du dommage subi, prescrire toutes mesures, telles que l'insertion d'une rectification ou la diffusion d'un communiqué, aux fins de faire cesser l'atteinte à la présomption d'innocence, et ce aux frais de la personne, physique ou morale, responsable de cette atteinte.

C – LE SECRET DE L'INSTRUCTION

331 Code de procédure pénale (article 11)

TITRE PREMIER

DES AUTORITÉS CHARGÉES DE LA CONDUITE DE LA POLITIQUE PÉNALE, DE L'ACTION PUBLIQUE ET DE L'INSTRUCTION

(L. n° 2013-669 du 25 juill. 2013, art. 2-2°).

Art. 11. Sauf dans les cas où la loi en dispose autrement et sans préjudice des droits de la défense, la procédure au cours de l'enquête et de l'instruction est secrète.

Toute personne qui concourt à cette procédure est tenue au secret professionnel dans les conditions et sous les peines *(L. n° 92-1336 du 16 déc. 1992)* «des articles 226-13 et 226-14 du code pénal».

(L. n° 2000-516 du 15 juin 2000, art. 96-I) «Toutefois, afin d'éviter la propagation d'informations parcellaires ou inexactes ou pour mettre fin à un trouble à l'ordre public, le procureur de la République peut, d'office et à la demande de la juridiction d'instruction ou des parties, rendre publics des éléments objectifs tirés de la procédure ne comportant aucune appréciation sur le bien-fondé des charges retenues contre les personnes mises en cause.»

D – LE SECRET DU DÉLIBÉRÉ

332 Code de procédure civile (article 448)

TITRE DEUXIÈME

DU JUGEMENT DES DÉLITS

CHAPITRE PREMIER

Du tribunal correctionnel

Section IV

Des débats

§ 3 : De l'administration de la preuve

Art. 448. Les délibérations des juges sont secrètes.

333 Code de procédure pénale (article 357 alinéa 2)

TITRE PREMIER

DE LA COUR D'ASSISES

CHAPITRE VII

Du jugement

Section première

De la délibération de la cour d'assises

Art. 357. Chacun des magistrats et des jurés reçoit, à cet effet, un bulletin ouvert, marqué du timbre de la cour d'assises et portant ces mots : "sur mon honneur et en ma conscience, ma déclaration est ...".

Il écrit à la suite ou fait écrire secrètement le mot "oui" ou le mot "non" sur une table disposée de manière que personne ne puisse voir le vote inscrit sur le bulletin. Il remet le bulletin écrit et fermé au président, qui le dépose dans une urne destinée à cet usage.

E – LA MOTIVATION DES DÉCISIONS DE JUSTICE

334 Code de procédure civile (article 455)

TITRE QUATORZIÈME

LE JUGEMENT

CHAPITRE PREMIER

Dispositions générales

Section première

Les débats, le délibéré et le jugement

Sous-section 3 – Le jugement

Art. 455. *(Décr. n° 98-1231 du 28 déc. 1998, art. 11, en vigueur le 1er mars 1999, rect. JO 13 févr. 1999)* Le jugement doit exposer succinctement les prétentions respectives des parties et leurs moyens. Cet exposé peut revêtir la forme d'un visa des conclusions des parties avec l'indication de leur date. Le jugement doit être motivé.

Il énonce la décision sous forme de dispositif.

335 Code de procédure pénale (article 485)

TITRE DEUXIÈME

DU JUGEMENT DES DÉLITS

CHAPITRE PREMIER

Du tribunal correctionnel

Section V

Du jugement

§ 1er : Dispositions générales (L. n° 2011-939 du 10 août 2011, art. 7-1°).

Art. 485. Tout jugement doit contenir des motifs et un dispositif.

(L. n° 85-1407 du 30 déc. 1985) «Les motifs constituent la base de la décision.»

Le dispositif énonce les infractions dont les personnes citées sont déclarées coupables ou responsables, ainsi que la peine, les textes de loi appliqués, et les condamnations civiles.

(L. n° 85-1407 du 30 déc. 1985) «Il est donné lecture du jugement par le président ou par l'un des juges; cette lecture peut être limitée au dispositif. Dans le cas prévu par l'alinéa premier de l'article 398, elle peut être faite même en l'absence des autres magistrats du siège.»

336 Code de procédure pénale (article 353)

TITRE PREMIER

DE LA COUR D'ASSISES

CHAPITRE VI

Des débats

Section IV

De la clôture des débats et de la lecture des questions

Art. 353. Avant que la cour d'assises se retire, le président donne lecture de l'instruction suivante, qui est, en outre, affichée en gros caractères, dans le lieu le plus apparent de la chambre des délibérations :

(L. nº 2011-939 du 10 août 2011, art. 12-I, en vigueur le 1er janv. 2012) «Sous réserve de l'exigence de motivation de la décision, la loi ne demande pas compte à chacun des juges et jurés composant la cour d'assises» des moyens par lesquels ils se sont convaincus, elle ne leur prescrit pas de règles desquelles ils doivent faire particulièrement dépendre la plénitude et la suffisance d'une preuve; elle leur prescrit de s'interroger eux-mêmes, dans le silence et le recueillement et de chercher, dans la sincérité de leur conscience, quelle impression ont faite, sur leur raison, les preuves rapportées contre l'accusé, et les moyens de sa défense. La loi ne leur fait que cette seule question, qui renferme toute la mesure de leurs devoirs :

"Avez-vous une intime conviction?"

337 Code de procédure pénale (article 365-1)

TITRE PREMIER

DE LA COUR D'ASSISES

CHAPITRE VII

Du jugement

Section première

De la délibération de la cour d'assises

Art. 365-1. *(L. nº 2011-939 du 10 août 2011, art. 12-II, en vigueur le 1er janv. 2012)* Le président ou l'un des magistrats assesseurs par lui désigné rédige la motivation de l'arrêt.

(L. nº 2019-222 du 23 mars 2019, art. 63) «En cas de condamnation, la motivation consiste dans l'énoncé des principaux éléments à charge qui, pour chacun des faits reprochés à l'accusé, ont convaincu la cour d'assises et qui ont été exposés au cours des délibérations menées par la cour et le jury en application de l'article 356, préalablement aux votes sur les questions. La motivation consiste également dans l'énoncé des principaux

éléments ayant convaincu la cour d'assises dans le choix de la peine, au vu des éléments exposés au cours de la délibération prévue à l'article 362. L'application des dispositions du troisième alinéa de l'article 706-53-13 est également motivée. La motivation des peines complémentaires obligatoires, de la peine de confiscation du produit ou de l'objet de l'infraction ou des obligations particulières du sursis probatoire n'est pas nécessaire. »

La motivation figure sur un document annexé à la feuille des questions appelé feuille de motivation, qui est signée conformément à l'article 364.

Lorsqu'en raison de la particulière complexité de l'affaire, liée au nombre des accusés ou des crimes qui leur sont reprochés, il n'est pas possible de rédiger immédiatement la feuille de motivation, celle-ci doit alors être rédigée, versée au dossier et déposée au greffe de la cour d'assises au plus tard dans un délai de trois jours à compter du prononcé de la décision.

F – LA RÉVISION

338 Code de procédure pénale (articles 622 à 626-1)

TITRE DEUXIÈME
DES DEMANDES EN RÉVISION ET EN RÉEXAMEN

(L. n° 2014-640 du 20 juin 2014, art. 3, en vigueur le 1er oct. 2014)

CHAPITRE PREMIER
Des demandes en révision et en réexamen

Art. 622. La révision d'une décision pénale définitive peut être demandée au bénéfice de toute personne reconnue coupable d'un crime ou d'un délit lorsque, après une condamnation, vient à se produire un fait nouveau ou à se révéler un élément inconnu de la juridiction au jour du procès de nature à établir l'innocence du condamné ou à faire naître un doute sur sa culpabilité.

Art. 622-1. Le réexamen d'une décision pénale définitive peut être demandé au bénéfice de toute personne reconnue coupable d'une infraction lorsqu'il résulte d'un arrêt rendu par la Cour européenne des droits de l'homme que la condamnation a été prononcée en violation de la Convention européenne de sauvegarde des droits de l'homme et des libertés fondamentales ou de ses protocoles additionnels, dès lors que, par sa nature et sa gravité, la violation constatée entraîne, pour le condamné, des conséquences dommageables auxquelles la satisfaction équitable accordée en application de l'article 41 de la convention précitée ne pourrait mettre un terme. Le réexamen peut être demandé dans un délai d'un an à compter de la décision de la Cour européenne des droits de l'homme. Le réexamen d'un pourvoi en cassation peut être demandé dans les mêmes conditions.

Art. 622-2. La révision et le réexamen peuvent être demandés :

1° Par le ministre de la justice ;

2° Par le procureur général près la Cour de cassation ;

3° Par le condamné ou, en cas d'incapacité, par son représentant légal ;

4° Après la mort ou l'absence déclarée du condamné, par son conjoint, le partenaire lié par un pacte civil de solidarité, son concubin, ses enfants, ses parents, ses petits-enfants ou arrière-petits-enfants, ou ses légataires universels ou à titre universel.

La révision peut, en outre, être demandée par les procureurs généraux près les cours d'appel.

CHAPITRE II

De la cour de révision et de réexamen

Art. 623. La demande en révision ou la demande en réexamen est adressée à la cour de révision et de réexamen. Celle-ci est composée de dix-huit magistrats de la Cour de cassation, dont le président de la chambre criminelle, qui préside la cour de révision et de réexamen. Les dix-sept autres magistrats sont désignés, par l'assemblée générale de la Cour de cassation, pour une durée de trois ans, renouvelable une fois.

Chacune des chambres de la Cour de cassation y est représentée par trois de ses membres.

Dix-sept magistrats suppléants sont désignés dans les mêmes conditions. Le conseiller de la chambre criminelle dont le rang est le plus élevé est désigné suppléant du président de la chambre criminelle.

Art. 623-1. La cour de révision et de réexamen désigne en son sein, pour une durée de trois ans, renouvelable une fois, cinq magistrats titulaires et cinq magistrats suppléants composant la commission d'instruction des demandes en révision et en réexamen. Cette dernière désigne en son sein un président. Les magistrats qui siègent au sein de la commission d'instruction et leurs suppléants ne peuvent siéger au sein de la formation de jugement de la cour de révision et de réexamen.

Les treize autres magistrats composent la formation de jugement de la cour de révision et de réexamen, qui statue en révision ou en réexamen. La formation de jugement est présidée par le président de la chambre criminelle.

Le parquet général près la Cour de cassation assure les fonctions du ministère public devant la commission d'instruction et la formation de jugement.

Ne peuvent siéger au sein de la commission d'instruction et de la formation de jugement ou y exercer les fonctions du ministère public les magistrats qui, dans l'affaire soumise à la cour de révision et de réexamen, ont, au sein d'autres juridictions, soit fait un acte de poursuite ou d'instruction, soit participé à une décision sur le fond relative à la culpabilité du requérant.

CHAPITRE III

De la procédure suivie devant la cour de révision et de réexamen

Art. 624. La demande en révision ou la demande en réexamen est adressée à la commission d'instruction des demandes en révision et en réexamen, qui se prononce sur sa recevabilité.

Lorsque la demande est manifestement irrecevable, le président de la commission ou son délégué peut la rejeter par une ordonnance motivée non susceptible de recours.

La commission peut ordonner l'exécution d'un supplément d'information confié à l'un ou à plusieurs de ses membres aux fins de procéder, directement ou par commission rogatoire, dans les formes prévues au présent code, à tout acte d'information utile à l'instruction de la demande, à l'exception de l'audition de toute personne à l'égard de laquelle il existe des raisons plausibles de soupçonner qu'elle a commis ou tenté de commettre une infraction.

Après avoir recueilli les observations écrites ou orales du requérant ou de son avocat, celles du ministère public ainsi que, si elle intervient à l'instance, après en avoir été dûment avisée, celles de la partie civile constituée au procès dont la révision ou le réexamen est demandé ou de son avocat, le requérant ou son avocat ayant la parole le dernier, la commission saisit la formation de jugement de la cour de révision et de réexamen si la demande lui paraît recevable.

La commission statue par une décision motivée non susceptible de recours. Cette décision, sur demande du requérant ou de son avocat, est rendue en séance publique.

Art. 624-1. Lorsque la commission d'instruction des demandes en révision et en réexamen est saisie d'une demande en réexamen, son président statue par ordonnance. Il saisit la formation de jugement de la cour de révision et de réexamen des demandes formées dans le délai mentionné à l'article 622-1 pour lesquelles il constate l'existence d'un arrêt de la Cour européenne des droits de l'homme établissant une violation de la convention applicable au condamné.

Art. 624-2. Lorsque la commission d'instruction des demandes en révision et en réexamen est saisie d'une demande en révision en application de l'article 622, elle prend en compte l'ensemble des faits nouveaux ou des éléments inconnus sur lesquels ont pu s'appuyer une ou des requêtes précédemment présentées et saisit la formation de jugement de la cour de révision et de réexamen des demandes pour lesquelles elle estime qu'un fait nouveau s'est produit ou qu'un élément inconnu au jour du procès s'est révélé.

Lorsque les éléments nouveaux laissent apparaître qu'un tiers pourrait être impliqué dans la commission des faits, la commission en avise sans délai le procureur de la République compétent, qui effectue les investigations nécessaires et peut ouvrir une information judiciaire, laquelle ne peut être confiée à un magistrat ayant déjà connu de l'affaire. Le procureur de la République ou le juge d'instruction ne peut saisir un service ou un officier de police judiciaire ayant participé à l'enquête à l'origine de la condamnation du demandeur.

Art. 624-3. Si la formation de jugement de la cour de révision et de réexamen estime que l'affaire n'est pas en l'état, elle ordonne l'exécution d'un supplément d'information confié à l'un ou à plusieurs de ses membres aux fins de procéder, directement ou par commission rogatoire, dans les formes prévues au présent code, à tout acte d'information utile à l'instruction de la demande, à l'exception de l'audition de toute personne à l'égard de laquelle il existe des raisons plausibles de soupçonner qu'elle a commis ou tenté de commettre une infraction.

Lorsque l'affaire est en état, la formation de jugement de la cour l'examine au fond et statue, par un arrêt motivé non susceptible de recours, à l'issue d'une audience publique au cours de laquelle sont recueillies les observations orales ou écrites du requérant ou de son avocat, celles du ministère public ainsi que, si elle intervient à l'instance, après en avoir été dûment avisée, celles de la partie civile constituée au procès dont la révision ou le réexamen est demandé ou de son avocat. Le requérant ou son avocat a la parole le dernier.

Le président de la cour peut, au cours des débats, demander l'audition par la formation de jugement de toute personne utile à l'examen de la demande.

Art. 624-4. Pour l'application du présent titre, le requérant est représenté dans la procédure et assisté au cours des débats par un avocat choisi par lui ou, à sa demande, commis d'office. Si la demande en révision ou en réexamen n'a pas été déclarée manifestement irrecevable en application du deuxième alinéa de l'article 624 et que le requérant n'a pas d'avocat, le président de la commission d'instruction lui en désigne un d'office. La victime peut être représentée dans la procédure et assistée au cours des débats par un avocat choisi par elle ou, à sa demande, commis d'office.

Art. 624-5. Le requérant peut, au cours de l'instruction de sa demande, saisir la commission d'instruction des demandes en révision et en réexamen d'une demande écrite et motivée tendant à ce qu'il soit procédé à tous actes qui lui paraissent nécessaires pour l'instruction de sa requête. La commission statue sur la demande, par une décision motivée et non susceptible de recours, dans le délai de trois mois à compter de la réception de la demande.

Art. 624-6. Le requérant et la partie civile peuvent se faire délivrer copie de tout ou partie des pièces et actes du dossier. Si le dossier a fait l'objet d'une numérisation, cette copie est remise sous forme numérisée, le cas échéant par un moyen de télécommunication selon les modalités prévues à l'article 803-1. La délivrance de la première copie de chaque pièce ou acte du dossier est gratuite. La délivrance de cette copie doit intervenir dans le mois qui suit la demande de délivrance de cette dernière.

CHAPITRE IV
De la décision de la cour de révision et de réexamen

Art. 624-7. La formation de jugement de la cour de révision et de réexamen rejette la demande si elle l'estime mal fondée. Si elle estime la demande fondée, elle annule la condamnation prononcée, sauf lorsqu'il est fait droit à une demande en réexamen du pourvoi du condamné.

S'il est possible de procéder à de nouveaux débats contradictoires, la formation de jugement de la cour de révision et de réexamen renvoie le requérant devant une juridiction de même ordre et de même degré, mais autre que celle dont émane la décision annulée. Toutefois, en cas de demande en réexamen et si le réexamen du pourvoi du condamné, dans des conditions conformes à la Convention européenne de sauvegarde des droits de l'homme et des libertés fondamentales, est de nature à remédier à la violation constatée par la Cour européenne des droits de l'homme, elle renvoie le requérant devant l'assemblée plénière de la Cour de cassation.

S'il y a impossibilité de procéder à de nouveaux débats, notamment en cas d'amnistie, de décès, de contumace ou de défaut d'un ou de plusieurs condamnés, d'irresponsabilité pénale, en cas de prescription de l'action ou de la peine, la formation de jugement de la cour de révision et de réexamen, après l'avoir expressément constatée, statue au fond en présence des parties civiles, s'il y en a au procès, et des curateurs nommés par elle à la mémoire de chacun des morts; dans ce cas, elle annule seulement celles des condamnations qui lui paraissent non justifiées et décharge, s'il y a lieu, la mémoire des morts.

Si l'impossibilité de procéder à de nouveaux débats ne se révèle qu'après l'arrêt de la cour de révision et de réexamen annulant l'arrêt ou le jugement de condamnation et prononçant le renvoi, la cour, sur la réquisition du ministère public, rapporte la désignation par elle faite de la juridiction de renvoi et statue comme il est dit au troisième alinéa.

Si l'annulation de la décision à l'égard d'un condamné vivant ne laisse rien subsister à sa charge qui puisse être pénalement qualifié, aucun renvoi n'est prononcé.

L'annulation de la condamnation entraîne la suppression de la fiche du casier judiciaire. La cour de révision et de réexamen peut également ordonner la suppression des mentions figurant dans les fichiers de police judiciaire, dans le fichier automatisé des empreintes digitales, dans le fichier national automatisé des empreintes génétiques et dans le fichier judiciaire national automatisé des auteurs d'infractions sexuelles ou violentes si, compte tenu de la finalité de ces fichiers, la conservation de ces données n'apparaît plus nécessaire. Dans le cas prévu à l'avant-dernier alinéa, la suppression de ces mentions est obligatoirement ordonnée.

CHAPITRE V

Des demandes de suspension de l'exécution de la condamnation

Art. 625. La commission d'instruction et la formation de jugement peuvent saisir la chambre criminelle d'une demande de suspension de l'exécution de la condamnation. Le condamné peut également demander la suspension de l'exécution de sa condamnation à la commission d'instruction et à la formation de jugement, qui transmettent sa demande à la chambre criminelle. Les membres de la chambre criminelle qui siègent au sein de la cour de révision et de réexamen ne prennent pas part aux débats ni à la décision.

La chambre criminelle, lorsqu'elle ordonne la suspension de l'exécution de la condamnation, peut décider que cette suspension est assortie de l'obligation de respecter tout ou partie des conditions d'une libération conditionnelle prévues aux articles 731 et 731-1, y compris, le cas échéant, celles résultant d'un placement sous surveillance électronique mobile.

Elle précise dans sa décision les obligations et interdictions auxquelles est soumis le condamné, en désignant le juge de l'application des peines sous le contrôle duquel celui-ci est placé. Le juge de l'application des peines peut modifier les obligations et interdictions auxquelles est soumis le condamné, dans les conditions prévues à l'article 712-6.

Ces obligations et interdictions s'appliquent pendant une durée d'un an, qui peut être prolongée, pour la même durée, par la chambre criminelle.

En cas de violation par le condamné des obligations et interdictions auxquelles il est soumis, le juge de l'application des peines peut saisir la chambre criminelle pour qu'il soit mis fin à la suspension de l'exécution de la condamnation. Il peut décerner les mandats prévus à l'article 712-17 et ordonner l'incarcération provisoire du condamné en application de l'article 712-19. La chambre criminelle doit alors se prononcer dans un délai d'un mois. Si elle ne met pas fin à la suspension de l'exécution de la condamnation, elle peut modifier les obligations et interdictions auxquelles le condamné est soumis.

Si la formation de jugement de la cour, statuant en réexamen, annule la condamnation sans ordonner la suspension de son exécution, la personne qui exécute une peine privative de liberté demeure détenue, sans que cette détention puisse excéder la durée de la peine prononcée, jusqu'à la décision, selon le cas, de la Cour de cassation statuant en assemblée plénière ou de la juridiction du fond. Cette décision doit intervenir dans le délai d'un an à compter de la décision d'annulation de la cour de révision et de réexamen. Faute de décision de la Cour de cassation ou de la juridiction du fond dans ce délai, la personne est mise en liberté, à moins qu'elle ne soit détenue pour une autre cause. Pendant ce même délai, la personne est considérée comme placée en détention provisoire et peut former des demandes de mise en liberté dans les conditions prévues aux articles 148-6 et 148-7. Ces demandes sont examinées dans les conditions prévues aux articles 148-1 et 148-2. Toutefois, lorsque la formation de jugement de la cour de révision et de réexamen a renvoyé l'affaire devant l'assemblée plénière de la Cour de cassation, les demandes de mise en liberté sont examinées par la chambre de l'instruction de la cour d'appel dans le ressort de laquelle siège la juridiction ayant condamné l'intéressé.

CHAPITRE VI

Des demandes d'actes préalables

Art. 626. La personne reconnue coupable d'un crime ou d'un délit par une décision pénale définitive ou, en cas d'incapacité, son représentant légal ou, en cas de décès ou d'absence déclarée, les personnes mentionnées au 4° de l'article 622-2 qui envisagent de saisir la cour de révision et de réexamen d'une demande en révision peuvent saisir le procureur de la République d'une demande écrite et motivée tendant à ce qu'il soit procédé à tous actes qui leur paraissent nécessaires à la production d'un fait nouveau ou à la révélation d'un élément inconnu au jour du procès. La demande doit porter sur des actes déterminés et, lorsqu'elle concerne une audition, préciser l'identité de la personne dont l'audition est souhaitée.

Le procureur statue sur la demande, par une décision motivée, dans un délai de deux mois à compter de la réception de la demande. En cas de refus, le demandeur peut former un recours auprès du procureur général, qui se prononce dans un délai d'un mois.

CHAPITRE VII

De la réparation à raison d'une condamnation

Art. 626-1. Sans préjudice du chapitre unique du titre IV du livre Ier du code de l'organisation judiciaire, un condamné reconnu innocent à la suite d'une révision ou d'un réexamen accordé en application du présent titre a droit à réparation intégrale du préjudice matériel et moral que lui a causé la condamnation. Toutefois, aucune réparation n'est due lorsque la personne a été condamnée pour des faits dont elle s'est librement et volontairement accusée ou laissée accuser à tort en vue de faire échapper l'auteur des faits aux poursuites.

Peut également demander une réparation, dans les mêmes conditions, toute personne justifiant du préjudice que lui a causé la condamnation.

A la demande de l'intéressé, le préjudice est évalué par expertise contradictoire réalisée dans les conditions mentionnées à la section IX du chapitre Ier du titre III du livre Ier du présent code.

La réparation est allouée par le premier président de la cour d'appel dans le ressort de laquelle réside l'intéressé et suivant la procédure prévue aux articles 149-2 à 149-4. Si la personne en fait la demande, la réparation peut également être allouée par la décision d'où résulte son innocence. Devant la cour d'assises, la réparation est allouée par la cour statuant, comme en matière civile, sans l'assistance des jurés.

Cette réparation est à la charge de l'État, sauf recours contre la partie civile, le dénonciateur ou le faux témoin par la faute desquels la condamnation a été prononcée. Elle est payée comme frais de justice criminelle, correctionnelle et de police.

Si le demandeur le requiert, l'arrêt ou le jugement d'où résulte l'innocence du condamné est affiché dans la ville où a été prononcée la condamnation, dans la commune du lieu où le crime ou le délit a été commis, dans celle du domicile du demandeur, dans celles du lieu de naissance et du dernier domicile du condamné, s'il est décédé ou déclaré absent; dans les mêmes conditions, il est ordonné qu'il soit inséré au *Journal officiel* et publié par extraits dans cinq journaux au choix de la juridiction qui a prononcé la décision.

Les frais de la publicité mentionnée à l'avant-dernier alinéa sont à la charge du Trésor.

G – LA PRESCRIPTION

339 Code pénal (articles 133-2 à 133-4)

TITRE TROISIÈME
DES PEINES

CHAPITRE III
De l'extinction des peines et de l'effacement des condamnations

Section première

De la prescription

Art. 133-2. Les peines prononcées pour un crime se prescrivent par vingt années révolues à compter de la date à laquelle la décision de condamnation est devenue définitive.

(L. n° 2017-242 du 27 févr. 2017) «Par dérogation au premier alinéa, les peines prononcées pour les crimes mentionnés aux articles 214-1 à 214-4 et 221-12 et au livre IV *bis* du présent code ainsi qu'aux articles 706-16, 706-26 et 706-167 du code de procédure pénale se prescrivent par trente années révolues à compter de la date à laquelle la décision de condamnation est devenue définitive.

«Par dérogation au premier alinéa du présent article, les peines prononcées pour les crimes mentionnés aux articles 211-1 à 212-3 du présent code sont imprescriptibles.»

Art. 133-3. Les peines prononcées pour un délit se prescrivent par *(L. n° 2017-242 du 27 févr. 2017)* «six» années révolues à compter de la date à laquelle la décision de condamnation est devenue définitive.

(L. n° 2017-242 du 27 févr. 2017) «Les peines prononcées pour les délits mentionnés au livre IV *bis* du présent code, aux articles 706-16 et 706-26 du code de procédure pénale et, lorsqu'ils sont punis de dix ans d'emprisonnement, à l'article 706-167 du même code se prescrivent par vingt années révolues à compter de la date à laquelle la décision de condamnation est devenue définitive.»

Art. 133-4. Les peines prononcées pour une contravention se prescrivent par *(L. n° 2002-1576 du 30 déc. 2002, art. 81)* «trois années» révolues à compter de la date à laquelle la décision de condamnation est devenue définitive.

340 Code de procédure pénale (articles 7 à 9-3)

TITRE PRÉLIMINAIRE

DISPOSITIONS GÉNÉRALES *(L. n° 2011-939 du 10 août 2011, art. 1er-1°).*

(L. n° 57-1426 du 31 déc. 1957)

SOUS-TITRE PREMIER

DE L'ACTION PUBLIQUE ET DE L'ACTION CIVILE

(L. n° 2011-939 du 10 août 2011, art. 1er-2°).

Art. 7. *(L. n° 2017-242 du 27 févr. 2017)* L'action publique des crimes se prescrit par vingt années révolues à compter du jour où l'infraction a été commise.

L'action publique des crimes mentionnés aux articles 706-16, 706-26 et 706-167 du présent code, aux articles 214-1 à 214-4 et 221-12 du code pénal et au livre IV *bis* du même code se prescrit par trente années révolues à compter du jour où l'infraction a été commise.

(L. n° 2018-703 du 3 août 2018, art. 1er) «L'action publique des crimes mentionnés à l'article 706-47 du présent code, lorsqu'ils sont commis sur des mineurs, se prescrit par trente années révolues à compter de la majorité de ces derniers.»

L'action publique des crimes mentionnés aux articles 211-1 à 212-3 *(L. n° 2018-703 du 3 août 2018, art. 1er)* «du code pénal» est imprescriptible.

Art. 8. *(L. n° 2017-242 du 27 févr. 2017)* L'action publique des délits se prescrit par six années révolues à compter du jour où l'infraction a été commise.

L'action publique des délits mentionnés à l'article 706-47 du présent code, lorsqu'ils sont commis sur des mineurs, à l'exception de ceux mentionnés aux articles 222-29-1 et 227-26 du code pénal, se prescrit par dix années révolues à compter de la majorité de ces derniers.

L'action publique des délits mentionnés aux articles 222-12, 222-29-1 et 227-26 du même code, lorsqu'ils sont commis sur des mineurs, se prescrit par vingt années révolues à compter de la majorité de ces derniers.

L'action publique des délits mentionnés à l'article 706-167 du présent code, lorsqu'ils sont punis de dix ans d'emprisonnement, ainsi que celle des délits mentionnés aux articles 706-16 du présent code, à l'exclusion de ceux définis aux articles 421-2-5 à 421-2-5-2 du code pénal, et 706-26 du présent code et au livre IV *bis* du code pénal se prescrivent par vingt années révolues à compter du jour où l'infraction a été commise.

Art. 9. *(L. n° 2017-242 du 27 févr. 2017)* L'action publique des contraventions se prescrit par une année révolue à compter du jour où l'infraction a été commise.

Art. 9-1. Le délai de prescription de l'action publique du crime prévu à l'article 214-2 du *(L. n° 2018-703 du 3 août 2018, art. 1er)* «code pénal», lorsqu'il a conduit à la naissance d'un enfant, court à compter de la majorité de ce dernier.

Par dérogation au premier alinéa des articles 7 et 8 du présent code, le délai de prescription de l'action publique de l'infraction occulte ou dissimulée court à compter du jour où l'infraction est apparue et a pu être constatée dans des conditions permettant la mise en mouvement ou l'exercice de l'action publique, sans toutefois que le délai de prescription puisse excéder douze années révolues pour les délits et trente années révolues pour les crimes à compter du jour où l'infraction a été commise.

Est occulte l'infraction qui, en raison de ses éléments constitutifs, ne peut être connue ni de la victime ni de l'autorité judiciaire.

Est dissimulée l'infraction dont l'auteur accomplit délibérément toute manœuvre caractérisée tendant à en empêcher la découverte.

Art. 9-2. *(L. n° 2017-242 du 27 févr. 2017)* Le délai de prescription de l'action publique est interrompu par :

1° Tout acte, émanant du ministère public ou de la partie civile, tendant à la mise en mouvement de l'action publique, prévu aux articles 80, 82, 87, 88, 388, 531 et 532 du présent code et à l'article 65 de la loi du 29 juillet 1881 sur la liberté de la presse ;

2° Tout acte d'enquête émanant du ministère public, tout procès-verbal dressé par un officier de police judiciaire ou un agent habilité exerçant des pouvoirs de police judiciaire tendant effectivement à la recherche et à la poursuite des auteurs d'une infraction ;

3° Tout acte d'instruction prévu aux articles 79 à 230 du présent code, accompli par un juge d'instruction, une chambre de l'instruction ou des magistrats et officiers de police judiciaire par eux délégués, tendant effectivement à la recherche et à la poursuite des auteurs d'une infraction ;

4° Tout jugement ou arrêt, même non définitif, s'il n'est pas entaché de nullité.

Tout acte, jugement ou arrêt mentionné aux 1° à 4° fait courir un délai de prescription d'une durée égale au délai initial.

Le présent article est applicable aux infractions connexes ainsi qu'aux auteurs ou complices non visés par l'un de ces mêmes acte, jugement ou arrêt.

Art. 9-3. *(L. n° 2017-242 du 27 févr. 2017)* Tout obstacle de droit, prévu par la loi, ou tout obstacle de fait insurmontable et assimilable à la force majeure, qui rend impossible la mise en mouvement ou l'exercice de l'action publique, suspend la prescription.

Section 4

L'aide juridique

341 Loi n° 91-647 du 10 juillet 1991 relative à l'aide juridique

Art. 1er. L'accès à la justice et au droit est assuré dans les conditions prévues par la présente loi.

(L. n° 93-1013 du 24 août 1993, art. 47-I, en vigueur le 2 sept. 1993) «L'aide juridique comprend l'aide juridictionnelle, l'aide à l'accès au droit et l'aide à l'intervention de l'avocat *(L. n° 2014-1654 du 29 déc. 2014, art. 35-III-1°)* «dans les procédures non juridictionnelles».

PREMIÈRE PARTIE
L'AIDE JURIDICTIONNELLE

TITRE PREMIER
L'accès à l'aide juridictionnelle

Art. 2. Les personnes physiques dont les ressources sont insuffisantes pour faire valoir leurs droits en justice peuvent bénéficier d'une aide juridictionnelle. Cette aide est totale ou partielle.

Son bénéfice peut être exceptionnellement accordé aux personnes morales à but non lucratif ayant leur siège en France et ne disposant pas de ressources suffisantes.

(L. n° 2003-710 du 1er août 2003, art. 22) «Aux mêmes conditions, il peut être accordé aux syndicats des copropriétaires d'immeubles soumis à la loi n° 65-557 du 10 juillet 1965 fixant le statut de la copropriété des immeubles bâtis, lorsque l'immeuble fait l'objet d'un plan de sauvegarde en application de l'article L. 615-1 du code de la construction et de l'habitation ou lorsqu'un administrateur provisoire est désigné en application de l'article 29-1 de la loi n° 65-557 du 10 juillet 1965 précitée, pour l'exercice des actions de recouvrement des créances tant en demande qu'en défense.»

(L. n° 2007-210 du 19 févr. 2007, art. 5-1°) «L'aide juridictionnelle n'est pas accordée lorsque les frais couverts par cette aide sont pris en charge au titre d'un contrat d'assurance de protection juridique ou d'un système de protection.»

Art. 3. Sont admises au bénéfice de l'aide juridictionnelle les personnes physiques de nationalité française et les ressortissants des États membres de la Communauté européenne.

Les personnes de nationalité étrangère résidant habituellement et régulièrement en France sont également admises au bénéfice de l'aide juridictionnelle.

Toutefois, l'aide juridictionnelle peut être accordée à titre exceptionnel aux personnes ne remplissant pas les conditions fixées à l'alinéa précédent, lorsque leur situation apparaît particulièrement digne d'intérêt au regard de l'objet du litige ou des charges prévisibles du procès.

L'aide juridictionnelle est accordée sans condition de résidence aux étrangers lorsqu'ils sont mineurs, témoins assistés, personnes mises en examen, prévenus, accusés, condamnés ou parties civiles *(L. n° 2010-769 du 9 juill. 2010, art. 15, en vigueur le 1er oct. 2010)* «, lorsqu'ils bénéficient d'une ordonnance de protection en vertu de l'article 515-9 du code civil» *(L. n° 2004-204 du 9 mars 2004, art. 137-III, en vigueur le 1er oct. 2004)* «ou lorsqu'ils font l'objet de la procédure de comparution sur reconnaissance préalable de culpabilité», *(L. n° 2007-210 du 19 févr. 2007, art. 7-I)* «ainsi qu'aux personnes faisant l'objet de l'une des procédures prévues aux articles L. 222-1 à L. 222-6, L. 312-2, L. 511-1, *(L. n° 2011-672 du 16 juin 2011, art. 72 et 111, en vigueur le 18 juill. 2011)* «L. 511-3-1,» *(L. n° 2016-274 du 7 mars 2016, art. 28)* «L. 511-3-2,» L. 512-1 à L. 512-4, L. 522-1, L. 522-2 *(L. n° 2015-925 du 29 juill. 2015, art. 20)* «, L. 552-1 à L. 552-10 et L. 742-4» du code de l'entrée et du séjour des étrangers et du droit d'asile, ou lorsqu'il est fait appel des décisions mentionnées aux articles L. 512-1 à L. 512-4 du même code».

Devant la *(L. n° 2015-925 du 29 juill. 2015, art. 17)* «Cour nationale du droit d'asile», elle est accordée aux étrangers qui résident habituellement *(L. n° 2006-911 du 24 juill. 2006, art. 93, en vigueur le 1er déc. 2008)* «en France».

Art. 3-1. *(L. n° 2005-750 du 4 juill. 2005, art. 1er-1°)* Par dérogation aux deuxième et troisième alinéas de l'article 2 et à l'article 3, et pour l'application de la directive 2003/8/CE du Conseil, du 27 janvier 2003, visant à améliorer l'accès à la justice dans les affaires transfrontalières par l'établissement de règles minimales communes relatives à l'aide judiciaire accordée dans le cadre de telles affaires, l'aide juridictionnelle est accordée dans les litiges transfrontaliers en matière civile ou commerciale, et dans cette même matière définie au titre II, aux personnes qui, quelle que soit leur nationalité, sont en situation régulière de séjour et résident habituellement dans un État membre de l'Union européenne, à l'exception du Danemark, ou y ont leur domicile.

Le litige transfrontalier est celui dans lequel la partie qui sollicite l'aide a sa résidence habituelle ou son domicile dans un État membre autre que celui où siège la juridiction compétente sur le fond du litige ou que celui dans lequel la décision doit être exécutée. Cette situation s'apprécie au moment où la demande d'aide est présentée.

Art. 4. *(L. n° 2000-1352 du 30 déc. 2000, art. 128)* «Le demandeur à l'aide juridictionnelle doit justifier, pour l'année *(L. n° 2015-1785 du 29 déc. 2015, art. 42-I-1°-a)* «2016», que ses ressources mensuelles sont inférieures à *(L. n° 2015-1785 du 29 déc. 2015, art. 42-I-1°-a)* «1 000 euros» francs pour l'aide juridictionnelle totale et à *(L. n° 2015-1785 du 29 déc. 2015, art. 42-I-1°-a)* «1 500 euros» pour l'aide juridictionnelle partielle.

«Ces plafonds sont affectés de correctifs pour charges de famille.

(L. n° 2015-1785 du 29 déc. 2015, art. 42-I-1°-b) «Ils sont révisés chaque année en fonction de l'évolution constatée des prix à la consommation hors tabac.»

(L. n° 2015-1785 du 29 déc. 2015, art. 42-I-1°-c) «Le demandeur bénéficiaire de l'allocation de solidarité aux personnes âgées ou du revenu de solidarité active est dispensé de justifier de l'insuffisance de ses ressources.»

Pour les Français établis hors de France, les plafonds prévus par le premier alinéa sont établis par décret en Conseil d'État après avis de la commission permanente pour la protection sociale des Français de l'étranger.

Art. 5. Pour l'application de l'article 4, sont prises en considération les ressources de toute nature dont le demandeur a directement ou indirectement la jouissance ou la libre disposition. Il est tenu compte des éléments extérieurs du train de vie. Sont exclues de l'appréciation des ressources les prestations familiales ainsi que certaines prestations sociales à objet spécialisé selon des modalités prévues par décret en Conseil d'État.

Il est tenu compte de l'existence de biens, meubles ou immeubles, même non productifs de revenus à l'exclusion de ceux qui ne pourraient être vendus ou donnés en gage sans entraîner un trouble grave pour l'intéressé.

Il est encore tenu compte, dans l'appréciation des ressources, de celles du conjoint du demandeur à l'aide juridictionnelle, ainsi que de celles des personnes vivant habituellement à son foyer, sauf si la procédure oppose entre eux les conjoints ou les personnes vivant habituellement au même foyer. *(Ord. n° 2005-1526 du 8 déc. 2005, art. 1er)* «Il n'en est pas non plus tenu compte s'il existe entre eux, eu égard à l'objet du litige, une divergence d'intérêt rendant nécessaire une appréciation distincte des ressources ou si, lorsque la demande concerne l'assistance d'un mineur en application de l'ordonnance n° 45-174 du 2 février 1945 relative à l'enfance délinquante, se manifeste un défaut d'intérêt à l'égard du mineur des personnes vivant habituellement à son foyer. »

Art. 6. L'aide juridictionnelle peut, à titre exceptionnel, être accordée aux personnes ne remplissant pas les conditions fixées à l'article 4 lorsque leur situation apparaît particulièrement digne d'intérêt au regard de l'objet du litige ou des charges prévisibles du procès *(L. n° 2005-750 du 4 juill. 2005, art. 1er-2°)* « ou, dans les litiges transfrontaliers mentionnés à l'article 3-1, si elles rapportent la preuve qu'elles ne pourraient faire face aux dépenses visées à l'article 24 en raison de la différence du coût de la vie entre la France et l'État membre où elles ont leur domicile ou leur résidence habituelle ».

Art. 7. L'aide juridictionnelle est accordée à la personne dont l'action n'apparaît pas, manifestement, irrecevable ou dénuée de fondement.

Cette condition n'est pas applicable au défendeur à l'action, à la personne civilement responsable, au témoin assisté, à *(L. n° 93-1013 du 24 août 1993, art. 46, en vigueur le 2 sept. 1993)* « la personne mise en examen », au prévenu, à l'accusé, au condamné *(L. n° 2004-204 du 9 mars 2004, art. 137-III-2°)* « et à la personne faisant l'objet de la procédure de comparution sur reconnaissance préalable de culpabilité ».

En outre, en matière de cassation, l'aide juridictionnelle est refusée au demandeur si aucun moyen de cassation sérieux ne peut être relevé.

Lorsqu'en vertu des alinéas qui précèdent, l'aide juridictionnelle n'a pas été accordée et que cependant le juge a fait droit à l'action intentée par le demandeur, il est accordé à ce dernier le remboursement des frais, dépens et honoraires par lui exposés ou versés, à concurrence de l'aide juridictionnelle dont il aurait bénéficié compte tenu de ses ressources.

Art. 8. Toute personne admise à l'aide juridictionnelle en conserve de plein droit le bénéfice pour se défendre en cas d'exercice d'une voie de recours.

Art. 9. Si la juridiction saisie d'un litige pour lequel le bénéfice de l'aide juridictionnelle a été accordé est incompétente, ce bénéfice subsiste devant la nouvelle juridiction appelée à connaître du litige, sans qu'il soit besoin d'une nouvelle admission.

Art. 9-1. *(L. n° 93-22 du 8 janv. 1993, art. 54)* Dans toute procédure le concernant, le mineur entendu dans les conditions mentionnées à l'article 388-1 du code civil, s'il choisit d'être entendu avec un avocat ou si le juge procède à la désignation d'un avocat, bénéficie de droit de l'aide juridictionnelle.

Art. 9-2. *(L. n° 2002-1138 du 9 sept. 2002, art. 65)* La condition de ressources n'est pas exigée des victimes de crimes d'atteintes volontaires à la vie ou à l'intégrité de la personne prévus et réprimés par les articles 221-1 à 221-5 *[atteintes volontaires à la vie]*, 222-1 à 222-6 *[tortures et actes de barbarie]*, 222-8 *[violences ayant entraîné la mort sans intention de la donner]*, 222-10 *[violences ayant entraîné une mutilation ou une infirmité permanente]*, 222-14 (1° et 2°) *[violences habituelles sur mineur ou sur personne particulièrement vulnérable et ayant entraîné soit la mort soit une mutilation ou infirmité permanente]*, 222-23 à 222-26 *[viols]*, 421-1 (1°) et 421-3 (1° à 4°) *[actes de terrorisme lorsqu'ils sont constitutifs d'atteintes volontaires à la vie, d'enlèvement ou de séquestration, ainsi que le défournement d'aéronef, de navire ou de tout autre moyen de* *transport]* du code pénal, ainsi que de leurs ayants droit pour bénéficier de l'aide juridictionnelle en vue d'exercer l'action civile en réparation des dommages résultant des atteintes à la personne.

Art. 9-3. *(L. n° 2004-439 du 26 mai 2004, art. 29, en vigueur le 1er janv. 2005)* Lorsque le pourvoi en cassation est susceptible d'entraîner l'annulation d'une décision ayant fixé une indemnité de licenciement, le montant de cette indemnité est exclu de l'appréciation des ressources.

Art. 9-4. *(L. n° 2015-925 du 29 juill. 2015, art. 17-III-b)* Devant la Cour nationale du droit d'asile, le bénéfice de l'aide juridictionnelle est de plein droit, sauf si le recours est manifestement irrecevable. Si l'aide juridictionnelle est sollicitée en vue d'introduire le recours devant la cour, elle doit être demandée dans le délai de quinze jours à compter de la notification de la décision de l'office. Dans le cas contraire, l'aide juridictionnelle peut être demandée lors de l'introduction du recours, exercé dans le délai. Ces délais sont notifiés avec la décision de l'Office français de protection des réfugiés et apatrides susceptible de recours.

TITRE II

Le domaine de l'aide juridictionnelle

Art. 10. L'aide juridictionnelle est accordée en matière gracieuse ou contentieuse, en demande ou en défense devant toute juridiction *(L. n° 93-22 du 8 janv. 1993, art. 55)* «ainsi qu'à l'occasion de la procédure d'audition du mineur prévue par l'article 388-1 du code civil» *(L. n° 2004-204 du 9 mars 2004, art. 137-III-3°)* «et de la procédure de comparution sur reconnaissance préalable de culpabilité prévue par les articles 495-7 et suivants du code de procédure pénale».

(L. n° 2010-1609 du 22 déc. 2010, art. 37-IV-1°) «Elle peut être accordée pour tout ou partie de l'instance ainsi qu'en vue de parvenir, avant l'introduction de l'instance, à une transaction ou à un accord conclu dans le cadre d'une procédure participative prévue par le code civil.»

(L. n° 2016-1547 du 18 nov. 2016, art. 50-VII-1°, en vigueur le 1er janv. 2017) «Elle peut être accordée en matière de divorce par acte sous signature privée contresigné par avocats, déposé au rang des minutes d'un notaire.»

Elle peut également être accordée à l'occasion de l'exécution *(L. n° 2005-750 du 4 juill. 2005, art. 1er-3°)* «sur le territoire français, d'une décision de justice ou de tout autre titre exécutoire, y compris s'ils émanent d'un autre État membre de l'Union européenne à l'exception du Danemark».

Art. 11. L'aide juridictionnelle s'applique de plein droit aux procédures, actes ou mesures d'exécution des décisions de justice obtenues avec son bénéfice, à moins que l'exécution ne soit suspendue plus d'une année pour une cause autre que l'exercice d'une voie de recours ou d'une décision de sursis à exécution.

Ces procédures, actes ou mesures s'entendent de ceux qui sont la conséquence de la décision de justice, ou qui ont été déterminés par le bureau ayant prononcé l'admission.

TITRE III
Les bureaux d'aide juridictionnelle

Art. 12. L'admission à l'aide juridictionnelle est prononcée par un bureau d'aide juridictionnelle.

Art. 13. Il est institué un bureau d'aide juridictionnelle chargé de se prononcer sur les demandes d'admission à l'aide juridictionnelle relatives aux instances portées devant les juridictions du premier et du second degré *(L. n° 98-1163 du 18 déc. 1998, art. 1er-II)* «, à l'exécution de leurs décisions et aux transactions avant l'introduction de l'instance».

Ce bureau est établi au siège de chaque tribunal de grande instance.

S'il y a lieu, le bureau comporte, outre la section statuant sur les demandes portées devant les juridictions de première instance de l'ordre judiciaire ou la cour d'assises :

— une section chargée d'examiner les demandes relatives aux affaires portées devant le tribunal administratif et les autres juridictions administratives statuant en premier ressort;

— une section chargée d'examiner les demandes relatives aux affaires portées devant la cour d'appel;

— une section chargée d'examiner les demandes relatives aux affaires portées devant la cour administrative d'appel et les autres juridictions administratives statuant à charge de recours devant le Conseil d'État.

Le demandeur peut *(L. n° 2016-1547 du 18 nov. 2016, art. 2-III-1°)* «déposer ou» adresser sa demande au bureau du lieu de son domicile *(L. n° 2016-1547 du 18 nov. 2016, art. 2-III-2°)* «ou, dans des conditions fixées par décret en Conseil d'État, auprès d'un agent de greffe d'une juridiction de l'ordre judiciaire». *(L. n° 98-657 du 29 juill. 1998, art. 82)* «S'il n'a pas de domicile, le demandeur peut *(L. n° 2016-1547 du 18 nov. 2016, art. 2-III-1°)* «déposer ou» adresser sa demande au bureau d'aide juridictionnelle établi au siège de la juridiction dans le ressort de laquelle se trouve *(L. n° 2007-290 du 5 mars 2007, art. 51-VI, en vigueur le 1er juill. 2007)* «l'organisme qui lui a délivré une attestation d'élection de domicile dans les conditions prévues au chapitre IV du titre VI du livre II du code de l'action sociale et des familles». Pour les besoins de la procédure d'aide juridictionnelle, le demandeur est réputé domicilié audit organisme d'accueil.»

Art. 14. Des bureaux d'aide juridictionnelle sont institués, en outre, auprès des juridictions suivantes :

Cour de cassation;

Conseil d'État;

(L. n° 2015-925 du 29 juill. 2015, art. 17-III-3°) «Cour nationale du droit d'asile.»

Ces bureaux se prononcent sur les demandes relatives aux affaires portées devant chacune de ces juridictions, ainsi que, s'il y a lieu, aux actes et procédures d'exécution.

Le bureau près le Conseil d'État est également compétent pour les demandes relevant du tribunal des conflits et de la Cour supérieure d'arbitrage.

Art. 15. Lorsque deux sections ou bureaux d'aide juridictionnelle compétents, l'un pour statuer sur les demandes portées devant les juridictions de l'ordre judiciaire, l'autre sur les demandes portées devant les juridictions de l'ordre administratif, se sont déclarés successivement incompétents pour connaître d'une demande d'aide juridictionnelle, il est statué sur cette demande par le bureau établi près le Conseil d'État, complété par le président du bureau établi près la Cour de cassation.

Art. 16. Chaque bureau ou section de bureau d'aide juridictionnelle prévus à l'article 13 est présidé, selon le cas, par un magistrat du siège du tribunal de grande instance ou de la cour d'appel ou un membre du tribunal administratif ou de la cour administrative d'appel. Ils peuvent également être présidés par un magistrat ou un membre honoraire de ces juridictions.

(L. n° 95-125 du 8 févr. 1995, art. 18-I, en vigueur le 9 mai 1995) «Le greffier en chef du tribunal de grande instance ou de la cour d'appel, selon les cas, est vice-président du bureau ou de la section chargés d'examiner les demandes d'aide juridictionnelle relatives aux instances portées devant les juridictions de première instance de l'ordre judiciaire et la cour d'assises ou devant la cour d'appel.» *(L. n° 98-1163 du 18 déc. 1998, art. 2)* «En cas d'empêchement ou d'absence du président, il préside le bureau ou la section.»

Le bureau établi près la Cour de cassation est présidé par un magistrat du siège de cette cour en activité ou honoraire. *(L. n° 95-125 du 8 févr. 1995, art. 18-II, en vigueur le 9 mai 1995)* «Le greffier en chef en est vice-président». Il comporte en plus deux membres choisis par la Cour de cassation.

Le bureau établi près le Conseil d'État est présidé par un membre du Conseil d'État en activité ou honoraire. Il comporte en plus deux membres choisis par le Conseil d'État ou, lorsque la demande concerne le tribunal des conflits, un membre choisi par le Conseil d'État et un membre choisi par la Cour de cassation.

Le bureau établi près la *(L. n° 2007-1631 du 20 nov. 2007, art. 29-I-B-8°)* «Cour nationale du droit d'asile» est présidé par un des présidents de *(L. n° 2015-925 du 29 juill. 2015, art. 17-III-4°)* «formation de jugement mentionnés à l'article L. 732-1 du code de l'entrée et du séjour des étrangers et du droit d'asile.»

Le bureau ou chaque section de bureau comprend, en outre, deux fonctionnaires ainsi que deux auxiliaires de justice dont au moins un avocat ou un avocat au Conseil d'État et à la Cour de cassation, choisis parmi les avocats, avocats honoraires, les huissiers de justice, huissiers de justice honoraires, avoués honoraires et les avocats au Conseil d'État et à la Cour de cassation, avocats au Conseil d'État et à la Cour de cassation honoraires et une personne désignée au titre des usagers par le conseil départemental de l'aide juridique et qui ne soit ni agent public, ni membre d'une profession juridique et judiciaire.

Les auxiliaires de justice sont désignés par leurs organismes professionnels.

Art. 17. Les membres des bureaux d'aide juridictionnelle et le personnel de leurs services sont soumis au secret professionnel défini par *(L. n° 92-1336 du 16 déc. 1992, art. 333, al. 1er, en vigueur le 1er mars 1994)* «les articles 226-13 et 226-14» du code pénal.

TITRE IV

La procédure d'admission à l'aide juridictionnelle

Art. 18. L'aide juridictionnelle peut être demandée avant ou pendant l'instance.

Art. 19. L'avocat commis ou désigné d'office dans les cas prévus par la loi peut saisir le bureau d'aide juridictionnelle compétent au lieu et place de la personne qu'il assiste ou qu'il a assistée.

Art. 20. Dans les cas d'urgence, sous réserve de l'application des règles relatives aux commissions ou désignations d'office, l'admission provisoire à l'aide juridictionnelle peut être prononcée soit par le président du bureau ou de la section compétente du bureau d'aide juridictionnelle, soit par la juridiction compétente ou son président.

L'admission provisoire à l'aide juridictionnelle peut également être accordée lorsque la procédure met en péril les conditions essentielles de vie de l'intéressé, notamment en cas d'exécution forcée emportant saisie de biens ou expulsion.

Art. 21. Le bureau d'aide juridictionnelle peut recueillir tous renseignements sur la situation financière de l'intéressé.

Les services de l'État et des collectivités publiques, les organismes de sécurité sociale et les organismes qui assurent la gestion des prestations sociales sont tenus de communiquer au bureau, sur sa demande, sans pouvoir opposer le secret professionnel, tous renseignements permettant de vérifier que l'intéressé satisfait aux conditions exigées pour bénéficier de l'aide juridictionnelle.

En matière pénale, le bureau d'aide juridictionnelle peut, en outre, demander au procureur de la République ou au procureur général, selon les cas, communication des pièces du dossier pénal pouvant permettre d'apprécier les ressources de l'intéressé.

Art. 22. *(L. n° 98-1163 du 18 déc. 1998, art. 3)* Le président du bureau ou de la section compétente ou, en cas d'absence ou d'empêchement du président, le vice-président peut statuer seul sur les demandes ne présentant manifestement pas de difficulté sérieuse.

Le président ou, le cas échéant, le vice-président peut, en outre, procéder aux mesures d'investigation nécessaires et rejeter la demande si le demandeur, sans motif légitime, ne communique pas dans le délai imparti les documents ou les renseignements demandés.

Art. 23. *(L. n° 2007-210 du 19 févr. 2007, art. 8-1°)* «Les décisions du bureau d'aide juridictionnelle, de la section du bureau ou de leur premier président peuvent être déférées, selon le cas, au président de la cour d'appel ou de la Cour de cassation, au président de la cour administrative d'appel, au président de la section du contentieux du Conseil d'État, au *(L. n° 2015-177 du 16 févr. 2015, art. 13-II, en vigueur au plus tard le 16 août 2015)* «président» du Tribunal des conflits, au président de la *(L. n° 2007-1631 du 20 nov. 2007, art. 29-I-B-8°)* «Cour nationale du droit d'asile» ou au membre de la juridiction qu'ils ont délégué. Ces autorités statuent sans recours.»

(L. n° 2007-210 du 19 févr. 2007, art. 8-2°) «Les recours contre les décisions du bureau d'aide juridictionnelle peuvent être exercés par l'intéressé lui-même lorsque le bénéfice de l'aide juridictionnelle lui a été refusé, ne lui a été accordé que partiellement ou lorsque ce bénéfice lui a été retiré.»

Dans tous les cas, ces recours peuvent être exercés par les autorités suivantes :

— le garde des sceaux, ministre de la justice, pour ceux qui sont intentés contre les décisions du bureau institué près le Conseil d'État;

— le ministère public pour ceux qui sont intentés contre les décisions des autres bureaux;

— le président de l'ordre des avocats au Conseil d'État et à la Cour de cassation pour ceux qui sont intentés contre les décisions des bureaux institués près ces juridictions et le bâtonnier pour ceux qui sont intentés contre les décisions des autres bureaux.

TITRE V

Les effets de l'aide juridictionnelle

Art. 24. Les dépenses qui incomberaient au bénéficiaire de l'aide juridictionnelle s'il n'avait pas cette aide sont à la charge de l'État.

Toutefois, l'aide juridictionnelle partielle laisse à son bénéficiaire la charge d'un honoraire fixé par convention avec l'avocat conformément à l'article 35 ou d'un émolument au profit des officiers publics et ministériels qui prêtent leur concours.

CHAPITRE PREMIER

Le concours des auxiliaires de justice

Art. 25. Le bénéficiaire de l'aide juridictionnelle a droit à l'assistance d'un avocat et à celle de tous officiers publics ou ministériels dont la procédure requiert le concours.

Les avocats et les officiers publics ou ministériels sont choisis par le bénéficiaire de l'aide juridictionnelle. Ils peuvent l'être également par l'auxiliaire de justice premier choisi ou désigné.

A défaut de choix ou en cas de refus de l'auxiliaire de justice choisi, un avocat ou un officier public ou ministériel est désigné, sans préjudice de l'application des règles relatives aux commissions ou désignations d'office, par le bâtonnier ou par le président de l'organisme professionnel dont il dépend.

L'auxiliaire de justice qui prêtait son concours au bénéficiaire de l'aide juridictionnelle avant que celle-ci ait été accordée doit continuer de le lui prêter. Il ne pourra en être déchargé qu'exceptionnellement et dans les conditions fixées par le bâtonnier ou par le président de l'organisme dont il dépend.

Art. 26. En cas d'appel, le bénéficiaire de l'aide juridictionnelle est assisté ou représenté par l'avocat qui lui avait prêté son concours en première instance au titre de cette aide, sauf choix contraire de la partie ou refus de l'avocat.

Art. 27. L'avocat qui prête son concours au bénéficiaire de l'aide juridictionnelle perçoit une rétribution.

L'État affecte annuellement à chaque barreau une dotation représentant sa part contributive aux missions d'aide juridictionnelle accomplies par les avocats du barreau.

Le montant de cette dotation résulte, d'une part, du nombre de missions d'aide juridictionnelle accomplies par les avocats du barreau et, d'autre part, du produit d'un coefficient par type de procédure et d'une unité de valeur de référence.

(L. n° 2015-1785 du 29 déc. 2015, art. 42-I-2°-b) «Le montant, hors taxe sur la valeur ajoutée, de l'unité de valeur de référence est fixé, pour les missions dont l'admission à l'aide juridictionnelle est prononcée à compter du 1er janvier *(L. n° 2016-1917 du 29 déc. 2016, art. 135-I-2°)* «2017, à 32 €».

Art. 28. *(L. n° 2014-1654 du 29 déc. 2014, art. 35-III-3°)* La dotation due au titre de chaque année donne lieu au versement d'une provision initiale, versée en début d'année et ajustée en fonction de l'évolution du nombre des admissions à l'aide juridictionnelle et du montant de la dotation affectée au barreau par le Conseil national des barreaux en application du deuxième alinéa de l'article 21-1 de la loi n° 71-1130 du 31 décembre 1971 portant réforme de certaines professions judiciaires et juridiques. Elle est liquidée en fin d'année sur la base du nombre des missions achevées, après déduction des sommes perçues au titre du même deuxième alinéa.

Art. 29. La dotation est versée sur un compte spécial de la caisse des règlements pécuniaires prévue au 9° de l'article 53 de la loi n° 71-1130 du 31 décembre 1971 portant réforme de certaines professions judiciaires et juridiques. Elle est intégralement affectée au paiement des avocats effectuant des missions d'aide juridictionnelle.

Les modalités et le montant de ce paiement et, le cas échéant, le versement de provisions sont déterminés dans chaque barreau par le règlement intérieur.

Toutefois, pour l'aide juridictionnelle partielle, la part contributive de l'État revenant à l'avocat est calculée selon les modalités qui servent à déterminer la dotation du barreau.

Le règlement intérieur peut prévoir que les avocats prêtent, à temps partiel, leur concours à l'aide juridictionnelle selon des modalités fixées par convention avec l'ordre.

En ce qui concerne les règles de gestion financière et comptable des fonds, le règlement intérieur doit être conforme à un règlement type établi par décret en Conseil d'État.

Les dispositions du règlement intérieur relatives à l'aide juridictionnelle sont communiquées pour information au *(L. n° 98-1163 du 18 déc. 1998, art. 12-I)* «conseil départemental de l'accès au droit» prévu à l'article 54.

Art. 30. La caisse des règlements pécuniaires désigne un commissaire aux comptes et un suppléant choisis sur la liste mentionnée à l'article *(Ord. n° 2000-912 du 18 sept. 2000, art. 3 et 4, 23°)* «L. 225-219 du code de commerce» pour une durée de six exercices. Les dispositions concernant les fonctions de commissaire aux comptes suppléant prévues à l'article *[aux articles] (Ord. n° 2000-912 du 18 sept. 2000, art. 3 et 4, 23°; Ord. n° 2005-1126 du 8 sept. 2005, art. 22, 2°)* «L. 225-228, L. 823-1, L. 823-2 et L. 823-15 de ce code» sont applicables.

Ne peuvent être choisis comme commissaires aux comptes :

1° Les conjoints, ascendants ou descendants et collatéraux au quatrième degré inclusivement du président et des administrateurs de la caisse, du bâtonnier et des membres du conseil de l'ordre;

2° Les personnes qui, directement ou indirectement ou par personne interposée, reçoivent de la caisse ou de son président une rémunération quelconque à raison d'une autre activité que celle de commissaire aux comptes;

3° Les sociétés de commissaires aux comptes dont l'un des associés, actionnaires ou dirigeants, se trouve dans l'une des situations prévues aux alinéas précédents;

4° Les conjoints des personnes qui, en raison d'une activité autre que celle de commissaire aux comptes, reçoivent de la caisse ou de son président une rémunération en raison de l'exercice d'une activité permanente;

5° Les sociétés de commissaires aux comptes dont soit l'un des dirigeants, soit l'associé ou actionnaire exerçant les fonctions de commissaire aux comptes au nom de la société, a son conjoint qui se trouve dans l'une des situations prévues au 4°;

6° *(L. n° 2004-130 du 11 févr. 2004, art. 73)* «Les avocats anciens conseils juridiques qui ont été autorisés à poursuivre les activités de commissaire aux comptes par le XI de l'article 50 de la loi n° 71-1130 du 31 décembre 1971 précitée dans sa rédaction antérieure à la loi n° 2004-130 du 11 février 2004 réformant le statut de certaines professions judiciaires ou juridiques, des experts judiciaires, des conseils en propriété industrielle et des experts en ventes aux enchères publiques».

Le commissaire aux comptes vérifie que la dotation de l'État a été versée sur un compte spécial établi chaque année à cet effet dans des conditions fixées par décret en Conseil d'État et qu'elle a été utilisée conformément à la présente loi.

Les dispositions des articles *(Ord. n° 2000-912 du 18 sept. 2000, art. 3 et 4-23° ; Ord. n° 2005-1126 du 8 sept. 2005, art. 22-8°, 12°, 13° et 14°)* «L. 242-26, L. 242-27, L. 822-17, L. 822-18, L. 823-12, L. 823-13 et L. 823-14 du code de commerce» sont applicables.

Les dispositions de l'article *(Ord. n° 2000-912 du 18 sept. 2000, art. 3 et 4-23°)* «L. 242-25» sont applicables au président de la caisse et celles de l'article *(Ord. n° 2000-912 du 18 sept. 2000, art. 3 et 4-23°)* «L. 242-28» au président de la caisse et à toute personne au service de celle-ci.

Art. 31. L'avocat au Conseil d'État et à la Cour de cassation, le notaire, l'huissier de justice, le greffier titulaire de charge, le commissaire-priseur qui prêtent leur concours au bénéficiaire de l'aide juridictionnelle perçoivent une rétribution de l'État fixée selon des barèmes établis par décret en Conseil d'État.

Art. 32. La contribution due au titre de l'aide juridictionnelle totale à l'auxiliaire de justice est exclusive de toute autre rémunération, sous réserve des dispositions de l'article 36. Toute stipulation contraire est réputée non écrite.

Art. 33. Les honoraires ou émoluments, ainsi que les provisions versées à ce titre avant l'admission à l'aide juridictionnelle totale par son bénéficiaire viennent en déduction de la contribution de l'État.

Lorsqu'une rémunération a déjà été versée à un auxiliaire de justice avant une demande d'aide juridictionnelle, aucune contribution n'est due par l'État au titre de l'aide juridictionnelle totale si les sommes déjà reçues à titre d'émoluments ou d'honoraires sont au moins égales à celles qu'il aurait perçues à ce titre.

Lorsque la rémunération déjà versée par le bénéficiaire de l'aide juridictionnelle totale est inférieure à la contribution de l'État prévue à ce titre, l'auxiliaire de justice ne peut prétendre à un complément qui aurait pour effet de dépasser le montant de cette contribution.

Dans le cas prévu à l'article 9, il sera tenu compte de l'ensemble des diligences effectivement exercées par l'avocat.

Art. 34. En cas d'aide juridictionnelle partielle, la part contributive de l'État au profit du bénéficiaire est, dans des conditions déterminées par un barème fixé par décret en Conseil d'État, inversement proportionnelle aux ressources du bénéficiaire.

Art. 35. En cas d'aide juridictionnelle partielle, l'avocat a droit, de la part du bénéficiaire, à un honoraire complémentaire librement négocié.

Une convention écrite préalable fixe, en tenant compte de la complexité du dossier, des diligences et des frais imposés par la nature de l'affaire, le montant et les modalités de paiement de ce complément d'honoraires, dans des conditions compatibles avec les ressources et le patrimoine du bénéficiaire.

La convention rappelle le montant de la part contributive de l'État. Elle indique les voies de recours ouvertes en cas de contestation. A peine de nullité, elle est communiquée dans les quinze jours de sa signature au bâtonnier qui contrôle sa régularité ainsi que le montant du complément d'honoraires.

Lorsque le barreau dont relève l'avocat établit une méthode d'évaluation des honoraires tenant compte des critères fixés ci-dessus, le montant du complément est calculé sur la base de cette méthode d'évaluation.

Les dispositions qui précèdent sont applicables à l'avocat au Conseil d'État et à la Cour de cassation; les pouvoirs qu'elles confèrent au barreau sont exercés par l'ordre, et ceux qu'elles confèrent au bâtonnier par le président de l'ordre.

Dans le même cas, les autres officiers publics ou ministériels ont droit, de la part du bénéficiaire, à un émolument complémentaire calculé sur la base de leurs tarifs dans des limites fixées par décret en Conseil d'État.

Art. 36. *(L. n° 98-1163 du 18 déc. 1998, art. 4)* Lorsque la décision passée en force de chose jugée rendue au profit du bénéficiaire de l'aide juridictionnelle a procuré à celui-ci des ressources telles que, si elles avaient existé au jour de la demande d'aide juridictionnelle, celle-ci ne lui aurait pas été accordée, l'avocat désigné peut demander des honoraires à son client après que le bureau d'aide juridictionnelle a prononcé le retrait de l'aide juridictionnelle.

Art. 37. Les auxiliaires de justice rémunérés selon un tarif peuvent renoncer à percevoir la somme correspondant à la part contributive de l'État et poursuivre contre la partie condamnée aux dépens et non bénéficiaire de l'aide juridictionnelle le recouvrement des émoluments auxquels ils peuvent prétendre.

(L. n° 2013-1278 du 29 déc. 2013, art. 128-IV-3°-a) «Dans toutes les instances, le juge condamne la partie tenue aux dépens, ou qui perd son procès, et non bénéficiaire de l'aide juridictionnelle, à payer à l'avocat du bénéficiaire de l'aide juridictionnelle, partielle ou totale, une somme qu'il détermine et qui ne saurait être inférieure à la part contributive de l'État, au titre des honoraires et frais non compris dans les dépens que le bénéficiaire de l'aide aurait exposés s'il n'avait pas eu cette aide. Le juge tient compte de l'équité ou de la situation économique de la partie condamnée. Il peut, même d'office, pour des raisons tirées des mêmes considérations, dire qu'il n'y a pas lieu à cette condamnation.»

(Ord. n° 2005-1526 du 8 déc. 2005, art. 2; L. n° 2013-1278 du 29 déc. 2013, art. 128-IV-3°-b) «Si l'avocat du bénéficiaire de l'aide» recouvre cette somme, il renonce à percevoir la part contributive de l'État. S'il n'en recouvre qu'une partie, la fraction recouvrée vient en déduction de la part contributive de l'État.

«Si, à l'issue du délai de douze mois *(L. n° 2013-1278 du 29 déc. 2013, art. 128-IV-3°-c)* «à compter du jour où la décision est passée en force de chose jugée», l'avocat n'a pas demandé le versement de tout ou partie de la part contributive de l'État, il est réputé avoir renoncé à celle-ci.

«Un décret en Conseil d'État fixe, en tant que de besoin, les modalités d'application du présent article.»

Art. 38. La contribution versée par l'État est réduite, selon des modalités fixées par décret en Conseil d'État, lorsqu'un avocat ou un avocat au Conseil d'État et à la Cour de cassation est chargé d'une série d'affaires présentant à juger des questions semblables.

Art. 39. Pour toute affaire terminée par une transaction conclue avec le concours de l'avocat, *(L. n° 98-1163 du 18 déc. 1998, art. 1er-III)* «avant ou pendant l'instance, il est alloué à l'auxiliaire de justice une rétribution égale à celle due par l'État au titre de l'aide juridictionnelle lorsque l'instance s'éteint par l'effet d'un jugement».

Dans le cas où le bénéficiaire de l'aide juridictionnelle renonce à poursuivre l'instance engagée, il est tenu compte de l'état d'avancement de la procédure.

(L. n° 98-1163 du 18 déc. 1998, art. 1er-IV) «Lorsque l'aide a été accordée en vue de parvenir à une transaction avant l'introduction de l'instance et qu'une transaction n'a pu être conclue, le versement de la rétribution due à l'avocat, dont le montant est fixé par décret en Conseil d'État, est subordonné à la justification, avant l'expiration du délai de six mois qui suit la décision d'admission, de l'importance et du sérieux des diligences accomplies par ce professionnel.

«Lorsqu'une instance est engagée après l'échec de pourparlers transactionnels, la rétribution versée à l'avocat à raison des diligences accomplies durant ces pourparlers s'impute, dans des conditions fixées par décret en Conseil d'État, sur celle qui lui est due pour l'instance.»

(L. n° 2010-1609 du 22 déc. 2010, art. 37-IV-2°) «Les modalités de rétribution des auxiliaires de justice prévues par les alinéas précédents en matière de transaction s'appliquent également en cas de procédure participative prévue par le code civil, dans des conditions fixées par décret en Conseil d'État.»

Art. 39-1. *(L. n° 2016-1547 du 18 nov. 2016, art. 50-VII-2°, en vigueur le 1er janv. 2017)* Dans le cas où le bénéficiaire de l'aide juridictionnelle renonce à divorcer par consentement mutuel par acte sous signature privée contresigné par avocats, déposé au rang des minutes d'un notaire, il est tenu compte de l'état d'avancement de la procédure.

Lorsque l'aide a été accordée pour divorcer par consentement mutuel par acte sous signature privée contresigné par avocats, déposé au rang des minutes d'un notaire, et que les époux reviennent sur leur engagement, le versement de la rétribution due à l'avocat, dont le montant est fixé par décret en Conseil d'État, est subordonné à la justification, avant l'expiration du délai de six mois à compter de la décision d'admission, de l'importance et du sérieux des diligences accomplies par cet avocat.

Lorsqu'une instance est engagée après l'échec de la procédure de divorce par consentement mutuel par acte sous signature privée contresigné par avocats, déposé au rang des minutes d'un notaire, la rétribution versée à l'avocat à raison des diligences accomplies durant ladite procédure s'impute, dans des conditions fixées par décret en Conseil d'État, sur celle qui lui est due pour l'instance.

CHAPITRE II

Les frais couverts par l'aide juridictionnelle

Art. 40. L'aide juridictionnelle concerne tous les frais afférents aux instances, procédures ou actes pour lesquels elle a été accordée *(L. n° 2010-1657 du 29 déc. 2010, art. 74-I-1°, en vigueur le 1er janv. 2011)* «, à l'exception des droits de plaidoirie».

Le bénéficiaire de l'aide est dispensé du paiement, de l'avance ou de la consignation de ces frais.

Les frais occasionnés par les mesures d'instruction sont avancés par l'État.

Art. 40-1. *(L. n° 2005-750 du 4 juill. 2005, art. 1er-4°)* Dans les litiges transfrontaliers mentionnés à l'article 3-1, l'aide juridictionnelle couvre les frais de traduction de sa demande et des documents exigés pour son instruction avant transmission de cette demande à l'État de la juridiction compétente sur le fond. En cas de rejet de cette demande, les frais de traduction peuvent être recouvrés par l'État.

L'aide juridictionnelle couvre pour les mêmes litiges, lorsque l'instance se déroule en France, les frais d'interprète, les frais de traduction des documents que le juge a estimé indispensable d'examiner pour apprécier les moyens soulevés par le bénéficiaire de l'aide, ainsi que les frais de déplacement des personnes dont la présence à l'audience est requise par le juge.

Art. 41. Les dépositaires publics délivrent gratuitement au bénéficiaire de l'aide juridictionnelle les actes et expéditions nécessaires à la procédure ou à la mesure d'exécution.

Les droits et taxes dus par le bénéficiaire de l'aide juridictionnelle sont recouvrés par l'État après le jugement dans les conditions prévues aux articles 42 et suivants.

Art. 42. Lorsque le bénéficiaire de l'aide juridictionnelle est condamné aux dépens ou perd son procès, il supporte exclusivement la charge des dépens effectivement exposés par son adversaire, sans préjudice de l'application éventuelle des dispositions de l'article 75.

Le juge peut toutefois, même d'office, laisser une partie des dépens à la charge de l'État.

Dans le même cas, le juge peut mettre à la charge du bénéficiaire de l'aide juridictionnelle partielle, demandeur au procès, le remboursement d'une fraction des sommes exposées par l'État autres que la part contributive de l'État à la mission d'aide juridictionnelle des avocats et des officiers publics et ministériels.

Art. 43. *(L. n° 93-2 du 4 janv. 1993, art. 139, en vigueur le 1er mars 1993)* «Lorsque la partie condamnée aux dépens ou la partie perdante ne bénéficie pas de l'aide juridictionnelle, elle est tenue de rembourser au Trésor public les sommes exposées par l'État, à l'exclusion des frais de justice criminelle, correctionnelle ou de police.» Toutefois, pour des considérations tirées de l'équité ou de la situation économique de cette partie, le juge peut la dispenser totalement ou partiellement de ce remboursement.

Le bénéficiaire de l'aide juridictionnelle peut demander au juge de condamner dans les conditions prévues à l'article 75, la partie mentionnée à l'alinéa précédent au paiement d'une somme au titre des frais qu'il a exposés.

Art. 44. Le recouvrement des sommes dues à l'État a lieu comme en matière *(L. n° 2010-1657 du 29 déc. 2010, art. 74-I-2°, en vigueur le 1er janv. 2011)* «de créances étrangères à l'impôt et au domaine», sous réserve de dispositions particulières définies par décret.

L'action en recouvrement de toutes les sommes dues au titre de la présente loi se prescrit par cinq ans à compter de la décision de justice ou de l'acte mettant fin à la mission d'aide juridictionnelle.

Art. 47. Les dispositions du présent chapitre ne sont pas applicables en matière pénale lorsque le bénéficiaire de l'aide juridictionnelle est témoin assisté, *(L. n° 93-1013 du 24 août 1993, art. 46)* «personne mise en examen», prévenu, accusé ou condamné *(L. n° 2004-204 du 9 mars 2004, art. 137-III-4°)* «ou qu'il fait l'objet de la procédure de comparution sur reconnaissance préalable de culpabilité».

Art. 48. *(L. n° 93-2 du 4 janv. 1993, art. 140, en vigueur le 1er mars 1993)* Lorsque le bénéficiaire de l'aide juridictionnelle est partie civile au procès pénal, la juridiction de jugement met à la charge du condamné le remboursement de la contribution versée par l'État à l'avocat de la partie civile au titre de l'aide juridictionnelle. Toutefois, pour des considérations tirées de l'équité ou de la situation économique du condamné, le juge peut le dispenser totalement ou partiellement de ce remboursement.

TITRE VI
Le retrait de l'aide juridictionnelle

Art. 50. Sans préjudice des sanctions pénales éventuellement encourues, le bénéfice de l'aide juridictionnelle est retiré, même après l'instance ou l'accomplissement des actes pour lesquels il a été accordé, si ce bénéfice a été obtenu à la suite de déclarations ou au vu de pièces inexactes.

(L. n° 2010-1657 du 29 déc. 2010, art. 74-I-3°, en vigueur le 1er janv. 2011) «Il est retiré, en tout» *(L. n° 98-1163 du 18 déc. 1998, art. 6)* «ou partie, dans les cas suivants :

«1° S'il survient au bénéficiaire, pendant cette instance ou l'accomplissement de ces actes, des ressources telles que si elles avaient existé au jour de la demande d'aide juridictionnelle, celle-ci n'aurait pas été accordée;

«2° Lorsque la décision passée en force de chose jugée a procuré au bénéficiaire des ressources telles que si elles avaient existé au jour de la demande d'aide juridictionnelle, celle-ci ne lui aurait pas été accordée;

«3° Lorsque la procédure engagée par le demandeur bénéficiant de l'aide juridictionnelle a été jugée dilatoire ou abusive.»

Art. 51. Le retrait de l'aide juridictionnelle peut être demandé par tout intéressé. Il peut également intervenir d'office.

(L. n° 2010-1657 du 29 déc. 2010, art. 74-I-4°-a, en vigueur le 1er janv. 2011) «Dans les cas mentionnés aux 1° et 2° de l'article 50, le retrait est prononcé par le» bureau qui a accordé l'aide juridictionnelle.

(L. n° 2010-1657 du 29 déc. 2010, art. 74-I-4°-b, en vigueur le 1er janv. 2011) «Lorsque la procédure engagée par le demandeur bénéficiant de l'aide juridictionnelle a été jugée dilatoire ou abusive, la juridiction saisie prononce le retrait total de l'aide juridictionnelle.»

Art. 52. Le retrait de l'aide juridictionnelle rend immédiatement exigibles, dans les limites fixées par la décision de retrait, les droits, redevances, honoraires, émoluments, consignations et avances de toute nature dont le bénéficiaire avait été dispensé. Il emporte obligation pour le bénéficiaire de restituer les sommes versées par l'État.

Art. 52-1. *(L. n° 98-1163 du 18 déc. 1998, art. 7)* Les dispositions des articles 42 et 50 à 52 sont portées à la connaissance du bénéficiaire de l'aide juridictionnelle lors de la notification de son admission au bénéfice de celle-ci.

DEUXIÈME PARTIE

L'AIDE À L'ACCÈS AU DROIT

TITRE PREMIER

Définition de l'aide à l'accès au droit

(L. n° 98-1163 du 18 déc. 1998, art. 9)

Art. 53. L'aide à l'accès au droit comporte :

1° L'information générale des personnes sur leurs droits et obligations ainsi que leur orientation vers les organismes chargés de la mise en œuvre de ces droits;

2° L'aide dans l'accomplissement de toute démarche en vue de l'exercice d'un droit ou de l'exécution d'une obligation de nature juridique et l'assistance au cours des procédures non juridictionnelles;

3° La consultation en matière juridique;

4° L'assistance à la rédaction et à la conclusion des actes juridiques;

Les conditions dans lesquelles s'exerce l'aide à la consultation en matière juridique sont déterminées par le conseil départemental de l'accès au droit en conformité avec les règles de déontologie des personnes chargées de la consultation et dans le respect des dispositions du titre II de la loi n° 71-1130 du 31 décembre 1971 portant réforme de certaines professions judiciaires et juridiques.

TITRE II

Mise en œuvre de l'aide à l'accès au droit

Art. 54. Dans chaque département, il est institué un conseil départemental de l'accès au droit, chargé de recenser les besoins, de définir une politique locale, de dresser et diffuser l'inventaire de l'ensemble des actions menées. Le conseil est saisi, pour information, de tout projet d'action préalablement à sa mise en œuvre et, pour avis, de toute demande de concours financier de l'État préalablement à son attribution. Il procède à l'évaluation de la qualité et de l'efficacité des dispositifs auxquels il apporte son concours.

(L. n° 2016-1547 du 18 nov. 2016, art. 1er-II-1°-a) «Il participe à la mise en œuvre d'une politique locale de résolution amiable des différends.»

Il peut participer au financement des actions poursuivies.

(L. n° 2016-1547 du 18 nov. 2016, art. 1er-II-1°-b) «Il peut développer des actions communes avec d'autres conseils départementaux de l'accès au droit.»

Il établit chaque année un rapport sur son activité.

Art. 55. *(L. n° 2011-525 du 17 mai 2011, art. 119-VI)* «Sous réserve des dispositions du présent article, le conseil départemental de l'accès au droit est un groupement d'intérêt public auquel est applicable le chapitre II de la loi n° 2011-525 du 17 mai 2011 de simplification et d'amélioration de la qualité du droit.»

Il est constitué *(L. n° 2016-1547 du 18 nov. 2016, art. 1er-II-2°-a)* «de représentants» :

1° De l'État;

2° Du département *(Ord. n° 2016-1562 du 21 nov. 2016, art. 26)* «ou, en Corse, de la collectivité de Corse»;

3° De l'association départementale des maires;

4° De l'ordre ou, si le département compte plus d'un barreau, de l'un des ordres des avocats établis dans le département choisi par leurs bâtonniers respectifs;

5° De la caisse des règlements pécuniaires de ce barreau;

6° De la chambre départementale des huissiers de justice;

7° De la chambre départementale des notaires;

(L. n° 2016-1547 du 18 nov. 2016, art. 1er-II-2°-b et c) «8° A Paris, de l'ordre des avocats au Conseil d'État et à la Cour de cassation;

«9° D'une ou de plusieurs associations œuvrant dans le domaine de l'accès au droit, de l'aide aux victimes, de la conciliation ou de la médiation, désignée conjointement par le président du tribunal de grande instance du chef-lieu du département, par le procureur de la République près ce tribunal et par les membres mentionnés aux 2° à 8°, sur la proposition du représentant de l'État dans le département.»

(L. n° 2016-1547 du 18 nov. 2016, art. 1er-II-2°-e) «Le conseil départemental de l'accès au droit est présidé par le président du tribunal de grande instance du chef-lieu du département, qui a voix prépondérante en cas de partage égal des voix. Le procureur de la République près ce tribunal en assure la vice-présidence.

«Un magistrat du siège ou du parquet de la cour d'appel chargé de la politique associative, de l'accès au droit et de l'aide aux victimes, désigné conjointement par le premier président de la cour d'appel dans le ressort de laquelle siège le conseil départemental de l'accès au droit et par le procureur général près cette cour, exerce la fonction de commissaire du Gouvernement.»

La convention constitutive détermine les modalités de participation des membres au financement des activités ou celles de l'association des moyens de toute nature mis par chacun à la disposition du groupement, ainsi que les conditions dans lesquelles ce dernier peut accueillir en son sein d'autres membres que ceux mentionnés aux 1° à *(L. n° 2016-1547 du 18 nov. 2016, art. 1er-II-2°-f)* «9°».

Art. 56. Peuvent être appelés par le président à siéger au conseil départemental de l'accès au droit, avec voix consultative, des représentants :

1° Des communes ou groupements de communes du département;

2° Si le département compte plus d'un barreau, des ordres des avocats et de leurs caisses des règlements pécuniaires n'ayant pas la qualité de membres en application de l'article 55.

Le président peut également appeler à siéger, avec voix consultative, toute personne physique ou morale qualifiée.

Art. 57. Le conseil départemental de l'accès au droit reçoit et répartit les ressources définies à l'article 68. Il peut conclure des conventions :

1° Avec des membres des professions juridiques ou judiciaires réglementées ou leurs organismes professionnels ou avec des personnes répondant aux exigences du titre II de la loi n° 71-1130 du 31 décembre 1971 précitée, en vue de définir les modalités de leur participation aux actions d'aide à l'accès au droit;

2° Avec les centres communaux d'action sociale ou tout autre organisme public ou privé, en vue d'obtenir leur concours pour la mise en œuvre de l'aide à l'accès au droit.

Art. 58. Le conseil départemental de l'accès au droit décide du montant des frais de consultation qui peuvent rester à la charge du bénéficiaire selon un barème qu'il établit en fonction des ressources de l'intéressé et de la nature de la consultation.

Art. 59. Le bénéfice des mesures prises par les conseils départementaux de l'accès au droit ne peut être refusé aux Français établis hors de France en raison de leur résidence à l'étranger.

Les questions relatives à l'aide à l'accès au droit intéressant les Français établis hors de France relèvent, en l'absence de lien avec un autre département, du conseil départemental de l'accès au droit de Paris.

Art. 60. Le ministre des affaires étrangères et les chefs des postes diplomatiques ou consulaires exercent leurs attributions en matière d'aide à l'accès au droit pour les Français établis hors de France, concurremment, le cas échéant, avec les autres aides ou mesures d'assistance prévues par les conseils départementaux de l'accès au droit.

Art. 61. *(L. nº 2005-750 du 4 juill. 2005, art. 1er-5º)* Dans les litiges transfrontaliers mentionnés à l'article 3-1, la consultation d'un avocat, préalablement à la réception de la demande d'aide juridictionnelle par l'État de la juridiction compétente sur le fond, a lieu au titre de l'aide à l'accès au droit mise en œuvre en application de la deuxième partie de la présente loi.

TROISIÈME PARTIE

L'AIDE À L'INTERVENTION DE L'AVOCAT DANS LES PROCÉDURES NON JURIDICTIONNELLES

(L. nº 2014-535 du 27 mai 2014, art. 13-1º).
(L. nº 93-1013 du 24 août 1993, art. 47-II, en vigueur le 2 sept. 1993)

Art. 64. *(L. nº 2014-535 du 27 mai 2014, art. 13-2º)* L'avocat assistant, au cours de l'audition *(L. nº 2016-731 du 3 juin 2016, art. 63-IV-a, en vigueur le 15 nov. 2016)* «, de la confrontation ou des mesures d'enquête mentionnées aux articles 61-1 à 61-3» du code de procédure pénale *(L. nº 2015-1785 du 29 déc. 2015, art. 42-I-3º)* «, à l'article L. 39 du livre des procédures fiscales» ou à l'article 67 F du code des douanes, la personne soupçonnée qui remplit les conditions pour bénéficier de l'aide juridictionnelle a droit à une rétribution. Il en est de même de l'avocat qui intervient pour assister une victime lors d'une confrontation *(L. nº 2016-731 du 3 juin 2016, art. 63-IV-b, en vigueur le 15 nov. 2016)* «ou d'une reconstitution en application des articles 61-2 et 61-3» du code de procédure pénale, lorsque la victime remplit les conditions pour bénéficier de l'aide juridictionnelle.

Un décret en Conseil d'État détermine les modalités d'application du présent article.

Art. 64-1. L'avocat désigné d'office qui intervient *(L. nº 2011-392 du 14 avr. 2011, art. 23-I)* «au cours de la garde à vue *(L. nº 2014-896 du 15 août 2014, art. 34-II)* «, de la retenue ou de la rétention» dans les conditions prévues par le code de procédure pénale ou au cours de la retenue douanière dans les conditions prévues par le code des douanes» *(L. nº 2012-1560 du 31 déc. 2012, art. 6-1º)* «ou au cours de la retenue d'un étranger aux fins de vérification du droit de circulation ou de séjour dans les conditions prévues par le code de l'entrée et du séjour des étrangers et du droit d'asile» a droit à une rétribution.

(L. n° 2011-392 du 14 avr. 2011, art. 9-II) «Le premier alinéa est également applicable lorsque l'avocat intervient pour assister une victime lors d'une confrontation avec une personne gardée à vue.»

L'État affecte annuellement à chaque barreau une dotation représentant sa part contributive aux missions ainsi assurées par les avocats.

Cette dotation est versée sur le compte spécial prévu par l'article 29.

Le montant de la dotation est calculé selon des modalités fixées par décret en Conseil d'État, en fonction du nombre des missions effectuées par les avocats désignés d'office.

Art. 64-1-1. *(L. n° 2011-900 du 29 juill. 2011, art. 54-III)* La personne qui a bénéficié de l'intervention d'un avocat commis d'office dans les conditions prévues à l'article 63-3-1 du code de procédure pénale et qui n'est pas éligible à l'aide juridictionnelle est tenue de rembourser au Trésor public les sommes exposées par l'État. Le recouvrement des sommes dues à l'État a lieu comme en matière de créances étrangères à l'impôt et au domaine.

Les modalités d'application du présent article sont fixées par décret en Conseil d'État.

Art. 64-1-2. *(L. n° 2014-1654 du 29 déc. 2014, art. 35-III-4°)* L'avocat commis d'office assistant une personne déférée devant le procureur de la République en application de l'article 393 du code de procédure pénale, qui remplit les conditions pour bénéficier de l'aide juridictionnelle, a droit à une rétribution.

Art. 64-2. *(L. n° 98-1163 du 18 déc. 1998, art. 15)* L'avocat assistant, au cours des mesures prévues *(L. n° 99-515 du 23 juin 1999, art. 5-III)* «au 5° de l'article 41-1 et aux articles *(L. n° 2014-1654 du 29 déc. 2014, art. 35-III-5°)* «41-1-1,» 41-2 et 41-3» du code de procédure pénale ou à l'article 12-1 de l'ordonnance n° 45-174 du 2 février 1945 relative à l'enfance délinquante et ordonnées par le procureur de la République, la personne mise en cause ou la victime qui remplissent *[remplit]* les conditions pour bénéficier de l'aide juridictionnelle a droit à une rétribution.

Un décret en Conseil d'État détermine les modalités selon lesquelles l'aide est accordée par le président ou le vice-président du bureau d'aide juridictionnelle.

Art. 64-3. *(L. n° 2007-210 du 19 févr. 2007, art. 9)* L'avocat assistant une personne détenue faisant l'objet d'une procédure disciplinaire en relation avec la détention a droit à une rétribution.

Il en va de même de l'avocat assistant une personne détenue faisant l'objet d'une mesure d'isolement d'office ou de prolongation de cette mesure, ou de l'avocat assistant une personne détenue placée à l'isolement à sa demande et faisant l'objet d'une levée sans son accord de ce placement.

(L n° 2014-1654 du 29 déc. 2014, art. 35-III-6°) «L'avocat assistant une personne détenue devant la commission d'application des peines en application de l'article 720 du code de procédure pénale a droit à une rétribution.»

(L. n° 2010-242 du 10 mars 2010, art. 8-2°) «Le premier alinéa est également applicable aux missions d'assistance à une personne retenue dans un centre socio-médico-judiciaire de sûreté, s'agissant des décisions prises à son encontre pour assurer le bon ordre du centre.»

L'État affecte annuellement à chaque barreau une dotation représentant sa part contributive aux missions ainsi assurées par les avocats.

Art. 64-4. *(L. n° 2013-1278 du 29 déc. 2013, art. 128-IV-5°)* Les modalités et le montant de la rétribution de l'avocat sont déterminés dans chaque barreau par le règlement intérieur.

Ce règlement peut prévoir que les avocats désignés ou commis d'office interviennent, à temps partiel, au cours des mesures mentionnées aux articles qui précèdent, selon des modalités fixées par convention avec l'ordre.

Une évaluation de ces conventions est effectuée annuellement par le Gouvernement.

QUATRIÈME PARTIE
L'AIDE À LA MÉDIATION

(L. n° 2015-1785 du 29 déc. 2015, art. 42-I, 4°)

Art. 64-5. L'avocat qui assiste une partie bénéficiaire de l'aide juridictionnelle dans le cadre d'une médiation ordonnée par le juge a droit à une rétribution.

Lorsque le juge est saisi aux fins d'homologation d'un accord intervenu à l'issue d'une médiation qu'il n'a pas ordonnée, une rétribution est due à l'avocat qui a assisté une partie éligible à l'aide juridictionnelle.

Un décret en Conseil d'État fixe les modalités d'application du présent article. Il définit également les conditions dans lesquelles une partie éligible à l'aide juridictionnelle peut obtenir la prise en charge d'une part de la rétribution due au médiateur.

CINQUIÈME PARTIE
DISPOSITIONS COMMUNES

(L. n° 2015-1785 du 29 déc. 2015, art. 42-I-4°).

TITRE PREMIER
Le Conseil national de l'aide juridique

Art. 65. Il est créé un Conseil national de l'aide juridique chargé de recueillir toutes informations quantitatives et qualitatives sur le fonctionnement de l'aide juridictionnelle et de l'aide à l'accès au droit et de proposer aux pouvoirs publics toutes mesures propres à l'améliorer, de faire aux *(L. n° 98-1163 du 18 déc. 1998, art. 12-II)* «conseils départementaux de l'accès au droit» des suggestions en vue de développer et d'harmoniser les actions menées localement, d'établir chaque année un rapport sur l'activité d'aide juridique, au vu des rapports des conseils départementaux sur l'aide juridictionnelle et sur l'aide à l'accès au droit dans leur ressort. Ce rapport est publié.

Les études, rapports et délibérations du Conseil national de l'aide juridique doivent tenir compte de la situation particulière des Français établis hors de France en matière d'aide juridictionnelle et d'accès au droit.

Art. 66. Un décret en Conseil d'État détermine les règles de composition et de fonctionnement du Conseil national de l'aide juridique.

Le nombre des représentants des professions judiciaires et juridiques doit être égal à la moitié au moins du nombre des membres.

TITRE II
Le financement de l'aide juridique

Art. 67. Le financement de l'aide juridictionnelle *(L. nº 93-1013 du 24 août 1993, art. 47-IV, en vigueur le 2 sept. 1993)* «*(L. nº 2015-1785 du 29 déc. 2015, art. 42-I-6º)* «, de» l'aide à l'intervention de l'avocat» *(L. nº 2014-1654 du 29 déc. 2014, art. 35-III-7º)* «dans les procédures non juridictionnelles» *(L. nº 2015-1785 du 29 déc. 2015, art. 42-I-6º)* «et de l'aide à la médiation» est assuré par l'État.

Art. 67-1. *(L. nº 2015-1785 du 29 déc. 2015, art. 42-I-7º)* L'affectation à chaque barreau des dotations mentionnées aux articles 29, 64-1 et 64-3 ne fait pas obstacle à ce que les crédits correspondants soient utilisés indifféremment pour toute dépense d'aide juridique.

Art. 67-2. *(L. nº 2015-1785 du 29 déc. 2015, art. 42-I, 7º)* L'Union nationale des caisses des règlements pécuniaires des avocats rend compte au ministère de la justice de l'utilisation au sein de chaque barreau des ressources affectées au financement de l'aide juridique par le biais de transmissions dématérialisées.

Art. 68. Le financement de l'aide à l'accès au droit est notamment assuré par :

— les participations de l'État, du département et des autres membres du groupement d'intérêt public prévues par la convention constitutive dans les conditions de l'article 55 ;

— les contributions des caisses des règlements pécuniaires des barreaux du ressort ;

— les participations des organismes professionnels des professions judiciaires et juridiques ;

— les subventions accordées par les collectivités territoriales, les établissements publics, les organismes de sécurité sociale et toute autre participation.

Les fonds destinés à l'aide à l'accès au droit sont versés au *(L. nº 98-1163 du 18 déc. 1998, art. 12-III)* «conseil départemental de l'accès au droit» territorialement compétent.

Art. 69. Pour compenser les disparités entre les départements et soutenir des initiatives d'intérêt général, l'État peut, en outre, participer par voie de convention à la prise en charge d'actions mises en œuvre par *(L. nº 98-1163 du 18 déc. 1998, art. 11-I)* «le conseil départemental de l'accès au droit».

Art. 69-1. *(L. nº 98-1163 du 18 déc. 1998, art. 11-II)* La rétribution des personnes assurant des consultations juridiques organisées dans le cadre de la deuxième partie de la présente loi fait l'objet d'une tarification dans des conditions prévues par décret.

CHAPITRE 4
L'entraide judiciaire internationale

342 Code de procédure pénale (articles 694 à 696-107)

TITRE DIXIÈME
DE L'ENTRAIDE JUDICIAIRE INTERNATIONALE

(L. n° 2004-204 du 9 mars 2004, art. 17)

CHAPITRE PREMIER
Dispositions générales

Section première

Transmission et exécution des demandes d'entraide

Art. 694. En l'absence de Convention internationale en stipulant autrement :

1° Les demandes d'entraide émanant des autorités judiciaires françaises et destinées aux autorités judiciaires étrangères sont transmises par l'intermédiaire du ministère de la justice. Les pièces d'exécution sont renvoyées aux autorités de l'État requérant par la même voie ;

2° Les demandes d'entraide émanant des autorités judiciaires étrangères et destinées aux autorités judiciaires françaises sont transmises par la voie diplomatique. Les pièces d'exécution sont renvoyées aux autorités de l'État requérant par la même voie.

En cas d'urgence, les demandes d'entraide sollicitées par les autorités françaises ou étrangères peuvent être transmises directement aux autorités de l'État requis compétentes pour les exécuter. Le renvoi des pièces d'exécution aux autorités compétentes de l'État requérant est effectué selon les mêmes modalités. Toutefois, sauf Convention internationale en stipulant autrement, les demandes d'entraide émanant des autorités judiciaires étrangères et destinées aux autorités judiciaires françaises doivent faire l'objet d'un avis donné par la voie diplomatique par le gouvernement étranger intéressé.

Art. 694-1. En cas d'urgence, les demandes d'entraide émanant des autorités judiciaires étrangères sont transmises, selon les distinctions prévues à l'article 694-2, au procureur de la République ou au juge d'instruction du tribunal de grande instance territorialement compétent. Elles peuvent également être adressées à ces magistrats par l'intermédiaire du procureur général.

Si le procureur de la République reçoit directement d'une autorité étrangère une demande d'entraide qui ne peut être exécutée que par le juge d'instruction, il la transmet pour exécution à ce dernier ou saisit le procureur général dans le cas prévu à l'article 694-4.

Avant de procéder à l'exécution d'une demande d'entraide dont il a été directement saisi, le juge d'instruction la communique immédiatement pour avis au procureur de la République.

Art. 694-2. Les demandes d'entraide émanant des autorités judiciaires étrangères sont exécutées par le procureur de la République ou par les officiers ou agents de police judiciaire requis à cette fin par ce magistrat.

Elles sont exécutées par le juge d'instruction ou par des officiers de police judiciaire agissant sur commission rogatoire de ce magistrat lorsqu'elles nécessitent certains actes de procédure qui ne peuvent être ordonnés ou exécutés qu'au cours d'une instruction préparatoire.

Art. 694-3. Les demandes d'entraide émanant des autorités judiciaires étrangères sont exécutées selon les règles de procédure prévues par le présent code.

Toutefois, si la demande d'entraide le précise, elle est exécutée selon les règles de procédure expressément indiquées par les autorités compétentes de l'État requérant, à condition, sous peine de nullité, que ces règles ne réduisent pas les droits des parties ou les garanties procédurales prévus par le présent code. Lorsque la demande d'entraide ne peut être exécutée conformément aux exigences de l'État requérant, les autorités compétentes françaises en informent sans délai les autorités de l'État requérant et indiquent dans quelles conditions la demande pourrait être exécutée. Les autorités françaises compétentes et celles de l'État requérant peuvent ultérieurement s'accorder sur la suite à réserver à la demande, le cas échéant, en la subordonnant au respect desdites conditions.

L'irrégularité de la transmission de la demande d'entraide ne peut constituer une cause de nullité des actes accomplis en exécution de cette demande.

Art. 694-4. Si l'exécution d'une demande d'entraide émanant d'une autorité judiciaire étrangère est de nature à porter atteinte à l'ordre public ou aux intérêts essentiels de la Nation, le procureur de la République saisi de cette demande ou avisé de cette demande en application du troisième alinéa de l'article 694-1 la transmet au procureur général qui détermine, s'il y a lieu, d'en saisir le ministre de la justice et donne, le cas échéant, avis de cette transmission au juge d'instruction.

S'il est saisi, le ministre de la justice informe l'autorité requérante, le cas échéant, de ce qu'il ne peut être donné suite, totalement ou partiellement, à sa demande. Cette information est notifiée à l'autorité judiciaire concernée et fait obstacle à l'exécution de la demande d'entraide ou au retour des pièces d'exécution.

Art. 694-4-1. *(L. n° 2015-912 du 24 juill. 2015, art. 9)* Si une demande d'entraide émanant d'une autorité judiciaire étrangère concerne des faits commis hors du territoire national susceptibles d'être en lien avec les missions réalisées, aux fins de la défense et de la promotion des intérêts fondamentaux de la Nation prévus à l'article L. 811-3 du code de la sécurité intérieure, par un service spécialisé de renseignement prévu à l'article L. 811-2 du même code, le procureur de la République saisi de cette demande, ou avisé en application de l'article 694-1 du présent code, la transmet au procureur général qui en saisit le ministre de la justice, et informe, le cas échéant, le juge d'instruction de cette transmission.

Le ministre de la justice en informe le ministre dont relève le service spécialisé de renseignement concerné et recueille son avis.

Dans le délai d'un mois, ce dernier fait connaître au ministre de la justice si l'exécution de la demande d'entraide est de nature à porter atteinte aux intérêts fondamentaux de la Nation.

Le ministre de la justice informe, s'il y a lieu, l'autorité requérante de ce qu'il ne peut être donné suite, totalement ou partiellement, à sa demande. Cette décision est notifiée à l'autorité judiciaire initialement saisie et fait obstacle à l'exécution de la demande d'entraide ou au retour des pièces d'exécution.

Section II

De l'entraide aux fins d'audition, de surveillance ou d'infiltration *(L. n° 2010-768 du 9 juill. 2010, art. 15).*

Art. 694-5. Les dispositions de l'article 706-71 sont applicables pour l'exécution simultanée, sur le territoire de la République et à l'étranger, de demandes d'entraide émanant des autorités judiciaires étrangères ou d'actes d'entraide réalisés à la demande des autorités judiciaires françaises.

Les interrogatoires, les auditions ou les confrontations réalisés à l'étranger à la demande des autorités judiciaires françaises sont exécutés conformément aux dispositions du présent code, sauf si une Convention internationale y fait obstacle.

L'interrogatoire ou la confrontation d'une personne poursuivie ne peut être effectué qu'avec son consentement.

Les dispositions des articles 434-13 et 434-15-1 du code pénal sont applicables aux témoins entendus sur le territoire de la République à la demande des autorités judiciaires de l'État requérant dans les conditions prévues par le présent article.

Art. 694-6. Lorsque la surveillance prévue à l'article 706-80 doit être poursuivie dans un État étranger, elle est autorisée, dans les conditions prévues par les conventions internationales, par le procureur de la République chargé de l'enquête.

Les procès-verbaux d'exécution des opérations de surveillance ou rapports y afférents ainsi que l'autorisation d'en poursuivre l'exécution sur le territoire d'un État étranger sont versés au dossier de la procédure.

Art. 694-7. Avec l'accord préalable du ministre de la justice saisi d'une demande d'entraide judiciaire à cette fin, des agents de police étrangers peuvent poursuivre sur le territoire de la République, sous la direction d'officiers de police judiciaire français, des opérations d'infiltration conformément aux dispositions des articles 706-81 à 706-87. L'accord du ministre de la justice peut être assorti de conditions. L'opération doit ensuite être autorisée par le procureur de la République près le tribunal de grande instance de Paris ou le juge d'instruction du même ressort dans les conditions prévues par l'article 706-81.

Le ministre de la justice ne peut donner son accord que si les agents étrangers sont affectés dans leur pays à un service spécialisé et exercent des missions de police similaires à celles des agents nationaux spécialement habilités mentionnés à l'article 706-81.

Art. 694-8. Avec l'accord des autorités judiciaires étrangères, les agents de police étrangers mentionnés au deuxième alinéa de l'article 694-7 peuvent également, dans les conditions fixées par les articles 706-81 à 706-87, participer sous la direction d'officiers de police judiciaire français à des opérations d'infiltration conduites sur le territoire de la République dans le cadre d'une procédure judiciaire nationale.

Art. 694-9. Lorsque, conformément aux stipulations prévues par les conventions internationales, le procureur de la République ou le juge d'instruction communique à des autorités judiciaires étrangères des informations issues d'une procédure pénale en cours, il peut soumettre l'utilisation de ces informations aux conditions qu'il détermine.

Section III

De l'entraide aux fins de saisie des produits d'une infraction en vue de leur confiscation ultérieure

(L. n° 2010-768 du 9 juill. 2010, art. 15)

Art. 694-10. En l'absence de convention internationale en stipulant autrement, les articles 694-11 à 694-13 sont applicables aux demandes d'entraide émanant des autorités étrangères compétentes, tendant à la saisie, en vue de leur confiscation ultérieure, des biens meubles ou immeubles, quelle qu'en soit la nature, *(L. n° 2013-1117 du 6 déc. 2013, art. 27)* «ayant servi ou qui étaient destinés à commettre l'infraction ou» qui paraissent être le produit direct ou indirect de l'infraction ainsi que de tout bien dont la valeur correspond au produit de cette infraction.

Art. 694-11. Sans préjudice de l'application de l'article 694-4, la demande présentée en application de l'article 694-10 est rejetée si l'un des motifs de refus mentionnés à l'article 713-37 apparaît d'ores et déjà constitué.

Art. 694-12. L'exécution sur le territoire de la République de *(L. n° 2013-1117 du 6 déc. 2013, art. 27)* «saisies» faisant l'objet d'une demande présentée par une autorité judiciaire étrangère, en application d'une convention internationale, est ordonnée, aux frais avancés du Trésor et selon les modalités du présent code, par le juge d'instruction sur *(L. n° 2013-1117 du 6 déc. 2013, art. 27)* «requête ou après avis» du procureur de la République.

Art. 694-13. Le refus d'autoriser l'exécution de la décision de confiscation prononcée par la juridiction étrangère emporte de plein droit, aux frais du Trésor, mainlevée des saisies ordonnées. Il en est de même lorsque les poursuites engagées à l'étranger ont pris fin.

CHAPITRE II

Dispositions propres à l'entraide entre la France et les autres états membres de l'Union Européenne

Art. 694-14. Les dispositions du présent chapitre sont applicables aux demandes d'entraide entre la France et les autres États membres de l'Union européenne.

Section première

Des décisions d'enquête européenne prévues par la directive 2014/41/UE du 3 avril 2014

(Ord. n° 2016-1636 du 1er déc. 2016, art. 1er et 5, en vigueur le 22 mai 2017)

Les dispositions de l'ordonnance n° 2016-1636 du 1er déc. 2016 sont entrées en vigueur le 22 mai 2017. Les demandes d'entraide reçues avant le 22 mai 2017 demeurent régies par les instruments antérieurs relatifs à l'entraide en matière pénale et par les dispositions du code de procédure pénale dans leur rédaction applicable antérieurement à l'entrée en vigueur de l'ordonnance.

Les décisions de gel d'éléments de preuve prises en vertu de la décision-cadre 2003/577/JAI et reçues avant le 22 mai 2017 sont également régies par cette décision-cadre et par les dispositions du code de procédure pénale dans leur rédaction applicable antérieurement à l'entrée en vigueur de l'ordonnance.

A compter du 22 mai 2017, les demandes d'entraide sont adressées aux États membres selon le formalisme prévu pour les décisions d'enquête européenne, même aux États n'ayant pas à cette date transposé la directive 2014/41/UE du 3 avril 2014 concernant la décision d'enquête européenne en matière pénale. Les demandes d'entraide émanant de ces États sont assimilées à des demandes effectuées sur le fondement des dispositions de la directive et examinées conformément aux dispositions du code de procédure pénale résultant de l'ordonnance (Ord. préc., art. 5).

Art. 694-15. Sauf lorsqu'il en est disposé autrement par le présent code, les demandes d'entraide judiciaire en matière pénale entre la France et les autres États membres de l'Union européenne se font par l'intermédiaire des décisions d'enquête européenne, conformément aux dispositions de la présente section.

Art. 694-16. Une décision d'enquête européenne est une décision judiciaire émise par un État membre, appelé État d'émission, demandant à un autre État membre, appelé État d'exécution, en utilisant des formulaires communs à l'ensemble des États, de réaliser dans un certain délai sur son territoire des investigations tendant à l'obtention d'éléments de preuve relatifs à une infraction pénale ou à la communication d'éléments de preuve déjà en sa possession.

La décision d'enquête peut également avoir pour objet d'empêcher provisoirement sur le territoire de l'État d'exécution toute opération de destruction, de transformation, de déplacement, de transfert ou d'aliénation d'éléments susceptibles d'être utilisés comme preuve.

Elle peut aussi avoir pour objet le transfèrement temporaire dans l'État d'émission d'une personne détenue dans l'État d'exécution, afin de permettre la réalisation dans l'État d'émission d'actes de procédure exigeant la présence de cette personne, ou le transfèrement temporaire dans l'État d'exécution d'une personne détenue dans l'État d'émission aux fins de participer sur ce territoire aux investigations demandées.

Les preuves mentionnées aux deux premiers alinéas peuvent également porter sur la violation par une personne des obligations résultant d'une condamnation pénale, même si cette violation ne constitue pas une infraction.

Art. 694-17. Les États membres reconnaissent sans aucune formalité une décision d'enquête européenne et ils l'exécutent de la même manière et selon les mêmes modalités que si la demande émanait d'une autorité judiciaire nationale, sauf si est applicable un motif valable prévu par la présente section de non-reconnaissance, de non-exécution ou de report de la décision, et sous réserve de l'application des formalités expressément demandées par l'autorité d'émission non contraires aux principes fondamentaux du droit de l'État d'exécution.

Art. 694-18. Il n'y a pas lieu à émission d'une décision d'enquête européenne :

1° Lorsqu'est mise en place une équipe commune d'enquête en application des articles 695-2 et 695-3; toutefois, lorsqu'une autorité compétente participant à une équipe commune d'enquête requiert l'assistance d'un État membre autre que ceux qui y participent, une décision d'enquête européenne peut être émise à cette fin;

2° Lorsqu'il est fait application des articles 695-9-1 à 695-9-30 sur le gel de biens susceptibles de confiscation, dès lors que la demande de saisie de ces biens n'est pas également demandée parce qu'ils sont susceptibles de constituer des éléments de preuve;

3° Lorsqu'est demandée une observation transfrontalière en application de l'article 40 de la convention d'application des accords de Schengen du 19 juin 1990.

Art. 694-19. Les modalités d'application de la présente section sont précisées par décret.

Sous-section 1 – Dispositions relatives à l'émission d'une décision d'enquête européenne par les autorités judiciaires françaises

§ 1er : Dispositions générales

Art. 694-20. Le procureur de la République, le juge d'instruction, la chambre de l'instruction et son président ainsi que les juridictions de jugement ou d'application des peines et leurs présidents peuvent, à l'occasion des procédures dont ils sont saisis et dans l'exercice de leurs attributions, émettre une décision d'enquête européenne dès lors qu'elle apparaît nécessaire à la constatation, à la poursuite ou au jugement d'une infraction ou à l'exécution d'une peine et proportionnée au regard des droits de la personne suspecte, poursuivie ou condamnée et que les mesures demandées peuvent être réalisées en application des dispositions du présent code.

Cette émission peut intervenir d'office ou, conformément aux dispositions des articles 77-2, 82-1, 315, 388-5 et 459, sur demande de la personne suspecte ou poursuivie, de la victime ou de la partie civile.

Les autorités judiciaires mentionnées au premier alinéa ne peuvent émettre une décision d'enquête que pour l'exécution de mesures qu'elles sont elles-mêmes habilitées à ordonner ou exécuter conformément aux dispositions du présent code. La décision d'enquête émise par le procureur de la République ou le juge d'instruction concernant un acte exigeant l'autorisation préalable du juge des libertés et de la détention indique que cet acte ne pourra être exécuté par l'État d'exécution qu'avec l'autorisation préalable d'un juge selon des modalités et, le cas échéant, pour une durée similaires à celles prévues par le présent code.

Lorsqu'à l'occasion de l'exécution d'une décision d'enquête européenne, le magistrat se transporte sur le territoire de l'État d'exécution en application du cinquième alinéa de l'article 41 ou de l'article 93-1, il peut émettre une décision d'enquête en complément de la précédente décision.

Art. 694-21. Toute décision d'enquête européenne est rédigée en utilisant un formulaire complété, signé, et dont le contenu est certifié comme étant exact et correct par l'autorité judiciaire d'émission, qui comporte notamment les informations suivantes :

1° L'identité et la qualité du magistrat ou de la juridiction qui l'émet;

2° L'objet et les motifs de la décision;

3° Les informations nécessaires disponibles sur la ou les personnes concernées;

4° Une description de l'infraction faisant l'objet de l'enquête ou de la poursuite, et les dispositions de droit pénal applicables;

5° Une description de la ou des mesures d'enquête demandées et des preuves à obtenir, ainsi que le cas échéant des formalités à respecter en application des dispositions prévues par le présent code, notamment l'autorisation préalable d'un juge de l'État d'exécution dans les conditions prévues à l'article 694-20;

6° Le cas échéant, les références d'une décision d'enquête européenne antérieure que complète la nouvelle décision;

7° Le cas échéant, le délai dans lequel doit être exécutée la demande, notamment si ce délai est inférieur à quatre mois, en raison de délais de procédure, de la gravité de l'infraction ou d'autres circonstances particulièrement urgentes, ou la date spécifique à laquelle la mesure d'enquête doit être exécutée, ou le fait que la mesure d'enquête doit être réalisée en temps réel, de manière continue et au cours d'une période déterminée.

Art. 694-22. La décision d'enquête européenne fait l'objet d'une traduction dans une langue officielle de l'État d'exécution ou dans l'une des langues officielles des institutions de l'Union européenne acceptées par cet État.

Art. 694-23. La décision d'enquête européenne est transmise directement aux autorités compétentes de l'État d'exécution par tout moyen permettant de laisser une trace écrite et d'en établir l'authenticité.

Toute autre communication officielle est effectuée directement entre le magistrat mandant et l'autorité d'exécution.

Art. 694-24. Le fait que la mesure d'enquête réalisée dans l'État d'exécution ait été contestée avec succès devant les autorités de cet État et conformément au droit de cet État n'entraîne pas par lui-même la nullité des éléments de preuve adressés aux autorités judiciaires françaises, mais ces éléments ne peuvent servir de seul fondement à la condamnation de la personne.

Le non-respect des délais d'exécution de la demande d'enquête européenne ne peut constituer une cause de nullité des actes accomplis.

§ 2 : Dispositions particulières à certaines mesures d'enquête

Art. 694-25. Une personne détenue sur le territoire national ne peut être transférée dans un autre État pour les nécessités de l'exécution d'une décision d'enquête européenne que si elle y consent préalablement et que si son transfèrement n'est pas susceptible de prolonger sa détention.

Art. 694-26. Lorsqu'une personne détenue sur le territoire d'un État membre est transférée sur le territoire national en exécution d'une décision d'enquête européenne émise par une autorité judiciaire française, sa mise en liberté ne peut être ordonnée que sur demande de l'État d'exécution.

Elle ne peut être soumise à aucune poursuite ni aucune mesure restrictive ou privative de liberté pour des faits commis ou des condamnations prononcées avant son départ du territoire de l'État d'exécution et qui ne sont pas mentionnés dans la décision d'enquête européenne.

Les dispositions de l'alinéa précédent ne sont toutefois pas applicables lorsque la personne a été libérée et qu'elle est demeurée ou revenue sur le territoire national pendant au moins quinze jours après que sa présence a été requise.

Art. 694-27. Lorsqu'une décision d'enquête est émise en vue de déterminer si une personne physique ou morale détient ou contrôle un ou plusieurs comptes auprès d'un établissement bancaire ou financier ou d'obtenir des renseignements concernant des comptes bancaires déterminés et des opérations bancaires qui ont été réalisées pendant une période déterminée, le magistrat indique dans sa demande les raisons pour lesquelles il considère que les informations demandées sont susceptibles d'être utiles à la manifestation de la vérité et les raisons qui l'amènent à supposer que des banques situées dans l'État d'exécution détiennent le compte ainsi que, le cas échéant, les banques qui pourraient être concernées.

Art. 694-28. Lorsqu'il émet une décision d'enquête afin d'obtenir l'assistance technique d'un État membre aux fins de mise en place d'une interception de télécommunications, le magistrat précise dans sa demande les informations nécessaires à l'identification de la personne visée par la demande d'interception, la durée souhaitée de l'interception et toutes les données techniques nécessaires à la mise en place de la mesure.

Sous-section 2 – Dispositions relatives à la reconnaissance et l'exécution par les autorités judiciaires françaises d'une décision d'enquête européenne émanant d'un autre état membre

Art. 694-29. Toute décision d'enquête européenne transmise aux autorités françaises doit être émise ou validée par une autorité judiciaire. Cette décision peut concerner, dans l'État d'émission, soit des procédures pénales, soit des procédures qui ne sont pas relatives à des infractions pénales mais qui sont engagées contre des personnes physiques ou morales par des autorités administratives ou judiciaires pour des faits punissables dans l'État d'émission au titre d'infractions aux règles de droit et par une décision pouvant donner lieu à un recours devant une juridiction compétente, notamment en matière pénale.

Art. 694-30. La décision d'enquête européenne destinée aux autorités françaises est adressée, selon les distinctions prévues aux deuxième et troisième alinéas, au procureur de la République ou au juge d'instruction du tribunal de grande instance territorialement compétent pour exécuter la mesure demandée.

Lorsque la décision d'enquête porte sur des actes qui ne peuvent être ordonnés ou exécutés qu'au cours d'une instruction préparatoire, ou qui ne peuvent être exécutés au cours d'une enquête qu'avec l'autorisation du juge des libertés et de la détention, la décision d'enquête est reconnue par le juge d'instruction, et elle est exécutée par ce magistrat ou par des officiers ou agents de police judiciaire agissant sur commission rogatoire de celui-ci.

Dans les autres cas, la décision d'enquête est reconnue par le procureur de la République et elle est exécutée par ce magistrat ou par les officiers ou agents de police judiciaire requis par lui à cette fin.

Si le magistrat saisi n'est pas compétent, il transmet sans délai la décision d'enquête au procureur de la République ou au juge d'instruction compétent et en informe immédiatement l'État d'émission.

§ 1er : Reconnaissance des décisions d'enquête européenne

Art. 694-31. Le magistrat saisi refuse de reconnaître ou d'exécuter une décision d'enquête européenne dans l'un des cas suivants :

1° Si un privilège ou une immunité fait obstacle à son exécution; lorsque ce privilège ou cette immunité est susceptible d'être levé par une autorité française, la reconnaissance et l'exécution de la décision ne sont refusées qu'après que le magistrat saisi a adressé sans délai à l'autorité compétente une demande de levée de ce privilège ou de cette immunité et que celui-ci n'a pas été levé; si les autorités françaises ne sont pas compétentes, la demande de levée est laissée au soin de l'État d'émission;

2° Si la demande d'enquête est contraire aux dispositions relatives à l'établissement de la responsabilité pénale en matière d'infraction de presse de la loi du 29 juillet 1881 sur la liberté de la presse et de la loi n° 82-652 du 29 juillet 1982 sur la communication audiovisuelle;

3° Si la décision porte sur la transmission d'informations ayant fait l'objet d'une classification en application des dispositions de l'article 413-9 du code pénal; en ce cas, la reconnaissance et l'exécution de la décision ne sont refusées qu'après que le magistrat saisi a adressé sans délai à l'autorité administrative compétente une demande tendant à la déclassification et à la communication des informations en application de l'article L. 2312-4 du code de la défense et que cette demande n'a pas été acceptée; si la demande de déclassification est partiellement acceptée, la reconnaissance et l'exécution de la décision d'enquête européenne ne peuvent porter que sur les informations déclassifiées;

4° Si la demande *(L. n° 2019-222 du 23 mars 2019, art. 70)* «concerne une procédure mentionnée à l'article 694-29 du présent code et qui n'est pas relative à une infraction pénale», lorsque la mesure demandée ne serait pas autorisée par la loi française dans le cadre d'une procédure nationale similaire;

5° Si l'exécution de la décision d'enquête ou les éléments de preuve susceptibles d'être transférés à la suite de son exécution pourraient conduire à poursuivre ou punir à nouveau une personne qui a déjà été jugée définitivement, pour les faits faisant l'objet de la décision, par les autorités judiciaires françaises ou celles d'un autre État membre de l'Union européenne lorsque, en cas de condamnation, la peine a été exécutée, est en cours d'exécution ou ne peut plus être ramenée à exécution selon les lois de l'État de condamnation;

6° Si les faits motivant la décision d'enquête européenne ne constituent pas une infraction pénale selon la loi française alors qu'ils ont été commis en tout ou en partie sur le territoire national et qu'il existe des raisons sérieuses de penser qu'ils n'ont pas été commis sur le territoire de l'État d'émission;

7° S'il existe des raisons sérieuses de croire que l'exécution de la mesure d'enquête serait incompatible avec le respect par la France des droits et libertés garantis par la Convention européenne de sauvegarde des droits de l'homme et des libertés fondamentales et la charte des droits fondamentaux de l'Union européenne;

8° Si les faits motivant la décision d'enquête ne constituent pas une infraction pénale selon la loi française, sauf s'ils concernent une catégorie d'infractions mentionnée à l'article 694-32 et sanctionnée dans l'État d'émission d'une peine ou une mesure de sûreté privative de liberté d'une durée d'au moins trois ans, ou sauf si la mesure demandée est l'une de celles mentionnées par l'article 694-33;

9° Si la mesure demandée n'est pas autorisée par le présent code pour l'infraction motivant la décision d'enquête, sauf s'il s'agit d'une des mesures mentionnées à l'article 694-33.

Dans les cas mentionnés aux 1°, 2°, 5°, 6° et 7° ci-dessus, avant de décider de ne pas reconnaître ou exécuter, en tout ou partie, une décision d'enquête européenne, le magistrat saisi consulte l'autorité d'émission par tout moyen approprié et, le cas échéant, demande à cette autorité de lui fournir sans tarder toute information nécessaire.

Le magistrat saisi informe l'autorité d'émission, sans délai et par tout moyen permettant de laisser une trace écrite, de toute décision prise en application du présent article.

Art. 694-32. Les catégories d'infractions pour lesquelles une décision d'enquête ne peut être refusée en application du 8° de l'article 694-31 sont les suivantes :

1° Participation à une organisation criminelle ;

2° Terrorisme ;

3° Traite des êtres humains ;

4° Exploitation sexuelle des enfants et pédopornographie ;

5° Trafic de stupéfiants et de substances psychotropes ;

6° Trafic d'armes, de munitions et d'explosifs ;

7° Corruption ;

8° Fraude, y compris la fraude portant atteinte aux intérêts financiers des Communautés européennes au sens de la convention du 26 juillet 1995 relative à la protection des intérêts financiers des Communautés européennes ;

9° Blanchiment des produits du crime ;

10° Faux-monnayage et contrefaçon de monnaie, y compris de l'euro ;

11° Cybercriminalité ;

12° Crimes et délits contre l'environnement, y compris le trafic d'espèces animales menacées et le trafic d'espèces et d'essences végétales menacées ;

13° Aide à l'entrée et au séjour irréguliers ;

14° Homicide volontaire, coups et blessures graves ;

15° Trafic d'organes et de tissus humains ;

16° Enlèvement, séquestration et prise d'otage ;

17° Racisme et xénophobie ;

18° Vol organisé ou vol à main armée ;

19° Trafic illicite de biens culturels, y compris d'antiquités et d'œuvres d'art ;

20° Escroquerie ;

21° Extorsion ;

22° Contrefaçon et piratage de produits ;

23° Falsification de documents administratifs et trafic de faux ;

24° Falsification de moyens de paiement ;

25° Trafic illicite de substances hormonales et d'autres facteurs de croissance ;

26° Trafic illicite de matières nucléaires et radioactives ;

27° Trafic de véhicules volés ;

28° Viol ;

29° Incendie volontaire ;

30° Crimes et délits relevant de la Cour pénale internationale ;

31° Détournement illicite d'aéronefs ou de navires ;

32° Sabotage.

Art. 694-33. Les mesures pour lesquelles une décision d'enquête ne peut être refusée en application des 8° et 9° de l'article 694-31 sont les suivantes :

1° L'obtention d'informations ou d'éléments de preuve qui sont déjà en possession des autorités françaises et qui auraient pu être obtenus, en application du droit national, dans le cadre d'une procédure pénale ou aux fins de la décision d'enquête européenne ;

2° L'obtention d'informations contenues dans des traitements automatisés de données à caractère personnel mis en œuvre par les services de la police nationale et de la gendarmerie nationale ou les autorités judiciaires directement accessibles dans le cadre d'une procédure pénale ;

3° L'audition d'un témoin, d'un expert, d'une victime, d'un suspect, d'une personne poursuivie ou d'un tiers ;

4° L'identification d'abonnés titulaires d'un numéro de téléphone spécifique ou de personnes détentrices d'une adresse de protocole internet spécifique ;

5° Toute autre mesure d'enquête non intrusive qui ne porte pas atteinte aux droits ou libertés individuels.

Art. 694-34. Si l'exécution de la décision d'enquête européenne risque de nuire à des intérêts nationaux essentiels en matière de sécurité, de mettre en danger la source d'information ou de comporter l'utilisation d'informations ayant fait l'objet d'une classification en application des dispositions de l'article 413-9 du code pénal et se rapportant à des activités de renseignement, les dispositions des articles 694-4 et 694-4-1 du présent code sont applicables, et la reconnaissance ou l'exécution de la décision d'enquête européenne peuvent être refusées par le ministre de la justice.

Avant de prendre sa décision, le ministre de la justice consulte l'autorité d'émission par tout moyen approprié et, le cas échéant, lui demande de lui fournir sans tarder toute information nécessaire.

Si le ministre de la justice décide de ne pas refuser la reconnaissance ou l'exécution de la décision d'enquête européenne et qu'il s'agit d'informations classifiées en application des dispositions de l'article 413-9 du code pénal, les dispositions du 3° de l'article 694-31 du présent code sont applicables.

Art. 694-35. Le magistrat saisi prend la décision relative à la reconnaissance ou à l'exécution de la décision d'enquête européenne avec la même célérité et priorité que dans le cadre d'une procédure nationale similaire et au plus tard trente jours après la réception de la décision d'enquête européenne.

S'il n'est pas possible, dans un cas spécifique, de respecter ce délai, il en informe sans tarder l'autorité compétente de l'État d'émission par tout moyen disponible, en indiquant les raisons du retard et une estimation du temps nécessaire pour prendre une décision. Dans ce cas, ce délai peut être prorogé de trente jours maximum.

§ 2 : Exécution de la décision d'enquête

Art. 694-36. La décision d'enquête est exécutée conformément aux formalités et procédures expressément indiquées par l'autorité d'émission, sauf si la loi en dispose autrement et sous réserve, à peine de nullité, que ces règles ne réduisent pas les droits des parties et les garanties procédurales appliquant les principes fondamentaux prévus à l'article préliminaire du présent code.

Art. 694-37. La décision d'enquête est exécutée dans les meilleurs délais et au plus tard dans les quatre-vingt-dix jours suivant la date de la décision prévue par l'article 694-35. Si des circonstances particulières justifient une prolongation de ce délai, l'autorité d'émission en est immédiatement informée, ainsi que des raisons qui la motivent et de la date prévisible d'exécution de la décision d'enquête.

Le magistrat saisi peut décider de reporter l'exécution de la décision d'enquête si elle risque de nuire à une enquête ou à des poursuites en cours ou si les objets, documents ou données concernés sont déjà utilisés dans le cadre d'une autre procédure. La décision d'enquête est mise à exécution sans délai dès lors que les raisons ayant justifié le report ont cessé. L'autorité d'émission en est immédiatement informée.

Art. 694-38. Lorsque la mesure d'enquête demandée n'est pas prévue par le présent code ou qu'elle ne pourrait être exécutée dans le cadre d'une procédure nationale similaire, le magistrat saisi a recours, chaque fois que cela s'avère possible, à toute autre mesure d'investigation permettant d'obtenir les éléments demandés par l'autorité d'émission.

Toutefois, sous réserve des dispositions de l'article 694-31 et de l'article 694-34, il doit toujours faire droit aux demandes prévues à l'article 694-33.

Le magistrat saisi peut également ordonner une autre mesure d'enquête que celle demandée si elle permet d'obtenir le même résultat de façon moins intrusive.

Il informe sans délai l'autorité d'émission des décisions prises en application du présent article, y compris lorsqu'aucune mesure ne peut être substituée à la mesure demandée.

Art. 694-39. Le magistrat saisi ne peut refuser l'assistance des autorités de l'État d'émission à l'exécution de la décision d'enquête sur le territoire national que si elle apparaît de nature à réduire les droits des parties et les garanties procédurales appliquant les principes fondamentaux prévus à l'article préliminaire ou de nature à nuire aux intérêts fondamentaux de la Nation.

Art. 694-40. Si, en cours d'exécution de la décision d'enquête, le magistrat saisi juge opportun de diligenter des mesures d'enquête non prévues initialement ou qui n'avaient pas pu être spécifiées au moment de l'émission de la décision d'enquête européenne, il en informe sans délai l'autorité d'émission afin qu'elle puisse le cas échéant demander de nouvelles mesures.

Art. 694-41. Lorsque des mesures exécutées sur le territoire national en application d'une décision d'enquête européenne auraient pu, si elles avaient été exécutées dans le cadre d'une procédure nationale, faire l'objet d'une contestation, d'une demande de nullité ou de toute autre forme de recours en application des dispositions du présent code, ces recours peuvent, dans les mêmes conditions et selon les mêmes modalités, être formés contre ces mesures par les personnes intéressés. Ces personnes sont informées de leur possibilité d'exercer ces recours lorsque cette information est prévue par les dispositions du présent code.

Ces recours ne suspendent pas l'exécution de la mesure d'enquête, sauf si cette suspension est prévue par les dispositions du présent code.

Ne peuvent être invoqués à l'appui de ces recours les motifs de fond à l'origine de la décision d'enquête européenne, qui ne peuvent être contestés que par une action intentée dans l'État d'émission.

Le non-respect des délais d'exécution de la demande d'enquête européenne ne peut constituer une cause de nullité des actes accomplis.

Art. 694-42. Les procès-verbaux, objets saisis et tous autres éléments de preuve recueillis en exécution de la décision d'enquête sont remis dans les meilleurs délais à l'autorité d'émission.

Le magistrat saisi peut décider de suspendre cette remise dans l'attente d'une décision relative au recours formé contre un acte d'exécution de la décision d'enquête, sauf si cette dernière fait état de motifs suffisants pour considérer qu'une remise immédiate est indispensable au bon déroulement de l'enquête ou à la préservation de droits individuels. Toutefois, la remise des éléments de preuve est dans tous les cas suspendue si elle est de nature à causer un préjudice grave et irréversible à la personne concernée.

Le magistrat saisi peut ordonner la remise temporaire à l'autorité d'émission des procès-verbaux, objets saisis et autres éléments de preuve recueillis en exécution de la décision d'enquête, à charge pour cette autorité de les restituer dès qu'ils ne lui sont plus nécessaires, notamment lorsqu'ils sont utiles à une procédure en cours en France.

§ 3 : Dispositions particulières à certaines mesures d'enquête

Art. 694-43. Lorsque la décision d'enquête européenne concerne une infraction en matière de taxes ou d'impôts, de douane et de change, sa reconnaissance ne peut être refusée au motif que la loi française n'impose pas le même type de taxe ou de droits ou prévoit des dispositions différentes en matière de taxes, d'impôts, de douane ou de change.

Art. 694-44. Les dispositions de l'article 694-26 sont applicables au transfèrement d'une personne détenue dans l'État d'émission aux fins d'exécution d'une décision d'enquête émise par un État membre et nécessitant sa présence sur le territoire national.

Art. 694-45. Lorsque l'État d'émission sollicite, au titre d'une décision d'enquête européenne, le transfèrement temporaire d'une personne détenue en France, le magistrat saisi peut, sans préjudice des dispositions de l'article 694-31, refuser l'exécution de la demande si la personne concernée s'y oppose ou si son transfèrement est susceptible de prolonger la durée de sa détention.

Si la demande concerne un mineur ou un majeur bénéficiant d'une mesure de protection en application des dispositions du titre XI du livre Ier du code civil, son représentant légal, son tuteur ou son curateur est préalablement invité à donner son avis.

S'il fait droit à la demande, le magistrat saisi fixe le délai dans lequel la personne détenue doit être renvoyée en France et précise, le cas échéant, les modalités particulières de prise en charge devant être observées afin de garantir le respect de ses droits et la sécurité du transfèrement.

La période de détention subie par la personne en dehors du territoire national est intégralement prise en compte pour le calcul de sa durée totale de détention.

Art. 694-46. Lorsqu'il est saisi d'une décision d'enquête visant à empêcher provisoirement toute opération de destruction, de transformation, de déplacement, de transfert ou d'aliénation d'éléments susceptibles d'être utilisés comme preuve, le magistrat rend sa décision dans les meilleurs délais et, si possible, dans les vingt-quatre heures suivant sa réception.

Lorsque l'autorité d'émission demande, dans la décision, que les éléments saisis en application du premier alinéa soient transférés vers l'État d'émission, les dispositions de l'article 694-42 sont applicables.

Lorsque l'autorité d'émission demande, dans la décision, que les éléments saisis en application du premier alinéa soient conservés sur le territoire national jusqu'à une date qu'elle fixe, le magistrat saisi peut déterminer à quelles conditions ces éléments sont conservés. Si, conformément à ces conditions, il envisage de lever la mesure provisoire, il en informe l'autorité d'émission afin qu'elle puisse formuler des observations.

Art. 694-47. Lorsque l'État d'émission sollicite, au titre d'une décision d'enquête européenne, la mise en place d'une mesure d'infiltration sur le territoire national, les modalités de la mesure portant sur la durée de l'infiltration, ses modalités précises ou le statut juridique des agents infiltrés sont fixées d'un commun accord par le magistrat saisi et l'autorité compétente de l'État d'émission.

A défaut d'accord, le magistrat saisi peut, sans préjudice des dispositions de l'article 694-31, refuser l'exécution de la demande.

Art. 694-48. Lorsque l'État d'émission sollicite, au titre d'une décision d'enquête européenne, l'audition d'une personne par un moyen de communication audiovisuelle selon les modalités prévues par l'article 706-71, le magistrat saisi peut, sans préjudice des dispositions de l'article 694-31, refuser l'exécution de la demande s'il s'agit de l'audition d'une personne suspecte ou poursuivie et si celle-ci s'y oppose.

S'il s'agit de l'audition d'un témoin, les dispositions du présent code réprimant le refus de déposer ou de prêter serment, et celles des articles 434-13, 434-14 et 434-15-1 du code pénal réprimant le faux témoignage sont applicables.

Art. 694-49. Lorsque l'État d'émission sollicite, au titre d'une décision d'enquête européenne, l'exécution d'une mesure d'investigation qui requiert l'obtention de preuve en temps réel, de manière continue et au cours d'une période déterminée, les modalités pratiques de la mesure sont fixées d'un commun accord par le magistrat saisi et l'autorité compétente de l'État d'émission.

Les dispositions du premier alinéa sont notamment applicables au suivi d'opérations bancaires ou d'autres opérations financières qui sont réalisées sur un ou plusieurs comptes spécifiques et aux opérations de surveillance de l'acheminement ou du transport des objets, biens ou produits tirés de la commission d'une infraction ou servant à la commettre.

A défaut d'accord, le magistrat saisi peut, sans préjudice des dispositions de l'article 694-31, refuser l'exécution de la demande.

Sous-section 3 – Coûts d'exécution

Art. 694-50. Les frais d'exécution des demandes d'entraide européenne sont à la charge de l'État d'exécution, sauf, lorsqu'ils peuvent être considérés comme exceptionnellement élevés, à être partagés avec l'État d'émission en cas d'accord entre les autorités compétentes ou, à défaut, à être supportés par l'État d'émission.

Sont toutefois toujours à la charge de l'État d'émission les frais occasionnés par une décision d'enquête européenne concernant :

1° Le transfèrement de la personne vers l'État d'émission et depuis celui-ci;

2° La transcription, le décodage et le déchiffrement de communications interceptées.

Section II

Des équipes communes d'enquête

Art. 695-2. Avec l'accord préalable du ministre de la justice et le consentement du ou des autres États membres concernés, l'autorité judiciaire compétente peut créer une équipe commune d'enquête, soit lorsqu'il y a lieu d'effectuer, dans le cadre d'une procédure française, des enquêtes complexes impliquant la mobilisation d'importants moyens et qui concernent d'autres États membres, soit lorsque plusieurs États membres effectuent des enquêtes relatives à des infractions exigeant une action coordonnée et concertée entre les États membres concernés.

Les agents étrangers détachés par un autre État membre auprès d'une équipe commune d'enquête, dans la limite des attributions attachées à leur statut, peuvent, sous la direction de l'autorité judiciaire compétente, avoir pour mission, le cas échéant, sur toute l'étendue du territoire national :

1° De constater tous crimes, délits ou contraventions et d'en dresser procès-verbal, au besoin dans les formes prévues par le droit de leur État;

2° De recevoir par procès-verbal les déclarations qui leur sont faites par toute personne susceptible de fournir des renseignements sur les faits en cause, au besoin dans les formes prévues par le droit de leur État;

3° De seconder les officiers de police judiciaire français dans l'exercice de leurs fonctions;

4° De procéder à des surveillances et, s'ils sont spécialement habilités à cette fin, à des infiltrations, dans les conditions prévues aux articles 706-81 et suivants et sans qu'il soit nécessaire de faire application des dispositions des articles 694-7 et 694-8.

Les agents étrangers détachés auprès d'une équipe commune d'enquête peuvent exercer ces missions, sous réserve du consentement de l'État membre ayant procédé à leur détachement.

Ces agents n'interviennent que dans les opérations pour lesquelles ils ont été désignés. Aucun des pouvoirs propres de l'officier de police judiciaire français, responsable de l'équipe, ne peut leur être délégué.

Un original des procès-verbaux qu'ils ont établis et qui doit être rédigé ou traduit en langue française est versé à la procédure française.

Art. 695-3. Dans le cadre de l'équipe commune d'enquête, les officiers et agents de police judiciaire français détachés auprès d'une équipe commune d'enquête peuvent procéder aux opérations prescrites par le responsable d'équipe, sur toute l'étendue du territoire de l'État où ils interviennent, dans la limite des pouvoirs qui leur sont reconnus par le présent code.

Leurs missions sont définies par l'autorité de 1'État membre compétente pour diriger l'équipe commune d'enquête sur le territoire duquel l'équipe intervient.

Ils peuvent recevoir les déclarations et constater les infractions dans les formes prévues par le présent code, sous réserve de l'accord de l'État sur le territoire duquel ils interviennent.

Section III

De l'unité eurojust

Art. 695-4. Conformément à la décision du Conseil du 28 février 2002 instituant Eurojust afin de renforcer la lutte contre les formes graves de criminalité, l'unité Eurojust, organe de l'Union européenne doté de la personnalité juridique agissant en tant que collège ou par l'intermédiaire *(L. n° 2013-711 du 5 août 2013, art. 9)* «du membre» national, est chargée de promouvoir et d'améliorer la coordination et la coopération entre les autorités compétentes des États membres de l'Union européenne dans toutes les enquêtes et poursuites relevant de sa compétence.

(L. n° 2013-711 du 5 août 2013, art. 9) «L'unité Eurojust peut également, avec l'accord des États membres concernés :

« 1° Coordonner l'exécution des demandes d'entraide judiciaire émises par un État non membre de l'Union européenne lorsque ces demandes se rattachent à des investigations portant sur les mêmes faits et doivent être exécutées dans deux États membres au moins;

«2° Faciliter l'exécution des demandes d'entraide judiciaire devant être exécutées dans un État non membre de l'Union européenne lorsqu'elles se rattachent à des investigations portant sur les mêmes faits et émanent d'au moins deux États membres.»

Art. 695-5. L'unité Eurojust, agissant par l'intermédiaire *(L. n° 2013-711 du 5 août 2013, art. 9)* «du membre national» ou en tant que collège, peut :

1° Informer le procureur général des infractions dont elle a connaissance et lui demander de faire procéder à une enquête ou de faire engager des poursuites;

2° Demander au procureur général de dénoncer ou de faire dénoncer des infractions aux autorités compétentes d'un autre État membre de l'Union européenne;

3° Demander au procureur général de faire mettre en place une équipe commune d'enquête;

4° Demander au procureur général ou au juge d'instruction de lui communiquer les informations issues de procédures judiciaires qui sont nécessaires à l'accomplissement de ses tâches.

(L. n° 2013-711 du 5 août 2013, art. 9) «L'unité Eurojust agissant par l'intermédiaire du membre national peut, en outre, demander au procureur général de faire prendre toute mesure d'investigation particulière ou toute autre mesure justifiée par les investigations ou les poursuites.»

Art. 695-5-1. *(L. n° 2013-711 du 5 août 2013, art. 9)* L'unité Eurojust, agissant en tant que collège, peut adresser au procureur général ou au juge d'instruction un avis écrit et motivé sur la manière de résoudre un conflit de compétences ou sur des difficultés ou refus récurrents rencontrés dans l'exécution de demandes présentées ou de décisions prises en matière de coopération judiciaire en application, notamment, d'instruments fondés sur le principe de reconnaissance mutuelle.

Le procureur général ou le juge d'instruction peuvent faire état auprès du collège d'Eurojust des difficultés ou refus mentionnés au premier alinéa et solliciter de celui-ci qu'il rende un avis écrit et motivé à ce sujet.

Art. 695-6. Lorsque le procureur général ou le juge d'instruction saisi ne donne pas suite à une demande *(L. n° 2013-711 du 5 août 2013, art. 9)* «ou à un avis» de l'unité Eurojust, il l'informe dans les meilleurs délais de la décision intervenue et de ses motifs.

(L. n° 2013-711 du 5 août 2013, art. 9) «Toutefois, cette motivation n'est pas obligatoire lorsqu'elle peut porter atteinte à la sécurité de la Nation ou compromettre la sécurité d'une personne.»

Art. 695-7. Lorsqu'une demande *(L. n° 2013-711 du 5 août 2013, art. 9)* «présentée ou une décision prise en matière de coopération judiciaire en application, notamment, d'un instrument mettant en œuvre le principe de reconnaissance mutuelle» nécessite, en vue d'une exécution coordonnée, l'intervention de l'unité Eurojust, celle-ci peut en assurer la transmission aux autorités requises par l'intermédiaire du *(L. n° 2013-711 du 5 août 2013, art. 9)* «membre» national intéressé.

(L. n° 2013-711 du 5 août 2013, art. 9) «En cas d'urgence, la demande de coopération peut être adressée au dispositif permanent de coordination d'Eurojust.»

Section IV

Du membre national d'Eurojust

(L. nº 2013-711 du 5 août 2013, art. 10).

Art. 695-8. Le *(L. nº 2013-711 du 5 août 2013, art. 10)* «membre» national est un magistrat hors hiérarchie mis à disposition de l'unité Eurojust pour une durée de *(L. nº 2013-711 du 5 août 2013, art. 10)* «quatre» ans par arrêté du ministre de la justice.

Le ministre de la justice peut lui adresser des instructions dans les conditions fixées par l'article 30.

Art. 695-8-1. *(L. nº 2013-711 du 5 août 2013, art. 10)* Pour les nécessités liées à l'accomplissement de sa mission, le membre national de l'unité Eurojust a accès, dans les mêmes conditions que les magistrats du ministère public, aux données contenues dans tout traitement automatisé de données à caractère personnel.

Art. 695-8-2. *(L. nº 2013-711 du 5 août 2013, art. 10)* I. — Le membre national est informé par le procureur général, le procureur de la République ou le juge d'instruction des investigations ou procédures en cours ainsi que des condamnations relatives à des affaires susceptibles d'entrer dans le champ de compétence d'Eurojust lorsqu'elles ont donné lieu ou sont de nature à donner lieu à la transmission à au moins deux États membres de demandes ou de décisions en matière de coopération judiciaire en application, notamment, d'instruments fondés sur le principe de reconnaissance mutuelle et lorsque l'une des conditions suivantes est remplie :

1° Ces investigations, procédures ou condamnations portent sur une infraction punissable, dans l'un au moins des États membres concernés, d'une peine ou d'une mesure de sûreté privative de liberté égale ou supérieure à cinq ans et qui entre dans l'une des catégories suivantes :

a) Traite des êtres humains;

b) Exploitation sexuelle des enfants et pédopornographie;

c) Trafic de drogue;

d) Trafic d'armes à feu, de leurs éléments et munitions;

e) Corruption;

f) Fraude portant atteinte aux intérêts financiers de l'Union européenne;

g) Contrefaçon de l'euro;

h) Blanchiment de capitaux;

i) Attaques visant les systèmes d'information;

2° Les éléments du dossier font apparaître l'implication d'une organisation criminelle;

3° Les éléments du dossier font apparaître que, par leur ampleur ou leur incidence transfrontalière, les faits sont susceptibles d'affecter gravement l'Union européenne ou de concerner des États membres autres que ceux directement impliqués.

Le membre national est, en outre, informé par le procureur général, le procureur de la République ou le juge d'instruction des investigations, des procédures et des condamnations relatives aux infractions terroristes qui intéressent, ou sont susceptibles d'intéresser, au moins un autre État membre.

II. — Le membre national est également informé par le procureur général, le procureur de la République ou le juge d'instruction :

1° De la mise en place des équipes communes d'enquête et des résultats de leurs travaux ;

2° De la mise en œuvre d'une mesure de surveillance de l'acheminement ou du transport des objets, biens ou produits tirés de la commission d'une ou plusieurs infractions ou servant à les commettre lorsque la mesure concerne au moins trois États, dont au moins deux États membres ;

3° Des conflits de compétences avec un autre État membre et des difficultés ou refus récurrents d'exécution de demandes présentées ou de décisions prises en matière de coopération judiciaire en application, notamment, d'instruments fondés sur le principe de reconnaissance mutuelle.

III. — Le procureur général, le procureur de la République ou le juge d'instruction n'est pas tenu de communiquer à l'unité Eurojust les informations mentionnées aux I et II lorsque cette communication serait de nature à porter atteinte à la sécurité de la Nation ou à compromettre la sécurité d'une personne.

Art. 695-8-3. *(L. n° 2013-711 du 5 août 2013, art. 10)* Le membre national est compétent pour recevoir et transmettre au procureur général compétent des informations relatives aux enquêtes de l'Office européen de lutte antifraude dont il est destinataire.

Art. 695-8-4. *(L. n° 2013-711 du 5 août 2013, art. 10)* En qualité d'autorité nationale compétente, le membre national peut recevoir et transmettre, selon le cas, aux autorités compétentes des autres États membres ou aux autorités judiciaires françaises toutes demandes présentées ou toutes décisions prises par les unes ou les autres en matière de coopération judiciaire en application, notamment, d'instruments fondés sur le principe de reconnaissance mutuelle. Il peut assurer le suivi de ces demandes et décisions et en faciliter l'exécution. Lorsqu'il fait usage de ces prérogatives, le membre national en avise dans les plus brefs délais l'autorité judiciaire compétente.

Lorsqu'une demande ou une décision en matière de coopération judiciaire a fait l'objet, de la part des autorités judiciaires françaises, d'une exécution partielle ou insuffisante, le membre national peut demander à ces autorités l'accomplissement des mesures complémentaires qui lui paraissent nécessaires.

Art. 695-8-5. *(L. n° 2013-711 du 5 août 2013, art. 10)* I. — Le membre national peut, en qualité d'autorité nationale, à la demande ou avec l'autorisation de l'autorité judiciaire compétente, présenter des demandes ou prendre des décisions en matière de coopération judiciaire en application, notamment, d'instruments fondés sur le principe de reconnaissance mutuelle.

La demande ou l'autorisation de l'autorité judiciaire compétente prévue au premier alinéa du présent I est écrite et ne peut porter que sur un ou plusieurs actes déterminés. Dès l'exécution de l'acte mentionné dans la demande ou l'autorisation, le membre national en informe cette autorité et lui adresse les pièces d'exécution, en original ou en copie selon la décision de celle-ci.

A tout moment, l'exécution de l'acte peut être interrompue par l'autorité judiciaire l'ayant demandé ou autorisé.

II. — Le membre national peut proposer au procureur général ou au procureur de la République de procéder aux actes suivants ou de requérir qu'il y soit procédé :

1° Actes nécessaires à l'exécution des demandes présentées ou des décisions prises en matière de coopération judiciaire par un autre État membre en application, notamment, d'instruments fondés sur le principe de reconnaissance mutuelle;

2° Actes d'investigation qui ont été considérés, à l'issue d'une réunion de coordination organisée par l'unité Eurojust, comme nécessaires pour l'efficacité d'investigations conduites sur le territoire de plusieurs États membres;

3° Opérations de surveillance de l'acheminement ou du transport des objets, biens ou produits tirés de la commission d'une ou plusieurs infractions ou servant à les commettre.

Le représentant du ministère public fait connaître, dans les meilleurs délais, au membre national la suite qu'il entend donner à sa proposition.

Art. 695-9. *(L. n° 2013-711 du 5 août 2013, art. 10)* Avec l'accord de l'autorité judiciaire compétente, le membre national peut participer, en tant que représentant d'Eurojust, à la mise en place et au fonctionnement des équipes communes d'enquête. Il est invité à y participer lorsque l'équipe commune d'enquête bénéficie d'un financement de l'Union européenne.

Section V

De l'émission et de l'exécution des décisions de gel de biens

(Ord. n° 2016-1636 du 1er déc. 2016, art. 3 et 5, en vigueur le 22 mai 2017).

(L. n° 2005-750 du 4 juill. 2005)

§ 1er : Dispositions générales

Art. 695-9-1. Une décision de gel de biens est une décision prise par une autorité judiciaire d'un État membre de l'Union européenne, appelé État d'émission, afin d'empêcher la destruction, la transformation, le déplacement, le transfert ou l'aliénation d'un bien susceptible de faire l'objet d'une confiscation et se trouvant sur le territoire d'un autre État membre, appelé État d'exécution.

L'autorité judiciaire est compétente, selon les règles et dans les conditions déterminées par la présente section, pour prendre et transmettre aux autorités judiciaires des autres États membres de l'Union européenne ou pour exécuter, sur leur demande, une décision de gel de biens.

La décision de gel de biens est soumise aux mêmes règles et entraîne les mêmes effets juridiques que la saisie.

Art. 695-9-2. *(Ord. n° 2016-1636 du 1er déc. 2016, art. 3 et 5, en vigueur le 22 mai 2017)* Peut faire l'objet d'une décision de gel tout bien meuble ou immeuble, corporel ou incorporel, ainsi que tout acte juridique ou document attestant d'un titre ou d'un droit sur ce bien, dont l'autorité judiciaire de l'État d'émission estime qu'il est le produit d'une infraction ou correspond en tout ou partie à la valeur de ce produit, ou constitue l'instrument ou l'objet d'une infraction.

Les dispositions de la présente section ne sont pas applicables aux demandes tendant à empêcher la destruction, la transformation, le déplacement, le transfert ou l'aliénation d'un objet, document ou donnée, susceptible de servir de pièce à conviction, même s'il s'agit du produit d'une infraction ou qu'il constitue l'instrument ou l'objet d'une infraction, ces demandes devant faire l'objet d'une décision d'enquête européenne conformément aux dispositions de la section I du présent chapitre.

Art. 695-9-3. Toute décision de gel de biens est accompagnée d'un certificat décerné par l'autorité judiciaire ayant ordonné la mesure et comprenant les mentions suivantes :

1° L'identification de l'autorité judiciaire qui a pris, validé ou confirmé la décision de gel et de l'autorité compétente pour exécuter ladite décision dans l'État d'émission, si celle-ci est différente de l'autorité d'émission;

3° La date et l'objet de la décision de gel;

4° Les données permettant d'identifier les biens ou éléments de preuve faisant l'objet de la décision de gel, notamment la description précise de ces biens ou éléments, leur localisation dans l'État d'exécution et la désignation de leur propriétaire ou de leur gardien;

5° L'identité de la ou des personnes physiques ou morales soupçonnées d'avoir commis l'infraction ou qui ont été condamnées et qui sont visées par la décision de gel;

6° Les motifs de la décision de gel, le résumé des faits connus de l'autorité judiciaire qui en est l'auteur, la nature et la qualification juridique de l'infraction qui la justifie y compris, s'il y a lieu, l'indication que ladite infraction entre, en vertu de la loi de l'État d'émission, dans l'une des catégories d'infractions mentionnées *(Ord. n° 2016-1636 du 1er déc. 2016, art. 3 et 5, en vigueur le 22 mai 2017)* «à l'article 694-32» et y est punie d'une peine privative de liberté d'une durée égale ou supérieure à trois ans d'emprisonnement;

7° La description complète de l'infraction lorsque celle-ci n'entre pas dans l'une des catégories d'infractions visées au 6°;

8° Les voies de recours contre la décision de gel pour les personnes concernées, y compris les tiers de bonne foi, ouvertes dans l'État d'émission, la désignation de la juridiction devant laquelle ledit recours peut être introduit et le délai dans lequel celui-ci peut être formé;

9° Le cas échéant, les autres circonstances pertinentes de l'espèce;

10° La signature de l'autorité judiciaire d'émission ou celle de son représentant attestant l'exactitude des informations contenues dans le certificat.

Art. 695-9-4. *(L. n° 2005-750 du 4 juill. 2005) (Ord. n° 2016-1636 du 1er déc. 2016, art. 3 et 5, en vigueur le 22 mai 2017)* «La décision de gel de biens est accompagnée d'une demande d'exécution d'une décision de confiscation du bien.»

A défaut, le certificat contient l'instruction de conserver le bien dans l'État d'exécution jusqu'à la réception *(Ord. n° 2016-1636 du 1er déc. 2016, art. 3 et 5, en vigueur le 22 mai 2017)* «de la demande visée à l'alinéa précédent» et mentionne la date probable à laquelle une telle demande sera présentée.

(Ord. n° 2016-1636 du 1er déc. 2016, art. 3 et 5, en vigueur le 22 mai 2017) «La demande est transmise par l'État d'émission et traitée» par l'État d'exécution conformément aux règles applicables à l'entraide judiciaire en matière pénale et à la coopération internationale en matière de confiscation.

Art. 695-9-5. Le certificat doit être traduit dans la langue officielle ou dans une des langues officielles de l'État d'exécution ou dans l'une des langues officielles des institutions des Communautés européennes acceptées par cet État.

Art. 695-9-6. La décision de gel et le certificat sont, sous réserve des dispositions du deuxième alinéa, transmis directement par l'autorité judiciaire de l'État d'émission à l'autorité judiciaire de l'État d'exécution, par tout moyen laissant une trace écrite et dans des conditions permettant à cette dernière autorité, d'en vérifier l'authenticité.

Lorsqu'un État membre de l'Union européenne a fait une déclaration à cet effet, la décision de gel et le certificat sont expédiés par l'intermédiaire d'une ou plusieurs autorités centrales désignées par ledit État.

§ 2 : Dispositions relatives aux décisions de gel de biens prises par les autorités judiciaires françaises (Ord. n° 2016-1636 du 1er déc. 2016, art. 3 et 5, en vigueur le 22 mai 2017).

Art. 695-9-7. Le procureur de la République, les juridictions d'instruction, le juge des libertés et de la détention et les juridictions de jugement compétents, en vertu des dispositions du présent code, pour ordonner une saisie de biens, sont compétents pour prendre, dans les mêmes cas et conditions, des décisions de gel visant des biens ou des éléments de preuve situés sur le territoire d'un autre État membre de l'Union européenne et pour établir les certificats afférents à ces décisions.

Art. 695-9-8. La décision de gel prise par un juge d'instruction est transmise par celui-ci, avec son certificat, à l'autorité judiciaire de l'État d'exécution, selon les modalités prévues à l'article 695-9-6. Dans les autres cas, la décision et le certificat sont transmis par le ministère public près la juridiction qui en est l'auteur.

Art. 695-9-9. Les décisions qui emportent mainlevée de la décision de gel sont transmises sans délai, selon les modalités prévues à l'article 695-9-8, à l'autorité judiciaire de l'État d'exécution.

§ 3 : Dispositions relatives à l'exécution des décisions de gel de biens prises par les autorités étrangères (Ord. n° 2016-1636 du 1er déc. 2016, art. 3 et 5, en vigueur le 22 mai 2017).

Art. 695-9-10. Le juge d'instruction est compétent pour statuer sur les demandes de gel *(L. n° 2010-768 du 9 juill. 2010, art. 12)* «de biens» ainsi que pour les exécuter.

Art. 695-9-11. La décision de gel et le certificat émanant de l'autorité judiciaire de l'État d'émission sont transmis, selon les modalités prévues à l'article 695-9-6, au juge d'instruction territorialement compétent, le cas échéant par l'intermédiaire du procureur de la République ou du procureur général.

Le juge d'instruction territorialement compétent est celui du lieu où se situe l'un quelconque des biens faisant l'objet de la demande de gel ou, si ce lieu n'est pas précisé, le juge d'instruction de Paris.

Si l'autorité judiciaire à laquelle la demande de gel a été transmise n'est pas compétente pour y donner suite, elle la transmet sans délai à l'autorité judiciaire compétente et en informe l'autorité judiciaire de l'État d'émission.

Art. 695-9-12. Avant d'y statuer, le juge d'instruction saisi directement d'une demande de gel la communique pour avis au procureur de la République.

Le procureur de la République qui reçoit directement une demande de gel la transmet pour exécution, avec son avis, au juge d'instruction.

Dans le cas prévu à l'article 694-4, le procureur de la République saisit le procureur général.

Art. 695-9-13. Après s'être assuré de la régularité de la demande, le juge d'instruction se prononce sur l'exécution de la décision de gel dans les meilleurs délais et, si possible, dans les vingt-quatre heures suivant la réception de ladite décision.

Il exécute ou fait exécuter immédiatement la décision de gel.

Il informe sans délai l'autorité judiciaire de l'État d'émission de l'exécution de la décision de gel par tout moyen laissant une trace écrite.

Art. 695-9-15. Les décisions de gel de biens ordonnées à des fins de confiscation ultérieure sont exécutées, aux frais avancés du Trésor, selon les modalités prévues par *(L. nº 2010-768 du 9 juill. 2010, art. 12)* «le présent code».

Art. 695-9-16. L'exécution d'une décision de gel peut être refusée si le certificat n'est pas produit, s'il est établi de manière incomplète ou s'il ne correspond manifestement pas à la décision de gel. Toutefois, le juge d'instruction peut impartir un délai à l'auteur de la décision pour que le certificat soit produit, complété ou rectifié, accepter un document équivalent ou, s'il s'estime suffisamment éclairé, dispenser l'autorité judiciaire de l'État d'émission de toute production complémentaire.

Art. 695-9-17. Sans préjudice de l'application de l'article 694-4, l'exécution d'une décision de gel est refusée dans l'un des cas suivants :

1º Si une immunité y fait obstacle ou si le bien ou l'élément de preuve est insaisissable selon la loi française ;

2º S'il ressort du certificat que la décision de gel se fonde sur des infractions pour lesquelles la personne visée dans ladite décision a déjà été jugée définitivement par les autorités judiciaires françaises ou par celles d'un État autre que l'État d'émission, à condition, en cas de condamnation, que la peine ait été exécutée, soit en cours d'exécution ou ne puisse plus être ramenée à exécution selon les lois de l'État de condamnation ;

3º S'il est établi que la décision de gel a été prise dans le but de poursuivre ou de condamner une personne en raison de son sexe, de sa race, de sa religion, de son origine ethnique, de sa nationalité, de sa langue, de ses opinions politiques ou de son orientation *(L. nº 2017-86 du 27 janv. 2017, art. 207)* «sexuelle ou identité de genre», ou que l'exécution de ladite décision peut porter atteinte à la situation de cette personne pour l'une de ces raisons ;

4º Si la décision de gel a été prise à des fins de confiscation ultérieure d'un bien et que les faits qui la justifient ne constituent pas une infraction permettant, selon la loi française, d'ordonner *(L. nº 2010-768 du 9 juill. 2010, art. 12)* «la saisie de ce bien».

Toutefois, le motif de refus prévu au 4º n'est pas opposable lorsque la décision de gel concerne une infraction qui, en vertu de la loi de l'État d'émission, entre dans l'une des catégories d'infractions mentionnées *(Ord. nº 2016-1636 du 1er déc. 2016, art. 3 et 5, en vigueur le 22 mai 2017)* «à l'article 694-32» et y est punie d'une peine privative de liberté d'une durée égale ou supérieure à trois ans d'emprisonnement.

Art. 695-9-18. Nonobstant les dispositions du 4º de l'article 695-9-17, l'exécution de la décision de gel ne peut, en matière de taxes ou d'impôts, de douanes et de change, être refusée au motif que la loi française ne prévoit pas le même type de taxes ou d'impôts ou le même type de réglementation en matière de taxes ou d'impôts, de douane et de change que la loi de l'État d'émission.

Art. 695-9-19. Le refus d'exécuter une décision de gel de biens ou d'éléments de preuve est motivé. Il est notifié sans délai à l'autorité judiciaire de l'État d'émission par tout moyen laissant une trace écrite.

Lorsqu'il est impossible d'exécuter la décision de gel parce que le bien a disparu, a été détruit, n'a pas été retrouvé à l'endroit indiqué dans le certificat ou qu'il n'a pas été possible de le localiser, même après consultation de l'autorité judiciaire de l'État d'émission, le juge d'instruction en informe sans délai l'autorité judiciaire dudit État par tout moyen laissant une trace écrite.

Art. 695-9-20. L'exécution d'une décision de gel de biens peut être différée :

1° Lorsqu'elle risque de nuire à une enquête pénale en cours;

2° Lorsque l'un quelconque des biens en cause a déjà fait l'objet d'une mesure de gel ou de saisie dans le cadre d'une procédure pénale;

3° Lorsque la décision de gel est prise en vue de la confiscation ultérieure d'un bien et que celui-ci fait déjà l'objet d'une décision de gel ou de saisie dans le cadre d'une procédure non pénale en France;

4° Lorsque l'un quelconque des biens en cause est un document ou un support protégé au titre de la défense nationale, tant que la décision de le déclassifier n'a pas été notifiée par l'autorité administrative compétente au juge d'instruction en charge de l'exécution de la décision de gel.

Le juge d'instruction qui décide de différer l'exécution de la décision de gel en informe sans délai l'autorité judiciaire de l'État d'émission par tout moyen laissant une trace écrite, en lui précisant le motif du report et, si possible, sa durée prévisible.

Art. 695-9-21. Dès que le motif de report n'existe plus, le juge d'instruction procède à l'exécution de la décision de gel, dans les conditions prévues à l'article 695-9-13.

Art. 695-9-22. *(L. n° 2010-768 du 9 juill. 2010, art. 12)* «Celui qui détient le bien objet de la décision de gel ou toute autre personne qui prétend avoir un droit sur ledit bien peut, par voie de requête remise au greffe de la chambre de l'instruction de la cour d'appel territorialement compétente dans les dix jours à compter de la date de mise à exécution de la décision considérée, former un recours à l'encontre de cette dernière. Les dispositions de l'article 173 sont alors applicables.

Le recours n'est pas suspensif et ne permet pas de contester les motifs de fond de la décision de gel.

La chambre de l'instruction peut, par une décision qui n'est susceptible d'aucun recours, autoriser l'État d'émission à intervenir à l'audience par l'intermédiaire d'une personne habilitée par ledit État à cet effet ou, le cas échéant, directement par l'intermédiaire des moyens de télécommunications prévus à l'article 706-71. Lorsque l'État d'émission est autorisé à intervenir, il ne devient pas partie à la procédure.

Art. 695-9-24. La personne intéressée par la décision de gel peut également s'informer, auprès du greffe du juge d'instruction, des voies de recours contre la décision de gel ouvertes dans l'État d'émission et mentionnées dans le certificat.

Art. 695-9-25. Le procureur général informe l'autorité judiciaire de l'État d'émission du recours éventuellement exercé et des moyens soulevés, afin que cette autorité puisse produire ses observations, le cas échéant par l'intermédiaire des moyens de télécommunications prévus à l'article 706-71. Il l'avise des résultats de cette action.

Art. 695-9-27. Lorsque *(L. nº 2010-768 du 9 juill. 2010, art. 12)* «la demande a été émise en vue de la confiscation ultérieure du bien», celui-ci est conservé sur le territoire français selon les règles du présent code.

Si le juge d'instruction, en application de ces règles, envisage de ne pas conserver *(L. nº 2010-768 du 9 juill. 2010, art. 12)* «le bien», il en avise l'autorité judiciaire de l'État d'émission et la met à même de produire ses observations avant de prendre sa décision.

Art. 695-9-29. Le juge d'instruction informe l'autorité judiciaire de l'État d'émission de toute autre mesure de gel ou saisie dont le bien concerné par la décision de gel fait l'objet.

Art. 695-9-30. La mainlevée totale ou partielle de la mesure de gel peut être demandée par toute personne intéressée.

Lorsque le juge d'instruction envisage, d'office ou à la demande de toute personne intéressée, de donner mainlevée de la mesure de gel, il en avise l'autorité judiciaire de l'État d'émission et la met à même de produire ses observations.

La mainlevée de la décision de gel prononcée par l'autorité judiciaire de l'État d'émission emporte de plein droit, aux frais avancés du Trésor, mainlevée des mesures d'exécution prises à la demande de cette autorité.

Section VI

De l'échange simplifié d'informations entre services en application de la décision-cadre du conseil de l'Union Européenne du 18 décembre 2006

(Ord. nº 2011-1069 du 8 sept. 2011)

§ 1er : Dispositions générales

Art. 695-9-31. Pour l'application de la décision-cadre 2006/960/ JAI du Conseil du 18 décembre 2006, les services ou unités de la police nationale, de la gendarmerie nationale *(L. nº 2018-898 du 23 oct. 2018, art. 2)* «, de la direction générale des douanes et droits indirects et de la direction générale des finances publiques» désignés par arrêté du ministre de la justice et, selon le cas, du ministre de l'intérieur ou du ministre chargé du budget peuvent, dans les conditions prévues à la présente section, aux fins de prévenir une infraction, d'en rassembler les preuves ou d'en rechercher les auteurs, échanger avec les services compétents d'un autre État membre de l'Union européenne des informations qui sont à leur disposition, soit qu'ils les détiennent, soit qu'ils puissent y accéder, notamment par consultation d'un traitement automatisé de données, sans qu'il soit nécessaire de prendre ou solliciter une réquisition ou toute autre mesure coercitive.

Art. 695-9-32. Sans préjudice des dispositions de l'article 11 relatives au secret de l'enquête et de l'instruction, les informations ou données échangées sont confidentielles. Les modalités de leur transmission et de leur conservation garantissent le respect de ce principe.

§ 2 : Dispositions applicables aux demandes d'informations émises par les services français

Art. 695-9-33. S'il existe des raisons de supposer qu'un État membre détient des informations entrant dans les prévisions de l'article 695-9-31 utiles à la prévention d'une infraction ou aux investigations tendant à en établir la preuve ou à en rechercher les auteurs, les services et unités mentionnés au même article peuvent en solliciter la transmission auprès des services compétents de cet État.

La demande de transmission expose les raisons laissant supposer que les informations sont détenues par ces services. Elle précise à quelles fins les informations sont demandées et, lorsque les informations sont relatives à une personne déterminée, le lien entre cette personne et les fins de la demande.

Art. 695-9-34. Les informations obtenues ne peuvent être utilisées à titre de preuve qu'avec l'accord de l'État membre qui les a transmises.

Art. 695-9-35. Les informations obtenues ne peuvent être utilisées à d'autres fins que celles pour lesquelles elles ont été communiquées qu'avec l'accord de l'État membre qui les a transmises.

Toutefois, même en l'absence d'accord, elles peuvent être utilisées pour prévenir un danger grave et immédiat pour la sécurité publique.

En outre, les dispositions du premier alinéa ne font pas obstacle à l'exercice, par les autorités judiciaires, du pouvoir qu'elles tiennent des articles 12 et 13. Elles ne font pas davantage obstacle à l'exercice de leur mission par les autorités chargées par la loi de contrôler les modalités de traitement et de conservation des informations transmises.

Art. 695-9-36. A la demande de l'État membre qui a transmis l'information, le service ou l'unité qui l'a obtenue informe le service compétent de cet État de l'utilisation qui en a été faite.

§ 3 : Dispositions applicables aux demandes d'informations reçues par les services français

Art. 695-9-37. Les services et unités mentionnés à l'article 695-9-31 transmettent, à leur demande, aux services compétents des États membres les informations, mentionnées au même article, utiles à la prévention d'une infraction ou aux investigations tendant à en établir la preuve ou à en rechercher les auteurs.

Art. 695-9-38. Si des faits permettent de penser que des informations mentionnées à l'article 695-9-31 pourraient être utiles à un autre État membre soit pour prévenir une infraction entrant dans l'une des catégories énumérées à l'article *(Ord. n° 2016-1636 du 1er déc. 2016, art. 4 et 5, en vigueur le 22 mai 2017)* «694-32» et punie en France d'une peine privative de liberté d'une durée égale ou supérieure à trois ans d'emprisonnement, soit pour conduire les investigations tendant à établir la preuve ou à rechercher les auteurs d'une telle infraction, le service ou l'unité qui détient ces informations les transmet, sans demande préalable, aux services compétents de cet État.

Art. 695-9-39. Lorsque les informations détenues par les services et unités mentionnés à l'article 695-9-31 leur ont été transmises par un État membre sur le fondement des dispositions de la décision-cadre 2006/960/JAI, elles ne peuvent être transmises à un autre État membre qu'avec l'accord de l'État qui les avait transmises et dans les conditions fixées par lui.

Lorsque les informations détenues par ces mêmes services ou unités avaient été transmises à la France par un État membre sur un autre fondement que la décision-cadre 2006/960/JAI ou par un État tiers, elles ne peuvent être transmises à un autre État membre qu'avec l'accord de l'État qui les avait transmises et dans les conditions fixées par lui chaque fois que la France y est tenue par ses engagements internationaux.

Art. 695-9-40. Les informations ne peuvent être transmises aux services compétents de l'État membre qui les a demandées qu'avec l'autorisation préalable d'un magistrat chaque fois que cette autorisation est requise en France pour accéder à ces mêmes informations ou les transmettre à un service ou à une unité de police judiciaire.

Lorsque cette autorisation est nécessaire, le service ou l'unité à laquelle les informations sont demandées la sollicite auprès du magistrat compétent.

Les pièces d'une procédure pénale en cours ne peuvent être transmises, selon le cas, qu'avec l'accord de la juridiction d'instruction ou, lorsqu'une enquête est en cours ou que la juridiction de jugement est saisie, du ministère public.

Art. 695-9-41. Les services et unités mentionnés à l'article 695-9-31 ne peuvent refuser de communiquer les informations demandées par un État membre que s'il existe des motifs laissant supposer que leur communication :

1° Porterait atteinte aux intérêts fondamentaux de l'État en matière de sécurité nationale;

2° Nuirait au déroulement d'investigations en matière pénale ou compromettrait la sécurité des personnes;

3° Ou serait manifestement disproportionnée ou sans objet au regard des finalités pour lesquelles elle a été demandée.

Art. 695-9-42. Les services et unités mentionnés à l'article 695-9-31 peuvent refuser de transmettre les informations demandées lorsqu'elles se rapportent à une infraction punie en France d'une peine d'emprisonnement inférieure ou égale à un an et qu'elles ne leur paraissent pas présenter un intérêt suffisant pour justifier les contraintes attachées à leur transmission.

Art. 695-9-43. Lors de la transmission de l'information, le service ou l'unité mentionnée à l'article 695-9-31 indique au service destinataire les conditions d'utilisation de celle-ci.

Chaque fois qu'il l'estime utile, il peut demander au service destinataire de l'informer de l'utilisation qui a été faite de l'information transmise.

Art. 695-9-44. Lorsqu'une information a été transmise par un service ou une unité mentionné à l'article 695-9-31 au service compétent d'un État membre et que celui-ci envisage de la communiquer à un autre État ou d'en faire une utilisation différente de celle pour laquelle la transmission avait été décidée, le service ou l'unité qui avait procédé à la transmission initiale est compétent pour apprécier s'il y a lieu d'autoriser, à la demande de l'État destinataire, la retransmission ou la nouvelle utilisation de l'information et, le cas échéant, pour fixer les conditions de celle-ci.

Art. 695-9-45. Les informations transmises par les services et unités mentionnés à l'article 695-9-31 peuvent être utilisées par le service destinataire à titre de preuve, sauf mention contraire lors de leur transmission.

Art. 695-9-46. Les informations transmises par les services ou unités mentionnés à l'article 695-9-31 aux services compétents d'un État membre sont également transmises aux unités EUROJUST et EUROPOL dans la mesure où elles portent sur une infraction relevant de leur mandat.

Art. 695-9-47. Un arrêté du ministre de la justice, du ministre de l'intérieur et du ministre chargé du budget désigne les points de contact auxquels les demandes de transmission d'informations peuvent être adressées par les services compétents des États membres.

§ 4 : Application à certains états non membres de l'union européenne

Art. 695-9-48. Les dispositions de la présente section sont applicables à l'échange des informations mentionnées à l'article 695-9-31 entre les services ou unités mentionnés au même article et les services compétents des États non membres de l'Union européenne associés à la mise en œuvre, à l'application et au développement de l'acquis de Schengen.

Art. 695-9-49. Les modalités d'application des dispositions de la présente section sont déterminées par décret en Conseil d'État. Ce décret fixe, notamment, les modalités et délais dans lesquels les informations sont transmises aux services qui les ont sollicitées.

Section VII

De la coopération entre les bureaux de recouvrement des avoirs des états membres en matière de dépistage et d'identification des produits du crime ou des autres biens en rapport avec le crime en application de la décision 2007/845/JAI du conseil du 6 décembre 2007

(L. n° 2013-1117 du 6 déc. 2013, art. 28)

Art. 695-9-50. Pour l'application de la décision 2007/845/JAI du Conseil du 6 décembre 2007, relative à la coopération entre les bureaux du recouvrement des avoirs des États membres en matière de dépistage et d'identification des produits du crime ou des autres biens en rapport avec le crime, et en l'absence de convention internationale en stipulant autrement, les services désignés comme bureau de recouvrement des avoirs français peuvent, dans les conditions prévues à la présente section, aux fins de dépistage et d'identification des biens meubles ou immeubles susceptibles de faire l'objet d'un gel, d'une saisie ou d'une confiscation ordonnés par une autorité judiciaire compétente, ou de servir au recouvrement d'une telle confiscation, échanger avec les autorités étrangères compétentes des informations qui sont à leur disposition, soit qu'ils les détiennent, soit qu'ils peuvent les obtenir, notamment par la consultation d'un traitement automatisé de données, sans qu'il soit nécessaire de prendre ou de solliciter une réquisition ou toute autre mesure coercitive.

Art. 695-9-51. Dans ce cadre, ces services peuvent obtenir toutes informations utiles auprès de toute personne physique ou morale, publique ou privée, sans que le secret professionnel leur soit opposable, sous réserve des dispositions de l'article 66-5 de la loi n° 71-1130 du 31 décembre 1971 portant réforme de certaines professions judiciaires et juridiques.

Art. 695-9-52. Les deux premiers alinéas de l'article 695-9-40 sont applicables aux demandes d'information reçues par les bureaux de recouvrement des avoirs français.

Art. 695-9-53. La présente section est applicable à l'échange des informations mentionnées à l'article 695-9-51 entre les bureaux de recouvrement des avoirs français et les autorités compétentes des États parties à toute convention contenant des dispositions relatives au dépistage, à la saisie et à la confiscation des produits du crime.

Section VIII

De la prévention et du règlement des conflits en matière d'exercice de la compétence en application de la décision-cadre du conseil de l'Union Européenne du 30 novembre 2009

(L. n° 2015-993 du 17 août 2015, art. 1er, en vigueur le 1er oct. 2015)

Art. 695-9-54. Pour l'application de la décision-cadre 2009/948/JAI du Conseil, du 30 novembre 2009, relative à la prévention et au règlement des conflits en matière d'exercice de la compétence dans le cadre des procédures pénales, lorsque des procédures pénales parallèles, conduites dans plusieurs États membres, et ayant pour objet les mêmes personnes pour les mêmes faits, sont susceptibles de donner lieu à des jugements définitifs, les autorités compétentes des États membres concernés communiquent entre elles des informations relatives aux procédures pénales et examinent ensemble de quelle manière elles peuvent limiter les conséquences négatives de la coexistence de telles procédures parallèles.

Art. 695-9-55. Pour l'application de l'article 695-9-54, les dispositions de l'article 11 relatives au secret de l'enquête et de l'instruction ne font pas obstacle à la communication par l'autorité judiciaire compétente en application du présent code, et sous réserve de confidentialité, d'informations, issues de procédures pénales, relatives aux faits, aux circonstances, à l'identité des personnes mises en cause ou poursuivies et, le cas échéant, à leur détention provisoire ou à leur garde à vue, à l'identité des victimes et à l'état d'avancement de ces procédures.

Lorsque des consultations ont été engagées avec les autorités compétentes des États membres concernés, toute autre information pertinente relative à la procédure peut leur être aussi communiquée, à leur demande, sous la même réserve de confidentialité, à la condition que cette communication ne nuise pas au bon déroulement de l'enquête ou de l'instruction.

Art. 695-9-56. Les informations demandées par l'autorité requérante de nature à nuire aux intérêts fondamentaux de l'État en matière de sécurité nationale ou à compromettre la sécurité d'une personne ne sont pas communiquées.

Art. 695-9-57. L'autorité judiciaire qui décide, sur la base des informations qu'elle a recueillies conformément à l'article 695-9-54 et après consultation avec les autorités compétentes des autres États membres concernés, de s'abstenir de tout nouvel acte dans l'attente des résultats d'une procédure pénale parallèle à celle qu'elle conduit en avertit les parties.

CHAPITRE III

Dispositions propres à l'entraide entre la France et certains états

Art. 695-10. Les dispositions des sections I et II du chapitre II sont applicables aux demandes d'entraide entre la France et les autres États parties à toute Convention comportant des stipulations similaires à celles de la Convention du 29 mai 2000 relative à l'entraide judiciaire en matière pénale entre les États membres de l'Union européenne.

CHAPITRE IV

Du mandat d'arrêt européen et des procédures de remise entre états membres de l'Union Européenne, résultant de la décision-cadre du conseil de l'Union Européenne du 13 juin 2002 et des procédures de remise résultant d'accords conclus par l'Union Européenne avec d'autres états *(L. n° 2013-711 du 5 août 2013, art. 17).*

Section première

Dispositions générales

Art. 695-11. Le mandat d'arrêt européen est une décision judiciaire émise par un État membre de l'Union européenne, appelé État membre d'émission, en vue de l'arrestation et de la remise par un autre État membre, appelé État membre d'exécution, d'une personne recherchée pour l'exercice de poursuites pénales ou pour l'exécution d'une peine ou d'une mesure de sûreté privative de liberté.

L'autorité judiciaire est compétente, selon les règles et sous les conditions déterminées par le présent chapitre, pour adresser aux autorités judiciaires des autres États membres de l'Union européenne ou pour exécuter sur leur demande un mandat d'arrêt européen.

Art. 695-12. Les faits qui peuvent donner lieu à l'émission d'un mandat d'arrêt européen sont, aux termes de la loi de l'État membre d'émission, les suivants :

1° Les faits punis d'une peine privative de liberté d'une durée égale ou supérieure à un an ou, lorsqu'une condamnation à une peine est intervenue, quand la peine prononcée est égale ou supérieure à quatre mois d'emprisonnement;

2° Les faits punis d'une mesure de sûreté privative de liberté d'une durée égale ou supérieure à un an ou, lorsqu'une mesure de sûreté a été infligée, quand la durée à subir est égale ou supérieure à quatre mois *(L. n° 2009-526 du 12 mai 2009, art. 130-1°)* «de privation de liberté».

Art. 695-13. Tout mandat d'arrêt européen contient les renseignements suivants :

— l'identité et la nationalité de la personne recherchée;

— la désignation précise et les coordonnées complètes de l'autorité judiciaire dont il émane;

— l'indication de l'existence d'un jugement exécutoire, d'un mandat d'arrêt ou de toute autre décision judiciaire ayant la même force selon la législation de l'État membre d'émission et entrant dans le champ d'application des articles 695-12 et *(Ord. n° 2016-1636 du 1er déc. 2016, art. 4 et 5, en vigueur le 22 mai 2017)* «694-32»;

— la nature et la qualification juridique de l'infraction, notamment au regard de l'article *(Ord. n° 2016-1636 du 1er déc. 2016, art. 4 et 5, en vigueur le 22 mai 2017)* «694-32»;

— la date, le lieu et les circonstances dans lesquels l'infraction a été commise ainsi que le degré de participation à celle-ci de la personne recherchée;

— la peine prononcée, s'il s'agit d'un jugement définitif, ou les peines prévues pour l'infraction par la loi de l'État membre d'émission ainsi que, dans la mesure du possible, les autres conséquences de l'infraction.

Art. 695-14. Le mandat d'arrêt européen adressé à l'autorité compétente d'un autre État membre doit être traduit dans la langue officielle ou dans une des langues officielles de l'État membre d'exécution ou dans l'une des langues officielles des institutions *(L. n° 2013-711 du 5 août 2013, art. 17)* «de l'Union européenne» acceptées par cet État.

Art. 695-15. Lorsque la personne recherchée se trouve en un lieu connu sur le territoire d'un autre État membre, le mandat d'arrêt européen peut être adressé directement à l'autorité judiciaire d'exécution, par tout moyen laissant une trace écrite, dans des conditions permettant à cette autorité d'en vérifier l'authenticité.

Dans les autres cas, la transmission d'un mandat d'arrêt européen peut s'effectuer soit par la voie du Système d'information Schengen, soit par le biais du système de télécommunication sécurisé du Réseau judiciaire européen, soit, s'il n'est pas possible de recourir au Système d'information Schengen, par la voie de l'Organisation internationale de police criminelle (Interpol) ou par tout autre moyen laissant une trace écrite et dans des conditions permettant à l'autorité judiciaire d'exécution d'en vérifier l'authenticité.

Un signalement dans le Système d'information Schengen, accompagné des informations prévues à l'article 695-13, vaut mandat d'arrêt européen.

A titre transitoire, jusqu'au moment où le Système d'information Schengen aura la capacité de transmettre toutes les informations visées à l'article 695-13, le signalement vaut mandat d'arrêt européen en attendant l'envoi de l'original.

Section II

Dispositions relatives à l'émission d'un mandat d'arrêt européen par les juridictions françaises

§ 1er : Conditions d'émission du mandat d'arrêt européen

Art. 695-16. Le ministère public près la juridiction d'instruction, de jugement ou d'application des peines ayant décerné un mandat d'arrêt met celui-ci à exécution sous la forme d'un mandat d'arrêt européen soit à la demande de la juridiction, soit d'office, selon les règles et sous les conditions déterminées par les articles 695-12 à 695-15.

(L. n° 2009-526 du 12 mai 2009, art. 130-2°) «En l'absence de renonciation au bénéfice du principe de spécialité, lorsque la personne recherchée a déjà été remise à la France pour un fait quelconque autre que celui pour lequel elle est de nouveau recher-

chée, le ministère public près la juridiction de jugement, d'instruction ou d'application des peines ayant décerné un mandat d'amener met celui-ci à exécution sous la forme d'un mandat d'arrêt européen.»

Le ministère public est également compétent, s'il l'estime nécessaire, pour assurer, sous la forme d'un mandat d'arrêt européen, l'exécution des peines privatives de liberté d'une durée supérieure ou égale à quatre mois prononcées par les juridictions de jugement, selon les règles et sous les conditions déterminées par les articles 695-12 à 695-15.

Art. 695-17. Lorsque le ministère public a été informé de l'arrestation de la personne recherchée, il adresse sans délai au ministre de la justice une copie du mandat d'arrêt transmis à l'autorité judiciaire de l'État membre d'exécution.

(L. n° 2013-711 du 5 août 2013, art. 7) «Lorsque la personne arrêtée est recherchée aux fins d'exécution d'une peine ou d'une mesure de sûreté privative de liberté et que, ayant été condamnée en son absence, elle demande que lui soit communiquée la décision de condamnation, le ministère public, dès qu'il est informé de cette demande, transmet une copie de la décision à l'autorité judiciaire de l'État membre d'exécution pour qu'elle la remette à l'intéressé.»

Art. 695-17-1. *(L. n° 2016-731 du 3 juin 2016, art. 63, en vigueur le 15 nov. 2016)* Si le ministère public est informé par l'autorité judiciaire de l'État membre d'exécution d'une demande de la personne arrêtée tendant à la désignation d'un avocat sur le territoire national, il transmet à cette personne les informations utiles lui permettant de faire le choix d'un avocat ou, à la demande de la personne, fait procéder à la désignation d'office d'un avocat par le bâtonnier.

§ 2 : Effets du mandat d'arrêt européen

Art. 695-18. Lorsque le ministère public qui a émis le mandat d'arrêt européen a obtenu la remise de la personne recherchée, celle-ci ne peut être poursuivie, condamnée ou détenue en vue de l'exécution d'une peine privative de liberté pour un fait quelconque antérieur à la remise et autre que celui qui a motivé cette mesure, sauf dans l'un des cas suivants :

1° Lorsque la personne a renoncé expressément, en même temps qu'elle a consenti à sa remise, au bénéfice de la règle de la spécialité dans les conditions prévues par la loi de l'État membre d'exécution;

2° Lorsque la personne renonce expressément, après sa remise, au bénéfice de la règle de la spécialité dans les conditions prévues à l'article 695-19;

3° Lorsque l'autorité judiciaire de l'État membre d'exécution, qui a remis la personne, y consent expressément;

4° Lorsque, ayant eu la possibilité de le faire, la personne recherchée n'a pas quitté le territoire national dans les quarante-cinq jours suivant sa libération définitive, ou si elle y est retournée volontairement après l'avoir quitté;

5° Lorsque l'infraction n'est pas punie d'une peine privative de liberté.

Art. 695-19. Pour le cas visé au 2° de l'article 695-18, la renonciation est donnée devant la juridiction d'instruction, de jugement ou d'application des peines dont la personne relève après sa remise et a un caractère irrévocable.

Lors de la comparution de la personne remise, la juridiction compétente constate l'identité et recueille les déclarations de cette personne. Il en est dressé procès-verbal. L'intéressé, assisté le cas échéant de son avocat et, s'il y a lieu, d'un interprète, est informé des conséquences juridiques de sa renonciation à la règle de la spécialité sur sa situation pénale et du caractère irrévocable de la renonciation donnée.

Si, lors de sa comparution, la personne remise déclare renoncer à la règle de la spécialité, la juridiction compétente, après avoir entendu le ministère public et l'avocat de la personne, en donne acte à celle-ci. La décision précise les faits pour lesquels la renonciation est intervenue.

Art. 695-20. Pour les cas visés au 3° des articles 695-18 et 695-21, la demande de consentement est adressée par le ministère public à l'autorité judiciaire de l'État membre d'exécution. Elle doit contenir, dans les conditions prévues à l'article 695-14, les renseignements énumérés à l'article 695-13.

Pour le cas mentionné au 3° de l'article 695-18, elle est accompagnée d'un procès-verbal consignant les déclarations faites par la personne remise concernant l'infraction pour laquelle le consentement de l'autorité judiciaire de l'État membre d'exécution est demandé.

Art. 695-21. I. — Lorsque le ministère public qui a émis le mandat d'arrêt européen a obtenu la remise de la personne recherchée, celle-ci ne peut, sans le consentement de l'État membre d'exécution, être remise à un autre État membre en vue *(L. n° 2011-525 du 17 mai 2011, art. 156-14°)* «de l'exercice de poursuites,» de l'exécution d'une peine ou d'une mesure de sûreté privatives de liberté pour un fait quelconque antérieur à la remise et différent de l'infraction qui a motivé cette mesure, sauf dans l'un des cas suivants :

1° Lorsque la personne ne bénéficie pas de la règle de la spécialité conformément aux 1° à 4° de l'article 695-18;

2° Lorsque la personne accepte expressément, après sa remise, d'être livrée à un autre État membre dans les conditions prévues à l'article 695-19;

3° Lorsque l'autorité judiciaire de l'État membre d'exécution, qui a remis la personne, y consent expressément.

II. — Lorsque le ministère public qui a délivré un mandat d'arrêt européen a obtenu la remise de la personne recherchée, celle-ci ne peut être extradée vers un État non membre de l'Union européenne sans le consentement de l'autorité compétente de l'État membre qui l'a remise.

Section III

Dispositions relatives à l'exécution d'un mandat d'arrêt européen décerné par les juridictions étrangères

§ 1er : Conditions d'exécution

Art. 695-22. L'exécution d'un mandat d'arrêt européen est refusée dans les cas suivants :

1° Si les faits pour lesquels il a été émis pouvaient être poursuivis et jugés par les juridictions françaises et que l'action publique est éteinte par l'amnistie;

2° Si la personne recherchée a fait l'objet, par les autorités judiciaires françaises ou par celles d'un autre État membre que l'État d'émission ou par celles d'un État tiers, d'une décision définitive pour les mêmes faits que ceux faisant l'objet du mandat d'arrêt européen à condition, en cas de condamnation, que la peine ait été exécutée ou soit en cours d'exécution ou ne puisse plus être ramenée à exécution selon les lois de l'État de condamnation;

3° Si la personne recherchée était âgée de moins de treize ans au moment des faits faisant l'objet du mandat d'arrêt européen;

4° Si les faits pour lesquels il a été émis pouvaient être poursuivis et jugés par les juridictions françaises et que la prescription de l'action publique ou de la peine se trouve acquise;

5° S'il est établi que ledit mandat d'arrêt a été émis dans le but de poursuivre ou de condamner une personne en raison de son sexe, de sa race, de sa religion, de son origine ethnique, de sa nationalité, de sa langue, de ses opinions politiques ou de son orientation *(L. n° 2017-86 du 27 janv. 2017, art. 207)* «sexuelle ou identité de genre», ou qu'il peut être porté atteinte à la situation de cette personne pour l'une de ces raisons.

Art. 695-22-1. *(L. n° 2013-711 du 5 août 2013, art. 7)* Lorsque le mandat d'arrêt européen est émis aux fins d'exécution d'une peine ou d'une mesure de sûreté privative de liberté, son exécution est également refusée dans le cas où l'intéressé n'a pas comparu en personne lors du procès à l'issue duquel la peine ou la mesure de sûreté a été prononcée sauf si, selon les indications portées par l'État membre d'émission dans le mandat d'arrêt européen, il se trouve dans l'un des cas suivants :

1° Il a été informé dans les formes légales et effectivement, de manière non équivoque, en temps utile, par voie de citation ou par tout autre moyen, de la date et du lieu fixés pour le procès et de la possibilité qu'une décision puisse être rendue à son encontre en cas de non-comparution;

2° Ayant eu connaissance de la date et du lieu du procès, il a été défendu pendant celui-ci par un conseil, désigné soit par lui-même, soit à la demande de l'autorité publique, auquel il avait donné mandat à cet effet;

3° Ayant reçu signification de la décision et ayant été expressément informé de son droit d'exercer à l'encontre de celle-ci un recours permettant d'obtenir un nouvel examen de l'affaire au fond, en sa présence, par une juridiction ayant le pouvoir de prendre une décision annulant la décision initiale ou se substituant à celle-ci, il a indiqué expressément qu'il ne contestait pas la décision initiale ou n'a pas exercé dans le délai imparti le recours qui lui était ouvert;

4° La décision dont il n'a pas reçu signification doit lui être signifiée dès sa remise lors de laquelle il est en outre informé de la possibilité d'exercer le recours prévu au 3° ainsi que du délai imparti pour l'exercer.

Art. 695-23. L'exécution d'un mandat d'arrêt européen est également refusée si le fait faisant l'objet dudit mandat d'arrêt ne constitue pas une infraction au regard de la loi française.

Par dérogation au premier alinéa, un mandat d'arrêt européen est exécuté sans contrôle de la double incrimination des faits reprochés lorsque les agissements considérés sont, aux termes de la loi de l'État membre d'émission, punis d'une peine privative de liberté d'une durée égale ou supérieure à trois ans d'emprisonnement ou d'une mesure de sûreté privative de liberté d'une durée similaire et entrent dans l'une des catégories *(Ord. n° 2016-1636 du 1er déc. 2016, art. 4 et 5, en vigueur le 22 mai 2017)* «d'infractions prévues par l'article 694-32.»

Lorsque les dispositions *(Ord. n° 2016-1636 du 1er déc. 2016, art. 4 et 5, en vigueur le 22 mai 2017)* «de l'alinéa précédent» sont applicables, la qualification juridique des faits et la détermination de la peine encourue relèvent de l'appréciation exclusive de l'autorité judiciaire de l'État membre d'émission.

En matière de taxes et d'impôts, de douane et de change, l'exécution d'un mandat d'arrêt européen ne pourra être refusée au motif que la loi française n'impose pas le même type de taxes ou d'impôts ou ne contient pas le même type de réglementation en matière de taxes, d'impôts, de douane et de change que la loi de l'État membre d'émission.

Art. 695-24. L'exécution d'un mandat d'arrêt européen peut être refusée :

1° Si, pour les faits faisant l'objet du mandat d'arrêt, la personne recherchée fait l'objet de poursuites devant les juridictions françaises ou si celles-ci ont décidé de ne pas engager les poursuites ou d'y mettre fin;

2° Si la personne recherchée pour l'exécution d'une peine ou d'une mesure de sûreté privatives de liberté est de nationalité française *(L. n° 2013-711 du 5 août 2013, art. 17)* «ou réside régulièrement de façon ininterrompue depuis au moins cinq ans sur le territoire national et que la décision de condamnation est exécutoire sur le territoire français en application de l'article 728-31;»

3° Si les faits pour lesquels il a été émis ont été commis, en tout ou en partie, sur le territoire français;

4° Si l'infraction a été commise hors du territoire de l'État membre d'émission et que la loi française n'autorise pas la poursuite de l'infraction lorsqu'elle est commise hors du territoire national.

Art. 695-25. Tout refus d'exécuter un mandat d'arrêt européen doit être motivé.

§ 2 : Procédure d'exécution

Art. 695-26. Dans le cas où la personne recherchée se trouve en un lieu connu sur le territoire national, le mandat d'arrêt émanant d'un État membre de l'Union européenne *(L. n° 2013-711 du 5 août 2013, art. 17)* «ou d'un État lié à l'Union européenne par un accord mentionné à la section V du présent chapitre» peut être adressé directement, en original ou en copie certifiée conforme, par tout moyen laissant une trace écrite, au procureur général territorialement compétent qui l'exécute après s'être assuré de la régularité de la requête. Dans les autres cas, le mandat d'arrêt européen est exécuté au vu de la transmission effectuée dans les conditions prévues au deuxième alinéa de l'article 695-15.

(L. n° 2009-526 du 12 mai 2009, art. 130-3°; L. n° 2019-222 du 23 mars 2019, art. 70) «Les articles 74-2 et 230-33 sont applicables à la recherche d'une personne faisant l'objet d'un mandat d'arrêt européen. Les attributions du procureur de la République et du juge des libertés et de la détention sont alors respectivement exercées par le procureur général et le président de la chambre de l'instruction ou le conseiller par lui désigné.»

Si le procureur général auquel un mandat d'arrêt européen a été adressé estime qu'il n'est pas territorialement compétent pour y donner suite, il le transmet au procureur général territorialement compétent et en informe l'autorité judiciaire de l'État membre d'émission.

L'original mentionné au dernier alinéa de l'article 695-15 ou la copie certifiée conforme doit parvenir au plus tard six jours ouvrables après la date de l'arrestation de la personne recherchée.

Dans le cas où la personne recherchée bénéficie d'un privilège ou d'une immunité en France, le procureur général territorialement compétent en demande sans délai la levée aux autorités françaises compétentes. Si les autorités françaises ne sont pas compétentes, la demande de levée est laissée aux soins de l'autorité judiciaire de l'État membre d'émission.

Dans le cas où la personne recherchée a déjà été remise à la France à titre extraditionnel par un autre État sous la protection conférée par le principe de spécialité, le procureur général territorialement compétent prend toutes les mesures nécessaires pour s'assurer du consentement de cet État.

Art. 695-27. Toute personne appréhendée en exécution d'un mandat d'arrêt européen doit être conduite dans les quarante-huit heures devant le procureur général territorialement compétent. Pendant ce délai, les dispositions des articles 63-1 à *(L. n° 2011-392 du 14 avr. 2011, en vigueur le 1er juin 2011)* «63-7» sont applicables.

Après avoir vérifié l'identité de cette personne, le procureur général l'informe, dans une langue qu'elle comprend, de l'existence et du contenu du mandat d'arrêt européen dont elle fait l'objet. Il l'avise également qu'elle peut être assistée par un avocat de son choix ou, à défaut, par un avocat commis d'office par le bâtonnier de l'ordre des avocats, informé sans délai et par tout moyen. Il l'avise de même qu'elle peut s'entretenir immédiatement avec l'avocat désigné.

(L. n° 2016-731 du 3 juin 2016, art. 63, en vigueur le 15 nov. 2016) «Le procureur général informe également la personne qu'elle peut demander à être assistée dans l'État membre d'émission du mandat par un avocat de son choix ou par un avocat commis d'office ; si la personne en fait la demande, celle-ci est aussitôt transmise à l'autorité judiciaire compétente de l'État membre d'émission.»

Mention de ces informations est faite, à peine de nullité de la procédure, au procès-verbal.

L'avocat *(L. n° 2016-731 du 3 juin 2016, art. 63, en vigueur le 15 nov. 2016)* «désigné en application du deuxième alinéa» peut consulter sur-le-champ le dossier et communiquer librement avec la personne recherchée.

Le procureur général informe ensuite la personne recherchée de sa faculté de consentir ou de s'opposer à sa remise à l'autorité judiciaire de l'État membre d'émission et des conséquences juridiques résultant de ce consentement. Il l'informe également qu'elle peut renoncer à la règle de la spécialité et des conséquences juridiques de cette renonciation.

(L. n° 2013-711 du 5 août 2013, art. 7) «Lorsque le mandat d'arrêt européen a été émis aux fins d'exécution d'une peine ou d'une mesure de sûreté privative de liberté et que la personne se trouve dans le cas prévu au 4° de l'article 695-22-1 et n'a pas été informée dans les formes légales de l'existence des poursuites pénales ayant abouti à la décision de condamnation, elle peut demander à recevoir copie de celle-ci avant la remise. Le procureur général informe de cette demande l'autorité compétente de l'État membre d'émission. Dès que cette autorité lui a adressé copie de la décision, le procureur général la communique à l'intéressé. Cette communication est faite pour information. Elle ne vaut pas signification de la décision et ne fait courir aucun délai de recours.»

Art. 695-28. *(L. n° 2011-392 du 14 avr. 2011)* «A la suite de la notification du mandat d'arrêt européen, s'il décide de ne pas laisser en liberté la personne recherchée, le procureur général la présente au premier président de la cour d'appel ou au magistrat du siège désigné par lui.

«Le premier président de la cour d'appel ou le magistrat du siège désigné par lui» ordonne l'incarcération de la personne recherchée à la maison d'arrêt du siège de la cour d'appel dans le ressort de laquelle elle a été appréhendée, à moins qu'il n'estime que sa représentation à tous les actes de la procédure est suffisamment garantie.

(L. n° 2009-526 du 12 mai 2009, art. 130-4°) «Dans ce dernier cas, *(L. n° 2011-392 du 14 avr. 2011)* «le premier président de la cour d'appel ou le magistrat du siège désigné par lui» peut soumettre la personne recherchée, jusqu'à sa comparution devant la chambre de l'instruction, à une ou plusieurs des mesures prévues *(L. n° 2011-392 du 14 avr. 2011)* «aux articles 138 et 142-5». Cette décision est notifiée verbalement à la personne et mentionnée au procès-verbal dont une copie lui est remise sur-le-champ. Elle est susceptible de recours devant la chambre de l'instruction, qui doit statuer au plus tard lors de la comparution de la personne devant elle en application de l'article 695-29.

«L'article 695-36 est applicable à la personne recherchée laissée en liberté ou placée sous contrôle judiciaire *(L. n° 2011-392 du 14 avr. 2011)* «ou sous assignation à résidence sous surveillance électronique» si elle se soustrait volontairement ou ne respecte pas les obligations du contrôle judiciaire» *(L. n° 2011-392 du 14 avr. 2011)* «ou de l'assignation à résidence sous surveillance électronique.

«Le procureur général» en avise sans délai le ministre de la justice et lui adresse une copie du mandat d'arrêt.

Art. 695-28-1. *(L. n° 2014-1353 du 13 nov. 2014, art. 10)* Pour l'examen des demandes d'exécution d'un mandat d'arrêt européen concernant les auteurs d'actes de terrorisme, le procureur général près la cour d'appel de Paris, le premier président de la cour d'appel de Paris ainsi que la chambre de l'instruction de la cour d'appel de Paris et son président exercent une compétence concurrente à celle qui résulte de l'application des articles 695-26 et 695-27.

§ 3 : Comparution devant la chambre de l'instruction

Art. 695-29. La chambre de l'instruction est immédiatement saisie de la procédure. La personne recherchée comparaît devant elle dans un délai de cinq jours ouvrables à compter de la date de sa présentation au procureur général.

Art. 695-30. Lors de la comparution de la personne recherchée, la chambre de l'instruction constate son identité et recueille ses déclarations, dont il est dressé procès-verbal.

L'audience est publique, sauf si la publicité est de nature à nuire au bon déroulement de la procédure en cours, aux intérêts d'un tiers ou à la dignité de la personne. Dans ce cas, la chambre de l'instruction, à la demande du ministère public, de la personne recherchée ou d'office, statue par un arrêt rendu en chambre du conseil qui n'est susceptible de pourvoi en cassation qu'en même temps que l'arrêt autorise la remise prévue par le quatrième alinéa de l'article 695-31.

Le ministère public et la personne recherchée sont entendus, cette dernière assistée, le cas échéant, de son avocat et, s'il y a lieu, en présence d'un interprète.

La chambre de l'instruction peut, par une décision qui n'est susceptible d'aucun recours, autoriser l'État membre d'émission à intervenir à l'audience par l'intermédiaire d'une personne habilitée par ledit État à cet effet. Lorsque l'État membre d'émission est autorisé à intervenir, il ne devient pas partie à la procédure.

Art. 695-31. Si, lors de sa comparution, la personne recherchée déclare consentir à sa remise, la chambre de l'instruction l'informe des conséquences juridiques de son consentement et de son caractère irrévocable.

Lorsque la personne recherchée maintient son consentement à la remise, la chambre de l'instruction lui demande si elle entend renoncer à la règle de la spécialité, après l'avoir informée des conséquences juridiques d'une telle renonciation et de son caractère irrévocable.

Si la chambre de l'instruction constate que les conditions légales d'exécution du mandat d'arrêt européen sont remplies, elle rend un arrêt par lequel elle donne acte à la personne recherchée de son consentement à être remise ainsi que, le cas échéant, de sa renonciation à la règle de la spécialité et accorde la remise. La chambre de l'instruction statue, sauf si un complément d'information a été ordonné dans les conditions énoncées à l'article 695-33, dans les sept jours de la comparution devant elle de la personne recherchée. Cette décision n'est pas susceptible de recours.

Si la personne recherchée déclare ne pas consentir à sa remise, la chambre de l'instruction statue par une décision dans le délai de vingt jours à compter de la date de sa comparution, sauf si un complément d'information a été ordonné dans les conditions énoncées à l'article 695-33. Cette décision peut faire l'objet d'un pourvoi en cassation, par le procureur général ou par la personne recherchée, dans les conditions énoncées aux articles 568-1 et 574-2.

Lorsque la personne recherchée bénéficie d'un privilège ou d'une immunité en France, les délais mentionnés aux troisième et quatrième alinéas ne commencent à courir qu'à compter du jour où la chambre de l'instruction a été informée de sa levée.

Lorsque le consentement d'un autre État s'avère nécessaire, conformément au dernier alinéa de l'article 695-26, ces délais ne commencent à courir qu'à compter du jour où la chambre de l'instruction a été informée de la décision de cet État.

Lorsqu'elle revêt un caractère définitif, la décision de la chambre de l'instruction est notifiée par tout moyen et sans délai à l'autorité judiciaire de l'État membre d'émission par les soins du procureur général.

Art. 695-32. *(L. n° 2013-711 du 5 août 2013, art. 17)* Lorsque la personne recherchée est de nationalité française ou réside régulièrement sur le territoire national de façon ininterrompue depuis au moins cinq ans, l'exécution du mandat d'arrêt européen peut être subordonnée à la vérification qu'elle peut être renvoyée en France pour y effectuer la peine qui sera éventuellement prononcée par l'autorité judiciaire de l'État d'émission pour les faits faisant l'objet du mandat.

Art. 695-33. Si la chambre de l'instruction estime que les informations communiquées par l'État membre d'émission dans le mandat d'arrêt européen sont insuffisantes pour lui permettre de statuer sur la remise, elle demande à l'autorité judiciaire dudit État la fourniture, dans le délai maximum de dix jours pour leur réception, des informations complémentaires nécessaires.

Art. 695-34. La mise en liberté peut être demandée à tout moment à la chambre de l'instruction selon les formes prévues aux articles 148-6 et 148-7.

L'avocat de la personne recherchée est convoqué, par lettre recommandée avec demande d'avis de réception, quarante-huit heures au moins avant la date de l'audience. La chambre de l'instruction statue après avoir entendu le ministère public ainsi que la personne recherchée ou son avocat, dans les plus brefs délais et au plus tard dans les quinze jours de la réception de la demande, par un arrêt rendu dans les conditions prévues à l'article 199. Toutefois, lorsque la personne recherchée n'a pas encore comparu devant la chambre de l'instruction, les délais précités ne commencent à courir qu'à compter de la première comparution devant cette juridiction.

La chambre de l'instruction peut également, lorsqu'elle ordonne la mise en liberté de la personne recherchée et à titre de mesure de sûreté, astreindre l'intéressé à se soumettre à une ou plusieurs des obligations énumérées *(L. n° 2011-392 du 14 avr. 2011)* «aux articles 138 et 142-5».

Préalablement à sa mise en liberté, la personne recherchée doit signaler à la chambre de l'instruction ou au chef de l'établissement pénitentiaire son adresse.

Elle est avisée qu'elle doit signaler à la chambre de l'instruction, par nouvelle déclaration ou par lettre recommandée avec demande d'avis de réception, tout changement de l'adresse déclarée.

Elle est également avisée que toute notification ou signification faite à la dernière adresse déclarée sera réputée faite à sa personne.

Mention de cet avis, ainsi que de la déclaration d'adresse, est portée soit au procès-verbal, soit dans le document qui est adressé sans délai, en original ou en copie, par le chef d'établissement pénitentiaire à la chambre de l'instruction.

Art. 695-35. La mainlevée ou la modification du contrôle judiciaire *(L. n° 2011-392 du 14 avr. 2011, en vigueur le 1er juin 2011)* «ou de l'assignation à résidence sous surveillance électronique» peut être ordonnée à tout moment par la chambre de l'instruction dans les conditions prévues à l'article 199, soit d'office, soit sur les réquisitions du procureur général, soit à la demande de la personne recherchée après avis du procureur général.

La chambre de l'instruction statue dans les quinze jours de sa saisine.

Art. 695-36. Si la personne recherchée se soustrait volontairement aux obligations du contrôle judiciaire *(L. n° 2011-392 du 14 avr. 2011)* «ou de l'assignation à résidence sous surveillance électronique» ou si, après avoir bénéficié d'une mise en liberté non assortie du contrôle judiciaire *(L. n° 2011-392 du 14 avr. 2011)* «ou de l'assignation à résidence sous surveillance électronique», il apparaît qu'elle entend manifestement se dérober à l'exécution d'un mandat d'arrêt européen, la chambre de l'instruction peut, sur les réquisitions du ministère public, décerner mandat d'arrêt à son encontre.

(L. n° 2005-1549 du 12 déc. 2005, art. 39) «Les dispositions de l'article 74-2 sont alors applicables, les attributions du procureur de la République et du juge des libertés et de la détention prévues par cet article étant respectivement confiées au procureur général et au président de la chambre de l'instruction ou un conseiller par lui désigné.»

Lorsque l'intéressé a été appréhendé, l'affaire doit être examinée par la chambre de l'instruction dans les plus brefs délais et au plus tard dans les dix jours de sa mise sous écrou.

La chambre de l'instruction confirme, s'il y a lieu, la révocation du contrôle judiciaire *(L. n° 2011-392 du 14 avr. 2011)* «ou de l'assignation à résidence sous surveillance électronique» et ordonne l'incarcération de l'intéressé.

Le ministère public et la personne recherchée sont entendus, cette dernière assistée, le cas échéant, de son avocat et, s'il y a lieu, en présence d'un interprète.

Le dépassement du délai mentionné au deuxième alinéa entraîne la mise en liberté d'office de l'intéressé.

§ 4 : Remise de la personne recherchée

Art. 695-37. Le procureur général prend les mesures nécessaires afin que la personne recherchée soit remise à l'autorité judiciaire de l'État d'émission au plus tard dans les dix jours suivant la date de la décision définitive de la chambre de l'instruction.

Si la personne recherchée est en liberté lorsque la décision de la chambre de l'instruction autorisant la remise est prononcée, le procureur général peut ordonner l'arrestation de l'intéressé et son placement sous écrou. *(L. n° 2009-526 du 12 mai 2009, art. 130-5° et 6°)* «L'article 74-2 est alors applicable. Les attributions du procureur de la République et du juge des libertés et de la détention sont alors respectivement exercées par le procureur général et le président de la chambre de l'instruction ou le conseiller par lui désigné. Lorsque la personne recherchée a été appréhendée», le procureur général donne avis de cette arrestation, sans délai, à l'autorité judiciaire de l'État d'émission.

Si la personne recherchée ne peut être remise dans le délai de dix jours pour un cas de force majeure, le procureur général en informe immédiatement l'autorité judiciaire de l'État d'émission et convient avec elle d'une nouvelle date de remise. La personne recherchée est alors remise au plus tard dans les dix jours suivant la nouvelle date ainsi convenue.

A l'expiration des délais visés au premier alinéa ou dans la deuxième phrase du troisième alinéa, si la personne recherchée se trouve toujours en détention, elle est, sauf application du premier alinéa de l'article 695-39, remise d'office en liberté.

Art. 695-38. Les dispositions de l'article 695-37 ne font pas obstacle à ce que la chambre de l'instruction, après avoir statué sur l'exécution du mandat d'arrêt européen, puisse surseoir temporairement à la remise pour des raisons humanitaires sérieuses, en particulier si la remise de la personne recherchée est susceptible d'avoir pour elle des conséquences graves en raison notamment de son âge ou de son état de santé.

Le procureur général en informe alors immédiatement l'autorité judiciaire d'émission et convient avec elle d'une nouvelle date de remise. La personne recherchée est alors remise au plus tard dans les dix jours suivant la nouvelle date convenue.

A l'expiration de ce délai, si la personne recherchée se trouve toujours en détention, elle est, sauf application du premier alinéa de l'article 695-39, remise d'office en liberté.

Art. 695-39. Lorsque la personne recherchée est poursuivie en France ou y a déjà été condamnée et doit y purger une peine en raison d'un fait autre que celui visé par le mandat d'arrêt européen, la chambre de l'instruction peut, après avoir statué sur l'exécution du mandat d'arrêt, différer la remise de l'intéressé. Le procureur général en avise alors immédiatement l'autorité judiciaire d'émission.

La chambre de l'instruction peut également décider la remise temporaire de la personne recherchée. Le procureur général en informe immédiatement l'autorité judiciaire d'émission et convient avec elle, par écrit, des conditions et des délais de la remise.

Art. 695-40. Lors de la remise, le procureur général mentionne la durée de la détention subie sur le territoire national du fait de l'exécution d'un mandat d'arrêt européen.

§ 5 : Cas particuliers

Art. 695-41. Lors de l'arrestation de la personne recherchée, il est procédé, à la demande de l'autorité judiciaire de l'État membre d'émission *(L. n° 2009-526 du 12 mai*

2009, art. 130-11°) «ou à l'initiative de l'autorité judiciaire d'exécution», à la saisie, dans les formes prévues par l'article 56, par les deux premiers alinéas de l'article 56-1, par les articles 56-2, 56-3 *(L. n° 2016-731 du 3 juin 2016, art. 58, en vigueur le 1er oct. 2016)* «, 56-5» et 57 et par le premier alinéa de l'article 59, des objets :

1° Qui peuvent servir de pièces à conviction, ou

2° Qui ont été acquis par la personne recherchée du fait de l'infraction.

Lorsqu'elle statue sur la remise de la personne recherchée, la chambre de l'instruction ordonne la remise des objets saisis en application des 1° et 2°, le cas échéant, après avoir statué sur une contestation formulée en vertu des dispositions du deuxième alinéa de l'article 56-1.

Cette remise peut avoir lieu même si le mandat d'arrêt européen ne peut être exécuté par suite de l'évasion ou du décès de la personne recherchée.

La chambre de l'instruction peut, si elle le juge nécessaire pour une procédure pénale suivie sur le territoire national, retenir temporairement ces objets ou les remettre sous condition de restitution.

Sont toutefois réservés les droits que l'État français ou des tiers auraient acquis sur ces objets. Si de tels droits existent, ces objets sont rendus le plus tôt possible et sans frais à l'État français à la fin des poursuites exercées sur le territoire de l'État d'émission.

Art. 695-42. Lorsque plusieurs États membres ont émis un mandat d'arrêt européen à l'encontre de la même personne, que ce soit pour le même fait ou pour des faits différents, le choix du mandat d'arrêt européen à exécuter est opéré par la chambre de l'instruction, le cas échéant, après consultation de l'unité Eurojust, compte tenu de toutes les circonstances et notamment du degré de gravité et du lieu de commission des infractions, des dates respectives des mandats d'arrêt européens, ainsi que du fait que le mandat d'arrêt a été émis pour la poursuite ou pour l'exécution d'une peine ou d'une mesure de sûreté privative de liberté.

En cas de conflit entre un mandat d'arrêt européen et une demande d'extradition présentée par un État tiers, la chambre de l'instruction peut surseoir à statuer dans l'attente de la réception des pièces. Elle décide de la priorité à donner au mandat d'arrêt européen ou à la demande d'extradition compte tenu de toutes les circonstances, notamment celles visées au premier alinéa et celles figurant dans la Convention ou dans l'accord applicable.

Art. 695-43. Lorsque, dans des cas spécifiques et en particulier si, consécutivement à un pourvoi en cassation, la décision définitive sur l'exécution du mandat d'arrêt européen ne peut être rendue par les autorités judiciaires compétentes dans le délai de soixante jours à compter de l'arrestation de la personne recherchée, le procureur général territorialement compétent en informe immédiatement l'autorité judiciaire de l'État membre d'émission en lui indiquant les raisons du retard. Ce délai est alors prolongé de trente jours supplémentaires.

Lorsque, dans des circonstances exceptionnelles, notamment après un arrêt de cassation avec renvoi, la décision définitive sur l'exécution du mandat d'arrêt européen n'a pas été prise dans le délai de quatre-vingt-dix jours à compter de la date de l'arrestation de la personne recherchée, le procureur général territorialement compétent en informe le ministre de la justice qui, à son tour, en avise Eurojust, en précisant les raisons du retard.

Après un arrêt de cassation avec renvoi, la chambre de l'instruction à laquelle la cause est renvoyée statue dans les vingt jours à compter du prononcé de l'arrêt de la Cour de cassation. Cette chambre connaît des éventuelles demandes de mise en liberté formées par la personne réclamée.

Art. 695-44. Lorsque le mandat d'arrêt européen a été émis pour l'exercice de poursuites pénales, la chambre de l'instruction accède à toute demande d'audition de la personne recherchée présentée par l'autorité judiciaire de l'État membre d'émission.

La personne recherchée ne peut être entendue ou interrogée, à moins qu'elle n'y renonce expressément, qu'en présence de son avocat ou ce dernier dûment appelé.

L'avocat de la personne recherchée est convoqué au plus tard cinq jours ouvrables avant la date de l'audience, par lettre recommandée avec demande d'avis de réception, télécopie avec récépissé ou verbalement avec émargement au dossier de la procédure.

L'audition de l'intéressé est conduite, en présence s'il y a lieu d'un interprète, par le président de la chambre de l'instruction, assisté d'une personne habilitée à cet effet par l'autorité judiciaire de l'État membre d'émission.

Le procès-verbal de l'audience, qui mentionne ces formalités, est aussitôt transmis à l'autorité judiciaire de l'État membre d'émission.

Art. 695-45. La chambre de l'instruction peut également, lorsque cela est possible et que la personne recherchée y consent, accepter le transfèrement temporaire de cette dernière selon les formes prévues aux articles 695-28 et 695-29, aux premier à troisième alinéas de l'article 695-30, et au dernier alinéa de l'article 695-31, à charge pour l'autorité judiciaire de l'État membre d'émission de la renvoyer pour assister aux audiences la concernant.

La décision est rendue à l'audience. Elle est immédiatement exécutoire.

Art. 695-46. *(L. n° 2009-526 du 12 mai 2009, art. 130-7°-a)* «La chambre de l'instruction devant laquelle la personne recherchée a comparu est saisie de toute demande émanant des autorités compétentes de l'État membre d'émission en vue de consentir à des poursuites ou à la mise à exécution d'une peine ou d'une mesure de sûreté prononcées pour d'autres infractions que celles ayant motivé la remise et commises antérieurement à celle-ci.»

La chambre de l'instruction est également compétente pour statuer, après la remise de la personne recherchée, sur toute demande des autorités compétentes de l'État membre d'émission en vue de consentir à la remise de la personne recherchée à un autre État membre en vue *(L. n° 2009-526 du 12 mai 2009, art. 130-7°-b)* «de l'exercice de poursuites ou» de l'exécution d'une peine ou d'une mesure de sûreté privatives de liberté pour un fait quelconque antérieur à la remise et différent de l'infraction qui a motivé cette mesure.

Dans les deux cas, un procès-verbal consignant les déclarations faites par la personne remise est également transmis par les autorités compétentes de l'État membre d'émission et soumis à la chambre de l'instruction. Ces déclarations peuvent, le cas échéant, être complétées par les observations faites par un avocat de son choix ou, à défaut, commis d'office par le bâtonnier de l'ordre des avocats.

La chambre de l'instruction statue après s'être assurée que la demande comporte aussi les renseignements prévus à l'article 695-13 et avoir, le cas échéant, obtenu des garanties au regard des dispositions de l'article 695-32, dans le délai de trente jours à compter de la réception de la demande. *(L. n° 2013-711 du 5 août 2013, art. 18)* «Cette décision peut faire l'objet d'un pourvoi en cassation, par le procureur général ou par la personne recherchée, dans les conditions énoncées aux articles 568-1 et 574-2.»

Le consentement est donné lorsque les agissements pour lesquels il est demandé constituent l'une des infractions visées à l'article *(Ord. n° 2016-1636 du 1er déc. 2016, art. 4 et 5, en vigueur le 22 mai 2017)* «694-32», et entrent dans le champ d'application de l'article 695-12.

Le consentement est refusé pour l'un des motifs visés aux articles 695-22 et *(Ord. n° 2016-1636 du 1er déc. 2016, art. 4 et 5, en vigueur le 22 mai 2017)* «694-32» et peut l'être pour l'un de ceux mentionnés à l'article 695-24.

Section IV

Transit

Art. 695-47. Le ministre de la justice autorise le transit à travers le territoire français d'une personne recherchée en vertu d'un mandat d'arrêt européen.

Lorsque la personne recherchée est de nationalité française *(L. n° 2013-711 du 5 août 2013, art. 17)* «ou réside régulièrement de façon ininterrompue depuis au moins cinq ans sur le territoire national», l'autorisation peut être subordonnée à la condition qu'elle soit, après avoir été entendue, renvoyée sur le territoire national pour y subir la peine privative de liberté qui sera éventuellement prononcée à son encontre par l'autorité judiciaire de l'État membre d'émission pour les faits faisant l'objet du mandat d'arrêt.

Lorsque la personne recherchée est de nationalité française *(L. n° 2013-711 du 5 août 2013, art. 17)* «ou réside régulièrement de façon ininterrompue depuis au moins cinq ans sur le territoire national» et que le mandat d'arrêt européen a été émis pour l'exécution d'une peine ou d'une mesure de sûreté privatives de liberté, le transit est refusé.

Art. 695-48. La demande d'autorisation de transit est accompagnée des renseignements suivants :

— l'identité et la nationalité de la personne recherchée;

— l'indication de l'existence d'un mandat d'arrêt européen;

— la nature et la qualification juridique de l'infraction;

— la date, le lieu et les circonstances dans lesquels l'infraction a été commise ainsi que le degré de participation à celle-ci de la personne recherchée.

Art. 695-49. La demande d'autorisation de transit ainsi que les renseignements prévus à l'article 695-48 sont transmis au ministre de la justice par tout moyen permettant d'en conserver une trace écrite. Celui-ci fait connaître sa décision par le même procédé.

Art. 695-50. En cas d'atterrissage fortuit sur le territoire national, l'État membre d'émission fournit au ministre de la justice les renseignements prévus à l'article 695-48.

Art. 695-51. Les dispositions des articles 695-47 à 695-50 sont applicables aux demandes de transit présentées par un État membre de l'Union européenne *(L. n° 2013-711 du 5 août 2013, art. 17)* «ou par un État lié à l'Union européenne par un accord mentionné à la section V du présent chapitre» pour l'extradition vers son territoire d'une personne en provenance d'un État non membre de l'Union européenne.

Section V

Des procédures de remise résultant d'accords conclus par l'Union Européenne avec d'autres états

(L. n° 2013-711 du 5 août 2013, art. 17)

Art. 695-52. En l'absence de stipulation contraire de l'accord concerné, le présent chapitre s'applique aux demandes de remise entre la France et un État non membre de l'Union européenne dès l'entrée en vigueur d'un accord conclu par l'Union européenne avec cet État et instituant un mécanisme de remise sur la base d'un mandat d'arrêt.

Pour l'application de la présente section, les mots "mandat d'arrêt" sont entendus au sens de l'accord mentionné au premier alinéa.

Art. 695-53. La remise d'une personne qui a la nationalité française ou qui avait cette nationalité au moment des faits visés par le mandat d'arrêt émis par un État non membre de l'Union européenne est refusée.

Art. 695-54. Le transit d'une personne qui a la nationalité française ou qui avait cette nationalité au moment des faits visés par le mandat d'arrêt émis par un État non membre de l'Union européenne est refusé. Les deux derniers alinéas de l'article 695-47 ne sont pas applicables aux procédures de remise résultant d'accords conclus par l'Union européenne avec d'autres États.

Art. 695-55. Les deuxième à dernier alinéas de l'article 695-23 ne sont pas applicables aux procédures de remise mentionnées à la présente section.

Par dérogation au premier alinéa du même article 695-23, la remise d'une personne est exécutée sans contrôle de la double incrimination des faits reprochés lorsque les agissements considérés sont, aux termes de la loi de l'État non membre de l'Union européenne, punis d'une peine privative de liberté d'une durée égale ou supérieure à douze mois d'emprisonnement ou d'une mesure de sûreté privative de liberté d'une durée similaire et entrent dans l'une des catégories d'infractions suivantes :

1° Participation à un groupe de personnes agissant dans un but commun aux fins de commettre une ou plusieurs infractions relevant d'activités de terrorisme visées aux articles 1er et 2 de la Convention européenne pour la répression du terrorisme, signée à Strasbourg le 27 janvier 1977, ainsi qu'aux articles 1er à 4 de la décision-cadre du 13 juin 2002 relative à la lutte contre le terrorisme (2002/475/JAI);

2° Trafic illicite de stupéfiants ou de substances psychotropes;

3° Homicide volontaire;

4° Coups et blessures graves;

5° Enlèvement, séquestration ou prise d'otage;

6° Viol.

Art. 695-56. Pour la mise en œuvre du 2° de l'article 695-24 dans le cadre des procédures de remise prévues à la présente section, l'exécution du mandat d'arrêt peut être refusée si la personne recherchée pour l'exécution d'une peine ou d'une mesure de sûreté privative de liberté n'est pas de nationalité française mais réside régulièrement de façon ininterrompue depuis au moins cinq ans sur le territoire national et que le procureur général s'engage à faire procéder à cette exécution sur le fondement d'une convention de transfèrement ou d'un accord international spécifique.

Art. 695-57. La remise n'est pas accordée à un État non membre de l'Union européenne si l'infraction à raison de laquelle elle est demandée a un caractère politique, sauf s'il s'agit d'une infraction mentionnée aux articles 1er et 2 de la Convention européenne pour la répression du terrorisme, signée à Strasbourg le 27 janvier 1977, de l'infraction d'association de malfaiteurs en vue de la commission de ces infractions, ou des infractions mentionnées aux articles 1er à 4 de la décision-cadre du 13 juin 2002 précitée.

Art. 695-58. Pour l'application de l'article 695-46, dans le cadre des procédures de remise prévues à la présente section, le consentement est refusé à un État non membre de l'Union européenne si l'infraction à raison de laquelle elle est demandée a un caractère politique, sauf s'il s'agit d'une infraction mentionnée aux articles 1er et 2 de la Convention européenne pour la répression du terrorisme, signée à Strasbourg le 27 janvier 1977, de l'infraction d'association de malfaiteurs en vue de la commission de ces infractions, ou des infractions mentionnées aux articles 1er à 4 de la décision-cadre du 13 juin 2002 précitée.

CHAPITRE V
De l'extradition

Art. 696. En l'absence de Convention internationale en stipulant autrement, les conditions, la procédure et les effets de l'extradition sont déterminés par les dispositions du présent chapitre. Ces dispositions s'appliquent également aux points qui n'auraient pas été réglementés par les conventions internationales.

Section première
Des conditions de l'extradition

Art. 696-1. Aucune remise ne pourra être faite à un gouvernement étranger de personnes n'ayant pas été l'objet de poursuites ou d'une condamnation pour une infraction prévue par la présente section.

Art. 696-2. Le gouvernement français peut remettre, sur leur demande, aux gouvernements étrangers, toute personne n'ayant pas la nationalité française qui, étant l'objet d'une poursuite intentée au nom de l'État requérant ou d'une condamnation prononcée par ses tribunaux, est trouvée sur le territoire de la République.

Néanmoins, l'extradition n'est accordée que si l'infraction cause de la demande a été commise :

— soit sur le territoire de l'État requérant par un ressortissant de cet État ou par un étranger;

— soit en dehors de son territoire par un ressortissant de cet État;

— soit en dehors de son territoire par une personne étrangère à cet État, quand l'infraction est au nombre de celles dont la loi française autorise la poursuite en France, alors même qu'elles ont été commises par un étranger à l'étranger.

Art. 696-3. Les faits qui peuvent donner lieu à l'extradition, qu'il s'agisse de la demander ou de l'accorder, sont les suivants :

1° Tous les faits punis de peines criminelles par la loi de l'État requérant;

2° Les faits punis de peines correctionnelles par la loi de l'État requérant, quand le maximum de la peine d'emprisonnement encourue, aux termes de cette loi, est égal ou supérieur à deux ans, ou, s'il s'agit d'un condamné, quand la peine prononcée par la juridiction de l'État requérant est égale ou supérieure à deux mois d'emprisonnement.

En aucun cas l'extradition n'est accordée par le gouvernement français si le fait n'est pas puni par la loi française d'une peine criminelle ou correctionnelle.

Les faits constitutifs de tentative ou de complicité sont soumis aux règles précédentes, à condition qu'ils soient punissables d'après la loi de l'État requérant et d'après celle de l'État requis.

Si la demande a pour objet plusieurs infractions commises par la personne réclamée et qui n'ont pas encore été jugées, l'extradition n'est accordée que si le maximum de la peine encourue, d'après la loi de l'État requérant, pour l'ensemble de ces infractions, est égal ou supérieur à deux ans d'emprisonnement.

Art. 696-4. L'extradition n'est pas accordée :

1° Lorsque la personne réclamée a la nationalité française, cette dernière étant appréciée à l'époque de l'infraction pour laquelle l'extradition est requise ;

2° Lorsque le crime ou le délit à un caractère politique ou lorsqu'il résulte des circonstances que l'extradition est demandée dans un but politique ;

3° Lorsque les crimes ou délits ont été commis sur le territoire de la République ;

4° Lorsque les crimes ou délits, quoique commis hors du territoire de la République, y ont été poursuivis et jugés définitivement ;

5° Lorsque, d'après la loi de l'État requérant ou la loi française, la prescription de l'action s'est trouvée acquise antérieurement à la demande d'extradition, ou la prescription de la peine antérieurement à l'arrestation de la personne réclamée et d'une façon générale toutes les fois que l'action publique de l'État requérant est éteinte ;

6° Lorsque le fait à raison duquel l'extradition a été demandée est puni par la législation de l'État requérant d'une peine ou d'une mesure de sûreté contraire à l'ordre public français ;

7° Lorsque la personne réclamée serait jugée dans l'État requérant par un tribunal n'assurant pas les garanties fondamentales de procédure et de protection des droits de la défense ;

8° Lorsque le crime ou le délit constitue une infraction militaire prévue par le livre III du code de justice militaire.

Art. 696-5. Si, pour une infraction unique, l'extradition est demandée concurremment par plusieurs États, elle est accordée de préférence à l'État contre les intérêts duquel l'infraction était dirigée, ou à celui sur le territoire duquel elle a été commise.

Si les demandes concurrentes ont pour cause des infractions différentes, il est tenu compte, pour décider de la priorité, de toutes circonstances de fait, et, notamment, de la gravité relative et du lieu des infractions, de la date respective des demandes, de l'engagement qui serait pris par l'un des États requérants de procéder à la réextradition.

Art. 696-6. Sous réserve des exceptions prévues à l'article 696-34, l'extradition n'est accordée qu'à la condition que la personne extradée ne sera ni poursuivie, ni condamnée pour une infraction autre que celle ayant motivé l'extradition et antérieure à la remise.

Art. 696-7. Dans le cas où une personne réclamée est poursuivie ou a été condamnée en France, et où son extradition est demandée au gouvernement français à raison d'une infraction différente, la remise n'est effectuée qu'après que la poursuite est terminée, et, en cas de condamnation, après que la peine a été exécutée.

Toutefois, cette disposition ne fait pas obstacle à ce que la personne réclamée puisse être envoyée temporairement pour comparaître devant les tribunaux de l'État requérant, sous la condition expresse qu'elle sera renvoyée dès que la justice étrangère aura statué.

Est régi par les dispositions du présent article le cas où la personne réclamée est soumise à la contrainte judiciaire par application des dispositions du titre VI du livre V du présent code.

Section II

De la procédure d'extradition de droit commun

Art. 696-8. Sous réserve des dispositions du quatrième alinéa, toute demande d'extradition est adressée au gouvernement français par voie diplomatique et accompagnée soit d'un jugement ou d'un arrêt de condamnation, même par défaut, soit d'un acte de procédure pénale décrétant formellement ou opérant de plein droit le renvoi de la personne poursuivie devant la juridiction répressive, soit d'un mandat d'arrêt ou de tout autre acte ayant la même force et décerné par l'autorité judiciaire, pourvu que ces derniers actes renferment l'indication précise du fait pour lequel ils sont délivrés et la date de ce fait.

Les pièces ci-dessus mentionnées doivent être produites en original ou en copie certifiée conforme.

Le gouvernement requérant doit produire en même temps la copie des textes de loi applicables au fait incriminé. Il peut joindre un exposé des faits de la cause.

Lorsqu'elle émane d'un État membre de l'Union européenne, la demande d'extradition est adressée directement par les autorités compétentes de cet État au ministre de la justice, qui procède comme il est dit à l'article 696-9.

Art. 696-9. La demande d'extradition est, après vérification des pièces, transmise, avec le dossier, par le ministre des affaires étrangères au ministre de la justice qui, après s'être assuré de la régularité de la requête, l'adresse au procureur général territorialement compétent.

Art. 696-9-1. *(L. nº 2009-526 du 12 mai 2009, art. 130-13º)* Pour la recherche d'une personne faisant l'objet d'une demande d'extradition ou d'arrestation provisoire aux fins d'extradition, *(L. nº 2019-222 du 23 mars 2019, art. 70)* «les articles 74-2 et 230-33 sont applicables». Les attributions du procureur de la République et du juge des libertés et de la détention prévues par cet article sont respectivement exercées par le procureur général et le président de la chambre de l'instruction ou le conseiller par lui désigné.

Art. 696-10. *(L. nº 2009-526 du 12 mai 2009, art. 130-14º)* Toute personne appréhendée à la suite d'une demande d'extradition doit être conduite dans les quarante-huit heures devant le procureur général territorialement compétent. Les articles 63-1 à *(L. nº 2011-392 du 14 avr. 2011, en vigueur le 1er juin 2011)* «63-7» sont applicables durant ce délai.

Après avoir vérifié l'identité de la personne réclamée, le procureur général l'informe, dans une langue qu'elle comprend, de l'existence et du contenu de la demande d'extradition dont elle fait l'objet et l'avise qu'elle peut être assistée par un avocat de son choix ou, à défaut, par un avocat commis d'office par le bâtonnier de l'ordre des avocats, qui sera alors informé sans délai et par tout moyen. Il l'avise qu'elle peut s'entretenir immédiatement avec l'avocat désigné. Mention de ces informations est faite, à peine de nullité de la procédure, au procès-verbal.

L'avocat peut consulter sur-le-champ le dossier et communiquer librement avec la personne recherchée.

Le procureur général fait connaître également à la personne réclamée qu'elle a la faculté de consentir ou de s'opposer à son extradition et lui indique les conséquences juridiques si elle y consent. Il l'informe qu'elle a la faculté de renoncer à la règle de la spécialité et lui indique les conséquences juridiques de cette renonciation.

Le procureur général reçoit les déclarations de la personne réclamée et, s'il y a lieu, de son conseil, dont il est dressé procès-verbal.

Art. 696-11. *(L. n° 2011-392 du 14 avr. 2011)* «A la suite de la notification de la demande d'extradition, s'il décide de ne pas laisser en liberté la personne réclamée, le procureur général la présente au premier président de la cour d'appel ou au magistrat du siège désigné par lui.»

(L. n° 2009-526 du 12 mai 2009, art. 130-15°) (L. n° 2011-392 du 14 avr. 2011) «Le premier président de la cour d'appel ou le magistrat du siège désigné par lui» ordonne l'incarcération et le placement sous écrou extraditionnel de la personne réclamée à la maison d'arrêt du siège de la cour d'appel.

Toutefois, s'il estime que sa représentation à tous les actes de la procédure est suffisamment garantie, *(L. n° 2011-392 du 14 avr. 2011)* «le premier président de la cour d'appel ou le magistrat du siège désigné par lui» peut soumettre la personne réclamée, jusqu'à sa comparution devant la chambre de l'instruction, à une ou plusieurs des mesures prévues *(L. n° 2011-392 du 14 avr. 2011)* «aux articles 138 et 142-5». Cette décision est notifiée verbalement et mentionnée au procès-verbal dont copie lui est remise sur-le-champ. Elle est susceptible de recours devant la chambre de l'instruction qui doit statuer dans un délai de cinq jours.

L'article 696-21 est applicable à la personne recherchée laissée en liberté ou placée sous contrôle judiciaire *(L. n° 2011-392 du 14 avr. 2011)* «ou sous assignation à résidence sous surveillance électronique» si elle se soustrait volontairement ou ne respecte pas les obligations du contrôle judiciaire *(L. n° 2011-392 du 14 avr. 2011)* «ou de l'assignation à résidence sous surveillance électronique».

Art. 696-13. Lorsque la personne réclamée a déclaré au procureur général consentir à son extradition, la chambre de l'instruction est immédiatement saisie de la procédure. La personne réclamée comparaît devant elle dans un délai de cinq jours ouvrables à compter de la date de sa présentation au procureur général.

Lors de la comparution de la personne réclamée, la chambre de l'instruction constate son identité et recueille ses déclarations. Il en est dressé procès-verbal.

L'audience est publique, sauf si la publicité de l'audience est de nature à nuire au bon déroulement de la procédure en cours, aux intérêts d'un tiers ou à la dignité de la personne. Dans ce cas, la chambre de l'instruction, à la demande du ministère public, de la personne réclamée ou d'office, statue par un arrêt rendu en chambre du conseil.

Le ministère public et la personne réclamée sont entendus, cette dernière assistée, le cas échéant, de son avocat et, s'il y a lieu, en présence d'un interprète.

Art. 696-14. Si, lors de sa comparution, la personne réclamée déclare consentir à être extradée et que les conditions légales de l'extradition sont remplies, la chambre de l'instruction, après avoir informé cette personne des conséquences juridiques de son consentement, lui en donne acte dans les sept jours à compter de la date de sa comparution, sauf si un complément d'information a été ordonné.

L'arrêt de la chambre de l'instruction n'est pas susceptible de recours.

Art. 696-15. Lorsque la personne réclamée a déclaré au procureur général ne pas consentir à son extradition, la chambre de l'instruction est saisie, sans délai, de la procédure. La personne réclamée comparaît devant elle dans un délai de dix jours ouvrables à compter de la date de sa présentation au procureur général.

Les dispositions des deuxième, troisième et quatrième alinéas de l'article 696-13 sont applicables.

Si, lors de sa comparution, la personne réclamée déclare ne pas consentir à être extradée, la chambre de l'instruction donne son avis motivé sur la demande d'extradition. Elle rend son avis, sauf si un complément d'information a été ordonné, dans le délai d'un mois à compter de la comparution devant elle de la personne réclamée.

Cet avis est défavorable si la cour estime que les conditions légales ne sont pas remplies ou qu'il y a une erreur évidente.

Le pourvoi formé contre un avis de la chambre de l'instruction ne peut être fondé que sur des vices de forme de nature à priver cet avis des conditions essentielles de son existence légale.

Art. 696-16. La chambre de l'instruction peut, par une décision qui n'est susceptible d'aucun recours, autoriser l'État requérant à intervenir à l'audience au cours de laquelle la demande d'extradition est examinée, par l'intermédiaire d'une personne habilitée par ledit État à cet effet. Lorsque l'État requérant est autorisé à intervenir, il ne devient pas partie à la procédure.

Art. 696-17. Si l'avis motivé de la chambre de l'instruction repousse la demande d'extradition et que cet avis est définitif, l'extradition ne peut être accordée.

La personne réclamée, si elle n'est pas détenue pour une autre cause, est alors mise d'office en liberté.

Art. 696-18. Dans les cas autres que celui prévu à l'article 696-17, l'extradition est autorisée par décret du Premier ministre pris sur le rapport du ministre de la justice. Si, dans le délai d'un mois à compter de la notification de ce décret à l'État requérant, la personne réclamée n'a pas été reçue par les agents de cet État, l'intéressé est, sauf cas de force majeure, mis d'office en liberté et ne peut plus être réclamé pour la même cause.

Le recours pour excès de pouvoir contre le décret mentionné à l'alinéa précédent doit, à peine de forclusion, être formé dans le délai d'un mois. L'exercice d'un recours gracieux contre ce décret n'interrompt pas le délai de recours contentieux.

Art. 696-19. La mise en liberté peut être demandée à tout moment à la chambre de l'instruction selon les formes prévues aux articles 148-6 et 148-7.

L'avocat de la personne réclamée est convoqué, par lettre recommandée avec demande d'avis de réception, quarante-huit heures au moins avant la date de l'audience. La chambre de l'instruction statue après avoir entendu le ministère public ainsi que la personne réclamée ou son avocat, dans les plus brefs délais et au plus tard dans les vingt jours de la réception de la demande, par un arrêt rendu dans les conditions prévues à l'article 199. Si la demande de mise en liberté a été formée par la personne réclamée dans les quarante-huit heures de la mise sous écrou extraditionnel, le délai imparti à la chambre de l'instruction pour statuer est réduit à quinze jours.

La chambre de l'instruction peut également, lorsqu'elle ordonne la mise en liberté de la personne réclamée et à titre de mesure de sûreté, astreindre l'intéressé à se soumettre à une ou plusieurs des obligations énumérées *(L. n° 2011-392 du 14 avr. 2011)* «aux articles 138 et 142-5».

Préalablement à sa mise en liberté, la personne réclamée doit signaler à la chambre de l'instruction ou au chef de l'établissement pénitentiaire son adresse. Elle est avisée qu'elle doit signaler à la chambre de l'instruction, par nouvelle déclaration ou par lettre recommandée avec demande d'avis de réception, tout changement de l'adresse déclarée. Elle est également avisée que toute notification ou signification faite à la dernière adresse déclarée sera réputée faite à sa personne.

Mention de cet avis, ainsi que de la déclaration d'adresse, est portée soit au procès-verbal, soit dans le document qui est adressé sans délai, en original ou en copie par le chef de l'établissement pénitentiaire à la chambre de l'instruction.

Art. 696-20. La mainlevée du contrôle judiciaire *(L. n° 2011-392 du 14 avr. 2011, en vigueur le 1er juin 2011)* «, de l'assignation à résidence sous surveillance électronique ou la modification de ceux-ci» peut être ordonnée à tout moment par la chambre de l'instruction dans les conditions prévues à l'article 199, soit d'office, soit sur les réquisitions du procureur général, soit à la demande de la personne réclamée après avis du procureur général.

La chambre de l'instruction statue dans les vingt jours de sa saisine.

Art. 696-21. Si la personne réclamée se soustrait volontairement aux obligations du contrôle judiciaire *(L. n° 2011-392 du 14 avr. 2011)* «ou de l'assignation à résidence sous surveillance électronique» ou si, après avoir bénéficié d'une mise en liberté non assortie du contrôle judiciaire *(L. n° 2011-392 du 14 avr. 2011)* «ou de l'assignation à résidence sous surveillance électronique», il apparaît qu'elle entend manifestement se dérober à la demande d'extradition, la chambre de l'instruction peut, sur les réquisitions du ministère public, décerner mandat d'arrêt à son encontre.

(L. n° 2005-1549 du 12 déc. 2005, art. 39) «Les dispositions de l'article 74-2 sont alors applicables, les attributions du procureur de la République et du juge des libertés et de la détention prévues par cet article étant respectivement confiées au procureur général et au président de la chambre de l'instruction ou un conseiller par lui désigné.»

Lorsque l'intéressé a été appréhendé, l'affaire doit venir à la première audience publique ou au plus tard dans les dix jours de sa mise sous écrou.

La chambre de l'instruction confirme, s'il y a lieu, la révocation du contrôle judiciaire *(L. n° 2011-392 du 14 avr. 2011)* «ou de l'assignation à résidence sous surveillance électronique» ou de la mise en liberté de l'intéressé.

Le ministère public et la personne réclamée sont entendus, cette dernière assistée, le cas échéant, de son avocat et, s'il y a lieu, en présence d'un interprète.

Le dépassement du délai mentionné au deuxième alinéa entraîne la mise en liberté d'office de l'intéressé.

Art. 696-22. Si la personne réclamée est en liberté lorsque la décision du gouvernement ayant autorisé l'extradition n'est plus susceptible de recours, le procureur général peut ordonner la recherche et l'arrestation de l'intéressé et son placement sous écrou extraditionnel. Lorsque celui-ci a été appréhendé, le procureur général donne avis de cette arrestation, sans délai, au ministre de la justice.

La remise à l'État requérant de la personne réclamée s'effectue dans les sept jours suivant la date de l'arrestation, faute de quoi elle est mise d'office en liberté.

Art. 696-23. En cas d'urgence et sur la demande directe des autorités compétentes de l'État requérant, le *(L. n° 2009-526 du 12 mai 2009, art. 130-17°)* «procureur général» territorialement compétent peut ordonner l'arrestation provisoire d'une personne réclamée aux fins d'extradition par ledit État.

(L. n° 2011-392 du 14 avr. 2011, en vigueur le 1er juin 2011) «Après avoir vérifié son identité, le procureur général informe la personne réclamée, dans une langue qu'elle comprend, de l'existence et du contenu de la demande d'arrestation provisoire. S'il décide de ne pas la laisser en liberté, le procureur général la présente au premier président de la cour d'appel ou au magistrat désigné par lui, qui statue conformément à l'article 696-11.»

La demande d'arrestation provisoire, transmise par tout moyen permettant d'en conserver une trace écrite, indique l'existence d'une des pièces mentionnées à l'article 696-8 et fait part de l'intention de l'État requérant d'envoyer une demande d'extradition. Elle comporte un bref exposé des faits mis à la charge de la personne réclamée et mentionne, en outre, son identité et sa nationalité, l'infraction pour laquelle l'extradition sera demandée, la date et le lieu où elle a été commise, ainsi que, selon le cas, le quantum de la peine encourue ou de la peine prononcée et, le cas échéant, celui de la peine restant à purger et, s'il y a lieu, la nature et la date des actes interruptifs de prescription. Une copie de cette demande est adressée par l'État requérant au ministre des affaires étrangères.

(L. n° 2009-526 du 12 mai 2009, art. 130-17°) «Le procureur général avise sans délai le ministre de la justice de cette arrestation.»

Art. 696-24. La personne arrêtée provisoirement dans les conditions prévues à l'article 696-23 est mise en liberté si, dans un délai de trente jours à dater de son arrestation, lorsque celle-ci aura été opérée à la demande des autorités compétentes de l'État requérant, le gouvernement français ne reçoit pas l'un des documents mentionnés à l'article 696-8.

Si, ultérieurement, les pièces susvisées parviennent au gouvernement français, la procédure est reprise, conformément aux articles 696-9 et suivants.

Art. 696-24-1. *(L. n° 2014-1353 du 13 nov. 2014, art. 10)* Pour l'examen des demandes d'extradition concernant les auteurs d'actes de terrorisme, le procureur général près la cour d'appel de Paris, le premier président de la cour d'appel de Paris ainsi que la chambre de l'instruction de la cour d'appel de Paris et son président exercent une compétence concurrente à celle qui résulte de l'application des articles 696-9, 696-10 et 696-23.

Section III

De la procédure simplifiée d'extradition entre les états membres de l'union européenne

Art. 696-25. Hors les cas où s'appliquent les dispositions du présent titre relatives au mandat d'arrêt européen, lorsqu'une demande d'arrestation provisoire aux fins d'extradition émane d'un État partie à la Convention du 10 mars 1995 relative à la procédure simplifiée d'extradition entre les États membres de l'Union européenne, il est procédé conformément aux dispositions des articles 696-10 et 696-11.

(L. n° 2009-526 du 12 mai 2009, art. 130-18°) «La personne réclamée est en outre informée qu'elle peut consentir à son extradition selon la procédure simplifiée prévue à la présente section.

«La présente section est applicable aux demandes d'arrestation provisoire aux fins d'extradition adressées à la France par la Confédération suisse en application de l'accord entre la République française et le Conseil fédéral suisse relatif à la procédure simplifiée d'extradition et complétant la Convention européenne d'extradition du 13 décembre 1957.»

Art. 696-26. *(L. n° 2011-525 du 17 mai 2011, art. 156-15°)* «Dans un délai de deux jours à compter de l'arrestation de la personne réclamée, le procureur général notifie à cette dernière, dans une langue qu'elle comprend, les pièces en vertu desquelles elle a été appréhendée.» Il l'avise qu'elle peut consentir à son extradition devant la chambre de l'instruction selon la procédure simplifiée. Il l'informe également qu'elle peut renoncer à la règle de la spécialité. Mention de ces informations est faite au procès-verbal, à peine de nullité de la procédure.

L'intéressé a droit à l'assistance d'un avocat dans les conditions prévues aux deuxième et troisième alinéas de l'article *(L. n° 2009-526 du 12 mai 2009, art. 130-19°)* «696-10».

Art. 696-27. Lorsque la personne réclamée déclare au procureur général consentir à son extradition, elle comparaît devant la chambre de l'instruction dans un délai de cinq jours ouvrables à compter de la date à laquelle elle a été présentée au procureur général.

Lorsque la personne réclamée déclare audit magistrat ne pas consentir à son extradition, il est procédé comme il est dit aux articles 696-15 et suivants si une demande d'extradition est parvenue aux autorités françaises.

Art. 696-28. Lorsque la personne réclamée comparaît devant la chambre de l'instruction en application du premier alinéa de l'article 696-27, le président de la chambre constate son identité et recueille ses déclarations, dont il est dressé procès-verbal.

Le président demande ensuite à la personne réclamée, après l'avoir informée des conséquences juridiques de son consentement, si elle entend toujours consentir à son extradition.

Lorsque la personne réclamée déclare ne plus consentir à son extradition, les dispositions du deuxième alinéa de l'article 696-27 sont applicables.

Lorsque la personne réclamée maintient son consentement à l'extradition, la chambre de l'instruction lui demande également si elle entend renoncer à la règle de la spécialité, après l'avoir informée des conséquences juridiques d'une telle renonciation.

Le consentement de la personne réclamée à être extradée et, le cas échéant, sa renonciation à la règle de la spécialité sont recueillis par procès-verbal établi lors de l'audience. La personne réclamée y appose sa signature.

L'audience est publique, sauf si la publicité est de nature à nuire au bon déroulement de la procédure en cours, aux intérêts d'un tiers ou à la dignité de la personne. Dans ce cas, la chambre de l'instruction, à la demande du ministère public, de la personne réclamée ou d'office, statue par un arrêt rendu en chambre du conseil.

Le ministère public et la personne réclamée sont entendus, cette dernière assistée, le cas échéant, de son avocat et, s'il y a lieu, en présence d'un interprète.

Art. 696-29. Si la chambre de l'instruction constate que les conditions légales de l'extradition sont remplies, elle rend un arrêt par lequel elle donne acte à la personne réclamée de son consentement formel à être extradée ainsi que, le cas échéant, de sa renonciation à la règle de la spécialité et accorde l'extradition.

La chambre de l'instruction statue dans les sept jours à compter de la date de la comparution devant elle de la personne réclamée.

Art. 696-30. Si la personne réclamée forme, dans le délai légal, un pourvoi en cassation contre l'arrêt de la chambre de l'instruction accordant son extradition, le président de la chambre criminelle de la Cour de cassation ou le conseiller délégué par lui rend, dans un délai de quinze jours à compter de l'introduction du pourvoi, une ordonnance par laquelle il constate que la personne réclamée a ainsi entendu retirer son consentement à l'extradition et, le cas échéant, qu'elle a renoncé à la règle de la spécialité. Cette ordonnance n'est pas susceptible de recours.

Si la personne réclamée a fait l'objet d'une demande d'extradition, il est alors procédé ainsi qu'il est dit aux articles 696-15 et suivants.

Art. 696-31. Lorsque l'arrêt de la chambre de l'instruction accorde l'extradition de la personne réclamée et que cet arrêt est définitif, le procureur général en avise le ministre de la justice, qui informe les autorités compétentes de l'État requérant de la décision intervenue.

Le ministre de la justice prend les mesures nécessaires afin que l'intéressé soit remis aux autorités de l'État requérant au plus tard dans les vingt jours suivant la date à laquelle la décision d'extradition leur a été notifiée.

Si la personne extradée ne peut être remise dans le délai de vingt jours pour un cas de force majeure, le ministre de la justice en informe immédiatement les autorités compétentes de l'État requérant et convient avec elles d'une nouvelle date de remise. La personne extradée est alors remise au plus tard dans les vingt jours suivant la date ainsi convenue.

La mise en liberté est ordonnée si, à l'expiration de ce délai de vingt jours, la personne extradée se trouve encore sur le territoire de la République.

Les dispositions de l'alinéa précédent ne sont pas applicables en cas de force majeure ou si la personne extradée est poursuivie en France ou y a déjà été condamnée et doit y purger une peine en raison d'un fait autre que celui visé par la demande d'extradition.

Art. 696-32. La mise en liberté *(L. n° 2011-392 du 14 avr. 2011, en vigueur le 1er juin 2011)* «ou la mainlevée ou la modification du contrôle judiciaire ou de l'assignation à résidence sous surveillance électronique» peut être demandée à tout moment à la chambre de l'instruction selon les formes prévues aux articles 148-6 et 148-7. Les dispositions des articles 696-19 et 696-20 sont alors applicables.

Art. 696-33. Les dispositions des articles 696-26 à 696-32 sont applicables si la personne dont l'arrestation provisoire a été demandée fait l'objet d'une demande d'extradition et consent à être extradée plus de dix jours après son arrestation et au plus tard le jour de sa première comparution devant la chambre de l'instruction, saisie dans les conditions énoncées à la section II du présent chapitre, ou si la personne dont l'extradition est demandée consent à être extradée au plus tard le jour de sa première comparution devant la chambre de l'instruction, saisie dans les mêmes conditions.

Section IV

Des effets de l'extradition

Art. 696-34. Par dérogation aux dispositions de l'article 696-6, la règle de la spécialité ne s'applique pas lorsque la personne réclamée y renonce dans les conditions prévues aux articles 696-28 et 696-40 ou lorsque le gouvernement français donne son consentement dans les conditions prévues à l'article 696-35.

Ce consentement peut être donné par le gouvernement français, même au cas où le fait, cause de la demande, ne serait pas l'une des infractions déterminées par l'article 696-3.

Art. 696-35. Dans le cas où le gouvernement requérant demande, pour une infraction antérieure à l'extradition, l'autorisation de poursuivre ou de mettre à exécution une condamnation concernant l'individu déjà remis, l'avis de la chambre de l'instruction devant laquelle la personne réclamée avait comparu peut être formulé sur la seule production des pièces transmises à l'appui de la nouvelle demande.

Sont également transmises par le gouvernement étranger et soumises à la chambre de l'instruction les pièces contenant les observations de l'individu remis ou la déclaration qu'il entend n'en présenter aucune. Ces explications peuvent être complétées par un avocat choisi par lui, ou qui est désigné ou commis d'office.

Art. 696-36. L'extradition obtenue par le gouvernement français est nulle si elle est intervenue en dehors des conditions prévues par le présent chapitre.

Aussitôt après l'incarcération de la personne extradée, le procureur de la République l'avise qu'elle a le droit de demander que soit prononcée la nullité de l'extradition dans les conditions de forme et de délai prévues au présent article et qu'elle a le droit de choisir un avocat ou de demander qu'il lui en soit désigné un d'office.

La nullité est prononcée, même d'office, par la juridiction de jugement dont la personne extradée relève après sa remise ou, si elle ne relève d'aucune juridiction de jugement, par la chambre de l'instruction. La chambre de l'instruction compétente est, lorsque l'extradition a été accordée pour l'exécution d'un mandat d'arrêt délivré dans une information en cours, celle dans le ressort de laquelle a eu lieu la remise.

La requête en nullité présentée par la personne extradée doit, à peine d'irrecevabilité, être motivée et faire l'objet d'une déclaration au greffe de la juridiction compétente dans un délai de dix jours à compter de l'avis prévu au deuxième alinéa.

La déclaration fait l'objet d'un procès-verbal signé par le greffier et par le demandeur ou son avocat. Si le demandeur ne peut signer, il en est fait mention par le greffier.

Lorsque le demandeur ou son avocat ne réside pas dans le ressort de la juridiction compétente, la déclaration au greffe peut être faite au moyen d'une lettre recommandée avec demande d'avis de réception.

Lorsque le demandeur est détenu, la requête peut également être faite au moyen d'une déclaration auprès du chef de l'établissement pénitentiaire. Cette déclaration fait l'objet d'un procès-verbal signé par le chef de l'établissement pénitentiaire et par le demandeur. Si celui-ci ne peut signer, il en est fait mention par le chef de l'établissement. Le procès-verbal est adressé sans délai, en original ou en copie et par tout moyen, au greffe de la juridiction saisie.

Art. 696-37. Les juridictions mentionnées à l'article 696-36 sont juges de la qualification donnée aux faits qui ont motivé la demande d'extradition.

Art. 696-38. Dans le cas où l'extradition est annulée, l'extradé, s'il n'est pas réclamé par le gouvernement requis, est mis en liberté et ne peut être repris, soit à raison des faits qui ont motivé son extradition, soit à raison des faits antérieurs, que si, dans les trente jours qui suivent la mise en liberté, il est arrêté sur le territoire français.

Art. 696-39. Est considérée comme soumise sans réserve à l'application des lois de l'État requérant, à raison d'un fait quelconque antérieur à l'extradition et différent de l'infraction qui a motivé cette mesure, la personne remise qui a eu, pendant trente jours à compter de sa libération définitive, la possibilité de quitter le territoire de cet État.

Art. 696-40. Lorsque le gouvernement français a obtenu l'extradition d'une personne en application de la Convention du 27 septembre 1996 relative à l'extradition entre les États membres de l'Union européenne, la personne ainsi extradée peut être poursuivie ou condamnée pour une infraction antérieure à la remise, autre que celle ayant motivé l'extradition, si elle renonce expressément, après sa remise, au bénéfice de la règle de la spécialité dans les conditions ci-après.

La renonciation doit porter sur des faits précis antérieurs à la remise. Elle a un caractère irrévocable. Elle est donnée devant la chambre de l'instruction de la cour d'appel dans le ressort de laquelle l'intéressé est incarcéré ou a sa résidence.

Lors de la comparution de la personne extradée, qui donne lieu à une audience publique, la chambre de l'instruction constate l'identité et recueille les déclarations de cette personne. Il en est dressé procès-verbal. L'intéressé, assisté le cas échéant de son avocat et, s'il y a lieu, d'un interprète, est informé par la chambre de l'instruction des conséquences juridiques de sa renonciation à la règle de la spécialité sur sa situation pénale et du caractère irrévocable de la renonciation donnée.

Si, lors de sa comparution, la personne extradée déclare renoncer à la règle de la spécialité, la chambre de l'instruction, après avoir entendu le ministère public et l'avocat de la personne, en donne acte à celle-ci. L'arrêt de la chambre de l'instruction précise les faits pour lesquels la renonciation est intervenue.

Art. 696-41. Dans le cas où, l'extradition d'un étranger ayant été obtenue par le gouvernement français, le gouvernement d'un pays tiers sollicite à son tour du gouvernement français l'extradition du même individu à raison d'un fait antérieur à l'extradition, autre que celui jugé en France, et non connexe à ce fait, le Gouvernement ne défère, s'il y a lieu, à cette requête qu'après s'être assuré du consentement du pays par lequel l'extradition a été accordée.

Toutefois, cette réserve n'a pas lieu d'être appliquée lorsque l'individu extradé a eu, pendant le délai fixé à l'article 696-39, la faculté de quitter le territoire français.

Section V

Dispositions diverses

Art. 696-42. L'extradition, par voie de transit sur le territoire français ou par les bâtiments des services maritimes français, d'une personne n'ayant pas la nationalité française, remise par un autre gouvernement est autorisée par le ministre de la justice, sur simple demande par voie diplomatique, appuyée des pièces nécessaires pour établir qu'il ne s'agit pas d'un délit politique ou purement militaire.

Cette autorisation ne peut être donnée qu'aux États qui accordent, sur leur territoire, la même faculté au gouvernement français.

Le transport s'effectue sous la conduite d'agents français et aux frais du gouvernement requérant.

Art. 696-43. La chambre de l'instruction qui a statué sur la demande d'extradition décide s'il y a lieu ou non de transmettre, en tout ou en partie, les titres, valeurs, argent ou autres objets saisis au gouvernement requérant.

Cette remise peut avoir lieu, même si l'extradition ne peut s'accomplir, par suite de l'évasion ou de la mort de l'individu réclamé.

La chambre de l'instruction ordonne la restitution des papiers et autres objets énumérés ci-dessus qui ne se rapportent pas au fait imputé à la personne réclamée. Elle statue, le cas échéant, sur les réclamations des tiers détenteurs et autres ayants droit.

Art. 696-44. Au cas de poursuites répressives exercées à l'étranger, lorsqu'un gouvernement étranger juge nécessaire la notification d'un acte de procédure ou d'un jugement à un individu résidant sur le territoire français, la pièce est transmise suivant les formes prévues aux articles 696-8 et 696-9, accompagnée, le cas échéant, d'une traduction française. La signification est faite à personne, à la requête du ministère public. L'original constatant la notification est renvoyé par la même voie au gouvernement requérant.

Art. 696-45. Lorsque, dans une cause pénale instruite à l'étranger, le gouvernement étranger juge nécessaire la communication de pièces à conviction ou de documents se trouvant entre les mains des autorités françaises, la demande est transmise suivant les formes prévues aux articles 696-8 et 696-9. Il y est donné suite, à moins que des considérations particulières ne s'y opposent, et sous l'obligation de renvoyer les pièces et documents dans le plus bref délai.

Art. 696-46. Lorsque l'audition d'un témoin résidant en France est jugée nécessaire par un gouvernement étranger, le gouvernement français, saisi d'une demande transmise dans les formes prévues aux articles 696-8 et 696-9, l'engage à se rendre à la convocation qui lui est adressée.

Néanmoins, la citation n'est reçue et signifiée qu'à la condition que le témoin ne pourra être poursuivi ou détenu pour des faits ou condamnations antérieurs à son audition.

Art. 696-47. L'envoi des individus détenus, en vue d'une confrontation, doit être demandé dans les formes prévues aux articles 696-8 et 696-9. Il est donné suite à la demande, à moins que des considérations particulières ne s'y opposent, et sous la condition de renvoyer lesdits détenus dans le plus bref délai.

Art. 696-47-1. *(L. n° 2019-222 du 23 mars 2019, art. 70)* Lorsqu'à la suite d'une demande d'extradition émanant du Gouvernement français la personne a déjà été remise et que, en l'absence de renonciation au principe de spécialité par la personne ou par le Gouvernement étranger, il est demandé l'autorisation d'étendre les poursuites à d'autres infractions commises avant l'arrivée de la personne sur le territoire national, cette demande est accompagnée d'un mandat d'arrêt si un tel mandat avait déjà été délivré et, dans le cas contraire, d'un mandat d'amener.

CHAPITRE VI

De l'exécution des décisions de contrôle judiciaire au sein des états membres de l'Union Européenne en application de la décision-cadre du Conseil de l'Union Européenne du 23 octobre 2009

(L. n° 2015-993 du 17 août 2015, art. 2, en vigueur le 1er oct. 2015)

Section première

Dispositions générales

Art. 696-48. Le présent chapitre détermine les règles applicables, en vue de garantir la comparution en justice et de promouvoir, le cas échéant, le recours à des mesures alternatives à la détention provisoire pour la personne ne résidant pas dans l'État membre de la procédure pénale qui la concerne, à la reconnaissance et au suivi, dans un État membre de l'Union européenne, des décisions de placement sous contrôle judiciaire prononcées par une autorité judiciaire française, ainsi qu'à la reconnaissance et à l'exécution en France de décisions équivalentes prononcées par les autorités compétentes d'un autre État membre de l'Union européenne.

L'État sur le territoire duquel a été prononcé le placement d'une personne sous contrôle judiciaire est appelé État d'émission. L'État auquel sont demandés la reconnaissance et le contrôle sur son territoire des mesures ordonnées est appelé État d'exécution.

Art. 696-49. Pour la préparation et au cours de l'exécution des décisions prises en application du présent chapitre, les autorités compétentes de l'État d'émission et de l'État d'exécution, sauf impossibilité pratique, se consultent notamment pour déterminer si l'État d'exécution consent à la transmission d'une décision de placement sous contrôle judiciaire en application du 2° de l'article 696-52.

Art. 696-50. Les obligations auxquelles une personne peut être astreinte à se soumettre dans l'État d'exécution sont les suivantes :

1° L'obligation pour la personne d'informer une autorité spécifique de tout changement de résidence;

2° L'interdiction de se rendre dans certains lieux ou dans certaines zones définies de l'État d'émission ou de l'État d'exécution;

3° L'obligation de rester en un lieu déterminé, le cas échéant durant des périodes déterminées;

4° Les restrictions quant à la possibilité de quitter le territoire de l'État d'exécution;

5° L'obligation de se présenter à des heures précises devant une autorité spécifique;

6° L'obligation d'éviter tout contact avec certaines personnes ayant un lien avec l'infraction ou les infractions qui auraient été commises;

7° Le cas échéant, les autres obligations, notifiées au secrétariat général du Conseil de l'Union européenne, que l'État d'exécution est disposé à contrôler.

Art. 696-51. En application du 7° de l'article 696-50, peuvent également être suivies en France, dans les mêmes conditions, les obligations énumérées à l'article 138.

Art. 696-52. Une décision de placement sous contrôle judiciaire peut donner lieu à une transmission à l'autorité compétente d'un autre État membre de l'Union européenne lorsque :

1° La personne concernée réside de manière habituelle, dans des conditions régulières, sur le territoire de l'État d'exécution et, ayant été informée des mesures concernées, consent à y retourner;

2° La personne concernée demande que la décision de placement sous contrôle judiciaire s'exécute dans un autre État membre que celui dans lequel elle réside de manière habituelle, dans des conditions régulières, et l'autorité compétente de cet État consent à la transmission de la décision de placement sous contrôle judiciaire la concernant.

Art. 696-53. Toute décision de placement sous contrôle judiciaire prise en application du présent chapitre aux fins de reconnaissance et de contrôle sur le territoire de la République ou sur celui d'un autre État membre est accompagnée d'un certificat précisant notamment :

1° La désignation de l'État d'émission et de l'État d'exécution;

2° La désignation de l'autorité compétente ayant ordonné le placement sous contrôle judiciaire;

3° La désignation de l'autorité compétente dans l'État d'émission pour le suivi de ces mesures de contrôle judiciaire;

4° L'identité de la personne placée sous contrôle judiciaire, l'adresse de son ou de ses derniers domiciles connus dans l'État d'émission, dans l'État d'exécution ou dans un autre État;

5° Les motifs de la transmission de la décision de placement sous contrôle judiciaire au regard de l'article 696-52;

6° Les langues que comprend la personne placée sous contrôle judiciaire;

7° La date, le lieu et les circonstances dans lesquels les infractions auraient été commises ainsi que la nature et la qualification juridique des faits;

8° La date de la décision de placement sous contrôle judiciaire, celle à laquelle elle est devenue exécutoire, ainsi que, le cas échéant, l'existence d'un recours engagé contre cette décision à la date à laquelle est transmis le certificat;

9° Les obligations auxquelles est soumise la personne faisant l'objet de la décision de placement sous contrôle judiciaire, ainsi que, le cas échéant, la durée d'application et l'existence d'une possible prorogation de cette décision;

10° Le cas échéant, la durée probable pendant laquelle ces mesures de contrôle devraient être nécessaires eu égard aux circonstances de l'affaire connues au moment de la transmission de la décision de placement sous contrôle judiciaire;

11° Le cas échéant, les motifs spécifiques des obligations prévues par la décision de placement sous contrôle judiciaire.

Le certificat est signé par l'autorité compétente de l'État d'émission qui atteste l'exactitude des informations y étant contenues.

Art. 696-54. Le retrait du certificat vaut retrait de la demande de reconnaissance et d'exécution et fait obstacle à la mise à exécution de la décision de placement sous contrôle judiciaire en application du présent chapitre.

Art. 696-55. La transmission de la copie certifiée conforme de la décision de placement sous contrôle judiciaire, du certificat ainsi que de toutes les correspondances et pièces les concernant s'effectue directement entre les autorités compétentes de l'État d'émission et celles de l'État d'exécution, par tout moyen laissant une trace écrite et dans des conditions permettant au destinataire d'en vérifier l'authenticité.

Lorsqu'un État a désigné une ou plusieurs autorités centrales pour assurer la réception de ces transmissions, des copies de la décision de placement sous contrôle judiciaire, du certificat ainsi que de toutes les correspondances et pièces les concernant sont également adressées, si l'État le demande, à l'autorité ou aux autorités centrales désignées.

Section II

Dispositions relatives à la transmission par les autorités judiciaires françaises des décisions relatives au contrôle judiciaire aux autorités compétentes d'un autre état membre de l'Union Européenne

Art. 696-56. Les autorités judiciaires compétentes pour décider du placement sous contrôle judiciaire en application des dispositions du présent code sont également compétentes pour placer une personne sous contrôle judiciaire dans un autre État membre de l'Union européenne et transmettre cette décision aux fins de reconnaissance et d'exécution dans cet État, conformément au présent chapitre.

Art. 696-57. La consultation de l'autorité compétente de l'État d'exécution, prévue à l'article 696-49, est effectuée par les autorités judiciaires compétentes pour demander ou ordonner le placement sous contrôle judiciaire.

Art. 696-58. L'autorité judiciaire ayant ordonné le placement sous contrôle judiciaire ou le ministère public transmet une copie certifiée conforme de la décision de placement sous contrôle judiciaire, le certificat prévu à l'article 696-53, ainsi qu'une traduction de ce certificat, soit dans l'une des langues officielles de l'État d'exécution, soit dans l'une de celles des institutions de l'Union européenne acceptées par cet État.

Art. 696-59. L'autorité qui a ordonné le placement sous contrôle judiciaire reste compétente pour assurer le suivi des mesures ordonnées tant qu'elle n'a pas été informée de la reconnaissance de cette décision par l'autorité compétente de l'État d'exécution.

Elle reste également compétente si elle est informée que la personne concernée ne peut être retrouvée sur le territoire de l'État d'exécution.

Art. 696-60. Pour autant que le suivi n'a pas commencé dans l'État d'exécution, l'autorité qui a ordonné le placement sous contrôle judiciaire peut décider de retirer le certificat lorsqu'elle estime, au vu de l'adaptation qui serait apportée par l'État d'exécution aux obligations prévues par la décision de placement sous contrôle judiciaire ou de la durée maximale de suivi des obligations dans cet État, ne pas devoir maintenir la demande aux fins de reconnaissance et d'exécution. Ce retrait intervient dans le délai de dix jours suivant la réception des informations relatives à cette adaptation ou à cette durée maximale du contrôle judiciaire.

Art. 696-61. Pour autant que le suivi n'a pas commencé dans l'État d'exécution, l'autorité judiciaire qui a ordonné le placement sous contrôle judiciaire peut décider de retirer le certificat lorsqu'elle est informée par l'autorité compétente de l'État d'exécution qu'en cas de délivrance d'un mandat d'arrêt européen par suite de l'inobservation dans l'État d'exécution des mesures de contrôle ordonnées, la remise de la personne concernée devrait être refusée.

Si elle décide de procéder au retrait du certificat, l'autorité judiciaire en informe l'autorité compétente de l'État d'exécution dans les meilleurs délais, au plus tard dans les dix jours suivant la réception de l'information ayant motivé ce retrait.

Art. 696-62. Lorsqu'elle a informé l'autorité judiciaire qu'elle reconnaît la décision de placement sous contrôle judiciaire, l'autorité compétente de l'État d'exécution devient seule compétente pour assurer le suivi sur son territoire des obligations ordonnées par cette décision.

Art. 696-63. L'autorité qui a ordonné le placement sous contrôle judiciaire redevient compétente pour assurer l'exécution de cette décision dans les cas suivants :

1° Lorsque la personne concernée établit sa résidence régulière habituelle dans un autre État que l'État d'exécution ;

2° Lorsque, après avoir été informée de l'adaptation, en application de la législation de l'État d'exécution, d'une ou plusieurs obligations de la décision de placement sous contrôle judiciaire qu'elle a ordonnée, l'autorité judiciaire a notifié à l'autorité compétente de l'État d'exécution sa décision de retirer le certificat ;

3° Lorsque la décision de placement sous contrôle judiciaire a été modifiée par l'autorité judiciaire et que l'autorité compétente de l'État d'exécution refuse d'assurer le suivi des obligations ainsi modifiées ;

4° Lorsque la législation de l'État d'exécution prévoit une durée maximale d'exécution de la décision de placement sous contrôle judiciaire et que l'autorité judiciaire qui a ordonné le placement sous contrôle judiciaire, avisée de cette durée maximale, a décidé de retirer le certificat et a notifié ce retrait à l'autorité compétente de l'État d'exécution ou lorsque, n'ayant pas retiré le certificat, ce délai a expiré ;

5° Lorsque l'autorité compétente de l'État d'exécution a informé l'autorité judiciaire compétente de sa décision de mettre un terme au suivi des mesures ordonnées au motif que les avis qui lui avaient été adressés sur l'éventuelle nécessité d'une prolongation du contrôle judiciaire ou sur les manquements aux obligations de la personne concernée sont restés sans réponse de la part de l'autorité judiciaire compétente.

Lorsqu'un transfert de compétence du suivi des mesures ordonnées est susceptible d'intervenir en application du présent article, les autorités judiciaires compétentes et celles de l'État d'exécution se consultent mutuellement afin d'éviter, dans toute la mesure possible, toute interruption dans le suivi de ces mesures.

Art. 696-64. L'autorité judiciaire qui a ordonné le placement sous contrôle judiciaire peut, avant l'expiration de la durée d'exécution du contrôle judiciaire prévue par la législation de l'État d'exécution, d'office ou à la demande de l'autorité compétente de cet État, aviser cette autorité qu'elle n'a pas donné mainlevée de la décision de placement sous contrôle judiciaire et qu'il est nécessaire de prolonger le suivi des mesures de contrôle initialement ordonnées.

L'autorité judiciaire qui a ordonné le placement sous contrôle judiciaire répond dans les meilleurs délais à toute demande d'information de l'autorité compétente de l'État d'exécution sur la nécessité du maintien des mesures ordonnées.

Dans les cas mentionnés aux deux premiers alinéas, elle précise également la durée pendant laquelle le suivi des mesures ordonnées sera probablement encore nécessaire.

Art. 696-65. Les autorités judiciaires françaises restent compétentes pour prendre toute décision ultérieure au placement sous contrôle judiciaire, notamment pour ordonner toute modification ou mainlevée des obligations ou pour révoquer la mesure.

Lorsqu'elles modifient ou ordonnent la mainlevée des obligations ou en cas de recours contre toute décision de placement sous contrôle judiciaire, elles en avisent sans délai l'autorité compétente de l'État d'exécution et peuvent faire application des dispositions prévues aux articles 696-60 et 696-63 en cas d'adaptation des mesures modifiées ou de refus de suivi des mesures de contrôle modifiées par l'autorité compétente de l'État d'exécution.

Section III

Dispositions relatives à la reconnaissance et au suivi sur le territoire de la république des décisions de contrôle judiciaire ordonnées par les autorités compétentes des autres états membres de l'Union Européenne

Sous-section 1 – Réception des demandes relatives aux décisions de contrôle judiciaire

Art. 696-66. Le procureur de la République reçoit les demandes tendant à la reconnaissance et à l'exécution sur le territoire de la République des décisions de placement sous contrôle judiciaire ordonnées par les autorités compétentes des autres États membres, ainsi que toutes les décisions de prorogation, de modification ou de mainlevée, afférentes aux mesures déjà ordonnées et reconnues.

Il peut procéder ou faire procéder à tout complément d'information qu'il estime utile. Lorsque le certificat mentionné à l'article 696-53 est incomplet ou ne correspond manifestement pas à une demande de placement sous contrôle judiciaire, il impartit un délai maximal de dix jours à l'autorité compétente de l'État d'émission pour compléter ou rectifier le certificat.

Art. 696-67. Le procureur de la République compétent est celui dans le ressort duquel se situe la résidence habituelle et régulière de la personne placée sous contrôle judiciaire ou celle où la personne demande à résider. A défaut, le procureur de la République près le tribunal de grande instance de Paris est compétent.

Si le procureur de la République auquel la demande a été adressée par l'État d'émission n'est pas compétent, il la transmet sans délai au procureur de la République compétent. L'autorité compétente de l'État d'émission est informée de la transmission.

Art. 696-68. Lorsque, avant de transmettre la décision de placement sous contrôle judiciaire et le certificat, l'autorité compétente de l'État d'émission consulte le procureur de la République dans le cas où, en application du 2° de l'article 696-52, la reconnaissance de la décision est subordonnée au consentement de l'État d'exécution, le procureur consent à la transmission de la décision de placement sous contrôle judiciaire si la personne concernée a la nationalité française. Dans les autres cas, il saisit sans délai le ministre de la justice. Le ministre peut consentir à la transmission de la décision si la personne concernée a la nationalité d'un État membre de l'Union européenne autre que la France et s'il existe des motifs exceptionnels justifiant l'exécution de la décision en France. Il tient compte notamment de l'intérêt de sa décision pour la bonne administration de la justice, de l'existence de liens personnels et familiaux en France et de l'absence de risque de troubles à l'ordre public.

Le procureur de la République informe l'autorité compétente de l'État d'émission de la décision de consentir ou non à la transmission de la demande de reconnaissance de la décision de placement sous contrôle judiciaire.

Art. 696-69. Dans les trois jours ouvrables à compter de la réception de la demande et des décisions prévues à l'article 696-66, le procureur de la République saisit le juge des libertés et de la détention territorialement compétent de la demande, accompagnée de ses réquisitions.

Sous-section 2 – Reconnaissance des décisions de contrôle judiciaire

Art. 696-70. Le juge des libertés et de la détention est compétent, dans les conditions prévues au présent chapitre, pour statuer sur les demandes de reconnaissance des décisions de placement sous contrôle judiciaire ordonnées par les autorités compétentes des autres États membres. Il est compétent, en cas de décision ultérieure de prorogation ou de modification des mesures de contrôle judiciaire, pour adapter ces mesures conformément à l'article 696-75 ou pour refuser de suivre les mesures qui ne font pas partie de celles mentionnées aux articles 696-50 et 696-51.

Il est également compétent pour la mise à exécution et le suivi des mesures reconnues et pour faire cesser l'exécution et le suivi des mesures dont la mainlevée a été ordonnée par l'autorité compétente de l'État d'émission.

Si le juge des libertés et de la détention estime nécessaire d'entendre la personne placée sous contrôle judiciaire, il peut utiliser les moyens de télécommunication mentionnés à l'article 706-71, qu'elle demeure sur le territoire de la République ou à l'étranger.

Art. 696-71. La reconnaissance et le suivi d'une décision de placement sous contrôle judiciaire ordonnée par l'autorité compétente d'un autre État ne peuvent être refusés que dans les cas prévus aux articles 696-73 et 696-74.

En l'absence de l'un des motifs de refus prévus aux mêmes articles 696-73 et 696-74, le juge des libertés et de la détention reconnaît la décision de placement sous contrôle judiciaire comme étant exécutoire sur le territoire de la République et prend sans délai les mesures nécessaires à son exécution, sous réserve du respect du délai pendant lequel l'État d'émission peut retirer le certificat.

Art. 696-72. Lorsqu'il envisage d'opposer l'un des motifs de refus prévus aux 1° à 3° de l'article 696-73 ou au 2° de l'article 696-74, le juge des libertés et de la détention en informe l'autorité compétente de l'État d'émission si le procureur de la République ne l'a pas déjà fait et lui impartit un délai maximal de dix jours afin de lui permettre de fournir, le cas échéant, toutes informations supplémentaires.

Art. 696-73. La reconnaissance et l'exécution de la décision de placement sous contrôle judiciaire sont refusées dans les cas suivants :

1° Le certificat n'est pas produit, est incomplet ou ne correspond manifestement pas à une décision de placement sous contrôle judiciaire et n'a pas été complété ou corrigé dans le délai fixé;

2° Les conditions prévues aux articles 696-50 à 696-52 ne sont pas remplies, notamment lorsque, en application du 2° de l'article 696-52, la reconnaissance de la décision est subordonnée au consentement de la France et que ce consentement n'a pas été sollicité ou a été refusé;

3° La décision de placement sous contrôle judiciaire est fondée sur des infractions pour lesquelles la personne placée sous contrôle judiciaire a déjà été jugée définitivement par les juridictions françaises ou par celles d'un État de l'Union européenne autre que l'État d'émission, à condition que la peine ait été exécutée, soit en cours d'exécution ou ne puisse plus être mise à exécution selon la loi de l'État ayant prononcé cette condamnation ;

4° La décision est fondée sur des faits qui ne constituent pas des infractions au regard de la loi française.

Toutefois, ce motif de refus n'est pas opposable :

a) Lorsque la décision de placement sous contrôle judiciaire concerne une infraction qui, en vertu de la loi de l'État d'émission, entre dans l'une des catégories d'infractions mentionnées *(L. nº 2019-222 du 23 mars 2019, art. 70)* «à l'article 694-32» et y est punie d'une peine ou d'une mesure de sûreté privative de liberté d'une durée égale ou supérieure à trois ans d'emprisonnement ;

b) Lorsque la décision de placement sous contrôle judiciaire concerne une infraction en matière de taxes et d'impôts, de douane et de change, en raison de ce que le droit français n'impose pas le même type de taxes ou d'impôts ou ne contient pas le même type de réglementation en matière de taxes, d'impôts, de douane et de change que le droit de l'État d'émission ;

5° Les faits pouvaient être jugés par les juridictions françaises et la prescription de l'action publique est acquise selon la loi française à la date de la réception du certificat ;

6° La personne placée sous contrôle judiciaire bénéficie en France d'une immunité faisant obstacle à l'exécution de la décision ;

7° La décision a été prononcée à l'encontre d'un mineur de treize ans à la date des faits.

Art. 696-74. La reconnaissance et le suivi de la décision de placement sous contrôle judiciaire peuvent être refusés dans les cas suivants :

1° Lorsque la remise de la personne concernée ne pourrait être ordonnée en cas de délivrance à l'encontre de cette personne d'un mandat d'arrêt européen en raison du non-respect des mesures ordonnées dans le cadre du contrôle judiciaire ;

2° Lorsque la décision de placement sous contrôle judiciaire est fondée sur des infractions pour lesquelles la personne placée sous contrôle judiciaire a déjà été jugée définitivement par la juridiction d'un État non membre de l'Union européenne, à condition que la peine ait été exécutée, soit en cours d'exécution ou ne puisse plus être mise à exécution selon la législation de cet État.

Art. 696-75. Le juge des libertés et de la détention apprécie s'il y a lieu de procéder à l'adaptation des mesures de contrôle judiciaire ordonnées par l'autorité compétente de l'État d'émission.

Lorsque la nature de la mesure ordonnée par l'autorité compétente de l'État d'émission ne correspond pas aux mesures prévues par la législation française, le juge des libertés et de la détention remplace la mesure ordonnée par la mesure qui correspond le mieux à celle ordonnée et qui aurait pu être légalement prononcée par une autorité judiciaire française pour les mêmes faits.

La mesure de contrôle judiciaire ainsi adaptée ne peut être plus sévère que celle initialement prononcée.

Art. 696-76. Lorsque le juge des libertés et de la détention estime que la personne concernée ne pourrait pas être remise sur la base d'un mandat d'arrêt européen mais qu'il est possible de reconnaître néanmoins ladite décision et de prendre les mesures nécessaires au suivi des mesures ordonnées, il en informe sans délai l'autorité compétente de l'État d'émission.

Art. 696-77. Sous réserve de la suspension du délai résultant de l'avis donné à l'autorité compétente de l'État d'émission en application de l'article 696-72, le juge des libertés et de la détention décide s'il y a lieu de reconnaître la décision de placement sous contrôle judiciaire comme étant exécutoire sur le territoire de la République dans le délai maximal de sept jours ouvrables à compter de sa saisine par le procureur de la République.

La décision d'adaptation des mesures de contrôle judiciaire ordonnées par l'autorité compétente de l'État d'émission est motivée par référence à la législation française.

La décision de refus est motivée par référence aux articles 696-73 et 696-74.

Art. 696-78. La décision du juge des libertés et de la détention prise en application du premier alinéa de l'article 696-70 est notifiée sans délai à la personne placée sous contrôle judiciaire. Celle-ci est informée par une mention portée dans l'acte de notification que, si elle n'accepte pas cette décision, elle dispose d'un délai de cinq jours pour saisir la chambre de l'instruction d'une requête précisant, à peine d'irrecevabilité, les motifs de droit ou de fait de sa contestation et qu'elle a la possibilité de se faire représenter devant cette juridiction par un avocat de son choix ou, à défaut, par un avocat commis d'office par le bâtonnier de l'ordre des avocats.

Lorsque le juge des libertés et de la détention a procédé à l'adaptation des mesures de contrôle judiciaire ordonnées par l'autorité compétente de l'État d'émission, sa décision est portée sans délai à la connaissance de ces autorités par tout moyen laissant une trace écrite.

Art. 696-79. La décision du juge des libertés et de la détention prise en application du premier alinéa de l'article 696-70 est susceptible d'appel selon les modalités prévues aux articles 185 et 186.

Le recours ne permet pas de contester le principe du placement sous contrôle judiciaire, ni la nature des mesures ordonnées par l'État d'émission.

Art. 696-80. Sauf si un complément d'information a été ordonné, la chambre de l'instruction statue au plus tard dans les vingt jours ouvrables à compter de la déclaration d'appel, par une ordonnance motivée rendue en chambre du conseil.

Si la chambre de l'instruction estime nécessaire d'entendre la personne placée sous contrôle judiciaire, elle peut utiliser les moyens de télécommunication mentionnés à l'article 706-71, que la personne en cause demeure sur le territoire de la République ou à l'étranger.

La chambre de l'instruction peut, par une mesure d'administration judiciaire, autoriser l'État d'émission à intervenir à l'audience par l'intermédiaire d'une personne habilitée par ce même État à cet effet. Lorsque l'État d'émission est autorisé à intervenir, il ne devient pas partie à la procédure.

Lorsque la chambre de l'instruction envisage d'opposer l'un des motifs de refus prévus aux 1° à 3° de l'article 696-73 ou au 2° de l'article 696-74, il n'y a pas lieu d'informer l'autorité compétente de l'État d'émission s'il a déjà été procédé à cette information par le procureur de la République ou par le juge des libertés et de la détention en application de l'article 696-72.

Art. 696-81. La décision de la chambre de l'instruction est notifiée sans délai à la personne placée sous contrôle judiciaire. Celle-ci est informée par une mention portée dans l'acte de notification des voies et délais de recours.

Cette décision peut faire l'objet d'un pourvoi en cassation, par le procureur général ou par la personne concernée, dans les conditions énoncées aux articles 568-1 et 574-2.

Art. 696-82. Lorsque la décision relative à la reconnaissance de la décision de placement sous contrôle judiciaire et au suivi des mesures ordonnées ne peut être prise par le juge des libertés et de la détention dans les vingt jours ouvrables qui suivent la réception de la décision et du certificat, ou par la chambre de l'instruction dans les vingt jours ouvrables à compter de la déclaration d'appel, le procureur de la République en informe sans délai l'autorité compétente de l'État d'émission en lui indiquant les raisons du retard et le délai supplémentaire estimé nécessaire pour que soit prise la décision.

Dans le cas où le ministère public, le juge des libertés et de la détention ou la chambre de l'instruction a demandé à l'autorité compétente de l'État d'émission de compléter ou de corriger le certificat, le cours du délai prévu au premier alinéa du présent article est suspendu à compter de la demande jusqu'à la transmission par l'État d'émission des pièces demandées et au plus tard jusqu'à l'expiration du délai imparti en application de l'article 696-72.

Art. 696-83. Le ministère public informe sans délai l'autorité compétente de l'État d'émission des décisions définitives prises en application du premier alinéa de l'article 696-70.

Lorsque la décision consiste en un refus de reconnaissance et d'exécution des mesures ordonnées, ou comporte une adaptation des mesures ordonnées, le procureur de la République informe également l'autorité compétente de l'État d'émission des motifs de la décision.

Sous-section 3 – Suivi des décisions de contrôle judiciaire

Art. 696-84. Le suivi des mesures de contrôle judiciaire ordonnées est régi par le présent code.

Dès que la décision de placement sous contrôle judiciaire est reconnue comme exécutoire en France, le juge des libertés et de la détention prend les mesures nécessaires au suivi des mesures ordonnées, le cas échéant telles qu'elles ont été adaptées.

Lorsque la reconnaissance de la décision comprend une adaptation des mesures ou que l'autorité compétente de l'État d'émission a été informée par l'autorité judiciaire que la personne concernée ne pourra être remise en application d'un mandat d'arrêt européen, le suivi des mesures ordonnées ne peut débuter qu'à l'expiration d'un délai de dix jours à compter de la notification de cette décision ou de la transmission de cette information.

Art. 696-85. Si la personne placée sous contrôle judiciaire ne peut être retrouvée sur le territoire de la République, le juge des libertés et de la détention informe l'autorité compétente de l'État d'émission de l'impossibilité de surveiller les mesures ordonnées.

Art. 696-86. Au cours du suivi des mesures de contrôle, le juge des libertés et de la détention peut à tout moment inviter l'autorité compétente de l'État d'émission à fournir des informations pour indiquer si le suivi des mesures est toujours nécessaire.

Le juge des libertés et de la détention informe sans délai l'autorité compétente de l'État d'émission de tout manquement à une mesure et de toute autre constatation pouvant entraîner le réexamen, le retrait, la modification des mesures de contrôle judiciaire ordonnées ou l'émission d'un mandat d'arrêt ou de toute autre décision ayant le même effet.

Le juge des libertés et de la détention informe également l'autorité compétente de l'État d'émission, par tout moyen laissant une trace écrite, de tout changement de résidence de la personne concernée.

Art. 696-87. Lorsque le juge des libertés et de la détention a transmis plusieurs avis en application du deuxième alinéa de l'article 696-86 concernant la même personne à l'autorité compétente de l'État d'émission sans que celle-ci ait pris de décision de réexamen, de retrait, de modification des mesures de contrôle judiciaire ordonnées et sans qu'un mandat d'arrêt ou toute autre décision ayant le même effet ait été ordonné, il peut inviter l'autorité compétente de l'État d'émission à rendre une telle décision, en lui accordant un délai raisonnable pour le faire.

Art. 696-88. Si l'autorité compétente de l'État d'émission ne statue pas dans le délai précisé par le juge des libertés et de la détention, celui-ci peut décider de mettre un terme au suivi des mesures ordonnées.

Art. 696-89. Lorsque le juge des libertés et de la détention est avisé que la personne concernée établit sa résidence régulière et habituelle dans un autre État, il en informe sans délai et par tout moyen laissant une trace écrite les autorités compétentes de l'État d'émission. Dans ce cas, le juge des libertés et de la détention est dessaisi du suivi des mesures ordonnées.

CHAPITRE VII
De l'exécution des décisions de protection européenne au sein des états membres de l'union européenne en application de la directive 2011/99/UE du parlement européen et du conseil, du 13 décembre 2011, relative à la décision de protection européenne

(L. n° 2015-993 du 17 août 2015, art. 6, en vigueur le 1er oct. 2015)

Art. 696-90. Une décision de protection européenne peut être émise par l'autorité compétente d'un État membre, appelé État d'émission, aux fins d'étendre sur le territoire d'un autre État membre, appelé État d'exécution, une mesure de protection adoptée dans l'État d'émission, imposant à une personne suspectée, poursuivie ou condamnée et pouvant être à l'origine d'un danger encouru par la victime de l'infraction, une ou plusieurs des interdictions suivantes :

1° Une interdiction de se rendre dans certains lieux, dans certains endroits ou dans certaines zones définies dans lesquelles la victime se trouve ou qu'elle fréquente ;

2° Une interdiction ou une réglementation des contacts avec la victime ;

3° Une interdiction d'approcher la victime à moins d'une certaine distance, ou dans certaines conditions.

Section première – Dispositions relatives à l'émission d'une décision de protection européenne par les autorités françaises

Art. 696-91. Une décision de protection européenne peut être émise par le procureur de la République, sur demande de la victime ou de son représentant légal. La victime est informée de ce droit lorsqu'est prise à son bénéfice une des interdictions mentionnées à l'article 696-90.

Le procureur de la République compétent est celui près le tribunal de grande instance dans le ressort duquel se trouve l'autorité compétente qui a ordonné l'interdiction sur le fondement de laquelle peut être émise une décision de protection européenne.

Si le procureur de la République auquel la demande a été adressée n'est pas compétent, il la transmet sans délai au procureur de la République compétent et en avise la victime.

Art. 696-92. Le procureur de la République vérifie si la décision fondant la mesure de protection a été adoptée selon une procédure contradictoire.

Si tel n'est pas le cas, le procureur de la République notifie à l'auteur de l'infraction la décision ou le jugement contenant les mesures de protection dont il entend étendre les effets, avant de prendre la décision de protection européenne.

Art. 696-93. Lorsqu'il est saisi d'une demande d'émission d'une décision de protection européenne, le procureur de la République apprécie la nécessité d'y faire droit en tenant compte notamment de la durée du séjour envisagé par la victime dans l'État d'exécution.

Il peut procéder ou faire procéder à tout complément d'enquête qu'il estime utile.

Art. 696-94. Les mesures de protection qui se fondent sur une décision, une ordonnance, un jugement ou un arrêt qui a été transmis pour exécution à un autre État membre en application des articles 696-48 à 696-65 ou des articles 764-1 à 764-17 ne peuvent donner lieu à l'émission en France d'une décision de protection européenne.

Art. 696-95. Le procureur de la République transmet la décision de protection européenne à l'autorité compétente de l'État d'exécution par tout moyen laissant une trace écrite et dans des conditions permettant au destinataire d'en vérifier l'authenticité, accompagnée de sa traduction soit dans l'une des langues officielles de l'État d'exécution, soit dans l'une de celles des institutions de l'Union européenne acceptées par cet État.

Le procureur de la République transmet une copie de la décision de protection européenne à l'autorité judiciaire française qui a décidé la mesure de protection sur le fondement de laquelle a été émise la décision de protection européenne.

Art. 696-96. L'autorité judiciaire qui a prononcé la décision sur le fondement de laquelle le procureur de la République a émis une décision de protection européenne informe celui-ci :

1° De toute modification ou révocation de cette mesure;

2° Du transfèrement de l'exécution de cette mesure à un autre État membre, appelé État de surveillance, en application des articles 696-48 à 696-65 ou des articles 764-1 à 764-17, lorsque ce transfert a donné lieu à l'adoption de mesures sur le territoire de l'État de surveillance.

Le procureur de la République modifie ou révoque en conséquence la décision de protection européenne, et en informe sans délai l'autorité compétente de l'État d'exécution de la décision de protection européenne.

Section II – Dispositions relatives à la reconnaissance et à l'exécution par les autorités françaises d'une décision de protection européenne

Art. 696-97. Le procureur de la République reçoit les demandes tendant à la reconnaissance et à l'exécution sur le territoire de la République des décisions de protection européennes émises par les autorités compétentes des autres États membres.

Le procureur de la République compétent est celui dans le ressort duquel la victime projette de séjourner ou de résider. A défaut, le procureur de la République près le tribunal de grande instance de Paris est compétent.

Si le procureur de la République auquel la décision de protection européenne a été transmise par l'État membre d'émission n'est pas compétent pour y donner suite, il la transmet sans délai au procureur de la République compétent et en informe l'autorité compétente de l'État d'émission.

Art. 696-98. Le procureur de la République peut procéder ou faire procéder à tout complément d'enquête qu'il estime utile.

S'il estime que les informations accompagnant la décision de protection européenne sont incomplètes, il en informe sans délai l'autorité compétente de l'État d'émission et lui impartit un délai maximal de dix jours pour lui communiquer les informations demandées.

Art. 696-99. Dans les sept jours ouvrables à compter de la réception de la décision de protection européenne ou des informations complémentaires demandées en application de l'article 696-98, le procureur de la République saisit le juge des libertés et de la détention de la demande de reconnaissance et de mise à exécution de la décision de protection européenne, accompagnée de ses réquisitions.

Le juge des libertés et de la détention statue sur les demandes de reconnaissance des décisions de protection européenne dans un délai de dix jours à compter de la saisine du procureur de la République.

Art. 696-100. La reconnaissance de la décision de protection européenne est refusée dans les cas suivants :

1° La décision de protection européenne est incomplète ou n'a pas été complétée dans le délai fixé par l'autorité compétente de l'État d'exécution;

2° Les conditions énoncées à l'article 696-90 ne sont pas remplies;

3° La mesure de protection a été prononcée sur le fondement d'un comportement qui ne constitue pas une infraction selon la loi française;

4° La décision de protection européenne est fondée sur l'exécution d'une mesure ou d'une sanction concernant un comportement qui relève de la compétence des juridictions françaises et qui a donné lieu à une amnistie conformément à la législation française;

5° L'auteur de l'infraction bénéficie en France d'une immunité qui fait obstacle à l'exécution en France de la décision de protection européenne;

6° La décision de protection européenne est fondée sur des faits qui pouvaient être jugés par les juridictions françaises et la prescription de l'action publique est acquise selon la loi française;

7° La décision de protection européenne est fondée sur des infractions pour lesquelles la personne soupçonnée, poursuivie ou condamnée a déjà été jugée définitivement par les juridictions françaises ou par celles d'un État membre autre que l'État d'émission, à condition que la peine ait été exécutée, soit en cours d'exécution ou ne puisse plus être mise à exécution selon la loi de l'État membre ayant prononcé cette condamnation ;

8° L'auteur de l'infraction était âgé de moins de treize ans à la date des faits.

Art. 696-101. La reconnaissance de la décision de protection européenne peut être refusée si cette décision est fondée :

1° Sur des infractions commises en totalité, en majeure partie ou pour l'essentiel sur le territoire de la République ou en un lieu assimilé ;

2° Sur des infractions pour lesquelles la personne soupçonnée, poursuivie ou condamnée a déjà été jugée définitivement par les juridictions d'un autre État qui n'est pas membre de l'Union européenne, à condition que la peine ait été exécutée, soit en cours d'exécution ou ne puisse plus être mise à exécution selon la loi de l'État ayant prononcé cette condamnation.

Art. 696-102. Lorsqu'il décide de reconnaître la décision de protection européenne, le juge des libertés et de la détention détermine les mesures de protection prévues par la législation française pour assurer la protection de la victime. La mesure adoptée correspond, dans la mesure la plus large possible, à celle adoptée dans l'État d'émission.

Il statue par ordonnance précisant la mesure à respecter sur le territoire de la République et rappelant les dispositions de l'article 434-42-1 du code pénal.

Art. 696-103. L'ordonnance du juge des libertés et de la détention prise en application de l'article 696-102 est notifiée sans délai à l'auteur de l'infraction.

L'auteur de l'infraction est, en outre, informé par une mention portée dans l'acte de notification qu'il dispose d'un délai de cinq jours pour saisir la chambre de l'instruction d'une requête précisant, à peine d'irrecevabilité, les motifs de droit ou de fait de sa contestation.

Le juge des libertés et de la détention informe l'autorité compétente de l'État d'émission, par tout moyen laissant une trace écrite, de la mesure de protection adoptée et des conséquences encourues en cas de violation de cette mesure.

Art. 696-104. Le juge des libertés et de la détention informe l'autorité compétente de l'État d'émission, par tout moyen laissant une trace écrite, ainsi que la victime, de toute décision de refus et en précise les motifs dans les dix jours à compter de sa décision.

A cette occasion, il informe la victime qu'elle dispose d'un délai de cinq jours pour saisir la chambre de l'instruction aux fins de contester ce refus.

Art. 696-105. Le procureur de la République informe sans délai l'autorité compétente de l'État d'émission, par tout moyen laissant une trace écrite, de tout manquement aux mesures exécutoires sur le territoire de la République.

Art. 696-106. Lorsque le juge des libertés et de la détention a été informé par l'autorité compétente de l'État d'émission d'une modification des mesures fondant la décision de protection européenne, il modifie en conséquence les mesures reconnues et mises à exécution. Si ces mesures ne relèvent plus de celles mentionnées à l'article 696-90, il donne mainlevée de la mesure exécutoire en France.

Art. 696-107. Le juge des libertés et de la détention met fin à l'exécution de la décision de protection dès qu'il est informé par l'autorité compétente de l'État d'émission de sa révocation.

Il peut également mettre fin à ces mesures :

1° Lorsqu'il existe des éléments permettant d'établir que la victime ne réside pas ou ne séjourne pas sur le territoire de la République, ou qu'elle l'a quitté ;

2° Lorsque, à la suite de la modification par l'État d'émission de la décision de protection européenne, les conditions prévues à l'article 696-90 ne sont plus remplies, ou les informations transmises par cet État sont insuffisantes pour lui permettre de modifier en conséquence les mesures prises en application de la décision de protection européenne ;

3° Lorsque la condamnation ou la décision fondant la décision de protection européenne a été transmise pour exécution aux autorités françaises conformément aux articles 696-66 et 764-18, postérieurement à la reconnaissance sur le territoire de la République de la décision de protection européenne.

Le juge des libertés et de la détention en informe sans délai la victime. Il en informe également l'autorité compétente de l'État membre d'émission, par tout moyen laissant une trace écrite et permettant au destinataire d'en vérifier l'authenticité.

II – L'EXÉCUTION DE LA PEINE

CHAPITRE 1
L'interdiction de la peine de mort

343 Deuxième protocole facultatif se rapportant au Pacte international relatif aux droits civils et politiques, visant à abolir la peine de mort

Date d'adoption : 15 décembre 1989

Les États parties au présent Protocole,

Convaincus que l'abolition de la peine de mort contribue à promouvoir la dignité humaine et le développement progressif des droits de l'homme,

Rappelant l'article 3 de la Déclaration universelle des droits de l'homme adoptée le 10 décembre 1948, ainsi que l'article 6 du Pacte international relatif aux droits civils et politiques adopté le 16 décembre 1966,

Notant que l'article 6 du Pacte international relatif aux droits civils et politiques se réfère à l'abolition de la peine de mort en des termes qui suggèrent sans ambiguïté que l'abolition de cette peine est souhaitable,

Convaincus que toutes les mesures prises touchant l'abolition de la peine de mort doivent être considérées comme un progrès quant à la jouissance du droit à la vie,

Désireux de prendre, par le présent Protocole, l'engagement international d'abolir la peine de mort,

Sont convenus de ce qui suit :

Art. 1er. 1. Aucune personne relevant de la juridiction d'un État partie au présent Protocole ne sera exécutée.

2. Chaque État partie prendra toutes les mesures voulues pour abolir la peine de mort dans le ressort de sa juridiction.

Art. 2. 1. Il ne sera admis aucune réserve au présent Protocole, en dehors de la réserve formulée lors de la ratification ou de l'adhésion et prévoyant l'application de la peine de mort en temps de guerre à la suite d'une condamnation pour un crime de caractère militaire, d'une gravité extrême, commis en temps de guerre.

2. L'État partie formulant une telle réserve communiquera au Secrétaire général de l'Organisation des Nations Unies, lors de la ratification ou de l'adhésion, les dispositions pertinentes de sa législation interne qui s'appliquent en temps de guerre.

3. L'État partie ayant formulé une telle réserve notifiera au Secrétaire général de l'Organisation des Nations Unies la proclamation ou la levée de l'état de guerre sur son territoire.

Art. 3. Les États parties au présent Protocole feront état, dans les rapports qu'ils présentent au Comité des droits de l'homme en vertu de l'article 40 du Pacte, des mesures qu'ils auront adoptées pour donner effet au présent Protocole.

Art. 4. En ce qui concerne les États parties au Pacte qui ont fait la déclaration prévue à l'article 41, la compétence reconnue au Comité des droits de l'homme pour recevoir et examiner des communications dans lesquelles un État partie prétend qu'un autre État partie ne s'acquitte pas de ses obligations s'étend aux dispositions du présent Protocole, à moins que l'État partie en cause n'ait fait une déclaration en sens contraire lors de la ratification ou de l'adhésion.

Art. 5. En ce qui concerne les États parties au premier Protocole facultatif se rapportant au Pacte international relatif aux droits civils et politiques adopté le 16 décembre 1966, la compétence reconnue au Comité des droits de l'homme pour recevoir et examiner des communications émanant de particuliers relevant de leur juridiction s'étend aux dispositions du présent Protocole, à moins que l'État partie en cause n'ait fait une déclaration en sens contraire lors de la ratification ou de l'adhésion.

Art. 6. 1. Les dispositions du présent Protocole s'appliquent en tant que dispositions additionnelles du Pacte.

2. Sans préjudice de la possibilité de formuler la réserve prévue à l'article 2 du présent Protocole, le droit garanti au paragraphe 1 de l'article premier du présent Protocole ne peut faire l'objet d'aucune des dérogations visées à l'article 4 du Pacte.

Art. 7. 1. Le présent Protocole est ouvert à la signature de tout État qui a signé le Pacte.

2. Le présent Protocole est soumis à la ratification de tout État qui a ratifié le Pacte ou qui y a adhéré. Les instruments de ratification seront déposés auprès du Secrétaire général de l'Organisation des Nations Unies.

3. Le présent Protocole sera ouvert à l'adhésion de tout État qui a ratifié le Pacte ou qui y a adhéré.

4. L'adhésion se fera par le dépôt d'un instrument d'adhésion auprès du Secrétaire général de l'Organisation des Nations Unies.

5. Le Secrétaire général de l'Organisation des Nations Unies informera tous les États qui ont signé le présent Protocole ou qui y ont adhéré du dépôt de chaque instrument de ratification ou d'adhésion.

Art. 8. 1. Le présent Protocole entrera en vigueur trois mois après la date du dépôt auprès du Secrétaire général de l'Organisation des Nations Unies du dixième instrument de ratification ou d'adhésion.

2. Pour chacun des États qui ratifieront le présent Protocole ou y adhéreront après le dépôt du dixième instrument de ratification ou d'adhésion, ledit Protocole entrera en vigueur trois mois après la date du dépôt par cet État de son instrument de ratification ou d'adhésion.

Art. 9. Les dispositions du présent Protocole s'appliquent, sans limitation ni exception aucune, à toutes les unités constitutives des États fédératifs.

Art. 10. Le Secrétaire général de l'Organisation des Nations Unies informera tous les États visés au paragraphe 1 de l'article 48 du Pacte :

a) Des réserves, communications et notifications reçues au titre de l'article 2 du présent Protocole;

b) Des déclarations faites en vertu des articles 4 ou 5 du présent Protocole;

c) Des signatures apposées au présent Protocole et des instruments de ratification et d'adhésion déposés conformément à l'article 7 du présent Protocole;

d) De la date à laquelle le présent Protocole entrera en vigueur conformément à l'article 8 de celui-ci.

Art. 11. 1. Le présent Protocole, dont les textes anglais, arabe, chinois, espagnol, français et russe font également foi, sera déposé aux archives de l'Organisation des Nations Unies.

2. Le Secrétaire général de l'Organisation des Nations Unies transmettra une copie certifiée conforme du présent Protocole à tous les États visés à l'article 48 du Pacte.

344 Protocole n° 6 à la Convention européenne des droits de l'homme et des libertés fondamentales

Les États membres du Conseil de l'Europe, signataires du présent Protocole à la Convention de sauvegarde des Droits de l'Homme et des Libertés fondamentales, signée à Rome le 4 novembre 1950 (ci-après dénommée " la Convention "),

Considérant que les développements intervenus dans plusieurs États membres du Conseil de l'Europe expriment une tendance générale en faveur de l'abolition de la peine de mort,

Sont convenus de ce qui suit :

Art. 1er. *Abolition de la peine de mort.* La peine de mort est abolie. Nul ne peut être condamné à une telle peine ni exécuté.

Art. 2. *Peine de mort en temps de guerre.* Un État peut prévoir dans sa législation la peine de mort pour des actes commis en temps de guerre ou de danger imminent de guerre; une telle peine ne sera appliquée que dans les cas prévus par cette législation et conformément à ses dispositions. Cet État communiquera au Secrétaire Général du Conseil de l'Europe les dispositions afférentes de la législation en cause.

Art. 3. *Interdiction de dérogations.* Aucune dérogation n'est autorisée aux dispositions du présent Protocole au titre de l'article 15 de la Convention.

Art. 4. *Interdiction de réserves.* Aucune réserve n'est admise aux dispositions du présent Protocole en vertu de l'article 57 de la Convention.

Art. 5. *Application territoriale.* 1. Tout État peut, au moment de la signature ou au moment du dépôt de son instrument de ratification, d'acceptation ou d'approbation, désigner le ou les territoires auxquels s'appliquera le présent Protocole.

2. Tout État peut, à tout autre moment par la suite, par une déclaration adressée au Secrétaire Général du Conseil de l'Europe, étendre l'application du présent Protocole à tout autre territoire désigné dans la déclaration. Le Protocole entrera en vigueur à l'égard de ce territoire le premier jour du mois qui suit la date de réception de la déclaration par le Secrétaire Général.

3. Toute déclaration faite en vertu des deux paragraphes précédents pourra être retirée, en ce qui concerne tout territoire désigné dans cette déclaration, par notification

adressée au Secrétaire Général. Le retrait prendra effet le premier jour du mois qui suit la date de réception de la notification par le Secrétaire Général.

Art. 6. *Relations avec la Convention.* Les États Parties considèrent les articles 1 à 5 du présent Protocole comme des articles additionnels à la Convention et toutes les dispositions de la Convention s'appliquent en conséquence.

Art. 7. *Signature et ratification.* Le présent Protocole est ouvert à la signature des États membres du Conseil de l'Europe, signataires de la Convention. Il sera soumis à ratification, acceptation ou approbation. Un État membre du Conseil de l'Europe ne pourra ratifier, accepter ou approuver le présent Protocole sans avoir simultanément ou antérieurement ratifié la Convention. Les instruments de ratification, d'acceptation ou d'approbation seront déposés près le Secrétaire Général du Conseil de l'Europe.

Art. 8. *Entrée en vigueur.* 1. Le présent Protocole entrera en vigueur le premier jour du mois qui suit la date à laquelle cinq États membres du Conseil de l'Europe auront exprimé leur consentement à être liés par le Protocole conformément aux dispositions de l'article 7.

2. Pour tout État membre qui exprimera ultérieurement son consentement à être lié par le Protocole, celui-ci entrera en vigueur le premier jour du mois qui suit la date du dépôt de l'instrument de ratification, d'acceptation ou d'approbation.

Art. 9. *Fonctions du dépositaire.* Le Secrétaire Général du Conseil de l'Europe notifiera aux États membres du Conseil :

a. toute signature;

b. le dépôt de tout instrument de ratification, d'acceptation ou d'approbation;

c. toute date d'entrée en vigueur du présent Protocole conformément à ses articles 5 et 8;

d. tout autre acte, notification ou communication ayant trait au présent Protocole.

En foi de quoi, les soussignés, dûment autorisés à cet effet, ont signé le présent Protocole.

Fait à Strasbourg, le 28 avril 1983, en français et en anglais, les deux textes faisant également foi, en un seul exemplaire, qui sera déposé dans les archives du Conseil de l'Europe. Le Secrétaire Général du Conseil de l'Europe en communiquera copie certifiée conforme à chacun des États membres du Conseil de l'Europe.

345 Protocole n° 13 à la Convention européenne des droits de l'homme et des libertés fondamentales

Les États membres du Conseil de l'Europe, signataires du présent Protocole,

Convaincus que le droit de toute personne à la vie est une valeur fondamentale dans une société démocratique, et que l'abolition de la peine de mort est essentielle à la protection de ce droit et à la pleine reconnaissance de la dignité inhérente à tous les êtres humains;

Souhaitant renforcer la protection du droit à la vie garanti par la Convention de sauvegarde des Droits de l'Homme et des Libertés Fondamentales signée à Rome le 4 novembre 1950 (ci-après dénommée "la Convention");

Notant que le Protocole n° 6 à la Convention concernant l'abolition de la peine de mort, signé à Strasbourg le 28 avril 1983, n'exclut pas la peine de mort pour des actes commis en temps de guerre ou de danger imminent de guerre;

Résolus à faire le pas ultime afin d'abolir la peine de mort en toutes circonstances,
Sont convenus de ce qui suit :

Art. 1er. *Abolition de la peine de mort.* La peine de mort est abolie. Nul ne peut être condamné à une telle peine ni exécuté.

Art. 2. *Interdiction de dérogations.* Aucune dérogation n'est autorisée aux dispositions du présent Protocole au titre de l'article 15 de la Convention.

Art. 3. *Interdiction de réserves.* Aucune réserve n'est admise aux dispositions du présent Protocole au titre de l'article 57 de la Convention.

Art. 4. *Application territoriale.* 1. Tout État peut, au moment de la signature ou au moment du dépôt de son instrument de ratification, d'acceptation ou d'approbation, désigner le ou les territoires auxquels s'appliquera le présent Protocole.

2. Tout État peut, à tout autre moment par la suite, par une déclaration adressée au Secrétaire Général du Conseil de l'Europe, étendre l'application du présent Protocole à tout autre territoire désigné dans la déclaration. Le Protocole entrera en vigueur à l'égard de ce territoire le premier jour du mois qui suit l'expiration d'une période de trois mois après la date de réception de la déclaration par le Secrétaire Général.

3. Toute déclaration faite en vertu des deux paragraphes précédents pourra être retirée ou modifiée, en ce qui concerne tout territoire désigné dans cette déclaration, par notification adressée au Secrétaire Général. Le retrait ou la modification prendra effet le premier jour du mois qui suit l'expiration d'une période de trois mois après la date de réception de la notification par le Secrétaire Général.

Art. 5. *Relations avec la Convention.* Les États Parties considèrent les articles 1 à 4 du présent Protocole comme des articles additionnels à la Convention, et toutes les dispositions de la Convention s'appliquent en conséquence.

Art. 6. *Signature et ratification.* Le présent Protocole est ouvert à la signature des États membres du Conseil de l'Europe qui ont signé la Convention. Il sera soumis à ratification, acceptation ou approbation. Un État membre du Conseil de l'Europe ne peut ratifier, accepter ou approuver le présent Protocole sans avoir simultanément ou antérieurement ratifié la Convention. Les instruments de ratification, d'acceptation ou d'approbation seront déposés près le Secrétaire Général du Conseil de l'Europe.

Art. 7. *Entrée en vigueur.* 1. Le présent Protocole entrera en vigueur le premier jour du mois qui suit l'expiration d'une période de trois mois après la date à laquelle dix États membres du Conseil de l'Europe auront exprimé leur consentement à être liés par le présent Protocole conformément aux dispositions de son article 6.

2. Pour tout État membre qui exprimera ultérieurement son consentement à être lié par le présent Protocole, celui-ci entrera en vigueur le premier jour du mois qui suit l'expiration d'une période de trois mois après la date du dépôt de l'instrument de ratification, d'acceptation ou d'approbation.

Art. 8. *Fonctions du dépositaire.* Le Secrétaire Général du Conseil de l'Europe notifiera à tous les États membres du Conseil de l'Europe :

a. toute signature;

b. le dépôt de tout instrument de ratification, d'acceptation ou d'approbation;

c. toute date d'entrée en vigueur du présent Protocole conformément à ses articles 4 et 7;

d. tout autre acte, notification ou communication, ayant trait au présent Protocole.

En foi de quoi, les soussignés, dûment autorisés à cet effet, ont signé le présent Protocole.

Fait à Vilnius, le 3 mai 2002, en français et en anglais, les deux textes faisant également foi, en un seul exemplaire qui sera déposé dans les archives du Conseil de l'Europe. Le Secrétaire Général du Conseil de l'Europe en communiquera copie certifiée conforme à chacun des États membres du Conseil de l'Europe.

346 Charte des droits fondamentaux de l'Union européenne (article 2.2)

TITRE I

DIGNITÉ

Art. 2. *Droit à la vie.* 2. Nul ne peut être condamné à la peine de mort, ni exécuté.

347 Constitution du 4 octobre 1958 (article 66-1)

TITRE VIII

DE L'AUTORITÉ JUDICIAIRE

Art. 66-1. *(L. const. n° 2007-239 du 23 févr. 2007)* Nul ne peut être condamné à la peine de mort.

CHAPITRE 2
La détention et les peines alternatives

Section 1
La détention

A – LES MODALITÉS DE LA DÉTENTION

348 Code de procédure pénale (articles 714 à 723-39 et 728-2 à 728-76)

TITRE DEUXIÈME
DE LA DÉTENTION

CHAPITRE PREMIER
De l'exécution de la détention provisoire

Art. 714. *(L. n° 93-2 du 4 janv. 1993)* «Les personnes mises en examen», prévenus et accusés soumis à la détention provisoire la subissent dans une maison d'arrêt.

Il y a une maison d'arrêt près de chaque tribunal de grande instance, de chaque cour d'appel et de chaque cour d'assises, sauf auprès des tribunaux et des cours qui sont désignés par décret. Dans ce dernier cas, le décret détermine la ou les maisons d'arrêt où sont retenus les prévenus, appelants ou accusés ressortissant à chacune de ces juridictions.

(L. n° 2019-222 du 23 mars 2019, art. 88) «A titre exceptionnel, au regard de leur personnalité ou de leur comportement, les personnes mentionnées au premier alinéa peuvent être incarcérées dans un établissement pour peines lorsque cette décision apparaît nécessaire à la prévention des évasions ou au maintien de la sécurité et du bon ordre des établissements pénitentiaires.

«Les prévenus peuvent également être affectés dans un établissement pour peines au sein d'un quartier spécifique, dans les conditions prévues à l'article 726-2.»

Art. 715. Le juge d'instruction, le président de la chambre de l'instruction et le président de la cour d'assises, ainsi que le procureur de la République et le procureur général, peuvent donner tous les ordres nécessaires soit pour l'instruction, soit pour le jugement, qui devront être exécutés dans les maisons d'arrêt.

Art. 715-1. *(L. n° 2009-1436 du 24 nov. 2009, art. 87-I)* Toutes communications et toutes facilités compatibles avec les exigences de la sécurité de la prison sont accordées aux personnes mises en examen, prévenus et accusés pour l'exercice de leur défense.

Art. 716. *(L. n° 2009-1436 du 24 nov. 2009, art. 87-II)* Les personnes mises en examen, prévenus et accusés soumis à la détention provisoire sont placés en cellule individuelle. Il ne peut être dérogé à ce principe que dans les cas suivants :

1° Si les intéressés en font la demande;

2° Si leur personnalité justifie, dans leur intérêt, qu'ils ne soient pas laissés seuls;

3° S'ils ont été autorisés à travailler ou à suivre une formation professionnelle ou scolaire et que les nécessités d'organisation l'imposent.

Lorsque les personnes mises en examen, prévenus et accusés sont placés en cellule collective, les cellules doivent être adaptées au nombre des personnes détenues qui y sont hébergées. Celles-ci doivent être aptes à cohabiter. Leur sécurité et leur dignité doivent être assurées.

Art. 716-1 A. *(L. n° 2016-987 du 21 juill. 2016, art. 9)* Les personnes mises en examen, prévenues et accusées soumises à la détention provisoire, faisant l'objet d'un mandat de dépôt criminel et d'une mesure d'isolement, dont l'évasion ou le suicide pourraient avoir un impact important sur l'ordre public eu égard aux circonstances particulières à l'origine de leur incarcération et à l'impact de celles-ci sur l'opinion publique, peuvent faire l'objet des mesures de vidéosurveillance prévues à l'article 58-1 de la loi n° 2009-1436 du 24 novembre 2009 pénitentiaire.

CHAPITRE II

De l'exécution des peines privatives de liberté

Section première

Dispositions générales *(L. n° 97-1159 du 19 déc. 1997).*

Art. 716-1. *(L. n° 92-1336 du 16 déc. 1992, en vigueur le 1er mars 1994)* La peine d'un jour d'emprisonnement est de vingt-quatre heures. Celle d'un mois est de trente jours. Celle de plus d'un mois se calcule de quantième en quantième.

Art. 716-2. *(L. n° 92-1336 du 16 déc. 1992, en vigueur le 1er mars 1994)* La durée de toute peine privative de liberté est *(L. n° 2004-204 du 9 mars 2004, art. 164, en vigueur le 1er janv. 2005)* «comptée» du jour où le condamné est détenu en vertu d'une condamnation définitive.

Art. 716-3. *(L. n° 92-1336 du 16 déc. 1992, en vigueur le 1er mars 1994)* Le condamné dont l'incarcération devrait prendre fin un jour de fête légale ou un dimanche sera libéré le jour ouvrable précédent.

Art. 716-4. *(L. n° 92-1336 du 16 déc. 1992)* Quand il y a eu détention provisoire à quelque stade que ce soit de la procédure, cette détention est intégralement déduite de la durée de la peine prononcée ou, s'il y a lieu, de la durée totale de la peine à subir après confusion. *(L. n° 2000-516 du 15 juin 2000, art. 69, en vigueur le 1er janv. 2001)* «Il en est de même, s'agissant d'une détention provisoire ordonnée dans le cadre d'une procédure suivie pour les mêmes faits que ceux ayant donné lieu à condamnation, si cette procédure a été ultérieurement annulée.»

Les dispositions de l'alinéa précédent sont également applicables à la privation de liberté subie en exécution d'un mandat d'amener ou d'arrêt, à l'incarcération subie hors de France *(L. n° 2004-204 du 9 mars 2004, art. 18-III)* «en exécution d'un mandat d'arrêt européen ou» sur la demande d'extradition et à l'incarcération subie en application *(L. n° 2004-204 du 9 mars 2004, art. 183-XIII, en vigueur le 1er janv. 2005)* «du *(L. n° 2007-297 du 5 mars 2007, art. 71)* «septième» alinéa de l'article 712-17 *(L. n° 2005-1549 du 12 déc. 2005, art. 39)* «, de l'article 712-19» *(L. n° 2013-711 du*

5 août 2013, art. 24) «, de l'article 728-67» et de l'article 747-3». — *Entrée en vigueur le 1er mars 1994.*

(L. n° 2016-731 du 3 juin 2016, art. 12) «Quand il y a eu détention provisoire à quelque stade que ce soit de la procédure, cette détention est également intégralement déduite de la durée de la période de sûreté dont la peine est, le cas échéant, accompagnée nonobstant l'exécution simultanée d'autres peines d'emprisonnement.»

Art. 716-5. *(L. n° 2009-1436 du 24 nov. 2009, art. 95-II)* «Afin d'assurer l'exécution d'une peine d'emprisonnement ou de réclusion, le procureur de la République et le procureur général peuvent autoriser les agents de la force publique à pénétrer au domicile de la personne condamnée afin de se saisir de celle-ci. Cependant, les agents ne peuvent s'introduire au domicile de la personne avant 6 heures et après 21 heures.»

(L. n° 2004-204 du 9 mars 2004, art. 189, en vigueur le 1er janv. 2005) Toute personne arrêtée en vertu d'un extrait de jugement ou d'arrêt portant condamnation à une peine d'emprisonnement ou de réclusion peut être retenue vingt-quatre heures dans un local de police ou de gendarmerie, aux fins de vérifications de son identité, de sa situation pénale ou de sa situation personnelle.

Le procureur de la République *(L. n° 2009-1436 du 24 nov. 2009, art. 95-II)* «, ou le procureur général,» en est informé dès le début de la mesure.

La personne arrêtée est immédiatement avisée par l'officier de police judiciaire qu'elle peut exercer les droits prévus par les articles 63-2, 63-3 et 63-4.

Lorsque, à l'issue de la mesure, le procureur de la République *(L. n° 2009-1436 du 24 nov. 2009, art. 95-II)* «, ou le procureur général,» envisage de ramener la peine à exécution, il peut ordonner que la personne soit conduite devant lui. Après avoir recueilli les observations éventuelles de la personne, le procureur de la République lui notifie s'il y a lieu le titre d'écrou.

Le procureur de la République *(L. n° 2009-1436 du 24 nov. 2009, art. 95-II)* «, ou le procureur général,» peut également demander à un officier ou un agent de police judiciaire d'aviser la personne qu'elle est convoquée devant le juge de l'application des peines, ou ordonner qu'elle soit conduite devant ce magistrat, lorsque celui-ci doit être saisi pour décider des modalités d'exécution de la peine.

Art. 717. *(L. n° 2002-1138 du 9 sept. 2002, art. 50)* «Les condamnés purgent leur peine dans un établissement pour peines.»

Les condamnés à l'emprisonnement d'une durée inférieure ou égale à *(L. n° 2009-1436 du 24 nov. 2009, art. 88)* «deux ans» peuvent, cependant, à titre exceptionnel, être maintenus en maison d'arrêt et incarcérés, dans ce cas, dans un quartier distinct, lorsque des conditions tenant à la préparation de leur libération, leur situation familiale ou leur personnalité le justifient. Peuvent également, dans les mêmes conditions, être affectés, à titre exceptionnel, en maison d'arrêt, les condamnés auxquels il reste à subir une peine d'une durée inférieure à un an. *(L. n° 2009-1436 du 24 nov. 2009, art. 88)* «Toute personne condamnée détenue en maison d'arrêt à laquelle il reste à subir une peine d'une durée supérieure à deux ans peut, à sa demande, obtenir son transfèrement dans un établissement pour peines dans un délai de neuf mois à compter du jour où sa condamnation est devenue définitive. Cependant, elle peut être maintenue en maison d'arrêt lorsqu'elle bénéficie d'un aménagement de peine ou est susceptible d'en bénéficier rapidement.» *(L. n° 2019-222 du 23 mars 2019, art. 88)* «Les condamnés peuvent également être affectés en maison d'arrêt au sein d'un quartier spécifique dans les conditions prévues à l'article 726-2.»

Art. 717-1 A. *(L. n° 2008-174 du 25 févr. 2008, art. 1er-III)* Dans l'année qui suit sa condamnation définitive, la personne condamnée à une peine de réclusion criminelle d'une durée égale ou supérieure à quinze ans pour l'une des infractions visées à l'article 706-53-13 est placée, pour une durée d'au moins six semaines, dans un service spécialisé permettant de déterminer les modalités de la prise en charge sociale et sanitaire au cours de l'exécution de sa peine. Au vu de cette évaluation, le juge de l'application des peines définit un parcours d'exécution de la peine individualisé. Si la personne souffre de troubles psychiatriques, sur indication médicale, elle fait l'objet d'une prise en charge adaptée à ses besoins, le cas échéant en hospitalisation.

Art. 717-1. *(L. n° 2009-1436 du 24 nov. 2009, art. 89-I)* «Dès leur accueil dans l'établissement pénitentiaire et à l'issue d'une période d'observation pluridisciplinaire, les personnes détenues font l'objet d'un bilan de personnalité. Un parcours d'exécution de la peine est élaboré par le chef d'établissement et le directeur du service pénitentiaire d'insertion et de probation pour les condamnés, en concertation avec ces derniers, dès que leur condamnation est devenue définitive. Le projet initial et ses modifications ultérieures sont portés à la connaissance du juge de l'application des peines.»

La répartition des condamnés dans les prisons établies pour peines s'effectue compte tenu de leur catégorie pénale, de leur âge, de leur état de santé et de leur personnalité. *(L. n° 2009-1436 du 24 nov. 2009, art. 89-I)* «Leur régime de détention est déterminé en prenant en compte leur personnalité, leur santé, leur dangerosité et leurs efforts en matière de réinsertion sociale. Le placement d'une personne détenue sous un régime de détention plus sévère ne saurait porter atteinte aux droits visés à l'article 22 de la loi n° 2009-1436 du 24 novembre 2009 pénitentiaire.»

(L. n° 94-89 du 1er févr. 1994) «Dans des conditions prévues par décret en Conseil d'État, les personnes condamnées *(L. n° 2005-1549 du 12 déc. 2005, art. 8)* «pour une infraction pour laquelle le suivi socio-judiciaire est encouru» exécutent leur peine dans des établissements pénitentiaires permettant d'assurer un suivi médical et psychologique adapté.»

(L. n° 2005-1549 du 12 déc. 2005, art. 8) «Sans préjudice des dispositions de l'article 763-7, le juge de l'application des peines peut proposer à tout condamné relevant des dispositions de l'alinéa précédent de suivre un traitement pendant la durée de sa détention, si un médecin estime que cette personne est susceptible de faire l'objet d'un tel traitement. *(L. n° 2010-242 du 10 mars 2010, art. 10-I)* «Ce traitement peut être celui prévu par le dernier alinéa de l'article L. 3711-3 du code de la santé publique.»»

(L. n° 2012-409 du 27 mars 2012, art. 7) «Le médecin traitant du condamné délivre à ce dernier, au moins une fois par trimestre, des attestations indiquant si le patient suit ou non de façon régulière le traitement proposé par le juge de l'application des peines. Le condamné remet ces attestations au juge de l'application des peines, afin que celui-ci puisse se prononcer, en application des articles 721,721-1 et 729 du présent code, sur le retrait des réductions de peine, l'octroi de réductions de peine supplémentaires ou l'octroi d'une libération conditionnelle.

«Une copie de la décision de condamnation est adressée par le juge de l'application des peines au médecin traitant du condamné. Les rapports des expertises réalisées pendant la procédure sont également adressés au médecin traitant, à sa demande ou à l'initiative du juge de l'application des peines. Celui-ci peut en outre adresser au médecin traitant toute autre pièce utile du dossier.

«Les cinquième et sixième alinéas sont également applicables au psychologue traitant du condamné.»

(L. nº 2008-174 du 25 févr. 2008, art. 1er-V) «Deux ans avant la date prévue pour la libération d'un condamné susceptible de relever des dispositions de l'article 706-53-13, celui-ci est convoqué par le juge de l'application des peines auprès duquel il justifie des suites données au suivi médical et psychologique adapté qui a pu lui être proposé en application des *(L. nº 2009-1436 du 24 nov. 2009, art. 89-I)* «troisième et quatrième» alinéas du présent article. Au vu de ce bilan, le juge de l'application des peines lui propose, le cas échéant, de suivre un traitement dans un établissement pénitentiaire spécialisé.

«Les agents et collaborateurs du service public pénitentiaire transmettent aux personnels de santé chargés de dispenser des soins aux détenus les informations utiles à la mise en œuvre des mesures de protection des personnes.»

Art. 717-1-1. *(L. nº 2004-204 du 9 mars 2004, art. 162-V, en vigueur le 1er janv. 2005)* Le juge de l'application des peines donne son avis, sauf urgence, sur le transfert des condamnés d'un établissement à l'autre.

Art. 717-2. Les condamnés sont soumis dans les *(L. nº 87-432 du 22 juin 1987)* «maisons d'arrêt» à l'emprisonnement individuel de jour et de nuit, et dans les *(L. nº 87-432 du 22 juin 1987)* «établissements pour peines», à l'isolement de nuit seulement, après avoir subi éventuellement une période d'observation en cellule.

(L. nº 2009-1436 du 24 nov. 2009, art. 90) «Il ne peut être dérogé à ce principe que si les intéressés en font la demande ou si leur personnalité justifie que, dans leur intérêt, ils ne soient pas laissés seuls, ou en raison des nécessités d'organisation du travail.»

Art. 717-3. *(L. nº 87-432 du 22 juin 1987)* «Les activités de travail et de formation professionnelle *(L. nº 2005-1549 du 12 déc. 2005, art. 9)* «ou générale» sont prises en compte pour l'appréciation des gages de réinsertion et de bonne conduite des condamnés.»

(L. nº 2005-1549 du 12 déc. 2005, art. 9) «Au sein des établissements pénitentiaires, toutes dispositions sont prises pour assurer une activité professionnelle, une formation professionnelle ou générale aux personnes incarcérées qui en font la demande.»

(L. nº 87-432 du 22 juin 1987) «Les relations de travail des personnes incarcérées ne font pas l'objet d'un contrat de travail.» *(L. nº 90-9 du 2 janv. 1990)* «Il peut être dérogé à cette règle pour les activités exercées à l'extérieur des établissements pénitentiaires.»

(L. nº 75-624 du 11 juill. 1975) «Les règles relatives à la répartition des produits du travail des détenus sont fixées par décret.» *(L. nº 2002-1138 du 9 sept. 2002, art. 51)* «Le produit du travail des détenus ne peut faire l'objet d'aucun prélèvement pour frais d'entretien en établissement pénitentiaire.»

(L. nº 2009-1436 du 24 nov. 2009, art. 32) «La rémunération du travail des personnes détenues ne peut être inférieure à un taux horaire fixé par décret et indexé sur le salaire minimum de croissance défini à l'article L. 3231-2 du code du travail. Ce taux peut varier en fonction du régime sous lequel les personnes détenues sont employées.»

Art. 718. *(L. nº 2002-1138 du 9 sept. 2002, art. 52)* Les personnes détenues peuvent travailler pour leur propre compte avec l'autorisation du chef d'établissement.

Art. 719. *(L. nº 2000-516 du 15 juin 2000, art. 129)* Les députés et les sénateurs *(L. nº 2009-1436 du 24 nov. 2009, art. 95-III)* «ainsi que les représentants au Parlement européen élus en France» sont autorisés à visiter à tout moment les locaux de garde à vue, les *(L. nº 2016-274 du 7 mars 2016, art. 44)* «lieux de rétention administrative», les zones d'attente *(L. nº 2015-433 du 17 avr. 2015, art. 18-I)* «, les établissements pénitentiaires et les centres éducatifs fermés mentionnés à l'article 33 de l'ordonnance nº 45-174 du 2 février 1945 relative à l'enfance délinquante.

«A l'exception des locaux de garde à vue, les députés, les sénateurs et les représentants au Parlement européen mentionnés au premier alinéa du présent article peuvent être accompagnés par un ou plusieurs journalistes titulaires de la carte d'identité professionnelle mentionnée à l'article L. 7111-6 du code du travail, dans des conditions fixées par décret en Conseil d'État.»

Art. 719-1. *(L. nº 2010-242 du 10 mars 2010, art. 13)* Selon des modalités précisées par décret en Conseil d'État, l'identité et l'adresse des personnes condamnées à une peine d'emprisonnement égale ou supérieure à trois ans sont communiquées par l'administration pénitentiaire aux services de police ou aux unités de gendarmerie du lieu de résidence des intéressés lorsque leur incarcération prend fin.

Section première bis

De la libération sous contrainte

(L. nº 2014-896 du 15 août 2014, art. 39 et 54, en vigueur le 1er janv. 2015)

Art. 720. *(L. nº 2019-222 du 23 mars 2019, art. 83 et 109-XXII, en vigueur le 1er juin 2019)* «La situation de toute personne condamnée exécutant une ou plusieurs peines privatives de liberté d'une durée totale inférieure ou égale à cinq ans est obligatoirement examinée par le juge de l'application des peines afin que soit prononcée une libération sous contrainte lorsque la durée de la peine accomplie est au moins égale au double de la durée de la peine restant à subir.

«La libération sous contrainte entraîne l'exécution du reliquat de peine sous le régime de la libération conditionnelle, de la détention à domicile sous surveillance électronique, du placement à l'extérieur ou de la semi-liberté. Les conséquences de l'inobservation de ces mesures sont celles prévues au présent code.

«La libération sous contrainte est décidée par le juge de l'application des peines qui, après avis de la commission d'application des peines, détermine, parmi les mesures prévues au deuxième alinéa, celle qui est la mieux adaptée à la situation du condamné.

«Le juge de l'application ne peut refuser l'octroi de la libération sous contrainte qu'en constatant, par ordonnance spécialement motivée, qu'il est impossible de mettre en œuvre une de ces mesures au regard des exigences de l'article 707.»

S'il n'est pas procédé à l'examen de la situation de la personne condamnée conformément aux dispositions du premier alinéa du présent article, le président de la chambre de l'application des peines de la cour d'appel peut, d'office ou sur saisine de la personne condamnée ou du procureur de la République, prononcer une mesure de libération sous contrainte dans les conditions prévues au *(L. nº 2019-222 du 23 mars 2019, art. 83 et 109-XXII, en vigueur le 1er juin 2019)* «présent article.

«Le présent article n'est pas applicable aux condamnés :

«1º Qui ont préalablement fait connaître leur refus d'une libération sous contrainte;

«2º Pour lesquels une requête en aménagement de peine est pendante devant la juridiction de l'application des peines; dans ce cas, si les conditions d'exécution de la peine prévues au premier alinéa sont remplies, l'aménagement doit être ordonné sauf s'il est impossible à mettre en œuvre au regard des exigences de l'article 707.»

Section II

De la suspension et du fractionnement des peines privatives de liberté

(L. nº 97-1159 du 19 déc. 1997).

Art. 720-1. *(L. nº 92-1336 du 16 déc. 1992)* En matière correctionnelle, lorsqu'il reste à subir par la personne condamnée une peine d'emprisonnement inférieure ou égale à *(L. nº 2009-1436 du 24 nov. 2009, art. 79-I)* «deux ans», cette peine peut, pour motif d'ordre médical, familial, professionnel ou social et pendant une période n'excédant pas *(L. nº 2009-1436 du 24 nov. 2009, art. 79-I)* «quatre» ans, être suspendue ou exécutée par fractions, aucune de ces fractions ne pouvant être inférieure à deux jours. *(L. nº 2000-516 du 15 juin 2000, art. 125-I, en vigueur le 1er janv. 2001)* «La décision est prise par le juge de l'application des peines dans les conditions prévues par l'article» *(L. nº 2004-204 du 9 mars 2004, art. 162-VI et 168-IV, en vigueur le 1er janv. 2005)* «712-6. Ce juge peut décider de soumettre le condamné à une ou plusieurs des obligations ou interdictions prévues par les articles 132-44 et 132-45 du code pénal.»

Lorsque l'exécution fractionnée de la peine d'emprisonnement a été décidée par la juridiction de jugement en application de l'article 132-27 du code pénal, cette décision peut être modifiée dans les conditions prévues à l'alinéa précédent.

(L. nº 2014-896 du 15 août 2014, art. 25, en vigueur le 1er oct. 2014) «Le seuil de deux ans prévu au premier alinéa est porté à quatre ans lorsque la suspension pour raison familiale s'applique soit à une personne condamnée exerçant l'autorité parentale sur un enfant de moins de dix ans ayant chez ce parent sa résidence habituelle, soit à une femme enceinte de plus de douze semaines.»

(L. nº 2016-987 du 21 juill. 2016, art. 8) «Le présent article n'est pas applicable aux personnes condamnées pour une ou plusieurs des infractions mentionnées aux articles 421-1 à 421-6 du code pénal, à l'exclusion de celles définies aux articles 421-2-5 à 421-2-5-2 du même code.»

Art. 720-1-1. *(L. nº 2002-303 du 4 mars 2002; L. nº 2005-1549 du 12 déc. 2005, art. 10)* «Sauf s'il existe un risque grave de renouvellement de l'infraction,» la suspension peut également être ordonnée, quelle que soit la nature de la peine ou la durée de la peine restant à subir, et pour une durée qui n'a pas à être déterminée, pour les condamnés dont il est établi qu'ils sont atteints d'une pathologie engageant le pronostic vital ou que leur état de santé *(L. nº 2014-896 du 15 août 2014, art. 51, en vigueur le 1er oct. 2014)* «physique ou mentale» est durablement incompatible avec le maintien en détention.

La suspension ne peut être ordonnée que si *(L. nº 2014-896 du 15 août 2014, art. 51, en vigueur le 1er oct. 2014)* «une expertise médicale établit» que le condamné se trouve dans l'une des situations énoncées à l'alinéa précédent. *(L. nº 2009-1436 du 24 nov. 2009, art. 79-II)* «Toutefois, en cas d'urgence, la suspension peut être ordonnée au vu d'un certificat médical établi par le médecin responsable de la structure sanitaire dans laquelle est pris en charge le détenu ou son remplaçant.»

Lorsque la peine privative de liberté prononcée est d'une durée inférieure ou égale à dix ans ou que, quelle que soit la peine initialement prononcée, *(L. nº 2014-896 du 15 août 2014, art. 51, en vigueur le 1er oct. 2014)* «en cas d'urgence ou lorsque» la durée de détention restant à subir est inférieure ou égale à trois ans, cette suspension est ordonnée par le juge de l'application des peines selon les modalités prévues par l'article *(L. n° 2004-204 du 9 mars 2004, art. 192, en vigueur le 1er janv. 2005)* «712-6».

(L. n° 2004-204 du 9 mars 2004, art. 192, en vigueur le 1er janv. 2005) «Dans les autres cas, elle est prononcée par le tribunal de l'application des peines selon les modalités prévues par l'article 712-7.

(L. n° 2014-896 du 15 août 2014, art. 51, en vigueur le 1er oct. 2014) «Dans les cas prévus aux troisième et quatrième alinéa *[alinéas]* du présent article, le condamné peut régulièrement être représenté par son avocat lorsque son état de santé fait obstacle son audition; le débat contradictoire se tient alors au tribunal de grande instance.»

«La juridiction qui accorde une suspension de la peine en application des dispositions du présent article peut décider de soumettre le condamné à une ou plusieurs des obligations ou interdictions prévues par les articles 132-44 et 132-45 du code pénal.»

Le juge de l'application des peines peut à tout moment ordonner une expertise médicale à l'égard d'un condamné ayant bénéficié d'une mesure de suspension de peine en application du présent article et ordonner qu'il soit mis fin à la suspension si les conditions de celle-ci ne sont plus remplies. *(L. n° 2004-204 du 9 mars 2004, art. 192, en vigueur le 1er janv. 2005)* «Il en est de même si le condamné ne respecte pas les obligations qui lui ont été imposées en application des dispositions de l'alinéa précédent *(L. n° 2010-242 du 10 mars 2010, art. 14)* «ou s'il existe de nouveau un risque grave de renouvellement de l'infraction». La décision du juge de l'application des peines est prise selon les modalités prévues par l'article 712-6.»

(L. n° 2005-1549 du 12 déc. 2005, art. 11) «Si la suspension de peine a été ordonnée pour une condamnation prononcée en matière criminelle, une expertise médicale destinée à vérifier que les conditions de la suspension sont toujours remplies doit intervenir tous les six mois.»

Les dispositions de l'article 720-2 ne sont pas applicables lorsqu'il est fait application des dispositions du présent article.

Section III

De la période de sûreté *(L. 97-1159 du 19 déc. 1997).*

Art. 720-2. *(L. n° 92-1336 du 16 déc. 1992)* Les dispositions concernant la suspension ou le fractionnement de la peine, le placement à l'extérieur, les permissions de sortir, la semi-liberté et la libération conditionnelle ne sont pas applicables pendant la durée de la période de sûreté prévue à l'article 132-23 du code pénal.

Sauf s'il en est décidé autrement par le décret de grâce, la commutation ou la remise d'une peine privative de liberté assortie d'une période de sûreté entraîne de plein droit le maintien de cette période pour une durée globale qui correspond à la moitié de la peine résultant de cette commutation ou remise, sans pouvoir toutefois excéder la durée de la période de sûreté attachée à la peine prononcée.

Art. 720-3. *(L. n° 2016-731 du 3 juin 2016, art. 12)* Lorsque la personne condamnée exécute plusieurs peines qui ne sont pas en concours et qui sont toutes assorties d'une période de sûreté, ces périodes de sûreté s'exécutent cumulativement et de manière continue.

En cas de condamnations en concours comportant toutes des périodes de sûreté, la période totale de sûreté à exécuter est réduite au maximum des deux tiers de ces condamnations après leur réduction au maximum légal. Si une peine de réclusion criminelle à perpétuité a été prononcée, les périodes de sûreté s'exécutent cumulativement dans la limite de 22 ans ou, le cas échéant, dans la limite de la période de sûreté fixée spécialement par la cour d'assises en application du second alinéa de l'article 221-3, du dernier alinéa de l'article 221-4 et de l'article 421-7 du code pénal.

Lorsque la personne condamnée exécute plusieurs peines assorties d'une période de sûreté et qui ont fait l'objet d'une confusion, la durée de la période de sûreté à exécuter est celle de la période de sûreté la plus longue.

Art. 720-4. *(L. nº 2004-204 du 9 mars 2004, art. 191, en vigueur le 1er janv. 2005)* Lorsque le condamné manifeste des gages sérieux de réadaptation sociale, le tribunal de l'application des peines peut, à titre exceptionnel et dans les conditions prévues par l'article 712-7, décider qu'il soit mis fin à la période de sûreté prévue par l'article 132-23 du code pénal ou que sa durée soit réduite.

Toutefois, lorsque la cour d'assises a décidé de porter la période de sûreté à trente ans en application des dispositions du dernier alinéa des articles 221-3 et 221-4 du code pénal, le tribunal de l'application des peines ne peut réduire la durée de la période de sûreté ou y mettre fin qu'après que le condamné a subi une incarcération d'une durée au moins égale à vingt ans.

Dans le cas où la cour d'assises a décidé qu'aucune des mesures énumérées à l'article 132-23 du code pénal ne pourrait être accordée au condamné à la réclusion criminelle à perpétuité, le tribunal de l'application des peines ne peut accorder l'une de ces mesures que si le condamné a subi une incarcération d'une durée au moins égale à trente ans.

Les décisions prévues par l'alinéa précédent ne peuvent être rendues qu'après une expertise réalisée par un collège de trois experts médicaux inscrits sur la liste des experts agréés près la Cour de cassation qui se prononcent sur l'état de dangerosité du condamné.

Par dérogation aux dispositions du troisième alinéa de l'article 732, le tribunal de l'application des peines peut prononcer des mesures d'assistance et de contrôle sans limitation dans le temps.

Art. 720-4-1. *(L. nº 2011-939 du 10 août 2011, art. 15-III)* Pour l'application de l'article 720-4, le tribunal de l'application des peines est composé, outre du président et des deux juges assesseurs, de deux citoyens assesseurs, désignés selon les modalités prévues aux articles 10-1 à 10-13.

Les trois derniers alinéas de l'article 712-13-1 sont applicables.

Art. 720-5. *(L. nº 2016-731 du 3 juin 2016, art. 11)* Par dérogation au premier alinéa de l'article 720-4 du présent code, lorsque la cour d'assises a décidé, en application de l'article 421-7 du code pénal, de porter la période de sûreté à trente ans ou qu'aucune des mesures énumérées à l'article 132-23 du même code ne pourrait être accordée au condamné à la réclusion criminelle à perpétuité, le tribunal de l'application des peines, sur l'avis d'une commission composée de cinq magistrats de la Cour de cassation chargée d'évaluer s'il y a lieu de mettre fin à l'application de ladite décision de la cour d'assises, ne peut réduire la durée de la période de sûreté, à titre exceptionnel et dans les conditions prévues à l'article 712-7 du présent code :

1º Qu'après que le condamné a subi une incarcération d'une durée au moins égale à trente ans;

2º Que lorsque le condamné manifeste des gages sérieux de réadaptation sociale;

3° Que lorsque la réduction de la période de sûreté n'est pas susceptible de causer un trouble grave à l'ordre public;

4° Qu'après avoir recueilli l'avis des victimes ayant la qualité de parties civiles lors de la décision de condamnation;

5° Qu'après expertise d'un collège de trois experts médicaux inscrits sur la liste des experts agréés près la Cour de cassation, chargé de procéder à une évaluation de la dangerosité du condamné;

Les membres de la commission mentionnée au premier alinéa du présent article sont désignés par l'assemblée générale de la Cour de cassation; l'un d'entre eux, choisi parmi les membres de la chambre criminelle, en assure la présidence.

Par dérogation à l'avant-dernier alinéa de l'article 732 du présent code, le tribunal de l'application des peines peut prononcer des mesures d'assistance, de surveillance et de contrôle sans limitation dans le temps.

Section IV

Des réductions de peines *(L. n° 97-1159 du 19 déc. 1997).*

Art. 721. *(L. n° 2004-204 du 9 mars 2004, art. 193-I, en vigueur le 1er janv. 2005)* Chaque condamné bénéficie d'un crédit de réduction de peine calculé sur la durée de la condamnation prononcée à hauteur de trois mois pour la première année, de deux mois pour les années suivantes et *(L. n° 2005-1549 du 12 déc. 2005, art. 12)* «, pour une peine de moins d'un an ou pour la partie de peine inférieure à une année pleine,» de sept jours par mois *(L. n° 2005-1549 du 12 déc. 2005, art. 12)* «; pour les peines supérieures à un an, le total de la réduction correspondant aux sept jours par mois ne peut toutefois excéder deux mois.»

En cas de mauvaise conduite du condamné en détention, le juge de l'application des peines peut être saisi par le chef d'établissement ou sur réquisitions du procureur de la République aux fins de retrait, à hauteur de trois mois maximum par an et de sept jours par mois, de cette réduction de peine. *(L. n° 2008-174 du 25 févr. 2008, art. 2-I)* «Il peut également ordonner le retrait lorsque la personne a été condamnée pour les crimes ou délits, commis sur un mineur, de meurtre ou assassinat, torture ou actes de barbarie, viol, agression sexuelle ou atteinte sexuelle et qu'elle refuse pendant son incarcération de suivre le traitement qui lui est proposé par le juge de l'application des peines, sur avis médical, en application des articles 717-1 ou 763-7.» *(L. n° 2012-409 du 27 mars 2012, art. 7)* «Il en est de même lorsque le juge de l'application des peines est informé, en application de l'article 717-1, que le condamné ne suit pas de façon régulière le traitement qu'il lui a proposé. *(L. n° 2014-896 du 15 août 2014, art. 17, en vigueur le 1er oct. 2014)* «Il peut également ordonner, après avis médical, le retrait lorsque la personne condamnée dans les circonstances mentionnées à la première phrase du second alinéa de l'article 122-1 du code pénal refuse les soins qui lui sont proposés.» La décision du juge de l'application des peines est prise dans les conditions prévues à l'article 712-5.»

En cas de nouvelle condamnation à une peine privative de liberté pour un crime ou un délit commis par le condamné après sa libération pendant une période égale à la durée de la réduction résultant des dispositions *(L. n° 2005-1549 du 12 déc. 2005, art. 12)* «du premier alinéa et, le cas échéant, *(L. n° 2005-1549 du 12 déc. 2005, art. 12)* «du *(L. n° 2014-896 du 15 août 2014, art. 13 et 54, en vigueur le 1er janv. 2015)* «deuxième» alinéa» du présent article, la juridiction de jugement peut ordonner le retrait de tout ou partie de cette réduction de peine et la mise à exécution de l'emprisonnement correspondant, qui n'est pas confondu avec celui résultant de la nouvelle condamnation.

Lors de sa mise sous écrou, le condamné est informé par le greffe de la date prévisible de libération compte tenu de la réduction de peine prévue par le premier alinéa, des possibilités de retrait, en cas de mauvaise conduite ou de commission d'une nouvelle infraction après sa libération, de tout ou partie de cette réduction. Cette information lui est à nouveau communiquée au moment de sa libération.

Art. 721-1. *(L. nº 86-1021 du 9 sept. 1986)* Une réduction supplémentaire de la peine peut être accordée aux condamnés qui manifestent des efforts sérieux de réadaptation sociale, notamment en passant avec succès un examen scolaire, universitaire ou professionnel traduisant l'acquisition de connaissances nouvelles *(L. nº 2000-516 du 15 juin 2000, art. 119)* «, en justifiant de progrès réels dans le cadre d'un enseignement ou d'une formation, *(L. nº 2014-896 du 15 août 2014, art. 14, en vigueur le 1er oct. 2014)* «en s'investissant dans l'apprentissage de la lecture, de l'écriture et du calcul, ou en participant à des activités culturelles, et notamment de lecture,» *(L. nº 2005-1549 du 12 déc. 2005, art. 8)* «en suivant une thérapie destinée à limiter les risques de récidive» ou en s'efforçant d'indemniser leurs victimes». *(L. nº 2007-1198 du 10 août 2007)* «Sauf décision contraire du juge de l'application des peines, aucune réduction supplémentaire de la peine ne peut être accordée à une personne condamnée pour un crime ou un délit pour lequel le suivi socio-judiciaire est encouru, qui refuse pendant son incarcération de suivre le traitement qui lui est proposé par le juge de l'application des peines en application des articles 717-1 et 763-7.» *(L. nº 2012-409 du 27 mars 2012, art. 7)* «Il en est de même lorsque le juge de l'application des peines est informé, en application de l'article 717-1, que le condamné ne suit pas de façon régulière le traitement qu'il lui a proposé.» *(L. nº 2014-896 du 15 août 2014, art. 17, en vigueur le 1er oct. 2014)* «De même, après avis médical et sauf décision contraire du juge de l'application des peines, aucune réduction supplémentaire de peine ne peut être accordée à une personne condamnée dans les circonstances mentionnées à la première phrase du second alinéa de l'article 122-1 du code pénal qui refuse les soins qui lui sont proposés.»

Cette réduction, accordée par le juge de l'application des peines après avis de la commission de l'application des peines, ne peut excéder *(L. nº 2014-896 du 15 août 2014, art. 13 et 54, en vigueur le 1er janv. 2015)* «trois mois par année d'incarcération ou sept jours par mois lorsque la durée d'incarcération restant à subir est inférieure à une année.» *(L. nº 2008-174 du 25 févr. 2008, art. 2-II)* «Lorsque la personne a été condamnée pour les crimes ou délits, commis sur un mineur, de meurtre ou assassinat, torture ou actes de barbarie, viol, agression sexuelle ou atteinte sexuelle, la réduction ne peut excéder deux mois par an ou quatre jours par mois dès lors qu'elle refuse les soins qui lui ont été proposés.»

(L. nº 2004-204 du 9 mars 2004, art. 193-II) «Elle est prononcée en une seule fois si l'incarcération est inférieure à une année et par fraction annuelle dans le cas contraire.»

(L. nº 98-468 du 17 juin 1998) «Sauf décision du juge de l'application des peines, prise après avis de la commission de l'application des peines, les dispositions du présent article ne sont pas applicables aux personnes condamnées pour l'une des infractions mentionnées à l'article 706-47 si, lorsque leur condamnation est devenue définitive, le casier judiciaire faisait mention d'une telle condamnation.»

(L. nº 2013-711 du 5 août 2013, art. 24) «En cas d'exécution sur le territoire de la République d'une peine prononcée à l'étranger, les réductions de peines accordées

antérieurement à la mise à exécution de la peine en France restent acquises à la personne condamnée en tant qu'elles ont été accordées à raison de la durée de détention subie à l'étranger. La personne condamnée bénéficie d'un crédit de réduction de peine en application du présent article, calculé sur la durée de détention restant à subir en France à compter de son arrivée sur le territoire national, déduction faite des réductions de peine déjà accordées à l'étranger pour la période qui restait à exécuter. »

Art. 721-1-1. *(L. n° 2016-987 du 21 juill. 2016, art. 8)* Les personnes condamnées à une peine privative de liberté pour une ou plusieurs des infractions mentionnées aux articles 421-1 à 421-6 du code pénal, à l'exclusion de celles définies aux articles 421-2-5 à 421-2-5-2 du même code, ne bénéficient pas des crédits de réduction de peine mentionnés à l'article 721 du présent code. Elles peuvent toutefois bénéficier d'une réduction de peine dans les conditions définies à l'article 721-1.

Art. 721-2. *(L. n° 2014-896 du 15 août 2014, art. 44 en vigueur le 1er oct. 2014)* I. — Lorsqu'une personne condamnée exécutant une ou plusieurs peines privatives de liberté n'a pu bénéficier d'une mesure de libération sous contrainte ou d'une libération conditionnelle dans les conditions prévues aux articles 720 et 730-3, le juge de l'application des peines peut, aux seules fins de favoriser l'insertion ou la réinsertion de la personne condamnée et de prévenir la commission de nouvelles infractions, ordonner que le condamné ayant bénéficié d'une ou plusieurs des réductions de peines prévues aux articles 721 et 721-1 soit soumis, après sa libération et pendant une durée qui ne peut excéder le total des réductions de peines dont il a bénéficié, à une ou plusieurs :

1° Des mesures de contrôle prévues à l'article 132-44 du code pénal ;

2° Des interdictions prévues aux 2° et 7° à 14° de l'article 132-45 du même code.

La personne condamnée peut également bénéficier, pendant cette durée, des mesures d'aide prévues à l'article 132-46 dudit code.

Cette décision est prise, selon les modalités prévues à l'article 712-6 du présent code, préalablement à la libération du condamné, le cas échéant en même temps que lui est accordée la dernière réduction de peine.

En cas d'inobservation par la personne condamnée des mesures de contrôle et interdictions qui lui ont été imposées, le juge de l'application des peines peut, selon les modalités prévues au même article 712-6, retirer tout ou partie de la durée des réductions de peines dont elle a bénéficié et ordonner sa réincarcération. L'article 712-17 est applicable.

Le présent I n'est pas applicable aux condamnés mentionnés à l'article 723-29.

II. — Dans tous les cas, le juge de l'application des peines peut, selon les modalités prévues à l'article 712-6, ordonner que le condamné ayant bénéficié d'une ou plusieurs des réductions de peines prévues aux articles 721 et 721-1 soit soumis après sa libération à l'interdiction de recevoir la partie civile ou la victime, de la rencontrer ou d'entrer en relation avec elle de quelque façon que ce soit, pendant une durée qui ne peut excéder le total des réductions de peines dont il a bénéficié. Cette décision est prise préalablement à la libération du condamné, le cas échéant en même temps que lui est accordée la dernière réduction de peine.

L'interdiction mentionnée au premier alinéa du présent II peut être accompagnée de l'obligation d'indemniser la partie civile.

En cas d'inobservation par la personne condamnée des obligations et interdictions qui lui ont été imposées, le juge de l'application des peines peut, selon les modalités prévues à l'article 712-6, retirer tout ou partie de la durée des réductions de peines dont elle a bénéficié et ordonner sa réincarcération. L'article 712-17 est applicable.

Art. 721-3. *(L. nº 2004-204 du 9 mars 2004, art. 187, en vigueur le 1er janv. 2005; L. nº 2007-1198 du 10 août 2007)* Une réduction de peine exceptionnelle, dont le quantum peut aller jusqu'au tiers de la peine prononcée, peut être accordée aux condamnés dont les déclarations faites à l'autorité administrative ou judiciaire antérieurement ou postérieurement à leur condamnation ont permis de faire cesser ou d'éviter la commission d'une infraction mentionnée aux articles 706-73 *(L. nº 2015-993 du 17 août 2015, art. 11)* «, 706-73-1» et 706-74. Lorsque ces déclarations ont été faites par des condamnés à la réclusion criminelle à perpétuité, une réduction exceptionnelle du temps d'épreuve prévu *(L. nº 2009-1436 du 24 nov. 2009, art. 94-VI)* «au neuvième» alinéa de l'article 729, pouvant aller jusqu'à cinq années, peut leur être accordée.

Ces réductions exceptionnelles sont accordées par le tribunal de l'application des peines selon les modalités prévues à l'article *(L. nº 2005-1549 du 12 déc. 2005, art. 39)* «712-7».

Section V

Du placement à l'extérieur, de la semi-liberté, des permissions de sortir et des autorisations de sortie sous escorte *(L. nº 97-1159 du 19 déc. 1997; L. nº 2004-204 du 9 mars 2004, art. 162-XV).*

Art. 723. *(L. nº 2009-1436 du 24 nov. 2009, art. 81-I)* «Le condamné admis au bénéfice du placement à l'extérieur est astreint, sous le contrôle de l'administration, à exercer des activités en dehors de l'établissement pénitentiaire.»

(L. nº 92-1336 du 16 déc. 1992) «Le régime de semi-liberté est défini par l'article 132-26 du code pénal.» — *Les dispositions de la loi nº 92-1336 du 16 déc. 1992 sont entrées en vigueur le 1er mars 1994.*

Un décret détermine les conditions auxquelles ces diverses mesures sont accordées et appliquées.

Art. 723-1. *(L. nº 2009-1436 du 24 nov. 2009, art. 81-II)* Le juge de l'application des peines peut prévoir que la peine s'exécutera sous le régime de la semi-liberté ou du placement à l'extérieur soit en cas de condamnation à une ou plusieurs peines privatives de liberté dont la durée totale n'excède pas deux ans, soit lorsqu'il reste à subir par le condamné une ou plusieurs peines privatives de liberté dont la durée totale n'excède pas deux ans.

Le juge de l'application des peines peut également subordonner la libération conditionnelle du condamné à l'exécution, à titre probatoire, d'une mesure de semi-liberté ou de placement à l'extérieur, pour une durée n'excédant pas un an. La mesure de semi-liberté ou de placement à l'extérieur peut être exécutée un an avant la fin du temps d'épreuve prévu à l'article 729 *(L. nº 2014-896 du 15 août 2014, art. 25, en vigueur le 1er oct. 2014)* «ou un an avant la date à laquelle est possible la libération conditionnelle prévue à l'article 729-3».

(L. nº 2016-987 du 21 juill. 2016, art. 8) «Le présent article n'est pas applicable aux personnes condamnées pour une ou plusieurs des infractions mentionnées aux articles 421-1 à 421-6 du code pénal, à l'exclusion de celles définies aux articles 421-2-5 à 421-2-5-2 du même code.»

Art. 723-2. *(L. n° 2004-204 du 9 mars 2004, art. 185-I, en vigueur le 1er janv. 2005)* Lorsqu'il a été fait application des dispositions de l'article 132-25 du code pénal, le juge de l'application des peines fixe les modalités d'exécution de la semi-liberté *(L. n° 2005-1549 du 12 déc. 2005, art. 39)* «ou du placement à l'extérieur» par ordonnance non susceptible de recours, dans un délai maximum de quatre mois à compter de la date à laquelle la condamnation est exécutoire *(L. n° 2011-525 du 17 mai 2011, art. 156-16°)* «et dans un délai de cinq jours ouvrables lorsque la juridiction de jugement a ordonné le placement ou le maintien en détention du condamné et déclaré sa décision exécutoire par provision». Si les conditions qui ont permis au tribunal de décider que la peine serait subie sous le régime de la semi-liberté ou du placement à l'extérieur ne sont plus remplies, si le condamné ne satisfait pas aux obligations qui lui sont imposées ou s'il fait preuve de mauvaise conduite, le bénéfice de la mesure peut être retiré par le juge de l'application des peines par une décision prise conformément aux dispositions de l'article 712-6. Si la personnalité du condamné ou les moyens disponibles le justifient, le juge de l'application des peines peut également, selon les mêmes modalités, substituer la mesure de semi-liberté à la mesure de placement à l'extérieur et inversement, ou substituer à l'une de ces mesures celle de placement sous surveillance électronique.

Art. 723-3. *(L. n° 78-1097 du 22 nov. 1978)* La permission de sortir autorise un condamné à s'absenter d'un établissement pénitentiaire pendant une période de temps déterminée qui s'impute sur la durée de la peine en cours d'exécution.

Elle a pour objet de préparer la réinsertion professionnelle ou sociale du condamné, de maintenir ses liens familiaux ou de lui permettre d'accomplir une obligation exigeant sa présence.

(L. n° 2019-222 du 23 mars 2019, art. 85) «Lorsqu'une première permission de sortir a été accordée à un condamné majeur par le juge de l'application des peines en application de l'article 712-5, les permissions de sortir ultérieures peuvent, sauf décision contraire de ce magistrat, être accordées par le chef d'établissement pénitentiaire, selon des modalités déterminées par décret. En cas de refus d'octroi de la permission de sortir par le chef d'établissement pénitentiaire, celle-ci peut être demandée à nouveau au juge de l'application des peines, qui statue conformément au même article 712-5.»

Art. 723-4. *(L. n° 2004-204 du 9 mars 2004, art. 168-VI, en vigueur le 1er janv. 2005)* Le juge de l'application des peines peut subordonner l'octroi au condamné du placement à l'extérieur, de la semi-liberté ou de la permission de sortir au respect d'une ou plusieurs obligations ou interdictions prévues par les articles 132-44 et 132-45 du code pénal. *(L. n° 2014-896 du 15 août 2014, art. 41, en vigueur le 1er oct. 2014)* «Le condamné peut également bénéficier des mesures d'aide prévues à l'article 132-46 du même code.»

Art. 723-5. *(L. n° 78-1097 du 22 nov. 1978)* Sans préjudice de l'application *(L. n° 92-1336 du 16 déc. 1992)* «de l'article 434-29 du code pénal», en cas de condamnation pour un crime ou un délit volontaire commis à l'occasion d'une permission de sortir, la juridiction peut décider que le condamné perdra le bénéfice des réductions de peine qui lui ont été accordées antérieurement. — *Les dispositions de la loi n° 92-1336 du 16 déc. 1992 sont entrées en vigueur le 1er mars 1994.*

Art. 723-6. *(L. n° 78-1097 du 22 nov. 1978)* Tout condamné peut, dans les conditions de l'article *(L. n° 2004-204 du 9 mars 2004, art. 162-XXIII, en vigueur le 1er janv. 2005)* «712-5», obtenir, à titre exceptionnel, une autorisation de sortie sous escorte.

Art. 723-6-1. *(L. n° 2019-222 du 23 mars 2019, art. 84)* Les structures qui accueillent et accompagnent des personnes sous main de justice faisant l'objet d'une mesure de placement à l'extérieur dans les conditions prévues aux articles 723 à 723-2 et 723-4 sont agréées par l'État.

Une convention peut être conclue entre l'État et ces structures pour une durée de trois ans renouvelable. Elle définit la nature du projet de réinsertion proposé par la structure, les conditions d'accueil et d'accompagnement au sein de la structure des personnes mentionnées au premier alinéa, les droits et obligations de ces personnes ainsi que les modalités de financement de la mesure de placement.

Un décret en Conseil d'État définit les conditions d'application du présent article.

Section VI

Du placement sous surveillance électronique

(L. n° 2004-204 du 9 mars 2004, art. 162-XV).
(L. n° 97-1159 du 19 déc. 1997)

Art. 723-7. *(L. n° 2009-1436 du 24 nov. 2009, art. 81-III)* «Le juge de l'application des peines peut prévoir que la peine s'exécutera sous le régime du placement sous surveillance électronique défini par l'article *(L. n° 2019-222 du 23 mars 2019, art. 74 et 109-XIX, en vigueur le 24 mars 2020)* «132-26» du code pénal soit en cas de condamnation à une ou plusieurs peines privatives de liberté dont la durée totale n'excède pas deux ans, soit lorsqu'il reste à subir par le condamné une ou plusieurs peines privatives de liberté dont la durée totale n'excède pas deux ans.

«Le juge de l'application des peines peut également subordonner la libération conditionnelle du condamné à l'exécution, à titre probatoire, d'une mesure de placement sous surveillance électronique, pour une durée n'excédant pas un an. La mesure de placement sous surveillance électronique peut être exécutée un an avant la fin du temps d'épreuve prévu à l'article 729» *(L. n° 2014-896 du 15 août 2014, art. 25, en vigueur le 1er oct. 2014)* «ou un an avant la date à laquelle est possible la libération conditionnelle prévue à l'article 729-3».

(L. n° 2004-204 du 9 mars 2004, art. 185-VII, en vigueur le 1er janv. 2005) «Lorsque le lieu désigné par le juge de l'application des peines n'est pas le domicile du condamné, la décision de placement sous surveillance électronique ne peut être prise qu'avec l'accord du maître des lieux, sauf s'il s'agit d'un lieu public.»

Art. 723-7-1. *(L. n° 2004-204 du 9 mars 2004, art. 185-VII, en vigueur le 1er janv. 2005)* Lorsqu'il a été fait application des dispositions de l'article *(L. n° 2019-222 du 23 mars 2019, art. 74 et 109-XIX, en vigueur le 24 mars 2020)* «132-26» du code pénal, le juge de l'application des peines fixe les modalités d'exécution du placement sous surveillance électronique par une ordonnance non susceptible de recours dans un délai maximum de quatre mois à compter de la date à laquelle la condamnation est exécutoire *(L. n° 2011-525 du 17 mai 2011, art. 156-16°)* «et dans un délai de cinq jours ouvrables lorsque la juridiction de jugement a ordonné le placement ou le maintien en détention du condamné et déclaré sa décision exécutoire par provision». Si les conditions qui ont permis au tribunal de décider que la peine serait subie sous le régime du placement sous surveillance électronique ne sont plus remplies, si le condamné ne satisfait pas aux interdictions ou obligations qui lui sont imposées, s'il fait preuve de mauvaise conduite, s'il refuse une modification nécessaire des conditions d'exécution ou s'il en fait la demande, le bénéfice du placement sous surveillance électronique peut être retiré par le juge de l'application des peines par une décision prise conformément aux dispositions de l'article 712-6. Si la personnalité du condamné ou les moyens disponibles le justifient, le juge de l'application des peines peut également, selon les mêmes modalités, substituer à la mesure de placement sous surveillance électronique une mesure de semi-liberté ou de placement à l'extérieur.

Art. 723-8. Le contrôle de l'exécution de la mesure est assuré au moyen d'un procédé permettant de détecter à distance la présence ou l'absence du condamné dans le seul lieu désigné par le juge de l'application des peines pour chaque période fixée. La mise en œuvre de ce procédé peut conduire à imposer à la personne assignée le port, pendant toute la durée du placement sous surveillance électronique, d'un dispositif intégrant un émetteur.

Le procédé utilisé est homologué à cet effet par le ministre de la justice. La mise en œuvre doit garantir le respect de la dignité, de l'intégrité et de la vie privée de la personne.

(L. n° 2019-222 du 23 mars 2019, art. 82 et 109-XIX, en vigueur le 24 mars 2020) «Le condamné est avisé que l'installation sur sa personne du dispositif prévu au premier alinéa ne peut être réalisée sans son consentement, mais que le fait de refuser cette installation constitue une violation des obligations qui lui incombent et peut donner lieu à la mise à exécution de l'emprisonnement prévue à l'article 713-44 ou au retrait de la mesure d'aménagement prévu à l'article 723-13.»

Art. 723-9. La personne sous surveillance électronique est placée sous le contrôle du juge de l'application des peines dans le ressort duquel elle est assignée.

Le contrôle à distance du placement sous surveillance électronique est assuré par des fonctionnaires de l'administration pénitentiaire qui sont autorisés, pour l'exécution de cette mission, à mettre en œuvre un traitement automatisé de données nominatives.

(L. n° 2002-1138 du 9 sept. 2002, art. 49) «La mise en œuvre du dispositif technique permettant le contrôle à distance peut être confiée à une personne de droit privé habilitée dans des conditions fixées par décret en Conseil d'État.

«Dans la limite des périodes fixées dans la décision de placement sous surveillance électronique, les agents de l'administration pénitentiaire chargés du contrôle peuvent se rendre sur le lieu de l'assignation pour demander à rencontrer le condamné. Ils ne peuvent toutefois pénétrer au domicile de la personne chez qui le contrôle est pratiqué sans l'accord de celle-ci. Ces agents font aussitôt rapport au juge de l'application des peines de leurs diligences.»

Les services de police ou de gendarmerie peuvent toujours constater l'absence irrégulière du condamné et en faire rapport au juge de l'application des peines.

Art. 723-10. Le juge de l'application des peines peut également soumettre la personne placée sous surveillance électronique aux mesures prévues par les articles 132-43 à 132-46 du code pénal.

(L. n° 2004-204 du 9 mars 2004, art. 168-VII, en vigueur le 1er janv. 2005) «Il peut en particulier soumettre le condamné à l'une ou plusieurs des mesures de contrôle ou obligations mentionnées aux articles 132-44 et 132-45 du code pénal.»

Art. 723-11. Le juge de l'application des peines peut, d'office ou à la demande du condamné, et après avis du procureur de la République, modifier les conditions d'exécution du placement sous surveillance électronique ainsi que les mesures prévues à l'article 723-10.

Art. 723-12. Le juge de l'application des peines peut à tout moment désigner un médecin afin que celui-ci vérifie que la mise en œuvre du procédé mentionné au premier alinéa de l'article 723-8 ne présente pas d'inconvénient pour la santé du condamné. Cette désignation est de droit à la demande du condamné. Le certificat médical est versé au dossier.

Art. 723-13. *(L. n° 2004-204 du 9 mars 2004, art. 185-VIII, en vigueur le 1er janv. 2005)* «Le juge de l'application des peines peut retirer la décision de placement sous surveillance électronique soit en cas d'inobservation des interdictions ou obligations prévues *(L. n° 2019-222 du 23 mars 2019, art. 74 et 109-XIX, en vigueur le 24 mars 2020)* «à l'article 132-26 *[ancienne rédaction : aux articles 132-26-2 et 132-26-3]*» du code pénal, d'inconduite notoire, d'inobservation des mesures prononcées en application de l'article 723-10 du présent code, de nouvelle condamnation ou de refus par le condamné d'une modification nécessaire des conditions d'exécution, soit à la demande du condamné. La décision est prise conformément aux dispositions de l'article 712-6.»

En cas de retrait de la décision de placement sous surveillance électronique, le condamné subit, selon les dispositions de la décision de retrait, tout ou partie de la durée de la peine qui lui restait à accomplir au jour de son placement sous surveillance électronique. Le temps pendant lequel il a été placé sous surveillance électronique compte toutefois pour l'exécution de sa peine.

Art. 723-13-1. Un décret en Conseil d'État détermine les conditions d'application de la présente section.

Section VII

Des procédures simplifiées d'aménagement des peines

(L. n° 2009-1436 du 24 nov. 2009, art. 84-I).
(L. n° 2004-204 du 9 mars 2004, art. 186-II, en vigueur le 1er janv. 2005)

§ 1er : Dispositions applicables aux condamnés libres
(L. n° 2009-1436 du 24 nov. 2009, art. 84-I).

Art. 723-15. *(L. n° 2009-1436 du 24 nov. 2009, art. 84-I) (L. n° 2019-222 du 23 mars 2019, art. 74 et 109-XIX, en vigueur le 24 mars 2020)* «Si le tribunal n'a pas prononcé un mandat de dépôt à effet différé en application du 3° du I de l'article 464-2,» les personnes non incarcérées *(L. n° 2014-896 du 15 août 2014, art. 12, en vigueur le 1er oct. 2014)* «ou exécutant une peine sous le régime de la semi-liberté, du placement à l'extérieur ou du placement sous surveillance électronique», condamnées à une peine inférieure ou égale à *(L. n° 2019-222 du 23 mars 2019, art. 74 et 109-XIX, en vigueur le 24 mars 2020)* «un an *[ancienne rédaction : deux ans]*» d'emprisonnement ou pour lesquelles la durée de la détention restant à subir est inférieure ou égale à *(L. n° 2019-222 du 23 mars 2019, art. 74 et 109-XIX, en vigueur le 24 mars 2020)* «un an *[ancienne rédaction : deux ans]*», ou pour lesquelles, en cas de cumul de condamnations, le total des peines d'emprisonnement prononcées ou restant à subir est inférieur ou égal à *(L. n° 2019-222 du 23 mars 2019, art. 74 et 109-XIX, en vigueur le 24 mars 2020)* «une an *[ancienne rédaction : deux ans]*» bénéficient, dans la mesure du possible et si leur personnalité et leur situation le permettent, suivant la procédure prévue au présent paragraphe, d'une semi-liberté, d'un placement à l'extérieur, d'un placement sous surveillance électronique, d'un fractionnement ou d'une suspension de peines, d'une libération conditionnelle ou de la conversion prévue à l'article *(L. n° 2019-222 du 23 mars 2019, art. 74 et 109-XIX, en vigueur le 24 mars 2020)* «747-1 *[ancienne rédaction : 132-57 du code pénal]*». *(L. n° 2019-222 du 23 mars 2019, art. 74 et 109-XIX, en vigueur le 24 mars 2020)* «Lorsque la peine ferme prononcée ou restant à subir est inférieure ou égale à six mois, elle doit faire l'objet d'une détention à domicile sous surveillance électronique, d'une semi-liberté ou d'un placement à l'extérieur, sauf si la personnalité ou la situation du condamné rendent ces mesures impossibles, sans préjudice de la possibilité de libération conditionnelle ou de conversion, fractionnement ou suspension de la peine *[ancienne rédaction : Les durées de deux ans prévues par le présent alinéa sont réduites à un an si le condamné est en état de récidive légale]*.»

Préalablement à la mise à exécution de la ou des condamnations, le ministère public informe le juge de l'application des peines de cette ou de ces décisions en lui adressant toutes les pièces utiles, parmi lesquelles une copie de la ou des décisions et le bulletin n° 1 du casier judiciaire de l'intéressé.

Sauf s'il a déjà été avisé de ces convocations à l'issue de l'audience de jugement en application de l'article 474 du présent code, le condamné est alors, sauf décision contraire du juge de l'application des peines, convoqué en premier lieu devant le juge de l'application des peines, puis devant le service pénitentiaire d'insertion et de probation, dans des délais qui ne sauraient être respectivement supérieurs à trente et à quarante-cinq jours à compter de leur information par le ministère public, afin de déterminer les modalités d'exécution de sa peine les mieux adaptées à sa personnalité et à sa situation matérielle, familiale et sociale.

Art. 723-15-1. *(L. n° 2009-1436 du 24 nov. 2009, art. 84-I)* Si, à l'issue de la convocation, une mesure d'aménagement ou la conversion de la peine lui paraît possible et si l'intéressé en est d'accord, le juge de l'application des peines ordonne cette mesure ou cette conversion selon les modalités prévues aux premier ou deuxième alinéas de l'article 712-6. Si le juge ne dispose pas des éléments d'information suffisants pour ordonner immédiatement cette mesure ou cette conversion, il peut charger le service pénitentiaire d'insertion et de probation d'examiner les modalités d'exécution de la décision qu'il envisage de prendre et, le cas échéant, de lui présenter une autre proposition d'aménagement ou de conversion, dans un délai de deux mois à compter de cette saisine. Au vu du rapport motivé du service pénitentiaire d'insertion et de probation, il peut ordonner l'aménagement ou la conversion de la peine du condamné selon les modalités prévues aux premier ou deuxième alinéas de l'article 712-6.

Art. 723-15-2. *(L. n° 2009-1436 du 24 nov. 2009, art. 84-I)* Si le condamné ne souhaite pas bénéficier d'un aménagement ou d'une conversion de sa peine ou si, au vu du rapport motivé du service pénitentiaire d'insertion et de probation, un tel aménagement ou une telle conversion ne lui paraît pas possible, le juge de l'application des peines peut fixer la date d'incarcération.

A défaut de décision du juge de l'application des peines dans les *(L. n° 2016-731 du 3 juin 2016, art. 66)* «six» mois suivant la communication de la copie de la décision, ainsi que dans les cas prévus par l'article 723-16, le ministère public peut ramener la peine à exécution.

Si, sauf motif légitime ou exercice des voies de recours, la personne ne se présente pas aux convocations, le juge de l'application des peines en informe le ministère public qui ramène la peine à exécution.

Art. 723-16. Par dérogation aux dispositions de l'article 723-15, en cas d'urgence motivée soit par un risque de danger pour les personnes ou les biens établi par la survenance d'un fait nouveau, soit par l'incarcération de la personne dans le cadre d'une autre procédure, *(L. n° 2009-1436 du 24 nov. 2009, art. 84-II)* «soit d'un risque avéré de fuite du condamné,» le ministère public peut mettre la peine à exécution en établissement pénitentiaire.

(L. n° 2009-1436 du 24 nov. 2009, art. 84-II) «Il en informe immédiatement le juge de l'application des peines si celui-ci a été saisi en application du deuxième alinéa de l'article 723-15.»

Art. 723-17. Lorsqu'une condamnation mentionnée à l'article 723-15 n'a pas été mise à exécution dans le délai d'un an à compter de la date à laquelle la condamnation est devenue définitive, le condamné peut saisir le juge de l'application des peines en vue de faire l'objet d'une des mesures prévues par le premier alinéa de l'article 712-6, même s'il s'est vu opposer un refus antérieur, et cette saisine suspend la possibilité pour le parquet de mettre la peine à exécution sous réserve des dispositions de l'article 723-16. Il est alors statué sur la demande selon les dispositions de l'article 712-6.

Art. 723-17-1. *(L. n° 2014-896 du 15 août 2014, art. 16, en vigueur le 1er oct. 2014)* Lorsqu'une condamnation mentionnée à l'article 723-15 n'a pas été mise à exécution dans le délai de trois ans à compter de la date à laquelle elle est devenue définitive, le condamné est convoqué devant le juge de l'application des peines, préalablement à la mise à exécution de la condamnation, afin de déterminer les modalités d'exécution de sa peine les mieux adaptées aux circonstances, à sa personnalité et à sa situation matérielle, familiale et sociale. Cette convocation suspend la possibilité pour le parquet de mettre la peine à exécution.

Il peut être dérogé au présent article dans les cas prévus à l'article 723-16.

Art. 723-18. Lorsque le condamné doit exécuter un reliquat de peine inférieur ou égal aux réductions de peine susceptibles d'être octroyées, le juge de l'application des peines peut accorder cette mesure sans qu'il soit nécessaire que la personne soit à nouveau écrouée.

Section IX

Dispositions relatives à la surveillance judiciaire de personnes dangereuses condamnées pour crime ou délit

(L. n° 2005-1549 du 12 déc. 2005, art. 13)

Art. 723-29. Lorsqu'une personne a été condamnée à une peine privative de liberté d'une durée égale ou supérieure à *(L. n° 2010-242 du 10 mars 2010, art. 10-I)* «sept» ans pour un crime ou un délit pour lequel le suivi socio-judiciaire est encouru *(L. n° 2011-267 du 14 mars 2011, art. 40-I)* «ou d'une durée supérieure ou égale à cinq ans pour un crime ou un délit commis une nouvelle fois en état de récidive légale», le *(L. n° 2009-1436 du 24 nov. 2009, art. 85)* «tribunal» de l'application des peines peut, sur réquisitions du procureur de la République, ordonner à titre de mesure de sûreté et aux seules fins de prévenir une récidive dont le risque paraît avéré, qu'elle sera placée sous surveillance judiciaire dès sa libération et pendant une durée qui ne peut excéder celle correspondant au crédit de réduction de peine *(L. n° 2010-242 du 10 mars 2010, art. 10-I)* «et aux réductions» de peines supplémentaires dont elle a bénéficié et qui n'ont pas fait l'objet d'une décision de retrait.

Art. 723-30. La surveillance judiciaire peut comporter les obligations suivantes : *(L. n° 2010-242 du 10 mars 2010, art. 11-II)* «1° Obligations prévues par les articles 132-44 et 132-45 du code pénal;

«2°» *(L. n° 2011-1862 du 13 déc. 2011, art. 61-4°)* «Après vérification de la faisabilité technique de la mesure, obligation» prévue par l'article 131-36-12 du même code;

(L. n° 2008-174 du 25 févr. 2008, art. 14; L. n° 2010-242 du 10 mars 2010, art. 11-II) «3° Si la personne a été condamnée à une peine de réclusion criminelle d'une durée égale ou supérieure à quinze ans pour l'un des crimes mentionnés à l'article 706-53-13 du présent code, obligation d'assignation à domicile, emportant pour l'intéressé l'interdiction de s'absenter de son domicile ou de tout autre lieu désigné par le juge en dehors des périodes fixées par celui-ci. Les périodes et les lieux sont fixés en tenant compte : de l'exercice d'une activité professionnelle par le condamné; du fait qu'il suit un enseignement ou une formation, effectue un stage ou occupe un emploi temporaire en vue de son insertion sociale; de sa participation à la vie de famille; de la prescription d'un traitement médical.»

(L. n° 2007-1198 du 10 août 2007) «Sauf décision contraire du juge de l'application des peines, le condamné placé sous surveillance judiciaire est soumis à une injonction de soins, dans les conditions prévues aux articles L. 3711-1 et suivants du code de la santé publique, lorsqu'il est établi, après expertise médicale prévue à l'article 723-31, qu'il est susceptible de faire l'objet d'un traitement.»

Art. 723-31. Le risque de récidive mentionné à l'article 723-29 doit être constaté par une expertise médicale ordonnée par le juge de l'application des peines conformément aux dispositions de l'article 712-16, et dont la conclusion fait apparaître la dangerosité du condamné *(L. n° 2007-1198 du 10 août 2007)* «et détermine si le condamné est susceptible de faire l'objet d'un traitement». Cette expertise peut être également ordonnée par le procureur de la République.

Art. 723-31-1. *(L. n° 2010-242 du 10 mars 2010, art. 10-I)* La situation de tous les condamnés susceptibles de faire l'objet d'une surveillance judiciaire conformément à l'article 723-29 doit être examinée avant la date prévue pour leur libération.

Le juge de l'application des peines ou le procureur de la République peut, à cette fin, demander le placement du condamné, pour une durée comprise entre deux et six semaines, dans un service spécialisé chargé de l'observation des personnes détenues aux fins d'une évaluation pluridisciplinaire de dangerosité et saisir la commission pluridisciplinaire des mesures de sûreté.

Le juge de l'application des peines ou le procureur de la République peut également ordonner que l'expertise prévue par l'article 723-31 soit réalisée par deux experts.

Art. 723-32. La décision prévue à l'article 723-29 est prise, avant la date prévue pour la libération du condamné, par un jugement rendu conformément aux dispositions de l'article 712-6. Lors du débat contradictoire prévu par l'article 712-6, le condamné est obligatoirement assisté par un avocat choisi par lui, ou, à sa demande, désigné par le bâtonnier.

Le jugement précise les obligations auxquelles le condamné est tenu, ainsi que la durée de celles-ci.

Art. 723-33. Le condamné placé sous surveillance judiciaire fait également l'objet de mesures d'assistance et de contrôle destinées à faciliter et à vérifier sa réinsertion.

Ces mesures et les obligations auxquelles le condamné est astreint sont mises en œuvre par le juge de l'application des peines assisté du service pénitentiaire d'insertion et de probation, et, le cas échéant, avec le concours des organismes habilités à cet effet.

Art. 723-34. Le juge de l'application des peines peut modifier les obligations auxquelles le condamné est astreint, par ordonnance rendue selon les modalités prévues par l'article 712-8.

Si la réinsertion du condamné paraît acquise, il peut, par jugement rendu selon les modalités prévues par l'article 712-6, mettre fin à ces obligations.

Si le comportement ou la personnalité du condamné le justifie, il peut, par jugement rendu selon les modalités prévues par la dernière phrase du premier alinéa de l'article 723-32, décider de prolonger la durée de ces obligations, sans que la durée totale de celles-ci ne dépasse celle prévue à l'article 723-29.

Art. 723-35. En cas d'inobservation par le condamné des obligations et interdictions qui lui ont été imposées, le juge de l'application des peines peut, selon les modalités prévues par l'article 712-6, retirer tout ou partie de la durée des réductions de peine dont il a bénéficié et ordonner sa réincarcération. Les dispositions de l'article 712-17 sont applicables.

Le juge de l'application des peines avertit le condamné que les mesures prévues aux articles 131-36-4 et 131-36-12 du code pénal ne pourront être mises en œuvre sans son consentement, mais que, à défaut, tout ou partie de la durée des réductions de peine dont il a bénéficié pourra, en application du premier alinéa, lui être retiré.

(L. n° 2010-242 du 10 mars 2010, art. 10-I) «La décision prévue au premier alinéa peut également être prise, après avis du juge de l'application des peines, par la juridiction de jugement en cas de condamnation de la personne placée sous surveillance judiciaire pour un crime ou un délit pour lequel le suivi socio-judiciaire est encouru.

«Constitue pour le condamné une violation des obligations qui lui ont été imposées le fait de refuser de commencer ou de poursuivre le traitement prescrit par le médecin traitant et qui lui a été proposé dans le cadre d'une injonction de soins.»

Art. 723-36. Les dispositions de la présente section ne sont pas applicables si la personne a été condamnée à un suivi socio-judiciaire ou si elle fait l'objet d'une libération conditionnelle.

Art. 723-37. *(L. n° 2008-174 du 25 févr. 2008, art. 1er-VI)* Lorsque le placement sous surveillance judiciaire a été prononcé à l'encontre d'une personne condamnée à une réclusion criminelle d'une durée égale ou supérieure à quinze ans pour l'une des infractions visées à l'article 706-53-13, la juridiction régionale mentionnée à l'article 706-53-15 peut, selon les modalités prévues par cet article, décider de prolonger tout ou partie des obligations auxquelles est astreinte la personne, au-delà de la limite prévue à l'article 723-29, en la plaçant sous surveillance de sûreté pour une durée *(L. n° 2010-242 du 10 mars 2010, art. 3)* «de deux ans».

La juridiction régionale de la rétention de sûreté est saisie par le juge de l'application des peines ou le procureur de la République six mois avant la fin de la mesure.

Le placement sous surveillance de sûreté ne peut être ordonné, après expertise médicale constatant la persistance de la dangerosité, que dans le cas où :

1° Les obligations résultant de l'inscription dans le fichier judiciaire national automatisé des auteurs d'infractions sexuelles ou violentes apparaissent insuffisantes pour prévenir la commission des crimes mentionnés à l'article 706-53-13 ;

2° Et si cette mesure constitue l'unique moyen de prévenir la commission, dont la probabilité est très élevée, de ces infractions.

La surveillance de sûreté peut être prolongée selon les mêmes modalités et pour la même durée si les conditions prévues par le présent article demeurent remplies.

Les dispositions *(L. n° 2010-242 du 10 mars 2010, art. 4-II)* «des quatre derniers alinéas» de l'article 706-53-19 sont applicables.

(L. n° 2010-242 du 10 mars 2010, art. 7) «La juridiction régionale de la rétention de sûreté peut également, selon les modalités prévues à l'article 706-53-15, ordonner une surveillance de sûreté à l'égard d'une personne placée sous surveillance judiciaire à laquelle toutes les réductions de peine ont été retirées, en application du premier alinéa de l'article 723-35, à la suite d'une violation des obligations auxquelles elle était soumise dans des conditions qui font apparaître des risques qu'elle commette à nouveau l'une des infractions mentionnées à l'article 706-53-13. La surveillance de sûreté s'applique dès la libération de la personne.»

Art. 723-38. *(L. n° 2008-174 du 25 févr. 2008, art. 1er-VI)* Lorsque le placement sous surveillance électronique mobile a été prononcé dans le cadre d'une surveillance judiciaire à l'encontre d'une personne condamnée à une réclusion criminelle d'une durée égale ou supérieure à quinze ans pour l'une des infractions visées à l'article 706-53-13, il peut être renouvelé tant que la personne fait l'objet d'une surveillance judiciaire ou d'une surveillance de sûreté.

Art. 723-38-1. *(L. n° 2010-242 du 10 mars 2010, art. 10-I)* La surveillance judiciaire est suspendue par toute détention intervenant au cours de son exécution et ne découlant pas d'un retrait de tout ou partie de la durée des réductions de peine décidé en application de l'article 723-35, et elle reprend, pour la durée restant à courir, à l'issue de cette suspension.

Art. 723-39. Un décret détermine en tant que de besoin les modalités et les conditions d'application des dispositions de la présente section.

CHAPITRE V

Du transfèrement des personnes condamnées

(L. n° 2004-204 du 9 mars 2004, art. 162-I, en vigueur le 1er janv. 2005)

Art. 728-2. *(L. n° 84-1150 du 21 déc. 1984 ; L. n° 2004-204 du 9 mars 2004, art. 162-I et IV, en vigueur le 1er janv. 2005)* Lorsque, en application d'une convention ou d'un accord internationaux, une personne détenue en exécution d'une condamnation prononcée par une juridiction étrangère est transférée sur le territoire français pour y accomplir la partie de la peine restant à subir, l'exécution de la peine est poursuivie conformément aux dispositions du présent code, et notamment du présent chapitre.

Art. 728-3. *(L. n° 84-1150 du 21 déc. 1984; L. n° 2004-204 du 9 mars 2004, art. 162-I, en vigueur le 1er janv. 2005)* Dès son arrivée sur le sol français, le condamné détenu est présenté au procureur de la République du lieu d'arrivée, qui procède à son interrogatoire d'identité et en dresse procès-verbal. Toutefois, si l'interrogatoire ne peut être immédiat, le condamné est conduit à la maison d'arrêt où il ne peut être détenu plus de vingt-quatre heures. A l'expiration de ce délai, il est conduit d'office devant le procureur de la République, par les soins du *(L. n° 87-432 du 22 juin 1987)* «chef d'établissement».

Au vu des pièces constatant l'accord des États sur le transfèrement et le consentement de l'intéressé ainsi que de l'original ou d'une expédition du jugement étranger de condamnation, accompagnés, le cas échéant, d'une traduction officielle, le procureur de la République requiert l'incarcération immédiate du condamné.

Art. 728-4. *(L. n° 84-1150 du 21 déc. 1984; L. n° 2004-204 du 9 mars 2004, art. 162-I, en vigueur le 1er janv. 2005)* La peine prononcée à l'étranger est, par l'effet de la convention ou de l'accord internationaux, directement et immédiatement exécutoire sur le territoire national pour la partie qui restait à subir dans l'État étranger.

Toutefois, lorsque la peine prononcée est, par sa nature ou sa durée, plus rigoureuse que la peine prévue par la loi française pour les mêmes faits, le tribunal correctionnel du lieu de détention, saisi par le procureur de la République ou le condamné, lui substitue la peine qui correspond le plus en droit français ou réduit cette peine au maximum légalement applicable. Il détermine en conséquence, suivant les cas, la nature et, dans la limite de la partie qui restait à subir dans l'État étranger, la durée de la peine à exécuter.

Art. 728-5. *(L. n° 84-1150 du 21 déc. 1984; L. n° 2004-204 du 9 mars 2004, art. 162-I, en vigueur le 1er janv. 2005)* Le tribunal statue en audience publique, après avoir entendu le ministère public, le condamné et, le cas échéant, *(L. n° 93-2 du 4 janv. 1993)* «l'avocat» choisi par lui ou commis d'office sur sa demande. Le jugement est immédiatement exécutoire nonobstant appel.

Art. 728-6. *(L. n° 84-1150 du 21 déc. 1984; L. n° 2004-204 du 9 mars 2004, art. 162-I, en vigueur le 1er janv. 2005)* Les délais de transfèrement s'imputent intégralement sur la durée de la peine qui est mise à exécution en France.

Art. 728-7. *(L. n° 84-1150 du 21 déc. 1984; L. n° 2004-204 du 9 mars 2004, art. 162-I, en vigueur le 1er janv. 2005)* Tous incidents contentieux relatifs à l'exécution de la peine privative de liberté restant à subir en France sont portés devant le tribunal correctionnel du lieu de détention.

Les dispositions de l'article 711 du présent code sont applicables.

Art. 728-8. *(L. n° 84-1150 du 21 déc. 1984; L. n° 2004-204 du 9 mars 2004, art. 162-I, en vigueur le 1er janv. 2005)* L'application de la peine est régie par les dispositions du présent code.

Art. 728-9. *(L. n° 84-1150 du 21 déc. 1984; L. n° 2004-204 du 9 mars 2004, art. 162-I, en vigueur le 1er janv. 2005)* Aucune poursuite pénale ne peut être exercée ou continuée et aucune condamnation ne peut être exécutée à raison des mêmes faits contre le condamné qui exécute en France, en application d'une convention ou d'un accord internationaux, une peine privative de liberté prononcée par une juridiction étrangère.

CHAPITRE VI

De l'exécution des décisions de condamnation à une peine ou à une mesure de sûreté privative de liberté en application de la décision-cadre 2008/909/JAI du conseil du 27 novembre 2008 concernant l'application du principe de reconnaissance mutuelle aux jugements en matière pénale prononçant des peines ou des mesures privatives de liberté aux fins de leur exécution dans l'Union européenne

(L. n° 2013-711 du 5 août 2013, art. 11)

Section première

Dispositions générales

Art. 728-10. Le présent chapitre détermine les règles applicables, en vue de faciliter la réinsertion sociale de la personne condamnée, à la reconnaissance et à l'exécution, dans un État membre de l'Union européenne, des condamnations pénales définitives à une peine ou à une mesure de sûreté privative de liberté prononcées par les juridictions françaises ainsi qu'à la reconnaissance et à l'exécution en France de telles condamnations prononcées par les juridictions d'un autre État membre.

L'État sur le territoire duquel a été prononcée la décision est appelé État de condamnation. L'État auquel est demandée l'exécution de cette décision sur son territoire est appelé État d'exécution.

Art. 728-11. Une décision de condamnation prononcée par une juridiction française ou une juridiction d'un État membre peut être transmise, selon le cas, par l'autorité française compétente aux fins de reconnaissance et d'exécution dans l'État d'exécution ou à cette autorité aux fins de reconnaissance et d'exécution en France si la personne condamnée se trouve sur le territoire français ou celui de l'autre État membre et dans les cas suivants :

1° La personne condamnée est un ressortissant de l'État d'exécution et a sa résidence habituelle sur le territoire de cet État ou, lorsque la France est l'État d'exécution, est un ressortissant français;

2° La personne condamnée est un ressortissant de l'État d'exécution ou, lorsque la France est l'État d'exécution, un ressortissant français et fait l'objet, en vertu de la décision de condamnation ou de toute autre décision judiciaire ou administrative, d'une mesure d'éloignement vers le territoire de l'État dont elle est ressortissante, applicable à sa libération;

3° La personne condamnée, quelle que soit sa nationalité, ainsi que l'autorité compétente de l'État d'exécution ou, lorsque la France est État d'exécution, l'autorité compétente française consentent à l'exécution de la décision de la condamnation faisant l'objet de la transmission.

Dans le cas prévu au 3°, le consentement de la personne condamnée n'est pas requis lorsqu'elle s'est réfugiée sur le territoire de l'État d'exécution ou, lorsque la France est

État d'exécution, sur le territoire français ou y est retournée en raison de sa condamnation ou des investigations et des poursuites ayant abouti à celle-ci.

Dans le cas prévu au 3° et lorsque la France est État d'exécution, l'autorité compétente ne peut consentir à l'exécution de la peine sur le territoire français que lorsque la personne condamnée y réside régulièrement de façon ininterrompue depuis au moins cinq ans.

Art. 728-12. Toute décision de condamnation transmise en application du présent chapitre aux fins de reconnaissance et d'exécution sur le territoire français ou sur celui d'un autre État membre ou toute demande de transit est accompagnée d'un certificat précisant notamment :

1° La désignation de l'État de condamnation et de la juridiction ayant rendu la décision de condamnation;

2° L'identité de la personne à l'encontre de laquelle la décision de condamnation a été rendue, l'adresse de son ou ses derniers domiciles connus et l'indication qu'elle se trouve dans l'État de condamnation ou dans l'État d'exécution;

3° La date de la décision de condamnation et celle à laquelle cette décision est devenue définitive;

4° Les motifs de la transmission de la décision de condamnation au regard de l'article 728-11;

5° La date, le lieu et les circonstances dans lesquels la ou les infractions ont été commises ainsi que la nature, la qualification juridique et une description complète des faits;

6° La nature de la peine ou de la mesure de sûreté privative de liberté à exécuter, sa durée totale, la part déjà exécutée et la date prévue de fin d'exécution;

7° L'indication, le cas échéant, du consentement de la personne condamnée à la transmission de la décision de condamnation;

8° Les observations éventuelles de la personne condamnée sur la transmission de la décision de condamnation.

Le certificat est signé par l'autorité compétente de l'État de condamnation, qui atteste l'exactitude des informations y étant contenues.

Art. 728-13. Le retrait du certificat vaut retrait de la demande de reconnaissance et d'exécution et fait obstacle à la mise à exécution de la peine ou de la mesure de sûreté privative de liberté en application du présent chapitre.

Art. 728-14. La transmission de la décision de condamnation, de la demande de transit, du certificat et de toutes les pièces relatives à l'exécution de la condamnation ainsi que tout échange relatif à celle-ci s'effectuent directement, selon le cas, avec les autorités compétentes de l'État de condamnation ou celles de l'État d'exécution, par tout moyen laissant une trace écrite et dans des conditions permettant au destinataire de vérifier l'authenticité des pièces transmises.

Section II

Dispositions relatives à l'exécution, sur le territoire des autres états membres de l'Union européenne, des condamnations prononcées par les juridictions françaises

§ 1er : Transmission de la demande par le ministère public

Art. 728-15. Le représentant du ministère public près la juridiction ayant prononcé la décision de condamnation est compétent pour transmettre à l'autorité compétente d'un autre État membre de l'Union européenne, aux fins qu'elle reconnaisse cette décision et la ramène à exécution, une copie de celle-ci et, après l'avoir établi et signé, le certificat prévu à l'article 728-12.

Il peut procéder à cette transmission d'office ou à la demande de l'autorité compétente de l'État d'exécution ou de la personne condamnée.

Il peut décider la transmission lorsque les conditions prévues à l'article 728-11 sont réunies et qu'il a acquis la certitude que l'exécution de la condamnation sur le territoire de l'autre État membre facilitera la réinsertion sociale de l'intéressé.

Art. 728-16. Avant de procéder à la transmission de la décision de condamnation et du certificat, le représentant du ministère public peut consulter l'autorité compétente de l'État d'exécution afin de déterminer, notamment, si l'exécution de la condamnation sur le territoire de celui-ci est de nature à faciliter la réinsertion sociale de la personne condamnée. Une telle consultation est obligatoire dans les cas autres que ceux visés aux 1° et 2° de l'article 728-11.

Art. 728-17. Lorsque la personne condamnée se trouve sur le territoire français, le représentant du ministère public procède ou fait procéder à son audition aux fins de recueillir ses observations orales ou écrites sur la transmission envisagée. Il recueille son consentement lorsque celui-ci est requis en application du 3° de l'article 728-11. Si la personne condamnée est mineure ou si elle fait l'objet d'une mesure de protection, il procède ou fait procéder, en outre, à l'audition de la personne chargée de la représenter ou de l'assister. Il est dressé procès-verbal des auditions. Le cas échéant, la personne chargée d'assister ou de représenter le mineur ou la personne faisant l'objet d'une mesure de protection peut faire part de ses observations orales ou écrites, qui sont jointes au dossier.

Lorsque la personne condamnée ou la personne chargée de la représenter ou de l'assister en raison de sa minorité ou d'une mesure de protection se trouve sur le territoire de l'État d'exécution, le ministère public demande à l'autorité compétente de cet État de procéder aux auditions prévues au premier alinéa du présent article.

Art. 728-18. Si le représentant du ministère public décide de transmettre la décision de condamnation et le certificat à l'autorité compétente de l'État d'exécution, il en informe la personne condamnée dans une langue qu'elle comprend. Il l'informe en outre :

1° Que, en cas d'exécution de la condamnation sur le territoire de cet État, l'exécution de la peine sera régie par sa législation *[,]* qui déterminera ainsi, notamment, les conditions d'une libération anticipée ou conditionnelle;

2° Que la période de privation de liberté déjà subie au titre de la condamnation sera déduite de la peine restant à exécuter;

3° Que l'autorité compétente de l'État d'exécution peut décider d'adapter la peine ou la mesure de sûreté privative de liberté prononcée si, par sa durée ou sa nature, elle est incompatible avec la législation de cet État;

4° Que l'adaptation de la peine ou de la mesure de sûreté privative de liberté par l'État d'exécution ne peut avoir pour effet de l'aggraver.

Il est dressé procès-verbal de la formalité prévue au présent article.

Si la personne condamnée se trouve sur le territoire de l'État d'exécution, le représentant du ministère public demande à l'autorité compétente de cet État de procéder à cette formalité.

Art. 728-19. Le représentant du ministère public transmet à l'autorité compétente de l'État d'exécution une copie certifiée conforme de la décision de condamnation ainsi que l'original ou une copie du certificat mentionné à l'article 728-12 et, le cas échéant, une copie du procès-verbal d'audition de la personne condamnée et du procès-verbal d'audition de la personne chargée de la représenter ou de l'assister.

Il transmet, en outre, à cette autorité une traduction du certificat soit dans la langue officielle ou dans une des langues officielles de l'État d'exécution, soit dans l'une des langues officielles des institutions de l'Union européenne acceptées par cet État. Sur demande de l'autorité compétente de l'État d'exécution, il fait établir et transmet la traduction, dans les mêmes conditions, de la décision de condamnation ou des parties essentielles de cette décision.

Sur demande de l'autorité compétente de l'État d'exécution, la copie certifiée conforme de la décision de condamnation et l'original du certificat lui sont adressés dans les meilleurs délais.

Art. 728-20. Lorsque la personne condamnée se trouve sur le territoire de l'État d'exécution, le ministère public peut demander à l'autorité compétente de cet État, lors de la transmission de la décision de condamnation et du certificat, de procéder à l'arrestation provisoire de la personne condamnée ou de prendre toute mesure permettant d'assurer son maintien sur le territoire de cet État dans l'attente de la décision de reconnaissance et d'exécution.

En cas d'urgence, si le représentant du ministère public n'est pas en mesure d'adresser le certificat à l'autorité compétente de l'État d'exécution, il lui transmet les informations mentionnées aux 1° à 6° de l'article 728-12.

Art. 728-21. Lorsque le représentant du ministère public est consulté par l'autorité compétente de l'État d'exécution sur une reconnaissance partielle de la décision de condamnation, il examine, après avoir envisagé en lien avec cette autorité les modalités possibles d'une telle solution, si un accord peut être trouvé.

L'exécution partielle de la décision de condamnation ne peut avoir pour conséquence d'accroître la durée de la peine ou de la mesure de sûreté privative de liberté.

S'il approuve les modalités d'exécution partielle envisagées, le représentant du ministère public donne son accord. Dans le cas contraire, il retire le certificat.

Art. 728-22. Tant que l'exécution de la peine n'a pas commencé, le représentant du ministère public peut, à tout moment, décider de retirer le certificat. Il indique à l'autorité compétente de l'État d'exécution le motif de ce retrait.

Le certificat est retiré, notamment, lorsque :

1° L'autorité compétente de l'État d'exécution ayant émis, postérieurement à la transmission de la décision de condamnation, un avis motivé selon lequel l'exécution de la condamnation ne contribuerait pas à faciliter la réinsertion sociale de la personne condamnée, le représentant du ministère public estime cet avis fondé;

2° L'autorité compétente de l'État d'exécution l'ayant informé de l'adaptation qui serait apportée à la peine prononcée, le représentant du ministère estime, au vu de cette information, ne pas devoir maintenir la demande aux fins de reconnaissance et d'exécution;

3° L'autorité compétente de l'État d'exécution ayant communiqué, d'office ou à la demande du représentant du ministère public, les dispositions applicables dans cet État en matière de libération anticipée ou conditionnelle, celui-ci estime, au vu de cette information, ne pas devoir maintenir la demande aux fins de reconnaissance et d'exécution.

§ 2 : Transfèrement et transit

Art. 728-23. Dès que l'autorité compétente de l'État d'exécution a fait connaître qu'elle accepte de reconnaître la condamnation et de la mettre à exécution sur son territoire, le représentant du ministère public, si la personne condamnée se trouve sur le territoire français, prend les mesures nécessaires afin qu'elle soit transférée sur le territoire de l'État d'exécution.

Le transfèrement, dont la date est arrêtée conjointement par le ministre de la justice et l'autorité compétente de l'État d'exécution, a lieu au plus tard trente jours après la décision d'acceptation de l'État d'exécution. S'il est impossible d'y procéder dans ce délai en raison de circonstances imprévues, le transfèrement intervient dès que ces circonstances n'y font plus obstacle, à une nouvelle date arrêtée conjointement et, au plus tard, dans les dix jours de cette date.

Art. 728-24. Le ministre de la justice transmet une demande de transit accompagnée d'une copie du certificat à l'autorité compétente de chaque État membre traversé à l'occasion du transfèrement. A la demande de cette autorité, il fournit une traduction du certificat dans la langue officielle ou dans une des langues officielles de l'État concerné ou dans l'une des langues officielles des institutions de l'Union européenne acceptées par cet État.

Art. 728-25. Si l'État membre auquel le transit est demandé ne peut garantir que la personne condamnée ne sera pas poursuivie ou soumise à une mesure privative ou restrictive de liberté sur son territoire pour des faits ou condamnations antérieurs à son départ du territoire français, le ministre de la justice retire la demande de transit.

Art. 728-26. Aucune demande de transit n'est requise lorsque le transfèrement s'effectue par un moyen de transport aérien sans escale prévue. Toutefois, en cas d'atterrissage fortuit sur le territoire d'un État membre de l'Union européenne, le ministre de la justice fournit à l'autorité compétente de cet État le certificat mentionné à l'article 728-12 dans un délai de soixante-douze heures.

§ 3 : Consentement à l'exercice de poursuites ou à l'exécution d'une condamnation à raison d'une autre infraction

Art. 728-27. Lorsque, avant ou après le transfèrement de la personne condamnée, l'autorité compétente de l'État d'exécution demande au représentant du ministère public qu'il soit consenti à ce que celle-ci puisse être poursuivie, condamnée ou privée de liberté dans l'État d'exécution pour une infraction qu'elle aurait commise avant son transfèrement, autre que celle pour laquelle la demande aux fins de reconnaissance et d'exécution a été présentée, la chambre de l'instruction est saisie de cette demande.

Lorsque la demande est présentée après le transfèrement, la chambre de l'instruction compétente est celle dans le ressort de laquelle siège la juridiction ayant prononcé la condamnation dont l'exécution a donné lieu au transfèrement.

La chambre de l'instruction statue sans recours après s'être assurée que la demande comporte les renseignements prévus à l'article 695-13 et avoir, le cas échéant, obtenu des garanties au regard de l'article 695-32, dans le délai de trente jours à compter de la réception de la demande.

Le consentement est donné lorsque les agissements pour lesquels il est demandé constituent l'une des infractions mentionnées à l'article *(Ord. n° 2016-1636 du 1er déc. 2016, art. 4 et 5, en vigueur le 22 mai 2017)* «694-32» et entrent dans le champ d'application de l'article 695-12.

§ 4 : Exécution de la peine

Art. 728-28. L'exécution de la peine est régie par le droit de l'État sur le territoire duquel elle est exécutée.

Art. 728-29. Lorsque la condamnation fait l'objet d'une amnistie, d'une grâce, d'une révision ou de toute autre décision ou mesure ayant pour effet de lui retirer, immédiatement ou non, son caractère exécutoire, le représentant du ministère public en informe sans délai l'autorité compétente de l'État d'exécution.

Art. 728-30. Le ministère public recouvre la faculté de faire exécuter la décision de condamnation sur le territoire français dès que l'autorité compétente de l'État d'exécution l'informe de la non-exécution partielle de cette décision en raison de l'évasion de la personne condamnée ou du fait que celle-ci ne peut être trouvée sur le territoire de cet État.

Section III

Dispositions relatives à l'exécution sur le territoire français des condamnations prononcées par les juridictions des autres états membres de l'Union européenne

§ 1er : Motifs du refus de reconnaissance et d'exécution

Art. 728-31. La reconnaissance et l'exécution sur le territoire français d'une décision de condamnation prononcée par la juridiction d'un autre État membre ne peuvent être refusées que dans les cas prévus aux articles 728-32 et 728-33.

La décision de refus est motivée par référence à ces mêmes articles.

Art. 728-32. L'exécution de la décision de condamnation est refusée dans les cas suivants :

1° Le certificat n'est pas produit, est incomplet ou ne correspond manifestement pas à la décision de condamnation et n'a pas été complété ou corrigé dans le délai fixé;

2° La personne condamnée ne se trouve ni en France ni dans l'État de condamnation;

3° Les conditions prévues à l'article 728-11 ne sont pas remplies;

4° La décision de condamnation porte sur des infractions pour lesquelles la personne condamnée a déjà été jugée définitivement par les juridictions françaises ou par celles d'un État autre que l'État de condamnation, à condition que la peine ait été exécutée, soit en cours d'exécution ou ne puisse plus être mise à exécution selon la loi de l'État de condamnation;

5° La condamnation est fondée sur des faits qui ne constituent pas des infractions selon la loi française;

6° La personne condamnée bénéficie en France d'une immunité faisant obstacle à l'exécution de la condamnation;

7° La personne condamnée n'a pas comparu en personne au procès qui a mené à la décision, sauf dans les cas visés aux 1° à 3° de l'article 695-22-1;

8° La prescription de la peine est acquise selon la loi française à la date de la réception du certificat;

9° La condamnation a été prononcée à l'encontre d'un mineur de treize ans à la date des faits;

10° La peine prononcée comporte une mesure de soins psychiatriques ou médicaux ou une autre mesure de sûreté privative de liberté qui ne peut être exécutée en application des règles du système juridique ou de santé français;

11° Il est établi que la personne a été condamnée en raison de son sexe, de sa race, de sa religion, de son origine ethnique, de sa nationalité, de sa langue, de ses opinions politiques ou de son orientation ou identité sexuelle, ou qu'il peut être porté atteinte à la situation de cette personne pour l'une de ces raisons.

Le motif de refus prévu au 5° n'est pas opposable lorsque la décision de condamnation concerne une infraction en matière de taxes et d'impôts, de douane et de change, en raison de ce que le droit français n'impose pas le même type de taxes ou d'impôts ou ne contient pas le même type de réglementation en matière de taxes, d'impôts, de douane et de change que le droit de l'État de condamnation.

Art. 728-33. L'exécution de la décision de condamnation peut être refusée dans les cas suivants :

1° La décision de condamnation est fondée sur des infractions commises en totalité, en majeure partie ou pour l'essentiel sur le territoire français ou en un lieu assimilé;

2° La durée de la peine restant à exécuter est inférieure à six mois à la date de réception du certificat;

3° L'État de condamnation a refusé de donner son consentement à ce que la personne condamnée puisse être poursuivie, condamnée ou privée de liberté en France pour une infraction commise avant son transfèrement, autre que celle ayant motivé celui-ci.

§ 2 : Réception et instruction par le procureur de la république de la demande aux fins de reconnaissance et d'exécution

Art. 728-34. Le procureur de la République reçoit les demandes tendant à la reconnaissance et à l'exécution sur le territoire français des décisions de condamnation prononcées par les juridictions des autres États membres. Il peut également demander à l'autorité compétente d'un autre État membre de lui transmettre une demande tendant à la reconnaissance et à l'exécution sur le territoire français d'une décision de condamnation prononcée par une juridiction de cet État.

Il peut procéder ou faire procéder à tout complément d'information qu'il estime utile.

Art. 728-35. Le procureur de la République compétent est celui dans le ressort duquel se situe la dernière résidence connue de la personne condamnée, le lieu de détention de celle-ci ou le lieu de l'infraction lorsque les faits ont été commis pour partie sur le territoire français. A défaut, le procureur de la République près le tribunal de grande instance de Paris est compétent.

Si le procureur de la République auquel la demande a été adressée par l'État de condamnation aux fins de reconnaissance et d'exécution n'est pas compétent, il la transmet sans délai au procureur de la République compétent. L'autorité compétente de l'État de condamnation est informée de la transmission.

Art. 728-36. Lorsque, avant de transmettre la décision de condamnation et le certificat, l'autorité compétente de l'État de condamnation consulte le procureur de la République, celui-ci l'informe sans délai, dans le cas où, en application du 3° de l'article 728-11, la reconnaissance de la décision est subordonnée au consentement de l'État d'exécution, de sa décision de consentir ou non à la transmission de la décision de condamnation et du certificat.

Lorsqu'il est consulté par l'autorité compétente de l'État de condamnation avant la transmission de la décision de condamnation et du certificat, le procureur de la République peut indiquer à l'autorité compétente de l'État de condamnation, dans un avis écrit et motivé, si l'exécution en France de la condamnation lui paraît de nature à favoriser la réinsertion sociale de la personne condamnée.

S'il n'a pas été consulté et que, ayant reçu la décision de condamnation et le certificat, il estime que l'exécution de la condamnation en France n'est pas de nature à favoriser la réinsertion sociale de la personne condamnée, le procureur de la République transmet d'office à l'autorité compétente un avis écrit et motivé en ce sens.

Art. 728-37. Lorsque l'autorité compétente de l'État de condamnation lui en fait la demande, le procureur de la République procède à l'audition de la personne condamnée ou de la personne chargée de l'assister ou de la représenter en raison de sa minorité ou d'une mesure de protection, si elle se trouve sur le territoire français, aux fins de recueillir ses observations écrites ou orales. Ces observations sont jointes au dossier. Le cas échéant, il recueille le consentement de la personne condamnée.

Art. 728-38. Lorsqu'il reçoit la demande d'un État membre aux fins de reconnaissance et d'exécution en France d'une décision de condamnation à une peine ou à une mesure de sûreté privative de liberté prononcée par une juridiction de cet État, le procureur de la République s'assure de la transmission, par l'autorité compétente de l'État de condamnation, de la décision de condamnation ou d'une copie certifiée conforme de celle-ci ainsi que du certificat mentionné à l'article 728-12 et de sa traduction en langue française.

Le procureur de la République peut, s'il juge le contenu du certificat insuffisant pour prendre une décision sur la demande de reconnaissance et d'exécution, demander que la décision de condamnation ou les parties essentielles de celle-ci, désignées par lui en concertation avec l'autorité compétente de l'État de condamnation, fassent l'objet d'une traduction en langue française. Il peut également, s'il apparaît que le certificat est incomplet ou inexact, demander à cette autorité qu'il soit complété ou rectifié.

Art. 728-39. Le procureur de la République peut demander à l'autorité compétente de l'État de condamnation si elle consent à ce que la personne condamnée puisse être poursuivie, condamnée ou privée de liberté en France pour une infraction commise avant son transfèrement. La demande doit comporter les renseignements prévus à l'article 695-13 et être traduite selon les modalités prévues à l'article 695-14.

Art. 728-40. Lorsqu'il envisage d'opposer l'un des motifs de refus prévus aux 1° à 4°, 7°, 10° et 11° de l'article 728-32 ou au 1° de l'article 728-33, le procureur de la République en informe l'autorité compétente de l'État de condamnation afin de lui permettre de fournir, le cas échéant, toutes informations supplémentaires.

Art. 728-41. Sur la demande de l'autorité compétente de l'État de condamnation, le procureur de la République lui donne connaissance des dispositions applicables en matière de libération conditionnelle ou anticipée.

§ 3 : Décision sur la reconnaissance et l'exécution et recours

Art. 728-42. Lorsqu'il est en possession des informations nécessaires, le procureur de la République décide, dans un délai maximal de huit jours, s'il y a lieu de reconnaître la décision de condamnation à une peine ou à une mesure de sûreté privative de liberté comme étant exécutoire sur le territoire français.

Art. 728-43. Le procureur de la République reconnaît la décision de condamnation comme étant exécutoire sur le territoire français en l'absence de l'un des motifs de refus prévus aux articles 728-32 et 728-33.

Dans le cas où, en application du 3° de l'article 728-11, le consentement de l'autorité compétente de l'État d'exécution est requis, le procureur de la République apprécie s'il y a lieu de le donner en considérant, notamment, l'intérêt de sa décision pour la réinsertion sociale de la personne condamnée.

Dans le cas où le consentement de la personne condamnée est requis en application du même 3°, le procureur de la République constate expressément, dans la décision reconnaissant la décision de condamnation comme exécutoire, qu'il a été donné.

La décision du procureur de la République refusant de reconnaître la décision de condamnation comme exécutoire sur le territoire français est motivée.

Art. 728-44. Si la décision de condamnation peut être reconnue comme étant exécutoire en France, le procureur de la République apprécie s'il y a lieu de procéder à l'adaptation de la peine ou de la mesure de sûreté privative de liberté prononcée.

Lorsque la durée de la peine ou de la mesure de sûreté privative de liberté prononcée est supérieure à celle qui aurait pu être légalement prononcée par une juridiction française pour les mêmes faits, le procureur de la République propose de la réduire au maximum légal encouru selon la loi française pour l'infraction correspondante. Lorsque la condamnation porte sur plusieurs infractions, il se réfère au maximum légal encouru pour l'infraction correspondante la plus sévèrement sanctionnée.

Lorsque, par sa nature, la peine ou la mesure de sûreté privative de liberté est incompatible avec la loi française, le procureur de la République propose de lui substituer la peine ou la mesure de sûreté privative de liberté encourue selon cette loi, à moins que cette substitution n'ait pour conséquence d'aggraver la condamnation.

Art. 728-45. Lorsque la décision de condamnation est prononcée pour plusieurs infractions et que, pour l'un des motifs prévus aux articles 728-32 ou 728-33, elle ne peut être reconnue et exécutée en tant qu'elle porte sur l'une de ces infractions ou certaines d'entre elles, le procureur de la République consulte l'autorité compétente de l'État de condamnation afin de déterminer si une exécution partielle de la décision, du chef des seules infractions pouvant justifier la reconnaissance et l'exécution, est possible.

L'exécution partielle ne peut être décidée qu'avec l'accord de l'État de condamnation. Elle ne peut avoir pour effet d'accroître la durée de la peine ou de la mesure de sûreté privative de liberté.

Dans le cas prévu au premier alinéa du présent article, si une seule peine ou mesure de sûreté privative de liberté a été prononcée pour l'ensemble des infractions, la durée de la peine mise à exécution ne peut excéder, dans la limite de la durée de la peine prononcée, ni le maximum légalement applicable, selon la loi de l'État de condamnation, à l'infraction pouvant autoriser l'exécution de la décision en France, ni le maximum légalement applicable, selon la loi française, à l'infraction correspondante. Lorsque plusieurs des infractions ayant fait l'objet de la condamnation peuvent justifier la reconnaissance et l'exécution, l'infraction la plus sévèrement sanctionnée selon la loi de l'État de condamnation est prise en compte pour la détermination de la durée maximale de la peine susceptible d'être mise à exécution.

Art. 728-46. Lorsque le procureur de la République propose d'adapter la peine en application de l'article 728-44, il saisit sans délai le président du tribunal de grande instance ou le juge délégué par lui aux fins d'homologation de la proposition d'adaptation.

Il communique au président du tribunal de grande instance ou au juge délégué par lui l'ensemble des pièces de la procédure.

Art. 728-47. Dans les cinq jours de sa saisine, le président du tribunal de grande instance ou le juge délégué par lui décide, au vu des pièces qui lui ont été communiquées, s'il y a lieu d'homologuer la proposition d'adaptation formulée par le procureur de la République.

L'ordonnance par laquelle il refuse l'homologation est motivée.

Art. 728-48. La décision du procureur de la République mentionnée à l'article 728-43 et, le cas échéant, l'ordonnance homologuant ou refusant d'homologuer la proposition d'adaptation de la peine ou de la mesure de sûreté privative de liberté mentionnée à l'article 728-47 sont notifiées sans délai à la personne condamnée. Celle-ci est informée par une mention portée dans l'acte de notification que, si elle n'accepte pas cette décision, elle dispose d'un délai de dix jours pour saisir la chambre des appels correctionnels d'une requête précisant, à peine d'irrecevabilité, les motifs de droit ou de fait de sa contestation et qu'elle a la possibilité de se faire représenter devant cette juridiction par un avocat de son choix ou, à défaut, par un avocat commis d'office par le bâtonnier de l'ordre des avocats.

Toutefois, la personne condamnée n'est pas recevable à saisir la chambre des appels correctionnels en cas de refus d'exécution opposé dans le cas prévu au 3° de l'article 728-11.

Art. 728-49. En cas de refus d'homologation de la proposition d'adaptation qu'il a formulée, le procureur de la République peut soit saisir le président du tribunal de grande instance ou le juge délégué par lui d'une nouvelle requête lui soumettant une autre décision ou la même décision autrement motivée ou fondée sur des éléments nouveaux, soit, dans les dix jours de l'ordonnance refusant l'homologation, saisir la chambre des appels correctionnels pour qu'elle statue sur la reconnaissance et l'exécution de la décision de condamnation.

La personne condamnée est aussitôt informée de la saisine de la chambre des appels correctionnels et de son objet. Elle est invitée à faire connaître sans délai si elle entend se faire représenter devant cette juridiction par un avocat de son choix ou, à défaut, par un avocat commis d'office par le bâtonnier de l'ordre des avocats.

L'audience de la chambre des appels correctionnels ne peut se tenir moins de dix jours après que cette information a été fournie.

Art. 728-50. En cas de saisine de la chambre des appels correctionnels, la décision du procureur de la République et l'ordonnance du président du tribunal de grande instance ou du juge délégué par lui sont non avenues.

Art. 728-51. L'audience de la chambre des appels correctionnels est publique, sauf si la personne est mineure ou si la publicité est de nature à nuire au bon déroulement de la procédure en cours, aux intérêts d'un tiers ou à la dignité de la personne. Dans ce cas, la chambre des appels correctionnels, à la demande du ministère public, de l'avocat de la personne condamnée ou d'office, statue par un arrêt rendu en chambre du conseil qui n'est susceptible de pourvoi en cassation qu'en même temps que l'arrêt statuant sur la reconnaissance et l'exécution de la condamnation.

Le ministère public et, s'il en a été désigné, l'avocat de la personne condamnée sont entendus. La chambre des appels correctionnels peut décider d'entendre la personne condamnée ou de la faire entendre par l'autorité compétente de l'État de condamnation.

La chambre des appels correctionnels peut, par une décision qui n'est susceptible d'aucun recours, autoriser l'État de condamnation à intervenir à l'audience par l'intermédiaire d'une personne habilitée par ce même État à cet effet. Lorsque l'État de condamnation est autorisé à intervenir, il ne devient pas partie à la procédure.

Art. 728-52. Lorsqu'elle est en possession des informations nécessaires, la chambre des appels correctionnels décide, dans un délai maximal de quinze jours, s'il y a lieu de reconnaître la décision de condamnation à une peine ou une mesure de sûreté privative de liberté comme étant exécutoire sur le territoire français. Les articles 728-37 à 728-39 et 728-42 à 728-44 sont applicables. Pour l'application de ces mêmes articles, la chambre des appels correctionnels exerce les attributions du procureur de la République.

Si la demande de reconnaissance et d'exécution présentée par l'autorité compétente de l'État de condamnation entre dans les prévisions du 3° de l'article 728-11 et si le procureur général déclare ne pas consentir à l'exécution, la chambre des appels correctionnels lui en donne acte et constate que la peine ou la mesure de sûreté privative de liberté ne peut être mise à exécution en France.

Lorsque la chambre des appels correctionnels envisage d'opposer l'un des motifs de refus prévus aux 1° à 4°, 7°, 10° et 11° de l'article 728-32 ou au 1° de l'article 728-33, il n'y a pas lieu d'informer l'autorité compétente de l'État de condamnation s'il a déjà été procédé à cette information par le procureur de la République en application de l'article 728-40.

Art. 728-53. La décision de la chambre des appels correctionnels peut faire l'objet d'un pourvoi en cassation. L'article 568-1 et le premier alinéa de l'article 567-2 sont applicables.

Art. 728-54. Lorsque, dans des cas exceptionnels, la décision définitive relative à la reconnaissance et à l'exécution de la condamnation ne peut être prise dans les quatre-vingt-dix jours qui suivent la réception de la décision de condamnation et du certificat, le procureur de la République en informe sans délai l'autorité compétente de l'État de condamnation en lui indiquant les raisons du retard et le délai supplémentaire qu'il estime nécessaire pour que soit prise la décision.

Dans le cas où le procureur de la République ou la chambre des appels correctionnels a demandé à l'autorité compétente de l'État de condamnation soit de compléter ou de corriger le certificat, soit de lui adresser une traduction complète ou partielle de la décision de condamnation, le cours du délai prévu au premier alinéa est suspendu à compter de la demande jusqu'à la transmission par l'État de condamnation des pièces demandées.

Art. 728-55. Le procureur de la République informe sans délai l'autorité compétente de l'État de condamnation de la décision définitive prise sur la reconnaissance et l'exécution de la décision de condamnation et, le cas échéant, sur l'adaptation de la peine ou de la mesure de sûreté privative de liberté. Lorsque la décision définitive consiste en un refus de reconnaissance et d'exécution de la décision de condamnation ou comporte une adaptation de la peine ou de la mesure privative de liberté, le procureur de la République informe également l'autorité compétente de l'État de condamnation des motifs de la décision.

Lorsque, après adaptation de la peine ou de la mesure de sûreté privative de liberté et imputation sur la durée de celle-ci de la privation de liberté déjà subie, la décision de condamnation doit être regardée comme intégralement exécutée, le procureur de la République informe l'autorité compétente de l'État de condamnation que la personne condamnée ne pourra pas être écrouée en France en exécution de cette décision et que, en cas de transfèrement, elle sera mise immédiatement en liberté à son arrivée sur le sol français.

§ 4 : Exécution de la peine

Art. 728-56. Dès que la décision de reconnaître la décision de condamnation comme exécutoire en France est devenue définitive, la peine ou la mesure de sûreté privative de liberté peut être ramenée à exécution dans les conditions prévues par la décision, pour la partie qui restait à subir dans l'État de condamnation.

L'exécution de la peine est régie par le présent code.

Art. 728-57. Lorsque la décision de condamnation fait l'objet soit d'une amnistie ou d'une grâce en France ou dans l'État de condamnation, soit d'une suspension ou d'une annulation décidée à la suite de l'engagement d'une procédure de révision dans l'État de condamnation, soit de toute autre décision ou mesure ayant pour effet de lui retirer son caractère exécutoire, le ministère public met fin à son exécution.

La condamnation prononcée à l'étranger ne peut faire l'objet d'une procédure de révision en France.

Art. 728-58. Si la personne condamnée ne peut être retrouvée sur le territoire français, le procureur de la République informe l'autorité compétente de l'État de condamnation de l'impossibilité d'exécuter la décision de condamnation pour ce motif.

Art. 728-59. Le retrait du certificat par l'État de condamnation, pour quelque cause que ce soit, fait obstacle à la mise à exécution de la condamnation s'il intervient avant que la personne condamnée ait été placée sous écrou au titre de cette exécution.

Art. 728-60. Le ministère public informe sans délai l'autorité compétente de l'État de condamnation :

1° Des décisions ou mesures mentionnées à l'article 728-57, autres que celles prises par les autorités de l'État de condamnation, ayant retiré à la décision de condamnation son caractère exécutoire;

2° De l'évasion de la personne condamnée;

3° De la libération conditionnelle de la personne condamnée et de la date à laquelle cette mesure a pris fin;

4° De ce que la peine ou la mesure de sûreté privative de liberté a été exécutée.

§ 5 : Transfèrement

Art. 728-61. Si la personne condamnée se trouve sur le territoire de l'État de condamnation, elle est transférée sur le territoire français à une date fixée par le ministre de la justice en accord avec l'autorité compétente de cet État, au plus tard trente jours à compter de la date à laquelle la décision de reconnaître la condamnation et d'exécuter la peine ou la mesure de sûreté privative de liberté a acquis un caractère définitif.

Si le transfèrement est impossible dans ce délai en raison de circonstances imprévues, le ministre de la justice et l'autorité compétente de l'État de condamnation conviennent d'une nouvelle date de transfèrement dès que ces circonstances ont cessé. Le transfèrement a lieu, au plus tard, dans les dix jours suivant cette nouvelle date.

Art. 728-62. La personne transférée sur le territoire français pour la mise à exécution d'une condamnation à une peine ou à une mesure de sûreté privative de liberté prononcée par une juridiction d'un État membre ne peut être recherchée, poursuivie, condamnée ou détenue pour un fait quelconque antérieur à son transfèrement, autre que celui qui a motivé celui-ci, sauf si elle se trouve dans l'un des cas suivants :

1° Ayant eu la possibilité de le faire, elle n'a pas quitté le territoire national dans les quarante-cinq jours suivant sa libération définitive, ou y est retournée volontairement après l'avoir quitté;

2° L'infraction n'est pas punie d'une peine ou d'une mesure de sûreté privative de liberté;

3° Aucune mesure privative ou restrictive de liberté n'est appliquée durant la procédure suivie du chef de l'infraction reprochée;

4° La personne condamnée n'est pas passible d'une peine ou d'une mesure privative de liberté en répression de cette infraction;

5° Elle a consenti au transfèrement;

6° Elle a renoncé expressément, après son transfèrement, devant le tribunal correctionnel du lieu d'exécution de la peine et dans les conditions prévues aux deux derniers alinéas de l'article 695-19, au bénéfice de la règle de la spécialité prévue au premier alinéa du présent article, sa renonciation étant irrévocable;

7° L'autorité compétente de l'État de condamnation consent expressément que cette règle soit écartée.

Art. 728-63. La demande de consentement mentionnée au 7° de l'article 728-62 est adressée par le ministère public à l'autorité compétente de l'État de condamnation. Elle doit comporter les renseignements prévus à l'article 695-13 et être traduite selon les modalités prévues à l'article 695-14.

§ 6 : Arrestation provisoire
(L. n° 2013-711 du 5 août 2013, art. 11)

Art. 728-64. Lorsque la personne condamnée se trouve sur le territoire français et que l'autorité compétente de l'État de condamnation demande que, dans l'attente de la décision sur la reconnaissance et l'exécution de la décision de condamnation, la personne condamnée fasse l'objet d'une arrestation provisoire ou de toute autre mesure destinée à garantir son maintien sur le territoire français, le procureur de la République, s'il estime que la personne ne présente pas des garanties de représentation suffisantes, requiert qu'elle soit appréhendée et conduite devant lui dans les vingt-quatre heures. Pendant ce délai, les articles 63-2 et 63-3 sont applicables.

Dans le cas où la demande mentionnée au premier alinéa du présent article a été présentée par l'autorité compétente de l'État de condamnation avant la transmission par celle-ci de la décision de condamnation et du certificat, la personne ne peut être appréhendée en application du même premier alinéa que si l'autorité compétente de l'État de condamnation a fourni au procureur de la République les informations prévues aux 1° à 6° de l'article 728-12.

Art. 728-65. Lorsque la personne lui est présentée, le procureur de la République vérifie son identité et l'informe, dans une langue qu'elle comprend, de la décision de condamnation dont elle fait l'objet et de la demande de l'État de condamnation. Il l'avise qu'il envisage de demander son incarcération, son assignation à résidence avec surveillance électronique ou son placement sous contrôle judiciaire au juge des libertés et de la détention et qu'elle peut être assistée par un avocat de son choix ou, à défaut, par un avocat commis d'office par le bâtonnier de l'ordre des avocats, informé sans délai et par tout moyen. Il l'avise également qu'elle peut s'entretenir immédiatement avec l'avocat désigné.

Art. 728-66. La personne condamnée ne peut être placée en détention ou faire l'objet d'une assignation à résidence avec surveillance électronique en application de l'article 142-5 que si la durée de la peine restant à exécuter est supérieure ou égale à deux ans, sauf dans l'un des cas mentionnés à l'article 723-16.

Art. 728-67. La personne comparaît devant le juge des libertés et de la détention assistée, le cas échéant, de son avocat. L'audience est publique, sauf si la publicité est de nature à nuire au bon déroulement de la procédure en cours, aux intérêts d'un tiers ou à la dignité de la personne. Dans ce cas, le juge des libertés et de la détention, à la demande du ministère public, de l'avocat de la personne ou d'office, statue par une ordonnance rendue en chambre du conseil.

Le juge des libertés et de la détention statue après avoir entendu le ministère public, la personne condamnée et son avocat. Si, saisi de réquisitions aux fins d'incarcération ou d'assignation à résidence avec surveillance électronique, il décide de ne pas y faire droit, il peut soumettre la personne à une ou plusieurs des obligations prévues à l'article 138.

Art. 728-68. A tout moment, la personne peut demander au juge des libertés et de la détention, selon les modalités prévues aux articles 148-6 et 148-7, sa mise en liberté ou la mainlevée du contrôle judiciaire ou de l'assignation à résidence avec surveillance électronique.

Après avoir communiqué la demande mentionnée au premier alinéa du présent article au procureur de la République aux fins de réquisitions, le juge statue dans un délai de huit jours ouvrables par une décision motivée en considérant les garanties de représentation de la personne. Il peut, s'il l'estime utile, ordonner la comparution de la personne, assistée, le cas échéant, de son avocat. Les deux derniers alinéas de l'article 148 sont applicables. Pour l'application du dernier alinéa de ce même article, la chambre des appels correctionnels est compétente.

Dans le cas prévu au second alinéa de l'article 728-64, la personne est mise d'office en liberté si, dans les huit jours suivant son incarcération, l'autorité compétente de l'État de condamnation n'a pas transmis la décision de condamnation et le certificat.

Art. 728-69. Les ordonnances rendues par le juge des libertés et de la détention en application des articles 728-67 et 728-68 peuvent faire l'objet d'un appel devant la chambre des appels correctionnels. Le troisième alinéa de l'article 194 et les *(L. n° 2016-731 du 3 juin 2016, art. 59, en vigueur le 1er août 2016)* «sixième et septième» alinéas de l'article 199 sont applicables devant la chambre des appels correctionnels.

Art. 728-70. La personne est immédiatement mise en liberté et il est mis fin à l'assignation à résidence avec surveillance électronique ou au contrôle judiciaire si la mise à exécution de la décision de condamnation est refusée ou si l'État de condamnation retire le certificat.

Section IV

Dispositions relatives au transit sur le territoire français

Art. 728-71. Le ministre de la justice autorise le transit sur le territoire français des personnes transférées du territoire de l'État de condamnation à celui de l'État d'exécution.

Art. 728-72. La demande de transit est accompagnée du certificat mentionné à l'article 728-12 établi par l'autorité compétente de l'État de condamnation. Le ministre de la justice peut demander la traduction en français du certificat.

Art. 728-73. Lorsque le ministre de la justice ne peut garantir que la personne condamnée ne sera ni poursuivie, ni détenue, ni soumise à aucune autre restriction de sa liberté individuelle sur le territoire français, pour des faits ou condamnations antérieurs à son départ du territoire de l'État de condamnation, il en informe l'autorité qui a demandé le transit.

Art. 728-74. Le ministre de la justice se prononce dans les plus brefs délais et au plus tard une semaine après réception de la demande de transit. Lorsqu'une traduction du certificat est demandée, ce délai ne court qu'à compter de la transmission de cette traduction.

Art. 728-75. La personne condamnée ne peut être maintenue en détention que durant le temps strictement nécessaire au transit sur le territoire français.

Art. 728-76. La présente section est applicable en cas d'atterrissage fortuit sur le territoire national au cours du transfèrement.

B – LES DROITS ET LES OBLIGATIONS DES PERSONNES DÉTENUES

349 Loi n° 2009-1436 du 24 novembre 2009 pénitentiaire (articles 22 à 54)

CHAPITRE III

Dispositions relatives aux droits et devoirs des personnes détenues

Section I

Dispositions générales

Art. 22. L'administration pénitentiaire garantit à toute personne détenue le respect de sa dignité et de ses droits. L'exercice de ceux-ci ne peut faire l'objet d'autres restrictions que celles résultant des contraintes inhérentes à la détention, du maintien de la sécurité et du bon ordre des établissements, de la prévention de la récidive et de la protection de l'intérêt des victimes. Ces restrictions tiennent compte de l'âge, de l'état de santé, du handicap et de la personnalité de la personne détenue.

Art. 23. Lors de son admission dans un établissement pénitentiaire, la personne détenue est informée oralement, dans une langue compréhensible par elle, et par la remise d'un livret d'accueil, des dispositions relatives à son régime de détention, à ses droits et obligations et aux recours et requêtes qu'elle peut former. Les règles applicables à l'établissement sont également portées à sa connaissance et lui sont rendues accessibles pendant la durée de sa détention.

Art. 24. Toute personne détenue doit pouvoir connaître ses droits et bénéficier, pour ce faire, d'un dispositif de consultations juridiques gratuites mis en place dans chaque établissement.

Art. 25. Les personnes détenues communiquent librement avec leurs avocats.

Art. 26. Les personnes détenues ont droit à la liberté d'opinion, de conscience et de religion. Elles peuvent exercer le culte de leur choix, selon les conditions adaptées à l'organisation des lieux, sans autres limites que celles imposées par la sécurité et le bon ordre de l'établissement.

Section II

De l'obligation d'activité

Art. 27. Toute personne condamnée est tenue d'exercer au moins l'une des activités qui lui est proposée par le chef d'établissement et le directeur du service pénitentiaire d'insertion et de probation dès lors qu'elle a pour finalité la réinsertion de l'intéressé et est adaptée à son âge, à ses capacités, à son handicap et à sa personnalité.

Lorsque la personne condamnée ne maîtrise pas les enseignements fondamentaux, l'activité consiste par priorité en l'apprentissage de la lecture, de l'écriture et du calcul. Lorsqu'elle ne maîtrise pas la langue française, l'activité consiste par priorité en son apprentissage. L'organisation des apprentissages est aménagée lorsqu'elle exerce une activité de travail.

Art. 28. Sous réserve du maintien du bon ordre et de la sécurité des établissements et à titre dérogatoire, des activités peuvent être organisées de façon mixte.

Art. 29. Sous réserve du maintien du bon ordre et de la sécurité de l'établissement, les personnes détenues sont consultées par l'administration pénitentiaire sur les activités qui leur sont proposées.

Section III

Des droits civiques et sociaux

Art. 30. Les personnes détenues peuvent élire domicile auprès de l'établissement pénitentiaire :

1° Pour l'exercice de leurs droits civiques, lorsqu'elles ne disposent pas d'un domicile personnel. Avant chaque scrutin, le chef d'établissement organise avec l'autorité administrative compétente une procédure destinée à assurer l'exercice du vote par procuration;

(L. n° 2014-896 du 15 août 2014, art. 31, en vigueur le 1er oct. 2014) «2° Pour prétendre au bénéfice des droits mentionnés aux articles L. 121-1 et L. 264-1 du code de l'action sociale et des familles, lorsqu'elles ne disposent pas d'un domicile de secours ou d'un domicile personnel au moment de leur incarcération ou ne peuvent en justifier;»

3° Pour faciliter leurs démarches administratives.

(L. n° 2014-896 du 15 août 2014, art. 31, en vigueur le 1er oct. 2014) «Pour faciliter leurs démarches de préparation à la sortie, les personnes détenues peuvent également procéder à l'élection de domicile mentionnée à l'article L. 264-1 du même code soit auprès du centre communal ou intercommunal d'action sociale, soit auprès de l'organisme agréé à cet effet, le plus proche du lieu où elles recherchent une activité en vue de leur insertion ou réinsertion ou le plus proche du lieu d'implantation d'un établissement de santé ou médico-social susceptible de les accueillir.»

Art. 31. Les personnes détenues dont les ressources sont inférieures à un montant fixé par voie réglementaire reçoivent de l'État une aide en nature destinée à améliorer leurs conditions matérielles d'existence. Cette aide peut aussi être versée en numéraire dans des conditions prévues par décret.

Art. 33. La participation des personnes détenues aux activités professionnelles organisées dans les établissements pénitentiaires donne lieu à l'établissement d'un acte d'engagement par l'administration pénitentiaire. Cet acte, signé par le chef d'établissement et la personne détenue, énonce les droits et obligations professionnels de celle-ci ainsi que ses conditions de travail et sa rémunération.

Il précise notamment les modalités selon lesquelles la personne détenue, dans les conditions adaptées à sa situation et nonobstant l'absence de contrat de travail, bénéficie des dispositions relatives à l'insertion par l'activité économique prévues aux articles L. 5132-1 à L. 5132-17 du code du travail.

Dans le cadre de l'application du présent article, le chef d'établissement s'assure que les mesures appropriées sont prises afin de garantir l'égalité de traitement en matière d'accès et de maintien à l'activité professionnelle en faveur des personnes handicapées détenues.

Section IV

De la vie privée et familiale et des relations avec l'extérieur

Art. 34. Les prévenus dont l'instruction est achevée et qui attendent leur comparution devant la juridiction de jugement peuvent bénéficier d'un rapprochement familial jusqu'à leur comparution devant la juridiction de jugement.

Art. 35. Le droit des personnes détenues au maintien des relations avec les membres de leur famille s'exerce soit par les visites que ceux-ci leur rendent, soit, pour les condamnés et si leur situation pénale l'autorise, par les permissions de sortir des établissements pénitentiaires. Les prévenus peuvent être visités par les membres de leur famille ou d'autres personnes, au moins trois fois par semaine, et les condamnés au moins une fois par semaine.

L'autorité administrative ne peut refuser de délivrer un permis de visite aux membres de la famille d'un condamné, suspendre ou retirer ce permis que pour des motifs liés au maintien du bon ordre et de la sécurité ou à la prévention des infractions.

L'autorité administrative peut également, pour les mêmes motifs ou s'il apparaît que les visites font obstacle à la réinsertion du condamné, refuser de délivrer un permis de visite à d'autres personnes que les membres de la famille, suspendre ce permis ou le retirer.

Les permis de visite des prévenus sont délivrés par l'autorité judiciaire.

Les décisions de refus de délivrer un permis de visite sont motivées.

Art. 36. Les unités de vie familiale ou les parloirs familiaux implantés au sein des établissements pénitentiaires peuvent accueillir toute personne détenue.

Toute personne détenue peut bénéficier à sa demande d'au moins une visite trimestrielle dans une unité de vie familiale ou un parloir familial, dont la durée est fixée en tenant compte de l'éloignement du visiteur. Pour les prévenus, ce droit s'exerce sous réserve de l'accord de l'autorité judiciaire compétente.

Art. 38. Une convention entre l'établissement pénitentiaire et le département définit l'accompagnement social proposé aux mères détenues avec leurs enfants et prévoit un dispositif permettant la sortie régulière des enfants à l'extérieur de l'établissement pour permettre leur socialisation.

Art. 39. Les personnes détenues ont le droit de téléphoner aux membres de leur famille. Elles peuvent être autorisées à téléphoner à d'autres personnes pour préparer leur réinsertion. Dans tous les cas, les prévenus doivent obtenir l'autorisation de l'autorité judiciaire.

L'accès au téléphone peut être refusé, suspendu ou retiré, pour des motifs liés au maintien du bon ordre et de la sécurité ou à la prévention des infractions.

Le contrôle des communications téléphoniques est effectué conformément à l'article 727-1 du code de procédure pénale.

Art. 40. Les personnes condamnées et, sous réserve que l'autorité judiciaire ne s'y oppose pas, les personnes prévenues peuvent correspondre par écrit avec toute personne de leur choix.

Le courrier adressé ou reçu par les personnes détenues peut être contrôlé et retenu par l'administration pénitentiaire lorsque cette correspondance paraît compromettre gravement leur réinsertion ou le maintien du bon ordre et la sécurité. En outre, le courrier adressé ou reçu par les prévenus est communiqué à l'autorité judiciaire selon les modalités qu'elle détermine.

Ne peuvent être ni contrôlées ni retenues les correspondances échangées entre les personnes détenues et leur défenseur, les autorités administratives et judiciaires françaises et internationales, dont la liste est fixée par décret, et les aumôniers agréés auprès de l'établissement.

Lorsque l'administration pénitentiaire décide de retenir le courrier d'une personne détenue, elle lui notifie sa décision.

Art. 41. Les personnes détenues doivent consentir par écrit à la diffusion ou à l'utilisation de leur image ou de leur voix lorsque cette diffusion ou cette utilisation est de nature à permettre leur identification.

L'administration pénitentiaire peut s'opposer à la diffusion ou à l'utilisation de l'image ou de la voix d'une personne condamnée, dès lors que cette diffusion ou cette utilisation est de nature à permettre son identification et que cette restriction s'avère nécessaire à la sauvegarde de l'ordre public, à la prévention des infractions, à la protection des droits des victimes ou de ceux des tiers ainsi qu'à la réinsertion de la personne concernée. Pour les prévenus, la diffusion et l'utilisation de leur image ou de leur voix sont autorisées par l'autorité judiciaire.

Art. 42. Toute personne détenue a droit à la confidentialité de ses documents personnels. Ces documents peuvent être confiés au greffe de l'établissement qui les met à la disposition de la personne concernée. Les documents mentionnant le motif d'écrou de la personne détenue sont, dès son arrivée, obligatoirement confiés au greffe.

Section V

De l'accès à l'information

Art. 43. Les personnes détenues ont accès aux publications écrites et audiovisuelles. Toutefois, l'autorité administrative peut interdire l'accès des personnes détenues aux publications contenant des menaces graves contre la sécurité des personnes et des établissements ou des propos ou signes injurieux ou diffamatoires à l'encontre des agents et collaborateurs du service public pénitentiaire ainsi que des personnes détenues.

Section VI

De la sécurité

Art. 44. L'administration pénitentiaire doit assurer à chaque personne détenue une protection effective de son intégrité physique en tous lieux collectifs et individuels.

Même en l'absence de faute, l'État est tenu de réparer le dommage résultant du décès d'une personne détenue causé par des violences commises au sein d'un établissement pénitentiaire par une autre personne détenue.

Toute personne détenue victime d'un acte de violence caractérisé commis par un ou plusieurs codétenus fait l'objet d'une surveillance et d'un régime de détention particuliers. Elle bénéficie prioritairement d'un encellulement individuel.

Lorsqu'une personne détenue s'est donné la mort, l'administration pénitentiaire informe immédiatement sa famille ou ses proches des circonstances dans lesquelles est intervenu le décès et facilite, à leur demande, les démarches qu'ils peuvent être conduits à engager.

Section VII

De la santé

Art. 45. L'administration pénitentiaire respecte le droit au secret médical des personnes détenues ainsi que le secret de la consultation, dans le respect des troisième et quatrième alinéas de l'article L. 6141-5 du code de la santé publique.

Art. 46. La prise en charge de la santé des personnes détenues est assurée par *(Ord. nº 2010-177 du 23 févr. 2010, art. 3)* «les établissements de santé exerçant la mission de service public définie au 12° de l'article L. 6112-1 du code de la santé publique dans les conditions prévues par ce code».

La qualité et la continuité des soins sont garanties aux personnes détenues dans des conditions équivalentes à celles dont bénéficie l'ensemble de la population.

Un protocole signé par le directeur général de l'agence régionale de santé, le directeur interrégional des services pénitentiaires, le chef de l'établissement pénitentiaire et le directeur de l'établissement de santé concerné définit les conditions dans lesquelles est assurée l'intervention des professionnels de santé appelés à intervenir en urgence dans les établissements pénitentiaires, afin de garantir aux personnes détenues un accès aux soins d'urgence dans des conditions équivalentes à celles dont bénéficie l'ensemble de la population. L'état psychologique des personnes détenues est pris en compte lors de leur incarcération et pendant leur détention. L'administration pénitentiaire favorise la coordination des différents intervenants agissant pour la prévention et l'éducation sanitaires.

Elle assure un hébergement, un accès à l'hygiène, une alimentation et une cohabitation propices à la prévention des affections physiologiques ou psychologiques.

Art. 47. Une prise en charge sanitaire adaptée à leurs besoins doit être assurée aux femmes détenues, qu'elles soient accueillies dans un quartier pour femmes détenues ou dans un établissement dédié.

Art. 48. Ne peuvent être demandés aux médecins et aux personnels soignants intervenant en milieu carcéral ni un acte dénué de lien avec les soins ou avec la préservation de la santé des personnes détenues, ni une expertise médicale.

Art. 49. Doivent être titulaires d'un permis de visite les autorisant à s'entretenir avec les personnes détenues, hors de la présence du personnel pénitentiaire :

1° Les personnes bénévoles intervenant auprès des personnes malades en fin de vie, visées à l'article L. 1110-11 du code de la santé publique;

2° Les personnes majeures accompagnant les personnes malades mineures, visées à l'article L. 1111-5 du même code;

3° Les personnes de confiance accompagnant et assistant les personnes malades, visées à l'article L. 1111-6 du même code;

4° Les personnes présentes lors de la consultation des informations du dossier médical des personnes malades, visées à l'article L. 1111-7 du même code;

5° Les personnes, visées au troisième alinéa de l'article L. 2212-7 du même code, accompagnant les détenues mineures à l'occasion d'une interruption volontaire de grossesse.

Art. 50. Toute personne détenue se trouvant dans la situation de handicap prévue par l'article L. 1111-6-1 du code de la santé publique a le droit de désigner un aidant de son choix. L'administration pénitentiaire peut s'opposer au choix de l'aidant par une décision spécialement motivée.

Art. 51. Il est proposé à la personne détenue, lors de son incarcération, un bilan de santé relatif à sa consommation de produits stupéfiants, d'alcool et de tabac. Ce bilan, effectué à titre préventif, dans un but de santé publique et dans l'intérêt du patient, reste confidentiel.

Art. 52. Tout accouchement ou examen gynécologique doit se dérouler sans entraves et hors la présence du personnel pénitentiaire, afin de garantir le droit au respect de la dignité des femmes détenues.

Art. 53. Une visite médicale est proposée à toute personne condamnée dans le mois précédant sa libération.

Art. 54. Dans un délai de deux ans à compter de la promulgation de la présente loi, un dossier médical électronique unique est constitué pour chaque personne détenue.

C – LE CONTRÔLEUR GÉNÉRAL DES LIEUX DE PRIVATION DE LIBERTÉ

350 Loi n° 2007-1545 du 30 octobre 2007 instituant un Contrôleur général des lieux de privation de liberté

Art. 1er. Le Contrôleur général des lieux de privation de liberté, *(L. n° 2017-55 du 20 janv. 2017, art. 43)* «autorité administrative indépendante», est chargé, sans préjudice des prérogatives que la loi attribue aux autorités judiciaires ou juridictionnelles, de contrôler les conditions de prise en charge et de transfèrement des personnes privées de liberté, afin de s'assurer du respect de leurs droits fondamentaux. *(L. n° 2014-528 du 26 mai 2014, art. 1er)* «Il exerce, aux mêmes fins, le contrôle de l'exécution par l'administration des mesures d'éloignement prononcées à l'encontre des étrangers jusqu'à leur remise aux autorités de l'État de destination.»

Art. 2. Le Contrôleur général des lieux de privation de liberté est nommé en raison de ses compétences et connaissances professionnelles par décret du Président de la République pour une durée de six ans. Son mandat n'est pas renouvelable.

Il ne peut être poursuivi, recherché, arrêté, détenu ou jugé à l'occasion des opinions qu'il émet ou des actes qu'il accomplit dans l'exercice de ses fonctions.

Il ne peut être mis fin à ses fonctions avant l'expiration de son mandat qu'en cas de démission ou d'empêchement.

Le Contrôleur général des lieux de privation de liberté exerce ses fonctions à temps plein. Ses fonctions sont incompatibles avec tout mandat électif.

Art. 3. *A modifié les dispositions suivantes :*
Mod. C. élect., art. L. 194-1 (V)
Mod. C. élect., art. L. 230-1 (V)
Mod. C. élect., art. L. 340 (V)

Art. 4. Le Contrôleur général des lieux de privation de liberté est assisté de contrôleurs qu'il recrute en raison de leur compétence dans les domaines se rapportant à sa mission.

Les fonctions de contrôleur sont incompatibles avec l'exercice d'activités en relation avec les lieux contrôlés.

Dans l'exercice de leurs missions, les contrôleurs sont placés sous la seule autorité du Contrôleur général des lieux de privation de liberté.

Art. 5. Le Contrôleur général des lieux de privation de liberté, ses collaborateurs et les contrôleurs qui l'assistent sont astreints au secret professionnel pour les faits, actes ou renseignements dont ils ont connaissance en raison de leurs fonctions, sous réserve des éléments nécessaires à l'établissement des rapports, recommandations et avis prévus aux articles 10 et 11.

Ils veillent à ce qu'aucune mention permettant l'identification des personnes concernées par le contrôle ne soit faite dans les documents publiés sous l'autorité du Contrôleur général des lieux de privation de liberté ou dans ses interventions orales.

Art. 6. Toute personne physique, ainsi que toute personne morale s'étant donné pour objet le respect des droits fondamentaux, peuvent porter à la connaissance du contrôleur général des lieux de privation de liberté des faits ou situations susceptibles de relever de sa compétence.

Le Contrôleur général des lieux de privation de liberté est saisi par le Premier ministre, les membres du Gouvernement, les membres du Parlement *(L. n° 2014-528 du 26 mai 2014, art. 2)* «, les représentants au Parlement européen élus en France» *(L. n° 2011-334 du 29 mars 2011, art. 19, en vigueur le 1er mai 2011)* «et le Défenseur des droits». Il peut aussi se saisir de sa propre initiative.

Art. 6-1. *(L. n° 2014-528 du 26 mai 2014, art. 3)* Lorsqu'une personne physique ou morale porte à la connaissance du Contrôleur général des lieux de privation de libertés des faits ou des situations, elle lui indique, après avoir mentionné ses identité et adresse, les motifs pour lesquels, à ses yeux, une atteinte ou un risque d'atteinte aux droits fondamentaux des personnes privées de liberé est constitué.

Lorsque les faits ou les situations portés à sa connaissance relèvent de ses attributions, le Contrôleur général des lieux de privation de liberté peut procéder à des vérifications, éventuellement sur place.

A l'issue de ces vérifications, et après avoir recueilli les observations de toute personne intéressée, le Contrôleur général des lieux de privation de liberté peut formuler des recommandations relatives aux faits ou aux situations en cause à la personne responsable du lieu de privation de liberté. Ces observations et ces recommandations peuvent être rendues publiques, sans préjudice des dispositions de l'article 5.

Art. 7. *A modifié les dispositions suivantes :*
Mod. L. n° 73-6 du 3 janv. 1973, art. 6 (Ab)
Mod. L. n° 2000-494 du 6 juin 2000, art. 4 (VT)

Art. 8. Le Contrôleur général des lieux de privation de liberté peut visiter à tout moment, sur le territoire de la République, tout lieu où des personnes sont privées de leur liberté par décision d'une autorité publique, ainsi que tout établissement de santé habilité à recevoir des patients hospitalisés sans leur consentement visé à l'article L. 3222-1 du code de la santé publique.

Art. 8-1. *(L. n° 2014-528 du 26 mai 2014, art. 3)* Les autorités responsables du lieu de privation de liberté ne peuvent s'opposer aux vérifications sur place prévues à l'article 6-1 ou aux visites prévues à l'article 8 que pour des motifs graves et impérieux liés à la défense nationale, à la sécurité publique, à des catastrophes naturelles ou à des troubles sérieux dans le lieu visité, sous réserve de fournir au Contrôleur général des lieux de privation de liberté les justifications de leur opposition. Elles proposent alors le report de ces vérifications sur place ou de ces visites. Dès que les circonstances exceptionnelles ayant motivé le report ont cessé, elles en informent le Contrôleur général des lieux de privation de liberté.

Le Contrôleur général des lieux de privation de liberté obtient des autorités responsables du lieu de privation de liberté ou de toute personne susceptible de l'éclairer toute information ou pièce utile à l'exercice de sa mission, dans les délais qu'il fixe. Lors des vérifications sur place et des visites, il peut s'entretenir, dans des conditions assurant la confidentialité de leurs échanges, avec toute personne dont le concours lui paraît nécessaire et recueillir toute information qui lui paraît utile.

Le caractère secret des informations et pièces dont le Contrôleur général des lieux de privation de liberté demande communication ne peut lui être opposé, sauf si leur divulgation est susceptible de porter atteinte au secret de la défense nationale, à la sûreté de l'État, au secret de l'enquête et de l'instruction ou au secret professionnel applicable aux relations entre un avocat et son client.

Les procès-verbaux relatifs aux conditions dans lesquelles une personne est ou a été retenue, quel qu'en soit le motif, dans des locaux de police, de gendarmerie ou de douane sont communicables au Contrôleur général des lieux de privation de liberté, sauf lorsqu'ils sont relatifs aux auditions des personnes.

Le Contrôleur général des lieux de privation de liberté peut déléguer aux contrôleurs les pouvoirs mentionnés aux quatre premiers alinéas du présent article.

Les informations couvertes par le secret médical peuvent être communiquées, avec l'accord de la personne concernée, aux contrôleurs ayant la qualité de médecin. Toutefois, les informations couvertes par le secret médical peuvent leur être communiquées sans le consentement de la personne concernée lorsqu'elles sont relatives à des privations, sévices et violences physiques, sexuelles ou psychiques commis sur un mineur ou sur une personne qui n'est pas en mesure de se protéger en raison de son âge ou de son incapacité physique ou psychique.

Art. 8-2. *(L. n° 2014-528 du 26 mai 2014, art. 4)* Aucune sanction ne peut être prononcée et aucun préjudice ne peut résulter du seul fait des liens établis avec le Contrôleur général des lieux de privation de liberté ou des informations ou des pièces qui lui ont été données se rapportant à l'exercice de sa fonction. Cette disposition ne fait pas obstacle à l'application éventuelle de l'article 226-10 du code pénal.

Art. 9. À l'issue de chaque visite, le Contrôleur général des lieux de privation de liberté fait connaître aux ministres intéressés ses observations concernant en particulier l'état, l'organisation ou le fonctionnement du lieu visité, ainsi que la condition des personnes privées de liberté *(L. n° 2014-528 du 26 mai 2014, art. 5)* «, en tenant compte de l'évolution de la situation depuis sa visite. À l'exception des cas où le Contrôleur général des lieux de privation de liberté les en dispense, les ministres formulent des observations en réponse dans le délai qu'il leur impartit et qui ne peut être inférieur à un mois. Ces observations en réponse sont alors annexées au rapport de visite établi par le contrôleur général.»

S'il constate une violation grave des droits fondamentaux d'une personne privée de liberté, le Contrôleur général des lieux de privation de liberté communique sans délai aux autorités compétentes ses observations, leur impartit un délai pour y répondre et, à l'issue de ce délai, constate s'il a été mis fin à la violation signalée. S'il l'estime nécessaire, il rend alors immédiatement public le contenu de ses observations et des réponses reçues.

Si le contrôleur général a connaissance de faits laissant présumer l'existence d'une infraction pénale, il les porte sans délai à la connaissance du procureur de la République, conformément à l'article 40 du code de procédure pénale.

Le contrôleur général porte sans délai à la connaissance des autorités ou des personnes investies du pouvoir disciplinaire les faits de nature à entraîner des poursuites disciplinaires.

(L. n° 2014-528 du 26 mai 2014, art. 5) «Le procureur de la République et les autorités ou les personnes investies du pouvoir disciplinaire informent le Contrôleur général des lieux de privation de liberté des suites données à ses démarches.»

Art. 9-1. *(L. n° 2014-528 du 26 mai 2014, art. 8)* Lorsque ses demandes d'informations, de pièces ou d'observations, présentées sur le fondement des articles 6-1, 8-1 et 9, ne sont pas suivies d'effet, le Contrôleur général des lieux de privation de liberté peut mettre en demeure les personnes intéressées de lui répondre dans un délai qu'il fixe.

Art. 10. Dans son domaine de compétences, le Contrôleur général des lieux de privation de liberté émet des avis, formule des recommandations aux autorités publiques et propose au Gouvernement toute modification des dispositions législatives et réglementaires applicables.

Après en avoir informé les autorités responsables, il *(L. n° 2014-528 du 26 mai 2014, art. 6)* «rend» publics ces avis, recommandations ou propositions, ainsi que les observations de ces autorités.

Art. 10-1. *(L. n° 2014-528 du 26 mai 2014, art. 7)* Le Contrôleur général des lieux de privation de liberté peut adresser aux autorités responsables des avis sur les projets de construction, de restructuration ou de réhabilitation de tout lieu de privation de liberté.

Art. 11. Le Contrôleur général des lieux de privation de liberté remet chaque année un rapport d'activité au Président de la République et au Parlement. Ce rapport est rendu public.

Art. 12. Le Contrôleur général des lieux de privation de liberté coopère avec les organismes internationaux compétents.

Art. 13. Le Contrôleur général des lieux de privation de liberté gère les crédits nécessaires à l'accomplissement de sa mission. Ces crédits sont inscrits au *(L. n° 2008-1425 du 27 déc. 2008, art. 152)* «programme de la mission " Direction de l'action du Gouvernement" relatif à la protection des droits et des libertés fondamentales». Les dispositions de la loi du 10 août 1922 relative à l'organisation du contrôle des dépenses engagées ne sont pas applicables à leur gestion.

Le Contrôleur général des lieux de privation de liberté présente ses comptes au contrôle de la Cour des comptes.

Art. 13-1. *(L. n° 2014-528 du 26 mai 2014, art. 9)* Est puni de 15 000 € d'amende le fait d'entraver la mission du Contrôleur général des lieux de privation de liberté :

1° Soit en s'opposant au déroulement des vérifications sur place prévues à l'article 6-1 et des visites prévues à l'article 8 ;

2° Soit en refusant de lui communiquer les informations ou les pièces nécessaires aux vérifications prévues à l'article 6-1 ou aux visites prévues à l'article 8, en dissimulant ou faisant disparaître lesdites informations ou pièces ou en altérant leur contenu ;

3° Soit en prenant des mesures destinées à faire obstacle, par menace ou voie de fait, aux relations que toute personne peut avoir avec le Contrôleur général des lieux de privation de liberté en application de la présente loi ;

4° Soit en prononçant une sanction à l'encontre d'une personne du seul fait des liens qu'elle a établis avec le Contrôleur général des lieux de privation de liberté ou des informations ou des pièces se rapportant à l'exercice de sa fonction que cette personne lui a données.

Art. 14. Les conditions d'application de la présente loi, notamment celles dans lesquelles les contrôleurs mentionnés à l'article 4 sont appelés à participer à la mission du Contrôleur général des lieux de privation de liberté, sont précisées par décret en Conseil d'État.

Art. 15. *A modifié les dispositions suivantes :*
Mod. CESEDA, art. L. 111-10 (M)

Art. 16. La présente loi est applicable à Mayotte, dans les îles Wallis-et-Futuna, dans les Terres australes et antarctiques françaises, en Polynésie française et en Nouvelle-Calédonie.

Section 2

Les alternatives à la détention

351 Code de procédure pénale (articles 713-42 à 713-49, 729 à 733, 734 à 747-4, 749 à 762 et 762-1 à 763-14)

TITRE PREMIER *BIS*

DE LA CONTRAINTE PÉNALE

(L. n° 2014-896 du 15 août 2014, art. 22, en vigueur le 1er oct. 2014)

A compter du 24 mars 2020, l'intitulé du titre premier bis du livre V devient « De la peine de détention a domicile sous surveillance électronique » (L. n° 2019-222 du 23 mars 2019, art. 82 et 109-XIX).

Art. 713-42. Le service pénitentiaire d'insertion et de probation évalue la personnalité et la situation matérielle, familiale et sociale de la personne condamnée à la contrainte pénale.

A l'issue de cette évaluation, le service adresse au juge de l'application des peines un rapport comportant des propositions relatives au contenu et aux modalités de mise en œuvre des mesures de contrôle et d'assistance, des obligations et des interdictions mentionnées à l'article 131-4-1 du code pénal.

Art. 713-43. Au vu du rapport établi par le service pénitentiaire d'insertion et de probation, le juge de l'application des peines, lorsqu'il n'a pas été fait application du neuvième alinéa de l'article 131-4-1 du code pénal, détermine les obligations et interdictions auxquelles est astreint le condamné parmi celles mentionnées aux 1° à 3° de ce même article, ainsi que les mesures d'aide dont il bénéficie. S'il a été fait application du neuvième alinéa dudit article, le juge de l'application des peines peut modifier, supprimer ou compléter les obligations et interdictions décidées par la juridiction ; il détermine les mesures d'aide dont le condamné bénéficie.

Le juge statue par ordonnance motivée, après réquisitions écrites du procureur de la République et après avoir entendu les observations du condamné ainsi que, le cas échéant, celles de son avocat. S'il envisage d'astreindre le condamné à l'obligation d'effectuer un travail d'intérêt général prévue au 2° du même article 131-4-1, il statue après que le condamné a été informé de son droit de refuser l'accomplissement d'un travail d'intérêt général et après avoir reçu sa réponse. Il lui notifie cette ordonnance et lui donne connaissance des dispositions des articles 713-44, 713-47 et 713-48 du présent code.

La décision du juge de l'application des peines intervient au plus tard dans les quatre mois qui suivent le jugement de condamnation.

Art. 713-44. La situation matérielle, familiale et sociale de la personne est réévaluée à chaque fois que nécessaire au cours de l'exécution de la peine, et au moins une fois par an, par le service pénitentiaire d'insertion et de probation et le juge de l'application des peines.

Au vu de chaque nouvelle évaluation, le juge de l'application des peines peut, selon les modalités prévues à l'article 712-8 et après avoir entendu les observations du condamné ainsi que, le cas échéant, celles de son avocat :

1° Modifier ou compléter les obligations et interdictions auxquelles la personne condamnée est astreinte ;

2° Supprimer certaines d'entre elles.

Art. 713-45. Si le condamné a satisfait aux mesures, obligations et interdictions qui lui étaient imposées pendant au moins un an, que son reclassement paraît acquis et qu'aucun suivi ne paraît plus nécessaire, le juge de l'application des peines peut, par ordonnance rendue selon les modalités prévues à l'article 712-8, sur réquisitions conformes du procureur de la République, décider de mettre fin de façon anticipée à la peine de contrainte pénale.

En l'absence d'accord du ministère public, le juge de l'application des peines peut saisir à cette fin, par requête motivée, le président du tribunal ou un juge par lui désigné, qui statue à la suite d'un débat contradictoire public en application de l'article 712-6. En cas de refus opposé à cette première demande, une autre demande ne peut être présentée qu'une année après cette décision de refus. Il en est de même, éventuellement, des demandes ultérieures.

Art. 713-46. Le délai d'exécution de la contrainte pénale peut être suspendu par le juge de l'application des peines en cas d'incarcération du condamné, sauf lorsqu'il est fait application des trois derniers alinéas de l'article 713-47 ou de l'article 713-48.

Art. 713-47. En cas d'inobservation par la personne condamnée des mesures de contrôle et d'assistance, des obligations ou des interdictions mentionnées à l'article 131-4-1 du code pénal qui lui sont imposées, le juge de l'application des peines peut, d'office ou sur réquisitions du procureur de la République, selon les modalités prévues à l'article 712-8 du présent code, modifier ou compléter les obligations ou interdictions auxquelles le condamné est astreint. Le juge de l'application des peines peut également procéder à un rappel des mesures, obligations et interdictions auxquelles est astreinte la personne condamnée.

Si la solution prévue au premier alinéa du présent article est insuffisante pour assurer l'effectivité de la peine, le juge saisit, d'office ou sur réquisitions du procureur de la République, par requête motivée, le président du tribunal de grande instance ou un juge par lui désigné afin que soit mis à exécution contre le condamné tout ou partie de l'emprisonnement fixé par la juridiction en application du dixième alinéa de l'article 131-4-1 du code pénal. Le président du tribunal ou le juge par lui désigné, qui statue à la suite d'un débat contradictoire public conformément aux dispositions de l'article 712-6 du présent code, fixe la durée de l'emprisonnement à exécuter, laquelle ne peut excéder celle fixée par la juridiction. La durée de cet emprisonnement est déterminée en fonction de la personnalité et de la situation matérielle, familiale et sociale du condamné, de la gravité de l'inobservation des mesures, obligations et interdictions, ainsi que du délai pendant lequel la contrainte pénale a été exécutée et des obligations qui ont déjà été respectées ou accomplies. Lorsque les conditions prévues à l'article 723-15 sont remplies, le président du tribunal ou le juge par lui désigné peut décider que cet emprisonnement s'exécutera sous le régime de la semi-liberté, du placement à l'extérieur ou de la surveillance électronique.

Lorsqu'il fait application du deuxième alinéa du présent article, le juge de l'application des peines peut, s'il l'estime nécessaire, ordonner l'incarcération provisoire du condamné en application des deux premiers alinéas de l'article 712-19. A défaut de tenue du débat contradictoire devant le président ou le juge par lui désigné dans un délai de quinze jours suivant l'incarcération du condamné, celui-ci est remis en liberté s'il n'est pas détenu pour une autre cause.

Au cours de l'exécution de la contrainte pénale, le juge de l'application des peines peut faire application à plusieurs reprises du deuxième alinéa du présent article, dès lors que la durée totale des emprisonnements ordonnés ne dépasse pas celle fixée par la juridiction en application du dixième alinéa de l'article 131-4-1 du code pénal. Si la durée de l'emprisonnement ordonné est égale à cette durée ou, compte tenu le cas échéant des précédents emprisonnements ordonnés, atteint cette durée, la décision du président ou du juge par lui désigné met fin à la contrainte pénale.

Art. 713-48. Si le condamné commet, pendant la durée d'exécution de la contrainte pénale, un crime ou un délit de droit commun suivi d'une condamnation à une peine privative de liberté sans sursis, la juridiction de jugement peut, après avis du juge de l'application des peines, ordonner la mise à exécution de tout ou partie de l'emprisonnement fixé par la juridiction en application du dixième alinéa de l'article 131-4-1 du code pénal.

Art. 713-49. *(L. nº 2016-731 du 3 juin 2016, art. 101)* Les décisions prises en application du deuxième alinéa de l'article 713-47 ou de l'article 713-48 mettant à exécution tout ou partie de l'emprisonnement sont exécutoires par provision.

Lorsque le condamné interjette appel contre ces décisions, son recours est examiné dans un délai de deux mois, à défaut de quoi il est remis en liberté s'il n'est pas détenu pour une autre cause.

TITRE TROISIÈME

DE LA LIBÉRATION CONDITIONNELLE

Art. 729. *(L. nº 2000-516 du 15 juin 2000, art. 126)* «La libération conditionnelle tend à la réinsertion des condamnés et à la prévention de la récidive.»

(L. nº 2009-1436 du 24 nov. 2009, art. 82) «Les condamnés ayant à subir une ou plusieurs peines privatives de liberté peuvent bénéficier d'une libération conditionnelle s'ils manifestent des efforts sérieux de réadaptation sociale et lorsqu'ils justifient :

«1º Soit de l'exercice d'une activité professionnelle, d'un stage ou d'un emploi temporaire ou de leur assiduité à un enseignement ou à une formation professionnelle;

«2º Soit de leur participation essentielle à la vie de leur famille;

«3º Soit de la nécessité de suivre un traitement médical;

«4º Soit de leurs efforts en vue d'indemniser leurs victimes;

«5º Soit de leur implication dans tout autre projet sérieux d'insertion ou de réinsertion.»

(L. nº 92-1336 du 16 déc. 1992) «Sous réserve des dispositions de l'article 132-23 du code pénal, la libération conditionnelle peut être accordée lorsque la durée de la peine accomplie par le condamné est au moins égale à la durée de la peine lui restant à subir. Dans *(L. nº 2014-896 du 15 août 2014, art. 15 et 54, en vigueur le 1er janv. 2015)* «le cas prévu» au présent alinéa, le temps d'épreuve ne peut excéder quinze années»

(L. nº 2005-1549 du 12 déc. 2005, art. 14) «ou, si le condamné est en état de récidive légale, vingt années.»

(L. nº 2005-1549 du 12 déc. 2005, art. 14) «Pour les condamnés à la réclusion à perpétuité, le temps d'épreuve est de dix-huit années; il est de vingt-deux années si le condamné est en état de récidive légale.»

(L. nº 2007-1198 du 10 août 2007 immédiatement applicable aux personnes exécutant une peine privative de liberté) «Lorsque la personne a été condamnée pour un crime ou un délit pour lequel le suivi socio-judiciaire est encouru, une libération conditionnelle ne peut lui être accordée si elle refuse pendant son incarcération de suivre le traitement qui lui est proposé par le juge de l'application des peines en application des articles 717-1 et 763-7. *(L. nº 2012-409 du 27 mars 2012, art. 7)* «Il en est de même lorsque le juge de l'application des peines est informé, en application de l'article 717-1, que le condamné ne suit pas de façon régulière le traitement qu'il lui a proposé. Une libération conditionnelle» ne peut non plus être accordée au condamné qui ne s'engage pas à suivre, après sa libération, le traitement qui lui est proposé en application de l'article 731-1.»

(L. nº 2009-1436 du 24 nov. 2009, art. 82) «Lorsque le condamné est âgé de plus de soixante-dix ans, les durées de peines accomplies prévues par le présent article ne sont pas applicables et la libération conditionnelle peut être accordée dès lors que l'insertion ou la réinsertion du condamné est assurée, en particulier s'il fait l'objet d'une prise en charge adaptée à sa situation à sa sortie de l'établissement pénitentiaire ou s'il justifie d'un hébergement, sauf en cas de risque grave de renouvellement de l'infraction ou si cette libération est susceptible de causer un trouble grave à l'ordre public.»

(L. nº 2014-896 du 15 août 2014, art. 51, en vigueur le 1er oct. 2014) «Lorsque le condamné bénéficie d'une mesure de suspension de peine sur le fondement de l'article 720-1-1, la libération conditionnelle peut être accordée sans condition quant à la durée de la peine accomplie si, à l'issue d'un délai *(L. nº 2019-222 du 23 mars 2019, art. 86)* «d'un an» après l'octroi de la mesure de suspension, une nouvelle expertise établit que son état de santé physique ou mentale est toujours durablement incompatible avec le maintien en détention et si le condamné justifie d'une prise en charge adaptée à sa situation.»

Art. 729-1. *(L. nº 86-1021 du 9 sept. 1986)* Des réductions du temps d'épreuve nécessaire à l'octroi de la libération conditionnelle peuvent être accordées aux condamnés à la réclusion criminelle à perpétuité dans les formes et conditions prévues par *(L. nº 2004-204 du 9 mars 2004, art. 193-III, en vigueur le 1er janv. 2005)* «l'article 721-1»; la durée totale de ces réductions ne peut toutefois excéder, par année d'incarcération, vingt jours ou un mois selon que le condamné se trouve ou non en état de récidive légale. Les réductions ne sont, le cas échéant, imputables que sur la partie de la peine excédant la période de sûreté prévue *(L. nº 92-1336 du 16 déc. 1992)* «par l'article 132-23 du code pénal».

Art. 729-2. *(L. nº 95-125 du 8 févr. 1995)* Lorsqu'un étranger condamné à une peine privative de liberté est l'objet d'une mesure d'interdiction du territoire français, *(L. nº 2014-1353 du 13 nov. 2014, art. 2)* «d'interdiction administrative du territoire français,» *(L. nº 2011-672 du 16 juin 2011, art. 71 et 111, en vigueur le 18 juill. 2011)* «d'obligation de quitter le territoire français, d'interdiction de retour sur le territoire français,» *(L. nº 2016-274 du 7 mars 2016, art. 57, en vigueur au plus tard le 1er nov. 2016)* «d'interdiction de circulation sur le territoire français», d'expulsion *(L. nº 2009-526* *du 12 mai 2009, art. 130-10°)* «, d'extradition ou de remise sur le fondement d'un mandat d'arrêt européen», sa libération conditionnelle est subordonnée à la condition que cette mesure soit exécutée. Elle peut être décidée sans son consentement.

(L. n° 2003-1119 du 26 nov. 2003, art. 83) «Par exception aux dispositions de l'alinéa précédent, le juge de l'application des peines, ou *(L. n° 2004-204 du 9 mars 2004, art. 162-VIII, en vigueur le 1er janv. 2005)* «le tribunal de l'application des peines», peut également accorder une libération conditionnelle à un étranger faisant l'objet d'une peine complémentaire d'interdiction du territoire français en ordonnant la suspension de l'exécution de cette peine pendant la durée des mesures d'assistance et de contrôle prévue à l'article 732. A l'issue de cette durée, si la décision de mise en liberté conditionnelle n'a pas été révoquée, l'étranger est relevé de plein droit de la mesure d'interdiction du territoire français. Dans le cas contraire, la mesure redevient exécutoire.»

Art. 729-3. *(L. n° 2000-516 du 15 juin 2000, art. 122)* La libération conditionnelle peut être accordée pour tout condamné à une peine privative de liberté inférieure ou égale à quatre ans, ou pour laquelle la durée de la peine restant à subir est inférieure ou égale à quatre ans, lorsque ce condamné exerce l'autorité parentale sur un enfant de moins de dix ans ayant chez ce parent sa résidence habituelle *(L. n° 2014-896 du 15 août 2014, art. 25, en vigueur le 1er oct. 2014)* «ou lorsqu'il s'agit d'une femme enceinte de plus de douze semaines».

Les dispositions du présent article ne sont pas applicables aux personnes condamnées pour un crime ou pour un délit commis sur un mineur.

Art. 730. *(L. n° 2000-516 du 15 juin 2000, art. 125-VI, en vigueur le 1er janv. 2001)* «Lorsque la peine privative de liberté prononcée est d'une durée inférieure ou égale à dix ans, ou que, quelle que soit la peine initialement prononcée, la durée de détention restant à subir est inférieure ou égale à trois ans, la libération conditionnelle est accordée par le juge de l'application des peines selon les modalités prévues *(L. n° 2004-204 du 9 mars 2004, art. 162-IX, en vigueur le 1er janv. 2005)* «par l'article 712-6».

«Dans les autres cas, la libération conditionnelle est accordée» *(L. n° 2004-204 du 9 mars 2004, art. 162-IX, en vigueur le 1er janv. 2005)* «par le tribunal de l'application des peines selon les modalités prévues par l'article 712-7».

(L. n° 72-1226 du 29 déc. 1972) Pour l'application du présent article *(L. n° 2014-896 du 15 août 2014, art. 45 et 54, en vigueur le 1er janv. 2015)* «et sans préjudice des articles 720 et 730-3», la situation de chaque condamné est examinée au moins une fois par an, lorsque les conditions de délai prévues à l'article 729 sont remplies.

(L. n° 2009-1436 du 24 nov. 2009, art. 83-I) «Pour les demandes de libération conditionnelle concernant des personnes condamnées à une peine d'emprisonnement égale ou supérieure à cinq ans ou à une peine de réclusion, l'avocat de la partie civile peut, s'il en fait la demande, assister au débat contradictoire devant le juge de l'application des peines, le tribunal de l'application des peines ou la chambre de l'application des peines de la cour d'appel statuant en appel pour y faire valoir ses observations, avant les réquisitions du ministère public.»

Un décret fixe les modalités d'application du présent article.

Art. 730-1. *(L. n° 2011-939 du 10 août 2011, art. 15-IV)* Par dérogation aux deux premiers alinéas de l'article 730, lorsque la peine privative de liberté prononcée est d'une durée supérieure à cinq ans, la libération conditionnelle est accordée selon les modalités prévues à l'article 712-7 par le tribunal de l'application des peines composé, outre du président et des deux juges assesseurs, de deux citoyens assesseurs, désignés selon les modalités prévues aux articles 10-1 à 10-13.

Le tribunal de l'application des peines ainsi composé est seul compétent pour ordonner que la peine s'exécutera sous le régime de la semi-liberté, du placement à l'extérieur ou du placement sous surveillance électronique lorsque ces mesures sont décidées à titre probatoire préalablement à une libération conditionnelle.

Les trois derniers alinéas de l'article 712-13-1 sont applicables.

Lorsque la peine privative de liberté prononcée est d'une durée inférieure ou égale à cinq ans ou que, quelle que soit la peine initialement prononcée, la durée de détention restant à subir est inférieure ou égale à deux ans, la libération conditionnelle est accordée par le juge de l'application des peines selon les modalités prévues à l'article 712-6.

Art. 730-2. *(L. nº 2011-939 du 10 août 2011, art. 16-I, en vigueur le 1er janv. 2012)* Lorsque la personne a été condamnée à la réclusion criminelle à perpétuité ou lorsqu'elle a été condamnée soit à une peine d'emprisonnement ou de réclusion criminelle égale ou supérieure à quinze ans pour une infraction pour laquelle le suivi socio-judiciaire est encouru, soit à une peine d'emprisonnement ou de réclusion criminelle égale ou supérieure à dix ans pour une infraction mentionnée à l'article 706-53-13, la libération conditionnelle ne peut alors être accordée :

1° Que par le tribunal de l'application des peines, quelle que soit la durée de la détention restant à subir;

2° Qu'après une évaluation pluridisciplinaire de dangerosité réalisée dans un service spécialisé chargé de l'observation des personnes détenues et assortie d'une expertise médicale; s'il s'agit d'un crime mentionné au même article 706-53-13, cette expertise est réalisée *(L. nº 2012-409 du 27 mars 2012, art. 8)* «soit par deux experts médecins psychiatres, soit par un expert médecin psychiatre et par un expert psychologue titulaire d'un diplôme, certificat ou titre sanctionnant une formation universitaire fondamentale et appliquée en psychopathologie. L'expertise» se prononce sur l'opportunité, dans le cadre d'une injonction de soins, du recours à un traitement utilisant des médicaments inhibiteurs de libido, mentionné à l'article L. 3711-3 du code de la santé publique.

Lorsque la libération conditionnelle n'est pas assortie d'un placement sous surveillance électronique mobile, elle ne peut également être accordée qu'après l'exécution, à titre probatoire, d'une mesure de semi-liberté *(L. nº 2014-896 du 15 août 2014, art. 43, en vigueur le 1er oct. 2014)* «, de placement à l'extérieur» ou de placement sous surveillance électronique pendant une période d'un an à trois ans. Cette mesure ne peut être exécutée avant la fin du temps d'épreuve prévu à l'article 729 du présent code.

Un décret précise les conditions d'application du présent article.

Art. 730-2-1. *(L. nº 2016-731 du 3 juin 2016, art. 20)* Lorsque la personne a été condamnée à une peine privative de liberté pour une ou plusieurs infractions mentionnées aux articles 421-1 à 421-6 du code pénal, à l'exclusion de celles définies aux articles 421-2-5 à 421-2-5-2 du même code, la libération conditionnelle ne peut être accordée :

1° Que par le tribunal de l'application des peines, quelle que soit la durée de la peine de détention restant à exécuter;

2° Qu'après avis d'une commission chargée de procéder à une évaluation pluridisciplinaire de la dangerosité de la personne condamnée.

Le tribunal de l'application des peines peut s'opposer à la libération conditionnelle si cette libération est susceptible de causer un trouble grave à l'ordre public.

Lorsque la libération conditionnelle n'est pas assortie d'un placement sous surveillance électronique mobile, elle ne peut être accordée qu'après l'exécution, à titre probatoire, d'une mesure de semi-liberté, de placement à l'extérieur ou de placement sous surveillance électronique pendant une période d'un an à trois ans. Cette mesure ne peut être exécutée avant la fin du temps d'épreuve prévu à l'article 729 du présent code.

Un décret précise les conditions d'application du présent article.

Art. 730-3. *(L. n° 2014-896 du 15 août 2014, art. 42 et 54, en vigueur le 1er janv. 2015)* Lorsque la durée de la peine accomplie est au moins égale au double de la durée de la peine restant à subir, la situation de la personne condamnée exécutant une ou plusieurs peines privatives de liberté d'une durée totale de plus de cinq ans est examinée par le juge ou le tribunal de l'application des peines à l'occasion d'un débat contradictoire tenu selon les modalités prévues aux articles 712-6 ou 712-7, afin qu'il soit statué sur l'octroi d'une libération conditionnelle. Si la personne a été condamnée à la réclusion criminelle à perpétuité, ce débat ne peut intervenir avant le terme du temps d'épreuve ni avant celui de la période de sûreté.

Le juge ou le tribunal de l'application des peines n'est pas tenu d'examiner la situation de la personne qui a fait préalablement savoir qu'elle refusait toute mesure de libération conditionnelle. Un décret fixe les conditions d'application du présent alinéa.

S'il n'est pas procédé au débat contradictoire dans les conditions prévues au premier alinéa du présent article, la chambre de l'application des peines de la cour d'appel peut, d'office ou sur saisine de la personne condamnée ou du procureur de la République, tenir ce débat.

Art. 731. Le bénéfice de la libération conditionnelle peut être assorti de conditions particulières ainsi que de mesures d'assistance et de contrôle destinées à faciliter et à vérifier le reclassement du libéré. *(L. n° 2004-204 du 9 mars 2004, art. 168-VIII, en vigueur le 1er janv. 2005)* «Celui-ci peut en particulier être soumis à une ou plusieurs des mesures de contrôle ou obligations mentionnées aux articles 132-44 et 132-45 du code pénal.»

(L. n° 72-1226 du 29 déc. 1972) «Ces mesures sont mises en œuvre par le juge de l'application des peines assisté *(L. n° 2000-516 du 15 juin 2000, art. 123-II)* «du service pénitentiaire d'insertion et de probation» et, le cas échéant, avec le concours des organismes habilités à cet effet.

«Un décret détermine les modalités d'application des mesures visées au présent article et les conditions d'habilitation des organismes mentionnés à l'alinéa précédent. Il fixe également les conditions du financement indispensable à l'application de ces mesures et au fonctionnement des comités.»

Art. 731-1. *(L. n° 2007-1198 du 10 août 2007)* «La personne faisant l'objet d'une libération conditionnelle peut être soumise aux obligations prévues pour le suivi socio-judiciaire si elle a été condamnée pour un crime ou un délit pour lequel cette mesure est encourue. Sauf décision contraire du juge de l'application des peines ou du tribunal de l'application des peines, cette personne est soumise à une injonction de soins dans les conditions prévues aux articles L. 3711-1 et suivants du code de la santé publique s'il est établi, après l'expertise prévue à l'article 712-21 du présent code, qu'elle est susceptible de faire l'objet d'un traitement.»

(L. n° 2011-939 du 10 août 2011, art. 17) «La personne condamnée à une peine d'au moins *(L. n° 2019-222 du 23 mars 2019, art. 79)* «cinq» ans d'emprisonnement pour une infraction pour laquelle le suivi socio-judiciaire est encouru peut être placée sous surveillance électronique mobile selon les modalités prévues aux articles 763-12 et 763-13. Le tribunal de l'application des peines ou le juge de l'application des peines, suivant les distinctions des articles 730 et 730-2, détermine la durée pendant laquelle le condamné sera effectivement placé sous surveillance électronique mobile. Cette durée ne peut excéder deux ans, renouvelable une fois en matière délictuelle et deux fois en matière criminelle.»

Art. 732. *(L. n° 72-1226 du 29 déc. 1972)* «La décision de libération conditionnelle fixe les modalités d'exécution et les conditions auxquelles l'octroi ou le maintien de la liberté est subordonné, ainsi que la nature et la durée des mesures d'assistance et de contrôle. Si elle est prise par *(L. n° 2004-204 du 9 mars 2004, art. 162-X, en vigueur le 1er janv. 2005)* «le tribunal de l'application des peines, celui-ci» peut prévoir que l'élargissement s'effectuera au jour fixé par le juge de l'application des peines entre deux dates déterminées.»

Cette durée ne peut être inférieure à la durée de la partie de la peine non subie au moment de la libération s'il s'agit d'une peine temporaire; elle peut la dépasser pour une période maximum d'un an. *(L. n° 92-1336 du 16 déc. 1992, en vigueur le 1er mars 1994)* «La durée totale des mesures d'assistance et de contrôle ne peut toutefois excéder dix ans.

«Lorsque» *(L. n° 70-643 du 17 juill. 1970)* «la peine en cours d'exécution est une peine perpétuelle,» la durée des mesures d'assistance et de contrôle est fixée pour une période qui ne peut être inférieure à cinq années, ni supérieure à dix années.

(L. n° 2011-525 du 17 mai 2011, art. 156-17°) «Pendant toute la durée de la libération conditionnelle, les dispositions de la décision peuvent être modifiées en application de l'article 712-8.»

Art. 732-1. *(L. n° 2010-242 du 10 mars 2010, art. 10-I)* Lorsque la personne a été condamnée à la réclusion criminelle à perpétuité pour l'un des crimes visés à l'article 706-53-13 et qu'elle a fait l'objet d'une libération conditionnelle avec injonction de soins, la juridiction régionale de la rétention de sûreté peut, selon les modalités prévues par l'article 706-53-15, décider de prolonger tout ou partie des obligations auxquelles est astreinte la personne, au-delà de la période de libération conditionnelle, en la plaçant sous surveillance de sûreté avec injonction de soins pour une durée de deux ans.

Le placement sous surveillance de sûreté ne peut être ordonné qu'après expertise médicale constatant que le maintien d'une injonction de soins est indispensable pour prévenir la récidive.

Les deuxième à cinquième alinéas de l'article 723-37 sont applicables, ainsi que l'article 723-38.

Art. 733. *(L. n° 72-1226 du 29 déc. 1972)* «En cas de nouvelle condamnation, d'inconduite notoire, d'infraction aux conditions ou d'inobservation des mesures énoncées dans la décision de mise en liberté conditionnelle, cette décision peut être révoquée, suivant les distinctions de l'article 730, *(L. n° 2004-204 du 9 mars 2004, art. 162-XI et XII, en vigueur le 1er janv. 2005)* «soit par le juge de l'application des peines, soit par le tribunal de l'application des peines, selon les modalités prévues par les articles 712-6 ou 712-7. Il en est de même lorsque la décision de libération conditionnelle n'a pas encore reçu exécution et que le condamné ne remplit plus les conditions légales pour en bénéficier.»

(L. nº 2010-242 du 10 mars 2010, art. 10-I) «Constitue pour le condamné une violation des obligations qui lui ont été imposées le fait de refuser de commencer ou de poursuivre le traitement prescrit par le médecin traitant et qui lui a été proposé dans le cadre d'une injonction de soins, conformément à l'article 731-1.»

(L. nº 72-1226 du 29 déc. 1972) «Après révocation, le condamné doit subir, selon les dispositions de la décision de révocation», tout ou partie de la durée de la peine qu'il lui restait à subir au moment de sa mise en liberté conditionnelle, cumulativement, s'il y a lieu, avec toute nouvelle peine qu'il aurait encourue; le temps pendant lequel il a été placé en état d'arrestation provisoire compte toutefois pour l'exécution de sa peine.

Si la révocation n'est pas intervenue avant l'expiration du délai prévu à l'article précédent, la libération est définitive. Dans ce cas, la peine est réputée terminée depuis le jour de la libération conditionnelle.

TITRE QUATRIÈME

DU SURSIS ET DE L'AJOURNEMENT

(L. nº 92-1336 du 16 déc. 1992)

Art. 734. *(L. nº 92-1336 du 16 déc. 1992)* Le tribunal ou la cour qui prononce une peine peut, dans les cas et selon les conditions prévus par les articles 132-29 à 132-57 du code pénal, ordonner qu'il sera sursis à son exécution.

La juridiction peut également ajourner le prononcé de la peine dans les cas et conditions prévus par les articles 132-60 à 132-70 dudit code.

Les modalités de mise en œuvre du sursis et de l'ajournement sont fixées par le présent titre. — *Entrée en vigueur le 1er mars 1994.*

CHAPITRE PREMIER

Du sursis simple

(L. nº 70-643 du 17 juill. 1970)

Art. 735. *(L. nº 2014-896 du 15 août 2014, art. 8 et 54, en vigueur le 1er janv. 2015)* Lorsque la juridiction de jugement n'a pas statué sur la révocation du sursis en application de l'article 132-36 du code pénal parce qu'elle n'avait pas connaissance de la première condamnation, le procureur de la République peut ultérieurement saisir le tribunal correctionnel d'une requête motivée tendant à sa révocation.

Le tribunal statue en audience publique, après audition de la personne et, s'il y a lieu, de son avocat.

Art. 735-1. *(L. nº 2010-242 du 10 mars 2010, art. 17-II, en vigueur le 1er juill. 2010)* En cas de condamnation à une peine d'emprisonnement prononcée par la juridiction pénale d'un État membre de l'Union européenne, la révocation du sursis simple ne peut être prononcée que par le tribunal correctionnel statuant sur requête du procureur de la République, selon *(L. nº 2014-896 du 15 août 2014, art. 8 et 54, en vigueur le 1er janv. 2015)* «la procédure prévue à l'article 735».

Art. 736. *(L. n° 93-2 du 4 janv. 1993)* «La suspension de la peine ne s'étend pas au paiement des dommages-intérêts.»

(L. n° 70-643 du 17 juill. 1970) Elle ne s'étend pas non plus *(L. n° 92-1336 du 16 déc. 1992)* «aux incapacités, interdictions et déchéances résultant de la condamnation.

«Toutefois, ces incapacités, interdictions et déchéances cesseront d'avoir effet du jour où, par application des dispositions de l'article 132-35 du code pénal, la condamnation aura été réputée non avenue.» *(L. n° 98-468 du 17 juin 1998)* «Cette disposition ne s'applique pas au suivi socio-judiciaire prévu à l'article 131-36-1 du code pénal ou à la peine d'interdiction d'exercer une activité professionnelle ou bénévole impliquant un contact habituel avec des mineurs.» *(L. n° 2012-409 du 27 mars 2012, art. 13-II)* «Les incapacités, interdictions et déchéances prononcées, comme peine complémentaire, à titre définitif cessent d'avoir effet à l'issue d'un délai de quarante ans à compter du jour où la condamnation a été réputée non avenue.»

CHAPITRE II

Du sursis avec mise à l'épreuve

(L. n° 70-643 du 17 juill. 1970)

A compter du 24 mars 2020, l'intitulé du chapitre II du titre IV du livre V devient «Du sursis probatoire» (L. n° 2019-222 du 23 mars 2019, art. 81 et 109-XIX).

A compter de la même date, dans le code de procédure pénale et dans toutes les autres dispositions de nature législative, les mots : «sursis avec mise à l'épreuve» sont remplacés par les mots : «sursis probatoire» (L. n° 2019-222 du 23 mars 2019, art. 81-VII et 109-XIX).

Art. 739. *(L. n° 2004-204 du 9 mars 2004, art. 162-XVII, en vigueur le 1er janv. 2005)* «Lorsqu'une condamnation est assortie du sursis avec mise à l'épreuve, le condamné est placé sous le contrôle du juge de l'application des peines territorialement compétent selon les modalités prévues par l'article 712-10.»

(L. n° 92-1336 du 16 déc. 1992, en vigueur le 1er mars 1994) «Au cours du délai d'épreuve, le condamné doit satisfaire à l'ensemble des mesures de contrôle prévues par l'article 132-44 du code pénal et à celles des obligations particulières prévues par l'article 132-45 du même code qui lui sont spécialement imposées, soit par la décision de condamnation, soit par une décision que peut, à tout moment, *(L. n° 2011-939 du 10 août 2011, art. 20-3°, en vigueur le 1er janv. 2012)* «y compris pendant une période d'incarcération du condamné,» prendre le juge de l'application des peines» *(L. n° 2004-204 du 9 mars 2004, art. 162-XVII, en vigueur le 1er janv. 2005)* «en application des dispositions de l'article 712-8».

Art. 740. *(L. n° 70-643 du 17 juill. 1970)* Au cours du délai d'épreuve, le juge de l'application des peines sous le contrôle de qui le condamné est placé s'assure, soit par lui-même, soit par toute personne qualifiée, de l'exécution des *(L. n° 92-1336 du 16 déc. 1992)* «mesures de contrôle et d'aide» et des obligations imposées à ce condamné.

Art. 741. *(L. n° 70-643 du 17 juill. 1970)* Le condamné est tenu de se présenter, chaque fois qu'il en est requis, devant le juge de l'application des peines sous le contrôle duquel il est placé.

(L. n° 2004-204 du 9 mars 2004, art. 183-II, en vigueur le 1er janv. 2005) «En cas d'inobservation des obligations, les dispositions de l'article 712-17 sont applicables.»

Art. 741-1. *(L. n° 2011-939 du 10 août 2011, art. 20-2°, en vigueur le 1er janv. 2012)* En cas d'incarcération pour une condamnation à une peine d'emprisonnement assortie pour partie du sursis avec mise à l'épreuve, il est remis au condamné avant sa libération un avis de convocation à comparaître devant le service pénitentiaire d'insertion et de probation dans un délai qui ne saurait être supérieur à huit jours à compter de sa libération s'il s'agit d'une personne condamnée ou ayant été condamnée pour une infraction pour laquelle le suivi socio-judiciaire est encouru et qui ne saurait être supérieur à un mois dans les autres cas. Le service pénitentiaire d'insertion et de probation est alors saisi de la mesure de sursis avec mise à l'épreuve.

Art. 741-2. *(L. n° 2019-222 du 23 mars 2019, art. 81 et 109-XIX, en vigueur le 24 mars 2020)* Lorsque le tribunal a fait application de l'article 132-41-1 du code pénal et a prononcé un sursis probatoire avec un suivi renforcé, le service pénitentiaire d'insertion et de probation évalue, de façon pluridisciplinaire, la personnalité et la situation matérielle, familiale et sociale de la personne condamnée.

A l'issue de cette évaluation, le service adresse au juge de l'application des peines un rapport comportant des propositions relatives au contenu et aux modalités de mise en œuvre des mesures de contrôle et d'assistance, des obligations et des interdictions mentionnées à l'article 132-45 du même code.

Au vu de ce rapport, le juge de l'application des peines, lorsqu'il n'a pas été fait application du troisième alinéa de l'article 132-41-1 dudit code, détermine les obligations et interdictions auxquelles est astreint le condamné ainsi que les mesures d'aide dont il bénéficie. S'il a été fait application du même troisième alinéa, le juge de l'application des peines peut modifier, supprimer ou compléter les obligations et interdictions décidées par la juridiction; il détermine les mesures d'aide dont le condamné bénéficie.

Le juge statue, au plus tard dans les quatre mois qui suivent le jugement de condamnation, par ordonnance motivée, après réquisitions écrites du procureur de la République et après avoir entendu les observations du condamné ainsi que, le cas échéant, celles de son avocat. S'il envisage d'astreindre le condamné à l'obligation d'effectuer un travail d'intérêt général, il statue après que le condamné a été informé de son droit de refuser l'accomplissement d'un travail d'intérêt général et après avoir reçu sa réponse. Il lui notifie cette ordonnance et l'avertit des conséquences qu'entraînerait une condamnation pour une nouvelle infraction commise au cours du délai de probation ou un manquement aux mesures de contrôle et aux obligations particulières qui lui sont imposées.

La situation matérielle, familiale et sociale de la personne est réévaluée à chaque fois que nécessaire au cours de l'exécution de la peine, et au moins une fois par an, par le service pénitentiaire d'insertion et de probation et le juge de l'application des peines.

Au vu de chaque nouvelle évaluation, le juge de l'application des peines peut, selon les modalités prévues à l'article 712-8 du présent code et après avoir entendu les observations du condamné ainsi que, le cas échéant, celles de son avocat *[,]* modifier ou compléter les obligations et interdictions auxquelles la personne condamnée est astreinte ou supprimer certaines d'entre elles; il peut également, s'il estime que la personnalité et la situation matérielle, familiale et sociale du condamné ne le justifient plus, ordonner la fin du suivi renforcé.

Lorsque le tribunal n'a pas fait application de l'article 132-41-1 du code pénal, le juge de l'application des peines peut, s'il estime que la personnalité du condamné le justifie, décider, à tout moment au cours de l'exécution de la probation, de faire application des cinquième et avant-dernier alinéas du présent article en ordonnant un suivi renforcé.

Art. 742. *(L. n° 2004-204 du 9 mars 2004, art. 183-IV, en vigueur le 1er janv. 2005)* Lorsque le condamné ne se soumet pas aux mesures de contrôle ou aux obligations particulières imposées en application de l'article 739, lorsqu'il a commis une infraction suivie d'une condamnation à l'occasion de laquelle la révocation du sursis n'a pas été prononcée, le juge de l'application des peines peut, d'office ou sur réquisitions du parquet, ordonner par *(L. n° 2005-1549 du 12 déc. 2005, art. 39)* «jugement motivé» la prolongation du délai d'épreuve. Il peut aussi, dans les conditions prévues aux articles 132-49 à 132-51 du code pénal, révoquer en totalité ou en partie le sursis.

La décision est prise conformément aux dispositions de l'article 712-6.

Ces dispositions sont applicables même lorsque le délai d'épreuve fixé par la juridiction a expiré, lorsque le motif de la prolongation du délai ou de la révocation s'est produit pendant le délai d'épreuve.

Art. 743. *(L. n° 2004-204 du 9 mars 2004, art. 183-V, en vigueur le 1er janv. 2005)* Lorsque le juge de l'application des peines prolonge le délai d'épreuve, ce délai ne peut au total être supérieur à trois années.

Art. 744. *(L. n° 2004-204 du 9 mars 2004, art. 183-V, en vigueur le 1er janv. 2005)* Si le condamné satisfait aux mesures de contrôle et d'aide et aux obligations particulières imposées en application de l'article 739 et si son reclassement paraît acquis, le juge de l'application des peines peut déclarer non avenue la condamnation prononcée à son encontre. Le juge de l'application des peines ne peut être saisi à cette fin ou se saisir d'office avant l'expiration d'un délai d'un an à compter du jour où la condamnation est devenue définitive.

La décision est prise conformément aux dispositions de l'article 712-6.

Art. 745. *(L. n° 2011-939 du 10 août 2011, art. 22, en vigueur le 1er janv. 2012)* Lorsque le condamné à une peine d'emprisonnement assortie du sursis avec mise à l'épreuve doit satisfaire à l'obligation de s'abstenir de paraître dans un lieu ou une zone spécialement désigné, afin d'éviter un contact avec la victime ou la partie civile, ou à l'obligation de s'abstenir d'entrer en relation avec la victime ou la partie civile, prévues aux 9° et 13° de l'article 132-45 du code pénal, le juge de l'application des peines ou le service pénitentiaire d'insertion et de probation avise la victime ou la partie civile, directement ou par l'intermédiaire de son avocat, de la date de fin de la mise à l'épreuve.

Cet avis n'est toutefois pas adressé lorsque la victime ou la partie civile a fait connaître qu'elle ne souhaitait pas être avisée des modalités d'exécution de la peine.

Les modalités d'application du présent article sont précisées par décret.

Art. 746. *(L. n° 93-2 du 4 janv. 1993)* «La suspension de la peine ne s'étend pas au paiement des dommages-intérêts.»

(L. n° 70-643 du 17 juill. 1970) Elle ne s'étend pas non plus *(L. n° 92-1336 du 16 déc. 1992)* «aux incapacités, interdictions et déchéances résultant de la condamnation.

«Toutefois, ces incapacités, interdictions et déchéances cesseront d'avoir effet du jour où, par application des dispositions de l'article 743 ou de l'article 132-52 du code pénal, la condamnation aura été déclarée ou réputée non avenue.» *(L. n° 98-468 du 17 juin 1998)* «Cette disposition ne s'applique pas à la peine d'interdiction d'exercer une activité professionnelle ou bénévole impliquant un contact habituel avec des mineurs.» *(L. n° 2012-409 du 27 mars 2012, art. 13-II)* «Les incapacités, interdictions et déchéances prononcées, comme peine complémentaire, à titre définitif cessent d'avoir effet à l'issue d'un délai de quarante ans à compter du jour où la condamnation a été réputée non avenue.» — *Les dispositions de la loi n° 92-1336 du 16 déc. 1992 sont entrées en vigueur le 1er mars 1994.*

Art. 747. *(L. n° 92-1336 du 16 déc. 1992)* Les dispositions relatives aux effets du sursis avec mise à l'épreuve sont fixées par les articles 132-52 et 132-53 du code pénal.

CHAPITRE III

Du sursis assorti de l'obligation d'accomplir un travail d'intérêt général

(L. n° 83-466 du 10 juin 1983)

A compter du 24 mars 2020, l'intitulé du chapitre III du titre IV du livre V devient «Des conversions de peines», dont les dispositions sont reproduites ss. l'art. 747-2 et les art. 747-1-2 et 747-2 sont abrogés (L. n° 2019-222 du 23 mars 2019, art. 85-XIII et XV, et 109-XIX).

Art. 747-1. *(L. n° 92-1336 du 16 déc. 1992, en vigueur le 1er mars 1994)* Le sursis assorti de l'obligation d'accomplir un travail d'intérêt général suit les mêmes règles que celles qui sont prévues pour le sursis avec mise à l'épreuve, sous réserve des adaptations suivantes :

1° L'obligation d'accomplir un travail d'intérêt général est assimilée à une obligation particulière;

2° Les mesures de contrôle sont celles énumérées à l'article 132-55 du code pénal;

3° Le délai prévu par l'article *(L. n° 2004-204 du 9 mars 2004, art. 183-VII, en vigueur le 1er janv. 2005)* «743» est ramené à dix-huit mois;

4° L'article *(L. n° 2004-204 du 9 mars 2004, art. 183-VIII, en vigueur le 1er janv. 2005)* «744» n'est pas applicable.

Art. 747-1-1. *(L. n° 2004-204 du 9 mars 2004, art. 184, en vigueur le 1er janv. 2005)* Le juge de l'application des peines peut d'office, à la demande de l'intéressé ou sur réquisitions du procureur de la République, ordonner par décision motivée de substituer au sursis assorti de l'obligation d'accomplir un travail d'intérêt général une peine de jours-amende. Cette décision est prise conformément aux dispositions de l'article 712-6.

Art. 747-1-2. *(L. n° 2014-896 du 15 août 2014, art. 29, en vigueur le 1er oct. 2014)* Le juge de l'application des peines peut, d'office, à la demande de l'intéressé ou sur réquisitions du procureur de la République, ordonner par décision motivée de substituer à une peine de jours-amende de *[une]* peine de sursis assorti de l'obligation d'accomplir un travail d'intérêt général. Cette décision est prise à l'issue d'un débat contradictoire, conformément à l'article 712-6 du présent code. La substitution n'est pas possible si le condamné la refuse ou n'est pas présent à l'audience. Dans le cas prévu au présent alinéa, la durée de l'emprisonnement ne peut excéder celle qui serait résultée de l'inexécution de la peine de jours-amende, fixée en application de la première phrase du second alinéa de l'article 131-25 du code pénal.

Par dérogation au second alinéa du même article 131-25, la décision de substitution peut également intervenir en cas de défaut total ou partiel du paiement du montant exigible à l'expiration du délai correspondant au nombre de jours-amende prononcé.

Art. 747-2. *(L. n° 2004-204 du 9 mars 2004, art. 179-II, en vigueur le 1er janv. 2005)* Dans le cas prévu à l'article 132-57 du code pénal, le juge de l'application des peines est saisi et statue selon les dispositions de l'article 712-6 *(L. n° 2009-1436 du 24 nov. 2009, art. 94-VIII)* «ou de l'article 723-15».

Dès sa saisine, le juge de l'application des peines peut ordonner la suspension de l'exécution de la peine jusqu'à sa décision sur le fond.

Le sursis ne peut être ordonné que si, après avoir été informé du droit de refuser l'accomplissement d'un travail d'intérêt général, le condamné a expressément déclaré renoncer à se prévaloir de ce droit.

CHAPITRE III *[NOUVEAU]*
Des conversions de peine

(L. n° 2019-222 du 23 mars 2019, art. 85-XIII et 109-XIX, en vigueur le 24 mars 2020)

Nouvel art. 747-1. En cas de condamnation définitive pour un délit à une peine d'emprisonnement ferme inférieure ou égale à six mois, ou dont la partie ferme est inférieure ou égale à six mois, y compris si cette peine résulte de la révocation d'un sursis, le juge de l'application des peines peut, avant la mise à exécution de l'emprisonnement ou en cours d'exécution de celui-ci, ordonner, d'office ou à la demande du condamné et selon les modalités prévues aux articles 712-6 ou 723-15, la conversion de cette peine en peine de détention à domicile sous surveillance électronique, en peine de travail d'intérêt général, en peine de jours-amende ou en un emprisonnement assorti d'un sursis probatoire renforcé, lorsque cette conversion lui paraît de nature à assurer la réinsertion du condamné et à prévenir sa récidive.

Lorsque la peine est convertie en détention à domicile sous surveillance électronique, la durée de celle-ci est égale à celle de la peine d'emprisonnement prononcée ou du reliquat de cette peine.

Lorsque la peine est convertie en travail d'intérêt général, la durée de la peine d'emprisonnement prononcée ou son reliquat peut être mis à exécution par le juge en l'absence d'accomplissement du travail par le condamné. La conversion en travail d'intérêt général n'est possible que si, après avoir été informé du droit de refuser l'accomplissement d'un travail d'intérêt général, le condamné a expressément déclaré renoncer à se prévaloir de ce droit.

Lorsque la peine est convertie en peine de jours-amende, le nombre de jours est égal à celui de la peine d'emprisonnement prononcée ou du reliquat de cette peine.

Dès sa saisine, le juge de l'application des peines peut ordonner la suspension de l'exécution de la peine jusqu'à sa décision sur le fond.

Nouvel art. 747-1-1. En cas de modification de la situation du condamné depuis la décision de condamnation qui ne permet pas la mise à exécution de la peine prononcée, le juge de l'application des peines peut d'office, à la demande de l'intéressé ou sur réquisitions du procureur de la République ordonner par décision motivée, prise conformément aux dispositions de l'article 712-6 :

1° De convertir la peine de travail d'intérêt général ou la peine de sursis probatoire comportant l'obligation d'accomplir un travail d'intérêt général en une peine de jours-amende ou une peine de détention à domicile sous surveillance électronique;

2° De convertir une peine de détention à domicile sous surveillance électronique en une peine de travail d'intérêt général ou une peine de jours-amende;

3° De convertir une peine de jours-amende en une peine de travail d'intérêt général ou une peine de détention à domicile sous surveillance électronique.

La conversion en peine de travail d'intérêt général n'est possible que si, après avoir été informé du droit de refuser l'accomplissement d'un travail d'intérêt général, le condamné a expressément déclaré renoncer à se prévaloir de ce droit. Dans le cas prévu au 3°, la durée de la détention à domicile sous surveillance électronique ne peut excéder celle qui serait résultée de l'inexécution de la peine de jours-amende, fixée en application de la première phrase du second alinéa de l'article 131-25 du code pénal. Par dérogation au même second alinéa, la décision de conversion peut également intervenir en cas de défaut total ou partiel du paiement du montant exigible à l'expiration du délai correspondant au nombre de jours-amende prononcé.

CHAPITRE IV

De l'ajournement

(L. n° 92-1336 du 16 déc. 1992)

Art. 747-3. *(Entré en vigueur le 1er mars 1994)* Lorsque la juridiction de jugement ajourne le prononcé de la peine en application de l'article 132-63 du code pénal, le prévenu est placé sous le contrôle du juge de l'application des peines dans le ressort duquel il a sa résidence. Le juge de l'application des peines s'assure, soit par lui-même, soit par toute personne qualifiée, de l'exécution de la mesure. Les dispositions de l'article 741 sont applicables au contrôle exercé sur le prévenu.

(L. n° 2004-204 du 9 mars 2004, art. 183-XI, en vigueur le 1er janv. 2005) «Le juge de l'application des peines peut aménager, modifier ou supprimer les obligations particulières imposées au prévenu ou en prévoir de nouvelles en application des dispositions de l'article 712-8.»

Si le prévenu ne se soumet pas aux mesures de contrôle et d'assistance ou aux obligations particulières, le juge de l'application des peines peut saisir le tribunal avant l'expiration du délai d'épreuve afin qu'il soit statué sur la peine.

(L. n° 2004-204 du 9 mars 2004, art. 183-XI, en vigueur le 1er janv. 2005) «Lorsque le juge de l'application des peines fait application des dispositions de l'article 712-17, il peut décider, par ordonnance motivée, rendue sur réquisitions du procureur de la République, que le condamné sera provisoirement incarcéré dans l'établissement pénitentiaire le plus proche. Le tribunal correctionnel est saisi dans les meilleurs délais afin de statuer sur la peine. L'affaire doit être inscrite à l'audience au plus tard dans les cinq jours de l'écrou du condamné, à défaut de quoi l'intéressé est remis en liberté d'office.»

Art. 747-4. Lorsque la juridiction de jugement ajourne le prononcé de la peine en application de l'article 132-66 du code pénal, le juge de l'application des peines dans le ressort duquel le prévenu a sa résidence s'assure, soit par lui-même, soit par toute personne qualifiée, de l'exécution des prescriptions énumérées par l'injonction de la juridiction.

TITRE SIXIÈME

DE LA CONTRAINTE JUDICIAIRE

(L. n° 2004-204 du 9 mars 2004, art. 198-II, en vigueur le 1er janv. 2005).

Art. 749. *(L. n° 2004-204 du 9 mars 2004, art. 198-II, en vigueur le 1er janv. 2005)* En cas d'inexécution volontaire d'une ou plusieurs condamnations à une peine d'amende prononcées en matière criminelle ou en matière correctionnelle pour un délit puni d'une peine d'emprisonnement, y compris en cas d'inexécution volontaire de condamnations à des amendes fiscales ou douanières, le juge de l'application des peines peut ordonner, dans les conditions prévues par le présent titre, une contrainte judiciaire consistant en un emprisonnement dont la durée est fixée par ce magistrat dans la limite d'un maximum fixé par la loi en fonction du montant de l'amende ou de leur montant cumulé.

Art. 750. *(L. nº 2004-204 du 9 mars 2004, art. 198-II, en vigueur le 1er janv. 2005)* Le maximum de la durée de la contrainte judiciaire est fixé ainsi qu'il suit :

1º A vingt jours lorsque l'amende est au moins égale à 2 000 € sans excéder 4000 €;

2º A un mois lorsque l'amende est supérieure à 4000 € sans excéder 8000 €;

3º A deux mois lorsque l'amende est supérieure à 8000 € sans excéder 15000 €;

4º A trois mois lorsque l'amende est supérieure à 15 000 €.

Art. 751. *(L. nº 85-1407 du 30 déc. 1985)* La *(L. nº 2004-204 du 9 mars 2004, art. 198-V, en vigueur le 1er janv. 2005)* «contrainte judiciaire» ne peut être prononcée ni contre les personnes mineures au moment des faits, ni contre les personnes âgées d'au moins soixante-cinq ans au moment de la condamnation.

Art. 752. *(L. nº 2004-204 du 9 mars 2004, art. 198-III, en vigueur le 1er janv. 2005)* La contrainte judiciaire ne peut être prononcée contre les condamnés qui, par tout moyen, justifient de leur insolvabilité.

Art. 753. Elle ne peut être exercée simultanément contre le mari et la femme, même pour le recouvrement de sommes afférentes à des condamnations différentes.

Art. 754. Elle ne peut être exercée que cinq jours après un commandement fait au condamné à la requête de la partie poursuivante.

Dans le cas où le jugement de condamnation n'a pas été précédemment signifié au débiteur, le commandement porte en tête un extrait de ce jugement, lequel contient le nom des parties et le dispositif.

(L. nº 2004-204 du 9 mars 2004, art. 198-IV, en vigueur le 1er janv. 2005) «Au vu de l'exploit de signification du commandement, si ce dernier date de moins d'un an, et sur la demande du Trésor, le procureur de la République peut requérir le juge de l'application des peines de prononcer la contrainte judiciaire dans les conditions prévues par l'article 712-6. Ce magistrat peut à cette fin délivrer les mandats prévus par l'article 712-17. La décision du juge de l'application des peines, qui est exécutoire par provision, peut faire l'objet d'un appel dans les conditions prévues par l'article 712-11. Le juge de l'application des peines peut décider d'accorder des délais de paiement au condamné si la situation personnelle de ce dernier le justifie, en ajournant sa décision pour une durée qui ne saurait excéder six mois.»

Art. 758. La *(L. nº 2004-204 du 9 mars 2004, art. 198-V, en vigueur le 1er janv. 2005)* «contrainte judiciaire» est subie en *(L. nº 2004-204 du 9 mars 2004, art. 199-I)* «établissement pénitentiaire», dans le quartier à ce destiné.

Art. 759. Les individus contre lesquels la contrainte a été prononcée peuvent en prévenir ou en faire cesser les effets soit en payant ou consignant une somme suffisante pour éteindre leur dette, soit en fournissant une caution reconnue bonne et valable.

La caution est admise par le *(Ord. n° 2010-420 du 27 avr. 2010, art. 115)* «comptable public compétent». En cas de contestation, elle est déclarée, s'il y a lieu, bonne et valable par le président du tribunal de grande instance agissant par voie de référé.

La caution doit se libérer dans le mois, faute de quoi elle peut être poursuivie.

Lorsque le payement intégral n'a pas été effectué, et sous réserve des dispositions de l'article 760, la *(L. n° 2004-204 du 9 mars 2004, art. 198-V, en vigueur le 1er janv. 2005)* «contrainte judiciaire» peut être requise à nouveau pour le montant des sommes restant dues.

Art. 760. Lorsque la *(L. n° 2004-204 du 9 mars 2004, art. 198-V, en vigueur le 1er janv. 2005)* «contrainte judiciaire» a pris fin pour une cause quelconque, elle ne peut plus être exercée ni pour la même dette, ni pour des condamnations antérieures à son exécution, à moins que ces condamnations n'entraînent par leur quotité une contrainte plus longue que celle déjà subie, auquel cas la première incarcération doit toujours être déduite de la nouvelle contrainte.

Art. 761. Le débiteur détenu est soumis au même régime que les condamnés, sans toutefois être astreint au travail.

Art. 761-1. Le condamné qui a subi une *(L. n° 2004-204 du 9 mars 2004, art. 198-V, en vigueur le 1er janv. 2005)* «contrainte judiciaire» n'est pas libéré du montant des condamnations pour lesquelles elle a été exercée.

Art. 762. *(L. n° 2005-1549 du 12 déc. 2005, art. 39)* Lorsque le juge de l'application des peines statue en application des dispositions de l'article 754 pour mettre à exécution l'emprisonnement encouru pour défaut de paiement d'un jour-amende, les dispositions de l'article 750 ne sont pas applicables.

Les dispositions des articles 752 et 753 sont applicables. Pour l'application de l'article 754, une mise en demeure de payer, adressée par lettre recommandée avec demande d'avis de réception, a les mêmes effets qu'un commandement de payer.

(L. n° 2016-731 du 3 juin 2016, art. 67) «La personne condamnée à la peine de jours-amende et contre qui la mise à exécution de l'emprisonnement a été prononcée peut prévenir cette mise à exécution ou en faire cesser les effets en payant l'intégralité de l'amende.»

TITRE SEPTIÈME
DE L'INTERDICTION DE SÉJOUR

(L. n° 92-1336 du 16 déc. 1992)

Art. 762-1. La personne condamnée à la peine d'interdiction de séjour en application de l'article 131-31 du code pénal peut être soumise par la décision de condamnation à une ou plusieurs des mesures de surveillance suivantes :

1° Se présenter périodiquement aux services ou autorités désignés par la décision de condamnation;

2° Informer le juge de l'application des peines de tout déplacement au-delà de limites déterminées par la décision de condamnation;

3° Répondre aux convocations de toute autorité ou de toute personne qualifiée désignée par la décision de condamnation.

Art. 762-2. La personne condamnée à la peine d'interdiction de séjour est tenue d'informer le juge de l'application des peines sous le contrôle duquel elle est placée de tout changement de résidence.

(L. nº 2004-204 du 9 mars 2004, art. 183-XIV, en vigueur le 1er janv. 2005) «L'article 712-17 est applicable» au condamné à l'interdiction de séjour.

Art. 762-3. Les mesures d'assistance prévues à l'article 131-31 du code pénal ont pour objet de faciliter le reclassement social du condamné.

Art. 762-4. Le juge de l'application des peines dans le ressort duquel le condamné a déclaré fixer sa résidence assure la mise en œuvre des mesures d'assistance et veille au respect des mesures de surveillance prévues par la décision de condamnation.

(L. nº 2004-204 du 9 mars 2004, art. 183-XV, en vigueur le 1er janv. 2005) «A tout moment de la durée de l'interdiction de séjour, le juge de l'application des peines peut, après audition du condamné et avis du procureur de la République, modifier la liste des lieux interdits et les mesures de surveillance et d'assistance dans les conditions prévues à l'article» *(L. nº 2005-1549 du 12 déc. 2005, art. 39)* «712-8.»

Art. 762-5. Le juge de l'application des peines peut également décider de suspendre provisoirement l'exécution de la mesure d'interdiction de séjour *(L. nº 2004-204 du 9 mars 2004, art. 183-XVI, en vigueur le 1er janv. 2005)* «selon les modalités prévues à l'article 712-6».

En cas d'urgence, l'autorisation provisoire de séjourner dans une localité interdite peut être donnée par le procureur de la République de cette localité pour une durée n'excédant pas huit jours. Le procureur de la République informe sans délai de sa décision le juge de l'application des peines territorialement compétent.

Sauf disposition contraire de la décision ordonnant la suspension de la mesure, le temps pendant lequel le condamné a bénéficié de la suspension est compté dans la durée de l'interdiction de séjour.

Art. 763. En cas de prescription d'une peine prononcée en matière criminelle, le condamné est soumis de plein droit et à titre définitif à l'interdiction de séjour dans le département où demeurent la victime du crime ou ses héritiers directs.

TITRE SEPTIÈME *BIS*

DU SUIVI SOCIO-JUDICIAIRE

(L. nº 98-468 du 17 juin 1998)

Les dispositions du C. pr. pén. relatives à la surveillance judiciaire et à la surveillance de sûreté dans leur rédaction résultant des chapitres Ier, II et III de la présente loi sont immédiatement applicables après la publication de la présente loi. Il en est de même de celles précisant les modalités d'exécution de la peine de suivi socio-judiciaire ou d'une libération conditionnelle (L. nº 2010-242 du 10 mars 2010, art. 20, publiée au JO du 11 mars).

Art. 763-1. La personne condamnée à un suivi socio-judiciaire selon les modalités prévues par les articles 131-36-1 à 131-36-8 du code pénal est placée sous le contrôle du juge de l'application des peines dans le ressort duquel elle a sa résidence habituelle ou, si elle n'a pas en France de résidence habituelle, du juge de l'application des peines du tribunal dans le ressort duquel a son siège la juridiction qui a statué en première instance. Le juge de l'application des peines peut désigner *(L. n° 2000-516 du 15 juin 2000, art. 123-VI)* «le service pénitentiaire d'insertion et de probation» pour veiller au respect des obligations imposées au condamné. Les dispositions de l'article 740 sont applicables.

Art. 763-2. La personne condamnée à un suivi socio-judiciaire est tenue de justifier, auprès du juge de l'application des peines, de l'accomplissement des obligations qui lui sont imposées.

Art. 763-3. Pendant la durée du suivi socio-judiciaire *(L. n° 2011-939 du 10 août 2011, art. 20-4°, en vigueur le 1er janv. 2012)* «ou pendant l'incarcération lorsque la personne condamnée à un suivi socio-judiciaire doit exécuter cette mesure à la suite d'une peine privative de liberté», le juge de l'application des peines peut, après audition du condamné et avis du procureur de la République, modifier ou compléter les mesures prévues aux articles 131-36-2 et 131-36-3 du code pénal.

(L. n° 2004-204 du 9 mars 2004, art. 162-XVIII, en vigueur le 1er janv. 2005) «Sa décision est exécutoire par provision. Elle peut être attaquée par la voie de l'appel par le condamné, le procureur de la République et le procureur général, à compter de sa notification selon les modalités prévues au 1° de l'article 712-11.»

(L. n° 2007-1198 du 10 août 2007) «Si la personne condamnée à un suivi socio-judiciaire n'a pas été soumise à une injonction de soins, le juge de l'application des peines ordonne en vue de sa libération une expertise médicale afin de déterminer si elle est susceptible de faire l'objet d'un traitement. *(L. n° 2019-222 du 23 mars 2019, art. 78)* «Le juge peut également ordonner cette expertise à tout moment au cours de l'exécution du suivi socio-judiciaire.» S'il est établi à la suite de cette expertise la possibilité d'un traitement, la personne condamnée est soumise à une injonction de soins, sauf décision contraire du juge de l'application des peines.» Le juge de l'application des peines avertit le condamné qu'aucun traitement ne pourra être entrepris sans son consentement, mais que, s'il refuse les soins qui lui seront proposés, l'emprisonnement prononcé en application du troisième alinéa de l'article 131-36-1 du code pénal pourra être mis à exécution. *(L. n° 2007-1198 du 10 août 2007)* «Les dispositions des deux alinéas précédents sont applicables.»

(L. n° 2005-1549 du 12 déc. 2005, art. 21; L. n° 2007-1198 du 10 août 2007) «Le juge de l'application des peines peut également, après avoir procédé à l'examen prévu à l'article 763-10 *(L. n° 2011-1862 du 13 déc. 2011, art. 61-5°)* «et après avoir fait vérifier la faisabilité technique de la mesure», ordonner le placement sous surveillance électronique mobile du condamné. Le juge de l'application des peines avertit le condamné que le placement sous surveillance électronique mobile ne pourra être mis en œuvre sans son consentement mais que, à défaut ou s'il manque à ses obligations, l'emprisonnement prononcé en application du troisième alinéa de l'article 131-36-1 du code pénal pourra être mis à exécution. Les dispositions des deux premiers alinéas du présent article sont applicables.»

(L. n° 2008-174 du 25 févr. 2008, art. 14) «Si la personne a été condamnée à une peine de réclusion criminelle d'une durée égale ou supérieure à quinze ans pour l'un des crimes mentionnés à l'article 706-53-13, le juge de l'application des peines peut également prononcer une obligation d'assignation à domicile prévue par le *(L. n° 2010-242 du 10 mars 2010, art. 11-II)* «3°» de l'article 723-30. Les dispositions des deux premiers alinéas du présent article sont applicables.»

Art. 763-4. Lorsque la personne condamnée à un suivi socio-judiciaire comprenant une injonction de soins doit exécuter cette mesure à la suite d'une peine privative de liberté, le juge de l'application des peines peut ordonner l'expertise médicale de l'intéressé avant sa libération. Cette expertise est obligatoire si la condamnation a été prononcée plus de deux ans auparavant.

Le juge de l'application des peines peut en outre, à tout moment du suivi socio-judiciaire et sans préjudice des dispositions de l'article 763-6, ordonner, d'office ou sur réquisitions du procureur de la République, les expertises nécessaires pour l'informer sur l'état médical ou psychologique de la personne condamnée.

Les expertises prévues par le présent article sont réalisées par un seul expert, sauf décision motivée du juge de l'application des peines.

Art. 763-5. En cas d'inobservation des obligations mentionnées aux articles 131-36-2 et 131-36-3 du code pénal ou de l'injonction de soins, le juge de l'application des peines peut, d'office ou sur réquisitions du procureur de la République, ordonner, par décision motivée, la mise à exécution de l'emprisonnement prononcé par la juridiction de jugement en application du troisième alinéa de l'article 131-36-1 du code pénal. L'exécution peut porter sur tout ou partie de cette peine. *(L. n° 2004-204 du 9 mars 2004, art. 162-XVI, en vigueur le 1er janv. 2005)* «Cette décision est prise selon les dispositions prévues à l'article 712-6.

«En cas d'inobservation des obligations ou de l'injonction de soins, les dispositions de l'article 712-17 sont applicables.»

(L. n° 2010-242 du 10 mars 2010, art. 10-I) «Constitue pour le condamné une violation des obligations qui lui ont été imposées le fait de refuser de commencer ou de poursuivre le traitement prescrit par le médecin traitant et qui lui a été proposé dans le cadre d'une injonction de soins.»

L'accomplissement de l'emprisonnement pour inobservation des obligations du suivi socio-judiciaire ne dispense pas le condamné de l'exécution du suivi socio-judiciaire. En cas de nouveau manquement par le condamné à ses obligations, le juge de l'application des peines peut de nouveau ordonner la mise à exécution de l'emprisonnement pour une durée qui, cumulée avec la durée de l'emprisonnement exécuté, ne saurait excéder celle fixée par la juridiction de condamnation.

Art. 763-6. Toute personne condamnée à un suivi socio-judiciaire peut demander à la juridiction qui a prononcé la condamnation ou, en cas de pluralité de condamnations, à la dernière juridiction qui a statué de la relever de cette mesure. Si la condamnation a été prononcée par une cour d'assises, la juridiction compétente pour statuer sur la demande est la *(L. n° 2000-516 du 15 juin 2000, art. 83, en vigueur le 1er janv. 2001)* «chambre de l'instruction» dans le ressort de laquelle la cour d'assises a son siège.

La demande ne peut être portée devant la juridiction compétente qu'à l'issue d'un délai d'un an à compter de la décision de condamnation. En cas de refus opposé à cette première demande, une autre demande ne peut être présentée qu'une année après cette décision de refus. Il en est de même, éventuellement, des demandes ultérieures.

La demande de relèvement est adressée au juge de l'application des peines, qui ordonne une expertise médicale et la transmet à la juridiction compétente avec les conclusions de l'expert ainsi que son avis motivé.

L'expertise est réalisée par deux experts en cas de condamnation pour meurtre ou assassinat d'un mineur précédé ou accompagné d'un viol, de tortures ou d'actes de barbarie.

La juridiction statue dans les conditions prévues par les troisième, quatrième et cinquième alinéas de l'article 703.

La juridiction peut décider de relever le condamné d'une partie seulement de ses obligations.

(L. n° 2010-242 du 10 mars 2010, art. 10-I) «Après avis du procureur de la République, le juge de l'application des peines peut, après audition du condamné et avis du médecin coordonnateur, décider selon les modalités prévues par l'article 712-8 de mettre fin de manière anticipée au suivi socio-judiciaire comportant une injonction de soins, sans qu'il soit nécessaire de saisir la juridiction de jugement, dès lors qu'il apparaît que le reclassement du condamné est acquis et qu'un traitement n'est plus nécessaire. Le juge peut également décider de ne relever le condamné que d'une partie de ses obligations parmi lesquelles, le cas échéant, l'injonction de soins.»

Art. 763-7. Lorsqu'une personne condamnée à un suivi socio-judiciaire comprenant une injonction de soins doit subir une peine privative de liberté, elle exécute cette peine dans un établissement pénitentiaire prévu par le *(L. n° 2009-1436 du 24 nov. 2009, art. 89-II)* «troisième» alinéa de l'article *(L. n° 2004-204 du 9 mars 2004, art. 168-II, en vigueur le 1er janv. 2005)* «717-1» et permettant de lui assurer un suivi médical et psychologique adapté.

Elle est immédiatement informée par le juge de l'application des peines de la possibilité d'entreprendre un traitement. *(L. n° 2010-242 du 10 mars 2010, art. 10-I)* «Si elle ne consent pas à suivre un traitement, cette information est renouvelée au moins une fois tous les ans.»

En cas de suspension ou de fractionnement de la peine, de placement à l'extérieur sans surveillance ou de mesure de semi-liberté, les obligations résultant du suivi socio-judiciaire sont applicables.

Art. 763-7-1. *(L. n° 2011-939 du 10 août 2011, art. 20-5°, en vigueur le 1er janv. 2012)* Lorsque la personne condamnée à un suivi socio-judiciaire doit exécuter cette mesure à la suite d'une peine privative de liberté, il lui est remis, avant sa libération, un avis de convocation à comparaître devant le juge de l'application des peines ou devant le service pénitentiaire d'insertion et de probation dans un délai qui ne saurait être supérieur à huit jours, selon des modalités prévues par le décret mentionné à l'article 763-9. En cas de convocation devant le service pénitentiaire d'insertion et de probation, ce service est alors saisi de la mesure de suivi socio-judiciaire.

Art. 763-8. *(L. n° 2008-174 du 25 févr. 2008, art. 1er-VII)* Lorsqu'un suivi socio-judiciaire a été prononcé à l'encontre d'une personne condamnée à une réclusion criminelle d'une durée égale ou supérieure à quinze ans pour l'une des infractions visées à l'article 706-53-13, la juridiction régionale de la rétention de sûreté peut, selon les modalités prévues par l'article 706-53-15, décider de prolonger tout ou partie des obligations auxquelles est astreinte la personne, au-delà de la durée prononcée par la juridiction de jugement et des limites prévues à l'article 131-36-1 du code pénal, en la plaçant sous surveillance de sûreté pour une durée *(L. n° 2010-242 du 10 mars 2010, art. 3)* «de deux ans».

Les dispositions des deuxième à *(L. n° 2010-242 du 10 mars 2010, art. 4-III)* «septième» alinéas de l'article 723-37 du présent code sont applicables, ainsi que celles de l'article 723-38.

(L. nº 2010-242 du 10 mars 2010, art. 10-I) «Le présent article est applicable y compris si la personne placée sous suivi socio-judiciaire avait fait l'objet d'une libération conditionnelle.»

Art. 763-9. Un décret en Conseil d'État détermine les modalités d'application des dispositions du présent titre.

TITRE SEPTIÈME *TER*

DU PLACEMENT SOUS SURVEILLANCE ÉLECTRONIQUE MOBILE À TITRE DE MESURE DE SÛRETÉ

(L. nº 2005-1549 du 12 déc. 2005, art. 20)

Art. 763-10. Un an au moins avant la date prévue de sa libération, la personne condamnée au placement sous surveillance électronique mobile en application des articles 131-36-9 à 131-36-12 du code pénal fait l'objet d'un examen destiné à évaluer sa dangerosité et à mesurer le risque de commission d'une nouvelle infraction.

Cet examen est mis en œuvre par le juge de l'application des peines *(L. nº 2010-242 du 10 mars 2010, art. 11-II)* «; celui-ci peut solliciter l'avis» de la commission pluridisciplinaire des mesures de sûreté composée selon des modalités déterminées par le décret prévu à l'article 763-14. *(L. nº 2010-242 du 10 mars 2010, art. 11-II)* «Les articles 712-16 et 712-16-1» sont applicables.

Au vu de cet examen *(L. nº 2011-1862 du 13 déc. 2011, art. 61-5º)* «et après avoir fait vérifier la faisabilité technique de la mesure», le juge de l'application des peines détermine, selon les modalités prévues par l'article 712-6, la durée pendant laquelle le condamné sera effectivement placé sous surveillance électronique mobile. Cette durée ne peut excéder deux ans, renouvelable une fois en matière délictuelle et deux fois en matière criminelle.

Le juge de l'application des peines rappelle au condamné que le placement sous surveillance électronique mobile ne pourra être mis en œuvre sans son consentement, mais que, à défaut ou s'il manque à ses obligations, l'emprisonnement prononcé en application du troisième alinéa de l'article 131-36-1 du code pénal pourra être mis à exécution.

Six mois avant l'expiration du délai fixé, le juge de l'application des peines statue, selon les mêmes modalités, sur la prolongation du placement sous surveillance électronique mobile dans la limite prévue au troisième alinéa.

A défaut de prolongation, il est mis fin au placement sous surveillance électronique mobile.

Art. 763-11. Pendant la durée du placement sous surveillance électronique mobile, le juge de l'application des peines peut d'office, sur réquisitions du procureur de la République ou à la demande du condamné présentée, le cas échéant, par l'intermédiaire de son avocat, modifier, compléter ou supprimer les obligations résultant dudit placement.

Art. 763-12. Le condamné placé sous surveillance électronique mobile est astreint au port, pendant toute la durée du placement, d'un dispositif intégrant un émetteur permettant à tout moment de déterminer à distance sa localisation sur l'ensemble du territoire national.

Ce dispositif est installé sur le condamné au plus tard une semaine avant sa libération.

Le procédé utilisé est homologué à cet effet par le ministre de la justice. Sa mise en œuvre doit garantir le respect de la dignité, de l'intégrité et de la vie privée de la personne et favoriser sa réinsertion sociale.

Art. 763-13. Le contrôle à distance de la localisation du condamné fait l'objet d'un traitement automatisé de données à caractère personnel, mis en œuvre conformément aux dispositions de la loi n° 78-17 du 6 janvier 1978 relative à l'informatique, aux fichiers et aux libertés.

Dans le cadre des recherches relatives à une procédure concernant un crime ou un délit, les officiers de police judiciaire spécialement habilités à cette fin sont autorisés à consulter les données figurant dans ce traitement.

Art. 763-14. Un décret en Conseil d'État détermine les conditions d'application du présent titre. Ce décret précise notamment les conditions dans lesquelles l'évaluation prévue par l'article 763-10 est mise en œuvre. Il précise également les conditions d'habilitation des personnes de droit privé auxquelles peuvent être confiées les prestations techniques détachables des fonctions de souveraineté concernant la mise en œuvre du placement sous surveillance électronique mobile et relatives notamment à la conception et à la maintenance du dispositif prévu à l'article 763-12 et du traitement automatisé prévu à l'article 763-13.

Les dispositions de ce décret relatives au traitement automatisé prévu à l'article 763-13, qui précisent, notamment, la durée de conservation des données enregistrées, sont prises après avis de la Commission nationale de l'informatique et des libertés.

Section 3

Après la peine

352 Code procédure pénale (articles 768 à 799)

TITRE HUITIÈME

DU CASIER JUDICIAIRE

Art. 768. *(L. n° 80-2 du 4 janv. 1980)* «Le casier judiciaire national automatisé, qui peut comporter un ou plusieurs centres de traitement, est tenu sous l'autorité du ministre de la justice. Il reçoit, en ce qui concerne les personnes nées en France et après contrôle de leur identité au moyen du répertoire national d'identification des personnes physiques, le numéro d'identification ne pouvant en aucun cas servir de base à la vérification de l'identité» :

1° *(L. n° 92-1336 du 16 déc. 1992, en vigueur le 1er mars 1994)* «Les condamnations contradictoires ainsi que les condamnations par défaut, non frappées d'opposition, prononcées pour crime, délit ou contravention de la cinquième classe, ainsi que les déclarations de culpabilité assorties d'une dispense de peine ou d'un ajournement du prononcé de la peine sauf si la mention de la décision au bulletin n° 1 a été expressément exclue en application de l'article 132-59 du code pénal;

«2° Les condamnations contradictoires ou par défaut, non frappées d'opposition, pour les contraventions des quatre premières classes dès lors qu'est prise, à titre principal ou complémentaire, une mesure d'interdiction, de déchéance ou d'incapacité»;

3° Les décisions prononcées par application *(L. n° 2002-1138 du 9 sept. 2002, art. 15)* «des articles 8, 15, 15-1, 16, 16 *bis* et 28» de l'ordonnance n° 45-174 du 2 février 1945, modifiée, relative à l'enfance délinquante;

4° Les décisions disciplinaires prononcées par l'autorité judiciaire ou par une autorité administrative lorsqu'elles entraînent ou édictent des incapacités;

5° *(L. n° 85-98 du 25 janv. 1985, art. 219)* «Les jugements prononçant la liquidation judiciaire à l'égard d'une personne physique, la faillite personnelle ou l'interdiction prévue par l'article 192 de la loi n° 85-98 du 25 janvier 1985 relative au redressement et à la liquidation judiciaires des entreprises»;

6° Tous les jugements prononçant la déchéance de la puissance paternelle *[autorité parentale]* ou le retrait de tout ou partie des droits y attachés;

7° Les arrêtés d'expulsion pris contre les étrangers;

8° *(L. n° 84-1150 du 21 déc. 1984)* «Les condamnations prononcées par les juridictions étrangères qui, en application d'une convention ou d'un accord internationaux, ont fait l'objet d'un avis aux autorités françaises ou ont été exécutées en France à la suite du transfèrement des personnes condamnées;»

(L. n° 2002-1138 du 9 sept. 2002, art. 36) «9° Les compositions pénales, dont l'exécution a été constatée par le procureur de la République»;

(L. n° 2008-174 du 25 févr. 2008, art. 4-VIII; L. n° 2010-242 du 10 mars 2010, art. 16-I) «10° Les jugements ou arrêts de déclaration d'irresponsabilité pénale pour cause de trouble mental, lorsqu'une hospitalisation d'office a été ordonnée en application de l'article 706-135 ou lorsqu'une ou plusieurs des mesures de sûreté prévues par l'article 706-136 ont été prononcées;»

(L. n° 2019-222 du 23 mars 2019, art. 58-V-7° et 109-XVI, en vigueur le 1er juill. 2021) «11° Les amendes forfaitaires pour les délits et pour les contraventions de la cinquième classe ayant fait l'objet d'un paiement ou à l'expiration des délais mentionnés au second alinéa de l'article 495-19 et au deuxième alinéa de l'article 530.»

Art. 768-1. *(L. n° 92-1336 du 16 déc. 1992)* Le casier judiciaire national automatisé reçoit, en ce qui concerne les personnes morales et après contrôle de leur identité au moyen du répertoire national des entreprises et des établissements :

1° Les condamnations contradictoires et les condamnations par défaut non frappées d'opposition, prononcées pour crime, délit ou contravention de la cinquième classe par toute juridiction répressive;

2° Les condamnations contradictoires ou par défaut non frappées d'opposition pour les contraventions des quatre premières classes, dès lors qu'est prise, à titre principal ou complémentaire, une mesure d'interdiction, de déchéance, d'incapacité, ou une mesure restrictive de droit;

3° Les déclarations de culpabilité assorties d'une dispense de peine ou d'un ajournement, avec ou sans injonction, du prononcé de la peine;

4° Les condamnations prononcées par les juridictions étrangères qui, en application d'une convention ou d'un accord internationaux, ont fait l'objet d'un avis aux autorités françaises;

(L. nº 2019-222 du 23 mars 2019, art. 58-V-8º et 109-XVI, en vigueur le 1er juill. 2021) «5º Les amendes forfaitaires pour les délits et pour les contraventions de la cinquième classe ayant fait l'objet d'un paiement ou à l'expiration des délais mentionnés au second alinéa de l'article 495-19 et au deuxième alinéa de l'article 530;»

(L. nº 2019-222 du 23 mars 2019, art. 59-I-8º et 109-XVI, en vigueur le 1er juill. 2021) «6º Les compositions pénales dont l'exécution a été constatée par le procureur de la République.»

Les modalités d'application du présent article sont déterminées par décret en Conseil d'État.

Art. 769. *(L. nº 84-1150 du 21 déc. 1984)* «Il est fait mention sur les fiches du casier judiciaire des peines ou dispenses de peines prononcées après ajournement du prononcé de la peine, des grâces, commutations ou réductions de peines, des décisions qui suspendent ou qui ordonnent l'exécution d'une première condamnation, des décisions prises en application du deuxième alinéa de l'article *(L. nº 2004-204 du 9 mars 2004, art. 162-III, en vigueur le 1er janv. 2005)* «728-4» ou du premier alinéa de l'article *(L. nº 2004-204 du 9 mars 2004, art. 162-III, en vigueur le 1er janv. 2005)* «728-7», des décisions de libération conditionnelle et de révocation, *(L. nº 2010-242 du 10 mars 2010, art. 16-II)* «des décisions de surveillance judiciaire et de réincarcération prises en application de l'article 723-35, des décisions de surveillance de sûreté, des décisions de rétention de sûreté,» des décisions de suspension de peine, *(L. nº 2007-297 du 5 mars 2007, art. 43)* «des réhabilitations,» des décisions qui rapportent ou suspendent les arrêtés d'expulsion, ainsi que la date de l'expiration de la peine *(L. nº 2019-222 du 23 mars 2019, art. 58-V-9º et 109-XVI, en vigueur le 1er juill. 2021)* «, la date du paiement de l'amende et la date d'émission du titre exécutoire de l'amende forfaitaire majorée non susceptible de réclamation.»

(L. nº 2010-242 du 10 mars 2010, art. 16-II) «Il est fait mention, sur les fiches du casier judiciaire relatives à des décisions de rétention de sûreté ou de surveillance de sûreté, des décisions de renouvellement de ces mesures.»

(L. nº 75-624 du 11 juill. 1975) Sont retirées du casier judiciaire les fiches relatives à des condamnations effacées par une amnistie ou réformées en conformité d'une décision de rectification du casier judiciaire. Il en est de même, sauf en ce qui concerne les condamnations prononcées pour des faits imprescriptibles *(L. nº 2012-409 du 27 mars 2012, art. 14-II)* «ou par une juridiction étrangère», des fiches relatives à des condamnations prononcées depuis plus de quarante ans et qui n'ont pas été suivies d'une nouvelle condamnation à une peine criminelle ou correctionnelle.

(L. nº 92-1336 du 16 déc. 1992) «Sont également retirés du casier judiciaire :

«1º Les jugements prononçant la faillite personnelle ou l'interdiction prévue par l'article 192 de la loi nº 85-98 du 25 janvier 1985 précitée lorsque ces mesures sont effacées par un jugement de clôture pour extinction du passif, par la réhabilitation ou à l'expiration du délai de cinq ans à compter du jour où ces condamnations sont devenues définitives ainsi que le jugement prononçant la liquidation judiciaire à l'égard d'une personne physique, à l'expiration d'un délai de cinq ans à compter du jour où ce jugement est devenu définitif ou après le prononcé *(L. nº 94-475 du 10 juin 1994)* «d'un jugement emportant réhabilitation».

«Toutefois, si la durée de la faillite personnelle ou de l'interdiction est supérieure à cinq ans, la condamnation relative à ces mesures demeure mentionnée sur les fiches du casier judiciaire pendant la même durée;

«2° Les décisions disciplinaires effacées par la réhabilitation;

«4° Les dispenses de peines, à l'expiration d'un délai de trois ans à compter du jour où la condamnation est devenue définitive;

«5° Les condamnations pour contravention, à l'expiration d'un délai de trois ans à compter du jour où ces condamnations sont devenues définitives» *(L. n° 2003-495 du 12 juin 2003, art. 4)* « ; ce délai est porté à quatre ans lorsqu'il s'agit d'une contravention dont la récidive constitue un délit;»

(L. n° 2002-1138 du 9 sept. 2002, art. 36) «6° Les mentions relatives à la composition pénale, à l'expiration d'un délai de trois ans à compter du jour où l'exécution de la mesure a été constatée, si la personne n'a pas, pendant ce délai, soit subi de condamnation à une peine criminelle ou correctionnelle, soit exécuté une nouvelle composition pénale;»

(L. n° 2004-204 du 9 mars 2004, art. 201-I) «7° Les fiches relatives aux mesures prononcées en application des articles 8, 15, 15-1, 16, 16 *bis* et 28 de l'ordonnance n° 45-174 du 2 février 1945 précitée à l'expiration d'un délai de trois ans à compter du jour où la mesure a été prononcée si la personne n'a pas, pendant ce délai, soit subi de condamnation à une peine criminelle ou correctionnelle, soit exécuté une composition pénale, soit fait l'objet d'une nouvelle mesure prononcée en application des dispositions précitées de ladite ordonnance;»

(L. n° 2007-297 du 5 mars 2007, art. 43) «8° Les condamnations ayant fait l'objet d'une réhabilitation judiciaire, lorsque la juridiction a expressément ordonné la suppression de la condamnation du casier judiciaire conformément au deuxième alinéa de l'article 798»;

(L. n° 2010-242 du 10 mars 2010, art. 16-II) «9° Les fiches relatives aux jugements ou arrêts de déclaration d'irresponsabilité pénale pour cause de trouble mental, lorsque l'hospitalisation d'office ordonnée en application de l'article 706-135 a pris fin ou lorsque les mesures de sûreté prévues par l'article 706-136 ont cessé leurs effets»;

(L. n° 2012-409 du 27 mars 2012, art. 14-II) « 10° Les condamnations prononcées par les juridictions étrangères, dès réception d'un avis d'effacement de l'État de condamnation ou d'une décision de retrait de mention ordonnée par une juridiction française. Toutefois, si la condamnation a été prononcée par une juridiction d'un État membre de l'Union européenne, le retrait ordonné par une juridiction française ne fait pas obstacle à sa retransmission aux autres États membres de l'Union européenne;»

(L. n° 2019-222 du 23 mars 2019, art. 58-V-9° et 109-XVI, en vigueur le 1er juill. 2021) «11° Les fiches relatives aux amendes forfaitaires mentionnées au 11° de l'article 768, à l'expiration d'un délai de trois ans à compter de leur paiement ou à l'expiration du délai mentionné au second alinéa de l'article 495-19, si la personne n'a pas, pendant ce délai, soit subi de condamnation à une peine criminelle ou correctionnelle, soit fait de nouveau l'objet d'une amende forfaitaire délictuelle.»

Art. 769-1. *(L. n° 92-1336 du 16 déc. 1992)* Il est fait mention, sur les fiches du casier judiciaire des personnes morales, des décisions modificatives prévues au premier alinéa de l'article 769.

Le *(L. n° 2010-242 du 10 mars 2010, art. 16-III)* «troisième» alinéa de l'article 769 s'applique aux condamnations prononcées à l'encontre des personnes morales.

Art. 770. *(L. n° 70-643 du 17 juill. 1970)* Lorsque, à la suite d'une décision prise à l'égard d'un mineur de dix-huit ans, la rééducation de ce mineur apparaît comme acquise, le tribunal pour enfants peut, après l'expiration d'un délai de trois ans à compter de ladite décision et même si le mineur a atteint sa majorité, décider, à sa requête, à celle du ministère public ou d'office, la suppression du casier judiciaire de la fiche concernant la décision dont il s'agit.

Le tribunal pour enfants statue en dernier ressort. Lorsque la suppression de la fiche a été prononcée, la mention de la décision initiale ne doit plus figurer au casier judiciaire du mineur. La fiche afférente à ladite décision est détruite.

Le tribunal de la poursuite initiale, celui du lieu du domicile actuel du mineur et celui du lieu de sa naissance sont compétents pour connaître de la requête.

La suppression de la fiche relative à une condamnation prononcée pour des faits commis par une personne âgée de dix-huit à vingt et un ans peut également, si le reclassement du condamné paraît acquis, être prononcée à l'expiration d'un délai de trois ans à compter de la condamnation. Cette suppression ne peut cependant intervenir qu'après que les peines privatives de liberté ont été subies et que les amendes ont été payées et, si des peines complémentaires ont été prononcées pour une durée déterminée, après l'expiration de cette durée.

Dans le cas prévu à l'alinéa qui précède, la suppression du casier judiciaire de la fiche constatant la condamnation est demandée par requête, selon les règles de compétence et de procédure fixées par les deuxième et troisième alinéas de l'article 778.

Art. 770-1. *(L. n° 2012-409 du 27 mars 2012, art. 14-II)* Si un ressortissant français a été condamné par une juridiction étrangère et que cette condamnation figure au bulletin n° 1 de son casier judiciaire, il peut demander le retrait de cette mention au tribunal correctionnel de son domicile, ou de Paris s'il réside à l'étranger.

La requête ne peut être portée devant la juridiction compétente, sous peine d'irrecevabilité, qu'à l'issue des délais prévus à l'article 133-16-1 du code pénal.

La requête est instruite et jugée conformément à l'article 703 du présent code.

Si la condamnation émane d'une juridiction d'un État membre de l'Union européenne, le retrait de sa mention au bulletin n° 1 ne fait pas obstacle à sa retransmission aux autres États membres.

Art. 771. *(L. n° 80-2 du 4 janv. 1980)* Le casier judiciaire national automatisé reçoit également les condamnations, décisions, jugements ou arrêtés visés à l'article 768 du présent code, concernant les personnes nées à l'étranger et les personnes dont l'acte de naissance n'est pas retrouvé ou dont l'identité est douteuse.

Art. 772. Il est donné connaissance aux autorités militaires, par l'envoi d'une copie de la fiche du casier judiciaire, des condamnations ou des décisions de nature à modifier les conditions d'incorporation des individus soumis à l'obligation du service militaire.

Il est donné avis également aux mêmes autorités de toutes modifications apportées à la fiche ou au casier judiciaire en vertu des articles 769 et 770.

Art. 773. *(L. n° 85-699 du 11 juill. 1985, art. 10)* Le casier judiciaire national automatisé communique à l'Institut national de la statistique et des études économiques l'identité des personnes qui ont fait l'objet d'une décision entraînant la privation de leurs droits électoraux.

Art. 773-1. *(L. n° 80-2 du 4 janv. 1980)* Une copie de chaque fiche constatant une condamnation à une peine privative de liberté prononcée pour crime ou délit est adressée au sommier de police technique tenu par le ministre de l'intérieur. La consultation de ce fichier est exclusivement réservée aux autorités judiciaires et aux services de police et de gendarmerie.

Les condamnations effacées par une amnistie ou par la réhabilitation de plein droit ou judiciaire cessent de figurer au sommier de police technique.

Art. 774. Le relevé intégral des fiches du casier judiciaire applicables à la même personne est porté sur un bulletin appelé bulletin n° 1.

Le bulletin n° 1 n'est délivré qu'aux autorités judiciaires.

(L. n° 75-624 du 11 juill. 1975) «Lorsqu'il n'existe pas de fiche au casier judiciaire, le bulletin n° 1 porte la mention "néant".»

(L. n° 2011-525 du 17 mai 2011, art. 156-18°) «Le bulletin n° 1 peut également être délivré aux greffes des établissements pénitentiaires afin de» *(L. n° 2016-731 du 3 juin 2016, art. 78)* «compléter les dossiers individuels des personnes incarcérées, ainsi qu'aux directeurs des services pénitentiaires d'insertion et de probation, afin de leur permettre d'individualiser les modalités de prise en charge des personnes condamnées, notamment de proposer, pour les personnes incarcérées, un aménagement de peine ou une libération sous contrainte.»

Art. 774-1. *(L. n° 92-1336 du 16 déc. 1992)* Le relevé intégral des fiches du casier judiciaire applicables à la même personne morale est porté sur le bulletin n° 1, qui n'est délivré qu'aux autorités judiciaires nationales, sauf accord de réciprocité.

Lorsqu'il n'existe pas de fiche au casier judiciaire, le bulletin n° 1 porte la mention "néant".

Art. 775. *(L. n° 70-643 du 17 juill. 1970)* Le bulletin n° 2 est le relevé des fiches du casier judiciaire applicables à la même personne, à l'exclusion de celles concernant les décisions suivantes :

1° Les décisions prononcées en vertu *(L. n° 2002-1138 du 9 sept. 2002, art. 15)* «des articles 2, 8, 15, 15-1, 16, 16 *bis*, 18 et 28» de l'ordonnance n° 45-174 du 2 février 1945 modifiée, relative à l'enfance délinquante;

2° *(L. n° 75-624 du 11 juill. 1975)* «Les condamnations dont la mention au bulletin n° 2 a été expressément exclue en application de l'article 775-1»;

3° Les condamnations prononcées pour contraventions de police;

4° Les condamnations assorties du bénéfice du sursis, avec ou sans mise à l'épreuve, lorsqu'elles doivent être considérées comme non avenues; *(L. n° 98-468 du 17 juin 1998)* «toutefois, si a été prononcé le suivi socio-judiciaire prévu par l'article 131-36-1 du code pénal ou la peine d'interdiction d'exercer une activité professionnelle ou bénévole impliquant un contact habituel avec des mineurs, la décision continue de figurer au bulletin n° 2 pendant la durée de la mesure». *(L. n° 2012-409 du 27 mars 2012, art. 13-II)* «Il en va de même des interdictions, incapacités ou déchéances prononcées, comme peine complémentaire, à titre définitif *(L. n° 2017-1339 du 15 sept. 2017, art. 1)* «ainsi que de la peine complémentaire d'inéligibilité prévue au 2° de l'article 131-26 et aux articles 131-26-1 et 131-26-2 du même code, pendant la durée de la mesure»;»

(L. n° 2007-297 du 5 mars 2007, art. 43, en vigueur le 7 mars 2008) «5° Les condamnations ayant fait l'objet d'une réhabilitation de plein droit ou judiciaire;»

6° Les condamnations auxquelles sont applicables les dispositions de l'article L. 263-4 du code de justice militaire;

9° Les dispositions prononçant la déchéance de l'autorité parentale;

10° Les arrêtés d'expulsion abrogés ou rapportés;

(L. n° 75-624 du 11 juill. 1975) «11°» *(L. n° 92-1336 du 16 déc. 1992)* «Les condamnations prononcées sans sursis en application des articles 131-5 à 131-11 du code pénal,

à l'expiration d'un délai de cinq ans à compter du jour où elles sont devenues définitives. Le délai est de trois ans s'il s'agit d'une condamnation à une peine de jours-amende.»

(L. n° 75-624 du 11 juill. 1975) «Toutefois, si la durée de l'interdiction, déchéance ou incapacité, prononcée en application *(L. n° 92-1336 du 16 déc. 1992)* «des articles 131-10 et 131-11», est supérieure à cinq ans, la condamnation demeure mentionnée au bulletin n° 2 pendant la même durée;

«12° Les déclarations de culpabilité assorties d'une dispense de peine *(L. n° 89-461 du 6 juill. 1989)* «ou d'un ajournement du prononcé de celle-ci»;

«13° Les condamnations prononcées par des juridictions étrangères *(L. n° 2012-409 du 27 mars 2012, art. 14-II)* «concernant un mineur ou dont l'utilisation à des fins autres qu'une procédure pénale a été expressément exclue par la juridiction de condamnation»;»

(L. n° 2002-1138 du 9 sept. 2002, art. 36) «14° Les compositions pénales mentionnées à l'article 768;»

(L. n° 2005-882 du 2 août 2005, art. 43) «15° Sauf décision contraire du juge, spécialement motivée, les condamnations prononcées pour les délits prévus au titre IV du livre IV du code de commerce»;

(L. n° 2019-222 du 23 mars 2019, art. 58-V-10° et 109-XVI, en vigueur le 1er juill. 2021) «16° Les amendes forfaitaires mentionnées au 11° de l'article 768 du présent code.»

Les bulletins n° 2 fournis en cas de contestation concernant l'inscription sur les listes électorales ne comprennent que les décisions entraînant des incapacités en matière d'exercice du droit de vote.

Lorsqu'il n'existe pas au casier judiciaire de fiches concernant des décisions à relever sur le bulletin n° 2, celui-ci porte la mention "néant".

Art. 775-1 A. *(L. n° 92-1336 du 16 juill. 1992)* Le bulletin n° 2 d'une personne morale est le relevé des fiches qui lui sont applicables, à l'exclusion de celles concernant les décisions suivantes :

1° Les condamnations dont la mention sur l'extrait de casier a été expressément exclue, en application de l'article 775-1;

2° Les condamnations prononcées pour contravention de police et les condamnations à des peines d'amende d'un montant inférieur à 30 000 €;

3° Les condamnations assorties du bénéfice du sursis lorsqu'elles doivent être considérées comme non avenues;

4° Les déclarations de culpabilité assorties d'une dispense de peine ou d'un ajournement, avec ou sans injonction, du prononcé de la peine;

5° Les condamnations prononcées par les juridictions étrangères;

(L. n° 2019-222 du 23 mars 2019, art. 58-V-11° et 109-XVI, en vigueur le 1er juill. 2021) «6° Les amendes forfaitaires mentionnées au 5° de l'article 768-1;»

(L. n° 2019-222 du 23 mars 2019, art. 59-I-9° et 109-XVI, en vigueur le 1er juill. 2021) «7° Les compositions pénales mentionnées à l'article 768-1.»

Lorsqu'il n'existe pas au casier judiciaire de fiches concernant des décisions à relever sur ce bulletin n° 2, il porte la mention "néant".

Art. 775-1. *(L. n° 75-624 du 11 juill. 1975)* Le tribunal qui prononce une condamnation peut exclure expressément sa mention au bulletin n° 2 soit dans le jugement de condamnation, soit par jugement rendu postérieurement sur la requête du condamné instruite et jugée selon les règles de compétence et procédure fixées *(L. n° 92-1336 du*

16 déc. 1992) «par les articles 702-1 et 703». *(L. n° 2009-1436 du 24 nov. 2009, art. 94-IX)* «Les juridictions compétentes sont alors composées conformément aux dispositions du dernier alinéa de l'article 702-1.»

L'exclusion de la mention d'une condamnation au bulletin n° 2 emporte relèvement de toutes les interdictions, déchéances ou incapacités de quelque nature qu'elles soient résultant de cette condamnation.

(L. n° 2004-204 du 9 mars 2004, art. 202) «Les dispositions du présent article ne sont pas applicables aux personnes condamnées pour l'une des infractions mentionnées à l'article 706-47.»

(L. n° 2010-242 du 10 mars 2010, art. 16-V) «Le présent article est également applicable aux jugements ou arrêts de déclaration d'irresponsabilité pénale pour cause de trouble mental.»

(L. n° 2012-409 du 27 mars 2012, art. 14-II) «Si un ressortissant français a été condamné par une juridiction étrangère, il peut également, selon la même procédure, demander au tribunal correctionnel de son domicile, ou de Paris s'il réside à l'étranger, que la mention soit exclue du bulletin n° 2.»

Art. 775-2. *(L. n° 88-828 du 20 juill. 1988)* Les condamnés à une peine ne pouvant donner lieu à réhabilitation de plein droit bénéficient, sur simple requête, de l'exclusion de la mention de leur condamnation au bulletin n° 2, selon les règles de compétence fixées par l'article précédent, à l'expiration d'un délai de vingt années à compter de leur libération définitive ou de leur libération conditionnelle non suivie de révocation, s'ils n'ont pas, depuis cette libération, été condamnés à une peine criminelle ou correctionnelle.

Art. 775-3. *(L. n° 2012-409 du 27 mars 2012, art. 14-II)* Les informations contenues au bulletin n° 2 du casier judiciaire d'une personne, lorsqu'elles sont relatives à une condamnation prononcée par une juridiction étrangère, sont retirées à l'expiration des délais prévus à l'article 133-16-1 du code pénal.

Art. 776. Le bulletin n° 2 du casier judiciaire est délivré :

1° Aux préfets et aux administrations publiques de l'État saisis de demandes d'emplois publics, de propositions relatives à des distinctions honorifiques ou de soumissions pour des adjudications de travaux ou de marchés publics ou en vue de poursuites disciplinaires ou de l'ouverture d'une école privée *(L. n° 2002-3 du 3 janv. 2002)* «, ainsi que de demandes d'agrément destinées à permettre la constatation par procès-verbal d'infractions à la loi pénale»;

2° *(L. n° 85-98 du 25 janv. 1985, art. 219)* «Aux autorités militaires pour les appelés des classes et de l'inscription maritime et pour les jeunes qui demandent à contracter un engagement ainsi qu'aux autorités publiques compétentes en cas de contestation sur l'exercice des droits électoraux ou sur l'existence de l'incapacité d'exercer une fonction publique élective prévue par l'article 194 de la loi n° 85-98 du 25 janvier 1985 précitée.»

3° Aux administrations et personnes morales dont la liste sera déterminée par le décret en Conseil d'État prévu par l'article 779 *(L. n° 2004-204 du 9 mars 2004, art. 203)* «, ainsi qu'aux administrations ou organismes chargés par la loi ou le règlement du contrôle de l'exercice d'une activité professionnelle ou sociale lorsque cet exercice fait l'objet de restrictions expressément fondées sur l'existence de condamnations pénales» *(Ord. n° 2008-507 du 30 mai 2008, art. 2)* «ou de sanctions disciplinaires»;

4° Aux présidents des tribunaux de commerce pour être joint aux procédures de faillite et de règlement judiciaire, ainsi qu'aux juges commis à la surveillance du registre du commerce à l'occasion des demandes d'inscription audit registre;

(L. nº 2007-293 du 5 mars 2007, art. 10) «5° Aux présidents de conseils généraux saisis d'une demande d'agrément en vue d'adoption prévu à l'article L. 225-2 du code de l'action sociale et des familles»;

(Ord. nº 2008-507 du 30 mai 2008, art. 2) «6°» *(L. nº 2010-853 du 23 juill. 2010, art. 33, en vigueur le 1er août 2010)* «Aux autorités compétentes désignées par arrêté du ministre de la justice, lorsque celles-ci reçoivent, en application d'une convention internationale ou d'un acte pris sur le fondement du traité sur le fonctionnement de l'Union européenne, une demande de communication des sanctions pénales ou disciplinaires prononcées à l'encontre d'un professionnel, de la part d'une autorité compétente d'un autre État partie à ladite convention, d'un État membre de l'Union européenne ou d'un État partie à l'accord sur l'Espace économique européen chargée d'appliquer des mesures restreignant l'exercice d'une activité, fondées, dans cet État, sur l'existence de sanctions pénales ou disciplinaires prononcées à l'encontre de ce professionnel.»

(L. nº 2004-204 du 9 mars 2004, art. 204) «Les dirigeants de personnes morales de droit public ou privé exerçant auprès des mineurs une activité culturelle, éducative ou sociale au sens de l'article L. 312-1 du code de l'action sociale et des familles peuvent obtenir la délivrance du bulletin nº 2 du casier judiciaire, pour les seules nécessités liées au recrutement d'une personne, lorsque ce bulletin ne porte la mention d'aucune condamnation. La liste de ces personnes morales est déterminée par décret du ministre de la justice et du ou des ministres intéressés.»

(L. nº 2010-853 du 23 juill. 2010, art. 33, en vigueur le 1er août 2010) «Le bulletin nº 2 du casier judiciaire est transmis, en application d'une convention internationale ou d'un acte pris sur le fondement du traité sur le fonctionnement de l'Union européenne, aux autorités compétentes d'un autre État visées au 6° du présent article.»

(L. nº 2017-1339 du 15 sept. 2017, art. 1er) «7° Aux autorités compétentes pour recevoir les déclarations de candidatures à une élection afin de vérifier si la peine prévue au 2° de l'article 131-26 et aux articles 131-26-1 et 131-26-2 du code pénal y est mentionnée.»

Art. 776-1. *(L. nº 92-1336 du 16 déc. 1992)* Le bulletin nº 2 du casier judiciaire des personnes morales est délivré :

1° Aux préfets, aux administrations de l'État et aux collectivités locales saisis de propositions ou de soumissions pour des adjudications de travaux ou de marchés publics;

2° Aux administrations chargées de l'assainissement des professions agricoles, commerciales, industrielles ou artisanales;

3° Aux présidents des tribunaux de commerce en cas de redressement ou de liquidation judiciaires, ainsi qu'aux juges commis à la surveillance du registre du commerce et des sociétés à l'occasion des demandes d'inscription audit registre;

4° A l'Autorité des marchés financiers en ce qui concerne les personnes morales *(Ord. nº 2009-80 du 22 janv. 2009, art. 13 et 31, en vigueur le 1er avr. 2009)* «demandant l'admission de leurs titres financiers aux négociations sur un marché réglementé»;

(L. nº 2010-853 du 23 juill. 2010, en vigueur le 1er août 2010) «5° Aux autorités compétentes désignées par arrêté du ministre de la justice, lorsque celles-ci reçoivent, en application d'une convention internationale ou d'un acte pris sur le fondement du traité

sur le fonctionnement de l'Union européenne, une demande de communication des sanctions pénales ou disciplinaires prononcées à l'encontre d'une personne morale, de la part d'une autorité compétente d'un autre État partie à ladite convention, d'un État membre de l'Union européenne ou d'un État partie à l'accord sur l'Espace économique européen chargée d'appliquer des mesures restreignant l'exercice d'une activité, fondées, dans cet État, sur l'existence de sanctions pénales ou disciplinaires prononcées à l'encontre de cette personne morale.

«Le bulletin n° 2 du casier judiciaire des personnes morales est transmis, en application d'une convention internationale ou d'un acte pris sur le fondement du traité sur le fonctionnement de l'Union européenne, aux autorités compétentes d'un autre État visées au 5°.»

Art. 777. *(L. n° 75-624 du 11 juill. 1975)* «Le bulletin n° 3 est le relevé des condamnations suivantes prononcées *(L. n° 2012-409 du 27 mars 2012, art. 14-II)* «par une juridiction nationale» pour crime ou délit, lorsqu'elles ne sont pas exclues du bulletin n° 2 :

«1° Condamnations à des peines privatives de liberté d'une durée supérieure à deux ans qui ne sont assorties d'aucun sursis ou qui doivent être exécutées en totalité par l'effet de révocation du sursis;

«2° Condamnations à des peines privatives de liberté de la nature de celles visées au 1° ci-dessus et d'une durée inférieure ou égale à deux ans, si la juridiction en a ordonné la mention au bulletin n° 3;

«3° Condamnations à des interdictions, déchéances ou incapacités prononcées sans sursis, en application *(L. n° 92-1336 du 16 déc. 1992)* «des articles 131-6 à 131-11» du code pénal, pendant la durée des interdictions, déchéances ou incapacités;»

(L. n° 98-468 du 17 juin 1998) «4° Décisions prononçant le suivi socio-judiciaire prévu par l'article 131-36-1 du code pénal ou la peine d'interdiction d'exercer une activité professionnelle ou bénévole impliquant un contact habituel avec des mineurs, pendant la durée de la mesure.»

(L. n° 2012-409 du 27 mars 2012, art. 14-II) «Le bulletin n° 3 contient également les condamnations prononcées par les juridictions étrangères à des peines privatives de liberté d'une durée supérieure à deux ans qui ne sont assorties d'aucun sursis.»

(L. n° 70-643 du 17 juill. 1970) Le bulletin n° 3 peut être réclamé par la personne qu'il concerne. Il ne doit, en aucun cas, être délivré à un tiers *(L. n° 2012-409 du 27 mars 2012, art. 14-II)* «, sauf s'il s'agit de l'autorité centrale d'un État membre de l'Union européenne, saisie par la personne concernée.

«Si le demandeur est un étranger ressortissant d'un État membre de l'Union européenne, toute demande de bulletin n° 3 est adressée à l'autorité centrale de cet État, afin que celle-ci communique les mentions qui apparaissent sur le bulletin qui lui est délivré.»

Art. 777-1. *(L. n° 75-624 du 11 juill. 1975)* La mention d'une condamnation au bulletin n° 3 peut être exclue dans les conditions fixées par l'article 775-1.

Art. 777-2. *(L. n° 80-2 du 4 janv. 1980)* Toute personne justifiant de son identité obtient, sur demande adressée au procureur de la République près le tribunal de grande instance dans le ressort duquel elle réside, communication du relevé intégral des mentions du casier judiciaire la concernant.

(L. nº 92-1336 du 16 déc. 1992) «Lorsqu'il s'agit d'une personne morale, la demande est adressée au procureur de la République près le tribunal de grande instance dans le ressort duquel elle a son siège, par son représentant légal justifiant de sa qualité.

«Si la personne réside ou a son siège à l'étranger, la communication est faite par l'intermédiaire de l'agent diplomatique ou du consul compétent.»

La communication ne vaut pas notification des décisions non définitives et ne fait pas courir les délais de recours.

Aucune copie de ce relevé intégral ne peut être délivrée.

Les dispositions du présent article sont également applicables au sommier de police technique.

Art. 777-3. *(L. nº 2004-801 du 6 août 2004, art. 17-V)* «Aucune interconnexion au sens du 3º du I de l'article 30 de la loi nº 78-17 du 6 janvier 1978 relative à l'informatique, aux fichiers et aux libertés ne peut être effectuée entre le casier judiciaire national automatisé et tout autre fichier ou traitement de données à caractère personnel détenus par une personne quelconque ou par un service de l'État ne dépendant pas du ministère de la justice.» *(L. nº 2019-222 du 23 mars 2019, art. 58)* «Le casier judiciaire national peut toutefois recevoir les données d'un fichier ou traitement de données à caractère personnel détenu par un service de l'État pour l'exercice des diligences prévues au présent titre.»

Aucun fichier ou *(L. nº 2004-801 du 6 août 2004, art. 17-V)* «traitement de données à caractère personnel» détenu par une personne quelconque ou par un service de l'État ne dépendant pas du ministère de la justice ne pourra mentionner, hors les cas et dans les conditions prévus par la loi, des jugements ou arrêts de condamnation.

Toutefois, une condamnation pénale pourra toujours être invoquée en justice par la victime de l'infraction.

Toute infraction aux dispositions qui précèdent sera punie *(L. nº 92-1336 du 16 déc. 1992)* «des peines encourues pour le délit prévu à l'article 226-21 du code pénal».

Art. 778. Lorsque au cours d'une procédure quelconque le procureur de la République ou le juge d'instruction constate qu'un individu a été condamné sous une fausse identité ou a usurpé un état civil, il est immédiatement procédé d'office, à la diligence du procureur de la République, aux rectifications nécessaires avant la clôture de la procédure.

La rectification est demandée par requête au président du tribunal ou de la cour qui a rendu la décision. Si la décision a été rendue par une cour d'assises, la requête est soumise *(L. nº 2019-222 du 23 mars 2019, art. 56)* «au président de la chambre de l'instruction ou» à la chambre de l'instruction.

Le président communique la requête au ministère public et commet un magistrat pour faire le rapport. Les débats ont lieu et le jugement est rendu en chambre du conseil. Le tribunal ou la cour peut ordonner d'assigner la personne objet de la condamnation.

Si la requête est admise, les frais sont supportés par celui qui a été la cause de l'inscription reconnue erronée s'il a été appelé dans l'instance. Dans le cas contraire ou dans celui de son insolvabilité, ils sont supportés par le Trésor.

Toute personne qui veut faire rectifier une mention portée à son casier judiciaire peut agir dans la même forme. Dans le cas où la requête est rejetée, le requérant est condamné aux frais.

Mention de la décision est faite en marge du jugement ou de l'arrêt visé par la demande en rectification.

La même procédure est applicable au cas de contestation sur la réhabilitation de droit, ou de difficultés soulevées par l'interprétation d'une loi d'amnistie, dans les termes *(L. n° 2010-242 du 10 mars 2010, art. 16-VI)* «du troisième alinéa de l'article 769».

Art. 779. Un règlement d'administration publique *[décret en Conseil d'État]* détermine les mesures nécessaires à l'exécution des articles 768 à 778, et notamment les conditions dans lesquelles doivent être demandés, établis et délivrés les bulletins n°s 1, 2 et 3 du casier judiciaire.

(L. n° 80-2 du 4 janv. 1980) «Ce règlement détermine également les conditions dans lesquelles les informations enregistrées par le casier judiciaire national automatisé peuvent être utilisées pour l'exécution des sentences pénales.»

(L. n° 92-1336 du 16 déc. 1992) «Ce décret organise en outre les modalités de transmission des informations entre le casier judiciaire national automatisé et les personnes ou services qui y ont accès.»

(L. n° 80-2 du 4 janv. 1980) «Le règlement d'administration publique *[décret en Conseil d'État]* susvisé est pris après avis de la commission nationale de l'informatique et des libertés.»

Art. 781. Quiconque, en prenant un faux nom ou une fausse qualité, s'est fait délivrer un extrait du casier judiciaire d'un tiers est puni *(L. n° 92-1336 du 16 déc. 1992)* «de 7 500 € d'amende».

Est puni des mêmes peines celui qui aura fourni des renseignements d'identité imaginaires qui ont provoqué ou auraient pu provoquer des mentions erronées au casier judiciaire.

(L. n° 80-2 du 4 janv. 1980) «Est puni des mêmes peines celui qui se sera fait délivrer par l'intéressé tout ou partie des mentions du relevé intégral visé à l'article 777-2 du présent code.»

TITRE NEUVIÈME

DE LA RÉHABILITATION DES CONDAMNÉS

Art. 782. *(L. n° 70-643 du 17 juill. 1970)* Toute personne condamnée par un tribunal français à une peine criminelle, correctionnelle ou contraventionnelle, peut être réhabilitée.

Art. 783. *(L. n° 92-1336 du 16 déc. 1992)* La réhabilitation est soit acquise de plein droit dans les conditions prévues par les articles 133-13 et suivants du code pénal, soit accordée par la chambre de l'instruction dans les conditions prévues au présent titre.

Dans tous les cas, elle produit les effets prévus à l'article 133-16 du code pénal. — *Entrée en vigueur le 1er mars 1994.*

(L. n° 2012-409 du 27 mars 2012, art. 13-II) «Toutefois, lorsque la réhabilitation est accordée par la chambre de l'instruction, le deuxième alinéa du même article 133-16 n'est pas applicable et la réhabilitation produit immédiatement ses effets pour les condamnations prévues au même alinéa.»

CHAPITRE PREMIER
Dispositions applicables aux personnes physiques

(L. n° 92-1336 du 16 déc. 1992)

Art. 785. La réhabilitation ne peut être demandée en justice, du vivant du condamné, que par celui-ci, ou, s'il est interdit, par son représentant légal; en cas de décès et si les conditions légales sont remplies, la demande peut être suivie par son conjoint ou par ses ascendants ou descendants et même formée par eux, mais dans le délai d'une année seulement à dater du décès.

(L. n° 75-624 du 11 juill. 1975) «La demande doit porter sur l'ensemble des condamnations prononcées qui n'ont pas été effacées par une réhabilitation antérieure.»

Art. 786. *(L. n° 75-624 du 11 juill. 1975)* «La demande en réhabilitation ne peut être formée qu'après un délai de cinq ans pour les condamnés à une peine criminelle, de trois ans pour les condamnés à une peine correctionnelle et d'un an pour les condamnés à une peine contraventionnelle.»

(L. n° 2011-525 du 17 mai 2011, art. 186-4°) «Ce délai part, pour les condamnés à une amende, du jour où la condamnation est devenue irrévocable et, pour les condamnés à une peine privative de liberté, du jour de leur libération définitive ou, conformément au dernier alinéa de l'article 733, du jour de leur libération conditionnelle lorsque celle-ci n'a pas été suivie de révocation.»

(L. n° 75-624 du 11 juill. 1975) «A l'égard des condamnés à une sanction pénale autre que l'emprisonnement ou l'amende, prononcée à titre principal, ce délai part de l'expiration de la sanction subie.»

Art. 787. Les condamnés qui sont en état de récidive légale, ceux qui, après avoir obtenu la réhabilitation, ont encouru une nouvelle condamnation, ceux qui, condamnés contradictoirement ou par contumace à une peine criminelle, ont prescrit contre l'exécution de la peine, ne sont admis à demander leur réhabilitation qu'après un délai de dix ans écoulés depuis leur libération ou depuis la prescription.

Néanmoins, les récidivistes qui n'ont subi aucune peine criminelle et les réhabilités qui n'ont encouru qu'une condamnation à une peine correctionnelle sont admis à demander la réhabilitation après un délai de six années écoulées depuis leur libération.

Sont également admis à demander la réhabilitation, après un délai de six années écoulées depuis la prescription, les condamnés contradictoirement ou par défaut à une peine correctionnelle qui ont prescrit contre l'exécution de la peine.

Les condamnés contradictoirement, les condamnés par contumace ou par défaut, qui ont prescrit contre l'exécution de la peine, sont tenus, outre les conditions qui vont être énoncées, de justifier qu'ils n'ont encouru, pendant les délais de la prescription, aucune condamnation pour faits qualifiés crimes ou délits et qu'ils ont eu une conduite irréprochable.

Art. 788. Le condamné doit, sauf le cas de prescription, justifier du payement de l'amende et des dommages-intérêts ou de la remise qui lui en est faite.

A défaut de cette justification, il doit établir qu'il a subi le temps de *(L. n° 2004-204 du 9 mars 2004, art. 198-V, en vigueur le 1er janv. 2005)* «contrainte judiciaire» déterminé par la loi ou que le Trésor a renoncé à ce moyen d'exécution.

S'il est condamné pour banqueroute frauduleuse, il doit justifier du payement du passif de la faillite en capital, intérêts et frais ou de la remise qui lui en est faite.

(L. n° 75-624 du 11 juill. 1975) «En cas de condamnation solidaire, la cour fixe la part des dommages-intérêts ou du passif qui doit être payée par le demandeur.»

Si la partie lésée ne peut être retrouvée, ou si elle refuse de recevoir la somme due, celle-ci est versée à la Caisse des dépôts et consignations comme en matière d'offres de payement et de consignation. Si la partie ne se présente pas dans un délai de cinq ans pour se faire attribuer la somme consignée, cette somme est restituée au déposant sur sa simple demande.

Art. 789. Si depuis l'infraction le condamné a rendu des services éminents au pays, la demande de réhabilitation n'est soumise à aucune condition de temps ni d'exécution de peine. En ce cas, la cour peut accorder la réhabilitation même si l'amende et les dommages-intérêts n'ont pas été payés.

Art. 790. *(L. n° 75-624 du 11 juill. 1975)* «Le condamné adresse la demande en réhabilitation au procureur de la République de sa résidence actuelle ou, s'il demeure à l'étranger, au procureur de la République de sa dernière résidence en France ou, à défaut, à celui du lieu de condamnation.»

Cette demande précise :

1° La date de la condamnation;

2° Les lieux où le condamné a résidé depuis sa libération.

Art. 791. Le procureur de la République s'entoure de tous renseignements utiles aux différents lieux où le condamné a pu séjourner.

Il prend en outre l'avis du juge de l'application des peines.

Art. 792. Le procureur de la République se fait délivrer :

1° Une expédition des jugements de condamnation;

2° Un extrait du registre des lieux de détention où la peine a été subie constatant quelle a été la conduite du condamné;

3° Un bulletin n° 1 du casier judiciaire.

Il transmet les pièces avec son avis au procureur général.

Art. 793. La cour est saisie par le procureur général.

Le demandeur peut soumettre directement à la cour toutes pièces utiles.

Art. 794. La cour statue dans les deux mois sur les conclusions du procureur général, la partie ou son *(L. n° 93-2 du 4 janv. 1993)* «avocat» entendu ou dûment convoqués.

Art. 795. L'arrêt de la chambre de l'instruction peut être déféré à la Cour de cassation dans les formes prévues par le présent code.

Art. 796. Dans le cas visé par l'article 789, le pourvoi en cassation formé contre l'arrêt rejetant la demande en réhabilitation est instruit et jugé sans amende ni frais. Tous les actes de la procédure sont visés pour timbre et enregistrés gratis.

Art. 797. En cas de rejet de la demande, une nouvelle demande ne peut être formée avant l'expiration d'un délai de deux années, à moins que le rejet de la première ait été motivé par l'insuffisance des délais d'épreuve. En ce cas, la demande peut être renouvelée dès l'expiration de ces délais.

Art. 798. *(L. n° 92-1336 du 16 déc. 1992)* «Mention de l'arrêt prononçant la réhabilitation est faite en marge des jugements de condamnation.»

(L. n° 2007-297 du 5 mars 2007, art. 43, en vigueur le 7 mars 2008) «Dans ce cas, les bulletins n° 2 et n° 3 du casier judiciaire ne doivent pas mentionner la condamnation. L'arrêt qui prononce la réhabilitation peut toutefois ordonner que la condamnation soit retirée du casier judiciaire et ne soit pas non plus mentionnée au bulletin n° 1.»

Le réhabilité peut se faire délivrer sans frais une expédition de l'arrêt de réhabilitation et un extrait de casier judiciaire.

Art. 798-1. *(L. n° 2007-297 du 5 mars 2007, art. 43, en vigueur le 7 mars 2008)* Toute personne dont la condamnation a fait l'objet d'une réhabilitation légale en application des dispositions du code pénal peut demander, selon la procédure et les modalités prévues par le présent chapitre, que la chambre de l'instruction ordonne que cette condamnation soit retirée du casier judiciaire et ne soit plus mentionnée au bulletin n° 1.

CHAPITRE II

Dispositions applicables aux personnes morales

(L. n° 92-1336 du 16 déc. 1992)

Art. 799. Lorsque la personne condamnée est une personne morale, la demande en réhabilitation est formée par son représentant légal.

La demande ne peut être formée qu'après un délai de deux ans à compter de l'expiration de la durée de la sanction subie. Elle doit préciser, d'une part, la date de la condamnation pour laquelle il est demandé la réhabilitation et, d'autre part, tout transfert du siège de la personne morale intervenu depuis la condamnation.

Le représentant légal adresse la demande en réhabilitation au procureur de la République du lieu du siège de la personne morale ou, si la personne morale a son siège à l'étranger, au procureur de la République du lieu de la juridiction qui a prononcé la condamnation.

Le procureur de la République se fait délivrer une expédition des jugements de condamnation de la personne morale et un bulletin n° 1 du casier judiciaire de celle-ci. Il transmet ces pièces avec son avis au procureur général.

Les dispositions de l'article 788, à l'exception de celles des deuxième et quatrième alinéas, et les dispositions des articles 793 à *(L. n° 2007-297 du 5 mars 2007, art. 43)* «798-1» sont applicables en cas de demande en réhabilitation d'une personne morale condamnée. Toutefois, le délai prévu par l'article 797 est ramené à un an.

HUITIÈME PARTIE
LA VIE ÉCONOMIQUE

I – LES DROITS

CHAPITRE 1
L'égalité devant les charges publiques

353 Déclaration universelle des droits de l'homme (articles 6 et 13)

Art. 6. Chacun a le droit à la reconnaissance en tous lieux de sa personnalité juridique.

Art. 13. 1. Toute personne a le droit de circuler librement et de choisir sa résidence à l'intérieur d'un État.

2. Toute personne a le droit de quitter tout pays, y compris le sien, et de revenir dans son pays.

CHAPITRE 2
La parité dans la vie économique

354 Loi n° 83-675 du 26 juillet 1983 relative à la démocratisation du secteur public (articles 1, 5, 6-1 et 6-2)

TITRE PREMIER
Champ d'application

Art. 1er. *(Ord. n° 2014-948 du 20 août 2014, art. 38-1°)* Sont régis par les dispositions de la présente loi les établissements publics industriels et commerciaux de l'État autres que ceux dont le personnel est soumis à un régime de droit public ainsi que les autres établissements publics de l'État qui assurent tout à la fois une mission de service public à caractère administratif et à caractère industriel et commercial lorsque la majorité de leur personnel est soumise aux règles du droit privé.

TITRE II
Démocratisation des conseils d'administration ou de surveillance

CHAPITRE PREMIER
Composition et fonctionnement des conseils

Art. 5. Le conseil d'administration ou de surveillance comprend :

1° *(L. n° 84-103 du 16 févr. 1984)* «des représentants de l'État nommés par décret;

2° des personnalités choisies, soit en raison de leur compétence technique, scientifique ou technologique, soit en raison de leur connaissance des aspects régionaux, départementaux ou locaux des activités en cause, soit en raison de leur connaissance des activités publiques et privées concernées par l'activité de l'entreprise, *(L. n° 2015-990 du 6 août 2015, art. 185)* «soit en raison de leur connaissance des problématiques liées à l'innovation et au développement d'entreprises innovantes,» soit en raison de leur qualité de représentants des consommateurs ou des usagers, nommées par décret pris, le cas échéant, après consultation d'organismes représentatifs desdites activités;

3° des représentants des salariés, élus dans les conditions prévues au chapitre II.

Le nombre des représentants de chacune de ces catégories est déterminé par décret, le nombre de représentants des salariés devant être égal au moins au tiers du nombre des membres du conseil d'administration ou du conseil de surveillance.

(L. n° 2001-420 du 15 mai 2001) «Dans les conseils d'administration ou de surveillance des entreprises publiques mentionnées au présent article et qui sont chargées d'une mission de service public, au moins une des personnalités désignées en application du 2° du présent article doit être choisie parmi les représentants des consommateurs ou des usagers.»

Art. 6-1. *(L. n° 2014-873 du 4 août 2014, art. 66-I-2°)* «L'écart entre le nombre de femmes et le nombre d'hommes membres du conseil d'administration ou de surveillance nommés par décret en application des 1° et 2° de l'article 5 ne peut être supérieur à un.»

(L. n° 2011-103 du 27 janv. 2011, art. 6-I-1°) «Toute nomination intervenue en violation du premier alinéa et n'ayant pas pour effet de remédier à l'irrégularité de la composition du conseil est nulle. Cette nullité n'entraîne pas celle des délibérations auxquelles a pris part l'administrateur ou le membre du conseil irrégulièrement nommé.»

Art. 6-2. *(L. n° 2014-873 du 4 août 2014, art. 66-I-3°)* L'écart entre le nombre de femmes et le nombre d'hommes parmi les personnalités qualifiées et les représentants de l'État nommés, en raison de leurs compétences, de leurs expériences ou de leurs connaissances, administrateurs dans les conseils d'administration, les conseils de surveillance ou les organes équivalents des établissements publics mentionnés aux premier et avant-dernier alinéas de l'article 4 ne peut être supérieur à un.

Les nominations intervenues en violation du premier alinéa du présent article sont nulles, à l'exception des nominations d'administrateurs appartenant au sexe sous-représenté au sein du conseil. Cette nullité n'entraîne pas la nullité des délibérations du conseil d'administration, du conseil de surveillance ou de l'organe équivalent.

355 Code de commerce (articles L. 225-17, L. 225-18-1, L. 225-28, L. 225-69 et L. 225-69-1)

TITRE DEUXIÈME

DISPOSITIONS PARTICULIÈRES AUX DIVERSES SOCIÉTÉS COMMERCIALES

CHAPITRE V

Des sociétés anonymes

Section II

De la direction et de l'administration des sociétés anonymes

Sous-section 1 – Du conseil d'administration de la direction générale (L. n° 2001-420 du 15 mai 2001).

Art. L. 225-17. La société anonyme est administrée par un conseil d'administration composé de trois membres au moins. Les statuts fixent le nombre maximum des membres du conseil, qui ne peut dépasser *(L. n° 2001-420 du 15 mai 2001)* «dix-huit».

(L. n° 2011-103 du 27 janv. 2011, art. 1er-I) «Le conseil d'administration est composé en recherchant une représentation équilibrée des femmes et des hommes.»

Toutefois, en cas de décès *(L. n° 2003-706 du 1er août 2003)* «, de démission ou de révocation» du président du conseil d'administration et si le conseil n'a pu le remplacer par un de ses membres, il peut nommer, sous réserve des dispositions de l'article L. 225-24, un administrateur supplémentaire qui est appelé aux fonctions de président.

Art. L. 225-18-1. *(L. n° 2011-103 du 27 janv. 2011, art. 1er-II, en vigueur le 1er janv. 2017)* La proportion des administrateurs de chaque sexe ne peut être inférieure à 40% dans les sociétés dont les actions sont admises aux négociations sur un marché réglementé et, à l'issue de la plus prochaine assemblée générale ayant à statuer sur des nominations, dans les sociétés qui, pour le troisième exercice consécutif, emploient un nombre moyen d'au moins *(L. n° 2014-873 du 4 août 2014, art. 67-II, en vigueur le 1er janv. 2020)* «deux cent cinquante *[ancienne rédaction : cinq cents]*» salariés permanents et présentent un montant net de chiffre d'affaires ou un total de bilan d'au moins 50 millions d'euros. Dans ces mêmes sociétés, lorsque le conseil d'administration est composé au plus de huit membres, l'écart entre le nombre des administrateurs de chaque sexe ne peut être supérieur à deux.

Toute nomination intervenue en violation du premier alinéa et n'ayant pas pour effet de remédier à l'irrégularité de la composition du conseil est nulle.

Art. L. 225-28. Les administrateurs élus par les salariés *(L. n° 2013-504 du 14 juin 2013, art. 9-I)* «ou désignés en application de l'article L. 225-27-1» doivent être titulaires d'un contrat de travail avec la société ou l'une de ses filiales directes ou indirectes dont le siège social est fixé sur le territoire français antérieur de deux années au moins à leur nomination et correspondant à un emploi effectif. *(L. n° 2013-504 du 14 juin 2013, art. 9-I)* «Par dérogation, le second administrateur désigné en application du 4° du III de l'article L. 225-27-1 doit être titulaire d'un contrat de travail avec la société ou l'une de ses filiales directes ou indirectes antérieur de deux années au moins à sa nomination et correspondant à un emploi effectif.» Toutefois, la condition d'ancienneté n'est pas requise lorsque au jour de la nomination la société est constituée depuis moins de deux ans.

Tous les salariés de la société et le cas échéant de ses filiales directes ou indirectes, dont le siège social est fixé sur le territoire français dont le contrat de travail est antérieur de trois mois à la date de l'élection sont électeurs. Le vote est secret.

Lorsqu'un siège au moins est réservé aux ingénieurs, cadres et assimilés *(L. n° 2013-504 du 14 juin 2013, art. 9-I)* «en application de l'article L. 225-27», les salariés sont divisés en deux collèges votant séparément. Le premier collège comprend les ingénieurs, cadres et assimilés, le second les autres salariés. Les statuts fixent la répartition des sièges par collège en fonction de la structure du personnel.

(L. n° 2013-504 du 14 juin 2013, art. 9-I) «Lorsqu'il est fait application du même article L. 225-27,» les candidats ou listes de candidats peuvent être présentés soit par une ou plusieurs organisations syndicales représentatives au sens de l'article *(Ord. n° 2007-329 du 12 mars 2007, art. 3)* «L. 2122-1» du code du travail, soit par le vingtième des électeurs ou, si le nombre de ceux-ci est supérieur à deux mille, par cent d'entre eux. *(L. n° 2013-504 du 14 juin 2013, art. 9-I)* «Lorsqu'il est fait application de l'article L. 225-27-1 du présent code, les candidats ou listes de candidats sont présentés par une ou plusieurs organisations syndicales représentatives au sens de l'article L. 2122-1 du code du travail.»

Lorsqu'il y a un seul siège à pourvoir pour l'ensemble du corps électoral, l'élection a lieu au scrutin majoritaire à deux tours. Lorsqu'il y a un seul siège à pourvoir dans un collège électoral, l'élection a lieu au scrutin majoritaire à deux tours dans ce collège. Chaque candidature doit comporter, outre le nom du candidat, celui de son remplaçant éventuel. *(L. n° 2013-504 du 14 juin 2013, art. 9-I)* «Le candidat et son remplaçant sont de sexe différent.» Est déclaré élu le candidat ayant obtenu au premier tour la majorité absolue des suffrages exprimés, au second tour la majorité relative.

Dans les autres cas, l'élection a lieu au scrutin de liste à la représentation proportionnelle au plus fort reste et sans panachage. Chaque liste doit comporter un nombre de candidats double de celui des sièges à pourvoir *(L. n° 2011-103 du 27 janv. 2011, art. 1er-VI)* «et être composée alternativement d'un candidat de chaque sexe. Sur chacune des listes, l'écart entre le nombre des *[de]* candidats de chaque sexe ne peut être supérieur à un.»

En cas d'égalité des voix, les candidats dont le contrat de travail est le plus ancien sont déclarés élus.

Les autres modalités du scrutin sont fixées par les statuts.

Les contestations relatives à l'électorat, à l'éligibilité et à la régularité des opérations électorales sont portées devant le juge d'instance qui statue en dernier ressort dans les conditions prévues par le premier alinéa de l'article L. 433-11 *[L. 2324-23 nouv.]* du code du travail.

Sous-section 2 – Du directoire et du conseil de surveillance

Art. L. 225-69. Le conseil de surveillance est composé de trois membres au moins. Les statuts fixent le nombre maximum des membres du conseil, qui est limité à *(L. n° 2001-420 du 15 mai 2001)* «dix-huit».

(L. n° 2011-103 du 27 janv. 2011, art. 2-II) «Le conseil de surveillance est composé en recherchant une représentation équilibrée des femmes et des hommes.»

Art. L. 225-69-1. *(L. nº 2011-103 du 27 janv. 2011, art. 2-III, en vigueur le 1er janv. 2017)* La proportion des membres du conseil de surveillance de chaque sexe ne peut être inférieure à 40% dans les sociétés dont les actions sont admises aux négociations sur un marché réglementé et, à l'issue de la plus prochaine assemblée générale ayant à statuer sur des nominations, dans les sociétés qui, pour le troisième exercice consécutif, emploient un nombre moyen d'au moins *(L. nº 2014-873 du 4 août 2014, art. 67-II, en vigueur le 1er janv. 2020)* «deux cent cinquante *[ancienne rédaction : cinq cents]*» salariés permanents et présentent un montant net de chiffre d'affaires ou un total de bilan d'au moins 50 millions d'euros. Dans ces mêmes sociétés, lorsque le conseil de surveillance est composé au plus de huit membres, l'écart entre le nombre des membres de chaque sexe ne peut être supérieur à deux.

Toute nomination intervenue en violation du premier alinéa et n'ayant pas pour effet de remédier à l'irrégularité de la composition du conseil est nulle.

CHAPITRE 3
Le droit de la concurrence

Section 1
Les règles de concurrence

356 Traité sur le fonctionnement de l'Union européenne (chapitre I)

PREMIÈRE PARTIE
LES PRINCIPES

TITRE VII
LES RÈGLES COMMUNES SUR LA CONCURRENCE, LA FISCALITÉ ET LE RAPPROCHEMENT DES LÉGISLATIONS

CHAPITRE I
Les règles de concurrence

Section I
Les règles applicables aux entreprises

Art. 101 *(ex-article 81 TCE)*. 1. Sont incompatibles avec le marché intérieur et interdits tous accords entre entreprises, toutes décisions d'associations d'entreprises et toutes pratiques concertées, qui sont susceptibles d'affecter le commerce entre États membres et qui ont pour objet ou pour effet d'empêcher, de restreindre ou de fausser le jeu de la concurrence à l'intérieur du marché intérieur, et notamment ceux qui consistent à :

a) fixer de façon directe ou indirecte les prix d'achat ou de vente ou d'autres conditions de transaction,

b) limiter ou contrôler la production, les débouchés, le développement technique ou les investissements,

c) répartir les marchés ou les sources d'approvisionnement,

d) appliquer, à l'égard de partenaires commerciaux, des conditions inégales à des prestations équivalentes en leur infligeant de ce fait un désavantage dans la concurrence,

e) subordonner la conclusion de contrats à l'acceptation, par les partenaires, de prestations supplémentaires qui, par leur nature ou selon les usages commerciaux, n'ont pas de lien avec l'objet de ces contrats.

2. Les accords ou décisions interdits en vertu du présent article sont nuls de plein droit.

3. Toutefois, les dispositions du paragraphe 1 peuvent être déclarées inapplicables :

— à tout accord ou catégorie d'accords entre entreprises,

— à toute décision ou catégorie de décisions d'associations d'entreprises, et

— à toute pratique concertée ou catégorie de pratiques concertées;

qui contribuent à améliorer la production ou la distribution des produits ou à promouvoir le progrès technique ou économique, tout en réservant aux utilisateurs une partie équitable du profit qui en résulte, et sans :

a) imposer aux entreprises intéressées des restrictions qui ne sont pas indispensables pour atteindre ces objectifs,

b) donner à des entreprises la possibilité, pour une partie substantielle des produits en cause, d'éliminer la concurrence.

Art. 102 ***(ex-article 82 TCE)*** **.** Est incompatible avec le marché intérieur et interdit, dans la mesure où le commerce entre États membres est susceptible d'en être affecté, le fait pour une ou plusieurs entreprises d'exploiter de façon abusive une position dominante sur le marché intérieur ou dans une partie substantielle de celui-ci.

Ces pratiques abusives peuvent notamment consister à :

a) imposer de façon directe ou indirecte des prix d'achat ou de vente ou d'autres conditions de transaction non équitables,

b) limiter la production, les débouchés ou le développement technique au préjudice des consommateurs,

c) appliquer à l'égard de partenaires commerciaux des conditions inégales à des prestations équivalentes, en leur infligeant de ce fait un désavantage dans la concurrence,

d) subordonner la conclusion de contrats à l'acceptation, par les partenaires, de prestations supplémentaires qui, par leur nature ou selon les usages commerciaux, n'ont pas de lien avec l'objet de ces contrats.

Art. 103 ***(ex-article 83 TCE)*****.** 1. Les règlements ou directives utiles en vue de l'application des principes figurant aux articles 101 et 102 sont établis par le Conseil, statuant sur proposition de la Commission et après consultation du Parlement européen.

2. Les dispositions visées au paragraphe 1 ont pour but notamment :

a) d'assurer le respect des interdictions visées à l'article 101, paragraphe 1, et à l'article 102, par l'institution d'amendes et d'astreintes,

b) de déterminer les modalités d'application de l'article 101, paragraphe 3, en tenant compte de la nécessité, d'une part, d'assurer une surveillance efficace et, d'autre part, de simplifier dans toute la mesure du possible le contrôle administratif,

c) de préciser, le cas échéant, dans les diverses branches économiques, le champ d'application des dispositions des articles 101 et 102,

d) de définir le rôle respectif de la Commission et de la Cour de justice de l'Union européenne dans l'application des dispositions visées dans le présent paragraphe,

e) de définir les rapports entre les législations nationales, d'une part, et, d'autre part, les dispositions de la présente section ainsi que celles adoptées en application du présent article.

Art. 104 ***(ex-article 84 TCE).*** Jusqu'au moment de l'entrée en vigueur des dispositions prises en application de l'article 103, les autorités des États membres statuent sur l'admissibilité d'ententes et sur l'exploitation abusive d'une position dominante sur le marché intérieur, en conformité du droit de leur pays et des dispositions des articles 101, notamment paragraphe 3, et 102.

Art. 105 ***(ex-article 85 TCE).*** 1. Sans préjudice de l'article 104, la Commission veille à l'application des principes fixés par les articles 101 et 102. Elle instruit, sur demande d'un État membre ou d'office, et en liaison avec les autorités compétentes des États membres qui lui prêtent leur assistance, les cas d'infraction présumée aux principes précités. Si elle constate qu'il y a eu infraction, elle propose les moyens propres à y mettre fin.

2. S'il n'est pas mis fin aux infractions, la Commission constate l'infraction aux principes par une décision motivée. Elle peut publier sa décision et autoriser les États membres à prendre les mesures nécessaires, dont elle définit les conditions et les modalités pour remédier à la situation.

3. La Commission peut adopter des règlements concernant les catégories d'accords à l'égard desquelles le Conseil a adopté un règlement ou une directive conformément à l'article 103, paragraphe 2, point b).

Art. 106 ***(ex-article 86 TCE).*** 1. Les États membres, en ce qui concerne les entreprises publiques et les entreprises auxquelles ils accordent des droits spéciaux ou exclusifs, n'édictent ni ne maintiennent aucune mesure contraire aux règles des traités, notamment à celles prévues aux articles 18 et 101 à 109 inclus.

2. Les entreprises chargées de la gestion de services d'intérêt économique général ou présentant le caractère d'un monopole fiscal sont soumises aux règles des traités, notamment aux règles de concurrence, dans les limites où l'application de ces règles ne fait pas échec à l'accomplissement en droit ou en fait de la mission particulière qui leur a été impartie. Le développement des échanges ne doit pas être affecté dans une mesure contraire à l'intérêt de l'Union.

3. La Commission veille à l'application des dispositions du présent article et adresse, en tant que de besoin, les directives ou décisions appropriées aux États membres.

Section II

Les aides accordées par les états

Art. 107 ***(ex-article 87 TCE).*** 1. Sauf dérogations prévues par les traités, sont incompatibles avec le marché intérieur, dans la mesure où elles affectent les échanges entre États membres, les aides accordées par les États ou au moyen de ressources d'État sous quelque forme que ce soit qui faussent ou qui menacent de fausser la concurrence en favorisant certaines entreprises ou certaines productions.

2. Sont compatibles avec le marché intérieur :

a) les aides à caractère social octroyées aux consommateurs individuels, à condition qu'elles soient accordées sans discrimination liée à l'origine des produits,

b) les aides destinées à remédier aux dommages causés par les calamités naturelles ou par d'autres événements extraordinaires,

c) les aides octroyées à l'économie de certaines régions de la république fédérale d'Allemagne affectées par la division de l'Allemagne, dans la mesure où elles sont nécessaires pour compenser les désavantages économiques causés par cette division. Cinq ans après l'entrée en vigueur du traité de Lisbonne, le Conseil, sur proposition de la Commission, peut adopter une décision abrogeant le présent point.

3. Peuvent être considérées comme compatibles avec le marché intérieur :

a) les aides destinées à favoriser le développement économique de régions dans lesquelles le niveau de vie est anormalement bas ou dans lesquelles sévit un grave sous-emploi, ainsi que celui des régions visées à l'article 349, compte tenu de leur situation structurelle, économique et sociale,

b) les aides destinées à promouvoir la réalisation d'un projet important d'intérêt européen commun ou à remédier à une perturbation grave de l'économie d'un État membre,

c) les aides destinées à faciliter le développement de certaines activités ou de certaines régions économiques, quand elles n'altèrent pas les conditions des échanges dans une mesure contraire à l'intérêt commun,

d) les aides destinées à promouvoir la culture et la conservation du patrimoine, quand elles n'altèrent pas les conditions des échanges et de la concurrence dans l'Union dans une mesure contraire à l'intérêt commun,

e) les autres catégories d'aides déterminées par décision du Conseil sur proposition de la Commission.

Art. 108 *(ex-article 88 TCE).* 1. La Commission procède avec les États membres à l'examen permanent des régimes d'aides existant dans ces États. Elle propose à ceux-ci les mesures utiles exigées par le développement progressif ou le fonctionnement du marché intérieur.

2. Si, après avoir mis les intéressés en demeure de présenter leurs observations, la Commission constate qu'une aide accordée par un État ou au moyen de ressources d'État n'est pas compatible avec le marché intérieur aux termes de l'article 107, ou que cette aide est appliquée de façon abusive, elle décide que l'État intéressé doit la supprimer ou la modifier dans le délai qu'elle détermine.

Si l'État en cause ne se conforme pas à cette décision dans le délai imparti, la Commission ou tout autre État intéressé peut saisir directement la Cour de justice de l'Union européenne, par dérogation aux articles 258 et 259.

Sur demande d'un État membre, le Conseil, statuant à l'unanimité, peut décider qu'une aide, instituée ou à instituer par cet État, doit être considérée comme compatible avec le marché intérieur, en dérogation des dispositions de l'article 107 ou des règlements prévus à l'article 109, si des circonstances exceptionnelles justifient une telle décision. Si, à l'égard de cette aide, la Commission a ouvert la procédure prévue au présent paragraphe, premier alinéa, la demande de l'État intéressé adressée au Conseil aura pour effet de suspendre ladite procédure jusqu'à la prise de position du Conseil.

Toutefois, si le Conseil n'a pas pris position dans un délai de trois mois à compter de la demande, la Commission statue.

3. La Commission est informée, en temps utile pour présenter ses observations, des projets tendant à instituer ou à modifier des aides. Si elle estime qu'un projet n'est pas compatible avec le marché intérieur, aux termes de l'article 107, elle ouvre sans délai la procédure prévue au paragraphe précédent. L'État membre intéressé ne peut mettre à exécution les mesures projetées, avant que cette procédure ait abouti à une décision finale.

4. La Commission peut adopter des règlements concernant les catégories d'aides d'État que le Conseil a déterminées, conformément à l'article 109, comme pouvant être dispensées de la procédure prévue au paragraphe 3 du présent article.

Art. 109 ***(ex-article 89 TCE).*** Le Conseil, sur proposition de la Commission et après consultation du Parlement européen, peut prendre tous règlements utiles en vue de l'application des articles 107 et 108 et fixer notamment les conditions d'application de l'article 108, paragraphe 3, et les catégories d'aides qui sont dispensées de cette procédure.

357 Code de commerce (livre IV)

TITRE PREMIER
DISPOSITIONS GÉNÉRALES

Art. L. 410-1. Les règles définies au présent livre s'appliquent à toutes les activités de production, de distribution et de services, y compris celles qui sont le fait de personnes publiques, notamment dans le cadre de conventions de délégation de service public.

Art. L. 410-2. Sauf dans les cas où la loi en dispose autrement, les prix des biens, produits et services relevant antérieurement au 1er janvier 1987 de l'ordonnance n° 45-1483 du 30 juin 1945 sont librement déterminés par le jeu de la concurrence.

Toutefois, dans les secteurs ou les zones où la concurrence par les prix est limitée en raison soit de situations de monopole ou de difficultés durables d'approvisionnement, soit de dispositions législatives ou réglementaires, un décret en Conseil d'État peut réglementer les prix après consultation de l'Autorité de la concurrence.

Les dispositions des deux premiers alinéas ne font pas obstacle à ce que le Gouvernement arrête, par décret en Conseil d'État, contre des hausses ou des baisses excessives de prix, des mesures temporaires motivées par une situation de crise, des circonstances exceptionnelles, une calamité publique ou une situation manifestement anormale du marché dans un secteur déterminé. Le décret est pris après consultation du Conseil national de la consommation. Il précise sa durée de validité qui ne peut excéder six mois.

Art. L. 410-3. *(L. n° 2012-1270 du 20 nov. 2012, art. 1er)* Dans les collectivités relevant de l'article 73 de la Constitution et dans les collectivités d'outre-mer de Saint-Barthélemy, de Saint-Martin, de Saint-Pierre-et-Miquelon et de Wallis-et-Futuna, et dans les secteurs pour lesquels les conditions d'approvisionnement ou les structures de marché limitent le libre jeu de la concurrence, le Gouvernement peut arrêter, après avis public de l'Autorité de la concurrence et par décret en Conseil d'État, les mesures nécessaires pour remédier aux dysfonctionnements des marchés de gros de biens et de services concernés, notamment les marchés de vente à l'exportation vers ces collectivités, d'acheminement, de stockage et de distribution. Les mesures prises portent sur l'accès à ces marchés, l'absence de discrimination tarifaire, la loyauté des transactions, la marge des opérateurs et la gestion des facilités essentielles, en tenant compte de la protection des intérêts des consommateurs.

Art. L. 410-4. *(L. n° 2012-1270 du 20 nov. 2012, art. 15-I)* Dans les collectivités relevant de l'article 73 de la Constitution et dans les collectivités d'outre-mer de Saint-Barthélemy, de Saint-Martin, de Saint-Pierre-et-Miquelon et de Wallis-et-Futuna, et en conformité avec l'article 349 du traité sur le fonctionnement de l'Union européenne, le Gouvernement peut réglementer, après avis public de l'Autorité de la concurrence et par décret en Conseil d'État, le prix de vente de produits ou de familles de produits de première nécessité.

Art. L. 410-5. *(L. n° 2012-1270 du 20 nov. 2012, art. 15-I)* I. — *(L. n° 2015-1268 du 14 oct. 2015, art. 1er)* «Dans les collectivités relevant de l'article 73 de la Constitution et dans les collectivités d'outre-mer de Saint-Martin, de Saint-Pierre-et-Miquelon et de Wallis-et-Futuna», après avis public de l'observatoire des prix, des marges et des revenus territorialement compétent, le représentant de l'État négocie chaque année avec les organisations professionnelles du secteur du commerce de détail et leurs fournisseurs, qu'ils soient producteurs, grossistes ou importateurs, *(L. n° 2017-256 du 28 févr. 2017, art. 61)* «ainsi qu'avec les entreprises de fret maritime et les transitaires» un accord de modération du prix global d'une liste limitative de produits de consommation courante.

En cas de réussite des négociations, l'accord est rendu public par arrêté préfectoral.

II. — En l'absence d'accord un mois après l'ouverture des négociations, le représentant de l'État arrête, sur la base des négociations mentionnées au I et des prix les plus bas pratiqués dans le secteur économique concerné, le prix global de la liste mentionnée au premier alinéa du même I, ainsi que ses modalités d'encadrement.

III. — Le prix global de la liste mentionnée au I, tel qu'il est pratiqué, est affiché en application *(Ord. n° 2016-301 du 14 mars 2016, art. 2, en vigueur le 1er juill. 2016)* «des articles L. 112-1 et L. 141-1» du code de la consommation.

IV. — Les manquements au III du présent article sont recherchés et constatés par les agents mentionnés au II de l'article L. 450-1 du présent code, dans les conditions fixées aux articles L. 450-2, L. 450-3, L. 450-7, L. 450-8 et *(Ord. n° 2017-303 du 9 mars 2017, art. 2-II)* «L. 490-8».

V. — Les modalités d'application des I à IV du présent article sont précisées par décret.

Art. L. 410-6. *(L. n° 2017-256 du 28 févr. 2017, art. 63)* I. — A titre expérimental et pour une durée de cinq ans à compter du 1er juillet 2017, dans le Département de Mayotte et en Guyane, après avis public de l'observatoire des prix, des marges et des revenus territorialement compétent, le représentant de l'État négocie chaque année avec les grandes et moyennes surfaces présentes sur le territoire un tarif professionnel maximal pour leur activité de gros à l'égard des petites surfaces de commerce de détail enregistrées au registre du commerce et des sociétés.

II. — En l'absence d'accord dans un délai d'un mois à compter de l'ouverture des négociations, le représentant de l'État arrête, sur la base des négociations mentionnées au I, le tarif professionnel maximal ainsi que ses modalités d'encadrement. Les modalités de calcul d'un tarif maximal consistent en un pourcentage de majoration par rapport au prix d'achat des grandes et moyennes surfaces ou en un pourcentage de minoration par rapport aux prix facturés aux consommateurs.

TITRE DEUXIÈME
DES PRATIQUES ANTICONCURRENTIELLES

Art. L. 420-1. Sont prohibées, *(L. n° 2001-420 du 15 mai 2001, art. 52)* «même par l'intermédiaire direct ou indirect d'une société du groupe implantée hors de France,» lorsqu'elles ont pour objet ou peuvent avoir pour effet d'empêcher, de restreindre ou de fausser le jeu de la concurrence sur un marché, les actions concertées, conventions, ententes expresses ou tacites ou coalitions, notamment lorsqu'elles tendent à :

1° Limiter l'accès au marché ou le libre exercice de la concurrence par d'autres entreprises;

2° Faire obstacle à la fixation des prix par le libre jeu du marché en favorisant artificiellement leur hausse ou leur baisse;

3° Limiter ou contrôler la production, les débouchés, les investissements ou le progrès technique;

4° Répartir les marchés ou les sources d'approvisionnement.

Art. L. 420-2. *(L. n° 2001-420 du 15 mai 2001)* Est prohibée, dans les conditions prévues à l'article L. 420-1, l'exploitation abusive par une entreprise ou un groupe d'entreprises d'une position dominante sur le marché intérieur ou une partie substantielle de celui-ci. Ces abus peuvent notamment consister en refus de vente, en ventes liées ou en conditions de vente discriminatoires ainsi que dans la rupture de relations commerciales établies, au seul motif que le partenaire refuse de se soumettre à des conditions commerciales injustifiées.

Est en outre prohibée, dès lors qu'elle est susceptible d'affecter le fonctionnement ou la structure de la concurrence, l'exploitation abusive par une entreprise ou un groupe d'entreprises de l'état de dépendance économique dans lequel se trouve à son égard une entreprise cliente ou fournisseur. *(L. n° 2005-882 du 2 août 2005, art. 40)* «Ces abus peuvent notamment consister en refus de vente, en ventes liées, en pratiques discriminatoires visées au I de l'article L. 442-6 ou en accords de gamme.»

Art. L. 420-2-1. *(L. n° 2012-1270 du 20 nov. 2012, art. 5-I)* Sont prohibés, dans les collectivités relevant de l'article 73 de la Constitution et dans les collectivités d'outre-mer de Saint-Barthélemy, de Saint-Martin, de Saint-Pierre-et-Miquelon et de Wallis-et-Futuna, les accords ou pratiques concertées ayant pour objet ou pour effet d'accorder des droits exclusifs d'importation à une entreprise ou à un groupe d'entreprises.

Art. L. 420-2-2. *(L. n° 2016-1920 du 29 déc. 2016, art. 3, en vigueur le 1er mars 2017)* Sont prohibés les accords, les pratiques concertées et les pratiques unilatérales ayant pour objet ou pour effet d'interdire ou de limiter substantiellement la possibilité pour une entreprise qui exécute des prestations de transport public particulier de personnes ou des services occasionnels de transport collectif de personnes effectués au moyen de véhicules légers :

1° De recourir simultanément à plusieurs intermédiaires ou acteurs de mise en relation avec des clients en vue de la réalisation de ces prestations;

2° Sans préjudice de l'article L. 3142-5 du code des transports, de commercialiser sans intermédiaire les services de transport qu'elle exécute;

3° De faire la promotion, au moyen de signes extérieurs sur le véhicule, d'une ou *[de]* plusieurs offres de transport, y compris celles qu'elle commercialise sans intermédiaire.

Art. L. 420-3. Est nul tout engagement, convention ou clause contractuelle se rapportant à une pratique prohibée par les articles L. 420-1 *(L. nº 2012-1270 du 20 nov. 2012, art. 5-I)* «, L. 420-2» *(L. nº 2016-1920 du 29 déc. 2016, art. 3, en vigueur le 1er mars 2017)* «, L. 420-2-1 et L. 420-2-2».

Art. L. 420-4. I. — Ne sont pas soumises aux dispositions des articles L. 420-1 et L. 420-2 les pratiques :

1° Qui résultent de l'application d'un texte législatif ou d'un texte réglementaire pris pour son application;

2° Dont les auteurs peuvent justifier qu'elles ont pour effet d'assurer un progrès économique *(L. nº 2001-420 du 15 mai 2001)* «, y compris par la création ou le maintien d'emplois,» et qu'elles réservent aux utilisateurs une partie équitable du profit qui en résulte, sans donner aux entreprises intéressées la possibilité d'éliminer la concurrence pour une partie substantielle des produits en cause. Ces pratiques qui peuvent consister à organiser, pour les produits agricoles ou d'origine agricole, sous une même marque ou enseigne, les volumes et la qualité de production ainsi que la politique commerciale, y compris en convenant d'un prix de cession commun ne doivent imposer des restrictions à la concurrence, que dans la mesure où elles sont indispensables pour atteindre cet objectif de progrès.

II. — Certaines catégories d'accords ou certains accords, notamment lorsqu'ils ont pour objet d'améliorer la gestion des entreprises moyennes ou petites, peuvent être reconnus comme satisfaisant à ces conditions par décret pris après avis conforme de l'Autorité de la concurrence.

(L. nº 2012-1270 du 20 nov. 2012, art. 5-I) «III. — Ne sont pas soumis aux dispositions *(L. nº 2016-1920 du 29 déc. 2016, art. 3, en vigueur le 1er mars 2017)* «des articles L. 420-2-1 et L. 420-2-2» les accords ou pratiques dont les auteurs peuvent justifier qu'ils sont fondés sur des motifs objectifs tirés de l'efficacité économique et qui réservent aux consommateurs une partie équitable du profit qui en résulte.»

(L. nº 2016-1920 du 29 déc. 2016, art. 3, en vigueur le 1er mars 2017) «Certaines catégories d'accords ou de pratiques, certains accords ou certaines pratiques, notamment lorsqu'ils ont pour objet de favoriser l'apparition d'un nouveau service, peuvent être reconnus comme satisfaisant aux conditions mentionnées au premier alinéa du présent III, par arrêté conjoint des ministres chargés de l'économie et des transports, pris après avis conforme de l'Autorité de la concurrence et pour une durée ne pouvant excéder cinq ans.»

Art. L. 420-5. Sont prohibées les offres de prix ou pratiques de prix de vente aux consommateurs abusivement bas par rapport aux coûts de production, de transformation et de commercialisation, dès lors que ces offres ou pratiques ont pour objet ou peuvent avoir pour effet d'éliminer d'un marché ou d'empêcher d'accéder à un marché une entreprise ou l'un de ses produits.

(L. nº 2017-256 du 28 févr. 2017, art. 64) «En Guadeloupe, en Guyane, en Martinique, à La Réunion et dans le Département de Mayotte, lorsque des denrées alimentaires identiques ou similaires à celles qui sont produites et commercialisées localement sont proposées aux

consommateurs à des prix manifestement inférieurs à ceux pratiqués dans l'Hexagone, la conclusion d'un accord entre les acteurs de l'importation et de la distribution, d'une part, et ceux de la production et de la transformation locales, d'autre part, peut être rendue obligatoire par le représentant de l'État dans le territoire. Celui-ci prend en compte les volumes de produits concernés, la situation économique des producteurs locaux et l'intérêt des consommateurs à très faibles revenus. Cet accord, dont la négociation est conduite sous l'égide de l'État et des collectivités compétentes en matière de développement économique, doit mentionner les opérations continues menées par la distribution afin d'offrir au consommateur des denrées produites localement ainsi que la politique menée par les producteurs locaux afin de satisfaire au mieux les besoins des consommateurs. L'accord est rendu public par arrêté préfectoral. En l'absence d'accord dans le délai de dix jours ouvrables à compter de l'ouverture des négociations, le représentant de l'État dans le territoire prend par arrêté toute mesure relevant de sa compétence et permettant de répondre aux objectifs précités.»

Les coûts de commercialisation comportent également et impérativement tous les frais résultant des obligations légales et réglementaires liées à la sécurité des produits.

(L. n° 2018-938 du 30 oct. 2018, art. 18) «Les premier et troisième alinéas du présent article» ne sont pas applicables en cas de revente en l'état, à l'exception des enregistrements sonores reproduits sur supports matériels *(L. n° 2005-882 du 2 août 2005, art. 45)* «et des vidéogrammes destinés à l'usage privé du public».

Art. L. 420-6. Est puni d'un emprisonnement de quatre ans et d'une amende de 75 000 € le fait, pour toute personne physique, de prendre frauduleusement une part personnelle et déterminante dans la conception, l'organisation ou la mise en œuvre de pratiques visées aux articles L. 420-1 *(L. n° 2016-1920 du 29 déc. 2016, art. 3, en vigueur le 1er mars 2017)* «, L. 420-2 et L. 420-2-2».

Le tribunal peut ordonner que sa décision soit publiée intégralement ou par extraits dans les journaux qu'il désigne, aux frais du condamné.

(L. n° 2001-420 du 15 mai 2001) «Les actes interruptifs de la prescription devant l'Autorité de la concurrence en application de l'article L. 462-7 sont également interruptifs de la prescription de l'action publique.»

Art. L. 420-7. *(Ord. n° 2004-1173 du 4 nov. 2004, art. 1er)* Sans préjudice des articles L. 420-6, L. 462-8, L. 463-1 à L. 463-4, L. 463-6, L. 463-7 et L. 464-1 à L. 464-8, les litiges relatifs à l'application des règles contenues dans les articles L. 420-1 à L. 420-5 ainsi que dans les articles 81 et 82 du traité instituant la Communauté européenne et ceux dans lesquels ces dispositions sont invoquées sont attribués, selon le cas et sous réserve des règles de partage de compétences entre les ordres de juridiction, *(Ord. n° 2011-337 du 29 mars 2011, art. 7, en vigueur le 1er avr. 2011)* «aux juridictions civiles ou commerciales» dont le siège et le ressort sont fixés par décret en Conseil d'État. Ce décret détermine également le siège et le ressort de la ou des cours d'appel appelées à connaître des décisions rendues par ces juridictions.

TITRE TROISIÈME
DE LA CONCENTRATION ÉCONOMIQUE

Art. L. 430-1. *(L. n° 2001-420 du 15 mai 2001)* I. — Une opération de concentration est réalisée :

1° Lorsque deux ou plusieurs entreprises antérieurement indépendantes fusionnent;

2° Lorsqu'une ou plusieurs personnes, détenant déjà le contrôle d'une entreprise au moins ou lorsqu'une ou plusieurs entreprises acquièrent, directement ou indirectement, que ce soit par prise de participation au capital ou achat d'éléments d'actifs, contrat ou tout autre moyen, le contrôle de l'ensemble ou de parties d'une ou *[de]* plusieurs autres entreprises.

II. — La création d'une entreprise commune accomplissant de manière durable toutes les fonctions d'une entité économique autonome constitue une concentration au sens du présent article.

III. — Aux fins de l'application du présent titre, le contrôle découle des droits, contrats ou autres moyens qui confèrent, seuls ou conjointement et compte tenu des circonstances de fait ou de droit, la possibilité d'exercer une influence déterminante sur l'activité d'une entreprise, et notamment :

— des droits de propriété ou de jouissance sur tout ou partie des biens d'une entreprise;

— des droits ou des contrats qui confèrent une influence déterminante sur la composition, les délibérations ou les décisions des organes d'une entreprise.

Art. L. 430-2. *(L. n° 2008-776 du 4 août 2008, art. 96-I, A)* I. — Est soumise aux dispositions des articles L. 430-3 et suivants du présent titre toute opération de concentration, au sens de l'article L. 430-1, lorsque sont réunies les trois conditions suivantes :

— le chiffre d'affaires total mondial hors taxes de l'ensemble des entreprises ou groupes de personnes physiques ou morales parties à la concentration est supérieur à 150 millions d'euros;

— le chiffre d'affaires total hors taxes réalisé en France par deux au moins des entreprises ou groupes de personnes physiques ou morales concernés est supérieur à 50 millions d'euros;

— l'opération n'entre pas dans le champ d'application du règlement (CE) n° 139/2004 du Conseil du 20 janvier 2004 relatif au contrôle des concentrations entre entreprises.

II. — Lorsque deux au moins des parties à la concentration exploitent un ou plusieurs magasins de commerce de détail, est soumise aux dispositions des articles L. 430-3 et suivants du présent titre toute opération de concentration, au sens de l'article L. 430-1, lorsque sont réunies les trois conditions suivantes :

— le chiffre d'affaires total mondial hors taxes de l'ensemble des entreprises ou groupes de personnes physiques ou morales parties à la concentration est supérieur à 75 millions d'euros;

— le chiffre d'affaires total hors taxes réalisé en France dans le secteur du commerce de détail par deux au moins des entreprises ou groupes de personnes physiques ou morales concernés est supérieur à 15 millions d'euros;

— l'opération n'entre pas dans le champ d'application du règlement (CE) n° 139/2004 du Conseil du 20 janvier 2004 précité.

III. — Lorsqu'au moins une des parties à la concentration exerce tout ou partie de son activité dans un ou plusieurs départements d'outre-mer *(Ord. n° 2011-337 du 29 mars 2011, art. 7, en vigueur le 1er avr. 2011)* «, dans le Département de Mayotte *(Ord. n° 2014-487 du 15 mai 2014, art. 2)* «, dans les îles Wallis-et-Futuna» ou dans les collectivités d'outre-mer de Saint-Pierre-et-Miquelon,» Saint-Martin et Saint-Barthélemy, est soumise aux dispositions des articles L. 430-3 et suivants du présent titre toute opération de concentration, au sens de l'article L. 430-1, lorsque sont réunies les trois conditions suivantes :

— le chiffre d'affaires total mondial hors taxes de l'ensemble des entreprises ou groupes de personnes physiques ou morales parties à la concentration est supérieur à 75 millions d'euros;

— le chiffre d'affaires total hors taxes réalisé individuellement dans au moins un des départements ou collectivités territoriales concernés par deux au moins des entreprises ou groupes de personnes physiques ou morales concernés est supérieur à 15 millions d'euros *(L. n° 2010-853 du 23 juill. 2010, art. 41)* «, ou à *(L. n° 2012-1270 du 20 nov. 2012, art. 9)* «5» millions d'euros dans le secteur du commerce de détail» *(L. n° 2015-990 du 6 août 2015, art. 215-1°)* «sans qu'il soit nécessaire que ce seuil soit atteint par l'ensemble des entreprises concernées dans le même département ou la même collectivité territoriale»;

— l'opération n'entre pas dans le champ d'application du règlement (CE) n° 139/2004 du Conseil du 20 janvier 2004 précité.

IV. — Une opération de concentration visée au*[aux]* I, II ou III entrant dans le champ du règlement (CE) du Conseil n° 139/2004 du 20 janvier 2004 précité qui a fait l'objet d'un renvoi total ou partiel à l'Autorité de la concurrence est soumise, dans la limite de ce renvoi, aux dispositions du présent titre.

V. — Les chiffres d'affaires visés aux I, II et III sont calculés selon les modalités définies par l'article 5 du règlement (CE) du Conseil n° 139/2004 du 20 janvier 2004 précité.

Art. L. 430-3. *(L. n° 2001-420 du 15 mai 2001; L. n° 2004-1343 du 9 déc. 2004, art. 83-II)* «L'opération de concentration doit être notifiée *(L. n° 2008-776 du 4 août 2008, art. 96-I, B, 1°)* «à l'Autorité de la concurrence» avant sa réalisation. La notification peut intervenir dès lors que la ou les parties concernées sont en mesure de présenter un projet suffisamment abouti pour permettre l'instruction du dossier et notamment lorsqu'elles ont conclu un accord de principe, signé une lettre d'intention ou dès l'annonce d'une offre publique. Le renvoi *(L. n° 2008-776 du 4 août 2008, art. 96-I, B, 1°)* «à l'Autorité de la concurrence» de tout ou partie d'un cas de concentration notifié à la Commission européenne vaut notification au sens du présent article.»

L'obligation de notification incombe aux personnes physiques ou morales qui acquièrent le contrôle de tout ou partie d'une entreprise ou, dans le cas d'une fusion ou de la création d'une entreprise commune, à toutes les parties concernées qui doivent alors notifier conjointement. Le contenu du dossier de notification est fixé par décret.

La réception de la notification d'une opération, ou le renvoi total ou partiel d'une opération *(L. n° 2015-990 du 6 août 2015, art. 215-2°)* «relevant de la compétence de l'Union européenne», fait l'objet d'un communiqué publié par *(L. n° 2008-776 du 4 août 2008, art. 96-I, B, 2°)* «l'Autorité de la concurrence» selon des modalités fixées par décret.

(L. n° 2008-776 du 4 août 2008, art. 96-I, B, 3°) «Dès réception du dossier, l'Autorité de la concurrence en adresse un exemplaire au ministre chargé de l'économie.»

Art. L. 430-4. *(L. n° 2008-776 du 4 août 2008, art. 96-I, C, 1°)* «La réalisation effective d'une opération de concentration ne peut intervenir qu'après l'accord de l'Autorité de la concurrence ou, lorsqu'il a évoqué l'affaire dans les conditions prévues à l'article L. 430-7-1, celui du ministre chargé de l'économie.»

(L. n° 2001-420 du 15 mai 2001) «En cas de nécessité particulière dûment motivée, les parties qui ont procédé à la notification peuvent demander *(L. n° 2008-776 du 4 août*

2008, art. 96-I, C, 2°) «à l'Autorité de la concurrence» une dérogation leur permettant de procéder à la réalisation effective de tout ou partie de la concentration sans attendre la décision mentionnée au premier alinéa et sans préjudice de celle-ci. *(L. n° 2015-990 du 6 août 2015, art. 215-3°)* «L'octroi de cette dérogation peut être assorti de conditions.

«La dérogation mentionnée au deuxième alinéa cesse d'être valable si, dans un délai de trois mois à compter de la réalisation effective de l'opération, l'Autorité de la concurrence n'a pas reçu la notification complète de l'opération.»

Art. L. 430-5. *(L. n° 2008-776 du 4 août 2008, art. 96-I, D, 1°)* «I. — L'Autorité de la concurrence se prononce sur l'opération de concentration dans un délai de vingt-cinq jours ouvrés à compter de la date de réception de la notification complète.»

(L. n° 2001-420 du 15 mai 2001) «II. — Les parties à l'opération peuvent s'engager à prendre des mesures visant notamment à remédier, le cas échéant, aux effets anticoncurrentiels de l'opération soit à l'occasion de la notification de cette opération, soit à tout moment avant l'expiration du délai de *(L. n° 2008-776 du 4 août 2008, art. 96-I, D, 1°)* «vingt-cinq jours ouvrés» à compter de la date de réception de la notification complète, tant que la décision prévue au I n'est pas intervenue.»

(L. n° 2008-776 du 4 août 2008, art. 96-I, D, 2°, b et c) «Si des engagements sont reçus par l'Autorité de la concurrence, le délai mentionné au I est prolongé de quinze jours ouvrés.»

(L. n° 2015-990 du 6 août 2015, art. 215-4°) «L'Autorité de la concurrence peut suspendre le délai mentionné au I du présent article lorsque les parties ayant procédé à la notification ont manqué de l'informer dès sa survenance d'un fait nouveau, qui aurait dû être notifié s'il s'était produit avant une notification au sens de l'article L. 430-3, ou ont manqué de lui communiquer tout ou partie des informations demandées dans le délai imparti, ou lorsque des tiers ont manqué de lui communiquer, pour des raisons imputables aux parties ayant procédé à la notification, les informations demandées. Le délai reprend son cours dès la disparition de la cause ayant justifié la suspension.»

(L. n° 2008-776 du 4 août 2008, art. 96-I, D, 2°, b) et c)«En cas de nécessité particulière, telle que la finalisation des engagements mentionnés à l'alinéa précédent, les parties peuvent demander à l'Autorité de la concurrence de suspendre les délais d'examen de l'opération dans la limite de quinze jours ouvrés.»

III. — *(L. n° 2008-776 du 4 août 2008, art. 96-I, D, 3°, a)* «L'Autorité de la concurrence peut :»

(L. n° 2001-420 du 15 mai 2001) — soit constater, par décision motivée, que l'opération qui lui a été notifiée n'entre pas dans le champ défini par les articles L. 430-1 et L. 430-2;

— soit autoriser l'opération, en subordonnant éventuellement, par décision motivée, cette autorisation à la réalisation effective des engagements pris par les parties.

(L. n° 2008-776 du 4 août 2008, art. 96-I, D, 3°, b) «— soit, si elle estime qu'il subsiste un doute sérieux d'atteinte à la concurrence, engager un examen approfondi dans les conditions prévues à l'article L. 430-6».

(L. n° 2008-776 du 4 août 2008, art. 96-I, D, 4°) «IV. — Si l'Autorité de la concurrence ne prend aucune des trois décisions prévues au III dans le délai mentionné au I, éventuellement prolongé en application du II, elle en informe le ministre chargé de l'économie. L'opération est réputée avoir fait l'objet d'une décision d'autorisation au terme du délai ouvert au ministre chargé de l'économie par le I de l'article L. 430-7-1.»

Art. L. 430-6. *(L. nº 2008-776 du 4 août 2008, art. 96-I, E)* Lorsqu'une opération de concentration fait l'objet, en application du dernier alinéa du III de l'article L. 430-5, d'un examen approfondi, l'Autorité de la concurrence examine si elle est de nature à porter atteinte à la concurrence, notamment par création ou renforcement d'une position dominante ou par création ou renforcement d'une puissance d'achat qui place les fournisseurs en situation de dépendance économique. Elle apprécie si l'opération apporte au progrès économique une contribution suffisante pour compenser les atteintes à la concurrence.

La procédure applicable à cet examen approfondi de l'opération par l'Autorité de la concurrence est celle prévue au deuxième alinéa de l'article L. 463-2 et aux articles L. 463-4, L. 463-6 et L. 463-7. Toutefois, les parties qui ont procédé à la notification et le commissaire du Gouvernement doivent produire leurs observations en réponse à la communication du rapport dans un délai de quinze jours ouvrés.

Avant de statuer, l'autorité peut entendre des tiers en l'absence des parties qui ont procédé à la notification. Les comités d'entreprise des entreprises parties à l'opération de concentration sont entendus à leur demande par l'autorité dans les mêmes conditions.

Art. L. 430-7. *(L. nº 2008-776 du 4 août 2008, art. 96-I, F)* I. — Lorsqu'une opération de concentration fait l'objet d'un examen approfondi, l'Autorité de la concurrence prend une décision dans un délai de soixante-cinq jours ouvrés à compter de l'ouverture de celui-ci.

II. — Après avoir pris connaissance de l'ouverture d'un examen approfondi en application du dernier alinéa du III de l'article L. 430-5, les parties peuvent proposer des engagements de nature à remédier aux effets anticoncurrentiels de l'opération. *(L. nº 2015-990 du 6 août 2015, art. 215-5º)* «Lorsque des engagements ou des modifications apportées à des engagements déjà proposés» sont transmis à l'Autorité de la concurrence moins de vingt jours ouvrés avant la fin du délai mentionné au I, celui-ci expire vingt jours ouvrés après *(L. nº 2015-990 du 6 août 2015, art. 215-5º)* «leur réception, dans la limite de quatre-vingt-cinq jours ouvrés à compter de l'ouverture de l'examen approfondi».

En cas de nécessité particulière, telle que la finalisation des engagements mentionnés à l'alinéa précédent, les parties peuvent demander à l'Autorité de la concurrence de suspendre les délais d'examen de l'opération dans la limite de vingt jours ouvrés. Ces délais peuvent également être suspendus à l'initiative de l'Autorité de la concurrence lorsque les parties ayant procédé à la notification ont manqué de l'informer d'un fait nouveau dès sa survenance ou de lui communiquer, en tout ou partie, les informations demandées dans le délai imparti, ou que des tiers ont manqué de lui communiquer, pour des raisons imputables aux parties ayant procédé à la notification, les informations demandées. En ce cas, le délai reprend son cours dès la disparition de la cause ayant justifié sa suspension.

III. — L'Autorité de la concurrence peut, par décision motivée :

— soit interdire l'opération de concentration et enjoindre, le cas échéant, aux parties de prendre toute mesure propre à rétablir une concurrence suffisante;

— soit autoriser l'opération en enjoignant aux parties de prendre toute mesure propre à assurer une concurrence suffisante ou en les obligeant à observer des prescriptions de nature à apporter au progrès économique une contribution suffisante pour compenser les atteintes à la concurrence.

Les injonctions et prescriptions mentionnées aux deux alinéas précédents s'imposent quelles que soient les clauses contractuelles éventuellement conclues par les parties.

Le projet de décision est transmis aux parties intéressées auxquelles un délai raisonnable est imparti pour présenter leurs observations.

IV. — Si l'Autorité de la concurrence n'entend prendre aucune des décisions prévues au III, elle autorise l'opération par une décision motivée. L'autorisation peut être subordonnée à la réalisation effective des engagements pris par les parties qui ont procédé à la notification.

V. — Si aucune des décisions prévues aux III et IV n'a été prise dans le délai mentionné au I, éventuellement prolongé en application du II, l'Autorité de la concurrence en informe le ministre chargé de l'économie. L'opération est réputée avoir fait l'objet d'une décision d'autorisation au terme du délai ouvert au ministre chargé de l'économie par le II de l'article L. 430-7-1.

Art. L. 430-7-1. *(L. n° 2008-776 du 4 août 2008, art. 96-I, G)* I. — Dans un délai de cinq jours ouvrés à compter de la date à laquelle il a reçu la décision de l'Autorité de la concurrence ou en a été informé en vertu de l'article L. 430-5, le ministre chargé de l'économie peut demander à l'Autorité de la concurrence un examen approfondi de l'opération dans les conditions prévues aux articles L. 430-6 et L. 430-7.

II. — Dans un délai de vingt-cinq jours ouvrés à compter de la date à laquelle il a reçu la décision de l'Autorité de la concurrence ou en a été informé en vertu de l'article L. 430-7, le ministre chargé de l'économie peut évoquer l'affaire et statuer sur l'opération en cause pour des motifs d'intérêt général autres que le maintien de la concurrence et, le cas échéant, compensant l'atteinte portée à cette dernière par l'opération.

Les motifs d'intérêt général autres que le maintien de la concurrence pouvant conduire le ministre chargé de l'économie à évoquer l'affaire sont, notamment, le développement industriel, la compétitivité des entreprises en cause au regard de la concurrence internationale ou la création ou le maintien de l'emploi.

Lorsqu'en vertu du présent II le ministre chargé de l'économie évoque une décision de l'Autorité de la concurrence, il prend une décision motivée statuant sur l'opération en cause après avoir entendu les observations des parties à l'opération de concentration. Cette décision peut éventuellement être conditionnée à la mise en œuvre effective d'engagements.

Cette décision est transmise sans délai à l'Autorité de la concurrence.

(L. n° 2015-990 du 6 août 2015, art. 215-6°) «Si le ministre chargé de l'économie estime que les parties n'ont pas exécuté dans les délais fixés un engagement figurant dans sa décision, il peut prendre les décisions prévues aux 1° à 3° du IV de l'article L. 430-8.»

Art. L. 430-8. *(L. n° 2001-420 du 15 mai 2001)* I. — *(L. n° 2008-776 du 4 août 2008, art. 96-I, H, 1°)* «Si une opération de concentration a été réalisée sans être notifiée, l'Autorité de la concurrence enjoint sous astreinte, dans la limite prévue au II de l'article L. 464-2, aux parties de notifier l'opération, à moins de revenir à l'état antérieur à la concentration. La procédure prévue aux articles L. 430-5 à L. 430-7 est alors applicable.

«En outre, l'autorité peut infliger aux personnes auxquelles incombait la charge de la notification une sanction pécuniaire dont le montant maximum s'élève, pour les personnes morales, à 5 % de leur chiffre d'affaires hors taxes réalisé en France lors du dernier exercice clos, augmenté, le cas échéant, de celui qu'a réalisé en France durant la même période la partie acquise et, pour les personnes physiques, à 1,5 million d'euros.»

II. — Si une opération de concentration notifiée et ne bénéficiant pas de la dérogation prévue au deuxième alinéa de l'article L. 430-4 a été réalisée avant l'intervention de la décision prévue au premier alinéa du même article, *(L. n° 2008-776 du 4 août 2008, art. 96-I, H, 2°)* «l'Autorité de la concurrence» peut infliger aux personnes ayant procédé à la notification une sanction pécuniaire qui ne peut dépasser le montant défini au I.

III. — En cas d'omission ou de déclaration inexacte dans une notification, *(L. n° 2008-776 du 4 août 2008, art. 96-I, H, 2°)* «l'Autorité de la concurrence» peut infliger aux personnes ayant procédé à la notification une sanction pécuniaire qui ne peut dépasser le montant défini au I.»

Cette sanction peut s'accompagner du retrait de la décision ayant autorisé la réalisation de l'opération. A moins de revenir à l'état antérieur à la concentration, les parties sont alors tenues de notifier de nouveau l'opération dans un délai d'un mois à compter du retrait de la décision, sauf à encourir les sanctions prévues au I.

(L. n° 2008-776 du 4 août 2008, art. 96-I, H, 3°, a) «IV. — Si elle estime que les parties n'ont pas exécuté dans les délais fixés une injonction, une prescription ou un engagement figurant dans sa décision, l'Autorité de la concurrence constate l'inexécution. Elle peut :»

1° Retirer la décision ayant autorisé la réalisation de l'opération. A moins de revenir à l'état antérieur à la concentration, les parties sont tenues de notifier de nouveau l'opération dans un délai d'un mois à compter du retrait de la décision, sauf à encourir les sanctions prévues au I;

2° Enjoindre sous astreinte *(L. n° 2008-776 du 4 août 2008, art. 96-I, H, 3°, b)* «, dans la limite prévue au II de l'article L. 464-2,» aux parties auxquelles incombait l'obligation non exécutée d'exécuter dans un délai *(L. n° 2015-990 du 6 août 2015, art. 215-7°)* «qu'elle fixe» les injonctions, prescriptions ou engagements *(L. n° 2015-990 du 6 août 2015, art. 215-7°)* «figurant dans la décision;

«3° Enjoindre sous astreinte, dans la limite prévue au II de l'article L. 464-2, aux parties auxquelles incombait l'obligation, d'exécuter dans un délai qu'elle fixe des injonctions ou des prescriptions en substitution de l'obligation non exécutée.»

(L. n° 2008-776 du 4 août 2008, art. 96-I, H, 3°, c) «En outre, l'Autorité de la concurrence peut infliger aux personnes auxquelles incombait l'obligation non exécutée une sanction pécuniaire qui ne peut dépasser le montant défini au I.

«La procédure applicable est celle prévue au deuxième alinéa de l'article L. 463-2 et aux articles L. 463-4, L. 463-6 et L. 463-7. Toutefois, les parties qui ont procédé à la notification et le commissaire du Gouvernement doivent produire leurs observations en réponse à la communication du rapport dans un délai de quinze jours ouvrés.

«L'Autorité de la concurrence se prononce dans un délai de soixante-quinze jours ouvrés.

«V. — Si une opération de concentration a été réalisée en contravention des décisions prises en application des articles L. 430-7 et L. 430-7-1, l'Autorité de la concurrence enjoint sous astreinte, dans la limite prévue au II de l'article L. 464-2, aux parties de revenir à l'état antérieur à la concentration.

«En outre, l'Autorité de la concurrence peut infliger aux personnes auxquelles les décisions précitées s'imposaient la sanction pécuniaire prévue au I.»

Art. L. 430-9. *(L. n° 2008-776 du 4 août 2008, art. 96-I, I)* «L'Autorité de la concurrence peut, en cas d'exploitation abusive d'une position dominante ou d'un état de dépendance économique, enjoindre, par décision motivée, à l'entreprise ou» au groupe d'entreprises en cause de modifier, de compléter ou de résilier, dans un délai déterminé, tous accords et tous actes par lesquels s'est réalisée la concentration de la puissance économique qui a permis les abus même si ces actes ont fait l'objet de la procédure prévue au présent titre.

Art. L. 430-10. *(L. n° 2008-776 du 4 août 2008, art. 96-I, J)* Lorsqu'ils interrogent des tiers au sujet de l'opération, de ses effets et des engagements proposés par les parties, et rendent publique leur décision dans des conditions fixées par décret, l'Autorité de la concurrence et le ministre chargé de l'économie tiennent compte de l'intérêt légitime des parties qui procèdent à la notification ou des personnes citées à ce que leurs secrets d'affaires ne soient pas divulgués.

TITRE QUATRIÈME
DE LA TRANSPARENCE, DES PRATIQUES RESTRICTIVES DE CONCURRENCE ET D'AUTRES PRATIQUES PROHIBÉES

CHAPITRE PRÉLIMINAIRE
La commission d'examen des pratiques commerciales

(L. n° 2014-344 du 17 mars 2014, art. 127)

Art. L. 440-1. I. — La commission d'examen des pratiques commerciales est composée d'un député et d'un sénateur désignés par les commissions permanentes de leur assemblée compétentes en matière de relations commerciales entre fournisseurs et revendeurs, de membres, éventuellement honoraires, des juridictions administratives et judiciaires, de représentants des secteurs de la production et de la transformation agricole et halieutique, ainsi qu'industrielle et artisanale, des transformateurs, des grossistes, des distributeurs et de l'administration, ainsi que de personnalités qualifiées.

Le président de la commission est désigné parmi ses membres par décret. Lorsque celui-ci n'est pas membre d'une juridiction, un vice-président appartenant à une juridiction administrative ou judiciaire est également désigné, dans les mêmes conditions. Elle comprend un nombre égal de représentants des producteurs et des revendeurs.

Les membres de la commission sont tenus au secret professionnel pour les faits, actes et renseignements dont ils ont pu avoir connaissance en raison de leurs fonctions.

II. — Le président de la commission peut décider de mettre en place plusieurs chambres d'examen au sein de la commission.

La commission assure, sous la responsabilité de son président, l'anonymat des saisines et des documents qui lui sont soumis, y compris vis-à-vis de ses membres.

Un décret détermine l'organisation, les moyens et les modalités de fonctionnement de la commission ainsi que les conditions nécessaires pour assurer l'anonymat des acteurs économiques visés dans les avis et recommandations de la commission.

III. — La commission entend, à sa demande, les personnes et fonctionnaires qu'elle juge utiles à l'accomplissement de sa mission.

Son président peut demander qu'une enquête soit effectuée par les agents habilités à cet effet à l'article L. 450-1 du présent code *(Ord. n° 2016-301 du 14 mars 2016, art. 6, en vigueur le 1er juill. 2016)* «et aux articles L. 511-3, L. 511-21 et L. 511-22» du code de la consommation, selon les procédures prévues. Le compte rendu de l'enquête est remis au président de la commission, qui s'assure qu'il préserve l'anonymat des personnes concernées.

IV. — La commission est saisie par le ministre chargé de l'économie, par le ministre chargé du secteur économique concerné, par le président de l'Autorité de la concurrence, par toute personne morale, notamment les organisations professionnelles ou syndicales, les associations de consommateurs agréées, les chambres consulaires ou d'agriculture, ainsi que par tout producteur, fournisseur ou revendeur s'estimant lésé par une pratique commerciale. Elle peut également se saisir d'office.

La commission d'examen des pratiques commerciales peut également être consultée par les juridictions sur des pratiques, définies au présent titre, relevées dans les affaires dont celles-ci sont saisies.

La décision de saisir la commission n'est pas susceptible de recours. La commission fait connaître son avis dans un délai maximal de quatre mois à compter de sa saisine. Il est sursis à toute décision sur le fond de l'affaire jusqu'à réception de l'avis ou, à défaut, jusqu'à l'expiration du délai de quatre mois susmentionné. Toutefois, des mesures urgentes ou conservatoires nécessaires peuvent être prises. L'avis rendu ne lie pas la juridiction.

L'avis de la commission d'examen des pratiques commerciales est publié après la décision rendue par la juridiction l'ayant saisie pour avis.

V. — La commission a pour mission de donner des avis ou de formuler des recommandations sur les questions, les documents commerciaux ou publicitaires, y compris les factures et contrats couverts par un secret *(L. n° 2018-670 du 30 juill. 2018, art. 4)* «des affaires», et les pratiques concernant les relations commerciales entre producteurs, fournisseurs et revendeurs, qui lui sont soumis.

L'avis rendu par la commission porte notamment sur la conformité au droit de la pratique ou du document dont elle est saisie.

La commission peut également décider d'adopter une recommandation sur les questions dont elle est saisie et sur toutes celles entrant dans ses compétences, notamment celles portant sur le développement des bonnes pratiques. Lorsqu'elle fait suite à une saisine en application du premier alinéa du présent V, cette recommandation ne contient aucune indication de nature à permettre l'identification des personnes concernées. La recommandation est communiquée au ministre chargé de l'économie et est publiée sur décision de la commission.

La commission exerce, en outre, un rôle d'observatoire régulier des pratiques commerciales, des facturations et des contrats conclus entre producteurs, fournisseurs et revendeurs qui lui sont soumis.

Elle établit chaque année un rapport d'activité, qu'elle transmet au Gouvernement et aux assemblées parlementaires. Ce rapport est rendu public. Il comprend une analyse détaillée du nombre et de la nature des infractions au présent titre ayant fait l'objet de sanctions administratives ou pénales. Il comprend également les décisions rendues en matière civile sur les opérations engageant la responsabilité de leurs auteurs.

CHAPITRE PREMIER

De la transparence dans la relation commerciale

(Ord. n° 2019-359 du 24 avr. 2019, art. 1er).

Section première

Les conditions générales de vente

(Ord. n° 2019-359 du 24 avr. 2019, art. 1er)

Art. L. 441-1. I. — Les conditions générales de vente comprennent notamment les conditions de règlement, ainsi que les éléments de détermination du prix tels que le barème des prix unitaires et les éventuelles réductions de prix.

II. — Toute personne exerçant des activités de production, de distribution ou de services qui établit des conditions générales de vente est tenue de les communiquer à tout acheteur qui en fait la demande pour une activité professionnelle. Cette communication s'effectue par tout moyen constituant un support durable.

Ces conditions générales de vente peuvent être différenciées selon les catégories d'acheteurs de produits ou de prestations de services. Dans ce cas, l'obligation de communication prescrite au premier alinéa du présent II porte uniquement sur les conditions générales de vente applicables à une même catégorie d'acheteurs.

III. — Dès lors que les conditions générales de vente sont établies, elles constituent le socle unique de la négociation commerciale.

Dans le cadre de cette négociation, les parties peuvent convenir de conditions particulières de vente qui ne sont pas soumises à l'obligation de communication prescrite au II.

Lorsque le prix d'un service ne peut être déterminé *a priori* ou indiqué avec exactitude, le prestataire de services est tenu de communiquer au destinataire qui en fait la demande la méthode de calcul du prix permettant de vérifier ce dernier, ou un devis suffisamment détaillé.

IV. — Tout manquement au II est passible d'une amende administrative dont le montant ne peut excéder 15000 € pour une personne physique et 75000 € pour une personne morale.

Art. L. 441-2. Tout prestataire de services est tenu, à l'égard de tout destinataire de prestations de services, de respecter les obligations d'information définies à l'article L. 111-2 du code de la consommation.

Cette obligation ne s'applique pas aux services mentionnés aux livres Ier à III et au titre V du livre V du code monétaire et financier ainsi qu'aux opérations pratiquées par les entreprises régies par le code des assurances, par les fonds de retraite professionnelle supplémentaire mentionnés à l'article L. 381-1 du même code, par les mutuelles ou unions mentionnées à l'article L. 214-1 du code de la mutualité, par les institutions de retraite professionnelle supplémentaire mentionnées à l'article L. 942-1 du code de la sécurité sociale, par les mutuelles et unions régies par le livre II du code de la mutualité et par les institutions de prévoyance et unions régies par le titre III du livre IX du code de la sécurité sociale.

Section II

La négociation et la formalisation de la relation commerciale

(Ord. nº 2019-359 du 24 avr. 2019, art. 1er)

Sous-section 1 – Conventions écrites

Art. L. 441-3. I. — Une convention écrite conclue entre le fournisseur, à l'exception des fournisseurs de produits mentionnés à l'article L. 443-2, et le distributeur ou le prestataire de services mentionne les obligations réciproques auxquelles se sont engagées les parties à l'issue de la négociation commerciale, dans le respect des articles L. 442-1 à L. 442-3. Cette convention est établie soit dans un document unique, soit dans un ensemble formé par un contrat-cadre et des contrats d'application.

II. — Sans préjudice des articles L. 442-1 à L. 442-3, tout avenant à la convention mentionnée au I fait l'objet d'un écrit qui mentionne l'élément nouveau le justifiant.

III. — La convention mentionnée au I fixe, aux fins de concourir à la détermination du prix convenu, les obligations suivantes :

1° Les conditions de l'opération de vente des produits ou des prestations de services, y compris les réductions de prix, et le cas échéant les types de situation dans lesquelles et les modalités selon lesquelles des conditions dérogatoires de l'opération de vente sont susceptibles d'être appliquées;

2° Les services de coopération commerciale, propres à favoriser la commercialisation des produits ou services du fournisseur, que le distributeur ou le prestataire de service lui rend, ne relevant pas des obligations d'achat et de vente, en précisant l'objet, la date prévue, les modalités d'exécution, la rémunération de ces services ainsi que les produits ou services auxquels ils se rapportent et la rémunération globale afférente à l'ensemble de ces obligations;

3° Les autres obligations destinées à favoriser la relation commerciale entre le fournisseur et le distributeur ou le prestataire de services, en précisant pour chacune l'objet, la date prévue et les modalités d'exécution, ainsi que la rémunération ou la réduction de prix globale afférente à l'ensemble de ces obligations.

IV. — La convention mentionnée au I est conclue pour une durée d'un an, de deux ans ou de trois ans, au plus tard le 1er mars de l'année pendant laquelle elle prend effet ou dans les deux mois suivant le point de départ de la période de commercialisation des produits ou des services soumis à un cycle de commercialisation particulier. Lorsqu'elle est conclue pour une durée de deux ou de trois ans, elle fixe les modalités selon lesquelles le prix convenu est révisé. Ces modalités peuvent prévoir la prise en compte d'un ou de plusieurs indicateurs disponibles reflétant l'évolution du prix des facteurs de production.

V. — Le fournisseur communique ses conditions générales de vente au distributeur dans un délai raisonnable avant le 1er mars ou, pour les produits ou services soumis à un cycle de commercialisation particulier, avant le point de départ de la période de commercialisation.

Art. L. 441-4. I. — Le présent article est applicable à la convention mentionnée au I de l'article L. 441-3 lorsqu'elle est relative aux produits de grande consommation définis comme des produits non durables à forte fréquence et récurrence de consommation. La liste de ces produits de grande consommation est fixée par décret.

II. — Le présent article n'est pas applicable au grossiste, qui s'entend de toute personne physique ou morale qui, à des fins professionnelles, achète des produits à un ou plusieurs fournisseurs et les revend, à titre principal, à d'autres commerçants, grossistes ou détaillants, à des transformateurs ou à tout autre professionnel qui s'approvisionne pour les besoins de son activité. Sont assimilés à des grossistes les centrales d'achat ou de référencement de grossistes.

Sont exclus de la notion de grossiste les entreprises ou les groupes de personnes physiques ou morales exploitant, directement ou indirectement, un ou plusieurs magasins de commerce de détail ou intervenant dans le secteur de la distribution comme centrale d'achat ou de référencement pour des entreprises de commerce de détail.

III. — La convention mentionne le barème des prix unitaires, tel qu'il a été préalablement communiqué par le fournisseur, avec ses conditions générales de vente, ou les modalités de consultation de ce barème dans la version ayant servi de base à la négociation.

IV. — La convention fixe le chiffre d'affaires prévisionnel, qui constitue, avec l'ensemble des obligations fixées par la convention conformément au III de l'article L. 441-3, le plan d'affaires de la relation commerciale. Lorsque sa durée est de deux ou trois ans, cette convention fixe les modalités selon lesquelles le chiffre d'affaires prévisionnel est révisé.

V. — La date d'entrée en vigueur de chacune des obligations prévues aux 1° à 3° du III de l'article L. 441-3 est concomitante à la date d'effet du prix convenu. Celui-ci s'applique au plus tard le 1er mars.

Les dispositions du 1° du III de l'article L. 441-3 relatives aux conditions dérogatoires de l'opération de vente ne sont pas applicables au présent article.

VI. — Le fournisseur communique ses conditions générales de vente au distributeur au plus tard trois mois avant le 1er mars ou, pour les produits soumis à un cycle de commercialisation particulier, deux mois avant le point de départ de la période de commercialisation. Le distributeur dispose d'un délai raisonnable à compter de la réception des conditions générales de vente pour notifier par écrit les motifs de refus de ces dernières ou son acceptation ou, le cas échéant, les dispositions des conditions générales de vente qu'il souhaite soumettre à la négociation.

VII. — Les conditions dans lesquelles, le cas échéant, le fournisseur s'engage à accorder aux consommateurs, en cours d'année, des avantages promotionnels sur ses produits ou services sont fixées dans des mandats confiés au distributeur ou au prestataire de services, conclus et exécutés conformément aux articles 1984 et suivants du code civil. Chacun de ces contrats de mandat précise, notamment, le montant et la nature des avantages promotionnels accordés, la période d'octroi et les modalités de mise en œuvre de ces avantages ainsi que les modalités de reddition de comptes par le distributeur au fournisseur.

Pour les produits agricoles mentionnés à l'article L. 443-2, le lait et les produits laitiers, ces avantages ne peuvent dépasser 30% de la valeur du barème des prix unitaires, frais de gestion compris.

Art. L. 441-5. Une convention écrite est établie, dans le respect des articles L. 441-1 et L. 442-1 à L. 442-3, pour tout achat de produits manufacturés, fabriqués à la demande de l'acheteur en vue d'être intégrés dans sa propre production, dont le montant est supérieur à un seuil fixé par décret. Elle mentionne les conditions convenues entre les parties, notamment :

1° L'objet de la convention et les obligations respectives des parties;

2° Le prix ou les modalités de sa détermination;

3° Les conditions de facturation et de règlement;

4° Les responsabilités respectives des parties et les garanties, telles que, le cas échéant, les modalités d'application d'une réserve de propriété;

5° Les règles régissant la propriété intellectuelle entre les parties lorsque la nature de la convention le justifie;

6° La durée de la convention ainsi que les modalités de sa résiliation;

7° Les modalités de règlement des différends quant à l'exécution de la convention et, si les parties décident d'y recourir, les modalités de mise en place d'une médiation.

Art. L. 441-6. Tout manquement aux dispositions des articles L. 441-3 à L. 441-5 est passible d'une amende administrative dont le montant ne peut excéder 75000 € pour une personne physique et 375000 € pour une personne morale.

Le maximum de l'amende encourue est porté à 150000 € pour une personne physique et 750000 € pour une personne morale en cas de réitération du manquement dans un délai de deux ans à compter de la date à laquelle la première décision de sanction est devenue définitive.

Art. L. 441-7. I. — Le contrat conclu entre un fournisseur et un distributeur portant sur la conception et la production de produits alimentaires selon des modalités répondant aux besoins particuliers de l'acheteur et vendus sous marque de distributeur mentionne le prix ou les critères et modalités de détermination du prix d'achat des produits agricoles entrant dans la composition de ces produits alimentaires.

II. — L'obligation prévue au I s'applique uniquement lorsque la vente des produits agricoles fait l'objet d'un contrat écrit. Elle s'applique, le cas échéant, lorsque le vendeur est une société mentionnée à l'article L. 521-1 du code rural et de la pêche maritime.

Sous-section 2 – Clause de renégociation (Ord. n° 2019-359 du 24 avr. 2019, art. 1er).

Art. L. 441-8. *(L. n° 2014-344 du 17 mars 2014, art. 125-II) (L. n° 2018-938 du 30 oct. 2018, art. 9)* «Sans préjudice de l'article 172 *bis* du règlement (UE) n° 1308/2013 du Parlement européen et du Conseil du 17 décembre 2013 portant organisation commune des marchés des produits agricoles et abrogeant les règlements (CEE) n° 922/72, (CEE) n° 234/79, (CE) n° 1037/2001 et (CE) n° 1234/2007 du Conseil,» les contrats d'une durée d'exécution supérieure à trois mois portant sur la vente des produits *(L. n° 2018-938 du 30 oct. 2018, art. 9)* «agricoles et alimentaires» figurant sur *(L. n° 2018-938 du 30 oct. 2018, art. 9)* «une liste fixée» par décret, dont les prix de production sont significativement affectés par des fluctuations des prix des matières premières agricoles et alimentaires *(L. n° 2018-938 du 30 oct. 2018, art. 9)* «et des produits agricoles et alimentaires et, le cas échéant, des coûts de l'énergie» comportent une clause relative aux modalités de renégociation du prix permettant de prendre en compte ces fluctuations à la hausse comme à la baisse.

(L. n° 2018-938 du 30 oct. 2018, art. 9) «Cette clause, définie par les parties, précise les conditions et les seuils de déclenchement de la renégociation et prend notamment en compte les indicateurs mentionnés à l'article L. 631-24-1 du code rural et de la pêche maritime ou, à défaut, un ou plusieurs indicateurs des prix des produits agricoles ou alimentaires constatés sur le marché sur lequel opère le vendeur diffusés, le cas échéant, par accords interprofessionnels ou par l'Observatoire de la formation des prix et des marges des produits alimentaires.»

La renégociation de prix est conduite de bonne foi dans le respect du secret des affaires, ainsi que dans un délai, précisé dans le contrat, qui ne peut être supérieur à indemnités lorsque l'ouverture d'une procédure de sauvegarde, de redressement ou de liquidation judiciaire interdit le paiement à son échéance de la créance qui lui est due.

III. — Sous réserve de dispositions spécifiques plus favorables au créancier, lorsqu'une procédure d'acceptation ou de vérification permettant de certifier la conformité des marchandises ou des services au contrat est prévue, la durée de cette procédure est fixée conformément aux bonnes pratiques et usages commerciaux et, en tout état de cause, n'excède pas trente jours à compter de la date de réception des marchandises ou de réalisation de la prestation des services, à moins qu'il n'en soit expressément stipulé autrement par contrat et pourvu que cela ne constitue pas une clause ou pratique abusive au sens de l'avant-dernier alinéa de l'article L. 441-16 ou de l'article L. 442-1. La durée de la procédure d'acceptation ou de vérification ne peut avoir pour effet ni d'augmenter la durée, ni de décaler le point de départ du délai maximal de paiement prévu aux deuxième, troisième et quatrième alinéas du I, à moins qu'il n'en soit expressément stipulé autrement par contrat et pourvu que cela ne constitue pas une clause ou pratique abusive, au sens de l'avant-dernier alinéa de l'article L. 441-16 ou de l'article L. 442-1.

Art. L. 441-11. I. — Les professionnels d'un secteur, clients et fournisseurs, peuvent décider conjointement de réduire le délai maximum de paiement fixé aux deuxième, troisième et quatrième alinéas du I de l'article L. 441-10. Ils peuvent également proposer de retenir la date de réception des marchandises ou d'exécution de la prestation de services demandée comme point de départ de ce délai. Des accords peuvent être conclus à cet effet par leurs organisations professionnelles. Un décret peut étendre le nouveau délai maximum de paiement à tous les opérateurs du secteur ou, le cas échéant, valider le nouveau mode de computation et l'étendre à ces mêmes opérateurs.

II. — Le délai de paiement, par tout producteur, revendeur ou prestataire de services, ne peut dépasser :

1° Trente jours après la fin de la décade de livraison pour les achats de produits alimentaires périssables et de viandes congelées ou surgelées, de poissons surgelés, de plats cuisinés et de conserves fabriqués à partir de produits alimentaires périssables, à l'exception des achats de produits saisonniers effectués dans le cadre de contrats d'intégration conclus dans le secteur des fruits et légumes mentionnés aux articles L. 326-1 à L. 326-3 du code rural et de la pêche maritime;

2° Vingt jours après le jour de livraison pour les achats de bétail sur pied destiné à la consommation et de viandes fraîches dérivées;

3° Trente jours après la fin du mois de livraison pour les achats de boissons alcooliques passibles des droits de consommation prévus à l'article 403 du code général des impôts;

4° Quarante-cinq jours fin de mois ou soixante jours après la date d'émission de la facture pour les achats de raisins et de moûts destinés à l'élaboration de vins ainsi que de boissons alcooliques passibles des droits de circulation prévus à l'article 438 du code général des impôts, sauf dispositions dérogatoires figurant :

a) Dans des décisions interprofessionnelles prises en application de la loi du 12 avril 1941 portant création d'un comité interprofessionnel du vin de Champagne;

b) Ou dans des accords interprofessionnels pris en application du livre VI du code rural et de la pêche maritime et rendus obligatoires par voie réglementaire à tous les opérateurs sur l'ensemble du territoire métropolitain;

5° Trente jours après la date d'émission de la facture pour le transport routier de marchandises, pour la location de véhicules avec ou sans conducteur, pour la commission de transport ainsi que pour les activités de transitaire, d'agent maritime et de fret aérien, de courtier de fret et de commissionnaire en douane;

6° Pour les ventes entre, d'une part, les industriels de l'agroéquipement, constructeurs et importateurs et, d'autre part, les entreprises de distribution spécialisées et de réparation, dans le secteur de l'agroéquipement :

a) Cinquante-cinq jours fin de mois après la date d'émission de la facture pour les matériels d'entretien d'espaces verts;

b) Cent-dix jours fin de mois après la date d'émission de la facture pour les matériels agricoles à l'exception des tracteurs, matériels de transport et d'élevage;

7° Quatre-vingt-dix jours après la date d'émission de la facture pour le règlement du solde des factures relatives à des livraisons effectuées avant l'ouverture de la saison d'activité dans le secteur des articles de sport, pour les ventes d'équipements nécessaires à la pratique des sports de glisse sur neige entre les fournisseurs et les entreprises dont l'activité est exclusivement ou quasi exclusivement saisonnière;

8° Cinquante-quatre jours fin de mois après la date d'émission de la facture dans le secteur de la filière du cuir, pour les ventes entre les fournisseurs et les distributeurs spécialisés;

9° Cinquante-neuf jours fin de mois ou soixante-quatorze jours nets après la date d'émission de la facture dans le secteur de l'horlogerie, de la bijouterie, de la joaillerie et de l'orfèvrerie pour les ventes entre, d'une part, les fournisseurs, fabricants, importateurs ou grossistes et, d'autre part, les distributeurs spécialisés, au titre de leur activité au sein d'un point de vente ou dans le cadre de leur activité de vente à distance ou les centrales d'achat dont l'activité principale est de revendre des produits de l'horlogerie, de la bijouterie, de la joaillerie et de l'orfèvrerie à des distributeurs spécialisés;

10° Pour les ventes entre les fabricants et les distributeurs spécialisés dans le secteur du commerce du jouet :

a) Quatre-vingt-quinze jours nets après la date d'émission de la facture pour la période "du permanent" s'étendant du mois de janvier au mois de septembre inclus;

b) Soixante-quinze jours nets après la date d'émission de la facture pour la période de fin d'année, s'étendant du mois d'octobre au mois de décembre inclus.

III. — Le délai maximum mentionné aux 6° à 10° du II est expressément stipulé par contrat et ne doit pas constituer un abus manifeste à l'égard du créancier. A défaut de stipulation expresse, le délai prévu au deuxième alinéa du I de l'article L. 441-10 est applicable.

Art. L. 441-12. Par dérogation au I de l'article L. 441-10 et aux 1° à 3° du II de l'article L. 441-11, le délai convenu entre les parties pour le paiement des achats effectués en franchise de la taxe sur la valeur ajoutée, en application de l'article 275 du code général des impôts, de biens destinés à faire l'objet d'une livraison en l'état hors de l'Union européenne ne peut dépasser quatre-vingt-dix jours après la date d'émission de la facture. Le délai convenu entre les parties est expressément stipulé par contrat et ne doit pas constituer un abus manifeste à l'égard du créancier.

A défaut de stipulation expresse ou si les biens ne reçoivent pas la destination prévue au premier alinéa, les pénalités de retard mentionnées au II de l'article L. 441-10 sont exigibles.

Le présent article n'est pas applicable aux achats effectués par les grandes entreprises.

Art. L. 441-13. Pour les livraisons de marchandises qui font l'objet d'une importation dans le territoire fiscal des départements de la Guadeloupe, de la Martinique, de la Guyane, de La Réunion et de Mayotte ainsi que des collectivités d'outre-mer de Saint-Barthélemy, de Saint-Martin, des îles Wallis-et-Futuna et de Saint-Pierre-et-Miquelon, les délais de paiement prévus au I de l'article L. 441-10 et aux 1° à 4° du II de l'article L. 441-11 ne sont décomptés qu'à partir de la date de dédouanement de la marchandise au port de destination finale. Lorsque la marchandise est mise à la disposition de l'acheteur, ou de son représentant, en métropole, le délai n'est décompté qu'à partir du vingt et unième jour suivant la date de cette mise à disposition ou à partir de la date du dédouanement si celle-ci est antérieure.

Art. L. 441-14. Les sociétés dont les comptes annuels sont certifiés par un commissaire aux comptes communiquent des informations sur les délais de paiement de leurs fournisseurs et de leurs clients suivant des modalités définies par décret.

Ces informations font l'objet d'une attestation du commissaire aux comptes, dans des conditions fixées par ce même décret. Lorsque la société concernée est une grande entreprise ou une entreprise de taille intermédiaire, au sens de l'article 51 de la loi n° 2008-776 du 4 août 2008 de modernisation de l'économie, le commissaire aux comptes adresse son attestation au ministre chargé de l'économie si elle démontre, de façon répétée, des manquements significatifs de la société aux prescriptions du I de l'article L. 441-10 ou du 5° du II de l'article L. 441-11.

Art. L. 441-15. I. — Tout professionnel opérant dans un secteur économique mentionné au III peut demander à l'autorité administrative chargée de la concurrence et de la consommation de prendre formellement position sur la conformité aux deuxième, troisième et quatrième alinéas du I de l'article L. 441-10 des modalités de computation des délais de paiement qu'il envisage de mettre en place.

Cette prise de position formelle a pour objet de prémunir ce professionnel d'un changement d'appréciation de l'autorité administrative qui serait de nature à l'exposer à la sanction administrative prévue à l'article L. 441-16.

II. — La validité de la prise de position mentionnée au I prend fin à compter de la date à laquelle :

1° La situation du professionnel n'est plus identique à celle présentée dans sa demande;

2° Est entrée en vigueur une modification de dispositions législatives ou réglementaires de nature à affecter cette validité;

3° L'autorité administrative notifie au professionnel, après l'avoir préalablement informé, la modification de son appréciation.

III. — Un décret en Conseil d'État précise les secteurs économiques mentionnés au I dans lesquels se posent des difficultés particulières en matière de délais de paiement appréciées en fonction du nombre et de la gravité des incidents de paiement qui y sont constatés et de leur impact économique sur les secteurs concernés ou de la nature et de la récurrence des difficultés d'interprétation qu'y font naître les règles relatives aux délais de paiement.

Art. L. 441-16. Est passible d'une amende administrative dont le montant ne peut excéder 75 000 € pour une personne physique et deux millions d'euros pour une personne morale, le fait de :

a) Ne pas respecter les délais de paiement prévus au I de l'article L. 441-10, aux 1°, 2°, 3°, *b* du 4°, 5°, *a* et *b* du 6°, 7°, 8°, 9° et *a* et *b* du 10° du II de l'article L. 441-11, à l'article L. 441-12 et à l'article L. 441-13;

b) Ne pas indiquer, dans les conditions de règlement fixées au I de l'article L. 441-1, les mentions prévues au II de l'article L. 441-10;

c) Fixer un taux ou des conditions d'exigibilité des pénalités de retard non conformes aux prescriptions du II de l'article L. 441-10;

d) Ne pas respecter les modalités de computation des délais de paiement convenues entre les parties conformément aux deuxième, troisième et quatrième alinéas du I de l'article L. 441-10.

Sous les mêmes sanctions, sont interdites toutes clauses ou pratiques ayant pour effet de retarder abusivement le point de départ des délais de paiement mentionnés au présent article.

Le maximum de l'amende encourue est porté à 150000 € pour une personne physique et quatre millions d'euros pour une personne morale en cas de réitération du manquement dans un délai de deux ans à compter de la date à laquelle la première décision de sanction est devenue définitive.

CHAPITRE II
Des pratiques commerciales déloyales entre entreprises *(Ord. n° 2019-359 du 24 avr. 2019, art. 2).*

Section première
Des pratiques restrictives de concurrence

(Ord. n° 2019-359 du 24 avr. 2019, art. 2)

Art. L. 442-1. I. — Engage la responsabilité de son auteur et l'oblige à réparer le préjudice causé le fait, dans le cadre de la négociation commerciale, de la conclusion ou de l'exécution d'un contrat, par toute personne exerçant des activités de production, de distribution ou de services :

1° D'obtenir ou de tenter d'obtenir de l'autre partie un avantage ne correspondant à aucune contrepartie ou manifestement disproportionné au regard de la valeur de la contrepartie consentie;

2° De soumettre ou de tenter de soumettre l'autre partie à des obligations créant un déséquilibre significatif dans les droits et obligations des parties.

II. — Engage la responsabilité de son auteur et l'oblige à réparer le préjudice causé le fait, par toute personne exerçant des activités de production, de distribution ou de services de rompre brutalement, même partiellement, une relation commerciale établie, en l'absence d'un préavis écrit qui tienne compte notamment de la durée de la relation commerciale, en référence aux usages du commerce ou aux accords interprofessionnels.

En cas de litige entre les parties sur la durée du préavis, la responsabilité de l'auteur de la rupture ne peut être engagée du chef d'une durée insuffisante dès lors qu'il a respecté un préavis de dix-huit mois.

Les dispositions du présent II ne font pas obstacle à la faculté de résiliation sans préavis, en cas d'inexécution par l'autre partie de ses obligations ou en cas de force majeure.

Art. L. 442-2. Engage la responsabilité de son auteur et l'oblige à réparer le préjudice causé le fait, par toute personne exerçant des activités de production, de distribution ou de services de participer directement ou indirectement à la violation de l'interdiction de revente hors réseau faite au distributeur lié par un accord de distribution sélective ou exclusive exempté au titre des règles applicables du droit de la concurrence.

Art. L. 442-3. Sont nuls les clauses ou contrats prévoyant pour toute personne exerçant des activités de production, de distribution ou de services, la possibilité de bénéficier :

a) Rétroactivement de remises, de ristournes ou d'accords de coopération commerciale;

b) Automatiquement des conditions plus favorables consenties aux entreprises concurrentes par le cocontractant.

Art. L. 442-4. I. — Pour l'application des articles L. 442-1, L. 442-2, L. 442-3, L. 442-7 et L. 442-8, l'action est introduite devant la juridiction civile ou commerciale compétente par toute personne justifiant d'un intérêt, par le ministère public, par le ministre chargé de l'économie ou par le président de l'Autorité de la concurrence lorsque ce dernier constate, à l'occasion des affaires qui relèvent de sa compétence, une pratique mentionnée aux articles précités.

Toute personne justifiant d'un intérêt peut demander à la juridiction saisie d'ordonner la cessation des pratiques mentionnées aux articles L. 442-1, L. 442-2, L. 442-3, L. 442-7 et L. 442-8 ainsi que la réparation du préjudice subi. Seule la partie victime des pratiques prévues aux articles L. 442-1, L. 442-2, L. 442-3, L. 442-7 et L. 442-8 peut faire constater la nullité des clauses ou contrats illicites et demander la restitution des avantages indus.

Le ministre chargé de l'économie ou le ministère public peuvent demander à la juridiction saisie d'ordonner la cessation des pratiques mentionnées aux articles L. 442-1, L. 442-2, L. 442-3, L. 442-7 et L. 442-8. Ils peuvent également, pour toutes ces pratiques, faire constater la nullité des clauses ou contrats illicites et demander la restitution des avantages indument obtenus, dès lors que les victimes de ces pratiques sont informées, par tous moyens, de l'introduction de cette action en justice. Ils peuvent également demander le prononcé d'une amende civile dont le montant ne peut excéder le plus élevé des trois montants suivants :

— cinq millions d'euros;

— le triple du montant des avantages indument perçus ou obtenus;

— 5% du chiffre d'affaires hors taxes réalisé en France par l'auteur des pratiques lors du dernier exercice clos depuis l'exercice précédant celui au cours duquel les pratiques ont été mises en œuvre.

II. — La juridiction ordonne systématiquement la publication, la diffusion ou l'affichage de sa décision ou d'un extrait de celle-ci selon les modalités qu'elle précise. Elle peut ordonner l'insertion de la décision ou de l'extrait de celle-ci dans le rapport établi sur les opérations de l'exercice par les gérants, le conseil d'administration ou le directoire de l'entreprise. Les frais sont supportés par la personne condamnée.

La juridiction peut ordonner l'exécution de sa décision sous astreinte.

Le juge des référés peut ordonner, au besoin sous astreinte, la cessation des pratiques abusives ou toute autre mesure provisoire.

III. — Les litiges relatifs à l'application des articles L. 442-1, L. 442-2, L. 442-3, L. 442-7 et L. 442-8 sont attribués aux juridictions dont le siège et le ressort sont fixés par décret.

Art. L. 442-5. I. — Le fait, pour tout commerçant, de revendre ou d'annoncer la revente d'un produit en l'état à un prix inférieur à son prix d'achat effectif est puni de 75000 € d'amende. Cette amende peut être portée à la moitié des dépenses de publicité dans le cas où une annonce publicitaire, quel qu'en soit le support, fait état d'un prix inférieur au prix d'achat effectif. La cessation de l'annonce publicitaire peut être ordonnée dans les conditions prévues à l'article L. 121-3 *[L. 132-8]* du code de la consommation.

Le prix d'achat effectif est le prix unitaire net figurant sur la facture d'achat, minoré du montant de l'ensemble des autres avantages financiers consentis par le vendeur exprimé en pourcentage du prix unitaire net du produit et majoré des taxes sur le chiffre d'affaires, des taxes spécifiques afférentes à cette revente et du prix du transport.

Le prix d'achat effectif est affecté d'un coefficient de 0,9 pour le grossiste qui distribue des produits ou services exclusivement à des professionnels qui lui sont indépendants et qui exercent une activité de revendeur au détail, de transformateur ou de prestataire de services final. Est considérée comme indépendante toute entreprise libre de déterminer sa politique commerciale et dépourvue de lien capitalistique ou d'affiliation avec le grossiste.

II. — Les dispositions du I ne sont pas applicables :

1° Aux ventes volontaires ou forcées motivées par la cessation ou le changement d'une activité commerciale ;

2° Aux produits dont la vente présente un caractère saisonnier marqué, pendant la période terminale de la saison des ventes et dans l'intervalle compris entre deux saisons de vente ;

3° Aux produits qui ne répondent plus à la demande générale en raison de l'évolution de la mode ou de l'apparition de perfectionnements techniques ;

4° Aux produits, aux caractéristiques identiques, dont le réapprovisionnement s'est effectué en baisse, le prix effectif d'achat étant alors remplacé par le prix résultant de la nouvelle facture d'achat ;

5° Aux produits alimentaires commercialisés dans un magasin d'une surface de vente de moins de 300 mètres carrés et aux produits non alimentaires commercialisés dans un magasin d'une surface de vente de moins de 1 000 mètres carrés, dont le prix de revente est aligné sur le prix légalement pratiqué pour les mêmes produits par un autre commerçant dans la même zone d'activité ;

6° A condition que l'offre de prix réduit ne fasse l'objet d'une quelconque publicité ou annonce à l'extérieur du point de vente, aux produits périssables à partir du moment où ils sont menacés d'altération rapide ;

7° Aux produits soldés mentionnés à l'article L. 310-3.

Ces exceptions ne font pas obstacle à l'application du 2° de l'article L. 653-5 et du 1° de l'article L. 654-2.

III. — Les personnes morales déclarées pénalement responsables de l'infraction prévue au I encourent la peine mentionnée au 9° de l'article 131-39 du code pénal.

La cessation de l'annonce publicitaire peut être ordonnée dans les conditions prévues à l'article L. 121-3 *[L. 132-8]* du code de la consommation.

Art. L. 442-6. Est puni d'une amende de 15 000 € le fait par toute personne d'imposer, directement ou indirectement, un caractère minimal au prix de revente d'un produit ou d'un bien, au prix d'une prestation de service ou à une marge commerciale.

Art. L. 442-7. *(L. n° 2005-157 du 23 févr. 2005, art. 34) (Ord. n° 2019-358 du 24 avr. 2019, art. 1er)* « Engage la responsabilité de son auteur et l'oblige à réparer le préjudice causé le fait pour un acheteur de produits agricoles ou de denrées alimentaires de faire pratiquer par son fournisseur un prix de cession abusivement bas.

«Pour caractériser un prix de cession abusivement bas, il est tenu compte notamment des indicateurs de coûts de production mentionnés aux articles L. 631-24, L. 631-24-1, L. 631-24-3 et L. 632-2-1 du code rural et de la pêche maritime ou, le cas échéant, de tous autres indicateurs disponibles dont ceux établis par l'Observatoire de la formation des prix et des marges des produits alimentaires mentionné à l'article L. 682-1 du même code. Dans le cas d'une première cession, il est également tenu compte des indicateurs figurant dans la proposition de contrat du producteur agricole.»

(Ord. nº 2019-359 du 24 avr. 2019, art. 2) «L'article L. 442-4 est applicable» à l'action prévue par le présent article.

Art. L. 442-8. I. — Est nul le contrat par lequel un fournisseur s'engage envers toute personne exerçant des activités de production, de distribution ou de services sur une offre de prix à l'issue d'enchères inversées à distance, organisées notamment par voie électronique, lorsque l'une au moins des règles suivantes n'a pas été respectée :

1º Préalablement aux enchères, l'acheteur ou la personne qui les organise pour son compte communique de façon transparente et non discriminatoire à l'ensemble des candidats admis à présenter une offre les éléments déterminants des produits ou des prestations de services qu'il entend acquérir, ses conditions et modalités d'achat, ses critères de sélection détaillés ainsi que les règles selon lesquelles les enchères vont se dérouler;

2º A l'issue de la période d'enchères, l'identité du candidat retenu est révélée au candidat qui, ayant participé à l'enchère, en fait la demande. Si l'auteur de l'offre sélectionnée est défaillant, nul n'est tenu de reprendre le marché au dernier prix ni à la dernière enchère.

II. — L'acheteur ou la personne qui organise les enchères pour son compte effectue un enregistrement du déroulement des enchères qu'il conserve pendant un an. Il est présenté aux agents habilités s'il est procédé à une enquête dans les conditions prévues au titre V.

III. — Les enchères à distance inversées organisées par l'acheteur ou par son représentant sont interdites pour les produits agricoles figurant sur une liste établie par décret, ainsi que pour les produits alimentaires de consommation courante issus de la première transformation de ces produits.

IV. — Le fait de ne pas respecter les dispositions des I à III engage la responsabilité de son auteur et l'oblige à réparer le préjudice causé.

Les dispositions de l'article L. 442-4 sont applicables aux opérations mentionnées aux I à III.

Section II

Des autres pratiques prohibées

(Ord. nº 2019-359 du 24 avr. 2019, art. 2)

Art. L. 442-9. I. — Est puni de deux ans d'emprisonnement et de 30000 € d'amende le fait d'opérer la hausse ou la baisse artificielle soit du prix de biens ou de services, soit d'effets publics ou privés, notamment à l'occasion d'enchères à distance :

1º En diffusant, par quelque moyen que ce soit, des informations mensongères ou calomnieuses;

2º En introduisant sur le marché ou en sollicitant soit des offres destinées à troubler les cours, soit des sur-offres ou sous-offres faites aux prix demandés par les vendeurs ou prestataires de services;

3º Ou en utilisant tout autre moyen frauduleux.

La tentative est punie des mêmes peines.

II. — Lorsque la hausse ou la baisse artificielle des prix concerne des produits alimentaires, la peine est portée à trois ans d'emprisonnement et 45000 € d'amende.

III. — Les personnes physiques coupables des infractions prévues au présent article encourent également les peines complémentaires suivantes :

1° L'interdiction des droits civiques, civils et de famille, suivant les modalités de l'article 131-26 du code pénal;

2° L'affichage ou la diffusion de la décision prononcée dans les conditions prévues par l'article 131-35 du code pénal.

IV. — Les personnes morales déclarées pénalement responsables des infractions prévues aux I et II encourent les peines mentionnées aux 2° à 6° et 9° de l'article 131-39 du code pénal.

L'interdiction mentionnée au 2° de l'article 131-39 du même code porte sur l'activité dans l'exercice ou à l'occasion de l'exercice de laquelle l'infraction a été commise.

Art. L. 442-10. Aucune association ou coopérative d'entreprise ou d'administration ne peut, de façon habituelle, offrir des produits à la vente, les vendre ou fournir des services si ces activités ne sont pas prévues par ses statuts.

Art. L. 442-11. Il est interdit à toute personne d'offrir à la vente des produits ou de proposer des services en utilisant, dans des conditions irrégulières, le domaine public de l'État, des collectivités locales et de leurs établissements publics.

Les infractions à l'interdiction mentionnée au premier alinéa sont recherchées et constatées dans les conditions définies par les articles L. 450-1 à L. 450-3-2 et L. 450-7.

Les agents peuvent consigner, dans des locaux qu'ils déterminent et pendant une durée qui ne peut être supérieure à un mois, les produits offerts à la vente et les biens ayant permis la vente des produits ou l'offre de services.

La consignation donne lieu à l'établissement immédiat d'un procès-verbal. Celui-ci comporte un inventaire des biens et des marchandises consignés ainsi que la mention de leur valeur. Il est communiqué dans les cinq jours de sa clôture au procureur de la République et à l'intéressé.

La juridiction peut ordonner la confiscation des produits offerts à la vente et des biens ayant permis la vente des produits ou l'offre de services. La juridiction peut condamner l'auteur de l'infraction à verser au Trésor public une somme correspondant à la valeur des produits consignés, dans le cas où il n'a pas été procédé à une saisie.

CHAPITRE III

Dispositions spécifiques aux produits agricoles et aux denrées alimentaires

(Ord. n° 2019-359 du 24 avr. 2019, art. 3).

Art. L. 443-1. *(Ord. n° 2019-359 du 24 avr. 2019, art. 3)* I. — Toute publicité à destination du consommateur, diffusée sur tout support ou visible de l'extérieur du lieu de vente, mentionnant une réduction de prix ou un prix promotionnel sur les produits alimentaires périssables précise la nature et l'origine des produits offerts et la période pendant laquelle est maintenue l'offre proposée par l'annonceur. La mention relative à l'origine est inscrite en caractères d'une taille égale à celle de la mention du prix.

Dans la promotion par les opérateurs de vente d'un produit alimentaire, le terme "gratuit" ne peut être utilisé comme outil marketing et promotionnel dans le cadre d'une relation commerciale.

Lorsque de telles opérations promotionnelles sont susceptibles, par leur ampleur ou leur fréquence, de désorganiser les marchés, un arrêté interministériel ou, à défaut, préfectoral fixe, pour les produits concernés, la périodicité et la durée de telles opérations.

Toute infraction aux dispositions des premier à troisième alinéas est punie d'une amende de 15000 €.

La cessation de la publicité réalisée en violation du présent I peut être ordonnée dans les conditions prévues à l'article L. 121-3

II. — Pour un fruit ou légume frais ayant fait l'objet, entre le fournisseur et son acheteur, d'un accord sur le prix de cession, l'annonce du prix, hors lieu de vente, est autorisée dans un délai maximal de trois jours précédant le premier jour de l'application du prix annoncé, pour une durée qui ne peut excéder cinq jours à compter de cette date.

L'accord sur le prix de cession est formalisé dans un contrat écrit signé par les parties, dont un exemplaire est détenu par chacune d'entre elles avant la diffusion de l'annonce du prix hors lieu de vente. Le présent alinéa ne s'applique pas aux annonces de prix réalisées sur le lieu des ventes au déballage mentionnées à l'article L. 310-2 du présent code.

III. — Dans les cas où les conditions mentionnées au premier alinéa du II ne sont pas réunies, toute annonce de prix, hors lieu de vente, portant sur un fruit ou légume frais, quelle que soit l'origine de celui-ci, fait l'objet d'un accord interprofessionnel d'une durée d'un an renouvelable, conclu conformément à l'article L. 632-1 du code rural et de la pêche maritime. Cet accord précise les périodes durant lesquelles une telle annonce est possible et ses modalités.

Cet accord peut être étendu conformément aux articles L. 632-3 et L. 632-4 du même code.

IV. — Les II et III ne sont pas applicables aux fruits et légumes frais appartenant à des variétés non produites en France métropolitaine.

Art. L. 443-2. *(Ord. n° 2019-359 du 24 avr. 2019, art. 3)* I. — Pour les produits agricoles périssables ou issus de cycles courts de production, d'animaux vifs, de carcasses ou pour les produits de la pêche et de l'aquaculture, figurant sur une liste établie par décret, un distributeur ou prestataire de services ne peut bénéficier de remises, rabais et ristournes ou prévoir la rémunération de services rendus à l'occasion de leur revente, propres à favoriser leur commercialisation et ne relevant pas des obligations d'achat et de vente, ou de services ayant un objet distinct, que si ceux-ci sont prévus dans un contrat écrit portant sur la vente de ces produits par le fournisseur.

Ce contrat écrit comprend notamment des clauses relatives aux engagements sur les volumes, aux modalités de détermination du prix en fonction des volumes et des qualités des produits et des services concernés et à la fixation d'un prix. Il mentionne les avantages tarifaires consentis par le fournisseur au distributeur au regard des engagements de ce dernier.

Lorsqu'un contrat type relatif aux activités mentionnées au premier alinéa est inclus dans un accord interprofessionnel adopté par l'organisation interprofessionnelle reconnue pour le produit concerné et étendu en application des dispositions des articles L. 632-3 et L. 632-4 du code rural et de la pêche maritime, le contrat mentionné au premier alinéa est conforme à ce contrat type.

Les deuxième et troisième alinéas ne sont pas applicables aux produits pour lesquels la conclusion de contrats écrits a été rendue obligatoire en application de l'article L. 631-24-2 du code rural et de la pêche maritime.

II. — Par dérogation, un acheteur, un distributeur ou prestataire de services ne peut pas bénéficier de remises, rabais et ristournes pour l'achat de fruits et légumes frais.

Il peut toutefois bénéficier de réfactions tarifaires résultant d'une non-conformité, qualitative ou quantitative, du produit livré à la commande si un accord, conclu par une organisation interprofessionnelle reconnue dans les conditions prévues à l'article L. 632-1 du code rural et de la pêche maritime, en a précisé les conditions.

Cet accord peut être étendu conformément aux articles L. 632-3 et L. 632-4 du même code.

III. — Tout manquement aux dispositions des I et II par l'acheteur, le distributeur ou le prestataire de services est passible d'une amende administrative dont le montant ne peut excéder 15000 € pour une personne physique et 75000 € pour une personne morale.

Le maximum de l'amende encourue est porté à 30000 € pour une personne physique et *[à]* 150000 € pour une personne morale en cas de réitération du manquement dans un délai de deux ans à compter de la date à laquelle la première décision de sanction est devenue définitive.

Art. L. 443-3. A l'exception des produits destinés à être vendus en ferme sur un marché physique de gros par le producteur ou l'organisation de producteurs, les fruits et légumes frais destinés à la vente ou à la revente à un professionnel établi en France doivent, lors de leur transport sur le territoire national, y compris dans l'enceinte des marchés d'intérêt national, être accompagnés d'un bon de commande établi par l'acheteur ou d'un contrat passé avec le commissionnaire ou le mandataire. Le bon de commande mentionne le nom des parties, leur adresse, la date de la commande, la quantité, les modalités de détermination du prix et la dénomination précise des produits. Le contrat mentionne le nom des parties, leur adresse, sa date, son objet ainsi que les conditions de fixation du prix payé au fournisseur et de rémunération du commissionnaire ou du mandataire.

Dans le cas où les documents mentionnés au premier alinéa n'ont pu être présentés aux agents habilités lors du transport, il appartient à l'acheteur de leur transmettre, dans un délai de quarante-huit heures, ces documents ou, à défaut, un message, écrit ou par voie électronique, certifiant qu'il a bien commandé les produits concernés et précisant le ou les prix convenus avec son fournisseur pour l'achat de ces produits.

Lorsque l'acheteur réalise lui-même le transport des produits qu'il a achetés directement dans les locaux de ses fournisseurs, il atteste, lors du contrôle, qu'il est propriétaire des produits.

Tout manquement aux obligations résultant du présent article par l'acheteur, le commissionnaire, le mandataire ou le fournisseur est passible d'une amende administrative dont le montant ne peut excéder 15000 € pour une personne physique et 75000 € pour une personne morale.

Le maximum de l'amende encourue est porté à 30000 € pour une personne physique et 150000 € pour une personne morale en cas de réitération du manquement dans un délai de deux ans à compter de la date à laquelle la première décision de sanction est devenue définitive.

Art. L. 443-4. *(Ord. n° 2019-359 du 24 avr. 2019, art. 3)* I. — Pour les produits agricoles ou les produits alimentaires comportant un ou plusieurs produits agricoles, lorsque les indicateurs énumérés au neuvième alinéa du III de l'article L. 631-24 et aux articles L. 631-24-1 et L. 631-24-3 du code rural et de la pêche maritime ou, le cas échéant, tous autres indicateurs disponibles dont ceux établis par l'Observatoire de la formation des prix et des marges des produits alimentaires existent, les conditions générales de vente mentionnées à l'article L. 441-1 du présent code, ainsi que les conventions mentionnées aux articles L. 441-3, L. 441-4, L. 441-7 et L. 443-2 y font référence et explicitent les conditions dans lesquelles il en est tenu compte pour la détermination des prix.

II. — Tout manquement aux dispositions du I est passible d'une amende administrative dont le montant ne peut excéder 75000 € pour une personne physique et 375000 € pour une personne morale.

Le maximum de l'amende encourue est porté à 150000 € pour une personne physique et 750000 € pour une personne morale en cas de réitération du manquement dans un délai de deux ans à compter de la date à laquelle la première décision de sanction est devenue définitive.

TITRE QUATRIÈME *BIS*

DE CERTAINS TARIFS RÉGLEMENTÉS

(L. n° 2015-990 du 6 août 2015, art. 50-I-1°)

Art. L. 444-1. Sont régis par le présent titre les tarifs réglementés applicables aux prestations *(Ord. n° 2016-728 du 2 juin 2016, art. 23-III, en vigueur le 1er juill. 2022)* «des commissaires de justice *[ancienne rédaction : des commissaires-priseurs judiciaires, des greffiers de tribunal de commerce, des huissiers de justice]*», des administrateurs judiciaires, des mandataires judiciaires et des notaires. Sont également régis par le présent titre les droits et émoluments de l'avocat en matière de saisie immobilière, de partage, de licitation et de sûretés judiciaires mentionnés à l'article 10 de la loi n° 71-1130 du 31 décembre 1971 portant réforme de certaines professions judiciaires et juridiques.

Sauf disposition contraire, lorsqu'un professionnel mentionné au premier alinéa du présent article est autorisé à exercer une activité dont la rémunération est soumise à un tarif propre à une autre catégorie d'auxiliaire de justice ou d'officier public ou ministériel, sa rémunération est arrêtée conformément aux règles dudit tarif. Les prestations accomplies par les personnes mentionnées au deuxième alinéa de l'article L. 811-2 et au premier alinéa du II de l'article L. 812-2 sont rémunérées conformément aux tarifs réglementés applicables aux administrateurs et mandataires judiciaires.

Sauf disposition contraire, les prestations que les professionnels mentionnés au premier alinéa du présent article accomplissent en concurrence avec celles, non soumises à un tarif, d'autres professionnels ne sont pas soumises à un tarif réglementé. Les honoraires rémunérant ces prestations tiennent compte, selon les usages, de la situation de fortune du client, de la difficulté de l'affaire, des frais exposés par les professionnels concernés, de leur notoriété et des diligences de ceux-ci. Les professionnels concernés concluent par écrit avec leur client une convention d'honoraires, qui précise, notamment, le montant ou le mode de détermination des honoraires couvrant les diligences prévisibles, ainsi que les divers frais et débours envisagés.

Art. L. 444-2. Les tarifs mentionnés à l'article L. 444-1 prennent en compte les coûts pertinents du service rendu et une rémunération raisonnable, définie sur la base de critères objectifs.

Par dérogation au premier alinéa du présent article, peut être prévue une péréquation des tarifs applicables à l'ensemble des prestations servies. Cette péréquation peut notamment prévoir que les tarifs des prestations relatives à des biens ou des droits d'une valeur supérieure à un seuil fixé par l'arrêté conjoint prévu à l'article L. 444-3 soient fixés proportionnellement à la valeur du bien ou du droit.

(L. n° 2019-222 du 23 mars 2019, art. 20) «En application des deux premiers alinéas du présent article, l'arrêté conjoint mentionné au même article L. 444-3 fixe les tarifs sur la base d'un objectif de taux de résultat moyen, dont les modalités de détermination sont définies par un décret en Conseil d'État, et dont le montant est estimé globalement pour chaque profession pour l'ensemble des prestations tarifées en application de l'article L. 444-1.»

En outre, peut être prévue une redistribution entre professionnels, afin de favoriser la couverture de l'ensemble du territoire par les professions judiciaires et juridiques et l'accès du plus grand nombre au droit. Cette redistribution est la finalité principale d'un fonds dénommé "fonds interprofessionnel de l'accès au droit et à la justice".

L'organisation et le fonctionnement du fonds interprofessionnel de l'accès au droit et à la justice, ainsi que la composition du conseil d'administration par lequel est administrée la personne morale de droit privé qui le gère, sont précisés par le décret en Conseil d'État prévu à l'article L. 444-7.

Des remises peuvent être consenties lorsqu'un tarif est déterminé proportionnellement à la valeur d'un bien ou d'un droit en application du deuxième alinéa du présent article et lorsque l'assiette de ce tarif est supérieure à un seuil défini par l'arrêté conjoint prévu à l'article L. 444-3. Le taux des remises octroyées par un professionnel est fixe, identique pour tous et compris dans des limites définies par voie réglementaire. *(L. n° 2019-222 du 23 mars 2019, art. 20)* «Toutefois, pour certaines prestations et au-delà d'un montant d'émolument fixé par l'arrêté mentionné au même article L. 444-3, le professionnel et son client peuvent convenir du taux des remises.»

Art. L. 444-3. Le tarif de chaque prestation est arrêté conjointement par les ministres de la justice et de l'économie.

Ce tarif est révisé au moins tous les cinq ans.

Art. L. 444-4. Les *(Ord. n° 2016-728 du 2 juin 2016, art. 23-III, en vigueur le 1er juill. 2022)* «commissaires de justice *[ancienne rédaction : commissaires-priseurs judiciaires, les greffiers de tribunal de commerce, les huissiers de justice]*», les administrateurs judiciaires, les mandataires judiciaires, les personnes mentionnées au deuxième alinéa de l'article L. 811-2 et au premier alinéa du II de l'article L. 812-2, les avocats pour les droits et émoluments mentionnés au premier alinéa de l'article L. 444-1 du présent code et les notaires affichent les tarifs qu'ils pratiquent, de manière visible et lisible, dans leur lieu d'exercice et sur leur site internet, selon des modalités fixées dans les conditions prévues *(Ord. n° 2016-301 du 14 mars 2016, art. 2, en vigueur le 1er juill. 2016)* «à l'article L. 112-1» du code de la consommation.

Art. L. 444-5. Les ministres de la justice et de l'économie, pour l'application de l'article L. 444-3, et l'Autorité de la concurrence, pour l'application des articles L. 444-7 et L. 462-2-1, peuvent recueillir :

1° Toute donnée utile, auprès des professionnels mentionnés à l'article L. 444-1;
2° Les informations statistiques définies par voie réglementaire, auprès des instances représentatives de ces professionnels.

Art. L. 444-6. I. — Les agents mentionnés au II de l'article L. 450-1 recherchent et constatent les manquements aux articles L. 444-4 et L. 444-5 dans les conditions prévues aux articles L. 450-2 à L. 450-8. Ils peuvent enjoindre aux professionnels et à leurs instances représentatives de se conformer à leurs obligations dans les conditions prévues au I de l'article *(Ord. n° 2017-303 du 9 mars 2017, art. 2-II)* «L. 470-1».

II. — Les manquements aux articles L. 444-4 et L. 444-5 du présent code ainsi que l'inexécution des injonctions de se conformer à ces dispositions sont passibles de l'amende *(Ord. n° 2016-301 du 14 mars 2016, art. 6, en vigueur le 1er juill. 2016)* «administrative dont le montant ne peut excéder 3000 euros pour une personne physique et 15000 euros pour une personne morale. L'amende est prononcée dans les conditions prévues à l'article *(Ord. n° 2017-303 du 9 mars 2017, art. 2-II)* «L. 470-2» du code de commerce».

Art. L. 444-7. Un décret en Conseil d'État, pris après avis de l'Autorité de la concurrence, précise les modalités d'application du présent titre, notamment :

(L. n° 2019-222 du 23 mars 2019, art. 20) «1° Les modalités selon lesquelles les coûts pertinents et la rémunération raisonnable, mentionnés au premier alinéa de l'article L. 444-2, sont évalués globalement pour l'ensemble des prestations tarifées en application de l'article L. 444-1;»

2° Les caractéristiques de la péréquation prévue au deuxième alinéa de l'article L. 444-2;

3° La composition du conseil d'administration, l'organisation et le fonctionnement du fonds interprofessionnel de l'accès au droit et à la justice mentionné au *(L. n° 2019-222 du 23 mars 2019, art. 20)* «quatrième» alinéa du même article L. 444-2;

4° La liste des informations statistiques mentionnées au 2° de l'article L. 444-5 et les modalités de leur transmission régulière;

(L. n° 2019-222 du 23 mars 2019, art. 20) «5° Les conditions dans lesquelles, en application du dernier alinéa de l'article L. 444-2, le professionnel et son client peuvent convenir du taux des remises.»

TITRE CINQUIÈME

DES POUVOIRS D'ENQUÊTE

Art. L. 450-1. *(Ord. n° 2008-1161 du 13 nov. 2008, art. 1er)* I. — Les agents des services d'instruction de l'Autorité de la concurrence habilités à cet effet par le rapporteur général peuvent procéder à toute enquête nécessaire à l'application des dispositions des titres II et III du présent livre.

(L. n° 2014-344 du 17 mars 2014, art. 108) «Ils peuvent également, pour l'application du titre VI du présent livre, mettre en œuvre les pouvoirs d'enquête définis à l'article L. 450-3.»

Dans le cas où des investigations sont menées au nom ou pour le compte d'une autorité de concurrence d'un autre État membre, en application du 1 de l'article 22 du règlement n° 1/2003 du Conseil relatif à la mise en œuvre des règles de concurrence prévues aux articles 81 et 82 du traité instituant la Communauté européenne, le rapporteur général de l'Autorité de la concurrence peut autoriser des agents de l'autorité de concurrence de l'autre État membre à assister les agents mentionnés à l'alinéa précédent dans leurs investigations.

Les modalités de cette assistance sont fixées par décret en Conseil d'État.

II. — Des fonctionnaires habilités à cet effet par le ministre chargé de l'économie peuvent procéder aux enquêtes nécessaires à l'application des dispositions du présent livre.

(L. n° 2014-344 du 17 mars 2014, art. 108) «II *bis*. — Des fonctionnaires de catégorie A spécialement habilités à cet effet par le ministre de la justice, sur la proposition, selon le cas, du ministre chargé de l'économie ou du rapporteur général de l'Autorité de la concurrence, peuvent recevoir des juges d'instruction des commissions rogatoires.»

III. — Les agents mentionnés aux I et II peuvent exercer les pouvoirs qu'ils tiennent du présent article et des articles suivants sur l'ensemble du territoire national.

Art. L. 450-2. Les enquêtes donnent lieu à l'établissement de procès-verbaux et, le cas échéant, de rapports.

Les procès-verbaux sont transmis à l'autorité compétente. *(L. n° 2014-344 du 17 mars 2014, art. 111)* «Copie en est transmise aux personnes intéressées.» Ils font foi jusqu'à preuve contraire.

Art. L. 450-3. *(L. n° 2014-344 du 17 mars 2014, art. 112-I)* Les agents mentionnés à l'article L. 450-1 peuvent opérer sur la voie publique, pénétrer entre 8 heures et 20 heures dans tous lieux utilisés à des fins professionnelles et dans les lieux d'exécution d'une prestation de services, ainsi qu'accéder à tous moyens de transport à usage professionnel.

Ils peuvent également pénétrer en dehors de ces heures dans ces mêmes lieux lorsque ceux-ci sont ouverts au public ou lorsqu'à l'intérieur de ceux-ci sont en cours des activités de production, de fabrication, de transformation, de conditionnement, de transport ou de commercialisation.

Lorsque ces lieux sont également à usage d'habitation, les contrôles ne peuvent être effectués qu'entre 8 heures et 20 heures et avec l'autorisation du juge des libertés et de la détention du tribunal de grande instance dans le ressort duquel sont situés ces lieux, si l'occupant s'y oppose.

(L. n° 2015-990 du 6 août 2015, art. 216-1°) «Les agents peuvent exiger la communication et obtenir ou prendre copie, par tout moyen et sur tout support, des livres, factures et autres documents professionnels de toute nature, entre quelques mains qu'ils se trouvent, propres à faciliter l'accomplissement de leur mission. Ils peuvent exiger la mise à leur disposition des moyens indispensables pour effectuer leurs vérifications. Ils peuvent également recueillir, sur place ou sur convocation, tout renseignement, document ou toute justification nécessaire au contrôle.»

Pour le contrôle des opérations faisant appel à l'informatique, ils ont accès aux logiciels et aux données stockées ainsi qu'à la restitution en clair des informations propres à faciliter l'accomplissement de leurs missions. Ils peuvent en demander la transcription par tout traitement approprié des documents directement utilisables pour les besoins du contrôle.

Art. L. 450-3-1. *(L. n° 2014-344 du 17 mars 2014, art. 112-II)* Lorsqu'ils recherchent ou constatent une infraction ou un manquement au présent livre, les agents mentionnés à l'article L. 450-1 sont habilités à relever l'identité de la personne qu'ils contrôlent. Si celle-ci refuse ou se trouve dans l'impossibilité de justifier de son identité, ils en rendent compte immédiatement à tout officier de police judiciaire territorialement compétent, qui peut alors procéder à une vérification d'identité dans les conditions prévues à l'article 78-3 du code de procédure pénale. En ce cas, le délai prévu au troisième alinéa du même article 78-3 court à compter du relevé d'identité.

Ils peuvent recourir à toute personne qualifiée, désignée par l'autorité administrative dont ils dépendent. Cette personne peut les accompagner lors de leurs contrôles et prendre connaissance de tout document ou élément nécessaire à la réalisation de sa mission ou de son expertise. Elle ne peut effectuer aucun acte de procédure pénale ou de police administrative. Elle ne peut pas utiliser les informations dont elle prend connaissance à cette occasion pour la mise en œuvre des pouvoirs de contrôle dont elle dispose, le cas échéant, en vertu d'autres dispositions législatives ou réglementaires. Elle ne peut, sous les peines prévues à l'article 226-13 du code pénal, divulguer les informations dont elle a eu connaissance dans ce cadre.

Art. L. 450-3-2. *(L. nº 2014-344 du 17 mars 2014, art. 112-II)* I. — Lorsque l'établissement de la preuve de l'infraction ou du manquement en dépend et qu'elle ne peut être établie autrement, les agents mentionnés à l'article L. 450-1 peuvent différer le moment où ils déclinent leur qualité au plus tard jusqu'à la notification à la personne contrôlée de la constatation de l'infraction ou du manquement.

II. — Pour le contrôle de la vente de biens et de la fourniture de services sur internet *(L. nº 2017-256 du 28 févr. 2017, art. 66)* «et pour celui des accords ou pratiques concertées mentionnés à l'article L. 420-2-1», les agents mentionnés au I peuvent faire usage d'une identité d'emprunt.

Un décret en Conseil d'État précise les conditions dans lesquelles ils procèdent à leurs constatations.

Art. L. 450-3-3. *(L. nº 2019-486 du 22 mai 2019, art. 212)* I. — Par dérogation aux deux derniers alinéas de l'article L. 450-3, pour la recherche et la constatation des infractions et manquements prévus au titre II du présent livre, l'accès aux données conservées et traitées par les opérateurs de télécommunication, dans les conditions et sous les limites prévues à l'article L. 34-1 du code des postes et des communications électroniques, et par les prestataires mentionnés aux 1 et 2 du I de l'article 6 de la loi nº 2004-575 du 21 juin 2004 pour la confiance dans l'économie numérique est réalisé dans les conditions définies au présent article.

II. — L'accès aux données mentionnées au I du présent article par les agents mentionnés à l'article L. 450-1 fait l'objet d'une demande d'autorisation préalable du rapporteur général de l'Autorité de la concurrence ou de l'autorité administrative chargée de la concurrence et de la consommation auprès d'un contrôleur des demandes de données de connexion.

Le contrôleur des demandes de données de connexion est alternativement un membre du Conseil d'État, en activité ou honoraire, élu par l'assemblée générale du Conseil d'État, et un magistrat de la Cour de cassation, en activité ou honoraire, élu par l'assemblée générale de ladite Cour. Son suppléant, issu de l'autre juridiction, est désigné selon les mêmes modalités. Le contrôleur des demandes de données de connexion et son suppléant sont élus pour une durée de quatre ans non renouvelable.

Il ne peut être mis fin aux fonctions du contrôleur des demandes de données de connexion que sur sa demande ou en cas d'empêchement constaté, selon le cas, par le vice-président du Conseil d'État ou par le premier président de la Cour de cassation ou le procureur général près ladite Cour, sur saisine du ministre chargé de l'économie.

Le contrôleur des demandes de données de connexion ne peut recevoir ni solliciter aucune instruction de l'Autorité de la concurrence, de l'autorité administrative chargée de la concurrence et de la consommation, ni d'aucune autre autorité dans l'exercice de sa mission.

La demande d'autorisation mentionne les éléments recueillis par les agents mentionnés à l'article L. 450-1 laissant présumer l'existence d'une infraction ou d'un manquement mentionnés au titre II du présent livre et justifiant l'accès aux données de connexion pour les besoins de l'enquête.

Les agents mentionnés à l'article L. 450-1 utilisent les données de connexion communiquées dans les conditions du présent article exclusivement dans le cadre de l'enquête pour laquelle ils ont reçu l'autorisation d'y accéder.

L'autorisation est versée au dossier d'enquête.

Ces données de connexion sont détruites à l'expiration d'un délai de six mois à compter d'une décision devenue définitive de l'Autorité de la concurrence, de l'autorité administrative chargée de la concurrence et de la consommation ou de la juridiction judiciaire ou administrative.

Les données de connexion relatives à des faits ne faisant pas l'objet de poursuites sont détruites à l'expiration d'un délai d'un mois à compter de la décision du rapporteur général de l'Autorité de la concurrence ou de l'autorité administrative mentionnée au I de l'article L. 470-2 ou de la juridiction judiciaire ou administrative, sans préjudice de leur transmission au procureur de la République en application de l'article 40 du code de procédure pénale.

Les modalités d'application du présent article sont précisées par décret en Conseil d'État.

Art. L. 450-4. *(Ord. n° 2008-1161 du 13 nov. 2008, art. 1er)* «Les agents mentionnés à l'article L. 450-1» *(Ord. n° 2004-1173 du 4 nov. 2004, art. 3)* «ne peuvent procéder aux visites en tous lieux ainsi qu'à la saisie de documents et de tout support d'information que dans le cadre d'enquêtes demandées par la Commission européenne, le ministre chargé de l'économie ou le rapporteur général de l'Autorité de la concurrence sur proposition du rapporteur, sur autorisation judiciaire donnée par ordonnance du juge des libertés et de la détention du tribunal de grande instance dans le ressort duquel sont situés les lieux à visiter. Ils peuvent également, dans les mêmes conditions, procéder à la pose de scellés sur tous locaux commerciaux, documents et supports d'information dans la limite de la durée de la visite de ces locaux.» Lorsque ces lieux sont situés dans le ressort de plusieurs juridictions et qu'une action simultanée doit être menée dans chacun d'eux, une ordonnance unique peut être délivrée par l'un des *(Ord. n° 2008-1161 du 13 nov. 2008, art. 1er)* «juges des libertés et de la détention» compétents.

(L. n° 2001-420 du 15 mai 2001) «Le juge doit vérifier que la demande d'autorisation qui lui est soumise est fondée; cette demande doit comporter tous les éléments d'information en possession du demandeur de nature à justifier la visite. Lorsque la visite vise à permettre la constatation d'infractions aux dispositions du livre IV du présent code en train de se commettre, la demande d'autorisation peut ne comporter que les indices permettant de présumer, en l'espèce, l'existence des pratiques dont la preuve est recherchée.»

La visite et la saisie s'effectuent sous l'autorité et le contrôle du juge qui les a autorisées. *(Ord. n° 2004-1173 du 4 nov. 2004, art. 3)* «Il désigne *(Ord. n° 2008-1161 du 13 nov. 2008, art. 1er)* «le chef du service qui devra nommer les officiers de police judiciaire» chargés d'assister à ces opérations et d'apporter leur concours en procédant le cas échéant aux réquisitions nécessaires, ainsi que de le tenir informé de leur déroulement.» Lorsqu'elles ont lieu en dehors du ressort de son tribunal de grande instance, il délivre une commission rogatoire pour exercer ce contrôle au *(Ord. n° 2008-1161 du 13 nov. 2008, art. 1er)* «juge des libertés et de la détention» dans le ressort duquel s'effectue la visite.

Le juge peut se rendre dans les locaux pendant l'intervention. A tout moment, il peut décider la suspension ou l'arrêt de la visite.

(L. n° 2001-420 du 15 mai 2001) «L'ordonnance est notifiée verbalement et sur place au moment de la visite à l'occupant des lieux ou à son représentant qui en reçoit copie intégrale contre récépissé ou émargement au procès-verbal.» *(Ord. n° 2008-1161 du 13 nov. 2008, art. 1er)* «L'ordonnance comporte la mention de la faculté pour l'occupant des lieux ou son représentant de faire appel à un conseil de son choix. L'exercice de cette faculté n'entraîne pas la suspension des opérations de visite et saisie. En l'absence de l'occupant des lieux, l'ordonnance est notifiée après les opérations par lettre recommandée avec avis de réception. Il en va de même lorsqu'il n'est pas procédé à la visite dans un des lieux visés par l'ordonnance.» *(L. n° 2001-420 du 15 mai 2001)* «La notification est réputée faite à la date de réception figurant sur l'avis.»

(L. n° 2009-526 du 12 mai 2009, art. 139-VII) «L'ordonnance mentionnée au premier alinéa peut faire l'objet d'un appel devant le premier président de la cour d'appel dans le ressort de laquelle le juge a autorisé la mesure, suivant les règles prévues par le code de procédure pénale. Le ministère public et la personne à l'encontre de laquelle a été ordonnée cette mesure peuvent interjeter appel. Cet appel est formé par déclaration au greffe du tribunal de grande instance dans un délai de dix jours à compter de la notification de l'ordonnance. L'appel n'est pas suspensif. L'ordonnance du premier président de la cour d'appel est susceptible d'un pourvoi en cassation selon les règles prévues par le code de procédure pénale. Les pièces saisies sont conservées jusqu'à ce qu'une décision soit devenue définitive.»

La visite, qui ne peut commencer avant six heures ou après vingt et une heures, est effectuée en présence de l'occupant des lieux ou de son représentant. *(Ord. n° 2008-1161 du 13 nov. 2008, art. 1er)* «L'occupant des lieux peut désigner un ou plusieurs représentants pour assister à la visite et signer le procès-verbal.» *(L. n° 2001-420 du 15 mai 2001)* «En cas d'impossibilité, l'officier de police judiciaire requiert deux témoins choisis en dehors des personnes relevant de son autorité, de celle de l'administration de la direction générale de la concurrence de la consommation et de la répression des fraudes ou de celle de l'Autorité de la concurrence.»

(Ord. n° 2008-1161 du 13 nov. 2008, art. 1er) «Les agents mentionnés à l'article L. 450-1» *(Ord. n° 2004-1173 du 4 nov. 2004, art. 3)* «, l'occupant des lieux ou son représentant ainsi que l'officier de police judiciaire et, le cas échéant, les agents et autres personnes mandatés par la Commission européenne peuvent seuls prendre connaissance des pièces et documents avant leur saisie.» *(Ord. n° 2008-1161 du 13 nov. 2008, art. 1er)* «Les agents mentionnés à l'article L. 450-1 peuvent procéder au cours de la visite à des auditions de l'occupant des lieux ou de son représentant en vue de recueillir les informations ou explications utiles aux besoins de l'enquête.» *(L. n° 2016-731 du 3 juin 2016, art. 83-IV)* «Conformément à l'article 28 du code de procédure pénale, l'article 61-1 du même code est applicable lorsqu'il est procédé à l'audition d'une personne à l'égard de

laquelle il existe des raisons plausibles de soupçonner qu'elle a commis ou tenté de commettre une infraction.»

Les inventaires et mises sous scellés sont réalisés conformément à l'article 56 du code de procédure pénale.

Les originaux du procès-verbal et de l'inventaire sont transmis au juge qui a ordonné la visite. *(L. nº 2009-526 du 12 mai 2009, art. 139-VII)* «Une copie du procès-verbal et de l'inventaire est remise à l'occupant des lieux ou à son représentant. Une copie est également adressée par lettre recommandée avec demande d'avis de réception aux personnes mises en cause ultérieurement par les pièces saisies au cours de l'opération.»

(L. nº 2001-420 du 15 mai 2001) «Les pièces et documents saisis sont restitués à l'occupant des lieux, dans un délai de six mois à compter de la date à laquelle la décision de l'Autorité de la concurrence est devenue définitive. L'occupant des lieux est mis en demeure, par lettre recommandée avec avis de réception, de venir les rechercher, dans un délai de deux mois. A l'expiration de ce délai et à défaut de diligences de sa part, les pièces et documents lui sont restitués, à ses frais.»

(L. nº 2009-526 du 12 mai 2009, art. 139-VII) «Le déroulement des opérations de visite et saisie peut faire l'objet d'un recours devant le premier président de la cour d'appel dans le ressort de laquelle le juge a autorisé ces dernières, suivant les règles prévues par le code de procédure pénale. Le ministère public, la personne à l'encontre de laquelle a été prise l'ordonnance mentionnée au premier alinéa et les personnes mises en cause au moyen de pièces saisies au cours de ces opérations peuvent former ce recours. Ce dernier est formalisé par déclaration au greffe du tribunal de grande instance dans un délai de dix jours à compter de la remise ou de la réception du procès-verbal et de l'inventaire, ou, pour les personnes n'ayant pas fait l'objet de visite et de saisie et qui sont mises en cause, à compter de la date à laquelle elles ont reçu notification du procès-verbal et de l'inventaire et, au plus tard à compter de la notification de griefs prévue à l'article L. 463-2. Le recours n'est pas suspensif. L'ordonnance du premier président de la cour d'appel est susceptible d'un pourvoi en cassation selon les règles prévues par le code de procédure pénale. Les pièces saisies sont conservées jusqu'à ce qu'une décision soit devenue définitive.»

Art. L. 450-5. *(Ord. nº 2008-1161 du 13 nov. 2008, art. 1er)* Le rapporteur général de l'Autorité de la concurrence est informé avant leur déclenchement des investigations que le ministre chargé de l'économie souhaite voir diligenter sur des faits susceptibles de relever des articles L. 420-1 *(L. nº 2016-1920 du 29 déc. 2016, art. 3, en vigueur le 1er mars 2017)* «à L. 420-2-2» *(L. nº 2012-1270 du 20 nov. 2012, art. 6)* «et L. 420-5 ou d'être contraires aux mesures prises en application de l'article L. 410-3» et peut, dans un délai fixé par décret, en prendre la direction.

Le rapporteur général est informé sans délai du résultat des investigations menées par les services du ministre. Il peut, dans un délai fixé par décret, proposer à l'Autorité de se saisir d'office.

Art. L. 450-6. *(Ord. nº 2008-1161 du 13 nov. 2008, art. 1er)* Le rapporteur général désigne, pour l'examen de chaque affaire, un ou plusieurs agents des services d'instruction aux fonctions de rapporteur. A sa demande écrite, l'autorité dont dépendent les agents mentionnés au II de l'article L. 450-1 met sans délai à sa disposition, en nombre et pour la durée qu'il a indiqués, les agents nécessaires à la réalisation des opérations mentionnées à l'article L. 450-4.

Art. L. 450-7. Les *(Ord. n° 2008-1161 du 13 nov. 2008, art. 1er)* «agents mentionnés à l'article L. 450-1» peuvent, sans se voir opposer le secret professionnel, accéder à tout document ou élément d'information détenu par les services et établissements de l'État et des autres collectivités publiques.

Art. L. 450-8. Est puni d'un emprisonnement de *(L. n° 2014-344 du 17 mars 2014, art. 112-III)* «deux ans» et d'une amende de *(L. n° 2014-344 du 17 mars 2014, art. 112-III)* «300000 €» le fait pour quiconque de s'opposer, de quelque façon que ce soit, à l'exercice des fonctions *(Ord. n° 2008-1161 du 13 nov. 2008, art. 1er)* «dont les agents mentionnés à l'article L. 450-1 sont chargés» en application du présent livre.

Section 2

L'Autorité de la concurrence

358 Code de commerce (articles L. 461-1 à L. 464-9)

TITRE SIXIÈME

DE L'AUTORITÉ DE LA CONCURRENCE

(L. n° 2008-776 du 4 août 2008, art. 95-I, 1°, en vigueur le 13 nov. 2008).

CHAPITRE PREMIER

De l'organisation

(L. n° 2008-776 du 4 août 2008, art. 95-I, 2°, en vigueur le 13 nov. 2008)

Art. L. 461-1. I. — L'Autorité de la concurrence est une autorité administrative indépendante. Elle veille au libre jeu de la concurrence. Elle apporte son concours au fonctionnement concurrentiel des marchés aux échelons européen et international.

II. — Les attributions confiées à l'Autorité de la concurrence sont exercées par un collège composé de dix-sept membres, dont un président, nommés pour une durée de cinq ans par décret pris sur le rapport du ministre chargé de l'économie.

Le président est nommé *(L. n° 2017-55 du 20 janv. 2017, art. 28)* «par décret du Président de la République» en raison de ses compétences dans les domaines juridique et économique.

Le collège comprend également :

1° Six membres ou anciens membres du Conseil d'État, de la Cour de cassation, de la Cour des comptes ou des autres juridictions administratives ou judiciaires;

2° Cinq personnalités choisies en raison de leur compétence en matière économique ou en matière de concurrence et de consommation;

3° Cinq personnalités exerçant ou ayant exercé leurs activités dans les secteurs de la production, de la distribution, de l'artisanat, des services ou des professions libérales.

(Ord. n° 2015-948 du 31 juill. 2015, art. 4) «Les membres mentionnés au 1°, d'une part, et les membres mentionnés aux 2° et 3°, d'autre part, comprennent un nombre égal de femmes et d'hommes.»

Quatre vice-présidents sont désignés parmi les membres du collège, dont au moins deux parmi les personnalités mentionnées aux 2° et 3°.

(L. n° 2017-55 du 20 janv. 2017, art. 28) «Selon des modalités fixées par décret en Conseil d'État, le collège est, à l'exception de son président, renouvelé par moitié tous les deux ans et six mois.

«III. — Le mandat des membres du collège n'est renouvelable, sous réserve du septième alinéa du II, qu'une seule fois.»

Art. L. 461-2. Le président et les vice-présidents exercent leurs fonctions à plein temps.

Est déclaré démissionnaire d'office par le ministre chargé de l'économie tout membre de l'autorité qui n'a pas participé, sans motif valable, à trois séances consécutives.

Le commissaire du Gouvernement auprès de l'autorité est désigné par le ministre chargé de l'économie.

Art. L. 461-3. L'Autorité de la concurrence peut siéger soit en formation plénière, soit en sections, soit en commission permanente. La commission permanente est composée du président et des quatre vice-présidents.

Les formations de l'autorité délibèrent à la majorité des membres présents. Le règlement intérieur de l'autorité détermine les critères de quorum applicables à chacune de ces formations.

En cas de partage égal des voix, la voix du président de la formation est prépondérante.

(Ord. n° 2008-1161 du 13 nov. 2008, art. 2-I) «Le président, ou un vice-président désigné par lui, peut adopter seul les décisions prévues *(L. n° 2009-526 du 12 mai 2009, art. 139-VII)* «à l'article L. 462-8, ainsi que celles prévues aux articles» L. 464-2 à L. 464-6 quand elles visent des faits dont l'Autorité de la concurrence a été saisie par le ministre en application du quatrième alinéa de l'article L. 464-9. Il peut faire de même s'agissant des décisions prévues à l'article L. 430-5» *(L. n° 2015-990 du 6 août 2015, art. 215-8°)* «, des décisions de révision des mesures mentionnées aux III et IV de l'article L. 430-7 ou des décisions nécessaires à la mise en œuvre de ces mesures».

Art. L. 461-4. L'Autorité de la concurrence dispose de services d'instruction dirigés par un rapporteur général nommé par arrêté du ministre chargé de l'économie après avis du collège.

Ces services procèdent aux investigations nécessaires à l'application *(L. n° 2014-344 du 17 mars 2014, art. 108)* «des titres II, III et VI» du présent livre.

Les rapporteurs généraux adjoints, les rapporteurs permanents ou non permanents et les enquêteurs des services d'instruction sont nommés par le rapporteur général, par décision publiée au *Journal officiel*.

Un conseiller auditeur possédant la qualité de magistrat *(L. n° 2009-526 du 12 mai 2009, art. 139-VII)* «ou offrant des garanties d'indépendance et d'expertise équivalentes» est nommé par arrêté du ministre chargé de l'économie après avis du collège. Il recueille, le cas échéant, les observations des parties mises en cause et saisissantes sur le déroulement des procédures les concernant dès l'envoi de la notification des griefs. Il transmet au président de l'autorité un rapport évaluant ces observations et proposant, si nécessaire, tout acte permettant d'améliorer l'exercice de leurs droits par les parties.

Les modalités d'intervention du conseiller auditeur sont précisées par décret en Conseil d'État.

Le président délègue l'ordonnancement des dépenses des services d'instruction au rapporteur général.

Un décret en Conseil d'État détermine les conditions dans lesquelles le président de l'autorité la représente dans tous les actes de la vie civile et a qualité pour agir en justice en son nom.

Art. L. 461-5. Les commissions du Parlement compétentes en matière de concurrence peuvent entendre le président de l'Autorité de la concurrence et consulter celle-ci sur toute question entrant dans le champ de ses compétences.

CHAPITRE II

Des attributions

Art. L. 462-1. L'Autorité de la concurrence peut être consultée par les commissions parlementaires sur les propositions de loi ainsi que sur toute question concernant la concurrence.

Elle donne son avis sur toute question de concurrence à la demande du Gouvernement. Elle peut également donner son avis sur les mêmes questions à la demande des collectivités territoriales, des organisations professionnelles et syndicales, des organisations de consommateurs agréées, des chambres d'agriculture, des chambres de métiers ou des *(L. n° 2010-853 du 23 juill. 2010, art. 8)* «chambres de commerce et d'industrie territoriales», *(L. n° 2009-669 du 12 juin 2009, art. 18)* «de la Haute Autorité pour la diffusion des œuvres et la protection des droits sur internet,» *(L. n° 2010-853 du 23 juill. 2010, art. 42)* «et des présidents des observatoires des prix *(L. n° 2012-1270 du 20 nov. 2012, art. 23-III)* «, des marges» et des revenus *(L. n° 2015-1268 du 14 oct. 2015, art. 1er)* «des collectivités relevant de l'article 73 de la Constitution et des collectivités d'outre-mer de Saint-Barthélemy, de Saint-Martin, de Wallis-et-Futuna et de Saint-Pierre-et-Miquelon», en ce qui concerne les intérêts dont ils ont la charge».

Art. L. 462-2. L'Autorité de la concurrence est obligatoirement consultée par le Gouvernement sur tout projet de texte réglementaire instituant un régime nouveau ayant directement pour effet :

1° De soumettre l'exercice d'une profession ou l'accès à un marché à des restrictions quantitatives ;

2° D'établir des droits exclusifs dans certaines zones ;

3° D'imposer des pratiques uniformes en matière de prix ou de conditions de vente.

Art. L. 462-2-1. *(L. n° 2015-990 du 6 août 2015, art. 50-I-2°)* A la demande du Gouvernement, l'Autorité de la concurrence donne son avis sur les prix et tarifs réglementés mentionnés, respectivement, au deuxième alinéa de l'article L. 410-2 et à l'article L. 444-1. Cet avis est rendu public.

L'Autorité de la concurrence peut également prendre l'initiative d'émettre un avis sur les prix et tarifs réglementés mentionnés au premier alinéa du présent article. Cet avis est rendu public au plus tard un mois avant la révision du prix ou du tarif en cause.

L'engagement d'une procédure d'avis en application du présent article est rendu publique dans les cinq jours ouvrables, afin de permettre aux associations de défense des consommateurs agréées au niveau national pour ester en justice ainsi qu'aux organisations professionnelles ou aux instances ordinales concernées d'adresser leurs observations à l'Autorité de la concurrence.

Le Gouvernement informe l'Autorité de la concurrence de tout projet de révision des prix ou des tarifs réglementés mentionnés au premier alinéa, au moins deux mois avant la révision du prix ou du tarif en cause.

Art. L. 462-3. L'Autorité de la concurrence peut être consultée par les juridictions sur les pratiques anticoncurrentielles définies aux articles L. 420-1 *(L. n° 2016-1920 du 29 déc. 2016, art. 3, en vigueur le 1er mars 2017)* «à L. 420-2-2» *(L. n° 2012-1270 du 20 nov. 2012, art. 6)* «et L. 420-5» ainsi qu'aux articles *(L. n° 2012-1270 du 20 nov. 2012, art. 6)* «101 et 102 du traité sur le fonctionnement de l'Union européenne» et relevées dans les affaires dont elles sont saisies. Elle ne peut donner un avis qu'après une procédure contradictoire. Toutefois, si elle dispose d'informations déjà recueillies au cours d'une procédure antérieure, elle peut émettre son avis sans avoir à mettre en œuvre la procédure prévue au présent texte.

(L. n° 2012-1270 du 20 nov. 2012, art. 5-III) «L'Autorité de la concurrence peut transmettre tout élément qu'elle détient concernant les pratiques anticoncurrentielles concernées, à l'exclusion des pièces élaborées ou recueillies au titre du IV de l'article L. 464-2, à toute juridiction qui la consulte ou lui demande de produire des pièces qui ne sont pas déjà à la disposition d'une partie à l'instance. Elle peut le faire dans les mêmes limites lorsqu'elle produit des observations de sa propre initiative devant une juridiction.» *(Ord. n° 2017-303 du 9 mars 2017, art. 4)* «Les dispositions prévues au présent alinéa ne sont pas applicables aux demandes de production de pièces formées en vue ou dans le cadre d'une action en dommages et intérêts fondée sur l'article L. 481-1 du présent code.»

Le cours de la prescription est suspendu, le cas échéant, par la consultation de l'Autorité.

L'avis de l'Autorité peut être publié après le non-lieu ou le jugement.

Art. L. 462-4. *(Ord. n° 2008-1161 du 13 nov. 2008, art. 2-II)* L'Autorité de la concurrence peut prendre l'initiative de donner un avis sur toute question concernant la concurrence. Cet avis est rendu public. Elle peut également recommander au ministre chargé de l'économie ou au ministre chargé du secteur concerné de mettre en œuvre les mesures nécessaires à l'amélioration du fonctionnement concurrentiel des marchés.

Art. L. 462-4-1. *(L. n° 2015-990 du 6 août 2015, art. 52-V)* L'Autorité de la concurrence rend au ministre de la justice, qui en est le garant, un avis sur la liberté d'installation des notaires, *(Ord. n° 2016-728 du 2 juin 2016, art. 23-IV, en vigueur le 1er juill. 2022)* «et des commissaires de justice *[ancienne rédaction : des huissiers de justice et des commissaires-priseurs judiciaires]*».

Elle fait toutes recommandations en vue d'améliorer l'accès aux offices publics ou ministériels dans la perspective de renforcer la cohésion territoriale des prestations et d'augmenter de façon progressive le nombre d'offices sur le territoire. Elle établit également un bilan en matière d'accès des femmes et des hommes aux offices publics ou ministériels, sur la base de données présentées par sexe et d'une analyse de l'évolution démographique des femmes et des jeunes au sein des professions concernées. Ces recommandations sont rendues publiques au moins tous les deux ans. Elles sont assorties de la carte mentionnée au I de l'article 52 de la loi n° 2015-990 du 6 août 2015 pour la croissance, l'activité et l'égalité des chances économiques.

L'ouverture d'une procédure visant à l'élaboration de la carte mentionnée au deuxième alinéa du présent article est rendue publique, dans un délai de cinq jours à compter de la date de cette ouverture, afin de permettre aux associations de défense des consommateurs agréées au niveau national pour ester en justice, aux instances ordinales des professions concernées, ainsi qu'à toute personne remplissant les conditions de nationalité, d'aptitude, d'honorabilité, d'expérience et d'assurance requises pour être nommée par le ministre de la justice en qualité de notaire *(Ord. nº 2016-728 du 2 juin 2016, art. 23-IV, en vigueur le 1er juill. 2022)* «ou de commissaire de justice *[ancienne rédaction :, d'huissier de justice ou de commissaire-priseur judiciaire,]*» d'adresser à l'Autorité de la concurrence leurs observations.

Lorsque l'Autorité de la concurrence délibère en application du présent article, son collège comprend deux personnalités qualifiées nommées par décret pour une durée de trois ans non renouvelable.

Art. L. 462-4-2. *(L. nº 2015-990 du 6 août 2015, art. 57-I)* L'Autorité de la concurrence rend au ministre de la justice, qui en est le garant, un avis sur la liberté d'installation des avocats au Conseil d'État et à la Cour de cassation.

Elle fait toutes recommandations en vue d'améliorer l'accès aux offices d'avocat au Conseil d'État et à la Cour de cassation dans la perspective d'augmenter de façon progressive le nombre de ces offices. Elle établit, en outre, un bilan en matière d'accès des femmes et des hommes à ces offices. Ces recommandations sont rendues publiques au moins tous les deux ans.

A cet effet, elle identifie le nombre de créations d'offices d'avocat au Conseil d'État et à la Cour de cassation qui apparaissent nécessaires pour assurer une offre de services satisfaisante au regard de critères définis par décret et prenant notamment en compte les exigences de bonne administration de la justice ainsi que l'évolution du contentieux devant ces deux juridictions.

Les recommandations relatives au nombre de créations d'offices d'avocat au Conseil d'État et à la Cour de cassation permettent une augmentation progressive du nombre d'offices à créer, de manière à ne pas bouleverser les conditions d'activité des offices existants.

L'ouverture d'une procédure sur le fondement du présent article est rendue publique dans un délai de cinq jours à compter de la date de cette ouverture, afin de permettre aux associations de défense des consommateurs agréées au niveau national pour ester en justice, au conseil de l'ordre des avocats au Conseil d'État et à la Cour de cassation, ainsi qu'à toute personne remplissant les conditions de nationalité, d'aptitude, d'honorabilité, d'expérience et d'assurance requises pour être nommée par le ministre de la justice en qualité d'avocat au Conseil d'État et à la Cour de cassation, d'adresser à l'Autorité de la concurrence leurs observations.

Lorsque l'Autorité de la concurrence délibère au titre du présent article, son collège comprend deux personnalités qualifiées nommées par décret pour une durée de trois ans non renouvelable.

Art. L. 462-5. *(Ord. nº 2008-1161 du 13 nov. 2008, art. 2-III)* I. — L'Autorité de la concurrence peut être saisie par le ministre chargé de l'économie de toute pratique mentionnée aux articles L. 420-1 *(L. nº 2016-1920 du 29 déc. 2016, art. 3, en vigueur le 1er mars 2017)* «à L. 420-2-2» *(L. nº 2012-1270 du 20 nov. 2012, art. 8)* «et L. 420-5 ou contraire aux mesures prises en application de l'article L. 410-3», ou de faits susceptibles de constituer une telle pratique, ainsi que des manquements aux engagements pris en application de l'article L. 430-7-1 ou pris en application des décisions de concentration intervenues avant l'entrée en vigueur de l'ordonnance n° 2008-1161 du 13 novembre 2008 portant modernisation de la régulation de la concurrence.

II. — Pour toutes les pratiques mentionnées aux articles L. 420-1 *(L. n° 2016-1920 du 29 déc. 2016, art. 3, en vigueur le 1er mars 2017)* «à L. 420-2-2» *(L. n° 2012-1270 du 20 nov. 2012, art. 8)* «et L. 420-5 ou contraires aux mesures prises en application de l'article L. 410-3», l'Autorité de la concurrence peut être saisie par les entreprises ou, pour toute affaire qui concerne les intérêts dont ils ont la charge, par les organismes mentionnés au deuxième alinéa de l'article L. 462-1.

III. — Le rapporteur général peut proposer à l'Autorité de la concurrence de se saisir d'office des pratiques mentionnées aux I et II et à l'article L. 430-8 ainsi que des manquements aux engagements pris en application des décisions autorisant des opérations de concentration intervenues avant l'entrée en vigueur de l'ordonnance n° 2008-1161 du 13 novembre 2008 portant modernisation de la régulation de la concurrence.

(L. n° 2012-1270 du 20 nov. 2012, art. 8) «IV. — L'Autorité de la concurrence peut être saisie par les régions d'outre-mer, le Département de Mayotte *(Ord. n° 2014-487 du 15 mai 2014, art. 5)* «, les îles Wallis-et-Futuna», la collectivité de Saint-Barthélemy, la collectivité de Saint-Martin et la collectivité territoriale de Saint-Pierre-et-Miquelon de toute pratique mentionnée aux articles L. 420-1 *(L. n° 2016-1920 du 29 déc. 2016, art. 3, en vigueur le 1er mars 2017)* «à L. 420-2-2» et L. 420-5 ou contraire aux mesures prises en application de l'article L. 410-3, ou de faits susceptibles de constituer une telle pratique, concernant leur territoire respectif.»

Art. L. 462-6. L'Autorité de la concurrence examine si les pratiques dont elle est saisie entrent dans le champ des articles L. 420-1 *(L. n° 2016-1920 du 29 déc. 2016, art. 3, en vigueur le 1er mars 2017)* «à L. 420-2-2» *(L. n° 2012-1270 du 20 nov. 2012, art. 6)* «ou L. 420-5, sont contraires aux mesures prises en application de l'article L. 410-3» ou peuvent se trouver justifiées par application de l'article L. 420-4. Elle prononce, le cas échéant, des sanctions et des injonctions.

Lorsque les faits lui paraissent de nature à justifier l'application de l'article L. 420-6, elle adresse le dossier au procureur de la République. Cette transmission interrompt la prescription de l'action publique.

(Ord. n° 2004-1173 du 4 nov. 2004, art. 5) «La prescription est interrompue également lorsque les faits visés dans la saisine font l'objet d'un acte tendant à leur recherche, leur constatation ou leur sanction par la Commission européenne ou par une autorité de concurrence d'un autre État membre de la Communauté européenne.»

Art. L. 462-7. L'Autorité de la concurrence ne peut être saisie de faits remontant à plus de *(Ord. n° 2004-1173 du 4 nov. 2004, art. 6)* «cinq ans» s'il n'a été fait aucun acte tendant à leur recherche, leur constatation ou leur sanction.

(Ord. n° 2008-1161 du 13 nov. 2008, art. 2-IV) «Les actes interruptifs de la prescription de l'action publique en application de l'article L. 420-6 sont également interruptifs de la prescription devant l'Autorité de la concurrence.

«Toutefois, la prescription est acquise en toute hypothèse lorsqu'un délai de dix ans à compter de la cessation de la pratique anticoncurrentielle s'est écoulé sans que l'Autorité de la concurrence ait statué sur celle-ci.»

(Ord. n° 2017-303 du 9 mars 2017, art. 5) «Tout acte tendant à la recherche, à la constatation ou à la sanction de pratiques anticoncurrentielles par l'Autorité de la concurrence, une autorité nationale de concurrence d'un autre État membre de l'Union

européenne ou la Commission européenne interrompt la prescription de l'action civile et de l'action indemnitaire engagée devant une juridiction administrative sur le fondement de l'article L. 481-1. L'interruption résultant d'un tel acte produit ses effets jusqu'à la date à laquelle la décision de l'autorité de concurrence compétente ou de la juridiction de recours ne peut plus faire l'objet d'une voie de recours ordinaire.»

(L. n° 2012-1270 du 20 nov. 2012, art. 13) «Le délai mentionné au troisième alinéa est suspendu jusqu'à la notification à l'Autorité de la concurrence d'une décision juridictionnelle irrévocable lorsque :

«1° L'ordonnance délivrée en application de l'article L. 450-4 fait l'objet d'un appel ou lorsque le déroulement des opérations mentionnées au même article fait l'objet d'un recours, à compter du dépôt de cet appel ou de ce recours;

«2° La décision de l'Autorité de la concurrence fait l'objet d'un recours en application de l'article L. 464-8, à compter du dépôt de ce recours;»

(L. n° 2016-1547 du 18 nov. 2016, art. 96) «3° La décision prise par le rapporteur général de l'Autorité de la concurrence en application de l'article L. 463-4 de refuser la protection du secret des affaires ou de lever la protection accordée fait l'objet d'un recours. Le délai mentionné au troisième alinéa du présent article est alors suspendu à compter du dépôt de ce recours.»

Art. L. 462-8. *(L. n° 2001-420 du 15 mai 2001)* L'Autorité de la concurrence peut déclarer, par décision motivée, la saisine irrecevable pour défaut d'intérêt ou de qualité à agir de l'auteur de celle-ci, ou si les faits sont prescrits au sens de l'article L. 462-7, ou si elle estime que les faits invoqués n'entrent pas dans le champ de sa compétence.

Elle peut aussi rejeter la saisine par décision motivée lorsqu'elle estime que les faits invoqués ne sont pas appuyés d'éléments suffisamment probants.

(L. n° 2015-990 du 6 août 2015, art. 217-1°) «Elle peut aussi rejeter la saisine par décision motivée lorsque les faits invoqués peuvent être traités par le ministre chargé de l'économie en application de l'article L. 464-9.»

(Ord. n° 2004-1173 du 4 nov. 2004, art. 7) «Elle peut aussi rejeter la saisine dans les mêmes conditions, lorsqu'elle est informée qu'une autre autorité nationale de concurrence d'un État membre de la Communauté européenne ou la Commission européenne a traité des mêmes faits relevant des dispositions prévues aux articles 81 et 82 du traité instituant la Communauté européenne.

«Elle peut aussi rejeter la saisine dans les mêmes conditions ou suspendre la procédure, lorsqu'elle est informée qu'une autre autorité nationale de concurrence d'un État membre de la Communauté européenne traite des mêmes faits relevant des dispositions prévues aux articles 81 et 82 du traité instituant la Communauté européenne. Lorsque cette information est reçue par le rapporteur au stade de l'instruction, le rapporteur général peut suspendre son déroulement.

«L'Autorité de la concurrence peut aussi décider de clore dans les mêmes conditions une affaire pour laquelle elle s'était saisie d'office.»

Il est donné acte, par décision du président de l'Autorité de la concurrence ou d'un vice-président délégué par lui, des désistements *(Ord. n° 2004-1173 du 4 nov. 2004, art. 7)* «des parties ou des dessaisissements effectués par la Commission européenne». *(Ord. n° 2008-1161 du 13 nov. 2008, art. 2-IV)* «En cas de désistement, l'Autorité peut poursuivre l'affaire, qui est alors traitée comme une saisine d'office.»

Art. L. 462-9. *(L. n° 2001-420 du 15 mai 2001; Ord. n° 2004-1173 du 4 nov. 2004, art. 8)* I. — L'Autorité de la concurrence peut, pour ce qui relève de ses compétences et après information préalable du ministre chargé de l'économie, communiquer les informations ou les documents qu'elle détient ou qu'elle recueille, à leur demande, à la Commission des Communautés européennes ou aux autorités des autres États exerçant des compétences analogues, à leur demande, sous réserve de réciprocité, et à condition que l'autorité étrangère compétente soit soumise au secret professionnel avec les mêmes garanties qu'en France.

L'Autorité de la concurrence peut, dans les mêmes conditions, selon les mêmes procédures et sous les mêmes sanctions que celles prévues pour l'exécution de sa mission, conduire ou demander au ministre chargé de l'économie de conduire des enquêtes, à la demande d'autorités étrangères exerçant des compétences analogues, sous réserve de réciprocité.

L'obligation de secret professionnel ne fait pas obstacle à la communication par les autorités de concurrence des informations ou documents qu'elles détiennent ou qu'elles recueillent, à leur demande, à la Commission des Communautés européennes et aux autorités des autres États exerçant des compétences analogues et astreintes aux mêmes obligations de secret professionnel.

L'assistance demandée par une autorité étrangère exerçant des compétences analogues pour la conduite d'enquêtes ou la transmission d'informations détenues ou recueillies par l'Autorité de la concurrence est refusée par celle-ci lorsque l'exécution de la demande est de nature à porter atteinte à la souveraineté, à la sécurité, aux intérêts économiques essentiels ou à l'ordre public français ou lorsqu'une procédure pénale a déjà été engagée en France sur la base des mêmes faits et contre les mêmes personnes, ou bien lorsque celles-ci ont déjà été sanctionnées par une décision définitive pour les mêmes faits.

Les autorités de concurrence, pour ce qui relève de leurs compétences respectives, peuvent utiliser des informations ou des documents qui leur auront été transmis dans les mêmes conditions par la Commission des Communautés européennes ou les autorités des autres États membres exerçant des compétences analogues.

L'Autorité de la concurrence peut, pour la mise en œuvre du présent article, conclure des conventions organisant ses relations avec les autorités des autres États exerçant des compétences analogues. Ces conventions sont approuvées par l'Autorité dans les conditions prévues à l'article L. 463-7. Elles sont publiées au *Journal officiel*.

(Ord. nº 2004-1173 du 4 nov. 2004, art. 8) «II. — Dans la mise en œuvre des règles de concurrence prévues aux articles 81 et 82 du traité instituant la Communauté européenne, les autorités de concurrence appliquent les dispositions du règlement nº 1/2003 du Conseil relatif à la mise en œuvre des règles de concurrence prévues aux articles 81 et 82 du traité instituant la Communauté européenne, à l'exclusion des dispositions des cinq premiers alinéas du I du présent article.

«Pour l'application des dispositions du 4 de l'article 11 de ce règlement, l'Autorité de la concurrence transmet à la Commission européenne un résumé de l'affaire ainsi qu'un document exposant l'orientation envisagée, qui peut être la notification de griefs ou le rapport mentionnés à l'article L. 463-2. Elle peut mettre ces mêmes documents à la disposition des autres autorités de concurrence des États membres de la Communauté européenne.»

Art. L. 462-10. *(L. nº 2015-990 du 6 août 2015, art. 37) (L. nº 2018-938 du 30 oct. 2018, art. 19)* «I. —» Doit être communiqué à l'Autorité de la concurrence, à titre d'information, au moins *(L. nº 2018-938 du 30 oct. 2018, art. 19)* «quatre» mois avant sa mise en œuvre, tout accord entre des entreprises ou des groupes de personnes physiques ou morales exploitant, directement ou indirectement, un ou plusieurs magasins de commerce de détail de produits de grande consommation, ou intervenant dans le secteur de la distribution comme centrale de référencement ou d'achat d'entreprises de commerce de détail, visant à négocier de manière groupée l'achat ou le référencement de produits ou la vente de services aux fournisseurs.

Le premier alinéa *(L. n° 2018-938 du 30 oct. 2018, art. 19)* «du présent I» s'applique lorsque le chiffre d'affaires total mondial hors taxes de l'ensemble des entreprises ou des groupes de personnes physiques ou morales parties à l'accord et le chiffre d'affaires total hors taxes réalisé à l'achat en France dans le cadre de l'accord par l'ensemble des parties à l'accord excèdent des seuils fixés par décret en Conseil d'État.

(L. n° 2018-938 du 30 oct. 2018, art. 19) «L'Autorité de la concurrence transmet au ministre chargé de l'économie, à sa demande, les accords mentionnés au premier alinéa du présent I.

«II. — Un bilan concurrentiel de la mise en œuvre d'un accord défini au premier alinéa du I est effectué par l'Autorité de la concurrence, de sa propre initiative ou à la demande du ministre chargé de l'économie. A cet effet, l'Autorité de la concurrence peut demander aux parties à l'accord de lui transmettre un rapport présentant l'effet sur la concurrence de cet accord.

«L'engagement de la procédure de bilan concurrentiel est rendu public par l'Autorité de la concurrence, afin de permettre aux tiers intéressés de lui adresser leurs observations. La procédure applicable est celle prévue au deuxième alinéa de l'article L. 463-2 et aux articles L. 463-4, L. 463-6 et L. 463-7. Avant de statuer, l'Autorité de la concurrence peut entendre des tiers en l'absence des parties à l'accord en cause.

«Afin de réaliser le bilan concurrentiel, l'Autorité de la concurrence examine si cet accord, tel qu'il a été mis en œuvre, est de nature à porter une atteinte sensible à la concurrence au sens des articles L. 420-1 et L. 420-2. A cette occasion, elle apprécie si l'accord apporte au progrès économique une contribution suffisante pour compenser d'éventuelles atteintes à la concurrence, en prenant en compte son impact tant pour les producteurs, les transformateurs et les distributeurs que pour les consommateurs.

«Si des atteintes à la concurrence telles que mentionnées au troisième alinéa du présent II ou des effets anticoncurrentiels ont été identifiés, les parties à l'accord s'engagent à prendre des mesures visant à y remédier dans un délai fixé par l'Autorité de la concurrence. L'Autorité de la concurrence peut également se saisir d'office en application du III de l'article L. 462-5 ou être saisie par le ministre chargé de l'économie en application du I du même article L. 462-5.

«III. — L'Autorité de la concurrence peut prendre des mesures conservatoires selon les modalités et dans les conditions prévues au dernier alinéa de l'article L. 464-1 pour tout accord mentionné au I du présent article dès lors que l'une des atteintes à la concurrence mentionnées au II, que cet accord entraîne ou est susceptible d'entraîner immédiatement après son entrée en vigueur, présente un caractère suffisant de gravité.

«Elles peuvent comporter une injonction aux parties de revenir à l'état antérieur ou demander une modification dudit accord.

«IV. — Un arrêté du ministre chargé de l'économie, pris après avis de l'Autorité de la concurrence, fixe le contenu du dossier d'information communiqué à cette autorité en application du premier alinéa du I ainsi que les éléments d'information et les documents devant figurer dans le rapport prévu au premier alinéa du II.»

CHAPITRE III

De la procédure

Art. L. 463-1. L'instruction et la procédure devant l'Autorité de la concurrence sont contradictoires *(Ord. n° 2004-1173 du 4 nov. 2004, art. 9-I)* «sous réserve des dispositions prévues à l'article L. 463-4».

Art. L. 463-2. *(Ord. n° 2008-1161 du 13 nov. 2008, art. 2-V)* «Sans préjudice des mesures prévues à l'article L. 464-1, le rapporteur général ou un rapporteur général adjoint désigné par lui notifie les griefs aux intéressés ainsi qu'au commissaire du Gouvernement, qui peuvent consulter le dossier sous réserve des dispositions de l'article L. 463-4 et présenter leurs observations dans un délai de deux mois. Les entreprises destinataires des griefs signalent sans délai au rapporteur chargé du dossier, à tout moment de la procédure d'investigation, toute modification de leur situation juridique susceptible de modifier les conditions dans lesquelles elles sont représentées ou dans lesquelles les griefs peuvent leur être imputés. Elles sont irrecevables à s'en prévaloir si elles n'ont pas procédé à cette information.»

Le rapport est ensuite notifié aux parties, au commissaire du Gouvernement et aux ministres intéressés. Il est accompagné des documents sur lesquels se fonde le rapporteur et des observations faites, le cas échéant, par les intéressés.

Les parties ont un délai de deux mois pour présenter un mémoire en réponse qui peut être consulté dans les quinze jours qui précèdent la séance par les personnes visées à l'alinéa précédent.

(L. n° 2001-420 du 15 mai 2001) «Lorsque des circonstances exceptionnelles le justifient, *(Ord. n° 2008-1161 du 13 nov. 2008, art. 2-V)* «le rapporteur général de l'Autorité» peut, par une décision non susceptible de recours, accorder un délai supplémentaire d'un mois pour la consultation du dossier et la production des observations des parties.»

Art. L. 463-3. *(L. n° 2001-420 du 15 mai 2001)* Le *(Ord. n° 2008-1161 du 13 nov. 2008, art. 2-VI)* «rapporteur général de l'Autorité de la concurrence» peut, *(Ord. n° 2008-1161 du 13 nov. 2008, art. 2-VI)* «lors de» la notification des griefs aux parties intéressées, décider que l'affaire sera *(Ord. n° 2008-1161 du 13 nov. 2008, art. 2-VI)* «examinée par l'Autorité» sans établissement préalable d'un rapport. Cette décision est notifiée aux parties.

Art. L. 463-4. *(Ord. n° 2008-1161 du 13 nov. 2008, art. 2-VII)* Sauf dans les cas où la communication ou la consultation de ces documents est nécessaire à l'exercice des droits de la défense d'une partie mise en cause, le rapporteur général de l'Autorité de la concurrence peut refuser à une partie la communication ou la consultation de pièces ou de certains éléments contenus dans ces pièces mettant en jeu le secret des affaires d'autres personnes. Dans ce cas, une version non confidentielle et un résumé des pièces ou éléments en cause lui sont accessibles.

Un décret en Conseil d'État précise les modalités d'application du présent article.

Art. L. 463-5. Les juridictions d'instruction et de jugement peuvent communiquer à l'Autorité de la concurrence, sur sa demande, les procès-verbaux *(Ord. n° 2008-1161 du 13 nov. 2008, art. 2-VIII)* « *[,]* rapports d'enquête ou autres pièces de l'instruction pénale» ayant un lien direct avec des faits dont l'Autorité est saisie.

Art. L. 463-6. Est punie des peines prévues à l'article 226-13 du code pénal, la divulgation par l'une des parties des informations concernant une autre partie ou un tiers et dont elle n'a pu avoir connaissance qu'à la suite des communications ou consultations auxquelles il a été procédé.

(Ord. nº 2017-303 du 9 mars 2017, art. 6) «L'alinéa précédent n'est pas applicable lorsque la divulgation intervient conformément aux dispositions prévues au chapitre III du titre VIII.»

Art. L. 463-7. Les séances de l'Autorité de la concurrence ne sont pas publiques. Seules les parties et le commissaire du Gouvernement peuvent y assister. Les parties peuvent demander à être entendues par l'Autorité et se faire représenter ou assister.

L'Autorité de la concurrence peut entendre toute personne dont l'audition lui paraît susceptible de contribuer à son information.

Le rapporteur général, *(Ord. nº 2008-1161 du 13 nov. 2008, art. 2-IX)* «ou le rapporteur général adjoint désigné par lui» et le commissaire du Gouvernement peuvent présenter des observations.

Le rapporteur général, *(Ord. nº 2008-1161 du 13 nov. 2008, art. 2-IX)* «ou le rapporteur général adjoint désigné par lui» et le rapporteur assistent au délibéré, sans voix délibérative, sauf lorsque l'Autorité statue sur des pratiques dont elle a été saisie en application de l'article L. 462-5.

Art. L. 463-8. *(L. nº 2001-420 du 15 mai 2001)* Le rapporteur général peut décider de faire appel à des experts en cas de demande formulée à tout moment de l'instruction par le rapporteur ou une partie. Cette décision n'est susceptible d'aucun recours.

La mission et le délai imparti à l'expert sont précisés dans la décision qui le désigne. Le déroulement des opérations d'expertise se fait de façon contradictoire.

Le financement de l'expertise est à la charge de la partie qui la demande ou à celle de l'Autorité de la concurrence dans le cas où elle est ordonnée à la demande du rapporteur. Toutefois, l'Autorité peut, dans sa décision sur le fond, faire peser la charge définitive sur la ou les parties sanctionnées dans des proportions qu'elle détermine.

CHAPITRE IV

Des décisions et des voies de recours

Art. L. 464-1. *(L. nº 2001-420 du 15 mai 2001)* L'Autorité de la concurrence peut, à la demande du ministre chargé de l'économie, des personnes mentionnées au dernier alinéa de l'article L. 462-1 ou des entreprises et après avoir entendu les parties en cause et le commissaire du Gouvernement, prendre les mesures conservatoires qui lui sont demandées ou celles qui lui apparaissent nécessaires.

Ces mesures ne peuvent intervenir que si la pratique dénoncée porte une atteinte grave et immédiate à l'économie générale, à celle du secteur intéressé, à l'intérêt des consommateurs ou à l'entreprise plaignante.

Elles peuvent comporter la suspension de la pratique concernée ainsi qu'une injonction aux parties de revenir à l'état antérieur. Elles doivent rester strictement limitées à ce qui est nécessaire pour faire face à l'urgence.

Art. L. 464-2. *(L. nº 2001-420 du 15 mai 2001)* I. — L'Autorité de la concurrence peut ordonner aux intéressés de mettre fin aux pratiques anticoncurrentielles dans un délai déterminé ou imposer des conditions particulières. *(Ord. nº 2004-1173 du 4 nov.*

2004, art. 10) «Elle peut aussi accepter des engagements proposés par les entreprises ou organismes et de nature à mettre un terme» *(Ord. n° 2008-1161 du 13 nov. 2008, art. 2-XI)* «à ses préoccupations de concurrence susceptibles de constituer des pratiques prohibées visées aux articles L. 420-1» *(L. n° 2016-1920 du 29 déc. 2016, art. 3, en vigueur le 1er mars 2017)* «à L. 420-2-2» *(L. n° 2012-1270 du 20 nov. 2012, art. 6)* «et L. 420-5 ou contraires aux mesures prises en application de l'article L. 410-3».

Elle peut infliger une sanction pécuniaire applicable soit immédiatement, soit en cas d'inexécution des injonctions *(Ord. n° 2004-1173 du 4 nov. 2004, art. 10)* «soit en cas de non-respect des engagements qu'elle a acceptés».

Les sanctions pécuniaires sont proportionnées à la gravité des faits reprochés, à l'importance du dommage causé à l'économie, à la situation de l'organisme ou de l'entreprise sanctionné ou du groupe auquel l'entreprise appartient et à l'éventuelle réitération de pratiques prohibées par le présent titre. Elles sont déterminées individuellement pour chaque entreprise ou organisme sanctionné et de façon motivée pour chaque sanction. *(Ord. n° 2017-303 du 9 mars 2017, art. 7)* «L'Autorité de la concurrence peut décider de réduire le montant de la sanction pécuniaire infligée à une entreprise ou à un organisme lorsque cette entreprise ou cet organisme a, en cours de procédure devant l'Autorité, versé à la victime de la ou des pratiques anticoncurrentielles sanctionnées une indemnité due en exécution d'une transaction au sens de l'article 2044 du code civil.»

Si le contrevenant n'est pas une entreprise, le montant maximum de la sanction est de 3 millions d'euros. Le montant maximum de la sanction est, pour une entreprise, de 10% du montant du chiffre d'affaires mondial hors taxes le plus élevé réalisé au cours d'un des exercices clos depuis l'exercice précédant celui au cours duquel les pratiques ont été mises en œuvre. Si les comptes de l'entreprise concernée ont été consolidés ou combinés en vertu des textes applicables à sa forme sociale, le chiffre d'affaires pris en compte est celui figurant dans les comptes consolidés ou combinés de l'entreprise consolidante ou combinante.

L'Autorité de la concurrence peut ordonner la publication, la diffusion ou l'affichage de sa décision ou d'un extrait de celle-ci selon les modalités qu'elle précise. Elle peut également ordonner l'insertion de la décision ou de l'extrait de celle-ci dans le rapport établi sur les opérations de l'exercice par les gérants, le conseil d'administration ou le directoire de l'entreprise. Les frais sont supportés par la personne intéressée.

(L. n° 2012-1270 du 20 nov. 2012, art. 7) «Les entreprises ou groupements d'entreprises ayant fait l'objet d'une injonction de l'Autorité de la concurrence en raison de pratiques contraires aux mesures prises en application de l'article L. 410-3 doivent rendre publique cette injonction en la publiant, à leurs frais, dans la presse quotidienne locale, selon des modalités précisées par l'Autorité de la concurrence. Cette publication mentionne, le cas échéant, l'existence d'un recours formé à l'encontre de l'injonction.»

(Ord. n° 2004-1173 du 4 nov. 2004, art. 10) «II. — L'Autorité de la concurrence peut infliger aux intéressés des astreintes dans la limite de 5% du chiffre d'affaires journalier moyen, par jour de retard à compter de la date qu'elle fixe, pour les contraindre :

«*a)* A exécuter une décision les ayant obligés à mettre fin aux pratiques anticoncurrentielles, à exécuter une décision ayant imposé des conditions particulières ou à respecter une décision ayant rendu un engagement obligatoire en vertu du I;

«*b)* A respecter les mesures prononcées en application de l'article L. 464-1.

«Le chiffre d'affaires pris en compte est calculé sur la base des comptes de l'entreprise relatifs au dernier exercice clos à la date de la décision. L'astreinte est liquidée par l'Autorité de la concurrence qui en fixe le montant définitif.»

(L. n° 2015-990 du 6 août 2015, art. 218-I-1°) «III. — Lorsqu'un organisme ou une entreprise ne conteste pas la réalité des griefs qui lui sont notifiés, le rapporteur général peut lui soumettre une proposition de transaction fixant le montant minimal et le montant maximal de la sanction pécuniaire envisagée. Lorsque l'entreprise ou l'organisme s'engage à modifier son comportement, le rapporteur général peut en tenir compte dans sa proposition de transaction. Si, dans un délai fixé par le rapporteur général, l'organisme ou l'entreprise donne son accord à la proposition de transaction, le rapporteur général propose à l'Autorité de la concurrence, qui entend l'entreprise ou l'organisme et le commissaire du Gouvernement sans établissement préalable d'un rapport, de prononcer la sanction pécuniaire prévue au I dans les limites fixées par la transaction.»

(Ord. n° 2004-1173 du 4 nov. 2004, art. 10) «IV. —» Une exonération totale ou partielle des sanctions pécuniaires peut être accordée à une entreprise ou à un organisme qui a, avec d'autres, mis en œuvre une pratique prohibée par les dispositions de l'article L. 420-1 s'il a contribué à établir la réalité de la pratique prohibée et à identifier ses auteurs, en apportant des éléments d'information dont l'Autorité ou l'administration ne disposaient pas antérieurement. A la suite de la démarche de l'entreprise ou de l'organisme, l'Autorité de la concurrence, à la demande du rapporteur général ou du ministre chargé de l'économie, adopte à cette fin un avis de clémence, qui précise les conditions auxquelles est subordonnée l'exonération envisagée, après que le commissaire du Gouvernement et l'entreprise ou l'organisme concerné ont présenté leurs observations; cet avis est transmis à l'entreprise ou à l'organisme et au ministre, et n'est pas publié. Lors de la décision prise en application du I du présent article, l'Autorité peut *(L. n° 2015-990 du 6 août 2015, art. 218-I-2°)* «, après avoir entendu le commissaire du Gouvernement et l'entreprise ou l'organisme concerné sans établissement préalable d'un rapport, et», si les conditions précisées dans l'avis de clémence ont été respectées, accorder une exonération de sanctions pécuniaires proportionnée à la contribution apportée à l'établissement de l'infraction.

(Ord. n° 2008-1161 du 13 nov. 2008, art. 2-XI) «V. — Lorsqu'une entreprise ou un organisme ne défère pas à une convocation ou ne répond pas dans le délai prescrit à une demande de renseignements ou de communication de pièces formulée par un des agents visés au I de l'article L. 450-1 dans l'exercice des pouvoirs qui lui sont conférés par les titres V et VI du livre IV, l'Autorité peut, à la demande du rapporteur général, prononcer à son encontre une injonction assortie d'une astreinte, dans la limite prévue au II.

«Lorsqu'une entreprise a fait obstruction à l'investigation ou à l'instruction, notamment en fournissant des renseignements incomplets ou inexacts, ou en communiquant des pièces incomplètes ou dénaturées, l'Autorité peut, à la demande du rapporteur général, et après avoir entendu l'entreprise en cause et le commissaire du Gouvernement, décider de lui infliger une sanction pécuniaire. Le montant maximum de cette dernière ne peut excéder 1 % du montant du chiffre d'affaires mondial hors taxes le plus élevé réalisé au cours d'un des exercices clos depuis l'exercice précédant celui au cours duquel les pratiques ont été mises en œuvre.»

Art. L. 464-3. *(Ord. n° 2004-1173 du 4 nov. 2004, art. 11)* Si les mesures, injonctions ou engagements prévus aux articles L. 464-1 et L. 464-2 ne sont pas respectés, l'Autorité de la concurrence peut prononcer une sanction pécuniaire dans les limites fixées à l'article L. 464-2.

Art. L. 464-4. Les sanctions pécuniaires *(Ord. n° 2004-1173 du 4 nov. 2004, art. 12)* «et les astreintes» sont recouvrées comme les créances de l'État étrangères à l'impôt et au domaine.

Art. L. 464-5. *(L. n° 2001-420 du 15 mai 2001)* L'Autorité de la concurrence, lorsqu'elle statue selon la procédure simplifiée prévue à l'article L. 463-3, peut prononcer les mesures prévues au I de l'article L. 464-2. Toutefois, la sanction pécuniaire ne peut excéder 750 000 euros pour chacun des auteurs de pratiques prohibées.

Art. L. 464-5-1. *(L. n° 2016-731 du 3 juin 2016, art. 82-V)* Les sanctions pécuniaires prononcées en application des articles L. 464-2, L. 464-3 et L. 464-5 peuvent faire l'objet d'une majoration, dans la limite de 10% de leur montant, mise à la charge de l'organisme ou de l'entreprise sanctionné et destinée à financer l'aide aux victimes.

Le troisième alinéa du I de l'article L. 464-2 est applicable à cette majoration et les motifs qu'il énonce sont appréciés pour en moduler le montant.

Art. L. 464-6. *(L. n° 2001-420 du 15 mai 2001)* Lorsque aucune pratique de nature à porter atteinte à la concurrence sur le marché n'est établie, l'Autorité de la concurrence peut décider, après que l'auteur de la saisine et le commissaire du Gouvernement ont été mis à même de consulter le dossier et de faire valoir leurs observations, qu'il n'y a pas lieu de poursuivre la procédure. *(Ord. n° 2004-274 du 25 mars 2004, art. 24-I)* «Cette décision est motivée.»

Art. L. 464-6-1. *(Ord. n° 2004-274 du 25 mars 2004, art. 24-II)* L'Autorité de la concurrence peut également décider, dans les conditions prévues à l'article L. 464-6, qu'il n'y a pas lieu de poursuivre la procédure lorsque les pratiques mentionnées à l'article L. 420-1 ne visent pas des contrats passés en application du *(Ord. n° 2018-1074 du 26 nov. 2018, art. 17)* «code de la commande publique» et que la part de marché cumulée détenue par les entreprises ou organismes parties à l'accord ou à la pratique en cause ne dépasse pas soit :

a) 10% sur l'un des marchés affectés par l'accord ou la pratique lorsqu'il s'agit d'un accord ou d'une pratique entre des entreprises ou organismes qui sont des concurrents, existants ou potentiels, sur l'un des marchés en cause;

b) 15% sur l'un des marchés affectés par l'accord ou la pratique lorsqu'il s'agit d'un accord ou d'une pratique entre des entreprises ou organismes qui ne sont pas concurrents existants ou potentiels sur l'un des marchés en cause.

Art. L. 464-6-2. *(Ord. n° 2004-274 du 25 mars 2004, art. 24-II)* Toutefois, les dispositions de l'article L. 464-6-1 ne s'appliquent pas aux accords et pratiques qui contiennent l'une quelconque des restrictions caractérisées de concurrence suivantes :

a) Les restrictions qui, directement ou indirectement, isolément ou cumulées avec d'autres facteurs sur lesquels les parties peuvent influer ont pour objet la fixation de prix de vente, la limitation de la production ou des ventes, la répartition de marchés ou des clients;

b) Les restrictions aux ventes non sollicitées et réalisées par un distributeur en dehors de son territoire contractuel au profit d'utilisateurs finaux;

c) Les restrictions aux ventes par les membres d'un réseau de distribution sélective qui opèrent en tant que détaillants sur le marché, indépendamment de la possibilité d'interdire à un membre du système de distribution d'opérer à partir d'un lieu d'établissement non autorisé;

d) Les restrictions apportées aux livraisons croisées entre distributeurs à l'intérieur d'un système de distribution sélective, y compris entre les distributeurs opérant à des stades différents du commerce.

Art. L. 464-7. La décision de l'Autorité de la concurrence prise au titre de l'article L. 464-1 peut faire l'objet d'un recours en annulation ou en réformation par les parties en cause et le commissaire du Gouvernement devant la cour d'appel de Paris au maximum dix jours après sa notification. La cour statue dans le mois du recours.

Le recours n'est pas suspensif. Toutefois, le premier président de la cour d'appel de Paris peut ordonner qu'il soit sursis à l'exécution des mesures conservatoires, si celles-ci sont susceptibles d'entraîner des conséquences manifestement excessives ou s'il est intervenu, postérieurement à leur notification, des faits nouveaux d'une exceptionnelle gravité.

Art. L. 464-8. Les décisions de l'Autorité de la concurrence mentionnées aux articles L. 462-8, L. 464-2, L. 464-3, L. 464-5 *(Ord. n° 2004-274 du 25 mars 2004, art. 24-III)* «, L. 464-6» *(L. n° 2012-1270 du 20 nov. 2012, art. 10-II)* «, L. 464-6-1 et L. 752-27» sont notifiées aux parties en cause et au ministre chargé de l'économie, qui peuvent, dans le délai d'un mois, introduire un recours en annulation ou en réformation devant la cour d'appel de Paris.

Le recours n'est pas suspensif. Toutefois, le premier président de la cour d'appel de Paris peut ordonner qu'il soit sursis à l'exécution de la décision si celle-ci est susceptible d'entraîner des conséquences manifestement excessives ou s'il est intervenu, postérieurement à sa notification, des faits nouveaux d'une exceptionnelle gravité.

Le pourvoi en cassation, formé le cas échéant, contre l'arrêt de la cour, est exercé dans un délai d'un mois suivant sa notification.

(Ord. n° 2008-1161 du 13 nov. 2008, art. 2-XII) «Le président de l'Autorité de la concurrence peut former un pourvoi en cassation contre l'arrêt de la cour d'appel de Paris ayant annulé ou réformé une décision de l'Autorité.»

(L. n° 2004-1343 du 9 déc. 2004, art. 83-II) «Le ministre chargé de l'économie peut, dans tous les cas, former un pourvoi en cassation contre l'arrêt de la cour d'appel de Paris.»

(Ord. n° 2008-1161 du 13 nov. 2008, art. 2-XII) «L'Autorité de la concurrence veille à l'exécution de ses décisions.»

Art. L. 464-8-1. *(L. n° 2016-1547 du 18 nov. 2016, art. 96)* Les décisions prises par le rapporteur général de l'Autorité de la concurrence en application de l'article L. 463-4 de refuser la protection du secret des affaires ou de lever la protection accordée peuvent faire l'objet d'un recours en réformation ou en annulation devant le premier président de la cour d'appel de Paris ou son délégué.

L'ordonnance du premier président de la cour d'appel de Paris statuant sur ce recours est susceptible d'un pourvoi en cassation.

Ce recours et ce pourvoi sont instruits et jugés en chambre du conseil.

Un décret en Conseil d'État précise les modalités de ce recours et de ce pourvoi.

Art. L. 464-9. *(Ord. n° 2008-1161 du 13 nov. 2008, art. 2-XIII)* Le ministre chargé de l'économie peut enjoindre aux entreprises de mettre un terme aux pratiques visées aux articles L. 420-1 *(L. n° 2016-1920 du 29 déc. 2016, art. 3, en vigueur le 1er mars 2017)* «à L. 420-2-2» *(L. n° 2012-1270 du 20 nov. 2012, art. 6)* «et L. 420-5 ou contraires aux mesures prises en application de l'article L. 410-3» dont elles sont les auteurs lorsque ces pratiques affectent un marché de dimension locale, ne concernent pas des faits relevant des articles 81 et 82 du traité instituant la Communauté européenne et sous réserve que le chiffre d'affaires que chacune d'entre elles a réalisé en France lors du dernier exercice clos ne dépasse pas 50 millions d'euros et que leurs chiffres d'affaires cumulés ne dépassent pas *(L. nº 2014-344 du 17 mars 2014, art. 109)* «200» millions d'euros.

Le ministre chargé de l'économie peut également, dans les mêmes conditions, leur proposer de transiger. Le montant de la transaction ne peut excéder *(L. nº 2014-344 du 17 mars 2014, art. 109)* «150000» € ou 5% du dernier chiffre d'affaires connu en France si cette valeur est plus faible. Les modalités de la transaction sont fixées par décret en Conseil d'État. L'exécution dans les délais impartis des obligations résultant de l'injonction et de l'acceptation de la transaction éteint toute action devant l'Autorité de la concurrence pour les mêmes faits. Le ministre chargé de l'économie informe l'Autorité de la concurrence des transactions conclues.

Il ne peut proposer de transaction ni imposer d'injonction lorsque les mêmes faits ont, au préalable, fait l'objet d'une saisine de l'Autorité de la concurrence par une entreprise ou un organisme visé au deuxième alinéa de l'article L. 462-1 *(L. nº 2015-990 du 6 août 2015, art. 217-2º)* «, sauf si l'Autorité de la concurrence a rejeté la saisine sur le fondement du troisième alinéa de l'article L. 462-8».

En cas de refus de transiger, le ministre chargé de l'économie saisit l'Autorité de la concurrence. Il saisit également l'Autorité de la concurrence en cas d'inexécution des injonctions prévues au premier alinéa ou des obligations résultant de l'acceptation de la transaction.

Les sommes issues de la transaction sont versées au Trésor public et recouvrées comme les créances étrangères à l'impôt et au domaine.

CHAPITRE 4
La protection du consommateur

359 Charte des droits fondamentaux de l'Union européenne (article 38)

TITRE IV

SOLIDARITÉ

Art. 38. *Protection des consommateurs.* Un niveau élevé de protection des consommateurs est assuré dans les politiques de l'Union.

360 Code de la consommation (articles L. 111-1 à L. 122-21)

TITRE PREMIER

INFORMATION DES CONSOMMATEURS

CHAPITRE PREMIER

Obligation générale d'information précontractuelle

Art. L. 111-1. Avant que le consommateur ne soit lié par un contrat de vente de biens ou de fourniture de services, le professionnel communique au consommateur, de manière lisible et compréhensible, les informations suivantes :

1° Les caractéristiques essentielles du bien ou du service, compte tenu du support de communication utilisé et du bien ou service concerné;

2° Le prix du bien ou du service, en application des articles L. 112-1 à L. 112-4;

3° En l'absence d'exécution immédiate du contrat, la date ou le délai auquel le professionnel s'engage à livrer le bien ou à exécuter le service;

4° Les informations relatives à son identité, à ses coordonnées postales, téléphoniques et électroniques et à ses activités, pour autant qu'elles ne ressortent pas du contexte;

5° S'il y a lieu, les informations relatives aux garanties légales, aux fonctionnalités du contenu numérique et, le cas échéant, à son interopérabilité, à l'existence et aux modalités de mise en œuvre des garanties et aux autres conditions contractuelles;

6° La possibilité de recourir à un médiateur de la consommation dans les conditions prévues au titre Ier du livre VI.

La liste et le contenu précis de ces informations sont fixés par décret en Conseil d'État.

Les dispositions du présent article s'appliquent également aux contrats portant sur la fourniture d'eau, de gaz ou d'électricité, lorsqu'ils ne sont pas conditionnés dans un volume délimité ou en quantité déterminée, ainsi que de chauffage urbain et de contenu numérique non fourni sur un support matériel. Ces contrats font également référence à la nécessité d'une consommation sobre et respectueuse de la préservation de l'environnement.

Art. L. 111-2. Outre les mentions prévues à l'article L. 111-1, tout professionnel, avant la conclusion d'un contrat de fourniture de services et, lorsqu'il n'y a pas de contrat écrit, avant l'exécution de la prestation de services, met à la disposition du consommateur ou lui communique, de manière lisible et compréhensible, les informations complémentaires relatives à ses coordonnées, à son activité de prestation de services et aux autres conditions contractuelles, dont la liste et le contenu sont fixés par décret en Conseil d'État.

Les informations complémentaires qui ne sont communiquées qu'à la demande du consommateur sont également précisées par décret en Conseil d'État.

Art. L. 111-3. Les dispositions des articles L. 111-1 et L. 111-2 s'appliquent sans préjudice des dispositions particulières en matière d'information des consommateurs propres à certaines activités.

(Ord. n° 2017-484 du 6 avr. 2017, art. 17-II) «Les dispositions de l'article L. 111-2 ne s'appliquent ni aux services mentionnés aux livres Ier à III et au titre V du livre V du code monétaire et financier, ni aux opérations pratiquées par les entreprises régies par le code des assurances, par les fonds de retraite professionnelle supplémentaires mentionnés à l'article L. 381-1 du même code, par les mutuelles et unions régies par le livre II du code de la mutualité, par les mutuelles et unions de retraite professionnelle supplémentaire mentionnées à l'article L. 214-1 du même code, par les institutions de prévoyance et unions régies par le titre III du livre IX du code de la sécurité sociale et par les institutions de retraite professionnelle supplémentaire mentionnées à l'article L. 942-1 du même code.»

Art. L. 111-4. Le fabricant ou l'importateur de biens meubles informe le vendeur professionnel de la période pendant laquelle ou de la date jusqu'à laquelle les pièces détachées indispensables à l'utilisation des biens sont disponibles sur le marché. Cette information est délivrée obligatoirement au consommateur par le vendeur de manière lisible avant la conclusion du contrat et confirmée par écrit lors de l'achat du bien.

Dès lors qu'il a indiqué la période ou la date mentionnées au premier alinéa, le fabricant ou l'importateur fournit obligatoirement, dans un délai de deux mois, aux vendeurs professionnels ou aux réparateurs, agréés ou non, qui le demandent les pièces détachées indispensables à l'utilisation des biens vendus.

Les modalités d'application du présent article sont précisées par décret.

Art. L. 111-5. En cas de litige relatif à l'application des dispositions des articles L. 111-1, L. 111-2 et L. 111-4, il appartient au professionnel de prouver qu'il a exécuté ses obligations.

Art. L. 111-7. *(L. n° 2016-1321 du 7 oct. 2016, art. 49-I)* I. — Est qualifiée d'opérateur de plateforme en ligne toute personne physique ou morale proposant, à titre professionnel, de manière rémunérée ou non, un service de communication au public en ligne reposant sur :

1° Le classement ou le référencement, au moyen d'algorithmes informatiques, de contenus, de biens ou de services proposés ou mis en ligne par des tiers ;

2° Ou la mise en relation de plusieurs parties en vue de la vente d'un bien, de la fourniture d'un service ou de l'échange ou du partage d'un contenu, d'un bien ou d'un service.

II. — Tout opérateur de plateforme en ligne est tenu de délivrer au consommateur une information loyale, claire et transparente sur :

1° Les conditions générales d'utilisation du service d'intermédiation qu'il propose et sur les modalités de référencement, de classement et de déréférencement des contenus, des biens ou des services auxquels ce service permet d'accéder ;

2° L'existence d'une relation contractuelle, d'un lien capitalistique ou d'une rémunération à son profit, dès lors qu'ils influencent le classement ou le référencement des contenus, des biens ou des services proposés ou mis en ligne;

3° La qualité de l'annonceur et les droits et obligations des parties en matière civile et fiscale, lorsque des consommateurs sont mis en relation avec des professionnels ou des non-professionnels.

Un décret précise les conditions d'application du présent article en tenant compte de la nature de l'activité des opérateurs de plateforme en ligne.

Ce décret précise, par ailleurs, pour tout opérateur de plateforme en ligne dont l'activité consiste en la fourniture d'informations permettant la comparaison des prix et des caractéristiques de biens et de services proposés par des professionnels, les informations communiquées aux consommateurs portant sur les éléments de cette comparaison et ce qui relève de la publicité au sens de l'article 20 de la loi n° 2004-575 du 21 juin 2004 pour la confiance dans l'économie numérique.

Ce décret fixe également les modalités selon lesquelles, lorsque des professionnels, vendeurs ou prestataires de services sont mis en relation avec des consommateurs, l'opérateur de plateforme en ligne met à leur disposition un espace leur permettant de communiquer aux consommateurs les informations prévues aux articles L. 221-5 et L. 221-6.

Art. L. 111-7-1. *(L. n° 2016-1321 du 7 oct. 2016, art. 50)* Les opérateurs de plateformes en ligne dont l'activité dépasse un seuil de nombre de connexions défini par décret élaborent et diffusent aux consommateurs des bonnes pratiques visant à renforcer les obligations de clarté, de transparence et de loyauté mentionnées à l'article L. 111-7.

L'autorité administrative compétente peut procéder à des enquêtes dans les conditions prévues à l'article L. 511-6 afin d'évaluer et de comparer les pratiques des opérateurs de plateformes en ligne mentionnées au premier alinéa du présent article. Elle peut, à cette fin, recueillir auprès de ces opérateurs les informations utiles à l'exercice de cette mission. Elle diffuse périodiquement les résultats de ces évaluations et de ces comparaisons et rend publique la liste des plateformes en ligne qui ne respectent pas leurs obligations au titre de l'article L. 111-7.

Art. L. 111-7-2. *(L. n° 2016-1321 du 7 oct. 2016, art. 52)* Sans préjudice des obligations d'information prévues à l'article 19 de la loi n° 2004-575 du 21 juin 2004 pour la confiance dans l'économie numérique et aux articles L. 111-7 et L. 111-7-1 du présent code, toute personne physique ou morale dont l'activité consiste, à titre principal ou accessoire, à collecter, à modérer ou à diffuser des avis en ligne provenant de consommateurs est tenue de délivrer aux utilisateurs une information loyale, claire et transparente sur les modalités de publication et de traitement des avis mis en ligne.

Elle précise si ces avis font ou non l'objet d'un contrôle et, si tel est le cas, elle indique les caractéristiques principales du contrôle mis en œuvre.

Elle affiche la date de l'avis et ses éventuelles mises à jour.

Elle indique aux consommateurs dont l'avis en ligne n'a pas été publié les raisons qui justifient son rejet.

Elle met en place une fonctionnalité gratuite qui permet aux responsables des produits ou des services faisant l'objet d'un avis en ligne de lui signaler un doute sur l'authenticité de cet avis, à condition que ce signalement soit motivé.

Un décret, pris après avis de la Commission nationale de l'informatique et des libertés, fixe les modalités et le contenu de ces informations.

Art. L. 111-8. Les dispositions du présent chapitre sont d'ordre public.

CHAPITRE II

Information sur les prix et conditions de vente

Art. L. 112-1. Tout vendeur de produit ou tout prestataire de services informe le consommateur, par voie de marquage, d'étiquetage, d'affichage ou par tout autre procédé approprié, sur les prix et les conditions particulières de la vente et de l'exécution des services, selon des modalités fixées par arrêtés du ministre chargé de l'économie, après consultation du Conseil national de la consommation.

Art. L. 112-2. Les dispositions de l'article L. 112-1 s'appliquent à toutes les activités de production, de distribution et de services, y compris celles qui sont le fait de personnes publiques, notamment dans le cadre de conventions de délégation de service public ainsi qu'aux prestations mentionnées au titre IV *bis* du livre IV du code de commerce.

Les règles relatives à l'obligation de renseignements du public par les établissements de crédit, les sociétés de financement, les établissements de monnaie électronique, les établissements de paiement et les organismes mentionnés à l'article L. 518-1 du code monétaire et financier sont fixées par l'article L. 312-1-1 du même code.

Art. L. 112-3. Lorsque le prix ne peut être raisonnablement calculé à l'avance du fait de la nature du bien ou du service, le professionnel fournit le mode de calcul du prix et, s'il y a lieu, tous les frais supplémentaires de transport, de livraison ou d'affranchissement et tous les autres frais éventuels.

Lorsque les frais supplémentaires ne peuvent raisonnablement être calculés à l'avance, le professionnel mentionne qu'ils peuvent être exigibles.

Art. L. 112-4. Dans le cas d'un contrat à durée indéterminée ou d'un contrat assorti d'un abonnement, le prix total inclut le total des frais exposés pour chaque période de facturation. Lorsque de tels contrats sont facturés à un tarif fixe, le prix total inclut également le total des coûts mensuels.

Lorsque le coût total ne peut être raisonnablement calculé à l'avance, le mode de calcul du prix est communiqué.

Art. L. 112-5. Tout professionnel peut demander à l'autorité administrative chargée de la concurrence et de la consommation de prendre formellement position sur la conformité aux articles L. 112-1 à L. 112-4 et aux mesures réglementaires prises pour leur application, des modalités de l'information sur les prix de vente au consommateur qu'il envisage de mettre en place.

Cette prise de position formelle a pour objet de prémunir le demandeur d'un changement d'appréciation de l'autorité administrative qui serait de nature à l'exposer à la sanction administrative prévue aux articles L. 131-5 et L. 131-6.

L'autorité administrative prend formellement position sur cette demande dans un délai fixé par décret en Conseil d'État.

Le silence gardé par l'autorité administrative à l'issue de ce délai vaut rejet de cette demande.

Un décret en Conseil d'État précise les modalités d'application du présent article, notamment le contenu, les modalités de dépôt et d'avis de réception de la demande.

Art. L. 112-6. La garantie mentionnée à l'article L. 112-5 prend fin :

1° A la date à laquelle la situation du professionnel n'est plus identique à celle présentée dans la demande; les modalités de constatation de cette situation et d'information du professionnel sont précisées par décret en Conseil d'État;

2° A la date à laquelle est intervenue une modification dans la législation ou la réglementation applicable de nature à affecter la validité de la garantie;

3° A compter du jour où l'autorité administrative notifie au professionnel la modification de son appréciation. Cette notification fait l'objet d'une information préalable du professionnel.

Art. L. 112-7. Tout opérateur de service téléphonique au public au sens des 7° et 15° de l'article L. 32 du code des postes et des communications électroniques est tenu de proposer de manière équitable au consommateur, lors de la souscription d'un service téléphonique au public, une offre dans laquelle les communications au départ du réseau auquel le consommateur a été raccordé par son opérateur et à destination du territoire national sont facturées à la seconde, dès la première seconde, hors éventuellement un coût fixe de connexion.

Les consommateurs ayant opté pour un mode de règlement prépayé bénéficient d'une facturation à la seconde, dès la première seconde, de leurs communications de téléphonie vocale au départ du réseau auquel le consommateur a été raccordé par son opérateur et à destination du territoire national. Ces consommateurs peuvent bénéficier, sur demande, de tout autre mode de facturation proposé par l'opérateur.

Le présent article ne s'applique pas aux appels vers les numéros pouvant être surtaxés.

La comptabilisation des communications fait l'objet d'une information claire préalable à toute souscription de service, quel que soit le mode de règlement choisi.

Art. L. 112-8. *(L. n° 2016-1321 du 7 oct. 2016, art. 105-III)* Les entreprises dont le chiffre d'affaires est supérieur à un seuil défini par décret rendent le numéro de téléphone destiné à recueillir l'appel d'un consommateur en vue d'obtenir la bonne exécution d'un contrat conclu avec un professionnel ou le traitement d'une réclamation accessible aux personnes sourdes, malentendantes, sourdaveugles et aphasiques par la mise à disposition d'un service de traduction simultanée écrite et visuelle défini au IV de l'article 105 de la loi n° 2016-1321 du 7 octobre 2016 pour une République numérique, sans surcoût pour les utilisateurs finals et à la charge des entreprises concernées.

Les services d'accueil téléphonique concernés sont accessibles directement ou, à défaut, par l'intermédiaire d'une plateforme en ligne dédiée délivrant le service de traduction simultanée écrite et visuelle. L'accessibilité est soit assurée directement par l'entreprise, soit confiée par elle, sous sa responsabilité, à un opérateur spécialisé qui en assure la mise en œuvre et l'exécution.

CHAPITRE III

Information sur les conditions sociales de fabrication des produits

Art. L. 113-1. Le fabricant, le producteur ou le distributeur d'un bien commercialisé en France transmet au consommateur qui en fait la demande et qui a connaissance d'éléments sérieux mettant en doute le fait que ce bien a été fabriqué dans des conditions respectueuses des conventions internationales relatives aux droits humains fondamentaux, toute information dont il dispose portant sur un des éléments ci-après : origine géographique des matériaux et composants utilisés dans la fabrication, contrôles de qualité et audits, organisation de la chaîne de production et identité, implantation géographique et qualités du fabricant, de ses sous-traitants et fournisseurs.

Lorsque le fabricant, le producteur ou le distributeur ne possède pas l'information demandée, il est tenu d'en informer le consommateur à l'origine de la demande.

La liste des conventions mentionnées au premier alinéa est précisée par décret.

Art. L. 113-2. Si la transmission au consommateur d'une information, en application de l'article L. 113-1, est de nature à compromettre gravement les intérêts stratégiques ou industriels du fabricant, du producteur ou du distributeur concerné par la demande, celui-ci peut décider de ne pas la transmettre à condition d'en motiver les raisons.

CHAPITRE IV
Remise des contrats types

Art. L. 114-1. Les professionnels vendeurs ou prestataires de services remettent à toute personne intéressée qui en fait la demande un exemplaire des conventions qu'ils proposent habituellement.

TITRE DEUXIÈME
PRATIQUES COMMERCIALES INTERDITES ET PRATIQUES COMMERCIALES RÉGLEMENTÉES

CHAPITRE PREMIER
Pratiques commerciales interdites

Section première

Pratiques commerciales déloyales

Art. L. 121-1. Les pratiques commerciales déloyales sont interdites.

Une pratique commerciale est déloyale lorsqu'elle est contraire aux exigences de la diligence professionnelle et qu'elle altère ou est susceptible d'altérer de manière substantielle le comportement économique du consommateur normalement informé et raisonnablement attentif et avisé, à l'égard d'un bien ou d'un service.

Le caractère déloyal d'une pratique commerciale visant une catégorie particulière de consommateurs ou un groupe de consommateurs vulnérables en raison d'une infirmité mentale ou physique, de leur âge ou de leur crédulité s'apprécie au regard de la capacité moyenne de discernement de la catégorie ou du groupe.

Constituent, en particulier, des pratiques commerciales déloyales les pratiques commerciales trompeuses définies aux articles L. 121-2 à L. 121-4 et les pratiques commerciales agressives définies aux articles L. 121-6 et L. 121-7.

Sous-section 1 – Pratiques commerciales trompeuses

Art. L. 121-2. Une pratique commerciale est trompeuse si elle est commise dans l'une des circonstances suivantes :

1° Lorsqu'elle crée une confusion avec un autre bien ou service, une marque, un nom commercial ou un autre signe distinctif d'un concurrent;

2° Lorsqu'elle repose sur des allégations, indications ou présentations fausses ou de nature à induire en erreur et portant sur l'un ou plusieurs des éléments suivants :

a) L'existence, la disponibilité ou la nature du bien ou du service;

b) Les caractéristiques essentielles du bien ou du service, à savoir : ses qualités substantielles, sa composition, ses accessoires, son origine, sa quantité, son mode et sa date de fabrication, les conditions de son utilisation et son aptitude à l'usage, ses propriétés et les résultats attendus de son utilisation, ainsi que les résultats et les principales caractéristiques des tests et contrôles effectués sur le bien ou le service;

c) Le prix ou le mode de calcul du prix, le caractère promotionnel du prix et les conditions de vente, de paiement et de livraison du bien ou du service;

d) Le service après-vente, la nécessité d'un service, d'une pièce détachée, d'un remplacement ou d'une réparation;

e) La portée des engagements de l'annonceur, la nature, le procédé ou le motif de la vente ou de la prestation de services;

f) L'identité, les qualités, les aptitudes et les droits du professionnel;

g) Le traitement des réclamations et les droits du consommateur;

3° Lorsque la personne pour le compte de laquelle elle est mise en œuvre n'est pas clairement identifiable.

Art. L. 121-3. Une pratique commerciale est également trompeuse si, compte tenu des limites propres au moyen de communication utilisé et des circonstances qui l'entourent, elle omet, dissimule ou fournit de façon inintelligible, ambiguë ou à contretemps une information substantielle ou lorsqu'elle n'indique pas sa véritable intention commerciale dès lors que celle-ci ne ressort pas déjà du contexte.

Lorsque le moyen de communication utilisé impose des limites d'espace ou de temps, il y a lieu, pour apprécier si des informations substantielles ont été omises, de tenir compte de ces limites ainsi que de toute mesure prise par le professionnel pour mettre ces informations à la disposition du consommateur par d'autres moyens.

Dans toute communication commerciale constituant une invitation *(L. n° 2017-203 du 21 févr. 2017, art. 5)* «à l'achat» et destinée au consommateur mentionnant le prix et les caractéristiques du bien ou du service proposé, sont considérées comme substantielles les informations suivantes :

1° Les caractéristiques principales du bien ou du service;

2° L'adresse et l'identité du professionnel;

3° Le prix toutes taxes comprises et les frais de livraison à la charge du consommateur, ou leur mode de calcul, s'ils ne peuvent être établis à l'avance;

4° Les modalités de paiement, de livraison, d'exécution et de traitement des réclamations des consommateurs, dès lors qu'elles sont différentes de celles habituellement pratiquées dans le domaine d'activité professionnelle concerné;

5° L'existence d'un droit de rétractation, si ce dernier est prévu par la loi.

Art. L. 121-4. Sont réputées trompeuses, au sens des articles L. 121-2 et L. 121-3, les pratiques commerciales qui ont pour objet :

1° Pour un professionnel, de se prétendre signataire d'un code de conduite alors qu'il ne l'est pas;

2° D'afficher un certificat, un label de qualité ou un équivalent sans avoir obtenu l'autorisation nécessaire;

3° D'affirmer qu'un code de conduite a reçu l'approbation d'un organisme public ou privé alors que ce n'est pas le cas;

4° D'affirmer qu'un professionnel, y compris à travers ses pratiques commerciales ou qu'un produit ou service a été agréé, approuvé ou autorisé par un organisme public ou privé alors que ce n'est pas le cas ou de ne pas respecter les conditions de l'agrément, de l'approbation ou de l'autorisation reçue;

5° De proposer l'achat de produits ou la fourniture de services à un prix indiqué sans révéler les raisons plausibles que pourrait avoir le professionnel de penser qu'il ne pourra fournir lui-même ou faire fournir par un autre professionnel, les produits ou services en question ou des produits ou services équivalents au prix indiqué, pendant une période et dans des quantités qui soient raisonnables compte tenu du produit ou du service, de l'ampleur de la publicité faite pour le produit ou le service et du prix proposé;

6° De proposer l'achat de produits ou la fourniture de services à un prix indiqué, et ensuite :

a) De refuser de présenter aux consommateurs l'article ayant fait l'objet de la publicité;

b) Ou de refuser de prendre des commandes concernant ces produits ou ces services ou de les livrer ou de les fournir dans un délai raisonnable;

c) Ou d'en présenter un échantillon défectueux, dans le but de faire la promotion d'un produit ou d'un service différent;

7° De déclarer faussement qu'un produit ou un service ne sera disponible que pendant une période très limitée ou qu'il ne sera disponible que sous des conditions particulières pendant une période très limitée afin d'obtenir une décision immédiate et priver les consommateurs d'une possibilité ou d'un délai suffisant pour opérer un choix en connaissance de cause;

8° De s'engager à fournir un service après-vente aux consommateurs avec lesquels le professionnel a communiqué avant la transaction dans une langue qui n'est pas une langue officielle de l'État membre de l'Union européenne dans lequel il est établi et, ensuite, assurer ce service uniquement dans une autre langue sans clairement en informer le consommateur avant que celui-ci ne s'engage dans la transaction;

9° De déclarer ou de donner l'impression que la vente d'un produit ou la fourniture d'un service est licite alors qu'elle ne l'est pas;

10° De présenter les droits conférés au consommateur par la loi comme constituant une caractéristique propre à la proposition faite par le professionnel;

11° D'utiliser un contenu rédactionnel dans les médias pour faire la promotion d'un produit ou d'un service alors que le professionnel a financé celle-ci lui-même, sans l'indiquer clairement dans le contenu ou à l'aide d'images ou de sons clairement identifiables par le consommateur;

12° De formuler des affirmations matériellement inexactes en ce qui concerne la nature et l'ampleur des risques auxquels s'expose le consommateur sur le plan de sa sécurité personnelle ou de celle de sa famille s'il n'achète pas le produit ou le service;

13° De promouvoir un produit ou un service similaire à celui d'un autre fournisseur clairement identifié, de manière à inciter délibérément le consommateur à penser que le produit ou le service provient de ce fournisseur alors que tel n'est pas le cas;

14° De déclarer que le professionnel est sur le point de cesser ses activités ou de les établir ailleurs alors que tel n'est pas le cas;

15° D'affirmer d'un produit ou d'un service qu'il augmente les chances de gagner aux jeux de hasard;

16° D'affirmer faussement qu'un produit ou une prestation de services est de nature à guérir des maladies, des dysfonctionnements ou des malformations;

17° De communiquer des informations matériellement inexactes sur les conditions de marché ou sur les possibilités de trouver un produit ou un service, dans le but d'inciter le consommateur à acquérir celui-ci à des conditions moins favorables que les conditions normales de marché;

18° D'affirmer, dans le cadre d'une pratique commerciale, qu'un concours est organisé ou qu'un prix peut être gagné sans attribuer les prix décrits ou un équivalent raisonnable;

19° De décrire un produit ou un service comme étant "gratuit", "à titre gracieux", "sans frais" ou autres termes similaires si le consommateur doit payer quoi que ce soit d'autre que les coûts inévitables liés à la réponse à la pratique commerciale et au fait de prendre possession ou livraison de l'article;

20° D'inclure dans un support publicitaire une facture ou un document similaire demandant paiement qui donne au consommateur l'impression qu'il a déjà commandé le produit ou le service commercialisé alors que tel n'est pas le cas;

21° De faussement affirmer ou donner l'impression que le professionnel n'agit pas à des fins qui entrent dans le cadre de son activité commerciale, industrielle, artisanale, libérale ou agricole ou de se présenter faussement comme un consommateur;

22° De créer faussement l'impression que le service après-vente en rapport avec un produit ou un service est disponible dans un État membre de l'Union européenne autre que celui dans lequel le produit ou le service est vendu.

Art. L. 121-5. Les dispositions des articles L. 121-2 *(L. n° 2017-203 du 21 févr. 2017, art. 6)* «à» L. 121-4 sont également applicables aux pratiques qui visent les professionnels *(L. n° 2017-203 du 21 févr. 2017, art. 6)* «et les non-professionnels».

Sous-section 2 – Pratiques commerciales agressives

Art. L. 121-6. Une pratique commerciale est agressive lorsque du fait de sollicitations répétées et insistantes ou de l'usage d'une contrainte physique ou morale, et compte tenu des circonstances qui l'entourent :

1° Elle altère ou est de nature à altérer de manière significative la liberté de choix d'un consommateur;

2° Elle vicie ou est de nature à vicier le consentement d'un consommateur;

3° Elle entrave l'exercice des droits contractuels d'un consommateur.

Afin de déterminer si une pratique commerciale recourt au harcèlement, à la contrainte, y compris la force physique, ou à une influence injustifiée, les éléments suivants sont pris en considération :

1° Le moment et l'endroit où la pratique est mise en œuvre, sa nature et sa persistance;

2° Le recours à la menace physique ou verbale;

3° L'exploitation, en connaissance de cause, par le professionnel, de tout malheur ou circonstance particulière d'une gravité propre à altérer le jugement du consommateur, dans le but d'influencer la décision du consommateur à l'égard du produit;

4° Tout obstacle non contractuel important ou disproportionné imposé par le professionnel lorsque le consommateur souhaite faire valoir ses droits contractuels, et notamment celui de mettre fin au contrat ou de changer de produit ou de fournisseur;

5° Toute menace d'action alors que cette action n'est pas légalement possible.

Art. L. 121-7. Sont réputées agressives au sens de l'article L. 121-6 les pratiques commerciales qui ont pour objet :

1° De donner au consommateur l'impression qu'il ne pourra quitter les lieux avant qu'un contrat n'ait été conclu;

2° D'effectuer des visites personnelles au domicile du consommateur, en ignorant sa demande de voir le professionnel quitter les lieux ou de ne pas y revenir, sauf si la législation nationale l'y autorise pour assurer l'exécution d'une obligation contractuelle;

3° De se livrer à des sollicitations répétées et non souhaitées par téléphone, télécopieur, courrier électronique ou tout autre outil de communication à distance;

4° D'obliger un consommateur qui souhaite demander une indemnité au titre d'une police d'assurance à produire des documents qui ne peuvent raisonnablement être considérés comme pertinents pour établir la validité de la demande ou s'abstenir systématiquement de répondre à des correspondances pertinentes, dans le but de dissuader ce consommateur d'exercer ses droits contractuels;

5° Dans une publicité, d'inciter directement les enfants à acheter ou à persuader leurs parents ou d'autres adultes de leur acheter le produit faisant l'objet de la publicité;

6° D'informer explicitement le consommateur que s'il n'achète pas le produit ou le service, l'emploi ou les moyens d'existence du professionnel seront menacés;

7° De donner l'impression que le consommateur a déjà gagné, gagnera ou gagnera en accomplissant tel acte un prix ou un autre avantage équivalent, alors que, en fait :

— soit il n'existe pas de prix ou autre avantage équivalent;

— soit l'accomplissement d'une action en rapport avec la demande du prix ou autre avantage équivalent est subordonné à l'obligation pour le consommateur de verser de l'argent ou de supporter un coût.

Section II

Abus de faiblesse

Art. L. 121-8. Est interdit le fait d'abuser de la faiblesse ou de l'ignorance d'une personne pour lui faire souscrire, par le moyen de visites à domicile, des engagements au comptant ou à crédit sous quelque forme que ce soit, lorsque les circonstances montrent que cette personne n'était pas en mesure d'apprécier la portée des engagements qu'elle prenait ou de déceler les ruses ou artifices déployés pour la convaincre à y souscrire ou font apparaître qu'elle a été soumise à une contrainte.

Art. L. 121-9. Est interdit le fait d'abuser de la faiblesse ou de l'ignorance d'une personne pour obtenir des engagements :

1° Soit à la suite d'un démarchage par téléphone ou télécopie;

2° Soit à la suite d'une sollicitation personnalisée, sans que cette sollicitation soit nécessairement nominative, à se rendre sur un lieu de vente, effectuée à domicile et assortie de l'offre d'avantages particuliers;

3° Soit à l'occasion de réunions ou d'excursions organisées par l'auteur de l'infraction ou à son profit;

4° Soit lorsque la transaction a été faite dans des lieux non destinés à la commercialisation du bien ou du service proposé ou dans le cadre de foires ou de salons;

5° Soit lorsque la transaction a été conclue dans une situation d'urgence ayant mis la victime de l'infraction dans l'impossibilité de consulter un ou plusieurs professionnels qualifiés, tiers au contrat.

Art. L. 121-10. Est interdit le fait d'abuser de la faiblesse ou de l'ignorance d'une personne pour se faire remettre, sans contreparties réelles, des sommes en numéraire ou par virement, des chèques bancaires ou postaux, des ordres de paiement par carte de paiement ou carte de crédit ou bien des valeurs mobilières, au sens de l'article 529 du code civil.

Section III

Refus et subordination de vente et de prestation de services

Art. L. 121-11. Est interdit le fait de refuser à un consommateur la vente d'un produit ou la prestation d'un service, sauf motif légitime;

Est également interdit le fait de subordonner la vente d'un produit à l'achat d'une quantité imposée ou à l'achat concomitant d'un autre produit ou d'un autre service ainsi que de subordonner la prestation d'un service à celle d'un autre service ou à l'achat d'un produit dès lors que cette subordination constitue une pratique commerciale déloyale au sens de l'article L. 121-1.

(Ord. n° 2018-361 du 16 mai 2018, art. 11, en vigueur le 1er oct. 2018) «Est également interdit le fait de subordonner la vente d'un bien ou la fourniture d'un service à la conclusion d'un contrat d'assurance accessoire au bien ou au service vendu, sans permettre au consommateur d'acheter le bien ou d'obtenir la fourniture du service séparément.»

Pour les établissements de crédit et les organismes mentionnés à l'article L. 518-1 du code monétaire et financier, les règles relatives aux ventes subordonnées sont fixées par les dispositions du 1 du I de l'article L. 312-1-2 du même code.

Les dispositions du présent article s'appliquent à toutes les activités de production, de distribution et de services, y compris celles qui sont le fait de personnes publiques, notamment dans le cadre de conventions de délégation de service public.

Section IV

Vente et prestation de services sans commande préalable

Art. L. 121-12. Est interdit le fait d'exiger le paiement immédiat ou différé de biens ou de services fournis par un professionnel ou, s'agissant de biens, d'exiger leur renvoi ou leur conservation, sans que ceux-ci aient fait l'objet d'une commande préalable du consommateur.

Les dispositions du présent article s'appliquent également aux contrats portant sur la fourniture d'eau, de gaz ou d'électricité lorsqu'ils ne sont pas conditionnés dans un volume délimité ou en quantité déterminée ainsi que sur la fourniture de chauffage urbain et de contenu numérique non fourni sur support matériel.

Art. L. 121-13. Les dispositions de l'article L. 121-12 ne font pas obstacle à la perception d'intérêts, de commissions ou de frais au titre de facilités de caisse ou de découverts bancaires prévus par la convention de compte instituée à l'article L. 312-1-1 du code monétaire et financier qui précise le montant ou le mode de calcul de ces rémunérations.

Il en est de même dans le cas où une modification des conditions initiales du contrat résulte de la mise en œuvre d'une clause de révision dont les modalités ont été expressément définies et ont recueilli l'accord des parties au moment de la signature du contrat.

Art. L. 121-14. Le paiement résultant d'une obligation législative ou réglementaire n'exige pas d'engagement exprès et préalable.

Section V

Vente ou prestation de services «à la boule de neige»

Art. L. 121-15. Sont interdits :

1° La vente pratiquée par le procédé dit "de la boule de neige" ou tous autres procédés analogues consistant en particulier à offrir des marchandises au public en lui faisant espérer l'obtention de ces marchandises à titre gratuit ou contre remise d'une somme inférieure à leur valeur réelle et en subordonnant les ventes au placement de bons ou de tickets à des tiers ou à la collecte d'adhésions ou inscriptions;

2° Le fait de proposer à une personne de collecter des adhésions ou de s'inscrire sur une liste en exigeant d'elle le versement d'une contrepartie quelconque et en lui faisant espérer des gains financiers résultant d'une progression du nombre de personnes recrutées ou inscrites plutôt que de la vente, de la fourniture ou de la consommation de biens ou services.

Dans le cas de réseaux de vente constitués par recrutement en chaîne d'adhérents ou d'affiliés, il est interdit d'obtenir d'un adhérent ou affilié du réseau le versement d'une somme correspondant à un droit d'entrée ou à l'acquisition de matériels ou de services à vocation pédagogique, de formation, de démonstration ou de vente ou tout autre matériel ou service analogue, lorsque ce versement conduit à un paiement ou à l'attribution d'un avantage bénéficiant à un ou plusieurs adhérents ou affiliés du réseau.

En outre, est interdit, dans ces mêmes réseaux, le fait d'obtenir d'un adhérent ou affilié l'acquisition d'un stock de marchandises destinées à la revente, sans garantie de reprise du stock aux conditions de l'achat, déduction faite éventuellement d'une somme n'excédant pas 10 p. 100 du prix correspondant. Cette garantie de reprise peut toutefois être limitée à une période d'un an après l'achat.

Section VI

Numéro téléphonique surtaxé

Art. L. 121-16. Le numéro de téléphone destiné à recueillir l'appel d'un consommateur en vue d'obtenir la bonne exécution d'un contrat conclu avec un professionnel ou le traitement d'une réclamation ne peut pas être surtaxé.

Ce numéro est indiqué dans le contrat et la correspondance.

Section VII

Paiement supplémentaire sans consentement exprès

Les dispositions des art. L. 121-17 et L. 121-18 résultent de leur rédaction issue de l'art. 18 de la L. n° 2014-344 du 17 mars 2014, et s'appliquent aux contrats conclus après le 13 juin 2014 (L. préc., art. 34).

Art. L. 121-17. Préalablement à la conclusion d'un contrat de vente ou de prestation de services, le professionnel s'assure du consentement exprès du consommateur pour tout paiement supplémentaire venant s'ajouter au prix de l'objet principal du contrat.

Dans l'hypothèse où le paiement supplémentaire résulte d'un consentement du consommateur donné par défaut, c'est-à-dire en l'absence d'opposition expresse de sa part à des options payantes qu'il n'a pas sollicitées, le consommateur peut prétendre au remboursement des sommes versées au titre de ce paiement supplémentaire.

Les dispositions du présent article s'appliquent aux contrats portant sur la fourniture d'eau, de gaz ou d'électricité lorsqu'ils ne sont pas conditionnés dans un volume délimité ou en quantité déterminée ainsi que sur la fourniture de chauffage urbain et de contenu numérique non fourni sur un support matériel.

Art. L. 121-18. Les dispositions de la présente section sont d'ordre public.

Section VIII

Ventes ou prestations de service avec primes

Art. L. 121-19. Est interdite toute vente ou offre de vente de produits ou de biens ou toute prestation ou offre de prestation de services faite aux consommateurs et donnant droit, à titre gratuit, immédiatement ou à terme, à une prime consistant en produits, biens ou services dès lors que la pratique en cause revêt un caractère déloyal au sens de l'article L. 121-1.

Les dispositions du présent article s'appliquent à toutes les activités de production, de distribution et de services, y compris celles qui sont le fait de personnes publiques, notamment dans le cadre de conventions de délégation de service public.

Les règles relatives aux ventes avec primes applicables aux produits et services proposés pour la gestion d'un compte de dépôt sont fixées au 2 du I de l'article L. 312-1-2 du code monétaire et financier.

Section IX

Loteries publicitaires

Art. L. 121-20. Dès lors qu'elles sont déloyales au sens de l'article L. 121-1, sont interdites les pratiques commerciales mises en œuvre par les professionnels à l'égard des consommateurs, sous la forme d'opérations promotionnelles tendant à l'attribution d'un gain ou d'un avantage de toute nature par la voie d'un tirage au sort, quelles qu'en soient les modalités, ou par l'intervention d'un élément aléatoire.

Section X

Frais de recouvrement

Art. L. 121-21. Est interdit le fait pour un professionnel de solliciter ou de percevoir d'un consommateur des frais de recouvrement dans des conditions contraires au deuxième alinéa de l'article L. 111-8 du code des procédures civiles d'exécution.

Section XI

Publicité portant sur des opérations commerciales réglementées

Art. L. 121-22. Est interdite toute publicité portant :

1° Sur une opération commerciale soumise à autorisation ou à déclaration au titre soit des articles L. 310-1 à L. 310-4 et L. 310-7 du code de commerce, soit des articles L. 752-1 et L. 752-16 du même code, et qui n'a pas fait l'objet de cette autorisation ou de cette déclaration ;

2° Sur une opération commerciale dont la réalisation nécessite l'emploi de personnel salarié requérant une autorisation au titre du chapitre II du titre III du livre Ier de la troisième partie du code du travail et réalisée sans l'obtention préalable de cette autorisation, ou qui est en infraction avec les dispositions du chapitre IV du titre III du livre Ier de la troisième partie du même code et de leurs textes d'application ;

3° Sur une opération commerciale réalisée ou devant être réalisée en infraction avec les dispositions de l'article L. 3132-29 du code du travail ;

4° Sur une manifestation commerciale soumise à la déclaration prévue à l'article L. 762-2 du code de commerce et qui n'a pas fait l'objet de cette déclaration.

CHAPITRE II

Pratiques commerciales réglementées

Section première

Publicité comparative

Art. L. 122-1. Toute publicité qui met en comparaison des biens ou services en identifiant, implicitement ou explicitement, un concurrent ou des biens ou services offerts par un concurrent n'est licite que si :

1° Elle n'est pas trompeuse ou de nature à induire en erreur ;

2° Elle porte sur des biens ou services répondant aux mêmes besoins ou ayant le même objectif ;

3° Elle compare objectivement une ou plusieurs caractéristiques essentielles, pertinentes, vérifiables et représentatives de ces biens ou services, dont le prix peut faire partie.

Art. L. 122-2. La publicité comparative ne peut :

1° Tirer indûment profit de la notoriété attachée à une marque de fabrique, de commerce ou de service, à un nom commercial, à d'autres signes distinctifs d'un concurrent ou à l'appellation d'origine ainsi qu'à l'indication géographique protégée d'un produit concurrent ;

2° Entraîner le discrédit ou le dénigrement des marques, noms commerciaux, autres signes distinctifs, biens, services, activité ou situation d'un concurrent;

3° Engendrer de confusion entre l'annonceur et un concurrent ou entre les marques, noms commerciaux, autres signes distinctifs, biens ou services de l'annonceur et ceux d'un concurrent;

4° Présenter des biens ou des services comme une imitation ou une reproduction d'un bien ou d'un service bénéficiant d'une marque ou d'un nom commercial protégé.

Art. L. 122-3. Pour les produits bénéficiant d'une appellation d'origine ou d'une indication géographique protégée, la comparaison n'est autorisée qu'entre des produits bénéficiant chacun de la même appellation ou de la même indication.

Art. L. 122-4. Est interdit le fait de faire figurer des annonces comparatives telles que définies aux articles L. 122-1 et L. 122-2 sur des emballages, des factures, des titres de transport, des moyens de paiement ou des billets d'accès à des spectacles ou à des lieux ouverts au public.

Art. L. 122-5. L'annonceur pour le compte duquel la publicité comparative est diffusée doit être en mesure de prouver dans un bref délai l'exactitude matérielle des énonciations, indications et présentations contenues dans la publicité.

Art. L. 122-6. Les insertions réalisées dans la presse pour une publicité définie aux articles L. 122-1 et L. 122-2 ne donnent pas lieu au droit de réponse tel qu'il est défini par l'article 13 de la loi du 29 juillet 1881 sur la liberté de la presse et l'article 6 de la loi n° 82-652 du 29 juillet 1982 sur la communication audiovisuelle.

Art. L. 122-7. Les modalités d'application des articles L. 122-1 à L. 122-6 sont précisées par décret en Conseil d'État.

Section II

Offres et opérations promotionnelles proposées par voie électronique

Art. L. 122-8. Les publicités et notamment les offres promotionnelles, telles que les rabais, les primes ou les cadeaux, ainsi que les concours ou les jeux promotionnels, adressés *[adressées]* par courrier électronique, doivent pouvoir être identifiés *[identifiées]* de manière claire et non équivoque dès leur réception par leur destinataire ou, en cas d'impossibilité technique, dans le corps du message.

Ces messages indiquent une adresse ou moyen électronique permettant effectivement au destinataire de transmettre une demande visant à obtenir que ces publicités cessent.

Art. L. 122-9. Les conditions auxquelles sont soumises la possibilité de bénéficier d'offres promotionnelles ainsi que celle de participer à des concours ou à des jeux promotionnels, lorsque ces offres, concours ou jeux sont proposés par voie électronique, sont clairement précisées et aisément accessibles.

Art. L. 122-10. Les dispositions des articles L. 122-8 et L. 122-9 sont applicables aux publicités, offres, concours ou jeux à destination des professionnels.

Section III

Règles propres à certaines publicités et pratiques commerciales

Sous-section 1 – Classement énergétique

Art. L. 122-11. Lorsque des publicités, quel que soit leur support, présentent des produits soumis à l'étiquetage énergétique européen en indiquant leur prix de vente, elles comportent la mention de la classe énergétique de ces produits de façon aussi visible, lisible et intelligible que l'indication de leur prix de vente.

Sous-section 2 – Préparations pour nourrissons

Art. L. 122-12. Au sens de la présente sous-section, constituent des préparations pour nourrissons les denrées alimentaires destinées à l'alimentation des enfants jusqu'à l'âge de quatre mois accomplis et présentées comme répondant à elles seules à l'ensemble des besoins nutritionnels de ceux-ci.

Art. L. 122-13. La publicité en faveur des préparations pour nourrissons n'est autorisée que dans la presse écrite destinée aux professions de santé.

Art. L. 122-14. Est interdit, dans le commerce de détail, le fait de distribuer à titre gratuit des échantillons de préparations pour nourrissons ainsi que de se livrer à toute autre pratique promotionnelle en faveur de la vente directe de ces préparations.

Art. L. 122-15. Est interdit aux fabricants et aux distributeurs le fait de fournir au public à titre gratuit des préparations pour nourrissons, des échantillons de ces produits ou tout autre cadeau promotionnel, que ce soit directement ou indirectement par l'intermédiaire des services de santé ou de leurs agents.

Art. L. 122-16. Les modalités d'applications de la présente sous-section sont fixées par décret en Conseil d'État.

Sous-section 3 – Appellation de boulanger et enseigne de boulangerie

Art. L. 122-17. Les professionnels qui n'assurent pas eux-mêmes, à partir de matières premières choisies, le pétrissage de la pâte, sa fermentation et sa mise en forme ainsi que la cuisson du pain sur le lieu de vente au consommateur final ne peuvent utiliser l'appellation de "boulanger" et l'enseigne commerciale de "boulangerie" ou une dénomination susceptible de porter à confusion, sur le lieu de vente du pain au consommateur final ou dans des publicités à l'exclusion des documents commerciaux à usage strictement professionnel.

La pâte et les pains ne peuvent à aucun stade de la production ou de la vente être surgelés ou congelés.

Art. L. 122-18. L'appellation de boulanger et l'enseigne commerciale de boulangerie mentionnées à l'article L. 122-17 peuvent être utilisées lorsque le pain est vendu de façon itinérante par le professionnel, ou sous sa responsabilité, lorsque ce professionnel remplit les conditions énoncées au même article.

Sous-section 4 – Utilisation de la mention «fait maison»

Art. L. 122-19. Les personnes ou entreprises qui transforment ou distribuent des produits alimentaires dans le cadre d'une activité de restauration commerciale *(L. n° 2018-938 du 30 oct. 2018, art. 27)* «, de restauration collective» ou de vente à emporter de plats préparés, permanente ou occasionnelle, principale ou accessoire, précisent sur leurs cartes ou sur tout autre support qu'un plat proposé est "fait maison".

Art. L. 122-20. Un plat "fait maison" est élaboré sur place à partir de produits bruts.

Des produits, déterminés par voie réglementaire, peuvent entrer dans la composition des plats "faits maison" après avoir subi une transformation de leur état brut nécessaire à leur utilisation.

Les modalités de mise en œuvre de la mention "fait maison", les conditions d'élaboration des plats "faits maison", notamment les cas dans lesquels le lieu d'élaboration peut être différent du lieu de consommation ou de vente et celles permettant au consommateur d'identifier les plats "faits maison" et ceux qui ne le sont pas, sont précisées par décret.

Art. L. 122-21. Le titre de maître-restaurateur distingue les personnes physiques qui dirigent une entreprise exploitant un fonds de commerce de restauration ou y exercent leur activité pour la qualité de leur établissement et de leur cuisine.

Il est délivré par le représentant de l'État dans le département de l'établissement pour lequel le titre est demandé.

Les conditions dans lesquelles le titre de maître-restaurateur est délivré par l'autorité administrative et dans lesquelles le cahier des charges est établi sont définies par décret en Conseil d'État.

CHAPITRE 5
Le secret des affaires

361 Code de commerce (articles L. 151-1 à L. 153-2)

CHAPITRE PREMIER
De l'objet et des conditions de la protection

Section première

De l'information protégée

Art. L. 151-1. Est protégée au titre du secret des affaires toute information répondant aux critères suivants :

1° Elle n'est pas, en elle-même ou dans la configuration et l'assemblage exacts de ses éléments, généralement connue ou aisément accessible pour les personnes familières de ce type d'informations en raison de leur secteur d'activité ;

2° Elle revêt une valeur commerciale, effective ou potentielle, du fait de son caractère secret ;

3° Elle fait l'objet de la part de son détenteur légitime de mesures de protection raisonnables, compte tenu des circonstances, pour en conserver le caractère secret.

Section II

De la détention légitime et de l'obtention licite d'un secret des affaires

Art. L. 151-2. Est détenteur légitime d'un secret des affaires celui qui en a le contrôle de façon licite.

Art. L. 151-3. Constituent des modes d'obtention licite d'un secret des affaires :

1° Une découverte ou une création indépendante ;

2° L'observation, l'étude, le démontage ou le test d'un produit ou d'un objet qui a été mis à la disposition du public ou qui est de façon licite en possession de la personne qui obtient l'information, sauf stipulation contractuelle interdisant ou limitant l'obtention du secret.

Section III

De l'obtention, de l'utilisation et de la divulgation illicites

Art. L. 151-4. L'obtention d'un secret des affaires est illicite lorsqu'elle est réalisée sans le consentement de son détenteur légitime et qu'elle résulte :

1° D'un accès non autorisé à tout document, objet, matériau, substance ou fichier numérique qui contient le secret ou dont il peut être déduit, ou bien d'une appropriation ou d'une copie non autorisée de ces éléments ;

2° De tout autre comportement considéré, compte tenu des circonstances, comme déloyal et contraire aux usages en matière commerciale.

Art. L. 151-5. L'utilisation ou la divulgation d'un secret des affaires est illicite lorsqu'elle est réalisée sans le consentement de son détenteur légitime par une personne qui a obtenu le secret dans les conditions mentionnées à l'article L. 151-4 ou qui agit en violation d'une obligation de ne pas divulguer le secret ou de limiter son utilisation.

La production, l'offre ou la mise sur le marché, de même que l'importation, l'exportation ou le stockage à ces fins de tout produit résultant de manière significative d'une atteinte au secret des affaires sont également considérés comme une utilisation illicite lorsque la personne qui exerce ces activités savait, ou aurait dû savoir au regard des circonstances, que ce secret était utilisé de façon illicite au sens du premier alinéa du présent article.

Art. L. 151-6. L'obtention, l'utilisation ou la divulgation d'un secret des affaires est aussi considérée comme illicite lorsque, au moment de l'obtention, de l'utilisation ou de la divulgation du secret, une personne savait, ou aurait dû savoir au regard des circonstances, que ce secret avait été obtenu, directement ou indirectement, d'une autre personne qui l'utilisait ou le divulguait de façon illicite au sens du premier alinéa de l'article L. 151-5.

Section IV

Des exceptions à la protection du secret des affaires

Art. L. 151-7. Le secret des affaires n'est pas opposable lorsque l'obtention, l'utilisation ou la divulgation du secret est requise ou autorisée par le droit de l'Union européenne, les traités ou accords internationaux en vigueur ou le droit national, notamment dans l'exercice des pouvoirs d'enquête, de contrôle, d'autorisation ou de sanction des autorités juridictionnelles ou administratives.

Art. L. 151-8. A l'occasion d'une instance relative à une atteinte au secret des affaires, le secret n'est pas opposable lorsque son obtention, son utilisation ou sa divulgation est intervenue :

1° Pour exercer le droit à la liberté d'expression et de communication, y compris le respect de la liberté de la presse, et à la liberté d'information telle que proclamée dans la Charte des droits fondamentaux de l'Union européenne ;

2° Pour révéler, dans le but de protéger l'intérêt général et de bonne foi, une activité illégale, une faute ou un comportement répréhensible, y compris lors de l'exercice du droit d'alerte défini à l'article 6 de la loi n° 2016-1691 du 9 décembre 2016 relative à la transparence, à la lutte contre la corruption et à la modernisation de la vie économique ;

3° Pour la protection d'un intérêt légitime reconnu par le droit de l'Union européenne ou le droit national.

Art. L. 151-9. A l'occasion d'une instance relative à une atteinte au secret des affaires, le secret n'est pas opposable lorsque :

1° L'obtention du secret des affaires est intervenue dans le cadre de l'exercice du droit à l'information et à la consultation des salariés ou de leurs représentants ;

2° La divulgation du secret des affaires par des salariés à leurs représentants est intervenue dans le cadre de l'exercice légitime par ces derniers de leurs fonctions, pour autant que cette divulgation ait été nécessaire à cet exercice.

L'information ainsi obtenue ou divulguée demeure protégée au titre du secret des affaires à l'égard des personnes autres que les salariés ou leurs représentants qui en ont eu connaissance.

CHAPITRE II

Des actions en prévention, en cessation ou en réparation d'une atteinte au secret des affaires

Art. L. 152-1. Toute atteinte au secret des affaires telle que prévue aux articles L. 151-4 à L. 151-6 engage la responsabilité civile de son auteur.

Art. L. 152-2. Les actions relatives à une atteinte au secret des affaires sont prescrites par cinq ans à compter *(L. n° 2019-486 du 22 mai 2019, art. 124-II)* «du jour où le détenteur légitime du secret des affaires a connu ou aurait dû connaître le dernier fait qui en est la cause».

Section première

Des mesures pour prévenir et faire cesser une atteinte au secret des affaires

Art. L. 152-3. I. — Dans le cadre d'une action relative à la prévention ou la cessation d'une atteinte à un secret des affaires, la juridiction peut, sans préjudice de l'octroi de dommages et intérêts, prescrire, y compris sous astreinte, toute mesure proportionnée de nature à empêcher ou à faire cesser une telle atteinte. Elle peut notamment :

1° Interdire la réalisation ou la poursuite des actes d'utilisation ou de divulgation d'un secret des affaires;

2° Interdire les actes de production, d'offre, de mise sur le marché ou d'utilisation des produits résultant de manière significative de l'atteinte au secret des affaires ou l'importation, l'exportation ou le stockage de tels produits à ces fins;

3° Ordonner la destruction totale ou partielle de tout document, objet, matériau, substance ou fichier numérique contenant le secret des affaires concerné ou dont il peut être déduit ou, selon le cas, ordonner leur remise totale ou partielle au demandeur.

II. — La juridiction peut également ordonner que les produits résultant de manière significative de l'atteinte au secret des affaires soient rappelés des circuits commerciaux, écartés définitivement de ces circuits, modifiés afin de supprimer l'atteinte au secret des affaires, détruits ou, selon le cas, confisqués au profit de la partie lésée.

III. — Lorsque la juridiction limite la durée des mesures mentionnées aux 1° et 2° du I, la durée fixée doit être suffisante pour éliminer tout avantage commercial ou économique que l'auteur de l'atteinte au secret des affaires aurait pu tirer de l'obtention, de l'utilisation ou de la divulgation illicite du secret des affaires.

IV. — Sauf circonstances particulières et sans préjudice des dommages et intérêts qui pourraient être réclamés, les mesures mentionnées aux I à III sont ordonnées aux frais de l'auteur de l'atteinte.

Il peut y être mis fin à la demande de l'auteur de l'atteinte lorsque les informations concernées ne peuvent plus être qualifiées de secret des affaires au sens de l'article L. 151-1 pour des raisons qui ne dépendent pas, directement ou indirectement, de lui.

Art. L. 152-4. Pour prévenir une atteinte imminente ou faire cesser une atteinte illicite à un secret des affaires, la juridiction peut, sur requête ou en référé, ordonner des mesures provisoires et conservatoires dont les modalités sont déterminées par décret en Conseil d'État.

Art. L. 152-5. Sans préjudice de l'article L. 152-6, la juridiction peut ordonner, à la demande de l'auteur de l'atteinte, le versement d'une indemnité à la partie lésée au lieu des mesures mentionnées aux I à III de l'article L. 152-3 lorsque sont réunies les conditions suivantes :

1° Au moment de l'utilisation ou de la divulgation du secret des affaires, l'auteur de l'atteinte ne savait pas, ni ne pouvait savoir au regard des circonstances, que le secret des affaires avait été obtenu d'une autre personne qui l'utilisait ou le divulguait de façon illicite;

2° L'exécution des mesures mentionnées aux I à III de l'article L. 152-3 causerait à cet auteur un dommage disproportionné;

3° Le versement d'une indemnité à la partie lésée paraît raisonnablement satisfaisant.

Lorsque le versement de cette indemnité est ordonné en lieu et place des mesures prévues aux 1° et 2° du I du même article L. 152-3, cette indemnité ne peut être fixée à une somme supérieure au montant des droits qui auraient été dus si l'auteur de l'atteinte avait demandé l'autorisation d'utiliser ledit secret des affaires pour la période pendant laquelle l'utilisation du secret des affaires aurait pu être interdite.

Section II

De la réparation d'une atteinte au secret des affaires

Art. L. 152-6. Pour fixer les dommages et intérêts dus en réparation du préjudice effectivement subi, la juridiction prend en considération distinctement :

1° Les conséquences économiques négatives de l'atteinte au secret des affaires, dont le manque à gagner et la perte subie par la partie lésée, y compris la perte de chance;

2° Le préjudice moral causé à la partie lésée;

3° Les bénéfices réalisés par l'auteur de l'atteinte au secret des affaires, y compris les économies d'investissements intellectuels, matériels et promotionnels que celui-ci a retirées de l'atteinte.

La juridiction peut, à titre d'alternative et sur demande de la partie lésée, allouer à titre de dommages et intérêts une somme forfaitaire qui tient notamment compte des droits qui auraient été dus si l'auteur de l'atteinte avait demandé l'autorisation d'utiliser le secret des affaires en question. Cette somme n'est pas exclusive de l'indemnisation du préjudice moral causé à la partie lésée.

Section III

Des mesures de publicité

Art. L. 152-7. La juridiction peut ordonner toute mesure de publicité de la décision relative à l'obtention, l'utilisation ou la divulgation illicite d'un secret des affaires, notamment son affichage ou sa publication intégrale ou par extraits dans les journaux ou sur les services de communication au public en ligne qu'elle désigne, selon les modalités qu'elle précise.

Lorsqu'elle ordonne une telle mesure, la juridiction veille à protéger le secret des affaires dans les conditions prévues à l'article L. 153-1.

Les mesures sont ordonnées aux frais de l'auteur de l'atteinte.

Section IV

Des sanctions en cas de procédure dilatoire ou abusive

Art. L. 152-8. Toute personne physique ou morale qui agit de manière dilatoire ou abusive sur le fondement du présent chapitre peut être condamnée au paiement d'une amende civile dont le montant ne peut être supérieur à 20% du montant de la demande de dommages et intérêts. En l'absence de demande de dommages et intérêts, le montant de l'amende civile ne peut excéder 60000 €.

L'amende civile peut être prononcée sans préjudice de l'octroi de dommages et intérêts à la partie victime de la procédure dilatoire ou abusive.

CHAPITRE III

Des mesures générales de protection du secret des affaires devant les juridictions civiles ou commerciales

Art. L. 153-1. Lorsque, à l'occasion d'une instance civile ou commerciale ayant pour objet une mesure d'instruction sollicitée avant tout procès au fond ou à l'occasion d'une instance au fond, il est fait état ou est demandée la communication ou la production d'une pièce dont il est allégué par une partie ou un tiers ou dont il a été jugé qu'elle est de nature à porter atteinte à un secret des affaires, le juge peut, d'office ou à la demande d'une partie ou d'un tiers, si la protection de ce secret ne peut être assurée autrement et sans préjudice de l'exercice des droits de la défense :

1° Prendre connaissance seul de cette pièce et, s'il l'estime nécessaire, ordonner une expertise et solliciter l'avis, pour chacune des parties, d'une personne habilitée à l'assister ou la représenter, afin de décider s'il y a lieu d'appliquer des mesures de protection prévues au présent article;

2° Décider de limiter la communication ou la production de cette pièce à certains de ses éléments, en ordonner la communication ou la production sous une forme de résumé ou en restreindre l'accès, pour chacune des parties, au plus à une personne physique et une personne habilitée à l'assister ou la représenter;

3° Décider que les débats auront lieu et que la décision sera prononcée en chambre du conseil;

4° Adapter la motivation de sa décision et les modalités de *(L. nº 2019-222 du 23 mars 2019, art. 33)* «publicité» de celle-ci aux nécessités de la protection du secret des affaires.

Art. L. 153-2. Toute personne ayant accès à une pièce ou au contenu d'une pièce considérée par le juge comme étant couverte ou susceptible d'être couverte par le secret des affaires est tenue à une obligation de confidentialité lui interdisant toute utilisation ou divulgation des informations qu'elle contient.

Dans le cas d'une personne morale, l'obligation prévue au premier alinéa du présent article s'applique à ses représentants légaux ou statutaires et aux personnes qui la représentent devant la juridiction.

Les personnes ayant accès à la pièce ou à son contenu ne sont liées par cette obligation ni dans leurs rapports entre elles ni à l'égard des représentants légaux ou statutaires de la personne morale partie à la procédure.

Les personnes habilitées à assister ou représenter les parties ne sont pas liées par cette obligation de confidentialité à l'égard de celles-ci, sauf dans le cas prévu au 1° de l'article L. 153-1.

L'obligation de confidentialité perdure à l'issue de la procédure. Toutefois, elle prend fin si une juridiction décide, par une décision non susceptible de recours, qu'il n'existe pas de secret des affaires ou si les informations en cause ont entre-temps cessé de constituer un secret des affaires ou sont devenues aisément accessibles.

II – LES LIBERTÉS

CHAPITRE 1
La liberté du commerce et de l'industrie

Section 1
Le principe

362 Charte des droits fondamentaux de l'Union européenne (article 16)

Art. 16. *Liberté d'entreprise.* La liberté d'entreprise est reconnue conformément au droit de l'Union et aux législations et pratiques nationales.

363 Loi du 2-17 mars 1791 portant suspension de tous les droits d'aides, de toutes les maîtrises et jurandes et établissements des droits de patente (article 7)

Art. 7. A compter du 1er avril prochain, il sera libre à toute personne de faire tel négoce ou d'exercer telle profession, art ou métier qu'elle trouvera bon; mais elle sera tenue de se pourvoir auparavant d'une patente, d'en acquitter le prix, et de se conformer aux règlements de police qui sont ou pourront être faits.

364 Loi n° 73-1193 du 27 décembre 1973 d'orientation du commerce et de l'artisanat (articles 1 et 2)

TITRE Ier

PRINCIPES D'ORIENTATION

CHAPITRE Ier

Orientations économiques et formation professionnelle

Art. 1er. La liberté et la volonté d'entreprendre sont les fondements des activités commerciales et artisanales. Celles-ci s'exercent dans le cadre d'une concurrence claire et loyale.

(L. n° 96-603 du 5 juill. 1996, art. 1er) «Le commerce et l'artisanat ont pour fonction de satisfaire les besoins des consommateurs, tant en ce qui concerne les prix que la qualité des services et des produits offerts. Ils doivent participer au développement de

l'emploi et contribuer à accroître la compétitivité de l'économie nationale, animer la vie urbaine et rurale et améliorer sa qualité.»

Les pouvoirs publics veillent à ce que l'essor du commerce et de l'artisanat permette l'expansion de toutes les formes d'entreprises, indépendantes, groupées ou intégrées, en évitant qu'une croissance désordonnée des formes nouvelles de distribution ne provoque l'écrasement de la petite entreprise et le gaspillage des équipements commerciaux *(L. n° 96-603 du 5 juill. 1996, art. 1er)* «et ne soit préjudiciable à l'emploi».

Art. 2. Pour rendre effective la liberté d'entreprendre, les pouvoirs publics, dans le cadre des enseignements scolaires et universitaires et de l'apprentissage, organisent la formation initiale de ceux qui se destinent à l'exercice d'une profession commerciale ou artisanale. Cette formation a pour objet de dispenser les connaissances de base et les éléments d'une culture générale incluant les données scientifiques et techniques, de préparer à une qualification et à son perfectionnement ultérieur.

Facteur d'amélioration de la compétitivité et des services rendus, la formation continue des commerçants et artisans doit leur permettre d'actualiser, d'adapter et de perfectionner leurs connaissances, de tenir compte de l'évolution des conditions du marché, des méthodes de commercialisation et de gestion et d'assurer leur promotion économique et sociale. A cet effet, l'État, les collectivités locales, les établissements publics, les établissements d'enseignement, les associations, les organisations professionnelles et les entreprises concourent soit par une assistance technique et financière, soit en tant que dispensateur de formation, à cette formation continue.

Section 2

Les limites

A – LES COMMERÇANTS ÉTRANGERS

365 Code de commerce (articles D. 122-1 à D. 122-4)

TITRE DEUXIÈME

DES COMMERÇANTS

CHAPITRE II

Des commerçants étrangers

Art. D. 122-1. *(Décr. n° 2007-1141 du 26 juill. 2007)* I. — L'étranger résidant hors de France tenu en application de l'article L. 122-1 à une obligation de déclaration pour l'exercice sur le territoire français d'une profession commerciale, industrielle ou artisanale dans des conditions rendant nécessaire son inscription ou sa mention au registre du commerce et des sociétés ou au répertoire des métiers adresse, préalablement à celles-ci, une déclaration au préfet du département dans lequel il envisage d'exercer pour la première fois son activité.

Lorsque plusieurs établissements sont ou doivent être implantés simultanément dans différents départements, la déclaration préalable doit être effectuée auprès du préfet du département d'installation de l'établissement principal.

II. — Lorsque cette activité est exercée en France par une personne morale, la déclaration préalable est effectuée par l'une des personnes suivantes :

1° L'associé tenu indéfiniment ou indéfiniment et solidairement des dettes sociales;

2° L'associé ou le tiers ayant le pouvoir de diriger, gérer ou le pouvoir général d'engager à titre habituel la personne morale;

3° Le représentant légal des associations régies par la loi du 1er juillet 1901 qui émettent des obligations et exercent une activité économique depuis au moins deux ans;

4° Le représentant légal des associations de change manuel;

5° L'administrateur ou le représentant permanent d'un groupement d'intérêt économique à objet commercial;

6° La personne physique ayant le pouvoir d'engager une personne morale de droit étranger au titre :

— d'un établissement, d'une succursale ou d'une représentation commerciale implantée en France;

— d'une agence commerciale d'un État, collectivité ou établissement public étranger établi en France et effectuant des actes de commerce.

Lorsque l'activité est exercée par une personne physique, la personne ayant le pouvoir d'engager, à titre habituel, un commerçant ou un artisan personne physique doit satisfaire à l'obligation de déclaration préalable.

Art. D. 122-2. *(Décr. n° 2007-1141 du 26 juill. 2007)* La déclaration préalable est déposée auprès de l'autorité compétente par l'étranger visé à l'article D. 122-1 ou par son mandataire ou est effectuée par voie de lettre recommandée avec demande d'avis de réception.

Cette déclaration est accompagnée :

1° Des indications relatives à l'état civil du déclarant;

2° De la copie de l'extrait du casier judiciaire ou de toute autre pièce similaire du pays dont il est ressortissant;

3° D'une copie des statuts de la société.

Le préfet remet sans délai un récépissé de déclaration sur présentation d'un dossier complet par l'étranger ou son mandataire. Lorsque la déclaration préalable est effectuée par voie postale, le préfet adresse le récépissé par la même voie dans un délai de quinze jours à compter de la date de réception d'un dossier complet.

Art. D. 122-3. *(Décr. n° 2007-1141 du 26 juill. 2007)* Le récépissé mentionne l'identité du déclarant et le statut sous couvert duquel il exerce son activité ainsi que la dénomination, l'adresse et l'activité de l'établissement.

Art. D. 122-4. *(Décr. n° 2007-1141 du 26 juill. 2007)* L'extension à une nouvelle activité commerciale *[,]* industrielle ou artisanale ou le changement d'activité est déclaré par l'étranger ou son mandataire au préfet compétent qui lui remet un nouveau récépissé dans les conditions de l'article D. 122-2.

Il est fourni à l'appui de ces déclarations un extrait du registre du commerce et des sociétés ou un extrait du répertoire des métiers.

B – L'INTERDICTION PÉNALE D'EXERCER UNE PROFESSION

366 Code pénal (article 131-27)

TITRE TROISIÈME

DES PEINES

CHAPITRE PREMIER

De la nature des peines

Section première

Des peines applicables aux personnes physiques

Sous-section 5 – Du contenu et des modalités d'application de certaines peines

Art. 131-27. Lorsqu'elle est encourue à titre de peine complémentaire pour un crime ou un délit, l'interdiction d'exercer une fonction publique ou d'exercer une activité professionnelle ou sociale est soit définitive, soit temporaire; dans ce dernier cas, elle ne peut excéder une durée de cinq ans.

(L. n° 2008-776 du 4 août 2008, art. 70) «L'interdiction d'exercer une profession commerciale ou industrielle, de diriger, d'administrer, de gérer ou de contrôler à un titre quelconque, directement ou indirectement, pour son propre compte ou pour le compte d'autrui, une entreprise commerciale ou industrielle ou une société commerciale est soit définitive, soit temporaire; dans ce dernier cas, elle ne peut excéder une durée de *(L. n° 2013-1117 du 6 déc. 2013, art. 2)* «quinze» ans.»

Cette interdiction n'est pas applicable à l'exercice d'un mandat électif ou de responsabilités syndicales. Elle n'est pas non plus applicable en matière de délit de presse.

C – L'INTERDICTION DU PROXÉNÉTISME

367 Code pénal (article 225-5 à 225-12)

TITRE DEUXIÈME

DES ATTEINTES À LA PERSONNE HUMAINE

CHAPITRE V

Des atteintes à la dignité de la personne

Section II

Du proxénétisme et des infractions qui en résultent

(L. n° 2003-239 du 18 mars 2003, art. 50).

Art. 225-5. Le proxénétisme est le fait, par quiconque, de quelque manière que ce soit :

1° D'aider, d'assister ou de protéger la prostitution d'autrui;

2° De tirer profit de la prostitution d'autrui, d'en partager les produits ou de recevoir des subsides d'une personne se livrant habituellement à la prostitution;

3° D'embaucher, d'entraîner ou de détourner une personne en vue de la prostitution ou d'exercer sur elle une pression pour qu'elle se prostitue ou continue à le faire.

Le proxénétisme est puni de *(L. n° 2001-1062 du 15 nov. 2001)* «sept» ans d'emprisonnement et de 150000 € d'amende.

Art. 225-6. Est assimilé au proxénétisme et puni des peines prévues par l'article 225-5 le fait, par quiconque, de quelque manière que ce soit :

1° De faire office d'intermédiaire entre deux personnes dont l'une se livre à la prostitution et l'autre exploite ou rémunère la prostitution d'autrui;

2° De faciliter à un proxénète la justification de ressources fictives;

3° De ne pouvoir justifier de ressources correspondant à son train de vie tout en vivant avec une personne qui se livre habituellement à la prostitution ou tout en étant en relations habituelles avec une ou plusieurs personnes se livrant à la prostitution;

4° D'entraver l'action de prévention, de contrôle, d'assistance ou de rééducation entreprise par les organismes qualifiés à l'égard de personnes en danger de prostitution ou se livrant à la prostitution.

Art. 225-7. Le proxénétisme est puni de dix ans d'emprisonnement et de 1500000 € d'amende lorsqu'il est commis :

1° A l'égard d'un mineur;

2° A l'égard d'une personne dont la particulière vulnérabilité, due à son âge, à une maladie, à une infirmité, à une déficience physique ou psychique ou à un état de grossesse, est apparente ou connue de son auteur;

3° A l'égard de plusieurs personnes;

4° A l'égard d'une personne qui a été incitée à se livrer à la prostitution soit hors du territoire de la République, soit à son arrivée sur le territoire de la République;

5° Par un ascendant légitime, naturel ou adoptif de la personne qui se prostitue ou par une personne qui a autorité sur elle ou abuse de l'autorité que lui confèrent ses fonctions;

6° Par une personne appelée à participer, de par ses fonctions, à la lutte contre la prostitution, à la protection de la santé ou au maintien de l'ordre public;

7° Par une personne porteuse d'une arme;

8° Avec l'emploi de la contrainte, de violences ou de manœuvres dolosives;

9° Par plusieurs personnes agissant en qualité d'auteur ou de complice, sans qu'elles constituent une bande organisée;

(L. nº 98-468 du 17 juin 1998) «10° Grâce à l'utilisation, pour la diffusion de messages à destination d'un public non déterminé, d'un réseau de *(L. nº 2011-525 du 17 mai 2011, art. 150-1º)* «communication électronique».

Les deux premiers alinéas de l'article 132-23 relatif à la période de sûreté sont applicables aux infractions prévues par le présent article.

Art. 225-7-1. *(L. nº 2002-305 du 4 mars 2002)* Le proxénétisme est puni de quinze ans de réclusion criminelle et de 3000000 € d'amende lorsqu'il est commis à l'égard d'un mineur de quinze ans.

Art. 225-8. Le proxénétisme prévu à l'article 225-7 est puni de vingt ans de réclusion criminelle et de 3000000 € d'amende lorsqu'il est commis en bande organisée.

Les deux premiers alinéas de l'article 132-23 relatif à la période de sûreté sont applicables à l'infraction prévue par le présent article.

Art. 225-9. Le proxénétisme commis en recourant à des tortures ou des actes de barbarie est puni de la réclusion criminelle à perpétuité et de 4500000 € d'amende.

Les deux premiers alinéas de l'article 132-23 relatif à la période de sûreté sont applicables à l'infraction prévue au présent article.

Art. 225-10. Est puni de dix ans d'emprisonnement et de 750000 € d'amende le fait, par quiconque, agissant directement ou par personne interposée :

1° De détenir, gérer, exploiter, diriger, faire fonctionner, financer ou contribuer à financer un établissement de prostitution;

2° Détenant, gérant, exploitant, dirigeant, faisant fonctionner, finançant ou contribuant à financer un établissement quelconque ouvert au public ou utilisé par le public, d'accepter ou de tolérer habituellement qu'une ou plusieurs personnes se livrent à la prostitution à l'intérieur de l'établissement ou de ses annexes ou y recherchent des clients en vue de la prostitution;

3° De vendre ou de tenir à la disposition d'une ou de plusieurs personnes des locaux ou emplacements non utilisés par le public, en sachant qu'elles s'y livreront à la prostitution;

(L. nº 2003-239 du 18 mars 2003, art. 51) «4° De vendre, de louer ou de tenir à la disposition, de quelque manière que ce soit, d'une ou plusieurs personnes, des véhicules de toute nature en sachant qu'elles s'y livreront à la prostitution.»

Les deux premiers alinéas de l'article 132-23 relatif à la période de sûreté sont applicables aux infractions prévues par les 1° et 2° du présent article.

Art. 225-11. La tentative des délits prévus par la présente section est punie des mêmes peines.

Art. 225-11-1. *(L. nº 2004-204 du 9 mars 2004, art. 12-XI)* Toute personne qui a tenté de commettre les infractions prévues par la présente section est exempte de peine si, ayant averti l'autorité administrative ou judiciaire, elle a permis d'éviter la réalisation de l'infraction et d'identifier, le cas échéant, les autres auteurs ou complices.

La peine privative de liberté encourue par l'auteur ou le complice d'une des infractions prévues à la présente section est réduite de moitié si, ayant averti l'autorité administrative ou judiciaire, il a permis de faire cesser l'infraction ou d'éviter que l'infraction n'entraîne mort d'homme ou infirmité permanente et d'identifier, le cas échéant, les autres auteurs ou complices. Lorsque la peine encourue est la réclusion criminelle à perpétuité, celle-ci est ramenée à vingt ans de réclusion criminelle.

Art. 225-11-2. *(L. n° 2006-399 du 4 avr. 2006, art. 16)* Dans le cas où le délit prévu par le 1° de l'article 225-7 est commis à l'étranger par un Français ou par une personne résidant habituellement sur le territoire français, la loi française est applicable par dérogation au deuxième alinéa de l'article 113-6 et les dispositions de la seconde phrase de l'article 113-8 ne sont pas applicables.

(L. n° 2013-711 du 5 août 2013, art. 5) «Il en est de même dans le cas où l'un des crimes mentionnés aux articles 225-7-1, 225-8 ou 225-9 a été commis sur un mineur hors du territoire de la République par un étranger résidant habituellement sur le territoire français.»

Art. 225-12. *(L. n° 2009-526 du 12 mai 2009, art. 124-I)* Les personnes morales déclarées responsables pénalement, dans les conditions prévues par l'article 121-2, des infractions définies aux articles 225-5 à 225-10 encourent, outre l'amende suivant les modalités prévues par l'article 131-38, les peines prévues par l'article 131-39.

D – LA RÉGLEMENTATION DES JEUX D'ARGENT

368 Code de la sécurité intérieure (articles L. 320-1 à L. 324-10)

TITRE DEUXIÈME
JEUX DE HASARD, CASINOS, LOTERIES

Art. L. 320-1. Les jeux d'argent et de hasard sont régis par les dispositions du présent titre et par celles du chapitre Ier de la loi n° 2010-476 du 12 mai 2010 relative à l'ouverture à la concurrence et à la régulation du secteur des jeux d'argent et de hasard en ligne.

CHAPITRE PREMIER
Casinos

Art. L. 321-1. Par dérogation aux articles L. 324-1 et L. 324-2 et, s'agissant du 1° du présent article, à l'article L. 133-17 du code du tourisme, une autorisation temporaire d'ouvrir au public des locaux spéciaux, distincts et séparés où sont pratiqués certains jeux de hasard peut être accordée, sous les conditions énoncées au présent chapitre, aux casinos, sous quelque nom que ces établissements soient désignés :

1° Des communes classées stations balnéaires, thermales ou climatiques antérieurement au 3 mars 2009 ;

2° Des communes classées stations de tourisme dans les conditions mentionnées au 1° et des villes ou stations classées de tourisme au sens de la sous-section 2 de la section 2 du chapitre III du titre III du livre Ier du même code qui constituent la ville principale d'une agglomération de plus de 500000 habitants et participent pour plus de 40%, le cas échéant avec d'autres collectivités territoriales, au fonctionnement d'un centre dramatique national ou d'une scène nationale, d'un orchestre national et d'un théâtre d'opéra présentant en saison une activité régulière d'au moins vingt représentations lyriques;

3° Des villes ou stations classées de tourisme mentionnées à l'article L. 161-5 du même code;

4° Des communes non mentionnées aux 1° à 3° dans lesquelles un casino est régulièrement exploité au 3 mars 2009;

5° Des communes qui, étant en cours de classement comme station balnéaire, thermale ou climatique avant le 14 avril 2006, sont classées stations de tourisme au sens de la sous-section 2 de la section 2 du chapitre III du titre III du livre Ier du code du tourisme avant le 3 mars 2014.

Art. L. 321-2. Les communes dans lesquelles les dispositions de l'article L. 321-1 sont applicables ne peuvent en bénéficier que sur l'avis conforme du conseil municipal. Les autorisations sont accordées par le ministre de l'Intérieur, après enquête, et en considération d'un cahier des charges établi par le conseil municipal et approuvé par le ministre de l'Intérieur.

L'arrêté d'autorisation fixe la durée de la concession; il détermine la nature des jeux de hasard autorisés, leur fonctionnement, les mesures de surveillance et de contrôle des agents de l'autorité, les conditions d'admission dans les salles de jeux, les heures d'ouverture et de fermeture, le taux et le mode de perception des prélèvements prévus à l'article L. 321-6.

L'autorisation peut être révoquée par le ministre de l'Intérieur en cas d'inobservation du cahier des charges ou des clauses de l'arrêté du ministre de l'Intérieur. La révocation peut être demandée, pour les mêmes causes, par le conseil municipal au ministre, qui statue dans le délai d'un mois.

En aucun cas, et notamment en cas d'abrogation ou de modification des dispositions du présent chapitre, le retrait des autorisations ne peut donner lieu à une indemnité quelconque.

Art. L. 321-3. *(L. n° 2016-816 du 20 juin 2016, art. 51-I)* I. — Par dérogation aux articles L. 324-1 et L. 324-2, il peut être accordé aux casinos installés à bord des navires de commerce transporteurs de passagers battant pavillon français, quel que soit leur registre d'immatriculation, l'autorisation temporaire d'ouvrir au public des locaux spéciaux, distincts et séparés où sont pratiqués certains jeux de hasard dans les conditions fixées au présent chapitre.

L'autorisation d'exploiter les jeux de hasard dans les casinos mentionnés au premier alinéa du présent I est accordée par arrêté du ministre de l'Intérieur à une personne morale qualifiée en matière d'exploitation de jeux de hasard ayant passé une convention avec l'armateur conforme à une convention type approuvée par décret en Conseil d'État.

L'arrêté d'autorisation de jeux fixe la durée de l'autorisation. Il détermine la nature des jeux de hasard autorisés, leur fonctionnement, les missions de surveillance et de contrôle, les conditions d'admission dans les salles de jeux et leurs horaires d'ouverture et de fermeture. L'autorisation peut être révoquée par le ministre de l'Intérieur, en cas d'inobservation des dispositions de l'arrêté ou des clauses de la convention passée avec l'armateur.

II. — Dès lors qu'un navire mentionné au premier alinéa du I assure des trajets dans le cadre d'une ligne régulière intracommunautaire, les jeux exploités peuvent ne comprendre que les appareils de jeux mentionnés à l'article L. 321-5.

Le nombre maximal d'appareils de jeux exploités dans ces conditions ne peut excéder quinze par navire.

Par dérogation à l'article L. 321-4, la personne morale qualifiée n'exploitant que des appareils de jeux mentionnés à l'article L. 321-5 doit désigner, d'une part, des personnels chargés d'assurer l'installation, l'entretien et la maintenance du matériel et, d'autre part, des caissiers.

Ces personnels doivent être français ou ressortissants d'un autre État membre de l'Union européenne ou d'un État partie à l'accord sur l'Espace économique européen, majeurs, jouissant de leurs droits civiques et politiques. Ils sont agréés par le ministre de l'Intérieur.

En aucun cas, la personne morale qualifiée ne peut se substituer un fermier de jeux.

III. — Les locaux mentionnés au I ne peuvent être ouverts que :

1° Hors des limites administratives des ports maritimes, pour les navires de commerce transporteurs de passagers assurant des lignes régulières intracommunautaires;

2° Dans les eaux internationales, pour les autres navires.

Les locaux ne sont accessibles qu'aux passagers majeurs, titulaires d'un titre de croisière ou d'un titre de transport.

Dans l'enceinte du casino, le capitaine et l'officier chargé de sa suppléance sont garants du bon ordre, de la sûreté et de la sécurité publiques.

Art. L. 321-4. Tout casino autorisé, qu'il soit ou non organisé en société, a un directeur et un comité de direction responsables.

Le directeur et les membres du comité de direction doivent être français ou ressortissants d'un des États membres de l'Union européenne ou d'un des autres États parties à l'accord sur l'Espace économique européen, majeurs, jouissant de leurs droits civiques et politiques. Ces dispositions sont également applicables à toute personne employée à un titre quelconque dans les salles de jeux.

Le directeur et les membres du comité de direction ne peuvent, en aucun cas, se substituer un fermier de jeux.

Le directeur et les membres du comité de direction et les personnes employées à un titre quelconque dans les salles de jeux sont agréés par le ministre de l'Intérieur.

Art. L. 321-5. Sont exceptés des dispositions de l'article L. 324-2 les appareils de jeux proposés au public dans les casinos autorisés où est pratiqué au moins un des jeux prévus par la loi. Toute cession de ces appareils entre exploitants de casinos fait l'objet d'une déclaration à l'autorité administrative, selon des modalités définies par voie réglementaire. Ceux qui restent inutilisés doivent être exportés ou détruits.

Les personnes physiques ou morales qui fabriquent, importent, vendent ou assurent la maintenance des appareils visés à l'alinéa précédent ainsi que les différents modèles d'appareils sont soumis *[soumises]* à l'agrément du ministre de l'Intérieur.

Art. L. 321-6. *(L. n° 2016-1918 du 29 déc. 2016, art. 97-II, en vigueur le 1er janv. 2017)* Les prélèvements sur les produits des jeux dans les casinos autorisés en application de l'article L. 321-1 du présent code sont fixés par la sous-section 4 de la section VI du chapitre III du titre III du livre III de la deuxième partie du code général des collectivités territoriales, par l'article L. 5211-21-1 du même code, par le III de l'article L. 136-7-1 du code de la sécurité sociale ainsi que par le III de l'article 18 et l'article 19 de l'ordonnance n° 96-50 du 24 janvier 1996 relative au remboursement de la dette sociale.

Les prélèvements sur les produits des jeux dans les casinos autorisés en application de l'article L. 321-3 du présent code sont fixés par l'article L. 2333-57 du code général des collectivités territoriales.

Art. L. 321-7. Sauf disposition contraire, les conditions d'application du présent chapitre sont définies par décret en Conseil d'État.

(Décr. n° 2013-1112 du 4 déc. 2013, art. 5, en vigueur le 1er janv. 2014) «La liste des jeux de hasard pouvant être autorisés dans les casinos est fixée par décret.»

CHAPITRE PREMIER *BIS*

Compétitions de jeux vidéo

Art. L. 321-8. Pour l'application du présent chapitre, est entendu comme jeu vidéo tout jeu relevant du II de l'article 220 *terdecies* du code général des impôts.

Une compétition de jeux vidéo confronte, à partir d'un jeu vidéo, au moins deux joueurs ou équipes de joueurs pour un score ou une victoire.

L'organisation de la compétition de jeux vidéo au sens du présent chapitre n'inclut pas l'organisation d'une prise de paris.

Art. L. 321-9. N'entrent pas dans le champ d'application des articles L. 322-1, L. 322-2 et L. 322-2-1 les compétitions de jeux vidéo organisées en la présence physique des participants, pour lesquelles le montant total des droits d'inscription ou des autres sacrifices financiers consentis par les joueurs n'excède pas une fraction, dont le taux est fixé par décret en Conseil d'État, du coût total d'organisation de la manifestation incluant le montant total des gains et lots proposés. Ce taux peut varier en fonction du montant total des recettes collectées en lien avec la manifestation.

Lorsque le montant total des gains ou lots excède un montant fixé par décret en Conseil d'État, les organisateurs de ces compétitions justifient de l'existence d'un instrument ou mécanisme, pris au sein d'une liste fixée par ce même décret, garantissant le reversement de la totalité des gains ou lots mis en jeu.

Les organisateurs déclarent à l'autorité administrative, dans des conditions fixées par décret en Conseil d'État, la tenue de telles compétitions. Cette déclaration comporte les éléments permettant à l'autorité administrative d'apprécier le respect des conditions prévues aux deux premiers alinéas.

Art. L. 321-10. La participation d'un mineur aux compétitions de jeux vidéo peut être autorisée dans des conditions définies par décret en Conseil d'État. Elle est conditionnée au recueil de l'autorisation du représentant légal de ce mineur. Le représentant légal est informé des enjeux financiers de la compétition et des jeux utilisés comme support de celle-ci. Cette information comprend notamment la référence à la signalétique prévue à l'article 32 de la loi n° 98-468 du 17 juin 1998 relative à la prévention et à la répression des infractions sexuelles ainsi qu'à la protection des mineurs.

L'article L. 7124-9 du code du travail s'applique aux rémunérations de toute nature perçues pour l'exercice d'une pratique en compétition du jeu vidéo par des mineurs de moins de seize ans soumis à l'obligation scolaire.

Art. L. 321-11. Pour les compétitions de jeux vidéo se déroulant en ligne et pour les phases qualificatives se déroulant en ligne des compétitions de jeux vidéo, les frais d'accès à internet et le coût éventuel d'acquisition du jeu vidéo servant de support à la compétition ne constituent pas un sacrifice financier au sens de l'article L. 322-2.

CHAPITRE II

Loteries

Art. L. 322-1. Les loteries de toute espèce sont prohibées.

Art. L. 322-2. Sont réputées loteries et interdites comme telles : les ventes d'immeubles, de meubles ou de marchandises effectuées par la voie du sort, ou auxquelles ont été réunies des primes ou autres bénéfices dus, même partiellement, au hasard *(L. n° 2014-344 du 17 mars 2014, art. 148)* «et, d'une manière générale, toutes opérations offertes au public, sous quelque dénomination que ce soit, pour faire naître l'espérance d'un gain qui serait dû, même partiellement, au hasard et pour lesquelles un sacrifice financier est exigé par l'opérateur de la part des participants.»

Art. L. 322-2-1. *(L. n° 2014-344 du 17 mars 2014, art. 148-I)* Cette interdiction recouvre les jeux dont le fonctionnement repose sur le savoir-faire du joueur.

Le sacrifice financier est établi dans les cas où l'organisateur exige une avance financière de la part des participants, même si un remboursement ultérieur est rendu possible par le règlement du jeu.

Art. L. 322-2-2. *(L. n° 2014-344 du 17 mars 2014, art. 148-I)* Cette interdiction ne recouvre pas les opérations publicitaires mentionnées à l'article L. 121-20 du code de la consommation.

Art. L. 322-3. Sont exceptées des dispositions des articles L. 322-1 et L. 322-2 les loteries d'objets mobiliers exclusivement destinées à des actes de bienfaisance, à l'encouragement des arts ou au financement d'activités sportives à but non lucratif, lorsqu'elles ont été autorisées par le *(L. n° 2015-177 du 16 févr. 2015, art. 15-III)* «maire de la commune» où est situé le siège social de l'organisme bénéficiaire et, à Paris, par le préfet de police.

Les modalités d'application de cette dérogation sont fixées par voie réglementaire.

Art. L. 322-4. Les dispositions des articles L. 322-1 et L. 322-2 ne sont pas non plus applicables aux lotos traditionnels, également appelés "poules au gibier", "rifles"ou "quines", lorsqu'ils sont organisés dans un cercle restreint et uniquement dans un but social, culturel, scientifique, éducatif, sportif ou d'animation sociale et se caractérisent par des mises de faible valeur, inférieures à 20 euros. Ces lots ne peuvent, en aucun cas, consister en sommes d'argent ni être remboursés. Ils peuvent néanmoins consister dans la remise de bons d'achat non remboursables.

Art. L. 322-5. Sont également exceptées des dispositions des articles L. 322-1 et L. 322-2 les loteries proposées au public à l'occasion, pendant la durée et dans l'enceinte des fêtes foraines.

Les caractéristiques techniques des loteries foraines mentionnées à l'alinéa précédent, les personnes susceptibles d'en proposer l'utilisation au public, la nature et la valeur des lots sont précisées par voie réglementaire.

Art. L. 322-6. Sont exceptés des dispositions de l'article L. 324-2 les appareils de jeux proposés au public à l'occasion, pendant la durée et dans l'enceinte des fêtes foraines. Les caractéristiques techniques de ces appareils, la nature des lots, le montant des enjeux, le rapport entre ce dernier et la valeur des lots et, le cas échéant, les personnes susceptibles d'en proposer l'utilisation au public sont précisés par voie réglementaire.

Art. L. 322-7. *(L. n° 2014-344 du 17 mars 2014, art. 148-I-3°)* Le second alinéa de l'article L. 322-2-1 ne s'applique ni aux frais d'affranchissement, ni aux frais de communication ou de connexion, surtaxés ou non, engagés pour la participation aux jeux et concours organisés dans le cadre des programmes télévisés et radiodiffusés ainsi que dans les publications de presse définies à l'article 1er de la loi n° 86-897 du 1er août 1986 portant réforme du régime juridique de la presse, dès lors que la possibilité pour les participants d'obtenir le remboursement des frais engagés est prévue par le règlement du jeu et que les participants en sont préalablement informés. Ces jeux et concours ne peuvent constituer qu'un complément auxdits programmes et publications. Les jeux et concours en lien avec des programmes télévisés et radiodiffusés sont organisés dans des conditions définies par le Conseil supérieur de l'audiovisuel.

Les modalités d'organisation des jeux et concours dans le cadre des publications de presse définies à l'article 1er de la loi n° 86-897 du 1er août 1986 précitée sont définies par décret.

CHAPITRE III
Dispositions communes

Art. L. 323-1. Les conditions dans lesquelles le ministre chargé des finances et le ministre de l'Intérieur peuvent décider d'interdire tout mouvement ou transfert de fonds en provenance des personnes physiques ou morales qui organisent des activités de jeux, paris ou loteries prohibées par le présent titre sont définies au chapitre III du titre VI du livre V du code monétaire et financier.

Art. L. 323-2. Les casinos et les groupements, *(L. n° 2017-257 du 28 févr. 2017, art. 34-I)* «clubs» et sociétés organisant des jeux de hasard ou des loteries sont tenus d'enregistrer les noms et adresses des joueurs dans les cas prévus à l'article L. 561-13 du code monétaire et financier.

Art. L. 323-3. *(L. n° 2017-257 du 28 févr. 2017, art. 34-I)* I. — Afin de prévenir les activités frauduleuses ou criminelles ainsi que le blanchiment de capitaux et le financement du terrorisme, toute évolution de la répartition du capital social et du contrôle, direct ou indirect, de la société titulaire de l'autorisation prévue à l'article L. 321-1 est soumise à autorisation préalable du ministre de l'Intérieur, dès lors qu'elle permettrait à une personne :

1° Soit d'acquérir le contrôle de cette société, au sens de l'article L. 233-3 du code de commerce;

2° Soit de franchir un ou plusieurs seuils, fixés par décret, de détention, directe ou indirecte, du capital ou des droits de vote;

3° Soit de réaliser une opération entraînant la prise de contrôle de fait de la société, notamment par l'octroi de prêts ou de garanties substantielles.

II. — Dans le cadre de la procédure d'autorisation prévue au I du présent article, les agents désignés par le ministère de l'Intérieur peuvent :

1° Réaliser des enquêtes administratives pouvant donner lieu à la consultation de traitements de données à caractère personnel relevant de l'article 26 *[nouvelle rédaction issue de l'Ord. n° 2018-1125 du 12 déc. 2018, art. 22 et 29, en vigueur au plus tard le 1er juin 2019 : « 31 »]* de la loi n° 78-17 du 6 janvier 1978 relative à l'informatique, aux fichiers et aux libertés ;

2° Demander aux personnes concernées, sans que le secret professionnel ne puisse leur être opposé, communication de tout document quel qu'en soit le support et en obtenir une copie nécessaire à la justification de l'origine des fonds qu'il est envisagé d'investir ;

3° Demander au service mentionné à l'article L. 561-23 du code monétaire et financier les éléments d'information utiles à la vérification de l'origine des fonds qu'il est envisagé d'investir ;

4° Recourir à la coopération internationale pour vérifier l'exactitude des informations déclarées au titre de la présente procédure.

CHAPITRE IV
Dispositions pénales

Section première

Jeux de hasard et casinos

Art. L. 324-1. Le fait de participer, y compris en tant que banquier, à la tenue d'une maison de jeux de hasard où le public est librement admis, même lorsque cette admission est subordonnée à la présentation d'un affilié, est puni de trois ans d'emprisonnement et de 90000 euros d'amende. Les peines sont portées à sept ans d'emprisonnement et à 200000 euros d'amende lorsque l'infraction est commise en bande organisée.

Le fait d'établir ou de tenir sur la voie publique et ses dépendances ainsi que dans les lieux publics ou ouverts au public et dans les dépendances, même privées, de ceux-ci tous jeux de hasard non autorisés par la loi dont l'enjeu est en argent est puni de six mois d'emprisonnement et de 7500 euros d'amende.

Le fait de faire de la publicité, par quelque moyen que ce soit, en faveur d'une maison de jeux de hasard non autorisée est puni de 100000 euros d'amende. Le tribunal peut porter le montant de l'amende au quadruple du montant des dépenses publicitaires consacrées à l'opération illégale.

(L. n° 2017-257 du 28 févr. 2017, art. 34-I) « Le fait de procéder ou de tenter de procéder à un investissement défini au I de l'article L. 323-3 sans avoir obtenu l'autorisation préalable du ministre de l'Intérieur est puni d'un an d'emprisonnement et de 15000 euros d'amende.

« Les personnes morales déclarées responsables pénalement, dans les conditions prévues à l'article 121-2 du code pénal, des infractions définies à l'avant-dernier alinéa du présent article encourent, outre l'amende suivant les modalités prévues à l'article 131-38 du même code, les peines prévues aux 1° à 9° et au 12° de l'article 131-39 dudit code. »

Art. L. 324-2. L'importation ou la fabrication de tout appareil dont le fonctionnement repose sur le hasard et qui permet, éventuellement par l'apparition de signes, de procurer moyennant enjeu un avantage direct ou indirect de quelque nature que ce soit, même sous forme de parties gratuites, est punie de trois ans d'emprisonnement et de 45000 euros d'amende. Les peines sont portées à sept ans d'emprisonnement et à 100000 euros d'amende lorsque l'infraction est commise en bande organisée.

Sont punies des mêmes peines la détention, la mise à la disposition de tiers, l'installation et l'exploitation de ces appareils sur la voie publique et ses dépendances, dans des lieux publics ou ouverts au public et dans les dépendances, mêmes privées, de ces lieux publics ainsi que l'exploitation de ces appareils ou leur mise à disposition de tiers par une personne privée, physique ou morale, dans des lieux privés.

Les dispositions des deux alinéas précédents sont applicables aux appareils de jeux dont le fonctionnement repose sur l'adresse et dont les caractéristiques techniques font apparaître qu'il est possible de gagner plus de cinq parties gratuites par enjeu ou un gain en espèces ou en nature.

Art. L. 324-3. Les personnes physiques coupables des infractions prévues par la présente section, à l'exception de celle prévue au deuxième alinéa de l'article L. 324-1, encourent également les peines complémentaires suivantes :

1° L'interdiction, suivant les modalités prévues par l'article 131-26 du code pénal, des droits civiques, civils et de famille;

2° La confiscation des biens meubles ou immeubles, divis ou indivis, ayant servi directement ou indirectement à commettre l'infraction ou qui en sont le produit, y compris les fonds ou effets exposés au jeu ou mis en loterie ainsi que les meubles ou effets mobiliers dont les lieux sont garnis ou décorés, à l'exception des objets susceptibles de restitution;

3° L'affichage ou la diffusion de la décision prononcée dans les conditions prévues par l'article 131-35 du code pénal;

4° La fermeture définitive ou pour une durée de cinq ans au plus des établissements ou de l'un ou de plusieurs des établissements de l'entreprise ayant servi à commettre les faits incriminés;

5° L'interdiction, suivant les modalités prévues par l'article 131-27 du code pénal, soit d'exercer une fonction publique ou d'exercer l'activité professionnelle ou sociale dans l'exercice ou à l'occasion de l'exercice de laquelle l'infraction a été commise, soit d'exercer une profession commerciale ou industrielle, de diriger, d'administrer, de gérer ou de contrôler à un titre quelconque, directement ou indirectement, pour son propre compte ou pour le compte d'autrui, une entreprise commerciale ou industrielle ou une société commerciale. Ces interdictions d'exercice peuvent être prononcées cumulativement.

La confiscation des appareils de jeux ou de loterie est obligatoire; leur destruction peut être ordonnée par le tribunal.

Art. L. 324-4. Les personnes morales déclarées pénalement responsables, dans les conditions prévues par l'article 121-2 du code pénal, des infractions définies à la présente section, à l'exception de celle définie au deuxième alinéa de l'article L. 324-1, encourent, outre l'amende suivant les modalités prévues par l'article 131-38 du code pénal, les peines suivantes :

1° Les peines mentionnées aux 1°, 4°, 8° et 9° de l'article 131-39 du code pénal;

2° L'interdiction, pour une durée de cinq ans au plus, de solliciter l'agrément prévu à l'article 21 de la loi n° 2010-476 du 12 mai 2010 relative à l'ouverture à la concurrence et à la régulation du secteur des jeux d'argent et de hasard en ligne ainsi que l'autorisation prévue à l'article L. 321-1 et, le cas échéant, le retrait d'un tel agrément ou autorisation si la personne morale en est titulaire au moment du jugement.

Art. L. 324-5. Est puni des peines prévues au premier alinéa de l'article L. 324-1 et aux 1° et 5° de l'article L. 324-3 quiconque :

1° A exercé les fonctions de directeur ou de membre du comité de direction sans avoir obtenu l'agrément préalable du ministre de l'Intérieur;

2° Ou a fait fonctionner des jeux de hasard en infraction aux dispositions de l'arrêté d'autorisation;

3° Ou a dissimulé ou tenté de dissimuler tout ou partie du produit des jeux servant de base aux prélèvements.

Section II

Loteries

Art. L. 324-6. La violation des interdictions prévues aux *(L. n° 2014-344 du 17 mars 2014, art. 148-I)* «articles L. 322-1, L. 322-2 et L. 322-2-1» est punie de trois ans d'emprisonnement et de 90000 euros d'amende. Ces peines sont portées à sept ans d'emprisonnement et à 200000 euros d'amende lorsque l'infraction est commise en bande organisée.

La confiscation des appareils de jeux ou de loterie est obligatoire; leur destruction peut être ordonnée par le tribunal.

Art. L. 324-7. Les personnes physiques coupables de la violation des interdictions prévues aux *(L. n° 2014-344 du 17 mars 2014, art. 148-I)* «articles L. 322-1, L. 322-2 et L. 322-2-1» encourent également les peines complémentaires suivantes :

1° L'interdiction des droits civiques, civils et de famille dans les conditions prévues à l'article 131-26 du code pénal;

2° La confiscation des biens meubles ou immeubles, divis ou indivis, ayant servi directement ou indirectement à commettre l'infraction ou qui en sont le produit, y compris les fonds ou effets exposés au jeu ou mis en loterie ainsi que les meubles ou effets mobiliers dont les lieux sont garnis ou décorés, à l'exception des objectifs susceptibles de donner lieu à restitution.

S'il s'agit de loteries d'immeubles, la confiscation prononcée à l'encontre du propriétaire de l'immeuble mis en loterie est remplacée par une amende pouvant s'élever jusqu'à la valeur estimative de cet immeuble;

3° L'affichage ou la diffusion de la décision prononcée dans les conditions prévues à l'article 131-35 du code pénal;

4° La fermeture définitive ou pour une durée de cinq ans au plus des établissements ou de l'un ou de plusieurs des établissements de l'entreprise ayant servi à commettre les faits incriminés;

5° L'interdiction, suivant les modalités prévues par l'article 131-27 du code pénal, soit d'exercer une fonction publique ou d'exercer l'activité professionnelle ou sociale dans l'exercice ou à l'occasion de l'exercice de laquelle l'infraction a été commise, soit d'exercer une profession commerciale ou industrielle, de diriger, d'administrer, de gérer ou de contrôler à un titre quelconque, directement ou indirectement, pour son propre compte ou pour le compte d'autrui, une entreprise commerciale ou industrielle ou une société commerciale. Ces interdictions d'exercice peuvent être prononcées cumulativement.

Art. L. 324-8. Les personnes morales déclarées pénalement responsables, dans les conditions prévues par l'article 121-2 du code pénal, de la violation des interdictions prévues aux *(L. n° 2014-344 du 17 mars 2014, art. 148-I-4°)* « articles L. 322-1, L. 322-2 et L. 322-2-1 » encourent, outre l'amende suivant les modalités prévues par l'article 131-38 du code pénal :

1° Les peines mentionnées aux 1°, 4°, 8° et 9° de l'article 131-39 du code pénal ;

2° L'interdiction, pour une durée de cinq ans au plus, de solliciter l'agrément prévu à l'article 21 de la loi n° 2010-476 du 12 mai 2010 relative à l'ouverture à la concurrence et à la régulation du secteur des jeux d'argent et de hasard en ligne ainsi que l'autorisation prévue à l'article L. 321-1 et, le cas échéant, le retrait d'un tel agrément ou autorisation si la personne morale en est titulaire au moment du jugement.

Art. L. 324-9. Les peines prévues à l'article L. 324-6 sont encourues par les auteurs, entrepreneurs ou agents des loteries françaises ou étrangères prohibées par les *(L. n° 2014-344 du 17 mars 2014, art. 148-I-4°)* « articles L. 322-1, L. 322-2 et L. 322-2-1 », ou des opérations qui leur sont assimilées.

Sont punis de 100 000 euros d'amende ceux qui auront colporté ou distribué des billets, ceux qui, par des avis, annonces, affiches ou par tout autre moyen de publication, auront fait connaître l'existence des loteries prohibées ou facilité l'émission des billets. Le tribunal peut porter le montant de l'amende au quadruple du montant des dépenses publicitaires consacrées à l'opération illégale.

Art. L. 324-10. Les infractions prévues aux *(L. n° 2014-344 du 17 mars 2014, art. 148-I-4°)* « articles L. 322-1, L. 322-2 et L. 322-2-1 » peuvent être constatées et poursuivies dans les conditions fixées par les articles L. 450-1, L. 450-2, L. 450-3 et L. 450-8 du code de commerce.

E – LA CONTREBANDE ET LE RECEL

369 Code pénal (article 321-1)

TITRE DEUXIÈME

DES AUTRES ATTEINTES AUX BIENS

CHAPITRE PREMIER

Du recel et des infractions assimilées ou voisines

Section première

Du recel

Art. 321-1. Le recel est le fait de dissimuler, de détenir ou de transmettre une chose, ou de faire office d'intermédiaire afin de la transmettre, en sachant que cette chose provient d'un crime ou d'un délit.

Constitue également un recel le fait, en connaissance de cause, de bénéficier, par tout moyen, du produit d'un crime ou d'un délit.

Le recel est puni de cinq ans d'emprisonnement et de 375 000 € d'amende.

370 Code des douanes (article 414)

TITRE DOUZIÈME

CONTENTIEUX ET RECOUVREMENT

(L. n° 2002-1576 du 30 déc. 2002, art. 44-I).

CHAPITRE VI

Dispositions répressives

Section première

Classification des infractions douanières et peines principales

§ 3 : Délits douaniers

A – PREMIÈRE CLASSE

Art. 414. *(L. n° 87-502 du 8 juill. 1987)* Sont passibles d'un emprisonnement de trois ans, de la confiscation de l'objet de fraude, de la confiscation des moyens de transport, de la confiscation des objets servant à masquer la fraude *(L. n° 2011-267 du 14 mars 2011, art. 109-2°)* «, de la confiscation des biens et avoirs qui sont le produit direct ou indirect de l'infraction» et d'une amende comprise entre une et deux fois la valeur de l'objet de fraude, tout fait de contrebande ainsi que tout fait d'importation ou d'exportation sans déclaration lorsque ces infractions se rapportent à des marchandises de la catégorie de celles qui sont prohibées au sens du présent code *(L. n° 2016-1918 du*

29 déc. 2016, art. 22, en vigueur le 1er janv. 2017) «ou aux produits du tabac manufacturé».

(L. nº 2011-266 du 14 mars 2011) «La peine d'emprisonnement est portée à une durée maximale de cinq ans et l'amende peut aller jusqu'à trois fois la valeur de l'objet de fraude lorsque les faits de contrebande, d'importation ou d'exportation portent sur des biens à double usage, civil et militaire, dont la circulation est soumise à restriction par la réglementation européenne.»

(L. nº 2003-239 du 18 mars 2003, art. 14) «La peine d'emprisonnement est portée à une durée de dix ans et l'amende peut aller jusqu'à *(L. nº 2016-41 du 26 janv. 2016, art. 32)* «dix» fois la valeur de l'objet de la fraude soit lorsque les faits de contrebande, d'importation ou d'exportation portent sur des marchandises dangereuses pour la santé, la moralité ou la sécurité publiques, dont la liste est fixée par arrêté du ministre chargé des douanes, soit lorsqu'ils sont commis en bande organisée.»

Section 3

Les monopoles

371 Traité sur le fonctionnement de l'Union européenne (article 37)

TROISIÈME PARTIE

Les politiques et actions internes de l'Union

TITRE II

LA LIBRE CIRCULATION DES MARCHANDISES

CHAPITRE III

L'interdiction des restrictions quantitatives entre les états membres

Art. 37 *(ex-article 31 TCE)*. 1. Les États membres aménagent les monopoles nationaux présentant un caractère commercial, de telle façon que soit assurée, dans les conditions d'approvisionnement et de débouchés, l'exclusion de toute discrimination entre les ressortissants des États membres.

Les dispositions du présent article s'appliquent à tout organisme par lequel un État membre, de jure ou de facto, contrôle, dirige ou influence sensiblement, directement ou indirectement, les importations ou les exportations entre les États membres. Ces dispositions s'appliquent également aux monopoles d'État délégués.

2. Les États membres s'abstiennent de toute mesure nouvelle contraire aux principes énoncés au paragraphe 1 ou qui restreint la portée des articles relatifs à l'interdiction des droits de douane et des restrictions quantitatives entre les États membres.

3. Dans le cas d'un monopole à caractère commercial comportant une réglementation destinée à faciliter l'écoulement ou la valorisation de produits agricoles, il convient d'assurer, dans l'application des règles du présent article, des garanties équivalentes pour l'emploi et le niveau de vie des producteurs intéressés.

CHAPITRE 2
Les libertés de circulation des biens, des services et des capitaux

372 Traité sur le fonctionnement de l'Union européenne (articles 28 à 29 et 45 à 66)

TROISIÈME PARTIE

Les politiques et actions internes de l'Union

TITRE II

LA LIBRE CIRCULATION DES MARCHANDISES

Art. 28 ***(ex-article 23 TCE).*** 1. L'Union comprend une union douanière qui s'étend à l'ensemble des échanges de marchandises et qui comporte l'interdiction, entre les États membres, des droits de douane à l'importation et à l'exportation et de toutes taxes d'effet équivalent, ainsi que l'adoption d'un tarif douanier commun dans leurs relations avec les pays tiers.

2. Les dispositions de l'article 30 et du chapitre 3 du présent titre s'appliquent aux produits qui sont originaires des États membres, ainsi qu'aux produits en provenance de pays tiers qui se trouvent en libre pratique dans les États membres.

Art. 29 ***(ex-article 24 TCE).*** Sont considérés comme étant en libre pratique dans un État membre les produits en provenance de pays tiers pour lesquels les formalités d'importation ont été accomplies et les droits de douane et taxes d'effet équivalent exigibles ont été perçus dans cet État membre, et qui n'ont pas bénéficié d'une ristourne totale ou partielle de ces droits et taxes.

TITRE IV

LA LIBRE CIRCULATION DES PERSONNES, DES SERVICES ET DES CAPITAUX

CHAPITRE I

Les travailleurs

Art. 45 ***(ex-article 39 TCE).*** 1. La libre circulation des travailleurs est assurée à l'intérieur de l'Union.

2. Elle implique l'abolition de toute discrimination, fondée sur la nationalité, entre les travailleurs des États membres, en ce qui concerne l'emploi, la rémunération et les autres conditions de travail.

3. Elle comporte le droit, sous réserve des limitations justifiées par des raisons d'ordre public, de sécurité publique et de santé publique :

a) de répondre à des emplois effectivement offerts,

b) de se déplacer à cet effet librement sur le territoire des États membres,

c) de séjourner dans un des États membres afin d'y exercer un emploi conformément aux dispositions législatives, réglementaires et administratives régissant l'emploi des travailleurs nationaux,

d) de demeurer, dans des conditions qui feront l'objet de règlements établis par la Commission, sur le territoire d'un État membre, après y avoir occupé un emploi.

4. Les dispositions du présent article ne sont pas applicables aux emplois dans l'administration publique.

Art. 46 ***(ex-article 40 TCE).*** Le Parlement européen et le Conseil, statuant conformément à la procédure législative ordinaire et après consultation du Comité économique et social, arrête, par voie de directives ou de règlements, les mesures nécessaires en vue de réaliser la libre circulation des travailleurs, telle qu'elle est définie à l'article 45, notamment :

a) en assurant une collaboration étroite entre les administrations nationales du travail,

b) en éliminant, celles des procédures et pratiques administratives, ainsi que les délais d'accès aux emplois disponibles découlant soit de la législation interne, soit d'accords antérieurement conclus entre les États membres, dont le maintien ferait obstacle à la libération des mouvements des travailleurs,

c) en éliminant tous les délais et autres restrictions, prévus soit par les législations internes, soit par des accords antérieurement conclus entre les États membres, qui imposent aux travailleurs des autres États membres d'autres conditions qu'aux travailleurs nationaux pour le libre choix d'un emploi,

d) en établissant des mécanismes propres à mettre en contact les offres et les demandes d'emploi et à en faciliter l'équilibre dans des conditions qui écartent des risques graves pour le niveau de vie et d'emploi dans les diverses régions et industries.

Art. 47 ***(ex-article 41 TCE).*** Les États membres favorisent, dans le cadre d'un programme commun, l'échange de jeunes travailleurs.

Art. 48 ***(ex-article 42 TCE).*** Le Parlement européen et le Conseil, statuant conformément à la procédure législative ordinaire, adoptent, dans le domaine de la sécurité sociale, les mesures nécessaires pour l'établissement de la libre circulation des travailleurs, en instituant notamment un système permettant d'assurer aux travailleurs migrants salariés et non salariés et à leurs ayants droit :

a) la totalisation, pour l'ouverture et le maintien du droit aux prestations, ainsi que pour le calcul de celles-ci, de toutes périodes prises en considération par les différentes législations nationales;

b) le paiement des prestations aux personnes résidant sur les territoires des États membres.

Lorsqu'un membre du Conseil déclare qu'un projet d'acte législatif visé au premier alinéa porterait atteinte à des aspects importants de son système de sécurité sociale, notamment pour ce qui est du champ d'application, du coût ou de la structure financière, ou en affecterait l'équilibre financier, il peut demander que le Conseil européen soit saisi. Dans ce cas, la procédure législative ordinaire est suspendue. Après discussion et dans un délai de quatre mois à compter de cette suspension, le Conseil européen :

a) renvoie le projet au Conseil, ce qui met fin à la suspension de la procédure législative ordinaire, ou

b) n'agit pas ou demande à la Commission de présenter une nouvelle proposition; dans ce cas, l'acte initialement proposé est réputé non adopté.

CHAPITRE II

Le droit d'établissement

Art. 49 ***(ex-article 43 TCE).*** Dans le cadre des dispositions ci-après, les restrictions à la liberté d'établissement des ressortissants d'un État membre dans le territoire d'un autre État membre sont interdites. Cette interdiction s'étend également aux restrictions à la création d'agences, de succursales ou de filiales, par les ressortissants d'un État membre établis sur le territoire d'un État membre.

La liberté d'établissement comporte l'accès aux activités non salariées et leur exercice, ainsi que la constitution et la gestion d'entreprises, et notamment de sociétés au sens de l'article 54, deuxième alinéa, dans les conditions définies par la législation du pays d'établissement pour ses propres ressortissants, sous réserve des dispositions du chapitre relatif aux capitaux.

Art. 50 ***(ex-article 44 TCE).*** 1. Pour réaliser la liberté d'établissement dans une activité déterminée, le Parlement européen et le Conseil, statuant conformément à la procédure législative ordinaire et après consultation du Comité économique et social, statuent par voie de directives.

2. Le Parlement européen, le Conseil et la Commission exercent les fonctions qui leur sont dévolues par les dispositions ci-dessus, notamment :

a) en traitant, en général, par priorité des activités où la liberté d'établissement constitue une contribution particulièrement utile au développement de la production et des échanges,

b) en assurant une collaboration étroite entre les administrations nationales compétentes en vue de connaître les situations particulières à l'intérieur de l'Union des diverses activités intéressées,

c) en éliminant celles des procédures et pratiques administratives découlant soit de la législation interne, soit d'accords antérieurement conclus entre les États membres, dont le maintien ferait obstacle à la liberté d'établissement,

d) en veillant à ce que les travailleurs salariés d'un des États membres, employés sur le territoire d'un autre État membre, puissent demeurer sur ce territoire pour y entreprendre une activité non salariée lorsqu'ils satisfont aux conditions auxquelles ils devraient satisfaire s'ils venaient dans cet État au moment où ils veulent accéder à cette activité,

e) en rendant possibles l'acquisition et l'exploitation de propriétés foncières situées sur le territoire d'un État membre par un ressortissant d'un autre État membre, dans la mesure où il n'est pas porté atteinte aux principes établis à l'article 39, paragraphe 2,

f) en appliquant la suppression progressive des restrictions à la liberté d'établissement, dans chaque branche d'activité considérée, d'une part, aux conditions de création, sur le territoire d'un État membre, d'agences, de succursales ou de filiales et, d'autre part, aux conditions d'entrée du personnel du principal établissement dans les organes de gestion ou de surveillance de celles-ci,

g) en coordonnant, dans la mesure nécessaire et en vue de les rendre équivalentes, les garanties qui sont exigées, dans les États membres, des sociétés au sens de l'article 54, deuxième alinéa, pour protéger les intérêts tant des associés que des tiers,

h) en s'assurant que les conditions d'établissement ne sont pas faussées par des aides accordées par les États membres.

Art. 51 ***(ex-article 45 TCE).*** Sont exceptées de l'application des dispositions du présent chapitre, en ce qui concerne l'État membre intéressé, les activités participant dans cet État, même à titre occasionnel, à l'exercice de l'autorité publique.

Le Parlement européen et le Conseil, statuant conformément à la procédure législative ordinaire, peuvent excepter certaines activités de l'application des dispositions du présent chapitre.

Art. 52 ***(ex-article 46 TCE).*** 1. Les prescriptions du présent chapitre et les mesures prises en vertu de celles-ci ne préjugent pas l'applicabilité des dispositions législatives, réglementaires et administratives prévoyant un régime spécial pour les ressortissants étrangers, et justifiées par des raisons d'ordre public, de sécurité publique et de santé publique.

2. Le Parlement européen et le Conseil, statuant conformément à la procédure législative ordinaire, arrêtent des directives pour la coordination des dispositions précitées.

Art. 53 ***(ex-article 47 TCE).*** 1. Afin de faciliter l'accès aux activités non salariées et leur exercice, le Parlement européen et le Conseil, statuant conformément à la procédure législative ordinaire, arrêtent des directives visant à la reconnaissance mutuelle des diplômes, certificats et autres titres, ainsi qu'à la coordination des dispositions législatives, réglementaires et administratives des États membres concernant l'accès aux activités non salariées et à l'exercice de celles-ci.

2. En ce qui concerne les professions médicales, paramédicales et pharmaceutiques, la suppression progressive des restrictions est subordonnée à la coordination de leurs conditions d'exercice dans les différents États membres.

Art. 54 ***(ex-article 48 TCE).*** Les sociétés constituées en conformité de la législation d'un État membre et ayant leur siège statutaire, leur administration centrale ou leur principal établissement à l'intérieur de l'Union sont assimilées, pour l'application des dispositions du présent chapitre, aux personnes physiques ressortissantes des États membres.

Par sociétés, on entend les sociétés de droit civil ou commercial, y compris les sociétés coopératives, et les autres personnes morales relevant du droit public ou privé, à l'exception des sociétés qui ne poursuivent pas de but lucratif.

Art. 55 ***(ex-article 294 TCE).*** Les États membres accordent le traitement national en ce qui concerne la participation financière des ressortissants des autres États membres au capital des sociétés au sens de l'article 54, sans préjudice de l'application des autres dispositions des traités.

CHAPITRE III
Les services

Art. 56 ***(ex-article 49 TCE) .*** Dans le cadre des dispositions ci-après, les restrictions à la libre prestation des services à l'intérieur de l'Union sont interdites à l'égard des ressortissants des États membres établis dans un État membre autre que celui du destinataire de la prestation.

Le Parlement européen et le Conseil, statuant conformément à la procédure législative ordinaire, peuvent étendre le bénéfice des dispositions du présent chapitre aux prestataires de services ressortissants d'un État tiers et établis à l'intérieur de l'Union.

Art. 57 ***(ex-article 50 TCE).*** Au sens des traités, sont considérées comme services les prestations fournies normalement contre rémunération, dans la mesure où elles ne sont pas régies par les dispositions relatives à la libre circulation des marchandises, des capitaux et des personnes.

Les services comprennent notamment :

a) des activités de caractère industriel,

b) des activités de caractère commercial,

c) des activités artisanales,

d) les activités des professions libérales.

Sans préjudice des dispositions du chapitre relatif au droit d'établissement, le prestataire peut, pour l'exécution de sa prestation, exercer, à titre temporaire, son activité dans l'État membre où la prestation est fournie, dans les mêmes conditions que celles que cet État impose à ses propres ressortissants.

Art. 58 ***(ex-article 51 TCE).*** 1. La libre circulation des services, en matière de transports, est régie par les dispositions du titre relatif aux transports.

2. La libération des services des banques et des assurances qui sont liées à des mouvements de capitaux doit être réalisée en harmonie avec la libération de la circulation des capitaux.

Art. 59 ***(ex-article 52 TCE).*** 1. Pour réaliser la libération d'un service déterminé, le Parlement européen et le Conseil, statuant conformément à la procédure législative ordinaire, et après consultation du Comité économique et social, statuent par voie de directives.

2. Les directives visées au paragraphe 1 portent, en général, par priorité sur les services qui interviennent d'une façon directe dans les coûts de production ou dont la libération contribue à faciliter les échanges des marchandises.

Art. 60 ***(ex-article 53 TCE) .*** Les États membres s'efforcent de procéder à la libéralisation des services au-delà de la mesure qui est obligatoire en vertu des directives arrêtées en application de l'article 59, paragraphe 1, si leur situation économique générale et la situation du secteur intéressé le leur permettent.

La Commission adresse aux États membres intéressés des recommandations à cet effet.

Art. 61 ***(ex-article 54 TCE).*** Aussi longtemps que les restrictions à la libre prestation des services ne sont pas supprimées, chacun des États membres les applique sans distinction de nationalité ou de résidence à tous les prestataires de services visés à l'article 56, premier alinéa.

Art. 62 ***(ex-article 55 TCE) .*** Les dispositions des articles 51 à 54 inclus sont applicables à la matière régie par le présent chapitre.

CHAPITRE IV

Les capitaux et les paiements

Art. 63 ***(ex-article 56 TCE).*** 1. Dans le cadre des dispositions du présent chapitre, toutes les restrictions aux mouvements de capitaux entre les États membres et entre les États membres et les pays tiers sont interdites.

2. Dans le cadre des dispositions du présent chapitre, toutes les restrictions aux paiements entre les États membres et entre les États membres et les pays tiers sont interdites.

Art. 64 ***(ex-article 57 TCE).*** 1. L'article 63 ne porte pas atteinte à l'application, aux pays tiers, des restrictions existant le 31 décembre 1993 en vertu du droit national ou du droit de l'Union en ce qui concerne les mouvements de capitaux à destination ou en provenance de pays tiers lorsqu'ils impliquent des investissements directs, y compris les investissements immobiliers, l'établissement, la prestation de services financiers ou l'admission de titres sur les marchés des capitaux. En ce qui concerne les restrictions existant en vertu des lois nationales en Bulgarie, en Estonie et en Hongrie, la date en question est le 31 décembre 1999.

2. Tout en s'efforçant de réaliser l'objectif de libre circulation des capitaux entre États membres et pays tiers, dans la plus large mesure possible et sans préjudice des autres chapitres des traités, le Parlement européen et le Conseil, statuant conformément à la procédure législative ordinaire, adoptent les mesures relatives aux mouvements de capitaux à destination ou en provenance de pays tiers, lorsqu'ils impliquent des investissements directs, y compris les investissements immobiliers, l'établissement, la prestation de services financiers ou l'admission de titres sur les marchés des capitaux.

3. Par dérogation au paragraphe 2, seul le Conseil, statuant conformément à une procédure législative spéciale, à l'unanimité et après consultation du Parlement européen, peut adopter des mesures qui constituent un recul dans le droit de l'Union en ce qui concerne la libéralisation des mouvements de capitaux à destination ou en provenance de pays tiers.

Art. 65 ***(ex-article 58 TCE).*** 1. L'article 63 ne porte pas atteinte au droit qu'ont les États membres :

a) d'appliquer les dispositions pertinentes de leur législation fiscale qui établissent une distinction entre les contribuables qui ne se trouvent pas dans la même situation en ce qui concerne leur résidence ou le lieu où leurs capitaux sont investis;

b) de prendre toutes les mesures indispensables pour faire échec aux infractions à leurs lois et règlements, notamment en matière fiscale ou en matière de contrôle prudentiel des établissements financiers, de prévoir des procédures de déclaration des mouvements de capitaux à des fins d'information administrative ou statistique ou de prendre des mesures justifiées par des motifs liés à l'ordre public ou à la sécurité publique.

2. Le présent chapitre ne préjuge pas la possibilité d'appliquer des restrictions en matière de droit d'établissement qui sont compatibles avec les traités.

3. Les mesures et procédures visées aux paragraphes 1 et 2 ne doivent constituer ni un moyen de discrimination arbitraire ni une restriction déguisée à la libre circulation des capitaux et des paiements telle que définie à l'article 63.

4. En l'absence de mesures en application de l'article 64, paragraphe 3, la Commission, ou, en l'absence d'une décision de la Commission dans un délai de trois mois à compter de la demande de l'État membre concerné, le Conseil peut adopter une décision disposant que les mesures fiscales restrictives prises par un État membre à l'égard d'un

ou de plusieurs pays tiers sont réputées conformes aux traités, pour autant qu'elles soient justifiées au regard de l'un des objectifs de l'Union et compatibles avec le bon fonctionnement du marché intérieur. Le Conseil statue à l'unanimité, sur demande d'un État membre.

Art. 66 ***(ex-article 59 TCE).*** Lorsque, dans des circonstances exceptionnelles, les mouvements de capitaux en provenance ou à destination de pays tiers causent ou menacent de causer des difficultés graves pour le fonctionnement de l'Union économique et monétaire, le Conseil, statuant sur proposition de la Commission et après consultation de la Banque centrale européenne, peut prendre, à l'égard de pays tiers, des mesures de sauvegarde pour une période ne dépassant pas six mois pour autant que ces mesures soient strictement nécessaires.

CHAPITRE 3
Le droit de propriété

Section 1
Le droit

373 Déclaration universelle des droits de l'homme (article 17)

Art. 17. 1. Toute personne, aussi bien seule qu'en collectivité, a droit à la propriété.
2. Nul ne peut être arbitrairement privé de sa propriété.

374 Protocole additionnel n° 1 à la Convention de sauvegarde des droits de l'homme et des libertés fondamentales (article 1)

Art. 1er. *Protection de la propriété.* Toute personne physique ou morale a droit au respect de ses biens. Nul ne peut être privé de sa propriété que pour cause d'utilité publique et dans les conditions prévues par la loi et les principes généraux du droit international.

Les dispositions précédentes ne portent pas atteinte au droit que possèdent les États de mettre en vigueur les lois qu'ils jugent nécessaires pour réglementer l'usage des biens conformément à l'intérêt général ou pour assurer le paiement des impôts ou d'autres contributions ou des amendes.

375 Charte des droits fondamentaux de l'Union européenne (article 17)

TITRE II

LIBERTÉS

Art. 17. *Droit de propriété.* 1. Toute personne a le droit de jouir de la propriété des biens qu'elle a acquis légalement, de les utiliser, d'en disposer et de les léguer. Nul ne peut être privé de sa propriété, si ce n'est pour cause d'utilité publique, dans des cas et conditions prévus par une loi et moyennant en temps utile une juste indemnité pour sa perte. L'usage des biens peut être réglementé par la loi dans la mesure nécessaire à l'intérêt général.

2. La propriété intellectuelle est protégée.

376 Déclaration des droits de l'homme et du citoyen (article 17)

Art. 17. La propriété étant un droit inviolable et sacré, nul ne peut en être privé, si ce n'est lorsque la nécessité publique, légalement constatée, l'exige évidemment, et sous la condition d'une juste et préalable indemnité.

377 Code civil (articles 544 à 577)

TITRE DEUXIÈME

DE LA PROPRIÉTÉ

Art. 544. La propriété est le droit de jouir et disposer des choses de la manière la plus absolue, pourvu qu'on n'en fasse pas un usage prohibé par les lois ou par les règlements.

Art. 545. Nul ne peut être contraint de céder sa propriété, si ce n'est pour cause d'utilité publique, et moyennant une juste et préalable indemnité.

Art. 546. La propriété d'une chose, soit mobilière, soit immobilière, donne droit sur tout ce qu'elle produit, et sur ce qui s'y unit accessoirement, soit naturellement, soit artificiellement.

Ce droit s'appelle *droit d'accession.*

CHAPITRE PREMIER

Du droit d'accession sur ce qui est produit par la chose

Art. 547. Les fruits naturels ou industriels de la terre,

Les fruits civils,

Le croît des animaux, appartiennent au propriétaire par droit d'accession.

Art. 548. *(L. n° 60-464 du 17 mai 1960)* Les fruits produits par la chose n'appartiennent au propriétaire qu'à la charge de rembourser les frais des labours, travaux et semences faits par des tiers et dont la valeur est estimée à la date du remboursement.

Art. 549. *(L. n° 60-464 du 17 mai 1960)* Le simple possesseur ne fait les fruits siens que dans le cas où il possède de bonne foi. Dans le cas contraire, il est tenu de restituer les produits avec la chose au propriétaire qui la revendique; si lesdits produits ne se retrouvent pas en nature, leur valeur est estimée à la date du remboursement.

Art. 550. Le possesseur est de bonne foi quand il possède comme propriétaire, en vertu d'un titre translatif de propriété dont il ignore les vices.

Il cesse d'être de bonne foi du moment où ces vices lui sont connus.

CHAPITRE II

Du droit d'accession sur ce qui s'unit et s'incorpore à la chose

Art. 551. Tout ce qui s'unit et s'incorpore à la chose appartient au propriétaire, suivant les règles qui seront ci-après établies.

Section première

Du droit d'accession relativement aux choses immobilières

Art. 552. La propriété du sol emporte la propriété du dessus et du dessous.

Le propriétaire peut faire au-dessus toutes les plantations et constructions qu'il juge à propos, sauf les exceptions établies au titre *Des servitudes ou services fonciers.*

Il peut faire au-dessous toutes les constructions et fouilles qu'il jugera à propos, et tirer de ces fouilles tous les produits qu'elles peuvent fournir, sauf les modifications résultant des lois et règlements relatifs aux mines, et des lois et règlements de police.

Art. 553. Toutes constructions, plantations et ouvrages sur un terrain ou dans l'intérieur, sont présumés faits par le propriétaire à ses frais et lui appartenir, si le contraire n'est prouvé; sans préjudice de la propriété qu'un tiers pourrait avoir acquise ou pourrait acquérir par prescription, soit d'un souterrain sous le bâtiment d'autrui, soit de toute autre partie du bâtiment.

Art. 554. *(L. n° 60-464 du 17 mai 1960)* Le propriétaire du sol qui a fait des constructions, plantations et ouvrages avec des matériaux qui ne lui appartenaient pas, doit en payer la valeur estimée à la date du paiement; il peut aussi être condamné à des dommages-intérêts, s'il y a lieu : mais le propriétaire des matériaux n'a pas le droit de les enlever.

Art. 555. *(L. n° 60-464 du 17 mai 1960)* Lorsque les plantations, constructions et ouvrages ont été faits par un tiers et avec des matériaux appartenant à ce dernier, le propriétaire du fonds a le droit, sous réserve des dispositions de l'alinéa 4, soit d'en conserver la propriété, soit d'obliger le tiers à les enlever.

Si le propriétaire du fonds exige la suppression des constructions, plantations et ouvrages, elle est exécutée aux frais du tiers, sans aucune indemnité pour lui; le tiers peut, en outre, être condamné à des dommages-intérêts pour le préjudice éventuellement subi par le propriétaire du fonds.

Si le propriétaire du fonds préfère conserver la propriété des constructions, plantations et ouvrages, il doit, à son choix rembourser au tiers, soit une somme égale à celle dont le fonds a augmenté de valeur, soit le coût des matériaux et le prix de la main-d'œuvre estimés à la date du remboursement, compte tenu de l'état dans lequel se trouvent lesdites constructions, plantations et ouvrages.

Si les plantations, constructions et ouvrages ont été faits par un tiers évincé qui n'aurait pas été condamné, en raison de sa bonne foi, à la restitution des fruits, le propriétaire ne pourra exiger la suppression desdits ouvrages, constructions et plantations, mais il aura le choix de rembourser au tiers l'une ou l'autre des sommes visées à l'alinéa précédent.

Art. 556. Les atterrissements et accroissements qui se forment successivement et imperceptiblement aux fonds riverains d'un *(Ord. n° 2006-460 du 21 avr. 2006, art. 3-III)* «cours d'eau» s'appellent *alluvion.*

L'alluvion profite au propriétaire riverain, *(Ord. n° 2006-460 du 21 avr. 2006, art. 3-III)* «qu'il s'agisse d'un cours d'eau domanial ou non»; à la charge, dans le premier cas, de laisser le marchepied ou chemin de halage, conformément aux règlements.

Art. 557. Il en est de même des relais que forme l'eau courante qui se retire insensiblement de l'une de ses rives en se portant sur l'autre : le propriétaire de la rive découverte profite de l'alluvion, sans que le riverain du côté opposé y puisse venir réclamer le terrain qu'il a perdu.

Ce droit n'a pas lieu à l'égard des relais de la mer.

Art. 558. L'alluvion n'a pas lieu à l'égard des lacs et étangs, dont le propriétaire conserve toujours le terrain que l'eau couvre quand elle est à la hauteur de la décharge de l'étang, encore que le volume de l'eau vienne à diminuer.

Réciproquement, le propriétaire de l'étang n'acquiert aucun droit sur les terres riveraines que son eau vient à couvrir dans des crues extraordinaires.

Art. 559. Si un *(Ord. n° 2006-460 du 21 avr. 2006, art. 3-III, en vigueur le 1er juill. 2006)* «cours d'eau, domanial ou non», enlève par une force subite une partie considérable et reconnaissable d'un champ riverain, et la porte vers un champ inférieur ou sur la rive opposée, le propriétaire de la partie enlevée peut réclamer sa propriété; mais il est tenu de former sa demande dans l'année : après ce délai, il n'y sera plus recevable, à moins que le propriétaire du champ auquel la partie enlevée a été unie, n'eût pas encore pris possession de celle-ci.

Art. 560. *(Ord. n° 2006-460 du 21 avr. 2006, art. 3-III, en vigueur le 1er juill. 2006)* Les îles, îlots, atterrissements, qui se forment dans le lit des cours d'eau domaniaux, appartiennent à la personne publique propriétaire du domaine concerné, en l'absence de titre ou de prescription contraire.

Art. 561. Les îles et atterrissements qui se forment dans les *(Ord. n° 2006-460 du 21 avr. 2006, art. 3-III)* «cours d'eau non domaniaux» appartiennent aux propriétaires riverains du côté où l'île s'est formée : si l'île n'est pas formée d'un seul côté, elle appartient aux propriétaires riverains des deux côtés, à partir de la ligne qu'on suppose tracée au *(Ord. n° 2006-460 du 21 avr. 2006, art. 3-III)* «milieu du cours d'eau».

Art. 562. *(Ord. n° 2006-460 du 21 avr. 2006, art. 3-III, en vigueur le 1er juill. 2006)* Si un cours d'eau, en se formant un bras nouveau, coupe et embrasse le champ d'un propriétaire riverain, et en fait une île, ce propriétaire conserve la propriété de son champ, encore que l'île se soit formée dans un cours d'eau domanial.

Art. 563. *(L. 8 avr. 1898)* Si un *(Ord. n° 2006-460 du 21 avr. 2006, art. 3-III)* «cours d'eau domanial» forme un nouveau cours en abandonnant son ancien lit, les propriétaires riverains peuvent acquérir la propriété de cet ancien lit, chacun en droit soi, jusqu'à une ligne qu'on suppose tracée *(Ord. n° 2006-460 du 21 avr. 2006, art. 3-III)* «au milieu du cours d'eau». Le prix de l'ancien lit est fixé par des experts nommés par le président du tribunal de la situation des lieux, à la requête *(Ord. n° 2006-460 du 21 avr. 2006, art. 3-III)* «de l'autorité compétente».

A défaut par les propriétaires riverains de déclarer, dans les trois mois de la notification qui leur sera faite *(Ord. n° 2006-460 du 21 avr. 2006, art. 3-III)* «par l'autorité compétente», l'intention de faire l'acquisition aux prix fixés par les experts, il est procédé à l'aliénation de l'ancien lit selon les règles qui président aux aliénations du domaine *(Ord. n° 2006-460 du 21 avr. 2006, art. 3-III)* «des personnes publiques».

Le prix provenant de la vente est distribué aux propriétaires des fonds occupés par le nouveau cours, à titre d'indemnité, dans la proportion de la valeur du terrain enlevé à chacun d'eux.

Art. 564. Les pigeons, lapins, poissons, qui passent dans un autre colombier, garenne ou *(L. n° 84-512 du 29 juin 1984)* «plan d'eau visé aux articles L. 431-6 et L. 431-7 du code de l'environnement», appartiennent au propriétaire de *(L. n° 2015-177 du 16 févr. 2015, art. 2)* «ces derniers», pourvu qu'ils n'y aient point été attirés par fraude et artifice.

Section II

Du droit d'accession relativement aux choses mobilières

Art. 565. Le droit d'accession, quand il a pour objet deux choses mobilières appartenant à deux maîtres différents, est entièrement subordonné aux principes de l'équité naturelle.

Les règles suivantes serviront d'exemple au juge pour se déterminer, dans les cas non prévus, suivant les circonstances particulières.

Art. 566. *(L. n° 60-464 du 17 mai 1960)* Lorsque deux choses appartenant à différents maîtres, qui ont été unies de manière à former un tout, sont néanmoins séparables, en sorte que l'une puisse subsister sans l'autre, le tout appartient au maître de la chose qui forme la partie principale, à la charge de payer à l'autre la valeur, estimée à la date du paiement, de la chose qui a été unie.

Art. 567. Est réputée partie principale celle à laquelle l'autre n'a été unie que pour l'usage, l'ornement ou le complément de la première.

Art. 568. Néanmoins, quand la chose unie est beaucoup plus précieuse que la chose principale, et quand elle a été employée à l'insu du propriétaire, celui-ci peut demander que la chose unie soit séparée pour lui être rendue, même quand il pourrait en résulter quelque dégradation de la chose à laquelle elle a été jointe.

Art. 569. Si de deux choses unies pour former un seul tout, l'une ne peut point être regardée comme l'accessoire de l'autre, celle-là est réputée principale qui est la plus considérable en valeur, ou en volume, si les valeurs sont à peu près égales.

Art. 570. *(L. n° 60-464 du 17 mai 1960)* Si un artisan ou une personne quelconque a employé une matière qui ne lui appartenait pas à former une chose d'une nouvelle espèce, soit que la matière puisse ou non reprendre sa première forme, celui qui en était le propriétaire a le droit de réclamer la chose qui en a été formée en remboursant le prix de la main-d'œuvre estimée à la date du remboursement.

Art. 571. *(L. n° 60-464 du 17 mai 1960)* Si, cependant, la main-d'œuvre était tellement importante qu'elle surpassât de beaucoup la valeur de la matière employée, l'industrie serait alors réputée la partie principale, et l'ouvrier aurait le droit de retenir la chose travaillée, en remboursant au propriétaire le prix de la matière, estimée à la date du remboursement.

Art. 572. *(L. n° 60-464 du 17 mai 1960)* Lorsqu'une personne a employé en partie la matière qui lui appartenait et en partie celle qui ne lui appartenait pas à former une chose d'une espèce nouvelle, sans que ni l'une ni l'autre des deux matières soit entièrement détruite, mais de manière qu'elles ne puissent pas se séparer sans inconvénient, la chose est commune aux deux propriétaires, en raison, quant à l'un, de la matière qui lui appartenait, quant à l'autre, en raison à la fois et de la matière qui lui appartenait et du prix de sa main-d'œuvre. Le prix de la main-d'œuvre est estimé à la date de la licitation prévue à l'article 575.

Art. 573. Lorsqu'une chose a été formée par le mélange de plusieurs matières appartenant à différents propriétaires, mais dont aucune ne peut être regardée comme la matière principale, si les matières peuvent être séparées, celui à l'insu duquel les matières ont été mélangées peut en demander la division.

Si les matières ne peuvent plus être séparées sans inconvénient, ils en acquièrent en commun la propriété dans la proportion de la quantité, de la qualité et de la valeur des matières appartenant à chacun d'eux.

Art. 574. *(L. n° 60-464 du 17 mai 1960)* Si la matière appartenant à l'un des propriétaires était de beaucoup supérieure à l'autre par la quantité et le prix, en ce cas le propriétaire de la matière supérieure en valeur pourrait réclamer la chose provenue du mélange, en remboursant à l'autre la valeur de sa matière, estimée à la date du remboursement.

Art. 575. Lorsque la chose reste en commun entre les propriétaires des matières dont elle a été formée, elle doit être licitée au profit commun.

Art. 576. *(L. n° 60-464 du 17 mai 1960)* Dans tous les cas où le propriétaire dont la matière a été employée, à son insu, à former une chose d'une autre espèce peut réclamer la propriété de cette chose, il a le choix de demander la restitution de sa matière en même nature, quantité, poids, mesure et bonté, ou sa valeur estimée à la date de la restitution.

Art. 577. Ceux qui auront employé des matières appartenant à d'autres, et à leur insu, pourront aussi être condamnés à des dommages-intérêts, s'il y a lieu, sans préjudice des poursuites par voie extraordinaire, si le cas y échet.

378 Code civil (articles 711 à 717)

DISPOSITIONS GÉNÉRALES

Art. 711. La propriété des biens s'acquiert et se transmet par succession, par donation entre vifs ou testamentaire, et par l'effet des obligations.

Art. 712. La propriété s'acquiert aussi par accession ou incorporation et par prescription.

Art. 713. *(L. n° 2014-366 du 24 mars 2014, art. 152-I)* Les biens qui n'ont pas de maître appartiennent à la commune sur le territoire de laquelle ils sont situés. Par délibération du conseil municipal, la commune peut renoncer à exercer ses droits, sur tout ou partie de son territoire, au profit de l'établissement public de coopération intercommunale à fiscalité propre dont elle est membre. Les biens sans maître sont alors réputés appartenir à l'établissement public de coopération intercommunale à fiscalité propre.

(L. n° 2016-1087 du 8 août 2016, art. 109) «Si la commune ou l'établissement public de coopération intercommunale à fiscalité propre renonce à exercer ses droits, la propriété est transférée de plein droit :

«1° Pour les biens situés dans les zones définies à l'article L. 322-1 du code de l'environnement, au Conservatoire de l'espace littoral et des rivages lacustres lorsqu'il en fait la demande ou, à défaut, au conservatoire régional d'espaces naturels agréé au titre de l'article L. 414-11 du même code lorsqu'il en fait la demande ou, à défaut, à l'État;

«2° Pour les autres biens, à l'État.»

Art. 714. Il est des choses qui n'appartiennent à personne et dont l'usage est commun à tous.

Des lois de police règlent la manière d'en jouir.

Art. 715. La faculté de chasser ou de pêcher est également réglée par des lois particulières.

Art. 716. La propriété d'un trésor appartient à celui qui le trouve dans son propre fonds : si le trésor est trouvé dans le fonds d'autrui, il appartient pour moitié à celui qui l'a découvert, et pour l'autre moitié au propriétaire du fonds.

Le trésor est toute chose cachée ou enfouie sur laquelle personne ne peut justifier sa propriété, et qui est découverte par le pur effet du hasard.

Art. 717. Les droits sur les effets jetés à la mer, sur les objets que la mer rejette, de quelque nature qu'ils puissent être, sur les plantes et herbages qui croissent sur les rivages de la mer, sont aussi réglés par des lois particulières.

Il en est de même des choses perdues dont le maître ne se représente pas.

Section 2

L'expropriation

379 Code de l'expropriation pour cause d'utilité publique (article L. 1)

PARTIE LÉGISLATIVE *[NOUVELLE]*

Art. L. 1. L'expropriation, en tout ou partie, d'immeubles ou de droits réels immobiliers ne peut être prononcée qu'à la condition qu'elle réponde à une utilité publique préalablement et formellement constatée à la suite d'une enquête et qu'il ait été procédé, contradictoirement, à la détermination des parcelles à exproprier ainsi qu'à la recherche des propriétaires, des titulaires de droits réels et des autres personnes intéressées.

Elle donne lieu à une juste et préalable indemnité.

380 Code de l'expropriation pour cause d'utilité publique (articles L. 211-1 à L. 211-3)

TITRE Ier

JURIDICTION DE L'EXPROPRIATION ET COMMISSAIRE DU GOUVERNEMENT

CHAPITRE PREMIER

Juridiction de l'expropriation

Art. L. 211-1. Dans chaque département, il est désigné au moins un juge de l'expropriation parmi les magistrats du siège d'un tribunal de grande instance de ce département.

Ce juge et les magistrats habilités à le suppléer en cas d'empêchement sont désignés par ordonnance du premier président de la cour d'appel, après avis de l'assemblée des magistrats du siège de ce tribunal, pour une durée de trois années renouvelables.

Si le nombre des juges dans le département est insuffisant pour permettre le règlement des affaires en cours, le premier président de la cour d'appel peut déléguer temporairement dans ces fonctions d'autres magistrats du tribunal de grande instance mentionné au premier alinéa ou des magistrats d'un autre tribunal de grande instance du ressort de la cour d'appel.

Art. L. 211-2. Les ordonnances et jugements en matière d'expropriation sont rendus en première instance par un juge unique.

Art. L. 211-3. Sous réserve des dispositions des articles L. 223-1 et L. 232-2, les décisions du juge de l'expropriation peuvent faire l'objet d'un appel devant la cour d'appel.

381 Code de l'expropriation pour cause d'utilité publique (articles L. 311-1 à L. 311-9)

TITRE Ier
DISPOSITIONS GÉNÉRALES

CHAPITRE PREMIER
Procédure

Art. L. 311-1. En vue de la fixation des indemnités, l'expropriant notifie aux propriétaires et usufruitiers intéressés soit l'avis d'ouverture de l'enquête, soit l'acte déclarant l'utilité publique, soit l'arrêté de cessibilité, soit l'ordonnance d'expropriation.

Art. L. 311-2. Le propriétaire et l'usufruitier sont tenus d'appeler et de faire connaître à l'expropriant les fermiers, locataires, ceux qui ont des droits d'emphytéose, d'habitation ou d'usage et ceux qui peuvent réclamer des servitudes.

Art. L. 311-3. Les intéressés autres que ceux mentionnés aux articles L. 311-1 et L. 311-2 sont mis en demeure de faire valoir leurs droits par publicité collective et tenus de se faire connaître à l'expropriant, à défaut de quoi ils sont déchus de tous droits à indemnité.

Art. L. 311-4. L'expropriant notifie le montant de ses offres et invite les expropriés à faire connaître le montant de leur demande.

Art. L. 311-5. A défaut d'accord sur le montant des indemnités, celles-ci sont fixées par le juge de l'expropriation.

Art. L. 311-6. Le juge est saisi soit par l'expropriant, à tout moment après l'ouverture de l'enquête prescrite à l'article L. 1, soit par l'exproprié à partir de l'ordonnance d'expropriation mentionnée à l'article L. 221-1.

Art. L. 311-7. Dans le cas où l'expropriant offre un local de remplacement en application du deuxième alinéa de l'article L. 322-12, le juge, s'il est saisi, sursoit à statuer jusqu'au moment où sont remplies les conditions matérielles permettant l'offre d'un local équivalent.

Les personnes expropriées sont maintenues dans les lieux.

En aucun cas, la durée du sursis ne peut excéder le délai de validité de la déclaration d'utilité publique de l'opération en cause.

Art. L. 311-8. Lorsqu'il existe une contestation sérieuse sur le fond du droit ou sur la qualité des réclamants et toutes les fois qu'il s'élève des difficultés étrangères à la fixation du montant de l'indemnité et à l'application des articles L. 242-1 à L. 242-7, L. 322-12, L. 423-2 et L. 423-3, le juge fixe, indépendamment de ces contestations et difficultés, autant d'indemnités alternatives qu'il y a d'hypothèses envisageables et renvoie les parties à se pourvoir devant qui de droit.

Art. L. 311-9. Les dispositions des articles L. 242-1 à L. 242-7, L. 311-8, L. 321-1 à L. 321-6, L. 322-1 à L. 322-13, L. 423-2 et L. 423-3 sont applicables devant la cour d'appel.

382 Code de l'expropriation pour cause d'utilité publique (articles L. 321-1 à L. 321-6)

TITRE II
FIXATION ET PAIEMENT DES INDEMNITÉS

CHAPITRE PREMIER
Principe de réparation

Art. L. 321-1. Les indemnités allouées couvrent l'intégralité du préjudice direct, matériel et certain causé par l'expropriation.

Art. L. 321-2. Le juge prononce des indemnités distinctes en faveur des parties qui les demandent à des titres différents.

Toutefois, dans le cas d'usufruit, une seule indemnité est fixée, le nu-propriétaire et l'usufruitier exerçant leurs droits sur le montant de l'indemnité au lieu de les exercer sur la chose. L'usufruitier, autre que le père ou la mère ayant l'usufruit légal, est tenu de donner caution.

Si le propriétaire d'un bien exproprié n'a pu être identifié, le juge fixe l'indemnité pour le compte de qui il appartiendra.

Art. L. 321-3. Le jugement distingue, notamment, dans la somme allouée à chaque intéressé, l'indemnité principale et, le cas échéant, les indemnités accessoires en précisant les bases sur lesquelles ces diverses indemnités sont allouées.

Il en est de même pour les actes de cession amiable passés après déclaration d'utilité publique et les traités d'adhésion à une ordonnance d'expropriation.

L'ordonnance de donné acte de ventes antérieures à une déclaration d'utilité publique fait la même distinction lorsque celle-ci a été faite dans les actes de vente ou lorsqu'elle résulte de la déclaration commune des parties.

Art. L. 321-4. Lorsqu'il est fait application des dispositions de l'article L. 122-6 et de l'article L. 132-1 *[132-2]* relatives au retrait d'emprises expropriées d'une propriété initiale, le juge de l'expropriation fixe, dans son jugement, à la demande de tout intéressé, outre les indemnités principales et accessoires, les indemnités relatives aux conséquences préjudiciables de ce retrait.

Art. L. 321-5. Si l'exécution des travaux consécutifs à une expropriation partielle procure une augmentation de valeur immédiate au reste de la propriété, le juge statue sur cette augmentation par une disposition distincte. Le montant de la plus-value se compense en tout ou partie avec l'indemnité d'expropriation.

Art. L. 321-6. Lorsque les expropriations en vue de la réalisation des aménagements ou ouvrages devant donner lieu à l'étude d'impact mentionnée à l'article L. 122-1 du code de l'environnement sont susceptibles de porter atteinte à l'équilibre financier des associations syndicales autorisées du fait d'une demande de distraction du périmètre syndical des parcelles de l'emprise des ouvrages, l'obligation est faite au maître d'ouvrage de compenser ce préjudice. Cette compensation, fixée à défaut d'accord amiable par le juge, emporte de plein droit distraction des parcelles du périmètre syndical.

Les modalités d'application du présent article sont déterminées par décret.

CHAPITRE 4
La liberté contractuelle

383 Code civil (articles 1100 à 1111-1)

TITRE TROISIÈME
DES SOURCES D'OBLIGATIONS

(Ord. nº 2016-131 du 10 févr. 2016, art. 2, en vigueur le 1er oct. 2016)

Art. 1100. *(Ord. nº 2016-131 du 10 févr. 2016, art. 2, en vigueur le 1er oct. 2016)* Les obligations naissent d'actes juridiques, de faits juridiques ou de l'autorité seule de la loi.

Elles peuvent naître de l'exécution volontaire ou de la promesse d'exécution d'un devoir de conscience envers autrui.

Art. 1100-1. *(Ord. nº 2016-131 du 10 févr. 2016, art. 2, en vigueur le 1er oct. 2016)* Les actes juridiques sont des manifestations de volonté destinées à produire des effets de droit. Ils peuvent être conventionnels ou unilatéraux.

Ils obéissent, en tant que de raison, pour leur validité et leurs effets, aux règles qui gouvernent les contrats.

Art. 1100-2. *(Ord. nº 2016-131 du 10 févr. 2016, art. 2, en vigueur le 1er oct. 2016)* Les faits juridiques sont des agissements ou des événements auxquels la loi attache des effets de droit.

Les obligations qui naissent d'un fait juridique sont régies, selon le cas, par le sous-titre relatif à la responsabilité extracontractuelle ou le sous-titre relatif aux autres sources d'obligations.

SOUS-TITRE PREMIER
LE CONTRAT

(Ord. nº 2016-131 du 10 févr. 2016, art. 2, en vigueur le 1er oct. 2016)

CHAPITRE PREMIER
Dispositions liminaires

(Ord. nº 2016-131 du 10 févr. 2016, art. 2, en vigueur le 1er oct. 2016)

Art. 1101. *(Ord. nº 2016-131 du 10 févr. 2016, art. 2, en vigueur le 1er oct. 2016)* Le contrat est un accord de volontés entre deux ou plusieurs personnes destiné à créer, modifier, transmettre ou éteindre des obligations.

Art. 1102. *(Ord. nº 2016-131 du 10 févr. 2016, art. 2, en vigueur le 1er oct. 2016)* Chacun est libre de contracter ou de ne pas contracter, de choisir son cocontractant et de déterminer le contenu et la forme du contrat dans les limites fixées par la loi.

La liberté contractuelle ne permet pas de déroger aux règles qui intéressent l'ordre public.

Art. 1103. *(Ord. n° 2016-131 du 10 févr. 2016, art. 2, en vigueur le 1er oct. 2016)* Les contrats légalement formés tiennent lieu de loi à ceux qui les ont faits.

Art. 1104. *(Ord. n° 2016-131 du 10 févr. 2016, art. 2, en vigueur le 1er oct. 2016)* Les contrats doivent être négociés, formés et exécutés de bonne foi.

Cette disposition est d'ordre public.

Art. 1105. *(Ord. n° 2016-131 du 10 févr. 2016, art. 2, en vigueur le 1er oct. 2016)* Les contrats, qu'ils aient ou non une dénomination propre, sont soumis à des règles générales, qui sont l'objet du présent sous-titre.

Les règles particulières à certains contrats sont établies dans les dispositions propres à chacun d'eux.

Les règles générales s'appliquent sous réserve de ces règles particulières.

Art. 1106. *(Ord. n° 2016-131 du 10 févr. 2016, art. 2, en vigueur le 1er oct. 2016)* Le contrat est synallagmatique lorsque les contractants s'obligent réciproquement les uns envers les autres.

Il est unilatéral lorsqu'une ou plusieurs personnes s'obligent envers une ou plusieurs autres sans qu'il y ait d'engagement réciproque de celles-ci.

Art. 1107. *(Ord. n° 2016-131 du 10 févr. 2016, art. 2, en vigueur le 1er oct. 2016)* Le contrat est à titre onéreux lorsque chacune des parties reçoit de l'autre un avantage en contrepartie de celui qu'elle procure.

Il est à titre gratuit lorsque l'une des parties procure à l'autre un avantage sans attendre ni recevoir de contrepartie.

Art. 1108. *(Ord. n° 2016-131 du 10 févr. 2016, art. 2, en vigueur le 1er oct. 2016)* Le contrat est commutatif lorsque chacune des parties s'engage à procurer à l'autre un avantage qui est regardé comme l'équivalent de celui qu'elle reçoit.

Il est aléatoire lorsque les parties acceptent de faire dépendre les effets du contrat, quant aux avantages et aux pertes qui en résulteront, d'un événement incertain.

Art. 1109. *(Ord. n° 2016-131 du 10 févr. 2016, art. 2, en vigueur le 1er oct. 2016)* Le contrat est consensuel lorsqu'il se forme par le seul échange des consentements quel qu'en soit le mode d'expression.

Le contrat est solennel lorsque sa validité est subordonnée à des formes déterminées par la loi.

Le contrat est réel lorsque sa formation est subordonnée à la remise d'une chose.

Art. 1110. *(Ord. n° 2016-131 du 10 févr. 2016, art. 2, en vigueur le 1er oct. 2016)* Le contrat de gré à gré est celui dont les stipulations sont *(L. n° 2018-287 du 20 avr. 2018, art. 2, en vigueur le 1er oct. 2018)* «négociables» entre les parties.

Le contrat d'adhésion est celui *(L. n° 2018-287 du 20 avr. 2018, art. 2, en vigueur le 1er oct. 2018)* «qui comporte un ensemble de clauses non négociables, déterminées à l'avance par l'une des parties».

Art. 1111. *(Ord. n° 2016-131 du 10 févr. 2016, art. 2, en vigueur le 1er oct. 2016)* Le contrat cadre est un accord par lequel les parties conviennent des caractéristiques générales de leurs relations contractuelles futures. Des contrats d'application en précisent les modalités d'exécution.

Art. 1111-1. *(Ord. n° 2016-131 du 10 févr. 2016, art. 2, en vigueur le 1er oct. 2016)* Le contrat à exécution instantanée est celui dont les obligations peuvent s'exécuter en une prestation unique.

Le contrat à exécution successive est celui dont les obligations d'au moins une partie s'exécutent en plusieurs prestations échelonnées dans le temps.

384 Code civil (article 6)

TITRE PRÉLIMINAIRE

DE LA PUBLICATION, DES EFFETS ET DE L'APPLICATION DES LOIS EN GÉNÉRAL

Art. 6. On ne peut déroger, par des conventions particulières, aux lois qui intéressent l'ordre public et les bonnes mœurs.

NEUVIÈME PARTIE
LA VIE SOCIALE

I – LES DROITS

CHAPITRE 1
Les droits au travail

Section 1
Le droit au travail

385 Déclaration universelle des droits de l'homme (article 23)

Art. 23. 1. Toute personne a droit au travail, au libre choix de son travail, à des conditions équitables et satisfaisantes de travail et à la protection contre le chômage.

386 Pacte relatif aux droits économiques, sociaux et culturels (article 6 § 1)

Art. 6 § 1. Les États parties au présent Pacte reconnaissent le droit au travail, qui comprend le droit qu'a toute personne d'obtenir la possibilité de gagner sa vie par un travail librement choisi ou accepté, et prendront des mesures appropriées pour sauvegarder ce droit.

387 Charte sociale européenne révisée (article 1)

Art. 1er. *Droit au travail.* En vue d'assurer l'exercice effectif du droit au travail, les Parties s'engagent :

1. à reconnaître comme l'un de leurs principaux objectifs et responsabilités la réalisation et le maintien du niveau le plus élevé et le plus stable possible de l'emploi en vue de la réalisation du plein emploi;
2. à protéger de façon efficace le droit pour le travailleur de gagner sa vie par un travail librement entrepris;
3. à établir ou à maintenir des services gratuits de l'emploi pour tous les travailleurs;
4. à assurer ou à favoriser une orientation, une formation et une réadaptation professionnelles appropriées.

388 Charte des droits fondamentaux de l'Union européenne (article 15)

Art. 15. *Liberté professionnelle et droit de travailler.* 1. Toute personne a le droit de travailler et d'exercer une profession librement choisie ou acceptée.

2. Tout citoyen de l'Union a la liberté de chercher un emploi, de travailler, de s'établir ou de fournir des services dans tout État membre.

3. Les ressortissants des pays tiers qui sont autorisés à travailler sur le territoire des États membres ont droit à des conditions de travail équivalentes à celles dont bénéficient les citoyens de l'Union

389 Préambule de la Constitution du 27 octobre 1946 (alinéa 5)

Al. 5. Chacun a le devoir de travailler et le droit d'obtenir un emploi. Nul ne peut être lésé, dans son travail ou son emploi, en raison de ses origines, de ses opinions ou de ses croyances.

Section 2

La rémunération

390 Déclaration universelle des droits de l'homme (article 23.3)

Art. 23. 3. Quiconque travaille a droit à une rémunération équitable et satisfaisante lui assurant ainsi qu'à sa famille une existence conforme à la dignité humaine et complétée, s'il y a lieu, par tous autres moyens de protection sociale.

391 Pacte relatif aux droits économiques, sociaux et culturels (article 7.a)

Art. 7. a) La rémunération qui procure, au minimum, à tous les travailleurs :

i) Un salaire équitable et une rémunération égale pour un travail de valeur égale sans distinction aucune; en particulier, les femmes doivent avoir la garantie que les conditions de travail qui leur sont accordées ne sont pas inférieures à celles dont bénéficient les hommes et recevoir la même rémunération qu'eux pour un même travail;

ii) Une existence décente pour eux et leur famille conformément aux dispositions du présent Pacte;

392 Charte sociale européenne révisée (article 4)

Art. 4. *Droit à une rémunération équitable.* En vue d'assurer l'exercice effectif du droit à une rémunération équitable, les Parties s'engagent :

1. à reconnaître le droit des travailleurs à une rémunération suffisante pour leur assurer, ainsi qu'à leurs familles, un niveau de vie décent;
2. à reconnaître le droit des travailleurs à un taux de rémunération majoré pour les heures de travail supplémentaires, exception faite de certains cas particuliers;
3. à reconnaître le droit des travailleurs masculins et féminins à une rémunération égale pour un travail de valeur égale;
4. à reconnaître le droit de tous les travailleurs à un délai de préavis raisonnable dans le cas de cessation de l'emploi;
5. à n'autoriser des retenues sur les salaires que dans les conditions et limites prescrites par la législation ou la réglementation nationale, ou fixées par des conventions collectives ou des sentences arbitrales.

L'exercice de ces droits doit être assuré soit par voie de conventions collectives librement conclues, soit par des méthodes légales de fixation des salaires, soit de toute autre manière appropriée aux conditions nationales.

393 Charte communautaire des droits sociaux fondamentaux des travailleurs du 9 décembre 1989 (article 5 alinéa 2)

Art. 5 al. 2. Il convient à cet effet que, selon des modalités propres à chaque pays :
— les travailleurs soumis à un régime de travail autre que le contrat à temps plein et à durée indéterminée bénéficient d'un salaire de référence équitable.

394 Code du travail (articles L. 3231-1 à 3232-2)

TITRE III

DÉTERMINATION DU SALAIRE

CHAPITRE PREMIER

Salaire minimum interprofessionnel de croissance

Section première

Champ d'application

Art. L. 3231-1. Les dispositions du présent chapitre sont applicables, outre aux employeurs et salariés mentionnés à l'article L. 3211-1, au personnel des établissements publics à caractère industriel et commercial et au personnel de droit privé des établissements publics administratifs.

Section II

Principes

Art. L. 3231-2. Le salaire minimum de croissance assure aux salariés dont les rémunérations sont les plus faibles :
1° La garantie de leur pouvoir d'achat ;
2° Une participation au développement économique de la nation.

Art. L. 3231-3. Sont interdites, dans les conventions ou accords collectifs de travail, les clauses comportant des indexations sur le salaire minimum de croissance ou des références à ce dernier en vue de la fixation et de la révision des salaires prévus par ces conventions ou accords.

Section III

Modalités de fixation

Sous-section 1 – Garantie du pouvoir d'achat des salariés

Art. L. 3231-4. La garantie du pouvoir d'achat des salariés prévue au 1° de l'article L. 3231-2 est assurée par l'indexation du salaire minimum de croissance sur l'évolution de l'indice national des prix à la consommation institué comme référence par voie réglementaire.

Art. L. 3231-5. Lorsque l'indice national des prix à la consommation atteint un niveau correspondant à une hausse d'au moins 2 % par rapport à l'indice constaté lors de l'établissement du salaire minimum de croissance immédiatement antérieur, le salaire minimum de croissance est relevé dans la même proportion à compter du premier jour du mois qui suit la publication de l'indice entraînant ce relèvement.

Sous-section 2 – Participation des salariés au développement économique de la nation

Art. L. 3231-6. La participation des salariés au développement économique de la nation prévue au 2° de l'article L. 3231-2 est assurée, indépendamment de l'application de l'article L. 3231-4, par la fixation du salaire minimum de croissance, chaque année avec effet au *(L. n° 2008-1258 du 3 déc. 2008)* « 1er janvier ».

Art. L. 3231-7. Le taux du salaire minimum de croissance est fixé par voie réglementaire à l'issue d'une procédure déterminée par décret.

Art. L. 3231-8. En aucun cas, l'accroissement annuel du pouvoir d'achat du salaire minimum de croissance ne peut être inférieur à la moitié de l'augmentation du pouvoir d'achat des salaires horaires moyens enregistrés par l'enquête trimestrielle du ministère chargé du travail.

L'indice de référence peut être modifié par voie réglementaire.

Art. L. 3231-9. Les relèvements annuels successifs du salaire minimum de croissance doivent tendre à éliminer toute distorsion durable entre sa progression et l'évolution des conditions économiques générales et des revenus.

Sous-section 3 – Autres modalités de fixation

Art. L. 3231-10. En cours d'année, le salaire minimum de croissance peut être porté, par voie réglementaire, à un niveau supérieur à celui qui résulte de l'application des dispositions de l'article L. 3231-5.

Art. L. 3231-11. Les améliorations du pouvoir d'achat intervenues en application de l'article L. 3231-10 depuis le *(L. n° 2008-1258 du 3 déc. 2008)* « 1er janvier » de l'année précédente entrent en compte pour l'application, lors de la fixation annuelle du salaire minimum de croissance, de la règle fixée à l'article L. 3231-8.

Section IV

Minimum garanti

Art. L. 3231-12. Un minimum garanti est déterminé en fonction de l'évolution de l'indice national des prix à la consommation par application des dispositions de l'article L. 3231-4. Il intervient notamment pour l'évaluation des avantages en nature.

Ce minimum garanti peut être porté, par voie réglementaire, à un niveau supérieur à celui résultant de l'application du premier alinéa.

CHAPITRE II

Rémunération mensuelle minimale

Section première

Dispositions générales

Art. L. 3232-1. Tout salarié dont l'horaire de travail est au moins égal à la durée légale hebdomadaire, perçoit, s'il n'est pas apprenti, une rémunération au moins égale au minimum fixé dans les conditions prévues à la section II.

Ces dispositions ne s'appliquent pas aux salariés temporaires.

Art. L. 3232-2. Le gouvernement présente chaque année, en annexe au projet de loi de finances, un rapport sur l'application du présent chapitre indiquant notamment :

1° Le nombre de salariés bénéficiaires de l'allocation complémentaire établie par l'article L. 3232-5;

2° Le coût du versement de l'allocation prévue au 1° pour l'année écoulée;

3° Le nombre de bénéficiaires des allocations publiques de chômage total et des allocations publiques *(L. nº 2013-504 du 14 juin 2013, art. 16-VII)* «d'activité partielle» ainsi que les mesures prises en application de l'article L. 3232-9.

Section 3

Les conditions de travail

395 Pacte international relatif aux droits économiques, sociaux et culturels (article 7.b et d)

TROISIÈME PARTIE

Art. 7. b) La sécurité et l'hygiène du travail;

d) Le repos, les loisirs, la limitation raisonnable de la durée du travail et les congés payés périodiques, ainsi que la rémunération des jours fériés.

396 Charte sociale européenne révisée (article 3)

Art. 3. *Droit à la sécurité et à l'hygiène dans le travail.* En vue d'assurer l'exercice effectif du droit à la sécurité et à l'hygiène dans le travail, les Parties s'engagent, en consultation avec les organisations d'employeurs et de travailleurs :

1. à définir, mettre en œuvre et réexaminer périodiquement une politique nationale cohérente en matière de sécurité, de santé des travailleurs et de milieu de travail. Cette politique aura pour objet primordial d'améliorer la sécurité et l'hygiène professionnelles et de prévenir les accidents et les atteintes à la santé qui résultent du travail, sont liés au travail ou surviennent au cours du travail, notamment en réduisant au minimum les causes des risques inhérents au milieu de travail;
2. à édicter des règlements de sécurité et d'hygiène;
3. à édicter des mesures de contrôle de l'application de ces règlements;
4. à promouvoir l'institution progressive des services de santé au travail pour tous les travailleurs, avec des fonctions essentiellement préventives et de conseil.

397 Charte des droits fondamentaux de l'Union européenne (article 31)

Art. 31. *Conditions de travail justes et équitables.* 1. Tout travailleur a droit à des conditions de travail qui respectent sa santé, sa sécurité et sa dignité.

2. Tout travailleur a droit à une limitation de la durée maximale du travail et à des périodes de repos journalier et hebdomadaire, ainsi qu'à une période annuelle de congés payés.

398 Code du travail (articles L. 4121-1 à L. 4122-2 et L. 4161-1)

TITRE DEUXIÈME
PRINCIPES GÉNÉRAUX DE PRÉVENTION

CHAPITRE PREMIER
Obligations de l'employeur

Art. L. 4121-1. L'employeur prend les mesures nécessaires pour assurer la sécurité et protéger la santé physique et mentale des travailleurs.

Ces mesures comprennent :

1° Des actions de prévention des risques professionnels *(Ord. n° 2017-1389 du 22 sept. 2017, art. 2-5°, en vigueur le 1er oct. 2017)* «, y compris ceux mentionnés à l'article L. 4161-1 »;

2° Des actions d'information et de formation;

3° La mise en place d'une organisation et de moyens adaptés.

L'employeur veille à l'adaptation de ces mesures pour tenir compte du changement des circonstances et tendre à l'amélioration des situations existantes.

Art. L. 4121-2. L'employeur met en œuvre les mesures prévues à l'article L. 4121-1 sur le fondement des principes généraux de prévention suivants :

1° Éviter les risques;

2° Évaluer les risques qui ne peuvent pas être évités;

3° Combattre les risques à la source;

4° Adapter le travail à l'homme, en particulier en ce qui concerne la conception des postes de travail ainsi que le choix des équipements de travail et des méthodes de travail et de production, en vue notamment de limiter le travail monotone et le travail cadencé et de réduire les effets de ceux-ci sur la santé;

5° Tenir compte de l'état d'évolution de la technique;

6° Remplacer ce qui est dangereux par ce qui n'est pas dangereux ou par ce qui est moins dangereux;

7° Planifier la prévention en y intégrant, dans un ensemble cohérent, la technique, l'organisation du travail, les conditions de travail, les relations sociales et l'influence des facteurs ambiants, notamment les risques liés au harcèlement moral» *(L. n° 2012-954 du 6 août 2012)* «et au harcèlement sexuel, tels qu'ils sont définis aux articles L. 1152-1 et L. 1153-1 *(L. n° 2016-1088 du 8 août 2016, art. 5)* «, ainsi que ceux liés aux agissements sexistes définis à l'article L. 1142-2-1»;

8° Prendre des mesures de protection collective en leur donnant la priorité sur les mesures de protection individuelle;

9° Donner les instructions appropriées aux travailleurs.

Art. L. 4121-3. L'employeur, compte tenu de la nature des activités de l'établissement, évalue les risques pour la santé et la sécurité des travailleurs, y compris dans le choix des procédés de fabrication, des équipements de travail, des substances ou préparations chimiques, dans l'aménagement ou le réaménagement des lieux de travail ou des installations et dans la définition des postes de travail. *(L. n° 2014-873 du 4 août 2014, art. 20)* «Cette évaluation des risques tient compte de l'impact différencié de l'exposition au risque en fonction du sexe.»

A la suite de cette évaluation, l'employeur met en œuvre les actions de prévention ainsi que les méthodes de travail et de production garantissant un meilleur niveau de protection de la santé et de la sécurité des travailleurs. Il intègre ces actions et ces méthodes dans l'ensemble des activités de l'établissement et à tous les niveaux de l'encadrement.

(L. n° 2012-387 du 22 mars 2012, art. 53) «Lorsque les documents prévus par les dispositions réglementaires prises pour l'application du présent article doivent faire l'objet d'une mise à jour, celle-ci peut être moins fréquente dans les entreprises de moins de onze salariés, sous réserve que soit garanti un niveau équivalent de protection de la santé et de la sécurité des travailleurs, dans des conditions fixées par décret en Conseil d'État après avis des organisations professionnelles concernées.»

Art. L. 4121-4. Lorsqu'il confie des tâches à un travailleur, l'employeur, compte tenu de la nature des activités de l'établissement, prend en considération les capacités de l'intéressé à mettre en œuvre les précautions nécessaires pour la santé et la sécurité.

Art. L. 4121-5. Lorsque dans un même lieu de travail les travailleurs de plusieurs entreprises sont présents, les employeurs coopèrent à la mise en œuvre des dispositions relatives à la santé et à la sécurité au travail.

CHAPITRE II

Obligations des travailleurs

Art. L. 4122-1. Conformément aux instructions qui lui sont données par l'employeur, dans les conditions prévues au règlement intérieur pour les entreprises tenues d'en élaborer un, il incombe à chaque travailleur de prendre soin, en fonction de sa formation et selon ses possibilités, de sa santé et de sa sécurité ainsi que de celles des autres personnes concernées par ses actes ou ses omissions au travail.

Les instructions de l'employeur précisent, en particulier lorsque la nature des risques le justifie, les conditions d'utilisation des équipements de travail, des moyens de protection, des substances et préparations dangereuses. Elles sont adaptées à la nature des tâches à accomplir.

Les dispositions du premier alinéa sont sans incidence sur le principe de la responsabilité de l'employeur.

Art. L. 4122-2. Les mesures prises en matière de santé et de sécurité au travail ne doivent entraîner aucune charge financière pour les travailleurs.

Art. L. 4161-1. I. — Constituent des facteurs de risques professionnels au sens du présent titre les facteurs liés à :

1° Des contraintes physiques marquées :

a) Manutentions manuelles de charges;

b) Postures pénibles définies comme positions forcées des articulations;

c) Vibrations mécaniques;

2° Un environnement physique agressif :

a) Agents chimiques dangereux, y compris les poussières et les fumées;

b) Activités exercées en milieu hyperbare;

c) Températures extrêmes;

d) Bruit;

3° Certains rythmes de travail :

a) Travail de nuit dans les conditions fixées aux articles L. 3122-2 à L. 3122-5;

b) Travail en équipes successives alternantes;

c) Travail répétitif caractérisé par la réalisation de travaux impliquant l'exécution de mouvements répétés, sollicitant tout ou partie du membre supérieur, à une fréquence élevée et sous cadence contrainte.

II. — Un décret précise les facteurs de risques mentionnés au I.

Section 4

Le droit à la formation professionnelle

399 Charte sociale européenne révisée (article 10)

Art. 10. *Droit à la formation professionnelle.* En vue d'assurer l'exercice effectif du droit à la formation professionnelle, les Parties s'engagent :

1. à assurer ou à favoriser, en tant que de besoin, la formation technique et professionnelle de toutes les personnes, y compris celles qui sont handicapées, en consultation avec les organisations professionnelles d'employeurs et de travailleurs, et à accorder des

moyens permettant l'accès à l'enseignement technique supérieur et à l'enseignement universitaire d'après le seul critère de l'aptitude individuelle;

2. à assurer ou à favoriser un système d'apprentissage et d'autres systèmes de formation des jeunes garçons et filles, dans leurs divers emplois;

3. à assurer ou à favoriser, en tant que de besoin :

a. des mesures appropriées et facilement accessibles en vue de la formation des travailleurs adultes;

b. des mesures spéciales en vue de la rééducation professionnelle des travailleurs adultes, rendue nécessaire par l'évolution technique ou par une orientation nouvelle du marché du travail;

4. à assurer ou à favoriser, en tant que de besoin, des mesures particulières de recyclage et de réinsertion des chômeurs de longue durée;

5. à encourager la pleine utilisation des moyens prévus par des dispositions appropriées telles que :

a. la réduction ou l'abolition de tous droits et charges;

b. l'octroi d'une assistance financière dans les cas appropriés;

c. l'inclusion dans les heures normales de travail du temps consacré aux cours supplémentaires de formation suivis pendant l'emploi par le travailleur à la demande de son employeur;

d. la garantie, au moyen d'un contrôle approprié, en consultation avec les organisations professionnelles d'employeurs et de travailleurs, de l'efficacité du système d'apprentissage et de tout autre système de formation pour jeunes travailleurs, et, d'une manière générale, de la protection adéquate des jeunes travailleurs.

400 Charte des droits fondamentaux de l'Union européenne (article 14)

Art. 14. *Droit à l'éducation.* 1. Toute personne a droit à l'éducation, ainsi qu'à l'accès à la formation professionnelle et continue.

2. Ce droit comporte la faculté de suivre gratuitement l'enseignement obligatoire.

3. La liberté de créer des établissements d'enseignement dans le respect des principes démocratiques, ainsi que le droit des parents d'assurer l'éducation et l'enseignement de leurs enfants conformément à leurs convictions religieuses, philosophiques et pédagogiques, sont respectés selon les lois nationales qui en régissent l'exercice.

401 Code du travail (articles L. 6111-1 à L. 6112-1)

TITRE PREMIER
PRINCIPES GÉNÉRAUX

CHAPITRE PREMIER
Objectifs et contenu de la formation et de l'orientation professionnelles *(L. nº 2014-288 du 5 mars 2014, art. 22-II).*

Section première

La formation professionnelle tout au long de la vie

(L. nº 2014-288 du 5 mars 2014, art. 22-II)

Art. L. 6111-1. La formation professionnelle tout au long de la vie constitue une obligation nationale. *(L. nº 2009-1437 du 24 nov. 2009)* «Elle vise à permettre à chaque personne, indépendamment de son statut, d'acquérir et d'actualiser des connaissances et des compétences favorisant son évolution professionnelle, ainsi que de progresser d'au moins un niveau de qualification au cours de sa vie professionnelle. *(L. nº 2013-504 du 14 juin 2013, art. 5-I)* «Elle constitue un élément déterminant de sécurisation des parcours professionnels et de la promotion des salariés.» Une stratégie nationale coordonnée est définie et mise en œuvre par l'État, les régions et les partenaires sociaux» *(L. nº 2014-288 du 5 mars 2014, art. 24-II)* «, dans les conditions prévues au 2º de l'article L. 6123-1. Cette stratégie est déclinée dans chaque région dans le cadre du comité régional de l'emploi, de la formation et de l'orientation professionnelles».

Elle comporte une formation initiale, comprenant notamment l'apprentissage, et des formations ultérieures, qui constituent la formation professionnelle continue, destinées aux adultes et aux jeunes déjà engagés dans la vie active ou qui s'y engagent.

En outre, toute personne engagée dans la vie active est en droit de faire valider les acquis de son expérience, notamment professionnelle *(L. nº 2008-789 du 20 août 2008, art. 7)* «ou liée à l'exercice de responsabilités syndicales».

(L. nº 2013-504 du 14 juin 2013, art. 5-I) «Afin de favoriser son accès à la formation professionnelle tout au long de la vie, chaque personne dispose dès son entrée sur le marché du travail *(L. nº 2014-288 du 5 mars 2014, art. 1er-I)* «et jusqu'à la retraite», indépendamment de son statut, d'un compte personnel de formation *(L. nº 2014-288 du 5 mars 2014, art. 1er-I)* «qui contribue à l'acquisition d'un premier niveau de qualification ou au développement de ses compétences et de ses qualifications en lui permettant, à son initiative, de bénéficier de formations».

(L. nº 2013-504 du 14 juin 2013, art. 5-I) «Peuvent être mobilisés en complément du compte les autres dispositifs de formation auxquels son titulaire peut prétendre.»

Art. L. 6111-2. *(L. nº 2009-1437 du 24 nov. 2009)* «Les connaissances et les compétences mentionnées au premier alinéa de l'article L. 6111-1 prennent appui sur le socle mentionné à l'article L. 122-1-1 du code de l'éducation, qu'elles développent et complètent.»

(L. nº 2017-86 du 27 janv. 2017, art. 157-1º) «Les actions de lutte contre l'illettrisme et en faveur de l'apprentissage et de l'amélioration de la maîtrise de la langue française

ainsi que des compétences numériques font partie de la formation professionnelle tout au long de la vie. Tous les services publics, les collectivités territoriales et leurs groupements, les entreprises et leurs institutions sociales, les associations et les organisations syndicales et professionnelles concourent à l'élaboration et la mise en œuvre de ces actions dans leurs domaines d'action respectifs.»

Section II

L'orientation professionnelle tout au long de la vie

(L. n° 2014-288 du 5 mars 2014, art. 22-II)

Art. L. 6111-3. *(L. n° 2009-1437 du 24 nov. 2009) (L. n° 2017-86 du 27 janv. 2017, art. 54-II)* «I. —» Toute personne dispose du droit à être informée, conseillée et accompagnée en matière d'orientation professionnelle, au titre du droit à l'éducation garanti à chacun par l'article L. 111-1 du code de l'éducation.

Le service public de l'orientation tout au long de la vie *(L. n° 2014-288 du 5 mars 2014, art. 22-II)* «garantit» à toute personne l'accès à une information gratuite, complète et objective sur les métiers, les formations, les certifications, les débouchés et les niveaux de rémunération, ainsi que l'accès à des services de conseil et d'accompagnement en orientation de qualité et organisés en réseaux. *(L. n° 2014-288 du 5 mars 2014, art. 22-II)* «Il concourt à la mixité professionnelle en luttant contre les stéréotypes de genre.

«L'État et les régions assurent le service public de l'orientation tout au long de la vie *(L. n° 2017-86 du 27 janv. 2017, art. 54-II)* «et garantissent à tous les jeunes l'accès à une information généraliste, objective, fiable et de qualité ayant trait à tous les aspects de leur vie quotidienne».

«L'État définit, au niveau national, la politique d'orientation des élèves et des étudiants dans les établissements scolaires et les établissements d'enseignement supérieur. Avec l'appui, notamment, des centres publics d'orientation scolaire et professionnelle et des services communs internes aux universités chargés de l'accueil, de l'information et de l'orientation des étudiants mentionnés, respectivement, aux articles L. 313-5 et L. 714-1 du même code, il met en œuvre cette politique dans ces établissements scolaires et d'enseignement supérieur et délivre à cet effet l'information nécessaire sur toutes les voies de formation aux élèves et aux étudiants *(L. n° 2018-771 du 5 sept. 2018, art. 18-I, en vigueur le 1er janv. 2019)* «ainsi que l'accompagnement utile aux élèves, étudiants ou apprentis pour trouver leur voie de formation.

«La région organise des actions d'information sur les métiers et les formations aux niveaux régional, national et européen ainsi que sur la mixité des métiers et l'égalité professionnelle entre les femmes et les hommes en direction des élèves et de leurs familles, des apprentis ainsi que des étudiants, notamment dans les établissements scolaires et universitaires. Lorsque ces actions ont lieu dans un établissement scolaire, elles sont organisées en coordination avec les psychologues de l'éducation nationale et les enseignants volontaires formés à cet effet. Pour garantir l'unité du service public de l'orientation et favoriser l'égalité d'accès de l'ensemble des élèves, des apprentis et des étudiants à cette information sur les métiers et les formations, un cadre national de référence est établi conjointement entre l'État et les régions. Il précise les rôles respectifs de l'État et des régions et les principes guidant l'intervention des régions dans les établissements.» *(L. n° 2014-288 du 5 mars 2014, art. 22-II)* «La région coordonne les actions des autres organismes participant au service public régional de l'orientation et met en place un réseau de centres de conseil sur la validation des acquis de l'expérience. *(L. n° 2018-771 du 5 sept. 2018, art. 18-I, en vigueur le 1er janv. 2019)* «Avec le concours de l'établissement public national mentionné à l'article L. 313-6 dudit code, elle élabore la documentation de portée régionale sur les enseignements et les professions et, en lien avec les services de l'État, diffuse l'information et la met à disposition des établissements de l'enseignement scolaire et supérieur, selon des modalités fixées par décret.»

«Les organismes mentionnés *(L. n° 2018-771 du 5 sept. 2018, art. 3-I, en vigueur le 1er janv. 2019)* «à l'avant-dernier» alinéa de l'article L. 6111-6 du présent code ainsi que les organismes consulaires participent au service public régional de l'orientation.

«Une convention annuelle conclue entre l'État et la région dans le cadre du contrat de plan régional de développement des formations et de l'orientation professionnelles prévu au I de l'article L. 214-13 du code de l'éducation détermine les conditions dans lesquelles l'État et la région coordonnent l'exercice de leurs compétences respectives dans la région.»

(L. n° 2017-86 du 27 janv. 2017, art. 54-II) «II. — La région coordonne également, de manière complémentaire avec le service public régional de l'orientation et sous réserve des missions de l'État, les initiatives des collectivités territoriales, des établissements publics de coopération intercommunale et des personnes morales, dont une ou plusieurs structures d'information des jeunes sont labellisées par l'État dans les conditions et selon les modalités prévues par décret. Ces structures visent à garantir à tous les jeunes l'accès à une information généraliste, objective, fiable et de qualité touchant tous les domaines de leur vie quotidienne.»

(L. n° 2018-771 du 5 sept. 2018, art. 18-I, en vigueur le 1er janv. 2019) «La région établit annuellement un rapport publié rendant compte des actions mises en œuvre par les structures en charge de l'orientation professionnelle et garantissant la qualité de l'information disponible auprès des jeunes, notamment en termes de lutte contre les stéréotypes et les classifications sexistes.»

Art. L. 6111-4. *(L. n° 2009-1437 du 24 nov. 2009)* Il est créé un service dématérialisé gratuit et accessible à toute personne, lui permettant :

1° De disposer d'une première information et d'un premier conseil personnalisé en matière d'orientation et de formation professionnelles;

2° D'être orientée vers les structures susceptibles de lui fournir les informations et les conseils nécessaires à sa bonne orientation professionnelle.

Une convention peut être conclue entre l'État, les régions et le fonds visé à l'article L. 6332-18 pour concourir au financement de ce service.

Art. L. 6111-5. *(L. n° 2014-288 du 5 mars 2014, art. 22-II, en vigueur le 1er janv. 2015)* «Sur le fondement de normes de qualité élaborées par la région à partir d'un cahier des charges qu'elle arrête, peuvent être reconnus comme participant au service public régional de l'orientation tout au long de la vie les organismes qui proposent à toute personne un ensemble de services lui permettant :»

1° De disposer d'une information exhaustive et objective sur les métiers, les compétences et les qualifications nécessaires pour les exercer, les dispositifs de formation et de certification, ainsi que les organismes de formation et les labels de qualité dont ceux-ci bénéficient;

(L. n° 2017-86 du 27 janv. 2017, art. 54-II-2°) «2° S'agissant des jeunes de seize ans à trente ans, de disposer d'une information sur l'accès aux droits sociaux et aux loisirs;

« 3° » De bénéficier de conseils personnalisés afin de pouvoir choisir en connaissance de cause un métier, une formation ou une certification adapté à ses aspirations, à ses aptitudes et aux perspectives professionnelles liées aux besoins prévisibles de la société, de l'économie et de l'aménagement du territoire et, lorsque le métier, la formation ou la certification envisagé fait l'objet d'un service d'orientation ou d'accompagnement spécifique assuré par un autre organisme, d'être orientée de manière pertinente vers cet organisme.

Section III

Le conseil en évolution professionnelle

(L. nº 2014-288 du 5 mars 2014, art. 22-II)

Art. L. 6111-6. *(L. nº 2018-771 du 5 sept. 2018, art. 3-I, en vigueur le 1er janv. 2019)* Toute personne peut bénéficier tout au long de sa vie professionnelle d'un conseil en évolution professionnelle, dont l'objectif est de favoriser l'évolution et la sécurisation de son parcours professionnel.

Le conseil est gratuit et est mis en œuvre dans le cadre du service public régional de l'orientation mentionné à l'article L. 6111-3. L'opérateur du conseil en évolution professionnelle accompagne la personne dans la formalisation et la mise en œuvre de ses projets d'évolution professionnelle, en lien avec les besoins économiques et sociaux existants et prévisibles dans les territoires. Il facilite l'accès à la formation, en identifiant les compétences de la personne, les qualifications et les formations répondant aux besoins qu'elle exprime ainsi que les financements disponibles.

Il accompagne les salariés dans le cadre de leurs projets de transition professionnelle prévus à l'article L. 6323-17-1.

L'offre de service du conseil en évolution professionnelle est définie par un cahier des charges arrêté par le ministre chargé de la formation professionnelle.

Sous réserve de l'article L. 6111-6-1, le conseil en évolution professionnelle est assuré par les institutions et organismes mentionnés au 1° *bis* de l'article L. 5311-4 et à l'article L. 5314-1, par Pôle emploi, par l'institution chargée de l'amélioration du fonctionnement du marché de l'emploi des cadres créée par l'accord national interprofessionnel du 12 juillet 2011 relatif à l'Association pour l'emploi des cadres ainsi que par les opérateurs désignés au titre du 4° de l'article L. 6123-5, après avis du bureau du comité régional de l'emploi, de l'orientation et de la formation professionnelles mentionné à l'article L. 6123-3. Les opérateurs régionaux sont financés par France compétences et sélectionnés sur la base d'un appel d'offres national.

Ces institutions, organismes et opérateurs assurent l'information directe des personnes sur les modalités d'accès à ce conseil et sur son contenu, selon des modalités définies par voie réglementaire.

Section IV

Supports d'information

(L. nº 2014-288 du 5 mars 2014, art. 22-II)

Art. L. 6111-7. *(L. nº 2018-771 du 5 sept. 2018, art. 1er-III, en vigueur le 1er janv. 2019)* Les informations relatives à l'offre de formation, définies par un arrêté du ministre chargé de la formation professionnelle, sont collectées au sein d'un système d'information national géré par la Caisse des dépôts et consignations, dont les conditions de mise en œuvre sont précisées par décret.

Ce système est alimenté par :

1° Les organismes financeurs mentionnés à l'article L. 6316-1, pour les formations qu'ils financent;

2° Les prestataires d'actions mentionnés à l'article L. 6351-1.

France compétences communique à la Caisse des dépôts et consignations la liste des opérateurs du conseil en évolution professionnelle qu'elle finance.

Ce système d'information identifie les formations éligibles au compte personnel de formation mentionnées à l'article L. 6323-6. Ce système d'information national est publié en ligne, dans un standard ouvert aisément réutilisable.

Art. L. 6111-8. *(L. n° 2018-771 du 5 sept. 2018, art. 24-I, en vigueur le 1er janv. 2019)* Chaque année, pour chaque centre de formation d'apprentis et pour chaque lycée professionnel, sont rendus publics quand les effectifs concernés sont suffisants :

1° Le taux d'obtention des diplômes ou titres professionnels;

2° Le taux de poursuite d'études;

3° Le taux d'interruption en cours de formation;

4° Le taux d'insertion professionnelle des sortants de l'établissement concerné, à la suite des formations dispensées;

5° La valeur ajoutée de l'établissement.

Pour chaque centre de formation d'apprentis, est également rendu public chaque année le taux de rupture des contrats d'apprentissage conclus.

Les modalités de diffusion des informations publiées sont déterminées par arrêté conjoint des ministres chargés de la formation professionnelle et de l'éducation nationale.

CHAPITRE II
Égalité d'accès à la formation

Section première

Égalité d'accès entre les femmes et les hommes

Art. L. 6112-1. Pour l'application de la présente partie, aucune distinction entre les femmes et les hommes ne peut être faite.

Section 5
Le droit à l'orientation

402 Code du travail (article L. 6111-3)

Art. L. 6111-3. *(L. n° 2009-1437 du 24 nov. 2009) (L. n° 2017-86 du 27 janv. 2017, art. 54-II)* «I. —» Toute personne dispose du droit à être informée, conseillée et accompagnée en matière d'orientation professionnelle, au titre du droit à l'éducation garanti à chacun par l'article L. 111-1 du code de l'éducation.

Le service public de l'orientation tout au long de la vie *(L. n° 2014-288 du 5 mars 2014, art. 22-II)* «garantit» à toute personne l'accès à une information gratuite, complète et objective sur les métiers, les formations, les certifications, les débouchés et les niveaux de rémunération, ainsi que l'accès à des services de conseil et d'accompagnement en orientation de qualité et organisés en réseaux. *(L. n° 2014-288 du 5 mars 2014, art. 22-II)* «Il concourt à la mixité professionnelle en luttant contre les stéréotypes de genre.

«L'État et les régions assurent le service public de l'orientation tout au long de la vie *(L. n° 2017-86 du 27 janv. 2017, art. 54-II)* «et garantissent à tous les jeunes l'accès à une information généraliste, objective, fiable et de qualité ayant trait à tous les aspects de leur vie quotidienne».

«L'État définit, au niveau national, la politique d'orientation des élèves et des étudiants dans les établissements scolaires et les établissements d'enseignement supérieur. Avec l'appui, notamment, des centres publics d'orientation scolaire et professionnelle et des services communs internes aux universités chargés de l'accueil, de l'information et de l'orientation des étudiants mentionnés, respectivement, aux articles L. 313-5 et L. 714-1 du même code, il met en œuvre cette politique dans ces établissements scolaires et d'enseignement supérieur et délivre à cet effet l'information nécessaire sur toutes les voies de formation aux élèves et aux étudiants *(L. n° 2018-771 du 5 sept. 2018, art. 18-I, en vigueur le 1er janv. 2019)* «ainsi que l'accompagnement utile aux élèves, étudiants ou apprentis pour trouver leur voie de formation.

«La région organise des actions d'information sur les métiers et les formations aux niveaux régional, national et européen ainsi que sur la mixité des métiers et l'égalité professionnelle entre les femmes et les hommes en direction des élèves et de leurs familles, des apprentis ainsi que des étudiants, notamment dans les établissements scolaires et universitaires. Lorsque ces actions ont lieu dans un établissement scolaire, elles sont organisées en coordination avec les psychologues de l'éducation nationale et les enseignants volontaires formés à cet effet. Pour garantir l'unité du service public de l'orientation et favoriser l'égalité d'accès de l'ensemble des élèves, des apprentis et des étudiants à cette information sur les métiers et les formations, un cadre national de référence est établi conjointement entre l'État et les régions. Il précise les rôles respectifs de l'État et des régions et les principes guidant l'intervention des régions dans les établissements.» *(L. n° 2014-288 du 5 mars 2014, art. 22-II)* «La région coordonne les actions des autres organismes participant au service public régional de l'orientation et met en place un réseau de centres de conseil sur la validation des acquis de l'expérience. *(L. n° 2018-771 du 5 sept. 2018, art. 18-I, en vigueur le 1er janv. 2019)* «Avec le concours de l'établissement public national mentionné à l'article L. 313-6 dudit code, elle élabore la documentation de portée régionale sur les enseignements et les professions et, en lien avec les services de l'État, diffuse l'information et la met à disposition des établissements de l'enseignement scolaire et supérieur, selon des modalités fixées par décret.»

«Les organismes mentionnés *(L. n° 2018-771 du 5 sept. 2018, art. 3-I, en vigueur le 1er janv. 2019)* «à l'avant-dernier» alinéa de l'article L. 6111-6 du présent code ainsi que les organismes consulaires participent au service public régional de l'orientation.

«Une convention annuelle conclue entre l'État et la région dans le cadre du contrat de plan régional de développement des formations et de l'orientation professionnelles prévu au I de l'article L. 214-13 du code de l'éducation détermine les conditions dans lesquelles l'État et la région coordonnent l'exercice de leurs compétences respectives dans la région.»

(L. nº 2017-86 du 27 janv. 2017, art. 54-II) «II. — La région coordonne également, de manière complémentaire avec le service public régional de l'orientation et sous réserve des missions de l'État, les initiatives des collectivités territoriales, des établissements publics de coopération intercommunale et des personnes morales, dont une ou plusieurs structures d'information des jeunes sont labellisées par l'État dans les conditions et selon les modalités prévues par décret. Ces structures visent à garantir à tous les jeunes l'accès à une information généraliste, objective, fiable et de qualité touchant tous les domaines de leur vie quotidienne.»

(L. nº 2018-771 du 5 sept. 2018, art. 18-I, en vigueur le 1er janv. 2019) «La région établit annuellement un rapport publié rendant compte des actions mises en œuvre par les structures en charge de l'orientation professionnelle et garantissant la qualité de l'information disponible auprès des jeunes, notamment en termes de lutte contre les stéréotypes et les classifications sexistes.»

CHAPITRE 2
Le droit de négociation et de participation

403 Charte sociale européenne révisée (articles 6, 21, 22, 28 et 29)

Art. 6. *Droit de négociation collective.* En vue d'assurer l'exercice effectif du droit de négociation collective, les Parties s'engagent :

1. à favoriser la consultation paritaire entre travailleurs et employeurs;

2. à promouvoir, lorsque cela est nécessaire et utile, l'institution de procédures de négociation volontaire entre les employeurs ou les organisations d'employeurs, d'une part, et les organisations de travailleurs, d'autre part, en vue de régler les conditions d'emploi par des conventions collectives;

3. à favoriser l'institution et l'utilisation de procédures appropriées de conciliation et d'arbitrage volontaire pour le règlement des conflits du travail;

et reconnaissent :

4. le droit des travailleurs et des employeurs à des actions collectives en cas de conflits d'intérêt, y compris le droit de grève, sous réserve des obligations qui pourraient résulter des conventions collectives en vigueur.

Art. 21. *Droit à l'information et à la consultation.* En vue d'assurer l'exercice effectif du droit des travailleurs à l'information et à la consultation au sein de l'entreprise, les Parties s'engagent à prendre ou à promouvoir des mesures permettant aux travailleurs ou à leurs représentants, conformément à la législation et la pratique nationales :

a. d'être informés régulièrement ou en temps opportun et d'une manière compréhensible de la situation économique et financière de l'entreprise qui les emploie, étant entendu que la divulgation de certaines informations pouvant porter préjudice à l'entreprise pourra être refusée ou qu'il pourra être exigé que celles ci soient tenues confidentielles; et *b.* d'être consultés en temps utile sur les décisions envisagées qui sont susceptibles d'affecter substantiellement les intérêts des travailleurs et notamment sur celles qui auraient des conséquences importantes sur la situation de l'emploi dans l'entreprise.

Art. 22. *Droit de prendre part à la détermination et à l'amélioration des conditions de travail et du milieu du travail.* En vue d'assurer l'exercice effectif du droit des travailleurs de prendre part à la détermination et à l'amélioration des conditions de travail et du milieu du travail dans l'entreprise, les Parties s'engagent à prendre ou à promouvoir des mesures permettant aux travailleurs ou à leurs représentants, conformément à la législation et à la pratique nationales, de contribuer :

a. à la détermination et à l'amélioration des conditions de travail, de l'organisation du travail et du milieu du travail;

b. à la protection de la santé et de la sécurité au sein de l'entreprise;

c. à l'organisation de services et facilités sociaux et socioculturels de l'entreprise;

d. au contrôle du respect de la réglementation en ces matières.

Art. 28. *Droit des représentants des travailleurs à la protection dans l'entreprise et facilités à leur accorder.* Afin d'assurer l'exercice effectif du droit des représentants des travailleurs de remplir leurs fonctions de représentants, les Parties s'engagent à assurer que dans l'entreprise :

a. ils bénéficient d'une protection effective contre les actes qui pourraient leur porter préjudice, y compris le licenciement, et qui seraient motivés par leur qualité ou leurs activités de représentants des travailleurs dans l'entreprise;

b. ils aient les facilités appropriées afin de leur permettre de remplir rapidement et efficacement leurs fonctions en tenant compte du système de relations professionnelles prévalant dans le pays ainsi que des besoins, de l'importance et des possibilités de l'entreprise intéressée.

Art. 29. *Droit à l'information et à la consultation dans les procédures de licenciements collectifs.* Afin d'assurer l'exercice effectif du droit des travailleurs à être informés et consultés en cas de licenciements collectifs, les Parties s'engagent à assurer que les employeurs informent et consultent les représentants des travailleurs en temps utile, avant ces licenciements collectifs, sur les possibilités d'éviter les licenciements collectifs ou de limiter leur nombre et d'atténuer leurs conséquences, par exemple par le recours à des mesures sociales d'accompagnement visant notamment l'aide au reclassement ou à la réinsertion des travailleurs concernés.

404 Charte des droits fondamentaux de l'Union européenne (article 28)

Art. 28. *Droit de négociation et d'actions collectives.* Les travailleurs et les employeurs, ou leurs organisations respectives, ont, conformément au droit de l'Union et aux législations et pratiques nationales, le droit de négocier et de conclure des conventions collectives aux niveaux appropriés et de recourir, en cas de conflits d'intérêts, à des actions collectives pour la défense de leurs intérêts, y compris la grève.

405 Préambule de la Constitution du 27 octobre 1946 (alinéa 8)

Al. 8. Tout travailleur participe, par l'intermédiaire de ses délégués, à la détermination collective des conditions de travail ainsi qu'à la gestion des entreprises.

406 Code du travail (articles L. 1 à L. 3)

CHAPITRE PRÉLIMINAIRE

Dialogue social

Art. L. 1. Tout projet de réforme envisagé par le Gouvernement qui porte sur les relations individuelles et collectives du travail, l'emploi et la formation professionnelle et qui relève du champ de la négociation nationale et interprofessionnelle fait l'objet d'une concertation préalable avec les organisations syndicales de salariés et d'employeurs représentatives au niveau national et interprofessionnel en vue de l'ouverture éventuelle d'une telle négociation.

A cet effet, le Gouvernement leur communique un document d'orientation présentant des éléments de diagnostic, les objectifs poursuivis et les principales options.

Lorsqu'elles font connaître leur intention d'engager une telle négociation, les organisations indiquent également au Gouvernement le délai qu'elles estiment nécessaire pour conduire la négociation.

Le présent article n'est pas applicable en cas d'urgence. Lorsque le Gouvernement décide de mettre en œuvre un projet de réforme en l'absence de procédure de concertation, il fait connaître cette décision aux organisations mentionnées au premier alinéa en la motivant dans un document qu'il transmet à ces organisations avant de prendre toute mesure nécessitée par l'urgence.

Art. L. 2. Le Gouvernement soumet les projets de textes législatifs et réglementaires élaborés dans le champ défini par l'article L. 1, au vu des résultats de la procédure de concertation et de négociation, selon le cas, à la Commission nationale de la négociation collective *(L. n° 2014-288 du 5 mars 2014, art. 24-II)* «ou au Conseil national de l'emploi, de la formation et de l'orientation professionnelles», dans les conditions prévues respectivement aux articles L. 2271-1 et L. 6123-1.

Art. L. 3. Chaque année, les orientations de la politique du Gouvernement dans les domaines des relations individuelles et collectives du travail, de l'emploi et de la formation professionnelle, ainsi que le calendrier envisagé pour leur mise en œuvre sont présentés pour l'année à venir devant la Commission nationale de la négociation collective. Les organisations mentionnées à l'article L. 1 présentent, pour leur part, l'état d'avancement des négociations interprofessionnelles en cours ainsi que le calendrier de celles qu'elles entendent mener ou engager dans l'année à venir. Le compte rendu des débats est publié.

Chaque année, le Gouvernement remet au Parlement un rapport faisant état de toutes les procédures de concertation et de consultation mises en œuvre pendant l'année écoulée en application des articles L. 1 et L. 2, des différents domaines dans lesquels ces procédures sont intervenues et des différentes phases de ces procédures.

407 Code du travail (articles L. 2221-1 à 2231-9)

TITRE DEUXIÈME

OBJET ET CONTENU DES CONVENTIONS ET ACCORDS COLLECTIFS DE TRAVAIL

CHAPITRE PREMIER

Objet des conventions et accords

Art. L. 2221-1. Le présent livre est relatif à la détermination des relations collectives entre employeurs et salariés. Il définit les règles suivant lesquelles s'exerce le droit des salariés à la négociation collective de l'ensemble de leurs conditions d'emploi, de formation professionnelle et de travail ainsi que de leurs garanties sociales.

Art. L. 2221-2. La convention collective a vocation à traiter de l'ensemble des matières mentionnées à l'article L. 2221-1, pour toutes les catégories professionnelles intéressées.

L'accord collectif traite un ou plusieurs sujets déterminés dans cet ensemble.

Art. L. 2221-3. Les dispositions concernant la détermination des garanties collectives dont bénéficient les salariés en complément de celles résultant de l'organisation de la sécurité sociale sont fixées par le titre Ier du livre IX du code de la sécurité sociale.

CHAPITRE II

Contenu et durée des conventions et accords

Section première

Détermination du champ d'application des conventions et accords

Art. L. 2222-1. Les conventions et accords collectifs de travail, ci-après désignés "conventions" et "accords" dans le présent livre, déterminent leur champ d'application territorial et professionnel. Le champ d'application professionnel est défini en termes d'activités économiques.

Pour ce qui concerne les professions agricoles mentionnées aux 1° à 3°, 6° et 7° de l'article L. 722-20 du code rural et de la pêche maritime, le champ d'application des conventions et accords peut, en outre, tenir compte du statut juridique des entreprises concernées ou du régime de protection sociale d'affiliation de leurs salariés.

(L. n° 2016-1088 du 8 août 2016, art. 26) «Les conventions et accords collectifs de travail dont le champ d'application est national s'appliquent, sauf stipulations contraires, en Guadeloupe, en Guyane, en Martinique, à Mayotte, à La Réunion, à Saint-Barthélemy, à Saint-Martin et à Saint-Pierre-et-Miquelon, dans un délai de six mois à compter de leur date d'entrée en vigueur. Ce délai est imparti aux organisations syndicales de salariés et d'employeurs habilitées à négocier dans ces collectivités pour conclure des accords dans le même champ si elles le souhaitent.»

Art. L. 2222-2. Lorsque le champ d'application d'un avenant ou d'une annexe diffère de celui de la convention ou de l'accord qu'il modifie ou complète, il doit être précisé conformément aux dispositions de l'article L. 2222-1.

Section II

Détermination des thèmes, de la périodicité et de la méthode de négociation

(L. nº 2016-1088 du 8 août 2016, art. 16).

Art. L. 2222-3. *(Ord. nº 2017-1385 du 22 sept. 2017, art. 5)* Dans les conditions prévues au titre IV du livre II de la deuxième partie du présent code, la convention ou l'accord collectif de travail définit :

1° le calendrier des négociations;

2° les modalités de prise en compte, dans la branche ou l'entreprise, des demandes relatives aux thèmes de négociation émanant d'une ou des organisations syndicales de salariés représentatives.

Art. L. 2222-3-1. *(L. nº 2016-1088 du 8 août 2016, art. 16)* Une convention ou un accord collectif peut définir la méthode permettant à la négociation de s'accomplir dans des conditions de loyauté et de confiance mutuelle entre les parties.

Cette convention ou cet accord précise la nature des informations partagées entre les négociateurs, notamment, au niveau de l'entreprise, en s'appuyant sur la base de données définie à l'article L. 2323-8. Cette convention ou cet accord définit les principales étapes du déroulement des négociations et peut prévoir des moyens supplémentaires ou spécifiques, notamment s'agissant du volume de crédits d'heures des représentants syndicaux ou des modalités de recours à l'expertise, afin d'assurer le bon déroulement de l'une ou de plusieurs des négociations prévues.

Sauf si la convention ou l'accord en stipule autrement, la méconnaissance de ses stipulations n'est pas de nature à entraîner la nullité des accords conclus dès lors qu'est respecté le principe de loyauté entre les parties.

Art. L. 2222-3-2. *(L. nº 2016-1088 du 8 août 2016, art. 16)* Un accord conclu au niveau de la branche définit la méthode applicable à la négociation au niveau de l'entreprise. Cet accord s'impose aux entreprises n'ayant pas conclu de convention ou d'accord en application de l'article L. 2222-3-1. Si un accord mentionné au même article L. 2222-3-1 est conclu, ses stipulations se substituent aux stipulations de cet accord de branche.

Sauf si l'accord prévu au premier alinéa du présent article en stipule autrement, la méconnaissance de ses stipulations n'est pas de nature à entraîner la nullité des accords conclus dans l'entreprise dès lors qu'est respecté le principe de loyauté entre les parties.

Section II bis

Préambule des conventions et accords

(L. nº 2016-1088 du 8 août 2016, art. 16)

Art. L. 2222-3-3. La convention ou l'accord contient un préambule présentant de manière succincte ses objectifs et son contenu.

L'absence de préambule n'est pas de nature à entraîner la nullité de la convention ou de l'accord.

Section III

Détermination de la durée des conventions et accords

Art. L. 2222-4. La convention ou l'accord est conclu pour une durée déterminée ou indéterminée.

(L. n° 2016-1088 du 8 août 2016, art. 16) «A défaut de stipulation de la convention ou de l'accord sur sa durée, celle-ci est fixée à cinq ans.

«Lorsque la convention ou l'accord arrive à expiration, la convention ou l'accord cesse de produire ses effets.»

Section IV

Détermination des modalités de suivi, renouvellement, révision et dénonciation *(L. n° 2016-1088 du 8 août 2016, art. 16).*

Art. L. 2222-5. La convention ou l'accord prévoit les formes selon lesquelles et le délai au terme duquel il pourra être renouvelé ou révisé.

Art. L. 2222-5-1. *(L. n° 2016-1088 du 8 août 2016, art. 16)* La convention ou l'accord définit ses conditions de suivi et comporte des clauses de rendez-vous.

L'absence ou la méconnaissance des conditions ou des clauses mentionnées au premier alinéa n'est pas de nature à entraîner la nullité de la convention ou de l'accord.

Art. L. 2222-6. La convention ou l'accord prévoit les conditions dans lesquelles il peut être dénoncé, et notamment la durée du préavis qui doit précéder la dénonciation.

TITRE TROISIÈME

CONDITIONS DE NÉGOCIATION ET DE CONCLUSION DES CONVENTIONS ET ACCORDS COLLECTIFS DE TRAVAIL

CHAPITRE PREMIER

Conditions de validité

Section première

Capacité à négocier

Art. L. 2231-1. La convention ou l'accord est conclu entre :

(L. n° 2008-789 du 20 août 2008) «— d'une part, une ou plusieurs organisations syndicales de salariés représentatives dans le champ d'application de la convention ou de l'accord;»

— d'autre part, une ou plusieurs organisations syndicales d'employeurs, ou toute autre association d'employeurs, ou un ou plusieurs employeurs pris individuellement.

Les associations d'employeurs constituées conformément aux dispositions de la loi du 1er juillet 1901 relative au contrat d'association, qui ont compétence pour négocier des conventions et accords, sont assimilées aux organisations syndicales pour les attributions conférées à celles-ci par le présent titre.

Art. L. 2231-2. Les représentants des organisations mentionnées à l'article L. 2231-1 sont habilités à contracter, au nom de l'organisation qu'ils représentent, en vertu :

1° Soit d'une stipulation statutaire de cette organisation;

2° Soit d'une délibération spéciale de cette organisation;

3° Soit de mandats spéciaux écrits qui leur sont donnés individuellement par tous les adhérents de cette organisation.

Les associations d'employeurs déterminent elles-mêmes leur mode de délibération.

Section II

Conditions de forme

Art. L. 2231-3. La convention ou l'accord est, à peine de nullité, un acte écrit.

Art. L. 2231-4. Les conventions et accords ainsi que les conventions d'entreprise ou d'établissement sont rédigés en français.

Toute clause rédigée en langue étrangère est inopposable au salarié à qui elle ferait grief.

Section III

Notification, publicité et dépôt

(L. nº 2016-1088 du 8 août 2016, art. 16).

Art. L. 2231-5. La partie la plus diligente des organisations signataires d'une convention ou d'un accord en notifie le texte à l'ensemble des organisations représentatives à l'issue de la procédure de signature.

Art. L. 2231-5-1. *(L. nº 2016-1088 du 8 août 2016, art. 16, en vigueur le 1er sept. 2017)* Les conventions et accords de branche, de groupe, interentreprises, d'entreprise et d'établissement sont rendus publics et versés dans une base de données nationale, dont le contenu est publié en ligne dans un standard ouvert aisément réutilisable. *(L. nº 2018-217 du 29 mars 2018, art. 8)* «Ils sont publiés dans une version ne comportant pas les noms et prénoms des négociateurs et des signataires.»

Après la conclusion de la convention ou de l'accord *(L. nº 2018-217 du 29 mars 2018, art. 8)* «de groupe, interentreprises, d'entreprise ou d'établissement», les parties peuvent acter qu'une partie de la convention ou de l'accord ne doit pas faire l'objet de la publication prévue au premier alinéa. Cet acte, ainsi que la version intégrale de la convention ou de l'accord et la version de la convention ou de l'accord destinée à la publication, sont joints au dépôt prévu à l'article L. 2231-6. *(L. nº 2018-217 du 29 mars 2018, art. 8)* «L'employeur peut occulter les éléments portant atteinte aux intérêts stratégiques de l'entreprise.»

Les conditions d'application du présent article sont définies par décret en Conseil d'État.

(L. nº 2018-217 du 29 mars 2018, art. 8) «Les accords d'intéressement, de participation, les plans d'épargne d'entreprise, interentreprises ou pour la retraite collectifs ainsi

que les accords mentionnés aux articles L. 1233-24-1 et L. 2254-2 ne font pas l'objet de la publication prévue au présent article.»

Art. L. 2231-6. Les conventions et accords font l'objet d'un dépôt dans des conditions déterminées par voie réglementaire.

Section IV

Opposition

Art. L. 2231-8. L'opposition à l'entrée en vigueur d'une convention ou d'un accord est exprimée par écrit et motivée. Elle précise les points de désaccord.

Cette opposition est notifiée aux signataires.

Art. L. 2231-9. Les conventions et accords frappés d'opposition majoritaire ainsi que ceux qui n'ont pas obtenu l'approbation de la majorité des salariés, en application des dispositions du chapitre II, sont réputés non écrits.

CHAPITRE 3
La solidarité sociale

Section 1

Le droit à la sécurité sociale

A – LES PRINCIPES GÉNÉRAUX

408 Déclaration universelle des droits de l'homme (article 22)

Art. 22. Toute personne, en tant que membre de la société, a droit à la sécurité sociale; elle est fondée à obtenir la satisfaction des droits économiques, sociaux et culturels indispensables à sa dignité et au libre développement de sa personnalité, grâce à l'effort national et à la coopération internationale, compte tenu de l'organisation et des ressources de chaque pays.

409 Pacte international relatif aux droits économiques, sociaux et culturels (articles 9 et 11)

TROISIÈME PARTIE

Art. 9. Les États parties au présent Pacte reconnaissent le droit de toute personne à la sécurité sociale, y compris les assurances sociales.

Art. 11. 1. Les États parties au présent Pacte reconnaissent le droit de toute personne à un niveau de vie suffisant pour elle-même et sa famille, y compris une nourriture, un vêtement et un logement suffisants, ainsi qu'à une amélioration constante de ses conditions d'existence. Les États parties prendront des mesures appropriées pour assurer la réalisation de ce droit et ils reconnaissent à cet effet l'importance essentielle d'une coopération internationale librement consentie.

2. Les États parties au présent Pacte, reconnaissant le droit fondamental qu'a toute personne d'être à l'abri de la faim, adopteront, individuellement et au moyen de la coopération internationale, les mesures nécessaires, y compris des programmes concrets :

a) Pour améliorer les méthodes de production, de conservation et de distribution des denrées alimentaires par la pleine utilisation des connaissances techniques et scientifiques, par la diffusion de principes d'éducation nutritionnelle et par le développement ou la réforme des régimes agraires, de manière à assurer au mieux la mise en valeur et l'utilisation des ressources naturelles;

b) Pour assurer une répartition équitable des ressources alimentaires mondiales par rapport aux besoins, compte tenu des problèmes qui se posent tant aux pays importateurs qu'aux pays exportateurs de denrées alimentaires.

410 Charte sociale européenne révisée (articles 12, 13 et 30)

Art. 12. *Droit à la sécurité sociale.* En vue d'assurer l'exercice effectif du droit à la sécurité sociale, les Parties s'engagent :

1. à établir ou à maintenir un régime de sécurité sociale;

2. à maintenir le régime de sécurité sociale à un niveau satisfaisant, au moins égal à celui nécessaire pour la ratification du code européen de sécurité sociale;

3. à s'efforcer de porter progressivement le régime de sécurité sociale à un niveau plus haut;

4. à prendre des mesures, par la conclusion d'accords bilatéraux ou multilatéraux appropriés ou par d'autres moyens, et sous réserve des conditions arrêtées dans ces accords, pour assurer :

a. l'égalité de traitement entre les nationaux de chacune des Parties et les ressortissants des autres Parties en ce qui concerne les droits à la sécurité sociale, y compris la conservation des avantages accordés par les législations de sécurité sociale, quels que puissent être les déplacements que les personnes protégées pourraient effectuer entre les territoires des Parties;

b. l'octroi, le maintien et le rétablissement des droits à la sécurité sociale par des moyens tels que la totalisation des périodes d'assurance ou d'emploi accomplies conformément à la législation de chacune des Parties.

Art. 13. *Droit à l'assistance sociale et médicale.* En vue d'assurer l'exercice effectif du droit à l'assistance sociale et médicale, les Parties s'engagent :

1. à veiller à ce que toute personne qui ne dispose pas de ressources suffisantes et qui n'est pas en mesure de se procurer celles ci par ses propres moyens ou de les recevoir d'une autre source, notamment par des prestations résultant d'un régime de sécurité sociale, puisse obtenir une assistance appropriée et, en cas de maladie, les soins nécessités par son état;

2. à veiller à ce que les personnes bénéficiant d'une telle assistance ne souffrent pas, pour cette raison, d'une diminution de leurs droits politiques ou sociaux;

3. à prévoir que chacun puisse obtenir, par des services compétents de caractère public ou privé, tous conseils et toute aide personnelle nécessaires pour prévenir, abolir ou alléger l'état de besoin d'ordre personnel et d'ordre familial;

4. à appliquer les dispositions visées aux paragraphes 1, 2 et 3 du présent article, sur un pied d'égalité avec leurs nationaux, aux ressortissants des autres Parties se trouvant légalement sur leur territoire, conformément aux obligations qu'elles assument en vertu de la Convention européenne d'assistance sociale et médicale, signée à Paris le 11 décembre 1953.

Art. 30. *Droit à la protection contre la pauvreté et l'exclusion sociale.* En vue d'assurer l'exercice effectif du droit à la protection contre la pauvreté et l'exclusion sociale, les Parties s'engagent :

a. à prendre des mesures dans le cadre d'une approche globale et coordonnée pour promouvoir l'accès effectif notamment à l'emploi, au logement, à la formation, à l'enseignement, à la culture, à l'assistance sociale et médicale des personnes se trouvant ou risquant de se trouver en situation d'exclusion sociale ou de pauvreté, et de leur famille;

b. à réexaminer ces mesures en vue de leur adaptation si nécessaire.

411 Charte des droits fondamentaux de l'Union européenne (articles 34.1 et 34.2)

Art. 34. *Sécurité sociale et aide sociale.* 1. L'Union reconnaît et respecte le droit d'accès aux prestations de sécurité sociale et aux services sociaux assurant une protection dans des cas tels que la maternité, la maladie, les accidents du travail, la dépendance ou la vieillesse, ainsi qu'en cas de perte d'emploi, selon les règles établies par le droit de l'Union et les législations et pratiques nationales.

2. Toute personne qui réside et se déplace légalement à l'intérieur de l'Union a droit aux prestations de sécurité sociale et aux avantages sociaux, conformément au droit de l'Union et aux législations et pratiques nationales.

412 Préambule de la Constitution du 27 octobre 1946 (alinéas 10 et 11)

Al. 10. La nation assure à l'individu et à la famille les conditions nécessaires à leur développement.

Al. 11. Elle garantit à tous, notamment à l'enfant, à la mère et aux vieux travailleurs, la protection de la santé, la sécurité matérielle, le repos et les loisirs. Tout être humain qui, en raison de son âge, de son état physique ou mental, de la situation économique, se trouve dans l'incapacité de travailler a le droit d'obtenir de la collectivité des moyens convenables d'existence.

413 Code de la sécurité sociale (articles L. 111-1 à L. 111-2-3)

TITRE Ier
GÉNÉRALITÉS

CHAPITRE PREMIER
Organisation de la sécurité sociale

Art. L. 111-1. *(L. n° 2015-1702 du 21 déc. 2015, art. 59-I-1°, en vigueur le 1er janv. 2016)* La sécurité sociale est fondée sur le principe de solidarité nationale.

Elle assure, pour toute personne travaillant ou résidant en France de façon stable et régulière, la couverture des charges de maladie, de maternité et de paternité ainsi que des charges de famille.

Elle garantit les travailleurs contre les risques de toute nature susceptibles de réduire ou de supprimer leurs revenus. Cette garantie s'exerce par l'affiliation des intéressés à un ou plusieurs régimes obligatoires.

Elle assure la prise en charge des frais de santé, le service des prestations d'assurance sociale, notamment des allocations vieillesse, le service des prestations d'accidents du travail et de maladies professionnelles ainsi que le service des prestations familiales dans le cadre du présent code, sous réserve des stipulations des conventions internationales et des dispositions des règlements européens.

Art. L. 111-2. Des lois pourront étendre le champ d'application de l'organisation de la sécurité sociale à des catégories nouvelles de bénéficiaires et à des risques ou prestations non prévus par le présent code *(L. n° 2016-1827 du 23 déc. 2016, art. 64-I)* «, qui est applicable en France métropolitaine et, sous les réserves qu'il prévoit, en Guadeloupe, en Guyane, en Martinique, à La Réunion, à Saint-Barthélemy et à Saint-Martin».

Restent soumises au régime résultant de leur statut actuel les professions agricoles et forestières.

Art. L. 111-2-1. *(L. n° 2004-810 du 13 août 2004, art. 1er) (L. n° 2015-1702 du 21 déc. 2015, art. 59-I-2°, en vigueur le 1er janv. 2016)* «I. — La Nation affirme son attachement au caractère universel, obligatoire et solidaire de la prise en charge des frais de santé assurée par la sécurité sociale.

«La protection contre le risque et les conséquences de la maladie est assurée à chacun, indépendamment de son âge et de son état de santé. Chacun contribue, en fonction de ses ressources, au financement de cette protection.»

L'État, qui définit les objectifs de la politique de santé publique, garantit l'accès effectif des assurés aux soins sur l'ensemble du territoire.

(L. n° 2016-41 du 26 janv. 2016, art. 1er-IV-1°) «En partenariat avec les organisations représentatives des professionnels de santé et les associations agréées en application de l'article L. 1114-1 du code de la santé publique, les organismes gestionnaires des régimes d'assurance maladie concourent, dans les conditions prévues à l'article L. 1411-2 du même code, à la mise en œuvre de la politique nationale de santé définie par l'État.»

Chacun contribue, pour sa part, au bon usage des ressources consacrées par la Nation à l'assurance maladie.

(L. n° 2014-40 du 20 janv. 2014, art. 1er-I-2°) «II. — La Nation réaffirme solennellement le choix de la retraite par répartition au cœur du pacte social qui unit les générations. Le système de retraite par répartition assure aux retraités le versement de pensions en rapport avec les revenus qu'ils ont tirés de leur activité.

«Les assurés bénéficient d'un traitement équitable au regard de la durée de la retraite comme du montant de leur pension, quels que soient leur sexe, leurs activités et parcours professionnels passés, leur espérance de vie en bonne santé, les régimes dont ils relèvent et la génération à laquelle ils appartiennent.

«La Nation assigne également au système de retraite par répartition un objectif de solidarité entre les générations et au sein de chaque génération, notamment par l'égalité entre les femmes et les hommes, par la prise en compte des périodes éventuelles de privation involontaire d'emploi, totale ou partielle, et par la garantie d'un niveau de vie satisfaisant pour tous les retraités.

«La pérennité financière du système de retraite par répartition est assurée par des contributions réparties équitablement entre les générations et, au sein de chaque génération, entre les différents niveaux de revenus et entre les revenus tirés du travail et du capital. Elle suppose de rechercher le plein emploi.»

Art. L. 111-2-2. *(L. n° 2015-1702 du 21 déc. 2015, art. 59-I-3°, en vigueur le 1er janv. 2016)* Sous réserve des traités et accords internationaux régulièrement ratifiés ou approuvés et des règlements européens, sont affiliées à un régime obligatoire de sécurité sociale dans le cadre du présent code, quel que soit leur lieu de résidence, toutes les personnes :

1° Qui exercent sur le territoire français :

a) Une activité pour le compte d'un ou de plusieurs employeurs, ayant ou non un établissement en France;

b) Une activité professionnelle non salariée;

2° Qui exercent une activité professionnelle à l'étranger et sont soumises à la législation française de sécurité sociale en application des règlements européens ou des conventions internationales.

Art. L. 111-2-3. *(L. n° 2015-1702 du 21 déc. 2015, art. 59-I-4°, en vigueur le 1er janv. 2016)* Un décret en Conseil d'État précise, sans préjudice des règles particulières applicables au service des prestations ou des allocations, les conditions d'appréciation de la stabilité de la résidence et de la régularité du séjour mentionnées à l'article L. 111-1.

B – LA COUVERTURE UNIVERSELLE

414 Code de la sécurité sociale (articles L. 161-3 à L. 161-15-1 et L. 380-2)

Art. L. 161-3. *Devient l'art. L. 161-5 (Ord. n° 2018-470 du 12 juin 2018, art. 6).*

Art. L. 161-4. L'inobservation des procédures et réglementations ouvrant droit aux prestations des régimes de l'assurance maladie et maternité ne fait pas perdre le bénéfice de ces prestations quand il est reconnu, dans des conditions fixées par décret, qu'elle est totalement indépendante de la volonté de l'intéressé, en particulier quand elle est due à son état de santé.

Art. L. 161-5. *(L. n° 2015-1702 du 21 déc. 2015, art. 59-IV-3°, en vigueur le 1er janv. 2016)* «Les prestations en espèces de l'assurance maternité sont attribuées» dans les mêmes conditions *(L. n° 92-722 du 29 juill. 1992, art. 13-I-2°)* «d'un montant minimum de cotisations ou» de durée minimale de travail salarié que *(L. n° 2015-1702 du 21 déc. 2015, art. 59-IV-3°, en vigueur le 1er janv. 2016)* «les prestations en espèces de» l'assurance maladie, la date de référence étant celle du début, soit de la grossesse, soit du repos prénatal.

Art. L. 161-6. *(Ord. n° 2018-470 du 12 juin 2018, art. 6)* Lorsque l'un et l'autre des parents bénéficient d'une indemnisation ou d'un maintien de traitement accordés aux assurés qui adoptent ou accueillent un enfant dans les conditions mentionnées au deuxième alinéa, la durée cumulée de ces indemnisations ou maintiens de salaire est égale à la plus élevée des durées d'indemnisation ou *[de]* maintien de salaire des deux parents pris isolément, majorée de onze ou, en cas d'adoptions multiples, de dix-huit jours. Elle doit être répartie entre les deux parents de telle sorte que chacun bénéficie, dans le régime auquel il est affilié, d'une indemnisation ou d'un maintien de salaire au titre de la cessation temporaire de son activité pendant une période qui ne peut être inférieure à onze jours et ne peut excéder la durée maximale d'indemnisation ou de maintien de salaire applicable dans le régime considéré en cas d'adoption.

Les dispositions de l'alinéa précédent s'appliquent aux assurés à qui un service départemental d'aide sociale à l'enfance, un organisme français autorisé pour l'adoption ou l'Agence française de l'adoption confie un enfant en vue de son adoption, ainsi qu'aux assurés titulaires de l'agrément mentionné à l'article L. 225-2 du code de l'action sociale et des familles lorsqu'ils adoptent ou accueillent un enfant en vue de son adoption par décision de l'autorité étrangère compétente, à condition que l'enfant ait été autorisé, à ce titre, à entrer sur le territoire français.

Art. L. 161-8. *(L. n° 2017-1836 du 30 déc. 2017, art. 15-IV, en vigueur le 1er janv. 2018)* Tant qu'elles continuent de remplir les conditions de résidence et de séjour mentionnées à l'article L. 111-2-3 et ne viennent pas à justifier de nouveau des conditions d'ouverture du droit aux mêmes prestations dans ce régime ou un autre régime, les personnes qui cessent de remplir les conditions d'activité requises pour l'affiliation à l'assurance maladie, maternité, invalidité, décès d'un régime dont elles relevaient jusqu'alors bénéficient du maintien de leur droit aux prestations en espèces pour ces risques pendant une durée déterminée par décret. Cette durée est prolongée, dans des conditions fixées par décret, pour les personnes qui relèvent de l'article L. 5411-1 du code du travail.

Art. L. 161-9. *(L. n° 2015-1702 du 21 déc. 2015, art. 59-XI-B-1°, en vigueur le 1er janv. 2016)* «En cas de reprise du travail,» les personnes bénéficiaires *(L. n° 2014-873 du 4 août 2014, art. 8-I-1°)* «de la prestation partagée d'éducation de l'enfant prévue» *(L. n° 2003-1199 du 18 déc. 2003, art. 60-IV)* «à l'article L. 531-4» du titre III du livre V du code de la sécurité sociale, ou du congé parental d'éducation prévu à l'article *(L. n° 95-116 du 4 févr. 1995, art. 37)* «L. 122-28-1» du code du travail, retrouvent leurs droits aux prestations en espèces *(L. n° 91-73 du 18 janv. 1991, art. 14; L. n° 95-116 du 4 févr. 1995, art. 37)* «de l'assurance maladie, maternité, invalidité et décès», pendant une période fixée par décret.

(L. n° 95-116 du 4 févr. 1995, art. 37) «En cas de non-reprise du travail à l'issue du congé parental d'éducation, en raison d'une maladie ou d'une nouvelle maternité, les personnes retrouvent leurs droits aux prestations en espèces du régime antérieur au congé

parental d'éducation dont elles relevaient. Ces dispositions s'appliquent pendant la durée de l'arrêt de travail pour cause de maladie ou du congé légal de maternité postérieur au congé parental.

«Lors de la reprise du travail à l'issue du congé de maladie ou de maternité, les personnes susmentionnées retrouvent leurs droits aux prestations pendant une période fixée par décret.»

Art. L. 161-9-2. *(L. nº 2005-1579 du 19 déc. 2005, art. 87-VII)* Lorsqu'une personne bénéficie, successivement et sans interruption d'un congé parental d'éducation ou *(L. nº 2014-873 du 4 août 2014, art. 8-I-2º)* «de la prestation prévue» au 3º de l'article L. 531-1 et d'un congé de présence parentale ou de l'allocation journalière de présence parentale, ou inversement, elle retrouve, en cas de reprise d'activité, ses droits aux prestations acquis antérieurement au bénéfice du congé parental d'éducation *(L. nº 2014-873 du 4 août 2014, art. 8-I-2º)* «ou de ladite prestation» dans les conditions prévues à l'article L. 161-9.

Art. L. 161-9-3. *(L. nº 2010-209 du 2 mars 2010, art. 2)* Les personnes bénéficiaires du congé prévu à l'article *(L. nº 2016-1088 du 8 août 2016, art. 9-IV)* «L. 3142-6» du code du travail, au 9º de l'article 34 de la loi nº 84-16 du 11 janvier 1984 portant dispositions statutaires relatives à la fonction publique de l'État, au 10º de l'article 57 de la loi nº 84-53 du 26 janvier 1984 portant dispositions statutaires relatives à la fonction publique territoriale, au 9º de l'article 41 de la loi nº 86-33 du 9 janvier 1986 portant dispositions statutaires relatives à la fonction publique hospitalière et à l'article L. 4138-6 du code de la défense conservent leurs droits aux prestations en espèces de l'assurance maladie, maternité, invalidité et décès de leur régime d'origine aussi longtemps qu'elles bénéficient de ce congé.

Les personnes ayant bénéficié de ces dispositions conservent leurs droits aux prestations en espèces d'assurance maladie, maternité, invalidité et décès auprès du régime obligatoire dont elles relevaient avant et pendant ce congé, dans les situations suivantes :

1º Lors de la reprise de leur travail à l'issue du congé;

2º En cas de non-reprise du travail à l'issue du congé, en raison d'une maladie ou d'une maternité;

3º Lors de la reprise du travail à l'issue du congé de maladie ou de maternité.

Les périodes pendant lesquelles les bénéficiaires conservent leurs droits sont fixées par décret et sont applicables, sans préjudice des dispositions de l'article L. 161-8 du présent code.

Art. L. 161-13-1. *(L. nº 2005-1579 du 19 déc. 2005, art. 34-I)* Les personnes ayant relevé des dispositions de l'article L. 381-30 retrouvent, dans des conditions fixées par décret en Conseil d'État, *(L. nº 2017-1837 du 30 déc. 2017, art. 55-II, en vigueur le 1er janv. 2018)* «lorsqu'elles ne sont plus écrouées» pour la détermination des conditions d'attribution des prestations en espèces, le bénéfice des droits ouverts dans le régime dont elles relevaient avant la date de *(L. nº 2017-1837 du 30 déc. 2017, art. 55-II, en vigueur le 1er janv. 2018)* «leur mise sous écrou», augmenté, le cas échéant, des droits ouverts pendant la période de détention provisoire. Ce décret fixe notamment la durée maximale *(L. nº 2017-1837 du 30 déc. 2017, art. 55-II, en vigueur le 1er janv. 2018)* «de mise sous écrou» ouvrant droit au bénéfice de ces dispositions et la durée de maintien des droits aux prestations en espèces pour les personnes n'ayant pas repris d'activité professionnelle à la fin de *(L. n° 2017-1837 du 30 déc. 2017, art. 55-II, en vigueur le 1er janv. 2018)* «leur mise sous écrou».

Art. L. 161-15. *(L. n° 2015-1702 du 21 déc. 2015, art. 59-IV-5°, en vigueur le 1er janv. 2016)* Le conjoint séparé de droit ou de fait qui se trouve, du fait de défaut de présentation par l'autre conjoint des justifications requises, dans l'impossibilité d'obtenir pour ses enfants mineurs la prise en charge des frais de santé en cas de maladie et de maternité dispose d'une action directe en paiement de ces prestations, dans des conditions fixées par décret en Conseil d'État.

Art. L. 161-15-1. *(L. n° 99-641 du 27 juill. 1999, art. 5)* Une personne ne peut perdre le bénéfice *(L. n° 2015-1702 du 21 déc. 2015, art. 59-IV-6°, en vigueur le 1er janv. 2016)* «de la prise en charge des frais de santé en cas de» maladie et maternité que si elle cesse de remplir la condition de résidence mentionnée à l'article *(L. n° 2015-1702 du 21 déc. 2015, art. 59-IV-6°, en vigueur le 1er janv. 2016)* «L. 160-1» ou si elle est présumée absente dans les conditions prévues par l'article 112 du code civil.

Art. L. 380-2. *(L. n° 99-641 du 27 juill. 1999, art. 3) (L. n° 2015-1702 du 21 déc. 2015, art. 32-III-B-1°, en vigueur le 1er janv. 2016)* «Les personnes mentionnées à l'article L. 160-1 sont redevables d'une cotisation annuelle lorsqu'elles remplissent les conditions suivantes :

«1° Leurs revenus tirés, au cours de l'année considérée, d'activités professionnelles exercées en France sont inférieurs à un seuil fixé par décret. En outre, lorsqu'elles sont mariées ou liées à un partenaire par un pacte civil de solidarité, les revenus tirés d'activités professionnelles exercées en France de l'autre membre du couple sont également inférieurs à ce seuil;

«2° Elles n'ont perçu ni pension de retraite *(L. n° 2018-1203 du 22 déc. 2018, art. 12-I)* «ou d'invalidité», ni rente, ni aucun montant d'allocation de chômage au cours de l'année considérée. Il en est de même, lorsqu'elles sont mariées ou liées à un partenaire par un pacte civil de solidarité, pour l'autre membre du couple.»

Cette cotisation est *(L. n° 2018-1203 du 22 déc. 2018, art. 12-I)* «assise sur le» montant des revenus *(L. n° 2015-1702 du 21 déc. 2015, art. 32-III-B-2°, en vigueur le 1er janv. 2016)* «fonciers, de capitaux mobiliers, des plus-values de cession à titre onéreux de biens ou de droits de toute nature, des bénéfices industriels et commerciaux non professionnels et des bénéfices des professions non commerciales non professionnels», définis selon les modalités fixées au *(L. n° 2000-656 du 13 juill. 2000, art. 11-V-9)* «IV de l'article 1417» du code général des impôts. *(L. n° 2006-1640 du 21 déc. 2006, art. 132-V)* «Servent également au calcul de l'assiette de la cotisation, lorsqu'ils ne sont pas pris en compte en application du IV de l'article 1417 du code général des impôts, l'ensemble des moyens d'existence et des éléments de train de vie, notamment les avantages en nature et les revenus procurés par des biens mobiliers et immobiliers, dont le bénéficiaire de la couverture maladie universelle a disposé, en quelque lieu que ce soit, en France ou à l'étranger, et à quelque titre que ce soit. Ces éléments de train de vie font l'objet d'une évaluation dont les modalités sont fixées par décret en Conseil d'État.» Un décret détermine le taux et les modalités de calcul de cette cotisation ainsi que les obligations déclaratives incombant aux assujettis.

(L. n° 2018-1203 du 22 déc. 2018, art. 12-I) «L'assiette de la cotisation fait l'objet d'un abattement fixé par décret. Cette assiette, avant application de l'abattement, ne peut excéder un montant fixé par décret.

«Pour les personnes mentionnées à l'article L. 611-1 du présent code ainsi que pour les personnes mentionnées à l'article L. 722-1 du code rural et de la pêche maritime, les revenus d'activité pris en compte pour l'application du cinquième alinéa du présent article ne peuvent être inférieurs à la plus faible des assiettes minimales retenues pour le calcul des cotisations sociales de ces personnes dans les conditions prévues aux articles L. 621-1 et L. 633-1, à l'avant-dernier alinéa de l'article L. 635-1, au dernier alinéa de l'article L. 632-1, à l'avant-dernier alinéa de l'article L. 642-1 et, le cas échéant, aux articles L. 644-1 et L. 644-2 du présent code ou à l'article L. 731-11 du code rural et de la pêche maritime.

«Le montant de la cotisation est égal au produit de l'assiette et d'un taux dont la valeur, fixée par décret, décroît linéairement à proportion des revenus d'activité et devient nul lorsque ces revenus atteignent le seuil mentionné au 1°.»

La cotisation est recouvrée *(L. n° 2015-1702 du 21 déc. 2015, art. 32-III-B-4°, en vigueur le 1er janv. 2016)* «l'année qui suit l'année considérée, mentionnée aux 1° et 2° du présent article,» selon les dispositions des sections II à IV du chapitre III et du chapitre IV du titre IV du livre II du présent code, sous réserve des adaptations prévues par décret *(L. n° 2018-1203 du 22 déc. 2018, art. 12-I)* «en Conseil d'État».

(L. n° 2015-1702 du 21 déc. 2015, art. 32-III-B-6°, en vigueur le 1er janv. 2016) «Les agents des administrations fiscales communiquent aux organismes mentionnés aux articles L. 213-1 et L. 752-2 les informations nominatives déclarées pour l'établissement de l'impôt sur le revenu par les personnes remplissant les conditions mentionnées au premier alinéa de l'article L. 380-2, conformément à l'article L. 152 du livre des procédures fiscales.»

Section 2

Le droit à l'indemnisation du chômage

415 Charte des droits fondamentaux de l'Union européenne (articles 29 et 30)

TITRE III
ÉGALITÉ

Art. 29. *Droit d'accès aux services de placement.* Toute personne a le droit d'accéder à un service gratuit de placement.

Art. 30. *Protection en cas de licenciement injustifié.* Tout travailleur a droit à une protection contre tout licenciement injustifié, conformément au droit de l'Union et aux législations et pratiques nationales.

416 Code du travail (articles L. 5421-1 à L. 5421-4)

TITRE DEUXIÈME
INDEMNISATION DES TRAVAILLEURS INVOLONTAIREMENT PRIVÉS D'EMPLOI

CHAPITRE PREMIER
Dispositions générales

Art. L. 5421-1. *(L. n° 2018-771 du 5 sept. 2018, art. 49-I, en vigueur le 1er janv. 2019)* En complément des mesures tendant à faciliter leur reclassement ou leur conversion, les personnes aptes au travail et recherchant un emploi ont droit à un revenu de remplacement dans les conditions fixées au présent titre.

Art. L. 5421-2. *(L. n° 2018-771 du 5 sept. 2018, art. 49-I, en vigueur le 1er janv. 2019)* Le revenu de remplacement prend, selon le cas, la forme :

1° D'une allocation d'assurance, prévue au chapitre II du présent titre;

2° Des allocations de solidarité, prévues au chapitre III;

3° De l'allocation des travailleurs indépendants et des autres allocations et indemnités régies par les régimes particuliers, prévues au chapitre IV.

Art. L. 5421-3. La condition de recherche d'emploi requise pour bénéficier d'un revenu de remplacement est satisfaite dès lors que les intéressés sont inscrits comme demandeurs d'emploi et accomplissent, à leur initiative ou sur proposition de l'un des organismes mentionnés à l'article L. 5311-2, des actes positifs et répétés en vue de retrouver un emploi, de créer *(L. n° 2018-771 du 5 sept. 2018, art. 60-III, en vigueur le 1er janv. 2019)* «, reprendre ou développer» une entreprise.

Un décret en Conseil d'État détermine les mesures d'application du présent article.

Art. L. 5421-4. Le revenu de remplacement cesse d'être versé :

1° Aux allocataires *(L. n° 2010-1330 du 9 nov. 2010, art. 32)* «ayant atteint l'âge prévu à l'article L. 161-17-2 du code de la sécurité sociale» justifiant de la durée d'assurance, définie au deuxième alinéa de l'article L. 351-1 du code de la sécurité sociale, requise pour l'ouverture du droit à une pension de vieillesse à taux plein;

2° Aux allocataires atteignant l'âge *(L. n° 2010-1330 du 9 nov. 2010, art. 32)* «prévu à l'article L. 161-17-2 du même code augmenté de cinq ans»;

(L. n° 2014-40 du 20 janv. 2014, art. 21) «3° Aux allocataires bénéficiant d'une retraite attribuée en application des articles L. 161-17-4, L. 351-1-1, L. 351-1-3 *(L. n° 2018-771 du 5 sept. 2018, art. 51-II, en vigueur le 1er janv. 2019)* «, L. 351-1-4 et des II et III des articles L. 643-3 et L. 723-10-1 du code de la sécurité sociale, des articles L. 732-18-1 à L. 732-18-3 du code rural et de la pêche maritime» et des troisième et septième alinéas du I de l'article 41 de la loi de financement de la sécurité sociale pour 1999 (n° 98-1194 du 23 décembre 1998).»

417 Code du travail (articles L. 5422-1 à L. 5422-2-1)

TITRE DEUXIÈME

INDEMNISATION DES TRAVAILLEURS INVOLONTAIREMENT PRIVÉS D'EMPLOI

CHAPITRE II

Régime d'assurance

Section première

Conditions et modalités d'attribution de l'allocation d'assurance

Sous-section 1 – Conditions d'attribution

Art. L. 5422-1. *(L. n° 2018-771 du 5 sept. 2018, art. 49-II, en vigueur le 1er janv. 2019)* I. — Ont droit à l'allocation d'assurance les travailleurs aptes au travail et recherchant un emploi qui satisfont à des conditions d'âge et d'activité antérieure, et dont :

1° Soit la privation d'emploi est involontaire, ou assimilée à une privation involontaire par les accords relatifs à l'assurance chômage mentionnés à l'article L. 5422-20;

2° Soit le contrat de travail a été rompu conventionnellement selon les modalités prévues aux articles L. 1237-11 à L. 1237-16 du présent code ou à l'article L. 421-12-2 du code de la construction et de l'habitation;

3° Soit le contrat de travail a été rompu d'un commun accord selon les modalités prévues aux articles L. 1237-17 à L. 1237-19-14 du présent code.

II. — Ont également droit à l'allocation d'assurance les travailleurs dont la privation d'emploi volontaire résulte d'une démission au sens de l'article L. 1237-1, sans préjudice du 1° du I du présent article, aptes au travail et recherchant un emploi qui :

1° Satisfont à des conditions d'activité antérieure spécifiques;

2° Poursuivent un projet de reconversion professionnelle nécessitant le suivi d'une formation ou un projet de création ou de reprise d'une entreprise. Ce projet doit présenter un caractère réel et sérieux attesté par la commission paritaire interprofessionnelle régionale mentionnée à l'article L. 6323-17-6, dans des conditions fixées par décret en Conseil d'État.

Art. L. 5422-2. L'allocation d'assurance est accordée pour des durées limitées qui tiennent compte de l'âge des intéressés et de leurs conditions d'activité professionnelle antérieure. *(L. n° 2018-771 du 5 sept. 2018, art. 64-III, en vigueur le 1er janv. 2019)* «Ces durées peuvent également tenir compte, le cas échéant, du suivi d'une formation par les intéressés. Elles» ne peuvent être inférieures aux durées déterminées par décret en Conseil d'État.

Art. L. 5422-2-1. *(L. n° 2013-504 du 14 juin 2013, art. 10-I)* Les droits à l'allocation d'assurance non épuisés, issus de périodes antérieures d'indemnisation, sont pris en compte, en tout ou partie, dans le calcul de la durée et du montant des droits lors de l'ouverture d'une nouvelle période d'indemnisation, dans les conditions définies dans les accords relatifs à l'assurance chômage mentionnés à l'article L. 5422-20.

418 Code du travail (articles L. 5423-1 à L. 5423-6)

TITRE DEUXIÈME

INDEMNISATION DES TRAVAILLEURS INVOLONTAIREMENT PRIVÉS D'EMPLOI

CHAPITRE III

Régime de solidarité

Section première

Allocations

Sous-section 1 – Allocation de solidarité spécifique

Art. L. 5423-1. Ont droit à une allocation de solidarité spécifique les travailleurs privés d'emploi qui ont épuisé leurs droits à l'allocation d'assurance et qui satisfont à des conditions d'activité antérieure et de ressources.

Art. L. 5423-2. Ont également droit à l'allocation de solidarité spécifique les bénéficiaires de l'allocation d'assurance âgés de cinquante ans au moins qui satisfont aux conditions mentionnées à l'article L. 5423-1 et qui optent pour la perception de cette allocation.

Dans ce cas, le versement de l'allocation d'assurance est interrompu.

Art. L. 5423-3. Les artistes non salariés, dès lors qu'ils ne peuvent prétendre au bénéfice de l'allocation d'assurance, ont également droit à l'allocation de solidarité spécifique, selon des conditions d'âge et d'activité antérieure.

Art. L. 5423-5. *(L. nº 2011-1977 du 28 déc. 2011, art. 61-4º)* «Sous réserve des dispositions prévues aux articles L. 5426-8-1 à L. 5426-8-3, l'allocation» de solidarité spécifique est incessible et insaisissable.

Les blocages de comptes courants de dépôts ou d'avances ne peuvent avoir pour effet de faire obstacle à son insaisissabilité.

Nonobstant toute opposition, le bénéficiaire dont l'allocation est versée sur un compte courant de dépôts ou d'avances peut effectuer mensuellement des retraits de ce compte dans la limite du montant de son allocation.

Art. L. 5423-6. Le taux de l'allocation de solidarité spécifique est *(L. nº 2015-1785 du 29 déc. 2015, art. 67-III, en vigueur le 1er janv. 2016)* «revalorisé le 1er avril de chaque année par application du coefficient mentionné à l'article L. 161-25 du code de la sécurité sociale» et est fixé par décret.

419 Code du travail (article L. 5424-1 à L. 5424-23)

TITRE DEUXIÈME

INDEMNISATION DES TRAVAILLEURS INVOLONTAIREMENT PRIVÉS D'EMPLOI

CHAPITRE IV

Régimes particuliers

Section première

Dispositions particulières à certains salariés

(L. n° 2010-1488 du 7 déc. 2010, art. 26-I).

Art. L. 5424-1. Ont droit à une allocation d'assurance dans les conditions prévues aux articles L. 5422-2 et L. 5422-3 :

1° Les agents fonctionnaires et non fonctionnaires de l'État et de ses établissements publics administratifs, les agents titulaires des collectivités territoriales ainsi que les agents statutaires des autres établissements publics administratifs ainsi que les militaires ;

2° Les agents non titulaires des collectivités territoriales et les agents non statutaires des établissements publics administratifs autres que ceux de l'État et ceux mentionnés au 4° ainsi que les agents non statutaires des groupements d'intérêt public ;

3° Les salariés des entreprises inscrites au répertoire national des entreprises contrôlées majoritairement par l'État, les salariés relevant soit des établissements publics à caractère industriel et commercial des collectivités territoriales, soit des sociétés d'économie mixte dans lesquelles ces collectivités ont une participation majoritaire ;

4° Les salariés non statutaires des chambres de métiers, des services à caractère industriel et commercial gérés par les chambres de commerce et d'industrie territoriales, des chambres d'agriculture, ainsi que les salariés des établissements et services d'utilité agricole de ces chambres ;

5° Les fonctionnaires de France Télécom placés hors de la position d'activité dans leurs corps en vue d'assurer des fonctions soit dans l'entreprise, en application du cinquième alinéa de l'article 29 de la loi n° 90-568 du 2 juillet 1990 relative à l'organisation du service public de la poste et des télécommunications, soit dans l'une de ses filiales ;

(L. n° 2010-1488 du 7 déc. 2010, art. 26-II) «6° Les salariés des entreprises de la branche professionnelle des industries électriques et gazières soumis au statut national du personnel des industries électriques et gazières.»

Art. L. 5424-2. Les employeurs mentionnés à l'article L. 5424-1 assurent la charge et la gestion de l'allocation d'assurance. *(L. n° 2008-126 du 13 févr. 2008)* «Ceux-ci peuvent, par convention conclue avec *(L. n° 2018-771 du 5 sept. 2018, art. 64-III, en vigueur le 1er janv. 2019)* «Pôle emploi», pour le compte de l'organisme mentionné à l'article L. 5427-1, lui confier cette gestion.»

Toutefois, peuvent adhérer au régime d'assurance :

1° Les employeurs mentionnés au 2° de l'article L. 5424-1 ;

2° Par une option irrévocable, les employeurs mentionnés aux 3° *(L. nº 2010-1488 du 7 déc. 2010, art. 26-III)* «, 4° et 6°» de ce même article;

3° Pour leurs agents non titulaires, les établissements publics d'enseignement supérieur et les établissements publics à caractère scientifique et technologique;

4° Pour les assistants d'éducation, les établissements d'enseignement mentionnés à l'article L. 916-1 du code de l'éducation.

(L. nº 2010-1488 du 7 déc. 2010, art. 26-III) «Les entreprises de la branche professionnelle des industries électriques et gazières soumises au statut national du personnel des industries électriques et gazières, adhérentes, avant leur assujettissement au statut national, au régime d'assurance chômage prévu par les articles L. 5422-1 et suivants, ainsi que les entreprises en création sont considérées comme ayant exercé leur option irrévocable mentionnée au 2°.»

Art. L. 5424-3. Les employeurs mentionnés à la présente section adhèrent au régime d'assurance pour les salariés engagés à titre temporaire qui relèvent des professions de la production cinématographique, de l'audiovisuel ou du spectacle, lorsque l'activité exercée bénéficie de l'aménagement des conditions d'indemnisation prévues par l'article L. 5424-20.

Art. L. 5424-4. Un décret en Conseil d'État fixe les règles de coordination applicables pour l'indemnisation des travailleurs dont les activités antérieures prises en compte pour l'ouverture des droits ont été exercées auprès d'employeurs relevant les uns de l'article L. 5422-13, les autres de la présente section.

Art. L. 5424-5. Les litiges résultant de l'adhésion au régime d'assurance *(L. nº 2008-126 du 13 févr. 2008; Décr. nº 2009-1708 du 30 déc. 2009)* «suivent les règles de compétence prévues à l'article L. 5422-16».

Section II

Entreprises du bâtiment et des travaux publics privées d'emploi par suite d'intempéries

Art. L. 5424-6. Les dispositions de la présente section déterminent les règles suivant lesquelles les entreprises du bâtiment et des travaux publics relevant de certaines activités professionnelles déterminées par décret indemnisent les travailleurs qu'elles occupent habituellement en cas d'arrêt de travail occasionné par les intempéries.

Art. L. 5424-7. Dans les zones où les conditions climatiques entraînent un arrêt saisonnier pour diverses catégories d'entreprises mentionnées à l'article L. 5424-6, l'autorité administrative, après avis des organisations d'employeurs et de salariés, intéressées, détermine par région pour chaque catégorie d'entreprises les périodes où il n'y a pas lieu à l'indemnisation du fait de l'arrêt habituel de l'activité.

Art. L. 5424-8. Sont considérées comme intempéries, les conditions atmosphériques et les inondations lorsqu'elles rendent dangereux ou impossible l'accomplissement du travail eu égard soit à la santé ou à la sécurité des salariés, soit à la nature ou à la technique du travail à accomplir.

Art. L. 5424-9. L'arrêt du travail en cas d'intempéries est décidé par l'entrepreneur ou par son représentant sur le chantier après consultation *(Ord. n° 2017-1386 du 22 sept. 2017, art. 4)* «du comité social et économique».

Lorsque les travaux sont exécutés pour le compte d'une administration, d'une collectivité publique, d'un service concédé ou subventionné, le représentant du maître d'*(L. n° 2009-526 du 12 mai 2009, art. 41)* «ouvrage» sur le chantier peut s'opposer à l'arrêt du travail.

Art. L. 5424-10. Les salariés bénéficient de l'indemnisation pour intempéries, quels que soient le montant et la nature de leur rémunération.

Art. L. 5424-11. Le salarié a droit à l'indemnisation pour intempéries s'il justifie avoir accompli avant l'arrêt du travail un nombre minimum d'heures de travail durant une période déterminée dans l'une des entreprises définies à l'article L. 5424-6.

Art. L. 5424-12. L'indemnité journalière d'intempéries est due pour chaque heure perdue après expiration d'un délai de carence fixé par décret.

Ce décret détermine également :

1° La limite d'indemnisation des heures perdues en fonction du salaire afférent à ces heures;

2° Le nombre maximum des indemnités journalières susceptibles d'être attribuées au cours d'une année civile.

Art. L. 5424-13. L'indemnité journalière d'intempéries est versée au salarié par son entreprise à l'échéance normale de la paie dans les mêmes conditions que cette dernière.

Elle n'est pas due au salarié momentanément inapte.

Elle ne se cumule pas avec les indemnités journalières d'accident du travail, de maladie, des assurances sociales et de congés payés.

Elle est exclusive de toute indemnité de chômage.

Elle cesse d'être due dans le cas où le salarié exerce une autre activité salariée pendant la période d'arrêt du travail.

Art. L. 5424-14. Les indemnités journalières d'intempéries ne constituent pas un salaire et ne donnent pas lieu en conséquence au versement de cotisations sociales, à l'exception de celles concernant l'application de la législation sur les congés payés et de celles qui sont prévues à l'article 6 de la loi n° 82-1 du 4 janvier 1982 portant diverses mesures d'ordre social.

Toutefois, les dispositions des titres III, IV et V du livre II de la troisième partie du présent code et de l'article 2101 du code civil sont applicables au paiement des indemnités d'intempéries.

En vue de la détermination du droit des intéressés aux diverses prestations de la sécurité sociale, les périodes pour lesquelles ils ont bénéficié des indemnités journalières d'intempéries sont assimilées à des périodes de chômage involontaire.

Art. L. 5424-15. La charge du paiement des indemnités journalières d'intempéries, y compris les charges sociales, sont réparties au plan national entre les entreprises prévues à l'article L. 5424-6 en fonction des salaires payés par celles-ci à leurs salariés.

La péréquation des charges est opérée par des organismes et dans des conditions déterminées par décret.

Art. L. 5424-16. Le contrôle de l'application par les employeurs des dispositions de la présente section est confié aux *(L. nº 2016-1088 du 8 août 2016, art. 113)* «agents de contrôle de l'inspection du travail mentionnés à l'article L. 8112-1» et aux contrôleurs des caisses de congés payés du bâtiment.

Art. L. 5424-17. En cas de retard dans le paiement des cotisations et dans la production des déclarations de salaires servant d'assiette aux cotisations, les cotisations échues et non payées ou correspondant aux déclarations non produites en temps utile sont majorées selon un taux et dans des conditions fixées par décret.

Art. L. 5424-18. En cas d'arrêt pour cause d'intempéries, les salariés que leur employeur ne peut occuper peuvent être mis par leur entreprise à la disposition de collectivités publiques pour l'exécution de travaux d'intérêt général.

Dans ce cas, les intéressés perçoivent le salaire correspondant aux travaux accomplis auxquels *[auquel]* s'ajoute, le cas échéant, une indemnité égale à la différence entre le salaire servant de base au calcul de l'indemnité d'intempéries et le salaire perçu pour ces travaux occasionnels.

Art. L. 5424-19. Un décret détermine les modalités d'application de la présente section, notamment les conditions dans lesquelles les contestations nées de son application peuvent être soumises à des organismes paritaires de conciliation dont il peut rendre l'intervention obligatoire.

Section III

Professions de la production cinématographique, de l'audiovisuel ou du spectacle

Sous-section 1 – Contributions et allocations
(L. nº 2015-994 du 17 août 2015, art. 34-I).

Art. L. 5424-20. Du fait de l'aménagement de leurs conditions d'indemnisation, l'allocation d'assurance versée aux travailleurs privés d'emploi relevant des professions de la production cinématographique, de l'audiovisuel ou du spectacle peut, en sus de la contribution *(L. nº 2018-771 du 5 sept. 2018, art. 54-II, en vigueur le 1er janv. 2019)* «des employeurs prévue au 1° de l'article L. 5422-9», être financée par une contribution spécifique à la charge des employeurs, y compris ceux mentionnés à l'article L. 5424-3 et des salariés relevant de ces professions, assise sur la rémunération brute dans la limite d'un plafond, dans des conditions fixées par l'accord prévu à l'article L. 5422-20.

(L. nº 2008-126 du 13 févr. 2008) «La contribution spécifique est recouvrée et contrôlée par les organismes chargés du recouvrement mentionnés à l'article L. 5427-1 selon les règles applicables aux contributions mentionnées *(L. nº 2018-771 du 5 sept. 2018, art. 54-II, en vigueur le 1er janv. 2019)* «aux 1° à 3° de l'article L. 5422-9.» Les différends relatifs au recouvrement de cette contribution suivent les règles de compétence prévues à l'article L. 5422-16.

(L. nº 2018-771 du 5 sept. 2018, art. 54-II, en vigueur le 1er janv. 2019) «Les fins de contrat de travail des travailleurs relevant de la contribution spécifique prévue au présent article ne sont pas prises en compte au titre du 1° de l'article L. 5422-12 et la majoration ou la minoration de contributions qui résulte de l'application du même 1° n'est pas applicable à ces contrats.»

Art. L. 5424-21. Les travailleurs privés d'emploi et qui ont épuisé leurs droits à l'assurance chômage au titre des dispositions spécifiques relatives aux artistes du spectacle et aux ouvriers et techniciens de l'édition d'enregistrement sonore, de la production cinématographique et audiovisuelle, de la radio, de la diffusion et du spectacle, annexées au règlement général annexé à la convention relative à l'aide au retour à l'emploi et à l'indemnisation du chômage peuvent bénéficier d'allocations spécifiques d'indemnisation du chômage au titre de la solidarité nationale dans les conditions suivantes :

1° Ne pas satisfaire aux conditions pour bénéficier de l'allocation de solidarité spécifique prévue à l'article L. 5423-1 ;

2° Satisfaire à des conditions d'activité professionnelle antérieure et de prise en charge au titre d'un revenu de remplacement.

Ces allocations sont à la charge *(L. n° 2016-1918 du 29 déc. 2016, art. 143-I, en vigueur le 1er janv. 2018)* «de l'État». Leur gestion est assuré*[e]* par *(L. n° 2018-771 du 5 sept. 2018, art. 64-III, en vigueur le 1er janv. 2019)* «Pôle emploi» dans les conditions prévues par une convention conclue avec l'État.

Ces allocations sont cessibles et saisissables dans les mêmes conditions et limites que les salaires.

Un décret détermine les modalités d'application du présent article.

Sous-section 2 – Règles spécifiques en matière de négociation des accords relatifs à l'assurance chômage (L. n° 2015-994 du 17 août 2015, art. 34-I)

Art. L. 5424-22. I. — Pour tenir compte des modalités particulières d'exercice des professions de la production cinématographique, de l'audiovisuel ou du spectacle, les accords relatifs au régime d'assurance chômage mentionnés à l'article L. 5422-20 comportent des règles spécifiques d'indemnisation des artistes et des techniciens intermittents du spectacle, annexées au règlement général annexé à la convention relative à l'indemnisation du chômage.

II. — Les organisations d'employeurs et de salariés représentatives de l'ensemble des professions mentionnées à l'article L. 5424-20 négocient entre elles les règles spécifiques définies au I du présent article. A cette fin, dans le cadre de la négociation des accords relatifs au régime d'assurance chômage mentionnés à l'article L. 5422-20, les organisations professionnelles d'employeurs et les organisations syndicales de salariés représentatives au niveau national et interprofessionnel leur transmettent en temps utile un document de cadrage.

Ce document précise les objectifs de la négociation en ce qui concerne la trajectoire financière et le respect de principes généraux applicables à l'ensemble du régime d'assurance chômage *(L. n° 2018-771 du 5 sept. 2018, art. 56-VII, en vigueur le 1er janv. 2019)* «, en respectant les objectifs et la trajectoire financière définis dans le document de cadrage mentionné à l'article L. 5422-20-1 ». Il fixe le délai dans lequel cette négociation doit aboutir.

Les règles spécifiques prévues par un accord respectant les objectifs définis par le document de cadrage et conclu dans le délai fixé par le même document sont reprises dans les accords relatifs au régime d'assurance chômage mentionnés à l'article L. 5422-20. A défaut de conclusion d'un tel accord, les organisations professionnelles d'employeurs et les organisations syndicales de salariés représentatives au niveau national et interprofessionnel fixent les règles d'indemnisation du chômage applicables aux artistes et aux techniciens intermittents du spectacle *(L. n° 2018-771 du 5 sept. 2018, art. 56-VII, en vigueur le 1er janv. 2019)* «, dans le respect des conditions définies au second alinéa de l'article L. 5422-22».

Art. L. 5424-23. I. — Il est créé un comité d'expertise sur les règles spécifiques applicables en matière d'indemnisation des artistes et des techniciens intermittents du spectacle, composé de représentants de services statistiques de l'État, de *(L. n° 2018-771 du 5 sept. 2018, art. 56-VIII, en vigueur le 1er janv. 2019)* «Pôle emploi» et de l'organisme chargé de la gestion du régime d'assurance chômage mentionné à l'article L. 5427-1, ainsi que de personnalités qualifiées. Ces représentants sont désignés par l'État. Un décret précise les modalités de désignation des membres du comité ainsi que ses règles de fonctionnement.

II. — Le comité évalue toutes les propositions qui lui sont transmises en cours de négociation par une organisation d'employeurs ou de salariés représentative de l'ensemble des professions mentionnées à l'article L. 5424-20. Il peut également être saisi d'une telle demande d'évaluation par une organisation professionnelle d'employeurs ou par une organisation syndicale de salariés représentative au niveau national et interprofessionnel. Le décret mentionné au I du présent article détermine les modalités de communication de cette évaluation.

III. — Lorsque les organisations d'employeurs et de salariés représentatives de l'ensemble des professions mentionnées à l'article L. 5424-20 ont conclu un accord, le comité évalue le respect par celui-ci de la trajectoire financière figurant dans *(L. n° 2018-771 du 5 sept. 2018, art. 56-VIII, en vigueur le 1er janv. 2019)* «les documents de cadrage mentionnés» au II de l'article L. 5424-22 *(L. n° 2018-771 du 5 sept. 2018, art. 56-VIII, en vigueur le 1er janv. 2019)* «et à l'article L. 5422-20-1», dans un délai fixé par le décret mentionné au I du présent article.

IV. — *(L. n° 2018-771 du 5 sept. 2018, art. 56-VIII, en vigueur le 1er janv. 2019)* «Pôle emploi» et l'organisme chargé de la gestion de l'assurance chômage mentionné à l'article L. 5427-1 fournissent au comité d'expertise les informations nécessaires à l'exercice de ses missions.

Section 3

Le droit à l'aide sociale et la lutte contre l'exclusion et la pauvreté

420 Déclaration universelle des droits de l'homme (article 25)

Art. 25. 1. Toute personne a droit à un niveau de vie suffisant pour assurer sa santé, son bien-être et ceux de sa famille, notamment pour l'alimentation, l'habillement, le logement, les soins médicaux ainsi que pour les services sociaux nécessaires; elle a droit à la sécurité en cas de chômage, de maladie, d'invalidité, de veuvage, de vieillesse ou dans les autres cas de perte de ses moyens de subsistance par suite de circonstances indépendantes de sa volonté.

2. La maternité et l'enfance ont droit à une aide et à une assistance spéciales. Tous les enfants, qu'ils soient nés dans le mariage ou hors mariage, jouissent de la même protection sociale.

421 Charte des droits fondamentaux de l'Union européenne (article 34)

Art. 34. *Sécurité sociale et aide sociale.* 1. L'Union reconnaît et respecte le droit d'accès aux prestations de sécurité sociale et aux services sociaux assurant une protection dans des cas tels que la maternité, la maladie, les accidents du travail, la dépendance ou la vieillesse, ainsi qu'en cas de perte d'emploi, selon les règles établies par le droit de l'Union et les législations et pratiques nationales.

2. Toute personne qui réside et se déplace légalement à l'intérieur de l'Union a droit aux prestations de sécurité sociale et aux avantages sociaux, conformément au droit de l'Union et aux législations et pratiques nationales.

3. Afin de lutter contre l'exclusion sociale et la pauvreté, l'Union reconnaît et respecte le droit à une aide sociale et à une aide au logement destinées à assurer une existence digne à tous ceux qui ne disposent pas de ressources suffisantes, selon les règles établies par le droit de l'Union et les législations et pratiques nationales.

422 Code de l'action sociale et des familles (articles L. 111-1 à L. 111-5, L. 115-1 à L. 115-5 et L. 142-1)

TITRE PREMIER
PRINCIPES GÉNÉRAUX

CHAPITRE PREMIER
Droit à l'aide sociale

Art. L. 111-1. Sous réserve des dispositions des articles L. 111-2 et L. 111-3, toute personne résidant en France bénéficie, si elle remplit les conditions légales d'attribution, des formes de l'aide sociale telles qu'elles sont définies par le présent code.

Art. L. 111-2. Les personnes de nationalité étrangère bénéficient dans les conditions propres à chacune de ces prestations :

1° Des prestations d'aide sociale à l'enfance ;

2° De l'aide sociale en cas d'admission dans un centre d'hébergement et de réinsertion sociale ;

3° De l'aide médicale de l'État ;

4° Des allocations aux personnes âgées prévues à l'article L. 231-1 à condition qu'elles justifient d'une résidence ininterrompue en France métropolitaine depuis au moins quinze ans avant soixante-dix ans.

Elles bénéficient des autres formes d'aide sociale, à condition qu'elles justifient d'un titre exigé des personnes de nationalité étrangère pour séjourner régulièrement en France.

Pour tenir compte de situations exceptionnelles, il peut être dérogé aux conditions fixées à l'alinéa ci-dessus par décision du ministre chargé de l'action sociale. Les dépenses en résultant sont à la charge de l'État.

Art. L. 111-3. Les personnes dont la présence sur le territoire métropolitain résulte de circonstances exceptionnelles et qui n'ont pu choisir librement leur lieu de résidence, ou les personnes pour lesquelles aucun domicile fixe ne peut être déterminé, ont droit aux prestations d'aide sociale *(Ord. n° 2005-1477 du 1er déc. 2005, art. 1er)* «dans les conditions prévues pour chacune d'elles par le présent code».

(L. n° 2003-1200 du 18 déc. 2003, art. 13-II) «Les dispositions du présent article ne sont pas opposables au dépôt d'une demande *(L. n° 2008-1249 du 1er déc. 2008, en vigueur le 1er juin 2009)* «de revenu de solidarité active».

Art. L. 111-3-1. *(L. n° 2002-2 du 2 janv. 2002, art. 84)* La demande d'admission à l'aide sociale dans les centres d'hébergement et de réinsertion sociale est réputée acceptée lorsque le représentant de l'État dans le département n'a pas fait connaître sa réponse dans un délai d'un mois qui suit la date de sa réception.

Lorsque la durée d'accueil prévisible n'excède pas cinq jours, l'admission à l'aide sociale de l'État est réputée acquise.

Art. L. 111-4. L'admission à une prestation d'aide sociale est prononcée au vu des conditions d'attribution telles qu'elles résultent des dispositions législatives ou réglementaires et, pour les prestations légales relevant de la compétence du département ou pour les prestations que le département crée de sa propre initiative, au vu des conditions d'attribution telles qu'elles résultent des dispositions du règlement départemental d'aide sociale mentionné à l'article L. 121-3.

Art. L. 111-5. Sauf disposition contraire, les modalités d'application du présent chapitre sont déterminées par décret en Conseil d'État.

CHAPITRE V

Lutte contre la pauvreté et les exclusions

Art. L. 115-1. La lutte contre *(L. n° 2008-1249 du 1er déc. 2008, en vigueur le 1er juin 2009)* «la pauvreté et» les exclusions est un impératif national fondé sur le respect de l'égale dignité de tous les êtres humains et une priorité de l'ensemble des politiques publiques de la nation.

Elle tend à garantir sur l'ensemble du territoire l'accès effectif de tous aux droits fondamentaux dans les domaines de l'emploi, du logement, de la protection de la santé, de la justice, de l'éducation, de la formation et de la culture, de la protection de la famille et de l'enfance.

L'État, les collectivités territoriales, les établissements publics dont les centres communaux et intercommunaux d'action sociale, les organismes de sécurité sociale ainsi que les institutions sociales et médico-sociales poursuivent une politique destinée à connaître, à prévenir et à supprimer toutes les situations pouvant engendrer *(L. n° 2008-1249 du 1er déc. 2008, en vigueur le 1er juin 2009)* «la pauvreté et les exclusions».

Ils prennent les dispositions nécessaires pour informer chacun de la nature et de l'étendue de ses droits et pour l'aider, éventuellement par un accompagnement personnalisé, à accomplir les démarches administratives ou sociales nécessaires à leur mise en œuvre dans les délais les plus rapides.

Les entreprises, les organisations professionnelles ou interprofessionnelles, les organisations syndicales de salariés représentatives, les organismes de prévoyance, les groupements régis par le code de la mutualité, les associations qui œuvrent notamment dans le domaine de l'insertion et de la lutte contre les exclusions, les citoyens ainsi que l'ensemble des acteurs de l'économie solidaire et de l'économie sociale concourent à la réalisation de ces objectifs.

Art. L. 115-2. *(L. n° 2008-1249 du 1er déc. 2008, en vigueur le 1er juin 2009)* L'insertion sociale et professionnelle des personnes en difficultés concourt à la réalisation de l'impératif national de lutte contre la pauvreté et les exclusions.

Le revenu de solidarité active, mis en œuvre dans les conditions prévues au chapitre II du titre VI du livre II, complète les revenus du travail ou les supplée pour les foyers dont les membres ne tirent que des ressources limitées de leur travail et des droits qu'ils ont acquis en travaillant ou sont privés d'emploi.

Il garantit à toute personne, qu'elle soit ou non en capacité de travailler, de disposer d'un revenu minimum. Le bénéficiaire du revenu de solidarité active a droit à un accompagnement social et professionnel destiné à faciliter son insertion durable dans l'emploi.

La mise en œuvre du revenu de solidarité active relève de la responsabilité des départements. Les autres collectivités territoriales, l'institution mentionnée à l'article L. 5312-1 du code du travail, les maisons de l'emploi ou, à défaut, les personnes morales gestionnaires des plans locaux pluriannuels pour l'insertion et l'emploi, les établissements publics, les organismes de sécurité sociale ainsi que les employeurs y apportent leur concours.

Dans ce cadre, les politiques d'insertion relèvent de la responsabilité des départements.

La définition, la conduite et l'évaluation des politiques mentionnées au présent article sont réalisées selon des modalités qui assurent une participation effective des personnes intéressées.

Art. L. 115-2-1. *(L. n° 2014-366 du 24 mars 2014, art. 40-1°)* La définition, le suivi et l'évaluation du dispositif d'accueil, d'hébergement et d'accompagnement vers l'insertion et le logement des personnes sans domicile sont réalisés selon des modalités qui assurent une participation des personnes prises en charge par le dispositif ou l'ayant été.

Les instances de concertation permettant d'assurer cette participation ainsi que leurs modalités d'organisation sont précisées par décret.

Art. L. 115-3. *(L. n° 2004-809 du 13 août 2004, art. 65-II)* Dans les conditions fixées par la loi n° 90-449 du 31 mai 1990 visant à la mise en œuvre du droit au logement, toute personne ou famille éprouvant des difficultés particulières, au regard notamment de son patrimoine, de l'insuffisance de ses ressources ou de ses conditions d'existence, a droit à une aide de la collectivité pour disposer de la fourniture d'eau, d'énergie *(L. n° 2016-1321 du 7 oct. 2016, art. 108-I)* «, d'un service de téléphonie fixe et d'un service d'accès à internet».

(L. n° 2016-1321 du 7 oct. 2016, art. 108-I) «En cas de non-paiement des factures, la fourniture d'énergie et d'eau, un service téléphonique et un service d'accès à internet sont maintenus jusqu'à ce qu'il ait été statué sur la demande d'aide. Le service téléphonique maintenu peut être restreint par l'opérateur, sous réserve de préserver la possibilité de recevoir des appels ainsi que de passer des communications locales et vers les numéros gratuits et d'urgence. Le débit du service d'accès à internet maintenu peut être restreint par l'opérateur, sous réserve de préserver un accès fonctionnel aux services de communication au public en ligne et aux services de courrier électronique.»

(L. n° 2006-872 du 13 juill. 2006, art. 75) «Du 1er novembre de chaque année au *(L. n° 2015-992 du 17 août 2015, art. 32)* «31 mars» de l'année suivante, les fournisseurs d'électricité, de chaleur, de gaz ne peuvent procéder, dans une résidence principale, à l'interruption *(L. n° 2013-312 du 15 avr. 2013, art. 19-1°)* «, y compris par résiliation de contrat», pour non-paiement des factures, de la fourniture d'électricité, de chaleur ou de gaz aux personnes ou familles. *(L. n° 2013-312 du 15 avr. 2013, art. 19-1°)* «Les fournisseurs d'électricité peuvent néanmoins procéder à une réduction de puissance, sauf pour les consommateurs mentionnés à l'article *(L. n° 2015-992 du 17 août 2015, art. 201-III)* «L. 124-1» du code de l'énergie.» Un décret définit les modalités d'application du présent alinéa. *(L. n° 2007-290 du 5 mars 2007, art. 36)* «Ces dispositions s'appliquent aux distributeurs d'eau pour la distribution d'eau tout au long de l'année.»

«Lorsqu'un consommateur n'a pas procédé au paiement de sa facture, le fournisseur d'électricité, de chaleur, de gaz *(L. n° 2016-1321 du 7 oct. 2016, art. 108-I)* «*[,]* d'un service de téléphonie fixe ou d'un service d'accès à internet» ou le distributeur d'eau l'avise par courrier du délai et des conditions, définis par décret, dans lesquels la fourniture peut être réduite ou suspendue *(L. n° 2013-312 du 15 avr. 2013, art. 19-2°)* «ou faire l'objet d'une résiliation de contrat» à défaut de règlement.»

(L. n° 2013-312 du 15 avr. 2013, art. 19-3°) «Les fournisseurs d'électricité, de gaz naturel ou de chaleur transmettent à la Commission de régulation de l'énergie et au médiateur national de l'énergie, selon des modalités définies par voie réglementaire, des informations sur les interruptions de fourniture ou les réductions de puissance auxquelles ils procèdent.»

Art. L. 115-4-1. *(L. n° 2008-1249 du 1er déc. 2008, en vigueur le 1er juin 2009)* Le Gouvernement définit, par période de cinq ans, après la consultation des personnes morales mentionnées au quatrième alinéa de l'article L. 115-2, un objectif quantifié de réduction de la pauvreté, mesurée dans des conditions définies par décret en Conseil d'État. Il transmet au Parlement, chaque année, un rapport sur les conditions de réalisation de cet objectif, ainsi que sur les mesures et les moyens financiers mis en œuvre pour y satisfaire.

Art. L. 115-5. Sauf disposition contraire, les modalités d'application du présent chapitre sont déterminées par décret en Conseil d'État.

TITRE QUATRIÈME
INSTITUTIONS

CHAPITRE II
Haut conseil de la famille, de l'enfance et de l'âge

(L. n° 2015-1776 du 28 déc. 2015, art. 69)

Art. L. 142-1. Le Haut Conseil de la famille, de l'enfance et de l'âge est placé auprès du Premier ministre. Il est composé en nombre égal d'hommes et de femmes et a pour missions d'animer le débat public et d'apporter aux pouvoirs publics une expertise prospective et transversale sur les questions liées à la famille et à l'enfance, à l'avancée en âge, à l'adaptation de la société au vieillissement et à la bientraitance, dans une approche intergénérationnelle.

Son fonctionnement et sa composition sont fixés par un décret, qui prévoit une formation plénière et *(L. n° 2018-699 du 3 août 2018, art. 47)* «trois» formations spécialisées dans leur champ de compétences. *(L. n° 2018-699 du 3 août 2018, art. 47)* «Chacune des formations spécialisées comprend parmi ses membres un député et un sénateur.»

Dans le cadre de ses missions, le Haut Conseil de la famille, de l'enfance et de l'âge :

1° Formule des propositions et des avis et réalise ou fait réaliser des travaux d'évaluation et de prospective sur les politiques de son champ de compétences, au regard des évolutions démographiques, sociales, sanitaires et économiques;

2° Formule des recommandations sur les objectifs prioritaires des politiques de la famille, de l'enfance, des personnes âgées et des personnes retraitées et de la prévention et de l'accompagnement de la perte d'autonomie, au regard notamment des engagements internationaux de la France, dont ceux de la convention internationale des droits de l'enfant du 20 novembre 1989;

3° Formule toute proposition de nature à garantir, à tous les âges de la vie, le respect des droits et la bientraitance des personnes vulnérables ainsi que la bonne prise en compte des questions éthiques;

4° Mène des réflexions sur le financement des politiques mises en œuvre dans son champ de compétences;

5° Donne un avis, dans le cadre des formations spécialisées compétentes en matière d'enfance, d'avancée en âge des personnes âgées et des personnes retraitées, d'adaptation de la société au vieillissement et de la bientraitance, sur tout projet de loi ou d'ordonnance les concernant et peut en assurer le suivi;

6° Favorise les échanges d'expérience et d'informations entre les différentes instances territoriales sur les politiques qui le concernent.

La formation spécialisée dans le champ de compétence de l'âge mène une réflexion sur l'assurance et la prévoyance en matière de dépendance. Elle favorise les échanges d'expérience et d'informations avec le Conseil national consultatif des personnes handicapées mentionné à l'article L. 146-1 sur les aspects communs des politiques en faveur de l'autonomie des personnes âgées et des personnes handicapées.

Le Haut Conseil de la famille, de l'enfance et de l'âge peut être saisi par le Premier ministre, le ministre chargé de la famille, le ministre chargé des personnes âgées et les autres ministres concernés de toute question relevant de son champ de compétences.

Il peut se saisir de toute question relative à la famille et à l'enfance, à l'avancée en âge des personnes âgées et des retraités et à l'adaptation de la société au vieillissement ainsi qu'à la bientraitance.

Section 4

Le droit à l'aide au logement et au logement

423 Déclaration universelle des droits de l'homme (article 25.1)

Art. 25. 1. Toute personne a droit à un niveau de vie suffisant pour assurer sa santé, son bien-être et ceux de sa famille, notamment pour l'alimentation, l'habillement, le logement, les soins médicaux ainsi que pour les services sociaux nécessaires; elle a droit à la sécurité en cas de chômage, de maladie, d'invalidité, de veuvage, de vieillesse ou dans les autres cas de perte de ses moyens de subsistance par suite de circonstances indépendantes de sa volonté.

424 Charte des droits fondamentaux de l'Union européenne (article 34.3)

Art. 34. *Sécurité sociale et aide sociale.* 3. Afin de lutter contre l'exclusion sociale et la pauvreté, l'Union reconnaît et respecte le droit à une aide sociale et à une aide au logement destinées à assurer une existence digne à tous ceux qui ne disposent pas de ressources suffisantes, selon les règles établies par le droit de l'Union et les législations et pratiques nationales.

425 Charte sociale européenne révisée (article 31)

Art. 31. *Droit au logement.* En vue d'assurer l'exercice effectif du droit au logement, les Parties s'engagent à prendre des mesures destinées :

1. à favoriser l'accès au logement d'un niveau suffisant;
2. à prévenir et à réduire l'état de sans abri en vue de son élimination progressive;
3. à rendre le coût du logement accessible aux personnes qui ne disposent pas de ressources suffisantes.

426 Code de la construction et de l'habitation (articles L. 300-1 à L. 300-2, L. 301-1, L. 441-2-3 à L. 441-2-3-1)

LIVRE TROISIÈME

AIDES DIVERSES À LA CONSTRUCTION D'HABITATIONS ET À L'AMÉLIORATION DE L'HABITAT – AIDE PERSONNALISÉE AU LOGEMENT

TITRE PRÉLIMINAIRE

DISPOSITIONS GÉNÉRALES RELATIVES AUX POLITIQUES DE L'HABITAT

(L. n° 2007-290 du 5 mars 2007, art. 1er).

CHAPITRE PRÉLIMINAIRE

Droit au logement

(L. n° 2007-290 du 5 mars 2007, art. 1er)

Art. L. 300-1. Le droit à un logement décent et indépendant, mentionné à l'article 1er de la loi n° 90-449 du 31 mai 1990 visant à la mise en œuvre du droit au logement, est garanti par l'État à toute personne qui, résidant sur le territoire français de façon régulière et dans des conditions de permanence définies par décret en Conseil d'État, n'est pas en mesure d'y accéder par ses propres moyens ou de s'y maintenir.

Ce droit s'exerce par un recours amiable puis, le cas échéant, par un recours contentieux dans les conditions et selon les modalités fixées par le présent article et les articles L. 441-2-3 et L. 441-2-3-1.

Art. L. 300-2. *(L. n° 2011-900 du 29 juill. 2011, art. 60-I)* Un fonds national d'accompagnement vers et dans le logement est institué pour le financement *(L. n° 2012-1509 du 29 déc. 2012, art. 105)* «, d'une part, d'actions d'accompagnement personnalisé de personnes reconnues prioritaires et auxquelles un logement doit être attribué en urgence en application du cinquième alinéa du II de l'article L. 441-2-3 ainsi que de personnes ou familles mentionnées au II de l'article L. 301-1, et, d'autre part, d'actions de gestion locative adaptée de logements destinés à ces personnes, favorisant leur accès à un logement et leur maintien dans le logement. Il finance également les dépenses de gestion qui se rapportent à ces actions».

Le Fonds national d'accompagnement vers et dans le logement est administré par un comité de gestion, composé de représentants de l'État, qui fixe les orientations et répartit les crédits de ce fonds.

La gestion de ce fonds est assurée par la Caisse de garantie du logement locatif social.

Il est fait rapport une fois par an au ministre chargé du logement des actions financées par le fonds, en regard des moyens financiers engagés et des objectifs poursuivis.

Un décret en Conseil d'État détermine les conditions d'application du présent article, notamment la composition et les modes de désignation des membres du comité de gestion ainsi que les modalités de fonctionnement du fonds.

CHAPITRE PREMIER
Politiques d'aide au logement *(L. n° 2007-290 du 5 mars 2007, art. 1er).*

Art. L. 301-1. I. — La politique d'aide au logement a pour objet de favoriser la satisfaction des besoins de logements, de promouvoir la décence du logement, la qualité de l'habitat, l'habitat durable et l'accessibilité aux personnes handicapées, d'améliorer l'habitat existant *(L. n° 2018-1021 du 23 nov. 2018, art. 70)* «, de favoriser la rénovation énergétique des bâtiments» et de prendre en charge une partie des dépenses de logement en tenant compte de la situation de famille et des ressources des occupants. Elle doit tendre à favoriser une offre de logements qui, par son importance, son insertion urbaine, sa diversité de statut d'occupation et de répartition spatiale, soit de nature à assurer la liberté de choix pour toute personne de son mode d'habitation.

II. — Toute personne ou famille éprouvant des difficultés particulières, en raison notamment de l'inadaptation de ses ressources ou de ses conditions d'existence, a droit à une aide de la collectivité pour accéder à un logement décent et indépendant ou s'y maintenir.

LIVRE QUATRIÈME
HABITATIONS À LOYER MODÉRÉ

TITRE QUATRIÈME
RAPPORTS DES ORGANISMES D'HABITATIONS À LOYER MODÉRÉ ET DES BÉNÉFICIAIRES

CHAPITRE PREMIER
Conditions d'attribution des logements et plafonds de ressources – supplément de loyer de solidarité

Section première

Conditions d'attribution des logements et plafonds de ressources

(L. n° 96-162 du 4 mars 1996)

Art. L. 441-2-3. I. — *(L. n° 2009-323 du 25 mars 2009, art. 75)* «Dans chaque département, une ou plusieurs commissions de médiation sont créées auprès du représentant de l'État dans le département. Chaque commission est présidée par une personnalité qualifiée désignée par le représentant de l'État dans le département.

«Dans des conditions fixées par décret en Conseil d'État, les commissions sont composées à parts égales :»

(L. n° 2007-290 du 5 mars 2007, art. 7) «1° De représentants de l'État;

«2° De représentants du département *(Ord. n° 2016-1562 du 21 nov. 2016, art. 15-4°, en vigueur le 1er janv. 2018)* «, ou, en Corse, de la collectivité de Corse», des établissements publics de coopération intercommunale *(L. n° 2017-86 du 27 janv. 2017, art. 70-I-10°)* «mentionnés au *(L. n° 2018-1021 du 23 nov. 2018, art. 114)* «vingt-troisième» alinéa de l'article L. 441-1, de la commune de Paris, des établissements publics territoriaux de la métropole du Grand Paris» et des communes;

«3° De représentants des organismes bailleurs et des organismes chargés de la gestion d'une structure d'hébergement, d'un établissement ou d'un logement de transition, d'un logement-foyer ou d'une résidence hôtelière à vocation sociale, œuvrant dans le département;

«4° De représentants des associations de locataires et des associations» *(L. n° 2009-323 du 25 mars 2009, art. 75)* «et organisations» *(L. n° 2007-290 du 5 mars 2007, art. 7)* «dont l'un des objets est l'insertion ou le logement des personnes défavorisées, œuvrant dans le département;»

(L. n° 2017-86 du 27 janv. 2017, art. 70-I-10°) «5° De représentants des associations de défense des personnes en situation d'exclusion œuvrant dans le département et de représentants désignés par les instances mentionnées à l'article L. 115-2-1 du code de l'action sociale et des familles.»

(L. n° 2014-366 du 24 mars 2014, art. 44) «Un représentant de la personne morale gérant le service intégré d'accueil et d'orientation dans le département peut assister à la commission à titre consultatif.»

(L. n° 2007-290 du 5 mars 2007, art. 7) «II. — La commission de médiation peut être saisie par toute personne qui, satisfaisant aux conditions réglementaires d'accès à un logement locatif social, n'a reçu aucune proposition adaptée en réponse à sa demande de logement dans le délai fixé en application de l'article L. 441-1-4.

«Elle peut être saisie sans condition de délai lorsque le demandeur, de bonne foi, est dépourvu de logement, menacé d'expulsion sans relogement, hébergé ou logé temporairement dans un établissement ou un logement de transition» *(L. n° 2009-323 du 25 mars 2009, art. 75)* «, un logement-foyer ou une résidence hôtelière à vocation sociale» *(L. n° 2007-290 du 5 mars 2007, art. 7)* «, logé dans des locaux impropres à l'habitation ou présentant un caractère insalubre ou dangereux. Elle peut également être saisie, sans condition de délai, lorsque le demandeur est logé dans des locaux manifestement suroccupés ou ne présentant pas le caractère d'un logement décent, s'il a au moins un enfant mineur, s'il présente un handicap au sens de l'article L. 114 du code de l'action sociale et des familles ou s'il a au moins une personne à charge présentant un tel handicap.»

(L. n° 2009-323 du 25 mars 2009, art. 75) «Le demandeur peut être assisté par les services sociaux, par un organisme bénéficiant de l'agrément relatif à l'ingénierie sociale, financière et technique prévu à l'article L. 365-3, ou par une association agréée de défense des personnes en situation d'exclusion.»

(L. n° 2007-290 du 5 mars 2007, art. 7; L. n° 2009-323 du 25 mars 2009, art. 75) «La commission reçoit notamment du ou des bailleurs chargés de la demande ou ayant eu à connaître de la situation locative antérieure du demandeur tous les éléments d'information sur la qualité du demandeur et les motifs invoqués pour expliquer l'absence de proposition. Elle reçoit également des services sociaux qui sont en contact avec le demandeur et des instances du *(Ord. n° 2014-1543 du 19 déc. 2014, art. 14-III-2°, en vigueur le 1er janv. 2015; L. n° 2017-86 du 27 janv. .2017, art. 147-IV-1°)* «plan départemental d'action pour le logement et l'hébergement des personnes défavorisées» ayant eu à connaître de sa situation toutes informations utiles sur ses besoins et ses capacités et sur les obstacles à son accès à un logement décent et indépendant ou à son maintien dans un tel logement.»

(L. n° 2007-290 du 5 mars 2007, art. 7; L. n° 2009-323 du 25 mars 2009, art. 75) «Dans un délai fixé par décret, la commission de médiation désigne les demandeurs qu'elle reconnaît prioritaires et auxquels un logement doit être attribué en urgence. Elle détermine pour chaque demandeur, en tenant compte de ses besoins et de ses capacités, les caractéristiques de ce logement, ainsi que, le cas échéant, les mesures de diagnostic ou d'accompagnement social nécessaires. *(L. n° 2014-366 du 24 mars 2014, art. 41-I-1°)* «Elle peut préconiser que soit proposé au demandeur un logement appartenant aux organismes définis à l'article L. 411-2 loué à une personne morale aux fins d'être sous-loué à titre transitoire dans les conditions prévues au deuxième alinéa de l'article L. 442-8-3.» Elle notifie par écrit au demandeur sa décision qui doit être motivée. Elle peut faire toute proposition d'orientation des demandes qu'elle ne juge pas prioritaires.»

(L. n° 2007-290 du 5 mars 2007, art. 7) «La commission de médiation transmet au représentant de l'État dans le département *(L. n° 2017-86 du 27 janv. 2017, art. 70-I-10°)* «ou, en Île-de-France, au représentant de l'État dans la région» la liste des demandeurs auxquels doit être attribué en urgence un logement. *(L. n° 2014-366 du 24 mars 2014, art. 41-I-1°-b)* «Les personnes figurant sur cette liste auxquelles un logement est attribué sont comptabilisées au titre de l'exécution des engagements souscrits par les bailleurs et par les titulaires de droits de réservation dans le cadre des accords collectifs définis aux articles L. 441-1-1 et L. 441-1-2 *(L. n° 2017-86 du 27 janv. 2017, art. 70-I-10°)* «, ainsi

que des conventions intercommunales d'attribution ou, pour la commune de Paris, de la convention d'attribution, définies à l'article L. 441-1-6».»

(L. nº 2007-290 du 5 mars 2007, art. 7) «Après avis des maires des communes concernées et en tenant compte des objectifs de mixité sociale définis par *(L. nº 2017-86 du 27 janv. 2017, art. 70-I-10º)* «les orientations mentionnées à l'article L. 441-1-5 et la convention mentionnée à l'article L. 441-1-6 ou par» l'accord collectif intercommunal ou départemental, le représentant de l'État dans le département» *(L. nº 2017-86 du 27 janv. 2017, art. 70-I-10º)* «ou, en Île-de-France, le représentant de l'État dans la région» *(L. nº 2009-323 du 25 mars 2009, art. 75)* «définit le périmètre au sein duquel ces logements doivent être situés et qui, en Île-de-France, peut porter sur des territoires situés dans d'autres départements de la région après consultation du représentant de l'État territorialement compétent. *(L. nº 2014-366 du 24 mars 2014, art. 41-I-1º)* «Le représentant de l'État dans le département *(L. nº 2017-86 du 27 janv. 2017, art. 70-I-10º)* «ou, en Île-de-France, le représentant de l'État dans la région» tient compte, dans des conditions fixées par décret, de la situation des quartiers prioritaires de la politique de la ville pour la définition de ce périmètre.» Il fixe le délai dans lequel le demandeur doit être logé. Le représentant de l'État dans le département *(L. nº 2017-86 du 27 janv. 2017, art. 70-I-10º)* «ou, en Île-de-France, le représentant de l'État dans la région» désigne chaque demandeur à un organisme bailleur disposant de logements correspondant à la demande. Cette attribution s'impute sur les droits à réservation du représentant de l'État dans le département dans lequel le logement est situé *(L. nº 2017-86 du 27 janv. 2017, art. 70-I-10º)* «ou, dans les conditions prévues à l'article L. 441-1, sur les droits de réservation d'une collectivité territoriale ou d'un groupement de collectivités territoriales ou sur les logements dont disposent les bailleurs,» ou, lorsque le demandeur est salarié ou demandeur d'emploi, sur les droits à réservation *(Ord. nº 2016-1408 du 20 oct. 2016, art. 4-II-2º)* «de la société mentionnée à l'article L. 313-19» dans les conditions prévues à l'article L. 313-26-2 ou sur la fraction réservée des attributions de logements appartenant à l'association foncière logement ou à l'une de ses filiales en application de l'article L. 313-35.» *(L. nº 2014-366 du 24 mars 2014, art. 41-I-1º)* «Dans les communes faisant l'objet d'un arrêté de carence pris en application de l'article L. 302-9-1, cette attribution s'impute en priorité sur les droits à réservation de la commune, dans les conditions prévues au même article.»

(L. nº 2007-290 du 5 mars 2007, art. 7) «Le représentant de l'État dans le département *(L. nº 2017-86 du 27 janv. 2017, art. 70-I-10º)* «ou, en Île-de-France, le représentant de l'État dans la région» peut également *(L. nº 2014-366 du 24 mars 2014, art. 41-I-1º)* «, par décision motivée» proposer au demandeur un logement faisant l'objet d'une convention mentionnée à l'article L. 321-8 dès lors que le bailleur s'est engagé sur des conditions spécifiques d'attribution ou que le logement est donné à bail à un organisme public ou privé dans les conditions prévues à l'article L. 321-10» *(L. nº 2014-366 du 24 mars 2014, art. 41-I-1º)* «, ou un logement appartenant aux organismes définis à l'article L. 411-2 loué à une personne morale aux fins d'être sous-loué à titre transitoire dans les conditions prévues au deuxième alinéa de l'article L. 442-8-3».

(L. nº 2007-290 du 5 mars 2007, art. 7) «Les personnes auxquelles une proposition de logement a été adressée reçoivent du représentant de l'État dans le département une information écrite relative aux dispositifs et structures d'accompagnement social» *(L. nº 2009-323 du 25 mars 2009, art. 75)* «intervenant sur le périmètre défini au septième alinéa du présent article et, le cas échéant, susceptibles d'effectuer le diagnostic ou l'accompagnement social préconisé par la commission de médiation;

(L. n° 2017-86 du 27 janv. 2017, art. 70-I-10°) «Le représentant de l'État dans le département, ou *[,]* en Île-de-France, le représentant de l'État dans la région peut également faire au demandeur une proposition de logement en application des articles L. 641-1 et suivants et L. 642-1 et suivants dans l'attente de l'attribution d'un logement définitif.»

«En cas de refus de l'organisme de loger le demandeur, le représentant de l'État qui l'a désigné procède à l'attribution d'un logement correspondant aux besoins et aux capacités du demandeur sur ses droits de réservation.» *(L. n° 2014-366 du 24 mars 2014, art. 41-I-1°)* «En cas de refus de l'organisme de signer un bail à son nom avec un sous-locataire occupant le logement dans les conditions prévues au deuxième alinéa de l'article L. 442-8-3 au terme de la période transitoire, le représentant de l'État, après avoir recueilli les observations du bailleur, peut procéder à l'attribution du logement à l'occupant, qui devient locataire en titre en lieu et place de la personne morale locataire.»

(L. n° 2006-872 du 13 juill. 2006, art. 70-I-9°) «Lorsque ces droits ont été délégués, le représentant de l'État demande au délégataire de procéder à la désignation et, le cas échéant, à l'attribution du logement dans un délai qu'il détermine.» *(L. n° 2009-323 du 25 mars 2009, art. 75)* «En Île-de-France, *(L. n° 2017-86 du 27 janv. 2017, art. 70-I-10°)* «la demande est faite par le représentant de l'État dans la région». En cas de désaccord, la demande est faite par le représentant de l'État au niveau régional.» *(L. n° 2006-872 du 13 juill. 2006, art. 70-I-9°)* «En cas de refus du délégataire, le représentant de l'État dans le département *(L. n° 2017-86 du 27 janv. 2017, art. 70-I-10°)* «ou, en Île-de-France, le représentant de l'État dans la région» se substitue à ce dernier.

«Si l'organisme bailleur fait obstacle à ces attributions, *(L. n° 2017-86 du 27 janv. 2017, art. 70-I-10°)* «le représentant de l'État dans le département ou, en Île-de-France, le représentant de l'État dans la région met en œuvre les» dispositions de l'article L. 441-1-3.»

(L. n° 2014-366 du 24 mars 2014, art. 42) «III. — La commission de médiation peut également être saisie, sans condition de délai, par toute personne qui, sollicitant l'accueil dans une structure d'hébergement, un logement de transition, un logement-foyer ou une résidence hôtelière à vocation sociale, n'a reçu aucune proposition adaptée en réponse à sa demande. Si le demandeur ne justifie pas du respect des conditions de régularité et de permanence du séjour mentionnées au premier alinéa de l'article L. 300-1, la commission peut prendre une décision favorable uniquement si elle préconise l'accueil dans une structure d'hébergement. La commission de médiation transmet au représentant de l'État dans le département *(L. n° 2017-86 du 27 janv. 2017, art. 70-I-10°)* «ou, en Île-de-France, au représentant de l'État dans la région» la liste des demandeurs pour lesquels doit être prévu un tel accueil dans une structure d'hébergement, un logement de transition, un logement-foyer ou une résidence hôtelière à vocation sociale et précise, le cas échéant, les mesures de diagnostic ou d'accompagnement social nécessaires.

«Le représentant de l'État dans le département *(L. n° 2017-86 du 27 janv. 2017, art. 70-I-10°)* «ou, en Île-de-France, le représentant de l'État dans la région» désigne chaque demandeur au service intégré d'accueil et d'orientation prévu à l'article L. 345-2-4 du code de l'action sociale et des familles aux fins de l'orienter vers un organisme disposant de places d'hébergement présentant un caractère de stabilité, de logements de transition ou de logements dans un logement-foyer ou une résidence hôtelière à vocation sociale correspondant à ses besoins et qui sera chargé de l'accueillir dans le délai fixé par le représentant de l'État. L'organisme donne suite à la proposition d'orientation, dans les conditions prévues aux articles L. 345-2-7 et L. 345-2-8 du même code.

En cas d'absence d'accueil dans le délai fixé, le représentant de l'État désigne le demandeur à un tel organisme aux fins de l'héberger ou de le loger. Au cas où l'organisme vers lequel le demandeur a été orienté ou à qui il a été désigné refuse de l'héberger ou de le loger, le représentant de l'État dans le département *(L. n° 2017-86 du 27 janv. 2017, art. 70-I-10°)* «ou, en Île-de-France, le représentant de l'État dans la région» procède à l'attribution d'une place d'hébergement présentant un caractère de stabilité ou d'un logement de transition ou d'un logement dans un logement-foyer ou une résidence hôtelière à vocation sociale correspondant à ses besoins. Le cas échéant, cette attribution s'impute sur les droits à réservation du représentant de l'État *(L. n° 2017-86 du 27 janv. 2017, art. 70-I-10°)* «dans le département».

«Les personnes auxquelles une proposition d'accueil dans une structure d'hébergement, un logement de transition, un logement-foyer ou une résidence hôtelière à vocation sociale a été adressée reçoivent du représentant de l'État dans le département une information écrite relative aux dispositifs et structures d'accompagnement social présents dans le département dans lequel l'hébergement, le logement de transition, le logement-foyer ou la résidence hôtelière à vocation sociale est situé et, le cas échéant, susceptibles d'effectuer le diagnostic ou l'accompagnement social préconisé par la commission de médiation.»

(L. n° 2007-290 du 5 mars 2007, art. 7) «IV. — Lorsque la commission de médiation est saisie d'une demande de logement dans les conditions prévues au II et qu'elle estime *(L. n° 2017-86 du 27 janv. 2017, art. 70-I-10°)* «, au vu d'une évaluation sociale,» que le demandeur est prioritaire mais qu'une offre de logement n'est pas adaptée, elle transmet au représentant de l'État dans le département *(L. n° 2017-86 du 27 janv. 2017, art. 70-I-10°)* «ou, en Île-de-France, au représentant de l'État dans la région» cette demande pour laquelle doit être proposé un accueil dans une structure d'hébergement, un établissement ou un logement de transition, un logement-foyer ou une résidence hôtelière à vocation sociale.»

(L. n° 2014-366 du 24 mars 2014, art. 43) «Lorsque la commission de médiation, saisie d'une demande d'hébergement ou de logement dans un établissement ou un logement de transition, un logement-foyer ou une résidence hôtelière à vocation sociale dans les conditions prévues au III, estime qu'un tel accueil n'est pas adapté et qu'une offre de logement doit être faite, elle peut, si le demandeur remplit les conditions fixées aux deux premiers alinéas du II, le désigner comme prioritaire pour l'attribution d'un logement en urgence et transmettre au représentant de l'État dans le département *(L. n° 2017-86 du 27 janv. 2017, art. 70-I-10°)* «ou, en Île-de-France, au représentant de l'État dans la région» cette demande aux fins de logement, dans le délai fixé au cinquième alinéa du II.»

(L. n° 2009-323 du 25 mars 2009, art. 75) «IV *bis*. — Les propositions faites en application du présent article aux demandeurs reconnus prioritaires par les commissions de médiation ne doivent pas être manifestement inadaptées à leur situation particulière.

«IV *ter*. — Un demandeur ne peut saisir qu'une commission de médiation en application du présent article.»

(L. n° 2007-290 du 5 mars 2007, art. 7) «V. —» *(L. n° 2006-872 du 13 juill. 2006, art. 70-I-9°; L. n° 2009-323 du 25 mars 2009, art. 75)* «La commission de médiation établit, chaque année, un état des décisions prises et le transmet au représentant de l'État dans le département *(L. n° 2017-86 du 27 janv. 2017, art. 70-I-10°)* «ou, en Île-de-France, au représentant de l'État dans la région, au comité régional de l'habitat et de l'hébergement d'Île-de-France», au comité responsable du *(Ord. n° 2014-1543 du 19 déc. 2014, art. 14-III-2°, en vigueur le 1er janv. 2015; L. n° 2017-86 du 27 janv.*

2017, art. 147-IV-1°) «plan départemental d'action pour le logement et l'hébergement des personnes défavorisées» et aux établissements publics de coopération intercommunale compétents en matière d'habitat. Elle est informée, dans tous les cas, des suites qui sont réservées à ses décisions.»

(L. n° 2009-323 du 25 mars 2009, art. 75) «VI. — Les membres de la commission de médiation et les personnes chargées de l'instruction des saisines sont soumis au secret professionnel dans les conditions prévues à l'article 226-13 du code pénal.

«Par dérogation aux dispositions du même article 226-13, les professionnels de l'action sociale et médico-sociale définie à l'article L. 116-1 du code de l'action sociale et des familles fournissent aux services chargés de l'instruction des recours amiables mentionnés ci-dessus les informations confidentielles dont ils disposent et qui sont strictement nécessaires à l'évaluation de la situation du requérant au regard des difficultés particulières mentionnées au II de l'article L. 301-1 du présent code et à la détermination des caractéristiques du logement répondant à ses besoins et à ses capacités.

«VII. — Lorsque la commission de médiation est saisie, dans les conditions prévues au II, d'un recours au motif du caractère impropre à l'habitation, insalubre, dangereux ou ne répondant pas aux caractéristiques de la décence des locaux occupés par le requérant, elle statue au vu d'un rapport des services mentionnés à l'article L. 1331-26 du code de la santé publique *(L. n° 2014-366 du 24 mars 2014, art. 75-IV)* «, le cas échéant, de l'établissement public de coopération intercommunale ou de la commune bénéficiaire de la délégation prévue aux articles L. 301-5-1-1 et L. 301-5-1-2 du présent code» ou des opérateurs mandatés pour constater l'état des lieux. Si les locaux concernés sont déjà frappés d'une mesure de police, un rapport présentant l'état d'avancement de l'exécution de la mesure est également produit.

«Lorsque le rapport conclut au caractère impropre à l'habitation, insalubre, dangereux ou ne répondant pas aux caractéristiques de la décence des locaux occupés par le requérant, les autorités publiques compétentes instruisent sans délai, indépendamment de la décision de la commission de médiation, les procédures prévues par les dispositions législatives, notamment les articles L. 1331-22 à L. 1331-31 du code de la santé publique et les articles L. 123-3, L. 129-1 à L. 129-7 et L. 511-1 à L. 511-6 du présent code. La mise en œuvre de ces procédures ne fait pas obstacle à l'examen du recours par la commission de médiation.

«Les locaux ou logements dont le caractère impropre à l'habitation, insalubre, dangereux ou ne répondant pas aux caractéristiques de la décence a été retenu par la commission de médiation pour statuer sur le caractère prioritaire et sur l'urgence du relogement de leurs occupants sont signalés aux organismes chargés du service des aides personnelles au logement et au gestionnaire du fond de solidarité pour le logement. Ils sont également signalés au comité responsable du *(Ord. n° 2014-1543 du 19 déc. 2014, art. 14-III-2°, en vigueur le 1er janv. 2015 ; L. n° 2017-86 du 27 janv. 2017, art. 147-IV-1°)* «plan départemental d'action pour le logement et l'hébergement des personnes défavorisées» aux fins d'inscription à l'observatoire nominatif prévu au *(L. n° 2014-366 du 24 mars 2014, art. 37-I-3°)* «cinquième alinéa de l'article 3» de la loi n° 90-449 du 31 mai 1990 visant à la mise en œuvre du droit au logement.»

(L. n° 2014-366 du 24 mars 2014, art. 41-I-2°) «VIII. – Lorsque la commission de médiation reconnaît un demandeur prioritaire auquel un logement doit être attribué en urgence et que celui-ci fait l'objet d'une décision de justice prononçant l'expulsion de son domicile, elle peut saisir le juge afin que celui-ci accorde des délais dans les conditions prévues aux articles L. 412-3 et L. 412-4 du code des procédures civiles d'exécution.»

Art. L. 441-2-3-1. *(L. nº 2007-290 du 5 mars 2007, art. 9-I)* I. — Le demandeur qui a été reconnu par la commission de médiation comme prioritaire et comme devant être logé d'urgence et qui n'a pas reçu, dans un délai fixé par décret, une offre de logement tenant compte de ses besoins et de ses capacités peut introduire un recours devant la juridiction administrative tendant à ce que soit ordonné son logement ou son relogement.

(L. nº 2009-323 du 25 mars 2009, art. 76) «Le demandeur peut être assisté par les services sociaux, par un organisme bénéficiant de l'agrément relatif à l'ingénierie sociale, financière et technique prévu à l'article L. 365-3 ou par une association agréée de défense des personnes en situation d'exclusion.»

Ce recours est ouvert à compter du 1er décembre 2008 aux personnes mentionnées au deuxième alinéa du II de l'article L. 441-2-3 et, à compter du 1er janvier 2012, aux demandeurs mentionnés au premier alinéa du même II.

En l'absence de commission de médiation dans le département, le demandeur peut exercer le recours mentionné à l'alinéa précédent si, après avoir saisi le représentant de l'État dans le département, il n'a pas reçu une offre tenant compte de ses besoins et de ses capacités dans un délai fixé par voie réglementaire.

Le président du tribunal administratif ou le magistrat qu'il désigne statue en urgence, dans un délai de deux mois à compter de sa saisine. Sauf renvoi à une formation collégiale, l'audience se déroule sans conclusions du commissaire du Gouvernement *[rapporteur public]*.

Le président du tribunal administratif ou le magistrat qu'il désigne, lorsqu'il constate que la demande a été reconnue comme prioritaire par la commission de médiation et doit être satisfaite d'urgence et que n'a pas été offert au demandeur un logement tenant compte de ses besoins et de ses capacités, ordonne le logement ou le relogement de celui-ci par l'État et peut assortir son injonction d'une astreinte. *(L. nº 2016-1918 du 29 déc. 2016, art. 135-1º)* «Pour les seuls jugements prononcés après le 1er janvier 2016,» *(L. nº 2015-1785 du 29 déc. 2015, art. 142-1º)* «le jugement prononçant l'astreinte mentionne que les sommes doivent être versées jusqu'au jugement de liquidation définitive.»

Le produit de l'astreinte est versé au fonds *(L. nº 2011-900 du 29 juill. 2011, art. 60-I)* «national d'accompagnement vers et dans le logement, institué en application de l'article L. 300-2.»

(L. nº 2016-1918 du 29 déc. 2016, art. 135-2º) «Pour les seules astreintes prononcées après le 1er janvier 2016,» *(L. nº 2015-1785 du 29 déc. 2015, art. 142-2º)* «tant que l'astreinte n'est pas liquidée définitivement par le juge, le versement de l'astreinte au fonds est effectué deux fois par an, le premier versement devant intervenir à la fin du sixième mois qui suit le mois à compter duquel l'astreinte est due en application du jugement qui l'a prononcée. Toute astreinte versée en application du jugement la prononçant reste acquise au fonds. Lorsque l'astreinte a été liquidée définitivement, le versement du solde restant dû, le cas échéant, est effectué dans le mois qui suit la notification de *(L. nº 2017-86 du 27 janv. 2017, art. 70-I-11º)* «la décision» de liquidation définitive.»

II. — Le demandeur qui a été reconnu par la commission de médiation comme prioritaire et comme devant être accueilli dans une structure d'hébergement, un établissement ou logement de transition, un logement-foyer ou une résidence hôtelière à vocation sociale et qui n'a pas été accueilli, dans un délai fixé par décret, dans l'une de ces structures peut introduire un recours devant la juridiction administrative tendant à ce que soit ordonné son accueil dans une structure d'hébergement, un établissement ou logement de transition, un logement-foyer ou une résidence hôtelière à vocation sociale.

Ce recours est ouvert à compter du 1er décembre 2008.

Le président du tribunal administratif ou le magistrat qu'il désigne statue en urgence, dans un délai de deux mois à compter de sa saisine. Sauf renvoi à une formation collégiale, l'audience se déroule sans conclusions du commissaire du Gouvernement *[rapporteur public]*.

Le président du tribunal administratif ou le magistrat qu'il désigne, lorsqu'il constate que la demande a été reconnue prioritaire par la commission de médiation et que n'a pas été proposée au demandeur une place dans une structure d'hébergement, un établissement ou logement de transition, un logement-foyer ou une résidence hôtelière à vocation sociale, ordonne l'accueil dans l'une de ces structures et peut assortir son injonction d'une astreinte. *(L. n° 2016-1918 du 29 déc. 2016, art. 135-3°)* «Pour les seuls jugements prononcés après le 1er janvier 2016,» *(L. n° 2015-1785 du 29 déc. 2015, art. 142-3°)* «le jugement prononçant l'astreinte mentionne que les sommes doivent être versées jusqu'au jugement de liquidation définitive.»

Le produit de l'astreinte est versé au fonds *(L. n° 2011-900 du 29 juill. 2011, art. 60-I)* «national d'accompagnement vers et dans le logement, institué en application de l'article L. 300-2».

(L. n° 2016-1918 du 29 déc. 2016, art. 135-4°) «Pour les seules astreintes prononcées après le 1er janvier 2016,» *(L. n° 2015-1785 du 29 déc. 2015, art. 142-4°)* «tant que l'astreinte n'est pas liquidée définitivement par le juge, le versement de l'astreinte au fonds est effectué deux fois par an, le premier versement devant intervenir à la fin du sixième mois qui suit le mois à compter duquel l'astreinte est due en application du jugement qui l'a prononcée. Toute astreinte versée en application du jugement la prononçant reste acquise au fonds. Lorsque l'astreinte a été liquidée définitivement, le versement du solde restant dû, le cas échéant, est effectué dans le mois qui suit la notification de *(L. n° 2017-86 du 27 janv. 2017, art. 70-I-11°)* «la décision» de liquidation définitive.»

III. — Lorsque la juridiction administrative est saisie d'un recours dans les conditions prévues au I, elle peut ordonner l'accueil dans une structure d'hébergement, un établissement ou logement de transition, un logement-foyer ou une résidence hôtelière à vocation sociale.

Section 5

La protection des personnes porteuses de handicap et des personnes âgées

427 Convention relative aux droits des personnes handicapées

Date d'adoption : 30 mars 2007

Préambule

Les États Parties à la présente Convention,

a) Rappelant les principes proclamés dans la Charte des Nations unies selon lesquels la reconnaissance de la dignité et de la valeur inhérentes à tous les membres de la famille humaine et de leurs droits égaux et inaliénables constitue le fondement de la liberté, de la justice et de la paix dans le monde,

b) Reconnaissant que les Nations unies, dans la Déclaration universelle des droits de l'homme et dans les Pactes internationaux relatifs aux droits de l'homme, ont proclamé et sont convenues que chacun peut se prévaloir de tous les droits et de toutes les libertés qui y sont énoncés, sans distinction aucune,

c) Réaffirmant le caractère universel, indivisible, interdépendant et indissociable de tous les droits de l'homme et de toutes les libertés fondamentales et la nécessité d'en garantir la pleine jouissance aux personnes handicapées sans discrimination,

d) Rappelant le Pacte international relatif aux droits économiques, sociaux et culturels, le Pacte international relatif aux droits civils et politiques, la Convention internationale sur l'élimination de toutes les formes de discrimination raciale, la Convention sur l'élimination de toutes les formes de discrimination à l'égard des femmes, la Convention contre la torture et autres peines ou traitements cruels, inhumains ou dégradants, la Convention relative aux droits de l'enfant et la Convention internationale sur la protection des droits de tous les travailleurs migrants et des membres de leur famille,

e) Reconnaissant que la notion de handicap évolue et que le handicap résulte de l'interaction entre des personnes présentant des incapacités et les barrières comportementales et environnementales qui font obstacle à leur pleine et effective participation à la société sur la base de l'égalité avec les autres,

f) Reconnaissant l'importance des principes et lignes directrices contenus dans le Programme d'action mondial concernant les personnes handicapées et dans les Règles pour l'égalisation des chances des handicapés et leur influence sur la promotion, l'élaboration et l'évaluation aux niveaux national, régional et international des politiques, plans, programmes et mesures visant la poursuite de l'égalisation des chances des personnes handicapées,

g) Soulignant qu'il importe d'intégrer la condition des personnes handicapées dans les stratégies pertinentes de développement durable,

h) Reconnaissant également que toute discrimination fondée sur le handicap est une négation de la dignité et de la valeur inhérentes à la personne humaine,

i) Reconnaissant en outre la diversité des personnes handicapées,

j) Reconnaissant la nécessité de promouvoir et protéger les droits de l'homme de toutes les personnes handicapées, y compris de celles qui nécessitent un accompagnement plus poussé,

k) Préoccupés par le fait qu'en dépit de ces divers instruments et engagements, les personnes handicapées continuent d'être confrontées à des obstacles à leur participation à la société en tant que membres égaux de celle-ci et de faire l'objet de violations des droits de l'homme dans toutes les parties du monde,

l) Reconnaissant l'importance de la coopération internationale pour l'amélioration des conditions de vie des personnes handicapées dans tous les pays, en particulier dans les pays en développement,

m) Appréciant les utiles contributions actuelles et potentielles des personnes handicapées au bien-être général et à la diversité de leurs communautés et sachant que la promotion de la pleine jouissance des droits de l'homme et des libertés fondamentales par ces personnes ainsi que celle de leur pleine participation renforceront leur sentiment d'appartenance et feront notablement progresser le développement humain, social et économique de leurs sociétés et l'élimination de la pauvreté,

n) Reconnaissant l'importance pour les personnes handicapées de leur autonomie et de leur indépendance individuelles, y compris la liberté de faire leurs propres choix,

o) Estimant que les personnes handicapées devraient avoir la possibilité de participer activement aux processus de prise de décisions concernant les politiques et programmes, en particulier ceux qui les concernent directement,

p) Préoccupés par les difficultés que rencontrent les personnes handicapées, qui sont exposées à des formes multiples ou aggravées de discrimination fondées sur la race, la couleur, le sexe, la langue, la religion, l'opinion politique ou toute autre opinion, l'origine nationale, ethnique, autochtone ou sociale, la fortune, la naissance, l'âge ou toute autre situation,

q) Reconnaissant que les femmes et les filles handicapées courent souvent, dans leur famille comme à l'extérieur, des risques plus élevés de violence, d'atteinte à l'intégrité physique, d'abus, de délaissement ou de défaut de soins, de maltraitance ou d'exploitation,

r) Reconnaissant que les enfants handicapés doivent jouir pleinement de tous les droits de l'homme et de toutes les libertés fondamentales, sur la base de l'égalité avec les autres enfants, et rappelant les obligations qu'ont contractées à cette fin les États Parties à la Convention relative aux droits de l'enfant,

s) Soulignant la nécessité d'intégrer le principe de l'égalité des sexes dans tous les efforts visant à promouvoir la pleine jouissance des droits de l'homme et des libertés fondamentales par les personnes handicapées,

t) Insistant sur le fait que la majorité des personnes handicapées vivent dans la pauvreté et reconnaissant à cet égard qu'il importe au plus haut point de s'attaquer aux effets pernicieux de la pauvreté sur les personnes handicapées,

u) Conscients qu'une protection véritable des personnes handicapées suppose des conditions de paix et de sécurité fondées sur une pleine adhésion aux buts et principes de la Charte des Nations unies et sur le respect des instruments des droits de l'homme applicables, en particulier en cas de conflit armé ou d'occupation étrangère,

v) Reconnaissant qu'il importe que les personnes handicapées aient pleinement accès aux équipements physiques, sociaux, économiques et culturels, à la santé et à l'éducation ainsi qu'à l'information et à la communication pour jouir pleinement de tous les droits de l'homme et de toutes les libertés fondamentales,

w) Conscients que l'individu, étant donné ses obligations envers les autres individus et la société à laquelle il appartient, est tenu de faire son possible pour promouvoir et respecter les droits reconnus dans la Charte internationale des droits de l'homme,

x) Convaincus que la famille est l'élément naturel et fondamental de la société et a droit à la protection de la société et de l'État et que les personnes handicapées et les membres de leur famille devraient recevoir la protection et l'aide nécessaires pour que les familles puissent contribuer à la pleine et égale jouissance de leurs droits par les personnes handicapées,

y) Convaincus qu'une convention internationale globale et intégrée pour la promotion et la protection des droits et de la dignité des personnes handicapées contribuera de façon significative à remédier au profond désavantage social que connaissent les per-

sonnes handicapées et qu'elle favorisera leur participation, sur la base de l'égalité des chances, à tous les domaines de la vie civile, politique, économique, sociale et culturelle, dans les pays développés comme dans les pays en développement,
Sont convenus de ce qui suit :

Art. 1er. *Objet.* La présente Convention a pour objet de promouvoir, protéger et assurer la pleine et égale jouissance de tous les droits de l'homme et de toutes les libertés fondamentales par les personnes handicapées et de promouvoir le respect de leur dignité intrinsèque.

Par personnes handicapées on entend des personnes qui présentent des incapacités physiques, mentales, intellectuelles ou sensorielles durables dont l'interaction avec diverses barrières peut faire obstacle à leur pleine et effective participation à la société sur la base de l'égalité avec les autres.

Art. 2. *Définitions.* Aux fins de la présente Convention :

On entend par "communication", entre autres, les langues, l'affichage de texte, le braille, la communication tactile, les gros caractères, les supports multimédias accessibles ainsi que les modes, moyens et formes de communication améliorée et alternative à base de supports écrits, supports audio, langue simplifiée et lecteur humain, y compris les technologies de l'information et de la communication accessibles;

On entend par "langue", entre autres, les langues parlées et les langues des signes et autres formes de langue non parlée;

On entend par "discrimination fondée sur le handicap" toute distinction, exclusion ou restriction fondée sur le handicap qui a pour objet ou pour effet de compromettre ou réduire à néant la reconnaissance, la jouissance ou l'exercice, sur la base de l'égalité avec les autres, de tous les droits de l'homme et de toutes les libertés fondamentales dans les domaines politique, économique, social, culturel, civil ou autres. La discrimination fondée sur le handicap comprend toutes les formes de discrimination, y compris le refus d'aménagement raisonnable;

On entend par "aménagement raisonnable" les modifications et ajustements nécessaires et appropriés n'imposant pas de charge disproportionnée ou indue apportés, en fonction des besoins dans une situation donnée, pour assurer aux personnes handicapées la jouissance ou l'exercice, sur la base de l'égalité avec les autres, de tous les droits de l'homme et de toutes les libertés fondamentales;

On entend par "conception universelle" la conception de produits, d'équipements, de programmes et de services qui puissent être utilisés par tous, dans toute la mesure possible, sans nécessiter ni adaptation ni conception spéciale. La "conception universelle" n'exclut pas les appareils et accessoires fonctionnels pour des catégories particulières de personnes handicapées là où ils sont nécessaires.

Art. 3. *Principes généraux.* Les principes de la présente Convention sont :

a) Le respect de la dignité intrinsèque, de l'autonomie individuelle, y compris la liberté de faire ses propres choix, et de l'indépendance des personnes;

b) La non-discrimination;

c) La participation et l'intégration pleines et effectives à la société;

d) Le respect de la différence et l'acceptation des personnes handicapées comme faisant partie de la diversité humaine et de l'humanité;

e) L'égalité des chances;

f) L'accessibilité;

g) L'égalité entre les hommes et les femmes;

h) Le respect du développement des capacités de l'enfant handicapé et le respect du droit des enfants handicapés à préserver leur identité.

Art. 4. *Obligations générales.* 1. Les États Parties s'engagent à garantir et à promouvoir le plein exercice de tous les droits de l'homme et de toutes les libertés fondamentales de toutes les personnes handicapées sans discrimination d'aucune sorte fondée sur le handicap. A cette fin, ils s'engagent à :

a) Adopter toutes mesures appropriées d'ordre législatif, administratif ou autre pour mettre en œuvre les droits reconnus dans la présente Convention;

b) Prendre toutes mesures appropriées, y compris des mesures législatives, pour modifier, abroger ou abolir les lois, règlements, coutumes et pratiques qui sont source de discrimination envers les personnes handicapées;

c) Prendre en compte la protection et la promotion des droits de l'homme des personnes handicapées dans toutes les politiques et dans tous les programmes;

d) S'abstenir de tout acte et de toute pratique incompatible avec la présente Convention et veiller à ce que les pouvoirs publics et les institutions agissent conformément à la présente Convention;

e) Prendre toutes mesures appropriées pour éliminer la discrimination fondée sur le handicap pratiquée par toute personne, organisation ou entreprise privée;

f) Entreprendre ou encourager la recherche et le développement de biens, services, équipements et installations de conception universelle, selon la définition qui en est donnée à l'article 2 de la présente Convention, qui devraient nécessiter le minimum possible d'adaptation et de frais pour répondre aux besoins spécifiques des personnes handicapées, encourager l'offre et l'utilisation de ces biens, services, équipements et installations et encourager l'incorporation de la conception universelle dans le développement des normes et directives;

g) Entreprendre ou encourager la recherche et le développement et encourager l'offre et l'utilisation de nouvelles technologies — y compris les technologies de l'information et de la communication, les aides à la mobilité, les appareils et accessoires et les technologies d'assistance — qui soient adaptées aux personnes handicapées, en privilégiant les technologies d'un coût abordable;

h) Fournir aux personnes handicapées des informations accessibles concernant les aides à la mobilité, les appareils et accessoires et les technologies d'assistance, y compris les nouvelles technologies, ainsi que les autres formes d'assistance, services d'accompagnement et équipements;

i) Encourager la formation aux droits reconnus dans la présente Convention des professionnels et personnels qui travaillent avec des personnes handicapées, de façon à améliorer la prestation des aides et services garantis par ces droits.

2. Dans le cas des droits économiques, sociaux et culturels, chaque État Partie s'engage à agir, au maximum des ressources dont il dispose et, s'il y a lieu, dans le cadre de la coopération internationale, en vue d'assurer progressivement le plein exercice de ces droits, sans préjudice des obligations énoncées dans la présente Convention qui sont d'application immédiate en vertu du droit international.

3. Dans l'élaboration et la mise en œuvre des lois et des politiques adoptées aux fins de l'application de la présente Convention, ainsi que dans l'adoption de toute décision sur des questions relatives aux personnes handicapées, les États Parties consultent étroi-

tement et font activement participer ces personnes, y compris les enfants handicapés, par l'intermédiaire des organisations qui les représentent.

4. Aucune des dispositions de la présente Convention ne porte atteinte aux dispositions plus favorables à l'exercice des droits des personnes handicapées qui peuvent figurer dans la législation d'un État Partie ou dans le droit international en vigueur pour cet État. Il ne peut être admis aucune restriction ou dérogation aux droits de l'homme et aux libertés fondamentales reconnus ou en vigueur dans un État Partie à la présente Convention en vertu de lois, de conventions, de règlements ou de coutumes, sous prétexte que la présente Convention ne reconnaît pas ces droits et libertés ou les reconnaît à un moindre degré.

5. Les dispositions de la présente Convention s'appliquent, sans limitation ni exception aucune, à toutes les unités constitutives des États fédératifs.

Art. 5. *Égalité et non-discrimination.* 1. Les États Parties reconnaissent que toutes les personnes sont égales devant la loi et en vertu de celle-ci et ont droit sans discrimination à l'égale protection et à l'égal bénéfice de la loi.

2. Les États Parties interdisent toutes les discriminations fondées sur le handicap et garantissent aux personnes handicapées une égale et effective protection juridique contre toute discrimination, quel qu'en soit le fondement.

3. Afin de promouvoir l'égalité et d'éliminer la discrimination, les États Parties prennent toutes les mesures appropriées pour faire en sorte que des aménagements raisonnables soient apportés.

4. Les mesures spécifiques qui sont nécessaires pour accélérer ou assurer l'égalité *de facto* des personnes handicapées ne constituent pas une discrimination au sens de la présente Convention.

Art. 6. *Femmes handicapées.* 1. Les États Parties reconnaissent que les femmes et les filles handicapées sont exposées à de multiples discriminations, et ils prennent les mesures voulues pour leur permettre de jouir pleinement et dans des conditions d'égalité de tous les droits de l'homme et de toutes les libertés fondamentales.

2. Les États Parties prennent toutes mesures appropriées pour assurer le plein épanouissement, la promotion et l'autonomisation des femmes, afin de leur garantir l'exercice et la jouissance des droits de l'homme et des libertés fondamentales énoncés dans la présente Convention.

Art. 7. *Enfants handicapés.* 1. Les États Parties prennent toutes mesures nécessaires pour garantir aux enfants handicapés la pleine jouissance de tous les droits de l'homme et de toutes les libertés fondamentales, sur la base de l'égalité avec les autres enfants.

2. Dans toutes les décisions qui concernent les enfants handicapés, l'intérêt supérieur de l'enfant doit être une considération primordiale.

3. Les États Parties garantissent à l'enfant handicapé, sur la base de l'égalité avec les autres enfants, le droit d'exprimer librement son opinion sur toute question l'intéressant, les opinions de l'enfant étant dûment prises en considération eu égard à son âge et à son degré de maturité, et d'obtenir pour l'exercice de ce droit une aide adaptée à son handicap et à son âge.

Art. 8. *Sensibilisation.* 1. Les États Parties s'engagent à prendre des mesures immédiates, efficaces et appropriées en vue de :

a) Sensibiliser l'ensemble de la société, y compris au niveau de la famille, à la situation des personnes handicapées et promouvoir le respect des droits et de la dignité des personnes handicapées;

b) Combattre les stéréotypes, les préjugés et les pratiques dangereuses concernant les personnes handicapées, y compris ceux liés au sexe et à l'âge, dans tous les domaines;

c) Mieux faire connaître les capacités et les contributions des personnes handicapées.

2. Dans le cadre des mesures qu'ils prennent à cette fin, les États Parties :

a) Lancent et mènent des campagnes efficaces de sensibilisation du public en vue de :

i) Favoriser une attitude réceptive à l'égard des droits des personnes handicapées;

ii) Promouvoir une perception positive des personnes handicapées et une conscience sociale plus poussée à leur égard;

iii) Promouvoir la reconnaissance des compétences, mérites et aptitudes des personnes handicapées et de leurs contributions dans leur milieu de travail et sur le marché du travail;

b) Encouragent à tous les niveaux du système éducatif, notamment chez tous les enfants dès leur plus jeune âge, une attitude de respect pour les droits des personnes handicapées;

c) Encouragent tous les médias à montrer les personnes handicapées sous un jour conforme à l'objet de la présente Convention;

d) Encouragent l'organisation de programmes de formation en sensibilisation aux personnes handicapées et aux droits des personnes handicapées.

Art. 9. *Accessibilité.* 1. Afin de permettre aux personnes handicapées de vivre de façon indépendante et de participer pleinement à tous les aspects de la vie, les États Parties prennent des mesures appropriées pour leur assurer, sur la base de l'égalité avec les autres, l'accès à l'environnement physique, aux transports, à l'information et à la communication, y compris aux systèmes et technologies de l'information et de la communication, et aux autres équipements et services ouverts ou fournis au public, tant dans les zones urbaines que rurales. Ces mesures, parmi lesquelles figurent l'identification et l'élimination des obstacles et barrières à l'accessibilité, s'appliquent, entre autres :

a) Aux bâtiments, à la voirie, aux transports et autres équipements intérieurs ou extérieurs, y compris les écoles, les logements, les installations médicales et les lieux de travail;

b) Aux services d'information, de communication et autres services, y compris les services électroniques et les services d'urgence.

2. Les États Parties prennent également des mesures appropriées pour :

a) Élaborer et promulguer des normes nationales minimales et des directives relatives à l'accessibilité des installations et services ouverts ou fournis au public et contrôler l'application de ces normes et directives;

b) Faire en sorte que les organismes privés qui offrent des installations ou des services qui sont ouverts ou fournis au public prennent en compte tous les aspects de l'accessibilité par les personnes handicapées;

c) Assurer aux parties concernées une formation concernant les problèmes d'accès auxquels les personnes handicapées sont confrontées;

d) Faire mettre en place dans les bâtiments et autres installations ouverts au public une signalisation en braille et sous des formes faciles à lire et à comprendre;

e) Mettre à disposition des formes d'aide humaine ou animalière et les services de médiateurs, notamment de guides, de lecteurs et d'interprètes professionnels en langue des signes, afin de faciliter l'accès des bâtiments et autres installations ouverts au public;

f) Promouvoir d'autres formes appropriées d'aide et d'accompagnement des personnes handicapées afin de leur assurer l'accès à l'information;

g) Promouvoir l'accès des personnes handicapées aux nouveaux systèmes et technologies de l'information et de la communication, y compris l'internet;

h) Promouvoir l'étude, la mise au point, la production et la diffusion de systèmes et technologies de l'information et de la communication à un stade précoce, de façon à en assurer l'accessibilité à un coût minimal.

Art. 10. *Droit à la vie.* Les États Parties réaffirment que le droit à la vie est inhérent à la personne humaine et prennent toutes mesures nécessaires pour en assurer aux personnes handicapées la jouissance effective, sur la base de l'égalité avec les autres.

Art. 11. *Situations de risque et situations d'urgence humanitaire.* Les États Parties prennent, conformément aux obligations qui leur incombent en vertu du droit international, notamment le droit international humanitaire et le droit international des droits de l'homme, toutes mesures nécessaires pour assurer la protection et la sûreté des personnes handicapées dans les situations de risque, y compris les conflits armés, les crises humanitaires et les catastrophes naturelles.

Art. 12. *Reconnaissance de la personnalité juridique dans des conditions d'égalité.*

1. Les États Parties réaffirment que les personnes handicapées ont droit à la reconnaissance en tous lieux de leur personnalité juridique.

2. Les États Parties reconnaissent que les personnes handicapées jouissent de la capacité juridique dans tous les domaines, sur la base de l'égalité avec les autres.

3. Les États Parties prennent des mesures appropriées pour donner aux personnes handicapées accès à l'accompagnement dont elles peuvent avoir besoin pour exercer leur capacité juridique.

4. Les États Parties font en sorte que les mesures relatives à l'exercice de la capacité juridique soient assorties de garanties appropriées et effectives pour prévenir les abus, conformément au droit international des droits de l'homme. Ces garanties doivent garantir que les mesures relatives à l'exercice de la capacité juridique respectent les droits, la volonté et les préférences de la personne concernée, soient exemptes de tout conflit d'intérêt et ne donnent lieu à aucun abus d'influence, soient proportionnées et adaptées à la situation de la personne concernée, s'appliquent pendant la période la plus brève possible et soient soumises à un contrôle périodique effectué par un organe compétent, indépendant et impartial ou une instance judiciaire. Ces garanties doivent également être proportionnées au degré auquel les mesures devant faciliter l'exercice de la capacité juridique affectent les droits et intérêts de la personne concernée.

5. Sous réserve des dispositions du présent article, les États Parties prennent toutes mesures appropriées et effectives pour garantir le droit qu'ont les personnes handicapées, sur la base de l'égalité avec les autres, de posséder des biens ou d'en hériter, de contrôler leurs finances et d'avoir accès aux mêmes conditions que les autres personnes aux prêts bancaires, hypothèques et autres formes de crédit financier; ils veillent à ce que les personnes handicapées ne soient pas arbitrairement privées de leurs biens.

Art. 13. *Accès à la justice.* 1. Les États Parties assurent l'accès effectif des personnes handicapées à la justice, sur la base de l'égalité avec les autres, y compris par le biais d'aménagements procéduraux et d'aménagements en fonction de l'âge, afin de faciliter leur participation effective, directe ou indirecte, notamment en tant que témoins, à toutes les procédures judiciaires, y compris au stade de l'enquête et aux autres stades préliminaires.

2. Afin d'aider à assurer l'accès effectif des personnes handicapées à la justice, les États Parties favorisent une formation appropriée des personnels concourant à l'administration de la justice, y compris les personnels de police et les personnels pénitentiaires.

Art. 14. *Liberté et sécurité de la personne.* 1. Les États Parties veillent à ce que les personnes handicapées, sur la base de l'égalité avec les autres :

a) Jouissent du droit à la liberté et à la sûreté de leur personne;

b) Ne soient pas privées de leur liberté de façon illégale ou arbitraire; ils veillent en outre à ce que toute privation de liberté soit conforme à la loi et à ce qu'en aucun cas l'existence d'un handicap ne justifie une privation de liberté.

2. Les États Parties veillent à ce que les personnes handicapées, si elles sont privées de leur liberté à l'issue d'une quelconque procédure, aient droit, sur la base de l'égalité avec les autres, aux garanties prévues par le droit international des droits de l'homme et soient traitées conformément aux buts et principes de la présente Convention, y compris en bénéficiant d'aménagements raisonnables.

Art. 15. *Droit de ne pas être soumis à la torture ni à des peines ou traitements cruels, inhumains ou dégradants.* 1. Nul ne sera soumis à la torture, ni à des peines ou traitements cruels, inhumains ou dégradants. En particulier, il est interdit de soumettre une personne sans son libre consentement à une expérience médicale ou scientifique.

2. Les États Parties prennent toutes mesures législatives, administratives, judiciaires et autres mesures efficaces pour empêcher, sur la base de l'égalité avec les autres, que des personnes handicapées ne soient soumises à la torture ou à des peines ou traitements cruels, inhumains ou dégradants.

Art. 16. *Droit de ne pas être soumis à l'exploitation, à la violence et à la maltraitance.* 1. Les États Parties prennent toutes mesures législatives, administratives, sociales, éducatives et autres mesures appropriées pour protéger les personnes handicapées, à leur domicile comme à l'extérieur, contre toutes formes d'exploitation, de violence et de maltraitance, y compris leurs aspects fondés sur le sexe.

2. Les États Parties prennent également toutes mesures appropriées pour prévenir toutes les formes d'exploitation, de violence et de maltraitance en assurant notamment aux personnes handicapées, à leur famille et à leurs aidants des formes appropriées d'aide et d'accompagnement adaptées au sexe et à l'âge, y compris en mettant à leur disposition des informations et des services éducatifs sur les moyens d'éviter, de reconnaître et de dénoncer les cas d'exploitation, de violence et de maltraitance. Les États Parties veillent à ce que les services de protection tiennent compte de l'âge, du sexe et du handicap des intéressés.

3. Afin de prévenir toutes les formes d'exploitation, de violence et de maltraitance, les États Parties veillent à ce que tous les établissements et programmes destinés aux personnes handicapées soient effectivement contrôlés par des autorités indépendantes.

4. Les États Parties prennent toutes mesures appropriées pour faciliter le rétablissement physique, cognitif et psychologique, la réadaptation et la réinsertion sociale des personnes handicapées qui ont été victimes d'exploitation, de violence ou de maltraitance sous toutes leurs formes, notamment en mettant à leur disposition des services de protection. Le rétablissement et la réinsertion interviennent dans un environnement qui

favorise la santé, le bien-être, l'estime de soi, la dignité et l'autonomie de la personne et qui prend en compte les besoins spécifiquement liés au sexe et à l'âge.

5. Les États Parties mettent en place une législation et des politiques efficaces, y compris une législation et des politiques axées sur les femmes et les enfants, qui garantissent que les cas d'exploitation, de violence et de maltraitance envers des personnes handicapées sont dépistés, font l'objet d'une enquête et, le cas échéant, donnent lieu à des poursuites.

Art. 17. *Protection de l'intégrité de la personne.* Toute personne handicapée a droit au respect de son intégrité physique et mentale sur la base de l'égalité avec les autres.

Art. 18. *Droit de circuler librement et nationalité.* 1. Les États Parties reconnaissent aux personnes handicapées, sur la base de l'égalité avec les autres, le droit de circuler librement, le droit de choisir librement leur résidence et le droit à une nationalité, et ils veillent notamment à ce que les personnes handicapées :

a) Aient le droit d'acquérir une nationalité et de changer de nationalité et ne soient pas privées de leur nationalité arbitrairement ou en raison de leur handicap;

b) Ne soient pas privées, en raison de leur handicap, de la capacité d'obtenir, de posséder et d'utiliser des titres attestant leur nationalité ou autres titres d'identité ou d'avoir recours aux procédures pertinentes, telles que les procédures d'immigration, qui peuvent être nécessaires pour faciliter l'exercice du droit de circuler librement;

c) Aient le droit de quitter n'importe quel pays, y compris le leur;

d) Ne soient pas privées, arbitrairement ou en raison de leur handicap, du droit d'entrer dans leur propre pays.

2. Les enfants handicapés sont enregistrés aussitôt leur naissance et ont dès celle-ci le droit à un nom, le droit d'acquérir une nationalité et, dans la mesure du possible, le droit de connaître leurs parents et d'être élevés par eux.

Art. 19. *Autonomie de vie et inclusion dans la société.* Les États Parties à la présente Convention reconnaissent à toutes les personnes handicapées le droit de vivre dans la société, avec la même liberté de choix que les autres personnes, et prennent des mesures efficaces et appropriées pour faciliter aux personnes handicapées la pleine jouissance de ce droit ainsi que leur pleine intégration et participation à la société, notamment en veillant à ce que :

a) Les personnes handicapées aient la possibilité de choisir, sur la base de l'égalité avec les autres, leur lieu de résidence et où et avec qui elles vont vivre et qu'elles ne soient pas obligées de vivre dans un milieu de vie particulier;

b) Les personnes handicapées aient accès à une gamme de services à domicile ou en établissement et autres services sociaux d'accompagnement, y compris l'aide personnelle nécessaire pour leur permettre de vivre dans la société et de s'y insérer et pour empêcher qu'elles ne soient isolées ou victimes de ségrégation;

c) Les services et équipements sociaux destinés à la population générale soient mis à la disposition des personnes handicapées, sur la base de l'égalité avec les autres, et soient adaptés à leurs besoins.

Art. 20. *Mobilité personnelle.* Les États Parties prennent des mesures efficaces pour assurer la mobilité personnelle des personnes handicapées, dans la plus grande autonomie possible, y compris en :

a) Facilitant la mobilité personnelle des personnes handicapées selon les modalités et au moment que celles-ci choisissent, et à un coût abordable;

b) Facilitant l'accès des personnes handicapées à des aides à la mobilité, appareils et accessoires, technologies d'assistance, formes d'aide humaine ou animalière et médiateurs de qualité, notamment en faisant en sorte que leur coût soit abordable;

c) Dispensant aux personnes handicapées et aux personnels spécialisés qui travaillent avec elles une formation aux techniques de mobilité;

d) Encourageant les organismes qui produisent des aides à la mobilité, des appareils et accessoires et des technologies d'assistance à prendre en compte tous les aspects de la mobilité des personnes handicapées.

Art. 21. *Liberté d'expression et d'opinion et accès à l'information.* Les États Parties prennent toutes mesures appropriées pour que les personnes handicapées puissent exercer le droit à la liberté d'expression et d'opinion, y compris la liberté de demander, recevoir et communiquer des informations et des idées, sur la base de l'égalité avec les autres et en recourant à tous moyens de communication de leur choix au sens de l'article 2 de la présente Convention. A cette fin, les États Parties :

a) Communiquent les informations destinées au grand public aux personnes handicapées, sans tarder et sans frais supplémentaires pour celles-ci, sous des formes accessibles et au moyen de technologies adaptées aux différents types de handicap;

b) Acceptent et facilitent le recours par les personnes handicapées, pour leurs démarches officielles, à la langue des signes, au braille, à la communication améliorée et alternative et à tous les autres moyens, modes et formes accessibles de communication de leur choix;

c) Demandent instamment aux organismes privés qui mettent des services à la disposition du public, y compris par le biais de l'internet, de fournir des informations et des services sous des formes accessibles aux personnes handicapées et que celles-ci puissent utiliser;

d) Encouragent les médias, y compris ceux qui communiquent leurs informations par l'internet, à rendre leurs services accessibles aux personnes handicapées;

e) Reconnaissent et favorisent l'utilisation des langues des signes.

Art. 22. *Respect de la vie privée.* 1. Aucune personne handicapée, quel que soit son lieu de résidence ou son milieu de vie, ne sera l'objet d'immixtions arbitraires ou illégales dans sa vie privée, sa famille, son domicile ou sa correspondance ou autres types de communication ni d'atteintes illégales à son honneur et à sa réputation. Les personnes handicapées ont droit à la protection de la loi contre de telles immixtions ou de telles atteintes.

2. Les États Parties protègent la confidentialité des informations personnelles et des informations relatives à la santé et à la réadaptation des personnes handicapées, sur la base de l'égalité avec les autres.

Art. 23. *Respect du domicile et de la famille.* 1. Les États Parties prennent des mesures efficaces et appropriées pour éliminer la discrimination à l'égard des personnes handicapées dans tout ce qui a trait au mariage, à la famille, à la fonction parentale et aux relations personnelles, sur la base de l'égalité avec les autres, et veillent à ce que :

a) Soit reconnu à toutes les personnes handicapées, à partir de l'âge nubile, le droit de se marier et de fonder une famille sur la base du libre et plein consentement des futurs époux;

b) Soient reconnus aux personnes handicapées le droit de décider librement et en toute connaissance de cause du nombre de leurs enfants et de l'espacement des naissances ainsi que le droit d'avoir accès, de façon appropriée pour leur âge, à l'information et à l'éducation en matière de procréation et de planification familiale; et à ce que les moyens nécessaires à l'exercice de ces droits leur soient fournis;

c) Les personnes handicapées, y compris les enfants, conservent leur fertilité, sur la base de l'égalité avec les autres.

2. Les États Parties garantissent les droits et responsabilités des personnes handicapées en matière de tutelle, de curatelle, de garde et d'adoption des enfants ou d'institutions similaires, lorsque ces institutions existent dans la législation nationale; dans tous les cas, l'intérêt supérieur de l'enfant est la considération primordiale. Les États Parties apportent une aide appropriée aux personnes handicapées dans l'exercice de leurs responsabilités parentales.

3. Les États Parties veillent à ce que les enfants handicapés aient des droits égaux dans leur vie en famille. Aux fins de l'exercice de ces droits et en vue de prévenir la dissimulation, l'abandon, le délaissement et la ségrégation des enfants handicapés, les États Parties s'engagent à fournir aux enfants handicapés et à leur famille, à un stade précoce, un large éventail d'informations et de services, dont des services d'accompagnement.

4. Les États Parties veillent à ce qu'aucun enfant ne soit séparé de ses parents contre leur gré, à moins que les autorités compétentes, sous réserve d'un contrôle juridictionnel, ne décident, conformément au droit et aux procédures applicables, qu'une telle séparation est nécessaire dans l'intérêt supérieur de l'enfant. En aucun cas un enfant ne doit être séparé de ses parents en raison de son handicap ou du handicap de l'un ou des deux parents.

5. Les États Parties s'engagent, lorsque la famille immédiate n'est pas en mesure de s'occuper d'un enfant handicapé, à ne négliger aucun effort pour assurer la prise en charge de l'enfant par la famille élargie et, si cela n'est pas possible, dans un cadre familial au sein de la communauté.

Art. 24. *Éducation.* 1. Les États Parties reconnaissent le droit des personnes handicapées à l'éducation. En vue d'assurer l'exercice de ce droit sans discrimination et sur la base de l'égalité des chances, les États Parties font en sorte que le système éducatif pourvoie à l'insertion scolaire à tous les niveaux et offre, tout au long de la vie, des possibilités d'éducation qui visent :

a) Le plein épanouissement du potentiel humain et du sentiment de dignité et d'estime de soi, ainsi que le renforcement du respect des droits de l'homme, des libertés fondamentales et de la diversité humaine;

b) L'épanouissement de la personnalité des personnes handicapées, de leurs talents et de leur créativité ainsi que de leurs aptitudes mentales et physiques, dans toute la mesure de leurs potentialités;

c) La participation effective des personnes handicapées à une société libre.

2. Aux fins de l'exercice de ce droit, les États Parties veillent à ce que :

a) Les personnes handicapées ne soient pas exclues, sur le fondement de leur handicap, du système d'enseignement général et à ce que les enfants handicapés ne soient pas exclus, sur le fondement de leur handicap, de l'enseignement primaire gratuit et obligatoire ou de l'enseignement secondaire;

b) Les personnes handicapées puissent, sur la base de l'égalité avec les autres, avoir accès, dans les communautés où elles vivent, à un enseignement primaire inclusif, de qualité et gratuit, et à l'enseignement secondaire;

c) Il soit procédé à des aménagements raisonnables en fonction des besoins de chacun;

d) Les personnes handicapées bénéficient, au sein du système d'enseignement général, de l'accompagnement nécessaire pour faciliter leur éducation effective;

e) Des mesures d'accompagnement individualisé efficaces soient prises dans des environnements qui optimisent le progrès scolaire et la socialisation, conformément à l'objectif de pleine intégration.

3. Les États Parties donnent aux personnes handicapées la possibilité d'acquérir les compétences pratiques et sociales nécessaires de façon à faciliter leur pleine et égale participation au système d'enseignement et à la vie de la communauté. A cette fin, les États Parties prennent des mesures appropriées, notamment :

a) Facilitent l'apprentissage du braille, de l'écriture adaptée et des modes, moyens et formes de communication améliorée et alternative, le développement des capacités d'orientation et de la mobilité, ainsi que le soutien par les pairs et le mentorat;

b) Facilitent l'apprentissage de la langue des signes et la promotion de l'identité linguistique des personnes sourdes;

c) Veillent à ce que les personnes aveugles, sourdes ou sourdes et aveugles — en particulier les enfants — reçoivent un enseignement dispensé dans la langue et par le biais des modes et moyens de communication qui conviennent le mieux à chacun, et ce, dans des environnements qui optimisent le progrès scolaire et la sociabilisation.

4. Afin de faciliter l'exercice de ce droit, les États Parties prennent des mesures appropriées pour employer des enseignants, y compris des enseignants handicapés, qui ont une qualification en langue des signes ou en braille et pour former les cadres et personnels éducatifs à tous les niveaux. Cette formation comprend la sensibilisation aux handicaps et l'utilisation des modes, moyens et formes de communication améliorée et alternative et des techniques et matériels pédagogiques adaptés aux personnes handicapées.

5. Les États Parties veillent à ce que les personnes handicapées puissent avoir accès, sans discrimination et sur la base de l'égalité avec les autres, à l'enseignement tertiaire général, à la formation professionnelle, à l'enseignement pour adultes et à la formation continue. A cette fin, ils veillent à ce que des aménagements raisonnables soient apportés en faveur des personnes handicapées.

Art. 25. *Santé.* Les États Parties reconnaissent que les personnes handicapées ont le droit de jouir du meilleur état de santé possible sans discrimination fondée sur le handicap. Ils prennent toutes les mesures appropriées pour leur assurer l'accès à des services de santé qui prennent en compte les sexospécificités, y compris des services de réadaptation. En particulier, les États Parties :

a) Fournissent aux personnes handicapées des services de santé gratuits ou d'un coût abordable couvrant la même gamme et de la même qualité que ceux offerts aux autres personnes, y compris des services de santé sexuelle et génésique et des programmes de santé publique communautaires;

b) Fournissent aux personnes handicapées les services de santé dont celles-ci ont besoin en raison spécifiquement de leur handicap, y compris des services de dépistage précoce et, s'il y a lieu, d'intervention précoce, et des services destinés à réduire au maximum ou à prévenir les nouveaux handicaps, notamment chez les enfants et les personnes âgées;

c) Fournissent ces services aux personnes handicapées aussi près que possible de leur communauté, y compris en milieu rural;

d) Exigent des professionnels de la santé qu'ils dispensent aux personnes handicapées des soins de la même qualité que ceux dispensés aux autres, notamment qu'ils obtiennent le consentement libre et éclairé des personnes handicapées concernées; à cette fin, les États Parties mènent des activités de formation et promulguent des règles déontologiques pour les secteurs public et privé de la santé de façon, entre autres, à sensibiliser les personnels aux droits de l'homme, à la dignité, à l'autonomie et aux besoins des personnes handicapées;

e) Interdisent dans le secteur des assurances la discrimination à l'encontre des personnes handicapées, qui doivent pouvoir obtenir à des conditions équitables et raisonnables une assurance maladie et, dans les pays où elle est autorisée par le droit national, une assurance-vie;

f) Empêchent tout refus discriminatoire de fournir des soins ou services médicaux ou des aliments ou des liquides en raison d'un handicap.

Art. 26. *Adaptation et réadaptation.* 1. Les États Parties prennent des mesures efficaces et appropriées, faisant notamment intervenir l'entraide entre pairs, pour permettre aux personnes handicapées d'atteindre et de conserver le maximum d'autonomie, de réaliser pleinement leur potentiel physique, mental, social et professionnel, et de parvenir à la pleine intégration et à la pleine participation à tous les aspects de la vie. A cette fin, les États Parties organisent, renforcent et développent des services et programmes diversifiés d'adaptation et de réadaptation, en particulier dans les domaines de la santé, de l'emploi, de l'éducation et des services sociaux, de telle sorte que ces services et programmes :

a) Commencent au stade le plus précoce possible et soient fondés sur une évaluation pluridisciplinaire des besoins et des atouts de chacun;

b) Facilitent la participation et l'intégration à la communauté et à tous les aspects de la société, soient librement acceptés et soient mis à la disposition des personnes handicapées aussi près que possible de leur communauté, y compris dans les zones rurales.

2. Les États Parties favorisent le développement de la formation initiale et continue des professionnels et personnels qui travaillent dans les services d'adaptation et de réadaptation.

3. Les États Parties favorisent l'offre, la connaissance et l'utilisation d'appareils et de technologies d'aide, conçus pour les personnes handicapées, qui facilitent l'adaptation et la réadaptation.

Art. 27. *Travail et emploi.* 1. Les États Parties reconnaissent aux personnes handicapées, sur la base de l'égalité avec les autres, le droit au travail, notamment à la possibilité de gagner leur vie en accomplissant un travail librement choisi ou accepté sur un marché du travail et dans un milieu de travail ouverts, favorisant l'inclusion et accessibles aux personnes handicapées. Ils garantissent et favorisent l'exercice du droit au travail, y compris pour ceux qui ont acquis un handicap en cours d'emploi, en prenant des mesures appropriées, y compris des mesures législatives, pour notamment :

a) Interdire la discrimination fondée sur le handicap dans tout ce qui a trait à l'emploi sous toutes ses formes, notamment les conditions de recrutement, d'embauche et d'emploi, le maintien dans l'emploi, l'avancement et les conditions de sécurité et d'hygiène au travail;

b) Protéger le droit des personnes handicapées à bénéficier, sur la base de l'égalité avec les autres, de conditions de travail justes et favorables, y compris l'égalité des chances et l'égalité de rémunération à travail égal, la sécurité et l'hygiène sur les lieux de travail, la protection contre le harcèlement et des procédures de règlement des griefs;

c) Faire en sorte que les personnes handicapées puissent exercer leurs droits professionnels et syndicaux sur la base de l'égalité avec les autres;

d) Permettre aux personnes handicapées d'avoir effectivement accès aux programmes d'orientation technique et professionnel, aux services de placement et aux services de formation professionnelle et continue offerts à la population en général;

e) Promouvoir les possibilités d'emploi et d'avancement des personnes handicapées sur le marché du travail, ainsi que l'aide à la recherche et à l'obtention d'un emploi, au maintien dans l'emploi et au retour à l'emploi;

f) Promouvoir les possibilités d'exercice d'une activité indépendante, l'esprit d'entreprise, l'organisation de coopératives et la création d'entreprise;

g) Employer des personnes handicapées dans le secteur public;

h) Favoriser l'emploi de personnes handicapées dans le secteur privé en mettant en œuvre des politiques et mesures appropriées, y compris le cas échéant des programmes d'action positive, des incitations et d'autres mesures;

i) Faire en sorte que des aménagements raisonnables soient apportés aux lieux de travail en faveur des personnes handicapées;

j) Favoriser l'acquisition par les personnes handicapées d'une expérience professionnelle sur le marché du travail général;

k) Promouvoir des programmes de réadaptation technique et professionnelle, de maintien dans l'emploi et de retour à l'emploi pour les personnes handicapées.

2. Les États Parties veillent à ce que les personnes handicapées ne soient tenues ni en esclavage ni en servitude, et à ce qu'elles soient protégées, sur la base de l'égalité avec les autres, contre le travail forcé ou obligatoire.

Art. 28. *Niveau de vie adéquat et protection sociale.* 1. Les États Parties reconnaissent le droit des personnes handicapées à un niveau de vie adéquat pour elles-mêmes et pour leur famille, notamment une alimentation, un habillement et un logement adéquats, et à une amélioration constante de leurs conditions de vie et prennent des mesures appropriées pour protéger et promouvoir l'exercice de ce droit sans discrimination fondée sur le handicap.

2. Les États Parties reconnaissent le droit des personnes handicapées à la protection sociale et à la jouissance de ce droit sans discrimination fondée sur le handicap et prennent des mesures appropriées pour protéger et promouvoir l'exercice de ce droit, y compris des mesures destinées à :

a) Assurer aux personnes handicapées l'égalité d'accès aux services d'eau salubre et leur assurer l'accès à des services, appareils et accessoires et autres aides répondant aux besoins créés par leur handicap qui soient appropriés et abordables;

b) Assurer aux personnes handicapées, en particulier aux femmes et aux filles et aux personnes âgées, l'accès aux programmes de protection sociale et aux programmes de réduction de la pauvreté;

c) Assurer aux personnes handicapées et à leurs familles, lorsque celles-ci vivent dans la pauvreté, l'accès à l'aide publique pour couvrir les frais liés au handicap, notamment les frais permettant d'assurer adéquatement une formation, un soutien psychologique, une aide financière ou une prise en charge de répit;

d) Assurer aux personnes handicapées l'accès aux programmes de logements sociaux;

e) Assurer aux personnes handicapées l'égalité d'accès aux programmes et prestations de retraite.

Art. 29. *Participation à la vie politique et à la vie publique.* Les États Parties garantissent aux personnes handicapées la jouissance des droits politiques et la possibilité de les exercer sur la base de l'égalité avec les autres, et s'engagent :

a) A faire en sorte que les personnes handicapées puissent effectivement et pleinement participer à la vie politique et à la vie publique sur la base de l'égalité avec les autres, que ce soit directement ou par l'intermédiaire de représentants librement choisis, notamment qu'elles aient le droit et la possibilité de voter et d'être élues, et pour cela les États Parties, entre autres mesures :

i) Veillent à ce que les procédures, équipements et matériels électoraux soient appropriés, accessibles et faciles à comprendre et à utiliser;

ii) Protègent le droit qu'ont les personnes handicapées de voter à bulletin secret et sans intimidation aux élections et référendums publics, de se présenter aux élections et d'exercer effectivement un mandat électif ainsi que d'exercer toutes fonctions publiques à tous les niveaux de l'État, et facilitent, s'il y a lieu, le recours aux technologies d'assistance et aux nouvelles technologies;

iii) Garantissent la libre expression de la volonté des personnes handicapées en tant qu'électeurs et à cette fin si nécessaire, et à leur demande, les autorisent à se faire assister d'une personne de leur choix pour voter;

b) A promouvoir activement un environnement dans lequel les personnes handicapées peuvent effectivement et pleinement participer à la conduite des affaires publiques, sans discrimination et sur la base de l'égalité avec les autres, et à encourager leur participation aux affaires publiques, notamment par le biais :

i) De leur participation aux organisations non gouvernementales et associations qui s'intéressent à la vie publique et politique du pays, et de leur participation aux activités et à l'administration des partis politiques;

ii) De la constitution d'organisations de personnes handicapées pour les représenter aux niveaux international, national, régional et local et de l'adhésion à ces organisations.

Art. 30. *Participation à la vie culturelle et récréative, aux loisirs et aux sports.* 1. Les États Parties reconnaissent le droit des personnes handicapées de participer à la vie culturelle, sur la base de l'égalité avec les autres, et prennent toutes mesures appropriées pour faire en sorte qu'elles :

a) Aient accès aux produits culturels dans des formats accessibles;

b) Aient accès aux émissions de télévision, aux films, aux pièces de théâtre et autres activités culturelles dans des formats accessibles;

c) Aient accès aux lieux d'activités culturelles tels que les théâtres, les musées, les cinémas, les bibliothèques et les services touristiques, et, dans la mesure du possible, aux monuments et sites importants pour la culture nationale.

2. Les États Parties prennent des mesures appropriées pour donner aux personnes handicapées la possibilité de développer et de réaliser leur potentiel créatif, artistique et

intellectuel, non seulement dans leur propre intérêt, mais aussi pour l'enrichissement de la société.

3. Les États Parties prennent toutes mesures appropriées, conformément au droit international, pour faire en sorte que les lois protégeant les droits de propriété intellectuelle ne constituent pas un obstacle déraisonnable ou discriminatoire à l'accès des personnes handicapées aux produits culturels.

4. Les personnes handicapées ont droit, sur la base de l'égalité avec les autres, à la reconnaissance et au soutien de leur identité culturelle et linguistique spécifique, y compris les langues des signes et la culture des sourds.

5. Afin de permettre aux personnes handicapées de participer, sur la base de l'égalité avec les autres, aux activités récréatives, de loisir et sportives, les États Parties prennent des mesures appropriées pour :

a) Encourager et promouvoir la participation, dans toute la mesure possible, de personnes handicapées aux activités sportives ordinaires à tous les niveaux ;

b) Faire en sorte que les personnes handicapées aient la possibilité d'organiser et de mettre au point des activités sportives et récréatives qui leur soient spécifiques et d'y participer, et, à cette fin, encourager la mise à leur disposition, sur la base de l'égalité avec les autres, de moyens d'entraînements, de formations et de ressources appropriés ;

c) Faire en sorte que les personnes handicapées aient accès aux lieux où se déroulent des activités sportives, récréatives et touristiques ;

d) Faire en sorte que les enfants handicapés puissent participer, sur la base de l'égalité avec les autres enfants, aux activités ludiques, récréatives, de loisir et sportives, y compris dans le système scolaire ;

e) Faire en sorte que les personnes handicapées aient accès aux services des personnes et organismes chargés d'organiser des activités récréatives, de tourisme et de loisir et des activités sportives.

Art. 31. *Statistiques et collecte des données.* 1. Les États Parties s'engagent à recueillir des informations appropriées, y compris des données statistiques et résultats de recherches, qui leur permettent de formuler et d'appliquer des politiques visant à donner effet à la présente Convention. Les procédures de collecte et de conservation de ces informations respectent :

a) Les garanties légales, y compris celles qui découlent de la législation sur la protection des données, afin d'assurer la confidentialité et le respect de la vie privée des personnes handicapées ;

b) Les normes internationalement acceptées de protection des droits de l'homme et des libertés fondamentales et les principes éthiques qui régissent la collecte et l'exploitation des statistiques.

2. Les informations recueillies conformément au présent article sont désagrégées, selon qu'il convient, et utilisées pour évaluer la façon dont les États Parties s'acquittent des obligations qui leur incombent en vertu de la présente Convention et identifier et lever les obstacles que rencontrent les personnes handicapées dans l'exercice de leurs droits.

3. Les États Parties ont la responsabilité de diffuser ces statistiques et veillent à ce qu'elles soient accessibles aux personnes handicapées et autres personnes.

Art. 32. *Coopération internationale.* 1. Les États Parties reconnaissent l'importance de la coopération internationale et de sa promotion, à l'appui des efforts déployés au niveau national pour la réalisation de l'objet et des buts de la présente Convention, et prennent des mesures appropriées et efficaces à cet égard, entre eux et, s'il y a lieu, en partenariat avec les organisations internationales et régionales compétentes et la société civile, en particulier les organisations de personnes handicapées. Ils peuvent notamment prendre des mesures destinées à :

a) Faire en sorte que la coopération internationale — y compris les programmes internationaux de développement — prenne en compte les personnes handicapées et leur soit accessible;

b) Faciliter et appuyer le renforcement des capacités, notamment grâce à l'échange et au partage d'informations, d'expériences, de programmes de formation et de pratiques de référence;

c) Faciliter la coopération aux fins de la recherche et de l'accès aux connaissances scientifiques et techniques;

d) Apporter, s'il y a lieu, une assistance technique et une aide économique, y compris en facilitant l'acquisition et la mise en commun de technologies d'accès et d'assistance et en opérant des transferts de technologie.

2. Les dispositions du présent article sont sans préjudice de l'obligation dans laquelle se trouve chaque État Partie de s'acquitter des obligations qui lui incombent en vertu de la présente Convention.

Art. 33. *Application et suivi au niveau national.* 1. Les États Parties désignent, conformément à leur système de gouvernement, un ou plusieurs points de contact pour les questions relatives à l'application de la présente Convention et envisagent dûment de créer ou désigner, au sein de leur administration, un dispositif de coordination chargé de faciliter les actions liées à cette application dans différents secteurs et à différents niveaux.

2. Les États Parties, conformément à leurs systèmes administratif et juridique, maintiennent, renforcent, désignent ou créent, au niveau interne, un dispositif, y compris un ou plusieurs mécanismes indépendants, selon qu'il conviendra, de promotion, de protection et de suivi de l'application de la présente Convention. En désignant ou en créant un tel mécanisme, ils tiennent compte des principes applicables au statut et au fonctionnement des institutions nationales de protection et de promotion des droits de l'homme.

3. La société civile — en particulier les personnes handicapées et les organisations qui les représentent — est associée et participe pleinement à la fonction de suivi.

Art. 34. *Comité des droits des personnes handicapées.* 1. Il est institué un Comité des droits des personnes handicapées (ci-après dénommé "le Comité") qui s'acquitte des fonctions définies ci-après.

2. Le Comité se compose, au moment de l'entrée en vigueur de la présente Convention, de douze experts. Après soixante ratifications et adhésions supplémentaires à la Convention, il sera ajouté six membres au Comité, qui atteindra alors sa composition maximum de dix-huit membres.

3. Les membres du Comité siègent à titre personnel et sont des personnalités d'une haute autorité morale et justifiant d'une compétence et d'une expérience reconnues dans le domaine auquel s'applique la présente Convention. Les États Parties sont invités, lorsqu'ils désignent leurs candidats, à tenir dûment compte de la disposition énoncée au paragraphe 3 de l'article 4 de la présente Convention.

4. Les membres du Comité sont élus par les États Parties, compte tenu des principes de répartition géographique équitable, de représentation des différentes formes de

civilisation et des principaux systèmes juridiques, de représentation équilibrée des sexes et de participation d'experts handicapés.

5. Les membres du Comité sont élus au scrutin secret sur une liste de candidats désignés par les États Parties parmi leurs ressortissants, lors de réunions de la Conférence des États Parties. A ces réunions, où le quorum est constitué par les deux tiers des États Parties, sont élus membres du Comité les candidats ayant obtenu le plus grand nombre de voix et la majorité absolue des votes des représentants des États Parties présents et votants.

6. La première élection aura lieu dans les six mois suivant la date d'entrée en vigueur de la présente Convention. Quatre mois au moins avant la date de chaque élection, le Secrétaire général de l'Organisation des Nations unies invitera par écrit les États Parties à proposer leurs candidats dans un délai de deux mois. Le Secrétaire général dressera ensuite la liste alphabétique des candidats ainsi désignés, en indiquant les États Parties qui les ont désignés, et la communiquera aux États Parties à la présente Convention.

7. Les membres du Comité sont élus pour quatre ans. Ils sont rééligibles une fois. Toutefois, le mandat de six des membres élus lors de la première élection prend fin au bout de deux ans; immédiatement après la première élection, les noms de ces six membres sont tirés au sort par le Président de la réunion visée au paragraphe 5 du présent article.

8. L'élection des six membres additionnels du Comité se fera dans le cadre d'élections ordinaires, conformément aux dispositions du présent article.

9. En cas de décès ou de démission d'un membre du Comité, ou si, pour toute autre raison, un membre déclare ne plus pouvoir exercer ses fonctions, l'État Partie qui avait présenté sa candidature nomme un autre expert possédant les qualifications et répondant aux conditions énoncées dans les dispositions pertinentes du présent article pour pourvoir le poste ainsi vacant jusqu'à l'expiration du mandat correspondant.

10. Le Comité adopte son règlement intérieur.

11. Le Secrétaire général de l'Organisation des Nations unies met à la disposition du Comité le personnel et les moyens matériels qui lui sont nécessaires pour s'acquitter efficacement des fonctions qui lui sont confiées en vertu de la présente Convention et convoque sa première réunion.

12. Les membres du Comité reçoivent, avec l'approbation de l'Assemblée générale des Nations unies, des émoluments prélevés sur les ressources de l'Organisation des Nations unies dans les conditions fixées par l'Assemblée générale, eu égard à l'importance des fonctions du Comité.

13. Les membres du Comité bénéficient des facilités, privilèges et immunités accordés aux experts en mission pour l'Organisation des Nations unies, tels qu'ils sont prévus dans les sections pertinentes de la Convention sur les privilèges et les immunités des Nations unies.

Art. 35. *Rapports des États Parties.* 1. Chaque État Partie présente au Comité, par l'entremise du Secrétaire général de l'Organisation des Nations unies, un rapport détaillé sur les mesures qu'il a prises pour s'acquitter de ses obligations en vertu de la présente Convention et sur les progrès accomplis à cet égard, dans un délai de deux ans à compter de l'entrée en vigueur de la présente Convention pour l'État Partie intéressé.

2. Les États Parties présentent ensuite des rapports complémentaires au moins tous les quatre ans, et tous autres rapports demandés par le Comité.

3. Le Comité adopte, le cas échéant, des directives relatives à la teneur des rapports.

4. Les États Parties qui ont présenté au Comité un rapport initial détaillé n'ont pas, dans les rapports qu'ils lui présentent ensuite, à répéter les informations déjà communiquées. Les États Parties sont invités à établir leurs rapports selon une procédure ouverte et transparente et tenant dûment compte de la disposition énoncée au paragraphe 3 de l'article 4 de la présente Convention.

5. Les rapports peuvent indiquer les facteurs et les difficultés qui affectent l'accomplissement des obligations prévues par la présente Convention.

Art. 36. *Examen des rapports.* 1. Chaque rapport est examiné par le Comité, qui formule les suggestions et recommandations d'ordre général sur le rapport qu'il estime appropriées et qui les transmet à l'État Partie intéressé. Cet État Partie peut communiquer en réponse au Comité toutes informations qu'il juge utiles. Le Comité peut demander aux États Parties tous renseignements complémentaires relatifs à l'application de la présente Convention.

2. En cas de retard important d'un État Partie dans la présentation d'un rapport, le Comité peut lui notifier qu'il sera réduit à examiner l'application de la présente Convention dans cet État Partie à partir des informations fiables dont il peut disposer, à moins que le rapport attendu ne lui soit présenté dans les trois mois de la notification. Le Comité invitera l'État Partie intéressé à participer à cet examen. Si l'État Partie répond en présentant son rapport, les dispositions du paragraphe 1 du présent article s'appliqueront.

3. Le Secrétaire général de l'Organisation des Nations unies communique les rapports à tous les États Parties.

4. Les États Parties mettent largement leurs rapports à la disposition du public dans leur propre pays et facilitent l'accès du public aux suggestions et recommandations d'ordre général auxquelles ils ont donné lieu.

5. Le Comité transmet aux institutions spécialisées, fonds et programmes des Nations unies et aux autres organismes compétents, s'il le juge nécessaire, les rapports des États Parties contenant une demande ou indiquant un besoin de conseils ou d'assistance techniques, accompagnés, le cas échéant, de ses observations et recommandations touchant ladite demande ou indication, afin qu'il puisse y être répondu.

Art. 37. *Coopération entre les États Parties et le Comité.* 1. Les États Parties coopèrent avec le Comité et aident ses membres à s'acquitter de leur mandat.

2. Dans ses rapports avec les États Parties, le Comité accordera toute l'attention voulue aux moyens de renforcer les capacités nationales aux fins de l'application de la présente Convention, notamment par le biais de la coopération internationale.

Art. 38. *Rapports du Comité avec d'autres organismes et organes.* Pour promouvoir l'application effective de la présente Convention et encourager la coopération internationale dans le domaine qu'elle vise :

a) Les institutions spécialisées et autres organismes des Nations unies ont le droit de se faire représenter lors de l'examen de l'application des dispositions de la présente Convention qui relèvent de leur mandat. Le Comité peut inviter les institutions spécialisées et tous autres organismes qu'il jugera appropriés à donner des avis spécialisés sur l'application de la Convention dans les domaines qui relèvent de leurs mandats respectifs. Il peut inviter les institutions spécialisées et les autres organismes des Nations unies à lui présenter des rapports sur l'application de la Convention dans les secteurs qui relèvent de leur domaine d'activité;

b) Dans l'accomplissement de son mandat, le Comité consulte, selon qu'il le juge approprié, les autres organes pertinents créés par les traités internationaux relatifs aux droits de l'homme en vue de garantir la cohérence de leurs directives en matière d'établissement de rapports, de leurs suggestions et de leurs recommandations générales respectives et d'éviter les doublons et les chevauchements dans l'exercice de leurs fonctions.

Art. 39. *Rapport du Comité.* Le Comité rend compte de ses activités à l'Assemblée générale et au Conseil économique et social tous les deux ans et peut formuler des suggestions et des recommandations générales fondées sur l'examen des rapports et des informations reçus des États Parties. Ces suggestions et ces recommandations générales sont incluses dans le rapport du Comité, accompagnées, le cas échéant, des observations des États Parties.

Art. 40. *Conférence des États Parties.* 1. Les États Parties se réunissent régulièrement en Conférence des États Parties pour examiner toute question concernant l'application de la présente Convention.

2. Au plus tard six mois après l'entrée en vigueur de la présente Convention, la Conférence des États Parties sera convoquée par le Secrétaire général de l'Organisation des Nations unies. Ses réunions subséquentes seront convoquées par le Secrétaire général tous les deux ans ou sur décision de la Conférence des États Parties.

Art. 41. *Dépositaire.* Le Secrétaire général de l'Organisation des Nations unies est le dépositaire de la présente Convention.

Art. 42. *Signature.* La présente Convention est ouverte à la signature de tous les États et des organisations d'intégration régionale au Siège de l'Organisation des Nations unies à New York à compter du 30 mars 2007.

Art. 43. *Consentement à être lié.* La présente Convention est soumise à la ratification des États et à la confirmation formelle des organisations d'intégration régionale qui l'ont signée. Elle sera ouverte à l'adhésion de tout État ou organisation d'intégration régionale qui ne l'a pas signée.

Art. 44. *Organisations d'intégration régionale.* 1. Par "organisation d'intégration régionale" on entend toute organisation constituée par des États souverains d'une région donnée, à laquelle ses États membres ont transféré des compétences dans les domaines régis par la présente Convention. Dans leurs instruments de confirmation formelle ou d'adhésion, ces organisations indiquent l'étendue de leur compétence dans les domaines régis par la présente Convention. Par la suite, elles notifient au dépositaire toute modification importante de l'étendue de leur compétence.

2. Dans la présente Convention, les références aux "États Parties" s'appliquent à ces organisations dans la limite de leur compétence.

3. Aux fins du paragraphe 1 de l'article 45 et des paragraphes 2 et 3 de l'article 47 de la présente Convention, les instruments déposés par les organisations d'intégration régionale ne sont pas comptés.

4. Les organisations d'intégration régionale disposent, pour exercer leur droit de vote à la Conférence des États Parties dans les domaines qui relèvent de leur compétence, d'un nombre de voix égal au nombre de leurs États membres Parties à la présente

Convention. Elles n'exercent pas leur droit de vote si leurs États membres exercent le leur, et inversement.

Art. 45. *Entrée en vigueur.* 1. La présente Convention entrera en vigueur le trentième jour suivant le dépôt du vingtième instrument de ratification ou d'adhésion.

2. Pour chacun des États ou chacune des organisations d'intégration régionale qui ratifieront ou confirmeront formellement la présente Convention ou y adhéreront après le dépôt du vingtième instrument de ratification ou d'adhésion, la Convention entrera en vigueur le trentième jour suivant le dépôt par cet État ou cette organisation de son instrument de ratification, d'adhésion ou de confirmation formelle.

Art. 46. *Réserves.* 1. Les réserves incompatibles avec l'objet et le but de la présente Convention ne sont pas admises.

2. Les réserves peuvent être retirées à tout moment.

Art. 47. *Amendements.* 1. Tout État Partie peut proposer un amendement à la présente Convention et le soumettre au Secrétaire général de l'Organisation des Nations unies. Le Secrétaire général communique les propositions d'amendement aux États Parties, en leur demandant de lui faire savoir s'ils sont favorables à la convocation d'une conférence des États Parties en vue d'examiner ces propositions et de se prononcer sur elles. Si, dans les quatre mois qui suivent la date de cette communication, un tiers au moins des États Parties se prononcent en faveur de la convocation d'une telle conférence, le Secrétaire général convoque la conférence sous les auspices de l'Organisation des Nations unies. Tout amendement adopté par une majorité des deux tiers des États Parties présents et votants est soumis pour approbation à l'Assemblée générale des Nations unies, puis pour acceptation à tous les États Parties.

2. Tout amendement adopté et approuvé conformément au paragraphe 1 du présent article entre en vigueur le trentième jour suivant la date à laquelle le nombre d'instruments d'acceptation déposés atteint les deux tiers du nombre des États Parties à la date de son adoption. Par la suite, l'amendement entre en vigueur pour chaque État Partie le trentième jour suivant le dépôt par cet État de son instrument d'acceptation. L'amendement ne lie que les États Parties qui l'ont accepté.

3. Si la Conférence des États Parties en décide ainsi par consensus, un amendement adopté et approuvé conformément au paragraphe l du présent article et portant exclusivement sur les articles 34, 38, 39 et 40 entre en vigueur pour tous les États Parties le trentième jour suivant la date à laquelle le nombre d'instruments d'acceptation déposés atteint les deux tiers du nombre des États Parties à la date de son adoption.

Art. 48. *Dénonciation.* Tout État Partie peut dénoncer la présente Convention par voie de notification écrite adressée au Secrétaire général de l'Organisation des Nations unies. La dénonciation prend effet un an après la date à laquelle le Secrétaire général en a reçu notification.

Art. 49. *Format accessible.* Le texte de la présente Convention sera diffusé en formats accessibles.

Art. 50. *Textes faisant foi.* Les textes anglais, arabe, chinois, espagnol, français et russe de la présente Convention font également foi.

EN FOI DE QUOI les plénipotentiaires soussignés, dûment habilités par leurs gouvernements respectifs, ont signé la présente Convention.

428 Charte des droits fondamentaux de l'Union européenne (article 26)

TITRE III

ÉGALITÉ

Art. 26. *Intégration des personnes handicapées.* L'Union reconnaît et respecte le droit des personnes handicapées à bénéficier de mesures visant à assurer leur autonomie, leur intégration sociale et professionnelle et leur participation à la vie de la communauté.

429 Code de l'action sociale et des familles (articles L. 114 à L. 114-5)

TITRE PREMIER

PRINCIPES GÉNÉRAUX

CHAPITRE IV

Personnes handicapées

Art. L. 114. *(L. n° 2005-102 du 11 févr. 2005, art. 2-I-1°)* Constitue un handicap, au sens de la présente loi, toute limitation d'activité ou restriction de participation à la vie en société subie dans son environnement par une personne en raison d'une altération substantielle, durable ou définitive d'une ou plusieurs fonctions physiques, sensorielles, mentales, cognitives ou psychiques, d'un polyhandicap ou d'un trouble de santé invalidant.

Art. L. 114-1. *(L. n° 2005-102 du 11 févr. 2005, art. 2-I-2°)* «Toute personne handicapée a droit à la solidarité de l'ensemble de la collectivité nationale, qui lui garantit, en vertu de cette obligation, l'accès aux droits fondamentaux reconnus à tous les citoyens ainsi que le plein exercice de sa citoyenneté.

«L'État est garant de l'égalité de traitement des personnes handicapées sur l'ensemble du territoire et définit des objectifs pluriannuels d'actions.»

Art. L. 114-1-1. *(L. n° 2005-102 du 11 févr. 2005, art. 11)* La personne handicapée a droit à la compensation des conséquences de son handicap quels que soient l'origine et la nature de sa déficience, son âge ou son mode de vie.

Cette compensation consiste à répondre à ses besoins, qu'il s'agisse de l'accueil de la petite enfance, de la scolarité, de l'enseignement, de l'éducation, de l'insertion professionnelle, des aménagements du domicile ou du cadre de travail nécessaires au plein exercice de sa citoyenneté et de sa capacité d'autonomie, du développement ou de l'aménagement de l'offre de service, permettant notamment à l'entourage de la personne handicapée de bénéficier de temps de répit, du développement de groupes d'entraide mutuelle ou de places en établissements spécialisés, des aides de toute nature à la personne ou aux institutions pour vivre en milieu ordinaire ou adapté, ou encore en matière d'accès aux procédures et aux institutions spécifiques au handicap ou aux moyens et prestations accompagnant la mise en œuvre de la protection juridique régie par le titre XI du livre Ier du code civil. Ces réponses adaptées prennent en compte l'accueil et l'accompagnement nécessaires aux personnes handicapées qui ne peuvent exprimer seules leurs besoins.

Les besoins de compensation sont inscrits dans un plan *(L. nº 2016-41 du 26 janv. 2016, art. 89-I-1º)* «personnalisé de compensation du handicap» élaboré en considération des besoins et des aspirations de la personne handicapée tels qu'ils sont exprimés dans son projet de vie, formulé par la personne elle-même ou, à défaut, avec ou pour elle par son représentant légal lorsqu'elle ne peut exprimer son avis.

(L. nº 2016-41 du 26 janv. 2016, art. 89-I-1º) «Le plan personnalisé de compensation du handicap comprend, d'une part, l'orientation définie selon les dispositions du troisième alinéa et, le cas échéant, d'autre part, un plan d'accompagnement global.

«Un plan d'accompagnement global est élaboré sur proposition de l'équipe pluridisciplinaire avec l'accord préalable de la personne concernée ou de son représentant légal :

«1º En cas d'indisponibilité ou d'inadaptation des réponses connues;

«2º En cas de complexité de la réponse à apporter, ou de risque ou de constat de rupture du parcours de la personne.

«Un plan d'accompagnement global est également proposé par l'équipe pluridisciplinaire quand la personne concernée ou son représentant légal en fait la demande.

«Un plan d'accompagnement global peut également être proposé par l'équipe pluridisciplinaire dans la perspective d'améliorer la qualité de l'accompagnement selon les priorités définies par délibération de la commission exécutive mentionnée à l'article L. 146-4 du présent code et revues annuellement. L'accord préalable de la personne concernée ou de son représentant légal est également requis.

«Le plan d'accompagnement global, établi avec l'accord de la personne handicapée ou de ses parents lorsqu'elle est mineure ou de son représentant légal, sans préjudice des voies de recours dont elle dispose, identifie nominativement les établissements, les services mentionnés à l'article L. 312-1 ou les dispositifs prévus à l'article L. 312-7-1 correspondant aux besoins de l'enfant, de l'adolescent ou de l'adulte, et précise la nature et la fréquence de l'ensemble des interventions requises dans un objectif d'inclusion : éducatives et de scolarisation, thérapeutiques, d'insertion professionnelle ou sociale, d'aide aux aidants. Il comporte l'engagement des acteurs chargés de sa mise en œuvre opérationnelle. Il désigne parmi ces derniers un coordonnateur de parcours.

«Le plan d'accompagnement global est élaboré dans les conditions prévues à l'article L. 146-8. Un décret fixe les informations nécessaires à l'élaboration des plans d'accompagnement globaux, que les agences régionales de santé, les services de l'État et les collectivités territoriales recueillent en vue de les transmettre à la maison départementale des personnes handicapées.

«Le plan d'accompagnement global est actualisé chaque fois que nécessaire et au moins une fois par an, dans les conditions et selon les modalités prévues au présent article et à l'article L. 146-9.»

Art. L. 114-2. Les familles, l'État, les collectivités locales, les établissements publics, les organismes de sécurité sociale, les associations, les groupements, organismes et entreprises publics et privés associent leurs interventions pour mettre en œuvre l'obligation prévue à l'article L. 114-1, en vue notamment d'assurer aux personnes handicapées toute l'autonomie dont elles sont capables.

(L. n° 2005-102 du 11 févr. 2005, art. 2-I-3°) «A cette fin, l'action poursuivie vise à assurer l'accès de l'enfant, de l'adolescent ou de l'adulte handicapé aux institutions ouvertes à l'ensemble de la population et son maintien dans un cadre ordinaire de scolarité, de travail et de vie. Elle garantit l'accompagnement et le soutien des familles et des proches des personnes handicapées.»

Art. L. 114-2-1. *(L. n° 2005-102 du 11 févr. 2005, art. 3)* Le Gouvernement organise tous les trois ans, à compter du 1er janvier 2006, une conférence nationale du handicap à laquelle il convie notamment les associations représentatives des personnes handicapées, les représentants des organismes gestionnaires des établissements ou services sociaux et médico-sociaux accueillant des personnes handicapées, les représentants des départements et des organismes de sécurité sociale, les organisations syndicales et patronales représentatives et les organismes qualifiés, afin de débattre des orientations et des moyens de la politique concernant les personnes handicapées.

A l'issue des travaux de la conférence nationale du handicap, le Gouvernement dépose sur le bureau des assemblées parlementaires, après avoir recueilli l'avis du Conseil national consultatif des personnes handicapées, un rapport sur la mise en œuvre de la politique nationale en faveur des personnes handicapées, portant notamment sur les actions de prévention des déficiences, de mise en accessibilité, d'insertion, de maintien et de promotion dans l'emploi, sur le respect du principe de non-discrimination et sur l'évolution de leurs conditions de vie. Ce rapport peut donner lieu à un débat à l'Assemblée nationale et au Sénat.

Art. L. 114-3. *(L. n° 2005-102 du 11 févr. 2005, art. 4)* Sans préjudice des dispositions relatives à la prévention et au dépistage prévues notamment par le code de la santé publique, par le code de l'éducation et par le code du travail, l'État, les collectivités territoriales et les organismes de protection sociale mettent en œuvre des politiques de prévention, de réduction et de compensation des handicaps et les moyens nécessaires à leur réalisation qui visent à créer les conditions collectives de limitation des causes du handicap, de la prévention des handicaps se surajoutant, du développement des capacités de la personne handicapée et de la recherche de la meilleure autonomie possible.

La politique de prévention, de réduction et de compensation des handicaps s'appuie sur des programmes de recherche pluridisciplinaires.

La politique de prévention du handicap comporte notamment :

a) Des actions s'adressant directement aux personnes handicapées;

b) Des actions visant à informer, former, accompagner et soutenir les familles et les aidants;

c) Des actions visant à favoriser le développement des groupes d'entraide mutuelle;

d) Des actions de formation et de soutien des professionnels;

e) Des actions d'information et de sensibilisation du public;

f) Des actions de prévention concernant la maltraitance des personnes handicapées;

g) Des actions permettant d'établir des liens concrets de citoyenneté;

h) Des actions de soutien psychologique spécifique proposées à la famille lors de l'annonce du handicap, quel que soit le handicap;

i) Des actions pédagogiques en milieu scolaire et professionnel ainsi que dans tous les lieux d'accueil, de prise en charge et d'accompagnement, en fonction des besoins des personnes accueillies;

j) Des actions d'amélioration du cadre de vie prenant en compte tous les environnements, produits et services destinés aux personnes handicapées et mettant en œuvre des règles de conception conçues pour s'appliquer universellement;

(L. n° 2018-703 du 3 août 2018, art. 4) «*k)* Des actions de sensibilisation, de prévention et de formation concernant les violences, notamment sexuelles, à destination des professionnels et des personnes en situation de handicap ainsi que de leurs aidants.»

Ces actions et programmes de recherche peuvent être proposés par le Conseil national consultatif des personnes handicapées mentionné à l'article L. 146-1 ou par un ou plusieurs conseils départementaux *(L. n° 2015-1776 du 28 déc. 2015, art. 81-4°)* «de la citoyenneté et de l'autonomie mentionnés à l'article L. 149-1» lorsque ces actions ou programmes sont circonscrits à un ou plusieurs départements.

Art. L. 114-3-1. *(L. n° 2005-102 du 11 févr. 2005, art. 6)* La recherche sur le handicap fait l'objet de programmes pluridisciplinaires associant notamment les établissements d'enseignement supérieur, les organismes de recherche et les professionnels.

Elle vise notamment à recenser les personnes touchées par un handicap et les pathologies qui en sont à l'origine, à définir la cause du handicap ou du trouble invalidant, à améliorer l'accompagnement des personnes concernées sur le plan médical, social, thérapeutique, éducatif ou pédagogique, à améliorer leur vie quotidienne et à développer des actions de réduction des incapacités et de prévention des risques.

Art. L. 114-4. Afin de faciliter les déplacements des handicapés, des dispositions sont prises par voie réglementaire pour adapter les services de transport collectif ou pour aménager progressivement les normes de construction des véhicules de transport collectif, ainsi que les conditions d'accès à ces véhicules ou encore pour faciliter la création et le fonctionnement de services de transport spécialisés pour les handicapés ou, à défaut, l'utilisation des véhicules individuels *(L. n° 2002-2 du 2 janv. 2002, art. 85-4°)* «ainsi que leur stationnement».

(L. n° 2002-2 du 2 janv. 2002, art. 85-4°) «Les aménagements des espaces publics en milieu urbain doivent être tels que ces espaces soient accessibles aux personnes handicapées».

Art. L. 114-5. *(L. n° 2005-102 du 11 févr. 2005, art. 2-II)* Nul ne peut se prévaloir d'un préjudice du seul fait de sa naissance.

La personne née avec un handicap dû à une faute médicale peut obtenir la réparation de son préjudice lorsque l'acte fautif a provoqué directement le handicap ou l'a aggravé, ou n'a pas permis de prendre les mesures susceptibles de l'atténuer.

Lorsque la responsabilité d'un professionnel ou d'un établissement de santé est engagée vis-à-vis des parents d'un enfant né avec un handicap non décelé pendant la grossesse à la suite d'une faute caractérisée, les parents peuvent demander une indemnité au titre de leur seul préjudice. Ce préjudice ne saurait inclure les charges particulières découlant, tout au long de la vie de l'enfant, de ce handicap. La compensation de ce dernier relève de la solidarité nationale.

430 Code de l'action sociale et des familles (article L. 113-1)

TITRE PREMIER

PRINCIPES GÉNÉRAUX

CHAPITRE III

Personnes âgées

Art. L. 113-1. Toute personne âgée de soixante-cinq ans privée de ressources suffisantes peut bénéficier, soit d'une aide à domicile, soit d'un *(L. n° 2015-1776 du 28 déc. 2015, art. 24-1°)* «accueil» chez des particuliers ou dans un établissement.

Les personnes âgées de plus de soixante ans peuvent obtenir les mêmes avantages lorsqu'elles sont reconnues inaptes au travail.

431 Code de la construction et de l'habitation (articles L. 631-17 à L. 631-19)

LIVRE SIXIÈME

MESURES TENDANT À REMÉDIER À DES DIFFICULTÉS EXCEPTIONNELLES DE LOGEMENT

TITRE TROISIÈME

DISPOSITIONS TENDANT À MAINTENIR OU À AUGMENTER LE NOMBRE DES LOGEMENTS

CHAPITRE PREMIER *BIS*

Cohabitation intergénérationnelle solidaire

(L. n° 2018-1021 du 23 nov. 2018, art. 117)

Section première – Règles particulières aux contrats de cohabitation intergénérationnelle solidaire

Art. L. 631-17. Le contrat de cohabitation intergénérationnelle solidaire est un contrat par lequel une personne de soixante ans et plus, propriétaire ou locataire, s'engage à louer ou sous-louer une partie de son logement à une personne de moins de trente ans moyennant une contrepartie financière modeste. Il est régi par le sous-titre Ier du titre III du livre III du code civil.

Par dérogation à l'article L. 442-8 du présent code et à l'article 8 de la loi n° 89-462 du 6 juillet 1989 tendant à améliorer les rapports locatifs et portant modification de la loi n° 86-1290 du 23 décembre 1986, lorsque la personne de soixante ans et plus est locataire de son logement, elle informe préalablement le bailleur de son intention de sous-louer une partie de son logement à une personne de moins de trente ans dans le cadre d'un contrat de cohabitation intergénérationnelle solidaire, sans que le bailleur puisse s'y opposer.

La durée du contrat et la contrepartie financière sont librement convenues entre les parties.

Lorsque l'un des cocontractants décide de mettre fin au contrat, le délai de préavis applicable est d'un mois.

La loi n° 89-462 du 6 juillet 1989 précitée ne s'applique pas aux contrats de cohabitation intergénérationnelle solidaire.

Une charte de la cohabitation intergénérationnelle solidaire définie par arrêté précise le cadre général et les modalités pratiques de la cohabitation intergénérationnelle solidaire.

Art. L. 631-18. Le contrat peut prévoir, en complément de la contrepartie financière, la réalisation, sans but lucratif pour aucune des parties, de menus services par la personne de moins de trente ans.

Le contrat organise une collaboration exclusive de tout lien de subordination entre les cocontractants. Il ne relève pas du code du travail.

Art. L. 631-19. Les locataires des logements appartenant à des organismes mentionnés à l'article L. 411-2 ou faisant l'objet d'une convention conclue en application de l'article L. 351-2 peuvent sous-louer une partie de leur logement dans les conditions du présent chapitre. Pour ces logements, la contrepartie financière est calculée dans les conditions prévues au dernier alinéa du II de l'article L. 442-8-1.

CHAPITRE 4
Le droit à l'égalité et à la non-discrimination

Section 1
La non-discrimination

432 Pacte international relatif aux droits économiques, sociaux et culturels (article 7)

TROISIÈME PARTIE

Art. 7. Les États parties au présent Pacte reconnaissent le droit qu'a toute personne de jouir de conditions de travail justes et favorables, qui assurent notamment :

a) La rémunération qui procure, au minimum, à tous les travailleurs :

i) Un salaire équitable et une rémunération égale pour un travail de valeur égale sans distinction aucune; en particulier, les femmes doivent avoir la garantie que les conditions de travail qui leur sont accordées ne sont pas inférieures à celles dont bénéficient les hommes et recevoir la même rémunération qu'eux pour un même travail;

ii) Une existence décente pour eux et leur famille conformément aux dispositions du présent Pacte;

b) La sécurité et l'hygiène du travail;

c) La même possibilité pour tous d'être promus, dans leur travail, à la catégorie supérieure appropriée, sans autre considération que la durée des services accomplis et les aptitudes;

d) Le repos, les loisirs, la limitation raisonnable de la durée du travail et les congés payés périodiques, ainsi que la rémunération des jours fériés.

433 Convention internationale sur l'élimination de toutes les formes de discrimination raciale

Date d'adoption : 21 décembre 1965

Entrée en vigueur : 4 janvier 1969

Les États parties à la présente convention,

Considérant que la Charte des Nations Unies est fondée sur les principes de la dignité et de l'égalité de tous les êtres humains, et que tous les États Membres se sont engagés à agir, tant conjointement que séparément, en coopération avec l'Organisation, en vue d'atteindre l'un des buts des Nations Unies, à savoir : développer et encourager le respect universel et effectif des droits de l'homme et des libertés fondamentales pour tous, sans distinction de race, de sexe, de langue ou de religion,

Considérant que la Déclaration universelle des droits de l'homme proclame que tous les êtres humains naissent libres et égaux en dignité et en droit et que chacun peut se prévaloir de tous les droits et de toutes les libertés qui y sont énoncés, sans distinction aucune notamment de race, de couleur ou d'origine nationale,

Considérant que tous les hommes sont égaux devant la loi et ont droit à une égale protection de la loi contre toute discrimination et contre toute incitation à la discrimination,

Considérant que les Nations Unies ont condamné le colonialisme et toutes les pratiques de ségrégation et de discrimination dont il s'accompagne, sous quelque forme et en quelque endroit qu'ils existent, et que la Déclaration sur l'octroi de l'indépendance aux pays et aux peuples coloniaux, du 14 décembre 1960 [résolution 1514 (XV) de l'Assemblée générale], a affirmé et solennellement proclamé la nécessité d'y mettre rapidement et inconditionnellement fin,

Considérant que la Déclaration des Nations Unies sur l'élimination de toutes les formes de discrimination raciale, du 20 novembre 1963 [résolution 1904 (XVIII) de l'Assemblée générale], affirme solennellement la nécessité d'éliminer rapidement toutes les formes et toutes les manifestations de discrimination raciale dans toutes les parties du monde et d'assurer la compréhension et le respect de la dignité de la personne humaine,

Convaincus que toute doctrine de supériorité fondée sur la différenciation entre les races est scientifiquement fausse, moralement condamnable et socialement injuste et dangereuse et que rien ne saurait justifier, où que ce soit, la discrimination raciale, ni en théorie ni en pratique,

Réaffirmant que la discrimination entre les êtres humains pour des motifs fondés sur la race, la couleur ou l'origine ethnique est un obstacle aux relations amicales et pacifiques entre les nations et est susceptible de troubler la paix et la sécurité entre les peuples ainsi que la coexistence harmonieuse des personnes au sein d'un même État,

Convaincus que l'existence de barrières raciales est incompatible avec les idéals de toute société humaine,

Alarmés par les manifestations de discrimination raciale qui existent encore dans certaines régions du monde et par les politiques gouvernementales fondées sur la supériorité ou la haine raciale, telles que les politiques d'apartheid, de ségrégation ou de séparation,

Résolus à adopter toutes les mesures nécessaires pour l'élimination rapide de toutes les formes et de toutes les manifestations de discrimination raciale et à prévenir et combattre les doctrines et pratiques racistes afin de favoriser la bonne entente entre les races et d'édifier une communauté internationale affranchie de toutes les formes de ségrégation et de discrimination raciales,

Ayant présentes à l'esprit la Convention concernant la discrimination en matière d'emploi et de profession adoptée par l'Organisation internationale du Travail en 1958 et la Convention concernant la lutte contre la discrimination dans le domaine de l'enseignement adoptée par l'Organisation des Nations Unies pour l'éducation, la science et la culture en 1960,

Désireux de donner effet aux principes énoncés dans la Déclaration des Nations Unies sur l'élimination de toutes les formes de discrimination raciale et d'assurer le plus rapidement possible l'adoption de mesures pratiques à cette fin, Sont convenus de ce qui suit :

PREMIÈRE PARTIE

Art. 1er. 1. Dans la présente Convention, l'expression "discrimination raciale" vise toute distinction, exclusion, restriction ou préférence fondée sur la race, la couleur, l'ascendance ou l'origine nationale ou ethnique, qui a pour but ou pour effet de détruire ou de compromettre la reconnaissance, la jouissance ou l'exercice, dans des conditions d'égalité, des droits de l'homme et des libertés fondamentales dans les domaines politique, économique, social et culturel ou dans tout autre domaine de la vie publique.

2. La présente Convention ne s'applique pas aux distinctions, exclusions, restrictions ou préférences établies par un État partie à la Convention selon qu'il s'agit de ses ressortissants ou de non-ressortissants.

3. Aucune disposition de la présente Convention ne peut être interprétée comme affectant de quelque manière que ce soit les dispositions législatives des États parties à la Convention concernant la nationalité, la citoyenneté ou la naturalisation, à condition que ces dispositions ne soient pas discriminatoires à l'égard d'une nationalité particulière.

4. Les mesures spéciales prises à seule fin d'assurer comme il convient le progrès de certains groupes raciaux ou ethniques ou d'individus ayant besoin de la protection qui peut être nécessaire pour leur garantir la jouissance et l'exercice des droits de l'homme et des libertés fondamentales dans des conditions d'égalité ne sont pas considérées comme des mesures de discrimination raciale, à condition toutefois qu'elles n'aient pas pour effet le maintien de droits distincts pour des groupes raciaux différents et qu'elles ne soient pas maintenues en vigueur une fois atteints les objectifs auxquels elles répondaient.

Art. 2. 1. Les États parties condamnent la discrimination raciale et s'engagent à poursuivre par tous les moyens appropriés et sans retard une politique tendant à éliminer toute forme de discrimination raciale et à favoriser l'entente entre toutes les races, et, à cette fin :

a) Chaque État partie s'engage à ne se livrer à aucun acte ou pratique de discrimination raciale contre des personnes, groupes de personnes ou institutions et à faire en sorte que toutes les autorités publiques et institutions publiques, nationales et locales, se conforment à cette obligation;

b) Chaque État partie s'engage à ne pas encourager, défendre ou appuyer la discrimination raciale pratiquée par une personne ou une organisation quelconque;

c) Chaque État partie doit prendre des mesures efficaces pour revoir les politiques gouvernementales nationales et locales et pour modifier, abroger ou annuler toute loi et toute disposition réglementaire ayant pour effet de créer la discrimination raciale ou de la perpétuer là où elle existe;

d) Chaque État partie doit, par tous les moyens appropriés, y compris, si les circonstances l'exigent, des mesures législatives, interdire la discrimination raciale pratiquée par des personnes, des groupes ou des organisations et y mettre fin;

e) Chaque État partie s'engage à favoriser, le cas échéant, les organisations et mouvements intégrationnistes multiraciaux et autres moyens propres à éliminer les barrières entre les races, et à décourager ce qui tend à renforcer la division raciale.

2. Les États parties prendront, si les circonstances l'exigent, dans les domaines social, économique, culturel et autres, des mesures spéciales et concrètes pour assurer comme il convient le développement ou la protection de certains groupes raciaux ou d'individus appartenant à ces groupes en vue de leur garantir, dans des conditions d'égalité, le plein exercice des droits de l'homme et des libertés fondamentales. Ces mesures ne pourront en aucun cas avoir pour effet le maintien de droits inégaux ou distincts pour les divers groupes raciaux, une fois atteints les objectifs auxquels elles répondaient.

Art. 3. Les États parties condamnent spécialement la ségrégation raciale et l'apartheid et s'engagent à prévenir, à interdire et à éliminer sur les territoires relevant de leur juridiction toutes les pratiques de cette nature.

Art. 4. Les États parties condamnent toute propagande et toutes organisations qui s'inspirent d'idées ou de théories fondées sur la supériorité d'une race ou d'un groupe de personnes d'une certaine couleur ou d'une certaine origine ethnique, ou qui prétendent justifier ou encourager toute forme de haine et de discrimination raciales; ils s'engagent à adopter immédiatement des mesures positives destinées à éliminer toute incitation à une telle discrimination, ou tous actes de discrimination, et, à cette fin, tenant dûment compte des principes formulés dans la Déclaration universelle des droits de l'homme et des droits expressément énoncés à l'article 5 de la présente Convention, ils s'engagent notamment :

a) À déclarer délits punissables par la loi toute diffusion d'idées fondées sur la supériorité ou la haine raciale, toute incitation à la discrimination raciale, ainsi que tous actes de violence, ou provocation à de tels actes, dirigés contre toute race ou tout groupe de personnes d'une autre couleur ou d'une autre origine ethnique, de même que toute assistance apportée à des activités racistes, y compris leur financement;

b) À déclarer illégales et à interdire les organisations ainsi que les activités de propagande organisée et tout autre type d'activité de propagande qui incitent à la discrimination raciale et qui l'encouragent et à déclarer délit punissable par la loi la participation à ces organisations ou à ces activités;

c) À ne pas permettre aux autorités publiques ni aux institutions publiques, nationales ou locales, d'inciter à la discrimination raciale ou de l'encourager.

Art. 5. Conformément aux obligations fondamentales énoncées à l'article 2 de la présente Convention, les États parties s'engagent à interdire et à éliminer la discrimination raciale sous toute ses formes et à garantir le droit de chacun à l'égalité devant la loi sans distinction de race, de couleur ou d'origine nationale ou ethnique, notamment dans la jouissance des droits suivants :

a) Droit à un traitement égal devant les tribunaux et tout autre organe administrant la justice;

b) Droit à la sûreté de la personne et à la protection de l'État contre les voies de fait ou les sévices de la part soit de fonctionnaires du gouvernement, soit de tout individu, groupe ou institution;

c) Droits politiques, notamment droit de participer aux élections - de voter et d'être candidat - selon le système du suffrage universel et égal, droit de prendre part au gouvernement ainsi qu'à la direction des affaires publiques, à tous les échelons, et droit d'accéder, dans des conditions d'égalité, aux fonctions publiques;

d) Autres droits civils, notamment :

i) Droit de circuler librement et de choisir sa résidence à l'intérieur d'un État;

ii) Droit de quitter tout pays, y compris le sien, et de revenir dans son pays;

iii) Droit à une nationalité;

iv) Droit de se marier et de choisir son conjoint;

v) Droit de toute personne, aussi bien seule qu'en association, à la propriété;

vi) Droit d'hériter;

vii) Droit à la liberté de pensée, de conscience et de religion;

viii) Droit à la liberté d'opinion et d'expression;

ix) Droit à la liberté de réunion et d'association pacifiques;

e) Droits économiques, sociaux et culturels, notamment :

i) Droits au travail, au libre choix de son travail, à des conditions équitables et satisfaisantes de travail, à la protection contre le chômage, à un salaire égal pour un travail égal, à une rémunération équitable et satisfaisante;

ii) Droit de fonder des syndicats et de s'affilier à des syndicats;

iii) Droit au logement;

iv) Droit à la santé, aux soins médicaux, à la sécurité sociale et aux services sociaux;

v) Droit à l'éducation et à la formation professionnelle;

vi) Droit de prendre part, dans des conditions d'égalité, aux activités culturelles;

f) Droit d'accès à tous lieux et services destinés à l'usage du public, tels que moyens de transport, hôtels, restaurants, cafés, spectacles et parcs.

Art. 6. Les États parties assureront à toute personne soumise à leur juridiction une protection et une voie de recours effectives, devant les tribunaux nationaux et autres organismes d'État compétents, contre tous actes de discrimination raciale qui, contrairement à la présente Convention, violeraient ses droits individuels et ses libertés fondamentales, ainsi que le droit de demander à ces tribunaux satisfaction ou réparation juste et adéquate pour tout dommage dont elle pourrait être victime par suite d'une telle discrimination.

Art. 7. Les États parties s'engagent à prendre des mesures immédiates et efficaces, notamment dans les domaines de l'enseignement, de l'éducation, de la culture et de l'information, pour lutter contre les préjugés conduisant à la discrimination raciale et favoriser la compréhension, la tolérance et l'amitié entre nations et groupes raciaux ou ethniques, ainsi que pour promouvoir les buts et les principes de la Charte des Nations Unies, de la Déclaration universelle des droits de l'homme, de la Déclaration des Nations Unies sur l'élimination de toutes les formes de discrimination raciale et de la présente Convention.

DEUXIÈME PARTIE

Art. 8. 1. Il est constitué un Comité pour l'élimination de la discrimination raciale (ci-après dénommé le Comité) composé de dix-huit experts connus pour leur haute moralité et leur impartialité, qui sont élus par les États parties parmi leurs ressortissants et qui siègent à titre individuel, compte tenu d'une répartition géographique équitable et de la représentation des différentes formes de civilisation ainsi que des principaux systèmes juridiques.

2. Les membres du Comité sont élus au scrutin secret sur une liste de candidats désignés par les États parties. Chaque État partie peut désigner un candidat choisi parmi ses ressortissants.

3. La première élection aura lieu six mois après la date de l'entrée en vigueur de la présente Convention. Trois mois au moins avant la date de chaque élection, le Secrétaire général de l'Organisation des Nations Unies envoie une lettre aux États parties pour les inviter à présenter leurs candidatures dans un délai de deux mois. Le Secrétaire général dresse une liste par ordre alphabétique de tous les candidats ainsi désignés, avec indication des États parties qui les ont désignés, et la communique aux États parties.

4. Les membres du Comité sont élus au cours d'une réunion des États parties convoquée par le Secrétaire général au Siège de l'Organisation des Nations Unies. À cette réunion où le quorum est constitué par les deux tiers des États parties, sont élus membres du Comité les candidats qui obtiennent le plus grand nombre de voix et la majorité absolue des votes des représentants des États parties présents et votants.

5. a) Les membres du Comité sont élus pour quatre ans. Toutefois, le mandat de neuf des membres élus lors de la première élection prendra fin au bout de deux ans ; immédiatement après la première élection, le nom de ces neuf membres sera tiré au sort par le Président du Comité ;

b) Pour remplir les vacances fortuites, l'État partie dont l'expert a cessé d'exercer ses fonctions de membre du Comité nommera un autre expert parmi ses ressortissants, sous réserve de l'approbation du Comité ;

6. Les États parties prennent à leur charge les dépenses des membres du Comité pour la période où ceux-ci s'acquittent de fonctions au Comité.

Art. 9. 1. Les États parties s'engagent à présenter au Secrétaire général de l'Organisation des Nations Unies, pour examen par le Comité, un rapport sur les mesures d'ordre législatif, judiciaire, administratif ou autre qu'ils ont arrêtées et qui donnent effet aux dispositions de la présente Convention : a) dans un délai d'un an à compter de l'entrée en vigueur de la Convention, pour chaque État intéressé en ce qui le concerne et b) par la suite, tous les deux ans et, en outre, chaque fois que le Comité en fera la demande. Le Comité peut demander des renseignements complémentaires aux États parties.

2. Le Comité soumet chaque année à l'Assemblée générale de l'Organisation des Nations Unies, par l'intermédiaire du Secrétaire général, un rapport sur ses activités et

peut faire des suggestions et des recommandations d'ordre général fondées sur l'examen des rapports et des renseignements reçus des États parties. Il porte ces suggestions et recommandations d'ordre général à la connaissance de l'Assemblée générale avec, le cas échéant, les observations des États parties.

Art. 10. 1. Le Comité adopte son règlement intérieur.

2. Le Comité élit son bureau pour une période de deux ans.

3. Le Secrétaire général de l'Organisation des Nations Unies assure le secrétariat du Comité.

4. Le Comité tient normalement ses réunions au Siège de l'Organisation des Nations Unies.

Art. 11. 1. Si un État partie estime qu'un autre État également partie n'applique pas les dispositions de la présente Convention, il peut appeler l'attention du Comité sur la question. Le Comité transmet alors la communication à l'État partie intéressé. Dans un délai de trois mois, l'État destinataire soumet au Comité des explications ou déclarations écrites éclaircissant la question et indiquant, le cas échéant, les mesures qui peuvent avoir été prises par ledit État pour remédier à la situation.

2. Si, dans un délai de six mois à compter de la date de réception de la communication originale par l'État destinataire, la question n'est pas réglée à la satisfaction des deux États, par voie de négociations bilatérales ou par toute autre procédure qui serait à leur disposition, l'un comme l'autre auront le droit de la soumettre à nouveau au Comité en adressant une notification au Comité ainsi qu'à l'autre État intéressé.

3. Le Comité ne peut connaître d'une affaire qui lui est soumise conformément au paragraphe 2 du présent article qu'après s'être assuré que tous les recours internes disponibles ont été utilisés ou épuisés, conformément aux principes de droit international généralement reconnus. Cette règle ne s'applique pas si les procédures de recours excèdent des délais raisonnables.

4. Dans toute affaire qui lui est soumise, le Comité peut demander aux États parties en présence de lui fournir tout renseignement complémentaire pertinent.

5. Lorsque le Comité examine une question en application du présent article, les États parties intéressés ont le droit de désigner un représentant qui participera sans droit de vote aux travaux du Comité pendant toute la durée des débats.

Art. 12. 1. a) Une fois que le Comité a obtenu et dépouillé tous les renseignements qu'il juge nécessaires, le Président désigne une Commission de conciliation ad hoc (ci-après dénommée la Commission) composée de cinq personnes qui peuvent ou non être membres du Comité. Les membres en sont désignés avec l'assentiment entier et unanime des parties au différend et la Commission met ses bons offices à la disposition des États intéressés, afin de parvenir à une solution amiable de la question, fondée sur le respect de la présente Convention.

b) Si les États parties au différend ne parviennent pas à une entente sur tout ou partie de la composition de la Commission dans un délai de trois mois, les membres de la Commission qui n'ont pas l'assentiment des États parties au différend sont élus au scrutin secret parmi les membres du Comité, à la majorité des deux tiers des membres du Comité.

2. Les membres de la Commission siègent à titre individuel. Ils ne doivent pas être ressortissants de l'un des États parties au différend ni d'un État qui n'est pas partie à la présente Convention.

3. La Commission élit son Président et adopte son règlement intérieur.

4. La Commission tient normalement ses réunions au Siège de l'Organisation des Nations Unies ou en tout autre lieu approprié que déterminera la Commission.

5. Le secrétariat prévu au paragraphe 3 de l'article 10 de la présente Convention prête également ses services à la Commission chaque fois qu'un différend entre des États parties entraîne la constitution de la Commission.

6. Toutes les dépenses des membres de la Commission sont réparties également entre les États parties au différend, sur la base d'un état estimatif établi par le Secrétaire général de l'Organisation des Nations Unies.

7. Le Secrétaire général sera habilité, si besoin est, à défrayer les membres de la Commission de leurs dépenses, avant que le remboursement en ait été effectué par les États parties au différend conformément au paragraphe 6 du présent article.

8. Les renseignements obtenus et dépouillés par le Comité sont mis à la disposition de la Commission, et la Commission peut demander aux États intéressés de lui fournir tout renseignement complémentaire pertinent.

Art. 13. 1. Après avoir étudié la question sous tous ses aspects, la Commission prépare et soumet au Président du Comité un rapport contenant ses conclusions sur toutes les questions de fait relatives au litige entre les parties et renfermant les recommandations qu'elle juge opportunes en vue de parvenir à un règlement amiable au différend.

2. Le Président du Comité transmet le rapport de la Commission à chacun des États parties au différend. Lesdits États font savoir au Président du Comité, dans un délai de trois mois, s'ils acceptent, ou non, les recommandations contenues dans le rapport de la Commission.

3. Une fois expiré le délai prévu au paragraphe 2 du présent article, le Président du Comité communique le rapport de la Commission et les déclarations des États parties intéressés aux autres États parties à la Convention.

Art. 14. 1. Tout État partie peut déclarer à tout moment qu'il reconnaît la compétence du Comité pour recevoir et examiner des communications émanant de personnes ou de groupes de personnes relevant de sa juridiction qui se plaignent d'être victimes d'une violation, par ledit État partie, de l'un quelconque des droits énoncés dans la présente Convention. Le Comité ne reçoit aucune communication intéressant un État partie qui n'a pas fait une telle déclaration.

2. Tout État partie qui fait une déclaration conformément au paragraphe 1 du présent article peut créer ou désigner un organisme dans le cadre de son ordre juridique national qui aura compétence pour recevoir et examiner les pétitions émanant de personnes ou de groupes de personnes relevant de la juridiction dudit État qui se plaignent d'être victimes d'une violation de l'un quelconque des droits énoncés dans la présente Convention et qui ont épuisé les autres recours locaux disponibles.

3. La déclaration faite conformément au paragraphe 1 du présent article et le nom de tout organisme créé ou désigné conformément au paragraphe 2 du présent article sont déposés par l'État partie intéressé auprès du Secrétaire général de l'Organisation des Nations Unies, qui en communique copie aux autres États parties. La déclaration peut être retirée à tout moment au moyen d'une notification adressée au Secrétaire général, mais ce retrait n'affecte pas les communications dont le Comité est déjà saisi.

4. L'organisme créé ou désigné conformément au paragraphe 2 du présent article devra tenir un registre des pétitions et des copies certifiées conformes du registre seront

déposées chaque année auprès du Secrétaire général par les voies appropriées, étant entendu que le contenu desdites copies ne sera pas divulgué au public.

5. S'il n'obtient pas satisfaction de l'organisme créé ou désigné conformément au paragraphe 2 du présent article, le pétitionnaire a le droit d'adresser, dans les six mois, une communication à cet effet au Comité.

6. a) Le Comité porte, à titre confidentiel, toute communication qui lui est adressée à l'attention de l'État partie qui a prétendument violé l'une quelconque des dispositions de la Convention, mais l'identité de la personne ou des groupes de personnes intéressés ne peut être révélée sans le consentement exprès de ladite personne ou desdits groupes de personnes. Le Comité ne reçoit pas de communications anonymes.

b) Dans les trois mois qui suivent, ledit État soumet par écrit au Comité des explications ou déclarations éclaircissant la question et indiquant, le cas échéant, les mesures qu'il pourrait avoir prises pour remédier à la situation.

7. a) Le Comité examine les communications en tenant compte de toutes les informations qui lui sont soumises par l'État partie intéressé et par le pétitionnaire. Le Comité n'examinera aucune communication d'un pétitionnaire sans s'être assuré que celui-ci a épuisé tous les recours internes disponibles. Toutefois, cette règle ne s'applique pas si les procédures de recours excèdent des délais raisonnables.

b) Le Comité adresse ses suggestions et recommandations éventuelles à l'État partie intéressé et au pétitionnaire.

8. Le Comité inclut dans son rapport annuel un résumé de ces communications et, le cas échéant, un résumé des explications et déclarations des États parties intéressés ainsi que de ses propres suggestions et recommandations.

9. Le Comité n'a compétence pour s'acquitter des fonctions prévues au présent article que si au moins dix États parties à la Convention sont liés par des déclarations faites conformément au paragraphe 1 du présent article.

Art. 15. 1. En attendant la réalisation des objectifs de la Déclaration sur l'octroi de l'indépendance aux pays et aux peuples coloniaux, contenue dans la résolution 1514 (XV) de l'Assemblée générale de l'Organisation des Nations Unies, en date du 14 décembre 1960, les dispositions de la présente Convention ne restreignent en rien le droit de pétition accordé à ces peuples par d'autres instruments internationaux ou par l'Organisation des Nations Unies ou ses institutions spécialisées.

2. a) Le Comité constitué conformément au paragraphe 1 de l'article 8 de la présente Convention reçoit copie des pétitions venant des organes de l'Organisation des Nations Unies qui s'occupent de questions ayant un rapport direct avec les principes et les objectifs de la présente Convention, et exprime une opinion et fait des recommandations au sujet des pétitions reçues lors de l'examen des pétitions émanant des habitants de territoires sous tutelle ou non autonomes ou de tout autre territoire auquel s'applique la résolution 1514 (XV) de l'Assemblée générale, et ayant trait à des questions visées par la présente Convention, dont sont saisis lesdits organes.

b) Le Comité reçoit des organes compétents de l'Organisation des Nations Unies copie des rapports concernant les mesures d'ordre législatif, judiciaire, administratif ou autre intéressant directement les principes et objectifs de la présente Convention que les puissances administrantes ont appliquées dans les territoires mentionnés à l'alinéa a) du présent paragraphe et exprime des avis et fait des recommandations à ces organes.

3. Le Comité inclut dans ses rapports à l'Assemblée générale un résumé des pétitions et des rapports qu'il a reçus d'organes de l'Organisation des Nations Unies, ainsi que les

expressions d'opinion et les recommandations qu'ont appelées de sa part lesdits pétitions et rapports.

4. Le Comité prie le Secrétaire général de l'Organisation des Nations Unies de lui fournir tous renseignements ayant trait aux objectifs de la présente Convention, dont celui-ci dispose au sujet des territoires mentionnés à l'alinéa a) du paragraphe 2 du présent article.

Art. 16. Les dispositions de la présente Convention concernant les mesures à prendre pour régler un différend ou liquider une plainte s'appliquent sans préjudice des autres procédures de règlement des différends ou de liquidation des plaintes en matière de discrimination prévues dans des instruments constitutifs de l'Organisation des Nations Unies et de ses institutions spécialisées ou dans des conventions adoptées par ces organisations, et n'empêchent pas les États parties de recourir à d'autres procédures pour le règlement d'un différend conformément aux accords internationaux généraux ou spéciaux qui les lient.

TROISIÈME PARTIE

Art. 17. 1. La présente Convention est ouverte à la signature de tout État Membre de l'Organisation des Nations Unies ou membre de l'une quelconque de ses institutions spécialisées, de tout État partie au Statut de la Cour internationale de Justice, ainsi que de tout autre État invité par l'Assemblée générale de l'Organisation des Nations Unies à devenir partie à la présente Convention.

2. La présente Convention est sujette à ratification et les instruments de ratification seront déposés auprès du Secrétaire général de l'Organisation des Nations Unies.

Art. 18. 1. La présente Convention sera ouverte à l'adhésion de tout État visé au paragraphe 1 de l'article 17 de la Convention.

2. L'adhésion se fera par le dépôt d'un instrument d'adhésion auprès du Secrétaire général de l'Organisation des Nations Unies.

Art. 19. 1. La présente Convention entrera en vigueur le trentième jour qui suivra la date du dépôt auprès du Secrétaire général de l'Organisation des Nations Unies du vingt-septième instrument de ratification ou d'adhésion.

2. Pour chacun des États qui ratifieront la présente Convention ou y adhéreront après le dépôt du vingt-septième instrument de ratification ou d'adhésion, ladite Convention entrera en vigueur le trentième jour après la date du dépôt par cet État de son instrument de ratification ou d'adhésion.

Art. 20. 1. Le Secrétaire général de l'Organisation des Nations Unies recevra et communiquera à tous les États qui sont ou qui peuvent devenir parties à la présente Convention le texte des réserves qui auront été faites au moment de la ratification ou de l'adhésion. Tout État qui élève des objections contre la réserve avisera le Secrétaire général, dans un délai de quatre-vingt-dix jours à compter de la date de ladite communication, qu'il n'accepte pas ladite réserve.

2. Aucune réserve incompatible avec l'objet et le but de la présente Convention ne sera autorisée non plus qu'aucune réserve qui aurait pour effet de paralyser le fonctionnement de l'un quelconque des organes créés par la Convention. Une réserve sera

considérée comme rentrant dans les catégories définies ci-dessus si les deux tiers au moins des États parties à la Convention élèvent des objections.

3. Les réserves peuvent être retirées à tout moment par voie de notification adressée au Secrétaire général. La notification prendra effet à la date de réception.

Art. 21. Tout État partie peut dénoncer la présente Convention par voie de notification adressée au Secrétaire général de l'Organisation des Nations Unies. La dénonciation portera effet un an après la date à laquelle le Secrétaire général en aura reçu notification.

Art. 22. Tout différend entre deux ou plusieurs États parties touchant l'interprétation ou l'application de la présente Convention qui n'aura pas été réglé par voie de négociation ou au moyen des procédures expressément prévues par ladite Convention sera porté, à la requête de toute partie au différend, devant la Cour internationale de Justice pour qu'elle statue à son sujet, à moins que les parties au différend ne conviennent d'un autre mode de règlement.

Art. 23. 1. Tout État partie peut formuler à tout moment une demande de révision de la présente Convention par voie de notification écrite adressée au Secrétaire général de l'Organisation des Nations Unies.

2. L'Assemblée générale de l'Organisation des Nations Unies statuera sur les mesures à prendre, le cas échéant, au sujet de cette demande.

Art. 24. Le Secrétaire général de l'Organisation des Nations Unies informera tous les États visés au paragraphe 1 de l'article 17 de la présente Convention :

a) Des signatures apposées à la présente Convention et des instruments de ratification et d'adhésion déposés conformément aux articles 17 et 18;

b) De la date à laquelle la présente Convention entrera en vigueur conformément à l'article 19;

c) Des communications et déclarations reçues conformément aux articles 14, 20 et 23;

d) Des dénonciations notifiées conformément à l'article 21.

Art. 25. 1. La présente Convention, dont les textes anglais, chinois, espagnol, français et russe font également foi, sera déposée aux archives de l'Organisation des Nations Unies.

2. Le Secrétaire général de l'Organisation des Nations Unies fera tenir une copie certifiée conforme de la présente Convention à tous les États appartenant à l'une quelconque des catégories mentionnées au paragraphe 1 de l'article 17 de la Convention.

434 Convention européenne de sauvegarde des droits de l'homme et des libertés fondamentales (article 14)

Art. 14. *Interdiction de discrimination.* La jouissance des droits et libertés reconnus dans la présente Convention doit être assurée, sans distinction aucune, fondée notamment sur le sexe, la race, la couleur, la langue, la religion, les opinions politiques ou toutes autres opinions, l'origine nationale ou sociale, l'appartenance à une minorité nationale, la fortune, la naissance ou toute autre situation.

435 Charte des droits fondamentaux de l'Union européenne (article 21)

Art. 21. *Non-discrimination.* 1. Est interdite toute discrimination fondée notamment sur le sexe, la race, la couleur, les origines ethniques ou sociales, les caractéristiques génétiques, la langue, la religion ou les convictions, les opinions politiques ou toute autre opinion, l'appartenance à une minorité nationale, la fortune, la naissance, un handicap, l'âge ou l'orientation sexuelle.

2. Dans le domaine d'application des traités et sans préjudice de leurs dispositions particulières, toute discrimination exercée en raison de la nationalité est interdite.

436 Directive n° 2000/78/CE du 27 novembre 2000 portant création d'un cadre général en faveur de l'égalité de traitement en matière d'emploi et de travail

CHAPITRE I

Dispositions générales

Art. 1er. *Objet.* La présente directive a pour objet d'établir un cadre général pour lutter contre la discrimination fondée sur la religion ou les convictions, le handicap, l'âge ou l'orientation sexuelle, en ce qui concerne l'emploi et le travail, en vue de mettre en œuvre, dans les États membres, le principe de l'égalité de traitement.

Art. 2. *Concept de discrimination.* 1. Aux fins de la présente directive, on entend par " principe de l'égalité de traitement " l'absence de toute discrimination directe ou indirecte, fondée sur un des motifs visés à l'article 1er.

2. Aux fins du paragraphe 1 :

a) une discrimination directe se produit lorsqu'une personne est traitée de manière moins favorable qu'une autre ne l'est, ne l'a été ou ne le serait dans une situation comparable, sur la base de l'un des motifs visés à l'article 1er;

b) une discrimination indirecte se produit lorsqu'une disposition, un critère ou une pratique apparemment neutre est susceptible d'entraîner un désavantage particulier pour des personnes d'une religion ou de convictions, d'un handicap, d'un âge ou d'une orientation sexuelle donnés, par rapport à d'autres personnes, à moins que :

i) cette disposition, ce critère ou cette pratique ne soit objectivement justifié par un objectif légitime et que les moyens de réaliser cet objectif ne soient appropriés et nécessaires, ou que,

ii) dans le cas des personnes d'un handicap donné, l'employeur ou toute personne ou organisation auquel s'applique la présente directive ne soit obligé, en vertu de la législation nationale, de prendre des mesures appropriées conformément aux principes prévus à l'article 5 afin d'éliminer les désavantages qu'entraîne cette disposition, ce critère ou cette pratique.

3. Le harcèlement est considéré comme une forme de discrimination au sens du paragraphe 1 lorsqu'un comportement indésirable lié à l'un des motifs visés à l'article 1er se manifeste, qui a pour objet ou pour effet de porter atteinte à la dignité d'une personne et de créer un environnement intimidant, hostile, dégradant, humiliant ou offensant. Dans

ce contexte, la notion de harcèlement peut être définie conformément aux législations et pratiques nationales des États membres.

4. Tout comportement consistant à enjoindre à quiconque de pratiquer une discrimination à l'encontre de personnes pour l'un des motifs visés à l'article 1er est considéré comme une discrimination au sens du paragraphe 1.

5. La présente directive ne porte pas atteinte aux mesures prévues par la législation nationale qui, dans une société démocratique, sont nécessaires à la sécurité publique, à la défense de l'ordre et à la prévention des infractions pénales, à la protection de la santé et à la protection des droits et libertés d'autrui.

Art. 3. *Champ d'application.* 1. Dans les limites des compétences conférées à la Communauté, la présente directive s'applique à toutes les personnes, tant pour le secteur public que pour le secteur privé, y compris les organismes publics, en ce qui concerne :

a) les conditions d'accès à l'emploi, aux activités non salariées ou au travail, y compris les critères de sélection et les conditions de recrutement, quelle que soit la branche d'activité et à tous les niveaux de la hiérarchie professionnelle, y compris en matière de promotion;

b) l'accès à tous les types et à tous les niveaux d'orientation professionnelle, de formation professionnelle, de perfectionnement et de formation de reconversion, y compris l'acquisition d'une expérience pratique;

c) les conditions d'emploi et de travail, y compris les conditions de licenciement et de rémunération;

d) l'affiliation à, et l'engagement dans, une organisation de travailleurs ou d'employeurs, ou toute organisation dont les membres exercent une profession donnée, y compris les avantages procurés par ce type d'organisations.

2. La présente directive ne vise pas les différences de traitement fondées sur la nationalité et s'entend sans préjudice des dispositions et conditions relatives à l'admission et au séjour des ressortissants de pays tiers et des personnes apatrides sur le territoire des États membres et de tout traitement lié au statut juridique des ressortissants de pays tiers et personnes apatrides concernés.

3. La présente directive ne s'applique pas aux versements de toute nature effectués par les régimes publics ou assimilés, y compris les régimes publics de sécurité sociale ou de protection sociale.

4. Les États membres peuvent prévoir que la présente directive ne s'applique pas aux forces armées pour ce qui concerne les discriminations fondées sur le handicap et l'âge.

Art. 4. *Exigences professionnelles.* 1. Nonobstant l'article 2, paragraphes 1 et 2, les États membres peuvent prévoir qu'une différence de traitement fondée sur une caractéristique liée à l'un des motifs visés à l'article 1er ne constitue pas une discrimination lorsque, en raison de la nature d'une activité professionnelle ou des conditions de son exercice, la caractéristique en cause constitue une exigence professionnelle essentielle et déterminante, pour autant que l'objectif soit légitime et que l'exigence soit proportionnée.

2. Les États membres peuvent maintenir dans leur législation nationale en vigueur à la date d'adoption de la présente directive ou prévoir dans une législation future reprenant des pratiques nationales existant à la date d'adoption de la présente directive des dispositions en vertu desquelles, dans le cas des activités professionnelles d'églises et d'autres organisations publiques ou privées dont l'éthique est fondée sur la religion ou

les convictions, une différence de traitement fondée sur la religion ou les convictions d'une personne ne constitue pas une discrimination lorsque, par la nature de ces activités ou par le contexte dans lequel elles sont exercées, la religion ou les convictions constituent une exigence professionnelle essentielle, légitime et justifiée eu égard à l'éthique de l'organisation. Cette différence de traitement doit s'exercer dans le respect des dispositions et principes constitutionnels des États membres, ainsi que des principes généraux du droit communautaire, et ne saurait justifier une discrimination fondée sur un autre motif.

Pourvu que ses dispositions soient par ailleurs respectées, la présente directive est donc sans préjudice du droit des églises et des autres organisations publiques ou privées dont l'éthique est fondée sur la religion ou les convictions, agissant en conformité avec les dispositions constitutionnelles et législatives nationales, de requérir des personnes travaillant pour elles une attitude de bonne foi et de loyauté envers l'éthique de l'organisation.

Art. 5. *Aménagements raisonnables pour les personnes handicapées.* Afin de garantir le respect du principe de l'égalité de traitement à l'égard des personnes handicapées, des aménagements raisonnables sont prévus. Cela signifie que l'employeur prend les mesures appropriées, en fonction des besoins dans une situation concrète, pour permettre à une personne handicapée d'accéder à un emploi, de l'exercer ou d'y progresser, ou pour qu'une formation lui soit dispensée, sauf si ces mesures imposent à l'employeur une charge disproportionnée. Cette charge n'est pas disproportionnée lorsqu'elle est compensée de façon suffisante par des mesures existant dans le cadre de la politique menée dans l'État membre concerné en faveur des personnes handicapées.

Art. 6. *Justification des différences de traitement fondées sur l'âge.* 1. Nonobstant l'article 2, paragraphe 2, les États membres peuvent prévoir que des différences de traitement fondées sur l'âge ne constituent pas une discrimination lorsqu'elles sont objectivement et raisonnablement justifiées, dans le cadre du droit national, par un objectif légitime, notamment par des objectifs légitimes de politique de l'emploi, du marché du travail et de la formation professionnelle, et que les moyens de réaliser cet objectif sont appropriés et nécessaires.

Ces différences de traitement peuvent notamment comprendre :

a) la mise en place de conditions spéciales d'accès à l'emploi et à la formation professionnelle, d'emploi et de travail, y compris les conditions de licenciement et de rémunération, pour les jeunes, les travailleurs âgés et ceux ayant des personnes à charge, en vue de favoriser leur insertion professionnelle ou d'assurer leur protection;

b) la fixation de conditions minimales d'âge, d'expérience professionnelle ou d'ancienneté dans l'emploi, pour l'accès à l'emploi ou à certains avantages liés à l'emploi;

c) la fixation d'un âge maximum pour le recrutement, fondée sur la formation requise pour le poste concerné ou la nécessité d'une période d'emploi raisonnable avant la retraite.

2. Nonobstant l'article 2, paragraphe 2, les États membres peuvent prévoir que ne constitue pas une discrimination fondée sur l'âge la fixation, pour les régimes professionnels de sécurité sociale, d'âges d'adhésion ou d'admissibilité aux prestations de retraite ou d'invalidité, y compris la fixation, pour ces régimes, d'âges différents pour des travailleurs ou des groupes ou catégories de travailleurs et l'utilisation, dans le cadre de ces régimes, de critères d'âge dans les calculs actuariels, à condition que cela ne se traduise pas par des discriminations fondées sur le sexe.

Art. 7. *Action positive et mesures spécifiques.* 1. Pour assurer la pleine égalité dans la vie professionnelle, le principe de l'égalité de traitement n'empêche pas un État membre de maintenir ou d'adopter des mesures spécifiques destinées à prévenir ou à compenser des désavantages liés à l'un des motifs visés à l'article 1er.

2. En ce qui concerne les personnes handicapées, le principe d'égalité de traitement ne fait pas obstacle au droit des États membres de maintenir ou d'adopter des dispositions concernant la protection de la santé et de la sécurité sur le lieu de travail ni aux mesures visant à créer ou à maintenir des dispositions ou des facilités en vue de sauvegarder ou d'encourager leur insertion dans le monde du travail.

Art. 8. *Prescriptions minimales.* 1. Les États membres peuvent adopter ou maintenir des dispositions plus favorables à la protection du principe de l'égalité de traitement que celles prévues dans la présente directive.

2. La mise en œuvre de la présente directive ne peut en aucun cas constituer un motif d'abaissement du niveau de protection contre la discrimination déjà accordé par les États membres dans les domaines régis par la présente directive.

CHAPITRE II

Voies de recours et application du droit

Art. 9. *Défense des droits.* 1. Les États membres veillent à ce que des procédures judiciaires et/ou administratives, y compris, lorsqu'ils l'estiment approprié, des procédures de conciliation, visant à faire respecter les obligations découlant de la présente directive soient accessibles à toutes les personnes qui s'estiment lésées par le non-respect à leur égard du principe de l'égalité de traitement, même après que les relations dans lesquelles la discrimination est présumée s'être produite se sont terminées.

2. Les États membres veillent à ce que les associations, les organisations ou les personnes morales qui ont, conformément aux critères fixés par leur législation nationale, un intérêt légitime à assurer que les dispositions de la présente directive sont respectées puissent, pour le compte ou à l'appui du plaignant, avec son approbation, engager toute procédure judiciaire et/ou administrative prévue pour faire respecter les obligations découlant de la présente directive.

3. Les paragraphes 1 et 2 sont sans préjudice des règles nationales relatives aux délais impartis pour former un recours en ce qui concerne le principe de l'égalité de traitement.

Art. 10. *Charge de la preuve.* 1. Les États membres prennent les mesures nécessaires, conformément à leur système judiciaire, afin que, dès lors qu'une personne s'estime lésée par le non-respect à son égard du principe de l'égalité de traitement et établit, devant une juridiction ou une autre instance compétente, des faits qui permettent de présumer l'existence d'une discrimination directe ou indirecte, il incombe à la partie défenderesse de prouver qu'il n'y a pas eu violation du principe de l'égalité de traitement.

2. Le paragraphe 1 ne fait pas obstacle à l'adoption par les États membres de règles de la preuve plus favorables aux plaignants.

3. Le paragraphe 1 ne s'applique pas aux procédures pénales.

4. Les paragraphes 1, 2 et 3 s'appliquent également à toute procédure engagée conformément à l'article 9, paragraphe 2.

5. Les États membres peuvent ne pas appliquer le paragraphe 1 aux procédures dans lesquelles l'instruction des faits incombe à la juridiction ou à l'instance compétente.

Art. 11. *Protection contre les rétorsions.* Les États membres introduisent dans leur système juridique interne les mesures nécessaires pour protéger les travailleurs contre tout licenciement ou tout autre traitement défavorable par l'employeur en réaction à une plainte formulée au niveau de l'entreprise ou à une action en justice visant à faire respecter le principe de l'égalité de traitement.

Art. 12. *Diffusion de l'information.* Les États membres veillent à ce que les dispositions adoptées en application de la présente directive ainsi que celles qui sont déjà en vigueur dans ce domaine soient portées à la connaissance des personnes concernées par tous moyens appropriés, par exemple sur le lieu de travail, et sur l'ensemble de leur territoire.

Art. 13. *Dialogue social.* 1. Conformément à leurs traditions et pratiques nationales, les États membres prennent les mesures appropriées afin de favoriser le dialogue entre les partenaires sociaux en vue de promouvoir l'égalité de traitement, y compris par la surveillance des pratiques sur le lieu de travail, par des conventions collectives, des codes de conduite et par la recherche ou l'échange d'expériences et de bonnes pratiques.

2. Dans le respect de leurs traditions et pratiques nationales, les États membres encouragent les partenaires sociaux, sans préjudice de leur autonomie, à conclure, au niveau approprié, des accords établissant des règles de non-discrimination dans les domaines visés à l'article 3 qui relèvent du champ d'application des négociations collectives. Ces accords respectent les exigences minimales fixées par la présente directive et par les mesures nationales de transposition.

Art. 14. *Dialogue avec les organisations non gouvernementales.* Les États membres encouragent le dialogue avec les organisations non gouvernementales concernées qui ont, conformément aux pratiques et législations nationales, un intérêt légitime à contribuer à la lutte contre les discriminations fondées sur un des motifs visés à l'article 1er, en vue de promouvoir le principe de l'égalité de traitement.

437 Code pénal (articles 225-1 à 225-4)

Art. 225-1. Constitue une discrimination toute distinction opérée entre les personnes physiques *(L. nº 2016-1547 du 18 nov. 2016, art. 86)* «sur le fondement de leur origine, de leur sexe, de leur situation de famille, de leur grossesse, de leur apparence physique, de la particulière vulnérabilité résultant de leur situation économique, apparente ou connue de son auteur, de leur patronyme, de leur lieu de résidence, de leur état de santé, de leur perte d'autonomie, de leur handicap, de leurs caractéristiques génétiques, de leurs mœurs, de leur orientation sexuelle, de leur identité de genre, de leur âge, de leurs opinions politiques, de leurs activités syndicales, de leur capacité à s'exprimer dans une langue autre que le français, de leur appartenance ou de leur non-appartenance, vraie ou supposée, à une ethnie, une Nation, une prétendue» race ou une religion déterminée.

Constitue également une discrimination toute distinction opérée entre les personnes morales *(L. nº 2016-1547 du 18 nov. 2016, art. 86)* «sur le fondement de l'origine, du sexe, de la situation de famille, de la grossesse, de l'apparence physique, de la particulière vulnérabilité résultant de la situation économique, apparente ou connue de son auteur, du patronyme, du lieu de résidence, de l'état de santé, de la perte d'autonomie, du handicap, des caractéristiques génétiques, des mœurs, de l'orientation sexuelle, de l'identité de genre, de l'âge, des opinions politiques, des activités syndicales, de la capacité à s'exprimer dans une langue autre que le français, de l'appartenance ou de la non-appartenance, vraie ou supposée, à une ethnie, une Nation, une prétendue» race ou une religion déterminée des membres ou de certains membres de ces personnes morales.

Art. 225-1-1. *(L. n° 2012-954 du 6 août 2012, art. 3)* Constitue une discrimination toute distinction opérée entre les personnes parce qu'elles ont subi ou refusé de subir des faits de harcèlement sexuel tels que définis à l'article 222-33 ou témoigné de tels faits, y compris, dans le cas mentionné au I du même article, si les propos ou comportements n'ont pas été répétés.

Art. 225-1-2. *(L. n° 2017-86 du 27 janv. 2017, art. 177)* Constitue une discrimination toute distinction opérée entre les personnes parce qu'elles ont subi ou refusé de subir des faits de bizutage définis à l'article 225-16-1 ou témoigné de tels faits.

Art. 225-2. La discrimination définie *(L. n° 2012-954 du 6 août 2012, art. 3)* «aux articles *(L. n° 2017-86 du 27 janv. 2017, art. 177)* «225-1 à 225-1-2», commise à l'égard d'une personne physique ou morale, est punie de *(L. n° 2004-204 du 9 mars 2004, art. 41-I)* «trois ans d'emprisonnement et de 45000 € d'amende» lorsqu'elle consiste :

1° A refuser la fourniture d'un bien ou d'un service;

2° A entraver l'exercice normal d'une activité économique quelconque;

3° A refuser d'embaucher, à sanctionner ou à licencier une personne;

4° A subordonner la fourniture d'un bien ou d'un service à une condition fondée sur l'un des éléments visés à l'article 225-1 *(L. n° 2012-954 du 6 août 2012, art. 3)* «ou prévue *(L. n° 2017-86 du 27 janv. 2017, art. 177)* «aux articles 225-1-1 ou 225-1-2»»;

5° A subordonner une offre d'emploi *(L. n° 2001-1066 du 16 nov. 2001)* «, une demande de stage ou une période de formation en entreprise» à une condition fondée sur l'un des éléments visés à l'article 225-1 *(L. n° 2012-954 du 6 août 2012, art. 3)* «ou prévue *(L. n° 2017-86 du 27 janv. 2017, art. 177)* «aux articles 225-1-1 ou 225-1-2»;

(L. n° 2001-1066 du 16 nov. 2001) «6° A refuser d'accepter une personne à l'un des stages visés par le 2° de l'article L. 412-8 du code de la sécurité sociale.»

(L. n° 2004-204 du 9 mars 2004, art. 41-I) «Lorsque le refus discriminatoire prévu au 1° est commis dans un lieu accueillant du public ou aux fins d'en interdire l'accès, les peines sont portées à cinq ans d'emprisonnement et à 75000 € d'amende.»

Art. 225-3. Les dispositions de l'article précédent ne sont pas applicables :

1° Aux discriminations fondées sur l'état de santé, lorsqu'elles consistent en des opérations ayant pour objet la prévention et la couverture du risque décès, des risques portant atteinte à l'intégrité physique de la personne ou des risques d'incapacité de travail ou d'invalidité. *(L. n° 2002-303 du 4 mars 2002)* «Toutefois, ces discriminations sont punies des peines prévues à l'article précédent lorsqu'elles se fondent sur la prise en compte de tests génétiques prédictifs ayant pour objet une maladie qui n'est pas encore déclarée ou une prédisposition génétique à une maladie *(L. n° 2011-814 du 7 juill. 2011, art. 7)* «ou qu'elles se fondent sur la prise en compte des conséquences sur l'état de santé d'un prélèvement d'organe tel que défini à l'article L. 1231-1 du code de la santé publique»;»

2° Aux discriminations fondées sur l'état de santé ou le handicap, lorsqu'elles consistent en un refus d'embauche ou un licenciement fondé sur l'inaptitude médicalement constatée soit dans le cadre du titre IV du livre II du code du travail, soit dans le cadre des lois portant dispositions statutaires relatives à la fonction publique;

(L. nº 2008-496 du 27 mai 2008, art. 7) «3° Aux discriminations fondées, en matière d'embauche, sur *(L. nº 2016-1547 du 18 nov. 2016, art. 86)* «un motif mentionné à l'article 225-1 du présent code», lorsqu'un tel motif constitue une exigence professionnelle essentielle et déterminante et pour autant que l'objectif soit légitime et l'exigence proportionnée;

«4° Aux discriminations fondées, en matière d'accès aux biens et services, sur le sexe lorsque cette discrimination est justifiée par la protection des victimes de violences à caractère sexuel, des considérations liées au respect de la vie privée et de la décence, la promotion de l'égalité des sexes ou des intérêts des hommes ou des femmes, la liberté d'association ou l'organisation d'activités sportives;

«5° Aux refus d'embauche fondés sur la nationalité lorsqu'ils résultent de l'application des dispositions statutaires relatives à la fonction publique;»

(L. nº 2014-173 du 21 févr. 2014, art. 15) «6° Aux discriminations liées au lieu de résidence lorsque la personne chargée de la fourniture d'un bien ou service se trouve en situation de danger manifeste.

«Les mesures prises en faveur des personnes résidant dans certaines zones géographiques et visant à favoriser l'égalité de traitement ne constituent pas une discrimination.»

Art. 225-3-1. *(L. nº 2006-396 du 31 mars 2006, art. 45)* Les délits prévus par la présente section sont constitués même s'ils sont commis à l'encontre d'une ou plusieurs personnes ayant sollicité l'un des biens, actes, services ou contrats mentionnés à l'article 225-2 dans le but de démontrer l'existence du comportement discriminatoire, dès lors que la preuve de ce comportement est établie.

Art. 225-4. *(L. nº 2009-526 du 12 mai 2009, art. 124-I)* «Les personnes morales déclarées responsables pénalement, dans les conditions prévues par l'article 121-2, des infractions définies à l'article 225-2 encourent, outre l'amende suivant les modalités prévues par l'article 131-38, les peines prévues par les 2° à 5°, 8° et 9° de l'article 131-39.»

L'interdiction mentionnée au 2° de l'article 131-39 porte sur l'activité dans l'exercice ou à l'occasion de l'exercice de laquelle l'infraction a été commise.

438 Code pénal (article 432-7)

TITRE TROISIÈME

DES ATTEINTES À L'AUTORITÉ DE L'ÉTAT

CHAPITRE II

Des atteintes à l'administration publique commises par des personnes exerçant une fonction publique

Section II

Des abus d'autorité commis contre les particuliers

§ 2 : Des discriminations

Art. 432-7. La discrimination définie *(L. n° 2012-954 du 6 août 2012, art. 3)* «aux articles 225-1 et 225-1-1», commise à l'égard d'une personne physique ou morale par une personne dépositaire de l'autorité publique ou chargée d'une mission de service public, dans l'exercice ou à l'occasion de l'exercice de ses fonctions ou de sa mission, est punie de *(L. n° 2004-204 du 9 mars 2004, art. 41-II)* «cinq ans d'emprisonnement et de 75000 € d'amende» lorsqu'elle consiste :

1° A refuser le bénéfice d'un droit accordé par la loi;

2° A entraver l'exercice normal d'une activité économique quelconque.

439 Loi n° 90-615 du 13 juillet 1990 tendant à réprimer tout acte raciste, antisémite ou xénophobe (articles 1 et 2)

Art. 1er. Toute discrimination fondée sur l'appartenance ou la non-appartenance à une ethnie, une nation, une race ou une religion est interdite.

L'État assure le respect de ce principe dans le cadre des lois en vigueur.

Art. 2. Le 21 mars de chaque année, date retenue par l'Organisation des Nations Unies pour la Journée internationale pour l'élimination de toutes les formes de discrimination raciale, la Commission nationale consultative des droits de l'homme remet au Gouvernement un rapport sur la lutte contre le racisme. Ce rapport est immédiatement rendu public.

440 Loi n° 2008-496 du 27 mai 2008 portant diverses dispositions d'adaptation au droit communautaire dans le domaine de la lutte contre les discriminations (articles 1 à 4)

L'Assemblée nationale et le Sénat ont adopté,

Le Président de la République promulgue la loi dont la teneur suit :

Art. 1er. Constitue une discrimination directe la situation dans laquelle, sur le fondement de *(L. n° 2016-1547 du 18 nov. 2016, art. 86-I-1°)* «son origine, de son sexe, de sa situation de famille, de sa grossesse, de son apparence physique, de la particulière vulnérabilité résultant de sa situation économique, apparente ou connue de son auteur, de son patronyme, de son lieu de résidence *(L. n° 2017-256 du 28 févr. 2017, art. 70-I)* «ou de sa domiciliation bancaire», de son état de santé, de sa perte d'autonomie, de son handicap, de ses caractéristiques génétiques, de ses mœurs, de son orientation sexuelle, de son identité de genre, de son âge, de ses opinions politiques, de ses activités syndicales, de sa capacité à s'exprimer dans une langue autre que le français, de son appartenance ou de sa non-appartenance, vraie ou supposée, à une ethnie, une nation, une prétendue race ou une religion déterminée», une personne est traitée de manière moins favorable qu'une autre ne l'est, ne l'a été ou ne l'aura été dans une situation comparable.

Constitue une discrimination indirecte une disposition, un critère ou une pratique neutre en apparence, mais susceptible d'entraîner, pour l'un des motifs mentionnés au premier alinéa, un désavantage particulier pour des personnes par rapport à d'autres personnes, à moins que cette disposition, ce critère ou cette pratique ne soit objectivement justifié par un but légitime et que les moyens pour réaliser ce but ne soient nécessaires et appropriés.

La discrimination inclut :

1° Tout agissement lié à l'un des motifs mentionnés au premier alinéa et tout agissement à connotation sexuelle, subis par une personne et ayant pour objet ou pour effet de porter atteinte à sa dignité ou de créer un environnement intimidant, hostile, dégradant, humiliant ou offensant;

2° Le fait d'enjoindre à quiconque d'adopter un comportement prohibé par l'article 2.

Art. 2. Sans préjudice de l'application des autres règles assurant le respect du principe d'égalité :

2° Toute discrimination directe ou indirecte fondée sur *(L. n° 2016-1547 du 18 nov. 2016, art. 86-I-2°)* «un motif mentionné à l'article 1er» est interdite en matière d'affiliation et d'engagement dans une organisation syndicale ou professionnelle, y compris d'avantages procurés par elle, d'accès à l'emploi, d'emploi, de formation professionnelle et de travail, y compris de travail indépendant ou non salarié, ainsi que de conditions de travail et de promotion professionnelle.

Ce principe ne fait pas obstacle aux différences de traitement fondées sur les motifs visés à l'alinéa précédent lorsqu'elles répondent à une exigence professionnelle essentielle et déterminante et pour autant que l'objectif soit légitime et l'exigence proportionnée;

(L. n° 2016-1547 du 18 nov. 2016, art. 86-I-2°) «3° Toute discrimination directe ou indirecte fondée sur un motif mentionné à l'article 1er est interdite en matière de protection sociale, de santé, d'avantages sociaux, d'éducation, d'accès aux biens et services ou de fourniture de biens et services.

«Ce principe ne fait pas obstacle à ce que des différences soient faites selon l'un des motifs mentionnés au premier alinéa du présent 3° lorsqu'elles sont justifiées par un but légitime et que les moyens de parvenir à ce but sont nécessaires et appropriés.

«La dérogation prévue au deuxième alinéa du présent 3° n'est pas applicable aux différences de traitement fondées sur l'origine, le patronyme ou l'appartenance ou la non-appartenance, vraie ou supposée, à une ethnie ou une prétendue race;

«4° Toute discrimination directe ou indirecte est interdite en raison de la grossesse ou de la maternité, y compris du congé de maternité.

«Ce principe ne fait pas obstacle aux mesures prises en faveur des femmes en raison de la grossesse ou la maternité, y compris du congé de maternité, ou de la promotion de l'égalité entre les femmes et les hommes;

«5° Ces principes ne font notamment pas obstacle :

«*a)* Aux mesures prises en faveur des personnes handicapées et visant à favoriser l'égalité de traitement;

«*b)* Aux mesures prises en faveur des personnes résidant dans certaines zones géographiques et visant à favoriser l'égalité de traitement;

«*c)* A l'organisation d'enseignements par regroupement des élèves en fonction de leur sexe;

«6° Ces principes ne font pas obstacle aux différences de traitement prévues et autorisées par les lois et règlements en vigueur à la date de publication de la loi n° 2016-1547 du 18 novembre 2016 de modernisation de la justice du XXIe siècle.»

Art. 3. Aucune personne ayant témoigné de bonne foi d'un agissement discriminatoire ou l'ayant relaté ne peut être traitée défavorablement de ce fait.

Aucune décision défavorable à une personne ne peut être fondée sur sa soumission ou son refus de se soumettre à une discrimination prohibée par l'article 2.

Art. 4. Toute personne qui s'estime victime d'une discrimination directe ou indirecte présente devant la juridiction compétente les faits qui permettent d'en présumer l'existence. Au vu de ces éléments, il appartient à la partie défenderesse de prouver que la mesure en cause est justifiée par des éléments objectifs étrangers à toute discrimination. *(L. n° 2016-1547 du 18 nov. 2016, art. 86-I-3°)* «Le juge forme sa conviction après avoir ordonné, en cas de besoin, toutes les mesures d'instruction qu'il estime utiles.»

(L. n° 2017-86 du 27 janv. 2017, art. 180) «Le fait que la victime ait seulement poursuivi l'objectif de démontrer l'existence d'un agissement ou d'une injonction discriminatoire n'exclut pas, en cas de préjudice causé à cette personne, la responsabilité de la partie défenderesse.»

Le présent article ne s'applique pas devant les juridictions pénales.

Section 2

L'égalité entre homme et femme

441 Pacte international relatif aux droits économiques, sociaux et culturels (article 3)

Art. 3. Les États parties au présent Pacte s'engagent à assurer le droit égal qu'ont l'homme et la femme au bénéfice de tous les droits économiques, sociaux et culturels qui sont énumérés dans le présent Pacte.

442 Convention sur l'élimination de toutes les formes de discrimination à l'égard des femmes

Les États parties à la présente Convention,

Notant que la Charte des Nations Unies réaffirme la foi dons les droits fondamentaux de l'homme, dans la dignité et la valeur de la personne humaine et dans l'égalité des droits de l'homme et de la femme,

Notant que la Déclaration universelle des droits de l'homme affirme le principe de la non-discrimination et proclame que tous les êtres humains naissent libres et égaux en dignité et en droit et que chacun peut se prévaloir de tous les droits et de toutes les libertés qui y sont énoncés, sans distinction aucune, notamment de sexe,

Notant que les États parties aux Pactes internationaux relatifs aux droits de l'homme ont l'obligation d'assurer l'égalité des droits de l'homme et de la femme dans l'exercice de tous les droits économiques, sociaux, culturels, civils et politiques,

Considérant les conventions internationales conclues sous l'égide de l'Organisation des Nations Unies et des institutions spécialisées en vue de promouvoir l'égalité des droits de l'homme et de la femme,

Notant également les résolutions, déclarations et recommandations adoptées par l'Organisation des Nations Unies et les institutions spécialisées en vue de promouvoir l'égalité des droits de l'homme et de la femme,

Préoccupés toutefois de constater qu'en dépit de ces divers instruments les femmes continuent de faire l'objet d'importantes discriminations,

Rappelant que la discrimination à l'encontre des femmes viole les principes de l'égalité des droits et du respect de la dignité humaine, qu'elle entrave la participation des femmes, dans les mêmes conditions que les hommes, à la vie politique, sociale, économique et culturelle de leur pays, qu'elle fait obstacle à l'accroissement du bien-être de la société et de la famille et qu'elle empêche les femmes de servir leur pays et l'humanité dans toute la mesure de leurs possibilités,

Préoccupés par le fait que, dans les situations de pauvreté, les femmes ont un minimum d'accès à l'alimentation, aux services médicaux, à l'éducation, à la formation ainsi qu'aux possibilités d'emploi et à la satisfaction d'autres besoins,

Convaincus que l'instauration du nouvel ordre économique international fondé sur l'équité et la justice contribuera de façon significative à promouvoir l'égalité entre l'homme et la femme,

Soulignant que l'élimination de l'apartheid, de toutes les formes de racisme, de discrimination raciale, de colonialisme, de néo-colonialisme, d'agression, d'occupation et domination étrangères et d'ingérence dans les affaires intérieures des États est indispensable à la pleine jouissance par l'homme et la femme de leurs droits,

Affirmant que le renforcement de la paix et de la sécurité internationales, le relâchement de la tension internationale, la coopération entre tous les États quels que soient leurs systèmes sociaux et économiques, le désarmement général et complet et, en particulier, le désarmement nucléaire sous contrôle international strict et efficace, l'affirmation des principes de la justice, de l'égalité et de l'avantage mutuel dans les relations entre pays et la réalisation du droit des peuples assujettis à une domination étrangère et coloniale et à une occupation étrangère à l'autodétermination et à l'indépendance, ainsi que le respect de la souveraineté nationale et de l'intégrité territoriale favoriseront le progrès social et le développement et contribueront par conséquent à la réalisation de la pleine égalité entre l'homme et la femme,

Convaincus que le développement complet d'un pays, le bien-être du monde et la cause de la paix demandent la participation maximale des femmes, à l'égalité avec les hommes, dans tous les domaines,

Ayant à l'esprit l'importance de la contribution des femmes au bien-être de la famille et au progrès de la société, qui jusqu'à présent n'a pas été pleinement reconnue, de l'importance sociale de la maternité et du rôle des parents dans la famille et dans l'éducation des enfants, et conscients du fait que le rôle de la femme dans la procréation ne doit pas être une cause de discrimination et que l'éducation des enfants exige le portage des responsabilités entre les hommes, les femmes et la société dans son ensemble,

Conscients que le rôle traditionnel de l'homme dans la famille et dans la société doit évoluer autant que celui de la femme si on veut parvenir à une réelle égalité de l'homme et de la femme,

Résolus à mettre en œuvre les principes énoncés dans la Déclaration sur l'élimination de la discrimination à l'égard des femmes et, pour ce faire, à adopter les mesures nécessaires à la suppression de cette discrimination sous toutes ses formes et dans toutes ses manifestations,

Sont convenus de ce qui suit :

PREMIÈRE PARTIE

Art. 1er. Aux fins de la présente Convention, l'expression "discrimination à l'égard des femmes" vise toute distinction, exclusion ou restriction fondée sur le sexe qui a pour effet ou pour but de compromettre ou de détruire la reconnaissance, la jouissance ou l'exercice par les femmes, quel que soit leur état matrimonial, sur la base de l'égalité de l'homme et de la femme, des droits de l'homme et des libertés fondamentales dans les domaines politique, économique, social, culturel et civil ou dans tout autre domaine.

Art. 2. Les États parties condamnent la discrimination à l'égard des femmes sous toutes ses formes, conviennent de poursuivre par tous les moyens appropriés et sans retard une politique tendant à éliminer la discrimination à l'égard des femmes et, à cette fin, s'engagent à :

a) Inscrire dans leur constitution nationale ou toute autre disposition législative appropriée le principe de l'égalité des hommes et des femmes, si ce n'est déjà fait, et à assurer par voie de législation ou par d'autres moyens appropriés, l'application effective dudit principe;

b) Adopter des mesures législatives et d'autres mesures appropriées assorties, y compris des sanctions en cas de besoin, interdisant toute discrimination à l'égard des femmes;

c) Instaurer une protection juridictionnelle des droits des femmes sur un pied d'égalité avec les hommes et garantir, par le truchement des tribunaux nationaux compétents et d'autres institutions publiques, la protection effective des femmes contre tout acte discriminatoire;

d) S'abstenir de tout acte ou pratique discriminatoire à l'égard des femmes et faire en sorte que les autorités publiques et les institutions publiques se conforment à cette obligation;

e) Prendre toutes mesures appropriées pour éliminer la discrimination pratiquée à l'égard des femmes par une personne, une organisation ou une entreprise quelconque;

f) Prendre toutes les mesures appropriées, y compris des dispositions législatives, pour modifier ou abroger toute loi, disposition réglementaire, coutume ou pratique qui constitue une discrimination à l'égard des femmes;

g) Abroger toutes les dispositions pénales qui constituent une discrimination à l'égard des femmes.

Art. 3. Les États parties prennent dans tous les domaines, notamment dans les domaines politique, social, économique et culturel, toutes les mesures appropriées, y compris des dispositions législatives, pour assurer le plein développement et le progrès des femmes, en vue de leur garantir l'exercice et la jouissance des droits de l'homme et des libertés fondamentales sur la base de l'égalité avec les hommes.

Art. 4. 1. L'adoption par les États parties de mesures temporaires spéciale visant à accélérer l'instauration d'une égalité de fait entre les hommes et les femmes n'est pas considéré comme un acte de discrimination tel qu'il est défini dans la présente Convention, mais ne doit en aucune façon avoir pour conséquence le maintien de normes inégales ou distinctes; ces mesures doivent être abrogées dès que les objectifs en matière d'égalité de chances et de traitement ont été atteints.

2. L'adoption par les États parties de mesures spéciales, y compris de mesures prévues dans la présente Convention, qui visent à protéger la maternité n'est pas considérée comme un acte discriminatoire.

Art. 5. Les États parties prennent toutes les mesures appropriées pour :

a) Modifier les schémas et modèles de comportement socioculturel de l'homme et de la femme en vue de parvenir à l'élimination des préjugés et des pratiques coutumières, ou de tout autre type, qui sont fondés sur l'idée de l'infériorité ou de la supériorité de l'un ou l'autre sexe ou d'un rôle stéréotypé des hommes et des femmes;

b) Faire en sorte que l'éducation familiale contribue à faire bien comprendre que la maternité est une fonction sociale et à faire reconnaître la responsabilité commune de l'homme et de la femme dans le soin d'élever leurs enfants et d'assurer leur développement, étant entendu que l'intérêt des enfants est la condition primordiale dans tous les cas.

Art. 6. Les États parties prennent toutes les mesures appropriées, y compris des dispositions législatives, pour réprimer, sous toutes leurs formes, le trafic des femmes et l'exploitation de la prostitution des femmes.

DEUXIÈME PARTIE

Art. 7. Les États parties prennent toutes les mesures appropriées pour éliminer la discrimination à l'égard des femmes dans la vie politique et publique du pays et, en particulier, leur assurent, dans des conditions d'égalité avec les hommes, le droit :

a) De voter à toutes les élections et dans tous les référendums publics et être éligibles à tous les organismes publiquement élus;

b) De prendre part à l'élaboration de la politique de l'État et à son exécution, occuper des emplois publics et exercer toutes les fonctions publiques à tous les échelons du gouvernement;

c) De participer aux organisations et associations non gouvernementales s'occupant de la vie publique et politique du pays.

Art. 8. Les États parties prennent toutes les mesures appropriées pour que les femmes, dans des conditions d'égalité avec les hommes et sans aucune discrimination, aient la possibilité de représenter leur gouvernement à l'échelon international et de participer aux travaux des organisations internationales.

Art. 9. 1. Les États parties accordent aux femmes des droits égaux à ceux des hommes en ce qui concerne l'acquisition, le changement et la conservation de la nationalité ils garantissent en particulier que ni le mariage avec un étranger, ni le changement de nationalité du mari pendant le mariage ne change automatiquement la nationalité de la femme, ni ne la rend apatride, ni ne l'oblige à prendre la nationalité de son mari ce qui concerne la nationalité de leurs enfants.

2. Les États parties accordent à la femme des droits égaux à ceux de l'homme en ce qui concerne la nationalité de leurs enfants.

TROISIÈME PARTIE

Art. 10. Les États parties prennent toutes les mesures appropriées pour éliminer la discrimination à l'égard des femmes afin de leur assurer des droits égaux à ceux des hommes en ce qui concerne l'éducation et, en particulier, pour assurer, sur la base de l'égalité de l'homme et de la femme :

a) Les mêmes conditions d'orientation professionnelle, d'accès aux études et d'obtention de diplômes dans les établissements d'enseignement de toutes catégories, dans les zones rurales comme dans les zones urbaines, cette égalité devant être assurée dans l'enseignement préscolaire, général, technique, professionnel et technique supérieur, ainsi que dans tout autre moyen de formation professionnelle;

b) L'accès aux mêmes programmes, aux mêmes examens, à un personnel enseignant possédant les qualifications de même ordre, à des locaux scolaires et à un équipement de même qualité;

c) L'élimination de toute conception stéréotypée des rôles de l'homme et de la femme à tous les niveaux et dans toutes les formes d'enseignement en encourageant l'éducation mixte et d'autres types d'éducation qui aideront à réaliser cet objectif et, en particulier, en révisant les livres et programmes scolaires et en adaptant les méthodes pédagogiques;

d) Les mêmes possibilités en ce qui concerne l'octroi des bourses et autres subventions pour les études;

e) Les mêmes possibilités d'accès aux programmes d'éducation permanents, y compris aux programmes d'alphabétisation pour adultes et d'alphabétisation fonctionnelle, en vue notamment de réduire au plus tôt tout écart d'instruction existant entre les hommes et les femmes;

f) La réduction des taux d'abandon féminin des études et l'organisation des programmes pour les filles et les femmes qui ont quitté l'école prématurément;

g) Les mêmes possibilités de participer activement aux sports et à l'éducation physique;

h) L'accès à des renseignements spécifiques d'ordre éducatif tendant à assurer la santé et le bien-être des familles, y compris l'information et des conseils relatifs à la planification de la famille.

Art. 11. 1. Les États parties s'engagent prendre toutes les mesures appropriées pour éliminer la discrimination à l'égard des femmes dans le domaine de l'emploi, afin d'assurer, sur la base de l'égalité de l'homme et de la femme, les mêmes droits, et en particulier :

a) Le droit au travail en tant que droit inaliénable de tous les êtres humains;

b) Le droit aux mêmes possibilités d'emploi, y compris l'application des mêmes critères de sélection en matière d'emploi;

c) Le droit au libre choix de la profession et de l'emploi, le droit à la promotion, à la stabilité de l'emploi et à toutes les prestations et conditions de travail, le droit à la formation professionnelle et au recyclage, y compris l'apprentissage, le perfectionnement professionnel et la formation permanents;

d) Le droit à l'égalité de rémunération, y compris de prestation, à l'égalité de traitement pour un travail d'égale valeur aussi bien qu'à l'égalité de traitement en ce qui concerne l'évaluation de la qualité du travail;

e) Le droit a la sécurité sociale, notamment aux prestations de retraite, de chômage, de maladie, d'invalidité et de vieillesse au pour toute autre perte de capacité de travail, ainsi que le droit à des congés payés;

f) Le droit à la protection de la santé et à la sécurité des conditions de travail, y compris la sauvegarde de la fonction de reproduction.

2. Afin de prévenir la discrimination à l'égard des femmes en raison de leur mariage ou de leur maternité et de garantir leur droit effectif au travail, les États parties s'engagent à prendre des mesures appropriées ayant pour objet :

a) D'interdire, sous peine de sanctions, le licenciement pour cause de grossesse ou de congé de maternité et la discrimination dans les licenciements fondée sur le statut matrimonial;

b) D'instituer l'octroi de congés de maternité payés ou ouvrant droit à des prestations sociales comparables, avec la garantie du maintien de l'emploi antérieur, des droits d'ancienneté et des avantages sociaux;

c) D'encourager la fourniture des services sociaux d'appui nécessaires pour permettre aux parents de combiner les obligations familiales avec les responsabilités professionnelles et la participation à la vie publique, en particulier en favorisant l'établissement et le développement d'un réseau de garderies d'enfants;

d) D'assurer une protection spéciale aux femmes enceintes dont il est prouvé que le travail est nocif;

3. Les lois visant à protéger les femmes dans les domaines visés par le présent article seront revues périodiquement en fonction des connaissances scientifiques et techniques et seront révisées, abrogées ou étendues, selon les besoins.

Art. 12. 1. Les États parties prennent toutes les mesures appropriées pour éliminer la discrimination à l'égard des femmes dans le domaine des soins de santé en vue de leur assurer, sur la base de l'égalité de l'homme et de la femme, les moyens d'accéder aux services médicaux, y compris ceux qui concernent la planification de la famille.

2. Nonobstant les dispositions du paragraphe 1 ci-dessus, les États parties fourniront aux femmes pendant la grossesse, pendant l'accouchement et après l'accouchement, des services appropriés et, au besoin, gratuits, ainsi qu'une nutrition adéquate pendant la grossesse et l'allaitement.

Art. 13. 1. Les États parties s'engagent à prendre toutes les mesures appropriées pour éliminer la discrimination à l'égard des femmes dans d'autres domaines de la vie économique et sociale, afin d'assurer, sur la base de l'égalité de l'homme et de la femme, les mêmes droits et, en particulier :

a) Le droit aux prestations familiales;

b) Le droit aux prêts bancaires, prêts hypothécaires et autres formes de crédit financier;

c) Le droit de participer aux activités récréatives, aux sports et à tous les aspects de la vie culturelle.

Art. 14. 1. Les États parties tiennent compte des problèmes particuliers qui se posent aux femmes rurales et du rôle important que ces femmes jouent dans la survie économique de leurs familles, notamment par leur travail dans les secteurs non monétaires de l'économie, et prennent toutes les mesures appropriées pour assurer l'application des dispositions de la présente Convention aux femmes des zones rurales.

2. Les États parties prennent toutes les mesures appropriées pour éliminer la discrimination à l'égard des femmes dans les zones rurales afin d'assurer, sur la base de l'égalité de l'homme et de la femme, leur participation au développement rural et à ses avantages et, en particulier, ils leur assurent le droit :

a) De participer pleinement à l'élaboration et à l'exécution des plans de développement à tous les échelons;

b) D'avoir accès aux services adéquats dans le domaine de la santé, y compris aux informations, conseils et services en matière de planification de la famille;

c) De bénéficier directement des programmes de sécurité sociale;

d) De recevoir tout type de formation et d'éducation, scolaires ou non, y compris en matière d'alphabétisation fonctionnelle, et de pouvoir bénéficier de tous les services communautaires et de vulgarisation, notamment pour accroître leurs compétences techniques;

e) D'organiser des groupes d'entraide et des coopératives afin de permettre l'égalité de chances sur le plan économique, qu'il s'agisse de travail salarié ou de travail indépendant;

f) De participer à toutes les activités de la communauté;

g) D'avoir accès au crédit et aux prêts agricoles, ainsi qu'aux services de commercialisation et aux technologies appropriées, et de recevoir un traitement égal dans les réformes foncières et agraires et dans les projets d'aménagement rural;

h) De bénéficier de conditions de vie convenables, notamment en ce qui concerne le logement, l'assainissement, l'approvisionnement en électricité et en eau, les transports et les communications.

QUATRIÈME PARTIE

Art. 15. 1. Les États parties reconnaissent à la femme l'égalité avec l'homme devant la loi.

2. Les États parties reconnaissent à la femme, en matière civile, une capacité juridique identique à celle de l'homme et les mêmes possibilités pour exercer cette capacité. Ils lui reconnaissent en particulier des droits égaux en ce qui concerne la conclusion de contrats et l'administration des biens et leur accordant le même traitement à tous les stades de la procédure judiciaire.

3. Les États parties conviennent que tout contrat et tout autre instrument privé, de quelque type que ce soit, ayant un effet juridique visant à limiter la capacité juridique de la femme doit être considéré comme nul.

4. Les États parties reconnaissent à l'homme et à la femme les mêmes droits en ce qui concerne la législation relative au droit des personnes à circuler librement et à choisir leur résidence et leur domicile.

Art. 16. 1. Les États parties prennent toutes les mesures nécessaires pour éliminer la discrimination à l'égard des femmes dans toutes les questions découlant du mariage et dans les rapports familiaux et, en particulier, assurer, sur la base de l'égalité de l'homme et de la femme :

a) Le même droit de contracter mariage;

b) Le même droit de choisir librement son conjoint et de ne contracter mariage que de son libre et plein consentement;

c) Les mêmes droits et les mêmes responsabilités au cours du mariage et lors de sa dissolution;

d) Les mêmes droits et les mêmes responsabilités en tant que parents, quel que soit leur état matrimonial, pour les questions se rapportant à leurs enfants; dans tous les cas, l'intérêt des enfants sera la considération primordiale;

e) Les mêmes droits de décider librement et en toute connaissance de cause du nombre et de l'espacement des naissances et d'avoir accès aux informations, à l'éducation et aux moyens nécessaires pour leur permettre d'exercer ces droits;

f) Les mêmes droits et responsabilités en matière de tutelle, de curatelle, de garde et d'adoption des enfants, ou d'institutions similaires, lorsque ces concepts existent dans la législation nationale; dans tous les cas, l'intérêt des enfants sera la considération primordiale;

g) Les mêmes droits personnels au mari et à la femme, y compris en ce qui concerne les choix du nom de familles d'une profession et d'une occupation;

h) Les mêmes droits à chacun des époux en matière de propriété, d'acquisition, de gestion, d'administration, de jouissance et de disposition des biens, tant à titre gratuit qu'à titre onéreux.

2. Les fiançailles et les mariages d'enfants n'auront pas d'effets juridiques et toutes les mesures nécessaires, y compris des dispositions législatives, seront prises afin de fixer un âge minimal pour le mariage et de rendre obligatoire l'inscription du mariage sur un registre officiel.

CINQUIÈME PARTIE

Art. 17. 1. Aux fins d'examiner les progrès réalisés dans l'application de la présente Convention, il est constitué un Comité pour l'élimination de la discrimination à l'égard des femmes (ci-après dénommé le Comité) qui se compose, au moment de l'entrée en vigueur de la Convention, de dix-huit, et après sa ratification ou l'adhésion du trente cinquième État partie, de vingt-trois experts d'une haute autorité morale et éminemment compétents dans le domaine auquel s'applique la présente Convention. Ces experts sont élus par les États parties parmi leurs ressortissants et siègent à titre personnel, compte tenu du principe d'une répartition géographique équitable et de la représentation des différentes formes de civilisation ainsi que des principaux systèmes juridiques.

2. Les membres du Comité sont élus au scrutin secret sur une liste de candidats désignés par les États parties. Chaque État partie peut désigner un candidat choisi parmi ses ressortissants.

3. La première élection a lieu six mois après la date d'entrée en vigueur de la présente Convention. Trois mois au moins avant la date de chaque élection, le Secrétaire général de l'Organisation des Nations Unies adresse une lettre aux États parties pour les inviter à soumettre leurs candidatures dans un délai de deux mois. Le Secrétaire général dresse une liste alphabétique de tous les candidats, en indiquant par quel État ils ont été désignés, liste qu'il communique aux États parties.

4. Les membres du Comité sont élus au cours d'une réunion des États parties convoquée par le Secrétaire général au Siège de l'Organisation des Nations Unies. À cette réunion, où le quorum est constitué par les deux tiers des États parties, sont élus membres du Comité les candidats ayant obtenu le plus grand nombre de voix et la majorité absolue des votes des représentants des États parties présents et votants.

5. Les membres du Comité sont élus pour quatre ans. Toutefois, le mandat de neuf des membres élus à la première élection prendra fin au bout de deux ans; le Président du Comité tirera au sort les noms de ces neuf membres immédiatement après la première élection.

6. L'élection des cinq membres additionnels du Comité se fera conformément aux dispositions des paragraphes 2, 3 et 4 du présent article à la suite de la trente-cinquième ratification ou adhésion. Le mandat de deux des membres additionnels élus à cette occasion prendra fin au bout de deux ans; le nom de ces deux membres sera tiré au sort par le Président du Comité.

7. Pour remplir les vacances fortuites, l'État partie dont l'expert a cessé d'exercer ses fonctions de membre du Comité nommera un autre expert parmi ses ressortissants, sous réserve de l'approbation du Comité.

8. Les membres du Comité reçoivent, avec l'approbation de l'Assemblée générale, des émoluments prélevés sur les ressources de l'Organisation des Nations Unies dans les conditions fixées par l'Assemblée eu égard à l'importance des fonctions du Comité.

9. Le Secrétaire général de l'Organisation des Nations Unies met à la disposition du Comité le personnel et les moyens matériels qui lui sont nécessaires pour s'acquitter efficacement des fonctions qui lui sont confiées en vertu de la présente Convention.

Art. 18. 1. Les États parties s'engagent à présenter au Secrétaire général de l'Organisation des Nations Unies, pour examen par le Comité, un rapport sur les mesures d'ordre législatif, judiciaire, administratif ou autre qu'ils ont adoptées pour donner effet aux dispositions de la présente Convention et sur les progrès réalisés à cet égard :

a) Dans l'année suivant l'entrée en vigueur de la Convention dans l'État intéressé; et

b) Puis tous les quatre ans, ainsi qu'à la demande du Comité.

2. Les rapports peuvent indiquer les facteurs et difficultés influant sur la mesure dans laquelle sont remplies les obligations prévues par la présente Convention.

Art. 19. 1. Le Comité adopte son propre règlement intérieur.

2. Le Comité élit son Bureau pour une période de deux ans.

Art. 20. 1. Le Comité se réunit normalement pendant une période de deux semaine ou plus chaque année pour examiner les rapports présentés conformément à l'article 18 de la présente Convention.

2. Les séances du Comité se tiennent normalement au Siège de l'Organisation des Nations Unies ou en tout autre lieu adéquat déterminé par le Comité.

Art. 21. 1. Le Comité rend compte chaque année à l'Assemblée générale de l'Organisation des Nations Unies par l'intermédiaire du Conseil économique et social de ses activités et peut formuler des suggestions et des recommandations générales fondées sur l'examen des rapports et des renseignements reçus des États parties. Ces suggestions et recommandations sont incluses dans le rapport du Comité, accompagnées, le cas échéant, des observations des États parties.

2. Le Secrétaire général transmet les rapports du Comité à la Commission de la condition de la femme, pour information.

Art. 22. Les institutions spécialisées ont le droit d'être représentées lors de l'examen de la mise en œuvre de toute disposition de la présente Convention qui entre dans le cadre de leurs activités. Le Comité peut inviter les institutions spécialisées à soumettre des rapports sur l'application de la Convention dans les domaines qui entrent dans le cadre de leurs activités.

SIXIÈME PARTIE

Art. 23. Aucune des dispositions de la présente Convention ne portera atteinte aux dispositions plus propices à la réalisation de l'égalité entre l'homme et la femme pouvant être contenues :

a) Dans la législation d'un État partie; ou

b) Dans toute autre convention, tout autre traits ou accord international en vigueur dans cet État.

Art. 24. Les États parties s'engagent à adopter toutes les mesures nécessaires au niveau national pour assurer le plein exercice des droits reconnus par la présente Convention.

Art. 25. 1. La présente Convention est ouverte à la signature de tous les États.

2. Le Secrétaire général de l'Organisation des Nations Unies est désigné comme dépositaire de la présente Convention.

3. La présente Convention est sujette à ratification et les instruments de ratification seront déposés auprès du Secrétaire général de l'Organisation des Nations Unies.

4. La présente Convention sera ouverte à l'adhésion de tous les États. L'adhésion l'effectuera par le dépôt d'un instrument d'adhésion auprès du Secrétaire général de l'Organisation des Nations Unies.

Art. 26. 1. Tout État partie peut demander à tout moment la révision de la présente Convention en adressant une communication écrite à cet effet au Secrétaire général de l'Organisation des Nations Unies.

2. L'Assemblée générale de l'Organisation des Nations Unies décide des mesures à prendre le cas échéant, au sujet d'une demande de cette nature.

Art. 27. 1. La présente Convention entrera en vigueur le trentième jour qui suivra la date du dépôt auprès du Secrétaire général de l'Organisation des Nations Unies du vingtième instrument de ratification ou d'adhésion.

2. Pour chacun des États qui ratifieront la présente Convention ou y adhéreront après le dépôt du vingtième instrument de ratification ou d'adhésion, ladite Convention entrera en vigueur le trentième jour après la date du dépôt par cet État de son instrument de ratification ou d'adhésion.

Art. 28. 1. Le Secrétaire général de l'Organisation des Nations Unies recevra et communiquera à tous les États le texte des réserves qui auront été faites au moment de la ratification ou de l'adhésion.

2. Aucune réserve incompatible avec l'objet et le but de la présente Convention ne sera autorisée.

3. Les réserves peuvent être retirées à tout moment par voie de notification adressée au Secrétaire général de l'Organisation des Nations Unies, lequel informe tous les États parties à la Convention. La notification prendra effet à la date de réception.

Art. 29. 1. Tout différend entre deux ou plusieurs États parties concernant l'interprétation ou l'application de la présente Convention qui n'est pas réglé par voie de négociation est soumis à l'arbitrage, à la demande de l'un d'entre eux. Si, dans les six mois qui suivent la date de la demande d'arbitrage, les parties ne parviennent pas à se mettre d'accord sur l'organisation de l'arbitrage, l'une quelconque d'entre elles peut soumettre le différend à la Cour Internationale de Justice, en déposant une requête conformément au Statut de la Cour.

2. Tout État partie pourra, au moment où il signera la présente Convention, la ratifiera ou y adhérera, déclarer qu'il ne se considère pas lié par les dispositions du paragraphe 1 du présent article. Les autres États parties ne seront pas liés par lesdites dispositions envers un État partie qui aura formulé une telle réserve.

3. Tout État partie qui aura formulé une réserve conformément aux dispositions du paragraphe 2 du présent article pourra à tout moment lever cette réserve par une notification adressée au Secrétaire général de l'Organisation des Nations Unies.

Art. 30. La présente Convention, dont les textes en anglais, arabe, chinois, espagnol, français et russe font également foi.

Réserves françaises :

Lors de la signature :

Le Gouvernement de la République française déclare que l'article 9 de la Convention ne doit pas être interprété comme faisant obstacle à l'application du deuxième alinéa de l'article 96 du code de la nationalité française. "

[Toutes autres déclarations et réserves faites lors de la signature ont été confirmées, en substance, lors de la ratification.]

Lors de la ratification :

Déclarations :

Le Gouvernement de la République française déclare que le préambule de la Convention contient, notamment en son onzième considérant, des éléments contestables qui n'ont en tout état de cause pas leur place dans ce texte. "

Le Gouvernement de la République française déclare que l'expression " éducation familiale " qui figure à l'article 5 b) de la Convention doit être interprétée comme visant l'éducation publique relative à la famille, et qu'en tout état de cause l'article 5 sera appliqué dans le respect de l'article 17 du Pacte international relatif aux droits civils et politiques et de l'article 8 de la Convention européenne de sauvegarde des droits de l'homme et des libertés fondamentales.

Le Gouvernement de la République française déclare qu'aucune disposition de la Convention ne doit être interprétée comme faisant obstacle aux dispositions de la législation française qui sont plus favorables aux femmes qu'aux hommes. "

RÉSERVES

ART. 5 b) et 16, 1 d). "1) Le Gouvernement de la République française déclare que l'article 5 b) et le paragraphe 1 d) de l'article 16 de la Convention ne doivent pas être interprétés comme impliquant l'exercice commun de l'autorité parentale dans des situations ou la législation française ne reconnaît cet exercice qu'à un seul des parents."

Art. 14. "1) Le Gouvernement de la République française déclare que le paragraphe 2 c) de l'article 14 doit être interprété comme garantissant l'acquisition de droits propres dans le cadre de la sécurité sociale aux femmes qui satisfont aux conditions familiales ou d'activité professionnelle requises par la législation française pour bénéficier d'une affiliation à titre personnel."

"2) Le Gouvernement de la République française déclare que le paragraphe 2 h) de l'article 14 de la Convention ne doit pas être interprété comme impliquant la réalisation matérielle et gratuite des prestations prévues dans cette disposition."

Art. 16, paragraphe 1 g). "Le Gouvernement de la République française émet une réserve en ce qui concerne le droit au choix du nom de famille mentionné au paragraphe 1 g) de l'article 16 de la Convention."

Art. 29. "Le Gouvernement de la République française déclare, conformément au paragraphe 2 de l'article 29 de la Convention, qu'il ne sera pas lié par les dispositions du paragraphe premier de cet article."

443 Charte des droits fondamentaux de l'Union européenne (article 23)

Art. 23. *Égalité entre femmes et hommes.* L'égalité entre les femmes et les hommes doit être assurée dans tous les domaines, y compris en matière d'emploi, de travail et de rémunération.

Le principe de l'égalité n'empêche pas le maintien ou l'adoption de mesures prévoyant des avantages spécifiques en faveur du sexe sous-représenté.

444 Charte sociale européenne révisée (articles 20 et 27)

Art. 20. *Droit à l'égalité de chances et de traitement en matière d'emploi et de profession, sans discrimination fondée sur le sexe.* En vue d'assurer l'exercice effectif du droit à l'égalité de chances et de traitement en matière d'emploi et de profession sans discrimination fondée sur le sexe, les Parties s'engagent à reconnaître ce droit et à prendre les mesures appropriées pour en assurer ou en promouvoir l'application dans les domaines suivants :

a. accès à l'emploi, protection contre le licenciement et réinsertion professionnelle;
b. orientation et formation professionnelles, recyclage, réadaptation professionnelle;
c. conditions d'emploi et de travail, y compris la rémunération;
d. déroulement de la carrière, y compris la promotion.

Art. 27. *Droit des travailleurs ayant des responsabilités familiales à l'égalité des chances et de traitement.* En vue d'assurer l'exercice effectif du droit à l'égalité des chances et de traitement entre les travailleurs des deux sexes ayant des responsabilités familiales et entre ces travailleurs et les autres travailleurs, les Parties s'engagent :

1. à prendre des mesures appropriées :

a. pour permettre aux travailleurs ayant des responsabilités familiales d'entrer et de rester dans la vie active ou d'y retourner après une absence due à ces responsabilités, y compris des mesures dans le domaine de l'orientation et la formation professionnelles;

b. pour tenir compte de leurs besoins en ce qui concerne les conditions d'emploi et la sécurité sociale;

c. pour développer ou promouvoir des services, publics ou privés, en particulier les services de garde de jour d'enfants et d'autres modes de garde;

2. à prévoir la possibilité pour chaque parent, au cours d'une période après le congé de maternité, d'obtenir un congé parental pour s'occuper d'un enfant, dont la durée et les conditions seront fixées par la législation nationale, les conventions collectives ou la pratique;

3. à assurer que les responsabilités familiales ne puissent, en tant que telles, constituer un motif valable de licenciement.

445 Traité sur le fonctionnement de l'Union européenne (articles 151 à 161)

TITRE X
POLITIQUE SOCIALE

Art. 151 ***(ex-article 136 TCE).*** L'Union et les États membres, conscients des droits sociaux fondamentaux, tels que ceux énoncés dans la Charte sociale européenne signée à Turin le 18 octobre 1961 et dans la Charte communautaire des droits sociaux fondamentaux des travailleurs de 1989, ont pour objectifs la promotion de l'emploi, l'amélioration des conditions de vie et de travail, permettant leur égalisation dans le progrès, une protection sociale adéquate, le dialogue social, le développement des ressources humaines permettant un niveau d'emploi élevé et durable et la lutte contre les exclusions.

À cette fin, l'Union et les États membres mettent en œuvre des mesures qui tiennent compte de la diversité des pratiques nationales, en particulier dans le domaine des relations conventionnelles, ainsi que de la nécessité de maintenir la compétitivité de l'économie de l'Union.

Ils estiment qu'une telle évolution résultera tant du fonctionnement du marché intérieur, qui favorisera l'harmonisation des systèmes sociaux, que des procédures prévues par les traités et du rapprochement des dispositions législatives, réglementaires et administratives.

Art. 152. L'Union reconnaît et promeut le rôle des partenaires sociaux à son niveau, en prenant en compte la diversité des systèmes nationaux. Elle facilite le dialogue entre eux, dans le respect de leur autonomie.

Le sommet social tripartite pour la croissance et l'emploi contribue au dialogue social.

Art. 153 ***(ex-article 137 TCE).*** 1. En vue de réaliser les objectifs visés à l'article 151, l'Union soutient et complète l'action des États membres dans les domaines suivants :

a) l'amélioration, en particulier, du milieu de travail pour protéger la santé et la sécurité des travailleurs;

b) les conditions de travail;

c) la sécurité sociale et la protection sociale des travailleurs;

d) la protection des travailleurs en cas de résiliation du contrat de travail;

e) l'information et la consultation des travailleurs;

f) la représentation et la défense collective des intérêts des travailleurs et des employeurs, y compris la cogestion, sous réserve du paragraphe 5;

g) les conditions d'emploi des ressortissants des pays tiers se trouvant en séjour régulier sur le territoire de l'Union;

h) l'intégration des personnes exclues du marché du travail, sans préjudice de l'article 166;

i) l'égalité entre hommes et femmes en ce qui concerne leurs chances sur le marché du travail et le traitement dans le travail;

j) la lutte contre l'exclusion sociale;

k) la modernisation des systèmes de protection sociale, sans préjudice du point c).

2. À cette fin, le Parlement européen et le Conseil :

a) peuvent adopter des mesures destinées à encourager la coopération entre États membres par le biais d'initiatives visant à améliorer les connaissances, à développer les échanges d'informations et de meilleures pratiques, à promouvoir des approches novatrices et à évaluer les expériences, à l'exclusion de toute harmonisation des dispositions législatives et réglementaires des États membres;

b) peuvent arrêter, dans les domaines visés au paragraphe 1, points a) à i), par voie de directives, des prescriptions minimales applicables progressivement, compte tenu des conditions et des réglementations techniques existant dans chacun des États membres. Ces directives évitent d'imposer des contraintes administratives, financières et juridiques telles qu'elles contrarieraient la création et le développement de petites et moyennes entreprises.

Le Parlement européen et le Conseil statuent conformément à la procédure législative ordinaire après consultation du Comité économique et social et du Comité des régions.

Dans les domaines visés au paragraphe 1, points c), d), f) et g), le Conseil statue conformément à une procédure légi-slative spéciale, à l'unanimité, après consultation du Parlement européen et desdits Comités.

Le Conseil, statuant à l'unanimité sur proposition de la Commission après consultation du Parlement européen, peut décider de rendre la procédure législative ordinaire applicable au paragraphe 1, points d), f) et g).

3. Un État membre peut confier aux partenaires sociaux, à leur demande conjointe, la mise en œuvre des directives prises en application du paragraphe 2 ou, le cas échéant, la mise en œuvre d'une décision du Conseil adoptée conformément à l'article 155.

Dans ce cas, il s'assure que, au plus tard à la date à laquelle une directive ou une décision doit être transposée ou mise en œuvre, les partenaires sociaux ont mis en place les dispositions nécessaires par voie d'accord, l'État membre concerné devant prendre toute disposition nécessaire lui permettant d'être à tout moment en mesure de garantir les résultats imposés par ladite directive ou ladite décision.

4. Les dispositions arrêtées en vertu du présent article :

— ne portent pas atteinte à la faculté reconnue aux États membres de définir les principes fondamentaux de leur système de sécurité sociale et ne doivent pas en affecter sensiblement l'équilibre financier;

— ne peuvent empêcher un État membre de maintenir ou d'établir des mesures de protection plus strictes compatibles avec les traités.

5. Les dispositions du présent article ne s'appliquent ni aux rémunérations, ni au droit d'association, ni au droit de grève, ni au droit de lock-out.

Art. 154 ***(ex-article 138 TCE).*** 1. La Commission a pour tâche de promouvoir la consultation des partenaires sociaux au niveau de l'Union et prend toute mesure utile pour faciliter leur dialogue en veillant à un soutien équilibré des parties.

2. À cet effet, la Commission, avant de présenter des propositions dans le domaine de la politique sociale, consulte les partenaires sociaux sur l'orientation possible d'une action de l'Union.

3. Si la Commission, après cette consultation, estime qu'une action de l'Union est souhaitable, elle consulte les partenaires sociaux sur le contenu de la proposition envisagée. Les partenaires sociaux remettent à la Commission un avis ou, le cas échéant, une recommandation.

4. À l'occasion des consultations visées aux paragraphes 2 et 3, les partenaires sociaux peuvent informer la Commission de leur volonté d'engager le processus prévu à l'article 155. La durée de ce processus ne peut pas dépasser neuf mois, sauf prolongation décidée en commun par les partenaires sociaux concernés et la Commission.

Art. 155 ***(ex-article 139 TCE).*** 1. Le dialogue entre partenaires sociaux au niveau de l'Union peut conduire, si ces derniers le souhaitent, à des relations conventionnelles, y compris des accords.

2. La mise en œuvre des accords conclus au niveau de l'Union intervient soit selon les procédures et pratiques propres aux partenaires sociaux et aux États membres, soit, dans les matières relevant de l'article 153, à la demande conjointe des parties signataires, par une décision du Conseil sur proposition de la Commission. Le Parlement européen est informé.

Le Conseil statue à l'unanimité lorsque l'accord en question contient une ou plusieurs dispositions relatives à l'un des domaines pour lesquels l'unanimité est requise en vertu de l'article 153, paragraphe 2.

Art. 156 ***(ex-article 140 TCE)*** **.** En vue de réaliser les objectifs visés à l'article 151 et sans préjudice des autres dispositions des traités, la Commission encourage la coopération entre les États membres et facilite la coordination de leur action dans tous les domaines de la politique sociale relevant du présent chapitre, et notamment dans les matières relatives :

— à l'emploi;

— au droit du travail et aux conditions de travail;

— à la formation et au perfectionnement professionnels;

— à la sécurité sociale;

— à la protection contre les accidents et les maladies professionnels;

— à l'hygiène du travail;

— au droit syndical et aux négociations collectives entre employeurs et travailleurs.

À cet effet, la Commission agit en contact étroit avec les États membres, par des études, des avis et par l'organisation de consultations, tant pour les problèmes qui se posent sur le plan national que pour ceux qui intéressent les organisations internationales, notamment par des initiatives en vue d'établir des orientations et des indicateurs, d'organiser l'échange des meilleures pratiques et de préparer les éléments nécessaires à la surveillance et à l'évaluation périodiques. Le Parlement européen est pleinement informé.

Avant d'émettre les avis prévus par le présent article, la Commission consulte le Comité économique et social.

Art. 157 ***(ex-article 141 TCE).*** 1. Chaque État membre assure l'application du principe de l'égalité des rémunérations entre travailleurs masculins et travailleurs féminins pour un même travail ou un travail de même valeur.

2. Aux fins du présent article, on entend par rémunération, le salaire ou traitement ordinaire de base ou minimum, et tous autres avantages payés directement ou indirectement, en espèces ou en nature, par l'employeur au travailleur en raison de l'emploi de ce dernier.

L'égalité de rémunération, sans discrimination fondée sur le sexe, implique :

a) que la rémunération accordée pour un même travail payé à la tâche soit établie sur la base d'une même unité de mesure;

b) que la rémunération accordée pour un travail payé au temps soit la même pour un même poste de travail.

3. Le Parlement européen et le Conseil, statuant selon la procédure législative ordinaire et après consultation du Comité économique et social, adoptent des mesures visant à assurer l'application du principe de l'égalité des chances et de l'égalité de traitement entre les hommes et les femmes en matière d'emploi et de travail, y compris le principe de l'égalité des rémunérations pour un même travail ou un travail de même valeur.

4. Pour assurer concrètement une pleine égalité entre hommes et femmes dans la vie professionnelle, le principe de l'égalité de traitement n'empêche pas un État membre de maintenir ou d'adopter des mesures prévoyant des avantages spécifiques destinés à faciliter l'exercice d'une activité professionnelle par le sexe sous-représenté ou à prévenir ou compenser des désavantages dans la carrière professionnelle.

Art. 158 ***(ex-article 142 TCE).*** Les États membres s'attachent à maintenir l'équivalence existante des régimes de congés payés.

Art. 159 ***(ex-article 143 TCE).*** La Commission établit, chaque année, un rapport sur l'évolution de la réalisation des objectifs visés à l'article 151, y compris la situation démographique dans l'Union. Elle transmet ce rapport au Parlement européen, au Conseil et au Comité économique et social.

Art. 160 ***(ex-article 144 TCE).*** Le Conseil, statuant à la majorité simple, après consultation du Parlement européen, institue un comité de la protection sociale à caractère consultatif afin de promouvoir la coopération en matière de protection sociale entre les États membres et avec la Commission. Le comité a pour mission :

— de suivre la situation sociale et l'évolution des politiques de protection sociale dans les États membres et dans l'Union;

— de faciliter les échanges d'informations, d'expériences et de bonnes pratiques entre les États membres et avec la Commission;

— sans préjudice de l'article 240, de préparer des rapports, de formuler des avis ou d'entreprendre d'autres activités dans les domaines relevant de sa compétence, soit à la demande du Conseil ou de la Commission, soit de sa propre initiative.

Dans l'accomplissement de son mandat, le comité établit des contacts appropriés avec les partenaires sociaux.

Chaque État membre et la Commission nomment deux membres du comité.

Art. 161 ***(ex-article 145 TCE).*** La Commission consacre, dans son rapport annuel au Parlement européen, un chapitre spécial à l'évolution de la situation sociale dans l'Union.

Le Parlement européen peut inviter la Commission à établir des rapports sur des problèmes particuliers concernant la situation sociale.

446 Directive n° 2004/113/CE du Conseil du 13 décembre 2004 mettant en œuvre le principe de l'égalité de traitement entre les femmes et les homme dans l'accès à des biens et services et la fourniture de biens et services

Le Conseil de l'Union européenne,

vu le traité instituant la Communauté européenne, et notamment son article 13, paragraphe 1,

vu la proposition de la Commission,

vu l'avis du Parlement européen,

vu l'avis du Comité économique et social européen,

vu l'avis du Comité des régions,

considérant ce qui suit :

(1) Conformément à l'article 6 du traité sur l'Union européenne, l'Union est fondée sur les principes de la liberté, de la démocratie, du respect des droits de l'homme et des libertés fondamentales ainsi que de l'État de droit, principes qui sont communs aux États membres, et elle respecte les droits fondamentaux, tels qu'ils sont garantis par la convention européenne de sauvegarde des droits de l'homme et des libertés fondamentales et tels qu'ils résultent des traditions constitutionnelles communes aux États membres, en tant que principes généraux du droit communautaire.

(2) Le droit de toute personne à l'égalité devant la loi et à la protection contre la discrimination constitue un droit universel reconnu par la déclaration universelle des droits de l'homme, par la convention des Nations unies sur l'élimination de toutes les formes de discrimination à l'égard des femmes, par la convention internationale sur l'élimination de toutes les formes de discrimination raciale, par les pactes des Nations unies relatifs aux droits civils et politiques et aux droits économiques, sociaux et culturels et par la convention européenne de sauvegarde des droits de l'homme et des libertés fondamentales, signés par tous les États membres.

(3) Tout en interdisant la discrimination, il est important de respecter d'autres libertés et droits fondamentaux, notamment la protection de la vie privée et familiale, ainsi que les transactions qui se déroulent dans ce cadre, et la liberté de religion.

(4) L'article 2 du traité instituant la Communauté européenne dispose que la promotion de cette égalité est l'une des tâches essentielles de la Communauté. De même, l'article 3,

paragraphe 2, du traité prévoit que la Communauté cherche à éliminer les inégalités, et à promouvoir l'égalité entre les hommes et les femmes dans toutes ses actions.

(5) L'article 2 du traité instituant la Communauté européenne dispose que la promotion de cette égalité est l'une des tâches essentielles de la Communauté. De même, l'article 3, paragraphe 2, du traité prévoit que la Communauté cherche à éliminer les inégalités, et à promouvoir l'égalité entre les hommes et les femmes dans toutes ses actions.

(6) La Commission a annoncé son intention de proposer une directive sur la discrimination fondée sur le sexe en dehors du marché du travail dans sa communication relative à l'Agenda pour la politique sociale. Cette proposition est entièrement conforme à la décision 2001/51/CE du Conseil du 20 décembre 2000 établissant un programme d'action communautaire concernant la stratégie communautaire en matière d'égalité entre les femmes et les hommes (2001-2005), qui couvre toutes les politiques communautaires et vise à promouvoir l'égalité entre les hommes et les femmes par l'adaptation de ces politiques et la mise en œuvre d'actions concrètes conçues pour améliorer la situation des hommes et des femmes dans la société.

(7) Le Conseil européen réuni à Nice les 7 et 9 décembre 2000 a invité la Commission à renforcer les droits en matière d'égalité en adoptant une proposition de directive pour promouvoir l'égalité entre les hommes et les femmes dans des domaines autres que l'emploi et l'activité professionnelle.

(8) La Communauté a adopté une série d'instruments juridiques en vue de prévenir et de combattre la discrimination fondée sur le sexe sur le marché du travail. Ces instruments ont prouvé l'utilité de la législation dans la lutte contre la discrimination.

(9) La discrimination fondée sur le sexe, en ce compris le harcèlement et le harcèlement sexuel, a également lieu dans des domaines ne relevant pas du marché du travail. Cette discrimination peut être tout aussi dommageable en faisant obstacle à l'intégration complète et réussie des hommes et des femmes dans la vie économique et sociale.

(10) Les problèmes sont particulièrement visibles dans le domaine de l'accès à des biens et services et la fourniture de biens et services. Il convient donc de prévenir et d'éliminer la discrimination fondée sur le sexe dans ce domaine. Comme dans le cas de la directive 2000/43/CE du Conseil du 29 juin 2000 relative à la mise en œuvre du principe de l'égalité de traitement entre les personnes sans distinction de race ou d'origine ethnique, cet objectif peut être mieux atteint au moyen de la législation communautaire.

(11) Cette législation devrait interdire la discrimination fondée sur le sexe dans l'accès à des biens et services et la fourniture de biens et services. Les biens doivent s'entendre au sens des dispositions du traité instituant la Communauté européenne relatives à la libre circulation des biens. Les services doivent s'entendre au sens de l'article 50 dudit traité.

(12) Afin de prévenir la discrimination fondée sur le sexe, la présente directive s'applique à la discrimination tant directe qu'indirecte. Une discrimination directe ne se produit que lorsque, pour des raisons liées au sexe, une personne est traitée de manière moins favorable qu'une autre personne dans une situation comparable. Dès lors, par exemple, des différences entre les hommes et les femmes en matière de fourniture de services de santé, qui résultent des différences physiques entre hommes et femmes, ne se rapportent pas à des situations comparables et ne constituent donc pas une discrimination.

(13) L'interdiction de la discrimination devrait s'appliquer aux personnes fournissant des biens et services qui sont à la disposition du public et offerts en dehors de la sphère de la vie privée et familiale ainsi que des transactions qui se déroulent dans ce cadre. Elle ne devrait pas s'appliquer au contenu des médias ou de la publicité, ni à l'éducation publique ou privée.

(14) Toute personne jouit de la liberté contractuelle, y compris de la liberté de choisir un cocontractant pour une transaction. Une personne qui fournit des biens ou des services peut avoir un certain nombre de raisons subjectives de choisir son cocontractant. À condition que le choix du cocontractant ne soit pas fondé sur le sexe de l'intéressé(e), la présente directive ne devrait pas porter atteinte à la liberté individuelle de choisir un cocontractant.

(15) Il existe déjà un certain nombre d'instruments juridiques mettant en œuvre le principe de l'égalité de traitement entre les hommes et les femmes dans le domaine de l'emploi et du travail. Par conséquent, la présente directive ne devrait pas s'appliquer dans ce domaine. Ce raisonnement vaut également pour les questions relatives au travail non salarié, dans la mesure où elles sont régies par des instruments juridiques existants. La présente directive ne devrait s'appliquer qu'aux assurances et aux retraites qui sont privées, volontaires et non liées à la relation de travail.

(16) Les différences de traitement ne peuvent être acceptées que lorsqu'elles sont justifiées par un objectif légitime. Peuvent par exemple être considérées comme un objectif légitime la protection des victimes de violences à caractère sexuel (dans le cas de la création de foyers unisexes), des considérations liées au respect de la vie privée et à la décence (lorsqu'une personne met à disposition un hébergement dans une partie de son domicile), la promotion de l'égalité des sexes ou des intérêts des hommes ou des femmes (par des organismes bénévoles unisexes par exemple), la liberté d'association (dans le cadre de l'affiliation à des clubs privés unisexes) et l'organisation d'activités sportives (par exemple de manifestations sportives unisexes). Toute limitation devrait toutefois être appropriée et nécessaire, conformément aux critères tirés de la jurisprudence de la Cour de justice des Communautés européennes.

(17) Le principe de l'égalité de traitement dans l'accès à des biens et services n'exige pas que les installations fournies soient toujours partagées entre les hommes et les femmes, pour autant que cette fourniture ne soit pas plus favorable aux membres d'un sexe.

(18) L'utilisation de facteurs actuariels liés au sexe est très répandue dans la fourniture des services d'assurance et autres services financiers connexes. Afin de garantir l'égalité de traitement entre les hommes et les femmes, l'utilisation du sexe en tant que facteur actuariel ne devrait pas entraîner, pour les assurés, de différences en matière de primes et de prestations. Pour éviter un réajustement soudain du marché, la mise en œuvre de cette règle ne devrait s'appliquer qu'aux nouveaux contrats conclus après la date de transposition de la présente directive.

(19) Certaines catégories de risques peuvent varier en fonction du sexe. Dans certains cas, le sexe est un facteur déterminant, sans nécessairement être le seul, dans l'évaluation des risques couverts. En ce qui concerne les contrats couvrant ce type de risques, les États membres peuvent décider d'autoriser des dérogations à la règle des primes et prestations unisexes, pour autant qu'ils puissent garantir que les données actuarielles et statistiques sous jacentes sur lesquelles se fondent les calculs sont fiables, régulièrement

mises à jour et à la disposition du public. Les dérogations ne sont autorisées que lorsque le droit national n'a pas déjà appliqué la règle des primes et prestations unisexes. Cinq ans après la transposition de la présente directive, les États membres devraient réexaminer la justification de ces dérogations, en tenant compte des données actuarielles et statistiques les plus récentes ainsi que d'un rapport présenté par la Commission trois ans après la date de transposition de la présente directive.

(20) Un traitement moins favorable de la femme en raison de la grossesse et de la maternité devrait être considéré comme une forme de discrimination directe fondée sur le sexe et, en conséquence, être interdit dans le cadre des services d'assurance et des services financiers connexes. Les frais liés au risque de grossesse et de maternité ne devraient donc pas être supportés par les membres d'un sexe uniquement.

(21) Les personnes qui ont fait l'objet d'une discrimination fondée sur le sexe devraient disposer de moyens de protection juridique adéquats. Pour assurer un niveau de protection plus efficace, les associations, les organisations et les autres personnes morales devraient aussi être habilitées à engager une procédure, selon des modalités fixées par les États membres, pour le compte ou à l'appui d'une victime, sans préjudice des règles de procédure nationales relatives à la représentation et à la défense devant les juridictions.

(22) L'aménagement des règles concernant la charge de la preuve devrait s'imposer dès qu'il existe une présomption de discrimination et, dans les cas où cette situation se vérifie, la mise en œuvre effective du principe de l'égalité de traitement devrait exiger que la charge de la preuve revienne à la partie défenderesse.

(23) La mise en œuvre effective du principe de l'égalité de traitement requiert une protection judiciaire adéquate contre les rétorsions.

(24) En vue de promouvoir le principe de l'égalité de traitement, les États membres devraient encourager le dialogue avec les parties prenantes concernées, qui ont, conformément aux pratiques et législations nationales, un intérêt légitime à contribuer à la lutte contre la discrimination fondée sur le sexe dans le domaine de l'accès à des biens et services et de la fourniture de biens et services.

(25) La protection contre la discrimination fondée sur le sexe devrait être elle-même renforcée par l'existence d'un ou de plusieurs organismes dans chaque État membre ayant compétence pour analyser les problèmes en cause, étudier les solutions possibles et apporter une assistance concrète aux victimes. L'organisme ou les organismes peuvent être les mêmes que ceux chargés à l'échelon national de défendre les droits de l'homme, de protéger les droits des personnes ou de mettre en œuvre le principe de l'égalité de traitement.

(26) La présente directive fixe des exigences minimales, ce qui donne aux États membres la possibilité d'adopter ou de maintenir des dispositions plus favorables. La mise en œuvre de la présente directive ne devrait pas permettre de justifier une régression par rapport à la situation existant déjà dans chaque État membre.

(27) Les États membres devraient mettre en place des sanctions effectives, proportionnées et dissuasives applicables en cas de non-respect des obligations découlant de la présente directive.

(28) Étant donné que les objectifs de la présente directive, à savoir assurer un niveau élevé commun de protection contre la discrimination dans tous les États membres, ne peuvent pas être réalisés de manière suffisante par les États membres et peuvent donc,

en raison des dimensions ou des effets de l'action, être mieux réalisés au niveau communautaire, la Communauté peut adopter des mesures, conformément au principe de subsidiarité consacré à l'article 5 du traité. Conformément au principe de proportionnalité tel qu'énoncé audit article, la présente directive n'excède pas ce qui est nécessaire pour atteindre ces objectifs.

(29) Conformément au point 34 de l'accord interinstitutionnel " Mieux légiférer ", les États membres sont encouragés à établir, pour eux-mêmes et dans l'intérêt de la Communauté, leurs propres tableaux, qui illustrent, dans la mesure du possible, la concordance entre la directive et les mesures de transposition et à les rendre publics,

A ARRÊTÉ LA PRÉSENTE DIRECTIVE :

CHAPITRE I

Dispositions générales

Art. 1er. *Objet.* La présente directive a pour objet d'établir un cadre pour lutter contre la discrimination fondée sur le sexe dans l'accès à des biens et services et la fourniture de biens et services, en vue de mettre en œuvre, dans les États membres, le principe de l'égalité de traitement entre les hommes et les femmes.

Art. 2. *Définitions.* Aux fins de la présente directive, les définitions suivantes s'appliquent :

a) " discrimination directe " : la situation dans laquelle une personne est traitée de manière moins favorable en raison de son sexe qu'une autre ne l'est, ne l'a été ou ne le serait dans une situation comparable;

b) " discrimination indirecte " : la situation dans laquelle une disposition, un critère ou une pratique apparemment neutre désavantagerait particulièrement des personnes d'un sexe par rapport à des personnes de l'autre sexe, à moins que cette disposition, ce critère ou cette pratique ne soit objectivement justifié par un but légitime et que les moyens pour parvenir à ce but ne soient appropriés et nécessaires;

c) " harcèlement " : la situation dans laquelle un comportement non désiré lié au sexe d'une personne survient avec pour objet ou pour effet de porter atteinte à la dignité d'une personne et de créer un environnement intimidant, hostile, dégradant, humiliant ou offensant;

d) " harcèlement sexuel " : la situation dans laquelle un comportement non désiré à connotation sexuelle, s'exprimant physiquement, verbalement ou non verbalement, survient avec pour objet ou pour effet de porter atteinte à la dignité d'une personne et, en particulier, de créer un environnement intimidant, hostile, dégradant, humiliant ou offensant.

Art. 3. *Champ d'application.* 1. Dans les limites des compétences conférées à la Communauté, la présente directive s'applique à toutes les personnes fournissant des biens et services qui sont à la disposition du public indépendamment de la personne concernée, tant pour le secteur public que pour le secteur privé y compris les organismes publics, et qui sont offerts en dehors de la sphère de la vie privée et familiale, ainsi qu'aux transactions qui se déroulent dans ce cadre.

2. La présente directive ne porte pas atteinte à la liberté individuelle de choisir un cocontractant à condition que le choix du cocontractant ne soit pas fondé sur le sexe de l'intéressé(e).

3. La présente directive ne s'applique ni au contenu des médias et de la publicité ni à l'éducation.

4. La présente directive ne s'applique pas aux questions relatives à l'emploi et au travail. Elle ne s'applique pas aux questions relatives au travail non salarié, dans la mesure où celles-ci sont régies par d'autres actes législatifs communautaires.

Art. 4. *Principe de l'égalité de traitement.* 1. Aux fins de la présente directive, le principe de l'égalité de traitement entre les hommes et les femmes signifie :

a) qu'il ne peut y avoir de discrimination directe fondée sur le sexe, y compris un traitement moins favorable de la femme en raison de la grossesse et de la maternité;

b) qu'il ne peut y avoir de discrimination indirecte fondée sur le sexe.

2. La présente directive ne porte pas atteinte aux dispositions plus favorables relatives à la protection des femmes en ce qui concerne la grossesse et la maternité.

3. Le harcèlement et le harcèlement sexuel au sens de la présente directive sont considérés comme des discriminations fondées sur le sexe et sont dès lors interdits. Le rejet de tels comportements par une personne ou sa soumission à ceux-ci ne peut être utilisé pour fonder une décision affectant cette personne.

4. Tout comportement consistant à enjoindre à quiconque de pratiquer une discrimination directe ou indirecte fondée sur le sexe est considéré comme une discrimination au sens de la présente directive.

5. La présente directive n'exclut pas les différences de traitement si la fourniture de biens et services exclusivement ou essentiellement destinés aux membres d'un sexe est justifiée par un but légitime et que les moyens de parvenir à ce but sont appropriés et nécessaires.

Art. 5. *Facteurs actuariels.* 1. Les États membres veillent à ce que, dans tous les nouveaux contrats conclus après le 21 décembre 2007 au plus tard, l'utilisation du sexe comme facteur dans le calcul des primes et des prestations aux fins des services d'assurance et des services financiers connexes n'entraîne pas, pour les assurés, de différences en matière de primes et de prestations.

2. Nonobstant le paragraphe 1, les États membres peuvent décider avant le 21 décembre 2007 d'autoriser des différences proportionnelles en matière de primes et de prestations pour les assurés lorsque le sexe est un facteur déterminant dans l'évaluation des risques, sur la base de données actuarielles et statistiques pertinentes et précises. Les États membres concernés en informent la Commission et veillent à ce que des données précises concernant l'utilisation du sexe en tant que facteur actuariel déterminant soient collectées, publiées et régulièrement mises à jour. Ces États membres réexaminent leur décision cinq ans après le 21 décembre 2007 en tenant compte du rapport de la Commission mentionné à l'article 16, et transmettent les résultats de ce réexamen à la Commission.

3. En tout état de cause, les frais liés à la grossesse et à la maternité n'entraînent pas, pour les assurés, de différences en matière de primes et de prestations.

Les États membres peuvent reporter la mise en œuvre des mesures nécessaires pour se conformer au présent paragraphe de deux ans au plus tard après le 21 décembre 2007. Dans ce cas, les États membres concernés en informent immédiatement la Commission.

Art. 6. *Action positive.* En vue d'assurer une pleine égalité entre les hommes et les femmes dans la pratique, le principe de l'égalité de traitement n'empêche pas un État membre de maintenir ou d'adopter des mesures spécifiques destinées à prévenir ou à compenser des désavantages liés au sexe.

Art. 7. *Prescriptions minimales.* 1. Les États membres peuvent adopter ou maintenir des dispositions plus favorables à la protection du principe de l'égalité de traitement entre les hommes et les femmes que celles prévues dans la présente directive.

2. La mise en œuvre de la présente directive ne peut en aucun cas constituer un motif d'abaissement du niveau de protection contre la discrimination déjà accordé par les États membres dans les domaines régis par la présente directive.

CHAPITRE II

Voies de recours et application du droit

Art. 8. *Défense des droits.* 1. Les États membres veillent à ce que des procédures judiciaires et/ou administratives, y compris, lorsqu'ils l'estiment approprié, des procédures de conciliation, visant à faire respecter les obligations découlant de la présente directive soient accessibles à toutes les personnes qui s'estiment lésées par le non-respect à leur égard du principe de l'égalité de traitement, même après que les relations dans lesquelles la discrimination est présumée s'être produite se sont terminées.

2. Les États membres introduisent dans leur ordre juridique interne les mesures nécessaires pour veiller à ce que le préjudice subi par une personne lésée du fait d'une discrimination au sens de la présente directive soit réellement et effectivement réparé ou indemnisé, selon des modalités qu'ils fixent, de manière dissuasive et proportionnée par rapport au dommage subi. Une telle indemnisation ou réparation n'est pas a priori limitée par un plafond maximal.

3. Les États membres veillent à ce que les associations, les organisations ou les personnes morales qui ont, conformément aux critères fixés par leur législation nationale, un intérêt légitime à assurer que les dispositions de la présente directive soient respectées puissent, pour le compte ou à l'appui du plaignant, avec son approbation, engager toute procédure judiciaire et/ou administrative prévue pour faire respecter les obligations découlant de la présente directive.

4. Les paragraphes 1 et 3 sont sans préjudice des règles nationales relatives aux délais impartis pour former un recours en ce qui concerne le principe de l'égalité de traitement.

Art. 9. *Charge de la preuve.* 1. Les États membres prennent les mesures nécessaires, conformément à leur système judiciaire, afin que, dès lors qu'une personne s'estime lésée par le non-respect à son égard du principe de l'égalité de traitement et établit, devant une juridiction ou une autre instance compétente, des faits qui permettent de présumer l'existence d'une discrimination directe ou indirecte, il incombe à la partie défenderesse de prouver qu'il n'y a pas eu violation du principe de l'égalité de traitement.

2. Le paragraphe 1 ne fait pas obstacle à l'adoption par les États membres de règles de la preuve plus favorables aux plaignants.

3. Le paragraphe 1 ne s'applique pas aux procédures pénales.

4. Les paragraphes 1, 2 et 3 s'appliquent également à toute procédure engagée conformément à l'article 8, paragraphe 3.

5. Les États membres peuvent ne pas appliquer le paragraphe 1 aux procédures dans lesquelles l'instruction des faits incombe à la juridiction ou à l'instance compétente.

Art. 10. *Protection contre les rétorsions.* Les États membres introduisent dans leur système juridique interne les mesures nécessaires pour protéger les personnes contre tout traitement ou toute conséquence défavorable en réaction à une plainte ou à une action en justice visant à faire respecter le principe de l'égalité de traitement.

Art. 11. *Dialogue avec les parties prenantes concernées.* En vue de promouvoir le principe de l'égalité de traitement, les États membres encouragent le dialogue avec les parties prenantes concernées qui ont, conformément aux pratiques et législations nationales, un intérêt légitime à contribuer à la lutte contre la discrimination fondée sur le sexe dans les domaines de l'accès à des biens et services et de la fourniture de biens et services.

CHAPITRE III

Organismes de promotion de l'égalité de traitement

Art. 12. 1. Les États membres désignent un ou plusieurs organismes chargés de promouvoir, d'analyser, de surveiller et de soutenir l'égalité de traitement entre toutes les personnes sans discrimination fondée sur le sexe et prennent les dispositions nécessaires. Ces organismes peuvent faire partie d'organes chargés de défendre à l'échelon national les droits de l'homme, de protéger les droits des personnes ou de mettre en œuvre le principe de l'égalité de traitement.

2. Les États membres veillent à ce que les organismes visés au paragraphe 1 aient pour compétence :

a) sans préjudice des droits des victimes et des associations, organisations et autres personnes morales visées à l'article 8, paragraphe 3, d'apporter aux personnes victimes d'une discrimination une aide indépendante pour engager une procédure pour discrimination;

b) de procéder à des études indépendantes concernant les discriminations;

c) de publier des rapports indépendants et de formuler des recommandations sur toutes les questions liées à ces discriminations.

CHAPITRE IV

Dispositions finales

Art. 13. *Conformité.* Les États membres prennent les mesures nécessaires en vue de veiller à ce que le principe de l'égalité de traitement soit respecté en ce qui concerne l'accès à des biens et services et la fourniture de biens et services dans le cadre de la présente directive, et en particulier afin que :

a) soient supprimées les dispositions législatives, réglementaires et administratives contraires au principe de l'égalité de traitement;

b) soient ou puissent être déclarées nulles et non avenues ou soient modifiées les dispositions contractuelles, les règlements intérieurs des entreprises ainsi que les règles régissant les associations à but lucratif, ou non lucratif, contraires au principe de l'égalité de traitement.

Art. 14. *Sanctions.* Les États membres déterminent le régime des sanctions applicables aux violations des dispositions nationales adoptées en application de la présente directive et prennent toute mesure nécessaire pour assurer l'application de celles-ci. Les sanctions, qui peuvent comprendre le versement d'une indemnisation à la victime, doivent être effectives, proportionnées et dissuasives. Les États membres notifient ces dispositions à la Commission au plus tard le 21 décembre 2007 et toute modification ultérieure les concernant dans les meilleurs délais.

Art. 15. *Diffusion de l'information.* Les États membres veillent à ce que les dispositions adoptées en application de la présente directive ainsi que celles qui sont déjà en vigueur dans ce domaine soient portées à la connaissance des personnes concernées par tous moyens appropriés et sur l'ensemble de leur territoire.

Art. 16. *Rapports.* 1. Les États membres communiquent à la Commission, au plus tard le 21 décembre 2009 et ensuite tous les cinq ans, toutes les informations disponibles concernant l'application de la présente directive.

La Commission établit un rapport succinct qui comporte un examen des pratiques en vigueur dans les États membres concernant l'article 5 pour ce qui a trait à l'utilisation de l'élément sexe comme facteur dans le calcul des primes et des prestations. Elle soumet ce rapport au Parlement européen et au Conseil au plus tard le 21 décembre 2010. Le cas échéant, la Commission accompagne son rapport de propositions de modification de la présente directive.

2. Le rapport de la Commission prend en considération le point de vue des parties prenantes concernées.

Art. 17. *Transposition.* 1. Les États membres mettent en vigueur les dispositions législatives, réglementaires et administratives nécessaires pour se conformer à la présente directive au plus tard le 21 décembre 2007. Ils communiquent à la Commission le texte de ces dispositions sans délai.

Lorsque les États membres adoptent ces dispositions, celles-ci contiennent une référence à la présente directive ou sont accompagnées d'une telle référence lors de leur publication officielle. Les modalités de cette référence sont arrêtées par les États membres.

2. Les États membres communiquent à la Commission le texte des dispositions essentielles de droit interne qu'ils adoptent dans les domaines régis par la présente directive.

Art. 18. *Entrée en vigueur.* La présente directive entre en vigueur le jour de sa publication au Journal officiel de l'Union européenne.

Art. 19. *Destinataires.* Les États membres sont destinataires de la présente directive.

447 Directive n° 2006/54/CE du Parlement européen et du Conseil du 5 juillet 2006 relative à la mise en œuvre du principe de l'égalité des chances et de l'égalité de traitement entre hommes et femmes en matière d'emploi et de travail

Le Parlement européen et le Conseil de l'Union européenne,

vu le traité instituant la Communauté européenne, et notamment son article 141, paragraphe 3,

vu la proposition de la Commission,
vu l'avis du Comité économique et social européen,
statuant conformément à la procédure visée à l'article 251 du traité,
considérant ce qui suit :

(1) La directive 76/207/CEE du Conseil du 9 février 1976 relative à la mise en œuvre du principe de l'égalité de traitement entre hommes et femmes en ce qui concerne l'accès à l'emploi, à la formation et à la promotion professionnelles, et les conditions de travail et la directive 86/378/CEE du Conseil du 24 juillet 1986 relative à la mise en œuvre du principe de l'égalité de traitement entre hommes et femmes dans les régimes professionnels de sécurité sociale ont été grandement modifiées. La directive 75/117/CEE du Conseil du 10 février 1975 concernant le rapprochement des législations des États membres relatives à l'application du principe de l'égalité des rémunérations entre les travailleurs masculins et les travailleurs féminins et la directive 97/80/CE du Conseil du 15 décembre 1997 relative à la charge de la preuve dans les cas de discrimination fondée sur le sexe contiennent également des dispositions ayant pour objet la mise en œuvre du principe de l'égalité de traitement entre hommes et femmes. Étant donné que de nouvelles modifications sont apportées à ces directives, il convient, dans un souci de clarté, que les dispositions en question fassent l'objet d'une refonte, et que soient rassemblées en un seul texte les principales dispositions existant dans ce domaine ainsi que certains éléments nouveaux découlant de la jurisprudence de la Cour de justice des Communautés européennes (ci-après dénommée " Cour de justice ").

(2) L'égalité entre les hommes et les femmes est un principe fondamental du droit communautaire en vertu de l'article 2 et de l'article 3, paragraphe 2, du traité, et la jurisprudence de la Cour de justice. Selon lesdits articles du traité, l'égalité entre les hommes et les femmes constitue une " mission " et un objectif de la Communauté et elle a l'obligation positive de la promouvoir dans toutes ses actions.

(3) La Cour de justice a considéré que le champ d'application du principe d'égalité de traitement entre les hommes et les femmes ne saurait être réduit aux seules discriminations fondées sur l'appartenance à l'un ou l'autre sexe. Eu égard à son objet et à la nature des droits qu'il tend à sauvegarder, ce principe s'applique également aux discriminations qui trouvent leur origine dans le changement de sexe d'une personne.

(4) L'article 141, paragraphe 3, du traité fournit désormais une base juridique spécifique pour l'adoption de mesures communautaires visant à garantir l'application du principe de l'égalité des chances et de l'égalité de traitement en matière d'emploi et de travail, y compris le principe de l'égalité de rémunération pour un même travail ou un travail de même valeur.

(5) Les articles 21 et 23 de la charte des droits fondamentaux de l'Union européenne interdisent également toute discrimination fondée sur le sexe et consacrent le droit à l'égalité de traitement entre hommes et femmes dans tous les domaines, y compris en matière d'emploi, de travail et de rémunération.

(6) Le harcèlement et le harcèlement sexuel sont contraires au principe de l'égalité de traitement entre hommes et femmes et constituent une discrimination fondée sur le sexe aux fins de la présente directive. Ces formes de discrimination se manifestent non seulement sur le lieu de travail, mais également à l'occasion de l'accès à l'emploi, à la formation et à la promotion professionnelles. Il convient donc que ces formes de

discrimination soient interdites et fassent l'objet de sanctions effectives, proportionnées et dissuasives.

(7) Dans ce contexte, il convient d'encourager les employeurs et les personnes responsables de la formation professionnelle à prendre des mesures pour lutter contre toutes les formes de discrimination fondée sur le sexe et, notamment, à prendre des mesures préventives contre le harcèlement et le harcèlement sexuel sur le lieu de travail, et dans l'accès à l'emploi, à la formation et à la promotion professionnelles conformément au droit national et aux pratiques nationales.

(8) Le principe de l'égalité de rémunération pour un même travail ou un travail de même valeur, énoncé par l'article 141 du traité et confirmé par la jurisprudence constante de la Cour de justice, constitue un aspect important du principe de l'égalité de traitement entre hommes et femmes et une partie essentielle et indispensable de l'acquis communautaire, y compris la jurisprudence de la Cour concernant la discrimination fondée sur le sexe. Il convient donc de prendre des dispositions supplémentaires pour sa mise en œuvre.

(9) Conformément à une jurisprudence constante de la Cour de justice, pour apprécier si les travailleurs exercent un même travail ou un travail de valeur égale, il convient de rechercher si, compte tenu d'un ensemble de facteurs, tels que la nature du travail, les conditions de formation et les conditions de travail, ces travailleurs peuvent être considérés comme se trouvant dans une situation comparable.

(10) La Cour de justice a établi que, dans certaines conditions, le principe de l'égalité de rémunération ne se limite pas aux situations dans lesquelles les hommes et les femmes travaillent pour le même employeur.

(11) Les États membres devraient, en collaboration avec les partenaires sociaux, continuer de lutter contre le problème persistant de l'écart de rémunération lié au sexe et de la ségrégation entre sexes, qui est et reste marquée sur le marché du travail, au moyen notamment de réglementations souples en matière de durée du temps de travail qui permettent tant à l'homme qu'à la femme de mieux concilier vie professionnelle et vie familiale. Cela pourrait aussi inclure des réglementations appropriées en matière de congé parental, qui pourraient être revendiquées par l'un et l'autre parent, ainsi que la mise en place d'infrastructures accessibles et abordables en matière d'accueil des enfants et de soins aux personnes dépendantes.

(12) Il convient d'adopter des mesures spécifiques pour garantir la mise en œuvre du principe de l'égalité de traitement dans les régimes professionnels de sécurité sociale et pour en préciser la portée.

(13) Par son arrêt du 17 mai 1990 dans l'affaire C-262/88, la Cour de justice a décidé que toutes les formes de pensions professionnelles constituaient un élément de rémunération au sens de l'article 141 du traité.

(14) Bien que la notion de rémunération au sens de l'article 141 du traité n'inclue pas les prestations de sécurité sociale, il est désormais clairement établi qu'un régime de pension pour fonctionnaires entre dans le champ d'application du principe de l'égalité de rémunération si les prestations payables en vertu du régime sont versées au travailleur en raison de sa relation de travail avec l'employeur public, nonobstant le fait que ce régime fasse partie d'un régime légal général. Conformément aux arrêts rendus par la Cour de justice dans l'affaire C-7/93 et dans l'affaire C-351/00, cette condition est

satisfaite si le régime de pension concerne une catégorie particulière de travailleurs et si les prestations sont directement fonction du temps de service accompli et calculées sur la base du dernier traitement du fonctionnaire. Par souci de clarté, il convient donc de prendre des dispositions particulières à cet effet.

(15) La Cour de justice a confirmé que, si les cotisations des travailleurs salariés masculins et féminins à un régime de retraite qui consiste à garantir une prestation finale définie sont couvertes par l'article 141 du traité, toute inégalité au niveau des cotisations patronales versées dans le cadre des régimes à prestations définies financées par capitalisation, en raison de l'utilisation des facteurs actuariels différents selon le sexe, ne saurait être appréciée au regard de cette même disposition.

(16) À titre d'exemple, dans le cas des régimes de retraite garantissant une prestation finale définie, certains éléments, tels que la capitalisation d'une partie de la pension périodique, le transfert de droits à pension, la pension de réversion payable à un ayant droit en contrepartie de l'abandon d'une fraction de la pension annuelle ou la pension réduite lorsque le travailleur choisit de prendre une retraite anticipée, peuvent être inégaux lorsque l'inégalité des montants résulte de l'incidence de l'utilisation de facteurs actuariels différents selon le sexe au moment où le financement du régime est mis en œuvre.

(17) Il est bien établi que des prestations payables en vertu d'un régime professionnel de sécurité sociale ne doivent pas être considérées comme rémunération dès lors qu'elles peuvent être attribuées aux périodes d'emploi antérieures au 17 mai 1990, exception faite pour les travailleurs ou leurs ayants droit qui ont, avant cette date, engagé une action en justice ou introduit une réclamation équivalente selon le droit national applicable. Il est donc nécessaire de limiter en conséquence la mise en œuvre du principe de l'égalité de traitement.

(18) La Cour de justice a constamment dit pour droit que le protocole Barber n'a aucune incidence sur le droit à l'affiliation à un régime de pensions professionnel, et que la limitation des effets dans le temps de l'arrêt du 17 mai 1990 dans l'affaire C-262/88 ne s'applique pas au droit à l'affiliation à un régime de pensions professionnel. La Cour de justice a également dit pour droit que les règles nationales relatives aux délais de recours de droit interne sont opposables aux travailleurs qui font valoir leur droit à l'affiliation à un régime de pensions professionnel, à condition qu'elles ne soient pas moins favorables pour ce type de recours que pour les recours similaires de nature interne et qu'elles ne rendent pas impossible en pratique l'exercice des droits conférés par la législation communautaire. En outre, la Cour de justice a indiqué que le fait, pour un travailleur, de pouvoir prétendre à l'affiliation rétroactive à un régime de pensions professionnel ne lui permet pas de se soustraire au paiement des cotisations afférentes à la période d'affiliation concernée.

(19) Garantir un accès égal à l'emploi et à la formation professionnelle y menant est essentiel à l'application du principe de l'égalité de traitement entre hommes et femmes en matière d'emploi et de travail. Par conséquent, toute exception à ce principe devrait être limitée aux activités professionnelles qui nécessitent l'emploi d'une personne d'un sexe donné, en raison de leur nature ou du contexte dans lequel elles sont exercées, pour autant que l'objectif soit légitime et conforme au principe de proportionnalité.

(20) La présente directive ne fait pas obstacle à la liberté d'association, y compris le droit de créer un syndicat avec d'autres ou d'adhérer à un syndicat pour défendre ses propres intérêts. Au nombre des mesures visées au sens de l'article 141, paragraphe 4, du traité, peuvent figurer l'adhésion à une organisation ou à un syndicat, ou la poursuite d'activités en leur sein, lorsqu'ils ont pour objectif principal de promouvoir, dans la pratique, le principe de l'égalité de traitement entre hommes et femmes.

(21) L'interdiction de toute discrimination devrait être sans préjudice du maintien ou de l'adoption de mesures visant à prévenir ou à compenser les désavantages subis par un groupe de personnes d'un même sexe. Ces mesures autorisent l'existence d'organisations de personnes d'un même sexe, lorsqu'elles ont pour objectif principal de défendre les besoins particuliers de ces personnes et de promouvoir l'égalité entre les hommes et les femmes.

(22) Conformément à l'article 141, paragraphe 4, du traité, pour assurer concrètement une pleine égalité entre hommes et femmes dans la vie professionnelle, le principe de l'égalité de traitement n'empêche pas les États membres de maintenir ou d'adopter des mesures prévoyant des avantages spécifiques destinés à faciliter l'exercice d'une activité professionnelle par le sexe sous-représenté ou à prévenir ou à compenser des désavantages dans la carrière professionnelle. Étant donné la situation actuelle et compte tenu de la déclaration n° 28 annexée au traité d'Amsterdam, les États membres devraient viser avant tout à améliorer la situation des femmes dans la vie professionnelle.

(23) Il ressort clairement de la jurisprudence de la Cour de justice qu'un traitement défavorable lié à la grossesse ou à la maternité infligé à une femme constitue une discrimination directe fondée sur le sexe. Un tel traitement devrait donc expressément être couvert par la présente directive.

(24) La Cour de justice a systématiquement reconnu qu'il était légitime, au regard du principe de l'égalité de traitement, de protéger une femme en raison de sa condition biologique pendant la grossesse et la maternité, de même que de prévoir des mesures de protection de la maternité comme moyen de parvenir à une réelle égalité entre les sexes. La présente directive devrait donc s'entendre sans préjudice de la directive 92/85/CEE du Conseil du 19 octobre 1992 concernant la mise en œuvre de mesures visant à promouvoir l'amélioration de la sécurité et de la santé des travailleuses enceintes, accouchées ou allaitantes au travail. Par ailleurs, la présente directive devrait s'entendre sans préjudice de la directive 96/34/CE du Conseil du 3 juin 1996 concernant l'accord-cadre sur le congé parental conclu par l'UNICE, le CEEP et l'ETUC.

(25) Pour des raisons de clarté, il convient également de prendre des dispositions expresses concernant la protection des droits, en matière d'emploi, des femmes en congé de maternité, en particulier leur droit de retrouver le même poste ou un poste équivalent, de ne faire l'objet d'aucun préjudice en ce qui concerne leurs conditions à la suite d'un tel congé et de bénéficier de toute amélioration des conditions de travail auxquelles elles auraient eu droit durant leur absence.

(26) Dans la résolution du Conseil et des ministres de l'emploi et de la politique sociale, réunis au sein du Conseil du 29 juin 2000, relative à la participation équilibrée des femmes et des hommes à la vie professionnelle et à la vie familiale, les États membres ont été encouragés à étudier la possibilité, pour leur ordre juridique respectif, de

reconnaître aux hommes qui travaillent un droit individuel et non transmissible au congé de paternité, tout en conservant les droits relatifs à leur emploi.

(27) Dans les mêmes conditions, les États membres peuvent reconnaître aux hommes et aux femmes un droit individuel et non transmissible à un congé à la suite de l'adoption d'un enfant. Il appartient aux États membres de décider d'accorder ou non ce droit au congé de paternité et/ou d'adoption ainsi que de déterminer les conditions, autres que le licenciement et la reprise du travail, qui ne relèvent pas du champ d'application de la présente directive.

(28) La mise en œuvre effective du principe de l'égalité de traitement impose l'établissement de procédures appropriées par les États membres.

(29) La mise en place de procédures judiciaires ou administratives adéquates pour faire respecter les obligations imposées par la présente directive est essentielle à la mise en œuvre effective du principe de l'égalité de traitement.

(30) L'adoption de règles relatives à la charge de la preuve joue un rôle important en ce qui concerne la possibilité de mettre effectivement en œuvre le principe de l'égalité de traitement. Comme la Cour de justice l'a affirmé, il convient donc de prendre des dispositions de telle sorte que la charge de la preuve revienne à la partie défenderesse dès qu'il existe une apparence de discrimination, sauf pour les procédures dans lesquelles l'instruction des faits incombe à la juridiction ou à l'instance nationale compétente. Il y a toutefois lieu de préciser que l'appréciation des faits qui permettent de présumer l'existence d'une discrimination directe ou indirecte demeure de la compétence de l'instance nationale concernée, conformément au droit national et/ou aux pratiques nationales. En outre, il revient aux États membres de prévoir, quel que soit le stade de la procédure, un régime probatoire plus favorable à la partie demanderesse.

(31) En vue d'améliorer le niveau de protection assuré par la présente directive, les associations, les organisations et les autres entités juridiques devraient aussi être habilitées à engager une procédure, selon des modalités fixées par les États membres, au nom ou à l'appui d'un demandeur, sans préjudice des règles de procédure nationales relatives à la représentation et à la défense.

(32) En raison de la nature fondamentale du droit à une protection juridique effective, il convient de veiller à ce que les travailleurs continuent à bénéficier d'une telle protection même après la cessation de la relation donnant lieu à une violation présumée du principe de l'égalité de traitement. Un travailleur défendant une personne protégée par la présente directive ou témoignant en sa faveur devrait avoir droit à la même protection.

(33) Il a été clairement établi par la Cour de justice que, pour être effectif, le principe de l'égalité de traitement suppose que la réparation accordée en cas de violation soit suffisante au regard du préjudice subi. Il convient donc d'exclure la fixation de tout plafond maximal a priori pour un tel dédommagement sauf lorsque l'employeur peut prouver que le seul dommage subi par un demandeur comme à la suite d'une discrimination au sens de la présente directive est le refus de prendre en considération sa demande d'emploi.

(34) Afin de renforcer la mise en œuvre effective du principe de l'égalité de traitement, les États membres devraient encourager le dialogue entre les partenaires sociaux et, dans le cadre de la pratique nationale, avec les organisations non gouvernementales.

(35) Les États membres devraient mettre en place des sanctions effectives, proportionnées et dissuasives applicables en cas de non-respect des obligations découlant de la présente directive.

(36) Étant donné que les objectifs de la présente directive ne peuvent être réalisés de manière suffisante par les États membres et peuvent donc être mieux réalisés au niveau communautaire, la Communauté peut adopter des mesures conformément au principe de subsidiarité consacré à l'article 5 du traité. Conformément au principe de proportionnalité tel qu'énoncé audit article, la présente directive n'excède pas ce qui est nécessaire pour atteindre ces objectifs.

(37) Afin de mieux comprendre la différence de traitement entre les hommes et les femmes en matière de travail et d'emploi, il convient de continuer à développer et à analyser des statistiques comparables, ventilées par sexe, et de les rendre accessibles aux niveaux appropriés.

(38) L'égalité de traitement entre hommes et femmes en matière de travail et d'emploi ne peut pas se limiter à des mesures législatives. L'Union européenne et les États membres devraient au contraire continuer à encourager le processus de sensibilisation au problème de la discrimination salariale ainsi qu'un changement des mentalités dans l'opinion publique, et en associant dans toute la mesure du possible toutes les parties concernées, au niveau public et au niveau privé. Le dialogue entre les partenaires sociaux pourrait apporter une contribution importante à ce processus.

(39) L'obligation de transposer la présente directive en droit national devrait être limitée aux dispositions qui constituent une modification de fond par rapport aux directives précédentes. L'obligation de transposer les dispositions inchangées résulte des directives précédentes.

(40) La présente directive ne devrait pas porter atteinte aux obligations des États membres concernant les délais de transposition en droit national et d'application des directives indiqués à l'annexe I, partie B.

(41) Conformément au point 34 de l'accord interinstitutionnel " Mieux légiférer ", les États membres sont encouragés à établir, pour eux-mêmes et dans l'intérêt de la Communauté, leurs propres tableaux, qui illustrent, dans la mesure du possible, la concordance entre la présente directive et les mesures de transposition et à les rendre publics,

ONT ARRÊTÉ LA PRÉSENTE DIRECTIVE :

TITRE I
DISPOSITIONS GÉNÉRALES

Art. 1er. *Objet.* La présente directive vise à garantir la mise en œuvre du principe de l'égalité des chances et de l'égalité de traitement entre hommes et femmes en matière d'emploi et de travail.

À cette fin, elle contient des dispositions destinées à mettre en œuvre le principe de l'égalité de traitement en ce qui concerne :

a) l'accès à l'emploi, y compris la promotion, et à la formation professionnelle;

b) les conditions de travail, y compris les rémunérations;

c) les régimes professionnels de sécurité sociale.

Elle comprend également des dispositions visant à faire en sorte que la mise en œuvre de ce principe soit rendue plus effective par l'établissement de procédures appropriées.

Art. 2. *Définitions.* 1. Aux fins de la présente directive, on entend par :

a) " discrimination directe " : la situation dans laquelle une personne est traitée de manière moins favorable en raison de son sexe qu'une autre ne l'est, ne l'a été ou ne le serait dans une situation comparable;

b) " discrimination indirecte " : la situation dans laquelle une disposition, un critère ou une pratique apparemment neutre désavantagerait particulièrement des personnes d'un sexe par rapport à des personnes de l'autre sexe, à moins que cette disposition, ce critère ou cette pratique ne soit objectivement justifié par un but légitime et que les moyens pour parvenir à ce but soient appropriés et nécessaires;

c) " harcèlement " : la situation dans laquelle un comportement non désiré lié au sexe d'une personne survient avec pour objet ou pour effet de porter atteinte à la dignité d'une personne et de créer un environnement intimidant, hostile, dégradant, humiliant ou offensant;

d) " harcèlement sexuel " : la situation dans laquelle un comportement non désiré à connotation sexuelle, s'exprimant physiquement, verbalement ou non verbalement, survient avec pour objet ou pour effet de porter atteinte à la dignité d'une personne et, en particulier, de créer un environnement intimidant, hostile, dégradant, humiliant ou offensant;

e) " rémunération " : le salaire ou traitement ordinaire de base ou minimal et tout autre avantage, payés directement ou indirectement, en espèces ou en nature, par l'employeur au travailleur en raison de l'emploi de ce dernier;

f) " régimes professionnels de sécurité sociale " : les régimes non régis par la directive 79/7/CEE du Conseil du 19 décembre 1978 relative à la mise en œuvre progressive du principe de l'égalité de traitement entre hommes et femmes en matière de sécurité sociale qui ont pour objet de fournir aux travailleurs, salariés ou indépendants, groupés dans le cadre d'une entreprise ou d'un groupement d'entreprises, d'une branche économique ou d'un secteur professionnel ou interprofessionnel, des prestations destinées à compléter les prestations des régimes légaux de sécurité sociale ou à s'y substituer, que l'affiliation à ces régimes soit obligatoire ou facultative.

2. Aux fins de la présente directive, la discrimination inclut :

a) le harcèlement et le harcèlement sexuel, ainsi que tout traitement moins favorable reposant sur le rejet de tels comportements par la personne concernée ou sa soumission à ceux-ci;

b) l'injonction de pratiquer à l'encontre de personnes une discrimination fondée sur le sexe;

c) tout traitement moins favorable d'une femme lié à la grossesse ou au congé de maternité au sens de la directive 92/85/CEE.

Art. 3. *Mesures positives.* Les États membres peuvent maintenir ou adopter des mesures au sens de l'article 141, paragraphe 4, du traité, pour assurer concrètement une pleine égalité entre hommes et femmes dans la vie professionnelle.

TITRE II
DISPOSITIONS SPÉCIFIQUES

CHAPITRE I
Égalité de rémunération

Art. 4. *Interdiction de toute discrimination.* Pour un même travail ou pour un travail auquel est attribuée une valeur égale, la discrimination directe ou indirecte fondée sur le sexe est éliminée dans l'ensemble des éléments et conditions de rémunération.

En particulier, lorsqu'un système de classification professionnelle est utilisé pour la détermination des rémunérations, ce système est fondé sur des critères communs aux travailleurs masculins et féminins et est établi de manière à exclure les discriminations fondées sur le sexe.

CHAPITRE II
Égalité de traitement dans les régimes professionnels de sécurité sociale

Art. 5. *Interdiction de toute discrimination.* Sans préjudice de l'article 4, toute discrimination directe ou indirecte fondée sur le sexe est proscrite dans les régimes professionnels de sécurité sociale, en particulier en ce qui concerne :

a) le champ d'application de tels régimes et les conditions d'accès à de tels régimes;

b) l'obligation de cotiser et le calcul des cotisations;

c) le calcul des prestations, y compris les majorations dues au titre du conjoint et pour personne à charge, et les conditions de durée et de maintien du droit aux prestations.

Art. 6. *Champ d'application personnel.* Le présent chapitre s'applique à la population active, y compris les travailleurs indépendants, les travailleurs dont l'activité est interrompue par une maladie, une maternité, un accident ou un chômage involontaire, et les personnes à la recherche d'un emploi, ainsi qu'aux travailleurs retraités et aux travailleurs invalides, et aux ayants droit de ces travailleurs, conformément aux législations et/ou pratiques nationales.

Art. 7. *Champ d'application matériel.* 1. Le présent chapitre s'applique :

a) aux régimes professionnels de sécurité sociale qui assurent une protection contre les risques suivants :

i) maladie,

ii) invalidité,

iii) vieillesse, y compris dans le cas de retraites anticipées,

iv) accident du travail et maladie professionnelle,

v) chômage;

b) aux régimes professionnels de sécurité sociale qui prévoient d'autres prestations sociales, en nature ou en espèces, et notamment des prestations de survivants et des prestations familiales, si ces prestations constituent des avantages payés par l'employeur au travailleur en raison de l'emploi de ce dernier.

2. Le présent chapitre s'applique également aux régimes de pension destinés à une catégorie particulière de travailleurs, comme celle des fonctionnaires, si les prestations

payables en vertu du régime sont versées en raison de la relation de travail avec l'employeur public. Le fait qu'un tel régime fasse partie d'un régime légal général est sans préjudice de la disposition précédente.

Art. 8. *Exclusions du champ d'application matériel.* 1. Le présent chapitre ne s'applique pas :

a) aux contrats individuels des travailleurs indépendants;

b) aux régimes à membre unique des travailleurs indépendants;

c) dans le cas des travailleurs, aux contrats d'assurance auxquels l'employeur n'est pas partie;

d) aux dispositions facultatives des régimes professionnels de sécurité sociale qui sont offertes individuellement aux participants en vue de leur garantir :

i) soit des prestations complémentaires,

ii) soit le choix de la date à laquelle les prestations normales des travailleurs indépendants prennent cours ou le choix entre plusieurs prestations;

e) aux régimes professionnels de sécurité sociale, dans la mesure où les prestations qu'ils fournissent sont financées par des cotisations volontaires des travailleurs.

2. Les dispositions du présent chapitre ne s'opposent pas à ce qu'un employeur accorde à des personnes qui ont atteint l'âge de la retraite pour l'octroi d'une pension en vertu d'un régime professionnel de sécurité sociale, mais qui n'ont pas encore atteint l'âge de la retraite pour l'octroi d'une pension de retraite légale, un complément de pension visant à égaliser ou à rapprocher le montant des prestations globales par rapport aux personnes de l'autre sexe dans la même situation qui ont déjà atteint l'âge de la retraite légale, jusqu'à ce que les bénéficiaires du complément atteignent l'âge de la retraite légale.

Art. 9. *Exemples de discrimination.* 1. Sont à classer au nombre des dispositions contraires au principe de l'égalité de traitement celles qui se fondent sur le sexe, soit directement, soit indirectement, pour :

a) définir les personnes admises à participer à un régime professionnel de sécurité sociale;

b) fixer le caractère obligatoire ou facultatif de la participation à un régime professionnel de sécurité sociale;

c) établir des règles différentes en ce qui concerne l'âge d'entrée dans le régime ou en ce qui concerne la durée minimale d'emploi ou d'affiliation au régime pour l'obtention des prestations;

d) prévoir des règles différentes, sauf dans la mesure prévue aux points h) et j), pour le remboursement des cotisations quand le travailleur quitte le régime sans avoir rempli les conditions qui lui garantissent un droit différé aux prestations à long terme;

e) fixer des conditions différentes d'octroi des prestations ou réserver celles-ci aux travailleurs de l'un des deux sexes;

f) imposer des âges différents de retraite;

g) interrompre le maintien ou l'acquisition de droits pendant les périodes de congé de maternité ou de congé pour raisons familiales, légalement ou conventionnellement prescrits et rémunérés par l'employeur;

h) fixer des niveaux différents pour les prestations, sauf dans la mesure nécessaire pour tenir compte d'éléments de calcul actuariel qui sont différents pour les deux sexes dans le cas de régimes à cotisations définies; dans le cas de régimes à prestations définies, financées par capitalisation, certains éléments peuvent être inégaux dans la mesure où l'inégalité des montants est due aux conséquences de l'utilisation de facteurs actuariels différents selon le sexe lors de la mise en œuvre du financement du régime;

i) fixer des niveaux différents pour les cotisations des travailleurs;

j) fixer des niveaux différents pour les cotisations des employeurs, sauf :

i) dans le cas de régimes à cotisations définies, si le but est d'égaliser ou de rapprocher les montants des prestations de pension fondées sur ces cotisations,

ii) dans le cas de régimes à prestations définies, financées par capitalisation lorsque les cotisations patronales sont destinées à compléter l'assiette financière indispensable pour couvrir le coût de ces prestations définies;

k) prévoir des normes différentes ou des normes applicables seulement aux travailleurs d'un sexe déterminé, sauf dans la mesure prévue aux points h) et j), en ce qui concerne la garantie ou le maintien du droit à des prestations différées quand le travailleur quitte le régime.

2. Quand l'octroi de prestations relevant du présent chapitre est laissé à la discrétion des organes de gestion du régime, ceux-ci respectent le principe de l'égalité de traitement.

Art. 10. *Mise en œuvre en ce qui concerne les travailleurs indépendants.* 1. Les États membres prennent les mesures nécessaires afin que les dispositions des régimes professionnels de sécurité sociale des travailleurs indépendants contraires au principe de l'égalité de traitement soient révisées avec effet au 1er janvier 1993, au plus tard, ou, pour les États membres dont l'adhésion à la Communauté a eu lieu après cette date, à la date à laquelle la directive 86/378/CEE est devenue applicable sur leur territoire.

2. Le présent chapitre ne fait pas obstacle à ce que les droits et obligations afférents à une période d'affiliation à un régime professionnel de sécurité sociale des travailleurs indépendants antérieure à la révision de ce régime demeurent régis par les dispositions du régime en vigueur au cours de cette période.

Art. 11. *Possibilité d'application différée en ce qui concerne les travailleurs indépendants.* Pour ce qui est des régimes professionnels de sécurité sociale de travailleurs indépendants, les États membres peuvent différer la mise en application obligatoire du principe de l'égalité de traitement en ce qui concerne :

a) la fixation de l'âge de la retraite pour l'octroi de pensions de vieillesse et de retraite, ainsi que les conséquences pouvant en découler pour d'autres prestations, à leur choix :

i) soit jusqu'à la date à laquelle cette égalité est réalisée dans les régimes légaux,

ii) soit au plus tard jusqu'à ce qu'une directive impose cette égalité;

b) les pensions de survivants, jusqu'à ce que le droit communautaire impose le principe de l'égalité de traitement dans les régimes légaux de sécurité sociale sur ce sujet;

c) l'application de l'article 8, paragraphe 1, point i), en ce qui concerne l'utilisation d'éléments de calcul actuariel jusqu'au 1er janvier 1999 ou, pour les États membres dont l'adhésion à la Communauté a eu lieu après cette date, à la date à laquelle la directive 86/378/CEE est devenue applicable sur leur territoire.

Art. 12. *Effet rétroactif.* 1. Toute mesure de transposition du présent chapitre, en ce qui concerne les travailleurs, couvre toutes les prestations en vertu des régimes professionnels de sécurité sociale attribuées aux périodes d'emploi postérieures à la date du 17 mai 1990 et aura un effet rétroactif à cette date, sans préjudice des travailleurs ou de leurs ayants droit qui ont, avant cette date, engagé une action en justice ou soulevé une réclamation équivalente selon le droit national. Dans ce cas, les mesures de transposition ont un effet rétroactif à la date du 8 avril 1976 et couvrent toutes les prestations attribuées à des périodes d'emploi après cette date. Pour les États membres qui ont adhéré à la Communauté après le 8 avril 1976 et avant le 17 mai 1990, cette date est remplacée par la date à laquelle l'article 141 du traité est devenu applicable sur leur territoire.

2. La deuxième phrase du paragraphe 1 ne s'oppose pas à ce que les règles nationales relatives aux délais de recours de droit interne soient opposées aux travailleurs ou à leurs ayants droit qui avaient engagé une action en justice ou introduit une réclamation équivalente selon le droit national avant le 17 mai 1990, à condition qu'elles ne soient pas moins favorables pour ce type de recours que pour les recours similaires de nature interne et qu'elles ne rendent pas impossible en pratique l'exercice des droits conférés par la législation communautaire.

3. Pour les États membres dont l'adhésion à la Communauté a eu lieu après le 17 mai 1990 et qui, au 1er janvier 1994, étaient parties contractantes à l'accord sur l'Espace économique européen, la date du 17 mai 1990 figurant à la première phrase du paragraphe 1 est remplacée par celle du 1er janvier 1994.

4. Pour d'autres États membres dont l'adhésion à la Communauté a eu lieu après le 17 mai 1990, la date du 17 mai 1990 figurant aux paragraphes 1 et 2 est remplacée par la date à laquelle l'article 141 du traité est devenu applicable sur leur territoire.

Art. 13. *Système souple de fixation de l'âge de la retraite.* Si les hommes et les femmes demandent à bénéficier, dans les mêmes conditions, d'un système souple en ce qui concerne l'âge de la retraite, cette disposition n'est pas considérée comme incompatible avec le présent chapitre.

CHAPITRE III

Égalité de traitement en ce qui concerne l'accès à l'emploi, à la formation et à la promotion professionnelles, et les conditions de travail

Art. 14. *Interdiction de toute discrimination.* 1. Toute discrimination directe ou indirecte fondée sur le sexe est proscrite dans les secteurs public ou privé, y compris les organismes publics, en ce qui concerne :

a) les conditions d'accès à l'emploi, aux activités non salariées ou au travail, y compris les critères de sélection et les conditions de recrutement, quelle que soit la branche d'activité et à tous les niveaux de la hiérarchie professionnelle, y compris en matière de promotion;

b) l'accès à tous les types et à tous les niveaux d'orientation professionnelle, de formation professionnelle, de perfectionnement et de formation de reconversion, y compris l'acquisition d'une expérience pratique du travail;

c) les conditions d'emploi et de travail, y compris les conditions de licenciement ainsi que la rémunération, comme le prévoit l'article 141 du traité;

d) l'affiliation à, et l'engagement dans, une organisation de travailleurs ou d'employeurs, ou toute organisation dont les membres exercent une profession donnée, y compris les avantages procurés par ce type d'organisation.

2. Les États membres peuvent prévoir, en ce qui concerne l'accès à l'emploi, y compris la formation qui y donne accès, qu'une différence de traitement fondée sur une caractéristique liée au sexe ne constitue pas une discrimination lorsque, en raison de la nature des acti-

vités professionnelles particulières concernées ou du cadre dans lequel elles se déroulent, une telle caractéristique constitue une exigence professionnelle véritable et déterminante, pour autant que son objectif soit légitime et que l'exigence soit proportionnée.

Art. 15. *Retour de congé de maternité.* Une femme en congé de maternité a le droit, au terme de ce congé, de retrouver son emploi ou un emploi équivalent à des conditions qui ne lui soient pas moins favorables et de bénéficier de toute amélioration des conditions de travail à laquelle elle aurait eu droit durant son absence.

Art. 16. *Congé de paternité ou d'adoption.* La présente directive est aussi sans préjudice de la faculté dont disposent les États membres de reconnaître des droits distincts au congé de paternité et/ou d'adoption. Les États membres qui reconnaissent de tels droits prennent les mesures nécessaires pour protéger les travailleurs et travailleuses du licenciement résultant de l'exercice de ces droits et pour veiller à ce que, à l'issue de ce congé, ils aient le droit de retrouver leur emploi ou un emploi équivalent à des conditions qui ne leur soient pas moins favorables et de bénéficier de toute amélioration des conditions de travail à laquelle ils auraient eu droit durant leur absence.

TITRE III
DISPOSITIONS HORIZONTALES

CHAPITRE 1
Voies de recours et application du droit

Section 1
Voies de recours

Art. 17. *Défense des droits.* 1. Les États membres veillent à ce que, après un recours éventuel à d'autres instances compétentes, y compris, lorsqu'ils l'estiment approprié, à des procédures de conciliation, des procédures judiciaires visant à faire respecter les obligations découlant de la présente directive soient accessibles à toutes les personnes qui s'estiment lésées par la non-application à leur égard du principe de l'égalité de traitement, même après que les relations dans lesquelles la discrimination est présumée s'être produite ont cessé.

2. Les États membres veillent à ce que les associations, les organisations ou les autres entités juridiques qui ont, conformément aux critères fixés par leur législation nationale, un intérêt légitime à veiller à ce que les dispositions de la présente directive soient respectées puissent, au nom ou à l'appui du plaignant, avec son approbation, engager toute procédure judiciaire et/ou administrative prévue pour faire respecter les obligations découlant de la présente directive.

3. Les paragraphes 1 et 2 s'entendent sans préjudice des règles nationales relatives aux délais impartis pour former un recours en ce qui concerne le principe de l'égalité de traitement.

Art. 18. *Indemnisation ou réparation.* Les États membres introduisent dans leur ordre juridique interne les mesures nécessaires pour veiller à ce que le préjudice subi par une personne lésée du fait d'une discrimination fondée sur le sexe soit effectivement réparé ou indemnisé selon des modalités qu'ils fixent, de manière dissuasive et proportionnée par rapport au dommage subi. Une telle compensation ou réparation ne peut être a priori limitée par un plafond maximal, sauf dans les cas où l'employeur peut prouver que le seul dommage subi par un demandeur comme à la suite d'une discrimination au sens de la présente directive est le refus de prendre en considération sa demande d'emploi.

Section II

Charge de la preuve

Art. 19. *Charge de la preuve.* 1. Les États membres, conformément à leur système judiciaire, prennent les mesures nécessaires afin que, dès lors qu'une personne s'estime lésée par le non-respect à son égard du principe de l'égalité de traitement et établit, devant une juridiction ou une autre instance compétente, des faits qui permettent de présumer l'existence d'une discrimination directe ou indirecte, il incombe à la partie défenderesse de prouver qu'il n'y a pas eu violation du principe de l'égalité de traitement.

2. Le paragraphe 1 n'empêche pas les États membres d'imposer un régime probatoire plus favorable à la partie demanderesse.

3. Les États membres peuvent ne pas appliquer le paragraphe 1 aux procédures dans lesquelles l'instruction des faits incombe à la juridiction ou à l'instance compétente.

4. Les paragraphes 1, 2 et 3 s'appliquent également :

a) aux situations couvertes par l'article 141 du traité et, dans la mesure où il y a discrimination fondée sur le sexe, par les directives 92/85/CEE et 96/34/CE;

b) dans le cadre de toute procédure civile ou administrative concernant le secteur public ou le secteur privé qui prévoit les recours selon le droit national en application des dispositions visées au point a), à l'exception des procédures gracieuses de nature volontaire ou prévues par le droit national.

5. Le présent article ne s'applique pas aux procédures pénales, sauf si les États membres en disposent autrement.

CHAPITRE II

Promotion de l'égalité de traitement – Dialogue

Art. 20. *Organismes pour l'égalité de traitement.* 1. Les États membres désignent un ou plusieurs organismes chargés de promouvoir, d'analyser, de surveiller et de soutenir l'égalité de traitement entre toutes les personnes sans discrimination fondée sur le sexe et prennent les dispositions nécessaires. Ces organismes peuvent faire partie d'organes chargés de défendre à l'échelon national les droits de l'homme ou de protéger les droits des personnes.

2. Les États membres veillent à ce que ces organismes aient pour compétence :

a) sans préjudice du droit des victimes et des associations, organisations et autres entités juridiques visées à l'article 17, paragraphe 2, d'apporter aux personnes victimes d'une discrimination une aide indépendante pour engager une procédure pour discrimination;

b) de procéder à des études indépendantes concernant les discriminations;

c) de publier des rapports indépendants et de formuler des recommandations sur toutes les questions liées à ces discriminations;

d) au niveau approprié, d'échanger les informations disponibles avec des organismes européens homologues, tels qu'un Institut européen de l'égalité des sexes.

Art. 21. *Dialogue social.* 1. Conformément à leurs traditions et pratiques nationales, les États membres prennent les mesures appropriées afin de favoriser le dialogue social entre les partenaires sociaux en vue de promouvoir l'égalité de traitement, y compris, par exemple, par la surveillance des pratiques sur le lieu de travail, dans l'accès à l'emploi, à la formation et à la promotion professionnelles, ainsi que par la surveillance des conventions collectives, par des codes de conduite, par la recherche ou par l'échange d'expériences et de bonnes pratiques.

2. Dans le respect de leurs traditions et pratiques nationales, les États membres encouragent les partenaires sociaux, sans préjudice de leur autonomie, à promouvoir l'égalité entre hommes et femmes et des règles de travail souples contribuant à faciliter une meilleure conciliation entre vie professionnelle et vie privée et à conclure, au niveau approprié, des accords établissant des règles de non-discrimination dans les domaines visés à l'article 1er qui relèvent du champ d'application des négociations collectives. Ces accords respectent les dispositions de la présente directive et les mesures nationales d'exécution.

3. Les États membres encouragent, en conformité avec la législation nationale, les conventions collectives ou les pratiques nationales, les employeurs à promouvoir, de manière organisée et systématique, l'égalité de traitement des hommes et des femmes sur le lieu de travail, dans l'accès à l'emploi, à la formation et à la promotion professionnelles.

4. À cet effet, les employeurs sont encouragés à fournir, à intervalles réguliers appropriés, aux travailleurs et/ou à leurs représentants, des informations appropriées sur l'égalité de traitement entre hommes et femmes dans l'entreprise.

Ces informations peuvent contenir une synthèse portant sur les pourcentages d'hommes et de femmes aux différents niveaux de l'entreprise, les rémunérations et les écarts de rémunération, et les mesures possibles pour améliorer la situation, en coopération avec les représentants des travailleurs.

Art. 22. *Dialogue avec les organisations non gouvernementales.* Les États membres encouragent le dialogue avec les organisations non gouvernementales concernées qui ont, conformément aux pratiques et législations nationales, un intérêt légitime à contribuer à la lutte contre les discriminations fondées sur le sexe, en vue de promouvoir le principe de l'égalité de traitement.

CHAPITRE III
Dispositions horizontales à caractère général

Art. 23. *Conformité.* Les États membres prennent toutes les mesures nécessaires pour que :

a) soient supprimées toutes dispositions législatives, réglementaires et administratives contraires au principe de l'égalité de traitement;

b) soient ou puissent être déclarées nulles et non avenues ou soient modifiées les dispositions contraires au principe de l'égalité de traitement qui figurent dans les contrats individuels ou les conventions collectives, dans les règlements intérieurs des entreprises ou dans les règles régissant les professions indépendantes et les organisations de travailleurs et d'employeurs ou encore dans tout autre type d'accord;

c) les régimes professionnels de sécurité sociale contenant de telles dispositions ne puissent faire l'objet de mesures administratives d'approbation ou d'extension.

Art. 24. *Protection contre les rétorsions.* Les États membres introduisent dans leur ordre juridique interne les mesures nécessaires prévues par la législation et/ou les pratiques nationales, pour protéger les travailleurs, y compris leurs représentants, contre tout licenciement ou tout autre traitement défavorable par l'employeur en réaction à une plainte formulée au niveau de l'entreprise ou à une action en justice visant à faire respecter le principe de l'égalité de traitement.

Art. 25. *Sanctions.* Les États membres déterminent le régime des sanctions applicables aux violations des dispositions nationales adoptées conformément à la présente directive et prennent toute mesure nécessaire pour assurer l'application de ces sanctions. Les sanctions, qui peuvent comprendre le versement d'indemnités à la victime, doivent être effectives, proportionnées et dissuasives. Les États membres notifient les dispositions pertinentes à la Commission au plus tard le 5 octobre 2005 et toute modification ultérieure les concernant dans les meilleurs délais.

Art. 26. *Prévention de toute discrimination.* Les États membres encouragent, dans le cadre de leurs législation, conventions collectives ou pratiques nationales, les employeurs et les personnes responsables de l'accès à la formation professionnelle à prendre des mesures efficaces pour empêcher toute forme de discrimination fondée sur le sexe et, en particulier, le harcèlement et le harcèlement sexuel sur le lieu de travail dans l'accès à l'emploi, à la formation et à la promotion professionnelles.

Art. 27. *Prescriptions minimales.* 1. Les États membres peuvent adopter ou maintenir des dispositions plus favorables à la protection du principe de l'égalité de traitement que celles qui sont prévues dans la présente directive.

2. La mise en œuvre de la présente directive ne constitue en aucun cas un motif suffisant pour justifier une réduction du niveau de protection des travailleurs dans les domaines couverts par celle-ci, sans préjudice du droit des États membres d'adopter, eu égard à l'évolution de la situation, des dispositions législatives, réglementaires ou administratives différentes de celles qui existent au moment de la notification de la présente directive, pour autant que les dispositions de la présente directive soient respectées.

Art. 28. *Lien avec les dispositions communautaires ou nationales.* 1. La présente directive ne fait pas obstacle aux dispositions relatives à la protection de la femme, notamment en ce qui concerne la grossesse et la maternité.

2. La présente directive s'entend sans préjudice des dispositions des directives 96/34/CE et 92/85/CEE.

Art. 29. *Intégration dans les différentes politiques des questions d'égalité entre les hommes et les femmes.* Les États membres tiennent activement compte de l'objectif de l'égalité entre hommes et femmes lors de l'élaboration et de la mise en œuvre des dispositions législatives, réglementaires et administratives, ainsi que des politiques et activités dans les domaines visés par la présente directive.

Art. 30. *Diffusion de l'information.* Les États membres veillent à ce que les mesures prises en application de la présente directive, ainsi que les dispositions déjà en vigueur en la matière, soient portées à la connaissance de toute personne concernée, sous toute forme appropriée, et, le cas échéant, sur le lieu de travail.

TITRE IV
DISPOSITIONS FINALES

Art. 31. *Rapports.* 1. Au plus tard le 15 février 2011, les États membres communiquent à la Commission toutes les informations nécessaires à l'établissement par la Commission d'un rapport au Parlement européen et au Conseil sur l'application de la présente directive.

2. Sans préjudice du paragraphe 1, les États membres communiquent à la Commission, tous les quatre ans, le texte des mesures adoptées en application de l'article 141, paragraphe 4, du traité, ainsi que des rapports sur ces mesures et leur mise en œuvre. Sur la base de ces informations, la Commission adopte et publie, tous les quatre ans, un rapport établissant une évaluation comparative de ces mesures à la lumière de la déclaration n° 28 annexée à l'acte final du traité d'Amsterdam.

3. Les États membres procèdent à un examen des activités professionnelles visées à l'article 14, paragraphe 2, afin d'apprécier, compte tenu de l'évolution sociale, s'il est justifié de maintenir les exclusions concernées. Ils communiquent périodiquement, et au moins tous les huit ans, le résultat de cet examen à la Commission.

Art. 32. *Réexamen.* Au plus tard le 15 février 2013, la Commission examine la mise en œuvre de la présente directive et, le cas échéant, propose toute modification qu'elle juge nécessaire.

Art. 33. *Mise en œuvre.* Les États membres mettent en vigueur les dispositions législatives, réglementaires et administratives nécessaires pour se conformer à la présente directive au plus tard le 15 août 2008 ou veillent, d'ici à cette date, à ce que les partenaires sociaux introduisent les dispositions requises par voie d'accord. Si des difficultés particulières le justifient, les États membres peuvent disposer d'un an de plus pour se conformer à la présente directive. Les États membres prennent toutes les mesures nécessaires leur permettant d'être en mesure de garantir les résultats imposés par la présente directive. Ils communiquent immédiatement à la Commission le texte de ces mesures.

Lorsque les États membres adoptent ces dispositions, celles-ci contiennent une référence à la présente directive ou sont accompagnées d'une telle référence lors de leur publication officielle. Elles contiennent également une mention précisant que les références faites, dans les dispositions législatives, réglementaires et administratives en vigueur, aux directives abrogées par la présente directive s'entendent comme faites à la présente directive. Les modalités de cette référence et la formulation de cette mention sont arrêtées par les États membres.

L'obligation de transposer la présente directive en droit national est limitée aux dispositions qui constituent une modi-fication de fond par rapport aux directives précédentes. L'obligation de transposer les dispositions inchangées résulte des directives précédentes.

Les États membres communiquent à la Commission le texte des dispositions essentielles de droit interne qu'ils adoptent dans le domaine régi par la présente directive.

Art. 34. *Abrogation.* 1. Avec effet au 15 août 2009, les directives 75/117/CEE, 76/207/CEE, 86/378/CEE et 97/80/CE sont abrogées, sans préjudice des obligations des États membres en ce qui concerne les délais de transposition en droit interne et d'application des directives indiqués à l'annexe I, partie B.

2. Les références faites aux directives abrogées s'entendent comme faites à la présente directive et sont à lire selon le tableau de correspondance figurant à l'annexe II.

Art. 35. *Entrée en vigueur.* La présente directive entre en vigueur le vingtième jour suivant celui de sa publication au Journal officiel de l'Union européenne.

Art. 36. *Destinataires.* Les États membres sont destinataires de la présente directive.

448 Préambule de la Constitution du 27 octobre 1946 (alinéa 3)

Al. 3. La loi garantit à la femme, dans tous les domaines, des droits égaux à ceux de l'homme.

449 Code du travail (partie I, livre I, titre IV)

TITRE QUATRIÈME

ÉGALITÉ PROFESSIONNELLE ENTRE LES FEMMES ET LES HOMMES

CHAPITRE PREMIER

Champ d'application

Art. L. 1141-1. Les dispositions du présent titre sont applicables aux employeurs de droit privé ainsi qu'à leurs salariés.

Elles sont également applicables au personnel des personnes publiques employé dans les conditions du droit privé.

CHAPITRE II

Dispositions générales

Art. L. 1142-1. Sous réserve des dispositions particulières du présent code, nul ne peut :

1° Mentionner ou faire mentionner dans une offre d'emploi le sexe ou la situation de famille du candidat recherché. Cette interdiction est applicable pour toute forme de publicité relative à une embauche et quels que soient les caractères du contrat de travail envisagé ;

2° Refuser d'embaucher une personne, prononcer une mutation, résilier ou refuser de renouveler le contrat de travail d'un salarié en considération du sexe, de la situation de famille ou de la grossesse sur la base de critères de choix différents selon le sexe, la situation de famille ou la grossesse;

3° Prendre en considération du sexe ou de la grossesse toute mesure, notamment en matière de rémunération, de formation, d'affectation, de qualification, de classification, de promotion professionnelle ou de mutation.

Art. L. 1142-2. *(L. n° 2008-496 du 27 mai 2008)* «Lorsque l'appartenance à l'un ou l'autre sexe répond à une exigence professionnelle essentielle et déterminante et pour autant que l'objectif soit légitime et l'exigence proportionnée, les interdictions prévues à l'article L. 1142-1 ne sont pas applicables.»

Un décret en Conseil d'État détermine, après avis des organisations d'employeurs et de salariés représentatives au niveau national, la liste des emplois et des activités professionnelles pour l'exercice desquels l'appartenance à l'un ou l'autre sexe constitue la condition déterminante. Cette liste est révisée périodiquement.

Art. L. 1142-2-1. *(L. n° 2015-994 du 17 août 2015, art. 20)* Nul ne doit subir d'agissement sexiste, défini comme tout agissement lié au sexe d'une personne, ayant pour objet ou pour effet de porter atteinte à sa dignité ou de créer un environnement intimidant, hostile, dégradant, humiliant ou offensant.

Art. L. 1142-3. Est nulle toute clause d'une convention ou d'un accord collectif de travail ou d'un contrat de travail qui réserve le bénéfice d'une mesure quelconque, à un ou des salariés, en considération du sexe.

Toutefois, ces dispositions ne sont pas applicables lorsque cette clause a pour objet l'application des dispositions relatives :

1° A la protection de la grossesse et de la maternité, prévues aux articles L. 1225-1 à L. 1225-28;

2° A l'interdiction d'emploi prénatal et postnatal, prévues à l'article L. 1225-29;

3° A l'allaitement, prévues aux articles L. 1225-30 à L. 1225-33;

4° A la démission de la salariée en état de grossesse médicalement constaté, prévues à l'article L. 1225-34;

5° Au congé de paternité *(L. n° 2012-1404 du 17 déc. 2012, art. 94)* «et d'accueil de l'enfant», prévues aux articles L. 1225-35 et L. 1225-36;

6° Au congé d'adoption, prévues aux articles L. 1225-37 à L. 1225-45.

Art. L. 1142-4. Les dispositions des articles L. 1142-1 et L. 1142-3 ne font pas obstacle à l'intervention de mesures temporaires prises au seul bénéfice des femmes visant à établir l'égalité des chances entre les femmes et les hommes, en particulier en remédiant aux inégalités de fait qui affectent les chances des femmes.

Ces mesures résultent :

1° Soit de dispositions réglementaires prises dans les domaines du recrutement, de la formation, de la promotion, de l'organisation et des conditions de travail;

2° Soit de stipulations de conventions de branches étendues ou d'accords collectifs étendus;

3° Soit de l'application du plan pour l'égalité professionnelle entre les femmes et les hommes.

Art. L. 1142-5. Il incombe à l'employeur de prendre en compte les objectifs en matière d'égalité professionnelle entre les femmes et les hommes dans l'entreprise et les mesures permettant de les atteindre :

1° Dans les entreprises dépourvues de délégué syndical;

2° Dans les entreprises non soumises à l'obligation de négocier en application des articles *(L. n° 2008-789 du 20 août 2008, art. 9)* «L. 2232-21 et L. 2232-24»;

3° Dans les entreprises non couvertes par une convention ou un accord de branche étendu relatif à l'égalité salariale entre les femmes et les hommes.

Art. L. 1142-6. *(Ord. n° 2014-699 du 26 juin 2014, art. 1er)* Dans les lieux de travail ainsi que dans les locaux ou à la porte des locaux où se fait l'embauche, les personnes mentionnées à l'article L. 1132-1 sont informées par tout moyen du texte des articles 225-1 à 225-4 du code pénal.

CHAPITRE II *BIS*

Mesures visant à supprimer les écarts de rémunération entre les femmes et les hommes dans l'entreprise

(L. n° 2018-771 du 5 sept. 2018, art. 104-I, en vigueur au plus tard le 1er janv. 2019 ou le 1er janv. 2020)

Art. L. 1142-7. L'employeur prend en compte un objectif de suppression des écarts de rémunération entre les femmes et les hommes.

Art. L. 1142-8. Dans les entreprises d'au moins cinquante salariés, l'employeur publie chaque année des indicateurs relatifs aux écarts de rémunération entre les femmes et les hommes et aux actions mises en œuvre pour les supprimer, selon des modalités et une méthodologie définies par décret.

Art. L. 1142-9. Dans les entreprises d'au moins cinquante salariés, lorsque les résultats obtenus par l'entreprise au regard des indicateurs mentionnés à l'article L. 1142-8 se situent en-deçà d'un niveau défini par décret, la négociation sur l'égalité professionnelle prévue au 2° de l'article L. 2242-1 porte également sur les mesures adéquates et pertinentes de correction et, le cas échéant, sur la programmation, annuelle ou pluriannuelle, de mesures financières de rattrapage salarial. En l'absence d'accord prévoyant de telles mesures, celles-ci sont déterminées par décision de l'employeur, après consultation du comité social et économique. La décision est déposée auprès de l'autorité administrative dans les mêmes conditions que le plan d'action mentionné à l'article L. 2242-3. L'autorité administrative peut présenter des observations sur les mesures prévues par l'accord ou la décision de l'employeur.

Art. L. 1142-10. Dans les entreprises d'au moins cinquante salariés, lorsque les résultats obtenus par l'entreprise, au regard des indicateurs mentionnés à l'article L. 1142-8, se situent en deçà d'un niveau défini par décret, l'entreprise dispose d'un délai de trois ans pour se mettre en conformité. A l'expiration de ce délai, si les résultats obtenus sont toujours en deçà du niveau défini par décret, l'employeur peut se voir appliquer une pénalité financière. Dès lors qu'une pénalité lui est appliquée sur le fondement du présent alinéa, l'employeur ne peut se voir appliquer la pénalité financière prévue à l'article L. 2242-8.

Le montant de la pénalité prévue au premier alinéa du présent article est fixé au maximum à 1 % des rémunérations et gains au sens du premier alinéa de l'article L. 242-1 du code de la sécurité sociale et du premier alinéa de l'article L. 741-10 du code rural et de la pêche maritime versés aux travailleurs salariés ou assimilés au cours de l'année civile précédant l'expiration du délai mentionné au premier alinéa du présent article. Le montant est fixé par l'autorité administrative, dans des conditions prévues par décret. En fonction des efforts constatés dans l'entreprise en matière d'égalité salariale entre les femmes et les hommes ainsi que des motifs de sa défaillance, un délai supplémentaire d'un an peut lui être accordé pour se mettre en conformité.

Le produit de cette pénalité est affecté au fonds mentionné à l'article L. 135-1 du code de la sécurité sociale.

CHAPITRE III

Plan et contrat pour l'égalité professionnelle

Section unique

Plan pour l'égalité professionnelle

Art. L. 1143-1. Pour assurer l'égalité professionnelle entre les femmes et les hommes, les mesures visant à établir l'égalité des chances prévues à l'article L. 1142-4 peuvent faire l'objet d'un plan pour l'égalité professionnelle négocié dans l'entreprise.

Ces mesures sont prises au vu notamment *(L. n° 2015-994 du 17 août 2015, art. 18-XIV, en vigueur le 1er janv. 2016)* «des données mentionnées au 1° *bis* de l'article L. 2323-8».

Art. L. 1143-2. Si, au terme de la négociation, aucun accord n'est intervenu, l'employeur peut mettre en œuvre le plan pour l'égalité professionnelle, sous réserve d'avoir préalablement consulté et recueilli l'avis du *(Ord. n° 2017-1386 du 22 sept. 2017, art. 4)* «comité social et économique».

Art. L. 1143-3. Le plan pour l'égalité professionnelle s'applique, sauf si l'autorité administrative s'y oppose, dans des conditions déterminées par voie réglementaire.

CHAPITRE IV

Actions en justice

Art. L. 1144-1. Lorsque survient un litige relatif à l'application des dispositions des articles L. 1142-1 et L. 1142-2, le candidat à un emploi, à un stage ou à une période de formation ou le salarié présente des éléments de fait laissant supposer l'existence d'une discrimination, directe ou indirecte, fondée sur le sexe, la situation de famille ou la grossesse.

Au vu de ces éléments, il incombe à la partie défenderesse de prouver que sa décision est justifiée par des éléments objectifs étrangers à toute discrimination.

Le juge forme sa conviction après avoir ordonné, en cas de besoin, toutes les mesures d'instruction qu'il estime utiles.

Art. L. 1144-2. Les organisations syndicales représentatives au niveau national ou dans l'entreprise peuvent exercer en justice toutes actions résultant de l'application des articles L. 3221-2 à L. 3221-7, relatifs à l'égalité de rémunération entre les femmes et les hommes.

Elles peuvent exercer ces actions en faveur d'un candidat à un emploi, à un stage ou à une période de formation ou d'un salarié.

L'organisation syndicale n'a pas à justifier d'un mandat de l'intéressé. Il suffit que celui-ci ait été averti par écrit de cette action et ne s'y soit pas opposé dans un délai de quinze jours à compter de la date à laquelle l'organisation syndicale lui a notifié son intention d'agir.

L'intéressé peut toujours intervenir à l'instance engagée par le syndicat.

Art. L. 1144-3. Est nul et de nul effet le licenciement d'un salarié faisant suite à une action en justice engagée par ce salarié ou en sa faveur sur le fondement des dispositions relatives à l'égalité professionnelle entre les femmes et les hommes lorsqu'il est établi que le licenciement n'a pas de cause réelle et sérieuse et constitue en réalité une mesure prise par l'employeur en raison de cette action en justice. Dans ce cas, la réintégration est de droit et le salarié est considéré comme n'ayant jamais cessé d'occuper son emploi.

(Ord. nº 2017-1387 du 22 sept. 2017, art. 3) «Lorsque le salarié refuse de poursuivre l'exécution du contrat de travail, les dispositions de l'article L. 1235-3-1 sont applicables.»

CHAPITRE V

Instances concourant à l'égalité professionnelle

Art. L. 1145-1. *(L. nº 2016-1088 du 8 août 2016, art. 19)* Le Conseil supérieur de l'égalité professionnelle entre les femmes et les hommes participe à la définition et à la mise en œuvre de la politique menée en matière d'égalité professionnelle entre les femmes et les hommes.

Un décret en Conseil d'État détermine les conditions d'application du présent article.

CHAPITRE VI

Dispositions pénales

Art. L. 1146-1. Le fait de méconnaître les dispositions relatives à l'égalité professionnelle entre les femmes et les hommes, prévues par les articles L. 1142-1 et L. 1142-2, est puni d'un emprisonnement d'un an et d'une amende de 3 750 €.

La juridiction peut également ordonner, à titre de peine complémentaire, l'affichage du jugement aux frais de la personne condamnée dans les conditions prévues à l'article 131-35 du code pénal et son insertion, intégrale ou par extraits, dans les journaux qu'elle désigne. Ces frais ne peuvent excéder le montant maximum de l'amende encourue.

Art. L. 1146-2. Les dispositions des articles 132-58 à 132-62 du code pénal, relatives à l'ajournement du prononcé de la peine, sont applicables en cas de poursuites pour infraction aux dispositions des articles L. 1142-1 et L. 1142-2, sous réserve des mesures particulières suivantes :

1° L'ajournement comporte injonction à l'employeur de définir, après consultation du *(Ord. nº 2017-1386 du 22 sept. 2017, art. 4)* «comité social et économique», et dans un délai déterminé, les mesures propres à assurer dans l'entreprise en cause le rétablissement de l'égalité professionnelle entre les femmes et les hommes;

2° L'ajournement peut également comporter injonction à l'employeur d'exécuter dans le même délai les mesures définies.

La juridiction peut ordonner l'exécution provisoire de sa décision.

Art. L. 1146-3. A l'audience de renvoi et au vu des mesures définies et, le cas échéant, exécutées par l'employeur, la juridiction apprécie s'il y a lieu de prononcer une dispense de peine.

Toutefois, lorsque le délai prévu au 2° de l'article L. 1146-2 n'a pas été respecté, la juridiction peut prononcer un nouvel et dernier ajournement et donner un nouveau délai au prévenu pour exécuter l'injonction.

CHAPITRE 5
La protection de l'enfance

Section 1
Les principes généraux

450 Déclaration universelle des droits de l'homme (article 25.2)

Art. 25. 2. La maternité et l'enfance ont droit à une aide et à une assistance spéciales. Tous les enfants, qu'ils soient nés dans le mariage ou hors mariage, jouissent de la même protection sociale.

451 Convention de New York relative aux droits de l'enfant

Les États parties à la présente Convention,

Considérant que, conformément aux principes proclamés dans la Charte des Nations Unies, la reconnaissance de la dignité inhérente à tous les membres de la famille humaine ainsi que l'égalité et le caractère inaliénable de leurs droits sont le fondement de la liberté, de la justice et de la paix dans le monde ;

Ayant présent à l'esprit le fait que les peuples des Nations Unies ont, dans la Charte, proclamé à nouveau leur foi dans les droits fondamentaux de l'homme et dans la dignité et la valeur de la personne humaine, et qu'ils ont résolu de favoriser le progrès social et d'instaurer de meilleures conditions de vie dans une liberté plus grande ;

Reconnaissant que les Nations Unies, dans la Déclaration universelle des droits de l'homme et dans les Pactes internationaux relatifs aux droits de l'homme, ont proclamé et sont convenues que chacun peut se prévaloir de tous les droits et de toutes les libertés qui y sont énoncés, sans distinction aucune, notamment de race, de couleur, de sexe, de langue, de religion, d'opinion politique ou de toute autre opinion, d'origine nationale ou sociale, de fortune, de naissance ou de toute autre situation ;

Rappelant que, dans la Déclaration universelle des droits de l'homme, les Nations Unies ont proclamé que l'enfant a droit à une aide et à une assistance spéciales ;

Convaincus que la famille, unité fondamentale de la société et milieu naturel pour la croissance et le bien-être de tous ses membres, et en particulier des enfants, doit recevoir la protection et l'assistance dont elle a besoin pour pouvoir jouer pleinement son rôle dans la communauté,

Reconnaissant que l'enfant, pour l'épanouissement harmonieux de sa personnalité, doit grandir dans le milieu familial, dans un climat de bonheur, d'amour et de compréhension ;

Considérant qu'il importe de préparer pleinement l'enfant à avoir une vie individuelle dans la société et de l'élever dans l'esprit des idéaux proclamés dans la Charte des Nations Unies, et en particulier dans un esprit de paix, de dignité, de tolérance, de liberté, d'égalité et de solidarité ;
Ayant présent à l'esprit que la nécessité d'accorder une protection spéciale à l'enfant a été énoncée dans la Déclaration de Genève de 1924 sur les droits de l'enfant et dans la Déclaration des droits de l'enfant adoptée par l'Assemblée générale le 20 novembre 1959, et qu'elle a été reconnue dans la Déclaration universelle des droits de l'homme, dans le Pacte international relatif aux droits civils et politiques (en particulier aux articles 23 et 24), dans le Pacte international relatif aux droits économiques, sociaux et culturels (en particulier à l'article 10) et dans les statuts et instruments pertinents des institutions spécialisées et des organisations internationales qui se préoccupent du bien-être de l'enfant ;
Ayant présent à l'esprit que, comme indiqué dans la Déclaration des droits de l'enfant, « l'enfant, en raison de son manque de maturité physique et intellectuelle, a besoin d'une protection spéciale et de soins spéciaux, notamment d'une protection juridique appropriée, avant comme après la naissance » ;
Rappelant les dispositions de la Déclaration sur les principes sociaux et juridiques applicables à la protection et au bien-être des enfants, envisagés surtout sous l'angle des pratiques en matière d'adoption et de placement familial sur les plans national et international, de l'ensemble des règles minima des Nations Unies concernant l'administration de la justice pour mineurs (Règles de Beijing) et de la Déclaration sur la protection des femmes et des enfants en période d'urgence et de conflit armé ;
Reconnaissant qu'il y a dans tous les pays du monde des enfants qui vivent dans des conditions particulièrement difficiles, et qu'il est nécessaire d'accorder à ces enfants une attention particulière ;
Tenant dûment compte de l'importance des traditions et valeurs culturelles de chaque peuple dans la protection et le développement harmonieux de l'enfant ;
Reconnaissant l'importance de la coopération internationale pour l'amélioration des conditions de vie des enfants dans tous les pays, et en particulier dans les pays en développement,
sont convenus de ce qui suit :

PRÉAMBULE

PREMIÈRE PARTIE

Art. 1er. Au sens de la présente Convention, un enfant s'entend de tout être humain âgé de moins de dix-huit ans, sauf si la majorité est atteinte plus tôt en vertu de la législation qui lui est applicable.

Art. 2. 1. Les États parties s'engagent à respecter les droits qui sont énoncés dans la présente Convention et à les garantir à tout enfant relevant de leur juridiction, sans distinction aucune, indépendamment de toute considération de race, de couleur, de sexe, de langue, de religion, d'opinion politique ou autre de l'enfant ou de ses parents ou représentants légaux, de leur origine nationale, ethnique ou sociale, de leur situation de fortune, de leur incapacité, de leur naissance ou de toute autre situation.

2. Les États parties prennent toutes les mesures appropriées pour que l'enfant soit effectivement protégé contre toutes formes de discrimination ou de sanction motivées par la situation juridique, les activités, les opinions déclarées ou les convictions de ses parents, de ses représentants légaux ou des membres de sa famille.

Art. 3. 1. Dans toutes les décisions qui concernent les enfants, qu'elles soient le fait des institutions publiques ou privées de protection sociale, des tribunaux, des autorités administratives ou des organes législatifs, l'intérêt supérieur de l'enfant doit être une considération primordiale.

2. Les États parties s'engagent à assurer à l'enfant la protection et les soins nécessaires à son bien-être, compte tenu des droits et des devoirs de ses parents, de ses tuteurs ou des autres personnes légalement responsables de lui, et ils prennent à cette fin toutes les mesures législatives et administratives appropriées.

3. Les États parties veillent à ce que le fonctionnement des institutions, services et établissements qui ont la charge des enfants et assurent leur protection soit conforme aux normes fixées par les autorités compétentes, particulièrement dans le domaine de la sécurité et de la santé et en ce qui concerne le nombre et la compétence de leur personnel ainsi que l'existence d'un contrôle approprié.

Art. 4. Les États parties s'engagent à prendre toutes les mesures législatives, administratives et autres qui sont nécessaires pour mettre en œuvre les droits reconnus dans la présente Convention. Dans le cas des droits économiques, sociaux et culturels, ils prennent ces mesures dans toutes les limites des ressources dont ils disposent et, s'il y a lieu, dans le cadre de la coopération internationale.

Art. 5. Les États parties respectent la responsabilité, le droit et le devoir qu'ont les parents ou, le cas échéant, les membres de la famille élargie ou de la communauté, comme prévu par la coutume locale, les tuteurs ou autres personnes légalement responsables de l'enfant, de donner à celui-ci, d'une manière qui corresponde au développement de ses capacités, l'orientation et les conseils appropriés à l'exercice des droits que lui reconnaît la présente Convention.

Art. 6. 1. Les États parties reconnaissent que tout enfant a un droit inhérent à la vie.

2. Les États parties assurent dans toute la mesure possible la survie et le développement de l'enfant.

Art. 7. 1. L'enfant est enregistré aussitôt sa naissance et a dès celle-ci le droit à un nom, le droit d'acquérir une nationalité et, dans la mesure du possible, le droit de connaître ses parents et d'être élevé par eux.

2. Les États parties veillent à mettre ces droits en œuvre conformément à leur législation nationale et aux obligations que leur imposent les instruments internationaux applicables en la matière, en particulier dans les cas où faute de cela l'enfant se trouverait apatride.

Art. 8. 1. Les États parties s'engagent à respecter le droit de l'enfant de préserver son identité, y compris sa nationalité, son nom et ses relations familiales, tels qu'ils sont reconnus par la loi, sans ingérence illégale.

2. Si un enfant est illégalement privé des éléments constitutifs de son identité ou de certains d'entre eux, les États parties doivent lui accorder une assistance et une protection appropriées, pour que son identité soit rétablie aussi rapidement que possible.

Art. 9. 1. Les États parties veillent à ce que l'enfant ne soit pas séparé de ses parents contre leur gré, à moins que les autorités compétentes ne décident, sous réserve de révision judiciaire et conformément aux lois et procédures applicables, que cette séparation est nécessaire dans l'intérêt supérieur de l'enfant. Une décision en ce sens peut être nécessaire dans certains cas particuliers, par exemple lorsque les parents maltraitent ou négligent l'enfant, ou lorsqu'ils vivent séparément et qu'une décision doit être prise au sujet du lieu de résidence de l'enfant.

2. Dans tous les cas prévus au paragraphe 1 du présent article, toutes les parties intéressées doivent avoir la possibilité de participer aux délibérations et de faire connaître leurs vues.

3. Les États parties respectent le droit de l'enfant séparé de ses deux parents ou de l'un d'eux d'entretenir régulièrement des relations personnelles et des contacts directs avec ses deux parents, sauf si cela est contraire à l'intérêt supérieur de l'enfant.

4. Lorsque la séparation résulte de mesures prises par un État partie, telles que la détention, l'emprisonnement, l'exil, l'expulsion ou la mort (y compris la mort, quelle qu'en soit la cause, survenue en cours de détention) des deux parents ou de l'un d'eux, ou de l'enfant, l'État partie donne sur demande aux parents, à l'enfant ou, s'il y a lieu, à un autre membre de la famille les renseignements essentiels sur le lieu où se trouvent le membre ou les membres de la famille, à moins que la divulgation de ces renseignements ne soit préjudiciable au bien-être de l'enfant. Les États parties veillent en outre à ce que la présentation d'une telle demande n'entraîne pas en elle-même de conséquences fâcheuses pour la personne ou les personnes intéressées.

Art. 10. 1. Conformément à l'obligation incombant aux États parties en vertu du paragraphe 1 de l'article 9, toute demande faite par un enfant ou ses parents en vue d'entrer dans un État partie ou de le quitter aux fins de réunification familiale est considérée par les États parties dans un esprit positif, avec humanité et diligence. Les États parties veillent en outre à ce que la présentation d'une telle demande n'entraîne pas de conséquences fâcheuses pour les auteurs de la demande et les membres de leur famille.

2. Un enfant dont les parents résident dans des États différents a le droit d'entretenir, sauf circonstances exceptionnelles, des relations personnelles et des contacts directs réguliers avec ses deux parents.

A cette fin, et conformément à l'obligation incombant aux États parties en vertu du paragraphe 2 de l'article 9, les États parties respectent le droit qu'ont l'enfant et ses parents de quitter tout pays, y compris le leur, et de revenir dans leur propre pays. Le droit de quitter tout pays ne peut faire l'objet que des restrictions prescrites par la loi qui sont nécessaires pour protéger la sécurité nationale, l'ordre public, la santé ou la moralité publiques, ou les droits et libertés d'autrui, et qui sont compatibles avec les autres droits reconnus dans la présente Convention.

Art. 11. 1. Les États parties prennent des mesures pour lutter contre les déplacements et les non-retours illicites d'enfants à l'étranger.

2. A cette fin, les États parties favorisent la conclusion d'accords bilatéraux ou multilatéraux ou l'adhésion aux accords existants.

Art. 12. 1. Les États parties garantissent à l'enfant qui est capable de discernement le droit d'exprimer librement son opinion sur toute question l'intéressant, les opinions de l'enfant étant dûment prises en considération eu égard à son âge et à son degré de maturité.

2. A cette fin, on donnera notamment à l'enfant la possibilité d'être entendu dans toute procédure judiciaire ou administrative l'intéressant, soit directement, soit par l'intermédiaire d'un représentant ou d'un organisme approprié, de façon compatible avec les règles de procédure de la législation nationale.

Art. 13. 1. L'enfant a droit à la liberté d'expression. Ce droit comprend la liberté de rechercher, de recevoir et de répandre des informations et des idées de toute espèce, sans considération de frontières, sous une forme orale, écrite, imprimée ou artistique, ou par tout autre moyen du choix de l'enfant.

2. L'exercice de ce droit ne peut faire l'objet que des seules restrictions qui sont prescrites par la loi et qui sont nécessaires :

a) Au respect des droits ou de la réputation d'autrui, ou

b) A la sauvegarde de la sécurité nationale, de l'ordre public, de la santé ou de la moralité publiques.

Art. 14. 1. Les États parties respectent le droit de l'enfant à la liberté de pensée, de conscience et de religion.

2. Les États parties respectent le droit et le devoir des parents ou, le cas échéant, des représentants légaux de l'enfant, de guider celui-ci dans l'exercice du droit susmentionné d'une manière qui corresponde au développement de ses capacités.

3. La liberté de manifester sa religion ou ses convictions ne peut être soumise qu'aux seules restrictions qui sont prescrites par la loi et qui sont nécessaires pour préserver la sûreté publique, l'ordre public, la santé et la moralité publiques, ou les libertés et droits fondamentaux d'autrui.

Art. 15. 1. Les États parties reconnaissent les droits de l'enfant à la liberté d'association et à la liberté de réunion pacifique.

2. L'exercice de ces droits ne peut faire l'objet que des seules restrictions qui sont prescrites par la loi et qui sont nécessaires dans une société démocratique, dans l'intérêt de la sécurité nationale, de la sûreté publique ou de l'ordre public, ou pour protéger la santé ou la moralité publiques, ou les droits et libertés d'autrui.

Art. 16. 1. Nul enfant ne fera l'objet d'immixtions arbitraires ou illégales dans sa vie privée, sa famille, son domicile ou sa correspondance, ni d'atteintes illégales à son honneur et à sa réputation.

2. L'enfant a droit à la protection de la loi contre de telles immixtions ou de telles atteintes.

Art. 17. Les États parties reconnaissent l'importance de la fonction remplie par les médias et veillent à ce que l'enfant ait accès à une information et à des matériels provenant de sources nationales et internationales diverses, notamment ceux qui visent à promouvoir son bien-être social, spirituel et moral ainsi que sa santé physique et mentale. À cette fin, les États parties :

a) Encouragent les médias à diffuser une information et des matériels qui présentent une utilité sociale et culturelle pour l'enfant et répondent à l'esprit de l'article 29;

b) Encouragent la coopération internationale en vue de produire, d'échanger et de diffuser une information et des matériels de ce type provenant de différentes sources culturelles, nationales et internationales;

c) Encouragent la production et la diffusion de livres pour enfants;

d) Encouragent les médias à tenir particulièrement compte des besoins linguistiques des enfants autochtones ou appartenant à un groupe minoritaire;

e) Favorisent l'élaboration de principes directeurs appropriés destinés à protéger l'enfant contre l'information et les matériels qui nuisent à son bien-être, compte tenu des dispositions des articles 13 et 18.

Art. 18. 1. Les États parties s'emploient de leur mieux à assurer la reconnaissance du principe selon lequel les deux parents ont une responsabilité commune pour ce qui est d'élever l'enfant et d'assurer son développement. La responsabilité d'élever l'enfant et d'assurer son développement incombe au premier chef aux parents ou, le cas échéant, à ses représentants légaux. Ceux-ci doivent être guidés avant tout par l'intérêt supérieur de l'enfant.

2. Pour garantir et promouvoir les droits énoncés dans la présente Convention, les États parties accordent l'aide appropriée aux parents et aux représentants légaux de l'enfant dans l'exercice de la responsabilité qui leur incombe d'élever l'enfant et assurent la mise en place d'institutions, d'établissements et de services chargés de veiller au bien-être des enfants.

3. Les États parties prennent toutes les mesures appropriées pour assurer aux enfants dont les parents travaillent le droit de bénéficier des services et établissements de garde d'enfants pour lesquels ils remplissent les conditions requises.

Art. 19. 1. Les États parties prennent toutes les mesures législatives, administratives, sociales et éducatives appropriées pour protéger l'enfant contre toute forme de violence, d'atteinte ou de brutalités physiques ou mentales, d'abandon ou de négligence, de mauvais traitements ou d'exploitation, y compris la violence sexuelle, pendant qu'il est sous la garde de ses parents ou de l'un d'eux, de son ou ses représentants légaux ou de toute autre personne à qui il est confié.

2. Ces mesures de protection comprendront, selon qu'il conviendra, des procédures efficaces pour l'établissement de programmes sociaux visant à fournir l'appui nécessaire à l'enfant et à ceux à qui il est confié, ainsi que pour d'autres formes de prévention, et aux fins d'identification, de rapport, de renvoi, d'enquête, de traitement et de suivi pour les cas de mauvais traitements de l'enfant décrits ci-dessus, et comprendre également, selon qu'il conviendra, des procédures d'intervention judiciaire.

Art. 20. 1. Tout enfant qui est temporairement ou définitivement privé de son milieu familial, ou qui, dans son propre intérêt, ne peut être laissé dans ce milieu, a droit à une protection et une aide spéciales de l'État.

2. Les États parties prévoient pour cet enfant une protection de remplacement conforme à leur législation nationale.

3. Cette protection de remplacement peut notamment avoir la forme du placement dans une famille, de la Kafalah de droit islamique, de l'adoption ou, en cas de nécessité, du placement dans un établissement pour enfants approprié. Dans le choix entre ces solutions, il est dûment tenu compte de la nécessité d'une certaine continuité dans l'éducation de l'enfant, ainsi que de son origine ethnique, religieuse, culturelle et linguistique.

Art. 21. Les États parties qui admettent et/ou autorisent l'adoption s'assurent que l'intérêt supérieur de l'enfant est la considération primordiale en la matière, et :

a) Veillent à ce que l'adoption d'un enfant ne soit autorisée que par les autorités compétentes, qui vérifient, conformément à la loi et aux procédures applicables et sur la base de tous les renseignements fiables relatifs au cas considéré, que l'adoption peut avoir lieu eu égard à la situation de l'enfant par rapport à ses père et mère, parents et représentants légaux et que, le cas échéant, les personnes intéressées ont donné leur consentement à l'adoption en connaissance de cause, après s'être entourées des avis nécessaires;

b) Reconnaissent que l'adoption à l'étranger peut être envisagée comme un autre moyen d'assurer les soins nécessaires à l'enfant, si celui-ci ne peut, dans son pays d'origine, être placé dans une famille nourricière ou adoptive ou être convenablement élevé;

c) Veillent, en cas d'adoption à l'étranger, à ce que l'enfant ait le bénéfice de garanties et de normes équivalant à celles existant en cas d'adoption nationale;

d) Prennent toutes les mesures appropriées pour veiller à ce que, en cas d'adoption à l'étranger, le placement de l'enfant ne se traduise pas par un profit matériel indu pour les personnes qui en sont responsables;

e) Poursuivent les objectifs du présent article en concluant des arrangements ou des accords bilatéraux ou multilatéraux, selon les cas, et s'efforcent dans ce cadre de veiller à ce que les placements d'enfants à l'étranger soient effectués par des autorités ou des organes compétents.

Art. 22. 1. Les États parties prennent les mesures appropriées pour qu'un enfant qui cherche à obtenir le statut de réfugié ou qui est considéré comme réfugié en vertu des règles et procédures du droit international ou national applicable, qu'il soit seul ou accompagné de ses père et mère ou de toute personne, bénéficie de la protection et de l'assistance humanitaire voulues pour lui permettre de jouir des droits que lui reconnaissent la présente Convention et les autres instruments internationaux relatifs aux droits de l'homme ou de caractère humanitaire auxquels lesdits États sont parties.

2. A cette fin, les États parties collaborent, selon qu'ils le jugent nécessaire, à tous les efforts faits par l'Organisation des Nations Unies et les autres organisations intergouvernementales ou non gouvernementales compétentes collaborant avec l'Organisation des Nations Unies pour protéger et aider les enfants qui se trouvent en pareille situation et pour rechercher les père et mère ou autres membres de la famille de tout enfant réfugié en vue d'obtenir les renseignements nécessaires pour le réunir à sa famille. Lorsque ni le père, ni la mère, ni aucun autre membre de la famille ne peut être retrouvé, l'enfant se voit accorder, selon les principes énoncés dans la présente Convention, la même protection que tout autre enfant définitivement ou temporairement privé de son milieu familial pour quelque raison que ce soit.

Art. 23. 1. Les États parties reconnaissent que les enfants mentalement ou physiquement handicapés doivent mener une vie pleine et décente, dans des conditions qui garantissent leur dignité, favorisent leur autonomie et facilitent leur participation active à la vie de la collectivité.

2. Les États parties reconnaissent le droit des enfants handicapés de bénéficier de soins spéciaux et encouragent et assurent, dans la mesure des ressources disponibles, l'octroi, sur demande, aux enfants handicapés remplissant les conditions requises et à ceux qui en ont la charge, d'une aide adaptée à l'état de l'enfant et à la situation de ses parents ou de ceux à qui il est confié.

3. Eu égard aux besoins particuliers des enfants handicapés, l'aide fournie conformément au paragraphe 2 du présent article est gratuite chaque fois qu'il est possible, compte tenu des ressources financières de leurs parents ou de ceux à qui l'enfant est confié, et elle est conçue de telle sorte que les enfants handicapés aient effectivement accès à l'éducation, à la formation, aux soins de santé, à la rééducation, à la préparation à l'emploi et aux activités récréatives, et bénéficient de ces services de façon propre à assurer une

intégration sociale aussi complète que possible et leur épanouissement personnel, y compris dans le domaine culturel et spirituel.

4. Dans un esprit de coopération internationale, les États parties favorisent l'échange d'informations pertinentes dans le domaine des soins de santé préventifs et du traitement médical, psychologique et fonctionnel des enfants handicapés, y compris par la diffusion d'informations concernant les méthodes de rééducation et les services de formation professionnelle, ainsi que l'accès à ces données, en vue de permettre aux États parties d'améliorer leurs capacités et leurs compétences et d'élargir leur expérience dans ces domaines. A cet égard, il est tenu particulièrement compte des besoins des pays en développement.

Art. 24. 1. Les États parties reconnaissent le droit de l'enfant de jouir du meilleur état de santé possible et de bénéficier de services médicaux et de rééducation. Ils s'efforcent de garantir qu'aucun enfant ne soit privé du droit d'avoir accès à ces services.

2. Les États parties s'efforcent d'assurer la réalisation intégrale du droit susmentionné et, en particulier, prennent les mesures appropriées pour :

a) Réduire la mortalité parmi les nourrissons et les enfants;

b) Assurer à tous les enfants l'assistance médicale et les soins de santé nécessaires, l'accent étant mis sur le développement des soins de santé primaires;

c) Lutter contre la maladie et la malnutrition, y compris dans le cadre des soins de santé primaires, grâce notamment à l'utilisation de techniques aisément disponibles et à la fourniture d'aliments nutritifs et d'eau potable, compte tenu des dangers et des risques de pollution du milieu naturel;

d) Assurer aux mères des soins prénatals et postnatals appropriés;

e) Faire en sorte que tous les groupes de la société, en particulier les parents et les enfants, reçoivent une information sur la santé et la nutrition de l'enfant, les avantages de l'allaitement au sein, l'hygiène et la salubrité de l'environnement et la prévention des accidents, et bénéficient d'une aide leur permettant de mettre à profit cette information;

f) Développer les soins de santé préventifs, les conseils aux parents et l'éducation et les services en matière de planification familiale.

3. Les États parties prennent toutes les mesures efficaces appropriées en vue d'abolir les pratiques traditionnelles préjudiciables à la santé des enfants.

4. Les États parties s'engagent à favoriser et à encourager la coopération internationale en vue d'assurer progressivement la pleine réalisation du droit reconnu dans le présent article. A cet égard, il est tenu particulièrement compte des besoins des pays en développement.

Art. 25. Les États parties reconnaissent à l'enfant qui a été placé par les autorités compétentes pour recevoir des soins, une protection ou un traitement physique ou mental, le droit à un examen périodique dudit traitement et de toute autre circonstance relative à son placement.

Art. 26. 1. Les États parties reconnaissent à tout enfant le droit de bénéficier de la sécurité sociale, y compris les assurances sociales, et prennent les mesures nécessaires pour assurer la pleine réalisation de ce droit en conformité avec leur législation nationale.

2. Les prestations doivent, lorsqu'il y a lieu, être accordées compte tenu des ressources et de la situation de l'enfant et des personnes responsables de son entretien, ainsi que de toute autre considération applicable à la demande de prestation faite par l'enfant ou en son nom.

Art. 27. 1. Les États parties reconnaissent le droit de tout enfant à un niveau de vie suffisant pour permettre son développement physique, mental, spirituel, moral ou social.

2. C'est aux parents ou autres personnes ayant la charge de l'enfant qu'incombe au premier chef la responsabilité d'assurer, dans les limites de leurs possibilités et de leurs moyens financiers, les conditions de vie nécessaires au développement de l'enfant.

3. Les États parties adoptent les mesures appropriées, compte tenu des conditions nationales et dans la mesure de leurs moyens, pour aider les parents et autres personnes ayant la charge de l'enfant à mettre en œuvre ce droit et offrent, en cas de besoin, une assistance matérielle et des programmes d'appui, notamment en ce qui concerne l'alimentation, le vêtement et le logement.

4. Les États parties prennent toutes les mesures appropriées en vue d'assurer le recouvrement de la pension alimentaire de l'enfant auprès de ses parents ou des autres personnes ayant une responsabilité financière à son égard, que ce soit sur leur territoire ou à l'étranger. En particulier, pour tenir compte des cas où la personne qui a une responsabilité financière à l'égard de l'enfant vit dans un État autre que celui de l'enfant, les États parties favorisent l'adhésion à des accords internationaux ou la conclusion de tels accords ainsi que l'adoption de tous autres arrangements appropriés.

Art. 28. 1. Les États parties reconnaissent le droit de l'enfant à l'éducation, et en particulier, en vue d'assurer l'exercice de ce droit progressivement et sur la base de l'égalité des chances :

a) Ils rendent l'enseignement primaire obligatoire et gratuit pour tous;

b) Ils encouragent l'organisation de différentes formes d'enseignement secondaire, tant général que professionnel, les rendent ouvertes et accessibles à tout enfant, et prennent des mesures appropriées, telles que l'instauration de la gratuité de l'enseignement et l'offre d'une aide financière en cas de besoin;

c) Ils assurent à tous l'accès à l'enseignement supérieur, en fonction des capacités de chacun, par tous les moyens appropriés;

d) Ils rendent ouvertes et accessibles à tout enfant l'information et l'orientation scolaires et professionnelles;

e) Ils prennent des mesures pour encourager la régularité de la fréquentation scolaire et la réduction des taux d'abandon scolaire.

2. Les États parties prennent toutes les mesures appropriées pour veiller à ce que la discipline scolaire soit appliquée d'une manière compatible avec la dignité de l'enfant en tant qu'être humain et conformément à la présente Convention.

3. Les États parties favorisent et encouragent la coopération internationale dans le domaine de l'éducation, en vue notamment de contribuer à éliminer l'ignorance et l'analphabétisme dans le monde et de faciliter l'accès aux connaissances scientifiques et techniques et aux méthodes d'enseignement modernes. A cet égard, il est tenu particulièrement compte des besoins des pays en développement.

Art. 29. 1. Les États parties conviennent que l'éducation de l'enfant doit viser à :

a) Favoriser l'épanouissement de la personnalité de l'enfant et le développement de ses dons et de ses aptitudes mentales et physiques, dans toute la mesure de leurs potentialités;

b) Inculquer à l'enfant le respect des droits de l'homme et des libertés fondamentales, et des principes consacrés dans la Charte des Nations Unies;

c) Inculquer à l'enfant le respect de ses parents, de son identité, de sa langue et de ses valeurs culturelles, ainsi que le respect des valeurs nationales du pays dans lequel il vit, du pays duquel il peut être originaire et des civilisations différentes de la sienne;

d) Préparer l'enfant à assumer les responsabilités de la vie dans une société libre, dans un esprit de compréhension, de paix, de tolérance, d'égalité entre les sexes et d'amitié entre tous les peuples et groupes ethniques, nationaux et religieux, et avec les personnes d'origine autochtone;

e) Inculquer à l'enfant le respect du milieu naturel.

2. Aucune disposition du présent article ou de l'article 28 ne sera interprétée d'une manière qui porte atteinte à la liberté des personnes physiques ou morales de créer et de diriger des établissements d'enseignement, à condition que les principes énoncés au paragraphe 1 du présent article soient respectés et que l'éducation dispensée dans ces établissements soit conforme aux normes minimales que l'État aura prescrites.

Art. 30. Dans les États où il existe des minorités ethniques, religieuses ou linguistiques ou des personnes d'origine autochtone, un enfant autochtone ou appartenant à une de ces minorités ne peut être privé du droit d'avoir sa propre vie culturelle, de professer et de pratiquer sa propre religion ou d'employer sa propre langue en commun avec les autres membres de son groupe.

Art. 31. 1. Les États parties reconnaissent à l'enfant le droit au repos et aux loisirs, de se livrer au jeu et à des activités récréatives propres à son âge, et de participer librement à la vie culturelle et artistique.

2. Les États parties respectent et favorisent le droit de l'enfant de participer pleinement à la vie culturelle et artistique, et encouragent l'organisation à son intention de moyens appropriés de loisirs et d'activités récréatives, artistiques et culturelles, dans des conditions d'égalité.

Art. 32. 1. Les États parties reconnaissent le droit de l'enfant d'être protégé contre l'exploitation économique et de n'être astreint à aucun travail comportant des risques ou susceptible de compromettre son éducation ou de nuire à sa santé ou à son développement physique, mental, spirituel, moral ou social.

2. Les États parties prennent des mesures législatives, administratives, sociales et éducatives pour assurer l'application du présent article. A cette fin, et compte tenu des dispositions pertinentes des autres instruments internationaux, les États parties, en particulier :

a) Fixent un âge minimum ou des âges minimum d'admission à l'emploi;

b) Prévoient une réglementation appropriée des horaires de travail et des conditions d'emploi;

c) Prévoient des peines ou autres sanctions appropriées pour assurer l'application effective du présent article.

Art. 33. Les États parties prennent toutes les mesures appropriées, y compris des mesures législatives, administratives, sociales et éducatives, pour protéger les enfants contre l'usage illicite de stupéfiants et de substances psychotropes, tels que les définissent les conventions internationales pertinentes, et pour empêcher que des enfants ne soient utilisés pour la production et le trafic illicites de ces substances.

Art. 34. Les États parties s'engagent à protéger l'enfant contre toutes les formes d'exploitation sexuelle et de violence sexuelle. À cette fin, les États prennent en particulier toutes les mesures appropriées sur les plans national, bilatéral et multilatéral pour empêcher :

a) Que des enfants ne soient incités ou contraints à se livrer à une activité sexuelle illégale;

b) Que des enfants ne soient exploités à des fins de prostitution ou autres pratiques sexuelles illégales;

c) Que des enfants ne soient exploités aux fins de la production de spectacles ou de matériel de caractère pornographique.

Art. 35. Les États parties prennent toutes les mesures appropriées sur les plans national, bilatéral et multilatéral pour empêcher l'enlèvement, la vente ou la traite d'enfants à quelque fin que ce soit et sous quelque forme que ce soit.

Art. 36. Les États parties protègent l'enfant contre toutes autres formes d'exploitation préjudiciables à tout aspect de son bien-être.

Art. 37. Les États parties veillent à ce que :

a) Nul enfant ne soit soumis à la torture ni à des peines ou traitements cruels, inhumains ou dégradants. Ni la peine capitale ni l'emprisonnement à vie sans possibilité de libération ne doivent être prononcés pour les infractions commises par des personnes âgées de moins de dix-huit ans;

b) Nul enfant ne soit privé de liberté de façon illégale ou arbitraire. L'arrestation, la détention ou l'emprisonnement d'un enfant doit être en conformité avec la loi, n'être qu'une mesure de dernier ressort, et être d'une durée aussi brève que possible;

c) Tout enfant privé de liberté soit traité avec humanité et avec le respect dû à la dignité de la personne humaine, et d'une manière tenant compte des besoins des personnes de son âge. En particulier, tout enfant privé de liberté sera séparé des adultes, à moins que l'on n'estime préférable de ne pas le faire dans l'intérêt supérieur de l'enfant, et il a le droit de rester en contact avec sa famille par la correspondance et par des visites, sauf circonstances exceptionnelles;

d) Les enfants privés de liberté aient le droit d'avoir rapidement accès à l'assistance juridique ou à toute autre assistance appropriée, ainsi que le droit de contester la légalité de leur privation de liberté devant un tribunal ou une autre autorité compétente, indépendante et impartiale, et à ce qu'une décision rapide soit prise en la matière.

Art. 38. 1. Les États parties s'engagent à respecter et à faire respecter les règles du droit humanitaire international qui leur sont applicables en cas de conflit armé et dont la protection s'étend aux enfants.

2. Les États parties prennent toutes les mesures possibles dans la pratique pour veiller à ce que les personnes n'ayant pas atteint l'âge de quinze ans ne participent pas directement aux hostilités.

3. Les États parties s'abstiennent d'enrôler dans leurs forces armées toute personne n'ayant pas atteint l'âge de quinze ans. Lorsqu'ils incorporent des personnes de plus de quinze ans mais de moins de dix-huit ans, les États parties s'efforcent d'enrôler en priorité les plus âgées.

4. Conformément à l'obligation qui leur incombe en vertu du droit humanitaire international de protéger la population civile en cas de conflit armé, les États parties prennent toutes les mesures possibles dans la pratique pour que les enfants qui sont touchés par un conflit armé bénéficient d'une protection et de soins.

Art. 39. Les États parties prennent toutes les mesures appropriées pour faciliter la réadaptation physique et psychologique et la réinsertion sociale de tout enfant victime de toute forme de négligence, d'exploitation ou de sévices, de torture ou de toute autre forme de peines ou traitements cruels, inhumains ou dégradants, ou de conflit armé. Cette réadaptation et cette réinsertion se déroulent dans des conditions qui favorisent la santé, le respect de soi et la dignité de l'enfant.

Art. 40. 1. Les États parties reconnaissent à tout enfant suspecté, accusé ou convaincu d'infraction à la loi pénale le droit à un traitement qui soit de nature à favoriser son sens de la dignité et de la valeur personnelle, qui renforce son respect pour les droits de l'homme et les libertés fondamentales d'autrui, et qui tienne compte de son âge ainsi que de la nécessité de faciliter sa réintégration dans la société et de lui faire assumer un rôle constructif au sein de celle-ci.

2. A cette fin, et compte tenu des dispositions pertinentes des instruments internationaux, les États parties veillent en particulier :

a) A ce qu'aucun enfant ne soit suspecté, accusé ou convaincu d'infraction à la loi pénale en raison d'actions ou d'omissions qui n'étaient pas interdites par le droit national ou international au moment où elles ont été commises ;

b) A ce que tout enfant suspecté ou accusé d'infraction à la loi pénale ait au moins le droit aux garanties suivantes :

i) Être présumé innocent jusqu'à ce que sa culpabilité ait été légalement établie ;

ii) Être informé dans le plus court délai et directement des accusations portées contre lui, ou, le cas échéant, par l'intermédiaire de ses parents ou représentants légaux, et bénéficier d'une assistance juridique ou de toute autre assistance appropriée pour la préparation et la présentation de sa défense ;

iii) Que sa cause soit entendue sans retard par une autorité ou une instance judiciaire compétentes, indépendantes et impartiales, selon une procédure équitable aux termes de la loi, en présence de son conseil juridique ou autre et, à moins que cela ne soit jugé contraire à l'intérêt supérieur de l'enfant en raison notamment de son âge ou de sa situation, en présence de ses parents ou représentants légaux ;

iv) Ne pas être contraint de témoigner ou de s'avouer coupable ; interroger ou faire interroger les témoins à charge, et obtenir la comparution et l'interrogatoire des témoins à décharge dans des conditions d'égalité ;

v) S'il est reconnu avoir enfreint la loi pénale, faire appel de cette décision et de toute mesure arrêtée en conséquence devant une autorité ou une instance judiciaire supérieure compétentes, indépendantes et impartiales, conformément à la loi ;

vi) Se faire assister gratuitement d'un interprète s'il ne comprend ou ne parle pas la langue utilisée ;

vii) Que sa vie privée soit pleinement respectée à tous les stades de la procédure.

3. Les États parties s'efforcent de promouvoir l'adoption de lois, de procédures, la mise en place d'autorités et d'institutions spécialement conçues pour les enfants suspectés, accusés ou convaincus d'infraction à la loi pénale, et en particulier :

a) D'établir un âge minimum au-dessous duquel les enfants seront présumés n'avoir pas la capacité d'enfreindre la loi pénale ;

b) De prendre des mesures, chaque fois que cela est possible et souhaitable, pour traiter ces enfants sans recourir à la procédure judiciaire, étant cependant entendu que les droits de l'homme et les garanties légales doivent être pleinement respectés.

4. Toute une gamme de dispositions, relatives notamment aux soins, à l'orientation et à la supervision, aux conseils, à la probation, au placement familial, aux programmes d'éducation générale et professionnelle et aux solutions autres qu'institutionnelles seront prévues en vue d'assurer aux enfants un traitement conforme à leur bien-être et proportionné à leur situation et à l'infraction.

Art. 41. Aucune des dispositions de la présente Convention ne porte atteinte aux dispositions plus propices à la réalisation des droits de l'enfant qui peuvent figurer :

a) Dans la législation d'un État partie; ou

b) Dans le droit international en vigueur pour cet État.

DEUXIÈME PARTIE

Art. 42. Les États parties s'engagent à faire largement connaître les principes et les dispositions de la présente Convention, par des moyens actifs et appropriés, aux adultes comme aux enfants.

Art. 43. 1. Aux fins d'examiner les progrès accomplis par les États parties dans l'exécution des obligations contractées par eux en vertu de la présente Convention, il est institué un Comité des droits de l'enfant qui s'acquitte des fonctions définies ci-après.

2. Le comité se compose de dix-huit experts de haute moralité et possédant une compétence reconnue dans le domaine visé par la présente Convention. Ses membres sont élus par les États parties parmi leurs ressortissants et siègent à titre personnel, compte tenu de la nécessité d'assurer une répartition géographique équitable et eu égard aux principaux systèmes juridiques.

3. Les membres du comité sont élus au scrutin secret sur une liste de personnes désignées par les États parties. Chaque État partie peut désigner un candidat parmi ses ressortissants.

4. La première élection aura lieu dans les six mois suivant la date d'entrée en vigueur de la présente Convention. Les élections auront lieu ensuite tous les deux ans. Quatre mois au moins avant la date de chaque élection, le secrétaire général de l'Organisation des Nations Unies invitera par écrit les États parties à proposer leurs candidats dans un délai de deux mois. Le secrétaire général dressera ensuite la liste alphabétique des candidats ainsi désignés, en indiquant les États parties qui les ont désignés, et la communiquera aux États parties à la présente Convention.

5. Les élections ont lieu lors des réunions des États parties, convoquées par le secrétaire général au siège de l'Organisation des Nations Unies. À ces réunions, pour lesquelles le quorum est constitué par les deux tiers des États parties, les candidats élus au comité sont ceux qui obtiennent le plus grand nombre de voix et la majorité absolue des voix des représentants des États parties et votants.

6. Les membres du comité sont élus pour quatre ans. Ils sont rééligibles si leur candidature est présentée à nouveau. Le mandat de cinq des membres élus lors de la première élection prend fin au bout de deux ans. Les noms de ces cinq membres seront tirés au sort par le président de la réunion immédiatement après la première élection.

7. En cas de décès ou de démission d'un membre du comité, ou si, pour toute autre raison, un membre déclare ne plus pouvoir exercer ses fonctions au sein du comité, l'État partie qui avait présenté sa candidature nomme un autre expert parmi ses ressortissants pour pourvoir le poste ainsi vacant jusqu'à l'expiration du mandat correspondant, sous réserve de l'approbation du comité.

8. Le comité adopte son règlement intérieur.

9. Le comité élit son bureau pour une période de deux ans.

10. Les réunions du comité se tiennent normalement au Siège de l'Organisation des Nations Unies, ou en tout autre lieu approprié déterminé par le comité. Le comité se réunit normalement chaque année. La durée de ses sessions est déterminée et modifiée, si nécessaire, par une réunion des États parties à la présente Convention, sous réserve de l'approbation de l'assemblée générale.

11. Le secrétaire général de l'Organisation des Nations Unies met à la disposition du comité le personnel et les installations qui lui sont nécessaires pour s'acquitter efficacement des fonctions qui lui sont confiées en vertu de la présente Convention.

12. Les membres du comité institué en vertu de la présente Convention reçoivent, avec l'approbation de l'assemblée générale, des émoluments prélevés sur les ressources de l'Organisation des Nations Unies dans les conditions et selon les modalités fixées par l'assemblée générale.

Art. 44. 1. Les États parties s'engagent à soumettre au comité, par l'entremise du secrétaire général de l'Organisation des Nations Unies, des rapports sur les mesures qu'ils auront adoptées pour donner effet aux droits reconnus dans la présente Convention et sur les progrès réalisés dans la jouissance de ces droits :

a) Dans les deux ans à compter de la date de l'entrée en vigueur de la présente Convention pour les États parties intéressés;

b) Par la suite, tous les cinq ans.

2. Les rapports établis en application du présent article doivent, le cas échéant, indiquer les facteurs et les difficultés empêchant les États parties de s'acquitter pleinement des obligations prévues dans la présente Convention. Ils doivent également contenir des renseignements suffisants pour donner au Comité une idée précise de l'application de la Convention dans le pays considéré.

3. Les États parties ayant présenté au comité un rapport initial complet n'ont pas, dans les rapports qu'ils lui présentent ensuite conformément à l'alinéa *b* du paragraphe 1 du présent article, à répéter les renseignements de base antérieurement communiqués.

4. Le comité peut demander aux États parties tous renseignements complémentaires relatifs à l'application de la Convention.

5. Le comité soumet tous les deux ans à l'assemblée générale, par l'entremise du conseil économique et social, un rapport sur ses activités.

6. Les États parties assurent à leurs rapports une large diffusion dans leur propre pays.

Art. 45. Pour promouvoir l'application effective de la Convention et encourager la coopération internationale dans le domaine visé par la Convention :

a) Les institutions spécialisées, le Fonds des Nations Unies pour l'enfance et d'autres organes des Nations Unies ont le droit de se faire représenter lors de l'examen de l'application des dispositions de la présente Convention qui relèvent de leur mandat. Le Comité peut inviter les institutions spécialisées, le Fonds des Nations Unies pour l'enfance et tous autres organismes compétents qu'il jugera appropriés à donner des avis spécialisés sur l'application de la Convention dans les domaines qui relèvent de leurs mandats respectifs. Il peut inviter les institutions spécialisées, le Fonds des Nations Unies pour l'enfance et d'autres organes des Nations Unies à lui présenter des rapports sur l'application de la Convention dans les secteurs qui relèvent de leur domaine d'activité;

b) Le Comité transmet, s'il le juge nécessaire, aux institutions spécialisées, au Fonds des Nations Unies pour l'enfance et aux autres organismes compétents tout rapport des États parties contenant une demande ou indiquant un besoin de conseils ou d'assistance techniques, accompagné, le cas échéant, des observations et suggestions du Comité touchant ladite demande ou indication;

c) Le Comité peut recommander à l'Assemblée générale de prier le Secrétaire général de procéder pour le Comité à des études sur des questions spécifiques touchant les droits de l'enfant;

d) Le Comité peut faire des suggestions et des recommandations d'ordre général fondées sur les renseignements reçus en application des articles 44 et 45 de la présente Convention. Ces suggestions et recommandations d'ordre général sont transmises à tout

État partie intéressé et portées à l'attention de l'Assemblée générale, accompagnées, le cas échéant, des observations des États parties.

(...)

452 Charte sociale européenne révisée (articles 7 et 17)

Art. 7. *Droit des enfants et des adolescents à la protection.* En vue d'assurer l'exercice effectif du droit des enfants et des adolescents à la protection, les Parties s'engagent :

1. à fixer à 15 ans l'âge minimum d'admission à l'emploi, des dérogations étant toutefois admises pour les enfants employés à des travaux légers déterminés qui ne risquent pas de porter atteinte à leur santé, à leur moralité ou à leur éducation ;

2. à fixer à 18 ans l'âge minimum d'admission à l'emploi pour certaines occupations déterminées, considérées comme dangereuses ou insalubres ;

3. à interdire que les enfants encore soumis à l'instruction obligatoire soient employés à des travaux qui les privent du plein bénéfice de cette instruction ;

4. à limiter la durée du travail des travailleurs de moins de 18 ans pour qu'elle corresponde aux exigences de leur développement et, plus particulièrement, aux besoins de leur formation professionnelle ;

5. à reconnaître le droit des jeunes travailleurs et apprentis à une rémunération équitable ou à une allocation appropriée ;

6. à prévoir que les heures que les adolescents consacrent à la formation professionnelle pendant la durée normale du travail avec le consentement de l'employeur seront considérées comme comprises dans la journée de travail ;

7. à fixer à quatre semaines au minimum la durée des congés payés annuels des travailleurs de moins de 18 ans ;

8. à interdire l'emploi des travailleurs de moins de 18 ans à des travaux de nuit, exception faite pour certains emplois déterminés par la législation ou la réglementation nationale ;

9. à prévoir que les travailleurs de moins de 18 ans occupés dans certains emplois déterminés par la législation ou la réglementation nationale doivent être soumis à un contrôle médical régulier ;

10. à assurer une protection spéciale contre les dangers physiques et moraux auxquels les enfants et les adolescents sont exposés, et notamment contre ceux qui résultent d'une façon directe ou indirecte de leur travail.

Art. 17. *Droit des enfants et des adolescents à une protection sociale, juridique et économique.* En vue d'assurer aux enfants et aux adolescents l'exercice effectif du droit de grandir dans un milieu favorable à l'épanouissement de leur personnalité et au développement de leurs aptitudes physiques et mentales, les Parties s'engagent à prendre, soit directement, soit en coopération avec les organisations publiques ou privées, toutes les mesures nécessaires et appropriées tendant :

1. *a.* à assurer aux enfants et aux adolescents, compte tenu des droits et des devoirs des parents, les soins, l'assistance, l'éducation et la formation dont ils ont besoin, notamment en prévoyant la création ou le maintien d'institutions ou de services adéquats et suffisants à cette fin ;

b. à protéger les enfants et les adolescents contre la négligence, la violence ou l'exploitation ;

c. à assurer une protection et une aide spéciale de l'État vis à vis de l'enfant ou de l'adolescent temporairement ou définitivement privé de son soutien familial;

2. à assurer aux enfants et aux adolescents un enseignement primaire et secondaire gratuit, ainsi qu'à favoriser la régularité de la fréquentation scolaire.

453 Convention européenne sur l'exercice des droits des enfants

Date d'adoption : 25 janvier 1996

PRÉAMBULE

Les États membres du Conseil de l'Europe et les autres États, signataires de la présente Convention,

Considérant que le but du Conseil de l'Europe est de réaliser une union plus étroite entre ses membres;

Tenant compte de la Convention des Nations Unies sur les droits de l'enfant et en particulier de l'article 4 qui exige que les États Parties prennent toutes les mesures législatives, administratives et autres qui sont nécessaires pour mettre en œuvre les droits reconnus dans ladite Convention;

Prenant note du contenu de la Recommandation 1121 (1990) de l'Assemblée parlementaire, relative aux droits des enfants;

Convaincus que les droits et les intérêts supérieurs des enfants devraient être promus et qu'à cet effet les enfants devraient avoir la possibilité d'exercer ces droits, en particulier dans les procédures familiales les intéressant;

Reconnaissant que les enfants devraient recevoir des informations pertinentes afin que leurs droits et leurs intérêts supérieurs puissent être promus, et que l'opinion de ceux-là doit être dûment prise en considération;

Reconnaissant l'importance du rôle des parents dans la protection et la promotion des droits et des intérêts supérieurs de leurs enfants et considérant que les États devraient, le cas échéant, également prendre part à celles-là;

Considérant, toutefois, que, en cas de conflit, il est opportun que les familles essayent de trouver un accord avant de porter la question devant une autorité judiciaire,

Sont convenus de ce qui suit :

CHAPITRE I
Champ d'application et objet de la Convention, et définitions

Art. 1er. *Champ d'application et objet de la Convention.* 1. La présente Convention s'applique aux enfants qui n'ont pas atteint l'âge de 18 ans.

2. L'objet de la présente Convention vise à promouvoir, dans l'intérêt supérieur des enfants, leurs droits, à leur accorder des droits procéduraux et à en faciliter l'exercice en veillant à ce qu'ils puissent, eux-mêmes, ou par l'intermédiaire d'autres personnes ou organes, être informés et autorisés à participer aux procédures les intéressant devant une autorité judiciaire.

3. Aux fins de la présente Convention, les procédures intéressant les enfants devant une autorité judiciaire sont des procédures familiales, en particulier celles relatives à l'exercice des responsabilités parentales, s'agissant notamment de la résidence et du droit de visite à l'égard des enfants.

4. Tout État doit, au moment de la signature ou au moment du dépôt de son instrument de ratification, d'acceptation, d'approbation ou d'adhésion, désigner, par déclaration adressée au Secrétaire Général du Conseil de l'Europe, au moins trois catégories de litiges familiaux devant une autorité judiciaire auxquelles la présente Convention a vocation à s'appliquer.

5. Toute Partie peut, par déclaration additionnelle, compléter la liste des catégories de litiges familiaux auxquelles la présente Convention a vocation à s'appliquer ou fournir toute information relative à l'application des articles 5, 9, paragraphe 2, 10, paragraphe 2, et 11.

6. La présente Convention n'empêche pas les Parties d'appliquer des règles plus favorables à la promotion et à l'exercice des droits des enfants.

Art. 2. *Définitions.* Aux fins de la présente Convention, l'on entend par :

A. " autorité judiciaire ", un tribunal ou une autorité administrative ayant des compétences équivalentes;

B. " détenteurs des responsabilités parentales ", les parents et autres personnes ou organes habilités à exercer tout ou partie des responsabilités parentales;

C. " représentant ", une personne, telle qu'un avocat, ou un organe nommé pour agir auprès d'une autorité judiciaire au nom d'un enfant;

D. " informations pertinentes ", les informations appropriées, eu égard à l'âge et au discernement de l'enfant, qui lui seront fournies afin de lui permettre d'exercer pleinement ses droits, à moins que la communication de telles informations ne nuise à son bien-être.

CHAPITRE II

Mesures d'ordre procédural pour promouvoir l'exercice des droits des enfants

A.. Droits procéduraux d'un enfant

Art. 3. *Droit d'être informé et d'exprimer son opinion dans les procédures.* Un enfant qui est considéré par le droit interne comme ayant un discernement suffisant, dans les procédures l'intéressant devant une autorité judiciaire, se voit conférer les droits suivants, dont il peut lui-même demander à bénéficier :

A. recevoir toute information pertinente;

B. être consulté et exprimer son opinion;

C. être informé des conséquences éventuelles de la mise en pratique de son opinion et des conséquences éventuelles de toute décision.

Art. 4. *Droit de demander la désignation d'un représentant spécial.* 1. Sous réserve de l'article 9, l'enfant a le droit de demander, personnellement ou par l'intermédiaire d'autres personnes ou organes, la désignation d'un représentant spécial dans les procédures l'intéressant devant une autorité judiciaire, lorsque le droit interne prive les détenteurs des responsabilités parentales de la faculté de représenter l'enfant en raison d'un conflit d'intérêts avec celui-là.

2. Les États sont libres de prévoir que le droit visé au paragraphe 1 ne s'applique qu'aux seuls enfants considérés par le droit interne comme ayant un discernement suffisant.

Art. 5. *Autres droits procéduraux possibles.* Les Parties examinent l'opportunité de reconnaître aux enfants des droits procéduraux supplémentaires dans les procédures intéressant les enfants devant une autorité judiciaire, en particulier :

A. le droit de demander à être assistés par une personne appropriée de leur choix afin de les aider à exprimer leur opinion;

B. le droit de demander eux-mêmes, ou par l'intermédiaire d'autres personnes ou organes, la désignation d'un représentant distinct, dans les cas appropriés, un avocat;

C. le droit de désigner leur propre représentant;

D. le droit d'exercer tout ou partie des prérogatives d'une partie à de telles procédures.

B.. Rôle des autorités judiciaires

Art. 6. *Processus décisionnel.* Dans les procédures intéressant un enfant, l'autorité judiciaire, avant de prendre toute décision, doit :

A. examiner si elle dispose d'informations suffisantes afin de prendre une décision dans l'intérêt supérieur de celui-là et, le cas échéant, obtenir des informations supplémentaires, en particulier de la part des détenteurs de responsabilités parentales;

B. lorsque l'enfant est considéré par le droit interne comme ayant un discernement suffisant :

- s'assurer que l'enfant a reçu toute information pertinente,
- consulter dans les cas appropriés l'enfant personnellement, si nécessaire en privé, elle-même ou par l'intermédiaire d'autres personnes ou organes, sous une forme appropriée à son discernement, à moins que ce ne soit manifestement contraire aux intérêts supérieurs de l'enfant,
- permettre à l'enfant d'exprimer son opinion;

C. tenir dûment compte de l'opinion exprimée par celui-ci.

Art. 7. *Obligation d'agir promptement.* Dans les procédures intéressant un enfant, l'autorité judiciaire doit agir promptement pour éviter tout retard inutile. Des procédures assurant une exécution rapide de ses décisions doivent y concourir. En cas d'urgence, l'autorité judiciaire a, le cas échéant, le pouvoir de prendre des décisions qui sont immédiatement exécutoires.

Art. 8. *Possibilité d'autosaisine.* Dans les procédures intéressant un enfant, l'autorité judiciaire a le pouvoir, dans les cas déterminés par le droit interne où le bien-être de l'enfant est sérieusement menacé, de se saisir d'office.

Art. 9. *Désignation d'un représentant.* 1. Dans les procédures intéressant un enfant, lorsqu'en vertu du droit interne les détenteurs des responsabilités parentales se voient privés de la faculté de représenter l'enfant à la suite d'un conflit d'intérêts avec lui, l'autorité judiciaire a le pouvoir de désigner un représentant spécial pour celui-là dans de telles procédures.

2. Les Parties examinent la possibilité de prévoir que, dans les procédures intéressant un enfant, l'autorité judiciaire ait le pouvoir de désigner un représentant distinct, dans les cas appropriés, un avocat, pour représenter l'enfant.

C.. Rôle des représentants

Art. 10. 1. Dans le cas des procédures intéressant un enfant devant une autorité judiciaire, le représentant doit, à moins que ce ne soit manifestement contraire aux intérêts supérieurs de l'enfant :

A. fournir toute information pertinente à l'enfant, si ce dernier est considéré par le droit interne comme ayant un discernement suffisant;

B. fournir des explications à l'enfant, si ce dernier est considéré par le droit interne comme ayant un discernement suffisant, relatives aux conséquences éventuelles de la mise en pratique de son opinion et aux conséquences éventuelles de toute action du représentant;

C. déterminer l'opinion de l'enfant et la porter à la connaissance de l'autorité judiciaire.

2. Les Parties examinent la possibilité d'étendre les dispositions du paragraphe 1 aux détenteurs des responsabilités parentales.

D.. Extension de certaines dispositions

Art. 11. Les Parties examinent la possibilité d'étendre les dispositions des articles 3, 4 et 9 aux procédures intéressant les enfants devant d'autres organes ainsi qu'aux questions intéressant les enfants indépendamment de toute procédure.

E.. Organes nationaux

Art. 12. 1. Les Parties encouragent, par l'intermédiaire d'organes qui ont, entre autres, les fonctions visées au paragraphe 2, la promotion et l'exercice des droits des enfants.

2. Ces fonctions sont les suivantes :

A. faire des propositions pour renforcer le dispositif législatif relatif à l'exercice des droits des enfants;

B. formuler des avis sur les projets de législation relatifs à l'exercice des droits des enfants;

C. fournir des informations générales concernant l'exercice des droits des enfants aux médias, au public et aux personnes ou organes s'occupant des questions relatives aux enfants;

D. rechercher l'opinion des enfants et leur fournir toute information appropriée.

F.. Autres mesures

Art. 13. *Médiation et autres méthodes de résolution des conflits.* Afin de prévenir ou de résoudre les conflits, et d'éviter des procédures intéressant les enfants devant une autorité judiciaire, les Parties encouragent la mise en œuvre de la médiation ou de toute autre méthode de résolution des conflits et leur utilisation pour conclure un accord, dans les cas appropriés déterminés par les Parties.

Art. 14. *Aide judiciaire et conseil juridique.* Lorsque le droit interne prévoit l'aide judiciaire ou le conseil juridique pour la représentation des enfants dans les procédures les intéressant devant une autorité judiciaire, de telles dispositions s'appliquent aux questions visées aux articles 4 et 9.

Art. 15. *Relations avec d'autres instruments internationaux.* La présente Convention ne fait pas obstacle à l'application d'autres instruments internationaux qui traitent de questions spécifiques à la protection des enfants et des familles, auxquels une Partie à la présente Convention est, ou devient, Partie.

CHAPITRE III

Comité permanent

Art. 16. *Mise en place et fonctions du Comité permanent.* 1. Il est constitué, aux fins de la présente Convention, un Comité permanent.

2. Le Comité permanent suit les problèmes relatifs à la présente Convention. Il peut, en particulier :

A. examiner toute question pertinente relative à l'interprétation ou à la mise en œuvre de la Convention. Les conclusions du Comité permanent relatives à la mise en œuvre de la Convention peuvent revêtir la forme d'une recommandation; les recommandations sont adoptées à la majorité des trois quarts des voix exprimées;

B. proposer des amendements à la Convention et examiner ceux formulés conformément à l'article 20;

C. fournir conseil et assistance aux organes nationaux exerçant les fonctions visées au paragraphe 2 de l'article 12, ainsi que promouvoir la coopération internationale entre ceux-là.

Art. 17. *Composition.* 1. Toute Partie peut se faire représenter au sein du Comité permanent par un ou plusieurs délégués. Chaque Partie dispose d'une voix.

2. Tout État visé à l'article 21, qui n'est pas Partie à la présente Convention, peut être représenté au Comité permanent par un observateur. Il en va de même pour tout autre État ou pour la Communauté européenne, après invitation à adhérer à la Convention, conformément aux dispositions de l'article 22.

3. À moins qu'une Partie, un mois au minimum avant la réunion, n'ait informé le Secrétaire Général de son objection, le Comité permanent peut inviter à participer en tant qu'observateur à toutes les réunions ou à tout ou partie d'une réunion :

- tout État non visé au paragraphe 2 ci-dessus;
- le Comité des droits de l'enfant des Nations Unies;
- la Communauté européenne;
- tout organisme international gouvernemental;
- tout organisme international non gouvernemental poursuivant une ou plusieurs des fonctions visées au paragraphe 2 de l'article 12;
- tout organisme national, gouvernemental ou non gouvernemental, exerçant une ou plusieurs des fonctions visées au paragraphe 2 de l'article 12.

4. Le Comité permanent peut échanger des informations avec les organisations appropriées œuvrant pour l'exercice des droits des enfants.

Art. 18. *Réunions.* 1. À l'issue de la troisième année qui suit la date d'entrée en vigueur de la présente Convention et, à son initiative, à tout autre moment après cette date, le Secrétaire Général du Conseil de l'Europe invitera le Comité permanent à se réunir.

2. Le Comité permanent ne peut prendre de décision qu'à la condition qu'au moins la moitié des Parties soit présente.

3. Sous réserve des articles 16 et 20, les décisions du Comité permanent sont prises à la majorité des membres présents.

4. Sous réserve des dispositions de la présente Convention, le Comité permanent établit son règlement intérieur et le règlement intérieur de tout groupe de travail qu'il constitue pour remplir toutes les tâches appropriées dans le cadre de la Convention.

Art. 19. *Rapports du Comité permanent.* Après chaque réunion, le Comité permanent transmet aux Parties et au Comité des Ministres du Conseil de l'Europe un rapport relatif à ses discussions et aux décisions prises.

(...)

Art. 24. *Droits de l'enfant.* 1. Les enfants ont droit à la protection et aux soins nécessaires à leur bien-être. Ils peuvent exprimer leur opinion librement. Celle-ci est prise en considération pour les sujets qui les concernent, en fonction de leur âge et de leur maturité.

2. Dans tous les actes relatifs aux enfants, qu'ils soient accomplis par des autorités publiques ou des institutions privées, l'intérêt supérieur de l'enfant doit être une considération primordiale.

3. Tout enfant a le droit d'entretenir régulièrement des relations personnelles et des contacts directs avec ses deux parents, sauf si cela est contraire à son intérêt.

454 Charte des droits fondamentaux de l'Union européenne (article 32)

Art. 32. *Interdiction du travail des enfants et protection des jeunes au travail.* Le travail des enfants est interdit. L'âge minimal d'admission au travail ne peut être inférieur à l'âge auquel cesse la période de scolarité obligatoire, sans préjudice des règles plus favorables aux jeunes et sauf dérogations limitées.

Les jeunes admis au travail doivent bénéficier de conditions de travail adaptées à leur âge et être protégés contre l'exploitation économique ou contre tout travail susceptible de nuire à leur sécurité, à leur santé, à leur développement physique, mental, moral ou social ou de compromettre leur éducation.

455 Code de l'action sociale et des familles (livre II, titre II, chapitre I et chapitre VI)

TITRE DEUXIÈME

ENFANCE

CHAPITRE PREMIER

Service de l'aide sociale à l'enfance

Art. L. 221-1. Le service de l'aide sociale à l'enfance est un service non personnalisé du département chargé des missions suivantes :

(L. n° 2007-293 du 5 mars 2007, art. 3) «1° Apporter un soutien matériel, éducatif et psychologique tant aux mineurs et à leur famille ou à tout détenteur de l'autorité parentale, confrontés à des difficultés risquant de mettre en danger la santé, la sécurité, la moralité de ces mineurs ou de compromettre gravement leur éducation ou leur développement physique, affectif, intellectuel et social, qu'aux mineurs émancipés et majeurs de moins de vingt et un ans confrontés à des difficultés familiales, sociales et éducatives susceptibles de compromettre gravement leur équilibre;»

2° Organiser, dans les lieux où se manifestent des risques d'inadaptation sociale, des actions collectives visant à prévenir la marginalisation et à faciliter l'insertion ou la promotion sociale des jeunes et des familles, *(L. n° 2002-2 du 2 janv. 2002, art. 82)* «notamment *(L. n° 2016-297 du 14 mars 2016, art. 12-1°)* «des actions de prévention spécialisée» visées au 2° de l'article L. 121-2»;

3° Mener en urgence des actions de protection en faveur des mineurs mentionnés au 1° du présent article;

4° Pourvoir à l'ensemble des besoins des mineurs confiés au service et veiller à leur orientation, en collaboration avec leur famille ou leur représentant légal;

5° Mener, notamment à l'occasion de l'ensemble de ces interventions, des actions de prévention *(L. n° 2007-293 du 5 mars 2007, art. 3)* «des situations de danger» à l'égard des mineurs et, sans préjudice des compétences de l'autorité judiciaire, organiser le recueil *(L. n° 2007-293 du 5 mars 2007, art. 3)* «et la transmission, dans les conditions prévues à l'article L. 226-3, des informations préoccupantes relatives aux mineurs dont la santé, la sécurité, la moralité sont en danger ou risquent de l'être ou dont l'éducation ou le développement sont compromis ou risquent de l'être, et participer à leur protection;

(L. n° 2018-703 du 3 août 2018, art. 17) «5° *bis* Veiller au repérage et à l'orientation des mineurs victimes ou menacés de violences sexuelles, notamment des mineures victimes de mutilations sexuelles;»

«6° Veiller à ce que les liens d'attachement noués par l'enfant avec d'autres personnes que ses parents soient maintenus, voire développés, dans son intérêt supérieur»;

(L. n° 2016-297 du 14 mars 2016, art. 12-2°) «7° Veiller à la stabilité du parcours de l'enfant confié et à l'adaptation de son statut sur le long terme;

«8° Veiller à ce que les liens d'attachement noués par l'enfant avec ses frères et sœurs soient maintenus, dans l'intérêt de l'enfant.»

Pour l'accomplissement de ses missions, et sans préjudice de ses responsabilités vis-à-vis des enfants qui lui sont confiés, le service de l'aide sociale à l'enfance peut faire appel à des organismes publics ou privés habilités dans les conditions prévues aux articles *(L. n° 2002-2 du 2 janv. 2002, art. 75)* «L. 313-8, L. 313-8-1 et L. 313-9» ou à des personnes physiques.

Le service contrôle les personnes physiques ou morales à qui il a confié des mineurs, en vue de s'assurer des conditions matérielles et morales de leur placement.

Art. L. 221-2. Le service de l'aide sociale à l'enfance est placé sous l'autorité du président du conseil départemental.

Le département organise sur une base territoriale les moyens nécessaires à l'accueil et à l'hébergement des enfants confiés au service. *(L. n° 2005-706 du 27 juin 2005, art. 4)* «Un projet de service de l'aide sociale à l'enfance est élaboré dans chaque département. Il précise notamment les possibilités d'accueil d'urgence, les modalités de recrutement par le département des assistants familiaux ainsi que l'organisation et le fonctionnement des équipes travaillant avec les assistants familiaux, qui en sont membres à part entière. Le département» doit en outre disposer de structures d'accueil pour les femmes enceintes et les mères avec leurs enfants.

Pour l'application de l'alinéa précédent, le département peut conclure des conventions avec d'autres collectivités territoriales ou recourir à des établissements et services habilités.

(L. n° 2016-297 du 14 mars 2016, art. 7) «Dans chaque département, un médecin référent "protection de l'enfance", désigné au sein d'un service du département, est chargé d'organiser les modalités de travail régulier et les coordinations nécessaires entre les services départementaux et la cellule de recueil, de traitement et d'évaluation des informations préoccupantes, d'une part, et les médecins libéraux et hospitaliers ainsi que les médecins de santé scolaire du département, d'autre part, dans des conditions définies par décret.»

Art. L. 221-2-1. *(L. n° 2016-297 du 14 mars 2016, art. 13)* Lorsqu'un enfant est pris en charge par le service de l'aide sociale à l'enfance sur un autre fondement que l'assistance éducative, le président du conseil départemental peut décider, si tel est l'intérêt de l'enfant et après évaluation de la situation, de le confier à un tiers, dans le cadre d'un accueil durable et bénévole. Sans préjudice de la responsabilité du président du conseil départemental, le service de l'aide sociale à l'enfance informe, accompagne et contrôle le tiers à qui il confie l'enfant. Un référent désigné par le service est chargé de ce suivi et de la mise en œuvre du projet pour l'enfant prévu à l'article L. 223-1-1. Les conditions d'application du présent article sont précisées par décret.

Art. L. 221-2-2. *(L. n° 2016-297 du 14 mars 2016, art. 48)* Pour permettre l'application du troisième alinéa de l'article 375-5 du code civil, le président du conseil départemental transmet au ministre de la justice les informations dont il dispose sur le nombre de mineurs privés temporairement ou définitivement de la protection de leur famille dans le département. Le ministre de la justice fixe les objectifs de répartition proportionnée des accueils de ces mineurs entre les départements, en fonction de critères démographiques et d'éloignement géographique. Les modalités d'application du présent article, notamment les conditions d'évaluation de la situation de ces mineurs et la prise en compte de la situation particulière des collectivités relevant de l'article 73 de la Constitution, de Saint-Barthélemy, de Saint-Martin et de Saint-Pierre-et-Miquelon, sont définies par décret en Conseil d'État.

Art. L. 221-3. *(L. n° 2012-301 du 5 mars 2012)* Lorsqu'une famille bénéficiaire d'une prestation d'aide sociale à l'enfance, hors aide financière, ou d'une mesure judiciaire de protection de l'enfance change de département à l'occasion d'un changement de domicile, le président du conseil départemental du département d'origine en informe le président du conseil départemental du département d'accueil et lui transmet, pour l'accomplissement de ses missions, les informations relatives au mineur et à la famille concernés.

Il en va de même lorsque la famille est concernée par une information préoccupante en cours de traitement ou d'évaluation.

(L. nº 2016-297 du 14 mars 2016, art. 14-1º) «Pour l'accomplissement de sa mission de protection de l'enfance, le président du conseil départemental peut demander au président du conseil départemental d'un autre département des renseignements relatifs à un mineur et à sa famille quand ce mineur a fait l'objet par le passé, au titre de la protection de l'enfance, d'une information préoccupante, d'un signalement ou d'une prise en charge dans cet autre département. Le président du conseil départemental ainsi saisi transmet les informations demandées.»

Les modalités de cette transmission d'informations sont définies par décret en Conseil d'État, après avis de la Commission nationale de l'informatique et des libertés.

(L. nº 2016-297 du 14 mars 2016, art. 8) «Le service de l'aide sociale à l'enfance répond dans les meilleurs délais aux demandes de coopération transmises par une autorité centrale ou une autre autorité compétente, fondées sur les articles 55 et 56 du règlement (CE) nº 2201/2003 du Conseil du 27 novembre 2003 relatif à la compétence, la reconnaissance et l'exécution des décisions en matière matrimoniale et en matière de responsabilité parentale abrogeant le règlement (CE) nº 1347/2000 et les articles 31 à 37 de la convention concernant la compétence, la loi applicable, la reconnaissance, l'exécution et la coopération en matière de responsabilité parentale et de mesures de protection des enfants, signée à la Haye le 19 octobre 1996.»

Art. L. 221-4. Lorsqu'il est avisé par le juge des enfants d'une mesure d'assistance éducative prise en application des articles 375 à 375-8 du code civil *(L. nº 2009-526 du 12 mai 2009, art. 116)* «ou d'une mesure judiciaire d'aide à la gestion du budget familial prise en application des articles 375-9-1 et 375-9-2 du même code», le président du conseil départemental lui communique les informations dont il dispose sur le mineur et sa situation familiale.

(L. nº 2007-293 du 5 mars 2007, art. 18) «Lorsqu'un enfant bénéficie d'une mesure prévue à l'article 375-2 ou aux 1º, 2º, 4º et 5º de l'article 375-3 du code civil, le président du conseil départemental organise, sans préjudice des prérogatives de l'autorité judiciaire, entre les services du département et les services chargés de l'exécution de la mesure, les modalités de coordination en amont, en cours et en fin de mesure, aux fins de garantir la continuité et la cohérence des actions menées. Le service qui a été chargé de l'exécution de la mesure transmet au président du conseil départemental un rapport circonstancié sur la situation et sur l'action ou les actions déjà menées. Il en avise, sauf en cas de danger pour l'enfant, le père, la mère, toute personne exerçant l'autorité parentale ou le tuteur.»

Art. L. 221-6. Toute personne participant aux missions du service de l'aide sociale à l'enfance est tenue au secret professionnel sous les peines et dans les conditions prévues par les articles 226-13 et 226-14 du code pénal.

Elle est tenue de transmettre sans délai au président du conseil départemental ou au responsable désigné par lui toute information nécessaire pour déterminer les mesures dont les mineurs et leur famille peuvent bénéficier, et notamment toute information sur les situations de mineurs susceptibles de relever du chapitre VI du présent titre.

L'article 226-13 du code pénal n'est pas applicable aux personnes qui transmettent des informations dans les conditions prévues par l'alinéa précédent ou dans les conditions prévues par l'article L. 221-3 du présent code.

Art. L. 221-7. Le procureur de la République peut, à l'occasion d'une procédure d'adoption, prendre connaissance des dossiers concernant les enfants recueillis par le service. En toutes matières, le service de l'aide sociale à l'enfance peut, de sa propre initiative ou sur la demande de ce magistrat, lui fournir tous renseignements relatifs aux pupilles. Les renseignements ainsi obtenus ne peuvent être révélés à l'occasion d'une procédure quelconque, ni mentionnés dans une décision de justice. Ils ne peuvent être communiqués qu'aux magistrats de l'ordre judiciaire.

Art. L. 221-8. Dans tous les cas où la loi ou des règlements exigent la production de l'acte de naissance, il peut y être suppléé, s'il n'a pas été établi un acte de naissance provisoire dans les conditions prévues à l'article 58 du code civil et s'il y a lieu d'observer le secret, par un certificat d'origine dressé par le représentant de l'État dans le département ou son représentant.

Toutefois, est communiqué aux magistrats de l'ordre judiciaire qui en font la demande à l'occasion d'une procédure pénale, le lieu où est tenu l'état civil d'un pupille de l'État, ou d'un ancien pupille, ou le lieu où est tenue l'identité du ou des parents ou de la personne qui a remis le pupille ou l'ancien pupille.

Ces renseignements ne peuvent être révélés au cours de cette procédure ou mentionnés dans la décision à intervenir; toutes mesures sont, en outre, prises pour qu'ils ne puissent être portés, directement ou indirectement, à la connaissance de l'intéressé ou de toute personne non liée, de par ses fonctions, par le secret professionnel mentionné aux articles 226-13 et 226-14 du code pénal.

Art. L. 221-9. Le contrôle du service de l'aide sociale à l'enfance est assuré par l'inspection générale des affaires sociales.

CHAPITRE VI
Protection des mineurs en danger et recueil des informations préoccupantes

(L. n° 2007-293 du 5 mars 2007, art. 3).

Art. L. 226-1. Les missions définies au 5° de l'article L. 221-1 sont menées par le service de l'aide sociale à l'enfance, en liaison avec le service départemental de protection maternelle et infantile mentionné à l'article L. 2112-1 du code de la santé publique, et le service départemental d'action sociale mentionné à l'article L. 123-2 du présent code ainsi qu'avec les autres services publics compétents.

Art. L. 226-2. Ces missions comportent notamment l'information et la sensibilisation de la population et des personnes concernées par les situations de mineurs *(L. n° 2007-293 du 5 mars 2007, art. 3)* «en danger ou qui risquent de l'être» ainsi que la publicité du dispositif de recueil d'informations prévu à l'article L. 226-3.

Le président du conseil départemental peut faire appel aux associations concourant à la protection de l'enfance et de la famille pour participer aux actions d'information et de sensibilisation prévues à l'alinéa précédent.

Art. L. 226-2-1. *(L. n° 2007-293 du 5 mars 2007, art. 12)* Sans préjudice des dispositions du II de l'article L. 226-4, les personnes qui mettent en œuvre la politique de protection de l'enfance définie à l'article L. 112-3 ainsi que celles qui lui apportent leur concours transmettent sans délai au président du conseil départemental ou au responsable désigné par lui, conformément à l'article L. 226-3, toute information préoccupante sur un mineur en danger ou risquant de l'être, au sens de l'article 375 du code civil. Lorsque cette information est couverte par le secret professionnel, sa transmission est assurée dans le respect de l'article L. 226-2-2 du présent code. Cette transmission a pour but de permettre d'évaluer la situation du mineur et de déterminer les actions de protection et d'aide dont ce mineur et sa famille peuvent bénéficier. Sauf intérêt contraire de l'enfant, le père, la mère, toute autre personne exerçant l'autorité parentale ou le tuteur sont préalablement informés de cette transmission, selon des modalités adaptées.

Art. L. 226-2-2. *(L. n° 2007-293 du 5 mars 2007, art. 15)* Par exception à l'article 226-13 du code pénal, les personnes soumises au secret professionnel qui mettent en œuvre la politique de protection de l'enfance définie à l'article L. 112-3 ou qui lui apportent leur concours sont autorisées à partager entre elles des informations à caractère secret afin d'évaluer une situation individuelle, de déterminer et de mettre en œuvre les actions de protection et d'aide dont les mineurs et leur famille peuvent bénéficier. Le partage des informations relatives à une situation individuelle est strictement limité à ce qui est nécessaire à l'accomplissement de la mission de protection de l'enfance. Le père, la mère, toute autre personne exerçant l'autorité parentale, le tuteur, l'enfant en fonction de son âge et de sa maturité sont préalablement informés, selon des modalités adaptées, sauf si cette information est contraire à l'intérêt de l'enfant.

Art. L. 226-3. *(L. n° 2007-293 du 5 mars 2007, art. 12)* Le président du conseil départemental est chargé du recueil, du traitement et de l'évaluation, à tout moment et quelle qu'en soit l'origine, des informations préoccupantes relatives aux mineurs en danger ou qui risquent de l'être. Le représentant de l'État et l'autorité judiciaire lui apportent leur concours.

Des protocoles sont établis à cette fin entre le président du conseil départemental, le représentant de l'État dans le département, les partenaires institutionnels concernés et l'autorité judiciaire en vue de centraliser le recueil des informations préoccupantes au sein d'une cellule de recueil, de traitement et d'évaluation de ces informations.

(L. n° 2016-297 du 14 mars 2016, art. 9) «L'évaluation de la situation d'un mineur à partir d'une information préoccupante est réalisée par une équipe pluridisciplinaire de professionnels identifiés et formés à cet effet. A cette occasion, la situation des autres mineurs présents au domicile est également évaluée. Un décret précise les conditions d'application du présent alinéa.»

Après évaluation, les informations individuelles font, si nécessaire, l'objet d'un signalement à l'autorité judiciaire.

Les services publics, ainsi que les établissements publics et privés susceptibles de connaître des situations de mineurs en danger ou qui risquent de l'être, participent au dispositif départemental. Le président du conseil départemental peut requérir la collaboration d'associations concourant à la protection de l'enfance.

Les informations mentionnées au premier alinéa ne peuvent être collectées, conservées et utilisées que pour assurer les missions prévues au 5° de l'article L. 221-1.

Art. L. 226-3-1. *(L. n° 2007-293 du 5 mars 2007, art. 16)* Dans chaque département, un observatoire départemental de la protection de l'enfance, placé sous l'autorité du président du conseil départemental, a pour missions :

1° De recueillir, d'examiner et d'analyser les données relatives à l'enfance en danger dans le département, au regard notamment des informations anonymes transmises dans les conditions prévues à l'article L. 226-3. Ces données sont ensuite adressées par chaque département à l'Observatoire national de *(L. n° 2016-297 du 14 mars 2016, art. 6-2°)* «la protection de l'enfance»;

2° D'être informé de toute évaluation des services et établissements intervenant dans le domaine de la protection de l'enfance et assurée en application de l'article L. 312-8;

3° De suivre la mise en œuvre du schéma départemental prévu à l'article L. 312-5 en tant qu'il concerne les établissements et services mentionnés aux 1° et 4° du I de l'article L. 312-1, et de formuler des avis;

4° De formuler des propositions et avis sur la mise en œuvre de la politique de protection de l'enfance dans le département;

(L. n° 2016-297 du 14 mars 2016, art. 3) «5° De réaliser un bilan annuel des formations continues délivrées dans le département en application de l'article L. 542-1 du code de l'éducation, qui est rendu public, et d'élaborer un programme pluriannuel des besoins en formation de tous les professionnels concourant dans le département à la protection de l'enfance.

«La composition pluri-institutionnelle de l'observatoire départemental de la protection de l'enfance est précisée par décret.»

L'observatoire départemental de la protection de l'enfance établit des statistiques qui sont portées à la connaissance de l'assemblée départementale et transmises aux représentants de l'État et de l'autorité judiciaire.

Art. L. 226-3-1-1. *(Ord. n° 2016-1562 du 21 nov. 2016, art. 23-II, en vigueur le 1er janv. 2018)* L'observatoire de la protection de l'enfance de la collectivité de Corse est placé sous l'autorité du président du conseil exécutif.

L'observatoire de la protection de l'enfance de la collectivité de Corse établit des statistiques pour chaque circonscription administrative de l'État de Corse-du-Sud et de Haute-Corse. Elles sont portées à la connaissance de l'Assemblée de Corse et transmises aux représentants de l'État et de l'autorité judiciaire compétents.

Pour l'application des dispositions du chapitre VI du titre II du livre II à la collectivité de Corse, les mots : "président du conseil départemental" sont remplacés par les mots : "président du conseil exécutif".

Art. L. 226-3-2. *(L. n° 2012-301 du 5 mars 2012)* Dans le cas où la procédure de transmission d'informations prévue à l'article L. 221-3 est rendue impossible par l'absence d'information sur la nouvelle adresse de la famille et si l'interruption de l'évaluation ou du traitement de l'information préoccupante, de la prestation d'aide sociale à l'enfance ou de la mesure judiciaire de protection de l'enfance met en danger le mineur concerné, le président du conseil départemental du département d'origine avise sans délai l'autorité judiciaire de la situation en application de l'article L. 226-4.

(L. n° 2016-297 du 14 mars 2016, art. 14-2°) «En l'absence d'informations sur la nouvelle adresse de la famille, s'il considère que le mineur qui fait l'objet d'une information préoccupante en cours d'évaluation ou de traitement et dont la famille est bénéficiaire d'une prestation d'aide sociale à l'enfance hors aide financière, ou d'une mesure judiciaire de protection de l'enfance est en danger ou risque de l'être,» le président du conseil

départemental du département d'origine peut également, pour ses missions de protection de l'enfance, saisir la caisse primaire d'assurance maladie et la caisse d'allocations familiales compétentes, qui lui communiquent la nouvelle adresse de la famille dans un délai de dix jours à compter de la réception de la demande et dans le respect des dispositions relatives au secret professionnel. A cette fin, la caisse primaire d'assurance maladie peut accéder aux informations contenues dans le répertoire national inter-régimes des bénéficiaires de l'assurance maladie visé à l'article L. 161-32 du code de la sécurité sociale.

Le président du conseil départemental du département d'origine communique sans délai au président du conseil départemental du département d'accueil l'adresse de la famille et lui transmet les informations relatives à cette famille et au mineur concerné en application de l'article L. 221-3 du présent code.

Art. L. 226-3-3. *(L. n° 2016-297 du 14 mars 2016, art. 6-4°)* Sont transmises à l'observatoire départemental de la protection de l'enfance et à l'Observatoire national de la protection de l'enfance, sous forme anonyme, les informations relatives aux mesures, mentionnées aux articles L. 222-3, L. 222-4-2, L. 222-5 et L. 223-2 du présent code, aux articles 375-2, 375-3 et 375-9-1 du code civil, à l'article 1er du décret n° 75-96 du 18 février 1975 fixant les modalités de mise en œuvre d'une action de protection judiciaire en faveur de jeunes majeurs et à l'article 1183 du code de procédure civile, dont bénéficient des mineurs ou des majeurs de moins de vingt et un ans. Sont également transmises à l'Observatoire national de la protection de l'enfance, sous forme anonyme, les informations relatives aux mesures prévues au huitième alinéa de l'article 8, aux cinquième à avant-dernier alinéas de l'article 10, aux 2° à 5° de l'article 15, aux 2° à 4° de l'article 16 et aux articles 16 *bis* et 25 de l'ordonnance n° 45-174 du 2 février 1945 relative à l'enfance délinquante ainsi qu'aux mesures de placement, à quelque titre que ce soit, dans les centres définis à l'article 33 de la même ordonnance, aux fins d'exploitation conditionnée à la succession ou la simultanéité de ces mesures avec les signalements ou mesures mentionnés à la première phrase du présent article, dans le cadre des missions mentionnées au premier alinéa de l'article L. 226-6 du présent code. La nature et les modalités de transmission de ces informations sont fixées par décret.

Art. L. 226-4. *(L. n° 2007-293 du 5 mars 2007, art. 12)* I. — Le président du conseil départemental avise sans délai le procureur de la République *(L. n° 2016-297 du 14 mars 2016, art. 11-1°)* «aux fins de saisine du juge des enfants» lorsqu'un mineur est en danger au sens de l'article 375 du code civil et :

1° Qu'il a déjà fait l'objet d'une ou plusieurs actions mentionnées aux articles L. 222-3 et L. 222-4-2 et au 1° de l'article L. 222-5, et que celles-ci n'ont pas permis de remédier à la situation;

2° Que, bien que n'ayant fait l'objet d'aucune des actions mentionnées au 1°, celles-ci ne peuvent être mises en place en raison du refus de la famille d'accepter l'intervention du service de l'aide sociale à l'enfance ou de l'impossibilité dans laquelle elle se trouve de collaborer avec ce service;

(L. n° 2016-297 du 14 mars 2016, art. 11-2°) «3° Que ce danger est grave et immédiat, notamment dans les situations de maltraitance.»

Il avise également sans délai le procureur de la République lorsqu'un mineur est présumé être en situation de danger au sens de l'article 375 du code civil mais qu'il est impossible d'évaluer cette situation.

Le président du conseil départemental fait connaître au procureur de la République les actions déjà menées, le cas échéant, auprès du mineur et de la famille intéressés.

Le procureur de la République informe dans les meilleurs délais le président du conseil départemental des suites qui ont été données à sa saisine.

II. — Toute personne travaillant au sein des organismes mentionnés *(L. n° 2016-297 du 14 mars 2016, art. 10-1°)* «à l'avant-dernier» alinéa de l'article L. 226-3 qui avise directement, du fait de la gravité de la situation, le procureur de la République de la situation d'un mineur en danger adresse une copie de cette transmission au président du conseil départemental. Lorsque le procureur a été avisé par une autre personne, il transmet au président du conseil départemental les informations qui sont nécessaires à l'accomplissement de la mission de protection de l'enfance confiée à ce dernier et il informe cette personne des suites réservées à son signalement, dans les conditions prévues aux articles 40-1 et 40-2 du code de procédure pénale.

Art. L. 226-5. Le président du conseil départemental informe les personnes qui lui ont communiqué des informations dont elles ont eu connaissance à l'occasion de l'exercice de leur activité professionnelle *(L. n° 2007-293 du 5 mars 2007, art. 12)* «ou d'un mandat électif» des suites qui leur ont été données.

Sur leur demande, il fait savoir aux autres personnes l'ayant informé si une suite a été donnée.

En cas de saisine de l'autorité judiciaire, il en informe par écrit les parents de l'enfant ou son représentant légal.

Art. L. 226-6. *(L. n° 2004-1 du 2 janv. 2004, art. 9)* «L'État, les départements et des personnes morales de droit public ou privé constituent un groupement d'intérêt public pour gérer un service d'accueil téléphonique gratuit ainsi qu'un Observatoire *(L. n° 2016-297 du 14 mars 2016, art. 6-3°)* «national de la protection de l'enfance» afin d'exercer, à l'échelon national, les missions d'observation, d'analyse et de prévention des mauvais traitements et de protection des mineurs *(L. n° 2007-293 du 5 mars 2007, art. 3)* «en danger» prévues au présent chapitre.

«Le service d'accueil téléphonique» répond, à tout moment, aux demandes d'information ou de conseil concernant les situations de mineurs *(L. n° 2007-293 du 5 mars 2007, art. 3)* «en danger» ou présumés l'être. Il transmet immédiatement au président du conseil départemental, selon le dispositif mis en place en application de l'article L. 226-3, les informations qu'il recueille et les appréciations qu'il formule à propos de ces mineurs. A cette fin, le président du conseil départemental informe le groupement des modalités de fonctionnement permanent du dispositif départemental.

(L. n° 2004-1 du 2 janv. 2004, art. 9) «L'Observatoire *(L. n° 2016-297 du 14 mars 2016, art. 6-3°)* «national de la protection de l'enfance» contribue au recueil et à l'analyse des données et des études concernant la *(L. n° 2007-293 du 5 mars 2007, art. 3)* «protection de l'enfance», en provenance de l'État, des collectivités territoriales, des établissements publics, des fondations et des associations œuvrant en ce domaine. Il contribue à la mise en cohérence des différentes données et informations, à l'amélioration de la connaissance des phénomènes *(L. n° 2007-293 du 5 mars 2007, art. 3)* «de mise en danger des mineurs» et recense les pratiques de prévention *(L. n° 2007-293 du 5 mars 2007, art. 3)* «ainsi que de dépistage et de prise en charge médico-sociale et judiciaire des mineurs en danger», dont les résultats évalués ont été jugés concluants, afin d'en assurer la promotion auprès de l'État, des collectivités territoriales, des établissements publics, des fondations et des associations œuvrant dans ce domaine. Il présente au Gouvernement et au Parlement un rapport annuel rendu public.»

Art. L. 226-7. La convention constitutive du groupement précise les conditions dans lesquelles le dispositif mentionné à l'article L. 226-3 transmet au service d'accueil téléphonique les informations qu'il recueille pour l'établissement de l'étude prévue à l'article L. 226-6.

Art. L. 226-8. L'affichage des coordonnées du service d'accueil téléphonique est obligatoire dans tous les établissements et services recevant de façon habituelle des mineurs.

Art. L. 226-9. Le secret professionnel est applicable aux agents du service d'accueil téléphonique» *(L. n° 2004-1 du 2 janv. 2004, art. 10)* «et de l'Observatoire *(L. n° 2016-297 du 14 mars 2016, art. 6-3°)* «national de la protection de l'enfance» dans les conditions prévues aux articles 226-13 et 226-14 du code pénal. Le *(L. n° 2016-297 du 14 mars 2016, art. 10-2°)* «quatrième» alinéa de l'article L. 226-3 est également applicable aux informations recueillies par le service d'accueil téléphonique.

Art. L. 226-10. Outre les moyens mis à la disposition *(L. n° 2004-1 du 2 janv. 2004, art. 10)* «du service d'accueil téléphonique et de l'Observatoire» *(L. n° 2016-297 du 14 mars 2016, art. 6-3°)* «national de la protection de l'enfance» par les autres membres constituant le groupement, sa prise en charge financière est assurée à parts égales par l'État et les départements. La participation financière de chaque département est fixée par voie réglementaire en fonction de l'importance de la population.

Art. L. 226-11. Les dépenses résultant de l'application du présent chapitre constituent, pour le département, des dépenses obligatoires.

Art. L. 226-12. *(L. n° 2007-293 du 5 mars 2007, art. 25)* Les règles relatives à la formation sur la protection de l'enfance sont fixées par les dispositions de l'article L. 542-1 du code de l'éducation.

Art. L. 226-12-1. *(L. n° 2007-293 du 5 mars 2007, art. 25)* Les cadres territoriaux qui, par délégation du président du conseil départemental, prennent des décisions relatives à la protection de l'enfance et fixent les modalités de leur mise en œuvre doivent avoir suivi une formation adaptée à l'exercice de ces missions. Cette formation, en partie commune aux différentes professions et institutions, est dispensée dans des conditions fixées par voie réglementaire.

Art. L. 226-13. Le ministre chargé de la famille présente au Parlement tous les trois ans à compter du 30 juin 1992, un rapport rendant compte des résultats des recherches menées sur l'enfance maltraitée et proposant toutes mesures propres à en diminuer la fréquence et la gravité. Le même rapport établit un bilan de fonctionnement du dispositif départemental de recueil d'informations et du service d'accueil téléphonique mentionnés aux articles L. 226-3 et L. 226-6.

Section 2

L'interdiction de travailler et la protection des jeunes au travail

456 Convention concernant l'interdiction des pires formes de travail des enfants et l'action immédiate en vue de leur élimination

Date d'adoption : 17 juin 1999

PRÉAMBULE

La Conférence générale de l'Organisation internationale du Travail,

Convoquée à Genève par le Conseil d'administration du Bureau international du Travail, et s'y étant réunie le 1er juin 1999, en sa quatre-vingt-septième session;

Considérant la nécessité d'adopter de nouveaux instruments visant l'interdiction et l'élimination des pires formes de travail des enfants en tant que priorité majeure de l'action nationale et internationale, notamment de la coopération et de l'assistance internationales, pour compléter la convention et la recommandation concernant l'âge minimum d'admission à l'emploi, 1973, qui demeurent des instruments fondamentaux en ce qui concerne le travail des enfants;

Considérant que l'élimination effective des pires formes de travail des enfants exige une action d'ensemble immédiate, qui tienne compte de l'importance d'une éducation de base gratuite et de la nécessité de soustraire de toutes ces formes de travail les enfants concernés et d'assurer leur réadaptation et leur intégration sociale, tout en prenant en considération les besoins de leurs familles;

Rappelant la résolution concernant l'élimination du travail des enfants adoptée par la Conférence internationale du Travail à sa quatre-vingt-troisième session, en 1996;

Reconnaissant que le travail des enfants est pour une large part provoqué par la pauvreté et que la solution à long terme réside dans la croissance économique soutenue menant au progrès social, et en particulier à l'atténuation de la pauvreté et à l'éducation universelle;

Rappelant la Convention relative aux droits de l'enfant, adoptée le 20 novembre 1989 par l'Assemblée générale des Nations Unies;

Rappelant la Déclaration de l'OIT relative aux principes et droits fondamentaux au travail et son suivi, adoptée par la Conférence internationale du Travail à sa quatre-vingt-sixième session, en 1998;

Rappelant que certaines des pires formes de travail des enfants sont couvertes par d'autres instruments internationaux, en particulier la convention sur le travail forcé, 1930, et la Convention supplémentaire des Nations Unies relative à l'abolition de l'esclavage, de la traite des esclaves et des institutions et pratiques analogues à l'esclavage, 1956;

Après avoir décidé d'adopter diverses propositions relatives au travail des enfants, question qui constitue le quatrième point à l'ordre du jour de la session;

Après avoir décidé que ces propositions prendraient la forme d'une convention internationale,

adopte, ce dix-septième jour de juin mil neuf cent quatre-vingt-dix-neuf, la convention ci-après, qui sera dénommée Convention sur les pires formes de travail des enfants, 1999.

Art. 1er. Tout Membre qui ratifie la présente convention doit prendre des mesures immédiates et efficaces pour assurer l'interdiction et l'élimination des pires formes de travail des enfants et ce, de toute urgence.

Art. 2. Aux fins de la présente convention, le terme enfant s'applique à l'ensemble des personnes de moins de 18 ans.

Art. 3. Aux fins de la présente convention, l'expression les pires formes de travail des enfants comprend :

(a) toutes les formes d'esclavage ou pratiques analogues, telles que la vente et la traite des enfants, la servitude pour dettes et le servage ainsi que le travail forcé ou obligatoire, y compris le recrutement forcé ou obligatoire des enfants en vue de leur utilisation dans des conflits armés;

(b) l'utilisation, le recrutement ou l'offre d'un enfant à des fins de prostitution, de production de matériel pornographique ou de spectacles pornographiques;

(c) l'utilisation, le recrutement ou l'offre d'un enfant aux fins d'activités illicites, notamment pour la production et le trafic de stupéfiants, tels que les définissent les conventions internationales pertinentes;

(d) les travaux qui, par leur nature ou les conditions dans lesquelles ils s'exercent, sont susceptibles de nuire à la santé, à la sécurité ou à la moralité de l'enfant.

Art. 4. 1. Les types de travail visés à l'article 3 d) doivent être déterminés par la législation nationale ou l'autorité compétente, après consultation des organisations d'employeurs et de travailleurs intéressées, en prenant en considération les normes internationales pertinentes, et en particulier les paragraphes 3 et 4 de la recommandation sur les pires formes de travail des enfants, 1999.

2. L'autorité compétente, après consultation des organisations d'employeurs et de travailleurs intéressées, doit localiser les types de travail ainsi déterminés.

3. La liste des types de travail déterminés conformément au paragraphe 1 du présent article doit être périodiquement examinée et, au besoin, révisée en consultation avec les organisations d'employeurs et de travailleurs intéressées.

Art. 5. Tout Membre doit, après consultation des organisations d'employeurs et de travailleurs, établir ou désigner des mécanismes appropriés pour surveiller l'application des dispositions donnant effet à la présente convention.

Art. 6. 1. Tout Membre doit élaborer et mettre en œuvre des programmes d'action en vue d'éliminer en priorité les pires formes de travail des enfants.

2. Ces programmes d'action doivent être élaborés et mis en œuvre en consultation avec les institutions publiques compétentes et les organisations d'employeurs et de travailleurs, le cas échéant en prenant en considération les vues d'autres groupes intéressés.

Art. 7. 1. Tout Membre doit prendre toutes les mesures nécessaires pour assurer la mise en œuvre effective et le respect des dispositions donnant effet à la présente convention, y compris par l'établissement et l'application de sanctions pénales ou, le cas échéant, d'autres sanctions.

2. Tout Membre doit, en tenant compte de l'importance de l'éducation en vue de l'élimination du travail des enfants, prendre des mesures efficaces dans un délai déterminé pour :

(a) empêcher que des enfants ne soient engagés dans les pires formes de travail des enfants;

(b) prévoir l'aide directe nécessaire et appropriée pour soustraire les enfants des pires formes de travail des enfants et assurer leur réadaptation et leur intégration sociale;

(c) assurer l'accès à l'éducation de base gratuite et, lorsque cela est possible et approprié, à la formation professionnelle pour tous les enfants qui auront été soustraits des pires formes de travail des enfants;

(d) identifier les enfants particulièrement exposés à des risques et entrer en contact direct avec eux;

(e) tenir compte de la situation particulière des filles.

3. Tout Membre doit désigner l'autorité compétente chargée de la mise en œuvre des dispositions donnant effet à la présente convention.

Art. 8. Les Membres doivent prendre des mesures appropriées afin de s'entraider pour donner effet aux dispositions de la présente convention par une coopération et/ou une assistance internationale renforcées, y compris par des mesures de soutien au développement économique et social, aux programmes d'éradication de la pauvreté et à l'éducation universelle.

(...)

457 Charte sociale européenne révisée (article 7)

Art. 7. *Droit des enfants et des adolescents à la protection.* En vue d'assurer l'exercice effectif du droit des enfants et des adolescents à la protection, les Parties s'engagent :

1. à fixer à 15 ans l'âge minimum d'admission à l'emploi, des dérogations étant toutefois admises pour les enfants employés à des travaux légers déterminés qui ne risquent pas de porter atteinte à leur santé, à leur moralité ou à leur éducation;

2. à fixer à 18 ans l'âge minimum d'admission à l'emploi pour certaines occupations déterminées, considérées comme dangereuses ou insalubres;

3. à interdire que les enfants encore soumis à l'instruction obligatoire soient employés à des travaux qui les privent du plein bénéfice de cette instruction;

4. à limiter la durée du travail des travailleurs de moins de 18 ans pour qu'elle corresponde aux exigences de leur développement et, plus particulièrement, aux besoins de leur formation professionnelle;

5. à reconnaître le droit des jeunes travailleurs et apprentis à une rémunération équitable ou à une allocation appropriée;

6. à prévoir que les heures que les adolescents consacrent à la formation professionnelle pendant la durée normale du travail avec le consentement de l'employeur seront considérées comme comprises dans la journée de travail;

7. à fixer à quatre semaines au minimum la durée des congés payés annuels des travailleurs de moins de 18 ans;

8. à interdire l'emploi des travailleurs de moins de 18 ans à des travaux de nuit, exception faite pour certains emplois déterminés par la législation ou la réglementation nationale;

9. à prévoir que les travailleurs de moins de 18 ans occupés dans certains emplois déterminés par la législation ou la réglementation nationale doivent être soumis à un contrôle médical régulier;

10. à assurer une protection spéciale contre les dangers physiques et moraux auxquels les enfants et les adolescents sont exposés, et notamment contre ceux qui résultent d'une façon directe ou indirecte de leur travail.

458 Charte des droits fondamentaux de l'Union européenne (article 32)

TITRE IV

SOLIDARITÉ

Art. 32. *Interdiction du travail des enfants et protection des jeunes au travail.* Le travail des enfants est interdit. L'âge minimal d'admission au travail ne peut être inférieur à l'âge auquel cesse la période de scolarité obligatoire, sans préjudice des règles plus favorables aux jeunes et sauf dérogations limitées.

Les jeunes admis au travail doivent bénéficier de conditions de travail adaptées à leur âge et être protégés contre l'exploitation économique ou contre tout travail susceptible de nuire à leur sécurité, à leur santé, à leur développement physique, mental, moral ou social ou de compromettre leur éducation.

Section 3

La protection de l'enfance contre les abus et l'exploitation sexuels

459 Convention du Conseil de l'Europe sur la protection des enfants contre l'exploitation et les abus sexuels

Date d'adoption : 25 octobre 2007

PRÉAMBULE

Les États membres du Conseil de l'Europe et les autres signataires de la présente Convention;

Considérant que le but du Conseil de l'Europe est de réaliser une union plus étroite entre ses membres;

Considérant que tout enfant a droit, de la part de sa famille, de la société et de l'État, aux mesures de protection qu'exige sa condition de mineur;

Constatant que l'exploitation sexuelle des enfants, notamment sous les formes de la pornographie enfantine et de la prostitution, ainsi que toutes les formes d'abus sexuel concernant des enfants, y compris lorsque les faits sont commis à l'étranger, mettent gravement en péril la santé et le développement psychosocial de l'enfant;

Constatant que l'exploitation et les abus sexuels concernant des enfants ont pris des dimensions inquiétantes tant au niveau national qu'international, notamment pour ce qui est de l'utilisation accrue des technologies de communication et d'information par les enfants et les auteurs d'infractions, et que, pour les prévenir et les combattre, une coopération internationale s'avère indispensable;

Considérant que le bien-être et l'intérêt supérieur des enfants sont des valeurs fondamentales partagées par tous les États membres et doivent être promus sans aucune discrimination;

Rappelant le Plan d'action adopté lors du 3e Sommet des chefs d'État et de gouvernement du Conseil de l'Europe (Varsovie, 16-17 mai 2005), qui préconise l'élaboration de mesures pour mettre fin à l'exploitation sexuelle des enfants;

Rappelant notamment les Recommandations suivantes du Comité des Ministres : no R (91) 11 sur l'exploitation sexuelle, la pornographie, la prostitution, ainsi que sur le trafic d'enfants et de jeunes adultes et Rec (2001)16 sur la protection des enfants contre l'exploitation sexuelle, et la Convention sur la cybercriminalité (STE no 185), et en particulier son article 9, ainsi que la Convention du Conseil de l'Europe sur la lutte contre la traite des êtres humains (STCE no 197);

Ayant à l'esprit la Convention de sauvegarde des Droits de l'Homme et des Libertés fondamentales (1950, STE no 5), la Charte sociale européenne révisée (1996, STE no 163), la Convention européenne sur l'exercice des droits des enfants (1996, STE no 160);

Ayant également à l'esprit la Convention des Nations Unies relative aux droits de l'enfant, en particulier l'article 34, le Protocole facultatif concernant la vente d'enfants, la prostitution des enfants et la pornographie mettant en scène des enfants, ainsi que le Protocole additionnel à la Convention des Nations Unies contre la criminalité transnationale organisée visant à prévenir, réprimer et punir la traite des personnes, en particulier des femmes et des enfants, ainsi que la Convention de l'Organisation internationale du travail concernant l'interdiction des pires formes de travail des enfants et l'action immédiate en vue de leur élimination;

Ayant à l'esprit la Décision-cadre du Conseil de l'Union européenne relative à la lutte contre l'exploitation sexuelle des enfants et la pédopornographie (2004/68/JAI), la Décision-cadre du Conseil de l'Union européenne relative au statut des victimes dans le cadre de procédures pénales (2001/220/JAI) et la Décision-cadre du Conseil de l'Union européenne relative à la lutte contre la traite des êtres humains (2002/629/JAI);

Tenant dûment compte d'autres instruments juridiques et programmes internationaux pertinents dans ce domaine, notamment la Déclaration et le Programme d'action de Stockholm, adoptés lors du 1er Congrès mondial contre l'exploitation sexuelle des enfants à des fins commerciales (27-31 août 1996); l'Engagement mondial de Yokohama, adopté lors du 2e Congrès mondial contre l'exploitation sexuelle des enfants à des fins commerciales (17-20 décembre 2001); l'Engagement et le plan d'action de Budapest, adoptés à l'issue de la conférence préparatoire du 2e Congrès mondial contre l'exploi-

tation sexuelle des enfants à des fins commerciales (20-21 novembre 2001) ; la Résolution adoptée par l'Assemblée générale des Nations Unies S-27/2 " Un monde digne des enfants " et le Programme triennal " Construire une Europe pour et avec les enfants ", adopté à la suite du 3e Sommet et lancé par la Conférence de Monaco (4-5 avril 2006) ;
Déterminés à contribuer efficacement à réaliser l'objectif commun consistant à protéger les enfants contre l'exploitation et les abus sexuels quels qu'en soient les auteurs, et à fournir une assistance aux victimes ;
Tenant compte de la nécessité d'élaborer un instrument international global qui soit centré sur les aspects liés à la prévention, la protection et le droit pénal en matière de lutte contre toutes les formes d'exploitation et d'abus sexuel concernant des enfants, et qui mette en place un mécanisme de suivi spécifique ;
Sont convenus de ce qui suit :

CHAPITRE I

Objet, principe de non-discrimination et définitions

Art. 1er. *Objet.* 1. La présente Convention a pour objet :

A. de prévenir et de combattre l'exploitation et les abus sexuels concernant des enfants ;

B. de protéger les droits des enfants victimes d'exploitation et d'abus sexuels ;

C. de promouvoir la coopération nationale et internationale contre l'exploitation et les abus sexuels concernant des enfants.

2. Afin d'assurer une mise en œuvre efficace de ses dispositions par les Parties, la présente Convention met en place un mécanisme de suivi spécifique.

Art. 2. *Principe de non-discrimination.* La mise en œuvre de la présente Convention par les Parties, en particulier le bénéfice des mesures visant à protéger les droits des victimes, doit être assurée sans discrimination aucune, fondée notamment sur le sexe, la race, la couleur, la langue, la religion, les opinions politiques ou toutes autres opinions, l'origine nationale ou sociale, l'appartenance à une minorité nationale, la fortune, la naissance, l'orientation sexuelle, l'état de santé, le handicap ou toute autre situation.

Art. 3. *Définitions.* Aux fins de la présente Convention :

A. le terme " enfant " désigne toute personne âgée de moins de 18 ans ;

B. l'expression " exploitation et abus sexuels concernant des enfants " inclut les comportements visés aux articles 18 à 23 de la présente Convention ;

C. le terme " victime " désigne tout enfant victime d'exploitation ou d'abus sexuels.

CHAPITRE II

Mesures préventives

Art. 4. *Principes.* Chaque Partie prend les mesures législatives ou autres nécessaires pour prévenir toute forme d'exploitation et d'abus sexuels concernant des enfants et pour protéger ces derniers.

Art. 5. *Recrutement, formation et sensibilisation des personnes travaillant au contact des en-fants.* 1. Chaque Partie prend les mesures législatives ou autres nécessaires pour promouvoir la sensibilisation à la protection et aux droits de l'enfant des personnes amenées à avoir des contacts réguliers avec des enfants dans les secteurs de l'éducation, de la santé, de la protection sociale, de la justice, des forces de l'ordre ainsi que dans les secteurs relatifs aux activités sportives, culturelles et de loisirs.

2. Chaque Partie prend les mesures législatives ou autres nécessaires pour que les personnes visées au paragraphe 1 aient une connaissance adéquate de l'exploitation et des abus sexuels concernant des enfants, des moyens de les détecter et de la possibilité prévue à l'article 12, paragraphe 1.

3. Chaque Partie prend les mesures législatives ou autres nécessaires, conformément à son droit interne, pour que les conditions d'accès aux professions dont l'exercice comporte de manière habituelle des contacts avec les enfants permettent de s'assurer que les candidats à ces professions n'ont pas été condamnés pour des actes d'exploitation ou d'abus sexuels concernant des enfants.

Art. 6. *Éducation des enfants.* Chaque Partie prend les mesures législatives ou autres nécessaires pour que les enfants reçoivent, au cours de la scolarité primaire et secondaire, des informations sur les risques d'exploitation et d'abus sexuels, ainsi que sur les moyens de se protéger, adaptées à leur stade de développement. Cette information, dispensée, le cas échéant, en association avec les parents, s'inscrit dans une information plus générale sur la sexualité et porte une attention particulière aux situations à risque, notamment celles résultant de l'utilisation des nouvelles technologies de l'information et de la communication.

Art. 7. *Programmes ou mesures d'intervention préventive.* Chaque Partie veille à ce que les personnes qui craignent pouvoir commettre l'une des infractions établies conformément à la présente Convention puissent accéder, le cas échéant, à des programmes ou mesures d'intervention efficaces destinés à évaluer et à prévenir les risques de passage à l'acte.

Art. 8. *Mesures à l'égard du public.* 1. Chaque Partie promeut ou organise des campagnes de sensibilisation qui informent le public sur le phénomène de l'exploitation et des abus sexuels concernant des enfants et les mesures préventives qui peuvent être prises.

2. Chaque Partie prend les mesures législatives ou autres nécessaires pour prévenir ou interdire la diffusion de matériels qui font la publicité des infractions établies conformément à la présente Convention.

Art. 9. *Participation des enfants, du secteur privé, des médias et de la société civile.* 1. Chaque Partie encourage la participation des enfants, selon leur stade de développement, à l'élaboration et à la mise en œuvre des politiques, des programmes publics ou autres portant sur la lutte contre l'exploitation et les abus sexuels concernant des enfants.

2. Chaque Partie encourage le secteur privé, notamment les secteurs des technologies de communication et de l'information, l'industrie du tourisme et du voyage et les secteurs bancaires et financiers, ainsi que la société civile, à participer à l'élaboration et à la mise en œuvre des politiques de prévention de l'exploitation et des abus sexuels concernant des enfants, et à mettre en œuvre des normes internes à travers l'autorégulation ou la corégulation.

3. Chaque Partie encourage les médias à fournir une information appropriée concernant tous les aspects de l'exploitation et des abus sexuels concernant des enfants, dans le respect de l'indépendance des médias et de la liberté de la presse.

4. Chaque Partie encourage le financement, y compris, le cas échéant, par la création de fonds, des projets et programmes pris en charge par la société civile en vue de prévenir et de protéger les enfants contre l'exploitation et les abus sexuels.

CHAPITRE III

Autorités spécialisées et instances de coordination

Art. 10. *Mesures nationales de coordination et de collaboration.* 1. Chaque Partie prend les mesures nécessaires pour assurer la coordination au plan national ou local entre les différentes instances chargées de la protection des enfants, la prévention et la lutte contre l'exploitation et les abus sexuels concernant des enfants, notamment le secteur de l'éducation et de la santé, les services sociaux, les forces de l'ordre et les autorités judiciaires.

2. Chaque Partie prend les mesures législatives ou autres nécessaires pour mettre en place ou désigner :

A. des institutions nationales ou locales indépendantes compétentes pour la promotion et la protection des droits de l'enfant, en veillant à ce qu'elles soient dotées de ressources et de responsabilités spécifiques;

B. des mécanismes de recueil de données ou des points d'information, au niveau national ou local et en coopération avec la société civile, permettant, dans le respect des exigences liées à la protection des données à caractère personnel, l'observation et l'évaluation des phénomènes d'exploitation et d'abus sexuels concernant des enfants.

3. Chaque Partie encourage la coopération entre les pouvoirs publics compétents, la société civile et le secteur privé, afin de mieux prévenir et combattre l'exploitation et les abus sexuels concernant des enfants.

CHAPITRE IV

Mesures de protection et assistance aux victimes

Art. 11. *Principes.* 1. Chaque Partie établit des programmes sociaux efficaces et met en place des structures pluridisciplinaires visant à fournir l'appui nécessaire aux victimes, à leurs parents proches et à ceux auxquels elles sont confiées.

2. Chaque Partie prend les mesures législatives ou autres nécessaires pour que, en cas d'incertitude sur l'âge de la victime et lorsqu'il existe des raisons de croire qu'elle est un enfant, les mesures de protection et d'assistance prévues pour les enfants lui soient accordées, dans l'attente que son âge soit vérifié et établi.

Art. 12. *Signalement des soupçons d'exploitation ou d'abus sexuels.* 1. Chaque Partie prend les mesures législatives ou autres nécessaires pour que les règles de confidentialité imposées par le droit interne à certains professionnels amenés à travailler en contact avec des enfants ne fassent pas obstacle à la possibilité, pour ces professionnels, de signaler aux services chargés de la protection de l'enfance, toute situation d'un enfant pour lequel ils ont des motifs raisonnables de croire qu'il est victime d'exploitation ou d'abus sexuels.

2. Chaque Partie prend les mesures législatives ou autres nécessaires pour encourager toute personne ayant connaissance ou suspectant, de bonne foi, des faits d'exploitation ou d'abus sexuels concernant des enfants à les signaler aux services compétents.

Art. 13. *Services d'assistance.* Chaque Partie prend les mesures législatives ou autres nécessaires pour encourager et soutenir la mise en place de services de communication, tels que des lignes téléphoniques ou internet, permettant de prodiguer des conseils aux appelants, même confidentiellement ou dans le respect de leur anonymat.

Art. 14. *Assistance aux victimes.* 1. Chaque Partie prend les mesures législatives ou autres nécessaires pour assister, à court et à long termes, les victimes en vue d'assurer leur rétablissement physique et psychosocial. Les mesures prises en application du présent paragraphe tiennent dûment compte des vues, besoins et préoccupations de l'enfant.

2. Chaque Partie prend des mesures, selon les conditions prévues par son droit interne, afin de coopérer avec les organisations non gouvernementales, d'autres organisations compétentes ou d'autres éléments de la société civile, engagés dans l'assistance aux victimes.

3. Lorsque les parents ou les personnes auxquelles l'enfant est confié sont impliqués dans les faits d'exploitation ou d'abus sexuels commis à son encontre, les procédures d'intervention prises en application du paragraphe 1 de l'article 11 comportent :

- la possibilité d'éloigner l'auteur présumé des faits;
- la possibilité de retirer la victime de son milieu familial. Les modalités et la durée de ce retrait sont déterminées conformément à l'intérêt supérieur de l'enfant.

4. Chaque Partie prend les mesures législatives ou autres nécessaires pour que les proches de la victime puissent bénéficier, le cas échéant, d'une aide thérapeutique, notamment d'un soutien psychologique d'urgence.

CHAPITRE V

Programmes ou mesures d'intervention

Art. 15. *Principes généraux.* 1. Chaque Partie prévoit ou promeut, conformément à son droit interne, des programmes ou mesures d'intervention efficaces pour les personnes visées à l'article 16, paragraphes 1 et 2, en vue de prévenir et de minimiser les risques de réitération d'infractions à caractère sexuel sur des enfants. Ces programmes ou mesures doivent être accessibles à tout moment de la procédure, en milieu carcéral et à l'extérieur, selon les conditions définies par le droit interne.

2. Chaque Partie prévoit ou promeut, conformément à son droit interne, le développement de partenariats ou autres formes de coopération entre les autorités compétentes, notamment les services de santé et les services sociaux, et les autorités judiciaires et autres en charge du suivi des personnes visées à l'article 16, paragraphes 1 et 2.

3. Chaque Partie prévoit, conformément à son droit interne, d'effectuer une évaluation de la dangerosité et des risques de réitération éventuels d'infractions établies conformément à la présente Convention des personnes visées à l'article 16, paragraphes 1 et 2, dans le but d'identifier les programmes ou mesures appropriés.

4. Chaque Partie prévoit, conformément à son droit interne, d'effectuer une évaluation de l'efficacité des programmes et mesures d'intervention mis en œuvre.

Art. 16. *Destinataires des programmes et mesures d'intervention.* 1. Chaque Partie prévoit, conformément à son droit interne, que les personnes poursuivies pour l'une des infractions établies conformément à la présente Convention, puissent accéder aux programmes ou mesures mentionnés à l'article 15, paragraphe 1, dans des conditions qui ne soient ni préjudiciables ni contraires aux droits de la défense et aux exigences d'un procès équitable et impartial, et notamment dans le respect des règles qui régissent le principe de la présomption d'innocence.

2. Chaque Partie prévoit, conformément à son droit interne, que les personnes condamnées pour avoir commis l'une des infractions établies conformément à la présente Convention puissent accéder aux programmes ou mesures mentionnés à l'article 15, paragraphe 1.

3. Chaque Partie prévoit, conformément à son droit interne, que des programmes ou mesures d'intervention soient mis en place ou adaptés pour répondre aux besoins liés au développement des enfants qui ont commis des infractions à caractère sexuel, y compris ceux en deçà de l'âge de la responsabilité pénale, afin de traiter leurs problèmes de comportement sexuel.

Art. 17. *Information et consentement.* 1. Chaque Partie prévoit, conformément à son droit interne, que les personnes visées à l'article 16 auxquelles des pro-grammes ou mesures d'intervention sont proposés, soient pleinement informées des raisons de cette proposition et qu'elles consentent au programme ou à la mesure en parfaite connaissance de cause.

2. Chaque Partie prévoit, conformément à son droit interne, que les personnes auxquelles des programmes ou mesures d'intervention sont proposés puissent les refuser et, s'il s'agit de personnes condamnées, qu'elles soient informées des conséquences éventuelles qui pourraient s'attacher à leur refus.

CHAPITRE VI

Droit pénal matériel

Art. 18. *Abus sexuels.* 1. Chaque Partie prend les mesures législatives ou autres nécessaires pour ériger en infraction pénale les comportements intentionnels suivants :

A. le fait de se livrer à des activités sexuelles avec un enfant qui, conformément aux dispositions pertinentes du droit national, n'a pas atteint l'âge légal pour entretenir des activités sexuelles;

B. le fait de se livrer à des activités sexuelles avec un enfant :

- en faisant usage de la contrainte, de la force ou de menaces; ou
- en abusant d'une position reconnue de confiance, d'autorité ou d'influence sur l'enfant, y compris au sein de la famille; ou
- en abusant d'une situation de particulière vulnérabilité de l'enfant, notamment en raison d'un handicap physique ou mental ou d'une situation de dépendance.

2. Pour l'application du paragraphe 1, chaque Partie détermine l'âge en deçà duquel il n'est pas permis de se livrer à des activités sexuelles avec un enfant.

3. Les dispositions du paragraphe 1.a n'ont pas pour objet de régir les activités sexuelles consenties entre mineurs.

Art. 19. *Infractions se rapportant à la prostitution enfantine.* 1. Chaque Partie prend les mesures législatives ou autres nécessaires pour ériger en infraction pénale les comportements intentionnels suivants :

A. le fait de recruter un enfant pour qu'il se livre à la prostitution ou de favoriser la participation d'un enfant à la prostitution;

B. le fait de contraindre un enfant à se livrer à la prostitution ou d'en tirer profit ou d'exploiter un enfant de toute autre manière à de telles fins;

C. le fait d'avoir recours à la prostitution d'un enfant.

2. Aux fins du présent article, l'expression " prostitution enfantine " désigne le fait d'utiliser un enfant aux fins d'activités sexuelles, en offrant ou en promettant de l'argent ou toute autre forme de rémunération, de paiement ou d'avantage, que cette rémunération, ce paiement, cette promesse ou cet avantage soit fait à l'enfant ou à un tiers.

Art. 20. *Infractions se rapportant à la pornographie enfantine.* 1. Chaque Partie prend les mesures législatives ou autres nécessaires pour ériger en infraction pénale les comportements intentionnels suivants, lorsqu'ils sont commis sans droit :

A. la production de pornographie enfantine;

B. l'offre ou la mise à disposition de pornographie enfantine;

C. la diffusion ou la transmission de pornographie enfantine;

D. le fait de se procurer ou de procurer à autrui de la pornographie enfantine;

E. la possession de pornographie enfantine;

F. le fait d'accéder, en connaissance de cause et par le biais des technologies de communication et d'information, à de la pornographie enfantine.

2. Aux fins du présent article, l'expression " pornographie enfantine " désigne tout matériel représentant de manière visuelle un enfant se livrant à un comportement sexuellement explicite, réel ou simulé, ou toute représentation des organes sexuels d'un enfant à des fins principalement sexuelles.

3. Chaque Partie peut se réserver le droit de ne pas appliquer, en tout ou en partie, le paragraphe 1.a et e à la production et à la possession :

- de matériel pornographique constitué exclusivement de représentations simulées ou d'images réalistes d'un enfant qui n'existe pas;
- de matériel pornographique impliquant des enfants ayant atteint l'âge fixé en application de l'article 18, paragraphe 2, lorsque ces images sont produites et détenues par ceux-ci, avec leur accord et uniquement pour leur usage privé.

4. Chaque Partie peut se réserver le droit de ne pas appliquer, en tout ou en partie, le paragraphe 1.f.

Art. 21. *Infractions se rapportant à la participation d'un enfant à des spectacles pornographiques.* 1. Chaque Partie prend les mesures législatives ou autres nécessaires pour ériger en infraction pénale les comportements intentionnels suivants :

A. le fait de recruter un enfant pour qu'il participe à des spectacles pornographiques ou de favoriser la participation d'un enfant à de tels spectacles;

B. le fait de contraindre un enfant à participer à des spectacles pornographiques ou d'en tirer profit ou d'exploiter un enfant de toute autre manière à de telles fins;

C. le fait d'assister, en connaissance de cause, à des spectacles pornographiques impliquant la participation d'enfants.

2. Chaque Partie peut se réserver le droit de limiter l'application du paragraphe 1.c aux situations où des enfants ont été recrutés ou contraints conformément au paragraphe 1.a ou b.

Art. 22. *Corruption d'enfants.* Chaque Partie prend les mesures législatives ou autres nécessaires pour ériger en infraction pénale le fait intentionnel de faire assister, à des fins sexuelles, un enfant n'ayant pas atteint l'âge fixé en application de l'article 18, paragraphe 2, même sans qu'il y participe, à des abus sexuels ou à des activités sexuelles.

Art. 23. *Sollicitation d'enfants à des fins sexuelles.* Chaque Partie prend les mesures législatives ou autres nécessaires pour ériger en infraction pénale le fait pour un adulte de proposer intentionnellement, par le biais des technologies de communication et d'information, une rencontre à un enfant n'ayant pas atteint l'âge fixé en application de l'article 18, paragraphe 2, dans le but de commettre à son encontre une infraction établie conformément aux articles 18, paragraphe 1.a, ou 20, paragraphe 1.a, lorsque cette proposition a été suivie d'actes matériels conduisant à ladite rencontre.

Art. 24. *Complicité et tentative.* 1. Chaque Partie prend les mesures législatives ou autres nécessaires pour ériger en infraction pénale toute complicité lorsqu'elle est commise intentionnellement en vue de la perpétration d'une des infractions établies conformément à la présente Convention.

2. Chaque Partie prend les mesures législatives ou autres nécessaires pour ériger en infraction pénale toute tentative intentionnelle de commettre l'une des infractions établies conformément à la présente Convention.

3. Chaque Partie peut se réserver le droit de ne pas appliquer, en tout ou en partie, le paragraphe 2 aux infractions établies conformément à l'article 20, paragraphe 1.b, d, e et f, à l'article 21, paragraphe 1.c, à l'article 22 et à l'article 23.

Art. 25. *Compétence.* 1. Partie prend les mesures législatives ou autres nécessaires pour établir sa compétence à l'égard de toute infraction pénale établie conformément à la présente Convention, lorsque l'infraction est commise :

A. sur son territoire ; ou

B. à bord d'un navire battant pavillon de cette Partie ; ou

C. à bord d'un aéronef immatriculé selon les lois de cette Partie ; ou

D. par un de ses ressortissants ; ou

E. par une personne ayant sa résidence habituelle sur son territoire.

2. Chaque Partie s'efforce de prendre les mesures législatives ou autres nécessaires pour établir sa compétence à l'égard de toute infraction pénale établie conformément à la présente Convention, lorsque l'infraction est commise à l'encontre de l'un de ses ressortissants ou d'une personne ayant sa résidence habituelle sur son territoire.

3. Chaque Partie peut, au moment de la signature ou du dépôt de son instrument de ratification, d'acceptation, d'approbation ou d'adhésion, dans une déclaration adressée au Secrétaire Général du Conseil de l'Europe, déclarer qu'elle se réserve le droit de ne pas appliquer, ou de n'appliquer que dans des cas ou conditions spécifiques, les règles de compétence définies au paragraphe 1.e du présent article.

4. Pour la poursuite des infractions établies conformément aux articles 18, 19, 20, paragraphe 1.a, et 21, paragraphe 1.a et b, de la présente Convention, chaque Partie prend les mesures législatives ou autres nécessaires pour que l'établissement de sa

compétence au titre du point d du paragraphe 1 ne soit pas subordonnée à la condition que les faits soient également punissables au lieu où ils ont été commis.

5. Chaque Partie peut, au moment de la signature ou du dépôt de son instrument de ratification, d'acceptation, d'approbation ou d'adhésion, par une déclaration adressée au Secrétaire Général du Conseil de l'Europe, déclarer qu'elle se réserve le droit de limiter l'application du paragraphe 4 du présent article en ce qui concerne les infractions établies conformément à l'article 18, paragraphe 1.b, deuxième et troisième tirets, aux cas où son ressortissant a sa résidence habituelle sur son territoire.

6. Pour la poursuite des infractions établies conformément aux articles 18, 19, 20, paragraphe 1.a, et 21 de la présente Convention, chaque Partie prend les mesures législatives ou autres nécessaires pour que l'établissement de sa compétence au titre des points d et e du paragraphe 1 ne soit pas subordonné à la condition que la poursuite soit précédée d'une plainte de la victime ou d'une dénonciation de l'État du lieu où les faits ont été commis.

7. Chaque Partie prend les mesures législatives ou autres nécessaires pour établir sa compétence à l'égard de toute infraction établie conformément à la présente Convention, lorsque l'auteur présumé est présent sur son territoire et ne peut être extradé vers une autre Partie à raison de sa nationalité.

8. Lorsque plusieurs Parties revendiquent leur compétence à l'égard d'une infraction présumée établie conformément à la présente Convention, les Parties concernées se concertent, lorsque cela est opportun, afin de déterminer la mieux à même d'exercer les poursuites.

9. Sans préjudice des règles générales de droit international, la présente Convention n'exclut aucune compétence pénale exercée par une Partie conformément à son droit interne.

Art. 26. *Responsabilité des personnes morales.* 1. Chaque Partie prend les mesures législatives ou autres nécessaires pour que les personnes morales puissent être tenues pour responsables des infractions établies conformément à la présente Convention, lorsqu'elles sont commises pour leur compte par toute personne physique, agissant soit individuellement, soit en tant que membre d'un organe de la personne morale, qui exerce un pouvoir de direction en son sein, sur les bases suivantes :

A. un pouvoir de représentation de la personne morale;

B. une autorité pour prendre des décisions au nom de la personne morale;

C. une autorité pour exercer un contrôle au sein de la personne morale.

2. Outre les cas déjà prévus au paragraphe 1, chaque Partie prend les mesures législatives ou autres nécessaires pour s'assurer qu'une personne morale puisse être tenue pour responsable lorsque l'absence de surveillance ou de contrôle de la part d'une personne physique mentionnée au paragraphe 1 a rendu possible la commission d'une infraction établie conformément à la présente Convention pour le compte de ladite personne morale par une personne physique agissant sous son autorité.

3. Selon les principes juridiques de la Partie, la responsabilité d'une personne morale peut être pénale, civile ou administrative.

4. Cette responsabilité est établie sans préjudice de la responsabilité pénale des personnes physiques ayant commis l'infraction.

Art. 27. *Sanctions et mesures.* 1. Chaque Partie prend les mesures législatives ou autres nécessaires pour que les infractions établies conformément à la présente Convention soient passibles de sanctions effectives, proportionnées et dissuasives, tenant compte de leur gravité. Celles-ci incluent des sanctions privatives de liberté pouvant donner lieu à l'extradition.

2. Chaque Partie prend les mesures législatives ou autres nécessaires pour que les personnes morales déclarées responsables en application de l'article 26 soient passibles de sanctions effectives, proportionnées et dissuasives, qui incluent des amendes pénales ou non pénales et éventuellement d'autres mesures, notamment :

A. des mesures d'exclusion du bénéfice d'un avantage ou d'une aide à caractère public;

B. des mesures d'interdiction temporaire ou définitive d'exercer une activité commerciale;

C. un placement sous surveillance judiciaire;

D'une mesure judiciaire de dissolution.

3. Chaque Partie prend les mesures législatives ou autres nécessaires :

a. pour permettre la saisie et la confiscation :

- de biens, documents et autres moyens matériels utilisés pour commettre les infractions établies conformément à la présente Convention ou en faciliter la commission;
- du produit de ces infractions ou des biens dont la valeur correspond à ces produits;

b. pour permettre la fermeture temporaire ou définitive de tout établissement utilisé pour commettre l'une des infractions établies conformément à la présente Convention, sans préjudice des droits des tiers de bonne foi, ou interdire à l'auteur de ces infractions, à titre temporaire ou définitif, l'exercice de l'activité, professionnelle ou bénévole, impliquant un contact avec des enfants, à l'occasion de laquelle celles-ci ont été commises.

4. Chaque Partie peut adopter d'autres mesures à l'égard des auteurs d'infractions, telles que la déchéance des droits parentaux, le suivi ou la surveillance des personnes condamnées.

5. Chaque Partie peut établir que les produits du crime ou les biens confisqués conformément au présent article puissent être alloués à un fond spécial pour financer des programmes de prévention et d'assistance aux victimes d'une des infractions établies conformément à la présente Convention.

Art. 28. *Circonstances aggravantes.* Chaque Partie prend les mesures législatives ou autres nécessaires pour que les circonstances suivantes, pour autant qu'elles ne constituent pas déjà des éléments constitutifs de l'infraction, puissent, conformément aux dispositions pertinentes de droit interne, être prises en considération en tant que circonstances aggravantes dans la détermination des peines relatives aux infractions établies conformément à la présente Convention :

a. l'infraction a porté une atteinte grave à la santé physique ou mentale de la victime;

b. l'infraction est précédée ou accompagnée d'actes de torture ou de violences graves;

c. l'infraction a été commise à l'encontre d'une victime particulièrement vulnérable;

d. l'infraction a été commise par un membre de la famille, une personne qui cohabite avec l'enfant ou une personne ayant abusé de son autorité;

e. l'infraction a été commise par plusieurs personnes agissant conjointement;

f. l'infraction a été commise dans le cadre d'une organisation criminelle;

g. l'auteur a déjà été condamné pour des faits de même nature.

Art. 29. *Condamnations antérieures.* Chaque Partie prend les mesures législatives ou autres nécessaires pour prévoir la possibilité de prendre en compte, dans le cadre de l'appréciation de la peine, les condamnations définitives prononcées dans une autre Partie pour des infractions établies conformément à la présente Convention.

CHAPITRE VII

Enquêtes, poursuites et droit procédural

Art. 30. *Principes.* 1. Chaque Partie prend les mesures législatives ou autres nécessaires pour que les enquêtes et procédures pénales se déroulent dans l'intérêt supérieur et le respect des droits de l'enfant.

2. Chaque Partie veille à adopter une approche protectrice des victimes, en veillant à ce que les enquêtes et procédures pénales n'aggravent pas le traumatisme subi par l'enfant et que la réponse pénale s'accompagne d'une assistance, quand cela est approprié.

3. Chaque Partie veille à ce que les enquêtes et procédures pénales soient traitées en priorité et sans retard injustifié.

4. Chaque Partie veille à ce que les mesures adoptées conformément au présent chapitre ne portent pas préjudice aux droits de la défense et aux exigences d'un procès équitable et impartial, conformément à l'article 6 de la Convention de sauvegarde des Droits de l'Homme et des Libertés fondamentales.

5. Chaque Partie prend les mesures législatives ou autres nécessaires pour, conformément aux principes fondamentaux de son droit interne :

- garantir des enquêtes et des poursuites efficaces des infractions établies conformément à la présente Convention, permettant, s'il y a lieu, la possibilité de mener des enquêtes discrètes;
- permettre aux unités ou services d'enquêtes d'identifier les victimes des infractions établies conformément à l'article 20, notamment grâce à l'analyse des matériels de pornographie enfantine, tels que les photographies et les enregistrements audiovisuels, accessibles, diffusés ou transmis par le biais des technologies de communication et d'information.

Art. 31. *Mesures générales de protection.* 1. Chaque Partie prend les mesures législatives ou autres nécessaires pour protéger les droits et les intérêts des victimes, notamment en tant que témoins, à tous les stades des enquêtes et procédures pénales, en particulier :

A. en les tenant informées de leurs droits et des services à leur disposition et, à moins qu'elles ne souhaitent pas recevoir une telle information, des suites données à leur plainte, des chefs d'accusation retenus, du déroulement général de l'enquête ou de la procédure et de leur rôle au sein de celle-ci ainsi que de la décision rendue;

B. en veillant à ce que, au moins dans les cas où il existerait un danger pour les victimes et leurs familles, celles-ci puissent être informées, si cela s'avère nécessaire, de toute remise en liberté, temporaire ou définitive, de la personne, poursuivie ou condamnée;

C. en leur donnant, d'une manière conforme aux règles de procédure du droit interne, la possibilité d'être entendues, de fournir des éléments de preuve et de choisir les moyens selon lesquels leurs vues, besoins et préoccupations sont présentés et examinés, directement ou par recours à un intermédiaire;

D. en leur fournissant une assistance appropriée, pour que leurs droits et intérêts soient dûment présentés et pris en compte;

E. en protégeant leur vie privée, leur identité et leur image et en prenant des mesures conformes au droit interne pour prévenir la diffusion publique de toute information pouvant conduire à leur identification;

F. en veillant à ce qu'elles soient, ainsi que leurs familles et les témoins à charge, à l'abri des risques d'intimidation, de représailles et de nouvelle victimisation;

G. en veillant à ce que les victimes et les auteurs d'infractions ne se trouvent en contact direct dans les locaux des services d'enquête et les locaux judiciaires, à moins que les autorités compétentes n'en décident autrement dans l'intérêt supérieur de l'enfant ou pour les besoins de l'enquête ou de la procédure.

2. Chaque Partie garantit aux victimes, dès leur premier contact avec les autorités compétentes, l'accès aux informations sur les procédures judiciaires et administratives pertinentes.

3. Chaque Partie prévoit que la victime ait accès, gratuitement lorsque cela est justifié, à une aide juridique, lorsqu'elle peut avoir la qualité de partie à la procédure pénale.

4. Chaque Partie prévoit la possibilité pour l'autorité judiciaire de désigner un représentant spécial pour la victime lorsque, en vertu du droit interne, celle-ci peut avoir la qualité de partie à la procédure judiciaire et que les détenteurs des responsabilités parentales se voient privés de la faculté de la représenter dans cette procédure à la suite d'un conflit d'intérêts avec elle.

5. Chaque Partie prévoit, au moyen de mesures législatives ou autres et conformément aux conditions prévues par son droit interne, la possibilité pour des groupes, fondations, associations ou organisations gouvernementales ou non gouvernementales d'assister et/ou de soutenir les victimes qui y consentent au cours des procédures pénales concernant les infractions établies conformément à la présente Convention.

6. Chaque Partie veille à ce que les informations données aux victimes, conformément aux dispositions du présent article, le soient d'une manière adaptée à leur âge et à leur degré de maturité et dans une langue qu'elles peuvent comprendre.

Art. 32. *Mise en œuvre de la procédure.* Chaque Partie prend les mesures législatives ou autres nécessaires pour que les enquêtes ou les poursuites concernant les infractions établies conformément à la présente Convention ne soient pas subordonnées à la déclaration ou à l'accusation émanant d'une victime et que la procédure puisse se poursuivre même si la victime se rétracte.

Art. 33. *Prescription.* Chaque Partie prend les mesures législatives ou autres nécessaires pour que le délai de prescription pour engager des poursuites du chef des infractions établies conformément aux articles 18, 19, paragraphe 1. a et b, et 21, paragraphe 1.a et b, continue de courir pour une durée suffisante pour permettre l'engagement effectif des poursuites, après que la victime a atteint l'âge de la majorité, et qui est proportionnelle à la gravité de l'infraction en question.

Art. 34. *Enquêtes.* 1. Chaque Partie adopte les mesures nécessaires pour que des personnes, des unités ou des services en charge des enquêtes soient spécialisés dans la lutte contre l'exploitation et les abus sexuels concernant des enfants ou que des personnes soient formées à cette fin. Lesdits services ou unités doivent disposer des ressources financières adéquates.

2. Chaque Partie prend les mesures législatives ou autres nécessaires pour qu'une incertitude quant à l'âge réel de la victime n'empêche pas l'ouverture d'une enquête pénale.

Art. 35. *Auditions de l'enfant.* 1. Chaque Partie prend les mesures législatives ou autres nécessaires pour que :

A. les auditions de l'enfant aient lieu sans retard injustifié après que les faits ont été signalés aux autorités compétentes;

B. les auditions de l'enfant se déroulent, s'il y a lieu, dans des locaux conçus ou adaptés à cet effet;

C. les auditions de l'enfant soient menées par des professionnels formés à cette fin;

D. dans la mesure du possible et lorsque cela est approprié, l'enfant soit toujours interrogé par les mêmes personnes;

E. le nombre des auditions soit limité au minimum et dans la mesure strictement nécessaire au déroulement de la procédure;

F. l'enfant puisse être accompagné par son représentant légal ou, le cas échéant, par la personne majeure de son choix, sauf décision contraire motivée prise à l'égard de cette personne.

2. Chaque Partie prend les mesures législatives ou autres nécessaires pour que les auditions de la victime ou, le cas échéant, celles d'un enfant témoin des faits, puissent faire l'objet d'un enregistrement audiovisuel et que cet enregistrement puisse être admissible comme moyen de preuve dans la procédure pénale, selon les règles prévues par son droit interne.

3. En cas d'incertitude sur l'âge de la victime et lorsqu'il existe des raisons de croire qu'elle est un enfant, les mesures prévues aux paragraphes 1 et 2 s'appliquent, dans l'attente que son âge soit vérifié et établi.

Art. 36. *Procédure judiciaire.* 1. Chaque Partie prend les mesures législatives ou autres nécessaires, dans le respect des règles qui régissent l'autonomie des professions judiciaires, pour que des formations en matière de droits de l'enfant, d'exploitation et d'abus sexuels concernant des enfants, soient disponibles au profit des acteurs de la procédure judiciaire, notamment les juges, les procureurs et les avocats.

2. Chaque Partie prend les mesures législatives ou autres nécessaires pour que, selon les règles prévues par le droit interne :

a. le juge puisse ordonner que l'audience se déroule hors la présence du public;

b. la victime puisse être entendue à l'audience sans y être présente, notamment par le recours à des technologies de communication appropriées.

CHAPITRE VIII

Enregistrement et conservation de données

Art. 37. *Enregistrement et conservation des données nationales sur les délinquants sexuels condamnés.* 1. Aux fins de prévention et de répression des infractions établies conformément à la présente Convention, chaque Partie prend les mesures législatives ou autres nécessaires pour enregistrer et conserver, conformément aux dispositions pertinentes sur la protection des données à caractère personnel et aux autres règles et garanties appropriées telles que prévues dans le droit interne, les données relatives à l'identité ainsi qu'au profil génétique (ADN) des personnes condamnées pour les infractions établies conformément à la présente Convention.

2. Chaque Partie, au moment de la signature ou du dépôt de ses instruments de ratification, d'acceptation, d'approbation ou d'adhésion, communique au Secrétaire Général

du Conseil de l'Europe les nom et adresse de la seule autorité nationale responsable aux fins du paragraphe 1.

3. Chaque Partie prend les mesures législatives ou autres nécessaires pour que les informations visées au paragraphe 1 puissent être transmises à l'autorité compétente d'une autre Partie, conformément aux conditions établies par son droit interne et les instruments internationaux pertinents.

CHAPITRE IX
Coopération internationale

Art. 38. *Principes généraux et mesures de coopération internationale.* 1. Les Parties coopèrent, conformément aux dispositions de la présente Convention, en application des instruments internationaux et régionaux pertinents applicables, des arrangements reposant sur des législations uniformes ou réciproques et de leur droit interne, dans la mesure la plus large possible aux fins :

a. de prévenir et de combattre l'exploitation et les abus sexuels concernant des enfants;

b. de protéger et d'assister les victimes;

c. de mener des investigations ou des procédures concernant les infractions établies conformément à la présente Convention.

2. Chaque Partie prend les mesures législatives ou autres nécessaires pour que les victimes d'une infraction établie conformément à la présente Convention et commise sur le territoire d'une Partie autre que celui dans lequel elles résident puissent porter plainte auprès des autorités compétentes de leur État de résidence.

3. Si une Partie qui subordonne l'entraide judiciaire en matière pénale ou l'extradition à l'existence d'un traité reçoit une demande d'entraide ou d'extradition d'une Partie avec laquelle elle n'a pas conclu pareil traité, elle peut considérer la présente Convention comme la base légale de l'entraide judiciaire en matière pénale ou de l'extradition pour les infractions établies conformément à la présente Convention.

4. Chaque Partie s'efforce d'intégrer, s'il y a lieu, la prévention et la lutte contre l'exploitation et les abus sexuels concernant des enfants dans les programmes d'assistance au développement conduits au profit d'États tiers.

CHAPITRE X
Mécanisme de suivi

Art. 39. *Comité des Parties.* 1. Le Comité des Parties est composé des représentants des Parties à la Convention.

2. Le Comité des Parties est convoqué par le Secrétaire Général du Conseil de l'Europe. Sa première réunion doit se tenir dans un délai d'un an suivant l'entrée en vigueur de la présente Convention pour le dixième signataire l'ayant ratifié. Il se réunira par la suite à la demande d'au moins un tiers des Parties ou du Secrétaire Général.

3. Le Comité des Parties adopte ses propres règles de procédure.

Art. 40. *Autres représentants.* 1. L'Assemblée Parlementaire du Conseil de l'Europe, le commissaire aux droits de l'homme, le Comité européen pour les problèmes criminels (CDPC) ainsi que d'autres comités intergouvernementaux pertinents du Conseil de l'Europe désignent chacun un représentant auprès du Comité des Parties.

2. Le Comité des Ministres peut inviter d'autres organes du Conseil de l'Europe à désigner un représentant au Comité des Parties après avoir consulté ce dernier.

3. Des représentants de la société civile, et notamment des organisations non gouvernementales, peuvent être admis en tant qu'observateurs au Comité des Parties suivant la procédure établie par les règles pertinentes du Conseil de l'Europe.

4. Les représentants désignés en vertu des paragraphes 1 à 3 ci-dessus participent aux réunions du Comité des Parties sans droit de vote.

Art. 41. *Fonctions du Comité des Parties.* 1. Le Comité des Parties est chargé de veiller à la mise en œuvre de la présente Convention. Les règles de procédure du Comité des Parties déterminent les modalités de la procédure d'évaluation de la mise en œuvre de la présente Convention.

2. Le Comité des Parties est chargé de faciliter la collecte, l'analyse et l'échange d'informations, d'expériences et de bonnes pratiques entre les États afin d'améliorer leur capacité de prévenir et combattre l'exploitation et les abus sexuels concernant des enfants.

3. Le Comité des Parties est également chargé, le cas échéant :

a. de faciliter l'usage et la mise en œuvre effectifs de la présente Convention, y compris l'identification de tout problème en la matière, ainsi que les effets de toute déclaration ou réserve faite conformément à la présente Convention;

b. d'exprimer un avis sur toute question relative à l'application de la présente Convention et faciliter l'échange d'informations sur les développements juridique, politique ou technique importants.

4. Le Comité des Parties est assisté par le Secrétariat du Conseil de l'Europe dans l'exercice de ses fonctions découlant du présent article.

5. Le Comité européen pour les problèmes criminels (CDPC) est tenu périodiquement au courant des activités prévues aux paragraphes 1, 2 et 3 du présent article.

CHAPITRE XI

Relation avec d'autres instruments internationaux

Art. 42. *Relation avec la Convention des Nations Unies relative aux droits de l'enfant et son Protocole facultatif concernant la vente d'enfants, la prostitution des enfants et la pornographie mettant en scène des enfants.* La présente Convention ne porte pas atteinte aux droits et obligations découlant des dispositions de la Convention des Nations Unies relative aux droits de l'enfant et son Protocole facultatif concernant la vente d'enfants, la prostitution des enfants et la pornographie mettant en scène des enfants; elle a pour but de renforcer la protection instaurée par ces instruments et de développer et compléter les normes qu'ils énoncent.

Art. 43. *Relation avec d'autres instruments internationaux.* 1. La présente Convention ne porte pas atteinte aux droits et obligations découlant des dispositions d'autres instruments internationaux auxquels les Parties à cette Convention sont Parties ou le deviendront, qui contiennent des dispositions relatives aux matières régies par la présente Convention et assurent une plus grande protection et assistance aux enfants victimes d'exploitation ou d'abus sexuels.

2. Les Parties à la Convention peuvent conclure entre elles des accords bilatéraux ou multilatéraux relatifs aux questions réglées par la présente Convention, aux fins de

compléter ou de renforcer les dispositions de celle-ci ou pour faciliter l'application des principes qu'elle consacre.

3. Les Parties qui sont membres de l'Union européenne appliquent, dans leurs relations mutuelles, les règles de la Communauté et de l'Union européenne dans la mesure où il existe des règles de la Communauté ou de l'Union européenne régissant le sujet particulier concerné et applicables au cas d'espèce, sans préjudice de l'objet et du but de la présente Convention et sans préjudice de son entière application à l'égard des autres Parties.

(...)

460 Code pénal (article 222-31-1 à 222-31-2)

TITRE DEUXIÈME
DES ATTEINTES À LA PERSONNE HUMAINE

CHAPITRE II
Des atteintes à l'intégrité physique ou psychique de la personne

Section III

Des agressions sexuelles

§ 3 : De l'inceste commis sur les mineurs
(L. n° 2010-121 du 8 févr. 2010)

Art. 222-31-1. *(L. n° 2016-297 du 14 mars 2016, art. 44)* Les viols et les agressions sexuelles sont qualifiés d'incestueux lorsqu'ils sont commis par :

1° Un ascendant;

2° Un frère, une sœur, un oncle, une tante, un neveu ou une nièce;

3° Le conjoint, le concubin d'une des personnes mentionnées aux 1° et 2° ou le partenaire lié par un pacte civil de solidarité avec l'une des personnes mentionnées aux mêmes 1° et 2°, s'il a sur *(L. n° 2018-703 du 3 août 2018, art. 2)* «la victime» une autorité de droit ou de fait.

Art. 222-31-2. *(L. n° 2010-121 du 8 févr. 2010)* Lorsque le viol *(L. n° 2016-297 du 14 mars 2016, art. 44)* «incestueux ou l'agression sexuelle incestueuse» est commis contre un mineur par une personne titulaire sur celui-ci de l'autorité parentale, la juridiction de jugement doit se prononcer sur le retrait total ou partiel de cette autorité en application des articles 378 et 379-1 du code civil.

Elle peut alors statuer sur le retrait de cette autorité en ce qu'elle concerne les frères et soeurs mineurs de la victime.

Si les poursuites ont lieu devant la cour d'assises, celle-ci statue sur cette question sans l'assistance des jurés.

461 Code pénal (articles 227-25 à 227-28-3)

TITRE DEUXIÈME
DES ATTEINTES À LA PERSONNE HUMAINE

CHAPITRE VII
Des atteintes aux mineurs et à la famille

Section V

De la mise en péril des mineurs

Art. 227-25. *(L. n° 2018-703 du 3 août 2018, art. 2)* Hors le cas de viol ou de toute autre agression sexuelle, le fait, par un majeur, d'exercer une atteinte sexuelle sur un mineur de quinze ans est puni de sept ans d'emprisonnement et de 100000 € d'amende.

Art. 227-26. L'infraction définie à l'article 227-25 est punie *(L. n° 95-116 du 4 févr. 1995, art. 121-III)* «de dix ans d'emprisonnement et de 150000 € d'amende» :

1° *(L. n° 2010-121 du 8 févr. 2010)* «Lorsqu'elle est commise par un ascendant ou par toute autre personne ayant sur la victime une autorité de droit ou de fait;»

2° Lorsqu'elle est commise par une personne qui abuse de l'autorité que lui confèrent ses fonctions;

3° Lorsqu'elle est commise par plusieurs personnes agissant en qualité d'auteur ou de complice;

(L. n° 98-468 du 17 juin 1998; L. n° 2002-305 du 4 mars 2002) «4° Lorsque le mineur a été mis en contact avec l'auteur des faits grâce à l'utilisation, pour la diffusion de messages à destination d'un public non déterminé, d'un réseau de» *(L. n° 2011-525 du 17 mai 2011, art. 150-1°)* «communication électronique»;

(L. n° 2007-297 du 5 mars 2007, art. 54) «5° Lorsqu'elle est commise par une personne agissant en état d'ivresse manifeste ou sous l'emprise manifeste de produits stupéfiants.»

Art. 227-27. Les atteintes sexuelles sans violence, contrainte, menace ni surprise sur un mineur âgé de plus de quinze ans sont punies de *(L. n° 2013-711 du 5 août 2013, art. 5)* «trois ans d'emprisonnement et de 45000 € d'amende :

1° *(L. n° 2010-121 du 8 févr. 2010)* «Lorsqu'elles sont commises par un ascendant ou par toute autre personne ayant sur la victime une autorité de droit ou de fait;»

2° Lorsqu'elles sont commises par une personne qui abuse de l'autorité que lui confèrent ses fonctions.

Art. 227-27-1. *(L. n° 98-468 du 17 juin 1998)* Dans le cas où les infractions prévues par les articles 227-22, 227-23 ou 227-25 à 227-27 sont commises à l'étranger par un Français ou par une personne résidant habituellement sur le territoire français, la loi française est applicable par dérogation au deuxième alinéa de l'article 113-6 et les dispositions de la seconde phrase de l'article 113-8 ne sont pas applicables.

Art. 227-27-2. *(L. n° 2013-711 du 5 août 2013, art. 5)* La tentative des délits prévus aux articles 227-25, 227-26 et 227-27 est punie des mêmes peines.

Art. 227-27-2-1. *(L. n° 2016-297 du 14 mars 2016, art. 44)* Les infractions définies aux articles 227-25 à 227-27 sont qualifiées d'incestueuses lorsqu'elles sont commises sur la personne d'un mineur par :

1° Un ascendant;

2° Un frère, une sœur, un oncle, une tante, un neveu ou une nièce;

3° Le conjoint, le concubin d'une des personnes mentionnées aux 1° et 2° ou le partenaire lié par un pacte civil de solidarité avec l'une des personnes mentionnées aux mêmes 1° et 2°, s'il a sur le mineur une autorité de droit ou de fait.

Art. 227-27-3. *(L. n° 2010-121 du 8 févr. 2010)* Lorsque l'atteinte sexuelle *(L. n° 2016-297 du 14 mars 2016, art. 44)* «incestueuse» est commise par une personne titulaire de l'autorité parentale sur le mineur, la juridiction de jugement doit se prononcer sur le retrait total ou partiel de cette autorité en application des articles 378 et 379-1 du code civil.

Elle peut alors statuer sur le retrait de cette autorité en ce qu'elle concerne les frères et sœurs mineurs de la victime.

Si les poursuites ont lieu devant la cour d'assises, celle-ci statue sur cette question sans l'assistance des jurés.

Art. 227-28. Lorsque les délits prévus aux articles 227-18 à 227-21 et 227-23 sont commis par la voie de la presse écrite ou audiovisuelle, les dispositions particulières des lois qui régissent ces matières sont applicables en ce qui concerne la détermination des personnes responsables.

Art. 227-28-1. *(L. n° 2009-526 du 12 mai 2009, art. 124-I)* «Les personnes morales déclarées responsables pénalement, dans les conditions prévues par l'article 121-2, des infractions définies aux articles 227-18 à 227-26 encourent, outre l'amende suivant les modalités prévues par l'article 131-38, les peines prévues par les 2° à 5° et 7° à 9° de l'article 131-39.»

(L. n° 98-468 du 17 juin 1998) L'interdiction mentionnée au 2° de l'article 131-39 porte sur l'activité dans l'exercice ou à l'occasion de l'exercice de laquelle l'infraction a été commise.

Art. 227-28-3. *(L. n° 2006-399 du 4 avr. 2006, art. 16)* Le fait de faire à une personne des offres ou des promesses ou de lui proposer des dons, présents ou avantages quelconques afin qu'elle commette à l'encontre d'un mineur l'un des crimes ou délits visés aux articles 222-22 à 222-31, 225-5 à 225-11, 227-22, 227-23 et 227-25 à 227-28 est puni, lorsque cette infraction n'a été ni commise ni tentée, de trois ans d'emprisonnement et 45000 € d'amende si cette infraction constitue un délit, et de sept ans d'emprisonnement et 100000 € d'amende si elle constitue un crime.

II – LES LIBERTÉS

CHAPITRE 1
La liberté du travail

462 Pacte international relatif aux droits économiques, sociaux et culturels (article 6)

Art. 6. 1. Les États parties au présent Pacte reconnaissent le droit au travail, qui comprend le droit qu'a toute personne d'obtenir la possibilité de gagner sa vie par un travail librement choisi ou accepté, et prendront des mesures appropriées pour sauvegarder ce droit.

2. Les mesures que chacun des États parties au présent Pacte prendra en vue d'assurer le plein exercice de ce droit doivent inclure l'orientation et la formation techniques et professionnelles, l'élaboration de programmes, de politiques et de techniques propres à assurer un développement économique, social et culturel constant et un plein emploi productif dans des conditions qui sauvegardent aux individus la jouissance des libertés politiques et économiques fondamentales.

463 Charte des droits fondamentaux de l'Union européenne (article 15.1)

Art. 15. *Liberté professionnelle et droit de travailler.* 1. Toute personne a le droit de travailler et d'exercer une profession librement choisie ou acceptée.

464 Code pénal (article 431-1)

TITRE TROISIÈME

DES ATTEINTES À L'AUTORITÉ DE L'ÉTAT

CHAPITRE PREMIER

Des atteintes à la paix publique

Section première

Des entraves à l'exercice des libertés d'expression, du travail, d'association, de réunion ou de manifestation

Art. 431-1. Le fait d'entraver, d'une manière concertée et à l'aide de menaces, l'exercice de la liberté d'expression, du travail, d'association, de réunion ou de manifestation *(L. n° 2011-267 du 14 mars 2011, art. 49)* «ou d'entraver le déroulement des débats d'une assemblée parlementaire ou d'un organe délibérant d'une collectivité territoriale» est puni d'un an d'emprisonnement et de 15000 € d'amende.

(L. n° 2016-925 du 7 juill. 2016, art. 2) «Le fait d'entraver, d'une manière concertée et à l'aide de menaces, l'exercice de la liberté de création artistique ou de la liberté de la diffusion de la création artistique est puni d'un an d'emprisonnement et de 15000 euros d'amende.»

Le fait d'entraver, d'une manière concertée et à l'aide de coups, violences, voies de fait, destructions ou dégradations au sens du présent code, l'exercice d'une des libertés visées *(L. n° 2016-925 du 7 juill. 2016, art. 2)* «aux alinéas précédents» est puni de trois ans d'emprisonnement et de 45000 € d'amende.

465 Code du travail (article L. 1121-1)

TITRE DEUXIÈME
DROITS ET LIBERTÉS DANS L'ENTREPRISE

CHAPITRE UNIQUE

Art. L. 1121-1. Nul ne peut apporter aux droits des personnes et aux libertés individuelles et collectives de restrictions qui ne seraient pas justifiées par la nature de la tâche à accomplir ni proportionnées au but recherché.

CHAPITRE 2
Le droit de grève

466 Pacte international relatif aux droits économiques, sociaux et culturels (article 8)

Art. 8. 1. Les États parties au présent Pacte s'engagent à assurer :

(...)

d) Le droit de grève, exercé conformément aux lois de chaque pays.

467 Charte des droits fondamentaux de l'Union européenne (article 28)

Art. 28. *Droit de négociation et d'actions collectives.* Les travailleurs et les employeurs, ou leurs organisations respectives, ont, conformément au droit de l'Union et aux législations et pratiques nationales, le droit de négocier et de conclure des conventions collectives aux niveaux appropriés et de recourir, en cas de conflits d'intérêts, à des actions collectives pour la défense de leurs intérêts, y compris la grève.

468 Préambule de la Constitution du 27 octobre 1946 (alinéa 7)

Al. 7. Le droit de grève s'exerce dans le cadre des lois qui le réglementent.

469 Code du travail (article L. 1132-2)

TITRE TROISIÈME

DISCRIMINATIONS

CHAPITRE II

Principe de non-discrimination

Art. L. 1132-2. Aucun salarié ne peut être sanctionné, licencié ou faire l'objet d'une mesure discriminatoire mentionnée à l'article L. 1132-1 en raison de l'exercice normal du droit de grève.

470 Code du travail (article L. 2511-1)

TITRE PREMIER

EXERCICE DU DROIT DE GRÈVE

CHAPITRE PREMIER

Dispositions générales

Art. L. 2511-1. L'exercice du droit de grève ne peut justifier la rupture du contrat de travail, sauf faute lourde imputable au salarié.

Son exercice ne peut donner lieu à aucune mesure discriminatoire telle que mentionnée à l'article L. 1132-2, notamment en matière de rémunérations et d'avantages sociaux.

Tout licenciement prononcé en absence de faute lourde est nul de plein droit.

CHAPITRE 3
La liberté de circulation des travailleurs

471 Charte des droits fondamentaux de l'Union européenne (article 15)

Art. 15. *Liberté professionnelle et droit de travailler.* 1. Toute personne a le droit de travailler et d'exercer une profession librement choisie ou acceptée.

2. Tout citoyen de l'Union a la liberté de chercher un emploi, de travailler, de s'établir ou de fournir des services dans tout État membre.

3. Les ressortissants des pays tiers qui sont autorisés à travailler sur le territoire des États membres ont droit à des conditions de travail équivalentes à celles dont bénéficient les citoyens de l'Union

472 Traité sur le fonctionnement de l'Union européenne (articles 45 à 47)

TITRE IV
LA LIBRE CIRCULATION DES PERSONNES, DES SERVICES ET DES CAPITAUX

CHAPITRE I
Les travailleurs

Art. 45 ***(ex-article 39 TCE).*** 1. La libre circulation des travailleurs est assurée à l'intérieur de l'Union.

2. Elle implique l'abolition de toute discrimination, fondée sur la nationalité, entre les travailleurs des États membres, en ce qui concerne l'emploi, la rémunération et les autres conditions de travail.

3. Elle comporte le droit, sous réserve des limitations justifiées par des raisons d'ordre public, de sécurité publique et de santé publique :

a) de répondre à des emplois effectivement offerts,

b) de se déplacer à cet effet librement sur le territoire des États membres,

c) de séjourner dans un des États membres afin d'y exercer un emploi conformément aux dispositions législatives, réglementaires et administratives régissant l'emploi des travailleurs nationaux,

d) de demeurer, dans des conditions qui feront l'objet de règlements établis par la Commission, sur le territoire d'un État membre, après y avoir occupé un emploi.

4. Les dispositions du présent article ne sont pas applicables aux emplois dans l'administration publique.

Art. 46 ***(ex-article 40 TCE).*** Le Parlement européen et le Conseil, statuant conformément à la procédure législative ordinaire et après consultation du Comité économique et social, arrête, par voie de directives ou de règlements, les mesures nécessaires en vue de réaliser la libre circulation des travailleurs, telle qu'elle est définie à l'article 45, notamment :

a) en assurant une collaboration étroite entre les administrations nationales du travail,

b) en éliminant, celles des procédures et pratiques administratives, ainsi que les délais d'accès aux emplois disponibles découlant soit de la législation interne, soit d'accords antérieurement conclus entre les États membres, dont le maintien ferait obstacle à la libération des mouvements des travailleurs,

c) en éliminant tous les délais et autres restrictions, prévus soit par les législations internes, soit par des accords antérieurement conclus entre les États membres, qui imposent aux travailleurs des autres États membres d'autres conditions qu'aux travailleurs nationaux pour le libre choix d'un emploi,

d) en établissant des mécanismes propres à mettre en contact les offres et les demandes d'emploi et à en faciliter l'équilibre dans des conditions qui écartent des risques graves pour le niveau de vie et d'emploi dans les diverses régions et industries.

Art. 47 ***(ex-article 41 TCE).*** Les États membres favorisent, dans le cadre d'un programme commun, l'échange de jeunes travailleurs.

473 Règlement (UE) n° 492/2011 du 5 avril 2011 du Parlement européen et du Conseil relatif à la libre circulation des travailleurs à l'intérieur de l'Union

LE PARLEMENT EUROPÉEN ET LE CONSEIL DE L'UNION EUROPÉENNE,
vu le traité sur le fonctionnement de l'Union européenne, et notamment son article 46,
vu la proposition de la Commission européenne,
après transmission du projet d'acte législatif aux parlements nationaux,
vu l'avis du Comité économique et social européen,
statuant conformément à la procédure législative ordinaire,
considérant ce qui suit :
(1) Le règlement (CEE) n° 1612/68 du Conseil du 15 octobre 1968 relatif à la libre circulation des travailleurs à l'intérieur de la Communauté a été modifié à plusieurs reprises et de façon substantielle. Il convient, dans un souci de clarté et de rationalité, de procéder à la codification dudit règlement.
(2) La libre circulation des travailleurs doit être assurée à l'intérieur de l'Union. La réalisation de cet objectif implique l'abolition, entre les travailleurs des États membres, de toute discrimination fondée sur la nationalité en ce qui concerne l'emploi, la rémunération et les autres conditions de travail, ainsi que le droit pour ces travailleurs de se déplacer librement à l'intérieur de l'Union pour exercer une activité salariée, sous réserve des limitations justifiées par des raisons d'ordre public, de sécurité publique ou de santé publique.
(3) Il convient de prévoir des dispositions permettant d'atteindre les objectifs fixés par les articles 45 et 46 du traité sur le fonctionnement de l'Union européenne dans le domaine de la libre circulation.
(4) La libre circulation constitue pour les travailleurs et leur famille un droit fondamental. La mobilité de la main-d'œuvre dans l'Union doit être pour le travailleur un des moyens qui lui garantissent la possibilité d'améliorer ses conditions de vie et de travail et de faciliter sa promotion sociale, tout en contribuant à la satisfaction des besoins de l'économie des États membres. Il convient d'affirmer le droit de tous les travailleurs des États membres d'exercer l'activité de leur choix à l'intérieur de l'Union.
(5) Ce droit devrait être reconnu indifféremment aux travailleurs " permanents ", saisonniers, frontaliers ou qui exercent leur activité à l'occasion d'une prestation de services.
(6) Le droit de libre circulation exige, pour qu'il puisse s'exercer dans des conditions objectives de liberté et de dignité, que soit assurée, en fait et en droit, l'égalité de traitement pour tout ce qui se rapporte à l'exercice même d'une activité salariée et à l'accès au logement, et aussi que soient éliminés les obstacles qui s'opposent à la mobilité des

travailleurs, notamment en ce qui concerne les conditions d'intégration de la famille du travailleur dans le milieu du pays d'accueil.

(7) Le principe de non-discrimination entre travailleurs de l'Union implique la reconnaissance à tous les ressortissants des États membres de la même priorité à l'emploi que celle dont bénéficient les travailleurs nationaux.

(8) Les mécanismes de mise en contact et de compensation, notamment par le biais de la collaboration directe entre les services centraux de l'emploi et également entre les services régionaux, ainsi que de la coordination de l'action d'information, assurent de façon générale une meilleure transparence du marché du travail. Les travailleurs désireux de se déplacer devraient également être informés de façon régulière des conditions de vie et de travail.

(9) Des liens étroits existent entre la libre circulation des travailleurs, l'emploi et la formation professionnelle pour autant que celle-ci tend à mettre des travailleurs en mesure de répondre à des offres concrètes d'emploi émises dans d'autres régions de l'Union. De tels liens obligent à étudier les problèmes relevant de ces matières, non plus isolément, mais dans leurs relations d'interdépendance, en tenant compte également des problèmes de l'emploi sur le plan régional. Il est, dès lors, nécessaire d'orienter les efforts des États membres vers la coordination de leur politique de l'emploi,

ONT ADOPTÉ LE PRÉSENT RÈGLEMENT :

CHAPITRE I

De l'emploi, de l'égalité de traitement et de la famille des travailleurs

Section I

De l'accès à l'emploi

Art. 1er. 1. Tout ressortissant d'un État membre, quel que soit le lieu de sa résidence, a le droit d'accéder à une activité salariée et de l'exercer sur le territoire d'un autre État membre, conformément aux dispositions législatives, réglementaires et administratives régissant l'emploi des travailleurs nationaux de cet État.

2. Il bénéficie notamment, sur le territoire d'un autre État membre, de la même priorité que les ressortissants de cet État dans l'accès aux emplois disponibles.

Art. 2. Tout ressortissant d'un État membre et tout employeur exerçant une activité sur le territoire d'un État membre peuvent échanger leurs demandes et offres d'emplois, conclure des contrats de travail et les mettre à exécution, conformément aux dispositions législatives, réglementaires et administratives en vigueur, sans qu'il puisse en résulter de discrimination.

Art. 3. 1. Dans le cadre du présent règlement, ne sont pas applicables les dispositions législatives, réglementaires ou administratives ou les pratiques administratives d'un État membre :

a) qui limitent ou subordonnent à des conditions non prévues pour les nationaux la demande et l'offre de l'emploi, l'accès à l'emploi et son exercice par les étrangers ; ou

b) qui, bien qu'applicables sans acception de nationalité, ont pour but ou effet exclusif ou principal d'écarter les ressortissants des autres États membres de l'emploi offert.

Le premier alinéa ne concerne pas les conditions relatives aux connaissances linguistiques requises en raison de la nature de l'emploi à pourvoir.

2. Sont comprises notamment parmi les dispositions ou pratiques visées au paragraphe 1, premier alinéa, celles qui, dans un État membre :

a) rendent obligatoire le recours à des procédures de recrutement de main-d'œuvre spéciales aux étrangers ;

b) limitent ou subordonnent à des conditions autres que celles qui sont applicables aux employeurs exerçant leurs activités sur le territoire de cet État l'offre d'emploi par voie de presse ou par toute autre voie ;

c) subordonnent l'accès à l'emploi à des conditions d'inscription dans les bureaux de placement ou font obstacle au recrutement nominatif de travailleurs, lorsqu'il s'agit de personnes qui ne résident pas sur le territoire de cet État.

Art. 4. 1. Les dispositions législatives, réglementaires et administratives des États membres limitant, en nombre ou en pourcentage, par entreprise, par branche d'activité, par région ou à l'échelon national, l'emploi des étrangers, ne sont pas applicables aux ressortissants des autres États membres.

2. Lorsque, dans un État membre, l'octroi d'avantages quelconques à des entreprises est subordonné à l'emploi d'un pourcentage minimal de travailleurs nationaux, les ressortissants des autres États membres sont comptés comme travailleurs nationaux, sous réserve de la directive 2005/36/CE du Parlement européen et du Conseil du 7 septembre 2005 relative à la reconnaissance des qualifications professionnelles.

Art. 5. Le ressortissant d'un État membre qui recherche un emploi sur le territoire d'un autre État membre y reçoit la même assistance que celle que les bureaux d'emploi de cet État accordent à leurs propres ressortissants à la recherche d'un emploi.

Art. 6. 1. L'embauchage et le recrutement d'un ressortissant d'un État membre pour un emploi dans un autre État membre ne peuvent dépendre de critères médicaux, professionnels ou autres, discriminatoires en raison de la nationalité, par rapport à ceux appliqués aux ressortissants de l'autre État membre désirant exercer la même activité.

2. Le ressortissant en possession d'une offre nominative émanant d'un employeur d'un État membre autre que celui dont il est ressortissant peut être soumis à un examen professionnel si l'employeur le demande expressément lors du dépôt de son offre.

Section II

De l'exercice de l'emploi et de l'égalité de traitement

Art. 7. 1. Le travailleur ressortissant d'un État membre ne peut, sur le territoire des autres États membres, être, en raison de sa nationalité, traité différemment des travailleurs nationaux, pour toutes conditions d'emploi et de travail, notamment en matière de rémunération, de licenciement et de réintégration professionnelle ou de réemploi s'il est tombé au chômage.

2. Il y bénéficie des mêmes avantages sociaux et fiscaux que les travailleurs nationaux.

3. Il bénéficie également, au même titre et dans les mêmes conditions que les travailleurs nationaux, de l'enseignement des écoles professionnelles et des centres de réadaptation ou de rééducation.

4. Toute clause de convention collective ou individuelle ou d'autre réglementation collective portant sur l'accès à l'emploi, la rémunération et les autres conditions de travail et de licenciement est nulle de plein droit dans la mesure où elle prévoit ou autorise des conditions discriminatoires à l'égard de travailleurs ressortissants des autres États membres.

Art. 8. Le travailleur ressortissant d'un État membre occupé sur le territoire d'un autre État membre bénéficie de l'égalité de traitement en matière d'affiliation aux organisations syndicales et d'exercice des droits syndicaux, y compris le droit de vote et l'accès aux postes d'administration ou de direction d'une organisation syndicale. Il peut être exclu de la participation à la gestion d'organismes de droit public et de l'exercice d'une fonction de droit public. Il bénéficie, en outre, du droit d'éligibilité aux organes de représentation des travailleurs dans l'entreprise.

Le premier alinéa ne porte pas atteinte aux législations ou réglementations qui, dans certains États membres, accordent des droits plus étendus aux travailleurs en provenance d'autres États membres.

Art. 9. 1. Le travailleur ressortissant d'un État membre occupé sur le territoire d'un autre État membre bénéficie de tous les droits et de tous les avantages accordés aux travailleurs nationaux en matière de logement, y compris l'accès à la propriété du logement dont il a besoin.

2. Le travailleur visé au paragraphe 1 peut, au même titre que les nationaux, s'inscrire, dans la région où il est employé, sur les listes de demandeurs de logements dans les lieux où de telles listes sont tenues, et il bénéficie des avantages et priorités qui en découlent.

Sa famille restée dans le pays de provenance est considérée, à cette fin, comme résidant dans ladite région, dans la mesure où les travailleurs nationaux bénéficient d'une présomption analogue.

Section III

De la famille des travailleurs

Art. 10. Les enfants d'un ressortissant d'un État membre qui est ou a été employé sur le territoire d'un autre État membre sont admis aux cours d'enseignement général, d'apprentissage et de formation professionnelle dans les mêmes conditions que les ressortissants de cet État, si ces enfants résident sur son territoire.

Les États membres encouragent les initiatives permettant à ces enfants de suivre les cours précités dans les meilleures conditions.

CHAPITRE II

De la mise en contact et de la compensation des offres et des demandes d'emploi

Section I

De la collaboration entre les États membres et avec la Commission

Art. 11. 1. Les États membres ou la Commission suscitent ou entreprennent en collaboration toute étude en matière d'emploi et de chômage qu'ils jugent nécessaire dans le cadre de la libre circulation des travailleurs à l'intérieur de l'Union.

Les services centraux de l'emploi des États membres coopèrent étroitement entre eux et avec la Commission en vue d'aboutir à une action commune dans les domaines de la compensation des offres et des demandes d'emploi dans l'Union et du placement des travailleurs qui en résulte.

2. À cet effet, les États membres désignent des services spécialisés qui sont chargés d'organiser les travaux dans les domaines visés au paragraphe 1, deuxième alinéa, et de collaborer entre eux et avec les services de la Commission.

Les États membres communiquent à la Commission toute modification intervenant dans la désignation de ces services et la Commission la publie, pour information, au Journal officiel de l'Union européenne.

Art. 12. 1. Les États membres adressent à la Commission les informations relatives aux problèmes et données relevant de la libre circulation et de l'emploi des travailleurs ainsi que les informations concernant la situation et l'évolution de l'emploi.

2. La Commission, en tenant le plus grand compte de l'avis du comité technique visé à l'article 29 (ci-après dénommé " comité technique "), fixe la façon dont sont établies les informations visées au paragraphe 1 du présent article.

3. Conformément aux modalités établies par la Commission en tenant le plus grand compte de l'avis du comité technique, le service spécialisé de chaque État membre adresse, aux services spécialisés des autres États membres et au bureau européen de coordination visé à l'article 18, les informations concernant les conditions de vie et de travail et la situation sur le marché de l'emploi, qui sont de nature à fournir une orientation aux travailleurs des autres États membres. Ces informations sont mises à jour régulièrement.

Les services spécialisés des autres États membres assurent une large publicité à ces informations, notamment par leur diffusion auprès des services de l'emploi appropriés et par tous les moyens de communication qui se prêtent à l'information des travailleurs intéressés.

Section II

Du mécanisme de compensation

Art. 13. 1. Le service spécialisé de chaque État membre adresse régulièrement aux services spécialisés des autres États membres ainsi qu'au bureau européen de coordination visé à l'article 18 :

a) les offres d'emploi susceptibles d'être satisfaites par des ressortissants d'autres États membres;

b) les offres d'emploi adressées aux pays tiers;

c) les demandes d'emploi déposées par des personnes ayant formellement déclaré qu'elles souhaitent travailler dans un autre État membre;

d) des informations, par régions et branches d'activité, concernant les demandeurs d'emploi ayant déclaré être effectivement disposés à occuper un emploi dans un autre pays.

Le service spécialisé de chaque État membre transmet ces informations aux services et aux organismes de l'emploi appropriés dans les meilleurs délais.

2. Les offres et les demandes d'emploi visées au paragraphe 1 sont diffusées selon un système uniformisé établi par le bureau européen de coordination visé à l'article 18 en collaboration avec le comité technique.

Ce système peut être adapté, si nécessaire.

Art. 14. 1. Toute offre d'emploi au sens de l'article 13, adressée aux services de l'emploi d'un État membre, est communiquée et traitée par les services de l'emploi compétents des autres États membres concernés.

Ces services adressent les candidatures précises et appropriées aux services du premier État membre.

2. Les demandes d'emploi visées à l'article 13, paragraphe 1, premier alinéa, point c), font l'objet d'une réponse des services concernés des États membres dans un délai raisonnable qui ne doit pas dépasser un mois.

3. Les services de l'emploi accordent la même priorité aux travailleurs ressortissants des États membres que celle qu'accordent les mesures appropriées aux travailleurs nationaux à l'égard des travailleurs ressortissants de pays tiers.

Art. 15. 1. Les opérations définies à l'article 14 sont exécutées par les services spécialisés. Toutefois, dans la mesure où ils y ont été autorisés par les services centraux, et dans la mesure où l'organisation des services de l'emploi d'un État membre et les techniques de placement utilisées s'y prêtent :

a) les services régionaux de l'emploi des États membres :

i) sur la base des informations visées à l'article 13, auxquelles feront suite les opérations appropriées, procèdent directement aux opérations de mise en contact et de compensation des offres et des demandes d'emploi;

ii) établissent des relations directes de compensation :

- dans le cas d'offres nominatives,
- dans le cas de demandes d'emploi individuelles adressées soit à un service de l'emploi déterminé, soit à un employeur exerçant son activité dans le ressort de ce service,
- lorsque les opérations de compensation concernent la main-d'œuvre saisonnière dont le recrutement doit être effectué dans les plus brefs délais;

b) les services territorialement responsables pour des régions limitrophes de deux ou plusieurs États membres échangent régulièrement les données relatives aux offres et demandes d'emploi à leur niveau et procèdent directement entre eux, et selon les modalités de leurs relations avec les autres services de l'emploi de leur pays, aux opérations de mise en contact et de compensation des offres et des demandes d'emploi.

Si nécessaire, les services territorialement responsables pour des régions limitrophes mettent également en place des structures de coopération et de service en vue d'offrir :

- aux usagers le plus grand nombre possible d'informations pratiques sur les différents aspects de la mobilité, et

- aux partenaires sociaux et économiques, aux services sociaux (notamment publics, privés ou d'utilité publique) et à l'ensemble des institutions concernées un cadre de mesures coordonnées en matière de mobilité;

c) les services officiels de placement spécialisés pour certaines professions et pour des catégories déterminées de personnes établissent entre eux une coopération directe.

2. Les États membres intéressés communiquent à la Commission la liste de services visés au paragraphe 1, arrêtée d'un commun accord, et la Commission la publie pour information au Journal officiel de l'Union européenne, ainsi que toute modification qui y est apportée.

Art. 16. Le recours aux procédures de recrutement appliquées par les organismes d'exécution prévus dans les accords conclus entre deux ou plusieurs États membres n'est pas obligatoire.

Section III

Des mesures régulatrices en faveur de l'équilibre sur le marché du travail

Art. 17. 1. Sur la base d'un rapport de la Commission élaboré à partir des informations fournies par les États membres, ceux-ci et la Commission analysent au moins une fois par an et en commun les résultats des dispositifs de l'Union concernant les offres et les demandes d'emploi.

2. Les États membres examinent avec la Commission toutes les possibilités tendant à pourvoir par priorité les emplois disponibles par des ressortissants des États membres, en vue de réaliser l'équilibre entre les offres et les demandes d'emploi dans l'Union. Ils adoptent toutes mesures nécessaires à cet effet.

3. Tous les deux ans, la Commission adresse au Parlement européen, au Conseil et au Comité économique et social européen un rapport sur la mise en œuvre du chapitre II résumant les informations obtenues et les données provenant des études et des recherches effectuées, et faisant apparaître tout élément utile concernant l'évolution du marché du travail de l'Union.

Section IV

Du bureau européen de coordination

Art. 18. Le bureau européen de coordination de la compensation des offres et des demandes d'emploi (ci-après dénommé le " bureau européen de coordination "), institué au sein de la Commission, a pour mission générale de favoriser, sur le plan de l'Union, la mise en contact et la compensation des offres et des demandes d'emploi. Il est chargé, en particulier, de toutes les tâches techniques incombant dans ce domaine à la Commission aux termes du présent règlement, et notamment de prêter son concours aux services nationaux de l'emploi.

Il établit la synthèse des informations visées aux articles 12 et 13 ainsi que des données relevant des études et recherches effectuées en application de l'article 11 de façon à faire apparaître les renseignements utiles sur l'évolution prévisible du marché de l'emploi dans l'Union; ces renseignements sont portés à la connaissance des services spécialisés des États membres ainsi que du comité consultatif visé à l'article 21 et du comité technique.

Art. 19. 1. Le bureau européen de coordination est chargé notamment :

a) de coordonner les opérations pratiques nécessaires, sur le plan de l'Union, à la mise en contact et à la compensation des offres et des demandes d'emploi, et d'analyser les mouvements de travailleurs qui en résultent;

b) de contribuer, en collaboration avec le comité technique, à mettre en œuvre à ces fins, sur les plans administratif et technique, les moyens d'action commune;

c) d'effectuer, si un besoin particulier apparaît, en accord avec les services spécialisés, la mise en contact des offres et des demandes d'emploi dont la compensation sera réalisée par ces services.

2. Il transmet aux services spécialisés les offres et les demandes d'emploi directement adressées à la Commission et est informé des suites qui leur ont été données.

Art. 20. En accord avec l'autorité compétente de chaque État membre, et suivant les conditions et modalités qu'elle détermine sur avis du comité technique, la Commission peut organiser des visites et des missions de fonctionnaires des autres États membres, ainsi que des programmes de perfectionnement du personnel spécialisé.

CHAPITRE III

Des organismes chargés d'assurer une collaboration étroite entre les états membres en matière de libre circulation et d'emploi des travailleurs

Section I

Du comité consultatif

Art. 21. Le comité consultatif est chargé d'assister la Commission dans l'examen des questions que soulève l'exécution du traité sur le fonctionnement de l'Union européenne et des mesures prises pour son application, en matière de libre circulation et d'emploi des travailleurs.

Art. 22. Le comité consultatif est chargé notamment :

a) d'examiner les problèmes de la libre circulation et de l'emploi dans le cadre des politiques nationales de la main-d'œuvre, en vue de la coordination au niveau de l'Union de la politique de l'emploi des États membres, qui contribuera au développement des économies ainsi qu'à un meilleur équilibre du marché de l'emploi;

b) d'étudier, de façon générale, les effets de l'application du présent règlement et des dispositions complémentaires éventuelles;

c) de présenter éventuellement à la Commission des propositions motivées de révision du présent règlement;

d) de formuler, à la demande de la Commission ou de sa propre initiative, des avis motivés sur des questions générales ou de principe, en particulier sur les échanges d'information concernant l'évolution du marché de l'emploi, sur les mouvements de travailleurs entre les États membres, sur les programmes ou mesures propres à développer l'orientation professionnelle et la formation professionnelle et de nature à accroître les possibilités de libre circulation et d'emploi, ainsi que sur toute forme d'assistance en faveur des travailleurs et de leur famille, y compris l'assistance sociale et le logement des travailleurs.

Art. 23. 1. Le comité consultatif est composé de six membres titulaires pour chacun des États membres, dont deux représentent le gouvernement, deux les organisations syndicales de travailleurs et deux les organisations syndicales d'employeurs.

2. Pour chacune des catégories visées au paragraphe 1, il est nommé un membre suppléant par État membre.

3. La durée du mandat des membres titulaires et des membres suppléants est de deux ans. Leur mandat est renouvelable.

À l'expiration de leur mandat, les membres titulaires et les membres suppléants restent en fonction jusqu'à ce qu'il soit pourvu à leur remplacement ou au renouvellement de leur mandat.

Art. 24. Les membres titulaires et les membres suppléants du comité consultatif sont nommés par le Conseil qui s'efforce, pour les représentants des organisations syndicales de travailleurs et d'employeurs, de réaliser dans la composition du comité une représentation équitable des différents secteurs économiques intéressés.

La liste des membres titulaires et des membres suppléants est publiée par le Conseil au Journal officiel de l'Union européenne, pour information.

Art. 25. Le comité consultatif est présidé par un membre de la Commission ou son représentant. Le président ne prend pas part au vote. Le comité se réunit au moins deux fois par an. Il est convoqué par son président, soit sur l'initiative de celui-ci, soit à la demande d'un tiers au moins des membres.

Le secrétariat est assuré par les services de la Commission.

Art. 26. Le président peut inviter à participer aux réunions, en tant qu'observateurs ou experts, les personnes ou représentants d'organismes ayant une expérience étendue dans le domaine de l'emploi et des mouvements de travailleurs. Le président peut être assisté de conseillers techniques.

Art. 27. 1. Le comité consultatif se prononce valablement lorsque les deux tiers des membres sont présents.

2. Les avis doivent être motivés; ils sont pris à la majorité absolue des suffrages valablement exprimés; ils sont accompagnés d'une note indiquant les opinions émises par la minorité lorsque celle-ci le demande.

Art. 28. Le comité consultatif fixe ses méthodes de travail par règlement intérieur qui entre en vigueur après approbation par le Conseil sur avis de la Commission. L'entrée en vigueur des modifications éventuelles que le comité décide d'y apporter est soumise à la même procédure.

Section II

Du comité technique

Art. 29. Le comité technique est chargé d'assister la Commission pour préparer, promouvoir et suivre dans leurs résultats tous travaux et mesures techniques pour l'application du présent règlement et des dispositions complémentaires éventuelles.

Art. 30. Le comité technique est chargé notamment :

a) de promouvoir et perfectionner la collaboration entre les administrations intéressées des États membres pour toutes les questions techniques relatives à la libre circulation et à l'emploi des travailleurs;

b) d'élaborer les procédures relatives à l'organisation des activités communes des administrations intéressées;

c) de faciliter le rassemblement des renseignements utiles à la Commission et la réalisation des études et recherches prévues dans le présent règlement ainsi que de favoriser les échanges d'informations et d'expériences entre les administrations intéressées;

d) d'étudier, sur le plan technique, l'harmonisation des critères selon lesquels les États membres apprécient la situation de leur marché de l'emploi.

Art. 31. 1. Le comité technique est composé de représentants des gouvernements des États membres. Chaque gouvernement nomme comme membres titulaires du comité technique un des membres titulaires qui le représentent au sein du comité consultatif.

2. Chaque gouvernement nomme un suppléant parmi ses autres représentants, membres titulaires ou suppléants, au sein du comité consultatif.

Art. 32. Le comité technique est présidé par un membre de la Commission ou son représentant. Le président ne prend pas part au vote. Le président ainsi que les membres du comité peuvent être assistés de conseillers techniques.

Le secrétariat est assuré par les services de la Commission.

Art. 33. Les propositions et les avis formulés par le comité technique sont présentés à la Commission et portés à la connaissance du comité consultatif. Ces propositions et avis sont accompagnés d'une note indiquant les opinions émises par les différents membres du comité technique, lorsque ceux-ci le demandent.

Art. 34. Le comité technique fixe ses méthodes de travail par règlement intérieur qui entre en vigueur après approbation par le Conseil sur avis de la Commission. L'entrée en vigueur des modifications éventuelles que le comité décide d'y apporter est soumise à la même procédure.

(...)

CHAPITRE 4
La liberté syndicale

474 Déclaration universelle des droits de l'homme (article 23.4)

Art. 23. 4. Toute personne a le droit de fonder avec d'autres des syndicats et de s'affilier à des syndicats pour la défense de ses intérêts.

475 Pacte international relatif aux droits économiques, sociaux et culturels (article 8)

Art. 8. 1. Les États parties au présent Pacte s'engagent à assurer :

a) Le droit qu'a toute personne de former avec d'autres des syndicats et de s'affilier au syndicat de son choix, sous la seule réserve des règles fixées par l'organisation intéressée, en vue de favoriser et de protéger ses intérêts économiques et sociaux. L'exercice de ce droit ne peut faire l'objet que des seules restrictions prévues par la loi et qui constituent des mesures nécessaires, dans une société démocratique, dans l'intérêt de la sécurité nationale ou de l'ordre public, ou pour protéger les droits et les libertés d'autrui.

b) Le droit qu'ont les syndicats de former des fédérations ou des confédérations nationales et le droit qu'ont celles-ci de former des organisations syndicales internationales ou de s'y affilier.

c) Le droit qu'ont les syndicats d'exercer librement leur activité, sans limitations autres que celles qui sont prévues par la loi et qui constituent des mesures nécessaires, dans une société démocratique, dans l'intérêt de la sécurité nationale ou de l'ordre public, ou pour protéger les droits et les libertés d'autrui.

d) Le droit de grève, exercé conformément aux lois de chaque pays.

2. Le présent article n'empêche pas de soumettre à des restrictions légales l'exercice de ces droits par les membres des forces armées, de la police ou de la fonction publique.

3. Aucune disposition du présent article ne permet auxÉtats parties à la Convention de 1948 de l'Organisation internationale du Travail concernant la liberté syndicale et la protection du droit syndical de prendre des mesures législatives portant atteinte — ou d'appliquer la loi de façon à porter atteinte — aux garanties prévues dans ladite convention.

476 Convention de l'OIT n° 87 du 9 juillet 1948

PRÉAMBULE

La Conférence générale de l'Organisation internationale du Travail,

Convoquée à San Francisco par le Conseil d'administration du Bureau international du Travail, et s'y étant réunie le 17 juin 1948, en sa trente et unième session,

Après avoir décidé d'adopter sous forme d'une convention diverses propositions relatives à la liberté syndicale et la protection du droit syndical, question qui constitue le septième point à l'ordre du jour de la session,

Considérant que le Préambule de la Constitution de l'Organisation internationale du Travail énonce, parmi les moyens susceptibles d'améliorer la condition des travailleurs et d'assurer la paix, " l'affirmation du principe de la liberté syndicale ",

Considérant que la Déclaration de Philadelphie a proclamé de nouveau que " la liberté d'expression et d'association est une condition indispensable d'un progrès soutenu ",

Considérant que la Conférence internationale du Travail, à sa trentième session, a adopté à l'unanimité les principes qui doivent être à la base de la réglementation internationale,

Considérant que l'Assemblée générale des Nations Unies, à sa deuxième session, a fait siens ces principes et a invité l'Organisation internationale du Travail à poursuivre tous ses efforts afin qu'il soit possible d'adopter une ou plusieurs conventions internationales,

adopte, ce neuvième jour de juillet mil neuf cent quarante-huit, la convention ci-après, qui sera dénommée Convention sur la liberté syndicale et la protection du droit syndical, 1948 :

PARTIE I
LIBERTÉ SYNDICALE

Art. 1er. Tout Membre de l'Organisation internationale du Travail pour lequel la présente convention est en vigueur s'engage à donner effet aux dispositions suivantes.

Art. 2. Les travailleurs et les employeurs, sans distinction d'aucune sorte, ont le droit, sans autorisation préalable, de constituer des organisations de leur choix, ainsi que celui de s'affilier à ces organisations, à la seule condition de se conformer aux statuts de ces dernières.

Art. 3. 1. Les organisations de travailleurs et d'employeurs ont le droit d'élaborer leurs statuts et règlements administratifs, d'élire librement leurs représentants, d'organiser leur gestion et leur activité, et de formuler leur programme d'action.

2. Les autorités publiques doivent s'abstenir de toute intervention de nature à limiter ce droit ou à en entraver l'exercice légal.

Art. 4. Les organisations de travailleurs et d'employeurs ne sont pas sujettes à dissolution ou à suspension par voie administrative.

Art. 5. Les organisations de travailleurs et d'employeurs ont le droit de constituer des fédérations et des confédérations ainsi que celui de s'y affilier, et toute organisation, fédération ou confédération a le droit de s'affilier à des organisations internationales de travailleurs et d'employeurs.

Art. 6. Les dispositions des articles 2, 3 et 4 ci-dessus s'appliquent aux fédérations et aux confédérations des organisations de travailleurs et d'employeurs.

Art. 7. L'acquisition de la personnalité juridique par les organisations de travailleurs et d'employeurs, leurs fédérations et confédérations, ne peut être subordonnée à des conditions de nature à mettre en cause l'application des dispositions des articles 2, 3 et 4 ci-dessus.

Art. 8. 1. Dans l'exercice des droits qui leur sont reconnus par la présente convention, les travailleurs, les employeurs et leurs organisations respectives sont tenus, à l'instar des autres personnes ou collectivités organisées, de respecter la légalité.

2. La législation nationale ne devra porter atteinte ni être appliquée de manière à porter atteinte aux garanties prévues par la présente convention.

Art. 9. 1. La mesure dans laquelle les garanties prévues par la présente convention s'appliqueront aux forces armées et à la police sera déterminée par la législation nationale.

2. Conformément aux principes établis par le paragraphe 8 de l'article 19 de la Constitution de l'Organisation internationale du Travail, la ratification de cette convention par un Membre ne devra pas être considérée comme affectant toute loi, toute sentence, toute coutume ou tout accord déjà existants qui accordent aux membres des forces armées et de la police des garanties prévues par la présente convention.

Art. 10. Dans la présente convention, le terme organisation signifie toute organisation de travailleurs ou d'employeurs ayant pour but de promouvoir et de défendre les intérêts des travailleurs ou des employeurs.

PARTIE II
PROTECTION DU DROIT SYNDICAL

Art. 11. Tout Membre de l'Organisation internationale du Travail pour lequel la présente convention est en vigueur s'engage à prendre toutes mesures nécessaires et appropriées en vue d'assurer aux travailleurs et aux employeurs le libre exercice du droit syndical.

PARTIE III
MESURES DIVERSES

Art. 12. 1. En ce qui concerne les territoires mentionnés par l'article 35 de la Constitution de l'Organisation internationale de Travail telle qu'elle a été amendée par l'Instrument d'amendement à la Constitution de l'Organisation internationale du Travail, 1946, à l'exclusion des territoires visés par les paragraphes 4 et 5 dudit article ainsi amendé, tout Membre de l'Organisation qui ratifie la présente convention doit communiquer au Directeur général du Bureau international du Travail, en même temps que sa ratification, ou dans le plus bref délai possible après sa ratification, une déclaration faisant connaître :

(a) les territoires pour lesquels il s'engage à ce que les dispositions de la convention soient appliquées sans modification ;

(b) les territoires pour lesquels il s'engage à ce que les dispositions de la convention soient appliquées avec des modifications, et en quoi consistent lesdites modifications ;

(c) les territoires auxquels la convention est inapplicable et, dans ces cas, les raisons pour lesquelles elle est inapplicable ;

(d) les territoires pour lesquels il réserve sa décision.

2. Les engagements mentionnés aux alinéas a) et b) du premier paragraphe du présent article seront réputés parties intégrantes de la ratification et porteront des effets identiques.

3. Tout Membre pourra renoncer par une nouvelle déclaration à tout ou partie des réserves contenues dans sa déclaration antérieure en vertu des alinéas b), c) et d) du paragraphe 1 du présent article.

4. Tout Membre pourra, pendant les périodes au cours desquelles la présente convention peut être dénoncée conformément aux dispositions de l'article 16, communiquer au Directeur général une nouvelle déclaration modifiant à tout autre égard les termes de

toute déclaration antérieure et faisant connaître la situation dans des territoires déterminés.

Art. 13. 1. Lorsque les questions traitées par la présente convention entrent dans le cadre de la compétence propre des autorités d'un territoire non métropolitain, le Membre responsable des relations internationales de ce territoire, en accord avec le gouvernement dudit territoire, pourra communiquer au Directeur général du Bureau international du Travail une déclaration d'acceptation, au nom de ce territoire, des obligations de la présente convention.

2. Une déclaration d'acceptation des obligations de la présente convention peut être communiquée au Directeur général du Bureau international du Travail :

(a) par deux ou plusieurs Membres de l'Organisation pour un territoire placé sous leur autorité conjointe;

(b) par toute autorité internationale responsable de l'administration d'un territoire en vertu des dispositions de la Charte des Nations Unies ou de toute autre disposition en vigueur, à l'égard de ce territoire.

3. Les déclarations communiquées au Directeur général du Bureau international du Travail conformément aux dispositions des paragraphes précédents du présent article doivent indiquer si les dispositions de la convention seront appliquées dans le territoire avec ou sans modification; lorsque la déclaration indique que les dispositions de la convention s'appliquent sous réserve de modifications, elle doit spécifier en quoi consistent lesdites modifications.

4. Le Membre ou les Membres ou l'autorité internationale intéressés pourront renoncer entièrement ou partiellement par une déclaration ultérieure au droit d'invoquer une modification indiquée dans une déclaration antérieure.

5. Le Membre ou les Membres ou l'autorité internationale intéressés pourront, pendant les périodes au cours desquelles la convention peut être dénoncée conformément aux dispositions de l'article 16, communiquer au Directeur général du Bureau international du Travail une nouvelle déclaration modifiant à tout autre égard les termes de toute déclaration antérieure et faisant connaître la situation en ce qui concerne l'application de cette convention.

(...)

477 Convention européenne de sauvegarde des droits de l'homme et des libertés fondamentales (article 11)

Art. 11. *Liberté de réunion et d'association.* 1. Toute personne a droit à la liberté de réunion pacifique et à la liberté d'association, y compris le droit de fonder avec d'autres des syndicats et de s'affilier à des syndicats pour la défense de ses intérêts.

2. L'exercice de ces droits ne peut faire l'objet d'autres restrictions que celles qui, prévues par la loi, constituent des mesures nécessaires, dans une société démocratique, à la sécurité nationale, à la sûreté publique, à la défense de l'ordre et à la prévention du crime, à la protection de la santé ou de la morale, ou à la protection des droits et libertés d'autrui. Le présent article n'interdit pas que des restrictions légitimes soient imposées à l'exercice de ces droits par les membres des forces armées, de la police ou de l'administration de l'État.

478 Charte sociale européenne révisée (article 5)

Art. 5. *Droit syndical.* En vue de garantir ou de promouvoir la liberté pour les travailleurs et les employeurs de constituer des organisations locales, nationales ou internationales, pour la protection de leurs intérêts économiques et sociaux et d'adhérer à ces organisations, les Parties s'engagent à ce que la législation nationale ne porte pas atteinte, ni ne soit appliquée de manière à porter atteinte à cette liberté. La mesure dans laquelle les garanties prévues au présent article s'appliqueront à la police sera déterminée par la législation ou la réglementation nationale. Le principe de l'application de ces garanties aux membres des forces armées et la mesure dans laquelle elles s'appliqueraient à cette catégorie de personnes sont également déterminés par la législation ou la réglementation nationale.

479 Charte des droits fondamentaux de l'Union européenne (article 12)

Art. 12. *Liberté de réunion et d'association.* 1. Toute personne a droit à la liberté de réunion pacifique et à la liberté d'association à tous les niveaux, notamment dans les domaines politique, syndical et civique, ce qui implique le droit de toute personne de fonder avec d'autres des syndicats et de s'y affilier pour la défense de ses intérêts.

2. Les partis politiques au niveau de l'Union contribuent à l'expression de la volonté politique des citoyens de l'Union.

480 Charte communautaire des droits sociaux fondamentaux des travailleurs du 9 décembre 1989 (article 11)

Art. 11. *Liberté d'association et négociation collective.* Les employeurs et les travailleurs de la Communauté européenne ont le droit de s'associer librement en vue de constituer les organisations professionnelles ou syndicales de leur choix pour la défense de leurs intérêts économiques et sociaux.

Tout employeur et tout travailleur a la liberté d'adhérer ou de ne pas adhérer à ces organisations, sans qu'il puisse en résulter pour lui un dommage personnel ou professionnel.

481 Préambule de la Constitution du 27 octobre 1946 (alinéa 6)

Al. 6. Tout homme peut défendre ses droits et ses intérêts par l'action syndicale et adhérer au syndicat de son choix.

482 Code du travail (articles L. 2131-1, L. 2141-1 à L. 2141-13)

TITRE TROISIÈME
STATUT JURIDIQUE, RESSOURCES ET MOYENS
(L. nº 2008-789 du 20 août 2008).

CHAPITRE PREMIER
Objet et constitution

Art. L. 2131-1. Les syndicats professionnels ont exclusivement pour objet l'étude et la défense des droits ainsi que des intérêts matériels et moraux, tant collectifs qu'individuels, des personnes mentionnées dans leurs statuts.

TITRE QUATRIÈME
EXERCICE DU DROIT SYNDICAL

CHAPITRE PREMIER
Principes

Art. L. 2141-1. *(L. nº 2008-496 du 27 mai 2008, art. 6, 7º)* Tout salarié peut librement adhérer au syndicat professionnel de son choix et ne peut être écarté pour l'un des motifs visés à l'article L. 1132-1.

Art. L. 2141-2. Les personnes qui ont cessé d'exercer leur activité professionnelle peuvent adhérer ou continuer à adhérer à un syndicat professionnel de leur choix.

Art. L. 2141-3. Tout membre d'un syndicat professionnel peut s'en retirer à tout instant, même en présence d'une clause contraire.

Le syndicat peut réclamer la cotisation correspondant aux six mois qui suivent le retrait d'adhésion.

Art. L. 2141-4. L'exercice du droit syndical est reconnu dans toutes les entreprises dans le respect des droits et libertés garantis par la Constitution de la République, en particulier de la liberté individuelle du travail.

Les syndicats professionnels peuvent s'organiser librement dans toutes les entreprises conformément aux dispositions du présent titre.

Nouvel art. L. 2141-5. Il est interdit à l'employeur de prendre en considération l'appartenance à un syndicat ou l'exercice d'une activité syndicale pour arrêter ses décisions en matière notamment de recrutement, de conduite et de répartition du travail, de formation professionnelle, d'avancement, de rémunération et d'octroi d'avantages sociaux, de mesures de discipline et de rupture du contrat de travail.

(L. nº 2015-994 du 17 août 2015, art. 4) «Un accord détermine les mesures à mettre en œuvre pour concilier la vie personnelle, la vie professionnelle et les fonctions syndicales et électives, en veillant à favoriser l'égal accès des femmes et des hommes. Cet accord prend en compte l'expérience acquise, dans le cadre de l'exercice de mandats, par les représentants du personnel désignés ou élus dans leur évolution professionnelle.

«Au début de son mandat, le représentant du personnel titulaire, le délégué syndical ou le titulaire d'un mandat syndical bénéficie, à sa demande, d'un entretien individuel avec son employeur portant sur les modalités pratiques d'exercice de son mandat au sein de l'entreprise au regard de son emploi. Il peut se faire accompagner par une personne de son choix appartenant au personnel de l'entreprise. Cet entretien ne se substitue pas à l'entretien professionnel mentionné à l'article L. 6315-1.

«Lorsque l'entretien professionnel est réalisé au terme d'un mandat de représentant du personnel titulaire ou d'un mandat syndical *(Ord. n° 2017-1386 du 22 sept. 2017, art. 5)* «, celui-ci» permet de procéder au recensement des compétences acquises au cours du mandat et de préciser les modalités de valorisation de l'expérience acquise.» *(Ord. n° 2017-1386 du 22 sept. 2017, art. 5)* «Pour les entreprises dont l'effectif est inférieur à deux mille salariés, ce recensement est réservé au titulaire de mandat disposant d'heures de délégation sur l'année représentant au moins 30% de la durée de travail fixée dans son contrat de travail ou, à défaut, de la durée applicable dans l'établissement.»

Art. L. 2141-5-1. *(L. n° 2015-994 du 17 août 2015, art. 6)* En l'absence d'accord collectif de branche ou d'entreprise déterminant des garanties d'évolution de la rémunération des salariés mentionnés aux 1° à 7° de l'article L. 2411-1 et aux articles L. 2142-1-1 et L. 2411-2 au moins aussi favorables que celles mentionnées au présent article, ces salariés, lorsque le nombre d'heures de délégation dont ils disposent sur l'année dépasse 30% de la durée de travail fixée dans leur contrat de travail ou, à défaut, de la durée applicable dans l'établissement, bénéficient d'une évolution de rémunération, au sens de l'article L. 3221-3, au moins égale, sur l'ensemble de la durée de leur mandat, aux augmentations générales et à la moyenne des augmentations individuelles perçues pendant cette période par les salariés relevant de la même catégorie professionnelle et dont l'ancienneté est comparable ou, à défaut de tels salariés, aux augmentations générales et à la moyenne des augmentations individuelles perçues dans l'entreprise.

Art. L. 2141-6. Il est interdit à l'employeur de prélever les cotisations syndicales sur les salaires de son personnel et de les payer au lieu et place de celui-ci.

Art. L. 2141-7. Il est interdit à l'employeur ou à ses représentants d'employer un moyen quelconque de pression en faveur ou à l'encontre d'une organisation syndicale.

Art. L. 2141-8. Les dispositions des articles L. 2141-5 à L. 2141-7 sont d'ordre public.

Toute mesure prise par l'employeur contrairement à ces dispositions est considérée comme abusive et donne lieu à dommages et intérêts.

Art. L. 2141-9. Les syndicats représentatifs dans l'entreprise bénéficient des dispositions applicables à la section syndicale et au délégué syndical prévues par les chapitres III et IV.

Art. L. 2141-10. Les dispositions du présent titre ne font pas obstacle aux conventions ou accords collectifs de travail comportant des clauses plus favorables, notamment celles qui sont relatives à l'institution de délégués syndicaux ou de délégués syndicaux centraux dans tous les cas où les dispositions légales n'ont pas rendu obligatoire cette institution.

Aucune limitation ne peut être apportée aux dispositions relatives à l'exercice du droit syndical par note de service ou décision unilatérale de l'employeur.

Art. L. 2141-11. Pour l'application du présent titre, les modalités de calcul des effectifs sont celles prévues aux articles L. 1111-2 et L. 1251-54.

Art. L. 2141-12. Des décrets en Conseil d'État déterminent les modalités d'application du présent titre aux activités, qui par nature conduisent à une dispersion ou à une mobilité permanente du personnel, liées à l'exercice normal de la profession.

Art. L. 2141-13. *(L. n° 2015-994 du 17 août 2015, art. 2)* Le ministre chargé du travail publie un rapport sur les salariés de très petites entreprises non couverts par une convention collective, un accord de branche, un ensemble d'accords ou un statut spécial, et met en place un plan d'action destiné à améliorer la couverture conventionnelle.

Art. L. 2141-11 Pour l'application [illegible] de calcul [illegible]

Art. L. 2141-12 [illegible] en raison [illegible] activités [illegible] par nature [illegible] à une disposition [illegible] de la profession.

Art. L. 2141-13 [illegible] Le [illegible] salariés [illegible] parties [illegible] [illegible] de brevet [illegible] d'accords [illegible] en place [illegible]

INDEX ALPHABÉTIQUE

Les numéros renvoient aux numéros de textes

TABLE DES MATIÈRES

II – LES LIBERTÉS

II – LES LIBERTÉS

II – LES LIBERTÉS

II – L'EXÉCUTION DE LA PEINE

II – LES LIBERTÉS

II – LES LIBERTÉS

718793 (I) – OSB - P 40 – NC - HC
Achevé d'imprimer en juillet 2019
N° 2913090H - Dépôt légal : août 2019
Imprimé en France par Jouve
1 rue du Docteur Sauvé, 53100 MAYENNE